D1796109

ISBN 978-1-391-55914-8
PIBN 11320474

DICCIONARIO

ESPAÑOL-PORTUGUÉS

DICCIONARIO

ESPAÑOL-PORTUGUÉS

EL PRIMERO QUE SE HA PUBLICADO

Con las voces, frases, refranes y locuciones usadas en España y Americas Españolas, en el lenguaje comun antiguo y moderno

LAS CIENCIAS Y ARTES

DE MEDICINA, VETERINARIA, QUIMICA, MINERALOJIA, HISTORIA NATURAL Y BOTANICA

COMERCIO Y NAUTICA

Con algunos nombres propios, y asi las voces particulares de las Provincias Españolas y Americanas, etc

COMPUESTO SOBRE LOS MEJORES DICCIONARIOS DE LAS DOS NACIONES

POR

MANUEL DO CANTO E CASTRO MASCARENHAS VALDEZ

Hidalgo Caballero de la Casa Real

TOMO TERCERO

LISBOA

EN LA IMPRENTA NACIONAL

1866

DICCIONARIO

ESPAÑOL-PORTUGUÉS

M

M. *f.* M; decima quinta letra do alphabeto hespanhol. É uma das consoantes mais labiaes. Em hespanhol nenhum vocabulo termina em *m*, mas sim em *n*. Antes de *b* e *p* deve sempre escreverse *m*, seguindo n'este caso a lingua latina: — M; usase como abreviatura de magestade, muito, e outras vozes, segundo os differentes casos: — *(archeol.)* M; nas inscripções latinas, substitue os nomes de Marco, Manlio, Mucio, e o titulo de magister: — *(astr.)* M; abreviatura de meio dia, nas tábuas astronomicas:—*(math.)* M; como letra numeral, vale mil, e com um traço horisontal por cima, um milhão: — *(med.)* M; abreviatura de misture, manipule, nas receitas: — *(num.)* M; nas moedas francezas indica que foram cunhadas em Tolosa.

Maba. *f. (bot.)* Maba; genero de plantas da familia das ebenaceas.

Mabea. *f. (bot.)* Mabea; genero de plantas da familia das euphorbiaceas.

Mabre. *f. (art.)* Alisador; lamina de ferro, que na fabricação do crystal serve para alisar a materia, antes de lhe dar a fôrma.

Maca. *f.* Pisadura, macula, na fructa. *Læsio, onis:* — nodoa, mancha, defeito nos tecidos, etc. *Macula, æ:* — *(fig.)* manha, defeito, dissimulo, fraude. *Dolus, fraus:* — *(zool.)* maca; ave domestica, mais pequena do que o gallo e de vistosas cores, originaria do Perú.

Macabeos. *m. pl. (litt.* e *rel.)* Macabeus; nome dos ultimos livros do Antigo Testamento, contendo a historia judaica na epocha dos primeiros principes da raça dos asmoneus.

Macaco, ca. *adj. (fam.)* Macaco, feio, desproporcionado: — *m. (p. Mex.)* o papão com que se intimidam as creanças: — *(zool.)* macaco; genero de mammiferos quadrumanos, da tribu dos monos, que comprehende as especies intermedias, por suas fôrmas e costumes, entre os micos e os cynocephalos.

Macagua. *f. (zool.)* Macagua; genero de aves de rapina.

Macaira. *f. (zool.)* Macaira; genero de peixes acanthopterygios, da familia dos scomberoideos.

Macaisa. *f. (bot.)* Macaisa; arvore das Philippinas, de madeira mui leve.

Macan. *m. (p. M. B.)* Especie de panaricio.

Macana. *f. (p. Am.)* Macana; arma offensiva que usavam os indios do Perú: — pau para fazer recuar os bois batendo-lhes nos cornos.

Macandon. *m. (ant.)* V. *Camandulero.*

Macanea. *f. (bot.)* Macanea; genero de plantas da familia das gutiferas, e da polyandria monogynia de Linneu.

Macaonia. *f. (bot.)* Machaonia; genero de plantas da familia das rubiaceas.

Macar. *a. (ant.)* Macular, manchar, avariar. V. *Dañar.*

Macaranga. *f. (bot.)* Macaranga; genero de plantas da familia das euphorbiaceas.

Macareno, na. *s. (fam.)* Bonifrate, paralvilho: — ferrabraz, fanfarrão. *Fortitudinis et strenuitatis ostentator.*

Macaroso. *m. (zool.)* Macaroso; genero de aves palmipedes, da familia das alcideas.

Macarron. *m.* Macarrão; massa de farinha, em figura de tubos compridos e encurvados. Usa-se em hespanhol, commummente no plural. *Tubulus edilis ex farina:* — pastel de amendoa.

Macarrónea. *f.* Macarronea, macarronada; composição burlesca, na qual entram palavras de differentes linguas, alterando-lhes, a genuina significação. É tambem adjectivo substantivado. *Lucubrationis festivæ genus.*

Macarrónico, ca. *adj.* Macarronico; relativo á macarronea. *Impolitus, rudis.*

Macarse. *r.* Sorvar-se; principiar a apodrecer. *Corrumpi, lædi.*

Macbridea. *f. (bot.)* Macbridea; genero de plantas da familia das labiadas.

Macdonaldia. *f. (bot.)* Macdonaldia; genero de plantas da familia das orchideas.

Maceador. *m.* Maçador; o que maça linho. *Contundens.*

Macear. *a.* Maçar, pisar; dar pancadas com maço ou maça. *Malleo, percutere, contundere:* — *n. (fig.)* malhar, repisar, fatigar, insistir na repetição de uma cousa. *Tenaciter insistere.*

Macedon, na, Macedónico, ca, Macedonio, nia. *adj.* Macedonio; da Macedonia.

Macelario. *m. (ant.)* V. *Carnicero.*

Macella. *f. (ant.)* V. *Desgracia.*

Macellar. *a.* Manchar, sujar.

Macello. *m. (ant.)* V. *Presa,* pedaço de carne.

Macemutino. *m. (num.)* Macemutino; moeda aurea que passou dos arabes aos hespanhoes.

Maceracion. *f.* Maceração; acção e effeito de macerar. *Maceratio, onis: — (chim.)* maceração; operação que consiste em submetter qualquer corpo solido á acção de um liquido de temperatura não mais elevada que a da atmosphera, até se lhe dissolverem certos principios constituitivos.

Maceramiento. *m. (chim.)* Maceração.

Macerar. *a.* Macerar; amollecer alguma cousa pela acção de algum liquido ou de pancadas. *Macerare: — (fig.)* macerar; mortificar, affligir a carne com penitencias e trabalhos. *Macerare, castigare: —* fallando das aves de rapina, avesa-las e enfraquece-las para a caça.

Macerina. *f.* Prato ou pires com um concavo no cèntro, onde se põe a chicara ou tigela para servir o chocolate. *Patina cavo instructa.*

Macero. *m.* Maceiro; o que leva a maça em certas ceremonias religiosas ou civis. *Claviger, clavam ferens.*

Maceta. *f.* Vaso para flores ou outros vegetaes. *Texta floribus excolendis: —* jarra ou vaso artificial, ou pé de metal ou madeira, em que se pregam flores artificiaes para adorno dos altares. *Vas florum artificialium: — (art.)* cabo de alguns instrumentos de ferro ou aço. *Manubrium, i: — dim.* de *Mazo.* Macinha.

Macetica, lla, ta. *f. dim.* de *Maceta.*

Maceton. *m. aug.* de *Maceta.*

Mácias. *f. pl. (pharm.)* V. *Macis.*

Maciega. *f. (p. A.)* Porção de herva brava e damninha que nasce nas terras semeadas.

Maciegal. *m. (p. A.)* Matagal; terreno coberto de hervas bravas e damninhas.

Maciella. *f. (ant.)* V. *Carne: — (ant.)* mazella angustia.

Macilencia. *f. (ant.)* Macilencia; aspecto macilento.

Macilento, ta. *adj.* Macilento, pallido, descorado, extenuado. *Macilentus, extenuatus.*

Macina. *f. (chim.)* Macina; principio particular que se extrahe do macis, e tem propriedades de gomma.

Macintosh. *m.* Macintosh; panno coberto de gomma elastica. Tomou o nome do fabricante americano que applicou esta gomma ao fabrico de objectos de toda a classe.

Mácis. *m. (pharm.)* Macis; casca subtil e cheirosa que se tira da noz moscada.

Macla. *f.* Espadella para o canhamo; — *(zool.)* machla; genero de insectos coleopteros heteromeros, da tribu dos asiditos.

Macle. *m. (br.)* Labéu, macula de bastardia; peça do escudo feita em losango furado no centro.

Macleania. *f. (bot.)* Macleania; genero de plantas da familia das ericaceas.

Maclura. *f. (bot.)* Maclura; genero de plantas da familia das moreas.

Macno. *m.* V. *Cochinilla.*

Maco. *adj. (germ.)* V. *Bellaco.*

Macoca. *m. (p. Murc.)* Especie de figo temporão e grande.

Macolla. *f.* Grupo de pés ou caules nascidos da mesma semente. *Scaporum ex eodem grano nascentium fasciculus, manipulus.*

Macona. *f.* Cesta, cesto sem azas. *Corbis, is.*

Maconera. *f. (ant. arch.)* V. *Recuadro.*

Macradenia. *f. (bot.)* Macradenia *(glandula comprida);* genero de plantas da familia das orchideas.

Macranto. *m. (bot.)* Macrantho *(flor comprida);* genero de plantas da familia das leguminosas papilionaceas.

Macráspide. *f. (zool.)* Macraspide *(escudo grande);* genero de insectos da familia dos lamellicornes.

Macrobiano, na. *adj.* Macrobio; que viveu mais do termo ordinario.

Macrobiótica. *f. (med.)* Macrobiotica; parte da hygiene, que trata dos meios de prolongar a vida.

Macrobioto. *m. (zool.)* Macrobioto *(longa vida);* genero de animaes microscopicos, que vivem nos musgos, nas areias, e na terra dos telhados. Têem a particularidade de resistir ás grandes seccas, revivendo na epocha das chuvas.

Macrocarpo, pa. *adj. (bot.)* Macrocarpo; diz-se do vegetal que tem fructos grandes.

Macrocefalia. *f. (anat.)* Macrocephalia; genero de anomalias ou monstruosidades, que comprehende as caracterisadas por um excessivo desenvolvimento da cabeça.

Macrocéfalo, la. *adj. (anat.)* Macrocephalo; diz-se das creanças de excessivo volume de cabeça, desproporcional com as demais regiões do corpo: — *m. (zool.)* macrocephalo; genero de insectos hemipteros da familia dos aradidos.

Macrocerco, ca. *adj. (zool.)* Macrocerco; que tem cauda comprida.

Macrocístide. *m. (bot.)* Macrocystide ou macrocystis *(grande bexiga);* genero de algas da familia das phyceas.

Macrocloa. *f. (bot.)* Macrochloa *(herva comprida);* genero de plantas da familia das gramineas.

Macrocomo, ma. *adj.* Macrocomo; de cabellos compridos.

Macrocosmolojía. *f.* Macrocosmologia; sciencia que trata do universo em geral, e da terra em particular.

Macrocosmos. *m.* Macrocosmo; nome que alguns philosophos deram ao universo, em opposição a microcosmos.

Macrodactilia. *f. (anat.)* Macrodactylia; desvios organicos, que comprehendem os caracterisados pelo excessivo desenvolvimento dos dedos.

Macrodáctilo, la. *adj. (zool.)* Macrodactylo; diz-se do animal de dedos compridos ou com grandes prolongamentos em fôrma de dedos: —*m.* macrodactylo; genero de insectos coleopteros pentameros da familia dos lamellicornes: —*f. pl.* macrodactylas; familia de aves da ordem das alcoridas que têem os dedos inteiramente separados e muito extensos.

MACRODO. *m. (zool.)* Macrodo *(grande)*; genero de insectos coleopteros pentameros da familia dos sternoxos.

MACRODONTE. *adj. (zool.)* Macrodonte; diz-se do animal que tem dentes grandes.

MACROFILLO. *m. (zool.)* Macrophyllo *(folha extensa)*; genero de mammiferos cheiropteros.

MACROFISOCÉFALO. *m. (med.)* Macrophysocephalo; inchação edematosa da cabeça do feto.

MACROFTALMO. *m. (zool.)* Macrophtalmo *(olho grande)*; genero de crustaceos decapodas brachyuros, da familia dos catometopos.

MACROGLOSO, SA. *adj. (med.)* Macroglosso; qualificação d'aquelles individuos cuja lingua tem um desenvolvimento desmarcado: —*m. (zool.)* macroglosso; genero de insectos lepidopteros crepusculares, da tribu dos sphingidos: — macroglosso; genero de mammiferos cheiropteros: — *m. pl.* macroglossos; familia de aves estabelecida por alguns naturalistas na ordem dos passaros trepadores.

MACROLÉPIDE. *m. (bot.)* Macrolepide ou macrolepis *(escama comprida)*; genero de plantas da familia das orchideas.

MACROLOBIO. *m. (bot.)* Macrolobio *(vagem comprida)*; genero de plantas da familia das leguminosas papilionaceas.

MACROLOFO, FA. *adj. (zool.)* Macrolopho; que tem um pennacho na cabeça.

MACROLOJIA. *f. (rhet.)* Macrologia; excessiva prolixidade, diffusão n'um discurso, capitulo, etc.

MACROMA. *f. (zool.)* Macroma *(grande espadua)*; genero de insectos coleopteros pentameros, da familia dos lamellicornes.

MACROMELIA. *f. (med.)* Macromelia; grandeza de qualquer membro.

MACROMÉRIDE. *m. (zool.)* Macromeride ou macromeris *(coxa comprida)*; genero de insectos hymenopteros.

MACROMITRIO. *m. (bot.)* Macromitrio *(cabelleira grande)*; genero de musgos briaceos, originarios das regiões tropicaes ou sub-tropicaes.

MACRONEMA. *f. (zool.)* Macronema *(fio comprido)*; genero do insectos nevropteros, da tribu dos phryganios.

MACRONEURA. *f. (zool.)* Macronevra *(nervosidade comprida)*; genero de insectos dipteros, da familia dos tipulicios: —macronevra; genero de insectos hymenopteros, da familia dos chalcideos.

MACRÓNICE. *m. (zool.)* Macronyce ou macronyx *(unha comprida)*; genero de aves da ordem dos passaros.

MACRONICO. *m. (zool.)* Machronycho *(unha grande)*; genero de insectos coleopteros pentameros da familia dos macrodactylos: —*m. pl.* macronychas; familia de aves da ordem das alcoridas.

MACROPNEA. *f. (med.)* Macropnea; respiração extensa ou lenta.

MACROPO. *m. (zool.)* Macropo *(pé comprido)*; genero de insectos coleopteros subpentameros, da familia dos longicornes.

MACROPODIA. *f. (anat.)* Macropodia; genero de desvios organicos, caracterisados pelo excessivo desenvolvimento dos pés.

MACRÓPODO. *m. (zool.)* Macropoda *(pé comprido)*; genero de peixes acanthopterygeos.

MACROPRIO. *m. (zool.)* Macroprio *(serra comprida)*; genero de insectos coleopteros tetrameros, da familia dos clavicornes.

MACROPROSOPIA. *f. (anat.)* Macroprosopia; genero de desvios ou monstruosidades, caracterisadas pelo excessivo desenvolvimento da cara.

MACRÓPTERO. *m. (zool.)* Macroptero *(aza comprida)*; genero de insectos coleopteros tetrameros, da familia dos curculionidos.

MACRORINCO, CA. *adj. (zool.)* Macrorhyncho; que tem o bico comprido.

MACRORIZO, ZA. *adj. (bot.)* Macrorhizo; que tem grandes raizes.

MACRORTORINCOS. *m. pl. (zool.)* Macrorthorynchos; familia de aves da ordem das silvanas.

MACROSCELIA. *f. (anat.)* Macroscelia; genero de monstruosidades, caracterisadas pelo demasiado desenvolvimento das pernas.

MACROSCÉLIDE. *m. (zool.)* Macroscélide *(grande coxa)*; genero de mammiferos insectivoros.

MACROSCÉPIDE. *m. (bot.)* Macroscepide ou macrocespis; genero de plantas da familia das asclepiadas.

MACROSOMA. *f. (zool.)* Macrosoma *(corpo comprido)*; genero de insectos coleopteros da familia dos lamellicornes.

MACROSQUELIA. *f. (anat.)* V. *Macroscelia.*

MACROSTENO. *m. (zool.)* Macrosteno *(comprido e estreito)*; genero de insectos coleopteros pentameros da familia dos brachelytros.

MACRÓSTICO, CA. *adj.* Macrostico; escripto em linhas compridas. Assim se denomina tambem a quinta profissão de fé composta pelos Eusebianos.

MACROSTÍLIDE. *m. (bot.)* Macrostylide ou macrostylis *(grande estylete)*; genero de plantas da familia das diosmeas.

MACRÓSTILO. *m. (zool.)* Macrostylo; genero de insectos coleopteros tetrameros, da familia dos curculionidos.

MACROSTOMIO. *m. (bot.)* Macrostomio *(abertura grande)*; genero de plantas da familia dos orchideas.

MACRÓSTOMOS. *m. pl. (zool.)* Macrostomos; familia de molluscos caracterisados principalmente pela sua concha auriforme, desprovida de operculo e com bordas desunidas.

MACRÓTIDE. *m. (zool.)* Macrotide ou macrotis *(orelha comprida)*; genero de insectos coleopteros heteromeros da familia dos melasomos.

Macrotope. *m. (zool.)* Macrotope ou macrotops *(olho comprido)*; genero de insectos coleopteros pentameros, da familia dos lamellicornes.

Macrotricio. *m. (zool.)* Macrothricio ou macrothrix *(pello comprido)*; genero de crustaceos da familia das daphnideas.

Macrotópide. *m. (bot.)* Macrotropide ou macrotopis *(grande navio)*; genero de plantas da familia das leguminosas.

Macroxeiria. *f. (anat.)* V. *Macroxeria.*

Macroxeiro. *m. (zool.)* Macrocheiro *(pé anterior)*; genero de insectos coleopteros tetrameros da familia dos curculionidos.

Macroxenia. *f. (zool.)* Macrochenia *(pescoço comprido)*; genero de mammiferos fosseis, da ordem dos pachidermes.

Macroxera. *f. (ant.)* Tunica de mangas compridas que usavam os antigos.

Macroxeria. *f. (anat.)* Macrocheria; genero de anomalias organicas, caracterisadas pelo excessivo desenvolvimento das mãos.

Macruros. *m. pl. (zool.)* Macrouros; nome que designa, na classe dos crustaceos, uma grande divisão da ordem dos decapodas, que tem por typo o genero caranguejo.

Mactra. *m. (zool.)* Mactra *(jarra, vaso)*; genero de molluscos da familia dos mactraceos, que vivem occultos nas areias a pouca distancia das praias.

Mactráceos. *m. pl. (zool.)* Mactraceos; familia de molluscos caracterisada pela sua concha equivalve, geralmente entre aberta pelas extremidades lateraes.

Mactrismo. *m. (hist. ant.)* Mactrismo; dansa antiga e comica dos gregos.

Macuache. *m. (p. Mex.)* Macuache; indio boçal.

Macuba. *f.* Macuba; tabaco que vegeta ao N. da Martinica, a que se dá o nome do paiz em que se cultiva.

Macuca. *f.* Especie de pereira silvestre, cujo fructo é mui pequeno, córado, insipido e de substancia molle.

Macuenco, ca. *adj. (p. Cub.)* Fraco, debil, frouxo.

Mácula. *f.* Macula. V. *Mancha.* Tambem se usa na accepção de desdouro, infamia ou vileza: — *(fam.)* macula, manha, malicia, dissimulação, artificio: — *(astr.)* manchas ou pontos escuros no disco da lua ou do sol: — *(med.)* macula, mancha; nome que os antigos davam a uma malha de sangue que algumas creanças trazem ao nascer, e que se attribuiam á força da imaginação da mãe.

Macular. *a. (ant.)* V. *Manchar:* — borrar, sujar as obras impressas ou estampadas quando ainda não estão bem seccas.

Maculatura. *f. (imp.)* Maculatura; folhas mascarradas e mal impressas, tiradas com pouco aceio: — maculatura; folha de papel que os estampadores põem entre a estampa e o panno grosseiro da prensa: — maculatura; papel de embrulhar que se faz com os restos do trapo.

Maculca. *f. (p. A. Mer.)* V. *Agujetas,* como gratificação de algum trabalho extraordinario.

Maculiforme. *adj.* Maculiforme; com a fórma de uma pequena mancha.

Maculipénneo, nea. *adj. (zool.)* Maculipenneo; diz-se das aves que têem as azas malhadas.

Maculirostro, tra. *adj. (zool.)* Maculirostro; diz-se da ave que tem o bico malhado.

Maculoso, sa. *adj. (ant.)* Malhado; salpicado de manchas. *Maculosus, a, um.*

Macun. *m. (p. Chili.)* Especie de camisola.

Macuquino, na. *adj.* Diz-se da moeda cortada sem sarrilha. *Moneta non orbiculata.*

Macuta, Macute. *f.* Macuta; moeda de Guiné.

Macuteno. *m. (p. Mex.)* Homem mau e paciente, não por bondade, mas por degradação.

Macuto. *m. (p. Cub.)* Cestinho de yagua, contendo cêra, carne, tabaco, ou outro genero similhante.

Machaca. *f.* V. *Machacadera:* — *adj. (fam.)* repizador, maçador; fastidioso na sua conversação. *Molestus, importunus homo. Machaca que machaca (loc. adv.)*; pesadamente, rudemente; com muito peso.

Machacadera. *f.* Pilão, maça. *Instrumentum conterendo aptum.*

Machacador, ra. *s.* Machucador; o que machuca. *Conterens, contundens.*

Machacar. *a.* Machucar, esmagar, pisar, maçar. *Contundere, conterere:* — *n. (fig.)* malhar, repisar; insistir pertinazmente. *Pertinaciter contendere.*

Machacon, na. *adj.* Repizador, maçador; diz-se da pessoa enfadonha, fastidiosa na conversação. *Gravis, importunus.*

Machada. *f.* Fato ou rebanho de bodes. *Hircorum grex:* — *(fam.)* V. *Necedad.*

Machado. *m.* Machado. V. *Hacha,* para cortar madeira.

Machaquería. *f. (fam.)* Causticidade, importunidade.

Machaquero, ra. *adj.* V. *Machacon.*

Machar. *a.* V. *Machacar.*

Machasor. *m.* Machasor; palavra hebraica que significa céu: — machasor; nome de um livro de orações muito usado entre os judeus nas grandes festas.

Machca. *f. (p. A. M.)* Machca; farinha de cevada, alimento ordinario dos indios.

Machear. *n.* Engendrar, os animaes, maior numero de machos que de femeas. *Animalia masculos edere.*

Macheta. *f. (p. Gal.)* Machadinha; pequeno machado.

Machetazo. *m.* Machetada; golpe de machete. *Ictus cultro, machærâ impactus.*

Machete. *m.* Machete; sabre de dois gumes, recto e curto, que usam os artilheiros. *Culter grandior, machæræ genus:* — *(p. A.)* machete; faca de mato usada pelos pretos.

Machetero. *m.* Desbravador; o que abate as arvores e tojo que impede a marcha. *Viam sternens in silvis.*

Machial. *m.* Monte abundante em arbustos e arvores silvestres, aproveitaveis para pasto dos animaes caprinos.

Machiculis. *m. (mil.)* V. *Matacanes.*

Machihembrar. *a. (art.)* Embeber; unir duas peças de madeira pelas juntas de femea e macho. *Cardinare.*

Machina. *f. (art.)* Compasso; instrumento de que usam os chapelleiros para cortar as abas dos chapéus: — *(naut.)* cabrea; machina para emmastrear ou desmastrear as embarcações. *Machina in navalibus ad malos navibus aptandos.*

Machinete. *m. (p. Murc.)* V. *Machete.*

Macho. *m.* Macho; animal do sexo masculino. *Mas, masculus:* — macho, mulo; animal filho de cavallo e jumenta ou de burro e egua. *Mulus, i:* — *adj.* macho, varonil, forte, robusto: — *de litera;* macho de liteira, egua de leziria. Applica-se á pessoa rude e estupida: — macho; parte do colchete que se engata na femea respectiva. *Uncinus masculus:* — *(art.)* macho; peça que, entrando em outra, forma ou constitue algum instrumento. *Instrumenti pars mascula:* — macho; martello de bancada no officio de serralheiro. *Ingens malleus:* — cepo em que os ferreiros têem a bigorna pequena. *Scamnum ferrarium:* — macho; molde de areia ou barro em que se fundem os sinos: — macho, broca; parte da fechadura que entra no buraco da chave: — macho; martello de estacar uma peça metallica: — macho; a haste maior nos moinhos de vento: — V. *Remanadera,* nas alcaçarias ou fabricas de couros: — *(bot.)* masculina; na planta é a flor que fecunda a outra de sua especie com o pollen dos seus estames: — *(naut.) pl.* machos; ferragem cujas abas embebidas na madre do leme, e ali pregadas, giram dentro dos tubos: — macho; dente ou saliencia que se deixa na peça, pelas faces que hão de encaixar em outras: — *(arch.)* V. *Pilar:* — *cabrío ó de cabrío.* V. *Cabron:* — *de parada;* bode ensinado e acostumado a estar quieto em um ponto, para o gado se não dividir ou extraviar. *Cicuratus caper:* — *romo;* mulo asneiro; o que nasce de cavallo e burra. *Mas ex equo et asinâ natus.*

Machon. *m. (arch.)* Contraforte, esporão, gigante; obra que reforça a parede por alguma parte principal. *Pila, ædificii fulcrum ex opere lateritio seu cœmentitio.*

Machorra. *f. (vulg.)* Machorra; ovelha esteril. Por extensão tambem se diz das outras femeas. *Femina sterilis.*

Machota. *f.* V. Machote.

Machote. *m.* Mascoto, malho; martello grande com que nas casas de moeda se pisam as pequenas raspas ou fragmentos de oiro ou prata, reduzindo-os a pó para os lavar. *Á machota ó machote (loc. adv.);* a golpe de malho, á martellada. *Contundenter.*

Machucadura. *f.* Machucadura, pisadura, trilhadura; acção e effeito de machucar. *Contusio, onis.*

Machucamiento. *m.* V. *Machucadura.*

Machucar. *a.* Machucar, esmagar, pisar, trilhar. *Contundere, comminuere.*

Machucho, cha. *adj.* Machucho, judicioso, prudente, sensato. *Sapienter agens:* — maduro; entrado em idade.

Machuelo. *m. dim.* de *Macho.* Machinho: — o coração do alho. *Allii pars interior.*

Machumacept. *m.* Machumacept; preparação de opio, de que os mouros usam para excitar o appetite.

Madagaña. *f. (ant.)* Phantasma, espantalho.

Madama. *f.* Madama; termo appropriado do francez, para designar senhora. *Domina, æ.*

Madameo. *m. (p. Lima.)* Madamismo; reunião de muitas senhoras.

Madamisela. *f.* Rapariga ainda muito nova, e que se inculca já por senhora. *Juvenis femina munditiei affectatrix.*

Madan. *m. (hist.)* Madan; pequeno edificio nas principaes estradas do Indostão, para descanso dos viajantes.

Madapolam. *m. (com.)* Madapolam; téla de algodão que se fabrica na cidade d'este nome.

Madaria. *f. (bot.)* Madaria *(sem pellos);* genero de plantas da familia das compostas.

Madaro. *m. (zool.)* Madaro *(lizo, nú);* genero de insectos coleopteros pentameros, da familia dos curculionidos.

Madaroglosa. *f. (bot.)* Madraglossa *(lingua sem pellos);* genero de plantas da familia das compostas senecionideas.

Madarosis. *f. (physiol.)* Madarosis; quéda do pello ou cabello, particularmente das pestanas. É uma especie de alopecia local.

Madefaccion. *f. (pharm.)* Madefacção; operação que consiste em humedecer certas substancias para a preparação de medicamentos.

Madeficar. *a. (pharm.)* Madeficar; humedecer uma substancia.

Madeja. *f.* Madeixa, negalho; porção de linha, lã, algodão ou seda, presa a uma aspa ou roda de tal maneira, que passada á dobadoira se possa reduzir a novellos. *Fila in longum convoluta:* — madeixa; porção de cabellos: — *(fig.)* madeixa; homem afeminado, frouxo, desleixado. *Homo segnis, piger:* — *sin cuenda (fr.);* negalhos torcidos; qualquer cousa muito enredada ou embaraçada. *Res implexa, implicata:* — pessoa sem tom nem som nas suas cousas, palavras ou acções. *Homo non sibi constans. Hacer madeja ó hacer hebra (fr.);* fiar, correr lentamente; applica-se aos licores ou xaropes espessos, quando escorrem.

Beber la madeja (fr.) V. *Devanarla. Saber vender sus madejas;* saber vender o seu peixe; ter sagacidade, astucia e esperteza: — *entropezada. ¿Quién te aspó, por que no te devanaba? (rif.);* Madeixa embaraçada ¿Quem te fiou porque te não dobou? Applica-se áquelles que começando alguma cousa a embaraçam, deixando-a para que outro tenha o trabalho de a pôr em ordem.

Madejeiros. *m. pl. (art. p. Gal.)* V. *Cazoeira, Cazonal.*

Madejeta. *f. dim.* de *Madeja.*

Madera. *f.* Madeira; todo o corpo ligneo, paus e tabuado. *Lignum, i:* — casco; unha de cavallo. *Ungula, æ:* — *del aire;* pau do ar; pontas, cornos, chifres do animal: — *en blanco;* madeira em branco; a que está trabalhada, mas sem pintura ou verniz. *Sangrar la madera;* sangrar a arvore; praticar-lhe umas incisões profundas, como succede com os pinheiros e mais arvores resinosas. *Arborem incidere:* — *trompeta (bot.)* V. *Cecropia:* — *m.* madeira; vinho da ilha da Madeira.

Maderada. *f.* Madeirada; reunião de muitos madeiros. *Lignorum copia.*

Maderaje. *m.* Madeiramento; a madeira empregada n'um edificio, ou destinada para qualquer outro uso. *Lignorum, trabium copia, contignatio.*

Maderámen. *m.* V. *Maderaje.*

Maderamiento. *m. (ant.)* V. *Enmaderamiento.*

Maderar. *a. (ant.)* V. *Enmaderar.*

Madererìa. *f.* Estancia de madeira. *Taberna lignaria.*

Maderero. *m.* Estanceiro; homem que vende ou negoceia em madeira: — jangadeiro; o que se encarrega de conduzir as jangadas ou balsas pelos rios. *Lignorum vector, asportator:* — V. *Carpintero.*

Maderico, llo, to. *m. dim.* de *Madero.* Pequeno madeiro.

Maderista. *m. (p. Ar.)* V. *Maderero.*

Madero. *m.* Madeiro, tronco, viga, lenho, trave. *Tignum, i:* — *de cuenta (naut.);* peças principaes, que constituem a ossada de um navio. *Primariæ trabes in navi. Ser un madero (fr.);* ser um madeiro, uma pedra; ser insensivel a tudo quanto ouve e vê.

Maderuelo. *m. dim.* de *Madero.* Madeiro pequeno.

Madgiar. *adj.* V. *Magyar.*

Madianita. *adj.* Madianita; diz-se do que é relativo ou pertencente á Madian: — *s.* madianita; o natural de Madian. Os madianitas foram pela maior parte exterminados por Moysés e Gedeão.

Madio. *m. (ant.)* Maio; o quinto mez do anno.

Madiós. *(expr. ant.)* V. *Par Dios ó por Dios.*

Madona. *f.* Termo tirado do italiano que significa imagem da Virgem Mãe. Emprega-se algumas vezes, caprichosamente, por senhora ou minha senhora.

Mador. *s. m. (med.)* Especie de transpiração cutanea.

Madoroso. *adj. (med.)* Humido, humedecido.

Madovino. *m.* Madovino; moeda de oiro piemonteza.

Madrás. *m. (com.)* Madras; certo tecido de algodão e seda fabricado na India.

Madrastra. *f.* Madrasta; mulher casada com viuvo que tenha filhos do primeiro matrimonio. *Noverca, æ:* — *(germ.)* prisão, carcere, cadeia. *Carcer, eris:* — *(fig.)* madrasta; mãe que maltrata os filhos: — *(fig.)* madrasta; applica-se tambem á terra arida e ingrata, e em geral a tudo que prejudica ou incommoda. *Noverca.*

Madrátidas. *m. pl. (hist.)* Madratidas; individuos de uma dynastia arabe que reinou na Mauritania pelo espaço de 130 annos, e que foi destruida nos principios do seculo x pelos fatimitas.

Madraza. *f. (fam.)* Mãe muito condescendente, que dá excessivo mimo aos filhos. *Mater filiis nimiùm indulgens.*

Madre. *f.* Mãe; a mulher ou femea do animal, a respeito do filho que pariu. *Mater, genetrix:* — madre; titulo que se dá ás religiosas professas. *Mater:* — regente, governante, directora; mulher que nos hospitaes e casas de hospicio ou recolhimento tem a seu cargo, em parte ou na totalidade, o governo de taes habitações. *Gubernatrix, icis:* — *(fig.)* mãe; causa, origem de que alguma cousa procede, como: *la ociosidad es madre de todos los vicios;* a ociosidade é mãe de todos os vicios: — madre, utero, matriz; parte em que as femeas concebem e alimentam o feto. *Matrix, icis:* — madre; o leito do rio, dentro das margens. *Alveus, ei:* — sedimento, lia, pé, borra; a parte mais grossa e espessa do vinho ou do vinagre que assenta no fundo da cuba ou vasilha. *Vini aut aceti sedimentum:* — mãe d'agua; a fonte d'onde ella nasce, ou o reservatorio d'onde parte e se deriva pelos encanamentos, canos menores ou secundarios. *Incile, aquæductus primarius:* — *de leche.* V. *Nodriza:* — *patria;* mãe patria; o estado, em referencia á sua dependencia ou colonias: — *politica.* V. *Suegra,* e alguns tambem assim chamam á madrasta: — *señora.* V. *Abuela. Lengua madre;* lingua mãe; lingua d'onde outra se deriva. *Esa es, ó no es la madre del cordero (fr. fam.);* não vae por ahi o gato ás filhoses. *Sacar de madre a alguno (fr. fig.);* pôr em apuro, inquietar o animo de alguem, faze-lo perder a paciencia. *Ramas madres (agr.);* ramos mestres; os ramos mais grossos de uma arvore: — *(anat.)* V. *Matriz. Dura madre y piamater (anat.);* duramater e piamater; duas das membranas que cobrem o cerebro: — *(naut.)* madre; principal madeiro sobre que se fundam e apoiam as demais partes de certas peças:

— *de niños (med.)*; especie de epilepsia; enfermidade parecida com a gotta coral. *Agua madre (chim.)*; agua mãe; agua salina e espessa que já não pôde crystallisar.

MADREAR. *n. (fam.)* Repetir a voz de mãe, as creanças.

MADRECICA, LLA, TA. *f. dim.* de *Madre*. Mãesinha: — ovario das aves. *Avium matrix.*

MADRECLAVO. *m.* Cravo da India que fica dois annos sobre a arvore. *Caryophili aromatici fructus.*

MADRENAGA. *f. (comm.)* Madrenaga; especie de panno de algodão tecido com fio de palmeira, que se fabrica nas Philippinas.

MADREÑA. *f.* V. *Almadreña.*

MADREPERLA. *f. (zool.)* Madreperola; concha quasi redonda, de quatro a seis pollegadas de diametro, escura e aspera pela parte externa, e nacarada pelo interior. Pertence a uma especie de molluscos do genero avicula.

MADRÉPORA. *f. (zool.)* Madrépora; genero de polypeiros pedregosos e porosos, da divisão dos lamelliformes ou subdendroides ramosos, proprios das regiões intertropicaes.

MADREPÓRICO, CA. *adj. (min.)* Madrepórico; que contém madreporas.

MADREPORÍFERO, RA. *adj. (zool.)* Madreporifero; que é abundante de madreporas.

MADREPORITA. *f. (min.)* Madreporita; variedade de carbonato de cal de côr pardo escura, similhante ao coral, e que é resultado da crystallisação.

MADRERO, RA. *adj. (fam.)* Madreiro, philomater; diz-se da creança que anda sempre agarrado ou cosido á mãe, e que muito a estima.

MADRESELVA. *f. (bot.)* Madresilva; genero de plantas da familia das caprifoliaceas, apreciadas pela sua bonita folhagem e excellente aroma das flores.

MADRIGADA. *f. (ant.)* Mulher que pela segunda vez contrahiu matrimonio. *Mulier bis nupta.*

MADRIGADO, DA. *adj.* Castiço; diz-se do touro e de outros animaes que já castiçaram. *Taurus admissarius*: — *(fig.)* pratico e experimentado na copula. *Callidus, versutus.*

MADRIGAL. *m. (poet.)* Madrigal; composição poetica em versos endecasyllabos entresachados com alguns heptisyllabos. Ordinariamente é de pouca extensão, não tanto como o epigramma, ao qual genero tambem pertence. *Poematii genus*: — madrigal; peça composta para vozes sem acompanhamento, que esteve muito em voga desde o principio do XVI seculo até principios do seculo XVII.

MADRIGALEJO. *m. dim.* de *Madrigal.* Pequeno madrigal.

MADRIGALESCO, CA. *adj.* Madrigalesco; applica-se ao estylo da musica dos madrigaes.

MADRIGUERA. *f.* Madrigueira; tóca, lapa, cova, onde se recolhem os coelhos e alguns outros animaes. *Cuniculus, i*: — *(fig.)* toca, latibulo, esconderijo; logar retirado e escondido, residencia de gente de maus costumes e má vida. *Latibulum, recessus.*

MADRILEÑO, ÑA. *adj.* Madrilense; natural de Madrid: — *Matritensis.*

MADRILLA. *f. (p. Ar.)* V. *Boga*, peixe de rio.

MADRILLERA. *f. (p. Ar.)* Apparelho para pescar o peixe miudo. *Instrumentum piscatorium.*

MADRINA. *f.* Madrinha; a mulher que leva uma creança á fonte baptismal. *Lustralis mater*: — madrinha; mulher que acompanha outra que vae tomar estado. *Pronuba, æ*: — madrinha, protectora; mulher que protege a alguem em algum negocio ou pretensão. *Patrona, æ*: — V. *Puntal*, columna de madeira: — lançadeira, ou fiador de subjugar; correia ou corda que une dois cavallos ou animaes de tiro para caminharem com igualdade. *Lorum bijuges connectens*: — *(ant.)* V. *Madrastra. Al madrina, que eso ya me lo sabía (rif.)*; isso é mais velho que a sé, mais antigo que azeite e vinagre nas tendas: — *(naut.)* V. *Escora*, na sua primeira accepção: — escora, esteio, espeque; peça com que se reforça ou firma outra peça.

MADRIZ. *f. (ant.)* Matriz, utero, madre: — *(ant.)* matriz, igreja, cidade principal: — logar em que a codorniz faz ninho, ou o sitio em que se cria o ouriço do mar quando está em terra. *Ortygometra, echinœmetra*: — *(prov.)* canal que conduz a agua para a irrigação das terras.

MADRONA. *f. (fam.)* Mãe demasiado carinhosa e condescendente para os filhos. *Indulgens nimis mater*: — *(ant.)* V. *Matrona.*

MADRONCILLO. *m. (inus.)* Morango. V. *Fresa.*

MADROÑAL. *m.* Medronhal; logar plantado de medronheiros. *Ager arbutis consitus.*

MADROÑERA. *f.* V. *Madroñal.*

MADROÑERO. *m. (Murc.)* V. *Madroño*, arvore.

MADROÑO. *m. (bot.)* Medronheiro; genero de plantas da familia das ericaceas, com varias especies arboreas e arbustivas, todas perennaes: — medronho; fructo de medronheiro. *Arbutum, i.*

MADROÑUELO. *m. dim.* de *Madroño.* Medronhosinho.

MADRUGADA. *f.* Madrugada, alva, aurora, diluculo. *Diluculum, prima lux*: — madrugada; acção de madrugar. *Antelucana de lecto surrectio. De madrugada (fr.)*; de madrugada, ao amanhecer, muito cedo. *Primo mane, prima luce.*

MADRUGADOR, RA. *s.* Madrugador; o que madruga. *Diluculo evigilans.*

MADRUGAR. *n.* Madrugar, matinar; levantar-se cedo, ao amanhecer. *Primo, multo mane surgere*: — *(fig.)* madrugar; antecipar-se para qualquer fim. *Prœripere, anteverterè. No por mucho madrugar amanece mas aína, ó mas temprano (fr.)*; nem por muito madrugar amanhece mais cedo.

MADRUGON. *m.* Grande madrugada. *Evigilatio, antelucana surrectio.*

MADRUGUERO, RA. *adj. (ant.)* Madrugador; que madruga, que se antecipa fóra do costume. *Antelucans, precox.*

MADUINA. *f.* Maduina; moeda de oiro piemonteza.

MADURACION. *f.* Maduração, sazonamento; acção e effeito de amadurecer. *Maturatio, onis: —(med.)* maturação; estado de um abcesso que caminha para sua madurez.

MADURADERO. *m.* Madureiro; logar proprio para amadurecer as fructas. É synonymo de *Madurero.*

MADURADOR, RÁ. *adj.* Madurador; que amadurece ou faz amadurecer, *v. g.*, sol madurador. *Maturans, antis.*

MADURAMENTE. *adv.* Maduramente; com madureza, attentamente, consideradamente. *Prudenter.*

MADURAMIENTO. *m. (ant.)* V. *Maduracion: — (fig. ant.)* perfeição, conclusão, bom exito de algum negocio.

MADURANTE. *p. a.* de *Madurar. Maturans, antis.*

MADURAR. *a.* Madurar, maturar, sazonar; fazer amadurecer os fructos. Tambem se usa como neutro. *Maturare, maturescere — (fig.)* fazer as cousas maduramente, estudar um negocio, dirigi-lo de maneira que tenha bom exito. *Cœpta maturare: — n. (fig.)* amadurecer; crescer em idade, juizo e prudencia. *Ad maturitatem pervenire: — a. (med.)* madurar; amadurecer por meio de agentes therapeuticos a formação do pus n'um abcesso. *Coquere, ad maturitatem perducere.*

MADURATIVO, VA. *adj.* Maturativo, maturante; que tem virtude de maturar. *Maturans, antis: — m. (fig. fam.)* correctivo; meio que se applica para abrandar e moderar a irritação de uma pessoa, dispondo-a a favor d'uma outra pessoa ou cousa. *Lenimentum, i: — adj. (pharm.)* maturativo; qualificação dos topicos que se usam para favorecer e accelerar a elaboração do pus ou suppuração de um tumor: — maturativo; diz-se do estimulante que obra excitando as propriedades vitaes e reanimando as partes que carecem de vigor.

MADURAZON. *f. (ant.)* V. *Madurez.*

MADURERO. *m.* V. *Maduradero.*

MADUREZ. *f.* Madurez, maduração; estado do fructo maduro ou sazonado. *Maturitas, atis: — (fig.)* circumspecção, siso, prudencia. *Maturitas, atis: — (fig.)* perfeição de uma cousa. *Maturitas, atis: —(med.)* madurez, maturação; estado de um abcesso em que se formou completamente o pus.

MADUREZA. *f. (ant.)* V. *Madurez.*

MADURÍSIMO, MA. *adj. sup.* de *Maduro.* Madurissimo. *Maturissimus, a, um.*

MADURGADA. *f. (ant.)* V. *Madrugada.*

MADURO, RA. *adj.* Maduro, maturo, sazonado; que attingiu a madurez. *Maturus, a, um: — (fig.)* maduro, circumspecto, judicioso, sabio, sisudo. *Maturus, a, um: —* maduro, velho, idoso: — *(fig.)* maduro; diz-se do negocio ou pretensão que está em estado de dar o resultado que d'ella se espera.

MÁES. *adv.* e *conj. (ant.)* V. *Mas.*

MAESA. *f. (zool.)* V. *Abeja maesa.*

MAESE. *m. (ant.)* V. *Maestro: — coral.* V. *Juego de manos,* por agilidade, etc.

MAESIL. *m.* V. *Maestril.*

MAESO. *m. (ant.)* V. *Maese.*

MAESTAT. *f. (ant.)* V. *Majestad.*

MAESTOSO. *adj. (mus.)* Maestoso; termo italiano que significa magestoso, o qual junto a outro que marque o movimento, lhe dá um certo grau de lentidão mais pronunciado, e indica uma execução grave, e assim se diz: *andante maestoso;* audante magestoso.

MAESTRA. *f.* Mestra; mulher que ensina. *Magistra, praeceptrix: —* mestra; mulher de qualquer mestre. *Magistri, opificis uxor: — (zool.)* V. *Abeja maestra: —* mestra; tudo que instrue ou ensina, como: *la historia es maestra de la vida;* a historia é a mestra da vida. *Magistra, æ: — pl. (naut. ant.)* mestras; as vélas maiores.

MAESTRADAMENTE. *adv. m. (ant.)* Destramente, amestradamente, engenhosamente. *Dexterè, affabrè.*

MAESTRADGO. *m. (ant.)* V. *Maestrazgo.*

MAESTRADO, DA. *adj. (ant.)* Amestrado, dextro, ensinado, artificioso. *Dester, callidus.*

MAESTRAJE, *m. (ant.)* V. *Maestria,* na accepção de mestre de navio.

MAESTRAL. *m.* V. *Maestril: — adj.* magistral; de mestre ou magisterio. *Ad equestris ordinis præfectum seu præfecturam pertinens: — (ant.)* V. *Majistral: — (mar.)* V. *Noroeste* no Mediterraneo. *Corus, i.*

MAESTRALIZAR. *n. (mar.)* V. *Noroestear* no Mediterraneo. *In corum declinare.*

MAESTRAMENTE. *adv. (ant.)* Magistralmente; como mestre. *Dexterè.*

MAESTRANTE. *m.* Cavalleiro que pertence a alguma das sociedades reaes de cavallaria ou de equitação. *Cujusdam ordinis equestris sodalis.*

MAESTRANZA. *f.* Mestrança; reunião de operarios destinados nos arsenaes á construcção e reparo das embarcações ou de seus apetrechos. *Navalium opificum societas: —* sociedade real de cavalleiros, cujo instituto é exercitarem-se no manejo e destreza dos cavallos. *Equestris ordo quidam: — (ant.)* armazem; logar de um arsenal em que estão as madeiras, cabos, lonas e mais objectos *Navalium armamentorum officina: — (mil.)* officina; casa onde se fazem ou concertam armas e objectos correspondentes ao material de guerra: — local ou edificio que occupam estas officinas.

MAESTRAR. *a. (ant.)* V. *Amaestrar.*

MAESTRAZGO. *m.* Mestrado; dignidade de mestre em qualquer das ordens militares.

Equestris ordinis præfectura: — commendas magistraes; territorio da jurisdicção do mestre. *Equestris ordinis præfecti ditio:* — *(ant.)* qualidade, exercicio de mestre, especialmente em arte. *Fabrile magisterium.*

MAESTRE. *m.* Mestre; o superior de qualquer ordem militar. *Equestris ordinis præfectus:* — *(ant.)* mestre, preceptor: — *coral.* V. *Juego de manos,* por agilidade, etc.: — *data (ant.);* notario, escrivão: — *ó maestro de hostal (hist.);* vedor; na casa real de Aragão era o individuo que cuidava do governo economico. *Œconomus:* — *de campo (mil.);* mestre de campo, hoje coronel: — *de campo general;* mestre de campo general; official superior da milicia a quem se confiava o commando dos exercitos. *Legatus, i:* — *de jarcia (naut.);* mestre: o que tem á sua conta o apparelho e velame dos navios. *Navis armamentorum præfectus:* — *de raciones ó de viveres;* despenseiro do navio. *Gran mestre;* grão-mestre; chefe ou cabeça de differentes corpos ou ordens. *Magister.*

MAESTREAR. *a. (ant.)* Assistir, ou entender, com outros, em alguma cousa como mestre. *Rei tanquam magistrum adesse:* — *n. (fam.)* dogmatisar; fazer de mestre. *Magistrum sese jactare, magistri instar agere:* — *(agr.)* descarregar; alliviar a vinha, deixando ao sarmento um palmo de comprido, para o preservar das geadas até que chegue o tempo de se podar. *Vites, palmipedati palmite relicto, putare:* — *(art.)* nivelar alguma parede ou tabique. *Parietem ad libellam ducere, erigere:* — *(naut.)* V. *Maestralizar.*

MAESTRECIOMAR. *m. (ant.)* V. *Juego de manos,* por agilidade, etc.

MAESTREESCUELA. *m.* V. *Maestrescuela.*

MAESTREPASQUIN. *m. (ant.)* V. *Pasquin.*

MAESTRESALA. *m. (ant.)* Mestre-sala, trinchante; domestico que assistia á mesa de um fidalgo, trinchava as iguarias, e as servia aos commensaes. Usava para com o amo a cerimonia de prova-las primeiro á mesa para o certificar de que não estavam envenenadas. *Mensæ structor, prægustator.*

MAESTRESCOLÍA. *f.* Mestre-escolado; dignidade de mestre-escola. *Gymnasiarchæ munus.*

MAESTRESCUELA. *m.* Mestre-escola; dignidade de algumas igrejas cathedraes, que antigamente ensinavam as sciencias ecclesiasticas. *Scholæ præfectus:* — V. *Cancelario* em algumas universidades.

MAESTRIA. *f.* Mestria, habilidade, saber. *Ars, industria, peritia:* — magisterio; entre os regulares a qualidade de mestre. *Magisterium, ii:* — officio de mestre nas embarcações. *Questura, annonæ præfectura in navibus:* — *(ant.)* engano, estratagema. *Dolus, fallacia:* — *(ant.)* remedio, medicina: — *(ant.)* machina, engenho bellico: — *de la cámara (ant.);* emprego e officio no palacio real. *Officium quoddam domûs augustæ.*

MAESTRIL. *m. (agr.)* Cellula de favo de mel, no interior da qual se transforma em insecto a larva da abelha. *Alvearii cellula, qua apis feminæ larva metamorphosin subit.*

MAESTRILLO. *m. dim.* de *Maestro.* Mestresinho. *Cada maestrillo tiene su librillo (rif.);* cada qual tem seu pensar.

MAESTRO. *m.* Mestre, professor; o que ensina alguma arte ou sciencia. *Magister, tri:* mestre; o individuo que em algum officio mechanico era approvado, e o exercia publicamente. *Fabriles operes ritè exercens:* — mestre; artista que emprega alguns officiaes por sua conta, ou trabalha sobre si. *Fabriles operes ritè exercens:* — mestre; pratico e versado em qualquer materia. *Expertus, peritus:* — doutor; individuo que tem o grau superior em philosophia, conferido por alguma universidade. *Magister, tri:* — maestro; musico compositor; como: *Rossini es un maestro;* Rossini é um maestro: — mestre; titulo com que nas ordens religiosas se galardoavam os religiosos benemeritos, ou quando se lhes concedia o cargo de ensinar, chamando-se-lhes padres mestres. *Magister, tri:* — *(ant.)* V. *Cirujano:* — mestre; applica-se particularmente aos grandes pintores que têem illustrado as escolas. *Magister, tri:* — — *adj.* mestre, mestra; tem applicação a certas obras ou artefactos, que por serem principaes, ou acabados com perfeição e artificio, se reputam notaveis em seu genero: — *(fig.)* mestre; applica-se ao irracional adestrado, como *perro maestro, halcon maestro;* cão mestre, falcão mestre, etc. *Edoctus, mansuefactus, domini nutibus parens:* — *m. (ant.)* mestre, gran-mestre de alguma ordem militar: — *aguañon;* official encarregado das aguas e fontes, que sabe a hydraulica. *Hydraulicæ artis peritus:* — *al címbalo;* ensaiador; o que dirige os actores ou a orchestra nos ensaios: — *de altas obras.* V. *Verdugo:* — *de armas;* mestre de esgrima. *Lanista, æ:* — *de capilla;* mestre de capella; professor de musica, compositor d'esta para os templos, e o que nas funcções da igreja dirige os musicos e cantores batendo o compasso. *Chori magister:* — *de ceremonias;* mestre de ceremonias; individuo que nos templos regula as ceremonias segundo o ritual. *Rituum magister:* — *de cocina;* mestre de cozinha ou mestre cozinheiro. *Coquorum magister, præfectus:* — *de escuela;* mestre de escola, mestre de meninos, a que hoje se chama mestre ou professor de instrucção primaria. *Ludimagister, tri:* — *de hacha;* carpinteiro de machado : — *de hernias y roturas.* V. *Hernista:* — *del sacro palacio;* mestre do sacro palacio; empregado do palacio pontificio, que tem a seu cargo o exame dos livros que hão de ser publicados. *Magister sacri palatii:* — *de la nave.* V. *Piloto:* — *de llagas.* V. *Cirujano:* — *de novicios;* mestre de noviços; religioso que nas communidades dirigia e ensinava os noviços. *Novitiorum majister apud cœnobitas:* — *de obras;* mestre de obras; o que cuida da parte material da construcção de um edificio sob o plano de um architecto: — *en artes;* mestre em artes; titulo que se dá ao que obtem o grau maior de philosophia. *Philosophiæ doctor:* — *espiritual.* V. *Director espiritual:* — *mayor;* primeiro architecto. *Architectus publicus:* — *racional (ant. p. Ar.)* ministro das finanças ou da fazenda. *Al maestro cuchillada (fam.);* mestre das catanadas; usa-se esta expressão quando se emenda ou corrige alguem que presume saber ou entender de uma cousa. *El ejercicio hace maestro (fr.);* usa e serás mestre: — mestre; em geral é todo o chefe de um estabelecimento artistico. *Magister, tri:* — *(naut.)* mastro mestre de uma embarcação: — *mayor de la fábrica de navios;* engenheiro naval, ou director das construcções maritimas: — *de vela;* mestre de vélas; aquelle que as corta e sabe mandar fazer.

Mavorte. *m.* *(ant.)* Toucado proprio das mulheres casadas e das viuvas religiosas: — especie de capa ou chlamyde que usavam os monjes egypcios, que lhes cobria o collo e as costas.

Magacen. *m.* *(ant.)* V. *Almacen.*

Magada. *f.* *(mus.)* V. *Magadis.*

Magadaña. *f.* *(ant.)* Phantasma, espantalho.

Magadis. *f.* *(mus. ant.)* Magadis; lyra de vinte cordas afinadas em oitava de duas em duas, usada entre os gregos.

Magallana. *f.* *(bot.)* Magallana; genero de plantas da familia das tropeoleas.

Maganel. *m.* *(ant.)* Maganello; machina de guerra propria para bater muralhas. *Bellicum quoddam tormentum oppugnando aptum.*

Maganto, ta. *adj.* *(ant.)* Melancolico, doente. *Mœstus, a, um.*

Magaña. *f.* *(ant.)* Escaravalho; falta de continuidade que fica no interior da peça de artilheria por ter sido mal fundida. *Æneì tormenti bellici prava conflati scabredo interior:* — *(ant.)* astucia, dolo, ardil. *Insidiæ, dolus.*

Magar. *(conj. ant.)* V. *Aunque:* — *m.* magar; nome dado a certos magicos de Mingrelia.

Magarzuela. *f.* *(bot.)* V. *Manzanilla hedionda.*

Magdalena. *f.* Bôlo composto de assucar, summo de limão, farinha, ovos, e mais substancias.

Magdalenitas. *f. pl.* *(rel.)* Magdalenitas; religiosas que se dedicavam á conversão das pessoas de sexo feminino, que já tinham perdido o pudor.

Magdaleon. *m.* *(pharm.)* Magdaleão; nome dos medicamentos que se conservam enrolados á maneira de cylindros, e particularmente dos emplastros e das massas pilulares. *Magdalides, magdalia.*

Mager. *(conj. ant.)* V. *Aunque.*

Magha. *m.* *(chron.)* Magha; nome do primeiro mez dos Indios.

Magia, Mágica. *f.* Magía, magica; sciencia ou arte supposta que ensina a obrar cousas prodigiosas: — *(fig.)* magia, fascinação, prestigios, encanto de alguma pessoa ou cousa: — *blanca ó natural;* magica branca ou natural; a que com o auxilio de causas naturaes obra effeitos extraordinarios e surprehendentes, que á primeira vista parecem sobrenaturaes. *Naturalis magia:* — *negra;* magica negra ou diabolica; arte supersticiosa e abominavel que pretende illudir o vulgo, fazendo-o crer que com o auxilio ou intervenção dos espiritos infernaes se pôde gosar tudo, por mais difficil e extraordinario que seja. *Superstitiosa magia.*

Mágica. *f.* V. *Magia.*

Mágico, ca. *adj.* Magico; pertencente á magia. *Magicus, a, um:* — *(fig.)* magico, maravilhoso, extraordinario, sobrenatural: — *m.* magico, encantador, mago. *Magus, incantator. Linterna mágica.* V. *Linterna.*

Magidáride. *m.* *(bot.)* Magídaride; genero de plantas da familia das umbelliferas.

Magiella. *f.* *(ant.)* V. *Mejilla.*

Magilo. *m.* *(zool.)* Magilo; genero de molluscos gasteropodas.

Magilla. *f.* *(ant.)* V. *Mejilla.*

Magin. *m.* *(fam.)* V. *Imaginacion:* — entendimento, juizo.

Mágines. *m. pl.* *(ant.)* V. *Imágenes.*

Magismo. *m.* *(philos.)* Magismo; doutrina dos sacerdotes da antiga Persia.

Magisterial. *adj.* Magistral; que pertence ao magisterio. *Ad magisterium pertinens.*

Magisterio. *m.* Magisterio; exercicio, sciencia de mestre em relação aos seus discipulos. *Magisterium, ii:* — magisterio; qualidade ou grau de professor que se confere em alguma faculdade. *Magisterium, magistri dignitas, gradus:* — magisterio; corpo collectivo dos mestres ou professores: — *(fig.)* gravidade affectada e presumpçosa no que se faz ou aconselha. *Affectata gravitas:* — *(pharm.* e *chim.)* magisterio; nome com que antigamente se designavam os compostos, principalmente mineraes, a que se attribuiam virtudes superiores, e cuja preparação era feita secretamente nas boticas: — V. *Precipitado:* — *de azufre;* enxofre obtido pela precipitação de um sulphureto: — *de bismuto;* magisterio de bismutho, sub-nitrato de bismutho: — *de jalapa;* magisterio de jalapa; resina de jalapa.

Magistrado. *m.* Magistrado; toda a pessoa revestida da auctoridade publica com poder e jurisdicção. *Magistratus, us:* — *(ant.)* magistratura; dignidade ou emprego de magistado. *Magistratus, us:*—magistratura; corpo, assembléa, conselho dos magistrados. *Magistratus:* — qualquer tribunal. *Senatus, us. Magistrados extraordinarios (hist.);* magistrados extraordinarios; os que se creavam em Roma em circumstancias anormaes, como os dictadores: — *mayores;* magistrados maiores; os nomeados nos comicios por centurias, como os consules e os pretores: — *menores;* magistrados menores; os de auctoridade limitada, e nomeados nos comicios por tribus, como os tribunos: — *ordinarios;* magistrados ordinarios; os que persistem em todo o tempo para a policia e administração das cidades, como os pretores e tribunos.

Magistral. *adj.* Magistral; de mestre. *Magistralis, le:* — magistral, decisivo, fallando do tom ou maneira de decidir: — magistral; applica-se a um dos quatro canonicatos de officio, cujo emprego é prégar. *Magistralis:* — *m.* individuo que obtem o canonicato chamado magistral: — *(pharm.)* magistral; bebida anti-venerea. *Composiciones magistrales;* composições magistraes; as preparações que o boticario deve preparar na propria occasião, á vista da receita.

Magistralmente. *adv. m.* Magistralmente; com mestria, como mestre. *Ut magistrum decet:* — magistralmente; em tom imperioso.

Magistratura. *f.* Magistratura; cargo, dignidade de magistrado. *Magistratûs numus, dignitas:* — magistratura; o tempo que dura o cargo de magistrado: — magistratura; corpo, classe de magistrados: — magistratura; a carreira da toga.

Magma. *f. (chim.)* Magma; massa espessa e gelatinosa: — magma; linimento espesso, que apenas contém liquido para evitar d'esta maneira que se estenda e que escorra quando se applica: — magma; sedimento ou materia espessa que fica depois de espremidas as partes mais fluidas de alguma substancia.

Magná. *m. (ant.)* V. *Maná.*

Magnala. *f. (phys.)* Magnala; o supposto espirito da agua.

Magnánimamente. *adv. m.* Magnanimamente; de um modo magnanimo. *Magno animo.*

Magnanimidad. *f.* Magnanimidade, grandeza de animo. *Magnanimitas, atis.*

Magnánimo, ma. *adj.* Magnanimo, generoso, liberal, de alma grande. *Magnanimus, a, um.*

Magnate. *m.* Magnate, grande, potentado; pessoa illustre, principal ou influente de alguma cidade, provincia ou reino. Usa-se commummente no plural. *Procer, optimas.*

Magnesia. *f, (chim.)* Magnesia; especie de terra branca, alcalina e pulverulenta, leve, insipida, insoluvel na agua, soluvel nos acidos, que se usa na medicina. *Magnesia, lactenæ:* — *(ant.)* magnesia; entre os alchimistas se chamava assim á pedra dos sabios ou ao mercurio philosophal: — magnesia; uma das oito terras cruas por largo tempo primitivas, que hoje se conhece ser o oxydo de magnesio.

Magnésico, ca. *adj. (chim.)* Magnesiano, magnesico; denominação das preparações que têem por base a magnesia: — magnesiano; da magnesia.

Magnesio. *m. (chim.)* Magnesio; metal sollido, branco, parecido com a prata, duro, brilhante, que entre outras propriedaees tem a virtude de decompor a agua á temperatura ordinaria, e produz a magnesia, combinando-se com o oxygenio.

Magnesita. *f. (min.)* Magnesita; tri-silicato de magnesia hydratado, que vulgarmente se conhece pelo nome de espuma do mar.

Magneta. *f. (ant. phys.)* Magnete, pedra iman, bussola.

Magnéticamente. *adv. m.* Magneticamente; de uma maneira magnetica.

Magnético, ca. *adj. (phys.)* Magnetico; relativo ou pertencente á pedra iman ou ao magnetismo. *Magneticus, a, um. Acimuth magnético;* azimuth magnetico; medida da declinação magnetica. *Aguja magnética;* agulha magnetica; barrinha de aço tocada pelo iman, por meio do qual adquiriu propriedades magneticas. *Atraccion magnética;* attracção magnetica; propriedade que possue o iman de attrahir o ferro e o aço. *Corriente magnética;* corrente magnetica. V. *Corriente. Emplasto magnético;* emplastro magnetico; emplastro que usavam os antigos, que tinha por base um mixto de iguaes partes de enxofre, antimonio e arsenico. *Ecuador magnético.* V. *Ecuador. Fluido magnético.* V. *Fluido. Maridiano magnético;* meridiano magnetico; plano perpendicular á direcção da agulha magnetica. *Sueño magnético;* somno magnetico; estado de um individuo que se adormece pela influencia do magnetisador. *Torbellino magnético;* turbilhão magnetico; materia magnetica que se desprende dos polos do iman, e em virtude da qual um corpo é impellido a unir-se com outro que tem menos facilidade para mover-se: — *(fig.)* magnetico, sympathico.

Magnetismo. *m. (phys.)* Magnetismo; propriedade que o iman possue de attrahir o aço e o ferro. *Magnetica vis, virtus:* — magnetismo; grupo de phenomenos resultantes da propriedade magnetica do iman: — *animal;* magnetismo animal; influencia reciproca que se exerce entre alguns individuos, em virtude da harmonia de relações que se estabelece, já pela sensibilidade physica, já pela vontade ou pela imaginação, em que os principaes phenomenos são a sonolencia, o somnambulismo e um estado convulsivo: — *terrestre;* magnetismo terrestre; acção que parece exercer a terra sobre a agulha magnetica, considerando o nosso globo como um grande iman de polos oppostos.

MAGNETIZACION. *f. (phys.)* Magnetisação; acção de magnetisar ou dar a virtude magnetica ao ferro, friccionando-o contra o iman: — magnetisação; acção de magnetisar uma pessoa ou um animal: — magnetisação; estado de uma pessoa ou cousa magnetisada: — magnetisação; influencia exercida voluntaria ou involuntariamente por um individuo em outro.

MAGNETIZADO, DA. *adj.* Magnetisado; que soffreu a magnetisação.

MAGNETIZADOR, RA. *s.* Magnetisador; o que magnetisa.

MAGNETIZAR. *a (phys.)* Magnetisar; communicar, pôr em acção o fluido magnetico, fazendo com que se desenvolva n'algum corpo, como succede com o ferro. *Ferro magneticam vim infundere:* —V. *Imantar.*

MAGNETOFENIA. *f. (phys.)* Magnetophenia; parte da physica que trata dos phenomenos ou effeitos magneticos.

MAGNETOFÉNICO, CA. *adj. (phys.)* Magnetophenico; pertencente ou relativo á magnetophenia.

MAGNETÓIDEO, DEA. *adj. (phys.)* Magnetoideo; relativo ou pertencente á magneitoides.

MAGNETOIDES. *f. (phys.)* Magnetoides; divisão da magnetologia, que comprehende todos os factos que apresentam grande analogia com os phenomenos magneticos, mas sem identidade com estes.

MAGNETOJENIA. *f. (phys.)* Magnetogenia; parte da physica que trata da producção dos effeitos magneticos.

MAGNETOJÉNICO, CA. *adj. (phys.)* Magnetogenico; relativo ou pertencente á magnetogenia.

MAGNETÓLOGO. *m. (phys.)* Magnetologo; pessoa que se dedica á magnetologia, ou que é versado n'este ramo de sciencia.

MAGNETOLOJIA. *f. (phys.)* Magnetologia; tratado ácerca do iman e do magnetismo: — magnetologia; nome generico que comprehende a sciencia do magnetismo animal, seus meios, resultados, causas e effeitos.

MAGNETOLÓJICO, CA. *adj. (phys.)* Magnetologico; relativo ou pertencente á magnetologia.

MAGNETÓMETRO. *m. (phys.)* Magnetometro; apparelho para dar a conhecer e comparar as forças attractivas das diversas classes de imans ou magnetes.

MAGNETOTECNIA. *f. (phys.)* Magnetotechnia; parte da physica que trata das operações e instrumentos usados para artificialmente produzir o estado magnetico.

MAGNETOTÉCNICO, CA. *adj. (phys.)* Magnetotechnico; pertencente ou relativo á magnetotechnia.

MAGNÍFICAMENTE. *adv. m.* Magnificamente, com magnificencia, sumptuosa, esplendidamente. *Magnificè.*

MAGNIFICAR. *a.* Magnificar, engrandecer, exaltar. *Magnificare, laudibus extollere:* — *(phys.)* magnificar; em optica significa o mesmo que augmentar, exagerar.

MAGNÍFICAT. *m. (rel.)* Magnificat; cantico da Virgem, assim chamado por começar por este termo latino. *Magnificat.*

MAGNIFICENCIA. *f.* Magnificencia, generosidade, munificencia. *Magnificentia, æ:* — magnificencia, pompa, sumptuosidade. *Magnificentia, æ.*

MAGNÍFICO, CA. *adj.* Magnifico, esplendido, pomposo. *Illustris:* — magnifico, excellente; a proposito para o fim que se deseja: — magnifico; perfeito, de merito extraordinario. *Magníficos señores (hist.);* magnificos senhores; titulo de honra e de dignidade que no seculo v foi outorgado exclusivamente aos patricios. *Magnificus:* — magnifico; titulo conferido ao soberano conselho de algumas republicas suissas. *Autoridad magnífica;* auctoridade magnifica; titulo honorifico que os imperadores romanos concediam a seus funccionarios. *Magnificus.*

MAGNÍLOCUO, CUA. *adj. (ant.)* V. *Grandílocuo:* — magniloco, grandisono, sublime.

MAGNITUD. *f.* Magnitude; grandeza, volume de algum corpo. *Magnitudo, inis:* — magnitude; grandeza respectiva das estrellas. *Magnitudo, inis:* — *(fig.)* magnitude, grandeza, dignidade. *Magnitudo, inis:* — *de un eclipse;* magnitude de um eclipse, grandeza de um eclipse; parte eclipsada de um astro, do sol ou da lua. *Magnitudes comensurables;* magnitudes commensuraveis; grandezas em que se podem calcular suas relações ou proporções: — *incomensurables ó irracionales;* magnitudes incommensuraveis ou irracionaes; aquellas que se não podem medir ou calcular.

MAGNO, NA. *adj.* Magno, manho, grande. Usa-se como epitheto applicado a algumas pessoas illustres; como: *Alejandro Magno;* Alexandre Magno. V. *Grande:* — *m. (p. Perú.)* especie de concha de cochonilha silvestre, que se emprega na tinturaria.

MAGNOLIA. *f. (bot.)* Magnolia; genero de plantas da familia das magnoliaceas, com varias especies arboreas notaveis pela belleza de suas folhas e flores.

MAGNOLIÁCEAS. *f. pl. (bot.)* Magnoliaceas; familia de plantas dicotyledoneas polipetalas.

MAGO, CA. *adj., s.* Mago, magico, feiticeiro. *Magus, incantator:* — mago, sabio; applica-se aos antigos sabios e philosophos do Oriente: — magos; commummente serve para designar os tres reis, que foram adorar Jesus Christo recemnascido. *Magus, i.*

Magofonia. *f. (hist. ant.)* Magophonia; festa celebrada pelos persas em memoria da matança dos magos e do falso Esmerdis por sete senhores persas, 521 annos antes de Jesus Christo.
Magonia. *f. (bot.)* Magonia; genero de plantas da familia das sapindaceas.
Magostar. *a. (p. Gal.* e *Leão.)* Fazer um magusto.
Magosto. *m. (p. Gal.* e *Leão.)* Magusto; merenda de castanhas assadas na fogueira.
Magra. *f.* Fatia, posta de presunto. *Pernæ porcinæ frustum.*
Magrafe. *m. (mus. ant.)* Magrafe; instrumento de vento dos hebreus.
Magrecer. *a. (ant.)* V. *Enmagrecer.* Tambem se usa como reciproco e neutro.
Magredina. *f. (comm.)* Magredina; téla de algodão que se fabrica no Oriente.
Magrez. *f. (ant.)* Magreza, emmagrecimento. *Macies, ei.*
Magreza. *f. (ant.)* V. *Magrez.*
Magrica, lla, ta. *f. dim.* de *Magra.* Fatiasinha de presunto.
Magrico, ca, llo, lla, to, ta. *adj. dim.* de *Magro.* Magrinho, magrosinho.
Magro, gra. *adj.* Magro, descarnado, secco. *Macer, cra, crum.*
Magrujo, ja. *adj. (ant.)* V. *Magro.*
Magrura. *f.* V. *Magrez.*
Magua. *f. (p. Cub.)* V. *Chasco.*
Maguar. *(conj. ant.)* V. *Aunque.*
Maguarse. *r. (p. Cub.* e *Canarias.)* Enfadar-se por algum chasco.
Magüer, Mahüera. *(conj. ant.)* V. *Aunque:— que (conj. ant.)* V. *Aunque.*
Magüera. *(conj. ant.)* V. *Magüer.*
Magüeto, ta. *adj. (prov.)* V. *Novillo.*
Maguey. *m. (bot.)* V. *Abrica.*
Maguillo. *m. (bot.)* Macieira silvestre que em Murcia e Granada costumam enxertar.
Magujo. *m. (art.)* Magujo; instrumento de ferro para tirar a estopa velha e antiga das juntas do casco e cobertas da embarcação. *Uncus ferreus nauticus.*
Maguladura. *f. (ant.)* V. *Magulladura.*
Magular. *a. (ant.)* V. *Magullar.*
Magulla. *f. (ant.)* V. *Magulladura.*
Magulladura. *f.* Magoadura, pisadura, contusão, nodoa negra. *Suggillatio, onis.*
Magullamiento. *m.* Magomento; acção e effeito de magoar, de pisar. *Suggillatio, contusio.*
Magullar. *a.* Magoar, pisar; bater ou comprimir violentamente um corpo, fazendo-lhe contusão sem solução de continuidade. *Suggillare, contundere.*
Maguyar. *(conj. ant.)* V. *Aunque.*
Mahabarata. *m. (litt.)* Mahabarata; grande epopéa sanscripta, que tem por assumpto as guerras dos koros e dos bandos, descendentes de Bharata, principe da dynastia lunar.
Mahabub. *m.* Mahabub; moeda de oiro de Tripoli e de Tunes:— *ó zequi mahabub;* mahabub ou zequi mahabub; moeda de prata do Egypto.
Maha-Omarat. *m. (hist.)* Maha-Omarat; titulo do ministro encarregado de representar o rei de Siam durante a sua ausencia.
Maharactri. *m.* Maharactri; nome de um dialecto especial de que se servem os poetas indios modernos.
Maharam. *m. (chron.)* Maharam; primeiro dos mezes persas:— mez dos arabes correspondente ao nosso setembro.
Maharatas. *m. pl. (hist.)* V. *Mahratas.*
Maharon, na. *adj. (ant.)* Infeliz, desditoso, miseravel. *Infelix, miser.*
Maherimiento. *m. (ant.)* Preparação, preparamento; acção e effeito de preparar ou previnir alguma cousa. *Apparatus, commeatus.*
Maherir. *a. (ant.)* Prevenir, antecipar alguma cousa. *Paratum habere.*
Mahernia. *f. (bot.)* Mahernia; genero de plantas da familia das byttneriaceas.
Mahesvari. *m. (hist.)* Mahesvari; individuo de uma seita religiosa no Indostão, ramo da seita dos Sivaitas.
Mahmudi. *m.* Mahmudi; moeda de prata e de oiro na Turquia.
Mahometano. *m.* Mahometano; sectario da seita de Mafoma. *Mahometanus:* — *adj.* mahometano; pertencente a Mafoma ou á sua seita. *Mahometanus, a, um. Año mahometano (chron.);* anno mahometano; anno lunar, que principia no anniversario da Hegira, e que é alternativamente de 354 ou 355 dias.
Mahomético, ca. *adj. (ant.)* V. *Mahometano.*
Mahometismo. *m. (rel.)* Mahometismo; religião que admitte um só Deus e a missão de um propheta chamado Mahomet.
Mahometista. *m. (ant.)* Mahometano; sectario da lei de Mafoma ou Mahomet.
Mahometizar. *n.* Professar a lei de Mafoma. *Mahometanam profiteri sectam.*
Mahon. *m. (com.)* Nankim; tecido de algodão de côr amarello deslavado, chamado do *Mahon,* em Hespanha, o qual é um objecto especial do commercio de importação de Mahon, nas ilhas Baleares. *Gosypinæ telæ genus.*
Mahona. *f. (naut.)* Mahonna; embarcação turca de transporte: — *(ant.)* V. *Galeaza.*
Mahonés, sa. *adj.* Mahonez; natural de Mahon, capital da ilha de Minorca.
Mahozmedin. *m. (ant.)* Mahozmedin; moeda antiga. V. *Maravedi de oro.*
Mahurea. *f. (bot.)* Mahurea; genero de plantas da familia das ternstremiaceas.
Maido. *m.* V. *Maulido.*
Maiella, *f. (ant.)* V. *Presa,* bocado de carne.
Maillechort. *m. (art.)* V. *Alpaca.*
Maimon. *m.* V. *Bollo:* — *pl. (p. And.)* assorda; sopa fervida com azeite, sal e agua, que se usa muito nos povos do littoral: — *(zool.)* maimão; especie de mammife-

ros do genero macaco, caracterisados por uma cauda mais curta que o corpo, e ás vezes muito pequena.

MAIMONETE. *m. (ant. naut.)* V. *Maimoton.*

MAIMONIDEO, DEA. *adj.* Maimonideo; diz-se da doutrina e dos discipulos do philosopho judeu Maimonides, que explicou e propagou, no seculo XII, as idéas peripateticas de Averroes.

MAINADA. *f. (ant.)* V. *Mesnada.*

MAINADORIO. *m. (ant.)* Nome que antigamente se dava em Hespanha, e particularmente no reino de Aragão, á pessoa que pelo menos por parte do pae, pertencesse a uma familia de rico homem, o que lhe dava entrada no palacio para servir o rei.

MAINATO. *m. (zool.)* Mainato; genero de aves da familia dos esturnideos, da ordem dos passaros.

MAINEL. *m. (prov.)* V. *Claraboya.*

MAIPURÍ. *m. (zool.)* Maipuri; nome do tapu em Cayenna.

MAIRIA. *f. (bot.)* Mairia; genero de plantas da familia das compostas.

MAIS. *adv. (ant.)* V. *Mas, Sino.*

MAISON. *f. (ant.)* V. *Casa.*

MAITINADA. *f. (fam.)* Madrugada inopportuna.

MAITINANTE. *m.* Matinante; o que costuma ir a matinas. *Qui antelucanis precibus cantandis:* — ecclesiastico que em certas cathedraes é obrigado a assistir ás matinas.

MAITINARIO. *m. (ant.)* Matutinario; livro que contém as matinas.

MAITINERO. *m.* V. *Maitinante.*

MAITINES. *m. pl. (rel.)* Matinas; a primeira das horas canonicas que antigamente se rezava, e que ainda hoje se reza em algumas igrejas antes de amanhecer. *Anteluca-næ nocturnæ preces.*

MAIZ. *m. (bot.)* Maiz ou milho grosso; genero de plantas monocotyledoneas, da familia das gramineas, que contém varias especies oriundas da America.

MAIZAL. *m.* Maizal; campo semeado de maiz.

MAJADA. *f.* Malhada, redil; logar onde estaciona de noite o gado. *Magalia, ovile:* — *(ant.)* V. *Posada:* — *(p. A.)* rebanho de ovelhas.

MAJADAL. *m.* Malhadeiro; campo que serviu de malhada, e que está beneficiado com o esterco do gado. *Stercoratus ager.*

MAJADEAR. *n.* Pernoitar o gado em alguma malhada. *In ovilia pecus se recipere:* — *a.* fazer que o gado pernoite em uma herdade ou campo, e assim se diz: *majadear un campo.*

MAJADERAMENTE. *adv.* Rusticamente, estupidamente. *Stultè.*

MAJADERÍA. *f.* Tolice, baboseira, fatuidade; dito ou feito nescio ou imprudente. *Stultitia, æ.*

MAJADERICO. *m. (ant.)* Especie de guarnição na fimbria do vestido. *Fimbriæ species.*

MAJADERILLO, LLA, TO, TA. *adj. dim.* de *Majadero.* Tolinho: — *m.* agulha de fazer rendas. *Paxillus reticullatis fimbriis conficiendis.*

MAJADERO, RA. *adj. (fig.)* Malhadeiro, tolo, curto de engenho. *Stolidus, stultus:* — *m. (ant.)* malhadeiro; mão do gral, do almofariz. *Pistillum, i:* — *(ant.)* cada um dos fusos de fazer rendas ou outros lavores identicos. *Paxillus reticulatis fimbriis conficiendis. Anda el majadero de otero en otero, y viene a quebrar en el hombro bueno (rif.);* quasi sempre paga o justo pelo peccador.

MAJADERON, NA. *adj. aug.* de *Majadero.*

MAJADOR, RA. *s.* Pisador; o que pisa. *Qui pinsit.*

MAJADURA. *f. (ant.)* Pisadura; acção e effeito de pisar. *Pisatio, onis:* — *(fig. ant.)* açoute, azorrague. *Flagrum, i.*

MAJAGRANZAS. *m. (fam.)* Malsisudo, boto, inepto, grosseiro; applica-se ao homem nescio e enfadonho. *Stupidus, a, um.*

MAJAGUA. *m. (bot.)* V. *Belocia.*

MAJAL. *m. (art.)* V. *Cardume ó Cardumen.*

MAJAMENTO, MAJAMIENTO. *m. (fig. ant.)* Affliççâo, pena. *Flagellum, pœna.*

MAJANO. *m.* Balisa, monte de pedras soltas nas terras de lavor, nas encruzilhadas ou divisões de caminhos, para servir de limites. *Lapidum, tumulus.*

MAJAR. *a.* Maçar, pisar. *Pinsere:* — *(fig.)* moer, molestar, enfadar. *Molestum, gravem esse alicui.*

MAJARETE. *m. (p. Cub.)* Manjar doce, que se faz com o summo de maiz tenro, ralado e misturado com leite e assucar, fazendo-o adquirir ponto ao lume.

MAJARI. *m.* Ladrilho que se emprega no pavimento das habitações.

MAJARRANA. *f. (p. And.)* V. *Tocino fresco.*

MAJATA. *f. (ant.)* V. *Majada, de gado.*

MAJENCÁ. *f. (agr. p. Murc.)* Cava das vinhas.

MAJENCAR. *a. (agr. p. Murc.)* Cavar as vinhas.

MAJENCIA, MAJERÍA. *f. (fam.)* Charlataneria, fanfarrice.

MAJESTAD. *f.* Magestade, excellencia, sublimidade, magnificencia. *Dignitas, magestas:* — magestade; gravidade que alguma pessoa apresenta no semblante ou acções. *Gravitas, dignitas:* — magestade; tratamento honorifico que se dá aos monarchas europeus. *Magestas, atis. Crímen de lesa majestad;* crime de lesa magestade; delicto commettido contra o soberano ou contra o estado.

MAJESTOSO, SA. *adj.* V. *Majestuoso.*

MAJESTUOSAMENTE. *adv. m.* Magestosamente, decorosamente; com dignidade. *Decorè, graviter.*

MAJESTUOSIDAD. *f.* Magestade, excellencia, sublimidade. *Magestas, atis.*

MAJESTUOSO, SA. *adj.* Magestoso, augusto, sublime. *Decorus, gravis.*

MAJETA. *f. (bot.)* Mageta; genero de plantas da familia das melastomaceas, indigenas da America tropical.

MAJEZA. *f. (fam.)* V. *Majencia.*

MAJIA. *f.* V. *Magia.*

MÁJICO, CA. *adj.* e *s.* V. *Mágico.*

MAJINES. *m. pl. (ant.)* V. *Imágines.*

MAJISTERIAL. *adj.* V. *Magisterial.*

MAJISTERIO. *m.* Magisterio. V. *Magisterio.*

MAJISTRADO. *m.* V. *Magistrado.*

MAJISTRAL. *adj.* V. *Magistral.*

MAJISTRATURA. *f.* V. *Magistratura.*

MAJIELLA. *f. (ant.)* V. *Mejilla.*

MAJO, JA. *s.* Petimetre, peralta; pessoa que no porte, traje e acções affecta uma tal ou qual liberdade e affectação. *Blatero, onis:* — *adj.* vistoso, adornado:—fanfarrão.

MAJOCAS. *f. pl. (prov.)* Nome que em algumas partes dão ás judias.

MAJOLAR. *m. (ant. agr.)* Vinha nova. *Vinetum novum:* — *a. (ant.)* atacar os sapatos com fitas ou com atacadores de couro. *Corrigiis calceos aptare.*

MAJORANA. *f. (ant.)* V. *Mejorana.*

MAJORCA. *f.* V. *Mazorca.*

MAJUELA. *f.* Fructo do espinheiro alvar: — correia ou atacador de couro com que se atam os sapatos. *Corrigia, æ.*

MAJUELA. *m. (agr.)* Vinha nova. *Nova vinea:* — *(p. Rioj.)* bacello ou cepa nova. *Vitis nova:* — *(bot.)* espinheiro alvar, cardo branco. V. *Espino albar.*

MAKEMBA. *(rel.)* Makemba; idolo dos negros do Congo, que preside á saude do rei.

MAL. *m.* Mal; o contrario ao bem, o que tem imperfeição positiva, pelo que se afasta do que é licito e honesto. *Malum, i:* — mal; damno, prejuizo recebido na pessoa ou fazenda. *Detrimentum, incommodum:* — mal, achaque, enfermidade. *Morbus, i:*— mal, calamidade, infortunio:—*adj.* V. *Malo,* mau; usa-se sómente anteposto ao substantivo masculino; e assim se diz: *Mal humor, mal dia, etc.;* mau humor, mau dia, etc.: — *adv.* V. *Malamente;* maliciosamente, com malevolencia, irregularmente. *Pravè, nequiter:* —mámente; com imperfeição, inadvertidamente. *Perperam:*— mal, apenas, com difficuldade, pouco; e assim se diz: *anda mal, come mal;* anda mal, come mal, come pouco. *Parùm. Mal de mi grado, mal de tu grado, mal de su grado (fr.);* mau grado meu, mau grado teu, mau grado seu; a meu, a teu, a seu pesar, como quem não quer. *Me, te, se illo invito. Mal ajeno de pelo cuelga (rif.);* mal alheio pesa como um cabello. *Mal de ojo;* olhado, quebranto, fascinação. *Fascinatio, onis. Mal haya;* mal haja; especie de interjeição imprecatoria, como quando se diz: *Mal haya el diablo;* mal haja o diabo. *Dii te, illum perdant. Mal que bien;* expressão que significa de boa ou má vontade, bem ou mal feito. *Æquo, sive iniquo animo. Mal que le pese.* V. *Mal de su grado. Allá vaya el mal do comen el huevo sin sal (rif.);* ninguem faça mal á conta de lhe vir bem. *Á mal de su grado (fr.)* V. *Mal de su grado. Bien bengas, mal, si vienes solo (rif.);* uma desgraça nunca vem só. *Del mal el menos (loc. fam.);* do mal o menos, o menor. *Minima de malis. De mal en peor (loc. fam.);* de mal a peior. *In pejus. Echar á mal (fr.);* deitar para mal; desapreciar alguma cousa, te-la em pouco. *Contemnere, projicere. Echar á mal ó á mala parte;* deitar para mal, deitar á má parte, para mau sentido. Tambem significa desperdiçar e empregar mal uma cousa. *Disperdere. El mal del milano las alas quebradas y el pico sano (rif.);* muita parra pouca uva. *El mal entra á brazadas, y sale á pulgadas (rif.);* o mal entra ás braçadas, e sáe ás pollegadas; as doenças vem a galope e vão-se a pé. *En mal de muerte no hay médico que acierte (rif.);* quando é de morte o mal, não ha medico para curar tal, ou do céu lhe venha o remedio. *Morti frustra remedium quæras. Hacer mal á alguno (fr.);* fazer mal a alguem; persegui-lo, desfavorece-lo. *Persequi, malo afficere. Hacer mal alguna cosa (fr.);* fazer mal alguma cousa; prejudicar, ser nociva. *Nocere. Hacer mal á un caballo (fr.);* conduzir á risca um cavallo; governa-lo com dextreza para obedecer ao freio e á espora. *Equum regere, domare, freno docilem reddere. Hacérsela de mal (fr.);* custar os dentes da bôca; *Ægrè ferre. Mas mal hay en la aldehuela del que se suena (rif.);* mal usa quem não cuida. *Meter en mal (fr.);* intrigar, metter zizanias. *Discordias serere. No hace poco, o es un loco, quien su mal echa á otro;* aquelle não faz pouco, que seu mal deita a outro. *Callidus suam in alium culpam confert. No hacer mal a um gato (fr.);* não fazer mal a um passarinho. *Paga lo que debes, sanarás del mal que tienes (rif.);* paga o que deves, sanarás o teu mal. *Para el mal que hoy acaba no es remedio el de mañana;* para mal que hoje acaba não ha remedio, o de ámanhã não basta. *Serò sapiunt Phriges. Poner en mal (fr.);* pôr a calva á mostra; descompor alguem. *Aliquem in invidiam adducere, odia in illum conflare. Quien canta, sus males espanta (rif.);* quem canta seus males espanta. *Quien escucha, su mal oye (rif.);* quem escuta de si ouve. *De mal cuervo, mal huevo,* de mau corvo mau ovo, quem sáe aos seus não degenera: —*(med.)* mal; tudo que é contrario ao estado de saude: — *ardiente;* mal ardente, erysipela, anthrás epidemico, ou qualquer outra enfermidade inflammatoria, principalmente caracterisada por uma sensação de calor ardente: — *caduco;* mal caduco. V. *Epilepsia:* — *de Asturias.* V. *Mal de la rosa:* — *de aventura;* especie de panaricio que ordinariamente se forma em consequencia de uma picada junto ás unhas dos dedos das mãos: —*de corazon.* V. *Epilepsia, Gota coral:* —V. *Náusea:* —*de Crimea;* mal da Crimea; enfermidade frequente entre os habitantes da Criméa, e bastante analoga á lepra: —*de estómago;* mal de estomago; nome vulgar de todas as sensações penosas que se experimentam na região epigastrica, aindaque não tenham logar no proprio estomago: —*de garganta;* mal de garganta. V. *Anjina:* —*de la rosa;* variedade de lepra que se observa em varias provincias da Hespanha, especialmente nas Asturias: —*del Canadá;* mal do Canadá; erupção de pustulas pequenas nos labios, lingua ou no interior da bôca, cujo caracter corrosivo é causa algumas vezes de se destruirem as linguas completamente. Ataca particularmente as creanças, e parece que é endemica n'aquelle paiz: —*de valle ó de valles (p. Perú);* certa enfermidade endemica da America meridional: —*de madre.* V. *Histérico:* —*de mandíbulas.* V. *Trismo:* —*de mar.* V. *Mareo:* —*de piedra;* mal da pedra; enfermidade que resulta do desenvolvimento de areias ou calculos nos rins ou na bexiga: —*de Pott;* mal de Pott; caria de uma ou mais vertebras, assim chamada da excellente descripção que d'ella fez o cirurgião inglez Pott: —*de San Anton.* V. *Fuego de San Anton:* —*de San Juan.* V. *Epilepsia:* —*de San Lázaro.* V. *Elefantiasis:* —*de Santa María.* V. *Lepra, Sífilis:* —*de Siam;* mal de Sião; nome applicado á febre amarella, por se crer que ella passou de Sião á America no XVII seculo: —*divino.* V. *Mal sagrado:* —*francés;* mal francez; nome que os napolitanos dão ao gallico ou mal venereo, suppondo que os francezes o levaram a Napoles, no tempo da conquista d'este paiz em 1494: —*muerto;* especie de lepra crustacea, com mortificação completa das partes que invade, as quaes logo de principio estão lividas: —*rojo de Cayena;* especie de elephantiase, lepra tuberculosa: —*sagrado;* mal sagrado; nome que antigamente se dava á epilepsia: —*venéreo;* mal venereo. V. *Sífilis:* —*de bestia (veter.);* mal de besta; especie de fenda que se observa frequentemente em torno da região da corôa do cavallo e seus congeneres, quando padecem a enfermidade chamada arestins: —*de ciervo;* mal de cervo; tetano do cavallo: —*de España ó de fuego;* mal de fogo; enfermidade do cavallo, caracterisada por uma inflammação do cerebro ou de suas membranas.

MALA. *f.* Mala do correio. *Bulga tabellaria:*—V. *Malilla,* na primeira accepção.

MALABAILA. *f. (bot.)* Malabaila; genero de plantas da familia das umbelliferas.

MALABAR. *adj.* Malabar; o natural do paiz d'este nome ou o que lhe pertence. *Malabaricus, a, um.*

MALABÁRICO, CA. *adj.* de Malabar; pertencente á costa do Malabar.

MALABATRO. *m. (pharm.)* Malabathro; folhas de uma especie de loureiro, oblongas, ponteagudas e brilhantes, de cheiro aromatico agradavel, similhante ao do cravo.

MALACADENIA. *f. (bot.)* Malacadenia; genero de plantas da familia das orchideas.

MALACANTO. *m. (zool.)* Malacantho; genero de peixes acanthopterygios, da familia dos labroideos.

MALACATE. *m. (p. Mex.)* Fuso para fiar.

MALACAZA. *m.* Frente aberta; diz-se do cavallo de pello escuro com uma malha clara na parte anterior da cabeça, e que se prolonga até baixo.

MALACENTOMOZOARIO, RIA. *adj. (zool.)* Malacentomozoario; diz-se do animal que occupa o termo medio entre os molluscos e os animaes articulados.

MALACIA. *f. (med.)* V. *Allotriofajia.*

MALACOBDELA. *f. (zool.)* Malacobdella *(sanguesuga molle);* genero de annelidos da familia das hirudineas.

MALACODENDRO. *m. (bot.)* Malacodendro; genero de plantas dicotyledoneas, da familia das malvaceas.

MALACODERMOS. *m. pl. (zool.)* Malacodermes *(pelle branda);* tribu de insectos coleopteros pentameros, caracterisados principalmente por terem o corpo de consistencia molle.

MALACOLITA. *f. (min.)* Malacolitha. V. *Diópsida.*

MALACOLOJIA. *f. (zool.)* Malacologia; sciencia que trata da organisação, costumes e classificação dos molluscos, e da sua distribuição pelo globo.

MALACOLÓJICO, CA. *adj. (zool.)* Malacologico; diz-se do que é relativo á malacologia.

MALACÓMIDOS. *m. pl. (zool.)* Malacomidos; tribu da familia dos myodarios malacosomos.

MALACONDICIONADO, DA. *adj.* Malacondicionado; de má condição, de mau caracter.

MALACÓPODOS. *m. pl. (zool.)* Malacopodas *(pés brandos);* classe de entomozoarios ou animaes articulados, que tem uma certa analogia com os myriapodas.

MALACOPTERIJIOS. *m. pl. (zool.)* Malacopterygios *(barbatana molle);* grupo de peixes de esqueleto osseo, que comprehende tres ordens; os abdominaces, os apodas, e os subbrachianos.

MALACÓPTERO. *m. (zool.)* Malacoptero *(aza branda);* genero de insectos coleopteros sub-pentameros, da familia dos longicornes.

MALACORINCO, CA. *adj. (zool.)* Malacorhynco; diz-se das aves que têem o bico brando e membranoso.

MALACOSARCOSIS. *f. (med.)* Malacosarcosis; estado de molleza, especie de relaxamento dos musculos.

MALACOSTEOSIS. *f. (med.)* Malacosteosis; amollecimento dos ossos.

MALACOSTRÁCEO, CEA. *adj. (zool.)*

Malacostraceo; diz se dos crustaceos cuja concha é pouco consistente.

Malacostumbrado, da. *adj.* Mal acostumado; que tem maus habitos, maus costumes. *Malè assuetus.*

Malacotrice. *f.* *(bot.)* Malacothrice ou malacothrix; genero de plantas da familia das compostas.

Malacozoario, ria. *adj.* *(zool.)* Malacozoario; diz se do animal cujo corpo não apresenta signal algum de membros, e que é coberto por uma pelle branca e contractil em todos os seus pontos.

Malacra. *f.* *(bot.)* Malachra; genero de plantas da familia das malvaceas-sideas.

Maláctico, ca. *adj.* *(pharm.)* V. *Emoliente.*

Malacuenda. *f.* *(com).* Grossaria; tecido muito basto e grosseiro, que se faz da filaça das estopas mais ordinarias, do canhamo ou algodão.

Malacuro, ra. *adj.* *(zool.)* Malacuro; epitheto do papamoscas, por causa das pennas compridas que tem no rabo.

Maladito, ta, *adj.* *(ant.)* V. *Maldito.*

Malaestanza. *f.* *(ant.)* V. *Indisposicion.*

Malaestrugo, ga. *adj.* *(ant.)* Malvado: — malaventurado.

Malagana. *f.* *(p. Ar.)* Desmaio. agonia, afflicção.

Malagaña. *f.* *(p. Ar.)* Processo que usam os colmeeiros em algumas partes para fixar os enxames que sáem das colmeias. Consiste em uns paus fincados em terra, e cruzados ao alto nos angulos com juncos seccos.

Malagata *f.* *(pharm.)* Malagata; droga que vem da India.

Malagma, Malagmo. *m.* *(pharm.)* Malagma; medicamento topico que tem a virtude de amollecer, tornar branda uma parte.

Malagueño, ña. *adj.* Malaguez, malaguense ou malacitano; diz se do que é natural de Malaga, ou pertencente a este paiz. *Malacitanus, a, um.*

Malagués, sa. *adj.* *(ant.)* V. *Malagueño.*

Malagueta, *f.* *(bot).* Malagueta, pimenta de Guiné; fructo parecido com o do myrto, de côr loura, que vem da America, de Chiapa e de Tabasco, com o nome tambem de pimenta d'esta provincia, e que ás vezes serve de especie pela suavidade do seu sabor. A planta que a produz conhece-se em botanica pelo nome *Myrtus pimenta.* V. *Pimenta de Tabasco.*

Malaltía. *f.* *(ant.)* V. *Enfermedad.*

Malamente. *adj.* *m.* Mámente, maliciosamente. *Malè:* — mámente, desfavoravelmente, irregularmente: — infelizmente, desgraçadamente.

Malancolía, Malanconía, *f.* *(ant.)* V. *Melancolía.*

Malandancia. *f.* *(ant.)* Maldade, perversidade, acção má.

Malandante. *adj* *(ant.)* Malandante, infeliz desgraçado, malaventurado. *Infortunatus, a, um.*

Malandanza. *f.* Desgraça, desdita, desventura. *Calamitas, infortunium.*

Malandar. *m.* *(prov.)* Dá se este nome em algumas localidades de Hespanha ao porco. que não é destinado a engordar, e por isso se não faz entrar em ceva. *Errans porcus.*

Malandría. *f.* *(med. ant.)* Malandria; especie de lepra.

Malandrin, na. *adj.* Malandrim, vadio, maligno. *Maleficus, a, um:* — *(hist.)* malandrim; nome que no tempo dos cruzados se dava a certos ladrões bohemios ou arabes.

Malánea. *f.* *(bot.)* Malanea; genero de plantas da familia das rubiaceas.

Malantia. *f.* *(ant.)* V. *Enfermedad.*

Malápias. *adj.* *(p. And.)* Diz-se de uma especie de maçãs pequenas.

Malápteuro. *m.* *(zool.)* Malaptero *(barbatana branda);* genero de peixes acanthopterygios, da familia dos labroideos.

Malapteruro. *m.* *(zool.)* Malapteruro *(barbatana e cauda branda);* genero de peixes malacopterygios abdominaes, com uma unica especie chamada malapteruro electrico.

Malaquino. *m.* Malaquino; nome com que os arabes designaram o real de vellon.

Malaquio. *m.* *(bot.)* Malachio; genero de plantas da familia das cariofiladas: — *(zool.)* malachio; genero de insectos coleopteros pentameros, da familia dos malacodermes.

Malaquita. *f.* *(min.)* Malachita; carbonato verde, de cobre hydratado, que crystallisa em prismas rectos rhomboidaes, e que se decompõe pelo calor e pelos acidos. *Falsa malaquita;* jaspe verde.

Malar. *adj.* *(anat.)* Malar; relativo ou pertence ao osso da face, á maçã do rosto. *Hueso malar.* V. *Pómulo.*

Malastrugado, Malastrugo. ga. *adj.* *(ant.)* V. *Desventurado.*

Malatía. *f.* *(ant.)* V. *Enfermedad.*

Malato, ta. *adj.* *(ant.)* Malato. V. *Enfermo.* Tambem se usa como substantivo: — *(chim.)* malato; nome generico dos saes neutros, formados pela combinação do acido malico com as bases salificaveis: — *de hierro;* malato de ferro; extracto de maçãs com ferro, que se prepara por digestão de certa quantidade de limalha de ferro porphyrisada e sumo de maçãs azedas.

Malavenido, da. *adj.* Malavindo, desavindo, discorde. *Difficilis, le.*

Malaventura. *f.* Malaventura, desgraça, infortunio, desastre. *Calamitas, infortunium.*

Malaventurado, da. *adj.* Malaventurado, infeliz, desditoso. *Infelix, infortunatus.*

Malaventuranza. *f.* *(ant.)* Desaventura, adversidade, desgraça. *Infelicitas, infortunium.*

Malávez, Malavez, Malavés. *adv.* *(ant.)* V. *Apenas.*

Malayo, ya. *adj.* Malaio; pertencente á provincia de Malaca e aos seus habitantes: — malaio; a lingua mais pura da *India* oriental, usada pelos sabios, e que actualmente é a que se falla no commercio.

MALBARATADOR, RA. *adj.* Malbaratador, desbaratador, prodigo. *Patrimonii, bonorum dissipator.*

MALBARATAR. *a.* Malbaratar, desbaratar, desperdiçar, vender mal, dissipar os seus bens. *Vili vendere, dissipare:*— desbaratar, arruinar.

MALBARATILLO. *m.* V. *Baratillo*, casa onde se vendem objectos de baixo preço.

MALCAIDO, DA. *adj. (ant.)* Arruinado, desgraçado, desamparado.

MALCALZADO, DA. *adj. (ant.)* Maltrapilho; voz de desprezo applicada como synonymo de desprezivel, mal vestido, etc.

MALCASADO, DA. *adj.* Malcasado. *Conjugii pertesus.*

MALCASAR. *a.* Casar mal. *Malè nuptui locare:* — *r.* casarse mal, não casar a seu gosto ou inclinação. *Malè nuptui locare.*

MALCASO. *m.* Traição, perfidia, deslealdade, crime. *Crimen turpe. Caer en malcaso.* V. *Caso.*

MALCOCINADO. *m.* Malcozinhado; comidas grosseiras, o interior das rezes, e o local ou bodega em que estas se vendem. *Viscera intestina pecudum.*

MALCOHA. *f. (zool.)* Malcoha; genero de aves trepadoras da familia das cuculideas.

MALCOMIDO, DA. *adj.* Malcomido, mal alimentado. *Parvo cibo nutritus.*

MALCONDICIONADO, DA. *adj.* V. *Malacondicionado.*

MALCONTENTADIZO, ZA. *adj.* V. *Descontentadizo.*

MALCONTENTO, TA. *adj.* Malcontente, desagradado. *Malè contentus:* — *m.* certo jogo de cartas. *Ludus quidam chartarum pictarum:* —descontentes, sediciosos, perturbadores da ordem publica. *Seditiosus, a, um:* — *(ant.)* descontentamento, desgosto, pena.

MALCORTE. *m. (jur.)* Infracção dos estatutos e disposições das matas e florestas, cortando lenha, fazendo carvão ou cortando determinados ramos para peças de machinas, contra as leis respectivas. *Sylvarum adversus leges cæsio.*

MALCRACA. *f. (ant.)* Cavallo de pernas fortes e robustas.

MALCREER. *a. (ant.)* Acreditar pouco, não crer completamente. *Justo citius temerè credere.*

MALCRIADO, DA. *adj.* Malcreado, mal educado. *Pravè educatus:* — malcreado, incivil, descortez. *Malè moratus.*

MALDAD. *f.* Maldade, malicia, iniquidade, nequicia. *Pravitas, atis:* — maldade; acção má e injusta. *Improbitas, scelus:* — maldade; intenção má e perversa: — *(ant.).* defeito, mancha.

MALDADE. *f. (ant.)* V. *Maldad.*

MALDADOSAMENTE. *adv. m. (ant.)* Malignamente, perversamente, impiamente; com malevolencia ou malicia. *Malignè, improbè.*

MALDADOSO, SA. *adj (ant.)* Malicioso, maligno, iniquo. *Malignus, improbus.*

MALDECIDOR, RA. *s.* Maldizedor, diffamador, maldizente. *Detractor, mordax,*

MALDECIMIENTO. *m. (ant.)* Maledicencia, murmuração; acção de fallar mal de alguem. *Obtrectatio, onis.*

MALDECIR. *a.* Maldizer, murmurar. *Maledicere, detrahere;* — maldizer, amaldiçoar, praguejar. *Imprecari:* — *m. (ant.)* V. *Maledicion.*

MALDICIER. *a. (ant.)* V. *Maldecir.*

MALDICIENTE. *adj. s.* Maldizente: V. *Murmurador. Maledicens, obtrectator.*

MALDICIENTEMENTE. *adv. m. (ant.)* Maldizentemente; com maledicencia. *Maledicè.*

MALDICION. *f.* Maldição, imprecação, praga. *Imprecatio, onis:* — *(ant.)* V. *Murmuracion. Caer la maldicion a alguno (fr.);* cair a maldição, a praga, o anathema em alguem; fazer crer a alguem nas pragas que se rogam, quando succedem contratempos ou desgraças; e assim se diz: *parece que le ha caido la maldicion;* parece que lhe rogaram alguma praga. *Malo imprecato affici.*

MALDICHO, CHA. *adj. (ant.)* V. *Maldito.*

MALDICTO, CTA. *adj. (ant.)* V. *Maldito.*

MALDIGNO, GNA, *adj. (ant.)* V. *Indigno, Maligno.*

MALDISPUESTO, TA. *adj.* V. *Indispuesto*, na accepção de sentir-se encommodado.

MALDITA. *f. (fam.* e *vulg.)* Lingua. *Soltar la maldita (fr. fam.)*; soltar a lingua, desenfrea-la; dizer ou exprimir com liberdade e sem consideração o que se sente. *Audacter, impudenter loqui.*

MALDITAMENTE. *adv. m. (fam.)* Pessimamente, exasperadamente:— de má vontade, á força.

MALDITO, TA. *adj.* Maldicto, maldito, detestavel, execravel, perverso; de má condição, ou indole. *Improbus nequam:* — maldito; amaldiçoado, damnado, condemnado pela justiça divina. *Maledictus, a, um:* — *(fam.)* V. *Ninguno.*

MALEABILIDAD. *f.* Malleabilidade; qualidade do que é malleavel.

MALEABLE. *adj.* Malleavel; applica-se aos metaes que podem forjar-se á golpe de martello. *Quod malleo procudi potest.*

MALEADOR, RA. *adj.* V. *Maleante.*

MALEANTE. *adj., m.* V. *Burlador, Maligno.*

MALEAR. *a.* Corromper, depravar, falsificar; deitar a perder. *Perdere, corrumpere.* Tambem se usa como reciproco: — *(fig.)* corromper, preverter, induzir, subornar. Tambem se usa como reciproco. *Corrumpere:* — *n. (fig.)* portar-se mal com alguem.

MALECILLO. *m. dim.* de *Mal.*

MALECINA. *f. (ant.)* V. *Medicina.*

MALECON. *m.* Dique, represa, vallado, reparo para vedar as cheias. *Agger, vallum.*

Maledicencia. *f.* Maledicencia, murmuração. *Obtrectactio, onis.*

Maléficamente. *adv. m. (fig.)* Maleficamente, malignamente, perversamente. *Maleficè.*

Maleficencia. *f.* Maleficencia, malquerença; disposição malfazeja. *Maleficentia, æ.*

Maleficador, ra. *s.* Malfeitor, perverso, scelerado.

Maleficiar. *a.* Malfazer, damnar, damnificar. *Damnum inferre:* —V. *Hechizar:* — depravar, perverter. *Pervertere; depravare.*

Maleficio. *m. (ant.)* Maleficio; damno ou prejuizo causado a outrem. *Maleficium, ii:* — maleficio, sortilegio; meio que se emprega, segundo acreditam os supersticiosos, para causar o mal do feitiço. *Veneficium, ii. Desligar el maleficio (fr.);* desenfeitiçar, desinguiçar. *Veneficium dissolvere.*

Maléfico, ca. *adj.* Malefico, malfazejo, nocivo. *Maleficus, a, um:* —feiticeiro, bruxo, nigromantico. *Veneficus, a, um:* — malefico, malvado, malevolo. *Maleficus, a, um.*

Maleito, ta. *adj. (ant.)* V. *Maldito.*

Malencolía. *f. (ant.)* V. *Melancolia.*

Malencólico, ca. *adj. (ant.)* V. *Melancólico.*

Malenconía. *f. (ant.)* V. *Melancolía.*

Malencónico, ca. *adj. (ant.)* V. *Melancólico.*

Malenconioso, sa. *adj. (ant.)* V. *Malhumorado.*

Malentrada. *f.* Malentrada; direito que pagava um preso ao entrar na prisão. *Carceraria pensio.* Em Portugal tambem havia a malentrada, que era certa somma que o preso entregava, além da carceragem, para varias despezas.

Maleolar. *adj. (anat.)* Malleolar; relativo ou pertencente aos malleolos ou artelhos. *Arterias maleolares*, arterias malleolares; nome de duas ramificações que subministra a arteria tibial anterior proximo á entrada do pé.

Maleolario, ria. *adj. (anat.)* V. *Maleolar.*

Maléolo. *m. (anat.)* Maleolo, tornozelo, artelho.

Malbona. *adj.* Nome que n'algumas partes de Hespanha se dá á egua esteril, ou maninha.

Malera. *f. (ant.)* V. *Maldad.*

Maleserbia. *f. (bot.)* Maleserbia; genero de plantas da familia das maleserbiaceas.

Malestanza. *f.* V. *Estanza:* — *(ant.)* má reputação: — V. *Menoscabo.*

Malestar. *m.* Indisposição, incommodidade indefinivel: — *(med.)* languidez, desfallecimento vago; estado inexplicavel de incommodidade, que não constitue verdadeira doença, mas causa uma alteração geral.

Maleta. *f.* Maleta; saco de coiro ou de panno, para jornada ou viagem. *Hippopera, æ. Hacer la maleta (fr.);* fazer a mala; arrumar os objectos que se pretendem levar para viagem. *Viaticum parare.*

Maletero. *m.* Correeiro, official que faz malas, e o que as vende. *Hippoperarum artifex, venditor.*

Maletía. *f. (ant.)* Insalubridade; qualidade pouco sadia ou nociva á saude. *Insalubritas, atis:* —*(ant.)* V. *Enfermedad.*

Maletica, lla, ta. *f. dim.* de *Maleta.* Malasinha; pequena mala.

Maleton. *m. augm.* de *Maleta.* Malotão.

Malevolencia. *f.* Malevolencia, desamor, malquerença. aversão, antipathia. *Malevolentia, æ.*

Malévolo, la. *adj.* Malevolo; malefico, mal intencionado. *Malevolus, a, um.*

Maleza. *f. (ant.)* Maleza, maldade: —abundancia de hervas ruins que prejudicam as sementeiras uteis: — selva, tojal, espinhal, mata brava. *Dumetum, i.*

Malfacer. *a. (ant.)* Malfazer, damnar, damnificar. *Malefacere.*

Malfaciente. *adj. (ant.)* Malfazente, malfazejo. *Malefaciens, entis.*

Malfadado, da. *adj.* Malfadado. V. *Malhadado.*

Malfecha. *f. (ant.)* Malfeitoria, crime, delicto.

Malfecho. *m. (ant.)* V. *Malhecho.*

Malfechor. *s. (ant.)* V. *Malhechor.*

Malfeita. *f. (ant.)* Malfeitoria, damno, delicto. *Damnum, noxa.*

Malfeitor. *m. (ant.)* V. *Malhechor.*

Malfeitría. *f. (ant.)* V. *Malfetría.*

Malfetría. *f. (ant.)* Malfetría, malfeitoria, maldade. *Scelus, eris.*

Malfice. *m. (ant.)* V. *Maldad.*

Malgacho. *adj.*, *s.* Malgacho; nome que mutuamente se dão aos habitantes de Madagascar: — *adj.* pertencente ao Madagascar.

Malgama. *f. (chim.)* V. *Amalgama.*

Malgastador. *adj.*, *s.* Desbaratador, estragador, dissipador. *Prodigus, a, um.*

Malgastar. *a.* Malgastar, dissipar, estragar os bens, gastar mal. *Bona dissipare, delapidare.*

Malgranada. *f. (ant.)* V. *Granada*, fructa.

Malhablado, da. *adj.* Malfallado, malfallante, maldizente, maledico. *Petulans, procax,*

Malhadado, da. *adj. (ant.)* Malfadado, desditoso, infeliz. *Infelix, infortunatus.*

Malhecho. *m.* Malfeitoria, maldade, acção má, criminosa. *Scelus, flagitium:* — *adj.* malfeito, imperfeito, deforme, corcovado. *Gibbosus, a, um.*

Malhechor, ra. *s.* Malfeitor, perverso, scelerado, criminoso, facinora. *Maleficus, sons.*

Malherir. *a.* Malferir; ferir gravemente. *Graviter sauciare.*

Malhetría. *f. (ant.)* V. *Malfetría.*

Malhojo. *m. (ant.)* Restos, sobejos, cascas, aparas, lixo, refugo, rebotalho. *Purgamenta, quisquiliæ.*

Malhumorado, da. *adj.* Malhumorado, doente, de humores morbidos. *Pravo corporis habitu affectus:* —malhumorado, de mau humor, intractavel, desabrido. *Difficilis, asper moribus.*

MALICIA. *f.* Malicia, perversidade; má inclinação ou acção. *Pravitas, atis:* —malicia; tendencia para o mau, e assim se diz: *tiene mucha malicia;* tem muita malicia. *Malignitas, malitia:* — malicia, maldade, nequicia, perversidade de quem pecca por pura malignidade: — malicia, dolo, astucia, ardil; certo machiavelismo e dissimulação com que se faz alguma cousa. *Versutia, æ:* — *(fam.)* suspeita, desconfiança, receio. *Suspicio, onis :* — malicia; má interpretação, sentido malicioso de alguem relativamente a qualquer cousa. *Maligna interpretatio :* — malignidade; qualidade que torna uma cousa desfavoravel, prejudicial e de mau caracter; e assim se diz: *esta calentura tiene mucha malicia;* esta febre tem caracter de malignidade, aspecto. maligno: — *(ant.)* dito mordaz, satyrico, picante. *Mordax, aculeatum verbum, dictum:* — malicia, astucia nas creanças. *Aunque malicia escurezca verdad, no la puede apagar;* aindaque a malicia escurece a verdade, não a pôde apagar.

MALICIAR. *a.* Corromper, viciar. *Vitiare, corrumpere:* — suspeitar, desconfiar. *Suspicari.*

MALICIOSAMENTE. *adv. m.* Maliciosamente, astutamente, ardilosamente, com malicia. *Malitiosè, vafrè.*

MALICIOSICO, CA, LLO, LLA, TO, TA. *adj. dim.* de *Malicioso.* Maliciososinho.

MALICIOSO, SA. *adj.* Malicioso, mau, maligno. *Malitiosus, a, um :* — malicioso, travesso: — malicioso; que tem malicia. *Malitiosus, a, um.*

MÁLICO. *adj. (chim.)* Malico; relativo ou pertencente á maçã. Diz-se de um acido branco, inodoro, que existe em quasi todos os fructos acidos.

MÁLICO, CA, LLO, LLA, TO, TA. *adj. dim.* de *Malo.* Mausinho.

MALIGNAMENTE. *adv. m.* Malignamente, maliciosamente, astutamente. *Malignè.*

MALIGNANTE. *adj.* Maligno, corruptor, prevaricador, viciador. *Vitians, corrumpens.*

MALIGNAR. *a.* Malignar, corromper, viciar. *Corrumpere, vitiare :* — *(fig.)* malignar; fazer maligna e má uma cousa. *Depravare:* — *(ant.)* malquistar; desacreditar a alguem com intrigas ou calumnias. *Discordias serere, invidiam alicui conciliare:* —*r.* corromper-se, viciar-se, depravar se, deitar-se a perder. *Corrumpi, deteriorem fieri.*

MALIGNIDAD. *f.* Malignidade, perversidade; propensão do animo a obrar mal. *Malignitas, atis:* — malignidade; qualidade que constitue nocivas ou com mau aspecto algumas cousas. *Malitia, æ:* —*(med.)* malignidade; caracter grave de uma qualquer enfermidade. *Malitia, æ.*

MALIGNO, NA. *adj.* Maligno, mau, malicioso; propenso a pensar e a obrar mal. *Magnus, a, um:* — *(fig.)* maligno, nocivo, damnoso, deleterio; que tem qualidade má ou prejudicial. *Nocens, noxius. El maligno;* o espirito maligno; o demonio : — *(med.)* malignas; qualificação das enfermidades que apresentam caracter pernicioso, como pustula maligna, etc.

MALIKI. *m. (zool.)* Maliki; um dos quatro logares orthodoxos do islamismo.

MALILLA. *f.* Manilha; em alguns jogos de cartas é dois de paus e de espadas, ou sete de oiros e sete de copas, sendo trufos. *Lusoria charta, sic dicta:* — manilha; jogo de cartas. *Chartarum ludus sic dictus.*

MALILLO, LLA. *adj. dim.* de *Malo.* Mausinho.

MALINA. *f.* Malina; aguas vivas nas marés.

MALINTENCIONADAMENTE. *adv. m.* Malintencionadamente; com má intenção, de proposito.

MALINTENCIONADO, DA. *adj.* Malintencionado, malvado, mal inclinado.

MALÉOLO. *m. (ant.)* V. *Majuelo*, na accepção de bacello.

MALISIMO, MA. *adj. sup.* de *Malo.* Malissimo, pessimo. *Pessimus, a, um.*

MALMANDADO, DA. *adj. (fam.)* Mal-mandado; que faz qualquer serviço de má vontade. *Jussa negligens, ægrè aparens.*

MALMENSIL. *m.* V. *Menstruo.*

MALMETER. *a. (ant.)* Enredar ou induzir ao mal. *Mala suadere :* — desbaratar, dissipar: — *(ant.)* V. *Malquistar:*—*Malbaratar.*

MALMIRADO, DA. *adj. (fam.)* Descortez, inurbano, desattencioso. *Inurbanus, a, um:* —descortez, villão.

MALO, LA. *adj.* Mau, defeituoso; que carece dos requisitos ou propriedades que deve ter, segundo sua natureza ou destino. *Malus, a, um:* — mau, prejudicial, nocivo á saude. *Noxius, valetudini adversus :* — mal, mal feito, mal composto, irregular. *Pravus, a, um :* — mau, injusto. *Improbus, pravus:* —mau, perverso, de má vida e costumes. *Pravus, improbus :* — V. *Enfermo:* — mau, trabalhoso, difficil; e assim se diz: *fulano es malo de servir, este verso es malo de entender:* fulano é mau ou difficil de servir, este verso é mau ou trabalhoso de entender:—mau, astuto, perfido, perverso, *Pravus, a, um :* — mau, travesso, traquinas, desinquieto. *Inquies, inquietus:*—mau! usado como interjeição, serve para demonstrar o descontentamento com alguma cousa que reprovâmos. *Malum! El malo;* o espirito mau, o demonio. Usa-se ordinariamente no plural. *Mala (loc. adv. ant.);* em má hora. *Andar a malas (fr. fam.);* estar mal, estar indifferente. *Discorditer agere. De mala;* com más intenções, com maus designios. *Estar de malas;* correr mal, desandar a roda da fortuna: *(p. Mex.)* ser desgraçado. *Haberla mala;* sair mal de uma acção ou empreza. *Lo malo es;* mau é; expressão que ás vezes precede a circumstancia má ou difficil que existe ou póde acompanhar algum facto ou assumpto. *El malo siempre pensa engaño (rif.)*; o mau sempre sonha enganos. *Ex suo quisque ingenio alios judicat. Malo vendrá que bueno me hará (rif.)*; mau virá que bom te fará.

Maloca. *f. (p. Am.)* Maloca; correria hostil e roubadora dos indios: — negocio que faziam os hespanhoes com os indios, permutando os objectos que estes roubavam e os captivos que faziam a outros indios, por vidrilhos para collares, e outros objectos de pouco valor.

Malócera. *f. (zool.)* Malocera *(antenna em fórma de tosão)*; genero de insectos coleopteros subpentameros, da familia dos longicornes.

Malodonte *m. (zool.)* Malodonte *(dente lanoso)*; genero de insectos coleopteros subpentameros, da familia dos longicornes.

Malogramiento. *m.* V. *Malogro.*

Malograr. *a.* Mallograr, baldar, falsar, perder, não aproveitar. *Disperdere, amittere:* — *r.* mallograr se; frustrar-se; gorar o que se pretendia ou desejava. *Spe frustrari:* — mallograr-se, perder-se na flor da idade, por qualquer incidente, uma pessoa de esperanças. *Immatura morte prœripi.*

Malogro. *m.* Mallogro, frustração, damno, prejuizo. *Jactura, amissio.*

Maloja. *f. (p. Cub.)* Forragem de maiz verde que se dá ás bestas.

Malon. *m. (p. Am.)* V. *Maloca*, na primeira accepção.

Malopa. *f. (bot.)* Malopa; genero de plantas da familia das malvaceas, com varias especies herbaceas.

Maloquear. *n. (p. Am.)* Maloquear; fazerem os indios as suas correrias roubadoras: —negociar com os indios, comprando-lhes ou permutando os objectos roubados nas malocas.

Maloquero. *adj. (p. Am.)* Indio ladrão: — que faz commercio com os indios ladrões.

Malosoma. *f. (zool.)* Malosoma *(corpo lanoso)*; genero de insectos coleopteros, da familia dos longicornes.

Malparado, da. *adj.* Malparado, em posição desfavoravel.

Malparanza. *f. (ant.)* Mau estado, detrimento, menoscabo de uma cousa. *Detrimentum, damnum.*

Malparar. *a.* Maltratar, molestar, deixar em mau estado. *Lædere, damno afficere.*

Malparida. *f.* Malparida; mulher que abortou ou malpariu recentemente. *Abortum passa.*

Malparir. *a. (med.)* V. *Abortar.*

Malparto *m. (med.)* V. *Aborto:* — falso parto.

Malpijia. *f. (bot.)* Malpigia; genero de plantas da familia das malpigiaceas.

Malpijiáceas. *adj. f. pl. (bot.)* Malpigiaceas; familia de plantas dicotyledoneas polypetalas, com especies arboreas e arbustivas, de inflorescencia indefinida, cujas flores são desprovidas de estames e de estipulas.

Malquerencia. *f.* Malquerença, aversão, odio, malevolencia.

Malquerenza. *f. (ant.)* V. *Malquerencia.*

Malquerer. *a. (ant.)* Malquerer, aborrecer, detestar, desejar mal. *Odisse, ódio habere.*

Malqueriente. *p. a. (ant.)* de *Malquerer;* — *adj.* alquerente, malevolo, malefico, inimigo. *Malevolus, a, um.*

Malquistar. *a.* Malquistar. *Alterius odium alicui conciliare.* Tambem se usa como reciproco.

Malquisto, ta. *adj.* Malquisto, inimisado, odiado; que se indispoz com alguem. *Odiosus, odio habitus.*

Malrotador, ra. *adj.*, *s.* Desperdiçador, estragador, prodigo.

Malrotar. *a.* Desperdiçar, desbaratar, estragar, dissipar, prodigar, dilapidar. *Dissipare, dilapidare.*

Malsano, na. *adj.* Malsão, insalubre, doentio. *Insalubris, bre:* — achacoso, doentio, valetudinario. *Valetudinarius, languidus.*

Malsin. *adj. (ant.)* Maledico, calumniador, maldizente, detractor. *Maledicus, a, um.*

Malsinar. *a. (ant.)* Maldizer, murmurar, desacreditar. *Maledicere, obtrectare.*

Malsindad. *f. (ant.)* Maledicencia, murmuração. *Maledictio, obtrectatio.*

Malsinería. *f. (ant.)* V. *Malsindad.*

Malsonante. *adj.* Malsoante, dissono; que sôa mal. *Absonus, a, um.*

Malsonar. *n. (ant.)* Soar mal, produzir som e effeito desagradavel. *Sonum asperum, insuavem edere,*

Malsufrido, da. *adj.* Malsoffrido, impaciente, insoffrido; que não sabe soffrer.

Malta *(Cruz de) f. (med.)* Cruz de Malta; instrumento que tem a figura de uma cruz de Malta, que se usa nos curativos depois da amputação das phalanges: — cruz de Malta; especie de bandagem com esta mesma figura: — *(min.)* maltha; betume gelatinoso, que se endurece com o frio, e se funde com o calor, e é soluvel no alcool, na naphta e no oleo de terebinthina.

Maltaco. *m. (zool.)* Malthaco *(brando, delicado)*; genero de insectos coleopteros pentameros da familia dos malacodermes.

Maltea. *f. (zool.)* Malthea *(cera branda)*: genero de peixes acanthopterygios caracterisados por suas barbatanas peitoraes pediculadas.

Maltés, sa. *adj.* Maltez; de Malta, relativo a seus habitantes. *Melitensis.*

Malthusino, na. *adj.* Malthusino; sectario da doutrina de Malthus.

Maltino. *m. (zool.)* Maltino *(brando, delicado)*; genero de insectos coleopteros pentameros da familia dos malacodermes.

Maltrabaja. *m. (fam.)* Quebra calçadas, quebra esquinas, calaceiro, mandrião, vadio.

Maltraedor, ra. *s. (ant.)* Reprehensor, reprehendedor. *Objurgator, reprehensor.*

Maltraer. *a. (ant.)* Maltratar, injuriar:—reprehender com severidade. *Objurgare.*

Maltrapillo. *adj. s.* Maltrapilho, farrapão, mal vestido.

Maltratamiento. *m.* V. *Maltrato.*

Maltratar. *a.* Maltratar, insultar, ultrajar, vexar. *Vexare, exagitare:*—corromper, estragar, viciar. *Comminuere, corrumpere:*—maltratar, estropiar, mutilar alguem.

Maltrato. *m.* Maltrato, vexame, oppressão ultrage. *Vexatio, onis.*

Maltrecho, cha. *adj.* Maltrito, maltratado, avexado, atropelado, opprimido. *Vexatus, afflictus:* —*(ant.)* V. *Enfermo.*

Maluco, ca. *s.* Maluco; o natural das ilhas Malucas, ou relativo a estas.

Malumijis. *m. pl. (hist.)* Malumigis; hereges mahometanos que sustentam que a creatura pôde n'este mundo chegar ao perfeito conhecimento do Creador.

Malva. *f. (bot.)* Malva; numeroso genero de plantas dicotyledoneas da familia das malvaceas, sendo muitas das suas especies apreciadas pelos seus usos medicinaes: — *(fig.)* banana; pessoa de genio pacifico. *Haber nacido en las malvas (fr.)* ser filho das hervas: provir de humilde nascimento. *Obscuro, humili loco ortum esse. Ni de malva buen vencejo, ni de estiércol buen olor, ni de mozo buen consejo, ni de puta buen amor (rif.);* nem da malva bom vencelho, nem do esterco bom olor, nem do moço bom conselho, nem da puta bom amor. Ensina que de más causas se não devem esperar bons effeitos.

Malváceas. *adj. f. pl. (bot).* Malvaceas; familia de plantas dicotyledoneas polypetalas, que têem por typo o genero malva, composta de plantas herbaceas ou arbustivas, e que são algumas bastante empregadas em medicina como emolientes, pela materia mucilaginosa de que são impregnadas.

Malvabisco. *m. (bot.)* Malvaisco; genero de plantas da familia das malvaceas. Comprehende diversas especies conhecidas pelas propriedades emollientes de suas folhas e raiz, que muito se aproveita em medicina:—*de las Indias.* V. *Abutillon.*

Malvadamente. *adv. m.* Malvadamente, perversamente, malignamente, iniquamente. *Iniquè, sceleratè.*

Malvadisimo, ma. *adj. sup.* de *Malvado.* Malvadissimo; muito malvado, ou perverso. *Sceleratissimus, a, um.*

Malvado, da. *adj.* Malvado, mau, perverso, iniquo, scelerado, infame. *Sceleratus, nefarius.*

Malvar. *a. (ant.)* Corromper, depravar, viciar. *Vitiare, depravare:*—*m.* malvar; terra de malvas. *Locus malvis abundans, malvarum ferax.*

Malvasía. *f.* Malvasia; certa casta de uva muito doce e odorifera. *Uva cretica:* — malvasia; vinho fabricado com a uva d'este mesmo nome. *Vinum creticum, vinum arvisium.*

Malvazo, za. *adj. (ant.)* Malvado, mau, impio, maligno, scelerado.

Malvecedad. *f. (ant.)* Maldade, malignidade, perversidade.

Malvender. *a.* Malbaratar; vender mal, por baixo preço.

Malversacion. *f.* Malversação; má administração. *Mala pecuniarum administratio.*

Malversador, ra. *s.* Mau administrador, mau gerente; o que dirige mal os fundos ou as rendas. *Malus pecuniarum administrator.*

Malversar. *a.* Administrar mal, prevaricar, dilapidar. *Pecunias non ex fide versare, administrare.*

Malvestad. *f. (ant.)* V. *Maldad.*

Malvezar. *a. (ant.)* V. *Malacostumbrar.* Tambem se usa como reciproco.

Malvezdad, Malveztat. *f. (ant.)* Maldade, perversidade, malignidade.

Malvís. *m.* Especie de tordo, mais pequena do que ordinariamente são as suas congeneres, distinguindo se pela côr alaranjada dos lados do corpo e da parte inferior das azas, o que tambem lhe faz dar em Hespanha o nome de *tordo alirojo. Turdus iliacus.*

Malviviente. *adj. (ant.)* Malvivente; de má vida, de costumes depravados e reprehensiveis, *Improbus, corruptis moribus homo.*

Malla. *f.* Malha; abertura em tecido de rede. *Retis annulus:*—malha, certa especie de tecido de anneis de fio de ferro ou de outro metal, com que se fabricavam as cotas e outras armaduras para defeza. *Lorica hamis, annulis conserta. Cota de malla.* V. *Cota:*—*(br.)* malha; annel redondo, como fivela sem fusilhão:—*(naut.)* malha; dobra do chicote de qualquer cabo, a fim de se não despassar ou desgornir: — *escurridiza;* malha de correr; é a que se pôde alargar ou apertar para fazer presa em qualquer cousa.

Mallada. *f. (ant.)* V. *Majada:* —malhada, erro, falta, culpa.

Malladar. *n. (ant.)* Procurar malhada o gado. *Pecus noctem alicubi peragere.*

Mallar. *a.* Fazer malhas. *Hamis contexere:* — *(ant.)* armar com cota de malha. *Hamata lorica induere:* — V. *Matar:* — *(naut.)* dar um nó de amarração.

Mallero. *m.* Malheiro; o que faz malhas. *Loricarum hamatarum artifex:* — agulha ou molde com que se fazem as malhas das redes.

Malleta. *f. (art.)* Corda de puxar e dirigir redes.

Mallete. *m. (naut.)* Linguete do cabrestante.

Mallo. *m.* Jogo da malha ou da choca: — maça; instrumento com que se impelle a bola no jogo da choca. *Tudes:* — *(ant.)* malho. V. *Mazo:*—*(naut.)* maço com que os calafates batem sobre os ferros de metter e cortar estopa nas costuras.

Mallorqués, sa. *adj. (ant.)* V. *Mallorquin.*

Mallorquin, na. *adj., s.* Maiorquino; natural ou concernente á ilha Maiorca. *Majoricensis.*

Mallugar. *a. (p. Mex.)* V. *Magullar.* Diz-se particularmente da fructa.

Mama. *f. (anat.)* Mamma, peito, teta. *Mamma, æ.*

Mamá. *f.* Mamãe; termo usado pelos meninos. *Mamma, æ.*

Mamacallos. *m. (fam.)* Papalvo, papa-moscas, simplorio. *Stultus, stolidus.*

Mamada. *f. (fam.)* Mamma, mammadura; os primeiros annos da ammamentação de uma creança. *Lactatûs tempus:* — mammadura; acção de mammar: —*(p. Am. Mer.)* mamma; cousa inesperada e de grande valor, vantagem conseguida por pouco preço ou trabalho.

Mamadera. *f.* Mammadeira; bomba de vidro que se usa para alliviar do leito os peitos das mulheres. *Tabulatum vas femineis mammis lacte levandis.*

Mamador, ra. *s.* Mammador; o que mamma. *Lactens, qui femineas mammas lacte levat:* — *(p. Am.)* bebado, borrachão.

Mamalojia. *f. (zool.)* Mammalogia; nome da parte da historia natural, que tem por objecto o estudo dos mammiferos.

Mamalon, na. *adj. (p. Cub.)* Ocioso, folgasão, que gosta de viver do alheio como parasita.

Mamaluco, ca. *adj. (fam.)* V. *Mameluco.*

Mamanpian. *m. (med.)* Mamanpian; ulcera pela qual começa o mal pian.

Mamantar. *a. (ant.)* V. *Amamentar.*

Mamante. *p. a.* de *Mamar. Lactens, entis.*

Mamanton, na. *adj.* Mammão, mammote; diz-se do animal que ainda mamma. *Lactens.*

Mamar. *a.* Mammar; chupar leite da mamma. *Lactere, ubera sugere:* —*(fig.)* mammar, beber, aprender, affazer-se a alguma cousa na infancia; e assim se diz: *mamó de su madre los sentimientos de piedad;* bebeu com o leite os sentimentos piedosos: — *(fam.)* mammar, comer, engulir. *Deglutire:* — apanhar, obter; e assim se diz: *fulano se ha mamado por fim la prebenda;* fulano sempre a final apanhou a prebenda: — *y gruñir (fr. fam.);* mammar e grunhir. *Iniquo vultu etiam beneficia recipere.*

Mamario, ria. *adj. (anat.)* Mammario; pertencente ás mammas ou aos uberes. *Glándula mamaria;* glandula mammaria; corpo glanduloso que constitue a parte principal e posterior de cada mamma ou peito.

Mamarrachada. *f.* Pachoncheta, parvoice, palavra louca.

Mamarracho. *m. (fam.)* Gebo; figura grutesca ou ridicula: —ornato ou figura mal acabada ou ridicula, á qual geralmente em portuguez se chama *um mono. Figura incocinna, inelegans.*

Mamarracho, Mamarrachista, *adj. m. (fam.)* V. *Pintamonas.*

Mamabu. *m. (p. Am.)* V. *Embriaguez.*

Mambla. *f. (prov.)* Mamma de terra, collina, outeiro.

Mambrino. *(litt.)* Mambrino; rei mouro, cujo elmo tornava invulneravel a quem se cobria com elle.

Mambrú. *m. (naut.)* V. *Caperuza.*

Mamea. *f. (bot.)* Mammea; genero de plantas da familia das cluseaceas.

Mamelon. *m. (anat.)* V. *Pezon:* —*pl.* mamillo ou mamilho.

Mamelonado, da. *adj. (anat.)* Mamillonado; com pequenos tuberculos ou excrescencias em fôrma de mamillos. *Sustancia mamelonada.* V. *Riñon.*

Mameluco. *m. (hist.)* Mameluco; milicia de que se serviam os sultões do Egypto, e extincta por Mehemet-Ali com a morte de grande numero d'elles. *Miles quidam aput ægyptios:* —*m. (fam.)* maluco, tolo. *Stultus, stolidus:* — no Brazil se dá este nome á creança que procede de um branco e de uma creoula, ou de um creoulo e de um branco.

Mamella. *f.* V. *Marmella:* — mamillo; excrescencia de pelle que á feição de teta apparece em alguns animaes.

Mamellado, da. *adj.* V. *Marmellado.*

Mamey. *m.* Mamey; genero de plantas dicotyledoneas da familia das gutiferas.

Mamíferos. *adj. m. pl. (zool.)* Mammiferos; primeira classe de animaes do grande typo dos vertebrados, que occupam tambem o principal grau na escala zoologica, a cuja frente se acha o homem.

Mamiforme. *adj. (anat.)* Mammiforme; em fôrma de mamma: —V. *Mastoideo.*

Mamila. *f. (anat.)* V. *Pezon.*

Mamilar. *adj. (anat.)* Mamillar; das mammas. *Ad mamillas pertinens. Eminencias mamilares;* eminencias mamillares; proeminencias maiores ou menores na face interna dos ossos do craneo, correspondendo ás anfractuosidades do cerebro. *Tubérculos mamilares;* tuberculos mamillares; tuberculos esbranquiçados, situados entre os prolongamentos da medulla oblongada, correspondentes á parte anterior e inferior do terceiro ventriculó.

Mamilaria. *f. (ant.)* Mammillaria; armadura ou peça de armadura antiga, que provavelmente defendia o peito: —*(bot.)* mammillaria; genero de plantas da familia das cácteas, e da icosandria monogynia de Linneo.

Mammuth. *m. (zool.)* Mammuth; elephante fossil da Siberia, chamado pelos naturalistas elephante primordial.

Mamodis. *m. (ant. comm.)* Certa especie de fazenda.

Mamola. *f.* Meiguice, festa ou afago passando a mão de certa maneira por debaixo da barba de alguem, ás vezes em ar de zombaria. Ordinariamente pratica-se com rapazes. *Menti per jocum attrectatio:* —como interjeição equivale a: tolice, simplicidade; *v. g.: cuenta usted con él? mamola;* conta v. m.[ce] com elle? Que simplicidade! Está servido. *Hacer á uno la mamola (fr. fam.);* contar historias; adular a alguem para o enganar, tratando-o como parvo. *Stultum blanditiis decipere.*

Mamon, na. *adj.* Mammão, mammote; queainda mamma. *Lactens:*—que mamma muito ou mais tempo que o regular. *Diu multumque lactens;* —*m.* *(agr.)* rebento ou pimpolho que rouba o succo alimenticio á haste ou pé do vegetal. *Germen, inis.*

Mamona. *f.* *(ant.)*. V. *Mamola. Hacer la mamona (fr.);* fazer festinhas na cara de alguem em signal de zombaria e de chacota. *Mento ali cujus tacto cum irridere, illudere.*

Mamoncillo, lla, to, ta. *adj. dim.* de *Mamon.* Mammãosinho.

Mamoso, sa. *adj.* Amigo de mammar, que mamma com vontade e appetite. *Lac cupidè, studiosè sugens:* — especie de milho painço. *Panicum, i.*

Mamotreto. *m.* Borrador, borrão, livro de apontamentos. *Adversaria, commentarium:* *(fam.)* empecilho; todo o objecto ou pessoa inutil, que só serve de estorvo.

Mampara. *f.* Alpendre. *Prothyrum, i:*—biombo. *Oppositum vento septum.*

Mamparar. *a.* *(ant.)* Mamparar, amparar, defender, proteger. Tambem se usava como reciproco:—*r.* escapar-se, evadir-se.

Mamparo. *m.* *(naut.)* Antepara; divisão que se faz de tábuas nas cobertas dos navios e no porão para formar os seus payoes. *Navalis cubiculi tabulatum:*—*(ant.)* V. *Amparo.*

Mampastor. *m.* *(ant.)* V. *Mampostero*, *Recandador* : — maioral. V. *Mayoral.*

Mampesada, Mampesadilla. *f.* *(ant.)* V. *Pesadilla.*

Mampirlan. *m.* *(p. Murc.)* Degrau de madeira. *Ligneus scalæ gradus.*

Mamporro. *m.* *(fam.)* Golpe ou gilvaz ligeiro que não causa grande damno.

Mampostear. *a.* *(arch.)* Trabalhar de pedreiro, em alvenaria. *Cæmenticium opus extruere.*

Mampostería. *f.* Obra de alvenaria, obra de pedra e cal. *Cæmenticium opus:*—officio de pedreiro.

Mampostero. *m.* Pedreiro; official que trabalha em obra de alvenaria. *Cæmenticii operis exstructor:* — collector de dizimos, impostos e outras rendas. *Vectigalium, eleemosinarum exactor, publicanus.*

Mampostor. *m.* *(ant.)* V. *Mampostero*, na segunda accepção.

Mampostoría. *f.* *(ant.)* V. *Mampostería*, na segunda accepção.

Mampresar. *a.* *(prov.)* Começar a domar os cavallos indoceis e não ensinados. *Domare incipere.*

Mampuesta. *f.* V. *Hilada.*

Mampuesto. *m.* *(ant.)* Achega; materiaes para as obras de alvenaria. *Cæmentum, i:*—miudos; pedra miuda, bocados de tijolo, lascas de pedra, com que se enchem os vacuos das pedras grandes. *Assula, æ. De mampuesto (loc. adv.);* de mamposta, de proposito, de prevenção. *Ex præparato.*

Mamudi. *m.* Mammude; moeda de prata que corre na Persia e Indias Orientaes.

Mamujar. *a.* Mammar sem appetite, ora tomando a mamma ora deixando-a. *Ægrè sugere.*

Mamullar. *a.* Comer ou mastigar com os mesmos gestos e ademanes que faz o que mamma. *Mammam sugentis gestus mandere:* — gaguejar, balbuciar, tartamudear. *Balbutire.*

Man. *f.* *(ant.)* V. *Mano:*—manhã:—*a mano, man y mano (fr.);* logo, no mesmo instante:—*a maxiella;* encostar a mão ao rosto, em attitude de pensar. *A man (loc. adv. ant.);* logo, sem demora, em continente *Statim, illicò. A man salva.* V. *A mano salva. A man teniente.* V. *Manteniente. Buena man derecha (fam. ant.);* boa mão direita, excellente braço direito; felicidade, fortuna, bom exito no que se emprehende. *Felicitas, atis:*—*m.* peso em uso nas Indias Orientaes.

Maná. *m.* *(hist. rel.)* Maná, manná; orvalho que Deus enviou em chuva aos hebreus para os sustentar no deserto. *Manna, æ:*—*(p. Estr.)* manná; torrão muito brando e saboroso que se faz com assucar, cravo e outros ingredientes:—*(ant.)* manná; incenso partido e reduzido quasi a pó. *Thuris manna, thus comminutum* : —*(bot.)* manná ; materia concreta e assucarada, que corre em abundancia espontaneamente ou por incisão de uma especie de freixo da Sicilia e da Calabria, e se emprega em medicina como excellente purgante. *Manna, æ:*—*(fig.)* manná, alimento celeste, sustento do espirito; o que deleita a alma.

Manada. *f.* Manada, rebanho. *Grex, gregis:*—*de cerdos;* vara de porcos:— manipulo; mólho de herva, espigas ou qualquer cousa, que se póde abranger com a mão. *Manipulus, i:* — *(ant.)* rebanho, turba; reunião de muitas pessoas. Hoje só se usa em estylo familiar. *Agmen, turba. A manadas (loc. adv.)* V. *En cuadrillas.*

Manadero, ra. *adj.* Manadeiro; o que mana. *Manans, antis:* —*m.* zagal, pegureiro, pastor. *Pecuarius, pastor;*—V. *Manancial* :—*(ant.)* coador, passador.

Manadilla, ta. *f.* *dim.* de *Manada.* Manadasinha.

Manalgia. *f.* *(med.)* Manalgia; entorpecimento geral do corpo e do espirito.

Manamano. *adv.* *(ant.)* V. *Man.*

Manancial. *m.* *(ant.)* V. *Manantial.*

Manante. *p. a.* de *Manar.* Manante. *Manans, antis.*

Manantial. *m.* Manancial, fonte : — manancial; olho de agua nascente. *Fons, origo:* —*(fig.)* manancial, origem, principio, causa de um facto ou de um conhecimento. *Origo, inis.*

Manantio, tia. *adj.* *(ant.)* Manante; que mana. *Manans, antis:* — *m.* *(p. Estr.)* V. *Manantial*, das aguas.

Manaquin. *m. (zool.)* Manakin ou manaquim; genero de aves da familia dos pipradeos, dotadas de canto melodioso e de plumagem brilhante.

Manar. *n.* Manar, correr, derivar-se; saír, brotar algum liquido de uma parte. *Manare, scaturire.* Tambem se usa como activo: — *(fig.)* emanar, originar-se, proceder. *Emanare:—(fig.)* abundar, superabundar. *Affluere, abundare.* Usa-se tambem como activo n'esta accepção.

Manares. *m. pl.* Manares; peneiros primorosos de fio de palmeira, que fazem os indios de Casanare, na provincia de Nova Granada.

Manas. *m. (philos. indica)* Manas; alma sensivel, instrumento da intelligencia, que se distingue da alma, que pensa e quer. Usa-se no systema de Niaya.

Manatí. *m.* V. *Lamantin:* — *(p. Cub.)* açoute flexivel e delgado, que se faz do couro do animal do mesmo nome.

Manatiazo. *m. (p. Cub.)* Golpe dado com o açoute, que na ilha de Cuba se chama *Manati.*

Manato. *m.* V. *Manatí.*

Manaza. *f. aug.* de *Mano.* Manapola; grande mão.

Mancamiento. *m. (ant.)* Falta, privação, perda de alguma cousa. *Defectus.*

Mancar. *a.* Mancar, aleijar, estropiar; impossibilitar o livre jogo de um membro ou parte do corpo. Tambem se usa como reciproco. *Lædere:* — *n. (ant.)* mancar, faltar, deixar de fazer-se alguma cousa por falta de alguem. *Deficere:* — *(germ.)* faltar.

Mancarron. *m. (p. A. M.)* Rocim, sendeiro, cavallo estropeado.

Mancarronada. *f. (p. A.)* Récua de sendeiros.

Manceba. *f.* Manceba, amiga, concubina, amasia; mulher com quem se têem relações illicitas continuadas. *Pellex, concubina:* — *(ant.)* V. *Doncella. Manceba en cabello.* V. *Doncella ó soltera,* de pouca idade.

Mancebete. *m. dim.* de *Mancebo.* Mancebinho, mocinho, rapasinho.

Mancebez. *f. (ant.)* V. *Juventúd.*

Mancebía. *f. (ant.)* Mancebia, adolescencia, juventude, mocidade, juvenilidade; idade de mancebo: — *(ant.)* mancebia, alcouce, bordel, lupanar; casa de prostituição. *Lupanar, aris.*

Mancebico, llo, to. *m. dim.* de *Mancebo.* Mancebinho, mocinho.

Mancebo. *m.* Mancebo, joven, moço na idade. *Adolescens, entis:*—mancebo; official ou artista assalariado. *Artifex sub magistro opus faciens, mercede conducta:* —*(ant.)* V. *Soltero. Mancebo me fuí y envejecí, mas nunca al justo desamparado ví (rif.);* fui rapaz e envelheci, mas nunca em desamparo ao justo vi. *Junior fui, etenim senui, et non vidi justum derelictum.*

Mancelladero, ra. *adj. (ant.)* V. *Mancilladero.*

Mancellar. *a. (ant.)* V. *Amancillar.*

Mancelloso, sa. *adj. (ant.)* Malicioso, maligno. *Improbus, malignus:* — manchado, sujo, maculado.

Máncer. *adj. (ant.)* Espurio; filho de mulher publica. *Nothus, a, um.*

Mancera. *f.* Rabiça do arado.

Mancerina. *f. (ant.)* V. *Macerina.*

Mancia. *f. (philol.)* Mancia; nome ou suffixo de origem grega e latina, que entra na composição de muitas palavras castelhanas e portuguezas, e que póde traduzir-se por adivinhação, prognostico ou arte de adivinhar.

Mancil. *m. (germ.)* V. *Mandil.*

Mancilla. *f.* V. *Mancha:* — *(ant.)* mazella; grande ferida ou chaga que move a compaixão. *Fœdum, vulnus:* — *(ant.)* mazella, afflicção, lastima. *Miseratio, onis.*

Mancilladero, ra. *adj. (ant.)* Infamante, deshonroso, deslustrador. *Maculans, fœdans.*

Mancillamiento. *m. (ant.)* Mancha, deshonra, desdouro, deslustre, infamia. *Maculatio, onis:* — V. *Daño.*

Mancillar. *a.* Manchar, sujar. V. *Amancillar. Maculare:*— lastimar, offender, magoar, affligir: — *(fig.)* manchar, desdourar, macular, deslustrar, diffamar. *Maculare:* — manchar, afeiar, destruir; fazer feio e disforme: — manchar, deshonrar, desflorar.

Mancilloso, sa. *adj. (ant.)* Lastimoso, deploravel, misero, carregado de miserias. *Miserabilis, le.*

Mancinita. *f. (min.)* Mancinita; silicato de zinco, que se encontra perto de Liorna.

Mancipacion. *f. (ant.)* Mancipação. V. *Emancipacion.*

Mancipar. *a.* Sujeitar, submetter, fazer escravo. Tambem se usa como reciproco. *Mancipare.*

Manco, ca. *adj.* Manco, aleijado; diz-se da pessoa ou do animal falto de algum membro ou que se não pôde servir d'elle. *Mancus, a, um:* — *(fig.)* manco, defeituoso, imperfeito; falto de alguma parte necessaria; diz-se de uma obra, de um verso, etc. *Mancus, mutilus. No ser cojo ni manco (fr.);* não ser coxo nem aleijado. V. *Cojo:* —*m. (zool.)* manco; genero de aves palmipedes, da familia das impennadas: — *pl.* mancos; familia de aves da ordem das palmipedes, cujas azas são improprias para o vôo.

Mancomun (de). *(loc. adv.)* V. *Mancomunadamente.*

Mancomunadamente. *adv. m.* De mão commum, de commum accordo, de sociedade. *Communi consensu.*

Mancomunar. *a.* Mancommunar, ajustar, contratar, convencionar. Tambem se usa como reciproco. *In commune conferre:* — *(for.)* mancommunar; obrigar a duas ou mais pessoas mancommunadas á paga ou execução de alguma cousa. *Ad solutionem communiter constringere.*

Mancomunidád. *f.* União, associação em commum, de duas ou mais pessoas, para negocio de utilidade mutua, contrato solidario. *Communio, conspiratio:* — *(for.)* sociedade; contrato pelo qual duas ou mais pessoas se obrigam como principaes a pagar *pro rata,* ou cada uma *in solidum,* a divida que contrahem.

Mancornar. *a.* Abater um garraio ou novilho, fazendo-o assentar os cornos em terra e impossibilitando-lhe assim o movimento: — *(p. Cub.)* ajoujar, ou juntar duas cousas da mesma especie; de ordinario diz-se dos animaes cornigeros, das resteas de alhos, de cebolas, etc.

Mancuadra. *f. (ant. for.)* Juramento de calumnia; juramento mutuo que faziam os delinquentes de não faltar á verdade relativamente ao pleito. *Mutuum litigatorum jusjurandum.*

Mancuerda. *f. (ant.)* Volta da roda, n'este genero de supplicio. *Questionis contortio sic dicta.*

Mancuerna. *f. (p. Cub.)* Ajuntamento; acção de ajuntar duas cousas da mesma especie.

Mancumun (de). *(loc. adv.) (ant.)* V. *De mancomun.*

Mancuso. *m.* Mancusso; moeda de oiro mourisca, que corria em Hespanha pelos seculos XI e XII.

Mancha. *f.* Mancha, laivo, nodoa, macula; signal que se imprime em algum corpo, quando sobre elle cáe alguma cousa que lhe muda a côr. *Macula, æ:* — mancha, malha; parte de um corpo ou superficie de côr differente do resto, como as manchas do pello dos cavallos e outros animaes, etc. *Macula, æ:* — malha; bocado de terreno que se destingue dos immediatos por alguma qualidade ou circumstancia particular. *Pars agri ab aliis circumstantibus diversa:* — *(fig.)* mancha, labéu, descredito, desdouro, deslustre, nodoa; deshonra por nascimento ou por infamia. *Macula, labes:* — mancha; parte escura sobre um astro. *Macula, æ.* *No es mancha de judío (loc. fam.),* não é mancha de judeu, não é mal sem remedio; não ser muito importante a nota má que se impõe ou imputa a alguem. *Haud maxima labes.* *Salir la mancha;* saír a mancha, saír a nodoa da roupa. *Dilui, disparere:* — *(med.)* mancha, malha; alteração na côr da pelle, mais ou menos circumscripta, e sem elevação nem depressão alguma: — *de escarlatina.* V. *Efélides.*

Manchado, da. *adj.* Manchado; que tem nodoa ou mancha. *Maculis distinctus:* — malhado; que tem malhas, manchas, pintado de varias cores, como a pelle do tigre. *Maculatus, a, um.*

Manchamiento. *m. (ant.)* Acção e effeito de manchar.

Manchar. *a.* Manchar; sujar uma cousa pondo-lhe nodoa ou mancha. Tambem se usa como reciproco. *Maculare:* — *(fig.)* manchar, macular, deslustrar, desdoirar, enxovalhar; denegrir a fama, a reputação, o credito. *Fœdare:* — *(pint.)* manchar; ir mettendo as massas de claro e escuro antes de as unir e empastar. *Coloribus distinguere.*

Manchega. *f.* Fita de cores de que ordinariamente se fazem ligas. Chama-se fita *manchega,* em castelhano, por se fabricar na Mancha. *Laneæ versicoloris fasciola, ligula.*

Manchego, ga. *s.* O natural da Mancha: — *adj.* pertencente á provincia da Mancha. *Contestanus, a, um.*

Manchica, lla, ta. *f. dim.* de *Mancha.* Manchinha, malhinha, manchasinha.

Manchon. *m. aug.* de *Mancha.* Mancha grande.

Manchuela. *f. dim.* de *Mancha.* Manchinha, malhinha.

Manda. *f.* Offerta ou promessa que se faz de alguma cousa. *Promissum, pollicitatio:* — legado, deixa, disposição testamentaria. Em portuguez antiquado tambem se dizia manda. *Legatum, i:* — promessa; a cousa promettida: — *(ant.)* V. *Testamiento.* *La manda del bueno no es de perder (rif.);* o prometido é devido. *Promissa repetuntur.*

Mandacion. *f. (ant.)* V. *Jurisdiccion, Facultad.*

Mandadeiro. *m. (ant.)* V. *Mandadero,* nas duas ultimas accepções.

Mandadera. *f.* V. *Demandadera.*

Mandadería. *f. (ant.)* Embaixada, mensagem: — *(ant.)* officio ou cargo de mandatario.

Mandadero, ra. *s.* Mensageiro; o que executa mandado de outro. Em portuguez tambem se dizia mandadeiro. *Famulus a mandatis:* — *m.* V. *Demandadero:* — *(ant.)* V. *Procurador:* — encarregado ou commissionado de algum negocio ou contrato. *Legatus, i.*

Mandado. *m.* Mandado, recado, mensagem. *Mandatum, i:* — *(ant.)* mandado; ordem de um superior a um inferior. *Mandatum, præceptum, jussum:* — V. *Obediencia:* — mensagem, commissão: — satisfação, rasão, resposta.

Mandador, ra. *s. (ant.)* Mandador; o que manda. *Jubens, imperans:* — mandador; que manda muito, que abusa da auctoridade: — *(ant.)* embaixador, legado, enviado; pessoa que levava alguma embaixada. *Legatus, i.* *No te hagas mandador donde no fueres señor (rif.);* não te faças mandador onde não fores senhor.

Mandamiento. *m.* Mandamento, mandado, preceito; ordem de um superior a um inferior. *Mandatum, præceptum, jussum:* — mandamento; cada um dos preceitos do decalogo e da *Igreja.* *Præceptum, i:* — *(for.)* mandado; ordem, despacho do juiz por escripto mandando executar alguma cousa. *Decretum, jussum:* — *pl. (fam.)* os cinco mandamentos; os dedos da mão quando se usa d'elles em logar de colhér, ou para dar em alguem, e assim se diz: *come con los cinco man-*

damientos, le puse en la cara los cinco mandamientos, come com os dedos, assenteilhe os cinco mandamentos na cara. *Digiti, orum.*

MANDANTE. *adj.* Mandante; que manda. *Jubens, entis.*

MANDAR. *a.* Mandar, ordenar como senhor ou superior. *Jubere:*— mandar, encarregar, recommendar; como quando entre pessoas absolutamente iguaes pergunta uma á outra: *¿qué me manda?* Que manda, que me quer? Mandar em testamento, legar, dispor. *Testamento legare:* — mandar, enviar, offerecer, prometter. *Promittere, pollicitari:*—*(fam.)* V. *Enviar:* —*(ant.)* mandar, querer:—*n.* mandar, dominar, governar, reger, ter o mando. *Imperare.* Usa-se tambem como activo: — sobresaír, ser mais elevado que outra cousa:—*r.* mover-se alguem por si mesmo e sem ajuda extranha; diz-se principalmente dos doentes. *Membris facilè, expeditè uti:*— communicar-se uma casa, uma peça com outra, nos edificios. *Pervium usum ædes intus habere:* — servir-se de alguma porta, escada ou outra communicação. *Pervio ædium usu frui. Manda potros y da pocos (rif.);* quem muito promette pouco dá. *Multa fidem promissa levant. Manda y descuida, no se hará cosa ninguna (rif.);* manda e descuida, não se fará cousa nenhuma. *Præceptum, ni operi instes, inutilè est. El mandar no quier par (rif.);* mandar não quer par. *Omnis potestas impatiens consortis erit:*—*(equit.)* mandar, dominar o cavallo, maneja-lo bem: — *(naut.)* V. *Calar:*— *(mil.)* mandar, commandar; dar as vozes de commando.

MANDARIN. *m.* Mandarim; palavra inventada pelos portuguezes, e adoptada por todos os europeus, para designar os empregados da China, e principalmente os magistrados de justiça. Comprehende todos os letrados divididos em dezoito classes. *Præfectus urbis, prætor:* — *(fig.)* bachá, rei pequeno; o que exerce absoluta influencia nos negocios publicos de um paiz ou districto.

MANDARINATO. *m.* Mandarinado; dignidade, funcções do mandarim, territorio da sua jurisdicção.

MANDARINISMO. *m. (neol.)* Mandarinismo; systema de provas e de concurso por que se faz passar na China aos que aspiram ao grau de letrados, e por conseguinte aos cargos publicos: — em sentido mais lato diz-se de qualquer systema que tende a classificar os cidadãos segundo a sua instrucção.

MANDARINO, NA. *adj.* Mandarino, mandarineo; diz-se do que pertence aos mandarins. *Lengua mandarina;* lingua mandarina; a lingua sabia da China, que é usada pelos mandarins nos actos officiaes.

MANDARRIA. *f. (ant.)* Martello de que usam os calafates para metter ou tirar as cavilhas nos costados dos navios, e para outros usos. *Malleus ferreus.*

MANDATARIO. *m.* Mandatario, procurador; individuo que faz as vezes por alguem mediante procuração ou mandato. *Mandatarius, ii:* — mandatario; aquelle em favor de quem o papa expediu um mandato. *Mandatarius, i.*

MANDATO. *m.* Mandado, mandamento, ordem, determinação; preceito imposto por um superior aos seus inferiores. *Jussum, i:*— lava-pés; ceremonia religiosa que se celebra na quinta feira de endoenças lavando os pés a doze pobres. *Religiosa cæremonia ita dicta:*— mandato; sermão que se préga em quinta feira santa sobre os actos dos magistrados de Jerusalem contra Jesus Christo: — *(for.)* mandato, procuração; acto pelo qual se encarrega alguem de fazer alguma cousa em logar de outra pessoa, e se lhe chama procurador ou mandatario. *Mandatum:* — *(polit.)* mandato; linha de conducta ou obrigações que os eleitores impõem ou traçam aos seus procuradores ou deputados. *Mandato apostólico;* mandato apostolico; rescripto do papa que tem por objecto uma prescripção ou uma prohibição. Tambem ás vezes se dá este nome aos rescriptos pontificios que conferiam missão ou emprego particular a certos individuos.

MANDERECHA. *f. (ant. fig.)* V. *Mano derecha,* boa sorte ou fortuna.

MANDÍBULA. *f. (anat.)* Mandibula, queixada, maxilla; cada um dos dois ossos em cuja borda livre estão implantados os dentes. Tambem se lhe chama queixos.

MANDIBULAR. *adj.* Mandibular, maxillar; relativo ou pertencente á mandibula, á maxilla.

MANDICHO, CHA. *s. (ant.)* Picaro, alcoviteiro, rufião.

MANDIL. *m.* Mandil; trapo ou panno grosseiro para limpar alguma cousa: — mandil; avental grosseiro de homem ou mulher, para se não sujarem nos seus mesteres. *Ventrale, is:*— mandil; panno de anediar as bestas depois de escovadas:—*(germ.)* V. *Mandilandin.*

MANDILADA. *f. (germ.)* Mandilada; reunião de creados de alcoviteiros.

MANDILANDIN. *m. (germ.)* Mandil; creado, mensageiro de alcoviteiros ou de mulheres publicas.

MANDILANDINGA. *f.* V. *Picaresca.*

MANDILAR. *a.* Anediar; acabar a limpeza do cavallo, esfregando-o com o mandil, para lhe assentar e lustrar o pello. *Equos linteo crassiore abstergere.*

MANDILEJO. *m. dim.* de *Mandil.* Mandilzinho; mandil pequeno: — mandilzinho; mocinho de alcoviteiro ou de meretriz.

MANDILETE. *m. (mil.)* Portinhola da peça de artilheria. *Pluteus bellicis tormentis tuendis.*

MANDILON. *m. (fam.) augm.* de *Mandil.* Mandilão; mandil grande: — *(fam.)* papa-assorda, cobarde, poltrão; homem ignavo, fraco de espirito.

Mandioca. *f. (p. Am.)* V. *Yuca.*

Mando. *m.* Mando, auctoridade, poder de mandar. *Imperium, potestas:* — *(ant.)* V. *Mandato:* — *(germ.)* V. *Destierro. Tener el mando y el palo (fr.);* ser senhor de baraço e cutello. *Omnimodâ auctoritate pollere.*

Mandoble. *m.* Mandobre; golpe, cutilada mui forte, dada com as duas mãos. *Grave vulnus, gravis ictus:* — *(fig.)* reprehensão áspera e severa. *Vehemens castigatio.*

Mandolina. *f. (mus.)* Mandolim ou bandolim; instrumento pouco maior que a bandurra, e menor que a guitarra, com quatro cordas e o fundo convexo.

Mandon, na. *adj.* Mandão; diz-se do homem muito imperioso e que de ordinario abusa da auctoridade. Tambem se usa substantivado. *Imperiosus, a, um.*

Mandora. *f. (mus.)* Bandurra; instrumento antigo, parecido com o alaude.

Mandra. *f. (ant.)* Cabana, choça de pastor. *Mandra, æ.*

Mandrachero. *m.* Tàful; jogador por officiò e que tem casa de jogo. *Aleator, oris.*

Mandracho. *m. (prov.)* Casa de jogo publico. *Aleatoriæ ædes.*

Mandrágora. *f. (bot.)* Mandrágora *(prejudicial aos gados);* genero de plantas da familia das solaneas, cuja especie commum é dotada de propriedades narcoticas.

Mandrágula. *f. (ant.)* Mendrácula. V. *Mandrágora:* — *(ant.)* phantasma, visão má, espectro, avejão, larva.

Mandria. *m. (fam.)* Homem cobarde, apoucado, sem prestimo. *Homo ignavus, meticulosus:* — mandrião, preguiçoso: — *(germ.)* simpleirão, bolonio, ignorante.

Mandriez. *m. (ant.)* Negligencia, pusillanimidade, fraqueza, falta de animo. *Ignavia, debilitas.*

Mandril. *m. (zool.)* Mandril; especie de mammiferos cynocephalos.

Mandron. *m. (ant.)* Mandrão; machina para atirar pedras, de que usavam os antigos na guerra. *Ballista, machina bellica ad saxa jacienda:* — *(ant.)* bola grande de pau ou de pedra que se arrojava com a mão: — *(ant.)* primeiro golpe que dava a bola ou pedra quando se despedia da mão. *Primus lapidis ictus.*

Manducable. *adj. (fam.)* Manducavel, comivel, comestivel; que se póde manducar ou comer.

Manducacion. *f. (fam.)* Manducação; acção de manducar, de comer. *Manducatio, onis.*

Manducar. *a. (fam.)* Manducar, comer, codear.

Manducatoria. *f. (fam.)* Papazana, comezana, comida.

Mandurria. *f. (ant.)* V. *Bandurria.*

Manea. *f.* V. *Maniota.*

Maneador. *m. (p. A.)* Tira de coiro ou especie de laço que os camponezes levam enrolado ao pescoço do cavallo para pear os potros, prender os cavallos e outros usos.

Manear. *a.* Pear; prender a besta com pea ou maniota. *Jumenti manus vincire:* — *(ant.)* manear. V. *Manejar:* — *(p. Mex.)* embaraçar, fazer tropeçar alguem atravessando uma corda por onde ha de passar: — *(ant.)* manear. V. *Manosear:* — *r. (p. Mex.);* enredar-se ou tropeçar quando se vae andando.

Manecica, lla, ta. *f. dim.* de *Mano.* Mãosinha, manita, maneta; mão pequena: — *f.* fecho; peça ordinariamente de metal com que se apertam e fecham alguns livros e outras cousas. *Fibula, æ:* — mão, manda; signal com a figura de mãosinha que se põe ás vezes nos escriptos ou impressos para exprimir nota ou chamada: — mão; ponteiro ou pequena flecha que nos relogios indica as horas ou minutos. *Index, gnomon:* — especie de aba de chapéu para esfregar o que se imprime ou estampa em téla. *Manecilla de la esteva del arado;* a parte excavada por onde se pega para manejar o arado ou a charrua.

Manefestar. *a. (ant.)* V. *Manifestar.*

Manejable. *adj.* Manejavel, maneavel; diz-se do que é facil de manusear ou manejar. *Tractabilis, mitis, docilis:* — *(naut.)* maneavel, brando; diz-se do vento e do mar quando não são muito fortes e permittem manobrar com facilidade.

Manejado, da. *adj.* Manejado, executado; com os adverbios *bien* ou *mál* e outros similhantes, significa obra bem ou mal acabada ou executada. Usa-se particularmente fallando de pinturas.

Manejar. *a.* Manejar; trabalhar fazendo alguma cousa com as mãos. *Manu tractare, versare:* — *(fig.)* manejar, dirigir, conduzir, reger, governar. *Dirigere, ducere:* — *r.* mover-se; adquirir agilidade depois de ter estado impedido: — governar-se, dirigir-se; conduzir-se bem, com prudencia, saber viver: — *(equit.)* manejar; governar, dirigir o cavallo, exercita-lo, faze-lo andar com arte. *Equo dexterè uti:* — *n. (naut.)* V. *Barajar.*

Manejo. *m.* Manejo; o trabalho de manejar e o seu effeito. *Tractatio, usus:* — *(fig.)* manejo, gerencia, administração; direcção de algum negocio. *Administractio, onis:* — manejo, picaria, equitação; arte de exercitar o cavallo. *Equos regendi ars:* — manejo, picadeiro: — *pl.* manejos, manobras, artimanhas, artificios, trama astuciosa. *Manejo de armas (mil.)* manejo, exercicio das armas, manobras, evoluções militares.

Manenfestar. *a. (ant.)* V. *Manifestar.*

Maneota. *f.* V. *Maniota.*

Manequí. *m.* V. *Maniquí.*

Manera. *f.* Maneira, modo, estylo. *Modus, ratio:* — maneira, sorte, feição; qualidade ou classe das pessoas: — *(ant.)* V. *Figura:* — *(ant.)* V. *Faltriquera:* — *(ant.)* V. *Maña:* — *(ant.)* V. *Costumbre:* — maneira; abertura nos capotes e saias das mulheres, para se metter a mão na algibeira, feita de um lado. N'este sentido é antiquado em portuguez. *Vestis foramen mittendis manibus:* — abertura anterior dos calções: — *(ant.)* V. *Especie, Género:* — *pl.* maneiras, modo; porte das pessoas: — *(ant.)* maneiras, costumes. V. *Costumbres:* — *(pint.)* maneira, estylo; modo e caracter que um pintor ou esculptor imprime a todas as suas obras. *Modus, stilus. De manera (loc. adv.);* de maneira, de fôrma, de sorte, de modo. *Ita adeo, usque adeo. En gran manera;* sobre maneira, muito, em alto grau. *En manera.* V. *De manera. Por manera (loc. adv.);* por maneira. V. *De manera. Sobre manera.* V. *En gran manera.*

Manero, ra. *adj. (caç.)* maneiro, creado á mão; diz-se do açor e do falcão ensinado a vir á mão. *Mansuetus, a, um:* — *adj. (ant.)* dizia-se do devedor que se substituia para pagar as dividas de outro. *Subrogatus debitor:* — *m. (ant.)* prorogação de praso.

Maneruelo. *adj. (ant.)* Mancavel, manejavel, tratavel.

Mánes. *m. pl.* Manes, almas dos mortos. Na mythologia dos etruscos e romanos, os manes eram as almas dos mortos, consideradas como divindades infernaes.

Manetia. *f. (bot.)* Manettia; genero de plantas da familia das rubiaceas.

Manetrar. *a. (ant.)* V. *Maniatar.*

Manezuela. *f.* V, *Manecilla, Abrazadera.*

Manferir. *a. (ant.)* Alistar, designar: — *(naut.)* averiguar a carga que pôde levar uma lancha ou embarcação identica, no arsenal de Cadiz, pondo-lhe successivamente pesos de ferro até não poder resistir.

Manfestar. *a. (ant.)* V. *Manifestar.*

Manfla. *f. (fam.)* Concubina, manceba, amiga. *Scortum, i:* — *(p. Manc.)* porca velha que pariu recentemente. *Sus enixa, effœta:* — *(germ.)* mangalaça, bordel, alcouce.

Manflota. *f. (germ.)* Alcouce, bordel.

Manflotesco, ca. *adj. (germ.)* Proprio do bordel ou lupanar: — *m.* putanheiro; o que frequenta os alcouces.

Manga. *f.* Manga; parte do vestido que cobre o braço. *Manicœ, arum:* —pedaço de panno que em alguns gabões cáe dos hombros até aos pés. *Manicœ pendentes:* — maleta portatil, que se abre pelas duas extremidades, as quaes se fecham com uns cordões. *Bulga, œ:* — sáia da cruz. *Parochialis crucis indumentum:* — *(p. Mex.)* manta grande de luxo usada pelos lavradores: — *pl.* luvas, gratificação. *Utilitates, commoda:* — *(art.)* mangote; couro da carruagem, em fôrma de bainha, por onde passam os tirantes: — manga, filtro ou sacco de baeta ou lençaria, á maneira de funil, para filtrar os licores. *Cucullus liquoribus colandis:* — tarrafa; rede de pescar. *Retejaculum, i:* — camaroeiro; rede com que se pescam camarões, e que ás vezes se substitue por um saco alongado, cuja bôca é guarnecida por um arco de pipa: — *(bot.)* V. *Mangle:* — *(phys.)* manga, tromba; columna de agua que se eleva do mar por effeito de uma attracção atmospherica, e que depois se derrama em chuveiros. *Aquœ marinœ turbo:* — *(mil.)* manga, plotão, troço, partida pouco numerosa de tropa escolhida: — manga; na antiga milicia era a tropa de arcabuzeiros ou mosqueteiros com que se guarneciam os lados. *Manus, manipulus:* — *(naut.)* a maior largura do navio. *Media navis latitudo:* — tambem se diz da parte mais larga de um dique e de qualquer das divisões de bordo: — manga; mangueira, a parte de uma bomba por onde sobe a agua attrahida pelos embolos: — *de viento (naut.);* furacão; vento repentino e impetuoso: — *arrocada (ant.);* especie de manga do vestido, assim chamada porque tinha mais ou menos a fórma da parte superior de uma roca de fiar. *Manicœ scisuris distinctœ:* — *de ánjel;* manga larga e guarnecida dos roupões feminis. *Manicarum muliebrium genus:* — *perdida;* manga perdida; a pendente por detrás das jaquetas dos arreeiros, homens do campo e outros. *Manicœ ab humeris pendulœ:* — *boba;* manga larga, que não tem punho nem se ajusta ao braço. *Andar manga por hombro (fr.);* andar ao Deus dará; haver muito descuido e abandono no governo domestico. *Omnia raptim atque turbatè agi. Echar de manga (fr.);* servir-se de alguem com dissimulo e astucia, para assim conseguir os seus intentos. *Hacerse de manga ó ir de manga (fr.);* mancommunar-se; associar-se com outrem para algum fim. *Pegar mangas (fr. fig.);* ingerir-se, entremetter-se; introduzir-se a participar de alguma cousa. *Ultrò sese ingerere, immiscere. Ser de manga ancha ó tener manga ancha (fr. fam.);* ser de manga larga ou ter manga larga; diz-se ordinariamente do confessor muito prompto em absolver. *Nimis facilem, blandum esse. Traer en la manga (fr. fam.);* trazer na manga; ter uma cousa á mão, perto, a facil disposição. *Ad manum habere. Hijo ajeno, mételo por la manga y saldrá al seno (rif.);* filho alheio, mette-o pela manga e saír-te-ha ao seio. *Mangas postizas;* mangas postiças, mangas falsas ou manguinhas; mangas que se cozem ou põem por cima das outras: — *de Hipócrates (pharm.);* manga de Hippocrates; especie de sacco ou filtroccoio.

Mangabéy. *m. (zool.)* V. *Mico.*

Mangado, da. *adj. (ant.)* Dizia-se do que tinha mangas largas. *Manicatus, a, um.*

Mangajarro. *m. (fam.)* Manga

mal feita e que cobre a mão. *Inconcinnæ et longiores justo manicæ.*

MANGALIS. *m.* Mangalis; peso das Indias orientaes, equivalente a 5 grãos, e só em uso para pesar pedras preciosas.

MANGANATO. *m.* *(chim.)* Manganato; genero de saes produzidos pela combinação do acido manganico com as bases salificaveis.

MANGANEAR. *a.* *(p. Mex.)* Deitar um laço ao pé ou mão de um cavallo, touro ou outro animal, quando vae de carreira.

MANGANESA, MANGANESIA. *f.* *(chim.)* Manganesio; oxydo de manganez, que se encontra abundantemente na natureza.

MANGANESIATO. *m.* *(chim.)* Manganesiato; nome dado ás vezes como synonymo de manganato.

MANGANÉSICO, CA. *adj.* *(chim.)* V. *Mangánico.*

MANGANESÍFERO, RA. *adj.* *(chim.)* Manganesifero; diz-se dos corpos ou substancias que accidentalmente contêem manganez.

MANGANESIO, MANGANESO. *m.* *(chim.)* Manganez; corpo simples, comprehendido na terceira secção dos metaes, dotado de grande affinidade para o oxygenio.

MANGANGÁ. *m.* *(zool. p. Amer.)* V. *Abejon.*

MANGÁNICO, CA. *adj.* *(chim.)* Manganico; relativo ou pertencente ao manganez.

MANGÁNIDOS. *adj. m. pl.* *(min.)* Manganidos; familia de mineraes, que comprehende o manganez e as suas combinações.

MANGANILLA. *f.* Manganilha; subtileza de mãos. *Præstigia, orum:*—*(p. Extr.)* vara de varejar as azinheiras: — *(ant.)* certa machina de guerra para bater as muralhas.

MANGANO. *m.* *(ant.)* Especie de mandrão ou catapulta, usada antigamente para atirar pedras de grande calibre.

MANGLA. *f.* Ladano; nome que na Serra Morena dão á gomma adocicada que a herva xara costuma distillar. *Ladanum, i:* — *(ant.)* V. *Tizon:* — mangra; doença do trigo e outros grãos, procedida do nevoeiro ou nebrinas, que lhes faz crear alforra.

MANGLAR. *m.* Mangueiral; bosque de mangueiras, arvores das Indias orientaes. *Locus mangle indica arbore consitus.*

MANGLE. *m.* *(bot.)* Mangueira; genero de plantas dicotyledoneas, da familia das terebinthaceas, cujos fructos se chamam mangas.

MANGLESIA. *f.* *(bot.)* Manglesia; genero de plantas da familia das eleagneas.

MANGLIETA. *f.* *(bot.)* Manglietia; genero de plantas da familia das magnoliaceas.

MANGO. *m.* Mango; cabo do mangual: — cabo, manubrio; parte de qualquer instrumento pela qual se lhe pega. *Manubrium, ii:* — nome vulgar que nas Antilhas se dá á mangaba ou fructo da mangabeira: — *ó mastil de guitarra;* braço da guitarra: — *(artilh.)* cabo da lanada: — *(zool.)* mango; genero de mammiferos mui parecidos com as mangostas.

MANGON. *m.* *(ant.)* Revendão. V. *Revendedor:* — *adj.* *(p. Murç.)* V. *Erandillon.*

MANGONADA. *f.* Cotovelada ou pancada com o braço vestido. *Ictus impactus brachio manica induto.*

MANGONEAR. *n.* *(fam.)* Mangonear ou mangonar, vadiar, preguiçar. *Vagari:* — *(fam.)* metter a sua colherada, entremetter-se; metter-se onde o não chamam, dar sentenças. *In aliena se inferre.*

MANGONERO, RA. *adj.* *(ant.)* De muitos feriados; dizia-se do mez em que havia muitos dias festivos, nos quaes se não trabalhava. *Feriatus mensis est, suspende fumario colum:* — mangaz, inerte, mandrião.

MANGONIZACION. *f.* *(med.)* Termo usado por alguns medicos para designar a alteração dos medicamentos.

MANGORRERO, RA. *adj.* *(fam.)* Diz-se do que anda communmente entre as mãos, que se maneja a miudo, que é muito commum, de pouca importancia: — encavado; diz-se da faca ou outro instrumento que tem cabo mettido em ovado ou olho. *Manubriatus culter:* — *(fam.)* mandrião, tunante, vadio, ocioso; o que não tem officio nem beneficio: — diz-se tambem da faca ou cutelo tosco, mal trabalhado. *En casa de herrero cochillo mangorrero (rif.);* em casa de ferreiro espeto de pau.

MANGOSTA. *f.* *(zool.)* Mangosta; rato da India, genero de mammiferos carniceiros digitigrados.

MANGOSTAN. *f.* *(bot.)* Mangostan; genero de plantas da familia das clusiaceas.

MANGOTE. *m.* *(fam.)* Grande manga. *Amplior manica:* — *pl.* mangotes ou manguitos; mangas postiças usadas por alguns individuos em certos empregos ou trabalhos para se não roçarem as mangas do fato.

MANGUAL. *m.* Césto, manopla de correões crús de couro de boi; instrumento d'onde pendiam umas pequenas cadeias de ferro, armadas nos extremos por umas balas, com o qual se combatia. *Cœstus, us.*

MANGUARDIA. *f.* *(mil. ant.)* V. *Vanguardia.*

MANGUERA. *f.* *(naut.)* Mangueira; manga de couro ou de lona alcatroada, por onde escorre para o mar a agua das embarcações. *Stupia manicapicata:* — mangueira; tubo ou manga comprida de couro ou lona alcatroada, que serve para encher de agua as pipas: —*de ventilacion;* mangueira de ventilação ou ventilador; manga de lona não alcatroada, que serve para renovar o ar nas cobertas.

MANGUERO. *m.* O que maneja as mangueiras das bombas: — *(caç.)* monteiro que nas batidas matava a caça que caía nas redes, levada a estas pela gente que a obrigava a levantar-se. *Venator, oris.*

Mangueroте. *m.* *(naut.)* Mangueira; paus alcatroados, pegados nos embornaes, por onde corre a agua para o mar.

Mangueta. *f.* *(med.)* Borracha; saquinho de couro ou de gomma elastica, com gargalo estreito, a que se adapta um pequeno tubo de marfim ou osso, para deitar clysteres. *Clysterium, ii:—(mech.)* V. *Palanca:* — couceira; peça de pau sobre que a porta se volve em seus gonzos. *Lignia fasciola. Holanda de mangueta (com.);* teia de Hollanda finissima.

Manguilla, ta. *f. dim.* de *Manga.* Manguito, manguinha.

Manguilla. *f.* *(art.)* V. *Salobre.*

Manguispanado, Manguispenado, da. *adj.* *(ant.)* O que tem as mangas muito acanhadas ou rotas.

Manguita. *f.* V. *Funda.*

Manguitero. *m.* Pelleiro; o que fabrica e vende obras de pelles. *Pellicarum manicarum artifex:* — pelleiro; o que prepara as pelles finas.

Manguito. *m.* Manguito; regalo de pelles, em que as senhoras mettem as mãos, para as ter quentes de inverno. *Pellica manica:* — manguito; meia manga que as mulheres usam justa ao braço, desde o cotovelo até ao pulso. *Manica brevis reticulata:* — biscoito grande em figura de rosca: — V. *Mangote:* — *de Neptuno (zool.)* V. *Milépora.*

Maní. *m.* *(p. Am. bot.)* V. *Cacahuate.*

Manía. *f.* Mania, extravagancia, teima, capricho de genio no modo de pensar. *Libido, inis:* — *(ram.)* mania, paixão; aferro habitual, desejo immoderado de alguma cousa. *Libido, inis:* — *(med.)* mania; especie de alienação mental, loucura, demencia, lesão do entendimento, caracterisada pela alteração de uma ou mais funcções intellectuaes, tendencia ao furor, ou repetição dos mesmos actos ou idéas. *Insania, amentia:* — *lupina.* V. *Licantropía.*

Mania. *f.* *(zool.)* Mania; genero de insectos lepidopteros, da tribu dos amphipyridos.

Maníaco, ca. *adj.* V. *Maniático.*

Maniabo, ba. *adj.* *(veter.)* Manalvo; diz-se do cavallo calçado de branco.

Maniatar. *a.* Maniatar; atar as mãos. *Manus ligare, vincire.*

Maniático, ca. *adj.* Maniaco; diz-se do que é doente de mania. *Insanus, a, um:* — *(fam.)* maniaco, extravagante, apaixonado; aferrado a uma cousa, que gosta com excesso d'ella.

Maniblaj. *m.* *(germ.)* V. *Mandilandin.*

Manicaria. *f.* *(bot.)* Manicaria *(manga);* genero de plantas da familia das palmeiras.

Manicario. *m.* *(hist. ant.)* V. *Retiario.*

Manicordio. *m.* V. *Monacordio.*

Manicorto, ta. *adj.* *(fig.)* Mesquinho, que é cicata, unhas de fome. *Parcus, illiberalis:* — manicurto; curto de mãos.

Manicu. *m.* *(zool.)* Manicu; mammifero do genero didelpho.

Manida. *f.* Manida; logar onde se está, retiro. *Mansio, cubile:* — *(germ.)* casa, toca.

Manido, da. *adj.* V. *Escondido. Abditus, a, um.*

Manifacero, ra. *adj.* *(p. Murc.)* Mexeriqueiro; diz-se da pessoa enredadora e que se mette em tudo. *Ardelio, inquietus.*

Manifactura. *f.* *(ant.)* V. *Manufactura:* — fórma, figura das cousas. *Forma, æ.*

Manifatura. *f.* *(ant.)* V. *Manifactura,* na segunda accepção.

Manifestacion. *f.* Manifestação; acção e effeito de manifestar. *Manifestatio, onis:* — acto de tirar por justiça e depositar voluntariamente uma filha familia, com auctoridade do juiz, para consultar a sua vontade em assumpto de casamento: — manifestação; acção exhibitoria para que uma cousa se manifeste perante o juiz, a fim de poder ser vista pelos interessados: — *(for. p. Ar.)* despacho expedido pela repartição da justiça de Aragão ás pessoas que o requeriam para se proceder nas causas segundo o direito. *In Aragoniæ regno litteræ supremi judicis, quibus alterius judicis vis arcetur:* — *(polit.)* manifestação; expressão publica de um sentimento, de uma opinião qualquer.

Manifestador, ra. *s.* Manifestador; o que manifesta. *Manifestator, oris.*

Manifestamiento. *m.* *(ant.)* V. *Manifestacion.*

Manifestar. *a.* Manifestar; patentear, divulgar, publicar, declarar alguma cousa. *Manifestare:* — manifestar, patentear; apresentar ou offerecer á vista: — *(p. Ar. for.)* subtrahir uma pessoa ou os seus bens á jurisdicção de juizes suspeitos de malversação, declarar que será julgada pela côrte ou repartição de justiça de Aragão, ou na audiencia real. *Legibus locum dare, vim arcere.*

Manifestarios. *m. pl.* *(rel.)* Manifestarios; nome de certos anabaptistas da Prussia.

Manifestion. *f.* *(ant.)* V. *Confesion.*

Manifestamente. *adv. m.* Manifestamente; de modo manifesto, patente.

Manifiesto, ta. *adj.* Manifesto, patente, claro. *Manifestus, a, um:* — *m.* manifesto, apologia; escripto em que se justifica ou manifesta alguma cousa. *Apologia, æ:* — *(rel.)* exposição do Santissimo Sacramento á veneração dos fieis: — *(com.)* manifesto; declaração feita na alfandega, dos artigos de uma carga de navio mercante, etc.: — manifesto; declaração de um facto que o capitão de um navio mercante faz perante o juiz competente, quando lhe é requerido, ou quando voluntariamente se quer livrar de alguma responsabilidade: — *(ant.)* livro do manifesto; o que serve para registrar as fazendas que carregam e descarregam os navios mercantes. *Mejorar el manifisto;* renovar o manifesto; exhibir de novo na alfandega, dentro de certo praso, a relação das mercadorias que traz a bordo um capitão de navio mercante, reformando-a segundo as circumstancias. *Poner de manifisto (fr.);* fazer manifesto; manifestar alguma cousa, patentea-la, expo-la ao publico. *Exponere.*

Manigrafía. *f. (med.)* Manigraphia; tratado sobre a alienação mental.

Manigráfico, ca. *adj. (med.)* Manigraphico; relativo ou pertencente á manigraphia.

Manígrafo. *m.* Manigrapho; auctor que escreve acerca da alienação mental.

Manigua. *f. (p. Cub.)* V. *Maleza:* — jogo do monte, feito por mero divertimento.

Maniguazo. *m. (p. Cub.)* Matagal, brenha mui extensa.

Manigueta. *f. (naut.)* Malagueta; cavilha de pau, que serve para dar volta aos cabos de laborar: — punho do remo, no arsenal de Carthagena.

Manija. *f.* V. *Maniota:* — *(ant.)* V. *Manilla:* — cabo, manubrio de alguns instrumentos; parte por onde se lhes pega. *Manubrium, ii:* — manivella: — annel de ferro, virola. *Annulus metallicus.*

Manijero. *m. (prov.)* Capataz; o que dirige no campo um rancho de trabalhadores. *Operariorum rector, dux.*

Manilargo, ga. *adj.* Diz-se do que tem as mãos compridas. *Manu promptus:* — *(fig.)* mãos largas, franco, liberal, dadivoso: — *(p. Mex.)* V. *Pendenciero.*

Manilio. *m. (astr.)* Manilio; vigesima quarta mancha da lua.

Manilúvio. *m. (med.)* Manilu-vio; banho ás mãos, de ordinario em agua quente, para produzir uma derivação.

Manilla. *f.* Manilha, bracelete, pulseira; adorno que as mulheres usam nos pulsos, e que de ordinario é de oiro, de perolas, com pedraria ou singela. *Armilla, æ.* V. *Pulsera, brazalete:* — algemas; argola ou annel de ferro com que se prendem as mãos ou os pulsos a alguns delinquentes. *Annulus ferreus manibus vinciendis, manicæ:* — *(naut.)* qualquer das duas peças de cinta, que terminam na roda de prôa nas embarcações menores.

Manina. *f. (bot.)* Manina; nome generico que alguns naturalistas dão aos cogumelos que crescem na escuridade.

Maniobra. *f.* Obra manual. *Opus manufactum:* — *(fig.)* manobra, artificio, trama astuciosa. *Artificium, industria:* — *(naut.)* manobreiro; arte que ensina a dirigir as manobras. *Ars navigia regendi:* — cordoalha; cabos e apparelhos de uma embarcação. *Armamenta navium:* — manobra, faina; trabalhos de navegação. *Opera regendæ navi nautis præstita:* — manobra; evolução executada por esquadra ou divisão: — *(cir.)* operação ou ensaios cirurgicos que os facultativos fazem n'um cadaver ou n'um manequim, para exercitar-se: — *(mil.)* manobra; movimento tactico regular, exercicios militares.

Maniobrar. *a.* Manobrar; trabalhar com as mãos, fazer obras manuaes. *Operari manu, manu facere:* — *(fig.)* manobrar; usar de todos os meios para levar ávante algum negocio, usar de astucia, de destreza. *Machinari, moliri:* — *(naut.)* manobrar; executar manobras, evoluções nauticas. *Navem aptè regere:* — *un buque;* manobrar um navio; dirigi-lo com destreza, faze-lo mover com arte: — *(mil.)* manobrar; executar a tropa as evoluções militares. *Militum copias aptè et ordinatè movere.*

Maniobrero. *m. (mil.)* Manobreiro, que manobra bem; diz-se dos corpos bem exercitados nas evoluções militares.

Maniobrista. *m. (naut.)* Manobrista, manobreiro; marinheiro intelligente, que entende bem da manobra dos navios. *Navium turmarumque regendarum peritus.*

Manioc. *m. (bot.)* Mandioca; especie de plantas da familia das urticaceas, interessante pela fecula alimentar que produz.

Maniota. *f.* Maniota; peia com que se prendem as mãos das bestas. *Vinculum jumentorum manibus vinciendis:* — *adj.* maniota; diz-se do que pertence a Maina, paiz da Grecia: — *s.* maniota; o natural de Maina.

Manipodio. *m. (fam.)* V. *Alcahueteria.*

Manipulacion. *f. (pharm.* e *chim.)* Manipulação; modo de operar em chimica, pharmacia e em outras artes: — *(fig.)* manejo, manobra; acção e effeito de manobrar, de manejar os negocios, de se ingerir n'elles.

Manipulador. *m.* Manipulador; o que manipula.

Manipulante. *m. (fam.)* Manejador, director de algum negocio, que o trata, dirige ou maneja. *Tractator, administrator.*

Manipular. *a. (fam.)* Manejar; tratar os negocios a seu modo ou envolver-se em todos. *Negotia tractare, eis immisceri:* — *(art.)* manipular; preparar, executar com as mãos alguma operação.

Manipulario. *m.* Manipulario; chefe que mandava um manipulo, na milicia romana.

Manipuleo. *m. (fam.)* V. *Manipulacion:* — manejo de capitaes ou fundos alheios com fraude e dilapidação.

Manípulo. *m.* Manípulo; peça dos ornatos do sacerdote, quando diz missa, e que se enfia no braço esquerdo. *Manipulus, i:* — *(mil. ant.)* manipulo; cada um dos vinte e cinco troços ou companhias em que se dividiu a cohorte. *Manipulus, i:* — manipulo; primeira insignia militar de que usaram os romanos, assim chamada porque atavam um mólho de feno a uma vara comprida, que lhes servia de bandeira: —*pirotécnico (ant.)*; manipulo pyrotechnico, granada de mão.

Maniqueismo. *m. (rel.)* Manicheismo; seita dos manicheus. *Manichæismus, i.*

Maniqueos. *m. pl. (rel.)* Manicheus; sectarios do manicheismo, discipulos de Manicheu. *Manichæus.*

Maniquí. *m. (fig.)* Automato; pessoa inerte, incapaz de acção propria, que se deixa dominar pela opiniões alheias: —*(med.)* manequim boneco; figura humana de madeira ou cartão, para os alumnos se exercitarem na applicação de certos apparelhos cirurgicos e em operações de obstetricia: —*(pint.)* manequim; figura movel de homem ou mulher, de ordinario feita de pau, que se pôde collocar em varias posições, e serve especialmente para o estudo de roupas. *Lignea hominis effigies versatilis.*

Manir. *a.* Macerar, amollecer, abrandar; fazer com que a carne se faça mais tenra e mais branda, guardando-a de um para outro dia ou o tempo conveniente. Tambem se usa como reciproco. *Mollire, mollescere.*

Maniroto, ta. *adj.* Manirroto, dadivoso; largo em dar e dispender. *Profusus, prodigus.*

Manirotura. *f. (ant.)* Prodigalidade, profusão vã, liberalidade excessiva. *Profusio, prodigentia.*

Manisúride. *f. (bot.)* Manisuride ou manisuris *(tronco delgado)*; genero de plantas da familia das gramineas.

Manito. *m. (chim.)* Manito ou mannito; principio assucarado, crystallisavel, que existe no manná.

Manivacío, cía. *adj. (fam.)* Manivazio; diz-se da pessoa que vem ou vae de mãos vasias, sem levar objecto algum como dadiva, offerta, etc. *Inanis, ne.*

Manja. *m.* Manja; peso de 12 libras que se usa em algumas partes do Oriente.

Manjar. *m.* Manjar, comida; toda a substancia que póde servir de alimento ao homem. *Cibus, i:* —*(fig.)* manjar, alimento da alma, do espirito; recreio, deleite que fortalece, vigora o espirito. *Refectio, onis:* —*(ant.)* cada um dos quatro naipes do baralho de cartas. *Foliorum, chartarum familia:* —*blanco;* manjar branco; manjar delicado feito da carne do peito das gallinhas cozidas, desfeito e misturado com assucar, leite e farinha de arroz. *Leucophagum, i:* — *de ánjeles;* manjar composto de ovos, leite e assucar. *Cibus lacte et saccharo conditus:* —*imperial;* manjar imperial; o que é de leite, farinha de arroz e gemma de ovos. *Cibus lacte, vitellis, et orizae farinâ conditus:* —*lento ó suave;* sorte de manjar composto de gemmas de ovos batidas, leite e assucar. *Cibus lacte, vitellis dilutis, et saccharo conditus:* —*principal;* manjar que se faz de queijo, leite coalhado, gemmas de ovos batidas e pão rallado. *Cibus caseo, lacte, dilutis vitellis, et friato pane conditus:* —*real;* especie de manjar branco, que se faz com carneiro, e que tem a côr amarella. *Maza regia, leucophagi species:* —*(p. Am.)* V. *Guanabaná. No hay manjar que no empalague, ni vicio que no enfade (rif.)*; não ha manjar que não enfastie, nem vicio que não enfade. *Satietas fastidium parit.*

Manjarda. *f. (art.)* V. *Trabuquete.*

Manjarejo. *m. (ant.)* Especie de manjar branco: —*(ant.)* comida ordinaria, grosseira, pouco nutriente. *Vile opsonium.*

Manjarria. *f. (p. Cub.)* Grande alavanca do engenho do assucar, que serve para mover a machina.

Manjelin. *m.* Manjelim; peso correspondente ao quilate usado nas Indias para as pedras preciosas. *Centesima quadragesima pars unciæ.*

Manjolar. *a. (caç.)* Levar o falcão engaiolado ou na mão. *Manuducere.*

Manjorrada. *f. (fam.)* Comezana; comida excessiva. *Nimium cibi.*

Manjunje. *m. (fam. ant.)* Retoques, correcção, emendas em alguma obra.

Manlevar. *a. (ant.)* V. *Contraer.*

Manlieva. *f. (ant.)* Imposto ou tributo que se cobrava effectiva e peremptoriamente de casa em casa. *Tributum in singulas domus distributum:* — gasto ou despezas: — abundancia, copia de fructos para consumo.

Manlievar. *a. (ant.)* Contrahir dividas, sobrecarregar-se de dividas. *In æs alienum incidere.*

Manlieve. *m. (ant.)* Dolo, fraude para haver dinheiro de alguem, deixando-lhe como penhor um cofre ou caixa fechada cheia de bagatellas, fazendo crer que encerra objectos preciosos e de valor. *Fraus, doloso pignore tecta.*

Manna. *f. (ant.)* V. *Maña:* — V. *Manera.*

Manno, nna. *adj. (ant.)* Magno, grande.

Mano. *f.* Mão; parte do braço humano desde o punho até á extremidade dos dedos. *Manus, us:* —mão; qualquer das duas extremidades dos membros anteriores dos quadrupedes. *Anticus pes:* —mão; qualquer das quatro extremidades das rezes de talho, depois de cortadas. *Pes, pedis:* —tromba de elephante. *Proboscis, dis:* — mão; lado esquerdo ou direito em que fica ou succede alguma cousa, em respeito á situação local de outra, como: *el rio pasa a mano derecha de la ciudad;* o rio passa á mão direita da cidade. *Manus dextra, sinistra:* — mão, pilão; peça ou instrumento com que se pisa ou machuca alguma substancia no gral. *Pistillum, i:* — mão; vigesima parte da resma do papel, ou cinco cadernos. *Papyraceus scapus:* — poder, imperio, mando, exercicio de auctoridade. Usa-se de ordinario com os verbos *tener, dar. Potestas, atis:* — mão; patrocinio, favor. *Patrocinium, ii:*—mão; auxilio, soccorro. *Auxilium, i:* — mão; influencia, valimento: — mão; lance inteiro que se joga sem dar outra vez as cartas. *Manus, jactus in ludo:*—mão; o primeiro a jogar. Usa-se como masculino. *Collusorum primus:* — reprehensão. *Objurgatio, castigatio:* — *(ant.)* mão; garra do falcão, da ave de rapina. *Unguis, is:* —*(ant.)* V. *Palmo:* — mão, companhia, reunião de gente de trabalho, para executar alguma cousa: — repetição de alguma cousa; cada uma das vezes que ella se repete ou executa: — penhor, fiança: — *(ant.)* mão. V. *Manojo:* — *adj. (ant.)* magno, grande. *Mano á mano (fr.);* com familiaridade, em companhia, juntamente com outra pessoa. *Familiariter:* — mão por mão, de só a só, sem companhia, sem partido igual, sem vantagem de um a outro, no jogo. *Æqua sorte. Mano certera* o *segura;* mão certeira ou certa; a que habitualmente não erra o golpe. *Mano de azotes, de cozes.* V. *Vuelta de azotes, de cozes. Mano de cazo;* canhoto; diz-se do que usa da mão esquerda em vez da direita. *Sinister, lævus:* — *de gato;* arrebique; côr postiça ou artificial com que as mulheres pintam o rosto. *Fucus, i:* — mão de mestre; correcção, aperfeiçoamento de alguma obra, feita por pessoa mais habil e instruida que o auctor: — *de Júdas;* mão de Judas; apagador que tem a fôrma de mão, em cuja palma se põe uma esponja molhada. *Extinctorium, ii:* — *de lauza ó de la lauza;* mão direita do cavallo quando tem algum signal branco. *Anticus dexter pes, alba macula distinctus:* — *de rienda ó de la rienda;* mão esquerda do cavallo quando tem malha branca. *Anticus sinister pes, alba macula distinctus:* — *sobre mano,* como *mujer de escrivan (rif.);* mão sobre mão, como mulher de escrivão: — *limpias (fig);* mãos limpas, integridade e desinteresse com que se exerce ou administra algum cargo. *Innocentia, integritas:* — *(fig.)* propinas; certos emolumentos que rende algum officio. *Utilitates, commoda. A la mano (loc. adv. fig.);* á mão; facil de entender, de conseguir. *Ad manum, in promtu. A la mano de Dios (loc.);* com o auxilio de Deus. *Manus operi admoveamus, nihil cunctandum. A mano (loc. adv.);* á mão, perto. V. *Cerca:* V. *Artificialmente. A mano salva (loc. adv.);* ás mãos lavadas; facilmente, sem contradicção. *Facilè, nullo negotio:*—*(fig.)* ás mãos lavadas sem risco, com toda a segurança. *A manos lavadas.* V. *A mano salva. Tomar la mano (fig);* tomar a iniciativa; começar a discorrer sobre algum assumpto ou a emprehender algum negocio. *Initium dicendi facere, præocupare. Trocar las manos (fr. fig.);* trocar as mãos; mudar as sortes. *Sortes mutare, seu ex uno in alium vicissim transferre. Una mano lava la otra, y ambas la cara (rif.);* uma mão lava a outra, e ambas o rosto. *Manus manum fricat. Untar las manos á alguno (fig.);* untar as mãos a alguem; suborna-lo, corrompe-lo com dinheiro. *Pecuniâ corrumpere. Venir algunos à las manos ó venir uno con otro a las manos (fr.);* vir ás mãos; pelejar, brigar. *Conserere manus, conserere prœlium. Venirle á alguno á las mano ó á las manos alguna cosa (fr. fig.);* vir á mão de alguem alguma cousa; chegar-lhe ao poder sem a ter pedido. *Rem sponte sua alicui ex animi sententia succedere. Tomar el cielo con las manos.* V. *Cielo. Vivir por sus manos (fr. fam.);* viver de suas mãos; sustentar-se com o seu trabalho. *Operâ et industria victum comparare. Mano de la brida (art.);* mão da brida; mão da redea, que é a esquerda, segundo as regras d'arte. *Abrir mano al caballo (art.);* abrir mão ao cavallo; alargar-lhe a redea. *Hacer la mano (fr. art.);* fazer o casco; desbastar e limpar a parte do casco da bestia sobre que ha de assentar a ferradura. *Equi unguem enundare. Mano de justicia (astr.)* V. *Cetro:* — *(br.)* mão; symbolo de liberalidade e alegria, se está aberta, de força quando fechada, e de amisade quando se representa enlaçada com outra: — mão; symbolo da auctoridade suprema: — *(ant.)* mão; entre os Egypcios, symbolo de força, e entre os romanos da fé. *Mano de mar (bot.);* mão de mar; planta marinha e medicinal, que tem a fôrma de mão: — *(art.)* na fabricação dos pannos significa as cardas unidas e apparelhadas para os cardar. *Dipsacorum ordo pannis pectendis:* — *(zool.)* mão; genero de polypos esponjiarios.

MANOBRA. *f. (p. Mur.)* Material para alguma obra. *Materia, æ.*

MANOBRE. *m. (p. (Murc.)* Servente de pedreiro; o que amassa a cal e a areia ou o gesso e a conduz em seguida ao pedreiro. *Gipsum subigens et porrigens.*

MANOBRERO. *m.* Encarregado da limpeza dos canaes, ou aqueductos. *Aquæductuum munditiei præpositus.*

MANOJAR. *a. (ant.)* V. *Manosear.*

MANOJICO. LLO, TO. *m. dim.* de *Manojo.* Manojosinho, mólhinho.

MANOJO. *m.* Manojo, mólho, rolo pequeno. *Fasciculus, i. A manojos (loc. adv.);* aos punhados; abundantemente. *Abundè, affluenter.*

MANOJUELO. *m. dim.* de *Manojo.* Manosojinho.

MANOLICO, LLO, TO. *m. fam. dim.* de *Manolo.* Manuelzinho.

MAÑOLO. *m. (fam.)* Manuel: — nome dado em Madrid á mocidade do povo mais baixo. Tambem se lhe chama *Manolas:* — *(fig. fam.)* pessoa grosseira, de costumes pouco decentes.

Manometría. *f.* *(phys.)* Manometria; arte de manejar o manometro.

Manométrico, ca. *adj.* *(phys.)* Manometrico; relativo á manometria.

Manómetro. *m.* *(phys.)* Manometro; instrumento para indicar o grau de rarefação do ar debaixo do recipiente.

Manopla. *f.* Manopla; luva de ferro da antiga armadura. *Chiroteca ferrea:* — manopla; açoute longo, de cocheiro e de picaria. *Aurigæ flagellum:* — *(naut.)* V. *Collar, Gaza, Maniela:*—*(cir.)* manopla; especie de mão, de madeira ou de cartão, usada para certas operações cirurgicas.

Manópodo. *m.* *(zool.)* Manopoda; genero de insectos coleopteros pentameros, da familia dos lamellicornes.

Manorina. *f.* *(zool.)* Manorhina *(nariz pequeno)*; genero de aves da ordem dos passaros.

Manoscopo. *m.* *(phys.)* Manoscopo; instrumento que serve para marcar as variações que experimenta a densidade do ar.

Manosear. *a.* Manusear, apalpar; tocar com as mãos, pegar com as mãos. *Manibus attrectare:* — manusear, enxovalhar, amarrotar.

Manoseo. *m.* Maneio, manejo; acção e effeito de manear, manusear. *Attrectatio, onis.*

Manotada. *f.* Palmada, bofetada; pancada com a mão. *Ictus manu impactus, alapa:* — *(art.)* bote ou estocada que consta de tres movimentos do braço e dois da espada. *Ensis ictus quidam.*

Manotazo. *m.* V. *Manotada.*

Manoteado. *m.* V. *Manoteo.*

Manotear. *a.* Dar palmadas, bater, dar golpes com as mãos. *Manibus percutere:* — *n.* gesticular, accionar. *Manuum motu significare:* — patear; dar patadas o cavallo.

Manoteo. *m.* Gesticulação, accionado; gestos do orador, prégador, etc., acção e effeito de gesticular. *Manuum motus.*

Manoton. *m.* V. *Manotada.*

Manquear. *n.* Manquejar, coxear; fazer de coxo, estar manco. *Mancam manum ostendere, simulare.*

Manquedad. *f.* Aleijão de braço ou mão; falta ou lesão de alguma d'estas partes. *Manus læsio, mutilatio:* — *(fig.)* manqueira, desar, falta. *Inopia, defectus.*

Manquera. *f.* V. *Manquedad.*

Manquillo, lla, to, ta. *m. dim.* de *Manco.* Manquinho, coxinho.

Mansamente. *adv. m.* Mansamente; com mansidão, com brandura. *Mansuetè, leniter:* — mansamente. V. *Lentamente:* — mansamente, de mansinho, devagarinho, sem fazer bulha. *Sensim:*—mansamente, socegadamente, docemente.

Mansedad. *f.* *(ant.)* Mansedade ou mansidade. V. *Mansedumbre.*

Mansedumbre. *f.* Mansidão, benignidade; suavidade de condição, brandura de genio. *Ingenii lenitas:* — *(fig. ant.)* mansidão. V. *Apazibilidad.* Dizia-se dos irracionaes e das cousas insensiveis. *Mansuetudo, inis.*

Mansedumne. *f.* *(ant.)* V. *Mansedumbre.*

Mansejon, na. *adj.* Mansarrão; diz-se dos animaes muito mansos. *Valdè mansuetus, cicuratus.*

Mansella. *f.* *(ant.)* Lastima, dôr, tristeza.

Mansellero, ra. *adj. (ant.)* Muito triste, cheio de tristeza.

Mansera. *f.* *(p. Cub.)* Gamella que se colloca debaixo dos pequenos engenhos de assucar, e recebe o summo da canna.

Mansesor. *m.* *(ant.)* V. *Testamentario.*

Manseza. *f.* *(ant.)* V. *Mansedumbre.*

Mansico, ca, llo, lla, to, ta. *adj. dim.* de *Manso.* Mansinho.

Mansidupne. *f.* *(ant.)* V. *Mansedumbre.*

Mansillero, ra. *adj.* *(ant.)* V. *Carnicero,* comedor de carnes.

Mansion. *f.* Mansão, aposento, morada. *Habitaculum, cubiculum:* — mansão, estancia, parada em alguma parte. *Mansio, onis. Hacer mansion (fr.)*; fazer mansão, fazer estancia, estanciar, parar em alguma parte. *Alicubi morari, manere:* — *(astr.)* V. *Casa.*

Mansionario, ria. *adj.* *(ant.)* Enclaustrado, clausurado; dizia-se dos ecclesiasticos que viviam em clausura. *In sacris ædibus degens:* — *m.* *(hist.)* mansionario; official ecclesiastico que vivia ao pé das igrejas: — aposentador, em algumas côrtes. V. *Aposentador.*

Mansísimo, ma. *adj.* *sup.* de *Manso.* Mansissimo, muito manso.

Mansito. *adv. m.* V. *Quedito.*

Manso, sa. *adj.* Manso, placido, brando de genio, dotado de mansidão. *Placidus, benignus, suavis:* — manso, amansado, affeito ao mando do homem, não bravo; diz-se do animal. *Mansuetus, a, um:* — *(fig.)* manso, placido, brando, socegado, tranquillo; diz-se do ar, da corrente, e outras cousas inanimadas. *Placidus, quietus:* — *(ant.)* manso, leve, suave. *Suavis, is:* — *m.* guia; animal que nos diversos gados guia os demais do rebanho ou manada. *Dux gregis:* — *pl.* *(p. Ast.)* terras ou bens primordiaes dos curatos e de alguns mosteiros, que estavam isentos de pagar dizimos. *Patrimonia parochis adsignata:* — *m.* *(agr.)* terreno em continua cultura.

Mansuefacto, ta. *adj.* *(ant.)* Domado, amansado; dizia-se do animal feito manso, sendo antes bravo. Hoje tem uso no fôro. *Mansuefactus, cicuratus.*

Mansuetísimo, ma. *adj.* *(ant.)* *sup.* de *Mansueto.* Mansuetissimo; muito manso.

Mansueto, ta. *adj.* *(ant.)* Mansueto. V. *Manso:* — *(ant.)* mansueto, docil; dizia-se dos animaes naturalmente mansos. *Mansuetus, a, um.*

Mansuetud, Mansuetumbre. *f.* *(ant.)* Mansuetude, V. *Mansedumbre.*

Manswerk. *m.* Manswerk; medida de superficie para os prados, usada em Zurich.

Manta. *f.* Manta; cobertor de cama. *Ladix, stragulum:* — manta; cobertura que serve para abrigo das bestas. *Dorsuale stragulum:* — *m.* especie de jogo de cartas: — *de pared (ant.)* V. *Tapiz:*— *(fig.)* tunda, sova; pancadas que alguem leva ou dá: — *(p. Cub.)* lenço de abafar, que as mulheres põem sobre os hombros: — *tirillana;* manta de retalhos de differentes tecidos, para abrigo dos pobres e outros usos. *A manta ó a manta de Dios (loc. adv);* copiosamente, em grande copia, a rodo. *Abundè. Dar una manta (fr. fam.)* V. *Mantear. Poner a manta (fr. agr.)* V. *Poner a almanta. Echar mantas (fr.)* V. *Echar pestes. Ser una manta mojada (fr.);* ser um cesto roto; ser inutil, não prestar para nada. *Tomar la manta (fr. fam);* passar á estufa; estar em uso do tratamento mercurial contra o venereo: — *(mil.)* manta; machina bellica antiga: — *(min.)* saco de pita para transportar o metal e o que fica dos desmontes: — *(zool.)* manta; peixe do genero esqualo, que se encontra no mar do sul, redondo como a raia.

Mantalona. *f.* Mantalona; tecido de algodão com que se fazem as vélas das embarcações nas Philippinas e em toda a India.

Mantaterilla. *f. (comm.)* Panno grosseiro que de ordinario serve para fazer mantas para as bestas. *Telæ vilioris genus.*

Manteador, ra. *s.* Manteador; o que manteia. *Qui simul cum aliis sagulo distento in altum aliquem jactat.*

Manteamiento. *m.* Manteação; o acto de mantear, ou de ser manteado.

Mantear. *a.* Mantear; pôr alguem ou algum animal em manta tesa, segura pelas quatro pontas por quatro homens e, por travessura, faze-lo saltar ao ar, sacudindo-o fortemente. *In altum sagulo distento aliquem jactare:*— *n. (p. Murc.)* andejar; andar sempre na rua, sair muito de casa, as mulheres. *Mulieres e domo crebrò nimis exire.*

Manteca. *f.* Manteiga; substancia pingue do leite, que se separa batendo a nata. *Butyrum, i:*— manteiga de porco; banha, gordura d'este animal. *Pinguedo, inis:* — banha; a gordura dos animaes. *Pinguedo, inis:* — banha, manteiguilha ou banha de cheiro; pomada cheirosa preparada com essencias de flores. *Unguentum, i:* — manteiga; substancia crassa e oleosa de alguns fructos, como a do cacau, etc. *Pinguitudo, inis:* — *(chim.)* manteiga; nome de certos chloruretos metallicos, como os de antimonio, zinco, etc.

Mantecada. *f.* Fatia de pão com manteiga. *Panis segmentum pinguedine delibutum.*

Mantecadillo, to. *m. dim.* de *Mantecado.*

Mantecado, da. *adj. (ant.)* V. *Mantecoso:*— *m.* especie de bolo amassado com manteiga. *Libum, i.*

Mantecon. *m.* Homem delicado, mimoso. *Blandus, delicatus.*

Mantecoso, sa. *adj.* Manteigoso, butyroso ou manteiguento; diz-se do que tem muita manteiga: — manteiguento, butyroso, crasso, similhante á manteiga. *Pinguis, e.*

Manteista. *m.* Estudante que assistia aos estudos vestido de capa e batina, quando usavam este traje em Hespanha. *Lycei alumnus talari veste indutus.*

Mantel. *m.* Toalha de mesa. *Mantile, mappa:*— toalha de altar. *Mantile, is:*— *(ant.)* lambrequim curto e largo que usavam os cavalleiros para cobrir os elmos e escudos. *Alzar o levantar los manteles (fr.);* levantar a mesa, acabar de comer. *A manteles echádos (fr.)* V. *Denodadamente. Levantarse de los manteles (fr. ant.);* levantar-se da mesa, acabar de comer. *Convivio finem imponere. En mantel (fr.);* dividido em tres partes; diz-se do escudo.

Mantelado, da. *adj. (br.)* Mantelado; diz-se do escudo ou dos animaes cobertos com um mantelete ou capa.

Mantelería. *f.* Grande numero de toalhas, guardanapos, e roupas de mesa. *Mantilium mapparumque copia.*

Manteleta. *f.* Mantelete, mantilha; capinha curta, de que usam as mulheres, á maneira de chaile.

Mantelete. *m.* Mantelete; vestidura que os bispos e outros prelados trazem por cima do rochete. *Tunica ad genua demissa:* — mantelete; vestidura de monsenhor em Roma. *Tunica, vestis ad genua demissa:* — *(br.)* mantelete; capa curta, com que os cavalleiros cobriam os escudos e capacetes. *Linteum cassidi superimpositum:* — *(mil.)* mantelete, manta de guerra. *Pluteus, i.*

Mantelia. *f. (bot.)* Mantellia; genero de plantas da familia das cycadeas.

Mantellina. *f.* V. *Mantilla.*

Mantenedor. *m.* Mantenedor; o principal cavalleiro das justas e torneios. *Primus in ludo equestri propugnator:* — *s. (ant.)* mantenedor; o que mantem, sustenta a outrem. *Sustentator, sustentatrix:* — *(ant.)* mantenedor, defensor. V. *Defensor.*

Mantenemiento. *m. (ant.)* V. *Mantenimiento.*

Mantenencia. *f. (ant.)* Mantença, manutenção, mantimento, sustento, alimento. *Alimentum, i:* — *(fig. ant.)* manutenção; conservação de alguma cousa. *Conservatio, onis:*— *(ant.)* mantença, alimento, sustento, viveres. *Cibaria, annona.*

Mantener. *a.* Manter, sustentar; prover do alimento necessario. Tambem é reciproco. *Alere:*— manter; conservar no mesmo estado. *Conservare:*— manter, ter mão, suster alguma cousa. *Sustinere:*— manter; defender ou sustentar alguma opinião ou systema. *Tueri, adserere:*— manter, sustentar, proseguir voluntariamente no que se está executando. *Sustinere:* — ser o mantenedor no torneio ou qualquer outro jogo publico. *Primas in ludo equestri partes agere:* — *r.* manter-se; perseverar em alguma cousa. *Perseverare:* — *r.* *(fig.)* manter-se, sustentar-se, alimentar-se. *Ali:* — *(for.)* manter; sustentar alguem na posse ou goso de alguma cousa. *Possessionem tueri, tutam præstare:* — *r.* *(naut.)* V. *Aguantarse.*

Manteniente, Mantinienti. *adv.* *(ant.)* Em continente, no mesmo instante. *Á manteniente (loc. adv.);* com ambas as mãos, com toda a força. *Totis viribus, utraque manu.*

Mantenimiento. *m.* Mantimento, subsistencia; effeito de alimentar-se: — mantimento. V. *Manjar, alimento:* — mantimento, manutenção; conservação de alguma cousa: — mantença; quantia assignalada aos cavalleiros professos para o pão e a agua que haviam de gastar em cada anno. *Stips annua, singulis militarium ordinum equitibus erogari solita.*

Manteo. *m.* Mantéu; saia sem pregas, de baeta ou panno, usada por mulheres rusticas. *Feminea tunica:* — mantéu; capa comprida de religioso, com collarinho estreito. N'outro tempo tambem a usavam certos estudantes. *Pallium, ii.*

Mantequera. *f.* Barata; vasilha em que se faz a manteiga. *Vas butyro conficiendo:* — manteigueira; vaso que serve para trazer manteiga á mesa. *Vas butyro ad cibum assumendo.*

Mantequero, ra. *s.* Manteigueiro; o que faz ou vende manteiga. *Butyri venditor:* — *adj.* *(naut.)* diz-se de um navio mercante de pouca importancia e mal apparelhado.

Mantequilla. *f. dim.* de *Manteca.* Manteiguilha: — mistura agradavel de manteiga de vacca e assucar. *Butyri pastilus saccharo conditus.*

Mantequillera. *f.* *(p. Cub.)* V. *Mantequera,* na segunda accepção.

Mantera. *f.* Manteira; mulher que faz mantos feminis. *Pallarum sutrix.*

Mantero. *m.* Manteiro; o que faz ou vende mantas. *Lodicum opifex, venditor.*

Mantico, llo, to. *m. dim.* de *Manto.* Mantinho, mantosinho.

Mantícora. *f.* *(zool.)* Mantichora; genero de insectos coleopteros pentameros, da familia dos carabicos.

Manticorídeos, Manticorios. *m. pl.* Manticoridos; familia de insectos coleopteros pentameros.

Mantidos. *m. pl.* *(zool.)* Mantidos ou antios; tribu de insectos orthopteros.

Mantilla. *f.* Mantilha; manto curto e flexivel, usado em Hespanha pelas mulheres, e n'outro tempo nas provincias em Portugal, particularmente em Coimbra, com a qual cobriam a cabeça e parte do corpo. *Muliebre velum, amiculum:* — mantilha, cueiro; panno ou baeta para enfaixar as creanças. Usa-se mais no plural. *Panni panniculi infantiles:* — xairel; adorno que cobre a parte superior das ancas ao cavallo. *Phaleræ, arum:* — *(art.)* banqueta; peça de linho que se põe entre o timpanilho e o timpano, para fazer branda a pressão: — *pl.* presente que um principe faz a outro quando lhe nasce um filho. *Pro infantis fasciis munus. Estar en mantillas (fr. fam.),* estar para devagar, estar um negocio ainda no principio. Diz-se tambem da pessoa pouco adiantada, atrazada nos estudos. *In incunabulis esse. Salir de mantillas y pañales (fr. fig.);* comer já pão com codea; ter já uso de rasão, ter idade para se governar ou dirigir. *Manum ferulæ subducere.*

Mantillado, da. *adj.* *(br.)* V. *Mantelado.*

Mantillega. *f. dim.* de *Mantilla.* Mantilhinha, mantilha pequena.

Mantillo. *m.* *(agr.)* Terriço, terra vegetal; estrume já muito cortido e misturado com terra. *Putre stercus. Dar mantillo (fr. art.);* certa untura que se dá no carnaz das pelles, nas fabricas de cortumes.

Mantillon, na. *adj.* *(p. Murc.)* Desalinhado, sem compostura, mal composto, sujo. *Incomtus, a, um.*

Mantinent. Mantinente, Mantinenti. *adv.* *(ant.)* V. *Mantiniente.*

Mantis. *m.* *(zool.)* V. *Mántide.*

Mantispa. *f.* *(zool.)* Mantispa; genero unico de insectos nevropteros, da familia dos mantidos.

Mantitos. *m. pl.* *(zool.)* Mantitos; grupo de insectos orthopteros, da familia dos mantidos.

Manto. *m.* Manto; vestidura talar com que se cobrem as mulheres, usada em algumas provincias de Hespanha. Tambem se chamava assim á vestidura que cobria a cabeça das mulheres e descia até á cintura, na qual se cingia. *Velum muliebre:* — manto; capa que se usa em algumas nações, e tambem a que trazem alguns religiosos. *Pallium, ii:* — manto; capa talar rica e de ceremonia, que se ata por cima dos hombros, usada pelos reis e grandes. *Trabea, æ:* — capa; vestidura talar, usada em alguns collegios, sobre a qual se traz de ordinario a beca. *Toga, æ:* — *(fig.)* capa, pretexto, côr; o que encobre ou occulta alguma cousa. *Velum, i:* — *caballeroso;* manto de cavalleiro; vestidura talar, antigamente propria e privativa dos cavalleiros. *Paludamentum, i:* — *capitular;* manto capitular; vestidura exterior que hoje usam os cavalleiros das ordens militares. *Equestre pallium:* — *de humo;* manto de fumo; antigo manto de luto, proprio das mulheres. *Pallæ sericæ genus:* — *de soplillo;* manto de tafetá muito claro e flexivel, que as mulheres usavam por gala. *Theristrum palla levissima:* — *du-*

cal *(br.)*; manto ducal; no brazão, cota de armas que os cavalleiros traziam por cima das armas defensivas. *Militare pallium:* — *(min.)* beta ou veia metallica que se estende horisontalmente para os lados na mina, sem notavel inclinação para o centro da terra. *Vena, æ.*

MANTON. *m. aug.* de *Manto.* Mantão, grande manto: — cada uma das duas listas de estofo que se cosiam nos vestidos das senhoras em fôrma de ornato. *Muliebris thoracis bractea:* — V. *Manta,* nas aves: — *(ant.)* noivo; o homem recem-casado. *Recens maritus:* — grande lenço de abafar: — *(p. Cub.)* mantilha de mulher: — *(ant.)* V. *Capa, Manteo:* — *adj.* V. *Mantudo.*

MANTONCILLO. *m. dim.* de *Manton.*

MANTRA. *m. (philol.)* Mantra; oração dos indios.

MANTUANO, NA. *adj.* e *s.* Mantuano; o natural ou pertencente a Mantua. *Mantuanus, a, um.*

MANTUDO, DA. *adj.* Agachado; diz-se da ave quando tem as azas caidas parecendo estar envolta e coberta com ellas. *Coopertus, a, um.*

MANUABLE. *adj.* Manuavel; facil de manusear. *Tractabilis, le.*

MANUAL. *adj.* Manual; feito á mão. *Manu factus:* — V. *Manuable:* — facil, de simples execução. *Facilis, le:* — intelligivel; facil de entender. *Captu facilis:* — maneavel, tratavel, mansueto, manso, docil. *Facilis, humanus:* — *(ant.)* maneiro, leve, facil para alguma cousa. *Facilis, promptus:* — *m.* manual, compendio; pequeno livro em que se resume alguma materia. *Manualis liber:* — manual; livro que contém os ritos com que devem administrar-se os sacramentos. *Enchiridion, manuale:* — diario; livro dos negocios, livro de apontamentos. *Memorialis liber, commentarius:* — *pl.* certas distribuições de dinheiro, que se fazem aos ecclesiasticos nos officios de côro: — *(ant.)* direitos que se davam aos juizes ordinarios pela sua assignatura. *Stipendii genus judicibus præstitum:* — *(naut.)* V. *Puño,* na segunda accepção.

MANUALMENTE. *adv. m.* Manualmente; á mão, com as mãos. *Manibus.*

MANUBRIO. *m.* Manubrio; cabo de qualquer instrumento. *Manubrium, ii:* — manivella.

MANUCODIATA. *f.* Manucodiata. V. *Ave del Paraiso.*

MANUCORDIO. *m. (mus.)* Manucordio. V. *Monacordio.*

MANUDUCTOR. *m. (ant.)* Mestre da capella ou do côro; o que o dirige marcando o compasso.

MANUELLA. *f. (naut.)* Barra do cabrestante. *Vectis, is:* — canna do leme: — V. *Puño,* na correspondente accepção nautica.

MANUFACTURA. *f.* Manufactura; obra de mãos ou producto da industria. *Opus manufactum;* — manufactura; fabrica. V. *Fabrica.*

MANUFACTURAR. *a. (neol.)* Manufacturar, fabricar; fazer artefactos, trabalhar em manufacturas.

MANUFACTURERO, RA. *adj.* Manufactureiro; relativo ou pertencente á manufactura.

MANÚLEA. *f. (bot.)* Manulea; genero de plantas da familia das escrofularineas.

MANUMISION. *f. (for.)* Manumissão, alforria; liberdade que o senhor dá ao escravo. *Manumissio, onis.*

MANUMISO, SA. *adj.* V. *Horro.*

MANUMISOR. *m. (for.)* Forrador; senhor que dá liberdade ao escravo. *Manumissor, manumittens.*

MANUMITIR. *a. (jur.)* Dar o senhor liberdade ao escravo. *Manumittere.*

MANUSCRITO, TA. *adj.* Manuscrito ou manuscripto; escripto á mão, de letra de mão. Usa-se tambem como substantivo masculino. *Manu scriptus, exaratus.*

MANUTENCION. *f.* Manutenção, conservação; acção e effeito de manter e manter-se ou ser mantido. *Conservatio, onis:* — conservação, protecção, apoio, amparo. *Conservatio, protectio, tutela:* — *(for.)* manutenção; amparo e protecção concedida pelo juiz ao queixoso, que diz ser perturbado por outro na posse de alguma cousa.

MANUTENENCIA. *f. (ant.)* Manutenencia. V. *Manutencion.*

MANUTENER. *a. (ant.)* V. *Mantener,* *Amparar.* Hoje usa-se no fôro.

MANUTISA. *f. (bot.)* V. *Minutisa.*

MANVACÍO, CIA. *adj. (ant.)* V. *Manivacío.*

MANZANA. *f.* Maçã ou maçan; pomo, fructo da macieira. *Malum, i:* — *de dama (p. Ar.)* V. *Acerola:* — grupo de casas contiguas, isolado das mais de uma povoação. *Insula, æ:* — *(ant.)* maçã, cabeça da espada: — *de la discordia (fig.)*; pomo da discordia; tudo que é causa de contrariedades, discordias ou divisões. *Discordiæ occasio.*

MANZANAHIGO. *m.* Especie de maçã que apparece sem flor.

MANZANAL. *m.* V. *Manzanar:* — V. *Manzano.*

MANZANAR. *m.* Mazanaria; pomar, logar plantado de macieiras. *Pomarium, ii.*

MANZANEDA. *f. (ant.)* V. *Manzano,* arvore.

MANZANICO. *m. dim.* de *Manzano.* Macieirinha; pequena macieira.

MANZANIL. *adj.* Similhante á maçã; diz-se de algumas fructas. *Malo similis.*

MANZANILLA, TA. *f. dim.* de *Manzana.* Maçanilha; maçã pequena: — a parte inferior e saliente que serve de calcanhar nos pés e mãos dos cães e outros animaes providos de unhas. *Calcaneum, i:* — maçaneta; remate globular ou da feição de maçã, com que se adornam os varões dos leitos, grades, etc. *Pinna, æ:* — ponta da barba. *Mentum, i:* — vinho branco mui nomeado de Sanlucar de Barrameda: — *(agr.)* especie de azeitona pequena. *Oliva orbiculata:* — *(bot.)* macella, camomilla; nome vulgar de diversas plantas da familia das compostas: — *bastarda.* V. *Ajenjo.*

Manzanillo, to. *m. dim.* de *Manzano.* Macieirinha: — *(agr.)* oliveira que produz a azeitona que em Hespanha se chama *manzanilla. Olea orbiculatas olivas ferens:* — *(bot.)* mancenilheira; arvore venenosa das Antilhas.

Manzano. *m.* Maceira ou macieira; genero de plantas da familia das rosaceas, cujas especies produzem maçãs.

Manzenar. *m. (ant.)* V. *Manzanar.*

Maña. *f.* Manha, destreza, arte, habilidade. *Sollertia, æ:* — manha, ardil, treta, astucia dolosa. *Caliditas, atis:* — manha; mau costume, mau sestro. *Mos, oris:* — manipulo, manojo pequeno, molhinho, etc. *Manipulus, i:* — *(ant.)* maneira, modo: — *pl. (ant.)* manhas; maneiras, costumes. *Darse maña (fr.);* industriar-se, fazer-se engenhoso, destro, dispor os seus negocios com habilidade. *Callidè se gere-re. Mas vale maña que fuerza;* mais vale a astucia que a força. *Ingenio magis quam viribus opus est. El que malas mañas ha, tarde ó nunca las perderá (rif.);* quem más manhas ha, tarde ou nunca as perderá.

Mañana. *f.* Manhã; o tempo que medeia entre o nascer do sol e o meio dia, ou tambem o espaço decorrido desde a meia noite até ao meio dia. *Dimidium diei ab aurora, vel à media nocte ad meridiem (adv.);* ámanhã; no dia immediato. *Cras, dies crastina:* — *(fig.)* ámanhã; tempo futuro. *Tempus posterum:* — em breve, sem demora, prestes. *Citò:* — ámanhã; expressão negativa, de recusa. *Minimè:* — *prieta;* o amanhecer, o raiar do dia: — *será otro dia;* o dia de ámanhã ninguem o viu; expressão com que se recorda a instabilidade das cousas do mundo. *De gran mañana.* V. *Muy de mañana. Tomar la mañana (fr.);* madrugar. *Summo mane, diluculo surgere. Muy de mañana;* muito de manhã; de madrugada. *Primo mane. Tomar la mañana;* madrugar; matar o bicho; beber aguardente logo pela manhã em jejum. *Hacer la mañana (p. Mex.);* matar o bicho; beber aguardente em jejum, como costumam os borrachões de profissão: — *de la vida (poet.);* manhã, primavera da vida, juventude.

Mañanear. *n. (ant.)* V. *Madrugar:* — *(fig. ant.)* offerecer para o dia seguinte.

Mañanica, ta. *f.* Manhãsinha; o principio da manhã. *Diluculum, mane.*

Mañaña. *f. (ant.)* Nome de certo jogo.

Mañear. *a.* Dispor alguma cousa com habilidade ou manha. *Sollerter agere.*

Mañera. *f. (ant.)* V. *Machorra.*

Mañería. *f.* Maninhez; esterilidade, infecundidade das femeas ou das terras. *Sterilitas, atis:* — *(ant.)* maninhez; direito que tinham os reis e senhores aos bens de seus vassallos que morriam sem herdeiros legitimos. *Jus in ejus qui sine liberis decessit, hæreditatem:* — manha, astucia, sagacidade, fraude. *Dolus, astutia.*

Mañero, ra. *adj.* Manhoso, astuto, sagaz. *Sagax, sollers:* — *(p. A. Mer.)* manhoso, resabiado, que tem mau sestro; diz-se das bestas: — *(ant.)* maneiro; docil, tratavel: — de facil execução: — V. *Fiador,* no sentido de responsavel por outrem: — maninho, esteril, infecundo. V. *Esteril:* — *(ant.)* maninho; o que morria sem legitima successão. *Qui absque liberis decessit.*

Mañeruelo, la. *adj. dim.* de *Mañero:* — V. *Acomodadizo.*

Maño, ña. *adj. (ant.)* V. *Grande.*

Mañosamente. *adv. m.* Manhosamente, astutamente, habilmente. *Dexterè, sollerter:* — manhosamente. V. *Maliciosamente. Subdolè.*

Mañosísimo, ma. *adj. sup.* de *Mañoso.* Manhosissimo; muito manhoso.

Mañoso, sa. *adj.* Manhoso; que tem manha. *Sollers, tis:* — manhoso, ardiloso, astucioso; diz-se do que se faz com manha ou astucia. *Artificiosus, a, um:* — *(p. Mex.)* manhoso, resabiado, arisco.

Mañuela. *f.* Manha, astucia, ardil. *Fraus, dolus, astutia:* — *s. pl. (fam.)* pessoa astuta, manhosa, fina, destra no manejo dos negocios. *Astutus, subdolus.*

Mao. *m. (ant.)* O mez de maio: — mao; certo peso oriental para os generos ordinarios.

Maor. *adj. (ant.)* V. *Mayor.*

Maorá. *f. (ant.)* Contracção dos termos *me habrá.*

Maoral. *m. (ant.)* V. *Mayoral.*

Maordomo. *m. (ant.)* V. *Mayordomo.*

Maormiente. *adv. m. (ant.)* V. *Mayormente.*

Mapa. *m.* Mappa, carta; representação de algum paiz ou terreno em uma superficie plana. *Tabula geographica:* — mappa; delineação de terras, mares ou das regiões celestes sobre panno, metal, etc.: — *militar (mil.);* mappa militar; o que tem especialmente marcadas as posições, quarteis, estabelecimentos militares, etc.: — *de ancla (naut.)* V. *Pestaña:* — *(fam.)* flor; cousa rara, excellente no seu genero, o que sobresae em habilidade ou producção. *Flos, oris. Llevarse la mapa (fr.);* levar a palma; avantajar-se, exceder, levar vantagem, ser superior. *Excellere. No estar en la mapa (fr.);* não estar nos mappas, não ser dos livros; ser cousa desusada e extraordinaria. *Rem esse novam prorsus et inauditam.*

Mapalia. *f. (ant.)* Choça, cabana.

Mapamundi. *m.* Mappamundi ou mappamundo; mappa que comprehende todo o globo terraqueo. *Totius orbis bipartita descriptio:* — *celeste;* mappamundi celeste; mappa em que se vê de um lance de vista a posição das estrellas que brilham em ambos os hemispherios celestes.

Maprunea. *f. (bot.)* Maprounea; genero de plantas euphorbiaceas.

Mapula. *f. (min.)* Pedra preciosa que se encontra junto a Nova Granada.

Mapuria. *f. (bot.)* Mapuria; genero de plantas rubiaceas.

Mapuriti. *m. (zool.)* Mapuriti; pequeno quadrupede da Guyana.

Maque. *m. (p. Mex.)* V. *Charol.*

Maquear. *a. (p. Mex.)* V. *Charolar.*

Maquerio. *m. (bot.)* Macherio; genero de plantas leguminosas.

Maquí. *m. (zool.)* Maqui; genero de quadrumanos nocturnos, da familia dos lemurios.

Maquiavélico, ca. *adj.* Machiavelico; pertencente ao machiavelismo. *Machiavelicus, a, um:* — *(fam.)* machiavelico; astuto, falso, perfido.

Maquiavelismo. *m.* Machiavelismo; systema de Machiavello. *Machiavelismus, i:* — *(fam.)* machiavelismo; proceder astucioso, perfido.

Maquiavelista. *m.* Machiavelista; discipulo, sectario das doutrinas e systema de Machiavello. *Machiavelismo adhærens.*

Maquila. *f.* Maquia; porção que os moleiros e os lagareiros tiram da farinha ou azeitona que moem por conta de outrem. *Molentis merces:* — maquia; medida de grãos e farinhas. *Medimni pars vigesima quarta:* — V. *Maquilandero. De maquila (loc. adv.);* á custa da barba longa, á custa alheia.

Maquilandero. *m.* Maquia; medida para maquiar ou tirar a maquia da moenda para o moleiro ou lagareiro. *Mensura quædam.*

Maquilar. *a.* Maquiar; tirar a maquia da moenda, que pertence ao moleiro ou lagareiro. *Ex molentino stipendium exigere:* — *(fig.)* maquiar; desfalcar ou diminuir parte de alguma cousa.

Maquilero. *m.* Maquiador; o que recebe ou cobra as maquias. *Molendinarius exactor.*

Maquilo. *m. (bot.)* Machilo; genero de plantas da familia das laurineas: — *(zool.)* machilo; genero de insectos tysanuros.

Maquilon. *m. (ant.)* V. *Maquilero.*

Máquina. *f.* Machina, engenho; artificio com que se executa ou facilita algum trabalho ou operação mechanica. *Machina, æ:* — *(fig.)* machina; reunião de diversas partes ordenadas entre si, e dirigidas á formação de um todo. *Machina, æ:* — *(fig. fam.)* machina, edificio grande e sumptuoso. *Moles, ingens ædificius:* — *(fig. fam.)* machina; muita cousa junta. *Multitudo, inis:* — *(fig.)* machina, machinação, tramoia, traça, astucia, artificio. *Machinatio, onis:* — machina; artificio composto de varias peças, dispostas para representar algum facto. *Machina, æ:* — *de arbolar (naut.)* V. *Máchina:* — *de guerra (mil.);* machina de guerra; instrumento proprio para arremessar pedras, flechas, derribar muralhas, etc., usado antigamente, antes da invenção da polvora.

Maquinacion. *f.* Machinação, cilada, projecto artificioso, de ordinario para mau fim. *Machinatio, onis.*

Maquinador, ra. *s.* Machinador; o que machina. *Machinator, oris.*

Maquinal. *adj.* Machinal; relativo á machina. *Machinarius, a, um:* — *(fig.)* machinal; diz-se dos actos ou movimentos executados sem deliberação propria.

Maquinalmente. *adv. m.* Machinalmente, indeliberadamente. *Machinali more.*

Maquinante. *p. a.* de *Maquinar.*

Maquinar. *a.* Machinar; projectar algum ardil, traçar artificiosamente uma cousa. *Machinari, moliri:* — machinar, calumniar; tramar enganos, inventar calumnias.

Maquinaria. *f.* Mechanica; arte que ensina a fabricar as machinas. *Machinaria ars:* — V. *Mecánica:* — conjuncto de machinas ou de apparelhos combinados.

Maquinista. *m.* Machinista; inventor ou constructor de machinas. *Machinator, oris:* — machinista; o que dirige machinas.

Mar. *m.* Mar; grande massa de agua salgada, que cinge a terra na maior parte da sua superficie. *Mare, is:* — V. *Marea:* — mar; nome de alguns grandes lagos, como o Caspio, etc. *Mare, is:* — mar; grande copia de algumas cousas fluidas ou liquidas. *Copia, æ:* — *(fig.)* mar; cousa grande, insondavel e incomprehensivel: — marulhada; grande agitação das ondas com os ventos fortes e as tempestades. *Mare æstuans:* — *alta;* mar bravo, cavado ou tormentoso, mar muito agitado. *Tumidum mare:* — *bonanza.* V. *Mar en calma:* — *de batalla;* mar ou paragem onde combateram alguns navios. *Mare in quo navali pugna confligitur:* — *de donas (ant.);* mar de senhoras. V. *mar en calma:* — *de fondo ó de leva;* mar tormentoso, que se arremessa contra as costas. *Æstuans mare:* — *en calma, en leche ó en lecho;* mar em calma, mar bonançoso, de leite. *Tranquillum mare:* — *larga, mar ancha;* mar alto ou largo; grande extensão de mar profundissimo. *Pelagus, i. Alta mar;* alto mar; o que está mui longe da terra. *Altum mare. Arrojarse a la mar (fr. fig.);* arrojar-se, lançar-se aos mares; aventurar-se com risco. *Vela ventis permittere, se in discrimen objicere. Cruzar en el mar (fr.);* cruzar os mares; bordejar, pairar, andar cruzando. *Speculatoriis navibus maria concursare, frequentare. Correr la mar (fr.);* correr o mar; navegar sem destino fixo, como fazem os piratas. *Correr los mares (fr.);* correr os mares; navegar continuamente. *De mar a mar (loc. adv.);* de mar a mar, de fio a pavio;

expressa a abundancia de alguma cousa em um dado logar. *Majorem in modum:* — de ponto em branco; com muito luxo e magnificencia. *Majorem in modum. Aguantarse con la mar (fr.);* aguentar-se com o mar; fazer por manejar e equilibrar o navio com o mar encapellado. *Echar lanzas en el mar (fr. fig.);* dar golpes no mar, malhar em ferro frio; trabalhar em vão. *Frustra laborare. Hacerse a la mar (fr.);* fazer-se ao mar, amarar-se. *Vela in altum dare.*

Maraba. *f.* Maraba; instrumento musico de cordas, usado pelos arabes.

Marabotin. *m.* Marabitino ou marabimino; moeda antiga de Hespanha, que era o mesmo que o maravedí.

Marabú. *m.* Marabú; certo adorno de pennas que usam as mulheres: — *(zool.)* marabú; especie de aves do genero cegonha.

Marabut. *m. V. Morabito.*

Marabuto. *m. (ant. naut.)* V. *Foque,* na segunda accepção.

Maraca. *f.* Maraca; balsamo precioso muito em uso no Perú.

Maragato. *m.* Certo adorno mulheril antigo. *Supparus collo appositus.*

Marguto. *m. (ant. naut.)* V. *Marabuto.*

Maralia. *f. (bot.)* Maralia; genero de plantas da familia das araliaceas.

Maranta. *f. (bot.)* Maranta; genero de plantas gramineas, de cuja especie typica se extrahe o arrow-root.

Maraña. *f.* Tojal, espinhal ou mata espinhosa. *Dumetum, i:* — cadarço, borra da seda. *Stupa serica:* — *(fig.)* maranha; fios ou fibras enredadas. *Implicatio, onis:* — *(fig.)* maranha; lance, negocio, intrincado. *Commentum, i:* — *(fig.)* maranha, enredo, intriga: — *(germ.)* marafona, mulher publica.

Marañar. *a. (ant.)* Maranhar. V. *Enmarañar.* Tambem se usava como reciproco.

Marañero, ra. *adj.* Maranhoso, enredador, intrigante, embusteiro. *Commentorum artifex.*

Marañoso, sa. *adj.* V. *Marañero.*

Marasmo. *m. (med.)* Marasmo; estado de extrema extenuação, consumpção da substancia do corpo.

Marasmoda. *f. (bot.)* Marasmoda; genero de plantas da familia das compostas.

Maratia. *f. (bot.)* Marattia; genero de plantas da familia dos fetos.

Maravedí. *m.* Maravedi ou maravidi; palavra arabe, que significa moeda: — maravedi; moeda antiga hespanhola, de valor variavel, que era de oiro, prata e de cobre. *Marabotinus, i:* — maravedi; tributo que de sete em sete annos pagavam ao rei de Hespanha os aragonezes, cuja fazenda valesse dez maravedis de oiro. *Septene tributum pro reditu. Hasta el ultimo maravedí (loc. adv.);* até ao ultimo real; pagar ou gastar alguem totalmente o que tem ou deve. *Ad ultimum usque teruntium.*

Maravedinada. *f. (ant.)* Certa medida antiga de seccos. *Mensuræ aridorum genus.*

Maravella. *f. (ant.)* V. *Maravilla.*

Maravetino. *m. (ant.)* V. *Maravedí.*

Maraví. *m. (ant.)* V. *Maravedí.*

Maravijado, da. *adj. (ant.)* Maravilhado.

Maravijoso, Maraviloso, sa. *adj. (ant.)* V. *Maravilloso.*

Maravilla. *f.* Maravilha; successo extraordinario que causa admiração. *Prodigium, miraculum:* — V. *Admiracion:* — maravilha, portento, prodigio, milagre; cousa admiravel á vista, extraordinaria, e ás vezes incomprehensivel. *A las mil maravillas (loc. adv.);* ás mil maravilhas; primorosamente, com a maior perfeição. *Mirum in modum. A maravilla.* V. *Maravillosamente. Es una maravilla;* é uma maravilha; ser admiravel, singular, maravilhosa uma cousa. *Res mirabilis, mirum est. Octava maravilla;* oitava maravilha; diz-se de uma cousa surprehendente e admiravel, com relação ás sete maravilhas do mundo. *Por maravilla (loc. adv.);* por maravilha, por milagre, raras vezes, mui difficilmente. *Raro:* — *(bot.)* maravilha bastarda. V. *Caléndula:* — maravilha; genero de plantas nictagineas, apreciadas algumas pelas suas flores aromaticas e formosas. *Las siete maravillas del mundo (hist.);* as sete maravilhas do mundo. *Opus inter mirabilia annumerandum.*

Maravillar. *a.* Maravilhar. V. *Admirar.* Ordinariamente usa-se como reciproco. *Mirari:* — *n. (ant.)* maravilhar-se, admirar-se; encher-se de admiração.

Maravillosamente. *adv. m.* Maravilhosamente; com grande perfeição. *Mirabiliter:* — milagrosamente; por milagre, por casualidade.

Maravillosísimo, ma. *adj. sup.* de *Maravilloso.* Maravilhosissimo, estupendo. *Valdè mirandus.*

Maravilloso, sa. *adj.* Maravilhoso, pasmoso, portentoso, admiravel, extraordinario pela raridade, perfeição. *Mirabilis, mirus. Lo maravilloso (litt.);* o maravilhoso; dá-se este nome á intervenção dos seres sobrenaturaes em um poema epico ou dramatico.

Marayolo. *m.* Marayolo; moeda de pouco valor, que corre na Bolonha.

Marbete. *m.* Etiqueta ou marca de papel, que se põe nos extremos das peças de panno, estofos, etc., indicando a sua qualidade e medida. *Nota papyracea pannis assuta.*

Marca. *f.* Marca; acção de marcar: — marca; signal distinctivo: — marca; instrumento de marcar. *Nota, index:* — marca; grandeza ordinaria, medida certa do tamanho que alguma cousa deve ter. *Mensura, æ:* — marca, ferrete; pena que em algumas partes se impõe aos réus de certos delictos, e se applica com ferro candente: — *(germ.)* michela, marafona, prostituta. *De marca (loc. adv.)*, de marca; notavel no seu genero. *Insignis, is. De mas de marca, ó de mayor marca;* alem da marca, ou de marca maior. *Solito major. Papel de marca.* V. *Papel:* — *(art.)* marca; em equitação diz-se do cavallo que tem a altura exigida pela lei: — marca; instrumento para medir a altura dos cavallos: — *(mil.)* craveira; medida para tomar a altura das recrutas: — *(naut.)* marca; qualquer ponto fixo da costa, povoação, baixo, etc., que serve de signal aos praticos ou pilotos, para saber a situação do navio e dirigir o seu rumo.

Marcab. *m. (astr.)* Marcab; estrella de segunda grandeza, na aza do Pegaso.

Marcadamente. *adv. m.* Marcadamente, distinctamente, notavelmente.

Marcador, ra. *s.* Marcador; o que marca. *Signator, oris:* — *mayor;* aferidor e ensaiador; official publico que tem a seu cargo a aferição dos pesos e medidas, e a marca do oiro e de outros metaes. *Ponderibus et mensuris præfectus.*

Marcantia. *f. (bot.)* Marchantia; genero de plantas hepaticas, da tribu das marchantiaceas.

Marcar. *a.* Marcar; pôr marca, signal distinctivo. *Notam inurere, distinguere:* — *(fig.)* observar, apontar em alguem alguma qualidade ou falta digna de notar-se. *Observare, animadvertere:* — *(fig.)* applicar, destinar. *Notare, designare:* — *(naut.)* marcar; observar a direcção ou rumo a que fica um objecto a respeito do navio, etc.: — *paso;* marcar passo.

Marcasita. *f. (min.)* Marcasita; nome dado antigamente á pyrites ou sulphureto de ferro.

Marcear. *a.* V. *Marzear.*

Marcelino, na. *adj. (ant.)* V. *Marzal.*

Marceo. *m.* V. *Marzeo.*

Marcetia. *f. (bot.)* Marcetia; genero de plantas da familia das melastomaceas.

Marcial. *m.* Marcial; pó aromatico com que antigamente se perfumavam as luvas. *Pulvis aromaticus chirothecis concinnandis:* — *adj.* marcial, marcio, bellico, guerreiro. *Bellicus, martius:* — franco, desabusado, sem ceremonia: — *(chim.)* marcial, chalybeado; diz-se dos preparados em que entra o ferro. *Juegos marciales (hist. ant.);* jogos marciaes, instituidos em honra de Marte.

Marcialidad. *f.* Familiaridade, franqueza.

Marcido, da. *adj. (ant.)* Murcho, secco, languido.

Marcio, cia. *adj. (ant.)* Marcio. V. *Marcial:* — relativo ou pertencente ao mez de março: — *m. (ant.)* V. *Marzo.*

Marckea. *f. (bot.)* Markea; genero de plantas da familia das solaneas.

Marco. *m.* Marco; peso de oito onças. *Selibra, bes:* — quadro, moldura de painel, guarnição de porta, janella, etc. *Ora, margo:* — padrão; modelo de pesos e medidas. *Archetypum mensorium:* — *(agr.)* espaço ou extensão de terra que deve ter cada fanga, cuja medida não é igual para todas as partes. *Medimnus:* — *(art.)* craveira; instrumento com que o sapateiro toma medida ao pé. *Calceorum quadrum:* — instrumento para medir as aguas. *Quadrum, arca aquarum fontanarum, mensoria:* — medida de comprimento, largura da espessura que devem ter as madeiras para serem consideradas de lei. *Lignarium quadrum:* — marco; moeda de Hamburgo: — marco; moeda da Suecia.

Márcola. *f. (agr.)* Cerrote, usado na Baixa Andaluzia para limpar as oliveiras. *Arboraria falx.*

Marcha. *f.* Marcha; acção de marchar. *Iter, itineris:* — marcha, andamento; curso regular e ordinario de uma cousa, negocio ou dependencia: — *(p. Rioja)* fogueira de lenha á porta das habitações em signal de regosijo. *Ignis, rogus. A largas marchas ó jornadas (loc. adv.);* a marchas forçadas; com muita pressa e velocidade. *Longis itineribus. Sobre la marcha (loc. adv.);* depressa, logo, immediatamente. *Statim, properè, confestim:* — *(art.)* movimento do relogio: — *(mil.)* marcha; peça de musica para certas funcções militares e para regular o movimento da tropa: — marcha; ordem methodica com que um corpo de tropas caminha. *Longis, maximis itineribus. Batir marcha ó batir la marcha (fr. mil.);* bater, tocar a marcha.

Marchamador. *m. (ant.)* V. *Marchamero.*

Marchamar. *a.* Alfandegar; despachar pela alfandega, marcando os generos ou fardos, para poderem livremente extrahir-se ou consumir-se. *Signare, notam imprimere mercibus.*

Marchamo. *m.* Marca, signal que se põe nos fardos ou generos na alfandega. *Nota, æ.*

Marchante. *adj.* V. *Mercantil, Mercante:* — V. *Bueno,* de boa qualidade. Usa-se tambem este adjectivo para designar a especie de abadejo, que pela sua mediana qualidade se chama *pescado marchante:* — *(p. Cub.)* artificioso, dissimulado: — *m.* V. *Traficante:* — *(p. And.* e *Cub.)* parochiano.

Marchapié. *m. (naut.)* V. *Guarda-mancebo.*

Marchar. *n.* Marchar, caminhar, seguir caminho, fazer jornada. *Proficisci, iter ingredi:* — andar; executar a machina ou outro objecto analogo os movimentos que lhe são proprios, como: *el reloj marcha bien;* o relogio anda bem: — marchar; seguir um negocio ou outra cousa os seus tramites ordinarios: — *(mil.)* marchar; seguir caminho a tropa. *Agmen certis ordinibus proficisci.*

Marchazo. *m. (prov.)* V. *Esmarchazo.*

Marchitable. *adj.* Murchescivel; que murchá e dura pouco, que póde murchar. *Quod marcidum reddi potest.*

Marchitamiento. *m. (ant.)* Murchidão; estado de flor ou de cousa murcha. *Languedo, marcor.*

Marchitar. *a.* Murchar, murchecer; fazer perder o verdor, o viço das plantas ou de outras cousas. *Marcidum reddere.* Tambem se usa como reciproco: — *(fig.)* murchar; enfraquecer, tirar a louçania, o vigor, o alento, fazer esmorecer. *Frangere, debilitare.* Tambem é reciproco.

Marchitez. *f.* Murchidão, desbotamento; perda da côr, falta de vigor, de viço. *Languedo, marcor.*

Marchito, ta. *adj.* Murcho, flaccido; sem verdor, sem frescura, sem viço. *Languidus, marcidus.*

Marchitura. *f. (ant.)* V. *Marchitez.*

Marcho. *m. (ant.)* V. *Marco,* pezo de oiro e prata.

Mare. *f. (ant.)* V. *Madre.*

Marea. *f.* Maré; fluxo e refluxo, a enchente e vazante do mar. *Æstus, us:* — praia; porção de terra, plana e nua que o mar cobre na enchente da maré. *Litus, oris:* — vento suave que sopra do mar. *Placidus ventus e mari:* — immundicias que se varrem das ruas, facilitando esta limpeza com agua. *Proluvies, ei:* — *(fig. fam.)* onda; movimento irregular de oscillação que se observa n'um tropel de gente.

Mareador. *m. (germ.)* Ladrão que troca o dinheiro mau pelo bom.

Mareaje. *m. (naut.)* Mareagem, mareação; acção e effeito de marear as vélas: — mareagem, mareação, navegação, nautica; arte de navegar ou marear. *Navigatio, onis:* — rumo ou derrota que um navio segue na sua navegação: — *(ant.)* mareagem; apparelhos que distinguem um navio.

Mareamiento. *m.* V. *Mareo.*

Mareante. *m.* Mareante, marujo, homem do mar. *Nauta, artis nauticæ peritus:* — *(ant.)* negociante maritimo. *Navigans mercaturæ causa.*

Marear. *a. (naut.)* Marear; governar, dirigir o navio. *Navem regere, agitare:* — marear as vélas; dispo-las convenientemente para a navegação: — vender em publico. *Merces vendere:* — *(fam. fig.)* enjoar, enfadar, enfastiar; causar tedio, aborrecimento. *Fastidire, fastidio afficere, fastidium parere:* — *(p. And.)* V. *Rehogar:* — *n. (ant.)* V. *Navegar:* — *r.* marear, enjoar; ter, padecer enjôo ou nausea. *Nauseare:* — marear-se, avariar-se, corromper-se no mar. *Merces mari corrumpi; detrimento, damno affici.*

Marejada. *f.* Marejada, marulhada; agitação das ondas, movimento das maretas sem borrasca. *Magnus undarum motus, æstus.*

Mare-magnum. *m.* Mare-magnum; palavras latinas adoptadas para significar a grandeza, abundancia ou confusão de alguma cousa.

Marengo, ga. *adj.* V. *Marino:* — *m.* V. *Marisco.*

Marenteria. *f. (bot.)* Marenteria; genero de plantas cotyledoneas, da familia das anoneas.

Mareo. *m.* Enjôo, nausea; revolvimento do estomago com perturbação da cabeça e vontade de vomitar, por effeito do movimento de embarcação, de carruagem, etc. *Nausea, æ:* — *(fig. fam.)* enjôo, tedio, enfado, aborrecimento. *Tædium, ii:* — *(naut.)* V. *Mareaje,* na primeira accepção.

Mareógrafo. *m. (naut.)* Mareographo; instrumento para notar os accidentes do movimento do mar.

Marero, ra. *adj.* Mareiro; que vem ou sopra do mar; diz-se do vento. *Marinus, a, um.*

Mareta. *f.* Mareta; onda alta no mar agitado. *Undarum motus, fluctus:* — ressaca; o recúo da vaga. *Undarum motus lenis.*

Maretazo. *m.* V. *Golpe de mar.*

Márfaga. *f. (p. Rioj.)* Cobertor de cama. *Stragulum, i.*

Márfega. *f. (p. Ar.)* Enxerga feita da tela grosseira dita serapilheira. *Culsita straminea.*

Marfil. *m.* Marfim; dente de elephante. *Ebur, oris. Negro de marfim;* marfim queimado, que se reduz a carvão.

Marfileño, ña. *adj.* Eburneo; feito de marfim ou pertencente a esta substancia. Usa-se em poesia. *Eburneus, a, um.*

Marfuz, Marfuz. *adj. (ant.)* Marfuz, astuto, falso, mau, perfido.

Marga. *f.* Serapilheira; teia grosseira que antigamente se usou em signal de deshonra, e tambem para o luto até fins do seculo xv. Hoje tem uso para sacos, embrulhar fardos, etc. *Tela levidensis:* — *(min.)* marga; mineral geralmente composto de carbonato calcareo, silica e argilla, em quantidades variaveis, que dá origem a tres especies distinctas, segundo a preponderancia d'aquellas substancias. *Marga, æ.*

Margajita. *f. (min.)* V. *Marcasita.*

Margal. *m.* V. *Marguera.*

Margallon. *m. (prov.)* V. *Palmito.*

Margar. *a.* Margar; adubar as terras com marga. *Agrum margâ lætificare.*

Margaranto. *m. (bot.)* Margarantho *(flor de perola);* genero de plantas da familia das solaneas.

Margarato. *m. (chim.)* Margarato; sal resultante da combinação do acido margarico com uma base.

Margárico. *adj. (chim.)* Margarico; diz-se do acido produzido pela saponificação do oleo ou azeite.

Margáride. *m. (bot.)* Margaride ou margaris *(perola);* genero de plantas da familia das rubiaceas.

Margarina. *f. (chim.)* Margarina; nome de uma substancia que se conhece hoje pelo nome de margarato de potassa e de soda.

Margarita. *f.* Margarita, perola. V. *Perla. Echar margaritas a puercos (fr.);* deitar perolas a porcos; tratar com delicadeza ou generosidade quem o não sabe apreciar nem agradecer. *Projicere margaritas ante porcos:* — *f. (bot.)* margarida; genero de plantas da familia das compostas, tribu das asteroideas: — *(min.)* margarida; silicato de alumina e cal, de côr nacarado, ou branco argentino: — *(zool.)* margarida, genero de molluscos da familia dos margaridaceos, que produzem muito nacar para o commercio.

Margaritáceos. *m. pl. (zool.)* Margaritaceos; familia de molluscos bivalves.

Margariteño. *s.* Margaritense; o natural das ilhas de Santa Margarida: — *adj.* margaritense; relativo a estas ilhas. *Margaritensis, e.*

Margarítico, ca. *adj. (chim.)* Margaritico; diz-se do acido que se obtem pelá distillação do oleo de ricino.

Margaritita. *f. (min.)* Margaritita; nome dado por alguns naturalistas ás estalactites globulosas.

Márgen. *f.* V. *Márjen.*

Margenar. *a.* V. *Marjinar.*

Marginal. *adj.* V. *Marjinal.*

Marginar. *a.* V. *Marjinar.*

Margomar. *a. (ant.)* V. *Bordar.*

Margoso, sa. *adj.* Margoso; que contém marga ou se parece com esta substancia.

Margrave. *m.* Margrave; titulo, dignidade de alguns principes de Allemanha.

Margraviáceas. *f. pl. (bot.)* Margraviaceas; familia de plantas dicotyledoneas polypetalas.

Margravial. *adj.* Margravial; correspondente ao margrave.

Margraviato. *m.* Margraviato; estado, dignidade de margrave.

Margravina. *f.* Margravina; mulher ou viuva de margrave.

Marguera. *f.* Margueira; mina d'onde se tira a marga ou marne. *Locus, situs ubi marga reponitur, asservatur.*

Marguero. *m.* Margueiro; trabalhador que tira a marga das minas.

Marhojo. *m.* V. *Malhojo.*

María. *f.* Maria; nome da Santissima Virgem. *Maria, æ:* — maria; moeda de prata que mandou cunhar a rainha Marianna de Austria. *Maria, nummus argenteus:* — maria; véla muito branca que se põe na parte mais elevada do gallo nos officios de semana santa. *Maria, æ:* — *(germ.)* arca. *Arbol de María.* V. *Calambucó.*

Marial. *adj.* Marial; diz-se de alguns livros em louvor da Santa Virgem. *Liber de laudibus B. M. Virginis.*

Mariano, na. *adj.* Marianno; pertencente á Virgem Maria.

Marica. *m.* Maricola, maricas; homem mulherengo, molle. *Effeminatus, mollis, ignavus homo:* — *(zool.)* V. *Urraca:* — nome vulgar da pêga: — espargo.

Maricon. *m.* Maricão; homem fraco, effeminado, timorato, mulherengo. *Homo effeminatus, ignavus:* — maricas, mulherengo; o que se occupa ou ingere nos trabalhos proprios de mulher: — homem mulher; nome que em Lima se dá a certos homens que affectam imitar as mulheres, substituindo-as até em actos obscenos e impudicos.

Maridable. *adj.* Marital, conjugal, matrimonial; de conjuges, proprio de marido e mulher. *Maritalis, conjugalis.*

Maridablemente. *adv. m.* Maritalmente, conjugalmente; com vida, união ou affecto conjugal. *Conjugaliter, conjugum more.*

Maridaje. *m.* Maridança, casamento, união matrimonial; enlace dos conjuges. *Conjugium, connubium:* — *(fig.)* casamento; nexo, conformidade, união ou correspondencia entre duas ou mais cousas. *Nexus, conformatio.*

Maridal. *adj. (ant.)* V. *Maridable.*

Maridalmente. *adv.* V. *Maridablemente.*

Maridanza. *f. (p. Extr.)* Maridança; vida de casados. *Familiaris inter conjuges consuetudo.*

Maridar. *a. (fig.)* Casar, unir, juntar, enlaçar. *Unire, nectere:* — *n.* maridar-se, casar-se.

Maridazo. *m.* V. *Gurrumino.*

Maridillo. *m.* Mau marido. *Maritus despicabilis, contemptibilis:* — esquentador dos pés, coberto por uma gradesinha, de que usam as mulheres. *Foculus, i.*

Marido. *m.* Marido; o homem casado, relativamente a sua mulher. *Maritus, i.*

Maridüela. *f. (fam.) dim.* de *María.* Mariquinhas.

Marija. *f. (ant.)* Empate; estado de indecisão ou de andamento longo e indeterminado de um negocio. *Facerlo marija (fr.);* empatar o jogo; nem ganhar, nem perder.

Marimacho. *m.* Machoa, virago; mulher com estatura e forças de homem. *Virago, inis.*

Marimanta. *f.* Papão; phantasma com que se infunde medo ás creanças. *Spectrum, i.*

Marimarica. *m. (fam.)* Maricas, homem mulherengo. *Llamarse marimarica (fr.);* cantar a palinodia, confessar sua fraqueza, retractar-se.

Marimba. *m.* Marimba; especie de tambor dos negros do Congo: — *(p. Mex.)* marimba; instrumento composto de umas quatorze tiras de vidro, suspensas em uma caixa, e que se tangem com umas bolas de cortiça: — *(p. Cub.)* V. *Marímbula.*

Marímbula. *f.* Marimbula; instrumento musico dos negros boçaes.

Marimoreña. *f. (fam.)* Baralha, contenda, rixa, pendencia. *Rixa, æ.*

Marina. *f.* Marinha, costa, praia, borda do mar. *Littus, ora maritima:* — marinha; sciencia, arte da navegação. *Ars nautica:* — marinha; corpo dos empregados de marinha: — marinha; os vasos de guerra e mercantes: — *pl.* marinhas, salinas: — *(pint.)* marinha; vista de mar, painel que representa o mar. *Maris ac littorum pictura.*

Marinada. *f.* Provimento de

viveres para um navio e que podem conservar-se por muito tempo: — salmoira com que se preparam os viveres destinados para bordo: — caldeirada ao uso dos maritimos.

Marinaje. *m.* Marinhagem, marinharia; arte nautica. *Ars nautica:* — marinhagem, marinharia; gente da mareação. *Nautarum turba.*

Marinar. *a. (naut.)* Tripular de marinheiros um navio apresado, para substituirem o logar dos prisioneiros: — pôr, deitar o peixe de escabeche para o conservar. *Pisces condire:* — *n.* V. *Marinear.*

Marinear. *a.* Tripular; esquipar, prover de maruja um navio: — *n.* marinhar; saber a arte de marinheiro na navegação. *Navigare.*

Marinerado, da. *adj.* Tripulado, esquipado, o navio.

Marineresco, ca. *adj.* Marinharesco, marinhatico; de marinheiro, da marinharia.

Marinería. *f.* Marinharia; arte nautica, conhecimentos nauticos. *Nautica, nautarum exercitium:* — marinharia, marinhagem; gente da marcação. *Nautarum turba. Buena marinería;* expressão ironica com que a bordo se critica uma manobra mal executada.

Marinero. *m.* Marinheiro, marujo; o homem da mareação. *Nauta, æ:* — *(ant.)* dono de navio e o que cuida da embarcação: — *adj. (naut.)* marinheiro; diz-se de tudo que pertence á marinharia, e mais particularmente do navio convenientemente disposto para navegar. *A la marinera (loc. adv.);* á moda do mar; maneira particular de temperar certos peixes: — *m.* marinheiro; o que professa ou entende a arte da navegação: — *de agua dulce;* marinheiro de agua doce; marinheiro inexperiente: — *de trinquete a trinquete,* marinheiro pouco affeiçoado a seu officio: — *hecho;* marinheiro consummado na sua profissão: — *matalote,* matalote, marujo: — *(zool.)* V. *Argonauta.*

Marinesco, ca. *adj.* Marinhesco, marinharesco; de marinheiro. *Nauticus, a, um. A la marinesca (loc. adv.);* á moda do mar. *Nautarum more.*

Marino, na. *adj.* Marinho; do mar. *Marinus, a, um:* — *m.* marinheiro, mariante, homem de mar. Usa-se mais no sentido de official de marinha, e tambem de nauta habil e perito. *Nauticæ artis peritus:* — *(br.)* marinho; diz-se dos animaes que terminam em cauda de peixe, nos escudos.

Marion. *m. (ant.)* V. *Maricon:* — *(zool.)* V. *Esturion.*

Mariposa. *f. (zool.)* Mariposa; nome vulgar de todos os insectos lepidopteros, principalmente dos da primeira tribu ou diurnos: — mariposa, borboleta; genero de insectos lepidopteros da tribu dos papilonios: — lamparina para alumiar. *Papyraceum lampadeon.*

Mariposilla. *f. dim.* de *Mariposa.* Mariposinha.

Mariquetas. *f. pl.* Fitas com que as senhoras seguravam os mitenes á parte superior do braço.

Mariquina. *f. (zool.)* V. *Tamarino.*

Mariquita. *f. (zool.)* V. *Coccinela.*

Marisabidilla. *f. (fam.)* Sabichona, letrada, doutora; mulher que affecta erudição, que presume de sabia e litterata.

Mariscal. *m. (mil.)* Marechal; official superior da milicia antiga, inferior a condestavel, e era juiz do exercito. *Dux præfectus, marescallus:* — marechal; o que antigamente tinha a seu cargo aposentar a cavallaria. *Castrorum præfectus:* — *de campo;* marechal de campo: — *de logis;* quartel mestre general da cavallaria; o que preparava o alojamento para esta. *Magister, præfectus equitum:* — ferrador; o que ferra bestas.

Mariscalato. *m.* V. *Mariscalía.*

Mariscalía. *f.* Marechalato; dignidade do marechal. *Marescalis dignitas, munus.*

Mariscar. *a.* Mariscar; colher, apanhar mariscos. *Conchas legere:* — *(germ.)* V. *Hurtar.*

Marisco. *m. (zool.)* Marisco; nome generico de todo o peixe de concha, casca, crusta: — *(germ.)* cousa furtada: — *adj.* pertencente ou relativo á maresia ou mau cheiro do mar, na vasante da maré.

Marisma. *f.* Esteiro; terreno baixo e alagadiço occupado pelas aguas excedentes das marés nos encontros d'estas com as aguas doces dos rios, perto da sua embocadura. *Æstuarium, ii:* — marnota. V. *Salina.*

Marismo. *m. (bot.)* V. *Orzaga.*

Marital. *adj.* Marital; de marido. *Maritalis, le.*

Maritimo, ma. *adj.* Maritimo; do mar, da marinha, vizinho do mar. *Maritimus, a, um:* — *m.* maritimo; homem do mar.

Marito. *m. (ant.)* V. *Marido.*

Marivino. *m. (fam.)* V. *Mosquito,* homem muito bebedor.

Marizápalos. *m. (vulg.)* Baralas, bulha, altercações.

Marjal. *m.* Marnota; terreno marnento, alagadiço. *Cœnosus locus:* — *(prov.)* certa porção de terra da medida de cem varas pouco mais ou menos.

Márjen. *f.* Margem, borda; extremidade de uma cousa, o que a cerca. *Margo, inis:* — margem, espaço, porção lateral, em branco, no livro ou manuscripto. *Margo, inis:* — nota marginal; a que se põe na margem do livro, escriptura. *Nota marginalis. A media márjen (loc. adv.);* dobrando por metade a folha em que se escreve ou imprime. *Andarse por las márjenes (fig.);* fazer rodeios; não ir em direitura ao fim ou principal intento. *Per vias obliquas incedere. Dar márjenes (fr. fig.);* dar margem, dar occasião. *Ansam præbere.*

Marjenar. *a.* V. *Marjinar:* — deixar margens no papel, escripto ou impresso.

Marjinado, da. *adj.* Marginado; notado, apontado á margem do livro ou escriptura: —que forma ou tem margem.

Marjinal. *adj.* Marginal; da margem ou á margem. *Marginalis, le.*

Marjinar. *a.* Marginar; notar, apontar na margem de livro ou escriptura. *Notas marginales apponere.*

Marjoleta. *f. (p. And.),* V. *Majuela.*

Marjoleto. *m. (p. And.)* V. *Majuelo, Espino majuelo.*

Marlierea. *f. (bot.)* Marlierea; genero de plantas da familia das myrtaceas.

Marlota. *f.* Marlota; vestidura mourisca, que se cinge e ajùsta ao corpo. *Exterior maurorum vestis ita dicta.*

Marlotar. *a. (ant.)* V. *Malrotar.*

Marmella. *f.* Mamillo; cada uma das duas verrugas compridas que pendem aos lados da parte inferior do pescoço de algumas cabras, o que é indicio de boa casta. *Verrucula è capræ collo pendens.*

Marmellado, da. *adj.* Mamillado; diz-se das cabras ou rebanho d'ellas que tem mamillos. *Capræ verrucula è collo pendente prædita.*

Marmello. *m. (prov.)* V. *Membrillo.*

Marmesor. *m. (ant.)* V. *Albacea.*

Marmita. *f.* Marmita. *Cacabus lebes æreus.*

Marmiton. *m.* Moço ou rapaz da cozinha. *Coquinarius calo, lixa.*

Mármol. *m. (min.)* Marmore; pedra calcarea, durissima, susceptivel de receber um bello polimento, usada em edificios, estatuas, etc. *Marmor, oris:* — *(fig.)* marmore; imagem da indifferença, da insensibilidade: — *(fig.)* V. *Columna.*

Marmolejo. *m.* Pequena columna de marmore. *Columella, æ.*

Marmoleño, ña. *adj.* Marmoreo; de marmore, similhante ao marmore. *Marmoreus, a, um.*

Marmolería. *f.* Obra de marmore: — *(ant.)* o conjuncto de marmores de algum edificio. *Marmoratio, marmoreum operum copia.*

Marmolista. *m.* Talhador e pulidor de marmores.

Marmolita. *f. (min.)* Marmolitha; variedade de talco, de aspecto pardacento.

Mármor. *m. (ant.)* V. *Mármol.*

Marmoracion. *f.* V. *Estuco.*

Marmóreo, rea. *adj.* Marmoreo; diz-se do que é de marmore ou tem alguma das qualidades do marmore. É exclusivamente usado na poesia. *Marmoreus, a, um. Pintura marmórea.* V. *Pintura embutida.*

Marmoritide. *m. (bot.)* Marmoritide ou marmoritis; genero de plantas da familia das labiádas.

Marmorizacion. *f. (min.)* Transformação de uma pedra em marmore.

Marmoroso, sa. *adj.* V. *Marmóreo.*

Marmoseto, *m. (art. typ.)* Vinheta; enfeite que se imprime no fim de um livro ou capitulo para encher o papel.

Marmota. *f. (zool.)* Marmota; genero de mammiferos roedores, que passam o inverno occultos debaixo da terra. Chamam-se vulgarmente ratos de montanha.

Marmotear. *n.* Algaraviar, fallar algaravia, linguagem inintelligivel, corrupta, fallar por geringonça.

Maro. *m. (bot.)* Maro; especie do genero teucrio, muito aromatica e medicinal.

Marojo. *m. (p. And.)* V. *Muérdago,* planta.

Maroma. *f.* Maroma; corda grossa. *Funis, is:* — *de Arquimedes;* machina hydraulica. *Archimedeus funis, antliæ species. Andar en la maroma (fr. fig.);* andar na maroma; estar encarregado de empreza difficil. *Ad aliquid, apud aliquem gratia valere. Andar en la maroma (fr.);* dansar na corda.

Maromaque. *m. (com.)* Maromaque; especie de tecido de oiro.

Maromero. *m. (p. Cub.)* V. *Volatin.*

Maromilla. *f. dim.* de *Maroma.* Maromasinha.

Maron. *m. (zool.)* V. *Esturion.*

Maronita. *m.* Maronita; christão ou catholico do monte Libano. *Maronita, æ.*

Marot. *m. (rel.)* V. *Arote Marot.*

Marota. *f. (p. Mex.)* V. *Marimacho.*

Marquear. *a. (agr.)* Semear ou plantar a cordel.

Marqués. *m.* Marquez; propriamente era o governador das fronteiras, confins ou limites de demarcação; hoje é titulo de nobreza. *Marchio, onis:* — *(fam.)* torto.

Marquesa. *f.* Marqueza; mulher ou viuva do marquez. *Marchionissa, æ:* — marqueza; fidalga que tem este titulo, senhora de marquezado. *Marchionissa, æ:* — *(fam.)* torta, vesga dos olhos: — *f.* V. *Marquesina:* — adorno de gaza que as senhoras usaram para o collo e hombros.

Marquesado. *m.* Marquezado; titulo e dignidade de marquez. *Marchionatus, i:* — marquezado; terras de marquez. *Marchionatus, i.*

Marquesina. *f. (mil.)* Pavilhão ou barraca de campanha exterior, para cobrir e resguardar a tenda dos officiaes. *Tentorii operculum.*

Marquesita. *f. (min.)* Marquezita. V. *Marcasita.*

Marquesita, lla. *f. dim.* de *Marquesa.* Marquezinha; diz-se da marqueza moça.

Marquesito, llo. *m. dim.* de *Marqués.* Marquezinho; marquez ainda moço.

Marquesota. *f.* Marquezota; volta do pescoço ou mantéu usado antigamente em Hespanha e Portugal.

Marquesote. *m. aug.* de *Marqués.* Marquezote; marquez feito á pressa; diz-se por zombaria: — *(p. Mex.)* V. *Azucar rosado.*

Marqueta. *f.* Pão de cera bella ou virgem. *Ceræ frustum rude.*

Marquetería. *f.* Arte ou officio de embutidor, arte que ensina a fazer obras marchetadas, de tauxia. *Tesse-*

latum opificium: — marchetaria, tauxia, embutido; o lavor, a obra marchetada. *Vermiculatum, tesselatum opus.*

Márquez. *m.* Marques; filho de Marcos; nome patronymico, que se usa hoje como appellido de familia.

Marquiartife. *m. (germ.)* Pão.

Marquida. *f. (germ.)* Rameira, marafona, mulher publica.

Marquilla. *f.* V. *Papel de marquilla. Teja de marquilla;* telha meã.

Marquisa. *f. (germ.)* V. *Marquida.*

Marra. Marra ou marrão; martello para quebrar pedras, derribar paredes, etc.: — *(ant.)* V. *Almadona:* — marra; sacho da monda: — falta, claro; nas vinhas e olivaes. *Vacuum.*

Márraga. *f. (ant.)* V. *Marga,* panno.

Marrajo, ja. *adj.* Marraxo, matreiro, velhaco; diz-se do touro ou boi manhoso: — *(fig.)* marraxo, matreiro, marralheiro; diz-se do homem manhoso, astuto, de indole damnada. *Astutus, versipellis:* — *m. (zool.)* marracho; tubarão grande. V. *Tiburon.*

Marramas. *m. (ant.)* Certo tecido de oiro que se usou antigamente.

Marranaya. *f.* V. *Canalla.*

Marrancho. *m. (p. Nav.)* V. *Marrano.*

Marranchon, na. *adj.* V. *Marrano, Lechon.*

Marraneta. *f.* Marrã; porquinha nova, que deixa de ser mammote.

Marrano, na. *s.* Marrão, porco. *Sus, is:* — *adj.* porco, sujo, enxovalhado, asqueroso: — *(ant.)* marrano, maldito, excommungado; epitheto injurioso que se dava antigamente em Hespanha e Portugal aos mouros ou judeus, por elles se absterem de comer carne de porco. Tambem se dizia em Hespanha do convertido á fé catholica. *Diris devotus, sacris interdictus.*

Marrar. *n.* Tropeçar, faltar, errar: — *(fig.)* aberrar, desencaminhar-se; desviar-se do verdadeiro caminho. *Aberrare.*

Márras. *adv. (fam.)* Então, outr'ora; tempo passado, ou em que teve logar algum successo particular, como: *la nóche de marras;* aquella noite de então, de outr'ora. *Tunc, olim.*

Marrasquino. *m.* Marasquino; licor alcoolico, preparado com uma especie de cereja chamada em italiano *marasca.*

Marrazo. *m. (mil. ant.)* Machado. *Securis, is.*

Márrega. *f. (p. Ar.)* V. *Marga,* enxerga.

Marregon. *m. (p. Rioj.)* V. *Jergon.*

Marrido, da. *adj. (fam.)* V. *Amarrido.*

Marrillo. *m. (prov.)* Páu curto e grosso.

Marro. *m.* Jogo da malha. *Disci ludos:* — volta ou movimento para furtar ou esquivar o corpo. Diz-se frequentemente dos animaes perseguidos. *Parva declinatio:* — falta, ausencia; falta de assistencia a algum logar, etc. *Error, vitium, absentia:* — marra; certo jogo: — pau com que se joga a bilharda. *Fustis, is:* — V. *Marra.*

Marrojamiento. *m. (prov.)* Acção de chapotar as arvores.

Marrojar. *a. (prov.)* Chapotar; cortar os ramos inuteis ou nocivos das arvores.

Marrojo. *m. (ant.)* V. *Malhojo.*

Marron. *m.* Malha; chapa de ferro ou pedra com que se joga o jogo da mesma denominação. *Discus, us:* — *adj. (p. Am.)* calhambola; diz-se nas colonias, do escravo ou escrava que fugiu de casa do seu amo ou senhor, e tambem dos animaes domesticos que se escapam de casa.

Marronaje. *m. (p. A.)* Estado do calhambola ou escravo fugitivo; e n'este sentido diz-se nas colonias: *reprimir el marronaje.*

Marroquí, Marroquin, na. *s.* Marroquino; o natural de Marrocos. *Marochius, marocanus:* — *adj.* marroquino; pertencente a Marrocos. *Marochius, marocanus:* — marroquin; pelle de cabra, tinta de varias cores. V. *Tafilete. Dobla marroquí.* V. *Dobla.*

Marrotar. *a. (ant.)* Malbaratar.

Marrubio. *m. (bot.)* Marroyo ou marroio; genero de plantas da familia das labiadas.

Marrullería. *f.* Arteirice, sagacidade, astucia. *Calliditas, atis.*

Marrullero, ra. *adj.* Marralheiro, arteiro, astuto. *Callidus, astutus.*

Marscalia. *f. (bot.)* Marschallia; genero de plantas da familia das compostas.

Marsdenia. *f. (bot.)* Marsdenia; genero de plantas da familia das asclepiadeas.

Marsellés, sa. *s.* Marselhez, marselhano; o natural de Marselha. *Massiliensis, is:* — *adj.* marselhez, marselhano; pertencente á Marselha. *Massiliensis, se:* — *m.* casacão com capuz de panno felpudo pela parte de dentro, á maneira de samarra, usado pelos marinheiros, arreeiros, etc. *Pœnula brevior, spissa et villosa:* — *(p. And.)* jaqueta curta com vivos e alamares. *La marsellesa (mus.);* a marselheza; certo hymno patriotico e guerreiro.

Marsileáceas. *f. pl. (bot.)* Marsileaceas; familia de plantas cryptogamas.

Marsilia. *f.* Nome que os turcos dão ao peso duro de Hespanha.

Marsiliana. *f. (naut.)* Marsiliana; navio de pôpa chata, que navega no golfo de Veneza e nas costas da Dalmacia.

Marsuino. *m. (zool.)* Marsuino; especie de mammiferos cetaceos do genero delphim.

Marta. *f. (zool.)* Marta; quadrupede carnivoro, maior que a fuinha, cuja pelle é mui estimada: — marta; pelle de marta. *Martis pellis.*

Martagon. *m. (bot.)* Martagão; especie de açucena ou lirio silvestre, de cheiro pouco agradavel — *s. (fam.)* espertalhão; pessoa matreira, astuta e sagaz, difficil de enganar. *Versutus.*

Martano. *m. (ant.)* Valentão, mata sete, bravateiro.

Marte. *m. (astr.)* Marte; o quinto planeta, que tem o seu logar entre o sol e Jupiter. *Mars, tis:* — *(chim.)* marte; o ferro. *Mars, ferrum.* V. *Hierro. Propio marte (mod. adv.);* só por si, de sua casa, de seu engenho, sem ajuda alheia. É empregado em castelhano no mesmo sentido figurado, que no latim. *Campos de Marte (poet.);* campos de Marte, de Mavorte, campo da batalha, logar em que se dá alguma batalha. *Carrera de Marte;* carreira de Marte, das armas. *Juegos de Marte;* jogos de Marte; os combates. *Trabajos de Marte;* trabalhos de Mavorte, trabalhos da guerra.

Martelo. *m. (ant.)* Martello; suspeita, zêlo, ciume desassocego que causa alguma cousa que inquieta o coração. *Zelotypia, æ:* — *(ant.)* namoro, galanteio.

Martellina. *f. (art.)* Escoda; especie de martello usado pelos canteiros.

Martes. *m.* Terça feira; o terceiro dia da semana. *Martis dies, feria tertia. Dar con la del martes (fr. fam.);* sacar uma balda a alguem; imputar-lhe ou divulgar-lhe defeito habitual. *Alicui exprobare.*

Martiello. *m. (ant.)* V. *Martillo.*

Martillada. *f.* Martellada; golpe com martello. *Malei ictus.*

Martillado. *m. (germ.)* Caminho.

Martillador, ra. *s.* Martellador; o que bate com martello. *Malleator, oris.*

Martillar. *a.* Martellar; bater com martello. *Malleo tundere:* — martellar; trabalhar com martello: — *n. (germ.)* caminhar.

Martillazo. *m.* Martellada grande.

Martillejo. *m. dim.* de *Martillo.* Martellinho; pequeno martello: — *(ant.)* martellinho afinador. V. *Afinador.*

Martilleo. *m. (fam.)* Bulha, ruido de martelladas repetidas.

Martillo. *m.* Martello; instrumento de ferro encavado, com que se bate, pregos, etc., e para outros usos. *Malleus, ei:* — chave de afinar. V. *Afinador:* — martello do relogio; peça que dá as horas, quartos, etc.: — *(germ.)* caminho: — *(fig.)* martello; cruz da religião de S. João, sem o braço direito. *Malleus, ei:* — *(fig.)* martello, perseguidor; pessoa que persegue os vicios, que procura extermina-los, ou a alguma outra cousa. *Malleus, ei:* — martello; tudo o que imita a figura do martello. *A martillo (loc. adv.);* ás martelladas, a golpes de martello. *Mallei ictibus. A macha martillo (loc. adv.);* solido mas sem primor, feio e forte. *Firmiter. Creer a macha martillo (fr.);* crer cegamente em uma cousa sem averiguar nem esquadrinhar. *De martillo;* trabalhado, batido com martello; diz-se dos metaes. *Malleatus, a, um. Estar entre el yunque y el martillo (fr.);* estar entre a bigorna e o martello; estar em situação de encontrar embaraços: — *(anat.)* martello; um dos quatro ossinhos do ouvido: — cão; peça dos fechos das armas de fogo: — *(ant.)* guarda avançada que se collocava a distancia do corpo principal: — *(zool.)* martello; genero de peixes chondropterygios, da familia dos selaceos: — martello; genero de molluscos acephalos bivalves.

Martin. *m. pl. (zool.)* Martinete, gaivão; familia de aves da ordem dos passaros: — *del rio.* V. *Martinete:* — *pescador;* pica-peixe, guardarios, tordo marinho, genero de aves da ordem dos passaros. *San Martin;* S. Martinho; tempo em que se faz a matança dos porcos, que é pelo fim de novembro. *Dies sancti Martini festivitati proximè antecedentes et subsequentes. Venirle á uno ó llegarle su San Martin (fr. fam.);* vir ou chegar a alguem o seu S. Martinho: chegar o dia ou occasião em que alguem ha de padecer ou soffrer.

Martineta. *f. (p. A.)* Perdiz grande.

Martinete. *m. (zool.)* Martinete. V. *Martin:* — martinete; pennacho da ave do mesmo nome ou de qualquer outro passaro. *Pennata crista ex ordeæ plumis:* — maço rodeiro. *Tistuca, æ:* — martinete; soalha mais pequena da balestilha, que corre pelo virote: — *(mus.)* martinete; peça de pau, coberta de camurça, usada nos cravos e pianos fortes para abafar o som da corda vibrada. *Pinnula, æ:* — *Picar de martinete (fr.);* ferir de martellete, picar de esporas, dar de esporas, metter esporas ao cavallo. *Calcaria equo addere.*

Martinez. *m.* Martins; filho de Martinho; nome patronymico usado hoje como appellido de familia. *Martinez, martinezius.*

Martinezia. *f. (bot.)* Martinezia; genero de plantas da familia das palmeiras.

Martingala. *f.* V. *Quijote,* armadura: — combinação que os jogadores fazem no jogo do monte para salvar o seu dinheiro.

Martiniega. *f.* Martiniega; tributo ou fôro que se pagava pelo S. Martinho. *Vectigal ad Sancti Martini diem exsolvendum.*

Martinismo. *m. (rel.)* Martinismo; doutrina mystica dos martinistas.

Martinistas. *m. pl. (rel.)* Martinistas; seita de illuminados, que teve por chefe Martinez Pasqualis.

Mártir. *s.* Martyr; o que padece trabalhos e morte pela fé, que a proclama publicamente. *Martyr:* — *(fig.)* martyr; o que soffre, padece grandes trabalhos e tormento. *Cruciatus angore et molestus:* — *(fig.)* martyr; o que é tyrannisado pelas suas paixões: — *consumado (rel.);* martyr consummado; o que morreu pela fé: —*designado*, martyr designado; o que devia soffrer o martyrio. *Era de los mártyres (chron.)*; era dos martyres; era que os egypcios e abyssinios seguiram e ainda seguem, e que os mesmos mahometanos usam desde que possuem o Egypto.

MARTIRIAL. *adj. (inus.)* Pertencente ao martyrio.

MARTIRIAR. *a. (ant.)* V. *Martirizar.*

MARTIRIARIO. *m. (ant.)* Official da igrėja que cuidava d'esta, e especialmente das reliquias dos santos.

MARTIRIO. *m.* Martyrio; tormento e morte soffrida pela adhesão á fé, á crença religiosa. *Martyrium, ii*: —*(fig.)* martyrio; tormento, afflicção, trabalho longo e penoso. *Ægritudo, ærumna*: —*(rel.)* martyres; igreja que tem por orago um martyr ou todos os martyres: —capella que contém o sepulchro de algum martyr.

MARTIRIZADOR, RA. *s.* Martyrisador; o que martyrisa. *Cruciator, cruciatrix.*

MARTIRIZAR. *a.* Martyrisar; dar tratos, atormentar, fazer padecer martyrio. *Cruciare, tormentis dedere*: — *(fig.)* martyrisar, affligir, atormentar. *Cruciare, angere.*

MARTIROLOJIO. *m.* Martyrologia; catalogo dos martyres, historia dos martyres christãos, e dos tormentos que padeceram. *Martyrologium, sanctorum catalogus. Poner en el martirologio (fr.)*; pôr no martyrologio, canonisar, beatificar.

MARTIROLOJISTA. *m.* Martyrologista; auctor de um martyrologio.

MARUJA. *f. n. p. (fam.)* Mariquinhas. V. *María.*

MARUJILLA. *f. (fam.) dim.* de *Maruja.* V. *María.*

MARULLEAR. *n. (naut.)* Marulhar; agitar-se com violencia o mar em marulhos.

MARULLO. *m. (naut.)* Marulho ou marulhada; grande agitação das ondas.

MARUMIA. *f. (bot.)* Marumia; genero de plantas da familia das melastomaceas.

MARZADERA, MARZADGA. *f.* Marceiras; tributo que se pagava no mez de março. *Martium vectigal.*

MARZAL. *adj.* Pertencente ao mez de março. *Martius, a, um.*

MARZAPAN. *m. (ant.)* V. *Mazapan.*

MARZEAR. *a.* Tosquiar o gado no mez de março. *Tondere.*

MARZELINO, NA. *adj. (ant.)* V. *Marzal.*

MARZEO. *m. (prov.)* Limpeza que se faz nas colmeias ao começar a primavera.

MARZO. *m.* Março; terceiro mez do nosso anno. *Martius, ii*: —*adj. (ant.)* proprio do mez de março.

MAS. *adv.* Mais; adverbio comparativo com que se designa o excesso que vae de uma cousa ou quantidade a outra. *Magis, plus*: —mais; denota uma quantidade indeterminada, alem da que se determina. *Plus*: —*conj.* mas. V. *Pero, Sino. Sed*: — mas; usa-se como interjeição com a particula *que*, e denota a indifferença com que se olha alguma cousa, quer succeda ou não, quer se faça ou não se faça. *Vel, etiam, si*: —mas; com a particula *si*, usa-se como interjeição de duvida ou de suspeita, v. g.: *mas si piensa engañarme*; mas se pensa enganar-me. *Forsan, si forte*: —mais; precedendo o verbo *haber* e seguindo-se interrogação, usa-se para affirmar o modo com que se discorre ou delibera em alguma cousa. *Quid nisi restat?*: —mais; equivale tambem ao adverbio *muy*, *v. g.*: *estoy mas que contento*, estou mais que contente, etc.: —*m. (prov.)* herdade com todas as suas pertenças, como gados, instrumentos aratorios, etc. *Villa, æ*: — contracção antiquada de *me as*. V. *Me has*: —*y mas (loc. adv.)*; mais e mais, cada vez mais, gradualmente, em augmento progressivo. *Magis, magisque. A lo mas o a lo mas mas (loc. adv.)*; ao mais, em summa, quando muito. *Ad summum. A mas (loc.)*; a mais, alem; expressa o que se junta a alguma cousa. *Præter*: —de mais, afóra d'isso, alem do que: precedendo os infinitos dá uma força superlativa á significação d'estes, como: *a mas correr, a mas tardar*; a bom correr, o mais tardar, isto é, a todo o correr, o mais que póde tardar. *A mas y mejor (loc. adv.)*; grandemente, com excellencia e primor. *De mas a mas (loc. adv.)*; de mais a mais; significa o augmento de alguma cousa, como: *es pobre, y de mas a mas está enfermo*; é pobre e de mais a mais está doente. *Præterea, insuper. Ni mas ni menos*; nem mais nem menos, igualmente, cabalmente, exactamente. *No hay mas*; não ha mais; expressão que junta com alguns verbos designa o summo grau da significação do verbo, como: *no hay mas que ver, no hay mas que decir*; não ha mais que ver, não ha mais que dizer. *Nihil supra. Sin mas acá ni mas allá (loc. fam.)*; sem mais cá nem mais lá, abertamente, claramente, sem disfarce, sem rodeios. *Apertè, sine ambagibus*: —sem mais nem mais; sem rasão nem motivo. *Illotis manibus, hospite insalutato. Sin mas ni mas (loc. adv.)*; sem mais nem mais, sem reparo, sem reflexão, precipitadamente. *Temerè*: —sem mais nem mais; sem motivo, sem rasão, sem causa. *Cosa de poco mas o menos*; cousa de pouco mais ou menos, cousa de pouca importancia, sem nenhum valor: —*(num.)* mas; moeda do reino de Achem.

MASA. *f.* Massa; farinha amassada com agua ou outro liquido. *Massa farinacea*: — massa; toda a substancia similhante á farinha, pulverisada ou facil de dissolver amassada. *Massæ cæmentaria, cæmentum*: — massa; um todo ou porção de cousas unidas, pegadas. *Congeries, copia*: —*(fig.)* massa, totalidade, somma total. *Summa, æ*: —*(fig.)* massa; porção de oiro, prata ou qualquer outro metal depois de derretido. *Massa, æ:* — *(fig.)* natural docil ou genio brando de alguem. *Ingenium, indoles:* — *(neol.)* massa; o povo: — *(p. Ar.)* herdade com todos os seus instrumentos rusticos e gados. *Villa rustica, prædium rusticum:* — *de la sangre;* massa do sangue; a sua totalidade contida nos vasos. *Sanguinaria massa, sanguis. En masa (loc. adv.);* em massa; todos reunidos ou em tropel: — *(phys.)* massa; quantidade de materia que contém um corpo: — *(mil.)* massa; toda a força de qualquer arma formada e concentrada de maneira que apresenta á vista uma massa compacta: — massa; desconto que se faz do pret do soldado para o seu vestuario e outras despezas.

MASÁDA. *f. (prov.)* Quinta, predio rustico, casa de campo, fazenda, herdade. *Villa, prædium rusticum.*

MASADERO. *m. (prov.)* Quinteiro. *Villicus, i.*

MASALDEMÉNAS. *(loc. adv. ant.)* Mais ou menos.

MASALIOTA. *s.* Marselhez; o natural de Marselha: — *adj.* marselhez; pertencente a Marselha.

MASAMORRA. *f. (p. Cub.)* Doença dos cavallos na parte posterior do casco, occasionada pela humidade ou por contusão: — V. *Majarete.*

MASAR. *a.* V. *Amasar.*

MASATO. *m.* Masato; bebida que os peruvianos préparam com a raiz pisada e fermentada de uma especie de batata da America.

MASAUPADA. *f. (rel.)* Masaupada; especie de quaresma que observam os indios desde 31 de setembro até 10 de dezembro.

MASCABADO. *adj.* Mascavado, não purificado; diz-se do assucar da peior sorte. *Infimus, a, um.*

MASCADA. *f. (p. Mex.)* Lenço de seda ou de pita: — *(ant.)* V. *Mascadura.*

MASCADOR, RA. *s.* Mascador; o que masca. *Mandens, entis:* — *(ant.)* comilão, glotão.

MASCADURA. *f.* Mascadura; acção de mascar. *Cibi dentibus attritio.*

MASCALANTO. *m. (bot.)* Maschalantho *(flor na axila);* genero de musgos bryaceos.

MASCAR. *a.* Mascar, mastigar, trincar. *Mandere, cibum dentibus conterere:* — V. *Mascullar:* — *á dos corrillos (fr. fam.)* V. *Comer á dos carrillos. Dar á alguno mascada alguna cosa (fr. fig.);* dar o bocado mastigado a alguem; dar-lhe alguma cousa explicada, preparada ou quasi concluida, em estado de pode-la fazer ou entender facilmente. *Præmansum quid alicui in os inferre, præparatum exhibere:* — *retama (fr. fig.);* agastar-se, enfadar-se, affligir-se. *Estar mascando tierra o barro (fr. fig.);* estar debaixo da terra, estar morto.

MÁSCARA. *f.* Mascara; o trajo de pessoa mascarada ou disfarçada. *Personatus, larvatus:* — mascara; peça da feição da cara, feita de papel velludo, setim, cera, etc., que se põe sobre o rosto, para disfarçar a pessoa. *Persona, larva:* — mascara, caraça, careta: — V. *Mascarada:* — mascara de colmeeiro: — *(fig.)* mascara, disfarce, véu, pretexto, apparencia enganosa. *Species, nomen:* — *s.* mascara; pessoa que traz mascara. *Larva, æ. Quitarse la máscara (fr. fig.);* tirar, largar a mascara; não dissimular cousa alguma. *Perfricare frontem.*

MASCARADA. *f.* Mascarada; funcção em que apparecem muitas pessoas mascaradas. *Personatus ludus:* — mascarada; rancho de pessoas mascaradas.

MASCARANA. *f. (art.)* V. *Antitola.*

MASCARADO, DA. *adj. (br.)* Mascarado; diz-se do leão que tem mascara.

MASCARAR. *a. (ant.)* Mascarar. V. *Enmascarar.*

MASCARERO, RA. *s.* Vendedor ou alugador de fatos de mascaras. *Personarum, larvarum conductor, venditor.*

MASCARETA. *f. dim.* de *Máscara.* Mascareta.

MASCARILLA. *f. dim.* de *Máscara.* Mascarasinha: — meia mascara; mascara para cobrir só a testa e os olhos: — fôrma ou molde tirado do rosto de uma pessoa, particularmente dos cadaveres. *Personæ forma. Quitarse la mascarilla (fr. fig.)* V. *Quitarse la máscara.*

MASCARON. *m. augm.* de *Máscara.* Mascarão, mascara grande: — carranca ou mascara grande e disforme, de papelão. *Deformis larva:* — carranca; cara feia lavrada, de pedra ou bronze, que se põe nos tanques, chafarizes, etc. *Larva, æ:* — *de proa (naut.);* carranca de navio; figura tosca na prôa dos navios.

MASCARONCILLO. *m. dim.* de *Mascaron.* Carranquinha.

MASCUJAR. *a. (fam.)* Mastigar com custo, rumiar, remoer. *Ægrè mandere:* — *(fig.)* V. *Mascullar.*

MASCULÍFLORO, RA. *adj. (bot.)* Masculifloro; que tem flores masculinas.

MASCULILLO. *m. (fam.)* Certo jogo de rapazes.

MASCULINIDAD. *f. (for.)* Masculinidade; qualidade varonil. *Maris conditio.*

MASCULINO, NA. *adj.* Masculino; do sexo, da natureza viril, ou dos animaes machos. *Masculus, a, um:* — *(fig.)* masculino, varonil, activo, energico; diz-se do estylo e eloquencia. *Masculus, a, um:* — *(gram.)* masculino; nome que significa varão ou macho de qualquer especie de animal, e tambem o que, sem o ser, se reduz a este genero pela sua terminação ou significado. *Masculinus, a, um.*

MÁSCULO. *m. (ant.)* V. *Varon:* — *adj. (ant.)* V. *Masculino.*

MASCULLAR. *a.* Mastigar; não explicar bem, pronunciar mal as palavras.

MASECORAL. *m.* V. *Juego de manos.*

MASEJICOMAR. *m.* V. *Masecoral.*

MASELUCAS. *m. pl. (germ.)* Cartas de jogar.

MASERA. *f.* Masseira, amassadeira; arteza ou vaso grande para amassar. *Mactra, æ:* — pelle de carneiro, ou panno em que se amassa a torta.

Masería. *f.* V. *Masada.*

Maseta. *f.* *(bot.)* Massetta; genero de plantas da familia das typhaceas: — *(zool.)* genero de helminthidos entosoarios.

Masetero. *m.* *(anat.)* Masseter; nome de um musculo situado na parte posterior da face sobre o ramo do osso maxillar inferior.

Masía. *f.* *(p. Ar.)* V. *Masada:* — *(rel.)* masia; nome dado no Japão a certas capellas consagradas ás divindades subalternas.

Masicot. *m.* *(min.)* Massicote ou maciote; oxydo de chumbo amarello.

Masiliense. *adj.* V. *Marsellés.*

Masilla, ta. *f. dim.* de *Masa.* Massinha: — *(mil.)* massa; pequena quantia que se tira do pret do soldado para o seu fardamento e calçado. *Militaris stipendii pars modica:* — *(art.)* massa de vidraceiro: — *(naut.)* massa ou composição de cal e azeite com que se cobrem as costuras do costado, e as cabeças dos pregos quando se não alcatroam.

Masillero, ra. *adj.* *(ant.)* V. *Carnicero,* comedor de carne.

Masita. *f.* *(mil.)* V. *Masilla.* na segunda accepção.

Masling. *m.* Masling; medida de capacidade, para seccos, usada em Zurich.

Maslo. *adj.* *(ant.)* Macho, varonil, masculino: — *m.* tronco da cauda dos quadrupedes. *Caudæ caulis:* — *(ant.)* talo, haste, grelo de uma planta. *Truncus caulis.*

Masmar. *a.* *(ant.)* V. *Manosear.*

Mason. *m. aug.* de *Massa.* Massa grossa: — bolo de farinha e agua sem levedar, para cevar as aves. *Globus farinaceus:* — maçon. V. *Francmason.*

Masonería. *f.* Maçoneria. V. *Francmasonería.*

Masónico, ca. *adj.* Maçonico; pertencente á maçoneria.

Masora. *f.* *(philol.)* Massora; exame critico do texto da Escriptura Sagrada, feito pelos doutores hebreus.

Másque. *adv.* *(fam. p. Mex.)* É equivalente ás phrases não importa, aindaque assim fosse, e em castelhano: *no importa, aunque eso fuese.*

Mass. *m.* *(metrol.)* Mass; medida de capacidade para os liquidos, usada em Allemanha.

Mastacanto. *m.* *(bot.)* Mastacantho; genero de plantas da familia das verbenaceas.

Maste. *m.* *(ant.)* V. *Mástil.*

Mastear. *a.* *(ant. naut.)* Mastrear. V. *Arbolar.*

Mastel. *m.* *(ant.)* V. *Maslo:* — *(naut. ant.)* V. *Mastelero:* — *(fam.)* espeque; pau direito ou vertical para suster alguma cousa. *Fulcrum, fulcimentum.*

Mastelar. *a.* *(ant. naut.)* Mastrear. V. *Arbolar.*

Masteleo. *m.* *(ant. naut.)* V. *Mastelero.*

Mastelero. *m.* *(naut.)* Mastaréu; supplemento ao mastro, e que espigando successivamente um sobre outro, forma a altura do mastro. *Malus parvus maiori malo impositus.*

Mastello. *m.* Mastello; medida para os liquidos usada na Italia.

Masticacion. *f.* Mastigação; acção e effeito de mastigar. *Actus mandendi.*

Masticador. *m.* Mastigador; especie de bocado que se põe aos cavallos para lhes facilitar a mastigação, e excitar-lhes a escuma ou salivação.

Masticar. *a.* V. *Mascar:* — *(fig.)* V. *Rumiar, Meditar.*

Masticatorio, ria. *adj.* *(med.)* Masticatorio; diz-se dos medicamentos que se mastigam para promover a secreção da saliva. *Mandendo aptus.*

Masticina. *f.* *(chim.)* Masticina; nome dado á porção de almecega que é pouco soluvel no alcool.

Masticino, na. *adj.* *(ant.)* Pertencente á almecega. *Ad mastichen pertinens, mastichinus.*

Másticis. *m.* *(ant.)* V. *Almástiga.*

Masticonema. *f.* *(bot.)* Mastichonema *(filamento em fórma de chicote)*; genero de plantas da tribu das scytonemeas.

Mastigador. *m.* Mastigadouro; instrumento á maneira de freio ou mordaça, que se põe na bôca do cavallo para que não morda nem possa comer. *Frenum equo adhibitum, ne mandat.*

Mastigar. *a.* *(naut.)* V. *Masticar.*

Mástil. *m.* *(naut.)* V. *Mastelero:* — espeque ou pau direito para suster alguma cousa. *Lignum, fulcrum:* — tronco; pé ou talo de planta quando se faz grosso e lenhoso. *Truncus, i:* — faixa larga de que usam os indios em logar de calções.

Mastin, na. *s.* *(zool.)* Mastim; cão de pastor ou cão de gado, raça de animaes domesticos do grande genero cão: — *adj.* *(fig.)* brutal, grosseiro: — *m.* *(germ.)* agente de policia, de justiça.

Mastinazo, na. *s. aug.* de *Mastin.* Mastim grande.

Mastinillo, lla. *s. dim.* de *Mastin.* Mastimzinho; mastim pequeno.

Mastita. *f.* *(min.)* Mastite; pedra que tem a fórma de um bico de peito.

Mastitis. *f.* *(med.)* Mastitis ou mastite; inflammação das mammas.

Mastix. *m.* V. *Másticis.*

Masto. *m.* *(p. Ar.)* Cavallo; o tronco da arvore em que se enxerta o garfo. *Arbor cui altera inseritur.*

Mastodinia. *f.* *(med.)* Mastodynia; dor nas mammas, especie de nevralgia n'estes orgãos.

Mastodolojía. *f.* *(zool.)* Mastodologia; nome proposto por alguns naturalistas para substituir o de mammalogia ou parte da historia natural que trata dos mammiferos.

Mastodonte. *m.* *(zool.)* Mastodonte *(dente em fórma de mamma)*; genero de mammiferos pachidermes, achado em estado fossil, e muito parecido com o elephante.

Mastoideo, dea. *adj. (anat.)* Mastoideo; que tem a fórma de um bico de peito.

Mastoidiano, na. *adj. (anat.)* Mastoidiano; relativo á apophyse mastoidea.

Mastoititis. *f. (med.)* V. *Mastitis.*

Mastomaxiliano, na. *adj. (anat.)* Mastomaxilliano; que pertence á apophyse mastoidea ou ao osso maxillar.

Mastorrajía. *f. (med.)* Mastorrhagia; fluxo de sangue pelos mamillos ou bicos dos peitos.

Mastorrájico, ca. *adj. (med.)* Mastorrhagico; relativo á mastorrhagia.

Mastoteca. *f. (zool.)* Mastotheca; dobra ou prega cutanea ventral, que rodeia e cobre as mammas dos mammiferos marsupiaes.

Mastozoario, ria. *adj. (h. nat.)* Mastozoario. V. *Mamífero.*

Mastozoolojía. *f. (zool.)* Mastozoologia. V. *Mamalojía.*

Mastozoótico, ca. *adj. (geol.)* Mastozootico; diz-se dos terrenos diluvianos e terciarios, nos quaes se encontraram fragmentos de grandes mammiferos.

Mastranto, Mastranzo. *m. (bot.)* Mentrasto, hortelã brava ou silvestre; especie do genero hortelã, cujo oleo é medicinal.

Mastuerzo. *m. (bot.)* Mastruço ou mastrucio; especie de plantas hortenses de folhas miudas: — *adj. (fig. prov.)* mato, bronco, estupido, enfadonho, massador.

Masturbacion. *f.* Masturbação. V. *Onanismo.*

Masulipatam. *m. (com.)* Masulipatam ou masulipatão; panno primorosamente pintado que se fabrica na India.

Mata. *f.* Raminho ou pé de alguma planta herbacea, como da parietaria, etc. *Planta, ramus:* — viveiro; porção de terreno povoado de arvores de uma mesma especie. *Plantarium, ii:* — V. *Matarrata:* — certo jogo: — sete de espadas e de oiros no dito jogo: — *(fig.)* mata; cabello ou parte d'elle. *Manipulus, cœsaries:* — *(fig.)* matança, mortandade, destroço. *Cædes, is:* — *parda;* mata brava, brenha; mato cheio de espinhos e pouco alto. *A salto de mata (loc. adv.),* diz-se do que anda perseguido e occulto. *Saltar de la mata (fr. fig.);* mostrar-se, apparecer, fazer-se ver; apresentar-se o que estava escondido. *Ex occulto egredi, prodire, larvam deponere. Seguir alguno hasta la mata (fr. fig.);* perseguir sem piedade, com rigor, encarniçadamente. *Vehementer insequi. Ser todo matas y por rozar (fr. fig.);* ser muito espinhoso, estar muito emmaranhado um negocio, ser difficil de desenredar ou esclarecer. *In magna difficultate versari:* — *(bot.)* nome generico de toda a planta vivaz ou que dura mais de dois annos, e cujo caule é lenhoso, mas sem gomos. *Suffrutex, icis.*

Matacan. *m.* V. *Nuez vómica:* — lebre velha, que já tem sido muito corrida dos cães: — composição venenosa para matar os cães. *Offa venefica:* — matacão; seixo que se pôde tomar facilmente com a mão. *Lapis, idis:* — dois de paus no jogo de cartas chamado *cuca* e *matacan. Lusorium folium duobus baculis signatum* : — *(p. Murc.)* azinheira ou carvalho novo. *Novus fagus:* — *pl. (mil.)* V. *Ladroneras.*

Matacandelas. *f.* Apagador ou mão de Judas; instrumento com que se apagam as luzes. *Extinctorium, ii. Escomunion á matacandelas,* excommunhão que se publica na igreja com varias solemnidades, e entre ellas a de apagar vélas mettendo-as em agua.

Matacandil. *m. (zool. p. Murc.)* V. *Langosta:* — *(p. Murc.)* especie de caranguejo.

Matacía. *f. (p. Ar.)* Mortandade, matança. *Cædes, is.*

Matachin. *m.* Matachim ou machatim; deu-se o nome de matachins aos bailarinos que no xvi seculo executavam a dansa pyrrhica ou guerreira dos gregos, que ás vezes se tornava burlesca. Tambem se dava este nome á dita dansa. *Personatus mimus, ludio:* — matachinada; certo jogo dos matachins. *Personatorum mimorum ludus, ludricum:* — magarefe; o que mata as rezes no matadouro. *Dejar a alguno hecho un matachin (fr. fam.);* deixar alguem corrido; envergonha-lo. *Pudore aliquem suffundere.*

Matachinada. *f.* Matachinada. V. *Matachin,* na segunda accepção: — matachinada, bufoneria, chocarrice; acção ou gesto disparatado e ridiculo, proprio dos matachins.

Matadero. *m.* Matadeiro ou matadouro; logar, edificio onde se mata e esfola o gado destinado para consumo publico. *Laniena, æ:* — *(fig.)* canseira, trabalho, incommodo excessivo e penoso. *Labor improbus, gravis molestia. Ir, venir o llevar al matadero (fr. fig.);* ir, vir ou levar ao matadouro; expor-se alguem ou expor a outrem a perigo eminente de perder a vida.

Matador, ra. *adj.* Mortal, lethal; que causa a morte. *Lethalis, le:* — *s.* matador; o que matou ou intenta matar. *Homicida, interfector:* — *(ant.)* matadores, as tres cartas superiores no jogo da arrenegada e voltarete, chamadas chalupa. *Superius folium in chartarum ludo.*

Matadura. *f.* Matadura; ferida leve, feita na pelle da besta pela albarda ou sella. *Ulcus in jumentis. Dar en la matadura o en lo vivo (fr. fam.);* dar na matadura; tocar e mencionar cousa que doe, causa magua, vexa alguem. *Alicujus animum vehementer percellere.*

Matafiol. *m. (naut.)* V. *Batafiol.*

Matafuego. *m.* Bomba para apagar incendios: — *pl.* bombeiro; o que serve bombas de apagar incendios. *Incendiis restinguendis minister.*

Matahambre. *m. (p. C.)* Maçapão feito de farinha de yuca,

assucar e outros ingredientes.

Matahormigas. *m. (fam.)* V. *Peal, Pelagatos,* que lhe são equivalentes como termo de desprezo.

Matahumos. *m. (ant.)* V. *Despabiladeras.*

Mataiba. *f. (bot.)* Matayba; genero de plantas da familia das sapindaceas.

Matajudío. *m. (zool.)* V. *Mújol,* peixe.

Matalahuga ou Matalahuva. *f.* V. *Anís,* planta e semente.

Matalascalando. *s. (fam.)* Mija mansinho, sonso; diz-se da pessoa que pela calada e com dissimulação procura conseguir os seus intentos. *Rem suam cautè gerens, rebus suis clam prospiciens.*

Matalobos. *m. (bot.)* Matalobos, napello. V. *Acónito.*

Matalon. *adj.* Sendeiro; diz-se do cavallo fraco, ruim e estropiado, que tem má andadura. *Succussator, oris.*

Matalotaje. *m. (naut.)* Matalotagem; provisão de mantimentos que se leva a bordo. *Nauticus commeatus:* — *(fig. fam.)* montão de cousas diversas e em confusão. *Indigesta rerum congeries.*

Matalote. *adj.* V. *Matalon:* — *m. (naut.)* matalote; navio que antecede e o que segue immediatamente a outro em uma linha ou columna. *Bárco matalote:* — navio mercante de má construcção e mal apparelhado.

Matamata. *m. (zool.)* V. *Quélido.*

Matamiento. *m. (ant.)* Matança; acção de matar. *Cædes, is.*

Matamoros. *m. (fam.)* Matamoros, fanfarrão, valentão, bravateador.

Matancia. *f. (ant.)* V. *Matanza.*

Matante. *adj. (ant.)* Matante; que mata. Usa-se tambem como substantivo.

Matanza. *f.* Matança; acção de matar, e por antonomasia diz-se do gado suino quando se mata principalmente pelo S. Martinho. *Cædes, is:* — quantidade de porcos destinados para a matança. *Suina cædes:* — matança, mortandade; grande numero de pessoas mortas em batalha, ou em outro logar. *Cædes strages:* — partes do porco morto, esquartejado e adubado para consumo domestico: — *(fig. fam.)* matança; instancia e porfia em alguma cousa. *Contentio, solicitudo.*

Mataperico. *m. (p. C.)* V. *Papirote.*

Matar. *a.* Matar; tirar a vida ou dar a morte a algum ser vivo. Usa-se tambem como reciproco. *Necare, interficere:* — matar, apagar, extinguir. *Extinguere:* — ferir; fazer matadura na pelle das bestas a albarda, a sella, etc. *Lædere, exulcerare:* — apagar, extinguir, tirar a força á cal ou ao gesso deitando-lhes agua. *Extinguere:* — matar; deitar uma carta superior á que jogou o contrario: — *(fig.)* fatigar o gado, cansa-lo muito: — *(fig.)* matar; enfadar, importunar, incommodar alguem com perguntas, etc. *Enecare:* — *(fig.)* matar, enforçar, violentar. Usa-se mais como reciproco. *Premere, urgere, instare:* — *(fig.)* matar, apagar, extinguir, aniquilar. *Extinguere, delere:* — *r.* matar-se, afadigar-se, esforçar-se, affligir-se muito por não poder conseguir o que desejava. *Summopere laborare, angi, cruciari. Matarse con alguno (fr.);* bater-se, batalhar, combater com alguem. *Matarse por alguna cosa (fr. fig.);* matar-se por ou sobre alguma cousa; trabalhar com grande ancia, fazer viva diligencia para a conseguir. *Summa ope niti, contendere. Estar a matar con alguno (fr. fig.);* estar a ferro e a fogo com alguem; estar mui irritado contra elle. *¡Que me maten!* ¡eu morra! expressão familiar que ás vezes se usa para assegurar a verdade de alguma cousa. *Pereant nisi. Todos la matamos;* todos assim somos; expressão familiar com que se responde ao que nota algum defeito de que elle mesmo partilha. *Omnes peccamus in hoc. A mata caballo (loc. adv.);* a mata cavallo, a toda a pressa.

Mataba. *f. (metrol.)* Matara; medida para liquidos, usada em algumas partes da Barbaria.

Matarife. *m.* Magarefe; homem que mata, esfola e esquarteja as rezes no matadouro.

Matarrata. *f.* Certo jogo de cartas. *Foliorum ludus ita dictus.*

Matasanos. *m. (fam.)* Matasanos; medico ou cirurgião imperito, charlatão, curandeiro. *Ignarus medicus.*

Matasarna. *f. (bot.)* Matasarna; grande arvore de Guaiaquil e Quito, cuja madeira é muito estimada para construcções navaes, e o seu decocto remedio efficaz para a sarna.

Matasiete. *m.* Matasete, espadachim, fanfarrão, bravateador. *Thraso, balatro.*

Matatan. *m.* Matatam; especie de tambor dos indios.

Matatena. *f. (p. M.)* Seixo, pedrinha redonda. V. *Peladilla.*

Matavane. *m.* Vaso ou vasilha de barro que se fabrica no Pegu, e que tem a propriedade de purificar a agua.

Mate. *adj.* Mate, tosco, não polido, sem brilho; diz-se do oiro, prata e outros metaes, e ás vezes tambem das cores ou tintas que não têem brilho: — *m.* mate; ultimo lance do jogo do xadrez, em que o rei morre ou é tomado. Usa-se tambem como adjectivo, dizendo: *jaque mate;* xaque mate. *Regis ad incitas redactio in latrunculorum ludo:* — V. *Matador,* no jogo do voltarete ou da arrenegada: — mate; especie de tisana ou decocto de plantas cephalicas, estomacaes ou estimulantes, que se usa na America, com assucar, como entre nós o chá da *India. Herbarum decoctura americanis usitata:* — taça ou chicara, de ordinario feita do coco ou de algum outro fructo, em que na America se toma a bebida chamada mate. *Vax ex fructus cortice. Yeso mate (p. Cub.)*; carapeta com que brincam os rapazes: — *cimarron (p. A. M.)*; mate que se toma sem assucar. *Dar mate (fr.)*; chalacear com alguem, mofar, zombar d'elle. *Scommatibus, jocis aliquem petere. Dar mate ahogado (fr.)*; dar mate afogado; no jôgo do xadrez é quando o rei está cercado sem poder ser soccorrido. *In latrunculorum ludo regem ita arctare, ut de fuga moneri non possit: — (fr. fig.)* querer as cousas de assalto, logo, de repente, ditas e feitas, sem dilação. *Aliquem in angustias ducere, impellere: — (bot.)* mate; arbusto do Paraguay, de cujas folhas seccas se faz a infusão theiforme que bebem os habitantes da America central.

Matear. *n. (p. A.)* Tomar a bebida chamada mate: — *(p. Murc.)* gradar; tornar-se grosso, basto, o trigo na terra. Usa-se tambem como reciproco. *Crescere herbas cereales.*

Matelina. *f. (com.)* Matelina; certa lã do Levante.

Matemática, Matemáticas. *f.* Mathematica; sciencia que tem por objecto o conhecimento das dimensões, das quantidades, dos numeros e proporções. *Mathesis, is.*

Matemáticamente. *adv. m.* Mathematicamente. *Mathematicè.*

Matemático, ca. *adj.* Mathematico; que pertence á mathematica. *Mathematicus, a, um:* — *m.* mathematico; homem versado na mathematica. *Mathematicus, i.*

Mateolojía. *f.* Mateologia; trabalho, investigação vã e inutil d'aquelles que querem profundar materias abstractas, explicar o que está fóra do alcance do entendimento humano.

Mateolójico, ca. *adj.* Mateologico; que pertence á mateologia.

Mateólogo, Mateolojista. *m.* Mateologo ou mateologista; o que professa a mateologia, ou o que discorre em vão, inutilmente.

Mateotecnia. *f.* Mateotechnia; sciencia vã, phantastica.

Mateotécnico, ca. *adj.* Mateotechnico; pertencente ou relativo á mateotechnia.

Mater. *f. (anat.)* V. *Dura, Pia.*

Matera. *f. (ant.)* V. *Madera.*

Matercaria. *f. (ant. bot.)* V. *Matricaria.*

Materia. *f. (phil.)* Materia; substancia extensa e impenetravel, capaz de receber todas as fôrmas. *Materia, æ:* — materia; a substancia das cousas consideradas em respeito a algum agente determinado, como: *la leña es materia del fuego*; a lenha é materia do fogo. *Materia, æ:* — materia; substancia solida, de que se faz qualquer obra. *Materia, æ:* — materia, pus; producto de sangue, de ordinario de côr branca, que se forma nas feridas, chagas ou focos purulentos. *Sanies, pus:* — materia; cousa ou acção physica ou moralmente sensivel que é applicada pelas palavras nos sacramentos, como no baptismo a agua natural, etc. *Materia, æ:* — *(fig.)* materia; assumpto, sujeito do discurso, ponto ou negocio de que se trata. *Materia, argumentum:* — *(fig.)* materia, motivo, causa, occasião. *Materies, causa:* — *(ant.)* materia, traslado, exemplar de escripta nas escolas de ler e escrever. *Exemplar, aris:* — *(phys.)* materia; tudo o que produz ou é capaz de produzir em nossos orgãos um certo numero de sensações determinadas. *Materia, æ:* — *(phys.)* materia; tudo o que não é espirito, e em sentido mais lato, toda a substancia que entra na composição dos corpos. *Materia, æ:* — *(med.)* materia; substancias que se evacuam pela bôca ou pelo anus: — *fecal;* materias fecaes. V. *Escremento:* — *civil ó criminal (for.)*; materia civil ou criminal; a que dá acção no civel ou no criminal: — *(for.)* materia; o que constitue um delicto, um crime: — *de estado;* materia, questão de estado, negocio politico; tudo o que pertence ao governo, augmento e reputação do reino e do rei. *Res politica, negotium politicum:* — *parva;* pequena quantidade de alguma cousa. Commummente significa a pequena refeição que se permitte tomar pela manhã nos dias de jejum. *Materia parva:* — *verde (bot.)*; limo; substancia vegetal que se desenvolve na agua distillada, exposta ao ar e á luz, e tambem na agua dos poços, das fontes, dos rios, e até na do mar. *Cocer ó cocerse las materias en las heridas, llagas ó apostemas (fr.)*; cozer-se a materia nas feridas ou abcessos; chegar á maturação, á suppuração. *Suppurare, in pus converti. Entrar en materia;* entrar em materia; começar um discurso, uma explicação, etc. *Primera materia (art.)*; materia primeira ou prima; a destinada a artefactos, a manufacturas, que está ainda em bruto, que ainda se não fez em obra. Usa-se muito no plural, em portuguez e castelhano. *Materia, æ.*

Material. *adj.* Material; diz-se do que pertence á materia, que é opposto ao formal. *Materiarius, a, um:* — material, grosseiro, bronco, rude de entendimento. *Rudis, stolidus:* — material; diz-se do trabalho em que pouco influe a intelligencia: — material; diz-se das cousas toscas, pesádas, macissas, que têem muita materia: — *m.* material. V. *Ingrediente:* — material; materias brutas para fabricas, manufacturas, ou outras obras, e tambem collecção de factos, citações, etc., para compor obra litteraria. Usa-se mais no plural. *Materia, æ:* — *(mil.)* material; nome generico que se dá a todos os effeitos militares que constituem o armamento de uma tropa, os elementos de defeza de uma praça ou exercito, etc.

Materialidad, *f. (philos.)* Materialidade; o ser corporeo, material, não espiritual. *Materiæ indòles, conditio:* — materialidade; superficialidade ou apparencia das cousas, sentido material das palavras. *Rèrum facies extima:* — materialidade; rudeza do entendimento, estupidez: — *(rel.)* materialidade; segundo os theologos, é o peccado ou falta puramente material, commettida por ignorancia. *Materialitas, atis.*

Materialismo. *m.* Materialismo; doutrina dos materialistas. Diz-se commummente dos que sustentam a materialidade da alma. *Animi immortalitatem inficiantium error.*

Materialista. *m.* Materialista; sectario do materialismo, que não admitte no universo senão o material. *Animi immortalitatem inficians.*

Materializar. *a.* Materialisar; attribuir as qualidades da materia ao que é espiritual.

Materialmente. *adv. m.* Materialmente; com materialidade. *Crassa minerva:* — V. *Propiamente:* — *(rel.)* materialmente; sem o conhecimento e advertencia que constitue as boas ou más acções. *Materialiter.*

Maternal. *adj.* Maternal, materno; de mãe, que é proprio de mãe.

Maternalmente. *adv. m.* Maternalmente, maternamente; como mãe, de um modo maternal. *Materno animo.*

Maternidad. *f.* Maternidade; qualidade de mãe, o ser mãe. *Matris nomen, dignitas:* — o que procede da mãe: — maternidade; tratamento das religiosas que têem o titulo de madres.

Materno, na. *adj.* Materno; que é concernente á mãe, ou é por parte da mãe na linha de parentesco. *Maternus, a, um.*

Matesiolojía. *f. (philos.)* Matesiologia; sciencia do ensino em geral.

Matesiolójico, ca. *adj.* Matesiologico; que pertence á matesiologia.

Matia. *f. (bot.)* Mattia; genero de plantas da familia das asperifolias.

Matiego, ga. *adj. (ant.)* Mato, matuto, rude, grosseiro, creado no mato.

Matíera. *f. (ant.)* V. *Materia.*

Matihuelo. *m.* V. *Dominguillo.*

Matinada. *f. (ant.)* Madrugada, manhã. V. *Maitines.*

Matinal. *adj. (ant.)* Matinal, matutino; pertencente á manhã. Hoje usa-se em poesia.

Matines. *m. pl. (ant.)* V. *Maitines.*

Matino. *m. (ant.)* V. *Madrugada.*

Matiola. *f. (bot.)* Matthiola; genero de plantas da familia das cruciferas.

Matiz. *m.* Matiz; união de cores diversas misturadas em certa proporção nas pinturas, bordados e outras cousas. *Colorum in picturis varietas, commixtio:* — matiz; gradação das cores: — *(fig.)* matiz, esmalte, colorido, erudição, ornatos que realçam o discurso. Usa-se mais no plural, nos dois idiomas: — matiz, côr politica; opinião, modo de pensar, sentimentos politicos.

Matizar. *a.* Matizar; variar, realçar com cores diversas. *Coloribus variare, distinguere:* — *(fig.)* matizar, esmaltar, exornar; ornar, enfeitar a oração, o discurso com phrases, figuras elegantes.

Matlazahua. *f.* Doença epidemica, especie de dor de costas que faz incrivel estrago nos indios.

Mato. *m.* Mato. V. *Matorral.*

Matojo. *m. (p. C.)* Renovo das arvores depois de cortadas.

Maton. *m.* Valentão, ferrabraz, esfola-caras, espadachim, pendenciador. *Thaso, jactabundus homo:* — *(ant.)* noivo. V. *Reciencasado.*

Matorral. *m.* Mato, matagal, brenha; campo inculto coberto de plantas agrestes. *Locus vepribus, dumetis plenus.*

Matoso, sa. *adj.* Matoso, brenhoso; cheio de mato, de brenhas. *Vepribus, virgultis abundans.*

Matraca. *f.* Matraca; instrumento de pau com tabuinhas movediças ou com uma especie de martello, usado para convocar os frades na Semana Santa, desde quarta feira de trevas até o sabbado de Alleluia. *Crepitaculum ligneum:* — *(fam.)* matraca, zombaria, chacota. Usa-se com o verbo *dar*, e assim dizemos: *dar matraca;* dar matraca, dar vaia, apupar. *Jocus, jocosè cavillari:* — *(fig. fam.)* matador, homem impertinente, cabeçudo, obstinado.

Matraquear. *a.* Matraquear; dar vaia, apupar, escarnecer, metter á bulha dizendo chufas. *Ludificari.*

Matraquista. *s.* Matraqueador, motejador, zombador, chalaçador; o que matraquea. *Ludificator, oris.*

Matraz. *m. (pharm.* e *chim.)* Matraz; vaso de vidro com gargalo comprido e de bojo redondo ou oval, ás vezes tubulado. *Vas, is.*

Matrería. *f. (p. Cub.)* Finura, astucia, perspicacia ardilosa.

Matrero, ra. *adj.* Matreiro, astuto, sagaz, ardiloso. *Callidus, sagax:* — *(p. Mex.)* V. *Suspicaz.* Diz-se mais particularmente dos cavallos.

Matricaria. *f. (bot.)* Matricaria; genero de plantas da familia das compostas.

Matricida. *s.* Matricida; filho que matou sua mãe. *Matricida, æ.*

Matricidio. *m.* Matricidio; crime commettido pelo que matou a propria mãe. *Matricidium, ii.*

Matrícula. *f.* Matricula; lista, catalogo de nomes de pessoas sujeitas a certos deveres ou gosando de certos direitos e privilegios. *Census, us:* — matricula; o acto de matricular: — matricula; direito que paga o que quer ser inscripto como alumno nas universidades: — *de mar;* matricula; rol, registo de marinheiros e mais gente do mar.

Matriculacion. *f.* V. *Matrícula*, na segunda accepção.

Matriculador. *m.* O que matricula. *Qui censum peragit.*

Matricular. *a.* Matricular; assentar no livro das matriculas. Usa-se tambem como reciproco. *In sensum referre.*

Matrimonial. *adj.* Matrimonial, conjugal; diz-se do que pertence ou respeita ao matrimonio. *Conjugalis, connubialis.*

Matrimonialmente. *adv. m.* Matrimonialmente, conjugalmente; segundo o uso e costume dos casados. *Conjugaliter, connubialiter.*

Matrimoniar. *n. (fam.)* Matrimoniar-se; casar, contrahir matrimonio.

Matrimonio. *m.* Matrimonio, casamento; consorcio do varão e da mulher para a procreação da especie humana. É sacramento indissoluvel entre os catholicos, alem do contrato civil. *Matrimonium, ii:* — matrimonio; contrato entre homem e mulher, pelo qual um dá ao outro poder sobre seu corpo. *Matrimonium, ii:* — *(fam.)* os casados, o marido e a mulher. *Conjuges, is:* — *(fig.)* V. *Consorte,* marido ou mulher: — *a yuras.* V. *Barragania:* — *clandestino;* matrimonio clandestino; antes do concilio de Trento era o que se contrahia sem testemunhas, aindaque se podesse provar, e era valido e verdadeiro. Mas depois d'aquelle concilio é nullo e illicito este matrimonio. *Clandestinum matrimonium:* — *de conciencia;* matrimonio de consciencia; o que se contrahe faltando ás solemnidades prescriptas pelas leis do paiz, que subsiste valido como sacramento, mas inhabilita a prole para os effeitos civis. *Matrimonium conscientiæ, religione tantummodo contractum:* — *rato;* matrimonio rato; o solemne, mas não consummado. *Matrimonium ratum:* — *consumado;* matrimonio consummado; matrimonio em que houve copula carnal entre os conjuges: — *putativo;* matrimonio putativo; o que sendo nullo por causa de impedimento dirimente, é considerado, não obstante isso, por verdadeiro matrimonio, em rasão de haver sido contrahido de boa fé, ignorando ambos os conjuges ou algum d'elles o impedimento: — *filosofal (philos. ant.);* matrimonio philosophal; união do sol e da lua no mercurio hermetico: — *morganático ó de la maño izquierda (hist.);* matrimonio ou casamento de mão esquerda; especie de matrimonio usado na Allemanha, que só os principes e grandes senhores podem contrahir: — *espiritual;* matrimonio espiritual; união que existe entre os bispos e seus diocesanos, entre os religiosos e religiosas e Jesus Christo: — *por detrás de la iglesia (fam.);* casamento de João das Vinhas; matrimonio fingido, falso, enganoso.

Matrimoñar. *n. (ant.)* V. *Matrimoniar.*

Matritense. *adj.* Matritense. V. *Madrileño.*

Matriz. *f. (ant.)* Matriz, madre, utero; viscera destinada a servir de asylo ordinario ao feto e a fornecer-lhe os fluidos necessarios á sua nutrição até ao termo da prenhez. *Uterus, i. Cuernos de la matriz;* cornos do utero. V. *Adútero:* — matriz; molde de fundir, vasar os typos ou letras de impressão. *Prototypus, i:* — matriz. V. *Metropoli,* igreja archiepiscopal: — *(art.)* rosca, porca de parafuso de prensa: — *adj. (fig.)* matriz; diz-se de algumas cousas principaes ou primeiras na sua classe, ou que são causa, fonte ou origem de outras. *Caput, fons, origo:* — *f.* matir; minuta, escriptura ou instrumento publico que fica no cartorio do tabellião ou escrivão. *Scriptum architypum. Lengua matriz;* lingua matriz, lingua mãe. V. *Lengua:* — padrão; modelo dos pesos e medidas.

Matrona. *f.* Matrona; mãe de familia, mulher grave, honesta, respeitavel. *Matrona, æ:* — comadre, parteira. *Obstetrix, icis:* — *(fam.)* matrona; mulher corpulenta.

Matronal. *adj.* Matronal; pertencente á matrona. *Matronalis, le:* — *f. pl. (hist.)* matronaes; festas que as matronas romanas celebravam em honra de Marte.

Matronaza. *f. aug.* de *Matrona:* — matronaça; mulher gorda e circumspecta. *Matrona gravis.*

Matróneo ou Matrónico. *m. (ant.)* Logar na igreja antiga onde estavam as mulheres separadas dos homens.

Mató. *m. (p. A.)* Matú; especie de tatú, o maior que se conhece.

Matungo, ga. *adj. (p. Cub.)* Enfezado, debil, fraco, definhado. Diz-se particularmente dos animaes.

Maturinos. *m. pl. (rel.)* Maturinos. V. *Trinitarios.*

Maturranga. *f. (fam.)* V. *Pendanga:* — *(p. Cub.)* V. *Treta.*

Maturrango, ga. *adj. (p. A.)* Mau cavalleiro; nome que os americanos dão aos hespanhoes e mais estrangeiros por estes serem muito inferiores áquelles na arte de montar.

Matusalém. *s. (fam.)* Macrobio; pessoa que chegou a grande longevidade.

Matuta. *f. (zool.)* Matuta; genero de crustaceos decapodas brachyuros, da familia dos oxystomos.

Matute. *m.* Contrabando; acção e effeito de contrabandear. *Portarii fraudatio:* — contrabando; generos, mercadoria furtada aos direitos, introduzida por contrabando. *Merces vetitæ per fraudem invectæ.*

Matutear. *a.* Contrabandear; metter contrabando em alguma povoação, fazer o commercio de contrabando. Usa-se mais como neutro. *Merces portarii fraudem invehere.*

Matutero. *m.* Contrabandista; pessoa que vive de fazer contrabando. *Prohibitarum mercium inductor.*

Matuti. *m.* Matuti; medida de liquidos de algumas cidades da Barbaria.

Matutinal. *adj.* Matutinal, matutino; da manhã, da madrugada. Applica-se ás missas que se dizem de madrugada. *Matutinus, a, um.*

Matutino, na. *adj.* Matutino; pertencente ou respectivo á

manhã. *Matutinus, a, um.* *Estrella matutina;* estrella matutina ou estrella d'alva. V. *Lucero.*

MAU. *m.* V. *Miau.*

MAUJO. *m. (naut.)* V. *Descalcador.*

MAULA. *f.* Minucia, bagatella; cousa de pouco preço, insignificante. *Res nihili:* — cabala, trama, estratagema; negociação occulta, artificio encoberto para enganar alguem. *Fraus, fallacia:* — pequena gratificação que se dá a algum creado alheio que leva algum presente. *Munusculum, i:* — *m.* caloteiro, mau pagador, traficante. *Inficiator, infidus debitor.* *Buena maula;* boa rolha, boa peça; expressão ironica para taxar alguem de velhaco ou ardiloso. *Astutus, versipellis.*

MAULERÍA. *f.* Loja de adeló, onde se vendem retalhos de pánno ou têlas differentes. *Mangonica taberna:* — *(fam.)* velhacaria, artificio, hypocrisia, dissimulação.

MAULERO. *m.* Adelo que vende retalhos de differentes pannos. *Mango, onis:* — *(fig.)* cavillador, velhaco, embusteiro, trapaceiro. *Veterator, oris.*

MAULON. *m. augm.* de *Maula.*

MAULLADOR, RA. *adj.* Meador ou miador; diz-se do gato que mia muito. *Clamosus felis.*

MAULLAR. *n.* Miar ou mear; gritar o gato, fazer meadura. *Felim clamare.*

MAULLIDO, MAULLO. *m.* Miado, miadura; o miar, voz do gato. *Filinus clamor.*

MAURANDIA. *f. (bot.)* Maurandia; genero de plantas da familia das escrofularineas.

MAURE. *m. (p. A.)* V. *Chumbe.*

MAURETANO, NA. *s. (ant.)* Mouro escravo.

MAURICIA. *f. (bot.)* Mauricia; genero de plantas dicotyledoneas, da familia das palmeiras.

MAURITANO, NA. *adj.* Mauritano; pertencente á Mauritania. *Mauritanus, maurusius:* — *s.* mauritano; o natural da Mauritania. *Mauritanus, maurusius.*

MAUSEOLO, MAUSEOLEO. *m. (ant.)* V. *Mausoleo.*

MAUSOLEO. *m.* Mausoleu; monumento sepulchral magnifico, como o que foi erigido ao rei Mausolo. *Mausoleum, i.*

MAVORTE. *m. (ant.)* V. *Maforte.*

MAX. *adv.* e *conj. (ant.)* V. *Mas:* — *m.* max; moeda de oiro de Baviera.

MÁXCARA. *f. (ant.)* V. *Máscara.*

MAXIELLA. *f.* V. *Maxilla.*

MAXILAR. *adj. (anat.)* Maxillar; diz-se do que pertence á maxilla, aos queixos. *Maxillaris, re.*

MAXILIFORME. *adj. (h. nat.)* Maxilliforme; que tem fôrma de mandibula.

MAXILLA. *f. (ant.)* V. *Mejilla.*

MÁXIMA. *f.* Maxima, axioma; regra, principio ou proposição geralmente admittida em qualquer arte, sciencia ou faculdade. *Effatum, sententia, axioma:* — maxima, axioma, apophtegma, sentença ou boa doutrina para a direcção das acções moraes. *Sententia, æ:* — maxima; idéa, intenção, designio, principio adoptado para obrar, regra de proceder. *Consilium, designatio, propositum:* — *(mus.)* maxima; a primeira nota precéde á longa. *Nota maxima.*

MAXIMAMENTE. *adv. m.* Maximamente, principalmente. *Potissimùm.*

MÁXIME. *adv. m. (fam.)* Maximè, sobretudo, principalmente. *Maximè.*

MAXIMIANISTAS. *m. pl. (rel.)* Maximianistas; nome dos donatistas, sectarios de Maximiano.

MAXIMILIANA. *f. (bot.)* Maximiliana; genero de plantas da familia das palmeiras.

MÁXIMO, MA. *adj. sup.* Maximo, summo, o maior. *Maximus, a, um.* *Circulo máximo (astr.)* V. *Circulo.*

MAXMORDON. *adj. (ant.)* Bronco, boçal, estupido, grosseiro, rustico, de genio acanhado e curto.

MAYA. *f.* Margarita; herva perenne que produz flores brancas e encarnadas. V. *Margarita.* *Bellis, is:* — maia, rainha de maio; menina enfei-

Mayor. *m.* Superior ou chefe de uma communidade ou corporação. *Præfectus, i:* — official maior de secretaria ou de alguma outra repartição. *Primus, prior:*—*(ant.)* caudilho, capitão, chefe, cabo de guerra. *Dux, cis:* — maior, mór; o que excede a outra cousa em grandeza, qualidade ou quantidade. *Major, oris:*—*pl.* maiores, avós, ascendentes, progenitores, avoengos. *Majores, avi, proavi:* —*pl.* maiores, antepassados, avós, avoengos, passados; os predecessores sejam ou não progenitores de quem falla. *Majores:* — maiores; as tres ordens sacras, que são o subdiaconado, o diaconado e o presbyterado:—*o mayor de edad;* maior ou de maioridade; pessoa que tem a idade prescripta pelas leis para poder usar do seu direito e emancipar-se. *Ætate major:* —*de la corte (ant.);* grande do reino: — *de la gente goda;* principal dos grandes da nação. *Levantarse o subirse a mayores (fr.);* ensoberbecer-se alguem, elevar-se mais do que lhe compete. *Superbiùs se efferre. Por mayor (loc. adv.);* por maior, por alto; summariamente, sem especificar as circumstancias. *Summatim:* — em grande, por grosso, por atacado, em quantidade grande: — *(mil.)* major; official com caracter de chefe, que dirige a administração e contabilidade de um regimento: — *general (mil.);* major general; official general encarregado do detalhe das operações de um exercito. *Exercitus instructor. Ferias mayores;* os dias da semana santa.

Mayora. *f.* Mulher do major.

Mayoradgo. *m.* *(ant.)* V. *Mayorazgo.*

Mayoral. *m.* *(ant.)* Maioral; chefe dos pastores ou dos zagaes. *Pastorum primus:* — caleceiro; conductor da caleça ou sege de estrada. *Rhedarius, ii:* — maioral; capataz de uma companhia de segadores. *Messorum ductor:* — maioral; moço que serve de capataz e manda os demais creados que conduzem as recuas de cavalgaduras no transporte do grão. *Primus custos, pastor:* — *(p. Cub.)* maioral; homem branco encarregado do governo e cuidado das fazendas do campo:—*(germ.)* alcaide, corregedor: —*(ant.)* maioral; capitão, general, chefe, pessoa de distincção: — perfeito, chefe, superior. *Moderator, præpositus:* — *mampastor;* administrador dos hospitaes de S. Lazaro. *Præfectus, i.*

Mayoralía. *f.* *(ant.)* Rebanho governado, conduzido por um maioral. *Grex, gis:* — *(ant.)* salario do maioral de um rebanho. *Pastoris merces:* — *reala (ant.);* rebanho formado de gado de differentes donos e que o maioral conduzia em commum.

Mayorana. *f.* Maiorana. V. *Mejorana.*

Mayorar. *a.* *(ant.)* Melhorar. *Præferre, in meliorem sortem deducere.*

Mayorazga. *f.* Morgada; possuidora ou herdeira de morgado: — morgada; mulher do morgado.

Mayorazgar. *a.* Vincular bens para um morgado.

Mayorazgo. *m.* Morgado; bens vinculados. *Majoratus, i:* — morgado; possuidor dos bens vinculados: — morgado; o filho primogenito herdeiro de morgado. *Primogenitus majoratum possidentis:* — *(fam.)* morgado; filho primogenito. *Primogenitus, i:* — *(fig.)* morgado, mina; negocio ou cousa lucrativa: *(for.)* morgado; direito de succeder nos bens vinculados: — *de pura masculinidad;* morgado de masculinidade ou varonia; aquelle em que só succedem varões, que exclue as femeas perpetuamente. *Majoratus nudæ masculinitatis:* — *de femineidad;* morgado de femineidade; em que só succedem as femeas, ou pelo menos são preferidas aos varões.

Mayorazguelo. *m.* *dim.* de *Mayorazgo.* Morgadinho.

Mayorazguista. *m.* *(for.)* Auctor que trata ou escreve sobre a materia dos morgados. *Majoratuum scriptor.*

Mayorazguito. *m.* *dim.* de *Mayorazgo.* Morgadinho.

Mayorcico, ca, llo, lla, to, ta. *adj. dim.* de *Mayor.* Maiorzinho, pouco maior.

Mayordoma. *f.* Mordoma; mulher do mordomo.

Mayordomadgo, Mayordomazgo. *m.* *(ant.)* V. *Mayordomía.*

Mayordombre. *m.* *(ant. p. Ar.)* V. *Prohombre.*

Mayordombría. *f.* *(ant. p. Ar.)* Prefeitura de um collegio. *Collegii præfectura.*

Mayordomear. *a.* *(ant.)* Mordomar ou mordomear; administrar, reger como mordomo. *Administrare.*

Mayordomía. *f.* Mordomia, mordomado; officio de mordomo. *Administratio, onis:* — mordomia; escriptorio do mordomo:—*(ant.)* V. *Préstamo.*

Mayordomo. *m.* Mordomo; administrador dos bens de uma casa nobre, rica. *Minister, præbitor:* — mordomo de irmandade; o que administra as cousas d'ella e os apparatos das festas. *Administer, œconomus:* — *(germ.)* ladrão que cuida das provisões para a sua quadrilha: — *de estado;* mordomo da casa real. *Minister, præbitor regius:* — *de fábrica;* mordomo da igreja; procurador dos negocios temporaes da igreja, da sua fabrica e obras. *Sacrarum ædium ædilis earumque redituum exactor:* — *de semana;* mordomo de semana; official que na casa real serve na semana que lhe toca, debaixo das ordens do mordomo mór, substituindo-o na sua ausencia. *A regii palatii magistro secundus:* — *mayor;* mordomo mór; official superior da casa real, que governa todas as pessoas do serviço do paço. *Regii palatii minister, œconomus:* — *de propios;* administrador da fazenda ou proprios de um concelho. *Oppidi honorum administer:* — *de estrado;* mordomo que no palacio real cuidava da mesa do gentil-homem que estava de semana: — *de la artillería (mil. ant.)*; encarregado de todos os petrechos e munições da arma de artilheria.

Mayoría. *f.* Melhoria; superioridade ou excellencia comparativa de uma cousa. *Præstantia, excellentia:* — maioridade; idade regulada e fixada pela lei para uma pessoa poder eximir-se da sujeição de seu pae ou tutor. *Legitima, potens sui regendi ac gerendi ætas:* — maioria; o maior numero de cidadãos ou de membros de uma corporação, etc.: — maioria; pluralidade dos votantes e dos suffragios n'uma assembléa, n'um corpo politico: — maioria; partido que n'uma assembléa politica reune ordinariamente maior numero de suffragios: — *absoluta;* maioria absoluta; a metade e mais um do numero de votantes: — *relativa,* maioria relativa; a que se forma da superioridade do numero de votos obtidos por um dos concorrentes: — *(mil.)* majoria; cargo, posto, emprego de major.

Mayoridad. *f.* V. *Mayoría,* na primeira accepção.

Mayorino. *m. (ant.)* V. *Merino. Judex, prætor.*

Mayorista. *m.* Estudante de primeira classe, no curso da grammatica. *Suprema grammatices classis scholaris.*

Mayormente. *adv. m.* Maiormente, mórmente, principalmente. *Præsertim.*

Mayormientre. *adv. m. (ant.)* V. *Mayormente. Præcipuè, præsertim.*

Mayuelo. *m. (ant.)* V. *Majuelo. Plantar mal mayuelo (fr. ant.);* fazer alguma acção ou obra má.

Mayúscula. *f.* V. *Letra mayúscula.*

Maza. *f. (mil.)* Maça, clava; arma de pau guarnecida de ferro ou toda de ferro, mais grossa n'uma das extremidades, usada antigamente. *Clava, æ:* — maça; insignia que os maceiros levam adiante dos reis ou governadores; e tambem a que nas universidades, cidades e outros corpos é conduzida pelo bedel, em certas funcções academicas ou em actos publicos. *Clava, æ:* — maça; instrumento de pau para bater o linho. *Pistillum, i:* — maço ou machina com que se cravam estacas. *Festuca, æ:* — cepo ou tronco a que se prendem os macacos para não fugirem. *Truncus, cippus:* — rabo ou rabo leva; pedaço de papel, trapo ou outra cousa que por zombaria se prega no fato das pessoas, no carnaval. *Cauda artificialis:* — maça; extremidade mais grossa dos tacos com que se joga o bilhar: — *(fig.)* maçador, matador; homem enfadonho e importuno na conversação: — *(ant.)* cubo de uma roda. *Rotæ modiolus:* — especiaria, droga: — *sorda.* V. *Espadaña:* — *de fraga.* V. *Martinete,* machina de cravar estacas. *La maza y la mona (fr. fam.);* a corda e o caldeirão; diz-se de duas pessoas que andam sempre juntas. *Perca sequens sepiam.*

Mazacote. *m.* Sumo da gramata. *Ex kali succus:* — argamassa composta de cal e areia, cascalho e agua, para os alicerces dos edificios, etc. *Cæmentum, i:* — *(fig.)* betume, argamassa; manjar ou cousa de massa que está secca, dura e pegajosa. *Massa, offa durior:* — homem maçador, enfadonho, importuno, molesto. *Molestus:* — V. *Antimonio;* usa-se em algumas partes do Perú.

Mazada. *f.* Maçada; golpe de maça ou maço. *Clavæ, festucæ ictus. Dar mazada á uno (fr.);* dar maçada, maçar alguem; causar-lhe damno ou prejuizo. *Damnum, molestiam afferre.*

Mazagatos. *m.* Usa-se n'esta phrase provincial: *Andar o haber la de mazagatos,* haver muito barulho, ruido, motim, desordem. *Maxima riza, contentio.*

Mazamorra. *f.* Papas de maiz ou comida feita da farinha d'este grão com mel e assucar, muito em uso no Perú, principalmente para alimento da gente pobre. *Farina ex indico frumento saccharo aut melle condita:* — maçamorda; restos, migalhas de biscouto ou de bolacha de embarque. *Ex biscocto marino residuum:* — sopa dos restos de biscoito que se dá aos marinheiros. *Marinum biscoctum tritum:* — *(fig.)* cousa esmigalhada ou feita em pedaços. *Ex quaque re trita aut comminuta vile opsonium:* — *(fig.)* trapalhada; discurso ou locução de idéas incoherentes.

Mazana. *f. (ant.)* V. *Manzana.*

Mazanar. *m. (ant.)* Mazanaria. V. *Manzanar.*

Mazaneda. *f. (ant.)* V. *Manzano.*

Mazaneta. *f.* Maçaneta, ornato em fórma de maçã que se punha nas joias ou adereços.

Mazapan. *m.* Maçapão; massa feita de amendoas pisadas com assucar e outros ingredientes. *Amigdalinos, panis, marcipanis.*

Mazar. *a. (prov.)* Bater, agitar o leite para fazer manteiga: — bater, golpear a carne para se preparar depois ao lume. V. *Amasar:* — maçar; matar com maça.

Mazarí. *m. (ant.)* V. *Ladrillo.*

Mazarico. *m. (prov.)* Maçarico. V. *Alcion.*

Mazato. *m. (p. A. Mer.)* Maiz pisado e ensacado para levar nas jornadas.

Mazeador, ra. *s.* Maçador; o que bate ou dá golpes com maça ou maço.

Mazear. *a.* Maçar; dar golpes com a maça ou maço: — *n. (fig.)* maçar; porfiar, repetindo uma cousa muitas vezes: — *(equit.)* coxear o cavallo de uma maneira quasi imperceptivel.

Mazero. *m.* Maceiro, bedel; official que leva a maça em alguns actos publicos ou em certas funcções academicas.

Mazeta. *f.* Vaso para semear ou plantar flores: — pé de metal para ramalhetes de flores artificiaes, nos altares e em outros sitios: — ramalhete ou grupo que formam naturalmente as flores de algumas plantas e o fructo de algumas arvores: — *(art.)* cabo de alguns instrumentos de artes e officios: — V. *Maza*, nos tacos de bilhar: — *(vet.)* extremo do espinhaço do carneiro, que termina na cauda.

Mazetéar. *a. (art.)* Bater, maçar as pelles para as estirar, nas fabricas de cortumes.

Mazico, llo, to. *m. dim.* de *Mazo.* Macinho, maçosinho.

Mazizamente. *adv. m.* Massiçamente; com solidez, de um modo massiço.

Mazizar. *a.* Tornar ou fazer massiço, encher, fechar solidamente algum buraco ou espaço: — *(fig.)* corroborar, reforçar; confirmar com rasões convincentes um dito, proposição ou argumento.

Mazizez. *f.* Solidez; qualidade do que é massiço.

Mazizo, za. *adj.* Massiço, solido, forte, denso, firme, cheio por dentro, sem espaços, que tem solidez: — *(fig.)* corroborante, solido, bem fundado: — *m. (arch.)* massiço; parte da parede que está entre dois vãos.

Mazmorra. *f.* Masmorra, ergastulo; prisão escura e subterranea. *Ergastulum, i:* — masmorra ou matamorra; celleiro subterraneo. N'estes logares mettiam os mouros os cereaes e encerravam os captivos.

Maznar. *a. (ant.)* Amassar; esmagar, amollecer com as mãos. *Subigere manu:* — *(ant.)* malhar, bater o ferro quando está quente. *Ferrum contundere.*

Mazo. *m.* Maço, malho; instrumento de pau com duas cabeças, á maneira de martello grande. *Ligneus malleus:* — maço; certa porção de mercadorias ou outras cousas juntas e atadas n'um mólho. *Manipulus, i:* — maço, malho para dar na bola no jogo d'este nome: — maço; vaza no jogo da primeira, em que concorrem o seis, o sete e o az do mesmo naipe, que vale cincoenta e cinco pontos. *Chartarum sors ita dicta:* — *(fig.)* maçador; homem enfadonho, molesto, importuno, fastidioso. *Molestus, gravis:* — *(ant.)* maça, cachamorra, pau nodoso: — *rodero;* maço rodeiro; grande malho de pau que se usa para as construcções navaes, para maçar os cabos, e outras fainas de bordo. *Grandis malleus:* — martello; instrumento de madeira com a cabeça forrada de camurça, a qual é destinada a ferir as cordas dos pianos: — maço; instrumento com que os livreiros abatem o papel: — *(bot.)* mazo; genero de plantas da familia das escrofularineas.

Mazonado, da. *adj. (br.)* Diz-se da figura que representa ou mostra no escudo a pedra, a cal, as juntas de uma torre ou castello, etc. *Quadratis lapidibus distinctus.*

Mazonadura. *f. (ant.)* Maçadura; acção de maçar, de malhar. *Adactio, onis.*

Mazonar. *a. (ant.)* V. *Mazear.*

Mazonería. *f.* Alvenaria; obra de pedreiro, obra de pedra e cal. *Opus calce et lapidibus extructum:* — *(ant.)* bordado de oiro e prata em relevo. *Phrygium opus auro argentoque intertextum:* — *(ant.)* designação collectiva das alfaias ou peças diversas de oiro ou prata para serviço das igrejas. *Templorum aurea argenteave supellex:* — obra de relevo, especialmente em metal e feita a martello. *Anaglyphum, i.*

Mazorca. *f.* V. *Husada:* — *(bot.)* maçaroca; especie de espiga em que se criam alguns fructos mui juntos, como succede ao milho. V. *Panoja. Spica mays et similium.*

Mazorra. *f.* Maço grande de pau.

Mazorral. *adj.* Maçorral, rude, grosseiro, aspero. *Rudis, rusticus:* — *m.* V. *Fárrago.*

Mazorralmente. *adv. m.* Maçorralmente, grosseiramente, rusticamente. *Rusticè.*

Mazuelo. *m. (ant.)* Especie de mão de gral ou almofariz.

Mazurca. *f.* Mazurka; dansa polaca, introduzida em quasi todas as nações.

Me. Me; caso irregular do pronome *yo*, que serve para dativo e accusativo, e que se usa anteposto e posposto aos verbos.

Mea. *f. (fam.)* Mija; palavra com que a creança explica que quer urinar e usa-se n'esta locução: *pedir la mea;* pedir a mija: — *culpa;* mea culpa; expressão latina que significa por falta ou por culpa minha. *Decir el mea culpa (fr. fam.);* arrepender-se, confessar a sua falta.

Meada. *f.* Mijada, mija, mijadura, mijadella; porção de urina que se expelle de uma vez. *Urina, mictus:* — mija, mijadella; signal que fica no sitio onde alguem ou algum animal mijou. *Mictus, i.*

Meadad. *f. (ant.)* Meadade. V. *Mitad.*

Meadero. *m.* Mijadeiro; logar destinado para se urinar. *Urinalis locus.*

Meadia. *f. (bot.)* V. *Dodecution.*

Meados, *m. pl.* V. *Orines.*

Meadura. *f.* V. *Chorrito.*

Meaja. *f.* Mealha ou pogeja; moeda de cobre que valia meio seitil. *Mina, æ:* — certo direito que os juizes exigiam das partes nas execuções. *Judicis ex litigatore merces ita dicta:* — migalha, cousa pequena: — *de huevo;* galladura do ovo. V. *Galladura.*

Meajal. *adj. (ant.)* Mealhal; pertencente á moeda chamada mealha.

Meajilla, ta. *f. dim.* de *Meaja*

Meajuela. *f. dim.* de *Meaja.* — peças do bocado do freio que fazem salivar o cavallo. *In frenis pendulæ particulæ.*

Meandrina. *f. (zool.)* Meandrina; genero de polypos enthozoarios.

Mear. *n.* Mijar. V. *Orinar.* Usa-se tambem como activo: — *la pajuela á alguno (fr. fam.);* levar a palma a alguem; vence-lo, sobrepuja-lo em alguma cousa. *Mear claro y dos hijas para el medico (rif.);* mijar claro, e dar uma figa ao medico.

Mearrada. *f. (fam.)* V. *Meada.*

Meatad, Meatade, Meatat. *f. (ant.)* V. *Mitat.*

Meato. *m. (anat.)* Meato, conducto, passagem, canal do corpo.

Meaya. *f. (ant.)* V. *Migaja:* — V. *Meaja*, moeda antiga.

Mebórea. *f. (bot.)* Meborea; genero de plantas da familia das euphorbiaceas.

Mecánica. *f.* Mecanica ou mechanica; parte das mathematicas que versa sobre as leis do movimento, equilibrio e forças motrizes ou moventes. *Mecanica, machinaria ars:*—*(fam.)* minucia, ninharia, bagatella; cousa ruim e desprezivel. *Res parvi, nihili:*—*(fam.)* mechanica; acção vil, ignobil e indecorosa. *Sordes, is:*—*(mil.)* regimen economico da tropa, detalhe dos interesses dos soldados. *Militum rei familiaris privata administratio.*

Mecanicamente. *adv. m.* Mechanicamente; de um modo mechanico.

Mecánico. *m.* Mecanico; professor de mechanica, homem habil e versado em mechanica. *Machinariæ artis peritus:*—*adj.* mechanico; pertencente á mechanica. *Ad ingenia et machinas pertinens:* — mechanico; diz-se das artes que dependem principalmente do trabalho manual. *Mercenarius, illiberalis:* — mechanico, ignobil, indecoroso, vil, abjecto. *Sordidus, illiberalis. Artes mecánicas;* artes mechanicas. *Movimientos mecánicos;* movimentos mechanicos ou machinaes; movimentos em que não entra a intelligencia. *Parte mecánica;* parte mechanica; parte pratica de uma arte liberal.

Mecaniquez. *f. (ant.)* Desprezo que antigamente se dava ao trabalho manual, ás artes mechanicas.

Mecanismo. *m.* Mechanismo; estructura de um corpo segundo as leis da mechanica. *Structura, æ:* — mechanismo; modo de obrar uma cousa mechanica: —*(fig.)* mechanismo; estructura material da linguagem, do verso, etc.

Mecapal. *m. (p. Mex.)* Chamguiço usado pelos moços de frete.

Mecate. *m. (p. Mex.)* Cordel de pita.

Mecedero. *m.* V. *Mecedor.*

Mecedor, ra. *s.* Mechedor ou mexedor; o que mexe. *Incunabula versans, factans:* — mexedor; instrumento para mexer o vinho na cuba, o sabão na caldeira e outras cousas identicas. *Rutabulum, i:* — V. *Columpio.*

Mecedura. *f.* Mexedura; acção de mexer alguma cousa. *Jactatio, versatio.*

Mecenas. *m.* Mecenas; protector das artes, lettras e sciencias e dos sabios e eruditos que as cultivam. *Mæcenas:* — homem poderoso, servido por outro.

Mecer. *a.* Mexer; mover, agitar compassadamente para uma e outra parte sem mudar de logar, como quando se embala uma creança no berço. Usa-se tambem como reciproco. *Motare, agitare:* — mexer; menear, mover um liquido de uma parte para a outra para se misturar ou encorporar. *Agitare, miscere: (p. Ast.)* V. *Ordeñar.*

Mecinopo. *m. (zool.)* Mecinopo *(pé comprido)*; genero de insectos coleopteros sub-pentameros, da familia dos longicornes.

Meco. *m. (Mex.)* Indio selvagem.

Mecocero. *m. (zool.)* Mecocero; *(antenna comprida)*; genero de insectos coleopteros pentameros, da familia dos curculionidos.

Mecómetro. *m. (cir.)* Mecometro; instrumento que serve especialmente para medir o comprimento do feto.

Mecon. *m. (bot.)* V. *Adormidera.*

Meconato. *m. (chim.)* Meconato; sal que resulta da combinação do acido meconico com as bases salificaveis.

Meconela. *f. (bot.)* Meconella; genero de plantas da familia das papaveraceas.

Mecónico. *adj. (chim.)* Meconico; diz-se de um acido muito soluvel, que se descobriu no opio.

Meconina. *f. (chim.)* Meconina; substancia crystallina particular que se extrahe do opio.

Meconio. *m.* Meconio. V. *Alhore:*—*(pharm.)* meconio; succo que se extrahe da dormideira. *Meconium, ii.*

Meconitas. *f. pl. (zool.)* Meconitas; animaes fosseis, de fórma globulosa, e do tamanho de um grão de dormideira.

Mecopoda. *f. (zool.)* Mecopoda *(pata comprida)*; genero de insectos orthopteros, da familia dos locustios.

Mecha. *f.* Mecha; torcida, pavio, de candieiro, de véla: mecha, isca; materia preparada em que pega o fogo facilmente, etc. *Ellychnium, ii:* — mecha; fios torcidos que se mettem nas feridas ou chagas para suppurar e não se fecharem tão facilmente. *Linamentum, i:* — mecha, murrão; pedaço de corda desfiado na ponta e molhado em breu ou outra materia inflammavel com que se dá fogo ás peças, aos arcabuzes de mecha e outras armas. *Ignarius restis:* — mecha, lardo; tirinha de toucinho para lardear. *Suillus peniculus:* — mecha, floco; porção de cabellos, de fibras ou de fios separados dos outros. *Floccus peniculus:* — mecha; espiga de uma tábua para encaixar n'outra: — *(ant.)* mecha; talo de herva purgante: — *(naut.)* mecha; peça principal sobre que se formam os mastros, que depois se fortifica com as chumeas. *A largar la mecha (fr. fam.)*; augmentar a paga. *Mercedem adaugere:*—retardar, delongar, demorar um negocio ou dependencia voluntariamente para algum fim particular. *Ducere in longum. Aguantar la mecha (fr.)*; aguentar a mexa, soffrer contrariedade ou trabalho penoso. *Hablar de mecha;* cassoar, mangar, fazer mangação.

Mechar. *a.* Lardear; introduzir lardos ou tirinhas de toucinho na carne das aves ou em outras viandas. *Suillis peniculis transfigere.*

Mechera. *f.* Lardeadeira; agulha de lardear. *Veruculum, i:* — *(naut.)* V. *Guardamecha.*

Mechero. *m.* Mecheiro; canudo do bico do candieiro, por onde se mette a torcida. *Lychni rostrum*:—tubo dos lustres e castiçaes onde se mette a véla. *Candelabris tubus*: —*(naut.)* V. *Guardamecha.*

Mechificar. *a.* Escarnecer, apupar alguem.

Mechinal. *m.* Agulheiro; buraco que se deixa nas paredes para se metterem os paus que sustentam os andaimes. *Cavus in muro relictus*: — *(fig. fam.)* quarto pequeno.

Mechita. *f. dim.* de *Mecha.* Mechasinha.

Mechoacan. *m. (bot.)* Mechoacão, ruibarbo branco; especie de plantas, cuja raiz branca e leitosa é empregada como purgante.

Mechon. *m. augm.* de *Mecha*: — torcida de cabellos. *Capillorum flocus*: — tufo de lã. *Flocci lanei glomerati.*

Mechoncillo. *m. dim.* de *Mechon.*

Mechoso, sa. *adj.* Que forma torcida ou que tem muitas torcidas. *Flaccosus, a, um.*

Mechusa. *f. (germ.)* Cabeça.

Mechuza. *f. (fam.)* Dinheiro.

Meda. *f. (p. Gal.)* V. *Hacina.*

Medalla. *f. (num.)* Medalha, numisma; peça de metal, de ordinario redonda, em que se estampa representação de pessoa ou de successo. *Numisma, æ. Estudio de las medallas*; estudo das medalhas. V. *Numismática*: — *(esc.)* medalha; peça de marmore, metal ou madeira, redonda ou oval, que tem esculpida alguma figura em meio relevo. *Numisma, anaglypha*: — *(fam.)* V. *Doblon de a ocho. El reverso de la medalla (fr. fig.)*; o reverso da medalha, a medalha do avesso; pessoa ou negocio representado pelo lado desfavoravel. *Medallas consulares (hist.)*; medalhas consulares; medalhas cunhadas no tempo de Mario, de Julio Cesar, e sobretudo na epocha do triumvirato.

Medallon. *m. augm.* de *Medalla.* Medalhão; medalha grande: — medalhão; caixa pequena de oiro ou outro metal, para metter um retrato ou outras cousas, e cuja tampa é commummente de vidro: —*(arch.)* medalhão ou medalha; lavor ou baixo relevo de figura redonda ou oval, que serve de ornato a edificios. *Majoris modi numisma.*

Médano. *m.* V. *Mégano.*

Medaño. *m.* V. *Mégano.*

Medar. *a. (p. Gal.)* V. *Hacinar.*

Medda. *f. (philol.)* Medda; signal, parecido com o accento circumflexo dos gregos, que se põe nas palavras arabes.

Meddi. *m. (metrol.)* Meddi; medida de capacidade usada no Alto Egypto, particularmente para vender alumen.

Medea. *f. (zool.)* Medéa; genero de acalephos da familia dos beroideos.

Medero. *m. (p. Gal.)* Méda de feixes de vides. *Sarmentorum strues, acervus.*

Media. *f.* Meia; parte da vestidura que cobre o pé e perna, feita de ponto de malha, de lã, linho, algodão ou seda, mais usado no plural, em portuguez: — meia fanga; medida: — *(ant.)* meio. V. *Mitad*: — *de arrugar;* meia de enrugar; meia comprida e estreita que se usava antigamente como luxo e se calçava de maneira que fizesse rugas. *Tibiale in rugas complicatum*:—*con limpio;* expressão que se usava em Madrid, quando alguma pessoa fazia ajuste em certas pousadas, para que lhe dessem sómente meia cama, e por companheiro alguem que fosse limpo e sem molestias. *Lectum cum socio mundo*: — *proporcional (math.);* media proporcional; quantidade que em uma proporção continua serve de consequente ao primeiro termo, e de antecedente ao segundo. *Media proportionalis.*

Mediacaña. *f. (arch.)* Meia-cana; moldura concava, cujo perfil é quasi sempre um semicirculo ou pouco menos. *Canaliculus, i*:—*(art.)* meia-cana; moldura, friso concavo. *Lignea tænia canaliculata*: — meia cana, goiva. *Scalprum canaliculatum*: — *(art.)* meia-cana; lima ou grosa, liza de um lado e arredondada do outro. *Lima canaliculata*:—frisador; ferro de frisar o cabello. *Calamistrum canaliculatum*: — *(ant.)* meia cana; peça acanalada da armadura, destinada a cobrir a parte anterior da perna desde a verilha até ao joelho.

Mediacion. *f.* Mediação; acção e effeito de mediar. *Interpositio, onis. Acta de mediacion (hist.);* acta de mediação; acta pela qual foi organisada a Suissa no dia 20 de fevereiro de 1803, constituindo uma confederação composta de dezoito cantões, e regida por uma dieta nacional.

Mediado, da. *adj. (ant.)* Diz-se do que se acha em metade da sua vida: — *m. pl.* meiado; a metade de um tempo determinado, como: *a mediados de enero,* etc.; no meiado, pelo meiado de janeiro. *Mediados gallos (loc. adv. ant.);* ao cantar dos gallos; ao amanhecer, ao romper do dia.

Mediador, ra. *s.* Mediador, medianeiro; pessoa que interpõe a sua mediação: — arbitro:—mediador, medianeiro, intercessor: — *(hist.)* mediador; ministro de estado que, em tempo dos imperadores de Constantinopla, tinha a seu cargo o governo interior do palacio.

Median. *m.* Median; moeda aurea da Berberia, do valor de cincoenta apres.

Mediana. *f.* Assem; carne da espadua que está immediata á agulha e pescoço da rez. *Caro inter costas et collum*: — meiado; diz-se do pão de qualidade intermedia entre o pão fino e o de rala. Chama-se *pan de mediana,* em castelhano. *Secundus, secundarius panis*: — *(agr.)* V. *Barzon.*

Medianamente. *adv. m.* Medianamente, mediocremente; *Mediocriter*: — mediocremente; assim, assim, não muito bem.

Medianedo. *m. (ant.)* Linha em que se põe a linda ou marco divisorio de algum terreno ou campo.

Medianería. *f.* Divisoria, parede meia; a parede que é commum a duas casas contiguas: — *(ant.)* V. *Mediania. Por medianería (loc. adv. ant.)*; por meio, pelo meio. *Per, propter. Pozo de medianería;* poço de meias, que pertence a dois senhores.

Medianero, ra. *adj.* Medianeiro; que interpõe a sua mediação, que intercede por alguem. *Deprecator, deprecatorix:* — *(ant.)* mediano; dizia-se da pessoa de mediocre posição e fortuna. *Mediocris, mediocri fortuna fruens:* — medio, intermedio; diz-se da cousa que medeia entre duas outras. *Medius, intermedius:* — *(ant.)* V. *Medio:* — *(ant.)* V. *Mediano:* — *m.* o dono de uma casa contigua a outra. *Muri cum aliis communis dominus. Pared medianera.* V. *Pared.*

Medianeza. *f. (ant.)* V. *Mediania. Mediocritas, atis.*

Medianía. *f.* Mediania, mediocridade; estado medio de grandeza, bondade, etc. de uma cousa. *Mediocritas, moderatio:* — mediania, mediocridade; estado medio entre a abundancia e a pobreza: — mediania, moderação; temperança, comedimento na execução de alguma cousa, evitando os extremos: — meio; ponto medio de uma cousa.

Medianidad. *f.* V. *Mediania.*

Mediànil. *m. (agr.)* Parte de um terreno aravel que está entre a baixa ou sulco e o camalhão ou leiva.

Medianista. *m.* Estudante da quarta classe da grammatica. *Quartæ classis scholaris grammaticus.*

Mediano, na. *adj.* Mediano, mediocre, meão; entre o grande e o pequeno, entre o bom e o mau. *Mediocris, e:* — *m. pl.* quarta classe da grammatica. *Grammaticæ quarta classis.*

Mediante. *adj.* Mediante; que medeia. *Medius interveniens:* — *adv. m.* mediante; por meio de, em attenção, por via de. *Gratia, opera:* — *adv. m.* mediante, com a ajuda de, *v. g.: mediante Dios*, mediante, com a ajuda de Deus, se Deus quizer. *Mediante usted, lo conseguiremos;* mediante vós, por meio de vós, consegui-lo-hemos.

Mediar. *n.* Mediar; ser medianeiro ou mediador. *Intercedere, interloqui:* — mediar, intervir, metter-se de permeio, entre dois ou mais pendenciadores para os apartar e reconciliar. *Intercedere:* — mediar; estar no meio de duas cousas. *In medio esse vel situm esse:* — *a. (ant.)* tomar um termo medio entre dois extremos: — tomar a metade ou fazer a metade de alguma cousa: — chegar a metade de alguma cousa, real ou figuradamente. *Medium attingere.*

Mediastinitis. *f. (med.)* Mediastinitis ou mediastinite; inflammação do mediastino.

Mediastino. *m. (anat.)* Mediastino; septo ou tabique membranoso formado pela união das duas pleuras, que divide o peito em duas partes: — *del escroto;* mediastino do escroto; membrana formada pela união de ambos os dartos: — *adj. (anat.)* mediastino; diz-se do que pertence ao orgão do mesmo nome: — *(bot.)* mediastino; divisão transversal muito delgada, que nas plantas cruciferas separa o fructo em duas partes.

Mediatamentè. *adv. l.* e *t.* Mediatamente; por meio de outra pessoa ou cousa intermediaria. *Mediatè.*

Mediato, ta. *adj.* Mediato; diz-se do que medeia, que tem relação com outra cousa por um intermediario. *Mediatus, a, um.*

Mediator. *m.* Arrenegada; jogo de cartas.

Mediatorista. *s.* O que sabe jogar bem a arrenegada.

Medicable. *adj.* Medicavel, curavel; diz-se do que é susceptivel de cura por meio da medicina. *Medicabilis, le.*

Médicamente. *adv. m.* Medicamente; segundo os preceitos da medicina.

Medicamento. *m.* Medicamento; qualquer remedio interno ou externo que se applica ao doente para lhe restabelecer a saude. *Medicamentum, i.*

Medicamentoso, sa. *adj.* Medicamentoso; diz-se do que tem propriedades curativas.

Medicar. *a. (ant.)* Medicar. V. *Medicinar.*

Medicastro. *m.* Curandeiro, mezinheiro, charlatão; o que se inculca por medico ou entendido em medicina sem ter sciencia alguma. *Medicaster:* — matasanos; medico ignorante e sem experiencia. *Medicaster.*

Mediceo, cea. *adj.* Mediceo; diz-se do que se refere aos Medicis, á sua influencia, ao seu tempo. *Biblioteca mediceo-laurentina;* bibliotheca mediceo-laurentina; celebre bibliotheca fundada em Florença por Lourenço de Medicis. *Planetas mediceos (astron.);* planetas mediceos; nome dado aos satellites de Jupiter por Galileo, cujo protector era um dos Medicis.

Medicina. *f.* Medicina; sciencia que tem por fim prevenir e curar as doenças, especialmente as internas. *Medicina, æ:* — medicina. V. *Medicamento:* — medicina. V. *Terapéutica.*

Medicinable. *adj.* V. *Medicable.*

Medicinal. *adj.* Medicinal; diz-se propriamente do que tem virtude curativa. *Medicinalis, le:* — medicinal; pertencente á medicina. *Medicinalis, le:* — *m. (bot.)* medicinal; genero de plantas da familia das euphorbiaceas.

Medicinante. *adj.* Estudante de medicina, o que cursa esta faculdade.

Medicinar. *a.* Medicinar, medicar; applicar medicamentos, tratar doentes, dirigir o curativo. *Medicari, medi-*

cinam adhibere. Usa-se tambem como reciproco.

Medicion. *f.* Medição; acção de medir.

Médico, ca. *adj.* Medico; diz-se do que respeita á medicina. *Medicus, a, um:* — *m.* medico; homem versado na medicina, que a pratica. *Medicus, i:* — *de apelacion;* medico chamado para as consultas e casos graves. *Medicus in gravi periculo consultus:* — *de cabecera;* medico assistente; o que visita regularmente o enfermo: — *espiritual;* medico espiritual; director, confessor, sacerdote que dirige a consciencia de alguem. *Spiritualis medicus. Médicos de Valencia haldas largas y poca ciencia (rif.);* medicos de Valencia, grandes fraldas, pouca sciencia; não é o habito que faz o monge: — *adj. (hist. ant.)* diz-se do que pertence á Media ou aos medas e tambem aos persas, ás vezes chamados medas. *Guerras médicas;* guerras medicas; as que os persas fizeram aos gregos no seculo v antes de Jesus Christo.

Medida. *f.* Medida; grandeza determinada e conhecida de que nos servimos para medir outras grandezas: — medição; acção de medir. *Mensura, mensio:* — medida; fita da altura da imagem de algum santo, que trazem os devotos d'elle. *Mensura, vitta mensuralis:* — medida; proporção ou correspondencia de uma cousa com outra, e assim se diz que *se paga el jornal a medida del trabajo;* paga-se o jornal á medida do trabalho: — medida, disposição, prevenção. *Modus, proportio, ratio:* — *(fig.)* medida, juizo, cordura, prudencia, e assim se diz: *habló con medida;* fallou com medida, com acerto. *Modus, ratio. A medida del deseo (loc. adv.);* á medida do desejo; conforme o que se desejava. *Ex sententia, ex voto. A medida ó a sabor de su paladar (loc. adv.);* á medida do seu gosto. *Ad gratiam vel voluntatem alicujus quæ ad ejus palatum faciunt, suggerere, evenire. Desconcertársele a uno las medidas (fr.);* transtornar-se as medidas, os planos. *Viam præcludi, spem amitti. Llenar o enchir las medidas (fr. fig.);* encher as medidas; desempenhar, corresponder satisfactoriamente aos desejos de alguem: dizer a alguem livre e francamente a sua opinião ou sentimentos, sem refolho nem adulação. Em sentido contrario toma-se por adular em excesso. *Par pari referre; ad summum extolere. Tomar a alguno las medidas (fr. fig.);* fazer inteiro juizo de alguem. *Altè callere aliquem vel metiri. Tomar la medida (fr.);* tomar medida; medir a extensão e largura de uma cousa para o acerto de alguma obra, como fazem os alfaiates, sapateiros, pedreiros, etc. *Mensuras notare. Tomar sus medidas (fr. fig.);* tomar as medidas ou as suas medidas; examinar, calcular os meios antes de obrar. *Rationem sibi prefigere res meditari:* — *(art.)* medida; regua metallica graduada, com que os chapelleiros tomam medidas: — medidas; tira de carneira ou de pellica dividida e numerada convenientemente, com que os alfaiates e modistas tomam as medidas dos vestidos: — *(math.)* medida, parte aliquota; certa quantidade ou numero que sendo repetido muitas vezes iguala outra grandeza, a que se refere; v. g., quatro é a medida de vinte repetindo-se cinco vezes. *Dimensio, mensura:* — medida; quantidade geometrica que cabe em outra certo numero de vezes, sobretudo quando não ha restos ou fracções: — *de un ángulo;* medida de um angulo; grandeza do arco que lhe corresponde: — *(metrol.)* medida; quantidade tomada por termo de comparação e que serve para avaliar a grandeza de outras quantidades do mesmo genero. Dividem-se em medidas de extensão, de capacidade, de superficie e de peso: — *(mus.)* medida, compasso, cadencia, tempo: — *(poet.)* medida; cadencia dos versos; o numero dos pés dos versos gregos e latinos, e das syllabas dos hespanhoes e portuguezes.

Medidamente. *adv. m.* Medidamente; com medida, moderação ou de um modo proporcionado. *Ad mensuram, moderatè.*

Medidor, ra. *s.* Medidor; o que mede alguma cousa. *Mensor, metitor:* — *de tierras,* medidor de terras, agrimensor. V. *Agrimensor. Fiel medidor;* medidor; o que em cada povo tem a seu cargo assistir á medição das cousas que pagam direito de exportação. *Æquitatis in mensuris conservator:* — *f. pl. (zool.)* medidoras; nome dado a certas lagartas que em vez de andarem de rastos e fazendo ondulações, avançam salvando distancias de igual comprimento.

Mediero, ra. *adj.* Meeiro, meieiro; fabricante, concertador ou vendedor de meias. *Caligularius, ii:* — *(p. Ar.)* meeiro, meieiro; o que vae de meias com outro na administração de terras ou na creação de gados. *Dimidii sortis socius, consors:* — meeiro, meieiro; o que cultiva uma fazenda ou herdade utilisando-se da metade dos productos e dando a outra metade ao dono.

Medin. *m.* Medin; moeda de Turquia.

Medio, dia. *adj.* Meio; que contém metade de alguma cousa, como: *medio duro;* meio duro ou meia piastra. *Medius, dimidius:* — meio; que não está perfeitamente concluido, como: *medio asado;* meio assado. *Semi:* — medio; que está entre dois ou mais extremos, e é termo divisorio entre o grande e o pequeno, o bom e o mau, o passado e o futuro, etc., como: *la clase media de la sociedad, la edad media, etc.;* a classe media da sociedade, a idade media, etc.: — *m.* meio; parte, ponto igualmente distante dos seus extremos. *Medium, ii:* — meio, expediente; traça, modo para conseguir o intento, para caminhar em um negocio. *Modus, via:* — meio; diligencia ou acção conveniente para conseguir alguma cousa. *Medium, ii:*—V. *Mellizo, Gemelo:* — meio, termo medio; moderação entre os extremos, tanto no physico como no moral. *Medium, ii:* — *adv.* meio, por metade, como: *medio madura;* meio madura: — *pl.* meios, teres, capital, renda ou fazenda que se possue ou gosa. *Facultates, opes. A medias (loc. adv.);* ao meio, por metade, tanto a um como a outro. *Ex æquo vel media parte:*—meio, semi; um pouco, não de todo, como: *dormido a medias, abierto a medias;* meio a dormir, meio aberto, semi aberto, etc. *Atrasado de medios (fr.);* atrazado ou alcançado em meios; diz-se de quem está pobre, e especialmente de quem já teve meios ou bens. *Egestate laborans. Corto de medios (fr.);* falto de meios; o que carece de meios ou pouco tem de seu. *Inops, egenus. De medio a medio (fr.);* de meio a meio, pelo meio; completamente, de alto a baixo. *Echar por en medio (fr. fig.);* tomar algum meio, partido ou resolução extraordinaria para sair de alguma difficuldade. *Lubricam viam audacter arripere. En medio (loc. adv.);* em meio, no meio; em logar igualmente distante dos extremos ou entre duas cousas. *In medio:* no meio, não obstante, sem embargo, como: *en medio de eso;* no meio d'isso, não obstante isso. *Hoc non obstante, verumtamen, nihilhominus. Las medias;* a metade. *Meterse en medio ó de por medio (fr.);* metter-se de per meio, interpor-se; interceder para conciliar alguma pendencia, para apaziguar alguma rixa ou discordia. *Intercedere, sese interponere. Parir a medias (fr. fig.);* ajudar alguem n'uma empreza difficil, em algum trabalho, suavisando-o. *Æquo nixu laborare. Ponerse de por medio o en medio (fr.);* intervír; mediar entre as partes para as conciliar em alguma questão. *Intercedere, intervenire, componere lites. Quitar de en medio ó del medio (fr.);* desembaraçar-se de alguem, matando-o ou afastando-o para longe. *Tolere de medio. Tomar el medio ó los medios (fr.);* tomar os meios, as medidas, as providencias; pôr em pratica os meios para conseguir algum fim. *Modis vel viis uti, vel viam aut modum eligere:* — *(philos.)* meio; rasão com que se prova alguma cousa collocada artificiosamente no syllogismo. *Medium logicum. Medio jurásico (geol.);* meio jurasico; o que comprehende terrenos ooliticos intermedios: — *(mus.)* meio; posição entre os extremos, na extensão de uma voz ou de um instrumento equidistante do grave e do agudo: — *tono (mus.)* V. *Semitono. Justo medio (polit.);* justo meio; nome dado a um systema de governo que participa do monarchico puro e do democratico.

Mediocre. *adj.* Mediocre. V. *Mediano.*

Mediocridad. *f.* Mediocridade, mediania; qualidade do que é mediocre, estado de uma cousa entre grande e pequeno, entre bom e mau. *Mediocritas, atis.*

Mediodía. *m.* Meiodia; hora em que o sol se acha no ponto mais alto do seu curso diurno. *Hora meridiana, meridies:* — *(geog.)* meiodia, o sul; parte do mundo opposta ao septentrião. *Australis regio:* — meiodia, a hora de jantar: — sul; vento do meiodia, opposto á tramontana ou vento norte. *Auster, ri. Hacer mediodía (fr.);* tomar refeição ao meio dia, quando se faz jornada. *Ad meridiem in itinere subsistere.*

Mediopaño. *m.* Meio panno; tecido de lã.

Medir. *a.* Medir; examinar, verificar a grandeza ou extensão de alguma cousa, usando para isso de medidas appropriadas. *Metiri:* — medir, examinar o numero e quantidade das syllabas breves ou longas de que deve constar o verso. *Metiri, scandere versus:* — *(fig.)* medir; igualar, comparar, proporcionar alguma cousa immaterial com outras; v. g.: *medir las fuerzas, etc.;* medir as forças. *Metiri, aliquid cum aliquo comparare:* — medir, moderar, v. g.: *medir las acciones, la conducta;* medir, moderar as acções, a conducta: — *r. (fig.)* comedir-se, moderar-se; conter-se em dizer ou executar alguma cousa. *Moderari:* — *r.* medir-se com alguem, competir, entrar em competencia, brigar: — *el suelo;* medir o chão com o corpo; estender-se no chão para descansar ou por motivo de quéda. *Procumbere, solo æquari:* — *a uno con la vista (fr.),* medir alguem com a vista, com os olhos; olhalo attentamente e com insistencia: — *el cuerpo, las costillas ó las espaldas a alguno (fr.);* medir o corpo, as costellas ou o lombo a alguem; zurzi-lo, bater-lhe: — *el tiempo;* medir o tempo; aproveita-lo.

Meditabundo, da. *adj.* Meditabundo, cogitabundo, pensativo; diz-se da pessoa que medita, cogita, reflexiona em silencio.

Meditacion. *f.* Meditação; acção e effeito de meditar. *Meditatio, onis:* — *(rel.)* meditação; oração mental, ou consideração dos mysterios e das grandes verdades da fé. *Sacra meditatio:* — *(litt.)* meditação; diz-se de alguns escriptos compostos sobre assumptos de devoção ou de philosophia, como as meditações de Descartes, de Santa Thereza, etc.

Meditacioncilla. *f. dim.* de *Meditacion.* Breve, curta meditação.

Meditador, ra. *s.* Meditador; o que medita, que é dado

á meditação: — *pl. (phil.)* meditadores; philosophos praticos do principio do seculo XIX, que haviam adoptado o trage oriental, e reduziam a uma percepção meditada o prazer do bello, tanto na natureza como nas artes.

MEDITAR. *a.* Meditar; considerar com attenção, applicar a mente a um objecto ou serie de idéas. *Mente volvere:* — *(rel.)* meditar; fazer a meditação, considerar e discorrer intellectualmente sobre algum mysterio da fé christã ou materia moral, para aproveitamento e fructo espiritual. *Meditari, divina contemplari.*

MEDITERRÁNEO, NEA. *adj.* Mediterraneo; diz-se do que está encerrado entre terras, no meio de duas terras, como: *mar Mediterraneo*, mar Mediterraneo. *Mediterraneus, a, um.*

MEDO, DA. *adj.* Médo; diz-se do que é pertencente á Media: — *s.* méda; o natural da Media, região da Asia: — *m. (philol.)* méda; um dos quatro principaes idiomas do antigo imperio dos persas.

MEDRA. *f.* Medra; augmento, melhora, adiantamento ou progresso de alguma cousa. *Profectus, progressus, incrementum.*

MEDRANZA. *f. (ant.)* Medrança. V. *Medra.*

MEDRAR. *n.* Medrar, crescer, nutrir, ter augmento, os animaes e plantas. *Crescere, progressum facere:* — *(fig.)* medrar; melhorar de fortuna, prosperar.

MEDRASCHIM. *m.* Medraschim; nome que os judeus applicam ás interpretações allegoricas da Sagrada Escriptura.

MEDROS. *m. pl.* Progressos, medrança, adiantamentos. *Incrementa, orum.*

MEDROSAMENTE. *adv. m.* Medrosamente, temerosamente, timoratamente; com medo. *Timidè, meticulosè.*

MEDROSÍA. *f. (ant.)* Medo constante. *Formido, inis.*

MEDROSILLO, LLA. *adj. dim.* de *Medroso.* Medrosinho; um tanto medroso.

MEDROSO, SA. *adj.* Medroso, temeroso, timorato. *Timidus, pusillanimis:* — medonho, pavoroso, horrivel. *Horrendus, formidolosus.*

MEDULA. *f. (anat.)* Medulla, tutano dos ossos; substancia oleosa contida dentro dos ossos dos animaes. *Medulla, æ:* — *espinal (anat.);* medulla espinal ou espinhal; os cordões e polpa nervea que nasce do cerebro e está contida no canal vertebral do homem e dos animaes. *Medulla spinalis:* — *(bot.)* medulla; miolo das plantas, que se encontra no tronco das dicotyledoneas, e que occupa o centro das monocotyledoneas. *Medulla, æ:* — *(min.)* medulla; nome dado em geral a muitas substancias de consistencia resvaladiça e terrosa, e de côr branca, que se hão comparado á medulla dos vegetaes: — nó da piçarra: — *(fig.)* medulla; substancia principal de alguma cousa immaterial.

MEDULAR. *adj. (ant.)* Medullar; diz-se do que respeita ou pertence á medulla. *Medullaris, re. Canal medular:* — *(bot.)* canal medullar; cavidade cylindrica e cheia de medulla, que occupa o centro do tronco das plantas dicotyledoneas.

MEDULINA. *f. (chim.)* Medullina; medulla dos vegetaes, particularmente a do sabugueiro e a do helianthо.

MEDULOSO, SA. *adj.* Medulloso; que tem medulla. *Medullosus, a, um.*

MEDUSA. *f. (bot.)* Medusa. V. *Comersonia:* — *(zool.)* medusa; genero de acalephos, typo da familia dos medusarios.

MEDUSARIOS. *m. pl. (zool.)* Medusarios; familia de acalephos.

MEEDADE. *f. (ant.)* V. *Mitad.*

MEESTER. *m. (ant.)* V. *Menester.*

MEETING. *m. (polit.)* Meeting; palavra ingleza que se emprega para designar uma reunião popular, com o objecto de deliberar e discutir sobre um assumpto politico, ou sobre uma questão importante que interessa a nação.

MEFÍTICO, CA. *adj.* Mephitico, infecto, viciado, corrupto, não respiravel, que mata; diz-se particularmente do ar n'estas condições. *Mephiticus, a, um.*

MEGADERMA. *f. (zool.)* Megaderma *(pelle grande);* genero de mammiferos cheiropteros, da familia dos vespertilios.

MEGA-ELECTRÓMETRO. *m. (phys.)* Mega-electrometro; instrumento proprio para conhecer e medir quantidades consideraveis de electricidade.

MEGAGNATO. *m. (zool.)* Megagnatho *(mandibula grande)*, genero de insectos coleopteros tetrameros, da familia dos xylophagos.

MEGAJENIO. *m. (zool.)* Megagenio *(face grande);* genero de insectos coleopteros heteromeros, da familia dos melasomos.

MEGALOCELE. *m. (med.)* Megalocele; augmento de volume no ventre.

MEGALODERO. *m. (zool.)* Megalodero *(pescoço grande);* genero de insectos coleopteros pentameros, da familia dos malacodermes.

MEGALOFONIA. *f. (med.)* Megalophonia; augmento da voz nos doentes.

MEGALOFTALMO. *m. (zool.)* Megalophtalmo *(olho grande);* genero de insectos coleopteros-pentameros, da familia dos malacodermes.

MEGALOGRAFÍA. *f.* Megalographia; nome dado pelos antigos á arte de desenhar e pintar assumptos grandiosos e elevados, como batalhas, amores dos deuses, etc.

MEGALOGRÁFICO, CA. *adj.* Megalographico; diz-se do que se refere á megalographia.

MEGALÓGRAFO. *m.* Megalographo; o que pratica ou exerce a megalographia.

MEGALÓNICE. *m. (zool.)* Megalonyce ou megalonyx *(unha grande);* genero de mammiferos fosseis, da familia dos megatheridos.

Megalopo. *m. (zool.)* Megalopo *(olho grande);* genero de crustaceos decapodas: — megalopo; genero de peixes malacopterygios abdominaes: — megalopo; genero de insectos coleopteros pentameros, da familia dos brachelytros.

Megapolitano, na. *adj.* Megapolitano; pertencente a Megapolis e a seus habitantes: — *s.* megapolitano; o natural de Megapolis.

Megalosplancnia. *f. (med.)* Megalosplanchnia; nome dado aos tumores que se desenvolviam nas visceras abdominaes, e que eram estranhos á prenhez.

Megalosplenia. *f. (med.)* Megalosplenia; augmento de volume do baço, sem dureza.

Megalostilo. *m. (zool.)* Megalostylo *(chicote grande);* genero de insectos coleopteros pentameros, da familia dos carabicos.

Megambre. *m. (ant.)* V. *Verdegambre.*

Megámero. *m. (zool.)* Megamero *(coxa grande);* genero de insectos coleopteros subpentameros, da familia dos eupodas: — megamero; genero de arachnidos da ordem dos acaridos.

Megámetro. *m.* Megametro; instrumento astronomico para determinar as distancias que ha entre os astros, e que em nautica se emprega para fixar as longitudes.

Mégano. *m.* Porção de areia á borda do mar.

Megápoda. *f. (zool.)* Megapoda *(pé grande);* genero de insectos dipteros brachoceros.

Megariano, na. *adj.* Megarense; pertencente á cidade de Megara, e a seus habitantes: — *s.* megarense; o natural de Megara.

Megárico, ca. *adj.* Megarico. V. *Megariano:* — *(phil.)* megarica; diz-se de uma escola de philosophia fundada em Megara por Euclides.

Megarino. *m. (zool.)* Megarhino *(nariz grande);* genero de insectos coleopteros tetrameros, da familia dos curculionidos.

Megascolexo. *m. (zool.)* Megascolexo *(grande lombriga);* genero de annelidos, da familia das lombrigas.

Megascopo. *m. (phys.)* Megascopo; instrumento que serve para ver os objectos em ponto grande e com muita precisão.

Megastaquia. *f. (bot.)* Megastachia; genero de plantas gramminceas monocotyledoneas.

Mege. *m. (ant.)* V. *Médico.*

Mego, ga. *adj.* Meigo, brando, affectuoso, carinhoso, fagueiro, tratavel. *Placidus, mansuetus.*

Megope. *m. (zool.)* Megope *(olho grande);* genero de insectos coleopteros tetrameros, da familia dos curculionidos.

Meiatat. *f. (ant.)* V. *Mitad.*

Meibomina. *f. (anat.)* Meibomina; secreção das glandulas palpebraes.

Meidía. *f. (ant.)* V. *Mediodía.*

Meismo. *pron. pess. (ant.)* V. *Mismo.*

Meisneria. *f. (bot.)* Meisneria; genero de plantas da familia das melastomaceas.

Meistersængers. *m. pl. (litt.)* Meistersængers, isto é, mestres cantores; corporação de poetas e musicos allemães, que substituiram os minnesængers, ou menestreis no fim do seculo xv.

Meitad. *f. (ant.)* V. *Mitad.*

Mejana. *f. (p. Ar.)* Ilhota.

Meje. *m. (ant.)* V. *Médico.*

Mejear. *a. (ant.)* Curar, medicar.

Mejicano, na. *adj.* Mexicano; diz-se do que pertence ao Mexico: — *s.* mexicano; o natural do Mexico.

Mejido. *m.* Gemmada; gemma de ovo batida com agua e assucar. *Ova saccharo subacta commistaque.*

Mejilla. *f.* Face; parte do rosto humano que forma uma proeminencia de cada lado, por baixo dos olhos. *Maxilia, æ.*

Mejillon. *m. (zool.)* Mexilhão; marisco vulgar, comestivel mas pouco saudavel.

Mejisquia. *m. (zool.)* Mejischia *(coixa grande);* genero de insectos coleopteros heteromeros, da familia dos xystrópidos.

Mejor. *adj. (comp.)* Melhor; que é superior em qualidade, natural ou moralmente. *Melior, us:* — *adv. m.* melhor; mais bem, mais justamente. *Melius, commodius:* — *que mejor (fr.);* muito melhor. *Á lo mejor (fr.);* no melhor da festa, quando menos se espera. *Llevar lo mejor (fr.),* levar a melhor; avantajar-se, saír vencedor.

Mejora. *f.* Melhora, medra, melhoria; adiantamento, melhoramento, augmento de alguma cousa. *Boni accessio vel incrementum:* — V. *Puja:* — *(for.)* melhoramento, melhoria, bemfeitoria em edificio, herdade, fazenda, etc.: — *(for.)* interposição de recurso: — vantagem, commodo; o que um pae dá a um ou mais filhos em differença dos outros na partilha: — amplificação.

Mejoramiento. *m.* Melhoramento; acção de melhorar alguma cousa. *Incrementum, profectus.*

Mejorana. *f.* Mangerona, planta.

Mejorar. *a.* Melhorar; mudar para melhor, pessoa ou cousa, fazer melhor o estado, a condição de alguem. *Incrementum dare, in melius mutare:* — V. *Pujar:* — *n.* melhorar; ir cobrando a saude perdida, restabelecer-se da doença. *Melius se habere.* Usa-se tambem como reciproco: — melhorar; ir para melhor o tempo, pôr-se mais ameno e favoravel: — melhorar; mudar para melhor estado, logar, cargo, condição ou posição. *Ampliorem gradum occupare. Mejorado en tercio y quinto (fr. fig.);* melhorado, mui avantajado e preferido a outro. *Præexcellens, entis:* — avantajar, beneficiar por disposição testamentaria a um ou mais dos filhos em prejuizo dos outros. *Filio alicui præcipuè legare vel prætegare:* — *la apelacion (for.);* interpor recurso: — *la ejucucion;* amplificar a sentença ou execução, a pedido da parte, quando esta receia de que os bens do devedor não sejam sufficientes para satisfação de toda a sua responsabilidade.

Mejoría. *f.* Melhoria. V. *Mejora*, na primeira accepção. *Boni accessio vel profectus:* —melhoria, melhora; allivio no estado do doente, progresso para a sua cura. *Morbi remissio, relaxatio:* — melhoria; augmento, progresso, superioridade de uma cousa a respeito de outra. *Por mejoría mi casa dejaría (rif.);* por melhoria minha casa deixaria: — *(for. ant.)* V. *Mejora.*

Mejunje. *m. (fam.)* Mistura, de diversos ingredientes.

Mekhitaristas. *m. pl. (rel.)* Mekhitaristas; sabios monges armenios, estabelecidos na ilhota de S. Lazaro, perto de Veneza.

Melaconisa. *f. (min.)* Melaconisa; nome de um oxydo negro de cobre, que parece ser o resultado da decomposição dos sulphatos e dos carbonatos de cobre.

Melada. *f.* Torrada, fatia de pão tostada ao lume e embebida em mel. *Panis segmentum mellitum:*—*(prov.)* ladrilhos de marmellada ou pedaços de marmellada. *Malorum cydoniorum saccharo conditorum frustum.*

Meladermia. *f. (med.)* Meladermia; côr negra que vem á pelle.

Melado, da. *adj.* Melado; diz-se do que é de côr de mel, regularmente dos cavallos que têem o pello castanho claro. *Mellinus, mellei coloris:* —*(ant.)* melado, doce, mellifluo: — *m. (p. Cub.)* melado; o sumo da canna de assucar proximo a crystallisar-se.

Meladucha. *f. (agr. prov.)* Maçã farinhenta das fronteiras de Aragão e de Castella. *Pomi varietas.*

Meladura. *f. (p. Cub.)* Melado; sumo da canna doce liquido e purificado.

Melagastro. *adj. (zool.)* Melagastro; diz-se do animal que tem o ventre negro.

Melaina. *f.* Melaina; materia colorante negra da tinta dos molluscos cephalopodes: — melaina; pigmento da choroidea e da pelle dos negros.

Melaleuca. *f. (bot.)* Melaleucha *(branco e preto);* genero de plantas da familia das myrtaceas.

Melanagogo, ga. *adj. (med.)* Melanagogo; diz-se do medicamento proprio para purgar a bilis negra.

Melananto, ta. *adj. (bot.)* Melanantho; que tem flores negras.

Melanclorosis. *f. (med.)* Melanchlorosis; ictericia que dá á pelle uma côr amarella denegrida ou esverdinhada.

Melancolía. *f.* Melancolia; bilis negra ou atrabilis. *Atrabilis, is:* — melancolia, hypocondria; tristeza profunda e permanente produzida pela bilis negra, e que faz com que o melancolico viva n'um desgosto e enfado continuo. *Melancholia, mœror.*

Melancólicamente. *adv. m.* Melancolicamente, tristemente; com melancolia, com tristeza.

Melancólico, ca. *adj.* Melancolico; diz-se do que tem relação com a melancolia. *Melancholicus, mœstus:* — melancolico; diz-se do que soffre melancolia. *Melancholicus, a, um:* — melancolico, triste; que causa tristeza, melancolia, como: *tiempo melancólico;* tempo melancolico.

Melancolizar. *a.* Melancolisar, entristecer; causar melancolia a alguem. Usa-se tambem como reciproco. *Mœrore vel tristitia afficere, affligere.*

Melanconio. *m. (bot.)* Melanconio *(pó negro);* genero de cogumelos da familia dos clinosporeos.

Melancránide. *m. (bot.)* Melancranide; genero de plantas da familia das cyperaceas.

Melanda. *f.* Suspiro; doce composto de claras de ovo, assucar e flor de laranja.

Melandria. *f. (zool.)* Melandria *(arvore negra);* genero de insectos coleopteros heteromeros, da familia dos estenelytros.

Melanemo. *m. (med.)* Melanemo; materia negra arrojada pelo vomito e camaras na febre amarella.

Melánico, ca. *adj. (chim.)* Melanico; diz-se de um acido da urina.

Melanios. *m. pl. (zool.)* Melanios; familia de molluscos gasteropodas.

Melanipa. *f. (zool.)* Melanippa; genero de insectos lepidopteros nocturnos, da tribu dos phalenitos.

Melanita. *f. (min.)* Melanita; variedade de granate de côr negra, que se acha entre materias vulcanicas.

Melanocarpo, pa. *adj. (bot.)* Melanocarpo; que dá fructos negros ou pretos.

Melanocéfalo, la. *adj. (zool.)* Malanocephalo; que tem cabeça negra.

Melanoceraso. *m. (bot.)* Melanoceraso; nome antigo da belladona.

Melanocero, ra. *adj. (zool.)* Melanocero; que tem cornos ou antennas negras.

Melanocroita. *f. (min.)* Melanochroita; mineral de côr vermelha violacea que vem da Siberia, e parece ser o resultado da decomposição do chromato de chumbo.

Melanognato, ta. *adj. (zool.)* Melanognato; que tem mandibulas negras.

Melanografita. *f. (min.)* Melanographita; pedra que apresenta desenhos pretos.

Melanope. *adj. (zool.)* Melanope; que tem olhos negros.

Melanóptero, ra. *adj. (zool.)* Melanoptero; que tem azas ou elytros negros.

Melanosis. *f. (med.)* Melanose; tecido negro, homogeneo, um pouco humido, opaco, que, no estado de crueza, tem certa consistencia analoga ás glandulas lymphaticas.

Melanospermo, ma. *adj. (bot.)* Melanospermo; que produz fructos negros.

Melanostola. *f. (zool.)* Melanostola *(vestido negro);* genero de insectos coleopteros heteromeros, da familia dos melasomos.

Melanostomo, ma. *adj. (zool.)* Melanostomo; que tem bôca negra.

Melanoxanto. *m. (zool.)* Melanoxantho *(encarnado e negro)*; genero de insectos coleopteros pentameros da familia dos esternoxos.

Melanoxilo. *m. (bot.)* Melanoxylo *(madeira negra)*; genero de plantas da familia das leguminosas.

Melantáceas. *f. pl. (bot.)* Melanthaceas. V. *Colchicáceas.*

Melantera. *f. (bot.)* Melanthera *(anthera negra)*; genero de plantas da familia das compostas.

Melantesa. *f. (bot.)* Melanthesa *(florescencia negra)*; genero de plantas da familia das euphorbiaceas.

Melantia. *m. (zool.)* Melanthia; genero de insectos lepidopteros nocturnos, da tribu dos phalenidos.

Melantio. *m. (bot.)* Melanthio *(flor negra)*; genero de plantas da familia das melanthaceas.

Melanto. *m. (zool.)* Melantho; genero de insectos coleopteros pentameros, da familia dos esternoxos.

Melanuro, ra. *adj. (zool.)* Melanuro; que tem cauda negra.

Melapia. *f. (agr.)* Melapio; nome de um pero serodio, pequeno e mui doce.

Meláptero, ra. *adj. (zool.)* Melaptero; que tem azas ou barbatanas negras.

Melar. *n.* Melar, mellificar; fazer mel, as abelhas, e depo-lo nos favos. Usa-se tambem como activo. *Mellificare:*—fazer o melado; dar a segunda cozedura ao sumo da canna até que tome a consistencia de mel, nos engenhos de assucar. *Saccharum recoquere:* — *adj.* ribeiro; diz-se do trigo, de espiga rala e grão adocicado. *Triticum æstivum:*—*m.* figo branco. *Ficus, us.*

Melas. *m. (zool.)* Melas; especie de mammiferos do genero gato, que alguns naturalistas consideram como uma variedade do leopardo.

Melasférula. *f.* Garapa; licor que resulta da canna doce esprimida e de que se faz o assucar.

Melasictebia. *f. (med.)* Melasictericia; especie de ictericia em que a pelle tem a côr negra.

Meláside. *m. (zool.)* Melaside ou melasis *(negro)*; genero de insectos coleopteros pentameros, da familia dos sternoxos.

Melasmo. *m. (med.)* Melasmo; especie de echymosis que ataca principalmente as pernas dos velhos.

Melásomos. *m. pl. (zool.)* Melasomos *(corpo negro)*; familia de insectos coleopteros heteromeros.

Melastomáceas. *f. pl. (bot.)* Melastomaceas; familia de plantas dicotyledoneas polypetalas.

Melato. *m. (chim.)* Melato. V. *Melitato.*

Melatonianos. *m. pl. (rel.)* Melatonianos; membros de uma seita fundada por Melaton.

Melatrofia. *f. (med.)* Melatrophia; atrophia de um membro.

Melaxanto. *m. (h. nat.)* Melaxantho; o que é amarello e negro.

Melaza. *f. (p. Murc.)* Melaço, mel do assucar, fezes do mel. *Mellis fœces:*— melado; mel de engenho, de furo ou de barro: — *(fam.)* lambedor; qualquer substancia muito doce e consistente. *Sacchari purgati succus nigricans.*

Melcocha. *f.* Pão de especie, bôlo feito de farinha, mel e especies. *Melcoctum, i.*

Melcochero. *m.* Vendedor ou fabricante de pão de especie. *Melliscocti venditor vel fabricator.*

Meldar. *n. (ant.)* Ir á synagoga, orar segundo o rito judaico.

Meleagridos. *m. pl. (zool.)* Meleagridos; familia de aves da ordem das gallinaceas.

Melecina. *f. (ant.)* V. *Medicina:*—*(ant.)* V. *Lavativa.*

Melecinamiento. *m. (ant.)* V. *Medicamento.*

Melecinar. *a. (ant.)* V. *Medicinar.*

Melek. *m.* Rei nas linguas semiticas.

Melena. *f.* Melena, guedelha; cabello comprido, especialmente o que cáe sobre os olhos. *Capillitium, cœsaries:* —cabello solto, desgrenhado, e assim se diz: *estar en melena*, estar desgrenhado. *Cœsaries, ei:* —juba; coma ou crinas do leão: — pelle macia que se põe na cabeça ao boi debaixo do jugo para se não ferir ou molestar. *Pellis mitis fronti bovis jugo supposita. Traer a la melena (fr.)*; trazer pelos cabellos; obrigar, forçar, constranger alguem a fazer alguma cousa contra sua vontade. *Cogere, per vim adducere:* — *(equit.)* topete; crina do cavallo, que lhe cae da summidade da cabeça sobre a fronte: — *(med.)* melena; vomito negro, evacuação pela bôca de materias inteiramente negras, acompanhada ordinariamente de dejecções da mesma côr.

Melendez. *m. (patr.)* Mendes; filho de Mendo. Hoje é appellido de familia.

Meleno. *m. (fam.)* Lanzudo, rustico, grosseiro.

Melenorrajia. *f. (med.)* Melenorrhagia; vomito de sangue negro.

Melenudo, da. *adj.* Pelludo, cabelludo; diz-se do que tem muitos cabellos compridos, que tem o pello mui basto. *Capillatus, comatus.*

Melera. *f. (agr.)* Molestia que ataca os melões quando chove: — *(bot.)* V. *Buglosa.*

Melero. *m.* Vendedor ou negociante de mel. *Mellarius, ii:* —sitio ou logar onde se guarda o mel. *Mellarium, ii.*

Melga. *f. (agr.)* Camalhão; porção de terra que fica entre dois regos. V. *Caballete,* n'este sentido.

Melgacho. *m. (zool.)* V. *Lija,* peixe.

Melgar. *m.* Luzernal; campo de luzerna, ou terra onde expontaneamente nasce esta planta.

Melgarejo. *m. (art.)* V. *Timonera.*

Meliáceas. *f. pl. (bot.)* Meliaceas; familia de plantas dicotyledoneas polypetalas.

Meliánteas. *f. pl. (bot.)* Meliantheas; familia de plantas do grande grupo das rutaceas, cujo typo é o genero meliantho.

Melianto. *m. (bot.)* Meliantho *(flor de mel);* genero de plantas, typo da familia das meliantheas.

Melica. *f. (bot.)* Melica; genero de plantas da familia das gramineas.

Melicérida. *f. (med.)* Meliceris; especie de tumor enkystado, que contém materia da consistencia e côr do mel.

Melicina. *f. (ant.)* V. *Medicina.*

Melicinar. *a. (ant.)* V. *Medicinar.*

Melicro. *m. (bot.)* Melichro *(doce como o mel);* genero de plantas da familia das epacrideas.

Melifajídeas. *f. pl. (zool.)* Meliphagideas; familia de aves da ordem dos passaros.

Melífero, ra. *adj. (poet.)* Mellifero; diz-se do que traz, tem ou faz mel. *Mellifer, era, erum:—(fig.)* mellifluo, suave, doce, ameno: — *m. pl. (zool.)* melliferos; familia de insectos hymenopteros, entre os quaes figuram as abelhas.

Melificacion. *f.* Mellificação; acção e effeito de mellificar.

Melificado, da. *adj. (ant.)* Mellificado. V. *Melifluo.*

Melificar. *a.* Mellificar; fazerem mel as abelhas ou tira-lo das flores. Usa-se tambem como neutro. *Mellificare.*

Melífico, ca. *adj.* Mellifico ou mellifero; diz-se do que faz ou produz mel.

Melífluamente. *adv. m.* Mellifluamente, docemente; com mellifluidade, com muita suavidade e delicadeza. *Suavissimè, mellifluè.*

Melifluidad. *f.* Mellifluidade, doçura, suavidade. *Dulcedo, suavitas.*

Melífluo, flua. *adj.* Mellifluo; diz-se do que mana ou corre como mel. *Mellifluus, a, um:* — mellifluo, mellifico; que é da natureza do mel. *Mellifluus, a, um:* — *(fig.)* mellifluo; mui doce, suave e terno. *Mellifluus, suavis.*

Melik. *adj.* V. *Melek.*

Melilita. *f. (min.)* Melilitha; especie de argilla compacta, branco-amarella, que se empregava em medicina e era considerada como soporifica.

Meliloto. *m. (bot.)* Meliloto; genero de plantas da familia das leguminosas papilionaceas. V. *Trebol:*— estupido, mentecapto.

Melindre. *m.* Melicia; certa iguaria em que entra mel, farinha e canella: — melindre; doce de farinha, ovos e assucar. *Trayemata delicatula:* — V. *Bocadillo,* significando fita: — melindre; affectada delicadeza no trato, no fallar. *Fastidium delicatulum.*

Melindrear. *n.* Requebrar-se; fazer requebros, melindres, affectar excessiva delicadeza nas acções e nas palavras. *Delicatulè fastidire.*

Melindrero, ra. *adj.* V. *Melindroso.*

Melindrillo. *m. (p. Murc.)* Certa fitinha muito estreita. *Vitta subtilis angustaque.*

Melindrisar. *n.* V. *Melindrear.*

Melindroso, sa. *adj.* Melindroso; diz-se do que affecta demasiada delicadeza no trato. *Delicatus, mollis, fastidiosus.*

Melínide. *m. (bot.)* Melinide; genero de plantas da familia das grammineas.

Meliola. *f. (bot.)* Meliola; genero de cogumelos clinosporcos.

Meliosma. *f. (bot.)* Meliosma *(cheiro de mel);* genero de plantas da familia das meliosmeas.

Melisa. *f. (bot.)* Melissa; genero de plantas da familia das labiadas. V. *Toronjil.*

Melisodera. *f.* Melisodera *(collo de texugo);* genero de insectos coleopteros pentameros, da familia dos carabicos.

Melisodo. *m. (zool.)* Melissodos; genero de insectos hymenopteros da tribu dos apianos.

Melisografia. *f. (h. nat.)* Mellissographia; descripção dos costumes das abelhas.

Melítico, ca. *adj. (chim.)* Melitico; diz-se do que se extrahiu do mel. *Acido melítico;* acido melitico; certo acido organico formado de oxygenio, de carbone e de hydrogenio, em proporções ainda não conhecidas.

Melítide. *m. (bot.)* Melittide ou melittis; genero de plantas da familia das labiadas.

Melito. *m. (pharm.)* Melito; xarope preparado com mel, agua distillada, differentes infusões e cozimentos e succos de plantas: — *(min.)* mellito; melato de alumina hydratado.

Melobesia. *f. (zool.)* Melobesia; genero de polypeiros flexiveis.

Melocacto. *m. (bot.)* Melocacto; genero de plantas da familia das opuntiaceas.

Melocarpo. *m. (bot.)* Melocarpo *(fructo em fórma de maçã);* nome que os antigos davam á aristolochia.

Melocoton. *m.* Melocotão ou maracotão; pecegueiro enxertado em marmeleiro. *Amygdalus persica:* — maracotão; pecego que nasce do enxerto durazio em marmeleiro. *Persicum malum duracinum.*

Melodía *f. (mus.)* Melodia; parte da musica que ensina a formar os sons melodiosos: — melodia; som ou canto suave e continuado que agrada ao ouvido, e que é produzido por uma só voz ou por um só instrumento, que não é concordante, como são os de vento. *Melodia, æ:* — melodia; modulação suave da voz, do canto, suavidade de um instrumento que se toca: — *(fig.)* melodia; suavidade e doçura no fallar.

Melódica. *f. (mus.)* Melodica; certo instrumento á maneira de clavicordio com um registo de flauta, inventado nos fins do seculo XVIII.

Melodicon. *m.* Melodicon; instrumento musico de teclado; cujo som se produz pela roçadura de umas pontas do metal sobre um cylindro de aço.

Melodino. *m. (bot.)* Melodino; genero de plantas da familia das apocyneas.

Melodion. *m.* Melodion; instrumento musico parecido na fórma com o piano, e de uns quatro pés de comprimento. Imita perfeitamente a maior parte dos instrumentos de vento.

Melodiosamente. *adv. m.* Melodiosamente; com melodia.

Melodioso, sa. *adj.* Melodioso, suave, grato ao ouvido: — melodioso; cheio de melodia.

Melodista. *s. (mus.)* Melodista; o musico que possue o dom natural de inventar melodias com facilidade: — o que é muito affeiçoado á musica, apaixonado pela melodia.

Melodoro. *m. (bot.)* V. *Uvaria.*

Melodrama. *m.* Melodrama; drama recitado entremeiado de arias e outras peças cantadas.

Melodramático, ca. *adj.* Melodramatico; diz-se do que é proprio do melodrama.

Meloe. *m. (zool.)* Meloe *(negro)*; genero de insectos coleopteros heteromeros da familia dos trachelidos.

Melófago. *m. (zool.)* Melophago; *(que come as ovelhas)*; genero de insectos dipteros brachoceros da familia dos pupiparos.

Melofaro. *m.* Lanterna com transparente de papel untado de oleo, onde está musica escripta.

Melogalo. *m. (zool.)* Melogalo; genero de mammiferos carnivoros da divisão dos vermiformes.

Melografía. *f.* Melographia; arte de escrever a musica.

Melográficamente. *adv. m.* Melographicamente; segundo as regras da melographia.

Melográfico, ca. *adj.* Melographico; diz-se do que respeita á melographia.

Melógrafo, fa. *s.* Melographo; o que é versado na melographia ou que a professa.

Meloja. *f.* Agua de mel; agua em que se lavou o mel.

Melolanta. *f. (zool.)* Melolontha. V. *Melolonta.*

Melolonta. *f. (zool.)* Melolontha; genero de insectos coleopteros pentameros, typo da familia dos melolonthinos.

Melolontinos. *m. pl. (zool.)* Melolonthinos; familia de insectos coleopteros pentameros.

Melolontitos. *m. pl.* Melolonthitos; grupo de insectos coleopteros pentameros da familia dos lamellicornes.

Melomanía. *f.* Melomania; paixão, affeição desmedida pela musica.

Melomano, na. *adj.* Melomano; apaixonado pela musica.

Melomelia. *f.* Melomelia; monstruosidade produzida pela inserção dos membros accessorios nos membros normaes.

Melon. *m. (bot.)* Meloeiro; planta da familia das cucurbitaceas, que dá melões. *Cucumis melo*: — melão; fructo do meloeiro, de que ha muitas variedades. *Pepo, melopepo*: — *de agua;* melancia. V. *Sandía*: — *badeon.* V. *Badea*: — *escrito;* melão de casca de carvalho; o que tem a casca cheia de signaes ou de riscos caprichosos. *Calar el melon ó la sandía (fr.);* calar o melão ou a melancia; encetala, cortar-lhes um pedaço para prova. *Frustrum melo peponis discerpere, secare, delibare. Catar el melon (fr. fig.);* sondar alguem. *Tentare, pertentare. Decentar el melon (fr. fig.);* encetar o queijo; começar em má hora uma cousa. *Integritatem rumpere. El melon y el casamiento ha de ser acertamiento (rif.);* o melão e a mulher maus são de conhecer; o melão e o casamento ha de ser acertamento.

Melonada. *f. (fam.)* Feita, occasião, vez.

Melonar. *m.* Meloal; campo semeado de melões. *Ager melopeponibus satus*: — *(fig.)* seixal, cascalheira; logar cheio de seixos, de cascalho, de pedrinhas movediças.

Meloncete. *m. dim.* de *Melon.* Melãosinho; melão pequeno.

Meloncico, llo, to. *m. dim.* de *Melon.* Melãosinho.

Melonero. *m.* Cultivador ou vendedor de melões. *Melonum venditor*: — guarda, guardador do meloal. *Melonum custos.*

Melonífero, ra. *adj. (bot.)* Melonifero; que produz melões: — melonifero; diz-se das plantas cujos fructos têem a fórma de melão ou de marmello.

Meloniforme. *adj. (bot.)* Meloniforme; que tem figura de melão.

Melopea. *f. (mus.)* Melopea; entre os antigos era a arte ou regras para a composição do canto, cuja pratica e effeito se chamava melodia ou recitativo cantado.

Meloplasto. *m. (mus.)* Meloplasto; methodo de musica inventado em París em 1817, por Pedro Galin, que consiste em um quadro composto das cinco linhas do pentagrama, com algumas outras addicionaes por cima e por baixo do mesmo.

Meloquia. *f. (bot.)* Melochia; genero de plantas da familia das byttneriaceas.

Melor. *adj. e adv. (ant.)* Melor. V. *Mejor.*

Melosamente. *adv. m.* Em estado meloso.

Melosidad. *f.* Licor doce que distilla o mel, a calda de assucar, etc. *Mellis aliarumve rerum dulcedo, suavitas*: — mellifluidade, doçura, suavidade. *Dulcedo, suavitas.*

Melosira. *f. (bot.)* Melosira *(cadeia membranosa);* genero de plantas da familia das phyceas.

Melosis. *f. (med.)* Melose; acção de sondar uma ferida.

Meloso, sa. *adj.* Melloso; assucarado; que tem succo como o mel. *Melleus, dulcis*: — mellifluo, mui doce, suave; diz-se ordinariamente do discurso, raciocinio, etc. *Dulcis, mellius, suavis.*

Melote. *m. (p. Murc.)* Melaçó: — doce de calda. *Salgama mellea*: — restos ou residuos do assucar mascavado.

Melotria. *f. (bot.)* Melothria; genero de plantas da familia das cucurbitaceas.

Melsa. *f. (p. Ar.)* V. *Bazo*: — *(fig.)* vagar, fleugma, pachorra. *Nimia lentitudo.*

Melusa. *f. (p. Cub.)* Succo das fructas que se pega aos dedos ao toca-las ou, casualmente, ao vestido.

Mella. *f.* Bocá, falha, mossa no fio ou no gume de algum instrumento cortante. *Acies inæqualis attrita*: — cavidade, cova, vasio; o espaço ôco que fica em alguma cousa depois de lhe tirar o conteúdo. *Hacer mella (fr. fig.)*; fazer mossa; fazer effeito em alguem a reprehensão, o conselho, os rogos, etc. *Frangere, percellere:* — mela; branco na escriptura.

Mellado, da. *adj.* Desdentado; diz-se de quem é falto de um ou mais dentes. *Partim edentatus.*

Mellar. *a.* Fazer mossas ou bôcas em uma faca, espada, etc., quebrar ou rachar uma cousa no todo ou em parte. *Aciem inæqualem reddere:* — *(fig.)* fazer mossa; menoscabar alguem. *Diminuere.*

Melliza. *f.* Especie de salpicão feito com mel. *Farcimen mellitum.*

Mellizo, za. *adj.* V. *Gemelo.*

Mello. *m. (ant.)* V. *Medio.*

Mellon. *m.* Manchêas de palha accesa á maneira de archote. *Stramenti merges.*

Mellor. *adj. (ant.)* V. *Mejor.* Hoje usa-se no dialecto gallego.

Mellorar. *a.* e *n. (ant.)* V. *Mejorar.*

Melloría. *f. (ant.)* V. *Mejoría.*

Mem. *m. (philol.)* Mem; decima terceira letra do alphabeto hebraico, que corresponde ao *m:* — mem; signo numerico de 40.

Memacterion. *m. (chron.)* Memacterion; quarto mez do anno atheniense, que corresponde ao nosso mez de novembro, e no qual se celebravam as festas chamadas memacterias.

Membrácidos. *m. pl. (zool.)* Membracidos; familia de insectos hemipteros da tribu dos fulgorinos ou fulgorios.

Membrado, da. *adj. (ant.)* Lembrado, nomeado: — *(br.)* membrado; diz-se das aguias e de outras aves, que se representam nos escudos com as pernas de differente esmalte.

Membrana. *f. (anat.)* Membrana; tecido organico, brando, pelle delgada ou tunica a modo de pergaminho. *Membrana, æ:* — *(br.)* V. *Membrado. Falsa membrana;* falsa membrana ou pseudo-membrana; tecido vivo que ás vezes se organisa na superficie das membranas mucosas em estado morbido: — *(bot.)* membrana, pellicula; dá-se este nome a differentes orgãos finos e delicados, destinados geralmente a cobrir outros.

Membrancia. *f. (ant.)* V. *Membranza.*

Membraniforme. *adj. (anat.)* Membraniforme; que tem fôrma ou aspecto de membrana.

Membranoso, sa. *adj. (anat.)* Membranoso; diz-se do que é da natureza das membranas, ou participa d'ellas. *Membranaceus, a, um:* — *(bot.)* membranoso; diz-se do pennacho das plantas synanthereas, quando é formado por uma membrana inteira: — *(zool.)* membranoso; diz-se dos pés das aves quando têem a pelle fina e delicada: — membranoso; diz-se tambem das azas dos insectos, quando são delgadas, flexiveis e similhantes a uma membrana: — *m. pl.* membranosos; tribu de insectos hemipteros, que comprehende os percevejos.

Membranza. *f. (ant.)* V. *Memoria, Recuerdo.*

Membrarse. *r. (ant.)* Lembrar-se. V. *Acordarse.* Usa-se tambem como activo.

Membre. *m. (ant.)* V. *Mimbre.*

Membrete. *m.* Lembrete; papel com algum apontamento breve do negocio que elle contém. *Memoriale scriptum, scheda:* — lembrete; papel que se põe á margem d'aquelle sobre que se hão de escrever officios, cartas ou outras cousas, no qual se indica a repartição, dependencia ou empreza a que corresponde: — lembrete; linha na parte inferior e ás vezes no principio das cartas e dos bilhetes, indicando o nome e qualidade da pessoa a quem se dirige. *Missile scriptum nomine:* — bilhete de convite. *Schedula, æ:* — memorial; petição para lembrar o que se pede.

Membribla. *f. (p. Murc.* e de *Valenc.)* Gamboa; especie de marmello. V. *Zamboa.*

Membrillar. *m.* Plantação de marmellos. *Locus cotoneis consitus.*

Membrillero. *m. (prov.)* V. *Membrillo,* na primeira accepção.

Membrillo. *m. (bot.)* Marmelleiro; pequena arvore da familia das rosaceas, que produz os marmellos. *Pyrus cydonia:* — marmello; o fructo do marmelleiro. *Cydonium, ii. Crecerá el membrillo, y mudará el pelillo (rif.)*; usa, serás mestre.

Membrio. *m. (ant.)* V. *Miembro.*

Membrudamente. *adv. m.* Membrudamente, robustamente, vigorosamente; com força, vigor e robustez. *Torosè, fortiter, viriliter.*

Membrudo, da. *adj.* Membrudo; diz-se do que é fornido e robusto de corpo, que tem membros reforçados e grandes. *Lacertosus, torosus.*

Memnónidas. *f. pl.* Memnonidas; aves que segundo a fabula nasceram das cinzas de Memnon. *Memnoniæ aves.*

Memnonio, nia. *adj.* Memnonio; diz-se do que é pertencente ou relativo a Memnon, como: *edificio memnonio;* edificio memnonio.

Memo, ma. *adj.* V. *Tonto:* — parvo, simplorio. *Hacerse memo (fr.)*; fazer-se tolo.

Memorable. *adj.* Memoravel, memorando; digno de memoria. *Memorandus, a, um.*

Memorablemente. *adv. m.* Memoravelmente; de um modo memoravel.

Memorando, da. *adj.* V. *Memorable.*

Memorandum. *m.* Memorial, livro de apontamentos ou de lembranças.

Memorar. *a. (ant.)* Memorar, lembrar, recordar, fazer memoria. *Memorare.*

Memoratísimo, ma. *adj. sup.* Memorabilissimo; muito memoravel, digno de eterna memoria. *Valdè memorandus.*

Memorativo, va. *adj.* Memorativo; diz-se do que recorda, que traz á memoria, á lembrança.

Memoria. *f.* Memoria; potencia da alma pela qual se conserva a lembrança das cousas. *Memoria, æ:* — memoria, fama, reputação. *Memoria, æ:* — memoria; monumento erigido em commemoração, lembrança. *Monumentum, i:* — memoria; fundação pia ou anniversario que alguem institue para sua memoria. *Anniversarium, ii:* — memoria; rol de despezas. *Expensarum memoriale:* — V. *Disertacion:* — memoria; na linguagem vulgar toma-se no sentido de recordação ou de reminiscencia: — objecto ou cousa de que alguem se recorda: — memoria; prenda ou annel que se dá para recordação de amizade: — memoria; reputação, nomeada, boa ou má fama, que fica de uma pessoa depois da sua morte: — *(p. A. M.)* pacotilha ou pequena quantidade de mercadorias, que se envia a terras distantes, para negocio: — *pl.* memorias, lembranças, saudades; expressões de cortezia. *Salutis saudatio:* — memoria; apontamento, minuta, lembrança; livro ou caderno em que se assenta alguma cousa para que não esqueça. *Nota, commentarii:* — *pl.* memorias; relações de factos particulares, que se escrevem para illustrar a historia: — *de gallo ó de grillo;* memoria de gallo; pouco tenaz, que esquece logo. *Memoria fragilis:* — *local ó artificial;* memoria local ou artificial; facilidade artificiosa de recordar-se de muitas cousas differentes, applicando-as ás especies ou imagens impressas na mente ou representadas no papel. *Memoria localis seu artificialis. Borrar ó borrarse de la memoria (fr.);* varrer ou riscar-se da memoria; esquecer totalmente alguma cousa. *Oblivione delere, è memoria excidere. Caerse una cosa de la memoria;* escapar-se, passar, fugir uma cousa da memoria. *Memoriter. Encomendar a la memoria (fr.),* entregar á memoria. *Memoriæ mandare. Hacer memoria (fr.),* chamar ou trazer á memoria. *In memoriam revocare, recordari, reminisci:* trazer á memoria de alguem, recordar-lhe alguma cousa. *Memoriam excitare vel suscitare. Raer de la memoria (fr. fig.);* riscar da memoria, fugir da idéa; esquecer o que se ía a dizer. *E memoria decidere. Recorrer la memoria (fr.);* reflectir, fazer reflexão para se recordar do passado. *Memoriâ aliquiâ repetere, in memoriam revocare. Traer á la memoria (fr.)* V. *Hacer memoria:—testamentaria(for.),* codicillo; apontamento, declaração, escripto simples a que se refere o testador como parte do seu testamento. *Testamenti additio simplex. Rehabilitar la memoria de alguno (fr. for.);* rehabilitar a memoria de alguem; annullar a sentença que o havia condemnado: — *(rel.)* memoria; templo, altar levantado em honra de algum santo: — commemoração de um santo no officio do dia. *Dejar memoria (fr.),* deixar memoria; fazer cousas memoraveis, deixar escriptos memorandos. Usa-se á boa e má parte. *De memoria (loc. adv.);* de memoria, de cór.

Memorial. *m.* Memorial; livro de apontamentos. *Memoriale:* — memorial, petição. *Supplex libellus. Perder los memoriales (fr. fam.),* perder inteiramente a memoria de alguma cousa. *Memoriam amittere, vacillare, fallere:* — *ajustado (fr.),* extracto de um processo. *Litis actorum summa vel epitome.*

Memorialista. *m.* Memorialista; auctor de memorias: — escrevente, amanuense; o que escreve em cartorio, em escriptorio de advogado, etc.

Memoriativo, va. *adj. (ant.)* Diz-se do que pertence á memoria ou concorre para a conservar.

Memorion. *m. augm.* de *Memoria.* Memorião; grande memoria.

Memorioso, sa. *adj.* Memorioso; que tem boa memoria. *Memoriâ vigens, vel præstans.*

Memoroso, sa. *adj. (ant.)* V. *Memorioso.*

Mena. *f. (zool.)* V. *Mendola.*

Menacanita. *f. (min.)* Menakanita; variedade de titanato de ferro que se encontra em Menakan.

Menador, ra. *s. (p. Murc.)* Aspador ou dobador de seda. *Glomerator, oris.*

Menagogo, ga. *adj. (med.)* V. *Emenagogo.*

Menaje. *m.* Moveis, utensilios, alfaias de uma casa. *Supellex, ectilis* — utensilios, ferramenta de officio.

Menandrianismo. *m. (rel.)* Menandrianismo; doutrina dos menandrianos.

Menandrianos. *m. pl.* Menandrianos; sectarios religiosos, discipulos de Menandro.

Menar. *a. (p. Murc.)* Dobar a seda. *Convolvere, glomerare:* — *(ant.)* V. *Tratar:* — menear, mover, manejar: — levantar.

Menarda. *f. (bot.)* Menarda; genero de plantas da familia das euphorbiaceas.

Menastasia. *f. (physiol.)* Menastasia; dor uterina proveniente da difficil evacuação do menstruo.

Menaszar. *a. (ant.)* V. *Amenazar.*

Menaza. *f. (ant.)* V. *Amenaza.*

Menazar. *a. (ant.)*V. *Amenazar.*

Mencal. *m. (ant.)* V. *Medicamento:* — V. *Mercal.*

Mencion. *f.* Menção; lembrança de cousa ou pessoa, nomeando-a, no discurso, narração, etc. *Commemoratio, onis:* — *honorífica;* menção honrosa; distincção concedida a alguem, a expressão do nome de alguma pessoa que se distinguiu, feita em acto solemne. *Hacer mencion (fr.);* fazer menção; nomear pessoa ou cousa, no discurso, narração, etc. *Mentionem facere.*

Mencionar. *a.* Mencionar; fazer menção, commemorar, referir. *Mentionem facere, commemorare, meminisse.*

MENDAZ. *adj.* Mendaz. V. *Mentiroso.*

MENDEZIA. *f. (bot.)* Mendezia; genero de plantas da familia das compostas.

MENDICACION. *f.* Mendigação. V. *Mendicidad.*

MENDICANTE. *adj.* Mendicante; que mendiga, que vive de esmolas. *Mendicans, antis:* — *pl.* mendicantes; diz-se das ordens religiosas que têem por instituto pedir esmola; ou das que por privilegio gosam das suas immunidades. *Mendicantium religiosorum ordo:* — *m.* mendicante; religioso de alguma das ordens mendicantes.

MENDICATIVO, VA. *adj.* De mendigo; diz-se do que pertence aos mendigos ou que lhes é proprio.

MENDICIDAD. *f.* Mendicidade, mendigaria, mendiguez; estado, condição de mendigo. *Mendicatio, mendicitas.*

MENDIGADOR *m. (ant.)* V. *Mendigo.*

MENDIGANTA. *f.* Mulher mendicante, pedinte; que mendiga.

MENDIGANTE. *adj.* Mendicante; que mendiga. *Mendicans, precario victilans.*

MENDIGAR. *a.* Mendigar; pedir esmola de porta em porta. *Emendicare:* — *(fig.)* mendigar, andar mendigando; buscar com summa diligencia, pedir com muita submissão.

MENDIGARLLOTE. *m. (ant.)* Pobretão, farrapão. *É* termo de desprezo.

MENDIGO. *m.* Mendigo, pedinte; o que pede esmola de porta em porta, ou pelas ruas. *Mendicus, i.*

MENDIGUEZ. *f.* Mendiguez. V. *Mendicidad.*

MENDOLA. *f. (zool.)* Mendola; genero de peixes acanthopterygios, da familia dos menidos.

MENDOSAMENTE. *adv. m.* Mendosamente, defeituosamente, erradamente, incorrectamente. *Mendosè.*

MENDOSO, SA. *adj.* Mendoso, defeituoso, errado, incorrecto. *Mendosus, i.*

MENDOZIA. *f. (bot.)* Mendozia; genero de plantas da familia das acanthaceas.

MENDRUGO. *m.* Mendrugo; pedaço de pão que se dá de esmola ao mendigo. *Panis frustum durius.*

MENDRUGUILLO. *m. dim.* de *Mendrugo.* Mendruguinho; bocadinho de pão que se dá ao pedinte. *Panis frustilum.*

MENEADOR, RA. *s.* Meneador, manejador; o que meneia ou maneja.

MENEAR. *a.* Menear ou meneiar; mover uma cousa de uma parte para outra. Usa-se tambem como reciproco. *Movere, agitare:* — *(fig.)* menear, manejar; dirigir negocios, etc. *Tractare, versare:* — andar depressa, trabalhar com diligencia e promptidão. *Properare, agere:* — *a uno el bulto (fr. fig.);* dar uma esfrega em alguem; reprehende-lo asperamente.

MENEJINIA. *f. (bot.)* Meneghinia; genero de plantas da familia das asperifoliadas borragineas.

MENEO. *m.* Meneo ou meneio; movimento do corpo ou de alguma das suas partes. Diz-se especialmente quando ha affectação ou desenvoltura. *Motus, agitatio:* — *(fam.)* coça, esfrega, castigo, reprehensão: — *(ant.)* meneio, trato, manejo, commercio, negociação. *Commercium, negotiatio.*

MENESTER. *m.* Mister; falta ou necessidade de alguma cousa. *Necessitas, necessarium opus:* — mister, emprego, officio, ministerio. Em portuguez antiquado ha tambem o vocabulo menester. *Ministerium, munus:* — *pl.* misteres; necessidades corporeas ou naturaes. *Corporis necessitas:* — *(fam.)* misteres; instrumentos ou utensilios necessarios para os officios e outros usos. *Instrumenta necessaria. Ser menester (fr.);* ser mister; ser precisa alguma cousa. *Necessarium vel opus esse.*

MENESTERIO. *m. (ant.)* V. *Monasterio.*

MENESTEROSAMENTE. *adv. m.* Pobremente, indigentemente, necessitadamente.

MENESTEROSO, SA. *adj.* Necessitado, pobre, indigente. *Indigens, egenus.*

MENESTORIA. *f. (bot.)* Menestoria; genero de plantas da familia das rubiaceas.

MENESTRA. *f.* Menestra; potagem, comida feita de differentes hervas ou legumes. *Herbarum et carnium opsonium:* — *pl.* legumes seccos. *Leguminum semina sica.*

MENESTRAL. *m.* Mesteiral; official mechanico. *Opifex, icis:* — *(hist.* e *poet.)* menestrel; musico, cantor, poeta ambulante, trovador, no tempo de Carlos Magno e na epocha da cavallaria.

MENESTRIL. *m. (ant.)* V. *Ministril,* tocador do instrumento musico do mesmo nome.

MENFITA. *f. (min.)* Memphite; especie de pedra que se encontra nas immediações de Memphis, que era considerada como narcotico: — memphites; especie de onyx, cuja capa superior é branca e a inferior negra.

MENGAJO. *m. (p. Murc.)* Pendurigalho; trapo pendurado, pedaço roto do vestido que vae arrastando pelo chão. *Segmentum dilaceratim pendulum.*

MENGALA. *f. (comm.)* Mengala; tecido que se fabrica na India.

MENGANO. *m.* Beltrano; palavra com que se suppre o nome de uma pessoa, quando se ignora este ou não se quer mencionar. Usa-se como correlativo de fulano. *Homo quidam. Zutano y mengano,* cicrano e beltrano.

MENGAR. *n. (ant.)* Mengoar, mingoar. *Decrescere.* V. *Faltar.*

MENGUA. *f.* Mingua; acção e effeito de minguar. *Imminutio, onis:* — falta, defeito; o que deprecia e torna imperfeita uma cousa. *Defectus, detractio:* — mingua, pobreza, necessidade; falta do necessario, escassez. *Inopia, egestas, penuria:* — *(fig.)* deshonra, vergonha, descredito, especialmente quando procede de covardia ou baixeza. *Dedecus, oris:* — detrimento, diminuição, quebra.

Menguadamente. *adv. m.* Deshonradamente, vergonhosamente, ignominiosamente. *Ignominiosè, dedecorè.*

Menguado, da. *adj.* Covarde, pusillanime, fraco, poltrão, vil; diz-se do que não tem valor ou coragem, nem sentimentos de honra. *Pusillanimis, me:* — minguado de juizo; tolo, estupido: — miseravel, mesquinho, avaro, escasso. *Nimis parcus:* — minguado, fatal, infausto, aziago, como: *hora menguada;* hora minguada ou infausta: — *(ant.)* minguado, escasso, falto. V. *Falto:* — mate, malha nas meias. *Decrementum, i.*

Menguante. *f.* Mingua, escassez ou decrescimento das aguas dos rios ou ribeiros, por causa do calor ou da seccura: — minguante, vasante da maré; refluxo do mar e o tempo que dura. *Decrescentia, æ:* — minguante ou quarto minguante; o ultimo quarto da lua. *Decrementum, senium lunæ:* — *(fig.)* minguante; decadencia de alguma cousa. *Decrementum, i.*

Menguar. *n.* Minguar; decrescer, diminuir ou ir-se consumindo uma cousa, physica ou moralmente, em relação ao estado que antes tinha. *Decrescere, imminui:* — minguar, faltar. *Deesse, deficere:* — dar mates nas meias. *Decrescere:* — *(naut.)* minguar; vasar a maré: — minguar; passar a lua do ultimo quarto á conjuncção.

Meniar. *a. (ant.)* V. *Menear.*

Menical. *m.* Menical; nome que se dá no Mexico a um alcool que se obtem pela distillação do succo de uma especie de aloes.

Menidos. *m. pl. (zool.)* Menidos; familia de peixes acanthopterygios.

Menilita. *f. (min.)* Menilithe; variedade de opala commum que risca o vidro; é aspera exteriormente, brilhante por dentro.

Menina. *f.* Menina; aia das infantas, na côrte de Madrid.

Meninge. *f. (anat.)* V. *Meninje.*

Meningeta. *f. (anat.)* V. *Meninjeta.*

Meningina. *f. (anat.)* V. *Meninjina.*

Meningocefalitis. *f. (med.)* Meningocephalitis; inflammação das meninges.

Meningofilax. *m. (cir.)* Meningofilax; instrumento para preservar as meninges na operação denominada trepanação.

Meningogastraljia. *f. (med.)* Meningogastralgia; nevralgia do estomago.

Meningogástrico, ca. *adj. (med.)* Meningogastrica; diz-se de uma febre biliosa que tem a sua séde nas meninges e no estomago.

Meningojeno, na. *adj. (med.)* Meningogeno; diz-se do que occasiona ou dá logar á formação de falsas membranas.

Meningorrea. *f. (med.)* Meningorrhea; congestão de um liquido qualquer entre, sobre ou debaixo das meninges.

Meningosis. *f. (anat.)* Meningose; união de dois ossos por meio de ligamentos em fórma de membranas; tal é a articulação dos ossos do craneo no feto.

Meninje. *f. (anat.)* Meninge; nome das tres membranas que envolvem a massa cerebral. *E* mais usado no plural.

Meninjeta. *f. (anat.)* Meningeta. V. *Pia mater.*

Meninjina. *f. (anat.)* Meningina. V. *Aracnóides.*

Meninjitis. *f. (med.)* Meningitis ou meningite; inflammação das meninges, e especialmente da dura mater.

Menino. *m.* e *adj.* Menino; moço, creado de familia nobre, na côrte de Hespanha. *Puer ascedo honorarius regis vel minister:* — *(p. Murc.)* menino; homem pequeno, melindroso e requebrado. *Corporis brevis effeminatusque:* — *(ant.)* menino. V. *Niño.*

Menioco. *m. (bot.)* Meniocus; genero de plantas da familia das cruciferas.

Menipa. *f. (zool.)* Menippa; genero de crustaceos decapodas brachyuros da familia dos cancerios.

Menipea. *f. (zool.)* Menipeá; genero de polypos.

Menique. *m.* V. *Meñique.*

Meniscio. *m. (bot.)* Meniscio; genero de fetos polypodiaceos.

Menisco. *m. (phys.)* Menisco; vidro concavo por uma face e convexo da outra.

Menispermato. *m. (chim.)* Menispermato; sal formado pela combinação do acido menispermico com uma base salificavel.

Menispermina. *f. (chim.)* Menispermina; materia parecida com a cera, descoberta na costa de Levante, susceptivel de formar saes.

Menispora. *f. (bot.)* Menispora *(esporulo em fórma de lua);* genero de cogumelos trichospóreos.

Menistril. *m.* V. *Ministril.*

Menje. *m. (ant.)* V. *Médico, Cirujano.*

Menjia. *f. (ant.)* Medicamento ou remedio.

Menjuí. *m.* V. *Benjui.*

Menjurje. *m. (fam.)* V. *Mejunje.*

Mennonismo. *m. (rel.)* Mennonismo; doutrina de uma seita de anabaptistas, espalhada em Hollanda e fundada no seculo XVI por Simão Menno.

Mennonita. *m. (rel.)* Mennonita; sectario de Simão Menno.

Menodora. *f. (bot.)* Menodora; genero de plantas da familia das jasmineas.

Menología. *f. (physiol.)* V. *Menolojia.*

Menologio. *m.* V. *Menolojio.*

Menolojía. *f. (physiol.)* Menologia; parte da medicina que trata do fluxo menstrual das mulheres.

Menolojio. *m. (chron.)* Menologio; martyrologio ou calendario da igreja. *Menologium, ii.*

Menon. *m.* Menon; cabra do Levante, de cuja pelle se fazem bons marroquins.

Menopausia. *f. (physiol.)* Menopausia; cessação do fluxo menstrual das mulheres.

Menoplania. *f. (physiol.)* Menoplania; fluxo de sangue que se verifica por um orgão distincto da matriz, e que substitue a evacuação menstrual.

MENOPOMA. *f. (zool.)* Menopoma (*operculo forte*); genero de reptis amphibios da familia das salamandras.

MENOR. *adj. comp.* Menor, menos grande; inferior em dimensões, peso, qualidade (a outro). *Minor, us:* — menor; diz-se do filho, varão ou femea, que ainda não tem a idade que a lei requer para se considerar emancipado. *Minor vigenti quinque annis:* — menor; na divisão vulgar das classes dos estudos de grammatica, a terceira, que é a que ensina as orações e construcções mais faceis da lingua latina. *Grammaticæ tertia classis. Por menor (fr.);* por miudo, a retalho; diz-se das vendas. *Minutim:* — por miudo, minuciosamente, circumstanciadamente, por partes: *(philos.)* menor; diz-se da segunda proposição de um syllogismo. *Propositio minor:* — *edad (for.);* menoridade; idade, estado de um menor. *Ætas pupilli. Leguas menores (naut.);* leguas menores; as que se contêem em um pequeno circulo parallelo ao Equador: — *(mus.)* menor; diz-se do tempo em que entram tres minimas em cada compasso: — menor; intervallo que tem um semitom menor que o maior na sua especie: — menor; diz-se da terceira que se compõe de um tom e de um semiton, como *re, fa. Segunda menor;* segunda menor; a que se compõe de um semitom, como de *mi* a *fa. Semitono menor;* semitom menor; o que se encontra entre uma das notas da gamma e a nota superior accidental bemolizada. *Sesta menor;* sexta menor; intervallo tal como o de *mi* a *do. Setima menor;* setima menor; intervallo como o de *mi* a *re. Tercera menor;* terceira menor; a composta de um tom e um semitom tal como *re, fa. Tono o modo menor;* tom menor; aquelle em que a terceira e a sexta sobre a tónica são menores: — *m. (rel.)* menor; o religioso da ordem de S. Francisco. *Fratres minores:* — *pl.* ordens menores.

MENORACION. *f. (ant.)* V. *Minoracion.*

MENORAR. *a. (ant.)* V. *Minorar.*

MENORETA. *f. (ant.)* Menoreta; religiosa de Santa Clara.

MENORETE. *adj. (fam.)* Só se usa nas seguintes locuções *adv.* e *fam.: Al menorete o por el menorete;* ao menos, pelo menos. *Ad minus.*

MENORÍA. *f.* Inferioridade de uma pessoa a respeito de outra; o mais infimo grau em que se acha relativamente a ella. *Minoris vel inferioris qualitas:* — V. *Minoridad.*

MENORIDAD. *f. (ant.)* V. *Minoridad.*

MENORISTA. *m.* Estudante da grammatica que está na terceira classe.

MENORQUÉS, SA. *adj. (ant.)* V. *Menorquin.*

MENORQUIN, NA. *s.* Minorquino ou minorquez; o natural da ilha Minorca: — *adj.* minorquino ou minorquez, pertencente a esta ilha.

MENORRAGÍA. *f. (physiol.)* V. *Menorrajía.*

MENORRAJÍA. *f. (physiol.)* Menorrhagia; fluxo excessivo do menstruo nas mulheres.

MENORREA. *f. (med.)* Menorrhea; hemorrhagia da matriz.

MENOS. *adv. m.* Menos, excepto, fóra, salvo; expressa a falta que alguma cousa tem para igualar a outra, e assim se diz: *todo menos eso;* tudo menos isso. *Minùs, præter; extra, hoc excepto. A lo menos o por lo menos (fr.);* ao menos ou pelo menos; no caso mais minguado, suppondo a maior falta presumivel. *Saltem, ad minimum. A menos que no (adv. m.);* a menos que não, a não ser que. *Ser lo menos (fr.);* ser o menos; o ultimo em importancia e consideração, ser o menor preço por que se pôde vender. *Cosa de menos;* cousa de pouco mais ou menos, vil, de baixo preço, desprezivel.

MENOSCABADOR, RA. *s.* Menoscabador, detractor. *Detractor, oris:* — estragador, deteriorador, damnificador. *Detractor, imminuens, jacturam inferens.*

MENOSCABAR. *a.* Diminuir; tirar parte de alguma cousa. *Imminuere, detrahere:* — *(fig.)* encurtar. *Coarctare:* — *(fig.)* menoscabar, desdourar, desfazer, deslustrar. *Jacturam, detrimentum inferre.*

MENOSCABO. *m.* Menoscabo, detrimento, diminuição. *Imminutio, jactura, detrimentum.*

MENOSCÉLIDE. *m. (zool.)* Menoscelide ou menoscelis (*perna forte*); genero de insectos coleopteros subpentameros, da familia dos aphidiphagos.

MENOSPRECIABLE. *adj.* Menosprezivel; diz-se do que é digno de menosprezo.

MENOSPRECIABLEMENTE. *adv. m.* Menosprezivelmente; com menosprezo. *Contentim.*

MENOSPRECIADOR, RA. *s.* Menosprezador; o que menospreza ou despreza alguma cousa. *Contemptor, oris.*

MENOSPRECIAMIENTO. *m. (ant.)* V. *Menosprecio.*

MENOSPRECIANTE. *adj. (ant.)* Menosprezador; que menospreza.

MENOSPRECIAR. *a.* Menosprezar; fazer menos apreço, estimar menos do que é devido. *Despicere:* — menosprezar, desprezar. V. *Despreciar.*

MENOSPRECIO. *m.* Menosprezo ou menospreço; acção e effeito de menosprezar: — menosprezo; pouco apreço, estimação diminuta. *Despicientia, despicatus:* — menospreço; desprezo, desestimação de alguma cousa. *Contemptio, despicatio.*

MENOSTASIS. *f. (med.)* Menostase; accumulação e retenção do sangue menstrual na madre.

MENOSTENO. *m. (zool.)* Menosteno (*estreito pelo meio*); genero de insectos hymenopteros da familia dos ichneumonidos.

MENSA. *f.* V. *Mesa,* na segunda accepção de religião.

MENSAJE. *m.* Mensage ou mensagem; noticia ou recado verbal mandado por alguem. *Mandatum, nuntius:* — *(neol.)* mensagem; communicação official entre o poder legislativo e o executivo, ou entre a camara dos deputados e o senado: — resposta de uma camara ao discurso da corôa: — mensagem; discurso do presidente de uma republica ao parlamento.

MENSAJERÍA. *f. (neol.)* Recovagem; o officio de recoveiro: — diligencia; carro para transportar de um logar para outro em dias marcados, e em menos tempo que os carros ordinarios: — *(ant.)* V. *Mensaje.*

MENSAJERO, RA. *s.* Mensageiro; o que leva recado, mensagem. *Nuntius, tabellarius:* — *(fig.)* mensageiro; signal ou annuncio de alguma cousa futura: — *f.* carta missiva. *El mensajero de los dioses (poet.);* o mensageiro dos deuses, Mercurio. *La mensajera de Juno; Iris:* — *(zool.)* mensageiro; genero de aves rapaces diurnas.

MENSAL, MENSALA. *f. (ant.)* Mensal; a linha da mão que corre entre o dedo indice até o minimo.

MENSIL. *adj.* V. *Mensual.*

MENSOLA. *f. (archit.)* Fecho da abobada.

MENSTRUACION. *f. (physiol.)* Menstruação, menstruo, fluxo mensal das mulheres. *Purgatio menstrualis.*

MENSTRUAL. *adj. (physiol.)* Menstrual; diz-se do que é relativo ou pertencente ao menstruo. *Menstrualis, menstruus.*

MENSTRUALMENTE. *adv. m.* V. *Mensualmente.*

MENSTRUAR. *n. (physiol.)* Menstruar-se; ter a evacuação mensal ou menstruo. *Menstrua pati.*

MENSTRUO. *adj.* V. *Mensual:* — *m. (physiol.)* menstruo, regra das mulheres; exhalação sanguinea que tem logar periodicamente todos os mezes pelos orgãos genitaes da mulher, desde a puberdade até á idade critica. *Menstrua, orum:* — *(chim.)* menstruo; o dissolvente por meio do qual se extrahem os principios activos dos corpos. *Menstruum, i.*

MENSTRUOSA. *adj. (med.)* Menstruada; diz-se da mulher que está com o menstruo. *Menstruum patiens.*

MENSUAL. *adj.* Mensal; diz-se do que é de cada mez. *Menstruus, a, um.*

MENSUALMENTE. *adv. m.* Mensalmente; todos os mezes, por mez, cada mez. *Menstrualiter.*

MENSURA. *f.* Mensura. V. *Medida.*

MENSURABILIDAD. *f. (mathem.)* Mensurabilidade; aptidão de um corpo para ser medido.

MENSURABLE. *adj.* Mensuravel; que póde medir-se. *Mensurabilis, le.*

MENSURADOR, RA. *s.* Medidor; o que mede. *Mensor, oris.*

MENSURAL. *adj.* Mensural; que serve para medir.

MENSURAR. *a.* Mensurar. V. *Medir:* — *(fig. ant.)* medir, examinar, contemplar.

MENTA. *f. (bot.)* Hortelã; genero de plantas da familia das labiadas, aromaticas.

MENTADO, DA. *adj.* Mentado, memorado, lembrado. *Nominatus, celebratus.*

MENTAGRA. *f. (med.)* Mentagra; impigem na barba, que ataca especialmente as creanças na primeira dentição.

MENTAL. *adj.* Mental; diz-se do que respeita á mente. *Mentalis, le. Oracion mental;* oração mental; a que se faz mentalmente, só, meditando. *Restriccion mental;* restricção mental; reserva tacita que se faz de uma parte do que se pensa para induzir a erro a pessoa com quem se falla. *Enajenacion mental (med.);* alienação mental, loucura, demencia. Em portuguez antiquado tambem ha a palavra enagenação, significando alienação. *Enfermedades, dolencias mentales (med.);* doenças, enfermidades mentaes; as que alteram as faculdades do entendimento.

MENTALAGRA. *f. (med.)* V. *Mentagra.*

MENTALMENTE. *adv. m.* Mentalmente; com o pensamento, na mente, abstrahindo da realidade das cousas. *Mente, sola mentis cogitatione.*

MENTAR. *a.* Mentar, nomear, memorar, mencionar; fazer lembrar alguma cousa. *Mentionem facere.*

MENTASTRO. *m. (bot.)* Mentrasto; hortelã silvestre.

MENTE. *f.* Mente; entendimento, o espirito, a faculdade intellectual. *Mens, entis:* — mente; vontade, disposição de alguem expressada por palavras ou por algum acto exterior. *De buena mente (loc. adv. ant.);* de boa mente, de boa vontade. *Libenter. Tener en la mente (fr.);* ter na mente. *Mente tenere.*

MENTECAPTO, TA. *adj. (ant.)* Mentecapto. V. *Mentecato.*

MENTECATERÍA. *f.* Estupidez, tolice, necedade, estulticia. *Stultitia, vecordia, stoliditas.*

MENTECATEZ. *f.* V. *Mentecatería.*

MENTECATILLO, LLA, TO, TA. *adj. dim.* de *Mentecato.*

MENTECATO, TA. *adj.* Mentecato; falto de entendimento. *Mentecaptus, a, um.*

MENTECATON, NA. *adj. augm.* de *Mentecato.* Grande mentecapto.

MENTERERO, RA. *adj. (ant.)* V. *Mentiroso.*

MENTIDERO. *m.* Logar ou sitio onde se ajuntam os ociosos, os novellistas, para conversarem. *Locus nebulonibus frequens.*

MENTIDEROSO, SA. *adj. (ant.)* V. *Mentirozo.*

MENTIR. *n.* Mentir; faltar á verdade. *Mentiri:* — mentir, illudir, enganar. *Fallere:* — errar, equivocar, falsificar alguma cousa: — mentir, simular, fingir, disfarçar; mudar a apparencia exterior a uma cousa, de maneira que pareça outra. É palavra mais usada na poesia: — desmentir, desdizer, não quadrar; não ser conforme ou analoga uma cousa com outra: — *sin suelo (fr.);* mentir descaradamente. *Miente mas que departe o miente mas que habla (fr. ant.);* mente mais do que falla; mentir em excesso. *El mentir pide memoria (rif.);* o mentir pede memoria; mais depressa se apanha um mentiroso que um coxo. *Quien siempre me miente, nunca me engaña (rif.)*; quem me mente, não me engana.

Mentira. *f.* Mentira; falta de verdade. *Mendacium, ii:* — errata; erro typographico ou da escripta. *Mendum, menda:* — *inocente;* mentira innocente; a que se diz sem intenção de prejudicar: —*jocosa;* mentira jocosa; a que se diz para gracejar. *Mendacium per jocum, sine fraude. Decir mentira por sacar verdad (fr.);* dizer mentiras para apanhar verdades; fingir que se tem noticia de uma cousa para que outro que a sabe a manifeste ou diga sem receio. *Mendacio veritatem expiscari.*

Mentirero, ra. *adj. (ant.)* V. *Mentiroso.*

Mentirica, lla, ta. *f. dim.* de *Mentira.* Mentirinha. *De mentirillas (loc. adv.)* V. *De burlas.*

Mentiron. *m. augm.* de *Mentira.* Carapetão; grande mentira.

Mentirosamente. *adv. m.* Mentirosamente, falsamente. *Mendosè, falsè, mendaciter.*

Mentirosísimo, ma. *adj. sup.* de *Mentiroso.* Mentirosissimo; muito mentiroso. *Valdè mendax, mendaciloquus.*

Mentiroso, sa. *adj.* Mentiroso; diz-se do que mente, oú é costumado a mentir. *Mendax, acis:* — mentiroso, enganoso, falso. *Fallax, vanus:* — errado ou equivocado; diz-se do que encerra erro ou errata. *Mendosus, erroneus. Mas presto se coje al mentiroso que al cojo (rif.);* mais depressa se apanha um mentiroso do que um coxo.

Mentís. *m.* Mentes; palavra injuriosa com que se diz a alguem que falta á verdade no que diz ou affirma. *Men-tiris.*

Mentófilo. *m. (zool.)* Mentophilo *(amigo da hortelã);* genero de insectos coleopteros pentameros da familia dos lamellicornes.

Méntor. *m. (fig.)* Mentor, guia, conselheiro.

Mentrasmente. *adv. m. (p. Gal.)* Emquanto, entretanto.

Mentre. *adv. (ant.)* Mentres. V. *Mientras.*

Mentulagra. *f. (physiol.)* Mentulagra; estado convulsivo ou espasmodico dos musculos ischio-cavernosos ou erectores do penis, que se observa ás vezes nos eunuchos.

Mentzelia. *f. (bot.)* Mentzelia; genero de plantas da familia das loáceas.

Menuceles. *m. pl. (p. Ar.)* V. *Menudos,* dizimo dos fructos miudos.

Menucia. *f. (ant.)* V. *Menudos,* por dizimo dos fructos miudos.

Menudamente. *adv. m.* Miudamente; com summa pequenez: — miudamente, circumstanciadamente. *Singulatim, singillatim.*

Menude. *adj. (ant.)* V. *Menudo.*

Menudear. *a.* Amiudar, reiterar, repetir; executar alguma cousa muitas vezes. *Crebrescere, assiduum esse:* — circumstanciar; contar, referir com todas as particularidades, narrar minuciosamente. Usa-se tambem como neutro. *Minutatim enarrare:* — *n.* contar ou secrever minudencias, minucias ou cousas frivolas, de pouca monta: — amiudar-se, succeder a miudo, com frequencia alguma cousa.

Menudencia. *f.* Exiguidade, tenuidade, pequenez de alguma cousa. *Exilitas, tenuitas:* — minudencia; attenção escrupulosa, exactidão, esmero, exame minucioso com que se considera alguma cousa. *Exactio, accuratio:* — minudencia, minucia, bagatella; cousa diminuta, de pouca entidade, de pouca importancia. *Minutia, tricæ:* — *pl.* miudos; despojos e partes pequenas que ficam do porco depois de desmanchado. Tambem se chama assim ás linguiças, chouriços e outras cousas. *Quisquiliæ, exta, minutiæ:* — *pl.* minudencia, miudezas; trastes ou cousas miudas e de pouca importancia.

Menudeo. *m.* Reiteração, repetição, frequencia de uma cousa; acção de a reiterar, de a fazer ou executar repetidas vezes: — venda por miudo, a retalho. *Al menudeo (loc. adv.);* a miudo. V. *Por menor,* nas compras e vendas.

Menudero, ra. *adj.* Forçureiro; o que negoceia em forçura ou debulho dos animaes para consumo.

Meñúdi. *adj. (ant.)* V. *Menudo.*

Menudillo. *m.* Miudos, travadouro; região dos membros immediata á quartella, nos quadrupedes. *Bestiarum pars pedum exilior:* — *(p. Ar.)* V. *Moyuelo:* — *pl.* miudos; as entranhas das aves. *Avium exta.*

Menudísimo, ma. *adj. sup.* de *Menudo.* Miudissimo. *Minutissimus, a, um.*

Minudito, ta. *adj. dim.* de *Menudo.* Miudinho. *Minutulus, a, um.*

Menudo, da. *adj.* Miudo, delgado, pequeno. *Minutus, a, um:* — miudo; de pouca consequencia, de nenhuma importancia. *Levis, nullius momenti:* — miudo; diz-se do dinheiro inferior, e especialmente das pequenas moedas de prata. *Nummuli, orum:* — miudo, exacto, minucioso; diz-se do que examina minuciosamente, que se occupa em minucias. *Exactus, minutus:* — amiudado, repetido, frequente: — *(inus.)* miudo, plebeu. *Plebejus, a, um:* — *(ant.)* miseravel, escasso, apoucado: — *m.* miudezas, deventre, debulho, mãos e sangue das rezes. *Intestina animalium, visceraque:* — miudo ou dizimo miudo; o dizimo dos fructos miudos que se cobrava com o nome de renda de miudos ou miunças: — *pl.* miudos, trocos, cobres em dinheiro de pouco valor. *Minutim, ærei nummi:* — miudos, intestinos, azas e pescoço das aves: — *adv. (ant.)* V. *Menudamente. A la menuda (loc. adv.)* V. *Por menor. A menudo (loc. adv.);* a miudo; muitas vezes, frequentemente. *Crebro, frequenter, assiduè. En menudo (loc. adv.);* em miudos, em dinheiro miudo, em moedas de cobre. *Por menudo;* por miudo, por partes, circumstanciadamente. *Minutim, singilatim:* por miudo, a retalho; diz-se nas compras e vendas dos generos em pequenas porções. *Menudos veros (br.);* veiros miudos; diz-se do escudo que tem seis ordens de veiros.

Menura. *f. (zool.)* Menura; genero de aves da ordem dos passaros.

Menuza. *f. (ant.)* Pedaço ou pequeno troço de alguma cousa que se quebra ou rompe.

Menuzar. *a. (ant.)* V. *Desmenuzar.*

Menuzo. *m. (ant.)* V. *Menuza.*

Meñique. *adj.* Minimo, meiminho ou meminho; diz-se do dedo mais pequeno da mão do homem. Usa-se tambem como substantivo: — *(fam.)* minimo; mui pequeno.

Meo. *m. (ant.)* V. *Medio, Mitad:* — *(bot.)* meon; genero de plantas da familia das umbelliferas.

Meogo. *adv. (ant.)* Meogo; no meio.

Meollada. *f. (p. And.)* Mioleira, miolos; o cerebro de uma rez. *Cerebrum frixum:* — fritada de miolos.

Meollito. *m. dim.* de *Meollo.* Miolinho.

Meollo. *m.* Miolo. V. *Medula:* — *(fig.)* miolo, medulla; a substancia ou o mais principal de uma cousa, o seu amago: — miolo, juizo, entendimento. V. *Juicio, Entendimiento:* — *(ant.)* cerebro ou a parte aonde estão os miolos. *No tener meollo (fr.);* não ter miolo; não ter juizo alguem, não ter substancia alguma cousa. *Levem, inanem, vel futilem esse.*

Meon, na. *adj.* Mijão; que mija muito e com frequencia. *Micturiens, entis:* — *f. (fam.)* diz-se mais especialmente da menina recem-nascida.

Meonio, nia. *adj.* Meonio; que pertence a Meonio, nome com que os poetas distinguiam a Lydia: — meonio; habitante da Meonia.

Meque. *m. (p. Cub.)* V. *Pescozon.*

Mequetrefe. *m.* Mequetrefe; homem entremettido, turbulento, inquieto. *Ardelio, onis.*

Mequìdeo. *m. (zool.)* Mechideo; genero de insectos coleopteros pentameros, da familia dos lamellicornes.

Mequídio. *m. (zool.)* Mechidio *(adulterino);* genero de insectos coleopteros pentameros da familia dos lamellicornes.

Meramente. *adv. m.* Meramente, puramente, simplesmente, unicamente. *Merè:* — meramente; sem mistura.

Merar. *a.* Diluir, misturar um liquido com outro, para lhe augmentar a sua virtude e qualidade ou para tempera-la. Diz-se particularmente destemperar ou aguar o vinho. *Miscere, diluere aqua.*

Meratrofia. *f. (med.)* Meratrophia; atrophia de um membro.

Meravija. *m. (ant.)* V. *Maravilla.*

Merca. *f. (fam.)* V. *Compra.*

Mercachifle. *m.* V. *Buhonero.*

Mercadal. *m. (ant.)* Trato, negocio: — mercado, praça.

Mercadante. *m. (ant.)* V. *Mercader.*

Mercadantesco, ca. *adj. (ant.)* V. *Mercantil.*

Mercadantia. *f. (ant.)* V. *Mercancía.*

Mercadear. *n.* Mercadejar; negociar em mercadorias. *Mercaturam facere, exercere.*

Mercader. *m.* Mercador; o que compra para vender por grosso ou a retalho. *Mercator, propola, nundinator:* — *(germ.)* ladrão que anda sempre por onde ha negocios, transacções: — *de genero;* mercador de atacado ou de sobrado; o que vende por grosso: — *por mayor;* mercador de atacado: — *por menor;* mercador de retalho, que vende por miudo: — *de calle;* barraqueiro, mercador ambulante; o que arma a sua barraca todos os dias em alguma rua ou logar publico: — *de cajon;* mercador que compra os generos em bruto, os faz preparar ou trabalhar e os vende.

Mercadera. *f.* Mercadora; a mulher que vende em loja, que se occupa no trafico mercantil. Tambem se chama assim a mulher do mercador. *Negotiatrix, icis.*

Mercadería. *f.* Mercadoria; tudo o que se compra e vende para uso e consumo. *Merces, mercimonium:* — mercadoria; officio de mercador. *Mercatura, æ:* — *(germ.)* furto; cousas que os ladrões furtam.

Mercadero. *m. (ant.)* V. *Mercader.*

Mercado. *m.* Mercado; concorrencia de gente a um sitio determinado em dias fixos para mercadejar. *Mercatus, us:* — mercado; praça, logar publico onde se vendem viveres e outros generos. *Forum mercatus:* — privilegio para ter mercado: — mercado, emporio; povo, cidade ou porto de muito commercio, e assim se diz: que Londres é o primeiro mercado da Europa: — *(ant.)* negocio, contrato, obrigação. *Poder vender en un buen mercado (fr. fig.);* ser fino como um coral; ser mui esperto, sagaz, astuto. *Longè aliquem arte præstare, vel equis albis præcedere.*

Mercador. *m. (ant.)* V. *Mercader.*

Mercadura. *f. (ant.)* V. *Mercancía.*

Mercaduría. *f.* V. *Mercadería,* nas duas primeiras accepções.

Mercal. *m.* Mercal; moeda de cobre em uso na Hespanha no tempo do rei Fernando III.

Mercancear. *a. (ant.)* Mercancear. V. *Comerciar.*

Mercancía. *f.* Mercancia; trato de mercadores, trato de mercadejar. *Mercatura, æ:* — mercadoria; todo o genero venal. *Merces:* — *(ant.)* V. *Mercía.*

Mercanchiste. *s.* V. *Mercachifle, Buhonero.*

Mercandia. *f. (ant.)* V. *Mercancía.*

Mercante. *m.* Mercante, mercador. V. *Mercader:* — *adj.* mercante; diz-se do que pertence ao commercio nas cousas do mar, como: *buque mercante;* navio mercante, etc.:—mercante, mercantil. V. *Mercantil,* na primeira accepção.

MERCANTESCO, CA. *adj. (ant.)* V. *Mercantil.*

MERCANTIL. *adj.* Mercantil; diz-se do que é pertencente a mercadores, mercadorias ou ao trato commercial. *Ad mercaturam pertinens. Mercatorius:* —mercantil, mercante; diz-se do porto, nação ou praça de muito commercio.

MERCANTILISMO. *m. (neol.)* Mercantilismo; propensão a reduzir tudo ao commercio.

MERCANTILMENTE. *adv. m.* Mercantilmente, commercialmente.

MERCANTIVO, VA. *adj. (ant.)* V. *Mercantil.*

MERCANTIVOL. *adj. (ant.)* Nome de uma especie de letra que antigamente se usava no commercio.

MERCANTON. *m.* Navio mercante grande e mal apparelhado.

MERCAPTAN. *m. (chim.)* Mercaptan; radical particular de certa classe de acidos, que é um liquido incolor, de cheiro fetido.

MERCAPTIDO. *m. (chim.)* Mercaptido; combinação de mercaptan com um metal.

MERCAPTIDRICO, CA. *adj. (chim.)* Mercaptidrico; epitheto de um acido produzido pela combinação do mercaptan com o hydrogenio.

MERCAPTURO. *m. (chim.)* V. *Mercaptido.*

MERCAR. *a.* Mercar. V. *Comprar.*

MERCED. *f.* Mercê, paga, soldada; preço do trabalho, especialmente do jornaleiro. *Merces, edis:* —mercê; dadiva ou graça de empregos, dignidades, rendas, etc., que os reis ou senhores fazem aos seus subditos. *Gratia, beneficium:* —mercê, graça, favor, beneficio gratuito que se faz a outrem, aindaque seja de igual para igual. *Beneficium, merces:* — mercê, vontade, arbitrio. *Voluntas, arbitrium, officium, beneficium:* — *(ant.)* mercê; tratamento de cortezia que se dava a quem não tinha senhoria ou tratamento superior: — *(ant.)* mercê, graça, misericordia, perdão: — *ó muchas mercedes (fr.);* graças, mil graças; serve para dar os agradecimentos por algum beneficio que se recebeu. *Officiosè, gratissimè quidem. Asentar a mercedes (fr.)* V. *Estar a mercedes. Entre merced y señoria (loc.),* entre bom e mau; usa-se para significar a medianía, o estado de mediocridade. *Haber merced (fr.);* ter piedade ou compaixão. *Hacer a uno la merced (fr.);* fazer a alguem a mercê, a esmola; expressa ironicamente que alguem prejudicou ou maltratou a outro. *Officere aliqui. Pena de la nuestra merced.* V. *Pena. Tomar a merced a alguno (fr.);* ter compaixão de alguem; tomar alguem á mercê; recebe-lo por creado sem ajustar o salario:—*de agua;* divisão que se faz da agua em alguns povos para o uso e consumo de cada vizinho ou habitante: — *(hist.)* mercês; ordem religiosa e militar instituida pelo rei Jaime, o conquistador, e fundada por S. Pedro Nolasco, para o resgate dos captivos. *Ordo mercedis.*

MERCENARIAMENTE. *adv. m.* Mercenariamente, venalmente.

MERCENARIO, RIA. *adj.* Mercenario; diz-se da tropa que serve na guerra a um principe estrangeiro, por certo estipendio: — mercenario, venal, interesseiro, disposto a deixar-se corromper ou subornar:—mercenario; religioso ou religiosa da ordem das Mercês. Usa-se tambem como adjectivo substantivado: — *m.* mercenario, trabalhador operario. *Mercenarius, operarius:* —mercenario; o que serve por outrem ou faz o seu trabalho mediante um salario ou estipendio.

MERCENDEAR. *a. (ant.)* Beneficiar; fazer graças ou mercês.

MERCENDERO, RA. *adj. (ant.)* Dizia-se do que fazia mercê e tambem do que a recebia: — *m.* V. *Mercader.*

MERCERÍA. *f.* Marceria; o trato e commercio de cousas miudas e de pouco valor. *Mercimonium, ii:* — marceria; artigos de marceria, miudezas, objectos miudos que constituem este commercio: — loja de marceria.

MERCERO. *m.* Marceiro; mercador de marceria. *Propola, æ.*

MERCURIAL. *adj.* Mercurial; diz-se do que pertence ao deus Mercurio:—*(bot.)* mercuriaes; genero de plantas da familia das euphorbiaceas: — *pl. (pharm.)* mercuriaes; diz-se dos medicamentos ou preparações em que entra o mercurio. *Fricciones mercuriales;* fricções mercuriaes, fricções feitas com unguento que contém mercurio: — *(chim.)* mercurial; diz-se do que contém mercurio.

MERCURIFICACION. *f. (chim.)* Mercurificação; operação que consiste em extrahir dos metaes o mercurio: — mercurificação; nome que os alchimistas davam á pretendida conversão de um metal em mercurio, ou á extracção d'este, considerado por elles como elemento de alguns metaes.

MERCURIO. *m. (fig.)* Mercurio; nome que ás vezes costuma dar-se ao mensageiro ou corretor de correspondencias amorosas: — *(astron.)* mercurio; pequeno planeta cujo diametro equivale ás duas quintas partes da terra. *Mercurius, ii:* — *(min. e chim.)* mercurio; metal liquido, brilhante, de côr branca azulada, chamado communmente azougue.

MERCURIOSO, SA. *adj.* Mercurial; diz-se do que se refere ao mercurio.

MERCHAN. *adj. (ant.)* V. *Merchante* e *Mercante.*

MERCHANDIA. *f. (ant.)* Merchandia. V. *Mercancia.*

MERCHANIEGO, GA. *adj. (ant.)* Dizia-se do gado que se levava a vender ás feiras ou mercados. *Venale pecus.*

MERCHANTE. *adj. (ant.)* Merchante. V. *Mercante:* — bufarinheiro, mercador. *Nandinator, mercator.* Alguns chamam-lhe *Marchante.*

Merchantería. *f. (ant.)* Mercancia; emprego ou officio do mercador, ou o mesmo trato e commercio.

Merdellon, na. *adj. (vulg.)* Porcalhão, porco, sujo, enxovalhado; diz-se de um creado que serve com desaceio, etc. Usa-se tambem como substantivo. *Spurcus, a, um.*

Merdíjero, ra. *adj. (zool.)* Merdigero; diz-se dos insectos que se cobrem do seu proprio excremento para se resguardarem.

Merdívoro, ra. *adj. (zool.)* Merdivoro; diz-se do animal que vive de excrementos, que come excrementos.

Merdoso, sa. *adj. (vulg.)* Emporcalhado, sujo; cheio de immundicia. *Sordibus inquinatus, spurcus.*

Mere. *adv. m.* V. *Meramente.*

Merecedor, ra. *adj.* Merecedor; que merece, que é digno de premio ou de castigo. *Merens, entis.*

Merecer. *a.* Merecer; ser digno de premio ou castigo. *Merere, mereri:* — merecer, valer, como: *eso no merece cien reales;* isso não merece cem reales. *Valere, merere:* — *n.* merecer; adquirir titulo, jus, em rasão de actos feitos, fazer-se digno de premio. *Benemereri. Dar en qué merecer (fr.);* dar desgostos, fazer soffrer: — *r.* verbo applicado pelos pastores ás ovelhas que fazem creação, e assim dizem que: *se merece bien,* a que não fica infecunda.

Merecidamente. *adv. m.* Merecidamente; em rasão do seu merecimento, com rasão ou justiça. *Meritò.*

Merecido. *m.* Merecido; castigo que alguem mereceu. Em portuguez é pouco usado n'este sentido. *Pœna debita vel merita.*

Merendar. *n.* Merendar; comer alguma cousa por merenda. Usa-se tambem como activo. *Merendam sumere:* — *(prov.)* comer ao meio dia. *Sub meridie prandere:* — observar com curiosidade o que outro faz ou escreve: — ver as cartas de outro parceiro com quem se joga. *Furtim aspicere:* — *a.* andar ligeiro, antecipar-se a conseguir alguma cousa. *Munus præripere.*

Merendera. *f. (bot.)* Merendera; genero de plantas da familia das colchicaceas.

Merenderеas. *f. pl. (bot.)* V. *Colchicáceas.*

Merendero. *adj.* Diz-se do corvo que anda regularmente pelas terras de semeadura, e tira a merenda da algibeira dos trabalhadores. *Satorius corvus.*

Merendita. *f. dim.* de *Merenda.* Merendinha, merendasinha.

Merendona. *f.* Merendona: merenda abundante e esplendida. *Lauta merenda.*

Merengue. *m.* Especie de massapão, feito de claras de ovo e assucar clarificado.

Meretricio, cia. *adj.* Meretricio; diz-se do que é relativo ou pertencente ás meretrizes. *Meretricius, a, um:* — *m. (ant.)* acto, copula carnal com meretriz. *Concubitus cum meretrice.*

Meretriz. *f.* Meretriz. V. *Ramera.*

Merganeta. *f. (zool.)* Merganetta; genero de aves palmipedes.

Meria. *f. (zool.)* Meria; genero de insectos hymenopteros, da familia dos escolcidos.

Meriania. *f. (bot.)* Meriania; genero de plantas da familia das melastomaceas.

Merice. *m. (zool.)* Meryce ou meryx; genero de insectos coleopteros pentameros, da familia dos xylophagos.

Meridiana. *f. (astr.)* Meridiana; linha recta tirada em um plano horisontal, na direcção de norte a sul, ou que representa a intersecção do horisonte com o meridiano.

Meridiano, na. *adj.* Meridiano; diz-se do que pertence ao meio dia, como: *altura meridiana;* altura meridiana. *Meridianus, a, um. A la meridiana,* á hora do meio dia. *Ad meridiem:* — *m. (astr.)* meridiano; circulo maximo do globo, que o divide em dois hemispherios, passando pelo zenith e o nadir. *Circulus meridianus:* — *adj.* meridiano; um dos differentes epithetos que os astrologos dão ao segundo quadrante do thema celeste. *Meridianum quadrans:* — *del globo ó de la esfera;* meridiano do globo ou da esphera; diz-se do circulo de metal em que gira e está suspensa a esphera: — *terrestre;* meridiano terrestre; circulo terrestre, correspondente ao meridiano celeste, que passa pelos polos da terra, e se encontra no mesmo plano que este ultimo. *Primer meridiano;* primeiro meridiano; o que cada nação ha adoptado para contar os outros, indo do oriente para o occidente. Pelos meridianos se mede a longitude terrestre: — *m. (hist. ant.)* meridiano; gladiador romano que entrava na arena ao meio dia.

Meridio. *m. (zool.)* Meridio *(particula);* genero de infusorios da familia dos bacillarios.

Meridion. *m. (ant.)* V. *Mediodía.*

Meridional. *adj.* Meridional, austral; diz-se do que é pertencente ao meio dia ou ao sul. *Meridionalis, meridianus.*

Merienda. *f.* Merenda; comida leve entre o jantar e a ceia. Em sentido rigoroso, mas menos usado, significa a refeição ligeira que se fazia ao meio dia, esperando comer em abundancia á ceia. *Merenda, æ:* — *(prov.)* refeição, comida que se toma ao meio dia. *Prandium sub meridiem:* — *(fig. fam.)* merendeira, corcova. V. *Corcoba:* — *de negros;* confusão, desordem de algum negocio ou dependencia, procurando alguem ficar com o proveito á custa dos mais. *Commune lucrum sibi vindicare vel subripere. Juntar meriendas (fr. fam.);* ajuntar ou reunir os interesses. *Consortium, societatem cum aliquo inire.*

Merimea. *f. (bot.)* Merimea; genero de plantas da familia das elatineas.

Merindad. *m.* Meirinhado; o territorio da jurisdicção de meirinho d'elrei. *Merini ditio, præfectura exiguæ regionis:* — meirinhado; o cargo de meirinho.

Meringal. *m.* V. *Merigal.*

Merino, na. *adj.* Merino, meirinho; diz-se do gado lanigero trashumante, que durante o inverno pasce na Extremadura, e no verão nos montes, em Hespanha. *Merinum pecus:* — meirinho; lã dos carneiros merinos: — cabello crespo e muito basto:—*m.* meirinho; funccionario publico que o rei nomeava antigamente para algum territorio, dando-lhe ampla jurisdicção. A este se lhe chamava tambem meirinho mór, porque podia eleger meirinhos menores. *Exiguæ regionis præfectus:* — meirinho; ultimamente chamava-se assim em algumas partes a um official inferior de justiça que exécutava as ordens de algum corregedor: — o que cuida do gado merino, de seus pastos, e divisões d'estes. *Gregum merinus, vel præfectus:* — merino; tecido de lã mufina, que as senhoras usam para vestidos: — *chico.* V. *Alguacil.*

Merio. *m. (zool.)* Meryo; genero de insectos coleopteros subpentameros, da familia dos longicornes.

Meriolice. *m. (bot.)* Meriolice ou meriolyx; genero de plantas da familia das œnotheraceas.

Meripo. *m. (zool.)* Meripho *(cabrito)*; genero de insectos coleopteros, da familia dos curculionidos.

Merisma. *f. (bot.)* Merisma *(divisão)*; genero de plantas da familia das telephoras.

Merismo. *m. (zool.)* Merismo; genero de insectos hymenopteros, da tribu dos chalcidios.

Meritamente. *adv. m. (ant.)* Meritamente. V. *Merecidamente.*

Meritar. *n. (inus.)* Merecer; fazer acções dignas.

Meritísimo, ma. *adj. sup.* de *Mérito.* Meritissimo, dignissimo. *Meritissimus, dignissimus.*

Mérito. *m.* Merito, merecimento; qualidades e acções que dão direito á recompensa ou ao castigo. *Meritum, i:* — fundamento, motivo, justiça. É mais usado no plural: — merito, merecimento, benemerencia: — merito, merecimento; excellencia e bondade de uma obra: — belleza, graça; fallando das mulheres: — merito, merecimento ou merecimentos; o que torna uma pessoa digna de estimação: — merito, merecimento; o que faz alguem digno de recompensa: — merito; merecimento; o que ha de bom e apreciavel, fallando das cousas: — *militar (hist.)*; merito militar ou ordem do merito; ordem franceza instituida por Luiz XV em 1759, para remunerar os serviços dos officiaes estrangeiros empregados no exercito francez: — *(rel.)* merito; bondade moral das acções do homem, segundo a recompensa que se lhes dá. *Los méritos de la pasion de Jesus Cristo;* os merecimentos da paixão de Jesus Christo, ou os merecimentos de Christo; na linguagem mystica, o que Jesus Christo soffreu para a redempção dos homens.

Meritoriamente. *adv. m.* Meritoriamente, merecidamente; de uma maneira digna. *Meritoriè.*

Meritorio, ria. *adj.* Meritorio; que é digno de premio, louvor, remuneração. *Meritorius, a, um:* — empregado sem vencimento, que está servindo para adquirir direito aos logares de menos categoria: — *(rel.)* meritorio; diz-se particularmente das boas obras que Deus recompensa e premeia no céu.

Merizomiria. *f. (bot.)* Merizomyria; genero de plantas da familia das phyceas.

Merla. *f. (prov. zool.)* Melroa; femea do melro.

Merlan. *m. (zool.)* Pescada; sub-genero de peixes malacopterygios, que tem por typo a pescada commum.

Merlin. *m. (fig.)* Merlim, magico, feiticeiro, bruxo, encantador. *Saber mas que merlin (fr.);* V. *Saber mas que el diablo:* — *(naut.)* merlim; cordinhas meio desfiadas e alcatroadas ou breadas com que se forram os cabos nos navios.

Merlina. *f.* Merlina; orgão mechanico para ensinar a cantar alguns passaros, especialmente os melros.

Merlo. *m. (mil. ant.)* V. *Merlon:* — *(zool.)* V. *Zorzal marino:* — *(prov.)* V. *Mirlo.*

Merlon. *m. (mil.)* Merlão; ameia alta e larga, ou o espaço do parapeito entre duas canhoneiras. *Interjecta inter tormentorum fenestras lorica:* — *alménico.* V. *Almena. Hueco de los merlones.* V. *Cañonera.*

Merluza. *f. (zool.)* Badejo; sub-genero de peixes pertencentes ao genero gadus, da familia dos anchenopteros.

Merma. *f.* Diminuição, perda, consumo, quebra; porção que se consome ou gasta de alguma cousa. *Rei imminutio, detrimentum.*

Mermar. *n.* Diminuir-se alguma cousa ou consumir-se uma parte d'ella. *Decrescere, imminui.*

Mermelada. *f.* Marmelada; doce ou conserva de marmelos, com mel ou assucar. *Mala cydonia melle vel saccharo condita. Brava mermelada;* boa marmelada; expressão que denota o desproposito de alguma cousa. *Importuna res vel insulsa, nullius momenti.*

Mero, ra. *adj.* Mero, puro, simples, sem mistura. *Merus, a, um:* — *imperio (for.)* V. *Imperio:* — *(zool.)* melro do mar; especie de peixes acanthopterygios do genero serrato.

Merocóride. *m. (zool.)* Merocoride ou mercoris; genero

de insectos hemipteros, da familia dos coreidos.

Merode. *m.* Pilhagem; roubo commettido em campo, em marcha pela tropa.

Merodeador. *m.* Merodista, saqueador; soldado que debanda do seu corpo para ir á pilhagem. *Miles prædator.*

Merodear. *n.* Merodear; ir á pilhagem, os soldados, espalhando-se pelos campos e povoações para roubar. *Milites e castris in prædationem excurrere.*

Merodeo. *m.* Pilhagem; acção e effeito de irem á pilhagem os soldados.

Merodista. *m.* V. *Merodeador.*

Merodonte. *m.* (*zool.*) Merodonte (*dente na coxa*); genero de insectos dipteros brachoceros.

Meroscéliso. *m.* (*zool.*) Meroscelisus (*coxa e perna iguaes*); genero de insectos coleopteros subpentameros, da familia dos longicornes.

Merostáquide. *m.* (*zool.*) Merostachyde ou merostachys; genero de plantas da familia das gramineas.

Mertensia. *f.* (*bot.*) Mertensia; genero de plantas da familia das celtideas: — (*zool.*) mertensia; genero de acalephos beroideos, da tribu do cydippos.

Mérulaxe. *m.* (*zool.*) Mérulaxe; genero de aves da ordem dos passaros, familia dos formigueiros.

Mes. *m.* Mez; cada uma das doze divisões do anno solar. *Mensis, is:* — mez; preço ajustado por um mez de aluguer, de lições, de trabalho, etc.: — mez; ás vezes serve para determinar a duração de um privilegio, de um direito, etc.: — mez; o numero de dias consecutivos desde um dia assignalado até outro igual no mez seguinte: — mez ou mezes das mulheres; o fluxo menstrual, a regra. *Fœminarium menstruum:* — mez; ordenado que se paga por mezes aos creados. *Merces, menstrua vel stipendium:* — (*adv.* e *conj. ant.*) V. *Mas:* — *civil;* mez civil ou commum; intervallo de certo numero de dias inteiros, que se approxima o mais que é possivel da duração de algum mez astronomico: — *del obispo.* V. *Mes ordinario:* — *mayores;* mezes mais proximos ao parto na mulher pejada. *Menses partui proximiores:* — mezes anteriores e immediatos á colheita, entre lavradores: — *ordinario;* mez ordinario; aquelle a que corresponde de ordinario a apresentação das prebendas e beneficios ecclesiasticos. *Caer en el mes del obispo* (*fr.*); chegar a proposito; chegar a tempo para obter o que se deseja. *Tempestivè vel opportunè accedere:* — (*astr.*) mez; periodo de tempo igual á duodecima parte do anno, e que está indicado pela revolução synodica da lua. *Mensis, is:* — *anomalístico;* mez anomalistico; tempo que a lua leva desde que está no seu apogéu, em voltar outra vez a elle. *Mensis anomalisticus:* — *astronómico* o *natural;* mez astronomico ou natural; o que é medido por um intervallo de tempo correspondente exactamente ao movimento do sol ou da lua: — *lunar periódico;* mez lunar periodico; tempo que a lua gasta em voltar ao mesmo ponto do zodiaco de que partiu, na sua revolução á roda da terra. *Mensis lunæ periodicus:* — *lunar sinódico;* mez lunar synodico; espaço que medeia entre duas conjuncções da lua com o sol ou entre duas luas novas. *Mensis lunæ sinodicus:* — *embolísmico* o *intercalar;* mez embolismal ou intercallar; mez que em cada tres annos se junta aos doze mezes lunares.

Mesa. *f.* Mesa, banca; movel de pau ou pedra, sobre que se estende alguma cousa. *Mensa, æ:* — mesa; a propria comida que se serve sobre a mesa; diz-se figuradamente. *Mensa, dapes:* — mesa; superficie horisontal de qualquer corpo: — planura, planicie sobre monte ou elevação. *Planities, ei:* — prancha; parte plana da espada ou de outra arma similhante: — partida de bilhar e o que se paga por ella: — *de estado;* mesa do estado; aquella em que por conta do rei se serve a comida aos cavalleiros e outros personagens: — *de la vaca;* segunda mesa de jogo para os jogadores de menor esphera. *Certantium in ludo secundus vel inferior consessus:* — *del sol;* a zona torrida: — *de trucos,* mesa de truques; a construida para o jogo d'este nome. *Drudiculorum tabula:* — *franca;* mesa franca; aquella em que se dá de comer a todos quantos chegam, sem distincção de pessoas: — *gallega ó de gallegos;* mesa de vilão; mesa em que falta o pão: — *redonda;* mesa redonda; em que não ha ceremonia ou preferencia de logar; mesa redonda; onde se serve comida a horas fixas por preço determinado. *Mensa rotunda vel cibilla:* *de vilanos* (*fam.*); mesa de vilões; mesa mal servida, onde é escassa a comida: — *traviesa;* mesa travessa; a que está no topo do refeitorio, e salas de juntas de communidades, onde se sentam os superiores. Tambem se dá este nome aos que n'ella tomam assento. *Mensa transversa vel princeps. A mesa puesta* (*loc. adv.*); sem trabalho, gasto nem cuidado. *Mensæ paratæ adstare, aliena non vocatum celebrare convivia. Cubrir la mesa* (*fr.*); pôr, cobrir a mesa; guarnece-la, pôr-lhe por ordem os pratos, viandas ou iguarias que se servem. *Mensam epulis successivè instruere. Dar mesa ó la mesa a alguno* (*fr.*); assentar á mesa alguem. *Estar a mesa y mantel de alguno* (*fr.*); estar de mesa com alguem; comer diariamente com elle. *Frequenter apud aliquem cœnare. Hacer mesa gallega* (*fr.*); ganhar ao jogo todo o dinheiro do contrario *Media mesa;* mesa dos creados; a segunda mesa que se põe mais barata nas hospedarias e pousadas para os creados comerem. *Poner la mesa (fr.)*; pôr a mesa; cobri-la com a toalha, pondo-lhe em cima os talheres e mais aprestos e manjares. *Mensam parare, sternere. Sobre mesa (loc. adv.)*; sobre o jantar ou a ceia; depois de ter jantado ou ceado. *Post mensam, post prandium:* — mesa; junta de pessoas á roda de uma mesa, em assembléa, irmandade, etc. *Injerir ó injertar de mesa (agr.)*; enxertar de mesa; introduzir o enxerto na fenda que se faz no tronco serrado horisontalmente: — *(arch.)* patamar da escada; plano em que remata cada um dos lanços da escada. *Scalorum areola:* — *de cambios (com.)* V. *Banco de comercio:* — *(bot.)* mesa; genero de plantas da familia das mircineas: — *de guarnicion (naut.)*; mesa da guarnição; pranchão em fórma de prateleira, para n'elle se entalharem as chapas que aguentam as bigotas das enxarcias reaes. *Hacer la mesa (fr. mil. ant.)*; acampar, assentar o campo ou arraial um exercito: — *(rel.)* Sagrada Mesa, a Santa Eucharistia. *Mensa Sacra:* — total das rendas das igrejas, prelados e dignidades, ou das ordens militares. *Redituum summa:* — *(zool.)* mesa; genero de insectos da tribu dos tentredinos.

Mesada. *f.* Mesada; dinheiro que se dá cada mez, pagamento, prestação, contribuição mensal. *Menstrua solutio, menstruum stipendium.*

Mesadura. *f. (ant.)* Arrepelladura; acção de arrepellar. *Depilatio, decalvatio.*

Mesajería. *f. (ant.)* V. *Mensajería.*

Mesajero, ra. *adj. (ant.)* V. *Mensajero.*

Mesana. *f. (naut.)* Mesena; mastro de ré das embarcações de tres mastros: — mesena; véla que se enverga na carangueija do mastro de ré. *Epidromon, epidromus:* — mesena; antiga verga ou antenna, que se collocava no mastro da mesena e a de cruz que ainda conserva.

Mesar. *a.* Arrepellar, arrancar, tirar violentamente os cabellos da cabeça ou da barba com as mãos. *Pilos evellere, unguibus metere.* Tambem se usa como reciproco: — *(ant.)* colher o fructo de uma herdade: — *n. (ant.)* V. *Pelear.*

Mesaye. *m. (ant.)* V. *Mensaje.*

Mesayería. *f. (ant.)* V. *Mensajería.*

Mesayero, ra. *adj. (ant.)* V. *Mensajero.*

Mescabar. *a. (ant.)* Mescabar. V. *Menoscabar.*

Mescabo. *m. (ant.)* Mescabo. V. *Menoscabo.*

Mescan. *s. (ant.)* O que se junta carnalmente com outra pessoa.

Mescar. *a. (ant.)* Mescar. V. *Mezclar.*

Mesclador, ra. *s. (ant.)* V. *Calumniador.*

Mesclamiento. *m. (ant.)* V. *Mezcla.*

Mesclar. *a. (ant.)* V. *Calumniar:* — V. *Malquistar:* — *r. (ant.)* V. *Mezclarse*, ter parte em alguma cousa.

Mescolanza. *f.* V. *Mezcolanza.*

Mese. *f. (ant.)* V. *Mies.*

Meseguería. *f.* Guarda dos trigos ou das messes; acção de as guardar: — *(prov.)* cotisação que os lavradores fazem entre si para pagar ao guardador das searas, e a parte que a cada um corresponde.

Meseguero. *m.* Guardador das messes ou searas. *Messis custos:* — *(p. Ar.)* vinheiro; guarda das vinhas: — *adj.* concernente ou relativo ás messes.

Mesellador, ra. *adj. (ant.)* Infeliz, miseravel.

Mesenterenfraxis. *f. (med.)* Mesenterenfraxis; obstrucção do mesenterio.

Mesenteresia. *f. (med.)* V. *Mesenteritis.*

Mesenteria. *f. (med.)* Mesenteria; inchação das glandulas mesentericas.

Mesentérico, ca. *adj. (anat.)* Mesenterico; diz-se do que é pertencente ao mesenterio.

Mesenterio. *m. (anat.)* Mesenterio; tunica ou membrana dependente do peritoneo, que envolve os intestinos.

Mesenteriporo. *m. (zool.)* Mesenteriporo *(membro que reune os intestinos)*; genero de polypeiros, da familia dos operculiferos.

Mesenteritis. *f. (med.)* Mesenteritis ou mesenterite; inflammação do mesenterio.

Meseraica. *adj. (anat.)* Meseraica; diz-se de cada uma das veias que descem do figado ao mesenterio por meio da veia porta.

Mesero. *m.* Official que acabou a sua aprendizagem, e se ajusta com o mestre para trabalhar, dando-lhe este de comer e pagando-lhe aos mezes. *Mestruus operarius.*

Meseta. *f.* V. *Mesa*, significando planura: — V. *Mesa*, na accepção de architectura.

Mesías. *m.* Messias; nome que os hebreus davam aos seus sacerdotes, prophetas, e aos seus reis, e foi especialmente usado para designar Jesus Christo. *Esperar a uno como al Mesías (fr.)*; esperar a alguem como ao Messias; espera-lo anciosamente, com impaciencia.

Mesiazgo. *m.* Messiado; a dignidade do Messias.

Mesidor. *m.* Messidor; decimo mez do calendario republicano francez.

Mesiello, lla. *adj. (ant.)* V. *Miserable.*

Mesilla, ta. *f. dim.* de *Mesa.* Mesinha ou mensinha; mesa pequena: — dinheiro que o rei dá aos seus creados diariamente, quando está de jornada, em logar de mesa. *Diurna merces pro cibo:* — reprehensão dada em ar de chacota, em tom de gracejo. Usa-se nos collegios e universidades. *Animadvertio jugis:* — V. *Mesa*, na accepção de architectura.

Mesillo. *m.* Primeiro menstruo das mulheres, depois do parto.

Mesion. *f. (ant.)* Empenho, conato.

Mesitina. *f. (min.)* Mesitina; carbonato duplo de magnesia e ferro.

Mesitinespato. *m.* *(min.)* Mesitinespatho; variedade de ferro spathico, em cuja composição entram os carbonatos de ferro e de magnesia.

Mesito. *m.* *(zool.)* Mesito ou mesites; genero de aves, cuja classificação scientifica não está determinada, e que tem o bico quasi tão comprido como o resto da cabeça: — mesites; genero de insectos coleopteros tetrameros, da familia dos curculionidos.

Meslein. *m.* Meslein; medida de capacidade do ducado de Baden, que equivale a litro e meio.

Mesmeriano, na. *s.* Mesmeriano ou mesmerista; seguidor, partidario do mesmerismo: — *adj.* mesmeriano, mesmerista; diz-se do que se refere a Mesmer ou ás suas doutrinas.

Mesmerismo. *m.* Mesmerismo; doutrina de Mesmer sobre o magnetismo animal.

Mesmerista. *adj.* e *s.* V. *Mesmeriano.*

Mesmo, ma. *pron. pes.* *(ant.)* V. *Mismo.* Hoje usa-se mais na Galliza. *Eso mesmo (fr. ant.)*; isso mesmo, tambem, igualmente, do mesmo modo.

Mesnada. *f.* *(ant.)* Mesnada; gente de guerra assoldadada pelos reis antigamente. *Armatorum manus:* — *(ant.)* companhia, junta, congregação.

Mesnadería. *f.* *(ant.)* Mesnaderia; soldo do mesnadeiro.

Mesnadero. *m.* *(ant.)* Mesnadeiro; soldado, homem da mesnada.

Mesocarpo. *m.* *(bot.)* Mesocarpo; substancia interposta entre a epiderme interna e a externa do pericarpo.

Mesocefalitis. *f.* *(med.)* Mesocephalitis; inflammação do mesocephalo.

Mesocéfalo. *adj.* *(anat.)* Mesocephalo; diz-se do que está collocado no meio da cabeça: — *m.* mesocephalo; medulla prolongada, que se acha contida na parte inferior, posterior e media do cerebro.

Mesocólon. *m.* *(anat.)* Mesocolon; nome de certas expansões do peritoneo, em cuja duplicatura estão comprehendidas as differentes porções do intestino colon.

Mesocráneo. *m.* *(anat.)* Mesocraneo; parte media do craneo.

Mesofillo. *m.* *(bot.)* Mesophyllo; plexo de fibras vasculares e de tecido cellular que constitue o corpo das folhas dos vegetaes.

Mesofito. *m.* *(bot.)* Mesophito; nó vital das plantas, isto é, a linha de demarcação entre a parte ascendente e a descendente do vegetal.

Mesofragma. *m.* *(zool.)* Mesophragma; parte que se dirige verticalmente no thorax dos insectos, e aonde se vão inserir alguns musculos das azas.

Mesogástrico. *m.* *(anat.)* Mesogastrico; região media do abdomen entre o epigastrio e o hipogastrio.

Mesogótico, ca. *adj.* Mesogothico; diz-se do que é relativo ou concernente aos godos que se estabeleceram na Mesia.

Mesograma. *f.* *(bot.)* Mesogramma *(linha no centro)*; genero de plantas da familia das compostas.

Mesola. *f.* *(min.)* Mesola; variedade de mesotypa que se apresenta em globulos de estructura luminosa.

Mesolabio. *m.* *(math.)* Mesolabio; instrumento antigo para achar uma media proporcional.

Mesolina. *f.* *(min.)* Mesolina; hydro-silicato de alumina, cal e soda.

Mesolita. *f.* *(min.)* Mesolita; variedade de mesotypa, que contém cal e soda.

Mesolóbulo. *m.* *(anat.)* Mesolobulo; parte do cerebro collocada entre os dois hemispherios.

Mesologaritmo. *m.* *(math.)* Mesologarithmo; logarithmo da tangente.

Mesomeria. *f.* *(anat.)* Mesomeria; parte do corpo collocado entre as coxas.

Meson. *m.* Estalagem; casa onde os viajantes são alojados por dinheiro. *Diversorium, hospitium publicum, caupona. Estar como meson (fr.)*; parecer uma estalagem; diz-se para notar a grande concurrencia e movimento de uma casa, cujas portas estão abertas para todos.

Mesona. *f.* *(bot.)* Mesona; genero de plantas da familia dos labiadas.

Mesonaje. *m.* Sitio ou rua em que ha muitas estalagens ou albergarias. *Vicus diversoriis vel hospitiis distinctus:* — *(vulg.)* officio de estalajadeiro.

Mesonático, ca. *adj.* *(fam.)* V. *Mesonil.*

Mesonema. *f.* *(zool.)* Mesonema *(filamento)*; genero de acalephos medusarios da familia dos equoridos.

Mesonero, ra. *s.* Mesoneiro; estalajadeiro; dono de estalagem. *Stabularius, caupo:* — *adj.* diz-se do creado ou creada da estalagem: — *(fam.)* diz-se do que respeita á estalagem.

Mesonil. *adj.* *(fam.)* Diz-se do que pertence ou é relativo á estalagem.

Mesonista. *f.* *(fam.)* Moça, creada da estalagem.

Mesonizante. *adj.* *s.* *(fam.)* Estalajadeiro; o que tem estalagem.

Mesopolóbulo. *m.* *(zool.)* Mesopolobulo *(lobulo no meio do pé)*; genero de insectos hymenopteros da tribu dos calcidios.

Mesoqueiro. *f.* *(zool.)* Mesocheira *(mão dividida)*; genero de insectos hymenopteros.

Mesora. *f.* Mesora; intervallo entre as horas do officio divino, na igreja grega.

Mesosa. *f.* *(zool.)* Mesosa *(que está ao meio)*; genero de insectos coleopteros subpentameros, da familia dos longicornes.

Mesostena. *m.* *(zool.)* Mesosteno; genero de insectos hymenopteros, da familia dos ichneumonidos.

Mesotipa. *f.* *(min.)* Mesotypa; variedade de zeolita, chamada tambem zeolita radiada, que crystallisa em prismas rhomboidaes.

Mesoz. *m.* *(ant.)* V. *Salmon.*

Mespilodafne. *m.* *(bot.)* Mespilodaphne; genero de plantas da familia das laurineas.

Mesopleurio, ria. *adj.* Mesopléuro; qualificação dos musculos intercostaes.

Mesorecto. *m. (anat.)* Mesorecto; expansão triangular do peritoneo, que se estende desde a face anterior do sacro até á posterior do recto.

Mesóstomos. *m. pl. (zool.)* Mesóstomos; tribu de echinodermes, que tem a bôca no eixo do corpo.

Mesotenar. *m. (anat.)* Mesothenar; nome de um dos musculos do dedo pollegar da mão, que tambem se chama antithenar.

Mesotórax. *m. (anat.)* Mesothorax; parte media do peito: — *(zool.)* mesothorax; segunda parte do corsolete que sustém as azas superiores, e o par de patas intermedias.

Mesozeugma. *m. (rhet.)* Mesozeugma; figura rhetorica geralmente chamada zeugma.

Mespiliforme. *adj. (bot.)* Mespiliforme; diz-se do que é parecido com a nespereira.

Mesquindad, Mesquindade, Mesquindat. *f. (ant.)* V. *Mezquindad.*

Mesquino, na. *adj. (ant.)* V. *Mezquino*, miseravel, avarento.

Mesta. *f.* Mesta; sociedade, corporação de pastores e proprietarios de gados trashumantes, representada por uma junta ou concelho que se reune duas vezes por anno para tratar dos negocios concernentes aos gados e seu governo economico. Esta junta tinha por titulo *El honrado concejo de la mesta. Rei pecuariæ consessus:* — a junta da sociedade de mesta, celebrada de seis em seis mezes. *Ambas mestas.* V. *Confluencia.*

Mestal. *m. (ant.)* Baldío; terra inculta.

Mestenco, ca. *adj. (ant.)* V. *Mostrenco.*

Mesteño, ña. *adj.* Diz-se do que é relativo ou pertence á *mesta. Pecuarius, a, um:* —V. *Mostrenco.*

Mester. *m. (ant.)* V. *Menester:* — *(ant.)* mester, arte, officio.

Mestizo, za. *adj.* Mestiço; diz-se da pessoa ou animal filho de pae e mãe de differentes raças. Applica-se com especialidade ao filho de europeu e ainda ao de branco e mulata, etc. Usa-se tambem como substantivo. *Hibris, hibridus.*

Mesto. *m. (bot.)* V. *Aladierna.*

Mestoro. *m. (zool.)* Mestoro; genero de insectos coleopteros tetrameros, da familia dos curculionidos.

Mestra. *f. (ant.)* V. *Maestra.*

Mestre. *m. (ant.)* V. *Maestro:* — V. *Artífice.*

Mestría. *f. (ant.)* V. *Curacion.*

Mestro. *m. (ant.)* V. *Maestro.*

Mestura. *f. (p. Ar.* e *Gal.)* Mistura; trigo misturado com centeio. *Mistura panis:* — *(ant.)* mistura. V. *Mezcla:* — geração, linhagem.

Mesturador, ra. *s. (ant.)* V. *Mesturero.*

Mesturar. *a. (ant.)* Mesturar. V. *Misturar:* — revelar; descobrir ou publicar algum segredo: — V. *Denunciar, Delatar.*

Mesturero, ra. *s. (ant.)* Revelador, divulgador; o que revela ou divulga algum segredo: — enredador, intrigante; pessoa que tece enredos.

Mesturgar. *a. (ant.)* V. *Apacentar.*

Mesturgo. *m. (ant.)* V. *Pasto.*

Mesua. *f. (bot.)* Mesua; genero de plantas da familia das clusiaceas.

Mesura. *f.* Mesura, gravidade, seriedade, modestia. É antiquado em portuguez. *Modestia, gravitas, circumspectio:* — mesura, moderação, comedimento. É tambem antiquado em portuguez. *Modus, moderatio:* — mesura, reverencia; cortezia feita por acatamento. Hoje em portuguez, só se diz de cortezia feita por mulheres. *Submissio, onis:* — *(ant.)* sobriedade, virtude da temperança: — juizo, prudencia: — V. *Medida.*

Mesurable. *adj.* V. *Mensurable.*

Mesuracion. *f. (mus.)* Medida ou mensura; proporção dos membros de um compasso.

Mesuradamente. *adv.* Mesuradamente, modestamente, cortezmente, prudentemente.

Mesurado, da. *adj.* Mesurado; comedido, modesto, moderado. *Modestus, circumspectus:* — governado, parco, moderado. *Parcus, a, um:* — *(ant.)* diz-se do que é bem proporcionado, que tem justa proporção.

Mesuramiento. *m. (ant.)* V. *Mesura*, moderação.

Mesurante. *p. a. (ant.)* de *Mesurar.*

Mesurar. *a.* Mesurar, moderar, morigerar; fazer alguem modesto e cortez, inspirando-lhe respeito e acatamento. É termo antiquado em portuguez. *Gravitatem vel modestiam inferre, seriè se gerere:* — *(ant.)* V. *Medir:* — *(fig. ant.)* V. *Considerar:* — *r.* mesurar-se, comedir-se, conter-se, moderar-se, haver-se com moderação.

Meta. *f.* V. *Blanco:* — meta, termo, limite: — meta; signal que se põe para marcar termo ou limite: — *(hist.)* meta; signal que se punha no fim de uma carreira, até onde os cavallos corriam desde as balizas, nos jogos publicos da Grecia e Roma.

Metábala. *f. (rhet.)* Metabala; figura que consiste em transtornar a ordem que devem ter as palavras na oração, ou na interposição de alguma palavra entre as syllabas de outra.

Metabáside. *f. (bot.)* Metabasis; genero de plantas da familia das compostas.

Metabasis. *f. (med.)* Metabasis ou metabase; nome que dão alguns auctores á mudança de remedio, segundo os symptomas que apresenta uma enfermidade.

Metábola. *f. (med.)* Metabola; mudança de uma doença em outra: — *(rhet.)* metabola; figura que consiste em accumular muitos synonymos para exprimir uma mesma idéa.

Metabolo. *m. (bot.)* Metabolo; genero de plantas da familia das rubiaceas: — *adj. (zool.)* metabolo; diz-se do animal que experimenta alguma metamorphose: — *m. pl.* metabolos; sub-classe de insectos, que comprehende todos os que experimentam modificações na fórma.

METABOLÓLOGO, GA. *s.* V. *Metabololojista.*

METABOLOLOJIA. *f.* *(med.)* Metabolologia; discurso, tratado, obra sobre as transformações que sobrevem na marcha das doenças: — *(zool.)* metabolologia; parte da entomologia, que trata do estudo das metamorphoses que experimentam alguns insectos.

METABOLOLÓJICO, CA. *adj. (med.* e *zool.)* Metabolologico; diz-se do que é pertencente ou relativo á metabolologia.

METACARPIANO, NA. *adj. (anat.)* Metacarpiano.

METACARPIO, PIA. *adj. (anat.)* V. *Metacarpiano.*

METACARPO. *m. (anat.)* Metacarpo; parte da mão entre os dedos e o pulso: — *falanjiano;* metacarpo phalangiano; diz-se do que pertence ao metacarpo e ás phalanges: — *(zool.)* metacarpo; especie de estrellas do mar, que têem a fôrma de uma mão completa.

METACENTRO. *m. (geom.)* Metacentro; centro de gravidade, sempre no meio da massa, qualquer que seja a posição do corpo que a forma.

METACETONA. *f. (chim.)* Metacetona; substancia particular, que se approxima da acetona.

METACISMO. *m. (gram.)* Metacismo; defeito da pronunciação da letra *m*, quando é seguida de uma vogal.

METACÓNDILO. *m. (anat.)* Metacondylo; cada uma das ultimas phalanges, as mais pequenas dos dedos.

METACORESIS. *f. (med.)* Metachoresis ou metachorese *(mudança de logar);* passagem de uma enfermidade de uma parte do organismo para outra.

METACRONISMO. *m. (chron.)* Metachronismo; anachronismo por antecipação de data. É o contrario de panachronismo.

METAD. *f. (prov.)* V. *Mitad.*

METADUPO. *m. (zool.)* Metadupo *(intermedio),* genero de insectos coleopteros tetrameros, da familia dos curculionidos.

METAFÍSICA. *f. (fig.)* Metaphysica; o modo de discorrer com demasiada subtileza, em qualquer materia, e as mesmas cousas sobre que se discorre. *Nimia subtilitas:* — *(philos.)* metaphysica; sciencia dos entes espirituaes ou incorporeos, das cousas abstractas, intellectuaes. Divide-se em geral e especial. *Methaphysica, æ.*

METAFÍSICAMENTE. *adv. m.* Metaphysicamente; de um modo metaphysico. *Metaphysicè.*

METAFÍSICO, CA. *adj.* Metaphysico; diz-se do que é pertencente ou relativo á metaphysica. Usa-se tambem como substantivo, pelo que a professa. *Methaphysicus, a, um:* — metaphysico, obscuro, intrincado; o que é difficil de entender. *Metaphysicus, a, um.*

METAFISTEGO. *m. (anat.)* Metafistego; peça do thorax dos insectos.

METAFLOGOSIS. *f. (med.)* Metaphlogosis ou metaphlogose; o mais alto grau da inflammação.

METÁFORA. *f. (rhet.)* Metaphora, translação; tropo pelo qual damos ás palavras um sentido translato ou analogico. *Metaphora, æ.*

METAFÓRICAMENTE. *adv. m.* Metaphoricamente; por metaphora, em sentido metaphorico. *Metaphoricè.*

METAFORICAR. *n. (ant.)* V. *Metaforizar.*

METAFÓRICO, CA. *adj.* Metaphorico; diz-se do que encerra metaphora. *Metaphoricus, a, um:* — *(philol.)* metaphorico; diz-se de uma das seis especies de caracteres de que se compõe a lingua ideologica dos chinezes.

METAFORISTAS. *m. pl. (rel.)* Metaphoristas; sectarios que pretendiam que o dogma da presença real fosse uma especie de metaphora.

METAFORIZAR. *n.* Metaphorisar; usar de metaphoras, dar accepção, sentido metaphorico. *Metaphoras adhibere.*

METAFÓSFATO. *m. (chim.)* Metaphosphato; sal produzido pela combinação do acido metaphosphorico com uma base.

METAFOSFÓRICO, CA. *adj. (chim.)* Metaphosphorico; diz-se de um acido de propriedades analogas ao phosphorico.

METAFRASIS. *f. (litt.)* Metaphrase; interpretação litteral de uma obra ou de um escripto qualquer: — metaphrase; traducção litteral.

METAGALLATO. *m. (chim.)* Metagallato; sal formado pela combinação do acido metagallico com uma base salificavel.

METAGÁLLICO, CA. *adj. (chim.)* Metagallico; produzido pela acção do fogo sobre o acido gallico.

METAGOGE. *f. (rhet.)* V. *Metagoje.*

METAGOJE. *f. (rhet.)* Metagoge; figura que consiste em dar sentimentos, paixões a cousas inanimadas.

METAL. *m.* Metal, latão, metal amarello. *Aurichalcum, i:* — *(fig.)* metal de voz; qualidade mais ou menos sonora d'ella. *Tonus vel sonus vocis:* — metal, laia, estofa; qualidade, classe, condição de alguma cousa. *Qualitas, atis:* — *(ant.)* V. *Mercal:*—*de campana (art.)* V. *Bronce:*—*fuerte;* metal forte; nome que dão os fundidores e impressores á composição de antimonio, chumbo e ferro velho, de que se faz a fundição para a letra de imprensa: — *(br.)* metal; o oiro, que se representa pela côr amarella, e a prata, que se representa pela branca, para os distinguir das outras cinco cores. *Metallum, i:*—*de ayuda (min.);* metal coadjuvante; o que ajuda a fundir o principal e a tempera-lo:—*de cebo;* metal de sebo; metal riquissimo, que se derrete em vaso de afinação: — *machacado;* o oiro e prata nativa, pura, sem mistura alguma:—*pe-*

pena ou rico; metal rico ou precioso; o oiro e a prata: — metal; em mineralogia é um nome commum a uma secção de corpos simples, solidos á temperatura e pressão ordinarias, á excepção do mercurio, que é impossivel designar por caracteres communs a todos elles, sendo o brilho o unico que, mais ou menos, se nota em todos. *Metallum, i: — nativo ó virjen;* metal nativo ou virgem; o que é tirado puro e limpo da mina.

Metalado, da. *adj. (ant.)* V. *Metálico.*

Metalario. *m.* Metalario; o que trabalha em metaes. *Metalarius, ii.*

Metalasia. *f. (bot.)* Metalasia (*velloso por detrás);* genero de plantas da familia das compostas.

Metalepsis. *f. (rhet.)* Metalepse; figura da dicção, em que os termos antecedentes dão a explicação dos subsequentes. *Transpositio, onis.*

Metaléutica. *f. (zool.)* Metalleutica; genero de insectos orthopteros, da tribu dos mantidos.

Metalescente. *adj.* Metallescente; qualificação dos corpos que apresentam na sua superficie um brilho metallico.

Metálica. *f.* V. *Metalurjia.*

Metálico, ca. *adj.* Metallico; diz-se do que é de metal ou pertencente aos metaes. *Metallicus, a, um:* — metallico; que respeita ás medalhas, e assim se diz: *historia metálica;* historia metallica. *Metallicus, a, um:* — *m.* metallico, metal sonante; o dinheiro ou moeda em sua propria especie, para o distinguir do papel moeda:—V. *Metalario. Pintura metálica.* V. *Pintura embutida. Brillo metálico;* brilho metallico; brilho produzido por uma reflexão viva, de que resulta a apparencia de um metal. *Plumas metálicas;* pennas metallicas ou de aço, para escrever. *Caracteres metálicos;* caracteres metallicos; os traçados com tinta de côr e brilho metallico. *Historia metálica (hist.);* historia metallica ou das medalhas; aquella cujos acontecimentos estão acreditados por uma serie de medalhas. *Ciencia metálica (num.);* sciencia metallica ou das medalhas; a que diz respeito ás medalhas: — *m. pl. (zool.)* metallicos; secção de insectos da familia dos muscidos.

Metalífero, ra. *adj. (min.)* Metallifero; diz-se do mineral que contém alguma porção ou parcella de metal. *Metallifer, era, erum:* — *(poet.)* metallifero; diz-se do que produz metaes. *Metallifer, era, erum.*

Metaliforme. *adj. (min.)* Metalliforme; diz-se do mineral que tem a apparencia metallica.

Metalino, na. *adj. (ant.)* Metallino; diz-se do que é de metal.

Metalista. *m.* V. *Metalario.*

Metalito. *m. (zool.)* Metallites (*metallico);* genero de insectos coleopteros tetrameros, da familia dos curculionidos.

Metalizacion. *f.* Metallisação; acção e effeito de metallisar: — *(zool.)* metallisação; formação natural dos metaes no seio da terra: — *(chim.)* metallisação; operação metallurgica, por meio da qual se extrahem os metaes das minas que os contêem.

Metalizar. *a. (fig.)* Metallisar; endurecer, empedernir ou fazer insensivel o coração, a alma a tudo, excepto ao oiro, ao dinheiro. Usa-se tambem como reciproco: — *(chim.)* metallisar; reduzir um oxydo ao estado metallico, adquirir uma substancia propriedades metallicas.

Metalófilo. *m. (zool.)* Metallophilo (*que gosta de metal);* genero de insectos coleopteros pentameros, da familia dos carabicos.

Metalografía. *f.* Metallographia; parte da mineralogia, que trata com especialidade de dos metaes: — metallographia; descripção ou tratado ácerca dos metaes.

Metalográfico, ca. *adj.* Metallographico; diz-se do que pertence á metallographia.

Metalóide. *m. (chim.)* Metalloide; corpo simples que, sem ser metal, tem alguma de suas propriedades: — *adj.* V. *Metalóideo.*

Metalóideo, dea. *adj. (chim.)* Metalloide; diz-se do que é similhante aos metaes.

Metalonoto. *m. (zool.)* Metallonoto (*dorso metallico);* genero de insectos coleopteros heteromeros da familia dos melasomos.

Metaloquímia, Metaloquímica. *f. (chim.)* Metallochimica; parte da chimica que trata especialmente dos metaes.

Metalurgia. *f. (min.)* V. *Metalurjia.*

Metalúrgico, ca. *adj.* V. *Metalurjico.*

Metalurgista. *m.* V. *Metalurjista.*

Metalurjia. *f. (min.)* Metallurgia; arte, sciencia de extrahir, trabalhar e preparar os metaes.

Metalúrjica. *f.* V. *Metalurjia.*

Metalúrjico, ca. *adj.* Metallurgico; diz-se do que pertence á metallurgia. Usa-se tambem substantivado, na terminação masculina, pelo que trabalha n'esta sciencia.

Metalurjista. *m.* Metallurgista. V. *Metalúrjico.*

Metalla. *f. (art.)* Ressanes; pequenos pedaços de folha de oiro com que os douradores cobrem as falhas ou partes do objecto dourado que estão a descoberto. *Aurei folii frustula.*

Metallo. *m. (ant.)* V. *Metal.*

Metamecónico, ca. *adj. (chim.)* Metameconico; diz-se de um acido que se obtem do acido meconico, fazendo-o ferver na agua.

Metamórfico, ca. *adj. (geol.)* Metamorphico; diz-se de uma serie de rochas estratificadas, crystallinas, desprovidas de restos organicos.

Metamorfopsia. *f. (med.)* Metamorphopsia; affecção da vista, que faz com que os objectos se apresentem com uma fôrma differente da que realmente têem.

Metamorfosear. *a.* Metamorphosear, transformar; mudar a fórma:—*(fig.)* metamorphosear, transformar; mudar o exterior ou o caracter de alguem. Usa-se tambem como reciproco.

Metamorfóseos. *m.* *(ant.)* Metamorphoseos. V. *Metamórfosis.*

Metamórfosis, Metamorfosis. *f.* Metamorphose, transformação; mudança de uma fórma ou figura em outra. *Metamorphosis:* —*(fig.)* metamorphose; mudança ou mutação no estado de uma cousa ou de um sujeito, de genio, de costumes, etc.: —*(h. nat.)* metamorphose; successão de fórmas que experimenta um ser animado até chegar ao seu estado adulto.

Metánea. *f.* *(rhet.)* V. *Correccion.*

Metaplasmo. *m.* *(gram.)* Metaplasmo; figura da dicção, pela qual se mudam, se tiram ou se addicionam letras a uma palavra. *Metaplasmus, i.*

Metaplástico, ca. *adj.* *(gram.)* Metaplastico; diz-se do que se refere ao metaplasmo.

Metaplexide. *m.* *(bot.)* Metaplexis; genero de plantas da familia dos asclepiadeas.

Metaporopoyesis. *f.* *(med.)* Metaporopoiese; alteração no estado dos poros cutaneos.

Metaptosis. *f.* *(med.)* Metaptose; mudança ou resolução de uma enfermidade em outra de distincta naturèza.

Metasincrisis. *f.* *(med.)* Metasyncrise; mudança ou alteração geral com o fim de transformar inteiramente o corpo.

Metasincrítico, ca. *adj.* *(med.)* Metasyncritico; diz-se do que pertence á metasyncrisis ou que a produz. *Ciclo metasincrítico;* cyclo metasyncritico; regimen particular que empregam os methodistas para restabelecer progressivamente o corpo das perdas experimentadas durante um tratamento anterior muito energico.

Metasquematismo. *m.* *(med.)* V. *Metabololójia.*

Metastasis. *f.* *(med.)* Metastasis ou metastase; mudança de logar ou transporte de materia morbida ou de doença de um logar para outro: —*(rhet.)* metastase; figura pela qual o orador attribue uma proposição ou um facto a outrem, desonerando d'elle a si ou a pessoa por quem ora.

Metastático, ca. *adj.* Metastatico; diz-se do que é proprio ou dependente da metastase. *Romboedro metastático (min.);* rhomboedro metastatico; nome dado por Hauy a um certo dodecaedro triangular. Hoje diz-se de todos os dodecaedros triangulares escalenos associados ao rhomboedro; os mineralogistas allemães chamam-lhe escalemoedro.

Metastelma. *m.* *(bot.)* Metastelma; genero de plantas da familia das asclepiadeas.

Metatársico, ca. *adj.* *(anat.)* Metatarsico ou metatarsiano; diz-se do que pertence ao metatarso.

Metatarso. *m.* *(anat.)* Metatarso; parte do pé situada entre o tarso e os dedos.

Metatesia. *f.* *(phisool.)* Metathesia; monstruosidade caracterisada pela transposição de algum membro.

Metátesis. *f.* *(philos.)* Metathese; na logica de Kant, transposição dos termos de um juizo com o fim de destruir outro juizo por meio de um raciocinio immediato. *Metathesis:* — *(gram.)* metathese; transposição de uma syllaba ou letra na mesma dicção. *Metathesis, is:* — *(med.)* metathese; transposição ou mudança da causa morbifica, que se faz fixar em outra parte do corpo aonde a sua presença é menos nociva.

Metatórax. *m.* *(zool.)* Metathorax; terceiro segmento do thorax dos insectos alados, que sustém as duas patas e as azas posteriores.

Metazanto. *m.* *(bot.)* Metazantho *(flor no intervallo);* genero de plantas da familia das compostas.

Metazicera. *f.* *(zool.)* Metazycera *(corno no intervallo);* genero de insectos coleopteros subpentameros.

Metazóico, ca. *adj.* *(geol.)* Metazoico; diz-se dos mineraes posteriores á apparição dos animaes no globo.

Metcal, Metchal. *m.* *(ant.)* V. *Mercal.*

Metecal. *m.* *(ant.)* V. *Mercal.*

Metedor, ra. *s.* Mettedor, introductor; o que introduz uma cousa em outra. *Intromissor, oris:* — contrabandista; o que introduz ou faz contrabando. *Prohibitarum mercium introductor:* — *m.* fralda; toalhinha em que se envolvem as creanças, por baixo do cueiro. *Panniculus infantis suppositorius.*

Meteduría. *f.* Contrabando; acção de contrabandear. *Mercium prohibitarum introductio.*

Metempsicosis. *f.* *(philos.)* Metempsycose; transmigração da alma de um corpo para outro, segundo os pythagoricos e outros. *Metempsychosis.*

Metemptosis. *f.* *(astron.)* Metemptosis ou metemptose; equação solar que se faz para que os novilunios não succedam um dia mais tarde.

Metemuertos. *m.* Individuo assalariado nos theatros para armar e desarmar a scena, tirando e pondo os moveis e mais objectos que hão de servir para a representação. *Comoedorum minister:* — homem mettediço, entremettido e digno de desprezo.

Metensomatosis. *f.* *(philos.)* Metensomatose; transmutação de um corpo em outro.

Meteórico, ca. *adj.* Meteorico; diz-se do que pertence aos meteoros. *Meteoricus, a, um:* — *(bot.)* meteorico; diz-se das flores que experimentam a influencia do estado atmospherico, nos momentos de abrir-se e fechar-se.

Meteorina. *f.* *(bot.)* V. *Caléndula.*

Meteorismo. *m. (med.)* Meteorismo; distensão do abdomen por um gaz.

Meteorista. *m.* V. *Meteorolojista.*

Meteorita. *f. (min.)* Meteorolitha; massa petrea e metallifera que se precipita das regiões atmosphericas sobre a terra, acompanhada de phenomenos constantes.

Meteorizar. *a. (med.)* Meteorizar; causar meteorismo: — *r.* meteorisar-se; distender-se uma parte em virtude de uma accumulação de gaz.

Meteoro, Metéoro. *m. (phys.)* Meteoro; todo o phenomeno atmospherico, como a chuva, os trovões, os raios, etc. *Meteorum, i. Meteoros acuosos;* meteoros aquosos; são o sereno, o rocio, as nuvens, a chuva, a neve, o granizo: — *aéreos;* meteoros aereos; os ventos, as trombas, etc.: — *ígneos;* meteoros igneos; o raio, o fogo de San Telmo, os fogos fatuos, as exhalações: — *luminosos;* meteoros luminosos; o arco iris, as auroras boreaes, a luz, zodiacal: — *(zool.)* meteoro; genero de insectos hymenopteros da familia dos brachonidos.

Meteorognosia. *f.* Meteorognosia. V. *Meteorolojía.*

Meteorografía. *f. (phys.)* Meteorographia; descripção dos meteoros.

Meteorógrafo. *m.* Meteorographo; instrumento usado para as observações meteorologicas: — meteorographo; o que se dedica á meteorographia.

Meteorolito. *m. (phys.)* Meteorolitho. V. *Aerolito.*

Meteorología. *f.* V. *Meteorolojía.*

Meteorológico, ca. *adj. (phys.)* V. *Meteorolójico.*

Meteorolojía. *f.* Meteorologia; parte da physica geral que trata dos meteoros. *Meteorologia, scientia de meteoris.*

Meteorolójico, ca. *adj. (phys.)* Meteorologico; diz-se do que é relativo ou pertence á meteorologia ou aos meteoros. *Meteorologicus, a, um. Instrumentos meteorológicos;* instrumentos meteorologicos; os que se empregam nas observações meteorologicas. *Observaciones meteorolójicas;* observações meteorologicas.

Meteorolojista. *m.* Meteorologista; o que é versado em meteorologia.

Meteoromancia. *f.* Meteoromancia; arte de adivinhar pela inspecção ou observação dos meteoros, e especialmente dos trovões e relampagos: — meteoromancia; adivinhação feita por este meio.

Meteoromántico, ca. *adj.* Meteoromantico; diz-se do que é concernente á meteoromancia: — *m.* meteoromantico; o que pratica a meteoromancia.

Meteoronomía. *f. (phys.)* Meteoronomia; investigação das leis que presidem á manifestação dos meteoros.

Meteoronómico, ca. *adj. (phys.)* Meteoronomico; diz-se do que tem relação com a meteoronomia.

Meteoroscopia. *f. (astron.)* Meteoroscopia; contemplação ou estudo dos meteoros.

Meteoroscópico, ca. *adj. (astron.)* Meteoroscopico; diz-se do que é relativo á meteoroscopia.

Meteoroscopo. *m. (astron.)* Meteoroscopo; nome dado antigamente ao astrolabio: — *(phys.)* meteoroscopo; nome generico de todo o instrumento empregado para fazer observações meteorologicas.

Meter. *a.* Metter, introduzir, incluir; fazer entrar uma cousa dentro de outra ou em alguma parte. *Immittere, intromittere.* Usa-se tambem como reciproco: — metter, introduzir mercadorias por contrabando, contrabandear. *Subdolè introducere:* — *(fig.)* metter, occasionar, motivar, causar, como: *meter miedo, meter en escrúpulo, etc.;* metter medo, metter em escrupulo, etc. *Inferre, inducere:* — metter; pôr, entregar absolutamente, como: *meter la victoria en las manos,* metter a victoria nas mãos. *Inferre:* — metter; induzir ou excitar alguem a fazer qualquer cousa. *Inferre, inserere, suadere:* — metter, atravessar trumpho n'alguns jogos de cartas. *Immittere chartam superiorem:* — metter; pôr, em qualquer jogo, o dinheiro que se ha de jogar. *Ludo exponere:* — metter, enganar; fazer com que alguem acredite uma cousa falsa. *Seducere, inducere:* — metter; estreitar ou apertar as cousas collocando-as de modo que n'um dado espaço fiquem mais do que de ordinario costumam ficar, como: *meter la letra, los renglones;* metter, apertar a letra, as linhas, etc. *Infarcire, premere:* — *(fam.)* V. *Comer:* — *(ant.)* empregar, destinar, dedicar: — *(ant.)* gastar, despender. V. *Apostar:* — *r.* metter-se, entremetter-se, ingerir-se; introduzir-se em alguma parte ou dependencia onde o não chamam. *Se inserere vel immittere:* — metter-se, entremetter-se, ingerir-se; introduzir-se de seu motu proprio no trato e communicação com alguma pessoa, frequentando-lhe a casa e tomando parte nas suas conversas. *Se insinuare, introducere vel intrudere:* — metter-se, entregar-se; deixar-se levar com paixão de alguma cousa ou dar-se em excesso a ella, como: *meterse en los vicios, en aventuras;* metter-se em aventuras, em vicios, entregar-se a estes. *Impotenter ferri:* — metter-se, lançar-se; fallando de rios e ribeiras, desaguar, desembocar n'outro ou n'outra ou no mar. *Intrare, confluere, subire:* — arremetter; lançar-se, arrojar-se ao contrario ou aos inimigos com as armas na mão. *Se injicere in hostes vel conferre:* — metter-se; junto com os nomes que significam profissão, estado ou officio, é segui-lo, como: *meterse soldado, fraile, etc.;* metter-se soldado, frade, etc. *Se inferre, dedere, addicere:* — metter-se; com a preposição *a* e alguns nomes que significquem condição, estado ou profissão, é o mesmo que dar-se por seu membro ou quere-la affectar, como: *meterse a caballero, a médico, etc.;* metter-se a cavalleiro, a medico, etc. *Munus agere, affectare:*—V. *Ponerse*, fallando dos astros. *Meter a alguno con otro (fr.);* pôr alguem na companhia de outra pessoa para a ajudar n'alguma cousa: — *en una cosa (fr.);* metter, pôr alguem na posse de alguma cousa. *Meterse con alguno (fr.);* metter-se com alguem, entender, contender, travar disputa com alguem. *Rem habere cum aliquo. Meterse en sí mismo (fr. fig.);* metter-se comsigo mesmo; pensar, meditar sósinho, sem dar a conhecer os seus sentimentos nem pedir conselhos. *Summè abstrudi. Meterse en todo (fr.);* metter-se em tudo; ingerir-se importunamente em negocio, conversação, etc., sem ser chamado. *Sese nulli negotio non immiscere. Estar muy metido en alguna cosa (fr.);* estar mettido em alguma cousa, estar muito empenhado ou interessado n'ella. *No me meto en nada (loc.);* não me metto em nada; exprime que alguem se justifica de que não tem parte em alguma cousa nem se importa com ella. *Nihil curo. No saber donde meterse (fr.);* não saber onde metter-se ou onde se ha de metter; sentir-se muito aterrado ou ficar comprommettido por effeito de algum successo ou acontecimento. *Meter su cucharada (fr.);* metter a sua colherada; dar tambem a sua rasão, metter-se a fallar onde o não chamam. *Meterse en dibujos (fr.);* metter-se em debuxos; metter-se em cousas de que não entende: —*piernas al caballo (fr. art.);* metter pernas ao cavallo; incita-lo vigorosamente com as esporas e os talões para correr com mais velocidade: — *(naut.)* metter; colher a vela, ferra-la: —metter-se; entrar, internar-se muito no mar um cabo, promontorio ou lingua de terra. *Longius escurrere, protendi:* — *en viento y en vela;* metter em vento; dispor as vélas de modo a tomar o vento pela pôpa: — *el timon,* metter o leme; girar o leme para arribar. *Meterse a la mar;* metter-se ao mar; engolfar-se, emmararse, entrar a embarcação no alto mar.

Metesillas. *m.* V. *Metemuertos.*

Metical. *m. (ant.)* V. *Mercal.*

Metical. *m. (ant.)* V. *Mercal.*

Meticuloso, sa. *adj.* Meticuloso, timorato. V. *Medroso.*

Metida. *f. (naut.)* Occaso; acção de pôr-se os astros.

Metido. *m.* Infundiça, decoada. *Lexivium forte:* — *adj.* mettido, introduzido, posto, disposto: — *m. (vulg.)* choque, ataque, investida.

Metila. *f. (chim.)* Methyla; radical hypothetico do espirito da madeira com uma mistura de acido sulphurico e peroxylo de manganez.

Metilal. *m. (chim.)* Methylal; corpo que se obtem pela distillação do espirito de madeira com uma mistura de acido sulphurico e peroxydo de manganez.

Metilena. *f. (chim.)* Methylene; carbureto de hydrogenio que existe no espirito de madeira.

Metílico, ca. *adj. (chim.)* Methylico; diz-se dos compostos de methyla.

Metimiento. *m. (ant.)* Acção e effeito de metter uma cousa em outra, introducção.

Metiomanía. *f. (med.)* Metiomania; delirio durante o qual o doente soffre uma sêde continua e devoradora.

Metlapil. *m. (p. Mex.)* Pedaço de pedra prolongada que forma um octogono, e que serve para moer o maiz.

Metódicamente. *adv. m.* Methodicamente. *Methodicè.*

Metódico, ca. *adj.* Methodico; diz-se do que se faz com methodo e da pessoa que tem o methodo. *Methodicus, a, um. Medicina metódica.* V. *Metodismo.*

Metodismo. *m.* Methodismo, systema methodico; modo de proceder com ordem, com methodo: — methodismo; mania de methodisar: — *(med.)* methodismo ou medicina methodica; systema de certos medicos que attribuiam todas as enfermidades á constricção, ao relaxamento das partes solidas, ou a um estado intermedio: *(rel.)* methodismo; seita protestante, fundada em Inglaterra pelo começo do seculo XVIII.

Metodista. *adj.* Methodista; diz-se do que se refere ao methodismo: — *s. (fam.)* methodista; pessoa methodica, ou que procede com arte e methodo: — *adj. (med.)* methodista; diz-se dos medicos que seguem a doutrina do methodismo: — *(philos.)* methodista; nome dado aos escriptores catholicos que inventaram no seculo XVII um novo methodo de dialectica com os protestantes: — *m. pl. (rel.)* methodistas; sectarios do methodismo.

Metodizar. *a. (neol.)* Methodisar; reduzir a ordem methodica.

Método. *m.* Methodo; modo de proceder com ordem ou o conjuncto de regras para a applicação de um systema. *Methodus, via et ratio:* — methodo; ordem que se segue para dizer, fazer ou ensinar alguma cousa. *Methodus, i:* — methodo; modo de obrar ou proceder. *Mos, vitæ ratio et institutum:* — *(phylos.)* methodo; ordem que se segue nas sciencias para achar a verdade e ensina-la. *Methodus, i:* — *analítico;* methodo analytico; o que procede por meio da analyse, isto é, decompondo. *Methodus analyticus.* V. *Análisis:* — *sintético;* methodo synthetico; o que procede por meio da synthese, isto é, compondo. *Methodus syntheticus.* V. *Síntesis:* — *(h. nat.)* methodo; distribuição dos seres da natureza, segundo certos e determinados caracteres: — *artificial;* methodo artificial; o que se funda em alguns caracteres particulares e convencionaes: — *natural;* methodo natural; o que se funda nas relações que os seres têem entre si: —*(mathem.)* methodo; marcha para resolver um problema: — methodo; em uma accepção mais usada, meio ou caminho para resolver muitas questões do mesmo genero, correspondentes a uma mesma classe: —*curativo (med.);* methodo curativo; tratamento de uma doença segundo certas regras: —*(mus.)* methodo; modo de cantar ou de tocar algum instrumento, segundo determinados principios: — methodo; recopilação de preceitos e regras proprias para formar bons cantores ou instrumentistas: — methodo; ordem que se segue para o ensino de alguma materia: — methodo; principios particulares, por meio dos quaes se aprende com facilidade alguma sciencia ou arte: — methodo; disposição das materias e idéas de um livro, da maneira mais logica, a fim de facilitar a sua intelligencia: — methodo; livro elementar para o estudo de alguma cousa, e especialmente para aprender algum idioma. *Methodus, i.*

Metodolojía. *f. (philos.)* Methodologia; tratado de methodos, arte de dirigir o entendimento humano na investigação da verdade.

Metomenía. *f. (med.)* V. *Metiomanía.*

Metónica. *f. (bot.)* Methonica; genero de plantas da familia das liliaceas.

Metoniceas. *f. pl. (bot.)* Methoniceas; grupo de plantas da familia das liliaceas.

Metonimia. *f. (rhet.)* Metonymia; figura pela qual se põe a causa pelo effeito, ou vice-versa, a parte pelo todo, o continente pelo conteúdo, o auctor pelas suas obras, etc. *Metonimia, æ.*

Metonímico, ca. *adj.* Metonymico; diz-se do que pertence á metonymia.

Metonomasia. *f. (philol.)* Metonomasia; mudança de um nome proprio pelo mesmo nome em outro idioma.

Metopa. *f. (arch.)* Metopa; intervallo entre os triglyphos da ordem dorica. *Metopa, æ.*

Metópago. *m. (physiol.)* Metopago; monstro que resulta da reunião de dois corpos frente a frente.

Metopajia. *f. (physiol.)* Metopagia; deformidade do metopago.

Metopantraljía. *f. (med.)* Metopantralgia; dor nos seios frontaes.

Metopantrálgico, ca. *adj. (med.)* Metopantralgico; diz-se do que tem relação com a metopantralgia: — *s.* metopantralgico; pessoa que soffre de metopantralgia.

Metopantritis. *f. (med.)* Metopantritis; inflammação dos seios frontaes.

Metopomancia. *f.* V. *Metoposcopia.*

Metoponia. *f. (zool.)* Metoponia *(frente);* genero de insectos lepidopteros, da tribu dos agrophilidos.

Metoposcopia. *f.* Metoposcopia; arte de adivinhar pela inspecção do rosto o que ha de acontecer a alguma pessoa.

Metopóscopo. *m.* Metoposcopo; adivinho que pratica a metoposcopia.

Metosis. *f. (med.)* Metosis ou metose; contracção da pupila.

Metraljía. *f. (med.)* Metralgia; dor no utero.

Metralla. *f. (mil.)* Metralha; pedaços de ferro, balas pequenas, cabeças de pregos, etc., com que se carrega a artilheria. *Ferrea fragmenta, plumbeaque pilulae, quibus tormentum bellicum instruitur:* — *(fig. fam.)* metralha; dinheiro miudo: — *(fig. fam.)* metralha, chuveiro; multidão, grande numero de dicterios, de insultos, etc.

Metrallar. *a.* Metralhar; fazer fogo com metralha.

Metranastrofia. *f. (med.)* Metranastrophia; inversão da madre.

Metrenfrasis, Metrenfraxia. *f. (med.)* Metrenphraxia; enfarte, induração ou estado scirroso do utero, especialmente de seu collo, aonde se observa com mais frequencia.

Métrenquita. *f. (med.)* Metrenchyta; liquido que se injecta na matriz: — metrenchyta; instrumento por meio do qual se faz esta injecção.

Metreta. *f. (metrol. ant.)* Metreta; a medida maior de que se serviam os gregos para os liquidos, e equivalia a uns setenta e cinco quartilhos. *Metreta, æ:* — *itálica.* V. *Ánfora.*

Métrica. *f.* Arte metrica; a arte que ensina a medir os versos e a compo-los. *Ars metrica.*

Métricamente. *adv. m. (poet.)* Metricamente; segundo as regras da versificação. *Metricè.*

Métrico, ca. *adj.* Metrico; diz-se do que se refere ao metro, como base das medidas lineares. *Metricus, a, um:* — *(mus. ant.)* metrica; dizia-se, segundo Quintiliano, d'aquella parte da musica que versava sobre a quantidade das syllabas, das lettras, dos pés, e sobre os versos e o poema: — *(poet.)* metrico; diz-se do que pertence ao metro. *Metricus, poeticus.*

Metrificacion. *f. (ant.)* Metrificação. V. *Versificacion.*

Metrificador, ra. *s. (ant.)* Metrificador. V. *Versificador.*

Metrificar. *a.* e *n. (ant.)* Metrificar. V. *Versificar.*

Metrificatura. *f. (ant.)* V. *Medida,* com referencia aos versos.

Metrio. *m. (zool.)* Metrico *(modesto);* genero de insectos coleopteros pentameros, da familia dos carabicos.

Metriorinco. *m. (zool.)* Metriorhynco *(bico mediano);* genero de insectos coleopteros pentameros, da familia dos malacodermes.

Metrista. *s. (ant.)* V. *Versificador.*

Metritis. *f. (med.)* Metritis ou metrite; inflammação do utero.

Metro. *m.* V. *Medida:* —

(*metrol.*) metro; unidade de medida de comprimento do novo systema metrico decimal: — (*poet.*) metro. V. *Verso:* — metro, rhythmo; construcção peculiar de cada especie de verso. *Metrum, i.*

Metrocampsia. *f.* (*med.*) Metrocampsia; inflexão da matriz.

Metrocele. *f.* (*med.*) Metrocelos; hernia da madre.

Metrocinia. *f.* (*bot.*) Metrocynia; genero de plantas da familia das leguminosas papilionaceas.

Metrodinia. *f.* (*med.*) Metrodynia; dor do utero.

Metrodínico, ca. *adj.* (*med.*) Metrodynico; diz-se do que tem relação com a metrodynia.

Metrografía. *f.* Metrographia; descripção ou comparação pratica de uma ou mais especies de medidas em differentes tempos ou paizes: — (*med.*) metrographia; descripção do utero.

Metrográficamente. *adv. m.* Metrographicamente; segundo as regras da metrographia.

Metrográfico, ca. *adj.* Metrographico; que respeita á metrographia.

Metrógrafo. *m.* Metrographo; o que é versado em metrographia.

Metrólogo. *m.* Metrologo; o que sabe metrologia ou que escreve sobre esta materia.

Metrolojía. *f.* Metrologia; conhecimento dos pesos e medidas de todos os povos, tanto antigos como modernos: — metrologia; tratado d'esta sciencia.

Metrolójicamente. *adv. m.* Metrologicamente; segundo as regras da metrologia.

Metrolójico, ca. *adj.* Metrologico; diz-se do que é concernente á metrologia.

Metroloxia. *f.* (*med.*) Metroloxia; obliquidade da matriz.

Metromanía. *f.* Metromania; mania de fazer versos.

Metrómano, na. *adj.* Metromano; diz-se do que padece de metromania.

Metrómetro. *m.* (*mus.*) Metrometro. V. *Metrónomo.*

Metrónomo. *m.* (*mus.*) Metronomo; especie de pendulo chronometrico, que serve para marcar um compasso mais ou menos accelerado.

Metrópoli. *f.* Metropole; cidade capital. *Metropolis, is:* — metropole; igreja archiepiscopal que tem dependentes outras suffraganeas. *Archiepiscopalis ecclesia:* — metropole; jurisdicção do arcebispo: — metropole; o estado relativamente ás suas colonias: — (*hist.*) metropole; capital de cada provincia do imperio romano, segundo a divisão feita por Constantino.

Metropólipo. *m.* (*med.*) Metropolypo; especie de polypo uterino ou da madre.

Metrópolis. *f.* (*ant.*) V. *Metrópoli.*

Metropolita. *m.* (*hist.*) Metropolita; arcebispo da igreja russa.

Metropolitano, na. *adj.* Metropolitano; diz-se do que se refere á metropole ou ao arcebispo. *Metropolitanus, a, um:* — *m.* metropolitano, metropolista; o arcebispo, a respeito dos bispos seus suffraganeos. *Metropolitanus:* — (*hist.*) metropolitano; os bispos que residiam nas metropoles ou capitaes das provincias do imperio romano.

Metropolítico, ca. *adj.* V. *Metropolitano.*

Metroptosis. *f.* (*med.*) Metrotosis; quéda do utero.

Metrorrajía. *f.* (*med.*) Metrorrhagia; hemorrhagia da matriz, ou excreção morbida de sangue pelo utero.

Metrorrájico, ca. *adj.* (*med.*) Metrorrhagico; relativo á metrorrhagia.

Metrorrea. *f.* (*med.*) Metrorrhea; evacuação mucosa pelo utero.

Metrorreico, ca. *adj.* (*med.*) Metrorrheico; concernente á metrorrhea.

Metrorresis, Metrorrexia. *f.* (*med.*) Metrorrhexia; rotura da matriz.

Metrorroico, ca. *adj.* (*med.*) V. *Metrorreico.*

Metroscopia. *f.* (*med.*) Metroscopia; exploração da matriz.

Metroscópico, ca. *adj.* (*med.*) Metroscopico; diz-se do que respeita á metroscopia.

Metroscopio. *m.* (*cir.*) Metroscopio ou metroscopo; instrumento em fórma de tubo para explorar a matriz.

Metrosidero. *m.* (*bot.*) Metrosidero; genero de plantas da familia das myrtaceas.

Metrostero. *m.* (*med.*) Metrostero; instrumento para fixar a matriz.

Metrotomía. *f.* (*cir.*) Metrotomia; operação que consiste em cortar o utero.

Metrotómico, ca. *adj.* (*cir.*) Metrotomico; diz-se do que é concernente á metrotomia.

Metrótomo. *m.* (*cir.*) Metrotomo; instrumento para fazer a metrotomia.

Mettrié. *f.* V. *La-metrie.*

Metudo, da. *adj.* (*ant.*) V. *Metido.*

Meutanga. *f.* (*bot.*) Meutanga; planta da China, cuja flor se parece com a rosa. Os chins dão-lhe o nome de rainha das flores.

Meya. *f.* (*zool.*) Meya; caranguejo marinho.

Meye. *m.* (*ant.*) V. *Médico.*

Meyeria. *f.* (*bot.*) Meyeria; genero de plantas da familia das compostas.

Meyonita. *f.* (*min.*) Meyonita; variedade de wernerita.

Meyor. *adj. comp.* (*ant.*) V. *Mejor.*

Meyoramiento. *m.* (*ant.*) V. *Mejoramiento.*

Meyorancia, Meyoranza. *f.* (*ant.*) V. *Mejoría.*

Meyorar. *a.* (*ant.*) V. *Mejorar.* Usava-se tambem como reciproco.

Meyoría. *f.* (*ant.*) V. *Mejoría.*

Meyosis. *f.* (*med.*) Meyosis; termo empregado para designar o periodo das enfermidades, em que começa a diminuir a intensidade dos seus symptomas.

Mezcla. *f.* Mescla, mistura, mixto; união de cousas misturadas. *Mistio, onis:* — mescla; variedade de cores nos tecidos. *Textura versicolor:* — (*fig. ant.*) embrulhada, enredo, intriga: —

(art.) argamassa; mistura de cal e areia com agua, com que os pedreiros unem e fixam as pedras e os ladrilhos: — mescla; tecido feito com fios de diversas cores: — *(pint.)* mescla; reunião de muitas cores de que se formam as differentes tintas para a pintura: — *(chim.)* mistura; reunião de varias materias entre si, conservando todavia cada uma d'ellas as propriedades que as carecterisam: — *(mus. ant.)* mistura; uma das tres partes em que se dividia a melopea grega.

Mezclable. *adj.* Misturavel; diz-se do que se póde misturar ou incorporar.

Mezcladamente. *adv. m.* Misturadamente. *Mistim, commistim.*

Mezcladillos. *m. pl.* Pastelinhos doces.

Mezclado, da. *adj. (ant.)* V. *Epiceno:* — mesclado, misturado; diz-se do que tem mistura: — *m. (ant.)* mescla; especie de panno.

Mezclador, ra. *s.* Misturador; o que mistura. *Miscens, entis:* — *(fig. ant.)* enredador, machinador, intrigante: — *(fig. ant.)* alvorotador, amotinador; o que alvorota ou excita motim, sedição, alvoroço.

Mezcladura. *f.* V. *Mezcla.*

Mezclamiento. *m.* V. *Mezcla, Mistura:* — *(fig. ant.)* V. *Mezcla,* na terceira accepção.

Mezclar. *a.* Mesclar, misturar, juntar, unir, incorporar. Usa-se tambem como reciproco. *Miscere:* — *(fig. ant.)* enredar, intrigar; metter sizanias: — *r.* misturar-se; ingerir-se com outras pessoas na companhia ou conversação. *Aliis immiscere:* — misturar-se, ligar-se, enlaçar-se, unir-se, as familias, as linhagens, por vinculo de parentesco,etc. *Stirpes ac progenies commisceri et confundi:* — *en alguna cosa (fr.);* metter-se em alguma cousa; ingerir-se, tomar parte n'ella. *Rei alicui agendæ seu dirigendæ immisceri. Mezclarse una cosa en otra (fr.);* misturar-se uma cousa com outra; introduzir-se, ter parte n'ella. *Inserere.*

Mezclilla, ta. *f. dim.* de *Mezcla.* Mesclasinha, misturasinha.

Mezcolanza. *f. (fam.)* Miscellanea; mistura extravagante.

Mezio. *m. (zool.)* Mezio; genero de insectos coleopteros pentameros, da familia dos malacodermes.

Meznada. *f. (ant.)* V. *Mesnada.*

Mezquinamente. *adv. m.* Mesquinhamente, pobremente, miseravelmente. *Miserè, infeliciter:* — mesquinhamente, avaramente. *Avarè.*

Mezquindad. *f.* Mesquindade, escassez, pobreza, desamparo. *Mendicitas, miseria, egestas:* — mesquinhez, mesquinheza, mesquinharia. *Parcimonia sordida.*

Mezquinito, ta. *adj. dim.* de *Mezquino.* Mesquinhosinho.

Mezquino, na. *adj.* Mesquinho, pobre, misero, necessitado. *Mendicus, miser:* — mesquinho, avarento, miseravel, sordidamente parco. *Sordidus homo, vel nimis parcus:* — mesquinho, pequeno, diminuto. *Exiguus, a, um:* — *(ant.)* mesquinho, desditoso, infeliz, desgraçado: — V. *Apocado.*

Mezquita. *f.* Mesquita; templo dos mahometanos. *Mahometanorum fanum.*

Mg. *adj. (chim.)* Mg; abreviatura da palavra magnesio.

Mi. *s.* Mi, mim; caso obliquo e irregular do pronome pessoal *yo* em castelhano, e *eu* em portuguez. *Mei, mihi, me:* — meu; pronome possessivo, anteposto a nomes substantivos, em logar de *mio, mia,* de que se usa quando se pospõe; *mi padre;* meu pae. *Meus, a, um:* — *(philol.)* mi; nome da duodecima letra do alphabeto grego: — *m. (mus.)* mi; terceira nota da musica, o signo que a representa, e em alguns instrumentos a tecla ou corda que produz este som. *Tertia hexachordi vox.*

Mia. *f. (rel.)* Mya; nome que os japonezes dão a seus templos: — *(zool.)* mya *(mola),* genero de molluscos conchiferos, da familia dos myarios: — mya; genero de insectos coleopteros pentameros, da familia dos carabicos.

Miagar. *n. (prov.)* V. *Maullar.* Usa-se nas montanhas de Burgos.

Miagro. *m. (bot.)* Miagro; genero de plantas da familia das cruciferas.

Miaja. *f.* V. *Migaja,* na primeira accepção: — miaja; moeda de cobre que valia meio dinheiro: — *de huevo.* V. *Galladura.*

Miar. *n.* V. *Maullar.*

Miarios. *m. (zool.)* Myarios; familia de molluscos conchiferos dimyarios.

Miarjírita. *f. (min.)* Miargirita; sulphato de antimonio e de prata.

Miascita, Miaskita. *f. (min.)* Miaskita; variedade de dolomia.

Miasma. *m.* Miasma, emanação; gaz suffocante ou corpusculos ligeiros: — *(med.)* effluvios, exhalação de corpos em putrefacção, de alguns corpos doentes, ou pantanos, etc., nocivos á saude. *Miasma, æ.*

Miasmático, ca. *adj.* Miasmatico; diz-se do que resulta dos miasmas, como: *enfermedades miasmáticas,* doenças miasmaticas.

Miaszita. *f. (min.)* V. *Miascita.*

Miau. *m.* Miáo; o som que produz o gato quando mia. *Vox felina.*

Mica. *f. (min.)* Mica, talco; substancia lustrosa, lamellosa, de côr diversa, de brilho metallico: — mica; nome de varios mineraes que nada têem de commum com a mica propriamente dita, mais do que o aspecto laminoso com que se apresentam: — *de los pintores;* mica dos pintores; o graphito, mais conhecido com o nome de lapislasuli: — *de talco romboédrico;* mica de talco romboedrico; a mica propriamente dita; — *esquis-*

toidea. V. *Micasquisto:* — *ferrujinosa;* mica ferruginosa; ferro phosphatado: — *hemisférica;* mica hemispherica; variedade de mica que se apresenta em fórma de laminas convexas ou concavas, de um branco prateado: — *nacarada;* mica nacarada; nome que antigamente se dava á margarita: — *verde;* mica verde; nome dado ao oxydo de urano, em consequencia do aspecto lamelliforme de seus crystaes.

MICÁCEO, CEA. *adj. (min.)* Micaceo; diz-se do que é similhante á mica: — micaceo; que tem a apparencia ou o brilho d'este mineral: — micaceo; diz-se do que contém laminas ou crystaes de mica.

MICÁCICO, CA. *adj. (min.)* Micacico; diz-se do que contém mica: — micacico; diz-se de um genero de rochas cuja base é a mica.

MICACITO. *m. (min.)* V. *Micasquisto.*

MICARELA. *f. (min.)* Micarella; nome de uma variedade follicular de wernerita, de um vermelho escuro.

MICARIDANTO. *m. (bot.)* Mycaridantho *(flor de almendro);* genero de plantas da familia das orchideas.

MICASQUISTO. *m. (min.)* Micaschisto; rocha composta de mica e de quartzo, e na qual predomina geralmente a primeira substancia.

MICENIO, NIA. *s.* Micenio; o natural de Micenas: — *adj.* micenio; o que pertence a esta cidade ou reino.

MICÉR. *m. (ant.)* Titulo honorifico da corôa de Aragão. Hoje dá-se aos letrados ou legistas nas ilhas Baleares.

MICETOBIA. *f. (zool.)* Mycetobia *(que vive nos cogumelos);* genero de insectos dipteros.

MICETOGRAFÍA. *f. (bot.)* Mycetographia; descripção dos cogumelos.

MICETOGRÁFICO, CA. *adj.* Mycetographico; diz-se do que é concernente á mycetographia.

MICETÓGRAFO. *m.* Mycetographo; o que descreve os cogumelos.

MICETÓIDEO, DEA. *adj. (bot.)* Mycetoideo; diz-se do que se parece com um cogumelo.

MICETOJENESIS. *f. (bot.)* Mycetogenesis; origem ou primeiro desenvolvimento dos cogumelos.

MICETÓLOGO. *m.* Mycetologo; auctor de um tratado sobre os cogumelos.

MICETOLOJIA. *f. (bot.)* Mycetologia; tratado sobre os cogumelos.

MICETOPORO. *m. (zool.)* Mycetoporo *(que fura os cogumelos);* genero de insectos coleopteros pentameros, da familia dos brachelytros.

MICINA. *f. (bot.)* Mycina; receptaculo pediculado e globuloso de certos lichens: — mycina; genero de cogumelos, dependente dos agaricos.

MICO. *m. (fig.)* Homem lascivo: — *(fig.)* mono; homem muito feio ou de figura ridicula. *Dar mico (fr.);* pregar o mono, o calote; não pagar o que se deve. *Dejar a uno hecho un mico (fr. fam.);* deixar alguem corrido, envergonhado. *Quedarse hecho un mico (fr. fam.);* ficar corrido, envergonhado: — *m. (zool.)* mico; genero de quadrumanos, da familia dos gimios cissatlanticos.

MICOCELIO. *m. (bot.)* Mycocelio; genero de plantas phyceas.

MICODERMO. *m. (bot.)* Mycodermo; genero de cogumelos que crescem no vinho e outras substancias, formando uma especie de pellicula.

MICOLÓGO. *m.* Mycologo; o que se dedica á mycologia, ou que é versado n'esta parte da botanica.

MICOLOJÍA. *f. (bot.)* Mycologia; tratado sobre os cogumelos, parte da botanica, que trata exclusivamente d'esta familia de plantas.

MICOLOJISTA. *s.* Micologista. V. *Micólogo.*

MICONIA. *f. (bot.)* Miconia; genero de plantas da familia das melastomaceas.

MICONOIDEO, DEA. *adj. (med.)* Myconoideo; diz-se das ulceras fistulosas, cujo fluido produz uma especie de gorgolejo.

MICOSIA. *f. (bot.)* Mycosia; nome usado por alguns botanicos como synonymo de mycologia.

MICOSIS. *f. (med.)* Mycosis; excrescencia fungosa.

MICRA. *f. (zool.)* Micra *(pequena);* genero de insectos lepidopteros, da tribu dos anthophilidos.

MICRACTIDE. *m. (bot.)* Micractide ou micratis *(raio pequeno);* genero de plantas da familia das compostas.

MICRALOA. *f. (bot.)* Micraloa; genero de plantas phyceas.

MICRÁSPIDE. *m. (zool.)* Micraspis *(escudo pequeno);* genero de insectos coleopteros subpentameros, da familia dos aphidiphagos.

MICRASTERIA. *f. (bot.)* Micrasteria *(astro pequeno);* genero de algas: — micrasteria; genero de phyceas da tribu das desmideas.

MICRASTERO. *m. (zool.)* Micrastero; genero de echinodermes, cujas especies hão sido encontradas no estado fossil nos terrenos cretaceos.

MICRILA. *f. (zool.)* Michryla *(rã pequena);* genero de reptis batrachios, da familia das rãs.

MICRO, CRA. *adj.* Micro; palavra grega, que significa pequeno e que entra na composição de muitos vocabulos.

MICROACÚSTICO, CA. *adj. (phys.)* Microacustico; diz-se do que serve para fazer os sons mais perceptiveis: — *m.* microacustico; instrumento acustico para apreciar os sons fracos, fazendo com que firam com mais intensidade o ouvido.

MICROBASO. *m. (bot.)* Microbaso; fructo composto de quatro divisões, que terminam n'uma base mui pequena.

MICROBLEFÁRIDE. *f. (bot.)* Microblepharide; divisão de plantas estabelecida no genero modecea.

MICROCEBO. *m. (zool.)* Microcebo *(mono pequeno);* genero de mammiferos.

MICROCÉFALO, LA. *adj. (fig.)* De pouco talento, de escassa intelligencia: — *m.* *(zool.)* microcephalo *(cabeça pequena);* genero de insectos coleopteros pentameros da familia dos carabicos.

Microcefalófide. *m.* *(zool.)* Microcephalophide ou microcephalophis *(serpente de cabeça pequena);* genero de reptis ophidios da familia dos hydrophideos.

Microcele. *adj.* Ligeiramente inchado: — *(bot.)* microcele; diz-se do que cresce ou se desenvolve em pouco tempo.

Microcelia. *f.* *(bot.)* Microcelia *(cavidade pequena);* genero de plantas da familia das orchideas.

Microcelo, la. *adj.* *(bot.)* V. *Microcele.*

Microcístide. *m.* *(bot.)* Microcystide ou microcystis *(bexiga pequena);* genero de plantas phyceas da tribu dos nostocineas.

Microcloa. *f.* *(bot.)* Microchloa *(herva pequena);* genero de plantas da familia das gramineas.

Microcodo. *m.* *(bot.)* Microcodo *(campainha pequena);* genero de plantas da familia das campanulaceas: — *(zool.)* microcodo *(campainha pequena);* genero de infusorios rotadores.

Microcólea. *f.* *(bot.)* Microcolea *(pequena bainha);* genero de plantas phyceas, da tribu das oscillarias.

Microconómetro. *m.* *(phys.)* Microconómetro; instrumento para medir as mais pequenas fracções do tempo.

Microcóride. *m.* *(bot.)* Microcoride ou microcorys; genero de plantas da familia das labiadas.

Microcosmétor. *m.* *(med.)* Microcosmetor; nome que um philosopho allemão deu ao principio ou causa efficiente da vida.

Microcosmo, Microcosmos. *m.* *(phylos.)* Microcosmo; mundo pequeno ou abreviado: — microcosmo; nome dado ao homem por muitos medicos e philosophos antigos, que consideraram a especie humana como uma abreviatura do universo, como o simulacro da creação: — *(zool.)* microcosmo; genero de molluscos.

Microcosmolojia. *f.* *(philos.)* Microcosmologia; historia ou descripção do corpo humano. Alguns auctores têem-se servido d'esta palavra na mesma accepção de anthropologia.

Microdáctilo, la. *adj.* *(zool.)* Microdactylo; diz-se do animal que tem os dedos curtos.

Microdera. *f.* *(zool.)* Microdera *(collo pequeno);* genero de insectos coleopteros heteromeros da familia dos melasomos.

Microdéride. *m.* *(bot.)* Microderide ou microderis *(abertura pequena);* genero de plantas da familia das compostas.

Micródero. *m.* *(zool.)* Microdero *(collo pequeno);* genero de coleopteros pentameros da familia dos carabicos.

Microdonte. *m.* *(bot.)* Microdonte *(dente pequeno);* genero de plantas da familia dos selagineas: — *(zool.)* microdonte; genero de insectos coleopteros subpentameros, da familia dos cyclicos: — microdonte; genero de insectos lepidopteros da tribu dos notodontidos.

Micro-electrómetro. *m.* *(phys.)* Micro-eletrometro; instrumento usado para descobrir e apreciar quantidades mui pequenas de electricidade.

Microencéfalo. *m.* Microencephalo; cerebro pequeno: — *adj.* microencephalo; diz-se do animal que tem o cerebro pequeno.

Microfonía. *f.* *(med.)* Microphonia; extrema fraqueza ou tenuidade da voz.

Micrófono, na. *adj.* Microphono; diz-se do que produz um som de pouca intensidade: — microphono; diz-se do que diminue a intensidade dos sons.

Micróforo. *m.* *(zool.)* Microphoro; genero de insectos dipteros brachoceros.

Microftálmo, ma. *adj.* *(zool.)* Microphtalmo; diz-se do animal que tem os olhos mui pequenos. Tambem se usa como substantivo.

Micro-galvánico, ca. *adj.* *(phys.)* Micro-galvanico; dizia-se dos instrumentos, operações, etc., por meio das quaes se apreciavam as mais insignificantes quantidades de galvanismo desenvolvido nos corpos.

Microglena. *f.* *(zool.)* Microglena *(olho pequeno);* genero de infusorios da familia dos monadinos.

Microglosa. *f.* *(bot.)* Microglossa *(lingua pequena);* genero de plantas da familia das compostas.

Micrografía. *f.* Micrographia; descripção dos objectos cuja pequenez não permitte vê-los senão com o auxilio do microscopio.

Microjina. *f.* *(bot.)* Microgyna *(pistillo pequeno);* genero de plantas da familia das compostas.

Microlépide. *m.* *(bot.)* Microlepide ou microlepis *(escama pequena);* genero de plantas da familia dos melastomaceas.

Microlepo, pa. *adj.* *(bot.)* Microlepo; diz-se do animal, que tem escamas pequenas.

Microlepto. *m.* *(zool.)* Microlepto *(delgado e pequeno);* genero de insectos hymenopteros da familia dos ichneumonidos.

Microlisia. *f.* *(bot.)* Microlicia; genero de plantas da familia das melastomaceas.

Micrólogo. *m.* *(phylol.)* Micrologo; o que presta grande attenção ás cousas pequenas: — micrologo; o que se consagra a investigações micrologicas: — micrologo; discurso laconico.

Micrololojía. *f.* Micrologia; tratado sobre objectos de summa pequenez.

Microlonco. *m.* *(bot.)* Microlonco *(lança pequena);* genero de plantas da familia das compostas.

Micromato, ta. *adj.* *(zool.)* V. *Microftalmo:* — *m.* V. *Esparaso.*

Micromega. *f.* *(bot.)* Micromega *(grande e pequena);* genero de plantas phyceas.

Micromego. *m.* *(math.)* Micromego; instrumento geometrico de quinze graus, para medir terra.

MICROMELIA. *f. (physiol.)* Micromelia; monstruosidade produzida pela excessiva pequenez de um membro.

MICROMERIA. *f. (bot.)* Micromeria *(tronco pequeno)*; genero de plantas da familia das labiadas.

MICRÓMERO, RA. *adj. (zool.)* Micromero; diz-se do animal que tem os membros mui delgados ou pequenos.

MICRÓMETRA. *m.* Micrometra; o que é versado em micrometria, ou que se dedica a esta arte.

MICROMETRÍA. *f.* Micrometria; arte de trabalhar com o micrometro, de fazer observações micrometricas.

MICROMÉTRICO, CA. *adj. (astr.)* Micrometrico; diz-se do que pertence ao micrometro: — micrometrico; diz-se do que se faz por meio do micrometro. *Tornillo micrométrico (mech.)*, parafuso micrometrico.

MICRÓMETRO. *m. (astron.)* Micrometro; apparelho que se applica aos instrumentos de reflexão, e serve para medir no espaço as dimensões lineares mais exiguas, ou as mais pequenas mudanças que se verificam no diametro apparente dos corpos celestes: — *objectivo.* V. *Heliómetro:* — *universal;* micrometro universal; o que serve para todos os eclipses do sol e da lua, e para a observação dos angulos.

MICRONEMO, MA. *adj.* V. *Micrmicero.*

MICROONTE. *m. (zool.)* Microonte; quadrupede fossil, o mais pequeno dos ruminantes.

MICROPERA. *f. (bot.)* Micropera *(extremidade pequena)*; genero de plantas da familia das orchideas.

MICROPEZA. *f. (zool.)* Micropeza *(pé pequeno)*; genero de insectos dipteros, da familia dos muscidos.

MICROPILO. *m. (bot.)* Micropylo; pequena abertura situada junto ao pedunculo da semente.

MICROPÍXIDE. *m. (bot.)* Micropyxide ou micropyxis *(caixa pequena)*; genero de plantas da familia das primulaceas.

MICROPO. *m. (bot.)* Micropo *(tronco ou pé pequeno)*; genero de plantas da familia das compostas.

MICROPOGO. *m. (zool.)* Micropogon *(barba pequena)*; genero de peixes acanthopterygios.

MICRÓPSICO, CA. *adj.* Micropsyco; fraco de espirito, pusillanime.

MICRÓPSIDE. *m. (zool.)* Micropsyde ou micropsys *(aspecto pequeno)*; genero de plantas da familia das compostas.

MICROPSIQUIA. *f.* Micropsychia; fraqueza de espirito, pusillanimidade, falta de animo.

MICROPTERIJIO, JIA. *adj. (zool.)* Micropterygio; diz-se do peixe que tem as barbatanas curtas.

MICRÓPTERO. *m. (zool.)* Microptero *(pequena barbatana)*; genero de peixes acanthopterygios: — microptero *(aza pequena)*; genero de aves da familia das palmipedes: — microptero; genero de insectos coleopteros pentameros, da familia dos malacodermes: — *m. pl.* micropteros; nome dado por alguns naturalistas á familia dos brachelytros.

MICRORINCO. *m. (zool.)* Microrhynco *(rosto pequeno)*; genero de crustaceos decapodas.

MICRORÍPIDE. *m. (zool.)* Microrhipide ou microrhipis *(leque pequeno)*; genero de insectos coleopteros pentameros, da familia dos serricornes.

MICROSACO. *m. (bot.)* Microsaco *(saco pequeno)*; genero de plantas da familia das orchideas.

MICROSCATIA. *f. (zool.)* Microschatia *(cortadura pequena)*; genero de insectos coleopteros heteromeros, da familia dos melasomos.

MICROSCÓPICO, CA. *adj.* Microscopico; diz-se do que se faz com a ajuda do microscopio: — microscopico; diz-se do que é tão pequeno ou diminuto que só se póde ver com o auxilio do microscopio: — microscopico; diz-se do que não vê senão com microscopio: — *m. pl. (zool.)* microscopicos; nome dado por alguns naturalistas aos animaes que se designam geralmente por infusorios.

MICROSCOPIO. *m. (astron.)* Microscopio; constellação meridional, situada debaixo de Capricornio: — *(phys.)* microscopio; instrumento dioptrico que augmenta consideravelmente as dimensões dos objectos miudos. *Microscopium, ii:* — *solar;* microscopio solar; o que recebe a luz do sol, ou outra mui intensa produzida artificialmente: — *lucerna;* microscopio lucerna; especie de microscopio, inventado em Inglaterra, para ver os objectos opacos com a maior clareza.

MICROSEMA. *f. (bot.)* Microsemma; genero de plantas da familia das ternstremiaceas.

MICROSFERA. *f. (zool.)* Microsphera *(esphera pequena)*; genero de insectos coleopteros heteromeros, da familia dos taxicórnes.

MICROSFICTO, CTA. *adj. (med.)* Microsphycto; diz-se de quem tem o pulso muito debil.

MICROSOMATIA. *f. (physiol.)* Microsomatia; monstruosidade que consiste na excessiva pequenez do corpo.

MICROSOMO. *m. (physiol.)* Microsomo; monstro que tem o corpo excessivamente pequeno.

MICROSPERMO. *m. (bot.)* Microspermo *(grão pequeno)*; genero de plantas da familia das compostas.

MICROSTEFIO. *m. (bot.)* Microstephio *(corôa pequena)*; genero de plantas da familia das compostas.

MICROSTEMA. *f. (bot.)* Microstema *(corôa pequena)*; genero de plantas da familia das asclepiadeas.

MICROSTOMA. *f. (zool.)* Microstoma *(bôca pequena)*; genero de peixes malacopterygios abdominaes.

MICROSTÓMATA. *f. (zool.)* Microstomata; genero de reptis ophidios.

MICROTELO. *m. (zool.)* Microtelo; genero de insectos coleopteros heteromeros, da familia dos melasomos.

Micrótibe. *m. (bot.)* Microtibe ou microtis *(orelha pequena);* genero de plantas da familia das orchideas.

Microtópide. *m. (bot.)* Microtopide ou microtopis; genero de plantas da familia das celastrineas.

Microtriquia. *f. (bot.)* Microtrichia *(pello pequeno),* genero de plantas da familia das compostas.

Microxeto. *m. (zool.)* Microcheto *(cabelleira pequena),* genero de insectos coleopteros pentameros, da familia dos clavicornes.

Microxilo. *m. (bot.)* Microchilo *(labio pequeno);* genero de plantas da familia das orchideas.

Microxilobio. *m. (zool.)* Microxylobio; genero de insectos coleopteros tetrameros, da familia dos curculionidos.

Microzoarios. *m. pl. (med.)* Microzoarios; grupo consideravel de animaes aquaticos.

Microzoo. *m. (zool.)* Microzoo *(animal pequeno);* genero de insectos coleopteros heteromeros, da familia dos melasomos.

Micrura. *f. (zool.)* Micrura *(cauda pequena);* genero de helminthos.

Míctide. *m. (zool.)* Mictide ou mictis; genero de insectos hemipteros.

Michauxia. *f. (bot.)* Michauxia; genero de plantas da familia das campanulaceas.

Mida. *f. (bot.)* Mida; genero de plantas da familia das santalaceas: — *(ant. prov.)* V. *Medida.*

Midaina. *m. (zool.)* Mydaina; familia de mammiferos carniceiros vermiformes.

Midao. *m. (zool.)* Mydao *(mau cheiro);* genero de mammiferos plantigrados carnicciros.

Midas. *m. (zool.)* Mydas; genero de insectos dipteros, da familia dos notacanthos: — mydas; genero de insectos dipteros, da familia dos tanystomos.

Midaseos. *m. pl. (zool.)* Mydaseos; insectos dipteros.

Miedo. *m.* Medo, perturbação, situação apprehensiva do animo preoccupado com a idéa do perigo real ou apparente. *Metus, us:* — medo; receio ou temor de que succeda o contrario do que se deseja. *Formido, timor:* — *cerval;* medo grande, excessivo. *Metus gravis, vehemens. A miedo ó a miedos (loc. adv. ant.);* a medo, com medo, susto, receio, pavor. *Ciscarse de miedo (fr. fam.);* borrar-se de medo ou com medo. *Præ timore conturbari, laxari ventrem. Morirse de miedo (fr.),* morrer de medo. *Formidare maximè, terrore concuti. Mucho miedo y poca vergüenza,* muito medo e pouca vergonha; expressão que se applica ao que teme o castigo, mas que não se emenda. *No haya ó no hayas miedo (loc.);* não haja ou não hajas medo. *Minime vel nec timendum esse, ne metuas. El miedo guarda la viña (rif.);* o medo guarda a vinha. Tambem se diz: *miedo guarda viña, que no viñadero,* o medo guarda a vinha, que não o vinheiro. *Al que mal vive el miedo le sigue (rif.);* ao que mal vive o medo o persegue.

Miedoso, sa. *adj. (fam.)* V. *Medroso.*

Mieje. *m. (ant.)* Physico, medico.

Miel. *f.* Mel; substancia liquida e saccharina que muitos insectos hymenopteros, e especialmente as abelhas colhem dos nectarios das flores, e elaboram no estomago depositando-a em seguida nos favos. *Mel, lis:* — *de cañas;* mel, licor espesso que distilla do sumo das cannas doces, quando se deita nas fôrmas: — *de gota;* terceiro e ultimo mel que deita de si o assucar fino ao branquear-se. *Sacchari tertius succus guttatim defluens:* — *de prima;* o primeiro licor que distilla do assucar quando se coalha na fôrma. *Succus sacchari purgati primus:* — *índica,* sal indiano; nome dado pelos antigos ao assucar: — *silvestre;* mel silvestre; mel muito escuro e inferior, que na India formam nas arvores umas abelhas negras do tamanho de moscas. *Mel silvestre vel eriacœum:* — *sobre hojuelas (loc.);* oiro sobre azul; diz-se de uma cousa que quadra perfeitamente com outra ou lhe dá mais realce: — *virjen;* mel virgem, branco, puro; o que se tira dos favos sem fogo. *Dar una dedada de miel (fr.);* dar, pôr mel pelos beiços, engodar, fazer a bôca doce. *Dejar a uno con la miel en los labios (fr. fam.);* deixar alguem com o mel nos beiços; priva-lo do que começava a saborear ou disfructar. *Summis labiis degustatum abripere:* — deixar alguem com a agua na bôca; diz-se tambem da pessoa que não póde ouvir senão em parte alguma conversa, conto ou discurso interessante. *Ser cosa de mieles (fr.);* ser uma delicia; ser cousa muito gostosa, suave, doce e deliciosa. *No es ó no se hizo la miel para la boca del asno (rif.);* não é o mel para a bôca do asno. *No hay miel sin hiel (rif.);* não ha mel sem fel, não ha gosto sem desgosto. *Extrema gaudii luctus occupat. Quien anda entre la miel algo se le pega (rif.);* quem com mel trata sempre se lhe apega. *Qui picem tetigerit inquinabitur ab ea:* — *rosada (pharm.);* mel rosado; preparação pharmaceutica feita de mel e sumo de rosas.

Mielga. *f. (agr.)* Ancinho ou engaço; instrumento rustico de pau ou ferro com dentes para ajuntar a palha, o feno, etc. *Falx extramentaria:* — *(agr.)* folha ou leira de terra: — *(bot.)* luzerna; planta da familia das leguminosas: — *(zool.)* melga; peixe do genero squalo.

Mielgo, ga. *adj. (ant.)* V. *Mellizo.*

Miembrar. *a.* V. *Membrar.*

Miembro. *m. (fig.)* Membro;

parte de um corpo moral, politico, de uma sociedade, de um estado, etc. *Membrum, i:* — membro, ramo; parte de um todo: — *(fig. ant.)* membro; parte de um todo unido com elle: — *podrido (fig.);* membro podre, corrupto, gangrenado; homem que desacredita a sociedade, a corporação de que é membro. *Putridum membrum:* — *(anat.)* membro; appendice ou prolongação do corpo dos animaes, que serve ordinariamente para a locomoção: — *viril;* membro viril ou genital; o penis, o orgão masculino que serve á reproducção: — *(archit.)* membro; cada uma das partes principaes de um edificio ou de uma ordem architectonica: — *(br.)* membro; perna ou pata de uma ave, separada do corpo: — *(gram.)* membro; parte ou divisão de um periodo ou de uma phrase: — *(naut.)* V. *Ligazon. Palmear los miembros.* V. *Palmear.*

Mienno. *pron. (ant.)* V. *Mio.*

Mienta. *f. (bot.)* V. *Yerba buena.* Usa-se nas Asturias e nas montanhas de Leão.

Miente. *f. (ant.)* Mente. V. *Pensamiento:* — V. *Gana, Voluntad. Caer en mientes ó en las mientes (fr.);* vir á mente; imaginar-se alguma cousa, apresentar-se á imaginação. *In mentem alicui incidere. Meter mientes (fr.);* advertir, considerar, pensar. *Parar mientes (fr.),* considerar, meditar, applicar a mente com attenção. *Haber mientes (fr.);* recordar-se, lembrar-se, trazer á memoria. *Tener mientes (fr.);* reparar, fixar a attenção.

Mientra. *adv. (ant.)* V. *Mientras. De mientra, en mientras (loc. adv. ant.).* V. *Mientras.*

Mientras. *adv. t.* Emquanto, entretanto, entretanto que. *Interea, dum, quandiu:* — *cuando;* emquanto, no tempo, na occasião ou conjunctura que: — *tanto (loc. adv.)* V. *Mientras.*

Mientre. *adv. (ant.)* V. *Mientras.*

Miera. *f.* Mera; licor oleoso extrahido do zimbro, de que usam os pastores para curar as doenças externas do gado. *Juniperinum oleum:* — mera; substancia resinosa, pesada, crassa e transparente, que com o calor do sol mana dos troncos dos pinheiros.

Miercar. *a. (ant.)* V. *Mercar.*

Miércoles. *m.* Quarta feira; quarto dia da semana. *Dies Mercurii, feria quarta:* — *corvillo (fam.);* quarta feira de cinza. *Feria quarta Cinerum:* — *de ceniza;* quarta feira de cinza; o primeiro dia da quaresma: — *santo,* quarta feira santa; quarta feira da semana santa. *Feria quarta majoris hebdomadæ.*

Mierda. *f.* Merda; excremento humano e de alguns animaes. *Merda, æ:* — *(fig.)* merda; porcaria, sujidade que se pega á roupa ou a alguma outra cousa. *Merda, sordes:* — merda; interjeição de desprezo. *Cuanto más se revuelve la mierda, mas apesta (rif.);* quanto mais se meche na merda mais ella fede; quanto mais se averigua um assumpto torpe ou indigno, tanto mais se desacreditam os que n'elle figuram.

Mierdacruz. *f. (bot.)* Especie de trovisco.

Mierlo. *m. (ant. zool.)* V. *Mirlo.*

Mierra. *f.* V. *Narria.*

Miersia. *f. (bot.)* Miersia; genero de plantas da familia das liliaceas.

Miés. *f. (fig.)* Messe, colheita; quantidade, grande copia de pessoas convertidas á santa fé ou proximas a isso. *Seges, copia:* — *(agr.) pl.* messes, cereaes, pães, comprehendendo todas as plantas ou sementes d'esta natureza. *Messes, ium:* — messe, colheita, ceifa; o tempo da colheita, da ceifa dos cereaes. *Messes, ium.*

Mietra. *adv. (ant.)* V. *Mientras.*

Miga. *f.* Miolo ou miollo; a parte interior e mais molle do pão. *Panis medulla:* — migalha; pequena, tenue porção de qualquer cousa. *Mica, æ:* — miolo, medulla; substancia principal das cousas physicas: — *(ant.)* papa de leite e farinha que se dá ás creanças: — *pl.* migas de alho; especie de açorda. *Frustula panis frixa. Hacer buenas o malas migas (fr. (fam.);* fazer boa ou má farinha; dar-se bem, viver em harmonia com alguem ou vice-versa. *Facilè vel difficile consociari, convenire.*

Migaja. *f.* Migalha; porção de pão que se esmiuça ao parti-lo. *Mica, æ:* — *(fam.)* migalha; porção tenue de qualquer cousa. Usa-se mais communmente no plural pelas que ficam na mesa: — migalha; pequena parte de alguma cousa immaterial. *Mica, æ:* — *(fam.)* migalha; quasi nada. *Nihil omnino:* — *pl.* migalhas; os desperdicios ou sobras que alguem deixa, e de que se utilisam outros. *Micæ, arum:* — *de huevo.* V. *Galladura. Reparar en migajas (fr.);* reparar em migalhas, em miudezas, entreter-se em minucias. *Quisquilias observare vel tricas.*

Migajada. *f.* Migalha; parcella, pequena porção de alguma cousa divisivel; v. g.: *pagar una deuda a migajadas;* pagar uma divida ás migalhas, aos poucos. *Pars minima.*

Migajon. *m.* Miolo; pão sem codea. *Medulla panis:* — miolo, medulla, substancia; o que ha de principal e de mais essencial em uma cousa. *Medulla.*

Migar. *a.* Migar; esmiuçar ou partir o pão em migalhas ou porções mui pequenas. *Friare, panem in micas comminuere.*

Migaya. *f. (ant.)* V. *Migaja.*

Migrana. *f. (prov.)* V. *Jaqueca.*

Migratorio, ria. *adj.* Emigrante; diz-se do que se muda e passa de uma parte para outra. *Migratorius, migrans.*

Miguero, ra. *adj.* Diz-se do que de algum modo tem relação com as migas, e n'este sentido os pastores de Hespanha chamam á estrella de alva *el lucero miguero;* estrella do pastor, porque a sua apparição annuncia a hora de ir fazer as migas.

Mihir. *m. (chron.)* Mihir; o mez do equinocio entre os persas, correspondente ao mez de setembro.

Mihirgian. *m. (chron.)* Mihirgian; o equinocio do outomno entre os persas.

Miina. *f. (zool.)* Myina; genero de insectos hymenopteros, da familia dos chalcidios.

Miioturdo. *m. (zool.)* Myioturdo; genero de aves da ordem dos passaros dentirostros.

Mijar. *m.* Milharada ou milharal; campo ou terreno semeado de milho: — *(ant.)* V. *Millar, Milla.*

Mijazia. *m.* Mijazia; oitavo mez dos ethiopes, correspondente ao mez de abril.

Mijero. *m.* Columna, pedra de milhas; a que se fixa nas estradas de milha em milha: — *(ant.)* milha, terça parte de uma legua: — distancia curta e indeterminada: — curto espaço de tempo.

Mijinda. *f. (bot.)* Myginda; genero de plantas da familia das celastrineas.

Mijo. *m. (bot.)* Milho; genero de plantas da familia das gramineas: — milho; o grão ou semente da planta do mesmo nome: — *(prov.)* V. *Maiz: — ceburro.* V. *Candeal.*

Mil. *adj. (num.)* Mil; numero cardinal que é o producto de cem, tomado ou multiplicado dez vezes. *Mille:* — mil; grande numero, mas indeterminado, e assim se diz: *mil vezes se lo he dicho;* mil vezes lh'o tenho dito. *Mille: — pl.* milhares. V. *Millares: — y mil;* aos milhares; diz-se para exagerar muito a abundancia de alguma cousa: — *y quinientas (fam.);* as lentilhas; assim chamadas pelo grande numero d'ellas que entram n'uma tigela de comida. *Centicularum multitudo. Esas son otras mil y quinientas;* significam que ainda ha que juntar alguma cousa ao negocio de que se trata: — *en rama (bot.);* mil em rama ou mil folhas. V. *Milenrama. Sala de mil y quinientas (fr.)* V. *Sala.*

Milacefalia. *f. (physiol.)* Mylacephalia; monstruosidade que consiste na falta da cabeça, com imperfeição do corpo.

Milacefálico, ca. *adj. (physiol.)* Mylacephalico; diz-se do que pertence á mylacephalia.

Milacéfalo. *m. (physiol.)* Mylacephalo; monstro que apresenta os caracteres da mylacephalia.

Milaco. *m.* Mylacho *(pedra redonda);* genero de insectos coleopteros tetrameros, da familia dos curculionidos.

Milagrero, ra. *s.* Milagreiro; o que attribue todo o successo a causas sobrenaturaes, a influencia milagrosa. *Omnia miraculo attribuens.*

Milagro. *m.* Milagre; successo sobrenatural attribuido á operação immediata de Deus. *Miraculum, i:* — milagre; successo maravilhoso e raro, extraordinario ou nunca visto. Usa-se como interjeição para denotar o espanto que alguma cousa causa. *Miraculum, mirum:* — milagre; acontecimento cuja causa é desconhecida e que por isso surprehende: — V. *Presentalla. Hacer milagros (fr.);* fazer milagres; fazer muito mais do que ordinariamente se julga possivel em qualquer industria ou mister. *Vivir de milagro (fr.);* viver por milagre; ter escapado a um perigo eminente; viver não obstante as necessidades e soffrimentos prolongados. *Miraculosè, Dei auxilio vivere:* — *(theatro)* milagre; peça theatral em que se representavam alguns episodios da vida de um santo, na idade media, e cujo desfecho era ordinariamente um martyrio.

Milagron. *m. (fam.)* V. *Aspaviento.*

Milagrosamente. *adv. m.* Milagrosamente, miraculosamente. *Divinitus, miraculo:* — milagrosamente, admiravelmente, surprehendentemente. *Mirum in modum.*

Milagroso, sa. *adj.* Milagroso, miraculoso; diz-se do que é feito, obrado por milagre. *Prodigiosus naturæ vires exsuperans:* — milagroso; que obra ou faz milagres. *Qui multa miracula vel signum edit, facit; miraculis clarus:* — maravilhoso, assombroso, pasmoso.

Milan. *m. (comm.)* Milão; tecido de linho, assim chamado da cidade da mesma denominação, aonde se fabrica.

Milandro. *m. (zool.)* Milandro; genero de peixes chondropterygios.

Milano. *m. (zool.)* Milhano; genero de aves rapaces da familia das falconideas: — *negro;* milhano, milhafre preto: — milhano, milhafre ruivo; ave de rapina do mesmo genero que a anterior, um pouco mais pequena. Tem o lombo annegrado, o ventre branco e com raios pardos transversaes: — voador; peixe do genero trigla, de côr vermelha com algumas malhas verdes e azues pelo ventre.

Mileco. *m. (zool.)* Mylecho; genero de insectos coleopteros da familia dos clavicornes.

Milemorbida. *f. (bot.)* Myllemorbida; nome que antigamente se dava a uma especie de escrofularinea, porque se empregava no tratamento de muitas doenças.

Milenario. *m.* Millenario; espaço de dez seculos ou mil annos: — *adj.* millenario; diz-se do que é relativo a mil ou ao milhar, ou do que contém o numero mil. *Millenarius, a, um:* — *m. pl. (rel.)* millenarios; sectarios christãos, os quaes acreditavam que Jesus Christo reinaria sobre a terra e mais os seus santos n'uma nova Jerusalem por espaço de mil annos antes do juizo universal.

Milenarismo. *m. (rel.)* Millenarismo; doutrina dos millenarios.

Mileno, na. *adj.* Composto de mil fios; diz-se dos tecidos. *Millenarius, a, um.*

Milenrama. *f. (bot.)* V. *Aquilea.*

Milenta. *adj. (vulg.)* V. *Mil:* — *m. (vulg.)* V. *Millar.*

Mileño, ña. *adj.* V. *Mileno.*

Milesia. *f. (zool.)* Milesia; genero de insectos dipteros brachoceros, da familia dos brachystomos.

Milesiaco, ca. *adj.* Milesiaco; diz-se do que pertence a mileto ou aos milesios. *Fábulas milesiacas (litter.)*; fabulas milesiacas; contos obscenos compostos por Aristides de Mileto.

Milésimo, ma. *adj.* Millesimo; diz-se de cada uma das mil partes iguaes em que póde dividir-se uma cousa. *Millesimus, a, um:* — *m. (num.)* millesimo; total dos numeros que marcam o anno nas medalhas, moedas e monumentos, de data posterior ao anno mil da era vulgar: — millesimo, mais latamente, diz-se das medalhas e moedas cunhadas antes do anno mil.

Milesio, sia. *adj.* Milesio; diz-se do que pertence a Mileto. *Milesius, a, um:* — *s.* milesio; o natural de Mileto. *Milesius, i:* — *adj. (litter.)* milesio; diz-se de certos contos ou fabulas disparatadas que têem por fim divertir os leitores. *Milesius, a, um:* —V. *Milesiaco.*

Miletia. *f. (bot.)* Milletia; genero de plantas, da familia das leguminosas papilionaceas.

Milfico, ca. *adj. (med.)* Milphico; diz-se dos medicamentos que se empregam para evitar a quéda do pello, pestanas, etc.

Milfosis. *f. (med.)* Milphosis; rubicundez das palpebras quando estão desprovidas de pestanas.

Milgrana. *f. (ant.)* V. *Granada,* fructa.

Milgrano. *m. (ant.)* V. *Granado,* arvore.

Milia. *f. (ant.)* V. *Milla.*

Miliar. *adj.* Miliar; diz-se do que se assimilha aos grãos de milho: — diz-se do que pertence á milha: — milliario; diz-se dos postes que nos caminhos marcam as distancias. *Erupcion miliar (med.)*; erupção miliar; a que es apreseenta sob a fórma de pequenissimos grãos. *Fiebre miliar;* febre miliar; febre acompanhada de uma erupção miliar. *Febris miliaris.*

Miliario, ria. *adj.* V. *Miliar,* na segunda accepção: — *dorado (arch.)*; milliario dourado; columna dourada que Augusto mandou levantar em uma grande praça de Roma, onde vinham ter todas as estradas reaes de Italia. *Cohorte miliaria (mil. ant.)*; cohorte milliaria; a que se compunha de 1:005 infantes e 132 cavalleiros.

Milicia. *f.* Milicia; arte militar. *Res vel ars militaris:* — milicia; o serviço ou a profissão militar, carreira das armas: — milicia, soldadesca, tropas, exercito, gente de guerra. *Militia, æ:* — *Milicias provinciales (mil.)*; milicias provinciaes; corpos de infanteria que constituem a reserva do exercito hespanhol. *Milicia nacional (polit.)*; milicia nacional, as milicias; instituição politica, composta de cidadãos armados, para a defeza de um paiz: — *(rel.)* milicia; os coros dos anjos, tambem chamada milicia celeste ou angelica: — *de Cristo;* milicia de Christo, a christandade.

Miliciano, na. *adj.* Miliciano; diz-se do que pertence á milicia: — *m.* miliciano; soldado de milicia. *Gregarius miles vel urbanus.*

Miligramo. *m. (metrol.)* Milligramma; millesima parte da gramma.

Mililítro. *m. (metrol.)* Millilitro; millesima parte de um litro.

Milímetro. *m. (metrol)* Millimetro; millesima parte do metro.

Mílimo. *m.* Millimo; decima parte de um centimo ou millesima de um franco.

Milio. *m. (bot.)* Milio; genero de plantas da familia das gramineas.

Miliobata. *m. (zool.)* Mylliobata; genero de peixes chondropterygios da familia dos selacios.

Milionésimo, ma. *adj.* V. *Millonésimo.*

Milípedos. *m. pl. (zool.)* Millipedes. V. *Miriapodos.*

Militante. *adj.* Militante; diz-se do que milita, combate. *Militans, antis:* — *(rel.)* militante; diz-se dos fieis sobre a terra. *Iglesia militante;* igreja militante; congregação dos fieis christãos, que militam sobre a terra.

Militar. *n.* Militar; servir na guerra ou fazer vida de soldado, de militar. *Militare:* — *(fig.)* militar, ter força; haver ou concorrer em uma cousa alguma rasão ou circumstancia particular. *Militare:* — *adj.* militar; diz-se do que pertence á milicia, á guerra. *Militaris, re:* — *m.* militar, soldado, homem de guerra, homem de armas. *Militaris, re. Arte militar;* arte militar, milicia, arte de guerra. *Academias militares;* academias militares; escolas militares, em que só se admittem officiaes. *Estado militar;* estado militar; o que é governado militarmente; estado militar; numeramento, resenha ou lista geral e circumstanciada das tropas de um estado. *Gobierno militar;* governo militar; governo em que o exercito e os chefes militares exercem a auctoridade. *Jurisprudencia militar;* jurisprudencia ou fôro militar; tudo o que se refere á constituição e ao estado militar de um paiz. *Testamento militar;* testamento militar; testamento do soldado em campanha, para o qual a lei dispensa as formalidades ordinarias d'estes actos. *Arquitectura militar;* architectura militar; a arte da fortificação das praças de guerra. *Columna militar;* columna militar; columna em que se gravava a resenha das tropas de um exercito ou legião romana.

Militarismo. *m. (neol.)* Systema militar.

Militarmente. *adv. m.* Militarmente; conforme o uso, a arte militar. *Militariter, militari modo.*

Milítarón. *m.* *(fam.)* Militarão; soldado velho, que servia muito tempo na guerra: — homem que pretende applicar a tudo o systema ou regimen militar.

Mílite. *m.* *(ant.)* Milite, soldado.

Miliusia. *f.* *(bot.)* Miliusia; genero de plantas da familia das annonáceas.

Milnea. *f.* *(bot.)* Milnea; genero de plantas da familia das meliaceas.

Milnesio. *m.* *(zool.)* Milnesio; genero de systoídeos tardigrados.

Milocero. *m.* *(zool.)* Myllocero *(antenna curva)*; genero de insectos coleopteros, da familia dos curculionidos.

Milocha. *f.* *(prov.)* Papagaio de papel.

Milor. *m.* V. *Milord.*

Milord. *m.* Mylord; tratamento dos grandes de Inglaterra, quando se lhes dirige a palavra, e ás vezes citando o seu nome.

Milordo. *m.* *(ant.)* Galan, galanteador, namorado, amante.

Milpa. *f.* *(p. M.)* V. *Maizal.*

Milpies, *m.* *(zool.)* V. *Cochinilla:* — millipedes, bicho de conta ou porquinho de Santo Antonio; especie de crustaceos isopodas, que tiveram applicação em medicina.

Miltonia. *f.* *(bot.)* Miltonia; genero de plantas da familia das orchideas.

Miltoniano, na. *adj.* *(litt.)* Miltoniano; diz-se do que é ou participa do estylo de Milton.

Milvíneas. *f. pl.* *(zool.)* Milvineas; familia de aves de rapina, da ordem das diurnas.

Milla. *f.* Milha, terça parte de legua; medida itineraria, cuja extensão é de 1:000 passos geometricos em alguns paizes. *Milliarium, lapis milliarius.* A milha de Portugal e Hespanha consta de 1:000 passos geometricos: — quarto de legua: — *(naut.)* milha; terça parte da legua maritima. *Largar ó tragar millas (fr. naut.);* deitar muitas milhas, andar muito o navio.

Millar. *m.* Milhar ou milheiro; o numero de mil, fallando de cousas. Diz-se ordinariamente dos generos miudos que se vendem d'esta fórma, como: *un millar de agujas;* um milheiro de agulhas. *Mille, milliarium:* — milhar, milhares, mil; grande numero e indeterminado. N'esta accepção usa-se muito no plural. *Milliaria, orum:* — milhar; no systema de numeração arabico ou indico, é a casa que, contando da direita para a esquerda, se segue á dos contos. *Milliari, numeralis character:* — milhar; figura ou caracter da fórma de um 0 alongado que os contadores em Hespanha, para maior facilidade de ler os numeros, collocam entre as centenas e as unidades de milhar. *Está* em pouco uso. *Nota milliarii:* — medida ou quantidade de cacau, que consta de tres libras e meia em umas partes, e de mais em outras. *Granorum cacao milliarium:* — espaço de terreno, nas devesas, em que se podem apascentar mil ovelhas, ou dois fatos de gado: — *cerrado;* cifrão, caracter do milhar. *Nota milliaria vacua:* — *en blanco;* cifrão cortado; o mesmo caracter, sem letra alguma dos lados. *Nota milliarii nondum distincta.*

Millarada. *f.* Milhares, milhões, muitos milheiros, um numero infinito. Usa-se regularmente por jactancia, ou ostentando muitos haveres, e assim se diz: *Echar millaradas;* jactar-se de ser rico, opulento, de ter fortuna incalculavel. *Multo milliaria. A millaradas (loc. adv.);* aos milhares, em quantidades incalculaveis. *Millies.*

Millero. *m.* *(ant.)* V. *Mijero.*

Millo. *m.* *(ant.)* V. *Mijo:* — milho. V. *Maiz.* Usa-se nas ilhas Canarias e na Galliza.

Millon. *m.* Milhão; mil vezes mil ou dez vezes cem mil. *Decies centum mille:* — milhão, numero indeterminado e excessivo; diz-se geralmente exagerando alguma cousa: — *pl.* imposto indirecto que os estados do reino de Hespanha tinham concedido ao rei sobre o consumo do vinho, do vinagre, do azeite, da carne, do sabão e das vélas de sebo, e que se renovava de seis em seis annos. Deu-se-lhe este nome por se haver calculado que poderia montar a uns tres milhões de ducados. *Vectigal ex certis speciebus exigendum. Sala de millones:* sala do conselho que entendia no tributo acima dito.

Millonario, ria. *adj.* Millionario, riquissimo; que tem muitos milhões. Usa-se substantivado.

Millonésimo, ma. *adj.* Millionesimo; diz-se do que completa o numero de um milhão: — millionesimo; diz-se de cada fracção de um todo que se suppõe dividido em um milhão de partes iguaes. Usa-se tambem substantivado na terminação masculina.

Mim. *m.* *(gram.)* Mim; vigesima quarta letra do alphabeto arabe, e vigesima nona do turco. Corresponde ao *M:* — mim; signo numerico de 40.

Mimansa. *f.* *(philos.)* Mimansa; os dois systemas orthodoxos da philosophia indica, conformes ás doutrinas emittidas nos Vedas; são o *pourva* e o *vedanta.*

Mimar. *a.* Mimar, amimar, acariciar; fazer mimos, tratar com afago, meiguice e condescendencia, especialmente as creanças. *Blandiri, palpare, plus æquo indulgere:* — amimar; fazer caricias e afagos, tratar habitualmente com carinho e meiguice. *Blandiri:* — *m.* *(zool.)* mimar; genero de insectos hymenopteros, da familia dos mimaridos.

Mimaridos. *m. pl.* *(zool.)* Mymaridos; familia de insectos hymenopteros.

Mimbral. *m.* V. *Mimbreral.*

Mimbre. *m.* V. *Mimbrera,* arbusto: — vime; varinha produzida pelo vimeiro ou vime.

Mimbrear. *n.* V. *Cimbrar.* Usa-se tambem como reciproco.
Mimbreño, ña. *adj.* Vimineo; da natureza do vime. *Vimineus, a, um.*
Mimbrera. *f.* V. *Mimbreral:* — *(bot.)* vimeiro, vime; nome com que se conhecem vulgarmente varias especies do genero salgueiro, cujos ramos delgados e flexiveis são tambem chamados vimes, de que se fazem cestos, etc.
Mimbreral. *m.* Vimeiro; logar plantado de vimes. *Vimine-tum, i.*
Mimbroso, sa. *adj.* Vimiueo; diz-se do que é feito de vimes. *Vimineus, viminalis.*
Mimesa. *f. (zool.)* Mimesa *(imitação);* genero de insectos hymenopteros, do grupo dos crabronidos.
Mimesis. *m. (litt.)* Mimesis; especie de ironia, que consiste em repetir o que outrem disse, imitando seus modos e gestos para o ridicularisar.
Mimete. *m. (bot.)* Mimete; genero de plantas da familia das proteaceas.
Mimetesa. *f. (min.)* Mimetesa; variedade de arseniato de chumbo.
Mimiambo, ba. *adj. (litt.)* Mimiambo; diz-se de uma especie de verso jambico muito livre, que repetiam os mimos nas suas farças. Tambem se usa algumas vezes como substantivo.
Mímica. *f.* Mimica; arte de fazer sensiveis pela imitação, aos olhos dos espectadores, os gestos e as acções das pessoas: — mimica; arte de fallar aos olhos sem o auxilio da palavra ou da escripta, por meio de movimentos e attitudes do corpo, estabelecidos como signaes de convenção. A mimica é o principal meio de transmitir as idéas aos surdos-mudos.
Mímico, ca. *adj.* Mimico; diz-se do que pertence ao mimo e á sua arte. *Mimicus, a, um:* — mimico; diz-se do que imita ou se expressa com o gesto, por meio de acenos: — mimico; diz-se do auctor de mimos ou comedias burlescas.
Mimo. *m.* Mimo, carinho, afago, meiguice, brandura ou demonstração expressiva de ternura. *Palpatio, blandities:* — *(fam.)* mimo, delicadeza, cuidado extremo com que se tratam as cousas: — *(hist.* e *litt. ant.)* mimo, farça; especie de representação burlesca e quasi sempre obscena, em que se permittia o arremedo ou a imitação livre e indecente dos discursos e acções de um particular conhecido. *Mimus, us:* — *m.* mimo; actor que representava na farça chamada mimo: — mimo; auctor de um mimo.
Mimodrama. *m. (litt.)* Mimodrama; drama executado em mimologia.
Mimografía. *f. (litt.)* Mimographia; tratado sobre a mimica ou sobre os mimos.
Mimografismo. *m.* Mimographismo; escripta imitativa que offerece á vista a imagem do objecto expressado pela palavra.
Mimógrafo, fa. *adj. (litt.)* Mimographo; diz-se do que respeita á mimographia, ou á arte mimica.
Mimólogo. *m.* Mimologo; arremedador, imitador do modo de fallar de alguem: — mimologo; o que é pratico ou versado em mimologia.
Mimolojía. *f.* Mimologia, arremedo, imitação da voz, da pronunciação e do gesto de alguem, do seu modo de fallar: — mimologia; acção de imitar, na creação das palavras, o som dos objectos que designam.
Mimolójico, ca. *adj.* Mimologico; diz-se do que pertence á mimologia. *Substantivo, verbo mimólogico (gram.);* substantivo, verbo mimologico; substantivo ou verbo formado por imitação do som que produz o objecto ou a acção designada, ex.: *Silbido, rodar.*
Mimolojismo. *m. (gram.)* Mimologismo; palavra formada por mimologia: — *(rhet.)* mimologismo; figura pela qual se representa um ser animado, imitando-lhe a physionomia, o gesto e a voz.
Mimoplástico, ca. *adj.* Mimoplastico; diz-se dos quadros vivos, e em particular dos que representam scenas da Paixão.
Mimopórfiro. *m. (min.)* Mimoporphydo; mineral de rocha com apparencia de porphydo.
Mimosa. *f. (bot.)* Mimosa; genero de plantas leguminosas, da familia das mimoseas: — *(min.)* mimosa; lava composta de feldspatho e de pyroxeno, intimamente unidos, de côr parda uniforme.
Mimóseas. *f. pl. (bot.)* Mimoseas; familia de plantas leguminosas, em que figura a sensitiva ou herva mimosa.
Mimoso, sa. *adj.* Mimoso; costumado aos mimos, que não póde passar sem elles: — mimoso, melindroso, delicado; muito cheio de mimos. *Mollis, delicatus.*
Mina. *f.* Mina; caminho artificial subterraneo para a conducção das aguas. *Cuniculus, i:* — mina; logar subterraneo onde se encontram em filões, em camadas ou em massas os metaes e outros mineraes: — mina; o mesmo mineral debaixo da terra, embora não tenha sido descoberto nem explorado: — mina; excavação mais ou menos profunda para extrahir mineraes da terra ou rocha. *Fodina, æ:* — mina, nascente de agua; origem das fontes, dos mananciaes. *Scatebra, scaturigo:* — *(fig.)* mina, manancial; officio, emprego, negocio que de continuo dá muito proveito com pouco trabalho. *Fodina, æ:* — *(fig.)* mina, manancial; o que produz alguma cousa em abundancia: — *ludia (germ.);* cobre: — *mayor (germ.);* oiro: — *menor (germ.);* prata. *Beneficiar una mina (fr.);* beneficiar, explorar, lavrar, laborar uma mina; fazer-lhe os trabalhos necessarios para a extracção dos metaes. *Emborrascarse la mina (fr.);* encontrar na mina pedras ou calhaus em

logar de metal, e perder-se a beta. *Encontrar una mina (fr. fig.)*; encontrar, achar uma mina; achar meios de viver ou de enriquecer-se com pouco trabalho. *Esplorar una mina (fr.)*; explorar uma mina; tirar proveito de alguma relação ou negocio á custa de mui pouco trabalho. *Volar la mina (fr. fig.)*; descobrir a mina; descobrir o projecto, a machinação, alguma cousa occulta, fazer com que não tenha effeito. *Occulta patefieri:* *(fig.)* rebentar, saltar a mina; declarar, patentear, dar alguem a conhecer os seus sentimentos depois de os ter calado por muito tempo: — *(metrol. ant.)* mina; medida parisiense para seccos: — mina; antiga medida de cento e vinte pés, em Italia: — *(mil.)* mina; excavação onde se mette polvora, para que, lançando-se-lhe fogo, a explosão faça saltar e arruinar parte das fortificações da praça sitiada. *Cuniculus, i:* — *de voladura;* mina construida com o fim de fazer saltar uma fortificação ou obra qualquer: — *(num.)* mina; moeda dos antigos gregos, que valia cem drachmas. Tambem se chamava mina attica. *Mina attica libra:* — *de hierro azul (min.)* V. *Croquidolita:* — *de hierro granular;* mina de ferro granular; nome dado a muitas variedades de ferro de origens differentes: — *de los pantanos.* V. *Limonita:* — *de plomo.* V. *Plombajina,* percarbureto de ferro.

Minador. *m.* Minador, mineiro; o que abre mina ou excava o terreno: — minador, mineiro; engenheiro ou artifice que dirige ou abre minas. *Cunicularius, fossor:* — *(mil.)* mineiro, sapador; soldado do corpo de engenheiros que trabalha as minas de guerra.

Minal. *adj.* Relativo ou pertencente á mina.

Minaltun. *m.* Minaltum; moeda imaginaria da Persia, que equivale a uns 830 réis ou 19 reales.

Minar. *a.* Minar; cavar e abrir um caminho subterraneo. *Cuniculos agere, fodere:* — *(fig.)* minar, solapar, consumir, arruinar, destruir pouco a pouco: — *(fig.)* minar, esquadrinhar, investigar, sondar; fazer extraordinarias diligencias para conseguir ou averiguar alguma cousa. *Cuniculos agere, diligenter explorare, inquirere:* — *(fig.)* minar, solapar; intrigar em segredo: — *(mil.)* minar; fazer, abrir minas, excavando a terra. *Cuniculos agere, fodere.*

Minarete. *m. (arch.)* Minarete; pequena torre redonda, em fórma de columna, que orna as mesquitas, e do cimo da qual se chamam os musulmanos á oração, ou se annunciam as horas.

Minaz. *adj. (ant.)* Minaz, ameaçador.

Mincal. *(ant.)* Contracção antiga de *Me cal ó cale,* que significa importa-me, agrada-lhe.

Mincio. *m. (ant.)* V. *Luctuosa.*

Mincion. *f. (ant.)* V. *Luctuosa:* — V. *Mencion.*

Mineanos. *m. pl. (rel.)* Mineanos; nome dado, depois da ruina de Jerusalem, a certos christãos que continuaram praticando a circumcisão e outras prescripções da antiga lei.

Minera. *f. (ant.)* Mineral; substancia que se extrahe das minas.

Mineraje. *m.* Mineração; exploração, beneficio das minas. *Metallorum effodiendorum ac purgandorum labor.*

Mineral. *adj.* Mineral; diz-se do que pertence á mina ou mineral, que cresce nas minas, que passa por ellas. *Mineralis, le:* — *m.* nascente de agua. *Scaturigo, inis:* — fonte, principio, origem, fundamento de alguma cousa. *Scaturigo, origo, fons:* — V. *Mina, Minero,* de metaes ou pedras preciosas: — *(hist. nat.)* mineral; corpo inorganico, terroso, salitroso, combustivel ou metallico, que se acha no interior da terra ou á sua superficie. *Mineralis, e:* — *adj. (hist. nat.)* mineral; diz-se do que pertence aos mineraes ou tem relação com elles, etc. *Aguas minerales;* aguas mineraes; aguas que brotam do seio da terra e que encerram substancias mineraes em dissolução ou gazes. *Reino mineral;* reino mineral; o conjuncto de substancias inorganicas que se encontram em a natureza, conhecidas pelo nome generico de mineraes: — *(min.)* mineral; o metal, segundo se tira da mina. *Aguas minerales artificiales (chim.)*; aguas mineraes artificiaes; aguas mineraes imitadas das naturaes pelos processos chimicos.

Mineralista. *m.* V. *Mineralojista.*

Mineralizable. *adj. (min.)* Mineralisavel; diz-se do que se póde mineralisar.

Mineralizacion. *f. (min.)* Mineralisação; mudança dos corpos organicos no interior da terra para passar ao estado mineral.

Mineralizador, ra. *adj. (chim.)* Mineralisador ou mineralisante; diz-se da substancia que, pela sua combinação com as materias metallicas, muda muito os seus caracteres exteriores, physicos ou chimicos.

Mineralizar. *a. (chim.* e *min.)* Mineralisar; communicar a um corpo as propriedades e aspecto de mineral. Usa-se mais como reciproco.

Mineralogía. *f.* V. *Mineralojía.*

Mineralógico, ca. *adj.* V. *Mineralójico.*

Mineralogista. *m.* V. *Mineralojista.*

Mineralojía. *f.* Mineralogia; parte da historia natural, que trata dos animaes, da sua distribuição e combinações no seio da terra, e de suas propriedades physicas e chimicas. *Mineralogia, æ:* — tratado de mineralogia.

Mineralójicamente. *adv. m.* Mineralogicamente; segundo a mineralogia: — mineralogicamente; em linguagem mineralogica.

Mineralógico, ca. *adj.* Mineralogico; diz-se do que é pertencente ou relativo á mineralogia.

Mineralojista. *m.* Mineralogista; o que é versado na mineralogia, que a cultiva.

Mineralúrjia. *f.* Mineralurgia; applicação dos conhecimentos mineralogicos á averiguação e á distincção dos corpos de que as artes podem tirar proveito, ou d'aquelles cujo emprego poderia ser conveniente.

Mineralúrjico, ca. *adj.* Mineralurgico; diz-se do que é concernente á mineralurgia.

Mineralurjista. *m.* Mineralurgista; o que cultiva a mineralurgia.

Minería. *f.* Mineração; arte de minerar, exploração das minas: — corpo de minadores, de mineiros ou engenheiros que dirigem minas.

Minero. *m.* Mineiro; mina de metaes e de mineraes: — sitio, comarca, districto mineiro; em que ha minas, que é abundante de mineiras: — *(fig.)* fonte, manancial, origem, principio, causa, raiz, nascimento de alguma cousa: — *m.* mineiro; o que trabalha em minas ou que as explora. *Fossor, oris:* — *(naut. p. A.)* V. *Lancha.*

Minerografía. *f.* Minerographia; descripção dos mineraes.

Minerográfico, ca. *adj.* Minerographico; diz-se do que é concernente á minerographia.

Minerógrafo. *m.* Minerographo; o que escreve a historia dos mineraes.

Minervino, na. *adj.* Minervino; diz-se do que é pertencente á deusa Minerva.

Minga. *f. (fam.)* V. *Pene:* — *fría;* empedernido, insensivel, frio, indifferente, tetrico, melancholico.

Mingle. *m.* Mingle; medida hollandeza para liquidos.

Mingo. *m. n. p. (fam.)* Domingos. V. *Domingo:* — bola encarnada do jogo do bilhar: — *(ant.)* V. *Semana. Jugar sobre el mingo (fr.);* jogar contra a encarnada, no jogo do bilhar.

Mingon. *m. (vulg.)* Poltrão, pusillanime, fraco, cobarde.

Mingrana. *f. (ant.)* V. *Granada,* fructo.

Mingreliano, na. *adj.* Mingreliano; diz-se do que pertence á Mingrelia, provincia da Asia: — *s.* mingreliano; o natural de Mingrelia.

Mingua. *f. (ant.)* Mingua. V. *Mengua,* falta.

Minguado, da. *adj. (ant.)* Minguado. V. *Mengoado,* necessitado.

Minguar. *n. (ant.)* Minguar. V. *Menguar.*

Minguez. *m.* Domingues; filho de Domingos. Hoje é appellido de familia.

Minia. *f. (zool.)* Minia *(pequena);* genero de echinodermes apodas.

Miniar. *a. (pint.)* Pintar de miniatura. *Ductibus subtilibus pingere.*

Miniatura. *f.* Miniatura; pintura mui delicada feita aos pontinhos com cores desfeitas em agua de gomma, e em ponto pequeno. *Subtilissima pictura vel delicatissima gummi ope:* — *(fig.)* miniatura, objecto de arte de mui pequenas dimensões, trabalhado com esmero e apuro: — *(fig.)* pintura, estampa, lindeza; pessoa muito linda, de feições delicadas. *En miniatura (loc. adv.);* em miniatura; em ponto pequeno: — *(paleogr.)* miniatura; letras encarnadas feitas com minio ou azarcão, que figuram nos capitulos dos manuscriptos mais antigos.

Miniaturista. *m.* Miniaturista ou miniator; pintor que pinta de miniatura.

Mínima. *f. (mus.)* Minima; nota de musica que vale metade da semi-breve. *Nota musica vulgo sic dicta.*

Minimista. *m.* Estudante dos rudimentos de grammatica.

Mínimo, ma. *adj. sup.* anomalo de *Pequeño.* Minimo; o mais pequeno ou diminuto. *Minimus, a, um:* — minimo; religioso ou religiosa da ordem de S. Francisco de Paula. Usa-se tambem substantivado e no plural. *Ordinis minimorum frater:* — *m. pl.* classe de grammatica, em que se ensinam os rudimentos. *Grammaticæ secunda classis.*

Minimum. *m.* Minimo; palavra tirada do latim, usada para expressar a entidade mais pequena e diminuta d'aquellas de que se trata: — *(for.)* a menor das penas que a lei impõe ao criminoso ou delinquente: — *(math.)* minimo; o mais pequeno grau a que pôde reduzir-se qualquer grandeza.

Minio. *m. (min.* e *chim.)* Minio, azarcão, vermelhão; oxydo vermelho de chumbo, empregado na pintura e em muitas preparações medicinaes. *Oxydum plumbi rubrum, minium neotericorum.*

Miniope. *m. (zool.)* Minyope *(olho pequeno);* genero de insectos coleopteros tetrameros da familia dos curculionidos.

Miniro. *m. (zool.)* Minyro; genero de insectos coleopteros tetrameros, da familia dos curculionidos.

Minirotamno. *m. (bot.)* Minyrothamno *(arbusto de curta duração);* genero de plantas da familia das compostas.

Ministerial. *adj.* Ministerial; diz-se do que é pertencente, relativo ao ministerio, que emana dos ministros d'estado: — *(meol.)* ministerial, partidario do ministerio; diz-se mais particularmente dos pares e deputados que apoiam no parlamento os actos ou a politica dos ministros. Usa-se tambem substantivado. *Banco ministerial ó bancos ministeriales;* a parte que occupam nas camaras os membros que apoiam o ministerio.

Ministerialismo. *m. (polit.)* Ministerialismo; opinião, conducta ou politica dos que apoiam systematicamente um ministerio.

Ministerialmente. *adv. m.* Ministerialmente, officialmente.

Ministerio. *m.* Ministerio; qualquer officio, emprego, cargo, occupação. *Munus, us:* — ministerio, mister, exercicio, trabalho manual.

Ministerium, labor, opera:— ministerio; edificio em que se acham estabelecidas as repartições e secretaria de um ministro: — *de los altares;* ministerio dos altares, o sacerdocio: — *(adm.)* ministerio; cada uma das divisões do gabinete ou do governo do estado em que manda um ministro: — ministerio, ministeriado; emprego de ministro e o tempo de sua duração. *Ministerium, ii:* — ministerio; termo collectivo que designa os ministros d'estado: — *público;* ministerio publico; magistratura amovivel que tem por fim pugnar em cada tribunal pelo interesse do estado e da sociedade, e requerer a execução e applicação das leis: — ministerio publico; designação collectiva dos fiscaes ou magistrados encarregados d'estas funcções.

Ministra. *f.* Ministra; a que ajuda, auxilia para o conseguimento de alguma cousa: — a mulher do ministro. *Administra, æ:* — prelada, superiora das freiras trinitarias.

Ministrador, ra. *s.* Ministrador; pessoa que serve ou exerce algum ministerio: — *(ant.)* V. *Ministro.*

Ministrante. *p. a.* de *Ministrar. Ministrans, antis.*

Ministrar. *a.* Servir, exercer algum cargo, officio ou ministerio. Usa-se tambem como neutro. *Ministrare:* — ministrar, dar, fornecer, prestar. V. *Suministrar. Ministrare, præbere:* — *(ant.)* V. *Administrar.*

Ministril. *m.* Alcaide. *Apparitor, lictor, ministellus:* — instrumento musico de sopro. *Canoræ fistulæ, tibiæ:* — ministrel ou menestrel; tocador de instrumentos de musica. *Tibicen, inis.*

Ministro. *m.* Ministro; o que serve, ajuda, auxilia alguem em alguma cousa. *Minister, ri:* — *(adm.)* ministro d'estado, secretario d'estado ou simplesmente ministro; membro de ministerio ou gabinete, com alguma das pastas, e nomeado pelo chefe do estado. *Minister, ri:* — ministro, enviado. V. *Enviado:* — *plenipotenciario;* ministro plenipotenciario. V. *Plenipotenciario:* — *sin cartera;* ministro sem pasta; o que só é chamado para o conselho. *Primer ministro;* presidente do conselho de ministros; primeiro ministro, valido ou ministro privado; principal ministro, a quem o rei, n'outro tempo, encarregava de certos negocios com pleno poder de os despachar como lhe aprouvesse. *Minister secundus a rege:* — *d'estado;* ministro dos negocios estrangeiros: — *de hacienda;* ministro da fazenda: — *de la gobernacion;* ministro do reino ou do interior: — *de gracia y justicia;* ministro da justiça: — *del fomento;* ministro das obras publicas, commercio e industria: — *de la guerra;* ministro da guerra: — *de marina;* ministro da marinha: — *(for.)* ministro; o que exerce emprego de magistratura. *Justitiæ minister, magister, judex:* — alcaide, esbirro, beleguim, quadrilheiro, official de justiça. *Satelles, apparitor:* — *(rel.)* ministro, superior; em algumas religiões é o prelado ordinario de cada convento. *Minister, is:* — segundo prelado dos conventos e collegios, na companhia de Jesus, encarregado ordinariamente do governo economico. *Minister economus:* — *general;* geral dos franciscanos. *Minister generalis:* — *general de la ordem tercera;* ministro; superior da ordem terceira, de S. Francisco. *Minister, ri. Ministros de los enfermos;* membros de uma congregação fundada em 1584 nos Abruzos, por S. Camillo de Lelis, para soccorro dos doentes.

Minnesinger. *m. (lit.)* Minnesinger; nome usado na Allemanha, durante a idade media, para designar os poetas chamados trovadores. Os minnesingers eram cavalleiros e nobres, que viviam na côrte dos principes.

Minoa. *f. (zool.)* Minoa; genero de insectos lepidopteros da tribu dos phalenidos.

Minor, ra. *adj. (ant.)* V. *Menor.*

Minoracion. *f.* Minoração, diminuição; acção e effeito de minorar.

Minorar. *a.* Minorar, diminuir, reduzir a menos. *Minuere.*

Minorativo, va. *adj.* Minorativo; diz-se do que minora, diminue ou tem a propriedade de minorar. *Minuens, entis:* — *(med.)* minorativo, laxante, laxativo; diz-se do medicamento que purga levemente. *Leve purgans.*

Minoría. *f.* V. *Menor edad:* — *(zool.)* minoria; inferioridade de numero: — minoria; parte menos numerosa de um corpo deliberante, que de ordinario está em opposição com a maioria.

Minoridad. *f.* Minoridade. V. *Menor edad.*

Minos. *adv. (ant.)* V. *Menos.*

Minsurar. *a. (ant.)* Mensurar. V. *Medir.*

Mintirero, ra. *adj. (ant.)* V. *Mentiroso.*

Mintroso, sa. *adj. (ant.)* V. *Mentiroso.*

Minucia. *f.* Miunça; dizimo que se pagava dos fructos menores. *Minutiæ decimales:* — minucia, minudencia, miudeza, bagatella; cousa diminuta, de pouca entidade, de pouca importancia. *Minutia, æ.*

Minuciosamente. *adv. m.* Miuciosamente; com minuciosidade.

Minuciosidad. *f.* Minuciosidade, escrupulosidade excessiva; grande exactidão no exame ou na averiguação de alguma cousa.

Minucioso, sa. *adj.* Minucioso; diz-se da pessoa em extremo prolixa, que se occupa em minucias: — minucioso; narrado, tratado, descripto miudamente, com prolixidade.

Minude. *adj. (ant.)* V. *Menudo.*

Minué. *m. (mus.)* Minuete; dansa da escola franceza, que ao som da musica do mesmo nome se executa entre duas pessoas: — minuete; composição musica que se toca para esta dansa.

Minueta. *f. (naut.)* V. *Bom-*

billo, na segunda accepção.

Minuete. *m.* V. *Minué.*

Minuria. *f. (bot.)* Minuria; genero de plantas da familia das compostas.

Minúscula. *f.* V. *Letra minúscula.*

Minuta. *f.* Minuta, borrão, rascunho; primeiro original de um escripto para depois se passar a limpo: — minuta; apontamento das clausulas de escriptura, contrato, etc., esboço para depois se lavrar nas fôrmas legaes. *Inventarium, synopsis, syngrapha:* — minuta, apontamento, lembrança; breve escriptura para ajudar a memoria.

Minutar. *a.* Minutar; fazer a minuta de algum escripto. *Summam facere, summatim notare:* — extractar; fazer extractos de algum contrato ou instrumento publico.

Minutario. *m.* Caderno das minutas; caderno em que o tabellião faz os rascunhos ou minutas das escripturas que se lavram no seu cartorio.

Minutero. *m.* Ponteiro dos minutos n'um relogio. *Index, gnomon:* — *(naut.)* V. *Ampolleta,* na correspondente accepção.

Minuto. *m. (astr.)* Minuto; a sexagesima parte de uma hora. *Minuta horaria, momenta temporis:* — *(naut.)* minuto, milha; a terça parte da legua maritima: — *(math.)* minuto; a sexagesima parte de um grau de circulo. *Minutum, i. En un minuto (loc. adv.);* em um minuto, em um instante, n'um abrir e fechar de olhos: — *(metrol.)* minuto; medida de comprimento usada em Napoles, igual á sexagesima parte de um palmo.

Miñango. *m. (p. A.)* Migalha; pedacinho de qualquer cousa. *Hecho miñagos (fr.);* feito em migalhas, em pedaços.

Miñarse. *r. (germ.)* Ir-se, escapar-se de algum logar.

Miñon. *m.* Soldado voluntario de tropa ligeira, em algumas provincias de Hespanha, principalmente em Aragão e na Catalunha, destinado á perseguição dos contrabandistas, ladrões, etc.

Miñona. *f.* Mignon; antigo caracter typographico, o mais pequeno.

Miñosa. *f. (prov.)* V. *Lombriz.*

Mio, mia. *pron. pos.* Meu, minha; pronome possessivo da primeira pessoa, que significa de mim, pertencente a mim. *Meus, a, um. Los mios pl.;* os meus; os meus parentes, os meus alliados, o que de algum modo me pertence: os meus; os do meu partido, os que me são addictos. *Es muy mio (fr.);* é muito meu, muito intimo; mostra a intimidade ou estreita amisade com alguem. *Mihi conjunctissimus est vel addictissimus, intimus:* — é meu, venci-o; mostra ser alguem vencido pela pessoa que falla. *No es mio (loc.);* não é para mim. *Soy mio (loc.);* sou senhor de mim, senhor das minhas acções, sou livre, posso obrar como quizer. *Meus sum, mei juris sum.*

Miocera. *f. (zool.)* Myocera *(antenna em carnosa parte);* genero de insectos coleopteros subpentameros, da familia dos cyclicos.

Mioconca. *f. (zool.)* Myoconca; genero de molluscos creado para caracterisar uma concha bivalve encontrada nos terrenos oolithicos.

Miocro. *m. (zool.)* Myochro *(côr de rato);* genero de insectos coleopteros da familia dos cyclicos.

Miodarios. *m. pl. (zool.)* Myodarios; ordem de insectos dipteros.

Mioderma. *f. (zool.)* Myoderma *(pelle de rato);* genero de insectos coleopteros pentameros da familia dos lamellicormes.

Miodo. *m. (zool.)* Myodo *(musculoso);* genero de insectos coleopteros heteromeros, da familia dos trachelidos.

Miogalio. *m. (bot.)* Myogalo; genero de plantas da familia das liliaceas.

Miologo. *m.* Myologo; auctor de uma myologia.

Miolojia. *f.* Myologia; tratado ou descripção dos musculos.

Miolójico, ca. *adj.* Myologico; diz-se do que é pertencente á myologia.

Miomancia. *f.* Myomancia; especie de adivinhação por meio de ratos.

Miomántico, ca. *adj.* Myomantico; diz-se do que se refere á myomancia: — *m.* myomantico; adivinho que pratica a myomancia.

Mionima. *f. (bot.)* Myonima; genero de plantas da familia das rubiaceas.

Mioparios. *m. pl. (zool.)* Myoparios; tribu de insectos dipteros, da familia dos athericeros.

Miope. *s.* Myope, curto de vista; pessoa que tem a vista curta: — *(fig.)* myope; pessoa de pouca penetração.

Miopia. *f.* Myopia; estado do myope, confusão da vista nos objectos distantes.

Miopina. *f. (zool.)* Myopina; genero de insectos dipteros, da familia dos muscidos.

Mioporíneas. *f. pl. (bot.)* Myorineas; familia de plantas dicotyledoneas monopetalas.

Miopótamo. *m. (zool.)* Myopotamo *(rato do rio);* genero de mammiferos roedores, muito parecido na fórma geral do corpo com os castores.

Mioptéride. *m. (zool.)* Myopteride *(rato alado);* genero de mammiferos cheiropteros insectivoros.

Miorama. *m.* Myorama; especie de vistas pequenas que se formam á vontade com figuras moveis de cartão pintado, representando ao natural objectos isolados, por meio da optica.

Miorino. *m. (zool.)* Myorhino *(nariz de rato);* genero de insectos coleopteros tetrameros, da familia dos curculionidos.

Miosótide. *m. (bot.)* Myosotide ou myosote *(orelha de rato);* genero de plantas da familia das borragineas.

Miosuro. *m. (bot.)* Myosuro *(cauda de rato);* genero de plantas da familia das rainunculaceas.

Mioxanto. *m. (bot.)* Myoxantho; genero de plantas da familia das orchideas.

Miquelete. *m.* Miquelete; soldado que vae diante dos caçadores descobrir o inimigo.

Miquelia. *f.* *(bot.)* Michelia; genero de plantas da familia das magnoliaceas: — genero de plantas da familia das araliaceas.

Mira. *f.* Mira; peça de metal das armas de fogo e de arremesso, que serve de enfiar a vista ao alvo. *Pinnula, æ:* — mira; peça igual á precedente em outros instrumentos, para um fim analogo: — angulo que o escudo forma na parte superior: — *(fig.)* mira, alvo; fim, termo, objecto que se procura alcançar ou attingir: — *(fig.)* mira, intenção, advertencia, consideração para executar alguma cousa. *Intentus, intentio, scopus. Estar a la mira (fr.);* estar á mira, á espreita, vigiando; estar observando com grande cuidado e attenção alguma cousa. *Spectare, speculari. Poner la mira (fr.);* ter, pôr a mira em alguma cousa. *Intendere, intuitu alicujus rei operari:—(mil.)* mira; peça de madeira que serve na artilheria para fixar a pontaria. *Punto de mira (mil.),* ponto de mira; sitio em que se quer que dê o tiro.

Mirab. *m.* *(astron.)* Mirab; estrella fixa do collo do cysne.

Mirabel. *m.* *(bot.)* Mirabella; planta do genero chenopodio: — *(prov.)* V. *Girasol,* planta.

Mirable. *adj.* *(ant.)* V. *Admirable.*

Mirac. *m.* *(astr.)* Mirac; estrella fixa de Andromeda.

Miraclo. *m.* *(ant.)* Miraculo. V. *Milagro.*

Miraculosamente. *adv. m.(ant.)* Miraculosamente. V. *Milagrosamente.*

Miraculoso, sa. *adj.* *(ant.)* Miraculoso. V. *Milagroso.*

Mirada. *f.* Olhada; vista fugitiva lançada de passagem: — olhadura; acção de fixar a vista em alguem para exprimir algum affecto. *Intuitus, us:* — maneira de olhar.

Miradera. *f.* *(ant.)* Acção de olhar fitamente.

Miradero. *m.* Miradouro, atalaia. *Specula, æ:* — miradouro, mirante; sitio de larga vista, terraço em logar alto d'onde se descobre grande extensão de paiz, etc. *Specula, conspectus.*

Mirado, da. *adj.* Prudente, cordato, circumspecto; diz-se das pessoas. *Circumspectus, prospiciens, cordatus:* — *m.* *(ant.)* V. *Mirada. Bien mirado (loc. fam.);* bem olhado, se se pensa ou considera com attenção, se se examina bem. *Mal mirado;* mal olhado, malquisto. V. *Malquisto.*

Mirador, ra. *s.* Olhador; o que olha. *Prospiciens, speculator:* — balcão ou janella de sacada coberta, cercada de vidraças. *Specula, æ:* — mirante; terraço ou galeria em logar alto, d'onde se descobre grande extensão de terreno ou mar: — *(naut.)* barco para o serviço das almadravas.

Miradura. *f.* Olhadura; acção de olhar. V. *Mirada. Intuitus, us.*

Miraglo. *m.* *(ant.)* V. *Milagro.*

Miragnama. *f.* *bot.)* Miragnama; palmeira da ilha de Cuba.

Miramamolin. *m.* Miramamolim; corrupção de *emir-almumenin,* chefe dos crentes. *Miramamolinus, i.*

Miramiento. *m.* Miramento; acção de attender ou considerar alguma cousa. *Intuitus, conspectus:* — miramento; grande attenção, circumspecção. *Respectus, observantia:* — attenção, considerações; demonstração de respeito, obsequio ou estima.

Mirante. *p. a.* de *Mirar.*

Mirar. *a.* Mirar, olhar; lançar a vista, fixar os olhares sobre alguma cousa, prestando-lhe attenção. *Intueri, aspicere:* — vigiar, espiar; observar as acções de alguem. *Speculari, inspicere:* — respeitar; tratar com respeito e consideração. *Attendere, in aliquem respicere, observare:* — olhar, ter em vista, como: *solo mira a su provecho;* só olha á sua conveniencia. *Curare, intendere:* — olhar, apreciar, ter em apreço ou cuidado, fazer caso de alguma cousa. *Attendere, respicere:* — olhar, corresponder, estar fronteiro, voltado para; diz-se dos edificios, logares, etc., como: *mi ventana mira al norte;* a minha janella olha, fica para o norte. *Respicere, contra esse:* — *(fig.)* olhar, considerar, examinar com attenção, observar maduramente, reflectir. *Speculari, intendere animum, meditari:* — olhar por alguem ou por alguma cousa; cuidar d'ella, protege-la. *Consulere alicui:* — olhar, inquerir, reconhecer, informar-se. *Inquirere, speculari:* — *n. imp.* olhar, dizer respeito, ter relação, v. g.: *por lo que mira a eso;* pelo que respeita a isso, etc. *Mira;* olha; segunda pessoa do imperativo; usa-se como interjeição para avisar ou ameaçar alguem. *Heus, cave! Mira quien habla (fr.);* olha quem falla: — *bien ó mal a alguno (fr. fig.);* olhar bem ou mal a alguem; ter-lhe affecto ou aversão. *Amore vel odio prosequi:* — *con buenos ó con malos ojos (fr. fig.);* olhar com bons ou com maus olhos; olhar bem ou mal alguem: — *de hito en hito (fr.);* olhar fixamente, com muita attenção, sem pestanejar: — *ó mirarse en ello (fr.);* tomar tempo para considerar as circumstancias de alguma cousa antes de resolvela: — *ó ver para lo que alguno ha nacido (fr. fam.);* ameaçar alguem para que faça ou deixe de fazer alguma cousa: — *por en cima (fr.);* olhar por alto; olhar, examinar ou estudar ligeiramente ou superficialmente alguma cousa. *Obiter vel incuriosè aliquid inspicere:* — *por en cima del hombro (fr.);* olhar por cima do hombro; desprezar, fazer pouco caso, não dar attenção. *Mirarse a si (fr.);* olhar para si; attender uma pessoa á sua qualidade, para não praticar alguma cousa impropria do seu estado. *Seipsum attendere, quid sibi referat cogitare. Mirarse en alguno (fr.)*; rever-se em alguem; trata-lo com extremo carinho. *Aliquem tamquam se ipsum officioso amore. Mirarse unos a otros (fr.)*; olharem-se uns aos outros, em alguma concorrencia, parecendo consultar-se os pensamentos. *Se mutuò circumspicere, sese spectare invicem. Mire como habla, ó lo que habla, ó con quien habla (fr.)*; olhe como falla, ou o que diz ou com quem falla. *Bona verba quanto modestè, comiter loquaris. Quin adelante no mira atrás se queda (rif.)*; quem ao diante não olha, atrás fica.

Mirasol. *m.* V. *Girasol:* — *(p. Am.)* pequena ave, sem cauda, de pescoço, bico e pés compridos, cuja familia é muito variada em cores e tamanho.

Miration. *f. (ant.)* V. *Admiracion.*

Mirazon. *f.* V. *Admiracion.*

Mirbelia. *f. (bot.)* Mirbelia; genero de plantas da familia das leguminosas.

Mircia. *f. (bot.)* Myrcia; genero de plantas da familia das myrtaceas.

Miria. *f. (philol.)* Myria; particula inicial formada do grego, que significa dez mil vezes a cousa de que se trata.

Miriacanto, ta. *adj. (bot.)* Myriacantho; que tem muitos espinhos.

Miriáctide. *m. (bot.)* Myriactide ou myriactis *(raios innumeros)*; genero de plantas da familia das compostas.

Miriadeno. *m. (bot.)* Myriadeno *(glandulas innumeras)*; genero de plantas da familia das leguminosas.

Miriagramo. *m. (metrol.)* Myriagramma; peso de dez mil grammas.

Mirialitro. *m. (metrol.)* Myrialitro; medida de dez mil litros.

Miriámetro. *m.* Myriametro; medida itineraria que vale dez mil metros.

Miriana. *f. (zool.)* Myriana; *(innumeraveis)*; genero de annelidos da familia das nereidas.

Miriantea. *f. (bot.)* Myrianthea *(flores innumeras)*; genero de plantas da familia das homalineas.

Miriápodos. *m. pl. (zool.)* Myriapodas *(dez mil pés)*; classe de insectos apteros que comprehende os denominados, em outro tempo, millipedes ou cem pés.

Miriapora. *f. (zool.)* Myriapora *(dez mil buracos)*; genero de polypeiros bryozoarios da familia dos operculiferos.

Miriario. *m.* Myriarea; estensão de dez mil areas ou de um kilometro quadrado.

Miriaspora. *f. (bot.)* Myriaspora *(legumes innumeros)*; genero de plantas da familia das melastomaceas.

Mirica. *f. (bot.)* Myrica; genero de plantas da familia das myricaceas.

Miricáceas. *f. pl. (bot.)* Myricaceas; familia de plantas dicotyledoneas, entre as quaes figura o arbusto chamado cerieiro da Luisiana ou arvore da cera.

Miricaria. *f. (bot.)* Myricaria; genero de plantas da familia das tamariscineas.

Miríceas. *f. pl. (bot.)* Myriceas. V. *Miricáceas.*

Miricina. *f. (chim.)* Myricina; nome que se dá á cera que produzem varias especies do genero myrica.

Mirificamente. *adv. m. (poet.)* Mirificamente; de modo mirifico, admiravel.

Mirífico, ca. *adj. (poet.)* Mirifico, admiravel, maravilhoso. Em portuguez acha-se usado em estylo mystico. *Mirificus, a, um.*

Mirina. *f. (zool.)* Myrina; genero de insectos lepidopteros da familia dos papilonios.

Miriñaque. *m.* Bugiaria, bagatella; objecto ou cousa de pouco valor. *Subtilis supellex:* — saia curta e consistente que as mulheres usam por baixo do vestido, para as fazer mais redondas dos quadris.

Miriocéfalo. *m. (bot.)* Myriocephalo *(cabeças innumeras)*; genero de plantas da familia das compostas.

Miriofillo. *m. (bot.)* Myriophylla *(dez mil folhas)*; genero de plantas da familia das halorageas.

Miriojina. *f. (bot.)* Myriogyna *(pistillos innumeros)*; genero de plantas da familia das compostas.

Miriólogo. *m.* Myriologo; canto funebre que as mulheres dos gregos modernos entoam em presença dos cadaveres dos seus parentes.

Mirionema. *f. (bot.)* Myrionema *(innumeros filamentos)*; genero de plantas phyceas.

Mirística. *f. (bot.)* Myristica ou muscadeira *(perfume)*; genero de plantas que forma o typo da familia das myristicaceas.

Miristicáceas, Miristíceas. *f. pl. (bot.)* Myristicaceas ou miristiceas; familia de plantas dicotyledoneas.

Miristicina. *f. (bot.)* Myristicina; substancia crystallina que se deposita no oleo de cravo.

Miriti. *m. (bot.)* Myriti; palmeira do Brazil, cujo fructo é do tamanho de um ovo.

Mirla. *f.* Mélroa; femea do merlo: — *(germ.)* orelha.

Mirlamiento. *m.* Ar de importancia, gravidade affectada. *Severus aspectus vel gravis.*

Mirlar. *a. (ant.)* V. *Embalsamar:* — *r.* entonar-se, affectando gravidade e certo ar de importancia. *Os vel vultum ad severitatem vel gravitatem componere.*

Mirlo. *m.* Gravidade affectada, ar de importancia. *Severus vel gravis aspectus:* — *(zool.)* melro; genero de aves da ordem dos passaros, cujo corpo é preto e o bico amarello.

Mirmecita. *f. (min.)* Myrmecita; nome dado pelos antigos a uma pedra que tinha impressa a figura de uma formiga.

Mirmecobio. *m. (zool.)* Myrmecobio *(que vive de formigas)*; genero de mammiferos didelphos.

Mirmecodia. *f. (bot.)* Myrmecodia *(parecido com uma ver-*

ruga); genero de plantas da familia das rubiaceas.

Mirmecófago. *m. (zool.)* Myrmecophago. V. *Hormiguero.*

Mirmecóptero. *m. (zool.)* Myrmecoptero *(aza de formiga);* genero de insectos coleopteros pentameros, da familia dos carabicos.

Mirmego, ga. *adj. (zool.)* Myrmego; parecido com uma formiga: — *m. pl.* myrmegos; familia de myriapodas, que comprehende as formigas e outros generos immediatos.

Mirmeleónidos. *m. pl. (zool.)* Myrmeleonidos; familia de insectos nevropteros.

Mirmemorfa. *f. (zool.)* Myrmemorpha *(fórma de formiga);* genero de insectos dipteros brachoceros.

Mirmica. *f. (zool.)* Myrmica *(formiga);* genero de insectos hymenopteros.

Mirmicitos. *m. pl. (zool.)* Myrmicitos; grupo de insectos hymenopteros.

Mirmidon. *m. (bot.)* Myrmidone; genero de plantas da familia das melastomaceas.

Mirmilon. *m. (mil. ant.)* Myrmillão (no *pl.* myrmillontes); gladiadores armados á franceza, que tinham a figura de um peixe no alto do capacete. Combatiam contra os retiarios.

Mirmilónico, ca. *adj. (mil. ant.)* Myrmillonico; pertencente ao myrmillão ou aos myrmillontes. *Escudo mirmilónico;* escudo myrmillonico; escudo proprio para pelejar dos muros.

Mirmosa. *f. (zool.)* Myrmosa; genero de insectos hymenopteros da familia dos mutillidos.

Miro. *m.* Miro; medida veneziana para os liquidos: — *(zool.)* miro; especie de papa-moscas da Nova Zelandia.

Mirobálano. *m. (bot.)* Myrobalano; genero de plantas da familia das combretaceas.

Mirodia. *f. (bot.)* Myrodia *(perfume);* genero de plantas da familia das esterculiaceas.

Miroleo. *m. (pharm.)* Miroleo; oleo volatil que serve de excipiente a um medicamento.

Miron, na. *s.* Mirão, espectador: — mirão; observador curioso. *Curiosus speculator:* — mirão; o que se entretem em ver jogar.

Mirosma. *f. (bot.)* Myrosma *(perfume);* genero de plantas da familia das cannas.

Mirospermo. *m. (bot.)* Myrospermo *(grão perfumado);* genero de plantas da familia das leguminosas.

Miroxilo. *m. (bot.)* Myroxylo. V. *Mirospermo.*

Mirra. *f.* Myrrha; gomma resina medicinal, que mana de uma especie de loureiro: — *(zool.)* myrrha; genero de insectos coleopteros subpentameros, da tribu dos securipalpos.

Mirrado, da. *adj.* Myrrhado; diz-se do que é feito, composto ou perfumado com myrrha. *Myrrhatus, a, um. Vino mirrado (ant.);* vinho myrrhado; vinho que os antigos misturavam com myrrha. E tambem se diz de uma especie de vinho misturado com uma droga amarga e soporifera, que os judeus faziam beber aos condemnados á pena ultima.

Mirrauste. *m.* Mirrastes; pastel feito de pombos picados, amendoas e assucar. *Condimentum sic dictum.*

Mirride. *m. (bot.)* Myrrhide ou myrrhis *(que cheira a myrrha);* genero de plantas da familia das umbelliferas.

Mirrino, na. *adj. (ant.)* Myrrhino, myrrheo; diz-se do que que é de myrrha ou tem propriedades de myrrha. *Myrrheus, a, um:* — *m. (bot.)* myrrhinio; genero de plantas da familia das melastomaceas.

Mirrita. *f. (min.)* V. *Mirrinita.*

Mirrolojía. *f.* Myrrhologia; tratado sobre a myrrha.

Mirsina. *f. (bot.)* Myrsina *(myrto);* genero de plantas da familia das myrsineas.

Mirsinaceas, Mirsíneas. *m. pl. (bot.)* Myrsinaceas ou myrsineas; familia de plantas dicotyledoneas monopetalas.

Mirsinita. *m. (min.)* V. *Mirtilita.*

Mirtáceas. *f. pl. (bot.)* Myrtaceas; familia de plantas dicotyledoneas polypetalas.

Mirtídano. *m. (bot.)* Renovo do myrto.

Mirtiforme. *adj.* Myrtiforme; diz-se do que tem a figura de folha de myrto.

Mirtilita. *f. (min.)* Myrtillita; pedra na qual se vêem figuradas folhas de myrto.

Mirtino, na. *adj.* Mirtino; diz-se do que pertence ao myrto. *Mirteus, a, um.*

Mirto. *m. (bot.)* Mirto, myrto ou murta; genero de plantas da familia das myrtaceas.

Mirtoideo, dea. *adj.* Myrtoideo; diz-se do que é parecido com a murta.

Misa. *f.* Missa; sacrificio incruento do corpo e sangue de Jesus Christo Sacramentado. *Sacrum, i:* — *rezada;* missa resada, calada ou chan; a que não é cantada. *Sacrum privatum:* — *privada.* V. *Misa rezada:* — *cantada;* missa cantada; a que se celebra com solemnidade e canto. *Sacrificium cum cantu:* — *conventual;* missa conventual; a missa alta ou grande, rezada ou cantada para todos. *Missa, æ:* — *nueva;* missa nova; a primeira que o sacerdote diz ou canta. *Sacrum initiale publicum:* — *del gallo;* missa do gallo; a que se diz em a noite de Natal. *Sacrum nocturnum, ante natàlem Christi Domini diem celebrari solitum:* — *solemne.* V. *Misa cantada:* — *mayor.* V. *Misa cantada:* — *votiva;* missa votiva; a que se diz fóra da ordem do calendario, não excedendo as limitações da rubrica. *Missa votiva:* — *de requiem;* missa de requiem; a que se diz pelas almas dos defuntos. *Sacrificium piaculare pro mortuis:* — *del alba;* missa da alva. *Sacrum matutinum:* — *de cazador;* missa de caçador; missa breve: — *en seco;* missa secca; a que se diz sem consagração e que serve para exercicio dos clerigos novos. *Missa ad instructionem sine consecratione peracta:* — missa; ordem do presbyterado: — *contr. ant.* de *mi señora. Misas de salud;* diz-se ironicamente das imprecações feitas contra nós. *Hoc mihi maledictum in longam salutem proderit. Aydar a misa (fr.);* ajudar á missa. *Sacra operanti ministrare. Cantar misa (fr.);* dizer a primeira missa um novo sacerdote, aindaque seja rezada. *Primum vel initiale sacrum celebrare. Decir misa (fr.);* dizer missa; celebrar o sacerdote este sacrificio. *Rem sacram facere. Decírselo de misas, ó allá te lo dirán de misas (fr. fam.);* tu o pagarás; diz-se para mostrar que na outra vida se pagará o mal que n'esta se fizer, ou que de futuro se ha de pagar o mal feito no presente. *Hoc piaculum luet post mortem. No saber de la misa la media (fr. fam.);* não saber da missa metade; ignorar alguma cousa, não a comprehender. *Penitus ignorare. Oir misa;* ouvir missa; assistir a ella. *Por oir misa y dar cebada, nunca se perdió jornada (rif.);* por ouvir missa e dar cevada, nunca se estorva a jornada: — *(mil.)* toque chamando a tropa que ha de formar-se para ir ouvir missa.

Misacantano. *m.* Missado; o que é ordenado presbytero, que póde dizer missa. *Sacerdos, presbyter:* — sacerdote que diz missa pela primeira vez. *Initiale sacrum publicè celebrans, nomystes:* — *(germ.)* gallo.

Misal. *m.* Missal; livro que contém as orações e passagens dos evangelhos que se lêem na missa. *Missale, liber missalis:* — *(typ.)* missal; certo grau de letra: — *(mus.)* missal; recopilação de cantos introduzidos por S. Gregorio, para uso do culto catholico.

Misandro. *m. (bot.)* Misandro; genero de plantas da familia das urticaceas.

Misanteca. *f. (bot.)* Misanteca; genero de plantas da familia das laurineas.

Misantropía. *f.* Misanthropia; aversão á convivencia social, esquivança do trato dos homens: — misanthropia; natureza, qualidades dos misanthropos: — *(fam.)* misanthropia; usa-se ás vezes no sentido de melancholia.

Misantrópico, ca. *adj.* Misanthropico; diz-se do que pertence á misanthropia.

Misántropo. *m.* Misanthropo; o que aborrece o trato, a sociedade dos homens, a convivencia social.

Misar. *n. (ant.)* Missar; ouvir missa.

Misario. *m.* Acolito ou acolytho; pessoa que ajuda o sacerdote quando celebra missa. *Acolythus, i.*

Miscelánea. *f.* Miscellanea; congerie desordenada, cousas misturadas, sem nexo. *Miscellanea, æ:* — *(lit.)* miscellanea; obra ou collecção de tratados sobre diversos assumptos. *Miscellanea, æ.*

Miscelo. *m. (zool.)* Miscelo *(perna em fórma de pedunculo);* genero de insectos coleopteros pentameros, da familia dos carabicos.

Miscibilidad. *f.* Miscibilidade; qualidade do que póde misturar-se ou unir-se; diz-se particularmente dos fluidos.

Miscible. *adj.* Misturavel; diz-se do que tem a propriedade de se misturar com alguma cousa.

Miscolo. *m. (bot.)* Myscolo; genero de plantas da familia das compostas.

Miscolobio. *m. (bot.)* Miscolobio *(legume pedunculado);* genero de plantas da familia das leguminosas.

Mischna. *f.* V. *Misna.*

Miserabilísimo, ma. *adj. sup.* de *Miserable.* Miserabilissimo; muito miseravel, desventurado.

Miserable. *adj.* Miseravel, misero, desditoso, infeliz. *Miserabilis, miserandus:* — miseravel, abatido, sem força nem valor. *Miserabilis, languidus:* — miseravel, misero, avarento, mesquinho, escaço, avaro. *Sordidus, parcus:* — miseravel; que padece miserias, desgraça. *Miserabilis, le:* — miseravel; usa-se como termo desprezivel.

Miserablemente. *adv. m.* Miseravelmente, desgraçadamente, lastimosamente; com infelicidade e desdita. *Miserabiliter, miserè:* — miseravelmente, escassamente, mesquinhamente, avaramente; com avareza: — miseravelmente; na miseria.

Miseracion. *f.* Miseração, compaixão. V. *Misericordia.*

Miseramente. *adv. m.* Miseramente. V. *Miserablemente.*

Miserear. *n.* Miserar; fazer-se miseravel, obrar, portar-se mesquinhamente. *Se avarè ac sordidè gerere.*

Miserere. *m.* Miserere; festa que se faz na quaresma a alguma imagem de Christo, cantando-se o miserere: — miserere; quinquagesimo psalmo de David: — *(med.)* miserere, volvulo; colica violentissima que faz lançar os excrementos pela bôca. *Volvulus, us:* — *(mus.)* miserere; peça de musica composta sobre as palavras do quinquagesimo psalmo de David, que são: *Miserere mei Deus.*

Miseria. *f.* Miseria, desgraça, infortunio, condição de ser desgraçado. *Miseria, ærumna:* — miseria, pobreza, necessidade; falta do necessario. *Misera vel ærumnosa vita, egestas:* — miseria, mesquinhez, avareza, mesquinharia. *Sordida parcimonia, avaritia:* — miseria, insignificancia; pequena quantidade de uma cousa. *Tenuitas; res flocci, nihili:* — miseria, fragilidade, fraqueza, imperfeição do homem: — miseria, minudencia, bagatela, cousa de pouca importancia: — *pl.* miserias, fraquezas, faltas. *Comerse de miseria, piojos,* etc. *(fr.);* comer-se de miseria, de piolhos, etc.; viver miseravelmente, em grande penuria. *In summa egestate vivere, agere vitam miserrimam. La miseria del tiempo ó de los tiempos (fr.);* a miseria, a infelicidade, a desgraça do tempo, mau estado dos negocios.

Misericordia. *f.* Misericordia; virtude que nos move a consolar os infelizes, a compadecer das miserias de alguem. *Misericordia, æ:* — misericordia, graça, indulgencia, perdão: — migalha, gota, porção tenue, a mais minima quantidade. Usa-se com a negativa: — misericordia, soccorro, graça, ajuda, favor; exclamações usadas em grandes apertos e afflicções: — misericordia; adaga ou punhal que os antigos cavalleiros traziam pendente da cintura, e que nos combates singulares o vencedor cravava no corpo do vencido se este não pedia misericordia:—*(rel.)* misericordia; comida que os frades Cartuxos fazem, uma vez por semana, com pão e azeite: — misericordia; medida de vinho maior que a ordinaria, que se concede aos religiosos em certas solemnidades: — misericordia; sala para receber os hospedes em algumas communidades: — misericordia; descanso, recreio que se concede aos frades em certo tempo: —*divina;* misericordia divina; infinita bondade pela qual *D*eus concede o perdão aos peccadores. *Obras de misericordia;* obras de misericordia; acções de caridade, com que se remedeia ou allivia o mal corporal ou espiritual do proximo. *Pedir misericordia (fr.);* pedir misericordia; requerer o prior que o alliviem do seu cargo. Usa-se entre os Cartuxos.

Misericordiosamente. *adv. m.* Misericordiosamente, piedosamente, compassivamente. *Misericorditer, clementer.*

Misericordiosísimo, ma. *adj. sup.* de *Misericordioso.* Misericordiosissimo; muito misericordioso.

Misericordioso, sa. *adj.* Misericordioso, clemente, compassivo, piedoso, pio; que usa de misericordia, inclinado á piedade. *Misericors, miserator.*

Mísero, ra. *adj.* Misero. V. *Miserable.*

Misero, ra. *adj.* Misseiro; diz-se da pessoa que gosta de ouvir muitas missas: — diz-se do padre que diz muitas missas.

Misérrimo, ma. *adj. sup.* de *Mísero.* Miserrimo. *Miserrimus, a, um.*

Misgurno. *m. (zool.)* V. *Barbada.*

Misiego. *m. (ant.)* Trabalho das ceifas.

Misios. *m. pl. (zool.)* Mysios; tribu de crustaceos estomapodas da familia dos carídioideos.

Míside. *m. (zool.)* Mysside; genero de crustaceos estomapodas, da tribu dos mysios.

Mision. *m.* Missão; acção de enviar. *Missio, onis:*—missão, commissão, poder, ordem para alguem poder fazer alguma cousa: — missão; paiz ou territorio onde os missionarios pregam. *Apostolici concionatoris territorium vel provincia:* — paga que se dá aos segadores para o seu sustento, emquanto dura o trabalho. *Victus diurnus messorum:* — *(ant.)* V. *Espedicion:* — *(ant.)* cargo, conta, cuidado: — *(ant.)* esforço, empenho: — gasto, despezas. *Espensa, æ. Estar de mision (fr. p. Mex.);* andar de feira em feira pondo casas ou ambulancias de jogo; — *(rel.)* missão; diz-se de uma pessoa da Trindade christã a respeito da outra: — missão; poder ou commissão especial que alguns receberam de *D*eus, para instruir os seus similhantes e annunciar-lhes as suas leis: — missão; jornada de peregrinação que fazem os missionarios de povo em povo, prégando o *E*vangelho: — missão; prégação ou sermão fervoroso que fazem os missionarios nas suas perigrinações evangelicas: — *pl.* missões; dizia-se das fundações de varias ordens religiosas, cujo objecto era a conversão dos infieis na America.

Misionado, da. *adj. (ant.)* Empenhado, porfiado, obstinado.

Misionar. *n. (ant.)* Missionar; prégar, ir em missão. *Evangelizare.*

Misionario. *m.* V. *Misionero.*

Misionarismo. *m.* Missionarismo; zêlo pelas missões, ardor pela propagação da fé.

Misionero. *m.* Missionario, padre, religioso da missão, prégador evangelico que faz missões. *Apostolicus concionator:* — *(p. A.)* missionario; ecclesiastico do clero secular ou regular, que ensina a religião catholica ás tribus selvagens: — *(p. Mex.)* jogador que põe banca ou ambulancia de jogo nas feiras: — *pl.* missionarios; congregantes instituidos por S. Vicente de Paulo, para fazer missões.

Misivo, va. *adj.* Missivo, mandadeiro; diz-se do papel, bilhete ou carta que se envia a alguem. Usa-se substantivado na terminação feminina. *Letra misiva.* V. *Carta misiva.*

Mismar. *m. (med.)* Mismar; especie de nó que se forma nos dedos dos pés, por effeito de contusão ou de inflammação.

Mismo, ma. *pron.* Mesmo; serve este pronome de individuar e particularisar as cousas, as pessoas, as suas differenças, etc. *Ipse, idem, egomet, ipsemet.*

Misna. *f. (philos.)* Misna; compilação de tradições rabinicas e das leis civis dos hebreus desde Moysés, redigida, segundo os judeus, por Judas o Santo, no seculo II.

Misnaioth. *m.* V. *Misna.*

Miso. *m. (ant.)* Curso, carreira.

Misodendro. *m. (bot.)* Misodendro; genero de plantas da familia das loranthaceas.

Misogamia. *f.* Misogamia; aversão ao matrimonio.

Misógamo. *m.* Misogamo; o que aborrece o matrimonio.

Misojinia. *f.* Misogynia; aversão ás mulheres.

Misójino, na. *adj.* Misogyno; o que odeia e aborrece as mulheres, inimigo das mulheres.

Misólogo, ga. *s.* Misologo; o que aborrece a logica, o raciocinio: — misologo; inimigo dos methodos scientificos.

Misolojía. *f.* Misologia; aversão á logica, ao raciocinio.

Mison. *m.* Certa bebida dos chinezes.

Misopolemo. *m.* *(lit.)* Misopolemo; titulo de um poema contra a guerra.

Mistacidio. *m.* *(bot.)* Mystacidio *(bigode)*; genero de plantas da familia das orchideas.

Mistache. *m.* *(metrol.)* Mistache; medida para azeite e vinho, usada em alguns portos do Levante.

Mistagogo. *m.* *(h. ant.)* Mystagogo; mestre dos mysterios, que ensina os ritos e ceremonias.

Mistagojía. *f.* *(ant.)* Mystagogia; iniciação nos mysterios.

Mistamente. *adv. m.* *(for.)* Mistamente; que pertence ao mesmo tempo ao direito ecclesiastico e ao direito civil; diz-se das causas.

Mistar. *a.* Fallar e fazer ao mesmo tempo ruido com a bôca. Usa-se as mais das vezes com a negativa.

Mistela. *f.* Bebida composta de aguardente, agua, assucar e canella.

Misterial. *adj.* *(ant.)* V. *Misterioso.*

Misterialmente. *adv. m.* *(ant.)* V. *Misteriosamente.*

Misterio. *m.* Misterio ou mysterio; o que uma religião tem de mais occulto e reservado. Na religião christã diz-se das verdades divinas reveladas, cuja intelligencia a rasão humana não póde penetrar. *Mysterium, ii:* — mysterio; segredo, arcano em os negocios importantes. *Arcana, mysterium:* — mysterio, enigma; cousa mui difficil de comprehender. *Mysterium, ænigma:* — *pl.* mysterios; movimentos occultos e inexplicaveis do coração humano: — mysterio; usa-se ás vezes como synonymo de segredo para exprimir os meios ou recursos menos vulgares empregados nas bellas artes: — mysterio, arcano secreto: — mysterio; operações secretas da natureza: — mysterio; certos cuidados e precauções que se tomam para não ser visto, ouvido ou observado. *Hablar de misterio ó hacer misterio (fr.)*; fazer mysterio; fallar ou obrar cautelosa e reservadamente, esconder, occultar, guardar em segredo uma cousa ou affectar ignora-la. *Mysteriosè loqui, mysteria indicare. No ser sin misterio ó no ser por falta de misterio (fr.)*; não ser sem mysterio, sem rasão, sem motivos justos e reservados. *Non sine causa fit:* — *pl. (hist.)* mysterios; ceremonias que precediam a admissão dos iniciados em certos dogmas do paganismo, secretos para o vulgo: — *(lit.)* mysterio ou oratoria; peça theatral onde se representavam assumptos da sagrada escriptura.

Misteriosamente. *adv. m.* Mysteriosamente, secretamente, escondidamente; com mysterio. *Mysteriosè.*

Misterioso, sa. *adj.* Mysterioso; que tem em si mysterio, que contém algum segredo. *Mysteriosus, a, um:* — mysterioso; fallando-se da vida, conducta, acções de algumas pessoas, toma-se á má parte: — mysterioso; que faz mysterio, segredo de cousas de nenhuma importancia, que obra mysteriosamente.

Mistica. *f.* Mystica, theologia mystica; parte da theologia que trata do conhecimento de Deus e das cousas divinas. *Mystica, æ:* — mystica, devoção, vida espiritual ou habito de exercicios de piedade e religião: — *(naut.)* mystica; vêlas das embarcações chamadas mysticas, parecidas com a vêla latina. Usa-se tambem adjectivamente.

Místicamente. *adv. m.* Mysticamente; segundo a mystica. *Mysticè:* — mysticamente, espiritualmente; de um modo mystico.

Misticeto. *m.* *(zool.)* Mysticeto; especie de cetaceos do genero baleia.

Misticismo. *m.* *(philos.)* Mysticismo; toda a crença religiosa ou philosophica que admitte communicações mysteriosas entre os homens e a divindade.

Místico, ca. *adj.* Mystico, mysterioso, contemplativo, figurado, allegorico; que inclue mysterio ou rasão occulta. Diz-se relativamente ás cousas de religião. *Mysticus, a, um:* — mystico; que se dirige ao sentimento e o toma por principal orgão ou meio. *Mysticus, a, um:* — *s.* mystico, contemplativo; o que se dedica á vida espiritual ou contemplativa: — mystico; o que professa o mysticismo: — *m.* auctor, escriptor mystico, que escreve ou trata de mystica: — *(naut.)* mystico; embarcação costeira de dois mastros, muito usada no Mediterraneo: — *pl. (rel.)* mysticos; membros de uma seita do seculo III. *Escuela mística;* escola mystica; denominação que comprehende os differentes philosophos que hão feito do mysticismo a base dos seus systemas.

Misticon. *m.* Santarrão, tartufo.

Mistifori. *adj.* Locução latina que se applica aos delictos que podem ser sujeitos á jurisdicção ecclesiastica e secular.

Mistilíneo, nea. *adj.* *(geom.)* Mistilineo; diz-se do angulo formado por uma linha recta e outra curva. *Mistilineus, a, um.*

Mistion. *f.* Mixtão, mescla, mistura. *Mistio, onis:* — *(chim. ant.)* V. *Combinacion.*

Misto, ta. *adj.* Misto, misturado, incorporado com outra cousa. *Mixtus, a, um:* — misto, misturado, composto de varios simples. *Mixtus, mixtura:* — mistiço; procreado de duas especies; diz-se do animal. *Mixtus, a, um:* — *m.* mixto; composto de substancias inflammaveis de que se usa na guerra. *Tabaco ó cigarro misto;* tabaco misturado. *Término misto (gram.);* termo mixto; o que pertence á sciencia e á linguagem commum. *Acciones mistas (for.);* acções mixtas; as que são ao mesmo tempo pessoaes e reaes. *Causas mistas (for.);* casos de mixto fôro; da competencia do juizo secular e ecclesiastico ao mesmo tempo. *Proporciones mistas (math.)*; proporções mixtas; aquellas em que se compara a rasão do antecedente e do consequente com a differença. *Matemáticas mistas ó ciencias físico-matemáticas:* — mathematicas mixtas ou sciencias physico-mathematicas; as que são fundadas em um ou muitos principios incontestaveis que dimanam da physica. *Figura mista (math.)*; figura mixta; a que se compõe de linhas rectas e curvas. *Número misto (math.)*; numero mixto; o que se compõe de numeros inteiros e quebrados. *Modo misto (mus.)*; modo mixto. V. *Mixolidio. Escritura mista (paleog.)*; escriptura mixta; a dos manuscriptos anteriores ao seculo IX, composta de lettras maiusculas, minusculas e cursivas. *Pintura mista*; pintura mixta; genero de pintura em que se usa dos toques da miniatura e da aguarella. *Gobierno misto (polit.)*; governo mixto; o que participa da natureza de outros muitos.

Mistra. *f. (ant.)* Mistra; uma das medidas de que se serviam os gregos para os liquidos.

Mistral. *m. (naut.)* V. *Maestral.*

Mistrocero. *m. (zool.)* Mystrocero *(antenna em fórma de colhér)*, genero de insectos coleopteros pentameros da familia dos lamellicornes.

Mistroptero. *m. (zool.)* Mystroptero *(aza em fórma de colhér)*; genero de insectos coleopteros da familia dos carabicos, composto de uma especie.

Mistura. *f.* Mistura; ajuntamento, incorporação de algumas cousas. *Mistura, æ:* — pão de mistura; pão feito de farinha de varios cereaes. *Panis mistus.*

Misturar. *a.* Misturar, incorporar; confundir uma cousa com outra. *Miscere.*

Misturera. *f.* Ramalheteira que vende ramalhetes de flores pelas ruas de Lima.

Misturero. *m. (ant.)* Mexeriqueiro, enredador.

Misura. *f. (ant.)* Misura, mesura, modestia.

Mita. *f.* Sorteio para empregados nas obras publicas dos povos indios: — *(ant.)* medida, fita.

Mitacismo. *m. (gram.)* Mitacismo ou mutacismo; vicio do discurso que resulta da repetição da lettra *m* em muitas vozes da mesma phrase, como *mammam, ipsam amo.*

Mitad. *f.* Metade; uma das partes iguaes em que se divide um todo. *Dimidium, ii:* — metade; parte indeterminada de um todo que se approxima ou mais ou menos da metade: — *(mil.)* meia companhia de soldados: — *(fig.)* metade, mulher, esposa: — *y mitad (mod. adv.)*; em partes iguaes. *Engañarse en la mitad de su justo precio (fr. fig.)*; enganar-se em mais de metade; enganar-se muito. *La mitad del año con arte y engaño, y la otra parte con engaño y arte (rif.)*; a metade do anno com arte e engano, e a outra parte com engano e arte; os espiritos ganham sempre ou por manha ou por arte. *La mitad y otro tanto*; pouco mais ou menos. *Dimidium cum dimidio. Á la mitad*; á metade, ao meio. *Por mitad*; pela metade, pelo meio; em partes iguaes.

Mitan. *m. (ant.)* V. *Hollandilla.*

Mitayo. *m. (p. A.)* Indio que sáe sorteado para os trabalhos publicos.

Mitelia. *f. (bot.)* Mitellia; genero de plantas da familia das saxifragaceas.

Mitelápside. *m. (bot.)* Mitellapside; genero de plantas da familia das saxifragaceas.

Miten. *m.* Miten; moeda de Bruxellas.

Mitena. *f. (prov.)* V. *Miton*, na segunda accepção.

Mítico, ca. *adj. (philos.)* Mythico; que se refere ao mytho.

Mitigable. *adj.* Mitigavel; susceptivel de mitigação.

Mitigacion. *f.* Mitigação; moderação, allivio da dor, do ardor, da sêde, pena; diminuição do rigor de alguma cousa. *Mitigatio, onis.*

Mitigador, ra. *s.* Mitigador; o que mitiga. *Mitigator, oris.*

Mitigal. *m.* Mitigal; moeda de oiro e prata cunhada em Hespanha pelos mouros, e que correu muito tempo depois entre os christãos.

Mitigar. *a.* Mitigar, suavisar, alliviar. *Lenire.*

Mitigativo, Mitigatorio, ria. *adj.* Mitigativo ou mitigatorio; que mitiga, que tem a virtude de mitigar. *Lenitivus, a, um.*

Mitiláceos. *m. pl. (zool.)* Mytilaceos; familia de molluscos conchiferos dimyarios.

Mitismo. *m. (philol.)* Mythismo; sciencia dos mythos: — abuso das explicações mythicas.

Mitkul. *m.* Mitkul; moeda de Marrocos.

Mito. *m.* Mytho; particularidade da fabula, da historia heroica ou dos tempos fabulosos: — mytho; diz-se especialmente de um facto, ou tradição que á primeira vista só encerra particularidades mais ou menos fabulosas, mas que, examinada com attenção, deixa ver por baixo do véu allegorico uma grande generalidade historica, physica ou philosophica.

Mitofilo. *m. (zool.)* Mitophylo; genero de insectos coleopteros pentameros, da familia dos lamellicornes.

Mitografía. *f.* Mytographia; descripção ou explicação das fabulas.

Mitográfico, ca. *adj.* Mythographico; que se refere á mythographia.

Mitología. *f.* V. *Mitolojía.*

Mitológico, ca. *adj.* V. *Mitolójico.*

Mitologista. *m.* V. *Mitolojista.*

Mitologo. *m.* Mythologo; auctor de uma obra mythologica ou sujeito versado em mythologia. *Mythologus, i.*

Mitolojía. *f.* Mythologia; historia fabulosa dos deuses gentilicos. *Mythologia, æ:*

— mythologia; conhecimento geral do paganismo, de seus mysterios, de suas ceremonias, e do culto com que reverenciava os deuses e heroes, assim como tambem das diversas allegorias dos artistas, dos poetas e dos philosophos: — mythologia; sciencia ou explicação dos mysterios e das fabulas da antiguidade: — *cartajinesa;* mythologia carthagineza; a religião de Carthago, que se compunha de alguns elementos lybicos e especialmente de elementos phenicios: — *celtiberica;* mythologia celtiberica; os antigos hespanhoes adoravam varias divindades, quasi todas guerreiras, cujos nomes pela maior parte se perderam: presidia á guerra Necys, Net ou Netas, a quem festejavam nas noites de lua cheia, juntando-se a dansar diante das portas de suas casas todas as familias: — *de la Italia;* mythologia da Italia; a maior parte das tradições primitivas da Italia, especialmente as da Etruria, devem referir-se á Thracia e á Samothracia, ou á Thessalia e á Dodonia; n'ellas domina o fetichismo: — *de los escandinavos;* mythologia dos escandinavos; as crenças religiosas d'estes povos trazem provavelmente sua origem das regiões da Asia Superior: — *de los Germanos;* mythologia dos germanos ou allemães; a antiga religião germanica é muitissimo obscura, porque os escriptos latinos dão aos deuses da Germania os nomes dos de Roma, suppondo-os identicos a estes: — *de los salvajes de America;* mythologia dos selvagens da America; a maior parte dos selvagens da America reconheciam um ser supremo a quem chamavam Manitu, o qual era frequentemente confundido com o sol, admittindo alem d'isso um grande numero de divindades, classificadas como entre os iroquezes, em divindades benignas e inimigas: — *egípcia;* mythologia egypcia; como todas as religiões do Oriente, a egypcia apresenta um duplo aspecto, fundando-se ao mesmo tempo em um pantheismo physico e intellectual, e na personificação das forças da natureza, identificadas com as forças da intelligencia: — *fenicia;* mythologia phenicia; as tradições religiosas dos phenicios apresentam muita analogia com as dos egypcios e dos chaldeus: — *gala;* mythologia gallica; as pedras, as arvores, os ventos, os lagos, em uma palavra, a materia bruta, os phenomenos e os agentes da natureza, foram os primeiros objectos da adoração dos gallos; culto grosseiro, que depois se assimilhou á mythologia grega e romana, aindaque differençando-se d'ellas na nomenclatura e em algumas particularidades: — *griega;* mythologia grega; era a personificação dos planetas, dos ventos, dos phenomenos celestes, das revoluções physicas do globo, dos primeiros estabelecimentos da sociedade, dos primeiros ensaios da agricultura: — *india;* mythologia indiana; o systema religioso dos indios é o pantheismo: — *mejica;* na mythologia mexicana; a religião dos antigos povos de Mexico tinha em seus ritos o sêllo da tristeza e da crueldade: — *persa;* mythologia persa ou persiana; a religião primitiva dos persas, isto é, dos povos que habitavam o paiz comprehendido hoje debaixo dos nomes de Farsistan e de Iran, consistia na adoração dos elementos e dos astros, e principalmente do sol e da lua: — *peruana;* mythologia peruviana; a religião dos peruvianos, simples e benigna, quasi se limitava ao culto dos objectos da natureza; assim é que adoravam o sol, a lua e estrellas, reverenciando comtudo um ser supremo, deus desconhecido, que designavam com o nome de Pachacamac, creador do universo.

MITOLÓJICAMENTE. *adv. m.* Mythologicamente; de uma maneira mythologica: — mythologicamente; segundo a mythologia.

MITOLÓJICO, CA. *adj.* Mythologico; que pertence á mythologia. *Mythologicus, a, um.*

MITOLOJISMO. *m.* Mythologismo; explicação mythologica: — mythologismo; systema mythologico.

MITOLOJISTA. *m.* Mythologista, mythologo. V. *Mitólogo.*

MITON. *m.* Luva ou manguito que cobre o braço: — mitenes; luvas sem dedos.

MITOPÉTALO. *m. (bot.)* Mitopetalo *(petala em fórma de fio);* genero de plantas da familia das orchideas.

MITOTE. *m.* Mitote; dansa indiana. *Indicum tripudium sic vulgo dictum:* — baile ou festa caseira: — V. *Pendencia:* — bulha, alvoroto.

MITOTERO. *m. (p. Mex.)* Amigo de diversões e dansas, ou barulho: —V. *Pendenciero:* —V. *Bullanguero.*

MITQUELIA. *f. (bot.)* Mitquelia; genero de plantas da familia das rubiaceas, cujas especies são hervas.

MITRA. *f.* Mitra; ornato da cabeça dos antigos persas. *Infula, æ:* — mitra; ornato da cabeça dos bispos. *Infula sacra:* — mitra, episcopado; dignidade dos bispos e arcebispos. *Dignitas vel ditio archiepiscopalis vel episcopalis:* — mitra; carocha dos condemnados. *Infammis cucullus:* — mitra; medida de Tunis para os liquidos: — *(zool.)* mitra; genero de coleopteros medusarios, composto de uma só especie — genero de arachnides, da ordem dos araneidos, da tribu das aranhas, composto de uma só especie: — mitra; genero de molluscos gasteropodas, cuja concha é espiral, e seus animaes muito apathicos, são providos de um pequeno pé, e têem a cabeça em fôrma de mitra.

MITRACARPO. *m. (bot.)* Mitracarpo *(fructo em fórma de*

mitra); genero de plantas da familia das rubiaceas.

MITRADO, DA. *adj.* Mitrado; que tem direito e privilegio de trazer mitra. *Mitratus, mitrâ redimitus, donatus.*

MITRAR. *n. (fam.)* Obter um bispado.

MITRARIA. *f. (bot.)* Mitraria; genero de plantas da familia das gesneraceas.

MITRAX. *m. (min.)* Mithrax; pedra preciosa dos antigos, assim chamada por Plinio.

MITRÉFORA. *f. (bot.)* Mitrephora *(que tem mitra);* genero de cogumelos thecasporeos.

MITREFORO. *m. (zool.)* Mitrephoro *(que tem mitra);* genero de insectos coleopteros tetrameros, da familia dos curculionidos.

MITRÉMICE. *m. (bot.)* Mitremice *(cogumelo em fórma de mitra);* genero de cogumelos da familia das lycoperdaceas.

MITREOLA. *f. (bot.)* Mitreola *(mitra);* genero de plantas da familia das gencianeas.

MITRIDATO. *m.* Mithridato, triaga; celebre contraveneno, cuja invenção é attribuida a Andromacho, medico de Mithridates. *Antidotus mithridatica.*

MITRÓFORO. *m. (zool.)* Mitrophoro; genero de insectos coleopteros pentameros, da familia dos lamellicornes.

MITRULA. *f. (bot.)* Mitrula; genero de cogumelos thecasporeos.

MITRULÍNEOS. *m. pl. (bot.)* Mitrulineos; tribu de cogumelos thecasporeos.

MIXE. *m.* Mixe; especie de tabaco silvestre que se cria em Villalta, provincia do Mexico.

MIXINA. *f. (zool.)* Myxina; genero de peixes chondropterygios, da familia dos cyclostomos.

MIXIS. *m. (mus. ant.)* Mixis; parte da melopea grega, que ensina a arte de combinar os intervallos e os modos.

MIXOJENO, NA. *adj.* V. *Mucíparo.*

MIXO-LIDIO. *m. (mus. ant.)* Mixo-lydio; setimo tom da musica grega, que tem mistura do Lydio.

MIXOSARCOMA. *f. (med.)* Mixosarcoma; sarcocele que contém mucosidade concreta.

MIYO. *pron.* V. *Mio.*

MIZ. *m.* Biz; voz com que se costuma chamar o gato. *Vox ad felem alliciendum.*

MIZAR. *m. (astron.)* Mizar; nome de uma das estrellas da ursa maior.

MÍZCALO. *m. (prov.)* Cogumelo que nasce junto aos pinheiros.

MIZO. *m.* V. *Micho:* — *adj. (germ.)* manco ou canhoto.

MIZOMORFO. *m. (zool.)* Myzomorpho *(fórma de chupador);* genero de insectos coleopteros subpentameros, da familia dos longicornes.

MIZOXILO. *m. (zool.)* Myzoxylo; genero de insectos himenopteros, cujas especies têem muita analogia com os pulgões.

MIZQUINDAD. *f. (ant.)* V. *Mezquindad.*

MIZTLAPIQUE. *m. (zool. p. Mex.)* Peixe muito delicado, do tamanho de um dedo, que abunda na lagôa do Mexico.

MNEMÁTIO. *m. (zool.)* Mnematio; genero de insectos coleopteros pentameros, da familia dos lamellicornes.

MNEMIA. *f. (zool.)* Mnemia; genero de acalephos, da familia dos mnemideos.

MNEMÍDEOS. *m. pl. (zool.)* Mnemideos; familia de acalephos, que comprehende varios generos.

MNEMONIA, MNEMÓNICA. *f.* Mnemonica. V. *Mnemotecnia.*

MNEMOTECNIA. *f.* Mnemotechnia; arte de facilitar as operações da memoria, methodo pelo qual se forma uma especie de memoria artificial.

MNEMOTÉCNICO, CA. *adj.* Mnemotechnico; que pertence á mnemotechnia.

MUÉNE. *m.* Muene; ganga ou sacerdote do Congo.

MNESITEA. *f. (bot.)* Mnesithea; genero de plantas da familia das gramineas.

MNIARO. *m. (bot.)* Mniaro *(cobertura de musgo);* genero de plantas da familia das caryophylladas.

MNIOTILTO. *m. (zool.)* Mniotilto; genero de aves tiradas do genero motacilla.

MOA. *f. (germ.)* Moeda.

MOBLAR. *a. (ant.)* V. *Amueblar.*

MOBLE. *adj. (ant.)* Mobil, movel, movediço.

MOCA. *m.* Monco ou ranho muito claro e fluido, que estilla gota a gota: — *(com.)* café de Moca, de optima qualidade: — infusão do café de Moca depois de torrado.

MOCADERO. *m.* Lenço de assoar. *Mucinium, ii.*

MOCADOR. *m.* V. *Mocadero.*

MOCANERA. *f. (bot.)* V. *Visnea.*

MOCANTE. *m. (germ.)* Lenço de assoar.

MOCARRO. *m.* Monco, ranho que por descuido fica pendente do nariz. *Mucus pendens. Santo mocarro;* jogo de rapazes, que consiste em todos successivamente mascararem a cara a um d'elles, ficando no logar d'este aquelle que primeiro se rir. *Jogar con alguno al santo mocarro (fr. fig. fam.),* caçoar com alguem, engana-lo, maltrata-lo.

MOCARSE. *r. (fam.)* V. *Sonarse.*

MOCARSIO. *m. (art.)* Rede de esparto, de cujas peças se formam as cabeceiras ou linhas com que se apertam os extremos das almadravas.

MOCASIN. *m.* Calçado de que usam os indios.

MOCEAR. *a.* V. *Mozear. Juvenari, lascivire.*

MOCEDAD. *f.* V. *Mozedad.*

MOCERO, RA. *adj.* V. *Mozero.*

MOCETON, NA. *s.* V. *Mozeton.*

MOCION. *f.* Moção, movimento; acção ou paixão, em virtude da qual uma cousa se move por si ou é movida por outra. *Motus, us:* — *(fig.)* moção, determinação da vontade; emoção do espirito, alteração do animo, que se move e inclina para alguma cousa a que foi persuadido. *Motio, onis:* — *(rel.)* moção; elevação da alma a Deus, pela inspiração da graça divina. *Divinus afflatus vel instinctus:* — *(gram.)* moção; signal representativo de uma vogal em muitos idiomas semiticos: — *(neol.)* moção; proposta, proposição feita em uma assembléa deliberante, por um de seus membros.

Mocito, ta. *m. dim.* de *Mozo.* Mocinho, moçosinho. *Adolescentulus, i.*

Mock. *m.* Mock; especie de phrenesi que adquirem, tomando opio, os malaios que habitam nas costas da ilha de Ceylão, quando intentam satisfazer uma vingança.

Moclos. *m. (astron.)* Mochlos; um dos nomes da constellação da libra.

Moco. *m.* Monco, ranho; humor viscoso, mucoso, espesso do nariz. *Mucus, us:* — mofo, bolor; materia pegajosa ou glutinosa, que se forma nos licores e outras substancias, especialmente quando começam a corromper-se. *Mucus, us:* — murrão; extremidade carbonisada do pavio, que impede a claridade da luz. *Lucernæ fungus:* — escoria de ferro fundido. *Scoria, recrementum:* — porção derretida das vélas, que vae escorrendo e solidificando-se. *Candelæ vel cerei recrementum:* — diz-se das cousas que não têem a consistencia que lhes é propria: — *(zool.)* moco; especie de mammiferos roedores, oriunda do Brazil: — *de pavo;* monco do perú; a crista ou membrana carnosa que lhe pende sobre o bico. *Pavonis caruncula frontalis, gularisque pendula:* — *(bot.)* moncos, bredos da *India;* bella flor vermelha, que pende em fôrma de monco de perú. V. *Amaranto. Mocos de herrero (art.)* V. *Cagafierro. A moco de candil (loc. adv.);* á luz da candeia, superficialmente, feito no ar, sem reflexão. *Perfunctoriè. Caersele el moco a alguno (fr.);* caír a baba a alguem, ser baboso, simplorio, toleirão. *Escojer alguna cosa a moco de candil (fr. fam.);* escolher minuciosamente, com muito cuidado. *Adamussim, accuratè probare, legere. Es moco de pavo?* É bagatella? Será cousa de pouca monta? *Ecquid nihil est rei? Haber quitado a alguno los mocos (fr.);* ter tratado ou conhecido alguem desde os coeiros; tê-lo creado ou tratado desde a infancia, desde pequeno. *Ab icunabulis aliquem erudisse vel curasse. No sabe quitarse los mocos (fr.);* não sabe qual é a sua mão direita, não sabe assignar o seu nome, não sabe nada. *Nec adhuc emungere nares scit. Quitar los mocos (fr.),* quebrar a cara, esbofetear alguem, ameaça-lo. *Pugnis mucos detergere alicui. Tener mocos (fr.),* não ser uma cousa tão má como parece; usa-se frequentemente d'esta sorte: *Pues el niño tiene mocos?* pois a cousa é tão feia? *Equidem mucosus est vel despicabilis.*

Mocoa. *f.* Mocoa; resina de uma arvore da provincia de Mocoa em Quito, com a qual fazem os indios um verniz, bello e duradouro como o charão da China.

Mococo. *m. (zool.)* Mococo; especie de mammiferos quadrumanos do genero maki.

Mocosidad. *f.* V. *Mucosidad:* — V. *Viscosidad.*

Mocoso, sa. *adj.* Moncoso, ranhoso; que tem monco ou traz habitualmente o nariz sujo ou cheio de ranho. *Mucosus, a, um:* — que cheira a coeiros; nome injurioso que se dá ás creanças e ás pessoas de pouca idade, inexperientes e pouco advertidas. *Puerulus mucosus:* — moncoso, desprezivel, pouco estimavel. *Mucosus, despicabilis.*

Mocosuelo. *m. (fam.)* Chochina ou chochinhas, cafuinho; homem apoucado no corpo e no espirito.

Mochacho, cha. *s. (ant.)* V. *Muchacho.*

Mochada. *f.* Marrada; cabeçada ou golpe com a cabeça, especialmente dos animaes cornigeros. *Capitis ictus, arietatio.*

Mochar. *a. (ant.)* Mochar, mutilar, tronchar. V. *Desmochar.*

Mochazo. *m.* Cronhada; golpe de cronha de arma de fogo. *Rotundi extremi ictus.*

Mocheta. *f.* Mocheta; o espaço plano da columna encanada contra as estrias. *Superius extremum columnæ striatum.*

Mochiguar. *a. (ant.)* V. *Amuchiguar.*

Mochil. *m.* Servente ou moço de lavrador: — *(prov.)* V. *Motril. Operarium famulus.*

Mochila. *f. (equit.)* Mochila; caparazão á gineta: — *(mil.)* mochila; saco de panno ou de couro em que os soldados de infanteria levam ás costas roupa, provisões, etc. *Mantica, funda:* — *(fig.)* V. *Joroba. Hacer mochila (fr.);* fazer alforge; fazer provisão, prover-se de algum alimento para o caminho o caçador, o viajante. *Commeatum sibi providere, cibos reponere. Llenar la mochila (fr.);* encher a mochila; alem do sentido proprio, significa tambem comer á farta, em abundancia.

Mochilero, Mochiller. *m.* Mochileiro; servente do exercito que leva as mochilas. *Cacula, calo.*

Mochin. *m. (germ.)* Verdugo.

Mocho, cha. *adj.* Mocho; diz-se do boi, carneiro ou outro animal sem cornos, ou porque lh'os cortaram, ou porque nasceu sem elles. *Mutilus, muticus:* — *(fam.)* pellado, tosquiado; com o pello ou cabello cortado. *Mutilus, mutilatus:* — desmochada, decotada, descabeçada; diz-se da arvore a que se cortou os ramos e a copa: — mocho, desmastreado; diz-se do navio que ficou desarvorado, sem mastros. *Mutilus, a, um:* — rasa; diz-se da torre fabricada sem adorno algum no corpo superior: — mocho; diz-se em geral d'aquellas cousas que devendo terminar em ponta ou pouco menos, apparecem rombas ou obtusas: — diz-se do remate grosso, as mais das vezes redondo, de alguma cousa comprida. *Extremum rotundum:* — *(br.)* desarmado, desdentado; que não tem dentes, unhas, garras, lingua, bico; diz-se do leão e outros animaes. *Váyase mo-*

cha por cornuda (fr. fig.); compensar-se o defeito ou imperfeição de uma cousa com a bondade ou perfeição de outra. *Hoc unum alio compensetur vel rependatur.*

Mochuelo. *m. (zool.)* Mocho; genero de aves rapaces nocturnas: — *(fig.)* osso; a peior parte de qualquer partilha ou repartimento; e assim se diz: *Tocar el mochuelo a alguno;* caber a alguem o peior quinhão. *Asionem semper sorte obtingere:* — estolido, bolonio.

Moda. *f.* Moda; maneira corrente, usual de trajar, de se enfeitar, ou de fazer qualquer cousa. Ordinariamente significa uso novo, recente. *Novus modus vel ritus. A la moda (loc. adv.)*; á moda; ao uso novamente introduzido. *Estar en las modas (fr.)*; seguir a moda, conformar-se com os usos e costumes do povo ou paiz onde está. *Recepto more vivere; sæculi consuetudini morem gerere. Salir una moda ó alguna cosa por moda (fr.)*; vir uma moda ou alguma cousa por moda; começar a usar-se. *Novum vestis modum incipere, apparere. Estar en moda una persona ó cosa (fr.)*; estar em moda ou em voga uma pessoa ou cousa; ter credito, partido, ser geralmente procurada, ou solicitada pela reputação e estima em que ella se tem. *Hacerse moda una cosa (fr.)*; ser moda uma cousa, pegar a moda de uma cousa; generalisar-se o seu uso. *Sabio a la moda.* V. *Sabio.*

Modal. *adj. (philos.)* Modal, condicional, restricta; diz-se das proposições que contêem alguma condição ou restricção: — que comprehende ou inclue modo ou determinação particular: — *m. pl.* maneiras; modo das acções exteriores de cada um. *Modus, proprietas.*

Modeca. *f. (bot.)* Modecca; genero de plantas da familia das passifloreas.

Modelar. *a.* Modelar, moldar; fazer o modelo da obra de esculptura em barro, cera, chumbo, etc., para ser fundida, ou para se executar em marmore ou outro corpo duro: — modelar; reproduzir exactamente, por meio do claro-escuro, o relevo das figuras, os contornos do systema muscular: — *(fig.)* modelar; traçar, delinear a norma: — *(fig.)* modelar; dar a fôrma exterior.

Modelo. *m.* Modelo; imagem debuxada, pintada, feita em barro, cera, chumbo, etc., para ser fundida ou imitada de qualquer maneira. *Archetypus, exemplar, norma:* — *(fig.)* modelo, molde, exemplar, typo; cousa digna de ser imitada: — *(art.)* modelo; pessoa que serve para o estudo do desenho, da esculptura, etc.: — *vivo;* modelo vivo; a pessoa nua que serve para o estudo do desenho.

Modenés, sa. *s.* Modenez; o natural de Modena: — *adj.* modenez; pertencente á cidade e ducado de Modena.

Moderacion. *f.* Moderação; procedimento moderado, o haver-se de maneira que evite todo o excesso. *Moderatio, onis:* — moderação; baixa, reducção de preço. *Pretii diminutio modica.*

Moderadamente. *adv. m.* Moderadamente; com moderação. *Moderatè, modestè, temperanter:* — moderadamente, rasoavelmente, modicamente, medianamente. *Modicè, mediocriter.*

Moderadísimo, ma. *adj. sup.* de *Moderado.* Moderadissimo.

Moderado, da. *adj.* Moderado, mediocre; que guarda o meio entre os extremos. *Mediocris, cre:* — moderado; não excessivo: — moderado, prudente, comedido: — moderado; diz-se do que tem opiniões moderadas em epochas de revolução. Todavia em Hespanha esta palavra emprega-se, as mais das vezes, em opposição á de progressista.

Moderador, ra. *s.* Moderador; o que modera, rege, dirige. Usa-se especialmente em estylo elevado. *Moderator, oris.*

Moderamiento. *m. (ant.)* V. *Moderacion.*

Moderante. *adj.* Moderante, moderador. *Moderans, antis:* — *m.* director dos estudos em algumas universidades.

Moderantismo. *m.* Moderantismo; systema politico dos moderados.

Moderar. *a.* Moderar; reprimir todo o movimento excessivo, conter nos limites convenientes. Usa-se tambem como reciproco. *Moderari:* — reduzir, abaixar, diminuir o preço. *Ad modicum redigere, diminuere.*

Moderativo, va. *adj.* Moderativo ou moderatorio; que serve para moderar.

Moderatorio, ria. *adj.* Moderatorio, moderativo. *Modum statuens, præscribens.*

Moderea. *f. (ant.)* Medida agraria que comprehende o espaço em que póde semear-se um moio de grão.

Modernamente. *adv. m.* Modernamente, novamente, de pouco tempo a esta parte. *Nuper, recenter.*

Modernísimo, ma. *adj. sup.* de *Moderno.* Modernissimo.

Moderno, na. *adj.* Moderno, recente, novo, da epocha chegada a nós. *Neotericus, recens:* — moderno, novo; diz-se da pessoa que não é das mais antigas em qualquer corpo ou communidade. Tambem se usa substantivado: — moderno, novo; diz-se do soldado bisonho. *Tyro, onis:* — *m. pl.* modernos; escriptores, sabios ou artistas da epocha actual; e em sentido mais lato os que viveram nos ultimos seculos. *A la moderna (loc. adv.)*; á moderna; segundo a moda, uso ou estylo mais recente: — *(arch.)* moderno; diz-se de cada um dos generos de architectura que se usaram na Europa desde a idade media, comprehendendo tambem o gothico.

Modestamente. *adv. m.* Modestamente; com modestia. *Modestè, moderatè:* — modestamente, decentemente, sem luxo.

Modestia. *f.* Modestia; comedimento nas acções e palavras, e principalmente n'aquillo que tende a ostentar o merecimento, ou as qualidades do sujeito, fallando de si. *Modestia:* — modestia, honestidade, decencia. *Modestia, pudicitia:* — *(bot.)* V. *Estemodia.*

Modestísimo, ma. *adj. sup.* de *Modesto.* Modestissimo. *Modestissimus, a, um.*

Modesto, ta. *adj.* Modesto, comedido, dotado de modestia. *Moderatus, temperatus, modestus, ad modestiam compositus:* — modesto; que indica a modestia da pessoa, como trajo, maneiras, olhar modesto. *Modestus, pudicus.*

Modhallam. *m. (philol.)* Modhallam; o oceano atlantico, entre os arabes, alem do qual crêem que nada pôde ser conhecido.

Módicamente. *adv. m.* Modicamente, em grau ou quantidade modica: — modicamente, escassamente, parcamente.

Módico, ca. *adj.* Modico, mediocre, pequeno, de pouco valor. *Modicus, a, um:* — modico, moderado, escasso.

Modificacion. *f.* Modificação; acção de modificar. *Modificatio, onis:* — *(philos.)* modificação; maneira de ser de uma substancia, modo por que estão combinadas e dispostas as partes de alguma substancia material: — *(gram.)* modificação; particularidade, circumstancia junta ao sentido de uma palavra.

Modificador, -ra. *s.* Modificador; o que modifica. *Modificator, oris.*

Modificar. *a.* Modificar; limitar, determinar ou restringir as cousas a um certo estado ou qualidade em que se singularisem ou distingam umas das outras. *Modificare:* — modificar, moderar, adoçar, temperar, suavisar; reduzir as cousas aos justos termos, moderando ou evitando todo o excesso: — *Modificare, temperare:* — modificar; corrigir, mudar, alterar uma cousa em alguma de suas partes: — *(philos.)* modificar; operar mudança no estado de um corpo, sem alterar a sua essencia: — *(gram.)* modificar; acrescentar alguma circumstancia a uma palavra, restringi-la ou particularisar o seu sentido.

Modificativo, va. *adj.* Modificativo; que modifica.

Modillo, to. *m. dim.* de *Modo.* Modo particular. *Singularis modus.*

Modillon. *m. (arch.)* Modilhão; ornato da fórma de um S invertido, que prende por baixo da cornija das ordens corinthia e composita, e separa as rosetas, que de ordinario as ornam. *Mutulus, us.*

Modilloncillo. *m. dim.* de *Modillon.* Modilhãosinho.

Modio. *m.* Modio; antiga medida romana para seccos. *Modius, us:* — modio; medida de capacidade usada em Florença para seccos.

Modiola. *f. (bot.)* Modiola; genero de plantas da familia das malvaceas.

Modiolo. *m. (arch.)* Modiolo; espaço quadrado que fica entre os modilhões das columnas.

Modismo. *m.* Idiotismo; modo particular de fallar, proprio e privativo de uma lingua, que não segue as regras geraes da grammatica.

Modista. *s.* Modista, figurino; o que adopta e segue as modas. É pouco usado, e as mais das vezes é em sentido ironico. *Novos modos appetens:* — modista; o que inventa modas ou tem loja de modas. Hoje usa-se unicamente esta palavra no genero feminino, significando a mulher que tem por officio fazer vestidos e enfeites para senhoras.

Modo. *m.* Modo, moderação, justos limites. *Modus, us:* — bom modo; maneiras affaveis, urbanidade, decencia no porte ou no trato. *Urbanitas, comitas:* — caracter ou qualidade que constitue alguem digno de estima ou respeito. *Auctoritas, atis:* — modo; fôrma e uso particular de fazer alguma cousa. *Modus, methodus. Al modo (loc. adv.)* V. *A semejanza. A modo (loc. adv.);* ao modo, á maneira de, como, similhantemente. *Ad modum, velut. De modo (loc. adv.);* de modo, de maneira. *Sobre modo (loc. adv.);* sobre modo, em extremo, sobre maneira. *Ultra modum:* — *(philos.)* modo; maneira de existencia ou de acção: — *de los argumentos;* modo dos argumentos; differentes maneiras de dispor as proposições de um syllogismo, com relação á quantidade e á qualidade: — *(gram.)* modo; systema de inflexões e desinencias dos verbos, que denotam o caracter da acção relativamente á maneira. *Modus, us:* — *(for.)* modo; fim para que se faz alguma cousa: — *(mus.)* modo, tono; relação das notas formando uma das duas escalas tonicas, maior ou menor. *Modus musicus. Obrar a su modo (fr.);* obrar, viver ao seu modo; conforme lhe parece, no que lhe respeita: — *pl.* maneiras. *Buenos modos;* bom modo, maneiras affaveis. V. *Modales.*

Modorra. *f.* Modorra; somnolencia quasi lethargica. *Veternus, us:* — somno da modorra; grande somnolencia, somno profundo, mas sem accidente morbido. *Gravis vel pertinax somnus:* — atordoamento dos carneiros e ovelhas occasionado pela superabundancia de sangue. *Ovium stupor:* — quarto da modorra, segunda vigia da noite; tempo immediato ao amanhecer, em que o somno se torna mais profundo. É assim chamado frequentemente pelas sentinellas. *Vigilia secunda:* — fructa sorvada; excessivamente madura que começa a fermentar. *Fructus nimis maturus:* — *(ant.)* V. *Jamona;* epitheto de desprezo applicado á mulher.

Modorrar. *a.* Causar atordoamento ás ovelhas. Usa-se entre pastores. *Ovibus stupo-*

rem inducere: — *r.* sorvar-se a fructa. *Nimis maturescere.*

Modorria. *f. (ant.)* V. *Modorra.*

Modorrilla. *f.* Terceira vigia da noite, que se segue ao quarto da modorra. *Vigilia tertia.*

Modorrillo. *m. (ant.)* Vasilha que servia para medir vinho.

Modorro, ba. *adj.* Modorro, modorrento, amodorrado; em estado de modorra, doente de modorra. *Attonitus, stupefactus:* — *(fig.)* boto, inadvertido, ignorante, sem agudeza, falto de penetração. *Stolidus, stupidus.*

Modrar. *a. (ant.)* V. *Hurtar.*

Modrego. *m. (fam.)* Homem boto, rude, inepto, desmazelado, falto de habilidade para qualquer cousa. *Hebes, inhabilis.* Applica-se tambem aos monges leigos.

Modulacion. *f. (mus.)* Modulação; acção e effeito de modular: — modulação; transição, compasso harmonico, facilidade da voz em variar suavemente o canto, em darlhe inflexões melodiosas. *Modulamen, inis.*

Modulador, ba. *s.* Modulador; o que modula.

Modulante. *adj.* Modulante; que modula. *Modulans, antis.*

Modular. *n. (mus.)* Modular; passar de um tom a outro: — modular; entoar com melodia, cantar com harmonia, dar inflexões melodiosas á voz. *Modulari.*

Módulo. *m. (arch.)* Módulo; medida arbitraria que serve de regular as proporções das diversas partes de cada ordem de architectura; de ordinario é o semi-diametro da parte inferior da columna. *Modulus, us:* — módulo; diametro de uma medalha: — *(mus.)* módulo; requebro de voz melodioso, modo de variar a voz para cantar com suavidade e inflexão melodiosa.

Moduería. *f. (ant.)* V. *Bobería.*

Moeda. *f.* Moeda; antiga moeda de oiro de Portugal, do valor de 4$800 réis, tambem chamada lisbonina ou lisbonense.

Moer. *m.* V. *Mué.*

Moessli. *m.* Moessli; medida de capacidade para seccos, usada em algumas partes da Suissa.

Mofa. *f.* Mofa, zombaria, escarneo, acto de mofar. *Sanna, irrisio.*

Mofador, ba. *s.* Mofador, escarnecedor; o que mofa ou escarnece. *Sannio, irrisor, cavillator.*

Mofadura. *f.* Mofadura. V. *Mofa.*

Mofante. *p. a.* e *adj.* Mofante; que mofa. *Sannans, antis.*

Mofar. *a.* Mofar, escarnecer, zombar; fazer mofa. Usa-se mais como reciproco, em castelhano. *Sannare, irridere:* *n. (ant.)* mofar, zombar.

Mofeta. *f.* Mopheta, mephitis ou mofete; exhalação perniciosa que sáe dos subterraneos e especialmente das minas. Diz-se em geral de todas as exhalações perigosas: — *(chim.)* mofete; dava-se este nome aos gazes não respiraveis, especialmente o azote, ao qual se chamava mofete atmospherico e ao hydrogenio carbonado mofete inflammavel: — *(zool.)* mofete; genero de mammiferos carnivoros digitigrados.

Moflete. *m. (fam.)* Bochecha gorda e carnuda. Usa-se mais no plural. *Bucca fluens, tumens.*

Mofletudo, da. *adj.* Bochechudo; que tem grandes bochechas. *Vultuosus, a, um.*

Moflir. *a. (ant.)* Comer, mastigar.

Mogataces. *m. pl. (mil.)* Mogataces; companhia fixa de cavallaria que ha em alguns presidios hespanhoes de Africa, que se compõe de naturaes do paiz.

Mogate. *m.* Verniz ordinario que cobre alguma cousa, como o da louça vidrada, etc. *Vernix, icis.* *Á medio mogate ó de medio mogate (loc. adv.);* com descuido, sem perfeição, com pouco cuidado na execução de alguma cousa. *Perfunctoriè, oscitanter.*

Mogato. *m.* V. *Mogigato.*

Moggia. *f.* Moggia; medida agraria de Napoles.

Mogol. *s.* Mogol ou Mongol; o natural de Mongolia: — *adj.* mongol; pertencente á Mongolia: — *(philol.)* mongol; idioma que se fallava no antigo imperio do Grão-Mogol.

Mogólico, ca. *adj.* Mongolico; pertencente á Mongolia.

Mogollon. *m.* Entrevinda, entremettimento repentino, inopinado de alguem onde o não chamam ou não é convidado: — guilhote, goloso, papa-jantares, chupista; diz-se d'aquelles que sem serem convidados costumam comer á custa alheia. *Conviva sine symbola, vel áliena quadra.* *Comer de mogollon (fr.);* comer á custa da barba longa, á custa alheia. *Sine symbola cœnare, aliena vivere quadra.* *De mogollon (fr.);* á custa alheia.

Mogote. *m.* Montinho isolado acabando em bico: — *(fig. prov.)* marco divisorio levantado de terra: — meda; montão de feixes em fórma pyramidal: — *pl.* primeiras pontas que lança o veado de dois annos. *Nascencia cornua:* — *(naut.)* penhasco ou montão de terra á maneira de dunas, que sobresáe em alguma praia ou monte proximo da costa, e que se descobre do mar.

Mogrollo. *m.* V. *Gorrista.* *Furtivus conviva:* — montesino; homem tosco, rustico, rude, grosseiro, incivil. *Inurbanus, i:* — *(min.)* V. *Metal de Cebo.*

Mohada. *f.* V. *Mojada.*

Mohalinar. *m. (ant.)* Certo feitiço.

Mohan. *m.* V. *Jeque*, sacerdote indio.

Moharrem. *m. (chron.)* Moharrem; primeiro mez do anno turco, e um dos mezes sagrados.

Moharra. *f.* Ferro em fôrma de coração em que termina a haste da bandeira ou estandarte. *Cuspis, idis:* — ponta, ferro da lança. *Cuspis, idis.*

Moharrache, Moharracho. *m.* Figura grutesca, homem vestido ou mascarado ridiculamente, que provoca o riso fazendo mogangas e gestos extravagantes. *Mormorlychia, personatus ludio:* — figura ou adorno ridiculo, mal feito, grutesco.

Moharrilla. *f.* V. *Moharrache,* na primeira accepção.

Mohatra. *f.* Mofatra; venda effectiva ou simulada, por alto preço e a credito, de um objecto que se faz resgatar por preço vil a dinheiro de contado. *Versura in venditione:* — mofatra; contrato usurario ou fraudulento.

Mohatrante. *p. a.* de *Mohatrar.*

Mohatrar. *n.* Fazer, praticar mofatras. *Versuras facere, inire.*

Mohatrero, ra. *s.* Mofatrão; o que pratica mofatras. *Versuras iniens vel faciens.*

Mohatron. *m.* V. *Mohatrero.*

Mohecer. *a.* Mofar; encher ou cobrir de mofo. *Mucescere.* Usa-se mais como reciproco.

Mohecido, da. *adj.* Mofoso.

Moheda. *f.* Mata de arvores copadas.

Mohedal. *m.* V. *Moheda.*

Mohel. *m. (rel.)* Mohel; sacerdote judeu que pratica a circumcisão.

Mohiento, ta. *adj.* V. *Mohoso.*

Mohina. *f.* Enojo, enfado, indignação, agastamento contra alguem. *Stomachus, indignatio.*

Mohindad. *f. (ant.)* V. *Mohina.*

Mohinísimo, ma. *adj. sup.* de *Mohino.* Agastadissimo; muito indignado.

Mohino, na. *adj.* Zangado, enfadado, agastado, irritado. *Stomachosus, animi turbidus:* — asneiro; diz-se do macho e mula que procede de cavallo e burra. *Hinnus, burdus:* — cabeça de mouro; diz-se das cavalgaduras que têem o focinho ou a cabeça de côr preta sendo o resto do pêllo de outra côr: — triste, melancholico: — adversario ao jogo contra quem vão os demais jogadores. *Adversarius unicus ludentium. Tres al mohino (fr.);* tres contra um ou união de muitos contra poucos. *Ex conventione adversarium sibi assignare.*

Moho. *m.* Mofo, bolor; efflorescencia vegetal que a humidade desenvolve em diversas substancias mettidas em caixas, armarios, etc.; v. g., na roupa, estofos, queijo, papel, etc. *Mucor, mucedo:* — V. *Orin:* — *(fig.)* embotadura, ferrugem do espirito, desidia, difficuldade de trabalhar occasionada pelo demasiado ocio ou descanso. *Hebetudo, inis:* — *del cobre;* verdete, azinhavre do cobre. *No criar moho alguna cosa (fr. fig. fam.);* não crear mofo alguma cousa; andar em continuo movimento, sempre em uso. *No dejar criar moho á alguna cosa (fr. fig. fam.);* não deixar crear bolor a alguma cousa; tê-la em continuo uso ou exercicio; não conservar uma cousa, gasta-la depressa.

Mohoso, sa. *adj.* Mofoso; que tem ou creou mofo. *Mucidus, mucosus.*

Mohur. *m.* Mohur; moeda de oiro da India ingleza.

Moidora. *f.* V. *Moeda.*

Mojábana. *f. (prov.)* V. *Almojábana.*

Mojada. *f.* Molhadura; acção de molhar ou molhar-se alguma cousa. Tambem ha a palavra molhamento, n'este sentido, mas é antiquada *Madefactio, perfusio:* — *(p. Murc.)* sopa molhada em qualquer liquido. *Offa madefacta, vel perfusa jusculo:* — *(fam.)* picada; ferida feita com arma penetrante. *Ictus pungens vel sanguinem fundens.*

Mojador, ra. *s.* Molhador; o que molha: — *(art.)* vaso ou sitio destinado para molhar o papel em que se ha de imprimir.

Mojadura. *f.* Molhadura; acção de molhar. *Mador, oris.*

Mojama. *f.* Moxama; atum secco salgado. *Thynnina caro salita.*

Mojar. *a.* Molhar; humedecer com agua ou com outro liquido, metter em agua ou outro liquido. Usa-se tambem como reciproco. *Madefacere:* — *(fig.)* molhar a sopa; ter parte, metter-se em algum negocio ou lucro. *Partem habere.*

Mojarra. *f. (art.)* Barco para o serviço das almadravas, ao qual se chama communmente *mojarra del capitan.*

Mojarrilla. *m. (fam.)* Chalaceador, galhofeiro, folgasão; pessoa que está sempre de galhofa, amiga de chalaçar e divertir-se. *Ludia, æ.*

Moje. *m.* Môlho; especie de caldo que se faz aos guisados e com que se temperam as iguarias. *Jusculum, i.*

Mojera. *f. (bot.)* V. *Espino majuelo.*

Mojete. *m.* Preguinho de latão.

Mojí. *m.* V. *Mojicon. Cazuela moji.* V. *Cazuela.*

Mojicon. *m.* Mochicão, murro, punhada. *Pugnus, colaphus:* — cavaca; bôlo secco. *Frustum panis saccharati.*

Mojier. *f. (ant.)* V. *Mujer.*

Mojiganga. *f.* Mogiganga; festa publica ou dansa de gente mascarada em animaes. *Larvata vel personata pompa:* — mogiganga; cousa ridicula para zombar de alguem. *Ridicula actio.*

Mojigatería. *f.* Dissimulação, hypocrisia, fingimento, disfarce astuto: — jacobice, hypocrisia, falsa devoção, acção propria de beato falso.

Mojigatez. *f.* V. *Mojigatería,* na primeira accepção.

Mojigato, ta. *adj.* Dissimulado, fingido, hypocrita; que affecta humildade, que usa de dissimulação para conseguir os seus fins: — hypocrita, jacobeu, beato falso, que affecta melindre, que faz escrupulo de tudo. Usa-se mais substantivado.

Mojil. *m.* V. *Mojí.*

Mojina. *f. (fam.)* Zanga, enfado.

Mojinete. *m. (p. C.)* Nadegas gordas.

Mojislamismo. *m. (med.)* Mogislamismo; difficuldade de pronunciar ou articular as palavras, e especialmente as letras labiaes.

Mojo. *m. (ant.)* V. *Remojo:* — *(p. C.)* V. *Moje.*

Mojon. *m.* Mogo; marco divisorio. É antiquado em portuguez. *Limes, terminus:* — V. *Tángano,* jogo: — V. *Monton:* — *(vulg.)* cagalhão; materia fecal solida, que se expelle de uma vez: — *m. (ant.)* V. *Mojonero:* — provador de vinhos.

Mojona. *f.* Marco; signal que se põe nos limites e confins das terras para as demarcar, e assim nas estradas. *Mensuratio per terminos:* — arrendamento do imposto sobre o vinho que se vende nas tabernas das aldeias e pequenas povoações. *Vectigal ex mensuris.*

Mojonacion. *f.* V. *Amojonamiento.*

Mojonar. *a.* V. *Amojonar.*

Mojonera. *f.* Extrema, fronteira; logar ou sitio onde se põem os marcos divisorios. *Termini situs.*

Mojonero. *m.* V. *Aforador.*

Mola. *f. (physiol.)* Mola; feto informe que se gera no ventre da mulher. Chama-se commummente *mola matriz. Mola, æ:—(hist. ant.)* massa consagrada feita de farinha de cevada, misturada com sal, de que se fazia uso nos antigos sacrificios, lançando-a na fogueira em que a victima havia de ser queimada: — *pl. (hist. ant.)* moles; estatuas collossaes que os antigos elevavam em honra dos seus deuses: — *(zool.)* mola; genero de peixes da familia dos gymnodontes.

Molada. *f. (pint.)* Moedura de tinta, quantidade d'esta que se moe de cada vez na moleta.

Molar. *adj.* Molar; diz-se do que pertence á mó ou é proprio para moer. *Molaris, re:* — *(anat.)* molar; diz-se dos dentes queixaes. *Cuarzo ágata molar (min.);* variedade de quartzo de que se fazem mós de moinho.

Molariforme. *adj.* Molariforme; parecido com um dente molar: — *(bot.)* molariforme; nome que se dá a certos cogumelos por terem a superficie coberta de uma especie de dentes.

Molasa. *f. (min.)* Molassa. V. *Maciño.*

Molasos. *m. pl. (zool.)* Mollassos; ordem de vermes intestinaes, cujo corpo é formado de uma substancia gelatinosa, branda e transparente.

Molcajete. *m. (p. Mex.)* Gral ou almofariz de barro vidrado ou de pedra, que descansa sobre tres pés curtos, e serve para pisar especies, sementes, etc.

Moldado. *m. (arch.)* Rebaixo; encaixe que se faz nas portas e janellas: — moldado; trabalho de moldura que se faz em algumas peças.

Moldar. *a.* Moldar. V. *Amoldar.*

Moldavo, va. *adj.* Moldavo; que pertence á Moldavia: — *s.* moldavo; o natural da Moldavia.

Molde. *m. (fig.)* Molde, modelo, exemplar; diz-se das pessoas que podem servir de typo, de norma em alguma cousa. *Typus, forma:* — *de tontos;* pessoa continuamente importunada com rogos enfadonhos. *Stultorum typus. De molde (loc. adv.);* impresso, em letra impressa, estampada, não manuscripta. *Typis impressus:* a proposito, com opportunidade. *Aptissimè, perfectè, rectè:* bem, perfeitamente, habilmente: — *(art.)* fôrma; caracteres dispostos e ordenados para se imprimir. *Litterarum tabula:* — *(art.)* molde; caixa em que se colloca a matriz, na fundição de typos: — molde; qualquer modelo para vasar obra de metal, gesso, enxofre, etc. e tomar uma fôrma determinada: — molde; qualquer instrumento, aindaque não seja ôco, que serve para estampar, ou para dar fôrma ou corpo a alguma cousa, taes são as letras de imprensa, as agulhas de fazer meia, etc. *Forma, typus. Contra molde;* capa ou molde exterior, nas fundições de estatuas.

Moldeador, ra. *s.* Moldador; o que molda: — *ondeado (art.);* instrumento que usavam os entalhadores para fazer molduras em madeiras rijas.

Moldear. *a.* Moldar; lançar no molde, deitar na fôrma, vasar, imprimir em um molde. *Cælare, fingere:* — V. *Amoldar.*

Moldenhauera. *f. (bot.)* Moldenhauera; genero de plantas da familia das leguminosas.

Moldero. *m. (ant.)* V. *Impresor, Estampador.*

Moldura. *f. (arch.)* Moldura; nome generico das diversas partes de um perfil architectonico ou ornatos pequenos, mais ou menos salientes. *Emblema, cœlatura, crusta:* — moldura, caixilho; guarnição de um painel, de um quadro: — *(art.)* fieira; peça de ferro ou aço com um orificio no meio, por onde os ourives tiram o metal a que hão de dar alguma fórma determinada.

Moldurar. *a.* V. *Moldear.*

Mole. *adj.* Molle; suave, brando ao tacto. *Mollis, le:* — *f.* mole; volume consideravel, corpo mui volumoso; ás vezes tambem significa o seu peso. *Moles:* — *m.* molhe; molde feito em porto de mar ou lanço de muro grosso a modo de caes, para abrigar os navios: — *(p. Mex.)* guisado de carne com tomates, pimentão e outros ingredientes. *Es su mole (fr. p. Mex.);* é a sua paixão, o seu enlevo; ser uma cousa mui predilecta, ou de especial gosto de alguem: — *de Adriano (archeol.);* mole de Adriano; mausoleu do imperador Adriano em Roma, que hoje forma o castello de S. Angelo.

Molécula. *f.* Molecula; particula tenuissima, constitutiva dos corpos. É mais usado no plural.

Molecular. *adj.* Molecular; que pertence ou se refere ás moleculas. *Atraccion molecular (chim.);* attracção molecular ou corpuscular; a que existe entre as moleculas dos corpos.

Moledera. *f. (fam.)* Moideira, moimento, canseira, estado de pessoa moida, fatigada. V. *Cansera.*

Moledero, ra. *adj.* Diz-se do que póde moer-se, ou ha de ser moido. *Molendus, a, um:* — *(ant.)* V. *Molendero.*

Moledor, ra. *s.* Moedor; pessoa que moe. *Molitor, oris:* —

moedor, cáusticante, secante, importuno; que atormenta, molesta. *Molestus, a, um:* —*(art.)* moedor; instrumento de que se usa na construcção de fogos artificiaes, para reduzir a polvora a pó.

Moledura. *f.* Moedura. V. *Molienda.*

Moleja. *f. (ant.)* V. *Molleja.*

Molejon. *m. (p. Cub.)* Pedaço de pedra de amolar, que ainda não está armada para servir.

Molendero, ra. *s.* Moleiro; o que dirige o moinho ou azenha. *Molitor, oris:* — moleiro; o que leva o grão aos moinhos ou azenhas. *Qui molituram defert:* — chocolateiro; o que moe e fabrica o chocolate. *Chocolati molitor.*

Moler. *a.* Moer; reduzir a pó, pizando, trilhando. *Molere, pulverare, terere:* — *(fig.)* moer, seccar, amofinar, causticar, molestar, impacientar; enfadar alguem com impertinencias, com palavras enfadonhas. *Molestare, verbis atterere:* — moer, pisar; cansar, fatigar muito o corpo com trabalho, etc. *Atterere, fatigare:* — moer, destruir, estragar, maltratar. *Atterere, tundere:* — V. *Mascar:* — moer, mascar, remoer as tintas na pedra com a moleta: — *(naut.)* correr, passar a areia da ampulheta de um para outro dos seus vasos de vidro.

Molero. *m.* O que faz ou vende mós de moinho.

Molestadísimo, ma. *adj. sup.* de *Molestado.* Molestadissimo. *Gravi molestia affectus.*

Molestador, ra. *s.* Molestador; o que molesta. *Exacerbator, vexator.*

Molestamente. *adv. m.* Molestamente; com molestia, incommodo. *Molestè, importunè.*

Molestar. *a.* Molestar, maltratar, incommodar, inquietar, causar molestia, gravame. *Molestia afficere, vexare.*

Molestia. *f.* Molestia; incommodo physico, estado molesto de pessoa. *Molestia, æ:* — molestia, enfado, inquietação.

Molestísimo, ma. *adj. sup.* de *Molesto.* Molestissimo. *Valdè molestus.*

Molesto, ta. *adj.* Molesto; que causa molestia: — molesto, incommodo, penoso, importuno; que causa molestia, que incommoda. *Molestus, gravis.*

Moleta. *f. dim.* de *Muela.* Mozinha, mó pequena: — *(art.)* moleta; pedra com que se moem tintas sobre uma pedra larga e lisa, e com que os boticarios moem tambem algumas drogas: — moleta; instrumento com que os impressores moem a tinta.

Moleton. *m. (com.)* Molletão, estofo pelludo de lã, algodão ou seda, muito macio e flexivel, de que se fazem vestimentas, e cobertores ou colchas.

Moleya. *f. (ant.)* Uva molar ou branda.

Moli. *m. (bot.)* Moli; sub-genero de plantas da familia das liliaceas.

Molibdato. *m. (chim.)* Molybdato; sal produzido pela combinação do acido molybdico com uma base salificavel: — *de plomo;* molibdato de chumbo; substancia de côr amarella alaranjada, de brilho resinoso, que risca o gesso, e é riscada pelo carbonato de cal; exposta á acção do carbonico, derrete-se e dá globulos de chumbo; dissolvida no acido nitrico, deixa um residuo.

Molibdeno. *m. (art.)* V. *Cendra;* entre os fundidores: — *(min.)* molybdeno: metal descoberto em 1778 por Scheele, n'um mineral, em que se acha no estado de sulphureto, e que, até essa epocha, se confundia com a plombagina.

Molíbdico. *adj. (chim.)* Molybdico; diz-se de um oxydo de molybdeno.

Molicie. *f.* Molleza, brandura; o ser molle: — brandura, suavidade. *Mollities, ei:* — molleza, frouxidão; estado de languidez dos orgãos: — molleza; falta de vigor, de constancia, de firmeza, de caracter: — excesso de indulgencia: — molleza, mollicie; delicadeza de uma vida effeminada. Muitas vezes tambem significa prazeres sensuaes, effeminados: — mollicie, vicio da masturbação: — V. *Onanismo.*

Molidísimo, ma. *adj. sup.* de *Molido.* Moidissimo.

Molienda. *f.* Moedura; a acção, o trabalho de moer. *Molitura, æ:* — moedura; porção ou quantidade que se moe de uma vez. *Molitura, æ:* — moenda, moinho; n'este sentido é antiquado em portuguez: — moedeira, fadiga, cansaço ou importunação que molesta, e tambem se diz do que causa estes effeitos. *Molestia, defatigatio.*

Moliente. *p. a.* de *Moler. Atterens, molens:* — *y corriente.* V. *Corriente.*

Molificable. *adj.* Mollificavel; que se pôde mollificar, abrandar.

Molificacion. *f.* Mollificação; acção e effeito de mollificar.

Molificante. *adj.* Mollificante; que mollifica. *Moliens, entis.*

Molificar. *a.* Mollificar, amollecer, abrandar. *Mollire, mollificare.*

Molificativo, va. *adj.* Mollificativo; que mollifica, que tem virtude de mollificar.

Molimiento. *m.* Moedura; acção de moer. *Molitura, æ:* — moimento, moedeira, fadiga, cansaço, estado de pessoa moida, fatigada. *Defatigatio, onis:* — moedeira, molestia, enfado.

Molina. *f. (comm.)* Molina, lã de Molina de Aragão.

Molinar. *m. (ant.)* Sitio onde estão moinhos.

Molinedia. *f. (bot.)* Mollinedia; genero de plantas da familia das monimiaceas.

Molinejo. *m. dim.* de *Molino.* Moinhosinho.

Molinera. *f.* Moleira; mulher do moleiro.

Molinería. *f.* Grupo, reunião de moinhos.

Molinero, ra. *adj.* Do moinho, pertencente ao moinho, e tambem se diz de qualquer cousa para se moer. *Molen-*

dinarius, a, um: — *m.* moleiro; o que dirige o moinho e trabalha n'elle. *Moletrinæ institor, molendinarius.*

Molinete. *m. dim.* de *Molino.* Moinhozinho, moinho pequeno. *Exiguum molendinum:* — moinho de papel, brinco de rapazes: — ronda; circulo que nas dansas chamadas quadrilhas formam os dansadores, dando as mãos e girando em differentes direcções: — ventilador mobil, redondo, de folha de Flandres, que se adapta convenientemente ás vidraças das habitações, renovando constantemente o ar interior sem necessidade de as abrir: — molinete; peça de pau ou ferro em fórma de cruz horisontal, que se põe nas entradas dos passeios publicos, alamedas, etc., para impedir que entrem cavalgaduras: — sarilho; exercicio gymnastico que consiste em dar voltas sobre o trapezio, collocando-se o pau d'este atravessado entre as costas e os braços: — *(naut.)* bolinete; especie de cabrestante horisontal com que se suspendem as ancoras nos navios pequenos, collocando-o á prôa: — bolinete; machina composta de um grande cylindro horisontal com varios furos, onde encaixam umas barras que servem de alavancas para lhe dar movimento sobre o seu eixo; serve nos navios para o mesmo fim que o cabrestante: —*(mil.)* molinete; movimento no manejo do sabre ou da lança, que consiste em córtes cruzados e repetidos.

Molinia. *f. (bot.)* Molinia; genero de plantas da familia das gramineas.

Molinillo. *m. dim.* de *Molino.* Molinilho; moinho pequeno de moer café, cacau, etc. *Mola trusatilis:* — molinilho; pau de bater e diluir o chocolate dentro da chocolateira. *Crenatus globulus gracili bacillo trusatilis:* — guarnição que se usava antigamente nos vestidos. *Molinillo, casado te veas, que así rabeas (rif.);* casarás e amansarás.

Molinismo. *m. (rel.)* Molinismo; opinião de Molina, theologo hespanhol, sobre a graça.

Molinistas. *m. pl. (rel.)* Molinistas; sectarios do molinismo.

Molinito. *m. dim.* de *Molino.* Moinhosinho.

Molino. *m.* Moinho; engenho de moer, por força de corrente ou quéda de agua, de vento, de animaes, etc. Absolutamente entende-se por moinho de moer pães. *Molendinum, i:* — moinho; qualquer machina disposta para triturar alguma cousa. *Molendinum, trapetum, pistrinum:* — *(fig.)* azougue; pessoa muito viva, inquieta, buliçosa. *Vir instar molæ versatilis:* — moedor; pessoa importuna, que atormenta, molesta. *Molestus, i:* — *(fam.)* moinho; a bôca, porque n'ella se moe a comida. *Os pistrinæ officio fungens:* — *(germ.)* tormento, tortura, tratos: — *arrozero;* moinho para descascar o arroz, o qual tem a mó forrada de cortiça: — *de sangre;* moinho movido a braços ou pelos motores animaes. *Mola quæ animalium opere versatur:* — *de viento;* moinho de vento. *Mola allata:* — *de café;* moinho ou molinilho de café: — *de chocolate;* moinho ou molinilho de chocolate; machina para moer o cacau e formar a massa do chocolate: — *de papel;* moinho de papel; o que serve para reduzir o trapo a massa: — *harinero;* molinheira; atafona, moinho de moer grão. Chama-se-lhe geralmente *aceña,* azenha, quando é movido pela agua: — *de aceite;* moinho ou lagar do azeite. *Ir al molino (fr.);* convir, ajustar-se duas ou mais pessoas para obrar contra alguem, especialmente ao jogo. *Enaguarse el molino (fr.)* V. *Enaguarse. Llevar el agua á su molino (fr.);* levar a agua ao seu moinho; procurar ou converter uma cousa em utilidade propria pela sua industria. *Traer ó tener picado el molino (fr. fig.);* ter a barriga a dar horas, ter fome ou rafa. *Con agua pasada no muele molino (rif.);* com agua passada não moe o moinho.

Molípedo, da. *adj.* Mollipede; que tem os pés molles ou brandos.

Molítidos. *m. pl. (zool.)* Molytidos; secção de insectos coleopteros tetrameros da familia dos curculionidos.

Molitivo, va. *adj.* V. *Molificativo.*

Molobro. *m. (zool.)* Molobro; genero de insectos dipteros da tribu dos tipularios: — genero de insectos coleopteros pentameros, da familia dos carabicos.

Moloco. *m. (zool.)* Molocho; genero de reptis saurios da familia dos agamios.

Molondro, Molondron. *m.* Molangueiro, molangueirão, molle, preguiçoso, inerte. *Deses, hebes.*

Molonga. *m.* Molonga; sacerdote do Congo.

Molope, *m. (zool.)* Molope; subgenero de insectos coleopteros pentameros da familia dos carabicos.

Moloposperмo. *m. (bot.)* Molopospermo; genero de plantas da familia das umbelliferas.

Molópsida. *f. (zool.)* Molopsida; genero de insectos coleopteros pentameros da familia dos carabicos.

Molosiambo. *m. (poet.)* Molossojambo; pé metrico composto de um molosso e um jambo.

Molósico, ca. *adj.* Molossico; pertencente aos molossos: —*(poet. ant.)* molossico; diz-se de um verso grego ou latino, cujos pés são todos molossos.

Moloso, sa. *s. (ant.)* Molosso; habitante da Molossia: — *m. pl.* molossos; antigo povo do Epiro: — *m. (poet.)* molosso; pé metrico que consta de tres syllabas longas. *Pes molossus:* — *(hist. ant.)* molosso; especie de cão que os antigos empregavam na caça e na guarda dos rebanhos: — *(zool.)* molosso; genero de mammiferos cheiropteros, da divisão dos vespertilionidos.

Molpadia. *f.* *(zool.)* Molpadia; genero de echinodermes apodas.

Molsa. *f.* *(ant.)* Lã ou penna para encher colchões.

Moltolina. *f.* *(comm.)* Pelle de cordeiro vinda do Levante.

Moltura. *f.* *(p. Ar.)* V. *Maquila.*

Molugo. *m.* *(bot.)* Molugo; genero de plantas da familia das portulaceas.

Molujineas. *f. pl.* *(bot.)* Molugineas; tribu de plantas da familia das portulaceas.

Molúride. *m.* *(zool.)* Moluride *(triste)*; genero de insectos coleopteros heteromeros, da familia dos melasomos.

Moluscos. *m. pl.* *(zool.)* Molluscos; grande classe de animaes invertebrados de corpo molle, symetrico, sem esqueleto interior nem articulações.

Molva. *f.* V. *Lota.*

Molla. *f.* Polpa; parte molle das carnes: — *(p. Murc.)* miolo de pão. *Panis medulla.*

Mollah. *m.* Mollah; doutor, sacerdote que a certas horas faz as preces nas mesquitas: — mollah; titulo de uma alta dignidade ecclesiastica entre os turcos.

Mollar. *adj.* Molar, facil de partir; diz-se ordinariamente das amendoas ou caroços, cuja casca não é dura ou rija. *Mollis, le:* — diz-se da carne magra e sem osso. *Exos caro:* — *(fig.)* mina; emprego lucrativo, cousa que dá muita utilidade com pouco trabalho. *Exos, otis:* — simplorio, credulo; facil de enganar ou de persuadir. *Mollis, facilis:* — carnudo; diz-se de toda a frueta garrafal, especialmente das ginjas: — *pl.* certa dansa peculiar da Andaluzia.

Molle. *m.* *(bot.)* Molle; arvore frondosa, e corpolenta de Quito. É uma especie do genero schino.

Mollear. *n.* Amollecer, abrandar, fazer-se mole, tornar-se brando, dobrar-se uma cousa por ser branda ou flexivel, ceder á força, á pressão. *Mollescere.*

Molledo. *m.* Polpa; parte carnosa e redonda de algum membro, especialmente dos braços, coxas e barrigas das pernas. *Pars carnosa membrorum corporis:* — miolo de pão.

Molleja. *f.* Molleja; especie de glandula carnosa, que se forma em varias partes do corpo do animal. *Glans carnea vel glandula:* — moela; terceiro estomago ou buxo das aves, no qual fazem a ultima digestão. *Avium ventriculus:* — nome vulgar de uma especie de carnosidade, formada as mais das vezes pelo infarte de uma glandula em differentes partes do corpo do animal: — glandula que o gado vaccum tem na parte inferior do pescoço: — *(fam.)* V. *Pestorejo. Criar molleja (fr. fig.);* criar gordura; começar a fazer-se ocioso, preguiçoso. *Pigrum, inertem fieri.*

Mollejica, lla, ta. *f. dim.* de *Molleja.*

Mollejon. *m. augm.* de *Molleja.* Grande molleja. *Glans grandior:* — V. *Molledo:* — *(fig.)* molangueirão; homem mui gordo e molle, ou mui brando de genio. *Crassus homo, mollisque:* — V. *Molledo.*

Mollejuela. *f. dim.* de *Molleja.* Molleja pequena. *Gracilior glandula.*

Mollentar. *a.* *(ant.)* V. *Amollentar.* Usa-se tambem como reciproco.

Mollera. *f.* *(fam.)* Molleira; a parte mais alta do casco da cabeça, junto á sutura coronal. *Sinciput, capitis vertex mollior, bregma. Cerrado de mollera;* duro do casco; homem rude, de curta intelligencia ou capacidade. *Rudis, insipiens. Cerrar la mollera, ó tener cerrada la mollera, ó cerrarse la mollera (fr.);* fechar ou fecharse a molleira; endurecer-se os ossos parietaes, ossificarse a sutura coronal, que nas creanças é muito branda. *Sincipitis ossa firmari, obdurescere:* — *(fig.)* ter caco, chegar a ter juizo. *Prudentiâ jam prœditum esse. Ser duro de mollera (fr.);* ser duro do caco, cabeçudo; ser pertinaz, teimoso, obstinado. *Pertinacem esse vel durum:* ser duro de cabeça; rude, para aprender, falto de intelligencia. *Rudem esse. Tener ya dura la mollera (fr.);* ter já dura a cabeça; não estar já em estado de aprender. *Duriorem esse ceram sigillo.*

Mollerada. *f.* Golpe na molleira.

Mollero. *m.* V. *Molledo,* do braço.

Molleron. *m.* *(germ.)* Capacete de aço.

Mollescer. *a.* *(ant.)* V. *Ablandar.*

Molleseiente. *adj.* *(ant.)* Mollificante; que amollece, abranda.

Molleta. *f.* V. *Despabiladeras:* — torta ou pão de flor de farinha, algumas vezes amassado com leite. *Libum molle:* — *(prov.)* pão negro, ordinario, de inferior qualidade.

Mollete. *m.* Pão mollete, molle, mimoso, fino e de pequeno volume. *Exiguus panis mollior:* — *(prov.)* V. *Molledo:* — bochecha gorda e redonda. *Bucca, æ.*

Molletudo, da. *adj.* Bochechudo; que tem grandes bochechas.

Mollez. *f.* *(ant.)* Molleza; o ser molle, brando, suave ao tacto: — *(fig.)* molleza, mollicie, effeminação, delicadeza, falta de forças, de vigor: — *(ant.)* V. *Molicie,* no sentido de masturbação.

Molleza. *f.* *(ant.)* Molleza, mollidão. V. *Blandura.*

Mollicio, cia. *adj.* *(ant.)* Molle, brando, tenro.

Mollidura. *f.* *(ant.)* Mollidura. V. *Blandura.*

Mollificar. *a.* *(ant.)* V. *Molificar.*

Mollina. *f.* Mollinha, chovisco; chuva miuda. *Tenuis pluvia.*

Mollinita. *f. dim.* de *Mollina.* Mollinha ligeira, mui branda.

Mollir. *a.* *(ant.)* V. *Amollentar.*

Mollizna. *f.* V. *Llovizna.*

Molliznar, Mollizne ar. n. Mollinhar, choviscar; chover miudo. *Tenuiter pluere.*

Mollura. f. (ant.) Mollura ou mollidura, molleza. V. *Blandura.*

Mom. m. Mom; especie de cerveja muito forte que se fabrica na cidade de Brunswick e em suas immediações.

Momentáneamente. adv. m. Momentaneamente, passageiramente:—momentaneamente; por um momento ou instante, em um momento: — momentaneamente, brevissimamente, sem demora alguma. *Momentanè.*

Momentáneo, nea. adj. Momentaneo, instantaneo; que dura um momento. *Momentaneus, a, um:*— momentaneo, instantaneo; que se executa promptamente. *Momentaneus, a, um:* — momentaneo, ephemero, instantaneo, fugaz, breve.

Momento. m. Momento; minimo espaço em que se divide o tempo. *Momentum, i:* — momento, peso, importancia, valor, consideração; como: *cosa de poco momento;* cousa de pouco momento. *Momentum, i:* — momento; breve espaço de tempo, tempo mui curto relativamente ao assumpto de que se trata: —*(mech.)* momento; força motriz, potencia de um corpo em movimento, quantidade do movimento ou producto da massa multiplicada pela velocidade: — *(mech.)* momento; quantidade de movimento que um corpo toma no primeiro instante, quando acaba de perder o equilibrio: — *(mech.)* momento; em statica, producto de uma potencia multiplicada pelo braço da alavanca ou fulcro, ou, em outros termos, pela distancia da sua direcção ao ponto de apoio. *Momentos de inercia (mech.)* V. *Fuerza de inercia:* — *(math.)* momento; quantidade infinitamente pequena. *Por momentos (loc. adv.);* por momentos, a cada momento ou instante, successiva e continuamente, sem intermissão. *Singulis momentis, continuo. Al momento (loc. adv.);* em um momento, n'um instante, immediatamente, logo, sem demora. *Illicò, statim, confestim. A cada momento (loc. adv.);* a cada momento, por momentos, a cada instante, continuamente, sem cessar. *Continuo. En el momento (loc. adv.);* em um momento, em um instante, promptamente, brevemente, mui depressa. *Por algunos momentos (loc. adv.);* por alguns momentos, por um tempo mui curto e breve. *Ser cosa del momento (fr.);* ser cousa de momento, de facil execução; ser cousa de momento; de indispensavel execução, o mais depressa possivel. *Tener momentos felizes (fr.);* ter momentos felizes; fallar ou obrar com acerto, sciencia e destreza em determinadas occasiões.

Momería. f. Momice, gestos, tregeitos, visagens; acções brulescas. *Scurrilitas, atis.*

Momia. f. Momia ou múmia; cadaver embalsamado á maneira dos egypcios. *Cadaver pissasphalto condimentaria servatum:* — *(fig.)* mumia; pessoa magra e secca, e tambem a indolente, insensivel, sem actividade: — *(comm.)* mumia; especie de betume que vem da Persia: — mumia; droga ou composição viscosa, feita do betume e do pez que se encontra nas montanhas da Arabia, que os naturaes empregam para embalsamar os cadaveres. Os naturaes chamam-lhe cera mineral.

Momio, mia. adj. Descarnado, magro, secco, falto de carnes. *Exos caro:* — m. *(vulg.)* mina; cousa util, proveitosa ou rendosa, obtida sem trabalho.

Momo. m. Momo, momice; gestos mimicos, visagens, tregeitos ridiculos, figuras grutescas. *Momus, mimus. Hacerse momo (fr.);* ter sempre as cartas ao jogo, ser sempre banqueiro, etc. *Hacer momos a una mujer (loc. fam.);* fazer momos, a côrte a uma mulher, arrastar-lhe a aza, galantea-la.

Momórdica, Momórdiga. f. (bot.) Momordica; genero de plantas da familia das cucurbitaceas, a que pertence a balsamina ou melindre.

Momot. m. (zool.) Momot; genero de aves syndactylas, da ordem dos passaros.

Momperada. f. Panno de lã fina. *Lanea tela nitidior.*

Mona. f. (zool.) Mona; femea do mono: — *(fam.)* mona, cabelleira, bebedice, embriaguez, borracheira. *Ebrietas, atis:* — *(fam.)* borrachica, borracho, homem bebado. *Ebrius, ii:* — mona; especie de reforço ou peça defensiav que os picadores de touros põem na perna direita por ser a mais exposta aos golpes do animal:—*s. (p. Mex.)* V. *Gallina,* significando cobarde: — *s. (fam.)* macaco; pessoa que faz as cousas só por imitação. *Simius, ii. Hacer monas a alguno (fr.);* fazer peças a alguem; zombar d'elle. *Hecho una mona (loc.);* corrido, envergonhado. *Pillar una mona (fr. fam.);* pilhar uma mona, uma bebedeira, embriagar-se. *Inebriari. Ponerse la mona (fr. fam. p. Mex.)* V. *Pillar una mona.*

Monacal. adj. Monacal; de monge, de frade. *Monachalis, le. Escritura monacal;* escripta gothica moderna.

Monacalmente. adv. m. Monacalmente; de um modo monacal, como monge.

Monacato. m. Monacato; estado monacal. *Monachatus, i.*

Monacillo. m. Menino do côro.

Monacordio. m. Monacordio ou monocordio; instrumento musico de corda de metal com teclado. *Monachordum, i.*

Monada. f. Monáda, monaria, macaquice; gesto mimico e affectado, visagem de mono ou macaco. *Mimus, gestus:* —V. *Monería:* — bugiaria; cousa, objecto de pouco valor, mas curioso e bem acabado.

Mónade. f. (philos.) Mónada; termo empregado por Leibnitz para exprimir um ente simples e indivizivel: — mónada; unidade perfeita que, segundo os pythagoricos, contém o espirito e a materia sem divisão alguma. A mónada de Pythagoras é o mesmo Deus: — *(zool.)* monada; genero de infusorios microscopicos, caracterisados por terem o corpo gelatinoso.

MONADELFIA. *adj. (bot.)* Monadelphia; decima sexta classe do systema sexual de Linneo.

MONADENIA. *f. (bot.)* Monadenia *(glandula só)*; genero de plantas da familia das orchideas.

MONADISMO. *m. (philos.)* Monadismo; systema que suppõe o universo composto de mónadas.

MONADISTA. *m. (philos.)* Monadista; partidario do monadismo: — *adj.* monadista; pertencente ao monadismo.

MONADOLOJÍA. *f.* Monadologia; doutrina de Leibnitz sobre a natureza geral dos seres.

MONAGO. *m.* V. *Monaguillo.*

MONAGON. *s. (ant.)* V. *Muchacho.*

MONAGUILLO. *m.* Acolitosinho, rapazinho que ajuda á missa e faz outros serviços do altar nas igrejas e conventos. *Parvus minister, altaris œrifer.* V. *Monacillo.*

MONANDRIA. *f. (bot.)* Monandria; primeira classe do systema sexual de Linneo, caracterisada por um só orgão ou estame.

MONANDRO, DRA. *adj. (bot.)* Monandro; diz-se das plantas que têem um só estame.

MONAQUISMO. *m.* Monachismo; vida monastica, estado monastico de monges, frades. *Monachismus, monachorum ordo, vita:* — monachismo; diz-se para denotar uma especie de desprezo das instituições monasticas em geral, especialmente quando se trata da sua influencia politica ou civil.

MONARCA. *m.* Monarcha; chefe que governa monarchia, unico imperante, que reina só, que concentra em si o poder legislativo e executivo. *Monarcha, œ.*

MONARCOLATRÍA. *f. (neol.)* Monarcholatria; adoração dos reis, muito praticada pelos antigos povos da Asia: — *(neol.)* monarcholatria; diz-se por desprezo da opinião dos monarchicos.

MONARDA. *f. (bot.)* Monarda; genero de plantas, o mais consideravel da familia das labiadas.

MONÁRDEAS. *f. pl. (bot.)* Monardeas; tribu de plantas da familia das labiadas.

MONARQUÍA. *f.* Monarchia; estado ou reino governado por um monarcha. *Monarchia, œ:* — monarchia; governo monarchico. *Monarchia, œ:* — monarchia; diz-se em sentido mais lato d'aquelles estados, cujo chefe se chama rei ou imperador e tem o poder executivo e parte mais ou menos directa nos demais.

MONÁRQUICAMENTE. *adv. m.* Monarchicamente; de um modo monarchico: — monarchicamente; segundo a monarchia.

MONÁRQUICO, CA. *adj.* Monarchico; que respeita ou pertence a monarcha ou á monarchia. *Monarchicus, a, um:* monarchico; que é governado por um monarcha: — *m.* monarchico; partidario da monarchia, pessoa affecta a esta fórma de governo: — *m. pl. (rel.)* monarchicos; hereges de uma seita formada no anno 196, que reconheciam uma só pessoa da Santissima Trindade.

MONARQUISMO. *m.* Monarchismo; systema, opinião dos partidarios da monarchia pura.

MONASA. *f. (zool.)* Monasa. V. *Barbacú.*

MONASTERIAL. *adj.* Monastico; pertencente ao mosteiro.

MONASTERIANOS. *m. pl. (zool.)* V. *Munsterianos.*

MONASTERIO. *m.* Mosteiro, convento; casa de monges ou freiras. *Cœnobium, monasterium:* — qualquer casa de religiosos ou religiosas; diz-se ás vezes em sentido mais extenso.

MONÁSTICAMENTE. *adv. m.* Monasticamente; segundo a regra monastica. *Monasticè.*

MONÁSTICO, CA. *adj.* Monastico; que respeita a monges ou a mosteiro. *Monasticus, a, um.*

MÓNASTICO-GÓTICO, CA. *adj.* V. *Monacal,* na segunda accepção.

MONAZO, SA. *s. aug.* de *Mono* e *Mona.* Grande mono ou mona.

MONATARIO. *m. (ant.)* V. *Monedero.*

MONCLURA. *f. (ant.)* Guarnição de uma arma defensiva.

MONCHA. *f. (ant.)* V. *Monja.*

MONCHE. *m. (ant.)* V. *Monje.*

MONDA. *f.* Monda: — limpa, limpeza das arvores, cortando-lhes os ramos seccos ou superfluos. Tambem se estende o seu sentido a qualquer outra limpa. *Purgatio, mundatio:*—tempo da limpa das arvores. V. *Monadura. Mundationis arborum tempestivitas:* — exhumação de ossos que de tempos a tempos se fazia nas parochias de Madrid, quando se enterravam no seu recinto os fieis defuntos: — *pl.* festas em honra da Virgem, celebradas com muita solemnidade na cidade de Talavera: — *(p. Cub.)* surra, tunda de açoutes. *Seco de mondas (ant.)*; secco de carnes.

MONDADIENTE, MONDADIENTES. *m.* Palito; alimpador, esgravatador, mondador dos dentes; instrumento de pau ou metal para limpar ou esgravatar os dentes. *Dentis scalprum.*

MONDADOR, RA. *s.* Mondador; o que monda ou alimpa as arvores, arbustos, etc. *Mundans, antis.*

MONDADURA. *f.* Mondadura, alimpa ou limpa; acção de mondar ou de alimpar as arvores. *Mundatio, onis:* — restos, despojos, cascas, desperdicios das cousas que se mondam ou limpam. Usa-se mais no plural. *Putamen, mundamen.*

MONDAOREJAS. *m.* Alimpador das orelhas, esgravatador, mondador dos ouvidos; instrumento para limpar ou esgravatar os ouvidos. *Auriscalprum, i.*

MONDAR. *a.* Mondar, limpar, purificar alguma cousa, expurga-la, faze-la limpa. *Mundare, purgare:* — descascar, escascar a fructa, tirar-lhe a casca. *Decorticare, putamine mundare, purgamenta radere:* — tosquiar, cortar o cabello. *Tondere, eradere pilum:* — *(fig.)* alimpar, limpar alguem do dinheiro ou de alguma outra cousa; roubar-lh'a. *Nummos detrahere:* — *(p. Cub.)* V. *Azotar.*

MONDEJO. *m.* Recheio do bucho do porco ou do carneiro. *Farcimen majori intestino.*

MONDINA. *f. (min.)* Mondina; substancia petrea que se encontra nas minas de estanho.

MONDO, DA. *adj.* Mundo, limpo, acciado, purificado. *Mundus, a, um:* — *y lirondo (loc. fam.);* bem limpo, limpo e relimpo. *Purus, putus.*

MONDONGA. *f. (fam.)* Mondongueira; nome que se dá por desprezo ás creadas de servir. *Famula culinaria.*

MONDONGO. *m.* Mondongo; intestinos e miudos de rez ou de porco, e especialmente de carneiro; comida da classe pobre. *Intestina, orum:* — carne para ensacar, isto é, para encher paios, chouriços, etc.

MONDONGUERO, RA. *s.* Mondongueiro, tripeiro; o que vende mondongo, tripas, etc. *Botellarius, botullarius.*

MONDONGUIL. *adj. (fam.)* Pertencente ou relativo ao mondongo. *Botullarius, a, um.*

MONEAR. *n. (fam.)* Macaquear; fazer monarias: — *r. (vulg. e prov.)* mangar, caçoar, petear, zombar.

MONEDA. *f.* Moeda; peça de oiro, prata ou qualquer outro metal, cunhada com effigie, armas ou outro lavor, cujo valor é determinado pelo chefe ou chefes do estado. *Moneta, æ:* — *(fam.)* dinheiro. *Nummi, pecunia:* — *(ant.)* tributo em dinheiro: — *amonedada;* dinheiro, numerario effectivo: — *corriente;* moeda corrente; a legal e usual. *Moneta communis:* — *cortada;* moeda cortada; a que não tem cordão ou serrilha: — *de cuenta.* V. *Moneda imaginaria:* — *de soplillo;* moeda de cobre de pouco valor que houve em Castella no tempo de Filippe IV. *Nummus levissimus:* — *de vellon;* moeda de cobre. *Ærea moneta:* — *efectiva;* moeda effectiva, moeda de que existem peças correntes no commercio: — *falsa;* moeda falsa; diminuta no peso ou no valor intrinseco: — *forera (ant.);* tributo que se pagava ao rei de Hespanha, de sete em sete annos: — *imajinaria;* moeda imaginaria; moeda que nunca existiu ou já não existe na realidade, mas que foi inventada ou conservada para facilitar as contas, formando-as constantemente sobre uma base certa e invariavel: — *obsidional;* moeda obsidional; entre os romanos era a moeda que se cunhava em alguma praça sitiada, e corria sómente durante o assedio. *Moneta obsidionalis:* — *sonante ó metálica;* metal sonante; dinheiro de contado: — *suelta;* miudos, dinheiro miudo; varias moedas inferiores e de valor escasso: — *larga (com.);* valor que se dá á moeda de tres por cento, á maneira do banco de Bolonha: — *negra;* moeda imaginaria que se usa em Ratisbona e Baviera para pagar os cargos publicos; a corrente chama-se branca. *Alterar la moneda (fr.);* mudar a moeda; alterar-lhe o valor intrinseco, augmentando a liga ou substituindo metal inferior. *Rei monetariæ æstimationem immutare. Batir moneda (fr.);* bater, cunhar, fabricar moeda. *Monetam cudere. Buena moneda;* moeda corrente, dinheiro em oiro ou prata. *Correr la moneda (fr.);* correr a moeda; passar sem difficuldade no commercio. *Monetam usitatam esse, usu receptam esse:* haver abundancia de dinheiro no publico. *Monetam abundare. Labrar moneda (fr.);* lavrar, cunhar, bater moeda. *No hacemos moneda falsa (fr.);* não fazemos moeda falsa; diz-se para manifestar a alguem que não ha inconveniente em ouvir o que se está dizendo ou tratando. *Nihil auditu indignum loquimur. Pagar en buena moneda (fr.);* dar plena satisfação em qualquer materia. *Ad æquum solvere. Pagar en la misma moneda (fr. fig.);* pagar na mesma moeda; retribuir igualmente, executar alguma acção em correspondencia ou vingança de outra similhante. *Par pari referre. Casa de la moneda;* casa da moeda; edificio onde se cunha a moeda. *Papel moneda;* papel moeda. V. *Papel.*

MONEDAJE. *m.* Moedagem; direito que se paga pela fabricação da moeda: — tributo de doze dinheiros por libra, estabelecido por *D.* Pedro *II* de Hespanha sobre os bens moveis e de raiz.

MONEDAR, MONEDEAR. *a.* V. *Amonedar.*

MONEDERA. *f. (ant.)* Matraca para chamar ás matinas.

MONEDERÍA. *f.* Officio de moedeiro.

MONEDERO. *m.* Moedeiro; o que trabalha na fundição, cunho e lavor das moedas. *Monetæ cusor, monetarius:* — *falso;* moedeiro falso; o que faz moeda falsa.

MONEDILLA, TA. *f. dim.* de *Moneda.* Moedinha, moedasinha.

MONEMERON. *m. (pharm. ant.)* Monemeron; nome dado a certos collyrios, aos quaes se attribuia a propriedade de curar as doenças dos olhos no espaço de um dia.

MONENTELO. *m. (bot.)* Monentelo; genero de plantas da familia das compostas.

MONERÍA. *f.* Macaquice; gestos, ademanes ou acção engraçada das creanças: — bugiaria, bagatella, cousa futil e de pouca importancia. *Res futilis:* — brinco, bonito, dixe primoroso, bem acabado.

MONERON. *m. (num. ant.)* Monerom; antiga moeda franceza de cobre.

Monesco, ca. *adj. (fam.)* Diz-se do que é proprio dos monos ou macacos, ou parecido com as suas monarias. *Simiæ proprius, vel simiam referens.*

Monesterial. *adj. (ant.)* V. *Monasterial.*

Monesterio. *m. (ant.)* V. *Monasterio.*

Monetario. *m.* Monetario; collecção de moedas e medalhas de diversos tempos e logares. *Monetarium, ii:* — monetario; estantes ou caixas ou quaesquer outros moveis em que estão collocadas por ordem moedas e medalhas. *Monetarium, ii:* — monetario ou gabinete numismatico. *Monetarium, ii:* — casa onde se conservam devidamente colladas as series das moedas e medalhas. *Monetarium, ii:* — *adj.* monetario; pertencente ou relativo á moeda.

Monfí. *m.* Nome que se applicou em Hespanha a certos mouros que viviam do roubo, da pilhagem.

Monga. *f. (ant.)* V. *Monja.* Hoje é palavra pertencente ao dialecto gallego.

Mongibel, Mongibelo. *m. (ant.)* V. *Infierno.*

Mongoja. *f. (prov. ant.)* Nome que se deu em Catalunha á ordem militar de *Monte Gaudio.*

Mongol. *adj.* V. *Mogol.*

Mongu. *m. (zool.)* Mongu; subgenero de mammiferos quadrumanos do genero maki.

Monia. *f. (ant.)* V. *Monja.*

Moniato. *m.* Raiz comestivel de que fazem em Cartagena da India um pão incorruptivel e de muito alimento.

Monicaco. *m. (fam.)* Manicaca; nome que se dá por desprezo aos rapazes e aos homens de pouca consideração.

Monicion. *f.* Admoestação, advertencia, reprehensão que se dá a um clerigo para se emendar nos seus costumes; publicação de uma monitoria. *Munitio, onis.*

Monico, ca, llo, lla, to, ta. *m. dim.* de *Mono* e *Mona.* Moninho, moninha, monosinho, monasinha.

Monicongo. *m. (fam.)* Boneco, chochinhas, homem pequeno. V. *Muñeco,* n'este sentido.

Monicha. *f. (ant.)* V. *Monja.*

Monigote. *m. (vulg.)* Frade leigo: — *(vulg.)* leigo; homem ignorante no seu officio. *Illiteratus, indoctus:* — boneco; figura ridicula, mal feita ou mal pintada: — homemzinho; diz-se por desprezo dos rapazes que querem fazer de homens.

Monilífero, ra. *adj. (hist. ant.)* Monilifero; que tem algumas de suas partes dispostas a modo de rosario.

Moniliforme. *adj. (bot.* e *zool.)* Moniliforme; diz-se dos orgãos das plantas e dos animaes, que são divididos em fôrma de rosario.

Monilina. *f. (bot.)* Monilina; genero de plantas da familia das conferveas.

Moniloideo, dea. *adj. (hist. nat.)* Moniloideo; parecido com um collar ou rosario, ou com a extremidade dos filamentos de certas plantas.

Monillo. *m.* Justilho de mulher, sem mangas. *Thorax muliebris sine manicis.*

Monimento. *m. (ant.)* Monimento. V. *Monumento:* — *(ant.)* monimento. V. *Sepulcro.*

Monimia. *f. (bot.)* Monimia; genero de plantas da familia das monimiaceas.

Monimiáceas, Monimieas. *f. pl. (bot.)* Monimiaceas ou monimeas; familia de plantas dicotyledoneas.

Monimiento. *m. (ant.)* Momento, instante.

Monipodio. *m. (fam.)* Monipodio, corrilho, conventiculo, ajuste de pessoas reunidas para algum mau fim. *Monipodium, ii:* — *(ant.)* machinação; manejo, conducta secreta ou illicita.

Monís. *f. (p. Ar.)* Especie de massa feita de ovos e assucar. *Tragemata subtilia et delicatula:* — bugiaria; objecto pequeno, de pouco valor, mas bem acabado e bonito. *Res pulitula:* — *m. pl. (vulg.)* moeda, dinheiro. *Tiene monises? (fr.);* tem dinheiro?

Mónita. *f.* Monita, astucia, lisonja affectada. *Versutia, calliditas.*

Monitor. *m.* Monitor. V. *Admonitor:* — monitor, decurião; estudante mais provecto de uma classe, encarregado de ensinar os seus condiscipulos e de lhes tomar as lições: — monitor; titulo de certos periodicos: — *(zool.)* monitor; genero de reptis saurios.

Monitoria. *f.* Monitoria; carta ou despacho do juizo ecclesiastico, para obrigar a todos que souberem de um crime a irem depor, etc. *Monitoriæ litteræ:* — monitoria; citação juridica feita debaixo de pena de excommunhão.

Monitorial. *adj.* Monitorial; pertencente á monitoria, que pertence á monitoria. *Letras monitoriales;* letras monitoriaes, carta de excommunhão.

Monitorio, ria. *adj.* Monitorio; que avisa, que serve de admoestar. *Monitorius, a, um:* — *m.* monitorio; carta, despacho ecclesiastico com fulminação de censuras.

Monja. *f.* Monja, freira; religiosa professa de alguma das ordens monachaes, de mosteiro. *Monialis, le:* — *de coro;* freira cantora; a que tem obrigação de cantar no coro: — *lega;* freira leiga; a que professa impondo-se o dever de consagrar-se ao serviço da communidade. Trazem véu branco, differençando-se das de coro, que o trazem preto: — *pl.* faiscas ou pontos igneos de um papel que arde sem chamma. É palavra usada pelos rapazes.

Monje. *m.* Monje ou monge; religioso de ordem monachal ou de mosteiro, como os bentos, os bernardos, etc. *Monachus, i:* — *(ant.)* solitario, anachoreta: — *(zool.)* V. *Pavo carbonero.*

Monjicico, llo, to. *m. dim.* de *Monje.* Mongesinho, monge ainda novo.

Monjía. *f.* Emolumento, direito, prebenda, beneficio monachal, que o monge tem no seu mosteiro: — *(ant.)*

V. *Monacato:* — *(ant.)* V. *Monasterio, Convento:*—V. *Monja.*

Monjil. *m.* Tunica ou habito de monja. *Monialis vestis:* — traje de lã de que usa a mulher que está de luto. *Feminæ luctuosa vestis:* — *pl. (ant.)* mongil; tunica talar com mangas perdidas. *Manicæ ad terga decidentes:* — *adj.* monastico, monachal; que respeita a monjes, a monjas.

Monjilon. *m.* V. *Monjil.* Usa-se em sentido burlesco.

Monjío. *m.* Monacato; estado de freira ou monja. *Monachatus, us:* — acto de professar, de tomar habito.

Mono, na. *adj. (fam.)* Bonito, polido, engraçado, delicado; diz-se das cousas. *Res perpolita:*—*m.* bugio, macaco; homem que faz as cousas por pura imitação. *Simius, simulator:* — boneco, bonifrate; homem mui affectado no vestir, no fallar, ou nos seus gestos e acções: — mono; pessoa mui feia. *Quedarse hècho un mono (fr. fig.);* ficar corrido ou envergonhado. *Stupore ac pudore corripi:* — *(zool.)* macaco; grande genero de mammiferos, da ordem dos quadrumanos, que contém especies muito variadas.

Monocario. *m. (bot.)* Monocario *(um só nó);* genero de plantas da familia das melanthaceas.

Monocarpo, pa. *adj. (bot.)* Monocarpo; que tem só um fructo.

Monocefalia. *f. (physiol.)* Monocephalia; estado de um monstro que só tem uma cabeça para dois corpos.

Monocefalios. *m. pl. (physiol.)* Monocephalios *(cabeça unica);* familia de monstros duplos da ordem dos autositarios, caracterisada em suas especies pela presença de uma só cabeça.

Monocéfalo, la. *adj. (physiol.)* Monocephalo; que tem só uma cabeça sustentada por dois corpos.

Monocentride. *m. (zool.)* Monocentride. V. *Lepisacanto.*

Monocera. *f. (bot.)* Monocera; genero de plantas da familia das tiliaceas.

Monoceronte. *m. (zool.)* Monoceronte; animal tido geralmente por fabuloso, mas ainda assim descripto por alguns naturalistas, entre os quaes figura Plinio.

Monocerote. *m. (zool.)* V. *Unicornio.*

Monociclo. *adj.* Monocyclo; que não contém ou não descreve mais que um circulo.

Monoclea. *f. (bot.)* Monoclea; genero de plantas da familia das hepaticas.

Monoclino, na. *adj. (bot.)* Monoclino. V. *Hermafrodita.*

Monocordio. *m. (mus.)* Trombeta marinha. V. *Trompa marina:* — *(ant.)* monocordio; instrumento musico de uma só corda, que era usado entre os gregos, aos quaes servia de diapasão, e tambem para marcar o compasso e dar o tom.

Monocotilarios. *m. pl. (zool.)* Monocotylarios; familia de helminthos mysocephalios.

Monocotiledóneo, nea. *adj. (bot.)* Monocotyledoneo ou monocotyledone; diz-se das plantas cuja semente só tem um cotyledone:—*f. pl.* monocotyledoneas ou monocotyledones; classe de vegetaes, cujo embrião só offerece um cotyledone.

Monocotiledonia. *f. (bot.)* Monocotyledonia; estado de uma planta monocotyledone.

Monocromático, ca. *adj. (pint.)* Monochromatico; diz-se da pintura de uma só côr.

Monócromo. *m.* Monocromo ou monochromo; objecto pintado de uma só côr: — *adj.* monochromo; de uma só côr.

Monóculo, la. *adj.* Monoculo; que só tem um olho. *Monoculus, a, um:* — *m. (cir.)* monoculo; ligadura, atadura, facha ou venda para fistula lacrimal e outras doenças que só affectam um olho: — *(zool.)* monoculo. V. *Cíclope:* — *m. pl.* monoculos; familia de crustaceos copepodas.

Monodáctilo, la. *adj. (zool.)* Monodactylo; que tem um só dedo.

Monodelfo, fa. *adj. (zool.)* Monodelpho; que tem uma só matriz: — *m. pl.* monodelphos; nome empregado em opposição ao de didelphos, para designar entre os mammiferos ordinarios aquelles em que o feto se desenvolve completamente dentro do utero.

Monoecia. *f. (bot.)* Monoecia; vigesima primeira classe do systema sexual de Linneo.

Monofisismo. *m. (rel.)* Monophysismo; opinião, doutrina dos monophysitas.

Monofisitas. *m. pl. (rel.)* Monophysitas; hereges que só reconheciam uma natureza em Jesus Christo, a natureza divina que encarnára.

Monoftalmo, ma. *adj.* Monophtalmo; que só tem um olho: — *m. pl. (zool.)* monophtalmos. V. *Dafnóideos.*

Monogamia. *f.* Monogamía; um só matrimonio: — monogamía; estado, condição dos que foram casados uma vez só: — *(bot.)* monogamía; classe do systema sexual de Linneo, que comprehende todas as plantas cujas flores têem os estames reunidos pelas anthenas.

Monogamista. *m.* Monogamista; partidario da monogamía.

Monogamo, ma. *adj., s.* Monogamo; o que só tem uma mulher: — monogamo; o que casou uma só vez: — *(bot.)* monogamo; diz-se das plantas cujas flores são todas do mesmo sexo.

Monografía. *f. (h. nat.)* Monographia; descripção de um só genero ou de uma só especie de animaes, de vegetaes, etc., e tambem se diz das descripções proprias de outras sciencias.

Monográfico, cá. *adj.* Monographico; que pertence ou respeita á monographia.

Monógrafo. *m.* Monographo; auctor de monographia: — *adj.* monographo; que trata só de um objecto.

Monograma. *m.* Monogramma; caracter facticio composto das principaes e algumas vezes de todas as letras de um nome; cifra, abreviação do nome, que serve de signal ou de armas. O *P* posto perpendicularmente sobre o meio da lettra X, como vemos em muitas medalhas do seculo de Constantino, é o monogramma de Jesus Christo. *Monogrammom:* — monogramma; figura ou caracter composto de muitas letras enlaçadas entre, si de maneira que formam um só objecto: — *(bot.)* monogramma; genero de fetos polypodiaceos. *Llave de un monograma;* chave de um monogramma; antigamente era a primeira letra que se apresentava á vista ou a que se percebia com mais facilidade.

Monogramático, ca. *adj.* Monogrammatico; relativo ou pertencente ao monogramma.

Monogramo, ma. *adj.* Monogrammo; que consiste só em linhas, em contornos, como pintura monogramma, etc.: — *(philos.)* monogrammo, incorporeo, immaterial; que não é concreto nem palpavel.

Monohídrico, ca. *adj. (chim.)* Monohydrico; diz-se de um composto que contém uma só proporção de hydrogenio.

Monohilo, la. *adj. (zool.)* Monohylo; que tem o corpo formado de uma só massa homogenea.

Monohipojinia. *f. (bot.)* Monohypogynia; estado de uma planta monocotyledonea, cujos estames são hypogynos: — monohypogynia; classe de plantas no methodo de Jussieu.

Monohipojino, na. *adj. (bot.)* Monohypogyno; diz-se de uma planta monocotyledonea que tem estames hypogynos.

Monohisto, ta. *adj. (ant.)* Monohisto; que é formado de um só tecido ou de um tecido simples.

Monóico, ca. *adj. (bot.)* Monoico; diz-se das plantas que têem as flores unisexuaes, mas reunidas em um só individuo.

Monojenia. *f. (h. nat.)* Monogenia; producção por meio de um corpo organisado, de uma parte que logo se separa, e chega a ser, augmentando-se, um novo individuo similhante ao que lhe deu origem.

Monójeno, na. *adj.* Monogeno; que é unico em seu genero.

Monojinia. *f. (bot.)* Monogynia; ordem do systema sexual de Linneo, que comprehende todas as plantas cuja flor só tem um pistillo.

Monólogo. *m.* Monologo; peça dramatica em que representa só um actor: — monologo; scena de uma peça dramatica em que falla só um actor: — V. *Soliloquio.*

Monolójico, ca. *adj.* Monologico; o que se refere ao monologo.

Monomanía. *f.* Monomania; especie de alienação mental, na qual uma só idéa parece absorver todas as faculdades da intelligencia.

Monomaniaco, ca. *adj.* Monomaniaco; doente, affectado de monomania.

Monomaniático, ca. *adj.* Monomaniatico. V. *Monomaniaco.*

Monómano, na. *adj.* V. *Monomaniaco.*

Monomaquia. *f.* Monomachia, duello, combate singular. *Duellum, certamen inter duos.*

Monomeros. *m. pl. (zool.)* Monomeros; secção de insectos coleopteros.

Monométrico, ca. *adj. (lit.)* Monometrico; que se refere ao monometro.

Monómetro. *m. (lit.)* Monometro; poema composto de um só metro ou especie de verso.

Monomiarios. *m. pl. (zool.)* Monomiarios *(musculo unico);* ordem de molluscos acephalos.

Monomiceto. *m. (zool.)* Monomiceto *(cogumelo unico);* genero de polypeiros.

Monomio. *m. (math.)* Monomio ou monomo; grandeza que tem um só termo, e que não se liga pelos signaes mais ou menos, como AB, AAB, etç.

Mononfalia. *f.* Monomphalia; estado dos monstros que têem um só umbigo para dois corpos.

Mononfálico, ca. *adj.* Monomphalico; que pertence á monomphalia.

Mononfalios. *m. pl.* Monomphalios; familia de monstros duplos da ordem dos autositarios, caracterisados principalmente pela reunião de dois corpos quasi completos em um umbigo commum.

Mononico. *m. (zool.)* Mononico *(unha unica);* genero de insectos coleopteros tetrameros, da familia dos curculionidos.

Monopastos. *f. (mech.)* Roldana simples.

Monopejia. *f. (med.)* Monopegia; dor de cabeça que se fixa em um só ponto, como succede com a dor de enchaqueca.

Monoperijinia. *f. (bot.)* Monoperigynia; estado de uma planta monocotyledonea, cujos estames são perigynos.

Monoperíjino, na. *adj. (bot.)* Monoperigyno; diz-se de uma planta monocotyledonea que tem estames perigynos.

Monopetalia. *f. (bot.)* Monopetalia; estado de uma planta cuja corolla é monopetala.

Monopétalo, la. *adj. (bot.)* Monopetalo; que tem só uma petala.

Monópide. *m. (zool.)* Monopide *(olho unico);* genero de insectos coleopteros tetrameros da familia dos xylophagos.

Monopixide. *m. (zool.)* Monopixide; sub-genero de polyperos do genero sertulio.

Monopleurobranquios. *m. pl. (zool.)* Monopleurobranchios *(branchia de um só lado);* ordem de molluscos malacozoarios paracephalophoros.

Monopodia. *f. (physiol.)* Monopodia; monstruosidade que consiste em ter um só pé.

Monopolio. *m.* Monopolio; trafico exclusivo, feito em virtude de privilegio, por um só individuo ou por uma só companhia. *Monopolium, ii:* — monopolio; trafico abusivo e odioso d'aquelle que se constituiu o unico senhor de todas ou de parte das mercadorias de uma especie com o fim de obrigar os consumidores a comprar-lh'as por um preço exorbitante a seu arbitrio. *Mono-*

polium, ii: — monopolio; convenção iniqua, estipulada ás vezes entre os commerciantes, para encarecerem as fazendas. *Monopolium, ii:* — privilegio; em sentido mais lato significa direito exclusivo, concedido a determinadas pessoas, para exercer certos cargos ou officios, e tambem se diz igualmente de certos direitos politicos, possuidos exclusivamente por um limitado numero de cidadãos.

Monopolista. *m.* Monopolista; o que faz monopolio.

Monopolizador, ra. *s.* Monopolista.

Monopolizar. *a.* *(adm.)* Privilegiar; conceder a uma só pessoa o direito de traficar em uma mercadoria: — monopolisar; fazer monopolio, abarcar um genero para o estancar e vender por preço subido.

Monópside. *m.* *(bot.)* Monopside; genero de plantas da familia das libeliaceas.

Monórquido, da. *adj.* *(bot.)* Monorchido; que tem um só tuberculo: — *(physiol.)* monorchido; que nasceu com um só testiculo.

Monosépalo, la. *adj.* *(bot.)* Monosepalo *(sepala unica)*; diz-se do calice das plantas, quando é ou parece composto de uma só sepala.

Monóside. *m.* *(bot.)* Monoside; genero de plantas da familia das compostas.

Monosilábico, ca. *adj.* *(litt.)* Monosyllabico; diz-se dos versos cujas palavras são todas monosyllabas: — monosyllabico; diz-se tambem dos versos de uma só syllaba.

Monosílabo, ba. *adj.* Monosyllabo; diz-se da palavra formada de uma só syllaba. Usa-se tambem substantivado na terminação masculina. *Monosyllabus, us.*

Monospermo, ma. *adj.* *(bot.)* Monospermo *(semente unica)*, qualificação do fructo ou de suas divisões, quando contêem uma só semente.

Monóstico, ca. *adj.* *(litt.)* Monostico; que consta de um só verso: — *(min.)* monostico; diz-se de um crystal prysmatico, cuja base é rodeada de uma só fileira de facetas com differentes inclinações: — *m.* monostico; epigramma de um só verso.

Monostrofa, Monostrofe. *f.* *(litt.)* Monostrophe; composição particular de uma só estrophe ou estancia. *Monostrophe.*

Monot. *m.* Saco de rede quasi ponteagudo nos dois extremos, usado nas costas do Levante, do qual se forma por meio de circulos de varas uma especie de nassa. Em Castella chama-se-lhe *Garlito.*

Monotéico, ca. *adj.* Monotheico; pertencente ao monotheismo.

Monoteismo. *m.* Monotheismo; adoração de um só Deus.

Monoteista. *s.* Monotheista; o que adora um só Deus: — *adj.* monotheista; relativo ou concernente ao monotheismo.

Monotelismo. *m.* *(rel.)* Monothelismo; heresia dos monothelitas.

Monotelita. *adj.* Monothelita; conforme a doutrina do monothelismo: — *m. pl.* *(rel.)* monothelitas; hereticos assim chamados, porque sustentavam que havia uma só vontade em Jesus Christo.

Monotelitismo. *m.* *(rel.)* V. *Monotelismo.*

Monotomitos. *m. pl.* *(zool.)* Monotomitos; grupo de insectos coleopteros tetrameros, da familia dos xylophagos.

Monotonamente. *adv. m.* Monotonamente, com monotonia.

Monotonía. *f.* Monotonia; uniformidade, igualdade fastidiosa no discurso, ou na expressão e tom da voz: — monotonia; diz-se tambem da musica vocal ou instrumental: — *(fig.)* monotonia; defeito de variedade na maneira de escrever, uniformidade na linguagem, na construcção das phrases, no uso das figuras e tambem nos pensamentos: — *(fig.)* monotonia; maneira de viver igual, sem variedade; diz-se por extensão.

Monótono, na. *adj.* Monotono; que falla sempre pelo mesmo tom, com monotonia. *Monotonus, a, um:* — monotono; enfadonho, aborrecido por uma demasiada uniformidade, por não ter variedade.

Monotremos. *m. pl.* *(zool.)* Monotremos; grupo de mammiferos aplacentarios da tribu dos marsupiaes.

Monotriglifo. *m.* *(arch.)* Monotriglypho; espaço de um triglypho entre duas columnas.

Monseñor. *m.* Monsenhor; titulo de honra que se dá em Italia aos prelados e dignatarios, e em Portugal que se applicava ao prelado, certos diaconos, presbyteros, mitrados, etc., da patriarchal de Lisboa: — monsenhor; titulo que se deu em França sómente ao delphim, e mais extensamente aos grandes do reino.

Monserga. *f.* Algaravia; linguagem confusa e embrulhada: — embrulhada; negocio complicado: — V. *Dinero.*

Monsieur. *m.* Monsieur; titulo com que o irmão segundo do rei de França era denominado por excellencia.

Monstra. *f.* *(ant.)* V. *Muestra.*

Monstro. *m.* *(ant.)* V. *Monstruo.*

Monstruo. *m.* *(fig.)* Monstro; cousa extraordinaria, estupenda, pasmosa, prodigio, portento, assombro. *Monstrum, portentum:* — *(fig.)* monstro; pessoa ou cousa horrenda, mui feia. *Monstrum, i:* — *(fig.)* monstro; pessoa feroz, cruel: — *(phisiol.)* monstro; animal cuja conformação é contraria á natureza na totalidade de suas partes ou sómente em algumas d'ellas. *Monstrum, i:* — monstro; em geral, parto, producção contra a ordem da natureza.

Monstruosamente. *adv. m.* Monstruosamente; com monstruosidade, com excessiva grandeza ou enorme fealdade. *Monstruosè:* — monstruosamente; de maneira monstruosa.

Monstruosidad. *f.* Monstruosidade; producção monstruosa, desconforme. *Monstrum, i:* — monstruosidade; o ser monstruoso: — *(fig.)* monstruosidade; summa, enorme fealdade, enorme grandeza. *Monstrum, i:* — monstruosidade; cousa inteiramente opposta á boa ordem moral ou politica.

Monstruoso, sa. *adj.* Monstruoso; da natureza de monstro, que é contra a ordem da natureza. Diz-se tambem das cousas moraes. *Monstruosus, portentosus:* — monstruoso; desconforme, enorme, extraordinario, excessivo no seu genero. *Monstruosus, prægrandis:* — *(fig.)* monstruoso, extraordinario; contrario ao que regularmente succede: — *(fig.)* monstruoso, horrendo; mui feio, deforme no seu genero.

Mont. *m. (ant.)* V. *Monte.*

Monta. *f.* Monta; somma, total de uma conta. Diz-se tambem *Monto. Summa, æ:* — monta; valor, preço, importancia, qualidade, estimação intrinseca das cousas. *Momentum, æstimatio:* —V. *Acaballadero:* — *(ant.)* bota-sella; signal, toque de clarim para montar a cavallo. *Signum ut milites in equos ascendant.*

Montada. *f. (art.)* Montada; elevação maior ou menor que se dá á cãiba do bocado, para que o cavallo possa collocar e passar facilmente a lingua por baixo d'elle.

Montadero. *m.* V. *Montador.*

Montadgar. *a. (ant.)* V. *Montazgar.*

Montadgo. *m. (ant.)* V. *Montazgo.*

Montado, da. *adj.* Montado; dizia-se do soldado que o cavalleiro de ordem militar enviava á guerra para o substituir. *Suffectus miles:* — jaezado, apparelhado, prompto para o cavalleiro montar; diz-se do cavallo. *Instructus equus:* — montado; diz-se do soldado de cavallaria. *Eques equo merens.*

Montador. *m.* Cavalleiro; homem a cavallo, ou que monta a cavallo. *Qui equum ascendit:* — montadouro ou montadeiro; pedra ou degrau que facilita o montar a cavallo. *Podium ad ascendendum in equum.*

Montadura. *f.* Arreios completos do cavallo de um soldado de cavallaria. V. *Montura,* n'este sentido. *Equitatus, us.*

Montaje. *m.* Acção e effeito de montar a artilheria: — *pl.* carretas, reparos das peças de artilheria.

Montanera. *f.* Montanheira, landeira, montado; bosque de arvores que dão bolota, onde pastam porcos para os engordar. *Quercetum, i:* — pasto, ceva de bolota que o gado suino tem nos montados. *Glandium pascua:* — tempo que dura a ceva ou pasto do gado suino. *Estar en montanera (fig. fam.);* ter bom pasto; ter tido alguem boa alimentação por certo tempo, fazendo-o engordar muito. *Pascuis pinguescere.*

Montanero. *m.* Montaraz; o guarda de matas e montes, ou montados.

Montanismo. *m. (rel.)* Montanismo; doutrina ensinada na Phrygia, no seculo II, por Montano, que pretendia ser o consolador promettido por Jesus Christo.

Montanista. *adj. (rel.)* Montanista; conforme a doutripa de Montano: — *m.* montanista; partidario do montanismo.

Montano, na. *adj.* Montano, montanhesco, montanhez; de monte, de montanha. *Montanus, a, um.*

Montantada. *f.* Jactancia vã. *Jactantia, æ:* — monte, multidão, copia, grande numero.

Montante. *m.* Montante, espadão; espada larga e pesada, que se empunha com ambas as mãos no jogo da esgrima. *Prægrandis gladius utraque manu versatilis, rhomphæa:* — montante; espada de fogo feita pelos fogueteiros, á imitação de montante. *Ignis missilis in formam prægrandis gladii vel rompheæ:* — *(equit.)* V. *Carrilleras ó Encajeras,* na brida, bridão ou cabeção: — pinasio; pedaço de pau, que divide uma janella em varias partes: — prumo; madeiro que separa a porta de uma casa ou quarto, da janella praticada em cima. *Meter el montante (fr. esgr.);* metter o montante, separar com o montante ou espadão os accommettedores: *(fig.)* apaziguar, aquietar, fazer cessar o motim, a rixa ou pendencia. *Pacem imponere, vel curare:* — *(br.)* montante; crescente da lua com as pontas viradas para cima, e tambem se diz das abelhas, mariposas que voam para o alto, ou do falcão que alça ou eleva o vôo acima da ave que quer apanhar.

Montanteador. V. *Montantero.*

Montantear. *n.* Jogar o montante. *Rhomphæam circumducere, vibrare:* — *(fig.)* fallar com jactancia, querer manejar os negocios ou dependencias alheias com superioridade, affectar auctoridade e certo ar de importancia. *Superiorem agere vel moderatorem.*

Montantero. *m.* Jogador de montante, o que peleja ou combate com elle. *Miles rhomphæâ armatus.*

Montaña. *f.* Montanha; monte de grandeza consideravel. *Mons, ontis:* — desigualdade de superficie, altibaixos nas cordilheiras de penhascos: — paiz ou terreno montanhoso, montuoso, accidentado, desigual, cortado de montes ou outros accidentes: — V. *Monte:* — absolutamente significa as montanhas de Burgos, e assim, quem diz em castelhano ser da *montaña,* entende-se por natural d'esta terra. *Montes burgueses:* — *rusa;* montanha russa; diz-se de uma elevação verdadeira ou artificial, em que ha um caminho unido e inclinado, recto ou tortuoso, para deslisar-se a pessoa velozmente, dentro de um trilho ou carro, do alto até abaixo: — *de la tabla (astron.);* constellação meridional: — *de piños (germ.);* mancebia, lupanar, casa de prostituição. *Montañas de hielo*, montanhas de gêlo; massas consideraveis de agua solidificada, que se encontram principalmente nos mares dos polos. *Cadena de montañas;* cadeia de montanhas; serie de montanhas unidas pela base. *Grupo de montañas;* grupo de montanhas; união de muitas cadeias de montanhas. *Sistema de montañas;* systema de montanhas; reunião de muitos grupos de montanhas.

MONTAÑÉS, SA. *adj.* Montanhez; pertencente ou relativo á montanha. *Montanus, a, um:* — monteburgense; pertencente ás montanhas de Burgos: — *s.* monteburguense; o natural das montanhas de Burgos. *Burgensis, se.*

MONTAÑETA. *f. dim.* de *Montaña.* Montanheta.

MONTAÑICA, TA. *f. dim.* de *Montaña.* Montanhasinha.

MONTAÑOSO, SA. *adj.* Montanhoso, montuoso, accidentado; que tem muitos montes, ou outros accidentes. *Montosus, a, um.*

MONTAÑUELA. *f. dim.* de *Montaña.* Montanheta, montanhasinha.

MONTAR. *a.* Acoimar; multar por ter entrado na mata os gados, cavalgaduras, etc.: — *n.* montar, montar-se, subir, ir acima. Regularmente toma-se no sentido de cavalgar ou pôr-se sobre cavallo ou outra besta. *Ascendere in equum:* — montar, chegar, subir, importar, sommar, deitar ao total, á somma; diz-se das contas. *Summam esse:* — *(fig.)* montar, importar, ser de importancia, consideração ou entidade. *Referre tanti vel esse, momenti esse:* — *(art.)* montar, armar, preparar, dispor, coordenar; pôr no seu logar as peças de qualquer machina ou apparelho: — montar; fazer com que o cabedal do calçado se amolde, estirando-o com a torquez: — *corto;* montar curto; montar com os estribos muito curtos: — *en cerro.* V. *Montar en pelo:* — *en manta;* montar em manta; ir a cavallo levando sómente para assento do cavalleiro uma manta dobrada: — *en pelo;* montar em pello; montar sem sella nem arreio algum: — *largo;* montar com os estribos compridos: — *una espada;* dobrar uma espada unindo o punho á folha: — *una piedra preciosa;* montar uma pedra preciosa; engasta-la: — *un cabo (naut.);* montar, dobrar, passar alem de um cabo: — *(naut.)* montar; ter ou levar dispostos em baterias tantos ou quantos canhões; diz-se tratando de dar idéa do posto ou capacidade do navio avaliado pelo numero de sua artilheria: — *la guardia;* montar a guarda; entrar de guarda: — *(naut.)* montar, montar-se; subir, crescer, encher a maré, etc. V. *Crecer:* — *(ant.)* V. *Barloventear:* — *la artillería (mil.);* montar a artilharia; collocar a peça sobre o reparo: — *la brecha*, montar, subir á brecha; subir pela brecha em assalto: — *la caballería;* montar a cavallaria; dar-lhe cavallos, provê-la de cavalgaduras: — *la guardia*, montar a guarda; ir fazer guarda em algum logar, entrar de guarda: — *una arma blanca;* montar uma arma branca; prepara-la pondo-lhe a guarnição e empunhadura: — *un verso a otro (poet.)* V. *Verso.*

MONTARAZ. *adj.* Montaraz, montez, montesino, bravio, ferino, feroz; de monte, creado nos montes ou costumado a andar por elles. *Montivagus, monticola, ferus, indomitus:* — montesino, bravio, rustico, rude, agreste, ferino, selvagem; diz-se do genio, das qualidades, etc.: — *(ant.)* V. *Montano:* — *m.* montaraz; guarda de matas, montes, herdades ou montados.

MONTASIN. *m. (comm.)* Algodão fiado, do Levante.

MONTÁTICO. *m. (ant.)* Montadege, montádego, montadigo; tributo ou fôro que se pagava ao senhorio de monte ou montado por trazer n'elle gados a pastar.

MONTAZGAR. *a.* Cobrar o imposto de passagem dos gados. *Vectigal exigere pro gregum transmeatione.*

MONTAZGO. *m.* Passagem; imposto ou tributo que pagam os gados pela passagem de um terreno a outro. *Vectigal pro gregum transmeatione:* — terra ou caminhos por onde passam os gados que vão de uma parte para outra. *Via gregum transmeantium.*

MONTE. *m.* Monte; grande porção da superficie solida da terra que se eleva acima da superficie adjacente, com declive mais ou menos rapido, mas sempre bastante sensivel. *Mons, ontis:* — monte; terra alta com penhascos, pastos e arvoredo. *Dumetum, quercetum, sylva, nemus:* — *(ant.)* monte. V. *Montería:* — *(fig.)* barreira; obstaculo, impedimento, inconveniente grande, difficil de vencer. *Mons gravis vel summa difficultas:* — *(fam.)* lambaz; cabeça mui povoada de cabellos, desguedelhados, desconcertados. *Hirsutum caput:* — monte; cartas de jogar que ficam na mesa depois de repartidas as que cada um dos parceiros deve ter. *Chartarum pictarum residuum:* — monte; jogo de azar parecido com o da banca: — *(germ.)* mancebia, lupanar: — montes da mão; porções proeminentes da palma da mão, junto á raiz dos dedos, cada uma das quaes tem o nome de um planeta, em chiromancia. *Montes de oro (fr. fam.);* montes de oiro; grandes cousas, grandes interesses ou recompensas. Usa-se de ordinario nos dois idiomas, com os verbos *prometer* e *ofrecer*. *Andar a monte (fr.);* andar a monte, fugitivo, embrenhado. *Extra urbem vagari, frequentiam fugere:* *(fig.)* portar-se, conduzir-se mal. *Correr los montes ó sierras (fr. fig.);* correr os montes ou as serras; prolongar-se, estender-se em certa direcção. *Extendi, protendi:* — *de piedad;* monte de piedade; estabelecimento publico em que se empresta aos particulares dinheiro sobre penhor, e a um jurò modico, ou que o devêra ser. *Mons pietatis vulgò dictus: — pio;* monte pio; estabelecimento destinado a dar pensões ás viuvas de um finado, resultante de uma prestação com que cada socio contribue: — *(agr.)* monte, montado; terra inculta, que não é lavrada em tempos certos, coberta de mato ou arvoredo: — *alto;* monte, mata, bosque, floresta, selva alta, povoada de arvores corpulentas: — *bajo;* mato baixo, coberto de arbustos, silvas e plantas rasteiras: — *tallar;* mata, floresta, de corte, que se decota de tempos a tempos, e cujas arvores não excedem a quarenta annos: — *blanco;* mata commum ou pertencente a todos. Usa-se mais no plural: — *hueco;* monte, bosque, mata rara, não espessa, que não é tapada. *Apertus mons. Batir, correr el monte (caç.);* bater, correr o monte, o mato, montear, caçar em monte, fazer monteria: — *de leña (naut.);* barcaça; embarcação de grandes dimensões mas de má construcção.

Montea. *f. (arch.)* Montea; descripção ou planta de algum edificio, debuxando o corpo da obra com suas alturas. *Adumbratio frontis et laterum abscendentium:* — detalhe, talho das pędras para a formação dos arcos e abobadas: — peça da volta do arco no seu semi-circulo pela parte convexa. *Arcûs convexitas:* — *(caç.)* monteria ou montaria; caçada no monte de animaes bravos: — *(naut.)* traça ou risco em grande e com as verdadeiras dimensões das differentes figuras ou fórmas das peças de construcção de um navio.

Montear. *n. (ant.)* Andar, correr, vagar pelo monte: — *(caç.)* montear; caçar no monte, fazer monteria. *Venari, feras insequi:* — *a. (arch.)* traçar, delinear a montea, a planta de um edificio com as elevações. *Opus scenographicè adumbrare:* — *(arch.)* voltear ou formar arcos.

Montecico, llo, to. *m. dim.* de *Monte.* Montinho.

Monteferrina. *f.* Certa dansa e musica italianas.

Montenegrino, na. *adj.* Montenegrino; que pertence ao Montenegro: — *s.* montenegrino; o natural de Montenegro.

Montera. *f.* Monteira, barrete; carapuça ordinariamente de panno, de differente feitio, segundo as provincias. *Pilei species:* — *(ant.)* monteira; caçadora de monte. É desusado: — *(naut.)* Véla estae de joanete. *Ponerse por montera el buque (fr.)* V. *Zozobrar:* — *(mil.)* especie de guarita, de fórma triangular, que se colloca nas paliçadas, para a sentinella avançada poder abrigar-se em tempo de chuva.

Monterería. *f.* Loja onde se fazem ou vendem monteiras ou barretes. *Pileorum officina.*

Monterero. *m.* Barreteiro, carapuceiro; o que faz ou vende monteiras, barretes. *Pileorum sartor.*

Monterey. *m.* Certo pastel em fôrma de barco. *Artocreas sic dictus.*

Montería. *f.* Monteria ou montaria, caça; arte de caçar ou de fazer a guerra aos animaes. *Ars venatoria:* — monteria ou montaria; caçada de animaes bravos ou do monte, como juvalis, veados, etc. *Venatus aprorum, damarum et similium:* — monteria; tudo que diz respeito á arte de caça: — montaria; corpo, certo numero de monteiros ou caçadores do monte.

Monterilla. *f. (naut.)* V. *Montera.*

Montero. *m. (caç.)* Monteiro; caçador do monte. *Venator, ferarum abactor:* — *de lebrel;* monteiro encarregado dos lebreus ou galgos que hão de servir nas paradas. *Hibernorum canum custos, vel ductor:* — *de traílla;* monteiro da trela; o que conduz a matilha dos sabujos atrelados. *Canum alligatorum ductor in venatione:* — *mayor;* monteiro mór; dignidade da casa real, que tem a seu cargo a superintendencia geral das coutadas, e das caçadas reaes nos montes. *Venatorum regiorum præfectus. Monteros de cámara ó monteros de espinosa,* officiaes distinctos da casa real de Castella, cujo officio é velar de noite na camara immediata áquella onde dormem o rei e a rainha. Tambem têem a seu cargo a guarda dos cadaveres das pessoas reaes, emquanto estão de corpo presente. *Custodes regis cubantis et recens mortui vigiles.*

Monteron. *m. augm.* de *Montera.* Monteira grande.

Montés. *adj.* Montez; serrano, montanhez, montesino, monticola, bravio, ferino; que anda, está ou se cria no monte. Em castelhano tambem se usa ás vezes na terminação feminina, acabada em *a. Silvestris, ferus, montanus.*

Montescos. *m. pl.* Montescos; individuos de um antigo partido de Italia, contrarios a outro chamado dos capeletes ou capuletos. *Haber montescos y capeletes (fr. fam.);* haver mosquitos por cordas; haver grande rixa ou pendencia. *Rixari.*

Montesino, na. *adj.* Montesino. V. *Montés:* — *(fig. ant.)* montesino, agreste, rustico, rude, aspero. *Asper, a, um.*

Montia. *f. (bot.)* Montia; genero de plantas da familia das portulaceas.

Montícula. *adj. (h. nat.)* Monticola; diz-se das plantas ou dos animaes que crescem ou vivem no monte. Em portuguez usa-se tambem em estylo poetico.

Montinia. *f. (bot.)* Montinia; genero de plantas da familia das enotereas.

Montino, na. *adj. (ant.)* V. *Montés.*

Montiña. *f. (ant.)* V. *Montaña.*

Montisia. *f. (ant.)* Montanha, deserto.

Mont-joie. *f. (fr.)* Titulo dado ao primeiro rei de armas de França.

Montmartrita. *f. (min.)* Montmartrita; variedade de gesso que se encontra em Montmartre, perto de París.

Monto. *m.* V. *Monta, Importe:* — *(comm.)* importancia total dos fretes.

Monton. *m.* Montão, cumulo, accumulação, cousas amontoadas em fórma de um monte. *Acervus, cumulus, congeries:* — *(fig.)* pessoa inutil, sem prestimo: — *(fig.)* porcalhão, porco, immundo; pessoa enxovalhada, falta de aceio. *Spurcitiæ acervus:* — *de tierra (loc. fam.)*; pessoa decrepita, debil ou valetudinaria. *Morbis seu senectute confectus, gravis. Á montones (loc. adv.)*; a montões, aos montes, a rodo, abundantemente, copiosamente, em grande copia. *Accrvatim, cumulatim. De monton ó en monton (loc. adv.)*; em montão, amontoadamente, juntamente, sem distincção. *Acervatim.*

Montonera. *f. (p. A. Mer.)* Pelotão de tropa irregular de cavallaria, composta exclusivamente dos semi-selvagens que habitam as pampas de Montevideu, Buenos-Ayres e Chili.

Montonero. *m. (p. A. Mer.)* Soldado da tropa irregular de cavallaria chamada *montonera:* — *(p. Mex. fam.)* covarde, que só luta ou tem contenda com alguem, quando está acompanhado de seus amigos ou partidarios.

Montoso, sa. *adj. (ant.)* V. *Montuoso.*

Montoya. *f.* V. *Mariona*, certa dansa.

Montuoso, sa. *adj.* Montuoso; que tem muitos montes. *Montuosus, a, um.*

Montura. *f.* Cavalgadura, besta para transportes em viagem. *Mulorum ad viam conficiendam delectio:* — cavalgadura, besta de sella, em que se monta a cavallo: — arreios do cavallo pertencente a cada soldado de cavallaria. Tambem se usa significando a totalidade dos jaezes de uma companhia ou esquadrão: — arnez; armadura completa de um homem de armas: — caixa de uma espingarda, de uma pistola: — armação de uma machina, acto de a montar, trabalho de um official por armar todas as suas peças.

Monuelo. *m.* Boneco, bonifrate. V. *Mono*, na terceira accepção: — V. *Chuchumeco.*

Monumental. *adj.* Monumental; proprio de monumentos.

Monumento. *m.* Monumento; edificio, estatua ou outra obra erigida em memoria de pessoa ou de successo notavel. *Monumentum, i:* — monumento; edificio publico ou particular, imponente pela sua grandeza ou antiguidade. *Monumentum, i:* — sepulchro; altar ou capella, armada em fórma de sepulchro, onde se deposita o corpo de Nosso Senhor na sexta feira santa. *Monumentum sepulchri Domini Nostri Jesu Christi:* — monumento; qualquer obra dos homens, que serve de testemunho de algum facto com que se enriquece a historia, e tambem se diz de toda a producção do engenho ou da arte que passa á posteridade: — *(ant.)* monumento, moimento, sepulchro, sepultura. Hoje usa-se sómente em estylo elevado: — *pl.* monumentos; restos de producções ou obras artisticas e scientificas, que nos hão deixado os antigos, e que servem para illustrar a historia dos seculos passados. *Monumenta, orum.*

Monumiento. *m. (ant.)* V. *Sepulcro.*

Monye. *m. (ant.)* V. *Monje.*

Monzon. *m. (naut.)* Monção; vento regular ou periodico que sopra em certos mares, particularmente no mar das Indias. *Ventus pro tempore firmus.*

Moña. *f.* Boneca; figura artificial de mulher, que serve de modelo para os vestidos ou roupas. *Forma mulieris comtæ:* — laço de fitas de cores com que ás vezes se enfeitam os touros que vão á praça: — *(fam.)* enfado, molestia, desgosto, desprazer, tristeza. *Stomachus, mœstitia:* — *(fam.)* mona, bebedeira, borracheira. *Ebrietas, atis:* — V. *Muñeca.*

Moño. *m.* Monho; topete postiço de cabello atado e enrolado para cima, usado pelas mulheres. *Caliendrum, comæ suggestus:* — laço de fitas com que as mulheres atam o cabello ou adornam a cabeça: — poupa; tufo, molho de pennas que têem algumas aves sobre a cabeça. *Crista plumea. Hacerse el moño (fr.)*; fazer o penteado, pentear-se.

Moñudo, da. *adj.* De poupa, que tem poupa; diz-se das gallinhas e outras aves. *Cristatus, a, um.*

Moonia. *f. (bot.)* Moonia; genero de plantas da familia das compostas.

Mopamopa. *f.* V. *Mocoa.* É palavra usada pelos indios.

Moqua. *m.* Moqua; furor fanatico de alguns musulmanos quando voltam da romaria a Mecca.

Moquear. *n.* Deitar monco ou ranho. *Mucos effundere, emittere:* — *(fam.)* choramigar, lagrimijar.

Moquero. *m. (fam.)* Lenço de assoar. *Municium, ii.*

Moqueta. *f. (com.)* Panno de lã e algodão, que se usa para cobrir moveis.

Moquete. *m.* Soco, murro, punhada, pancada com o punho ou com a mão fechada no rosto, e especialmente nos narizes. *Ictus pugni.*

Moquetear. *n. (fam.)* Assoar-se frequentemente, estar de continuo a deitar ranho ou moncos. *Mucos largè effundere:* — *a.* socar; dar socos, maltratar ás punhadas. Usa-se tambem como reciproco. *Aliquem pugnis incursare, pugnis contendere.*

Moquillo, to. *m. dim.* de *Moco.* Monquinho: — pituita, pingo; fluxão de humores pouco espessos, que correm das fossas nasaes por effeito de frio excessivo, etc.: — V. *Gabarro*, doença de certos animaes. Em medicina veterinaria portugueza, dá-se tambem o nome de moquilho á esgana dos cães: — *y codillo;* ganhar a polha depois de ter dado codilho sobre ella.

Moquingana. *f.* *(p. A. Mer.)* Favo de mel muito delicado, que as abelhas fabricam pendente dos ramos das arvores, nos montes ou matas da provincia de Guyaquil.

Moquinia. *f.* *(bot.)* Moquinia; genero de plantas da familia das compostas.

Moquita. *f.* V. *Moquillo*, na segunda accepção. *Pituita è nasa pendens.*

Mor (por). *(loc. adv. fam.)* Por amor de, por causa de.

Mora. *f.* *(for.)* Mora; tardança em pagar ou restituir no termo devido. *Mora, æ:* — *(ant. mil.)* mora; corpo de infanteria dos lacedemonios, composto de 300, 500, 700 e 900 homens: — *(bot.)* mora; genero de plantas da familia das leguminosas papilionaceas: — mora, amora; fructo da amoreira branca ou negra. *Lo que tiñe la mora, otra verde lo descolora (rif.);* o que uma mora tinge outra distinge.

Morabetinada. *f.* *(metrol.)* Morabitinada ou maravidiada; medida antiga de grãos.

Morabita. *m.* Morabita; seguidor de uma seita fundada por um genro de Mafoma. Os morabitas vivem no retiro. *Morabitus, i:* — morabita; dá-se este nome em geral aos mahometanos que professam sciencia e santidade: — *m. pl.* V. *Almoravides.*

Morabitino. *m.* Morabitino; certa moeda usada pelos mouros em Hespanha.

Morabito. *m.* V. *Morabita.*

Morabtano. *m.* *(ant.)* V. *Maravedí.*

Morabuto. *m.* *(ant.)* V. *Marabuto.*

Moracho, cha. *adj.* Morado ou amorado claro, pouco escuro. *Subviolaceus, a, um.*

Morada. *f.* Morada; casa, logar de habitação ordinaria. *Domicilium, domus, sedes:* — morada, habitação, estancia. *La morada de los muertos;* a morada dos mortos, a ultima morada, o cemiterio. *La eterna morada;* a morada, a mansão eterna, a outra vida, a eternidade.

Morado, da. *adj.* Morado ou amorado; de côr de amora, entre roxo e negro. *Violaceus, a, um:* — *(p. Rep. Arg.)* gallinha, cobarde, fracalhão, poltrão: — V. *Nazareno*, certa arvore. Usa-se em algumas partes da America hespanhola.

Morador, ra. *s.* Morador, habitante, vizinho; o que mora em alguma casa, que habita em algum sitio ou logar. *Habitator, incola.* Nos auctores castelhanos acha-se a palavra *morador* usada como commum de dois.

Moraga. *f.* Manojo, molho, feixe que formam as respigadeiras. *Spicarum manipulus.*

Moraguar. *a.* *(prov.)* V. *Magostar.*

Moraí. *m.* Morai; logar consagrado ás sepulturas nas ilhas do mar do sul.

Moraís. *m.* *(chron.)* Morais; mez dos arabes, que corresponde ao nosso agosto: — *(metrol.)* morais; medida de capacidade usada em algumas partes das Indias orientaes.

Moral. *adj.* Moral; que respeita aos costumes e á regra de proceder. *Moralis, le:* — moral, que tem moralidade; diz-se das pessoas e de certas cousas: — moral, que não pertence ao dominio dos sentidos mas sim da intelligencia, como: *mundo moral, causas morales*, etc.; mundo moral, causas moraes, etc.: — *m.* *(ant.)* V. *Moralista:* — *f.* moral; o porte e costumes da pessoa, e assim se diz: *es sugeto de buena moral;* é sujeito de boa moral: — moral; tratado de moral: — *f.* *(philos.)* moral; parte da philosophia que trata dos costumes e do modo de proceder para com o proximo, ou, por outras palavras, sciencia dos deveres. *Moralis facultas, sciencia:* — *cristiana;* moral christã; a que consiste nos preceitos dados por Jesus Christo, e contidos no Evangelho e na tradição: — *divina;* moral divina; a substancialmente contida no decalogo. *Sentido moral;* sentido moral; interpretação que se dá á Escriptura, a fim de tirar d'ella alguma instrucção para os costumes. *Virtudes morales;* virtudes moraes; as que têem as luzes da rasão por unico principio. *La moral del pecado;* a moral do peccado; opposição de uma acção á consciencia, á lei. *Teolojía moral;* theologia moral; a que trata dos casos de consciencia: — *m.* *(bot.)* amoreira; genero de plantas da familia das urticaceas: — *blanco.* V. *Morera:* — *multicaule.* V. *Morera multicaule:* — *negro;* amoreira negra ou preta; arvore de tamanho regular, que se cultiva na Europa pelos seus fructos de côr escura quando maduros, e pelas suas folhas, postoque de mui inferior qualidade, para alimento dos bichos de seda.

Moraleja. *f.* V. *Moralidad*, na quarta accepção.

Moralidad. *f.* Moralidade; instrucção, doutrina, ensino moral. *Documentum morale vel sententia:* — moralidade; relação das acções humanas com os principios da moral. *Moralitas, atis:* — moralidade; caracter, principios, costumes de uma pessoa, sua conducta regular e moral: — moralidade, maxima; sentido moral de uma fabula, apologo, allegoria, etc.: — moralidade; objecto moral de uma obra litteraria ou dramatica.

Moralismo. *m.* *(philos.)* Moralismo; todo o systema philosophico que deixa os estudos psycologicos e ontologicos, para dedicar-se exclusivamente á moral: — moralismo; crença religiosa das pessoas que põem de parte o dogma e até o culto, para occupar-se sómente das boas obras.

Moralista. *m.* Moralista; professor de moral ou o escriptor sobre doutrina moral. *Scientiæ moralis scriptor vel studiosus:* — *m. pl.* *(rel.)*

moralistas; nome dado em outro tempo em Flandres aos jansenistas, porque ensinavam uma moral muito austera.

Moralisacion. *f. (neol.)* Moralisação; acção de moralisar, de inculcar principios moraes.

Moralisador, ra. *s.* Moralisador; o que moralisa. Usa-se tambem como adjectivo.

Moralisar. *a.* Moralisar; reformar os costumes, estirpar os vicios, corrigir os homens: — moralisar; discorrer doutrinando, com fim moral. Usa-se tambem como neutro. *Moraliter explicare; ad mores aliquid traducere:* — moralisar; servir de lição de moral, *v. g.: Todo buen ejemplo moralisa;* todo o bom exemplo moralisa.

Moralmente. *adv. m.* Moralmente, ethicamente; segundo as regras da moral. *Moraliter:* — moralmente; conforme o commum entender, como ordinariamente se julga, provavelmente. *Ex communi hominum sensu; probabiliter:* — moralmente; com moralidade, virtude e honradez: — moralmente, verosimilmente; segundo as regras da evidencia moral, v. g.: *es moralmente imposible;* é moralmente impossivel.

Moranza. *f. (ant.)* V. *Morada.*

Morar. *n.* Morar; habitar, residir em um sitio, bairro, cidade, rua, etc. *Habitare, incolere.*

Morato. *m. (chim.)* Morato; sal produzido pela combinação do acido morico com uma base.

Moratoria. *f.* Moratoria, alvará de espera e de dilação; ordem ou carta regia que concedia ao devedor, alem do dia em que devia pagar, certo praso de espera, antes de findo o qual não podia ser demandado. Hoje não se conhece outra moratoria, senão a espera que os crédores concedem ás vezes ao devedor para n'este espaço poder pagar. *Temporis prorogatio.*

Moravedí, Moravetin, Moravidí. *m. (ant.)* V. *Maravedi.*

Moravo, va. *s.* Moravo; o natural da Moravia: — *adj.* moravo; que pertence á Moravia.

Morbero. *m. (naut.)* V. *Cabo de sanidad.*

Morbidez. *f. (pint.* e *esculpt.)* Morbidade; o mimoso ou suavidade das carnes de uma figura. *Teneritas, mollitudo:* — delicadeza, suavidade, qualidade do que é suave ao tacto.

Mórbido, da. *adj. (esculpt.* e *pint.)* Morbido, molle, delicado, mimoso; diz-se das carnes representadas com summa delicadeza e suavidade. *Morbidum, dulce, tenerum, molle:* — *(med.)* morbido, morboso. V. *Morboso. Morbidus, a, um.*

Morbífico, ca. *adj.* Morbifico; pertencente ás doenças, ou que as causa. *Morbificus, a, um.*

Morbo. *m.* Morbo, doença, enfermidade. V. *Enfermedad:* — *real (ant.)* V. *Lepra:* — *comicial.* V. *Epilepsia:* — *gálico.* V. *Bubas, Gálico:* — *rejio.* V. *Ictericia.*

Morboso, sa. *adj.* Morboso, morbido, achacoso, doentio, que causa doença. *Morbosus, a, um.*

Morcajete. *m. (p. Mex.)* V. *Molcajete.*

Morcajo. *m.* Trigo misturado com centeio.

Morcella. *f.* Faisca, fagulha que salta do morrão da candeia, da véla, etc. *Favilla, æ.*

Morcilla. *f.* Chouriço de sangue, feito com o sangue de porco adubado. *Botulus, i.*

Morcillero, ra. *s.* Salchicheiro, chouriceiro que faz ou vende chouriços de sangue.

Morcillo, lla. *adj.* Mursello; diz-se do cavallo e da egua côr de amora preta. *Niger equus:* — *m.* polpa, ou parte carnuda do braço desde o hombro até ao cotovelo.

Morcon. *m.* Murcella; grande chouriço de sangue. *Botulus major:* — *(fam.)* pessoa mui gorda, baixa e molle. *Botuli speciem referens.*

Mordacidad. *f.* V. *Mordazidad.*

Mordante. *m. (typ.)* Mordente; peça de pau ou de ferro fendida, com que o compositor typographico aponta a linha do exemplar que copia, seguro sobre o divisorio. *Connectens tabella typographica.*

Mordate. *m.* Mordate; nome dado pelos turcos aos renegados que, depois de terem abjurado o christianismo pelo mahometismo, volvem á primeira crença, e abjuram depois pela segunda vez.

Mordaz. *adj.* Mordaz, pungente, acre, corrosivo. *Mordax, acis:* — picante, acerbo, aspero e desabrido ao gosto, ao paladar. *Acerbus, a, um:* — *(fig.)* mordaz, picante, mordente, satyrico. *Mordax, maledicus.*

Mordaza. *f.* Mordaça; instrumento que se mette na bôca de alguem para lhe tolher que possa fallar. *Incastratura linguæ, vel frenum lingularium. Poner a alguno una mordaza (fr. fig.);* pôr mordaça, tapar a bôca, obrigar a guardar silencio: — aziar; instrumento com que se apertam os beiços ás bestas para as ter quietas.

Mordazidad. *f.* Mordacidade, corrosividade; qualidade corrosiva de certos corpos. *Mordacitas, atis:* — acerbidade, acrimonia; aspereza, qualidade acre, acerba e picante de certas fructas e outras substancias. *Acerbitas, acrimonia:* — *(fig.)* mordacidade, maledicencia, detracção. *Mordacitas, maledicentia:* — *(fig.)* mordacidade; caracter mordaz, lingua ou penna mordaz, satyrica.

Mordazilla. *f.* Especie de mordaça com que se castiga a falta de silencio dos noviços em algumas religiões.

Mordazmente. *adv. m.* Mordazmente; com mordacidade. *Mordaciter, maledicè, aculeatè.*

Mordechin. *m.* Mordexim ou morexim; especie de colica mui perigosa e endemica das Indias orientaes, parecida com o miserere.

Mordedor, ra. *s.* Mordedor; o que morde. Antigamente servia a terminação masculina em castelhano, para ambos os generos. *Qui mordet:* —

(fig.) mordaz, satyrisador, murmurador.

Mordedura. *f.* Mordedura, dentadura; acção de morder, e tambem a ferida, mossa ou signal que ella deixa. *Morsus, us.*

Mordela. *f.* *(zool.)* Mordella; genero de insectos coleopteros heteromeros, da familia dos trachelidos.

Mordelitos. *m. pl.* *(zool.)* Mordellitos; grupo de insectos coleopteros heteromeros, da tribu dos mordellões.

Mordelones. *m. pl.* *(zool.)* Mordellões; tribu de insectos coleopteros tetrameros, da familia dos trachelidos.

Morder. *a.* Morder; apertar fortemente com os dentes, deixando-os assignalados, ferir com os dentes. *Mordere:* —morder, pungir, picar; diz-se dos humores e outras cousas que exasperam o tacto ou o gosto. *Mordere, pungere:* —tomar, apanhar uma cousa á outra, prendendo-a ou sujeitando-a. *Mordere, morsu apprehendere:*—morder, roer; consumir, gastar insensivelmente ou pouco a pouco, como faz a lima aos metaes, etc. *Mordere:* — *(fig.)* morder, murmurar, satyrisar. *Mordere, detrectare:* morder, roer, comer, gastar, consumir; diz-se de muitas cousas inanimadas: — *el polvo (fr. fig.);* morder a terra; succumbir em uma luta, caír morto em batalha. *Morderse la lengua (fr. fig.);* morder a lingua; refrear-se, conter-se, não proferir o motejo, a censura que se ía a lançar contra alguem. *Esa te muerda (loc.);* usa-se para desprezar o que alguem diz, ou para mostrar que se conhece a sua intenção dissimulada: — *la frasqueta (fr. typ.);* morder a frasqueta; diz-se quando a frasqueta sáe fóra, não iguala, cobre alguma parte do que deve apparecer impresso: — *una plancha;* abrir, gravar á agua forte: — *(naut.)* morder a ancora a areia; aferrar, prender n'ella.

Mordicacion. *f.* Mordicação, prurido pungente; sensação que causam os humores acres no corpo, e outras cousas mordazes. *Mordicatio, exasperatio.*

Mordicante. *adj.* Mordicante, acre, picante, pungente, corrosivo. *Mordicans, pungens:* — *(med.)* mordicante, acre; diz-se do calor cutaneo, que em algumas affecções produz uma especie de picada no dedo que toca a pelle: — *(zool.)* mordente, mordedor; diz-se dos insectos que chupam o sangue dos animaes, como certos mosquitos, etc.

Mordicar. *a.* Mordicar, picar, pungir. *Mordicare, exasperare, pungere.*

Mordicativo, va. *adj.* Mordicativo, mordicante; que mordica ou tem a virtude de mordicar.

Mordida. *f.* V. *Mordedura.*

Mordido, da. *adj.* Dizimado, desfalcado; a que se roubou um pouco. *Morsus, imminutus.*

Mordiente. *m.* Mordente; verniz, côr grossa com colla, que os pintores assentam por baixo da douradura: — mordente; substancia com que se preparam os tecidos ou madeiras que se hão de tingir, para fixarem as tintas. *Retinax, acis:* — *pl.* *(germ.)* tesoura ou tesouras: — *adj.* *(pint.)* diz-se da pintura que está meia secca.

Mordihuí. *m.* *(zool.)* V. *Gorgojo.*

Mordimiento. *m.* V. *Mordedura.*

Mordiscar. *a.* Mordiscar; morder ligeiramente e reiteradas vezes sem fazer presa. *Morsicatim apprehendere, scindere:* — V. *Morder.*

Mordisco. *m.* Mordedura, mordidela. *Morsus, morsiuncula:* — bocado que se tira de alguma cousa, mordendo-a. *Frustum morsu excissum:* — *del diablo (bot.).* V. *Escabiosa de los bosques.*

Mordiscon. *m.* V. *Mordisco.*

Mórea. *f.* *(bot.)* Morea; genero de plantas da familia das irideas.

Morel de sal. *m.* *(pint.)* Tinta carmesim escura, feita a fogo, para a pintura a fresco.

Morelia. *f.* *(bot.)* Morelia; genero de plantas da familia das rubiaceas: — *(zool.)* genero de reptis ophidios.

Morena. *f.* Especie de fogaça ou pão escuro, como o de rala. *Panis subniger:* — meda ou montão de gavelas, de feixes: — *interj.* *(fam.)* toma cuidado, vê lá o que fazes, olha que pagas, tu o pagarás, ex.: *sino lo hicieres morena;* se o não fizeres, toma cuidado, olha que pagas. *Sobre ello morena (fr.);* succeda o que succeder. *Vel pœnam subibis:* — *(zool.)* V. *Murena.*

Morenel. *m.* *(art.)* V. *Carriego, Garlito.*

Morenia. *f.* *(bot.)* Morenia; genero de plantas da familia das palmeiras.

Morenico, ca, llo, lla, to, ta. *adj. dim.* de *Moreno.* Moreninho, trigueirinho. *Subniger, era, erum.* Usa-se as mais das vezes como demonstração de ternura e carinho.

Morenillo. *m.* Pó negro que os tosquiadores usam para applicar ás feridas que por acaso fazem na pelle do animal. *Pulvis niger veterina.*

Moreno, na. *adj.* Moreno, trigueiro; de côr escura; diz-se das cousas. *Subniger, fuscus:* — moreno, trigueiro; que tem a côr do rosto algum tanto escura, como a dos mouros. *Æthiops, opis.*

Moreota. *s.* Moreota; o natural de Morea: — *adj.* moreota; que pertence á peninsula chamada Morea.

Morer. *n.* *(ant.)* V. *Morir.*

Morera. *f.* *(bot.)* Amoreira branca; especie de arvores fructiferas do genero morus, de grande importancia agricola, por ser principalmente cultivada para a creação do bicho de seda: — *multicaule;* amoreira multicaule; variedade de amoreira que se propaga com muita facilidade e produz muita folha, tambem para alimentação do bicho de seda.

Moreral. *m.* Moreiral, amoreiral; campo plantado de amoreiras.

Morería. *f.* Mouraria; bairro destinado para habitação dos mouros, quando eram tolerados em Portugal e Hespanha. Tambem se diz da provincia ou terra que elles habitavam. *Maurorum vicus vel provincia.*

Moretia. *f. (bot.)* Moretia; genero de plantas da familia das cruciferas.

Morezno. *m. (ant.)* Mourosinho, menino filho de mouro.

Morfea. *f. (med.)* Morphéa; especie de lepra.

Mórfico, ca. *adj. (chim.)* Morphico; diz-se dos saes cuja base é a morphina.

Morfimetría. *f.* Morphimetria; medida da fôrma de um corpo.

Morfimétrico, ca. *adj.* Morphimetrico; que respeita á morphimetria.

Morfina. *f. (chim.)* Morphina; alkali vegetal, solido e brando, que existe no opio.

Morfio. *m. (chim.)* Morphio; nome que dão os chimicos allemães á morphina.

Morfo. *m. (zool.)* Morpho *(belleza)*; genero de insectos lepidopteros, da familia dos nymphalios.

Morfoide. *m. (zool.)* Morphoide *(aspecto formoso)*; genero de insectos coleopteros subpentameros, da familia dos clavipalpos.

Morfolojía. *f.* Morphologia; historia das fórmas que póde tomar a materia.

Morfolójico, ca. *adj.* Morphologico; que se refere á morphologia.

Morfozoario. *m. (zool.)* Morphosoario; animal que tem uma fôrma bem determinada.

Morga. *f.* V. *Alpechim.*

Morganático, ca. *adj.* Morganatico; diz-se do matrimonio contrahido entre um principe e uma pessoa de condição inferior. Tambem se chama matrimonio de mão esquerda.

Moribundo, da. *adj.* Moribundo; diz-se do que está proximo a morrer. *Moribundus, animam agens:* — moribundo; proprio dos que estão morrendo, como: *voz moribunda;* voz moribunda.

Morica. *f. (zool.)* Morica *(louco)*; genero de insectos coleopteros heteromeros, da familia dos melasomos.

Moricandia. *f. (bot.)* Moricandia; genero de plantas da familia das cruciferas.

Moriche. *m. (bot.)* Moriche; palmeira similhante á que dá as tamaras, que abunda na provincia da Guyana.

Moriego, ga. *adj. (p. Ar.)* Mourisco; que pertence aos mouros. *Ad mauros pertinens.*

Morijeracion. *f.* Morigeração, temperança, moderação nos costumes e modo de vida, o cuidado de morigerar. *Morigeratio, onis.*

Morijerado, da. *adj.* Morigerado; bem creado, de bons costumes, que tem bom procedimento.

Morijerar. *a.* Morigerar; temperar ou moderar os excessos dos affectos, e em sentido mais lato diz-se dos costumes ou de outras cousas. *Morigerare:* — morigerar; ensinar, inspirar bons costumes: — *r.* morigerar-se; proceder bem.

Morillo. *m. dim.* de *Moro.* Mourosinho, mouro ainda novo. *Puer maurus:*— cães; ferros da chaminé, que sustêem no ar a lenha. *Lares, ium:* — *pl.* V. *Morrillo:* — *(art.)* as duas primeiras varas de fita que se tecem, as quaes ficam para o tecedor.

Morimo. *m. (zool.)* Morimo *(fatal)*; genero de insectos coleopteros, da familia dos longicornes.

Morina. *f. (bot.)* Morina; genero de plantas da familia das dipsaceas.

Morinda. *f. (bot.)* Morinda; genero de plantas da familia das rubiaceas.

Moríndeas. *f. pl. (bot.)* Morindeas; sub-tribu de plantas, da familia das rubiaceas.

Moríneas. *f. pl. (bot.)* Morineas; tribu de plantas da familia das dipsaceas.

Moringa. *f. (bot.)* Moringa; genero de plantas da familia das leguminosas.

Morir. *n.* Morrer, espirar; cessar de viver, acabar a vida, extinguir-se todo o movimento vital, dar o ultimo alento. *Mori:* — *(fig.)* morrer, fenecer, extinguir-se, acabar de todo qualquer cousa, aindaque que não seja vivente. *Finire, finem attingere, imponere:* — morrer; padecer em excesso, tanto no physico como no moral, *v. g.: morir de sed, morir de zelos, etc.,* morrer de sêde, morrer de ciumes, etc. *Deperire:* — morrer; acabar, extinguir-se pouco a pouco; diz-se da luz, do fogo, etc., que se vae apagando. Usa-se tambem como reciproco. *Extinguere:*— morrer; terminar, dissipar-se por uma imperceptivel diminuição, por um enfraquecimento gradual; diz-se dos sons, da luz e cores de uma pintura, etc.:— morrer; desejar, appetecer anciosamente. *Diperere, desiderio flagrare, disperire:* — morrer, desaguar; lançar-se um rio em outro ou no mar:—morrer, acabar, seccar; diz-se das plantas: — morrer, acabar, extinguir-se, terminar-se; diz-se das instituições, das paixões, dos estados, das obras de arte, producções do engenho, etc. *Finire:* — ficar fóra do jogo; diz-se no bilhar e em outros jogos:— diz-se em alguns jogos, dos lances ou mãos que, por não se saber quem as ganha, se dão por perdidas. *Irritum haberi:* — designar os pontos do dado a casinha em que está pintada a morte, no jogo do ganso. *Mortem attingere, subire:* — morrer; emprega-se algumas vezes para expressar as causas da morte, como: *morir de muerte natural;* morrer de morte natural, etc. *Morir* o *perder la vida,* morrer ou perder a vida; estar proximo a morrer: — morrer; entorpecer-se, perder o movimento, a força, o vigor algum membro do corpo, por paralysia, grande susto, debilidade, etc. *Torpere, sensu privari:* — como *un perro (fr.);* morrer como um cão; abandonado dos seus similhantes:

morrer como um cão, como um condemnado; sem querer manifestar o menor arrependimento de suas faltas: — *de amor;* morrer de amor; estar muito apaixonado por alguem: — *ó morirse de hambre (fr.);* morrer de fome; não ter meios de subsistencia: — *o quedarse sin decir Jesús (fr.),* morrer sem dizer Jesus, morrer de repente: — *para alguno o para alguna cosa (fr.);* morrer para alguem ou para alguma cousa; retirar-se, privar-se d'ella para sempre: — *para el mundo (fr.);* morrer para o mundo ou ao mundo; abandona-lo, retirar-se da sociedade, ir para o retiro. *Morirse por alguno (fr.);* morrer por alguem; ama-lo em extremo. *Aliquem deperire, valdè amare, ardere:* — *vestido (fr.);* morrer vestido, de morte violenta. *Extra lectum mori. Bien morir (fr.);* bem morrer, morrer christãmente: — *civilmente (for.);* morrer civilmente; achar-se privado dos direitos civis por via de pena; morrer civilmente; diz-se tambem dos religiosos que, n'esta qualidade, renunciaram para sempre a certos direitos, a certas vantagens sociaes. *Civiliter mori.*

Moriscado, da. *adj. (ant.)* V. *Moruno.*

Morisco, ca. *adj.* Mourisco, mouro; concernente a mouros. *Maurus, a, um:* — dizia-se de cada um dos mouros que no tempo da restauração de Hespanha se toleraram, depois de terem renegado a sua fé e sido baptisados. Filippe *III* os expulsou depois em 1610. *Maurus neophytus.*

Morisma. *f.* Seita, religião dos mouros: — mourama; multidão de mouros. *Maurorum imperium, vel multitudo.*

Morisqueta. *f. (fam.)* Astucia, ardil ou treta propria de mouros, e por traslação diz-se de qualquer maranha, embuste ou acção com que se pretende burlar, enganar ou illudir alguem. *Techna, subdola ars. Hacer morisquetas (fr.);* fazer velhacarias, tratantices, acções que offendam alguem. *Versutiis aliquem prosequi, illudere.*

Morjitas. *m. pl. (rel.)* Morgitas; individuos de uma das seitas mais fanaticas dos mahometanos.

Morlaco, ca. *adj.* Que se faz tolo, que affecta ignorancia. *Morio, sannio.*

Morlan. *m. (ant.)* V. *Morlés.*

Morlés. *m. (comm.)* Sorte de panno de qualidade entrefina. *Tela linea subtilior sic dicta:* — *de morlés,* panno de linho mais fino que o precedente, porém da mesma especie. *Tela linea subtilior sic dicta: (fr. fam.)* uma cousa por outra, troca por troca, differençar-se pouco ou nada uma cousa de outra. *Idem per idem.*

Morlon, na. *adj.* V. *Morlaco.*

Mormorío. *m. (ant.)* V. *Murmuracion.*

Mormullar. *a.* V. *Murmurar.*

Mormullo. *m.* V. *Murmullo.*

Mormuracion. *f.* V. *Murmuracion.*

Mormurador, ra. *adj.* V. *Murmurador.*

Mormurar. *a.* V. *Murmurar.*

Mornell. *m. (art.)* V. *Carriego, Garlito.*

Moro, ra. *adj.* Mouro; pertencente á Mauritania ou aos mouros: — *s.* mouro; o natural de Mourama. *Maurus, i:* — *(fam.)* mouro; diz-se do vinho em que não se misturou agua, em contraposição do que a tem, a que se chama vinho baptisado, e em hespanhol *cristiano. Merum, i:* — diz-se do cavallo negro azeviche, que tem uma estrella ou malha branca na testa, e que é calçado de uma ou de duas extremidades: — *(ant.)* mouro, gentio, pagão: — *de paz;* mouro de paz; diz-se do mouro que na Africa promette vassallagem ao rei, e por meio do qual se contratam ou mantem relações com os demais da Africa. *Pacificus, pacatus vel subditus maurus: (fig.)* homem pacato e pacifico. *Moros van, moros vienen (fr. fig.);* diz-se dos movimentos oscillatorios e vacillantes de um bebado. *Fermè ebrium esse. Moros y cristianos;* festa publica que se executa em algumas provincias hespanholas, fingindo um combate entre mouros e christãos. *Pompa celebris, maurorum et christianorum prœlium simulans. A moro muerto gran lanzada (rif.);* a mouro morto, gran lançada. *Haber moros y cristianos (fr. fig.);* haver grande baralha, rixa, discordia ou pendencia. *Dissidia vel prœlia innire.*

Morocada. *f.* Marrada de carneiro. *Arietatio, onis.*

Morocho. *m. (p. A.)* Variedade de maiz de grão volumoso, amarello e solido.

Moron. *m.* Moronço, mouroço ou morouço; montinho, pequeno monte. *Monticulus, i.*

Moroncho, cha. *adj.* V. *Morondo.*

Morondanga. *f.* Misturada de bugiarias, de cousas inuteis, de pouca entidade. *Farrago, inis:* — bagatella; cousa de pouca importancia, de nenhuma consideração.

Morondo, da. *adj.* Pellado; sem cabello. *Mutilus, a, um:* — desfolhado, sem folhas; diz-se de uma arvore, etc. *Mutilus, a, um.*

Moronía. *f.* V. *Alboronía.*

Morosamente. *adv. m.* Morosamente; com morosidade. *Morosè, tardè, lentè.*

Morosidad. *f.* Morosidade, tardança; o ser moroso, disposição vagarosa, tardonha. *Mora, tarditas, cunctatio.*

Morosis. *f. (med.)* Morosis; diminuição, enfraquecimento do animo.

Moroso, sa. *adj.* Moroso, tardio, tardonho, vagaroso, detençoso. *Morosus, tardus.*

Moroxita. *f. (min.)* V. *Fosforita.*

Morquera. *f. (prov. bot.)* Especie de tomilho.

Morra. *f.* Alto da cabeça. *Capitis pars superior:* — certo jogo vulgar, que consiste em dizer ao mesmo tempo, as duas pessoas que n'elle tomam parte, um numero que não passe de dez, assignalando outro numero arbitrario com os dedos. *Ludus sic dictus digitis signatus:* — sussurro que fazem os gatos com a respiração quando estão satisfeitos, e que vulgar e erradamente se chama asthma. *Andar a la morra (fr.)* V. *Morro.*

Morrada. *f.* Cabeçada, marrada; golpe com a cabeça, principalmente quando duas pessoas dão com a cabeça uma na outra. *Capitis ictus.*

Morral. *m.* Embornal ou ambornal; saco em que se dá a cevada ou ração ás bestas que vão caminhando, mettendo-lh'o no focinho. *Saculus pro equis cibandis eorundem capiti appensus:* — bornal; saco em que os soldados e caçadores levam as suas provisões, e estes ultimos guardam a caça: — *(vulg.)* homem cascudo, de grande casca, grosseiro, ignorante.

Morralla. *f.* Farragem; miscellanea de cousas mal ordenadas e de pouca importancia. *Farrago, inis:* — frandulage; tambem se diz das pessoas: — metralha; moeda velha de cobre, etc.: —V. *Boliche.*

Morrer. *n. (ant.)* V. *Morir.* Usa-se hoje sómente no dialecto gallego.

Morrillo. *m. dim.* de *Morro.* Morrosinho: — seixo, pedra arredondada ou qualquer outra cousa similhante. *Rotundæ res et parva:* — gordura rija e saborosa do cachaço do carneiro. *In occipite arietis pars rotunda et torosa.*

Morriña. *f.* Tristeza, melancholia, desalento. *Mæror, tristitia:* — *(vet.)* morrinha; doença epizootica e muito destructiva do gado.

Morrion. *m. (ant.)* V. *Bobo:* — *(mil.)* V. *Chacó:* — morrião; capacete sem viseira que cobria o casco, e de ordinario tinha tope, plumas ou outro adorno. *Galea, cassis:* — *(vet.)* especie de vertigem nos falcões. *Capitis vertigo.*

Morro. *m.* Morro, cabeço; monte pequeno e arredondado. Tambem se diz, em castelhano, de qualquer outra cousa com esta fórma. *Res rotunda:* — beiço grosso e saliente. *Labrum prominens:* — *(naut.)* morro; monte alto, escarpado, isolado e redondo, que ou serve de marca aos navegantes na costa, ou existe á entrada de alguns portos com fortificações; taes são os de Havana, Porto Rico, etc. *Andar al morro ó á la morra (fr. fig.);* andar á murraça, aos murros, ao soco, á bulha. *Ictibus contendere. Jugar al morro con alguno (fr. fig.);* andar a fazer jogo com alguem, engana-lo, não cumprir o que se lhe promette. *Aliquem technis circumvenire. Calar el morro (fr. fig.);* abaixar a viseira; abaixar a cabeça em ar de enfado, tristeza ou de quem está taciturno. *Poner la bandera al morro;* pôr a bandeira enrolada: — *adj.* diz-se do gato que faz certo susurro com a respiração quando o affagam. *Felis murmurans.*

Morrocoy. *m. (naut.)* Embarcação grande e respeitavel por sua força.

Morrocotudo, da. *adj. (fam.)* De ferro, forte, macisso, grosso: — difficultoso, espinhoso, arduo: — de qualidade.

Morron. *m. (mil.)* Morrão ou murrão; pedaço de corda desfiado na ponta e molhado em breu ou outra materia inflammavel, com que se dá fogo ás peças: — *(naut.)* bandeira enrolada ou forrada no alto do seu pau, depois de içada. V. *Bandera.*

Morroncho, cha. *adj. (p. Murc.)* Tranquillo, socegado, quieto. V. *Manso:* — *m.* gatinho; gato pequeno.

Morrudo, da. *adj.* Cabeçudo, rombo, arredondado, sem ponta. *Rotundus, tuberans:* — beiçudo, focinhudo: —V. *Morro, Cotudo.*

Morsa. *f. (zool.)* Morsa; genero de mammiferos carniceiros.

Mortadela. *f. (comm.)* Mortadela; nome de um salpicão que se faz em Italia, e particularmente em Bolonha.

Mortaja. *f.* Mortalha; panno ou vestido em que vae envolto o cadaver para ser inhumado. *Cadaveris involucrum vel amiculum:* — *(art.)* V. *Muesca:* — *(zool.)* mortaja; genero de molluscos terrestres gasteropodas.

Mortal. *adj.* Mortal; que causa a morte, ou que parece causa-la. *Lethalis, mortiferus:* — mortal; sujeito á morte. *Mortalis, le:* — mortal, capital, extremo, excessivo, de morte, que dura até á morte; como: *odio mortal;* odio mortal, etc. *Capitalis, lethalis:* — enfadonho, fastidioso, compridissimo; diz-se de um caminho mui longo, etc.: —mortal; diz-se do que tem ou está com signaes ou apparencias de morte, e do que está moribundo. *Morti proximus vel ut mortuus:* — certo, seguro, infallivel, como: *señal mortal;* signal certo: — *m. pl.* os mortaes; os homens, a especie humana. *Pecado mortal.* V. *Pecado. Ser enemigo mortal de alguno (fr.);* ser inimigo mortal, capital, figadal de alguem; odia-lo profundamente, aborrece-lo de morte.

Mortaldat. *f. (ant.)* V. *Mortandad.*

Mortalidad. *f.* Mortalidade; o ser mortal, condição, natureza das cousas mortaes. *Mortalitas, atis.*

Mortalmente. *adv. m.* Mortalmente; de morte: — mortalmente, excessivamente, de morte; como: *odiar mortalmente;* odiar, aborrecer mortalmente: — mortalmente, de morte; de modo a causar a morte. *Lethaliter, mortaliter, mortifere.*

Mortandad. *f.* Mortandade; grande numero de pessoas mortas em batalha ou por doença. *Strages, exitium, internecio.*

Mortario. *m. (ant.)* V. *Mortero.*

Morte. *f. (ant.)* V. *Muerte.* É usado no dialecto gallego.

Mortecino, na. *adj.* Mortesinho; animal morto naturalmente, sem violencia, e tambem se diz da sua carne. Em portuguez é antiquado. *Morticinus, exanimis:* —

amortecido, languido, apagado, sem expressão nem vigor. *Languidus, remissus:* — amortecido; mortificado, quasi extincto, quasi apagado. *Semianimis, exanguis. Hacer la mortecina (fr.);* fingir-se morto. *Mortem simulare.*

Morter. *m. (ant.)* V. *Mortero ó Argamasa.*

Morterada. *f.* Adubo de alhos pisados no morteiro: — morteirada; tiro, descarga de morteiro. *Mortarii bellici jactus.*

Morterete. *m. (mil.)* Morteirete; morteiro pequeno que se usava para dar salvas. *Mortariolum bellicum:* — buraco em fôrma de cone truncado, inverso e obliquo, que têem os reparos das peças: — *(naut.)* morterete; peça pequena de artilheria, que os navios de pouco porte levavam antigamente: — morteiro; peça pequena de ferro, atacada de polvora, que se usa em certas festividades para imitar as salvas de artilheria. *Mortariolum sulphureum:* — vaso cheio de agua com um pedaço de cêra com pavio acceso no meio, para dar luz toda a noite.

Morterico, llo, to. *m. dim.* de *Mortero.* Morteirete.

Morterillo. *m.*V. *Morteruelo,* na segunda accepção.

Mortero. *m.* Morteiro, gral. *Mortarium, ii:*—V. *Argamasa:* — *(fam.)* tacão; homem acachapado, pessoa gorda e baixa. *Mortario similis:*—*(br.)* morteiro; especie de gorra ou barrete de velludo preto, agaloado de oiro, insignia de dignidade de supremos presidentes, chancelleres e outros ministros: — *(naut.)* morteiro; caixa metallica em que se colloca a agulha da marear: — *(mil.)* morteiro; canhão curto e grosso para lançar bombas. *Mortarium, catapultarium.*

Morteruelo. *m. dim.* de *Mortero.* Morteirete: — brinco de rapazes em fórma de morteiro: — especie de sarrabulho. *Moretum hepaticum.*

Mortífero, ra. *adj.* Mortifero, mortal; que causa a morte. *Mortiferus, a, um.*

Mortificacion. *f.* Mortificação; acção e effeito de mortificar. *Mortificatio, marcor:*— mortificação da carne, maceração; penitencia para amortecer os appetites sensuaes, macerando o corpo e reprimindo a vontade. *Mortificatio, cupiditatum moderatio, castigatio corporis:* — *(fig.)* mortificação, consumição; afflicção, desgosto, desprazer que se causa ou se sente. *Perturbatio, afflictio:* — mortificação; accidente triste, causa de dissabor, de desgosto.

Mortificar. *a.* Mortificar, entorpecer, amortecer; tirar ou diminuir a vitalidade, o vigor e a actividade natural de alguma parte do corpo. *Mortificare:* — mortificar; castigar com penitencias o corpo, a carne, os appetites. Usa-se tambem como reciproco. *Mortificare, cupiditates domare, castigare:*— mortificar, affligir, desgostar; causar desgosto, consumição, desprazer. *Mortificare, molestare:*— mortificar, macerar, amollecer, abrandar a carne, fazer com que se ponha mais tenra.

Mortuorio. *m.* Mortuorio, mortorio, funeral, exequias, funeraes. *Funus, inferiæ, exsequiæ, justa:* — mortuorio; renda de uma commenda pertencente á ordem de Malta, a favor da dita ordem, desde o fallecimento do commendador até o primeiro dia de maio seguinte. *In ordine equestri divi Joannis, reditus à morte commendatoris usque ad kalendas majas:*— *adj.* mortuorio, funebre; que pertence ou se refere aos defuntos: — mortuorio, funebre; que pertence ao serviço, á pompa funebre. *Casa mortuoria;* casa em que vivia o defunto. *Rejisto mortuorio;* registo, livro dos obitos.

Morueco. *m.* Carneiro de semente, ou carneiro pae; o que não é castrado, ou sorve para a propagação. *Aries admissarius.*

Mórula. *f. (ant.)* Morula, detençãosinha, pequena espera, vagarinho.

Moruno, na. *adj.* Mourisco; pertencente aos mouros ou á Mourama.

Morusa. *f. (fam.)* Chelpa, dinheiro.

Morvedí. *m. (ant.)* V. *Maravedí.*

Mosa. *f.* Mosa; especie de corça grande que se cria na America.

Mosáico, ca. *adj.* Mosaico; concernente a Moysés: — *m.* mosaico; embutido de pedrinhas de varias cores e de pedacinhos de esmalte colorido, com que se imita a pintura. *Opus tessellis discolorum lapidum vermiculatum. Es un mosáico (fr.);* é um mosaico; diz-se de uma obra de engenho composta de partes separadas ou heterogeneas: — *(arch.)* mosaico; diz-se de uma ordem de architectura, cuja invenção se attribue aos judeus, e na qual as columnas têem a fôrma espiral: — mosaico; diz-se da columna torsa espiral. *Mosaicus, musivus:* — arte de fazer mosaicos.

Mosaismo. *m.* Mosaismo; lei de Moysés, systema moral d'esta lei.

Mosaista. *m.* Mosaista; artista que trabalha em mosaico.

Mosasauro. *m. (zool.)* Mosasauro; genero de reptis saurios, cuja especie unica é um grande crocodilo encontrado em estado fossil nos arredores de Maestricht.

Mosca. *f. (fam.)* Pecunia, chelpa, dinheiro. *Pecunia, nummus:* — *(fig.)* mosca; pessoa importuna, incommoda. *Musca, æ:* — *(fig.)* inquietação, desgosto. *Aculeus, musca pungens:* — mosca; pequena porção de cabello que se deixa crescer no labio inferior: — *(fr. fam.)* chispas, fagulhas que saltam do lume. *Scintillæ, arum:* — *(interj.)* apre, irra, oh! Usa-se para queixar-se ou estranhar alguma cousa que incommoda ou enfada. *Apage, vah:* — *en lech;* diz-se da mulher morena que está vestida de branco. *Fusca femi-*

na vestimentis albis ornata: — *muerta;* mosca morta; pessoa que affecta mansidão e disfarça os seus intuitos até que tenha occasião em que possa causar damno. *Subdolè paccatus, vel mitis humilisque. Moscas blancas;* moscas de inverno; flocos de neve. *Nivei flocci. Cazar moscas (fr. fig. fam.);* caçar, apanhar moscas; occupar-se em cousas vãs ou inuteis. *Inania aucupari oleum et operam perdere. Las moscas se cazan con miel (fr.);* com vinagre não se apanham moscas; mais se consegue pela brandura que pelo rigor e violencia. *Papar moscas ó viento (fr. fig.);* papar moscas; estar ocioso, sem fazer nada, de bôca aberta. *Muscas deglutire. Picar la mosca (fig.);* picar a mosca; estar alguem inquieto, virlhe á memoria alguma cousa que causa desgosto ou afflicção. *Pungi, aculeis lancinari. Sacudirse las moscas (fr. fig.)* V. *Mosquearse. A quien se hace miel, moscas se le comen (rif.);* quem se faz mel, as moscas o comem: — *(astr.)* mosca; constellação do hemispherio austral, que não é visivel nos nossos climas: — abelha; pequena constellação boreal, tambem chamada *abeja*, em castelhano: — *(naut.)* V. *Escampavía:* — *f. (zool.)* mosca; genero de insectos dipteros, da familia dos athericeros, que contém uma infinidade de especies, originarias de todas as regiões do globo.

Moscada. *f.* Moscada. V. *Nuez moscada.*

Moscarda. *f. (prov.)* Ovos das abelhas mestras: — *(zool.)* especie de mosca, que se distingue da commum por ter a extremidade do corpo vermelha, e uma mancha dourada na parte anterior da cabeça; alimenta-se principalmente de carne morta.

Moscardear. *n. (prov.)* Depositar, pôr a abelha mestra ou mãe-rainha os ovos nos alveolos.

Moscardino. *m. (zool.)* Moscardino; especie de mammiferos do genero liron, cuja pelle é em geral de côr amarella.

Moscardo. *m. (ant.)* V. *Moscardon.*

Moscardon. *m. (zool.)* Moscardo, moscão, atavão. V. *Avispon:* — *(fig.)* mosca; pessoa impertinente, molesta, que incommoda. *Importunus ut musca.*

Moscareta. *f. (zool.)* Moscareta; genero de aves da ordem dos passaros, familia das muscicapideas.

Moscaría. *f. (bot.)* Moscaria; genero de plantas da familia das compostas.

Moscata. *f. (zool.)* Moscata; genero de polypos actinarios.

Moscatel. *adj.* Moscatel; diz-se de certa qualidade de uva, de bago redondo e mui liso, que tem cheiro suave e é mui doce. Diz-se tambem da cepa que o produz, e do vinho fabricado com esta uva. Usa-se substantivado. *Uvæ, vitis, vini varietas:* — *m.* homem enfadonho, fastidioso pela sua ignorancia. *Fastidiosus.*

Moscatelina. *f. (bot.)* Moscatelina. V. *Adoxa.*

Moscella. *m. (ant.)* V. *Morcella.*

Moscon. *m. (zool.)* Moscão; diz-se de muitos insectos dipteros, dos maiores: — *s. (fig.)* mosca morta; pessoa astuciosa, que porfia e alcança o que deseja, affectando ignorancia. *Subdolus, importunus.*

Moscosma. *f. (bot.)* Moscosma *(cheiro de almiscar);* genero de plantas da familia das labiadas.

Moscovita. *s.* Moscovita; o natural de Moscovia: — *adj.* moscovita; pertencente á Moscovia.

Moscovítico, ca. *adj.* Moscovita; pertencente á Moscovia ou aos moscovitas.

Mosen. *m. (ant.)* Mossem; titulo dos nobres de segunda ordem da corôa de Aragão. Hoje dá-se unicamente aos ecclesiasticos, e em especial se não são doutores ou prebendados.

Mosillo. *m. (naut.)* V. *Broma*, na primeira accepção.

Mosimagon. *m. (rel.)* Mosimagon; festa da purificação entre os indios, durante a qual vão todos purificar-se aos lagos e tanques sagrados.

Moslam. *m.* V. *Moslem.*

Mososauro. *m. (zool.)* Mososauro. V. *Mojasauro.*

Mosqueado, da. *adj.* Mosqueado, salpicado; que tem pintas como moscas. Diz-se ordinariamente do pello do cavallo.

Mosqueador. *m.* Moscadeiro; abano de sacudir as moscas. *Muscarium, ii:* — *(fam.)* rabo, cauda das cavalgaduras ou do gado vaccum, porque lhe serve de enxotar as moscas. *Muscarium, ii.*

Mosquear. *a.* Enxotar, sacudir as moscas. *Muscas abigere:* — *(fig.)* tomar a mosca; responder, redarguir resentido, como quem está escandalisado. *Retorquere vel excutere in se conjecta verba vel jacula:* — *r.* desembaraçar-se de um obstaculo, de um estorvo. *Regicere, ab impedimentis se expedire:* — *r.* picar-se, tomar a mosca; escandalisar-se sem proposito.

Mosqueo. *m.* Enxotadura das moscas; acção de as enxotar. *Muscarum abactio vel excussio. De mosqueo (loc. adv.);* ao de leve, ligeiramente.

Mosquero. *m.* Mosqueiro; ramo ou mólho de hervas, ou de tiras de papel, que se ata a um pau para enxotar as moscas, ou que se pendura no tecto a fim de as apanhar envolvendo-as. *Muscarium, ii.*

Mosqueruela. *f.* Pera moscatel.

Mosqueta. *f.* Mosqueta; rosa branca almiscarada. *Rosa semper virens.*

Mosquetazo. *m.* Mosquetaço ou mosquetada; tiro de mosquete. *Scloppeti majoris explosio vel ictus:* — ferida feita com mosquete: — golpe de mosquete.

Mosquete. *m.* Mosquete; espingarda reforçada, que se disparava apoiada sobre forquilha. *Scloppetum majus.*

Mosqueteado, da. *adj.* V. *Goteado.*

Mosquetear. *n. (p. Peru e Bolivia)* Assistir nas galerias, como espectador dos bailes.

Mosquetería. *f.* Mosquetaria; tropa de mosqueteiros. *Sclopetariorum turma, phalanx:* — mosquetaria; descarga simultanea de muitos mosquetes: — *(ant.)* espectadores que estão na platéa. *Astantes in atrio comœdorum:* — *(p. Peru e Bolivia.)* reunião de pessoas que vão incognitamente para as galerias nos bailes publicos.

Mosqueteril. *adj. (ant.)* Pertencente á platéa dos theatros. *Astans scenicus.*

Mosquetero. *m.* Mosqueteiro; soldado de infanteria armado de mosquete. *Scloppetarius major:* — *(ant.)* espectador da platéa. *Astans in atrio scenarum theatri:* — *(p. Peru e Bolivia)* espectador que vae para a galeria nos bailes publicos.

Mosqueton. *m.* Carabina de que usam os artilheiros.

Mosquil. *adj.* De mosca, pertencente á mosca. *Muscœ propius.*

Mosquilon. *m.* Golpe dado de través na cabeça com a mão.

Mosquitero, ra. *adj.* Mosquiteiro; armação, cortinado do leito, de estofo pouco tapado, destinado a resguardar dos mosquitos. *Reticulum culicum accessus impediens:* — rêde com que se cobrem os cavallos de verão por causa das moscas.

Mosquito. *m. (fam.)* Esponja; homem que está quasi sempre na taberna ou que bebe muito. *Tabernæ vinariæ frequentator:* — *(zool.)* mosquito; genero de insectos dipteros, da familia dos hemoceros, cujas especies são conhecidas em todos os paizes pelo grande incommodo que causam, picando a pelle dos animaes e chupando-lhes o sangue. Abundam principalmente nas immediações dos depositos aquaticos.

Mostacilla. *f.* V. *Mostazilla.*

Mostacha. *f. (art.)* V. *Caperol,* nos barcos de pesca.

Mostacho. *m.* V. *Bigote:* — gilvaz, cicatriz no rosto. *Longior in facie macula:* — *(naut.)* cabresto; cada um dos cabos grossos com que se segura o gurupés contra a roda de prôa: — V. *Amantillo.*

Mostachon. *m.* Especie de massapão ou massa composta de amendoas, assucar e especies, que de ordinario se vende em fórma de bolos. *Mustaceum.*

Mostachoso, sa. *adj.* Que tem grandes bigodes. *Mustaceis prœditus vel insignis.*

Mostajo. *m.* Mostardeira negra; planta de talo liso e ramoso, que cresce até á altura de tres pés.

Mostaza. *f. (bot.)* Mostarda ou mostardeira; genero de plantas da familia das cruciferas, que contém mais de quarenta especies, das quaes a mostarda negra e a mostarda branca são muito empregadas em medicina: — mostarda; semente quasi preta da mesma planta: — *silvestre,* especie de mostarda, mui commum nos campos, differente da mostarda branca e da mostarda preta: — mostarda; môlho picante, feito com a semente de mostarda moida e desfeita com vinagre, miolo de pão, e em algumas partes com mel ou assucar. *Binapinum salsamentum:* — V. *Mostazilla. Hacer la mostaza (fr.);* fazer espirrar o sangue pelo nariz; dizem os rapazes quando andam ao osco, ás punhadas. *E naribus sanguinem pugnis extrahere. Subirse la mostarda a las narizes (fr.);* subir, chegar a mostarda ao nariz; irritar-se, impacientar-se. *Irasci, excandescere.*

Mostazera. *f.* Mostardeira; vaso em que se serve a mostarda na mesa.

Mostazilla. *f.* Escumilha; chumbo miudo para atirar aos passaros.

Mostazo. *m. (bot.)* V. *Mostaza:* — mosto espesso, mui forte e pegajoso. *Mustum valens, vividum.*

Mostear. *n.* Deitar, correr o mosto; diz-se da uva. *Mustum fundere, fluere:* — lançar ou deitar o mosto nas cubas ou dornas. *Mustum doliis infundere:* — deitar ou misturar algum mosto no vinho velho. N'este sentido usa-se mais dizer em castelhano: *remostar. Vinum novo musto immiscere:* — *r.* comprimir-se a uva uma com a outra e rebentar, antes de ir para o lagar.

Mostela. *f. (prov.)* Feixe de vides. *Sarmentorum fascis.*

Mostelera. *f.* Meda de feixes de vides, ou o logar onde se fazem ou guardam. *Sarmentorum strues.*

Mosten, Mostense. *adj. (fam.)* V. *Premostratense.*

Mostillo. *m.* Massa feita com mosto e especies, de que se formam tortas ou bolos. Em algumas partes faz-se com farinha e varias fructas. *Panis musteus vel massa:* — molho feito de mosto e mostarda. *Conditura ex musto sinapi misto.*

Mosto. *m.* Mosto; sumo das uvas no acto de fermentação, e antes de purificado o liquido. *Mustum, i:* — *agustin;* massa feita com mosto, farinha e especies finas, que depois de perfeitamente batido e posto a coser, se reduz a pasta. *Massa musto aromatibusque confecta.*

Mostra. *f. (ant.)* Mostra. V. *Prueba.*

Mostrable. *adj.* Que se pôde mostrar. *Demonstrabilis, le.*

Mostrado, da. *adj.* Affeito, avesado, acostumado, habituado a alguma cousa. *Assuefactus, a, um.*

Mostrador, ra. *s.* Mostrador; o que mostra. *Demonstrator, oris:* — mostrador, balcão; banco ou armação de madeira nas lojas, para mostrar sobre ella os objectos que se vendem. *Mensa in qua prostant vel exponuntur merces:* — *(art.)* mostrador; disco de esmalte ou de outra materia, sobre o qual o ponteiro marca as horas, minutos, etc. *Horarum index.*

Mostranquero. *m. (ant.)* V. *Pregonero.*

Mostranza. *f. (ant.)* Mostrança. V. *Muestra:* — mostrança. V. *Prueba.*

MOSTRAR. *a.* Mostrar; fazer ver, indicar, expor á vista. *Ostendere:* — *(fig.)* mostrar; explicar, dar a conhecer algûma cousa ou convencer de sua certeza. *Demonstrare, palam ostendere, evincere:* — mostrar; fazer ver pelo aspecto, como: *mostrar tristeza,* etc.; mostrar tristeza, etc.: — mostrar; dar a entender ou conhecer por acções alguma qualidade do animo, como: *mostrar valor;* mostrar valor, etc. *Ostendere:* — *(ant.)* V. *Enseñar.* Usa-se tambem como reciproco: — *r.* mostrar-se, portar-se, conduzir-se ou proceder de um modo determinado, como: *mostrarse amigo,* etc.; mostrar-se amigo, etc. *Se præbere, præstare, gerere.*

MOSTRENCO, CA. *adj.* Mostrengo, vadio, vagabundo, sem casa nem profissão. *Incerti domicilii homo:* — rude, bronco, boçal; diz-se do homem ignorante, de entendimento acanhado. *Hebes, tardus, vastus, agrestis:* — *(prov.)* tonel; pessoa muito gorda e pesada. *Vastus, obessus:* — *(adm.)* herança jacente; fazenda ou bens que não têem dono conhecido, ficando por isso pertencendo á corôa. *Incerti domini bona.*

MOSTRENQUERO. *m.* *(ant.)* V. *Pregonero.*

MOSTRO. *m. (ant.)* V. *Monstruo.*

MOTA. *f.* Argueiro; nozinho do panno, que se lhe tira ou corta com uma pinça ou tenaz. *Flocculus, i:* — cotão; felpa ou cousa similhante, que se pega a alguma cousa, especialmente aos vestidos. *Atomus, flocculus:* — *(fig.)* pequena falta, ligeiro defeito. *Leve vitium, macula:* — mota; aterro na extrema de uma terra, na borda de um rio, para proteger contra as inundações: — *(ant.)* V. *Castillo, Fortaleza. Quitar motas (fr.)* V. *Adular:* — *(naut.)* dinheiro que entrega um marinheiro ao embarcar-se em navio mercante que navega de meias, e que é destinado á compra de generos para commercio, ou á manutenção dos associados, no caso de não encontrar carregamento.

MOTACEN. *m.* *(p. Ar.)* V. *Almotacen.*

MOTACILA. *f.* *(zool.)* Motacilla, arveola. V. *Aguzanieve.*

MOTACILINOS. *m. pl.* *(zool.)* Motacillinos; grupo de aves da ordem dos passaros dentirostros, cujo typo é a motacilla ou arveola.

MOTACISMO. *m.* *(germ.)* V. *Metacismo.*

MOTAR. *a.* *(germ.)* Furtar.

MOTAZAL, MOTAZALITA. *m.* *(rel.)* Motazalita; sectario mahometano, que pretende que Deus não tem attributos separados da sua essencia; que o Alcorão não é increado e eterno, e que a vontade do homem é livre.

MOTE. *m.* Mote; dito ou sentença breve e enigmatica, que necessita explicação. *Inscriptio, laconica sententia:* —motea, lcunha. V. *Apodo:* — *(p. Peru.)* maiz cozido, que serve para alimento dos indios e da gente pobre de Quito: — *(ant.)* V. *Palabra:* — mote, dicterio, motejo, dito picante.

MOTEADURA. *f.* Moteadura, enfeite que se faz ao panno, deixando-lhe de espaço a espaço pequenas elevações ou nozinhos.

MOTEAR. *n.* Motear; enfeitar o panno de nozinhos. *Flocculis distinguere vel ornare:* — mosquear; pintar um fundo de varias cores.

MOTEJADOR, RA. *s.* Motejador; pessoa que moteja. *Subsannator, dicax.*

MOTEJAR. *a.* Motejar; dizer motejos contra alguem, satyrisar. *Scommata in aliquem jacere:* — motejar, escarnecer, vituperar, mofar.

MOTETE. *m.* *(mus.)* Motete; breve composição musica com letra, que se canta nas igrejas. *Breve canticum:* — *(p. A. Mer.)* especie de cesto alto com duas azas de corda para metter os braços, no qual se leva a correspondencia e outras cousas por caminhos asperos, por onde não podem transitar as cavalgaduras.

MOTEZUMA. *f.* *(bot.)* Motezuma; genero de plantas da familia das esterculiaceas.

MOTILAR. *a.* Tosquiar ou rapar o pello. *Tondere.*

MOTILON, NA. *adj.* V. *Pelon:* — *m. (fam.)* religioso leigo. *Tonsus monachus, laicus.*

MOTIN. *m.* Motim, tumulto, disturbio, sedição, desordem, revolta popular. *Seditio, turbatio, tumultus:* — motim; tropa, gente da antiga milicia hespanhola, que desamparando as suas companhias por se lhes não pagar o soldo, amotinada e reunida em corpo, nomeava o seu conselho militar e um chefe com o titulo de eleito, e concentrando-se em um logar punha contribuição aos povos circumvizinhos para manter-se.

MOTIVAR. *a.* Motivar, causar, occasionar; dar causa, motivo. *Ansam dare, præbere:* — motivar, allegar; explicar a rasão, dar, produzir os motivos das acções. *Causas vel rationes afferre, exponere.*

MOTIVO, VA. *adj.* Motivo, movente; que move, suscita ou tem efficacia para mover. *Motivus, a, um:* — *m.* motivo; causa, rasão que move para alguma cousa. *Causa, ratio:* — *(mus.)* motivo; phrase musical, idéa que domina em toda a composição. *De su motivo (loc. adv.);* de motu proprio, de sua livre vontade. *Motu proprio. Con motivo de (loc. adv.);* por causa ou por motivo de, em rasão ou em attenção a. *De su propio motivo (loc. adv.);* de proprio motu ou de motu proprio; espontaneamente, por impulso proprio, de propria vontade.

MOTO. *m.* *(mus.)* Moto; movimento; palavra italiana que se emprega algumas vezes na partitura. *Con moto (fr.);* com movimento.

MOTOLITA. *f.* *(zool.)* V. *Aguzanieve.*

MOTOLITO, MOTOLÓTICO, CA. *adj.* Simplorio, bolonio, inexperiente, facil de ser enganado. *Inexpertus, inscius.*

Moton. *m. (naut.)* Moutão; caixa de pau ou metal com uma roldana, por onde passa um cabo: — cadernal; moldura ou encaixe onde estão e jogam roldanas. *Trochlea nautica.*

Motonería. *f. (naut.)* Poleame; o conjuncto de polés, roldanas, moutões. *Trochlearum navalium copia, apparatus.*

Motonero. *m. (naut.)* Polieiro; fabricante de moutões, de polés, cadernaes, etc.

Motor, ra. *s.* Motor; pessoa ou cousa que põe em movimento, que dá o impulso. *Motor, oris:* — *(mech.)* motor, potencia, força motriz; o que imprime o movimento a uma machina, como o homem, o ar, o vapor, etc.

Motril. *m. (prov.)* V. *Mochil.*

Motriz. *adj.* Motriz; a potencia que move. *Motrix, icis:* — faculdade, potencia, intelligencia motriz. *Movendi vis, facultas, mens.*

Motu propio (de). *(loc. adv. lat.)* De motu proprio; espontaneamente, por sua livre vontade. Usa-se tambem fallando das bullas pontificias e cedulas reaes expedidas d'este modo.

Moudura. *f. (ant.)* V. *Movimiento.*

Mouta. *f. (com.)* Especie de seda crua de Bengala.

Movedizo, za. *adj.* Movediço; facil de mover ou de ser movido. *Mobilis, le:* — movel ou mobil; que não está fixo: — *(fig.)* movediço, movivel, volúvel, inconstante, mudavel.

Movedor, ra. *s.* Movedor, motor; o que move. *Motor, oris.*

Movedura. *f. (ant.)* Movimento; acção de mover. *Motio, onis:* — móvito, aborto; parto prematuro e intempestivo de mulher prenhe.

Movente. *adj. (ant.)* Movente; que move, põe em movimento.

Mover. *a.* Mover; fazer mudar de logar, dar, communicar movimento, pôr em movimento. *Movere:* — mover; mexer, menear ou agitar alguma cousa, ou alguma parte do corpo. Diz-se em sentido mais lato. *Movere, motare:* — *(fig.)* mover, dar motivo, persuadir, induzir, incitar para fazer alguma cousa. *Movere:* — *(fig.)* mover, abalar, agitar, estimular; n'este sentido usa-se com a proposição *a*, como: *mover a dor, a piedad;* mover á dor, á piedade. *Movere:* — mover, commover: — mover, intentar, dar principio a alguma cousa, ou physica ou moralmente, como: *mover guerra, mover discordia;* mover guerra, mover discordia, etc. Usa-se tambem como reciproco. *Excitare, movere:* — mover, inspirar, excitar. *Movere:* — *n.* mover, mal-parir, abortar; ter móvito a mulher prenhe. V. *Abortar:* — germinar, rebentar; começar a brotar as plantas. *Germinare, erumpere:* — *(ant.)* mover o pé; andar, caminhar, partir, emprehender jornada. Ás vezes ainda hoje se usa n'este sentido, como quando se diz: *mañana no moveremos hasta que haya salido el sol;* ámanhã não partiremos sem ter nascido o sol: — *(arch.)* levantar, principiar o arco ou a abobada, começar a formar a sua curvatura sobre a cornija ou imposta: — *de cuadrado (arch.);* assentar a primeira pedra do arco ou abobada sobre uma superficie horisontal.

Movible. *adj.* Movivel; susceptivel de se mover ou de ser movido. *Mobilis, le:* — *(ant. astr.)* movivel, mudavel; nome com que os astrologos designavam os quatro signos cardiaes, que são Aries, Cancer, Libra e Capricornio. *Signa mobilia.*

Moviente. *adj.* Movente; que move. *Movens, entis:* — *(br.)* movente; diz-se de certas peças que parecem saír do centro, dos angulos, da ponta do escudo.

Móvil. *adj.* Movel ou mobil; que se move, que não está fixo. *Mobilis, le:* — movel, motor; diz-se da causa motriz, causa primordial da execução e consecução de alguma cousa. *Primer móvil (astr.);* primeiro movel; um céu, que cerca e faz mover todos os demais céus, segundo a opinião dos antigos astronomos. *Primum mobile:* — *(fig.)* primeiro movel de um negocio, primeiro motor ou agente principal, seu auctor. *Primum mobile, auctor.*

Movilidad. *f.* Mobilidade; disposição a mover-se, a receber o impulso do motor, facilidade de se pôr em movimento. *Mobilitas, atis:* — *(fig.)* mobilidade, mutabilidade, inconstancia. *Levitas, inconstantia.*

Movilizacion. *f.* Mobilisação; acção e effeito de mobilisar.

Movilizar. *a. (mil.)* Mobilisar; pôr em campanha, fazer entrar em operações um corpo ordinariamente sedentario.

Movimiento. *m.* Movimento; acção de mover ou mover-se. *Motus, us:* — movimento; mudança de logar feita por força ou impulso intrinseco, ou por força externa: — movimento; inquietação ou commoção do animo, alteração que se sente. *Motus, us:* — movimento; impeto de alguma paixão ou affecto da alma que começa a manifestar-se. *Motus, impetus:* — movimento; agitação, revolução dos animos, alvoroço, motim: — movimento, animação, alegria: — *de tierras;* movimento de terras; transporte de terras vegetaes de um logar a outro. *Primer movimiento;* primeiro movimento; impulso de paixão, movimento repentino e involuntario: — *(arch.)* V. *Arranque,* nos arcos e abobadas: — *(art.)* movimento ou movimentos; total das peças que fazem andar um relogio. Tambem se toma no sentido de mola de relogio: *(astr.)* movimento; revolução, marcha real ou apparente dos corpos celestes: — *de trepidacion;* movimento de trepidação; movimento dos astros de oriente para o poente, e do meio dia para o septentrião. *Motus trepidationis:* — *rectilíneo;* movimento rectilineo; o que se executa em linha recta: — *absoluto (mech.)*; movimento absoluto; movimento de um corpo considerado em si mesmo: — *curvilineo;* movimento curvilineo; o que se effectua em linha curva: — *uniforme;* movimento uniforme; aquelle cuja velocidade é invariavel: — *natural;* movimento natural; aquelle com que os corpos pesados baixam para o centro da terra. *Motus naturalis, descensus corporum gravium:* — *violento;* movimento violento; aquelle com que os corpos graves são movidos por differente linha da que vae ao centro da terra. *Violentus motus:* — *(mil.)* movimento; marcha, evoluções, manobras de tropas: — *(mus.)* movimento musico; cadencia e maneira de notar a musica: — *(pint.)* movimento; expressão dos movimentos do corpo e das affecções d'este e das da alma. Diz-se que ha movimento n'um quadro para indicar que a scena que representa é animada, e que esta animação é fielmente reproduzida pela pintura: — *(poet.)* movimento; relação do rhythmo e da cadencia dos versos com o que se quer expressar. *Partido del movimiento (polit.)*; partido progressista; diz-se de alguns annos a esta parte, em Hespanha, da opinião publica que se pronuncia em favor das innovações, das reformas decisivas no sentido democratico.

Moxa. *f. (cir.)* Moxa; especie de cauterisação que consiste em applicar a alguma parte do corpo um pedaço de algodão ou de estopa, ao qual se deita fogo para excitar fortemente o systema nervoso, produzir uma derivação, etc.

Moxmordo, da. *adj. (ant.)* Muito amigo de morder.

Moxquilon, na. *adj. (ant.)* Matreiro, sagaz, destro, astuto.

Moya. *f. (p. Nov. Gran.)* Vasilha sem ser vidrada, que leva duas arrobas, que serve para cozer o sal.

Moyana. *f.* Pão de rala, que se dá aos cães de gado. *Panis ex tota farina vel furfurosus:* — *(fig.)* peta, mentira, ficção. *Mendacium, fabula:* — *(mil.)* especie de colubrina de pequeno calibre, já em desuso.

Moyar. *a. (ant.)* V. *Mojar.*

Moyer. *f. (ant.)* V. *Mujer.*

Moyo. *m.* Numero de telhas que contém 110: — moio; medida castelhana para solidos e liquidos. Hoje só se usa em Galliza e outras partes, para liquidos. Para seccos corresponde ao almude.

Moyuelo. *m.* Rolão; semea fina. *Furfur primus.*

Moza. *f.* Moça; creada de servir, de todo o serviço. *Serva, famula:* — pau com que as lavadeiras batem a roupa, principalmente a que é grossa, para se poder lavar melhor. *Pala fustuaria:* — jogo dos mestres; ultima mão de jogo. *Nonnullis in ludis lusio postrema:* — *de cámara;* moça da camara. *Cubicularia famula:* — *de cántaro*, creada cuja principal obrigação é dar agua para a casa em que serve: — *de fortuna o moza del partido;* moça da vida, meretriz. V. *Ramera:* — *en caballo.* V. *Doncella. Buena moza, arrogante moza, etc.*, boa moça, boa mulher, mocetona. *La moza que con viejo se case, trátese como anciana (rif.)*; moça com velho casada, como velha se trate.

Mozabita. *m.* Mozabita; nome de uma raça intermedia entre os turcos e os mouros que habita o Mozabis na Barberia Meridional.

Mozalvete, Mozalbete. *m. dim.* de *Mozo.* Mocinho, moçozinho: — mancebo, moço, joven de pouca idade, adolescente.

Mozalbillo, Mozalvillo. *m. (ant.)* Novato, noviço; o que é novo em alguma faculdade, profissão ou officio.

Mozallon. *m.* Moçalhão, rapagão, moço taludo, robusto; usa-se entre a gente rustica ou de trabalho. *Juvenis torosus.*

Mozárabe. *adj.* V. *Muzárabe.*

Mozarabia. *f. (ant.)* Os mozarabes, gente mozarabe.

Mozarábigo, ga. *adj.* Mozarabico; pertencente aos mozarabes. *Escritura mozarábiga.* V. *Visogótica.*

Mozcorra. *f. (vulg.)* Moça da vida. V. *Ramera.*

Mozear. *n.* Praticar acções proprias da gente moça. De ordinario significa entregar-se a diversões turbulentas, a extravagancias, a travessuras deshonestas, e usa-se mais fallando de pessoas que já passaram a juventude.

Mozedad. *f.* Mocidade, idade juvenil; periodo da vida do homem desde os quatorze annos até á idade viril. *Adolescentia, æ:* — mocidade; fogo, furor, verduras da idade, vida desregrada e turbulenta da gente moça. N'este sentido toma-se muitas vezes á má parte: — mocidade; os moços, os mancebos. *En mis mozedades (fr.)*; nas minhas rapaziadas, na minha mocidade, quando eu era rapaz, no meu tempo, no tempo da minha juventude.

Mozero. *adj.* Marafoneiro, libertino, amigo de moças; diz-se do homem dado á lascivia, ao trato desordenado das mulheres.

Mozeton, na. *m.* Mocetão, mocetona; moço ou moça corpolentos, bem parecidos.

Mozina. *f. (bot.)* Mozina; genero de plantas da familia das euphorbiaceas.

Moznado, na. *adj. (br.)* Desarmado, desdentado; que não tem dentes, unhas, garras, lingua, bico; diz-se do leão e outros animaes.

Mozo, za. *adj.* Moço, joven; que está na idade juvenil. V. *Jóven:* — solteiro; que se conserva no celibato. *Cœlebs, bis:* — *(ant.)* menino, rapaz: — *m.* moço, servo, creado de servir: — *(fam.)* bichano, gato: — *(germ.)* gancho, fateixa: — *(ant.)* V. *Mosto:* — *de caballos;* moço de mulas, moço de cavallariça; o que serve na estrebaria: — *de campo y plaza;* moço que serve para os trabalhos ruraes e de moço de esporas:

— *de cordel;* moço de fretes ou de esquina; mariolà, homem de ganhar, que de ordinario frequenta os sitios mais publicos, de cordà ao hombro, para levar fardos, etc.: — *de digo y hago;* moço diligente, esforçado, resoluto: — *de espuela,* moço de esporas; o que levam os caminhantes que para cuide das bestas, e que ordinariamente vae a pé. *Pedisequus, i:* — *de esquina.* V. *Mozo de cordel:* — *de mulas;* moço de mulas; o que trata d'estes animaes, destinados para a lavoura: — *de escuadra;* especie de carabineiro; individuo de uma força armada irregular que ha em Catalunha, destinada a policiar os caminhos, perseguir os ladrões, etc. *Buen mozo;* bonito moço, mocetão; homem bem parecido e de boa figura. *Ser mozo de buen recado (fr.);* ser bom moço de recados; diz-se ironicamente de quem desempenhou mal a sua commissão ou encargo. *Mozo de quince años, tiene papo, y no tiene manos (rif.);* moço de quinze annos tem papo, e não tem mãos. *Al mozo amañado, la mujer al lado (rif.);* do moço ataviado, mulher ao lado. *Al mozo mal mandado, ponerle la mesa y enviarle al recado (rif.);* a moço mal mandado pôr-lhe a mesa e manda-lo a recado *El mozo y el gallo un año (rif.),* o moço, e o gallo, um só anno: — *(naut.)* moço; marinheiro novo: — grumete; marinheiro novo dos navios de guerra.

Mozon, na. *s. augm.* de *Mozo.* Mocetão, mocetona.

Mozuela. *f. (vulg.)* Moça da vida. V. *Ramera.*

Mozuelo, la. *s. dim.* de *Mozo.* Mocinho, mocinha.

Mu. *f. (fam.)* Hóhó, somno; é termo de que se usa para conciliar o somno ás creanças, e costuma dizer-se: *vamos a la mu;* vamos fazer hóhó: — *m.* mugido; voz do boi. V. *Mujido. Mugitus, i:* — *(gram.)* mu; nome da duodecima letra do alphabeto grego. *Habló el buey y dijo mú (fr.);* fallou o boi e disse mu; diz-se da pessoa que, depois de ter estado muito tempo calada, se sáe com uma asneira.

Muattalé. *m. (rel.)* Muattalé; nome de uma das seis classes em que se dividem as setenta e duas seitas musulmanas.

Mucama. *f. (p. A.)* Mucama; creada, domestica ou escrava. Na Bahia e em Pernambuco chama-se munbanda.

Mucamuca. *f. (p. Peru)* Mucamuca; especie de loureiro: — V. *Zona mochilera.*

Mucato. *m. (chim.)* Mucato; sal produzido pela combinação do acido mucico com uma base salificavel.

Mucedíneo, nea. *adj. (bot.)* Mucedineo; que se parece com o mofo: — *m. pl.* mucedineos; certa familia de cogumelos.

Muceta. *f.* Mozeta; murça prelaticia. *Amiculum humerale:* — murça de que usam os ecclesiasticos da corôa de Aragão e de outras partes no côro, de fórma diversa da precedente: — murça de seda de licenciado; diz-se por ampliação: — *(naut.)* V. *Muleta,* na quarta accepção.

Muciano, na. *adj.* Muciano; pertencente á celebre familia plebeia de Roma, chamada Mucia ou Mucio. *Caucion muciana (for.);* nome porque se designava ás vezes a fiança.

Múcico, ca. *adj. (chim.)* Mucico; diz-se de um acido produzido pela acção do acido nitrico sobre as gommas e no assucar de leite.

Mucilaginoso, sa. *adj.* V. *Mucilajinoso.*

Mucílago. *m. (chim.)* Mucilagem; substancia de natureza viscosa e alimenticia, espalhada em quasi todos os vegetaes, que se encontra em maior quantidade nas raizes e sementes que nas outras partes. Tal é a parte viscosa da semente de linhaça, de marmelos, etc. *Mucilago, inis:* — mucilagem; liquido espesso e viscoso, formado pela dissolução de uma gomma na agua: — *animal;* mucilagem animal. V. *Mucus.*

Mucilajinoso, sa. *adj.* Mucilaginoso; que contém mucilagem: — *(bot.)* mucilaginoso; que tem a natureza da mucilagem: — *(pharm.)* mucilaginoso; diz-se das bebidas que contêem grande quantidade de principio gomoso em dissolução. *Glándulas mucilajinosas (anat.);* glandulas mucilaginosas; glandulas destinadas a filtrar os humores viscosos.

Mucina. *f. (chim.)* Mucina; substancia mucilaginosa que se encontra juntamente com o gluten dos vegetaes.

Mucíparo, ra. *adj. (anat.)* Muciparo; que produz muco.

Mucito. *m. (chim.)* Mucito; sal formado pela combinação do acido mucoso com differentes bases alcalinas, terreas ou metallicas.

Mucívoro, ra. *adj. (zool.)* Mucivoro; que vive ou se alimenta de mucosidades.

Muco. *m. (bot.)* Muco; arvore da familia das malvaceas, cujo fructo, coberto de uma casca grossa, contém uma polpa branca e boa para comer.

Mucol. *m. (pharm.)* Mucol; mucilagem considerada como excipiente.

Mucolítico, ca. *adj. (pharm.)* Mucolitico; diz-se dos medicamentos que têem por excipiente uma mucilagem.

Mucolito. *m. (pharm.)* Mucolito; mucilagem medicinal.

Mucor. *m. (bot.)* Mucor, genero de cogumelos, que forma o typo da familia dos mucedinios.

Mucóreo, rea. *adj. (bot.)* V. *Mucedíneo.*

Mucosa. *f. (zool.)* Mucosa; especie de serpente do genero cobra.

Mucosidad. *f. (physiol.)* Mucosidade; fluido viscoso segregado em maior ou menor quantidade pelas membranas mucosas.

Mucoso, sa. *adj. (anat.)* Mucoso; que tem ou produz mucosidade: — mucoso; que produz uma materia analoga á mucosidade. *Membra-*

nas mucosas; membranas mucosas; certas membranas cheias de folliculos, que produzem habitualmente um humor viscoso chamado muco. *Fiebre mucosa (med.);* febre mucosa; a que tem por causa a irritação das membranas mucosas, que segregam abundante quantidade de fluido viscoso.

Mucostito. *m. (pharm.)* Mucostito. V. *Cataplasma.*

Mucosto-sinápico. *m. (pharm.)* V. *Sinapismo.*

Mucron. *m. (anat.)* Mucron; a espinhela ou extremidade xyphoide do sterno.

Mucuna. *f. (bot.)* Mucuna; genero de plantas da familia das papilionaceas.

Mucus. *m. (physiol.)* Muco; substancia analoga pelo aspecto á mucilagem vegetal, da qual se differença essencialmente em produzir pela distillação muito carbonato de ammoniaco. Esta substancia passa através da pelle, constitue em parte as diversas producções epidermicas, e existe tambem na superficie das membranas mucosas.

Muchachada. *f.* Rapaziada, rapazia, puerilidade; acção propria de rapazes, reprehensivel nos homens. *Puerilitas, puerilis ineptia.*

Muchachear. *n.* Fazer rápaziadas.

Muchachería. *f.* Muchacharia, rapazia; multidão de creanças, de rapazes. *Puerorum caterva:* — V. *Muchachada.*

Muchachez. *f.* Puericia, infancia, idade pueril, idade, estado de rapaz. *Puerilitas, atis.*

Muchacho, cha. *s.* Muchacho; em castelhano significa propriamente creança de mamma, e por ampliação rapaz. Em portuguez é mui pouco usado, e só n'este ultimo sentido. *Puer, puella.*

Muchadumbre. *f.* V. *Muchedumbre.*

Muchedumbre. *f.* Multidão, copia, abundancia, grande numero de alguma cousa. *Multitudo, inis. La muchedumbre;* a multidão, o povo, o vulgo, a plebe.

Muchísimo, ma. *adj. sup.* de *Mucho.* Muitissimo. *Plurimus, a, um.*

Mucho, cha. *adj.* Muito, copioso, abundante, em grande quantidade ou qualidade, em grande numero. *Multus, a, um:* — *adv. m.* muito, mui, excessivamente, em quantidade, numero, summo grau. *Multum:* — *menos;* muito menos; expressão com que se nega alguma cousa em comparação com outra. *Imò, potius. Con o de mucho (loc. adv.);* expressa a grande vantagem que leva uma cousa á outra, ou o muito que lhe falta para chegar ao seu termo ou fim. *En mucho (loc. adv.);* em muito, em bastante apreço e estimação; tambem se emprega nas phrases de comparação. *Muy mucho (loc. adv.);* muito muito, muitissimo: — *que si (loc. adv.);* é muito verdade; usa-se para dar força a uma affirmação. *Que mucho? (loc. adv.);* que tem isso? que tem de estranho? *Quien mucho abarca, poco aprieta (rif.);* quem muito abarca pouco aperta, ou quem muito enfeixa pouco ata.

Muda. *f.* Muda, mudança; acção de mudar alguma cousa. *Mutatio, onis:* — muda, mudança de fato, de roupa branca; a roupa que se muda de cada vez para vestir outra. *Vestium mutandarum apparatus; vestis lintea mutatoria:* — especie de arrebique ou côr artificial com que as mulheres pintam o rosto. *Fucatio, fucus offucia:* — muda; mudança das pennas, de pello, de lã, de pelle, de chifrès, por que passam muitos animaes todos os annos ou em certas epochas da vida: — muda; o tempo em que as aves mudam as pennas, os animaes o pello, etc. *Plumarum mutatio:* — muda. V. *Dormida,* dos bichos de seda: — ninho dos falcões, das aves para a caça. *Nidus, i:* — muda; gaiola ou logar fechado, onde se põem as aves no tempo da muda. *Receptaculum avium:* — mudança da voz dos individuos de ambos os sexos, quando passam da infancia á puberdade, e que é quasi imperceptivel nas mulheres. *Vocis mutatio. Estar en muda (fr.);* estar na muda; estar calado, como os passaros com a muda. *Obmutescere.*

Mudable. *adj.* Mudavel; sujeito a mudança. *Mutabilis, le:* — mudavel, mudadiço, inconstante, voluvel. *Mutabilis, le.*

Mudada. *f. (ant.)* V. *Emprés-tito:* — *(mil. ant.)* V. *Relevo.*

Mudado. *m. (ant.)* V. *Vestido.*

Mudadura. *f.* V. *Muda,* na segunda accepção.

Mudamente. *adv. m.* Mudamente, silenciosamente; sem fallar, em silencio. *Silenciter, tacitè.*

Mudamiento. *m. (ant.)* Mudamento. V. *Mudanza.*

Mudanza. *f.* Mudança, mutação; alteração essencial ou transformação accidental de uma cousa em outra. *Mutatio, immutatio:* — mudança; variação do estado das cousas, passando a outro differente, tanto physica como moralmente. *Mutatio, vicissitudo:* — mudança, muda; o acto de passar de um logar para outro, de mudar de sitio. *Migratio, locorum commutatio:* — mudança; inconstancia ou variedade dos affectos, opiniões ou pareceres. *Mutatio, varietas, mutabilitas. Estar de mudança (fr.);* estar de mudança, de muda; para se mudar de uma casa ou morada para outra. *Hacer mudanza ó mudanzas (fr. fig.);* fazer mudança, mudas; portar-se com inconsequencia, ser inconstante em amores: — *(art.)* mudança, passo; certo numero de movimentos regulados ao som da musica, na dansa. *Saltatoria mutatio, variatio. Hacer mudanzas (fr.);* fazer mudanças; variar os movimentos do passo e as figuras, na dansa. *Tripudia varìè nectere, frequenter variare.*

Mudar. *a.* Mudar; alterar ou

transformar essencial ou accidentalmente alguma cousa, dando-lhe outra natureza, outro estado, figura, etc. *Mutare:* — mudar, substituir; pôr uma cousa em logar de outra. *Commutare:* — mudar; remover ou apartar de algum sitio ou emprego. *Removere:* — mudar; ter, soffrer mudança a voz das pessoas que passam da infancia á puberdade, engrossando, fazendo-se mais sonora. *Vocem mutare:* — mudar de pelle, de pello, de pennas, etc. o animal que anda na muda. *Plumas mutare:* — *(fig.)* mudar, variar; tomar novo parecer ou opinião; ex.: *mudar de parecer;* mudar de parecer, etc.; mas n'este caso e em todos os mais em que se lhe junta a proposição *de,* já não é verbo activo mas sim neutro. *Variare:* — *(ant.)* V. *Prestar:* — *r.* mudar de vida, variar de costumes, de affectos. *Mutare vitam vel affectum:* — mudar de fato, de roupa; substitui-la por outra. *Vestem vel indusium mutare:* — mudar-se; saír da morada ordinaria e ir para outra casa, rua, terra, etc. *Domum commutare, migrare:* — *(fam.)* mudar-se, passar-se, ir-se do logar ou sitio em que se estava, mudar de conversação. *Abire:* — *(ant.)* V. *Moverse.*

Mudarron, na. *s. (p. Ar.)* Rapaz ou rapariga proxima á puberdade, que está a informar, que começa a mudar de voz.

Mude. *f. (com.)* Mude; especie de tela que se fabrica na China com a casca de certa arvore.

Mudéjares. *m. pl.* Mudejares; nome que se dá na costa de Africa aos mouros procedentes de Granada e Castella.

Mudez. *f.* Mudez; privação da falla, impedimento no orgão da voz para fallar, estado da pessoa muda. *Vocis privatio vel impedimentum.*

Mudo, da. *adj.* Mudo; diz-se da pessoa que não falla por defeito natural. *Mutus, a, um:* — mudo; diz-se d'aquellas pessoas a quem o medo, a vergonha, a admiração ou outras causas moraes impedem momentaneamente de fallar: — mudo, mui calado, silencioso; diz-se por ampliação. *Taciturnus, a, um:* — mudo; diz-se das cousas inanimadas que têem uma certa expressão ou significação. *Lenguaje mudo;* linguagem muda; a que não emprega palavras. *No ser mudo (fr.);* não ser mudo; fallar com desembaraço, decididamente, fallar muito: — *(astr.)* diz-se dos signos de Cancer, Escorpião e Piscis. *Signa muta:* — *(gram.)* muda; diz-se da letra consoante em cujo nome não entra vogal inicial; taes são: b, c, d, g, p, q, t, z. *Littera muta:* — *m. pl. (hist.)* mudos; individuos do serviço do sultão, que apesar de terem livre o uso da falla, só se exprimem por signaes. *Testigos mudos (for.),* testemunhas mudas; indicios, presumpções fortes contra um accusado. *Escena muda;* scena, representação muda; a que é por gestos, mimica. *Personaje muda;* personagem muda; a que sem fallar representa um papel.

Mué. *adv. (ant.)* V. *Muy:* — *(comm.)* melania; certo genero de estofo que é de seda ondeada. *Tela serica ondulata.*

Muebda. *f. (ant.)* Movimento, impulso.

Mueblaje. *m.* Mobilia; moveis, alfaias, trastes de casa.

Mueble. *m.* Movel, alfaia; qualquer traste que serve de guarnecer e ornar uma casa: — traste; por ampliação diz-se de alguns utensilios portateis, como uma navalha, punhal, pistola, etc.: — *adj. (adm.* e *for.)* movel; diz-se dos bens ou das cousas que podem transportar-se sem soffrer deterioração. São reputados bens moveis os animaes domesticos empregados na lavoura, etc. *Mobilis, le.*

Muebre. *m. (ant.)* Movel, traste, alfaia.

Mueca. *f.* Esgares, gestos, tregeitos, visagens, ademanes ridiculos. *Gestus, gesticulatio.*

Muecho, cha. *adj. (ant.)* V. *Mucho.*

Mueda. *f. (ant.)* V. *Muebda.*

Muedin. *s.* V. *Almuédano.*

Muedo. *m. (ant. mus.)* Modo, compasso, tom.

Muela. *f.* Mó de moinho, pedra de moer. *Mola, æ:* — quantidade de agua necessaria para fazer andar uma roda de moinho. *Aqua ad molam necessaria:* — mó, rebolo; pedra de amolar instrumentos cortantes. *Cos, otis:* — V. *Cardume, Cardumen,* entre pescadores: — *(fig.)* roda ou circulo feito de qualquer cousa. *Corona, circulus:* — serro, cabeço, outeiro, collina, monte pequeno. *Collis, tumulus, moles:* — dente molar. *Molares dentes:* — *(ant.)* mó, multidão. V. *Muchedumbre:* — *de dados;* nove pares de dados. *Taxillorum novem paria:* — *del juicio.* V. *Cordal. Muelas de gallo;* diz-se da pessoa desdentada, que tem maus dentes ou os que tem são postiços. *Edentulus, uncis dentibus notatus. Al que le duela la muela que se la saque (rif.);* quem lhe doe o dente vá ao dentista. *Qui dolore premitur remedium quærat. Haber salido la muela del juicio (fr.);* ter o dente do sizo; ser prudente e commedido, ter juizo: — *(bot.)* V. *Tito.*

Muelda. *f. (ant.)* V. *Escuadron.*

Muellaje. *m.* Ancoragem; tributo que pagam as embarcações nos portos de mar, pela faculdade de ali entrarem e lançarem ancora.

Muelle. *adj.* Molle, delicado, suave, brando, flexivel. *Mollis, le:* — molle, voluptuoso, dado á mollicie. V. *Voluptuoso:* — *m.* molhe; especie de dique ou lanço de muro junto á borda d'agua, para abrigar os navios dos ventos e correntes, e para facilitar a carregação e a descarga. *Angiportus, moles arte intra mare facta:*

—*(ant.)* adereço ou enfeite composto de differentes relicarios ou dixes, que as senhoras usavam pendente a um lado da cintura. *Muliebre crepundium ad cinetum pendens:* —*(art.)* mola; peça de aço, ferro ou outro metal, elastica, que collocada artificiosamente em algum engenho ou machinismo, e n'elle violentada, serve para lhe imprimir algum movimento. *Automatum, i:* — mola; fio de aço temperado e enrolado em fórma espiral que substitue a campainha em alguns relogios: — mola; peça curva de fundidor que aperta a matriz e a conserva no seu logar: — *pl.* mola; tenaz grande de que usam os ourives: — *de bomba;* mola enrolada em fôrma de helice: — *real* ou simplemente *muelle;* mola, lamina comprida e estreita de aço temperado, enrolado em fórma de espiral, e mettida dentro do tambor dos relogios: — mola; peça interior dos fechos da arma de fogo. *Muelles de carruaje;* molas de carruagem; mechanismo destinado a diminuir os balanços que experimentam as carruagens pela desigualdade dos caminhos.

Muellemente. *adv. m.* Mollemente, brandamente, delicadamente, suavemente. *Molliter, blandè:* — mollemente, voluptuosamente.

Muengo, ga. *adj. (p. Cub.)* Diz-se do animal falto de uma orelha, e do que tem uma mais caida que a outra.

Muent. *m. (ant.)* V. *Monte.*

Mueo. *m. (ant.)* V. *Medio, Medida.*

Muérdago. *m.* Agarico, branco ou bastardo; especie de plantas do genero visco.

Muermo. *m. (vet.)* Mormo; doença contagiosa das bestas, cujo principal symptoma é o corrimento nasal, glandagem e a ulceração da membrana pituitaria. *Crassior equi pituita vel distillatio:* — gurma; doença particular ao cavallo e seus congeneres, que consiste na inflammação da mucosa das primeiras vias respiratorias, com engorgitamento dos ganglios da ganacha. Ataca principalmente os potros e raras vezes na idade velha. *E* ao que os castelhanos chamam *muermo comun.*

Muermoso, sa. *adj.* Mormoso; atacado de mormo. *Pituitâ morbosus:* — affectado, doente de gurma; diz-se das bestas.

Muerte. *f.* Morte; fim, extincção, cessação total da vida animal. Tambem se diz dos vegetaes, mas é figuradamente, porque as plantas são um aggregado de individuos, e a morte n'ellas é sempre parcial, e mais ou menos lenta. *Mors, ortis:* — morte; cessação da vida do homem considerada relativamente ás circumstancias que a acompanham: — morte, homicidio; delicto ou crime de matar alguem. *Homicidium, interfectio, occisio:* — morte; affecto ou paixão excessiva, transporte violento: — imagem da morte, esqueleto humano, natural ou pintado. *Ossea hominis mortui compages:* — *(fig.)* supplicio; trabalhos, cuidados, occupações penosas, acerbas, mui custosas: — desgostos de morte, dissabores mortaes, grandes soffrimentos, excessivos, atrozes; diz-se por exageração: — morte; causa de destruição: — pena de morte ou capital; a que consiste em tirar a vida ao criminoso: — *pelada;* careca; diz-se burlescamente de quem é calvo ou que tem o cabello mui rapado. *Calvitie deformis; depile caput. A muerte (loc. adv.),* de morte, mortalmente; de modo a causar a morte. *A muerte ó a vida (loc. adv.);* de morte ou de vida: diz-se de um remedio applicado em momento desesperado. *Ad vitæ discrimen: (fig.)* morrer ou viver, succeda o que succeder; diz-se para mostrar o risco ou perigo de uma cousa que se intenta ou quer executar, duvidando do seu bom resultado. *Ad ultimum discrimen. Arrostrar la muerte (fr.),* arrostar a morte, affrontar os perigos. *Combate a muerte;* combate de morte; o que só deve terminar com a morte de um dos combatentes. *Estar entre la vida y la muerte (fr.);* estar entre a vida e a morte, em perigo de vida. *Es una muerte (fr.);* é de morrer, é um supplicio, é um inferno; ser mui penosa, enfadonha ou insoffrivel alguma cousa. *Haber visto la muerte de cerca (fr.);* ter visto a morte de perto, acabar de saír de um perigo imminente. *Hasta la muerte (loc. adv.);* até á morte, até morrer; com firme resolução, com proposito invariavel, permanecendo sempre constante. *Ad aras usque, usque ad mortem. Luchar con la muerte (fr.);* lutar, labutar com a morte; estar muito tempo em agonia. *In extremo diu agone versari. Prender muerte (fr.);* receber a morte, ser morto. *Sentir de muerte o á par de muerte (fr.);* sentir profundamente, ter grande sentimento de alguma cousa. *Maximè dolere. Sufrir muerte y pasion (fr.);* soffrer morte e paixão; estar contrariado, atormentado. *Tomar la muerte a alguno (fr.),* surprehender a morte a alguem; morrer de morte natural. *Tomarse la muerte o el mal por su mano (fr.);* tomar, buscar a morte ou o mal por suas mãos; attentar alguem voluntariamente contra a vida, a saude ou o seu bem estar, desprezando os conselhos que se lhe dão em contrario. *Mortem vel malum voluntariè, sponte sibi adsumere, fati diem præoccupare:* — *civil (for.);* morte civil; perda dos bens, direitos e graduação social. *Mors civilis:* — *accidental (med.);* morte accidental; a que é produzida pela perturbação do equilibrio das forças vitaes: — *aparente (med.);* morte apparente; estado de immobilidade e de insensibilidade absoluta, que apparece depois de certas doenças, e que frequentemente se confunde com a morte real: — *natural;* morte natural; a que é causada por accidente ou doença. *Mors naturalis:—real;* morte real; decomposição dos orgãos e cessação completa das funcções vitaes: — *repentina;* morte repentina; a que succede de improviso e sem phenomeno precursor, as mais das vezes determinada por uma apoplexia fulminante: — *violenta,* morte violenta; a que é effeito de uma violencia qualquer. *Nex, ecis:—del alma (rel.);* morte da alma; estado em que a alma cáe pelo peccado: — *eterna (rel.);* morte eterna; a condemnação dos peccadores ás penas do inferno. *Buena muerte (rel.);* boa morte; morte contricta e christã.

Muerto, ta. *adj.* Morto; privado de vida. *Extinctus, a, um:* — morto, extincto; diz-se das cousas que cessam de existir ou de estar em voga: — morto; sem vigor, sem acção: — morto, podre, insensivel; diz-se da carne de algumas chagas que se esphacela, ou perde inteiramente as propriedades vitaes: — *(fig.)* morto, extincto, apagado, pouco activo; diz-se das cores, tintas e dos genios. *Languidus, dilutus:* — morto, estancado, estagnado, encharcado; diz-se das aguas: — *m.* morto, defunto; cadaver humano, ou o corpo separado da alma. *Cadaver humanum:* — morto, finado; diz-se dos fieis de que faz commemoração a Igreja. *Bala muerta;* bala morta; a que perdeu a força projectil, e só cáe por seu peso. *Caerse muerto (fr.);* caír morto; com a proposição *de* e alguns nomes, como *miedo, susto, risa,* etc. significa, em ambos os idiomas, de medo, susto, riso. *Metu, horrore aut alio affectu pœnè exanimari. Desenterrar los muertos (fr. fig. fam.);* desenterrar os mortos; dizer mal dos que já morreram, perturbar as suas cinzas. *Ne mortuis quidem parcere. Coatarle con los muertos (fr. fig.);* esquecer inteiramente, desprezar, não fazer nenhum caso de alguem. *In mortuos referre. Dinero muerto;* dinheiro morto; que não produz juro ou lucro, nem se applica a pagar divida. *Hacerse el muerto (fr.);* fazer-se desentendido; fingir ignorancia de alguma cousa ou evitar o responder quando lhe pedem explicações ou fazem perguntas. *Quedarse muerto (fr. fig.);* ficar morto, ficar estupefacto, surprehender-se de alguma noticia repentina, que causa pezar ou sentimento. *Corripi, obstupere. Lenguas muertas (philol.);* linguas mortas; as que se conservam só nos livros, mas que já foram falladas por alguns povos que hoje não existem. *Manos muertas (for.)* V. *Mano. Obras muertas (naut.);* obras mortas; a porção do costado do navio que está fóra da agua, e principalmente o castello da pôpa. *Naturaleza muerta (pint.);* natureza morta; animaes mortos, objectos inanimados, cuja imitação exclusiva forma um genero particular. *Juicio de los muertos (rel.);* juizo dos mortos; diz-se do que soffrem as almas depois da morte, segundo a crença de quasi todos os povos. *Obras muertas (rel.);* obras mortas; peccados, obras não meritorias perante Deus.

Muerzo. *m. (ant.)* V. *Bocado.*

Muesca. *f.* Encasamento, entalho; córte, concavidade praticada em qualquer cousa, para n'ella introduzir outra. *Crena, æ.*

Mueso, sa. *adj. (ant.)* V. *Nuestro. Cordero mueso.* V. *Cordero:* — *m. (ant.)* V. *Bocado:* — V. *Bocado,* do cavallo.

Muestra. *f.* Mostra, amostra; pequena parte que se tira de alguma cousa, para se julgar a sua qualidade. *Rei parvum exemplum, specimen:* — mostra, modelo, exemplar. *Exemplar, aris:* — *(fig.)* mostra, signal, prova, indicio, demonstração. *Specimen, significatio, indicium, exemplum:* — relogio de algibeira: — mostrador; disco sobre o qual o ponteiro marca as horas, minutos, etc. nos relogios. *Circulus horarius in horologiis:*—taboleta de loja. *Hacer muestra (r.);* fazer mostra, fingir. *La muestra del paño (fig.);* a amostra do panno; cousa que faz julgar das outras da sua especie. Diz-se das pessoas e das suas acções: — *(art.)* ponta de amostra; parte extrema do panno aonde se põe o signal do fabricante, e com letras se declara a qualidade da peça. *Panni specimen:* — *(caç.)* parada que o cão faz, agachando-se quando sente a caça, e diz-se *perro de muestra;* cão de mostra, dextro n'esta operação. *Aucupii signum:* — *(mil. ant.)* mostra; resenha, revista que se fazia da gente de guerra. *Recensio copiarum. Pasar muestra (fr. mil.);* passar mostra á tropa. *Copias recensere, militum syllabum percurrere: (fig.)* passar mostra; revistar qualquer cousa para se reconhecer. *Recognoscere, inspicere.*

Muestrar. *a. (ant.)* Mostrar, manifestar.

Mueyo. *m. (ant.)* V. *Mueo.*

Mufla. *f.* Mufla; tampa ou cobertura de barro, com alguns furos, que serve para certas forjas e copellas. *Foci operculum testaceum.*

Muflir. *a. (germ.)* Comer.

Muftí. *m.* Mufti ou muphti; summo pontifice da religião de Mahomet. É ao mesmo tempo chefe supremo dos jurisconsultos e dos padres chamados ulemas.

Muga. *f. (prov.)* Marco, termo, limite.

Muggletonianos. *m. pl. (rel.)* Muggletonianos; os que pertencem a uma seita fundada no seculo xvii em Inglaterra, por Muggleton, que pretendia passar por propheta, negava o dogma da Trindade, e sustentava que Deus tinha deixado o governo do céu a *Elias*, emquanto o mesmo Pae e não seu Filho, tomava na terra a fôrma humana.

Mugido. *m.* V. *Mujido.*

Múgil. *m. (zool.)* V. *Mújol.*

Mugir. *n.* V. *Mujir.*

Mugre. *f.* Immundicia, sujidade, porcaria da roupa e de outras cousas, que de ordinario provém do contacto de objectos gordorentos e enxovalhados. *Sordes, pinguedo. Quitar la mugre;* tirar as nodoas, as manchas de gordura.

Mugriento, ta. *adj.* Engordurado, sujo, porco, enxovalhado; diz-se da roupa e de outras cousas que têem sujidade. *Sordidus, a, um.*

Mugron. *m.* Mergulhão; vara comprida, que nasce do pé da videira junto da terra, e que se mergulha deixando-se a ponta de fóra, que se faz videira nova. Tambem tem logar para as vergonteas de outros vegetaes. *Propago, tradux.*

Mugronar. *a.* V. *Amugronar.*

Muharra. *f.* V. *Moharra.*

Muharrem. *m. (chron.)* V. *Moharem.*

Muin. *m. (philol.)* Muin; oitava letra do alphabeto celtico.

Muiñeira. *f.* Certa dansa gallega, equivalente á chamada *la Molinera.*

Muir. *a. (p. Ar.)* Mungir, ordenhar. V. *Ordeñar.*

Muisca. *f. (zool.)* Muisca; genero de insectos coleopteros tetrameros da familia dos malacodermes.

Mujeotia. *f. (bot.)* Mugeotia; genero de plantas phyceas.

Mujer. *f.* Mulher; femea do genero humano, creatura racional do sexo feminino. *Femina, mulier:*—mulher; diz-se da casada com relação ao marido. *Uxor, oris:* — mulher, mulherengo; homem molle, effeminado: — *de buen fregado.* V. *Fregado:* — *de partido, mujer de mala vida ó de vida airada;* mulher de partido, mulher do mundo ou de má vida, meretriz. V. *Ramera:*— *de gobierno;* governanta; a creada que tem a seu cargo o governo economico da casa. *Femina administra, economa:* — *de punto;* mulher de bem, recatada e honesta: — *de su casa;* mulher de casa; mãe de familia, bem regida, de bom governo. *Mulier domi solicita:* — *errada;* mulher errada, mulher perdida, prostituta: —*fácil;* mulher facil; a que se deixa seduzir facilmente: — *mundana ó perdida;* mulher mundana, do mundo, mulher perdida, meretriz: — *pública;* mulher publica, moça da vida, marafona, rameira. *Gosar una mujer (fr.);* gosar, haver uma mulher; ter copula carnal com ella. *Cognoscere feminam. Ser mujer (fr.);* ser mulher; ter attingido a idade de puberdade, ter o fluxo menstrual. *Viro matura. Tomar mujer (fr.);* tomar mulher, casar-se. *Uxorem ducere. A la mujer brava, dalle la soga larga (rif.);* a mulher brava, corda larga. *A la mujer casta, Dios le basta (rif.);* á mulher casta Deus lhe basta. *A la mujer y a la picaza, lo que vieres en la plaza (rif.);* a mulher e a pega falla o que dizeis na praça. *A la mujer y a la viña, el hombre las hace garridas (rif.);* á mulher e á vinha o homem lhe dá alegria. *Con la mujer y el dinero, no te burles compañero (rif.);* com a mulher e dinheiro, não zombes companheiro. *De tu mujer y de tu amigo esperto no creas sino lo que supieres de cierto (rif.);* de tua mulher e de teu amigo esperto não creias senão o que souberes de certo. *La mujer casada, en el monte es albergada (rif.);* a mulher casada no monte é alojada. *La mujer que poco hila, siempre trae mala camisa (rif.);* a mulher que pouco fia, sempre traz má camisa. *La mujer y la camuesa por su mal se afeitan (rif.);* a mulher e a cereja, por seu mal se enfeita. *La mujer y la perra la que cala es buena (rif.);* a mulher e a cachorra a que mais cala é a mais boa. *La mujer del escudero, grande bolsa y poco dinero (rif.);* a mulher de escudeiro, grande bolsa, pouco dinheiro.

Mujeracha. *f. (fam.)* Mulherinha; mulher ordinaria desprezivel, da gentalha, da infima plebe.

Mujercilla. *f.* Mulherinha; mulher mundana. *Muliercula, meretricula.*

Mujeriego, ga. *adj.* Mulheril, feminino; pertencente ou relativo á mulher. *Muliebris, bre:* — azevieiro, frascario; diz-se do homem amigo de mulheres. *Mulierosus, a, um:* — mulherio; muitas mulheres juntas, a totalidade das mulheres. *Mulieres, ium. Ir ó montar á mujeriegas (fr.);* ir montado como as mulheres, com os dois pés para um lado.

Mujeril. *adj.* Mulheril, feminino; proprio de mulher. *Muliebris, femineus.*

Mujerilmente. *adv. m.* Mulherilmente; ao modo das mulheres, de maneira afeminada. *Muliebriter.*

Mujerío. *m.* Mulherio; muitas mulheres juntas em uma reunião ou a totalidade de mulheres de uma terra.

Mujerzuela. *f.* V. *Mujercilla.*

Mujido. *m.* Mugido; a voz do touro, boi, vacca. *Mugitus, us.*

Mujier. *(ant.)* V. *Mujer.*

Mújil. *m. (zool.)* V. *Mújol:*— *(ant. naut.)* V. *Mojel.*

Mujilóideos. *m. pl. (zool.)* Mugiloideos; familia de peixes acanthopterygios.

Mujir. *n.* Mugir, berrar; dar mugidos o touro, o boi. *Mugire:*—*(fig.)* mugir, bramir, roncar; produzir grande ruido; diz-se do mar, do vento etc.

Mujol. *m. (zool.)* Mugem; genero de peixes acanthopterygios, da familia dos mugiloideos.

Mula. *f.* Mula; femea do mulo. *Mula, æ:*— *de paso*, mula de carga ou de sella. *Gradarius, mula clitellaria:* — *de carro ó coche*, mula de tiro. *Mula carrucaria. Mozo de mulas;* moço de mulas.

Desguarnecer las mulas (fr.); desapparelhar, desarreiar as mulas. *Stragula detrahere, equum nudare. Irsele a uno la mula (fr. fig.);* escapar alguma expressão, proferir alguma palavra sem ter reflexionado sobre o seu sentido. *Quien quisiere la mula sin tacha, ándese á pié (rif.);* quem quer cavallo sem tacha, sem elle se acha. *Nemo sine crimine vivit, nihil est ab omni parte beatum:* — certa embarcação mourisca: — mulleo; calçado dos antigos romanos. *Calceus mulleus.* V. *Muleo.*

MULADAR. *m.* Muladar, monturo. *Sterquilinium, ii (fig.);* porcaria, sujidade; tudo o que enxovalha. *Sordes, is.*

MULAR. *adj.* Muar; da raça dos mús ou pertencente a elles. *Mularis, re.*

MULATERO. *m.* Moço de mulas; o que serve na estrebaria. *Stabularius, ii. Cerril como un mulatero (fr.);* bruto como um arrieiro.

MULATO, TA. *adj.* Mulato; filho ou filha de preto e branca, ou ás avessas. Usa-se tambem como substantivo. *Hibridus, fuscus:* — mulato, moreno, trigueiro. *Aquilus, a, um:* — negro, fusco, escuro. *Fuscus, a, um:* — *m. (min. p. A. Mer.)* mineral de prata de côr escura: — *(zool.)* V. *Muleto.*

MULDERA. *f. (bot.)* Muldera; genero de plantas da familia das piperaceas.

MULECO, MULECON. *m. (p. Cub.)* Negro boçal de onze a dezesete annos.

MULEMBERJIA. *f. (bot.)* Mulembergia; genero de plantas da familia das gramineas.

MULEO, MULÉOLO. *m.* Mulleo; calçado vermelho de que usaram primeiramente os reis de Alba Longa e depois os patricios romanos. *Mulleus calceus.*

MULEQUE. *m. (p. Cub.)* Moleque; negrinho de sete a dez annos.

MULERA. *f. (bot.)* V. *Mullera.*

MULERIA. *f. (zool.)* V. *Mulleria.*

MULERO. *m.* Moço de mulas, no campo. *Mularum custos:* — *adj.* muleiro; diz-se do cavallo affeiçoado ás mulas.

MULETA. *f.* Muleta; bastão com braço concavo que sustém ao tolhido ou aleijado, por baixo dos braços, para se mover. *Scipio, onis:* — *(fig.)* muleta, emparo; e n'este sentido se chama assim a pequena refeição que se toma antes da comida regular. *Fulcrum, i. Tener una cosa muletas (fr. fig. fam.);* ter uma cousa muletas; ser já muito sabida por antiga e velha. *Fulcris dotatam esse; jam senuisse:* — muleta; pau com que o toureiro envolve a capa com que chama o touro á sorte para o matar: — *(naut.)* muleta; barco de pesca portuguez. *Cymba brevis:* — *(zool.)* muleta; genero de conchas bivalves, composto de tres especies.

MULETADA. *f.* Manada ou porção grande de gado muar para vender. *Mularum caterva, armentum.*

MULETERO. *m.* V. *Mulatero.*

MULETILLA. *f.* Bordão, estribilho; palavra de que alguem usa no discurso inadvertidamente e a cada passo: — bordão, pau, vara: — V. *Muleta,* na accepção de pau ou bastão de toureiro.

MULETO, TA. *s.* Mulinho, machinho, mulinha. *Mulus anniculus, bimus. Cerrado como pié de muleto (fr.);* applica-se ao homem muito avaro ou dissimulado.

MULIER. *f. (ant.)* V. *Mujer.*

MULILLA. *f. dim.* de *Mula,* na accepção de calçado dos antigos romanos.

MULINO. *m. (bot.)* Mulino; genero de plantas da familia das umbelliferas.

MULINSIA. *f. (bot.)* Mulinsia; genero de plantas da familia das sapindaceas.

MULIO. *m. (zool.)* Mulio; genero de insectos dipteros da familia dos tanystomos.

MULO, LA. *s. (zool.)* Mulo, mú; designam-se assim em geral os mestiços, producto do cavallo e da burra, ou do burro e da egua; são infecundos. *Mulus hinus:* — *mariro.* V. *Salmonete:* — *romo.* V. *Burdígano:* — *(fig.)* cabeçudo, pertinaz, teimoso, obstinado. *Mulo cojo é hijo bobo, lo sufren todo (rif.);* as cousas menos apreciadas são as que se expõem a maior trabalho.

MULTA. *f.* Multa; pena pecuniaria. *Pœna pecuniaria, mulcta:* — *(bot.)* multa; especie de arvore fructifera silvestre, que tem uns 16 pés de altura, muito abundante nas costas do norte da ilha de Porto Rico.

MULTANGULAR. *adj. (math.)* Multangular; diz-se de uma figura ou de um corpo que consta de mais de quatro lados.

MULTAR. *a.* Multar; impor multa. *Multare vel mulctare.*

MULTICAUDO, DA. *adj. (zool.)* Multicaudo; que tem muitas prolongações em fórma de cauda.

MULTICAULE. *adj. (bot.)* Multicaule; que tem muitos caules.

MULTICOCO, CA. *adj. (bot.)* Multicoco; que tem muitas cascas.

MULTICOLORO. *adj.* Multicolor; composto de muitas cores.

MULTIFIDO, DA. *adj.* Multifido; que é dividido em muitas tiras estreitas.

MULTIFLORO, RA. *adj. (bot.)* Multifloro; que produz muitas flores.

MULTIFORME. *adj.* Multiforme; que tem muitas ou varias figuras ou fórmas. *Multiformis, e.*

MULTILÁTERO, RA. *adj. (math.)* Multilatero; diz-se da figura que contém mais de quatro lados. *Multilaterus, a, um.*

MULTIMAMIO, MIA. *adj. (zool.)* Multimamio; que tem mais de duas mammas ou tetas.

MULTINERVIA. *f. (bot. ant.)* Multinervia; nome dado antigamente á tanchagem.

MULTINOMIO. *m. (algeb.)* Multinomio; toda a quantidade algebrica composta de mais de dois termos distinctos pelos signaes + e —. Chama-se-lhe mais commummente polynomio.

MULTIPARIDAD. *f. (zool.)* Multiparidade; qualidade dos animaes, cujas femeas geram a um tempo muitos filhos.

Multiparo, ra. *adj.* Multiparo; diz-se dos animaes cujas femeas geram muitos filhos ao mesmo tempo.

Multipartido, da. *adj.* *(bot.)* Multipartido; dividido em muitas tirinhas estreitas.

Multípedo, da. *adj.* *(zool.)* Multipede; que tem muitos pés.

Multipétalo, la. *adj.* *(bot.)* Multipetalo; diz-se das plantas cuja corola é composta de muitas petalas.

Múltiple. *adj.* *(phys.)* Multiplo; diz-se do echo que a um tempo repete duas ou mais vezes os mesmos sons: — *(arith.)* V. *Múltiplo.*

Multiplicable. *adj.* Multiplicavel; que se pôde multiplicar. *Multiplicabilis, le.*

Multiplicacion. *f.* Multiplicação; acção e effeito de multiplicar. *Multiplicatio, onis:* — *(arith.)* multiplicação; operação arithmetica, que consiste em determinar o producto de um numero tomado tantas vezes, quantas são as unidades de outro. *Multiplicatio, onis.*

Multiplicador, ra. *s.* Multiplicador; o que multiplica. *Multiplicator, oris:*—*m.* *(arith.)* multiplicador; numero que declara quantas vezes se ha de tomar o multiplicando. *Multiplicator, oris:* — *(phys.)* multiplicador; vidro talhado em facetas, que representa á um tempo muitas imagens de um mesmo objecto: — multiplicador; chama-se assim o galvanometro de Schweigger, porque com effeito multiplica a força electro-magnetica.

Multiplicando. *m.* *(arith.)* Multiplicando; numero que se ha de multiplicar por outro.

Multiplicar. *a.* Multiplicar; augmentar consideravelmente em numero os individuos de alguma especie. Usa-se muitas vezes como reciproco, especialmente fallando do que se augmenta por geração. *Multiplicare:* — *(arith.)* multiplicar; repetir um numero tantas vezes, quantas são as unidades contidas no outro. *Multiplicare, numerum in alterum ducere.*

Multíplice. *adj.* *(arith.)* Multiplice. V. *Múltiplo. Multiplex, icis.*

Multiplicidad. *f.* Multiplicidade; multidão, grande numero. *Multiplicitas, atis.*

Multiplicio. *m.* Multiplicação; effeito de multiplicar ou acrescentar-se alguma cousa. *Multiplicatio, onis.*

Múltiplo, pla. *adj.* *(arith.)* Multiplo; diz-se de um numero que contém exactamente outro certo numero de vezes. *Rason multipla;* rasão múltipla; a que se encontra entre dois numeros multiplos.

Multitud. *f.* Multidão; grande numero de pessoas ou cousas juntas. *Multitudo, inis:* — multidão; o povo, o vulgo, as turbas, as massas.

Multiungulado, da. *adj.* *(zool.)* Multiungulado; diz-se do animal que tem mais de dois cascos em cada pé.

Mulla. *f.* Excava; operação de cavar a vinha á roda das cepas. *Vinearum levis excavatio.*

Mullah. *m.* Mullah; especie de doutor mahometano.

Muller. *f.* *(ant.)* V. *Mujer.*

Mullera. *f.* *(bot.)* Mullera; genero de plantas da familia das leguminosas.

Mullida. *f.* *(agr.)* Leiva; porção de terra que fica entre dois regos quando se lavra. *Gleba ligone fossa, aratro inversa.*

Mullido. *m.* Almofada provisoria, que se collòca em alguma parte.

Mullidor, ra. *s.* Amollecedor; o que amollece. *Qui mollit, mollitor:* — V. *Muñidor.*

Mullir. *a.* Amollecer, abrandar, fazer molle, fofo. *Mollire:* — V. *Muñir:* — *(agr.)* excavar; cavar a terra em roda das cepas. *Leviter excavare:* — *(fig.)* mollir, machinar; dispor as cousas industriosamente, para conseguir um fim. *Mollire:* — *lana;* bater a lã. *Lana tundere. Haber quien se lás mulla (fr.);* haver quem sáia ao seu encontro; conhecer as idéas ou intentos de alguem, e ter a habilidade de rechaça-los. *Apprimè callere et obsistere.*

Mumiforme. *adj.* *(zool.)* Mumiforme; parecido com uma mumia.

Mummiento. *m.* *(ant.)* V. *Momento.*

Mundanal. *adj.* *(ant.)* V. *Mundano.*

Mundanalidad. *f.* *(ant.)* Mundanalidade; qualidade do que é mundano.

Mundanalmente, Mundanamente. *adv. m.* Mundanamente; de um modo mundano, segundo o mundo.

Mundano, na. *adj.* Mundano; do mundo, pertencente ao mundo. *Mundanus, a, um:* — mundano; diz-se da pessoa aferrada ás cousas do mundo, ás suas pompas. *Mundanus, a, um. Justicia mundana (ant.);* juizes leigos. *Era mundana de los judios (chron.);* era mundana dos judeus; era da creação. *Musica mundana (philos.);* musica mundana; nome dado por alguns philosophos antigos á harmonia ou accordo perfeito de todas as partes da natureza. Diz-se tambem harmonia celeste. *Obra mundana (rel.);* obra mundana, mercenaria, servil.

Mundense. *adj.* Mundense; pertencente a Munda ou a seus habitantes.

Mundia. *f.* *(bot.)* Mundia; genero de plantas da familia das polygaleas.

Mundial. *adj.* *(ant.)* V. *Mundano.*

Mundificacion. *f.* *(med.)* Mundificação; acção de mundificar: — mundificação, purificação.

Mundificante. *adj.* Mundificante; que mundifica. *Mundificans, antis.*

Mundificar. *a.* Mundificar, limpar, purificar, purgar. *Mundificare, purgare.*

Mundificativo, va. *adj.* *(med.)* Mundificativo, detersivo; que alimpa, que tem a virtude de mundificar. *Mundificativus, a, um.*

Mundillo. *m.* Enxugador; especie de camilha redonda feita de circulos de madeira, que serve para enxugar ou aquecer a roupa, mettendo-lhe brazas por baixo. *Rotundum exsiccatorium*:— especie de almofada para fazer renda. *Mundulus, i.*

MUNDINOVI. *m.* V. *Mundonuevo.*

MUNDIO. *m.* Mundio; protecção que entre os longobardos era dada ás mulheres, creanças e escravos, pelos parentes mais proximos ou pelo senhor: — mundio; preço estipulado para obter a tutela da mulher, que o marido dava ao munduáldo.

MUNDO. *m.* Mundo; o universo visivel. *Mundus, i:* — mundo; a terra, o globo terraqueo. *Orbis terræ sphæræ:* — mundo; cada um dos dois grandes continentes do globo: — mundo; esphera terrestre: — mundo; cada um dos planetas considerados como tendo habitantes: — mundo; os homens, o genero humano: — mundo; a maior parte da gente, e n'este sentido diz-se: *todo el mundo lo sabe;* todo o mundo o sabe: — mundo; a vida secular, por opposição á vida monastica: — mundo; a vida humana sobre a terra, por opposição á outra vida, como o expressa este dito de Jesus: *Mi reinado no es de este mundo;* o meu reino não é d'este mundo: — mundo; no sentido ascetico e moral, propensão ou inclinação a viver segundo as vaidades da sociedade; assim encarado o mundo, é um dos inimigos da alma. *Mundus, i:* — mundo; globo com uma cruz em cima, que se representa nas mãos do menino Jesus ou aos pés do Salvador e da Virgem. *Sphærula, æ:* — *(fam.)* infinidade, grande numero, grande quantidade, grande copia. *Summas, quantitas:* — *(fig.)* mundo; logar vasto e mui povoado: — mundo, esphera; conjuncto de cousas, de phenomenos, de principios, como: *el mundo de las idéas;* o mundo, a esphera das idéas: — mundo; a vida mundana, usos, costumes da sociedade culta. *Mundus, i:* — *(germ.)* rosto, cara: — *fisico*, mundo physico; o mundo considerado no que tem de sensivel: — *ideal;* mundo ideal; mundo imaginario, melhor que aquelle em que existimos: — *menor;* o homem: — *moral ó intelectual;* mundo moral ou intellectual; o mundo considerado sob o aspecto das relações que só póde perceber a intelligencia ou que pertencem á moral: — *primitivo;* mundo primitivo; estado do genero humano na epocha mais longiqua a que se póde remontar. Os geologos tambem chamam mundo primitivo ao primeiro estado da terra, quer seja immediatamente depois da creação, ou ao menos antes do diluvio: — *subterráneo;* mundo subterraneo; diz-se fallando de tudo que se occulta nas entranhas da terra, e principalmente nas minas. *Andar ó estar el mundo al travez (fr.);* andar ou estar o mundo ás avessas; estar as cousas ao contrario do que deve ser. *Ciencia del mundo;* sciencia do mundo; arte de conduzir-se com os homens em proveito seu, segundo a moral. *Conocer el mundo;* conhecer o mundo, conhecer os homens. *Dar el mundo un estallido (fr. fig.);* dar o mundo um estoiro; significa que andam as cousas tão desconcertadas, que parece estar breve a acabar-se o mundo. *Res opertas tumescere. Dejar el mundo (fr.);* deixar o mundo; renunciar ao commercio dos homens. *Desde que el mundo és mundo (fr.);* desde que o mundo é mundo; desde tempo immemorial. *Ab orbe condito, post hominum memoriam. Echar al mundo (fr.);* deitar ao mundo; crear Deus a alguem. *Creare, facere. Echar del mundo a alguno (fr.)*, retirar do mundo a alguem; tira-lo do trato e communicação social. *Ad garamantas, ultra sauromatas mittere. Echarse al mundo (fr.);* entregar-se ao mundo, seguir os maus costumes, entregar-se aos prazeres mundanos. *El gran mundo;* o grande mundo, a alta sociedade. *Este mundo y el otro (loc.)*, este mundo e o outro; modo de fallar do estylo vulgar com que se pondera a grande abundancia e copia de dinheiro, riquezas ou outra cousa similhante, como: *fulano tiene este mundo y el otro;* fulano tem, possue este mundo e o outro. *Maxima, summa. El fin ó el cabo del mundo;* o fim, o cabo do mundo; a parte da terra mais afastada d'aquella que habitâmos. *Hombre del mundo;* homem do mundo, que tem pratica do mundo, experimentado. *Morir para el mundo (fr.);* morrer para o mundo; apartar-se d'elle renunciando a seus bens e prazeres. *Mundo omninò renuntiare, valedicere. No caber en este mundo (fr. fig.);* não caber n'este mundo; ser mui soberbo, arrogante e enfatuado. *Superbia turgere. No ser de este mundo (fr.);* não ser d'este mundo; estar totalmente abstrahido das cousas terrenas. *Omninò à mundo abstractum esse. Renunciar al mundo, retirarse del mundo (fr.);* renunciar ao mundo, retirar-se do mundo. V. *Dejar el mundo. Rodar mundo (fr.);* correr mundo, correr terras; viajar muito sem se demorar em terra alguma, ou sem motivo determinado. Tambem se diz: *rodar por el mundo. Peragrare. Salir de este mundo, o salir de esta vida;* sair d'este mundo ou d'esta vida, morrer. *Vitâ excedere. Tener mundo, ó tener mucho mundo (fr. fam.);* ter mundo ou muito mundo; saber do mundo, saber o necessario por experiencia para se não deixar illudir pelas exterioridades ou primeiras impressões. *Todo el mundo es uno, ó todo el mundo es país (loc.);* todo o mundo é um, em toda a parte ha bom e mau. *Ubicumque idem. Venir al mundo (fr.)*, vir ao mundo, nascer; diz-se das pessoas. *Ver mundo (fr.);* ver mundo; viajar por differentes terras e paizes. *Vagare per varias regiones:* — *(br.)* mundo, esphera; globo terrestre que se vê sobre as tiaras dos papas ou sobre as corôas dos imperadores. *Año del mundo (chron.);* anno do mundo, anno da creação. *Alma del mundo (philos.),* alma do mundo; especie de intermedio que a philosophia platonica suppõe entre Deus e a materia. *Nuevo mundo (geol.),* o novo mundo, a America.

Mundonuevo. *m.* Mundinovi; caixa optica, especie de cosmorama ou camara optica.

Mundualdo. *m. (hist.)* Mundualdo; nome que davam os lombardos ao tutor de uma mulher.

Muni. *m. (hist.)* Muni; nome que dão os indios a um homem piedoso e sabio. Chamam assim frequentemente aos ricos e aos poetas, cujas obras passam por inspiradas.

Municion. *f.* Munição; chumbo miudo para atirar aos passaros. *Globuli plumbei minutissimi. Ser de municion alguna cosa (fr. fam.);* ser alguma cousa feita á pressa, e por isso mal acabada. *Ruditer, festinanter res facta:* — *(mil.)* munição; os apréstos militares. *Belli instrumentum et apparatus:* — *de boca;* munição de bôca; mantimentos de um exercito. *Commeatus, us. Pan de municion;* pão de munição; pão que se dá aos soldados. *Panis castrensis vel militaris.*

Municionar. *a.* Municionar, municiar; abastecer, prover de munições, de petrechos, victualhas. *Oppidum, arcem munire.*

Municipal. *adj.* Municipal; pertencente a municipio. *Municipalis, le:* — *m.* vereador da camara municipal. *Municips, is.*

Municipalidad. *f.* Municipalidade, concelho; circumscripção de terreno pertencente a uma camara municipal.

Munícipe. *s.* Municipe; o que gosa do direito de municipio. *Municips:* — *(hist.)* os romanos tomavam esta palavra em sentido mais stricto, applicando-a unicamente áquelle que, sendo de cidade livre e amiga, era admittido aos cargos publicos da sua, como se se dissera participe dos cargos, das palavras latinas *munus* e *capio.*

Municipio. *m.* Municipio; cidade principal, que se governa por leis proprias. *Municipium, ii.* Os romanos denominavam assim aquellas cidades que não pertenciam ás provincias subordinadas ao seu imperio, e cujos habitantes podiam obter os privilegios e gosar dos direitos da cidade de Roma, sem que aquellas deixassem de permanecer independentes. Differiam das colonias, que viviam em uma estreita dependencia da metropole.

Munificencia. *f.* Munificencia, largueza, liberalidade. *Munificentia, æ.*

Munífico, ca. *adj.* Munifico, dadivoso, liberal. *Munificus, a, um.*

Munificentísimo, ma. *adj. sup.* de *Munífico.* Munificentissimo.

Munitoria. *f.* Fortificação; arte de fortificar as praças. *Ars munitoria.*

Muñeca. *f.* Munheca, pulso; articulação da mão com o braço. *Brachii et manus commissura, carpus, brachiale:* — boneca; saquinho atado, ou trapo, em que se embrulhou alguma droga ou remedio, que se faz ferver em algum liquido para lhe communicar as suas propriedades. *Ex lino involucrum:* — boneca; envoltorio de trapos finos com que os estampadores limpam as chapas, a fim de que fique só a tinta nos traços gravados: — boneca; figurinha imitando mulher, com que brincam as meninas: — *(fig. fam.)* boneca; mulher pequena e muito enfeitada. *Menear las muñecas (fr.);* trabalhar os bonecos, mecher os pausinhos; trabalhar muito e com actividade em alguma cousa.

Muñeco. *m.* Boneco; pequena figura de homem feita de madeira, papelão, etc. *Homunculi efficatio:* — *(fig.)* boneco, bonifrate; homem muito empertigado, enfeitado. *Homuncio, homunculus:* — *(bot.)* especie de arvore silvestre da ilha de Porto Rico.

Muñequear. *a. (esgr.)* Mover o pulso em terça e quarta. *Carpum hac illac vertere.*

Muñequera. *f. (ant.)* V. *Manilla, Pulsera.*

Muñequería. *f.* Luxo no vestuario, atavios, ornatos, enfeites excessivos. *Luxus vestium:* — rapazia, mucharia; reunião buliçosa ou turbulenta de creanças ou rapazes.

Muñidor. *m.* Andador; o que nas irmandades anda avisando os irmãos. *Præco feralis, monitor.*

Muñir. *a.* Convocar, chamar, convidar para reuniões, juntas, etc. *Monere, convocare, arcessere.*

Muñon. *m.* Grande musculo do braço. *Brachii torus, vel ingens musculus:* — coto; troço ou parte que resta de um membro amputado: — *(mil.)* munhão; especie de eixo das peças de artilheria, que encaixa na munhoneira.

Muñonera. *f. (mil.)* Munhoneira; mossa ou entalhe semicircular nas carretas, onde encaixam os munhões das peças.

Muquicion. *f. (germ.)* Comida.

Muquir. *a. (germ.)* Comer.

Mur. *m. (ant.)* V. *Raton.*

Mura. *f. (naut.)* V. *Amura.*

Murada. *f.* V. *Amurada.*

Muradal. *m.* V. *Muladar.*

Muraje. *m. (ant.)* Muragem; direito que se pagava para a reedificação, concerto e conservação das muralhas das cidades e dos monumentos publicos. *Mœnium tributum.*

Murajes. *m. (bot.)* Morrião; herva.

Mural. *adj.* Mural; pertencente a muro. *Muralis, le:* — *(bot.)* diz-se das plantas que crescem nos muros. *Corona mural (hist.)*; coróa mural; a que se dava na antiga Roma ao soldado que primeiro subia á muralha.

Muralla. *f.* Muralha; muro ou parede de bastante espessura e de certa elevação: — *(mil.)* muralha; muro de praça fortificada, muro defensivo. *Murus, mœnia:* — *(naut. ant.)* V. *Amurada.*

Murar. *a.* Murar; cercar de muro, de muralha. *Mœnibus cingere, muro sepire.*

Murceguillo. *m.* V. *Murciélago.*

Murceo. *m. (germ.)* Toucinho.

Murciano, na. *s.* Murciano; o natural de Murcia: — *adj.* murciano; pertencente a Murcia.

Murciar. *a. (germ.)* Furtar.

Murciégalo. *m.* V. *Murciélago.*

Murciélago. *m. (zool.)* Morcego; animal parecido com o rato no tamanho e na côr, com azas membranosas, e que sáe de noite

Murcigallero. *m. (germ.)* Morcego; ladrão que rouba á bôca da noite.

Murciglero. *m. (germ.)* Ladrão que furta aos que dormem.

Murcio. *m. (germ.)* Ladrão.

Murecillo. *m. (anat.)* V. *Músculo.*

Murena. *f. (zool.)* Murena, moreia. V. *Lamprea.*

Murera. *f. (ant.)* Peleja, batalha: — murena; genero de plantas da America.

Murga. *f.* V. *Alpechin:* — nome que se dá em Madrid a qualquer reunião de musicos que vão tocar ás portas das habitações, por boas festas ou por outro motivo.

Murgaño. *m.* V. *Musgaño.*

Muria. *f. (p. Ast.)* Crista de montanha: — *(min.* e *chim.)* muria; nome que Dioscórides dá ao sal marinho em dissolução.

Muriático. *adj. (chim.)* Muriatico; dizia-se do acido hydrochlorico, quando se suppunha pertencer aos oxydos.

Muriato. *m. (chim.)* Muriato; sal neutro, formado pela combinação do acido muriatico com uma base alcalina, terrea ou metallica.

Múrice. *m. (poes.)* Purpura: — *(zool.)* murice; caracol marinho, que tem uma como veia esbranquiçada, cujo liquido, applicado á lençaria, se faz verde e depois purpureo, e não se tira com a lavagem.

Murícea. *f. (zool.)* Muricea; genero de polypeiros da ordem dos gorgonios.

Muricito. *m. (zool.)* Muricito; especie de murice fossil.

Murmujear. *a. (fig.)* V. *Murmurar,* fallar baixo.

Murmullo. *m.* Murmulho. V. *Murmurio:* — murmurio, ruido ou som indistincto de voz mal articulada, como de quem falla por entre dentes: — murmurinho, borborinho; sussurro de muitas pessoas juntas, e que fallam ao mesmo tempo sem que se perceba o que dizem.

Murmuracion. *f.* Murmuração; o acto de murmurar: — murmuração, detracção, maledicencia, calumnia. *Detractio, onis.*

Murmurador, ra. *s.* Murmurador, detractor; o que murmura. *Detractor, oris:* — murmurador; diz-se mais geralmente do que tem o vicio de murmurar.

Murmurante. *p. a.* de *Murmurar. Murmurans, antis.*

Murmurar. *a.* Murmurar; fallar por entre dentes. *Mussare:* — *n.* murmurar; darse á murmuração, censurar, dizer mal de alguem sem necessidade. *Murmurare, detrahere absentibus:* — murmurar, sussurrar; fazer murmurio, sussurro a corrente das aguas. *Murmurare, strepere.*

Murmúreo. *m.* V. *Murmullo,* na terceira accepção.

Murmurio. *m.* Murmurio, sussurro; som brando, indistincto e agradavel da agua que corre, ou da viração branda que agita as folhas das arvores. *Murmur, susurrus:* — V. *Murmuracion.*

Muro. *m.* Muro. V. *Parede, Tapia.* Frequentemente significa muralha. *Murus, paries:* — *(germ.)* broquel. *Intra ó extra muros (loc. adv.)*; intra ou extra muros; dentro ou fóra das muralhas, dentro ou fóra da cidade.

Murria. *f.* Especie de tristeza e abatimento, acompanhado de peso de cabeça, que obriga a pessoa a andar cabisbaixa e melancolica. *Profundus mœror:* — medicamento composto de alho, vinagre e sal, que se usa para evitar a putrefacção das feridas e chagas. *Ex sale, aceto et aliis medica confectio.*

Murrina. *f. (ant.)* Bebida composta de vinho doce misturado com alguns aromas, usada antigamente. Tambem se dava este nome a outra bebida muito amarga, por levar mirrha, que os judeus administravam aos criminosos condemnados á morte.

Murrio, ria. *adj.* Triste, melancolico, descontente. *Mœstus valdè.*

Murta. *f.* V. *Murton:* — *(germ.)* azeitona: — *(bot.)* murta. V. *Arrayan.*

Murtera. *f.* Murtal; mata de murtas. *Myrtetum, i.*

Murtilla. *f.* Murtilha; fructo de um arbusto da mesma denominação, que cresce na America.

Murtina. *f.* V. *Murtilla.*

Murton. *m.* Murtinho; baga da murta.

Murucuca, Murucuya. *f. (bot.)* Moracujá. V. *Granadilla, Pasionaria.*

Murueco. *m.* V. *Morueco:* — *(ant.)* V. *Ariete.*

Murumo. *m.* Murumo; palmeira da Africa oriental, da qual se extrahe um licor vinoso, e uma especie de assucar.

Murza. *m.* Murza; nome com que os povos de raça turca designam uma pessoa de elevado nascimento; v. g.: a um principe. E sem duvida a mesma voz qua o *mirza* dos persas.

Mus. *m.* Certo jogo de cartas, usado em algumas provincias da Hespanha.

Musa. *f.* Musa; cada uma das fabulosas deidades da antiguidade, que os poetas fazem habitadoras do monte Helicon ou Parnaso, presididas por Apollo, e lhes attribuem o influxo nas sciencias e artes liberaes, especialmente na poesia. *Musæ pierides:* — musa; o nume ou engenho poetico. *Musa. Entender la musa (fr. fig.)*, entender a musa; perceber a intenção ou malicia de alguem. *Callere. Soplar la musa;* soprar a fortuna; ganhar ao jogo. *In ludo lucrum facere.*

Musar. *n.(ant.)*Esperar, aguardar.

Musaraña. *f.* Musaranho; rato venenoso, cujas especies se encontram em toda a parte do globo. Por extensão dá-se este nome a qualquer insecto ou animal pequeno: — figurilha; pessoa de má figura, contrafeita e ridicula. *Larva, æ:* — especie de nuvemzinha que se põe diante dos olhos. *Volantes fili. Mirar a las musarañas (fr. fam.);* ver o mar estando na terra; olhar a outra parte differente d'aquella para que se deve, por estar distrahido. *Pensar en las musarañas (fr. fig.);* pensar na morte da bezerra; estar abstracto, não prestar attenção ao que se diz ou faz. *Alia agere, muscas captare:* — *(ant.)* burla, chalaça.

Muscardina. *f.* Muscardina; doença dos bichos de seda, que destroe os casulos.

Muscari. *m. (bot.)* Muscari; genero de plantas da familia das liliaceas.

Muscivoro, ra. *adj. (zool.)* Muscivoro; que se alimenta de moscas ou que as come.

Musco. *m.*V. *Musgo, Almiscle, Almisclera:* — *adj.* fusco, pardo escuro.

Muscolojía. *f. (bot.)* Muscologia; parte da botanica, que trata dos musgos.

Muscosidad. *f.* Muscosidade; especie de felpa que se acha no ventriculo dos animaes.

Musculado, da. *adj. (art.)* Musculado; que tem musculos bem carnudos e pronunciados; diz-se da figura ou estatua.

Muscular. *adj.* Muscular; que pertence aos musculos.

Musculatura. *f.* Musculatura; conjuncto dos musculos do corpo humano. Usa-se em bellas artes: — natural disposição dos musculos do homem e dos animaes.

Músculo. *m. (anat.)* Musculo; orgão fibroso, carnudo e contractil. Os musculos são orgãos principaes do movimento dos animaes: — *(zool.)* musculo; especie de cetaceo de uns oitenta pés de comprido. É viviparo: — *(mil.)* musculo; machina de guerra de que se serviam os antigos para defender o corpo, quando íam tomar alguma praça.

Musculoso, sa. *adj.* Musculoso; provido de musculos. *Musculosus, a, um:* — musculoso; bem provido de musculos, robusto, vigoroso.

Muselina. *f. (comm.)* Musselina; tecido fino de algodão.

Museo. *m.* Museu; academia ou logar onde se estudam as letras, sciencias e bellas artes. *Museum, i:* — museu; casa onde estão guardados os preciosos productos da natureza e da arte, livros, medalhas, etc. *Museum:* — V. *Monetario:* — museu; templo das musas: — *(hist. ant.)* museu; escola celebre de grammatica e de philosophia: — *adj.* museu; que é proprio das musas.

Musequí. *m. (ant.)* Correia ou cousa analoga que serve para sujeitar ou prender.

Muserin. *m.* Muserim; nome que entre si dão os turcos aos que professam o atheismo.

Muserola. *f.* Focinheira; correia da cabeçada do cavallo.

Musgaño. *m.* V. *Musaraña.*

Musgar. *n.* Abaixar o cavallo as orelhas, intentar morder ou atirar couces.

Musgo. *m. (bot.)* Musgo; classe de plantas acotyledoneas, annuaes ou vivazes: — movimento de orelha e de focinho, que faz um cavallo quando quer atirar couces.

Musgoso, sa. *adj.* Musgoso ou muscoso; coberto de musgo. *Muscosus, a, um.*

Musiar. *n. (ant.)* Queixar-se, fazer queixumes.

Música. *f.* Musica; arte que ensina o canto e o jogo de instrumentos harmoniosos. *Musica, æ:* — musica; producção d'esta arte, ou composição musical: — musica; arte de compor ou de executar a musica: — musica; execução da musica, com a voz ou com algum instrumento: — musica; companhia de musicos de profissão, que costumam tocar ou cantar juntos: — *(fig.)* musica; certos sons agradaveis ou desagradaveis: — musica, dissonancia, ruido mui desagradavel; diz-se por antiphrase. *Dissonantia, æ:* — musica; collecção de papeis, cadernos ou livros em que estão escriptas as composições musicaes: — *a concierto.* V. *Concierto:* — *armónica.*V. *Música vocal:* — *celestial (fig. fam.);* musica celestial; diz-se das boas palavras que não crê quem as diz nem quem as ouve: — *coreada;* musica composta para cantar em côro. *Musica choris apta:* — *instrumental;* musica instrumental; a que é composta só para instrumentos: — *llana.*V. *Canto llano:* — *mesurable.*V. *Canto de órgano:* — *ratonera (fam.);* musica ratona, mal executada, má e desentoada. *Dissona musica:* — *rítmica*, musica de instrumentos de corda: — *vocal*, musica vocal; a que é composta para vozes, só ou acompanhada de instrumentos: — *y acompañamiento (loc. fam.);* diz-se da gente ordinaria, do povo miudo, em alguma festa ou concurso, por opposição á gente grauda, fina ou elevada. *Turba, æ. Con la música á otra parte (fr. fam.);* vá prégar a outra parte; usa-se para despedir ao que vem importunar ou encommodar. *Lyram aliò aducas. Dar música á un sordo (fr.);* fallar a surdos, prégar no deserto; trabalhar em vão por persuadir alguem. *Surdo canere. No entender la música (fr. fig. fam.);* não entender a musica, fazer ouvidos de mercador. *Non audire, surdo canere.*

Musical. *adj.* Musical; pertencente á musica. *Musicus, a, um.*

Músicalmente. *adv. m.* Musicalmente; de uma maneira musical.

Músico, ca. *adj.* Musico, harmonioso; concernente á musica. *Musicus, a, um:* — *s.* músico; cantor, tocador de instrumento. *Musicus, i:* — musico; compositor de musica. *Musicus, i.*

Musicógrafo. *m.* Musicographo; instrumento para escrever musica.

Musicomanía. *f. (med.)* Musicomania; mania que consiste n'um gosto apaixonado pela musica.

Musicomano, na. *s.* V. *Melomano.*

Musiquí. *m. (ant.)* Adorno de mulher; parte da manga, talvez o punho. Usava-se mais no plural, *Musiquies.*

Musiquilla, ta. *f. dim.* de *Música.* Musicasinha, musiqueta.

Musiquillo, to. *m. dim.* de *Músico.* Musicosinho, musiquim.

Musitacion. *f.* Mussitação, murmuração; acção de mussitar: — *(med.)* mussitação; nome que se dá a certo movimento dos labios, durante o qual parece que o enfermo falla em voz baixa, mas sem poder pronunciar claramente as palavras.

Musitador, ra. *s.* Mussitador; o que mussita ou falla em voz baixa ou entre dentes.

Musitar. *n.* Mussitar, murmurar; fallar entre dentes, ou em voz baixa. *Mussitare.*

Muslera. *f.* Coxote; parte da armadura antiga que cobria as coxas.

Muslo. *m.* Coxa; parte do corpo animal desde o quadril até á curva da perna. *Femur, femen:* —*pl.* calções; vestuario que cobre o homem desde a cintura até abaixo dos joelhos, onde aperta com fivella ou laço de fitas. Em castelhano é mais usado hoje dizer *calzones,* e em portuguez antiquado tambem se dizia muslos. *Femoralia.*

Musmon. *m.* Animal bastardo, filho de cabra e de carneiro.

Muso. *m. (ant.)* V. *Hocico.*

Musocarpo. *m. (bot.)* Musocarpo (*fructo da bananeira);* genero de plantas fosseis.

Musolepsia. *f.* Musolepsia; termo empregado por alguns escriptores em logar de metromania, furor poetico.

Musomanía. *f.* V. *Musicomanía.*

Musquerola. *adj.* Muscatel; diz-se de certa qualidade de peras.

Mussaf. *m. (rel.)* Mussaf; oração que fazem os judeus modernos no primeiro dia de cada mez, aos sabbados e no primeiro do anno.

Musselim. *s.* Musselim; official turco, logar-tenente de um baxá.

Mustaco. *m.* Especie de torta de farinha amassada com mosto, manteiga e outras cousas.

Mustechar. *m.* Mustechar; titulo de uma diguidade na Turquia.

Mustela. *f. (ant.)* V. *Comadreja.*

Mustelinos. *m. pl. (zool.)* Mustelinos; familia de mammiferos, cujo typo é o genero doninha.

Mustelo. *m. (zool.)* V. *Mendola.*

Mustí. *m.* V. *Muftí.*

Mustiamente. *adv. m.* Tristemente, melancolicamente, languidamente; com tristeza e abatimento. *Mœstè, languidè.*

Mustio, tia. *adj.* Murcho, languido. *Luridus, a, um:* — *(fig.)* murcho, desanimado, triste, melancolico. *Languidus, a, um.*

Musulman. *m.* Musulmano; nome que se dá aos mahometanos, que entre elles significa verdadeiro crente: — *adj.* musulmano; concernente aos musulmanos.

Musulmanismo. *m.* V. *Islamismo.*

Musurjia. *f. (mus.)* Musurjia; arte que ensina a empregar a tempo as consonancias e dissonancias.

Muta. *f.* Matilha de cães de caça.

Mutabea. *f. (bot.)* Mutabea; genero de plantas da familia das ebenaceas.

Mutabilidad. *f.* Mutabilidade; qualidade de ser mudavel. *Mutabilitas, atis.*

Mutable. *adj. (ant.)* V. *Mudable.*

Mutacion. *f.* Mutação, mudança. V. *Mudanza:* — mutação; mudança de scena, variando a decoração. *Scenicæ mutationes:* — mutação; mudança de estação em certo tempo do anno, que se nota em muitos paizes. *Temporis mutationes.*

Mutanza. *f.* V. *Mudanza:* — *(mus.)* mutança; mudança de voz sem saír do signo.

Mutila. *f. (zool.)* Mutilla; genero de insectos hymenopteros.

Mutilacion. *f.* Mutilação; acção e effeito de mutilar. *Mutilatio, onis.*

Mutilar. *a.* Mutilar; cortar algum membro. *Mutilare:* — mutilar; tirar ou cortar alguma parte ou porção de outra qualquer cousa. *Mutilare, imminuere:* — mutilar, castrar; diz-se por ampliação.

Mútis. *m.* Palavra usada pelo ponto do theatro, para expressar que uma ou mais personagens que estão na scena, devem saír d'ella.

Mutisia. *f. (bot.)* Mutisia; genero de plantas da familia das compostas.

Mutisiáceo, cea. *adj. (bot.)* Mutisiaceo; parecido com a mutisia: — *f. pl.* mutisiaceas; tribu de plantas da familia das compostas.

Mutismo. *m.* V. *Mudez.*

Muto. *m. (zool.)* Especie de gallinha do Brazil.

Mutual. *adj. (inus.)* V. *Mútuo.*

Mutualidad. *f.* Mutuação; estado do que é mutuo: — mutuação, reciproca prestação: — *(comm.)* systema de sociedades ou companhias de seguros mutuos.

Mutualmente. *adv.* V. *Mútuamente.*

Mútuamente. *adv. m.* Mutuamente; com reciprocidade, um ao outro. *Mutuò.*

Mutuante. *m. (for.)* Mutuante; o que dá em mutuo.

Mutuario, Mutuatario, ria. *m. (for.)* Mutuario; o que recebe ou pede emprestado.

Mútulo. *m. (arch.)* Mutulo; modilhão quadrado na cornija da ordem dorica.

Mútuo, **tua**. *adj.* Mutuo; reciproco entre duas ou muitas pessoas, entre duas ou mais cousas. *Mutuus, a, um. En senanza mútua.* V. *Enseñanza:* — *m. (for.)* mutuo; emprestimo cuja restituição deve ser feita no mesmo genero da cousa emprestada para uso. *Mutuum, i.*

Muy. *adv. m.* Mui; junta-se sempre a algum nome positivo, adverbio ou locução adverbial, e dá-lhes grau superlativo. *Valdè, maximè, longè:* — muito, o mais possivel. *Admodùm, impensè, longè.*

Muyer. *f. (ant.)* V. *Mujer.*

Muz. *(naut.)* Remate do talhamar.

Muzárabe. *adj.* V. *Mozárabe.*

Muzlemia. *f. (ant.)* Mourisma; mouros, gente de Mourama.

Muzlemo, **ma**. *adj.* Muzlemo, rustico, barbaro.

Muzo. *m.* Roxo; madeira com veios roxos e pretos, mui forte e estimada para fazer moveis.

N. Decima sexta letra do alphabeto hespanhol, e duodecima das consoantes: — N; substitue um nome desconhecido. *De N;* de um tal: segundo o uso. *Cosa de N;* cousa vaga e applicavel a muitos. *Gratificacion, pedimiento, carta de N;* gratificação, pedido, carta ordinaria, de uso constante.

Na. *adj.* V. *La:* — *(ant.)* na. V. *En la.*

Naalianos. *m. pl. (rel.)* Naalianos; sectarios gnosticos, cujas opiniões eram quasi em tudo conformes ás dos valentinianos.

Naba. *f. (bot.)* Nabo redondo; variedade de nabo, que se cultiva menos que a commum.

Nabab. *m.* Nababo; titulo que se dá na India aos encarregados do governo de uma cidade, districto ou provincia, ou do commando do exercito. Depois da invasão de Nadir Shah, no imperio Mogol, se declararam os nababos independentes, porém ao presente estão todos submettidos aos inglezes. Muitas pessoas se attribuem o titulo de nababos sem o menor direito. Diz-se tambem, por zombaria, dos inglezes que têem desempenhado cargos importantes, ou feito o commercio na India, d'onde hão voltado com grandes riquezas, e que vivem com esplendor oriental.

Nababia. *f.* Nababia; dignidade de nababo: — nababia; territorio submettido á jurisdicção de um nababo.

Nabal, **Nabar.** *adj.* Pertencente aos nabos ou ao que se faz com elles. *Naparius, a, um:* — *m.* nabal; terra plantada ou semeada de nabos. *Napetum napina.*

Nabalo. *m. (bot.)* Nabalo; genero de plantas, de flores compostas, que corresponde á tribu das lactuceas.

Nabateo, **tea.** *adj.* Nabatheo; natural de Nabathea, região da Asia. *Nabatheus, a, um.*

Nabato. *m. (germ.)* Espinhaço.

Nabería. *f.* Caldo de nabos. *Jusculum naporum:* — logar onde se vendem nabos.

Nabero, **ra.** *s.* Vendedor de nabos.

Nabicula. *f. (zool.)* Nabicula; genero de insectos hemipteros, da tribu dos reduvios.

Nabide. *m. (zool.)* Nabide; genero de insectos hemipteros, da tribu dos reduvios.

Nabina. *f.* Semente de nabo. *Brassicæ napi semen.*

Nabirop. *m. (zool.)* Nabirop; especie de melro do cabo da Boa Esperança.

Nabis. *m. (zool.)* V. *Nabide.*

Nabit. *m. (ant. pharm.)* Assucar candi reduzido a pó, de que se usava para curar certas doenças dos olhos.

Nabiza. *f.* Nabiça, nabo pequeno, de sequeiro, ou a folha tenra do nabo quando começa a crescer. Usa-se mais no plural: — *pl.* cabeças de nabos tenras.

Nabla. *f.* Nabla; especie de psalterio dos hebreus, em figura de um escudo quadrado, segundo o descreve S. Jeronymo. *Nabium, organum laudatorium.*

Nablio. *m. (mus. ant.)* V. *Nabla.*

Nablonio. *m. (bot.)* Nablonio; genero de plantas da familia das compositas.

Nabo. *m.* Nabo; raiz e planta comestivel. *Brassica napus:* — nabo; raiz, cabeça de nabo. *Napus, rapa:* — perna, pau onde assentam os degraus da escada. *Cylindrus, i:* — tronco da cauda das cavalgaduras, *Caudæ truncus:* — *(germ.)* embargo. *Arráncate nabo;* jogo de rapazes, em que um procura levantar a outro que está sentado no chão.

Nabinasáreo, **rea.** *adj. (chron.)* Nabonasaceo; que corresponde á era de Nabonassar.

Naboria. *f. (p. A.)* Naboria; indio livre que se empregava no serviço domestico.

Nabu. *m. (chron.)* Nabu; nome que alguns calendarios dão ao primeiro mez dos arabes; corresponde approximadamente ao nosso setembro.

Naburup. *m. (zool.)* Naburup; ave que se encontra na Africa, e tem o tamanho do melro commum.

Nacani. *m. (bot.)* Nacani; semente pequena e negra da India, que tem o mesmo gosto do centeio, e de cuja farinha se faz pão.

Nácar. *m.* Nacar; madreperola trabalhada. *Mytili margaritiferi testa elaborata:* — nacar; côr de nacar. *Quod margaritarum callum refert:* — nacar; o que tem côr de nacar. *Roseus color.*

Nácara. *f. (ant.)* Nacara; instrumento musico antigo, especie de nabla.

Nacarado, da. *adj.* Nacarado; da côr de nacar: — nacarado; enfeitado de nacar. *Roseus, a, um.*

Nacarino. *adj. (poet.)* V. *Nacarado.*

Nacaron. *m. (com.)* Nacarão; nacar ordinario.

Nacela. *f. (arch.)* Nacella, scocia; moldura de perfil cavado que se põe nas bases das columnas.

Nacencia. *f. (ant.)* Nacença, nascença, nascimento. V. *Nacimiento:* — nascida, tumor, abcesso.

Nacer. *n.* Nascer; saír o animal do ventre materno. *Nasci:* — nascer, produzir, germinar. *Nasci, germinare:* — — nascer; vir o cabello ou as pennas ao animal. *Pronasci, originem ducere:* — nascer; descender de alguma familia ou linhagem: — nascer, começar a apparecer; diz-se dos astros e planetas. *Nasci, oriri:* — *(fig.)* nascer; trazer origem, principio. *Originem ducere, oriri:* — nascer, rebentar, brotar; diz-se das fontes ou rios. *Profluere, scaturire:* — nascer; crear-se em costume: — nascer; principiar ou começar uma cousa de outra, como se d'ella saísse. *Exsurgere, exoriri:* — *(fig.)* nascer; inferir-se uma cousa de outra. *Inferri, oriri:* — *(fig.)* nascer, saír, apparecer. *Apparere:* — nascer; ser proprio para algum fim. *Nasci ad:* — nascer, saír, brotar da terra, germinar as sementes. *Pullulare, pullulascere. Haber nacido tarde;* haver nascido tarde; ser inexperiente. *Tarde in lucem editum esse, mundo advenisse. No con quien naces sino con quien paces (rif.);* não com quem nasces senão com quem pasces; a pratica do mundo vale mais que a educação. *No le pesa de haber nacido (fig.);* não lhe pesa de haver nascido; tem bastante amor proprio. *Suis quemque bonis delectari. Quien antes nace antes pace (rif.);* quem primeiro ande primeiro gana. *Yo nací primero;* eu sou mais velho, mereço o primeiro logar. *Prior sum ætate.*

Nacerdo. *m. (zool.)* Nacerdo *(nocivo);* genero de insectos coleopteros heteromeros, da familia dos stenelytros, composto de 29 especies.

Nacianceno, na. *adj.* Nazianzeno; natural de Nazianzo.

Nacianzeno, na. *adj.* V. *Nacianceno.*

Nacibea. *f. (bot.)* Nacibea; genero de plantas da familia das rubiaceas.

Nacido, da. *adj.* Nascido, natural. *Naturalis, le:* — nascido; proprio para algum fim. *Natus, aptus:* —*m.* nascida, tumor, abcesso. *Abcessus, apostema, tumor:* —*pl.* homens, mortaes, genero humano. *Nati. Bien nacido;* bem nascido, nobre. *Claro sanguine natus, ortus. Mal nacido;* mal nascido, plebeu. *Viene como nacido;* vem ao pintar, não pôde convir melhor. *Aptus, a, um.*

Naciente. *p. a.* e *adj.* Nascente; que nasce. *Nascens, oriens, pullulans, germinans.*

Nacimiento. *m.* Nascimento; acção e effeito de nascer. *Ortus, natalis:* — nascimento; natividade de Jesus Christo. *Natalis, nativitas Domini:* — nascimento, germinação; acção de nascerem as sementes. *Germinatio, onis:* — logar natal, patria. *Locus natalis:* — nascimento; principio, ou tempo em que começa alguma cousa: — presepio; logar onde se representa o nascimento de Jesus Christo. *Natalis Domini repræsentatio artificiosa:* — nascimento, saida dos astros sobre o horisonte. *Ortus, us:* — nascimento, origem, descendencia. *Ortus, origo:* — nascimento, causa, principio. *Origo, principium, caput, fons. De nacimiento (mod. adv.);* de nascimento, de nascença. *A nativitate.*

Nacion. *f.* Nascimento, nascença. *Nativitas, atis:* — nação; a gente de um paiz ou região, que tem lingua, leis e governo á parte. *Natio, gens:* — homem de nação, estrangeiro. *Exteræ gentis homo. De nacion (mod. adv.);* de nação, natural de: *(ant.)* V. *Naturalmente.*

Nacional. *adj.* Nacional; proprio de uma nação, ou que pertence á mesma. *Gentilitius, nationalis.*

Nacionalidad. *f.* Nacionalidade; caracter nacional. *Afectus patrius, nationis proprietas.*

Nacionalmente. *adv. m.* Nacionalmente; com nacionalidade. *More patrio.*

Nacir. *m.* Nacir; tribunal da Persia, encarregado de rever as providencias dos outros tribunaes, que julgam os interesses da fazenda publica.

Naclia. *f. (zool.)* Naclia; genero de insectos lepidopteros, da tribu dos lithosidos.

Naco. *m. (p. A.)* Naco ou pedaço de tabaco de rolo para mascar ou para cortar e fazer cigarros.

Nacrita. *f. (min.)* Nacrita; silicato de alumina e de potassa, de côr branca nacarada, composto de pequenas laminas reunidas ou separadas, e muito parecido com o talco.

Nach. *m.* Nach; decima quarta letra do alphabeto slavo e russo.

Nachal. *m. (chron.)* Nachal; nome que os armenios dão ao quarto mez do seu anno; corresponde approximadamente a janeiro.

Nacho, cha. *adj. (p. Ast.)* V. *Romo, chato.*

Nada. *f.* Nada; carencia absoluta de qualquer cousa. *Nihil:* — nada, cousa nenhuma. *Nihil, nihilum:* — nada, pouco, muito pouco. *Parum, nihil:* — *adv.* nada; de nenhuma maneira, de nenhum modo. *Nihil, nullatenus:* — *entre dos platos (fam.);* nada entre dois pratos. *Nihil rei:* — *menos;* nada menos, ou menos que isso. *Nihil minus. Como quien no dice nada (fam.);* como se nada dissesse. *Quasi si nihil diceret. Mas vale algo que nada;* mais vale pouco que nada. *Saltem aliquid eligendum præ nihilo. No digo nada;* não digo nada, vá lá, permitto. *Prætermitto, permitto. No es nada;* não é nada, é quasi nada. *Quasi nihil esset. No ser nada;* não ser nada, não valer de nada. *Nihil rei esse.*

NADADERA. *f.* Nadadeira; qualquer das boias para aprender a nadar. *Instrumenta ad natandum:* — barbatana. V. *Aleta,* na segunda accepção.

NADADERO. *m.* Nadadouro; logar proprio para nadar. *Natatoria, natabula.*

NADADOR, RA. *adj.* e *s.* Nadador; o que nada. *Natator, urinator. El mejor nadador es del agua (rif.);* o melhor nadador é da agua; os valentes são os que morrem mais depressa: — *(zool.)* nadador; epitheto dado ao animal que vive na agua: — *pl.* nadadores; tribu de crustaceos decapodas brachyuros, que comprehende os que têem os tarsos posteriores em fórma de barbatanas: — nadador; ordem de mammiferos, que corresponde aos cetaceos: — nadador; tribu de polipeiros corticaes, que comprehende os que podem andar e correr por agua: — nadador; familia de roedores, composta dos que têem os dedos das patas trazeiras reunidos por uma membrana: — *f. pl.* nadadoras; nome dado por alguns naturalistas a uma ordem de aves, que comprehende varios generos aquaticos.

NADADURA. *f. (ant.)* Nadadura; acção de nadar. *Natatio, urinatio.*

NADAL. *m. (ant.)* V. *Navidad.*

NADANTE. *p. a.* de *Nadar,* e *adj.* Nadante; que nada. *Nans, natans.*

NADAR. *n.* Nadar; suster-se sobre as aguas do mar ou rio, dando com os braços e pés. *Natare:* — nadar, boiar; andar vagando uma cousa sobre a agua. *Supernatare:* — nadar, estar sobre. *Supernatare:* — *(fig.)* nadar; abundar em alguma cousa. *Superabundare:* — *(fig.)* nadar; estar muito largo ou folgado. *Nimis laxum esse.*

NADELERZ. *m. (min.)* Nadelerz; triplo sulphuro de chumbo, de enxofre e de bismutho: — nadelerz; tambem se deu este nome aos mineraes de cobre pardo bismutifero.

NADELSTEIN. *m. (min.)* Nadelstein, rutilo. V. *Rutilo.*

NADER. *m. (hist.)* Nader; chefe dos eunucos da côrte do grão Mogol.

NADERÍA. *f. (ant.)* Ninharia; bagatella, cousa de pouca importancia.

NADI. *pron. ind. (ant.)* V. *Nadie.*

NADIE. *pron. ind.* Ninguem; nenhuma pessoa. *Nemo, nullus.*

NADIR. *m. (astron.)* Nadir; ponto da esphera celeste, que está debaixo de nossos pés, diametralmente opposto ao vertical ou zenith. *Punctum cœli sub terra ex diametro oppositum vertici capitis nostri:* — *del sol;* nadir do sol; grau contrario ou diametralmente opposto ao que occupa ou em que está na ecliptica este astro, que varia segundo seu movimento natural. *Gradus eclipticæ ex diametro soli oppositus.*

NADO. *m.* Nado; acção de nadar. *Á nado;* a nado; em acção de nadar. *Natatio, transnatus:* — *p. irreg. (ant.)* de *nacer;* nado, nascido. *Á nado (mod. adv. fig.);* com difficuldade e grande trabalho. *Enatando evadere. Echarse a nado (fig.);* deitar-se a nado, aventurar-se, arriscar-se a uma empreza.

NAFA. *f. (p. Murc.)* Agua de flor de laranja. V. *Azahar.*

NAFACA. *f. (ant.)* Custo, gasto.

NAFTA. *f.* Naphta; especie de betume muito subtil que se encontra sobrenadando. *Naphta, æ.*

NAFTALASA, NAFTALESA. *f. (chim.)* Naphtalasa ou naphtalesa; producto obtido pela acção do chloro, bromo e iodo sobre a naphtalina.

NAFTALINA. *f. (min.)* Naphtalina; substancia branca, amarellada ou esverdinhada, que se apresenta em fórma de grãos crystallinos ou laminas rhomboedricas, friavel, de brilho um tanto nacarado, diaphano ou transparente, sem sabor nem cheiro, insoluvel na agua e soluvel no alcool.

NAFTEINA. *f. (min.)* Naphteina; betume amarello esverdinhado e transparente, que exposto á luz converte-se em amarello arroxeado semi-diaphano.

NAGA-MUSADIO. *m. (bot.)* Naga-Musadio; arvore da India, da familia das rubiaceas.

NAGATO. *m.* Nagato; nome dos astrologos ou augures de Ceylão.

NAGER. *m. (chron.)* Nager; nome do segundo mez dos antigos arabes, correspondente a abril.

NAGGERATIA. *f. (bot.)* Naggeratia; genero de vegetaes fosseis que se encontra nas camadas anteriores á formação da creta.

NAGOR. *m. (zool.)* V. *Nangor.*

NAGUAL. *m. (p. Mex.)* Feiticeiro, nigromantico; tem particular uso entre os indios.

NAGUAS. *f. pl.* V. *Enaguas.*

NAGUATAFE. *m. (p. Mex.)* Interprete.

NAGUELA. *f. (ant.)* Cabana, choça, choupana. *Tugurium, casa.*

NAHHAR. *m. (chron.)* Nahhar; entre os mahometanos o ultimo dia do mez do anno, em que se faz o sacrificio em Meca.

NAHIR. *m. (chron.)* Nahir; nome dado em alguns calendarios ao undecimo mez dos arabes; corresponde approximadamente ao de julho.

NAIBE. *m.* Naibe; doutor da lei, que nas Maldivas tem a inspecção das leis e da religião.

NAIDE. *pron. ind. (ant.)* V. *Nadie.*

NAIFE. *f.* Diamante em bruto. *Impolitus adamas.*

NAINEREIDOS. *m. pl. (zool.)* Naineréidos; familia de anelidos chetopodas, creada para comprehender o genero neris que lhe serve de typo.

NAIPE. *m.* Carta de jogar. *Charta picta lusoria:* — *de mayor;* carta collocada com desigualdade para fazer trapaça: — *de tercio;* carta que os fulheiros põem desigual na terça parte do baralho. *Acudir el naipe a alguno (fr.);* acudir o jogo. *Cortar el naipe;* partir o baralho. *Chartas lusorias dividere. Dar bien ó mal el naipe;* ser favoravel ou contraria a sorte. *Faustam aut infaustam sortem experiri. Dar el naipe;* ser feliz ao jogo. *Dar el naipe a alguno para alguna cosa;* ter habilidade e destreza para fazer alguma cousa. *Estar como el naipe;* estar magro e secco, ou frouxo e brando. *Nimis gracilem esse vel attritum. Florear el naipe;* preparar o baralho para fazer trapaças. *Chartas lusorias dolosè ordinare, disponere. Tener buen ó mal naipe;* ter bom ou mau jogo: — *(hist.)* juiz de paz entre os turcos. Os gregos modernos assim chamam ao substituto do cadí.

NAIR. *m. (chron.)* V. *Nahir.*

NAIRANJIA. *f.* Nairangia; especie de adivinhação astrologica usada entre os arabes, e fundada nos diversos phenomenos do sol e da lua.

NAIRE. *m.* Naire; o que cuida nos elephantes e os adestra. *Elephantum magister.*

NAIS. *m. (zool.)* Nais; genero de annelidos chetopodas, caracterisados por seu corpo comprido, filiforme, achatado, provido de dois appendices cetaceos e muito similhante ao das nereidas e lombrigas: — nais; genero de insectos nevropteros, da familia dos phryganidos.

NAJARSE. *r. (germ.)* Escafeder-se, escapulir-se.

NAJELFLUH. *m. (min.)* Nagelphluh; nome dado ao gonpholito, que se encontra nos Alpes allemães.

NAJER. *m. (zool.)* V. *Nangor.*

NAJI. *m. (bot.)* Nagi; genero de plantas do Japão, estabelecido para classificar uma arvore muito parecida, em seu aspecto e fructo, com a cerejeira.

NAKARONKIR. *m. (mit.)* Nakaronkir; espirito que Mafoma envia em sonhos aos culpados, para induzi-los ao arrependimento.

NAKCHI-KUSTAM. *m. (archeol.)* Nakchi-kustam; nome com que os archeologos designam os monumentos e inscripções das ruinas de Persépolis, que pertencem ao periodo sasánida.

NAKHL. *f. (hist.)* Nakhl; nome de certas pyramides de vime, adornadas de grinaldas, de bandeirolas de papel dourado, etc., que formam parte dos presentes da boda feitos a uma joven turca. Os nakhles põem-se no quarto nupcial, onde ficam durante a noite das bodas.

NAKIB. *m. (hist.)* Nakib; chefe ou cabeça dos emires ou parentes de Mafoma, encarregados de levar o estandarte do propheta. Tem o direito de vida e de morte sobre todos que lhes estão sujeitos, porém nunca faz aos da sua linhagem a affronta de faze-los morrer publicamente.

NALAGU. *m. (bot.)* Nalagu; genero de plantas para classificar um arbusto do Malabar.

NALGA. *f.* Nalga, nadega; parte carnosa acima da coxa, sobre que nos assentâmos. *Clunis, nates.*

NALGADA. *f.* Nalgada: — presunto; a carne da anca do porco. V. *Pernil. Petaso, onis:* — nalgada; golpe dado com a nadega.

NALGATORIO. *m. (fam.)* Ambas as nadegas. *Nates, clunes.*

NALGUDO, DA. *adj.* Nadegudo; com gordas e grandes nadegas. *Natibus crassus.*

NALGUEAR. *n.* Andar de cuadas, mexer muito as nadegas ao andar. *Nates movere.* V. *Anadear.*

NALGUICA, LLA, TA. *f. dim.* de *Nalga.* Nalgasinha, nadegasinha; pequena nadega.

NALIMÉ. *m. (zool.)* Nalimé; peixe da Siberia, parecido, no gosto e na fôrma com o bacalhau.

NAMA. *f. (bot.)* Nama; genero de plantas da familia das hydroleaceas, cujas especies são hervas ou arbustos.

NAMANDA. *m.* Namanda; oração ou prece habitual de uma confraria de Amidas, que chama os transeuntes com uma campainha, a fim de que o espectaculo d'esta devoção os anime a fazer alguma esmola. Os irmãos d'esta confraria recolhem ordinariamente muitas esmolas, porque o objecto do namanda é alliviar as almas do outro mundo.

NAMA-NEUSADIA. *m. (bot.)* Namaneusadia; arvore das Indias Orientaes, cuja cortiça e raizes se empregam para curar a mordedura do naja ou vibora de oculos.

NAMAZ, NAMAZI. *m. (hist.)* Namaz ou Namazi; reza que os turcos têem obrigação de fazer cinco vezes nas vinte e quatro horas.

NAMBEO Y NAMBETI. *m. (myth.)* Nambeo e Nambeti; especie de sacerdote, entre os naturaes do archipelago de Viti. Vivem debaixo da dependencia de um pontifice, que tem tres mulheres e possue grandes riquezas.

NAMBURI. *m. (hist.)* Namburí; grande sacerdote do Malabar; membro da primeira ordem de sacerdotes.

NAMESTRICH. *m. (hist.)* Namestrich; titulo dos antigos principes da Lithuania.

NAMIERSTEIN. *m. (min.)* Namierstein; rocha composta de feldspatho, quartzo e mica, na qual se encontram granates.

NAMURÉS, SA. *s.* Namurez; natural de Namur: — *adj.* namurez; pertencente á cidade de Namur ou a seus habitantes.

NAN. *m.* Nan; especie de mosca commum da Laponia, que serve de amuleto para perservar de toda a sorte de doenças.

NANA. *f. (ant.)* Mulher casada e mãe *(p. Mex.)* V. *Nodriza.*

NANAL. *m. (bot.)* Nanal; especie de roseira, de cuja haste se servem os indios, como adorno, em fôrma de pluma.

NANÁNTEA. *f. (bot.)* Nanante *(flor anã);* genero de plantas da familia das compositas, cujas especies são her vas pequenas originarias de diversos mares.

Nanceato. *m. (chim.)* Nanceato; sal produzido pela combinação do acido nanceico com uma base salificavel. Designa-se mais commummente com o nome de lactato.

Nancéico, ca. *adj. (chim.)* Nanceico; diz-se de um acido que se forma durante a fermentação das materias vegetaes.

Nandi. *m. (lit. india)* Nandi; primeira parte de um drama; consiste em uma supplica ou invocação.

Nandina. *f. (bot.)* Nandina; genero de plantas da familia das berberideas, cujas especies são arbustos lisos, de folhas alternas, ovaes, lanceoladas e de flores brancas.

Nandiróbeas. *f. pl. (bot.)* Nandirobeas; tribu de plantas da familia das cucurbitaceas.

Nandsjoke. *m. (bot.)* Naudsjoke; arbusto do Japão, muito notavel pelo cheiro que exhalam suas flores.

Nandú. *m. (zool.)* Nandú; genero de peixes acanthopterygios da familia dos percoideos, composto de uma só especie: — nandú; especie de aves pernaltas do genero avestruz. Encontra-se no Brazil, Chili, Perú e Magalhães.

Nanekismo. *m. (rel.)* Nanckismo; culto instituido por Nanek; é uma reunião do brahmismo e do islamismo, e admitte ao mesmo tempo os Vedas e o Alcorão.

Nangor. *m. (zool.)* Nangor; sub-genero de mammiferos ruminantes do genero antilope.

Nani. *m. (bot.)* Nani; arvore notavel pela natureza de sua madeira, cuja dureza quando secca é tão grande, que resiste a toda a sorte de instrumentos, por cujo motivo se torna necessario molha-la para a trabalhar.

Nanisco. *m. (zool.)* Nanisco *(pastelinho)*; genero de insectos coleopteros pentameros da familia dos lamellicornes, composto de uma só especie.

Nanismo. *m. (physiol.)* Nanismo; anomalia ou monstruosidade que caracterisa os anões.

Nanna. *f. (bot.)* Nanna; planta da America, cujo fructo tem a polpa similhante á alcachofra e o gosto muito parecido com o da pera.

Nano, na. *(ant.)* V. *Enano.*

Nanodea. *f. (bot.)* Nanodea; genero de plantas da familia das santalaceas, cujas especies são hervas oriundas do Brazil.

Nanofia. *f. (zool.)* Nanofia *(anão)*; genero de insectos nevropteros da familia dos libelulios, composto de uma só especie: — genero de insectos coleopteros tetrameros, da familia dos curculionidos.

Nansa. *f.* Tanque pequeno para ter peixes.

Nantar. *a. (ant. p. Ast.)* Augmentar, acrescentar. *Augere.*

Nantilda. *f. (zool.)* Nanthilda; genero de insectos lepidopteros nocturnos da tribu dos pyralidos.

Nao. *f.* Nau. V. *Nave.*

Naochero. *m. (ant.)* Piloto da nau. V. *Nauclero.*

Napa. *f. (germ.)* V. *Nalga.*

Napea. *f. (mit.)* Napea; qualquer das nymphas que residiam nos bosques.

Napelo. *m. (bot.)* Napello; especie de plantas da familia das elaboraceas, que forma o typo do genero aconito.

Napiforme. *adj.* Napiforme; em fórma de nabo.

Napista. *m. (hist.)* Napista; nome dos gregos partidarios da Russia.

Napofito. *m. (bot.)* Napophito *(planta anã)*; genero de plantas da familia das chenopodeas, cujas especies são arbustos.

Napoleon. *m.* Napoleão; moeda franceza, com a effigie de Napoleão Bonaparte, do valor de vinte a quarenta francos: — napoleão; moeda de cobre marcada com a lettra N que vale dez centimos. Em Hespanha chamam-se napoleões ás moedas francezas de prata, de cinco francos, que ali valem dezenove reales.

Napoleonismo. *m.* Napoleonismo; systema politico de Napoleão: — napoleonismo; adhesão aos principios ou á pessoa de Napoleão.

Napoleonista. *m.* Napoleonista; partidario de Napoleão ou de sua politica.

Napolitano, na. *adj.* Napolitano; natural de Napoles: — *f.* reunião do ás, dois e tres do mesmo naipe no jogo dos tres settes: — *(fam.)* enfermidade venerea de má qualidade; e n'este sentido diz-se: *ese tiene la napolitana completa.*

Napon. *m. (art.)* Cordel com algumas boias que atravessa de um lado ao outro da almadrava, e em que se amarram os barcos que têem de trabalhar na mesma.

Naque. *m.* Companhia antiga de comicos ambulantes.

Naqueracuza. *f.* Canção popular.

Naranja. *f.* Laranja; fructo da laranjeira. *Aurantium, ii:* — laranja; bala do tamanho de uma laranja. *Globulus tormentarius in mali aurei similitudinem vel proportionem:* — *agria;* laranja azeda. *Aurantium, ii:* — *cajel;* V. *Naranja zajarí:* — *china;* laranja da China. *Aurantium, ii:* — *dulce;* laranja doce. *Aurantium, ii:* — *zajarí;* laranja enxertada. *Aurantium, ii. Media naranja;* meia laranja, cupula. V. *Cúpula. No estrujar tanto la naranja que amargue (rif.);* não espremer tanto a laranja que amargue; quem pede não deve ser importuno. *No se ha de exprimir tanto la naranja que amargue el zumo;* deve-se ser prudente, e não apertar muito com as cousas.

Naranjada. *f.* Laranjada; bebida doce feita de sumo de laranja. *Poma aurantia saccharo condita:* — laranjada; agua de laranja: — grosseria, dito grosseiro.

Naranjado, da. *adj.* Laranjado; côr de laranja. *Aureus, aurantius.*

Naranjal. *m.* Laranjal; pomar de larangeiras. *Locus aurantiis consitus.*

Naranjero, ra. *s.* Larangeiro; o que vende laranjas. *Pomorum aurantiorum venditor:* — *adj.* larangeiro; diz-se do canhão que leva a bala do calibre chamado laranja e do bacamarte de bôca de sino. *Scloppetum brevius et amplius:* — *f. (prov.)* larangeira; arvore que dá laranjas.

Naranjica, lla, ta. *f. dim.* de *naranja.* Laranjinha, laranja pequena. *Minutum pomum aurantium.*

Naranjico, llo, to. *m. dim.* de *Naranjo.*

Naranjo. *m.* Larangeira; arvore que produz laranjas. *Citrus auranteus:* — homem estupido e ignorante.

Naravelia. *f. (bot.)* Naravelia; genero de plantas da familia das ranunculaceas, cujas especies são sub-arbustos trepadores.

Narbonense. *adj.* Narbonense; pertencente á cidade de Narbona. *Narbonicus, a, um.*

Narbonés, sa. *adj.* Narbonez; natural de Narbona. *Narbonensis, e.*

Narcafto. *m. (pharm.)* Narcaphto; casca da arvore que dá incenso, e que se emprega como perfume nas molestias pulmonares.

Narceina. *f. (chim.)* Narceina; substancia particular que existe no opio.

Narcíseas. *f. pl. (bot.)* Narciseas; tribu de plantas monocotyledoneas, da familia das amaryllideas, cujas especies são herbaceas.

Narcisita. *f. (min.)* V. *Narciso.*

Narciso. *m.* Narciso; o que cuida demasiado do seu adorno e compostura, que presume de formoso, como enamorado de si mesmo: — narciso; flor da planta d'este nome, é branca e tem seis petalas, açafroada por dentro: — *(bot.)* narciso; genero de plantas da familia das amarilideas, tribu das narciseas, composto de trinta especies herbaceas, de flores formosas e de cheiro delicado, que crescem na Europa, excepto duas indigenas da Africa. Cultivam-se nos jardins como plantas de adorno, e gosam de propriedades medicinaes mui energicas. Suas principaes especies são: o narciso dos poetas; que cresce naturalmente nos prados e nos campos: cultiva-se como planta de adorno e possue propriedades medicinaes: o narciso junquilho; mui commum nos jardins por sua belleza e elegancia, cresce nos logares incultos, e suas flores têem um cheiro grato e suave que se usa muito em perfumarias: o narciso cheiroso; cresce espontaneamente em França, cultiva-se nos jardins, e exige bastante cuidado para preserva-lo do frio: — *(min.)* narciso; pedra preciosa que se assimilha á flor do mesmo nome, por seus veios, seu cheiro e sua transparencia.

Narcótico, ca. *adj. (med.)* Narcotico; diz-se do que tem virtude de adormecer ou entorpecer. Usa-se tambem como adjectivo substantivado. *Narcótico acre;* narcotico acre; diz-se dos venenos que irritam os tecidos e ás vezes os destroem, ao mesmo tempo que exercem acção no cerebro: — *(chim.)* narcotico; diz-se dos saes cuja base é a narcotina: — *(fig.)* narcotico; que causa somno, enfado e fastio; diz-se de um mau discurso, estylo de algum auctor, etc.

Narcotina. *f. (chim.)* Narcotina; principio crystallisavel que se extrahe do opio. Este alcaloide é inodoro e insipido, e apresenta-se em prismas romboidaes.

Narcotismo. *m. (med.)* Narcotismo; conjuncto dos effeitos causados pela acção das substancias narcoticas.

Nardíneas. *f. pl. (bot.)* Nardineas; familia de plantas gramineas, cujo typo é o genero nardo.

Nardino, na. *adj.* Nardino; que é composto de nardo, ou que participa de sua qualidade. *Nardinus, a, um.*

Nardo. *m.* Nardo; confeição aromatica feita das folhas da planta do seu nome: — *(bot.)* nardo; genero de plantas da familia das gramineas: — *indio (pharm.);* nardo indio; substancia vegetal que procede de Ceylão, e tem sido empregada como medicamento: — *(hist.)* nardo; perfume que os antigos extrahiam de certas plantas odoriferas. Com o nardo se perfumava a esposa no cantico de Salomão. Os romanos ricos perfumavam a cara e as mãos com o nardo, em seus festins. Finalmente com elle ungiu Santa Maria Magdalena os pés de Jesus Christo em casa de Simão *o Leproso.*

Nardoa. *f. (zool.)* Nardoa; genero de reptis ophidios, da familia dos pitonidos, composto de duas especies.

Nardosmia. *f. (bot.)* Nardosmia *(cheiro de nardo);* genero de plantas da familia das compostas, cujas especies são hervas vivazes.

Nardostáquide. *f. (bot.)* Nardostachyde *(espiga de nardo);* genero de plantas da familia das valerianas, cujas especies são hervas.

Naregamia. *f. (bot.)* Naregamia; genero de plantas da familia das meliaceas, cujas especies são arbustos.

Nares. *f. pl. (germ.)* Ventas.

Naricica, lla, ta. *f. dim.* de *Nariz.* Narisinho; nariz pequeno.

Naricio. *m. (zool.)* Naricio; genero de insectos coleopteros pentameros, da familia dos lamellicornes.

Narigon. *m. aug.* de *Nariz.* Narigão; grande nariz: — *adj.* narigudo, nariguèta; que tem grande nariz. *Nasica, naso.*

Narigudo, da. *adj.* Narigudo; que tem grande nariz. *Nasutus, a, um:* — que tem fôrma ou figura de nariz.

Nariguera. *f. (p. A.)* Narigueira; piujente que os indios costumam trazer na cartilagem do nariz.

Nariguetá. *f. dim.* de *Nariz.*

Nariguilla. *f. dim.* de *Nariz.* V. *Naricica.*

Nariz. *f.* Nariz; parte proeminente do rosto, orgão do olfato. *Nasus, us:* — nariz; o sentido do olfato. *Nasus, us:* — venta do nariz. *Nares, ium:* — golpe de tranqueta; ferro onde encaixa a tranqueta da porta: — angulo agudo. *Angulus acutus:* — gargalo do alambique. *Fistula stillatoria, tubus, rostrum. Narizes remachadas;* narizes chatos. *Nares obtusæ, simæ. Hablar por las narizes;* fallar pelo nariz; fallar de modo que parece saír a voz pelo nariz. *Gannire. Hacerse las narizes (fr.);* esmurrar as ventas; bater com o nariz. *Nares offensare:* — quebrar o nariz, dar com as ventas em um sedeiro; saír uma cousa ao contrario do que se pensava. *Nimis infestè aliquid accidere. Dar a alguno en las narizes alguna cosa;* dar pelos narizes; sentir o cheiro de alguma cousa. *Dar en la nariz (fr.);* dar o cheiro; suspeitar o que outrem quer fazer. *Redolere. Dejar a alguno con tantas narizes ó con un palmo de narizes (fr.);* deixar a alguem com cara de tolo. *Spe fraudare, distentis naribus hærentem reddere. En derecho de las narizes ó de sus narizes (fr.);* ser senhor do seu nariz; examinar, julgar ou obrar segundo o seu desejo ou capricho. *Hincharse las narizes (fr.);* enfunar as ventas; enfadar-se muito ou em demasia. *Valdè irasci:* — embravecer-se o mar. *Æstuare. Tener a alguno agarrado por las narizes (fr.);* ter alguem preso pelo beiço; domina-lo, tê-lo sujeito á sua vontade. *Tener largas narizes ó narizes de perro perdiguero;* alem do sentido proprio de ter um olfato apurado, no figurado significa este rifão o presentir alguma cousa que está para succeder, ou prever e conjecturar muito ao longe, e n'esta intelligencia dizemos: arder no faro. *Longè redolere, prævidere. Torcer las narizes (fig.);* torcer o nariz; repugnar ou não admittir o que se diz. *Renuere naribus.*

Narra. *f. (bot.)* Narra; arvore das Philippinas, cuja madeira resiste á acção da agua e do fogo, tinge de azul e exhala um cheiro agradavel.

Narrable. *adj.* Narravel; que pôde ser narrado ou contado.

Narracion. *f.* Narração, relação de alguma cousa. *Narratio, onis:* — *(rhet.)* narração; parte do discurso que contém a exposição dos factos, e precede ordinariamente a confirmação. *Narratio, onis.*

Narrador, ra. *s.* Narrador; o que narra, conta ou relata. *Narrator, oris.*

Narrar. *a.* Narrar, contar ou referir um facto. *Narrare.*

Narrativa. *f.* Narrativa, narração. V. *Narracion:* — narrativa; arte ou habilidade de narrar. *Narrandi facultas, dexteritas.*

Narrativo, Narratorio, ria. *adj.* Narrativo, narratorio; pertencente á narração. *Narrabilis, narrativus.*

Narria. *f.* Trilho ou corça; especie de carro sem rodas, em que se transportam mercadorias e outras cousas. *Traha, æ.* V. *Mierra:* — *(fig. fam.)* balseiro; mulher gorda e pesada. *Mulier obessa et tarda:* — *(fig. fam.)* basilica; mulher que traz muitas saias.

Nartecia. *f. (bot.)* Nartecia *(caixa);* genero de plantas da familia das juncaceas, cujas especies são hervas vivazes.

Narvaja. *f. (zool.)* V. *Abadejo.*

Narval. *f. (zool.)* Narval; genero de cetaceos, da familia dos delfins, cuja unica especie está caracterisada pela falta de dentes propriamente ditos, e por ter um ou dois cornos que lhe nascem da mandibula superior, os quaes têem de comprimento a terça parte do corpo d'este cetaceo, que ordinariamente é de vinte a vinte e dois pés de comprido. Dizem que persegue as baleias e as mata, porém esta opinião não está justificada. Encontram-se nos mares do norte: os islandezes não lhes comem a carne por superstição, e porque crêem que se alimentam de cadaveres; porém os groelandezes e outros habitantes d'aquellas regiões a reputam como um manjar excellente, e preferem seu azeite ao da baleia.

Narvalina. *f. (bot.)* Narvalina; genero de plantas da familia das compositas, cujas especies são arbustos.

Nas. *cont.* de *en* e *las.* Nas; usa-se no dialecto gallego.

Nasa. *f. (ant.)* Nassa; vaso de junco ou vime, para pescar. *Nassa, æ:* — cesto em que os pescadores guardam o que pescam: — *(ant.)* cesto grande para guardar provisões. *Piscina frumentaria:* — *(zool.)* nassa; genero de molluscos gasteropodas.

Nasal. *adj.* Nasal; pertencente ao nariz.

Nasálidos. *m. pl. (zool.)* Nasalidos *(nariz);* nome que alguns naturalistas dão a um grupo de monos catarrhinos, que têem por typo o genero nasique.

Nasalmente. *adv. m.* Nasalmente; em som nasal: — V. *Gangosamente.*

Nasamonita. *f. (min.)* Nasamonita; pedra de côr roxa sanguinea, raiada de veios negros.

Nasara. *f.* Nasara; moeda quadrada, de prata, que se cunha em Tunis.

Nasardo. *m.* Nasardo; registo do orgão, assim chamado porque imita a voz de um homem que canta do nariz.

Nasavia. *f. (bot.)* Nasavia; genero de plantas da familia das compostas, cujas especies são hervas vivazes e ramosas.

Nasaviáceas. *f. pl. (zool.)* Nasaviaceas; tribu de plantas da familia das compostas, subdividida em muitas secções.

Nascafto. *m. (com.)* Nascafto; casca odorifera que vem da India.

Nascencia. *f. (ant.)* Nascença, nascimento. V. *Nacimiento.*

Nascer. *n. (ant.)* Nascèr. V. *Nacer:* — nascer, principiar, começar.

Nascio. *m. (zool.)* Nascio; genero de insectos coleopteros pentameros, da familia dos sternoxos.

Nasi. *m.* Nasi; presidente do Sanedrim, entre os judeus.

Násica. *f. (zool.)* Nasica; genero de mammiferos quadrumanos, caracterisados por terem o focinho curto, muito saliente, o angulo facial de cincoenta graus, o nariz saliente e muitissimo comprido, e as orelhas pequenas e redondas.

Nasicornios. *m. pl. (zool.)* Nasicornios ou nasicornes; familia de pachydermes, que comprehende os generos antilopes, cabra e boi.

Nasiterna. *f. (ant.)* Vaso de tres bicos.

Naso. *m. (fam.)* V. *Nariz:—adj. (anat.)* naso; que pertence ao nariz: — *lobar;* naso lobar; que pertence ás cartilagens do nariz: — *ocular;* naso ocular; que pertence ao nariz e ao olho: — *palatino;* naso palatino; que pertence ao nariz e ao paladar: — *palpebral;* naso palpebral; que pertence ao nariz e á palpebra: — *superciliar;* naso superciliar; pertencente ao nariz e á sobrancelha: — *(zool.)* naso; genero de peixes acanthopterygios, da familia dos teuthyos.

Nason. *m. aug.* de *Naso.*

Nasari. *m. (rel.)* Nassari; individuo de uma seita pouco conhecida, cujas opiniões participam das dos mahometanos, dos guebros e dos christãos.

Nasauvia. *f. (bot.)* V. *Nasavia.*

Nasauviáceo, cea. *adj.* Nassauviaceo; parecido com a naussavia: — *f. pl.* naussaviaceas; tribu de plantas da familia das compostas, cujo typo é o genero naussavia.

Nasendeche. *m. (hist.)* Nassendeche; nome dos sacerdotes de primeira ordem, no reino de Camboga.

Naserí. *m. (numism.)* Nasseri; moeda cunhada na Syria e Egypto, reinando Saladino.

Nasib. *m.* Nassib; nome que os turcos dão ao destino que, segundo elles, se encontra em um livro escripto no céu, que contém a boa e a má fortuna de todos os homens.

Nasto. *m. (bot.)* Nasto; genero de plantas da familia das gramineas: — *(zool.)* genero de insectos coleopteros tetrameros, da familia dos curculionidos, composto de duas especies.

Nastos. *m. (bot.)* Nastos; nome de uma especie de canná inodora, das cinco que menciona Dioscorides; servia para fazer frechas.

Nasturcio. *m. (bot.)* Nastursio; genero de plantas da familia das cruciferas, cujas especies são herbaceas, annuaes, biennaes ou vivazes, crescem nas aguas doces.

Nasturciolo. *m. (bot.)* V. *Hutquinia.*

Nasua. *f. (zool.)* V. *Coati.*

Nata. *f.* Flor; especie de nata fina, substancia espessa que sobrenada em alguns licores: — nata; substancia manteiguenta, que nada na superficie do leite batido: — *(fig.)* nata, flor; o que é melhor e mais estimado; v. g.: *es a nata de los caballeros;* é a nata, a flor dos cavalleiros. *Flos, oris:—pl.* V. *Natillas.*

Nataoion. *f.* Natação; arte de nadar: — natação; exercicio de nadar: — natação; genero de locomoção propria dos animaes que vivem na agua.

Natal. *adj.* Natal; pertencente ao nascimento. *Natale, e:* — *m.* V. *Nacimiento. Natale, is:* — *(ant.)* V. *Novidad:* — *(hist.)* natal; applicava-se aos jogos celebrados annualmente em Roma em memoria do nascimento de algum imperador.

Natalicio, cia. *adj.* Natalicio; que pertence ao dia do nascimento. *Natalitius, a, um.*

Natálide. *m. (zool.)* Natalide; genero de insectos coleopteros tetrameros da familia dos malacodermos: — genero de insectos lepidopteros.

Natátil. *adj.* Natátil; que nada, que se sustém ou anda pelas aguas. *Natatilis, e.* V. *Acuático.*

Natatorio. *m.* Natatorio; logar destinado para nadar ou banhar-se: — *adj.* natatorio; que serve para a natação ou que lhe respeita.

Natequia. *f. (bot.)* Natechia; especie de arandos ou cicuta da America.

Nateron. *m.* V. *Requeson.*

Nathil. *m. (chron.)* V. *Natil.*

Natica. *f. (zool.)* Natica; genero de molluscos gasteropodas da familia dos naticoideos, caracterisados por não ter siphão no manto nem chanfradura na base da abertura; mas são providos de uma tromba e alimentam-se de animaes vivos.

Naticóideos. *m. pl. (zool.)* Naticoideos; familia de molluscos gasteropodas pectinibranchios, que comprehende dois generos e tem por typo o genero natica.

Natil. *m. (chron.)* Nathil; nome do decimo nono mez do anno dos antigos arabes; corresponde approximadamente ao de novembro.

Natilla. *f. dim.* de *nata:* — *pl.* leite creme; doce composto de farinha, leite, ovos e assucar. *Ferculum lacteum, saccharo ovisque conditum.*

Natío. *m.* Nascimento, natureza. Usa-se em algumas partes fallando das plantas e sementes: — *adj. (ant.)* V. *Hermoso. De su natío;* por sua natureza, naturalmente.

Natividad. *f.* Natividade; nascimento. V. *Nacimiento. Nativitas, atis:* — natividade; tempo em que se celebra o nascimento de Christo.

Nativitarios. *m. pl. (rel.)* Nativitarios; individuos de uma seita arriana que julgavam que o verbo tinha tido principio e que não era eterno.

Nativitate. *m.* Natividade, nascimento.

Nativo, va. *adj.* Nativo; que nasce naturalmente: — nativo; pertencente ao nascimento. *Nativus, a, um:* —

nativo, natural, proprio. *Nativus, a, um.*

NATO. *adj.* Nato; applica-se ao titulo honorifico ou encargo que está annexo ou é inherente a algum emprego ou condição.

NATRIUM. *m. (chim.)* Natrium. V. *Sodio.*

NATROCALCITA. *f. (chim.)* V. *Datolita.*

NATROLITA. *f. (min.)* Natrolita; variedade de mesotypo.

NATRON. *m. (chim.)* Natron; carbonato de soda. V. *Anatron.*

NATRONALUMBRE. *m. (min.)* Natronalumen; alumen nativo de base de soda ou composto dos sulphatos de soda e de alumina, que se julga provir da decomposição das rochas vulcanicas em que ha abundancia de albita.

NATSIATO. *m. (bot.)* Natsiato; genero de plantas da familia das phytocréneas, cujas especies são arbustos.

NATURA. *f.* Natura, natureza. V. *Naturalesa:*—natura; as partes genitaes: — natura, natureza, especie, linhagem, parentesco: — *(mus.)* natura; escala natural do modo maior. *Natura, æ. A natura (mod. adv. ant.);* de natura, naturalmente. *De natura (mod. adv. ant.);* de natura, por natureza, naturalmente.

NATURAL. *adj.* Natural; que pertence á natureza, conforme á sua ordem e curso ordinario. *Naturalis, le:*— natural, nascido. *Naturalis, le:* — natural; que não é artificial. *Naturalis, le:*— natural, ingenuo, simples. *Ingenuus, naturalis:* — natural; que imita a natureza. *Naturalis, le:* — natural, costumado, regular. *Naturalis, le:*— natural; que não é sobrenatural nem milagroso. *Naturalis, le:* — natural; por direito de lei: — *m.* natural; genio, indole, temperamento, compleição, ou inclinação propria de cada um. *Indoles, natura, ingenium:*— natural; paiz natal: — *(pint. e esc.)* natural; diz-se do modelo tirado da natureza. *Natural y figura hasta la sepultura (rif.);* o que o berço dá a cova o tira; não é facil mudar de genio. *Al natural (mod. adv.);* ao natural, sem arte. *Naturaliter, secundum naturam.*

NATURALEZA. *f.* Natureza; essencia e propriedade principal de cada cousa. *Natura, æ:* — natureza; o conjuncto, ordem e disposição de todas as entidades que compõem o universo. *Natura, æ:* — natureza; principio universal de todas as operações naturaes e independentes de artificio. *Natura, æ:* — natureza; virtude, qualidade ou propriedade das cousas. *Natura rerum vel vis:* — natureza; qualidade, ordem e disposição dos negocios e dependencias. *Conditio, natura:* — natureza; instincto, propensão ou inclinação das cousas com que pretendem sua conservação e augmento. *Natura, æ:* — natureza; força ou actividade natural, como contraposta á sobrenatural e milagrosa. *Natura, æ:* — natureza; partes sexuaes. *Natura, æ:* — natureza, naturalidade; origem que alguem tem do logar em que nasceu. *Natura, æ:* — natureza; ordem e arranjo de todas as cousas creadas, segundo o qual tudo tem principio, progresso e fim: — natureza, natural, indole: — natureza; naturalidade com fôro civil: — natureza, naturalidade de um estrangeiro, concedida pelo rei. *Civitate donare:* — natureza, especie, classe: — natureza, compleição, temperamento. *Natura, æ:* — *(ant.)* naturaleza; direito de ser natural de algum mosteiro: — *(ant.)* natureza; parentesco, linhagem: — *(med.)* natureza; principio intrinseco que rege, governa e causa todos os movimentos e acções naturaes e funcções do corpo. *Natura, æ:* — *(pint. e esc.)* natureza, natural; modelo tirado da natureza: — *humana;* natureza humana; conjuncto de todos os homens. *Hominum genus. Ser desfavorecido de la naturaleza ó de la fortuna;* ser desfavorecido da natureza ou da fortuna, não ter graças e dotes naturaes, ser infeliz e desgraçado. *Nullis donis à natura præditum vel comparatum esse; adversa fortunâ affici.*

NATURALIBUS. *(In) (loc. adv. fam.)* Ao natural, no estado da natureza.

NATURALIDAD. *f. (ant.)* Naturalidade; origem que alguma pessoa tem d'alguma cidade ou reino, e regularmente se toma pelo direito que por ella se adquire de gosar dos privilegios proprios dos naturaes. *Jus civitatis:* — naturalidade; conformidade das cousas com as leis ordinarias e communs:—naturalidade, ingenuidade, simplicidade. *Ingenuitas, candor.*

NATURALÍSIMO, MA. *adj. sup.* de *natural.* Muito natural. *Valdè naturalis.*

NATURALISMO. *m. (philos.)* Naturalismo; doutrina d'aquelles que tudo attribuem á natureza.

NATURALISTA. *m.* Naturalista; o que conhece, descreve e examina as propriedades e analogias dos tres reinos da natureza. *Historiæ naturalis doctus, investigator.*

NATURALIZACION. *f.* Naturalisação; acção e effeito de naturalisar. *Jus civitatis.*

NATURALIZAR. *a.* Naturalisar; dar ao estrangeiro o direito de ser considerado como cidadão de um paiz. *Municipem facere:* — naturalisar; dar o direito de nacional a um estrangeiro. *Jus civitatis donare:* — *r.* acostumar-se, habituar-se a uma cousa. *Assuefieri, mores vel usus sequi.*

NATURALMENTE. *adv. m.* Naturalmente; por natureza. *Naturaliter:* — naturalmente; com naturalidade: — naturalmente; de um modo natural que não excede as forças da natureza.

NATURAR. *a. (ant.)* V. *Naturalizar.*

NAUCLEA. *f. (bot.)* Nauclea; genero de plantas da familia das rubiaceas.

NAUCLERO. *m. (ant.)* Piloto da nau. *Nauclerus, i.*

NAUCÓRIDE. *m. (zool.)* Naucoride *(percevejo de barco);* genero de insectos hemipteros da familia dos hydrocorisos.

NAUCORIDOS. *m. pl. (zool.)* Naucoridos; genero de insectos hemipteros heteropteros, caracterisados por terem as antennas de quatro articulações e o corpo comprido e oval.

NAUCHEL, NAUCHER. *m. (ant.)* V. *Nauclero.*

NAUFRAGANTE. *p. a.* e *adj.* Naufragante; que naufraga. *Naufragans, antis.*

NAUFRAGAR. *n.* Naufragar; ir a pique e perder-se a embarcação. *Naufragium facere, pati:* — *(fig.)* naufragar; perder-se ou saír mal de um intento ou negocio. *Naufragare, res suas in desperatis et profligatis habere.*

NAUFRAGIO. *m.* V. *Naufrajio.*

NÁUFRAGO, GA. *adj.* Naufrago; que padeceu naufragio ou tormenta. *Naufragus, a, um:* — *m.* tubarão, orca.

NAUFRAJIO. *m.* Naufragio; perda do navio, por tormenta, combate, ou por embate em escolhos, bancos, rocha ou lançado contra as costas. *Naufragium, ii:* — *(fig.)* naufragio, ruina, desgraça. *Naufragium, calamitas.*

NAUMAQUIA. *f.* Naumachia; simulacro de combate naval, executado em um lago ou mar artificial. Estava muito em voga na antiguidade: — naumachia; logar destinado para os simulacros de combates navaes, tal como havia na Hespanha nas cidades de Merida e Toledo.

NAUMBURJIA. *f. (bot.)* Naumburgia; genero de plantas da familia das primulaceas, cujas especies são hervas.

NAUPACTO. *m. (zool.)* Naupacto; genero de insectos coleopteros tetrameros da familia dos curculionidos.

NAUPETA. *f. (zool.)* Naupeta *(que frequenta os navios);* genero de insectos orthopteros da familia dos blattarios.

NAUPRIDIA. *f. (zool.)* Naupridia; genero de insectos lemodipodas da familia dos caprelios.

NAUROS. *m.* Nauros; festa do primeiro dia do anno entre os indios.

NAURUZ. *m. (chron.)* Nauruz ou Nauro; primeiro dia do antigo anno solar que os persas não mahometanos celebram com grande solemnidade; corresponde ao primeiro do equinoxio da primavera.

NAUSCOPIA. *f. (naut.)* Nauscopia; arte de descobrir os navios no mar a uma grande distancia.

NAUSCÓPICO, CA. *adj. (naut.)* Nauscopico; que pertence á nauscopia ou nauscopio.

NAUSCÓPIO. *m. (naut.)* Nauscopio; instrumento com o qual se podem distinguir os navios a grande distancia.

NÁUSEA. *f.* Nausea, vontade de vomitar. *Nausea, æ:* — *(fig.)* nausea; tedio, desgosto, fastio que causa alguma cousa.

NAUSEABUNDO, DA. *adj.* Nauseabundo; que causa ou produz nauseas. *Nauseabundus, a, um:* — nauseado; que está propenso a vomitar.

NAUSEAR. *n.* Nausear; ter nauseas. *Nauseare.*

NAUSEATIVO, VA. *adj.* Nauseativo. V. *Nauseabundo.*

NAUSEOSO, SA. *adj.* Nauseado. V. *Nauseabundo.*

NAUSIOSIS. *f. (med.)* Nausiosis. V. *Náusea:* — nausiosis; phenomeno que se verifica em algumas hemorrhagias venosas, quando o sangue sáe dando sacudiduras.

NAUTA. *m.* Nauta, marinheiro ou navegante. *Nauta, æ.*

NAUTEL. *m. (ant.)* V. *Nauclero.*

NÁUTICA. *f.* Nautica; sciencia ou arte de navegar. *Ars nautica:* — nautica; profissão do nautico.

NÁUTICAMENTE. *adv. m.* Nauticamente; de um modo nautico.

NÁUTICO, CA. *adj.* Nautico; pertencente á navegação. *Nauticus, a, um:* — *m.* nautico; o que se exercita em nautica.

NAUTILÁCEOS. *m. pl. (zool.)* Nautilaceos; familia de molluscos cephalopodas, que comprehende aquellas especies, cuja concha discoidea e de espiral central, é dividida em pequenas cellulas que não se estendem do centro á circumferencia.

NAUTILO. *m.* Nautilo; concha univalve do mar e da agua doce.

NAUTILOCORISTO. *m. (zool.)* Nautilocorysto; genero de crustaceos decapodas da familia dos oxystomos.

NAUTILOGRAPSO. *m. (zool.)* Nautilograpso; genero de crustaceos decapodas brachyuros da familia dos catométopos.

NAVA. *f.* Nava, planicie, campo plano. *Campi planicies.*

NAVACERO. *m.* V. *Navazero.*

NAVAJA. *f.* Navalha; faca portatil: — navalha; especie de marisco: — navalha; dente do javali. *Apri dens, quid incisorium:* — navalha; aguilhão cortante de alguns insectos: — *(fig.)* navalha; a lingua do calumniador. *Navacula, æ:* — ferros da bésta. *Ballista ferrum premens.*

NAVAJADA. *f.* Navalhada; golpe de navalha. *Navaculæ ictus, incisio.*

NAVAJAZO. *m.* V. *Navajada.*

NAVAJERO. *m.* Estojo de navalhas de barba. *Capsa tonsoria:* — panno para limpar as navalhas da barba. *Pannus tonsorius.*

NAVAJICA, LLA, TA ou NAVAJUELA. *f. dim.* de *Navaja.* Navalhinha; pequena navalha.

NAVAJO. *m.* V. *Navazo.*

NAVAJON. *m. augm.* de *Navaja.* Navalhão; grande navalha.

NAVAJONAZO. *m.* V. *Navajazo.*

NAVAL. *adj.* Naval; que pertence ás naus e á navegação. *Navalis, le.*

NAVARCA. *adj., s. (hist.)* Navarcha; titulo do primeiro chefe de uma esquadra grega: — navarcha; nome que os romanos davam ao commandante de cada navio liburniano. *Navarchus, i.*

NAVARQUÍA. *f. (hist.)* Navarchia; titulo, cargo de navarcha. *Navarchia, æ.*

NAVÁRQUICO. *adj. (hist.)* Navarchico; que se refere ao navarcha ou á navarchia. *Navarchicus, a, um.*

NAVARRO, RRA. *adj.* Navarro; natural da Navarra: — *m. (germ.)* ganso, pato.

Navasardi. *m. (chron.)* Navasardi; nome do primeiro mez do anno entre os armenios; corresponde approximadamente a outubro.

Navato. *m. (germ.)* Espinhaço.

Navazero, ra. *s.* O que forma ou cultiva hortas nos areaes immediatos ás praias.

Navazo. *m.* Horta formada sobre os areaes immediatos ás praias. Usa-se em Sanlucar de Barrameda.

Nave. *f.* Nave, barco, navio. *Navis, is:* — nave; nos edificios é o espaço comprehendido entre duas fileiras de columnas ou pilares que sustêem uma abobada. Diz-se particularmente fallando das igrejas. *Irse la nave a pique (fr.);* ir o navio a pique; submergir-se. *Navem mergi.*

Naveador. *m. (ant.)* V. *Marinero.*

Navear. *n. (ant.)* V. *Navegar.*

Navecica, lla, ta. *f. dim.* de *Nave.* Naviosinho, naveta, navio pequeno. *Navicula, navicella.*

Navecilla. *f.* V. *Naveta.*

Navegable. *adj.* Navegavel; que póde ser navegado. *Navegabilis, le.*

Navegacion. *f.* Navegação; acção de navegar. *Navigatio, onis:* — navegação; tempo de uma viagem por mar. *Navigationis tempus:* — navegação, nautica; arte de navegar.

Navegador. *m.* Navegador. V. *Navegante.*

Navegante. *p. a.* e *adj.* Navegante; que navega. Usa-se tambem como substantivo. *Navigans, navigator.*

Navegar. *n.* Navegar; fazer viagem em navio ou em outra embarcação. Usa-se algumas vezes como activo. *Navigare:* — *(fig.)* navegar; andar de uma para outra parte commerciando e tratando de negocios. *Undique vel quoqueversus ire:* — *(fig.)* V. *Transitar:* — *a.* navegar; transportar mercadorias por meio da navegação.

Naveta. *f.* Naveta; vaso em que nas igrejas se serve o incenso para os thuribulos. *Acetra, æ:* — V. *Gaveta:* — *(ant.)* naveta; navio pequeno. *Navicula, æ.*

Navicela. *f. (arch.)* Navicela; bacia de uma fonte antiga, encontrada em Roma, que tem a fôrma de uma barca pequena.

Navícula. *f. (zool.)* Navicula; generos de infusorios microscopicos, que se encontram nas aguas doces e salgadas, dotados de movimentos espontaneos: alguns naturalistas os collocam entre os vegetaes inferiores.

Navicular. *adj.* Navicular; diz-se do osso do pé, o qual se une com o calcanhar.

Naviculario. *adj. (hist. ant.)* Naviculario; diz-se do armador ou capitão de um navio mercante entre os romanos. *Navicularius, a, um.* Usa-se tambem como substantivo.

Navichuelo. *m. (ant.) dim.* de *Navío.* Naviosinho.

Navidad. *f.* V. *Natividad:* — natividade; nascimento de Christo, Nossa Senhora, S. João, etc.: — tempo do natal. Usa-se no *pl.* e diz-se: *se harán los pagos por las navidades y por San Juan;* se farão os pagamentos pelo natal e pelo S. João. Tambem se usa no *pl.* para exprimir que qualquer pessoa tem muitos annos, e diz-se: *que cuenta o tiene muchas navidades. No alabes ni desalabes hasta siete navidades (rif.);* não se julgue de uma pessoa pelas apparencias, e sem viver com ella ou experimenta-la.

Navideño, ña. *adj.* Proprio do tempo do natal. *Ad nativitatis tempus pertinens.* Diz-se de algumas fructas, que se conservam e guardam para o natal, como são uvas, melões, etc.

Naviero. *m.* Naviculario; dono de navio. *Navicularius, ii.*

Navigacion. *f. (ant.)* V. *Navegacion.*

Navigar. *a. (ant.)* V. *Navegar.*

Navío. *m.* Navio, nau; barco de guerra. *Navis, is:* — *(germ.)* corpo: — *de alto bordo;* navio de alto bordo; navio de grande porte, como naus, fragatas ou grandes navios mercantes: — *de aviso;* navio correio; embarcação ligeira: — *de carga;* navio de carga ou de transporte: — *de guerra;* vaso de guerra; navio armado em guerra, o que é destinado para o serviço militar naval: — *de línea;* navio de linha; o que por sua fortaleza e armamento póde combater em batalha ordenada ou entrar em esquadra com outros navios. *Navis pugnæ idonea:* — *de transporte;* navio de transporte; o que só serve para conduzir mercadorias, tropas, munições ou viveres. *Navis vectoriæ operaria:* — *de tres puentos;* nau de tres pontos: — *mercante* ou *mercantil;* navio mercante; o que serve para conduzir mercadorias: — *particular;* navio particular ou mercante. *Armar navío* ou *bajel;* armar em guerra um navio. *Navim instruere, parare. Montar un navío;* commandar um navio. *Quien no tuviere que hacer, arme navío ó tome mujer (rif.);* quem não tiver que fazer, arme navio ou tome mulher.

Navita. *m. (naut.)* V. *Marinero.*

Naxía. *f. (zool.)* Naxia; genero de crustaceos decapodas brachyuros da familia dos oxyrrhincos.

Naxio. *m. (min.)* Naxio; pedra que se tirava de Naxos e da Armenia, e de que os antigos se serviam para pulir as pedras finas.

Naya. *f. (zool.)* Naja; genero de reptis ophidios caracterisados por terem umas pequenas bexigas cheias de veneno collocadas nos dentes maxilares superiores, tapadas durante o somno por uma prega da gengiva; as mandibulas muito dilatadas, a lingua extensivel e a cabeça prolongada para trás e coberta de escamas.

Náyadeas. *f. pl. (bot.)* Nayadeas; familia de plantas monocotyledoneas, cujas especies são todas aquaticas, submergidas, que sáem a florecer na superficie das aguas.

Nazareno. *adj.* Nazareno; que pertence á cidade de Nazareth ou aos seus habitantes: — *s.* nazareno; natural de Nazareth: — *m.* nazareno; nome que tiveram os christãos até á fundação da cadeira patriarchal de Antiochia por S. Pedro: — *(prov.)* nazareno; o que acompanha as procissões da Semana Santa vestido de capa ou tunica rouxa ou preta. *Cuando vengan los nazarenos (fam.);* quando as gallinhas tiverem dentes; expressão com que se dá a entender a impossibilidade de que succeda alguma cousa: — *(rel.)* nazareno; epitheto dado a Jesus Christo: — nazareno; o que entre os hebreus se consagrava ao culto de Deus. Os nazarenos se abstinham de toda a bebida que podesse embriagar, não cortavam a barba nem o cabello e não tocavam nos cadaveres: — nazareno; o que pertencia a uma seita dos primeiros christãos de Jerusalem e que observava a lei de Moysés, sem deixar por isso de admittir o Evangelho hebreu de S. Matheus: — nazareno; sectario judeu que venerava a Jesus Christo como um homem justo e santo: — *(bot.)* nazareno; arvore da Nova Granada, e de outras partes da America meridional, cuja madeira esquisita serve, por sua formosa côr rouxa, jaspeada de veios claros e escuros, para moveis preciosos.

Nazareo. *m.* V. *Nazareno* na sexta accepção.

Nazariano. *m.* *(rel.)* Nazariano; que pertecce a uma das seitas mahometanas formada pelo schisma de Alí. Estes individuos crêem que a divindade se ha unido corporalmente com muitos dos seus santos e entre outros com Alí.

Nazir. *m.* Nazir; inspector de uma mesquita entre os orientaes: — nazir; tribunal supremo na Persia.

Nazirita. *m.* Nazirita; uma das mais poderosas tribus judaicas da Arabia, na epocha em que Mafoma conquistou este paiz.

Názora. *f.* *(ant.)* V. *Nata.*

Nazula, Názura. *f.* *(prov.)* V. *Requeson.*

Ne. *conj.* *(ant.)* V. *Ni.*

Neaesch. *m.* Neaesch; uma das preces do Zendavesta, na religião dos parsos.

Néaling. *m.* Nealing; nome dado pelos viajantes inglezes a uma especie de pudim de farinha de trigo que fazem os naturaes da ilha de Gambia.

Neanto. *m.* *(bot.)* Neantho; genero de plantas da familia das leguminosas.

Neapolita. *f.* *(pharm. ant.)* Neapolita; nome de um topico que se administrava contra a gota e a nevralgia sciatica.

Neapolitano, na. *adj.* *(ant.)* V. *Napolitano.*

Nearca. *adj. m.* Nearcha; almirante entre os gregos.

Nebadera. *f.* *(bot.)* V. *Nébeda.*

Nebalia. *f.* *(zool.)* Nebalia; genero de crustaceos phyllopodas, composto de uma só especie, caracterisada por não ter branchias propriamente ditas e respirar por membros thoracicos membranosos e foliaceos.

Nebaliados. *m. pl.* *(zool.)* Nebaliados; familia de crustaceos phylopodas, cujo typo é o genero nebalia.

Nébeda. *f.* *(bot.)* V. *Calaria.*

Nebel. *m.* *(ant.)* Nebel; medida de capacidade usada pelos hebreus: — *(mus. ant.)* V. *Nabla.*

Nebladura. *f.* Mangra; damnoso orvalho da nevoa, que não deixa medrar as searas. *Sideratio, onis:* — podridão; enfermidade que ataca os carneiros. *Sideratio, onis.*

Neblí. *m.* *(zool.)* Nebli ou nebri; especie de falcão do norte.

Neblina. *f.* Neblina; cerração, nevoeiro espesso e pouco elevado. *Nebula densior.*

Nebria. *f.* *(zool.)* V. *Alpea.*

Nébrida. *f.* *(zool.)* Nebrida *(pelle de cachorro);* genero de peixes acanthopterygios, da familia dos scienoideos.

Nebrina. *f.* Baga de zimbro.

Nebrio. *m.* *(ant.)* V. *Miembro.*

Nebrita. *f.* *(min.)* Nebrita; especie de pedra preciosa.

Nebritos. *m. pl.* *(zool.)* Nebritos; grupo de insectos coleopteros pentameros, da familia dos carabicos.

Nebro. *m.* *(ant.)* V. *Enebro.*

Nebulado, da. *adj.* *(br.)* Nebulado, nebuloso; que tem a fôrma ou os contornos de uma nuvem.

Nebuloso, sa. *adj.* Nebuloso; coberto de nuvens. *Nubilus, a, um:* — *adj., f.* *(astron.)* nebuloso; diz-se das estrellas cuja luz é tibia e amortecida. *Stellæ nebulosæ.* A via lactea é a nebulosa que mais perto se acha de nós.

Necanea. *f.* *(comm.)* Riscado azul e branco, que se fabrica nas Indias orientaes.

Necear. *n.* Necear; dizer necedades ou tolices. *Ineptire.*

Necedad. *f.* Necedade; ignorancia crassa. *Ignorantia, fatuitas:* — necedade, tolice, loucura. *Ineptia, æ:* — necedade, imprudencia, temeridade. *Imprudentia, temeritas.*

Necesaria. *f.* Necessaria, latrina. V. *Letrina.*

Necesariamente. *adv. m.* Necessariamente; com necessidade ou precisão. *Necessè, necessariè.*

Necesarienses. *m. pl.* *(rel.)* Necessarienses; individuos de uma seita christã, segundo cujos principios os seres moraes obram obrigados por uma necessidade physica ou moral.

Necesario, ria. *adj.* Necessario; que não pôde deixar de ser, o que não pôde ser de outro modo: oppõe-se a contingente. *Necessarius, a, um:* — necessario; o que é indispensavel. *Necessarius, requisitus. Es un mal necesario;* é um mal necessario; diz-se de certas cousas que têem grandes inconvenientes, porém que são indispensaveis ou inevitaveis. *Persona necesaria;* pessoa necessaria; aquella sem cuja cooperação é difficil ou arriscado passar: — *(philos.)* necessario; não voluntario ou espontaneo. Tambem se diz das cousas que obram sem liberdade e por determinação de sua natureza. Diz-se particularmente em philosophia peripatetica do que não póde deixar de ser, nem ser de maneira diversa do que é. *Efecto necesario;* effeito necessario; o que se segue infallivelmente á causa destinada a produzi-lo. *El ser necesario;* o ser necessario; Deus, que existe por sua omnipotencia. *Leyes necesarias;* leis necessarias; aquellas sem as quaes não poderia existir o universo. *Verdades necesarias y eternas;* verdades necessarias e eternas; as que não podem deixar de sê-lo, pórque dependem de qualidades essenciaes: — *(jur. ant.)* necessario; dizia-se do herdeiro instituido quando era servo do testador. *Poligamia necesaria (bot.);* polygamia necessaria; diz-se das plantas synanthereas, cujas calathidas offerecem flores masculinas no disco, e femininas na circumferencia.

Necesarísimo, ma. *adj. sup.* de *Necesario.* Necessarissimo; muito necessario. *Valdè vel maximè necessarius.*

Neceser. *m.* Caixa ou estojo, contendo utensilios necessarios e commodos.

Necesidad. *f.* Necessidade; força natural das cousas, que as obriga a obrar determinada e inevitavelmente. *Necessitas, atis:* — necessidade, coacção, constrangimento, obrigação a que não se pôde nem deve faltar: — necessidade; falta que faz alguma cousa para executar ou conseguir o que se deseja. *Egestas, indigentia, necessitas:* — necessidade; falta das cousas que são necessarias para a conservação da vida. *Inopia, egestas:* — necessidade; continua falta de alimento, que faz enfraquecer. *Victûs inopia summa vel indigentia, fames:* — necessidade, risco, perigo. *Discrimen, periculum:* — necessidade; qualquer das evacuações corporaes. *Requisita naturæ:* — *Hacer de la necesidad virtud;* fazer da necessidade virtude; fazer de boa vontade o que não se póde evitar. *Libenti animo exequi quod vitari non potest. La necesidad carece de ley;* a necessidade não tem lei; quem precisa julga-se dispensado das leis. *Necessitas caret lege. La necesidad hace a la viega trotar (rif.);* a necessidade mette a velha a caminho. *Necessitas hominem acuit. La necesidad hace maestro (rif.);* a necessidade é mestra. *Quivis sapit necessitate magistrè. La necesidad tiene cara de hereje;* a necessidade tem cara de herege; denota que de ordinario se foge do necessitado, e tambem que a necessidade obriga a qualquer trabalho com o fim de evita-la. *Deformem faciem paupertas omnibus offert:* — *fisica (philos.);* necessidade physica; a que resulta da existencia actual de uma cousa, como a necessidade de que o sol alumie: — *metafisica;* necessidade metaphysica; a que faz com que uma cousa seja de tal sorte, que a contraria seja impossivel, como a necessidade de que dois e dois façam quatro: — *moral;* necessidade moral; a que faz que uma cousa não possa moralmente ser de outra maneira, como a necessidade de que uma mãe ame seus filhos: — *relativa;* necessidade relativa; a que colloca em verdadeira impossibilidade de obrar, ou de não obrar nas circumstancias e na situação actual, aindaque em outras circumstancias e estado se possa obrar ou deixar de obrar segundo se queira: — *simple y absoluta;* necessidade simples e absoluta; a que não depende de nenhum estado ou conjectura, de nenhuma situação particular; porém que se encontra em algumas circumstancias que se suppõe o agente. Tal é em um homem que perdeu a vista, a necessidade em que se acha de não distinguir as cores; em um homem que não possue a graça, a necessidade de exercer acções meritorias da recompensa: — *(theol.)* necessidade; acção de uma causa estranha sobre a vontade, a que não é possivel resistir: — *de medio;* necessidade de meio; precisão absoluta de uma cousa, sem a qual não se póde conseguir a salvação. *Medii necessitas:* — *de precepto;* necessidade de preceito; obrigação, que em virtude do mesmo, se induz alguma cousa conducente á salvação. *Necessitas præcepti:* — *estrema;* necessidade extrema; estado em que alguem por certo perderá a vida se não é soccorrido ou sae d'esse perigo. *Extrema vel summa necessitas:* — *grave;* necessidade grave; estado em que alguem está exposto a perigo de perder a vida temporal ou eterna. Esta ultima se chama necessidade grave espiritual. *Gravis necessitas.*

Necesitadísimo, ma. *adj. sup.* de *Necesitado.* Necessitadissimo; muito necessitado. *Summè indigens, egenus.*

Necesitado, da. *adj.* Necessitado, pobre; o que carece do necessario. *Egens, entis.*

Necesitar. *a.* Necessitar, obrigar, urgir. *Cogere, impellere:* — *n.* necessitar; ter necessidade. *Indigere:* — *r. (ant.)* ver-se obrigado a fazer alguma cousa.

Neciamente. *adv. m.* Necia ou nescia, ignoran te,tola, parvamente. *Ineptè, ignoranter, absurdè.*

Necidálide. *m. (zool.)* Necydalide; genero de insectos coleopteros subpentameros, da familia dos longicornes.

Necidálidos. *m. pl. (zool.)* Necydalidos; tribu de insectos coleopteros subpentameros, da familia dos longicornes.

Neciedad. *f. (ant.)* V. *Necedad.*

Necio, cia. *adj.* Necio, nescio, ignorante, imperito. *Ignorans, indoctus:* — necio, imprudente, teimoso. *Imprudens, temerarius:* — necio; feito com ignorancia ou imprudencia. *Ineptus, stultus.*

Necios y porfiados hacen ricos a letrados (rif.); nescios e porfiados enriquecem os lettrados. *Al necio del diestro, al loco del cabestro;* ao nescio basta guiar, mas o loco é preciso levar. *Cuando el necio es acordado, el mercado es ya pasado;* quando o nescio acordou já o mercado passou; é muito conveniente fazer as cousas em tempo opportuno. *El necio hace al fin lo que el discreto al principio;* o nescio faz no fim o que o discreto faz ao principio. *Mas sabe el necio en su casa que el cuerdo en la ajena;* mais sabe o tolo no seu que o avisado no alheio. *Mas vale ser necio que porfiado;* mais vale nescio que porfiado. *Potius est nescium censeri quàm temere tenacem.*

Neciomancia. *f.* V. *Necromancia:* — neciomancia; pretendida arte de adivinhar pelo exame dos ossos e dos tendões das pessoas que foram mortas violentamente, e pelas cordas que serviram ao supplicio dos executados.

Necisiano. *adj.* e *s. (hist.)* Necisiano; nome que se dava aos que figuravam nas necissias.

Necisias. *adj.* e *f. (hist.)* Necissias; festas solemnes em honra dos mortos. As necissias celebravam-se em muitas cidades da Grecia, no mez do *anthisterion,* isto é, em abril. Os romanós, como os gregos, acreditavam que as sombras saíam dos infernos para assistir áquella solemnidade, e que as portas d'estes ficavam abertas emquanto duravam as festas.

Necísimo, ma. *adj. sup.* de *Necio.* Muito necio. *Ineptissimus, ignorantissimus.*

Nec plus ultra. *expr. latina* V. *Non plus ultra.*

Necracademia. *f. (philol.)* Necracademia; nome que dá Luciano ao jardim de Socrates na ilha phantastica dos bemaventurados.

Necrobia. *f. (zool.)* Necrobia; genero de insectos coleopteros pentameros da familia dos malacodermes

Necrodeo. *m. (zool.)* Necrodeo *(morto)*; genero de insectos coleopteros pentameros, da familia dos clavicornes.

Necrodulía. *f.* Necrodulia; culto dos mortos: — necrodulia; culto que os chinezes tributam ás almas de seus antepassados.

Necrófagos. *m. pl. (zool.)* Necrophagos; familia de insectos coleopteros pentameros, caracterisados por suas mandibulas compridas, estreitas, arqueadas e curvas na extremidade.

Necrófilo. *m. (zool.)* Necrophilo *(amante da morte)*; genero de insectos coleopteros pentameros, da familia dos clavicornes.

Necrofleófago. *m. (zool.)* Necrofleophago *(que come a pelle dos cadaveres)*; genero de insectos myriapodas, da familia dos geophilideos.

Necrofobia. *m.* Necrophobia; temor exagerado da morte ou dos mortos; symptoma ordinario da hypochondria.

Necrofóbico, ca. *adj.* Necrophobico; que pertence á necrophobia.

Necrófobo, ba. *adj.* Necrophobo; que tem medo da morte ou dos mortos.

Necróforo. *m. (zool.)* Necrophoro *(que leva a morte)*; genero de insectos coleopteros pentameros, da familia dos clavicornes.

Necrografía. *f.* Necrographia; estudo, descripção dos cadaveres: — necrographia; tratado sobre os cadaveres.

Necrográfico, ca. *adj.* Necrographico; que pertence á necrographia.

Necrografismo. *m.* Necrographismo; abuso que um medico faz do estudo dos cadaveres, substituindo-o ao estudo dos seres vivos.

Necrógrafo. *m.* Necrographo; o que estuda ou descreve os cadaveres.

Necrójeno, na. *adj. (bot.)* Necrogeno; diz-se dos parasitas que se desenvolvem no exterior dos vegetaes mortos ou quasi mortos.

Necrolatra. *m.* Necrolatra; o que tributa um culto exagerado á memoria dos mortos: — necrolatra; o que chora excessivamente por um morto.

Necrolatría. *f.* Necrolatria; culto aos mortos.

Necrolátrico, ca. *adj.* Necrolatrico; que pertence á necrolatria.

Necrolita. *f. (min.)* Necrolita. V. *Traquito.*

Necrología. *f.* V. *Necrolojía.*

Necrológico, ca. *adj.* V. *Necrolójico.*

Necrologo, ga. *s.* Necrologo; auctor de necrologias.

Necrolojía. *f.* Necrologia; relação ou noticia dos mortos. *Necrologia, æ:* — necrologia; escripto dedicado a recordar os feitos das pessoas notaveis fallecidas.

Necrolójico, ca. *adj.* Necrologico; que pertence á necrologia ou que inclue ou comprehende a relação de fallecidos.

Necrolojio. *m.* Necrologio; livro ou assento dos obitos. V. *Martirolojio.*

Necromancia. *f.* Necromancia, nicromancia. V. *Nigromancia.*

Necromántico, ca. *adj.* V. *Nigromántico.*

Necronita. *f. (min.)* Necronite; substancia esbranquiçada ou azulada, de brilho um tanto sedoso, que se encontra a certa distancia de Baltimore em pequenas massas crystallinas ou em crystaes exagonos disseminados em um carbonato de cal laminoso; risca o vidro, funde-se com difficuldade e exhala um cheiro fetido.

Necrópolis. *m. (hist.)* Necrópolis; parte das cidades destinadas ás sepulturas: — necrópolis; grande subterraneo destinado ao mesmo fim. Todas as cidades do Egypto tinham seu necrópolis. Dizia-se particularmente de um arrabalde de Alexandria.

Necropsia. *f. (med.)* Necropsia; acção de abrir um cadaver.

Necrópsico, ca. *adj. (med.)* Necropsico; que pertence ou é relativo á necropsia.

Necroscia. *f. (zool.)* Necroscia

(sombra de morto); genero de insectos orthopteros da tribu dos espectros.

Necroscopia. *f. (anat.)* Necroscopia; exame dos cadaveres, dissecção de um cadaver. Alguns querem substituir esta palavra á de autopsia, que não têm sentido determinado.

Necroscópico, ca. *adj. (anat.)* Necroscopico; que é pertencente á necroscopia.

Necrosis. *f. (agr.)* Necrose; enfermidade das sementes, que padecem varias especies de plantas cryptogamas: — *(med.)* necrose; estado de um osso ou parte d'elle, privado de vida pela impressão do ar, pela fractura, pelos differentes virus ou por qualquer outra causa.

Necrotomía. *f. (anat.)* Necrotomia; dissecção de um cadaver.

Necrotómico, ca. *adj. (anat.)* Necrotomico; que pertence á necrotomia.

Necrovora. *f. (zool.)* Necrovora *(devoradora de cadaveres);* genero de insectos coleopteros pentameros da familia dos clavicornes.

Nectandreas. *f. pl. (bot.)* Nectandreas; tribu de plantas dicotyledoneas apétalas da familia das laurineas, caracterisadas por suas flores hermaphroditas, que têem o limbo do calice com divisões largas e frageis, as glandulas dentiformes e os botões completos.

Nectanebo. *m. (zool.)* Nectanebo; genero de insectos hymenopteros da familia dos crabronios.

Néctar. *m.* Nectar; qualquer licor delicioso, suave e gostoso. *Nectar, aris.* Dizse tambem de outras cousas appetecidas e appeteciveis: — *(hist.)* nectar; vinho que se fazia na Lydia, perto do monte Olympo, misturando mel e flores com vinho que ali se recolhia: — *(myth.)* nectar; bebida dos deuses: — *(bot.)* nectar; o liquido assucarado e melloso que contém as flores de muitas plantas e que os insectos, as abelhas em particular, buscam com avidez.

Nectaradena. *f. (bot.)* Nectaradena; glandula que segrega o succo mellifluo das flores.

Nectáreo, rea. *adj.* Nectáreo; parecido com o nectar: — nectareo; que produz nectar, de nectar.

Nectarífero, ra. *(bot.)* Nectarifero; que contém ou segrega um licor assucarado.

Nectarilimo. *m. (bot.)* Nectarilimo; orgão que serve para cobrir e proteger o nectario das flores, como os grupos de pellos no geranio.

Nectarina. *f. (zool.)* Nectarina. V. *Azucarero.*

Nectarináceo, cea. *adj. (zool.)* Nectarinaceo: — *f. pl.* nectarinadeas; tribu de passaros da familia dos tenuirostros, cujo typo é o genero nectarina.

Nectarino, na. *adj. (poet.)* Nectareo; similhante ao nectar.

Nectario. *m. (bot.)* Nectario; parte de certas flores que contém o succo, de que as abelhas fazem mel: — nectario; toda a parte de uma flor que não é nem calice ou corolla, nem estame ou pistilo, embora distille ou não um licor assucarado.

Nectarita. *f.* Vinho novo.

Nectaroscordo. *m. (bot.)* Nectaroscordo; genero de plantas da familia das liliaceas, cujas especies são hervas.

Nectaroteca. *f. (bot.)* Nectaroteca; qualquer parte de uma flor que cobre o nectario.

Nectarostigma. *m. (bot.)* Nectarostigma; mancha encarnada que se parece com o nectario de uma flor.

Néctico. *adj. (min.)* Nectico; diz-se de um mineral que tem a propriedade de fluctuar durante algum tempo.

Nectópodo. *adj. (zool.)* Nectópodo; que tem os pés achatados e membranosos, proprios para nadar: — *m. pl.* nectópodos; familia de molluscos neucleobranchios, creada por varios naturalistas para comprehender alguns generos que offerecem o caracter especial de ter uma só barbatana no abdomen: — familia de insectos coleopteros pentameros, que comprehende os que têem os pés achatados: — sub-classe de mammiferos, de pés membranosos, que comprehende os amphibios e os cetaceos: — ordem de passaros de pés membranosos.

Necuácuan. *adv. m. (fam. de origem latina).* De nenhum modo ou maneira.

Nechem. *m. (chron.)* Nechem; nome do oitavo de entre os dez mezes e trinta e seis dias cada um, que compõem o anno dos povos da ilha Formosa.

Neea. *f. (bot.)* Neca; genero de plantas da familia das nictagineas, cujas especies são arvores ou arbustos.

Neebong. *m. (bot.)* Neebong; especie de palmeira muito commum em Sumatra, cujas extremidades são comestiveis.

Needhamia. *f. (bot.)* Needhamia; genero de plantas da familia das epacrideas, que são arbustos: — genero de plantas da familia das helianthaceas, composto de uma só especie.

Neerlandés, sa. *adj.* V. *Holandés.*

Neesia. *f. (bot.)* Neesia; genero de plantas da familia das esterculiaceas, cujas especies são arbustos.

Nefalio. *m. (zool.)* Nephalio; genero de insectos coleopteros subpentameros, da familia dos longicornes.

Nefandamente. *adv. m.* Nefanda, torpe, abominavelmente. *Nefariè, nefandè.*

Nefandísimo, ma. *adj. sup.* de *nefando.* Nefandissimo; muito nefando. *Summè vel valdè nefandus.*

Nefando, da. *adj.* Nefando, indigno, torpe. *Nefandus, a, um.*

Nefario. *adj.* Nefario; summamente malvado, impio, indigno do trato humano. *Nefarius, nefastus.*

Néfas. *adj.* Nefas; palavra latina de que se usa na expressão *por fas ó por nefas;* por faz ou por nefas; e corresponde por justa ou injustamente, com rasão ou sem ella, de um modo ou outro, a torto e a direito. *Per fas et nefas.*

NEFASTO. *adj.* Nefasto; applicava-se entre os romanos aos dias em que se não permittia o tratar dos negocios publicos, e em que se encerravam os tribunaes. Por extensão se diz das cousas illicitas e funestas.

NEFELEMANCIA. *f.* Nefelemancia; arte de predizer o futuro pela inspecção das nuvens.

NEFÉLIDE. *m.* *(zool.)* Nephelide; genero de annelidos da familia das hirudineas.

NEFELIM. *m.* Nephelim; nome que os antigos livros sagrados dão ás creaturas que procedem do commercio dos anjos com as filhas dos homens.

NEFELINA. *f.* *(min.)* Nephelina; substancia fusivel ao maçarico, formando um vidro borbulhoso; compõe-se de silica, alumina e soda, ajuntando-se algumas vezes a potassa, o oxydo de ferro, o manganesio e agua.

NEFELÍNICO, CA. *adj.* *(min.)* Nephelinico; que contém nephelina.

NEFELION. *m.* *(anat.)* Nephelion; mancha esbranquiçada na cornea transparente do olho, que deixa passar os raios luminosos como através de uma nuvem.

NEFELOCENTAURO. *m.* Nephelocentauro; individuo de um povo imaginario que o poeta Luciano colloca na lua.

NEFELOIDE. *adj.* Nepheloide; que apresenta o aspecto de uma nuvem: — *(med.)* nepheloide; diz-se da urina que contém nevoas esbranquiçadas.

NEFODEO. *m.* *(zool.)* Nephodo *(sombra)*; genero de insectos coleopteros heteromeros da familia dos stenelytros.

NEFRALJIA. *f.* *(med.)* Nephralgia; dor de rins, acompanhada de tremura, frio na pelle, urina abundante e clara e algumas vezes vomitos continuos.

NEFRÁLJICO, CA. *adj.* *(med.)* Nephralgico; que procede da nephralgia: — nephralgico; enfermo atacado de nephralgia.

NEFRELITA. *f.* *(min.)* Nephrelita; especie de serpentina.

NEFRELMÍNTICO, CA. *adj.* *(med.)* Nephrelminthico; que tem a presença de vermes nos rins.

NEFRENDO, DA. *adj.* *(anat.)* Nefrendo; diz-se da pessoa sem dentes, como os meninos que ainda os não têem e os velhos que já os perderam.

NEFRENFRAXIS. *f.* *(med.)* Nephrenphraxis; obstrucção, inchação dos rins.

NEFRÉTICA. *f.* *(med.)* Nephrética; especie de colica, occasionada pela pedra que cáe dos rins, e causa dores acerbas ao passar pela uretra.

NEFRETITA. *f.* *(min.)* Nephretita; nome que se dava á gordura que rodeia os rins.

NEFRINA. *f.* *(chim.)* Nephrina; um dos nomes com que se designou a urea.

NEFRITA. *f.* *(min.)* Nephrita. V. *Jade.*

NEFRÍTICO, CA. *adj.* *(med.)* Nephritica; diz-se da dor causada pela pedra ou areias nos rins: — *m.* pedra nephritica; fossil. *Leño nefrítico;* pau nephritico; madeira de uma arvore da America e da Asia, usada em pharmacia.

NEFRITIS. *f.* *(med.)* Nephritis, nephrite; inflammação dos rins.

NEFROCATOLICON. *m.* *(pharm.)* Nephrocatolicon; remedio para o mal dos rins.

NEFROCELE. *f.* *(med.)* Nephrocele; hernia dos rins.

NEFRODIO. *m.* *(bot.)* Nephrodio *(lombar)*; genero de fetos.

NEFROFLEGMASIA. *f.* *(med.)* Nephrophlegmasia; inflammação dos rins.

NEFROFLEGMÁTICO, CA. *adj.* *(med.)* Nephrophlegmatico; que procede das mucosidades que se soltam dos rins.

NEFROGRAFÍA. *f.* Nephrographia; descripção dos rins.

NEFROGRÁFICO, CA. *adj.* Nephrographico; pertencente á nephrographia.

NEFRÓGRAFO. *m.* *(med.)* Nephrographo; o que escreve ácerca da estructura, funcções e doenças dos rins.

NEFROIDE. *adj.* V. *Reniforme.*

NEFROJE. *m.* *(bot.)* Nephroge; genero de arbustos trepadores, da familia das menospermeas.

NEFROLITA. *m.* *(med.)* Nephrolitha; calculo dos rins.

NEFROLITIASIS. *f.* *(med.)* Nephrolithiasis; doença causada pelos calculos que se formam nos rins.

NEFROLÍTICO, CA. *adj.* Nephrolithico; que é devido á formação dos calculos nos rins.

NEFROLITOTOMÍA. *f.* *(cir.)* Nephrolithotomia; operação que consiste em abrir o rim para extrahir o calculo ou pedra.

NEFROLITOTÓMICO, CA. *adj.* Nephrolithotomico; relativo á nephrolithotomia.

NEFRÓLOGO. *m.* Nephrologo; auctor de um tratado ácerca dos rins.

NEFROLOJÍA. *f.* Nephrologia; tratado dos rins.

NEFROLÓJICO, CA. *adj.* Nephrologico; relativo á nephrologia.

NEFROLOJISTA. *m.* Nephrologista; o que se occupa particularmente em estudar as enfermidades dos rins.

NEFROPE. *m.* *(zool.)* Nephrope *(olho en fórma de rim)*; genero de crustaceos decapodas, da familia dos astacios.

NEFROPLEJÍA. *f.* Nephroplegia; atonia ou paralysia dos rins.

NEFROPLÉJICO, CA. *adj.* *(med.)* Nephroplegico; que depende da paralysia dos rins.

NEFROPLÉTORA. *f.* *(med.)* Nephroplethora; plethora dos rins.

NEFROPLETÓRICO, CA. *adj.* *(med.)* Nephroplethorico; que procede da plethora dos rins.

NEFROPIICO, CA. *adj.* *(med.)* Nephropiico; que depende da suppuração dos rins, ou provenha o pus da inflammação d'estes orgãos, ou resulte de uma metastase purulenta.

NEFROPIOSIS. *f.* Nephropiosis; suppuração dos rins.

NEFRORAJÍA. *f.* Nephrorrhagia; derramamento de sangue que provém dos rins.

NEFRORÁJICO, CA. *adj.* Nephrorrhagico; relativo á nephrorrhagia.

NEFROSPÁSTICO, CA. *adj.* Nephrospasthico; que é devido ao espasmo dos rins.

Nefrótoma. *f. (zool.)* Nephrotoma *(cortadura em fórma de rim)*; genero de insectos dipteros, da familia dos tipulicios.

Nefrotomía. *f. (cir.)* Nephrotomia; operação pela qual se extrahe a pedra ou calculos dos rins, ou se dá saída a um deposito purulento.

Nefrotómico, ca. *adj. (med.)* Nephrotomico; relativo á nephrotomia.

Neftalita. *s.* Nephthalita; israelita da tribu de Nephtali: — *pl.* nephtalitas; diz-se de uma horda de hunos, chamados tambem hunos brancos.

Neftea. *f. (zool.)* Nephtea; genero de polypos da familia dos alcyonios.

Neftis. *m. (zool.)* Nephtys; genero de annelidos da ordem das nereides.

Negable. *adj.* Negavel; que se póde negar.

Negacion. *f.* Negação; acção de negar. *Negatio, onis:* — V. *Privacion:* — carencia, falta total de alguma cousa. *Negatio, onis:* — negação; particula negativa. *Particula negativa:* — negação; ausencia, falta de uma qualidade em um sujeito: — negação, inaptidão, incapacidade.

Negadez. *f.* Negação, rudeza, estupidez, falta de entendimento.

Negado, da. *adj.* Incapaz ou totalmente inepto para alguma cousa. *Incapax, omnino ineptus.*

Negador, ra. *s.* Negador; o que nega. *Inficiator, oris.*

Negamiento. *m. (ant.)* Negamento. V. *Negacion.*

Neganopó. *m. (com.)* Neganopó; especie de tela de algodão que se fabrica na India.

Negar. *a.* Negar; não assentir, pôr em duvida, dar por falso o que outrem diz. *Negare:* — negar, denegar; não conceder, recusar, dizer que não. *Denegare, negare:* — negar, vedar, prohibir, impedir. *Denegare, renuere, vetare:* — negar; olvidar, esquecer o que d'antes se estimava, prezava ou tinha em apreço. *Inficias ire, oblivisci, promissis non stare:* — negar; não confessar o delicto; diz-se dos réus. *Pernegare, negare:* — negar; não reconhecer alguma cousa como propria, sustentar a falta de relação de uma cousa com outra. *Negare, despicere:* — occultar, dissimular. *Negare, dissimulare:* — faltar a um dever, ao reconhecimento, etc. *Negare, despicere:* — *r.* negar-se; recusar-se, escusar-se de fazer alguma cousa. *Recusare, renuere:* — negar-se; dar-se por ausente estando em casa, para não receber visitas. *Se negare domi. Negarse a sí mismo (fr.)*; negar-se a si mesmo, renunciar á propria vontade. *Semetipsum abnegare.*

Negativa. *f.* Negativa, negação, repulsa; recusa do que se pede. *Negatio, repulsa.*

Negativamente. *adv. m.* Negativamente; de modo negativo. *Negativè.*

Negatividad. *f. (phys.)* Negatividade; estado de um corpo que manifesta os phenomenos da electricidade negativa.

Negativo, va. *adj.* Negativo; que encerra negação, que nega, recusa. *Negativus, a, um:* — *(for.)* negativo; diz-se do réu que perguntado judicialmente não confessa o delicto de que é accusado. *Negativus, a, um:* — *(gram.)* negativo; que nega, serve para negar ou denota negação. *Negativus, a, um. Elementos negativos (phys.)*; elementos negativos; os discos de cobre da pilha galvanica. *Flúido negativo ó resinoso (phys.)*; fluido negativo ou resinoso; diz-se de um dos fluidos que compõem, segundo alguns physicos, o fluido natural. *Polo negativo*; polo negativo; extremidade que termina em um disco de cobre, na pilha galvanica. *Cantidades negativas (math.)*; quantidades negativas; as que têem antes de si o signal de subtracção. *Penas negativas (rel.)*; penas negativas; leis que excluem a certas pessoas das honras e dignidades, sem impor castigo algum directo e positivo.

Neginoth. *m. (mus. ant.)* Neginoth; nome generico dos instrumentos de corda entre os hebreus.

Neglesencia. *f. (ant.)* V. *Neglijencia.*

Negligencia. *f.* V. *Neglijencia.*

Negligente. *adj.* V. *Neglijente.*

Negligentemente. *adv. m.* V. *Neglijentemente.*

Negligentísimo, ma. *adj.* V. *Neglijentisimo.*

Neglijencia. *f.* Negligencia, desleixo, descuido; falta de diligencia, de cuidado e applicação. *Negligentia, æ.*

Neglijente. *adj.* Negligente, descuidado, desapplicado. *Negligens, entis.*

Neglijentemente. *adv. m.* Negligentemente; com negligencia. *Negligenter, oscitanter.*

Neglijentísimo, ma. *adj. sup.* de *Neglijente.* Negligentissimo, muito negligente.

Neglisencia. *f. (ant.)* V. *Neglijencia.*

Nego. *m.* Nego; palavra latina que quer dizer eu nego. Usa-se ás vezes em estylo familiar.

Negociabilidad. *f. (neol.)* Negociabilidade; qualidade do que é negociavel; diz-se particularmente dos bilhetes e lettras de cambio.

Negociable. *adj.* Negociavel; que se póde negociar. *Negotiabilis, le.*

Negociacion. *f.* Negociação; negocio mercantil, acção de negociar. *Negotiatio, onis:* —negociação; o negocio que se trata, o assumpto sobre que se negoceia: — negociação; manejo dos negocios politicos, tratados por embaixadores, enviados, ministros diplomaticos. *Negotiorum gestio, administratio, procuratio:* — *(ant.)* V. *Negocio.*

Negociado. *m.* V. *Negocio:* — *adj. (ant.)* negociado; occupado em negocios ou negociação: — negocio especial commettido a um ou mais empregados de uma repartição. *Negotiorum privatorum munus.*

Negociador. *m.* Negociador; o que trata de negociação politica. *Negotiator, oris:* — negociador, procurador; diz-se ás vezes da pessoa que trata de negocios particulares.

Negociante. *m.* Negociante, commerciante; homem de negocio, o que trafica em grosso. *Negotians, negotiator, negotiorum gestor, curator.*

Negociar. *n.* Negociar, commerciar, traficar; fazer, diligenciar negocio. *Negotiari:* — negociar; tratar negocios politicos, ou certas dependencias e pretensões: n'este caso é tambem activo, e assim se diz: *negociar la paz, un buen casamiento;* negociar a paz, um bom casamento, etc. *Negotia gerere, curare:* — negociar, subornar, prostituir, peitar, corromper. *Muneribus vel donis corrumpere:* — *(com.)* negociar, commutar, ceder, a troco de dinheiro, lettras de cambio, acções do banco, fundos publicos, etc. *Negotium facere.* N'esta accepção usa-se muitas vezes como activo.

Negocio. *m.* Negocio; termo generico com que se significa qualquer generó de cousas. Substitue-se frequentemente pelos termos proprios e particulares de cada cousa. *Negotium, res:* — negocio, pretensão, requerimento, agencia, dependencia, tratado, cousa de interesse. *Negotium, i:* — negocio, negociação. V. *Negociacion:* — negocio; interesse, ganho, lucro que se tira do que se trata, negoceia ou pretende. *Lucrum, i:* — *de mala digestion;* negocio de má digestão, difficultoso, arduo, mau de tratar, difficil de concluir ou concertar. *Res difficilis, arduum opus. Barajar un negocio (fr.);* baralhar, enredar um negocio; confundi-lo, atrapalha-lo, desordena-lo de maneira que não se possa averiguar a verdade. *Confundire, implicare, involvere. Correr los negocios (fr.);* correr, continuar os negocios; dar-lhes curso, andamento, faze-los progredir sem delonga. *Acta, negotia expedire. Desempatar un negocio (fr. fig.);* desempatar um negocio; desimpedi-lo, po-lo corrente, aclarando as duvidas e difficuldades que tinha. *Negotium exsolvere, explicare, expedire. Dormir sobre algun negocio (fr. fig.);* dormir sobre um negocio; applicar-se seriamente a elle, reflectindo, fazendo uma longa consideração. *Negotium perpendendum differre. Dormir un negocio (fr.);* dormir um negocio, estar suspenso. *Dormire, cessare, quiescere. Estar rodeado de negocios (fr.);* estar rodeado de negocios, andar mettido em muitos negocios; não ter um instante livre, achar-se excessivamente embaraçado com elles. *Negotiis circumquaque teneri. Hacer su negocio (fr.);* fazer o seu negocio; dispor e dirigir alguma cousa de sorte que resulte em sua propria utilidade e proveito. *Suum sibi negotium parare; quæ sua sunt quærere. Poner algun negocio en manos de alguno (fr.);* pôr um negocio nas mãos de alguem; confia-lo ao seu cuidado e diligencia.

Negocioso, sa. *adj.* Negocioso; proprio para negociar. *Negotiosus, a, um.*

Negozuelo. *m. dim.* de *Negocio.* Negociosinho.

Negra. *f.* V. *Negro:* — *(germ.)* caldeira.

Negrada. *f. (p. Cub.)* Negraria; multidão de negros.

Negrado, da. *adj.* V. *Negro.*

Negral. *adj.* Negral; tirante a negro: — *(ant.)* V. *Negro.*

Negrear. *n.* Negrejar; parecer negro, tornar-se, mostrar-se negro. *Nigrescere, nigrare.*

Negrecer. *a.* e *n.* V. *Ennegrecer.*

Negrecia. *f. (bot.)* Negrecia; genero de plantas da familia das leguminosas.

Negregoso, sa. *adj. (ant.)* V. *Negro, Obscuro.*

Negreguear. *n. (ant.)* V. *Negrecer.*

Negregura. *f. (ant.)* Negregura. V. *Negrura.*

Negrero. *adj.* Negreiro; diz-se do navio que se emprega no trafico e transporte de escravos negros. Usa-se tambem como substantivo: — *(p. Cub.)* diz-se do homem branco que gosta das negras.

Negrestino, na. *adj. (ant.)* V. *Negruzco.*

Negreta. *f.* Especie de ave de côr denegrida.

Negrilla. *f. (zool.)* V. *Congrio.*

Negrillera. *f.* Olmedal, alameda ou bosque de alamos, olmos ou choupos.

Negrillo. *m. dim.* de *Negro.* Negrilho, negrinho: — *(bot.)* V. *Olmo.* Na provincia de Traz os Montes tambem lhe chamam negrilho: — *(min.)* prata nativa de côr preta. *Argentum nativum nigrum.*

Negrísimo, ma. *adj. sup.* de *Negro.* Negrissimo; muito negro. *Nigerrimus, a, um.*

Negrito. *m. (p. Mex.)* Lindinho; expressão de carinho.

Negro, gra. *adj.* Negro, preto; diz-se de qualquer corpo de côr totalmente escura. Usa-se frequentes vezes substantivado na terminação masculina. *Niger, gra, grum:* — negro, preto; emprega-se muitas vezes para designar animaes ou plantas de côr mais ou menos escura: — negro, trigueiro, escuro; diz-se do pão e outras cousas que não têem a brancura que lhes é propria. *Niger, subniger, fuscus:* — negro; livido, maguado, como: *tiene el cuerpo negro de golpes;* tem o corpo negro de pancadas: — negro, escuro, escurecido; diz-se das nuvens, do céu, etc., que está carregado, cerrado. *Nigricans, fuscus:* — negro, porco, sujo, immundo, enxovalhado; diz-se principalmente da roupa branca e das mãos: — *(fig.)* negro, infeliz, infausto, triste, lutuoso; que afflige, que entristece. *Niger, gra, grum:* — *(fig.)* negro, horrivel, hediondo, medonho: — *(fig.)* negro, odioso, indigno; diz-se de certas acções más, de alguns delictos, como: *negra ingratitud, negra calumnia;* negra ingratidão, negra calumnia: — *(fam.)* negro, afflicto, entalado, em aperto; v. g., *me he visto negro para salir del lanze;* tenho-me visto negro para saír do aperto, da difficuldade: — *s.* negro, preto; homem negro, individuo da raça negra: — negro, preto; escravo empregado nos trabalhos das colonias: — *(p. A.)* lindo; expressão de caricia com que se trata a pessoa que se ama affectuosamente: — *(germ.)* manhoso, astuto, fino, sagaz: — *cimarron;* negro cimarrão, negro fagião, calhambola; escravo, negro fugitivo. V. *Cimarron:* — *de humo;* negro de fumo, pós de sapato; certa tinta preta: — *de la uña;* porcaria, sugidade das unhas quando se não lavam as mãos. *Unguis apiculusniger:* — *(fig.)* nada; porção tenuissima, o minimo de qualquer cousa. *Nihilum, i. Carnes negras;* carnes negras; as que tiram um pouco para escuro, como a carne de lebre: — carne negra ou animaes de carne negra; diz-se da lebre e de outros animaes que têem a carne escura, e em castelhano costuma dizer-se: *es carne negra. No somos negros (loc. fam.);* não somos escravos; usa-se para responder a alguem que quer arrogar-se superioridade ou dar maus tratos. *Non ut mancipia habendi sumus. Trabajar como un negro (fr.);* trabalhar como um negro, como um mouro; trabalhar muito, sem descanso, fazer trabalhos penosos. *Tratar a uno como a un negro (fr. fig.);* tratar alguem como a um negro; trata-lo asperamente, com dureza e desprezo.

Negrófago. *m.* Negrophago; partidario da escravatura dos negros.

Negrofajía. *f.* Negrophagia; systema dos partidarios da escravatura preta.

Negron. *m. (ant.)* V. *Negrura.*

Negror. *m. (ant.)* Negregura. V. *Negrura.*

Negrota. *f. (germ.)* V. *Negra.*

Negrura. *f.* Negrura, negridão; a côr negra. *Nigror, oris.*

Negruzco, ca. *adj.* Negrusco, denegrido, moreno; tirante a negro. *Nigellus, fuscus.*

Neguijon. *m. (med.)* Doença dos dentes que os faz negros.

Neguilla. *f.* Denegação constante, obstinada, porfia em negar o delicto que se imputa. Costuma dizer-se em castelhano: *mas vale celemin de neguilla que fanega de trigo. Pertinax negatio:* — *(bot.)* nigella; planta do genero agrostema, que nasce muito entre os trigos: — *(vet.)* mancha negra que se apresenta na cavidade dos dentes dos cavallos.

Neguillon. *m. (bot.)* V. *Colleja.*

Negundo. *m. (bot.)* Negundo; genero de plantas da familia das auriuias.

Nei. *m.* Nei; especie de flauta feita de canna, de que se servem os turcos.

Neide. *m. (zool.)* Neide; genero de insectos hemipteros heteropteros, da tribu dos geocorisos.

Neilia. *f. (bot.)* Neilia; genero de plantas da familia das saxifragaceas.

Neinei. *m. (zool.)* V. *Benteveo.*

Neis. *m. (zool.)* Neis; genero de acalephos beroideos, composto de uma só especie.

Neja. *f. (bot.)* Neja; genero de plantas da familia das compostas.

Nele. *f.* Nele; moeda antiga franceza que valia quinze dinheiros.

Nelensia. *f. (bot.)* Nelensia; genero de plantas da familia das acanthaceas.

Neli. *m. (bot.)* Nélle; nome que se dá na Asia ao arroz com casca.

Nelita. *f. (bot.)* Nelita; genero de plantas leguminosas.

Nelítride. *m. (bot.)* Nelitride ou nelitris; genero de plantas da familia das myrtaceas.

Nelma. *m. (zool.)* Nelma; salmão da Siberia, que chega a pesar sessenta arrateis.

Nelombiáceas. *f. pl. (bot.)* V. *Nelumbóneas.*

Nelombo. *m. (bot.)* V. *Nelumbo.*

Nelómide. *m. (zool.)* Nelomyde ou nelomys *(rata cruel);* genero de mammiferos roedores da secção dos ratos.

Nelsonia. *f. (bot.)* Nelsonia; genero de plantas da familia das acanthaceas.

Nelumbo. *m. (bot.)* Nelumbo; genero de plantas da familia das nelumboneas.

Nelumbóneas. *f. pl. (bot.)* Nelumboneas; familia de plantas monocotyledoneas, estabelecida para comprehender o genero nelumbo.

Nelúmula. *m. (bot.)* Nelumula; especie de arbusto do Malabar da familia das jasmineas.

Nema. *f.* Sinete, sêllo de cartas.

Nemapalpo. *m. (zool.)* Nemapalpo *(palpo filiforme);* genero de insectos dipteros da familia dos tipulicios.

Nematanto. *m. (bot.)* Nematantho; genero de plantas da familia das gesneraceas.

Nematelia. *f. (bot.)* Nematelia; genero de cogumelos hymenomycetos.

Nemato. *m. (zool.)* Nemato *(fio);* genero de insectos hymenopteros da tribu dos tenthredinos.

Nematócero, ra. *adj. (zool.)* Nematocero; que tem as antennas filiformes: — *m. pl.* nematoceros. V. *Filicornios.*

Nematodo. *m. (zool.)* Nematodo *(filamentoso);* genero de insectos coleopteros pentameros da familia dos sternoxos.

Nematófora. *f. (zool.)* Nematophora *(que tem fio);* genero de insectos coleopteros pentameros da familia dos malacodermes.

Nematógono. *m. (zool.)* Nematogono. V. *Esporotrico.*

Nematoídeos. *pl. (zool.)* Nematoideos; ordem dos helminthidos intestinaes que comprehende as ascarides, os stronglos, os filarios e todos aquelles que têem o corpo filiforme ou fusiforme e comprido.

Nematomices. *m. pl. (bot.)* Nematomyces; tribu de cogumelos que apresentam uma fórma filamentosa.

NEMATOPATA. *f. (zool.)* V. *Frajilaria.*

NEMATOPO. *m. (zool.)* Nematopo *(pé filiforme)*; genero de insectos hemipteros heteropteros, da familia dos lygeos.

NEMATÓPODOS. *m. pl. (zool.)* Nematopodas. V. *Cirrípodos.*

NEMATÓPTERA. *f. (zool.)* Nematoptera. V. *Nemóptera.*

NEMATORA. *f. (bot.)* V. *Estrígula.*

NEMATOSPERMO. *m. (bot.)* Nematospermo. V. *Lacistema.*

NEMATOSTIGMA. *f. (bot.)* Nematostygma. V. *Libertia.*

NEMATRIXIDE. *m. (bot.)* Nematrixide. V. *Mixonema.*

NEMAUQUENA. *f. (bot.)* Nemauchena; genero de plantas da familia das compostas.

NEMAZOARIOS. *m. pl. (zool.)* Nemazoarios *(animal filiforme)*; classe de seres ambiguos, comprehendidos por alguns naturalistas entre os infusorios, e por outros entre as algas.

NEMBRAR. *a. (ant.)* Nembrar, lembrar. V. *Acordar:* — *r. (ant.)* V. *Acordarse.*

NEMBRO. *m. (ant.)* Nembro. V. *Miembro.*

NEMEDRA. *f. (bot.)* Nemedra; genero de plantas da familia das melliaceas.

NEMEO, MEA. *adj.* Nemeo; de Nemea, cidade da antiga Grecia. *Nemœus, a, um:* — *m. pl.* nemeos; jogos famosos que se celebravam na Grecia.

NEMEOBIO. *m. (zool.)* Nemeobio *(que vive na madeira)*; genero de insectos lepidopteros, da tribu dos erycinidos.

NEMEÓFILA. *f. (zool.)* Nemeophila *(amiga da madeira)*; genero de insectos lepidopteros, da tribu dos chelonidos.

NEMERTE. *m. (zool.)* Nemerte; genero de helminthidos marinhos.

NEMESIA. *f. (bot.)* Nemesia; genero de plantas da familia das escrofularineas.

NEMESIS. *f. (zool.)* Nemesis; genero de crustaceos siphonostomos.

NEMESTRINA. *f. (zool.)* Nemestrina; genero de insectos dipteros, da familia dos anthracios.

NEMESTRÍNIDOS. *m. pl (zool.)* Nemestrinidos; tribu de insectos dipteros, da familia dos anthracios.

NEMICELO. *m. (zool.)* Nemicelo *(que fura a madeira)*; genero de insectos coleopteros tetrameros, da familia dos xylophagos.

NEMIGA. *f. (ant.)* Maldade, iniquidade, delicto enorme: — V. *Pecado:* — damno, destroço: — inimisade.

NEMIGAJA. *f. (ant.)* Nemigalha, nem migalha, nada.

NÉMINE DISCREPANTE. Nemine discrepante; expressão latina que vale o mesmo que sem contradicção ou opposição de alguem, ou por unanimidade de votos.

NEMOBIA. *f. (zool.)* Nemobia *(que vive na madeira)*; genero de insectos orthopteros, da familia dos gryllideos.

NEMOCÉFALO. *m. (zool.)* Nemocephalo *(cabeça dividida)*; genero de insectos coleopteros pentameros, da familia dos curculionidos.

NEMÓCERO, RA. *adj. (zool.)* Nemocero; que tem antennas filiformes: — *m. pl.* nemoceros; grande familia de insectos dipteros, que comprehende particularmente os dois grandes generos culex e tipula de Linneo.

NEMOFANTE. *m. (bot.)* Nemophante; genero de plantas da familia das ilicineas.

NEMÓFILA. *f. (bot.)* Nemophila *(amante da madeira)*; genero de plantas da familia das hydrophylleas.

NEMÓFORA. *f. (zool.)* Nemophora *(que tem fio)*; genero de insectos lepidopteros, da tribu dos tineidos.

NEMOGNATA. *f. (zool.)* Nemognatha *(mandibula dividida)*; genero de insectos coleopteros heteromeros, da familia dos trachelidos.

NÉMON. *m. (ant.)* V. *Gnomon.*

NEMÓNICA. *f.* V. *Mnemónica.*

NEMOPANTO. *m. (zool.)* Nemopantho; genero de plantas da familia das ramneas.

NEMÓPODA. *f. (zool.)* Nemopoda *(pé em fórma de filamento)*; genero de insectos dipteros brachoceros.

NEMÓPTERA. *f. (zool.)* Nemoptera *(aza filiforme)*; genero de insectos nevropteros, da familia das planipenneas.

NEMORAL. *adj. (hist. nat.)* Nemoral; que vive ou cresce nos bosques.

NEMOREA. *f. (zool.)* Nemorea; genero de insectos dipteros brachoceros, da familia dos muscidos.

NEMOROSO, SA. *adj.* Nemoroso; relativo ou pertencente a bosques, a arvoredos. *Nemorosus, a, um.*

NEMÓSOMA. *f. (zool.)* Nemosoma *(corpo dividido)*; genero de insectos coleopteros tetrameros, da familia dos xylophagos.

NEMOTELO. *m. (zool.)* Nemotelo *(que acaba em fio)*, genero de insectos dipteros brachoceros, da familia dos notacanthos.

NEMOTRICO. *m. (zool.)* Nemotricho *(cabelleira dividida)*; genero de insectos coleopteros subpentameros, da familia dos curculionidos.

NEN. *conj. (ant.)* V. *Ni.*

NENAX. *f. (bot.)* Nenax. V. *Ambraria.*

NENE. *m. (fam.)* Néné; creancinha, menino pequeno. *Infantulus, i.* Usa-se tambem em estylo ironico, em castelhano, applicando-o a pessoas de maioridade, em cujo sentido equivale em portuguez a menino.

NENGUN, NENGUNO, NA. *adj. (ant.)* Nengun. V. *Ningun, Ninguno.*

NENIAS. *f. pl. (hist.)* Nenias; cantos funebres que se usavam na antiga Roma. Posteriormente applicou-se a toda a especie de cantos desagradaveis, e até aos maus discursos. Tambem se dava este nome em Hespanha a uma especie de cantilena com que as amas acalentavam as creanças. Em portuguez chama-se hoje nenia a um canto funebre sobre a sepultura do morto.

NENÚFAR. *m. (bot.)* Golfão ou nymphea; genero de plantas da familia das nymphaceas, cujas especies são herbaceas e aquaticas.

Neo. *adj.* Neo; palavra que quer dizer novo, e que se antepõe a muitas outras para modificar o seu sentido.

Neoberingo. *m.* Neoberingo; especie de luta que os negros executam ao som de alguns instrumentos.

Neocíclico, ca. *adj.* *(chron.)* Neocyclico; que se verifica no principio de certo periodo de tempo. *Fiesta neocíclica;* festa neocyclica; festa que abre um novo cyclo.

Neo-cristianismo. *m.* Neo-christianismo; especie de philosophia christã que alguns escriptores modernos têem querido substituir ás crenças catholicas.

Neófito. *m.* Neophyto; novo converso á religião christã. *Neophytus, i:* — dava-se antigamente este nome aos recem-convertidos ao estado ecclesiastico. Hoje chama-se neophyto ao recem-admittido em qualquer corporação.

Neogamia. *f.* Neogamia; matrimonio recentemente celebrado.

Neogamo, ma. *adj.*, *s.* Neogamo; noivo recem-casado.

Neogaya. *f.* *(bot.)* Neogaya; genero de plantas da familia das umbelliferas.

Neografía. *f.* Neographia; obra, tratado sobre um novo systema de orthographia, ou segundo este novo systema.

Neográfico, ca. *adj.* Neographico; concernente á neographia.

Neografismo. *m.* Neographismo; emprego de uma orthographia que não está em uso.

Neografista, Neógrafo. *m.* Neographista ou neographo; o que quer introduzir, ou o que admitte uma orthographia nova e contraria ao uso recebido.

Neól. *m.* Neol; abreviatura da palavra neologismo.

Neo-latino, na. *adj.* *(philol.)* Neo-latino; diz-se de todas as linguas modernas derivadas do latim: — neo-latina; diz-se da litteratura formada á imitação da latina.

Neólogo. *m.* Neologo; o que usa com frequencia de termos novos, o que affecta uma linguagem nova.

Neolojía. *f.* Neologia; invenção ou introducção de termos ou locuções novas em um idioma.

Neolójico, ca. *adj.* Neologico; que pertence á neologia ou ao neologismo.

Neolojismo. *m.* Neologismo; innovação de palavras e phrases.

Neomenia. *f.* *(astr. ant.)* Neomenia; lua nova ou primeiro dia da lua. *Novilunium, ii:* — *f. pl.* *(hist.)* neomenias; festas que os romanos celebravam em as luas novas.

Neoméride. *m.* *(hist. nat.)* Neomeride; genero de producções marinhas, collocado por alguns naturalistas entre os polypos, e por outros entre as algas.

Neomida. *f.* *(zool.)* Neomida; genero de insectos coleopteros heteromeros, da familia dos taxicornes.

Neoní. *adj.* Neoni; diz-se de certos sacerdotes do Congo, que se encarregam especialmente de exercer a medicina.

Neonomio, mia. *s.* Neonomio; seguidor de uma seita christã que não admittia o Velho Testamento e só reconhecia o Evangelho.

Neope. *m.* *(zool.)* Neope *(aspecto novo)*. V. *Sitina.*

Neo-platónico, ca. *adj.* Neoplatonico; philosopho da seita philosophica chamada neo-platonismo, que se formou em Alexandria, e que tinha por fim reunir com a philosophia de Platão as doutrinas mysticas originarias do Oriente.

Neorama. *m.* Neorama; especie de panorama traçado em uma superficie cylindrica, e que representa o interior de um templo ou de um grande edificio illuminado e animado por grupos de pessoas, no meio das quaes se acha collocado o espectador.

Neotermas. *f. pl.* Neothermas; banhos quentes, estabelecidos segundo um modelo ou systema novo.

Neotrago. *m.* *(zool.)* Neotrago; sub-divisão de mammiferos do genero antilope.

Nepa. *f.* *(zool.)* Nepa; genero de insectos hymenopteros, da familia dos hydrocorisos.

Nepente. *m.* *(bot.)* Nepenthes; genero de plantas dicotyledoneas, da familia das nepentheas.

Nepénteas. *f. pl.* *(bot.)* Nepentheas; familia de plantas dicotyledoneas, formada para comprehender o genero nepenthes.

Népidos. *m. pl.* *(zool.)* Nepidos; tribu de insectos hemipteros heteropteros, da familia dos hydrocorisos.

Nepote. *m.* Nepote; palavra tirada do italiano, que significa sobrinho, e que se applica especialmente ao que é sobrinho do papa, e de ordinario seu valido.

Nepotismo. *m.* Nepotismo; valimento excessivo dos sobrinhos ou parentes dos papas; abuso da auctoridade de muitos papas a favor d'elles.

Neptunia. *f.* *(bot.)* Neptunia; genero de plantas leguminosas aquaticas.

Neptuniano, na. *adj.* *(geol.)* Neptuniano; diz-se dos terrenos que devem sua origem á dissolução aquea e não á fusão ignea.

Neptunismo. *m.* *(geol.)* Neptunismo; hypothese que attribue á acção da agua a formação das rochas que constituem a superficie do globo, quando não apresentam evidentes signaes de fusão.

Neptunista. *m.* *(geol.)* Neptunista ou neptuniano; partidario da hypothese do neptunismo.

Neptuno. *m.* *(naut.)* Neptuno; atlas maritimo que contém mappas reduzidos: — *(poet.)* neptuno, o mar: — *(zool.)* neptuno. V. *Portuno:* — *(astr.)* Neptuno; nome com que se designou durante algum tempo o planeta Urano.

Nepucio. *m.* *(zool.)* Nepucio *(pequeno);* genero de insectos coleopteros pentameros, da familia dos lamellicornes.

Nere. *m. (chron.)* Nere; periodo de 600 annos, que estava em uso entre os chaldeus.

Nereida. *f. (zool.)* Nereida; genero de annelidos marinhos: —*pl.(poet.)* nereidas; divindades inferiores do mar. Homero diz que eram cincoenta.

Nereideas. *f. pl. (zool.)* Nereideas; ordem de annelidos.

Nereidianos. *m. pl. (zool.)* Nereidianos; familia de annelidos setigeros errantes.

Nereidontes. *m. pl. (zool.)* Nereidontes *(dente de nereida);* grupo de annelidos composto de muitas especies.

Nereifilos. *m. pl. (zool.)* Nereiphyllos; grupo de annelidos, que comprehende varios generos.

Nereilepa. *f. (zool.)* Nereilepa; sub-genero de annelidos do genero nereida.

Nereng. *m.* Nereng; livro de oração dos persas.

Neria. *f. (zool.)* Nerias; genero de insectos lepidopteros da familia dos nymphalios.

Nerinda. *f. (comm.)* Nerinda; tela branca de algodão fabricada na India.

Nerínea. *f. (zool.)* Nerinea; genero de molluscos gasteropodas.

Nerio. *m. (zool.)* Nerio; genero de insectos dipteros brachoceros, da familia dos muscidos.

Nerion. *m. (bot.)* Nerion; genero de plantas da familia das apocyneas.

Nerita. *f. (zool.)* Nerita; genero de molluscos gasteropodas.

Neritáceos. *m. pl. (zool.)* Neritaceos; familia de molluscos gasteropodas pectinibranchios.

Nerócila. *f. (zool.)* Nerocila; genero de crustaceos isopodas da familia dos cymothoadianos.

Nertera. *f. (bot.)* Nertera; genero de plantas da familia das rubiaceas.

Nerto. *f. (zool.)* Nerto; genero de insectos coleopteros tetrameros, da familia dos curculionidos.

Nertope. *f. (zool.)* Nerthope; genero de insectos coleopteros tetrameros, da familia dos curculionidos.

Nervado, da. *adj. (br.)* Nervado, fibroso; diz-se das folhas das plantas cujas fibras ou nervos são de differente esmalte: —*(bot.)* nervoso; diz-se de todas as partes da planta providas de nervuras.

Nervadura. *f. (bot.)* Nervura; nome dado á reunião de fibras nutritivas que atravessam interiormente o limbo da folha e que lhe formam o esqueleto.

Nerval. *adj. (anat.)* Nerval; que se refere aos nervos.

Nervezuelo. *m. dim.* de *Nervio.* Nervosinho.

Nerviar. *a. (ant.)* Ennervar; ligar, forrar com nervos. *Nervare.*

Nervifoliado, da. *adj. (bot.)* Nervifoliado; que tem as folhas guarnecidas de nervuras em extremo sensiveis.

Nervimocion. *f. (phys.)* Nervimoção; phenomeno do movimento que os agentes esteriores produzem nos sentidos, e que os nervos transmittem aos musculos.

Nervimotor. *adj. (phys.)* Nervimotor; diz-se dos agentes capazes de produzir a nervimoção.

Nervino. *adj. (pharm.)* Nervino; diz-se do unguento util para mitigar a irritação e as dores. *Nervinus, a, um:* —nervino; diz-se do remedio proprio para corroborar os nervos.

Nervio. *m. (fig.)* Nervo, força, energia, fortaleza, motor principal. *Nervus, i:*—nervo; a efficacia ou vigor da rasão. *Nervus, i:*—*(anat.)* nervo; parte organica do corpo animal, composta de fibras brancas muito unidas. Os nervos são os agentes da sensibilidade e servem para transmittir as impressões que recebem dos objectos. *Nervus, i:*—*(art.)* corda a que se prendem as redes de pesca pela sua margem:—nervo; corda de instrumento musico. *Nervus, i:*—*(bot.)* nervo; fibra que corre ao comprido das folhas das plantas pelo seu envez, e que é de ordinario mais elevada que a superficie d'ellas. *Nervus folii:*—*(hist.)* especie de prisão ou cepo onde se atava o réu pelos pés e pelo pescoço com uma cadeia. *Nervus, i:*—*(min.)* nervo; diz-se dos filamentos prolongados que determinam e annunciam a tenacinade e a malleabilidade de um metal: —*(pint.)* nervo; firmeza, energia, força na execução de uma obra: —*(naut.)* cabo fixo; em que se envergam e por onde correm as vêlas de estae, quando se içam ou arriam:—cabo por onde correm os toldos.

Nerviosamente. *adv.*V. *Nervosamente.*

Nerviosidad. *f.*V. *Nervosidad.*

Nervioso, sa. *adj.*V. *Nervoso:* —*(fig.)* nervoso, vigoroso, vehemente, energico; cheio de força, de energia; diz-se do discurso, do estylo, das palavras, das rasões, etc. *Nervosus, vehemens:*—*(bot.)* nervoso; diz-se das folhas das plantas que têem nervuras ou umas riscas que se dirigem de cima abaixo, sem se dividirem ou ramificarem.

Nervosamente. *adv. m.* Nervosamente, energicamente, vigorosamente; com força e vigor. *Nervosè.*

Nervosidad. *f.* Nervosidade; força, energia nervosa. *Nervositas, atis:* —*(fig.)* nervosidade; vigor, força, vehemencia, efficacia das rasões, dos argumentos. *Nervositas, atis:*—flexibilidade, ductilidade dos metaes. *Flexibilitas, atis:*—*(bot.)* V. *Nervadura.*

Nervoso, sa. *adj.* Nervoso; que tem nervos. *Nervosus, a, um:*—nervoso, forte, solido, vigoroso, energico, tanto no physico como no moral. *Nervosus, a, um.*

Nervudo, da. *adj.* Nervudo; que tem fortes tendões, nervos e musculos. *Nervosus, a, um.*

Nescidat, Nesciedat. *f. (ant.)* Nescedade, nescidade.V. *Necedad:*—V. *Ignorancia.*

Nescidia. *f. (bot.)* Nescidia;

genero de plantas da familia das rubiaceas.

Nesciencia. *f.* Insciencia, ignorancia; falta de sciencia ou de conhecimento. *Inscitia, æ.*

Nesciente. *adj.* Insciente, ignorante. *Nesciens, entis.*

Nescientemente. *adv. m. (ant.)* Inscientemente. V. *Ignorantemente.*

Nescio, cia. *adj. (ant.)* V. *Necio.*

Nesea. *f. (bot.)* Nesea; genero de plantas da familia das lythrarias: —*(zool.)* nesea; genero de crustaceos isopodos da familia dos spheromios.

Nesga. *f.* Nesga; peça triangular de panno, que se coze entre duas folhas das roupas ou vestidos, para lhes dar mais roda. *Angulosum vestis additamentum:*—qualquer peça triangular, unida com outras, á maneira de nesga. *Triangulare fragmentum.*

Nesia. *f. (zool.)* Nessia; genero de reptis saurios da familia dos scincos.

Neskari. *m. (zool.)* Neskari; peixe do genero salmão, que se encontra nos lagos da Siberia.

Neslia. *f. (bot.)* Neslia; genero de plantas da familia das cruciferas.

Nesorino. *m. (zool.)* Nesorrhino *(nariz de adem)*; genero de insectos hemipteros da familia dos hoplophoridos.

Néspera. *f.* V. *Níspero.*

Nesa. *f. (chron.)* Nessa; nome que os antigos arabes, antes de sua conversão ao mahometismo, davam a um mez que intercalavam de tres em tres annos, para que o anno lunar correspondesse ao solar.

Nestide. *m. (zool.)* Nestide ou nestis; genero de peixes acanthopterygios da familia dos mugiloideos.

Nestlera. *f. (bot.)* Nestlera; genero de plantas da familia das compostas.

Nestoriano. *m. (rel.)* Nestoriano; partidario da doutrina de Nestorio.

Nestorianismo. *m. (rel.)* Nestorianismo; doutrina dos sectarios de Nestorio, celebre heresiarcha, nascido na Syria.

Netamente. *adv. m.* Netamente, limpamente, puramente, polidamente; de um modo limpo.

Netezuelo, la. *s. dim.* de *Nieto.* Netinho.

Neto, ta. *adj.* Neto, limpo; sem defeito, sem mancha, puro. *Purus, putus:*—liquido; dizse do resultado de uma conta: —liquido; diz-se igualmente do peso de uma cousa, feita a deducção da tara: —*(p. Gal.)* proprio, adequado, accommodado: —*m.* um quartilho de vinho. *En neto (loc. adv.)* V. *En limpio,* liquidamente: —*m. (arch.)* dado; pedestal da columna considerado sem a base e a cornija. *Stylobatis nudus.*

Netorinco. *m. (zool.)* Nettorhyncho *(bico de adem)*; genero de helminthes intestinaes, classificado ainda duvidosamente.

Neuba. *f. (ant.)* V. *Niebla.*

Neuma. *s. (rhet.)* Neuma; gesto oratorio, inclinação de cabeça, annuindo ou recusando. *Neuma, æ.*

Neumática. *f. (phys.)* Pneumatica; sciencia que explica as propriedades physicas do ar. *Máquina neumática.* V. *Máquina.*

Neumático, ca. *adj.* Pneumatico; concernente ao ar ou vento. *Pneumaticus, a, um.*

Neumobranquios. *m. pl. (zool.)* Pneumobranchios; familia de reptis batrachios.

Neumodermo. *m. (zool.)* Pneumodermo *(pelle inchada)*; genero de molluscos gasteropodas.

Neuracanto. *m. (bot.)* Neuracantho; genero de plantas da familia das acanthaceas.

Neuracne. *f. (bot.)* Neurachne *(cabelleira nervosa)*; genero de plantas da familia das gramineas, cujas especies são vivazes.

Neuráctide. *m. (bot.)* Neuractide ou neuractis; genero de plantas da familia das compostas.

Neurada. *f. (bot.)* Neurada *(glandula nervosa)*; genero de plantas da familia das rosaceas.

Neuralgia. *f. (med.)* Nevralgia; dor dos nervos. Nome generico de certo numero de enfermidades, cujo symptoma principal consiste n'uma dor viva que segue o trajecto de um ramo nervoso e de suas ramificações, sem rubicundez, calor, tensão nem inchação.

Neurálgico, ca. *adj. (med.)* Nevralgico; que respeita á nevralgia.

Neuria. *f. (zool.)* Neuria *(nervura)*; genero de insectos lepidopteros nocturnos.

Neurilema. *f. (anat.)* Nevrilema; membrana que rodeia os nervos cerebraes e forma um verdadeiro canal, em que se acha contida uma materia branca e medullar.

Neurilemita, Neurilita. *f. (med.)* Nevrilemita; inflammação da nevrilema.

Neurisma. *f.* V. *Aneurisma.*

Neurítico, ca. *adj. (pharm.)* Nevritico ou nevrino; diz-se dos medicamentos proprios para as enfermidades dos nervos.

Neuritis. *f. (med.)* Nevritis ou nevrite; inflammação dos nervos.

Neurobalística. *f. (mil.)* Nevrobalistica; nome com que se designa toda a machina antiga de guerra, do tempo em que, não sendo ainda conhecida a polvora, se transmittiam as forças por meio de cordas ou de nervos.

Neuróbata. *m. (hist.)* Nevrobata, acrobata; dansarino de corda entre os romanos.

Neurobática. *f.* Nevrobatica; arte de dansar na corda.

Neurobático, ca. *adj.* Nevrobatico, acrobatico; concernente aos acrobatas ou volatins.

Neurocáliz. *m. (bot.)* Nevrocalyx; genero de plantas da familia das rubiaceas.

Neurocarpo. *m. (bot.)* Nevrocarpo *(fructo nervoso)*; genero de plantas leguminosas, da familia das phaseolaceas.

Neuroflogosis. *m. (med.)* Nevrophlogosis ou nevrophlogose; inflammação dos nervos.

Neurogamia. *f. (med.)* Nevrogamia; magnetismo animal.

Neurogámico, ca. *adj.* *(med.)* Nevrogamico; concernente á nevrogamia.

Neurografia. *f.* Nevrographia; descripção dos nervos: — nevrographia; tratado sobre as doenças nervosas.

Neurográfico, ca. *adj.* Nevrographico; concernente á nevrographia.

Neurógrafo. *m.* Nevrographo; o que trata de nevrographia.

Neurójeno. *m.* *(physiol.)* Nevrogeno; materia nutritiva do tecido nervoso.

Neurolena. *f.* *(bot.)* Neurolena *(involucro nervoso)*; genero de plantas da familia das compostas.

Neurólogo. *m.* Nevrologo; o que estuda especialmente a anatomia dos nervos.

Neurolojía. *f.* *(med.)* Nevrologia; parte da anatomia que trata dos nervos.

Neurolójico, ca. *adj.* Nevrologico; que respeita á nevrologia.

Neurolomo. *m.* *(bot.)* Neurolomo; genero de plantas cruciferas.

Neuroma. *m.* *(med.)* Nevroma; nome dado a uns tumores mais ou menos volumosos, subcutaneos, circumscriptos, muito dolorosos, que se desenvolvem no tecido dos nervos: — nevroma; inchação que ordinariamente não excede o tamanho de uma ervilha, que se desenvolve ás vezes no trajecto dos nervos e que parece formada por uma especie de vegetação interior da membrana nevrilema.

Neuromielita. *f.* *(med.)* Nevromyelite, rochyalite ou myelite; inflammação da medulla espinhal.

Neuromo. *m.* *(zool.)* Nevromo *(espadua nervosa)*; genero de insectos nevropteros, da familia dos semblidos.

Neuroparalisis. *f.* *(med.)* Nevroparalysia; paralysia dos nervos ou do sentimento.

Neuroparalítico, ca. *adj.* *(med.)* Nevroparalytico; que tem os caracteres da nevroparalysia: — nevroparalytico; que depende da nevroparalysia.

Neuropatía. *f.* *(med.)* Nevropathia; affecção nervosa.

Neuropatolojía. *f.* *(med.)* Nevropathologia; tratado das doenças nervosas.

Neuropatolójico, ca. *adj.* *(med.)* Nevropathologico; concernente á nevropathologia.

Neuropeltide. *m.* *(bot.)* Neuropeltide ou neuropeltis *(escudo nervoso)*; genero de plantas da familia das convolvulaceas.

Neuropira. *f.* *(med.)* Nevropyra; febre nervosa.

Neuropírico, ca. *adj.* *(med.)* Nevropyrico; concernente á febre nervosa: — nevropyrico; que apresenta os caracteres da febre nervosa.

Neuroprosopaljia. *f.* *(med.)* Nevroprosopalgia; enfermidade dolorosa, que consiste na contracção dos musculos das faces.

Neuroptéride. *m.* *(bot.)* Neuropteride ou nevropteride *(feto nervoso)*; genero de fetos fosseis.

Neuroptero, ra. *adj.* *(zool.)* Nevroptero; que tem as azas transparentes e sulcadas de muitas veias ou fibras, que formam uma especie de rede: — *m. pl.* insectos que se parecem muito com os orthopteros.

Neuropterolojía. *f.* *(zool.)* Nevropterologia; descripção dos insectos nevropteros.

Neuropterolójico, ca. *adj.* Nevropterologico; concernente á nevropterologia.

Neurósico, ca. *adj.* *(med.)* Nevrosico; que apresenta os caracteres da nevrose.

Neurosis. *f.* *(med.)* Nevrosis ou nevrose; affecção nervosa, enfermidade dos nervos em geral.

Neurosperma. *f.* *(bot.)* Nevrosperma. V. *Momórdica.*

Neurosqueleto. *m.* *(anat.)* Nevrosqueleto; reunião ou conjuncto ordenado de ossos, que envolvem as partes centraes do systema nervoso.

Neurostenia. *f.* *(med.)* Nevrostenia; excesso de irritação ou inflammação nervosa.

Neurotelo, la. *adj.* *(anat.)* Nevrotelo; que tem mammillos nervosos.

Neurótico, ca. *adj.* *(pharm.)* Nevritico ou nervino.

Neurotomía. *f.* *(anat.)* Nevrotomia; dissecção dos nervos: — *(cir.)* nevrotomia; operação que consiste em cortar um nervo.

Neurotómico, ca. *adj.* *(med.)* Nevrotomico; concernente á nevrotomia.

Neurótomo. *m.* *(med.)* Nevrotomo; escalpello para fazer a dissecção dos nervos: — nevrotomo; o que faz a dissecção dos nervos.

Neusticuro. *m.* *(zool.)* Neusticuro; genero de reptis saurios, da familia dos lagartos.

Neustosauro. *m.* *(zool.)* Neustosauro *(lagarto nadador)*; genero de reptis fosseis.

Neutonianismo. *m.* Newtonianismo; theoria do mechanismo do universo, e particularmente dos movimentos dos corpos celestes, de suas leis e de suas propriedades, segundo a opinião de Newton.

Neutoniano, na. *adj.* Newtoniano; concernente ou relativo á doutrina de Newton.

Neutral. *adj.* Neutral, neutro, indifferente, imparcial; que não segue o partido de nenhum dos belligerantes ou contendores, etc. *Neuter, tra, trum.*

Neutralidad. *f.* Neutralidade, indifferença, imparcialidade; estado neutral. *Neuter animus.*

Neutralizar. *a.* Neutralisar; tornar, fazer neutro: — neutralisar; temperar, mitigar, attenuar as propriedades de alguma substancia pela mistura de outra: — *una sal (chim.)*; neutralisar um sal; faze-lo neutro: — *(fig.)* neutralisar, annullar; destruir, enfraquecer o effeito de alguma cousa pela concorrencia de outra differente ou opposta. Tambem se emprega como reciproco.

Neutralmente. *adv. m.* Neutralmente, imparcialmente.

Neutro, tra. *adj.* Neutro, neutral. V. *Neutral:* — *(gram.)* neutro; diz-se do genero que não é nem masculino nem feminino. *Neuter, tra, trum:*

— neutro; diz-se dos verbos que não podem ter regimen directo, isto é, dos que não são activos nem passivos. *Neutrum verbum:—pl.(zool.)* neutros; individuos a que não se attribue sexo algum, como succede entre as abelhas, etc. *Flores neutras (bot.);* flores neutras; diz-se das flores privadas dos orgãos sexuaes.

Neuviedia. *f. (bot.)* Neuviedia; genero de plantas da familia das apostasieas.

Nevada. *f.* Nevada; quantidade de neve que cáe de uma vez. *Nivis copia.*

Nevadilla. *f. (bot.)* Corrisola, sanguinha, sanguinaria; especie de plantas do genero paronychia.

Nevado, da. *adj.* Nevado, nevoso, niveo; alvo como a neve: — nevado; coberto de neve.

Nevar. *n.* Nevar, caír neve. *Ningere: — a. (fig.)* nevar; fazer branco, fazer alvo, dar côr branca. *Dealbare, spargere res alba.*

Nevasca. *f.* V. *Nevada:* — temporal de muita neve, especialmente com vento. *Copiosa nix.*

Nevasco. *m.* V. *Nevasca.*

Nevatilla. *f. (zool.)* V. *Aguzanieve.*

Nevazo. *m. (prov.)* V. *Nevada.*

Nevera. *f.* Neveira; casa subterranea onde se guarda o gêlo. *Cella nivallis: — (fig.)* neveira, casa fria de neve; logar ou habitação excessivamente fria. *Cella nimis frigida.*

Nevereta. *f. (zool.)* V. *Aguzanieve.*

Nevería. *f.* Loja onde se vende neve. *Taberna nivalis.*

Nevero,ra. *s.* Neveiro; vendedor de neve. *Nivis venditor.*

Nevisca. *f.* V. *Nevasca.*

Neviscar. *n.* Neviscar; nevar ligeiramente ou em pequena quantidade.

Nevoso, sa. *adj.* Nevoso; abundante em neve. *Nivosus, nivalis:* — nevoso; tempo disposto a nevar.

Newtonianismo. *m.* V. *Neutonianismo.*

Newtoniano, na. *adj.* V. *Neutoniano.*

Nexo. *m.* Nexo, vinculo, connexão, ligação. *Nexus, us:* — signal ou abreviatura que expressa duas ou mais letras: — *(germ.)* nexo, nó.

Ngombo. *m.* Ngombo; segundo chefe dos gangas, sacerdotes de Africa.

Ngosei. *m.* Ngosei; terceiro chefe dos gangas.

Ni. Nem; particula com que se negam os extremos de uma proposição: — nem; conjuncção com que se nega absolutamente alguma cousa. *Nec, nequidem.*

Niabel. *m. (bot.)* Niabel; arvore de consideravel altura, propria do Malabar.

Nialelia. *f. (bot.)* V. *Milnea.*

Niara. *f.* Monte de palha, coberto de giesta ou outra planta que resguarde da agua, que se forma no campo para metter e conservar o grão. *Palearium runale.*

Nibora. *f. (bot.)* Nibora; genero de plantas aquaticas da familia das acanthaceas.

Nicandra. *f. (bot.)* Nicandra; genero de plantas da familia das solanaceas.

Nicané. *m. (com.)* Nicané; tecido de algodão que se fabrica em Florença, e se exporta para a Africa.

Niceno, na. *s.* Niceno; o natural de Nicéa. *Nicœnus, i:* — *adj.* niceno; concernente á Nicéa. *Nicœnus, a, um.*

Nicerobino. *adj.* Nicerobino; diz-se do unguento mui precioso e odorifero, muito em voga entre os antigos para se ungirem. *Nicerobinus, a, um.*

Nicle. *m.* V. *Prasma.*

Nicociana. *f. (bot.)* Nicociana; nome botanico dado ao tabaco. V. *Tabaco.* O nome de nicociana vem de Nicot, embaixador de França em Portugal em 1560, que deu a importação do tabaco na Europa.

Nicociáneo, nea. *adj. (bot.)* Nicocianeo; parecido com o tabaco: — *f. pl.* nicocianeas; tribu de plantas da familia das solanaceas.

Nicocianina. *f. (chim.)* Nicocianina; substancia solida e volatil, descoberta no tabaco, e á qual elle deve o seu cheiro caracteristico.

Nicolato. *m. (chim.)* Nicolato; sal produzido pela combinação do acido nicolico com uma base.

Nicoletia. *f. (zool.)* Nicoletia; genero de insectos thysanuros.

Nicólico, ca. *adj. (chim.)* Nicolico; diz-se de um dos acidos do nickel, e tambem dos saes em que entra este acido.

Nicoloso, sa. *adj. (chim.)* Nicoloso; diz-se de um dos oxydos do nickel.

Nicolsonia. *f. (bot.)* Nicolsonia; genero de plantas leguminosas papilionaceas.

Nicomediense. *s.* Nicomediense; o natural de Nicomedia. *Nicomediensis, se:* — *adj.* nicomediense; pertencente a Nicomedia.

Nicopolitano, na. *adj.* Nicopolitano; pertencente a Nicopolis: — *s.* nicopolitano; natural de Nicópolis.

Nicótico, ca. *adj. (chim.)* Nicotico; diz-se dos saes cuja base é a nicotina.

Nicotina. *f. (chim.)* Nicotina; alcali vegetal que existe no tabaco, e foi descoberto em 1829.

Nicotoe. *f. (zool.)* Nicothoe; genero de crustaceos siphonostomos, da familia dos pachycephalos.

Nictacion. *f. (med.)* Nictação, pestanejo, piscadura dos olhos; movimento frequente das palpebras, que provém de uma especie de convulsão causada pela impressão de uma luz intensa ou excessiva.

Nictago. *m. (bot.)* Nyctago; genero de plantas, typo da familia das nyctagineas. V. *Maravilla:* — *(rel.)* nyctago; nome que se dava no seculo v aos que sustentavam que era peccado levantar-se de noite para orar.

Nictajíneas. *f. pl. (bot.)* Nyctagineas; familia de plantas dicotyledoneas apetalas, cujas especies são herbaccas ou lenhosas.

Nictalemo. *m. (zool.)* Nyctalemo; genero de insectos lepidopteros diurnos.

Nictalo. *m. (zool.)* Nyctalo *(nocturno);* sub-genero de

mammiferos, que comprehende quatro especies.

Nictalopia. *f. (med.)* Nyctalopia; doença dos olhos, que consiste em ver mais de noite que de dia.

Nictalópico. *m. (bot.)* Nyctalopico; especie de agarico, que se encontra nos arredores de París: — *adj. (med.)* nyctalopico; concernente á nyctalopia.

Nictalopo, pa. *s.* Nyctalope; o que vê melhor de noite que de dia.

Nictanto. *m. (bot.)* Nyctantho; genero de plantas da familia das jasminaceas.

Nictelia. *f. (zool.)* Nyctelia *(amigo da obscuridade)*; genero de insectos coleopteros heteromeros, da familia dos melasomos.

Nictelitos. *m. pl. (zool.)* Nyctelitos; tribu de insectos coleopteros heteromeros, da familia dos collapteridos.

Nictemero. *m. (astron.)* Nictemero ou nictemeros; espaço de tempo que abrange um dia e uma noite, ou vinte e quatro horas: — *adj. (bot.)* nictemero; que tem existencia ephemera.

Nicteribia. *f. (zool.)* Nycteribia *(que vive de noite)*; genero de insectos dipteros, da familia dos pupiparos.

Nicterino. *m. (zool.)* Nycterino; genero de insectos coleopteros heteromeros, da familia dos melasomos.

Nicteropo. *m. (zool.)* Nycteropo *(nocturno)*; genero de insectos coleopteros heteromeros, da familia dos stenelytros.

Nicticebo. *m. (zool.)* Nycticebo *(mono nocturno)*; genero de mammiferos quadrumanos, da familia dos lemurios.

Nictíceo. *m. (zool.)* Nycticeo; genero de mammiferos cheiropteros, da familia dos vespertilionidos.

Nicticorax. *m.* Nycticorax; ave nocturna, em estylo biblico.

Nictimérico, ca. *adj. (astron.)* Nictimerico; diz-se de um periodo que dura uma parte da noite e a metade do dia.

Nictimero. *m. (astron.)* Nictimero; revolução diurna e apparente do sol á roda da terra, ou espaço de vinte e quatro horas que comprehende o dia e a noite.

Nictinomo. *m. (zool.)* Nyctinomo *(habitação nocturna)*; genero de mammiferos cheiropteros, da familia dos vespertilionidos.

Nictobacasis. *f. (med.)* Nyctobacasis. V. *Somnambulismo.*

Nictobaso, sa. *s. (med.)* Nyctobaso. V. *Somnámbulo.*

Nictobata. *f. (zool.)* Nyctobata *(que anda de noite)*; genero de insectos coleopteros heteromeros da familia dos melasomos.

Nictocáride. *m. (zool.)* Nyctocharide ou nyctocharis *(que se alegra de noite)*; genero de insectos coleopteros heteromeros da familia dos melasomos.

Nictoclepto. *m. (zool.)* Nyctoclepto *(dissimulado de noite)*; genero de mammiferos roedores.

Nictófilo. *m. (zool.)* Nyctophilo *(que gosta da noite)*; genero de mammiferos cheiropteros.

Nictografía. *f.* Nyctographia; arte de escrever sem luz ou sem ver os caracteres que se formam.

Nictográfico, ca. *adj.* Nyctographico; pertencente á nyctographia.

Nictógrafo, fa. *s.* Nyctographo; o que sabe ou pratica a nyctographia: — *(phys.)* nyctographo; apparelho com auxilio do qual se póde escrever sem ver os caracteres que se formam.

Nictopeto. *m. (zool.)* Nyctopeto *(que divaga de noite)*; genero de insectos coleopteros heteromeros da familia dos melasomos.

Nictozoilo. *m. (zool.)* Nyctozoilo *(de noite)*; genero de insectos coleopteros heteromeros, da familia dos melasomos.

Nicho. *m.* Nicho; concavidade, abertura em parede onde se collocam estatuas, jarras, etc. *Loculus cavus in pariete:* — nicho; concavidade formada nos jazigos ou carneiros, onde se depositam os mortos encerrados em caixões. *Loculamentum, i:* — *(fig.)* nicho, cochicholo; logar ou casa mui pequena e estreita: — *(fig.)* nicho; emprego, logar distincto em que se julga dever alguem ser collocado pelo seu merito. *Locus, sedes.*

Nidada. *f.* Ninhada; todos os ovos depostos no ninho, ou as avesinhas que nascem d'elles. *Pullities, ovorum cubatio.*

Nidal. *m.* Ninho; logar onde a gallinha ou outra ave vae pôr os ovos. *Nidus, nidamentum:* — endez; ovo que se põe em um logar para que a gallinha venha ali pôr os outros. *Requietum ovum in nido:* — *(fig.)* base, principio, fundamento. *Fundamentum, i:* — *(fig.)* ninho, morada: — *(fig.)* ninho, retiro, guarida; logar seguro onde alguem se esconde. *Nidus, nidamentum:* — *(fig.)* ninho, esconderijo, recanto, escaninho, escondedouro; logar reservado onde se guarda e esconde alguma cousa. *Nidus, nidamentum.*

Nidalia. *f. (zool.)* Nidalia *(ninho)*; genero de polypos da ordem dos alcyonios.

Niddul. *m. (rel.)* Niddul; excommunhão menor dos judeus, que durava trinta dias e privava o excommungado do uso das cousas santas.

Nidificacion. *f.* Nidificação; acção de nidificar, construcção do ninho pelas aves.

Nidificar. *a.* Nidificar; fazer o ninho. *Nidificare.*

Nidico, llo, to. *m. dim.* de *Nido.* Ninhosinho, ninho pequeno.

Nido. *m.* Ninho; receptaculo construido pelas aves e outros animaes, em que depositam os ovos ou filhinhos recemnascidos. *Nidus, cavitas:* — ninho. V. *Nidal,* na primeira accepção e nas figuradas. *Nidamentum, i:* — *(fig.)* ninho; a patria, berço, morada. *Nidus, habitaculum:* — *(fig.)* covil, toca de ladrões, de malfeitores, de gente perdida; logar onde elles se abrigam ou reunem. *Scelaratorum cubile:* — *(min.)* cama; pequena porção ou massa pouco consideravel de substancias metallicas que se encontram separadas ou isoladas dos filões: — *(chim. ant.)* ninho; ovo philosophal.

Nidorela. *f. (bot.)* Nidorella; genero de plantas da familia das compostas.

Nidularia. *f. (bot.)* Nidularia; genero de cogumelos gasteromycetos.

Niebla. *f.* Nevoa; vapor aquoso, denso, que obscurece a atmosphera. *Nebula, æ:* — *(fig.)* nevoa, nevoeiro, escuridade, obscuridade; tudo que obscurece, que não deixa perceber. *Obscuritas, nebula:* — *(germ.)* madrugada: — *(agr.)* alforra ou ferrugem; humidade que cae nas searas, e as enegrece. *Rubigo, inis:* — *(med.)* nevoa; perda da transparencia do olho, que escurece e impede a vista. *Nebula, æ:* — nevoa; substancia que tolda a urina, condensando-se na superficie ou ficando suspensa no fluido. *Nebula supernatans urinæ.*

Nieburia. *f. (bot.)* Nieburia; genero de plantas da familia das capparideas.

Nief. *f. (ant.)* V. *Nieve.*

Niego. *adj.* Ninhego; diz-se do falcão tomado do ninho e feito á mão. Oppõe-se a sáfaro ou bravo.

Niel. *m. (art.)* Gravura, lavor feito ao buril ou cinzel sobre o oiro, a prata e outros metaes. *Cœlatura, torcuma.*

Nielar. *a.* Gravar, cinzelar, lavrar ao buril ou cinzel sobre metal, esmaltando ao mesmo tempo ou enchendo os espaços de cores. *Cœlare, cœlaturis ornare:* — cinzelar, esculpir.

Niembro. *m. (ant.)* V. *Miembro.*

Nient. *m. (ant.)* V. *Nada.*

Nierembergia. *f. (bot.)* Nierembergia; genero de plantas da familia das solanaceas.

Niervecico, llo, to. *m. dim.* de *Niervo.* Nervosinho.

Niervo. *m. (ant.)* V. *Nervio.*

Niéspera. *f. (bot.)* V. *Nispero.*

Niespola. *f. (p. Ar.)* V. *Nispola.*

Nietecico, ca, llo, lla, to, ta. *s. dim.* de *Nieto.* Netinho, netinha.

Nieto, ta. *s.* Neto, neta; o filho ou filha do filho ou da filha, relativamente ao avô ou avó. *Nepos, nepotis:* — neto; diz-se em sentido lato do descendente de uma linha nas terceiras, quartas e mais gerações. Usa-se com os adjectivos, segundo, terceiro, etc. *Nepos, otis.*

Nietro. *m. (p. Ar.)* Medida de dezeseis cantaros de vinho. *Mensura vini sexdecim amphoris.*

Nieve. *f.* Neve; vapor congelado em flocos na atmosphera e d'ella precipitada sobre a terra, e que cobre os altos picos das montanhas mais elevadas todo o anno. *Nix, icis:* — *(ant.)* V. *Nevada:* — neves; tempo em que neva muito. Usa-se mais no plural, como: *en tiempo de nieves;* em tempo de neves. *Nix vel nives:* — *(fig.)* neve, alvura, brancura excessiva. Usa-se muito em poesia. *Nix, summa albedo.*

Nifal. *adj. (philol.)* Nifal; diz-se da segunda fórma do verbo hebraico. A fórma nifal tem ordinariamente um sentido passivo e algumas vezes reflexivo ou neutro.

Nifobolo. *m. (bot.)* Niphobolo; genero de fetos da tribu das polypodiaceas.

Nifon. *m. (zool.)* Niphon; genero de peixes acanthopterygios.

Nigrina. *f. (bot.)* Nigrina; planta da China, do genero melasma: — *(min.)* nigrina; variedade de titanato de ferro amorpho.

Nigrípedo. *m. (zool.)* Nigripedo; especie de mammiferos do genero gato, cujo tamanho é pouco mais ou menos como o do gato commum.

Nigritela. *f. (bot.)* Nigritella; genero de plantas da familia das orchideas.

Nigromancia. *f.* Nigromancia, nicromancia ou necromancia; pretendida adivinhação feita pela evocação dos mortos. *Necromantia, æ:* — nigromancia, necromancia ou obra magica; diz-se vulgarmente de todo o genero de feitiços ou encantamentos.

Nigromante. *m.* Nigromante ou necromante; o que evoca os mortos para predizer o futuro. *Necromanticus, i.*

Nigromántico, ca. *adj.* Nigromantico ou necromantico; concernente ou relativo á necromancia: — *m.* nigromantico. V. *Nigromante.*

Nigua. *f. (zool.)* Nigoa; pequeno insecto americano do genero pulga que se introduz nos pés das pessoas, onde deposita os ovos que dando nascimento aos novos individuos immediatamente, causam dores agudissimas e ás vezes a morte. No Brazil lhe chamam zanga.

Nijela. *f. (bot.)* Nigella; genero de plantas da familia das rainunculaceas.

Nika. *f. (zool.)* Nika; genero de crustaceos decapodas macrouros.

Nikel. *m. (min.)* V. *Niquel.*

Nilas. *m. (comm.)* Nillas; estofo tecido de casca de arvores e seda, que vem das Indias.

Nileo. *m. (zool.)* Nileo; genero de crustaceos da familia dos isotelios.

Niliaco, ca. *adj.* Nilico, nilotico; do Nilo.

Nilio. *m. (zool.)* Nilio; genero de insectos coleopteros heteromeros da familia dos taxicornes.

Nilómetro. *m.* Nilometro; columna com escala graduada para medir a elevação das cheias periodicas e fertilisantes do Nilo.

Nilsonia. *f. (bot.)* Nilsonia; genero de plantas da familia das cycadeas fosseis.

Nilla. *f. (br.)* Cruz florida; especie de cruzinha com as pontas do feitio das unhas de ancora, e mais estreita que as ordinarias.

Nim. *m. (comm.)* Nim; especie de panno que se fabricava no Languedoc.

Nimbla. *contr. ant.* de *Ni me la.* Nem m'a.

Nimbrar. *a.* V. *Nombrar.*

Nimiamente. *adv. m.* Nimiamente, sobejamente; em demasia, de mais, com excesso. *Nimis, nimiè.*

Nimiedad. *f.* Nimiedade, excesso, demasia, demais, sobejidão. *Nimietas, atis:* — *(fam.)* pouquidade, modicidade; está assim auctorisado, pelo uso, n'este sentido, em castelhano, aindaque, segundo a sua origem, este vocabulo significa totalmente o contrario.

Nimio, mia. *adj.* Nimio, demasiado, excessivo, sobejo, prolixo. *Nimius, a, um.*

Nimoya. *f. (bot.)* Nimmoia; genero de plantas da familia das saxifragaceas.

Nimula. *f. (zool.)* Nimula; genero de insectos lepidopteros da familia dos longicornes.

Nin. *conj. copulat. (ant.)* V. *Ni.*

Ninfa. *f. (fig.)* Nympha; mulher moça. *Nympha, æ:* — *(anat.)* nympha; cada uma das duas prolongações membranosas das partes genitaes da mulher, e que constituem os pequenos labios da vulva: — *(poes.)* nympha; donzella, menina formosa, gentil e encantadora: — *(zool.)* nympha, pupa ou chrysalida; segundo estado da metamorphose dos insectos, em que o animal se encerra dentro de uma membrana mais ou menos delgada. Assim vive sem movimento até se transformar em borboleta ou insecto perfeito. *Nympha, pupa:* — *pl.* nymphas; deusas da antiguidade pagã, inferiores ás divindades do Olympo.

Ninfáceas. *f. pl. (zool.)* Nymphaceas; familia de molluscos conchiferos dimiarios, admittida por alguns naturalistas.

Ninfagogo. *m. (hist.)* Nymphagogo; joven grego que conduzia a desposada da casa paterna á morada do esposo.

Ninfalide. *m. (zool.)* Nymphalide; genero de insectos lepidopteros diurnos, da tribu dos nymphalidos.

Ninfálidos. *m. pl. (zool.)* Nymphalidos; tribu de insectos lepidopteros diurnos.

Ninfanto. *m. (bot.)* Nymphantho. V. *Filanto.*

Ninfea. *f. (bot.)* Nymphea. V. *Nenúfar:* — *(arch.)* nympheo; logar ou edificio com grutas e fontes. Quasi todas as casas de recreio dos antigos tinham nympheos, que serviam ordinariamente de banhos.

Ninfeáceas. *f. pl. (bot.)* Nympheaceas; familia de plantas dicotyledoneas polypetalas, cujas especie são aquaticas.

Ninfeo, fea. *adj. (min.)* Nympheo; diz-se dos terrenos e das rochas cuja formação se deve ás aguas doces, e nos quaes se encontram restos de animaes, analogos aos que se criam na agua dos rios.

Ninfidio. *m. (zool.)* Nymphidio; genero de insectos lepidopteros diurnos da tribu das erycinidos.

Ninfion. *m. (bot.)* Nymphião; especie de nectario que se encontra em certas plantas.

Ninfo. *m.* Adonis, narciso; mancebo que se enfeita muito para galantear, homem adamado e afeminado. *Effeminatus homo vel juvenis.*

Ninfolepsia. *f. (med.)* Nympholepsia; especie de melancholia, durante a qual se deseja e busca a solidão dos bosques: — *(hist.)* nympholepsia; certo delirio que, segundo os antigos, se apoderava do homem que tinha visto uma nympha.

Ninfomana. *adj. (med.)* Nymphomana; diz-se da mulher que tem furor uterino.

Ninfomanía. *f. (med.)* Nymphomania. V. *Furor uterino.*

Ninfomaníaco, ca. *adj.* Nymphomaniaco; pertencente á nymphomania: — *f.* V. *Ninfomana.*

Ninfon. *m. (zool.)* Nymphon; genero de crustaceos arachneiformes.

Ninfosanto. *m. (zool.)* Nymphosanto. V. *Nufar.*

Ninfotomía. *f. (cir.)* Nymphotomia; excisão das nymphas ou de parte d'ellas: — nymphotomia; amputação do clitoris.

Ninfotómico, ca. *adj. (cir.)* Nymphotomico; concernente á nymphotomia.

Ninfótomo. *m. (med.)* Nymphotomo; instrumento cirurgico para fazer a nymphotomia.

Ninfula. *f. (zool.)* Nymphula; genero de insectos lepidopteros nocturnos da tribu dos pyralidos.

Ningamecha. *m.* Ningamecha; official superior do Monomotapa, que desempenha funcções similhantes ás do grão vizir.

Ningun. *adj.* V. *Ninguno.* Usa-se frequentemente d'esta palavra, antepondo-a aos substantivos masculinos.

Ninguno, na. *adj.* Nenhum, nenhuma, nem um só; serve para negar absolutamente as cousas e pessoas. *Nullus, a, um:* — nenhum, nullo; de nenhum valor ou effeito. N'este sentido é antiquado em portuguez.

Ninji. *m. (bot.)* Ningi; certa raiz com que os negros fazem cerveja.

Ninno, na. *s. (ant.)* V. *Niño.*

Ninsia. *m.* Ninsia; sacerdote japonez, que tem o privilegio de fazer-se guardar por tantos nobres quantos são os dias do anno.

Niña. *f.* Menina do olho, pupilla. *Niñas de los ojos;* meninas dos olhos; pessoa que se ama affectuosamente, muito querida, cousa muito estimada ou apreciada. *Delicium, i.*

Niñada. *f.* Rapaziada, meninice, puerilidade; acção ou dito de creança, improprio da idade varonil. *Puerilis actio, puerilitas.*

Niñato. *m.* Bezerrinho que se acha no ventre da mãe quando a matam. *Vitulus è ventre matris jugulatæ extractus.*

Niñear. *n.* Fazer meninices, rapaziadas ou puerilidades; portar-se alguem como se fosse creança. *Puerescere, puerorum mores referre.*

Niñera. *f.* Aia, ou ama secca; creada que cuida principalmente de um menino ou menina. *Serva, pedagoga.*

NIÑERÍA. *f.* Ninharia, meninice; cousa de creanças, jogos, brinquedos pueris. *Puerilitas, puerilis jocus, nugæ:* — ninharia, bagatella; cousa de pouca importancia, insignificante. *Res levissima vel nugatoria:* — frioleira; dito ou acção frivola, pueril, sem importancia. *Nugæ puerilis.*

NIÑERO, RA. *adj.* Menineiro, amigo de creanças, das suas meninices, de jogos pueris. *Infantarius, a, um.*

NIÑETA. *f.* Menina do olho.

NIÑEZ. *f.* Meninice, puericia, infancia; idade pueril, que chega até os sete annos e commummente fallando estende-se até á juventude. *Pueritia, æ:* — *(fig.)* infancia; principio ou primeiro tempo de qualquer cousa. *Pueritia, infantia.*

NIÑITA. *f. dim.* de *Niña.* Menina em mui tenra idade, creancinha.

NIÑO, ÑA. *adj.* Menino, meninho; individuo que ainda não chegou aos sete annos de idade. Commummente diz-se do que tem poucos annos. Usa-se substantivado em ambos os generos. *Puer, puella:* — creança; pessoa inexperiente, inexperta em qualquer exercicio. *Puer, eri:* — creança; pessoa inconsiderada, inadvertida, que obra com pouca reflexão: diz-se por desprezo. *Puer, eri:* — *(p. And.* e *A. M.)* diz-se de pessoas de qualquer idade por affecto ou respeito, como: *el niño Juan lo dijo;* o nosso João o disse, etc.: — *f. (prov.)* menina; mulher solteira, aindaque seja de muita idade: — *bitongo;* menino sonso; o que finge ser mais simples do que na realidade é: — *de* coro. V. *Infante de coro:* — *de la doctrina.* V. *Doctrina:* — *de la rollona;* velho gaiteiro, velho brincalhão, com acções e modos de rapaz. *Puer centum annorum:* — *de teta;* menino, creança de mamma, de peito. *Infans, adhuc sugens: (fig. fam.)* homem muito inferior a outro. *Puerulus, i:* — *Jesús;* menino Jesus; imagem que representa a Christo na idade infantil, e tambem se usa d'esta expressão como ternura, considerando-o n'esta idade. *Pueri Jesu icon vel simulacrum. Niños de la piedra.* V. *Expósitos. Desde niño (fr.);* desde menino, desde creança, desde a infancia. *Ab incunabulis, ab infantia. Desenvolver a un niño (fr.);* desenfaixar uma creança, um menino, desenvolve-lo das faixas. *Infantem fasciis expedire. ¿Qué niño envuelto ó muerto? (fam.);* é escusado; expressão com que alguem despreza ou recusa o que se lhe pede ou propõe. *Res inutilis vel inoportuna. Ya no es niño (fr. fam.);* já não é menino; diz-se de uma pessoa que tem mais idade do que se julga ou do que parece. *Ætatem habet. Los niños de pequeños, que no hay castigo despues para ellos (rif.);* de pequenino se torce o pepino. *A teneris consuescere multum est. Ser ó hacer el niño,* fazer de rapaz, brincar como um rapaz.

NIOBE. *m. (zool.)* Niobe; especie de borboleta.

NIOTO. *m. (zool.)* V. *Cazon.*

NIPA. *m. (bot.)* Nipa; genero de plantas da familia das pandaneas, estabelecido para classificar uma palmeira.

NIPE. *m. (com.)* Nipe; especie de tela que se fabrica nas ilhas Philippinas e em Madagascar, com o fio extrahido do interior da nipa, e que conserva sempre a côr de palha.

NIPIS. *m. (com.)* V. *Nipe.*

NIPOS. *m. pl. (germ.)* Dinheiros.

NIQUEL. *m. (min.)* Nickel; corpo simples metallico, pouco espalhado na natureza, onde se encontra no estado de combinação com o enxofre, o antimonio, o arsenico e o acido arsenico. Quando puro, é de côr branca e mui ductil, e é um dos tres metaes que são magneticos por si mesmos.

NIQUELADO, DA. *adj. (chim.)* Nickelado; diz-se do mineral que contém nickel.

NIQUELÍFERO, RA. *adj. (min.)* Nickelifero; que contém accidentalmente algum nickel.

NIQUELINA. *f. (min.)* Nickelina; arseniureto de nickel.

NIQUIL. *adj.* Nullo. V. *Incobrable:* — *m.* devedor insoluvel, que não pôde pagar.

NIQUISCOCIO. *m. (fam.)* Negocio ou cousa de cácaracá; de pouco valor, insignificante, de pouca monta. *Res inutilis.*

NIRAM. *m. (chron.)* Niram; duodecimo mez do anno entre os armenios, que corresponde approximadamente ao mez de setembro.

NIREO. *m. (zool.)* Nireo; genero de insectos coleopteros subpentameros, da familia dos longicornes.

NIRHAM. *m. (chron.)* V. *Niram.*

NIRMO. *m. (zool.)* Nirmo; genero de hexapodos epizoicos, cuja especie typica vive parasita em alguns falcões.

NISA. *f. (bot.)* Nyssa; genero de plantas da familia das nyssaceas: — nisa; genero de plantas da familia das homalineas.

NISABATH. *m. (chron.)* Nisabath; sexto mez do calendario dos judeus.

NISÁÇEAS. *f. pl. (bot.)* Nyssaceas; pequena familia de plantas dicotyledoneas apetalas, extrahida das santalaceas e creada para comprehender o genero nyssa, que lhe serve de typo.

NISAN. *m. (chron.)* Nisan; setimo mez do anno civil dos hebreus, e o primeiro do seu anno sagrado: — nisan; setimo mez dos syrios e dos kurdos que não são mahometanos.

NISANA. *f.* Nisanna; raiz medicinal da China.

NISFIÉ. *m.* Nisfié; moeda de oiro do imperio ottomano.

NISOLIA. *f. (bot.)* Nissolia; genero de plantas da familia das papilionaceas.

NISON. *m. (zool.)* Nysson *(que punge);* genero de insectos hymenopteros, da familia dos cavadores.

NISONIOS. *m. pl. (zool.)* Nyssonios ou nyssonianos; tribu de insectos hymenopteros, da familia dos cavaderos.

Níspero. *m.* V. *Níspola. No mondar nísperos (fr. fam.)*; saber o que faz e o que diz, ser intelligente, versado nos negocios; diz-se das pessoas. *Nequidem mespilis putamen detrahere:* — joia; cousa ou pessoa digna de estima: — *(bot.)* nespereira; genero de plantas da familia das pomaceas, cujas especies são arbustos ou arvores de pequeno porte. A especie typica é chamada nespereira commum, e dá o fructo chamado nespera.

Nispia. *f.* Nispia; moeda de oiro da Turquia.

Níspola. *f.* Nespera; fructo pequeno e globuloso, doce quando maduro, produzido pela nespereira. *Mespilum, i.*

Nistamal. *m. (p. Mex.)* Maiz um tanto cozido em agua, com uma pequena dissolução de cal, para fazer tortas.

Nitela. *f. (zool.)* Nitela; genero de insectos hymenopteros, da familia dos cavadores.

Nitescente. *adj. (poet.)* Nitente, nitido, brilhante, luzidio, luzente. *Nitens, entis.*

Nitidifloro, ra. *adj. (bot.)* Nitidifloro; que tem flores brilhantes.

Nítido, da. *adj. (poet.)* Nitido, luzente, resplandecente. *Nitidus, a, um:* — nitido, limpo, aceiado.

Nitidula. *f. (zool.)* Nitidula; genero de insectos coleopteros pentameros, da familia dos clavicornes.

Nitidularios. *m. pl. (zool.)* Nitidularios; tribu de insectos coleopteros pentameros, da familia dos clavicornes.

Nitidulios, Nitidulos. *m. pl. (zool.)* Nitidulios ou nitidulos; familia de insectos coleopteros, que contém umas 400 especies de todos os pontos do globo.

Nitoes. *m. (myth.)* Nitoes; demonio ou genio, cujo oraculo consultam em os negocios graves os habitantes das ilhas Molucas.

Nitos. *m.* Palavra pela qual se responde familiarmente a uma pergunta indiscreta e curiosa ácerca do que comemos, do que levâmos, do que recebemos, etc. Não tem significação precisa.

Nitral. *m.* Nitreira; sitio, logar ou mineral em que se forma o nitro. *Nitraria, æ.*

Nitraria. *f. (bot.)* Nitraria *(nitro)*; genero de plantas que serve de typo á pequena familia das nitrariaceas.

Nitrariáceas. *f. pl. (bot.)* Nitrariaceas; familia de plantas, formada para comprehender o genero nitraria que lhe serve de typo.

Nitratacion. *f. (chim.)* Nitratação; conversão em nitrato.

Nitrato. *m. (min.* e *chim.)* Nitrato; sal formado pela combinação do acido nitrico com uma base.

Nitratado, da. *adj. (chim.)* Nitratado; convertido em nitrato.

Nitrería. *f.* Nitreira; logar em que se faz ou acha o nitro. *Nitraria, æ.*

Nítrico, ca. *adj.* Nitrico; pertencente ao nitro. *Ácido nítrico (chim.)*; acido nitrico ou acido azotico; acido composto de azote e de oxygenio, a que vulgarmente se chama agua forte.

Nitrificacion. *f. (chim.)* Nitrificação; operação natural, por meio da qual se formam nitratos ou nitros.

Nitríjeno. *m. (chim.)* V. *Nitrójeno.*

Nitrito. *m. (chim.)* Nitrito ou nitrite; genero de saes produzidos pela combinação do acido nitroso com uma base.

Nitro. *m. (chim.)* Nitro, salitre, nitrato de prata ou azotato de potassa; sal formado pelo acido nitrico com a potassa.

Nitro-hidroclórico, ca. *adj. (chim.)* Nitro-hydrochlorico; diz-se da agua regia.

Nitrójeno. *m. (chim.)* Nitrogeno ou nitrogenio; nomes com que se designa o azote.

Nitrómetro. *m. (phys.)* Nitrometro; instrumento proprio para experimentar os salitres do commercio.

Nitromuriático, ca. *adj. (chim.)* Nitromuriatico; diz-se do acido vulgarmente chamado agua regia. Hoje chama-se-lhe acido hydrochlorico nitrico.

Nitromuriato. *m. (chim.)* Nitromuriato; sal formado pela combinação do acido nitromuriatico com uma base.

Nitrosacarato. *m. (chim.)* Nitrosacharato; sal produzido pela acção do acido nitrosacharico sobre uma base salificavel.

Nitrosacárico, ca. *adj. (chim.)* Nitrosacharico; diz-se de um acido formado pela acção do acido nitroso sobre o assucar de gelatina.

Nitrosidad. *f.* Qualidade do que contém nitro, o ser nitroso.

Nitroso, sa. *adj.* Nitroso; que tem nitro, que é da natureza do nitro. *Nitrosus, a, um:* — *(bot.)* nitroso; diz-se das plantas que contêem nitro em abundancia, como a parietaria: — *(geol.)* nitroso; diz-se dos terrenos que encerram muito nitro. *Ácido nitroso (chim.)*, acido nitroso; acido formado pela combinação do azote com o oxygenio, no qual esta substancia entra em menor quantidade que no acido nitrico.

Nitruro. *m. (chim.)* Nitrureto; combinação do nitrogenio ou do azote com um corpo simples; chama-se tambem azotureto.

Nitzquia. *f. (zool.)* Nitzschia; genero de hexapodas, estabelecido por M. Denny.

Niebla. *f. (ant.)* V. *Niebla.*

Níval. *adj. (bot.)* V. *Niveal.*

Nivel. *m.* Nivel, prumo; instrumento para examinar se um plano está verdadeiramente horisontal. Faz-se de differentes maneiras, e o mais commum é o chamado nivel de pedreiro. *Libella, æ:* — plano, planicie; terreno, superficie chã, rasa, igual, que não inclina nem para uma parte nem para outra. *Planum, planities:* — *(fig.)* nivel; igualdade perfeita. *Libella, æqualitas:* — *de agua;* nivel de agua; certo instrumento de nivelar, o qual é composto de um tubo que contém agua.

Ex aqua libella: — *de aire;* nivel de ar; pequeno cylindro de vidro, quasi cheio de agua, e fechado hermeticamente pelas duas extremidades, que se emprega tambem para o nivelamento. *Ex ære libella. Á nivel (loc. adv.);* ao nivel, de nivel ou livel; no mesmo plano, bem nivelado. *Ad libellam, ad perpendiculum:* ao nivel, de nivel ou livel; na mesma linha, em linha recta. *Ad amussim.*

Nivelacion. *f.* Nivelação, nivelamento; acção e effeito de nivelar.

Nivelador. *m.* Nivelador; o que nivela.

Nivelar. *a.* Nivelar; medir com o nivel para reconhecer a igualdade de um plano. *Perlibrare, ad libellam vel perpendiculum exigere:* — nivelar; pôr de nivel um plano, pô-lo em justa posição horisontal. *Æquare, ad amussim planum reddere:* — nivelar; igualar, equilibrar qualquer cousa material; diz-se por ampliação. *Ad libellam ducere, ad amussim dirigere:* — *(fig.)* nivelar; observar igualdade ou equidade no que se executa. *Perpendere, ad æquam exsequi.*

Nivenea. *f. (bot.)* Nivenia; genero de plantas da familia das proteaceas.

Niveola. *f. (bot.)* Niveola *(violeta branca);* genero de plantas da familia das amaryllideas.

Nivoso. *m. (chron.)* Nivoso; quarto mez do calendario republicano francez; durava desde 21 de dezembro até 19 de janeiro.

Nixos. *m. (astron.)* Nixos; nome de uma constellação.

No. Não; adverbio com que negâmos ou recusâmos. *Non:* — não; usa-se tambem perguntando, significando o desejo de que se faça ou conceda o que se pede ou se propõe. *Ne? an non?* — não; junto com algum verbo e a palavra nada posposta, usase para dar mais força e energia á negação, como: *no vale nada;* não vale nada, etc. *Nihil omnino:* — no; contracção antiquada de *en lo, en el,* e que está muito em uso em portuguez, por euphonia, em logar de em o, que tambem ás vezes se emprega: — *decir ó no responder un sí ni un no (fr.),* não dizer ou não responder nem sim nem não; guardar silencio, calar-se inteiramente, não dizer nada, não dar resposta, não satisfazer o que se lhe pede. *Nequidquam, nihil dicere:* — *haber entre algunos ó no tener un sí ni un no (fr.);* não haver a mais leve discordancia ou contrariedade de umas pessoas com outras, estarem de perfeito accordo. *Summa paci frui:* — *mas;* não mais; modo de fallar com que se nega absolutamente o proseguimento em alguma cousa, ou tudo que lhe pertence. *Nihil amplius hactenus.* Tambem se diz nada mais: — *menos;* não menos ou nada menos; diz-se para ponderar ou exagerar alguma cousa que convem com outra. Tambem se diz em castelhano: *nada menos, no mas. Necminus quam:* — *que no;* usa-se para affirmar ou assegurar o que se diz e de que se duvida pela negação contraposta ironicamente: — *sé que;* não sei que; usa-se como substantivo, e significa alguma cousa, circumstancia, graça ou attractivo particular que se reconhece nas cousas e não se sabe explicar. *Quid expectabile, inexplicabileque:* — *si no;* exprime que se tem por melhor ou por mais certo aquillo de que se trata, do que o que lhe é contrario ou opposto. *Hoc agat quidem:* — *sino no;* não é assim? porventura não? usa-se para affirmar ou assegurar o que se diz, e de que se duvida pela negação contraposta ironicamente. *Equidem; nonne? Decir de no.* V. *Decir. Por sí ó por no,* pelo sim, pelo não; explica a resolução de executar ou proseguir alguma cousa na duvida da sua consecução, pela contingencia que se offerece. *Fortè, fortassè, in omni eventu. Pués no?* Pois não? *Ne igitur, ne quidem. Por qué nó?* Porque não? Por que motivo ha de ser? *Sin faltar un sí ni un no (fr.);* sem faltár um só ponto, exactamente, com exactidão, á risca, com todos os pontos e virgulas; diz-se quando se fez exacta e completa relação de alguma cousa, sem omittir a menor circumstancia. *Ad unguem omnino. Si por sí o no por no;* sim, sim, não, não; com franqueza, sem rodeios, dizer a verdade núa e crua. *Sin tergiversatione:* — *(naut.)* no; inicial com que na rosa nautica se designa o rumo chamado noroeste.

Noachero. *m. (ant.)* V. *Nauclero.*

Nobiliario. *m.* Nobiliario; livro genealogico, escripto que trata das gerações dos nobres, das suas allianças. *Nobiliarium, liber in quo nobiles describuntur.*

Nobilísimo, ma. *adj. sup.* de *Noble.* Nobilissimo; muito nobre. *Valdè nobilis, præclarus.*

Noble. *adj.* Nobre; que tem a qualificação legal de nobreza, que é distincto, notavel por avoengos. *Nobilis, sanguine clarus vel genere:* — nobre; principal, notavel por sua excellencia. *Nobilis, excellens:* — nobre, superior, magnifico, notavel; diz-se dos irracionaes e das cousas inanimadas, como um edificio, um leão, etc. *Nobilis:* — nobre, honroso, estimavel, em contraposição a deshonrado e vil. *Nobilis, ingenuus:* — *(p. A.)* nobre; titulo de honra que dava o rei em Aragão, e substituido em 1390 pelo titulo de rico homem. *Nobilis, le. Alma noble;* alma nobre; dotada de qualidades eminentes, generosa, capaz de grandes, bellas, dignas, heroicas acções. *Partes nobles (physiol.);* partes nobres; os orgãos sem os quaes o animal não pôde viver; v. g., o cerebro, o bofe, o estomago, o coração: partes nobres ou vergonhosas, pudendas, naturaes; as partes genitaes do homem e da mulher.

Noblecer. *a. (ant.)* Nobrecer. V. *Ennoblecer.*

Noblemente. *adv. m.* Nobremente; de maneira nobre, com sentimentos nobres. *Nobiliter, egregiè.*

Noblesa. *f. (ant.)* Acção nobre.

Nobleza. *f.* Nobreza; qualidade de nobre, fidalguia herdada ou doada pelo rei. *Nobilitas sanguinis vel generis claritas:* — nobreza, os nobres; as pessoas fidalgas collectivamente. *Nobilitas, nobilis:*— nobreza; excellencia, elevação, superioridade de qualidade, de primor, de perfeição. *Nabilitas, dignitas, excellentia:*—lustre, esplendor: — nobreza; especie de damasco sem lavores. *Tela serica nobilis:— (ant.)* joia, adereço, enfeite: — *de raza;* nobreza de raça; nobreza cuja origem se conhece e que foi transmittida pela linha paterna.

Noceda. *f.* V. *Nogueral.*

Nocedal. *m.* V. *Nogueral.*

Nocemiento. *m. (ant.)* V. *Daño, Perjuicio.*

Nocible. *adj. (ant.)* V. *Nocivo.*

Nocimiento. *m. (ant.)* V. *Nocemiento.*

Nocion. *f.* Noção; conhecimento ou idéa de alguma cousa. *Notio, onis:* — sentido ou accepção de uma palavra pelo conhecimento que se tem do seu significado. *Notio, onis:* — *(rel.)* noção; usa-se d'esta palavra para explicar o mysterio da Trindade christã e a distincção de pessoas. *Notio, onis.*

Nocional. *adj. (theol.)* Nocional; concernente á noção, ás noções. *Notionalis, le.*

Nocir. *a.(ant.)* Offender, damnificar, prejudicar. *Nocere.*

Nocivamente. *adv. m.* Nocivamente; de modo nocivo.

Nocivo, va. *adj.* Nocivo, damnoso, pernicioso, prejudicial. *Nocivus, a, um.*

No-conformista. *s.* Não-conformista; diz-se em Inglaterra de todos os que não seguem a religião anglicana, excepto os catholicos romanos.

Noctambulacion. *f.* Noctambulação; acção de andar de noite e fazer as cousas dormindo como se se estivera acordado.

Noctambulismo. *m.* Noctambulismo. V. *Somnambulismo.*

Noctambulo, la. *s.* Noctambulo. V. *Somnámbulo.*

Nocterjia. *f.* V. *Somnabulismo.*

Noctífero, ra. *adj. (poet.)* Noctifero; que traz a noite.

Noctífloro, ra. *adj. (bot.)* Noctifloro; diz-se das plantas cujas flores se abrem ao anoitecer e se fecham pela manhã.

Noctilio. *m. (zool.)* Noctilio; genero de mammiferos cheiropteros insectivoros.

Noctíluca. *f. (zool.)* Noctiluca; genero de infusorios peridinios, formado para caracterisar um pequeno animal marinho, transparente e globuloso.

Noctilucio, cia. *adj.* Noctilucio; diz-se dos corpos que luzem de noite.

Noctivago, ga. *adj.* Noctivago; que vaga, anda de noite. Usa-se em poesia. *Noctivagus, a, um.*

Noctuelitos. *m. pl. (zool.)* Noctuelitos; tribu de insectos lepidopteros da familia dos nocturnos.

Noctuo-bombicetos. *m. pl. (zool.)* Noctuo-bombycetos; tribu de insectos lepidopteros da familia dos nocturnos.

Noctuo-falénidos. *m. p. (zool.)* Noctuo-phalenidos; tribu de insectos lepidopteros da familia dos nocturnos.

Nocturlabio. *m. (naut.)* Nocturlabio; instrumento para achar a hora pela elevação da estrella do norte.

Nocturnal. *adj.* V. *Nocturno.*

Nocturnamente. *adv. m.* Nocturnamente; de noite.

Nocturnancia. *f. (ant.)* Nocturnancia; tempo em que a noite é mais escura, que é desde ás nove horas até ás doze. *Nox intempesta vel concubia, noctis concubium.*

Nocturno, na. *adj.* Nocturno; da noite, concernente á noite. *Nocturnus, a, um:* — nocturno; que anda, apparece, ou se faz de noite. *Nocturnus, a, um:* — taciturno, triste, melancolico, que anda sempre só. *Nocturnus, a, um:* — *m. (rel.)* nocturno; umas das tres partes em que se dividem as matinas. *Nocturnus, i:*—*f. pl. (zool.)* nocturnas; tribu de aves estabelecida por alguns ornithologistas, que pertencem á familia das rapaces: — *m. pl.* nocturnos; familia de insectos lepidopteros.

Nocumento. *m. (ant.)* Nocumento, mal, damno, perjuizo.

Nocharniego, ga. *adj. (ant.)* V. *Nocturno.*

Noche. *f.* Noite; o tempo em que o sol anda por baixo do nosso horisonte. *Nox, noctis:* — *(fig.)* noite, trevas, escuridão, cegueira, obscuridade. *Nox, noctis:*— *(fig.)* tristeza: — *(fig.)* noite, a morte; usa-se n'este sentido especialmente em poesia. *Nox, noctis:* — *(germ.)* sentença de morte: — *buena;* noite de natal. Tambem se diz *nochebuena,* formando uma só palavra. *Natalis Cristi nocturna sacra, Nativitatis nox:* — *toledana;* noite perdida; a que se passa sem dormir. *Nox insomnis:*—*y dia (fr.);* noite e dia, de dia e de noite, sempre, de continuo. *Nocte dieque. A alta noche (fr.);* alta noite, muito adiantada. *Ayer noche;* hontem á noite. V. *Anoche. Buena ó mala noche;* boa ou má noite; alem do sentido proprio diz-se tambem da noite bem passada, com diversão, descanso e socego, ou ao contrario com inquietação, desgosto ou desasocego. *Placida nox vel adversa. Buenas noches (fam.);* boas noites; phrase elliptica, com que desejâmos a alguem que passe bem a noite, retirando-se tarde. *Faustam noctem precando salutare. Cerrar la noche (fr.);* fechar-se a noite; faltar inteiramente a luz do dia. *Noctem effundi. De noche todos los gatos son pardos (loc. fam.);* de noite todos os gatos são pardos. *Nox tenebris vitia omnia tegit. Hacer noche (fr.);* fazer noite, pernoitar. *Pernoctare.*

Hacer ó hacerse noche (fr.); surripiar, furtar, roubar alguma cousa. *Subripere*. *Hacerse de noche (fr.)*; fazer-se noite, anoitecer. *Media noche*; meia noite. *Noctis meditullium, media nox*. *Pasar la noche en claro ó de claro en claro (fr. fig.)*; passar a noite em claro; passa-la sem dormir. *Prima noche*; prima noite, principio d'ella. *Sub vesperum, ad vesperam*. *Quedarse uno o dejar a otro a buenas noches (fr. fam.)*; ficar alguem ou deixar a outrem ás boas noites; ficar ou deixar alguem ás escuras. *In tenebris versari, luci extincta tenebris repleri locum*: *(fig. fam.)* ficar logrado ou deixar logrado a alguem. *Decipere, spe fraudare*. *Saco de noche*. V. *Saco*. *Temprano es noche (loc. fam.)*; ainda é cedo, com cedo; diz-se para notar que se faz ou pede alguma cousa antes de tempo, com antecipação. *Præmaturè rem petis vel geris*. *Lo que de noche se hace, a la mañana parece (rif.)*; o que de noite se faz de manhã apparece. *Nocte laboratum detegit alma dies*. *La noche eterna (poet.)*; a noite eterna, a morte. *El astro de la noche*, o astro da noite, a lua. *Las alas de la noche*; o manto da noite, a escuridade d'ella.

Nochebueno. *m.* Bolo grande amassado com azeite, amendoas e outras cousas para consoar na noite de Natal. *Placenta Nativitatis nocti dicata*: — tronco volumoso de madeira que se põe no fogo na noite de Natal. *Lignum ingens in Nativitatis nocte igni immissum*.

Nochecita. *f.* *(p. A.)* Noitinha. V. *El crepúsculo*.

Nocherniego, ga. *adj.* *(ant.)* Noitibó, noctivago; que vagueia de noite.

Nochero. *m.* *(ant.)* V. *Nauclero*.

Nochielo, la. *adj.* *(ant.)* Fusco, côr da noite. *Fuscus, subniger*.

Nochizo. *m.* Avelã silvestre.

Noda. *f.* *(zool.)* Noda; genero de insectos coleopteros subpentameros da familia dos cyclicos.

Nodacion. *f.* *(med.)* Nodação; impedimento occasionado nos nervos por alguma dureza ou tumor formado n'elles.

Nodal. *adj.* *(phys.)* Nodal; que se refere aos nodos de uma superficie vibrante. *Figuras nodales*, figuras nodaes; as que resultam das vibrações longitudinaes e transversaes de uma superficie. *Líneas nodales*, linhas nodaes; as que são formadas por uma serie de pontos que permanecem em estado de repouso na superficie de uma varinha quando é vibrada.

Nodátil. *f.* V. *Nudoso*.

Nodicia. *f.* *(ant.)* Noticia, conhecimento.

Nodífero, ra. *(h. nat.)* Nodifero; diz-se de um corpo cuja superficie está cheia de nós.

Nodo. *m.* *(astron.)* Nodo; qualquer dos pontos oppostos, em que a orbita de um planeta corta a ecliptica. *Nodus, i*: — *(cir.)* nodo; tumor duro que se forma nos ossos, tendões e ligamentos do corpo. *Nodus, i*: — nodo ou nó; dá-se este nome essencialmente á parte que sobresáe nas eminencias das extremidades articulares dos ossos, quando o corpo está atacado de gotta ou de syphilis.

Nodosaria. *f.* *(zool.)* Nodosaria; genero de foraminiferos que faz parte da familia das equilateralideas.

Nodrecer, Nodrescer, Nodrir. *a.* *(ant.)* V. *Nutrir*.

Nodriz. *f.* *(ant.)* V. *Nodriza*: — *(ant.)* V. *Madre*.

Nodriza. *f.* Nutriz, ama de leite, mulher creadeira. *Nutrix, icis*.

Nodularia. *f.* *(bot.)* Nodularia; genero de plantas cryptogamas da familia das confervaceas.

Noela-talí. *m.* *(bot.)* Noela-tali; arvore do Malabar, cujas folhas se parecem com as da laranjeira.

Noema. *f.* *(rhet.)* Noema; figura que consiste em querer que se entenda alguma outra cousa mais do que se expressa no discurso.

Noetarca. *f.* *(philos.)* Noetarca; nome do primeiro principio, segundo os philosophos eclecticos de Alexandria.

Nogada. *f.* Nogada; môlho feito de nozes para o peixe. *Nuceum moretum*.

Nogado. *m.* Nogado; certo bolo. V. *Almendrado*, n'este sentido.

Nogago. *m.* *(zool.)* Nogago; genero de crustaceos syphonostomos, da familia dos peltocephalos.

Nogal. *m.* *(bot.)* Nogueira; genero de plantas, da familia das juglandaceas, cujas especies são arvores de grande tamanho, a que serve de typo a nogueira commum, que dá o fructo chamado noz.

Nogeratia. *f.* *(bot.)* Noeggerathia; genero de palmeiras fosseis, composto de uma só especie.

Noguera. *f.* *(bot.)* V. *Nogal*.

Noguerado, da. *adj.* Noguerado; de côr de nozes ou de nogueira. *Nuceus color*.

Noguerál. *m.* Nogueiral ou nogal; mata de nogueiras. *Nucetum, locus nucibus consitus*.

Nohemiano. *m.* *(rel.)* Nohemiano; partidario de uma seita musulmana que attribue a Deus o poder de fazer mal.

Noisetia. *f.* *(bot.)* Noisettia; genero de plantas da familia das violaceas.

Nola. *f.* *(zool.)* Nola; genero de insectos lepidopteros nocturnos da familia dos pyralios.

Nolana. *f.* *(bot.)* Nolana; genero de plantas da familia das nolanaceas.

Nolanáceas. *f. pl.* *(bot.)* Nolanaceas; familia de plantas dicotyledoneas, cujas especies foram extrahidas das convolvulaceas.

Noletia. *f.* *(bot.)* Nolletia; genero de plantas da familia das compostas.

Nolicion. *f.* *(theol.)* Nolição; o acto da vontade com que não se quer alguma cousa. *Nolitio, onis*.

Noli-me-tangere. *m.* Noli-metangere; palavras latinas que significam não me toques: — *(bot.)* noli-me-tangere; nome dado por alguns botanicos a varias especies de plantas que não se podem tocar sem picarem, como succede com a ortiga: — *(med.)* noli-me-tangere; chaga caverosa que vem ao rosto, tão difficil de curar que peiora com os remedios.

Nolina. *f. (bot.)* Nolina; genero de plantas da familia das melanthaceas.

Nolisar. *a. (ant.)* V. *Fletar.*

Nolit, Nolito. *m. (ant.)* V. *Flete.*

Noltea. *f. (bot.)* Noltea; genero de plantas da familia das rhamneas.

Nómada. *adj.* Nomada; diz-se das tribus, familias ou povos errantes, que não têem habitação fixa: — errante, vagabundo, sem morada fixa: — *f. (bot.)* nomada; genero de insectos hymenopteros da familia dos melliferos.

Nómade. *adj.*V. *Nómada.*

Nomádidos. *m. pl. (zool.)* Nomadidos; tribu de insectos hymenopteros da familia dos melliferos.

Nomaditos. *m. pl. (zool.)* Nomaditos; grupo de insectos hymenopteros da familia dos melliferos, tribu dos nomadidos.

Nomáfila. *f. (bot.)* Nomaphila *(que gosta do pasto)*; genero de plantas da familia das acanthaceas.

Nomancia. *f.* Nomancia; adivinhação pelas letras do nome de uma pessoa.

Nomántico, ca. *adj.* Nomantico; pertencente á nomancia: —*m.* nomantico; o que exerce a nomancia.

Nomarca. *m. (hist.)* Nomarca; governador de um nomo no antigo Egypto.

Nomarcato. *m. (hist.)* V. *Nomarquia.*

Nomarquia. *f. (hist.)* Nomarchia; governo de um nomo, e funcções ou officio de um nomarca.

Nombrada. *f. (ant.)* V. *Nombradía.*

Nombradamente. *adv. m.* Nomeadamente, expressamente, individualmente, por seu nome particular. *Nominatim, signanter.*

Nombradía. *f.* Nomeada, nome, renome, fama, reputação.

Nombrador, ra. *s.* V. *Nominador.*

Nombramiento. *m.* Nomeação, nombramento; acção e effeito de nomear. *Nominatio, onis:* —nomeação; despacho ou documento em que se nomeia a alguem para algum cargo ou officio. *Nominationis rescriptum.*

Nombrar. *a.* Nomear, denominar; designar por nome, dizer o nome de alguma pessoa ou cousa. *Nominare, proprio nomine appellare:* — nomear; fazer menção particular e honorifica de alguma cousa. *Nominare:* — nomear, chamar. V. *Llamar:* — nomear; dar cargo, emprego, eleger para dignidade. *Eligere, designare. No me le nombre (loc.)*; não me fallem n'isso, nem tal quero ouvir; diz-se para expressar a repugnancia que se sente ao ouvir nomear uma pessoa que se ama ou aborrece em excesso. *Nec nominetur.*

Nombre. *m.* Nome; palavra com que designâmos os objetos ou as suas qualidades. *Nomen, inis:* — nome; titulo de alguma cousa, pelo qual é conhecida. *Nomen, inis:* — nome, renome, nomeada, fama, reputação, credito. *Nomen, inis:* — nome; auctoridade, poder ou virtude com que se executa alguma cousa por outrem, como se este mesmo a fizera. *Nomen, inis:* — apodo, alcunha; appellido injurioso, quasi sempre allusivo a algum defeito physico ou moral da pessoa, e n'este sentido diz-se, em castelhano, *mal nombre ó nombre postizo. Cavilla, jocosum cognomentum, appellatio ignominiosa:* — *(ant.)* nome, firma de uma pessoa: — *(ant.)* numero, quantidade, abundancia: — *de pila;* nome da pia, de baptismo; o que se dá a alguem quando se baptiza. *Nomen in baptismate impositum. Decirse los nombres de las pascuas ó de las fiestas (fr. fam.)*; descompor-se as pessoas, dizer-se mutuas injurias, chamar nomes umas ás outras. *Mutuis sese opprobriis proscindere. En el nombre (loc. adv.)*; em nome, invocando, implorando o auxilio e favor de Deus ou dos Santos. *In nomine. Es nombre de pila?* Expressão com que se reprehende ao que usa frequentemente de alguma alcunha em logar do nome proprio. *Hoc ne nomen baptismate accepi? Hacer nombre de Dios (fr.)*; dar principio a uma cousa, alludindo á deprecação que costuma fazer-se do nome de Deus para a começar. *Initium facere, inchoare. Poner nombre (fr. fig.)*; pôr, estabelecer, determinar, estipular, dizer o preço de uma cousa, de uma mercadoria. *Pretium præscribere vel constituere:* — *(gram.)* nome; uma das principaes partes da oração, que serve para designar qualquer cousa, ou sua qualidade. Divide-se em substantivo e adjectivo. *Nomen, inis:* — *(mil.)* nome, o santo. *Tessera, æ. Dar el nombre (fr. mil.)*; dar o nome, o santo; dize-lo ás sentinellas. V. *Decir el santo. Romper el nombre (fam.)*; cessar de servir, tornar-se inutil ao romper de alva o santo que se tinha dado para de noite. *Nomen militare aperire.*

Nome. *m. (ant.)* V. *Nombre.*

Nomenclador. *m.* Nomenclador; o que faz nomenclaturas ou catalogos de nomes de alguma sciencia ou arte: — livro que contém alguma nomenclatura: — *m. (hist.)* nomenclador; servo que acompanhava os magistrados romanos, a quem dizia o nome das pessoas que encontravam. *Nomenclator, oris:* — nomenclador; escravo entre os romanos encarregado de repetir em alta voz o nome de cada convidado e de indicar-lhe o logar que devia occupar.

Nomenclatura. *f.* Nomenclatura; serie dos nomes technicos e proprios de alguma faculdade, de alguma arte ou sciencia. *Nomenclatura, æ.*

Nomia. *f.* Nomia; suffixo que entra na composição de muitos vocabulos scientificos. Deriva-se do grego, e significa lei, regra, distribuição.

Nómico. *m. (hist.)* Nomico; official da igreja grega, encarregado de fazer observar os ritos e rubricas.

Nómina. *f.* Catalogo, lista, enumeração feita com ordem. *Nominum series, cathalogus:* — nominá; bolsa em que se trazem reliquias, orações escriptas, talismans, nomes de santos. *Bulla, æ:* — soldo, ordenado; pagamento entre individuos da mesma classe, repartição ou dependencia.

Nominacion. *f.* V. *Nombramiento.*

Nominador, ra. *s.* Nomeador; pessoa que nomeia, ou tem direito de nomear. *Nominator, oris.*

Nominal. *adj.* Nominal; que pertence ao nome. *Nominalis, le:* — nominal; que não tem existencia real, ou o valor que o nome designa. *Nominalis, le:* — *(philos.)* nominal; concernente aos philosophos nominalistas ou á philosophia nominal: — *m. pl.* nominaes. V. *Nominalistas. Definicion nominal;* definição nominal; explicação do sentido que se dá algumas vezes arbitrariamente ás palavras technicas de que se faz uso. *Filosofía nominal;* philosophia nominal; diz-se ás vezes como censura do systema que abusa das denominações scientificas, e se contenta com palavras, sem explicar os factos.

Nominalias. *f. pl. (hist.)* Nominalias; festa domestica, que se celebrava no dia em que se dava nome a um menino. Verificava-se sob os auspicios da deusa Nundina.

Nominalismo. *m. (philos.)* Nominalismo; doutrina, opinião dos nominaes ou nominalistas. Era opposta á dos realistas.

Nominalista. *adj. (philos.)* Nominalista; diz-se de tudo que pertence ao nominalismo: — *m. pl.* nominalistas ou nominaes; sectarios do nominalismo, que sustentavam que as idéas geraes não têem a menor realidade fóra do nosso espirito, e que só subsistem pelos nomes, que lhes damos. Foi seu chefe João Roscelin, conego de Compiègne no seculo XI.

Nominalmente. *adv. m.* Nomeadamente; pelo seu nome: — assignaladamente.

Nominar. *a.* V. *Nombrar.*

Nominativo. *m. (gram.)* Nominativo; em grego e latim, o primeiro caso dos seis por onde se declina o nome. *Nominativus, rectus nominandi casus:* — *pl.* nominativos; as declinações dos nomes. *Declinationes nominum:* — elementos, rudimentos ou principios de uma arte ou sciencia; diz-se por extensão: — *adj.* nominativo; que indica o nome.

Nómino. *m.* Pessoa idonea, habil, propria para ser nomeada para um cargo, emprego, etc. *Capax nominandi in aliquod munus, nominatione distinctus.*

Nomio. *m. (zool.)* Nomio; genero de insectos coleopteros pentameros da familia dos carabicos: — nomio; genero de insectos coleopteros subpentameros.

Nomion. *m. (ant. mus.)* Especie de canção pastoril dos Gregos.

Nomismia. *f. (bot.)* Nomismia; genero de plantas da familia das leguminosas.

Nomnada, Nomnadía. *f. (ant.)* V. *Nombradía.*

Nomnar. *a. (ant.)* V. *Nombrar.*

Nomne. *m. (ant.)* V. *Nombre.*

Nomo. *m. (mus. ant.)* Nomo; poema que se cantava em honra de Apollo: — nomo; divisão territorial, provincia do antigo Egypto. No tempo de Sesostris havia trinta e seis nomos: — nomo; prefixo de alguns vocabulos.

Nomocánon. *m. (rel.)* Nomocanon; collecção de canones reconhecidos pela igreja grega, e das leis imperiaes que lhes são respectivas: — nomocanon; os livros penitenciaes dos gregos.

Nomocloa. *f. (bot.)* Nomochloa *(herva em fórma de pluma);* genero de plantas da familia das cyperaceas.

Nomografía. *f.* Nomographia; tratado sobre as leis.

Nomográfico, ca. *adj.* Nomographico; concernente á nomographia.

Nomógrafo. *m.* Nomographo; auctor de uma nomographia.

Nomólogo. *m.* Nomologo; o que é versado em nomologia.

Nomolojía. *f.* Nomologia; sciencia das leis e da sua interpretação: — nomologia; tratado sobre o modo de estabelecer regras ou principios em alguma faculdade, sciencia ou arte: — nomologia; conhecimento das leis que presidem á organisação e exercicio das funcções animaes ou vegetaes, em zoologia e botanica, ao movimento e outras propriedades da materia, na physica, á harmonia dos corpos celestes, na astronomia.

Nomolójico, ca. *adj.* Nomologico; pertencente á nomologia.

Nomolojista. *m.* Nomologista. V. *Nomólogo.*

Nomotesia. *f.* Nomothesia, legislação; tratado sobre as leis.

Nomotésico, ca. *adj.* Nomothesico; concernente á nomothesia, á arte de legislar.

Nomoteta. *m. (hist.)* Nomotheta; magistrado eleito pelo povo atheniense para examinar as leis antigas e designar quaes podiam ser derogadas ou modificadas. Concluido este trabalho, apresentavam-no ao senado.

Nomparel, Nompareli. *m. (art.)* Diamante; antigo caracter de letra que corresponde hoje a corpo seis.

Nompne. *m. (ant.)* V. *Nombre*

Non. *adj.* Impar; diz-se do numero que não póde dividir-se em duas quantidades iguaes. *Impar numerus:* — *adv. (ant.)* V. *No:* — *pl.* não e não, mil vezes não; negação repetida de alguma cousa. Usa-se frequentemente com o verbo *decir. Pares y nones;* pares ou nones; certo jogo. *Andar de nones (fr.);* andar aos paus, não ter que fazer, andar desoccupado: andar só, sem companhia:— *(prov.)* sem par, sem igual; diz-se de uma cousa rara ou singular. *Omnino vacare. Estar de non (fr.)*, estar a mais, de sobra em alguma parte, ser superfluo, não servir de nada. *Supervacare, supervacaneum esse. Estar de nones (fr.)*, não poder escolher por não haver mais do que um. *Quedar de non (fr.);* ficar desirmanado, só e sem companheiro, por irem todos emparelhados. *Solum vel sin socio remanere.*

NONA. *f.* Nona; uma das horas em que os romanos dividiam o dia, e que equivale ás tres da tarde. *Nona, æ:* — nôa; hora do officio divino entre a sexta e as vesperas. *Nona, æ:* — *pl.* nonas; segunda das partes em que os romanos dividiam o mez, que hoje se usa no calendario ecclesiastico. *Nonæ, arum.*

NONADA. *f.* Nonada; pouco ou muito pouco, cousa minima. *Nonnihil.*

NONADILLA. *f. dim.* de *Nonada.*

NONAENTA. *f. (ant.)* V. *Noventa.*

NONAGONAL. *adj.* Nonagonal; pertencente ao numero nove. *Nonagonalis, eneagonalis.*

NONÁGONO. *m. (math.)* Nonagono, eneagono; figura de nove angulos e de nove lados. *Endecagonus, i:* — *(mil.)* enneagono; obra de fortificação, que tem nove lados e outros tantos angulos.

NONAGRIA. *f. (zool.)* Nonagria; genero de insectos lepidopteros nocturnos, da tribu dos leucanidos.

NONAJENARIO, RIA. *adj.* Nonagenario; de noventa annos. Usa-se tambem substantivado. *Nonagenarius, a, um.*

NONAJÉSIMO, MA. *adj.* Nonagesimo; numeral ordinal, que na serie corresponde ao numero 90. *Nonagesimus, a, um:* — *de la ecliptica (astr.);* nonagesimo da ecliptica; ponto da ecliptica que dista noventa graus do outro que corta o horisonte. *Nonagesimus eclipticæ:* — *f. (rel.)* nonagesima; festa que se celebra noventa dias antes da paschoa.

NONANDRIA. *f. (bot.)* V. *Eneandria.*

NONÁNDRICO, CA. *adj. (bot.)* V. *Eneandrico.*

NONANDRO, DRA. *adj. (bot.)* V. *Eneandrico.*

NONATELIA. *f. (bot.)* Nonatelia; genero de plantas da familia das rubiaceas.

NONATO, TA. *adj.* Nonnato; diz-se do filho que não nasceu naturalmente, mas sim por meio da operação cesariana. *Nonnatus, a, um:* — *m.* nonnato; peixe miudo do Mediterraneo.

NONCA. *adj. (ant.)* Nonca. V. *Nunca.*

NONEA. *f. (bot.)* Nonnea; genero de plantas da familia das asperifoliadas.

NONECA. *f.* V. *Gallinazo.*

NONIANINA. *f. (zool.)* Nonionnia; genero de foraminiferos ou rhizopodas, da familia dos nautiloideos.

NONNATO, TA. *adj.* V. *Nonato.*

NONO, NA. *adj.* Nono. V. *Noveno.*

NONOBSTANCIA. *f. (rel.)* Nonobstancia; diz-se da terceira parte das provisões da côrte de Roma, por começar sempre com as palavras latinas *non obstantibus.*

NON PLUS ULTRA. *m.* Non plus ultra; o mais alto grau, o mais que póde ser; expressão latina usada como substantivo masculino, exagerando as cousas o mais que é possivel.

NONUPLO. *adj.* Nonuplo; diz-se da quantidade equivalente a nove vezes outra.

NO OBSTANTE. *(loc. adv.)* Não obstante, sem embargo. *Tamen.*

NOOCRÁTICO. *adj. (philos.)* Noocratico; que considera a rasão pura como a faculdade que dirige todas as demais. *Escuela noocrática;* escola noocratica; a que sustenta a soberania da rasão.

NOOLOJIA. *f. (philos.)* Noologia; sciencia que abrange o estudo do completo da intelligencia ou do entendimento humano.

NOOLÓJICO, CA. *adj. (philos.)* Noologico; concernente ao pensamento.

NOPAL. *f. (bot.)* Nopal; figueira da India. V. *Opuncia.*

NOPALERA. *f. (p. Mex.)* Plantação de figueiras da India: — V. *Nopal.*

NOPALITO. *m. (p. Mex.)* Folha tenra da nopal, que se come em salada ou guisada.

NOPE. *m. (zool.)* Nope; genero de arachnidos, da tribu das aranhas.

NOPNE. *m. (ant.)* V. *Nombre.*

NOQUE. *m.* Tanque, fosso ou cova em que se põem a curtir as pelles. *Stagnum coriarium:* — pilha de ceiras cheias de azeitona moida, que se mette debaixo da vara do lagar para se espremer. *Fiscinarum strues.*

NOQUERO. *m.* V. *Curtidor.*

NORA. *f. (ant.)* V. *Nuera:* — *ental (loc. fam. ant.)* V. *Noramala.*

NORABUENA. *f.* Congratulação, parabens, felicitação. *Congratulatio, onis:* — *adv.* bem, com felicidade.

NORAI. *m. (naut.)* Peça de artilheria velha, pilar ou qualquer outra cousa enterrada verticalmente em terra, para amarrar as embarcações.

NORAMALA. *f.* V. *Enhoramala.*

NORANTEA. *f. (bot.)* Norantea; genero de plantas da familia das margraviaceas.

NORAY. *m. (naut.)* V. *Norai.*

NORBANO. *m. (zool.)* Norbano; genero de insectos hymenopteros, da familia dos chalcidios.

NORDESTADA. *f.* Vento forte do nordeste.

NORDESTAL. *adj.* Nordesteo; do nordeste, da parte do nordeste.

NORDESTAZO. *m. (naut.)* Tufão, ventania do nordeste.

NORDESTE. *m. (naut.)* Nordeste; vento que sopra entre o norte e o este. *Cæcias subaquilo:* — nordeste; ponto do horisonte d'onde elle sopra. *Horisontis punctum inter Septentrionem et Orientem æquè distans.*

NORDESTEAR. *n. (naut.)* Nordestear; declinar a agulha de marear do ponto do norte para leste.

NORDOVESTEAR. *n. (naut.)* V. *Noruestar.*

NORIA. *f.* Nora; machina hydraulica composta de duas ou mais rodas, que serve para tirar agua dos poços, cisternas e rios, para diversos empregos. *Haustrum, anilia, tollo, rota aquaria:* — poço de fórma oval d'onde se tira agua com a nora. *Puteus ovalis:* — *(fig.)* roda viva; qualquer cousa, negocio ou dependencia, em que, sem adiantar nada, se trabalha muito.

NORIAL. *adj.* Pertencente, relativo á nora. *Antliacus, ad rotam aquariam pertinens.*

NÓRICO, CA. *adj.* Norico; pertencente á Norica: — *s.* norico; o natural de Norica.

NORITA. *f. (min.)* Norita; certa rocha granitica que se encontra em Escandinavia.

NORMA. *f.* Esquadria; instrumento de que usam os pedreiros e outros artifices para regular e ajustar as pedras, madeiras ou outras cousas. *Norma, æ:* — *(fig.)* norma; regra de conducta, de viver, direcção das acções, etc. *Norma, æ.*

NORMAL. *adj.* Normal; que regula, dirige, serve de regra, de modelo. *Normalis, le. Escuela normal;* escola normal; a que é destinada a formar mestres. *Estado normal;* estado normal; conforme ás leis da organisação: — estado normal; estado ordinario e regular: — *(math.)* normal, perpendicular: — *(zool.)* normal; diz-se dos peixes que têem o esqueleto osseo, as mandibulas completas, e as branchias em fôrma de pente.

NORMANDO, DA. *adj.* Normando; pertencente á Normandia. *Normannus, a, um:* — *s.* normando; o natural da Normandia. *Normanni.*

NORNA. *f. (bot.)* V. *Calipso.*

NORNORDESTE. *m. (naut.)* Nornordeste; vento entre o norte e o nordeste. *Medius subaquilo:* — nornordeste; ponto do horisonte que está a igual distancia, entre o norte e o nordeste. *Horisontis punctum a Septentrione Orientem versus viginti duobus gradibus cum triginta minutis distans.*

NORNOROESTE, NORNORUESTE. *m. (naut.)* Nornoroeste; meio vento ou rumo entre o norte e o noroeste.

NOROESTADA. *f.* Vento forte do noroeste.

NOROESTAR. *n.* V. *Noruestar.*

NOROESTAZO. *m. (naut.)* Tufão, ventania do noroeste.

NOROESTE. *m. (naut.)* V. *Norueste.*

NORONIA. *f. (bot.)* Noronhia; genero de plantas da familia das oleaceas.

NOROPE. *m. (zool.)* Norope; genero de reptis da familia dos iguanidos.

NORTADA. *f. (naut.)* Nortada, vento forte do norte.

NORTAZO. *m. (naut.)* Tufão, ventaneira do norte.

NORTE. *m. (astron.)* Norte; polo arctico ou septentrional, aquelle dos quatro pontos cardinaes que corresponde á direita do sol nascente. *Septentrio, polus arcticus:* — norte; primeiro ponto do horisonte d'onde se começa a numeração, e é o mais immediato ao polo arctico. *Septentrio, onis:* — estrella do norte ou polar. *Ursæ minoris ultimum sidus:* — norte; parte septentrional da esphera, e as regiões ou terras situadas n'ella. *Regio aquilonaris vel septentrionalis:* — norte; vento norte, vento que sopra do septentrião. *Aquilo, boreas:* — *(fig.)* norte, guia, direcção. *Dux, ucis.*

NORTEAR. *n.* Observar o norte para a direcção da jornada ou viagem, principalmente por mar. *Polarem stellam attendere:* — nortear; declinar para o norte ou tocar n'este ponto o vento reinante.

NORTENIA. *f. (bot.)* Nortenia; genero de plantas da familia das escrofularineas.

NORUEGO, GA. *adj.* Norueguez; pertencente á Noruega e aos seus habitantes: — *s.* norueguez; o natural da Noruega.

NORUESTAR. *n.* Noroestar; declinar a agulha de marear para o oeste ou poente.

NORUESTE. *m. (naut.)* Noroeste; vento que sopra da parte intermedia entre o norte e o oeste. *Caurus, argestes:* — noroeste; ponto do horisonte que está perfeitamente no meio do norte e do oeste. *Punctum horisontis inter Septentrionem et Occidentem medium tenens.*

NORUESTEAR. *n.* V. *Noruestar.*

NOS. *pron. pes.* Nós. V. *Nosotros:* — nós; junta-se ao verbo quando a sua acção é de outra pessoa, e muitas vezes se pospõe a elle. *Nos:* — nós; usa-se tambem para denotar a auctoridade ou mando, quando a acção do verbo é propria, aindaque seja no singular, especialmente entre os reis e os prelados. *Nos.*

NOSAIRITAS. *m. pl. (rel.)* Nosairitas; individuos de uma seita da Turquia asiatica, que formam uma povoação de 40:000 individuos, cujas praticas religiosas são uma mistura de paganismo, de judaismo, de mahometismo e de christianismo. Acham-se repartidos em vinte ou vinte e cinco villas, administradas cada uma por um chefe chamado mekaddem.

NOSO, SA. *adj. (ant.)* V. *Nuestro.*

NOSOCOMIAL. *adj. (med.)* Nosocomial; diz-se das doenças que reinam nos hospitaes.

NOSOCOMIO. *m.* Nosocomio, hospital.

NOSOCOMO. *m.* Director de um hospital: — enfermeiro.

NOSODENDRO. *m. (zool.)* Nosodendro *(arvore doente);* genero de insectos coleopteros pentameros, da familia dos clavicornes.

NOSODERMA. *f. (zool.)* Nosoderma *(pelle doente);* genero de insectos coleopteros heteromeros, da familia dos melasomos.

NOSODOQUIO. *m.* V. *Nosocomio.*

NOSOFLEO. *m. (zool.)* Nosophlœus; genero de insectos coleopteros subpentameros, da familia dos longicornes.

NOSOGRAFÍA. *f.* Nosographia; classificação e descripção das doenças: — nosographia; livro em que se descrevem as doenças.

Nosográfico, ca. *adj.* *(med.)* Nosographico; concernente á nosographia.

Nosógrafo. *m.* *(med.)* Nosographo; auctor de nosographia.

Nosojenia. *f.* *(med.)* Nosogenia; origem, desenvolvimento das doenças: — nosogenia; theoria das causas primarias das enfermidades, e do modo por que se desenvolvem.

Nosojénico, ca. *adj.* *(med.)* Nosogenico; que respeita á nosogenia.

Nosolojia. *f.* *(med.)* Nosologia; parte da pathologia que trata das doenças em geral: — nosologia; algumas vezes emprega-se como synonymo de nosographia, na segunda accepção.

Nosolójico, ca. *adj.* *(med.)* Nosologico; que se refere á nosologia: — nosologico; que trata da nosologia.

Nosolojista. *m.* *(med.)* Nosologista; o que trata da nosologia.

Nosomántica. *f.* Nosomantica; modo de curar por encantamento, que regularmente se diz por ensalmo. *Nosomantica, æ.*

Nosotros, tras. *(pron.)* Nósoutros; pronome pessoal que significa pluralidade de pessoas, inclusa a que falla. *Nos:* — nós; usa-se tambem figuradamente no singular para denotar a auctoridade ou dignidade da pessoa que falla, mas n'este sentido é mais usado *nos* em castelhano. *Nos. Para entre nosotros (loc. fam.);* aqui para nós, só entre nós; usa-se recommendando o segredo do que vae a dizer-se.

Nostaljia. *f.* *(med.)* Nostalgia; desejo de voltar á terra natal, ao paiz d'onde se saíu, que chega a ponto de molestia grave.

Nostáljico, ca. *adj.* *(med.)* Nostalgico; concernente á nostalgia: — nostalgico; que experimenta nostalgia: — nostalgico; doente, affectado de nostalgia.

Nostermano. *m.* Contracção antiga de *Nuestro hermano.* Nosso irmão.

Nostoc. *m.* *(bot.)* Nostoc; genero de plantas da familia das algas.

Nostocíneas. *f. pl.* *(bot.)* Nostocineas; grupo de algas, cujo typo é o genero nostoc.

Nostomanía. *f.* *(med.)* Nostomania; melancolia que se apodera de uma pessoa, e que é causada pelo grande desejo de voltar á patria: — nostomania; alienação mental causada pela nostalgia.

Nostramo. *m.* Contracção antiga de *Nuestro amo.*

Nostrasía. *f.* *(med.)* V. *Nostaljia.*

Nostro, tra. *adj.* *(ant.)* V. *Nuestro.*

Nota. *f.* Nota, marca ou signal que se põe em alguma cousa para a dar a conhecer. *Nota, æ:* — nota; observação annexa ao texto, para elucidar algum ponto, e que de ordinario se põe á margem. *Nota, notatio:* — nota, reflexão, reparo, censura. *Nota, animadversio:* — estylo, dicção, elocução. *Stilus, dictio:* — nota, fama, credito: — nota, minuta, lembrança, breve apontamento. *Nota, annotatio, animadvertio:* — nota; defeito que é notado em alguem. *Nota, dedecus:* — *(ant.)* numero, algarismo: — *pl.* notas; minuta, apontamentos resumidos de tabellião para escriptura que se ha de lavrar, etc. *Tabellionis notæ. Caer en nota (fr. fam.);* caír em falta, em erro; dar motivo de escandalo ou murmuração. *Notam subire, notâ laborare. Sacar la nota (fr.)* V. *Sacar la autoridad:* — *(diplom.)* nota; communicação que transmittem, ordinariamente por escripto, os agentes diplomaticos: — *pl.* *(hist.)* notas; formulas secretas que inventaram os patricios romanos para substituir as acções da lei, quando estas se publicaram: — *(litt.)* nota; especie de commentario sobre algum logar de um livro, que costuma pôr-se á margem, debaixo da pagina ou no fim do tomo: — nota; observação que se faz para melhor intelligencia do texto: — *(mus.)* nota; caracter, figura de musica que indica o som que se ha de produzir e ao mesmo tempo a sua duração. *Musicæ notæ:* — *(zool.)* nota; genero de insectos coleopteros heteromeros, da familia dos melasomos.

Notabilidad. *f.* Notabilidade; qualidade do que é notavel: — notabilidade; pessoa distincta, notavel pela sua posição, riqueza, saber, etc.

Notabilísimo, ma. *adj. sup.* de *Notable.* Notabilissimo; muito notavel. *Valdè notabilis, insignis.*

Notable. *adj.* Notavel; digno de nota, de reparo, attenção ou consideração. *Notabilis, le:* — notavel, consideravel, insigne, expectavel, eminente. *Notabilis, insignis, maximus:* — *m. pl.* *(hist.)* notaveis; durante a revolução franceza, certos cidadãos eleitos para representar uma municipalidade no conselho ou nos processos crimes. *Asambléa de notables;* assembléa de notaveis; nome das assembléas que os reis de França convocavam algumas vezes em logar dos estados geraes: differençavam-se dos ultimos em serem nomeados pelos monarchas os individuos que a ellas assistiam. Suas attribuições se limitavam a dar o seu voto nas questões submettidas á sua illustração. Diz-se particularmente da assembléa, que Luiz XVI convocou em 1787, a qual se compunha de 144 individuos, a maior parte nobres. *Asambléa de notables de Cognac;* assembléa de notaveis de Cognac; a que reuniu Francisco I de França, depois de haver sido posto em liberdade por Carlos I de Hespanha. *Asambléa de notables de Ruan;* assembléa de notaveis de Ruão; a convocada por Henrique IV, em 1596, com o fim de obter subsidios e terminar a guerra. *Segunda asambléa de notables;* segunda assembléa de notaveis; a convocada em 1788 por Luiz

XVI, com o fim de consulta-la ácerca da formação dos estados geraes.

NOTABLEMENTE. *adv. m.* Notavelmente; de modo notavel. *Notabiliter.*

NOTACANTINA. *f. (zool.)* Notacanthina *(espinha pequena no dorso);* genero de insectos dipteros brachoceros, da familia dos muscidos.

NOTACANTO. *m. (zool.)* Notacantho *(espinha no dorso);* genero de peixes acanthopterygios, da familia dos scomberoideos: — *m. pl.* notacanthos; familia de insectos dipteros brachoceros, estabelecida por Latreille.

NOTACION. *f.* Notação, annotação. V. *Anotacion, Nota: — prosódica (germ.);* notação prosodica; arte de figurar a pronunciação longa ou breve de uma syllaba: — *(math.)* notação; signal que se emprega em algebra para indicar as quantidades numericas: — *(mus.)* notação; arte de representar á vista e á intelligencia o som e as suas differentes modificações, de maneira que a execução reproduza, por meio da voz ou dos instrumentos, as idéas do compositor.

NOTAFO. *m. (zool.)* Notapho; genero de insectos coleopteros pentameros, da familia dos carabicos.

NOTALJÍA. *f. (med.)* Notalgia; dor de costas sem inflammação.

NOTÁLJICO, CA. *adj. (med.)* Notalgico; concernente á notalgia.

NOTAR. *a.* Notar, assignalar, marcar; pôr marca ou signal em alguma cousa. *Notare:* — notar, reparar, observar, considerar com attenção. *Notare, animadvertere:* — notar, tomar nota, apontar brevemente alguma cousa, pô-la por escripto para ajudar a memoria. *Annotare:* — notar, annotar; fazer ou pôr annotações, nota, reparo, censura ou observação nos escriptos ou livros. *Annotare, animadvertere:* — notar, dictar; dizer a outrem, palavra por palavra, o que ha de ir escrevendo. *Dictare:* — notar; censurar defeito, reprehender. *Notare, arguere, accusare:* — notar, taxar, infamar, desacreditar; causar descredito ou infamia: — *(ant.)* V. *Contar.*

NOTARCO. *m. (zool.)* Notarcho; genero de molluscos gasteropodas, da familia dos aplysios.

NOTARÍA. *f.* Notariado; officio de notario ou tabellião. *Notarii munus:* — cartorio, escriptorio de tabellião. *Notarii officina vel sedes.*

NOTARIADO, NOTARIATO. *m.* Notariado; emprego, funcções de notario: — classe ou corporação dos notarios.

NOTARICON. *m.* Notaricon; nome de uma parte da cabala judaica, que consiste em tomar as iniciaes das palavras de uma phrase para formar com ellas um vocabulo, ou em considerar as letras de um vocabulo como as iniciaes de todas as palavras de uma phrase. Por este methodo se encontra a creação na primeira palavra do Genesis.

NOTARIO. *m.* Notario, escrivão publico, tabellião. Antigamente dava-se este nome, em castelhano, aos que escreviam com abreviaturas. *Notarius, ii:* — *de caja (p. Ar.);* tabellião encartado, notario do numero em Saragoça. *E* officio honorifico: — *mayor;* notario maior ou principal; chefe dos notarios. *Notarius primus:* — *apostólico;* notario apostolico; tabellião de negocios ecclesiasticos, auctorisado pela curia romana: — *(hist.)* notario; escravo romano que tomava notas ou fazia apontamentos para o seu senhor: — notario; nome dado na primitiva igreja aos ministros encarregados de conservar por meio de notas ou de abreviaturas as actas dos martyres.

NOTELEA. *f. (bot.)* Notelea; genero de plantas da familia das oleaceas.

NOTENCEFALIA. *f. (physiol.)* Notencephalia; monstruosidade que consiste em ter o cerebro fóra do craneo, o qual está aberto na região occipital.

NOTENCEFÁLICO, CA. *adj. (physiol.)* Notencephalico; que offerece os caracteres da notencephalia.

NOTENCÉFALO, LA. *adj.* Notencephalo; diz-se do monstro cujo cerebro, situado fóra do craneo, descansa nas vertebras do pescoço, abertas pela parte posterior.

NOTERO. *m. (zool.)* Notero *(humido);* genero de insectos coleopteros pentameros da familia dos hydrocantharos.

NOTERÓFILA. *f. (bot.)* Noterophila *(amante da humidade);* genero de plantas da familia das melastomaceas.

NOTICA, LLA, TA. *f. dim.* de *Nota.* Notasinha.

NOTICASTRO. *m. (bot.)* Noticastro; genero de plantas da familia das compostas.

NOTICIA. *f.* Noticia; sciencia, ou conhecimento das cousas. *Notitia, æ:* — noticia, nova, novidade, aviso: — noticia; luz, esclarecimento, indicio: — *pl.* noticias, conhecimentos, saber, erudição: — *ó especie remota;* idéa ou especie confusa, ligeira de uma cousa que se tem pouco de memoria. *Remota species seu confusa. Vender alguna noticia, nueva (fr.),* vender alguma noticia; participa-la a outrem, e n'este sentido diz-se: *como me la han vendido la vendo;* vendo-a pelo mesmo preço por que m'a venderam; usa-se quando a pessoa a quem se falla, está em duvida de acreditar o que se lhe diz. *Rem novam vendere prout data fuit. Correr noticia (fr.);* correr a noticia; contar-se novas de algum successo.

NOTICIAR. *a.* Noticiar; dar, communicar noticia, nova. *Denuntiare, certiorem facere.*

NOTICIERO, RA. *s.* Noticiador, novelleiro; o que dá noticias, novas.

NOTICIOSO, SA. *adj.* Noticioso, sabedor, instruido, informado; que tem noticia de alguma cousa. *Conscius, compos:*—noticioso, sabio, erudito; que tem muita lição, muitos conhecimentos. *Eruditus, varia doctrina ornatus, præditus.*

NOTIFICACION. *f. (for.)* Notificação; o acto de notificar. *Notificatio, denuntiatio, monitio juridica.*

NOTIFICADO, DA. *adj. (for.)* Notificado; que recebeu notificação, intimado por notificação. *In jus vocatus, conscius factus.*

NOTIFICAR. *a. (for.)* Notificar, citar; fazer saber alguma cousa juridicamente, intimar mandado, citação, ordem, protesto, etc. *Notificare, juridicè monere, denuntiare:* — notificar, noticiar, avisar, fazer saber extrajudicialmente; diz-se por ampliação. *Certum vel conscium facere.*

NOTILIA. *f. (bot.)* Notylia; genero de plantas da familia das orchideas.

NOTIOBIA. *f. (zool.)* Notiobia *(que vive na humidade)*; genero de insectos coleopteros pentameros da familia dos carabicos.

NOTIODEZ. *m. (zool.)* Notiodes *(humidade)*; genero de insectos coleopteros tetrameros, da familia dos curculionidos.

NOTIÓFILA. *f. (zool.)* Notiophila *(amante da humidade)*; genero de insectos dipteros brachoceros da familia dos muscidos.

NOTIÓFILO. *m. (zool.)* Notiophilo *(amante da humidade)*; genero de insectos coleopteros pentameros da familia dos carabicos.

NOTIÓMETRO. *m. (phys.)* V. *Higrómetro.*

NOTIONOMO. *m. (zool.)* Notionomo *(que vive em sitios humidos)*; genero de insectos coleopteros tetrameros da familia dos curculionidos.

NOTÍSIMO, MA. *adj. sup.* de *Noto.* Notissimo, mui conhecido. *Notissimus, a, um.*

NOTO, TA. *adj.* Noto, conhecido, sabido, notorio. *Notus, a, um:* — notho, bastardo, illegitimo, espurio. *Nothus, a, um:* — *m.* noto; vento sul, assim chamado porque de ordinario na Grecia traz chuva. *Auster, eris:* — *bóreo;* movimento do mar do sul para o norte ou do norte para o sul, por causa do vento noto. *Motus maris noto aquilonaris.*

NOTOBÁSIDE. *f. (bot.)* Notobaside ou notobasis *(raiz humida)*; genero de plantas da familia das compostas.

NOTOBRANQUIOS. *m. pl. (zool.)* Notobranquios : ordem de molluscos gasteropodas, que comprehende todos aquelles que têem branchias no dorso.

NOTOCÉFIRO. *m.* Notozephyro; vento sudoeste: — sudoeste; ponto do horisonte d'onde sopra o vento do mesmo nome.

NOTOCERA. *f. (bot.)* Notocera *(corno no dorso)*; genero de plantas da familia das cruciferas: — *(zool.)* notocera; genero de insectos hemipteros homopteros da familia dos membracidos.

NOTOCIRTO. *m. (zool.)* Notocyrto *(curvado pelo dorso)*; genero de insectos hemipteros heteropteros da tribu dos reduvios.

NOTOCLENA. *f. (bot.)* Notochlena *(cobertura falsa)*; genero de fetos da familia das polypodiaceas.

NOTOCÁRAX. *f. (zool.)* Notocorax; genero de insectos coleopteros heteromeros da familia dos melasomos.

NOTODONTE. *m. (zool.)* Notodonte *(dente no dorso)*; genero de insectos lepidopteros nocturnos da familia dos notodontidos.

NOTODÓNTIDOS. *m. pl.* Notodontidos; tribu de insectos lepidopteros nocturnos.

NOTOFÍSIDE. *m. (zool.)* Notophysis *(natureza humida)*; genero de insectos coleopteros subpentameros, da familia dos longicornes.

NOTOJIMNO. *m. (zool.)* Notogymno *(dorso nu)*; genero de helminthidos da familia dos nemertes.

NOTOMATA. *f. (zool.)* Notommata *(olho no dorso)*; genero de systolidos rotadores, caracterisado por ter um olho na nuca.

NOTOMELIA. *f. (physiol.)* Notomelia; monstruosidade que consiste em ter um ou dois membros accessorios nas costas.

NOTOMÉLICO, CA. *adj. (physiol.)* Notomelico; que offerece os caracteres da notomelia.

NOTOMELIO, NOTOMELO, LA. *s. (phisiol.)* Notomelio ou notomelo; monstro que tem um ou dois membros accessorios nas costas.

NOTOMÍA. *f. (ant.)* Notomia. V. *Anatomia.*

NOTÓMIDE. *m. (zool.)* Notomyde ou notomys; genero de mammiferos roedores, composto de uma só especie.

NOTONECTA. *f. (zool.)* Notonecta *(que nada com o dorso)*; genero de hemipteros heteropteros da familia dos notonectianos.

NOTONÉCTIDOS. *m. pl. (zool.)* Notonectidos; tribu de insectos hemipteros heteropteros da familia dos hydrocorisos.

NOTONECTIANOS. *m. pl. (zool.)* Notonectianos; familia de insectos hemipteros heteropteros que comprehende varios generos, entre os quaes figura o notorecta.

NOTONIA. *f. (bot.)* Notonia; genero de plantas da familia das compostas.

NOTÓPTERO. *m. (zool.)* Notoptero *(barbatana no dorso)*; genero de peixes malacopterygios abdominaes da familia dos clupeoideos.

NOTORIAMENTE. *adv. m.* Notoriamente; de modo notorio, sabido, manifestamente. *Notoriè manifestè.*

NOTORÍCEA. *f. (bot.)* Notorhizeas; sub-genero de plantas dicotyledoneas polypetalas da familia das cruciferas.

NOTORIEDAD. *f.* Notoriedade; o ser notorio, sabido de todos. *Notorietas, notitia:* — *de derechos (for.)*; notoriedade de direitos; a publicidade que resulta da sentença dada em algum caso, particularmente criminal. *Notorietas juris:* — *de hecho (for.)*; notoriedade do facto; a sua publicidade. *Facti notorietas.*

NOTORIO, RIA. *adj.* Notorio, publico; sabido por todos ou geralmente. *Notus, notorius.*

NOTOSÁURO. *m.* *(zool.)* Nothosauro *(lagarto bastardo)*, genero de reptis achados em estado fossil.

NOTOSOMALO. *m.* *(zool.)* Notosomalo *(achatado pelo dorso)*; genero de insectos coleopteros, tetrameros, da familia dos curculionidos.

NOTOSTENO. *m.* *(zool.)* Notosteno *(dorso estreito)*; genero de insectos coleopteros tetrameros, da familia dos malacodermes.

NOTOXETA. *f.* *(bot.)* Notochaete *(crina no dorso)*; genero de plantas da familia das labiadas.

NOTOXO. *m.* *(zool.)* Notoxo *(dorso agudo)*; genero de insectos coleopteros heteromeros da familia dos trachelidos: — notoxo; genero de insectos coleopteros tetrameros da familia dos malacodermes.

NOTOZONA. *f.* *(zool.)* Notozona *(banda no dorso)*; genero de insectos coleopteros subpentameros da familia dos cyclicos.

NOTRODEO. *m.* *(zool.)* Nothrodeo *(lento)*, genero de insectos coleopteros tetrameros da familia dos curculionidos.

NOTURNIDAD. *f.* *(ant.)* Hora, silencio ou obscuridade da noite.

NOTURNINO, NA. *adj.* *(ant.)* V. *Nocturno.*

NOULETIA. *f.* *(bot.)* Nouletia; genero de plantas da familia das bignoniaceas.

NOVA. *f.* *(ant.)* Nova, novidade, noticia.

NOVACION. *f.* *(for.)* Novação, innovação; o contratar nova obrigação ou o acto de transferir de uma pessoa a outra. *Novatio, onis.*

NOVÁCULA. *f.* *(zool.)* Novacula; genero de peixes acanthopterygios, da familia dos labroideos.

NOVACULITA. *f.* *(min.)* Novaculita; rocha de aspecto simples, fusivel ao maçarico, dando um esmalte escuro. Serve para afiar canivetes e navalhas de barba.

NOVADOR. *m.* Novador. V. *Novator.*

NOVAL. *adj.* Noval; applica-se ás terras d'antes incultas, que se arrotearam e começam a aproveitar-se. Tambem assim chamam aos fructos que tal terra produz, e em sentido mais lato ás suas arvores e plantas. *Novalis, e:* — *m.* noval; dizimo das terras novaes.

NOVALLO, LLA. *adj.* *(ant.)* V. *Noval.*

NOVAR. *a.* *(ant.)* V. *Renovar:* — *(for.)* innovar, renovar; fazer novação. *Novare.*

NOVATO, TA. *adj.* Novato, novel; principiante em qualquer materia ou faculdade. *Novus, tiro.*

NOVATON, NA, *adj.* V. *Novato.*

NOVATOR. *m.* Novador, innovador; inventor de novidades. Diz-se regularmente do que as inventa em materias de doutrina. *Novator, oris.*

NOVE. *adj.* *(ant.)* V. *Nueve.*

NOVECIENTOS, TAS. *adj.* Novecentos, novecentas; nove centenas, producto da multiplicação de cem por nove. *Nongenti.*

NOVEDAD, *f.* Novidade; estado das cousas recentemente feitas ou discorridas, ou novamente vistas ou ouvidas. *Novitas, res novæ:* — novidade, mudança, innovação. *Novitas, novum:* — *(fig.)* novidade, estranheza, impressão, admiração, espanto, que motiva cousa estranha. *Novum, mirum:* — novidade, noticia, nova, occorrencia recente. *Hacer novedad;* fazer novidade; causar surpreza, espanto ou admiração alguma cousa estranha ou nunca vista. *Novum vel exoticum videri:* introduzir novidades, innovar; mudar uma cousa já estabelecida.

NOVEL. *adj.* Novel, novato, novo, principiante; não exercitado, não pratico em alguma cousa. *Novus, tiro, novitius.*

NOVELA. *f.* Novella, conto, historia supposta para divertir e instruir. *Fabella consultò conficta:* — novella, patranhas, fabulas, ficção, cousa supposta ou inverosimil. *Fabella, æ:* — *(ant.)* noticia recente: — *pl.* *(for.)* novellas; constituições do imperador Justiniano que formam a quarta e ultima parte da jurisprudencia romana. *Novellæ Justiniani constitutiones:* — novellas; constituições imperiaes promulgadas por Theodosio e seus successores.

NOVELADOR. *m.* Novelleiro; o o que escreve novellas. *Fabularum narrator, fabulator.*

NOVELAR. *a.* Compor ou escrever novellas: — *n.* contar historias, patranhas, publica-las.

NOVELERÍA. *f.* Narração de fabulas ou novellas, ou affeição a estes contos ou historias. *Fabularum narratio, novitatum studium:* — gosto, afeição, inclinação ás novidades, ás cousas novas.

NOVELERO, RA. *adj.* Novelleiro; amigo de novidades, historias, contos e ficções. *Novarum rerum molitor, novitatum cupidus, studiosus:* — vario, mudavel, leviano, inconstante, voluvel. *Varius, a, um:* — *m.* *(germ.)* mandil; creado do rufião, que leva e traz novidades.

NOVELESCO, CA. *adj.* Romantico; proprio de novellas ou romances.

NOVELO, LA. *adj.* *(ant.)* V. *Nuevo.*

NOVEMBRE, NOVEMBRO. *m.* *(ant.)* V. *Noviembre.*

NOVENA. *f.* Novena; espaço de nove dias consecutivos, que dedicam os fieis á devoção e ao culto de *Deus* e dos santos. *Novendiales preces vel festa:* — novena; preces, orações rezadas nove dias seguidos. *Preces novendiales:* — livrinho de novena: — suffragio pelos defuntos, quer tenha logar só em um ou dois dias. *Suffragia pro defunctis. Tener novenas (fr. ant.);* fazer ou rezar uma novena a algum santo.

NOVENARIO. *m.* Espaço de nove dias que se emprega nos pezames, lutos e ceremonias, entre os parentes immediatos ou mais chegados de um defunto: — novenario; livro que contém as orações das novenas de muitos santos: — novena; tempo de nove dias que se emprega no culto de algum santo com sermões. *Novenarius, novendiale sacrum:* — *adj.* diz-se d'aquelle que não falta á novena de algum santo.

Novendial. *adj.* Qualquer dos nove dias consagrados ás exequias, officios, pezames ou quaesquer ceremonias pelos defuntos. *Novendiales, ium.*

Noveno, na. *adj.* Noveno, nono; articular ordinal que tem o numero immediato ao oito e anterior ao dez. *Nonus, noveno:* — noveno; usava-se substantivado significando uma das nove partes em que se divide o total dos dizimos, para se distribuirem segundo a disposição pontificia. *Pars nona decimarum.*

Noventa. *m.* Noventa; nove dezenas. *Nonaginta, æ.*

Noventeno, na. *adj.* V. *Nonajésimo.*

Noventon. *adj. (fam.)* Noventão. V. *Nonajenario.*

Noverca. *f. (ant.)* V. *Madrasta.*

Novia. *f.* Noiva; mulher esposada ou casada de pouco. Diz-se tambem da que está proxima a casar-se. *Nova nupta, nubilis. La novia de contado, y el dote de prometido,* phrase com que se explica, que só com a esperança do util se quer obrigar ao que é gravoso. *Vana spe onus impositum. Pedir la novia (fr.);* pedir a noiva, ir pedi-la com solemnidade a casa de seus paes. *Sponsam publicè vel solemniter demandare. Sacar la novia por el vicario (fr.);* tirar a noiva por justiça. *Feminam desponsam à parentum domo judicis auctoritate abducere.*

Noviciado. *m.* Noviciado; tempo, anno de provação do religioso que pretende professar. *Probationis tempus, tirocinium:* — noviciado, noviciaria; parte do convento onde vivem os noviços. *Probationis domus:* — noviciado, tirocinio; tempo do aprendizado. *Tirocinium, artis rudimenta.*

Novicio, cia. *adj.* Noviço; o que está no tempo ou anno do noviciado para professar. *Novitius, tiro:* — noviço, novato; principiante em arte, sciencia, etc. *Novitius, tiro:* — modesto, sisudo, comedido. *Modestus, ut novitius religiosus. Sacar la novicia á libertad.* V. *Libertad.*

Noviciote. *m. (fam.)* Noviço já muito crescido, encorpado, que não é muito moço. *Novitius grandis.*

Novielo. *m. (ant.)* V. *Novillo.*

Noviembre. *m.* Novembro; undecimo mez do anno. *November, is.*

Novilunio. *m.* Novilunio; lua nova.

Novilla. *f.* Novilha, almalha, toura; vacca nova que ainda não pariu. *Vitula, juvenca.*

Novillada. *f.* Manada de novilhos, e tambem corrida de novilhos, como se faz com os touros. *Juvencorum armentum, ludus, agitatio.*

Novillejo, ja. *s. dim.* de *Novillo* e de *Novilla.* Novilhosinho, novilhasinha.

Novillero. *m.* Curral de novilhos. *Juvencorum septum:* — pastor ou guarda dos novilhos, depois que se separam da vaccada. *Juvencorum custos:* — parte da deveza que se separa ou serve para pastagem dos novilhos, ou para as vaccas parirem. Na Extremadura hespanhola dá-se este nome a umas ilhotas que forma o rio Guadiana, muito proprias para este fim. *Pascua juvencorum:* — gazeador; rapaz que falta á escola. *Fugitivus puer.*

Novillico, ca, to, ta. *m. dim.* de *Novillo.* Novilhosinho; novilho pequeno.

Novillo. *m.* Novilho, almalho; touro ou boi novo, que ainda não está domado. *Juvencus, i:* — *(fam.)* corno; marido deshonrado pela infidelidade da mulher. *Juvencus, i:* — *pl.* festa que se faz em algumas partes de Hespanha correndo novilhos em praça ou nas ruas atados com corda. *Hacer novillos (fr. fam.);* fazer gazetas; faltar a alguma parte onde se deve ir. Diz-se especialmente dos rapazes mandriões que fazem faltas ás escolas.

Novio. *m.* Noivo; casado de novo, recem-casado ou o que está proximo a casar-se. *Sponsus, neogamus:* — novo, novato, novel; o que entra de novo em algum estado ou dignidade. *Novus, i.*

Novísimo, ma. *adj. sup.* de *Nuevo.* Novissimo; mui novo, recente. *Valdè novus, vel recens:* — novissimo; o ultimo na ordem das cousas. *Novissimus, a, um:* — *m. pl.* novissimos do homem; o que lhe ha de acontecer em ultimo logar, no ultimo termo da vida, e depois da morte. *Hominis novissima.*

Novo. *adj. (ant.)* V. *Nuevo.*

Nowodworskia. *f. (bot.)* Nowodworskia; genero de plantas da familia das gramineas.

Noxa. *f. (ant.)* V. *Daño.*

Nozari. *m.* Nozari; dialecto indio mais antigo que o sanscrito.

Nozul. *m.* Nozul; imposto de guerra na Turquia.

Nsindi, Nsambi. *m.* Nsindi ou Nsambi; um dos gangas ou sacerdotes do Congo, que tem por principal attribuição curar os negros de uma especie de lepra muito commum entre elles.

Nu. *m. (gram.)* Nú; nome da decima terceira letra do alphabeto grego, que corresponde ao n: — como signal numeral com um accento superior á direita, vale 50, e com o acento na parte inferior para a esquerda vale 50:000.

Nub. *f. (ant.)* V. *Nube.*

Nubada. *f.* Aguaceiro, chuveiro, bursiguiada; chuva repentina e abundante que cáe de alguma nuvem em sitio determinado. *Nimbus, i:* — *(fig.)* chuveiro, multidão, copia, grande numero. *Copia, æ:* — *(ant.)* V. *Nublado.*

Nubado, da. *adj.* V. *Nubarrado.*

Nubarrada. *f.* V. *Nubada.*

Nubarrado, da. *adj.* Ondeado; diz-se dos tecidos da feição de ondas ou nuvens. *Nubibus depictus vel distinctus.*

Nubarron. *m.* Nuvem negra, densa e grande, separada das mais. De ordinario diz-se das nuvens que andam vagando. *Nubilum vagans.*

NUBE. *f.* Nuvem; aggregado de vapores que se elevam ao ar, e ali, augmentando-se, adquirem nova intensidade e que de ordinario se desatam em chuva. *Nubes, is:* — nuvem; reunião de muitas cousas que escurecem o ar ou offuscam o sol, á similhança das nuvens. *Nubes, is:*—*(fig.)* nuvem, sombra, véu; cousa que obscurece ou encobre outras, como fazem as nuvens ao sol. *Nubes, nubilum:* — *(germ.)* capa: — *de verano;* nuvem carregada, que costuma trazer chuveiro repentino e que dura pouco tempo. *Nimbus, nimbosa nubes:* — *(fig.)* fogacho, arrebatamento, precipitação, movimento de colera, de enfado que passa depressa. *Nimbus, i. Andar ó estar el mar por las nubes (fr.);* chegar o mar ás nuvens, estar o mar summamente agitado e tempestuoso. *Æstuare maximè:* *(fig.)* ir ás nuvens, aos ares; encolerisar-se, estar muito enfurecido e agastado. *Estar por las nubes (fr.)* V. *Subir a las nubes. Levantarse a las nubes (fr.)* V. *Levantarse a las estrellas. Perderse en las nubes (fr.),* perder-se nas nuvens; diz-se ironicamente do que pronuncia com emphase palavras vagas, confusas e inintelligiveis. *Poner ó levantar en o sobre las nubes (fr. fig.);* pôr nas nuvens, elevar até ás nuvens; exagerar excessivamente as pessoas ou as cousas, louva-las summamente. *Laudibus aliquem in cœlum efferre, ad sidera extollere. Subir á las nubes ó estar por las nubes (fr. fig.);* subir a um preço exorbitante, estar extremamente caro; diz-se das cousas venaes. *Pretium summe augeri:*—*(art.)* mancha, sombra de uma pedra preciosa, que lhe offusca o brilho. *Macula nebulosa:*—*pl. (astron.)* nuvens; partes brancas que se encontram no céu perto do polo austral: — *(br.)* nuvem; peças que se representam com muitas ondas, sinuosidades ou linhas curvas: — *(med.)* nevoa, albugem; pellicula branca que se forma no olho e o escurece impedindo a vista. *Oculi nubecula, albugo.* Chama-se tambem *nefélion. Nubes volantes (med.);* moscas volantes; allucinação da vista, que consiste em ver certos objectos ligeiros, que dão voltas com mais ou menos rapidez em torno dos olhos: — *(chim. ant.)* nuvem; a primeira pellicula que se formava no principio da congellação do elixir.

NUBECICA, LLA, TA. *f. dim.* de *Nube.* Nuvemsinha; nuvem pequena.

NUBECULARIA. *f. (h. nat.)* Nubecularia; denominação proposta por alguns naturalistas para designar pequenos corpos irregulares, que existem no interior de certas conchas fosseis.

NUBÍFERO, RA. *adj. (poet.)* Nubifero; que traz, amontoa nuvens.

NÚBIL. *adj.* Nubil, casadouro; que tem idade para casar. *Edad nubil;* idade nubil, pubere, casadoura; idade propria para casar.

NUBILOSO, SA. *adj.* Nubiloso.V. *Nubloso.*

NUBIO, BIA. *adj.* Nubio; pertencente á Nubia ou a seus habitantes: — *s.* nubio; natural de Nubia.

NUBLADO. *m.* Nublado; montão, aggregado de nuvens densas e escuras, que ameaçam tempestade. *Nubilum, nimbus:*— *(fig.)* borrasca; cousa que inquieta, enfada ou enoja. *Nimbus, us:* — *(germ.)* capa. *Descargar el nublado (fr.);* chover, nevar ou granizar copiosamente. *Densi funduntur ab æthere nimbi:* —*(fig.)* desafogar, desabafar a ira em palavras. *Iras emovere.*

NUBLAR, NUBLARSE. *a.* e *r.* Nublar, nublar-se.V. *Anublar, Anublarse.*

NUBLO. *m.* V. *Nube, Nublado:* —*(ant.)* V. *Tizon.*

NUBLON. *m.* V. *Tizon.*

NUBLOSO, SA. *adj.* Nubloso, nebuloso; coberto de nuvens. *Nubilus, nubibus obductus, gravis:*—*(fig.)* adverso, contrario. *Nubilus, gravis.*

NUBOSO, SA. *adj. (poet.)* V. *Nubloso.*

NUCA. *f.* Nuca; proeminencia do cachaço do homem e do pescoço dos animaes, formada pelas duas primeiras vertebras. *Cervicis nodus.*

NUCIENTE. *adj. (ant.)* Nocente, noxio, nocivo, damnoso.

NUCIMIENTO. *m. (ant.)* Damno, prejuizo.

NUCIR. *a. (ant.)* V. *Dañar.*

NUCÍVORO, RA. *adj.* Nucivoro; que se alimenta de nozes.

NUCLEARIO, RIA. *adj. (bot.)* Nuclear io; que se refere á amendoa e ao que n'ella se contém. *Cuerpos nuclearios;* corpos nuclarios, as tres partes que constituem a semente.

NÚCLEO. *m.* Miolo da noz, e por ampliação o miolo de qualquer fructa. *Nucleus, ei:* — caroço das fructas: — *(fig.)* nucleo; ponto central de uma cousa: — *(astr.)* nucleo; corpo de um cometa.

NUCLEOBRANQUIOS. *m. pl. (zool.)* Nucleobranchios; ordem de molluscos paracephalophoros dioicos, que comprehende as familias das nectopodas e pteropodas.

NUCLEOLITA. *f. (zool.)* Nucleolita *(nucleo);* genero de echinidos, formado de algumas especies do grande genero echino.

NUCTOGRAFÍA. *f.* V. *Nictografía.*

NUCTOGRÁFICO, CA. *adj.* V. *Nictográfico.*

NUCTÓGRAFO. *m.* V. *Nictógrafo.*

NUCTORLABIO. *m. (naut. ant.)* Noctorlabio; instrumento que se usava para conhecer a hora durante a noite, medindo a altura da estrella do norte em relação ao polo.

NUCULA. *f. (zool.)* Núcula; genero de molluscos conchiferos dimyarios da familia das arcaceas.

NUCULAR. *adj. (bot.)* Nucular; que encerra uma noz.

NUCULOSO, SA. *adj. (bot.)* Nuculoso; que contém pequenas nozes.

NUDAMENTE. *adv. m.* Nuamente.V. *Desnudamente.*

NUDARIA. *f. (zool.)* Nudaria;

genero de insectos lepidopteros nocturnos, da tribu dos bombycidos.

Nudibránquios. *m. pl. (zool.)* Nudibranchios; ordem de molluscos gasteropodas, cujo caracter principal consiste em ter as branchias sempre descobertas.

Nudícolos. *m. pl. (zool.)* Nudicollos; tribu de insectos hemipteros heteropteros, da familia dos geocorisos: — nudicollos; familia de aves, admittidas por alguns naturalistas na ordem das rapaces.

Nudillo. *m.* Nó do dedo; articulação por onde se unem as phalanges. *Digiti nodulus, condylus, articulus:* — bilhete fechado em fórma de nó. *Nodus papyraceus:* — revezilho; malha da meia, que serve para regular a sua largura. *In caligarum textura modulus.*

Nudiparo, ra. *adj. (zool.)* Nudiparo; diz-se dos animaes oviparos, cujos ovos se abrem no seio da mãe, onde por algum tempo fica o embryão.

Nudípedo, da. *adj.* Nudipede; que tem os pés nús: — *(bot.)* nudipede; diz-se das plantas cujos pedunculos são desprovidos de folhas: — *(zool.)* nudipede; diz-se do insecto que não tem pellos nas patas: — nudipede; diz-se dos mammiferos cujas patas carecem de pellos, e das aves que não têem pennugem nem pennas nos pés: — *f. pl.* nudipedes; familia de aves admittida por alguns naturalistas, e cujo principal caracter consiste em ter os tarsos e os pés nús.

Nudipelíferos. *m. pl. (zool.)* Nudipelliferos. V. *Batracios.*

Nudo, da. *adj. (ant.)* Nú. V. *Desnudo:* — *m.* nó; laçada feita nas extremidades de corda, fita, etc., que se aperta de modo, que difficilmente se desata. *Nodus, vinculum:* — *(fig.)* nó, difficuldade, grande embaraço, obstaculo quasi insuperavel. *Nodus, i:* — nó, laço, vinculo, como: *el nudo del matrimonio;* o nó do matrimonio. *Vinculum, fœdus:* — impedimento que supersticiosa e ignorantemente se suppunha em outro tempo era causado por maleficio para o uso do matrimonio. *Ligamen, inis:* — *ciego;* nó cego; o que é mui difficil de desatar. *Nodus indissolubilis vel inexplicabilis:* — *en la garganta;* nó na garganta; embaraço ou dor na garganta, que impede o engulir, o fallar, e ás vezes a respiração. *Nodus, obstaculum spiritus in trachea:* — *(fig.)* nó na garganta; afflicção, angustia, aperto do coração, que impede a falla. *Vox faucibus hœrens:* — *gordiano;* nó gordio ou gordiano, que se não desata, difficuldade insoluvel. *Nodus gordianus. Atravesársele a uno un nudo en la garganta (fr. fig.);* atravessar-se a alguem um nó na garganta; não poder fallar por algum susto, pena ou vergonha. *Vocem faucibus hœrere. Dar ó echar otro nudo a la bolsa (fr.);* dar outro nó na bolsa; ser muito apertado, illiberal; custar-lhe muito a dar dinheiro. *Arctiùs crumenam obligare, tenacem pecuniœ esse:* — *(agr.)* nó; parte mais dura do tronco das arvores e outros vegetaes, por onde sáem os ramos, e que ordinariamente tem a figura redonda. *Geniculum, articulus, nodus:* — nó; parte proeminente de algumas plantas e raizes, pela qual parece que estão unidas as outras partes do vegetal. *Nodus geniculum:* — *(anat.)* nó; união de umas partes com outras, especialmente dos ossos; como se vê na cauda de alguns animaes. *Nodus, commissura:* — *(litt.)* nó, intriga, entrecho de uma peça dramatica: — *(med.)* nó; tumor que se forma nos nervos ou nos ossos, pela contracção d'aquelles ou pela fractura d'estes, quando voltam a unir-se.

Nudoso, sa. *adj.* Nodoso; que tem nós. *Nodosus, a, um.*

Nudrescedor, ra. *adj. (ant.)* Nutriente; que nutre, sustenta.

Nudrescer. *a. (ant.)* V. *Nudrir.*

Nudricion. *f. (ant.)* Creação, educação, ensino.

Nudrimento. *m. (ant.)* V. *Nutrimiento.*

Nudrir. *a. (ant.)* V. *Nutrir:* — *(fig.)* crear, ensinar, instruir.

Nudriza. *f. (ant.)* V. *Nodriza.*

Nue. *f. (ant.)* V. *Nuble.*

Nuecer. *a. (ant.)* Prejudicar, damnificar, damnar.

Nueche. *f. (ant.)* V. *Noche.*

Nuef. *adj. (ant.)* V. *Nueve.*

Nuégados. *m. pl.* Nogada ou especie de bolo feito com farinha, mel e nozes, e ás vezes tambem de pinhões, amendoas, avelãs, etc. Tambem se usa no singular, em algumas partes de Hespanha. *Tragemata nucea.*

Nuera. *f.* Nora; a mulher do filho, relativamente ao pae ou mãe do marido.

Nuesa. *f. (zool.)* Especie de enxova.

Nueso, sa. *adj.* V. *Nuestro.*

Nuestramo. *m.* Contracção vulgar de *Nuestro amo.* Nosso amo: — *(germ.)* escrivão, tabellião.

Nuestro, tra. *adj.* e *pron. pos.* da primeira pessoa do plural. Nosso; pertencente a nós, que emana de nós, de que nós somos o objecto, o alvo. *Noster, era, erum:* — *m. pl.* nossos; os nossos parentes, os nossos amigos, os da nossa profissão ou facção. *Nostri, nostrates.*

Nueva. *f.* Nova, novidade, noticia, primeiro aviso de uma cousa. *Novum. i. Hacerse de nuevas (fr.),* fazer-se de novas; affectar ignorancia de alguma cousa. *Inscitiam affectare, motum quasi inauditum admirari.*

Nuévamente. *adv. m.* Novamente, de novo, recentemente, de pouco tempo a esta parte. *Noviter, nuper.*

Nueve. *adj. num. card.* Nove; numero que encerra oito unidades e mais uma: — *m.* nove; algarismo ou numero que representa nove unidades: — nove; em algumas expressões significa nono, como: *hoy estamos a nueve, libro nueve, etc.;* hoje estamos a nove, livro nove: — nove; carta de jogar que tem nove pontos ou signaes. *Las nueve hermanas (poes.)*; as nove irmãs; as musas.

Nuevecico, llo, to. *adj. dim.* de *Nuevo*. Novinho, novosinho; um tanto novo.

Nuevecientos. *adj. num.* V. *Novecientos*.

Nuevo, va. *adj.* Novo, moderno; feito, inventado recentemente. *Novus, a, um:* — novo; que se ouve ou vê pela primeira vez. *Novus, a, um:* — renovado, refeito; feito de novo. *Renovatus, a, um:* — novo; distincto, differente do que antes havia ou se tinha aprendido. *Novus, recens:* — novo; que sobrevem ou se ajunta a outra cousa que já havia. *Novus, superadditus:* — novo; que tem pouca idade: — novo; novamente, recem-chegado a algum paiz ou logar. *Novitius, novus advena:* — caloiro, novato; estudante novel, principiante da universidade. *Novitius, a, um:* — novo, novato, novel; principiante em qualquer arte, sciencia, officio, etc. *Novus, novitius. De nuevo (loc. adv.)*; de novo, novamente. V. *Nuevamente. Poner como nuevo a alguno (fr.)* V. *Poner. Luna nueva verdadera;* lua nova verdadeira; o momento preciso em que se veria a conjuncção do sol e da lua, desde o centro da terra: — *Juno (hist. ant.)*; nova Juno; nome com que os antigos pontifices romanos invocavam a Juno na epocha das calendas, no principio do mez: — *testamiento (rel.)*; novo testamento; o livro dos Evangelhos com os actos dos apostolos, as epistolas de S. Paulo, o Apocalypse, etc.

Nuez. *m.* Noz; fructo da nogueira. *Nux, cis:* — noz; fructo de algumas arvores, parecido com a verdadeira noz. *Juglans, galbulus:* — noz, nó da garganta; a cartilagem thyroide: — noz da bésta; peça de marfim ou de corno em que se assenta a corda da bésta ou arco, para depois disparar a setta ou pellouro. *Uncus, fibula ballestæ vel scapus:* — *de ciprés*, maçã de cypreste: — *moscada*, noz verde mettida em calda, e coberta depois com alcorce. *Nux immatura saccharo condita:* — *moscada ó de especia;* noz moscada; fructo da moscardeira. *Miristicæ officinalis fructus:* — *vómica;* noz vomica; fructo do vomiqueiro, especie do genero strychnos. *Strychnos, uncis vomicæ fructus. Apretar a uno la nuez (fr. fam.)*; apertar o gasnete, as guelas a alguem; esgana-lo, estrangula-lo. *Strangulare. Volver las nuezes al cántaro (fr. fig. fam.)*; tornar á carga; suscitar de novo uma questão renhida, alguma disputa acalorada. *Contentionem, rixam repetere, renovare, crambem recoquere. Cascarle a uno las nuezes (fr. fam.)*, cascar em alguem; bater-lhe, maltrata-lo. *Mas es el ruido que las nuezes (fr. fig. fam.)*, são mais as vozes que as nozes.

Nueza. *f. (bot.)* Bryonia; planta vivace, classificada por Linneo na monoecia syngenesia com o nome de Bryonia alba.

Nufar. *f. (bot.)* Nuphar; genero de plantas da familia das nymphaceas.

Nugar. *m. (ant.)* Nogal ou nogueiral; mata, campo de nogueiras.

Nugatorio, ria. *adj.* Nugatorio, futil, vão, ridiculo, frivolo, enganoso. *Nugatorius, a, um.*

Nuin. *m. (gram.)* Nuin; undecima letra do alphabeto celtico.

Nuitzia. *f. (bot.)* Nuytzia; genero de plantas da familia das loranthaceas.

Nul. *adj. (ant.)* V. *Ningun.*

Nulamente. *adv. m.* Nullamente, invalidamente; de modo nullo, com nullidade, sem validade *Invalidè.*

Nulidad. *f. (for.)* Nullidade; vicio, defeito em as formulas, que faz um acto juridico nullo, de nenhuma validade. *Juridicè, et irritè, actionis vitium:* — nullidade, invalidade; falta de valor, vicio ou defeito que annulla a estimação de alguma cousa. *Nullitas, atis.* Latamente se toma por qualquer falta ou defeito que diminue o apreço ou a estimação; e assim se diz: *fulano tiene algunas nulidades;* fulano tem seus defeitos. *Vitium, ii.*

Nulipennes. *m. pl. (zool.)* Nullipennes; familia de aves, admittida por alguns naturalistas, que são caracterisadas por terem as azas completamente atrophiadas e revestidas de pennas molles e fracas.

Nulípora. *f. (bot.)* Nullipora; genero de producções maritimas, que foram primitivamente confundidas com as milleporas.

Nulo, la. *adj.* Nullo, invalido; que não liga ou obriga, que tem invalidade proveniente de algum vicio, de falta de alguma condição ou solemnidade prescripta pela lei. *Nullus, a, um:* — nullo; que é incapaz, physica ou moralmente, para alguma cousa: — *(com.)* V. *Incobrable*, fallando de dividas ou creditos.

Nullo. *adj. (ant.)* V. *Ninguno.*

Numantino, na. *adj.* Numantino; de Numancia, pertencente a Numancia: — *s.* numantino; o natural de Numancia.

Numbre. *m. (ant.)* V. *Nombre.*

Númen. *m.* Nume; nome dado pelos gentios a qualquer dos deuses fabulosos que adoravam. V. *Deidad. Numen, inis:* — engenho, propensão, inclinação, vocação ou genio natural para alguma cousa. *Ingenium, ii:* — nume; influxo celeste, divino, que inspira o poeta. *Ingenium, ii.*

Numerable. *adj.* Numeravel; que póde contar-se, a que se póde assignar numero. *Numerabilis, le.*

Numeracion. *f.* Numeração; acto de contar pela ordem dos numeros. *Numeratio, onis:* — numeração; primeira parte da arithmetica, que ensina a escrever as quantidades com os nove algarismos e o zero, e a ler as que estão escriptas. *Numeratio, onis.*

NUMERADOR. *m. (math.)* Numerador; o numero que se escreve por cima do denominador nas fracções ou quebrados, e que indica o numero de partes que contém o quebrado das em que se suppõe dividido o inteiro. *Numerator, oris.*

NUMERAL. *adj.* Numeral; de numeros, concernente a numeros. *Numeralis, le. Versos numerales (poet.);* versos numeraes; aquelles em que a reunião das letras numeraes indicam a data de algum acontecimento.

NUMERAR. *a.* Numerar, contar; pôr numero, dispor em ordem ou serie numerica. *Numerare, dinumerare:* — numerar; pôr numeros nos capitulos, paragraphos ou artigos: — numerar, marcar; pôr numeros nos fardos, pacotes, caixas, etc.: — numerar, contar, metter, incluir no numero.

NUMERARIO, RIA. *adj.* Numeral ou numerico; de numero, concernente a numero. *Numerarius, a, um:* — *m.* numerario; moeda cunhada, dinheiro effectivo. *Numisma, pecunia, æs signatum:* — *(ant.)* numerario. V. *Cobrador.*

NUMERIA. *f. (zool.)* Numeria; genero de insectos lepidopteros nocturnos, da tribu dos phalenidos.

NUMÉRICAMENTE. *adv. m.* Numericamente, individualmente. *Numericè:* — numericamente; por conta, por numero. *Per numeros.*

NUMÉRICO, CA. *adj.* Numerico, individual; que determina ou differença um individuo de outro. *Numericus, a, um:* — numerico; que designa numero, que se executa por numeros. *Numericus, a, um.*

NÚMERO. *m.* Numero; quantidade, collecção de seres ou de cousas similhantes: — numero; quantidade, multidão indeterminada. *Numerus, i:* — numero; multidão de cousas de qualidade particular ou determinada. *Numerus, i:* — numero; quantidade determinada de pessoas em algum emprego ou corporação, como: *escribano del numero, etc.;* tabellião de numero, etc. *Numerus, i. Hacer numero (fr.),* fazer numero; diz-se quando uma pessoa ou cousa entra no numero dos da sua especie sómente para lhe augmentar a quantidade, e sem outro prestimo ou serviço. *Numerum augere. Llenar el número de alguna cosa (fr.),* encher, preencher, completar o numero de alguma cousa. *Complere. Sin número (loc. adv.);* sem numero; numero infinito, quantidade, multidão innumeravel. *Multitudo innumerabilis.* Usa-se tambem escripto como sendo uma só palavra, em castelhano, e considera-se como substantivo: — *(astron. ant.)* Os numeros têem exercido muita influencia nos animos inclinados á superstição. A unidade designava o caracter sublime da divindade; os numeros impares, e em especial o 3, mereciam a veneração dos antigos e eram consagrados ás cousas divinas. O numero 4 era tido entre os pythagoricos como symbolo de perfeição; o 7 era sagrado entre os hebreus, e o 13 tem-se olhado como infausto entre os povos do norte, e ainda hoje inspira temor a muitas pessoas: — *áurco (chron.);* numero aureo ou numero de oiro. V. *Aureo. El libro de los números,* ou simplesmente *los números (philol.);* livro dos numeros; o quarto livro dos cinco em que se divide o Pentateuco. *Numeri, orum. Armonia de los números (philos.);* harmonia dos numeros; parte do systema de Pythagoras, em que este philosopho fundava a iniciação de todas as sciencias. O numero 1 representa a divindade; o 2 o principio do mal; o 3 a harmonia perfeita; o 5 o matrimonio por estar composto do 2 e do 3, primeiro par e impar; o 6 a justiça, porque os antigos geometras dividiam todo o solido em 6 partes iguaes; o 7 continha todas as vicissitudes da vida, e d'elle formaram os medicos o seu anno climaterico; o 8 designava a lei natural, porque faz os homens iguaes; o 9 a fragilidade das cousas humanas; e o 10, por comprehender a todos os numeros, encerrava as maravilhas do universo: — *(gram.)* numero; propriedade do nome, pela qual, variando commummente de terminação, significa uma só pessoa ou cousa, e então chama-se singular; ou mais de uma cousa ou pessoa, e n'esse caso diz-se plural. O grego, arabe, hebraico, sanscrito e slavo têem tambem o numero dual, que denota dois. *Numerus, i:* — *(mus.* e *poes.)* numero; metro, sons harmoniosos, cadencia metrica: — verso; por constar de uma collecção determinada de syllabas e quantidades d'ellas, o que faz que estejam sujeitas a medida. *Números proproporcionales (chim.);* numeros proporcionaes. V. *Equivalente:* — *(math.)* numero; somma de duas ou mais unidades, o termo e o caracter que designa esta somma ou quantidade: — numero; chama-se assim, aindaque impropriamente, á unidade, por ser principio e raiz dos numeros. *Números romanos;* numeros romanos; os que se formam das letras numeraes *I,* V, X, L, C, D, M. Os numeros arabicos são os que mais frequentemente se usam, e são: 1, 2, 3, 4, 5, 6, 7, 8, 9 e 0, que se chama cifra ou zero: — *abstrato;* numero abstracto. V. *Abstracto:* — *cardinal,* numero cardinal. V. *Cardinal:* — *centenar;* numero que consta de um ou mais centos. *Centenarius numerus:* — *colectivo;* numero collectivo; o que expressa a reunião de muitos numeros: — *complejo;* numero complexo. V. *Complejo:* — *compuesto;* numero composto ou geometrico; o que póde ser medido por outro sem fracções; v. g.:

10 = 2 vezes 5, = 6 + 4, = 3 + 7. *Numerus compositus:* — numero composto; o que se escreve com mais de um algarismo: — *concreto;* numero concreto. V. *Concreto:* — *cuadrado;* numero quadrado; o que se produz pela multiplicação de um numero por si mesmo, como 16 que se produz da multiplicação de 4 por 4. *Numerus quadratus:* — *cúbico;* numero cubico; o que se produz pela multiplicação repetida de um mesmo numero tomado tres vezes, como 27, que multiplicando o 3 por 3 faz 9, e este outra vez por 3 faz 27. *Numerus cubicus:* — *de órden.* V. *Ordinal:* — *determinado,* numero determinado; o que se refere a uma quantidade presupposta, como par que se refere ao dois: — *entero;* numero inteiro. V. *Entero:* — *entero racional;* numero inteiro racional; o que tem por unidade uma parte aliquota: — *fraccionario;* numero fraccionario. V. *Fraccionario:* — *geométrico:* — numero geometrico; o que se pôde dividir por outro sem deixar resto, como 16 que se divide por 8, por 4 e por 2: — *igual.* V. *Número par:* — *igualmente impar;* numero igualmente impar; o que se pôde dividir em duas partes iguaes mas impares: — *impar;* numero impar; o que se não póde dividir em dois sem quebrado. *Numerus impar:* — *inconmensurable,* numero incommensuravel. V. *Número sordo:* — *indeterminado,* numero indeterminado; o que se refere a uma unidade em geral: — *irracional;* numero irracional. V. *Número sordo:* — *ordinal;* numero ordinal; o que serve para designar a ordem das cousas, como primeiro, segundo, etc.: — *par;* numero par; o que se pôde dividir em dois sem quebrado. *Numerus par:* — *paralelipípedo (ant.);* numero parallelipipedo; numero solido, cujos dois lados são iguaes, e o terceiro maior ou menor que elles: — *paralelógramo (ant.);* numero parallelogramo; numero plano, no qual dois lados differem dos outros dois: — *perfecto;* numero perfeito; o que é igual á somma de todos os seus divisores: — *piramidal (ant.);* numero pyramidal; diz-se dos numeros formados pela somma de uma quantidade tomada nos primeiros termos de uma serie de numeros polygonos: — *plano (ant.),* numero plano; o que é formado pela multiplicação dos numeros entre si, e que representa uma superficie rectangular: — *polígono (ant.);* numero polygono; numero formado pela somma de certa quantidade dos primeiros termos de uma serie que começa pela unidade e tem uma differença constante: — *primo;* numero primo; o impar, que não póde ser medido por outro sem fracções. *Numerus primus:* — *quebrado;* numero quebrado. V. *Número fraccionario. Números denominados;* numeros denominados; os que numeram cousas de differentes especies. *Números díjitos;* numeros digitos; os caracteres desde um até nove, quando estão cada um de per si, de sorte que não cheguem ao valor da dezena: — *segundo.* V. *Número geométrico. Números homogéneos,* numeros homogeneos. V. *Cantidades homogéneas. Números heterogéneos;* numeros heterogeneos. V. *Heterogéneos:* — *sólido;* numero solido; o que se forma multiplicando um numero plano por um terceiro factor, e representa um parallelipipedo rectangulo: — *sordo;* numero surdo ou irracional; o que não tem proporção com outro, aindaque se aprende como se a tivera. *Numerus surdus vel irrationalis. Números proporcionales;* numeros proporcionaes; os que são termos de duas rasões similhantes, como quando dizemos: 8 está para 4, assim como 6 está para 3, os quatro numeros 8, 4, 6 e 3 são proporcionaes. *Números semejantes;* numeros similhantes; aquelles cujos cubos podem ordenar-se de modo que formem parallelipipedos rectangulos similhantes: — *triangular (ant.);* numero triangular; o que é formado pela addição de certa quantidade, tomada dos primeiros termos da serie de numeros naturaes 1, 2, 3, 4, etc. *Teoría ó generacion de los números;* theoria ou geração dos numeros; modo como se formam os numeros uns dos outros, que é sempre por somma, resto, multiplicação, divisão, elevação a potencias ou extracção de raizes.

Numerosamente. *adv. m.* Numerosamente; em grande numero: — numerosamente, cadenciosamente; com numero, metro, cadencia, medida e proporção. *Innumerè, numerosè.*

Numerosidad. *f.* Quantidade, multidão numerosa. *Numerositas, atis:* — boa proporção, harmonia e cadencia de uma phrase ou de um periodo.

Numerosísimo, ma. *adj. sup.* de *Numeroso.* Numerosissimo; mui numeroso. *Numerosissimus, a, um.*

Numeroso, sa. *adj.* Numeroso; grande em numero. *Numerosus, a, um:* — numeroso, harmonioso; cheio de harmonia, de cadencia. *Numerosus, a, um.*

Númida. *adj.* Númida; da Numidia, pertencente á Numidia. *Numidicus, a, um:* — *s.* númida; natural da Numidia. *Numidicus, i.*

Numídicò, ca. *adj.* V. *Númida.*

Numinado, da. *adj. (ant.)* V. *Nombrado.*

Numisma. *m. (ant.)* Numisma. V. *Moneda.*

Numismática. *f.* Numismatica; sciencia das medalhas e moedas antigas, que ensina a ler as suas inscripções.

Numismático, ca. *adj.* Numismatico; que pertencente á numismatica, relativo ás medalhas e moedas antigas: — *m.* numismatico; o que é versado em numismatica.

Numismatografía. *f.* Numismatographia; descripção das medalhas antigas.

Numismatográfico, ca. *adj.* Numismatographico; concernente á numismatographia.

Numismatógrafo, fa. *s.* Numismatographo; auctor de uma descripção de medalhas.

Numo. *m.* Numerario, dinheiro effectivo. *Nummus, us:* — antiga moeda que valia dez maravedis.

Numuláceos. *m. pl. (zool.)* Numulaceos; familia de molluscos da ordem dos cephalopodas.

Numulario. *m.* Banqueiro; o que negoceia em letras de cambio e faz commercio de dinheiro. *Nummularius, ii. Tabla numularia.* V. *Tabla.*

Numulina. *f. (zool.)* Nummulina; genero de foraminiferos da familia dos nautiloideos.

Nunca. *adv. t.* Nunca; em tempo nenhum. *Nunquam:* — *jamás (loc. adv.);* nunca jamais; diz-se para dar mais força e energia á negação. *Nunquam.*

Núncas. *adv. (ant.)* V. *Nunca.*

Nunciar. *a. (ant.)* Nunciar. V. *Anunciar.*

Nunciatura. *f.* Nunciatura; cargo, dignidade de nuncio. *Legati pontificii munus:* — nunciatura; tribunal ecclesiastico sujeito ao nuncio apostolico. *Legati pontificii vel nuntii tribunal:* — nunciatura; casa em que vive o nuncio e em que tem o seu tribunal. *Nuntii pontificii ejusque tribunalis ædes publica.*

Nuncio. *m.* Nuncio, mensageiro, enviado, embaixador, legado. *Nuntius, ii:* — nuncio; legado, embaixador do papa nas côrtes catholicas. *Legatus pontificius vel nuntius:* — hospital dos alienados em Toledo. Usa-se mais dizer *casa del nuncio. Insanorum hospitium sic dictum.*

Nuncua. *adv. (ant.)* V. *Nunca.*

Nuncupativo, va. *adj. (for.)* Nuncupativo; diz-se do testamento feito de viva voz na presença de cinco testemunhas. Usa-se tambem substantivado. *Nuncupativus, a, um.*

Nuncupatorio, ria. *adj.* Diz-se das cartas ou escriptos com que se dedica alguma obra ou no qual se nomeia ou institue alguem por herdeiro, ou em que se lhe confere algum emprego. *Nuncupatorius, nuncupativus.*

Nundinacion. *f. (hist. romana)* Nundinação; trafico que se fazia nas feiras ou mercados nundinaes.

Nundinal. *adj. (hist. romana)* Nundinal; dizia-se das oito primeiras letras do alphabeto, que se applicavam por sua ordem a todos os dias do anno, do mesmo modo que as nossas letras dominicaes, de sorte que havia todos os annos uma que indicava os dias de mercado, que se repetiam de nove em nove.

Nundinas. *adj. f. pl. (hist. romana)* Nundinas; dias de mercado, indicados pelas letras nundinaes.

Nunna. *f. (comm.)* Nunna; panno branco da China.

Nunnacion. *f. (gram.)* Nunnação; diz-se dos tres signaes empregados na escriptura arabe, para indicar as tres vogaes quasi nazaes *on, in,* e *an.*

Nunnia. *m. (mus. ant.)* Nunnia; canção especial das amas de leite gregas.

Nuñez. *m.* Nunes; pae de Nuno, é hoje appellido de familia.

Nuño. *m. (ant.)* Titulo de respeito que se dava como hoje *señor, señora, don, dona,* e que depois se converteu em appellido de familia.

Nuovo, va. *adj. (ant.)* V. *Nuevo.*

Nupcial. *adj.* Nupcial; concernente, relativo ás bodas. *Nuptialis, le.*

Nupcias. *f. pl.* Nupcias. V. *Boda.*

Nupedales. *m. pl. (rel.)* Nudipedes ou descalços; nome de uns antigos sectarios que pretendiam que, para salvar-se, era preciso andar descalços como os apostolos, e fugir de tudo quanto é luxo ou pompa: — diz-se tambem de uma seita de anabaptistas que professavam a mesma crença, e que appareceram em Moravia nos fins do seculo XVI.

Nuria. *f. (zool.)* Nuria; genero de peixes malacopterygios abdominaes, da familia dos cyprinoides.

Nursia. *f. (zool.)* Nursia; genero de crustaceos decapodas brachyuros, da familia dos oxystomos.

Nuru. *m.* Nuru; festa do principio do anno entre os mahometanos da India; começa na primeira lua de Março, dura nove dias que se passam em festins.

Nuscible. *adj. (ant.)* V. *Nocivo.*

Nuscimiento. *m. (ant.)* Nocumento, damno, mal, prejuizo.

Nuscir. *a. (ant.)* Damnar, damnificar, prejudicar, offender.

Nutacion. *f. (astron.)* Nutação; movimento do eixo da terra, devido á attracção do sol, e especialmente da lua, pelo qual se inclina ora mais ora menos, sobre o plano da ecliptica: — nutação; movimento apparente de nove segundos observado nas estrellas fixas: — *(bot.)* nutação; propriedade que têem certas flores de seguir o movimento apparente do sol.

Nutalia. *f. (bot.)* Nuttalia; genero de plantas da familia das rosaceas, cujas especies são arboreas.

Nutalita. *f. (min.)* Nuttalita; substancia vitrea, que crystalliza em prysmas, e encontra-se perto de Boston, na America, disseminada n'uma rocha calcarea.

Nutra. *f. (zool.)* V. *Nutria.*

Nutria. *f. (zool.)* Lontra; genero de mammiferos carniceiros digitigrados, da familia dos mustelios, cujas especies são essencialmente aquaticas e nadadoras.

Nutricio, cia. *adj.* Nutricio; que serve para alimentar ou nutrir. *Nutritius, ii.*

Nutricion. *f.* Nutrição; operação pela qual a natureza digere o alimento, distribue-o a todas as partes do corpo, e converte-o na substancia propria de cada orgão. *Nutritio, onis:* — nutrição; operação analoga á precedente, que tem logar nos vegetaes. *Nutritio, onis:* — *(pharm.)* nutrição; preparação dos medicamentos, misturando-os com outros para lhes augmentar a virtude e dar-lhes maior força. *Nutritio, incorporatio.*

Nutrimental. *adj.* Nutrimental; que faz nutrição, que dá substancia. *Nutritivus, nutriendi vim habens.*

Nutrimento. *m.* Nutrimento; substancia, alimento que serve para a nutrição. Ás vezes significa nutrição. *Nutrimentum, i:* — *(fig.)* nutrimento, alimento, pasto; materia ou causa do augmneto, actividade ou força de uma cousa na ordem physica ou moral. *Nutrimentum, pabulum.*

Nutrir. *a.* Nutrir; augmentar a substancia do corpo do animal por meio do alimento, reparando as partes que se vão desassimilando pelo exercicio das forças vitaes. Tambem é reciproco. *Nutrire:* — *(fig.)* nutrir, fomentar, alimentar, entreter; augmentar ou dar novas forças, especialmente em sentido moral. *Nutrire, fovere.*

Nutritivo, va. *adj.* Nutritivo, nutriente; que nutre, que tem a propriedade de alimentar. *Nutritivus, a, um.* *Aparato nutritivo;* apparelho nutritivo, todas as partes da bôca e do estomago que concorrem para a nutrição.

Nutriz. *f.* Nutriz. V. *Ama de leche.*

Nutual. *adj.* Diz-se das capellanias e outros ministerios ecclesiasticos que são amoviveis á vontade de quem os confere.

Nuxia. *f. (bot.)* Nuxia; genero de plantas da familia das escrofularineas.

Nzali. *m.* Nzali; um dos gangas ou sacerdotes do Congo, que tem a seu cargo o tratamento das doenças, e como tal gosa de grande prestigio no paiz.

Ñ. *f.* Decima sexta letra do alphabeto hespanhol. Emprega-se com todas as vogaes puras como em *armiño, año, señor,* que se pronuncia como *nh* portuguez, *arminho, anho, senhor.*

Ña. *(gram.)* Nha; nome que se dá no alphabeto sanscrito á consoante nasal da ordem das gutturaes.

Ñacurutú. *m. (p. A.)* V. *Buho.*

Ñagaza. *f.* V. *Añagaza.*

Ñame. *m. (bot.)* Inhame ou unhame; genero de plantas monocotiledoneas da familia das dioscoreas. Crescem nas regiões tropicaes ou subtropicaes, e dão uma raiz muito grande, a qual, cozida ou assada, é um alimento sadio e nutriente.

Ñandu. *m. (zool.)* Nandu ou nandou; abestruz da America meridional, differente do abestruz da Africa, distinguindo-se, entre outras cousas, por ter a cabeça, o pescoço e os musculos cobertos de plumagem curta, e só tres dedos em cada pata.

Ñandubay. *m. (bot. p. Amer.)* Nhandubay; arvore cuja madeira dura e tortuosa tem a propriedade de petrificar-se mais facilmente debaixo da terra, do que apodrecer.

Ñaque. *m.* Montão, cumulo de ninharias, de cousas inuteis, ridiculas. *Inutilium rerum acerbus.*

Ñifrerias. *f. pl. (ant.)* Maus tratos.

Ñigua. *f. (zool.)* V. *Nigua.*

Ñiquiñaque. *m.* Cousa ou pessoa de cácaracá, de pouco valor ou prestimo, insignificante. *Res nihili.*

Ñoclos. *m. pl.* Especie de melindres feitos de farinha, assucar, manteiga de vacca, ovos, vinho e aniz, que se cozem no forno, polvilhados de farinha. *Tragemata quædam.*

Ñoña. *f. (fam.)* Caca, escremento.

Ñoñería. *f.* V. *Chochez:* — tonteira, tontice, patetice.

Ñoño, ña. *adj (fam.)* Inhenho, chocho, tonto, decrepito. *Caducus vel delirus senes:* — parvo, demente, idiota. Diz-se em sentido lato.

Ñora. *f. (p. Murc.)* V. *Noria.*

Ñorro. *m.* Martyrio; flor da paixão, de um cheiro suavissimo.

Ñublado. *m. (ant.)* Nublado. V. *Nublado.*

Ñublar. *a. (ant.)* Nublar. V. *Anublar.*

Ñublo. *m. (ant.)* V. *Nublo.*

Ñubloso, sa. *adj. (ant.)* Nubloso, nebuloso. V. *Nublado:* — *(fig.)* contrario, opposto, inimigo, adverso.

Ñudillo. *m. (ant.)* V. *Nudillo.*

Ñudo. *m. (ant.)* V. *Nudo.*

Ñudoso, sa. *adj. (ant.)* V. *Nudoso.*

O. Decima setima letra do alphabeto hespanhol e quarta no numero das vogaes; tem um som claro e vigoroso: — ou; particula disjunctiva ou alternativa que se converte em *ú* sempre que a palavra seguinte começa por *o* ou *h,* *v. g. Diez ú onze, poeta ú orador, mujer ú hombre,* para evitar a cacophonia que resulta de collocar o *o* entre ambas as dicções: — Ó; interjeição que serve para manifestar os affectos de alma. Está mais em uso escrever, *oh!*: — *(adv. ant.)* V. *Do, Donde*: — *(archit.)* oculo; janella circular que se vê por cima da porta de algumas igrejas antigas: — o; peça de metal com que se imprime a letra do mesmo nome: — *(br.)* O; entre os antigos, era o emblema da eternidade: — *(naut.)* O; letra inicial com que nos escriptos maritimos se designava o vente *Oeste*: — *(math.)* O; caracter ou figura numerica que se designa com o nome de zero: — o; grau a que se acha elevada qualquer quantidade *v. g.* 15°: — O; letra numeral antiga que valia onze, e com um traço ou risco horisontal onze mil: — *(chron.)* O; nos calendarios republicanos francezes, indicava o oitavo dia da decada.

Oaristo. *m. (lit. ant.)* Oaristo; dialogo entre marido e mulher. Applica-se á conversação de Hector e Andromacha no sexto livro da *Iliada*.

Oasis. *f.* Oasis; sitio frondoso no meio do deserto, bosque de palmeiras: — *(fig.)* oasis; sitio afortunado onde se descansa depois de uma agitação violenta ou depois de grandes desventuras.

Oban. *m.* Oban; barrinha de oiro de peso determinado, que serve de moeda entre os japonezes e vale approximadamente 640 réis.

Obango. *m.* V. *Oban.*

Obarason. *m. (rel.)* Jejum rigoroso, entre os indios.

Obcecacion. *f.* Obcecação, cegueira, deslumbramento, allucinação.

Obcecadamente. *adv. m.* Obcecadamente, cegamente, allucinadamente.

Obcecado. *adj.* Obcecado; cego, allucinado, illudido.

Obcecar. *a.* Obcecar, cegar, offuscar, allucinar, deslumbrar. *Obcæcare.* Usa-se tambem como reciproco.

Obcegar. *a. (ant.)* V. *Obcecar.*

Obcláveo. *adj. (bot.)* Obclaveo; que tem a fórma de uma maça posta a revez.

Obcomprimido. *adj. (bot.)* Obcomprimido; classificação do ovario, e dos grãos ou sementes das synantherias quando o seu maior diametro vae da direita para a esquerda.

Obcónico. *adj. (bot.* e *zool.)* Obconico; dá-se este nome nos vegetaes e animaes a todas as partes que têem a fôrma de um cone voltado ao revez.

Obcordado. *adj. (bot.)* Obcordado; que tem a fórma de um coração voltado.

Obcordiforme. *adj. (bot.)* Obcordiforme; applica-se aos orgãos das plantas que têem a fôrma de um coração voltado ao revez.

Obcurrente. *adj. (bot.)* Obcurrente; diz-se das membranas parciaes de um fructo, quando concorrem a dividir a cavidade pericarpea em um numero maior ou menor de cellulasinhas.

Obdentado. *adj. (bot.)* Obdentado; que tem o bordo cortado em pequenos angulos salientes.

Obduracion. *f.* Obstinação, teimosia, teima, afinco na opinião ou proposito, pertinacia, tenacidade, apego, aferro. *Obduratio, obstinatio.*

Obedecedor. *adj. (ant.)* Obediente, submisso.

Obedecer. *a.* Obedecer; prestar, dar obediencia, ceder á ordem, preceito e executa-lo. *Obtemperare*: — obedecer; com relação aos animaes, sujeitar-se á escola e regimen que se lhes quer pôr para servir-se d'elles. *Obedire*: — *(fig.)* obedecer; diz-se dos metaes e outras cousas inanimadas, quando se consegue reduzi-las ao fim para que se destinam. *Flecti, parere. Hacerse obedecer (fr.)*; fazer-se obedecer; ter força para fazer cumprir o que ordena. *Serio præcipere, obligare, cogere ad obsequium. Mas vale obedecer que sacrificar*; melhor é dobrar, que quebrar; ensina a obrigação que temos de nos submetter aos preceitos e ordens dos nossos superiores. *Melius est obedire quam sacrificare*: — *(art.)* obedecer; diz-se do relogio que varia de movimento, segundo se atraza ou adianta por meio do registro: — *(naut.)* obedecer; com relação a um navio, é executar promptamente todos os movimentos a que se pretende obrigar por meio do leme.

Obedeciente. *p. a. (ant.)* Obediente; que obedece.

Obedecimiento. *m.* Obediencia, sujeição, submissão, respeito. *Obedientia, æ.*

Obedencial. *adj.* Obediencial; que respeita á obediencia. *Obedientialis, le.*

Obedicer. *a. (ant.)* V. *Obedecer.*

Obediencia. *f.* Obediencia; submissão á vontade de superior em auctoridade ou em poder, cumprimento das ordens d'elle. *Obtemperantia*: — obediencia; preceito do superior, especialmente nas ordens regulares. *Mandatum*: — *(rel.)* obediencial; officio ou emprego de communidade que exerce um religioso por ordem do prelado ou superior: — licença que dá o prelado ou superior a um frade para prégar, exercer officio n'outro convento ou para fazer alguma viagem. *Licentia, testimonium progressionis vel assignationis*: — *(fig.)* obediencia; a docilidade com que os brutos se sujeitam ao ensino ou á arte. *Obedientia, flexibilitas, docilitas. Obediencia ciega*; obdiencia cega; a que se exerce sem examinar os motivos ou rasões de quem ordena. *Obedientia cæca. Acatar obediencia (fr.)*; fazer obediencia. *Obsequium alicui præstare. A la obediencia*; á sua obediencia; expressão corteză com que alguem se submette ao gosto de outrem. *Jubeas. Dar la obediencia*; dar obediencia; sujeitar-se a alguem, reconhece-lo por seu superior. *Potestati alterius se dare, comitere.*

Obediencial. *adj.* V. *Obedencial.*

Obedienciario. *m.* Obedienciario; primeira dignidade do

capitulo de S. Justo em Leão: — economo; administrador das rendas de um beneficio. *Ecclesiastici Beneficii œconomus.*

Obediente. *adj.* Obediente, submisso, respeitoso, sujeito. *Obediens, obtemperans.*

Obedientemente. *adv. m.* Obedientemente, submissamente. *Obedienter, obtemperanter.*

Obedientísimo, ma. *adj. sup.* de *Obediente.* Obedientissimo; muito obediente.

Obeididas. *m. pl.* Obeididas; nome dado aos descendentes de Obeid, que tomaram tambem o nome de ismaelitas.

Obejaruco. *m. (ant. zool.)* V. *Abejaruco.*

Obelia. *f.* Obelia; especie de torta que se offerecia a Baccho: — *(zool.)* obelia; genero de polypeiros calcareos: — obelia; genero de acalephos medusarios, cuja especie unica é microscopica, e imperfeitamente conhecida.

Obeliscaria. *f. (bot.)* Obeliscaria; genero de plantas da familia das compostas.

Obelisco. *m.* Obelisco; agulha, pyramide de base quadrada, de grande altura com hieroglyphos e inscripções gravadas, que serve de adorno em alguma praça ou logar publico. *Obeliscus, i:* — obelisco, obelo; signal orthographico com que se marcavam os logares adulterados dos auctores; é representado por esta figura ÷. *Obeliscus, obelus. Obelisco de agua (phys.);* obelisco de agua; especie de ferida de agua, que imita um obelisco ou pyramide.

Obeliscoteca. *f. (bot.)* V. *Rudbeckia.*

Obelo. *m.* V. *Obelisco.*

Obencadura. *f. (naut.)* Ovencadura; conjuncto dos ovens de um navio. *Rudentes.*

Obencazo. *m.* Golpe dado com ovem.

Obenque. *m. (naut.)* Ovem; nome commum a todo o cabo que serve de sujeitar os mastros, descendo das gargantas d'elles até ás mesas de guarnição. *Rudentes quæ navi inserviunt.*

Obenqueria. *f. (ant. naut.)* V. *Obencadura.*

Oberea. *f. (zool.)* Oberea; genero de insectos coleopteros subpentameros, da familia dos longicornes.

Oberonia. *f. (bot.)* Oberonia; genero de plantas da familia das orchideas, cujas especies são herbaceas, e originarias das Indias orientaes.

Obesidad. *f.* Obesidade; gordura demasiada. *Obesitas, atis:* obesidade; diz-se do espirito bronco, embotado.

Obeso, sa. *adj.* Obeso; nimiamente gordo. *Obesus, a, um:* — *pl. (zool.)* obesos; familia de mammiferos pachydermes, estabelecida por alguns naturalistas, que só comprehende o genero hypopotamo.

Óbice. *m.* Obice, obstaculo, impedimento, embaraço, difficuldade, estorvo. *Obex, icis.*

Obimbricado. *adj. (bot.)* Obimbricado; que está imbricado ao revez.

Obisio. *m. (zool.)* Obiscio; genero de arachnides, da familia dos scorpionidos.

Obispa. *f.* V. *Episcopisa.*

Obispadgo. *m. (ant.)* V. *Obispado.*

Obispado. *m.* Bispado; dignidade, jurisdicções episcopaes. *Episcopatus dignitas, munus episcopale:* — bispado; territorio ou districto assignalado a cada bispo, para exercer as suas funcções e jurisdicção. *Ditio episcopalis.*

Obispal. *adj.* Bispal. V. *Episcopal.*

Obispalía. *f.* Residencia episcopal; palacio do bispo junto á cathedral. *Episcopium, œdes episcopalis:* — territorio pertencente ao bispo ou á dignidade episcopal. *Ditio episcopalis.*

Obispar. *n.* Bispar; ser bispo, obter algum bispado. *Ad episcopatum provehi. Episcopatum obtinere:* — *(fig. fam.)* bispar, morrer. Algumas vezes se toma tambem por ter-se perdido alguma cousa que se possuia, ou que se pretendia e desejava com muito affinco. *Obire, abire, perire.*

Obispazgo. *m. (ant.)* V. *Obispado.*

Obispillo. *m. dim.* de *Obispo.* Bisposinho; nome que dão em algumas partes a um rapaz que na vespera de S. Nicolau de Bari se veste de bispo, sendo assim levado com grande festa á igreja, onde, durante as vesperas, está sentado no côro, descendo depois a cantar a oração no altar mór, e no dia do santo assiste á missa da festa. Ainda se conserva este costume na Corunha e outras cidades, como tambem em algumas universidades e collegios. *Puer episcopali habitu ornatus:* — brincadeira que os estudantes nas universidades fazem aos calouros, pondo-os sentados com uma mitra na cabeça, dizendo-lhes chascos e palavras picantes. *Scholasticorum jocus:* — murcella grande, que se faz quando se matam os porcos; algumas pessoas costumam faze-las de carne picada com ovos e especie. *Faliscus botulus, botellus farcinem quodam:* — bispo, rabadella, sobre-cu, nas aves. V. *Ovyspillo.*

Obispo. *m.* Bispo; prelado superior de alguma diocese, legitimamente consagrado, a cujo cargo está o pasto espiritual, e a direcção e governo ecclesiastico dos fieis d'aquelle districto. *Episcopus, antistes, præsul:* — bispo; peixe fabuloso que se figurou ser similhante a um bispo revestido. *Piscis ad episcopi formam fictitius:* — *(germ.)* V. *Gallo:* — *auxiliar ó de anillo;* bispo auxiliar; o que nomeiam alguns bispos e arcebispos para que os ajudem nas suas funcções, ou pela sua muita idade e morbidez, ou porque pela vastidão do territorio não podem por si sós acudir pessoalmente a praticar n'elle os deveres que lhes tocam. A estes bispos lhes designa o pontifice algumas das igrejas que os tiveram, e hoje são dominadas pelos infieis. *Titulares in partibus infidelium episcopi.*

— *electo;* bispo eleito; o que tem unicamente a nomeação regia, sem estar consagrado nem confirmado: — *de la primera silla.* V. *Metropolitano:* — *de titulo.* V. *Obispo auxiliar:* — *in partibus, ó in partibus infidelium;* bispo que se consagra com o titulo de algum bispado, cujo territorio é dominado pelos infieis. São muito vulgares na igreja romana: — *de titulo.* V. *Obispo auxiliar.*

Obiter. Adverbio latino admittido em castelhano por varios auctores, e equivale a brevemente, momentaneamente, de repente.

Obito. *m.* Obito, passamento, morte, fallecimento. *Obitus, us.*

Obituario. *m.* Obituario; o que obtem um beneficio pelo obito de beneficiado: — obituario; registo, livro dos obitos.

Objecion. *f.* Objecção, replica, rasão que se propõe; difficuldade que se apresenta em contrario de uma opinião, ou para impugnar alguma proposição. *Objectio, oppositio.*

Objecto. *m. (ant.)* V. *Objecion, Reparo.*

Objetar. *a.* Objectar, oppor, contrapor, replicar, apresentar objecções e difficuldades. *Opponere:* — reparar.

Objetivacion. *f. (philos.)* Objectivação; acção de objectivar.

Objetivamente. *adv. m.* Objectivamente; segundo o objecto, em respeito ao objecto.

Objetivo, va. *adj.* Objectivo; que pertence ao objecto. *Objectivus, a, um:* — *(gram.)* objectivo; diz-se do caso a que outros dão o nome de accusativo, isto é, aquelle em que está a pessoa que é o objecto directo da acção do verbo: usa-se tambem como adjectivo substantivado. *Voz objetiva;* voz objectiva; diz-se algumas vezes em logar de voz passiva. Na grammatica oriental, certa fôrma de verbo arabe: — *(philos.)* objectivo; que está fóra do sujeito pensante, que é real e não ideal: — *(opt.)* objectivo; epitheto dado ao vidro ou lente que está a maior distancia do olho do observador nos oculos de ver ao longe.

Objeto. *m.* Objecto; o que se apresenta á nossa vista, faz impressão nos nossos sentidos, e excita a alma. *Objectum:* — objecto; fim ou termo dos actos das potencias ou faculdades. *Objectum, i:* — objecto; fim ou intento a que se dirige ou encaminha alguma cousa. *Finis, scopus, objectum:* — objecto; a materia e o sujeito de uma sciencia; v. g. na theologia, Deus. Entre os facultativos se divide em material e formal; chamam material ao mesmo sujeito ou materia da faculdade, e formal ao fim d'ella; v. g., na medicina o objecto material é a enfermidade, e o formal a cura. *Objectum vel materiale vel formale facultatis:* — *(ant.)* V. *Objecto:* — *(ant.)* excepção, privilegio, isenção: — *de atribucion (philos.);* objecto de attribuição; chama-se assim ao principal e ultimo fim, ao qual se dirigem todos os actos da faculdade ou potencia, e por extensão se diz de outras cousas que principalmente se intentam. *Attributionis objectum:* — *(gram.)* objecto; diz-se algumas vezes do complemento ou regimen directo em contraposição ao sujeito.

Oblacion. *f.* Oblação, offrenda feita a Deus. *Oblatio, onis:* — oblação; diz-se das offertas a Deus, que servem não só para o culto, mas tambem para o sustento dos seus ministros: — oblação; direitos que em certas occasiões impunham os senhores feudaes.

Oblacionario. *m. (rel.)* Oblacionario; ministro que na igreja antiga recolhia as offertas dos fieis: — oblacionario; o que vivia de offrendas ou oblações.

Oblada. *f.* Oblada; offrenda que se leva á igreja em commemoração dos defunctos, e que ordinariamente é de pão. Costuma pôr-se sobre a sepultura antes de dar-se ao cura, e está ali durante a missa. *Libum, i:* — *(ant.)* V. *Oblata. Quien lleva las obladas que taña las campanas (rif.);* quem comeu a papa reze o pater noster. *Fæcem bibat qui vinum bibit:* — *(zool.)* oblada; genero de peixes acanthopterygios, da familia dos sparoides, de carne muito apreciada, cuja especie typica, mui commum no Mediterraneo, é difficil de pescar por ser mui astuta.

Oblaminoso. *adj.* Diz-se do que se conserva por muito tempo sem se corromper.

Oblapié. *m. (naut.)* V. *Sirga.*

Oblata. *f.* Oblata; esmola em dinheiro que se dá ao sacristão ou á fabrica da igreja, para o gasto de vinho, hostias, cera e ornamentos para dizer as missas. Costuma ser encargo do capellão em algumas capellanias. *Res oblata pro ministerio missæ:* — oblata; a hostia, o vinho e a agua da missa, antes da consagração. *Oblata, æ:* — *(ant.)* oblata; pão bento: — *f. pl.* oblatas; congregação de religiosas em Roma.

Oblea. *f.* Obreia; folha de massa de farinha de trigo cozida, para diversos usos. *Laganum bractea massæ rubræ.* Tambem as ha de gomma.

Obleera. *f.* Obreieira; peça de escrevaninha que contém as obreias.

Obleería. *f.* Obreieiria; arte de fazer obreias.

Obleero. *m.* Obreieiro; o que faz ou vende obreias.

Oblícuamente. *adv. m.* Obliquamente; com obliquidade ou lançamento. *Obliquè.*

Oblicuángulo. *adj. (math.)* Obliquangulo; que tem angulos obliquos. *Triangulo oblicuángulo;* triangulo obliquangulo; que não tem nenhum angulo recto.

Oblicuar. *a.* Obliquar; dar direcção ou movimento obliquo, torcer a um lado, desviar da linha recta. *Obliquare.*

Oblicuaria. *f. (zool.)* V. *Unio.*

Oblicuidad. *f.* Obliquidade; direcção, obliqua, ao través. *Obliquitas: — de la ecliptica (astrol.);* obliquidade da ecliptica, angulo que forma a ecliptica com o equador, e que é de uns vinte e tres graus e meio. *Eclipticæ obliquitas: — (anat.)* obliquidade; inclinação de um corpo qualquer: — *(math.)* obliquidade; inclinação de uma linha ou superficie contra outra, não estando perpendicular a ella: — *(fig.)* obliquidade; diz-se do procedimento menos franco ou desleal. *La oblicuidad de nuestra propria conducta nos enseña a ser desconfiados (fr.);* é sempre a nossa consciencia que nos leva á desconfiança.

Oblícuo, cua. *adj.* Obliquo, inclinado, de través, de soslaio, de esguelha. *Obliquus, a, um: — (math.)* obliquo; diz-se das linhas ou superficies, que, postas sobre outras, não fazem angulos rectos ou não ficam perpendiculares. *Obliquus: — (anat.)* obliquo; que exerce sua acção seguindo direcções que não são parallelas aos planos que dividem o corpo segundo a vertical. *Ascencion oblícua (art.)* V. *Ascension. Embrion oblícuo (bot.);* embrião obliquo; o que se aparta do eixo da semente muito mais por uma extremidade do que por outra. *Estigma oblícuo;* estigma obliquo; aquelle cuja direcção é distincta da que segue a flor. *Tallo oblícuo;* talo ou haste obliqua; a que se eleva diagonalmente com respeito ao plano do horisonte: — *(gram.)* obliquo; chama-se assim a todos os casos dos nomes, menos o nominativo. Usa-se tambem como substantivo: — *(mil.)* obliquo; que se executa para a direita e para a esquerda em linha de batalha: — *(min.)* obliquo; diz-se de um prisma quando a obliqua que o termina está inclinada ao eixo ou arestas.

Oblidar. *a. (ant.)* V. *Olvidar.* Encontra-se tambem usado como reciproco.

Oblido. *m. (ant.)* V. *Olvido.*

Obligacion. *f.* Obrigação; vinculo, necessidade moral de cumprir com algum preceito, dever. *Obligatio, onis:* — obrigação; documento privado em que uma pessoa se obriga a dar ou fazer alguma cousa: — obrigação; correspondencia que se deve ter com a pessoa de quem se recebeu um beneficio. *Devotio, gratia, debitum, officium:* — arrematação; contrato pelo qual um particular se obriga a fornecer uma cidade, villa ou povoação de carne, toucinho ou outros generos. *Provisionis vel annonæ obligatio:* — estabelecimento de um fornecedor publico. *Sponsoris vel provisoris ædes vel taberna: — pl.* obrigações; deveres a cumprir. *Partes, honoris jura: — pl.* obrigação; familia, filhos, parentes que uma pessoa é obrigada a manter, a sustentar. *Officia familiæ vel parentibus præstanda, illorum cura. Constituirse en obligacion de alguna cosa (fr.);* constituir-se em obrigação de alguma cousa; obrigar-se a ella. *Obligari, constringi. Correr obligacion a alguno (fr. fig.);* estar obrigado. *Primero es la obligacion que la devocion (rif.);* primeiro está a obrigação que a devoção: — *(for.)* obrigação; escriptura feita perante tabellião, pela qual alguem se obriga a cumprir alguma cousa. *Cautio chirographica, obligatio in scriptis: — civil;* obrigação civil; aquella que provém da lei, mas que póde ser destruida por alguma excepção peremptoria. *Civilis obligatio: — civil y natural.* V. *Obligacion mista: — condicional;* obrigação condicional; a que depende de um acontecimento futuro e incerto: — *facultativa;* obrigação facultativa; aquella em que alguem se compromette a dar uma cousa, reservando-se a faculdade de dar outra em seu logar: —

facto que, em sua entrega ou execução não é capaz de divisão material ou intellectual: — *nula;* obrigação nulla; a que não pôde ter effeito, já em rasão de sua materia, já pelas pessoas que se obrigam, já pelo defeito na fórma ou por outra qualquer circumstancia: — *personal;* a que obriga a pessoa: — *principal;* a que forma o objecto mais importante de um contrato: — *privilegiada;* aquella a que a lei concede algum privilegio: — *puramente civil;* a que produz uma acção não fundada na equidade, porém á qual se pôde oppor outra acção ou uma excepção: — *pura e simple;* a que não está submettida a termo ou condição: — *secundaria;* a que se contrahe para no caso de se não levar a effeito uma obrigação anterior.

Obligadísimo, ma. *adj. sup.* de *Obligado.* Obrigadissimo. *Valdè adstrictus, obligatus.*

Obligado. *m.* e *adj.* Provisioneiro, fornecedor; o que toma a seu cargo o abastecimento do publico de qualquer genero comestivel ou de outra cousa. *Rei alicujus provisor:—(mus.)* obrigado; solo que canta ou toca um musico, acompanhado dos outros instrumentos ou vozes:—garante, fiador; o que se obriga por alguem, que responde por elle. *Sponsor, oris.*

Obligamiento. *m.* *(ant.)* V. *Obligacion.*

Obligante. *adj.* Obrigante; que obriga. *Adstrictorius, obligans.*

Obligar. *a.* Obrigar, forçar, violentar, constranger, momover efficazmente uma pessoa para que execute uma cousa, aindaque lhe repugne. *Cogere:*— obrigar; obsequiar a alguem rendendo-lhe serviços, pelos quaes a pessoa fica obrigada. *Beneficiis afficere, obstringere:* —obrigar, empenhar, hypothecar: —*r.* obrigar-se; comprometter-se, contrahir obrigação, responder por alguma cousa, tornar-se responsavel d'ella. *In se recipere:*— obsequiar-se; fazer-se mutuos serviços e obsequios. *Obligar al caballo (equit.);* obrigar o cavallo a obedecer por meio de lições e castigos.

Obligativo, va. *adj.* *(ant.)* V. *Obligatorio.*

Obligatorio, ria. *adj.* Obrigatorio; que obriga, que encerra obrigação, que tem força de obrigar segundo a lei. *Obligatorius, a, um.*

Obliteracion. *f.* Obliteração; acção e effeito de obliterar.

Obliterado, da. *adj.* *(med.)* Obliterado; diz-se das paredes de um conducto ou vaso que se tem adherido com o tempo, como succede com o umbigo.

Obliterar. *a.* Obliterar; apagar, riscar, fazer desapparecer pouco a pouco uma cousa. *Obliterare.*

Oblongo, ga. *adj.* Oblongo; que é mais comprido que largo e não anguloso. *Oblongus, a, um.*

Obnoxio, nia. *adj.* Obnoxio; sujeito, exposto a perigos, castigos ou contingencias. *Obnoxius, a, um.*

Oboé. *m.* *(mus.)* Oboé; instrumento musico de vento.

Obolaria. *f.* *(bot.)* Obolaria *(obulo);* genero de plantas da familia das escrofularineas.

Obolo. *m.* *(num.)* Obolo; moeda atheniense de prata que valia doze centimos francezes. *Obolus, i:* — obolo; moeda em uso na idade media que valia a metade de um dinheiro: — *(pharm.)* obolo; meio escropulo ou doze grãos. *Obolus, semiscropulus:* — *(metrol.)* obolo; peso usado entre os judeus, chamado tambem gerach, e que era igual a dezeseis grãos de cevada: — obolo; peso de uma libra, na Sicilia.

Oboval. *adj.* *(bot.)* Oboval; diz-se das folhas mais compridas que largas, e cujo contorno é arredondado, de maneira que representa o plano de um ovo, cuja ponta mais estreita estivesse para baixo.

Obovalado, da. *adj.* Oboval. V. *Oboval.*

Obovoide. *adj.* *(bot.)* V. *Oboval.*

Obpiramidal. *adj.* Obpyramidal; que tem a fôrma de uma pyramide invertida, ou com o vertice para baixo ou para a frente.

Obra. *f.* Obra; qualquer cousa creada ou produzida por algum poder ou agente. *Opus, eris:* — obra; livro, escripto scientifico ou litterario, producção de engenho. *Scriptum, opus:* — obra; construcção de architectura, alvenaria ou carpinteria. Diz-se commummente dos edificios que se estão fabricando ou reparando. *Ædificium, opus, fabrica:* — obra, meio, virtude ou poder; e assim se diz: *por obra del Espiritu Santo;* por obra do Espirito Santo. *Opus, opera:* — obra, feitio, lavor; grande trabalho ou o muito tempo que se leva em executar alguma cousa; *v. g.: esta pieza tiene mucha ó poca obra;* esta peça tem muita ou pouca obra ou feitio. *Lavor, oris:* — obra; trabalho que tem a fazer um artista, um official mechanico: — obra; toda a sorte de acto ou acção moral, e principalmente a que tende ao proveito da alma ou a que lhe é prejudicial. *Opus, eris:* — V. *Fábrica ó derecho de fábrica. Obra de (loc. adv.);* obra de, perto de; usa-se para indicar uma quantidade, pouco mais ou menos, quando se não póde estabelecer fixamente. *Circiter:* — *de arte mayor (fam.);* obra prima; a de difficil execução, acabada com grande primor. *Opus, affabre factum:* — *de batalla;* obra ordinaria, mal acabada, feita de maus materiaes: — *de fábrica,* arco, parede ou outra cousa fabricada de ladrilho ou pedra, cortada e collocada com arte e ordem, em contraposição da que se construe de terra ou de pedra solta. *Fabrica arte constructa:* — *de misericordia;* obra de misericordia; cada um dos actos com que se soccorre o necessitado, corporal ou espiritualmente. *Opera pietatis seu misericor-*

diæ: — *de romanos ó romana;* obra ou qualquer cousa perfeita e acabada, ou que é grandiosa, magnifica, que custa muito trabalho, tempo e despeza. *Magnificum vel prægrande opus, vel longus labor:* — *de testo;* obra instructiva, livro ou livros para o ensino, á instrucção publica: — *en pecado mortal (fig. fam.);* obra feita em peccado mortal; a que não tem o successo que se esperava, que não é bem succedida. *Demeritoria opera vel inutilia:* — *manual;* obra manual; a que se executa com as mãos e para a qual se necessita pouco ou nenhum entendimento: — *pía;* obra pia; estabelecimento piedoso para o culto de Deus, casa de beneficencia, ou exercicio da caridade para com o proximo. *Opera pia:* (*fig. fam.*); obra util, lucrativa, proveitosa. *Lucrificabilis res:* — *prima;* officio de sapateiro. *Sutrinum, ars sutoria. Alzar de obra (fr.);* suspender o trabalho; usa-se entre obreiros e trabalhadores. *Ab opere desistere. Buena obra;* boa obra, beneficio; soccorro opportuno que se dá ou favor que se faz a alguem. *Beneficium aut juvamen cuivis præstitum. Dar obra (fr.);* dar obra; dar trabalho, dar que fazer aos officiaes. *Opus committere vel præbere:* — dedicar-se ou empregar-se em algum trabalho. *Dare operam:* — dar que fazer, molestar, cansar, enfadar. *La obra del Escurial (fr. fig. fam.);* as obras de Santa Engracia; diz-se de qualquer cousa que leva muito tempo. *Longum opus, vel ferè æternum. Mala obra;* prejuizo, damno, incommodo. Usa-se mais commummente com o verbo *hacer. Meter em obra.* V. *Poner por obra. No tener obra buena ni palabra mala (loc.);* não ter obra boa nem palavra má; prometter muito e não cumprir nada. *Poner por obra ó manos a la obra (fr.);* pôr por obra ou pôr mãos á obra; dar principio a alguma cousa, passar a executa-la. *Ad opus venire, exsequi. Poner por obra alguna cosa (fr.);* pôr em pratica alguma cousa; faze-la, executa-la. *Exsequi, ad opus se accingere. Seca está la obra (loc. fam.);* secca está a obra; usa-se entre os trabalhadores e officiaes para dar a entender ao dono de alguma obra que é mister molha-la, dando-lhes para beber. *Opus siccum peragitur, vino humectari, rigari oportet. Tomar una obra (fr.);* tomar uma obra; encarregar-se d'ella. *Opus faciendum conducere. Obra comenzada, no te la vea suegra ni cuñada (rif.);* obra começada, não te veja sogra nem cunhada. *Obra de comun obra de nengun (rif.);* obra de commum, obra de nenhum. *Obra empezada medio acabada (rif.);* obra começada meia acabada. *Dimidium facti, qui bene cœpit, habet. Obra hecha, dinero espera ó venta espera (rif.);* obra feita dinheiro espera. *Obras son amores, que no buenas razones (rif.);* obras são amores, e não palavras doces. *Sentarse la obra (arch);* enxugar-se a humidade da obra, do edificio e adquirir este a união, e firmeza necessarias. *Firmiter ædificium insistere, consistere:* — *(naut.)* obras; nome generico de todos os cabos que se empregam na manobra: — *de mareaje,* obra em que é necessario esperar a baixamar para a execução dos trabalhos emprehendidos: — *muerta;* obra morta; tudo o que no navio fica desde a linha de fluctuação até á borda. *Acroteriæ, vel acrostolia:* — *viva;* obra viva; a parte do navio entre o lume de agua e a quilha. *Navis partes sub aqua:* — *coronada (mil.);* obra coroada; a que é flanqueada por outras em fôrma de corôa. *Coronatum opus. Obras accesorias ó accidentales;* obras accessorias ou accidentaes; as obras menores que se fazem interior e exteriormente para maior segurança das principaes. *Opera adjectitia, accessoria. Obras esteriores;* obras exteriores; as que se fazem da contra escarpa para fóra, para que os inimigos que vem sitiar a praça, gastem tempo em toma-las e cheguem tarde á muralha. *Exteriora munimenta. La grande obra (alchim.);* a grande obra; a chrysopeia ou pedra philosophal: — *muerta (rel.);* obra morta; a que de si é boa, mas que por estar em peccado mortal quem a executa, não é meritoria da vida eterna. *Emortua opera:* — *viva (rel.)* obra viva; a que é boa e se executa em estado de graça.

Obrada. *f.* Lavra de uma geira de terra feita por uma junta de bois ou uma parelha de mulas, em um dia. *Jugerum, i.*

Obradar. *a. (ant.)* V. *Trabajar.*

Obrador, ra. *s.* Obrador, fazedor, auctor; pessoa que faz ou executa alguma cousa. *Operator, artifex:* — *m.* officina, casa onde se executa trabalho mechanico. *Officina, æ.*

Obradura. *f.* Moedura; quantidade de azeitona exprimida de uma vez no lagar.

Obraje. *m.* Obragem; trabalho, lavor, manufactura. V *Manufactura. Opificium, ii* — officina, manufactura, fabrica; casa, logar, sitio onde se fabricam pannos e outras manufacturas. *Officina, æ.*

Obrajero. *m.* Contramestre; que dirige em segundo logar, e vigia os officiaes de uma fabrica, obra ou manufactura. *Artificum vel operatorum præfectus.*

Obrante. *adj.* Obrante; que obra, opera, executa.

Obrar. *a.* Obrar, operar, trabalhar, exercer officio; fazer alguma cousa, trabalhar n'ella. *Agere:* — obrar; executar ou praticar alguma cousa immaterial. *Ad proxim adigere:* — obrar; causar ou produzir effeito. *Effectum habere, vel efficacia ostendere:* — fabricar, ed ficar, construir: — *n.* obrar; exonerar o ventre, ter evacuação. *Ventrem exonerare:* — *n.* estar, existir, achar-se; v. g.: *el espediente obra en poder del fiscal;* o expediente está em poder do fiscal: — *n.* obrar, portar-se, haver-se, conduzir-se, proceder.

Obrecica, lla, ta. *f. (ant.) dim.* de *Obra.* Obrasinha; pequena obra.

Obrepcion. *f. (for.)* Obrepção; acto de expor falsamente o facto, ou alguma das suas circumstancias, para se obter algum despacho, que se não obteria ou não devêra dar declarada a tal circumstancia, encoberta dolosamente. *Obreptio, onis.*

Obrepticiamente. *adv. m.* Obrepticiamente; de modo obrepticio.

Obrepticio, cia. *adj.* Obrepticio; em que ha ou houve obrepção. *Obreptitius, a, um:* — obrepticio; conseguido por obrepção. *Obreptitius, a, um.*

Obrería. *f.* Officio, trabalho de obreiro. *Operarii munus:* — renda destinada para a fabrica da igreja ou de outras communidades: — *(prov.)* logar, casa destinada para este despacho. *Reditus ad fabricam destinatus, locus tali expeditioni paratus.*

Obrero, ra. *adj.* Obreiro, operario, artifice, trabalhador; o que trabalha de mãos: — jornaleiro; obreiro, trabalhador, official que trabalha por jornal. *Operarius, ii:* — o que tem a seu cuidado as obras ou a fabrica de uma igreja ou communidade; em algumas cathedraes é dignidade. *Fabricæ præfectus vel administrator:* — obreiro; dignidade das ordens militares, que cuida dos reparos e obras do convento, com a obrigação de subministrar os instrumentos para ellas, assistir ás contas, etc.: — dizimeiro que em algumas partes cobrava o dizimo devido á fabrica da cathedral. Diz-se tambem na terminação feminina *casa obrera. Civis decumanus ad ecclesiæ fabricam:* — *(fig.)* obreiro, obreiro evangelico, missionario. *Operarius, ii:* — *(ant.)* V. *Maestro de obras:* — *(ant.)* agente; o que obra ou faz alguma cousa: — *de villa (prov.).* V. *Albañil. Obreros a no ver, dineros a perder (rif.);* se queres ser pobre sem o sentir, mette obreiros e deita-te a dormir. *Quien mal hace obrero coje;* reprehende ao folgasão que paga a quem trabalhe por elle.

Obrica, lla, ta. *f. dim.* de *Obra.* obrasinha, obrinha.

Obricido, da. *adj. (ant.)* V. *Aborrecido.*

Obrio. *m. (zool.)* Obrio *(pequeno);* genero de insectos coleopteros subpentameros, da familia dos longicornes.

Obrizo. *adj.* Diz-se do oiro mui puro, do mais subido quilate. *Obryzum, i.*

Obscenamente. *adv. m.* Obscenamente; com obscenidade. *Obscœnè, turpiter.*

Obscenidad. *f.* Obscenidade, impureza, torpeza sensual, impudicicia, lascivia grosseira, lubricidade. *Obscenitas, atis:* — obscenidade; palavra ou acção obscena, contraria ao pejo.

Obsceno, na. *adj.* Obsceno, impuro, torpe, lascivo. *Obscenus, a, um.*

Obscuracion. *f. (ant.)* V. *Oscuridad.*

Obscuramente. *adv. m.* V. *Oscuramentè.*

Obscurar. *a. (ant.)* V. *Oscurar.*

Obscurecer. *a.* V. *Oscurecer.*

Obscurecimiento. *m.* V. *Oscurecimiento.*

Obscuridad. *f.* V. *Oscuridad.*

Obscuro, ra. *adj.* V. *Oscuro.*

Obsecracion. *f. (rhet.)* Obsecração; figura que se emprega quando o orador implora a protecção de *Deus* ou de alguma pessoa. *Obsecratio, onis:* — *pl. (hist. ant.)* obsecrações; especie de festas analogas ás nossas preces, que os romanos celebravam para aplacar a colera de *Deus*, quando os affligia alguma praga.

Obsecrar. *a. (ant.)* Obsecrar, supplicar humildemente. V. *Rogar.*

Obsecuente. *adj.* Obsequente, obediente, submisso. *Obsequens, entis.*

Obsecuentísimo, ma. *adj. sup.* de *Obsecuente.* Obsequentissimo, obedientissimo. *Obsequentissimus, a, um.*

Obsequiador, ra. *s.* Obsequiador; pessoa amiga de obsequiar. *Obsequens, entis.*

Obsequiar. *a.* Obsequiar; fazer obsequios, cousa agradavel, tratar com agrado. *Obsequia præstare, obsequis prosequi:* — obsequiar, brindar, presentear: — V. *Galantear:* — cortejar, fazer a côrte, ter relações amorosas com uma mulher.

Obsequias. *f. pl. (ant.)* Obsequias. V. *Exequias:* — *(ant.)* canto funebre em memoria de algum defuncto.

Obsequio. *m.* Obsequio; acções ou expressões dirigidas a obter o agrado, a benevolencia de alguem. *Obsequium, ii:* — V. *Galanteria.*

Obsequiosamente. *adv. m.* Obsequiosamente; com obsequio, de modo obsequioso. *Obsequiosè, officiosè, reverenter.*

Obsequiosísimo, ma. *adj. sup.* de *Obsequioso.* Obsequiosissimo.

Obsequioso, sa. *adj.* Obsequioso; disposto a obsequiar, amigo de fazer obsequios. *Obsequiosus, officiosus.*

Observable. *adj.* Observavel; que pôde observar-se.

Observacion. *f.* Observação; acção de observar. *Observatio, onis:* — observação; a cousa observada: — observação, nota, reparo: — observação; reflexão, objecção, opposição a uma proposição ou asserção, etc. *Cuerpo de observacion (mil.);* corpo de observação; o que vigia os movimentos do inimigo.

Observador, ra. *s., adj.* Observador; o que observa, nota com aturada attenção. *Speculator, observator:* — observador; o que observa, cumpre e guarda as leis ou regras a que está sujeito. *Observator, observans:* — observador; astronomo que por meio de instrumentos proprios observa o movimento dos astros. *Astrorum specu-*

lator: — observador, critico; o que censura ou critica as obras ou conducta dos outros.

Observancia. *f.* Observancia; reverencia e guarda dos respeitos devidos. *Observantia, æ:* — observancia; cumprimento exacto e pontual do que se manda executar, como lei, religião, estatuto ou regra. *Observantia, obedientia:* — observancia; estado antigo de algumas ordens religiosas, para differença da reforma. *Religiosa observantia. Poner en observancia (fr.);* pôr em observancia; fazer executar pontualmente. *Ad observantiam viridem, accuratam cogere. Observancias legales (rel.);* observancias legaes; praticas, ceremonias, ritos que prescrevia a lei de Moysés. *Relijiosos de la observancia;* religiosos da observancia; titulo que se davam os franciscanos, porque observavam a regra mais á risca que os outros religiosos. *Regular observancia;* regular observancia; em algumas religiões observancia da regra segundo estava em tempo anterior á reforma. *Regularis observantia.*

Observante. *adj.* Observante; diz-se do religioso de certas familias da ordem de S. Francisco, e d'estas mesmas familias. No primeiro caso usa-se tambem substantivado. *Observans, antis:* — observante; diz-se de algumas religiosas, para differença das reformadas. *Observans, antis:* — observante, observador, exacto; pessoa que observa, guarda e cumpre exactamente os seus deveres, ou o que se lhe manda. *Exactus, obediens, observans.*

Observantemente. *adv. m.* Observantemente; com observancia. *Observanter.*

Observantísimo, ma. *adj. sup.* de *Observante.* Observantissimo. *Obedientissimus, exactissimus.*

Observar. *a.* Observar, reparar, ponderar, notar attentamente, reflectir, fazer reparo, reflexão. *Observare, animadvertere:* — observar; guardar, cumprir o que se manda e ordena. *Observare, servare:* — observar, espiar, indagar. V. *Atisbar:* — observar, objectar; fazer objecções, apresentar rasões contrarias a uma proposição, etc.: — *(astron.)* observar; examinar o movimento dos astros. *Speculari astra.*

Observativo, va. *adj. (fam.)* Observador; inclinado, habituado a observar.

Observatorio. *m.* Observatorio; edificio elevado e construido expressamente para observar o movimento dos astros. Chama-se commummente observatorio astronomico. *Specula observatoria.*

Obsesion. *f.* Obsessão, vexação do demonio; permanencia dos espiritos malignos em torno de alguma pessoa, para differença de quando se lhe suppõem dentro do corpo, que se chama possessão. *Obsessio, onis.*

Obseso, sa. *adj.* Obsésso; vexado, cercado, atormentado do demonio. Diz-se d'aquelles que se suppõem cercados dos espiritos malignos, que os atormentam, porém sem lhes entrar no corpo como nos possessos. *Obsessus, a, um.*

Obsidiana. *f. (min.)* Obsidiana; pedra denegrida e ás vezes verdenegra, com apparencia de vidro, mui commum em certos terrenos vulcanicos, como no Mexico e nos Andes do Perú, onde antigamente se serviam de seus fragmentos como de facas e espelhos. *Lapis obsidiana dictus.*

Obsidional. *adj.* Obsidional; de assedio, pertencente ao sitio de uma praça. *Obsidionalis, le. Moneda obsidional;* moeda obsidional; a que em certas epochas foi preciso cunhar nas cidades sitiadas, onde girava em todo o tempo do sitio, por muito maior valor que o seu intrinseco. *Corona obsidional (hist. ant.);* corôa obsidional; a que entre os romanos se dava ao general que obrigava o inimigo a levantar sitio de praça ou cerco de exercito.

Obsignador. *m. (hist. ant.)* Obsignador; entre os romanos era a testemunha chamada para firmar o testamento e pôr-lhe o seu sêllo. *Obsignator, oris.*

Obsoleto, ta. *adj.* Obsoleto, desusado; que caíu em desuso. *Obsoletus, a, um.*

Obstáculo. *m.* Obstaculo; impedimento, estorvo, embaraço physico ou moral. *Impedimentum, obex:* — *(phys.)* obstaculo; tudo o que resiste a uma potencia compressiva.

Obstancia. *f. (ant.)* V. *Objecion.*

Obstante. *adj.* Obstante; que obsta. Só usado hoje com a negativa, como a *loc. adv. no obstante;* não obstante.

Obstar. *n.* Obstar, impedir, empecer, estorvar, oppor-se, fazer estorvo, embaraço. *Obstare:* — obstar; oppor-se, ser contraria uma cousa á outra.

Obstetrical. *adj. (med.)* V. *Obstétrico.*

Obstetricano. *m. (zool.)* Obstetricano; genero de reptis batrachios, que se compõe de duas especies indigenas de França.

Obstetricia. *f. (med.)* Obstetricia; arte de partejar.

Obstétrico, ca. *adj.* Obstetrico; que se refere á obstetricia: — *f.* V. *Obstetricia.*

Obsticidad. *f. (med.)* Obsticidade; inclinação da cabeça para um dos hombros, por causa de rheumatismo ou de outra lesão dos musculos.

Obstinacion. *f.* Obstinação, teima, afinco, pertinacia, na opinião, no proposito. *Obstinatio, onis:* — firmeza, dureza ou tenacidade das cousas, pela qual resistem á actividade do agente. *Pertinatia, obstinatio.*

Obstinadamente. *adv. m.* Obstinadamente, pertinazmente; com obstinação. *Obstinatè, pertinaciter.*

Obstinadísimo, ma. *adj. sup.* de *Obstinado.* Obstinadissimo *Valdè pertinax, durissimus*

Obstinado, da. *adj.* Obstinado teimoso, pertinaz; apegado

aferrado á sua opinião, ao proposito. *Obstinatus, a, um.*

OBSTINARSE. *r.* Obstinar-se, teimar, emperrar-se; porfiar com pertinacia. *Obstinari:* — obstinar-se; resistir, não ceder á persuasão christã; diz-se dos peccadores. *Obstinari.*

OBSTRUCCION. *f. (med.)* Obstrucção, enfarte, embaraço; encalhe do sangue ou de humores nos vasos ou no tecido organico: — obstrucção; doença causada pela existencia de algum obstaculo que se oppõe á circulação dos humores, e occasiona a sua accumulação em alguma parte do corpo. *Obstructio, onis:—(fig.)* obstrucção, impedimento, estorvo; qualquer cousa que estorva ou impede algum caminho ou passo.

OBSTRUCTIVO, VA. *adj.* Obstructivo; que obstrue.

OBSTRUIR. *a. (med.)* Obstruir, enfartar; formar ou causar uma obstrucção. *Obstruere:* — *(fig.)* obstruir, impedir, estorvar, embaraçar; causar estorvo, impedimento: — *r. (fig.)* obstruir-se, entupir-se, cerrar-se; tapar-se algum buraco, fenda ou outra cousa por algum obstaculo que se interpõe e impede a circulação de qualquer materia ou liquido. *Obstrui, obduci.*

OBSUTURAL. *adj. (bot.)* Obsutural; que fecha as suturas.

OBTECTEA. *f. (zool.)* Obtectea; diz-se de uma chrysalida que tem todas as partes do corpo do insecto mui marcadas por fóra.

OBTEMPERAR. *a. (ant.)* V. *Obedecer, Asentir.*

OBTENCION. *f.* Obtenção, conseguimento; acção de obter. *Obtentio, onis.*

OBTENER. *a.* Obter, alcançar, conseguir. *Consequi, assequi:* — ter, conservar, manter, possuir. *Habere.*

OBTENTA. *f.* V. *Obtento.*

OBTENTO. *m.* Renda ecclesiastica.

OBTESTACION. *f.* Obtestação; supplica, rogo com instancia que se faz a alguem, conjurando-o com rasões e outros motivos, que o convençam ou persuadam a executar o que se lhe pede. *Obtestatio, onis.*

OBTINENCIA. *f. (rhet.)* V. *Reticencia.*

OBTUNDENTE. *adj. (med.)* Obtundente; que corrige a acrimonia dos humores.

OBTURACION. *f.* Obturação, obstrucção.

OBTURADOR. *m. (cir.)* Obturador; instrumento para fechar os buracos ou aberturas occasionadas por chaga ou outra enfermidade: — *(art.)* obturador; nome dado a uma peça ou apparelho destinado a interceptar ou deixar livre a saida de um liquido: — *(chim.)* obturador; lamina circular de vidro que se põe na bôca das campanulas cheias de gaz, para as transportar de um logar a outro.

OBTUSAMENTE. *adv. m.* Obtusamente; de um modo obtuso, rude, sem agudeza.

OBTUSÁNGULO. *adj. (math.)* Obtusangulo; diz-se do triangulo que tem um angulo obtuso.

OBTUSIFLORO, RA. *adj. (bot.)* Obtusifloro; que tem as petalas obtusas.

OBTUSIFOLIADO, DA. *adj. (bot.)* Obtusifoliado; que tem folhas obtusas.

OBTUSILOBULADO, DA. *adj. (bot.)* Obtusilobulado; que tem as folhas partidas em lobulos arredondados e obtusos.

OBTUSIROSTRO, TRA. *adj. (zool.)* Obtusirostro; diz-se das aves que têem a cabeça obtusa e achatada para diante.

OBTUSO, SA. *adj.* Obtuso, rombo, abolado, sem ponta. *Obtusus, a, um:* — *(fig.)* obtuso, rombo, rude, bronco; tardo em comprehender, de escassa intelligencia: — *(math.)* obtuso; diz-se do angulo maior que o recto.

OBUÉ. *m.* V. *Oboé.*

OBÚS. *m. (mil.)* Obuz; especie de morteiro comprido, de 7 a 9 pollegadas de diametro.

OBUSERO. *adj. (mil.)* Obuzeiro; diz-se dos canhões que podem lançar projectis ôcos: — obuzeiro; navio ou lancha armada com obuzes.

OBVENCION. *f.* Obvenção; subsidio, imposição ecclesiastica. *Obventio, onis.* Usa-se mais no plural: — gratificação; proveito, utilidade eventual alem do soldo, do ordenado que se desfructa.

OBVENTICIO, CIA. *adj. (for. inus.)* Fortuito, casual.

OBVIAR. *a.* Obviar, atalhar, occorrer, acudir, prevenir. *Occurrere, vitare:* — obviar, obstar, estorvar, oppor-se, ir contra.

OBVIO, VIA. *adj.* Obvio, patente, visivel, palpavel. *Obvius, a, um:* — *(fig.)* obvio, claro, manifesto; facil de achar. *Prespicuus, a, um.*

OBYECTO. *adj. (ant.)* Objecto, interposto, intermedio, tudo que se põe diante de alguem de modo a ser percebido. *Objectus:* — *m. (ant.)* V. *Objecion, Réplica.*

OC. *m. (hist.)* Oc; especie de frecha de que se serviam os turcos. *Lengua de oc;* lingua de oc; dialecto da lingua romana, que se fallava no seculo XIII em varias partes de França e na Catalunha.

OCA. *f. (zool.)* Ganso. V. *Ansar:* — *(bot.)* oca; especie de plantas do genero oxalide, originarias do Chili e do Perú. Mais commummente, chama-se assim á raiz d'esta planta, que tem o sabor de castanha, e de que se fazem conservas muito estimadas no paiz: — oca; jogo de dados sobre um papel pintado de varias figuras em suas casas, entre as quaes ha um ganso, que se chama *oca* em italiano, d'onde lhe vem o nome. *Ludus sic dictus ex ansere depicto.*

OCACHA. *f. (germ.)* Fogaça.

OCAJANAICHA. *f. (germ.)* Cabana.

OCAL. *adj.* Diz-se de certas peras e maçãs muito gostosas e delicadas. Tambem se diz de outras fructas. *Pyri delicata varietas:* — diz-se do casulo formado por dois ou mais bichos, e da seda que d'elle se tira. Usa-se tambem substantivado. *Bombycis folliculus duplicatis filis contextus.*

OCALEA. *f. (zool.)* Ocalea; genero de insectos coleopteros pentameros, da familia dos brachelytros.

Ocalear. *n.* Fazer casulos dobrados ou triplos os bichos de seda.

Ocan. *m. (germ.)* Sol.

Ocanajimia. *f. (germ.)* Oração.

Ocanar. *a. (germ.)* Orar.

Ocanilla. *m. (germ.)* Borda, margem, extremidade.

Ocasion. *f.* Occasião, ensejo; opportunidade de logar ou de tempo para se fazer alguma cousa. *Occasio, onis:* — occasião; causa ou motivo immediato por que alguma cousa se faz. *Causa, ansa, occasio:* — perigo, risco. *Periculum, discrimen:* — occasião; tempo opportuno, aberta, conjunctura, opportunidade. *Tempus, opportunitas, occasio:* — *(ant.)* defeito ou vicio corporal: — caso extraordinario ou fortuito: — damno, desgraça: — morte. *Asir la ocasion por los cabellos (fr. fam.);* tomar, agarrar a occasião pelos cabellos; aproveitar a tempo a opportunidade que se offerece para fazer alguma cousa. *Occasionem arripere. De ocasion (loc. adv.).* V. *De lanze. La ocasion la pintan calva (fr.);* não deixar fugir a occasião, pois perdida difficilmente se recupera. *No perder ocasion (fr.);* não perder a occasião; estar attento e álerta para aproveitar as abertas ou momentos favoraveis para a consecução do que se deseja. *Occasionem arripere, tempore vel opportunitate frui. Perder la ocasion ó el tiempo (fr.);* perder a occasião, deixa-la escapar ou fugir; não a aproveitar quando ella se offerecia. *Occasionem vel tempus amittere, prœtermittere. Poner en ocasion (fr.);* pôr em occasião; pôr em perigo ou risco a alguem, provoca-lo, incita-lo para isso. *In discrimen adducere vel provocare, causam dare. Ponerse en ocasion (fr.);* procurar a occasião arriscada, de perigo, expor-se a lances arriscados, metter-se em desordens. *Periculum quœrere, amare. Por ocasion (loc. adv. ant.);* por occasião, por acaso, por accidente, por casualidade. *Tomar la ocasion por los cabellos ó por el copete (fr. fig. fam.);* aproveitar a occasião. *Tomar ocasion (fr.);* procurar um motivo, um pretexto para executar alguma cousa. *Ansam arripere, causam quœrere. La ocasion hace el ladron (rif.);* a occasião faz o ladrão: — *(mil.)* lances, recontros, emprezas, acções: — *próxima (rel.);* occasião proxima; aquella que arrisca pela commodidade ou tentação: — *remota;* occasião remota; aquella que não induz a peccar, e que por isso não ha grave obrigação de evita-la.

Ocasionadísimo, ma. *adj. sup.* de *Ocasionado.* Turbulentissimo; muito bulhento, desordeiro, muito amigo de desordens e contendas. *Valdè provocans, vel periculosus.*

Ocasionado, da. *adj.* Mal intencionado, brigoso, bulhento, pendenciador, turbulento, inimigo da paz. *Causam prœbens, provocans:* — *(ant.)* defeituoso, imperfeito. *Mancus, a, um:* — *(ant.)* exposto a perigos, a situações arriscadas.

Ocasionador, ra. *s.* Occasionador, causador; o que occasiona, causa, dá motivo ou occasião para alguma cousa.

Ocasional. *adj.* Occasional; que dá occasião, aberta, ensejo para alguma cousa: — occasional, accidental; que sobrevem por occasião, por accidente. *Causa ocasional (philos.);* causa occasional; a que realmente não produz um effeito, mas que dá occasião á acção da causa que immediatamente o produz: *(med.)* causa occasional ou excitante; a que, reunindo o seu effeito ás outras causas das doenças, completa o estado morbido e provoca a reacção vital.

Ocasionalismo. *m. (philos.)* Occasionalismo; systema de causas occasionaes.

Ocasionalmente. *adv. m.* Occasionalmente, accidentalmente; por occasião ou contingencia. *Occasione data, vel oblata, per accidens.*

Ocasionar. *a.* Occasionar; dar occasião, causar accidentalmente, ser causa ou motivo para que succedá alguma cousa. *Ansam prœbere, occasionem dare:* — mover, excitar, induzir, provocar. *Movere, provocare:* — compromettter; pôr em risco ou perigo. *In discrimen adducere, periculum inferre:* — *(ant.)* V. *Matar.*

Ocasioncilla, ta. *f. dim.* de *Ocasion.* Occasiãosinha.

Ocaso. *m. (astron.)* Occaso; o pôr-se o sol, a occultação de qualquer astro pelo horisonte. *Occasus, ûs:* — occaso; o Occidente. V. *Occidente:* — *(fig.)* occaso; declinação para a velhice: — *(fig.)* morte, fallecimento. *Occasus interitus.*

Occidental. *adj.* Occidental; do Occidente. *Occidentalis, le:* — *(art.)* occidental; diz-se das pedras preciosas de pouco valor e brilho, as quaes vem da America, e por isso se lhes chama occidentaes em opposição ás que se trazem da Asia, que são mais estimadas e se dizem orientaes: — *(astron.)* occidental; diz-se dos planetas que se põem depois de occulto o sol. *Planetœ occidentales:* — *(ant.)* occidental; um dos epithetos com que os astrologos designam o terceiro quadrante do thema celeste. *Quadrans occidentalis.*

Occidente. *m. (astron.)* Occidente, poente; o ponto ou parte por onde o sol se nos esconde no horisonte. *Occidens, entis:* — occidente; um dos quatro pontos cardeaes do céu ou da terra — occidente; paiz, reino ou territorio situado da parte onde o sol se põe, com relação ao ponto em que estamos. *Occidentalis plaga. Imperio de Occidente (hist.);* imperio do Occidente; parte do imperio romano, que por morte de Theodosio, o Grande, em 395, foi dado a seu filho Honorio: — *(chim. ant.)* occidente; espirito do mer curio dos philosophos: — *(fig.)* occidente, occaso, decadencia, velhice. *Gran cisma de Occidente (rel.)*, grande scisma do Occidente; o que affligiu a igreja catholica pela trasladação da Sé pontificia para Avinhão. Houve então dois e até tres papas que se excommungavam mutuamente. *Iglesia de Occidente*, igreja do Occidente; a igreja romana, por opposição á grega.

Occiduo, dua. *adj. (poet.)* Occiduo. V. *Occidental.*

Occipital. *adj. (anat.)* Occipital; que respeita ao occipicio. *Occipitalis, le:* — *m.* occipital ou osso occipital; osso impar e symetrico, situado na parte posterior e inferior do craneo. *Os occipitis:* — *(zool.)* occipital; epitheto das azinhas que começam na nuca e nos ouvidos que parecem collocados na nuca.

Occipito-atloidiano. *adj. (anat.)* Occipito-atloidiano; que respeita ao osso occipital e á vertebra atlas.

Occipito-auricular. *adj. (anat. veter.)* Occipito-auricular; diz-se de um musculo dos mammiferos, que vae desde a cabeça até ao pavilhão da orelha, em todos os animaes de orelhas compridas.

Occipito-axóideo. *adj. (anat.)* Occipito-axoidienno; pertencente ao osso occipital e á vertebra axis.

Occipito-frontal. *adj. (anat.)* Occipito-frontal; pertencente ao osso occipital e fronte.

Occipito-meníngeo. *adj. (anat.)* Occipito-meningeo; o que tem relação com o osso occipital e a dura mater.

Occipito-parietal. *adj. (anat.)* Occipito-parietal; que tem relação com os ossos occipital e parietal.

Occipito-pétreo. *adj. (anat.)* Occipito-petreo; que é formado pelo osso occipital e pela apophyse petrea temporal.

Occipucio. *m. (anat.)* Occipicio ou occiput; parte posterior inferior da cabeça, por onde esta se une com as vertebras do pescoço. *Occiput, occiputium.*

Occision. *f. (ant.)* Occisão; morte violenta. *Occisio, onis.*

Occiso, sa. *adj. (ant.)* Occiso; morto violentamente. *Occisus, a, um. Tañer de occisa (fr. ant. caç.)*; avisar com a busina que está morto o animal que se perseguia.

Occitano, na. *adj.* Occitano; pertencente á Occitania ou aos seus habitantes: — *s.* occitano; o natural de Occitania.

Occitraxelo. *m. (zool.)* Occytrachelo *(pescoço grosso)*; genero de insectos coleopteros tetrameros, da familia dos curculionidos.

Oceania. *f. (zool.)* Oceania; genero de acalephos medusarios, da divisão dos monostomos, cujas especies são microscopicas.

Oceánico, ca. *adj.* Oceanico, oceano; do Oceano, pertencente a elle.

Oceánidos. *m. pl. (zool.)* Oceanidos; familia de acalephos medusarios, da divisão dos discophoros cryptocarpos.

Océano. *m. (geog.)* Oceano; o grande e dilatado mar que cerca a maior parte da terra. *Oceanus, i:* — *(fig.)* oceano, mar, grandeza, immensidade. *Oceanus, i:* — *de luz (philos.)*; oceano de luz; fórma sob a qual a cabala dos judeus representava a materia primitiva.

Ocelaria. *f. (zool.)* Ocellaria; genero de polypeiros, da familia dos milleporeos, cuja especie typica foi encontrada fossil em alguns terrenos cretaceos.

Océleo, lea. *adj. (zool.)* Ocelleo; assignalado, marcado com manchas que imitam a fórma da pupilla.

Ocelífero, ra. *adj. (bot.)* Ocellifero; que tem manchas em fôrma de olhos.

Ocelo. *m. (ant.)* Olho.

Ocelote. *m. (zool.)* Ocelote; especie de mammiferos do genero gato, de fôrmas esbeltas, e de côr geralmente aleonada. Tem o comprimento de uns onze decimetros, não contando a cauda; são nocturnos, passam os dias nas covas que elles mesmos fazem, e de noite sáem a caçar aves, macacos, e outros pequenos mammiferos. Encontram-se na America meridional e particularmente no Paraguay.

Ociar. *a.* Distrahir a alguem do trabalho que estava fazendo para o entreter n'outra cousa. *Divertere vel abstrahere à negotio:* — *n.* mandriar; deixar o trabalho, entregar-se ao ocio. *Otiare.* Usa-se tambem como reciproco.

Ocide. *m. (zool.)* Ocyde *(vivo)*; genero de insectos coleopteros pentameros, da familia dos carabicos.

Ocidromia. *f. (zool.)* Ocydromia *(que corre ligeiro)*; genero de insectos dipteros brachoceros, composto de quatro especies, originarias da Europa.

Ocimo. *m. (bot.)* V. *Albahaca.*

Ocimóideas. *f. pl. (bot.)* Ocimoideas; tribu de plantas da familia das labiadas, cujo principal genero é o mangericão.

Ocio. *m.* Ocio, desoccupação, ociosidade. *Otium, ii:* — ocio; folga ou tempo de folga. *Otium:* — ocio; occupação entretida, que não exige grande applicação ou ponderação, passatempo. *Otium, vacatio:* — *pl.* obras de engenho, que alguem faz nas horas de ocio, de desenfado, nas horas vagas. *Entregarse ó darse al ocio (fr.)*; entregar-se ou dar-se ao ocio; deixar-se dominar pela ociosidade, dedicar-se inteiramente aos vicios e deleites. *Deliciis et otio se tradere. Divertir alguno sus ocios (fr.)*; occupar-se com certos trabalhos ligeiros, como descanso de outras occupações mais importantes.

Ociosamente. *adv. m.* Ociosamente; em ocio, sem occupação. *Otiosè:* — infructuosamente, inutilmente; sem fructo nem utilidade. *Infructuosè, inutiliter, frustra.*

Ociosidad. *f.* Ociosidade; ocio, habitual, negligencia, vida ociosa, vicio de não trabalhar. *Otium, ii:* — ociosidade; effeito do ocio; como palavras ociosas, jogos e outras diversões. *Verba otiosa vel facta. La ociosidad es madre de los vicios (fr.)*; a ociosidade é a mãe de todos os vicios.

Ocioso, sa. *adj.* Ocioso; diz-se de quem gasta o tempo inutilmente. *Otiosus, a, um:* — ocioso, vadio; que não se occupa em cousa alguma. *Otiosus:* — ocioso; que está de folga. *Vacuus, a, um:* — ocioso, vão, inutil, como: *palabras ociosas;* palavras ociosas, vãs. *Inutilis, le:* — infructuoso, inutil. *Infructuosus, inutilis:* — *(hist.)* ociosos; nome dado pelos judeus, segundo alguns auctores, aos chefes de uma synagoga, e segundo outros, a dez individuos pagos para assistir á sessão e torna-la legal.

Ocipo. *m. (zool.)* Ocipo *(pé ligeiro)*; genero de insectos coleopteros pentameros da familia dos brachelytros.

Ocípoda. *f. (zool.)* Ocípoda *(pé ligeiro)*; genero de crustaceos decapodas brachyuros, da familia dos catometopos.

Ocipodios. *m. pl. (zool.)* Ocipodios; tribu de crustaceos decapodas brachyuros.

Ociporitos. *m. pl. (zool.)* Ocyporitos; grupo de insectos coleopteros pentameros, da familia dos brachelytros, cujo caracter principal consiste em ter os palpos labiaes securiformes.

Ocíptamo. *m. (zool.)* Ocyptamo; genero de insectos dipteros brachoceros, da familia dos brachystomos.

Ocíptera. *f. (zool.)* Ocyptera *(aza ligeira)*; genero de insectos dipteros brachoceros, da familia dos athericeros.

Ocirae. *f. (zool.)* Ocyroe; genero de acalephos beroideos, caracterisados por seu corpo gelatinoso, transparente, vertical e cylindico: — ocyroe; genero de acalephos medusarios, caracterisados por terem o corpo hemispherico, e principalmente por carecerem de tentaculos e apresentarem quatro bôcas e quatro braços confundidos em sua base.

Ocitoe. *f. (zool.)* Ocythoe; genero de molluscos cephalopodos: — ocythoe; genero de insectos coleopteros pentameros da familia dos lamellicornes.

Ocladio. *m. (zool.)* Ochladio *(que dobra os joelhos)*; genero de insectos coleopteros tetrameros da familia dos curculionidos.

Oclay. *m. (germ.)* Rei.

Oclaytsa. *f. (germ.)* Rainha.

Oclocracia. *f. (polit.)* Ochlocracia; governo em que a classe que antes era opprimida passa a dominar a oppressora: — ochlocracia; governo da população.

Oclocrático, ca. *adj.* Ochlocratico; pertencente ou relativo á ochlocracia.

Oclusion. *f. (med.)* Occlusão; approximação momentanea das bordas de uma abertura natural: — V. *Obliteracion.*

Ocna. *f.* Ochna; genero de plantas da familia das ochnaceas, cujas especies são arvores ou arbustos.

Ocnáceas. *m. pl. (bot.)* Ochnaceas; familia de plantas dicotyledoneas polypetalas, caracterisadas por terem as folhas alternas, as flores amarellas, dispostas em espigas e o succo aquoso e amargo.

Ocneas. *f. pl. (bot.)* Ochneas; tribu de plantas da familia das ochnaceas, cujo typo é o genero ochna.

Ocodeo. *m. (zool.)* Ochodeo; genero de insectos coleopteros pentameros da familia dos lamellicornes.

Ocolai. *(pron. germ.)* Este, aquelle.

Ocos. *m. (metrol.)* Ocos; peso turco, equivalente a tres libras, pouco mais ou menos.

Ocotea. *f. (bot.)* Ocotea; genero de plantas da familia das laurineas.

Ocozoal. *m. (zool.)* Ocozoal; serpente indigena do Mexico, tem a cabeça de vibora, e o ventre branco, tirando alguma cousa para avermelhado.

Ocozol. *m. (bot.)* Ocozol; especie de plantas do genero liquidambar; é uma arvore de vinte a trinta pés de altura, que tem as folhas divididas em cachos, as flores sem folhas e por fructo uma vagem ovada e lenhosa.

Ocráceo, cea. *adj.* Ochraceo; parecido com o ochre.

Ocradeno. *m. (bot.)* Ochradeno; genero de plantas da familia das resedaceas.

Ocrálea. *f. (zool.)* Ochralea *(de côr de ochre)*; genero de insectos coleopteros subpentameros da familia dos cyclicos.

Ocrantáceas. *f. pl. (bot.)* Ochranthaceas; familia de plantas, parecidas com as hypericineas, das quaes só se differençam por terem cinco estames, e as folhas estipuladas e denteadas.

Ocranto. *m. (bot.)* Ochrantho *(flor côr de ochre)*; genero de plantas que forma o typo da familia das ochranthaceas.

Ocre. *m. (min.)* Ochre; substancia argillosa, geralmente de côr amarella, muitas vezes vermelha, e outras pardas, por ter certa quantidade de peroxydo ou hydrato de ferro. Quasi todos os ochres se empregam na pintura: — *quemado;* ochre queimado; ochre amarello a que se deu certo grau de fogo, tomando por isso a côr vermelha escura.

Ocricorneo, nea. *adj. (zool.)* Ochricorneo; que tem antennas pardacentas.

Ocrocarpo. *m. (bot.)* Ochrocarpo *(fructo amarello)*; genero de plantas da familia das guttiferas, assim chamado porque os seus fructos encerram um succo amarello mui abundante.

Ocrocéfalo, la. *adj. (zool.)* Ochrocephalo; que tem a cabeça amarella.

Ocroita *f. (chim.)* Ochroita *(amarella)*; especie de oxydo de cerio.

Ocroma. *f. (bot.)* Ochroma *(pallidez)*; genero de plantas da familia das sterculiaceas.

Ocromia. *f. (zool.)* Ochromya *(mosca amarella)*; genero de insectos dipteros brachoceros, da familia dos athericeros.

Ocropira. *f. (med.)* Ochropyra; febre amarella.

Ocropo, pa. *adj.* *(zool.)* Ochropo; que tem os pés de côr amarella.

Ocróptero, ra. *adj.* *(zool.)* Ochroptero; que tem as azas de côr amarella.

Ocrosia. *f.* *(bot.)* Ochrosia *(ochre)*; genero de plantas da familia das apocyneas, cujas especies são arbustos: — ochrosia; affecção dos vegetaes, caracterisada pela côr amarella que tomam as suas partes exteriores.

Ocroso, sa. *adj.* *(min.)* Ochroso; diz-se de qualquer mineral que é da natureza do ochre ou da sua côr.

Octacorde, Octacordio. *adj.* *(mus.)* Octacordo; de oito cordas ou tons differentes.

Octaédrico, ca. *adj.* Octaedrico; que tem relação com o octaedro.

Octaedriforme. *adj.* Octaedriforme; que tem a fôrma do octaedro.

Octaédro. *m.* *(math.)* Octaedro; corpo ou solido terminado por oito triangulos equilateros.

Octaetérido. *m.* *(chron.)* Octaeterido; espaço, duração de oito annos.

Octagonal. *adj.* Octogonal; pertencente ao octogono.

Octágono, na. *adj.* *(math.)* Octogono; diz-se de qualquer figura plana terminada por oito angulos ou oito lados. Usa-se tambem como substantivo na terminação masculina. *Octagonum, i.*

Octana. *f.* *(med.)* Octana; diz-se da febre que guarda o periodo de oito dias.

Octandria. *f.* *(bot.)* Octandria; grande classe de plantas do systema sexual de Linneo, que comprehende todas as que têem as flores hermaphroditas, e com oito estames.

Octándrico, ca. *adj.* *(bot.)* Octandrico; pertencente á classe octandria.

Octandro, dra. *adj.* *(bot.)* Octandro; diz-se da flor que tem oito estames.

Octangular. *adj.* Octangular. V. *Octágono.*

Octante. *m.* *(astron.* e *naut.)* Oitante; instrumento de reflexão, para observar a altura dos astros sobre o horisonte do mar. O seu arco consta de 45 graus ou a oitava parte de um circulo: — oitante; distancia de 45 graus entre dois planetas.

Octantéreo, rea. *adj.* *(bot.)* Octanthereo; diz-se da flor que tem oito antheras.

Octapla. *f.* *(philol.)* Octapla; biblia polyglota escripta por Origenes.

Octarilo. *m.* *(bot.)* Octarillo; genero de plantas da familia das santalaceas.

Octateuco. *m.* *(philol.)* Octateuco; os oito primeiros livros do Antigo Testamento; a saber: o genesis, exodo, levitico, numeros, deuteronomio, o de Josué, o dos juizes e o de Ruth.

Octava. *f.* Oitava; espaço de oito dias, durante os quaes celebra a igreja alguma festa solemne. Costuma tambem dar-se este nome ao dia oitavo de alguma festa ou solemnidade. *Octava:* — octavario ou oitavario; livro que contém a reza de alguma oitava: — *cerrada;* oitava durante a qual não se admitte a festividade de nenhum outro santo, etc.; tal é a de Pentecostes. *Octava alicujus festi aliud excludens per totum:* — medida que se tira em cada cantaro ou almude de vinho, azeite ou vinagre: — *(poet.)* oitava; estancia de oito versos. *Octava, versuum rhythmus:* — *(mus.)* oitava; conjuncto de oito notas, como desde *dó*, outra vez a *dó:* — oitava; voz que completa o diapasão. *Vox musicalis diapasonem complens:* — *de culebrina (mil.)*V. *Falconete.*

Octavar. *n.* *(mus.)* Oitavar; formar oitavas ou diapasões nos instrumentos de cordas. *Diapasones aptè efformare:* — deduzir a oitava parte nas especies sujeitas ao imposto castelhano chamado *millones.*

Octavario. *m.* Oitavario; o espaço de oito dias de festa ou solemnidade de santo. *Octo dierum celebritas, vel circulus:* — oitavario; livro que contém a reza ou officio ecclesiastico de alguma oitava: — *(hist.)* oitavario; tributo que se pagava das cousas vendiveis, em Roma, e que pertencia ao fisco: — arrecadador ou recebedor d'este tributo.

Octavia. *f.* *(bot.)* Octavia; genero de plantas da familia das rubiaceas.

Octaviano, na. *adj.* Octaviano; pertencente a Octavio. *Paz octaviana;* paz octaviana; paz completa e prolongada, como a que desfructou no mundo romano Octavio Augusto.

Octavilla. *f.* Meio quartilho que se sisa de cada medida, nas vendas por miudo, de vinho, azeite e vinagre.

Octavin. *m.* Flautim; instrumento musico de sopro, da figura de uma flauta, postoque mais pequeno e de sons mais agudos: —V. *Caramillo.*

Octavo, va. *adj.* Oitavo; que completa o numero de oito. *Octavus, a, um:* — oitavo; oitava parte ou porção. *Octava pars:* — oitavo; diz-se do filho de um indio quarteirão e de uma branca, ou de uma quarteirona e de um branco: — oitavo; tamanho de um livro, cujas folhas são iguaes á oitava parte de uma folha de papel. *Volumen in octavo.*

Octebio. *m.* *(zool.)* Ochthebio *(que vive nas ribeiras)*; genero de insectos coleopteros pentameros, da familia dos palpicornes.

Octenomo. *m.* *(zool.)* Ochthenomo *(que habita nas ribeiras)*; genero de insectos coleopteros heteromeros, da familia dos trachelidos.

Octentésimo, ma. *adj. num. ord.* *(inus.)* V. *Octojésimo.*

Octera. *f.* *(zool.)* Ochtera *(tuberculoso)*; genero de insectos dipteros brachoceros, da familia dos muscidos, cujas especies se encontram na Europa, nas plantas aquaticas.

Octífila. *f.* *(zool.)* Ochthiphila *(que ama as montanhas)*; genero de insectos dipteros brachoceros, da familia dos athericeros.

Octil. *adj. (astron.)* Octil; diz-se da posição de dois planetas, quando guardam entre si uma distancia igual á oitava parte do zodiaco.

Octobléfaro. *m. (bot.)* Octoblepharo; genero de musgos bryaceos, cujas especies são pequenas, esbranquiçadas, e estão muito espalhadas pelas regiões tropicaes e subtropicaes do globo.

Octobotrio. *m. (zool.)* Octobothrio; genero de helminthos trematodos, composto de muitas especies, que vivem parasitas nos peixes.

Octóceros. *m. pl. (zool.)* Octoceros. V. *Octópodos.*

Octocórneo, nea. *adj. (zool.)* Octocorne; que tem oito cornos.

Octodactilo, la. *adj. (hist. nat.)* Octodactylo; que tem oito dedos.

Octodecimal. *adj. (min.)* Octodecimal; diz-se do crystal que apresenta dezoito faces ou lados.

Octodeo. *m. (med.)* Ochtodeo; nome com que Galleno designa as ulceras que têem bordas callosas e avultadas: — *(min.)* ochtodeo; nome que os antigos davam a uns oxydos metallicos, taes como a pedra calaminar, e o verde e azul de montanha.

Octodicera. *f. (bot.)* Octodicera; genero de musgos bryaceos, cujas especies são vivaces, e crescem nos ribeiros das regiões temperadas.

Octodio. *m. (bot.)* Ochthodio *(tuberculoso)*; genero de plantas da familia das cruciferas, originarias do Egypto e da Siria.

Octodonte. *m. (bot.)* Octodonte *(oito dentes)*; genero de plantas da familia das rubiaceas.

Octoduodecimal. *adj. (min.)* Octoduodecimal; diz-se do crystal cuja superficie é composta de vinte faces, das quaes oito, imaginando-se prolongadas, produziriam um octaedro, e as outras um dodecaedro.

Octoeco. *m.* Octoeco; livro de reza da igreja grega.

Octogamia. *f.* Octogamia; estado do octogamo.

Octogamo, ma. *adj.* Octogamo; casado oito vezes, ou com oito mulheres de uma vez.

Octogenario, ria. *adj.* V. *Octojenario.*

Octogentésimo, ma. *adj. num. card.* V. *Octojentésimo.*

Octogésimo, ma. *adj. num. ord.* V. *Octojésimo.*

Octoglosa. *f. (zool.)* Octoglossa *(oito linguas)*; genero de insectos coleopteros pentameros, da familia dos malacodermes.

Octógono, na. *adj. (math.)* Octogono; que tem oito lados e oito angulos. V. *Octágono.*

Octogonoto. *m. (zool.)* Octogonoto *(oito angulos)*; genero de insectos coleopteros pentameros, da familia dos cyclicos, composto de doze especies, todas originarias da Europa.

Octojenario, ria. *adj.* Octogenario; que tem oitenta annos de idade. Usa-se tambem substantivamente. *Octogenarius, a, um.*

Octojentésimo, ma. *adj. num. ord.* Octogentesimo; que completa o numero de oitocentos, ou que é uma das partes das oitocentas em que se divide um todo. *Octingentesimus, a, um.*

Octojésimo, ma. *adj. num. ord.* Octogesimo; que completa o numero de oitenta, ou que é uma das oitenta partes em que se divide um todo. *Octogesimus, a, um.*

Octojinia. *f. (bot.)* Octogynia; ordem de plantas do systema sexual de Linneo, que comprehende todas aquellas que têem oito pistillos.

Octojínico, ca. *adj. (bot.)* Octogynico; pertencente á octogynia.

Octojino, na. *adj. (bot.)* Octogyno; que tem oito pistillos.

Octolobulado, da. *adj. (bot.)* Octolobulado; dividido em oito lobulos.

Octomeria. *f. (bot.)* Octomeria *(oito troncos)*; genero de plantas da familia das orchideas.

Octonado, da. *adj. (bot.)* Octonado; disposto de 8 em 8, como as folhas de algumas plantas.

Octopétalo. *adj. (bot.)* Octopetalo; que tem oito petalas.

Octopo. *m. (zool.)* Octopo. V. *Pulpo.*

Octopodio. *m.* Octopodio; especie de bandeira ou estandarte dos antigos pontifices, dividido em oito flammulas, no qual se representava a imagem de algum santo.

Octópodos. *m. pl. (zool.)* Octopodos *(oito pés)*; familia de molluscos cephalopodas, creada para comprehender os generos pulpo, argonauta e varios outros, cujos principaes caracteres consistem em ter oito pés.

Octor. *m. (ant.)* V. *Otor.*

Octorba. *f. (germ.)* Outubro.

Octoreme. *f. (ant.)* Octoreme; navio antigo com oito remos, ou oito ordens de remos, ou oito remeiros por banda.

Octoridat. *f. (ant.)* Octoridade. V. *Autoridad.*

Octosépalo, la. *adj. (bot.)* Octosepalo; diz-se do calice que consta de oito sepalas.

Octosesdecimal. *adj. (min.)* Octosesdecimal; diz-se de um crystal que tem a fórma de um prisma de oito lados, terminado por dois angulos de oito faces.

Octosesvigesimal. *adj. (min.)* Octosesvigesimal; diz-se do crystal que consta de trinta e quatro faces.

Octosilábico, ca. *adj.* Octosyllabico; que consta de oito syllabas.

Octosílabo, ba. *adj.* Octosyllabo; que consta de oito syllabas; diz-se dos versos que têem esta medida. *Octosyllabus, a, um.*

Octospora. *f. (bot.)* Octospora. V. *Peziza.*

Octostilo, la. *adj. (arch.)* Octostylo; que se compõe de oito columnas.

Octostoma. *f. (zool.)* Octostoma. V. *Octobotrio.*

Octotoma. *f. (zool.)* Octotoma; genero de insectos coleopteros subpentameros, da familia dos cyclicos.

Octotono. *m.* V. *Octoeco.*

Octotrijesimal. *adj. (min.)* Octotrigesimal; diz-se do crystal que tem trinta e oito faces.

Octovalvo, va. *adj. (bot.)* Octovalvo; provido de oito valvulas.

Octovijesimal. *adj. (min.)* Octovigesimal; diz-se do crystal que tem vinte e oito faces ou lados.

Octuajésimo, ma. *adj. num. ord.* V. *Octojésimo.*

Octual. *m.* Octual; medida polaca para liquidos.

Octubre. *m. (chron.)* Outubro; decimo mez do anno, segundo o calendario gregoriano. Era o oitavo, segundo o computo romano. *October, obris.*

Octuplicar. *a.* Octuplicar; multiplicar por oito.

Octuplo, la. *adj.* Octuplo; que contém oito vezes tanto, repetido oito vezes.

Oculacion. *f. (agr.)* Oculação; acção de enxertar o olho de uma arvore em outra.

Ocular. *adj.* Ocular; pertencente aos olhos, á vista. *Ocularis, re:* — ocular; que se faz com os olhos. *Ocularis, re:* — ocular; diz-se nos oculos de longa mira da lente que está mais proxima ao olho. Usa-se tambem substantivamente. *Ocularis lens. Dientes oculares (anat.);* dentes caninos. *Nervio ocular;* nervo ocular ou nervo optico. *Testigo ocular (for.);* testemunha ocular ou de vista; a que declara ter presenceado um ou mais factos. *Medicamentos oculares (med.);* medicamentos oculares; os que são efficazes contra as doenças de olhos. *Medicina ocular;* medicina ocular; a que tem por principal objecto tratar as doenças dos olhos.

Ocularmente. *adv. m.* Ocularmente; com os olhos, pelos proprios olhos, aos olhos vistos, de vista. *Ipsis oculis.*

Ocúleos. *m. pl. (zool.)* Oculeos; tribu de insectos hemipteros heteropteros, da familia dos geocorisos.

Oculífero, ra. *adj. (zool.)* Oculifero; diz-se de certos crustaceos que têem um olho.

Oculina. *f. (zool.)* Oculina (*olho);* genero de polypeiros lamelliferos composto de dez ou doze especies encontradas em estado fossil nos terrenos secundarios e terciarios.

Oculinomancia. *f.* Oculinomancia; falsa adivinhação que consiste em descobrir os ladrões por meio de algumas operações supersticiosas feitas nos olhos.

Oculinomántico, ca. *adj.* Oculinomantico; pertencente á oculinomancia: — *m.* oculinomantico; o que exercia a oculinomancia.

Oculista. *m.* Oculista; facultativo que se dedica exclusivamente ao tratamento das doenças dos olhos. *Ocularius medicus.*

Oculo-muscular. *adj. (anat.)* Oculo-muscular; pertencente aos musculos do olho.

Ocultacion. *f.* Occultação; acção de occultar, de subtrahir á vista, de encobrir. *Occultatio, onis:* — occultação, encobrimento; silencio pelo qual se cala uma cousa que é certa e se sabe, devendo-se dize-la. *Occultatio, onis:* — *(astron.)* occultação; encobrimento, desapparecimento passageiro de um astro encoberto pela lua ou em um eclipse.

Ocultamente. *adv. m.* Occultamente, escondidamente, a furto, secretamente, sem ser visto, nem ouvido. *Occultè:* — occultamente, secretamente, ás escondidas, de modo occulto. *Occultè, clam.*

Ocultar. *a.* Occultar, esconder, encobrir. *Occultare, abscondere, abdere:* — occultar, encobrir; calar de proposito o que deve ou póde dizer-se. *Occulere:* — *r.* V. *Desconocer:* — occultar-se, encobrir-se, esconder-se; desapparecer uma cousa da vista do observador.

Oculto, ta. *adj.* Occulto, escondido, encoberto, ignorado. *Occultus, a, um. De oculto (loc. adv.)* V. *De incognito. En oculto;* em segredo, ás escondidas, secretamente, sem publicidade.

Oculus-christi. *m. (bot.)* Olho de Christo, asteroide; planta vivace, de flor radiada e mui bonita.

Ocupacion. *f.* Occupação; acção de occupar ou tomar alguma cousa. *Occupatio, onis:* — occupação; emprego de tempo em algum negocio ou trabalho. *Negotium, ii:* — occupação; officio, modo de vida, emprego, profissão ou dignidade. *Munus, officium:* — *(rhet.)* occupação ou preoccupação; figura pela qual se previne uma objecção.

Ocupada. *adj.* Occupada, pejada; diz-se da mulher gravida.

Ocupadísimo, ma. *adj. sup.* de *Ocupado.* Occupadissimo. *Multis negotiis implicatus.*

Ocupador. *m.* Occupador; o que toma ou occupa alguma cousa. *Occupator, oris.*

Ocupante. *adj.* Occupante; que occupa. *Occupans, antis.*

Ocupar. *a.* Occupar; tomar posse, apoderar-se de alguma cousa. *Ocupare, potiri:* — occupar; obter, preencher, disfructar algum emprego, dignidade, cargo, logar, etc. *Fungi:* — occupar; encher, tomar algum espaço ou logar vasio. *Complere, replere:* — occupar, habitar. *Habitare, incolere:* — occupar; proporcionar trabalho a alguem, dar-lhe occupação, dar-lhe que fazer, dar-lhe obra. *Operam vel negotium alicui committere, adhibere:* — occupar; embaraçar ou estorvar a alguem. *Impedire, occupare:* — *(fig.)* occupar; chamar á attenção de alguem, dar-lhe em que pensar. *Ocupare:* — *r.* occupar-se; dar-se a trabalho, empregar utilmente o tempo: — occupar-se; fixar a consideração em algum assumpto ou negocio.

Ocurrencia. *f.* Occorrencia; successo que occorre, occasião, encontro, successo casual, fortuito, conjunctura de tempo, de negocios. *Occisio, casus:* — lembrança, idéa inesperada, dito agudo, palavra opportuna ou original que occorre á imaginação. *Species, apprehensio. Ocurrencia de acredores (for.);* competencia de credores; a disputa que estes têem entre si para pagar-se dos bens do devedor que fez concurso. *Causa inter creditores agitata.*

Ocurrente. *adj.* Occurrente; que occorre. *Occurrens, obvius.*

Ocurrir. *n.* Occorrer, antecipar-se, sair, vir ao encontro. *Occurrere:*—occorrer; acontecer, succeder alguma cousa. *Accidere:* — recorrer:— occorrer; caír juntamente ou no mesmo dia uma festa com outra de maior ou menor classe de rito. *Occurrere, incidere:*—occorrer; sobrevir alguma cousa em um negocio ou pendencia:—correr; acudir a alguma parte. *Occurrere:* — *r.* occorrer; offerecer-se, vir á memoria, ao pensamento. *Occurrere, venire in mentem.*

Ocurso. *m. (ant.)* V. *Concurso, Copia.*

Ocúzcaz volador. *m. (vet.)* Nome de certa enfermidade das cavalgaduras.

Ocha. *f. (ant.)* V. *Octava*, composição poetica.

Ochardiló. *f. (germ.)* Licença.

Ochardó. *m. (germ.)* Manto.

Ochava. *f.* Oitava; uma das oito partes em que se divide um todo. Tambem ha ochava em portuguez, mas em desuso: — *(art.)* V. *Octava:* — *pl. (art.)* oitavas; faces que formam a parte prismatica exterior do cano de algumas armas de fogo portateis.

Ochavado, da. *adj.* Oitavado; de oito lados e angulos iguaes. *In octangulum formatus.*

Ochavar. *a.* Oitavar; fazer de oito lados, dar a figura oitavada. *In octangulum formare.*

Ochavario. *m. (ant.)* V. *Octavario.*

Ochavear. *n. (fig. fam.)* Ser tacanho, excessivamente economico ou mesquinho.

Ochavilla. *f. (ant.)* V. *Ochava*, significando oitava parte.

Ochavo, va. *adj. (ant.)* Ochávo. V. *Octavo:* — *m.* ochavo; moeda castelhana de cobre, que vale dois maravedis ou a metade de um quarto. *Dimidium assis hispanici:* — qualquer edificio ou logar de figura oitavada:— *(ant.)* ochavo, oitavo; uma das oito partes em que se divide um todo.

Ochenta. *adj.* Oitenta; numero que resulta de dez multiplicados por oito. *Octoginta.*

Ochental, Ochentana, Ochentanario, Ochentañal. *adj. (ant.)* V. *Octojenario.*

Ochenton, na. *adj. (fam.)* Oitentão; que tem oitenta annos: diz-se as mais das vezes da pessoa que representa esta idade sem a ter com effeito. Tambem se usa como substantivo. *Octogenarius, a, um.*

Ocherito. *m. (germ.)* Merito.

Ochete. *m. (mil.)* Alma ou parte ôca dos projectis ôcos.

Ochi. *m. (germ.)* Espirito.

Ochibiben. *f. (ger.)* Vida.

Ocho. *adj. num. card.* Oito; numero par composto de duas vezes quatro. *Octo:* — *adj. (num.)* oito; usa-se em logar de oitavo; *v. g.: el dia ocho de febrero llegó su padre;* no dia oito de fevereiro chegou o seu pae: — *m.* oito; caracter ou algarismo que representa este numero: — oito; carta de jogar que tem oito pontos ou signaes: — meio quartilho de vinho. Usa-se muito n'este sentido na provincia de Sevilha. *Sextaria quarta. Dar ó echar con los ochos y los nueves (fr. fig.);* pôr tudo em pratos limpos; dizer aberta e claramente a alguem as suas más obras ou faltas, dizer-lhe sem rebuço verdades amargas. *Conviciis onerare.*

Ochocientos, tas. *adj. num. card.* Oitocentos, oitocentas; oito vezes cem.

Ochon. *m. (germ.)* Mez.

Ochubre, Ochubrio, Ochubro. *m. (ant.)* V. *Octubre.*

Oda. *f. (poet.)* Oda, ode; nome dado pelos gregos e latinos a toda a composição poetica destinada ao canto. Hoje chama-se ode a uma composição lyrica em que se cantam louvores, amores, etc., e que admitte varias fórmas.

Odacanta. *f. (zool.)* Odacantha *(espinha em fórma de dente);* genero de insectos coleopteros pentameros da familia dos carabicos.

Odacismo. *m. (med.)* V. *Odaxismo.*

Odalisca. *f. (hist.)* Odalisca; mulher dedicada ao serviço das irmãs do sultão, de suas filhas e de suas mulheres, e cuja occupação é servir á mesa e cuidar dos aposentos: — odalisca; mulher destinada aos prazeres do sultão e que fórma parte do seu harem.

Odax. *f. (zool.)* Odax *(dente);* genero de peixes acanthopterygios, da familia dos labroideos, composto de seis especies originarias do mar das Indias.

Odaxismo. *f. (med.)* Odaxismo; prurido das gengivas que precede a erupção dos dentes.

Odeida. *f. (lit.)* Odeida; poema narrativo dividido em estancias mui curtas e cujo estylo deve ser mui conciso.

Odezia. *f. (zool.)* Odezia; genero de insectos lepidopteros nocturnos da tribu dos phalenidos.

Odia. *f.* Canal de pau por onde cae a cidra na primeira tina ou cuba, disposta para a receber.

Odiar. *a.* Odiar, detestar, ter odio, aborrecer. *Odisse, odio habere:* — *r.* odiar-se, detestar-se, aborrecer-se; ter reciprocamente odio e aborrecimento. *Odium parere, odio dignum se efficere.*

Odin. *m. (myth.)* Odin; o maior dos deuses scandinavos.

Odina. *f. (bot.)* Odina; genero de plantas da familia das terebinthaceas.

Odineritos. *m. pl. (zool.)* Odyneritos; tribu de insectos hymenopteros da familia dos eumenidos, ao qual serve de typo o genero odynero.

Odinero. *m. (zool.)* Odynero *(desagradavel);* genero de insectos hymenopteros da familia dos eumenides.

Odínico, ca. *adj.* Odinico; pertencente a Odin ou á sua religião.

Odinsday. *m.* Odinsday; dia consagrado a Odin pelos povos do norte.

Odio. *m.* Odio; aversão absoluta, entranhavel a uma pessoa ou cousa. *Odium, ii:* — *de abominacion (rel.)*; odio de abominação; chamam assim os theologos o aborrecimento que se tem ao peccado, sem odiar por isso o peccador.

Odiosamente. *adv. m.* Odiosamente; com odio, de modo odioso.

Odiosidad. *f.* Odiosidade; aversão parcial e procedente de causa determinada: — odiosidade; qualidade odiosa, caracter odioso.

Odiosísimo, ma. *adj. sup.* de *Odioso.* Odiosissimo. *Valdè odiosus, abominabilis.*

Odioso, sa. *adj.* Odioso; que causa odio, aversão. *Odiosus, invisus.*

Odir. *a. (ant.)* V. *Oir.*

Odisea. *f. (lit.)* Odyssea; poema de Homero, em que se referem as aventuras de Ulysses quando voltava a Ithaca depois da guerra de Troya.

Odisilo. *m. (germ.)* Vicio.

Odisiloso, sa. *adj. (germ.)* Vicioso.

Odito. *m. (min.)* Odito; variedade de mica de côr parda amarellada.

Odográfico, ca. *adj.* Odographico; que marca os caminhos.

Odojenio. *m. (zool.)* Odogenio; genero de insectos coleopteros pentameros da familia dos carabicos.

Odometría. *f.* Odometria; arte de fazer odometros.

Odométrico, ca. *adj.* Odometrico; concernente á odometria.

Odómetro. *m.* Odometro; instrumento para medir o caminho andado de carruagem ou a pé, e fixar d'este modo as distancias que ha de um logar a outro. Póde adaptar-se á roda de uma carruagem ou ao joelho de um homem, e a cada volta da primeira ou a cada passo do segundo marca um ponto a agulha do odometro, sendo depois mui facil calcular o espaço percorrido, para o que basta ter em attenção a circumferencia da roda, ou o comprimento do passo do homem.

Odonestide. *m. (zool.)* Odonestide ou odonestis; genero de insectos lepidopteros nocturnos, da familia dos lasiocampidos.

Odontagogo. *m. (med.)* Odontagogo; instrumento para extrahir dentes.

Odontagra. *f. (med.)* Odontagra; dor rheumatica ou gotosa nos dentes.

Odontalia. *f. (bot.)* V. *Rodomela.*

Odontaljía. *f. (med.)* Odontalgia; dor de dentes, acompanhada muitas vezes de inchação das gengivas.

Odontáljico, ca. *adj.* Odontalgico; relativo á odontalgia. Diz-se geralmente dos remedios, elixires, etc. destinados a conservar a dentadura, e a calmar a odontalgia.

Odontandra. *f. (bot.)* Odontandra *(estame em fórma de dente)*; genero de plantas da familia das meliaceas, cujas especies são arbustos originarios da Europa e da Asia.

Odontechnia. *f.* Odontechnia; arte de conservar os dentes.

Odontia. *f. (bot.)* Odontia. V. *Erináceo:*—*(zool.)* odontia; genero de insectos lepidopteros nocturnos, da tribu dos pyralidos.

Odontiasis. *f. (med.)* Odontiasis ou odontiase; grupo de phenomenos produzidos pelo desenvolvimento dos germens dentarios, rompimento dos dentes e sua destruição.

Odóntico, ca. *adj.* V. *Odontáljico.*

Odontina. *f.* Odontina; remedio para curar a dor de dentes: — preparação ou pasta dentifricia para limpar e conservar os dentes.

Odontionopa. *f. (zool.)* Odontionopa *(pé denteado)*; genero de insectos coleopteros subpentameros da familia dos cyclicos.

Odontitis. *f. (med.)* Odontitis ou odontite; inflammação da polpa dentaria.

Odontito. *m. (bot.)* Odontito *(dente)*; genero de plantas da familia das escrofularineas, cujas especies são herbaceas e originarias da Europa central.

Odontobio. *m. (zool.)* Odontobio *(que vive nos dentes)*; genero de helminthos, mui pouco conhecido, que tem a fórma dos nomatoideos, cuja unica especie foi encontrada nas barbas corneas da balêa.

Odontocarfa. *f. (bot.)* Odontocarpha; genero de plantas da familia das compostas.

Odontocaro. *m. (zool.)* Odontocaro; genero de insectos coleopteros pentameros da familia dos carabicos, composto de duas especies.

Odontocera. *f. (zool.)* Odontocera *(antena denteada)*; genero de insectos coleopteros subpentameros da familia dos longicornes: — odontocera; genero de insectos dipteros brachoceros, da familia dos malacodermes, tribu dos locustidos.

Odontocorino. *m. (zool.)* Odontocoryno; genero de insectos coleopteros tetrameros da familia dos curculionidos gonatoceros.

Odontodero. *m. (zool.)* Odontodero *(pescoço denteado)*; genero de insectos coleopteros subpentameros da familia dos tubiferos, cuja especie typica é originaria da Nova Hollanda.

Odontofia. *f.* Odontophia, dentição; producção, formação dos dentes.

Odontogloso. *m. (bot.)* Odontogloso *(lingua em fórma de dente)*; genero de plantas da familia das orchideas.

Odontognato. *m. (zool.)* Odontognatho; genero de peixes malacopterygios abdominaes, da familia dos clupeoideos, que consta de uma unica especie: — odontognatho; genero de insectos coleopteros pentameros da familia dos lamellicornes, e tribu dos escarabideos phyllophagos.

Odontografía. *f.* Odontographia; descripção dos dentes.

Odontográfico, ca. *adj.* Odontographico; pertencente á odontographia.

Odontóideo, dea. *adj. (anat.)* Odontoideo; que tem fórma

de dente. Applica-se em particular á apophyse situada na face superior da segunda vertebra do pescoço.

Odontoides. *adj.*V. *Odontoideo.*

Odontoidiano, na. *adj.* *(anat.)* Odontoidiano; relativo á apophyse odontoidea.

Odontojenia.*f.(physiol.)*Odontogenia; desenvolvimento, formação dos dentes: — odontogenia; parte da physiologia que trata da maneira pela qual se verifica o desenvolvimento dos dentes.

Odontolita. *f.* *(med.)* Odontolitha, tartaro, pedra dos dentes; incrustação de côr amarellada que se forma na base dos dentes: — *(min.)* odontolitha; nome dado á turqueza ossea, que deve a sua origem a ossos fosseis, e em particular a dentes de animaes, cujo principio colorante é o sulphato de ferro.

Odontolitiasis.*f.* *(med.)* Odontolithiasis; formação do tartaro ou pedra dos dentes.

Odontolito. *m.* V. *Odontolita,* na segunda accepção.

Odontolofo. *m.* *(bot.)* Odontolopho *(pennacho denteado);* genero de plantas da familia das compostas, tribu das cynareas.

Odontología. *f.*V. *Odontolojía.*

Odontologista. *m.* V. *Odontolojista.*

Odontolojía. *f.* Odontòlogia; discurso ou tratado sobre os dentes.

Odontolójico, ca. *adj.* Odontologico, relativo á odontologia.

Odontoloma. *f.* *(bot.)* Odontoloma *(franja denteada);* genero de plantas da familia das compostas, cujas especies são arbustos que crescem na America meridional.

Odontomaco. *m.* *(zool.)* Odontomacho *(que combate com os dentes);* genero de insectos coleopteros tetrameros, da familia dos curculionidos, composto de duas especies: — odontomacho; genero de insectos hymenopteros da familia dos formicidos, grupo dos poneritos, estabelecido por Latreille.

Odontomia. *f.* *(zool.)* Odontomya *(mosca com dentes);* genero de insectos dipteros brachoceros, da familia dos notocanthos, composto de umas vinte e oito especies originarias de França e Allemanha.

Odontomo. *m.* *(zool.)* Odontomo *(dorso denteado);* genero de insectos coleopteros pentameros da familia dos esternoxos.

Odontónice. *m.* *(zool.)* Odontonyce ou odontonyx *(unha denteada);* genero de insectos coleopteros pentameros da familia dos malacodermes.

Odontopetra. *f.* Odontopetra; tem-se dado este nome a dentes fosseis de peixes dos generos squalo, raia, sparo, etc., que impropriamente se chamam glossopetras.

Odontopo. *m.* *(zool.)* Odontopo *(pé denteado);* genero de insectos coleopteros heteromeros da familia dos melasomos, composto de tres especies: — odontopo; genero de insectos hemipteros heteropteros da secção dos geocorisos, composto de duas especies indigenas da Senegambia e de Bengala.

Odontoptéride. *m.* *(bot.)* Odontopteride ou odontopteris; genero de fetos fosseis, composto de cinco especies.

Odontoranfos. *m.* *pl.* *(zool.)* Odontoramphos; familia de aves da ordem dos passaros, cujas especies têem as mandibulas denteadas nas bordas.

Odontorina. *m.* *(zool.)* Odontorhina; genero de insectos coleopteros pentameros da familia dos lamellicornes.

Odontorrajia. *f.* *(med.)* Odontorrhagia; fluxo de sangue pelo alveolo, em consequencia da extracção de um ou mais dentes.

Odontorrájico, ca. *adj.* Odontorrhagico; concernente ou relativo á odontorrhagia.

Odontoscélide. *m.* *(zool.)* Odontoscelide ou odontoscelis *(perna denteada);* genero de insectos coleopteros pentameros da familia dos carabicos: — odontoscelide; genero de insectos hemipteros, da familia dos scutellerios, cujas especies se encontram todas no novo mundo.

Odontostomo, ma. *adj.* *(zool.)* Odontostomo; diz-se de certos molluscos que têem a bôca ou a abertura denteada.

Odontota. *f.* *(zool.)* Odontota *(denteada);* genero de insectos coleopteros subpentameros da familia dos eupodas, que comprehende umas quarenta especies originarias da America.

Odontotarso. *m.* *(zool.)* Odontotarso *(tarso em fórma de dente);* genero de insectos hemipteros heteropteros, da secção dos geocorisos.

Odontotecnia. *f.* *(med.)* Odontotechnia; arte do dentista, arte de fazer dentes artificiaes.

Odontotécnico, ca. *adj.* Odontotechnico; pertencente ou relativo á odontotechnia.

Odontótrico. *m.* *(bot.)* Odontotricho *(pello em fórma de dente);* genero de plantas da familia das compostas.

Odontotrimmo. *m.* *(med.)* Substancia dentifricia, propria para limpar os dentes.

Odontoxéila. *f.* *(zool.)* Odontocheila *(labio denteado);* genero de insectos coleopteros pentameros, da familia dos cicindelitos.

Odontoxesto. *m.* *(med.)* Odontochesto; instrumento para tirar a caria dos dentes.

Odontria. *f.* *(zool.)* Odontria *(tres dentes);* genero de insectos coleopteros pentameros da familia dos lamellicornes, composto de tres especies originarias da Nova Zelandia.

Odor. *m.* *(ant.)* Odor. V. *Olor.*

Odorabilidad. *f.* Odorabilidade; qualidade do que é cheiroso.

Odorable. *adj.* *(ant.)* Odorifero, odoroso, cheiroso.

Odorante. *adj.* *(ant.)* V. *Odorable.*

Odoratísimo, ma. *adj. sup.* *(ant.)* Odoratissimo; muito cheiroso. *Odoratissimus, a, um.*

Odorato. *m.* *(ant.)* V. *Olfato.*

Odorbrio. *m.* *(zool.)* V. *Ruiseñor.*

Odórico, ca. *adj.* *(chim.)* Odorico; diz-se dos saes que têem a odorina por base.

ODÓRIDOS. *m. pl. (chim.)* Odoridos; familia de compostos terciarios organicos, que comprehende aquelles que se tornam notaveis pela acção que exercem sobre o olphato.

ODORÍFERO, RA. *adj.* Odorifero, oloroso, cheiroso, fragrante; suave e grato ao olphato. *Odoriferus, a, um.*

ODORÍFICO, CA. *adj.* Odorifico, odorifero; que exhala, produz cheiro. *Órgano odorífico (zool.);* orgão odorifico; o que nos insectos hemipteros, prepara o cheiro que o insecto exhala.

ODORINA. *f. (chim.)* Odorina; base salificavel extrahida do oleo animal de *Dippel*, assim chamada por causa do seu cheiro particular e repugnante.

ODORO, RA. *adj. (inus.)* Odoroso; que tem ou exhala cheiro. *Odorus, a, um:* — *m. pl. (germ.)* zelos.

ODOROSCOPIA. *f.* Odoroscopia; acção pela qual se examinam as emanações cheirosas que exhalam a maior parte dos corpos.

ODOROSCÓPICO, CA. *adj.* Odoroscopico; que respeita á odoroscopia.

ODORÓSCOPO, PA. *adj.* Odoroscopo; que serve para apreciar os cheiros.

ODOROSO, SA. *adj. (germ.)* Zeloso.

ODRE. *m.* Odre; a pelle inteira do bode, cabra ou outro animal, curada e feita em saco atado na bôca, para conter vinho, azeite, etc. *Uter, utris:* — *(fam.)* odre, bebado, borracho. *Ebrius, vino submersus:* — *de mar (zool.)* V. *Ascidia.*

ODRECILLO. *m. dim.* de *Odre.* Odrinho ou odrezinho: — *(ant.)* instrumento musico de vento mui parecido com a gaita gallega.

ODRERÍA. *f.* Odreiria; loja ou officina de odreiro. *Utrium officina.*

ODRERO. *m.* Odreiro; homem que faz odres ou os vende. *Utrarius, ii.*

ODREZUELO. *m. dim.* de *Odre.* Odresinho, odrinho.

ODRINA. *f. (ant.)* Pelle de boi cosida em fórma de odre. *Bovinus uter:* — *(fig. fam.)* odre de vinho, borracho, bebado. *Estar hecho una odrina (fr. fig. ant.);* ser um poço de doenças, estar cheio de feridas, de chagas. *Plagis laborare.*

OEDOSOMA. *f. (zool.)* Oedosoma; genero de insectos hemipteros heteropteros da familia dos geocorisos.

OÉNAS. *f. (zool.)* Oena; especie de pombo torquaz ou bravo.

OESNOROESTE, OESNORUESTE. *m.* Oesnoroeste; vento que medeia entre o noroeste e o oeste. *Caurozephyrus, i:* — oesnoroeste; ponto do horisonte que está perfeitamente entre o oeste e o noroeste; isto é, distante vinte e dois graus e trinta minutos de cada um d'elles. *Horisontis punctum, à septentrione occidentem versùs sexaginta septem gradibus cum minutis triginta distans.*

OESSUDOESTE, OESSUDUESTE. *m.* Oessudoeste; vento medio entre o oeste e o sudoeste. *Libozephirus, i:* — oessudoeste; ponto do horizonte que medeia entre o oeste e o sudoeste.

OESTE. *m.* Oeste; vento occidental que é um dos quatro cardiaes: — oeste; ponto do horizonte opposto ao de este, d'onde se põe o sol no tempo do equinoccio. *Zephirus, favonius.*

OF. *m. (ant. naut.)* V. *Redel.*

OFATO. *m.* Ophato; especie de marmore.

OFELIA. *f. (bot.)* Ophelia; genero de plantas da familia das gencianaceas, cujas especies são hervas que crescem na India: — *(zool.)* ophelia; genero de annelidos do grupo dos arisios, cuja especie unica se encontrou em Rochela.

OFELO. *m. (bot.)* V. *Adansonia.*

OFENDEDOR, RA. *s.* Offendedor. V. *Ofensor.*

OFENDER. *a.* Offender; fazer offensa, causar damno, mal physico a outro, ferindo-o ou maltratando-o. *Offendere:* — offender, desattender, ultrajar; injuriar de palavras, faltar á urbanidade. *Offendere, injuriam inferre, injuriis afficere:* — offender, enfastiar, desagradar, causar desgosto, desprazer. *Fastidire, tædium gignere, offendere:* — *r.* offender-se, picar-se, escandalisar-se, ter a mal, sentir-se offendido, resentir-se de damno ou injuria recebida. *Stomachari, ægre ferre; offensa commoveri, percuti:* — offender-se; maltratar-se reciprocamente.

OFENDIDÍSIMO, MA. *adj. sup.* de *ofendido.* Offendidissimo.

OFENDIDO, DA. *adj.* Offendido.

OFENDIENTE. *adj.* Offendedor; que offende.

OFENSA. *f.* Offensa, injuria, affronta, aggravo; damno que se faz a outrem por obras ou palavras. *Offensa, injuria, offensio:* — offensão, ataque; acção de acommetter o inimigo. *Invectio, onis:* — offensa, peccado, culpa; transgressão da lei ou dos preceitos de *Deus.* *Offensa, peccatum.*

OFENSADOR, RA. *adj. (ant.)* V. *Ofensor.*

OFENSAR. *a. (ant.)* V. *Ofender.*

OFENSION. *f. (ant.)* Offensa, damno, injuria. *Offensio, onis.*

OFENSIVA. *adj.* Offensiva; diz-se da arma que serve para offender. *Ad nocendum arma.* *Tomar la ofensiva (fr. mil);* tomar a offensiva; preparar-se para acommetter o inimigo, e ataca-lo effectivamente.

OFENSIVAMENTE. *adv. m.* Offensivamente; de modo offensivo, com offensa.

OFENSIVO, VA. *adj.* Offensivo; que offende, ou póde offender. *Offensivus, a, um:* — *m.* defensa; reparo que se põe a alguma cousa, o qual serve para offender, ferir, ou para impedir que se approximem d'ella. *Defensio, offendens.*

OFENSOR, RA. *s., adj.* Offensor; o que offende. *Offensor, oris.*

OFERCION. *f. (ant.)* V. *Ofrenda.*

OFERENTE. *adj.* Offerente; o que offerece. Usa-se commummente como substantivo.

OFERTA. *f.* Offerta; promessa que se faz de dar, cumprir

ou executár alguma cousa. *Pollicitatio, promissio, pollicitum:* — offerta, offerecimento; cousa offerecida, dom que se offerece a alguem para que o aceite.

Oferto, ta. *adj. (ant.)* Offertado. V. *Ofrecido.*

Ofertorio. *m.* Offerecimento; acto de offerecer. *Offertorium, ii:* — *(rel.)* offertorio; parte da missa em que o sacerdote, antes de consagrar, offerta a Deus a hostia e o vinho do calix. *Offertorium, ii:* — offertorio; antiphona que diz o sacerdote antes de offerecer a hostia e o calix. *Offertorium, ii.*

Ofia. *f. (zool.)* Ophia; genero de aves originarias de America meridional.

Ofiala. *f. (bot.)* Ophiala. V. *Helmintostáquide.*

Ofiasia. *f. (med.)* V. *Ofiasis.*

Ofiasis. *f. (med.)* Ophiasis; especie de alopecia em que cáe o cabello e o vello, e o corpo do doente toma o aspecto da pelle da serpente.

Ofibasia. *f. (min.)* Ophibase. V. *Ofita, serpentina.*

Oficalcia. *f. (min.)* Ophicalcia; rocha calcarea avermelhada ou branca, misturada com silicato de magnesia verdoso.

Oficéfalo. *m. (zool.)* Ophicephalo *(cabeça de serpente)*; genero de peixes acanthopterygios, da familia dos pharyngios labyrinthiformes.

Oficial. *adj.* Official; que é de officio e não particular ou privado, v. g.; *documento oficial, noticia oficial;* documento official, noticia official. *Oficialis, le:* — *s.* official; homem ou mulher que exerce officio manual e mechanico. *Oficialis, is:* — official; o que exerce algum officio manual com intelligencia e conhecimento, que se contrapõe a mestre, para quem aquelle trabalha. *Operarius oficialis:* — algoz, carrasco, verdugo, executor de alta justiça. *Carnifex, icis:* — cortador; o que corta e vende carne no açougue; usa-se em algumas partes. *Macelli officialis, carnarius:* — officioso; usa-se em estylo cortezão. *Officiosus, a, um:* — *m.* official; pessoa empregada no serviço do estado, civil, administrativo, etc. *Reipublicæ ministri:* — *de voz pública (prov.);* pregoeiro. *Es buen oficial (fr.),* é habil e intelligente, em qualquer assumpto ou materia. *Dexter quidem artifex est:* — *(adm.)* official; empregado subalterno, que debaixo da direcção e ordens de um chefe, trabalha em alguma repartição publica. *Præfecti commentariorum aut aliorum officinæ officialis:* — *(for.)* official; o que conhece das causas contenciosas nos tribunaes ecclesiasticos. *Vicarius episcopi:* — *de justicia;* official de justiça, alcaide: — *de justicia y gobierno;* alcaide ou regedor de um povo: — *de la sala;* actuario, tabellião de causas criminaes; usava-se em Madrid. *Actuarius criminalis:* — *real;* official regio; certo ministro de capa e espada em differentes logares das Indias, o qual com outros formava tribunal e tinha a seu cargo o recebimento e contas dos fundos publicos pertencentes á Hespanha. *Rei ærariæ minister:* — *de cargo (naut.);* official de carga: — *de guerra;* official de guerra; todo o que forma parte da armada desde capitão general até alferes de navio: — *de mar;* o contramestre, patrão da lancha, carpinteiro, calafate e todo qualquer que vae a bordo com um cargo mechanico: — *de presa.* V. *Cabo:* — *marinero;* official marinheiro; o que dirige e entende bem de manobras: — *(mil.)* official; militar de alferes para cima. *Præfectus castrensis:* — *general;* official general; militar desde brigadeiro até capitão general do exercito.

Oficialazo. *m. augm. de Oficial.* Officialão; grande, habil, mui bom e perfeito official. *Dexter, strenuus artifex.*

Oficialía. *f.* Exercicio, emprego de official de contadoria, de secretaria, etc. *Quæstoris vel secretarii officialis munus.*

Oficialidad. *f.* Officialidade; corpo, conjuncto de officiaes militares.

Oficialmente. *adv. m.* Officialmente; de officio, de modo official.

Oficiante. *m. adj.* Officiante; sacerdote que celebra a missa e mais officios divinos.

Oficiar. *a.* Officiar; participar por officio, passar officios, communicar officialmente alguma ordem, aviso, etc.: — *(rel.)* officiar; ajudar a cantar a missa e mais officios divinos. *Rei sacræ cooperari:* — officiar; celebrar, como sacerdote, a missa e mais officios divinos. *Rei sacræ præesse.*

Oficiero. *m. (ant. rel.)* V. *Oficio.*

Oficina. *f.* Officina; casa, logar onde se executa trabalho mechanico. *Officina, æ:* — laboratorio: — repartição, casa destinada para se tratarem e expedirem certos negocios publicos ou particulares, como secretaria, contadoria, ou cousa similhante. *Scriptoria vel quæstoria oficina:* — *(fig.)* officina, laboratorio; logar onde se elabora alguma cousa não material. *Officina, æ:* — *(fig.)* officina; sitio, parte ou logar onde se forja ou concerta algum negocio ou empreza. *Officina, æ:* — *pl.* officinas; despejo, casas baixas de um predio para metter certas cousas, como adega, etc. *Officina domestica, cœla.*

Oficinal. *adj. (prov.)* V. *Medicinal:* — *(pharm.)* officinal; diz-se das plantas empregadas na medicina, e tambem dos medicamentos que devem estar sempre preparados nas boticas, para differença dos que se preparam extemporaneamente, segundo a receita dos medicos, os quaes se chamam magistraes.

Oficinesco, ca. *adj.* Proprio, peculiar das officinas; diz-se por desprezo.

Oficinista. *m.* Funccionario,

empregado de alguma repartição do estado.

Oficio. *m.* Officio, obrigação, dever. *Officium, ii:* — officio; funcção ou operação de qualquer cousa. *Officium, operatio:* — officio, arte mechanica; trabalho e exercicio em que se empregam varios artifices. *Officium opificium, munus:* — officio; occupação, modo de vida. *Munus, officium:* — officio; em certos empregos, o direito de propriedade, em virtude do qual podiam os possuidores vende-los, arrenda-los, etc.: — escriptorio de notario ou tabellião. *Officina notariorum seu tabelliorum:* — officios ou officinas do paço; ucharia, manteаria, etc. *Officina regiæ domus:* — officio, auxilio, ajuda: — officios, mediação, assistencia. Usa-se mais no plural: — *de boca ó de la boca;* officio de bôca; cada um dos que no paço tem relação com a mesa do rei. *Officina qua ad prandium regium necessaria parantur:* — *de cabeza;* officio cujo desempenho depende mais da theoria que da pratica. *Munus animi viribus potissimum indigens:* — *público.* V. *Oficio de república:* — *renunciable;* officio renunciavel; o que se adquire com a faculdade de o passar a outrem por meio de renuncia. *Officium ad alium transmissibile per renuntiationem. Oficios de manos;* officiaes que trabalham para a córte, para o paço; v. g., o sapateiro, o alfaiate, o estufador, etc. *Officia mechanica. Oficios de república;* cargos municipaes: — *servil;* officio servil, officio mechanico, em distincção dos liberaes ou nobres. *Officium, munus servile. Aprender buen oficio (fr. fam.);* aprender bom officio; applicar-se a um officio lucrativo mas pouco honroso. *Musicam vitam agere. Correr bien el oficio (fr.);* correr bem o officio, render bem, tirar bom partido d'elle. *Officium prodesse. Correr el oficio (fr.);* correr o officio; haver muito que fazer em algum emprego ou profissão. *Artem benè alicui cedere, prodesse. De oficio (loc. adv.);* de officio, officialmente, com formalidade, por modo authentico: — de officio, ex officio; por obrigação, dever, em qualidade official. *Ab vel de officio. Hacer ó praticar oficios (fr.);* fazer bons officios a alguem; obrar em abono d'elle. *Pro aliquo operam adhibere, partes alicujus agere. Hacer su oficio (fr.);* fazer o seu dever, cumprir com a sua obrigação. Figuradamente diz-se fazer o seu officio das cousas que estão destinadas para um dado fim, como um utensilio, um instrumento mechanico, etc. *Suum munus explere, deservire, fungi. Meterse en oficio ajeno (fr.);* metter-se em negocios alheios, ingerir-se, tomar parte, metter-se alguem onde o não chamam. *In messem alienam falcem mittere. Sin oficio ni beneficio, ó no tener oficio ni beneficio (fr. fam.);* não ter officio nem beneficio; não ter rendimento, viver á custa alheia, como vadio. *Vivere ingenio, vel vitam arte vel munere expertem agere. Suspender a alguno de oficio ó empleo (fr.);* suspender a alguem, priva-lo por algum tempo do exercicio do seu officio ou emprego. *Suspendere. Tener oficio (fr. fig.);* diz-se das azeitonas sapateiras. *Oleas fœtere. Tomarlo por oficio (fr.);* tomar por officio, por uso e costume, fazer, praticar alguma cousa frequentes vezes. *Pro more vel ex munere agere. Qué oficio teneis? este que veis (rif.);* que officio tendes? o que vês; reprehende os preguiçosos e vadios que não querem trabalhar, não tendo de que viver. *Quam vitam agis? vacuam. Quien ha oficio ha beneficio (rif.);* quem tem officio tem beneficio, ou quem tem officio não morre de fome: — *(adm.)* officio; carta, despacho official de chefe militar, de ministro de estado ou diplomatico. *Santo oficio (hist.);* santo officio; a inquisição: diz-se por antonomasia. *Inquisitionis san ctum tribunal vel fidei. De oficio (loc. adv. for.);* de officio; diz-se dos processos judiciaes: — *(rel.)* officio; reza que os ecclesiasticos têem obrigação de dizer diariamente. Commummente chama-se-lhe officio maior. *Officium, prœces diurnœ:* — officio; acto de officiar na missa e demais funcções da igreja: — *pl.* officios; funcções solemnes pertencentes ao altar ou ao côro, especialmente os de semana santa: — *de difuntos,* officio de defuntos; preces pelas almas d'elles. *Officium defunctorum:* — *divino;* officio divino; o que os ecclesiasticos rezam diariamente. *Celebrar los divinos oficios (fr.);* celebrar os officios divinos; celebrar o sacrificio da missa, e cantar as horas canonicas no côro, segundo o rito ecclesiastico. *Divina officia peragere.*

Oficionario. *m.* Breviario ou livro ecclesiastico que contém o officio canonico.

Oficiosamente. *adv. m.* Officiosamente; com officiosidade, de modo officioso. *Officiosè.*

Oficiosidad. *f.* Diligencia e applicação ao trabalho. *Officiositas, atis:* — officiosidade; disposição officiosa, obra, serviço voluntario e não obrigatorio. *Officiositas, atis:* — entremettimento, importunidade; enfado da pessoa entremetteda, mettidiça, abelhuda.

Oficiosísimo, ma. *adj. sup.* de *Officioso.* Officiosissimo.

Oficioso, sa. *adj.* Officioso; que faz bons officios a outrem, amigo de obsequiar, e tambem que é solicito em executar o que está a seu cuidado. *Officiosus, solicitus:* — molesto, importuno, abelhudo, mettediço, entremettido; diz-se do que se mette com os negocios alheios, que se ingere onde o não chamam.

Oficleido. *m. (mus.)* Ophicleido; instrumento musico de

sopro, geralmente de cobre ou bronze, que tem nove chaves.

Ofictos. *m. pl. (zool.)* Ophichthyctos; ordem de peixes que comprehende aquelles cujo corpo prolongado e arredondado se assimilha ao das serpentes.

Ofidiastro. *m. (zool.)* Ophidiastro; genero de echinodermes da familia dos asteridos, composto de doze especies.

Ofidio. *m. (zool.)* Ophidio *(serpente pequena)*; genero de peixes malacopterygios apodas, da familia dos anguilliformes, similhante ao genero enguia: — *m. pl.* ophidios; ordem de reptis, que comprehende todos os conhecidos com o nome de serpentes.

Ofidomona. *f. (zool.)* Ophidomona; genero de infusorios da familia dos cryptomonadinos.

Ofidosaurios. *m. pl. (zool.)* Ophidosaurios; ordem de reptis, que comprehende os ophidios e os saurios.

Ofineo. *m. (astr.)* Ophineo; constellação septentrional.

Ofiocéfalo. *m. (zool.)* Ophiocephalo *(cabeça de serpente)*; especie de helminthos do genero nemerto, encontrada em Nova Hollanda.

Ofiocoma. *f. (zool.)* Ophiocoma *(cabelleira de serpente)*; genero de echinodermes ophiuridos, estabelecido por Agassiz.

Ofioderma. *f. (bot.)* Ophioderma *(pelle de serpente)*; genero de fetos da tribu das ophioglosseas, cuja especie typica cresce nas Molucas e na Oceania tropical: — *(zool.)* ophioderma; genero de echinodermes da familia dos ophiuridos, composto de tres especies.

Ofiodeo. *m. (zool.)* Ophiodeo ou ophiodes *(serpentiforme)*; genero de reptis ophidios, da familia dos scincoideos, que consta de uma unica especie originaria da America.

Ofiodonte. *m. (min.)* Ophiodonte; dente fossil de serpente.

Ofiófago, ga. *adj.* Ophiophago; que se nutre de serpentes.

Ofiofajía. *f.* Ophiophagia; costume de alimentar-se de serpentes.

Ofiofájico, ca. *adj.* Ophiophagico; pertencente á ophiophagia.

Ofioftalmos. *m. pl. (zool.)* Ophiophthalmos *(olho de serpente)*; genero de reptis da familia dos scincoideos.

Ofioglosa. *f. (bot.)* Ophioglosso *(lingua de serpente)*; genero de fetos, composto de umas quinze especies, originarias de quasi todas as partes do globo.

Ofioglosáceos. *m. pl. (bot.)* Ophioglosseos; tribu de fetos, que tem por typo o genero ophioglossa.

Ofioglosita. *f. (min.)* Ophioglossita; lingua de serpente petrificada.

Ofiografía. *f.* Ophiographia; tratado ou descripção das serpentes.

Ofiográfico, ca. *adj.* Ophiographico; relativo á ophiographia.

Ofiógrafo. *m.* Ophiographo; o que se occupa na descripção das serpentes.

Ofioideo, dea. *adj.* Ophioideo; que tem alguma affinidade ou similhança com as serpentes: — *m. (zool.)* ophioideo; familia de peixes que comprehende todos aquelles que pela fôrma do seu corpo se assimilham ás serpentes.

Ofiójenes. *m. pl.* Ophiogenes; raça particular de homens fabulosos, que descendiam de uma serpente que se converteu em heroe, e que tinham a propriedade de serem temidos por aquelles reptis.

Ofiolatra. *adj.* Ophiolatra; que adora as serpentes. Dizia-se de alguns povos da antiguidade.

Ofiolatría. *f.* Ophiolatria; adoração e culto das serpentes.

Ofiolépide. *m. (zool.)* Ophiolepide ou ophiolepis *(escama de serpente)*; genero de echinodermes da familia dos ophiuridos.

Ofiolita. *f. (min.)* Ophiolita; rocha composta, com base de talco ou serpentina, que contém uma certa quantidade de ferro oxydulado.

Ofiolítico, ca. *adj.* Ophiolitico; diz-se do terreno em que predomina a ophiolita.

Ofiolojía, *f.* Ophiologia; descripção das serpentes.

Ofiolójico, ca. *adj.* Ophiologico; pertencente á ophiologia.

Ofiolojista. *m.* Ophiologista; o que escreve ácerca das serpentes.

Ofiomaco, ca. *adj.* Ophiomaco; o que faz a guerra ás serpentes.

Ofiomancia. *f.* Ophiomancia; adivinhação supersticiosa que se faz observando as serpentes.

Ofiomixa. *f. (zool.)* Ophiomixa; genero de echinodermes da familia dos ophiuridos, caracterisados por ter duas genitaes em cada intervallo.

Ofiomórfico, ca. *adj.* Ophiomorphico; que tem fórma de serpente. *Letras ofiomórficas (dipl.)*; letras ophiomorphicas; letras cujas diversas partes representam figuras de serpentes.

Ofiomorfita. *f. (min.)* Ophiomorphita; fossil cuja fórma tem alguma similhança com a de uma serpente.

Ofiomorfo. *m. (zool.)* Ophiomorpho *(fórma de serpente)*; genero de insectos coleopteros pentameros da familia dos brachelytros.

Ofion. *m. (zool.)* Ophion *(serpente)*; genero de insectos hymenopteros da familia dos ichneumonidos, composto de muitas especies originarias da Europa.

Ofionea. *f. (zool.)* Ophionea *(serpente)*; genero de insectos coleopteros pentameros da familia dos carabicos, cuja especie typica é originaria das Indias orientaes.

Ofionice. *f. (zool.)* Ophionyce ou ophionix *(unha de serpente)*; genero de echinodermes da familia dos ophiuridos.

Ofiope. *m. (zool.)* Ophiope ou ophiops *(aspecto de serpente)*; genero de reptis saurios da familia dos lacertios.

Ofiopogo. *m.* *(bot.)* Ophiopogo *(barba de serpente)*; genero de plantas da familia das smilaceas.

Ofioriza. *f.* *(bot.)* Ophiorrhiza; genero de plantas herbaceas da familia das rubiaceas, cujas especies são proprias da *I*ndia.

Ofioscorodo. *m.* *(bot.)* Ophioscorodo; genero de plantas da familia das liliaceas.

Ofiospermo. *f.* *(bot.)* Ophiospermo; genero de plantas da familia das sapoteas, assim chamado porque os seus embryões têem a figura de serpentes pequenas.

Ofiostáxide. *f.* *(bot.)* Ophiostachyde ou ophiostachys; genero de plantas da familia das colchicaceas, que consta de uma unica especie commum nos bosques da Carolina e Virginia.

Ofiostoma. *f.* *(zool.)* Ophiostoma *(bôcâ de serpente)*; genero de vermes intestinaes, cujas especies vivem parasitas em varios animaes e principalmente na especie humana.

Ofioxilo. *m.* *(bot.)* Ophyoxylo; genero de plantas da familia das apocyneas, cujas especies são arbustos originarios da *I*ndia.

Ofira. *f.* *(zool.)* Ophira; genero de insectos dipteros brachoceros, da familia dos athericeros.

Ofisaurios. *m. pl.* *(zool.)* Ophisaurios; familia de reptis que têem por typo o genero ophisauro.

Ofisauro. *m.* *(zool.)* Ophisauro; genero de reptis serpentiformes, que comprehende uma unica especie originaria da America septentrional.

Ofisauroideos. *m. pl.* *(zool.)* V. *Ofisaurios.*

Ofistómide. *m.* *(zool.)* Ophistomide ou ophistomys; genero da insectos coleopteros da familia dos longicornes.

Ofistotónico, ca. *adj.* *(med.)* Ophistotonico; relativo aos ophistotonos.

Ofistotonos. *m.* *(med.)* Ophistotonos; tetano em que o corpo se dobra para trás.

Ofisuro. *m.* *(zool.)* Ophisuro; genero de peixes malacopterygios apodas, da familia dos anguilliformes, cuja especie typica é originaria do Mediterraneo.

Ofita. *f.* *(min.)* Ophita; nome dado por diversos geologos a rochas de composição mui differente, e pertencentes a muitas especies distinctas. Assim, chama-se ophita a todas as rochas porphyroides esverdinhadas, com crystaes de feldspatho, tendo por base ou uma pasta de petrosilex (porphydo petrosilicoso), ou uma pasta de petrosilex ligeiramente amphiboso (porphydo syenitico), ou uma pasta pyroxenica e feldspathica (ophita), ou emfim uma pasta dioritica compacta (dioritina).

Ofitás. *m. pl.* *(rel.)* Ophitas; nome de uns sectarios gnosticos do seculo II, que sustentavam que Christo tomou a figura de serpente para seduzir Eva.

Ofite. *m.* *(zool.)* Ophite *(similhante a uma serpente)*; genero de insectos coleopteros pentameros da familia dos brachelytros, composto de tres especies.

Ofitina. *f.* *(min.)* Ophitina; base da ophita ou porphydo verde.

Ofitoso, sa. *adj.* *(min.)* Ophitoso; que está reunido por meio de um cimento de serpentina ou chlorita.

Ofiuco. *m.* *(astron.)* Ophiuco; constellação boreal chamada tambem serpentario.

Ofiuridos. *m. pl.* *(zool.)* Ophiuridos; ordem de echinodermes caracterisados por terem cinco braços locomotores e a cavidade visceral limitada ao disco.

Ofiuríneas. *f. pl.* *(bot.)* Ophiurineas; tribu de plantas gramineas, cujo typo é o genero ophiuro.

Ofiuro. *m.* *(bot.)* Ophiuro *(pescoço de serpente)*; genero de plantas da familia das gramineas, cujas especies são originarias do Malabar e Nova Hollanda: — *(zool.)* ophiuro; genero de echinodermes, que comprehende as especies que têem o corpo orbicular, deprimido, e que se differençam dos asteroideos em que, em vez de apresentar, como elles, uma prolongação na cavidade visceral, têem só orgãos locomotores.

Ofíusa. *f.* *(zool.)* Ophiusa; genero de insectos lepidopteros nocturnos, composto de dezoito especies originarias da *E*uropa.

Ofono. *m.* *(zool.)* Ophono; genero de insectos coleopteros pentameros da familia dos carabicos.

Ofrecedor, ra. *s.* Offerecedor, offerente; o que offerece. *Offerens, entis.*

Ofrecer. *a.* Offerecer; dar ou prometter voluntariamente alguma cousa. *Polliceri:* — offerecer; apresentar, manifestar alguma cousa para que se veja. *Exhibere, exponere, ad oculos ponere:* — offerecer, offertar, consagrar ou dedicar a *D*eus ou a algum santo a boa obra que se faz, como *ofrecer una misa;* offerecer uma missa. *Offerre, devovere:* — offerecer; dar alguma esmola, dedicando-a a *D*eus ou ao seu culto na missa ou em outra qualquer funcção ecclesiastica. *Offerre:* — *(fam.)* entrar a beber na taberna. *Tabernam vinariam visere:* *r.* offerecer-se, occorrer; apresentar-se inesperadamente uma cousa á imaginação. *In mentem venire, occurrere menti:* — offerecer-se, acontecer, sobrevir. *Accidere, occurrere, contingere.* — offerecer-se; expor-se, entregar-se voluntariamente a outrem para se submetter á sua vontade. *Ultro se offerre, operam polliceri:* — offerecer-se a alguem, apresentar-lhe os seus serviços.

Ofrecijo. *m.* Mimo, presente que fazem, em algumas partes, aos noivos, os convidados para as bodas.

Ofrecimiento. *m.* Offerecimento; acção e effeito de offerecer e offerecer-se. *Oblatio, onis:* —V. *Oferta.*

Ofrenda. *f.* Offrenda; o que se offerece a *D*eus ou aos santos. *Oblatio, votum:* — offrenda; pão, vinho e outros artigos que os fieis levam á igreja por suffragio aos defuntos no acto da missa, e em outras occasiões. *Res vel munus oblatum in sacris:* — offerta; o que se dá na occasião dos enterros para manutenção dos ministros da Igreja. *Munus pro defunctis, vel res oblata:*—offerta; offerecimento de dinheiro que se dá aos sacerdotes pobres, quando dizem a primeira missa, e que se obtem por meio de uma subscripção que o padrinho promove entre os seus amigos e convidados. *Voluntaria oblatio, munus spontaneum sacerdotibus primum sacrum cœlebrantibus præstitum:* — *(ant.)* V. *Ofertorio.*

Ofrendar. *a.* Offrendar, offertar, offerecer; fazer offerta, offrenda, oblação. *Munera offerre, devovere:*—offertar, offerecer; contribuir com dinheiro ou outros dons para algum fim. *Munera offerre.*

Ofrendera. *f. (prov.)* Parenta nomeada pelo testador para que durante um anno leve á sua sepultura a offrenda de pão e cera.

Ofresar. *a. (ant.)* Agaloar, bordar ou lavrar a oiro.

Ofriaste. *m. (zool.)* Ophryastes *(que tem sobrancelhas)*; genero de coleopteros tetrameros da familia dos curculionidos, composto de quatro especies originarias da America.

Ofride. *m. (bot.)* Ophryde *(sobrancelha)*; genero de plantas da familia das orchideas, composto de muitas especies herbaceas, tuberculosas, que crescem nos paizes banhados pelo Mediterraneo.

Ofrídeas. *f. pl. (bot.)* Ophrydeas; tribu de plantas da familia das orchideas, que tem por typo o genero ophryde.

Ofridíneos. *m. pl. (zool.)* Ophrydineos; grupo de infusorios polygastricaes, que tem por typo o genero ophrydio.

Ofridio. *m. (zool.)* Ophrydio; genero de infusorios, composto de varias especies encontradas na França e Allemanha.

Ofrilofo. *m. (zool.)* Ophrylopho; genero de insectos coleopteros tetrameros da familia dos curculionidos.

Ofriodáctilo. *m. (zool.)* Ophryodactylo; genero de insectos coleopteros pentameros da familia dos carabicos, cuja especie typica foi encontrada no Brasil.

Ofrioglena. *f. (zool.)* Ophryoglena; genero de infusorios ciliados da familia dos bursarios que contém tres ou quatro especies que vivem nas aguas doces.

Ofriope. *m. (zool.)* Ophryope; genero de insectos coleopteros subpentameros da familia dos longicornes.

Ofrir. *a. (ant.)* V. *Ofrecer.*

Oftaljía. *f. (med.)* Ophthalgia; dor dos olhos, sem inflammação.

Oftáljico, ca. *adj.* Ophthalgico; que respeita ou pertence á ophthalgia.

Oftalmía. *f. (med.)* Ophthalmia; affecção inflammatoria do globo do olho, com rubicundez da conjunctiva. *Ophtalmia, æ.*

Oftalmiatra. *m. (med.)* V. *Oculista.*

Oftalmiatría. *f. (med.)* Ophthalmiatria; tratamento da doença dos olhos.

Oftalmiátrico, ca. *adj.* Ophthalmiatrico; pertencente á ophthalmiatria.

Oftálmico, ca. *adj. (med.)* Ophthalmico; pertencente á ophthalmia ou que serve para curar as doenças dos olhos:—*(anat.)* ophthalmico; concernente ou relativo aos olhos: — *m. (zool.)* ophthalmico; genero de insectos hemipteros da familia dos geocorisos, composto de cinco especies originarias da Europa.

Oftalmio. *m.* Ophthalmio; pedra fabulosa que tornava invisivel a quem a trazia.

Oftalmita. *f. pl. (min.)* Ophthalmita; nome que davam os gregos a certas pedras (agatas) formadas de circulos concentricos que imitam a fôrma de um olho.

Oftalmobiótica. *f. (med.)* Ophthalmobiotica; hygiene relativa aos olhos.

Oftalmoblenorrea. *f.* Ophthalmoblenorrhea. V. *Blenoftalmía.*

Oftalmoblenorreico, ca. *adj. (med.)* Ophthalmoblenorrheico; pertencente á ophthalmoblenorrhea.

Oftalmocele. *m. (med.)* V. *Exoftalmía.*

Oftalmodinia. *f. (med.)* Ophthalmodynia; dor rheumatica do olho.

Oftalmófima. *f. (med.)* Ophthalmofima; inflammação do globo do olho.

Oftalmografía. *f. (anat.)* Ophthalmographia; parte da anatomia que faz a descripção do olho, e trata do uso das differentes partes que o compõem.

Oftalmográfico, ca. *adj.* Ophthalmographico; pertencente á ophthalmographia.

Oftalmógrafo. *m.* Ophthalmographo; o que estuda e descreve o olho, o que é versado em ophthalmographia.

Oftalmólogo. *m.* Ophthalmologo; auctor de uma ophthalmologia.

Oftalmolojia. *f. (anat.)* Ophthalmologia; parte da anatomia que trata dos olhos.

Oftalmolójico, ca. *adj.* Ophthalmologico; que respeita á ophthalmologia.

Oftalmolojista. *m.* Ophthalmologista. V. *Oftalmólogo.*

Oftalmometría. *f.* Ophthalmometria; conhecimento e uso do ophthalmometro.

Oftalmómetro. *m.* Ophthalmometro; instrumento que nas experiencias anatomicas sobre o olho serve para medir a capacidade das camaras anterior e posterior.

Oftalmoncia. *f. (med.)* Ophthalmoncia; tumefacção do olho.

Oftalmonosolojia. *f. (med.)* Ophthalmonosologia; tratado das doenças do olho.

Oftalmonosolójico, ca. *adj.* Ophthalmonosologico; pertencente, relativo, concernente ás doenças dos olhos.

Oftalmonosolojista. *m.* Ophthalmonosologista; auctor que escreve ácerca das doenças dos olhos.

Oftalmoplánide. *m. (zool.)* Ophthalmoplanide *(que engana a vista);* genero de infusorios, que consta de uma unica especie encontrada no cabo de S. Vicente.

Oftalmoponia. *f. (med.)* Ophthalmoponia; inflammação do olho.

Oftalmopónico, ca. *adj.* Ophthalmoponico; relativo á ophthalmoponia.

Oftalmoptosis. *f. (med.)* Ophthalmoptosis; saida do olho fóra da orbita.

Oftalmorrajía. *f. (med.)* Ophthalmorrhagia; hemorrhagia do olho, fluxo de sangue pela conjunctiva ocular.

Oftalmorrea. *f. (med.)* Ophthalmorrhea; fluxo de mucosidade que provém do olho.

Oftalmorróico, ca. *adj. (med.)* Ophthalmorrhoico; pertencente á ophthalmorrhea.

Oftalmoscopia. *f. (med.)* Ophthalmoscopia; arte de conhecer o temperamento de uma pessoa pela simples inspecção dos olhos.

Oftalmoscópico, ca. *adj. (med.)* Ophthalmoscopico; pertencente á ophthalmoscopia.

Oftalmostato. *m. (cir.)* Ophthalmostato; instrumento que se emprega para conservar abertas as palpebras e fixo o globo do olho em certas operações sobre este orgão.

Oftalmoteca. *f. (zool.)* Ophthalmotheca; parte do corpo da chrysalida, que serve pára proteger os olhos do insecto.

Oftalmoterapéutica. *f. (med.)* Ophthalmotherapeutica; therapeutica applicada ás doenças dos olhos.

Oftalmotomía. *f. (anat.)* Ophthalmotomia; parte da anatomia que tem por objecto a dissecção do olho: — *(cir.)* ophthalmotomia; extirpação do olho.

Oftalmotómico, ca. *adj. (med.)* Ophthalmotomico; relativo á ophthalmotomia.

Oftalmoxisis. *f. (med.)* Ophthalmoxyse; escarificação que antigamente se praticava sobre a conjunctiva do olho, nos casos de ophthalmia.

Oftalmoxistro. *m. (med.)* Ophthalmoxystro; especie de pincel proprio para limpar a superficie do olho.

Oftia. *f. (bot.)* Oftia. V. *Espielmania.*

Ofuscacion. *f.* V. *Ofuscamiento.*

Ofuscadamente. *adv. m.* Offuscadamente; com offuscação.

Ofuscado, da. *adj. (ant.)* Offuscado, obscurecido, confuso.

Ofuscamiento. *m.* Offuscamento, offuscação, deslumbramento; turbação, obscurecimento da vista, difficuldade de ver pela demasiada luz ou por outra causa qualquer. *Caligatio, visus obscuratio:* — *(fig.)* offuscamento, deslumbramento; cegueira do entendimento, allucinação dos sentidos, confusão de idéas. *Mentis obscuratio vel caligatio.*

Ofuscar. *a.* Offuscar, deslumbrar; escurecer, turbar a vista de modo que appareçam os objectos differentes do que na realidade são. Usa-se tambem como reciproco. *Obturbare:* — escurecer, fazer sombra. *Obumbrare, offuscare:* — *(fig.)* offuscar, deslumbrar; escurecer o entendimento, transtornar ou confundir as idéas. Usa-se tambem como reciproco: — *r. (naut.)* V. *Afoscarse.*

Ogaño. *adv. (fam. ant.)* V. *Hogaño.*

Ogcode. *m. (zool.)* Ogcodes; genero de insectos dipteros brachoceros, da familia dos tanystomos, composto de tres especies.

Ogcodera. *f. (zool.)* Ogcodera *(antenna inchada);* genero de insectos dipteros brachoceros, da tribu dos bombylios, cuja unica especie é originaria da America septentrional.

Ogcodero. *m. (zool.)* Ogcodero *(pescoço grosso);* genero de insectos coleopteros tetrameros, da familia dos xylophagos, composto de duas especies originarias da America.

Ogdoada. *f.* Ogdoada; nognosticismo valentiniano, oito divindades a quem devem sua origem todos os demais espiritos.

Oglifa. *f. (bot.)* Oglifa; genero de plantas da familia das compostas, cujas especies são herbaceas e se encontram na Europa.

Ogro. *m.* Ogro; monstro imaginario que, segundo a supposição vulgar, comia gente.

Oh! Oh! interjeição instinctiva, a qual, segundo a entoação da voz, denota alegria, admiração, espanto ou dor, mágua, indignação, desprezo e outros affectos. *O! oh! proh!*

Oi. *(adv. ant.)* V. *Hoy.*

Oianza. *f. (ant.)* V. *Odio:*—V. *Fastidio.*

Oible. *adj. (ant.)* Audivel; que se ouve, que se póde ouvir. *Quod audiri potest.*

Oida. *f. (ant.)* Ouvida, outiva; acção e effeito de ouvir. *De oidas (loc. adv.);* de ouvidas, pelo ouvir dizer. *Auditu. Por oidas (loc. adv.)* V. *De oidas.*

Oidio, Oidium. *m. (bot.)* Oidio ou oidium; genero de cogumellos mucedineos, cujas especies crescem em plantas seccas e na madeira podre. *Oidio u oidium Tuckery (bot.);* oidio ou oidium Tuckery; doença que ataca a videira, e que consiste, segundo parece, n'um cogumelo microscopico que se apodera das cepas, cobrindo de uma especie de bolor o fructo, a folha e o sarmento da videira. Têem-se publicado para esta molestia, assim como para o cholera morbus, com que alguns auctores a comparam, uma infinidade de remedios, dos quaes até ao presente ainda nenhum obteve a sancção de uma experiencia universal, tirando-se apenas alguma vantagem da applicação da flor do enxofre.

Oido. *m.* Ouvido; sentido de ouvir, e um dos cincos que tem o animal. *Auditus, us:* — ouvido; o interior do meato auditivo, orgão de ouvir, collocado na cabeça dos animaes, pelo qual percebem os sons. *Auris, is:* — *esterno;* ouvido externo ou orelha; parte externa do apparelho da audição, que comprehende o pavilhão da orelha e o conducto auditivo: — ouvido; buraco por onde se communica o fogo da polvora á carga, na arma de fogo. *Oidos que tal oyen (loc. fam.)*; nunca se ouviu tal; usa-se para explicar a extranheza que causa o ouvir algum desproposito, e tambem quando se ouve alguma cousa muito agradavel e que dá gosto. *Mirabile auditu! Abrir los oidos (fr. fig.)*; abrir os ouvidos, applicar o ouvido, escutar com attenção. *Præbere aurem. Abrir tanto el oido (fr. fig.)*; ser todo ouvidos, escutar com muita attenção ou demasiada curiosidade. *Aures arrigere. Aplicar el oido (fr.)*; applicar o ouvido; ouvir com attenção. *Aures arrigere, admovere, intendere. Cerrar los oidos (fr.)*; fechar os ouvidos; negar-se a ouvir rasões ou escusas. *Aures occludere. Cerrarle a uno los oidos ó los ojos (fr. fig.)*; tapar os olhos ou os ouvidos a alguem; allucina-lo para que não veja nem ouça o que póde convir-lhe. *Oculos aut aures alicui occludere, mentem cæcare, alienare. Dar oidos (fr.)*; dar ouvidos; dar credito ou prestar muita attenção, ouvir benignamente, com complacencia. *Aures præbere. Entrar ó entrarse alguna cosa por un oido, y salir ó salirse por otro (fr. fig.)*; entrar uma cousa por um ouvido e saír pelo outro; não fazer caso nem apreço do que se diz, não attender um conselho, advertencia, ou aviso que se dá. *Audita despicere, nihil curare, surdo canere. Hacer ó tener oidos de mercader (fr. fig.)*; fazer, dar ou ter ouvidos de mercador; fazer-se surdo, desentendido, que não percebe ou não ouve o que se diz. *Surdas alicui aures præbere. Ladrar al oido ó a la oreja (fr.)*; soprar ao ouvido de alguem; estar continuamente a suggerir-lhe, a inspirar-lhe alguma cousa para algum fim. *In aurem abgannire. Llegar a oidos ó a sus oidos (fr. fig.)*; chegar aos ouvidos; chegar ao conhecimento de alguem alguma cousa que succede, ser sabedor d'ella. *Ad aures prevenire. Negar los oidos ó no dar oidos (fr. fig.)*; tapar os ouvidos ou não dar ouvidos, não dar audiencia; não querer ouvir uma cousa, recusar-se a ouvi-la, a attende-la. *Auribus aliquid respuere, aversari; aures non præbere. No ser visto ni oido (fr.)*; não ser visto nem ouvido; executar uma cousa com muita ligeireza e velocidade. *In ictu oculi, celerrime. Regalar el oido a alguno (fr.)*; deleitar, lisonjear o ouvido a alguem; dizer-lhe cousas agradaveis e lisonjeiras. *Aures mulcere. Ser bien oido (fr.)*; ser bem ouvido; ser tido em muita estima e aceitação o que alguem diz ou propõe. *Bene exaudiri. Taparse los oidos (fr. fig.)*; tapar os ouvidos; não querer ouvir, não querer attender uma cousa, ouvi-la com repugnancia. *Aures obturare. Tener los oidos podridos de una cosa (fr. fig.)*; ter os ouvidos cheios de uma cousa; estar enfastiado de a ouvir repetidas vezes. *Tener los oidos a componer (fr. fig.)*; ter os ouvidos a concertar; diz-se das pessoas que não ouvem bem ou não tomam muito sentido no que se lhes diz. *Ser duro o teniente de oido (fr.)*; ser duro de ouvido; ouvir difficilmente. *Tener oido (fr. mus.)*; ter ouvido; expressa a sensibilidade e capacidade de apreciar as menores differenças de entonação e de compasso.

Oidor, ra. *s.* Ouvidor, ouvinte; o que ouve. *Audiens, auditor, auscultator*: — ouvidor; ministro togado que ouve e sentenceia com outros as causas e pleitos que occorrem nas audiencias. Hoje dá-se-lhes o nome de ministros e magistrados. *Togatus judex.*

Oidoría. *f.* Ouvidoria; cargo, emprego ou dignidade do ouvidor. *Regii consiliarii munus.*

Oiera. *f. (ant.)* V. *Ojo.*

Oikopleura. *f. (zool.)* Oikopleura; genero de acalephos creado para comprehender uns animaes marinhos que se encontram com abundancia no Cabo de Boa Esperança.

Oimiento. *m. (ant.)* Ouvida; o acto de ouvir. Tambem significava a audiencia que se dava a um autor ou réu.

Oio. *m. (ant.)* V. *Ojo*: — *Parar oio (fr. ant.)*; fixar a attenção. *Parecer por oio (fr. ant.)*; estar á vista.

Oiospermo. *m. (bot.)* Oiospermo *(grão unico)*; genero de plantas da familia das compostas, cujas especies são hervas originarias do Brazil.

Oir. *a.* Ouvir; perceber os sons. *Audire*: — ouvir; attender, escutar favoravelmente os rogos ou supplicas: — ouvir, escutar, attender; dar, prestar attenção ao que se diz. *Attendere, capere, auscultare*: — ouvir; assistir á explicação que o mestre ou professor faz de alguma sciencia ou arte. *Audire, alicujus doctrinæ assistere. Oir bien (fr.)*; ouvir bem; alem do sentido litteral significa attender favoravelmente e com agrado. *Oir, ver y callar (fr.)*; ver, ouvir e calar; aconselha a prudencia e circumspecção, não se ingerindo em negocios alheios e fallando só o indispensavel. *Audi, vide, tace, nihil aliud tibi interest vel tui est. Oir, ver y callar, resias cosas son de obrar (rif.)*; ver, ouvir e calar, custosas cousas são de observar. *Audi, vide et tace; sic fruere pace. Oiga! ú oigan! (interj.)* Olá! Que quer dizer isto? Serve para significar a extranheza que causa alguma cousa. *Heu! eia ergo! Oigase ú oigámonos*; ouça, escute, ouçamos, escutemos; palavras que se usam para impor silencio. *Date locum verbis! Oye*; ouve, percebe, entende! Especie de interjeição que denota enfado e ameaça. Usa-se com repetição, dizendo *oye, oye!* para dar mais força á expressão. *Heus! Ergo! Oyes ú oye usted*; ouve, vossa mercê, ouve; especie de interjeição para chamar ao que está distante. *Audias precor, heus tu! Ahora lo oigo (loc.)*; oiço-o agora, agora o sei; usa-se para dar a entender a novidade que causa alguma cousa que se diz, e de que se não tinha noticia. *Nunc, vel nuperrimè pervenit ad aures. Como quien oye llover;* como quem não lhe importa; expressão com que se denota o pouco apreço que se faz do que se escuta, ou do que succede.

Oíslo. *m. (ant. fam.)* Enlevo; pessoa querida ou estimada: —metade; mulher casada; diz-se em relação ao marido.

Ojal. *m.* Casa, botoeira; abertura estreita e comprida no vestuario onde entram os botões. *Ocellus, i:*—abertura; buraco que atravessa de lado a lado algumas cousas, á maneira da casa do vestuario.

Ojalá. *interj.* Oxalá! queira Deus, prouvera a Deus. Usa-se para manifestar o vivo desejo de que succeda uma cousa. *Utinam!*

Ojaladera, Ojaldora. *f.* Caseadeira; mulher que faz casas de botões. *Ocellorum efformatrix.*

Ojaladura. *f.* Caseadura; conjuncto de casas de um vestido. *Ocellorum opus.*

Ojalar. *a.* Casear; fazer casas n'um vestido, colete, etc. *Ocellos facere.*

Ojalera. *f.* V. *Lazada*, nas montanhas de Burgos.

Ojalme. *m.* V. *Oxalme.*

Ojanco. *m.* V. *Cíclope.*

Ojar. *a. (ant.)* Olhar; examinar com attenção. *Spectare, inspicere.*

Ojarar. *a (germ.)* Acordar.

Ojazo. *m. augm.* de *ojo.* Olhão.

Ojeada. *f.* Olhadura; vista rapida, fugitiva, lançada sobre pessoa ou cousa. *Oculorum conjectus, visus:*— aceno, signal com os olhos.

Ojeador. *m.* Batedor de caça; o que bate os bosques e matas, fazendo grande ruido para levantar a caça. *Ferarum exagitator.*

Ojeadura. *f. (art.)* O acto de collocar um cartão em cada dobra da peça de panno, nas fabricas, para a imprensar logo em seguida.

Ojear. *a.* Mirar, olhar attentamente, fixar a vista em alguma parte. *Oculos conjicere:*— bater os bosques e matas, fazer ruido para espantar e levantar a caça e obriga-la a passar debaixo dos tiros dos caçadores. *Abigere:* — *(fig.)* espantar a caça; espantar, afugentar alguma cousa de um sitio. *Abigere.*

Ojeo. *m.* Oxéo, batida; o espantar ou levantar a caça. *Abactio ferarum:* — batida, montaria; numero de pessoas que cercam e batem os bosques e montes para levantar a caça. *Echar un ojeo (fr.)*; fazer uma batida ou montaria. *Feras exagitare, abigere. Irse a ojeo (fr. fig.)*; buscar, procurar com cuidado alguma cousa que se deseja ou pretende. *Requerire.*

Ojera. *f.* Olheira; signal ou circulo livido por baixo dos olhos, causado por insomnia e por alguma indisposição ou excesso. Usa-se commummente no plural, em ambos os idiomas. *Suboculares maculæ, insomnii signa in palpebris.*

Ojeriza. *f.* Odio, aversão, má vontade que se tem a uma pessoa. *Odium, malevolentia, livor.*

Ojeroso, sa. *adj.* Que tem olheiras; diz-se das pessoas.

Ojerudo, da. *adj.* Que tem olheiras grandes e mui carregadas ou lividas. *Palpebrarum maculis signatus.*

Ojete. *m.* Ilhó; abertura ou buraco pequeno e redondo, que se faz nos vestidos, por onde passam cordões, fitas ou atacadores com que se prendem ou atacam. *Ocellus, i:* —ilhó; abertura redonda feita com um puncção ou furador e guarnecida de algodão, seda, etc., que se faz como adorno em alguns bordados: —*(fam.)* ilhó, anus; orificio posterior, extremidade inferior do intestino recto. *Ani orificium.*

Ojetear. *a.* Fazer ilhozes. *Ocellis vestem instruere.*

Ojeteado. *m.* Serie de ilhozes de um espartilho ou de qualquer outro vestido feminil.

Ojetera. *f.* Força que se põe nos colletes de mulher por onde se apertam, a qual se fôrma de barbas de balea forradas de panno abrindo-se n'ella as ilhozes. *Ocellorum fulcimem in veste:* — mulher que faz ilhozes: — machina para fazer ilhozes de metal.

Ojialegre. *adj.* Olhalegre; que tem olhos alegres, vivos e buliçosos. *Argutis vel ludibundis oculis gaudens.*

Ojico, llo, tto. *m. dim.* de *Ojo.* Olhinho.

Ojidromita. *f. (zool.)* Ogydromita; genero de crustaceos decapodas da familia dos apteruros, cuja especie typica foi encontrada em estado fossil nos terrenos jurassicos.

Ojienjuto, ta. *adj.* Difficil de chorar, que tem olhos enxutos. *Siccus oculis, illacrimabilis.*

Ojiera. *f. (bot.)* Ogiera; genero de plantas da familia das compostas, cujas especies são hervas originarias da America tropical.

Ojigallo. *adj.* Diz-se de tudo que tem a côr do olho do gallo.

Ojijio. *m. (zool.)* Ogygio; genero de crustaceos da ordem dos trilobitos, da familia dos ogygios, caracterisados por ter o corpo elliptico, a cabeça grande e prolongada, o thorax composto de oito a dez anneis e o abdomen mui desenvolvido.

Ojimel, Ojimiel. *m. (pharm.)* Oxymel; composição feita de mel e de vinagre. Costuma ás vezes juntar-se-lhe outras substancias que lhe dão propriedades determinadas, como: *ojimel escilítico;* oxymel scillitico, em que entra scilla ou cebola albarrã, etc.

Ojimoreno, na. *adj.* Olhipardo; diz-se da pessoa que tem os olhos pardos.

Ojinegro, gra. *adj.* Olhinegro; diz-se de quem tem os olhos pretos. *Niger oculis.*

Ojinon. *adj.* Zarolho, torto; cego, falto de um olho. V. *Tuerto*, n'este sentido.

OJI-RISUEÑO. *adj.* V. *Ojialegre.*

OJIVA. *f.* *(arch.)* Ogiva; abobada formada por dois arcos de circulo symetricamente collocados em relação ao seu eixo, que se cortam no vertice, formando um angulo curvilineo.

OJIVAL. *adj.* Ogival, que está feito em fórma de ogiva.

OJIZAINO, NA. *adj.* Olhizaino; que olha atravessado, que olha de través. Quasi sempre é indicio de maus sentimentos, de má indole. *Strabo, limis oculis homo.*

OJIZARCO, CA. *adj.* Olhizarco; que tem os olhos zarcos ou azues. *Glaucus, cœsius oculis:* — *(equit.)* olhizarco, gazeo; em equitação diz-se do cavallo que tem cada olho de sua côr.

OJO. *m.* Olho; orgão da vista situado na orbita, e de fórma mais ou menos globular, no homem, nos quadrupedes, nos passaros, peixes, etc. *Oculis, i:* — olho; buraco da agulha, por onde se passam os fios de qualquer materia para com elles bordar, coser, etc. *Foramen, inis:*—olho; buraco, que têem algumas cousas para enfiar-se, como as contas, perolas, etc. *Foramen, inis:* — olho; aro das ferramentas, em que se mette cabo, e que é de differente feitio, como o do machado, da enxada, do alvião, do martello, etc. *Oculis, i:* — olho de agua; pequena nascente que rebenta da terra. *Scaturigo, inis:* — olho; cada uma das gotas de azeite ou gordura que nadam sobre outro liquido: — olho; o circulo de cores que tem o pavão na extremidade das pennas da cauda: — olho, olhal; vão do arco de ponte, por onde passa a agua, e tambem a abertura que tem o moinho, para por ella entrar a agua que faz mover a roda. *Oculus, i:* — *(fig.)* olho, attenção, cuidado, vigilancia. *Ocularis cura:* —olho; na letra *e*, chama-se aquella pequena abertura que tem na cabeça e que a distingue do *c*. *Litteræ ocellus:* — *(typ.)* olho; desenho representado pelos caracteres typographicos. *Typorum crassities:*—demão de sabão que se dá á roupa quando se lava. *Vestis sapone abstersio vel purgatio:* — nota de advertencia que se põe á margem dos escriptos ou impressos com esta fórma (o-o). *Nota, obeliscus:* — meus olhos; expressão carinhosa, o que ha de mais querido. Usa-se regularmente no plural, dizendo *mis ojos*, ou *sus ojos;* meus olhos, seus olhos. *Ocellus, i:* — olho; cada um dos buracos que forma a massa do pão, queijo e outras cousas. *Oculus, i:* — malha de rede. *Macula retis:* — olho; lustre, vista, apparencia, luzimento dos estofos, pedrarias, etc.: — olho vivo; usado como interjeição, serve para indicar o cuidado que deve pôr-se em uma cousa: — *a la márjen (fr.);* olho vivo, attenção; diz-se para que se tenha cuidado em alguma cousa. *Notam aspice vel attendas:* — *al Cristo que es de plata (loc. fam.);* olho no Christo que é de prata; maneira de advertir que se vigie uma cousa, com receio que a furtem. *Ob oculos versa, oculis et animo ads cave:* — *alerta (loc. fam.);* olho álerta; cuidadosamente, com vigilancia e attenção, para evitar um perigo, engano ou fraude. *Heus! cave:* — *avizor (loc.),* alerta, com cuidado. *Vigil esto et intentus:* — *de besujo;* olho do besugo; apodo que se applica ao que têem os olhos tortos. *Oculus intortus:* — *de breque,* olho remelloso, remellento, cheio de remella. Usa-se tambem como expressão de desprezo, e n'este sentido diz-se então em portuguez sómente remelloso. *Lippus:* — *ú ojos de bitoque;* olhizaino; que tem olhar de porco, que olha atravessado. *Strabo, distortis oculis:* — *de buey (fam.);* onça de oiro, moeda hespanhola: — *de Dios ó de la Providencia;* olho de Deus ou da Providencia; protecção de Deus: — *de gallo;* côr vermelha parecida com a do olho do gallo, que têem certos vinhos. *Vinum subrubro colore nitens:* — *de la llave;* olho, buraco da fechadura por onde se mette a chave: — *remellado ó rezmellado;* olho calvo, falto de pestanas, ou com a palpebra arregaçada, apanhada: — *de pollo,* mancha negra que se forma no callo, e forma uma pequena excavação parecida com o olho de um frango. *Ocellus calli.* *Ojos de gato;* olhos de gato; diz-se da pessoa que tem os olhos esverdinhados ou de côr varia. *Homo felinis oculis.* *Ojos de sapo;* olhos de sapo; os que são inchados, esbugalhados e que purgam muito. *Ojos que te vieron ir (loc.);* olhos que te viram ir; diz-se para significar que a occasião que uma vez se perdeu não volta mais. *Post hoc nunquam videndus.* *Ojos rasgados,* olhos rasgados; olhos grandes, que se descobrem muito por serem amplas as palpebras. *Patuli oculi longique.* *Ojos reventones ó saltones;* olhos que saltam, arregalados, esbugalhados; muito abertos e volumosos, como que saíndo da orbita. *Ojos vivos;* olhos vivos; os que são brilhantes, bulliçosos e alegres. *Alacres oculi.* *Abrir el ojo (fr. fig. fam.),* abrir os olhos, estar attento para que não o enganem. *Intentum esse cavendæ fraudi.* *Abrir los ojos (fr. fig.);* abrir os olhos; conhecer as cousas como ellas são, vir no claro conhecimento das que são uteis e das que podem causar damno ou prejuizo. *Intentum reddi ac vigilem.* *Abrir los ojos a alguno (fr. fig.);* abrir os olhos a alguem; tira-lo do engano em que estava, dar-lhe a conhecer o que ignorava. *Ignota alicui pandere.* *Abrir tanto ojo (fr.);* abrir muito o olho, estar com olhos longos; desejar com ardor, ou aceitar vivamente uma cousa, assentir a ella. *Toto animo inhiare.* *A cierra ojos (loc. adv.);*

com os olhos fechados, sem desconfiança, sem reparar em inconvenientes. *Oculis clausis:* *(fig.)* com os olhos fechados, ás cegas, ás apalpadellas, inconsideradamente, desattentamente, sem reflexão. *Inconsultò, temerè, inconsideratè. Alegrársele a uno los ojos (fr.)*, alegrar-se os olhos a alguem; manifestar com elles o regosijo extraordinario que lhe causa um objecto agradavel. *Al ojo (loc. adv.)*; ao olho, á vista, de perto. *In conspectu. A los ojos (loc. adv.)*, aos olhos, á vista, em presença de alguem, diante d'elle. *In conspectu alicujus, ad faciem. Alzar ó levantar los ojos al cielo (fr.)*; alçar ou levantar os olhos ao céu; levantar o coração a *Deus*, implorando o seu auxilio. *Mentem, animamque ad Deum elevare. A ojo (loc. adv.)*; a olho, a esmo, sem peso nem medida, ao arbitrio de alguem. *A ojo de buen cubero (loc. fam.)*; a olho, a esmo, sem peso nem medida; diz-se quando se compra ou calcula uma cousa sem contar o certo, approximadamente. *Sine pondere vel mensura. A ojos cegarritas (loc. adv.)*; a olhos piscos, fechando quasi os olhos para dirigir a vista. *Cœcutiendo. A ojos cerrados (loc. adv.)* V. *A cierra ojos. A ojos vistas (loc. adv.)*; a olhos vistos, com olhos que fixam o objecto, claramente, visivelmente, patentemente, palpavelmente. *Palam, coram. Apartar los ojos (fr.)*; apartar os olhos. V. *Apartar la vista. Oculos amovere. Arrasársele a uno los ojos de agua ó de lágrimas (fr.)*; arrasar-se os olhos de agua ou de lagrimas; cobrirem-se de lagrimas antes de desatar-se a chorar. *Lacrymas suboriri, oculos humectari. A sus ojos (loc. adv.)*; a seus olhos, á sua vista, em sua presença. *Avivar los ojos (fr.)*; andar com o olho sobre o hombro; andar álerta, acautelar-se. *Vigilare. Bailar los ojos (fr. fig.)*; bailar, saltar os olhos; mover-se muito, ser buliçosos, alegres e vivos. *Oculis ludere. Bajar los ojos (fr.)*; abaixar os olhos; fixa-los no chão. Alem do sentido recto, vale humilhar-se, abater-se, curvar-se, obedecer promptamente a uma ordem, etc. *Demissis oculis audire. Cerrados los ojos (mod. adv.)*. V. *A ojos cerrados. Cerrar el ojo ó los ojos (fr. fig.)*; fechar o olho; expirar, morrer. *Lumen amittere, vitam finire, lumina claudere, mori. Cerrar los ojos (fr. fig.)*; fechar, cerrar os olhos, dormir. Usa-se frequentemente com a negativa. *Dormire:— (fig.)* sujeitar o entendimento á opinião alheia. *Alterius judicio sese submittere: (fig.)* — obedecer pontualmente, sem replica. *Prompto animo obedire, obtemperare:—(fig.)* fechar os olhos, obrar ás cegas; não attender ao perigo, arrojar-se temerariamente a fazer alguma cousa. *Cœca mente, inconsultè agere. Cerrar los ojos a uno (fr. fig.)*; não se apartar de junto de um doente até que expire. *Clavar los ojos ó la vista (fr.)*, cravar, fixar os olhos, a vista; olhar, examinar com particular cuidado e attenção uma cousa. *Intentis oculis intueri. Como los ojos de la cara (loc. fam.)*; como os olhos da cara; diz-se para mostrar o apreço que se faz de uma cousa ou o carinho e cuidado com que se trata. *Oculissimus, oculis charior. Con el ojo tan largo (loc. adv.)*; com olhos attentos, com attenção, cuidado e vigilancia. *Vigilanter, continuò obtutu. Con otros ojos (loc. adv.)*; com outros olhos, com differente affeição e de differente modo que antes. *Aliter, diverso modo. Conocersele a uno alguna cosa en lo blanco de los ojos (fr.)*; conhecer-se em alguem alguma cousa pelo branco dos olhos; não ter dados em que fundar-se, o que blasona de ter penetração a intenção de outrem. *Res per se patet liquet. Costar uno ojo ó los ojos de la cara (fr.)*; custar os olhos da cara; custar muito uma cousa, ou tê-la em muito apreço, gostar muito d'ella. *Crecer el ojo (fr. fig. fam.)*; crescer, luzir o olho; alegrar-se á vista de alguma cousa que se deseja e espera conseguir. *Alicui rei oculos objicere. Cuatro ojos;* quatro olhos; diz-se vulgarmente das pessoas que trazem oculos. *Homo conspicilis oculos duplicans. Dar de ojos (fr.)*, caír de narizes, caír de peitos. *In faciem suam cadere, procumbere:* encontrar-se cara a cara com alguem. *Casu aliquem offendere: — (fr. fig.)* caír em erro. *Offendere, in errorem incurrere. Dar en los ojos (fr. fig.)*; dar nos olhos, saltar aos olhos, metter-se pelos olhos; ser manifesto, bem claro e patente, que logo á primeira vista se faz conhecer. *Oculos ferire:* — dar nos olhos; executar alguma acção de proposito, de caso pensado, para offender ou desgostar a alguem. *Oculos ferire. Delante de los ojos (loc. adv.)*; diante dos olhos; á vista, em presença de alguem. *In conspectu alicujus. De medio ojo (loc. adv.)*; vendo-o e sabendo-o pouca gente, não descoberto ou patenteado completamente ao publico. *Media facie. Desencapotar los ojos (fr.)*; desamuar-se, desenfadar-se, desagastar-se, mostrar agrado. *Supercilium deponere, frontem exhilare. Despabilar ó despabilarse los ojos (fr. fig)*; estar álerta, com olho vivo, acautelar-se, andar com vigilancia e attenção. *Evigilare, animum intendere, cavere. Dichosos los ojos que ven a usted (loc.)*; ditosos olhos que o vêem; costuma dizer-se quando se encontra uma pessoa que se não via ha muito tempo. *Videndum tandem eras. Dormir con los ojos abiertos (fr.)*; dormir com os olhos abertos; dormir acautelado e com precaução para se não deixar surprehender. *Cautè dormi-*

re, dormitare. Dormir los ojos (fr.), fechar e entreabrir os olhos com affectação para que pareçam melhor, ou para denotar algum affecto interior. *Nictare, nictari. Echar el ojo ó tanto ojo a una cosa (fr. fam.)*; deitar, lançar o olho ou olhos longos a uma cousa; attentar n'ella, mostrar vivos desejos de a possuir. *Intentis oculis aliquid expetere, inhiare. Encarnizarse los ojos (fr.)*; incender-se, inflammar-se os olhos em ira. *Encima de mis ojos (loc. adv.).* V. *Sobre mis ojos. Enclavar los ojos (fr.).* V. *Clavar los ojos. En los ojos de alguno (loc. adv.)*; á vista de alguem. V. *Delante de los ojos. Coram. Entrar a ojos cerrados (fr. fig.)*; entrar com os olhos fechados, ás cegas; metter-se em um negocio ou admittir uma cousa desattentamente, sem exame nem reflexão. *Inconsideratè, inconsultè, rem aggredi. En un abrir dc ojos, ó en un abrir y cerrar de ojos, ó en un volver de ojos (fr.)*; em um abrir e fechar de olhos, em um volver de olhos, em um instante. *Ictu oculi. Estar una cosa tan en los ojos (fr.)*; estar uma cousa muito á vista; ser vista com frequencia, ou estar clara e patente. *Estimar sobre los ojos (fr.)*; agradecer o beneficio ou offerta que se faz. *Hablar con los ojos (fr.)*; fallar com os olhos; dar a entender com um olhar ou aceno de olhos o que se quer dizer a outra pessoa. *Nictari, oculis innuere. Hacer ó hacerse del ojo (fr.)*; dar de olho, acenar, fazer signal com o olho a alguem. *Nictare*: — *(fig.)* ser da mesma opinião, estarem duas ou mais pessoas convencionadas, pactuadas, ajustadas para uma cousa. *Connivere. Hacer ojo (fr. fig.)*; estar o peso pouco equilibrado, e pender mais para um do que para outro lado. *Æquilibrium perdere, ab æquilibrio deficere, deviare. Hacerse ojos (fr. fig.)*; ser todo olhos; estar solicito e attento para conseguir ou executar alguma cousa, ou para vê-la e examina-la. *Invigilare; centum oculis aspicere, argon agere. Hasta los ojos (loc. adv.)*; até aos olhos; excessivamente, extremamente, com excesso, de modo excessivo. *Oculorum tenus. Henchir ó llenar el ojo (fr. fig.)*; encher o olho ou os olhos, ter os olhos cheios de pessoa ou cousa; rever-se n'ella, sentir grande satisfação em a contemplar. *Maximè arridere, omnino placere. Irsele a uno los ojos por alguna cosa, ó traz alguna cosa (fr.)*; ir-se os olhos a alguem em uma cousa; deseja-la com ardor. *Llevar los ojos, ó llevarse los ojos (fr.)*; attrahir a attenção dos que o vêem. *Spectatorum gratiam captare. Llevar ó tener los ojos clavados en el suelo (fr. fam.)*; levar ou ter os olhos pregados no chão; diz-se para denotar a modestia, compostura e gravidade de uma pessoa. *Llorar con ambos ojos (fr.)*; chorar com ambos os olhos; ter alguem uma grande perda ou contratempo, succeder-lhe grande revez. *Plenis oculis plangere. Llorar con un ojo (fr. fig.)*; chorar por um olho só; fingir mais sentimento do que realmente se tem em occasião de desgraça; diz-se por motejo. *Vere vel vix plangere, plorare. Mal de ojo.* V. *Mal. Mas ven cuatro ojos que dos (fr. fig.)*; mais vêem quatro olhos que dois. *Plus vident oculi quam oculus. Mentir a uno el ojo (fr. fam.)*, enganar-se, equivocar-se em alguma cousa por certos signaes exteriores. *Meter por los ojos (fr. fig.)*; metter pelos olhos, metter á cara; encarecer, exagerar uma cousa offerecendo-a para que alguem a compre ou aceite. *Cogere ut. Meterse por el ojo de una aguja (fr. fig.)*; metter-se como piolho por costura; diz-se da pessoa entremettida e buliçosa, que se introduz em qualquer parte para conseguir o que deseja. *Per acus foramen se intromittere. Mirar con buenos ó malos ojos (fr.)*; olhar ou ver com bons ou maus olhos; olhar alguma pessoa ou cousa favoravel ou desfavoravelmente. *Placidis ridentibus, vel torvis aut non rectis oculis aspicere. Mirar con otros ojos (fr. fig.)*; olhar, ver com outros olhos; fazer de alguem differente conceito, estimação e apreço do que d'antes se tinha. *Mirar de mal ojo (fr. fig.)*; olhar com maus olhos, mostrar desaffecto ou desagrado. *Torvè aspicere. No hay mas que abrir ojos y mirar (fr.)*; não ha mais que abrir os olhos e ver; explica a perfeição e grandeza ou estimação de uma cousa, e tambem que é clara e manifesta. *Mirabile visu. No levantar los ojos (fr. fig.)*; não levantar os olhos; tê-los fixos no chão por humildade, vergonha ou medo. *Oculos ad terram dejicere. No pegar el ojo ó los ojos (fr.)*, não pregar olho; não poder dormir em toda a noite. *Nocte ducere insomnem. No quitar los ojos (fr.)*, não tirar os olhos de alguma pessoa ou cousa; olha-la com attenção e cuidado. *Obtueri, oculos figere. No saber donde se tienen los ojos (fr. fig.)*; não saber onde se tem a cara, não saber qual é a mão direita; ser muito ignorante, não saber as cousas mais claras e triviaes. *In meridianâ luce cæcucire. No tener donde volver los ojos (fr. fam.)*, não ter para onde se volte, não ter arrimo, não ter de quem se valha; diz-se da pessoa desvalida, ou d'aquella a quem morreu o protector, quem a sustentava. *Circumquaque derelictum esse vel omni spe destitutum. No tiene ojos?* Não tem olhos? Está cego? Não vê? Expressão que se usa reprehendendo alguma pessoa por haver atropelado ou pisado alguem por falta de attenção ou cuidado. *Cæcus ne est? Ofender los ojos (fr.)*; offender os olhos; causar-lhe mal ou damno: — *(fig.)* offender os olhos; dar escandalo, servir de escandalo, fazer alguma cousa contraria á honestidade, ao pudor. *Scandalum oculis parere. Pasar los ojos ó la vista (fr.)*; passar ou correr os olhos, a vista por papel escripto ou livro; ler rapida e não seguidamente. *Obiter et festinanter aliquid legere, legendo percurrere. Poner delante de los ojos (fr. fam.)*; pôr diante dos olhos de alguem; representar-lhe, convence-lo com a rasão ou a experiencia para o tirar da opinião errada em que está. *Ob oculos ponere, clarissimè explicare. Poner los ojos (fr.)*; pôr, fitar os olhos em alguma cousa; olha-la com attenção e cuidado. *Intueri, fixis oculis aliquid aspicere:* — denotar affeição ou carinho a alguma cousa. *Adamare:* — solicitar, pretender alguma cousa. *Poner los ojos en blanco (fr.)*; pôr os olhos em alvo; revira-los de sorte que só se veja o branco d'elles. *Poner o tornar los ojos en albo (fr.)*; pôr os olhos em alvo. V. *Poner los ojos en blanco. Por sus ojos bellidos;* por seus bellos olhos; expressão que significa de graça, pôr obsequio e amisade. *Gratis et amore. Quebrar el ojo al diablo (fr. fig. fam.)*; quebrar um olho ao diabo; fazer o melhor, mais justo e rasoavel. *Ad optima quaque contendere. Quebrar los ojos (fr. fam.)*; quebrar os olhos; desagradar a alguem no que se conhece ser do seu gosto. *Alium altè ferire vel pungere, maligno animo aliquid agere in alium:* — *(fr. fig.)* offender, ferir os olhos; diz-se da luz quando é muito viva, e que se não póde encarar sem fazer mal á vista. *Oculos pungere, ferire. Quebrarse los ojos (fr. fig.)*; cansar, fatigar, enfraquecer a vista com o muito estudo ou trabalho. *Aciem oculorum nimio labore vel studio obtundi:* — turbar-se, fugir a vista, a luz dos olhos; diz-se dos moribundos quando se lhes offusca ou transtorna a vista, o que é signal de se acharem nos ultimos momentos da vida. *Aciem oculorum obtundi proximæ mortis causa. Rasarsele los ojos de agua.* V. *Arrasarse,* n'este sentido. *Sacar los ojos (fr.)*; tirar os olhos a alguem; caustica-lo, impacienta-lo com palavras enfadonhas, com rogos importunos. *Instanter premere, instigare:* — chupar os olhos a alguem; faze-lo gastar muito dinheiro por capricho ou com petições importunas, incessantes. *Instanter premere, instigare. Sacarse los ojos (fr. fig.)*; tirarem-se os olhos; disputarem, contenderem, rixarem encarniçadamente duas ou mais pessoas. *Enixè certare, rixari. Sacarse uno los ojos (fr. fig.)*; prejudicar-se a si mesmo. *Salir a los ojos (fr. fig.)* V. *Salir a la cara. Saltar a los ojos (fr. fig.)*; saltar aos olhos; ser manifesto, mui claro. *Patere, evidens esse:* — dar nos olhos, na vista; diz-se tambem das cousas vistosas e que sobresáem pelo seu primor. *Oculos rapere:* — não poder ver alguem; ter-lhe raiva, estar mui irritado contra elle. *In oculos insilire. Saltarsele los ojos ó sus niñas (fr. fig.)*; saltar-lhe os olhos, estar com os olhos longos; desejar com vehemencia uma cousa, ter vivos desejos d'ella. Diz-se regularmente das creanças quando vêem alguem a comer. *Avidis oculis appetere inhiari. Ser el ojo derecho de alguno (fr. fam.)*; ser o lume, a menina dos seus olhos; ser o predilecto, ser a pessoa mais estimada, a que se tem mais carinho. *Sobre mis ojos (loc. adv.)*; mais do que os meus olhos; exprime o muito apreço que se faz de uma pessoa ou cousa. *Supra oculos. Tanto ojo, ó estar con tanto ojo (fr.)*; estar álerta, com olho vivo; acautelar-se, ter cuidado e vigilancia com certas pessoas que se podem tornar suspeitas. *Summa vigilancia vel defixis oculis. Taparse de medio ojo (fr.)*; tapar, esconder meia cara; diz-se das mulheres quando cobrem o rosto com a mantilha, sem mostrar mais que um olho para ver sem serem conhecidas. *Faciem palam obvolvere uno oculo excepto. Tener a alguno entre ojos (fr. fam.)*. V. *Tener sobre ojo. Tener los ojos en alguna cosa (fr. fig.)*; ter os olhos em alguma cousa; olha-la com muita attenção, observa-la com grande cuidado. *Observare, oculos intendere:* — aprecia-la, tê-la em muita conta. *Tener ojo a alguna cosa (fr.)*; ter em olho alguma cousa; tê-la em vista. *Oculos intendere, rationem habere. Tener malos ojos (fr.)*; ter maus olhos; alem do sentido proprio, usa-se para expressar que alguem é infeliz ou mal succedido nas cousas que olha ou examina. *Oculis inficere. Tierno de ojos;* doente dos olhos, que é sujeito a frequentes fluxões de olhos. *Lippus. Traer al ojo alguna cosa (fr.)*; trazer presente alguma cousa; cuidar attentamente de alguma pessoa ou cousa, sem se esquecer d'ella. *Præ oculis habere. Traer entre ojos (fr. fig.)*; trazer alguem de olho ou em olho; vigia-lo, observa-lo com receio d'elle. *Traer sobre ojo (fr. fig.)*; trazer, ter alguem de olho; vigiar-lhe os passos para procurar occasião de o prender, roubar, matar, etc. *Aliquem observare, ut incautus. Tener ó llevar sangre en el ojo (fr.)*; ter sangue nos olhos; ter brio, pundonor, coragem, ser mui honrado; estar ardendo em sêde de vingança. *Torcer los ojos (fr.)*; entortar, revirar os olhos; escondê-los para algum lado, separando-os da linha recta. *Valer un ojo de la cara (fr. fig.)*; valer os olhos da cara; ser de muito preço ou estimação uma cousa. *Maximi pretii esse. Vendarse los ojos (fr. fig.)*; fechar os olhos; não querer sujeitar-se á rasão, á evidencia, etc. *Con-*

sultò oculos oòludere rationi, voluntariè cæcutire. Venirse a los ojos (fr.). V. *Saltar a los ojos. Facile percipi, perspicuum esse. Ver con muchos ojos (fr. fig.);* ser todo olhos; olhar uma cousa com muita attenção e minuciosidade. *Nimia cura alicui rei intendere. Vidriarse los ojos (fr.);* envidraçar-se os olhos; tomarem o aspecto do vidro, como succede aos moribundos. *Oculos vitri speciem induere. Volver los ojos (fr.);* volver, entortar os olhos quando se olha, o que é mui commum nas creanças por vicio ou debilidade. *Oculos torquere vel inflectere:* — volver os olhos; implorar o auxilio de alguem: — *(fig.)* ter os olhos em alguma cousa, attentar n'ella, considera-la, dar-lhe toda a attenção. *Prospicere, respicere. Ojos hay que de lágañas se enamoran (rif.);* quem o feio ama bonito lhe parece. *Ojos malos, a quien los mira pegan su malatia (rif.);* olho mau, a quem o viu pegou malicia. *Ojos que no ven corazon que no quiebra, llora ó siente (rif.);* olhos que não vêem, coração que não sente. *El ojo del amó engorda al caballo (fr.);* o cavallo engorda com o olho do seu dono. *El ojo límpiale con el codo (rif.);* o mal do olho cura-se com o cotovelo: — *(art.)* olho; buraco da fieira por onde passa o metal que se ha de adelgaçar: — olho, batoque; orificio de umas duas pollegadas de diametro, praticado na parte superior e anterior dos toneis horisontaes, que serve para lhes introduzir o liquido e tira-lo depois de fermentado: — *de perdiz;* olho de perdiz; certo lavor que tem a figura de um olho pequeno, feito pelos passamaneiros: — *del tauro (astron.);* olho do Tauro, vulgarmente chamado olho de boi; estrella fixa da primeira grandeza, junto das Hyadas. V. *Aldebarán:* — *de buey (bot.);* olho de boi ou buphtalmo; especie de planta do genero buphtalmo, mui commum na Peninsula. *Ojos de cangrejos (pharm.);* olhos de caranguejo; concreções calcareas de fórma espherica, que se encontram no interior dos caranguejos, e que antigamente tiveram uso em medicina como absorventes. *Oculi cancrini, oculi cancrorum:* — *artificial (phys.);* olho artificial; instrumento usado nas explicações de physica, para explicar os effeitos da visão: — *de buey (phys.);* olho de boi; nuvem que costuma formar-se em uma montanha do Cabo da Boa Esperança, e que produz tempestades, negrume que precede o tufão. *A ojo desnudó (fr. phys.);* a olho nu ou desarmado, com a vista desarmada; diz-se quando se olha sem o auxilio de oculos ou de qualquer outro instrumento optico: — *de gato (min.);* olho de gato, onyx; pedra preciosa, variedade de agatha: — *de perdiz (min.);* olho de perdiz; pedaços de lavas que contêem amphigenos alterados, brancos e friaveis: — olho de perdiz; especie de silica molar, de côr pardacenta argentada, mui apreciada em França: — *de pescado (min.);* olho de peixe; variedade de apophyllita, mais conhecida pelo nome de *ictioftalmo.*

Ojolaton. *m. (ant.)* Certa tela para vestidos.

Ojolote. *m. (prov. Mex.)* Ogolote; especie de fio muito brando que se faz da casca de uma arvore do mesmo nome.

Ojoso, sa. *adj.* Arrendado, esburacado; diz-se do pão, queijo, etc., cheio de olhos: — *(ant.)* V. *Ojeroso.*

Ojota. *f.* Especie de calçado que usavam as indias, mui parecido com as alpargatas ou alparcas de Hespanha. Dava-as o noivo á noiva no acto de casar-se; se donzella eram de lã, senão, de esparto. *Calceamenti indici genus.*

Ojuelo. *m. dim.* de *Ojo.* Olhinho: — *pl.* olhinhos; olhos lindos, alegres, engraçados: — *pl.* oculos para ler; usa-se em algumas partes. *Conspicilla.*

Ojunbegazado, da. *adj.* Que tem os olhos arregaçados ou com as palpebras levantadas, arregaçadas.

Okenia. *f. (bot.)* Okenia; genero de plantas da familia das nyctagineas, cujas especies são hervas originarias do Mexico.

Okenita. *f. (min.)* Okenita; variedade de disclasita de côr branca de neve, e textura fina e homogenea.

Okrano. *m. (min.)* Okrano; silicato de alumina, amarello, fragil e informe, pega-se á lingua, e crepita na agua e no fogo.

Ol. *(contrac. ant.)* de *Ole.*

Ola. *f.* Onda; porção de agua que se levanta acima da superficie do mar ou rio. *Fluctus, us:* — *(fig.)* onda, ondulação; qualquer movimento parecido com o das ondas em uma superficie, como o das searas movidas pelo vento, etc.: — *(fig.)* onda, impeto, impulso, successo violento. N'este sentido é mais usado no plural; v. g.: *las olas de la revolucion,* as ondas da revolução: — *(interj.)* V. *Hola. Ola preñada;* onda empolada, tumida, inchada, montuosa, vaga. *Cortar ó partir las olas (naut.);* cortar, sulcar as ondas; atravessar o navio pelas ondas em direcção proximamente contraria á que trazem ou á do vento que as impelle, dividindo-as para um e outro lado.

Olace. *m. (bot.)* Olace; genero de plantas da familia das olacineas, cujas especies são arvores ou arbustos.

Olacerar. *n. (germ.)* Custar.

Olacíneas. *f. pl. (bot.)* Olacineas; familia de plantas, cujas especies são arvores ou arbustos trepadores, inermes ou de ramos espinhosos, e que tem por typo o genero olace.

Olada. *f.* V. *Oleada.*

Olajay. *f. (germ.)* Maldição.

Olaje. *f.* V. *Oleaje.*

Olampi. *m. (pharm.)* Olampi; substancia procedente de um

vegetal da America desconhecido; é pardacenta, reluzente por fóra e quasi transparente, chama-se-lhe geralmente gomma olampi, postoque impropriamente, porque é uma verdadeira resina.

OLAN. *m.* Olanda.V. *Holanda*, lençaria fina de linho.

OLÁNICO. *adj.* *(chim.)* Olanico; diz-se dos saes que têem por base a olanina.

OLANINA. *f.* *(chim.)* Olanina; producto descoberto no oleo animal.

OLDENBURGUÉS, SA. *s.* Oldemburguez; on atural de Oldemburgo:—*adj.* oldemburguez; pertencente ao principado de Oldemburgo.

OLDENBURJIA. *f.* *(bot.)* Oldemburgia; genero de plantas da familia das compostas, cujas especies são arbustos do Cabo da Boa Esperança.

OLDENLANDIA. *f.* *(bot.)* Oldenlandia; genero de plantas da familia das rubiaceas, cujas especie são exoticas.

OLEA. *(ant. naut.)* Olea; navio grande de carga de que usavam os antigos, e ao qual tambem chamavam *nave oneraria.*

OLEÁCEAS. *f. pl.* *(bot.)* Oleaceas; familia de plantas dicotyledoneas monopetalas, que contém differentes especies, muitas das quaes crescem nos paizes banhados pelo Mediterraneo. A mais notavel é a oliveira conhecida pela utilidade do seu producto.

OLEADA. *f.* *(naut.)* Vagalhão; onda grande e montuosa:—*(fig.)* ondulação, ondas de gente, tropel ondulante:—mareta, embate impetuoso da onda:—onda, impeto. V. *Ola*, na terceira accepção:—*(prov.)* boa safra, colheita abundante de azeite.

OLEAGINOSIDAD. *f.* V. *Oliajinosidad.*

OLIAGINOSO, SA. *adj.* V. *Oliajinoso.*

OLEAJE. *f.* Marulhada; grande agitação e successão das ondas.

OLEAJINOSIDAD. *f.* Oleaginosidade; qualidade oleaginosa, o ser oleaginoso. *Qualitas oleaginea.*

OLEAJINOSO, SA. *adj.* Oleaginoso, oleagineo, oleoso. V. *Aceitoso.*

OLEANARIO, RIA. *adj.* *(chim.)* Oleanario; que espalha cheiro de azeite.

OLEAR. *a.* Ungir; administrar, dar extrema-unção a um doente. *Oleo sancto ungere.*

OLEARIA. *f.* *(bot.)* Olearia *(oleo de azeitona)*; genero de plantas da familia das compostas, cujas especies são arbustos originarios da Nova Hollanda.

OLEARIO, RIA. *adj.* *(inus.)* V. *Oleoso.*

OLEASTRO. *m.* V. *Acebuche.*

OLEATO. *m.* *(chim.)* Oleato; sal formado pela combinação do acido oleico com uma base.

OLEAZA. *f.* *(prov. Arag.)* Agua ruça, agua que fica das azeitonas nos lagares. *Aquosa amurca.*

OLECRANARTROCACIA. *m.* *(med.)* Olecranartrocacia; inflammação das superficies articulares do cotovelo.

OLECRANIANO, NA. *adj.* *(anat.)* Olecraniano; pertencente ao olecraneo.

OLECRENO, OLECRANON. *m.* *(anat.)* Olecraneo; apophyse da extremidade humeral do cotovelo.

OLEDERO, RA. *adj.* *(inus.)* V. *Oloroso.*

OLEDOR, RA. *s.* Cheirador; o que cheira. *Olens, olfaciens:*—*m.* *(ant.)* caçoula, perfumador; vaso onde se queimam substancias odoriferas.

OLÉICO. *adj.* *(chim.)* Oleico; diz-se de um acido que existe no azeite ou oleo commum.

OLEÍFERO, RA. *adj.* Oleifero; que produz oleo.

OLEIFICANTE. *adj.* *(chim.)* Oleificante; diz-se de um gaz composto de um atomo de carbone e outro de oxygenio.

OLEIFOLIADO, DA. *adj.* *(bot.)* Oleifoliado; diz-se do vegetal cujas folhas se assimilham ás da oliveira.

OLEIJENO, NA. *adj.* Oleigeno; que tem a propriedade de produzir um liquido de apparencia oleosa.

OLEILA. *f.* *(chim.)* Oleila; nome dado ao azeite.

OLEINA. *f.* *(chim.)* Oleina. É synonymo de *Elaina.*

OLEINEAS. *f. pl.* *(bot.)* Oleineas. V. *Oleáceas.*

OLENCIRA. *f.* *(zool.)* Olencira; genero de crustaceos isopodas, da tribu dos cymothoadios, parasita que consta de uma unica especie.

OLENDORFIA. *f.* *(bot.)* V. *Aptosimo.*

OLENIO, NIA. *adj.* Olenio ou olense; pertencente ou relativo á cidade de Olenus:—*s.* olenio ou olense; o natural de Olenus.

OLENO. *m.* *(zool.)* Oleno ou olenus; genero de insectos coleopteros subpentameros da familia dos fungicolas, composto de duas especies.

OLEÑA. *f.* *(germ.)* Telha.

ÓLEO. *m.* Oleo. V. *Aceite:*—os santos oleos; diz-se por antonomasia do oleo consagrado de que se usa na igreja para o baptismo, chrisma, nas ordens ecclesiasticas e outras ceremonias. Usa-se commummente no plural com o adjectivo *santos*. No singular *santo oleo* significa unção, o sacramento da extrema-unção, o santo oleo. *Sacrum oleum:*—unção; acção de ungir. *Unctio. Al óleo* *(loc. adv.)*; a oleo; diz-se da pintura feita com tintas preparadas com oleo, que geralmente é o de nozes ou linhaça. *Coloribus oleo conditis seu decotis. Andar ó estar a oleo* *(fr. fig.)*; estar muito arrebicado, preparado, adornado, enfeitado. *Fucari, ornari fuco.*

OLEO. *m.* V. *Oleaje. Bueno va el oleo* *(fr. fig.)*; boa vae ella; diz-se ironicamente para explicar que uma cousa não vae como deve. *Optimè agitur.*

OLEOCEROLADO. *m.* *(pharm.)* Oleocerolado, ceroto; nome de certos medicamentos, compostos principalmente de cera e azeite.

OLEOJINOSO, SA. *adj.* Oleoginoso. V. *Oleajinoso.*

OLEOL. *m.* *(pharm.)* Oleol; oleo fixo natural.

OLEOLADO. *m.* *(pharm.)* Oleolado; oleo medicinal, por infusão ou decocção.

Oleolatado. *m. (pharm.)* Oleolatado; medicamento composto de oleos essenciaes.

Oleolato. *m. (pharm.)* Oleolato; oleo essencial.

Oleólico, ca. *adj.* Oleolico; diz-se de um medicamento cujo excipiente é o oleo ou azeite.

Oleolito. *m. (pharm.)* Oleolito; medicamento que tem por excipiente o oleo.

Oleomiel. *m.* Oleomel; especie de oleo que, segundo Dioscorides, estilla de uma arvore de Palmyra.

Oleomil. *m. (pharm.)* Oleo muito espesso e doce.

Oleona. *f. (chim.)* Oleona; materia liquida que se obtem pela distillação de uma mistura de cal e acido oleico.

Oleoricinato. *f. (chim.)* Oleoricinato; sal que resulta da combinação do acido oleoricinico com uma base.

Oleoricínico. *adj. (chim.)* Oleoricinico; diz-se de um acido produzido pela saponificação do oleo de ricino.

Oleosidad. *f. (ant.)* Oleosidade, unctuosidade; qualidade de oleoso.

Oleoso, sa. *adj.* Oleoso. V. *Aceitoso.*

Oler. *a.* Cheirar; perceber, sentir o cheiro que despede de si alguma cousa. *Olfacere, odorari:* — *(fig.)* cheirar, presentir, conjecturar. *Rem occultam subodorari:*—cheirar, farejar; inquirir com curiosidade e diligencia as acções alheias. *Scrutari, inquirere:* — *n.* cheirar, recender; exhalar cheiro. *Olere:* — cheirar; ter visos, apparencias; v. g.: *esto me huele a riña;* isto cheira-me a contenda. *Redolere. No oler bien alguna cosa (fr. fig.);* não cheirar bem alguma cousa; ser suspeita, dar mostras de que encobre algum damno ou fraude. *Non benè olere.*

Oleráceo, cea. *adj. (bot.)* Oleraceo; diz-se dos vegetaes que se empregam como alimento.

Olestero. *m. (zool.)* Olesthero; genero de insectos coleopteros, da familia dos malacodermes, cuja especie typica é originaria da Nova Hollanda.

Oletera. *f. (zool.)* Oletera. V. *Atipo.*

Oleulà. *f. (pharm.)* Oleula; oleo essencial de uma planta.

Oleulado, da. *adj. (pharm.)* Oleulado; diz-se de certos medicamentos formados de oleos volateis.

Oleulico, ca. *adj. (pharm.)* Oleulico; diz-se de certos medicamentos que têem por base um oleo volatil.

Olfa. *f. (bot.)* V. *Isopiro.*

Olfaccion. *f.* Olfacção, cheiro; sensação que os effluvios dos corpos produzem no olfacto: — cheiro; acção e effeito de cheirar.

Olfateador, ra. *s.* Farejador; o que cheira ou fareja muito, com frequencia.

Olfatear. *a.* Cheirar, tomar o cheiro com actividade e frequencia para perceber distinctamente um cheiro qualquer. *Olfacere:* — *(fig.)* V. *Oler*, na terceira accepção.

Olfativo, va. *adj. (anat.)* Olfactivo; que se refere ao olfacto, ou concorre para o exercicio d'este sentido.

Olfato. *m.* Olfato; sentido e orgão collocado na cabeça dos animaes, por meio do qual percebem os cheiros. *Odoratus, us.*

Olfatorio, ria. *adj.* Olfatorio, olfativo; pertencente ao olfato. *Olfactorius, a, um.*

Olfersia. *f. (bot.)* Olfersia. V. *Acróstico:* — *(zool.)* olfersia; genero de insectos dipteros brachoceros, da familia dos pupiparos, composto de quatro especies.

Olíbano. *m.* Olibano; incenso macho. V. *Incienso macho.*

Oliente. *adj.* Cheirante, cheiroso, odorifero. *Olens, redolens.*

Oliera. *f.* Ambula; vaso em que se guardam os santos oleos. *Vas sacro oleo asservando deserviens:*—azeiteira, almotolia; vaso em que se deita o azeite para o gasto quotidiano. V. *Aceitera.*

Oligacanto, ta. *adj. (bot.)* Oligacantho; que tem espinhos em pequeno numero.

Oligacoce. *m. (zool.)* Oligacoce. V. *Astrefia.*

Oligacto. *m. (bot.)* Oligacto *(pouco fructo)*, genero de plantas da familia das compostas, que comprehende varias especies, das quaes a mais conhecida se encontra no Chimborazo.

Oligagrio. *m. (bot.)* Oligacrio ou sphenogyna. V. *Esfenojina.*

Oligandra. *f. (bot.)* Oligandra *(estame pequeno);* genero de plantas da familia das compostas, cujas especies são arbustos originarios do Brazil.

Oligantera. *f. (bot.)* Oligantherа; genero de plantas da familia das chenopodeas, cujas especies são hervas originarias do Caucaso.

Oligantéreo, rea. *adj. (bot.)* Oliganthereo; diz-se da flor, cujos estames são em numero igual ou inferior ao das petalas.

Oliganto. *m. (bot.)* Oligantho. V. *Triantea.*

Oligarca. *s.* Oligarcha; partidario da oligarchia.

Oligarquía. *f.* Oligarchia; governo de um pequeno numero de pessoas. *Oligarchia, æ:* — oligarchia; aristocracia limitada a um curto numero de pessoas privilegiadas.

Oligárquicamente. *adv. m.* Oligarchicamente; segundo o systema oligarchico.

Oligárquico, ca. *adj.* Oligarchico; concernente á oligarchia. *Oligarchicus, a, um.*

Oligarrena. *f. (bot.)* Oligarrhena *(estame pequeno)*, genero de plantas da familia das epacrideas, cujas especies são arbustos que crescem em Nova Hollanda.

Oligoblenia. *f. (med.)* Oligoblenia; falta de secreção mucosa.

Oligocarfo. *m. (bot.)* Oligocarpho. V. *Braxilena.*

Oligocarpo. *m. (bot.)* Oligocarpo *(pouco fructo);* genero de plantas da familia das compostas, cujas especies são hervas originarias do Cabo da Boa Esperança.

Oligocéfalo, la. *adj. (bot.)* Oligocephalo; provido de cabecinhas em pequeno numero.

Oligocera. *f. (zool.)* Oligocera

(antenna pequena); genero de insectos coleopteros subpentameros, da familia dos cyclicos, que comprehende cinco especies.

Oligoclaso. *m. (min.)* Oligoclaso; mineral de côr parda clara, leitenta, esverdinhada, ás vezes um pouco vermelha ou rosada. Compõe-se de silica, alumina, peroxydo de ferro, soda, potassa, cal e magnesia.

Oligocolia. *f. (med.)* Oligocholia; secreção pouco abundante de bilis.

Oligocracia. *f. (polit.)* Oligocracia; diz-se em sentido critico por aristocracia pouco numerosa.

Oligocrático, ca. *adj.* Oligocratico; pertencente á oligocracia.

Oligocrono, na. *adj.* Oligochrono; o que vive ou subsiste por pouco tempo.

Oligocronómetro. *m.* Oligochronometro; instrumento para medir as pequenas fracções de tempo.

Oligodacria. *f. (med.)* Oligodacria; secreção pouco abundante de lagrimas.

Oligodora. *f. (bot.)* Oligodora *(pouca pelle)*; genero de plantas da familia das compostas, cujas especies são originarias do Cabo da Boa Esperança.

Oligofarmacia. *f.* Oligopharmacia; pharmacia simplificada, que se compõe de um limitado numero de medicamentos.

Oligofármaco, ca. *adj.* Oligopharmaco; diz-se do que segue um methodo pharmaceutico simplificado.

Oligofillo, lla. *adj. (bot.)* Oligophyllo; diz-se das plantas que têem poucas folhas, ou de folhas pouco distinctas.

Oligohemia. *f. (med.)* Oligohemia, anemia; falta de sangue.

Oligohidria. *f. (med.)* Oligohydria; raridade ou falta de suor.

Oligolépide. *m. (bot.)* V. *Policéfalo.*

Oligomanía. *f. (med.)* Oligomania; mania relativa unicamente a um curto numero de idéas.

Oligoméride. *m. (bot.)* Oligomeride ou oligomeris *(pequeno tronco)*; genero de plantas da familia das resedaccas, cujas especies são herbaceas e originarias, pela maior parte, da Africa.

Oligopionia. *f. (med.)* Oligopionia; falta de gordura, magreza, extenuação.

Oligópodo. *m. (zool.)* Oligopodo *(pé pequeno)*; genero de peixes acanthopterygios, da familia dos scomberoideos, composto de tres especies.

Oligoposia. *f. (med.)* Oligoposia; diminuição da sêde.

Oligopsiquia. *f. (med.)* Oligopsychia, imbecilidade, pusillanimidade.

Oligoquilia. *f. (med.)* Oligochylia; falta de succo nutritivo.

Oligoquilo, la. *adj. (med.)* Oligochylo; diz-se das substancias alimentares pouco nutritivas, que produzem pouco chylo.

Oligoquimia. *f. (med.)* V. *Oligoquilia.*

Oligoro. *m. (zool.)* Oligoro; genero de insectos coleopteros heteromeros, da familia dos melasomos, cuja especie typica é originaria das Indias orientaes.

Oligosialia. *f. (med.)* Oligosialia; secreção escassa da saliva.

Oligospermia. *f. (med.)* Oligospermia; secreção pouco abundante de esperma.

Oligospermo, ma. *adj. (bot.)* Oligospermo; que tem poucas sementes.

Oligota. *f. (zool.)* Oligota; genero de insectos coleopteros tetrameros, da familia dos brachelytros, composto de sete especies originarias da Europa.

Oligotrice. *m. (bot.)* Oligothrice ou oligothrix *(pouco pello)*; genero de plantas da familia das compostas, cujas especies são hervas originarias do Cabo da Boa Esperança.

Oligotrixa. *f. (zool.)* Oligotricha *(pouco pello)*, genero de insectos nevropteros, da familia dos phryganios, composto de quatro especies originarias do norte da Europa.

Oligotrofia. *f. (med.)* Oligotrophia; diminuição da nutrição das partes do corpo.

Oliguresia. *f. (med.)* Oliguresia; secreção pouco abundante da urina.

Olimpiaco, ca. *adj. (ant.)* V. *Olímpico.*

Olimpiada. *f. (chron.)* Olympiada; periodo de quatro annos que decorriam entre as duas celebrações consecutivas dos jogos olympicos. Um seculo corresponde pois a 25 olympiadas. A primeira olympiada começou no anno 776 antes de Jesus Christo, anno em que os jogos foram organisados, e em que Corebus ficou vencedor. *Olympias, adis*: — *pl.* olympiadas; sobrenome das musas.

Olímpico, ca. *adj.* Olympico; pertencente ao Olympo, ou aos jogos que se celebravam na cidade de Olympia. *Olympicus, a, um.*

Olimpo. *m. (poet.)* Olympo, céu. *Cœlum, olympus.*

Olina. *f. (zool.)* Olina; genero de insectos dipteros brachoceros, da familia dos athericeros, que consta de uma unica especie encontrada na França.

Olíneas. *f. pl. (bot.)* Olíneas; familia de plantas intermediaria entre as melastomaceas e as myrtaceas composta de varias especies.

Olintia. *f. (bot.)* V. *Eujenia.*

Olintiano, na. Olintio, ia. *s. (ant.)* Olinthiano, olinthio; habitante de Olintho: — *adj.* olinthiano, ou olinthio; pertencente a Olintho ou aos seus habitantes; — *f. pl. (litt.)* olinthianas ou olinthias; denominação das orações ou discursos pronunciados por Demosthenes para decidir os athenienses a soccorrer a cidade de Olintho, sitiada por Filippe.

Olintolita. *f. (min.)* Olintolita; especie de grossularia.

Olio. *m. (ant.)* V. *Óleo*: — *(zool.)* Olios; genero de arachnidos, da tribu das aranhas, cujas especies são de grande tamanho, atacam os insectos maiores, e ás vezes os lagartos, e se encontram na Africa.

Olira. *f. (bot.)* Olyra; genero de plantas da familia das gramineas originarias da America tropical.

Olíreas. *f. pl. (bot.)* Olyreas; tribu de plantas gramineas, cujo typo é o genero olyra.

Oliscar. *a.* Cheirar ou applicar repetidas vezes ao orgão do olfacto ou esse orgão ao que queremos cheirar. *Odorari, præsentire:* — *(fig.)* farejar. V. *Oler*, na terceira accepção: — *n.* feder; cheirar mal, deitar mau cheiro. Diz-se regularmente das carnes ou peixe. *Fœtere.*

Olismeador. *s. (fam.)* V. *Heus meador.*

Olismear. *a. (fam.)* V. *Husmear.*

Olisquear. *a.* V. *Oliscar.*

Olistena. *f. (zool.)* Olisthena; genero de insectos coleopteros heteromeros da familia dos stenelytros, cuja especie typica é originaria da Nova Hollanda.

Olistero. *m. (zool.)* Olysthero; genero de insectos coleopteros pentameros, da familia dos brachelytros, composto de duas especies originarias da Laponia.

Olistopo. *m. (zool.)* Olisthopo; genero de insectos coleopteros pentameros, da familia dos carabicos, composto de seis especies.

Oliva. *f.* Oliva. V. *Aceituna:* — *(bot.)* oliva. V. *Olivo:* — *(zool.)* V. *Lechuza*, ave: — *(zool.)* oliva; genero de molluscos gasteropodas, cuja especie typica se encontra nas costas da America.

Oliváceo, cea. *adj.* V. *Aceitunado.*

Olivar. *m.* Olival, olivedo; campo de oliveiras, terreno plantado de oliveiras. *Oletum, olivetum:* — *a.* alinhar; enfileirar as arvores, pô-las em linha: — *(prov.)* V. *Enfaldar*, com relação ás ancoras: — *r.* empolar-se; levantar empolas o pão ao cozer-se.

Olivarda. *f. (zool.)* Variedade de falcão, que se distingue em ter o corpo mais pequeno e de côr amarella esverdinhada: — *(bot.)* especie de cardo morto ou tasneirinha; é uma herva de folhas lanceolladas, denteadas nas bordas, abundantes de pellos, acompanhados de glandulas unctuosas e flores amarellas.

Olivario, ria. *adj.* Olivar ou olivario; que tem a fôrma de azeitona ou que se parece com este fructo. *Eminencia olivaria (anat.);* eminencia olivaria; protuberancia situada sobre o tronco da medulla oblonga na face anterior, e ao lado das eminencias pyramidaes: — *m. pl. (zool.)* olivarios; familia de molluscos gasteropodas, que tem por typo o genero oliva.

Olivastro-de-rodas. *m. (bot.)* V. *Lináloe.*

Olivedo. *m. (ant.)* Olivedo. V. *Olivar.*

Olivera. *f.* Oliveira. V. *Olivo*, arvore.

Oliveria. *f. (bot.)* Oliveria; genero de plantas da familia das umbelliferas, cujas especies são hervas que crescem nas regiões orientaes.

Olivífero, ra. *adj. (poet.)* Olivifero; que abunda em oliveiras. *Olivifer, era, erum.*

Olivila. *f. (chim.)* Olivila; principio immediato dos vegetaes, descoberto no succo concreto que distilla a oliveira.

Olivilla. *f. (bot.)* V. *Camelea.*

Olivina. *f. (min.)* Olivina; variedade de peridoto de côr azeitonada pallida.

Olivo. *m. (bot.)* Oliveira; genero de plantas da familia das oleaceas, cujas especies são arvores ou arbustos que crescem na Europa meridional, na Asia tropical, nos paizes extra-tropicaes da Australia, no Cabo da Boa Esperança, e raras vezes na America septentrional. Comprehende duas especies principaes, que são a oliveira commum e a oliveira da America: — *silvestre;* oliveira brava ou zambujeiro. V. *Acebuche.*

Olma. *f.* Olmo. Usa-se só em algumas partes. V. *Olmo.*

Olmeda. *f.* Olmedo ou olmedal; mata, bosque de olmeiros. *Ulmetum, i:* — olmedal; terreno inculto povoado de olmeiros.

Olmedano, na. *s.* Olmedano ou olmedense; o natural de Olmedo, em Hespanha: — *adj.* olmedano, olmedense; pertencente a olmedo.

Olmedar. *m.* V. *Olmeda.*

Olmedia. *f. (bot.)* Olmedia; genero de plantas da familia das artocarpeas, cujas especies são arvores originarias do Perú.

Olmedo. *m.* V. *Olmeda.*

Olmo. *m. (bot.)* Olmo, ulmo ou olmeiro; genero de plantas dicotyledoneas da familia das amenthaceas, cujas especies são arvores ou arbustos indigenas e exoticos, de madeira forte, solida e facil de lavrar.

Olocarfa. *f. (bot.)* Olocarpha. V. *Hemizonia.*

Olocracia. *f.* Olocracia ou ochlocracia; governo em que o povo miudo ou as classes pobres têem todo o poder.

Olocrático, ca. *adj.* Olocratico ou ochlocratico; concernente á olocracia.

Olofro. *m. (zool.)* Olophro *(sobrancelha completa);* genero de insectos coleopteros pentameros da familia dos brachelytros, composto de nove especies.

Olografía. *f.* V. *Holografía.*

Ológrafo, fa. *adj. (for.)* Olographo. V. *Hológrafo.*

Olómetro. *m.* Olometro ou holometro; instrumento para medir toda a sorte de alturas, e que se compõe de tres reguas movediças, cujas aberturas e posições formam ao mesmo tempo os tres angulos.

Olona. *f. (comm.)* Lona; lençaria que se fabrica na Bretanha, e da qual se fazem vêlas para navios: — *(ant.)* V. *Lona.*

Olopétalo. *m. (bot.)* Olopetalo. V. *Monzonia.*

Olor. *m.* Olor, cheiro; impressão que os effluvios dos corpos produzem no olfacto. *Odor, oris:* — cheiro; exhalação odorifera de um corpo: — *(fig.)* cheiro; esperança em alguma cousa. *Spes, ei:* — cheiro; presentimento, conjectura, suspeita ácerca de cousa que está occulta ou por succeder. *Suspi-*

cio, onis: — *(fig.)* cheiro, signal, indicio:—*(fig.)* cheiro, fama, opinião, reputação. *Fama, æ:* — *(ant.)* V. *Olfato. Estár al olor (fr. fig.)*, estar ao cheiro, estar espreitando a occasião favoravel. *Morir en olor de santidad (fr. adv.);* morrer em cheiro de santidade, em opinião de santo. *Agua de olor;* agua de cheiro. *Sin olor;* sem cheiro, inodoro.

Olorcico, llo, to. *m. dim.* de *Olor.* Cheirinho, cheirosinho.

Olorífero, ra. *adj.* Odorifero, cheiroso; que tem ou exhala cheiro grato.

Olorioso, sa. *adj. (ant.)* V. *Oloroso.*

Olorosísimo, ma. *adj. sup.* de *Oloroso.* Odorosissimo, odoratissimo. *Valdè odorus.*

Oloroso, sa. *adj.* Oloroso, odoroso, cheiroso, odorifero; que exhala cheiro, rescendente. *Odorus, odoriferus.*

Oloturias. *f. pl. (zool.)* V. *Holoturias.*

Oltramar. *m. (ant.)* V. *Ultramar.*

Olura. *f. (ant.)* Odor, aroma, cheiro, perfume, fragrancia. *Aroma, æ.*

Olvidable. *adj.* Olvidavel; que pôde esquecer-se facilmente.

Olvidadero, ra. *adj. (ant.)* V. *Olvidadizo.*

Olvidadizo, za. *adj.* Esquecediço; que se esquece a miudo, de má memoria, mui esquecido, que facilmente se esquece; diz-se das pessoas. *Obliviosus, a, um. Hacerse olvidadizo ó el olvidadizo (fr.);* fazer-se esquecido, fingir que se não lembra. *Oblivionem affectare.*

Olvidado, da. *adj.* Olvidado, esquecido:—esquecido, deslembrado, esquecediço. V. *Olvidadizo. Immemor, oris. Estar olvidado (fr.);* estar olvidado, esquecido, posto em esquecimento; diz-se das cousas que se fizeram ha muito tempo. *Jam pridem factum esse, præteriisse.*

Olvidanza. *f. (ant.)* Deslembrança. V. *Olvido.*

Olvidar. *a.* Olvidar, esquecer, deslembrar; perder da lembrança, da memoria. *Oblivisci.* Usa-se tambem como reciproco: — olvidar, esquecer; deixar de amar ou querer. *Oblivisci, amorem alicujus amittere:* — esquecer, descuidar, omittir, passar em claro: — esquecer; não ter resentimento: — esquecer; não ser reconhecido, grato: — esquecer; perder a facilidade, a aptidão que se adquire pelo habito, pelo uso: — *(ant.)* esquecer; fazer perder a memoria, causar esquecimento: — *r.* esquecer-se ou esquecer-se de si ou de quem é; faltar ao proprio caracter, á dignidade, fazendo acção indecorosa: — *r.* esquecer-se, desorientar-se, arrebatar-se, enfurecer-se.

Olvido. *m.* Olvido, esquecimento, deslembrança; falta de memoria, lembrança, perda da lembrança que se tinha de alguma cousa. *Oblivio, onis:* — olvido, esquecimento, cessação de amor, carinho ou amisade que d'antes se tinha. *Oblivio, oblivium:* — esquecimento, descuido, negligencia, falta de cuidado, omissão de uma cousa que se devia fazer ou ter presente. *Oblivio, onis. Echar al olvido ó en olvido (fr.);* deitar ao esquecimento, pôr em esquecimento, esquecer voluntariamente uma cousa. *Oblivioni mandare. Enterrar en el olvido (fr. fig.);* votar a eterno esquecimento, esquecer para sempre. *Oblivioni tradere. Entregar alguna cosa al olvido (fr. fig.);* entregar alguma cousa ao esquecimento, pôr no rol do esquecimento; esquece-la, não fallar n'ella. *Rem oblivioni dare, prætermittere. No tener en olvido (fr.)*, não ter em esquecimento, não estar esquecido de uma pessoa ou cousa, tê-la presente. *Memoriam alicujus habere non esse immemorem. Rio del olvido (poet.);* rio do esquecimento, o Lethes.

Olvidoso, sa. *adj. (ant.)* V. *Olvidadizo.*

Olla. *f.* Panella; vaso de barro ou metal, que serve para cozer a carne, etc. *Olla, æ:* —olha, panella de carne, comida feita de carne, toucinho, chouriço ou presunto, grão de bico, ervilhas, hortaliça e outras cousas. *Olla, æ:* — *(fig.)* estomago; porque n'elle se cozem os alimentos: — *carnicera;* caldeirão; panella mui grande que pelo seu tamanho pôde levar muita comida. *Olla grandior:* — *de cohetes;* grande perigo, risco eminente. *Maximum discrimen:* — *ciega.* V. *Alcancía:* — *podrida,* olha podrida; caldo feito com carne de boi, porco, perdizes, carneiro, etc., cozidas juntamente com diversas hortaliças e legumes. *Edulii genus: (fig.)* miscellanea; obra ou escripto composto do aggregado de muitas materias ou peças differentes de litteratura, conversação variada sobre diversos assumptos. *A las ollas de Miguel;* jogo de rapazes que consiste em formar uma roda e dar-se as mãos, dizendo todos uma copla que começa assim: *a las ollas de Miguel que estan llenas de miel.* Ao acaba-la, um d'elles vae voltando as costas para dentro da roda, e quando todos têem já feito o mesmo, repetem a copla, batendo-se reciprocamente com as nadegas sem soltarem as mãos. *Pueriles ludus sic dictus. Estar a la olla o sopa boba de alguno (fr.);* estar ás sopas de alguem; manter-se á custa de outro comendo em sua casa. *Hacer la olla gorda (fr. fig.);* fazer a olha gorda; ser causa de alguma utilidade ou proveito, ou de viver bem e com abundancia. *Commoda alterius augere, promovere. No hay olla sin tocino (fr. fig.);* não ha olha sem toucinho; diz-se para notar que o valor de uma cousa depende da sua perfeição, não devendo faltar-lhe nada do mais principal, e tambem para motejar alguem que repete sempre a mesma cousa. *Los cascos se parecen a la olla (fr. fig.);* cão de caça sáe á raça; diz-se dos filhos que se parecem com os paes. *Olla que mucho hierve, sabor pierde (rif.)*; panella que muito ferve, o sabor perde. *Olla sin sal, haz cuenta que no tienes manjar (rif.)*; panella sem sal, faze de conta que não tens manjar. *No hay olla tan fea que no tenga cobertera (rif.)*; não ha panella tão feia que não tenha sua tapadeira, ou não ha panella sem texto: — *de Papin (pharm.)*; marmita de Papin; vaso mui grosso de cobre, hermeticamente fechado por uma tampa sujeita por um parafuso de grande força de pressão, que serve para cozer com brevidade as carnes e dissolver a gelatina dos ossos. Usa-se á vezes tambem de um vaso analogo para distillação, e para tratar pelos liquidos, mediante uma forte pressão, as substancias organicas cujos principios se querem extrahir: — *(naut.)* sorvedouro; redemoinho de agua que se observa em certos mares nos sitios onde elles são mais profundos ou apresentam grande concavidade. Tambem se diz dos que ha nos rios: — *de campaña (mil.)*; panella grande ou caldeirão de metal, com tampa bem ajustada, que serve para fazer o rancho da tropa, tanto em campanha como em guarnição: — *de fuego de brulote (mil.)*; panella de fogo; machina de fogo, maior que a granada e da fôrma de uma panella commum, que se emprega na guerra para arrojar com a mão ao inimigo ou para a prender ao brulote ou para pegar fogo ou para alumiar. *Missile incendiarium.*

Ollado, Ollao. *m. (naut.)* Ilhó; cada um dos furos de tamanho proporcionado, que se fazem nos pontos convenientes das vélas, toldos, etc. para enfiar cabos, gaxetas, etc.

Ollar. *adj.* Diz-se da pedra branda e facil de trabalhar.

Ollaza. *f. augm.* de *Olla.* Panellão, caldeirão.

Ollazo. *m.* Golpe, pancada com uma panella.

Ollería. *f.* Olaria; fabrica de louça de barro. *Domus figuli, ollaris taberna:* — loja de louça de barro. *Ollaris taberna:* — olaria; conjuncto de panellas e mais vasilhas de barro. *Ollarum copia.*

Ollero. *m.* Oleiro; o que fabrica louça de barro. *Figulus ollarius:* — louceiro; o que vende louça de barro. *Cada ollero alaba su puchero ó cada buhonero alaba sus agujas, ó cada uno alaba sus agujetas (rif.)*; cada buforinheiro louva seus alfinetes. *Suum quique pulchrum, vel sua quisque laudat.*

Olluela. *f. dim.* de *Olla.* Panellinha. *Ollula, æ:* — cova ou depressão que temos debaixo da garganta aonde começa o peito. *Pectoris ollula.*

Ollo. *m. (ant.)* V. *Ojo.*

Omacanta. *f. (zool.)* Omacantha. V. *Petroguata.*

Omacefalia. *f. (anat.)* Omacephalia; monstruosidade que caracterisa os omacephalos.

Omacefaliano, na. *adj. (anat.)* Omacephaliano; diz-se dos monstros por omacephalia.

Omacefálico, ca. *adj. (anat.)* Omacephalico; pertencente á omacephalia.

Omacéfalo. *m. (anat.)* Omacephalo; monstro que tem a cabeça mal conformada e carece de braços.

Omadio. *m. (zool.)* Omadio *(anthropophago)*; genero de insectos coleopteros tetrameros da familia dos malacodermes.

Omagen. *f. (ant.)* V. *Imájen, Figura.*

Omagra. *f. (med.)* Omagra; gota que ataca as espaduas.

Omalanto. *m. (bot.)* Omalantho. V. *Homolote:* — omalantho; genero de plantas da familia das euphorbiaceas, cujas especies são arbustos originarios da Asia e da Nova Hollanda tropical.

Omálidos. *m. pl. (zool.)* Omalidos; tribu de insectos coleopteros pentameros da familia dos brachelytros.

Omalinios, Omalinos. *m. pl. (zool.)* Omalinios ou omalinos; tribu de insectos coleopteros pentameros da familia dos brachelytros.

Omalio. *m. (zool.)* Omalio; genero de insectos coleopteros pentameros da familia dos brachelytros, composto de trinta e cinco especies.

Omaliso. *m. (zool.)* Omaliso; genero de insectos coleopteros pentameros da familia dos malacodermes.

Omalodeo. *m. (zool.)* Omalodeo ou omalodes *(liso)*; genero de insectos coleopteros pentameros da familia dos clavicornes, composto de onze especies.

Omalogastro. *m. (zool.)* Omalogastro *(ventre aplanado)*; genero de insectos dipteros brachoceros da familia dos athericeros.

Omaloplia. *f. (zool.)* Omaloplia *(unha igual)*; genero de insectos coleopteros pentameros da familia dos lamellicornes, que comprehende umas cincoenta especies originarias de quasi todos os paizes do globo.

Omalópodos. *m. pl. (zool.)* Omalopodas; familia de insectos orthopteros, composto d'aquelles que têem as patas e as coxas muito achatadas.

Omalópteros. *m. pl. (zool.)* Omalopteros; ordem de insectos que comprehende parte dos dipteros.

Omaloranfos. *m. pl. (zool.)* Omaloramphos ou planirostros; familia de aves da ordem dos passaros, que comprehende as especies de bico largo e plano pela base.

Omalosoma. *f. (zool.)* Omalosoma *(corpo igual)*; genero de insectos coleopteros pentameros da familia dos carabicos, composto de cinco especies.

Oman. *m. (germ.)* Cova, cavidade.

Omastrocacia. *f. (med.)* Omasthrocacia; carie da articulação da espadoa.

Omaseo. *m. (zool.)* Omasœo; genero de insectos coleopteros pentameros da familia dos carabicos, cujas especies são originarios da *Europa* e da America septentrional.

OMÁSPIDE. *m. (zool.)* Omaspides *(escudo no dorso);* genero de insectos coleopteros tetrameros da familia dos cyclicos, cuja especie typica é originaria da Guiana.

OMASTREFO. *m. (zool.)* Ommastrepho; genero de molluscos cephalopodas, da familia das tenthideas. *Omastrefo gigante;* ommastrepho gigante, o maior dos cephalopodas decapodas, o qual chega a ter cinco pés de comprimento, e que se encontra na costa occidental da America do sul.

OMATIO. *m. (zool.)* Ommatio; genero de insectos dipteros brachoceros, da familia dos tanystomos, que comprehende cinco especies originarias da Africa e da America meridional.

OMATODIO *m. (bot.)* Ommatodio *(olho pequeno);* genero de plantas da familia das orchideas, cujas especies são hervas originarias do Cabo da Boa Esperança.

OMATOLAMPO. *m. (zool.)* Ommatolampo *(de olhos brilhantes);* genero de insectos coleopteros tetrameros da familia dos curculionidos gonatoceros.

OMATOPLEA. *f. (zool.)* Ommatoplea *(olho cheio);* genero de helminthos do grupo dos turbellarios, e cujas especies foram encontradas no mar vermelho.

OMBLIGADA. *f.* Umbigada; parte central dos couros, que corresponde ao umbigo. *Umbilicus in coriis.*

OMBLIGO. *m.* Umbigo, embigo; especie de nó que ha ao meio do ventre, depois de ter seccado e caído o cordão umbilical. *Umbilicus, i:* — meio, centro de qualquer cousa. *Rei umbilicus, centrum:* — *(anat.)* umbigo; o cordão umbilical que vae desde o ventre do feto até á placenta ou pareas. *Umbilicus, i. Haberle cortado el ombligo (fr. fig.);* ter captado, grangeado a benevolencia, o favor de alguem. *Gratiam alterius sibi conciliare. Tener mucho ó muy largo el ombligo (fr. fig.);* ser muito feliz, ter muita sorte, ser mui afortunado. *No encojérsele á uno el ombligo (fr. fig.);* não fazer mossa, não dar cuidado a alguem alguma cousa, não se inquietar: — *de Andrómeda (astron.);* umbigo de Andromeda; denominação de uma estrella: — *del escudo (fr.);* umbigo; centro do escudo: — *(bot.)* umbigo; diz-se por analogia de uma pequena cicatriz que se observa nas sementes das plantas, e que marca o sitio por onde estavam fixas ao pericarpio ou á placenta: — *(bot.)* umbigo; pequena cavidade que se observa em uma ou outra extremidade dos fructos ou pomos, como na maçã, na pera, etc., a qual foi o receptaculo da flor, e é ordinariamente guarnecida do calice persistente: — *de Vénus (bot.);* umbigo de Venus; planta chamada commummente conchellos ou orelha de monge, que dá umas flores pequenas e brancas — *(zool.)* umbigo; cavidade conica, da base ao vertice, que se nota nas conchas espiraes: — *(zool.)* umbigo; orificio interior do cano das pennas das aves por onde penetra o bulbo: — *(zool.)* umbigo; conchinha redonda de figura espiral, de côr nacarada, que serve de casca a um caracol.

OMBLIGUERO. *m.* Tira, faixa ou cinta com que se sujeita a compressa que se põe sobre o umbigo dos recem-nascidos, emquanto secca ou se cicatriza. *Umbilico adstrictoria fascia.*

OMBLIGUILLO, TO. *m. dim.* de *Ombligo.* Umbiguinho, umbigosinho.

OMBRIA. *f.* V. *Umbria.*

OMBROFITO. *m. (bot.)* Ombrophyto *(planta de chuva);* genero de plantas da familia das balanophoreas, cujas especies são hervas carnosas que crescem nos bosques dos Andes e do Perú.

OMBROMETRÍA. *f.* Ombrometria; arte de medir a chuva que cáe em um dado tempo.

OMBROMÉTRICO, CA. *adj.* Ombrometrico; relativo á ombrometria.

OMBRÓMETRO. *f. (phys.)* Ombrometro; instrumento para determinar a quantidade de agua da chuva que caíu durante um tempo dado.

OMBÚ. *m. (p. A.)* Ombú; arvore cuja madeira não serve para queimar por se converter instantaneamente em cinza. O unico e importante serviço que presta, é dar uma linda sombra com a sua frondosa copa.

OME. *m. (ant.)* V. *Hombre.*

OMECELLO. *m. (ant.)* V. *Homecillo.*

OMECIERO, RA. *s. (ant.)* V. *Homicida.*

OMECILIO, OMECILLO. *m. (ant.)* V. *Homecillo.*

OMEGA. *f. (philol.)* Omega; nome do o longo dos gregos, e que é a ultima letra do seu alphabeto: — *(fig.)* omega; o ultimo, o fim.

OMEN. *m. (ant.)* V. *Hombre:* — *de prestar;* homem de prestimo, de importancia.

OMENAIE, OMENAJE. *m. (ant.)* Homenagem, vassallagem.

OMENTAL. *adj. (anat.)* Omental, epiploico; pertencente ao epiploon.

OMENTO. *m. (anat.)* Omento, epiploon, zirbo. V. *Redaño.*

OMÉTIDE. *m. (zool.)* Ometide ou ometis *(espadoa);* genero de insectos coleopteros pentameros da familia das lamellicornes.

OMEXECA. *f. (zool.)* Ommexecha; genero de aves da familia dos acriditos, o qual é composto de cinco especies, que vivem na America meridional.

OMEZO. *m. (ant.)* V. *Homicidio.*

OMIA. *f. (zool.)* Omias *(que tem o dorso amplo);* genero de insectos coleopteros tetrameros, da familia dos curculionidos, composto de trinta e seis especies originarias da *Europa.*

OMICERO, OMICIADO, OMICIERO, RA. *adj. s. (ant.)* V. *Homicida.*

OMICILIO, OMICILLO, OMICIO. *m. (ant.)* Omicio. V. *Homicidio.*

OMICRON. *f. (philol.)* Omicron; nome do *o* breve dos gregos, decima quinta letra do seu alphabeto.

OMIDIO. *m. (zool.)* Ommidio *(fór-*

ma de olho); genero de insectos coleopteros subpentameros da familia dos longicornes, cuja especie unica foi encontrada no Brazil.

Omildanza, Omildat. *f. (ant.)* V. *Humildad.*

Omildosiamientre. *adv. m. (ant.)* V. *Humildemente.*

Omiliosamientre. *adv. (ant.)* V. *Humildemente.*

Omillat. *f. (ant.)* V. *Humildad.*

Omillosamient. *adv. (ant.)* V. *Humildemente.*

Ominar. *a.* V. *Agorar, Ominari.*

Ominosamente. *adv. m.* Ominosamente; de um modo ominoso.

Ominoso, sa. *adj.* Ominoso; de mau agouro, fatal, funesto. *Ominosus, a, um.*

Omision. *f.* Omissão; o acto de omittir, de não fazer menção, falta de execução ou de cumprimento de alguma cousa. *Omissio, onis:*— omissão, falta de cuidado, descuido, negligencia. *Negligentia, æ.*

Omiso, sa. *adj.* Omisso, remisso, descuidado, negligente. *Iners, remissus.*

Omitir. *a.* Omittir; deixar de mencionar ou de fazer alguma cousa. *Omittere:*— omittir, descuidar, descurar, abandonar: — omittir; passar em silencio alguma cousa. *Omittere, prætermittere.*

Omito. *m. (germ.)* Alveitar.

Omm-alkitab. *n.* Omm-Alkitab; livro ou tábua dos decretos divinos, em que os musulmanos pretendem que está escripto em caracteres indeleveis o destino de todos os homens.

Omne. *m. (ant.)* V. *Hombre:* — procurador, agente: — ministro, commissionado: — V. *Enviado:* — V. *Criado.*

Omnibus. *m.* Omnibus; carruagem publica de grande capacidade para conduzir muitas pessoas de um ponto a outro nas cidades populosas, a horas determinadas, por preço estabelecido e modico.

Omnicolor, Omnicoloro, ra. *adj.* Omnicolor; que está matizado de todas as cores.

Omniesciencia. *f.* V. *Omnisciencia.*

Omniesciente. *adj.* V. *Omniscio.*

Omniforme. *adj.* Omniforme; que pôde tomar toda a classe de fórmas.

Omnijenere, Omnijeno, na. *adj.* Omnigenere; que pertence a todos os generos, a todas as especies.

Omnímodamente. *adv. m.* Omnimodamente; de todos os modos, sem limitação nem restricção.

Omnímodo, da. *adj.* Omnimodo; de todos os modos, que abraça e comprehende tudo, sem limite nem restricção. *Omnimodus, a, um.*

Omnipotencia. *f.* Omnipotencia, supremo poder, poder para todas as cousas; é attributo de Deus. *Omnipotentia, æ:* — omnipotencia; poder absoluto, sem limites.

Omnipotente. *adj.* Omnipotente, todo poderoso, que póde tudo. É epitheto que rigorosamente só se póde applicar a Deus, se bem que tambem se dá á pessoa que tem um poder absoluto e sem limites fixos. *Omnipotens, entis.*

Omnipotentemente. *adv. m.* Omnipotentemente, com omnipotencia. *Omnipotenter.*

Omnipotentísimo, ma. *adj. sup.* de *Omnipotente.* Omnipotentissimo.

Omnipresencia. *f.* Omnipresença; faculdade de estar ao mesmo tempo em todas as partes.

Omnipresente. *adj.* Omnipresente; que está presente em todas as partes.

Omniprogreso. *m. (neol.)* Omniprogresso; progresso applicado a tudo.

Omnisciencia. *f.* Omnisciencia; conhecimento infinito ou de todas as cousas, que só a Deus pertence.

Omniscio, cia. *adj.* Omnisciente; que sabe tudo; rigorosamente só se diz de Deus: — omnisciente, encyclopedico, erudito; que possue muitos e variados conhecimentos.

Omnivomo, ma. *adj. (med.)* Omnivomo; que vomita tudo o que come.

Omnívoro, ra. *adj.* Omnivoro; diz-se indistinctamente dos animaes que se sustentam de toda a sorte de alimentos.

Omo. *m. (zool.)* Omo *(hombro, espadoa);* genero de insectos coleopteros pentameros da familia dos cicindelidos, composto de tres especies.

Omoaljia. *f. (med.)* Omoalgia; dor de espadoa ou de hombro.

Omoáljico, ca. *adj.* Omoalgico; pertencente á omoalgia.

Omocera. *f. (zool.)* Omocera *(antenna na espadoa);* genero de insectos coleopteros subpentameros, da familia dos cyclicos, composto de cinco especies.

Omocotila. *f. (anat.)* Omocotyla; cavidade do omoplata que recebe a cabeça do humero.

Omófago, ga. *adj.* Omophago; que come carne crua.

Omofajia. *f.* Omophagia; costume de comer carne crua.

Omofajias. *f. pl. (hist.)* Omophagias; festas que se celebravam em honra de Bacho Omadio, na ilha de Chio, nas quaes se sacrificava um homem, arrancando-lhe todos os membros e esquartejando-o completamente.

Omoflea. *f. (zool.)* Omophlea ou omophlœo *(similhante a uma casca);* genero de insectos coleopteros pentameros, da familia dos stenelytros, composto de umas vinte especies.

Omofoita. *m. (zool.)* Omophoita; genero de insectos coleopteros subpentameros da familia dos cyclicos, composto de vinte e seis especies.

Omoforio, Omofórion. *m.* Omophorion; especie de manto que os bispos usavam antigamente para representar o bom pastor. Tiravam-no durante o Evangelho.

Omóforo. *m. (zool.)* Omophoro; genero de insectos coleopteros tetrameros da familia dos curculionidos.

Omofro. *m. (zool.)* Omophro ou omophron *(cruel);* genero de insectos coleopteros pentameros da familia dos carabicos.

Omoitena. *f. (zool.)* Omoitena; genero de insectos coleopteros subpentameros da familia dos cyclicos, composto de duas especies.

OMOPLATA. *f.* *(zool.)* Omoplata *(omoplata, osso da espadoa)*; genero de insectos coleopteros subpentameros, da familia dos cyclicos, cujas especies são originarias da America meridional.

OMOPLATO. *m.* *(anat.)* Omoplata; osso largo e triangular, situado na face dorsal do thorax, e que forma a parte posterior dos hombros ou espadoas.

OMOTELO. *m.* *(zool.)* Omotelo; genero de insectos coleopteros subpentameros da familia dos clavipalpos.

OMOTOTO. *m.* *(zool.)* Omototo *(crueldade)*; genero de insectos coleopteros subpentameros, da familia dos cyclicos.

OMUNAGUE. *n.* *(ant.)* V. *Homenaje.*

OMUNAJE. *m.* *(ant.)* V. *Homenaje.*

ON. *prep.* *(germ.)* Em.

ONADA. *f.* *(mil.)* V. *Gunada.*

ONAGRA. *f.* *(bot.)* Onagra ou onagro; genero de plantas da familia das onagrarias, composto de muitas especies herbaceas ou subfructescentes, originarias dos paizes quentes e temperados da America: —*(mil.)* onagre; machina antiga de guerra para lançar pedras de grande tamanho.

ONAGRARIAS, ONAGREAS. *f.* *pl.* *(bot.)* Onagrarias; familia de plantas dicotyledoneas, polypetalas, perigynas, cujas especies são herbaceas ou fructescentes.

ONAGRO. *m.* *(zool.)* Onagro; jumento bravo. V. *Asno. Piedra del onagro;* pedra do onagro; bezoar que se encontra, segundo dizem, na cabeça e na maxilla do jumento selvagem.

ONANISMO. *m.* Onanismo, masturbação; excitação dos orgãos genitaes por meio de toques, esfregações ou por qualquer outro que não seja o indicado pela natureza para a geração, sempre que não haja o concurso de outra pessoa ou animal. Seu nome deriva-se de Onan, filho de Judá, que, segundo a escriptura, espargia sua semente pela terra para não ter filhos, e morreu subitamente amaldiçoado por Deus.

ONCE. *adj.* *(num. card.)* Onze; numero impar composto de dez mais um. *Undecim:* — onze; em algumas expressões é o mesmo que undecimo; v. g., *párrafo once;* paragrapho onze: — onze; caracter ou cifra que representa este numero, e se escreve assim 11. *Con sus once de oveja (fr.);* com a sua colherada; diz-se quando alguem se mette por abelhudo, onde o não chamam. *Inopportunè., Estar a las once (fr. fig.);* estar ás tres pancadas, de esguelha, torcido; diz-se ordinariamente da parte do vestido que se leva mal posta. *Obtortum esse. Hacer ó tomar las once (loc.);* tomar uma ligeira refeição ás onze horas ou um pouco depois, devendo-se jantar mais tarde.

ONCEAR. *a.* V. *Onzear.*

ONCEIA. *f.* *(ant.)* V. *Uña.*

ONCEJERA. *f.* Especie de laço usado pelos passarinheiros, para apanhar passaros. *Laquei genus.*

ONCEJO. *m.* *(prov.)* V. *Vencejo*, ave.

ONCEMIL. *m.* *(germ.)* Cota.

ONCENO, NA. *adj.* Onzeno, undecimo; que completa o numero de onze. *Undecimus, a, um:* —V. *Undécimo. El onceno no estorbar (fr. fam.);* undecimo não estorvarás; diz-se como querendo juntar um mandamento aos dez do decalogo, para reprehender alguem de entremettido, ou importuno ou que serve de estorvo a quem tem que fazer o seu trabalho ou cumprir com a sua obrigação. *Laborioso homini impedimento ne sis.*

ONCIDERO. *m.* *(zool.)* Oncidero *(collo tuberculoso)*; genero de insectos coleopteros subpentameros da familia dos longicornes, composto de mais de trinta especies.

ONCIDIO. *m.* *(bot.)* Oncidio *(tuberculo)*; genero de plantas da familia das orchideas, cujas especies crescem com abundancia na America tropical.

ONCIJERA. *f.* V. *Oncejera.*

ONCINEMA. *f.* *(bot.)* Oncinema; genero de plantas da familia das asclepiadeas.

ONCINO. *m.* *(ant.)* Escapula, gancho: —*(bot.)* oncino; genero de plantas da familia das myrsineas, cujas especies são arbustos originarios da Cochinchina.

ONCINOLABO. *m.* *(zool.)* Oncinolabo; genero de echinodermes holothuridos, caracterisados por terem todos os pés iguaes e pela falta de orgãos respiratorios externos.

ONCINOTO. *m.* *(zool.)* Oncinoto *(gancho no dorso)*; genero de insectos coleopteros subpentameros da familia dos longicornes.

ONCIROSTRO, TRA. *adj.* *(zool.)* Oncirostro; diz-se da ave que tem o bico encurvado.

ONCITA. *f.* *dim.* de *Onza.* Onçasinha.

ONCO. *m.* *(bot.)* Onco *(gancho)*; genero de plantas da familia das dioscoreas, cujas especies são sub-arbustos que crescem na Cochinchina.

ONCOBA. *f.* *(bot.)* Oncoba; genero de plantas da familia das bixiaceas, cujas especies são arvores originarias da Africa tropical.

ONCOBOTRIO. *m.* *(zool.)* Onchobothrio; genero de helminthos, tirados do genero bothriocephalo, cujas especies vivem parasitas em varios peixes cartilaginosos.

ONCOCÉFALO. *m.* *(zool.)* Oncocephalo *(cabeça inchada)*; genero de insectos hemipteros heteropteros, da secção dos geocorisos: —oncocephalo; genero de insectos coleopteros subpentameros da familia dos cyclicos, composto de quatro especies.

ONCODERO. *m.* *(zool.)* Oncodero *(pescoço grosso)*; genero de insectos coleopteros subpentameros da familia dos longicornes, cuja especie typica é originaria do Mexico.

ONCÓFORO. *m.* *(bot.)* Oncophoro *(que tem gancho)*; genero de musgos, cujas especies crescem nos logares pantanosos das regiões extratropicaes do globo.

ONCOLAIMO. *m.* *(zool.)* Oncholaimo *(gâncho na garganta)*; genero de helminthos nematoideos, cujas especies vivem parasitas na pelle de varios peixes.

Oncomero. *m. (zool.)* Oncomero ou onchomero *(tumor na coxa)*; genero de insectos hemipteros heteropteros da secção dos geocorisos, cujas especies são originarias da Nova Guiné: — oncomero ou onchomero; genero de insectos coleopteros subpentameros da familia dos longicornes, composto de tres especies.

Oncorino. *m. (zool.)* Oncorhino *(nariz forte)*; genero de insectos coleopteros tetrameros da familia dos curculionidos.

Oncoscélide. *m. (zool.)* Oncoscelide ou oncoscelis *(gancho na perna)*; genero de insectos coleopteros tetrameros, da familia dos curculionidos.

Oncosis. *f. (med.)* Oncosis ou oncose; tumor em geral.

Oncosperma. *f. (bot.)* Oncosperma *(grão, semente com gancho)*; genero de plantas da familia das palmeiras, cujas especies crescem nos terrenos humidos das ilhas do Archipelago indio.

Oncósporo. *m. (bot.)* Oncosporo; genero de plantas da familia das pittosporeas, cujas especies são originarias da Nova Hollanda.

Oncostemo. *m. (bot.)* Oncostemo *(corôa com gancho)*; genero de plantas da familia das myrsineas, cujas especies são arbustos originarios de Madagascar.

Oncoto. *f. (zool.)* Oncoto; genero de insectos coleopteros heteromeros, da familia dos melasomos, composto de oito especies.

Oncotomía. *f. (cir.)* Oncotomia; acto de abrir um tumor com instrumento cortante.

Oncotómico, ca. *adj. (cir.)* Oncotomico; relativo á oncotomia.

Ond. *conj.* e *adv. (ant.)* Onde.

Onda. *f.* Onda. V. *Ola. Fluctus, us*: — *(fig.)* ondas, ondulação do fluido luminoso, reverberação e movimento da luz. *Lucis ondulatio*: — ondas das roupas, dos cabellos, etc.; fôfos, dobras em fôrma de ondas. *Plicatura in modum fluctus*: — *(prov. Mex.)* assento feito de cordel de pita, em que os mineiros descem, atados a uma corda, até ao fundo das minas: — *(ant.)* V. *Agua*: — *pl.* falbalas; especie de recortes que se fazem nas guarnições dos vestidos em fórma semi-circular ou ponteaguda: — *pl.* ondas; movimento de ondulação, que se multiplica por circulos concentricos á superficie da agua tranquilla, quando foi levemente ferida no centro por alguma pedra ou corpo qualquer. *Cortar las ondas (fr.)* V. *Cortar el agua*. *Surcar sus ondas (fr.)*; sulcar as ondas. V. *Navegar*.

Ondaba. *(pron. germ.)* Este, isto.

Ondado, da. *adj. (br.)* Ondado; diz-se das peças do escudo collocadas em fórma de ondas.

Ondatra. *m. (zool.)* Ondatra; especie de mammiferos roedores do genero arganaz, originaria da America meridional. É do tamanho de um coelho, com as pernas mais curtas e os dedos armados de unhas fortes; tem o pello cinzento e pardo, tão fino como o do castor, e por isso se lhe dá caça: vive nas margens do rios, onde fabrica habitações, e exhala um forte cheiro a almiscar, por cujo motivo se lhe deu o nome de rato almiscarado do Canadá.

Onde. *conj. (ant.)* Pelo que, por cuja rasão. *Quapropter, unde*: — *adv. l. (ant.)* V. *Donde, En donde, De donde. Onde quiera (loc. adv. ant.)*; onde quer que, em qualquer logar. V. *Donde quiera*.

Ondeado. *adj. (ant.)* Ondeado; feito em fôrma de ondas. *Undulatus, a, um.*

Ondeador. *m. (germ.)* Ladrão que anda farejando, observando onde ha de ir roubar.

Ondeante. *adj.* Ondeante, ondulante; que faz ou forma ondas.

Ondear. *a.* Ondear; fazer ondas em algum lavor: — *(germ.)* V. *Tantear*: — *n.* ondear, ondear-se; fazer ondas a agua, mover-se em ondulações: — *n.* ondear, vogar, fluctuar; ser levada uma cousa pelo impulso das ondas. *Undis agitari, fluctuare*: — V. *Undular*: — *(fig.)* ondear, fluctuar; formar ondas as roupas, os cabellos, a labareda, etc. *Vestem vel quid simile plicaturis in modum undarum formare vel ornare*: — *(ant.)* passar alguma cousa de um navio para outro: — *(ant.)* ondear. V. *Fluctuar*: — *r.* bambalear-se, agitar-se. *Hac illæ in ære se movere.*

Ondebel. *m. (germ.)* Deus.

Ondecagano. *m. (geom.)* Ondecagono, de onze angulos.

Ondina. *f. (germ.)* Aza.

Ondinamo. *m. (germ.)* Alamo.

Ondobas. *(pron. pl. germ.)* Estes.

Ondolé. *(pron. germ.)* Elle.

Ondoleyos. *(pron. germ.)* Elles.

Ondoqui. *adv. (germ.)* Aqui.

Ondoso, sa. *adj. (ant.)* V. *Undoso*.

Ondra. *f. (ant.)* V. *Honra*.

Ondradamientre. *adv. (ant.)* V. *Honradamente*.

Ondrar. *a. (ant.)* V. *Honrar*.

Ondulacion. *f.* V. *Undulacion*.

Ondulatorio, ria. *adj.* V. *Undulatorio*.

Oneirocricia. *f.* Onirocricia; adivinhação por meio dos sonhos, explicação de sonhos.

Oneirocrita. *s.* Onirocrita; interprete dos sonhos, o que os explica, deduzindo d'ahi juizos ou conjecturas sobre os acontecimentos futuros.

Oneirocrítico, ca. *adj.* Onirocritico; que respeita á onirocricia.

Oneirodinia. *f. (med.)* Onirodynia; dor que se sente em sonhos. Deu-se este nome ao somnambulismo.

Oneirojino. *m.* Onirogyno; sonho venereo, pollução nocturna.

Oneiromancia. *f.* Oniromancia; arte de interpretar os sonhos, adivinhação pelos sonhos.

Oneiromántico, ca. *adj.* Oniromantico; pertencente á oniromancia: — *s.* oniromantico; interprete dos sonhos, o que pratica a oniromancia.

ONEIROSCOPIA. *f.* Oniroscopia; observação, sciencia da pretendida interpretação dos sonhos.

ONEIROSCÓPICO, CA. *adj.* Oniroscopico; relativo, concernente á oniroscopia.

ONERARIO, RIA. *adj.* Onerario; diz-se dos navios mercantes dos antigos. *Onerarius, a, um:—(for.)* diz-se do que tem o cuidado e cargo de uma cousa, de que outro tem a honra.

ONEROSAMENTE. *adv. m.* Onerosamente; de um modo oneroso.

ONEROSO, SA. *adj.* Oneroso, gravoso, pesado, incommodo, molesto. *Onerosus, a, um:* —*(for.)* oneroso, gravoso; que impõe onus. *Onerosus, a, um. Causa onerosa.* V. *Causa. Titulo oneroso.* V. *Titulo.*

ONESIA. *f. (zool.)* Onesia; genero de insectos dipteros brachoceros, da familia dos athericeros, composto de sete especies originarias da França.

ONESITA. *f. (min.)* Onesita; variedade de limonita ou hydrato de ferro.

ONFACINO, NA. *adj. (pharm.)* Omphacino; diz-se do oleo ou azeite feito de azeitonas verdes. *Omphacinus, a, um:* —*(pharm.)* diz-se tambem algumas vezes de tudo o que se faz de fructa verde.

ONFACIO. *m. (min. ant.)* Omphacio; pedra preciosa, transparente, de côr verde escuro, tirante para amarello.

ONFACITA. *f. (min.)* Omphacita. V. *Onfalita.*

ONFACOMEL. *m. (pharm.)* Especie de vinho que se faz tomando agraços verdes, que se espremem depois de se terem exposto ao sol por tres dias, juntando ao sumo a terça parte de bom mel escumado, e fazendo-o fermentar ao sol por algum tempo. *Vini genus.*

ONFÁLEA. *f. (bot.)* Omphalea; genero de plantas da familia das euphorbiaceas, cujas especies são arvores ou arbustos trepadores da Guiana.

ONFALÓCARION. *m. (bot.)* Omphalocaryon *(noz em fórma de umbigo)*; genero de plantas da familia das ericáceas, cujas especies são arbustos de pequeno tamanho, originarios do Cabo de Boa Esperança.

ONFALOCARPO. *m. (bot.)* Omphalocarpo *(fructo em fórma de umbigo)*; genero de plantas da familia das sapotaceas, cujas especies são arvores que crescem na Africa tropical.

ONFALOCELE. *m. (med.)* Omphalocele; hernia umbilical.

ONFALODEO. *m. (bot.)* Omphalodeo *(similhante a um umbigo)*; genero de plantas da familia das asperifoliadas.

ONFALOFIMA. *f. (med.)* Omphalophima; tumor no umbigo.

ONFALOMANCIA. *f.* Omphalomancia; adivinhação supersticiosa do numero de filhos que ha de ter uma mulher, examinando o umbigo do recemnascido.

ONFALOMÁNTICO, CA. *adj.* Omphalomantico; relativo á omphalomancia.

ONFALONCIA. *f. (med.)* Omphalon ia; tumor no umbigo.

ONFALÓPSICOS. *m. pl. (hist. e rel.)* Omphalopsycos; nome dado a varios sectarios quietistas: — omphalopsycos; nome dado em geral aos illuminados que se persuadiam que, contemplando fixamente o seu umbigo, o homem podia entrar em communicação com a divindade, e ver o que alguns d'elles chamam luz do Thabor.

ONFALÓPTICO, CA. *adj. (phys.)* Omphaloptico; diz-se do crystal optico que é convexo por ambas as faces.

ONFALORRAJÍA. *f. (med.)* Omphalorrhagia; hemorrhagia umbilical, particularmente nos recemnascidos.

ONFALORRÁJICO, CA, *adj. (med.)* Omphalorrhagico; relativo á omphalorrhagia.

ONFALÓSICOS. *m. p. (rel.)* V. *Onfalópsicos.*

ONFALOSITOS. *m. pl. (physiol.)* Omphalositos *(que se nutre pelo umbigo)*; ordem de monstros unitarios, que comprehende todos os seres que vivem uma vida imperfeita e, por assim dizer, passiva, apenas sustentada pela communicação com a mãe, e que cessa logoque o cordão umbilical se rompe. Faltam-lhes muitos orgãos, e todos os que possuem são muito imperfeitos.

ONFALOTOMÍA. *f. (cir.)* Omphalotomia; secção do cordão umbilical.

ONFALOTÓMICO, CA. *adj. (cir.)* Omphalotomico; relativo á omphalotomia.

ONFRA. *f. (zool.)* Omphra; genero de insectos coleopteros pentameros da familia dos carabicos.

ONFREO. *m. (zool.)* Omphreo; genero de insectos coleopteros pentameros da familia dos carabicos, que consta de uma unica especie, originaria da Europa.

ÓNICE. *m. (min.)* Onyx; variedade de agatha, de cores mui determinadas, alvacenta, gris, rosada, etc., repetidas varias vezes, mas que dão á pedra um aspecto nacarado.

ONICÓCERO. *m. (zool.)* Onychocero *(antenna em fórma de unha)*; genero de insectos coleopteros subpentameros da familia dos longicornes, composto de tres especies originarias do Brazil.

ONICÓFIDOS. *m. pl. (zool.)* Onichophidos; familia de reptis ophidios, que comprehende os que têem esporões na parte posterior do corpo.

ONICOFIMA. *f. (med.)* Onychophima; tumefacção das unhas.

ONICOFTORIA. *f. (med.)* Onychophtoria; alteração das unhas por alguma enfermidade.

ONICOGRIFOSIS. *f. (med.)* Onycogriphosis; encurvadura das unhas.

ONICOMANCIA. *f.* Onycomancia; adivinhação supersticiosa pelas unhas.

ONICOMÁNTICO, CA. *adj.* Onycomantico; pertencente á onycomancia.

ONICOPTOSIS. *f. (med.)* Onycoptosis; queda das unhas.

ONICOTEUTIDE. *f. (zool.)* Onychoteuthide ou onychoteuthis; genero de molluscos cephalopodas, composto de muitas especies.

Onicteno. *m. (zool.)* Onycteno. V. *Leptopalpo.*

Onijena. *f. (bot.)* Onygena; genero de cogumelos gasteromycetos, cujas especies nascem nos despojos dos animaes.

Onimancia. *f.* V. *Onicomancia.*

Onipterijia. *f. (zool.)* Onypterygia; genero de insectos coleopteros pentameros, composto de onze especies, originarias do Mexico.

Ónique. *f. (min.)* V. *Ónice.*

Oniquino. *m. (min.)* V. *Ónice.*

Oniquio. *m. (bot.)* Onychio *(unha)*; genero de fetos polypodiaceos, cujas especies crescem no Cabo da Boa Esperança: — onychio. V. *Lecanoptéride.*

Oniquito. *adj.* Onychito; diz-se de uma especie de alabastro que contém onyx.

Oniquiuro. *m. (zool.)* Onychiuro. V. *Lipura.*

Onirocracia, Onirocricia. *f.* V. *Oneirocricia.*

Onirocrítico, ca. *adj.* V. *Oneirocritico.*

Oniromancia. *f.* V. *Oneiromancia.*

Onirópolo. *m.* Oniropolo; o que examina os sonhos de alguem e os interpreta ou adivinha.

Oniroscopia. *f.* Oniroscopia. V. *Oneiromancia.*

Oniscia. *f. (zool.)* Oniscia; genero de molluscos gasteropodas pectinibranchios, composto de quatro especies vivas e uma em estado fossil, encontrada nos terrenos terciarios.

Oníscidos. *m. pl. (zool.)* Oniscidos ou cloportidos; familia de crustaceos, cujo typo é o genero onisco ou cloporto.

Onisciformes. *m. pl. (zool.)* Onisciformes; familia de myriapodas, cujas especies se parecem alguma cousa com o bicho de conta.

Oniscios. *m. pl. (zool.)* V. *Oniscidos.*

Onisco. *m. (zool.)* Onisco; nome que os antigos davam ao porcellio ou bicho de conta.

Oniscoda. *f. (zool.)* Oniscoda; genero de crustaceos decapodas, que consta de uma unica especie originaria das costas de Inglaterra.

Oniscografia. *f.* Oniscographia; descripção do porcellio ou bicho de conta.

Oniscográfico, ca. *adj.* Oniscographico; pertencente á oniscographia.

Oniticelo. *m. (zool.)* Oniticello; genero de insectos coleopteros pentameros da familia dos lamellicornes, composto de vinte e duas especies.

Onitide. *m. (zool.)* Onitide ou onitis *(esterco de jumento)*; genero de insectos coleopteros pentameros, da familia dos lamellicornes, composto de trinta e uma especies.

Onix. *f. (min.)* V. *Ónice.*

Oniz. *f. (min.)* V. *Ónice.*

Ono. *m. (naut.)* ONO; inicial ou abreviatura com que nos escriptos maritimos e na rosa de marear se designa o rumo e o vento que se denomina oesnoroeste.

Onobríqueas. *f. pl. (bot.)* Onobrycheas; tribu de plantas leguminosas, cujo typo é o sanfeno ou onobrychis.

Onobríquide. *m. (bot.)* Onobrychide ou onobrychis. V. *Pipirigallo.*

Onobroma. *f. (bot.)* Onobroma *(alimento de asno)*; genero de plantas da familia das compostas, cujas especies são hervas originarias das regiões orientaes.

Onocéfala. *f. (zool.)* Onocephala *(cabeça de burro)*; genero de insectos coleopteros subpentameros da familia dos longicornes, composto de oito especies.

Onocentauro. *m.* Onocentauro; monstro fabuloso meio homem e meio burro.

Onoclea. *f. (bot.)* Onoclea; genero de fetos polypodiaceos, cuja especie typica cresce na America boreal.

Onocleóideas. *f. pl. (bot.)* Onocleoideas; tribu de plantas polypodiaceas, que tem por typo o genero onoclea.

Onocrótalo. *m. (zool.)* Onocrotalo. V. *Pelicano.*

Onolatría. *f. (ant.)* Onolatria; culto medico do jumento, ou confiança exagerada que os antigos tinham nas virtudes medicinaes das differentes partes do mesmo animal.

Onomancia. *f.* V. *Onomatomancia.*

Onomástico, ca. *adj.* Onomastico; que se compõe de nomes, ou que tem nome. *Onomasticus, a, um.*

Onomatolojía. *f.* Onomatologia; sciencia dos nomes ou das classificações nominaes, nomenclatura.

Onomatolójico, ca. *adj.* Onomatologico; que respeita á onomatologia.

Onomatólogo. *m.* Onomatologo; o que escreve alguma onomatologia, ou se dedica ao estudo d'esta sciencia.

Onomatomancia. *f.* Onomancia; adivinhação supersticiosa da fortuna de alguem, tirada das letras do nome.

Onomatopéico, ca. *adj.* Onomatopico; relativo ou pertencente á onomatopeia, que encerra onomatopeia, imitativo do som da cousa significada.

Onomatopeya. *f. (rhet.)* Onomatopeia; figura pela qual se dá a uma cousa o nome do som que faz ou da voz que forma. *Onomatopeja, æ:* — onomatopeia; vocabulo que imita o som natural da cousa significada. *Onomatopeja, æ.*

Onomatópico, ca. *adj.* V. *Onomatopéico.*

Onomatoposis. *f.* Onomatoposis ou onomatopose; nome disfarçado.

Onónide. *m. (bot.)* Ononide *(asno)*; genero de plantas da familia das leguminosas papilionaceas, cujas especies são herbaceas e originarias pela maior parte das regiões banhadas pelo Mediterraneo.

Onopordio. *m. (bot.)* Onopordio *(flatulencia de burro)*; genero de plantas da familia das compostas, cujas especies são hervas grandes, mui ramosas e de tronco espinhoso, que crescem abundantemente nos logares estereis da Europa e da Asia central.

Onoquiles. *f. (bot.)* Alface silvestre; especie de plantas do genero anchusa ou buglossa; tem um pé de altura, os talos cylindricos, as folhas lanceoladas, as flores purpurinas, e a raiz em fórma de ovo e de côr vermelha. Toda a planta está coberta de uma especie de carepa.

ONOSCÉLIDE, ONOSCELO. *m.* Onoscelo; monstro com pés de burro.

ONOSÉRIDE. *m. (bot.)* Onoseride ou onoseris *(planta de burro)*; genero de plantas da familia das compostas, cujas especies são hervas vivaces, originarias de Nova Granada.

ONOSERÍDEAS. *f pl. (bot.)* Onoserideas; grupo de plantas da familia das compostas que tem por typo o genero onoseride.

ONOSMA. *f. (bot.)* Onosma; genero de plantas da familia das asperifolias, cujas especies crescem commummente nas regiões que confinam com o Mediterraneo.

ONOSMODIO. *m. (bot.)* Onosmodio *(cheiro de burro)*; genero de plantas da familia das asperifolias, creado para caracterisar uma herva que cresce na America boreal.

ONOTAURO. *m.* Onotauro; quadrupede gerado de um touro e de uma jumenta, ou de um jumento e de uma vacca, ou de um cavallo e de uma vacca, ou de um touro e de uma egua.

ONQUIDIA. *f. (bot.)* Onchidia; parte occulta do botão dos vegetaes ou o seu nucleo vital interno.

ONQUIDIO. *m. (zool.)* Onchidio *(fórma de tuberculo)*, genero de molluscos gasteropodas, da familia dos cyclobranchios, composto de uma unica especie, encontrada no Ganges.

ONQUIDÓRIDE. *m. (zool.)* Onchidoride ou onchidoris *(envolucro tuberculoso)*; genero de molluscos da familia dos cyclobranchios, cuja especie typica tem o corpo oval.

ONRAMIENTO. *m. (ant.)* Adorno, atavio, ornamento, adereço, enfeite.

ONSARIO. *m. (ant.)* V. *Osario.*

ONT. *adv. (ant.)* V. *De donde.*

ONTA. *f. (ant.)* Affronta, injuria, offensa, ultraje.

ONTINA. *f. (bot.)* Especie de plantas do genero artemisa.

ONTOCÁRIDE. *m. (zool.)* Onthocharide ou onthocharis *(que gosta do esterco)*; genero de insectos coleopteros pentameros da familia dos lamellicornes, composto de tres especies.

ONTOECO. *m. (zool.)* Onthoeco *(que vive nos excrementos)*; genero de insectos coleopteros pentameros da familia dos lamellicornes, composto de tres especies.

ONTÓFAGO. *m. (zool.)* Onthophago *(que come excremento)*; genero de insectos coleopteros pentameros da familia dos clavicornes.

ONTOGONIA. *f.* Ontogonia; historia da producção dos seres organisados na superficie da terra.

ONTOGÓNICO, CA. *adj.* Ontogonico; relativo ou pertencente á ontogonia.

ONTOLOGÍA. *f.* V. *Ontolojía.*

ONTÓLOGO. *m.* Ontologo. V. *Ontolojista.*

ONTOLOJÍA. *f. (philos.)* Ontologia; parte da metaphysica que trata dos entes em geral: — ontologia; systema philosophico que concede uma existencia real aos entes de rasão; *v. g.*, á febre, á peste, etc.: — ontologia; tratado sobre estas materias.

ONTOLÓJICAMENTE. *adv. m.* Ontologicamente; com relação á ontologia.

ONTOLÓJICO, CA. *adj.* Ontologico; concernente, relativo á ontologia.

ONTOLOJISTA. *m.* Ontologista; o que tem escripto sobre ontologia, ou que é versado n'esta sciencia.

ONUFIS. *m. (zool.)* Onuphis; genero de annelidos da familia dos eunicios, cuja especie typica foi encontrada em França.

ONUFRITA. *f. (min.)* Onuphrita; seleniureto de mercurio.

ONUSTO, TA. *adj. (ant.)* Onusto, carregado, cheio. V. *Cargado.*

ONZA. *f.* Onça; decima sexta parte da libra, a qual conforme os logares tambem varia, sendo em algumas partes de Hespanha de doze, vinte, etc. Subdivide-se a onça em oito drachmas ou oitavas. *Uncia, æ:* — onça; antiga medida igual a uma pollegada: — onça; duodecima parte do asse e do pé romano: — onça hespanhola; moeda de oiro que vale dezêseis duros ou 320 reales, que ao cambio de 47 corresponde a 14$720 réis. Chama-se-lhe geralmente *onza de oro:* — *de hoja;* diz-se, nos logares onde se criam os bichos de seda, da folha de amoreira, que se necessita para sustentar uma porção d'aquelles animaes que produzam uma onça de semente: — *(zool.)* onça; especie de mammiferos do genero gato, que vive nos sitios montanhosos da Siberia oriental, perto dos rios. É muito feroz e temivel. *Buenas quatro onzas;* boas quatro onças; diz-se ironicamente do excessivo peso de uma pessoa que carrega sobre outra. *Leve pondus. Mas vale onza que libra (fr.);* mais vale onça que libra; usa-se para significar o valor e apreço de uma cousa, comparando-a com outra inferior aindaque maior. *Por onzas (loc. adv.);* por onças; em pequena quantidade; *v. g.: dar por onzas, comer por onzas;* dar por onças, comer por onças. *Unciatim. Mas vale onza de sangre que libra de amistad (rif.);* mais vale uma onça de sangue que uma libra de amizade; denota que as rasões de parentesco costumam prevalecer sobre as da amizade.

ONZAVO, VA. *adj.* Undecimo, onzeno; decima primeira parte de qualquer quantidade. Usa-se mais commummente substantivado na terminação masculina. *Undecimus, a, um.*

ONZEAR. *a.* Pesar ou dar por onças. *Unciatim ponderare vel conferre:* — *n. (fam.)* lidar com muitas onças de oiro, com muito dinheiro, gloriar-se de o possuir.

OOCIANO. *m. (zool.)* Oocyano *(ovo azul)*; genero de insectos coleopteros subpentameros da familia dos clavipalpos, composto de duas especies.

OOCLININIO. *m. (bot.)* Ooclininio; genero de plantas da familia das compostas, cujas especies são hervas originarias da America tropical.

OOCOCA. *f. (bot.)* Oococca. V. *Melicoca.*

OODE. *m. (zool.)* Oode *(feito em fórma de ovo)*; genero de insectos coleopteros pentameros da familia dos carabicos, que comprehende trinta e uma especies.

OODESCÉLIDE. *m. (zool.)* Oodescelide ou oodescelis *(perna em fórma de ovo)*; genero de insectos coleopteros heteromeros da familia dos melasomos.

OOFORITIS. *f. (med.)* Oophoritis ou oophorite; inflammação dos ovarios da mulher.

OOFORO. *m. (physiol.)* Oophoro; um dos nomes do ovario: — *(zool.)* oophoro *(que tem ovo)*; genero de insectos coleopteros pentameros, da familia dos sternoxos.

OOGASTRO. *m. (zool.)* Oogastro *(ventre em fórma de ovo)*; genero de insectos coleopteros subpentameros, da familia dos clavipalpos, composto de duas especies.

OOLITA. *f. (min.)* Oolitha; concreção ordinariamente calcarea, ás vezes ferruginosa, que se apresenta sob a fórma de grãosinhos, o mais geral, da grossura de ovos de peixe. A oolitha abunda principalmente em terrenos jurassicos: — *miliar;* oolitha miliar; agglomeração formada de partes da grossura de um grão de milho, e que, segundo alguns geologos, é composta de conchas pequenas.

OOLOJÍA. *f.* Oologia; tratado, historia dos ovos.

OOLÓJICO. *adj.* Oologico; pertencente á oologia.

OOMANCIA. *f.* Oomancia; falsa adivinhação por meio dos ovos das aves.

OOMÁNTICO, CA. *adj.* Oomantico; pertencente á oomancia.

OOMETRA. *f. (bot.)* Oometra; ovario das plantas phanerogamicas, assim chamado porque os ovulos que encerra estão unidos a um cordão umbilical.

OOMORFO. *m. (zool.)* Oomorpho *(fórma de ovo)*; genero de insectos coleopteros pentameros da familia dos clavicornes, que comprehende duas especies.

OONIN. *m. (physiol.)* Oonim; nome que Couerbe dá ao producto da alteração que se separa da albumina da clara do ovo, abandonando-a, por espaço de um mez, a uma temperatura abaixo de zero.

OONINA. *f. (physiol.)* Oonina; membrana reticulada, que contém a albumina da clara do ovo em suas cellulas, e é considerada como um principio immediato dos animaes.

OOPIESTO. *m. (zool.)* Oopiesto; genero de insectos coleopteros heteromeros da familia dos taxicornes.

OOPTERO. *m. (zool.)* Oooptero *(aza em fórma de ovo)*; genero de insectos coleopteros pentameros da familia dos carabicos e tribu dos subulipalpos.

OOSCOPIA. *f.* Ooscopia. V. *Oomancia.*

OOSCÓPICO, CA. *adj.* Ooscopico. V. *Oomántico.*

OOSOMO. *m. (zool.)* Oosomo *(corpo em fórma de ovo)*; genero de insectos coleopteros tetrameros da familia dos curculionidos.

OOTECA. *f. (bot.)* Ootheca; ovario dos fetos, onde estão encerrados os corpos reproductores como em uma caixa: — *(zool.)* ootheca *(caixa em fórma de ovo)*, genero de insectos coleopteros subpentameros da familia dos cyclicos, composto de duas especies.

OOTOMA. *f. (zool.)* Ootoma; genero de insectos coleopteros pentameros da familia dos lamellicornes.

OPA. *f.* Agulheiro; buraco que fica em uma parede, no qual se embebeu a ponta do barrote que sustentou o baileo ou andaime: — *s. (p. A. M.)* V. *Mudo:* — *(fig.)* nescio, tolo, apatetado: — *(bot.)* opa; genero de plantas da familia das myrtaceas, que cresce na Cochinchina.

OPACAMENTE. *adv. m.* Opacamente, escuramente, obscuramente; sem luz, sem transparencia. *Obscurè, opacè.*

OPACIDAD. *f.* Opacidade; qualidade opaca. *Opacitas, atis.*

OPACO, CA. *adj.* Opaco; não diaphano, não transparente, impenetravel á luz. *Opacus, a, um:* — opaco, escuro, sombrio. *Opacus, obscurus:* — *(fig.)* sombrio, triste, melancolico, taciturno. *Tetricus, lugubris:* — *(astron.)* opaco; diz-se dos planetas que não têem luz propria e reflectem sómente a que recebem dos outros.

OPALIAS. *f. (hist.)* Opalias; festas que se celebravam em Roma em honra da deusa Ope. Confundem-se com as Saturnaes.

OPALÍFERO, RA. *adj. (min.)* Opalifero; diz-se do mineral que é susceptivel de adquirir um brilho meio resinoso, como a calcedonia opalifera, etc.

OPALINA. *f. (zool.)* Opalina; genero de infusorios da familia dos leucophryos, composto de uma unica especie que se encontra commummente e em grande numero nos intestinos das rãs.

OPALIZADO, DA. *adj.* Opalizado; convertido em opala, ou que tem fórma de opala.

ÓPALO. *m. (min.)* Opala; pedra preciosa composta de silica e agua, infusivel, e notavel por causa dos reflexos que lança do seu interior, apresentando ás vezes cores mui vivas e variadas. A sua côr propria é habitualmente branca azulada. A opala nobre tem interiormente um jogo de bellissimas cores.

OPATRINO. *m. (zool.)* Opatrino; genero de insectos coleopteros heteromeros da familia dos melasomos.

OPATRO. *m. (zool.)* Opatro; genero de insectos coleopteros heteromeros da familia dos melasomos, que comprehende muitas especies originarias dos logares arenosos e quentes da Europa meridional e da Africa septentrional.

Opatróideo. *m.* (*zool.*) Opatroideo (*fórma de opatro*); genero de insectos coleopteros heteromeros da familla dos melasomos, cuja especie typica é originaria da Grecia.

Opcion. *f.* Opção; liberdade ou faculdade de escolher entre duas ou mais cousas. *Optio, onis:* — opção, eleição, escolha. *Optio, onis:* — direito que se tem a algum officio, dignidade, etc. *Jus, ris.*

Opegrafa. *f.* (*bot.*) Opegrapha; genero de plantas da familia dos lichens, composto de muitas especies.

Ópera. *f.* (*fam.*) Opera, comedia, qualquer obra enfadonha e comprida; negocio difficil, cheio de embaraços. *Operosa res:* — (*mus.*) opera; drama em musica que teve origem em *I*talia pelo anno de 1440, sendo só em 1590 que se lhe deu a fórma que o caracterisa. *Melodrama, fabula musicis modis decantata.*

Operable. *adj.* Operavel, executavel; o que póde operar-se, obrar-se ou executar-se: — operativo; que tem a virtude de operar, que faz operação ou effeito.

Operacion. *f.* Operação; acção e effeito de obrar, ou a execução de alguma cousa. *Operatio, onis:* — *pl.* obras; boas ou más acções que o homem executa. *Actio, opus:* — (*med.*) operação; acção acompanhada de effeito de um medicamento. *Operatio, effectus:* — (*cir.*) operação; applicação de meios mechanicos para curar alguma doença local ao alcance de mão ajudada de instrumentos cortantes, perfurantes, comprimentes, etc. *Chirurgica operatio. Operaciones del ánimo, del entendimiento* (*philos.*), operações do animo, do entendimento; trabalho interior que se verifica no homem quando a sua vontade se dirige para um objecto: — *pl.* (*math.*) operações, investigações; calculos arithmeticos ou algebricos: — (*mil.*) operações; serie completa de movimentos, pelos quaes um exercito ou um corpo consideravel de tropa chega a effectuar ou levar a cabo uma empreza estrategica qualquer: — *química, farmacéutica* (*chim.*); operação chimica, pharmaceutica; tudo o que faz um chimico ou um pharmaceutico para analysar um corpo, determinar as suas combinações ou as suas propriedades.

Operador. *m.* Operador; cirurgião que faz operações.

Operante. *adj.* Operante; que opera. *Operans, antis.*

Operar. *a.* Operar, obrar, praticar, fazer operações; diz-se especialmente fallando das artes ou sciencias que exigem certa pratica e processos particulares, como a cirurgia, a chimica, a arithmetica: — *n.* operar, obrar; fazer alguma cousa o effeito para que se destina. *E*ste verbo tem mais uso fallando dos remedios quando produzem o seu effeito. *Operari:* — *r.* operar-se; ser ou poder ser operado, feito ou executado.

Operario. *m.* Operario, obreiro, trabalhador, artifice; o que trabalha em algum officio ou obra de mãos. *Operarius, ii:* — operario, obreiro espiritual; em algumas ordens monasticas, o religioso destinado para cuidar do espiritual, confessando e assistindo aos enfermos e moribundos, quando é chamado.

Operativo, va. *adj.* Operativo; proprio a operar, que obra e produz o seu effeito. *Operativus, a, um.*

Operatorio, ria. *adj.* Operatorio; relativo á operação. *Medicina operatoria;* medicina operatoria, a cirurgia.

Operculado, da. *adj.* (*bot.* e *zool.*) Operculado; que está fechado ou coberto por um operculo.

Opercular. *adj.* (*bot.*) Opercular; que fecha uma cavidade como se fôra uma tampa: — (*zool.*) opercular; nas conchas bivalves, chama-se assim á mais pequena.

Opercularia. *f.* (*bot.*) Opercularia; genero de plantas da familia das rubiaceas: — (*zool.*) opercularia; genero de infusorios, cujas especies vivem parasitas nos corpos de alguns insectos tambem parasitas.

Operculífero, ra. *adj.* Operculifero; que tem um operculo: — *m. pl.* (*zool.*) operculiferos; familia de polypos que comprehende os que estão providos de um opérculo corneo que fecha as pequenas cellulas que habitam.

Operculiforme. *adj.* (*zool.*) Operculiforme; que tem fórma de operculo.

Operculina. *f.* (*zool.*) Operculina (*operculo*); genero de rhizopodas ou foraminiferos, da familia dos nautiloideos, composto de poucas especies achadas vivas e em estado fossil.

Operculita. *f.* (*min.*) Operculita; operculo fossil.

Opereta. *f. dim.* de *Ópera.* Opereta; composição similhante á opera, porém mais curta e simples. A creação d'este vocabulo attribue-se a Mozart.

Operisa. *f.* (*germ.*) Salada.

Operista. *m.* Actor que canta nas operas.

Operoso, sa. *adj.* Operoso, trabalhoso; que custa muito trabalho e fadiga. *Operosus, a, um.*

Opertaneo, nea. *adj.* (*hist. ant.*) Mysterioso; diz-se dos sacrificios secretos: — *f. pl.* opertaneas; sacrificios solemnes que se faziam em honra de Cybele, durante os quaes se guardava um profundo silencio: — opertaneo; dizia-se dos deuses que se suppunha habitavam nas entranhas da terra.

Operto. *m.* (*hist. ant.*) Operto; logar secreto onde se faziam os sacrificios a Cybele: — operto; tambem se denominava assim uma amphora posta á entrada da sala, em que se reuniam os adoradores da deusa.

Opetiola. *f.* (*bot.*) Opetiola; genero de plantas da familia das aroideas cujas especies são originarias da *I*ndia oriental.

Opetiopalpo. *m.* (*zool.*) Opetiopalpo; genero de insectos coleopteros tetrameros da familia dos malacodermes.

Opia. *f.* Opia; nome de uma famosa lei dos antigos romanos contra o excessivo luxo e gastos das mulheres.

Opiado, da. *adj.* Opiado; em que entra opio. *Opio conditus, mixtus.*

Opiata. *f. (pharm.)* Opiata ou opiato; especie de electuario composto de opio e outros varios simples, que se emprega como medicamento, como preservativo dos dentes, etc. *Opiata, æ.*

Opiato, ta. *adj.* V. *Opiado.*

Opide. *m. (zool.)* Opide ou opis; genero de molluscos conchiferos dimyarios, composto de uma unica especie, encontrada em estado fossil.

Opífice. *m.* Opifice, artifice.

Opilacion. *f. (med.)* Oppilação, enfarte, obstrucção dos vasos secretorios: — V. *Clorosis.*

Opilar. *a. (med.)* Oppilar, obstruir, tapar os vasos secretorios: — *r.* oppilar-se; tornar-se chlorotica a mulher, contrahir a doença chamada clorosis quando tem a suppressão do menstruo.

Opilativo, va. *adj.* Oppilativo, obstructivo, obstruente; que causa oppilações ou obstrucções. *Obstruendi vi præditus.*

Opilia. *f. (bot.)* Opilia; genero de plantas da familia das olacineas, composto de varios arbustos, indigenas da Asia e da Africa tropical.

Opilion. *m. (ant.)* V. *Ovejero.*

Opilo. *m. (zool.)* Opilo; genero de insectos coleopteros tetrameros da familia dos malacodermes.

Ópimo, ma. *adj.* Opimo, rico, abundante, fertil. *Opimus, a, um. Despojos ópimos (hist. ant.);* despojos opimos; dava-se este nome em Roma aos despojos tomados pelo general do exercito romano ao general do exercito inimigo, depois de o ter morto por sua propria mão.

Opinable. *adj.* Opinavel, duvidoso, problematico, incerto; sujeito á discussão, que se póde decidir segundo a opinião de cada um. *Opinabilis, le.*

Opinante. *adj.* Opinante; que opina, vota, diz o seu parecer. Usa-se tambem substantivado. *Opinans, antis.*

Opinar. *n.* Opinar; dar o seu voto, parecer, votar ou discorrer ou julgar com probabilidade sobre alguma materia. *Opinari.*

Opinatico, ca, Opinativo, va. *adj. (ant.)* Opinativo; que se funda na opinião particular de alguem: — opiniatico; facil, inclinado, propenso a seguir opiniões extravagantes, amigo de novas opiniões. *Opiniosus, a, um:* — opinativo; em que qualquer pôde dar a sua opinião.

Opinion. *f.* Opinião, parecer, juizo, dictame, persuasão intima; crença. *Opinio, onis:* — opinião; conceito que se forma de uma pessoa ou cousa. *Opinio, existimatio. Andar en opiniones (fr.);* andar em opiniões; ter reputação duvidosa. *Extimationis periculum subire. Casarse con su opinion ó parecer (fr. fig.)* V. *Casarse con su dictámen. Hacer opinion (fr.);* fazer opinião, fazer auctoridade; ser homem cuja opinião ou decisões são acolhidas com respeito. *Opinionem facere, magnæ auctoritatis esse.*

Opinioncilla, ta. *f. dim.* de *Opinion.* Opinião de pouco peso, mal fundada, fraca opinião.

Opinionistas. *m. pl. (rel.)* Opinionistas; sectarios do seculo XV, que se negavam a reconhecer o papa como vigario de Christo, porque não observava a pobreza evangelica.

Opio. *m. (bot.* e *pharm.)* Opio; substancia medicamentosa que se extrahe da dormideira somnifera *(papaver somniferum)* por incisão das capsulas antes de sua maturação. O opio é um dos agentes therapeuticos mais importantes, por causa da sua poderosa acção sobre o systema nervoso, obrando como calmante, sedativo e soporifico. Os seus principios mais importantes são a morphina e a narcotina: — *(zool.)* opio; genero de insectos hymenopteros da familia dos braconidos, composto de muitas especies que se encontram nos terrenos humidos e sombrios de muitos paizes da Europa.

Opíparamente. *adv. m.* Opiparamente, sumptuosamente, esplendidamente, copiosamente.

Opíparo, ra. *adj.* Opiparo, esplendido, custoso, rico, magnifico; diz-se da mesa, de um banquete ou festim. *Opiparus, a, um.*

Opistio. *m. (zool.)* Opisthio; genero de insectos coleopteros pentameros da familia dos carabicos.

Opistocifosis. *f. (med.)* Opisthocyphosis; encurvadura da espinha dorsal.

Opistoftalmo. *m. (zool.)* Opisthophtalmo; genero de arachnidos escorpionidos, cuja especie typica foi encontrada no Cabo da Boa Esperança.

Opistogástrica. *f. (anat.)* Opisthogastrica; nome de uma arteria volumosa situada atrás do estomago.

Opistognato. *m. (zool.)* Opisthognatho *(mandibula por detrás);* genero de peixes acanthopterygios, da familia dos gobioideos, composto de duas especies.

Opistografía. *f.* Opistographia; arte ou methodo de escrever um papel por ambos os lados e ao mesmo tempo.

Opistográficamente. *adv. m.* Opisthographicamente; de um modo opisthographico.

Opistográfico, ca. *adj.* Opisthographico; relativo ou pertencente á opisthographia.

Opistógrafo. *m.* Opisthographo; o que sabe ou pratica a opisthographia: — opisthographo; papel escripto pelo methodo opisthographico.

Opitomorfo. *m. (zool.)* Opitomorpho; genero de insectos coleopteros tetrameros da familia dos curculionidos, que consta de uma unica especie encontrada na Georgia asiatica.

Opitulacion. *f. (inus.)* Auxilio, ajuda, soccorro. *Opitulatio, onis.*

Opizia. *f. (bot.)* Opizia; genero de plantas da familia das gramineas, cujas especies são originarias do Mexico.

Oplario. *m. (bot.)* Oplario; pedunculo ôco em fôrma de funil, que sustenta a fructificação de certos lichens.

Oplismeno. *m. (bot.)* Oplismeno *(armadura)*; genero de plantas da familia das gramineas, cujas especies crescem abundantemente em quasi todos os paizes do globo.

Oplocéfalo. *m. (zool.)* Oplocephalo *(cabeça armada)*; genero de insectos coleopteros heteromeros da familia dos taxicornes: — oplocephalo; genero de reptis ophidios, caracterisado principalmente por ter a cabeça coberta de grandes placas.

Oplocnemo. *m. (zool.)* Oplocnemo *(perna armada)*; genero de insectos coleopteros tetrameros da familia dos curculionidos, que consta de uma unica especie originaria de Java.

Oplofora. *f. (zool.)* Oplophora *(que tem arma)*; genero de insectos coleopteros subpentameros da familia dos longicornes.

Oplóforo. *m. (zool.)* Oplophoro *(que traz armas)*; genero de crustaceos decapodas, que consta de uma unica especie encontrada em Nova Guiné.

Oplognato. *m. (zool.)* Oplognatho *(mandibula armada)*, genero de insectos coleopteros pentameros da familia dos lamellicornes, composto de duas especies indigenas do Brazil.

Oplomaquía. *f. (hist. ant.)* V. *Hopomaclia.*

Oplomero. *m. (zool.)* Oplomero *(coxa armada)*; genero de insectos coleopteros pentameros da familia dos stenelytros, cuja especie typica é originaria do Senegal.

Oploqueiro. *m. (zool.)* Oplocheiro *(mão armada)*; genero de insectos coleopteros heteromeros, da familia dos stenelytros, cujas especies são todas originarias da Africa.

Oploterio. *m. (zool.)* Oplotherio; genero de pachydermes fosseis, imperfeitamente conhecido e creado para caracterisar a sua unica especie, encontrada nos terrenos terciarios.

Opobálsamo. *m. (bot.)* Opobalsamo; substancia tambem chamada balsamo da Meca ou da Judea, mui pura e aromatica, a que no principio se tinha dado exclusivamente o nome de balsamo. Pertence ás terebinthinas. *Opobalsamum, i.*

Opocálpaso. *m. (bot. e chim.)* Opocalpaso, gomma opocalpasa ou myrrha da Abyssinia; gomma que se encontra em fragmentos de grossura mediana, e cuja textura é unida e lisa, ligeira e pardacenta. Na Abyssinia servem-se d'ella para dar consistencia ás telas ou estofos.

Opocefalia. *f. (anat.)* Opocephalia; monstruosidade que caracterisa os opocephalos.

Opocefaliano, na. *adj. (anat.)* Opocephaliano; diz-se dos monstros por opocephalia.

Opocefálico, ca. *adj.* Opocephalico; que tem o caracter da opocephalia.

Opocéfalo. *m. (anat.)* Opocephalo; monstro unitario da ordem dos autositos, caracterisado pela atrophia da porção inferior da cabeça, muitos d'elles pela existencia de um unico olho mediano que parece formar toda a cabeça, e outros notaveis por lhes faltarem os olhos e o apparelho nasal.

Opodeldoch *(bálsamo de) (pharm.)* Opodeldok; balsamo de opodeldok, medicamento composto de sabão animal, camphora, ammoniaco e alcool, que se usa em fricções contra o rheumatismo.

Opodeócele. *m. (cir.)* Opodeocele; hernia sub-pubiana.

Opodidimo. *m. (anat.)* Opodymo; monstro cuja cabeça se separa em duas faces distinctas, a partir da região ocular. Os opodymos têem ordinariamente quatro olhos.

Opodimo. *m. (med.)* Opodymo. V. *Opodidimo.*

Opomiza. *f. (zool.)* Opomyza *(que chupa o suco)*, genero de insectos dipteros brachoceros, da familia dos athericeros, composto de quinze especies originarias da Europa.

Opomizidos. *m. pl. (zool.)* Opomyzidos; tribu de insectos dipteros, cujo typo é o genero opomyza.

Opomomo. *m. (germ.)* Estomago.

Oponente. *adj. (for.)* Opponente, oppoente, litigante, adversario: — *(anat.)* oppoente; diz-se dos musculos da mão que pertencem um ao pollegar, e outro ao dedo minimo, os quaes fazem executar um movimento de rotação ao osso metacarpiano correspondente, pondo-os em frente dos outros dedos.

Oponer. *a.* Oppor; pôr ou dirigir contra, com o fim de obstar a golpe, perigo ou acto hostil. Usa-se frequentemente como reciproco. *Obstare:* — oppor, objectar, impugnar; propor contra os argumentos do adversario ponderosas rasões. *Opponere, contradicere:* — *(ant.)* assacar; imputar, attribuir calumniosamente alguma culpa a alguem. *Imputare:* — *r.* oppor-se, contrastar, repugnar; ser uma cousa contraria ou repugnante a outra. *Repugnare; opponi:* — oppor-se; estar uma cousa situada ou collocada em frente de outra. *Ex adverso stare:* — oppor-se; mostrar contrariedade ou opposição a uma pessoa ou cousa: — oppor-se, ser oppositor; concorrer, competir a um cargo, emprego, como: *oponerse a una cátedra;* oppor-se a uma cadeira, etc. *Pro munere vel dignitate contendere:* — oppor-se, resistir.

Opoponáca. *f.* Opoponaco. V. *Opoponace.*

Opoponace, Opoponco. *m. (bot.)* Opoponaco; genero de plantas da familia das umbelliferas, cujas especies são hervas originarias da Europa austral: — opoponaco; gomma resinosa produzida pela planta do mesmo nome; é escura, de cheiro forte, particular e sabor acre e amargo. Usa-se em pharmacia. *Pastinaca opoponax.*

Oportunamente. *adv. m.* Opportunamente; com opportunidade, em tempo opportuno. *Opportunè.*

Opportunidad. *f.* Opportunidade; occasião opportuna, tempo proprio, conveniente. *Opportunitas, atis:* — chiste, graça.

Oportunísimo, ma. *adj. sup.* de *Oportuno.* Opportunissimo.

Oportuno, na. *adj.* Opportuno; adoptado, conveniente para se fazer alguma cousa, ou que vem em tempo conveniente. *Opportunus, a, um:* — chistoso, engraçado.

Oposicion. *f.* Opposição; acção e effeito de oppor e oppor-se. *Opositio, onis:* — opposição; posição defronte, opposta. *Oppositio, contrapositio:* — opposição; contrariedade, repugnancia ou incompatibilidade de umas cousas com outras. *Oppositio, repugnantia:* — opposição; concurso dos pretendentes a uma cadeira ou prebenda, por meio dos actos litterarios em que demonstram a sua aptidão. *Pro munere vel dignitate contentio vel petitio:* — opposição; contradicção ou resistencia ao que outro faz ou diz. *Oppositio, contradictio:* — odio, aversão. *Hablar de oposicion (fr.);* fallar de opposição; fallar com esmero e certa entonação, como um oppositor a cadeira, etc. *Leer de oposicion.* V. *Leer:* — *(astron.)* opposição; o aspecto de dois planetas quando distam 180 graus, isto é, quando as suas longitudes se referem a dois pontos da ecliptica, distantes entre si 180 graus ou um semicirculo. A opposição da lua com o sol chama-se lua cheia ou plenilunio. *Oppositio, onis. Movimiento de opposicion (anat.);* movimento de opposição; o que executam os musculos opponentes: — *(pint.* e *escult.)* opposição; emprega-se como synonymo de contraste: — *(philos.)* opposição; em logica, discordancia entre duas proposições, das quaes uma é universal e a outra particular ou affirmativa e negativa: — *(polit.)* opposição; nome que se dá á reunião de individuos dos corpos deliberantes que não são das idéas do ministerio e votam contra elle na maior parte das questões politicas. *Hacer la oposicion (fr. polit.);* fazer a opposição; combater o ministerio na tribuna ou por meio da imprensa, censurando a sua marcha politica: — *(rhet.)* opposição; figura pela qual se reunem idéas que parecem contradictorias; v. g.: louca prudencia, triumphantes derrotas.

Opositifloro, ra. *adj. (bot.)* Oppositifloro; que tem os pedunculos oppostos.

Opositifoliado, da. *adj.* Oppositifoliado; que nasce no ponto diametralmente opposto áquelle de que parte a folha: — oppositifoliado; diz-se das plantas de folhas oppostas.

Opositivo, va. *adj.* Oppositivo; que inclue opposição.

Opósito, ta. *p. p. (irreg. ant.)* de *Oponer.* Oppósito, opposto: — *m. (ant.)* opposição, defeza, impedimento, embaraço. *Propugnaculum, i. Al opósito (loc. adv. ant.);* em opposito; defronte, por opposição ou contraposição. *E, contra:* em opposição, em resistencia, com alguem; oppondo-se ás suas vistas ou intentos. *En opósito (loc. adv.);* em opposito, em opposição, contraditoriamente.

Opositor, ra. *s.* Oppositor, candidato, competidor; em concurso litterario, o que pretende cadeira de lente, ou beneficio ecclesiastico, etc. *Competitor, candidatus:* — opponente, contradictor, oppoente, adversario, impugnador. *Adversarius, ii.*

Opresar. *a. (ant.)* V. *Oprimir.*

Opresion. *m.* Oppressão; acção e effeito de opprimir. *Oppressio, onis:* — oppressão; sujeição violenta, aperto forçado em que se põe alguma cousa. *Oppressio, onis:* — oppressão; estado ou vexame de uma pessoa ou povo opprimido, tyrannisado: — oppressão, suffocação, peso, incommodo: — miseria, calamidade, falta, penuria.

Opresivamente. *adv. m.* Oppressivamente; com oppressão ou violencia, de um modo oppressivo. *Violenter.*

Opresivo, va. *adj.* Oppressivo, oppressor; que opprime: — oppressivo, duro, cruel, tyrannico.

Opreso, sa. *adj.* Oppresso, opprimido. *Oppressus, a, um.*

Opresor, ra. *s.* Oppressor; o que opprime, vexa. *Oppressor, oris.*

Oprimir. *a.* Opprimir, vexar, molestar, affligir a alguem demasiado, impedindo o uso de sua liberdade ou tyrannisando-o de qualquer maneira. *Opprimere:* — comprimir, apertar, estreitar, conchegar. *Opprimere, arctè constringere:* — opprimir a respiração, difficulta-la, fazer-lhe oppressão, peso, incommodo. *Opprimírsele a uno el corazon (fr. fig.);* opprimir-se, apertar-se o coração a alguem; affligir-se muito por alguma pena ou desgosto proprio ou alheio.

Oprobio. *m.* Oprobrio, deshonra, infamia, ignominia, affronta, injuria. *Probrum, i.*

Oprobioso, sa. *adj.* Oprobrioso, deshonroso, affrontoso; que causa opprobrio, que serve de opprobrio. *Opprobriosus, a, um.*

Oprobrio. *m. (ant.)* V. *Oprobio.*

Oprobrioso, sa. *adj. (ant.)* V. *Oprobioso.*

Opsígono, na. *adj.* Opsigono; produzido em um tempo posterior: — *(anat.)* opsigono; diz-se dos dentes molares, por serem os ultimos que nascem.

Opsimatia. *f.* Opsimathia; desejo, vontade tardia de aprender.

Opsimo. *m. (zool.)* Opsimo *(tardio);* genero de insectos coleopteros subpentameros da familia dos longicornes.

Opsiometro. *m.* Opsiometro; instrumento para determinar os limites da vista.

Opsófago, ga. *s.* Opsophago, gastronomo; pessoa affeiçoada aos bons manjares, á boa mesa, amiga de bons bocados.

Opsofajía. *f.* Opsophagia; gosto delicado pelos manjares, pela boa mesa.

Opsofágico, ca. *adj.* Opsophagico; pertencente á opsophagia.

Opsomala. *f. (zool.)* Opsomala; genero de insectos orthopteros da familia dos truxalidos, composto de quatorze especies.

Opsomania. *f. (med.)* Opsomania; gosto exclusivo por uma especie de alimento.

Opsomano, na. *s. (med.)* Opsomano; o que ama perdidamente ou com paixão uma especie de alimento.

Optacion. *f. (rhet.)* Optação; figura que se commette quando o orador expressa um desejo em fórma de exclamação.

Optante. *p. a.* de *Optar.*

Optar. *a.* Optar; escolher, eleger entre varias cousas uma. *Optare:*— aceitar, adquirir, tomar posse de algum emprego, dignidade ou cargo a que se tenha direito. *Ex ordine assequi vel eligere.*

Optativo, va. *adj.* Optativo; que inclue ou exprime desejo: — *(gram.)* optativo; qualificação de um dos modos de conjugar o verbo, o qual modo nas suas variações encerra desejo. Os tempos do subjunctivo supprem o optativo. *Optativus.*

Óptica. *f. (phys.)* Optica; parte da physica que trata da luz e dos phenomenos da visão. *Optica, æ:* — optica; perspectiva, aspecto dos objectos vistos de longe: — camara optica; machina em que, por meio de lentes convexas ou espelhos e das combinações da luz, se vêem os objectos amplificados e em perspectiva, fazendo uma completa illusão á vista do espectador.

Óptico, ca. *adj.* Optico; pertencente á optica. *Opticus, a, um:* — *m.* optico; auctor, constructor de instrumentos de optica. *Desigualdad óptica (astron.);* desigualdade optica; irregularidade apparente no movimento das plantas. *Lugar óptico de una estrella (astron.),* logar optico de uma estrella; logar ou ponto do céu em que parece estar. *Cone óptico (phys.);* cone optico; feixe de raios que se imagina partirem de um objecto e cáem sobre a pupilla para entrar no olho. *Eje óptico,* eixo optico; raio que passa pelo centro do olho e forma o centro da pyramide ou do cone optico. *Pirámide óptica;* pyramide optica; pyramide que tem por base o objecto visivel, e cujo vertice está no olho. *Vidrios ó cristales ópticos;* vidros opticos; lentes, vidros convexos ou concavos, por meio dos quaes se aperfeiçoa a vista ou se conserva quando é fraca.

Opticografía. *f.* Opticographia; tratado sobre optica.

Opticográfico, ca. *adj.* Opticographico; relativo, concernente á opticographia.

Opticografo. *m.* Opticographo; pessoa versada em opticographia, que a ensina, ou escreve sobre esta parte da sciencia.

Opticometría. *f.* Opticometria; arte de medir os graus de extensão da vista por meio do opticometro.

Opticométrico, ca. *adj.* Opticometrico; relativo ou pertencente á opticometria.

Opticómetro. *m. (phys.)* Opticometro; instrumento que serve para medir o grau de extensão da vista de cada individuo, com o fim de escolher os vidros para os oculos.

Óptico - trocleo - esclerotico. *adj. (anat.)* optico-trochleo-esclerotico; diz-se do musculo grande obliquo do olho.

Optimacía. *f.* Optimacia; corpo ou reunião das pessoas mais notaveis de um paiz, de uma cidade, etc.

Optimamente. *adv. m.* Optimamente, perfeitamente; com grande perfeição ou bondade. *Optimè.*

Optimata. *adj.* Optimate; o principal, o grande da nação ou da côrte, o principal cidadão de um paiz, cidade, etc.

Optimático, ca. *adj.* Optimatico; concernente, relativo á optimacia.

Optime. *adv. m. latino* usado familiarmente em castelhano. Optimamente, muito bem.

Optimismo. *m. (philos.)* Optimismo; systema philosophico que não vê no mal moral e physico mais que um elemento da ordem universal, affirmando que se se considera o mundo em globo, tudo está bem com relação ao todo: — optimismo; diz-se em linguagem commum da tendencia a ver tudo debaixo do aspecto mais favoravel, e d'essa propensão egoista que nos faz crer que tudo está bem, quando satisfazemos os nossos desejos.

Optimista. *m.* Optimista; partidario do optimismo: — optimista; homem que tudo acha bom, contente de tudo.

Óptimo, ma. *adj.* Optimo; o melhor, o mais excellente, muito bom. *Optimus, a, um.*

Opuestamente. *adv. m.* Oppostamente; com opposição ou contrariedade, em contrario. *Ex adverso.*

Opuestísimo, ma. *adj. sup.* de *Opuesto.* Oppostissimo; muito opposto.

Opuesto, ta. *adj.* Opposto, inimigo, contrario, adverso. *Adversarius, a, um:* — opposto; situado contra, collocado em situação inversa. *Adversus, a, um:* — *(br.)* opposto; diz-se de duas peças quando a ponta de uma se dirige ao chefe, e a ponta da outra á parte inferior do escudo: — *(bot.)* opposto; diz-se de todas as partes de uma planta que se apresentam em numero de duas em um mesmo plano horisontal e defronte uma da outra. *Angulos opuestos (math.),* angulos oppostos; os que são formados por duas rectas que se cortam em um ponto.

Opugnacion. *f.* Impugnação; opposição violenta. *Oppugnatio, onis:* — impugnação; opposição, contradicção por força de rasões e argumentos. *Oppugnatio, contradi-*

ctio:—oppugnação; ataque, combate para render.

Opugnador. *m.* *I*mpugnador; o que impugna, o que se oppõe com força e violencia. *Oppugnator, oris*:—oppugnador; o que ataca, combate praça, etc., para a render. *Oppugnator, oris.*

Opugnar. *a.* *I*mpugnar; fazer violenta opposição:—oppugnar; atacar, combater praça, exercito para o render. *Oppugnare:* — impugnar, objectar, contradizer. *Repugnare, contradicere.*

Opulencia. *f.* Opulencia; grande riqueza, com fasto, ostentação. *Opulentia, æ.*

Opulentamente. *adv. m.* Opulentamente; com opulencia, magnificencia ou summa riqueza, de um modo opulento. *Opulenter.*

Opulentísimo, ma. *adj. sup.* de *Opulento.* Opulentissimo. *Opulentissimus, a, um.*

Opulento, ta. *adj.* Opulento; muito rico. *Opulentus, a, um.*

Opuncia. *f. (bot.)* Opuncia ou opuntia; genero de plantas da familia dos opuntiaceas, que consta de muitas especies diversamente modificadas, uma das quaes é a chamada figueira da *I*ndia, e a outra o cacto nopal, originario da America, e cultivado nos terrenos meridionaes da peninsula hespanhola, com a cochonilha que se cria sobre as articulações d'esta ultima planta.

Opunciáceas. *f. pl. (bot.)* Opunciaceas. V. *Opuntiáceas.*

Opuntiáceas. *f. pl. (bot.)* Opuntiaceas; familia de plantas que tem por typo o genero opuntia.

Opúscula. *f. (ant.)* V. *Opúsculo.*

Opusculico, llo, to. *m. dim.* de *Opúsculo.* Opusculosinho.

Opúsculo. *m.* Opúsculo; pequeno escripto, folheto, obra litteraria ou scientifica de pouca extensão. *Opusculum, i.*

Oque. *m. (ant.)* V. *Guaca.*

Oquedad. *f. (ant.)* Concavidade, vazio; o concavo, o interior de um corpo ôco. *Cavitas, fovea.*

Oquedal. *m.* Bosque, mata de arvores altas e grossas. *Silva, lucus.*

Oquerucla. *f.* Pequeno nó que se forma casualmente na linha ou no retroz, por estar o fio muito retorcido, e que impede de dar o ponto. *Fili implicatio.*

Oquetofila. *f. (bot.)* Ochetophila *(que gosta dos regatos)*; genero de plantas da familia das rhamneas, cujas especies são arbustos originarios da America meridional.

Oquigrafía. *f.* V. *Taquigrafia.*

Oquigráfico., *adj.* V. *Taquígrafo.*

Oquígrafo. *s.* V. *Taquígrafo.*

Oquina. *f. (zool.)* Ochina; genero de insectos coleopteros pentameros da familia dos malacodermes, composto de cinco especies.

Or. *artigo (germ.)* *E*lle.

Ora. *f. (ant.)* V. *Rota,* espaço de tempo:—espaço, vagar:—tempo, rasão:—orla, borda:—*(conj.)* ora., ou, quer; serve para distinguir as clausulas, e para assignalar perfeitamente as acções e objectos, como: *ora leas, ora escribas;* ou leias ou escrevas. V. *Ya. Vel. Todas oras (loc. adv. ant.);* a toda a hora, sempre, constantemente.

Orabin. *m. (ant.)* Orabin; instrumento musico, introduzido em Hespanha provavelmente pelos mouros.

Oracion. *f.* Oração; discurso, composto artificiosamente para persuadir ou commover, e que toma differentes nomes, segundo o assumpto de que é objecto. *Oratio, onis:*—oração ou orações; preces, supplicas a *D*eus e aos Santos, reza, acto de orar, rezar. *Deprecatio, preces:*—*pl.* orações; primeira parte da doutrina christã que se ensina aos meninos, a qual consta do Padre Nosso, Ave Maria, etc. *Catechesis orationes:*—*de ciego;* oração de cego; canticos, hymnos ou orações que os cegos mendigos sabem de cor e dizem ou cantam pelas ruas, para tirar esmola. *Preces à cæcis metro decantatæ: (fig.)* oração de cego; discurso sem affectos, sem tom oratorio. *Oratio inconditè recitata:*—*dominical;* oração dominical; oração do Padre Nosso. *Oratio dominicalis:*—*jaculatoria.* V. *Jaculatoria:*—*mental;* oração mental; elevação da mente a *D*eus para lhe pedir mercês. *Oratio mentalis:*—*vocal;* oração vocal; deprecação que se faz a *D*eus pela palavra. *Oratio vocalis. La oracion breve sube ó penetra al cielo (fr.);* a breve oração penetra no céu. *Oratio brevis penetrat cœlum. Las oraciones,* as trindades; parte do dia proximo ao anoitecer em que se toca o sino das igrejas para os fieis rezarem a saudação angelica. Tambem se chama assim esse toque do sino, que em algumas partes se repete ao amanhecer e ao meio dia. *Signum cimbalorum pro salutatione angelica recitanda appetente nocte. Romper las oraciones (p. Ar.);* interromper a conversa com algum despropposito ou dito importuno. *Impertinenter orationem rumpere. Oracion de perro no va al cielo (rif.);* vozes de burro não chegam ao céu; o que se faz de má vontade ou se pede com mau modo de ordinario não se estima ou não se consegue:—*(gram.)* oração; phrase, sentença ou expressão, que com uma ou muitas palavras faz sentido completo. *Oratio, onis:*—*(mil.)* oração; toque militar, commum á infanteria e á cavallaria, de que se usa para que a tropa reze a Ave Maria e para indicar que o dia militar está acabado:—*(rel.)* oração; na missa, na reza ecclesiastica e nas preces publicas, chama-se assim aquella deprecação particular, que começa pela palavra *oremus,* e inclue a commemoração do santo ou da festividade do dia. *Oratio, ecclesiasticæ preces.*

Oracional. *m.* Oraçoeiro, horas; livro de preces, de orações. *Orationale, is.*

Oracionero. *m.* Cego, mendigo que canta orações de porta em porta.

Oráculo. *m.* Oraculo; resposta que se suppõe dada por Deus ou por seus ministros: — oraculo; pessoa a quem todos escutam com respeito e veneração pela sua muita sabedoria e doutrina. *Oraculum, i. Juego del oráculo,* j g ou diversão poetica que se faz entre algumas pessoas, sentando-se uma á cabeceira, as mais vão-lhe fazendo perguntas em um metro, e elle ha de responder o que souber no mesmo genero de poesia, em que lh'o perguntarem. *Ludi metrici genus:—del campo (bot.)* V. *Manzanilla: — (hist.)* oraculo; dava-se antigamente este nome ás respostas dadas pelos deuses ás pessoas que os consultavam. Não só os poderes superiores, mas tambem os heroes de mais nomeada e alguns personagens illustres gosaram em vida e até depois de mortos do privilegio de revelar o porvir. Estas manifestações faziam-se por intermedio das prophetisas e sybillas, quando os povos consternados por alguma calamidade imploravam a sciencia de seus augures, ou quando os deuses sem rogos de ninguem queriam dar a conhecer a um povo a sua vontade. Os oraculos foram acabando á medida que diminuia a idolatria, e que o christianismo fez progressos. *Oraculum, i:* — oraculo; sitio, templo, estatua ou simulacro sagrado que representava a deidade consultada pelos pagãos sobre o futuro ou para offerecer-lhe sacrificios. *Oraculum, i: — divino o sagrado;* oraculo divino ou sagrado; nome que se deu aos edictos dos imperadores romanos e gregos do baixo imperio.

Orada. *f. (ant. zool.)* V. *Dorada.*

Oradero. *m. (ant.)* Oraculo, oratorio. V. *Oratorio.*

Orado, da. *adj. (ant.)* V. *Dorado.*

Orador, ra. *s. (ant.)* Orador; o que ora, falla em publico, no fôro, no senado, no pulpito para commover ou persuadir. *Orator, oris:* — diz-se frequentemente dos prosadores, em distincção dos poetas: — orador, prégador, panegyrista. *Orator, concionator:* — impetrante; o que dirige as suas supplicas a Roma solicitando alguma bulla de dispensa: — orador; pessoa que falla ou escreve com propriedade e elegancia: — *(ant.)* orador; o que ora, pede ou roga. *Precator, oris.*

Oraje. *m. (ant.)* Tempestade, temporal. *Horrida tempestas.*

Oral. *adj.* Oral, vocal; de viva voz, que se expõe só pela palavra. *Tradicion oral,* tradição oral, vocal; não escripta, que se transmitte de bôca em bôca: — *m.* oral; vestidura pontificia, grande véu que o papa põe na cabeça, e se dobra em pregas sobre os hombros e o peito.

Orangutan. *m. (zool.)* Orangotango *(homem selvagem);* genero de mammiferos quadrumanos da familia dos monos, caracterisados principalmente pela falta de cauda e de callosidades nas nadegas. Tem o focinho mui proeminente, o angulo facial de 55 a 65 graus, e 32 dentes parecidos com os do homem, excepto os caninos, que são mais compridos e encaixam em um vazio da maxilla opposta. As femeas estão sujeitas aos mesmos incommodos periodicos que as mulheres.

Orania. *f. (bot.)* Orania; genero de plantas da familia das palmeiras, cujas especies crescem em Java e Nova Guiné.

Oranjismo. *m. (hist.)* Orangismo; opinião dos partidarios de Guilherme de Orange em Inglaterra e Irlanda: — orangismo; opinião dos partidarios de Guilherme de Nassau na Belgica desde 1830.

Oranjista. *adj. (hist.)* Orangista; nome de desprezo que os catholicos partidarios da causa de Jacob II deram em 1689 aos protestantes, partidarios de Guilherme de Orange. Esta denominação ficou depois aos protestantes, durante as lutas que affligiram a Irlanda até ao bill de emancipação dos catholicos. Hoje o partido orangista está confundido com o partido tory: — orangista; dá-se este nome na Belgica aos partidarios da casa de Orange, que reinou nos Paizes Baixos até á revolução de 1830.

Oranti. *f. (germ.)* Tinta, côr.

Orar. *a.* Orar, pedir, supplicar. *Orare:* — *n.* orar; dirigir preces a Deus, fazer oração religiosa. *Orare, precari:* — orar; fallar em publico, defendendo causa no fôro, opinião no senado ou outra assembléa deliberante, ou no pulpito. *Orare.*

Orario. *m. (ant.)* Orario; parte das vestimentas sagradas dos antigos presbyteros e diaconos, a que hoje chamâmos estolas. *Orarium, mappula.*

Oras. *conj. (ant.)* Ora, já.

Orastá. *f. (germ.)* Comedia.

Orate. *m.* Orates; homem doido, demente, que perdeu o juizo, a rasão. *Amens, entis:* —orates, estouvado, estabanado; pessoa imprudente, precipitada, de pouco juizo. *Demens, entis:—pl.* casa dos orates, dos doidos, casa ou hospital dos alienados

Oratoria. *f. (rhet.)* Oratoria; arte de fallar e escrever com propriedade, elegancia e persuasão, arte do orador. *Oratoria ars.*

Oratoriamente. *adv. m.* Oratoriamente; segundo as regras da arte oratoria. *Oratoriè.*

Oratoriense. *m.* Membro da congregação do Oratorio.

Oratorio, ria. *adj.* Oratorio; proprio da oratoria, concernente ás orações ou discursos. *Oratorius, a, um:* — oratorio; relativo, pertencente ao orador. *Oratorius, a, um:* — *m.* oratorio; quarto da casa particular com imagem de santo, onde se ora, reza, e muitas vezes com altar, onde se diz missa, com permissão do prelado. *Sacellum domesticum:* — oratorio ou padres do oratorio; congregação de presbyteros fundada em Roma por S. Filippe Nery em 1550, teve ao principio o nome de Confraria da Trindade. Esta congregação foi-se depois organisando em diversos reinos da Europa. *Sacra congregatio oratorii:* — *(mus.)* oratorio; drama de ordinario em musica, cujo assumpto é tirado da escriptura sagrada. *Drama musicum pro oratoriis vel ecclesiis. Ser un oratorio (fr.);* ser um céu, um santuario; diz-se de um convento ou casa recommendavel pela virtude, pelo recolhimento das pessoas que o habitam. *Locum quieti et orationi destinatum videri.*

Orballar. *n. (prov.)* V. *Orbayar.*

Orballo. *m. (prov.)* V. *Orbayo.*

Orbayar. *n. (prov.)* Orvalhar, gear. *Rorare.*

Orbayo. *m.* Orvalho, geada. *Pruina, æ.*

Orbe. *m.* Orbe, circulo, disco, cousa redonda. *Orbis, be:* — orbe; esphera celeste, globo terrestre, todo o universo. *Orbis, sphæra:* — *(astron.)* orbe; qualquer das espheras particulares em que se considera situado cada um dos planetas. *Orbis planetæ:* — *(zool.)* orbe. V. *Ortagorisco.*

Orbedad. *f. (ant.)* V. *Orfandad.* Propriamente fallando dizia-se da mãe que tinha perdido a seu filho.

Orbibarianos. *m. pl. (rel.)* Orbibarianos; nome de uns sectarios do seculo XII, que negavam os mysterios da religião, divindade de Christo, a sua paixão e morte.

Orbícula. *f. (zool.)* Orbicula; genero de molluscos brachiopodas, composto de quatro especies, originarias dos mares do Chili e do Perú.

Orbicular. *adj.* Orbicular, redondo, espherico, circular. *Orbicularis, re.*

Orbicularmente. *adv. m.* Orbicularmente, esphericamente, circularmente; de um modo orbicular, em fórma orbicular. *Orbiculatim.*

Orbiculina. *f. (zool.)* Orbiculina; genero de foraminiferos da familia dos nautiloideos, cuja especie typica foi encontrada no mar das Antilhas.

Orbignia. *f. (bot.)* Orbignya; genero de plantas da familia das palmeiras, cujas especies são inermes e crescem na America austral.

Orbilla. *f. (bot.)* Orbilha; especie de cupula ou conceptaculo orbicular dos lichens, que se desenvolve em fórma de disco.

Órbita. *f. (anat.)* Orbita; cavidade do olho: — *(astron.)* orbita; ellipse pouco excentrica que descreve um planeta na sua revolução á roda do sol. Tambem se diz da muito excentrica dos cometas, e da que descreve um satellite em torno de um planeta. *Orbita, æ.*

Orbitelo, la. *adj. (zool.)* Orbitelo; diz-se de varios insectos e arachnides, que formam teias compostas de circulos concentricos, cortados por differentes raios que partem do centro.

Orbitolito. *m. (zool.)* Orbitolito; genero de polypos que consta de uma unica especie encontrada no Mediterraneo.

Orbito-palpebral. *adj. (anat.)* Orbito-palpebral; denominação do musculo elevador da palpebra superior.

Orbrisa. *f. (germ.)* Pinças.

Orbulita. *f. (min.)* Orbulita; genero de conchas fosseis, do qual se conhecem doze especies nas camadas inferiores da greda, e nos terrenos inferiores: — orbulita; genero de polypeiros fosseis, cujas especies se encontram em terrenos superiores á greda.

Orca. *f. (zool.)* Orca; cetaceo do genero delphim, que tem o corpo algum tanto plano pelo lombo, de côr escura, e a cabeça prolongada.

Orcal. *adj. (agr.)* Orcal; especie de azeitona.

Orcaneta. *f. (bot.)* V. *Onoquiles.*

Orcaz. *m. (ant.)* V. *Horqueta, Horquilla.*

Orcear. *a.* e *n.* V. *Orzar.*

Orcina. *f. (chim.)* Orcina; principio colorante que adquire a côr brilhante que o caracterisa debaixo da influencia do ar e do ammoniaco, e que se extrahe da urzella.

Orcino, na. *adj.* Orcino; pertencente ao orco. *Esclavo orcino (hist.);* escravo orcino; escravo romano emancipado por testamento do seu senhor. *Senadores orcinos;* senadores orcinos; nome que se deu aos senadores, que depois da morte de Cesar se introduziram no senado, fingindo-se nomeados por testamento d'aquelle imperador.

Orco. *m. (poet.)* Orco; a região dos mortos, o inferno, trevas, escuridão do averno. *Orcus, i:* — orco; a morte: — *(zool.)* V. *Orca.*

Orcotomía. *f. (cir.)* Orchotomia, castração; amputação, extirpação dos testiculos.

Orcótomo. *m. (cir.)* Orchotomo; instrumento para fazer a orchotomia.

Orchata. *f.* V. *Horchata.*

Orchatería. *f.* V. *Horchateria.*

Orchatero, ra. *adj.* V. *Horchatero.*

Orchi. *f. (germ.)* Alma.

Orchicar. *a. (germ.)* Obrigar.

Orchilla. *f. (bot.)* Urzella; especie de lichen, empregado na tinturaria, que cresce com abundancia nas ilhas Canarias e nas de Cabo Verde. Foi por muito tempo objecto de grande commercio e consumo.

Orchinerí. *m. (germ.)* Atafoneiro.

Orchini. *f. (germ.)* Atafona.

Orchirí. *f. (germ.)* Formosura.

Ordalia. *f. (hist.)* Ordalia ou ordeal; prova por meio da qual se queria averiguar antigamente a innocencia de uma pessoa, fazendo-a andar descalça sobre ferros candentes, ou metter a mão no fogo ou em agua a ferver.

Ordeado. *adj.* Hordeato; diz-se de tudo que é composto de cevada.

Ordeata. *f.* Cevada pellada.

Ordejoroniar. *a. (germ.)* Enthesourar, accumular thesouros.

Orden. *m.* Ordem; disposição, collocação das cousas no logar que lhes compete. *Ordo, inis:* — ordem; regra ou modo de fazer as cousas. *Ordo, inis:* — ordem; serie ou successão de cousas. *Ordo, series:* — ordem, systema, regimen: — ordem; relação de uma cousa com outra: — ordem; disposição de cordas postas em linha, como na harpa, etc. *Fidium series vel ordo:* — ordem, tranquillidade, disciplina, subordinação, fallando de um estado, de um povo, de um exercito: — ordem, methodo; collocação acertada das partes de uma obra, discurso, etc.: — *f.* mando verbal ou por escripto de superior a inferior. *Jussum, præceptum:* — *de cosas,* ordem de cousas; systema, regimen, conjuncto de cousas. Diz-se especialmente em politica, por systema de governo ou administração: — *de ideas;* ordem de idéas; reunião de idéas relativas a um objecto determinado: — *moral;* ordem moral; leis geraes em que assenta a moral: — *pública;* ordem publica; conjuncto de regras que forma a segurança da sociedade e constitue o interesse geral: — *social;* ordem social; regras que constituem a sociedade. *A la órden ó a las órdenes (fr.);* á ordem ou ás ordens; expressão urbana e de cortezia com que alguem se offerece á disposição de outro. *Jussa vestra præstolor, jubeas, promptus sum. En órden (loc. adv.);* em ordem, com ordem, ordenadamente, observando a ordem. *Ordinatè, ordinatim:* — em relação a, quanto a isso, pelo que respeita a. *Quod. Poner en órden (fr.);* pôr em ordem, em boa ordem; reduzir uma cousa a methodo e regra, tirando e emendando a imperfeição ou abusos que estão introduzidos, ou a confusão em que está. *Ordinare:* — *(fig.)* pôr em ordem, ordenar; regular e concordar alguma cousa, para ter uma devida proporção, fôrma ou regimen. *In ordinem redigere, ex ordine collocare. Por su órden (loc. adv.);* por sua ordem; successivamente e como se vão seguindo as cousas. *Ordinatim:* — *(arch.)* ordem; certa proporção e disposição dos corpos principaes que compõem um edificio. As ordens que mais frequentemente se usam hoje são a jonica, dorica, toscana, corinthia e composita. Alem d'estas ha outras cinco, que estão em desuso, e são: a ordem attica, a gothica, a mosaica, a atlantica e a paranymphica. *Ordo architectonicus. A la órden (com);* á ordem; expressão usada para designar a pessoa a cuja disposição hão de ter-se as mercadorias ou dinheiro que indicam as letras de cambio, etc.: — *de caballería (hist.);* ordem de cavallaria; dignidade, titulo de honra, que, com varias ceremonias e ritos, se dava aos nobres ou aos homens esforçados, que promettiam viver justa e honestamente e defender com as armas a religião, o rei, a patria, as mulheres, os offendidos e os necessitados. *Ordo equestris:* — ordem de cavallaria; reunião, corpo e sociedade dos cavalleiros que professavam as armas com auctoridade publica, debaixo das leis universaes, dictadas pelo pundonor das gentes e approvadas pelo uso das nações. Chamam-se tambem assim as ordens militares. *Ordo equestris:* — antigamente tambem se chamava assim a destreza militar e ensino das cousas da guerra. *Doctrina equestris militiæ:* — *militar;* ordem militar; qualquer das ordens de cavalleiros fundadas em differentes tempos, e com varias regras e constituições, as quaes se estabeleceram regularmente para fazer a guerra aos infieis, e cada uma tem a sua insignia que a distingue. *Ordo equestris.* Em Hespanha ha varias; como a de Carlos *III* e as quatro de S. Thiago, Calatrava, Alcantara e Montesa. *Ordo equestris.* Ha outras muitas antigas e modernas, em todas as nações da Europa: — *(hist. nat.)* ordem; subdivisão das classes, nas classificações de historia natural. *Venga en órden ó por su órden (for.);* venha em ordem ou por sua ordem; expressão usada pelos tribunaes superiores para mandar que o processo instaurado pelo juiz ordinario se lhes remetta com o réu, a fim de o examinar de novo e dar sentença, em vista do que resultar dos autos. *Præscriptus ordo servetur:* — *de convoy, de caza, de marcha (naut.);* ordem de comboyo, de caça, de marcha; qualquer das formações em que navegam ou fundeiam os navios de uma esquadra, segundo o destino ou fim que levam: — *(math.)* ordem; classe a que pertencem as linhas rectas ou curvas, em rasão dos differentes graus da sua equação: — *f. (mil.)* ordem; prescripção que se faz diariamente nos corpos do exercito, relativa, em geral, ao serviço de guardas, de quartel e administrativo: — ordem; toque militar, commum á infanteria e á cavallaria, que se divide em toque de ordem geral e toque do corpo: — ordem; em fortificação, chama-se assim á parte que está composta de uma cortina interior e dois flancos: — *de batalla;* ordem de batalha; disposição das tropas, mais ou menos estendidas, que se julga mais propria para um ataque, ou operação determinada: — ordem de batalha; ordem em que todas as fracções componentes de uma tropa estão dispostas em uma mesma linha, aindaque com o fundo correspondente á formação normal propria de cada arma. *Explicata acies:* — *de columna;* ordem de columna; disposição das tropas, ordenadas em fracções de mais ou menos frente, collocadas umas atrás das outras, e com maior ou menor distancia entre si: — *de la plaza;* ordem da praça; a que dá diariamente o governador para os diversos corpos que compõem a guarnição da mesma: — *del dia;* ordem do dia; a que se dá diariamente no exercito, divisão ou praça: — *de parada;* ordem de parada; a situação ou formação de um corpo de tropas, em que, collocadas estas como em batalha, com muita frente e pouco fundo, estão as bandeiras e os officiaes uns tres passos mais adiante do batalhão ou regimento. *Explicata acies. Consignar las órdenes (fr. mil.);* consignar as ordens; dar á sentinella a ordem ou instrucções do que deve fazer no seu posto. *Excubitori mandata tradere:* — *del dia (polit.);* ordem do dia; nota previa dos assumptos que devem submetter-se successivamente á discussão de um corpo ou assembléa deliberante: — *m. (rel.)* ordem; sexto sacramento da Igreja catholica, pelo qual se conferem ao sacerdote os diversos graus de poder ecclesiastico. *Sacramentum ordinis:* — *(rel.)* ordem; jerarchia dos anjos e bemaventurados: — *f. (rel.)* ordem; qualquer dos graus do sacramento do mesmo nome, que se vão recebendo successivamente, e constituem ministros da Igreja, como ostiario, leitor, exorcista e acolyto, as quaes se chamam ordens menores; o subdiaconato, diaconato e sacerdocio que se chamam maiores. *Ordo, inis:* — ordem; instituto religioso approvado pelo papa, e cujos individuos vivem em communidade, debaixo das regras estabelecidas pelo seu fundador. *Sodalitium cœnobiticum. Dar o hacer ordenes (fr.);* dar ordens; conferir o bispo as ordens aos ecclesiasticos. *Sacris ordinibus initiare.*

Ordenacion. *f.* Ordenação, mandato, disposição, preceito, providencia. *Ordinatio, ordo:* — ordenação; acção e effeito de ordenar, de conferir o sacramento da ordem. *Ordinibus sacris initiandi actus:* — ordem, preceito, mando: — *(arch.)* ordenação; parte da architectura que tem por objecto a capacidade e disposição interior de um edificio, segundo o seu destino: — *(pint.)* ordenação; parte da composição de um quadro, segundo a qual se ordenam e distribuem as figuras de um modo conveniente.

Ordenada. *f. (math.)* Ordenada; linha tirada perpendicularmente do ponto da curva ao seu eixo: — ordenada; recta que serve para determinar a posição de um ponto. *Ecuacion ordenada;* equação ordenada; aquella cujos termos estão dispostos de modo que a incognita resulte elevada á mais alta potencia. *Razon ó proporcion ordenada;* rasão ou proporção ordenada; a que se forma, dadas certas circumstancias, com os antecedentes e consequentes de duas ou mais proporções.

Ordenadamente. *adv. m.* Ordenadamente, concertadamente; com ordem, methodo e proporção. *Ordinatim.*

Ordenadísimo, ma. *adj. sup.* de *Ordenado.* Ordenadissimo.

Ordenador, ra. *s.* Ordenador; o que ordena, dispõe. *Ordinator, oris:* — official que passa os mandados de pagamento, depois de revistos os documentos que justificam uma despeza. V. *Comisario ordenador.*

Ordenamiento. *m.* Ordem; acção e effeito de ordenar. *Ordinatio, onis:* — ordenamento, ordenação, estatuto, lei, regimento, ordenança, pragmatica. *Ordinatio, constitutum:* — ordenação; nome de varias collecções legislativas antigas de Hespanha e de Portugal, feitas ordinariamente em côrtes, em que se regulavam os pontos geraes da administração publica, e tambem outros de menos importancia.

Ordenando. *m.* Ordinando; o que está para tomar ordens sacras. *Sacris ordinibus initiandus.*

Ordenante. *p. a.* de *Ordenar. Ordinans, disponens:* — *m.* ordenante. V. *Ordenando.*

Ordenanza. *f.* Ordenança; estatuto, regulamento que se manda observar. *Constitutum, statutum:* — *(ant.)* ordem, methodo e concerto nas cousas que se executam. *Ordo, inis:* — ordenamento, ordem, disposição; mando, arbitrio e vontade de alguem. *Arbitrium, dispositio:* — *(arch.* e *pint.)* ordenança. V. *Ordenacion:* — *(mil.)* ordenança; ordem de corpo de tropas, do exercito, corpo de leis e estatutos militares. Usa-se mais no plural. *Constitutum, decretum, statutum:* — *(ant.)* V. *Escuadron:* — *f.* ordenança; soldado nomeado diariamente para levar ordens, acompanhar um official, estar de serviço a um chefe, etc. *Paratus miles ad jussa.*

Ordenanzista. *m.* Official rigoroso, que segue á risca a lei ou ordenança.

Ordenar. *a.* Ordenar; pôr, dispor em ordem, collocar com acerto, regra, methodo. *Ordinare:* — ordenar; mandar, dispor que se faça ou deixe de fazer alguma cousa. *Imperare, præcipere:* — ordenar, encaminhar, dirigir a algum fim. *Dirigere:* — ordenar; conferir o sacramento da ordem, as ordens sacras. *Ordines sacras conferre:* — *r.* ordenar-se; receber, tomar ordens sacras. *Sacris initiari, sacros ordines suscipere.*

Órdene. *m.* e *f. (ant.)* V. *Órden.*

Ordeñadero. *m.* Tarro; vaso em que se apara o leite quando se ordenha. *Vasis genus.*

Ordeñador, ra. *s.* Ordenhador; pessoa que ordenha, mungo as vaccas, ovelhas, cabras, etc. *Emulgens, entis.*

Ordeñar. *a.* Ordenhar, mungir; tirar o leite da femea comprimindo-lhe as tetas. *Mulgere:* — *(fig. fam.)* mamar, chupar; tirar pouco a pouco o succo ou fructo de uma cousa: — ripar; apanhar, colher á mão a azeitona sem a varejar. *Oleas ex arbore decerpere:* — colher, apanhar as folhas de amoreira para alimento dos bichos de seda.

Ordeñejo. *m.* Sitio, logar onde se ordenha.

Órdin. *m.* e *f. (ant.)* V. *Órden.*

Ordinacion. *f. (p. Ar.)* V. *Ordenanza:* — *(ant.)* ordem, disposição.

Ordinal. *adj.* Ordinal; diz-se dos nomes e numeros que exprimem a ordem das cousas, o logar de uma serie. *Ordinalis, le:* — *m.* livro ecclesiastico, á maneira de ritual, que contiuha as rezas e officios divinos.

Ordinar. *a.* Ordinar. V. *Ordenar.*

Ordinariamente. *adv. m.* Ordinariamente, commummente, regularmente, de ordinario, as mais das vezes. *Frequenter, communiter, sæpius:* — grosseiramente, impolidamente, incivilmente. *Impolitè, inurbanè:* — *(for.)* pela ordem de conhecer do que as leis dispõem. *Justa præscriptum ordinem.*

Ordinariez. *f.* Grosseria, rusticidade, impolidez; falta de educação, de civilidade.

Ordinario, ria. *adj.* Ordinario, commum, usual, regular, que acontece cada dia ou muitas vezes. *Frequens, communis:* — ordinario, plebeu, por contraposição a nobre. V. *Plebeyo:* — ordinario, vulgar; de qualidade inferior, de pouca estimação. *Vulgaris, communis:* — ordinario, grosseiro, incivil; falto de educação, de civilidade: — ordinario; a comida ou o tratamento quotidiano, as despezas de cada dia. Usa-se tambem substantivado. *Quotidiana expensa, quotidianus victus:* — ordinario; diz-se do juiz que em primeira instancia conhece das causas e pleitos, e mais regularmente applica-se aos juizes ecclesiasticos, vigarios dos bispos, e por antonomasia aos proprios bispos. *Ordinarius, ii:* — ordinario; diz-se do correio que parte e chega em periodos fixos para differença do extraordinario, que se expede quando convem. Usa-se tambem substantivamente. *Tabellarius ordinarius:* — *m.* récoveiro, almocreve; carroceiro, etc., que faz jornadas regulares entre duas ou mais partes. *Agaso vel mulio ordinarius:* — *(ant.)* V. *Pacotilla. De ordinario ó por lo ordinario (loc. adv.)*, de ordinario ou pelo ordinario, ordinariamente, commummente, com frequencia, as mais das vezes. *Regulariter, sæpè, more consueto, frequenter. Pido ó desc la ordinaria (fr. for.)*, peço ou dê-se a ordinaria. *Edictum vel decretum ordinarium, provisio. Pleito ordinario (for.)*; pleito ordinario; o que segue todos os tramites do direito. *Via ordinaria;* via ordinaria; methodo e tramites usados em um pleito ordinario. Tambem se diz de qualquer cousa que deve fazer-se pelos tramites regulares e communs.

Ordinarísimo, ma. *adj. sup.* de *Ordinario.* Ordinarissimo.

Ordinativo, va. *adj.* Que pertence á ordem ou regulamento de alguma cousa.

Órdine. *m.* e *f. (ant.)* V. *Órden.*

Ordio. *m. (ant.)* Ordo. V. *Cebada.*

Orea. *f. (ant.)* V. *Oreja.*

Oréadas. *f. (poet.)* Oréadas; nymphas dos bosques e dos montes. *Oreades.*

Orear. *a.* Arejar, refrescar; dar o vento em alguma cousa, refrescando-a. *Auram afflare, vento exsicare:* — arejar; dar ar a alguma cousa, expo-la ao ar. Usa-se n'esta accepção mais frequentemente como reciproco. *Ad auram exsicare, aëri exponere:* — *r.* arejar-se, tomar o ar, expor-se ao ar fresco. *Liberiori aura frui.*

Orebce. *m. (ant.)* Ourives; o que trabalha em oiro.

Orebitas. *m. pl. (rel.)* Horebitas; nome de uns sectarios formados dos hussitas, que se jactavam de ter recebido a lei de Deus, como Moysés no monte Horeb. Outros dizem que tomaram este nome por se terem retirado a uma montanha de Allemanha chamada Horeb.

Orebse. *m. (ant.)* V. *Orebce.*

Orecer. *a. (ant.)* Converter em oiro uma cousa, dar-lhe alguma das propriedades d'este metal. *In aurum convertere, transmutare.*

Orectóxilo. *m. (zool.)* Orectochilo *(labio comprido)*; genero de insectos coleopteros pentameros da familia dos gyrinios.

Oreda. *f. (zool.)* Oreda; genero de insectos celeopteros tetrameros da familia dos curculionidos, cuja especie typica é originaria da Nova Zelandia.

Orégano. *m. (bot.)* Oregão *(alegria da montanha)*; genero de plantas da familia das labiadas, cujas especies são herbaceas ou subfructescentes e crescem nos paizes do littoral do Mediterraneo, na Europa central e em varios pontos da Asia. A especie typica é o oregão commum, planta mui aromatica e usada na medicina.

Oregostoma. *f. (zool.)* Oregostoma; genero de insectos coleopteros sub-pentameros, da familia dos longicornes, composto de vinte e uma especies originarias da America.

Oreia. *f. (ant.)* V. *Oreja.*

Oreja. *f.* Orelha; cada um dos dois orgãos salientes, composto de uma expansão membranosa, que tem o animal aos lados da cabeça, e lhe servem para tomar os sons e conduzi-los ao ouvido. *Auris, ris:* — orelha; por metonymia entende-se o ouvido ou a acção de ouvir. *Auris, auditus:* — orelha; parte do sapato que, sobresaíndo de um e outro lado, serve para o ajustar ao peito do pé, por meio de atacadores, botões ou fivelas. *Ansula calcei:* — *(fig.)*

adulador, bajulador. *Susurro:* — *(fig.)* orelha; peça, á maneira de aza, que se colloca ao lado de alguns instrumentos e de outras cousas, como se vê em alguns martellos, pregos, etc. *Ansulæ:* — *pl.* pontas, extremidades da bigorna:—*de abad;* especie de sonho ou coscorão em fórma de folha. *Laganum, i. Aguzar las orejas (fr.);* arrebitar as orelhas; levanta-las a besta pondo-as muito direitas. *Aures arrigere:* aguçar, apurar as orelhas, o ouvido; prestar muita attenção, pôr grande cuidado. *Apearse por las orejas (fr. fig.)* V. *Apearse por la cola. Bajar las orejas (fr. fam.),* baixar, encolher as orelhas; humilhar-se, ceder humildemente. *Cedere alicui in contendendo. Calentar a uno las orejas (fr. fig. fam.);* aquecer as orelhas a alguem; reprehende-lo severamente. *Asperè, rigidè, severè arguere, increpare. Con las orejas caidas (loc. adv.),* com as orelhas caídas, murchas; com tristeza, sem ter conseguido o que desejava. *Flaccidis auriculis vel dejectis. Con las orejas tan largas (loc. adv.);* com orelha larga, andar escutando com grande curiosidade. *Intentis auribus. Cuatro orejas (fam.);* pessoa careca que só tem guedelhas perto das orelhas. *Cincinnatus homo. Dar orejas (fr. ant.),* dar orelhas, dar ouvidos. *Desencapotar las orejas (fr.);* arrebitar, entesar as orelhas, fallando de alguns animaes. *Aures arrigere. Estar a la oreja (fr. fig.),* estar á orelha, agarrado a alguem, andar sempre ao seu lado impedindo que se lhe falle em particular; instar e porfiar sobre alguma pretensão. *Ad vel in aurem. Hacer orejas de mercador (fr.),* fazer orelhas, ouvidos de mercador, ou ouvir com orelhas surdas; fingir que não ouve, fazer-se desentendido, não dar ouvidos. *Surdum agere. Ir a la oreja;* diz-se no jogo do monte do que aponta ou pára sempre dinheiro á carta que tem menos lances ou invites, e ganha por conseguinte, quando ganha o banqueiro. *Mojar la oreja (fr. fig.);* ter vencido a outro. *Aurem madefacere in signum victoriæ. No hay orejas pasa cada martes (loc. fam.);* cantaro que vae muitas vezes á fonte ou deixa a aza ou a fronte; é difficil saír a salvo dos perigos quando se repetem a miudo. *Non semper leves dabis pœnas. Poner las orejas coloradas (fr. fig.);* aquecer as orelhas; dizer a alguem palavras sensiveis ou dar-lhe uma severa reprehensão. *Alicujus aures rubore suffundere. Repartir orejas (fr. fig.);* subornar testemunhas, fazer-lhes depor o que não ouviram. *Testes inducere. Reteñir las orejas (fr. fig.);* ferir o ouvido; soar mal alguma cousa, ser desagradavel a alguem, de modo que antes quizera não a ter ouvido. *Aures tinnire, retinnire. Tener de la oreja (fr. fig.);* ter alguem preso pelo beiço, leva-lo pelo nariz; fazer d'elle tudo quanto se deseja. *Sibi subjectum aliquem habere velut aure pressum. Tirar la oreja a Jorje ó tirar las orejas (fr. fig.);* puxar pelas orelhas á sota, jogar as cartas. *Chartam pictam vellicare. Tirarse dé una oreja y no alcanzarse a la otra (fr. fig.);* torcer a orelha; ter sentimento de não conseguir o que desejava por desmazelo e falta de diligencia. *Alteram aurem nequidem vellicatu attingere. Ver las orejas al lobo (fr. fig.);* ver as orelhas ao lobo; achar-se em risco ou perigo proximo. *Lupum auribus tenere. Zumbar las orejas (fr. fig. fam.);* gritar aos ouvidos; desgostar alguem, dizendo-lhe palavras amargas, acerbas, duras de soffrer. *Facere ut ambæ aures tinniant. La oreja junto a la teja (rif.);* a orelha junto á telha; não é bom dormir nos pavimentos baixos por causa da humidade. *Soli humiditatem dum dormias fuge:* — *(br.)* orelha; nome de dois pontos, á maneira de orelhas, que ha nas conchas grandes de alguns escudos, como se vê nas do apostolo S. Thiago: — *(bot.)* orelha; appendices que se observam na base de certas folhas ou de algumas petalas:—*de abad, de monje (bot.)* V. *Ombligo de Vénus:* — *de oso (bot.);* orelha de urso; especie de plantas do genero primula:—*de raton (bot.);* orelha de rato; especie de plantas que dá umas flores pequenas e brancas:—*marina (zool.)* V. *Holiótido:* — *(naut.)* V. *Aleta,* na correspondente accepção: —V. *Encejadura:*—V. *Pestaña.*

Orejado, da. *adj. (br.)* Orelhudo; diz-se das figuras do escudo que se representam com pontas de differentes esmaltes:—*(bot.)* orelhudo; provido de appendices em fórma de orelhas.

Orejano, na. *adj. (p. Am.)* Diz-se do animal que não tem a marca de seu dono.

Orejeado, da. *adj.* Prevenido, avisado com antecedencia para responder a alguma questão ou para não dar credito ao que possam dizer-lhe. *Præmonitus; dictis præoccupatus.*

Orejear. *n.* Sacudir as orelhas; diz-se de um animal. *Aures excutere vel agitare:* — *(fig.)* negar-se ou fazer alguma cousa de má vontade e com violencia. *Renuere, repugnare auribus:* — V. *Cuchichear.*

Orejera. *f.* Orelha; parte da carapuça, gorra ou do barrete que póde abaixar-se e cobrir as orelhas para abrigo: — orelheira; peça lateral que tinham os capacetes e morriões de aço para defender a orelha dos golpes de espada. *Aurium tegumentum:*—aiveca do arado: — orelheira; grandes argolas de metal que traziam os indios pendentes das orelhas, á maneira de brincos. *Inauris indica:* — aza; peça pegada á panella, caldeira, etc. por onde se lhe pega.

Orejeta. *f. dim.* de *Oreja.* Orelhinha: — *(mil.)* lingueta ou peça de madeira delgada que se põe de cada lado na parte interior da bainha do sabre.

Orejica, lla, ta. *f. dim.* de *Oreja.* Orelhinha.

Orejon. *m.* Orijão, no *pl.* orijones; talhadas de pecegos seccas ao sol e feitas em doce. *Persicorum frustula exsiccata:* — orelhão; puxão de orelhas. *Auriculæ vellicatio:* — mexilho; peça de madeira que atravessa o dente e serve de segurar as aivecas do arado: — mancebo nobre do Peru, que se educava para exercer os cargos de primeira distincção, como embaixadas, governos, etc. *Juvenes nobiles peruani:* — *(mil.)* orelhão; obra avançada de fórma circular na espalda dos bastiões, para cobrir a artilheria. *Propugnaculum auris figurâ.*

Orejudo, da. *adj.* Orelhudo; que tem grandes orelhas. *Prolixis pendentibusque auribus:* — que tem orelhas. *Auriculatus, a, um:* — *m. (zool.)* orelhudo; genero de mammiferos cheiropteros da tribu dos morcegos, caracterisados pelo extraordinario desenvolvimento das orelhas, que têem dois terços da sua extensão, e reunidas pela base.

Orelia. *f. (bot.)* Orelia. V. *Alamanda.*

Orellada. *f. (ant.)* V. *Orilla,* na primeira accepção.

Orellana. *f.* Orellana; tinta que fazem os brazileiros com uma planta chamada urucú.

Orellano, na. *adj. (ant.)* Marginal; que está na margem.

Orenga. *f. (ant. naut.)* V. *Varenga:* —V. *Cuaderna.*

Oréo. *m.* Arejo; acção e effeito de arejar e arejar-se: — aragem, vento brando, viração.

Oreobolo. *m. (bot.)* Oreobolo; genero de plantas da familia das cyperaceas.

Oreocálide. *m. (bot.)* Oreocallide ou oreocallis *(que aformoseia as montanhas);* genero de plantas da familia das proteaceas.

Oreodafne. *m. (bot.)* Oreodaphne *(loureiro de montanha);* genero de plantas da familia das laurineas.

Oreodera. *f. (zool.)* Oreodera; genero de insectos coleopteros subpentameros da familia dos longicornes.

Oreodoxa. *f. (bot.)* Oreodoxa *(adorno de montanha);* genero de palmeiras da tribu das arecineas.

Oreófila. *f. (bot.)* Oreophila *(amante das montanhas);* genero de plantas da familia das compostas.

Oreófilo. *m. (zool.)* Oreophilo *(amante das montanhas);* genero de insectos coleopteros pentameros da familia dos carabicos.

Oreóforo. *m. (zool.)* Oreophoro; genero de crustaceos decapodas brachyuros, da familia dos oxystomos.

Oreografía. *f.* Oreographia; descripção escripta das montanhas ou de alguma montanha em particular.

Oreográfico, ca. *adj.* Oreographico; pertencente á oreographia.

Oreógrafo. *m.* Oreographo; o que sabe de oreographia.

Oreomirra. *f. (bot.)* Oreomyrrha *(myrrha de montanha);* genero de plantas da familia das umbelliferas.

Oreoselino. *m. (bot.)* Aipo bravo; especie de plantas do genero athamanta, cujo caule é de quatro ou cinco pés de altura. As suas flores são pequenas e esbranquiçadas, e formam uma umbella na extremidade dos ramos.

Oreoséride. *m. (bot.)* Oreoseride ou oreoseris *(planta de montanha),* genero de plantas da familia das compostas.

Orépece. *s. (ant.)* V. *Orífice.*

Orebo. *s. (inus.)* V. *Orífice.*

Oresitrofe. *m. (bot.)* Oresitrophe; genero de plantas da familia das saxifragaceas.

Orespe. *s. (ant.)* V. *Orebce.*

Orestia. *f. (lit. ant.)* Orestia; titulo de uma trilogia grega de Eschylo, que se compõe de tres tragedias; Agamemnon, os Choephoros e as Eumenides e Protheo: — *(zool.)* orestia; genero de insectos coleopteros tetrameros da familia dos clavipalpos.

Oretano, na. *adj.* Oretano; pertencente a Oretania e a seus habitantes: — *s.* oretano; o natural de Oretania, região da antiga Hespanha.

Orexia. *f. (med.)* Orexia; necessidade incessante de tomar alimento, fome continua.

Orfada. *f. (naut.)* V. *Arfada.*

Orfandad. *f.* Orphandade; estado do orphão. *Orbitas, atis:* — *(fig.)* orphandade; desamparo, por falta de paes ou protectores. *Orbitas, atis.*

Orfanico, ca, llo, lla, to, ta. *adj. dim.* de *Huérfano.* Orphãosinho.

Orfanidad. *f. (ant.)* Orphandade. V. *Orfandad.*

Orfanista. *m. (hist.)* Orphanista; tutor de um orphão entre os gregos.

Órfano, na. *adj. (ant.)* V. *Huérfano.*

Orfar. *a. (naut.)* V. *Arfar.*

Orfasio. *m.* Orphasio; nome de um antigo instrumento musico de cordas, parecido com o alaúde.

Orfebre. *m. (ant.)* V. *Platero.*

Orfebrería. *f. (ant.)* Obra ou bordadura de oiro ou prata: — aurificia; arte de lavrar oiro ou prata, arte ou officio de ourives.

Orfénico, ca. *adj.* Orphenico; pertencente ou relativo a Orpheu, mui suave ao ouvido. *Vida orfénica;* vida regrada, occupada no estudo, e na religião. *Aurificium, ii.*

Orfeoteleste. *m. (hist.)* Orpheoteleste; entre os gregos, interprete dos mysterios introduzidos por Orpheu na Grecia.

Orfia. *f. (zool.)* Orphia; genero de peixes malacopterygios abdominaes.

Orfico, ca. *adj. (hist.)* Orphenico; pertencente a Orpheu: — *m. pl.* orphicos; nome de uns sacerdotes pagãos que seguiam as praticas religiosas introduzidas por Orpheu: — *f. pl.* orphicas; orgias ou festas de Bacho, assim chamadas, ou porque Orpheu foi o seu fundador, ou porque este deus pereceu em uma d'estas solemnidades.

Orfio. *m. (bot.)* Orphio; genero de plantas da familia das gencianeas.

Orfnea. *f. (zool.)* Orphnea *(sombrio)*; genero de crustaceos decapodas brachyuros.

Orfuo. *m. (zool.)* Orphuo *(sombra)*; genero de insectos coleopteros pentameros da familia dos lamellicornes.

Orgajis. *m. (comm.)* Tela branca de algodão procedente das Indias orientaes.

Organar. *a. (ant.)* V. *Cantar.*

Organear. *a. (ant.)* V. *Cantar.*

Organdi. *m. (comm.)* Especie de cassa ou teia de algodão mui clara.

Organero. *m.* Organeiro; official que fabrica ou concerta orgãos. *Organorum faber.*

Orgánicamente. *adv. m.* Organicamente; de uma maneira organica.

Orgánico, ca. *adj.* Organisado; que tem orgãos ou é dotado de organismo: — organico; pertencente relativo aos orgãos, á organisação: — harmonioso, consonante. *Organicus, a, um:* — organico; que constitue a organisação, base ou fundamento de uma cousa ou instituição, como: *leyes orgánicas;* leis organicas, etc. *Moléculas orgánicas (physiol.);* molleculas organicas; particulas que, segundo alguns philosophos, são os primeiros elementos dos corpos organisados. *Geometría orgánica (math.);* geometria organica; arte de descrever curvas por meio de instrumentos. *Lesion, enfermedad orgánica (med.);* lesão, doença organica; enfermidade que ataca um dos orgãos essenciaes á vida.

Organico, llo, to. *m. dim.* de *Órgano.* Orgãosinho, orgão pequeno.

Organismo. *m. (physiol.)* Organismo; conjuncto de leis que regem a economia animal.

Organista. *s.* Organista; tocador de orgão; diz-se ordinariamente do que toca este instrumento por officio. *Psaltes, is.*

Organizable. *adj.* Organisavel; que se póde organisar, susceptivel de organisação.

Organizacion. *f.* Organisação; acção e effeito de organisar: — organisação; disposição, contextura, nexo, correspondencia dos orgãos do corpo animal ou vegetal entre si, que constituem a perfeição do todo. *Organizatio, corporis membrorum dispositio:* — *(fig.)* organisação; disposição, ordem. *Ordinatio, dispositio:* — *(fig.)* organisação; constituição de um estado: — *(fig.)* organisação, norma, systema regular.

Organisador, ra. *s.* Organisador; o que organisa.

Organizar. *a.* Organisar; dar ás partes de um corpo a disposição conveniente para o uso ou funcções a que está destinado: — *(fig.)* organisar, dispor, ordenar, regular, dar uma fôrma determinada. *In ordinem redigere:* — *(ant.)* afinar o orgão. *Organum concinnare, ad concentum disponere.*

Órgano. *m. (mus.)* Orgão; instrumento musico, composto de muitas ordens de canudos, engenhosa e acusticamente dispostos, que fazem vibrar o ar que lhe é fornecido em quantidade por uns folles. Tem a grande vantagem sobre o piano de poder produzir a um tempo a harmonia e a melodia e de multiplicar os sons ao infinito por meio de registros n'elle dispostos. A origem do orgão perde-se na mais remota antiguidade. *Organum, i:* — *de cilindro (mus.);* orgão de cylindro; instrumento cujo mechanismo principal é um cylindro com pequenas pontas de metal, encerrado em uma caixa de madeira. Posto em movimento o cylindro por meio de uma manivela onde ha alguma mola, as pontas metallicas movem successiva ou simultaneamente umas pequenas teclas que abrem os canudos pneumaticos: — *lírico (mus.);* orgão lyrico; instrumento inventado em 1810, em fôrma de armario, com um cylindro que continha um piano regular, ao redor do qual se agrupavam alguns instrumentos de vento: — orgão; apparelho composto de dois ou tres canudos de estanho, que se communicam entre si, os quaes rematam por um extremo em uma bôca estreita, e pelo outro, que é direito, termina em uma especie de gargalo de bôca larga e do mesmo metal. Põe-se-lhe neve por cima dos canudos, e estes enchem-se de vinho ou agua, que sáe logo muito fria pela bôca estreita. *Tubus plumbeus ad vinum refrigerandum contortus, vino et aqua simul refrigerandis vas inserviens:* — *(fig.)* orgão; meio, conducto por onde uma cousa se communica a outra. *Organum, ductus:* — *(fig.)* orgão, instrumento; pessoa de que alguem se serve para conseguir alguma cousa, etc. *Órganos de gatos.* V. *Música ratonera. Los órganos de móstoles (fr. fig.);* diz-se de algumas cousas collocadas sem a igualdade que devem ter. *In collocatione organum inæquale refert:* — *(physiol.)* orgão; parte de um ser organisado destinado para uma funcção qualquer. Os orgãos dividem-se em primitivos e secundarios. Os primitivos são os compostos de partes similares e destinados a uma só funcção, como as veias, arterias, nervos, etc.; e os secundarios, os que se compõem de muitos primitivos, como as mãos, os braços, as pernas, etc. *Organum, i:* — *de la voz (physiol.);* orgão da voz; parte do corpo do animal onde se forma a voz. *Vocis in animali corpore organum:* — *(mil.)* orgão; madeiro ferrado nas extremidades que se suspende no alto das portas, por cordas que, cortadas, o deixam caír, para atalhar o passo ao inimigo: — orgão; apparelho para arrojar os foguetes de congreve: — *(mil. ant.)* orgão; machina de guerra composta de varios canos de arcabuz que se disparavam a um tempo, ou cada um por sua vez, conforme se queria: — *de mar (zool.)* V. *Tubípora.*

ORGANODINAMIA. *f.* Organodynamia; estado da acção dos orgãos.

ORGANODINÁMICO, CA. *adj.* Organodynamico; relativo á organodynamia.

ORGANOFISIA. *f.* Organophysia; sciencia que determina as funcções organicas dos seres viventes.

ORGANOFÍSICO, CA. *adj.* Organophysico; concernente á organophysia.

ORGANOGRAFÍA. *f.* Organographia; descripção dos orgãos de um corpo vivo.

ORGANOGRÁFICO, CA. *adj.* Organographico; que respeita á organographia.

ORGANÓGRAFO. *m.* Organographo; o que se occupa da organographia.

ORGANOJENIA. *f.* Organogenia; historia da maneira como se desenvolvem os orgãos no embryão.

ORGANOJÉNICO, CA. *adj.* Organogenico; relativo ou pertencente á organogenia.

ORGANOLÉPTICO, CA. *adj.* Organoleptico; diz-se das propriedades pelas quaes os corpos obram sobre os sentidos e demais orgãos.

ORGANOLOJÍA. *f. (anat.)* Organologia; tratado dos orgãos.

ORGANOLÓJICO, CA. *adj.* Organologico; relativo á organologia.

ORGANON. *m. (philos.* e *litt.)* Organon; nome debaixo do qual se comprehendem os escriptos de Aristoteles sobre a logica. *Novum organum; novum organon;* titulo da segunda parte da *Instauratio magna* de Francisco Bacon: — *(med.)* organon; nome do livro em que o allemão Hanneman desenvolveu o seu systema homeopathico de medicina.

ORGANONIMIA. *f.* Organonymia; arte de inventar nomes para designar os orgãos dos seres viventes, ou de coordenar os que já lhe foram dados.

ORGANONÍMICO, CA. *adj.* Organonymico; pertencente ou relativo á organonymia.

ORGANOPLASTIA. *f.* Organoplastia; arte de modificar as fôrmas vivas: — *hijiénica;* organoplastia hygienica; modificação dos orgãos pelo regimen.

ORGANOPLÁSTICO, CA. *adj.* Organoplastico; relativo á organoplastia.

ORGANOSCOPIA. *f.* Organoscopia; exame attento dos orgãos, para tirar inducções relativas ás paixões, ás faculdades e ás inclinações.

ORGANOSCÓPICO, CA. *adj.* Organoscopico; relativo á organoscopia.

ORGANOTÁCTICO, CA. *adj.* Organotactico; relativo á organotaxia.

ORGANOTAXIA. *f.* Organotaxia; arte de agrupar os seres vivos conforme ás suas mais intimas relações de organisação.

ORGANSINA. *f. (com.)* V. *Bombasina.*

ORGASMO. *m. (med.)* Orgasmo; entumecimento, irritação das partes do corpo animal: — orgasmo; agitação, movimento dos humores que procuram evacuar-se.

ORGÍA. *f.* V. *Orjía.*

ORGIASTAS. *f. pl.* V. *Orjiastas.*

ORGOIOSO, SA. *adj. (ant.)* V. *Orgulloso.*

ORGUIO. *m. (ant.)* V. *Orgullo.*

ORGUIOSO, SA. *adj. (ant.)* V. *Orgulloso.*

ORGULLEZA. *f. (ant.)* V. *Orgullo.*

ORGULLIA. *f. (ant.)* V. *Orgullo.*

ORGULLO. *m.* Orgulho; grande e intimo conceito que alguem faz de si. *Animi tumor, elatio:* — ardor, alacridade, promptidão de animo, rapidez na execução de alguma cousa. *Vehementia, ardor.*

ORGULLOSAMENTE. *adv. m.* Orgulhosamente; com orgulho, de modo orgulhoso. *Superbè, arroganter.*

ORGULLOSO, SA. *adj.* Orgulhoso; cheio de orgulho, brioso, mui soberbo. *Elatus, superbus:* — ardente, activo, diligente, ligeiro, expedito. *Vehemens, entis.*

ORI. *interj. (germ.)* V. *Hola.*

ORIA. *f. (ant.)* Barco de pesca entre os romanos.

ORIBASIA. *f. (zool.)* Oribasia. V. *Verneria.*

ORIBATA. *m. (hist. ant.)* Oribata; nome dado a certos volatins entre os gregos.

ORIBATE. *m. (zool.)* Oribates *(que viaja pelas montanhas);* genero de arachneides acaridos, da familia dos oribateos.

ORIBÁTEOS. *m. pl. (zool.)* Oribateos; familia de arachneides da ordem dos acaridos.

ORICALCITO. *m. (min.)* Orichalcito; hydrocarbonato de cobre e de zinco, conhecido dos antigos, pelo nome de orichalco. É esverdinhado, amorpho, granuloso, pouco transparente e pouco duro.

ORICALCO. *m. (ant.)* Oricalco, orichalco. V. *Laton:* — *(min.)* oricalco. V. *Oricalcito.*

ORICE. *m. (ant.)* V. *Orífice.*

ORICTERIANOS. *m. pl. (zool.)* Orycterianos; familia de mammiferos da ordem dos desdentados, que comprehende os que vivem nas covas que abrem na terra.

ORICTERO. *m. (zool.)* Oryctero *(cavador);* genero de mammiferos roedores, cujas especies são de mediano tamanho, e vivem na Africa e em algumas regiões da Europa e da Asia. Fabricam galerias subterraneas como as toupeiras, e n'ellas passam geralmente o dia.

ORICTEROPO. *m. (zool.)* Orycteropo *(pé cavador);* genero de mammiferos mui parecidos com os formigueiros, dos quaes só se distinguem por ter o corpo coberto de pellos similhantes aos outros mammiferos, e por possuirem um systema dentario, postoque imperfeito. A especie que lhe serve de typo encontra-se no cabo da Boa Esperança. Sustenta-se ordinariamente de formigas, e a sua carne é de um sabor bastante delicado.

ORICTOGNOSIA. *f.* Orictognosia; parte da historia natural, que ensina a conhecer os mineraes, assim como a classifica-los em uma ordem natural.

ORICTOGNOSTA. *m.* V. *Mineralojista.*

ORICTOGNÓSTICO, CA. *adj. (min.)*

Orictognostico; que tem relação com a orictognosia.

Orictografía. *f.* Orictographia. É synonymo de orictognosia e de mineralogia.

Orictográfico, ca. *adj.* Orictographico. V. *Mineralójico.*

Orictógrafo. *m.* Orictographo; o que se dedica á orictographia.

Orictojeolojía. *f.* Orictogeologia; parte da historia natural, que trata da disposição dos mineraes no interior da terra.

Orictojeolójico, ca. *adj.* Orictogeologico; que se refere á orictogeologia.

Orictólogo. *m.* V. *Orictolojista.*

Orictolojía. *f.* Orictologia. V. *Orictografía.*

Orictolójico, ca. *adj.* Orictologico. V. *Mineralójico.*

Orictolojista. *m.* Orictologista. V. *Mineralojista.*

Orictotecnia. *f.* Orictotechnia; estudo dos meios pelos quaes procurâmos as substancias animaes destinadas aos nossos usos.

Orictotécnico, ca. *adj.* Orictotechnico; relativo á orictotechnia.

Orictozoólogo. *m.* Orictozoologo; o que se occupa na orictozoologia.

Orictozoolojia. *f.* Orictozoologia; tratado ácerca dos animaes fosseis.

Orictozoolójico, ca. *adj.* Orictozoolojico; relativo á orictozoologia.

Orictozoolojista. *m.* Orictozoologista. V. *Orictozoólogo.*

Oriella. *f.* *(ant.)* Ourella, borda, extremo: — *(ant.)* aragem, viração branda.

Orientado, da. *adj.* *(arch.)* Orientado; diz-se dos edificios cujas quatro partes correspondem aos quatro pontos cardinaes do globo.

Oriental. *adj.* Oriental; pertencente, relativo ao Oriente, ou collocado da parte do Oriente. *Orientalis, le:* — oriental; epitheto empregado para qualificar as pedras preciosas de muita dureza e belleza, porque, durante muito tempo, as melhores vinham da Asia: — *(astron.)* oriental; nome que os astrologos dão ao primeiro quadrante do thema celeste. *Orientalis, le:* — oriental; diz-se dos astros que precedem o nascer do sol. *Orientalis, le. Lenguas orientales (philol.);* linguas orientaes; todas as que se fallam na Asia, como são o mogol, o turco, o arabe, o persa. *Estilo oriental (litt.);* estylo oriental; chama-se assim em litteratura ao estylo que emprega imagens e descripções da natureza, empoladas e altisonantes que são muito do gosto dos orientaes: — *(arch.)* oriental; diz-se dos edificios que têem agulhas elevadas, guarnições de pedras, arabescos, vidros de cores, etc.

Orientalismo. *m.* Orientalismo; conjuncto de conhecimentos scientificos e litterarios dos orientaes, dos seus systemas philosophicos e de seus costumes: — orientalismo; systema dos que crêem que as emigrações dos povos, assim como as idéas da civilisação, têem passado do oriente ao occidente.

Orientalista. *m.* Orientalista; pessoa versada nos systemas philosophicos, idiomas e costumes orientaes.

Orientar. *n.* Orientar; dar a um edificio uma collocação determinada e correspondente aos quatro pontos cardinaes do mundo: — *r.* orientar-se; reconhecer o logar onde se está, certificar-se da direcção, situação propria e da dos objectos presentes com relação aos quatro pontos cardinaes da esphera: — *(fig.)* orientar-se, tomar o norte; inteirar-se da marcha a seguir em algum negocio: — *(geogr.)* orientar; designar em um mappa, por meio de uma flecha ou outro signal, o ponto septentrional para o conhecimento da situação dos objectos que comprehende: — *(naut.)* orientar; dispor o apparelho, as vélas ou qualquer d'estas do melhor modo para seguir a derrota: — *(naut.)* orientar; determinar e marcar em um plano a direcção da meridiana, para conhecer a situação relativa de todas as suas partes em relação aos quatro pontos cardinaes.

Oriente. *m.* Oriente; o primeiro dos quatro pontos cardinaes em que se divide a esphera. *Oriens, ortus:* — oriente, levante, nascente; ponto do horisonte onde nasce ou se levanta o sol e os outros astros. *Ortus, ûs:* — oriente; aquella parte da terra, mares e costas que, a respeito da nossa situação, está collocada para o ponto em que nasce o sol. *Oriens, Orientis plaga:* — oriente; vento que sopra directamente da parte do oriente. *Subsolanus, i.:* — oriente; horoscopo ou casa primeira do thema celeste. *Oriens astrologicum:* — oriente; o reflexo nitido com aguas e visos de vermelho, que distingue as mais bellas e estimadas perolas. *Oriens in unionibus:* — oriente; nascimento, principio, origem de alguma cousa. *Oriens, entis:* — *(fig.)* primavera da vida, idade juvenil. *Juvenilis ætas:* — oriente; parte dos templos maçonicos onde têem os seus logares o veneravel, o orador e o secretario. *Gran oriente;* grande oriente; reunião dos deputados de todas as lojas maçonicas de um paiz, que tem o poder de regular a associação geral. *Imperio de oriente (ant.);* imperio do oriente; metade oriental do imperio romano, de que Constantinopla foi a capital. *Cisma de oriente (hist.);* scisma do oriente; separação da Igreja grega e latina, que se verificou em 862.

Orífice. *m.* Ourives; official que trabalha em oiro. *Aurifex, icis.*

Orificia. *f.* Aurificia; arte ou officio de ourives. *Aurificium, ii.*

Orificio. *m.* Orificio, buraquinho, poro, abertura mui estreita. *Orificium, ii:* — orificio, anus; abertura do intestino recto, por onde se vasam regularmente os escrementos.

Oriflama. *f.* Oriflama, oriflamma ou auriflamma; estandarte vermelho bordado de oiro, de que os antigos reis de França usavam na guerra.

Oriforme. *adj.* Oriforme; que tem fôrma de bôca.

Orígen. *m.* V. *Oríjen.*

Original. *adj.* V. *Orijinal.*

Originalidad. *f.* V. *Orijinalidad.*

Originalmente. *adv. m.* V. *Orijinalmente.*

Originar. *a.* V. *Orijinar.*

Originariamente. *adv. m.* V. *Orijinariamente.*

Originario, ria. *adj.* V. *Orijinario.*

Origíneo, nea. *adj. (ant.)* V. *Orijinal.*

Origma. *m. (hist.)* Origma; abysmo em que se lançavam os criminosos em Athenas.

Oríjen. *m.* Origem, causa primaria, raiz, fonte, manancial, principio de alguma cousa physica ou moral. *Origo, inis:* — origem; patria onde alguem nasceu ou teve principio a familia. *Origo, stirps:* — origem, extracção, ascendencia, linhagem. *Origo, stirps.*

Orijenianos. *m. pl. (rel.)* Origenianos; nome de uns sectarios que se entregavam sem escrupulo aos prazeres.

Orijenismo. *m.* Origenismo; doutrina de Origenes.

Orijenistas. *m. pl. (rel.)* Origenistas; nome que se deu aos partidarios do grande Origenes, celebre doutor da Igreja, cujas doutrinas foram condemnadas em certos pontos pelos concilios de Alexandria e no segundo de Constantinopla.

Orijinal. *adj.* Original; pertencente, relativo á origem. *Originalis, le:* — original; usado como substantivo masculino, significa o primeiro escripto, composição ou invenção de que depois se fizeram copias. *Archetypus, autographum :* — original; primitivo de origem, que sáe da ordem commum, que não se parece com outra cousa do mesmo genero. *Comer en el orijinal (fr.);* comer no prato ou na travessa onde se serviu um manjar, depois de todos terem comido. *Saberse de buen orijinal (fr.);* saber-se uma cousa de boa fonte, de raiz, com toda a certeza. *Ex certo principio vel auctore scire:* — *(for.)* original; diz-se dos antigos codigos manuscriptos. *Pecado orijinal (rel.);* peccado original; o commettido pelo primeiro homem e a primeira mulher, com o qual todos os homens nascem, e de que se purificam por meio do baptismo.

Orijinalidad. *f.* Originalidade; qualidade original. *Archetypi qualitas; originalis rei essentia.*

Orijinalmente. *adv. m.* Originalmente, primitivamente; em sua origem, desde o seu principio e raiz, radicalmente. *Ab origine, ab initio, radicitus:* — originalmente; conforme o original.

Orijinar. *a.* Originar, causar, occasionar; ser principio, origem ou instrumento de alguma cousa. *Causam esse; originem præbere :* — *r.* originar-se, nascer, proceder; ser causado, trazer a sua origem ou principio de alguma cousa. *Originem ducere, oriri.*

Orijinariamente. *adv. m.* Originariamente; por origem e procedencia.

Orijinario, ria. *adj.* Originario; que dá origem. *Originarius, a, um :* — originario, oriundo; que toma, que tem a sua origem, ascendencia, o seu nascimento de um paiz determinado. *Oriundus, originarius :* — *(for.);* originario; diz-se do juiz e escrivão que começaram as autuações de uma causa ou pleito: — *(med.)* originario; diz-se geralmente das doenças e dos vicios de conformação.

Orilla. *f.* Borda, beira; linha em que termina a superficie de um corpo, o que o cerca. *Ora, æ:*— orla, ourela; borda, extremo ou remate de alguma tela ou tecido e das vestiduras. *Ora, fimbria, limbus:*— ourela, borda, beira, do mar ou rio. *Ripa, litus, ora:* — passeio; parte das ruas junto ás casas, por onde se anda mais commodamente. *Ora, trita semita:* — aragem fria e penetrante, que traspassa o corpo e que, quando corre, costuma dizer-se: corre *mala orilla. Aura frigidiuscula:* — *(fig.)* termo, limite ou fim de qualquer cousa immaterial. *Limes, itis. A la orilla (loc. adv.);* á beira, á margem, ao pé, proximo. *Ad, apud, propè. Salir a la orilla (fr.);* chegar á borda, á margem do mar ou do rio, abordar, tomar terra, saír da agua: *(fig.)* saír a salvo de algum negocio arriscado, vencer obstaculos, difficuldades. *Trannare, exantlare, emergere. Nadar, nadar y a la orilla ahogar (rif.);* nadar e nadar, ir morrer á beira. *Navigat omnis homo et portum contendit adire. E portu ingresso dejicit unda ratem.*

Orillar. *a. (fig.)* Rematar, concluir, regular, deslindar algum negocio, ou assumpto, leva-lo ao cabo. *Expedire, absolvere, ad exitum tandem perducere:* — *n.* abordar; chegar, chegar-se ou approximar-se á praia, ou borda do mar ou rio. Usa-se frequentemente como reciproco. *Appellere, ad oras accedere:* — orlar; pôr orla, cercadura ao panno ou a algum outro tecido. *Telam oris circumire:* — orlar, debruar; guarnecer a extremidade ou fimbria de alguma vestidura ou panno, etc. *Fimbriis ornare:* — caminhar ao longo da beira de um rio, da raia de um paiz, dos limites de um bosque, etc.: — *(fig. p. Ar.* e *Val.)* abandonar, rejeitar, esquecer.

Orillo. *m.* Ourello; borda de tecido grosseiro, de uma ou de diversas cores, que remata o panno para se não desfiar. *Panni limbus crassior.*

Orimo. *m. (zool.)* Orimo; genero de insectos coleopteros tetrameros da familia dos curculionidos.

Orin. *m.* Ferrugem; camada

avermelhada que o ar e a humidade produzem sobre o ferro e outros metaes, oxydando-os. *Ærugo, rubigo:* — *(fig.)* macula, mancha, defeito, imperfeição de alguma cousa immaterial. *Rubigo, inis:* — V. *Orina.* N'este sentido usa-se quasi sempre no plural, dizendo *orines.*

Orina. *f. (physiol.)* Ourina, mijo; liquido excrementicio segregado nos rins e d'elles conduzido á bexiga e que sáe pela uretra. *Urina, lotium.*

Orinal. *m.* Ourinol; vaso em que se ourina. *Matula, matella:* — diz-se por similhança dos logares ou territorios sujeitos a chuvas; e n'este sentido chamam em Hespanha a Pamplona e Santiago *el orinal del cielo. Pluviosa plaga.*

Orinar. *n.* Ourinar, mijar; expellir pela uretra a ourina. Usa-se tambem como *a:* v. g. *orinar sangre;* ourinar sangue. Tambem se usa como *r. Mingere.*

Orinda. *f.* Orinda; nome de uma semente da Ethiopia, e do pão que d'ella se faz.

Orinecer. *n. (ant.)* Enferrujarse; crear ferrugem, encherse, cobrir-se de ferrugem. Usa-se tambem como reciproco. *Ærugine infici, rubiginem contrahere.*

Oriniento, ta. *adj.* Ferrugento, enferrujado; coberto de ferrugem. *Æruginosus, rubiginosus.*

Oriol. *m. (zool.)* V. *Oropéndola.*

Oriolia. *f. (zool.)* Oriolia; genero de aves da ordem dos passaros, familia dos dentirostros.

Orion. *m. (astron.)* Orion; uma das constellações do hemispherio meridional. *Orion, onis:* — *(zool.)* orion; genero de insectos coleopteros subpentameros da familia dos longicornes.

Orior. *m. (ant.)* V. *Oropéndula.*

Oripatí. *f. (germ.)* Formiga.

Orise. *m. (ant.)* V. *Orífice.*

Orismolojia. *f.* Orismologia; parte da historia natural consagrada á explicação dos termos technicos usados na sciencia.

Orite. *m. (bot.)* Orites; genero de plantas da familia das proteaceas.

Oritia. *f. (bot.)* Orithya; genero de plantas da familia das liliaceas: — *(zool.)* orithya; genero de crustaceos decapodas brachyuros, da familia dos oxystomos.

Oritina. *f. (bot.)* Oritina; genero de plantas da familia das proteaceas.

Oriundo, da. *adj.* Oriundo. V. *Orijinario.*

Orívice. *m. (ant.)* V. *Orífice.*

Orix. *m.* Orix; animal fabuloso, especie de bode com um corno só.

Orizario. *m. (min.)* Oryzario; genero de polypeiros fosseis.

Orizeas. *f. pl. (bot.)* Oryzeas; tribu de plantas gramineas, que têem por typo o arroz.

Orizívoro, ra. *adj. (zool.)* Oryzivoro; que se alimenta de arroz.

Orizo. *m. (prov. ant.)* Ourizo, ouriço da castanha. V. *Erizo,* n'este sentido.

Orizóideo, dea. *adj. (bot.)* Oryzoideo; que tem a apparencia ou a fôrma do arroz.

Orizopside. *f. (bot.)* Oryzopside ou oryzopsis *(que tem o aspecto do arroz);* genero de plantas monocotyledoneas.

Orjía. *f. (met. neol.)* Orgia; festim, banquete em que se gosam os prazeres da mesa de envolta com os do amor voluptuoso: — *pl. (ant. hist.)* orgias; festa que se celebrava em honra de Baccho, por mulheres possuidas de um furor sagrado: — *(zool.)* orgya; genero de insectos coleopteros da tribu dos liparidos.

Orjiasmo. *m. (hist. ant.)* Orgiasmo; celebração dos mysterios, das orgias.

Orjiastas. *f. pl.* Orgiastas; nome que se dava na antiga Grecia ás mulheres que presidiam ás orgias.

Orjiástico, ca. *adj. (ant.)* Orgiastico; relativo, pertencente ás orgias, ao culto de Baccho.

Orjilo. *m. (zool.)* Orgilo *(irritavel);* genero de insectos hymenopteros da tribu dos ichneumonidos.

Orjiofantas. *m. pl. (hist.)* Orgiophantes; principaes ministros ou sacerdotes das festas de Baccho chamadas orgias.

Orla. *f.* Orla, cercadura, borda, extremidade da vestidura, dos pannos, tecidos e outras cousas com adornos que a distinguem. *Limbus, fimbria:* — orla, cercadura, bordadura; adorno que cerca a margem de uma pintura, estampa, impresso, etc.: — *(br.)* orla; peça honrosa em fórma de filete, que de ordinario é a duodecima parte da metade do escudo, dentro do qual se acha disposta. *Scuti limbus:* — *(arch.)* orla; filete debaixo do arco do capitel: — orla; plintho da base das columnas: — *(naut.)* V. *Frizo:* — borda da cratera do vulcão.

Orlador, ra. *s.* Orlador; o que faz orlas, debruns, que põe orlas, bordaduras em roda dos vestidos, etc. *Limbolarius, ii.*

Orladura. *f.* Orladura, bordadura, cercadura do vestido. *Prætextus limbus:* — orladura. V. *Orla,* na primeira accepção.

Orlangar. *a. (germ.)* Attender.

Orlangó. *adj. (germ.)* Attento.

Orlar. *a.* Orlar, debruar, pôr orla, guarnição, cercadura. *Fimbriis circumdare, ornare:* — *(br.)* orlar; pôr orla no escudo.

Orlaya. *f. (bot.)* Orlaya; genero de plantas da familia das umbelliferas.

Orleanés, sa. *s.* Orleanez; o natural de Orleans: — *adj.* orleanez; pertencente a Orleans ou aos orleanezes.

Orleanida. *f. (litt.)* Orleanida; poema composto por Lebrun ácerca da donzella de Orleans.

Orlien. *m. (comm.)* Orlean; especie de lençaria.

Orlo. *m.* Um dos registos do orgão: — *(ant.)* V. *Orla:* — orlo; instrumento musico de sopro feito em meia volta *(arch.)* V. *Plinto.*

Orllar. *a. (ant.)* V. *Orlar.*

Ormejar. *a. (ant. naut.)* Fundear, ancorar o navio, segura-lo no ancoradoiro.

Orménide. *f. (bot.)* Ormenide; genero de plantas herbaceas da familia das compostas.

Ormesí. *m.* Melania; estofo feito de seda, quasi do mesmo tecido que o chamalote, porém mais fino que este, que faz por meio da prensa umas ondas chamadas aguas. É o que se conhece pelo nome francez de *moirè.*

Ormigon. *m.* V. *Argamasa*, na primeira accepção.

Ormins. *m. (bot.)* V. *Gallocresta.*

Ormocarpo. *m. (bot.)* Ormocarpo; genero de plantas da familia das leguminosas papilionaceas.

Ormocero. *m. (zool.)* Ormocero; genero de insectos hymenopteros da familia dos chalcidios.

Ormoriza. *f. (bot.)* Ormorrhiza *(raiz odorifera)*; genero de plantas da familia das umbelliferas.

Ormosia. *f. (bot.)* Ormosia *(collar)*; genero de plantas da familia das leguminosas.

Ormosolenia. *f. (bot.)* Ormosolenia; genero de plantas herbaceas da familia das umbelliferas.

Orna. *f. (ant.)* Oura. V. *Honra.*

Ornabeque. *m. (mil.)* V. *Hornabeque.*

Ornadamente. *adv. m.* Ornadamente; com adorno e compostura. *Ornatè, decorè.*

Ornado, da. *adj.* Ornado, adornado, composto, enfeitado: — *(ant.)* V. *Honrado.*

Ornamentar. *n.* Ornamentar. V. *Adornar.*

Ornamentaría. *f. (archit.)* Ornamentaria; parte da architetura civil que tem por objecto o adorno dos edificios.

Ornamento. *m.* Ornamento, ornato, adorno, compostura, atavio, enfeite para aformosear, adereçar ou fazer vistosa alguma cousa. *Ornatus, decus:* — ornamento; pessoa ou cousa que faz honra ao seu seculo, que augmenta a gloria ou o lustre de alguma profissão, paiz, etc.: — ornamentos, qualidades, dotes moraes que fazem recommendavel uma pessoa. Usa-se mais no plural. *Egregiæ animi dotes, decus:* — *pl.* ornamentos, paramentos; vestimentas sagradas que usam os sacerdotes e os bispos quando celebram. *Ornamenta sacerdotalia seu pontificalia:* — *pl.* ornamentos, armações, adereços da igreja: — *(arch.)* ornamentos, ornatos; certas peças para adorno que acompanham as obras principaes. *Ornamenta, orum:* — *(br.)* ornamento; tudo o que está fóra do escudo.

Ornamiento. *m. (ant.)* V. *Ornamento.*

Ornar. *a. (ant.)* Ornar. V. *Adornar.*

Ornatísimo, ma. *adj. sup. (ant.)* de *Ornado.* Ornadissimo, adornadissimo. *Ornatissimus, a, um.*

Ornato. *m.* Ornato, adorno, decoração, enfeite. *Ornatus, us.*

Orneata. *s. (ant.)* Orneata; habitante de Ornea, antiga cidade de Argólida: — *adj.* orneata; pertencente ou relativo á antiga cidade de Ornea.

Ornefilo, la. *adj. (zool.)* Ornephilo ou sylvicola; que vive nos bosques: — *m. pl.* ornephilos ou sylvicolas; familia de insectos coleopteros heteromeros, que comprehende os que vivem nos bosques.

Orneodo. *m. (zool.)* Orneodo *(similhante a uma ave)*; genero de insectos lepidopteros nocturnos, da tribu dos pterophoridos.

Ornice. *m. (zool.)* Ornix *(ave)*; genero de insectos lepidopteros, da tribu dos tineidos.

Ornis. *m. (com.)* Ornis; especie de musselina que vem do Indostão.

Ornismia. *f. (zool.)* Ornismya. V. *Troquilo.*

Ornistomo. *m. (zool.)* Ornistomo *(bôca de ave)*; genero de insectos coleopteros subpentameros, da familia dos longicornes.

Ornitias. *m. (hist. ant.)* Ornithias; nome que davam os romanos aos ventos etesios, que sopram regularmente todos os annos depois do equinoccio hiemal, quando vem as andorinhas.

Ornitidia. *f. (bot.)* Ornithidia *(fórma de ave)*; genero de plantas da familia das orchideas.

Ornitivoro, ra. *adj.* Ornithivoro; que devora as aves.

Ornitobia. *f. (zool.)* Ornithobia *(que vive das aves)*; genero de insectos dipteros brachoceros, da familia dos pupiparos de Latreille.

Ornitobio. *m. (zool.)* Ornithobio *(que vive nas aves)*; genero de hexapodas epizoicos, cuja especie typica vive parasita nos cysnes.

Ornitocéfalo. *m. (bot.)* Ornithocephalo *(que tem cabeça de passaro)*; genero de plantas da familia das orchideas.

Ornitófilo. *m.* Ornithophilo; o que é affeiçoado ás aves ou ao seu estudo.

Ornitofonia. *f.* Ornithophonia; canto das aves: — ornithophonia; imitação do canto das aves.

Ornitógalo. *m. (bot.)* Ornithogalo *(leite de gallinha)*; genero de plantas da familia das liliaceas, cujas especies são bulbosas.

Ornitogloso. *m. (bot.)* Ornithoglosso *(lingua de ave)*; genero de plantas da familia das colchicaceas.

Ornitoideo, dea. *adj. (zool.)* Ornithoideo; parecido com uma ave: — *m. pl.* ornithoideos; familia de reptis, que comprehende os chelonios e outros que se assimilham ás aves.

Ornitolito. *m. (min.)* Ornitholithe; nome pelo qual se designam em geral as ossadas fosseis das aves que se encontram frequentemente incrustadas nas camadas petreas.

Ornitólogo. *m.* Ornithologo ou ornithologista; o que é versado na ornithologia, que se dedica ao estudo das aves.

Ornitolojia. *f. (zool.)* Ornithologia; parte da historia natural que trata do estudo das aves: — ornithologia;

obra, tratado ácerca das aves.

Ornitolójico, ca. *adj.* Ornithologico; relativo á ornithologia.

Ornitolojista. *m.* V. *Ornitólogo.*

Ornitomancia. *f.* Ornithomancia; supposta adivinhação do futuro pelo vôo das aves.

Ornitomia. *f. (zool.)* Ornithomya *(ave mosca);* genero de insectos dipteros brachoceros, da familia dos pupiparos.

Ornitomizos. *m. pl. (zool.)* Ornithomyzos; familia de insectos apteros, que comprehende os que vivem parasitas nas aves.

Ornitopo. *m. (bot.)* Ornithopo *(pé de ave);* genero de plantas da familia das leguminosas.

Ornitóptera. *f. (zool.)* Ornithoptera *(aza de ave);* genero de insectos lepidopteros diurnos, da tribu dos papillonidos.

Ornitorrinco. *m. (zool.)* Ornithorhynco *(bico de ave);* genero de mammiferos, que, unido com o echiduo, constitue o grupo dos monotremos, chamados depois ornithodelphos.

Ornitoscopia. *f. (hist. ant.)* Ornithoscopia; observação das aves, para d'ella predizer successos futuros.

Ornitoscópico, ca. *adj. (hist. ant.)* Ornithoscopico; pertencente á ornithoscopia.

Ornitoscopo. *m. (ant.)* Ornithoscopo; o que observava as aves para fazer presagios.

Ornitotipolita. *f. (min.)* V. *Ornitolita.*

Ornitotomia. *f.* Ornithotomia; dissecção das aves.

Ornitotrofia. *f.* Ornithotrophia; arte de crear e educar as aves.

Oro. *m. (min.)* Oiro; metal amarello, tirante ás vezes para esbranquiçado, esverdinhado ou avermelhado, ductil, o mais pesado depois da platina, e o mais precioso, e que adquire muito brilho pelo polimento. Não se altera ao ar nem ao fogo, nem adquire propriedades magneticas; dissolve-se unicamente na agua regia, e é atacado pelo bromo e o chloro. *Aurum, i:* — *capote;* oiro de 23 1/2 quilates, que se tira das minas de Copaipó e Guasco, no Chili: — *coronario;* oiro mui fino, e de subido quilate. *Aurum valdè purgatum, purificatum:* — *de copela;* oiro de copella; oiro acrysolado, purgado por meio do fogo das partes impuras e estranhas. *Aurum purum, aurum copulatum:* — *de Tibar;* oiro de Tibar, que se encontra na ribeira d'este nome e que é muito puro. *Aurum obryzum:* — *de los gatos;* nome vulgar que os antigos mineiros davam a uma variedade de mica de côr de oiro: — *dendrítico.* V. *Oro gráfico:* — *en polvo;* oiro em pó; o que se encontra naturalmente nas areias. *Pulvis aureus:* — *gráfico;* oiro graphico; variedade de telurureto de oiro argentifero, que se encontra na Transylvania, em crystaes prismaticos: — *paladiado;* oiro palladiado; liga natural de oiro e palladio, de côr amarella esbranquiçada, que se encontra em pequenos crystaes na America meridional: — *paradójico ó problemático;* oiro paradoxal ou problematico. V. *Teluro:* — *virjen;* oiro virgem ou bruto; o oiro como sáe da mina, sem ter passado pelo fogo. *Falso oro.* V. *Oro de los gatos:* — *(fig.)* oiro; diz-se da côr loura, especialmente fallando do cabello das mulheres. *Aureus color, fulvus color:* — oiro; obras feitas de oiro, joias e outros adornos com que se enfeitam as mulheres. *Monilia pretiosa:* — *(fig.)* oiro; riquezas, cabedaes, muitos bens e dinheiro em oiro amoedado. *Divitiæ, thesaurus, aurum:* — oiro; moeda da Persia, que equivale a uns 17 reales da de Castella: — *pl.* oiros; um dos quatro naipes do baralho, que nas cartas hespanholas se representa por umas rodas amarellas á maneira de moedas de oiro. *Folium lusorium, aurei coloris monetis depictum. Oro es lo que oro vale (fr.);* oiro é o que oiro vale; tanto valor tem o oiro, como qualquer cousa que lhe seja equivalente. *Quidquid in pretio est, aurum putes. A peso de oro (loc. adv.);* a peso de oiro, por preço elevadissimo. *Como oro en paño (loc.);* como oiro em panno; denota o apreço que se faz de alguma cousa pelo cuidado que se tem com ella. *Prout aurum servandum. Como un oro ó como mil oros;* como um brinco; com grande elegancia e belleza, com muito aceio e limpeza; diz-se das pessoas e das cousas. *Pulchrior auro. Corazon de oro;* coração de anjo; homem de mui bons sentimentos. *De oro y azul (loc. adv.);* de oiro e azul, de ponto em branco; no ultimo ponto de aceio e elegancia, vestido com primor e riqueza. *Consono, elegantique ornatu. El oro y el moro (loc.);* diz-se ironicamente da confiança enganosa em que alguem está de receber mundos e fundos, ou do valor excessivo que attribue ás suas cousas. *Midæ divitiæ. Es como un oro, patitas y todo (loc. vulg. iron.);* vale quanto pesa; diz-se de alguem, para lhe fazer ver que se conhece a sua astucia e velhacaria. *Scitus quidem est. Es otro tanto oro (loc. fam.);* é outro tanto oiro: diz-se do augmento de valor que recebe uma cousa pela sua reunião com outra que a faz realçar e sobresaír. *Tanto melius. Hacerse de oro (fr.);* fazer-se de oiro; adquirir muitas riquezas, uma fortuna immensa. *Ditescere. Libro de oro;* livro de oiro; livro precioso pela utilidade ou instrucção que produz a sua leitura. *Nadar en oro (fr. fig.);* nadar em oiro; gosar de grande opulencia. *Negocio de oro;* negocio de oiro, muito lucrativo. *Poner de oro y azul (fr. iron.)*; dizer a alguem palavras acerbas, e tambem suja-la, salpica-la de lama ou de outra immundicie. *Probris depingere, spurcitiis suffundere. Prometer montes de oro (fr)*; prometter montes de oiro; prometter mais do que se póde cumprir. *Se le pudiera fiar oro molido (fr.)*; póde-se-lhe confiar oiro em pó; diz-se para ponderar a muita fidelidade e honradez de uma pessoa. *Aurum quomodolibet ipsi credi potest. Ser alguna cosa oro en barras (fr.)*; ser alguma cousa oiro em barra, ou prata quebrada; reputar-se como dinheiro pela facilidade de a reduzir a moeda corrente. *Tener un pico de oro (fr. fam.)*; ter bôca de oiro, ser eloquente. *No es todo oro lo que reluze (rif.)*; nem tudo que luz é oiro; nem todas as cousas que têem apparencias de boas o são. *Ne te apparentia fallat: — batido*; oiro batido, feito em folhas. *Aurum bracteale: — bruñido*; oiro brunido; o que soffre a brunidura depois de ter sido applicado ás peças de madeira apparelhadas com colla, gesso e bollo armenio. *Aurum politum: — de Alemania*; folha muito delgada de latão: *— de cama de araña*; oiro que serve para dourar as cartasanas: *— de cañutillo*; oiro de canutilho; fio de oiro feito em canudinho, ou de vidro, para guarnecer vestidos, etc.: *— de color*; mordente; preparação de tintas grossas e colla, de que usam os douradores para applicar as folhas de oiro batido: *— en hojas*; oiro em folhas ou pães; oiro adelgaçado a martello ou pelo laminador: *— molido*; oiro moido; oiro calcinado e reduzido a pó para dourar cousas delicadas e os metaes. *Aurum calcinatum: — tirado*; oiro tirado pelas fieiras: *— verde*; oiro e prata misturados, que usam os joalheiros: *— mate*; oiro mate; não polido: *— en pasta*; pasta de oiro usada pelos artistas para separar folhas em uma peça fina, que se não pôde levar ao fogo: *— en lejos*; oiro em barra. *Tocar de oro (fr. pint.)*; tocar de oiro; realçar de oiro os claros em alguns adornos de architectura. *Auro illuminare: — (br.)* côr de oiro; um dos metaes do brazão que nos escudos pintados se representa com o oiro ou a côr amarella, e nos escudos gravados se distingue com pontos. *Número de oro (chron.)*; numero de oiro. V. *Número aureo: — fulminante (chim.)*; oiro fulminante; preparação que se faz com o oiro e o ammoniaco, tendo pela fricção ou a percussão maior força impulsiva e causando maior estrondo que a polvora commum. *Oxidum ammoniacum auri: — musivo*; deutosulphureto de estanho; mistura de côr similhante á do oiro, e com a qual se esfregam as almofadas das machinas electricas, para as pôr em estado de desenvolver melhor a electricidade. Tambem se emprega na pintura para dourar e bronzear: *— potable*; oiro potavel; liquido oleoso e alcoolico que se obtem derramando um oleo volatil em uma dissolução de chlorureto de oiro. Usava-se antigamente em medicina como cordial. *Aurum potabile.*

Orobánqueas, Orobanquia. *f. pl. (bot.)* Orobancheas; familia de plantas dicotyledoneas monopetalas, que tem por typo o genero orobanchia.

Orobanquia. *f. (bot.)* Orobanchia; genero de plantas da familia das orobancheas.

Orobar. *a. (germ.)* V. *Orobiar.*

Orobiar. *a. (germ.)* Chorar.

Orobias. *m.* Especie de incenso muito fino.

Orobita. *f. (min.)* Orobita; certa concreção calcarea espheroidal.

Orobitide. *m. (zool.)* Orobitide ou orobitis; genero de insectos coleopteros tetrameros da familia dos curculionidos.

Orobo. *m. (bot.)* Orobo; genero de plantas leguminosas papilionaceas.

Orobrero. *m. (germ.)* Pensamento.

Orodino. *m. (zool.)* Orodino; genero de insectos coleopteros tetrameros da familia dos curculionidos.

Orofea. *f. (bot.)* Orophea *(tecto)*; genero de plantas da familia das anonaceas.

Orofres. *m. (ant.)* Galão de oiro ou prata. *Aurificia, æ.*

Orognosia. *f. (min.)* Orognosia; parte da mineralogia que trata da historia das montanhas e das rochas em geral.

Orognóstico, ca. *adj.* Orognostico; pertencente á orognosia.

Orografía. *f.* Orographia; descripção das montanhas.

Orográfico, ca. *adj.* Orographico; concernente á orographia.

Orohidrografía. *f.* Orohydrographia; historia das aguas e das formações geognosticas de uma comarca ou districto.

Orohidrográfico, ca. *adj.* Orohydrographico; relativo á orohydrographia.

Orolojía. *f.* Orologia; tratado ácerca das montanhas.

Orolójico, ca. *adj.* Orologico; pertencente á orologia.

Oroncio. *m. (bot.)* Oroncio; genero de plantas da familia das aroideas.

Orondado, da. *adj. (ant.)* Ondeado, ondeante, enroscado. *Undulatus, in gyros convolutus.*

Orondadura. *f. (ant.)* Ondulação, ondas; diversidade de côr em fórma de ondas. *Undulatio, in gyros convolutio.*

Orondo, da. *adj.* Bojudo; diz-se de um vaso ou vasilha de muita capacidade ou bojo. *Valdè cavus: —* bojudo; diz-se de qualquer cousa volumosa, avultada e arredondada: — inchado, empolado, altisonante; diz-se do estylo, etc.: — inchado, presumido, vaidoso, vanglorioso. *Pomposus, a, um: — m. (germ.)* furto.

Oroneta. *f. (art.)* Oroneta; nome que dão nas costas de Levante a uma rede de 60 ou mais braças de comprimento, com que pescam a andorinha de mar e mais commummente o voador.

Orontíáceas. *m. pl. (bot.)* Orontiaceas; tribu de plantas da familia das aroideas, a que serve de typo o genero Orouncio.

Oropatialá. *interj. (germ.)* Oxalá.

Oropecio. *m. (bot.)* Oropecio; genero de plantas da familia das gramineas.

Oropel. *m.* Ouropel; lamina ou folha mui delgada e lustrosa de latão, que parece oiro. *Lamina aurechalci vel bractea:* — *(fig.)* Ouropel, oiro falso; diz-se das cousas de pouco valor que se fazem valer muito por impostura, ou para enganar as mais pessoas. *Fucata res aurichalco aurum simulans:* — ouropel; ornatos frivolos, que brilham sem aclarar, que lisonjeiam sem commover, palavras vãs, fallando de um discurso ou escripto. *Futilitas; vox, vox, prœtereaque nihil:* — *(fig.)* ouropel; honras ou titulos vãos e sem fundamento com que alguem se apresenta. *Titulus, decus:* — ouropel; cousa cujo aspecto brilhante illude. *Gastar mucho oropel (fr. fig.);* affectar um fasto ridiculo, gastar mais do que se póde por ostentação. *Ostentamina jactare vel pompam inanem.*

Oropelero. *m.* Fabricante ou vendedor de ouropel. *Aurichalci simulator aut venditor.*

Oropéndola. *f. (germ.)* Vontade: — *(zool.)* oropendola ou verdelhão; genero de passaros dentirostros.

Oropimente. *m. (min.)* Ouropimente ou ouropimento, jalde, rosalgar amarello; substancia composta de arsenico e enxofre, de côr amarella de oiro. Encontra-se no interior de algumas veias metallicas e nos productos immediatos dos vulcões. Emprega-se na pintura e ás vezes como medicamento e veneno — *rojo.* V. *Rejalgar.*

Orosque. *m. (germ.)* Cobre.

Orotar. *a. (germ.)* Buscar.

Oroturné. *adj. (germ.)* Serrano.

Oroxilo. *m. (bot.)* Oroxylo. V. *Bignonia.*

Oroya. *f. (p. A. Meridional)* Cesta ou caixão de couro pendente de duas argollas de ferro, em que passam as pessoas os rios caudalosos.

Orozuz. *m. (bot.)* V. *Regaliz.*

Orpachirrima. *f. (germ.)* Paciencia.

Orpaponar. *a. (germ.)* Aterrar.

Orpirjipiar. *a. (germ.)* Testemunhar, certificar, asseverar.

Orquesela. *f. (zool.)* Orchesella *(agilidade);* genero de hexapodas thysanuros.

Orquesia. *f. (zool.)* Orchesia *(dansa);* genero de insectos heteromeros da familia dos stenelytros.

Orquesografía. *f.* Orchesographia; tratado sobre a dansa, arte de marcar ou escrever por meio de notas de musica os passos e movimentos da dansa.

Orquesográfico, ca. *adj.* Orchesographico; pertencente á orchesographia.

Orquesógrafo. *m.* Orchesographo; pessoa versada em orchesographia, que escreve ácerca da dansa.

Orquesta. *f.* Orchestra; reunião de musicos que tocam em um theatro, baile ou concerto. *Musicorum citharas pulsantium conventus:* — orchestra; logar do theatro destinado para os musicos. *Orchestra, œ:* — orchestra; logar no theatro onde se assentavam os senadores romanos.

Orquestia. *f. (zool.)* Orchestia *(que se agita violentamente);* genero de crustaceos amphipodas.

Orquéstica. *f.* Orchestica; arte da dansa. Hoje se chama choregraphia.

Orquéstico, ca. *adj.* Orchestico; pertencente á orchestra.

Orquestidos. *m. pl. (zool.)* Orchestidos; grupo de insectos coleopteros tetrameros, que tem por typo o genero orchesto.

Orquesto. *m. (zool.)* Orchesto *(sallador);* genero de insectos coleopteros tetrameros, da familia dos curculionidos.

Orquestrino. *m. (mus.)* Orchestrino; nome de um piano inventado em París em 1808, o qual imitava a rebeca, a viola e o violoncello.

Orquestrion. *m. (mus.)* Orchestrion; nome de um instrumento de teclado que se inventou pelos fins do seculo XVII. É um orgão portatil composto de quatro teclados, cada um de 63 teclas, e de outro teclado de pedaes com 39 teclas. O instrumento todo representa um cubo de 9 pés, e foi construido em Hollanda.

Orquia. *f. (jur. rom.)* Orquia; nome de uma lei sumptuaria, que prescrevia o numero de convidados que podia haver em um festim, e mandava que se tivesse aberta a porta da casa. Foi dada por um tribuno da plebe, de quem a lei tomou o nome.

Orquide. *m. (bot.)* Orchide *(testiculo);* genero de plantas monocotyledoneas, que forma o typo da familia das orchideas.

Orquídeas. *f. pl. (bot.)* Orchideas; familia de plantas monocotyledoneas.

Orquiden. *m. (germ.)* Animo.

Orquidus. *f. pl. (germ.)* Almas.

Orquillá. *f.* Droga usada na pintura.

Orquiocéle. *m. (med.)* Orchiocele; tumor do testiculo.

Orquioncia. *f. (med.)* Orchioncia; tumefacção do testiculo.

Orquípeda. *f. (bot.)* Orchipeda; genero de plantas da familia das apocynaceas.

Orquitis. *f. (med.)* Orchitis ou orchite; inflammação do testiculo.

Orquitomolojía. *f. (med.)* Orchitomologia; tratado da empolação do testiculo.

Orquitomolójico, ca. *adj.* Orchitomologico; relativo á orchitomologia.

Orraca. *f.* Orraca ou arraca; aguardente de côco da India.

Orreo. *m. (ant.)* V. *Hórreo.*

Orresca. *f. (ant.)* Horror.

Orrijar. *a. (germ.)* Alforriar.

Orropijio. *m. (anat.)* Perineo ou raphê; linha que se estende desde o penis até ao anus, e que separa o escroto em dois.

Orrura. *f. (ant.)* Resto, desperdicio.

Orsa. *f. (ant.)* V. *Osa.*

Orsado, da. *adj. (ant.)* Sabio, douto.

Orseta. *f. (com.)* Orseta; tela ordinaria que se fabrica em Hollanda.

Orsinia. *f. (bot.)* Orsinia; genero de plantas da familia das compostas.

Orso. *m. (ant. zool.)* V. *Oso.*

Orsó. *m. (germ.)* Ataque.

Orsodacna. *f. (zool.)* Orsodacna *(que morde os renovos ou rebentos)*; genero de insectos coleopteros subpentameros, da familia dos cupodos.

Orsojañar. *a. (germ.)* Atacar.

Ortacanto, ta. *adj. (bot.)* Orthacantho; que tem espinhos rectos.

Ortaepirrincos. *m. pl. (zool.)* Orthaepirhynchos; familia de aves, composta das especies que têem o bico recto e elevado.

Ortagorisco. *m. (zool.)* Orthagorisco; genero de peixes, que comprehende uma unica especie chamada vulgarmente peixe lua, tambor ou lua do mar, ou porco marinho.

Ortantera. *f. (bot.)* Orthanthera; genero de plantas da familia das asclepiadeas.

Ortaptodactilos. *m. pl. (zool.)* Orthaptodactylos; familia de aves de rapina diurnas, que comprehende as especies de garras mui robustas.

Ortega. *f. (zool.)* Gallinhola; especie de ave parecida com a perdiz.

Ortejia. *f. (bot.)* Ortegia; genero de plantas da familia das caryophylladas.

Ortiga. *f. (bot.)* Ortiga ou urtiga; genero de plantas da familia das urticeas. *Ser como unas ortigas (fr.)*; ser aspero e desagradavel em seu trato e em suas palavras. *Asperæ, pungentis urentisve naturæ se præbere. Ortiga de mar (zool.)*; ortiga marinha. V. *Actinia.*

Ortigaje. *m.* Ortigagem; certa doença das vinhas, caracterisada pela côr amarellenta de suas folhas.

Ortigal. *m.* Ortigal ou urtigal; terreno coberto de ortigas.

Ortigar. *a.* Ortigar; picar, esfregar, açoutar com ortigas.

Ortijia. *f. (zool.)* V. *Perdiz.*

Ortita. *f. (min.)* Orthita; variedade de silicato de cerio, que se apresenta em agulhas delgadas, e se encontra na Suecia em um feldspatho laminoso.

Ortivo, va. *adj. (astron.)* Ortivo, oriental. *Amplitud ortiva*, amplitude ortiva; arco do horisonte entre o verdadeiro ponto de leste e o ponto onde o astro nasce em qualquer dia.

Ortixelo. *m. (zool.)* Ortixelo; genero de aves alcoridas.

Orto. *m. (ant.)* V. *Huerto*: — — *(astron.)* orto; nascimento, apparição de astro acima do horisonte. Chama-se orto astronomico. *Ortus, us*: — *(poet.)* orto; nascimento de qualquer astro em relação ao sol. *Ortus poeticus.*

Ortocarpo. *m. (zool.)* Orthocarpo *(fructo recto)*; genero de plantas da familia das escrofularineas.

Ortócera. *f. (bot.)* Orthocera *(corno recto)*, genero de plantas da familia das orchideas: — *(zool.)* orthocera; genero de foraminiferos, cujas conchas microscopicas e multiloculares foram achadas entre a areia do Mediterraneo: — orthoceras; genero de molluscos cephalopodas, cujas especies foram encontradas fosseis nos terrenos de transição.

Ortoclada. *f. (bot.)* Orthoclada *(rama recta)*; genero de plantas da familia das gramineas.

Ortoclaso. *m.* V. *Ortoso.*

Ortocolimbos. *m. pl. (zool.)* Orthocolimbos; familia de aves aquaticas, que comprehende as especies que se conservam debaixo de agua muito tempo.

Ortocolon. *m. (med.)* Orthocolon; rigidez de uma articulação, que não permitte dobra-la.

Ortodáctilo, la. *adj.* Orthodactylo; que tem dedos rectos e estendidos.

Ortodano. *m. (bot.)* Orthodano; genero de plantas da familia das leguminosas.

Ortodonte. *m. (bot.)* Orthodonte *(dente recto)*; genero de musgos, cujas especies são vivaces e crescem abundantemente no tronco das arvores das ilhas austraes da Africa.

Ortodontio. *m. (bot.)* Orthodontio *(dente recto)*; genero de pequenos musgos que crescem no Brazil e no Cabo da Boa Esperança.

Ortodoron. *m. (metrol. ant.)* Orthodoro; medida de extensão, usada entre os gregos, e equivalente a onze dedos.

Ortodoxia. *f. (rel.)* Orthodoxia; conformidade de uma opinião ou crença com o dogma e com as decisões ecumenicas da Igreja: — orthodoxia; por ampliação, doutrina sã, recta e pura: — orthodoxia; festa instituida em 842 por Suetodio, patriarcha de Constantinopla, e celebrada pelos gregos no domingo em que acaba a primeira semana de quaresma, em memoria do restabelecimento das santas imagens, depois da perseguição dos iconoclastas.

Ortodoxo, xa. *adj.* Orthodoxo, catholico; que professa a verdadeira doutrina. *Orthodoxus, a, um*: — orthodoxo; conforme á doutrina reputada a unica verdadeira, segundo as decisões ecumenicas da Igreja romana. *Orthodoxus, a, um.*

Ortodoxografía. *f.* Orthodoxographia; tratado sobre os dogmas catholicos.

Ortodoxográfico, ca. *adj.* Orthodoxographico; concernente á orthodoxographia.

Ortodoxógrafo. *m.* Orthodoxographo; o que escreveu ou escreve os dogmas catholicos.

Ortodromia. *f. (naut.)* Orthodromia; derrota que faz um navio em linha recta.

Ortoédrico, ca. *adj. (min.)* Orthoedrico; designa-se assim um systema de crystallisação, no qual os planos coordenados são perpendiculares entre si.

ORTOEPIA. *f.* Orthoepia. V. *Ortolojía.*

ORTOÉPICO, CA. *adj.* Orthoepico. V. *Ortolójico.*

ORTOFIDOS. *m. pl. (zool.)* Orthophidos; familia de reptis ophidios, que comprehende as serpentes por excellencia, isto é, aquellas cujo corpo é guarnecido de placas corneas.

ORTOFRENIA. *f.* Orthophrenia; arte de corrigir as disposições do coração e do espirito.

ORTOFRÉNICO, CA. *adj.* Orthophrenico; relativo á orthophrenia.

ORTOGNATO. *m. (zool.)* Orthognato *(mandibula recta)*; genero de insectos coleopteros tetrameros, da familia dos curculionidos.

ORTOGONAL. *adj. (math.)* Orthogonal. V. *Rectangular.*

ORTOGONALMENTE. *adv. m.* Orthogonalmente. V. *Perpendicularmente.*

ORTOGONIO, NIA. *adj.* V. *Rectángulo:* — *m. (zool.)* orthogonio; genero de insectos coleopteros pentameros, da familia dos carabicos.

ORTOGRAFÍA. *f. (gram.)* Orthographia; parte da grammatica que ensina a escrever correctamente com os signaes adequados para que se dê o sentido perfeito quando se leia. *Orthographia, æ:* — *degradada ó en perspectiva.* V. *Ortografía proyectada:* — *geométrica;* orthographia geometrica; delineação da superficie de qualquer corpo, segundo a sua latitude e altura, que é o que commummente se chama perfil. *Orthographia geometrica:* — *proyectada;* delineação de um perfil em perspectiva.

ORTOGRÁFICAMENTE. *adv. m.* Orthographicamente; segundo as regras da orthographia.

ORTOGRÁFICO, CA. *adj.* Orthographico; concernente, relativo á orthographia. *Orthographicus, a, um.*

ORTÓGRAFO. *m.* Orthographo; professor de orthographia, o que sabe orthographia, que escreve uma lingua correctamente. *Orthographus, i.*

ORTOJENIO. *m. (zool.)* Orthogenio *(barba recta)*; genero de insectos coleopteros pentameros da familia dos carabicos.

ORTÓLOGO. *m.* Orthologo; pessoa que sabe orthologia ou que a professa.

ORTOLOJÍA. *f. (gram.)* Orthologia, orthoepia ou prosodia; parte da grammatica que ensina a pronunciar as palavras com o seu devido som e accento. *Orthologia, æ.*

ORTOLÓJICAMENTE. *adv. m.* Orthologicamente; segundo as regras da orthologia.

ORTOLÓJICO, CA. *adj.* Orthologico, orthoepico; pertencente á orthologia.

ORTOMEGA. *f. (zool.)* Orthomega *(grande e direito)*; genero de insectos coleopteros subpentameros, da familia dos longicornes.

ORTOMO, *m. (zool.)* Orthomo *(espadua recta)*; genero de insectos coleopteros pentameros da familia dos carabicos.

ORTOMORFIA. *f. (anat.)* Orthomorphia; arte de restituir a uma parte do corpo a sua fórma normal.

ORTOMÓRFICO, CA. *adj.* Orthomorphico; que respeita á orthomorphia.

ORTOMORFISMO. *m. (hist. nat.)* Orthomorphismo; conformação regular.

ORTÓNICE. *m. (zool.)* Orthonyce ou orthonyx *(unha recta)*; genero de aves da ordem das anisodactylas.

ORTOPEDIA. *f. (med.)* Orthopedia; arte de prevenir ou corrigir as deformidades corporaes que resultam de doenças ou são innatas ou congenitas: — orthopedia; tratado ou obra sobre esta mesma materia.

ORTOPEDISTA. *m.* Orthopedista; cirurgião que se dedica á orthopedia ou dirige um estabelecimento orthopedico.

ORTOPERO. *m. (zool.)* Orthopero *(saco recto)*; genero de insectos coleopteros heteromeros da familia dos taxicornes.

ORTOPTEURA. *m. (zool.)* Orthopteura *(lado recto)*; genero de insectos coleopteros tetrameros da familia dos malacodermes.

ORTOPLÓTEROS. *m. pl. (zool.)* Orthoploteros; familia de aves aquaticas.

ORTOPNEA. *f. (med.)* Orthopnéa; dyspnéa na qual o enfermo se vê obrigado a permanecer de pé ou sentado para respirar melhor.

ORTOPNÓICO, CA. *adj.* Orthopnoico; relativo ou concernente á orthopnéa.

ORTÓPTERO. *m. (zool.)* Orthoptero *(aza recta)*; genero de insectos coleopteros tetrameros da familia dos xylophagos: — *m. pl.* orthopteros *(aza direita)*; ordem de insectos caracterisados por terem a bôca composta de orgãos proprios para a mastigação; duas azas dobradas longitudinalmente e cobertas de elytros coriaceos, dois olhos livres em quasi todos os seus individuos, e as antennas compostas ordinariamente de mais de onze articulações.

ORTOQUILO. *m. (zool.)* Orthochilo *(labio recto)*; genero de insectos dipteros brachoceros, da familia dos dolichopodios.

ORTORACIA. *f. (med.)* Orthoracia; arte de endireitar as curvaduras da espinha dorsal.

ORTORAFIA. *f. (zool.)* V. *Ulopa.*

ORTORGRÉS, SA. *adj. (germ.)* Oitocentos.

ORTORINO. *m. (zool.)* Orthorhino *(nariz recto)*; genero de insectos coleopteros tetrameros da familia dos curculionidos.

ORTORRINCO. *m. (zool.)* Orthorhyncho. V. *Colibrí.*

ORTÓSCELO. *m. (med.)* Orthoscelo; apparelho orthopedico proprio para endireitar as pernas tortas.

ORTOSIA. *f. (zool.)* Orthosia; genero de insectos lepidopteros nocturnos da familia dos orthosidos.

ORTÓSIFO. *m. (bot.)* Orthosipho *(tronco recto)*; genero de plantas da familia das labiadas.

Ortoso. *m.* *(min.)* Orthose. V. *Feldspato de potasa.*

Ortósoma. *f.* *(zool.)* Orthosoma *(corpo recto)*; genero de helminthos da familia dos prostomos:—orthosoma; genero de insectos coleopteros subpentameros da familia dos longicornes.

Ortosomática. *f.* *(anat.)* Orthosomatica; arte de dar ás differentes partes do corpo a sua direitura natural.

Ortósomo. *adj.* *(zool.)* Orthosomo; diz-se dos peixes cujo corpo tem uma fórma regular.

Ortostemo. *m.* *(bot.)* Orthostemo *(estame recto)*; genero de plantas da familia das gencianeas:—V. *Heliotropo.*

Ortostoma. *f.* *(zool.)* Orthostoma *(bôca direita)*; genero de insectos coleopteros subpentameros da familia dos longicornes.

Ortoteca. *f.* *(bot.)* Orthoteca *(caixa recta)*; genero de musgos.

Ortotomo. *m.* *(zool.)* Orthotomo *(secção direita)*; genero de passaros dentirostros.

Ortotrópide. *m.* *(bot.)* Orthotropide ou orthotropis; genero de plantas da familia das leguminosas papilionaceas.

Ortoxete. *m.* *(zool.)* Orthochœtes *(crineira recta)*; genero de insectos coleopteros tetrameros da familia dos curculionidos gonatoceros.

Ortóxilo. *m.* *(zool.)* V. *Ortoquilo.*

Ortrina. *f.* *(chim.)* V. *Benzoila.*

Ortrinato. *m.* *(chim.)* V. *Benzoilato.*

Ortuga. *f.* Diobolo; moeda dinamarqueza de mui pouco valor.

Ortuna. *f.* Ovelha que aborta.

Orucaria. *f.* *(bot.)* Orucaria. V. *Drepanocarpo.*

Oruga. *f.* *(bot.)* Oruga. V. *Eruga:*—*(zool.)* lagarta; nome que se dá ao primeiro estado dos insectos lepidopteros, desde a saída do ovo até á sua transformação. Corresponde ás larvas das demais ordens:—*de pino;* lagarta dos pinheiros:—môlho feito da planta chamada oruga ou eruca, com assucar ou mel, vinagre e pão torrado, e que se distingue pelos nomes de *oruga de azúcar, oruga de miel: Conditura ex melle vel sacharo, pane erucaque. Oruga le dió (fr.)*; deu-lhe o peco; diz-se de alguma cousa que se estragou, deteriorou ou perdeu.

Orují. *f.* *(germ.)* Casca.

Orujo. *m.* Buruso; a casca e caroço que fica das fructas depois de expremidas. *Uvarum folliculi. De orujo esprimido, nunca mosto corrido (rif.)*; de bagaço expremido nunca mosto escorrido; exprime que não póde tirar-se muito fructo de uma cousa que perdeu a substancia. *A nihilo nihil sperandum.*

Orundon, na. *adj.* *(germ.)* V. *Buscon.*

Orunó, ná. *adj.* *(germ.)* Obscuro.

Oruque. *m.* *(germ.)* Oliveira.

Oruquial. *m.* *(germ.)* Olival.

Orvalle. *m.* *(bot.)* V. *Gallocresta.*

Orveto. *m.* *(zool.)* Orveto; genero de reptis ophidios, que forma a transição das serpentes para os lagartos por ter os rudimentos de extremidades occultas debaixo da pelle, o conducto auditivo visivel exteriormente, os olhos cobertos de tres palpebras e o corpo coberto de placas uniformes sobrepostas regularmente. A especie commum na Europa, chamada serpente de vidro, tem o corpo cylindrico e é inteiramente inoffensiva.

Orvietano, na. *s.* Orvietano; o natural da cidade de Orvieto:—*adj.* orvietano; pertencente á dita cidade:—*m.* *(pharm.)* orvietano; especie de triaga ou contraveneno. Deu-se-lhe aquelle nome por ter sido inventado por um charlatão de Orvieto.

Orytunerar. *a.* *(germ.)* Atalhar.

Orza. *f.* Boião; vaso de barro vidrado, alto e sem azas, que serve para guardar conservas, manteiga, etc. *Orca, æ:*—*de sal;* boião de sal, saleiro; vaso em que se guarda o sal:—*(naut.)* orça; acção de orçar o navio, de chegar-se ao vento. *Orza de avante, orza de novela;* orça por bombordo. *Ad sinistram, sinistrorsum. Meter de orza.* V. *Orzar.*

Orzada. *f.* *(naut.)* Orçada; acção de orçar, seu effeito. *Llegar la orzada a tal rumbo,* estar á capa. *Rebasar la orzada;* passar adiante de qualquer objecto que impede a manobra directa do navio.

Orzaga. *f.* Orzaga; especie de armolas com as folhas inteiras pelas bordas, mui saborosas e appetecidas do gado lanar.

Orzar. *n.* *(naut.)* Orçar; pôr a prôa quanto seja possivel para o lado d'onde vem o vento, navegando á bolina, para ganhar barlavento e adiantar na derrota. *Sinistrorsum navigare. Orzar a un tiempo (fr.)*; orçar a um tempo; fazer o movimento de orçar todos os navios de uma mesma linha ou columna, em um mesmo momento dado.

Orzuela. *f. dim.* de *Orza.* Boiãosinho; pequeno boião.

Orzuelo. *m.* Ichó; armadilha de alçapão para apanhar vivas as perdizes:—especie de trapola ou cepo para apanhar feras pelos pés. *Decipula, æ:*—*(med.)* terçol; tumorzinho ou botão que nasce na borda da palpebra. *Hordeolus, i.*

Os. *pron. pessoal.* A vós outros; quando é regimen directo ou indirecto da acção do verbo. Usa-se anteposto ou posposto a *él. Vos:*—frequentemente equivale a vós, e usa-se quando se não quer dar o tratamento particular da pessoa, ou para denotar auctoridade de superior para inferior, ou o maior respeito do inferior para com o superior. *Vos.*

Osa. *f.* *(astron.)* Ursa; nome de duas constellações boreaes:—*mayor;* ursa maior; uma das constellações boreaes proxima do polo: por ter entre as suas estrellas sete muito notaveis, se deu ao polo boreal o nome de septentrião. *Ursa major:* — *menor;* ursa menor; constellação boreal, que entre outras muitas estrellas tem sete mais notaveis, quasi na mesma direcção que as da ursa maior, mas com menores distancias entre si. A que está na extremidade da cauda, por estar mais perto do polo, chama-se polar. *Ursa minor:* — *(zool.)* ossa, ursa; femea do urso.

Osadamente. *adv. m.* Ousadamente, atrevidamente; com ousadia ou atrevimento, de um modo ousado: — temerariamente, estouvadamente, inconsideradamente, irreflectidamente, sem reflexão.

Osadas (A). *(loc. adv. ant.)* *A osadas*, ousadamente. V. *Osadamente:* — *(ant.)* a osadas, certamente, em verdade, á fé.

Osadía. *f.* Ousadia, audacia, atrevimento, temeridade, intrepidez. *Audacia, temeritas:* — zêlo, fervor e resolução santa e boa, *Zelus, i.*

Osadillo, lla. *adj. dim.* de *Osado.* Ousadinho.

Osadísimo, ma. *adj. sup.* de *Osado.* Ousadissimo, audacissimo. *Audacissimus, a, um.*

Osado, da. *adj.* Ousado, audaz, atrevido, árdido, intrepido. *Audens, entis.*

Osambre. *m.* V. *Osamenta.*

Osamenta. *m.* Esqueleto; armação ossea de que se compõe a estructura do corpo humano ou de qualquer animal. *Forma ossea, ossa.*

Osamiento. *m. (ant.)* Ousamento, ousadia, atrevimento.

Osar. *n.* Ousar, atrever-se; ter o atrevimento, a audacia de, emprehender com ousadia. *Audere:* — *m.* V. *Osario.*

Osario. *m.* Ossario, carneiro; casa onde se depositam os ossos dos finados. *Ossuaria, æ:* — ossario; qualquer sitio onde se acham muitos ossos reunidos; diz-se em sentido lato. *Ossuaria, æ:* — *de Morat (hist.);* ossario de Morat; monumento elevado pelos suissos com os ossos dos borgonhezes mortos na batalha de Morat.

Osbeckia. *f. (bot.)* Osbeckia; genero de plantas da familia das melastomaceas.

Oscabrela. *f. (zool.)* Oscabrella; genero de molluscos.

Oscabrion. *m. (zool.)* Oscabrion; genero de molluscos gasteropodas cyclobranchios.

Oscense. *adj.* Oscense; pertencente a Huesca e a seus habitantes: — *s.* Oscense; o natural de Huesca.

Oscilacion. *f.* Oscillação, vibração, balanceamento; movimento libratorio, de ida e volta, do corpo suspendido. como pendulo. *Perpendiculi motus, vibratio, oscillatio:* — oscillação; abalo de corpo agitado, qualquer movimento tremulo e vibratorio: — *(physiol.)* oscillação; movimento das fibras do corpo que, segundo os antigos physiologistas, attenua os liquidos: — *(fig.)* oscillação, variação, inconstancia; estado voluvel do animo, de coração leviano, de doutrinas, etc.

Oscilante. *adj.* Oscillante; que oscilla. *Oscillans, antis.*

Oscilar. *n.* Oscillar, balancear, librar-se; mover-se livremente de um lado para outro algum corpo suspenso no ar, como a pendula do relogio, etc. *Oscillare:* — agitar-se tremulamente, balancear.

Oscilaria, Oscilatoria. *f. (bot.)* Oscillaria ou oscillatoria; genero de algas filiformes, cujas especies crescem na agua ou na terra humida, e são dotadas de movimentos espontaneos tão singulares, que alguns naturalistas têem-nas tomado por animaes ou por seres intermedios entre o reino vegetal e o reino animal.

Oscilatorio, ria. *adj.* Oscillatorio, libratorio, da natureza da oscillação; diz-se do movimento dos corpos suspensos, como pendulo. *Oscillatione mobilis, oscillatione motus.*

Oscilla. *f.* Oscilla; nome de cada uma das cabeças de cera que Hercules offerecia aos deuses em Italia, em logar de victimas humanas: — *pl.* oscillas; figurinhas humanas ou pequenas estatuas que se consagravam a Saturno, pendurando-as na estatua d'este Deus ou contactando-as com ella, crendo-se que assim ficavam sendo um preservativo infallivel contra os encantamentos e a magia.

Oscinia. *f. (zool.)* Oscinia; genero de insectos dipteros brachoceros, da familia dos athericeros.

Oscínidos. *m. pl. (zool.)* Oscinidos; grupo de insectos dipteros.

Oscitacion. *f. (med.)* Oscitação, bocejo, abrimento de bôca.

Oscitancia. *f. (ant.)* Inadvertencia, descuido, falta de attenção, negligencia. *Negligentia, oscitantia.*

Oscitante. *adj. (med.)* Oscitante; denominação de uma febre em que o doente está continuadamente bocejando.

Osculacion. *f. (math.)* Osculação; contacto de dois ramos de uma curva, quando se estendem por ambas as partes, mas para lá do ponto em que se encontram.

Osculador. *adj. (math.)* Osculador; diz-se do circulo cuja circumferencia tem um ponto commum com uma curva, e d'esta mesma curva.

Osculatorio, ria. *adj. (anat.)* Osculatorio; diz-se de um musculo dos labios.

Ósculo. *m.* Osculo, beijo. V. *Beso.*

Oscuracion. *f. (ant.)* Escurecimento; acção e effeito de escurecer ou obscurecer.

Oscuramente. *adv. m.* Obscuramente, escuramente; com obscuridade, sem luz, falto de claridade. *Obscurè:* — escuramente, confusamente; sem ordem nem concerto, de um modo difficil de comprehender. *Obscurè, confusè:* — obscuramente, escuramente, baixamente, indecentemente, com baixeza, sem lustre, esplendor ou estimação. *Obscurè, fœdè.*

Oscurar. *a. (ant.)* V. *Oscurecer.*

Oscurecer. *a.* Obscurecer, escurecer, fazer escuro, tirar a luz, privar de claridade. *Obscurare, obscurum reddere:* — *(fig.)* obscurecer, escurecer, deslustrar, ennegrecer; rebaixar, diminuir a estimação ou esplendor das cousas. *Maculare, obscurare, detrahere:* — *(fig.)* obscurecer, escurecer, offuscar, deslumbrar a rasão, alterando e confundindo a realidade das cousas, para que se não conheçam, ou pareçam diversas do que são. *Obscurare, offuscare:* — *(fig.)* obscurecer, escurecer; tirar a clareza, lançar obscuridade, fazer obscuro, difficil de distinguir, o estylo, o texto, o discurso, etc., usando de termos ou conceitos ambiguos, e extravagantes, de phrases enigmaticas e obscuras. *Tenebras offundere, obducere orationi:* — *n.* escurecer; tornar-se escuro, o ar, o dia, o sol, ir anoitecendo, faltar a luz e claridade, como succede quando o sol se esconde. *Advesperascere, noctem adventare, imminere:* — *r.* desapparecer, não apparecer alguma cousa por ter sido furtada ou escondida. *Occultari, abdi:* — *r.* obscurecer-se, escurecer-se, toldar-se, turbar-se, ennevoar-se, nublar-se; diz-se do dia, da manhã, do céu, etc. *Obnubilari:* — *r.* retirar-se do mundo, fazer vida solitaria: — *a. (pint.)* escurecer; assombrar muito, carregar de sombra as figuras e demais partes de um quadro para que o objecto pintado sobresáia e tome corpo. *Obumbrare.*

Oscurecimento. *m.* Obscurecimento, escurecimento; acto de obscurecer e obscurecer-se.

Oscureza. *f. (ant.)* Escureza. V. *Oscuridad.*

Oscuridad. *f.* Obscuridade, escuridade; falta de luz e claridade para perceber os objectos. *Obscuritas, atis:* — densidão, espessura sombria, como a de alguns bosques muito cerrados. *Opacitas, densitas:* — *(fig.)* obscuridade, humildade, ignobilidade; baixeza de nascimento, linhagem obscura, ignorada. *Ignobilitas, atis:* — *(fig.)* obscuridade, cegueira do entendimento, escurecimento da rasão; falta de luz e de conhecimento na alma e nas potencias intellectuaes. *Obcecatio, onis:* — *(fig.)* obscuridade, escuridade; confusão do estylo ou falta de clareza no sentido das palavras, das expressões, do texto, etc. *Obscuritas, confusio:* — *(fig.)* obscuridade; falta de entendimento, de penetração, intelligencia difficil do que se propõe ou diz: *Obscuritas, caligo:* — *(fig.)* obscuridade; vida privada, solitaria, retirada do mundo, da sociedade.

Oscurísimo, ma. *adj. sup.* de *Oscuro.* Obscurissimo, escuridissimo. *Valdè obscurus.*

Oscuro, ra. *adj.* Obscuro, escuro; não alumiado, falto, privado de luz ou claridade. *Obscurus, a, um:* — *(fig.)* obscuro, escuro, ignobil, deslustrado, desconhecido; de baixa condição, que não tem lustre nem nobreza, que procede de origem baixa e humilde; diz-se geralmente fallando de linhagens. *Ignobilis, ignotus, obscurius:* — *(fig.)* obscuro, escuro, confuso, ambiguo, abstruso, enigmatico, falto de clareza, de difficil intelligencia; diz-se das idéas, do pensamento, estylo, auctor, texto. *Inextricabilis, enigmaticus, arcanus, obscurus:* — *(fig.)* obscuro, escuro; que custa a ver, a distinguir. *Quod vix oculorum acie conspicitur:* — escuro; diz-se da côr em que domina o preto, a côr mais afastada do branco e do vermelho, e assim dizemos: *azul oscuro, castaño oscuro;* azul escuro, castanho escuro, etc. *Obscurus, surdus, austerus:* — escuro; quasi negro. *Subniger, gra, grum. A oscuras (loc. adv.);* ás escuras, sem luz. *Obscurè, intenebris:* — ás escuras, sem luz, sem ter necessario conhecimento do objecto, do negocio, do assumpto que se trata, caminhando como cego, na obscuridade. *Cæco modo procedere:* — *(fam.)* á mingoa, sem um real, sem dinheiro algum. *Estar ó hacer escuro (fr.);* estar escuro, fazer escuro; diz-se quando o tempo está mui nublado de noite, ou por não haver luar, que impede se vejam os objectos. *Noctem caliginosam esse, tenebris involvi:* — *(pint.)* escuro; parte onde se representam as sombras. Usa-se tambem substantivamente. *Obscurus, us:* — *mayor (pint.);* escuro mui carregado. *Obscurus plenè.*

Oschendar. *a. (germ.)* Estopar, calafetar, tapar com estopa.

Osea. *f. (bot.)* Ossea; genero de plantas da familia das melastomaceas.

Osecico, llo. *m. dim.* de *Hueso.* Ossico, ossinho, pequeno osso.

Osenos. *m. pl. (rel.)* Ossenos; nome de uns sectarios do seculo I, que professavam uma mistura do christianismo e judaismo.

Óseo, ea. *adj.* Osseo; da natureza de osso, duro como osso. *Osseus, a, um:* — *m. pl. (zool.)* osseos; dá-se este nome, por opposição a cartilaginosos ou chondropterygios, a todos os peixes que têem espinhas ou cujo esqueleto é verdadeiramente osseo.

Osequias. *f. pl. (ant.)* Obsequias. V. *Exequias.*

Osera. *f.* Urseira; covil, toca, gruta onde se recolhe o urso para abrigar-se e crear os filhos. *Ursorum lustrum.*

Osería. *f. (ant.)* Caça dos ursos.

Osero. *m.* V. *Osario.*

Osesno. *m.* V. *Osezno.*

Oseta. *f. (germ.)* Alcovitice. *Echar de la oseta (fr.);* fallar mal, vociferar. *Vociferari, blaterare.*

Osezno. *m.* Ursosinho, cachorro da ursa. *Ursæ catullus.*

Osezuelo. *m. dim.* de *Hueso.* Ossosinho.

Osfaljia, Osfialjia. *m. (med.)* Osphalgia; dor nos lombos.

Osfáljico, ca. Osfialjico, ca.

adj. Osphalgico; pertencente á osphalgia.

Osfitis. *f.* *(med.)* Osphitis ou osphite; inflammação dos lombos.

Osfrantero. *m.* *(zool.)* Osphrantero *(que tem mau cheiro);* genero de mammiferos marsupiaes.

Osfresia. *f.* Osphresia; faculdade de sentir os cheiros, sensibilidade que constitue o olphato.

Osfrésico, ca. *adj.* Osphresico; concernente á osphresia.

Osfresiólogo. *m.* Osphresiologo; auctor de um trabalho sobre cheiros.

Osfresiolojia. *f.* Osphresiologia; tratado dos cheiros e do olphato.

Osfrómeno. *m.* *(zool.)* Osphromeno; genero de peixes acanthopterygios, da familia dos pharyngios.

Osiandrianismo. *m.* Ossiandrianismo; doutrina dos ossiandrianos.

Osiandrianos. *m. pl.* *(rel.)* Ossiandrianos; nome de uns sectarios protestantes, cujo chefe foi Ossiandro, discipulo de Luthero.

Osiánico, ca. *adj.* Ossianico; que imita o estylo de Ossian.

Osianismo. *m.* *(litt.)* Ossianismo; imitação das poesias de Ossian, celebre bardo escocez do seculo III: — ossianismo; admiração excessiva das poesias d'este genero.

Osianista. *m.* Ossianista; admirador, partidario, fanatico pelo genero ossianico:—ossianista; imitador das poesias de Ossian.

Osiculado, da. *adj.* Ossiculado; provido de ossicos ou ossinhos: — *m. pl.* *(zool.)* ossiculados; ordem de peixes que comprehende todos aquelles que são providos de esqueleto verdadeiro.

Osicular. *adj.* Ossicular; que tem a fórma de um ossinho ou osso pequeno.

Osificacion. *f.* Ossificação; formação dos ossos, crescimento do systema osseo: — ossificação, conversão em osso; degeneração accidental, alteração de tecido, em virtude da qual os solidos organicos adquirem accidentalmente a dureza e demais propriedades physicas dos ossos. *Punto de osificacion;* ponto de ossificação; aquelle em que começa a formação de um osso.

Osificar. *a.* Ossificar; converter em osso as partes primitivamente molles: — *r.* ossificar-se; converter-se em osso, ou adquirir a consistencia ossea. *Ossium duritiem induere.*

Osiforme. *adj.* Ossiforme; que tem a fórma de um osso.

Osífraga. *f.* *(zool.)* Xofrango; aguia marinha. V. *Quebrantahuesos.*

Osífrago. *m.* *(zool.)* V. *Quebrantahuesos.*

Osiricera. *f.* *(bot.)* Osyricera; genero de plantas da familia das orchideas.

Osíride. *m.* *(bot.)* Osyride ou valverde; genero de plantas da familia das santalaceas.

Oslanar. *a.* *(germ.)* Atemorisar.

Osmar. *a.* *(ant.)* V. *Ásmar.*

Osmazoma. *f.* *(chim.)* Osmazoma; principio que communica o seu cheiro ao caldo, no qual se encontra na proporção de uma parte por cada sete de gelatina. Existe na carne e em alguns cogumelos, e segundo as experiencias mais recentes não é uma substancia particular, mas sim a mistura de diversas substancias.

Osmazómeo, mea. *adj.* *(chim.)* Osmazomeo; que contém osmazoma.

Osmetéctide. *m.* *(zool.)* Osmetectide ou osmetectis *(que tem cheiro);* genero de mammiferos carniceiros.

Osmia. *f.* *(zool.)* Osmia *(cheiro);* genero de insectos hymenopteros, da familia dos osmideos.

Osmiato. *m.* *(chim.)* Osmiato; sal produzido pela combinação do acido osmico com uma base.

Osmico. *adj.* *(chim.)* Osmico; diz-se de um dos oxydos de osmio: — osmico; diz-se dos saes em que entra este oxydo.

Osmídeos. *m. pl.* *(zool.)* Osmideos; familia de insectos hymenopteros.

Osmido. *m.* *(chim.)* Osmido; combinação do osmio com outros metaes.

Osmidos. *m. pl.* *(min.)* Osmidos; familia de mineraes, que comprehende os que têem por base o osmio.

Osmilo. *m.* *(zool.)* Osmilo *(cheiro);* genero de insectos nevropteros, da familia dos hemerobideos.

Osmimétrico, ca. *adj.* Osmimetrico; que mede ou aprecia os cheiros.

Osmio. *m.* *(min.)* Osmio; metal de uma côr parda escura e mui brilhante, descoberto em 1803. Oxyda-se facilmente aquecendo-o ao ar, e o seu oxydo, muito volatil, espalha um cheiro particular e desagradavel. Encontra-se nas minas de platina.

Osmioso, sa. *adj.* *(chim.)* Osmioso; qualificação de um dos oxydos de osmio. Diz-se tambem dos saes que têem este oxydo por base.

Osmita. *m.* *(bot.)* Osmita *(cheiro);* genero de plantas da familia das compostas.

Osmitópside. *m.* *(bot.)* Osmitopside ou osmitopsis; genero de plantas da familia das compostas.

Osmiuro. *m.* *(min.* e *chim.)* Osmiuro ou osmiureto; liga de osmio com outros metaes. *Osmiuro de iridio,* osmiureto de iridio; mineral composto de osmio e iridio, que acompanha o mineral de platina na Columbia e no Ural.

Osmoderma. *m.* *(zool.)* Osmoderma *(pelle que cheira);* genero de insectos coleopteros pentameros, da familia dos lamellicornes.

Osmodio. *m.* *(bot.)* Osmodio. V. *Onosmodio.*

Osmolojia. *f.* Osmologia; tratado sobre os cheiros.

Osmolójico, ca. *adj.* Osmologico; pertencente á osmologia.

Osmunda. *f.* *(bot.)* Osmunda; genero de fetos: — osmunda. V. *Neuroptéride.*

Osmundaceas, Osmundeas. *f. pl.* *(bot.)* Osmundeas; tribu de fetos, que têem por typo o genero osmunda.

Oso. *m.* *(ant.)* V. *Hueso:* —

(zool.) urso; genero de mammiferos carniceiros plantigrados, notaveis pelo seu grande tamanho e muita ferocidade. São excellentes nadadores, alimentam-se de animaes e vegetaes, e manifestam uma desmedida predilecção pelas substancias assucaradas. Entre as suas muitas especies, as principaes são as seguintes: — *blanco;* urso branco; especie que vive entre as neves constantes que rodeiam o polo boreal, e nas costas da Groelandia e de Spitzberg. Quando chega o estio, introduzem-se nas ilhas ou continentes, andam errantes e solitarios, alimentando-se de fructos, raizes, e ás vezes de cadaveres: — *comun;* urso commum; especie que se encontra nas montanhas e bosques de quasi toda a Europa, na Asia e na America. A esta especie pertencem os que geralmente se vêem ensinados a executar varios exercicios: — *del Tibet;* urso do Tibet; especie que se parece muito com o urso dos Alpes em suas fôrmas geraes, e é originario do Nepal e do Tibet: — *negro;* urso negro; o que tem a pelle de côr escura, e é um pouco menor que o urso branco: — *terrible,* urso terrivel; especie que vive solitaria como o urso negro, do qual tem as fôrmas geraes, e é originario da America septentrional. Reune á estupidez do urso branco a ferocidade do jaguar, a animosidade do tigre e a força do leão. É de um tamanho enorme; geralmente chega a ter oito pés de comprimento, e a pesar 600 libras. É o mais feroz e terrivel de todos os animaes, e dotado de extrema agilidade: — *polar;* urso polar. V. *Oso blanco:* — *(naut.)* OSO; inicial com que nos escriptos maritimos e na rosa nautica se designa o vento e o rumo denominado oessudoeste.

Osorio. *m. (zool.)* Osorio *(que tem aversão);* genero de insectos coleopteros pentameros, da familia dos brachelytros.

Ososo, sa. *adj.* V. *Huesoso.*

Ospedado. *m. (ant.)* V. *Hospedaje:* — *(ant.)* hospede. V. *Huesped.*

Osqueitis. *f. (med.)* Oscheitis ou oscheite; inflammação do scroto.

Osqueocalasia. *f. (med.)* Oscheocalasia; tumor que resulta da hypertrophia do tecido cellular do escroto e da extensão excessiva da pelle d'aquelle saco.

Osqueocele. *f. (med.)* Oscheocele; hernia do escroto: — oscheocele; tumor formado pela infiltração de um liquido no escroto.

Osqueoncia. *f. (med.)* Oscheoncia; tumefacção do escroto.

Osta. *f. (naut.)* Ostal; cabo grande que vem dos calcezes dos mastros, e se fixa na prôa por seus cadernaes: — V. *Burro,* na accepção maritima.

Ostabar. *a. (germ.)* Furtar.

Ostaga. *f. (naut.)* Ostaga; cabo que sustenta as vergas em seus moitões, chamado de corôa, e vem por cima da pêga.

Ostagadura. *f. (naut.)* Logar onde se fazem firmes as ostagas na verga.

Ostagra. *f. (cir.)* Ostagra; instrumento de cirurgia que serve para elevar, deprimir ou fazer mover os ossos.

Ostaibe, Ostabeo. *m. (germ.)* Roubo.

Ostal. *m. (ant.)* Ostaria, pousada, habitação.

Ostalería. *f. (germ.)* V. *Ostal.*

Ostalero. *m. (ant. germ.)* Estalajadeiro.

Ostar. *adj. (germ.)* Quatro.

Ostardí. *adj. (germ.)* Quarenta.

Oste. *f. (ant.)* Oste. V. *Hueste:* — safa! especie de interjeição que equivale a tira-te d'ahi, afasta-te. *Sin decir oste ni moste (loc. fam.);* sem dizer tir-te nem guar-te, de improviso, de assalto.

Ostealjia. *f. (med.)* Ostealgia; dor dos ossos.

Osteáljico, ca. *adj.* Ostealgico; pertencente á ostealgia.

Ostebe. *m. (germ.)* Deus.

Osteitis. *f. (med.)* Osteite. V. *Ostitis.*

Ostensible. *adj.* Ostensivel; que póde mostrar-se, que é para se mostrar, destinado para ser visto. *Quod ostendi potest:* — ostensivel; que está á vista.

Ostensiblemente. *adv. m.* Ostensivelmente, ostensivamente, claramente, evidentemente, de modo ostensivel, por mostra, em apparencia.

Ostension. *f.* Manifestação ou demonstração de uma cousa. *Manifestatio, onis.*

Ostensivo, va. *adj.* Ostensivo; que manifesta, mostra, destinado a mostrar. *Ostendens, ostentans:* — *(diplom.)* ostensivo; diz-se dos documentos diplomaticos que podem manifestar-se ou mostrar-se, em opposição a confidenciaes, secretos.

Ostentacion. *f.* Ostentação; acção e effeito de ostentar. *Ostentatio, pompa:* — ostentação, jactancia, mostra, alarde. *Jactantia, æ:* — ostentação, luxo, magnificencia exterior, mostra fastosa. *Ostentatio, onis.*

Ostentádor, ra. *s.* Ostentador; o que ostenta, alardeia.

Ostentar. *a.* Ostentar, mostrar, manifestar; fazer ver, fazer patente uma cousa. *Ostentare:* — ostentar, mostrar, fazer mostra, assoalhar, alardear por vangloria, fazer ostentação: — *n.* ostentar, jactar-se, vangloriar-se, desvanecer-se. *Venditare, jactare.*

Ostentativo, va. *adj.* Ostentativo; que faz ostentação de alguma cousa, costumado a ostentar, inclinado a ostentar. *Jactator, oris:* — *(ant.)* ostentativo, sumptuoso, magnifico.

Ostento. *m. (ant.)* Portento; cousa prodigiosa, monstruosa, milagrosa, apparencia que denota prodigio da natureza. *Ostentum, i.*

Ostentosamente. *adv. m.* Ostentosamente; com ostentação, alardeando. *Superbè, jactanter.*

Ostentosísimo, ma. *adj. sup.* de *Ostentoso.* Ostentosissimo.

Ostentoso, sa. *adj.* Ostentoso; de ostentação, magnifico,

sumptuoso, grande e digno de ver-se. *Sumptuosus, magnificus.*

Osteocele. *f. (med.)* Osteocele; tumor produzido pela ossificação de um saco herniario.

Osteocola. *f. (min.)* Osteocolla; nome dado antigamente a certos fragmentos de silica, sem fórma determinada, que se encontra na cal terciaria, e estão geralmente cobertos de uma crosta branca:— osteocolla; diz-se tambem do carbonato de cal incrustante, em fórma de tubos ou raizes de arvores, que parecem reunidos e pegados por meio de um cimento. Chegou a attribuir-se-lhe a propriedade de unir os ossos fracturados, e d'aqui procedeu o nome que tem.

Osteócopo, pa. *adj. (med.)* Osteocopo; diz-se das dores que se sentem nos ossos, e que geralmente são devidas á syphilis.

Osteodermos. *m. pl. (zool.)* Osteodermos; familia de peixes cartilaginosos, que comprehende todas as especies cuja pelle é coberta de uma couraça ou de grãos osseos.

Osteodésmeos. *m. pl. (zool.)* Osteodesmeos; familia de molluscos conchiferos dimyarios, caracterisados pela ausencia de dentes cardinaes, e por ter um ligamento interno.

Osteodesmo. *m. (zool.)* Osteodesmo *(ligamento osseo)*; genero de molluscos conchiferos, da familia dos osteodesmeos.

Osteodinia. *f. (med.)* Osteodynia; dor nos ossos.

Osteodínico, ca. *adj.* Osteodynico; relativo á osteodynia.

Osteófago, ga. *adj.* Osteophago; que come ossos.

Osteofimia. *m. (med.)* Osteophymia; tuberculos dos ossos.

Osteografía. *f.* Osteographia; descripção dos ossos.

Osteográfico, ca. *adj.* Osteographico; pertencente á osteographia.

Osteógrafo. *m.* Osteographo; auctor de uma osteographia.

Osteojenesia, Osteojenia. *f. (physiol.)* Osteogenesia ou osteogenia; formação ou desenvolvimento dos ossos.

Osteojénico, ca. *adj.* Osteogenico; relativo á osteogenia.

Osteolisis. *f. (med.)* Osteolyse; alteração particular do tecido osseo, da qual resulta a destruição da substancia d'esse tecido sem deixar residuo.

Osteolita. *f. (min.)* Osteolitha; osso fossil, petrificado: — ostheolita; rocha composta de carbonato calcareo que contém ossos fosseis.

Osteologo. *m.* Osteologo; o que se dedica á osteologia.

Osteolojía. *f. (anat.)* Osteologia; parte da anatomia que trata dos ossos. *Osteologia, æ.*

Osteológico, ca. *adj.* Osteologico; concernente á osteologia.

Osteomalacia. *f. (med.)* Osteomalacia; amollecimento dos ossos. É uma affecção na qual os ossos, privados do phosphato calcareo, que entra na sua composição, adquirem uma brandura que os torna improprios para desempenhar as suas funcções.

Osteomele. *m. (bot.)* Osteomele *(maçã ossea)*; genero de plantas da familia das pomaceas.

Osteonecrosis. *f. (med.)* Osteonecrosis ou osteonecrose; mortificação ou gangrena dos ossos.

Osteospérmeas. *f. pl. (bot.)* Osteospermeas; secção de plantas da familia das compostas.

Osteospermo. *m. (bot.)* Osteospermo; genero de plantas da familia das compostas.

Osteosteatoma. *m. (med.)* Osteosteatoma; conversão do tecido osseo em uma materia gordurosa.

Osteostomos. *m. pl. (zool.)* Osteostomos; familia de peixes osseos holobranchios.

Osteotide. *f. (med.)* Osteotyde; materia ossea, substancia que deve converter-se em osso.

Osteotilo. *m. (med.)* Osteotylo; tumor desenvolvido na superficie de um osso.

Osteotomía. *f. (anat.)* Osteotomia; parte da anatomia pratica que tem por objecto a dissecção dos ossos.

Osteotómico, ca. *adj. (anat.)* Osteotomico; que respeita á osteotomia.

Osteozoarios. *m. pl. (zool.)* Osteozoarios. V. *Vertebrados.*

Osterdickia. *f. (bot.)* Osterdickia. V. *Cunonia.*

Ostericio. *m. (bot.)* Ostericio; genero de plantas da familia das umbelliferas.

Ostial. *m.* Bôca, embocadura, foz de um porto ou canal: — concha que cria a perola: — logar ou sitio onde se pescam as perolas.

Ostiario. *m.* Ostiario; uma das quatro ordens menores ecclesiasticas. *Ostiarius, ii.*

Ostiátim. *adv. latino* muito usado em castelhano, que significa de porta em porta, por todas as portas. *Ostiatim.*

Ostiense. *adj.* Ostiense; pertencente á cidade de Ostia: — *s.* ostiense; o natural da cidade de Ostia, nos estados ecclesiasticos.

Ostinar. *a. (germ.)* Despertar.

Ostiolo. *m. (bot.)* Ostiolo; abertura pequena que se observa na superficie da fronda das algas, e communica com os receptaculos das sementes.

Ostion. *m. (prov.)* V. *Ostra.*

Ostitis. *f. (med.)* Ostitis ou osteite; inflammação dos ossos.

Ostode. *m. (bot.)* Ostode *(osseo)*; genero de plantas da familia das euphorbiaceas.

Ostoma. *f. (zool.)* Ostoma. V. *Nitidula.*

Ostorrinco. *m. (zool.)* Ostorhyncho; genero de peixes da familia dos osteostomos.

Ostra. *f. (zool.)* Ostra; genero de molluscos conchiferos que forma o typo da familia dos ostraceos, e comprehende muitas especies.

Ostráceos. *m. pl. (zool.)* Ostraceos; familia de molluscos conchiferos monomyarios, á qual serve de typo o genero ostra.

Ostracidio. *m. (zool.)* Ostracidio *(apparencia de concha)*; genero de arachneides phalangidos, da tribu dos gonyleptidos.

Ostracismo. *m.* Ostracismo; especie de julgamento mui usado em Athenas; consistia em pronunciar por meio do suffragio universal e sem fórma de processo, sobre o exilio de um cidadão, cujo poder, credito ou ambição inspirava receio que não attentasse um dia contra as liberdades publicas, ou com o fim de applacar os ciumes e invejas dos inferiores. Os cidadãos davam o seu voto escrevendo em uma concha (em grego, *ostracon)* o nome dos individuos que queriam banir, e o exilio devia durar dez annos. O ostracismo foi instituido no anno 509 antes de Jesus Christo. *Ostracismus, i:* — ostracismo; hoje dá-se este nome a qualquer expatriação por causas politicas.

Ostracita. *f.* Ostracita; especie de cadmia que se pega á parte exterior das fornalhas em que se purifica o cobre: — *(min.)* ostracita, ostra fossil.

Ostracoderma. *f. (bot.)* Ostracoderma; genero de cogumelos gasteromycetos.

Ostrácodos. *m. (zool.)* Ostracodos; ordem de crustaceos que comprehende um pequeno numero de especies microscopicas.

Ostracolojía. *f.* Ostracologia; historia das conchas.

Ostracolójico, ca. *adj.* Ostracologico; pertencente á ostracologia.

Ostracomorfita. *f. (min.)* Ostracomorphita; ostra ou qualquer outra concha bivalve fossil.

Ostral. *m.* V. *Ostrera,* na primeira accepção.

Ostralega. *f. (zool.)* Ostralega. V. *Hematopo.*

Ostrápodos. *m. pl. (zool.)* Ostrapodas. V. *Ostracodos.*

Ostré. *m. (germ.)* Vossa mercê.

Ostreario, ria. *adj. (zool.)* Ostreario; que vive na concha das ostras.

Ostreiforme. *adj.* Ostreiforme; que tem fôrma de ostra.

Ostreina. *f.* Ostreina; substancia propria da ostra.

Ostreita. *f. (min.)* V. *Ostracita.*

Ostreocarpo. *m. (bot.)* Ostreocarpo. V. *Aspidosperma.*

Ostreoideo, dea. *adj.* V. *Ostreiforme.*

Ostrera. *f.* Ostreira; logar onde se criam e se apanham ostras, viveiro de ostras. *Ostrearium, ii:*—ostreira; mulher que vende ostras e as abre: —*(zool.)* ostreira; genero de aves caracterisadas pelo seu bico recto, mais comprido que a cabeça, e comprimido.

Ostrero. *m.* Ostreiro; vendedor de ostras.

Ostria. *f. (bot.)* Ostrya; genero de plantas da familia das cupuliferas.

Ostrífero, ra. *adj. (poet.)* Ostrifero; que cria ostras.

Ostro. *m.* V. *Ostra.* Em algumas partes de Hespanha chamam-lhe *ostrones* e tambem *ostiones:* — ostro; purpura que se extrahe de um marisco das costas da Syria, e da qual faziam uso os romanos. *Ostrum, i:* — V. *Medio dia,* vento.

Ostrogodo, da. *s.* Ostrogodo; godo oriental, o natural da Gothia oriental: — *adj.* ostrogodo; pertencente á Gothia: — *m. pl. (hist.)* ostrogodos; um dos povos da grande familia dos godos que invadiram a peninsula scandinava.

Ostron. *m. (prov.)* V. *Ostra.*

Ostugo. *m. (ant.)* Nada, cousa alguma, parte alguma; usava-se com negativa: —vestigio, signal. *Vestigium, ii.*

Osudo, da. *adj.* Ossudo; que tem ossos grandes e grossos: diz-se geralmente dos animaes. *Ossibus pollens.*

Osuncha. *m. (germ.)* Prazer.

Osuno, na. *adj.* Ursino; concernente ao urso, proprio do urso.

Osura. *f. (ant.)* V. *Usura.*

Osurero. *m. (ant.)* V. *Usurero.*

Otacusta. *m. (ant.)* Zunidor, espião, espia, escuta, mexeriqueiro; pessoa que anda com mexericos, dizendo em uma parte o que ouve em outra. *Susurro, onis.*

Otacústico, ca. *adj. (phys.)* Otacustico; proprio para aperfeiçoar o sentido do ouvido.

Otaljia. *f. (med.)* Otalgia; dor de ouvidos.

Otáljico, ca. *adj. (med.)* Otalgico; que é proprio para combater a otalgia.

Otalpe. *m. (germ.)* Céu.

Otandra. *f. (bot.)* Otandra. V. *Geodoro.*

Otantera. *f. (zool.)* Otanthera; genero de plantas da familia das melastomaceas.

Otañez. *m. (fam.)* Escudeiro; homem distincto destinado a acompanhar senhora de qualidade. Regularmente entende-se dos que já são mui idosos, e de ordinario dá-se-lhe o titulo de dom, como: *iba con su don otañez. Senex stator.*

Otar. *a. (ant.)* V. *Otear.*

Otaria. *f. (bot.)* Otaria *(pequena orelha),* genero de plantas da familia das asclepiadeas.

Otario. *m. (zool.)* Otario *(orelhinha);* genero de crustaceos trilobitos.

Otate. *m. (p. Mex.)* Especie de junco flexivel e forte de que se fazem cestos.

Oté. *adv. (germ.)* Cá, aqui.

Oteador. *m.* Observador, explorador, espreitador. *Observator, oris.*

Otear. *a.* Observar, investigar, examinar attentamente do alto de uma montanha ou de outro sitio elevado as terras e demais cousas que ficam inferiores. *Speculari, e loco superiori observare:* — esquadrinhar, examinar, investigar, indagar attentamente. *Speculari, inspicere:* — *(ant.)* V. *Mirar.*

Otelia. *f. (bot.)* Ottelia; genero de plantas da familia das hydrocharideas.

Otero. *m.* Outeiro; collina, teso pouco elevado. *Collis specula.*

Oteroscélide. *m. (zool.)* Oteroscelide *(perna differente);* genero de insectos coleopteros heteromeros da familia dos melasomos.

Oteruelo. *m. dim.* de *Otero.* Outeirinho.

Otico, ca. *adj. (med.)* Otico; diz-se dos medicamentos que

se empregam contra as doenças de ouvido.

OTIDERO. *m. (zool.)* Otidero *(pescoço de betarda)*, genero de insectos coleopteros tetrameros da familia dos curculionidos gonatoceros.

OTIDOCÉFALO. *m. (zool.)* Otidocephalo *(cabeça de betarda)*; genero de insectos coleopteros tetrameros da familia dos curculionidos.

OTIO. *m. (zool.)* Othio; genero de insectos coleopteros pentameros da familia dos brachelytros.

OTIOFORA. *f. (bot.)* Otiophora; genero de plantas da familia das rubiaceas.

OTIORINCO. *m. (zool.)* Otiorhyncho; genero de insectos coleopteros tetrameros da familia dos curculionidos.

OTIORINQUIDOS. *m. pl. (zool.)* Otiorhynchidos; divisão de insectos coleopteros tetrameros da familia dos curculionidos gonatoceros.

OTIOTOPE. *m. (zool.)* Otiothope; genero de arachneides da tribu das aranhas, cuja especie typica se encontra em Cuba, debaixo das pedras e nos bosques.

OTITA. *f. (min.)* Otita; ferro argilloso reniforme.

OTITES. *f. (zool.)* Otites; genero de insectos dipteros brachoceros, da familia dos athericeros.

OTITIS. *f. (med.)* Otitis ou otite; inflammação da orelha ou ouvido.

OTO. *m. (zool.)* V. *Avutarda.*

OTOA. *f. (bot.)* Ottoa; genero de plantas da familia das umbelliferas.

OTOCEFALIA. *f. (physiol.)* Otocephalia; monstruosidade caracterisada pela união das duas orelhas.

OTOCEFALIOS. *m. pl. (physiol.)* Otocephalios; familia de monstros unitarios, que tem por typo o genero otocephalo.

OTOCÉFALO. *m. (physiol.)* Otocephalo; genero de monstros unitarios da familia dos otocephalios, caracterisados pela reunião ou approximação das orelhas debaixo da cabeça, e por terem atrophiado o apparelho nazal.

OTOCLÁMIDE. *m. (bot.)* Otoclamyde; genero de plantas da familia das compostas.

OTOCONIA. *f. (med.)* Otoconia; Breschet dá este nome á materia branca pulverulenta do ouvido interno.

OTÓFORO. *m. (zool.)* Otophoro *(que tem orelha)*; genero de insectos coleopteros pentameros da familia dos escarabideos coprophagos.

OTOGLENA. *f. (zool.)* Otoglena; genero de systolidos rotadores.

OTOGRAFÍA. *f.* Otographia; descripção do ouvido.

OTOIATRIA. *f. (med.)* Otoiatria; parte da medicina que se refere especialmente ao ouvido e ás doenças d'este orgão.

OTOIÁTRICO, CA. *adj.* Otoiatrico; que respeita á otoiatria.

OTOLITO. *m. (zool.)* Otolitho; genero de peixes acanthopterygios, da familia dos scienoideos.

OTOLOJIA, *f. (med.)* Otologia; tratado ácerca do ouvido.

OTOMANA. *f.* Ottomana; especie de sophá mais largo que os communs e mui commodo, no qual se podem recostar duas pessoas.

OTOMANO, NA. *adj.* Ottomano; diz-se dos turcos, do seu imperio, civilisação, costumes, etc., com relação a Ottoman, seu primeiro imperador. *Imperio otomano;* imperio ottomano ou Porta ottomana; designa-se por esta denominação a reunião dos estados turcos.

OTONA. *f. (bot.)* Othonna; genero de plantas da familia das compostas.

OTONIA. *f. (bot.)* Ottonia; genero de plantas da familia das saurureas: — *(zool.)* othonia; genero de crustaceos decapodas brachyuros, da familia dos oxyrhincos.

OTOÑADA. *f.* Tempo ou estação do outono, e o proprio outono. *Autumnitas, atis:* — seiva da terra, e abundancia de pastos no outono: — *(art.)* V. *Sardinera*, rede.

OTOÑAL. *adj.* Outonal; do outono, concernente ao outono. *Autumnalis, le.*

OTOÑAR. *n.* Passar o outono no campo ou em alguma outra parte. *Autumnare:* — outonar; brotar a herva no outono. *Herbas pullulascere, germinare per autumnum:* — *r.* temperar-se, preparar-se, adubar-se a terra no outono, quando chove muito. *Terram autumnari, autumno temperari.*

OTONO. *m.* Outono; a estação em que a maior parte dos fructos das arvores amadurecem nos nossos climas; segue-se ao estio e comprehende os mezes de setembro, outubro e novembro. *Autumnus, i:* — outono; a segunda herva ou feno que produzem os prados na estação outonal. *Autumnalis herba.*

OTOQUILO. *m. (bot.)* Otochilo; genero de plantas da familia das orchideas.

OTOR. *m. (ant. for.)* O que vem á autoria ou a juizo: — V. *Fiador.*

OTORGADERO, RA. *adj.* Outorgavel; que se pôde outorgar ou conceder.

OTORGADOR, RA. *s.* Outorgador; o que outorga.

OTORGAMIENTO. *m.* Outorgamento, outorga, consentimento, approvação, concessão. *Concessio, permissio:* — outorga; o acto de outorgar um instrumento, como testamento, escriptura, etc. *Celebratio, auctoramentum.*

OTORGÁNTE. *adj.* Outorgante; que outorga.

OTORGAR. *a.* Outorgar, consentir, conceder, permittir. *Consentire, concedere:* — *(for.)* outorgar, conceder, estipular, prometter com auctoridade publica o cumprimento de alguma cousa. *Celebrare, auctorare:* — *(ant.)* declarar, approvar: — *(ant.)* canonisar; declarar por santo. *Otorgar las feridas (fr. ant.);* permittir a alguem que entrasse na batalha. *Quien calla otorga (rif.);* quem cala consente: — *de cabeza;* assentir, consentir inclinando a cabeça.

OTORGO. *m. (ant.)* V. *Otorgamiento:* — contrato de casamento. *Sponsalitius contractus.*

Otoría. *f. (ant. for.)* Autoria; chamamento ou designação que alguem faz em juizo, quando lhe demandam uma cousa ou lhe attribuem have-la feito, indicando outra pessoa contra quem, como possuidora ou auctora, se deve dirigir a acção ou pesquiza.

Otorrea. *f. (med.)* Otorrhea; fluxo, corrimento pelo ouvido.

Otostejia. *f. (bot.)* Otostejia; genero de plantas da familia das labiadas.

Ototomía. *f. (anat.)* Ototomia; dissecção do ouvido.

Ototómico, ca. *adj.* Ototomico; pertencente á ototomia.

Ototrópide. *m. (bot.)* Ototropide; genero de plantas da familia das leguminosas papilionaceas.

Otramente. *adv. m. (ant.)* Differentemente, diversamente, de outra sorte, de outra maneira, de outro modo. *Aliter, alio modo.*

Otrasio. *m. (ant.)* Escriptura, original.

Otre. *adj. (ant.)* V. *Otro.*

Otri. *adj. pl. (ant.)* V. *Otros.*

Otrie. *adj. (ant.)* V. *Otro.*

Otro, tra. *adj.* Outro; diz-se da pessoa ou cousa distincta d'aquella a que nos referimos. *Alter, alius:* — outro; diz-se ás vezes para mostrar a grande similhança que existe entre duas pessoas ou cousas, como: *es otro Cervantes, etc.*, é outro Cervantes, etc. *Idem ac alter:* — *(ant.)* outra cousa. N'este sentido usa-se ainda em Aragão. *Otro que si, otro que tal (loc.);* outro que tal; explica a similhança de algumas cousas. Hoje só se usa em estylo familiar. *Esa es otra (loc.);* ahi temos nós outra; usa-se para explicar que o que se disse é um novo desproposito ou impertinencia. *Simile quidem. Ser uno muy otro,* ser, estar outro; ser alguem mui differente do que era, ter variado ou mudado muito. *Váyse una por otra;* ser, ficar uma por outra, pagar-se na mesma moeda, fazer o mesmo que se nos faz.

Otrogamiento. *m. (ant.)* V. *Otorgamiento.*

Otrogar. *a. (ant.)* V. *Otorgar.*

Otrol. *contracção (ant.)* de *Otro le.*

Otrosí. *adv. m.* Outrosi ou outrosim, tambem, demais, alem d'isso. É usado no fôro. *Insuper, itidem, item.*

Otubre. *m. (ant.)* V. *Octubre.*

Oudneya. *f. (bot.)* Oudneya; genero de plantas da familia das cruciferas.

Ousar. *n. (ant.)* V. *Osar.*

Outor. *m. (ant. for.)* V. *Otor.*

Outorgar. *a. (ant.)* V. *Otorgar.*

Outro, tra. *adj. (ant.)* V. *Otro.*

Outumno. *m. (ant.)* V. *Otoño.*

Ova. *f. (bot.)* Ulva; genero de plantas da familia das phyceas: — *f. (prov.)* V. *Hueva.*

Ovacion. *f.* Ovação; triumpho menos solemne, entre os antigos romanos. Tinha logar a ovação por alguma vantagem secundaria alcançada sobre o inimigo, ou por alguma victoria sobre escravos, piratas ou rebeldes. O vencedor entrava em Roma a pé ou a cavallo, e era conduzido ao Capitolio, onde se sacrificava uma ovelha preta. No triumpho maior o vencedor entrava em um carro e a victima sacrificada era um touro. *Ovatio, onis:* — ovação; provas de apreço e enthusiasmo, vivas e acclamações que se dão publicamente a uma pessoa por alguma cousa notavel que fez ou por serviço que prestou.

Ovado, da. *adj.* V. *Ovalado:* — gallada, fecundada; diz-se das aves fecundadas pelo macho. *Incubitata avis.*

Oval. *adj.* Oval, ovado; da feição de ovo, que tem a fórma de ovo. *Ovalis, ovatus:* — *(bot.)* oval; que tem a fórma elliptica, como: *cotiledones ovales, etc.;* cotyledones ovaes, etc.: — *(zool.)* oval; diz-se das conchas parecidas com um ovo pela sua fôrma: — *(hist. ant.)* oval; relativo á ovação, como: *corona oval;* corôa oval. *Ovalis, le.*

Ovalado, da. *adj.* V. *Oval. Ovatus, ovi formam referens.*

Ovalar. *a.* Dar a uma cousa a fôrma ou figura oval. *In ovi formam effingere.*

Óvalo. *m.* Ellipsoide; figura plana mui similhante á ellipse, mas que se forma com proporções de circulo, imitando o contorno de um ovo. *Figura ovata, ovi formam referens.*

Ovante. *adj.* Ovante; diz-se do que conseguia entre os romanos as honras da ovação. *Ovans, triumphans:* — ovante, victorioso, triumphante, ufano.

Ovar. *n.* Ovar; pôr ovos a ave. V. *Aovar.*

Ovárico, ca. *adj. (bot.)* Ovarico; diz-se das folhas, cuja extremidade differentemente enrolada ou dobrada, constitue o ovario, e conseguintemente o pericarpio.

Ovario. *m. (anat.)* Ovario ou ovarios; nome dado a dois corpos esbranquiçados, ligeiramente ovados, de volume diverso, que encerram os ovos ou os germens, situados nos dois lados do utero da mulher e das femeas viviparas. *Ovaria, orum:* — *(arch.)* ovo; ornamento dos capiteis da ordem jonica: — *(zool.)* ovario, oveiro; orgão dos animaes oviparos onde se forma o ovo. *Viscus quoddam, avium feminarum proprium:* — *(bot.)* ovario; designa-se assim a porção interior de pistillo, na qual estão encerrados os ovulos e que se distingue exteriormente pelo seu volume e saliencia.

Ovarioncia. *f. (med.)* Ovarioncia; tumor produzido no ovario.

Ovarismo. *m. (physiol.)* Ovarismo; hypothese physiologica, na qual se attribue a origem de todos os animaes e ainda de todos os corpos organisados ao desenvolvimento de um ovo.

Ovarista. *m.* Ovarista ou ovista; partidario do ovarismo.

Ovaritis. *f. (med.)* Ovaritis ou ovarite; inflammação do ovario.

Ovates. *m. pl.* V. *Evates.*

Ovecico. *m. dim.* de *Huevo.* Ovinho, ovosinho.

Oveia. *f. (ant.)* V. *Oveja.*

Oveja. *f.* Ovelha; a femea do carneiro. *Ovis, is:* — ovelha; nome com que se designa no Chili o quadrupede chamado lhama. *Oveja burdalla,* ovelha que tem a lã grosseira e basta. *Oveja lampiña;* ovelha tosquiada. *Oveja merina ó trashumante;* ovelha merina ou transumante; a que no verão vive nos montes e no inverno passa á Extremadura hespanhola, e dá uma lã finissima: — *cotral;* ovelha de refugo, desprezivel, muito inferior. *Oveja chiquita, cada año es corderita (rif.);* ovelha pequena todos os annos é cordeira; dá a entender que as pessoas de pequena estatura encobrem mais facilmente a idade. *Corpore pusillus non senescit. Oveja duenda mama a la madre y a la ajena (rif.);* cordeiro manso mamma sua mãe e a alheia; a affabilidade e bom trato captam a benevolencia e agrado geral. *Comitas et affabilitas omnium benevolentiam captant. Oveja harta de su rabo se espanta (rif.);* ovelha farta do seu rabo se espanta. *Intemperantiam et mollitiam timor sequitur. Oveja que bala bocado pierde (rif.);* ovelha que bala, bocado perde. *Futilia persequens, amittit utilia. Ovejas bobas, tras una van todas (rif.);* ovelhas tolas atrás de uma vão todas; ensina o poder que tem o exemplo e as más companhias. *Insipiens, pecudum more, pravorum vestigia sequitur. Ovejas y abejas en tus dehesas (rif.);* ovelhas e abelhas em tuas devezas. *Apes et oves non in alieno, sed in proprio fundo curato. Cada oveja con su pareja (rif.);* cada ovelha com sua parelha. *Similis similem quærat. La mas ruin oveja se ensucia en la colodra (rif.);* a mais ruim ovelha de fato suja o tarro; as pessoas mais inuteis são as mais prejudiciaes. *Ab infimo damnum. Quien tiene ovejas tiene pellejas (rif.);* quem tem ovelhas tem pelejas. *Cujus utilitas illius est damnum. Encomendar las ovejas al lobo (fr. fig.);* encommendar as ovelhas ao lobo, ou dar a ovelha a guardar ao lobo; encommendar os negocios ou os interesses a quem os desencaminhe ou damnifique. *Oves lupo committere. Ser una oveja (fr. fig.);* ser uma ovelha, um cordeiro; ser manso, docil, humilde, de muito bom natural: — *pl. (fig.)* ovelhas; os parochianos a respeito do parocho ou pastor.

Ovejería. *f. (prov. A. Mer.)* Rebanho de gado lanigero.

Ovejero. *m.* Ovelheiro; pastor de ovelhas. *Pastor ovium:* — *adj. (ant.)* dizia-se do mastim que acompanha e guarda o gado ovelhum.

Ovejica, lla, ta. *f. dim.* de *Oveja.* Ovelhinha.

Ovejil. *m. (ant.)* Aprisco, redil.

Ovejueta. *f. dim* de *Oveja.* Ovelhinha. *Ovicula, æ.*

Ovejuno, na. *adj.* Ovelhum, ovino; proprio das ovelhas, concernente aos carneiros, borregos, cordeiros e ovelhas. *Ovinus, a, um.*

Ovella. *f. (ant.)* V. *Oveja.*

Overa. *f.* Oveiro; membrana dentro das entranhas dos animaes oviparos e dos viviparos, onde estão ovos formados, que d'ali faz saír e fecunda a materia seminal. *In animalium utero matrix.*

Overillo, la. *adj. dim.* de *Overo.*

Overo, ra. *adj.* Isabel; diz-se do cavallo de pello branco, malhado ou salpicado de pardo ou pello baio e alazão. *Luteus color:* — *m. pl. (fam.)* os olhos que são todos brancos e que parece não terem pupilla. *Ovi albuginem tantum conspicui.*

Ovezuelo. *m. dim.* de *Huevo.* Ovinho.

Ovibo. *m. (zool.)* Ovibo; genero de mammiferos que tem por caracteres: cornos compridos, falta de focinho e de barba, membros robustos e cauda curta. A unica especie que encerra, tambem chamada boi almiscarado, é originaria das montanhas da America septentrional. Tem as fôrmas geraes do carneiro, e a sua carne é mui apreciada dos indigenas.

Oviducto. *m. (anat.)* Oviducto; conducto pelo qual os ovos sáem do ovario, para fóra do corpo da ave.

Ovieda. *f. (bot.)* Ovieda; genero de plantas da familia das irideas.

Oviforme. *adj.* Oviforme; que tem a fórma de ovo.

Ovil. *m.* Redil, aprisco: — *(germ.)* cama.

Ovillar. *n.* Ennovellar; fazer novellos, fazer em novello. *Glomerare:* — *r.* ennovellar-se, formar-se em novello. *Conglomerari.*

Ovillejo. *m. dim.* de *Ovillo.* Novellinho, novellosinho: — *(poet.)* combinação poetica vulgar, cujo artificio consiste em fazer um verso de oito syllabas e pôr depois uma palavra solta rimando com a ultima do verso. Feito isto tres vezes, acaba-se com uma redondilha, cujo ultimo verso é formado das tres palavras soltas de que fallámos. A outras combinações metricas se deu antigamente este nome, mas estão banidas do uso moderno. *Poëmatis hispanici genus. Decir de ovillejo (fr.);* fazer coplas de improviso, de maneira que a rima com que um verso acaba uma copla ha de ser a mesma para o primeiro verso da copla seguinte. *Consonantiis metricis ex tempore ludere.*

Ovillico, to. *m. dim.* de *Ovillo.* Novellinho.

Ovillo. *m.* Novello. *Glomus, i:* — *(fig.)* novello; diz-se das cousas que estão enredadas, entrelaçadas, englobadas, e formam uma figura mais ou menos redonda. *Globulus intricatus:* — *(fig.)* novello, montão, camada, massa confusa. *Congeries confusa:* — *(germ.)* trouxa de roupa, fardo. *Hacerse un ovillo (fr. fig. ant.);* fazer-se um novello, enroscar-se; diz-se da pessoa que se encolhe e contrahe mais do que é natural, de ordinario na cama e por causa do frio. *Incurvescere.*

Oviparismo. *m.* Oviparismo; qualidade dos animaes oviparos.

Ovíparo, ra. *adj.* *(zool.)* Oviparo; diz-se dos animaes que têem ovos, ou que expellem o producto da geração, sem o ter antes desenvolvido em seu seio. Taes são as aves, os reptis, e quasi todos os peixes molluscos e insectos. *Oviparus, a, um.*

Oviscapto. *m.* *(zool.)* Oviscapto; prolongação caudiforme do abdomen das femeas de varios insectos, que lhes serve para introduzir os seus ovos nas cavidades proprias para os receber, ou reconhecer as substancias no interior das quaes os hão de depor.

Ovívoro, ra. *adj.* Ovivoro; que come ovos.

Ovóideo, dea. *adj.* Oval ou ovado; que tem fôrma de ovo: — *m. pl.* *(zool.)* ovoides; familia de molluscos gasteropodas pectinibranchios, que comprehende os que têem concha oval.

Óvolo. *m.* *(archit.)* V. *Quarto bocel.*

Ovolojía. *f.* Ovologia; discurso, tratado ácerca dos ovos.

Ovoso, sa. *adj.* Ulgoso, algoso, em que ha muitas ulgas ou algas. *Algosus, a, um.*

Ovovivíparo, ra. *adj.* *(zool.)* Ovoviviparo; diz-se dos animaes de geração ovipara, em que o ovo verifica a sua abertura no trajecto das vias uterinas. A elles pertencem alguns peixes e mammiferos.

Ovular. *adj.* *(bot.)* Ovular; diz-se da folha que está soldada em todas as partes e constitue o ovulo das plantas: — *(min.)* ovular; diz-se dos grãos de uma rocha granulosa, quando são da grossura de um ovo de gallinha.

Ovuliforme. *adj.* Ovuliforme; que tem a figura de um ovo pequeno.

Óvulo. *m.* *(bot.)* Ovulo; é assim chamado o grão ou a semente ainda encerrada no ovario, antes ou na epocha da fecundação: — *(zool.)* ovulo; genero de molluscos gasteropodas pectinibranchios, composto de vinte e sete especies vivas, mui pequenas, encontradas nos mares da *Europa.*

Owenismo. *m.* *(philol.)* Owenismo; systema de associação e cooperação, inventado por Roberto Owen, celebre philosopho inglez, nascido em 1771 e que morreu em 1842.

Owenistas. *m. pl.* Owenistas; nome dado aos partidarios do systema de Owen.

Ox. Voz usada para espantar as gallinhas e outras aves ou animaes domesticos.

Oxácido. *m.* *(chim.)* Oxacido; acido que resulta da combinação de um corpo com o oxygenio.

Oxalatado, da. *adj.* *(min.)* Oxalatado; diz-se de um mineral convertido em sal pela combinação com o acido oxalico.

Oxalato. *m.* *(chim.)* Oxalato; sal produzido pela combinação do acido oxalico com uma base salificavel.

Oxalhídrico. *adj.* *(chim.)* Oxalhydrico; diz-se de um acido produzido pela acção do acido nitrico sobre differentes substancias.

Oxálico. *adj.* *(chim.)* Oxalico; é assim chamado um acido que se encontra no reino vegetal, especialmente na familia das oxalideas, e combinado com as bases, forma os saes chamados oxalatos.

Oxálide. *f.* *(bot.)* Oxalide; genero de plantas da familia das oxalideas.

Oxalídeas. *f. pl.* *(bot.)* Oxalideas; familia de plantas dicotyledoneas polypetalas, que têem por typo o genero oxalide.

Oxalita. *f.* *(min.)* Oxalita. V. *Humboldtita.*

Oxalme. *m.* Oxalma; salmoura azeda. *Oxalme, is.*

Oxalovinato. *m.* *(chim.)* Oxalovinato; sal que resulta da combinação do acido oxalovinico com uma base.

Oxalovínico. *adj.* *(chim.)* Oxalovinico; epitheto de um acido oxalico e hydrogenio carbonado.

Oxametana. *f.* *(chim.)* Oxametana; oxalato anhydrico de ammoniaco, e de bicarbureto de hydrogenio.

Oxamelitana. *f.* *(chim.)* Oxamelitana; oxalato de methylena e de ammoniaco.

Oxamida. *f.* *(chim.)* Oxamida; corpo analogo a algumas substancias animaes e de natureza particular, que se sublima quando se decompõe o oxalato ammoniacal neutro pela distillação.

Oxarita. *f.* *(min.)* Oxarita; substancia pouco commum, composta de silicato de cal, ferro e potassa em estado de hydrato, de côr pardacenta, crystallisada em pequenos octaedros agudos, e pouco pesada.

Oxazoato. *m.* *(chim.)* Azotato. V. *Nitrato.*

Oxazoico, ca. *adj.* *(chim.)* Azotico. V. *Nítrico.*

Oxazoito. *m.* *(chim.)* V. *Nitrito.*

Oxazooso, sa. *adj.* *(chim.)* V. *Nitroso.*

Oxea. *f.* *(zool.)* Oxea; genero de insectos hymenopteros, da tribu dos melliferos.

Oxear. *a.* Espantar as gallinhas e outras aves e animaes domesticos. *Abijere:* — V. *Ojear.*

Oxeol. *m.* *(pharm.)* Oxeol; vinagre considerado como escipiente.

Oxeolado. *m.* *(pharm.)* Oxeolado; vinagre medicinal.

Oxeolato. *m.* *(pharm.)* Oxeolato; vinagre distillado.

Oxera. *f.* *(bot.)* Oxera; genero de plantas da familia das bignoniaceas.

Oxiacanta. *f.* *(bot.)* Oxycantha, pilriteiro. V. *Escaramujo.*

Oxiantera. *f.* *(bot.)* Oxyanthera; genero de plantas da familia das orchideas.

Oxianto. *m.* *(bot.)* Oxyantho *(flor aguda)*; genero de plantas da familia das rubiaceas.

Oxibafo. *m.* *(bot.)* Oxybapho; genero de plantas da familia das nyctagineas.

Oxibase. *f.* *(chim.)* Oxybase; oxydo que forma a base das combinações em que entra.

Oxibásico, ca. *adj.* *(chim.)* Oxybasico; diz-se do sal que tem por base um oxydo.

Oxibelo. *m.* *(zool.)* Oxybelo *(marca pontuda, aguda)*; genero de insectos hymenopteros, da tribu dos crabronios: — *(hist. ant.)* oxybelo; especie de machina de guerra propria para lançar projectis, de que usava a milicia byzantina.

OXIBRÁCTEO, TEA. *adj.* *(bot.)* Oxybracteo; que tem bracteas agudas.

OXIBROMURO. *m.* *(chim.)* Oxibromureto; combinação de um bromureto com um acido.

OXICARA. *f.* *(zool.)* Oxycara *(cabeça aguda)*; genero de insectos coleopteros heteromeros da familia dos melasomos.

OXICÁRBICO, CA, *adj.* *(chim.)* Oxycarbico; que contém oxygenio e carvão.

OXICEDRO. *m.* *(bot.)* Oxycedro, especie de zimbro; arvore da familia das coniferas, que cresce no meio dia da Europa; a sua madeira produz, pela distillação, um oleo empyreumatico, conhecido pelo nome de oleo de zimbro, empregado em medicina veterinaria.

OXICÉFALO. *m.* *(zool.)* Oxycephalo *(cabeça aguda)*; genero de crustaceos amphipodas, da familia dos hyperinos: — oxycephalo; genero de insectos coleopteros subpentameros da familia dos cyclicos.

OXICERA. *f.* *(zool.)* Oxycera *(corno agudo)*; genero de insectos dipteros brachoceros, da familia dos notacanthos.

OXICIANURO. *m.* *(chim.)* Oxycyanureto; composto de cyanogenio e de um acido metallico.

OXICLEÍDIO. *m.* *(zool.)* Oxycleidio *(chave aguda)*; genero de insectos coleopteros pentameros da familia dos sternoxos.

OXICLORATO. *m.* *(chim.)* Oxychlorato; sal que resulta da combinação de uma base com o acido oxychlorico.

OXICLÓRICO. *adj.* *(chim.)* Oxychlorico; diz-se de um acido que constitue o maior grau de oxygenação do chloro.

OXICLORIDO. *m.* *(chim.)* Oxychlorido; gaz produzido pela combinação do gaz oxydo carbonico com o chloro.

OXICLORO-CARBÓNICO. *adj.* *(chim.)* Oxychloro-carbonico; diz-se de um acido produzido pelo chloro e o carbone com o oxygenio.

OXICLORURO. *m.* *(chim.)* Oxychlorureto; combinação de um oxydo metallico com o chlorureto do mesmo metal.

OXICOCO. *m.* *(bot.)* Oxycocos *(grão agudo)*; genero de plantas da familia das ericaceas.

OXICORINO. *m.* *(zool.)* Oxycoryno *(antenna aguda)*; genero de insectos coleopteros pentameros da familia dos curculionidos.

OXICOYA. *f.* *(med.)* Oxycoia; agudeza excessiva do ouvido.

OXICRATO. *m.* Oxycrato; mistura de agua e vinagre em certa proporção.

OXICRÉPIDE. *m.* *(zool.)* Oxycrepide *(sandalia aguda)*; genero de insectos coleopteros pentameros da familia dos carabicos.

OXIDABILIDAD. *f.* *(chim.)* Oxydabilidade; facilidade de combinar-se com o oxygenio.

OXIDABLE. *adj.* *(chim.)* Oxydavel; susceptivel de oxydação.

OXIDACION. *f.* *(chim.)* Oxydação; conversão dos metaes e outras substancias em oxydos: — oxydação; estado do que foi oxydado.

OXIDAR. *a.* Oxydar; converter em oxydo, reduzir ao estado de oxydo. Usa-se tambem como reciproco.

OXIDENDRO. *m.* *(bot.)* Oxydendro *(arvore aguda)*; genero de plantas da familia das ericaceas.

OXIDERCO. *m.* *(zool.)* Oxiderco *(que tem a vista aguda)*; genero de insectos coleopteros tetrameros da familia dos curculionidos.

OXIDIO. *m.* *(bot.)* Oxydio; genero de plantas da familia das leguminosas.

ÓXIDO. *m.* *(min.* e *chim.)* Oxydo; combinação do oxygenio com um corpo metallico.

ÓXIDO-CIANURO. *m.* *(chim.)* Oxydo-cyanureto; combinação de um cyanureto com o oxydo do mesmo metal.

OXIDONTE. *m.* *(bot.)* Oxydonte *(dente agudo)*; genero de plantas da familia das compostas, cujas especies são hervas que crescem nas montanhas da Nova Hollanda.

OXIDULADO, DA. *adj.* *(chim.)* Oxydulado; que passou ao estado de oxydulo.

OXIDULO. *m.* *(chim.)* Oxydulo; primeiro grau inferior de oxydação de um corpo.

OXIFLUORURO. *m.* *(chim.)* Oxyfluorureto; combinação de um fluorureto com um oxysal.

OXIFONÍA. *f.* Oxyphonia; voz aguda.

OXIFOSFURO. *m.* *(chim.)* Oxyphosphureto; combinação do phosphoro com um oxydo metallico.

OXIFRESIA. *f.* *(med.)* Oxyosphresia; desenvolvimento excessivo do sentido do olfato.

OXIGALA. *f.* *(ant. pharm.)* Oxygala; leite azedo.

OXIGENAR. *a.* *(chim.)* V. *Oxijenar.*

OXIGENO. *m.* *(chim.)* V. *Oxijeno.*

OXIGLOSO. *m.* *(zool.)* Oxyglosso *(lingua aguda)*; genero de reptis batrachios, da familia dos raniformes.

OXIGNATO. *f.* *(zool.)* Oxygnatho *(mandibula aguda)*; genero de insectos coleopteros pentameros da familia dos carabicos.

OXIGONA. *f.* *(zool.)* Oxygona *(angulo agudo)*; genero de insectos coleopteros subpentameros da familia dos cyclicos.

OXIGONIA. *f.* *(zool.)* *(angulo agudo)*; genero de insectos coleopteros pentameros da familia dos cicindelidos.

OXIGONIO, NIA. *adj.* *(math.)* Oxygono. V. *Acutángulo.*

OXIGONO. *m.* *(bot.)* Oxygono; genero de plantas da familia das polygoneas: — *(math.)* V. *Oxigonio:* — *m. pl.* *(zool.)* oxygonios; familia de molluscos conchiferos, que corresponde proximamente á familia dos malleaceos de Lamarck.

OXIGRÁFIDE. *m.* *(bot.)* Oxygraphide ou oxygraphis *(desenho agudo)*; genero de plantas da familia das ranunculaceas.

OXIGENABLE. *adj.* *(chim.)* Oxygenavel; susceptivel de oxygenação.

Oxijenacion. *f. (chim.)* Oxygenação; combinação de um corpo com o oxygenio.

Oxijenar. *a. (chim.)* Oxygenar; combinar um corpo com o oxygenio. Usa-se tambem como reciproco.

Oxijenesis. *f. (med.)* Oxygenesis; enfermidade attribuida ás desordens da oxygenação das partes.

Oxíjeno. *m. (chim.)* Oxygeneo; nome dado pelos chimicos a um corpo reputado simples, que na maior parte dos compostos acidos é o principio acidificante. Outros o denominaram ar vital, ar dephlogistico, ar de fogo e ar puro, por ser indispensavel para a combustão e a respiração.

Oxijenometro. *m. (chim.)* V. *Eudiometro.*

Oxijeusia. *f. (med.)* Oxygeusia; desenvolvimento excessivo do sentido do gosto.

Oxilobio. *m. (bot.)* Oxylobio *(legume agudo)*; genero de plantas da familia das leguminosas.

Oxímaco. *m. (zool.)* Oxymaco; ave de rapina de bico negro e curvo.

Oximalva. *m. (bot.)* Azeda ou labaça de Guiné.

Oximanganato. *m. (chim.)* Oxymanganato; sal que resulta da combinação do acido oxymanganico com uma base.

Oximangánico. *adj. (chim.)* Oxymanganico; dá-se este nome a um acido que resulta da combinação do manganez com o oxygenio.

Oximéride. *m. (bot.)* Oxymeride ou oxymeris *(tronco agudo)*; genero de plantas da familia das melastomaceas.

Oximero. *m. (zool.)* Oxymero *(coxa aguda)*; genero de insectos coleopteros subpentameros da familia dos longicornes.

Oximuriato. *m. (chim.)* Oxymuriato. V. *Cloruro.*

Oxinosema. *f. (med.)* Oxynosema; doença aguda.

Oxinoto. *m. (zool.)* Oxynoto. V. *Podope.*

Oxiope. *m. (zool.)* Oxyope *(olho agudo)*; genero de insectos coleopteros tetrameros da familia dos curculionidos.

Oxiopia. *f. (med.)* Oxyopia; faculdade de ver os objectos que estão mui distantes.

Oxipétalo. *m. (bot.)* Oxypetala *(petala aguda)*; genero de plantas da familia das asclepiadeas.

Oxipiga. *f. (zool.)* Oxypyga. V. *Miotera.*

Oxipilo. *m. (zool.)* Oxypilo *(pello agudo)*; genero de insectos orthopteros, da tribu dos mantidos.

Oxipleuro. *m. (zool.)* Oxypleuro *(lado agudo)*; genero de insectos coleopteros subpentameros da familia dos longicornes.

Oxípoda. *f. (zool.)* Oxypoda *(pé agudo)*; genero de insectos coleopteros pentameros da familia dos brachelytros.

Oxiporo. *m. (zool.)* Oxyporo *(que penetra promptamente)*; genero de insectos coleopteros pentameros da familia dos brachelytros.

Oxiptéride. *m. (zool.)* Oxypteride. V. *Melanófila.*

Oxíptero. *m. (zool.)* Oxyptero; subgenero de mammiferos da ordem dos cetaceos e do genero delphim ou golphinho, caracterisados por um par de barbatanas dorsaes.

Oxiquela. *f. (zool.)* Oxycheila *(labio agudo)*; genero de insectos coleopteros pentameros da familia dos cicindelitos.

Oxiránfide. *m. (bot.)* Oxyramphide ou oxyramphis; genero de plantas da familia das leguminosas.

Oxiráquide. *m. (zool.)* Oxyrachide ou oxyrachis *(dorso agudo)*; genero de insectos hemipteros da familia dos membracidos.

Oxiregmia. *f. (med.)* Oxyregmia; eructação azeda do estomago.

Oxiria. *f. (bot.)* Oxyria; genero de plantas da familia das polygoneas.

Oxirrinco. *m. (zool.)* Oxyrhyncho *(bico ponteagudo)*; genero de aves da familia das anisodactylas: — oxyrhyncho; genero de insectos coleopteros tetrameros da familia dos curculionidos: — *m. pl.* oxyrhynchos; familia de crustaceos decapodas brachyuros.

Oxirrínquidos. *m. pl. (zool.)* Oxyrynchidos; divisão de insectos da familia dos curculionidos.

Oxirrodino. *m. (ant. pharm.)* Oxyrrhodino; vinagre rosado.

Oxisacaro. *m. (pharm.)* Oxysacharo; xarope preparado com vinagre e assucar.

Oxisal. *m. (chim.)* Oxysal; sal em cuja base e acido entra o oxygenio.

Oxiseleniuro. *m. (chim.)* Oxyseleniureto; combinação de um seleniureto com o oxydo do mesmo metal.

Oxiseptonato. *adj. (ant. chim.)* V. *Nitrato.*

Oxiseptónico, ca. *adj. (ant. chim.)* V. *Nítrico.*

Oxispora. *f. (bot.)* Oxyspora *(semente aguda)*, genero de plantas da familia das melastomaceas.

Oxistelma. *f. (bot.)* Oxystelma *(cintura aguda)*; genero de plantas da familia das asclepiadeas orientaes.

Oxisterno. *m. (zool.)* Oxysterno *(sternon agudo)*; genero de insectos coleopteros pentameros, da familia dos clavicornes: — oxysterno; genero de insectos coleopteros pentameros, da familia dos lamellicornes: — oxysterno; genero de insectos coleopteros pentameros, da familia dos serricornes das Indias.

Oxistófilo. *m. (bot.)* Oxystophyllo; genero de plantas da familia das orchideas.

Oxístomo. *m. (bot.)* Oxystomo *(bôca aguda)*; genero de insectos coleopteros pentameros, da familia dos carabicos: — *m. pl.* oxystomos; familia de crustaceos decapodas brachyuros.

Oxisulfocianuro. *m. (chim.)* Oxysulphocyanureto; combinação de um sulphocyanureto com o oxydo do mesmo metal.

Oxisulfosal. *m. (chim.)* Oxysulphosal; combinação de um oxysal com um sulphosal.

Oxisulfuro. *m. (min. e chim.)* Oxysulphureto; combinação de um sulphureto com um oxydo do mesmo metal.

Oxitártaro. *m.* *(ant. chim.)* Oxytartaro; acetato de potassa.

Oxitelinios. *m. pl.* *(zool.)* Oxytelinios; tribu de insectos coleopteros, da familia dos brachelytros.

Oxitelo. *m.* *(zool.)* Oxytelo; genero de insectos coleopteros trimeros, da familia dos brachelytros.

Oxitirea. *f.* *(zool.)* Oxythyrea *(escudo agudo)*; genero de insectos coleopteros pentameros, da familia dos lamellicornes.

Oxiúride. *m.* *(zool.)* Oxyuride ou oxyuris *(cauda aguda)*; genero de helminthos nematoideos, da familia das ascarideas. Consta de sete especies, que vivem parasitas nos intestinos de varios mammíferos e reptis. Uma das principaes é o oxyuride vermicular, que se encontra frequentemente e em abundancia no intestino recto da especie humana, principalmente nas creanças e pessoas submettidas a um regimen debilitante.

Oxiuros. *m. pl.* *(zool.)* Oxyuros. V. *Proctotrupios.*

Oxizacre. *m.* Môlho que se faz do sumo de limão, leite, mel e assucar: — *(pharm. ant.)* oxysacharo; xarope de vinagre e assucar. *Potionis mellæ genus.*

Oxleia. *f.* *(bot.)* Oxleya; genero de plantas da familia das cedrelaceas.

Oxte. *interj.* V. *Oste.*

Oxura. *f.* *(zool.)* Oxura *(cauda aguda)*; genero de insectos coleopteros heteromeros, da familia dos melasomos.

Oyente. *adj.* Ouviute; dava-se este nome na primitiva *Igreja* á pessoa . que andava aprendendo a doutrina, por não estar ainda bem instruida para receber o baptismo. *Audiens, auditor:* — ouvinte, auditor; o que escuta. *Audiens, entis.*

Oyer. *a.* *(ant.)* V. *Oir.*

Oyo. *m.* *(ant.)* V. *Ojo. Fincar oyo* *(fr. ant.)*; fixar, cravar os olhos em alguma cousa, olha-la com attenção.

Oyque. *m.* *(germ.)* Quartel.

Ozánico, ca. *adj.* *(pharm.)* Ozanico; proprio para purificar o halito.

Ozena. *f.* *(zool.)* Ozena *(cheiro)*; genero de insectos coleopteros pentameros, da familia dos carabicos.

Ozeno. *m.* *(med.)* Ozena; ulceração da membrana mucosa das fossas nasaes, do véu do paladar e do seio maxillar, que verte um pus fetido, o qual impregna o ar de cheiro repugnantissimo.

Ozio. *m.* *(zool.)* Ozio; genero de crustaceos decapodas brachyuros, da familia dos cancerianos.

Ozo. *m.* *(ant. chim.)* V. *Arsenico.*

Ozode. *m.* *(zool.)* Ozode *(nodoso)*; genero de insectos coleopteros subpentameros, da familia dos cerambycinos.

Ozodecero. *m.* *(zool.)* Ozodecero *(antenna nudosa)*; genero de insectos coleopteros pentameros, da familia dos curculionidos.

Ozodera. *f.* *(zool.)* Ozodera *(pescoço nodoso)*, genero de insectos coleopteros subpentameros, da familia dos longicornes.

Ozodicera. *f.* *(zool.)* Ozodicera *(antenna nudosa)*; genero de insectos dipteros nematoceros.

Ozokerita. *f.* *(min.)* Ozokerita; variedade de sebo da montanha, mineral que offerece muita similhança com a cera, pela sua consistencia e qualidade translucida; é de côr verde cinzenta por meio da reflexão, e amarella escura pela refracção.

Ozomena. *f.* *(zool.)* Ozomena; genero de insectos coleopteros subpentameros, da familia dos cyclicos.

Ozonio. *m.* *(bot.)* Ozonio; genero de cogumelos da familia dos mucedineos, que crescem nos logares subterraneos e nas folhas seccas.

Ozotamno. *m.* *(bot.)* Ozothamno *(arbusto nodoso)*; genero de plantas da familia das compostas.

Ozunchar. *a.* *(germ.)* Lograr.

P. *m.* P; decima oitava lettra do alphabeto hespanhol, e decima quarta das consoantes. É labial, assim como o b. O seu som é sempre o mesmo junto a qualquer vogal, como em: *patria, peticion,* etc.; e o mesmo havendo interposição de *l* e *r*, como em *plato, plebe, preciso, prision,* etc.: — *(art.)* p; os typographos antigos indicavam com esta letra a decima sexta folha de um livro: — *(comm.)* p; nas lettras de cambio, significa protestada: — b. p. p; abreviatura de bilhetes para pagar: — *(pharm.)* p; abreviatura de parte: — *(mus.)* p; abreviatura de piano: — *(numism.)* P; caracter que distingue a moeda cunhada em Dijon.

Pabellon. *m.* Pavilhão, sobrecéu, cortinado, armação de cama. *Conopeum, i:* — pavilhão; bandeira quadrada que se põe na ponta do mastro, na fortaleza, praça de guerra, etc. *Signum vel vexillum bellicum:* — *(fig.)* pavilhão, caramanchel, latada: — *de la oreja (anat.)*; pavilhão do ouvido; cartilagem da orelha, destinada a reunir os sons nas suas cavidades anfractuosas, antes de os conduzir ao conducto auditivo: — *(arch.)* pavilhão; edificio em fórma de barraca, casa de recreio, construida ordinariamente nos jardins, ou junto a qualquer palacio: — *(art.)* pavilhão; pedra preciosa com esta figura. *In gemmis camerata figura:* — *(med.)*

pavilhão; a extremidade mais larga de uma sonda: — *(mil.)* pavilhão; tenda, barraca de campanha. *Tentorium, ii:* — *pl.* sarilhos de armas que forma a infanteria em descanso, cruzando-as pelas baionetas a quatro e quatro. *Formar pabellones (fr. mil.)*; ensarilhar armar.

Pábilo, Pabilo. *m.* Pavio; torcida de véla ou candieiro. *Ellychnium, ii:* — murrão; a extremidade carbonisada do pavio ou torcida. *Fungus, i.*

Pablar. *a. (fam.)* V. *Hablar.*

Pábulo. *m.* Pabulo, pasto, mantimento, alimento, comida. *Pabulum, i:* — *(fig.)* pabulo; qualquer sustento ou mantimento, fallando de cousas immateriaes. *Pabulum, i:* — motivo. *La leña es el pábulo del fuego (fr.)*; a lenha é o pasto ou alimento do fogo. *Las ciencias son el pábulo del entendimiento;* as sciencias são o pasto do espirito.

Paca. *f. (zool.)* Paca; quadrupede do genero dos mammiferos roedores: — fardo, embrulho, pacote, trouxa. *Sarcina, æ.*

Pacado, da. *adj. (ant.)* V. *Apaziguado.*

Pacajes. *m. (ant. naut.)* Lona mais ordinaria, que serve para joanetes e vélas de estaes.

Pacana. *f. (bot.)* Noz, fructo da nogueira da Luisiana, similhante á azeitona.

Pacaniero. *m. (bot.)* Nogueira da Luisiana.

Pacascas. *m. pl. (chim.)* Pacascas; especie de pão de assucar que se extrahe nas ilhas Filippinas do succo da palmeira.

Pacaso. *m. (zool.)* Pacaso; mammifero do Congo, que se assimilha bastante ao bufalo.

Pacatamente. *adv. m.* Pacatamente. V. *Tranquillamente.*

Pacato, ta. *adj.* Pacato, socegado, pacifico, moderado. *Pacatus, lenis animo.*

Paccion. *f. (ant.)* V. *Pacto.*

Paccionar. *a. (ant.)* V. *Pactar.*

Pacedero, ra. *adj.* Pascigoso, de pastagem; diz-se do campo que dá pasto para o gado. *Pascuus, pastui idoneus.*

Pacedura. *f.* Pascigo, pastagem do gado. *Pastio, onis.*

Pacentar. *a. (ant.)* V. *Apacentar.*

Pacer. *n.* Pascer, pastar; comer o gado a herva nos pastos e montes. *Pasci:* — comer, roer ou gastar alguma cousa. *Depasci, rodere, exsugere.*

Paciano. *m. (pharm.)* Collyrio de que os antigos faziam uso frequente.

Paciencia. *f.* Paciencia; virtude que ensina a soffrer e tolerar os infortunios e trabalhos. *Patientia, æ:* — paciencia; soffrimento e tolerancia nas adversidades. *Tolerantia, patientia:* — paciencia; socego e quietação d'alma. *Prudens cunctatio:* — paciencia, pachorra, demora, tardança nas cousas que se devem executar promptamente. *Lentitudo, mora:* — paciencia; soffrimento e tolerancia demasiada e indevida em materia de honra ou pundonor. *Nimia fœda patientia:* — *(interj.)* paciencia! usa-se para exhortar á conformidade em qualquer trabalho. *Patientiam habeas. Con paciencia se gana el cielo (fr.)*, com paciencia se ganha o céu. *Prudenter cunctando difficilia perficiuntur. Gastar a otro la paciencia;* apurar a paciencia a outrem, fazer-lhe soffrer muito. *Festivis dictis alium lacessere. Probar la paciencia;* provar, experimentar a paciencia d'alguem. *Patientiam tentare, patientiæ periculum facere. Tentar de paciencia ó la paciencia;* tentar a paciencia; dar frequentes motivos para que alguem se irrite. *Patientiam tentare. Armarse de paciencia;* armar-se de paciencia; não se inquietar tendo motivo para isso.

Paciente. *adj.* Paciente; que soffre e tolera os trabalhos com resignação. *Patiens, entis:* — *(fig.)* paciente, cabrão; epitheto que se dá ao marido que consente que sua mulher o offenda e atraiçoe. *Turpiter patiens:* — *m. (gram.)* paciente; sujeito que soffre a acção do agente. *Patiens, entis:* — *(med.)* paciente, doente, enfermo. *Patiens, dolens.*

Pacientemente. *adv. m.* Pacientemente, tolerantemente, soffridamente, corajosamente. *Patienter, toleranter.*

Pacientísimo, ma. *adj. sup.* de *Paciente.* Pacientissimo. *Patientissimus, a, um.*

Pacienzudo, da. *adj.* Pachorrento, vagaroso. *Lentus admodum, tardus cunctator.*

Pacificacion. *f.* V. *Pazificacion.*

Pacificador, ra. *s.* V. *Pazificador.*

Pacificamente. *adv.* V. *Pazificamente.*

Pacificar. *a.* V. *Pazificar.*

Pacífico, ca. *adj.* V. *Pazífico.*

Pacnéforo. *m. (zool.)* Pachnephorus; genero de insectos coleopteros subpentameros, da familia dos cyclicos.

Pácneo. *m. (zool.)* Pachneo; genero de insectos coleopteros tetrameros, da familia dos curculionidos.

Pacnoda. *f. (zool.)* Pachnoda *(coberto de neve)*; genero de insectos coleopteros pentameros, da familia dos lamellicornes.

Paco. *m. (zool.)* Paco; especie de carneiro da America, um pouco maior que o ordinario e muito lanudo: — *(min.)* paco; mineral que contém pouca prata: — *adj. (prov. Perú.)* V. *Bermejo.*

Pacos. *m. (min.)* Pacos; rochas ferruginosas do Chili e Mexico, nas quaes se encontram chloruretos e outros saes de prata.

Pacotilla. *f.* Pacotilha, pacotinho; porção de generos que se permitte a um particular levar por sua conta quando embarca. *Mercium fasciculus:* — *(ant.)* pacotilha; porção de fazenda que se permittia aos marinheiros e officiaes levar por sua conta, livre de frete, até ao valor do seu ordenado ou soldo. *Hacer uno su pacotilla (fr. fam.)*; fazer o seu negocio, tirar lucro de qualquer empreza ou especulação.

Pactar. *a.* Pactar, pactuar, pactear, tratar, ajustar. *Pacisci.*

Pacto. *m.* Pacto, ajuste, accordo, convenção, convenio entre duas ou mais pessoas. *Pactum, i:* — pacto; convenio ou contracto que se suppõe feito com o demonio para obrar por sua intervenção cousas extraordinarias. Dividem-no em explicito e implicito ou tacito. *Pactum, i. Renunciar el pacto (fr.);* renunciar o pacto que se suppõe feito com o demonio. *Pactis cum diabolo renuntiare, pactum respicere:* — *(jur.)* pacto; no direito romano, convenio no qual não tinha acção o direito civil: — *anticrético;* pacto celebrado entre o credor e devedor, para que o primeiro receba, por meio dos rendimentos de qualquer hypotheca, a importancia da sua divida: — *comisorio;* pacto commissorio; pacto pelo qual se annullava uma venda sempre que o comprador não realisava o pagamento convencionado em um certo e determinado tempo:— pacto commissorio; convenio feito entre o devedor e o credor, pelo qual resolvem que, se o primeiro não tiver satisfeito em um tempo determinado a importancia da sua divida, fique-o segundo com a hypotheca só pela quantia que tiver dado sobre ella: — *de adicion ó señalamiento de dia;* pacto de addição ou de dia fixo; o que, em um contrato de venda, se faz, para que, se o vendedor encontrar quem lhe offereça mais pelo objecto vendido, possa desfazer a primeira venda e entrega-lo ao segundo comprador: — *de cuota lites;* pacto de quota lite; o que faz um litigante com terceira pessoa, offerecendo-lhe parte do objecto em demanda, se toma conta d'ella e a ganha: — *de lei comisoria.* V. *Pacto comisorio:* — *de retroventa,* pacto de retro; o que se celebra entre o comprador e o vendedor, estipulando que, tornando este a entregar o dinheiro recebido, receba novamente o objecto vendido: — *de sucederse mutuamente;* pacto ou promessa feita entre duas pessoas, de se succederem ou herdarem mutuamente: — *sobre préstamos;* pacto sobre penhores; clausula que dava ao credor a propriedade da cousa empenhada, sempre que o devedor não lhe entregasse o seu dinheiro.

Pactolios. *m. pl. (zool.)* Pactolios; familia de crustaceos decapodas.

Pactolo. *m. (zool.)* Pactolo; genero de crustaceos decapodas, da familia dos pactolios.

Pacuria. *f. (bot.)* Pacouria; genero de plantas da familia das apocynaceas.

Pacurina. *f. (bot.)* Pacourinia; genero de plantas da familia das compostas.

Pachon. *adj.* Pachorrento, vagaroso, fleugmatico. *Lentus, morosus:* — *m.* perdigueiro; cão de perdizes. *Canis venaticus, aucopio perdicum aptissimus.*

Pachoncico, ca. *adj. dim.* de *Pachon.*

Pachoncillo, lla. *adj.* V. *Pachoncico.*

Pachoncito, ta. *adj.* V. *Pachoncico.*

Pachorra. *f.* Pachorra, fleugma, demora, tardança. *Lentitudo, mora, cunctatio, tarditas.*

Pachorrudo, da. *adj.* Pachorrento, fleugmatico; diz-se do que obra com demasiada demora e lentidão. *Lentus, tardus, segnis.*

Padecer. *a.* Padecer, soffrer; sentir physicamente algum damno, dor, enfermidade, pena ou castigo. *Pati:* — padecer; sentir qualquer aggravo, injuria, pezar, etc. *Pati, ferre, sustinere:* — padecer; estar possuido de alguma cousa; v. g.: padecer erro, engano, etc. *Pati:* — *(fig.)* padecer; diz-se das cousas inanimadas e insensiveis, por estarem expostas a algum damno; v. g.: este paiz padece muitas tempestades, ventos, etc. *Pati, premi.*

Padeciente. *p. a. (ant.)* Padecente; que padece. *Patiens, entis.*

Padecimiento. *m.* Padecimento, soffrimento; acção de soffrer. *Passio, tolerantia.*

Padilla. *f.* Frigideirinha; pequena frigideira. *Patella, sartago parva:* — especie de forno que serve para coser pão, e tem no meio um buraco por onde respira e cáe a cinza. *Furniculus, furnulus.*

Padiola. *f.* Padiola; utensilio que serve para transportar estrume e outras materias.

Padir. *n. (ant.)* V. *Padecer:* — *(ant.)* V. *Permitir.*

Padrastro. *m.* Padrasto; homem casado com mulher que tem filhos de outro matrimonio, a respeito dos quaes se lhe dá este nome. *Vitricus:* — *(fig.)* padrasto; qualquer obstaculo, impedimento ou embaraço que difficulta ou damnifica alguma cousa. *Obex, obstaculum, impedimentum:* — padrasto; monte, collina ou logar alto, dominando alguma praça de guerra, e d'onde podem bate-la, assestando artilheria e cercando-a. *Mons vel collis urbi, seu arci imminens:* — padrasto, espiga grande; pelle que se separa dos dedos junto á unha, que causa dores e incommodo. *Reduvia, æ:* — *(germ.)* padrasto; procurador fiscal em um tribunal de justiça, que faz officio de procurador regio. *Fiscalis, le:* — *(germ.)* padrasto; procurador da parte contraria. *Procurator adversus:* — *(fig.)* padrasto; mau pae, pae cruel para seus filhos.

Padrazo. *m. augm.* de *Padre:* — pae muito indulgente para seus filhos. *Nimium filiis indulgens.*

Padre. *m.* Padre, pae; o que gera ou propaga a especie. *Pater, tris:* — *(theol.)* Padre; a primeira pessoa da Santissima Trindade que gerou seu unigenito Filho, Jesus Christo. *Pater æternus:* — pae; o macho destinado nas manadas, etc., para procrear. *Admissarius, ii:* — pae; dá-se este titulo ao principal e cabeça de alguma descendencia, e n'este sentido se diz que Abraham foi pae dos crentes. *Pater, tris:* — *(fig.)* pae; qualquer cousa de que procede outra. *Parens, tis:* — pae; o que favorece a outro, cuida d'elle fazendo officio de pae. *Patronus, parentis officio fungens:* — auctor, inventor. *Auctor, inventor:* — pae; o que foi insigne em alguma sciencia ou faculdade, a ensinou, aperfeiçoou e adiantou; e n'este sentido se chama a Homero pae da poesia. *Pater, tris:* — *(germ.)* V. *Sayo:* — padre; sacerdote, secular ou regular. *Pater, tris:* — padre; nome que tambem se dá aos antigos prelados, santos, mestres e doutores da Igreja, que costumam chamar-se santos padres: — padre; qualquer dos que têem concorrido a algum concilio da Igreja. *Pater, tris:* — pae; entende-se não só o pae, como tambem a mãe em qualquer especie. *Parentes, um:* — pae; chamam-se assim os avoengos e demais progenitores de uma familia: — *pl.* padres; todos os individuos de alguma religião ou congregação, fallando em commum. *Patres, um:* — padre; denominação de um confessor, de um monge, etc.: — *adoptivo;* pae adoptivo; o que adoptou um filho alheio. *Adoptator, oris:* — *conscripto;* padre conscripto; senador, entre os romanos. *Patres conscripti:* — *de almas;* cura de almas; o parocho de alguma freguezia ou parochia. *Parochus, i:* — *de concilio;* doutor; fóra do sentido commum, costuma dar-se este titulo ao que se julga mui douto, especialmente em materias theologicas, e ironicamente se usa para designar o que falla em materias arduas e difficeis que não sabe nem entende. *Doctissimus, a, um:* — *de familia ó de familias;* pae de familia; chefe de familia, cabeça do casal. *Pater familias:* — *de la patria ó de su patria;* pae da patria; titulo de honra concedido aos imperadores romanos, e depois a outros monarchas, por seu merito ou por adulação; o individuo veneravel por suas qualidades, respeito ou antiguidade, ou por serviços prestados á patria. *Pater patriæ:* — *del yermo.* V. *Anacoreta:* — *de pila;* padrinho de baptismo: — *de pobres;* pae dos pobres; o individuo mui caritativo e esmoler. *Pater pauperum:* — *de provincia;* padre provincial, em algumas religiões. *Provinciali præfectura functus apud cœnobitas:* — *espiritual;* padre espiritual; director da consciencia, confessor que dirige o espirito e consciencia do penitente. *Sacerdos á confessionibus:* — *político.* V. *Padrastro, Suegro:* — *putativo;* pae putativo; o que é tido, reputado como pae; v. g., S. José, a respeito de Jesus Christo. *Putativus pater:* — *de mancebia;* homem que tem um lupanar e o dirige. *Padre no tuviste, madre no temiste, hijo mal despereciste, ó diablo te hiciste (rif.);* pae não tiveste, mãe não temeste, diabo te fizeste. *Patre carens, matri non obediens, filius perditissimus:* — *nuestro;* Padre Nosso; oração dominical ensinada por Christo. *Oratio dominica:* — Padre Nosso; no rosario é aquella conta maior do que as outras, que serve para mostrar quando se deve dizer o Padre Nosso. *Globulus in rosario grandior:* — *santo;* padre santo; por antonomasia, entende-se o Summo Pontifice. *Summus Pontifex, papa. A padre endurador hijo mal gastador, a padre ganador hijo despendedor, a padre guardador hijo gastador (rif.);* a pae guardador, filho gastador. *Avaro succedit prodigus. A quien es padre bástale madre;* quem muito tem pouco lhe basta. *Quidquid tibi detur minus mereris. Cátalos aquí mi padre (fr.);* desgraçado é o filho a quem os paes faltam cedo. *En orbi filii. De padre cojo hijo renco (rif.);* de tal acha tal racha. *Mali corvi malum ovum. De padre santo hijo diablo;* de pae santo filho diabo. *Quod pravum est natura, nec exemplo nec doctrina fit bonum. De qué murió mi padre? De achaque;* não ha morte sem achaque. *Aliorum mors mortalitatem nos doceat nostram. Dejemos padres y abuelos, por nosotros seamos buenos;* deixemos paes e avós, e por nós sejamos bons. *Nostra nos virtute decet, non sanguine niti. Dormir con sus padres (fr.)* V. *Morir. Entre padres y hermanos no metas tus manos (rif.);* entre paes e irmãos não mettas as mãos. *Propinquorum jurgia ipsi componant. Hallar padre y madre (fr. fig.);* achar pae e mãe; encontrar alguem que nos trate com o carinho e interesse de paes. *Optimum paternoque animo patronum sortiri, nancisci. Miente el padre al hijo y no el hielo al granizo;* quem tempo tem, e por tempo espera, tempo é que o demo lhe leva. *Certissimum post grandinem gelu. Santos padres de la iglezia;* santos padres da Igreja; os primeiros doutores da Igreja grega e latina que escreveram ácerca dos mysterios e doutrina da religião. *Sancti veteres. Tener el padre alcalde (fr.);* ter o pae alcaide; contar em qualquer pretensão com um decidido empenho. *Gratia et auctoritate pollere. Un padre para cien hijos, y no cien hijos para un padre;* um pae para cem filhos, e não cem filhos para um pae. *Patris erga filios amor, filiorum erga patrem amori multo superior.*

PADREAR. *n.* Assimilhar-se a seus paes, nas feições e nos costumes. *Patriscare, patris mores aut formam referre;* padrear, procrear, gerar, propagar a especie, engendrar, fallando dos animaes. *Admissarium agere.*

Padrina. *f.* V. *Madrina.*

Padrinazgo. *m.* Acto de assistir, como padrinho, ao baptismo ou a qualquer acto publico. *Patrocinium, auspicium:* — qualidade, funcção, obrigação de padrinho. *Patroni munus, officium:* — patronagem; protecção, favor que alguem dispensa a outrem.

Padrino. *m.* Padrinho; o que apresenta e toma debaixo da sua protecção alguem, que vae receber o sacramento do baptismo ou da confirmação. *Susceptor pueri in baptismo:* — padrinho; o que acompanha, assiste ou apadrinha a outro, em qualquer acto publico. *Patronus, auspex, ductor:* — padrinho; o que apadrinha a outro nas justas, torneios, desafios, etc. *Protector, adjutor:* — *(fig.)* padrinho, protector, patrocinador. *Protector, patronus.*

Padron. *m.* Recenseamento; verificação dos individuos existentes nas povoações para saber seus nomes e numero. *Civium censum:* — padrão; columna de pedra com uma inscripção que recorda algum successo notavel. *Monumentum, cippus:*—V. *Patron, Dechado:* — *(fig.)* ferrete, labéu, macula, nodoa; desdouro resultante de alguma acção infamante. *Nota infamiæ:* — *adj.* *(fam.)* baboso; diz-se do pae que mostra demasiado carinho a seus filhos e tem muita condescendencia com elles. *Pater nimis in filios indulgens:* —*(ant.)* V. *Patron, Patrono.*

Padronazgo. *m.* *(ant.)* V. *Patronato.*

Padronero. *m.* *(ant.)* V. *Patron.* Pelo que tem o direito de patronato.

Paduano, na. *adj. s.* Paduano; natural de Padua ou pertencente a esta cidade. *Patavinus, a, um.*

Paflon. *m.* *(arch.)* Tecto de estuque. *Fundus planus.*

Paga. *f.* Paga, pagamento; acto de pagar ou satisfazer alguma cousa. *Solutio, onis:* — paga; a satisfação da culpa, delicto ou erro por meio da pena correspondente. *Pœnæ solutio:* — paga; a quantia ou a pena com que se satisfaz a culpa. *Res soluta:* — estipendio, soldo, ordenado entre os empregados civis e militares. *Stipendium, menstruum:* — paga; retribuição, correspondencia de amor ou de qualquer beneficio. *Retributio, mutuum officium:* — *viciosa;* paga viciosa, invalida. *Solutio vitiosè facta, vitio laborans.* *La mala paga siquiera en paja, ó del mal pagador aun que sea en paja (rif.);* do mau pagador, em farelos. *Si solvendo debitor non est, quidquid creditori offeratur arripiat.* *Ver la paga al ojo (fr.);* ter a paga certa. *Proxima spe frui.*

Pagadero, ra. *adj.* Pagadouro, pagavel; o que se ha de pagar ou satisfazer em um certo tempo determinado, ou o que se póde pagar facilmente. *Solvendus vel solvi facilis:* — tempo ou praso em que alguem ha de pagar o que deve ou satisfazer com o castigo algum delicto. *Tempus solutionis vel luitionis.*

Pagado, da. *adj.* Agradavel, aprazivel. *Placidus, a, um:* — *(ant.)* V. *Contento:* — pagado, pacato, apaziguado, pacifico: — amigo, favoravel: — *de sí;* presumido, arrogante. *Præsumptuosus, petulans.* *Estamos pagados;* estamos pagos. *Par pari retulimus.*

Pagador, ra. *s.* Pagador; o que paga. *Solutor, oris:* — thesoureiro pagador; pessoa em cujo poder estão certos capitaes para differentes pagamentos. *Tribunus ærarius.* *Al buen pagador no le duelen prendas (rif.);* ao bom pagador não doe o penhor; dá a entender que ao que quer cumprir com o que deve não lhe custa dar qualquer segurança que lhe peçam. *Bonæ fidei debitor facilè pignus offert.* *El buen pagador es señor de lo ajeno;* o bom pagador é herdeiro do alheio. *Qui credita fideliter solvit, omnium ei credentur bona.*

Pagaduría. *f.* Pagadoria; logar onde se fazem os pagamentos. *Officina solvendo deputata.*

Pagamento. *m.* V. *Paga,* na primeira accepção: — *(ant.)* gosto, contentamento: — V. *Consuelo.* *A pagamento (loc. adv.);* com satisfação.

Pagamiento. *m.* *(ant.)* V. *Pagamento.*

Paganales. *f. pl.* Paganaes; festas em honra dos deuses campestres.

Paganela. *f.* *(zool.)* Paganella; especie de peixe.

Paganía. *f.* *(ant.)* V. *Paganismo.*

Pagánico, ca. *adj.* V. *Pagano.*

Paganismo. *m.* Paganismo, gentilismo; aggregado de infieis. *Gentes ethnici:* — paganismo; a profissão dos pagãos. *Ethnica superstitio.*

Pagano, na. *adj.* Pagão; pertencente ao paganismo ou aos seus sectarios. *Paganus, a, um:* — *m.* camponez; o que vive no campo. *Paganus, i:*—pagão; pessoa que não está baptisada, e que está fôra do gremio da *Igreja catholica.* *Paganus, ethnicus:* — *(fam.)* pagador, contribuinte. *Qui solvit.*

Pagapato. *m.* *(bot.)* Pagapato; genero de plantas dicotyledoneas, da familia das myrthaceas.

Pagaga. *f.* *(bot.)* Pagaga; arvore mui commum na Guyana, e cuja madeira se emprega na construcção de canôas e remos.

Pagar. *a.* Pagar; satisfazer a divida. *Solvere, persolvere.* — pagar; retribuir affecto, carinho ou outro beneficio. *Mutuis officiis prosequi, dare operas mutuas:* — pagar; satisfazer os direitos pelos generos que se introduzem. *Tributis gravari:* — *(fig.)* pagar; soffrer a pena merecida. *Pœnas dare, luere:* — *(ant.)* V. *Contentar:* — pagar, agradar, dar gosto: — *r.* pagar-se, satisfazer-se. *Sibimet arridere:* — pagar-se, agradar-se, alegrar-se: — pagar-se; contentar-se, dar-se por satisfeito: — *al contado (fr.);* pagar de contado; satisfazer o que dev sem a menor delonga. *Continuò, illico, solvere. Paga lo que debes, sabrás lo que tienes (rif.)*; paga o que deves, saberás o que tens. *Æs alienum solve, ut tuum habeas.*

PAGARÉ. *m.* Vale; obrigação escripta pela qual uma pessoa se compromette a satisfazer uma certa quantia em um dia determinado. *Cautio de pecunia solvenda: — a la órden (com.)*; ordem de pagamento; papel em que um commerciante se obriga a pagar uma certa quantia dentro de um praso determinado.

PAGAZA. *m.* Especie de cesto de que usam os indios.

PAGÉS. *m. (ant.)* Aldeão.

PÁGINA. *f.* V. *Pájina.*

PAGO. *m.* Paga; a entrega de algum dinheiro que se deve. *Solutio, pecuniæ traditio: —* V. *Paga: —* pago, satisfação, premio, recompensa. *Retributio, merces: —* extensão de terras ou herdades, especialmente cultivadas de vinhas. *Pagus, i. Dar el pago (fr.)*; dar o pago. *Gratiam referre, retribuere. En pago*; em paga. *Solutionis vel retributionis causâ.*

PAGODA. *f.* Pagode; moeda de oiro que está em uso na India, e cujo valor e peso variam segundo os logares: — pagode; templo dos idolos, em alguns povos do Oriente. Tambem se dá este nome aos idolos que se adoram. *Delubrum, fanum.*

PAGODITA. *f. (min.)* Pagodita; especie de esteatite, de côr de rosa ou verde, que se encontra na China.

PAGOTE. *m. (fam.)* Joguete dos outros; aquelle sobre quem recáe tudo o que os outros fazem. *Qui omnia et pro ceteris solvit: — (germ.)* aprendiz de gatuno. *Leno, onis.*

PAGRO. *m. (zool.)* Pagro; genero de polyperos fosseis, cujas especies se assimilham aos espongiarios: — pagro; genero de peixes da familia dos acanthopterygios.

PAGUAR. *a. (ant.)* V. *Pagar.*

PAIA. *f. (ant.)* V. *Paja.*

PAIDONOSOLOJIA. *f. (med.)* Paidonosologia; tratado ou descripção das enfermidades das creanças.

PAIDONOSOLÓJICO, CA. *adj. (med.)* Paidonosologico; que pertence á paidonosologia.

PAILA. *f.* Vaso grande de cobre, ferro, etc., que serve para aquecer agua, lavar os pés e outros usos: — frigideira para tostar o cacau, etc.

PAINELA. *f. (ant.)* V. *Lazo. Echar las painelas a alguno (fr. ant.)*; deitar o laço a alguem.

PAIRAR. *n. (naut.)* Pairar; estar á capa, não surdir. *Solutis velis navim sistere fluctuantem.*

PAIRO. *m. (naut.)* Pairo; acção de pairar.

PAÍS. *m.* Paiz, região, territorio. *Regio, onis. Correr el país (fr.)* V. *Tierra: — (pint.)* paiz, paizagem; quadro que representa villas, logares, fortalezas, casas de campo, etc. *Topia, æ.*

PAISAJE. *m.* Paizagem; extensão de um paiz que se vê representado em um quadro. *Topia, æ: — campestre*; paizagem campestre; a que representa a natureza em toda a sua singeleza: — *histórico*; paizagem historica; aquella em que se acham representadas personagens heroicos, mythologicos, e passagens da historia ou da fabula: — *ideal*; paizagem ideal; aquella em que tudo é imaginado pelo pintor: — *misto*; paizagem mixta; a natural, a que o pintor addicciona ou subtrahe alguma cousa, para assim lhe dar melhor aspecto.

PAISANA. *f.* Dansa hespanhola. *Tripudii rustici genus.*

PAISANAJE. *m.* População de um paiz, exceptuando os militares. *Territorii incolæ: —* a circumstancia de ser de um mesmo paiz, e a especie de connexão ou vinculo que d'ella procede. *Origo, patria communis.*

PAISANO, NA. *adj.* Paizano, compatriota; do mesmo paiz. *Conterraneus, concivis: —* paizano; todo aquelle que não é militar. *Incola, æ: — (neol.)* paizano, aldeão, camponez.

PAISISTA. *adj.* Paizista; pintor de paizagens.

PAJA. *f.* Palha; a casca dos cereaes, depois de secca e separada da espiga. *Palea, æ: —* palha; pellicula, cascas seccas de legumes. *Stibula, palea: —* risco formado por algum corpo estranho em alguma pedra preciosa: — *(fig.)* palha; qualquer cousa ligeira, de pouca consistencia ou entidade. *Res levis, inanis: —* palha; o inutil de qualquer cousa. *Rejectanea, æ: — de agua*; chamam assim a uma certa quantidade ou medida de agua nos repartimentos das fontes, que é a decima sexta parte de um annel. *Âquæ fluentis mensura quædam: — de mesa ó de esquinanto.* V. *Esquinanto: — larga*; palha de cevada que se guarda inteira para differentes usos. *Hordei palea leviter contrita: —* individuo summamente alto e esgalgado. *Homo prælonga et gracili statura. Buscar la paja en el oido (fr.)*; armar contenda. *Jurgii causas quærere. En daca las pagas ó en alza allá esas pajas*; ser prompto e facil de fazer qualquer cousa. *Facillimo negotio. No pesar una paja*; não pesar uma palha; dá a entender a ligeireza e pouca importancia de alguma cousa. *Pro nihilo esse. No montar ó no importar una paja*; não valer uma palha; depreciar alguma cousa, por sua inutilidade. *Nihil interest, refert. Por quítame allá esas pajas*; por dá cá aquella palha; por cousa de nenhuma substancia, momento, fundamento ou rasão. *Levissima causâ, temerè, leviter. Sacar pajas.* V. *Sacar cartas. Ver la paja en el ojo ajeno y no la viga en el suyo (rif.)*; ver o argueiro no olho alheio e não ver a trave no seu. *Videt festuculam in oculo fratris sui et trabem in oculo suo non videt. Tomar las pajas con el cogote o alzar las pajas con la cabeza (fr.);* caír de costas.

PAJADA. *f.* V. *Empajada.*

PAJADO, DA. *adj.* Palhete; que é da côr de palha. *Pallidus, a, um.*

PAJANELIA. *f. (bot.)* Pajanelia; genero de plantas da familia das bignoniaceas.

PAJAR. m. Palheiro; sitio onde se mette e guarda a palha. *Palearium, ii:* — *(p. Gal.)* palheiro; meda de palha. *Pajar viejo presto se enciende, ó el pajar viejo cuando se enciende malo es de apajar, o pajar viejo arde mas presto (rif.);* velho gaiteiro, velho menino. *Inordinati animi affectus maximè in senectute cavendi.*

PÁJARA. *f. (prov.)* V. *Cometa:* —*,pinta;* especie de jogo de prendas. *Quidam ludus sic dictus.*

PAJAREAR. *n.* Passarinhar; caçar passaros. *Aviculas, passeres captare, aucupari:* — *(fig.)* passarinhar, vadiar; andar ocioso de uma para outra parte. *Otiari, vagari.*

PAJAREL. *m.* Chamariz, ave.

PAJARERA. *f.* Passareira, aviario; casa ou local onde se criam ou guardam passaros. *Cavea passerum.*

PAJARERÍA. *f.* Passarinhada; multidão de passaros. *Passerum copia.*

PAJARERO, RA. *adj.* Prazenteiro, folgasão, jovial. *Jocularis, festivus:* — *(p. A. Mer.)* fogoso; diz-se do cavallo forte e brioso: — *(p. Mex.)* V. *Espantadizo,* relativamente ao cavallo: — *m.* passarinheiro; o que se occupa em caçar, crear e vender passaros. *Passerum venditor vel auceps.*

PAJARICO, CA, LLO, LLA. *s. dim.* de *Pájaro.* Passarinho. *Pajarico que escucha, escucha el reclamo de su daño (rif.);* quem escuta de si ouve. *Suxpicax auscultator forsan de se audiet, quod audisse pœniteat.*

PAJARILLA. *f.* Passarinha; baço do porco, e por extensão dos outros animaes. *Splen porcinus. Temblar la pajarilla;* tremer a passarinha; ter medo, embaraço em fallar, etc. *Hæsitatio in loquendo:* — *(p. Ar.)* V. *Palomilla,* pelo insecto que destroe a cevada. *Abrasarse las pajarillas (fr.);* fazer muito calor. *Summo calore ardere. Alegrarse a uno la pajarilla ó las pajarillas;* alegrar-se alguem com a vista ou recordação de alguma cousa agradavel. *Maximè gaudere. Asarse ó caerse las pajarillas.* V. *Abrasarse las pajarillas. Hacer temblar la pajarilla;* fazer tremer a passarinha; metter medo a alguem. *Pavorem vel timorem incutere. Traerle las pajarillas volando;* fazer a alguem todas as vontades. *Alicujus voluptati studere.*

PAJARITA DE LAS NIEVES. *(zool.)* V. *Aguzanieve.*

PAJARITO. *m. dim.* de *Pájaro.* Passarinho. *Cada pajarito tiene su higadito (rif.);* cada passarinho tem seu figadosinho ou cada formiga tem sua ira; denota que uma pessoa por muito boa que seja, tambem se irrita e se enfada algumas vezes. *Nemo nunquam irascitur. Quedarse como un pajarito;* ficar, morrer como um passarinho. *Placidum obitum esse.*

PÁJARO. *s.* Passaro; nome generico que comprehende toda a especie de aves, ainda que mais especialmente se entendem as pequenas. *Passer, eris:* — *(fig.)* passaro, astuto, sagaz, cauteloso. *Sagax, callidus:*—eximio, perfeito, especial em alguma materia. *Excellens, præstans:* — *bitango (prov.)* V. *Cometa;* por armação, etc.: — *bobo;* arbusto que se cultiva em algumas partes do Chili: — *viejo no entra en jaula;* passaro velho não entra em gaiola ou rato velho não cae na ratoeira; explica não ser facil enganar o que é muito experimentado. *Annosa vulpes haud capitur laqueo. El pájaro voló o ya voló.* V. *Voló el Golondrino. Pájaro triguero no entra en mi granero;* nos viciosos não nos devemos fiar. *Apage, improbe. El mal pajarillo la lengua tiene por cuchillo;* o maldizente a si mesmo se prejudica. *Mas vale pájaro en mano que buitre volando;* mais vale um passaro na mão, que dois voando. *Certum pro incerto ne mutato:*—*m. pl. (zool.)* passaros; ordem de aves, a mais numerosa d'esta classe, e que comprehende todas aquellas que não são nadadoras, zancudas, trepadoras, rapaces nem gallinaceas: — *arañero;* especie do genero trepador:— *burro.* V. *Rabihorcado:* — *del paraiso.* V. *Astrapio:* — *del sol.* V. *Ave del paraiso:* — *loco.* V. *Pájaro solitario:* — *mosca.* V. *Colibri:* — *niño;* penguim; ave de uns dois pés de comprido, que carece de pennas:—*polilla.* V. *Martin pescador:* — *solitario;* ave do genero melro: — *tonto.* V. *Ave tonta.*

PAJAROTA, PAJAROTADA. *f.* Balela; a noticia que se tem por falsa. *Speciosum mendacium.*

PAJARRACO, PAJARUCO. *m.* Passarola; o passaro grande, desconhecido ou cujo nome não se sabe. *Immanis ignotaque avis (fig.);* passaro; homem dissimulado e astuto.

PAJAZA. *m.* Retraço; sobejo da palha que deixam as bestas. *Stramen paleatum.*

PAJAZO. *m.* Ferida que os cavallos muitas vezes fazem nos olhos com o rastolho. *Scapi in oculum impactio.*

PAJE. *m.* Pagem; criado cujo serviço é acompanhar seus amos, annunciar visitas, servir á mesa, etc. *Minister ephebus, puer assecla:* — *de bolsa;* pagem de bolsa; antigamente era o pagem do secretario dos tribunaes superiores, que levava a bolsa com os papeis. *Ingenuus puer scrinii custos, deportator:* — *de cámara;* pagem de camara; o que serve dentro d'ella o seu senhor. *Minister cubicularius:* — *de hacha;* pagem de tocha; o que vae adiante de seu amo ou de outra pessoa alumiando: — *de guion;* pagem do guião; o mais antigo dos pagens do rei, a cujo cargo estava levar as armas ao rei na falta do armeiro mór. *Armiger regius:* —*de lanza ó de armas;* pagem de lança ou de armas; o que levava as armas para seu amo se servir quando necessitasse. *Armiger, eri:* —*de escoba (naut.);* pagem; pequenos moços empregados constantemente na limpeza dos navios de guerra. *Mesonauta, æ.*

PAJEA. *f.* Especie de mato, em Toledo. *Cisti species variæ.*

PAJEAR. *n. (fam.)* Ser molesto: — portar-se, conduzir-se.

PAJECICO, LLO, TO. *m. dim.* de *Paje.* Pagemzinho: — *(p. And.)* pequeno bufete em que se põem as luzes. *Parvus abacus, mensula.*

PAJEL. *m. (zool.)* Pagel; genero de peixes acanthopterygios, da familia dos sparoideos.

PAJERA. *f.* Grade; pequeno palheiro que ha nas cavallariças, em que se tem á mão a palha necessaria para os animaes. *Paleæ repositorium.*

PAJERÍA. *f. (fam.)* Molestia, enfado.

PAJERO. *m.* Palheireiro; o que vende palha. *Paleæ asportator, venditor:* —*(fam.)* palheirão, palrador.

PAJESIA. *f. (bot.)* Pagesia; genero de plantas da familia das scrofularineas, cujas especies são hervas que crescem na Luisiana.

PAJICA, PAJILLA. *f.* Cigarro feito da folha do milho.

PÁJINA. *f.* V. *Plana,* da folha de algum livro.

PAJINACION. *f.* Paginação; ordem das paginas em um livro.

PAJINAR. *a.* Paginar; numerar as paginas de um livro.

PAJIZO, ZA. *adj.* Pagiço; feito ou coberto de palha. *Paleatus, a, um:* — palhete; côr de palha. *Pallidus, a, um.*

PAJON. *m. (p. A. M.)* V. *Icho.*

PAJONAL. *m. (p. A. M.)* V. *Ichal.*

PAJOSO, SA. *adj.* Palhaço ou palhiço; que é de palha ou tem muita palha. *Palearius, paleatus.*

PAJUELA. *f. dim.* de *Paja;* palhinha: — mecha; tira de papel ou lona passada por enxofre. *Sulphuratus calamus vel funiculus.*

PAJUELERO, RA. *s.* O que faz e vende mechas.

PAJUJERO. *m. (prov.)* Estrumeira; logar em que se deita a palha para estrume. *Sterquilinium, ii.*

PAJUNCIO. *m.* Nome que, por desprezo, se dá ao pagem.

PAJUZ, PAJUZO. *m. (p. Ar.)* Palha meia podre. *Strumen paleatum.*

PAL. *m. (br.)* V. *Palo.*

PALA. *f.* Pá; instrumento rustico de madeira, de que os lavradores se servem para padejar o trigo e outros usos. *Pala, æ:*—pá; o mesmo instrumento, mas feito de ferro, usado nas cozinhas para mexer o lume e trazer brazas. *Ferrea pala:* — pá; instrumento de que os forneiros usam para pôr e tirar o pão do forno. *Pala furnaria, infurnibulum:* — palheta; no jogo da pella é uma tábua grossa com que se impelle a pella. *Lignea pala lusoriæ pilæ jaciendæ:* — pá; a parte mais larga do remo, com que se faz a força na agua. *Pala, funda:* — mesa dentaria; o mais largo e plano dos dentes. *Brochitas, atis:* — *(fig.)* astucia ou artificio para conseguir ou averiguar alguma cousa. *Solertia, astus:* — dextreza, habilidade que alguem tem para fazer alguma cousa. *Solertia, dexteritas. Corta pala;* imperito, pouco intelligente em algumas cousas. *Imperitus, a, um. Hacer pala (fr.);* fazer palheta; entre os jogadores da pella consiste em pôr a palheta firme para recebe-la e ser dirigida depois pelo seu proprio impulso. *Meter la pala;* metter a pala; enganar sem dissimulação e habilidade. *Blanditiis capere:* — *(art.)* descarnador; entre os curtidores o instrumento que serve para descarnar as pelles. *Coriariorum culter:* — pala; entre lapidarios, o engaste em que assenta a pedra: — barba; lamina de ferro ou aço, estreita em cima e larga em baixo, que se põe na parte dianteira do espartilho das senhoras: — *(sap.)* pala; a porção de cabedal pegada ao rosto do sapato. *Calcei vel crepidorum obstragulum extimum.*

PALABRA. *f.* Palavra; som articulado ou dicção significativa. Ás vezes toma-se pela faculdade de fallar. *Verbum, vox:* — palavra, segurança, certeza, verdade. *Fides data:*—palavra; promessa ou offerta. *Pollicitatio, onis:* — palavra; junta esta voz com as particulas *no* ou *ni* e o tempo de algum verbo, serve para dar mais força á negação do que o verbo significa: — palavra; com a particula *no* se pospõe ao tempo do verbo e com a particula *ni* se antepõe, como: *no entiendo palabra;* não entendo palavra; *ni palabra entiendo;* nem palavra entendo. *Nec verbum:* — *(ant.)* palavra, proverbio, sentença, parabola: — palavra, dito, rasão, sentença: — palavra; o metal da voz. *Vocis sonus:* — *pl.* palavras; as dicções ou vozes supersticiosas, ordinariamente estranhas e de nenhuma significação, que usam os feiticeiros em seus sortilegios. *Carmina magica:* — palavras; o texto ou sentença, tirados de algum auctor ou escriptor, em referencia a algum assumpto de que se trata. *Verba, orum:* — palavra; especie de interjeição, que se usa para chamar a attenção de alguem: —*de matrimonio;* palavra de matrimonio; promessa de casamento. *Matrimonii sponsio:* — *de rey;* palavra de rei. *Constans, certa fides:* —*pesada;* palavra pesada. *Verba graviora, offensionis plena:* — *picante;* palavra picante. *Aculeatum verbum:* — *por palabra;* palavra por palavra, á letra. *Ad verbum, totidem vel eisdem verbis:* — *preñada;* palavra prenhe; a que inclue em si mais sentido que o que manifesta. *Dubia vel minacia verba:* — *al aire;* palavras no ar, ao vento; as que não significam cousa alguma. *Inania verba:* — *de buena crianza;* palavras de cortezia ou de cumprimento. *Officiosa verba:* —*formales;* palavras formaes. *Verba ipsa:* —*libres;* palavras deshonestas. *Turpia licentiosaque verba. Alzar la palabra.* V. *Soltar la palabra. Atravesar con alguno una palabra;* dar uma palavra a alguem. *Cojer a uno la palabra;* pegar na palavra de alguem. *Aliquem verbo obligare, fidem datam accipere. Cojer a uno las palabras;* tomar nota das palavras de alguem. *Verba alterius diligenter notare. Comerse las palabras;* comer as palavras. *Verba intercidere, corruptè pronuntiare. Cumplir la palabra;* cumprir a palavra. *Dar palabra ó su palabra;* dar a sua palavra. *Fidem dare. Dejar a uno con la palabra en la boca;* não prestar attenção ao que alguem diz. *Loquenti terga vertere, loquentem deserere. De palabra a boca;* vocalmente. *De palabra en palabra;* de palavra em palavra, de rasão em rasão. *Sensim. Dirijir la palavra a alguno;* dirigir a palavra a alguem. *Alloqui. Empeñar la palavra;* empenhar a palavra. *Fidem interponere, fidem oppignerare. En una, en dos, ó pocas palabras;* em uma, em duas ou em poucas palavras. *Uno vel paucis verbis. Esa palabra está gozando de Dios;* esse dito é do coração. *Optima sententia. La palabra escrita;* a palavra escripta; a Sagrada Escriptura. *La palabra no escrita;* a palavra não escripta; a tradição. *Mantener su palabra;* conservar a sua palavra. *Stare promissis. Medias palabras;* meias palavras; as que se não pronunciam bem, por defeito de pronuncia, ou então voluntariamente para deixar incompleto o sentido. *Verba dimidiata, ambages. Mi palabra es prenda de oro (fr.);* a minha palavra não torna atrás. *Fides mea auro pretiosior est. Mojar la palabra.* V. *Remojar la palabra. Ni obra buena ni palabra mala.* V. *Obra. No ser mas que palabras;* não passar de palavras. *Non ultra verba certatum esse. No tener mas que palabras;* não ter senão lingua. Diz-se do que se jacta de valente. *Lingua tantum valere. Quitarle a uno las palabras de la boca;* tirar a alguem as palavras da bôca; interrompe-lo, não o deixar fallar. *Interloqui, sermones loquente alio intermiscere. Remojar la palabra;* molhar a palavra; ir beber á taberna. *Vinum potare. Sobre ó bajo su palabra;* sobre ou debaixo da sua palavra. *Fide sua. Soltar la palabra;* desobrigar da palavra dada. *A data fide solvere. Pedir la palabra;* pedir a palavra. *Tener la palabra;* ter a palavra, ter permissão para fallar. *Tomar la palavra;* tomar a palavra. *Sermonem arripere, initium dicendi facere. Torcer, trocar, o mudar las palabras;* trocar ou mudar as palavras; dar-lhes um sentido differente. *Verborum sententiam invertere vel intorquere. Tratar mal de palabras;* tratar mal de palavras; insultar, injuriar. *Convitiari, convitiis aliquem proscindere, onerare. Venir alguno contra su palabra;* faltar alguem á sua palavra. *Fidem fallere. Palabras de santo, uñas de gato (rif.);* palavras de santo e unhas de gato; reprehende a hypocrisia. *Curiosè simulas, et bacchanalia vivis. Palabras y plumas el viento las lleva;* palavras e pennas o vento as leva: — *y piedra suelta;* palavra fóra da bôca, pedra fóra da mão. *Verbum emissum non redit. A palabras locas, orejas sordas;* a palavras loucas, orelhas moucas. *Correr ó pasar la palabra (mil.);* passar a palavra. *Vigiles se mutuò excitare:* — *divina (rel.);* palavra divina; o verbo divino. *Verbum, i:* — *de Dios;* palavras de Deus; o Evangelho, as verdades reveladas. *Verbum Dei:* — *sacramentales;* palavras sacramentaes; as palavras que o sacerdote pronuncia na consagração. *La palabra eterna, la palabra increada;* o verbo eterno; Jesus Christo.

Palabrada. *f.* Palabrada; dito pesado, descomedido. *Convitium, probrum.*

Palabrería. *f.* Palavrorio; discurso ou escripta sem importancia: — *(fam.)* palavrorio, palanfrorio; as promessas que se fazem com intenção de as não cumprir.

Palabrero, ra. *adj.* Palavreiro, palavroso, loquaz, fallador; diffuso em fallar, que promette muito e nada cumpre. *Loquax, blatero.*

Palabrica, lla, ta. *f. dim.* de *Palabra.* Palavrinha.

Palabrimujer. *m.* Homem com voz de mulher. *Voce feminea loquens.*

Palabrista. *adj.* V. *Palavrero.*

Palabrita. *f.* Palavrinha; palavra de pouca entidade, sem consequencia, que não merece attenção: — palavrinha; palavra, dito picante, aspero, acerbo, mordaz. *Grave verbum vel acculeatum. Palabritas mansas;* palavrinhas mansas; diz-se da pessoa branda e suave na persuasão ou modo de fallar, mas que occulta segunda intenção no animo. *Blandis vel mollibus verbis circumveniens.*

Palabrota. *f.* V. *Palabrada.*

Palaciano, na. *adj. (ant.)* V. *Palaciego:* — palaciano, nobre, generoso: — palaciano, cortez, civil, urbano: — festivo, jocoso, alegre, jovial.

Palaciego, ga. *adj.* Palaciano; concernente ou relativo a um palacio. *Aulicus, a, um:* — palaciano, aulico; cortezão que serve no paço, que frequenta a côrte, que sabe os seus usos, estylos e etiquetas. *Aulicus, a, um.* Usa-se tambem substantivado: — *(fig.)* palaciano, cortezão, adulador.

Palacio. *m.* Palacio, paço; habitação regia, paços reaes. *Aula regia, palatium:* — palacio; diz-se por ampliação de qualquer casa grande, nobre, sumptuosa, destinada para vivenda de particulares, auctoridades ou para outros usos, taes como reuniões de corporações, magistrados, etc. *Magnificæ ædes:* — palacio; castello, casa solarenga, nobre e antiga. *Nobilis et antiqua domus:* — palacio; dá-se este nome nas casas particulares da provincia de Toledo, a uma antecamara ou sala commum e publica, desguarnecida de moveis para não embaraçar o transito e commercio. *Procestrium, ii:* — *(p. Murc.)* pequena casa de paredes de taipa, consistindo de ordinario em uma só peça ou aposento. *Terrea casa:* — *arzobispal;* palacio ou paço arcebispal; a casa em que habita o arcebispo. *Echar una cosa a palacio (fr.);* deitar ao desprezo alguma cousa, não fazer caso d'ella. *Verborum licentiam urbanitati tribuere. Hacer palacio (fr.);* mostrar alguem o que tinha occulto ou debaixo da capa. *Ser del palacio (fr.);* ser cortezã, prostituta, meretriz. *Y usted está en palacio? (loc. fam.);* diz-se a uma pessoa que nota ou censura que alguem venha ao mesmo sitio ou logar em que ella está. *Aliò intentum esse, aliena cura præventum esse.*

PALACRA, PALACRANA. *f.* Barra ou pedaço de oiro puro que se encontra no fundo das minas. *Palacra, æ.*

PALADA. *f.* Pázáda, pá cheia; porção que uma pá pôde levar de uma vez. *Quod pala cogi potest:* — remada; movimento dos remos: — porção de agua que póde tomar de uma vez a pá do remo.

PALADAR. *m. (fig.)* Paladar, gosto, sabor. *Sapor, oris:* — *(fig.)* paladar; gosto ou desejo de qualquer cousa immaterial ou espiritual. *Voluptas, libido, desiderium:* — *(fig. ant.)* labios, a bôca. *Entre los paladares (loc. adv. ant.);* secretamente, em voz baixa. *Hablar al gusto o al paladar (fr.)* V. *Gusto:* — *(anat.)* paladar, céu da bôca; parte superior da cavidade oral. *Palatum, i. Velo del paladar (anat.);* véu palatino; orgão situado na parte posterior da bôca, onde limita o paladar: — *(bot.)* paladar; expansão do labio inferior da corolla de certas flores bilabiadas, e que forma a entrada da corolla.

PALADATO. *m. (chim.)* Paladato; sal produzido pela combinação do oxydo paladico com as bases.

PALADEAR. *a.* Pôr ao recemnascido mel ou outra cousa doce no céu da bôca, para assim o afazer a mammar sem repugnancia. *Pueri recens nati palatum melle mulcere:* — saborear; tomar o gosto, comer e beber pausadamente: — lavar a bôca aos animaes enfastiados, para lhes provocar o appetite e vontade de comer. *Bestiarum palatum extergendo medicari:* — *(fig.)* excitar o gosto de uma pessoa para uma cousa, ou desgosta-la d'ella por meio de outra que agrade mais. *Illicere, trahere voluptatis ope:* — *n.* dar a conhecer o recemnascido pelo movimento dos labios, que quer mammar. *Buccula signis puellulum mammam inhiare:* — *r.* saborear-se; tomar o gosto a alguma cousa pouco a pouco, deleitando-se. *Aliquid ligurire.*

PALADEO. *m.* Movimento dos labios pelo qual uma creança pede mamma. *Liguritio, puelluli bucculæ motus mammam inhiantis:* — acção de saborear.

PALADIAL. *adj.* Paladial; diz-se da letra consoante, cuja pronunciação se executa no interior da bôca, entre a a parte media da lingua e o paladar, para o qual se eleva um pouco para este effeito; taes são em castelhano as letras *ñ, y, ch.*

PALÁDICO, CA. *adj. (chim.)* Palladico; diz-se de um dos oxydos de palladio: — palladico; diz-se tambem dos saes que correspondem a este oxydo emquanto á composição.

PALADIN. *m.* Paladim ou paladino; cavalleiro andante, aventureiro, forte e valoroso. *Heros persæpè fabulosus.*

PALADINAMENTE. *adv. m.* Paladinamente, publicamente, claramente. *Palam.*

PALADINAS. *adv. (ant.)* V. *Paladinamente.*

PALADINO, NA, *adj.* Publico, claro, evidente, manifesto, patente. *Patens, propatulus:* *(ant.)* claro, intelligivel. *A paladinas o en paladinas (loc. adv. ant.)* V. *Paladinamente.*

PALADIO. *m. (chim.)* Palladio; corpo simples metallico, branco e brilhante, duro, mui malleavel, ductil e quasi inalteravel ao fogo.

PALADION. *m.* Paladion, palladio; sustentaculo, protecção; aquillo em que consiste a defeza e segurança de uma cousa: — *(hist.)* palladio; antiga imagem da deusa Pallas, conservada e honrada em segredo, de cuja conservação se julgava depender a da republica.

PALADIURO. *m. (chim.)* Palladiuro; ligação de palladio e outro metal qualquer em proporções definidas.

PALADO, DA. *adj. (br.)* Palado; diz-se do escudo e das figuras carregadas de palas. *Palatus, a, um.*

PALAFRE. *m. (ant.)* V. *Palafren.*

PALAFREN. *m.* Palafrem; cavallo manso em que montavam as damas e senhores nas funcções publicas ou nas caçadas, e muitas vezes os reis e principes, para fazerem as suas entradas solemnes. *Mansuetus equus freno ductus:* — palafrem; cavallo em que monta o creado ou lacaio que acompanha seu amo, quando este sáe a cavallo. *Equus famulo deserviens.*

PALAFRENERO. *m.* Palafreneiro; moço de libré que leva o cavallo á mão. *Famulus equum freno ducens.*

PALAHIERRO. *m.* Guilho; ferro que está mettido na pedra

mais inferior do moinho ou atafona.

Palal. *m. (ant.)* V. *Pànal.*

Palama. *f. (zool.)* Membrana estendida entre os dedos dos mammiferos palmeados e dos semi-palmeados: — membrana que une dois, tres ou todos os dedos em todo o seu comprimento ou em parte, em algumas aves.

Palamallo. *m.* Palamalho; especie de jogo que já se não usa.

Palamediano, na. *adj.* Palamediano; pertencente ou relativo a Palamedes, um dos heroes que foram ao sitio de Troya. *Letras palamedianas (philol.)*; letras palamedianas; são assim chamadas oito letras do alphabeto grego, que se crê foram inventadas por Palamedes, durante o sitio de Troya.

Palamenta. *f. (naut.)* Palamenta; os remos de uma galé e das mais embarcações que os usam. *Remi vel remorum series. Estar debajo de la palamenta (fr. fig.)*; estar alguem sujeito ao que lhe quizerem fazer. *Alieni juris esse.*

Palanca. *f.* Pau de que se servem os mariolas ou moços de fretes para levar entre dois um grande peso. *Phalangæ:* — *(naut.)* palanco; corda que passa por um moitão que está na ponta da véla, e serve para içar. *Rudens ad vela levanda:* — *(mech.)* alavanca; barra inflexivel, recta ou curva e movel em torno de um ponto fixo, que se chama ponto de apoio. *Vectis, is:* — *(cir.)* elevador; instrumento para elevar a porção de osso que se desprende com a corôa do trepano, as porções de osso fendidas, nos casos de fractura do craneo: — alavanca; instrumento de obstetricia para emendar a posição viciosa da cabeça do feto no estreito da pelve e accelerar o parto: — *(mil.)* palanca; fortim de estacas revestidas de terra, obra exterior de praça. *Munimentum urbis exterius.*

Palancada. *f.* Golpe dado com barra, varão ou alavanca. *Fustis ictus.*

Palancana. *f.* V. *Palangana.*

Palanciano, na. *adj.* Palanciano. V. *Palaciego:* — claro, manifesto.

Palangana. *f.* Palangana, bacia para lavar as mãos e para a barba. *Malluvium, pollubrum:* — *m. (p. Peru)* presumpçoso, fatuo presumido, que falla do que não entende.

Palangre. *m. (art.)* Apparelho de pescar.

Palangrero. *m.* Pescador de apparelho: — barco que se emprega para esta pesca.

Palanguera. *f.* Tranqueira, estacada. *Vallum, i.*

Palanquero. *m.* O que trabalha com alavanca. *Vectiarius, palangarius.*

Palanqueta. *f. (mil.)* Palanqueta; balas fixadas nas extremidades de uma barreta de ferro, com que ás vezes se carregam as peças de artilheria. *Virgula ferrea capitata utrinque:* — *a la española.* V. *Bala:* — *a la francesa.* V. *Bala:* — *(p. Cub.)* doce em pasta feito de farinha do maiz torrado e de succo de canna.

Palanquetero. *m. (p. Cub.)* O que vende o doce chamado *palanqueta.*

Palanquin. *m.* Mariola, moço de fretes, homem de ganhar. *Phalangarius, bajulus:*—palanquim, leito portatil de rede ou com fundo de tábuas, geralmente usado na Asia e no Oriente; tem um varal por onde lhe pegam os moços ou escravos: — *(germ.)* ladrão.

Palaro. *m. (zool.)* Palaro; genero de insectos hymenopteros da tribu dos crabronios.

Palas. *f. (astron.)* Pallas; nome de um planeta descoberto em 1802. Está collocado junto a Ceres, e a sua revolução sideral é de quatro annos e sete mezes.

Palasia. *f. (bot.)* V. *Calodendro.*

Palastro. *m.* Panno da fechadura: — ferro fundido.

Palatal. *adj.* V. *Paladial.*

Palatina. *f.* Palatina; ornato de pelles finas que rodeia o pescoço e vem cruzar sobre o peito. É usado por senhoras. *Fascia palatina, colli tegumentum, persæpe pelliceum.*

Palatinado. *m.* Palatinado; dignidade ou titulo de alguns dos principes de Allemanha chamados palatinos. *Dignitas ita dicta apud germanos:* — palatinado; territorio em que póde exercer a sua jurisdicção o palatino. *Palatinorum principum ditio.*

Palatino, na. *adj.* Palatino; concernente ao palacio ou proprio dos palacianos. *Aulicus, a, um:* — *m.* palatino; nome que antigamente se dava á todos aquelles que tinham officio principal nos palacios dos principes: — *adj. (anat.)* palatino; pertencente ao paladar: — *m.* palatino; osso que os antigos confundiam com o maxillar superior, situado na parte posterior das fossas nasaes: — *m. pl. (hist.)* palatinos; sacerdotes instituidos por Numa Pompilio para o culto de Marte, no monte Palatino: — palatinos; jogos instituidos por Augusto em honra de Julio Cesar.

Palatitis. *f. (med.)* Palatitis ou palatite; inflammação do paladar ou do véu palatino.

Palato-farinjitis. *f. (med.)* Palato-pharyngite; doença conhecida pelo nome de angina pseudo-membranosa, e que consiste na inflammação das mucosas palatina e pharyngea, com producção de falsas membranas.

Palazo. *m.* Pancada com pá.

Palco. *m.* Palanque ou tablado levantado do chão, para os espectadores se sentarem para ver algum espectaculo. *Parvum tabulatum, ludis, spectandis deserviens:* — camarote de theatro, de circo ou de praça de touros: — *escénico;* palco. V. *Escenario.*

Paleacion. *f. (ant.)* V. *Paliacion.*

Paleador. *m.* Trabalhador que trabalha no campo, n'um jardim, etc., com a pá. *Palâ laborans.*

Paleaje. *m. (naut.)* Descarga de uma embarcação renovando e tirando com pás e alcofas ou ceiras o grão, sal ou outra cousa de que vem carregado.

Palear. *a.* V. *Apalear:* — *(ant.)* Palear. V. *Paliar.*

Paleativo, va. *adj.* V. *Paliativo.*

Palemon. *m. (astron.)* Palemon; nome empregado ás vezes entre os astronomos para designar a constellação de Hercules: — *(zool.)* palemon; genero de crustaceos decapodas macrouros, da tribu dos palemonios.

Palemonios. *m. pl.* Palemonios; tribu de crustaceos decapodas macrouros, a que serve de typo o genero palemon.

Palena. *f. (zool.)* Pallena; genero de crustaceos araneiformes.

Palénide. *m. (bot.)* Palenide; genero de plantas da familia das compostas.

Palenque. *m.* Estacada, tranqueira de estacas que se faz para defeza de algum posto, e tambem para cercar e fechar o terreno em que se ha de executar algum espectaculo. *Vallum, i:* — palanque; circo em que se ha de executar algum espectaculo. *Vallum, i:* — palanque, trincheira, nas praças de touros, circos ou outros espectaculos publicos: — *(p. Am.)* sitio escarpado que escolhem para habitação os negros fugitivos, quando se juntam muitos, no qual se fazem fortes e permanecem por largo tempo.

Palente. *adj. (ant.)* V. *Pálido.*

Palentino, na. *s.* Palentino; o natural de Palencia: — *adj.* palentino; pertencente a esta cidade.

Paleografía. *f.* Paleographia; sciencia das escripturas antigas, arte de as ler. *Paleographia, æ.*

Paleógrafo. *m.* Paleographo; o que se dedica ao estudo da paleographia ou é versado n'esta sciencia.

Paleolaria. *f. (bot.)* Paleolaria; genero de plantas, da familia das synanthereas.

Paleólogo. *m.* Paleologo; o que se dedica ao estudo da paleologia.

Paleolojía. *f.* Paleologia; estudo das linguas antigas.

Paleolójico, ca. *adj.* Paleologico; que respeita á paleologia.

Paleontografía. *f.* Paleontographia; historia ou descripção dos corpos organicos que só se encontram no estado fossil.

Paleontográfico, ca. *adj.* Paleontographico; pertencente á paleontographia.

Paleontógrafo. *m.* Paleontographo; o que se dedica ao estudo da paleontographia.

Paleontólogo, ga. *adj.* Paleontólogo; versado em paleontologia.

Paleontolojía. *f.* Paleontologia; sciencia que trata dos restos organicos fosseis, e das raças de animaes e vegetaes que antigamente existiram na superficie do globo.

Paleontolójico, ca. *adj.* Paleontologico; relativo ou concernente á paleontologia.

Paleotérico, ca. *adj. (geol.)* Paleotherico; nome dado por alguns geologos aos terrenos denominados terciarios, por n'elles se terem achado os restos do paleotherio.

Paleoterio. *m. (zool.)* Paleotherio; genero de animaes fosseis formado por Cuvier, para classificar alguns quadrupedes da ordem dos pachydermes.

Paleozoologo. *m.* Paleozoologo; o que se dedica á paleozoologia.

Paleozoolojía. *f.* Paleozoologia; historia dos animaes fosseis ou antigos.

Paleozoolójico, ca. *adj.* Paleozoologico; relativo ou pertencente á paleozoologia.

Palería. *f.* Drenagem; arte de enxugar os terrenos baixos e humidos. *Ars incilia aperiendi aquæ derivandæ gratia.*

Palermitano, na. *s.* Palermitano; o natural de Palermo: — *adj.* palermitano; pertencente a esta cidade.

Palero. *m.* Artifice ou vendedor de pás. *Palarum opifex seu venditor:* — vallador; trabalhador que se serve da pá na limpeza das acequias ou sanjas, para esgotar os terrenos humidos. *Qui incile aperit purgatque palæ ope:* — *(mil. ant.)* nome dado ao sapador que trabalhava com pá, como hoje fazem alguns gastadores.

Pales. *m. (zool.)* Pales; genero de insectos coleopteros subpentameros, da familia dos cyclicos.

Palestino, na. *s.* Palestino; o natural da Palestina: — *adj.* palestino; pertencente á Palestina. *Palæstinus, a, um.*

Palestra. *f.* Palestra; sitio aonde se joga, exercita ou luta. *Palæstra, æ:* — *(poet.)* lide, luta. *Palæstra, æ:* — *(fig.)* palestra, gymnasio; logar de exercicio litterario, ou onde se exercita arte liberal. *Palæstra, æ:* — *(zool.)* palestra *(luta)*; genero de insectos coleopteros heteromeros, da familia dos stenelytros.

Paléstrica. *f.* Palestrica; um dos principaes generos de gymnastica, que se compõe da luta, do pugilato, da carreira, do salto, etc.

Paléstrico, ca. *adj.* Palestrico; da palestra, da luta. *Palæstricus, a, um:* — *(hist. ant.)* palestrico; lutador da palestra, e, mais commummente, o que dirigia os exercicios da palestra.

Palestrino. *m. (zool.)* Palestrino *(que gosta da luta)*; genero de insectos coleopteros pentameros, da familia dos estaphylinios.

Palestrita. *m.* Lutador; o que se exercita na palestra. *Palestrita, æ.*

Paleta. *f.* Colhér de ferro que serve nas cozinhas, especialmente nas de communidades, para repartir a comida. *Rudicula ferrea:* — pá ou outro instrumento similhante com que se mexe e revolve o lume. *Rudicula, æ:* — V. *Espaldilla:* — trolha; instrumento de pedreiro. *Pala manualis cœmentaria, trulla. De paleta (loc. adv.)*; a proposito, opportunamente, á mão. *Opportunè. En dos paletas (loc. adv. fam.)*; em duas palhetadas, em um abrir e fechar de olhos, n'um pulo, n'um instante, brevemente, mui depressa. *Illicò. Media paleta (p. Ar.)*; official de pedreiro que acaba a aprendizagem, mas que não ganha ainda como tal. *Faber cæmentarius, adhuc tiro:* — *(anat.)* pá; nome vulgar da espadoa ou omoplata: — *(art.)* palheta; pazinha ou especie de espatula com que os impressores tomam a tinta e a estendem sobre a bala: — palheta; pequena peça dos relogios, que movida pela roda catharina, mantem as vibrações do volante: — *(mech.)* pá; parte collocada na extremidade dos braços que formam as rodas dos barcos a vapor, a qual successivamente se vae introduzindo e saíndo da agua pelo movimento giratorio da roda, fazendo o officio de remos: — *(pint.)* palheta; tabuazinha em que o pintor tem as tintas que vae applicando. *Pictorum tabella.*

Paletada. *f.* Chapada, colherada; porção de gesso ou cal amassada que se colhe de uma vez com a colhér. *En dos paletadas (loc. adv.)* V. *En dos paletas.*

Paletazo. *m.* Golpe dado com a colhér de pedreiro.

Paletero. *m.* Gamo de dois annos: — *(germ.)* ladrão que ajuda a entreter alguem para o roubar.

Paletilla. *f.* V. *Palmatoria,* especie de castiçal ou candieiro, etc. *Encarnacion de paletilla.* V. *Encarnacion. Levantarle a uno la paletilla (fr. fig.);* mortificar alguem, maltrata-lo de palavras, etc. *Probis et convitiis aliquem proscindere. Ponerle a uno la paletilla en su lugar (fr. fig.);* reprehender alguem asperamente, e dizer-lhe o que deve fazer. *Aliquem increpare graviter vel castigare:* — *(anat.)* espinhela; nome vulgar da cartilagem xiphoide.

Paletina. *f.* V. *Palatina.*

Paleto. *m. (fig.)* Homem rustico, grosseiro. *Rusticus, i.*

Paletó. *n. (neol.)* Paletó; vestidura larga que se traz sobre a casaca, etc.

Paleton. *m.* Palhetão; a parte da chave opposta á argola, que tem dentes, e se mette na fechadura para dar volta á lingueta. *Clavis pars plana.*

Paletoque. *m.* Especie de capote sem mangas em fôrma de escapulario, que chega até os joelhos. Usam-se em varias serranias de Hespanha, e antigamente o usavam os soldados sobre o armamento. *Rinicium oblongum.*

Paletuvio. *m. (bot.)* V. *Rizófora.*

Pália. *f.* Pavilhão; cortinado que cobre o sacrario. *Velum, cortina:* — corporal; panno de linho quadrado e bento, sobre que se põe o calice e a hostia, no altar: — pala; peça quadrada de panno com que se cobre o calix. *Palla, æ.*

Paliacion. *f.* Palliação, disfarce; acto de encobrir, cohonestar ou dissimular alguma cousa. *Palliatio, onis:* — *(med.)* palliação; acção de calmar e moderar os males incuraveis: — palliação; cura apparente de uma doença.

Paliadamente. *adv. m.* Palliadamente, dissimuladamente, disfarçadamente, encobertamente. *Speciosa dissimulatione.*

Paliar. *a.* Palliar, dissimular, colorar, cohonestar, encobrir com disfarces, etc. *Palliare, velare:* — *el mal (med.);* palliar a doença, o mal; não o curar senão apparentemente, ou minora-lo, remedia-lo por algum tempo, evitando que augmente de intensidade.

Paliativo, va. *adj. (fig.)* Palliativo; que se diz ou se faz para disfarçar, desfigurar a verdade ou occulta-la: — *(med.)* palliativo; diz-se dos remedios que se applicam ás doenças incuraveis, para lhes diminuir a intensidade e allivia-las por algum tempo. *Pallians, leniens.*

Paliatorio, ria. *adj.* Paliativo; que é capaz de palliar, encobrir, disfarçar alguma cousa. *Pallians, antis.*

Palidez. *f.* Pallidez, amarellidão, côr pallida, abatimento da côr natural, descoramento. *Pallor, oris.*

Pálido, da. *adj.* Pallido, descorado, desmaiado; que perdeu a côr encarnada. *Pallidus, a, um:* — *(fig.)* diz-se das obras litterarias que revelam mui pouca animação, pouca verdade, especialmente fallando das descripções.

Palilolojia. *f. (rhet.)* V. *Palinlojia.*

Palillero. *m.* Paliteiro; o que faz e vende palitos. *Dentiscalpiorum venditor vel factor:* — paliteiro; estojo de palitos. *Theca dentiscalpiis servandis:* — paliteiro; objecto de prata, vidro, louça, etc., de diversas figuras, que tem uns pequenos furos para metter os palitos, e que se põe nas mesas.

Palillo. *m. dim.* de *Palo.* Pausinho: — porta-agulha de fazer meia; é uma varinha de osso, marfim, etc., furada no centro, onde se encaixa a agulha para fazer meia. Em Portugal usa-se só em algumas partes das provincias. *Bacillus ad calligas texendas:* — palito; pedacinho delgado de pau para esgravatar e limpar os dentes. *Stilus ligneus, dentiscalpium:* — bilro; instrumento de fazer renda e cordões. *Bacilli ad filorum retia texenda:* — baqueta; qualquer das duas peças de pau torneadas, com que se tocam os tambores. *Tympanotribæ bacilli:* — *(fig.)* conversação que tem logar depois da comida, ao levantar da mesa. *Post prandium familiaris collocutio vel sermo:* — *pl.* rudimentos, elementos; primeiros principios de uma arte ou sciencia. *Rudimenta Minervæ:* — *pl. (fig.)* escoria, rebotalho; cousa vil e o que ha de mais desprezivel e menos importante em cada especie. *Stipulæ, res nihili:* — *pl.* pausinhos do bilhar, em certos jogos: — *de barquillero ó de suplicaciones;* ponteiro que se faz girar á roda de um mostrador, que usam certos vendedores de bolos para vender estes á sorte. *Versatilis index lusorius:* — *de murmuracion;* conversação em que se murmura de alguem: — *(art.)* V. *Alacran*, referindo-se ao freio do cavallo: — *(bot.)* palilho; planta do Perú, parecida com a goiabeira. O seu fructo tem o mesmo nome.

PALIMPSESTO. *m.* Palimpsesto; pergaminho que se raspava para escrever n'elle de novo.

PALINDROMIA. *f. (med.)* Palindromia; refluxo ou repercussão dos liquidos e humores viciados do exterior para o interior do corpo.

PALINDROMO, MA. *adj.* Palindromo; nome dado antigamente aos escriptos que se podiam ler da direita para a esquerda e vice-versa, apresentando sempre o mesmo sentido.

PALINJENESIA. *f.* Palingenesia, regeneração, renascimento: — *(philos.)* palingenesia; systema de philosophia da historia, segundo o qual as mesmas fôrmas sociaes, as mesmas lutas, as mesmas revoluções se reproduzem constantemente n'uma dada ordem: — *(phys.)* palingenesia; artificio de optica, por meio do qual se faz apparecer a imagem de um objecto qualquer em um logar aonde realmente não existe corpo algum: — *(chim.)* palingenesia; acção em virtude da qual os principios vegetaes e animaes decompostos pela analyse chimica dão logar, na opinião de muitos auctores, a um corpo similhante áquelle d'onde procedem, pelo menos na fôrma.

PALINJENÉSICO, CA. *adj.* Palingenesico; que respeita á palingenesia.

PALINJENO, NA. *adj.* Palingeno; que se reproduz ou regenera, que volve á vida, depois de have-la perdido na apparencia, como os animaes infusorios.

PALINLOJIA. *f. (rhet.)* Palinlogia; figura poetica que consiste em principiar um verso pela ultima palavra ou por uma das ultimas palavras do verso precedente.

PALINODIA. *f.* Palinodia; o desdizer-se, retractação do que se disse. *Palinodia, æ. Cantar la palinodia (fr.)*; cantar a palinodia; desdizer-se, retratar-se publicamente do que disse em offensa de alguem.

PALINURINOS. *m. pl. (zool.)* Palinurinos; familia de crustaceos decapodas macrouros, que tem por typo o genero palinuro.

PALINURO. *m. (zool.)* Palinuro. V. *Langosta.*

PÁLIO. *m.* V. *Capa, Balandran:* — pallio; insignia pontifical que o papa envia aos arcebispos e a alguns bispos, a qual é como uma faixa branca, com seis cruzes pretas. *Pallium, ii:* — pallio; sobrecéu portatil sustido por varas levadas por homens, debaixo do qual sáe o Sacramento á rua, ou o santo lenho, os reis e os vice-reis. *Umbella, æ:* — brávio; bandeira, ou peça de seda que se dava por premio ao vencedor na carreira. *Bravium, ii:* — docel, sobrecéu, ou qualquer cousa que cubra como estes. *Umbella, umbraculum. Correr el pálio (fr.)*; correr o páreo ou pário; contender varias embarcações em um rio, partindo de um ponto ao mesmo tempo e forcejando por chegar primeiro a certo sitio á força de remos, para ganhar o premio. Em portuguez obsoleto dizia-se tambem correr o pallio. *Recibir con pálio (fr. fig.)*; receber com pallio; com grandes honras e demonstrações de alegria. *Sub umbella excipere aliquem.*

PALIQUE. *m. (fam.)* Cavaco; conversação de pouca importancia.

PALITOQUE, PALITROQUE. *m.* Pausinho tosco e mal formado. *Parvus rudisque sudes.*

PALIURO. *m. (bot.)* Paliuro; genero de plantas da familia das rhamneas e da pentandria trigynia.

PALIZA. *f.* Roda de pau, muitas pauladas. *Fustuarium, ii.*

PALIZADA. *f.* Palissada, estacada; cêrca fechada com estacas. *Vallum, i:* — palissada; obra feita de estacas e terraplenada para impedir as saidas dos rios ou divertir a sua corrente. Frequentemente chama-se-lhe *empalizada* em castelhano. *Agger, eris:* — *(tr.)* estacada; conjuncto de peças em fórma de palas, faixas agudas ou ponteagudas, encaixadas umas nas outras. *Pali in stemmatibus:* — *(mil.)* palissada. V. *Estacada.*

PALMA. *f.* Palma, palmito; ramo, folha de palmeira. *Palma, phœnix dactyliferæ frons:* — palma, palmito; symbolo da victoria, do triumpho, da virgindade. *Palma, æ:* — palma, triumpho: — palma, victoria do martyr contra as potestades infernaes. *Palma, æ:* — *(ant.)* V. *Manoton* de um cavallo. *Andar en palmas (fr.)*; andar nas palmas; ter voga, fama, ser estimado e applaudido de todos. *Omnium laudibus efferri. Ferir palmas (fr.)*; tocar, bater as palmas; applaudir com palmadas. *Como por la palma de la mano (loc.)*; facilmente. *Facillimè, nullo negotio. Ganar la palma (fr.)* V. *Ganar la palmatoria. Llano, liso, o raso como la palma de la mano (loc.)*; plano, liso como a palma da mão. *Planissimus, a, um. Llevar o traer en palmas a alguno (fr.)*; trazer nas palmas; louvar muito, fazer grande apreço de alguem, e prestar-lhe todos os bons officios. *Blandissimè alicui indulgere. Llevarse la palma (fr.)*; levar a palma; sobresaír, exceder em competencia com outros, vencer, triumphar: — *de la mano (anat.)*; palma da mão; parte lisa da mão contra a qual se dobram os dedos, quando se contrahem para pegar em algum corpo ou para formar o punho. *Palma, bola:* — *(bot.)* palma ou palmeira: — *(bot.)* V. *Palmito:* — *india, indiana.* V. *Coco:* — *real (bot.)*; palma real; arvore das Antilhas parecida com a palmeira commum, mas mais alta e de espique liso: — *(vet.)* palma, sola; parte inferior do casco das bestas, entre o sanco e a ranilha. *Equi ungulæ pars. Aceite de palma (chim.)*; oleo de palma; substancia oleosa que se extrahe dos fructos de certas palmeiras do Brazil e da Africa.

Palmacito. *m. (bot.)* Palmacito; genero de palmeiras fosseis.

Palma-Cristi. *f. (bot.)* Palma-christi, ricino. V. *Ricino*.

Palmada. *f.* Palmada; golpe com a palma da mão. *Alapa, palmæ ictus:* — *(ant.)* V. *Palmo:* — *pl.* palmadas ou palmas; golpes repetidos que se dão com uma das mãos na palma da outra em signal de regosijo ou de applauso. *Manuum plausus. Darse una palmada en la frente (fr.);* bater com a mão na testa, para chamar alguma cousa á memoria.

Palmadica, lla, ta. *f. dim.* de *Palmada.* Palmadinha: — certa dansa hespanhola, em que a pessoa que tira outra para seu par dá-lhe uma palmada na mão, como signal de ser a escolhida. *Tripudium verberata palma indictum.*

Palmado, da. *adj.* V. *Palmeado.*

Palmar. *m.* Palmar; campo, mata de palmeiras. *Palmetum, i:* — palmital; terreno inculto povoado de palmitos: — *(ant.)* V. *Palmo,* medida: — *adj.* palmar; pertencente ao palmo, ou da grandeza de um palmo. *Palmaris, e:* — palmar; da palma ou palmeira: — palmar, claro, patente, manifesto, palpavel. *Patens, manifestus:* — *a. (germ.)* dar por força alguma cousa: — *n. (fam.)* esticar. V. *Morir:* — *adj. (anat.)* palmar; pertencente á palma da mão: — *m. (art.)* palmar; carda feita de cardo para cardar pannos. *Diptacus, i:* — *(bot.)* palmar; diz-se dos caules que só têem de altura quatro ou cinco dedos, por derivação do palmo latino que tem esta extensão: — *(zool.)* palmar; diz-se dos mammiferos que só têem mãos nas extremidades anteriores: — *m. pl.* palmares; grupo de mammiferos que comprehende os animaes que só têem mãos nas extremidades ou membros superiores. Este grupo contém unicamente o genero homem.

Palmario, ria. *adj.* Palmar, palpavel, claro, manifesto, evidente. *Patens, manifestus.*

Palmato. *m. (chim.)* Palmato; sal formado pela combinação do acido palmico com uma base.

Palmatoria. *f.* V. *Palmeta:* — palmatoria; castiçal de pouca altura pegado a um prato que tem cabo ou rabo. É de prata, latão, etc. *Candelabrum in formam ferulæ manuale:* — palmatoria; instrumento de punir rapazes. *Ferula, æ.*

Palmeado, da. *adj.* Espalmado; chato e raso como a palma da mão, que tem a fórma de uma mão aberta. *Pies palmeados (zool.);* pés palmeados; diz-se dos pés de alguns mammiferos, cujos dedos estão reunidos por uma membrana até proximo da sua base. Tambem se diz dos pés chatos de certas aves, cujos dedos são unidos por uma membrana, como succede ao pato, ganso, cisne, etc.

Palmear. *a. (germ.)* V. *Azotar:* — *n.* palmear ou palmejar; bater as palmas, applaudir com palmadas. *Palmis pulsare, obstrepere:* — *a. (naut.)* medir os membros de um navio.

Palmejares. *m. pl. (naut.)* Palmejares; peças de madeira que cingem o navio da pôpa á prôa por dentro, endentando-se como os liames. *Navis internæ dentata trabs.*

Palmenta. *f. (germ.)* Carta mensageira ou missiva.

Palmentero. *m. (germ.)* Correio ou carteiro.

Palmeo. *m.* Medida por palmos.

Palmera. *f. (bot.)* Palmeira; nome antigo de um genero e hoje de uma familia de plantas monocotyledoneas, cujas especies são arvores pela maior parte exoticas, notaveis por sua belleza e tamanho. *Palma, æ:* — *marina (zool.);* palmeira marinha; nome que se dá a algumas especies de zoophytos.

Palmero. *m.* Palmeiro; peregrino da Terra Santa que trazia um palmito ou palma na mão. *A locis sacris peregrinus adveniens:* — jardineiro que trata e cuida das palmas ou palmeiras. *Palmarum curator.*

Palmeta. *f.* Palmatoria; peça chata e redonda de pau com cabo para dar palmatoadas nos rapazes nas escolas. *Ferula, æ:* — palmatoada; golpe nas palmas das mãos com palmatoria. *Ferulæ ictus in palma acceptus.*

Palmetear. *a. (vulg.)* Dar palmadas em alguma parte.

Pálmico. *adj. (chim.)* Palmico; nome de um acido crystallisavel em agulhas brancas, que se obtem concretando o oleo de ricino por meio de uma corrente de gaz acido sulphuroso.

Palmícola. *adj. (zool.)* Palmicola; diz-se dos animaes que vivem nas palmeiras.

Palmiche. *m.* Tamara da palmeira real.

Palmífero, ra. *adj. (bot.)* Palmifero; que tem folhas como a palmeira: — *(poet.)* palmifero; que abunda em palmeiras. *Palmifer, era, erum.*

Palmilla. *f.* Certa especie de panno que se fabricava particularmente em Cuenca. O mais estimado era de côr azul. *Pannus cæruleo colore tinctus;* — *(prov.)* palmilha. V. *Plantilla,* do sapato.

Palmípedo, da. *adj.* Palmipede; que tem pés espalmados: — *m. pl. (zool.)* palmipedes; familia de quadrupedes roedores claviculados que encerra os hydromydos e os castores: — *f. pl.* palmipedes; sexta e ultima ordem da classe das aves, segundo Cuvier.

Palmira. *f. (zool.)* Palmyra; genero de annelidos da divisão dos aphroditas.

Palmitieso, sa. *adj.* Palmiteso; diz-se dos cavallos que têem os cascos direitos para a frente e duros.

Palmitina. *f. (chim.)* Palmitina; substancia crystallina de côr branca brilhante, pouco soluvel no alcool e muito soluvel no ether fervente.

Palmito. *m. dim.* de *Palmo:* — Palminho: — V. *Rostro. Como un palmito (fr. fam.);* como um palmito; bem vestido, muito limpo e aceiado. *Decorus, concinnus:* — *(bot.)* palmito; planta do genero chamerope: — raiz da planta chamada palmito: — palmito; miolo de certas palmeiras, especialmente da palmeira real, que se come guizado, cozido e em salada.

Palmo. *m.* Palmo; medida de extensão; é a distancia entre a extremidade do dedo pollegar e a do minimo, estando o mais apartados possivel, aberta a mão. *Palmus, i:* — jogo de rapazes: — *(ant.)* distancia dos quatro dedos desde o indicador ao minimo juntos, que se chamava palmo menor. *Palmus minor:* — V. *Golpe:* — *a palmo (fr.);* palmo a palmo, pouco a pouco, aos poucos, combatendo a cada passo; expressa a difficuldade e lentidão com que se ganha algum terreno. *Pedetentim. En un palmo de tierra (loc. adv.);* n'um palmo de terra, em um mui curto espaço. *Brevissimo tractu:* — *de tierra;* um palmo de terra, porção mui pequena. *Terræ brevissimus tractus. Crecer a palmos (fr. fam.);* crescer a palmos, mui rapidamente. *Ultra modum brevi tempore excrescere. Dejar a uno con un palmo de narizes (fr. fig.);* deixar alguem com um palmo de cara; zombar d'elle privando-o do que esperava conseguir. *Spe fraudare, deludere. No adelantar o no ganar un palmo de tierra en alguna cosa (fr. fam.);* não adiantar ou não ganhar um palmo de terra, não adiantar um passo em alguma cousa; adiantar mui pouco ou quasi nada. *Nihil proficere. Tener medido a palmos (fr. fig.);* conhecer o terreno, o logar a palmos; com toda a exacção. *Aliquid perspectum vel exploratum habere.*

Palmoscopia. *f. (h. ant.)* Palmoscopia; adivinhação feita pela inspecção das entranhas das victimas, ou pelo exame da palma da mão.

Palmoscópico, ca. *adj.* Palmoscopico; pertencente á palmacospia.

Palmotear. *n.* V. *Palmear.*

Palmoteo. *m.* Batedura de palmas. *Manuum plausus:* — castigo com a palmatoria. *Ferulæ ictus.*

Palmura. *f. (zool.)* Palmura; membrana que une os dedos das aves palmipedes.

Palo. *m.* Pau, bordão, cajado. *Fustis, is:* — pau, lenho, madeira. V. *Madera:* — pau; madeira de algumas arvores das Indias que se emprega na medicina e na tinturaria como: *palo de Campeche, etc.;* pau de Campeche, etc. *Lignum, i:* — paulada; pancada, golpe com pau. *Fuste impactus ictus:* — patibulo; supplicio ou pena ultima que se executa n'algum instrumento de madeira, como a forca, o garrote, etc. *Patibulum, i:* — naipe; qualquer dos quatro do baralho das cartas de jogar. *Chartarum pictarum ordo quilibet:* — pedunculo, pediculo, pé do fructo. *Pediculus, i:* — pau. V. *Palillo,* no bilhar: — perna, haste; linha que sobresáe da letra ou pela parte de cima, como no *d,* ou pela de baixo como no *p. Litteræ proceritas procidentiave:* — *codal;* pau do tamanho de um covado, que se trazia ao pescoço em signal de penitencia publica. *Pala cubitalis:* — *de ciego;* paulada, pancada de cego; dada com toda a força. *Fustis, ictus vehemens. Andar el palo (fr.);* trabalhar o pau, o cacete; castigar domesticamente; usa-se especialmente entre a gente vulgar. *Fustibus verberare. A palos (loc. fig.);* a pau, por força, com violencia. *Derrengar a uno a palos (fr.)* V. *Doblar a uno a palos. De tal palo tal astilla (fr. prov.);* de tal pau tal acha, de tal pae tal filho. *Originem sapit. Doblar a uno a palos (fr.);* desancar, derrear, moer com pancadas. *Fustibus cædere, percutere. Estar del mismo palo (fr.);* estar alguem no mesmo estado ou disposição que outro. *Eâdem vel communi sorte frui. Hacer a dos palos (fr.)* V. *Comer a dos carrillos. Llevar palos (fr.);* levar pauladas, pancadas: — *(fig.)* levar boléu; saír-se mal de algum negocio. *Poner en un palo (fr.);* levar ao patibulo, enforcar ou castigar com outro genero de morte; expor no pelourinho. *Patibulo suspendere vel mulctare:* — *(br.)* pala; barra ou faxa lançada de alto a baixo ou formada de diversas peças sobrepostas no escudo de armas. *Palus in stemmatibus:* — *bañon ó de bañon (bot.)* V. *Mesto:* — *del águila ó de la rosa (bot.)* V. *Aspalato:* — *de vaca (bot.)* V. *Árbol de la vaca:* — *dulce (bot.)* V. *Orozuz:* — *(volat.)* alcandora; poleiro, pau ou vara, em que se costuma pôr, ou atar o falcão: — *áloe ó de áloe (comm.);* pau aloé ou aloés; amago ou cerne de calambuco, arvore da India, e de que se faz uso em pharmacia. *Lignum agallocum; lignum agallocum silvestre:* — *áloe aspalado.* V. *Áloe:* — *Brazil ó del Brazil;* pau Brazil; madeira de uma arvore da America meridional, mui usada nas artes para tingir: — *campeche ó de campeche;* pau de campeche; madeira de uma arvore da America septentrional, tambem usada na tinturaria: — *de Indias.* V. *Palo santo:* — *del águila;* aguila ou pau de aguia. V. *Áloe:* — *dulce;* alcaçuz ou regliz. *Glycyrrhizæ glabræ radix:* — *nefrítico;* lenho nephritico; madeira de uma arvore da Asia e da America. Emprega-se em medicina. *Lignum nephriticum; guilandinæ moringæ lignum:* — *santo;* pau santo; madeira da arvore denominada guayaco. *Lignum sanctum; guajaci officinalis lignum:* — *pl. (naut.)* mastros da embarcação. *Mali, orum. Palo mayor;* mastró grande ou real, que é o do meio: — *mayores;* os mastros principaes do navio. *A palo seco (loc. adv. naut.);* em arvore secca; ir, navegar a embarcação com as vélas ferradas. *Velis plicatis. Correr a palo seco (fr.)* V. *Correr a árbol seco.*

Paloma. *f. (fig.)* Pomba; pessoa de indole excellente, mui benigna. Alguns dizem *paloma sin hiel,* pomba sem fel. *Columbina indole præditus. Palomas ó palomillas;* chamam assim na costa do Mediterraneo ás espumas que se vêem alvejar e mover ao longe, e que são signal de vento ou tempestade. *Spumæ procul in æquore albicantes:* — *(astron.)* pomba; uma das dezeseis constellações austraes. *Columba cœlestis constellatio:* — *(zool.)* pomba; femea do pombo. *Columba, æ:* — *(zool.)* pombo; ordem de aves que forma a transição natural das gallinaceas para os passaros. *Columba, æ:* — *brava.* V. *Paloma silvestre:* — *calzada;* pombo calçado; variedade de pombos que tem as pernas e os pés emplumados: — *de moño,* pombo de poupa; variedade de pombo que tem uma plumagem sobre a cabeça. *Columba cristata:* — *silvestre;* pombo silvestre ou bravo; especie de pombo que deu origem ás diversas castas ou variedades de pombo manso ou domestico. *Columba œnas:* — *torcaz;* pombo torcaz; especie de pombo que tem um collar de cores cambiantes. *Palumbes, is:* — *tripolina;* pombo tripolino; especie de pombo domestico, de pequeno corpo, com os pés calçados de pennas, e que tem na cabeça uma especie de diadema de pennas levantadas. *Columba anglica:* — *zura.* V. *Paloma torcaz.*

Palomaduras. *f. pl. (naut.)* Palombaduras; as series continuadas de pontos redondos por entre a coxa, com que os marinheiros unem a véla com o cabo que lhe serve de tralha. *Veli suturæ.*

Palomar. *adj.* Barbante ou guita mais retorcida e delgada que o regular. *Subtilius filum cannabinum:* — *m.* pombal; logar ou casa disposta para creação de pombos. *Columbarium, i. Alborotar el palomar (fr.)* V. *Alborotar el cortijo.*

Palomariego, ga. *adj.* Diz-se do pombo creado no pombal e que costuma saír voltando depois a elle. *Columbario educatus.*

Palombar. *m. (ant.)* V. *Palomar.*

Palombino. *m. (min.)* Palombino; carbonato de cal de côr branca leitenta, que se emprega como marmore em Italia.

Palomear. *n.* Andar á caça dos pombos: — occupar-se muito no tratamento e creação dos pombos. *Columbas aucupari, nutrire.*

Palomera. *f.* Logar deserto e desabrigado, exposto a todos os ventos. *Locus desertus et undique ventis patens:* — pombalinho, pombal pequeno. *Parvum columbarium:* — *(p. And.)* pombal; casinha em que as pombas fazem os seus ninhos e criam os borrachos. *Columbæ nidus luteus.*

Palomería. *f.* Caça dos pombos. *Columbarium aucupium.*

Palomero. *adj.* Diz-se do virote grande e grosso que tem uma virola de ferro na extremidade opposta á ponta. *Columbaris, e:* — *s.* vendedor, negociante de pombas: — pessoa affeiçoada á creação de pombos. *Columbarius, ii.*

Palomico, ca, llo, lla, to, ta. *s. dim.* de *Palomo, Paloma.* Pombinho, pombinha.

Palomilla. *f.* Espinhaço, espinha dorsal das cavalgaduras. *Spinæ prominentia in equis:* — ovado das albardas e sellas para que não assente sobre o espinhaço das bestas. *Clitellæ vacuum:* — pombo branco ou de leite; diz-se do cavallo mui branco. *Equus albus:* — rabicho; a ponta que sobresae no remate de algumas albardas. *Clitellæ rostrum prominens:* — *pl.* V. *Palomas,* espuma do mar: — *(bot.)* V. *Fumaria:* — *(zool.)* V. *Falena:* —V. *Mariposa;* diz-se das especies que são mui pequenas.

Palomina. *f.* Esterco columbino; o dos pombos que é muito quente. *Fimus columbinus:*—especie de uva preta. *Uva subnigra:* — *(bot.)* V. *Fumaria.*

Palomino. *m.* Pombinho; filhinho da pomba brava, porque ao da pomba caseira chama-se ordinariamente borracho. *Columbulus, i:* — *(vulg.)* pataca; nodoa ou sujidade de excremento na fralda da camisa. *In subucula macula excrementi.*

Palomo. *m.* Pombo; macho da pomba. *Columbus, i:* —V. *Paloma torcaz:* — *(germ.)* nescio ou simples.

Palon. *m. (br.)* Pendão; insignia similhante á bandeira. *Vexillum in stemmatibus.*

Palor. *m.* Pallor. V. *Palidez.*

Palotada. *f.* Paulada; pancada com pau. *Fustis vel bacilli ictus. No dar palotada (fr.);* não acertar em cousa alguma, errar no que diz ou faz. *Omninò deviare vel aberrare:* não ter ainda mettido mãos á obra, não ter começado alguma cousa de que se estava incumbido. *Nec lineam ducere.*

Palote. *m.* Pausinho; ordinariamente por algum pequeno pau como as baquetas dos tambores, etc. *Bacillus, i:* — *pl.* riscos; linhas grossas, direitas ou inclinadas que se fazem no papel quando se começa a aprender a escrever. *Litterarum lineæ rudiores.*

Paloteado. *m.* Dansa rustica que tem logar entre os rapazes, os quaes, á maneira que dansam, batem mutuamente em uns pequenos paus, como baquetas, que trazem nas mãos, fazendo um ruido que harmonisa com o compasso do instrumento. *Tripudium crepitantibus bacillis:* — contenda, bulha em que ha pancadas. *Rixa iteratis ictibus.*

Palotear. *n.* Bater uns paus contra outros ou fazer ruido com elles. *Fustibus crepitare, obstrepere:* — *(fig.)* altercar muito, disputar, fallar acceleradamente. *Multa verba facere, longum sermonem texere.*

Paloteo. *m.* Ruido dos paus quando são feridos um contra outro.

Palpable. *adj.* Palpavel; que se póde palpar ou apalpar. *Attrectabilis, palpabilis:* — *(fig.)* palpavel, manifesto, patente, evidente, claro. *Patens, entis.*

Palpablemente. *adv. m.* Palpavelmente evidentemente, sensivelmente, claramente, de maneira palpavel. *Manifestè, evidenter.*

Palpada. *f. (zool.)* Palpada; genero de insectos dipteros brachoceros, da familia dos brachystomos.

Palpador. *m.* Apalpador; o que apalpa, examina com as mãos.

Palpadura. *f.* V. *Palpamiento.*

Palpamiento. *m.* Apalpamento; acção de apalpar. *Attrectactio, onis.*

Palpar. *a.* Palpar, apalpar, manusear, tactear; tocar com as mãos alguma cousa para examina-la e reconhece-la pelo sentido do tacto. *Attrectare:* — apalpar, andar ás apalpadelas, tenteando com as mãos ás escuras, etc. *Palpare, manu tentare:* — *(fig.)* conhecer palpavelmente uma cousa. *Rem attingere.*

Palpearina. *f. (med.)* Palpearina; producto segregado pelas glandulas de Meibomio.

Palpebra. *f.* V. *Párpado.*

Palpebrado, da. *adj. (zool.)* Palpebrado; que tem os olhos guarnecidos de palpebras.

Palpicornios. *m. pl. (zool.)* Palpicornes; familia de insectos coleopteros pentameros.

Palpitacion. *f.* Palpitação; movimento natural e ordenado do coração e das arterias. *Palpitatio, onis:* — *(med.)* palpitação; o movimento interior, involuntario e tremulo de algumas partes do corpo. *Palpitatio, onis.*

Palpitante. *p. a.* Palpitante; que palpita. *Palpitans, antis.*

Palpitar. *n.* Palpitar; moverse, agitar-se naturalmente o coração ou as arterias, ou irregularmente por alguma causa accidental que accelera demasiado o movimento. *Palpitare:* — palpitar; mover-se ou agitar-se alguma parte do corpo interiormente com movimento tremulo e involuntario. *Palpitare.*

Palpos. *m. pl. (zool.)* Palpos; antennas pequeninas dos insectos, em numero de duas ou mais, mas sempre pares, articuladas, sensiveis e moveis. *Palpus, i.*

Palpotear. *a.* Apalpar, manusear, tactear uma ou mais cousas.

Pálpula. *f. (zool.)* Palpula; genero de insectos lepidopteros da tribu dos tineides.

Palta. *f. (p. Perú)* V. *Aguacate,* fructo da arvore do mesmo nome.

Palto. *m. (p. Perú bot.)* V. *Aguacate.*

Paludamento. *m. (hist.)* Paludamento; manto ou vestido côr de purpura, de que usaram os imperadores, generaes e caudilhos romanos quando íam para a guerra. *Paludamentum, i.*

Paludato, ta. *adj.* Vestido com paludamento.

Palude. *f. (ant.)* Palude. V. *Laguna.*

Paludela. *f. (bot.)* Paludella; genero de musgos bryaceos.

Paludícola. *f. (zool.)* Paludicola *(que vive nas lagôas)*; genero de reptis amphibios da familia dos sapos.

Paludineos. *m. pl. (zool.)* Paludineos; familia de molluscos gasteropodes pectinibranchios.

Paludoso, sa. *adj. (ant.)* Paludoso, pantanoso, alagadiço, apaulado. *Paludosus, a, um.*

Palumbario. *adj.* Diz-se do falcão que persegue e caça os pombos torcazes. *Falco columbarius.*

Palurdo, da. *adj.* Palurdeo, tosco, rustico, grosseiro. Ordinariamente dá-se este nome á gente do campo e das aldeias.

Palustre. *adj.* Palustre; das lagôas, que as frequenta. *Palustris, e:* — *m.* colherim ou pincel, pequena colhér de pedreiro.

Palla. *f.* Mulher de sangue real no antigo imperio dos Incas.

Pallaco. *m. (p. A. Mer.)* Pedaço de mineral de boa qualidade, que se acha entre os restos que costumam ficar á entrada de uma mina abandonada.

Pallío. *m. (ant.)* V. *Capa:* — *cabdal.* V. *Capa magna, pluvial.*

Pambú. *m. (zool.)* Pambú; grande serpente da India que os indigenas adoram como um ente sagrado.

Pamema. *f. (fam.)* Pampanada, frioleira, bagatella, ninharia. *Res futilis.*

Pampa. *f. (p. A. Mer.)* Pampa, planicie, terreno plano, raso: — indio natural d'esta planicie: — caraça; cavallo de côr escura com a cabeça em grande parte de côr branca: — *pl.* pampas; vastas planicies da America do sul, habitadas pelos gauchos, de origem hespanhola.

Pámpana. *f.* Pampano, parra, folha da videira. *Pampinus, i. Al caer de la pámpana (fr.)* V. *Al caer de la hoja. Tocar o zurrar la pámpana (fr. fam.)*; tocar a pavana, zurzir. *Verberare.*

Pampanada. *f.* Succo que se extrahe dos pampanos para supprir o do agraço, porque tem quasi o mesmo sabor. *Pampinorum succus.*

Pampanaje. *m.* Abundancia, copia de pampanos. *Pampinorum copia:* — *(fig.)* pampanada; apparencia vã, ornatos superfluos e futeis. *Superfluus ornatus.*

Pampanar. *f. (ant.)* V. *Empanada.*

Pampanico, llo, to. *m. dim.* de *Pámpano.* Pampanosinho, sarmentosinho.

Pampanilla. *f.* Tanga; peça de panno com que os negros cingem a cintura. *Verendorum tegumentum sæpè pampineum.*

Pámpano. *m.* Pampano; sarmento novo, pimpolho da vide. *Pampinus, i:* — pampano, parra: — *(archit.)* pampano, parra; adorno que imita as folhas da vide: — *(zool.)* V. *Salpa.*

Pampanoso, sa. *adj.* Pampanoso, pampinoso; cheio de pampanos. *Pampinosus, a, um.*

Pampero. *m.* Pampeiro; vento tempestuoso nas costas do mar do sul, que vem das pampas de Buenos-Ayres.

Pampiniforme. *adj. (anat.)* Pampiniforme; diz-se de um enlace dos vasos espermaticos, que imita os pampanos da vide.

Pampirolada. *f.* Môlho que se faz de alhos e pão bem pisados e diluidos depois em agua. *Condimentum alliis et pane detritis constans:* — *(fig.* e *fam.)* pachuchada, desproposito, grande parvoice no fallar, inepcia. *Ineptia, æ.*

Pamplemusa. *f.* V. *Pampelmusa.*

Pamplina. *f. (fig.* e *fam.)* Frioleira, desproposito; cousa de pouca utilidade ou importancia. *Res futilis vel inutilis:* — *(bot.)* V. *Alsina:* — *(bot.)* V. *Lenteja acuática:* — *(bot.)* V. *Oreja de raton.*

Pamplonés, sa. *s.* Pamplonez; o natural de Pamplona: — *adj.* pamplonez; concernente ou pertencente a Pamplona. *Pampelonensis, se.*

Pamporcino. *m. (bot.)* Pão-de-porco, cydame ou cyclaminis; genero de plantas da familia das primulaceas.

Pamposado, da. *adj.* Preguiçoso, negligente, molle, desidioso. *Segnis, desidiosus.*

Pampringada. *f.* V. *Pringada de pan:* — *(fig. fam.)* pampanada, desproposito, frioleira; cousa, futil acção despropositada. *Futilitas, atis.*

Pan. *m.* Pão; massa de farinha e agua, com fermento ou sem elle, cozida no forno. *Panis, is:* — massa bem sovada e delicada, feita com manteiga ou azeite, que se usa nas pastellarias e nas cozinhas para fazer pasteis e empadas. *Massa butyro vel oleo condita:* — pão, trigo, grão, cereal. *Triticum, i:* — pães; todo o genero de plantas cereaes, trigo, milho, centeio, cevada, etc., desde que nascem até que se colhem, em cujo sentido só se usa na plural. *Segetes, sata:* — *(fig.)* pão, sustento, alimento. *Victus, us:* — *(fig.)* pão; qualquer massa aindaque não seja comestivel, disposta em fórma de pão, isto é, arredondada, como a massa de sabão, do anil, de cera, sebo, etc. *Massa in modum panis:* — *(p. Gal.)* pão em grão, exceptuando o grão de trigo. *Frumentum, i:* — *alforado.* V. *Pan floreado:* — *ácimo;* pão asmo ou azimo, não fermentado, não levedado: — *de ánjeles;* pão dos anjos ou da vida, o sacramento da eucharistia. V. *Eucaristía:* — *de municion;* pão de munição; o que se dá á tropa. *Autopyros; panis ater, farina non purgata confectus:* — *de perro.* V. *Perruna:* — *bazo;* pão de rala: — *bendito;* pão bento; o que se benze na igreja e se reparte pelo povo. *Panis benedictus:* — *criollo;* especie de pão mui poroso e leve, que se faz em Lima: — *de boda;* certa qualidade de pão mui sovado: — *de la boda;* lua de mel; caricias e meiguices que os noivos costumam fazer de parte a parte nos primeiros dias do consorcio, e que de ordinario acabam depois. *Dapes conjugales, repotia:* — *(fig.)* damno, correcção ou castigo dado a alguem. *Pernicies, castigatio dura:* — *de poya;* pão que se dá ao dono de um forno publico, ordinariamente por cada dez que lá se vão cozer. *Panis in decoctionis pretium collatus:* — *ferial;* trigo que se compra no mercado: — *fermentado;* pão fermentado ou levedado. *Panis fermentatus:* — *floreado;* pão de fôrma ou francez; pão fino e delicado feito da flor da farinha. *Panis primarius, similagineus:* — *mal conocido (loc. fam.);* mal agradecido; pessoa ingrata, que não reconhece o beneficio recebido. *Ingratus, beneficii immemor:* — *perdido;* homem perdido; o que abandona a casa para vagabundear e ser extravagante. *E domo profugus, errabundus:* — *pintado;* pão para bodas e outras funcções no qual se fazem certos lavores pela parte de cima. *Panis figuris signatus:* — *por mitad;* modo de arrendar alguma terra por igual porção de trigo e de cevada. *Agri canon seu reditus, æquis tritici et hordei partibus constans:* — *seco;* pão secco; o que se toma sem outra comida, sem conducto. *Panis tantummodo:* — *sentado;* pão que tem um dia de cozido: — *terciado;* pão terçado; renda das terras que se paga em grãos, sendo as duas terças partes de trigo e a outra de cevada. *Agri canon seu reditus, duabus tritici partibus alteraque hordei constans:* — *y agua;* pequena quantidade de maravedis que davam as ordens militares aos cavalleiros, para sua ração. *Parva pecuniæ quantitates, equitibus militarium ordinum nomine alimentorum erogari solita:* pão e agua; penitencia que se dá nas religiões. *Panis et aqua pro cibo. De pan cocer (loc.);* de cozer pão; diz-se dos fornos. *De pan llevar;* boas para trigo; diz-se das terras: — *por pan, vino por vino (fr.);* pão pão, queijo queijo; claramente, francamente, sem rodeios. *A pan y cuchillo (loc. adv.);* continuamente, frequentemente, familiarmente. *Assiduò, frequenter. A pan y manteles;* de casa, cama e mesa. *Communi domo et cibo. Ayunar a pan y agua (fr.);* jejuar a pão e agua. *In pane tantum et aqua jejunii formam adimplere. Buscar pan de trastrigo (fr.);* buscar as cousas fóra do tempo, ou metter-se alguem em negocios de que não entende ou que lhe podem dar perda. *Comer pan con corteza (fr. fig. fam.);* comer já pão com codea; ser já adulto. *Sibi sufficere, aliena ope non indigere. Con su pan se lo coma (loc.);* burro vae teu caminho; denota a indifferença com que se olha a conducta ou resolução de alguma pessoa. *Sibi ipsi consulat, ipse viderit. Echarse los panes;* acamar-se os pães, o trigo, as searas. *Sata nimio specarum pondere inclinari. Engañar el pan (fr. fig. fam.);* enganar o pão; comer com pão alguma cousa gostosa, para saber melhor. *Escalfar el pan;* queimar o pão, coze-lo com fogo demasiado. *Panem nimio calore coquere. No cocérsele a alguno el pan (fr.)* V. *No cocérsele a alguno el bollo. Tanto pan como queso (fr.);* nem muito ao mar nem muito á terra; com a devida proporção, com igualdade. *Rerum proportio servanda. A quien no le sobra pan, no crie can (rif.);* quem não tem pão, não tem cão. *El pan comido y la compaña deshecha (rif.);* comida feita, companhia desfeita; diz-se dos ingratos que depois de receberem o beneficio esquecem o bemfeitor. *El pan pan y el vino vino (rif.);* pão pão, queijo queijo; deve-se ser franco e sincero:—*(art.)* pão; folhas mui delicadas de oiro, prata ou outros metaes que servem para doirar e pratear. *Bractéola, æ:—de puerco o pan porcino (bot.)* V. *Pamporcino:—de proposicion (rel.);* pão de proposição; doze pães que todos os sabbados se offereciam no tabernaculo ou no templo, em memoria das doze tribus. *Propositionis vel facierum panes.*

Pana. *f.* Pellucia; estofo felpudo de algodão, similhante ao tecido do velludo.

Panabasa. *f. (min.)* Panabasa; variedade antimonifera de cobre.

Panace. *m. (bot.)* Panaceo; genero de plantas da familia das araliaceas, a que na China se attribuem grandes virtudes.

Panácea. *f.* Panacea; nome dado pelos antigos a um remedio que suppunham universal. *Panacea, æ:—antimonial (pharm.);* panacea antimonial; diz-se das varias preparações de antimonio, e especialmente do tartaro emetico:—*inglesa;* panacea ingleza; magnesia calcinada como se apresenta no commercio:—*mercurial,* panacea mercurial; mercurio doce.

Panacoco. *m. (bot.)* Panacoco; especie de arvore originaria da ilha de Cayena.

Panacronismo. *m. (ant.)* V. *Anacronismo.*

Panadear. *a.* Padejar; fazer, fabricar pão. *Panem fingere et vendere, panificium agere.*

Panadeo. *m.* Amassadura; acção e effeito de fabricar pão.

Panadería. *f.* Padaria; sitio, casa onde se faz ou vende pão. *Panarium, i:*—amassaria; officio de padeiro. *Panificium, ii.*

Panadero, ra. *s.* Padeiro; pessoa que faz ou vende pão. *Pernificus, panifica.*

Panadizo. *s. (fam.)* Pessoa achacada, achacosa, valetudinaria, pallida e macillenta. *Paronychiæ colore suffusus:*—*m. (med.)* panaricio; apostema mui profundo e doloroso, junto á raiz das unhas.

Panal. *m.* Panal; favo de mel. *Favus, i:*—favo feito pelas vespas:—*(fig.)* caramello; pão de assucar rosado feito em fôrma de favo. *Favulus sacchareus:*—tumor com varios buraquinhos como as cellulas de um favo.

Panar. *m. (ant.)* V. *Panal,* na primeira accepção.

Panarizo. *m.* V. *Panadizo.*

Panarjiro. *m. (bot.)* Panargyro *(todo prateado);* genero de plantas da familia das compostas.

Panarra. *adj.* Tolo, mentecapto. *Bardus, iners.*

Panática. *f.* Provisão de pão. *Punis copia.*

Pancada. *f.* Venda por atacado. É mui usado nas Indias, aonde lhe dão aquelle nome. *Contractus vendendi coacervatim:*—*(p. Gal.)* pontapé. *Ictus pedis.*

Pancarpia. *f.* Pancarpia; corôa de diversas flores. *Pancarpia, æ.*

Pancracio. *m. (bot.)* Pancracio; genero de plantas da familia das amaryllideas:—*(hist.)* pancracio; exercicio gymnastico que consistia na luta, no pugilato, no salto, na carreira e no disco.

Pancrático, ca. *adj. (anat.)* V. *Pancreático:*—*(phys.)* pancratico; é assim chamado um apparelho proprio para augmentar a grandeza dos objectos, depois de o ter feito com o telescopio.

Pancreataljia. *f. (med.)* Pancreatalgia; dor da viscera denominada pancreas.

Páncreas. *m. (anat.)* Pancreas; viscera glandulosa, situada na cavidade abdominal, na espessura do mesocolon, que segrega um liquido proprio para a digestão intestinal.

Páncreatenfraxis. *f. (med.)* Pancreatemphraxis; obstrucção do pancreas.

Pancreatina. *f. (med.)* Pancreatina; liquido pancreatico ou que sáe da glandula pancreas.

Páncreatitis. *f. (med.)* Pancreatitis ou pancreatite; inflammação do pancreas.

Pancreatoncia. *f. (med.)* Pancreatoncia; tumor do pancreas.

Pancha. *f. (ant.)* Pancha; certo adorno mulheril, que provavelmente seria alguma lamina de metal.

Pancho. *m. (fam.)* V. *Panza.*

Panda. *f. (zool.)* Panda; genero de mammiferos carniceiros da familia dos ursos.

Pandaleon. *m. (pharm.)* Pandaleo; emplastro que os antigos usavam para o peito.

Pandáneas. *f. pl. (bot.)* Pandaneas; familia de plantas monocotyledoneas.

Pandar. *a. (germ.)* Arranjar, compor as cartas para fazer com ellas alguma trapaça.

Pandaro. *m. (zool.)* Pandaro; genero de crustaceos siphonostomos da familia dos peltocephalos. V. *Déndaro.*

Pandear. *n.* Pandear; torcer-se alguma cousa encurvando-se, especialmente no centro. Diz-se, em architectura, das paredes e vigas. *Flecti, incurvari.*

Pandectas. *f. pl.* Pandectas; recopilação de varias obras, especialmente as de direito civil, que o imperador Justiniano fez collocar nos 50 livros do Digesto. *Pandectæ, arum:* — livro ou caderno para assentar os nomes das pessoas com quem ha correspondencias, e notar a folha em que está lançada a conta de cada um no livro mestre. *Index nominum tabula.*

PANDEMIA. *f. (med.)* Pandemia; invasão geral de uma doença que ataca ao mesmo tempo e no mesmo paiz um grande numero de individuos, e que parece depender de uma causa commum em rigor desconhecida. Divide-se em endemia e epidemia.

PANDEMICO, CA. *adj. (med.)* Pandemico; que ataca um povo todo.

PANDEMONIUM. *m.* Pandemonio; logar imaginario, que se suppõe ser a capital dos infernos, onde Satanaz reune o conselho dos demonios.

PANDEO. *m.* Inclinação, torcedura ou curvatura ligeira de alguma cousa, especialmente no centro. *Flexio, incurvatio.*

PANDERADA. *f.* Pandeirada; conjuncto de muitos pandeiros: — *(fig.* e *fam.)* pachuchada, parvoice, desproposito. *Ineptiæ, stoliditas.*

PANDERAZO. *m. augm.* de *Pandero.* Pandeirão: — pancada com pandeiro.

PANDERETA. *f.* Pandeiro; instrumento musico formado de um aro de madeira com soalhas, cascaveis, etc. *Tympanum, i.*

PANDERETE. *m. dim.* de *Pandero.* Pandeirinho: — frontal feito de ladrilhos: — *(germ.)* trapaçaria, trapaça, falcatrua ao jogo.

PANDERETEAR. *n.* Tocar pandeiro, e dansar ao som d'este instrumento.

PANDERETEO. *m.* Acto de tocar pandeiro, e de saltar e dansar ao som d'elle.

PANDERETERO, RA. *s.* Pandeireiro; o que toca pandeiro: — pandeireiro; o que faz ou vende pandeiros.

PANDERIA. *f. (bot.)* Panderia; genero de plantas da familia das atripliceas.

PANDERILLO. *m. dim.* de *Pandero.* Pandeirinho.

PANDERO. *m.* Pandeiro; instrumento antigo que se usa nas aldeias, formado de um aro de madeira coberto de pergaminho ou de pelle mui lisa por ambos os lados, tendo no espaço interior umas cordas cruzadas com soalhas e guizos atados, que o fazem soar muito. *Tympanum, i:* — *(fig. fam.)* tagarella, garrulo, fallador eterno; o que falla sem tom nem som, a torto e a direito. *Morio, stolidus:* — *(prov.)* V. *Cometa,* no sentido de armação, etc.

PANDICULACION. *f. (med.)* Pandiculação, espreguiçamento; acção de espreguiçar-se.

PANDILLA. *f.* Pandilha; concerto entre varias pessoas para fraudar, roubar alguem. *Factio, onis:* — patuscada; funcção entre pessoas amigas feita no campo ou em logar pouco patente: — disposição que o pandilheiro dá ao baralho de cartas para fazer alguma trapaça: — *(art.)* V. *Balanza.*

PANDILLERO, PANDILLISTA. *m.* Pandilheiro, gatuno, trapaceiro; o que faz pandilha. *Factiosus.*

PANDION. *m. (zool.)* V. *Balbuzardo.*

PANDO, DA. *adj.* Pando; inclinado ou levemente curvo no meio. *Pandus, a, um:* — preguiçoso, brando, lento, tardo no movimento: — *(fig.)* pachorrento, vagaroso. *Lentus, tardus.*

PANDONA. *f. (zool.)* Pandona; genero de insectos coleopteros subpentameros, da familia dos cyclicos.

PANDORA. *f. (zool.)* Pandora; genero de molluscos, que comprehende varias especias fosseis: — pandora; genero de acalephos heroideos: — *f. (ant. mus.)* pandora; especie de psalterio, antigo instrumento musico de corda que se tocava com uma penna.

PANDORGA. *f. (fam.)* Pandorga; mulher pançuda, extremamente gorda, pesada, molle, tarda nos movimentos. *Obesa mulier:* — *(prov.)* V. *Cometa,* no sentido da armação, etc.: — *(p. Murc.)* V. *Zambomba:* — *(p. Mex.)* V. *Cuento, Chanza:* — *(ant.)* pandorga; concerto, musica ruidosa de diversos instrumentos.

PANDORGONA. *f. augm.* de *Pandorga.* Grande pandorga.

PANDORGUEAR. *n. (p. Mex.)* Chacotear ou mangar com alguem.

PANDURA. *f. (mus. ant.)* V. *Pandora.*

PANDURRIA. *f. (ant.)* V. *Bandurria.*

PANEAR. *n.* Fluctuar a rede com o movimento das aguas. É termo usado entre pescadores.

PANECIA. *f. (bot.)* Panecia; genero de plantas da familia das compostas.

PANECICO, LLO, TO. *m. dim.* de *Pan.* Pãosinho, pão pequeno.

PANECILLO. *m.* Pãosinho, mollete, pão pequeno e molle para tomar com o chocolate, etc.: — diz-se de qualquer figura de pão.

PANEGÍRICO, CA. *adj.* V. *Panejírico.*

PANEGIRISTA. *m. Panejirista.*

PANEJÍRICO, CA. *adj.* Panegyrico, laudatorio; que respeita ao elogio ou oração laudatoria. *Panegyris, is:* — *m.* panegyrico; poema, acção, discurso em louvor de alguem. *Panegyris, is:* — *(fig.)* panegyrico, elogio; oração laudatoria que se faz a alguem por escripto ou em conversa. *Panegyris, is:* — *(hist.)* panegyrico; discurso que os consules romanos pronunciavam depois de serem eleitos diante do imperador, dando-lhe graças, e manifestando-lhe o seu respeito e adhesão. *Panegyris, is:* — *(rel.)* panegyrico; livro ecclesiastico usado na Igreja grega.

PANEJIRISTA. *m.* Panegyrista; o que faz ou diz um panegyrico. *Laudator, encomiastes:* — *(fig.)* panegyrista, elogiador; o que faz o elogio de alguem, que o louva. *Præco, prædicator.*

PANELA. *f. (p. N. Gr.)* Nome dado ás conservas de fructas: — *(br.)* panella; escudete em fórma de coração em campo góles, que se põe nos quarteis do escudo principal. *Scutulum in stemmatibus.*

PANE LUCRANDO. *(loc. latina)* Para ganhar o pão; diz-se commummente, em castelhano, dos escriptores que, sem consciencia e sem consultar as suas forças, escrevem sómente para ganhar dinheiro.

PANERA. *f.* Panaría, tulha, tercena; logar onde se recolhe o trigo ou farinhas. *Granarium, horreum:* — cesto grande para metter pão e outras cousas:—*pública.* V. *Pósito.*

PANESTERNO. *m. (bot.)* Pericarpo; casca do fructo.

PANESTIA. *f. (zool.)* Panesthia; genero de insectos orthopteros.

PANETELA. *m.* Charuto havano com umas seis pollegadas de comprimento: — panetela; sopa ou papas doces de pão ralado, que se dão aos convalescentes e pessoas delicadas. *Jusculum ex friato pane.*

PANETERÍA. *f.* Saquetaria; casa onde se guarda e se distribue o pão no palacio real. *Panarium in domo regia.*

PANETERO. *m.* Saquetario; official da casa real encarregado de distribuir o pão.

PANFÁLEA. *f. (bot.)* Pamphalea; genero de plantas da familia das compostas.

PANFILIO. *m. (zool.)* Pamphylio; insectos hymenopteros da familia dos securiferos.

PÁNFILO. *m.* Pachorrento, fleugmatico; homem vagaroso, demasiadamente pausado, dotado de pachorra, que se não altera nem apressa por cousa alguma. *Segnis, lentus:* — *m.* certo jogo usado pela gente moça, que consiste em pronunciar a palavra pamphylio de maneira a apagar uma luz que passa de mão em mão e cuja pronunciação enfraquece o sopro e torna mais difficil o apaga-la. *Quidam ludus ab hac voce sic dictus.*

PANFURREAR. *n. (ant.)* Fanfarronar, basofiar, blasonar, ser fanfarrão.

PANFURRON, NA. *adj. (ant.)* Fanfarrão, basofio.

PANGA. *f. (naut.)* V. *Pango.*

PANGASIO. *m. (zool.)* Pangasio; genero de peixes malacopterygeos, da familia dos siluroideos.

PANGLOSIA. *f. (philol.)* Panglossia; collecção de obras ou tratados escriptos em differentes idiomas.

PANGO. *m. (zool.)* Pango; genero de insectos coleopteros pentameros da familia dos carabicos: — *(naut.)* pangaio; embarcação de remo, especie de canoa que se move com remos de pá ou com vélas cosidas com cairo. Usa-se nas Filippinas e na China.

PANGOLIN. *m. (zool.)* Pangolim; genero de mammiferos desdentados.

PANGONIA. *m. (min.)* Pangonia; variedade de quartzo prismatico: — *(zool.)* pangonia *(superficie angulosa)*; genero de insectos dipteros brachoceros.

PANHIDROMETRO. *m. (phys.)* Panhydrometro; instrumento proprio para averiguar o peso especifico de toda a classe de liquidos.

PANIAGUADO, DA. *adj.* Paniguado, apaniguado; diz-se da pessoa sustentada por outra, que vive debaixo do amparo e protecção de alguem. *Contubernalis, familiaris:* — *(fig.)* paniguado, apaniguado, confederado, partidario. *Cliens, entis.*

PÁNICO, CA. *adj.* Panico; diz-se do medo, temor ou terror excessivo, subito e sem causa sufficiente. Alguns usam este vocabulo como substantivo na terminação masculina. *Panicus, a, um.*

PANICOFOBIA. *f. (med.)* V. *Panofobia.*

PANICULADO, DA. *adj. (bot.)* Paniculado; diz-se dos caules, cujos ramos se dividem e subdividem diversamente, formando uma espiga.

PANICULIFORME. *adj. (bot.)* Paniculiforme; que tem a fórma de uma espiga.

PANÍCULO. *m. (anat.)* Paniculo ou panniculo; membrana que se acha por baixo da gordura do corpo do animal, que cobre varias partes d'elle, e serve para ajudar o movimento dos musculos.

PANIEGO, CA. *adj.* Grande comedor de pão, que gosta muito d'elle. *Panis edax:* — diz-se do terreno que produz muito trigo. *Tritici ferax:* — *m.* saco ou saca de carvão. É palavra mui usada em Salamanca. *Saccus, i.*

PANIFICACION. *f.* Panificação; conversão das materias farinaceas em pão: — *(chim.)* panificação; ligeira fermentação provocada por meio da levadura, á qual deve ser submettida a massa de farinha antes de ir ao forno.

PANIFICAR. *a.* Arrotear; romper um terreno d'antes inculto, lavrando-o, semeando-o e tornando-o cultivavel. *Agrum antea incultum arare.*

PANILLA. *f.* Medida de azeite, igual á metade de meio quartilho. *Olei triens:* — *(p. And.)* tenda, casa onde se vende vinho, azeite e outros comestiveis.

PANINTERNA. *f. (bot.)* Endocarpo; membrana interna dos fructos.

PANIZO. *m. (bot.)* Painço; genero de plantas da familia das gramineas: — painço ou milho painço; semente da planta do mesmo nome. *Panicum, i:* — *(prov.)* V. *Maiz:* — *de daimiel o panizo negro.* V. *Zaina.*

PANJIÁCEAS. *f. pl. (bot.)* Pangiaceas; familia de plantas parecidas com as bixaceas pelo seu fructo, era maior parte dos caracteres da flor.

PANLÉXICO. *m.* Panlexico; diccionario que comprehende todas as palavras, todos os idiotismos e todas as locuções de uma lingua, com a sua significação propria e figurada.

PANNO. *m. (ant.)* V. *Paño:* — panno, traje, vestido, roupas. *Pannos sosegados:* — *(loc. ant.)* vestimenta comprida de homem grave.

PANOCHA. *f. (p. Mex.)* V. *Chincate:* — *(bot.)* V. *Panoja.*

PANOFOBIA. *f. (med.)* Panophobia *(medo de tudo)*; affecção que costuma dar-se nas creanças de mamma, nas pessoas affectadas de hypocondria ou histerico, e nas convalescentes. É tambem symptoma percursor da hydrophobia.

PANOFRIDE. *f. (zool.)* Panophryde ou panophrys *(todo pestana);* genero de infusorios ciliados da familia dos paramecianos.

PANOJA. *f. (bot.)* Maçaroca; especie de espiga em que se cria a semente do painço e do milho: — panicula; inflorescencia irregular que consiste em um racimo, no qual as ramificações elevam-se a mais ou menos altura, variando entre si de comprimento. Nas gramineas encontram-se muitos exemplos d'esta inflorescencia.

PANOPÉA. *f. (bot.)* Panopea; genero de plantas solanaceas, que se encontram no estado fossil nos terrenos de formação moderna: — *(zool.)* panopea; genero de molluscos conchiferos dimiarios.

PANOPLIA. *f.* Panoplia; armadura completa de um cavalleiro da idade media: — panoplia; conhecimento theorico das armaduras antigas.

PANÓPTICO, CA. *adj.* Panoptico; diz-se do que está construido de maneira que de qualquer ponto se póde ver todo o seu interior: — *m.* panoptico; edificio construido com tal arte, que póde ver-se todo o seu interior olhando de alguma das suas partes.

PANORAMA. *m. (phys.)* Panorama; quadro grande circular, disposto de maneira que não possa ser vista pelo espectador nem a parte superior nem a inferior, representando o horisonte inteiro. Vê-se através de uma lente convenientemente disposta.

PANORAMÁTICO, CA, PANORÁMICO, CA. *adj. (phys.)* Panoramico; o que offerece os caracteres de um panorama, de um horisonte inteiro.

PANORÓGRAFO. *m. (phys.)* Panorographo; instrumento inventado em 1824 para obter de uma maneira immediata em uma superficie plana, o desenvolvimento da vista em perspectiva dos objectos que rodeiam o horisonte.

PANORPIDOS, PANORPIOS. *m. pl. (zool.)* Panorpios; familia de insectos nevropteros, da tribu dos myrmeleonidos.

PANQUIMAGOGO, GA. *adj. (pharm.)* Panchymagogo; dizia-se antigamente de certos remedios purgantes, proprios para evacuar todos os humores: — panchymagogo; extracto de aloés, a que se junta a coloquintida, raizes de helleboro negro, agarico, escamonéa e alguma outra substancia purgante; usa-se na pharmacia moderna.

PANSELENA. *f. (astron.)* Panselena; nome com que os astronomos antigos designavam o plenilunio.

PANSLAVISMO. *m. (polit.)* Panslavismo; systema politico que tende a unir todos os povos slavos ou esclavonios.

PANSOFÍA. *f.* Pansophia; sciencia universal.

PANSOFO, FA. *adj.* Pansopho; diz-se da pessoa que sabe tudo, eminentemente sabia. Tambem se usa substantivado.

PANSPERMIA. *f. (phys.)* Panspermia; estado da natureza, no qual, segundo a opinião de Anaxagoras, todos os corpos contêem germêns ou molleculas organicas preexistentes: — *(med.)* panspermia; deposito de materiaes heterogeneos, como pus, sangue, etc., em alguma parte do corpo.

PANSTEREORAMA. *m. (phys.)* Panstereorama; representação inteira em relevo e com as suas verdadeiras proporções de um monumento, cidade, etc.

PANTAGOGO, GA. *adj. (med.)* Pantagogo; diz-se dos medicamentos evacuantes que purgam todos os humores.

PANTALON. *m.* Pantalonas; calças que descem até aos tornozelos. Diz-se no plural: — pantalão; bobo ridiculo.

PANTALLA. *f.* Bandeira; peça movel do candieiro para cobrir a maior força da luz. *Umbella in lucernis:* — *(fig.)* tudo que se põe adiante da vista para resguardar da luz ou do fogo. *Umbella, æ:* — *(fig.)* espantalho; pessoa que se põe diante de alguma cousa para a occultar ou fazer-lhe sombra: — diz-se ás vezes da apparencia ou do exterior das pessoas, dos animaes ou das cousas: — *(p. Mex.)* V. *Estafermo:* — *de chimenea;* parafogo; pequeno biombo portatil de varios feitios, que se põe diante das chaminés para evitar o muito calor.

PANTANO. *m.* Pantano, atoleiro, lamarão, lodaçal, tremedal; terreno baixo e alagadiço. *Lacus, cœnosus locus:* — *(fig.)* atoleiro; embaraço ou difficuldade de que se não póde sair facilmente. *Retinaculum, obstaculum:* — deposito artificial de agua.

PANTANOSO, SA. *adj.* Pantanoso, alagadiço, paludoso; em que ha pantanos. *Cœnosus, paludosus:* — *(fig.)* espinhoso, escabroso, perigoso, difficultoso, difficil, arriscado. *Moramentis vel retinaculis implexus.*

PANTEA. *f. (ant.)* Panthea; estatua que reunia os attributos ou symbolos de differentes divindades.

PANTEISMO. *m. (philos.)* Pantheismo; systema dos que crêem ser o grande Todo ou a universalidade dos seres vivos o unico *Deus:* — *cosmolójico;* pantheismo cosmologico; o que considera o universo e *Deus* como um unico e mesmo ser: — *místico;* pantheismo mystico; o que considera o conjuncto das cousas como um ser, em que o real e o ideal, o objectivo e o subjectivo são, por assim dizer, os polos oppostos: — *ontolójico;* pantheismo ontologico; o que só reconhece uma substancia eterna, que se manifesta ou pelo pensamento, ou pela extensão: — *psicolójico;* pantheismo psychologico; systema que considera *Deus* como a alma do mundo, e o mundo como o corpo da divindade.

PANTEISTA. *m.* Pantheista; partidario do pantheismo: — *adj.* pantheista; pertencente ao pantheismo. *Sistema panteista;* systema pantheista; diz-se de todos os systemas de philosophia, que identificam *Deus* com o conjuncto dos seres ou com o seu principio vital.

PANTEÍSTICO, CA. *adj.* Pantheistico; que tem o caracter do pantheismo.

PANTEO, EA. *adj. (hist. ant.)* Panteo; dizia-se das figuras ou estatuas que reuniam symbolos ou attributos de differentes divindades.

PANTEOLOGÍA. *f.* V. *Panteolojía.*

PANTEOLÓGICO, CA. *f.* V. *Panteolójico.*

PANTEOLOJÍA. *f.* Pantheologia; historia de todos os deuses do paganismo.

PANTEOLÓJICO, CA. *adj.* Pantheologico; concernente ou relativo á pantheologia.

PANTEON. *m.* Pantheon; jazigo redondo e de estructura magnifica, á roda do qual ha muitos nichos, onde se depositam os cadaveres das pessoas reaes. *Pantheon:* — jazigo; nome de muitos edificios erigidos para depositar defuntos: — *(h. ant.)* pantheon; templo consagrado a todos os deuses: — pantheon; reunião de figuras pantheas, ou pequenas estatuas que tinham os symbolos de varias divindades: — *de Atenas;* pantheon de Athenas; edificio sumptuoso rodeado de vinte e cinco columnas de marmore, cuja porta principal era adornada por dois cavallos: — *de Roma;* pantheon de Roma; celebre edificio construido nos tempos de Augusto, á custa de Agrippa, no campo de Marte. Existe ainda transformado em uma igreja, chamada Santa Maria de la Rotonda, porque o papa Bonifacio IV o consagrou á Virgem Maria, e a todos os santos e santas.

PANTERA. *f. (zool.)* Panthera; especie de mammifero carniceiro do genero gato, considerado por varios naturalistas como uma simples variedade do leopardo.

PANTERINO, NA. *adj. (zool.)* Pantherino; diz-se dos reptis pintados com manchas similhantes ás da panthera.

PANTEROSÁURO. *m. (zool.)* Pantherosauro *(panthera lagarto);* genero de reptis saurios, da familia dos lacertidos.

PANTODÁCTILO. *m. (zool.)* Pantodactylo *(dedo inteiro);* genero de reptis saurios.

PANTÓFAGO, GA. *adj.* Pantophago; diz-se da pessoa que come muito e da que come de tudo, indistinctamente.

PANTOFAJIA. *f.* Pantophagia; fome devoradora, costume de comer de toda a qualidade de alimentos.

PANTÓFILO, LA. *adj.* Pantophilo; amigo de tudo.

PANTOFOBIA. *f. (med.)* Pantophobia; synonymo de *Panofobia.*

PANTÓFOBO, BA. *adj.* Pantophobo; affectado de pantophobia.

PANTOGRAFIA. *f.* Pantographia; arte de copiar toda a classe de figuras ou estampas, sem o auxilio do desenho.

PANTOGRÁFICO, CA. *adj.* Pantographico; que se refere á pantographia.

PANTOGRAFO. *m.* Pantographo; instrumento por meio do qual se copiam mechanicamente desenhos e estampas, sem conhecimento algum de arte de desenhar, reduzindo as copias ás proporções que se quer.

PANTÓMETRA. *f. (math.)* Pantótometra; instrumento de medir os angulos.

PANTOMETRÍA. *f.* Pantometria; nome applicado por Vozio á geometria elementar.

PANTÓMETRO. *m. (math.)* Pantometro. V. *Pantómetra.*

PANTOMIMA. *f.* Pantomima; drama representado por gestos: — pantomima; gesticulação expressiva sem fazer uso da palavra.

PANTOMÍMICO, CA. *adj.* Pantomimico; concernente á pantomima.

PANTOMIMO. *m.* Pantomimo; actor que representa por gestos no theatro. *Pantomimus, i.*

PANTÓPTERO, RA. *adj. (zool.)* Pantoptero; diz-se dos peixes osseos que carecem de barbatanas ventraes.

PANTORRILLA. *f. (anat.)* Panturrilha; barriga da perna.

PANTORRILLERA. *f.* Panturrilhas; barrigas das pernas postiças cosidas nas meias. *Tibiale ad suræ speciem augendam.*

PANTORRILLUDO, DA. *adj.* Que tem as barrigas das pernas grossas e mui gordas. *Teretibus suris pollens.*

PANTUFLAZO. *m.* Pantufada; pancada com pantufo. *Crepidæ ictus.*

PANTUFLO. *m.* Pantufo; especie de calçado como chinelas. *Crepida, æ.*

PANZA. *f.* Pança, ventre, barriga, abdomen: — barriga, bojo; parte mais saliente e arredondada de um vaso, garrafa, etc. *Venter, tris:* — barriga, seio; encurvadura que sobresáe mais ou menos na superficie de uma cousa, como parede, etc. *Venter, tris:* — *al trote;* parasito, papajantares, tolineiro; pessoa que anda sempre comendo á custa alheia. *Famelicus convivator:* — *de oveja;* pergaminho em que se passava o diploma de doutor nas universidades. *Membrana scripta pro gradu academico:* — *en gloria (fam.);* pancinha; homem pachorrento, fleugmatico, mui pacifico. *Homo nimis placidus, quietus, qui nulla re commovetur.*

PANZADA. *f.* Pançada, embigada; pancada com a pança ou barriga. *Ventris ictus:* — barrigada, replexão; fartadella de comida ou bebida, e por extensão diz-se de outras cousas. *Ventris repletio, ingurgitatio. Darse una panzada (fr. fam.);* tomar uma barrigada; encher muito a barriga de comida. *Ad satietatem edere:* — *(fig. fam.)* tomar uma barrigada; fazer alguma cousa em excesso, fartar-se, saciar-se d'ella. *Satiari.*

PANZON, NA. *adj.* Barrigudo, ventrudo, pançudo; que tem grande barriga. *Ventrosus, amylatum abdomen habens.*

PANZUDO, DA. *adj.* Pançudo; que tem grande pança. *Ventrosus, ventre obessus.*

PAÑAL. *m.* Fralda de creança. Usado no *pl.* toma-se no sentido de cueiros. *Pannus, infantium involucra:* — fralda da camisa. *Subuculæ pars pendens:* — qualquer panno que envolve alguma cousa. *Panniculus:* — *pl. (fig.)* primeiros principios de educação. *Educationis primordia:* — *(fig.)* berço; a infancia, o principio e nascimento de qualquer cousa: — *pl. (fig.)* cueiros, mantilhos, infancia, meninice. *Involucra infantis. Estar en pañales (fr. fam.);* estar com os beiços com que mammou, ter pouco ou nenhum conhecimento de alguma cousa.

PAÑALICO, LLO, TO. *m. dim.* de *Pañol.* Braguinha, fraldinha.

PAÑALON. *m. aug.* de *Pañal.* Fralda grande: — homem descuidado e negligente, que anda quasi sempre com a fralda de fóra da braguilha. Diz-se tambem das creanças.

PAÑERO. *m.* Mercador de pannos. *Pannorum negotiator.*

PAÑETE. *m. (p. Perú)* Panete; panno ordinario que se fabrica no Perú: — *pl.* bragas; especie de calças mui curtas que usam os pescadores; tambem as usavam os religiosos descalços que não traziam camiza. *Subligacula, perizomata, femoralia:* — *pl.* cinto; toalha ou cingidouro que se põe ás imagens de Christo despido na cruz. *Subligacula, femuralia.*

PAÑITO. *m. dim.* de *Paño.* Panninho.

PAÑIZUELO. *m.* V. *Pañuelo.*

PAÑO. *m.* Panno; tecido de lã ou pello, lustroso emquanto novo, que serve para fatos e outros usos. *Pannus laneus:* — *(fig.)* panno; qualquer tecido de seda, linho ou algodão. *Tela, textila:* — panno; largura do tecido de lã, seda, etc., especialmente quando se unem para formar um vestido ou outra cousa. *Telæ latitudo:* — panno; mancha escura que varia a côr natural do corpo, etc. *Livor, oris:* — tapete ou qualquer armação. *Peripetasmata aulæa:* — panno, panninho; pedaço de lençaria ou de qualquer tecido, especialmente de linho, para curar as feridas, etc. *Pannus, i:* — panno; nódoas escuras que variam a côr natural do corpo, e que vem especialmente ao rosto de mulheres prenhes e em varias doenças. *Livor, oris:* — panno dos olhos; côr vermelha causada pela abundancia de sangue ou humores, que muda a côr natural dos olhos. Ás vezes é uma nevoa ou belida. *Albugo, inis:* — panno; nodoa ou mancha que tolda ou escurece a diaphaneidade e brilhantismo dos espelhos, vidros e das pedras preciosas: — *pl.* panno, vestidos, roupas. *Vestes, ium:* — *catorceno;* panno quatorzeno; especie de panno basto e grosseiro. *Rudior aut infimæ sortis pannus:* — *de Arrás;* panno de Arrás ou de raz; estofo ou tapete assim chamado, da cidade de Arrás, onde se fabricavam. *Tapes attrebatensis:* — *de cáliz;* véu; pedaço de panno com que se cobre o calix, que de ordinario é da mesma qualidade e côr da casulla. *Calicis tegumentum:* — *de corte;* nome que dão em Cuenca, provincia da republica do Equador, a um tapete de muita estimação que ali fabricam: — *de lampazo;* tapete que representa sómente verduras. *Aulæum frondes tantum referens:* — *de maños;* toalha de mãos, ou para limpar qualquer parte do corpo depois de lavada: — *de mesa;* toalha de mesa. *Mappa, mantile:* — *de púlpito;* panno de pulpito; paramento com que se adorna exteriormente o pulpito, quando ha algum sermão a prégar, ou em dias de festa. *Suggestus, stragulum:* — *de que cortar (fig.);* materia, cousa abundante de que se póde dispor. *Copia, æ:* — *de ras.* V. *Paño de Arrás:* — *de rebozo (p. Mex.);* tecido de seda, de algodão ou de ambos estes fios, que usam as mulheres para cobrir a cabeça. É tambem conhecido só pelo nome de *Paño* ou *Rebozo:* — *de tocar;* toalha para limpar: — *de tumba;* panno de caixão, panno mortuario. *Emortualestragulum. Paños calientes (fig.);* pannos quentes; remedios, meios paliativos e inefficazes: — *(fig.)* mel pelos beiços; diligencias e bons officios que se fazem para temperar o rigor e aspereza de alguem. *Lenimenta:* — *(fig.)* diligencias e instancias que se fazem para apressar, excitar alguem. *Incitationes. Paños de escusa (ant.);* traje de frasqueira. *Indumentum familiare, vestis domestica. Paños de corte;* tapetes com que se adornam e abrigam os aposentos de inverno. *Peripetasmata, aulæa. Paños menores;* trajes menores, vestidos de dormir. *Inducula, æ. Paños sosegados.* V. *Pasmo. Andar en ó con paños calientes (fr. fam.);* andar com paliativos, valer-se de meios inefficazes, de rodeios, em vez de ir directamente ao negocio: — contemporisar; tratar de conseguir alguma cousa de alguem pela mansa, com brandura. *Tender el paño del púlpito (fr. fam.);* estender o guardanapo; começar a fallar extensa e diffusamente. *Sese ad difusè loquendum accingere:* fallar de cadeira, magistralmente. *En el mejor paño cae una mancha (rif.);* no melhor panno cáe a nodoa; nada ha isento de imperfeições. *Quien se viste de mal paño, dos veces se viste al año (rif.);* quem se veste de ruim panno, veste-se duas vezes no anno: — *(naut.)* panno; as vélas da embarcação. *Vela, æ:* — *pl. (med.)* cravos; pequenas concreções, formadas pelo humor espessado dos folliculos da pelle, que apparecem particularmente em torno das azas do nariz e na testa, e sáem por meio da pressão sob a fórma de uns pequenos corpos brancos. *Al paño (loc. adv.);* entre bastidores. *Ad cortinam:* — *(ant.)* V.

Aparte, nas comedias: — *(theat.)* panno; o de bôca, no theatro.

Pañol. *m. (naut.)* Paiol; divisão interior do navio, mais ou menos chegada á quilha, onde vão os mantimentos, a polvora, etc. *Navis penarius.*

Pañolero. *m.* Vendedor de lenços: — *m. (naut.)* paioleiro; o encarregado do paiol.

Pañoleta. *f.* Lenço pequeno de pescoço, que usam as mulheres.

Pañoso, sa. *adj.* Esfarrapado, andrajoso, maltrapilho, farrapão; vestido de remendos e farrapos. *Panosus, a, um.*

Pañuelo. *m.* Lenço de algibeira ou de assoar. *Muccinium, ii:* — lenço do pescoço, da cabeça, etc.

Paon. *m. (ant.)* V. *Pavon.*

Paor. *m. (ant.)* V. *Pavor.*

Papa. *f. (p. Perú.)* Pedaço de prata que se acha solto nos areaes despovoados onde não ha mina alguma d'este metal: — *pl.* papas; massa ou sopas muito brandas que se dão ás creanças, e, por extensão, diz-se de qualquer sopa muito molle. *Papparium, i:* — V. *Puches:* — *(fam.)* papa; qualquer comida ou alimento. *Cibus, i:* — *m.* Papa; Summo Pontifice romano, vigario de Christo, successor de S. Pedro, chefe visivel da *I*greja. *Papa, summus pontifex:* — papa; na *I*greja grega dá-se este nome a qualquer sacerdote: — *(ant.)* V. *Arzobispo, Obispo:* — *(bot.)* V. *Patata*, significando a planta e o bolbo.

Papá. *m* Papá; voz de que usam as creanças quando começam a fallar, para chamar o pae, e que geralmente empregam as pessoas de qualquer idade no mesmo sentido. *Pater, tris.*

Papacote. *m. (prov.)* V. *Cometa*, armação.

Papada. *f.* Papada, segunda barba; carne e gordura abundante debaixo da barba, ou a que está entre esta e o pescoço. *Guttur obessum.*

Papadgo. *m. (ant.)* V. *Papado.*

Papadilla. *f. dim.* de *Papada.* Papadinha; pequena papada. *Guttur, is.*

Papado. *m.* Papado, summo pontificado, dignidade de Papa: — papado; tempo que dura um summo pontificado. *Pontificatus, ûs.*

Papafigo. *m. (ant. naut.)* V. *Papahigo:* — *(zool.)* papafigo; genero de aves: — *(prov.)* V. *Oropéndola.*

Papagayo. *m. (germ.)* Espião, delator de justiça. *Hablar como un papagayo (fr.);* fallar como um papagaio; fallar muito e sem reflexão. *Temerè instar psittaci loqui:* — *(bot.)* amaranto, papagayo; especie de plantas do generó amaranto: — papagaio; especie de tulipa de cores variadas: — *(zool.)* papagaio; genero de aves trepadoras: — *(zool.)* papagaio marinho; especie de peixe do genero arenque: — *de agua.* V. *Dafnia.*

Papahigo. *m.* Orelha ou pedaço de panno do barrete ou cobertura da cabeça, que voltado para baixo cobre a cara e o pescoço, menos os olhos, e se usa em jornada, para resguardar do ar e do frio. *Cucullus, i:* — *(naut.)* papafigo; véla a mais baixa do navio, v. g.: véla grande, e ó traquete. *Supparum, i:* — *(zool.)* V. *Papafigo.*

Papahuevos. *m. (fam.)* V. *Papanatas.*

Papal. *adj.* Papal; de papa, do papa. *Pontificius, a, um.*

Papalina. *f.* Especie de touca que usam as mulheres atada á cabeça, e com mais ou menos enfeite. *Pileus ausatus.*

Papalmente. *adv. m.* Papalmente; como papa, com auctoridade e poder pontificio. *De potestate pontificis summi; pontificis ritu.*

Papamoscas. *m.* V. *Papanatas:* — *(zool.)* papamoscas; genero de passaros dentirostros.

Papanatas. *m.* Papamoscas, papalvo, patola. *Stolidus.*

Papandujo, ja. *adj.* Sorvado, maduro de mais; diz-se dos fructos. *Nimis blandus, mollis.*

Papar. *a.* Papar; comer cousas brandas sem mastigar. Em estylo familiar emprega-se muitas vezes por comer. *Pappare:* — fazer pouco caso das cousas. *Contemnere, despicere, pro nihilo habere.*

Páparo. *m.* Papalvo, basbaque, simplorio, homem tolo ou ignorante, que se admira das cousas mais triviaes. Costuma dizer-se dos aldeões e da gente rustica. *Rusticus, qui omnia miratur.*

Paparrabias. *m. (fam.)* Arrebata-punhadas; homem colerico, que facilmente se agasta e enraivece. *Qui facilè subirascitur.*

Paparrasolla. *f.* Papão, coco; diz-se ás creanças para lhes metter medo. *Spectrum, puerorum terriculamentum.*

Paparrucha. *f.* Balela, galga, boato falso: — *(p. Mex.)* petas, fabulas, contos de velhas.

Paparruchada. *f. (p. Mex.)* Bagatella, ninharia.

Papasal. *m.* Jogo de rapazes, que consiste em fazer riscas na cinza. O que perde leva algumas pancadas debaixo da barba com uma boneca de cinza que tem o mesmo nome do jogo. *Ludus puerorum sic dictus:* — *(fig.)* frioleira, bagatella. *Inanis species.*

Papáver. *m. (ant.)* V. *Adormidera.*

Papaveráceas. *f. pl. (bot.)* Papaveraceas; familia de plantas dicotyledoneas polypetalas.

Papaverina. *f. (chim.)* Papaverina. V. *Narcotina.*

Papa-viento. *m. (zool.)* V. *Anolis.*

Papaya. *f.* Papaya; fructa do papayo.

Papayo. *m. (bot.)* Papayero; genero de plantas dicotyledones.

Papaz. *m.* Papaz; nome que na costa d'Africa dão aos sacerdotes christãos. *Sacerdos, otis.*

Papazgo. *m.* V. *Papado.*

Papear. *n. (ant.)* Papear, papagaiar, tagarelar; fallar sem conhecimento.

Papel. *m.* Papel; folha delgada feita de massa de trapos

de linho ou algodão. *Charta papiracea:* — papel; escrito para dar algum aviso ou para outro fim. *Schedula, æ:* — papel que contém alguma cousa, ou que a embrulha, como: *papel de alfileres;* carta, papel de alfinetes, etc. *Papiraceum involucrum:* — papel; discurso ou tratado, escripto ou impresso, mas que não está disposto em livro. *Libellus, parvus codex:* — *(fig.)* papel, personagem, homem que representa em qualquer ordem ou classe. *Munus vel partes agens:* — *amonedado.* V. *Papel moneda:* — *avitelado.* V. *Avitelado:* — *blanco;* papel limpo; o que não está escripto. *Charta pura, haud scripta:* —*continuo;* papel que não se fabrica folha por folha, mas de um comprimento indefinido, que se corta depois do tamanho que se deseja: — *de añafea.* V. *Papel de estraza:* — *de culebrilla.* V. *Papel de seda:* — *de China;* papel da China; papel fino, branco ou pardo, que vem d'aquelle imperio, e é excellente para estampas: — *de estraza;* papel pardo. *Fusca et sordidior charta:*— *de marca mayor;* papel de marca maior. *Charta majoris formæ, macrocollum:* — *de marquilla;* papel de peso ou de marca pequena. *Charta mediæ formæ:* — *de música;* papel de musica. *Charta musicis notis seu charateribus descripta:* — *de seda;* papel de seda ou setim; o que se faz de retalhos de seda, ou da camada interior do casulo da seda: papel de seda ou setim; papel mui delgado, que serve para resguardo das estampas ou para embrulhar cousas delicadas: —*florete;* papel florete; papel de boa qualidade: — *mojado;* papel, escripto, documento de pouca importancia. *Scriptum inutile:*— qualquer cousa inutil ou de pouco valor: — *moneda;* papel moeda. *Tenera seu schedula, auctoritate publica monetæ vices gerens:* — *quebrado;* papel refugo; que serve para costaneiras: — *secante.* V. *Teleta:* — *sellado;* papel sellado; o que é marcado pelo governo, e serve para auctorisar os instrumentos legaes e juridicos. *Charta regio signo distincta:* — *volante;* papel, folha volante, em que se escrevem as noticias publicas, e que se extrahe facilmente. *Libellus, lucubratiuncula. Embadurnar ó embarrar papel (fr.);* borrar papel; escrever cousas inuteis ou de nenhuma importancia. *Hacer papel (fr.);* fazer papel. V. *Hacer figura. Hacer papel ó el papel;* fazer papel; arremedar, fingir habilmente uma cousa, representa-la ao vivo. *Aliquem referre vel ejus personam agere. Hacer su papel (fr. fig.);* fazer o seu papel, cumprir com a sua missão, desempenhar o seu ministerio, os seus deveres. *Probè suas partes agere vel sustinere. Manchar papel (fr.)* V. *Embadurnar papel. Tener buenos papeles (fr.);* ter bons papeis, bons titulos ou documentos legaes que provem a nobreza ou o merito de quem os possue. *Instrumenta vel rescripta apta pro se habere:* — ter rasão no que diz, pede, requer ou disputa. *Traer los papeles mojados (fr. fig.);* trazer noticias falsas, sem fundamento. *Nugas narrare:* —*piedra (art.);* pedra lithographica facticia, inventada para substituir a pedra natural: — *medicamentoso (pharm.);* papel medicamentoso; diz-se de certas preparações que se classificam entre os topicos, e resultam da applicação de substancias adhesivas no papel, para collocar-se em seguida sobre a parte doente: —*en derecho (for.);* memoria ou informação que fazem os advogados em defeza da parte, para entregar aos juizes que têem de julgar o feito. *Allegatio juridica scripto tradita, typisque mandari solita:* —*reactivo (chim.);* papel reactivo; papel tinto de uma côr azul vegetal, de que se faz uso para demonstrar a acidez ou alcalinidade de um liquido: —*(theat.)* papel; a parte que um actor faz em drama, recitado, cantado ou em pantomima. *Comediæ pars recitanda.*

Papeleador. *m.* Papelão, impostor; o que gosta de fazer figura.

Papelear. *n.* Papelear; revolver, folhear papeis para procurar n'elles alguma noticia, esclarecimento, etc. *Scripta evolvere:* — *(fig.)* fazer figura, representar de pessoa importante.

Papelejo. *m* V. *Folleto.*

Papeleo. *m.* Acção e effeito de papelear.

Papelera. *f.* Papeleira; traste de feitios differentes, com gavetas para guardar papeis. *Scrinium, ii:* — papelada; quantidade de papeis escriptos. *Chartarum descriptarum copia.*

Papelería. *f.* Papelada inutil, papeis velhos, rotos, espalhados e sem ordem. *Chartarum multitudo inordinata, acerbus:* — papeleria; loja de papel.

Papelero. *m.* Papeleiro; fabricante ou vendedor de papel. *Chartarum opifex.*

Papeleta. *f.* Papeleta; papel em que se escreve ou imprime alguma cousa, para que sirva de aviso ou noticia. *Schedula, æ:* — papeliço; cartuxo de papel para envolver alguma cousa. *Cucullus papyraceus.*

Papelico, llo, to. *m. dim.* de *Papel.* Papelinho.

Papelina. *f.* Calice, copo; vaso para beber. *Crater, patera:* — cadarço; estofo. *Tela ex lana herbis mixta, subtilissima.*

Papelista. *m.* Papelista; investigador de papeis e escripturas antigas, que entende de papeis. *Scriptorum libellorum peritus, gnarus:* — official que forra de papel pintado as paredes das habitações.

Papelon. *m. aug.* de *Papel.* Papelão: — papelão; papel

mui grosso e encorpado, para capas de livros e outras cousas. *Conglutinata charta:* — escripto de nenhum valor, enfadonho, insulso e prolixo. *Longum et prolixum scriptum vel charta:* — *(fig. fam.)* papelão; homem ridiculamente basofio, que affecta de personagem importante. *Ostentator, jactabundus homo.*

Papelonado. *adj. (br.)* Carregado de escamas; diz-se do escudo. *Signum decoris in stemmatibus.*

Papelonear. *n.* Impostурar, fazer de papelão, affectar de personagem importante.

Papelote, Papelucho. *m.* Papelucho; escripto desprezivel, inutil.

Papemo. *m. (ant.)* V. *Papanatas.*

Paper. *m. (ant.)* Papillo. V. *Papel.*

Papera. *f.* Papeira, bocio; tumor volumoso na papada entre a garganta e a orelha. *Gutturis tumor.*

Papero. *m.* Papeiro; vaso de cozer papas, migas. *Pultarius, ii.*

Papila. *f. (anat.)* Papilla; diz-se de umas pequenas eminencias que se notam na superficie de muitas membranas.

Papilionáceas. *f. pl. (bot.)* Papilionaceas; familia de plantas, cujas flores têem a corolla disposta de modo que se assimilham a uma borboleta.

Papilla. *f.* Papinha; papas ralas para as creanças, feitas ordinariamente com mel ou assucar. *Paparium, offulæ:* —*(fig.)* papinha; palavras doces para enganar a alguem. *Illecebrosa fraus, dolus. Dar papilla a alguno (fr.);* dar papinha a alguem; illudi-lo como se faria a uma creança. *Astu decipere.*

Papillo. *m. dim.* de *Papo.* Papinho.

Papillote. *f. (neol.)* Papelote; pedaço de papel brando em que se envolvem porções de cabello para ficar riçado ou encrespado.

Papion. *m. (zool.)* V. *Zambo.*

Papiráceo, cea. *adj.* Papyraceo; que se parece com o papel em ser delgado e secco.

Papirífero, ra. *adj. (bot.)* Papyrifero; diz-se das plantas, cuja casca serve ou pôde servir para fazer papel.

Papirografía. *f.* Papyrographia; arte de desenhar ou escrever em papel-pedra.

Papirógrafo. *m.* Papyrographo; o que exerce a papyrographia.

Papirolada. *f.* V. *Pampirolada.*

Papiroleografía. *f.* Papyroleographia; arte de illuminar uma estampa por meio da pintura a oleo.

Papirotada. *f.* Pescoçada; pancada com a mão no pescoço de alguem. *Manus ictus.*

Papirote, Papirotazo. *m.* Piparote; golpe dado com o dedo mediano fincado no pollegar, e d'elle destacado com força. *Talitrum, i.*

Papisa. *f.* Papiza ou papeza; mulher que occupa o solio pontificio. Só se usa fallando da papiza Joanna.

Papisano. *m.* Papizano; nome que os protestantes dão á religião catholica romana.

Papista. *m.* Papista; nome dado pelos protestantes aos catholicos romanos, em rasão da obediencia d'estes ao papa. *Catholicus.*

Papo. *m.* Papada, barbella; parte carnosa do animal entre a barba e o pescoço. *Guttur, uris:* —papo; bolso ou estomago em que as aves ajuntam a comida antes de passar á moela: — V. *Vilano,* de algumas sementes: —*pl. (ant.)* papos; especie de toucado mulheril que tinha uns bolsos que cobriam as orelhas. Tambem se chamavam *bufos* em castelhano. *Capitis ornatus bullatus. Estar en papo de buitre (fr.);* caír nas garras de abutre, nas mãos do diabo; caír uma cousa nas mãos de alguem que difficilmente a restituirá ou deixará saír de seu poder. *Vulturi passerem traditum esse. Hablar de papo (fr.);* fallar de papo, com presumpção e jactancia. *Elatè vel gloriosè loqui. Hablar o ponerse papo a papo (fr.);* fallar cara a cara, á cara descoberta, face a face. *Coram et liberè loqui. Hacer el papo (fr.)* V. *Hacer el pico. Una en el papo y otra en el saco (rif.);* um no papo e outro no sacco; allude a quem não se contenta com o que lhe dão e quer levar mais: —*de paloma (arch.)* V. *Gola:* —*(bot.)* flor do cardo: —*(volat.)* a comida que se dá de uma vez á ave de rapina. *Pastus, bolus.*

Papóforo. *m. (bot.)* Pappophoro *(que tem pennacho);* genero de plantas da familia das gramineas.

Papudo, da. *adj.* Papudo; que tem grande papo. Diz-se frequentemente das aves. *Gutturosus, a, um.*

Papujado, da. *adj.* Diz-se das aves, e especialmente das gallinhas, que têem muitas pennas e carne no papo. *Gutturosus, a, um:* —*(fig.)* papudo, proeminente. *Prominens, entis.*

Pápula. *f. (med.)* Papula; borbulha, pequeno tumor que se forma debaixo da barba ou á roda da garganta.

Papuloso, sa. *adj.* Papuloso; que está coberto de papulas.

Paqueablefarosis. *f. (med.)* Pacheablepharosis; inchação ou tumefacção das palpebras. Esta denominação é dos antigos.

Paquebot, Paquebote. *m. (naut.)* Paquebote, paquete, correio maritimo. *Tabellaria navis.*

Paquerina. *f. (bot.)* Paquerina; genero de plantas da familia das compostas.

Paquerola. *f. (bot.)* Paquerola; genero de plantas da familia das corimbiferas.

Paquete. *m.* Pacote, fardo pequeno. *Sarcinula, æ:*—masso de cartas. *Chartarum fasciculus:* —V. *Paquebot.*

Paquidermos. *m. pl. (zool.)* Pachydermes *(pelle grossa);* ordem de mammiferos ungulados, que comprehende os elephantes, os rhinocerontes, asnos, porcos e cavallos.

Paquiro. *m. (zool.)* Pachyro;

animal mui parecido com o porco, que se encontra na ilha de Tabago.

PAQUIS. *f. (med.)* Pachis; nome de uma doença admittida pelos medicos antigos, e que hoje se considera como imaginaria.

PAR. *adj.* Par, igual, similhante. *Par, aris :* — *m.* par, parelhas, duas cousas iguaes. *Par, aris :* — parelha de muares ou junta de bois de trabalho. *Jugum, i :* — *(prep. ant.)* par. V. *Por :* — *f. pl.* pareas. V. *Placenta :* — *y nones ;* pares ou nones; especie de jogo. V. *Nones :* — *Dios (fr.)* V. *Por Dios. A par (loc. adv.)* a par, junto, ao lado, proximo, emparelhado. *Juxta, prope. Al par o a la par (loc. adv.);* juntamente, ao mesmo tempo. *Una, simul, pariter :* a par, igualmente, sem distincção nem separação, de um modo igual. *Æqualiter, pariter :* ao par, sem desconto; diz-se fallando do cambio. *Sine lucro utrinque. A par (loc. adv.);* á similhança, com igualdade. *Instar. A par del alma o a par de muerte (loc. adv.);* com todas as veras, do intimo do coração. Usa-se de ordinario com o verbo *sentir. A pares (loc. adv.);* a pares, de dois em dois. *Bini. De par en par (loc. adv.);* de par em par, aberto de todo, com os dois batentes inteiramente abertos, fallando de portas e janellas. *Expansis patentibus foribus : (fig.)* sem impedimento nem embaraço ou estorvo, claramente, patentemente. *Patenter. Ir a la par (fr);* ir ao meio, ir de sociedade com outro; diz-se no jogo e no commercio. *Communi lucro vel jactura ludum aut mercaturam agere. Jugar o echar a pares o nones alguna cosa (fr.);* jogar a pares ou nones alguma cousa. *Par, impar ludere. Sin par (loc. adv.);* sem par, sem igual, singular: — *(arch.)* prumo; cada um dos madeiros que sustentam o madeiramento : — *pl.* aspas; as duas peças que seguram, uma de cada lado, um madeiro vertical, horisontal ou inclinado e em um mesmo ponto : — *(hist.)* par; titulo de alta dignidade em alguns estados. *Par, dignitatis nomen :* — *(math.)* par; diz-se do numero que se pôde dividir em duas quantidades iguaes sem quebrado. *Numerus par :* — *(zool.)* par, casal; diz-se do macho ou da femea de certas aves, fallando de um com relação ao outro.

PARA. *prep.* Para; indica o fim ou termo a que se dirige uma acção, como: *trabajo para comer ;* trabalho para comer. *Ad ut :* — para; denota o logar que é o termo de uma viagem, ou a sua situação, como: *marcharé para Cádiz ;* marcharei para Cadix. V. *Hacia. Versus, in :* — para; usa-se tambem como determinativo do tempo ou logar em que se assignala ou fixa a execução de uma cousa, como: *pagará para San Juan ,* pagará para o S. João. *Ad, in :* — para; usa-se tambem determinando o emprego de alguma cousa ou aquillo em que póde servir, como: *esto es bueno para mangas;* isto é bom para mangas etc. : — para; usa-se como particula adversativa, significando o estado em que se acha actualmente alguma cousa, contrapondo-a ao que se quer applicar ou se diz della, como: *con buena calma te vienes para la prisa que yo tengo ;* vens com bastante vagar para a pressa que eu tenho. *Cum, ut :* — para; usa-se significando a relação de uma cousa com outra, ou o que lhe é proprio ou respeita, como : *poco le alaban para lo que merece ;* louvam-no pouco para o que elle merece, etc. *Pro :* — para; significa muitas vezes o motivo ou causa de alguma cousa, e equivale a porque ou pelo que. *Quare, quapropter :* — para; toma-se pelo mesmo que por ou a fim de; *v. g. : para evitar la disputa, me marché;* para evitar a disputa, retirei-me. *Ut :* — para; usa-se determinando alguma especie entre muitas, ou applicando-a a sujeito determinado, como: *fulano es bueno para soldado;* fulano é bom para soldado : — para; emprega-se indicando a aptidão e capacidade de alguma pessoa, como: *fulano es para todo ;* fulano é para todos etc. : — para; junto com o infinito de algum verbo, indica umas vezes a resolução, disposição ou aptidão de fazer o que o verbo significa, e outras a proximidade da acção, e n'este ultimo junta-se com o verbo auxiliar *estar,* como: *estoy para marchar de um momento a otro ; estuve para responderle una fresca, etc. ;* estou para marchar a cada momento ; estive para lhe responder uma graça : — para; junto com a particula que usa-se perguntando, e vale porque ou com que rasão ou causa. *Ut quid? cur? :* — para; junto com alguns nomes usa-se subentendendo-se o verbo comprar, como: *dar para nieve, para fruta, etc. ;* dar para neve, para fructa, etc. *Ad :* — *para ;* usado com a particula *con* explica a comparação de uma cousa com outra, como: *quién es usted para conmigo?* quem é vossa mercê para mim? Na maior parte dos casos, *con* é particula expletiva em ambos os idiomas; *v. g. : ha sido ingrato para con su amigo, etc. ;* tem sido ingrato para com o seu amigo, etc. *Erga. Para eso (fr.);* para isso; costuma dizer-se de uma cousa em ar de desprezo, como: *para eso no me hubiera molestado en venir ;* para isto não me teria incommodado em vir. *Para siempre (loc. adv.);* para sempre; significa a eternidade ou a carencia de fim. Usa-se muitas vezes como voz incomplexa. *In æternum :* — *(chim.)* para; particula que alguns auctores collocam diante da denominação dos corpos, cuja composição é similhante, e que não obstante isso gosam de propriedades differentes, pelo que se chamam isomericos; taes são os acidos tartrico e paratartrico, phosphorico e paraphosphorico.

Parabata. *m. (hist. ant.)* Parabata; o que, nos antigos jogos do circo, corria a pé depois de ter corrido em um carro.

Parabien. *m.* Parabem. V. *Felicitacion.*

Parabla. *f. (ant.)* Palabra (por transposição).

Parablote. *m. (zool.)* Parablote *(vesgo)*; genero de insectos coleopteros tetrameros da familia dos curculionidos.

Parábola. *f.* Parabola; narração allegorica que encerra uma verdade importante. *Parabola, æ*:—*(math.)* parabola; linha curva formada pela secção de um cone por um plano parallelo ao seu lado:—*(mil.)* parabola; linha descripta de qualquer projectil que se tira por elevação.

Parabolano. *m. (hist.)* Parabolano; gladiador ousado, que se expunha quasi a uma morte certa:—parabolano; homem do povo que se consagrava ao serviço das igrejas e dos hospitaes, nos primitivos tempos. O que usa de parabolas ou ficções. *Parabolis loquens.*

Parabólicamente. *adv. m.* Parabolicamente; em fórma de parabola moral:—*(math.)* parabolicamente; descrevendo uma parabola.

Parabólico, ca. *adj.* Parabolico; que encerra parabola. *Parabolicus, a, um. Espejo parabólico (phys.)*; espelho parabolico; espelho em fórma de parabola que tem a propriedade de reflectir em linha recta todos os raios que lhe envia um corpo luminoso collocado no seu fóco:—*(math.)* parabolico; concernente á parabola ou que tem a figura de parabola. *Parabolicus, a, um. Poesía parabólica (philos.)* poesia parabolica; nome com que Bacon designa todas as allegorias e mythos da antiguidade.

Paraboloide. *f. (math.)* Paraboloide; superficie de segundo grau, formada por uma parabola vertical, que precisamente se move permanecendo parallela á sua primeira posição:—*m.* paraboloide; solido formado pela revolução de uma parabola em torno do seu eixo.

Parabra. *f. (ant.)* V. *Palabra.*

Paracaidas. *m. (phys.)* Paraquédas; machina usada pelos aeronautas, do feitio de um grande chapéu de chuva, que lhes serve para retardar a velocidade da sua descida pela resistencia do ar.

Paracarpo. *m. (bot.)* Paracarpo; ovario abortado.

Paracefalia. *f. (physiol.)* Paracephalia; monstruosidade em que falta uma parte da cabeça.

Paracefalianos. *m. pl. (physiol.)* Paracephalianos; familia de monstruos unitarios.

Paracéfalo. *m. (physiol.)* Paracephalo, genero de monstros unitarios da familia dos peracephalianos.

Paracefalóforo, ra. *adj. (zool.)* Paracephalophoro; que apresenta a cabeça confundida com o corpo.

Paracelsismo. *m. med.* Paracelsismo; doutrina de Paracelso.

Paracelsista. *m. (med.)* Paracelsista; partidario da doutrina de Paracelso.

Paracenterion. *m. (cir.)* Paracenterião; pequeno trocate usado para a puncção do olho no caso de hydropesia.

Paracentesis. *f. (cir.)* Paracentese; puncção do abdomen para evacuar a lympha dos hydropicos, na ascite.

Paracentétero. *m. (cir.)* V. *Paracenterion.*

Paracéntrico, ca. *adj. (astron.)* Paracentrico; diz-se da approximação ou separação de um planeta com relação ao sol ou ao centro do seu movimento.

Paracianato. *m. (chim.)* V. *Fulminato.*

Paraciánico, ca. *adj. (chim.)* Paracyanico; diz-se do acido fulminico.

Paracianójeno. *m. (chim.)* Paracyanogeneo; residuo que fica na retorta quando se faz aquecer o cyanureto de mercurio para a preparação do cyanogeneo.

Paraciesia. *f. (med.)* Paracyesia; tumor mui consideravel.

Paracinancia. *f. (med.)* Paracynancia; variedade de angina menos intensa:—paracynancia; inflammação dos musculos exteriores da larynge.

Paracinomia. *f. (med.)* Paracynomia; especie de esquinencia que parece ser a mesma paracynancia.

Paracleto. *m.* Paracleto ou paraclito, consolador; diz-se do Espirito Santo. *Paraclitus, i.*

Paraclético, ca. *adj.* Paracletico; pertencente ao Espirito Santo:—paracletico; livro ecclesiastico dos gregos que contém discursos consolatorios e exhortam á penitencia.

Paraclito. *m.* V. *Paracleto.*

Paracma. *m. (med.)* Paracma; declinação de uma doença.

Paracmástico, ca. *adj. (med.)* Paracmastico; diz-se da febre que vae declinando.

Paracnátide. *m. (bot.)* V. *Diplomeride.*

Paracope. *m. (med.)* Paracope *(delirio)*; nome que os antigos davam ao delirio propriamente dito. Hoje designa um delirio ligeiro ou desordem de idéas, que se experimenta em muitas doenças agudas.

Paracronismo. *m.* Parachronismo; especie de anachronismo ou erro de chronologia, collocando um successo mais tarde do que deve ser.

Paracróside. *m. (zool.)* V. *Mimela.*

Paracusia, Paracusis. *f. (med.)* Paracusia *(vicio do ouvido)*; modo vicioso de perceber dois sons naturaes que faz experimentar ao doente uma sensação diversa do que teria no caso de saude.

Parada. *f.* Parada; acção de parar, de suspender a marcha. *Statio, onis*:—parada; logar ou sitio onde se pára. *Statio, onis*:—parada; fim ou termo do movimento de alguma cousa, especialmente da carreira. *Terminus, meta*:—pausa, suspensão, especialmente na musica. *Temporis intervallum*:—estabulo; sitio ou logar onde se recolhem e juntam os gados. *Armenti receptaculum, stabulum:* — V. *Acaballadero:*—muda; parelha ou parelhas de cavalgaduras ou uma bésta só que estão de distancia a distancia, para substituirem as que vão em serviço de posta ou de diligencias que passam por aquelles sitios. *Equi in statione parati ad tractum:* — parada; logar onde estão mudas, posta: — trela de cães que se tem postada em algum ponto do espaço em que se caça: — presa que se faz nos rios para dar agua abundante aos moinhos ou para pescar. *Cataracta, obex ad aquæ cursum retinendum:* — parada; o dinheiro que de uma vez se expõe a uma sorte no jogo. *Nummorum in ludo sponsio:*—*(ant.)* apresto; numero, porção ou quantidade de cousas preparadas ou dispostas para algum fim. *Apparatus, us:* — *(equit.)* parada; acto de deter e parar o cavallo. *Llamar de parada (fr. mont.);* chamar de parada; diz-se quando o cão topa com o javali, veado ou gamo e a peça fica quieta: — *(mil.)* parada; mostra, revista de tropas, e exercicio d'ellas: — parada; reunião da tropa que entra diariamente de serviço, e o acto de a revistar, organisar as guardas e faze-las seguir para os seus destinos. *Specimen militare, decursio.*

Paradáctilo. *m. (zool.)* Paradactylo; parte lateral dos dedos das aves.

Paradera. *f.* Adufa; tábua ou comporta que se põe na bôca da calha do moinho para que a agua não vá a elle. *Cataracta, æ:* — aberta ou buraco que se abre ou fecha com a comporta:—*(art.)* rede de pesca que se divide em duas classes, as quaes se distinguem só no tamanho de suas malhas.

Paradero. *m.* Paradeiro; logar onde alguma cousa vae ter ou parar. *Statio, terminus:* —*(fig.)* paradeiro; fim ou termo de alguma cousa. *Terminus, finis.*

Paradeta. *f.* V. *Paradilla:* — *pl.* especie de dansa antiga da escola castelhana, em que se faziam umas breves paradas no movimento ou consonancia da musica. *Tripudium intervallis distinctum.*

Paradiástole. *f. (rhet.)* Paradiastole; figura que consiste em distinguir umas de outras as idéas que têem entre si grande analogia, e em determina-las de um modo preciso, por meio de epithetos.

Paradigala. *f. (zool.)* V. *Astrapia.*

Paradigma. *m.* Paradigma, modelo, exemplar. *Exemplum, i.*

Paradilla. *f. dim.* de *Parada.* Paradinha.

Paradina. *f. (ant. prov.)* V. *Coto, Dehesa.*

Paradisiaco, ca. *adj.* Pertencente ao paraizo.

Paradislero. *m.* Caçador que faz espera á caça. *Venator statuarius:*—novelleiro que anda á procura de noticias, e que as finge ou inventa. *Nuntiarum captator aut fictor.*

Parado, da. *adj.* Vagaroso, inerte, descuidado, indolente. *Remissus, segnis:*—desoccupado, ocioso. *Otiosus, a, um:* —contratado, convencionado. *A lo bien parado (fr.);* ao bem parado; diz-se de quem deixa perder ou abandona uma cousa que ainda póde servir, para ter outra melhor ou mais nova.

Paradoja. *f.* Paradoxa, paradoxo; proposição contraria ás opiniões geralmente recebidas. *Paradoxum, i:* — paradoxa; asserção falsa, que se apresenta com apparencias de verdadeira.

Paradójico, ca. *adj.* Paradoxal; que encerra paradoxo. *Paradoxicus, a, um:* — paradoxico; diz-se do que usa de paradoxos.

Paradojismo. *m. (rhet.)* Paradoxismo; figura que consiste em reunir sobre um mesmo objecto, em fôrma de paradoxo, attributos que parecem inconciliaveis, porém combinados de maneira, que a intelligencia não veja n'elles á primeira vista mais que uma verdade incontestavel.

Paradojo, ja. *adj.* Paradoxo, inverosimil; que é ou se representa como absurdo á primeira vista. *Paradoxus, a, um:*— estranho ou extravagante no seu modo de opinar ou sentir.

Parador. *m.* O que pára facilmente ao signal feito para isso; diz-se commummente do cavallo bem ensinado que obedece logo á mão do cavalleiro. *Equus gradum scite sistens:* — jogador, que pára muito dinheiro ao jogo. *Prodigus sponsor in ludo:* — pousada, estalagem em ponto grande, onde, alem de passageiros, se guardam carros, cavalgaduras, etc. *Carrorum vel rhedarum statio.*

Paradura. *f. (naut.)* V. *Aparadura.*

Parafango. *m.* Guarda-lama; resguardo de couro ou de ferro com que se impede que as rodas das carruagens salpiquem de lodo os estribos e as partes immediatas a estes.

Parafernales. *m. pl.* V. *Bienes parafernales.*

Parafimosis. *f. (med.)* Paraphimosis; forte contracção do prepucio retrahido atrás da glande.

Parafonía. *f. (med.)* Paraphonia; vicio da voz cujo som é ingrato e offende o ouvido. Nota-se em certas doenças: —*(ant. mus.)* paraphonia; nome que os gregos davam á consonancia de quinta e quarta.

Parafosfato. *m. (chim.)* Paraphosphato; sal formado pela combinação do acido paraphosphorico com uma base.

Parafosfórico. *adj. (chim.)* Paraphosphorico; diz-se de um acido mui parecido com o phosphorico.

Parafrasear. *a.* Paraphrasear; explicar de diversos modos, uma mesma sentença. *Paraphrasim adhibere.*

Paráfrasis. *f. (rhet.)* Paraphrase; explicação de texto por outras palavras e com mais extensão. *Paraphrasis, is.*

Parafraste. *m.* Paraphraste ou paraphrasta; o que paraphraseia, auctor de paraphrase. *Paraphrastes,*

Parafrásticamente. *adv. m.* Paraphrasticamente; com paraphrase. *Paraphrasticè.*

Parafrástico, ca. *adj.* Paraphrastico; da natureza da paraphrase ou exposto paraphrasticamente. *Paraphrasticus, a, um.*

Parafrenesia, Parafrenesis. *f. (med.)* Parafrenesia; delirio passageiro causado pela inflammação do diaphragma. Segundo alguns auctores tambem significa a inflammação d'esta viscera.

Parafrenitis. *f. (med.)* Paraphrenitis ou paraphrenite; uma das especies de myosite, que consiste na inflammação do diaphragma.

Parafrosinia. *f. (med.)* Paraphrosinia; delirio nervoso causado pelos venenos.

Parafuego. *m.* Párafogo; parede que se eleva diante do lume para desviar o calor da cara, etc.

Paraglosis. *f. (med.)* Paraglossis; inchação da lingua.

Paragnatia. *f. (physiol.)* Paragnathia; monstruosidade que consiste em ter uma maxilla a mais.

Paragnato. *m. (physiol.)* Paragnatho; monstro que tem uma maxilla inferior a mais.

Parago. *m. (zool.)* Parago; genero de insectos dipteros brachoceros, da familia dos tanystomos.

Paragoga. *f. (med.)* Reducção de uma fractura ou de uma luxação.

Paragoge. *f. (gram.)* V. *Paragoje.*

Paragógico, ca. *adj.* V. *Paragójico.*

Paragoje. *f. (gram.)* Paragoge; figura de dicção pela qual se acrescenta uma letra ou syllaba no fim de uma palavra.

Paragójico, ca. *adj.* Paragogico; diz-se da letra ou syllaba que se acrescenta pela paragoge.

Paragonar. *a.* V. *Parangonar.*

Paragonfosis. *f. (anat.)* Paragomphose; especie de articulação immovel, como a dos dentes nos seus alveolos, unico exemplo d'esta classe de articulações.

Paragono. *m. (min.)* Paragono; variedade de jaspe negro de Italia: — paragono; especie de marmore muito preto que tem alguns veios brancos.

Paragrafo. *m.* Paragrapho; divisão ou separação de um capitulo ou discurso. Nota-se geralmente com este signal §.

Paragrama. *f.* Paragrama; falta de orthographia: — paragrama, erro de imprensa.

Paraguantes. *m.* Luvas; dadiva feita a alguma pessoa em recompensa de algum serviço.

Paraguas. *m.* Chapéu de chuva ou guarda-chuva. *Umbella, æ.*

Paraguayano, na. *s.* Paraguayano; o natural de Paraguay: — *adj.* paraguayano; pertencente a este paiz.

Paraguayo. *s. (p. A.)* V. *Paraguayano.*

Parahusar. *a. (ant.)* Brocar, broquear; fazer furos com broca.

Parahuso. *m.* Broca; instrumento de aço adaptado a uma peça de pau, que se faz girar alternadamente para um e outro lado por meio de um cordel. *Terebræ genus.*

Paraíso. *m. (fig.)* Paraizo; sitio ou logar ameno e aprazivel ou qualquer outra cousa deliciosa. *Locus amœnus:* — *de los bobos (fam.);* castellos no ar, delicias imaginarias, projectos, esperanças, idéas chimericas. *Commentitiœ tantumque in cogitantis mente existentes deliciœ.* *Hacer paraisos (fr. fam.)* V. *Hacer castillos en el aire.* *Árbol del paraíso:* — *(bot.)* V. *Árbol:* — *(rel.)* paraizo; jardim delicioso onde Deus poz Adão e Eva. Diz-se tambem paraizo terreal. *Paradisus Adami:* — paraizo celeste; a bemaventurança eterna. *Paradisus, beatorum sedes.* *Ave del paraíso (zool.)* V. *Avé. Pajáro del paraíso.* V. *Pájaro.*

Paraje. *m.* Paragem, sitio, logar ou distancia. *Situs, statio:* — *(ant.)* estado, ou disposição de alguma cousa. *Status, us:* — paragem; logar onde o navio anda pairando, ou onde costuma lançar ferro.

Parajeusia, Parajeustia. *f. (med.)* Parageustia; perversão do gosto.

Paral. *m. (archit.) pl.* Pelés; madeiros fixados obliquamente em uma parede, para suster o andaime: — guia ou madre da carreira; madeiro que serve de direcção aos cachorros.

Paraláctico, ca. *adj. (astron.)* Paralactico ou paralaxico; que diz respeito à paralaxe. *Paralacticus, a, um.*

Paralaje. *f. (astron.)* Paralaxe; arco celeste comprehendido entre o logar verdadeiro de um astro e o seu logar apparente: — *(med.)* paralaxe; encolhimento de um membro fracturado quando os fragmentos dos ossos ficam uns por cima dos outros.

Paralaxe, Paralasis. *f. (astron.)* V. *Paralaje.*

Paralea. *f. (bot.)* Paralea; genero de plantas da familia das ebenaceas.

Paralelamente. *adv. m.* Parallelamente; em direcção parallela.

Paralelipípedo. *m. (mathem.)* Parallelipipedo; corpo solido terminado por seis parallelogrammos, dos quaes os oppostos são iguaes e parallelos entre si. *Parallelipipedum, i.*

Paralelismo. *m. (mathem.)* Parallelismo; a posição parallela de duas linhas ou dois planos. *Parallelismus, i.*

Paralelo, la. *adj.* Parallelo; correspondente ou similhante. *Conveniens, similis:* — *m.* parallelo, confrontação, comparação de uma cousa com outra. *Collatio, comparatio.* *Esfera paralela (astron.);* esphera parallela; situação da esphera em que o equador é parallelo ao horizonte: — *(math.)* parallelo; o que dista igualmente em toda a sua extensão. *Parallelus:* — *(mil.) f.* parallela; estrada funda parallela ao corpo da praça, para a bater: — *(zool.)* V. *Tiquio.*

Paralelografía. *f. (mathem.)* Parallelographia; arte de tirar linhas parallelas.

Paralelógrafo. *m. (mathem.)* Parallelographo; instrumento proprio para traçar linhas parallelas.

Paralelógramo. *m. (mathem.)* Parallelogrammo; quadrilatero cujos lados oppostos são parallelos. *Parallelogrammum, i:* — *adj.* parallelogrammo; que tem a fôrma de parallelogrammo. *Parallogrammus, a, um.*

Paralelópide. *m. (zool.)* Parallelopide; genero de peixes acanthopterygios, da familia dos percoideos.

Paralelopleuro. *m. (mathem. ant.)* Parallelopleuro, parallelogrammo imperfeito; especie de trapezio.

Paralepsis. *f. (germ.)* V. *Paragoje.*

Paralipómenos. *m.* Paralipomenos; palavra grega que significa supplemento a uma obra: — paralipomenos; titulo de dois livros historicos da Biblia, que encerram o que se omittiu nos quatro livros dos reis.

Paralipse. *f. (rhet.)* Paralipsis; figura pela qual se faz fixar a attenção em um objecto que se finge descuidar ou desprezar.

Paralisis. *f. (med.)* Paralysia; diminuição ou privação do movimento muscular e da sensação da parte, ou de uma só d'estas funcções.

Paraliticado, da. *adj.* Paralytico; impedido pela paralysia, ou atacado d'esta doença.

Paralítico, ca. *adj. (med.)* Paralytico; pertencente á paralysia: — *s.* paralytico; atacado, doente de paralysia.

Paralizar. *a.* Paralysar; causar paralysia: — *(fig.)* paralysar, entorpecer.

Paralogismo. *m.* V. *Paralojismo.*

Paralogizar. *a.* V. *Paralojizar.*

Paralojismo. *m.* Paralogismo; discurso, raciocinio falso, argumento vicioso apoiado em rasões apparentemente verdadeiras. *Paralogismus, sophisma.*

Paralojizar. *a.* Paralogisar; procurar persuadir com paralogismos, com argumentos viciosos, que não provem a these. Usa-se tambem como reciproco. *Sophismatibus uti.*

Paralluvia. *m.* Alpendre, telheiro, tejadilho ou qualquer obra coberta que defenda da chuva.

Paramecianos. *m. pl. (zool.)* Paramecianos; familia de infusorios ciliados.

Paramecio. *m. (zool.)* Paramecio *(oblongo)*; genero de infusorios ciliados da familia dos paramecianos.

Paramentar. *a.* Paramentar, aparamentar, ornar, adornar. *Ornare.*

Paramento. *m.* Paramento, ornato, enfeite, atavio. *Ornatus, us:* — paramento; arreios, coberturas de cavallo. *Peristroma, stragulum. Paramentos sacerdotales;* paramentos sacerdotaes ou de sacerdotes; vestimentas, roupas ornadas que usam os sacerdotes nos officios divinos. *Ornamenta sacerdotalia:* — paramentos de *Igreja*, de altar; tudo o que serve para os ornar, cobrindo ou revestindo. *Ornamenta altaris.*

Paramero, ra. *adj. (p. A. Mer.)* Diz-se do cavallo affeito desde potro a correr pelas encostas ou ladeiras dos páramos do Andes. Usa-se tambem substantivado.

Paramesa. *f. (anat.)* Nome dado antigamente ao dedo pollegar.

Paramesia. *f. (anat.)* Dava-se este nome ás partes internas da perna: — *(ant. mus.)* quinta corda da lyra dedicada a Marte.

Parametro. *m. (mathem.)* Parametro; linha constante e invariavel que entra na equação de uma curva, e que serve de termo de comparação das suas ordenadas e abscisas. *Parametrum, i:* — parametro; quantidade constante que entra na equação de uma serie de curvas ou superficies.

Paramignia. *f. (bot.)* Paramignya; genero de plantas da familia das aurantiaceas.

Páramo. *m.* Páramo; campina, terra erma e rasa. *Solitudo, eremus:* — *(fig.)* páramo; logar ermo, deserto, summamente frio e desamparado. *Locus desertus, valdèque frigidus:* — *(p. A. Mer.)* páramo; por antonomasia diz-se de qualquer sitio mui alto e sempre coberto de neve, da cordilheira dos Andes.

Paramolojía. *f. (rhet.)* V. *Paromolojía.*

Paramonario. *m.* Paramonario; rendeiro ou administrador de alguns bens ecclesiasticos.

Paramorfina. *f. (chim.)* Paramorphina; substancia parecida com a morphina e que existe no opio.

Paraneta. *f. (mus. ant.)* Paraneta; sexta corda da lyra, que era dedicada a Jupiter.

Parangon. *m.* Comparação, similhança. *Comparatio, collatio.*

Parangona. *f. (art.)* Parangona; sorte de typo de imprensa. *Characterum typographicorum ordo sic dictus.*

Parangonar. *a.* Comparar. *Comparare, conferre.*

Parangonizar. *a. (ant.)* V. *Parangonar.*

Paranínfico, ca. *adj. (archit.)* Paranymphico; diz-se de uma ordem de architectura que só se distingue das outras cinco ordens por ter em logar de columnas, nas ordens jonica, corinthia e composita, estatuas de nymphas, d'onde tomou o nome. *Paranymphicus, a, um.*

Paraninfo. *m.* Paranympho; padrinho da noiva ou do noivo. *Paranymphus, i:* — paranympho; nas universidades, o que annuncia a abertura do curso, convidando ao estudo com alguma oração rhetorica. *Paranymphus, i:* — sala em que se conferem os graus academicos: — portador de boas novas, o que annuncia alguma felicidade: — *(hist. ant.)* paranympho; especie de ministro que nas bodas dos gregos presidia á funcção e regulava o festim. Tinha especialmente a seu cuidado a guarda do leito nupcial: — paranympho; cada um dos tres mancebos que entre os romanos conduziam a noiva a casa do esposo: — paranympho; entre os hebreus, o amigo intimo do noivo, que fazia as honras da boda, e conduzia a esposa a casa do marido.

Paranomasia. *f.* Paranomasia ou paranomasis; similhança entre palavras de linguas diversas, que indica origem commum.

Paranomia. *(for. ant.)* Paranomia; entre os gregos, delicto que consistia em fazer uma proposição contraria ás leis da republica ou sem observar as fórmulas prescriptas.

Paranza. *f.* Espera; sitio encoberto com ramadas onde os caçadores esperam a caça. *Statio venatoria.*

Paranzero. *m.* Caçador que caça com laços, redes, ou qualquer outra armadilha.

Parao. *m. (naut.)* Parau; embarcação pequena e ligeira de remos, e sem quilha, particularmente usada na India Oriental. *Ratis arundinea.*

Parapegmo. *m. (astron)* Parapegmo; tábuas astronomicas em uso entre os syrios e phenicios, nas quaes se acha marcada a saída e a posição dos astros. Tambem davam este nome a uma machina que empregavam para indicar e conhecer os solsticios pela sombra de um ponteiro: — parapegmo; tábuas de bronze em que os astrologos gravavam as suas regras: — *(hist ant.)* parapegmo; tábua metallica emque os antigos gravavam as leis.

Parapetar. *a.* Trancar, barricar; fortificar algum passo ou entrada: — *r. (fig.)* acautelar-se, precaver-se, precatar-se: — *(for.)* entrincheirar-se, resguardar-se com parapeitos ou outra cousa que supra estes.

Parapeto. *m. (fort.)* Parapeito; elevação de terra por cima do reparo, para cobrir os soldados dos golpes do inimigo. *Lorica, æ :* — parapeito; guarda que se põe nas pontes, escadas, etc. *Lorica, æ :* — *volante.* V. *Barricada.*

Parapléctico, ca. *adj. (med.)* Paraplectico; diz-se do que póde causar a paralysia.

Paraplegia. *f. (med.)* V. *Paraplejia.*

Paraplejia. *f. (med.)* Paraplegia; paralysia das partes inferiores, comprehendendo a axilla e o recto. Os antigos tambem empregavam este termo para designar uma apoplexia incompleta.

Parapléjico, ca. *adj. (med.)* Paraplegico; atacado de paraplegia.

Parapleuresía. *f. (med.)* Parapleuresia *(falso pleuriz)*; doença que uns designam com os caracteres da pleurodynia, outros de uma pleuresia verdadeira e ainda de uma pleuro-pneumonia.

Parapleuritis. *f. (med.)* Parapleuritis ou parapleurite; inflammação da parte da pleura que está cobrindo o diaphragma.

Paraplo. *m. (ant.)* V. *Periplo.*

Parapopléctico, ca. *adj. (med.)* Parapoplectico; atacado de parapoplexia.

Parapoplejía. *f. (med.)* Parapoplexia; apoplexia falsa, especialmente a que precede os accessos e as febres perniciosas.

Parar. *a.* Parar; deter, impedir o movimento ou acção de outro. *Cohibere, reprimere, impedire :* — parar; fazer parada ao jogo. *Spondere, deponere:* — prevenir, preparar: — parar; deter-se o cão quando vê a caça, para mostrar ao caçador o logar onde ella está. *Suspensione indicare vel mostrare :* — *(ant.)* paramentar, adornar, ataviar. *Ornare ;* — V. *Poner :* — V. *Presentar* — ganhar, adquirir: — *n.* parar; suspender o movimento espontaneo ou communicado. Usa-se muitas vezes como reciproco. *Sistere, consistere:* — parar, terminar, ir ter. N'este sentido diz-se tambem das cousas immateriaes. *Venire, finem habere :* — parar, caír, vir ao poder, estar em dominio ou propriedade de alguem uma cousa, depois de ter tido outros donos. *Venire, devenire :* — parar; reduzir-se, converter-se uma cousa em outra. *Verti vel devenire :* — parar; suspender a carreira, deter-se inteiramente o cavallo. *Cursum sustinere, aptè sistere :* — *r.* parar, deter-se: — parar; converter em, fazer e pôr-se em estado differente do que se tinha. *Hoc vel illo affectu immutari :* — regendo por meio da preposição *a* o infinito de alguns verbos, que significam acção do entendimento, vale executar essa acção com attenção e socego; *v. g.: cuando me paro a considerar;* quando me ponho a considerar, etc. — *(fig.)* parar, deter-se ou suspender a execução de um designio por algum obstaculo ou impedimento que se apresente. *Hærere, hæsitare:* — *(ant.)* preparar-se; estar prompto e preparado ou expor-se a algum perigo. *Paratum esse :* — pôr-se, tornar-se: — V. *Entrometer-se:* — V. *Presentarse :* — *(p. A. Mer.)* V. *Ponerse en pié:* — *m.* jogo de parar, em que os pontos apostam contra o banqueiro ou contra o jogador que lança os dados. *Cenus ludi aleatorii. Parar el golpe (fr.);* parar, rebater o golpe, a estocada. V. *Golpe. Parar mal (fr.)* V. *Mal parar :* perder, deteriorar, malbaratar, dilapidar, desbaratar, malgastar, dissipar. *No parar (fr.);* não parar, não socegar; executar ou solicitar uma cousa com grande efficacia, instancia e actividade. *Satagere, haud cessare. No parar en bien (fr.);* não parar em bem. V. *Malparar. No poder parar (fr.) ;* não poder parar; estar muito desassocegado e inquieto por causa de doença, ou de alguma cousa molesta. *Nullibi vel nusquam quiescere. No tener mas que parar (fr.);* estar reduzido á ultima miseria e necessidade pelos seus excessos ou prodigalidades. *In extremam egestatem devenire. Sin parar (loc. adv.);* sem parar, sem cessar. *Sine mora, illicò.*

Para-rayo. *m. (phys.)* Pára-raio, ou conductor; apparelho composto de uma verga metallica, que se colloca na parte mais elevada dos edificios, e é destinado a protege-los contra os effeitos da electricidade atmospherica.

PARASANGA. *f. (metrol. ant.)* Parasanga; medida itineraria da Persia que Herodoto diz equivaler a 30 estadios gregos, ou 3:750 passos, mas depois tem tido diversos valores. Hoje tem perto de 4 milhas inglezas.

PARASCA. *f.* Parascha; nome dado pelos judeus a differentes secções em que hão dividido o texto da Sagrada Escriptura, para o lerem nas synagogas.

PARASCEVE. *m.* Parasceve, preparação; sexta-feira em que os judeus se preparavam para celebrar o sabbado ou qualquer dia festivo, e principalmente a Paschoa; sexta-feira santa.

PARASÉLENE. *f. (meteor.)* Parasélene; phenomeno que consiste na reflexão, nas nuvens, de uma ou mais imagens da lua. *Paraselena, æ.*

PARASEMA. *m.* Carranca de prôa; figura que se pinta ou entalha na prôa d'um navio.

PARASEMATOGRAFÍA. *f.* Parasematographia; armaria, arte heraldica, sciencia do brasão ou dos escudos d'armas.

PARASEMATÓGRAFICO, CA. *adj.* Parasematographico; pertencente á parasematographia.

PARASEMATÓGRAFO. *m.* Parasematographo; o que é versado na parasematographia.

PARASINANCIA. *f. (med.)* V. *Paracinancia.*

PARASISMAL. *adj.* Paroxismal; pertencente ao paroxismo.

PARASISMO. *m. (med.)* Paroxismo, syncope; accidente perigoso ou quasi mortal, em que o doente perde os sentidos e a acção por longo tempo.

PARASITARIOS. *m. pl. (zool.)* Parasitarios; ordem de monstros duplos.

PARASÍTICO, CA. *adj.* Parasitico; pertencente aos parasitos ou ao parasitismo.

PARASITISMO. *m.* Parasitismo; vida, estado ou habito de parasito: — *(hist. nat.)* parasitismo; estado ou condição de um ser organisado que vive em outro corpo vivo, quer se alimente ou não d'elle.

PARÁSITO. *m.* Parasito, papajantares; o que gosta de comer e de viver á custa de outro. *Parasitus, i:* — *adj. (bot.)* parasita; diz-se das plantas que crescem sobre outras e tiram d'ellas parte da sua nutrição. *Parasitus, a, um. Falsas parasitas;* falsas parasitas; assim se chama áquellas plantas que ainda que se desenvolvam sobre outras, todavia não têem necessidade dos seus succos para subsistirem: — *m. (hist. ant.)* parasito; primitivamente significava o official subalterno ou ministro dos altares, que tinha a seu cargo a intendencia do trigo destinado aos templos, e que tinha parte na distribuição das viandas dos sacrificios; depois applicou-se aos que se introduziam nas casas dos ricos para lhes comerem os jantares: — *m. pl. (physiol.)* parasitos; ordem de monstros unitarios, que comprehende os mais imperfeitos da classe: — *(zool.)* parasitos; diz-se dos epizoicos e epizoarios.

PARASOL. *m.* V. *Quintasol:* — *(bot.)* V. *Umbela.*

PARASQUINANCIA. *f. (med.)* Parasquinencia; variedade de esquinencia.

PARÁSTADE. *m. (archit.)* Pilastra. *Parastades.*

PARASTASIA. *f. (zool.)* Parastasia *(representação)*; genero de insectos coleopteros pentameros, da familia dos lamellicornes.

PARASTATA. *f. (anat.)* Parástata; nome que antigamente se dava ao epididymo. Alguns anatomicos têem empregado este termo como synonymo de prostata.

PARATARSO. *m. (zool.)* Paratarso; parte lateral do tarso das aves.

PARATÉSIS. *f. (rel.)* Parathesis; oração que o bispo grego recita aos cathecumenos, estendendo as mãos para lhes deitar a benção.

PARATILMO. *m. (hist. ant.)* Paratilmo; pena que os gregos impunham aos adulteros.

PARATITLA. *f.* Paratitla; breve annotação ou exposição de algum livro, particularmente de jurisprudencia.

PARATREMA. *f. (med.)* Paratrema, diastase; luxação incompleta.

PARATROPIA. *f. (bot.)* Paratropia; genero de plantas da familia das araliaceas.

PARAULA. *f. (ant.)* V. *Palabra:* — parabola, sentença.

PARAULIA. *f. (ant.)* Palavra.

PARAUXESIS, *f. (lit. ant.)* Parauxesis; exageração ou amplificação.

PARAZONIO. *m. (ant.)* Parazonio; especie de espada curta e larga, sem ponta, que se trazia como a adaga.

PARCA. *f. (poet.)* Parca, morte: — *pl.* parcas; divindades infernaes, em numero de tres, encarregadas de fiar a vida dos homens. *Parcæ.*

PARCAMENTE. *adv. m.* Parcamente, poupadamente; com parcimonia. *Parcè.*

PARCE. *m.* Perdão; bilhetinho que os mestres de instrucção primaria dão aos seus discipulos como premio, pelo qual se lhes perdoa o castigo que depois mereçam.

PARCEMIQUI. *m. (fam.)* Morte ou enterro.

PARCERÍA. *f.* Parçaria. V. *Aparcería.*

PARCERO, RA. *adj. (ant.)* Parceiro, socio, companheiro: — V. *Aparcero.*

PARCIAL. *adj.* Parcial; que faz parte de um todo. *Ad partem pertinens:* — parcial, partidario; que segue algum partido. *Factionis, partium alicujus assecta studiosus:* — *(ant.)* sociavel, familiar. *Facilis, perhumanus.*

PARCIALIDAD. *f.* Parcialidade; partido, colligação de algumas pessoas com um fim determinado, separando-se do commum e formando corpo á parte. *Partes, factio:* — parcialidade, bando, opinião; grupo de pessoas que compõem uma familia ou facção, separada do commum. *Factio, familia:* — parcialidade; affeição, aceitação de pessoas ou de opinião nossa, ou de quem amâmos e lisonjeâmos. *Familiaritas, amicitia.*

Parcializar. *a. (ant.)* Parcialisar; haver-se com parcialidade, com affeição de partes, julgar com parcialidade.

Parcialmente. *adv. m.* Parcialmente, amigavelmente, familiarmente. *Familiariter, humaniter:* — parcialmente, por parte. *Partim.*

Parcidad. *f.* Parcimonia, regra, grande economia e moderação nos gastos. *Parcimonia, æ.*

Parcimiento. *m. (ant.)* V. *Perdon.*

Parcinero, ra. *adj. (ant.)* V. *Cómplice.*

Parcinoría. *f. (ant.)* Participação, parte.

Parcionar. *n. (ant.)* Participar, ser participante.

Parcionería. *f. (ant.)* Participação, parte.

Parcionero, ra. *adj. (ant.)* Parcionerio. V. *Partícipe:* —V. *Cómplice.*

Parcir. *a. (ant.)* V. *Perdonar.*

Parco, ca. *adj.* Parco, poupado, poupador, moderado no uso das cousas. *Parcus, a, um:* — parco, sobrio, frugal; moderado no comer, beber. *Parcus, sobrius:* — *m. (prov.)* V. *Parce.*

Parchazo. *m. augm.* de *Parche.* Parche grande:—*(fam. e fig.)* peça, burla, logração. *Ludificatio, onis. Pegar un parchazo (fr.)* V. *Pegar un parche.*

Parche. *m.* Parche; pedacinho de panno, tafetá ou pellica sobre que se estende emplastro, unguento ou outro medicamento para applicar sobre ferida ou parte doente. *Splenium, ii:* — pelle de tambor: — pedaço de papel untado de terebinthina que os capinhas pregam na frente do touro. *Charta lita vel picata:* — *(fig.)* emplastro; qualquer cousa sobreposta e mal applicada a outra. *Quidvis superadditum vel superpositum:*—retoque empastado, mal feito, especialmente na pintura: — *(fig.)* tambor. *Pegar un parche ó parchazo (fr. fig.);* pregar uma peça, um calote; lo-

grar, enganar. *Aliquid dolo abradere.*

Pardal. *m.* Pardal; passaro. V. *Gorrion, Pardillo, Camello pardal.* V. *Leopardo:* — *adj.* diz-se da gente das aldeias por andar regularmente vestida de panno pardo: — *(bot.)* V. *Anapebo.*

Pardálida. *f.* Pelle de panthera, é um dos attributos de Baccho.

Pardanto. *m. (bot.)* Pardantho; genero de plantas da familia das irideas.

Pardao. *m.* Pardau; moeda da India, que vale 300 réis pouco mais ou menos.

Pardariego, ga. *adj.* Diz-se em algumas partes das perdizes mais pardas e escuras que as communs.

Pardear. *n.* Pardar; fazer-se pardo, distinguir-se a côr parda. *Fuscum apparere.*

Pardiez. *(expr. fam.)* Por Deus, á fé de, certamente, com todas as veras. Em portuguez antiquado dizia-se tambem pardês. *Quidem, equidem.*

Pardilla. *f. (zool.)* V. *Pardillo.*

Pardillo. *adj.* Parrilha; diz-se do panno mais grosseiro e basto, que se faz da lã de côr parda e de que se veste a gente baixa e rustica, e por isso costuma dizer-se: *gente del pardillo;* gente de capa parda. *Pannus infimæ classis:* — *m.* certo vinho de côr parda: — *m. (zool.)* pintarroxo; genero de aves.

Pardina. *f. (prov.)* V. *Coto, Deheso.*

Par-Diobre. *(expr. fam.)* V. *Pardiez.*

Pardo, da. *adj.* Pardo; côr que resulta da mistura de branco e preto. *Leucophæus, cinereus, fuscus:* — pardo, fusco, escuro, coberto, sombrio; diz-se das nuvens, do dia, etc. *Fuscus, obscurus:* — diz-se da voz que é quasi tenor. *Vox fusca. Miren si es parda (fr. fam.);* vejam se é pala; diz-se para mostrar que alguem mente ou exagera muito o que diz. *Mendacium spectate:* — *m. (zool.)* pardo, leopardo.

Pardo-oscuro, ra. *adj.* Pardo-escuro, quasi preto.

Pardusco, ca. *adj.* Pardusco; pardo claro, tirante a pardo.

Pareados. *adj. pl.* Diz-se dos versos que terminam pela mesma rima. Usa-se tambem como substantivo.

Parear. *a.* Emparelhar; juntar, igualar duas cousas comparando-as entre si. *Comparare, conferre:*—emparelhar; formar pares das cousas ou pessoas. *Binarios facere.*

Parecbasis. *f. (rhet.)* V. *Transicion.*

Parécbole. *f.* Extracto.

Parecencia. *f. (ant.)* Parecença. V. *Semejanza.*

Parecente. *adj. (ant.)* Patente, manifesto.

Parecer. *m.* Parecer, voto, opinião. *Sententia, opinio:* —parecer; feições do rosto, talhe do corpo, apparencia exterior. *Oris aspectus vel corporis dispositio, forma:* — *n.* parecer, apparecer, mostrar-se, deixar-se ver alguma cousa. *Apparere:* — formar juizo ou dictame de alguma cousa. Usa-se mais commummente como impessoal. *Videri:* — apparecer; achar-se uma cousa perdida. *Invenire:* — parecer; dar uma cousa mostras ou signaes do que é ou do que encerra, mostrar-se, ter apparencia. *Apparere, videri:* —apparecer; deixar-se ver ou offerecer-se á vista. *Apparere:* — *r.* parecer-se, assimilhar-se; ter parecença, similhança. *Aliquid referre, similem esse:* — *bien o mal (fr.);* parecer bem ou mal; agradar, ser conveniente uma cousa, ou ao contrario. *Aspectu placere vel contra. Al parecer (loc. adv.);* segundo parece, pelas apparencias. *Ut apparet. Arrimarse al parecer de otro (fr.);* encostar-se ao parecer de outrem, segundo a sua opinião. *Alterius sententiam sequi. Tomar parecer (fr.);* tomar parecer. V. *Tomar consejo. Quien no parece, perece (fr.);* quem não apparece, esquece. *Absens periit.*

Parecido, da. *adj.* Parecido; que se parece com outro. *Bien o mal parecido;* bem ou mal parecido, de boas ou más feições, talhe do corpo, bonito ou feio. *Formosus, decorus, vel contra:* — *m.* V. *Semejanza,* entre pintores.

Parecidísimo, ma. *adj. sup.* de *Parecido.* Parecidissimo. *Simillimus, a, um.*

Pareciente. *adj.* Parecido, similhante. *Similis, apparens.*

Parectasis. *f. (rhet.)* Parectasis; augmento de uma palavra pela addição de uma syllaba.

Pared. *f.* Parede; muro de pedra, tijolo, de taipa, etc. que cerca predio, forma o recinto do edificio, ou separa os diversos repartimentos da casa. *Paries, etis:* — *(fig.)* parede; superficie plana e elevada que formam as searas, quando estão muito crescidas e bastas. *Satorum, messium æquor:* — *(fig.)* parede; bancada ou adorno que se forma nos jardins com murta, buxo e outras plantas; e por ampliação diz-se de uma reunião de cousas que se apertam ou unem estreitamente. *Septum, i:* — *pl. (fig.)* lares domesticos; morada, habitação, casa de cada um. *Domus, domestici lares:* — *en medio*; parede em meio ou meia; a que é commum a dois edificios contiguos. *Paries intergerinus, interjectus vel communis:* paredes meias; proximidade ou immediação. *Aliquo interjecto contiguus:* — *mediana o medianera;* parede meia, divisoria; a que é commum a duas casas. *Intergerinus, communis paries. Arrimarse a las paredes (fr. fig.);* arrimar-se ás paredes, estar embriagado, ter bebido muito. *Ebrium esse. Coserse con la pared, tierra,* etc. V. *Tierra. Darse contra una pared (fr. fig.);* dar com a cabeça pelas paredes; estar muito colerico e fóra de si, não attender a rasão alguma. *Parieti caput illidere. Darse por las paredes o esquinas o contra las paredes (fr. fam.);* perder a cabeça, apurar-se e cansar-se sem acertar com o que se deseja. *Ancipiti agitari animo, fluctuare. Dejar a uno pegado a la pared (fr. fam.);* desprezar, fazer pouco caso ou estimação, abandonar alguem. *Aspernari. Entre cuatro paredes (loc. adv.);* entre quatro paredes; retirado, mettido em sua casa, sem saír nem tratar com mais pessoas. *Intra domesticos parietes. Hacer paredes;* murar. *Las paredes oyen, tienen oidos u ojos (fr.);* as paredes têem olhos e ouvidos; recommenda reserva nas acções e no fallar, para não ser visto nem ouvido por pessoa indiscreta ou malevola. *Vel parietes auritæ, oculatæ censendæ. Pegar la boca a la pared (fr. fig.);* calar a sua necessidade, o seu soffrimento, soffrer sem se queixar: — *(anat.)* parede; diz-se das membranas, musculos e mais partes que formam o tabique que separa as visceras: — *escarpada (arch.);* parede escarpada; a que é mais grossa em baixo que na parte superior, indo em diminuição a sua grossura á medida que se eleva. *Murus declivis:* — *maestra (arch.);* parede mestra; a principal, a mais solida do edificio. *Solidus paries. Descargar las paredes (fr.);* descarregar, alliviar o peso das paredes por meio de arcos ou de estribos. *Parietes sustinere, sustentare.*

Paredaño, ña. *adj.* Separado por uma parede meia. *Intergerinus, a, um.*

Paredilla. *f. dim.* de *Parede,* Paredinha.

Paredon. *m. augm.* de *Parede.* Paredão: — paredão; parede, muro forte que fica em pé como ruina de algum edificio antigo. *Parietina, vetus paries et semidirutus:* — cêrca, muro elevado de algum recinto; n'este sentido usa-se em algumas provincias de Hespanha.

Paregórico, ca. *adj. (med.)* Paregorico. V. *Anodino.*

Pareio, eia. *adj. (ant.)* V. *Parejo.*

Pareja. *f.* Parelha; um par de cousas similhantes ou iguaes. *Par, is:* — parelha; nas justas são dois cavalleiros, em que o trajo e o adorno dos cavallos são iguaes: — par; o companheiro nos bailes: — *pl.* parelhas; no jogo dos dados, os mesmos pontos em ambos. *Pares. Correr parejas (fr.);* correr parelhas. *Æquo cursu contendere, similem esse:* — *(equit.)* parelha; carreira igual de dois cavallos que vão juntos.

Parejero, ra. *adj. (p. A. M.)* Diz-se de uns cavallos mui ligeiros, e de certa raça particular. Tambem se usa como substantivo masculino.

Parejo, ja. *adj.* Parelho, igual. *Parilis, æqualis:* — V. *Emparejado:* — *(ant.)* triste, abatido. *Por parejo ó por un parejo (loc. adv.);* por igual, de um mesmo modo. *Pariter, æqualiter.*

Parejura. *f.* Igualdade, similhança. *Paritas, similitudo.*

Parelia. *f. (phys.)* V. *Parhelia.*

Parélico, ca. *adj. (phys.)* Parelico; que diz respeito ao parelio.

Parelio. *m. (phys.)* V. *Parhelio.*

Parelipse. *f. (gram.)* Parellipse; emissão de uma consoante, quando figura dobrada em uma mesma palavra.

Paremiografía. *f.* Paremiographia; collecção de phrases proverbiaes.

Paremiólogo. *m.* Paremiologo; escriptos de algum tratado paremiologico.

Paremiolojía. *f.* Paremiologia; tratado expositivo dos apophthegmas proverbiaes; explicação das paremiographias.

Parencefalitis. *f. (med.)* Parencephalitis ou parencephalite; inflammação do cerebello.

Parencéfalo. *m. (anat.)* Parencephalo; parte do encephalo denominado cerebello.

Parencefalocele. *f. (med.)* Parencephalocele; hernia do cerebello.

Parenésis. *f.* Parenesis ou parenese; discurso moral, exhortação á virtude. *Paraenesis, is.*

Parenético, ca. *adj.* Parenitico, moral, exhortativo, que encerra parenese. *Paræneticus, a, um.*

Parénquima. *m.* *(anat.)* Parenchyma; tecido peculiar dos orgãos visceraes e glandulosos: — *(bot.)* parenchyma; polpa medular das plantas, tecido molle e esponjoso das folhas e hastes.

Parenquimal. *adj.* *(anat.)* Parenchymal; diz-se da substancia que forma o parenchyma das visceras.

Parentacion. *f.* Exequias; honras funebres. Tem pouco uso. *Parentatio, onis.*

Parentado. *m.* *(ant.)* Parentado. V. *Parentela.*

Parental. *adj.* *(ant.)* Pertencente aos paes e parentes.

Parente. *adj.* *(ant.)* V. *Pariente.*

Parentela. *f.* Parentella; todos os parentes de uma mesma pessoa e familia. *Cognatio, onis:* — V. *Parentesco.*

Parentesco. *m.* Parentesco; vinculo, ligação por consanguinidade ou affinidade. *Consanguinitas, affinitas, aquatio, cognatio:* — parentesco, affinidade, união, relação, connexão, vinculo entre as cousas. *Conjunctio, vinculum:* — *espiritual;* parentesco espiritual; affinidade entre compadres e entre padrinhos e afilhados. *Cognatio spiritualis:* — *civil;* parentesco civil; connexão ou relação que se contrahe pela adopção. *Contraer parentesco (fr.);* contrahir, tomar parentesco, aparentar-se. *Affinitate conjungi.*

Paréntesis. *m.* Parenthesis; phrase ou oração que se interpõe no periodo, interrompendo o seu sentido, mas sem o mudar: — parenthesis; signal orthographico com esta figura ( ), em que de ordinario se inclue a dita phrase ou oração. *Parenthesis, is:* — *(fig.)* parenthesis; suspensão ou intercadencia de uma cousa para interpor outra. *Intermissio, onis. Entre ó por paréntheeis (loc. adv.);* entre ou por parenthesis. *Per parenthesim.*

Parentucelia. *f.* *(bot.)* Parentucellia. V. *Eufrasia.*

Pareo. *m.* Emparelhamento; acto de emparelhar ou unir uma cousa com outra. *Adjunctio, onis:* — ajuntamento das aves, formando casal para crearem.

Parérgon. *m.* Parergo; additamento exornativo de sentença. *Parergon.*

Parés. *f.* *(ant.)* V. *Pared.*

Parescíente. *adj.* *(ant.)* Formoso, bonito, bem parecido.

Paresis. *f.* *(med.)* Paresis; paralysia ligeira e incompleta que ataca o movimento e não o sentimento.

Pargamino. *m.* *(ant.)* V. *Pergamino.*

Parganiota. *s.* Parganiota; habitante da cidade de Parga: — *adj.* parganiota; pertencente a Parga ou a seus habitantes.

Parhelia, ó **Parhelio.** *m.* *(phys.)* Parhelio ou parelio; imagem do sol em uma nuvem, apparencia meteorica.

Parhélico, ca. *adj.* Parhelico ou parelico; relativo ao parelio.

Parhilera. *f.* *(archit.)* V. *Hilera.*

Pária. *m.* Pária; casta infima dos indios, segundo a lei de Brahma. É composta de todos os desgraçados, que violam as leis religiosas ou civis, universalmente desprezada, e perseguida por todos os outros indios. Os párias são tambem chamados chandalas. Por extensão dá-se este nome aos desgraçados que nada têem e aos servos e escravos: — *f.* *(ant.)* tributo, direito: — *pl.* páreas; tributo que um principe paga a outro em reconhecimento de vassallagem. *Tributum à rege regi alteri pensitatum. Dar o rendir parias (fr. fig.);* render homenagem. *Alicui subjici, primas deferre. Haber paria (fr. ant.);* commetter adulterio: V. *Cópula:* — *(anat.)* páreas, as secundinas, a placenta: — *f.* *(bot.)* pária, genero de plantas da familia das cruciferas.

Pariambo. *m.* *(litt. ant.)* Pariambo; pé composto de duas syllabas breves que tambem se chama pyrrhichio. *Pariambus, i:* — pariambo; pé composto de uma syllaba breve e duas longas: — pariambo; pé composto de uma longa e quatro breves: — *(mus.)* pariambo; instrumento de cordas que servia para acompanhar os versos iambicos.

Pariana. *f.* *(bot.)* Pariana; genero de plantas da familia das gramineas.

Paribea. *f.* *(zool.)* Paribea; genero de crustaceos da familia dos pychnogonidos.

Paricio. *m.* *(bot.)* Paricio; genero de plantas da familia das malvaceas.

Paricion. *f.* Parto, tempo em que parem as femeas dos animaes. *Parturæ tempus:* — *(ant.)* V. *Parto.*

Parida. *adj., f.* Parida; diz-se da femea que pariu recentemente. *Puerpera, enixa. Salga la parida,* certo jogo de rapazes.

Paridad. *f.* Paridade; comparação de uma cousa com outra. *Comparatio, onis:* — paridade, igualdade, grande similhança das cousas entre si. *Paritas, atis.*

Paridera. *adj.* Parideira, fecunda, que pare a miudo; diz-se da mulher ou femea de animal. *Fœcunda:* — *f.* sitio em que o gado pare, especialmente as ovelhas: — paridura, parto; acto de parir o gado: — tempo em que as ovelhas e outras femeas costumam parir. *Locus ovium parturæ deserviens. Ipsa partura. Parturæ tempus.*

Paridura. *f.* Paridura. V. *Parto.*

Pariente, ta. *adj., s.* Parente; que tem parentesco com alguem. *Cognatus, agnatus, affinis:* — parente; nome que dão por escripto os reis de Hespanha aos titulares de Castella: — *(fig.)* parente; mais similhante ou parecido. *Consimilis, le:* — *(fam.)* consorte; marido a respeito da mulher, e a mulher a respeito do marido. *Vir vel uxor (ant.)* V. *Padre. No* *haber pariente pobre (fr.);* não haver parente pobre; diz-se quando uma pessoa gasta com prodigalidade. *Prodigum esse:* — desconhecer o rico os parentes pobres.

PARIETAL. *adj. (anat.)* Parietal; diz-se de um osso par da cabeça que forma as partes lateraes, superior e media do craneo. Usa-se mais como substantivo.

PARIETARIA. *f. (bot.)* Parietaria, alfavaca de cobra; genero de plantas da familia das urticeas.

PARIETARIEAS. *f. pl. (bot.)* Parietarieas; grupo de plantas da familia das urticeas, que tem por typo o genero parietaria.

PARIFICAR. *a.* Provar ou apoiar com um exemplo o que se disse ou propoz. *Paritate vel similitudine probare.*

PARIGLINA. *f. (chim.)* Pariglina; substancia alcalina extrahida da salsa parrilha.

PARIHUELA. *f.* Padiola; quadrado de tábua com quatro braços, de que pegam dois ou quatro homens, sobre o qual se colloca a carga. *Gestatorium, ii.*

PARILERA. *(arch.)* Viga, trave da casa. *Tignus, i.*

PARILÍNICO. *adj. (chim.)* Parilinico; nome de um acido descoberto na salsaparrilha.

PARILIO. *m. (bot.)* V. *Nictanto.*

PARIMIENTO. *m. (ant.)* Convenio; ajuste feito de antemão.

PARINARIO. *m. (bot.)* Parinario; genero de plantas da familia das chrysobalaneas.

PARIO, RIA. *s.* Pario; natural de Páros. *Parius, a, um:* — *adj.* pario, de Paros, pertencente a esta ilha; diz-se commummente de um marmore mui branco. *Parius, a, um.*

PARIOCELA. *f. (zool.)* Pariocela; genero de reptis saurios, da familia dos escincoideos.

PARIR. *a.* Parir; dar á luz em tempo opportuno, a femea de qualquer especie, o feto que tinha concebido. *Parere:* — pôr ovos, as aves e os peixes. *Ova parere:* — explicar bem uma cousa difficil de comprehender: — dar, saír á luz ou a publico o que estava occulto ou ignorado. *In lucem seu in vulgus edi:* — *(fig.)* parir, causar, produzir ou lançar de si. *Gignere:* — *a medias (fr. fam.);* ajudar a outro n'um trabalho ou empreza difficil. *Auxilium ferre. No parir ó no querer parir (fr. fig.);* não dar mais conta de si. *Nihil ultra proficere. No poder parir (fig.);* não poder desempenhar, desembuchar; não poder explicar-se como desejava. *Poner a parir (fr. fig.);* metter em talas; apertar, obrigar fortemente alguem. *Constringere, ad angustias redigere. Parir como una coneja (fr. fig.);* parir como uma coelha, ser uma mulher muito fecunda.

PARISETA. *f. (bot.)* Parisetta; genero de plantas da familia das esmilaceas.

PARISIENSE. *s.* Parisiense; o natural de París. *Parisiensis, is:* — *adj.* parisiense; pertencente a esta cidade. *Parisiensis.*

PARISILÁBICO, CA. PARASÍLABO, BA. *adj. (gram.)* Parisyllabo; diz-se das declinações que têem o mesmo numero de syllabas em todos os casos.

PARIVA, PARIVOA. *f. (bot.)* Parivoa; genero de plantas da familia das leguminosas.

PARLA. *f.* V. *Habla:* — palavrorio, palanfrorio, loquacidade. *Loquacitas, atis:* — palavriado, tagarelice *Garrulitas, atis.*

PARLADERO, RA. *adj. (ant.)* Paroleiro, tagarella. V. *Hablador.*

PARLADILLO. *m.* Phraseado elevado e affectado. *Concinnatus, calamistratus sermo.*

PARLADOR, RA. *s.* Palrador. V. *Hablador:* — *(ant.)* parlatorio. V. *Locutorio.*

PARLADURÍA. *f.* Palradura, parolagem, parlanda. V. *Habladuría.*

PARLAEMBALDE. *s.* Paroleiro, grulha, garrulo, tagarella. *Vaniloquus, a, um.*

PARLAMENTAL. *adj.* Parlamentar; concernente, relativo ao parlamento. *Senatorius, a, um.*

PARLAMENTAR. *n.* Parlamentear; conferir com delegado ou delegados do inimigo sobre proposições de capitulação, troca de prisioneiros, suspensão de armas, etc. *De conditionibus agere:* — *(fig.)* parlamentear; fallar, tratar, conversar. *Colloqui, confabulari.*

PARLAMENTARIAMENTE. *adv. m.* Parlamentariamente; conforme, segundo as formulas e as praticas parlamentarias.

PARLAMENTARIO, RIA. *adj.* Parlamentario; pertencente ao parlamento: — *m.* parlamentario; official enviado a parlamentear. *Qui exercitum adit inimicum alloquendi causâ:* — parlamentario; membro de algum parlamento. *Senator, oris:* — *adj. (naut.)* parlamentario; diz-se do navio commissionado para parlamentear.

PARLAMENTARISMO. *m. (neol.)* Parlamentarismo; doutrina dos affeiçoados ás praticas e formulas parlamentares.

PARLAMENTEAR. *n. (ant.)* V. *Parlamentar.*

PARLAMENTO. *m.* Parlamento; acção de parlamentear, conferencia militar. *Allocutio, onis:* — parlamento; discurso, falla em junta, congresso, assemblea. *Oratio, sermo:* — parlamento; congresso onde se tratam e resolvem os negocios mais importantes. *Senatus, us.*

PARLANCHIN, NA. *adj. (fam.)* Linguareiro, tagarella, garrulo, paroleiro, parolento, fallador, indiscreto. Usa-se tambem substantivado. *Garrulus, a, um.*

PARLAR. *a.* Fallar com desembaraço. *Expeditè loqui:* — palrar, parolar ou parolear. *Garrire:* — fallar; diz-se frequentemente das aves que imitam a falla humana. *Garrire:* — palrar, dar á lingua indiscretamente. *Secretum aperire.*

PARLATORIO. *m.* Conversação, colloquio; acção de conversar, pratica entre diversas pessoas. *Confabulatio, collocutio:* — parlatorio ou locutorio; grade de freiras com saleta exterior, onde as freiras recebem as visitas de pessoas que não são admittidas no interior do convento. *Cœnobii locus salutandis monialibus:* —*(ant.)* V. *Tribunal. Ser gran parlatorio (fr. ant.)*; conter muita doutrina.

Parleramente. *adv. m.* Loquazmente; com loquacidade.

Parlería. *f.* Palraria, palradura, parolagem, garrulice, muita parola. *Loquacitas, garrulitas:* —mexerico, enredo. *Rumusculus, i:* —*(fig.)* canto, requebros, gorgeios dos passaros. *Garrulitas, atis:* —murmurio ou sussurro das aguas. *Murmur, susurrus.*

Parlero, ra. *adj.* Palreiro, palrador, paroleiro; o que falla muito. *Loquax, acis:* — mexeriqueiro, enredador. *Susurro, delator:* — diz-se de qualquer cousa ou signal exterior que dá a entender de algum modo os affectos do animo ou descobrem o que se ignorava. *Loquax, acis:* — *(poet.)* canoro, garrulo; diz-se das aves que cantam sonorosamente. *Canora, garrula avis:* —*(poet.)* murmurante; diz-se das fontes, regatos, etc. *Susurrans, antis.*

Parleron, na. *adj. augm.* de *Parlero.* Grande palreiro ou tagarella. *Loquacissimus, a, um.*

Parleruelo, la. *adj. dim.* de *Parlero.*

Parleta. *f. (fam.)* Palestra, conversação sobre materias pouco importantes para diversão ou passatempo. *Confabulatio, onis.*

Parlon, na. *adj.* Paroleiro; grande fallador. *Loquax, acis.*

Parlotear. *n.* Palrar, bacharelar, fallar muito umas pessoas com outras por diversão ou passatempo. *Colloqui, varios sermones miscere.*

Parma. *f. (hist. ant.)* Parma; pequeno escudo que os gladiadores usavam, entre os romanos.

Parmacela. *f. (zool.)* Parmacella *(escudo)*; genero de molluscos gasteropodas pulmonados.

Parmelia. *f. (bot.)* Parmelia; genero de lichens da tribu das parmeliaceas.

Parmentiera. *f. (bot.)* Parmentiera; genero de plantas da familia das bignoniaceas.

Parmesano, na. *adj.* Parmesano; de Parma, pertencente a Parma ou a seus habitantes. *Parmensis, e:* —*s.* parmesano; o natural de Parma. *Parmensis.*

Parmóforo. *m. (zool.)* Parmophoro *(que tem escudo)*; genero de molluscos gasterópodas.

Parmularia. *f. (bot.)* Parmularia *(pequeno escudo)*; genero de cogumelos clinosporeos.

Parmulario. *m. (ant.)* Parmulario; gladiador romano, que se servia do escudo chamado parma: — parmulario; dizia-se dos expectadores que no circo tomavam parte a favor dos gladiadores parmularios.

Parnasia. *f. (bot.)* Parnassia; genero de plantas da familia das droseraceas.

Parnaso. *m. (fig.)* Parnaso; a poesia, os poetas: — parnaso; collecção de poesias de varios auctores. *Poematum collectio:* — parnaso; monte da Phocida consagrado a Apollo e ás Musas.

Paro. *m. (ant.)* Ponto de parada de um caminho: — *(zool.)* melharuco; genero de aves da ordem dos passaros.

Parodia. *f.* Parodia; imitação burlesca de uma obra seria de litteratura, principalmente de drama. *Parodia, jocosè affectata imitatio.*

Parodiar. *a.* Parodiar; fazer parodias. *Parodiam conscribere.*

Paródico, ca. *adj.* Parodico; pertencente á parodia. *Ad parodiam attinens.*

Parodista. *m.* Parodista; o que faz parodias.

Parofobia. *f. (med.)* V. *Hidrofobia.*

Parola. *f. (fam.)* Parola, labia, verbosidade. *Loquacitas, facundia:* —parola, parlanda, parolagem; conversação longa, importuna e de pouca entidade. *Longa et inanis confabulatio. Gastar mucha parola (fr. fam.)*; gastar muita parola, dar muito á lingua, fallar de mais.

Pároli. *m.* Parolim; parada em que se deixa o dinheiro que se apontou e o do primeiro lance favoravel, para que, saíndo outra sorte igual, se tresdobre o ganho.

Parolina. *f.* V. *Parola.*

Paromologia. *f. (rhet.)* V. *Paromolojia.*

Paromológico, ca. *adj.* V. *Paromolójico.*

Paromolojia. *f. (rhet.)* Parhomologia; figura que consiste em confessar ou conceder uma cousa para tirar logo d'ella fortes consequencias contra o adversario.

Paromolójico, ca. *adj.* Parhomologico; pertencente á parhomologia.

Paronfalocele. *f. (med.)* Paromphalocele; hernia abdominal que se apresenta a um lado do umbigo.

Paronímico, ca. *adj. (gram.)* Paronymico; concernente ao paronymo.

Paronimó. *m. (gram.)* Paronymo; vocabulo que tem affinidade com outro por sua etymologia ou consonancia.

Paronixia. *f. (bot.)* Paronychia; genero de plantas que serve de typo á familia das paronychieas.

Paronixieas. *m. pl. (bot.)* Paronychieas; familia de plantas dicotyledoneas monopetalas.

Paronomasia. *f. (rhet.)* Paronomasia; figura pela qual com a simples variação de uma letra, especialmente da vogal accentuada, se dá á palavra outro significado. *Paronomasia, æ.*

Paropia. *f. (anat.)* Paropia; nome que antigamente se dava ao angulo externo do olho.

Paroptesis. *f. (med.)* Paroptesis; suor produzido pela collocação do doente em uma estufa.

Paróptico, ca. *adj. (phys.)* Paroptico; diz-se do calor produzido pela luz que experimentou uma difracção.

Parorasis. *f. (med.)* Parorasis; perversão da vista, que impede de distinguir bem a côr dos objectos.

Parorquidio. *m. (anat.)* Parorchidio; posição viciosa dos testiculos.

Parotia. *f. (bot.)* Parotia; genero de plantas da familia das hamamelideas.

Parótico, ca. *adj. (anat.)* Parotico; proximo das orelhas.

Parótida. *f. (anat.)* Parotida; glandula situada atrás e um pouco abaixo da orelha: — *(med.)* parotida; tumor d'essa glandula inflammada.

Parotídeo, dea. *adj.* Parotideo; diz-se de uma inflammação da garganta: — parotideo; pertencente ou relativo á parotida.

Parotidoncia. *f. (med.)* Parotidoncia; tumefacção da glandula parotida.

Parotoncia. *f. (med.)* Parotoncia; engrossamento anormal da parotida.

Paroxístico, ca. *adj. (med.)* Paroxystico; diz-se do dia marcado para a apparição de um accesso de febre, e tambem dos dias e semanas em que a reapparição dos accessos de febre intermittente são mais communs.

Parpadear. *n.* Pestanejar; mover as pestanas. *Nictare.*

Párpado. *m.* Parpado, palpebra, capella do olho. *Palpebra, æ.*

Parpalla, Parpallota. *f.* Moeda de cobre usada em Hespanha.

Parpar. *m.* Grasnada dos patos.

Parque. *m.* Parque, tapada; terra de mato ou bosque tapado para guardar caça, immediato a algum palacio. *Lucus septus:* — *(mil.)* parque; em geral é o sitio em que se reune o material de guerra. *Locus in castris, armis commeatibusque collocandis:* — *de artilleria;* parque de artilheria; campo ou prado onde se guardam os canhões e as carretas. *Locus tormentis bellicis servandis:* — *(naut.)* sitio onde se guardam as ancoras nos arsenaes.

Parquedad. *f.* V. *Parcidad.*

Parra. *f.* Parreira, cepa, vide levantada em latada. *Vitis pergulana vel jugata:* — bilha; vaso de barro bojudo com duas azas, para conter mel. *Urceus ansatus:* — *de Corinto;* cepa, vide de Corintho, cuja uva reduzida a passas é muito apreciada. *Vitis apyrena.*

Parrado, da. *adj.* Parrado; diz-se das arvores ou plantas com rama baixa e dilatada. *Patula arbor, patulis ramis diffusus.*

Párrafo. *m.* Paragrapho; separação de periodo de livro ou carta, e que começa em linha separada. *Paragraphus, i. Echar párrafos (fr.);* fallar muito e fóra de proposito, dizendo o que se ouviu ou se leu. *Aliorum scriptorum fragmenta memoriter fundere:* — *a parte (fr. fig. fam.);* expressão de que se usa para mudar de assumpto na conversação. *Ad alia; de aliis.*

Parragon. *m. (art.)* Ponta de toque; bocado de prata de lei que têem de prevenção os ensaiadores, para com ella examinar a qualidade da que lhes levam a marcar. *Argentum legale.*

Parral. *m.* Parreiral; carreira de parreiras ou latadas de vides. *Locus vitibus pergulanis consitus:* — vinha que não foi podada e lança muitas varas: — bilha de barro para mel.

Parrar. *n.* Parrar-se; alargar a arvore ou outras plantas, lançando muitos ramos e ficando baixas.

Parricida. *s.* Parricida; matador do proprio pae. *Parricida, æ.* Usa-se como adjectivo.

Parricidio. *m.* Parricidio; o acto de matar o proprio pae. *Parricidium, ii:* — *(fig.)* parricidio; morte dada á pessoa que merece a veneração de pae.

Parilla. *f.* Especie de botija larga no fundo e mui estreita de bôca. *Urceolus ansatus ore angusto:* — *pl.* grelhas; utensilio de cozinha em figura de grade para assar ou torrar alguma cousa. *Craticula ferrea:* — *(germ.)* potro, cavallete de dar tratos: — parricida; o que matou algum dos seus parentes. Usa-se tambem como adjectivo. *Parricida, æ.*

Parrilínico, ca. *adj. (chim.)* Parrilinico; diz-se de um acido que existe na raiz da salsa parrilha.

Parriza. *f.* Videira silvestre. *Vitis silvestris.*

Parro. *m.* Pato.

Párroco. *m.* Parocho; o cura de almas de alguma parochia ou freguezia. *Parochus, i.*

Parron. *m.* V. *Parriza.*

Parroquia. *f.* Parochia, freguezia; igreja matriz em que ha parocho. *Parœcia, æ:* — parochia, freguezia; todos os fieis governados espiritualmente por um parocho. *Conventus fidelium, parocho subditorum:* — parochia, freguezia; territorio occupado pelos fieis de uma parochia. *Parochi ecclesiastici ditio:* — parochia; o clero destinado ao culto e administração de sacramentos em uma freguezia. *Clericorum parœciæ cœtus. Cumplir con la parroquia (fr.);* cumprir com a desobriga, confessar-se.

Parroquial. *adj.* Parochial; de parochia. *Parœcialis, e:* — *f.* igreja parochial, parochia, freguezia.

Parroquialidad. *f.* Direito parochial. *Ad parœciam assignatio.*

Parroquiano, na. *adj.* Parochiano; freguez da parochia. Usa-se tambem substantivado. *Parœciæ adscriptus:* — freguez; o que compra sempre ou de ordinario ao mesmo vendedor, ou que tem algum official ou artista certo a quem incumbe obra. *Assuetus emptor.*

Parsimonia. *f.* Parcimonia, economia, regra, grande moderação na despeza. *Parsimonia, æ:* — circumspecção, temperança, continencia.

Parsonsia. *f. (bot.)* Parsonsia; genero de plantas da familia das apocynaceas.

Part. *f. (ant.)* V. *Parte. Della y della part, ó della part y della (loc. ant.);* de uma e outra parte.

Parte. *f.* Parte; porção de um todo separada d'elle, ou considerada como podendo destacar-se. *Pars, tis:* — parte, porção, numero. *Pars, portio:* — parte, quinhão; porção que cabe a cada um em partilha, divisão de lucros, etc. *Pars, portio:* — parte, sitio, logar. *Locus, situs:* — parte; divisão da obra litteraria. *Pars, sectio:* — parte, cousa em opposição com outra. *Pars, tis:* — parte, parcialidade, partido: — parte; pessoa interessada n'um negocio ou que tem influencia. *Is cujus interest, vel à quo pendet rei eventus:* — parte; usado com a proposição *a* e os pronomes *esta, aquella,* significa o tempo presente, ou a epocha de que se trata com relação ao tempo passado, v. g., *de poco tiempo a esta parte muchos se quejan de los nervios;* ha pouco tempo a esta parte muitas pessoas se queixam dos nervos, etc. *Ab hinc:* — parte; papel que faz ou representa o actor: — papel; figura, fallando-se de comico ou actor. *Persona, æ:* — intervallo; espaço entre as palavras de uma linha ou escripto: — *(fig.)* parte; lado ou partido a que alguem se inclina ou oppõe em questão ou pendencia. *Partes:* — parte; despacho que se dá aos correios que vão pela posta. *Litteræ cursori tabellario expeditæ:* — correio particular que os reis ou principes enviam á sua côrte quando estão fóra d'ella. *Tabellarius regius quotidianus:* — estação; casa onde vem parar a parte que aquelle correio traz. *Tabellarii regii quotidiani statio:* — casa onde está o livro da porta de um ministerio, em que se dá noticia aos pretendentes do andamento e resultado dos seus negocios ou pretensões: — parte, em parte; usado como adverbio. *Partim:* — *f. pl.* partes, prendas, dotes naturaes. *Dotes, naturæ dona:* — *pl.* partes, bando, parcialidade, facção, partido. *Partes:* — *de por medio;* parte ou papel inferior de um drama ou comedia: — *de rosario;* terço de rosario: — *inferior;* parte inferior; o corpo humano: — superior; parte superior; a alma racional. *Partes del mundo;* partes do mundo; as cinco grandes divisões da esphera terrestre, feitas pelos geographos. *Mundi plagæ. Partes naturales;* partes baixas; os orgãos genitaes. *Genitalia. Partes vergonzosas;* partes pudendas ou naturaes. *Pudenda, verenda. Media parte;* metade do ordenado dos actores que os emprezarios ou directores das companhias dramaticas lhes pagam diaria ou mensalmente, saldando completamente as contas no fim do contrato. *Quotidiani stipendii demidia pars apud histriones:* — *por parte (fr.);* por partes, por artigos, distinctamente, sem nada omittir. *A mala parte (loc. adv.);* á má parte, em sentido desfavoravel, com má intenção. *A partes ó en partes (loc. adv.);* em partes. *Partim, per partes. Della y della parte (loc. adv.);* de uma e outra parte, de ambas as partes. *De mi parte ó por mi parte (loc. adv.);* da minha parte ou por minha parte, quanto a mim, pelo que me toca ou respeita. Usa-se com os demais pronomes possessivos ou com os nomes substantivos. *Quod ad me attinet. De parte (loc. adv.);* da parte, a favor, v. g., *la justicia está de mi parte;* a justiça está da minha parte, etc. *Pro, a, ab:* — da parte, em nome, de ordem, por mandado, como: *de parte del rey;* da parte de elrei. *Ex regis ipsius mandato. Echar a mala parte (fr.);* deitar á má parte; interpretar, tomar em mau sentido uma cousa. *In malam partem accipere, interpretari. Echar por otra parte (fr.);* remar para outra parte; seguir um caminho ou opinião differente da de outro, ou abandonar a que se tinha adoptado, para seguir outra diversa. *Aliam viam arripere. Entrar a la parte (fr.);* ter parte ou quinhão em divisão de bens, lucros, herança, perda, etc. *Participem fieri. Ir a la parte (fr.);* ter parte em algum negocio, ir de meias, interessar-se por elle. *Communem sortem subire. Juntar partes ó cabos (fr.);* reflexionar sobre algum assumpto combinando as circumstancias umas com outras. *Meditari, contemplari. Llevar la peor parte (fr.);* levar a peior parte; ter perda, ficar vencido. Usa-se frequentemente na milicia. *Superari, vinci. Meterse a parte (fr. ant.);* pôr-se da parte de alguem. *Partes alicujus agere, amplecti. No ser parte de la oracion (fr. fig.);* não ser parte em negocio, não representar n'elle, ser estranho á questão, ao assumpto. *Negotii prorsus expertem esse. Por la mayor parte (loc. adv.);* pela maior parte, de ordinario, a maior parte das vezes. *Majori ex parte. Por parte (loc. adv.);* por partes, por artigos, separadamente. *Sigillatim. Ser parte (fr.);* ser parte; ser interessado e suspeito por cumplice ou affeiçoado. *Inservire, utilem esse. Ser parte a ó para alguna cosa (fr.);* ser parte para algum fim; ter bastante poder ou influencia para fazer ou conseguir alguma cousa. Tambem se acha usada esta phrase em igual sentido sem preposição alguma, por negligencia ou descuido dos auctores. *Tener de su parte (fr.);* ter da sua parte, por si, em seu favor. *Pro se habere. Tener ó ser parte (fr.);* ser parte; ter acção em alguma cousa, auctoridade ou poder para a executar. *Rei participem sive auctorem esse. Tener parte (fr.);* ter copula, communicação carnal com uma mulher. *Mœchari, scortari. Tomar en buena ó mala parte (fr.);* tomar, lançar á boa ou á má parte; tomar em bom ou mau sentido, uma palavra, uma acção, etc.: — *de la oracion (gram.)*; parte da oração; palavra que póde entrar na formação d'ella: — *(for.)* parte, litigante: — *(mus.)* parte, a musica pertencente a cada uma das vozes ou dos instrumentos que concorrem a formar o todo de uma peça.

PARTEAR. *a.* Partejar; ajudar a parir, facilitar o parto. *Obstetricium agere.*

PARTECICA, LLA, TA. *f. dim.* de *Parte.* Partesinha, pequena parte.

PARTECION. *f. (ant.)* V. *Partigion.*

PARTENCIA. *f. (ant.)* V. *Partida.* Dizia-se particularmente do acto de saír de um porto.

PARTENIASTRO. *m. (bot.)* V. *Partenio.*

PARTENIO. *m. (bot.)* Parthenio; genero de plantas da familia das compostas.

PARTENOLOJIA. *f.* Parthenologia; tratado medico sobre a virgindade das mulheres.

PARTENOLOJICO, CA. *adj.* Parthenologico; que respeita á parthenologia.

PARTENOMANCIA. *f.* Parthenomancia; falsa adivinhação por meio da virgindade das mulheres.

PARTENOSOLOJIA. *f. (med.)* Parthenosologia; tratado das doenças das donzellas.

PARTEONOSOLOJIA. *f. (med.)* V. *Partenosolojia.*

PARTENZA. *f.* V. *Partencia.*

PARTERA. *f.* Parteira; mulher que tem por officio partejar, assistir ao parto. Commummente chama-se-lhe comadre. *Obstetrix, icis.*

PARTERÍA. *f.* Officio, profissão de parteira.

PARTERO. *m.* Parteiro; cirurgião que parteja. *Chirurgus obstetricis officium præstans.*

PARTERRE. *m. (neol.)* Placa; taboleiro ou canteiro de jardim guarnecido de relva curta e basta, de arbustos pequenos e de outras plantas mimosas.

PARTIRSE. *r. (ant.)* Partir-se, apartar-se, separar-se.

PARTESANA. *f.* Partasana; alabarda antiga muito aguda e larga. *Hasta bipennis.*

PARTESANERO. *m.* Partasana; soldado armado com partasana: — o que nas galés vigiava os sentenciados.

PARTIBLE. *adj.* Partivel, divisivel; que se pôde ou deve partir. *Quod dividi potest aut debet.*

PARTIBLEMENTE. *adv. m.* Por partes.

PARTICION. *f.* Partição, divisão, repartição, partilha. *Partitio, divisio:* — *(math.)* partição, divisão; operação arithmetica pela qual se divide um todo em partes: — *(mus.)* V. *Partitura.*

PARTICIONERO, RA. *adj.* Participioneiro. V. *Partícipe.*

PARTICIPACION. *f.* Participação; acção e effeito de participar. *Participatio, onis:* — participação, aviso, noticia. *Nuntius, ii:* — *(ant.)* participação, communicação e trato.

PARTICIPANTE. *adj.* e *s.* Participante; o que participa. *Particeps, ipis:* — participante; o que se communica ou trata com excommungado. V. *Escomunion.*

PARTICIPAR. *a.* Participar, communicar, dar parte, noticia. V. *Dar parte:* — *n.* participar; ter parte em alguma cousa. *Participare.*

PARTÍCIPE. *adj.* Participe, participante; que tem parte em alguma cousa. *Particeps, ipis.*

PARTICIPIAL. *adj.* Participial ou participal; derivado de participio. *Participialis, le.*

PARTICIPIO. *m. (ant.)* V. *Participacion:* — *(gram.)* participio; adjectivo derivado do verbo, que significa o mesmo attributo verbal com respeito á presente ou actual existencia d'esse attributo. *Participium, ii.*

PARTÍCULA. *f.* Particula; porção tenue, diminuta. *Particula, æ:* — *(phys.* e *chim.)* particula. V. *Molécula:* — *(gram.)* particula; palavra indeclinavel de que se usa na oração. Em sentido menos lato diz-se dos vocabulos mui curtos, que nada significam por si só. *Particula, æ:* — *(rel.)* particula; porçãosinha que se separa da hostia consagrada. *Particula, æ.*

PARTICULAR. *adj.* Particular; proprio, peculiar de pessoa ou cousa. *Particularis, e:* — particular, singular, especial, extraordinario. *Peculiaris, e:* — especifico. *Mirabilis, le:* — particular; singular ou individual, em contraposição a geral ou universal. *Singularis, e:* — particular; pessoa que não tem titulo ou emprego que a distinga das mais. *Privatus, a, um:* — particular, privado, não publico: — *m.* particular, particularidade; materia ou assumpto de que se trata. *Argumentum, i. En particular (loc. adv.)*; em particular, especialmente. *Particulatim:* — em particular, á parte, sem que outros presenceiem. *Sigillatim:* — *(mil. ant.)* V. *Voluntario:* — *(theat.)* representação privada que os comicos costumam fazer, quando se formam as companhias.

PARTICULARIDAD. *f.* Particularidade, singularidade, individualidade, especialidade. *Singularitas, atis:* — particularidade, parcialidade; distincção que no trato ou amisade se faz de uma pessoa a respeito de outras. *Familiaritas, atis:* — particularidade; circumstancias caracteristicas ou minuciosas. *Quo quidquam distinguitur.*

PARTICULARISTAS. *m. pl. (rel.)* Particularistas; individuos que crêem que Jesus Christo morreu só pelos escolhidos, e não pelos homens em geral.

PARTICULARIZAR. *a.* Particulasar; referir miudamente, com todas as particularidades. *Sigillatim aliquid dicere, designare:* — particularisar; fazer distincção especial de alguma pessoa. *Singulariter aliquem prosequi:* — particularisar; referir a um caso singular e especial, por opposição a generalisar: — *r.* particularisar-se, singularisar-se, distinguir-se em alguma cousa. *Primas ferre; in aliquo excellere; præstantem esse.*

PARTICULARMENTE. *adv. m.* Particularmente; singularmente, especialmente, com particularidade. *Speciatim, præcipuè :* — particularmente: com individuação e distincção. *Sigillatim, particulatim.*

PARTIDA. *f.* Partida; acção de partir. *Profectio, discessus:* —passamento, morte. *Evita discessus, obitus :* — assento de baptismo, crisma, matrimonio ou obito; quo se faz nos livros das igrejas parochiaes, e a certidão que d'elles se tira. *Annotatio in libris parochia libus :* — partida; parcella, em contas mercantis. *Quantitas in rationibus alteri addita vel addenda :* — partida; porção determinada de alguma mercadoria, etc. *Quantitas, portio:*—parte do termo ou territorio pertencente a algum povo:—partida; porção, numero de jogos ou de pontos que constituem o total de cada pareo. *Præmium in ludis victori propositum vel quanti ludus ultimè constet :* — V. *Partido:*—partes, dotes naturaes, dons, prendas, graças, talentos, qualidades estimaveis de alguem. *Dos, naturæ donum :* — partida; cada uma das sete partes da collecção de leis compiladas no tempo de el-rei Affonso, o sabio, de Castella, traduzidas em portuguez por ordem de el-rei D. Diniz, e chamadas as leis das sete partidas. *Codicis alphonsini pars, liber :* — *(ant.)* V. *Parte, Litigante :* — V. *Parte, Lugar :* —V. *Parte:* — V. *Porcion :* — partida, clima, região. V. *Clima : avanzada ;* partida avançada. V. *Centinela. Andar las siete partidas (fr.) ;* andar, correr as sete partidas; viajar muito, correr o mundo. Tambem se diz : *haber corrido las siete partidas. Orbem terrarum ferme percurrere. Buena ó mala partida;* boa partida ou partida do diabo; diz-se para notar o bom ou mau modo de proceder de um individuo em occasião determinada. *Vah! bonus vel pravus homo :* — *doble (com.);* partida dobrada : — *(mil.)* partida ; divisão, troço de tropas. *Militum manus:* —V. *Guerrilla.*

PARTIDAMENTE. *adv. m.* Partidamente, separadamente, com divisão. *Divisim.*

PARTIDARIO. *m.* De partido; diz-se do medico ou cirurgião. *Medicus vel chirurgus oppidorum conventione conductus :* — partidario, sequaz ; que segue o partido de alguem : — *m.* V. *Guerrillero.*

PARTIDILLO. *m. dim.* de *Partido.* Partidosinho.

PARTIDO, DA. *adj.* Franco, liberal, dadivoso. *Munificus, liberalis:*—*m.* partido, parcialidade, bando, facção. *Factio, partes :* — partido, vantagem, proveito, conveniencia. *Commodum, i :* — partido, casamento de conveniencia : — partido, amparo, favor ou protecção particular de muitos. *Favor, suffragiorum faventium copia :* — partido, reunião de pessoas que jogam contra outros tantos parceiros. *Concertatores in ludo:* — partido ; vantagem que se dá ao parceiro que joga menos, para compensar a pericia do outro. *Conditio collusorio concessa :* — partido, convenio, condição, estipulação. *Conditio, pacta conventa :* — partido, meio, expediente. *Medium, ii :* — partido, districto. *Tractus, plaga :* — partido; logar ou territorio em que o medico ou cirurgião tem obrigação de tratar os habitantes mediante uma remuneração annual. *Municipium cui medicus conventione assistere debet :* — partido ; aggregado de pessoas que defendem uma mesma opinião ou parcialidade. *Sectarii, orum:*— partido, ajuste ; condições remunerativas que se offerecem a alguem, ou que se estipulam nas transacções: —*de caza ;* caçada. V. *Cazeria:*—*robado;* partido desigual, no qual um dos jogadores tem uma vantagem muito notavel sobre o outro. Estende-se tambem a outras cousas. *Dispar, iniqua conditio in ludo. Darse a partido (fr. fig.) ;* dar-se a partido; ceder do seu empenho ou opinião. *Cedere, manus dare. Formar partido (fr.);* formar partido; induzir, angariar differentes pessoas para trabalharem em commum para algum fim. *Socios sibi allicere. Hombre de partido;* homem de partido, esturrado na parcialidade a que pertence. *Mujer del partido;* mulher de partido, meretriz. *Tomar partido ó tomar su partido (fr.) ;* tomar o partido, o expediente ; determinar-se ou resolver-se o que estava suspenso ou duvidoso ácerca de alguma cousa. *Consilium capere:* — *adj. (br.)* partido; diz se do escudo ou brazão dividido de alto a baixo em duas partes iguaes. *Gentilitii stemmatis partitio:*—*(naut.)* V. *Provincia de marina. Tomar partido (fr. mil.);* alistar-se para servir nas tropas de um general ou de um exercito os que eram do contrario. *Adversariorum militiæ nomen dare, adscribi.*

PARTIDOR. *m.* Partidor; o que parte, reparte, divide. *Partitor, divisor :* — partidor, rachador; o que parte alguma cousa rachando-a, fendendo-a, como: *partidor de leña;* partidor, rachador de lenha : — instrumento com que se parte ou fende, como o machado, etc. *Ascia, securis, falx :* — repartidor; instrumento com que se dividem e repartem as aguas: — sitio onde se faz esta divisão. *Obex quo aquæ distribuuntur, vel locus in quo:*— especie de agulha de prata de que se serviam as mulheres para apartar o cabello. *Acus ad capillos dividendos:* — *(math.)* partidor. V. *Divisor.*

PARTIJA. *f.* V. *Particion.*

PARTIL. *adj (astron. ant.)* Partil; diz-se de um modo de determinar o aspecto reciproco de dois planetas. *Partilis aspectus apud astrologos.*

PARTIMENTO, PARTIMIENTO. *m.*

Partimento. V. *Particion :* — *(ant.)* partida; saida.

PARTIR. *a.* Partir; dividir em partes. *Partiri :* — partir, fender, rachar, quebrar. *Rumpere, dividere, incidere :* — partir, repartir, dividir, distribuir. *Distribuere, dividere :*—partir; quebrar, abrir, rachar a casca ás nozes, avelãs, etc, para lhes tirar o miolo. *Frangere, confringere :* — partir, deslindar, estremar, distinguir ou separar uma cousa de outra, com que estava confundida. *Discernere :* — partir ; dividir, distribuir em classes. *In ordines distribuere :* — acommetter em peleja, batalha ou conflicto de armas. *Agredi, manu conserere :* — *(ant.)* partir, separar, apartar. Usava-se tambem como reciproco:—*(ant.)* finalisar, concluir ou acabar alguma cousa: — *n.* partir, pôr-se a caminho, saír de um logar, ausentar-se. Usa se tambem como reciproco. *Abire, progredi, iter facere:* — *n.* partir, emanar, vir de deduzir-se de: —partir, proceder ; ter origem ou principio de alguma cousa: — *(fig.)* resolver-se, determinar-se, saír de duvida ou suspensão : — partir; tomar alguma cousa por fundamento do discurso, como: *partamos deste principio ;* partâmos d'este principio:—*r.* partir-se, dividir-se em opiniões ou parcialidades:—*por en medio ó por medio (fr.)* V. *Echar por en medio :* — *por medio (fr. fig.);* cortar por tudo; resolver-se a executar uma cousa sem attentar nos inconvenientes e más consequencias que pôde trazer. *Inconsultè, temere consilium capere. Partirsele a uno el corazon o el alma (fr. fig.);* partir-se, despedaçar-se o coração ou a alma a alguem; padecer extrema afflicção : — *(agr.)* dividir uma colmeia em duas. *Apum examina dividere :* — *la vuelta (equit.)* V. *Cambiar de mano :* — *(arith.)* dividir; achar quantas vezes um numero se contém n'outro. *Dividere.*

PARTITIVO, VA. *adj. (gramm.)* Partitivo; que pôde partir-se ou dividir-se. *Divisione obnoxius.*

PARTITURA. *f.* Partitura; as diversas partes de que se compõe um concerto, symphonia, opera ou outra composição de musica.

PARTO. *m.* Parto; acto de parir. *Partus, us :* — parto; o féto recemnascido. *Partus, fœtus:* — *(fig.)* parto; qualquer producção ou obra physica. *Partus, productio:* —parto ; producção do entendimento ou engenho humano dado á luz. *Partus, mentis lucubratio:* — parto; acontecimento especial e importante que se espera com impaciencia. *Eventus imminens :* — *(ant.)* o féto ; a creança ainda no ventre materno : — *de los montes ;* parto da montanha ; resultado nullo ou insignificante de empreza ou de cousa annunciada com grande ostentação. *Partus montium:* — *revesado;* parto arrevezado, difficil, irregular. *Partus difficilis. Salir a buen parto (fr.);* saír com felicidade. *Venir el parto derecho (fr. fig.);* vir o parto direito ; succeder alguma cousa favoravelmente, ou como se desejava. *Prosperè rem cedere, evenire. Estar de parto;* estar de parto ; diz-se da mulher que pariu ha pouco, e está de regimento.

PARTOLOJIA. *f. (med.)* Partologia; tratado de partos.

PARTONERO, RA. *adj. (ant.)* V. *Partícipe.*

PARTU. *m. (ant.)* V. *Parto.*

PARTURA. *f. (ant.)* Pareo, aposta: — convenção.

PARTURADOR. *m. (cir.)* Parturador; instrumento empregado pelos cirurgiões nos partos laboriosos.

PARTURIENTA, PARTURIENTE. *adj.* Parturiente; mulher ou femea de animal que está no acto de parir. *Parturiens, entis.*

PARULIA. *f. (med.)* Parúlida ; tumor inflammatorio das gengivas.

PARULIS. *f. (med.)* Parulida.

PARVA. *f.* Calcadouro ; o pão que está na eira e se vae debulhando. *Messis in œrea trituræ seu ventilationi parata :* — V. *Parvedad,* na segunda accepção: — *(fig.)* montão, copia, grande quantidade. *Copia, œ. Salirse de la parva (fr. fig. fam.);* desviar-se, afastar-se, apartar-se do caminho direito, do intento ou assumpto. *Aberrare à proposito diverti.*

PARVEDAD, PARVIDAD. *f.* Pouquidade, tenuidade; pequena, tenue quantidade. *Parvitas, atis :*—parva ; comida leve, como a consoada em dia de jejum. *Panis frustulum sustentandis in jejunio viribus.*

PARVIFICENCIA. *f. (ant.)* Parcimonia, escassez, estreiteza no gastar.

PARVÍFICO, CA. *adj. (ant.)* Escasso, miseravel no gastar.

PARVO, VA. *adj.* Parvo. V. *Pequeño.*

PARVULEZ. *f.* V. *Pequeñez.*

PARVULICO, CA, LCO, LLA, TO, TA. *adj. dim.* de *Parvulo.*

PÁRVULO, LA. *adj.* Parvo. V. *Pequeño :* — *s.* parvulo, menino, creança. *Infans, antis :* — *adj. (fig.)* parvo, simples, que sabe pouco ou é facil de enganar. *Imperitus, fraudi obnoxius:* — parvulo, misero, humilde.

PARVONERO, RA. *adj. (ant.)* V. *Partícipe.*

PASA. *f.* Passa ; uva curada ao sol. *Uva passa :* — certo jogo que fazem os indios de Quito atirando com uma especie de dado de sete lados : — arribação ; mudança ou passagem que em certos tempos do anno fazem algumas aves de uns para outros paizes. *Transitus, us:* — especie de arrebique usado pelas mulheres antigamente, e que era feito de passas. *Fucus uvis pasis confectus :* — *pl. (fig.)* carapinha; cabello crespo e emmaranhado, como o da gente preta, e dos mulatos. *Intorti capilli :* — *gorrona ;* passa muito grande secca ao sol :—*(naut.)* passo; canal estreito que dá passagem entre baixios.

PASABALAS. *m.* Passadeira, calibrador ; instrumento com

que se reconhece o calibre das balas de artilheria: — calibrador; crivo feito a proposito para effectuar a separação, por calibres, das balas das armas de fogo portateis.

PASABARRADO. *m. (ant.)* Nome de um jogo antigo de rapazes.

PASABOMBAS. *m.* Passadeira de banco; instrumento para medir o calibre das bombas.

PASACABALLO. *m. (naut.)* Batelão; barca chata de que se usava antigamente. *Navis onerariæ genus.*

PASACALLE. *m.* Arruamento ou passeio pelas ruas; diz-se de ordinario quando se anda requestando uma dama, passando lhe repetidas vezes por diante das janellas: — certa musica antiga mui sonora, que se tocava na guitarra e outros instrumentos, especialmente quando se ía pelas ruas. *Citharæ pulsatio quædam.*

PASACAMPANA. *f. (veter.)* Agrião; tumor que apparece no calcaneo ou ponta do curvilhão dos cavallos.

PASADA. *f.* Passada, passagem; acto de passar de um logar para outro. *Transitus, us*: —passo; medida antiga equivalente a cinco pés. *Passus, us*: —V. *Partida,* no jogo: —passada; acção maliciosa executada em prejuizo de alguem, ou o modo de portar-se com elle. *Actio inurbana, subdola*: —*(ant.)* renda, congrua sufficiente para passar a vida. *Vitæ necessaria, victus ratio honesta*: — V. *Paso. Dar pasada (fr.)*; dar passada, dissimular, dar meios de escapar, fugir. *Pati, permittere. De pasada (loc. adv.)*; de passada. V. *De paso.*

PASADERA. *f.* Passadeira, alpondra; pedra atravessada sobre ribeiro, charco, etc., para dar passagem á gente. *Saxum vel lapis grandior transeundi facultatem præbens*: —*(art.)* passadeira; nome que dão os caldeireiros aos coadores de cobre, latão, etc.: — *(naut.)* V. *Meollar.*

PASADERAMENTE. *adv. m.* Soffrivelmente, mediocremente, toleravelmente. *Mediocriter, tolerabiliter.*

PASADERO, RA. *adj.* Toleravel, supportavel. *Tolerabilis, e*: — soffrivel, mediocre, passavel. *Medius, mediocris*: —*(fig. ant.)* passageiro, transitorio, caduco. *Labilis, e*: — *m.* V. *Pasadera*: — *(for. ant.)* que tem auctoridade ou valor.

PASADÍA. *f. (ant.)* V. *Pasada,* na quinta accepção.

PASADIEZ. *m.* Jogo de dados em que perde o numero que passa de dez.

PASADILLO. *m.* Ponto de passagem; especie de bordado que passa ambos os lados do panno.

PASADIZO. *m.* Passadiço; corredor, galeria ou caminho estreito que dá passagem e serventia de um edificio a outro, ou entre duas ruas, etc. *Transitus pervius*: —*(fig.)* subterfugio, meio, resposta evasiva para passar de uma cousa a outra. *Transitus, us.*

PASADO, DA. *adj* Passado, preterito; diz-se ás vezes no sentido de proximo passado, referindo-se ao anno, mez, etc., que acaba: — *(ant.)* V. *Suspendido*: — *m. pl.* V. *Ascendientes, Antepasados.*

PASADOR, RA. *s.* Passador; o que passa ou faz passar, que leva, transporta. Diz-se frequentemente do que passa cousas prohibidas de um reino a outro e é então synonymo de contrabandista. *Transportans, antis*: — *m.* passador; setta mui forte e aguda. *Tragula, æ*: — passador; joia em fôrma de setta que se firma nas tranças do cabello, ou argola oval e achatada em que se prendem as mesmas tranças. *Pessulus, i*: — agulheta, agulha romba e comprida para introduzir e passar um cordão ou fita por uma bainha: — passador; especie de broche que usavam as mulheres para prender a cauda dos vestidos na cintura. *Fibula quædam*: — *(art.)* eixo sobre o qual gira uma polé ou roldana: — fecho pedreiro com que se fecham portas, janellas. *Pessulus, i.*

PASADURA. *f. (ant.)* Passagem, transito de um logar para outro.

PASAGONZALO. *m. (fam.)* Pequeno golpe dado ao de leve e de passagem. *Levis ictus.*

PASAJE. *m.* Passagem, transito; acto de passar, de fazer caminho de um logar para outro. *Transitus, us*: —passagem; direito que se paga por passar por algum sitio. *Vectigal à transeuntibus solvendum*: — passagem; sitio ou logar por onde se passa. *Transitus, us*: — passagem; preço de viagem em embarcação: —passo; estreito entre duas ilhas ou entre umá ilha e a terra firme. *Fretum, i*: —passagem, passo; logar de algum livro, escripto ou discurso de um auctor. *Libri verba*: — direito de passagem; o que pagavam ao thesoureiro os cavalleiros que queriam professar. *Stips ab equitibus sancti Joannis hierosolymitani ordinis quæstori erogari solita*: — passadiço ou galeria que serve de passagem de uma rua a outra: — *(ant.)* acolhimento, acolhida, recepção; modo com que se acolhe ou recebe alguem. *Receptus, receptio*: —*(mus.)* passagem, mudança, mutação feita com arte de uma voz, ou de um tom a outro. *Vocis flexio, modulatio.*

PASAJERO, RA. *adj.* Passageiro; diz-se do sitio ou logar por onde passa muita gente. *Publicus; transitu frequens*: —passageiro, transitorio; que passa depressa ou dura pouco. *Parum durabilis*: — passageiro, de arribação; diz-se de certas aves que vem de partes remotas em tempos determinados, buscando sempre climas temperados. *Aves peregrinæ*: — *s.* passageiro, viandante, transeunte; o que passa ou vae de caminho de um logar para outro. *Viator, oris.* Usa-se tambem como substantivo.

Pasal. *m.* V. *Pasadera.*

Pasales. *m. pl.* V. *Alpodras.*

Pasamanar. *a.* Passamanar; guarnecer de passamanes. *Tœnias texere.*

Pasamanería. *f.* Passamanaria; obra de passamanes. *Tœniarum texturavel opifficium:*— officio de passamaneiro: — passamanaria; loja de passamaneiro. *Tœniarum taberna.*

Pasamanero. *m.* Passamaneiro; fabricante de passamanes. *Tœniarum textor vel oppifex.*

Pasamano. *m.* Corrimão, mainel. *Scalare manus adminiculum:* —passamanes; fitas ou cordões de fio de prata, oiro ou seda. É tecido mais fino que o galão. *Tœnia textilis.*

Pasamento. *m.* *(ant.)* Passamento. V. *Muerte.*

Pasamienfo. *m.* V. *Paso, Transito:* — *(ant.)* passamento, morte: — *(for. ant.)* preterição, omissão.

Pasante. *p. a.* de *Pasar.* Passante; que passa:— *m.* praticante; o que adquire pratica debaixo da direcção de advogado, medico, cirurgião. *Assecla, auditor:* — explicador; o individuo com quem os discipulos vão estudar quando estão proximos ao exame. *Tironibus in schola instruendis, et ad periculum subeundum aptandis prœfectus:* — repetidor; o que repete as lições a outro. *Magistri dictatum explicans:* — passante; o religioso que, depois de ter frequentado as aulas de philosophia ou theologia, ía argumentar ás sabbatinas e outros exercicios escolasticos, para depois entrar para o magisterio. *Magisterii candidatus apud cœnobitas:* — *de pluma:* escrevente de advogado.

Pasantía. *f.* Pratica, exercicio de um praticante debaixo da direcção de advogado, medico, etc. *Magisterii tirocinium.*

Pasapan. *m.* *(fam.)* V. *Garguero.*

Pasapasa. *m.* Passapassa, peloticas. V. *Juego de pasapasa.*

Pasaporte. *m.* Passaporte; permissão por escripto dada em nome do governo para viajar, transitar dentro do paiz ou saír d'elle. *Litterœ commeandi potestatem testantes:* — guia que se dá aos militares com itinerario. *Commeatus, us:* — *(fig.)* passaporte, carta branca; licença franca ou liberdade de executar alguma cousa. *Facultas, potestas. Dar pasaporte a alguno (fr. fam.);* dar passaporte a alguem, despacha-lo para o outro mundo, mata-lo.

Pasar. *a.* Passar; levar, conduzir, transportar de um logar para outro. *Transferre, transvehere:* — passar; mudar, trasladar, transferir a alguem de uma classe ou logar para outro. Usa-se tambem como neutro e ás vezes como reciproco. *Evehere, erigere:*—passar, atravessar; ir de um logar para outro: — passar, transmittir, enviar, dar parte de uma cousa. *Mittere, transmittere:* — passar, ultrapassar, ir mais alem, exceder, como: *pasar la raya;* passar a raia, etc. *Prœterire, prœtergredi:* —passar, penetrar, traspassar, atravessar. *Transfigere, transfodere:* — passar; progredir nos estudos, subir, adiantar-se, ir para as classes superiores. *Provehi, gradum facere in scholis:* — passar; introduzir ou extrahir generos prohibidos, por contrabando, sem pagar direitos. *Occultè vel subdolè transvehere:*—passar; communicar-se uma cousa de uns para outros. *Serpere:* —passar, tornar a contar o dinheiro ou outras cousas. *Numerationem iterare:* — passar; mudar, trasladar ou transferir uma cousa de um sujeito para outro. Tambem se usa como neutro. *Transferri:* — passar; levar ou deixar correr uma cousa por cima de outra que lhe vá tocando suavemente, como: *pasar la mano, el peine;* passar á mão, o pente, etc. *Leviter aliquid supra aliud ducere, traducere:* — passar, exceder, avantajar-se a outro. *Excellere; supereminere, prœstare:*—passar, soffrer, padecer. V. *Padecer:* — passar; introduzir uma cousa pelo furo ou buraco de outra. *Introducere, intromittere:* — passar; coar, peneirar, joeirar, cirandar, como: *pasar por manga, pasar por tamiz;* passar por filtro, por peneira, etc. *Percolare:* — V. *Tragar,* fallando da comida ou bebida: — apresentar no conselho ou outro tribunal, o despacho, privilegio, etc., para sua corroboração ou ratificação. *Proferre vel exhibere ut ratum sit:* — passar, desculpar, tratar com indulgencia. *Permittere:* — passar; calar ou omittir alguma cousa do que se devia dizer ou tratar. *Omittere, silentio prœterire:* — passar, dissimular; não se dar por entendido de alguma cousa. *Connivere, ferre:* — estudar particularmente com alguem uma sciencia ou faculdade. *Privato preceptori dare operam:* — praticar; procurar adquirir pratica sob a direcção de um advogado, ou acompanhando o medico nas suas visitas, etc. *Magistrum audire:* — explicar particularmente alguma sciencia ou faculdade a um discipulo, ser seu explicador. *Privatim docere:*—passar a lição pelos olhos, repassa-la o estudante para a dizer melhor. *Recolere, relegere:* — passar; correr um livro ou escripto lendo ou estudando. *Percurrere, perlegere:*—passar por alto; ler ou estudar sem reflexão ou rezar sem attenção nem devoção. *Obiter percurrere:* — passar; seccar ao sol ou ao ar. *Exsicare sole, aëre, etc.:*—passar, consumir, empregar o tempo: — passar, examinar uma conta: — *(ant.)* V. *Tener,* v. g., *pasar razones un coloquio, etc.:* — *(ant.)* conferenciar, tratar: — *(ant.)* infringir, violar, fallando de leis, ordenanças, preceitos. *Adire, divertere:* — *n.* passar, transitar, ir de um logar para outro:—V. *Tran-*

sitar: — passar, sujeitar-se, como: *pasar por todo;* passar por tudo: — passar, deixar de ser; *v. g.*, *pasar los años, las glorias de este mundo;* passar os annos, as glorias d'este mundo, etc. Tambem se diz *pasarse los años. Finire, transire:* — passar; viver com alguma commodidade. *Commodè vitam degere:*—passar; tocar em um ponto, sitio ou logar, indo a outro, como: *al ir á Sevilla pasé por Andujar;* quando ía para Sevilha passei por Audujar: —passar; assentir ao que outro diz ou propõe: — passar; ir determinadamente a algum sitio, a fim de executar alguma diligencia alem da principal. Usa-se frequentemente como reciproco: — ceder o passo, o logar a alguem por cortezia. *Locum cedere; gradum sistere, quo quis sedeat aut transeat:* — passar, ter movimento, correr de uma parte a outra; diz se das cousas immateriaes. *Ire, pergere:*— passar; com a preposição *a* e os infinitos de alguns verbos e com alguns substantivos é proceder á acção do que significam os taes verbos ou nomes. *Transire:* — passar; ir successivamente ascendendo ou occupando os empregos ou cargos, ou outras cousas. *Gradibus honorum progredi:* — passar; fallando do tempo, ir-se succedendo os espaços até ao seu fim ou termo. *Prœterire, fluere, labi:* — passar, morrer; mas junta-se sempre com alguma outra palavra que determine a significação; v. g.: *pasar a mejor vida;* passar a melhor vida. *Obire, naturœ debitum solvere:* — correr; fallando das mercadorias e generos venaes, significa o mesmo que valer ou ter preço. *Æstimari, vendi:* — passar, viver, gosar, ter saude. *Vitam agere, valere:* — passar; admittir-se ou approvar-se alguma opinião ou facto; v. g.: *esta sentencia pasa entre los filosofos por cierta;* esta sentença passa entre os philosophos por certa. *Ferri, haberi:* — passar, correr a moeda, ser admittida pelo valor que lhe está marcado. *Monetam usu valere, vigere:* —passar, cessar, acabar, como: *pasar la cólera;* passar a colera, etc. Usa-se tambem como reciproco. *Finire, desinere;* — passar, lavrar, publicar. Diz-se dos tabelliães ou notarios perante os quaes se fazem os instrumentos publicos. *Apud aliquem agi, geri;* — passar, não fazer jogo; usa-se no jogo. *Ludo vel sponsioni cedere:*—passar por, ser tido, reputado; v. g: *pasar por discreto;* passar por discreto, etc. *Haberi, numerari:* —passar, mudar, trocar-se, converter-se uma cousa em outra melhorando ou peiorando; v. g.: *la calentura pasó a sincope;* a febre passou a syncope. *Converti, transmutari:*—passar; com a preposição *sin* e alguns nomes, é não necessitar das cousas que elles significam; v. g.: *bien podemos pasar sin coche;* podemos passar bem sem carruagem. *Re aliqua non indigere:*—*(fig.)* passar, occorrer; offerecer-se ligeiramente ao discurso ou á imaginação alguma cousa. *In mentem venire, occurrere:* — passar, ultrapassar, exceder os limites da rasão. *Transgredi, prœtergredi:* — passar, haver, occorrer, succeder, acontecer; é impessoal. *Esse, interesse, accidere, evenire:*— *r.* passar-se; alem de usar-se na passiva nas accepções do activo, vale tambem tomar outro partido contrario ao que antes se tinha ou pôr-se da parte opposta. *Ad hostes transire, transfugere:* —passar se, acabar-se, deixar de ser. *Finire, transire:* —passar-se, esquecer se ou varrer-se da memoria alguma cousa. *Reme memoria abire, fugere:* — corromper-se, começar a deteriorar-se, as fructas, carne ou cousa similhante. *Putrescere, corrumpi:* — perder a sua força uma cousa, minguar ou dissipar-se; v. g.: *pasarse la nieve, el agua, la lumbre, etc.*, acabar, derreter-se a neve, seccar-se, evaporar-se a agua, apagar-se, extinguir-se o fogo, etc. *Deperdi, vim amittere, dissipari:*—accender-se, atear-se, arder bem; diz-se do lume de carvão. *Accendi:*— passar a excessivo, exceder-se em alguma qualidade ou propriedade, tê la em demasia, como: *pasarse de bueno, pasarse de cortés;* ser bom, cortez de mais. *Modum excedere, fines transire:* — *(ant.)* passar-se, estar expirando. V. *Morirse:* — *m.* modo de vida, meios de subsistencia de cada um. *Pasar algo por uno (fr.);* passar por uma pessoa alguma cousa; tê la experimentado. V. *Experimentarlo:* — *en blanco ó en claro alguna cosa (fr.);* passar em branco ou em claro alguma cousa; omitti-la, não a attender, não fazer menção d'ella. *Prœtermitere. Pasarlo;* passar; denota o estado de saude de alguem, v. g. *¿Como lo pasa usted?* Como passa v. m.ce? *Valere:* — *por alto (fr. fig.);* passar por alto; não fazer menção, não fazer caso, omittir, esquecer alguma cousa. *Omittere, prœterire:*—*por en cima (fr. fig.);* passar por cima, atropellar, affrontar, vencer inconvenientes ou obstaculos. *Inconsultò aggredi:* — passar por cima, atropellar; antecipar-se em um emprego o individuo mais moderno, contra o direito, preterindo a quem devia pertencer. *Aliquo postposito, honorem adipisci. Ir pasando.* V. *Ir:* — *(ant.)* passar; sujeitar qualquer cousa a uma determinada operação. Assim diz-se: *pasar por la hilera, etc.*, passar pela fieira, etc.

PÁSARO. *m. (ant.)* V. *Pájaro.*

PASA-RODRIGO. *m.* V. *Pasagonzalo.*

PASATIEMPO. *m.* Passatempo, diversão, divertimento agradavel. *Oblectamen, oblectatio.*

PASATURO. *m. (ant.)* Estudante a quem outro explica a lição. *Auditor, oris.*

PASAVANTE. *m.* V. *Guia,* despacho que acompanha os generos: — *(naut.).* carta de marca: — *(ant.)* V. *Parlamentario.*

PASAVOLANTE. *m.* Disparate, desproposito, desatino; acção obrada inconsideradamente. *Levis actio:* — passavolante; canhão de pau para fazer numero na bateria. *Tormentum bellicum minoris formæ.*

PASCANTO. *m. (bot.)* Paschantho; genero de plantas da familia das passifloreas.

PASCARIO. *m.* Dava-se este nome nas universidades de Hespanha aos estudantes que íam á sua terra passar as ferias da Paschoa.

PASCO. *m. (ant.)* V. *Pasto.*

PASCUA. *(rel.)* Paschoa; festa solemne que os judeus celebravam todos os annos, no meado de março, em commemoração do dia em que os hebreus sairam do captiveiro do Egypto, conduzidos por Moysés. *Pascha, æ:* — paschoa; entre os christãos, festa commemorativa da resurreição de Jesus Christo, denominado o cordeiro de Deus. *Pascha, æ:* — *pl.* paschoas; tempo decorrido desde a Natividade de Christo até o dia de Reis inclusivè. *Dar las pascuas (fr.);* dar as boas festas pela Paschoa. *Estar como unas pascuas (fr.);* estar alegre e divertido. *Lætum ætque hilarem velut in paschale esse. Hacer pascua (fr.);* começar a comer carne antes do fim da quaresma. *Ante pascha carnibus vesci. Santas pascuas;* santas paschoas! Especie de interjeição familiar; equivale a não estou por isso, ou pouco importa, pouco se me dá d'isso. *Benè sit:* — *de flores ó florida;* paschoa de flores; a da resurreição.

PASCUAL. *adj.* Paschoal ou paschal; da Paschoa. *Paschalis, le. Cirio pascual.* V. *Cirio. Cordero pascual.* V. *Cordero.*

PASCUILLA. *f.* Paschoela ou domingo da Paschoela; o que se segue ao da Paschoa. *Dominica prima post pascha.*

PASCHUA. *f. (ant.)* V. *Pascua.*

PASE. *m.* Passe; permissão concedida pela auctoridade competente para habilitar a fazer alguma cousa. *Venia, æ:* — V. *Pasaporte:* — passe, guia; liçença por escripto para passar alguns generos de um para outro logar e pode-los vender. *Litteræ potestatem transportandi vendendique merces testantes:* — passe; permissão para ir livremente de um logar a outro. *Litteræ potestatem liberè commeandi testantes:* — passe; licença ou faculdade de transferir a um, a graça, dignidade, etc., que outro tem: — passe; licença para que corram as bullas, despachos, etc: — em varios jogos de cartas denota que alguma pessoa não entra no jogo.

PASEADERO. *m. (ant.)* Passeadouro, passeio; logar por onde se passeia. *Ambulacrum, i.*

PASEADOR, RA. *s.* Passeador; pessoa que passeia muito. *Deambulator, oris:* — diz se do cavallo que tem o passo grande e largo: — *m.* V. *Paseo,* na segunda accepção.

PASEANTE. *adj.* Passeante, passeador. *Deambulator, oris:* — *en corte;* passeante, desoccupado, ocioso, que passa o tempo a passear. *Vagus, otiosus.*

PASEAR. *a.* Passear; fazer andar a passo, fazer passear, levar ao passeio. Diz-se frequentemente dos cavallos, etc. *Deambulatum perducere:* — *(ant.)* passear a uma dama: requesta-la, namora-la passando lhe por diante das janellas: — *n.* passear; andar a passo, de vagar, com passo natural; diz se do cavallo, etc. *Equum gradu æquo intercedere:* — passear; andar de passeio a pé, a cavallo ou de carruagem, por exercicio, divertimento ou vadiação; diz-se mais particularmente do que anda de vagar, a passo. Usa-se tambem como reciproco. *Deambulationi operam dare:* *r. (fig.)* passear, vagar livremente. *Mente percurrere:* — vagar, andar vagando; diz-se de certas cousas immateriaes. *Vagari:* — *r. (fig.)* passear, vadiar, andar ocioso, ser passeante. *Vagari, otiare: Andar a pasear, o vayase usted a pasear (loc.);* vá passear, vá á missa, vá bugiar; usa se para despedir alguem com enfado ou desgosto. *Vade in malam crucem.*

PASEATA. *f. (fam.)* Passeata, passeio.

PASEO. *m.* Passeio; acção de passear. *Deambulatio, onis:* — passeio; sitio ou logar onde se passeia. *Ambulacrum, i:* — passeio de ceremonia, com cortejo. *Pompa solemnis:* — passeio; acto de saír a passear o condemnado, levando açoutes do verdugo pelas ruas da cidade, ou para ouvir o pregão da culpa e pena. *Supplicii via. Dar un paseo (fr.);* dar um passeio, passear. *Echar o enviar a paseo (fr. fam.);* mandar passear, mandar á missa; usa-se quando se quer despedir alguma pessoa importuna ou desarrasoada. *Improbare.*

PASERA. *f.* Passeira; logar onde se expõem os fructos para se seccarem e passarem: — operação de seccar ou passar os fructos.

PASERO, RA. *adj.* Passeiro; diz-se do cavallo ou mulo que anda a passo. *Mulus æque passu gradiens:* — *s.* vendedor de passas.

PASGUATE. *adj. (p. Mex.)* V. *Pazguato.*

PASIBILIDAD. *f.* Passibilidade, capacidade, disposição de sentir ou padecer. *Satiendi facultas:* — *(ant.)* V. *Pasion.*

PASIBLE. *adj.* Passivel; sujeito a paixões, capaz de soffrer. *Passibilis, patiendi capax.*

PASICORTO, TA. *adj.* Passicurto; que tem o passo curto. *Brevioribus gressibus incidens.*

PASIFLORA. *f. (bot.)* Passiflora; martyrio ou flor da paixão; genero de plantas da familia das passifloreas.

Pasifloreas. *m. pl. (bot.)* Passifloreas; familia de plantas dicotyledoneas.

Pasigrafía. *f.* Pasigraphia; escriptura universal, ou a arte de escrever e imprimir em uma lingua, de modo que se leia e entenda nas mais, sem necessidade de traducção.

Pasilargo, ga. *adj.* Passilargo; que tem o passo largo. *Longioribus gressibus incedens.*

Pasillo. *m. dim.* de *Paso.* Passinho.

Pasimenia. *f. (med.)* Amenorrhéa; cessação dos fluxos menstruaes da mulher.

Pasio. *m. (prov.)* V. *Pasion.*

Pasion. *f.* Paixão; acto de padecer tormentos, penas ou outras cousas sensiveis, e até a morte. *Passio, onis:* paixão; por antonomasia diz-se dos tormentos e morte de Christo. *Passio Domini:* — paixão; parte de cada um dos quatro Evangelhos que descreve os tormentos e a morte de Christo. *Evangelii pars narrationem passionis Dominicæ continens:* —paixão, sermão de lagrimas; o que se pre a em sexta feira Santa. *Concio de passione Domini:*—paixão; affecto intenso, desordenado, desejo violento por alguma cousa. *Amor, studium:* — paixão qualquer perturbação ou affecto desordenado da alma. *Passio, animi ægritudo, perturbatio:*— paixão; particularmente significa excessiva inclinação, affeição ou preferencia de uma pessoa a outra. *Amor, studium vehemens:* — *pl. (ant.)* paixões, penas, tormentos; trabalhos: — *(med. ant.)* paixão; diz-se de certas affecções ou doenças mui dolorosas. *Affectio, dolor.*

Pasionaria. *f. (bot.)* V. *Pasiflora.*

Pasionario. *m.* Passionario; livro que contém os quatro evangelhos da paixão de Christo, que se cantam pela Semana Santa.

Pasioncilla, ta. *f. dim.* de *Pasion.* Paixãosinha.

Pasionero. *m.* Padre que canta a paixão nos officios da Semana Santa. *Qui passionem in ecclesia canit:* — dá se este nome no hospital geral da Saragoça a cada um dos sacerdotes que assistem espiritualmente aos enfermos. *Sacerdos ægrotantibus assistens.*

Pasionista. *m. (prov.)* V. *Pasionero* em sua primeira acepção.

Pasitea. *f. (bot.)* Pasithea; genero de plantas da familia das liliaceas.

Pasito. *m. dim.* de *Paso.* Passinho: — *adv. m.* brandamente, de vagar, devagarinho, em voz baixa. *Sensim pedetentim. Á pasito (loc. adv.)*; compassadamente, vagarosamente. *Lentè admodum.*

Pasitrote. *m.* Chouto; trote curto das bestas que incommoda o cavalleiro.

Pasiva. *f. (gram.)* Passiva; segunda inflexão dos verbos que exprime acção soffrida, padecida por pessoa, animal ou cousa. Tambem se diz voz passiva. *Passiva vox.*

Pasivamente *adv. m.* Passivamente; sem resistir, nem queixar-se. *Indifferenter; omni actione suspensa:* — *(fig.)* passivamente; de modo passivo. *Nihil agendo:* — *(gram.)* passivamente; em sentido passivo. *Passivo sensu.*

Pasividad. *f. (chim.)* Passividade; estado de um metal que não experimenta mudança alguma quando se põe em contacto com certos acidos. Até hoje é o ferro o unico metal que possue esta propriedade.

Pasivo, va. *adj.* Passivo; diz-se do sujeito que recebe a acção do agente, sem cooperar para ella. *Passivus, a, um:* — *(fig.)* passivo; que deixa obrar os outros, que não toma parte activa em uma cousa. *Nihil agens:* — *(com.)* passivo; diz-se das dividas que alguem tem contra si: — *(gram.)* passivo; diz-se das palavras que significam paixão. *Passivus, a, um:* — *(for.)* passivo; diz-se dos juizos, tanto civis como criminaes, com relação ao réu ou pessoa demandada. *Passivus, a, um. Voz passiva;* voz passiva; o direito de ser eleito, e não o de eleger: — *(med.)* passivo; diz-se das affecções que se suppõem determinadas por uma debilidade geral ou local: —*(chim.)* passivo; diz se do ferro que não experimenta mudança alguma com o contacto de certos acidos.

Pasmado, da, *adj. (br.)* Pasmado; diz se do delphim sem lingua e com a bôca aberta. *Ore inhians, elinguisque delphinus in stemmatibus gentilitiis.*

Pasmar. *a.* Pasmar; causar pasmo, espanto, admiração. Usa-se tambem como reciproco. *Spasmo afficere, stupere:* — arrefecer excessivamente, traspassar, inteiriçar, gelar com frio. *Rigorem inducere:*—enregelar as plantas, cresta-las, queima-las, secca-las o gêlo, a geada. Usa se tambem como reciproco. *Gelu corrumpere, orrumpi:* — *(p. Mex.)* ferir as cavalgaduras com a silha, ou com os mais arreios: — *n. (ant.)* pasmar; ficar pasmado: — *r.* pasmar; ficar suspenso ou admirado de alguma cousa notavel. *Stupere, obstupescere.*

Pasmarota. *f.* Pasmo, desmaio fingido. *Fictus stupor:* — gestos de falsa admiração. *Ridiculus stupor.*

Pasmarotada. *f.* V. *Pasmarota.*

Pasmazon. *f. (p. Mex.)* Inchação causada pelos arreios no dorso das bestas.

Pasmo *m. (fig.)* Pasmo; grande admiração, que produz a suspensão de todas as faculdades intellectuaes. *Stupor, oris:*—maravilha, portento, cousa surprehendente, que faz pasmar. *Ostentum, monstrum. De pasmo (loc. adv.)* V. *Pasmosamente:* — *(med.)* pasmo, espasmo; contracção forte ou duradoura de um ou mais membros do animal. *Stupor, oris:* — resfriamento excessivo: — espasmo; doença mortal, endemica dos paizes quentes da America, que causa uma compressão geral de nervos.

PASMOSAMENTE. *adv. m.* Pasmosamente, admiravelmente. *Mirè.*

PASMOSO, SA. *adj.* Pasmoso, maravilhoso, surprehendente; que causa grande admiração. *Mirus, stupore dignus:* — *(med. ant.)* V. *Espasmódico.*

PASO, SA. *adj.* Passado. V. *Desecado*, com applicação á fructas: — passado; diz se tambem de certo vinho de uvas passadas; — *m.* passo; distancia ou espaço abrangido entre um e outro pé, no acto de andar, caminhar naturalmente. *Passus, us:* — passo; acto de passar de uma para outra parte. *Transitus, transitio:* — V. *Escalon:* — passo; modo de andar. *Gressus, us:* — passo; andadura suave e commoda das bestas. *Temperatior jumentorum gressus:* — passo, passagem; logar ou sitio por onde se passa. *Transitus, tractus:* — passo; diligencia para conseguir alguma cousa. É mais usado no plural. *Officium, labor, diligentia:* — pisada, pégada, traças; signal que se deixa impresso quando se anda. *Vestigium, ii:* — passo; caso, successo digno de attenção. *Casus, us:* — passo; transe da morte, ou em qualquer outra situação perigosa. *Obitus, us:* — passo; qualquer dos successos mais notaveis da paixão de JesusChristo. *Quilibet Christi passionis tractus:* — passo; oratorio, quadro, etc. que representa algum dos successos da paixão de Christo. *Simulacrum Christi patientis:* — passo, porte, comportamento. *Vitæ ratio:* — *(fig.)* passo, progresso; adiantamento que se faz em qualquer arte, sciencia, virtude, etc. *Progressus, us:* — passo, clausula, logar, passagem de um livro, auctor. *Locus, libri verba:* — *(p. Cub.)* V. *Vado:* — *(ant.)* V. *Torneo, Justa:* — *adv.* passo ou mui passo, de vagar, pausadamente, sem ruido. *Lentè, leviter:* — *(interj.)* passo! de vagar! alto lá! diz-se para moderar ou apaziguar alguem. *Siste, sistite:* — *a paso (fr.)*; passo a passo, ou passo e passo, compassadamente, de vagar, pouco a pouco. *Lentè, placidè:* — *de comedia;* passo, intriga, incidente de comedia. *Scena, æ:* — *de gallina;* diligencia fraca e insignificante na consecução de alguma cousa. *Tarda et pigra solicitudo:* — *de garganta;* passo da voz ou da garganta, trinado. *Vocis modulatio, inflectio:* — *entre paso (loc. adv.)*; pé ante pé, passo a passo, de mansinho. *Placido gressu:* — *libre;* passo livre; que está desembaraçado de perigos ou inimigos. *Aperta, liber via. Abrir paso (fr.)*; abrir passagem. V. *Abrir camino. A buen paso (loc. adv.)*; a bom passo, a passo largo, a bom caminhar, depressa, acceleradamente. *Celeri gressu. A ese paso (loc. adv.)*; d'essa maneira, d'esse modo, segundo isso. *Sic, ita. A ese paso el dia es un soplo (fr. fig.)*; por esse andar, d'essa maneira ficaes sem nada; diz se de quem gasta com prodigalidade. *Nil prodigo sufficit. Al paso (loc. adv.):* de passo, de passgem, sem detenção. *Obiter:* V. *Al encuentro. Alargar el paso (fr. fam.)*; alargar o passo, adiantar o passo, andar mais depressa. *Properare. Al paso que (loc.)*; ao passo que, á medida, emquanto, ao tempo. *Dum:* — á maneira, á imitação, como. *Sicuti, ut. Andar en malos pasos (fr.)*; andar desencaminhado, depravado, prevertido, induzido em erro, proceder mal. *Vitiosè vel inhonestè vivere. Ante paso.* V. *Paso entre paso. A paso de buey ó de tortuga (loc. adv. fig.)*; a passo de boi, pausadamente, com prudencia e consideração. *Segniter, lentè, consulto, consideratè. A paso largo (loc. adv.)*; a passos largos; acceleradamente, depressa. *Citato gradu. Avivar el paso.* V. *Apretar el paso. Cerrar el paso (fr.)*; fechar a passagem, corta-la, embaraça-la. *Viam claudere, impedire, aditum intercludere:* *(fig.)* cortar o andamento de um negocio, impedir lhe o progresso. *Impedimento esse, obstare. Cojer a alguno el paso (fr. fam.)*; tolher, tomar o passo, apanhar alguem no caminho; encontra-lo e dete-lo para tratar com elle alguma cousa. *Alicui obviam ire. Cojer al paso (fr.)*; tomar o passo; no jogo do xadrez é comer um peão que passou duas casas sem pedir licença. *In latrunculorum ludo calculum modum excedentem abducere. Cortar los pasos (fr.)*; impedir a alguem a execução do que intenta fazer. *Obstare, obsistere alicui. De paso (loc. adv.)*; de passagem, de caminho, passando por uma parte dirigindo-se a outra. *Obiter:* *(fig.)* de passo ou de passagem; ligeiramente, levemente, de corrida. *Obiter:* de passagem, de caminho, ao mesmo tempo. *Simul: Mas que de paso (loc. adv.)*; precipitadamente, acceleradamente, com muita pressa. *Citissimè, celerrimo gressu. No dar paso (fr.)*; não dar passo, descuidar se, não concorrer por negligencia para o exito de um negocio. *Negligenter agere. Por sus pasos contados (loc. adv.)*; por sua ordem. *Ordinatim. Sacar de su paso a alguno (fr.)*; fazer obrar alguem fóra do seu costume. *Vehementer aliquem concitare. Salir del passo (fr.)* V. *Salir del barranco. Salir de su paso (fr. fig.)*; sair fóra do seu costume regular, exceder se. *Morem excedere, supra morem agere. Seguir los pasos (fr.)*; seguir os passos de alguem; imita-lo, seguir-lhe o exemplo. *Vestigiis alicujus insistere. Seguir los pasos a alguno (fr. fig.)*, seguir os passos a alguem; observar, vigiar, espreitar, indagar a sua conducta. *Observare aliquem, ejus gesta speculari. Tomar un paso ó un portante (fr.)*; andar a galope, mui depressa. *Celeri vel instanti gres-*

su pergere: — *(art.)* passo; qualquer das mudanças que se executam na dansa, differentes das anteriores: — passagem; pontos grandes na roupa quando está muito usada e proxima a romper-se. *Filum acu protensiùs ductum:* — alinhave; ponto largo que se dá na roupa quando se alinhava. *Acûs puncta protensa:* — *de rosca (art.);* passo de parafuso; o vão entre as roscas ou espiras: — *de la madre (fam.);* chouto; passo que tomam naturalmente os cavallos quando não estão ensinados. *Conciliatior jumentorum incessus:* — *grave;* passo grave; certo passo da dansa hespanhola. *Sentar el paso (fr. equit.);* assentar o passo, caminhar a passo; diz-se das cavalgaduras. *Ave de paso;* ave de passagem, de arribação: — *(for.)* direito que alguem tem de entrar na sua herdade pela do vizinho, ou de passar por esta a agua para a irrigação das suas terras, ou para o seu moinho: — *(naut.)* V. *Pasa:* — *andante (metrol.),* passo commum, ou simplesmente passo; medida de dois pés e meio. *Passus, duobus pedibus et semisse constans:* — *geométrico;* passo geometrico; medida que consta de cinco pés. *Passus geometricus:* — *(ant.)* passagem, progresso nos estudos: — *(art.)* explicação que o leccionista ou explicador faz aos seus discipulos, ou a conferencia d'estes entre si. *Explicatio, repetitio.*

Paspa. *f. (p. A.)* Cieiro; aspereza ou greta que produz nos labios o ar frio e secco.

Paspado. *adj. (p. A.)* Gretado; diz-se do labio que tem cieiro.

Paspalo. *m. (bot.)* Paspalo; genero de plantas da familia das gramineas.

Paspié. *m.* Passapé; dansa que tem os passos do minuete com variedade de mudanças. *Tripudium sic dictum.*

Pasquin. *m.* Pasquim; papel escripto com expressões satyricas, contra o governo, particulares, etc., e affixado em logares publicos. *Libellus famosus in magistratus publico loco affixus:* — *(hist.)* pasquim ou pasquino; antiga estatua mutilada que ha em Roma, na qual se costumam pregar os escriptos anonymos, satyricos e insultantes.

Pasquinada. *f.* Pasquinada; dito agudo e satyrico exposto ao publico. *Dicterium in vulgus editum.*

Pasquinar. *a.* Fazer pasquins, satyrisar por meio de pasquins. *Libellis famosis lacessere, sugillare.*

Pasta. *f.* Pasta; massa de uma ou differentes cousas moidas ou pulverisadas. *Massa:* — pasta; massa preparada com manteiga, azeite, e outras substancias para pasteis, empadas, etc. *Massa butyro vel oleo condita:* — massa; massa de farinha de trigo com que se faz macarrão, talharim, estrellinha e outras cousas que servem para sopa. *Massa ex farina triticea:* — pasta; porção de oiro, prata ou de outro qualquer metal fundido e por trabalhar. *Metalli massa informis:* — V. *Masa:* — pasta; massa de trapo preparada para fazer papel. *Massa ex tritis in aqua pannis linteis confecta:* — pasta; massa de papel para fazer papelão. *Chartæ crassioris genus:* — encadernação; capa dos livros. *Librorum ex perpolita pelle munimentum exterius:* — *(fig.)* demasiada brandura e mansidão. *Ingenium nimis leve:* — *(ant.)* pasta, lamina, folha, chapa de metal. *Bractea metallica:* — *de chocolate;* pasta, massa de chocolate. *Chocolati massa:* — *italiana;* pasta italiana; encadernação, capa de livros coberta de certo pergaminho muito fino. *Buena pasta;* boa massa, boa laia, boa indole, bom genio. *Ingenium docile, blandum, bona indoles. Media pasta;* meia encadernação: — *(pharm.)* pasta; preparação branda, de sabor doce e agradavel, que tem por base a gomma e o assucar, a que se juntam ás vezes os productos da infusão ou do decocto de certas plantas ou fructos: — pasta. *(pint.)* V. *Empaste.*

Pastar. *a.* Pastar, apascentar; levar ao pasto, dar pasto. *Pascere, vel pascua ducere:* — *n.* pastar, pascer, comer o pasto, andar pastando o gado. *Pasci.*

Pastear. *n.* Pastorar. V. *Pastar.*

Pasteca. *f. (naut.)* Patesca; especie de moitão aberto em um dos lados para introduzir qualquer cabo a que se quer dar retorno volante. *Trochlea nautica:* — *(naut.)* V. *Galápago.*

Pastel. *m.* Pastel; massa de farinha, da feição de terrina redonda ou oval que se enche de carne picada, peixe, fructa, doce, nata, etc., e que se coze no forno. *Artocreas, atis:* — pastel; pasta para tingir de azul, feita das folhas da planta chamada pastel dos tintureiros: — trapaça que se faz ao jogo embaralhando as cartas, de modo que fique com as melhores quem as dá ou o seu parceiro. *Dolus, fraus quædam in chartarum ludo:* — *(neol.)* arranjamento, disposição engenhosa das cousas com que se procura deixar contentes e satisfeitos todos os interessados em um negocio: — cabala, trâmoia, conventiculo; junta secreta de algumas pessoas que urdem alguma trama. *Conventiculum, occulta conventio:* — *(fig.)* empada; pessoa baixa e mui gorda. *Brevis, crassusque homo. Descubrirse el pastel (fr);* descobrir-se o mysterio, o segredo de uma cousa que procurava occultar ou dissimular. *Fraudem, dolum patefieri:* — *(art.)* pastel; defeito na impressão por se ter dado muita tinta ou por esta ser muito espessa. *Vitium ex nimio atramento in typographicis:* — *(art.)* pastel; porção de letra confusa e desordenada, e tambem a que está inutilisada e que se destina a ser fundida de novo, nas imprensas. *Typorum confusus acervus:* — *(bot.)* pastel dos tintureiros ou simplesmente pastel. V. *Glasto. Pintura al pastel (pint.);* pintura a pastel; especie de desenho executado por meio de lapis artificial de differentes cores.

PASTELADA. *f.* Trama, cabala, enredo occulto.

PASTELEAR. *n. (neol.)* Conduzir-se de modo que se deixem contentes as pessoas que disputavam ou litigavam sobre alguma cousa.

PASTELEJO. *m. dim.* de *Pastel.* Pastelinho.

PASTELERA. *f.* Pasteleira; mulher do pasteleiro. *Pistoris uxor.*

PASTELERÍA. *f.* Pastelaria; estabelecimento de pasteleiro. *Taberna pistoria:* — pastelaria; arte, officio de pasteleiro. Collectivamente toma-se por pasteis e massas. *Pistoria ars, pistoriæ dapes.*

PASTELERILLO, TO. *m. dim.* de *Pastelero.*

PASTELERO, RA. *s.* Pasteleiro; pessoa que faz e vende pasteis. *Pistor, crustularius:* — *(fig. fam.)* pasteleiro, empalhador, palliador; o que se conforma com todas as opiniões, que segue todos os partidos. Usa-se tambem como adjectivo.

PASTELILLO, TO. *m. dim.* de *Pastel.* Pastelinho: — pastelinho; pastel feito de massa mui delicada e cheio de conservas. *Placenta artocreatis formam referens.*

PASTELON. *m. augm.* de *Pastel.* Pastelão; pastel grande de fructa, ou de aves inteiras, frangos, peixe, etc. *Grandius artocreas.*

PASTERO. *m.* Ajudante do mestre lagareiro que deita a azeitona moida nas ceiras. *Qui saccos olearios moletrinæ subjiciendos implet:* — entre pastores, o que busca pasto para o gado.

PASTIJA. *f. (ant.)* Patranha, conto, fabula.

PASTILLA. *f.* Pastilha; porção de pasta ou massa, de fórma e tamanho indeterminadas, que serve de remedio, golosina ou perfume. *Pastillus, i. Gastar pastillas de boca (fr. fig.);* ter palavras muito doces, prometter e offerecer muito e dar pouco. *Blanditer loqui, largè promittere.*

PASTINACA. *f. (bot.)* Pastinaca, cenoura; genero de plantas da familia das umbelliferas: — *(zool.)* pastinaca ou uga; especie de raia.

PASTO. *m.* Pasto; acção de pastar. *Pastio, onis:* — pasto; herva de que se apascenta o gado. *Pascua, orum:* — pasto; comida, alimento de qualquer animal. *Victus, us:* — pasto, pascigo, pastagem; terra de pasto, onde pasta o gado. Usa-se mais commummente no plural. *Pastuosa rura:* — pasto, cibato; porção de alimento que se dá de uma vez ás aves. *Pastus avium:* — pasto, alimento; materia que conserva ou activa os agentes consumidores, como a materia do fogo, etc. *Pabulum, i:* — *espiritual;* pasto espiritual, ou pão do espirito; doutrina ou ensino que se dá aos fieis. *Pabulum, i. A pasto (fr.);* a pasto; com abundancia, com fartura. *Lautè, profusè, abundanter. De pasto (loc adv.);* de pasto; de uso diario ou frequente; como: *vino de pasto;* vinho de pasto.

PASTOFORIO. *m.* Pastophorio; habitação ou cella que tinham nos templos os summos sacerdotes da gentilidade. *Pastophorum habitatio.*

PASTÓFORO. *m. (hist. ant.)* Pastóphoro; nome dos summos sacerdotes da gentilidade.

PASTOR, RA. *s.* Pastor; o que guarda e apascenta o gado. *Pastor, oris:* — pastor; entende-se vulgarmente pelo que cuida de um rebanho de ovelhas. *Pastor, oris:* — *(fig.)* pastor; prelado ou qualquer ecclesiastico, cura de almas. *Ecclesiasticus antistes:* — borrão; gotta de tinta que cáe na escripta. *Litura in scripto:* — *universal* o *sumo;* pastor universal, o Summo Pontifice, o Papa. *Summus apud Christianos pontifex. Buen pastor;* Bom Pastor; attributo de Jesus Christo. *Pastor bonus:* — *(zool.)* pastor; subgenero de peixes, da familia dos scomberoideos.

PASTORAL. *adj.* Pastoral; pertencente aos prelados. *Pastoralis, episcopalis:* — *f.* pastoral. V. *Carta pastoral:* — *f. (poet.)* pastoral; especie de drama bucolico ou pastoril, em que fallam pastores e pastoras. *Bucolicum carmen.*

PASTORALMENTE. *adv. m.* Pastoralmente; como pastor, á maneira dos pastores. *Pastorum more.*

PASTORCICO, LLO, TO, TA. *s. dim.* de *Pastor.* Pastorzinho, pastorinho.

PASTOREAR. *a.* Pastorear, apascentar; levar o gado ao pasto e cuidar d'elle. *Pecus ad pascua ducere:* — *(fig.)* pastorear, apascentar; vigiar e dirigir pastoralmente os fieis. *Edocere, regere.*

PASTORELA. *f.* Canto, dansa, musica simples e alegre, ao modo pastoril. *Bucolicum poema vel cantio.*

PASTOREO. *m.* Apascoamento; acção de apascentar o gado: — occupação do pastor. *Ars pastoritia, munus pastoritium.*

PASTORÍA. *f.* Vida pastoril, occupação do pastor. *Pastoritia ars:* — reunião de pastores. *Pastorum cœtus.*

PASTORICIO, CIA. *adj.* V. *Pastoril.*

PASTORIL. *adj.* Pastoril; concernente a pastor. *Pastoralis, pastoritius:* — *f. (poet.)* pastoral; drama pastoril.

PASTORILMENTE. *adv. m.* Pastorilmente, pastoralmente. *Pastorum more.*

PASTOSIDAD. *f.* Qualidade do que é massudo, empastado.

PASTOSO, SA. *adj.* Pastoso, massudo, empastado, brando. *Suavis, blandus sicut massa. Lengua pastosa (med.);* lingua saburrosa, pastosa.

PASTRANA. *f. (ant.)* Patranha, conto mentiroso.

PASTRIJA. *f.* V. *Bagatela.*

PASTURA. *f.* Pastura, pasto, herva. *Pastio, pastus:* — pasto, ração; porção de alimento que se dá de uma vez aos bois. *Pàstus, us:* — pasto, pastagem: — *(fig.)* pasto. V. *Doctrina.*

PASTURAJE. *m.* Pascigo, pastagem aberta ou commum. *Pascua commumia:* — direito de pastagem. *Vectigal pro pascuis.*

PASTURAR. *a. (ant.)* Pastorar, apascentar: — *n. (ant.)* V. *Pastar.*

PASTUZO. *m.* Nome que em Nova Granada e na republica do Equador dão a certos vasos de pau envernizado, feitos na provincia de Pasto.

PATA. *f.* Pata; pé de animal. *Jumenti ungula, pes:* — *de cabra (fig. fam.);* obstaculo, incidente imprevisto. *Offendiculum imprævisum:* — *de gallo;* pé de gallinha; rugas que se formam no angulo externo do olho e que são indicio de velhice: — *de leon.* V. *Piè de Leon:* — *de pobre;* perna inchada e coberta de chagas. *Plagatum crus. A pata.* V. *A piè. A pata llana ó a la pata la llana (loc. adv.);* sinceramente, sem ceremonia, sem affectação. *Sincerè, simpliciter. Enseñar ó sacar la pata ó sacar su pata (fr. fam.);* tomar pé, orientar-se em qualquer cousa. *Ad ingenium redire:* — *de cabra (art.);* pé de cabra; instrumento de ferro.

PATABEA. *f. (bot.)* Patabea; genero de plantas da familia das rubiaceas.

PATACA. *f.* Pataca; moeda hespanhola de cobre, que vale dois quartos. *Monetæ æreæ genus:* — *(ant.)* Pataca. V. *Patacon:* — *(bot.)* topinamba ou tartufo branco; especie de plantas do genero heliantho: — topinamba; bolbo da raiz da planta do mesmo nome.

PATACO, CA. *adj.* V. *Patan.*

PATACON. *m.* Patacão, pataca; moeda de prata hespanhola, do peso de uma onça. *Nummus argentus unciæ ponderis.*

PATACUSMA. *f. (p. Perú)* Patacusma; camisola que usam os indios.

PATACHE. *m. (naut.)* Patacho ou pataxo; navio de commercio de dois mastros. *Leburnica, æ.*

PATADA. *f.* Patada; golpe com a pata ou planta do pé. *Pedis ictus:* — pégada, pisada, signal que o pé deixa impresso. *Vestigium, ii:* — *(fam.)* passada, passo. V. *Paso. No dar pié ni patada (fr.);* não metter prego nem estopa; não concorrer para a consecução de alguma cousa. *Nullam operam adhibere, negotia negligere.*

PATAGON. *m.* V. *Paton.*

PATAGORRILLO. *m.* Sarapatel; guisado de fressura picada, do porco ou de outro animal. *Tomaculum, i.*

PATAGUA. *f.* Vasilha quasi cylindrica, onde se guarda o mate, na America meridional: — *(bot.)* patagua; especie de arvore do Chili.

PATAÍ. *m. (p. Am.)* Massa feita com alfarroba moida.

PATAJE. *m. (ant. naut.)* V. *Patache.*

PATALEAR. *n.* Pernear ou espernear; agitar convulsivamente os pés e pernas, por effeito de algum accidente ou para ferir com elles. *Crura violentè movere, mutare:* — patear; dar pateada, bater com os pés no chão. *Pedibus terram quatere præ dolore aut ira.*

PATALEO. *m.* Pateada; batedura com os pés, acção de patear. *Pedum strepitus, collisio:* — pateada; ruido feito com os pés ou as patas. *Iteratus pedum sonitus.*

PATALETA. *f. (fam.)* Faniquito; accidente, indisposição, accesso repentino que priva dos sentidos ou occasiona alguns movimentos estranhos e desordenados. *Comitialis, caducus morbus.*

PATALETILLA. *f.* Certa dansa antiga.

PATALO. *m. (zool.)* V. *Jetudo.*

PATAN, NA. *adj. (fam.)* Patudo; diz-se ordinariamente da gente rustica. *Homo grandioribus pedibus:* — patola, patão; rustico, ignorante. *Rusticus, bardus.*

PATANERÍA. *f.* Grosseria, rusticidade, ignorancia. *Rusticitas, atis.*

PATARATA. *f.* Patarata; cousa ridicula, vistosa, mas de pouca dura e valor. *Nugæ, commentum:* — patarata; expressões affectadas, cumprimentos, palavras frivolas, etc. *Fictio, commentum.*

PATARATADA. *f. (fam. p. Mex.)* Patarata, patacoada; acção irreflectida e sem importancia.

PATARATERO, RA. *adj.* Patarateiro; que diz pataratas. *Inaniloquus, a, um.*

PATARATO. *m. (p. Mex.)* Patarata, patarateiro, papelão, jactancioso.

PATARRÁEZ. *m. (naut.)* Patarraz; cabo grosso que segura os mastros ao costado. *Funis quidam nauticus.*

PATATA. *f.* Batata; tubera ou tuberculo da batateira ordinaria, muito usado como alimento. *Solani tuberosi tuber:* — *(bot.)* batateira; genero de plantas da familia das solaneas.

PATATAL, PATATAR. *m.* Batatal; terreno plantado de batata.

PATATERO, RA. *s.* Vendedor de batatas: — batateiro; pessoa affeiçoada a batatas.

PATATO, TA. *adj. (p. Cuba)* Patudo, rechonchudo, baixo e gordo.

PATATÚS. *m. (fam.)* Faniquito; desfallecimento, desmaio ligeiro. *Animi deliquium.*

PATAUA. *m. (bot.)* Pataua; especie de palmeira da ilha de Cayena.

PATAVINO, NA. *s.* Patavino; paduano; natural de Padua: — *adj.* patavino, paduano; pertencente a Padua. *Patavinus, a, um.*

PATAX. *m. (naut.)* V. *Patache.*

PATE. *f. (br.)* Pateado; cruz, cujas extremidades se alargam um pouco, em fórma de pata.

PATEADURA. *f.* Pateadura, pateada; acção de patear. *Pedum collisio vel strepitus.*

PATEAMIENTO. *m.* V. *Pateadura.*

PATEAR. *a.* Patear; dar pateada, fazer estrondo com os pés. *Pedibus quatere, conculcare:* — *n.* patear; bater o pé, dar patadas por enfado ou colera. *Conculcare, pedibus percutere:* — palmilhar; andar muito, dar bastantes passos para conseguir alguma cousa. *Properare, festinare.*

Pátela. *f.* (*bot.*) V. *Patelaria:* — (*zool.*) patella; genero de molluscos gasteropodas.

Patelaria. *f.* (*bot.*) Patellaria; genero de cogumelos thecasporcos.

Patena. *f.* Patena; vaso sagrado de oiro ou de prata, em fôrma de prato, em que se põe a hostia, e com que se cobre o calix na missa. *Patella sacra:* — medalhão com alguma imagem gravada, que as camponezas hespanholas usam ao pescoço. *Monilis genus.*

Patente. *adj.* Patente, manifesto, visivel. *Patens, manifestus:* — (*fig.*) patente, claro, palpavel, perceptivel. *Evidens, patens:* — *f.* patente, carta patente, letras patentes pelas quaes o rei confere posto ou graduação. *Diploma regium:* — patente, carta aberta; especie de certidão que dá o superior de algumas communidades aos seus confrades. *Litteræ patentes:* — patente; carta ou cedula permissoria que em certos casos os superiores das ordens religiosas passavam aos seus inferiores. *Commeatus litteræ patentes:* — patente; contribuição, merenda ou almoço que os mais antigos em qualquer corporação fazem pagar aos que entram de novo, especialmente nas universidades. *Isagoges solutio, epulum initiale vel donum:* — (*neol.*) patente; permissão que o governo dá a particulares, mediante uma certa contribuição, para que possam exercer algum ramo de commercio ou industria. *Patentes de contramarca.* V. *Carta de contramarca. Letras patentes.* V. *Letras:* — (*naut.*) patente; documento que se passa para auctorisar a bandeira e navegação de um navio: — *de corso;* patente, carta de corso; documento com que se auctorisa alguem para andar ou ir a corso contra os inimigos da nação.

Patentemente. *adv.* Patentemente, claramente, manifestamente. *Patenter, apertè.*

Patentísimo, ma. *adj. sup.* de *Patente.* Patentissimo, clarissimo. *Patentissimus, apertissimus.*

Patentizar. *a.* Patentear; fazer patente, manifestar. *Demonstrare, patefacere.*

Pátera. *f.* Patera; vaso de que usavam os romanos nos sacrificios. *Patera, æ.*

Paternal. *adj.* Paternal; proprio de pae. *Paternus, a, um.*

Paternalmente. *adv. m.* Paternalmente; com sentimentos paternaes, com amor de pae. *Animo paterno.*

Paternianos. *m. pl.* (*rel.*) Paternianos; sectarios que ensinavam que a carne era obra do demonio, e entregavam-se a toda a qualidade de vicios.

Paternidad. *f.* Paternidade; qualidade de pae, o ser pae. *Patris dignitas:* — paternidade; titulo dado aos religiosos. *Paternitas, atis.*

Paterno, na. *adj.* Paterno; do pae, pertencente ao pae, que foi do pae, da parte do pae. *Paternus, a, um.*

Páternoster. *m.* Paternoster, Padre Nosso, oração dominical: — pater noster, padre nosso, conta grossa do rosario: — (*fam.*) nó grande e muito apertado. *Nodus crassior et pressior:* — (*naut. ant.*) V. *Bertello.*

Patersonia. *f.* (*bot.*) Patersonia; genero de plantas da familia das irideas.

Pateta. *m.* Cambaio, zambro; que tem as pernas tortas, arqueadas. *Gressu dispar, claudus:* — demo; nome que familiarmente se dá ao diabo, ou a um ser imaginario que tem os seus attributos. *No lo hiciera, ó no lo dijera o no dijera mas pateta* (*loc. fam.*); isto só lembra ao diabo, isto ninguem fazia.

Patéticamente. *adv.* Patheticamente; de modo pathetico. *Patheticè.*

Patético, ca. *adj.* Pathetico, tocante, affectuoso; que move os affectos, as paixões. *Patheticus, a, um:* — pathetico, tocante, terno; diz-se da musica expressiva e vehemente que commove o animo e excita as paixões. *Patheticus, a, um:* — (*anat.*) pathetico; denominação de um musculo e de um nervo que imprime ao globo do olho os movimentos proprios das paixões violentas.

Patiabierto, ta. *adj.* Perniaberto; o que se põe de pernas abertas e afastadas uma da outra: — com as pernas torcidas e separadas.

Patiancho, cha. *adj.* Patudo; que tem grandes patas ou pés.

Patiblanco, ca. *adj.* Calçado; diz-se dos animaes que têem as patas brancas. *Perdiz patiblanca.* V. *Perdiz.*

Patibulario, ria. *adj.* Patibular; relativo, pertencente ao patibulo.

Patíbulo. *m.* Patibulo; logar onde se executa a pena de morte. *Patibulum, i.*

Patica, lla, ta. *f. dim.* de *Pata.* Patinha. *Poner de paticas en la calle* (*fr.*); pôr alguem na rua, despedi-lo de casa. *De domo ejicere.*

Paticalzado, da. *adj.* Calçado; diz-se das aves que têem pennas até aos pés.

Patico, llo, to. *m. dim.* de *Pato.* Patinho.

Paticojo, ja. *adj.* (*fam.*) V. *Cojo.*

Patiecillo. *m. dim.* de *Patio.* Pateosinho.

Patiestevado, da. *adj.* V. *Estevado.*

Patihendido, da. *adj.* Bisulco; applica-se ao animal que tem o pé rachado ou dividido em duas partes. *Bifidus, a, um.*

Patilla. *f.* Certa posição da mão esquerda sobre a viola. *Digitorum positio quædam in cithara:* — ponto de mira das armas de fogo. *Catapultæ igneæ rotula:* — pello, penungem que cresce antes da barba. *Barbæ superior pars, auriculæ proxima:* — *pl.* as garras do diabo, o demonio, o espirito mau. *Cacodæmon, onis. Levantar de patillas* (*fr.*); exasperar alguem, fazer-lhe perder a paciencia. *Acriter verbis lacessere:* — (*naut.*) patelha; a parte inferior do leme, e a parte saliente da quilha, que é o couce sobre que elle joga. V. *Talon.*

PATIN. *m.* Patim, pateosinho. *Impluvium, ii:* — patim; chapim de ferro, para resvalar sobre o gêlo, caminhando com rapidez.

PATINA. *f.* Azinhavre; capa de oxydo de cobre que, pela acção da humidade se forma nas estatuas e outras peças de bronze. *Æruca, æ:* — concreção terrea que se forma algumas vezes á superficie dos marmores antigos.

PATINADOR, RA. *s.* Patinador; aquelle que patina.

PATINAR. *n.* Patinar; resvalar sobre o gêlo com a ajuda dos patins.

PATINEJO, PATINILLO. *m. dim.* de *Patin.* Patimzinho.

PATIO. *m.* Pateo; área murada e descoberta que está á entrada da casa. *Impluvium, perystilum:* — platéa; parte principal do theatro. *Area in theatris:* — espaço que medeia entre as linhas de arvores e o limite ou margem de um campo para outro. *Terminale spatium.*

PATISECO, CA. *adj. (p. Cub.)* Engelhado; diz-se da fructa que murcha e secca antes de chegar á maturação: — *(fig· p. Cub.)* V. *Desmirriado.*

PATITIESO, SA. *adj. (fam.)* Immovel das pernas em virtude de algum accidente. *Pedibus rigentibus:* — extatico, estupefacto; que fica surprehendido pela novidade de alguma cousa. *Stupefactus, a, um:* — teso, empavezado; diz-se d'aquelle que por affectação ou presumpção anda muito direito. *Erecto corpore vane procedens.*

PATITUERTO, TA. *adj.* Pernitorto; que tem as pernas tortas. *Varus, a, um:* — torto, obliquo; que se desvia da linha que deve seguir. *Obliquus, a, um.*

PATIZAMBO, BA. *adj.* Cambaio; que tem as pernas tortas e voltadas para fóra. *Vagus, pansus.*

PATO, TA. *adj.* V. *Empatado. Estar ó venir hecho un pato de agua (fr.);* estar feito uma sopa, estar muito molhado ou suado. *Valdè madefactum esse. Pata es la traviesa;* onde se fazem ahi se pagam. *Æquam sortem sustulimus. Pagar el pato;* pagar o pato, pagar, padecer pelo damno que outros fizeram. *Alienas pœnas dare, luere pro alio. El pato y el lechon del cuchillo al asador (rif.);* o leitão e o pato da faca ao espeto. *Semel occisum animal prunis apponito:* — *(zool.)* V. *Ansar.*

PATOCHADA. *f.* Baboseira, disparate, parvoice. *Stultiloquium.*

PATODERMA. *f. (zool.)* Pathoderma; genero de insectos coleopteros tetrameros, da familia dos xylophagos.

PATOGNOMÓNICA. *f.* Pathognomonica; sciencia que trata dos signaes que caracterisam as paixões.

PATOGNOMÓNICO, CA. *adj. (med.)* Pathognomonico; applica-se aos signaes caracteristicos de certa e determinada enfermidade e que por si só são sufficientes para a diagnosticar.

PATOJADO *(Jugar de) (fr. ant.)* Jogar sem lisura, com velhacaria, de combinação contra um terceiro.

PATOJEAR. *n. (p. Cub.)* Coxear, claudicar; ter difficuldade no andar por ter os pés torcidos.

PATOJENESIA. *f. (med.)* Pathogenesia; parte da pathologia que tem por objecto o estudo da origem, causas e principios das enfermidades.

PATOJENIA. *f. (med.)* V. *Patojenesia.*

PATOJO, JA. *adj.* Cambaio, zambro. *Varus, valgus.*

PATÓLOGO. *m. (med.)* Pathologo; aquelle que se dedica ao estudo da pathologia.

PATOLOJÍA. *f. (med.)* Pathologia; parte da medicina que estuda a natureza, séde, causas e symptomas das doenças, ensinando a distinguilas. *Pathologia, æ:* — *animada;* pathologia animada; a que estuda as affecções do organismo causadas pelo ataque de animaes nocivos, como os vermes, a vibora, etc.: — *médica;* pathologia medica; a que estuda as doenças, que sobrevem ao interior do organismo: — *quirúrjica;* pathologia cirurgica; a que se occupa do estudo das affecções externas e que exigem o emprego de operações.

PATOLÓJICO, CA. *adj. (med.)* Pathologico; pertencente á pathologia. *Pathologicus, a, um. Anatomía patolójica;* anatomia pathologica; anatomia das partes enfermas. *Fenómenos patolójicos;* phenomenos pathologicos. *Fisiolojía patolójica;* physiologia pathologica; estudo das funcções do organismo debaixo da influencia de um estado morbido. *Signo patolójico;* signal pathologico; resultado da apreciação de cada uma das circumstancias capazes de nos levar ao conhecimento de uma enfermidade.

PATOLOJISTA. *m. (med.)* V. *Patólogo.*

PATOMANÍA. *f. (med.)* Pathomania; especie de demencia.

PATON, NA. *adj.* Patudo; que tem grandes patas ou pés. *Pedibus deformis.*

PATORRA. *f.* V. *Patagorrillo.*

PATRAÑA. *f.* Patranha; noticia fabulosa, mentira de pura invenção. *Commentum anile.*

PATRAÑERO, RA. *adj.* Patranheiro; que conta patranhas.

PATRAÑUELO. *f. dim.* de *Patraña.* Patranhasinha.

PATRAÑUELO. *m.* Collecção de patranhas ou contos.

PATRIA. *f.* Patria; logar, cidade ou paiz em que alguem nasce. *Patria, æ:* — *celestial;* patria celestial; o céu, a gloria eterna. *Beatorum sedes.*

PATRIARCA. *m.* Patriarcha; nome dado a alguns chefes de numerosas familias, no antigo testamento. *Patriarcha, æ:* — patriarcha; dignidade ecclesiastica superior ao arcebispo. *Episcopus antiquissimæ alicujus ecclesiæ, patriarchæ titulo insignitus:* — patriarcha; titulo honorifico concedido pelo papa a alguns prelados: — patriarcha; qualquer dos fundadores das ordens religiosas.

Cujuslibet ordinis regularium institutor. Como un patriarca (fr.); como um patriarcha, com todas as commodidades. *Vita gaudens deliciis plenâ.*

Patriarcadgo. *m. (ant.)* V. *Patriarcado.*

Patriarcado. *m.* Patriarchado; dignidade de patriarcha. *Patriarchatus, us:* — patriarchado; o territorio que está debaixo da jurisdicção do patriarcha. *Patriarchatus, patriarchæ diœcesis ditio:* — patriarchado; o tempo em que alguem gosa da dignidade de patriarcha. *Tempus quo auctoritate patriarchali quisque fungitur.*

Patriarcal. *adj.* Patriarchal; que pertence a patriarcha. *Patriarchalis, le:* — *f.* patriarchal; igreja, territorio, jurisdicção de patriarcha.

Patriciado. *m.* Patriciado, patriciato; dignidade de patricio entre os romanos. *Patriciatus, us.*

Patricianos. *m. pl. (rel.)* Patricianos; individuos pertencentes a uma seita formada no seculo XI pelo heresiarca Patricio. *Patritii hæresiarchæ assecla.*

Patricida. *s. (ant.)* V. *Parricida.*

Patricidio. *m. (ant.)* V. *Parricidio.*

Patricio, cia. *adj.* Patricio; concernente aos patricios. *Patritius, a, um:* — *s.* patricio; da mesma patria. *Patritius, a, um:* — V. *Patriota:* — *(fig.)* patricio; applica-se aos nobres ou privilegiados de qualquer paiz. *Nobilis, le:* — *(p. A. M.)* patricio; natural da America em contraposição ao estrangeiro: — patricio; descendente dos primeiros senadores que Romulo estabeleceu. *Ex patritiorum ordine natus:* — patricio; aquelle que obtinha o patriciado. *Patritiorum ordini evectus.*

Patriedad. *f. (ant.)* V. *Patrimonialidad.*

Patrimonial. *adj.* Patrimonial; pertencente ao patrimonio. *Patrimonialis, le:* — patrimonial; que pertence a alguem, em rasão da sua naturalidade e filiação. *Patrimonialis, le.*

Patrimonialidad. *f.* Patrimonialidade; qualidade do que é patrimonial.

Patrimonio. *m.* Patrimonio; bens herdados dos paes ou avós. *Bona paterna:* — V. *Patrimonialidad:* — *(fig.)* patrimonio; bens temporaes adquiridos por qualquer titulo. *Patrimonium, ii:* — *real;* patrimonio real, bens da corôa. *Bona fisci. Constituir patrimonio (fr.)*; instituir patrimonio; obrigar uma porção determinada de bens para sustentação de qualquer ordenando. *Patrimonium ecclesiasticum instituere.*

Patrinia. *f. (bot.)* Patrinia; genero de plantas da familia das valerianeas.

Patrio, tria. *adj.* Patrio; pertencente á patria. *Patrius, a, um:* — V. *Paterno. Patria potestad.* V. *Potestad.*

Patriota. *m.* Patriota; amigo da patria, dotado de patriotismo. *Patriæ fidus:* — *(ant.)* V. *Compatriotado.*

Patrióticamente. *adv. m.* Patrioticamente, com patriotismo.

Patriótico, ca. *adj.* Patriotico; pertencente ao patriota ou á patria. *Ad amorem patriæ pertinens:* — patriotico, nobre, digno, elevado, sublime. *Nobilis, dignus.*

Patriotismo. *m.* Patriotismo; amor, zêlo do bem da patria. *Patrius amor, in patriam pietas.*

Patripasianos. *m. pl. (rel.)* Patripassianos; sectarios que attribuiam a Deus os padecimentos de seu divino filho.

Patrística. *f.* Patristica; sciencia que trata das cousas relativas aos padres da Igreja.

Patro. *m. (zool.)* Patrus; genero de insectos coleopteros pentameros.

Patrobo. *m. (zool.)* Patrobus; genero de insectos coleopteros pentameros, da familia dos carabicos.

Patrocinar. *a.* Patrocinar, proteger, defender. *Protegere, tueri.*

Patrocinio. *m.* Patrocinio, amparo, protecção, auxilio. *Patrocinium, protectio, favor.*

Patron, na. *s.* V. *Patrono:* — orago; santo a que alguma igreja é dedicada: — patrono; o santo protector de algum reino, povoado ou congregação. *Patronus, i:* — patrão; dono da casa onde alguem se aloja ou hospeda. *Hospes, itis:* — patrono; o que tem direito de patronato. *Patronus, i:* — patrono; aquelle que dá liberdade a um escravo. *Patronus, i:* — *(naut.)* patrão; o arraes ou o mestre do barco. *Magister navis, nauclerus:* — *(p. A. M.)* patrão; dono de uma loja ou de qualquer estabelecimento de commercio: — *(ant.)* patrão. V. *Amo:* — *m.* patrão, padrão; modelo, typo, exemplar. *Exemplar, prototypus. Donde hay patrono no manda mariñero (rif.)*, com teu amo não jogues as peras, porque elle come as maduras e dá-te as verdes: — *de bote ó lancha*, patrão de bote ou lancha: — *(agr.)* cavallo; o tronco em que se enxerta o garfo.

Patrona. *f.* Galera que em uma esquadra era immediata em dignidade á capitanea. *Triremis secundum in classe locum obtinens:* — *(p. A.)* patrôa; dona de casa.

Patronado, da. *adj.* Padroado; applica-se ás igrejas e benificios. *Patronatus, us:* — *(p. Ar.)* V. *Patronato.*

Patronar. *a.* Dirigir como patrão ou arraes uma embarcação mercante. *Navis onerariæ magistrum agere.*

Patronato. *m.* Patronato ou padroado; direito que tem o patrono ou patronos de qualquer povoação. *Patronatus, ûs:* — patronato ou padroado; direito sobre a fundação de igreja ou qualquer obra pia. *Patronatus, ûs:* — legado; obrigação que têem as pessoas designadas pelo fundador, de cumprir algumas obras pias. *Patronatus onera:* — *(fig.)* patronato, protecção, amparo: — *de legos;* vinculo fundado com a obrigação de alguma obra pia. *Laicorum patronatus:* — *real;* padroado real; direito que tem o rei de escolher as pessoas mais competentes para certas dignidades e beneficios ecclesiasticos. *Regius patronatus.*

Patronazgo. *m.* V. *Patronato.*

Patronear. *a.* V. *Patronar.*

Patronero, ra. *s.* V. *Patron*, na quinta accepção.

Patronía. *f.* Emprego, cargo de patrão.

Patronímico, ca. *adj.* Patronimico; nome derivado do pae, avô ou de outro ascendente. *Ad patronymicum pertinens:* — patronymico; diz-se do appellido que se dava antigamente em Hespanha, aos filhos, e que era formado do nome dos paes, como: de Pero, Peres, de Sancho, Sanches, etc. *Nomen patronymicum.*

Patrono. *m.* Patrono, defensor, protector, advogado. *Protector, defensor, patronus:* — V. *Patron*, na sexta accepção: — patrono; aquelle que tem o direito ou cargo do patronato. *Jure proprio patronus:* — V. *Patron*, na segunda e terceira accepções: — senhor feudal, de baraço e cutello, no tempo do feudalismo. *Dominus emphyteusis.*

Patrulla. *f.* Patrulha; ronda de soldados. *Militum manipulus:* — *(fig.)* patrulha, ronda; pequeno numero de pessoas que marcham juntas, em ordem. *Hominum cœtus, circulus.*

Patrullar. *n.* Patrulhar; rondar em patrulhas. *Excubias agere, vicos perlustrare.*

Patudo, da. *adj. (fam.)* Patudo; que tem grandes patas ou pés. *Plautus, a, um.*

Patueque. *adj. (p. Cub.)* V. *Renco.*

Patulequear. *n. (p. Cub.)* V. *Renquear.*

Patullar. *n.* Pisar com força e desattentamente. *Pedibus terrere:* — *(fig.)* calcurriar, dar muitos passos para conseguir alguma cousa. *Properare, festinare.*

Pauji. *m. (zool.)* Pauxi; ave do Perú, cuja carne é tão gostosa como a do faisão

Paul. *m. (prov.)* Paul; terra encharcada. *Palustris locus.*

Paular. *m. (ant.)* Pantano, atoleiro, lamaçal.

Paulatinamente. *adv. m.* Paulatinamente, pouco a pouco, aos poucos, lentamente. *Paulatim.*

Paulatino, na. *adj.* Paulatino; feito aos poucos, que obra lentamente. *Quod paulatim fit.*

Pauletia. *f. (bot.)* V. *Bauhinia.*

Paulina. *f.* Paulina; carta de excommunhão comminatoria. *Anathema, æ:* — *(fig. fam.)* paulina; reprehensão forte, descompostura acerba. *Nimis aspera reprehensio.*

Paulinia. *f. (bot.)* Paulinia; genero de plantas da familia das sapindaceas.

Paulita. *f. (min.)* Paulita; certa variedade de hyperstena.

Paulo. *m. n. p.* V. *Pablo.*

Pauperismo. *m. (neol.)* Pauperismo; termo usado em economia politica para designar a existencia de um grande numero de pobres.

Paupérrimo, ma. *adj. sup.* Pauperrimo, pobrissimo. *Pauperrimus, a, um.*

Pausa. *f.* Pausa, suspensão, cessação da acção. *Pausa, intermissio:* — pausa, lentidão, descanso, tardança. *Cunctatio, tarditas. A pausas (loc. adv.);* pausadamente, com intervallos. *Per intervalla, moris interpositis:* — *(mus.)* pausa; intervallo de tempo. *Diapsalma, intervallum:* — pausa; signal que indica o dito intervallo. *Pausæ signum in musicis.*

Pausadamente. *adv. m.* Pausadamente, com pausa ou lentidão. *Lentè, cunctanter.*

Pausadísimo, ma. *adj. sup.* de *Pausado.* Pausadissimo.

Pausado, da. *adj.* Pausado, vagaroso, lento. *Lentus, placidus:* — *adv.* V. *Pausadamente.*

Pausan. *adj. (ant.)* V. *Bausan.*

Pausar. *n.* Pausar, fazer pausa. *Pausare, intermissionem facere.*

Pausarios. *s. pl.* Pausarios; antigos sacerdotes da deusa Iris.

Pausaverga. *f. (ant. naut.)* V. *Posaverga.*

Pauso. *m. (zool.)* Paussus; genero de insectos coleopteros tetrameros, da familia dos xylophagos.

Pauta. *f.* Pauta; papel regrado com linhas pretas, que se mette por baixo da folha para escrever as regras direitas: — tabuinha com linhas de arame, etc., com que se pauta o papel: — *(fig.)* pauta, molde, modelo; qualquer instrumento que serve para governo na execução de alguma cousa. *Regula, exemplar:* — pauta, norma, guia, regra: — pauta, modelo, exemplar, cousa digna de imitação. *Regula, exemplar:* — *(mus.)* V. *Pentágrama. Pauta para rayar;* especie de tiralinhas para pautar o papel de musica. *Regula, æ.*

Pautada. *m.* Pentagramma; as cinco linhas do papel pautado, nas quaes se escrevem as notas da musica.

Pautador. *m.* Pautador; o que pauta ou faz pautas. *Regularum vel tabellarum artifex; liniarum in charta ductor.*

Pautar. *a.* Pautar; riscar o papel com pauta. *Chartam lineis ope tabellæ ductis instruere:* — *(fig.)* dirigir, regular, ensinar o modo de executar alguma acção. *Dirigere regulam, præbere:* — *(mus.)* pautar; riscar, imprimir no papel as linhas necessarias para escrever as notas de musica. *Lineas musicas in charta ducere.*

Pautsavia. *f. (bot.)* V. *Marlea.*

Pava. *f.* Perúa; a femea do perú. *Meleagris, idis:* — *(fig.)* perúa; mulher sem espirito, sem graça. *Andallo pavas (expr. fam.);* muito riso, pouco siso. *Pelar la pava (fr.);* tocar rabeca, murmurar por passatempo.

Pavada. *f.* Rebanho de perús. *Meleagridum grex. La pavada;* jogo de rapazes sentados em roda. *Quidam puerorum ludus.*

Pavana. *f.* Pavana; dansa hespanhola, seria e de movimentos pausados. *Tripudium quoddam grave:* — pavana; musica da dita dansa. *Tri-*

pudii gravitatem et lentitudinem fidibus imitari: — especie de esclavina de que usaram as mulheres para cobrir os hombros e o peito. *Operculum collare mulierum. Tocar o zurrar la pavana (fr.);* tocar a pavana. V. *Azotar. Zurrar la pavana (p. Cuba.);* tocar a pavana; vencer outrem em qualquer contenda.

PAVERÍA. *f.* V. *Pavada,* na primeira accepção.

PAVERO, RA. *s.* Guardador, vendedor de perús. *Meleagridum curator aut venditor.*

PAVÉS. *m.* Pavez, padez; escudo antigo de fórma oblonga. *Clypeus, scutum oblongum. Levantar sobre el pavés (fr. ant.);* proclamar alguem rei ou chefe de um exercito.

PAVESA. *f.* Faula, faisca. *Favilla, æ:* — murrão; porção de torcida mui queimada e que é preciso cortar para activar a luz. *Favilla, æ. Estar hecho una paresa (fr.);* estar na espinha, estar muito fraco. *Nimis gracilem, extenuatum esse. Reducir a pavesa;* reduzir a cinzas, queimar. *Ser una pavesa;* ser uma joia, ser muito docil. *Facilem, lenem, humanum esse.*

PAVESADA. *f.* V. *Empavesada.*

PAVESON. *m. augm.* de *Pavés.* Pavesão.

PAVETA. *f.* (*bot.*) Pavetta; genero de plantas da familia das rubiaceas.

PAVÍA. *f.* Alperche; pequeno pecego muito tenro e sumarento. *Persici varietas. Echar por las de pavía (fr.)* V. *Disparatar:* — (*bot.*) pavia; genero de plantas, da familia das hippocastaneas, composto de dez especies indigenas da America meridional.

PAVIANO, NA. *adj.* Paviano; pertencente a Pavia e a seus habitantes: — *s.* paviano; natural de Pavia.

PAVICO, LLO, TO. *s. dim.* de *Pavo.* Perúsinho.

PÁVIDO, DA. *adj.* (*poes.*) Pavido, medroso, timido. *Pavidus, a, um:* — pavido, atterrado, espantado. *Pavidus, a, um.*

PAVIFICENCIA. *f.* (*ant.*) Cainheza, mesquinhez, sovinaria.

PAVILON. *m.* Aresta ou felpa; parte de seda, lã ou estopa, que cae em falripas quando se fia e que se desperdiça. *Flocci serici aut lanei ex fuso decidentes.*

PAVIMENTO. *m.* Pavimento; chão de edificio, sobrado, solho, etc. *Pavimentum, i.*

PAVIMIENTO. *m.* (*ant.*) V. *Pavimento.*

PAVION. *m.* (*zool.*) *Gavion.*

PAVIOTA. *f.* (*zool.*) V. *Gaviota.*

PAVIOTE. *adj.* (*ant.*) Falso, traidor.

PAVIPOLLO. *m.* Perúsinho; pequeno perú. *Maleagriolis, gallopavonis pullus.*

PAVO, VA. *adj.* (*fig.*) Pavoneado; soberbo, inchado, desvanecido como o pavão. *Inanis, e:* — *m.* (*zool.*) pavo ou perú; genero de aves da familia das gallinaceas: — V. *Pavon.*

PAVODRE. *s.* V. *Pavorde.*

PAVODRÍA. *f.* V. *Pavordia.*

PAVON. *m.* (*astr.*) Pavão; constellação celeste, situada na immediação do polo antarctico. *Pavo celestis:* — (*zool.*) pavão; genero de aves da familia das gallinaceas: — (*prov.*) V. *Curbinata.*

PAVONADA. *f.* Excursão, diversão, passeata. *Animi relaxatio:* — (*fig.*) pavonada, ostentação, pompa, gravidade affectada e arrogante. *Pomposa ostentatio. Darse una pavonada (fr. fam.);* fazer uma excursão, saír a recrear-se. *Genio indulgere.*

PAVONADO, DA. *adj.* Pavonaço; côr de violeta, de côr azul escuro. Usa-se tambem como substantivo na terminação masculina. *Violaceus, a, um.*

PAVONAR. *a.* Bronzear; dar ao ferro uma côr azul escura. *Ferrum violaceo colore insignire.*

PAVONAZO. *m.* (*pint.*) Pavonaço; côr mineral de um vermelho similhante ao carmim. *Violaceus color.*

PAVONCICO, LLO, TO. *m. dim.* de *Pavon.* Pavãosinho; pavão pequeno.

PAVONEAR. *n.* Pavonear; fazer vã ostentação de qualquer cousa, enfeitar de cousas lustrosas, ostentar vaidades. Usa-se frequentemente como reciproco. *Inaniter gloriari, pavonis instar incedere, pavonem agere:* — (*fig. fam.*) illudir, enganar, entreter alguem com vãs promessas. *Promissis aliquem illudere.*

PAVONEO. *m.* Pavonada, ostentação, vangloria.

PAVONIA. *f.* (*bot.*) Pavonia; genero de plantas, da familia das malvaceas: — pavonia; genero de plantas, da familia das monimiaceas: — (*zool.*) pavonia; genero de insectos lepidopteros diurnos: — pavonia; genero de polyperos lamelliferos.

PAVOR. *m.* Pavor; temor com espanto ou sobresalto. *Pavor, oris.*

PAVORDE. *s.* Preposito; titulo do prelado de alguma congregação ou communidade. *Sodalitii ecclesiastici præpositus:* — titulo honorifico que, na igreja metropolitana e na universidade de Valença, se dava a alguns cathedraticos de theologia, canones e direito civil, os quaes tinham assento no côro, depois dos conegos. *Publicus professor theologiæ vel juris.*

PAVORDEAR. *a.* V. *Jabardear.*

PAVORDÍA. *f.* Prepositura; dignidade de preposito. *Præpositura, æ.*

PAVORIDO, DA. *adj.* V. *Despavorido.*

PAVOROSAMENTE. *adv. m.* Pavorosamente, com pavor. *Pavidè.*

PAVOROSO, SA. *adj.* Pavoroso; que causa pavor. *Pavendus, pavorem incutiens.*

PAVURA. *f.* V. *Pavor.*

PAXIBRAXIDE. *m.* (*zool.*) Pachybrachis (*braço grosso*); genero de insectos coleopteros subpentameros, da familia dos cyclicos.

PAXICEFALO, LA. *adj.* (*zool.*) Pachycephalo; que tem a cabeça grossa: — *m. pl.* pachycephalos; familia de crustaceos syphonostomos.

PAXICERINA. *f.* (*zool.*) Pachycerina; genero de insectos dipteros brachoceros, da familia dos athericeros.

PAXINEMA. *f.* (*zool.*) Pachycnema *(perna grossa)*; genero de insectos coleopteros pentameros da familia dos lamellicornes.

PAXIDÁCTILO. *m. (zool.)* Pachydactylus *(dedo grosso)*; genero de reptis saurios.

PAXIDEMA. *f. (zool.)* Pachydema *(corpo grosso)*; genero de insectos coleopteros pentameros, da familia dos lamellicornes.

PAXIDENDRO. *m. (bot.)* Pachydendro *(arvore grossa)*; genero de plantas da familia das liliaceas.

PAXIDISO. *m. (zool.)* Pachydissus *(grossura dobrada)*; genero de insectos coleopteros subpentameros, da familia dos longicornes.

PAXIFILLO. *m. (bot.)* Pachyphyllum *(folha grossa)*; genero de plantas da familia das orchideas.

PAXIGÁSTRICO, CA. *adj. (zool.)* Pachygastrico; diz-se dos animaes que têem o estomago ou o ventre muito grosso.

PAXIGNATO. *m. (zool.)* Pachygnatho *(mandibula grossa)*; genero de arachnides, da ordem dos acaridos.

PAXILENA. *f. (bot.)* Pachylæna *(envolucro grosso)*; genero de plantas, da familia das compostas, tribu das mutisiaceas.

PAXILÉPIDE. *m. (bot.)* Pachylepis *(escama grossa)*; genero de plantas da familia das compostas, tribu das chicoraceas.

PAXILÓCERO. *m. (zool.)* Pachylocero *(antenna grossa)*; genero de insectos coleopteros heteromeros, da familia dos melasomos: — pachylocero; genero de insectos coleopteros subpentameros, da familia dos longicornes.

PAXILOMA. *f. (bot.)* V. *Heteronoma*: — *(zool.)* paxylloma; genero de insectos hymenopteros, da familia dos braconidos.

PAXILOPO. *m. (zool.)* Pachylopo *(pé grosso)*; genero de insectos coleopteros pentameros, da familia dos clavicornes.

PAXIMA. *f. (bot.)* Pachyma; genero de cogumelos mui grossos e subterraneos que se criam nos paizes quentes.

PAXIMERINA. *f. (zool.)* Pachymerina *(coxa grossa)*; genero de insectos dipteros brachoceros, da familia dos tanystomos.

PAXIMERO. *m. (zool.)* Pachymero *(coxa grossa)*; genero de insectos coleopteros tetrameros, da familia dos curculionidos: — pachymero; genero de insectos hemipteros, da familia dos lygeidos.

PAXIMORFO. *m. (zool.)* Pachymorpho *(fórma grossa)*; genero de insectos coleopteros pentameros, da familia dos carabicos.

PAXINOTELO. *m. (zool.)* Pachynotelus; genero de insectos coleopteros heteromeros, da familia dos melasomos.

PAXIOTO, TA. *adj. (zool.)* Pachyoto; qualificação dos morcegos que têem as orelhas muito grandes.

PAXIPEZA. *f. (zool.)* Pachypeza *(pé grosso)*; genero de insectos coleopteros subpentameros, da familia dos longicornes.

PAXIPLÉURO. *m. (bot.)* Pachypleuro *(flanco grosso)*; genero de plantas da familia das umbelliferas.

PAXIPO. *m. (zool.)* Pachypo *(pé grosso)*; genero de insectos coleopteros pentameros, da familia dos lamellicornes.

PAXIPOMO, MA. *adj. (bot.)* Pachypomo; que tem um operculo duro.

PAXIQUIMIA. *f. (med.)* Pachychymia; espessamento morbido dos humores da economia animal.

PAXIRINA. *f. (zool.)* Pachyrina *(nariz grosso)*; genero de insectos dipteros nemoceros, da familia dos tipularios.

PAXIRÍNQUIDOS. *m. pl. (zool.)* Pachyrhynchidos; terceira divisão de insectos coleopteros tetrameros, da familia dos curculionidos gonatoceros.

PAXIRIZO. *m. (bot.)* Pachyrrhizo *(raiz grossa)*; genero de plantas da familia das leguminosas papilionaceas.

PAXISCÉLIDE. *m. (zool.)* Pachyscelis *(perna grossa)*; genero de insectos coleopteros heteromeros da familia dos melasomos.

PAXISCELO. *m. (zool.)* Pachyschelo *(labio grosso)*; genero de insectos coleopteros pentameros da familia dos sternoxos.

PAXISTEMO. *m. (bot.)* Pachystemon *(filamento grosso)*; genero de plantas da familia das euphorbiaceas.

PAXISTOMA. *f. (bot.)* Pachystoma *(bôca grossa)*; genero de plantas da familia das orchideas.

PAXISTOMO. *m. (zool.)* Pachystomo *(bôca grossa)*; genero de insectos dipteros bracoceros, da familia dos notacanthos.

PAXITERIA. *f. (zool.)* Pachyteria *(corpo grosso)*; genero de insectos coleopteros subpentameros, da familia dos longicornes.

PAXITRIA. *f. (zool.)* Pachytria *(cabello grosso)*; genero de insectos coleopteros pentameros, da familia dos lamellicornes.

PAXIXILO. *m. (bot.)* V. *Bletia*.

PAXOLENO. *m. (zool.)* Pacholeno *(envoltura grande)*; genero de insectos coleopteros tetrameros, da familia dos curculionidos gonatoceros.

PAXTONIA. *f. (bot.)* Paxtonia; genero de plantas da familia das orchideas.

PAYADOR, RA. *adj. (p. A.)* Cantador, improvisador que canta ao som da guitarra.

PAYASO. *m.* Palhaço; o que remeda arlequins, bobo de comedia: — *(fig.)* palhaço; aquelle que serve para fazer rir, que é objecto de escarneo.

PAYO, YA. *adj.* Lapuz, rustico, ignorante. *Rusticus, agrestis*: — tolo, imbecil, nescio: — *(germ.)* pastor.

PAZ. *f.* Paz; virtude, que dá ao espirito tranquillidade e socego. É um dos dons do Espirito Santo. *Pax, acis*: — boa indole, genio pacifico e socegado. *Quieta indoles, ingenium mite*: — paz; ajuste, convenio entre principes para dar socego aos povos. *Pax constituta*: — paz; certa ceremonia religiosa praticada pelo celebrante no acto da missa. *Osculum, cæremonia quædam ecclesiastica*: —

paz; no jogo, nem perda nem ganhos. *In ludi discrimine æqualitas:* — paz; igualdade nas contas, quando se paga o que se deve. *Ratio æqualis vel par:* — paz! Usa-se como interjeição para a persuadir áquelles que brigam ou disputam. *Heu pax!:* — *(fig.)* paz; correspondencia, jogo, troca de acções ou palavras de uma pessoa para outra. *Injuriæ propulsatio:* — *octaviana;* paz octaviana; grande socego, similhante ao que gosava o universo na Encarnação do Verbo divino, no tempo de Octaviano Augusto. *Magna tranquillitas:* — *sea en esta casa;* paz seja n'esta casa. *Pax huic domui. A la paz de Dios;* vá em paz de Deus ou com a paz de Deus. *Valeas. Andar la paz por el coro ó por el corro,* andar o diabo á solta. *Dissidia grassari, serpere. Con paz sea dicho;* diga-se em paz. *Pace et venia dictum sit. Dar la paz;* dar a paz; fazer a mesma ceremonia que o celebrante pratica nas missas solemnes. *In charitatis signum amplecti, deosculari. Dejar en paz a alguno;* deixar alguem em paz. *Quietum relinquere. Descansar en paz;* descansar em paz; salvar-se, conseguir a bemaventurança. Diz-se de todos os que morrem na religião catholica. *Æterna beatitudine frui. Ir en paz ó con la paz de Dios;* ir em paz ou com a paz de Deus. *Abi, salvus sis. Meter ó poner paz ó en paz;* chamar á ordem, conciliar os animos irritados. *Rixam sedare. Reposar en paz.* V. *Descansar en paz. Sacar a paz y a salvo;* pôr alguem a são e salvo. *Liberare, incolumen reddere. Ser moro de paz;* ter um genio docil, socegado. *Vaya con la paz ó vete en paz ó con la paz de Dios.* V. *Vaya con Dios.*

Pazguato, ta. *adj.* Peco, parvo, papalvo. *Stupidus, stultus.*

Pazificacion. *f.* Pacificação; acto de pacificar. *Pacificatio, onis:* — pacificação, paz, quietação, socego. *Pax, acis.*

Pazificador, ra. *m.* Pacificador, apaziguador. *Pacificator, oris.*

Pazíficamente. *adv.* Pacificamente, socegadamente. *Prudenter.*

Pazificar. *a.* Pacificar, apaziguar, pôr em paz. *Pacificare:* — *(fig.)* pacificar, socegar, serenar, abrandar.

Pazífico, ca. *adj.* Pacifico, quieto, socegado. *Pacificus, a, um:* — pacifico; que não acha contradicção nem opposição. *Pacificus, a, um.*

Pazle. *m. (p. Mex.)* Especie de feno que nasce por entre os pinheiros.

Pazo, za, *adj.* Tolo, louco, extravagante. É palavra tirada do italiano.

Pazpuerco, ca. *adj. (ant.)* Asqueroso, immundo, sordido, muito porco.

Pazque. *contrac. (ant.)* de *Parece que.*

Pe. *f.* P; decima oitava letra do alphabeto hespanhol: — *prep. (ant.)* V. *Por. De pe a pa (loc. adv. fam.);* pe a pá; a fio, sem interrupção, do principio ao fim. *Integrè, omnino.*

Peaje. *m.* Pedagio ou portagem; direito que pagam as mercadorias, gados e pessoas que passam uma ponte, etc. *Vectigal ex mercibus extrahendis vel importandis.*

Peajero, ra. *s.* Pedageiro ou portageiro; o arrecadador do pedagio ou portagem. *Vectigalium exactor.*

Peal. *m.* Peal, escarpim; especie de calçado de ponto de meia ou de lençaria. *Udo, pedule:* — *(fam.)* capacho; pessoa vil e indecente. *Homo vilis.*

Peana. *f.* Peanha; base sobre que está alguma imagem, estatua, etc. *Suppedaneum, basis:* — estrado, supedaneo que ha diante do altar e encostado ao mesmo. *Altaris suppedaneum. Por la peana se adora el santo (fr.);* por causa dos santos se beijam os altares. *Procerum gratia propinquorum amicitia quæritur.*

Peaña. *f.* V. *Peana.*

Peaño. *m. (ant.)* Alfaia, adorno.

Peazgo. *m.* V. *Peaje.*

Pebete. *m.* Perfume que, queimando-se, exhala um cheiro muito agradavel. *Suffimentum, i:* — por antiphrase costuma-se dar este nome a qualquer cousa que exhala ou tem mau cheiro. *Fœtidum suffimen:* — estopim; especie de rastilho de que usam os fogueteiros para accender os fogos de artificio. *Massa ex nitrato pulvere in virgulam disposita.*

Pebetero. *m.* V. *Perfumador.*

Pebrada. *f.* V. *Pebre.*

Pebre. *f.* Piverada; especie de molho em que entra a pimenta e outras especiarias. *Piperatum condimentum:* — nome que se dá em algumas partes á pimenta. *Piper, eris.*

Peca. *f.* Sarda; mancha pardacenta que apparece, ordinariamente, no rosto. *Macula, lentigo.*

Pecable. *adj.* Peccavel; que pôde peccar, que é capaz de peccar. *Peccandi capax.*

Pecadazo. *m. augm.* de *Pecado.* Peccadaço; grande peccado.

Pecadilo. *m. dim.* de *Pecado.* Peccadilho ou peccadinho; pequeno peccado.

Pecado. *m.* Peccado; o que se aparta do recto ou justo. *Peccatum, defectus:* — peccado; excesso em qualquer cousa. *Peccatum, defectus:* — certo jogo de cartas: — *(fam.)* peccado; o diabo. *Diabolus, i:* — *orijinal;* peccado original; falta, defeitode principio, de origem: — desgraça que nos sobrevem pelas relações ou companhia de outrem. *Quod alterius causa imputatur alteri. Conocer alguno su pecado (fr.);* confessar o seu peccado. *Sese reum agnoscere, confiteri. El pecado de la lenteja;* defeito, falta leve que alguem exagera muito. *Levis culpa vel imaginaria. ¡Mal pecado!* mal peccado! Interjeição que exprime desgraça, pezar ou desgosto. *Heu! Pagar su pecado;* pagar o seu peccado, soffrer as consequencias de alguma acção má. *Pœnas dare, luere. Por mal de mis pecados.* V. *Por mis pecados. Por males de mis pecados ó de sus pecados;* por mal de meus peccados ou de seus peccados; por desgraça, por fatalidade. *Adversa fortuna. Por mis pecados ó por negros de mis pecados;* por meus peccados. *In peccatorum pœnam. Prender los pecados a alguno,* absolver alguem dos seus peccados: — *(rel.)* peccado; feito, dito, pensamento, desejo contra a lei de *Deus* e da *Igreja. Peccatum, i:* — *actual;* peccado actual ou voluntario. *Actuale peccatum:* — *contra natura ó contra naturaleza,* peccado contra a natureza. *Masculorum concubitus, masturbandi crimen:* — *de bestialidad;* peccado de bestialidade; aquelle que se commette com algum irracional. *Bestiale peccatum:* — *de omision;* peccado de omissão. *Peccatum debiti omissione patratum:* — *grave.* V. *Pecado mortal:* — *habitual;* peccado habitual. *Peccatum, habitu et consuetudine frequenter admissum;* *material;* peccado material, peccado por ignorancia. *Peccatum materiale:* — *mortal;* peccado mortal; aquelle que mata o homem espiritualmente, e o torna inimigo de *Deus. Peccatum gravius, lethale:* — *nefando;* peccado nefando; a sodomia, pela sua torpeza e obscenidade. *Nefandum peccatum:* — *orijinal.* V. *Orijinal:* — *venial;* peccado venial; peccado mui leve. *Peccatum levius, veniale.*

Pecador, ra. *s.* Peccador; pessoa que pecca. *Peccator, peccatrix:* — peccador; sujeito a peccar. *Peccator, oris:* — *(fig.)* peccador; aquelle que falta ao seu dever. *Peccator, delinquens:* — *f.* V. *Ramera:* — *de mi!* Peccador de mim! *Vœ mihi misero! Pecadora de sancha, queria y no tenia blanca (rif.);* quem não tem pé não póde dar couce. *Non æqualis voluntati facultas.*

Pecadorazo, za. *s. augm.* de *Pecador.* Peccadoraço; grande peccador. *Magnus peccator.*

Pecadorcillo, lla, to, ta. *s. dim.* de *Pecador.* Peccadorzinho; pequeno peccador.

Pecadriz. *adj. (ant.)* V. *Pecadora.*

Pecaminoso, sa. *adj.* Peccaminoso; da natureza do peccado. *Pecato obnoxius.*

Pecante. *adj. (med.)* Peccante; applicava-se ao humor predominante nas enfermidades.

Pecar. *n.* Peccar; faltar ao seu dever, não guardar conveniencias. *Peccare:* — peccar, errar; não observar qualquer regra imposta. *Peccare:* — peccar; caír em algum excesso, a respeito de alguma cousa. *Alicujus rei affectu extolli, rapi:* — peccar; commetter alguma acção para que ha inclinação irresistivel. *Alicujus rei studio rapi:* — peccar; tornar-se digno de castigo. *Pœnam mereri, malè agere. Darle por donde peca (fr.);* atacar com baldas certas. *Redarguere, objurgare. No pecar por ignorancia;* não peccar por ignorancia: — *(rel.)* peccar; quebrantar a lei de Deus. *Peccare:* — *(med.)* peccar; diz-se nas enfermidades dos humores muito abundantes ou de uma qualidade viciosa. *Peccare, abundare.*

Pecatriz. *adj. (ant.)* Pecadora.

Pece. *m.* Camalhão; porção de terra, com certa elevação, entre dois regos. *Scamnum, i:* — taipa; terra molhada e bem amassada, que serve para fazer muros. *Intrita, æ:* — *(ant.)* V. *Pez. El pece para quien le merece (rif.);* o premio fez-se para o merito e a elle só pertence. *Præmium non nisi virtuti justè conceditur:* — *austral (astron.);* piscis austral; constellação do hemispherio austral: — *volante;* piscis volante; constellação proxima de polo antarctico.

Peceño, ña. *adj.* V. *Pezeño.*

Pecera. *f.* V. *Pezera.*

Peciento, ta. *adj.* V. *Peziento.*

Pecilgar. *a. (ant.)* V. *Pellizcar.*

Pecilgo. *m. (ant.)* V. *Pellizco.*

Peciluengo, ga. *adj.* V. *Peziluengo.*

Pecina. *f.* V. *Pezina.*

Pecinal. *m.* Charco que tem muito lodo. *Lacus stagnans, cœnosus.*

Pecio. *m. (ant.)* Fragmento, pedaço de um navio que naufragou ou d'aquillo que continha. *Naufragorum spolia:* — direito que exigia o senhor de um porto de mar, pelos navios que naufragavam na sua costa.

Pécora. *f.* Rez ou cabeça de gado lanigero. *Pecus, oris:* — *(fig.)* má rez, maroto, sagaz, velhaco, extravagante. *Astutus, callidus. Carta pécora* V. *Carta.*

Pecórea. *f.* Pilhagem, roubo feito pelos soldados escapados do quartel ou acampamento. *Militum prædatio:* — *(fig.)* diversão ociosa e fôra de casa andando, d'aqui para ali. *Divagandi actus.*

Pecorear. *a. (ant.)* Furtar gado: — andar á pilhagem em debandada.

Pecoso, sa. *adj.* Sardento; que tem sardas. *Maculosos, lentiginosus.*

Pectar. *a. (ant.)* V. *Pechar.*

Pecten. *m. (anat.)* Pecten; nome do osso pubis.

Péctide. *f. (bot.)* Pectin; genero de plantas das familia das compostas.

Pectinado, da. *adj.* Pectinado; que está em fórma de pente. *Antenas pectinadas (zool.),* antennas pectinadas; antennas dos insectos guarnecidas de appendices similhantes aos dentes de um pente.

Pectinaria. *f. (zool.)* Pectinaria *(pente);* genero de annelidos settigeros.

Pectineo, nea. *adj. (anat.)* Pectineo; qualificação de um musculo que se estende desde o pubis até á côxa.

Pectinibranquios. *m. pl. (zool.)* Pectinibranchios, ordem de molluscos gasteropodas.

Pectinicornio, nia. *adj. (zool.)* Pectinicornio; que tem os cornos ou antennas em fórma de pente.

Pectofito. *m. (bot.)* Pectophytum; genero de plantas da familia das umbelliferas.

Pectolita. *f. (min.)* Pectolyta;

variedade hydratada de esmelita, que se encontra no Tyrol.

PECTONCULITA. *f. (min.)* V. *Pectinita.*

PECTORAL. *adj.* Peitoral; pertencente ao peito. *Pectoralis, le:* — peitoral; bom, util para peito. *Pectori salubris, sanus:* — *m.* peitoral; cruz que como insignia pontifical trazem sobre o peito os bispos e outros prelados. *Crux pectoralis:* — peitoral, racional; ornato que, trazia sobre o peito o summo sacerdote da lei antiga. *Rationale:* — *mayor (anat.);* peitoral maior; musculo plano triangular, dividido em duas porções, uma superior clavicular, outra inferior ou sternocostal: — *menor;* peitoral menor; tem proximamente a fôrma do peitoral maior, por detrás do qual se acha situado, sendo muito mais pequeno e menos resistente: — *(med.)* peitoral; têem este nome em materia medica os medicamentos empregados contra doenças do peito, mas, vulgarmente emprega-se para designar as substancias medicamentosas, que calmam a phlegmasia dos orgãos da respiração, e ainda mais particularmente as que se empregam contra as affecções acompanhadas de tosse: — *m. pl. (zool.)* pectoraes; familia de peixes acanthopterygios caracterisados por suas poucas escamas.

PECTORILOCUO. *m. (med.)* V. *Pectoriloquio.*

PECTORILOQUIA. *f. (med.)* Pectoriloquia; transmissão mais ou menos completa da voz através algum ponto das paredes thoracicas; pôde ser perfeita ou imperfeita.

PECTORILOQUIO. *m. (med.)* Pectoriloquio; instrumento empregado para reconhecer os sons ou ruidos differentes que se executam no peito.

PECUARIO, RIA. *adj.* Pecuario; pertencente ao gado. *Pecuarius, a, um.*

PECULADO O PECULATO. *m. (jur.)* Peculato; furto de dinheiros publicos. *Peculatus, us.*

PECULIAR. *adj.* Peculiar; proprio, privativo de cada cousa. *Peculiaris, e:* — peculiar; especial, unico na sua classe. *Peculiaris, e.*

PECULIARIDAD. *f.* V. *Particularidad.*

PECULIARISIMO, MA. *adj. sup.* de *Peculiar.* Peculiarissimo; muito peculiar. *Peculiarissimus, a, um.*

PECULIARMENTE. *adv. m.* Peculiarmente, propriamente, especialmente. *Peculiariter.*

PECULIO. *m. (fig.)* Peculio; capital que alguem possue. *Peculium, ii:* — *(for.)* peculio; bens, dinheiro que adquire por sua industria e trabalho aquelle que está debaixo do poder de outrem e de que pôde dispor como lhe aprouver. *Peculium, ii:* — peculio; bens, dinheiro que o pae ou senhor dá ao filho ou servo para negociar, etc. *Peculium, ii:* — *adventicio.* V. *Bienes adventicios:* — *castrense* o *cuasi castrense,* V. *Bienes profecticios.*

PECUNIA. *f. (fam.)* Pecunia, dinheiro: — *(jur.)* dinheiro effectivo. *Adnumerata pecunia.*

PECUNIAL. *adj. (ant.)* V. *Pecuniario.*

PECUNIARIAMENTE. *adv. m.* Em dinheiro effectivo. *Numerata pecunia.*

PECUNIARIO, RIA. *adj.* Pecuniario; relativo a dinheiro. *Pecuniarius, a, um. Pena pecuniaria (for.)* V. *Pena.*

PECHA. *f.* Peita. V. *Pecho* no sentido de tributo.

PECHADA. *f. (p. Am.)* Golpe ou encontrão dado no peito: — V. *Petardo.*

PECHADO, DA. *adj.* Pactuado, contratado.

PECHADOR. *m. (p. Am.)* V. *Petardista.*

PECHAR. *a.* Peitar; pagar a peita ou tributo. *Vectigal vel tributa solvere:* — *(ant.)* peitar; pagar alguma multa: — V. *Pagar:* — *(p. Am.)* V. *Petardear:* — *r.* encontrar-se.

PECHARDIGNO DE MANGA. *m. (germ.)* Falcatrua, trapaça feita a alguem para o obrigar a pagar por dois. *Dolus, astus.*

PECHAZO. *m. (fig.)* Fortaleza, valor, magnanimidade. *Magnanimitas, fortitudo.*

PECHE. *m.* V. *Pechina.*

PECHERA. *f.* Peitilho; pedaço de estofo que se colloca sobre o peito para o abrigar. *Pannus aut linteus fovendo pectori:* — peitilho; parte da camisa que cobre o peito: — peitoral; peça que faz parte dos arreios das cavalgaduras. *Pulvinulus, equorum currus gestantium pectori superpositus:* — *(fam.)* collo; parte superior do peito, especialmente na mulher. *Pectus, oris:* — *(ant.)* V. *Pecho,* tributo: — *(p. Mex.)* especie de collete que usam os arrieiros.

PECHERÍA. *f.* Pagamento dos impostos: — toda a classe de tributos. *Vectigalium cujusque generis collectio:* — registo para a repartição dos tributos. *Vectigalium à singulis solvendorum ratio.*

PECHERO, RA. *adj.* Peiteiro, contribuinte que paga peita ou tributo. *Vectigalis, tributarius:* — peiteiro, plebeu, villão. *Plebejus homo:* — *m.* V. *Babador.*

PECHIAGRA. *f. (med.)* Pechiagra; gota do cotovelo.

PECHIBLANCO, CA. *adj.* Peitobranco; applica-se ao animal que tem o peito coberto de pennas ou pellos brancos.

PECHICATERÍA. *f. (p. Cuba)* Cainheza, mesquinhez, somitegaria.

PECHICATO, TA. *adj. (p. Cuba)* Somitego, somitico, mesquinho.

PECHICO, ILLO, TO. *m. dim.* de *Pecho.*

PECHIGONGA. *f.* Certo jogo de cartas.

PECHO. *m.* Peito; parte anterior do animal desde a garganta até ao estomago. *Pectus, oris:* — peito, mamma de mulher. *Mamma, uber:* — peito, voz, força de cantar. *Vocis tonus plenior:* — peita; tributo, imposto que se pagava ao rei ou senhor do territorio, em rasão de seus bens ou fazendas. *Vectigal, tributum:* — *(fig.)* tributo, contribuição ou censo, que se pagava por obrigação a qualquer particular. *Census, ûs:* — peito; o interior do homem. *Cor, animus:* — peito, confiança, estimação, agrado. *Fides, ei:* — peito, valor, esforço, constancia. *Fortitudo, virtus:* —*por tierra (fr.);* peito por terra; humildemente, com submissão. *Humillimè, submissè. Abrir su pecho a alguno ó con alguno;* abrir o seu peito a alguem, desafogar o seu peito, confiar algum segredo. *Cordis arcam alicui pandere. A lo hecho pecho;* o que não tem remedio, remediado está. *Bono esse animo post factum. Declarar su pecho.* V. *Declarar su corazon. De pechos;* de peitos, com o peito inclinado. *Pectori incumbens. Echar el pecho al agua;* pôr o peito contra os ventos, lutar com difficuldades, obstaculos. *In discrimen ruere. Echarse a pechos,* tomar a peito, empenhar-se por uma cousa com todas as forças. *Toto animo in aliquid intendere. Echarse a pechos algun vaso, taza, etc.;* saciar a sêde, beber com vontade. *Sitim anxiè vel abundè explere. En pechos de camisa.* V. *En cuerpo de camisa. Fiar el pecho.* V. *Abrir el pecho. Tener pecho.* V. *Tener paciencia. Tomar a pechos;* tomar a peitos, empenhar-se por alguma cousa. *Summa contentione rem suscipere. Tomar el pecho;* tomar o peito; pegar o menino na mamma. *Mammas sugere:* — *(anat.)* thorax; parte superior do tronco, separada do abdomen pelo diaphragma. *Voz de pecho (mus.)* V. *Voz.*

Pechuelo. *m. dim.* de *Pecho.*

Pechuga. *f.* Peito de ave. *Avis pectus:* — *(fig. fam.)* peito de homem ou mulher. *Pectus, oris.*

Pechugal. *m. (ant.)* V. *Pectoral,* na terceira accepção.

Pechugon. *m.* Murro dado no peito de outrem, e tambem o choque ou encontro de peitos. *Ictus pectori impactus.*

Pechuguera. *f.* Peitogueira; tosse rouca e tenaz, que tem a sua séde no peito. *Thoracis vitium, frequens et rauca tussis:* — *(p. Quito.)* V. *Catarro.*

Pechuguica, lla, ta. *f. dim.* de *Pechuga.*

Pedagogía. *f.* V. *Pedagojía.*

Pedagogo. *m.* Pedagogo. V. *Ayo:* — *(fig.)* pedagogo; aquelle que dirige outro, que o domina em todas as suas acções. *Pedagogus, i.*

Pedagojía. *f.* Pedagogia; instrucção, educação de creanças, cargo de as instruir ou educar. *Pueros docendi munus.*

Pedagójico, ca. *adj.* Pedagogico; pertencente á educação de creanças.

Pedaje. *m. (ant.)* V. *Peaje.*

Pedal. *m. (art.)* Pedal; peça collocada na parte inferior de um piano, e que é movida pelos pés.

Pedalado, Pedaleo, lea. *adj. (bot.)* Pedalado ou pedaleo; epitheto dado ás folhas compostas, cujos foliolos nascem no bordo interno das duas nervuras principaes que se separam ao saír do peciolo commum.

Pedalíneas. *f. pl. (bot.)* Pedalineas; familia de plantas dicotyledoneas monopetalas.

Pedalinervadas, Pedalinérveas. *adj. pl. (bot.)* Pedalinerveas; epitheto dado ás folhas cuja nervura longitudinal é muito curta, e dá origem a outras duas lateraes que se separam ao nascer, e que não apresentam nervosidades pela parte externa.

Pedalio. *m. (bot.)* Pedalio; genero de plantas da familia das pedalineas.

Pedáneo, nea. *adj.* Pedaneo; applica-se a certos empregados subalternos de uma administração ou jurisdicção limitada, e que só póde dar-se em aldeias ou logares de pouca importancia. Tambem se dá este nome á mesma administração ou jurisdicção. *Pedaneus, a, um.*

Pedante. *m.* Pedante, pedagogo; mestre que ensina creanças, dando-lhes lições de grammatica. *Magister grammaticam privatim docens:* — pedante; aquelle que, tendo mui poucos conhecimentos, presume de sabio, de litterato. *Litteratus indoctus arrogansque; sciolus:* — pedante; aquelle que faz vã ostentação dos conhecimentos que possue.

Pedantear. *n.* Pedantear; fazer de pedante. *Eruditionem inaniter adfectare.*

Pedantería. *f.* Pedanteria, pedantismo; vicio impertinente do pedante, ostentação pedantesca. *Arrogans inscitia vel imperitia; putida litteratura.*

Pedantescamente. *adv. m.* Pedantescamente, com pedanteria.

Pedantesco, ca. *adj.* Pedantesco; proprio de pedante. *Ad sciolos pertinens.*

Pedantismo. *m.* Pedantismo. V. *Pedantería.*

Pedanton. *m. aug.* de *Pedante.* Pedantão.

Pedaria. *f. (zool.)* Pedaria; genero de insectos coleopteros pentameros, da familia dos lamellicornes.

Pedarquia. *f.* Pedarchia; governo das creanças. Usa-se só no sentido ironico.

Pedárquico, ca. *adj.* Pedarchico; pertencente á pedarchia.

Pedatilobulado, da. *adj. (bot.)* Pedatilobulado; epitheto applicado ás folhas de nervosidades pedaladas, que têem os lobulos cortados a uma profundidade maior ou menor.

Pedazar. *a. (ant.)* V. *Despedazar.*

Pedazo. *m.* Pedaço; parte, porção de alguma cousa separada do todo. *Frustum, fragmentum, pars:* — pedaço; qualquer parte de um todo, physico ou moral. *Pars, portio:* — *de alcornoque, de animal, de bruto, etc.;* pedaço de animal, de asno, de bruto, etc.; expressão que denota a incapacidade de alguem. *Stipes, truncus, planè plumbeus homo:* — *del alma, del corazon, de las entrañas;* pedaço da alma, do coração, das entranhas; expressão de ternura para com alguem. *Pars cordis vel præcordiorum:* — *de pan;* pedaço, bocádo de pão; ganho sufficiente para o sustento diario. *Panis frustum, victus diurnus:* — dez réis de mel coado; preço baixo, muito vil a respeito de qualquer compra. *Vile pretium. A pedazos ó en pedazos (loc. adv.);* a pedaços ou em pedaços. *Frustillatim, carptim, in frusta. Estar hecho pedazos;* estar feito pedaços ou em pedaços; estar mui cansado ou fatigado. *Valdè defessum esse vel lassum. Hacerse pedazos alguno;* fazer alguem o vestido em pedaços, rasgar-se todo. *Vestem alicujus lacerari. Morirse por sus pedazos;* fazer-se pedaços, estar muito apaixonado por alguem. *Aliquem deperire.*

Pedazuelo. *m. dim.* de *Pedazo.* Pedacinho.

Pederasta. *m.* V. *Sodomita.*

Pederastia. *f.* V. *Sodomia.*

Pederia. *f. (bot.)* Pederia; genero de plantas dicotyledoneas, da familia das rubiaceas.

Pedernal. *m.* Pedernal ou pederneira; pedra de ferir lume. *Silex, icis:* — *(fig.)* pederneira; a summa dureza. *Summa durities:* — *(min.)* pederneira; variedade de silica de côr negra ou parda, de textura compacta, de fratura conchoidea e bordos muito cortantes. *Silex, icis.*

Pedernalino, na. *adj.* Pedernalino; duro como o pedernal ou pederneira.

Pederniforme. *adj. (min.)* Pederniforme; que tem a fórma da pederneira.

Pederota. *f. (bot.)* Pederota; genero de plantas da familia das escrofularineas.

Pedestal. *m.* V. *Peana:* — *(fig.)* pedestal, base em que se funda ou firma alguma cousa. *Basis, fundamentum:* — *(arch.)* pedestal; corpo solido, de figura commummente quadrada, que serve de base a uma columna, obelisco, estatua, etc. *Stylobates.*

Pedestalico, llo, to. *m. dim.* de *Pedestal.* Pedestalzinho.

Pedestre. *adj.* Pedestre; de pé ou que anda a pé. *Pedestris, e:* — *(fig.)* chão, vulgar, trivial.

Pedestremente. *adv. m.* Pedestremente; a pé.

Pedete. *m. (zool.)* Pedetes; genero de insectos coleopteros pentameros, da familia dos sternoxos.

Pediaco. *m. (zool.)* Pediaco; genero de insectos coleopteros heteromeros, da familia dos xylophagos.

Pediario, ria. *adj. (bot.)* V. *Pedalado.*

Pediastro. *m. (bot.)* V. *Micrasteria.*

Pedicelado, da. *adj. (bot.)* Pedicellado; que está collocado sobre um pedicello; applica-se commummente ás flores: — *m. pl.* pedicellados; ordem de echinodermes, que comprehende os que têem appendices retracteis, servindo de orgãos locomotores.

Pedicelo. *m. (bot.* e *zool.)* Pedicello; nome dado a cada uma das ramificações do pedunculo das plantas, ao pediculo de alguns cogumelos quando é delgado e comprido, e á segunda junta das antennas dos insectos.

Pedicélulo. *m. (bot.)* Pedicellulo; nome dado ao sustentaculo filiforme, fibroso e curto que serve de pedicello no ovario de varias plantas compostas.

Pedicia. *f. (zool.)* Pedicia; genero de insectos dipteros nemoceros, da familia dos tipularios.

Pedicino. *m. (zool.)* Pedicino; genero de exapodas epizoicos, que consta de uma só especie parasita.

Pedicion. *f. (ant.)* Petição; acção e effeito de pedir. *Petitio, onis.*

Pedicoj. *m.* Polim; salto que se dá com um pé só. *Saltus uno pede stantis.*

Pediculado, da. *adj. (anat.)* Pediculado; que tem pediculo: — *pl. (zool.)* V. *Pectorales.*

Pedicular. *adj. (anat.)* Pedicular; qualificação de uma enfermidade em que o doente se enche de piolhos.

Pedicularia. *f. (bot.)* Pedicularia; genero de plantas da familia das escrofularineas.

Pedículo. *m. (bot.)* Pediculo; nome dado á parte que sustenta a chapeleta dos cogumelos, e os fixa no logar onde nascem: — *(med.)* pediculo; nome dado pelos cirurgiões á base de qualquer tumor interno ou externo, quando é muito mais estreita que o corpo do mesmo tumor.

Pedicuro. *m. (med.)* Pedicuro; o que cura callos.

Pedido. *m.* Pedido; nome que em alguns logares se dá ao tributo ou contribuição. *Vectigal, tributum:* —V. *Peticion:* —*(ant.)* pedido; contribuição que os soberanos pediam a seus vassallos, em caso de necessidade: —*(com.)* pedido; porção de mercadorias que um negociante pede a outro.

Pedidor, ra. *s.* Pedidor; aquelle que pede: — pedigonho; o que é impertinente no pedir. *Efflagitans, antis.*

Pedidura. *f.* Pedidura, petição; acto de pedir. *Petitio, efflagitatio.*

Pediente. *p. a. (ant.)* de *Pedir,* e *adj.* Pedinte; que pede.

Pedífero, ra. *adj. (bot.)* Pedifero; que é provido de um pé ou pedunculo: — *(zool.)* pedifero; diz-se dos animaes que têem pés ou appendices analogos.

Pediforme. *adj. (zool.)* Pediforme; que tem a fórma de pé.

Pedigon, na. *s. (fam.)* Pedinchão. V. *Pedidor, Pedigüeño.*

Pedigüeño, ña. *s.* Pedigonho, pedigolho; importuno em pedir. *Perpetuò efflagitans.*

Pedilanto. *m. (bot.)* Pedilantho; genero de plantas da familia das euphorbiaceas.

Pedilea. *f. (bot.)* V. *Dienia.*

Pedilo. *m. (zool.)* Pedilo *(calçado);* genero de insectos coleopteros heteromeros, da familia dos traxelidos.

Pedilonio. *m. (bot.)* V. *Dendrobio.*

Pediluvio. *m. (med.)* Pediluvio; banho aos pés. *Pedum in aqua tepida immersio:* — *de limpieza;* pediluvio de limpeza; o que se emprega só para lavar os pés.

Pedimano, na. *adj. (zool.)* Pedimano; applica-se aos mammiferos que sómente têem o pollegar movivel nas extremidades abdominaes.

Pedimento. *m.* V. *Peticion. A pedimento (loc. adv.)*; a pedido, a instancias, a rogos. *Alicujus rogatu:* — *(for.)* petição; escripto que pede alguma cousa.

Pedimiento. *m. (ant.)* V. *Pedimento.*

Pedinornito, ta. *adj. (zool.)* Pedinornito; diz-se das aves que vivem nas planicies.

Pediodos. *m. pl. (zool.)* Pediodes; ordem de crustaceos, estabelecido por Lamarck, que corresponde aos decapodas macrouros, stomapodas e brachiopodas dos outros auctores.

Pedionita. *f. (min.)* Pedionita; variedade de feldspatho.

Pedir. *a.* Pedir; rogar que nos dêem ou façam alguma cousa gratuitamente. *Petere, poscere, postulare:* — pedir; requerer á justiça. *Petere, postulare:* — pedir; pôr preço ao que se vende. *Pretium indicare:* — pedir, exigir. *Exigere:* — pedir, querer, desejar, appetecer. *Appetere, expetere:* — V. *Mendigar:* — pedir; solicitar mulher em casamento, para si ou para outro. *Sponsam postulare:* — *(ant.)* pedir, perguntar; informar-se de alguma cousa. *Rogare. A pedir de boca (fr.)*; a pedir por bôca; á medida do desejo. *Ex animi sententia:* — pedir por bôca, adequadamente, exactamente, com toda a propriedade. *Adamussim. No haber mas que pedir;* não haver mais que pedir, não deixar nada a desejar. *Nihil ultra desiderandum. Pedir sobrado por salir con lo mediado (rif.)*; pedir mais do que se deve para alcançar o devido. *Iniquum petendum ut æquum feras. Ni pidas a quien pidió, ni sirvas a quien servio;* não peças a quem pediu nem sirvas a quem serviu. *Regnabit sanguine multo quisquis ad imperium venit ab exilio.*

Pedo. *m.* Peido; ar lançado pelo anus com ruido: — *de lobo (bot.)*. V. *Bejin.*

Pedófilo, la. *adj.* Amante dos meninos.

Pedoflebotomía. *f. (med.)* Pedophlebotomia; sangria das creanças.

Pedómetro. *m.* Pedometro; instrumento que serve para medir o terreno que se anda.

Pedónomo, ma. *s.* Pedonomo; nome que se dava na republica de Esparta ao que dirigia a educação das creanças.

Pedorrear. *n.* Peidar, dar peidos: — peidorrear; imitar com a bôca ou com algum instrumento o peidar: — *a. (fig.)* cantar, tocar ou recitar deseutoadamente alguma pessima composição.

Pedorrera. *f.* Peidorrada; grande e repetida quantidade de peidos. *Peditum assiduum:* — *pl.* calções muito justos que antigamente usaram os escudeiros. *Braccæ, arum.*

Pedorrero, ra. *adj.* Peidorreiro; que dá muitos peidos. Costuma usar-se como substantivo.

Pedorreta. *f.* Peidorreta; peido imitado com a bôca. *Oris crepitus quidam.*

Pedorro, ra. *adj.* V. *Pedorrero:* — mau, velhaco.

Pedotrófia. *f. (hyg.)* Pedotrophia; tratado da alimentação das creanças, tendo em vista desenvolver-lhes uma constituição vigorosa.

Pedotrofo. *m. (hyg.)* Pedotropho; aquelle que ensina a arte de alimentar as creanças segundo os preceitos da pedotrophia.

Pedra. *f. (ant.)* V. *Piedra.*

Pedrada. *f.* Pedrada; acção de despedir a pedra contra alguma parte. *Lapidatio, onis:* — pedrada; golpe com pedra, signal que a mesma deixa. *Lapidis ictus:* — presilha que antigamente usavam os soldados para prenderem a aba do chapéu á copa. *Pilei militaris ornatus:* — laço que as mulheres usavam ao lado da cabeça. *Offendix, icis:* — *(fig.)* pedrada, remoque. *Scomma, cavillum:* — *ó pedradas;* pedrada! ou pedradas! interjeição que indica que alguem merece censura ou castigo. *Lapidibus tundaris. Como pedrada en ojo de boticario (loc. fam.)*; veiu ou foi mesmo a proposito. *Opportunè aliquid accidere.*

Pedral. *m. (art.)* Pouta; pedra presa a um cabo, que os barqueiros lançam na agua para segurar barcos e redes, e tambem serve de lastro ou peso.

Pedrea. *f.* Apedrejamento; acção de apedrejar ou apedrejar-se. *Lapidatio, onis:* — apedrejamento; combate de pedra entre rapazes. *Pugna lapidibus inita:* — pedrisco, chuva de pedra. *Pluvia lapidum.*

Pedrear. *a. (ant.)* V. *Apedrear.*

Pedregal *m.* Pedregal, pedral; sitio com muitas pedras. *Saxetum, i.*

Pedregoso, sa. *adj.* Pedregoso ou pedragoso; applica-se ao terreno naturalmente coberto de pedras. *Lapidosus, saxosus:* — *s.* o que padece o mal de areias. *Calculorum morbo correptus.*

Pedrejon. *m.* Pedregulho; grande pedra sólta. *Saxum, i.*

Pedreñal. *m. (ant.)* Arcabuz mais curto que o mosquete. *Catapulta ignea brevior:* — V. *Pistolete.*

Pedrera. *f.* Pedreira; rocha d'onde se corta pedra. *Lapicidina, æ.*

Pedrería. *f.* Pedraria; quantidade de pedras preciosas. *Pretiosi lapilli.*

Pedrero. *m.* Canteiro; official que trabalha em pedra de cantaria para edificios. *Lapicida, lapidarius:* — pedreiro; especie de morteiro que serve para disparar pedras e metralha. *Tormentum minus bellicum:* — V. *Hondero:* — nome que dão em algumas provincias de Hespanha ás creanças engeitadas. *Puer expositus:* — *(ant.)* V. *Lapidario.*

Pedrezuela. *f. dim.* de *Piedra.* Pedrinha.

Pedricacion. *f. (ant.)* V. *Predicacion*, por transposição.

Pedricador, ra. *s. (ant.)* V. *Predicador*, por transposição.

Pedricar. *a. (ant.)* V. *Predicar*, por transposição.

Pedrisca. *f.* V. *Pedrisco*.

Pedriscal. *m.* V. *Pedregal*.

Pedrisco. *m.* Pedrisco, saraiva, graniso; pedra que cáe das nuvens em grande quantidade. *Grandinis copia, vis:* — chuva de pedras; quantidade de pedras atiradas. *Lapidum plurima jactatio:* — pedregal; quantidade de pedras soltas. *Lapides undique per terram sparsi.*

Pedrisquero. *m.* V. *Pedrisco*, na primeira accepção.

Pedriza. *f.* V. *Pedrera, Mineral:* — *ó pedrizal;* pedrouço; montão de pedras. *Lapidum copia.*

Pedro. *m. (germ.)* Vestido que de noite usam os ladrões: — *(germ.)* ferrolho: — *de urdemalas;* Pedro malasartes; grande enredador. *Pedro de urdemalas, ó todo el monte ó nada (rif.);* ou Cesar ou sapateiro, ou bem tudo, ou bem nada. *Aut Cesar, aut nihil, aut rex, aut asinus. Pedro por qué atiza? por gosar de la ceniza;* cada um chega a braza á sua sardinha. *Pro utilitate sua quisque laborat. Pedro por tí poco medro, menos medrarás se yo puedo (rif.);* nunca o invejoso medrou nem quem ao pé d'elle morou. *Invidia progressibus obstat. Acertadole ha Pedro a la cogujada, que el rabo lleva tuerto;* mente Pedro porque o tem de vezo. *Mirus projectò jactus, si caudam tangeret. Algo va ó mucho vá de Pedro a Pedro;* muito vae de Pedro a Pedro. *Multum prœstat vir viro. Bien está S. Pedro en Roma;* bem está S. Pedro em Roma. *Dum benè sis, noli melius esse. Pícame Pedro que picarte quiero;* pica-me Pedro, picar-te-hei cedo. *Obstinato obsistis obstinatior. Tan bueno es Pedro como su compañero;* tão bom é Pedro como seu amo; tal é o servo como o senhor. *Componitur servus heri ad exemplum, dignum patella operculum. Don Pedro de noche (bot.).* V. *Don Juan.*

Pedroso, sa. *adj. (ant.)* V. *Pedregoso.*

Pedrusco. *m.* Pedra em bruto, pedra tosca, conforme sáe da canteira.

Pedunculado, da. *adj. (bot.)* Pedunculado; epitheto applicado ás flores sustentadas por um pedunculo: — *m. pl. (zool.)* pedunculados; ordem de molluscos brachiopodas caracterisados por terem um pedunculo tendinoso que sustenta a concha.

Pedúnculo. *m. (anat.)* Pedunculo; nome de certos appendices ou prolongações cerebraes. *Pedúnculos de la glándula pineal;* pedunculos da glandula pineal; são de tres ordens: superiores, inferiores e medios. *Pedúnculos del cerebelo;* pedunculos do cerebelo; são em numero de seis, tres de cada lado, e distinguem-se tambem pela sua posição relativa em superiores, inferiores e medios. *Pedúnculos del cerebro.* V. *Cuerpos retiformes:* — *(bot.)* pedunculo; parte da planta que sustenta a flor; é simples ou composto, e n'este ultimo caso as suas diversas ramificações chamam-se pedicellos: — *(zool.)* pedunculo; parte do animal que lhe serve de pé ou sustentaculo. Dá-se geralmente este nome ao que apresentam os molluscos.

Peer. *n.* Peidar; dar peidos. Usa-se tambem como reciproco. *Pedere.*

Pega. *f.* Pegamento, grudadura; união por conglutinação. *Conglutinatio, onis:* — breadura; untura de breu que se dá a certos vasos. *Incrustatio, picis linimentum:* — *(fam.)* V. *Chasco:* — V. *Zurra:* — *(ant.)* V. *Apego. Saber á la pega (fr. fig.);* resentir-se dos maus costumes ou má educação. *Majorum mores sapere, redolere. Ser de la pega;* ser dos taes, ser da sucia. *Ejusdem furfuris esse. Dame pega sin mancha, darte he moza sin tacha (rif.);* dá-me pega sem mancha, dar-te-hei mulher sem tacha. *Nec pica unicolor, nec puella absque nota. Tanto pica la pega en la raiz del torbisco, hasta que quebranta el pico;* tanto pica a pega na raiz do trovisco, que quebra o bico. *Pica nimis pungendo solet perfringere rostrum:* — *(zool.)* pega; variedade de aves que têem o peito branco e o restante do corpo negro. *Pega reborda;* pega reborda; genero de aves da familia das lanideas, que se encontram em todos os paizes, e que pouco aprendem a fallar.

Pegadillo. *m.* Pegamaço; homem seccante, importuno. *Homo molestè adhærens.*

Pegadizo, za. *adj.* Pegadiço, pegajoso, glutinoso. *Viscosus, glutinosus:* — pegadiço. V. *Contajioso*, no sentido physico e moral: — pegadiço, chupista; diz-se do que se encosta a outro para comer ou divertir-se á sua custa. *Molestè adhærens, parasiticus:* — V. *Postizo.*

Pegado. *m.* Parche, emplasto, composto de materias agglutinativas. *Pittacium splenium.*

Pegador. *m.* Collador; o que forra de papel de cores as paredes das habitações.

Pegadura. *f.* Pegadura, pegamento; o acto de pegar. *Conglutinatio, picatio:* — pegadura; a união physica ou costura que resulta da conglutinação de uma cousa com outra. *Sutura, commissura.*

Pegajosísimo, ma. *adj. sup.* de *Pegajoso.* Pegajosissimo; muito pegajogo.

Pegajoso, sa. *adj.* Pegajoso; que se pega com facilidade. *Viscosus, glutinosus:* — pegajoso, contagioso; que se pega. *Contagiosus, a, um:* — pegajoso, contagioso; applica-se aos vicios que facilmente se communicam: — *(fig.)* pegajoso, suave, attractivo. *Mellitus, suavis, alliciens:* — pegajoso; attrahente, que convida; applica-se aos officios e empregos onde ha interesses de que facilmente se pôde abusar. *Inescans, alliciens.*

Pegamiento. *m.* Pegamento; acto de pegar ou unir uma cousa com outra. *Conglutinatio, onis.*

Peganita. *f. (min.)* Peganita; variedade de turqueza, phosphato de alumina.

Pegano. *m. (bot.)* Pegano; genero de plantas da familia das rutaceas.

Pegante. *adj. (ant.)* Pegado, contiguo, vizinho.

Pegar. *a.* Pegar, juntar, collar, grudar. *Conglutinare, conjungere*: — pegar, unir, segurar uma cousa á outra. *Consuere, colligare*: — pegar, ajustar perfeitamente uma cousa sobre outra. *Conjungere, copulare*: — pregar, atirar com violencia, uma cousa contra outra. *Illidere, impingere*: — pespegar, bater, maltratar. *Verberare, tundere*: — pegar, contagiar; communicar por contacto. Usa-se tambem como reciproco. *Communicare, inducere*: — *n.* pegar, arraigar, tomar força, v. g.; as plantas, o fogo. *Coalescere, crescere, diffundi*: — pegar, engar; apertar com alguem, travar-se de rasões. *Aggredi, rixari*: — pegar; estar pegado, proximo, contiguo. *Adhærere, adstare*: — pegar no somno, começar a dormir. *Somnum capere*: — *a.* e *n.* V. *Empegar*: — *(fig.)* pegar, desgostar, incommodar. *Lacessere*: — *r.* pegar-se, encostar-se a alguem, introduzir-se onde não é chamado. *Adhærescere, importunè adjungi*: — pegar-se, agarrar-se, unir-se uma cousa a outra, de modo que seja difficil separa-las. *Hærere, copulari*: — pegar-se, affeiçoar-se, ter uma inclinação irresistivel para qualquer cousa. *Inescari, trahi*: — pegar-se; fallando de interesses, ficar prejudicado no manejo dos de outrem. *Impensas pro alio facere*: — *(fig.)* pegar-se, fixar-se, insinuar-se alguma cousa no animo, produzindo impressão. *Animo insinuari*: — *(p. Mex.)* pegar-se, obstinar-se, ser teimoso: — pegar-se, viciar-se, perverter-se pelo exemplo. *Pegarla (fr.)*; prega-la; enganar, burlar a boa fé e confiança de alguem. *Ludificare, spem conceptam fallere*. *Pegarse algo*; pegar-se a alguma cousa; aproveitar-se ou tirar utilidade do que se maneja ou trata. *Utilitatem aucupari.*

Pegáseo, sea. *adj. (poet.)* Pegasco; que se refere ao cavallo Pegaso. *Pegaseus, a, um.*

Pegaso. *m.* Pegaso; cavallo fabuloso com azas. *Pegasus, i*: — *(astr.)* pegaso; constellação do hemispherio boreal que contém noventa e tres estrellas: — *(zool.)* pegasus; genero de peixes lophobranchios.

Pegata. *f. (fam.)* Falcatrua, logro; peça cuidada com que se engana alguem. *Subreptio callida, fraus, ludificatio.*

Pegatista. *m.* Parasito, chupista que procura sempre comer á custa dos outros: — miseravel, mendigo.

Pege. *m.* V. *Peje.*

Pegemuller. *m.* V. *Pejemuller.*

Pegepalo. *m.* V. *Pejepalo.*

Pegomancia. *f.* Pegomancia; arte de adivinhar pela agua das fontes.

Pegomántico, ca. *adj.* Pegomantico; relativo á pegomancia: — *s.* pegomantico; aquelle que pratica esta adivinhação.

Pegomia. *f. (zool.)* Pegomya; genero de insectos dipteros da familia dos athericeros.

Pegon. *m.* V. *Pegote*, na quarta accepção.

Pegote. *m.* Emplasto feito de pez ou de outros ingredientes pegajosos. *Pittacium, ii*: — qualquer cousa sobreposta como que pegada a outra, mas que differe muito da peça principal. *Supervacaneus, superfluus*: — *(fig.)* grude, colla; qualquer guisado, ou outra cousa que está muito espessa e pegajosa. *Condimentum crassum, glutinosumque*: — parasito; impertinente que não se aparta de outrem, especialmente ás horas do comer. *Molestè adhærens, parasitus.*

Pegotear. *n. (fam.)* Introduzir-se; apresentar-se n'uma casa ás horas de comida, sem ser convidado. *Ad mensam non invitatum accedere.*

Pegotico, llo, to. *m. dim.* de *Pegote.*

Pegricia. *f. (ant.)* V. *Pereza.*

Pegrizoso, sa. *adj. (ant.)* V. *Perezoso.*

Peguera. *f.* Pilha de madeira de pinho, da qual, depois de queimada, se extrahe o pez. *Strues pinea, ex qua ope ignis pix extrahitur*: — sitios onde, nas tosquias, se aquece o pez e se põe a marca ao gado. *Depositum picis ovibus inurendis.*

Peguero, ra. *s.* Pegueiro; o que extrahe o pez do pinho ou faz negocio com elle. *Picis extractor vel venditor.*

Pegujal. *m.* V. *Peculio*: — *(fig.)* pegulhal; pequena porção de rebanhos e terras. *Parva grex, vel agri portio.*

Pegujalejo. *m. dim.* de *Pegujal.*

Pegujalero. *m.* Pegureiro; pastorinho que tem pouco gado; diz-se tambem do lavrador que tem uma pequena lavoura. *Exigui pecoris vel agelli dominus.*

Pegujar. *m.* Pegulhar. V. *Pegujal.*

Pegujarero, ra. s. V. *Pegujalero.*

Pegujon. *m.* Novelo de lã ou cabellos, que se pegam ou embrulham entre si. *Glomus, i.*

Pegular, Pegullal. *m. (ant.)* V. *Pegujal.*

Pegunta. *f.* Marca ou signal que se põe ao gado, especialmente ao lanigero, com pez derretido. *Signum pecudibus pici inditum.*

Peguntar. *a.* Marcar o gado com pez derretido. *Signum piceum imprimere.*

Peguyar, Peguyo. *m. (ant.)* V. *Pegujal.*

Pehlvi. *adj.* Pehlvi; diz-se de uma lingua que se fallava na antiga Media.

Peinada. *f.* V. *Peinadura.*

Peinado, da. *adj.* Penteado, composto, apurado: — afeminado; diz-se do homem que se prepara e apresenta com certo esmero mulheril. *Nimis comtus homo*: — limpo, liso, escalvado, fallando de montes ou rochas: — *m.* penteado; adorno e compostura do cabello. *Coma, crinium ornatus.*

Peinador, ra. *s.* Penteador; aquelle que penteia. *Pectens, tis:* — *m.* penteador; panno que cobre os hombros do que se penteia ou barbeia. *Involucre, linteum humerale.*

Peinadura. *f.* Penteadura; acto de pentear ou pentearse. *Capillos pectendi actio:* —cabellos que cáem ao pentear. *Capilli pectine evulsi.*

Peinar. *a.* Pentear; desembaraçar, compor os cabellos com o pente. Usa-se tambem como reciproco. *Pectere:* — escarpar; cortar parte da pedra ou terra de alguma rocha ou montanha, dando-lhe declividade. *Excavare, scalpere:* — *(fig.)* pentear; desembaraçar ou limpar o pello ou lã de alguns animaes. *Crines vel pilum extergere:* — *(fam.)* ajustar contas com alguem: —*(ant.)* V. *Empenar. No peinarse para alguno (fr.);* não se pentear para alguem; diz-se de uma mulher, significando que não dá attenção ao homem que a pretende. *Haud illi adservari:* — empinarse, encabritar-se; diz-se do cavallo que se levanta apoiando-se sobre os membros posteriores: — *(poes.)* fender, dividir. *Leviter tangere, discriminare.*

Peinazo. *m. (art.)* Pinásio; em qualquer porta de tres peças é a peça do meio.

Peindra. *f. (ant.)* V. *Prenda.*

Peindrar. *a. (ant.)* V. *Prendar,* na primeira accepção.

Peine. *m.* Pente; instrumento de madeira, marfim, etc., que serve para pentear. *Pecten, inis:* — peito do pé. *Superior pedis pars. A sobre peine (loc. adv.)* V. *A medias,* imperfeitamente. *Sobre peine;* sobre o pente, por cima do cabello, pouco rente. *Supra pectinem capillos tondere: (fig.)* por demais, negligentemente, sem reflexão. *Perfunctoriè, obiter:—(art.)* V. *Carda:* —pente; instrumento com que os tecelões apertam a teia. *Pecten, inis:* —pente; antigo instrumento de tortura, empregado pelos tyrannos. *Pecten ferreus:* — *de pastor o de Vénus (bot.)* V. *Escándice:* — *(zool.)* pente; genero de molluscos conchiferos monomyarios.

Peinería. *f.* Penteeiria; loja, fabrica de pentes. *Taberna ubi pectines venduntur aut fabricantur:*—officio de penteeiro.

Peinero, ra. *s.* Penteeiro; o que faz e vende pentes. *Pectinum artifex, venditor.*

Peineta. *f.* Pente convexo que usam as mulheres, como ornato e para segurar os enfeites da cabeça. *Pecten incurvus.*

Peirayo. *m. (p. Gal.)* Caes, molhe ou sitio onde se desembarca.

Peith. *m.* Peith; a decima terceira letra do alphabeto celtico.

Peixotoa. *f. (bot.)* Peixotoa; genero de plantas da familia das malpighiaceas.

Peje. *m. (fig.)* Melro; homem fino, astuto. *Astutus, callidus:* — *(zool.)* V. *Pez:* — *araña;* peixe aranha; especie de peixes acanthopterygios, da familia dos percoideos: — *diablo.* V. *Escorpena.*

Pejeánjel. *m. (zool.)* Peixe-anjo; genero de peixes chondropterygios selacios.

Pejebuey. *m. (zool.)* Peixe-boi; nome que dão na provincia das Amazonas ao manati.

Pejemuller. *m. (zool.)* V. *Morsa.*

Pejepalo. *m. (zool.)* Peixe-páo; especie de bacalhau, inferior ao commum, por ser mais duro e secco.

Pejesapo. *m. (zool.)* Peixe-sapo; genero de peixes acanthopterygios.

Pejiguera. *f. (fam.)* Empecilho; cousa que, sem nos dar grande proveito, nos põe em embaraços e difficuldades. *Molestia, difficultas.*

Pel. *f. (ant.)* V. *Piel.*

Pela. *s. (p. Gal.)* Pella; creança ricamente vestida e montada sobre as costas de um homem que vae dansando. Costuma sair nas procissões do Corpo de Deus. *Puer super hominis humeros tripudians:* — *f. (p. Cuba)* V. *Zurra.*

Pelacanídeas. *f. pl. (zool.)* Pellacanydeas; familia de aves palmipedes.

Pelada. *f.* Pelle de carneiro a que se arranca a lã, depois de morta a rez. *Pellis ovina depilata.*

Peladera. *f. (med.)* V. *Alopecia.*

Peladero. *m.* Logar onde se escaldam as aves e leitões para os pellar. *Aves et sues fervida aqua comburendi locus.*

Peladilla. *f.* Amendoa confeitada, lisa e redonda. *Amygdalum saccharo oblitum:* — *(fig.)* pedrinha branca e redonda que se encontra nos ribeiros, margens dos rios e campos. *Scrupuli, orum.*

Peladillos. *m. pl.* Lã arrancada da pelle depois de morta a rez. *Tonsarum làna.*

Peladiza. *f.* Lã que se tira das pelles na fabrica de cortumes.

Pelado, da, *adj. (fig.)* Escalvado; diz-se do monte, rochedo ou campo despido de vegetação. *Tonsus, nudus.*

Pelador. *m.* Pellador; o que pella. *Glabrator, oris.*

Peladura. *f.* Pelladura; acção e effeito de pellar. *Pilorum evulsio.*

Pelafustan, na. *adj.* Pobertão, pellitrapo. *Homo vagus, pannosus.*

Pelagallo. *adj. (fam.)* Vadio, vagabundo. *Vilis et otiosus homo.*

Pelagatos. *adj. (fam.)* Pobre diabo; applica-se ao homem que tem escassas faculdades.

Pélago. *m. (ant.)* V. *Piélago.*

Pelagoscopia. *f. (phys.)* Pelagoscopia; arte de manejar o pelagoscopo.

Pelagoscópico, ca. *adj. (phys.)* Pelagoscopico; que tem relação com a pelagoscopia.

Pelagóscopo. *m. (phys.)* Pelagoscopo; instrumento de optica que se emprega para ver os objectos que estão debaixo de agua.

Pelagra. *f. (med.)* Pelagra; inflammação erysipelatosa que se desenvolve sobre tudo nas partes do corpo que estão em contacto com o ar e expostas á acção dos raios do sol.

Pelaire. *m.* Frisador; official que nas fabricas de pannos é encarregado de os frisar. *Carminabundus, carminans, carminationem exercens:* — *(p. Arag.)* V. *Cardador.*

Pelairía. *f.* Officio ou occupação de frisador. *Carminantis munus, officium.*

Pelaje. *m.* Pellagem; natureza, qualidade do pello ou lã dos animaes. *Pilorum color aut qualitas:* — *(fig.)* exterior, apparencia de qualquer cousa, especialmente do vestuario. *Ignobilis et incomptusa vestiendi habitus.*

Pelajianismo. *m.* *(rel.)* Pelagianismo; seita de Pelagio ou a reunião de sectarios d'este heresiarcha. *Pelagii doctrina.*

Pelajiano, na. *adj.* Pelagiano; pertencente a Pelagio, sectario que professava a doutrina d'este heresiarcha. *Pelagii asecta.*

Pelajios. *m. pl.* *(zool.)* Pelagios; familia de aves palmipedes.

Pelambrar. *a.* Curtir. V. *Apelambrar.*

Pelambre. *m.* Pellame, coirama; porção de pelles para cortume. *Subigendarum pellium depositum:* — pello arrancado dos couros. *Pili evulsi vel rasi:* — mistura de agua e cal para pellar couros. *Calx aquæ immixta macerandis pellibus:* — falta de pello. *Pilorum defectus.*

Pelambrera. *f.* Pellame, alcaçaria; sitio onde se curtem as pelles. *Subigendarum pellium locus:* — porção de pellos espessos e crescidos. *Pili, pilorum copia:* — V. *Peladera, Pelona.*

Pelambrero. *m.* Curtidor; official que curte pelles. *Pellium subactor.*

Pelambron, na. *adj.* V. *Pobreton.*

Pelámen. *m.* *(fam.)* V. *Pelambre.*

Pelamesa. *f.* Briga, desordem em que se arrancam os cabellos ou a barba. *Rixa usque ad pilorum evulsionem:* — porção de pello que se póde agarrar. *Pilorum copia.*

Pelandusca. *f.* *(fam.)* V. *Ramera.*

Pelantrin. *adj.* *(prov.)* Lavrador de poucos fundos, de pequena lavoura. *Exigui agricultor.*

Pelar. *a.* Pellar; tirar o pello. *Pilos evellere:* — pellar, depennar, tirar as pennas ás aves. *Plumas evellere:* — *(fam.)* pellar, esfolar, tirar a pelle: — *(fig.)* pellar, descascar; tirar a casca a alguns fructos. *Putamina vel carticulas detrahere:* — *(fig. fam.)* esfolar, depennar; ganhar a alguem todo o dinheiro ao jogo. *Aliquem in ludo pecuniâ omninò spoliare:* — esfolar, depennar; tirar a outrem os bens que possue, usando da violencia, arte ou engano. *Bonis spoliare:* — *(fam.)* pellar; cortar ou rapar o pello: — *r.* pellar-se; caír a alguem o pello ou cabello. *Capillos amittere, capillos defluere:* — *(p. Mex.)* pellar-se, apaixonar-se; desejar ardentemente alguma pessoa ou cousa: — descarar-se, portar-se sem pudor nem vergonha. *Pelarse de fino (fr.);* ser fino como um coral. *Nimis callidum esse, vel versutum. Pelárselas;* pellar-se por alguma cousa; deseja-la com todo o empenho. *Anxiè vel instanter aliquid prosequi.*

Pela-ruecas. *f.* *(fam.)* Fiandeira; mulher pobre que vive de fiar. *Quæ nendo victum quærit.*

Pelarza. *f.* *(ant.)* V. *Pelaza,* na segunda accepção.

Pelato. *m.* *(zool.)* Pelato; genero de peixes acanthopterygios, da familia dos percoideos.

Pelaza. *adj.* Applica-se á palha de cevada meia trilhada. *Palea leviter trita:* — *f.* pendencia, rixa, disputa. V. *Pelazga. Rixa, contentio:* — *(ant.)* desgraça, infortunio.

Pelazga. *f.* V. *Pendencia.*

Peldaño. *m.* Degrau; peça de escada por onde se sobe. *Gradus, ûs.*

Pelde. *f.* V. *Apelde.*

phoro; genero de insectos coleopteros pentameros, da familia dos malacodermes.

Pelechar. *a. (fig. fam.)* Sustentar, vestir alguem, dar-lhe tudo o que necessita: — *n.* encabellar, empennar; crear pello ou pennas. *Pilare, pilos vel plumas emittere:* — *(fig. fam.)* augmentar; melhorar de fortuna. *Fortunam in melius mutari.*

Pelele. *m.* Boneco de palha ou de trapos, que servia de divertimento ao povo, no carnaval: — *(fig. fam.)* imbecil.

Pelendengue. *m.* V. *Perendengue.*

Peleona. *f.* Peliona, questão, rixa, contenda. *Rixa, contentio.*

Pelete. *m.* Ponto que, ao monte ou a qualquer outro jogo de parar, aponta por fóra. *Sponsor extraneus:* — *(fam.)* pellitrapo, pobertão. *Egens, pauperculus. En pelete (loc. adv.);* em pello, em pellota, inteiramente nú. *Omnino nudè.*

Peletería. *f.* Pelleteria; commercio, mercadoria de pelles: — pelleteria; arte de compor e preparar as pelles. *Pellionis exercitium:* — estabelecimento onde se vendem pelles preparadas, sortimento de pelles. *Pellionis taberna.*

Peletero. *m.* Pelleiro; que prepara e vende pelles. *Pellio, alutarum concionator.*

Pelexia. *f. (bot.)* Pelexia; genero de plantas da familia das orchideas.

Peleya. *f. (ant.)* Pelle de animal.

Pelgar. *adj. (fam.)* V. *Pelagallos.*

Peliagudo, da. *adj.* Arripiado, hirsuto; diz-se do animal que tem o pello comprido e espetado. *Hirsutus, hispidus:* — engenhoso, fino, manhoso. *Sagax, astutus:* — *(fig. fam.)* aspero, arduo, espinhoso, improbo. *Difficilis, anceps.*

Peliblanco, ca. *adj.* Que tem o pello branco. *Albis capillis.*

Peliblando, da. *adj.* Que tem o pello brando ou macio. *Blandis, mollibus capillis.*

Pelicanídeas. *f. pl. (zool.)* Pelecanideas; familia de aves da ordem das palmipedes.

Pelicano. *m. med.* Pelicano; instrumento cirurgico, com a fôrma do bico da ave que lhe dá o nome, que servia para tirar dentes: — *(chim.)* pelicano; alambique de vidro de uma só peça: — *(zool.)* pelicano; genero de aves aquaticas, da familia das palmipedes.

Pelicanoide. *m. (zool.)* Pelicanoide; ave do genero procellaria.

Pelico, llo, to. *m. dim.* de *Pelo.* Pellinho.

Pelicorto, ta. *adj.* Que tem o pello curto. *Capillis brevibus homo.*

Película. *f.* Pellicula; pelle mui fina e delgada, como a que se observa n'um osso, em alguns fructos, na superficie dos liquidos gelatinosos, etc. *Pellicula, æ:* — *(anat.)* pellicula; folhinha mui delgada e transparente que se desprende da superficie de uma membrana ou que se forma morbidamente em qualquer ponto. *Pellicula, æ.*

Pelicular. *adj.* Pellicular; que tem a fôrma de pellicula.

Peliculoso, sa. *adj. (med.)* Pelliculoso; que contém pelliculas.

Pelidnota. *f. (zool.)* Pelidnota *(lividez);* genero de insectos coleopteros pentameros, da familia dos lamellicornes.

Peliforra. *f. (fam.)* V. *Ramera.*

Peligrar. *n.* Perigar; estar em perigo, correr perigo de perder a vida, fazenda, etc. *Periclitari:* — *(fig.)* perigar; estar em perigo de perder-se ou mallograr-se alguma cousa. *Periculum subire.*

Peligro. *m.* Perigo, risco, contingencia de perder. *Periculum, i:* — perigo, risco de ter algum prejuizo espiritual ou moral. *Periculum, discrimen:* — *(germ.)* tormento causado pela justiça. *Correr o tener peligro (fr.);* correr ou ter perigo; estar exposto a elle. *Periculari:* correr ou ter perigo; estar em um perigo imminente. *Imminere, in lubrico esse. Estar a peligro.* V. *Correr peligro. Al peligro con tiento, y al remedio con tiempo (rif.);* ao perigo com tento, e ao remedio com tempo. *Periculis cautè, remediis maturè.*

Peligrosísimo, ma. *adj. sup.* de *Peligroso.* Perigosissimo. *Valdè periculosus, lubricus.*

Peligroso, sa. *adj.* Perigoso, arriscado, em que ha perigo. *Periculosus, a, um:* — *(fig.)* perigoso; applica-se á pessoa que póde fazer mal, de genio turbulento. *Periculo obnoxius.*

Pelilargo, ga. *adj.* Guedelhudo; de cabello longo, crescido. *Qui oblongis capillis est.*

Pelillo. *m. dim.* de *Pelo.* Pellinho: — *(fig.)* ninharia; cousa de pouca importancia ou cuidado. *Irarum causa levissima. Pelillos a la mar (fr.);* esquecimento do passado, olvido das desavenças passadas. *Anteactis remissis amicitiam firmare. No tener pelillo en la lengua;* não ter papas na lingua; dizer tudo o que sente. *Expedita lingua gaudere. Pararse o reparar en pelillos;* prender-se em qualquer teia de aranha, fazer de um argueiro um cavalleiro. *Floccos vel pilos magni facere, minimis offendi.*

Pelilloso, sa. *adj.* Exquisito; que é demasiadamente delicado no trato com os outros, que repara em ninharias. *Difficilis, morosus.*

Pelinegro, gra. *adj.* Que tem os pellos ou cabellos escuros ou negros. *Niger capillis.*

Pelionia. *f. (bot.)* Pellionia; genero de plantas da familia das urticaceas.

Peliosanto. *m. (bot.)* Peliosantha *(flor livida);* genero de plantas da familia das ophiopogoneas.

Peliosis. *m. (med.)* Pelyosis; petechia ou mancha escorbutica, enfermidade caracterisada por pustulas hemorrhagicas, ás vezes mescladas de serosidade.

Peli-rojo, ja. *adj.* Ruivo; que tem o cabello ruivo. *Flavis capillis.*

Peli-rubio, bia. *adj.* Louro;

que tem o cabello louro. *Flava coma conspicuus.*

Peli-tieso sa. *adj.* Arripiado, eriçado; que tem o pello aspero e eriçado. *Hirsutus, a, um.*

Pelitre. *m. (bot.)* Pelitre ou Pyrethro; genero de plantas.

Pelitrique. *m.* Berlique, ninharia; cousa de pouco valor. Emprega-se commummente para designar o ornato de pouco valor, do vestido, toucado, etc. *Floccus, inutilis ornatus.*

Pelizon. *m. (ant.)* Pellico; vestidura de pelles.

Pélma. *m.* V. *Pelmazo.*

Pelmaceria. *f.* V. *Pelmazería.*

Pelmazería. *f.* Lentidão, pouco desembaraço nas operações. *Lentitudo, tarditas.*

Pelmazo. *m.* Qualquer cousa apertada ou calcada mais do que convem: — iguaria, comida pesada. *Indigestibilis cibus:* — *(fig.)* homem tardonho, vagaroso nas suas acções. *A buen pelmazo, tomar tabaco (rif.)*, o que se não pôde remediar, remediado está.

Pelo. *m.* Pello; cabello curto que cobre o corpo dos animaes. *Pilus, i:* — V. *Cabello:* — pennugem; a penna mais fina das aves. *Avium lanugo, pluma blandior:* — pello, pennugem; cotão que algumas fructas apresentam na casca. *Lanugo, inis:* — barba; parte filamentosa das pennas, que impede o formar as letras. *In calamo scriptorio ramentum:* — pello; frisa dos pannos de lã. *Panni pexa lanugo:* — pello; a côr da pelle dos animaes. *Pilorum vel pellis color:* — V. *Pelaje,* na segunda accepção: — *(fig.)* pello; qualquer fevera delgada de lã, seda, etc. *Pilus, filum:* — ninharia, bagatela: — *(ant.)* V. *Terciopelo:* — *a pelo (fr.);* pello por pello, troca por troca. *Rei pro re permutatione, nullo addito pretio:* — *arriba.* V. *Contrapelo:* — *de aire;* ligeira aragem, vento quasi imperceptivel. *Subtilissimus vel levissimus aeris motus:* — *de cofre ó de Judas;* arruivado; que tem pello ruivo ou avermelhado. *Rufus, a, um:* — *malo.* V. *Plumon,* nas aves: — *por pelo.* V. *Pelo a pelo. Pelos y señales;* com todos os indicios e signaes. *Peculiaria signa vel indicia. Agarrarse de un pelo;* agarrar-se a um cabello, valor-se para qualquer cousa de um ligeiro pretexto ou motivo. *Offendiculum quærere. Al pelo;* ao correr do pello. *Ad pillorum ductus. A medios pelos;* estar com meia cabelleira, estar meio embriagado. *A pelo;* a pello, a tempo, a proposito. *Aptè, opportunè:* V. *Al pelo. Buscar el pelo al huevo;* pegar por qualquer cousa, tomar qualquer pretexto para ralhar. *Jurgii causam quærere. Carne ó caza de pelo.* V. *Carne. Como el pelo de la masa;* liso como a palma da mão. *Limpidus, a, um. Contra pelo;* contra pello; em direcção contraria á que tem o pello: a pospello, fóra de tempo, fôra de proposito. *Inopportunè, incommodè. Cortar un pelo en el aire.* V. *Hender un cabello en el aire. De medio pelo;* de meia tigella, de classe mediana. *En pelo;* em pello, nu. *Re pro re, sine addito:* — em pello, em osso; sem sellim ou albarda. *Nudè, absque ornatu. Largo como pelo de rata ó de huevo,* avarento, miseravel. *Præparcus, sordidus. No cobrirle pelo a alguno;* não crear cabello, não fazer fortuna. *Haud proficere; fortunam alicui adversari. No tener pelo de tonto;* ser esperto e avisado. *No tener pelos en la lengua;* não ter papas na lingua, dizer o que sente. *Liberè et audacter loqui. Rascarse pelo arriba;* gastar dinheiro sem ter vontade de o fazer. *Pecuniam erogare. Relucir el pelo,* luzir o pello; estar gordo, bem tratado; diz-se ordinariamente das cavalgaduras. *Pinguem tereteraque esse. Tener pelos en el corazon;* ter cabellos nas ventas; ser muito valente e esforçado. *Magno robore valere:* ter cabellos no coração, ser deshumano. *Immitem, inhumanum esse:* — *(art.)* cabello. V. *Espiral,* nos relogios: — veio; raia de differentes cores nas pedras preciosas, que lhes diminue o valor. *Linea, vitium in gemmis:* — veio, veia, nas pedras communs ou vidros, por onde estão sujeitos a partir. *Commissura lapidum vel vitri:* — veio, fenda nos metaes, por onde estão sujeitos a quebrar. *Fissura in metallis:* — *de camello;* estofo fabricado com o pello mais ordinario do camello. *Tela ex crassioribus camelorum pilus:* — *(med.)* cabello; enfermidade que ataca os peitos das mulheres, causada principalmente pela coagulação do leite. *Lactis in uberibus mulierum coagulatio:* — *(veter.)* pello; enfermidade que ataca os cascos das cavalgaduras, espoliando-os e destruindo-os. *Ungularum reduviæ.*

Pelobatas. *m. (zool.)* Pelobatus; genero de insectos coleopteros pentameros, da familia dos carabicos.

Pelobio. *m. (zool.)* Pelobio; genero de insectos coleopteros pentameros, da familia dos hydrocantharos.

Pelon, na. *adj.* Pellado, calvo, careca; que não tem cabello. *Glaber, ra, um:* — *(fig.)* tapado; que tem curtas faculdades. *Pauper, egenus.*

Pelona. *f. (med.)* V. *Alopecia.*

Pelonería. *f. (fam.)* Pobreza, miseria. *Paupertas, egestas.*

Pelongar. *a. (ant.)* V. *Prolongar.*

Pelonia. *f. (med.)* V. *Alopecia.*

Pelonio. *m. (zool.)* Pelonium; genero de insectos coleopteros pentameros, da familia dos malacodermes.

Pelopio. *m. (min.)* Pelopio; corpo metallico simples.

Peloro. *m. (zool.)* V. *Pelobata:* — peloro; genero de arachnides scorpionidos.

Peloropo. *m. (zool.)* Peloropo *(pé monstruoso);* genero de insectos coleopteros tetrameros, da familia dos curculionidos gonathoceros.

Pelosa. *f. (med.)* Pelliça; roupa, vestidura feita ou forrada de pelles.

Peloso, sa. *adj.* Pelloso, pelludo; que tem pello. *Pilosus, a, um:* — *m. (germ.)* V. *Pelosa.*

Pelota. *f.* Pella; pequena bola elastica, feita de differentes materiaes. *Pila, æ:* — pella; jogo que se faz com a bola d'este nome. *Pilæ ludus:* — pellota, bola de materia branda que se amassa facilmente. *Pila, globus:* — pellota; bola de ferro ou chumbo — *(fam.)* V. *Ramera:* — *de viento;* pella de vento; bexiga cheia de ar e coberta de couro, que serve tambem para jogar. *Follis, is. Dejar en pelota;* deixar alguem em pellota, deixar alguem nú; deixar alguem em pellota; tirar, roubar a alguem tudo o que possue. *Denudare, spoliare. Hacerse una pelota;* fazer-se em uma bola, encolher-se, enroscar-se. *Jugar a la pelota con alguno;* jogar a pella com alguem; trazer alguem enganado, fazer-lhe dar passos baldados. *Circumvenire, morosis verbis illudere. No tocar pelota;* não dar no vinte, não resolver qualquer difficuldade. *Toto cœlo aberrare. Quedar en pelota;* ficar em pellota, ficar nú. *Sacar pelotas de una alcuza;* fazer o que não lembra ao diabo, valer-se de toda a astucia e agudeza para conseguir alguma cousa. *Vel difficilima astu consequi vel trahere:* — *(med.)* pellota; peça de que se usa para exercer a compressão.

Pelotazo. *m.* Golpe de pella. *Pilæ ictus.*

Pelote. *m.* Pello de cabra, que serve para estofar cadeiras e outros objectos. *Pilus caprinus:* — *(ant.)* V. *Pelliza.*

Pelotear. *a.* Conferir, verificar as partidas de uma conta com os competentes documentos. *Summas conferre summis, rationes expendere:* — *n.* jogar a pella por entretenimento, sem as formalidades devidas. *Ultrò citroque pilam liberè jacere:* — arrojar, impellir uma cousa de uma parte para outra. *Jacere:* — *(fig.)* altercar, disputar, questionar sobre qualquer cousa. *Verbis contendere vel ludere:* — debater-se, renhir, duas ou mais pessoas entre si. *Contendere, rixari.*

Pelotera. *f.* Altercação, contenda, disputa, principalmente entre mulheres. *Turba vel rixa maximè feminea.*

Pelotería. *f.* Conjuncto, copia de pellas ou pellotas. *Pilarum copia:* — quantidade de pello de cabra para estofar. *Pili caprini acervus.*

Pelotero. *m.* Aquelle que tem por officio fazer pellas ou ministra-las no jogo. *Pilarum artifex, sive ministrator:* — *m. (ant.)* V. *Pelotera. Traer al pelotero (fr.);* mandar de Herodes para Pilatos, trazer alguem enganado. *Spe fallere, decipere. Escarabajo pelotero (zool.).* V. *Escarabajo.*

Pelotica, lla, ta. *f. dim.* de *Pelota.* Pellotinha: — pequena bola de cera guarnecida de pontas de vidro, de que usavam os disciplinantes. *Cerea pillula vitreis acuminibus instructa. Darse con la pelotilla (fr.);* flagellar-se com as bolas de cera armadas de pontas de vidro: — beber vinho até caír. *Lautè, frequenter vel ad satietatem bibere. Hacer pelotillas (fr. fam.);* assoar-se á mão. *Nares inurbanè digitis extergere.*

Peloto, ta. *adj. (prov.)* V. *Derraspado, Chamorro,* applicado ao trigo.

Peloton. *m. aug.* de *Pelota.* Pellotão. *Globus major:* — novello de pellos, ou cabellos emmaranhados. *Pilorum globus, congeries:* — magote; ajuntamento desordenado de muitas pessoas. *Turba, caterva:* — *(mil.)* pellotão; pequeno numero de soldados, pequena parte de um regimento. *Militum globus, manus.*

Pelta. *f.* Pelta; especie de adarga ou escudo redondo que se usou antigamente. *Pelta, æ.*

Peltandra. *f. (bot.)* Peltandra; genero de plantas da familia das aroideas, tribu das caladieias.

Peltaria. *f. (bot.)* Peltaria *(escudo);* genero de plantas da familia das cruciferas.

Peltario. *m. (zool.)* Peltario; genero de insectos coleopteros heteromeros da familia dos melasomos.

Peltiforme. *adj. (min.)* Peltiforme; diz-se de um mineral que tem a fórma de um broquel.

Peltijera. *f. (bot.)* Peltigera; genero de lichens gymnocarpos da tribu dos parmeliaceos.

Peltóideo, dea. *adj.* Peltoideo; parecido com um escudo.

Peltospermo. *m. (bot.)* Peltospermo *(semente em fórma de escudo);* genero de plantas da familia das bignoniaceas.

Peltraba. *f. (germ.)* V. *Mochila.*

Peltre. *m.* Peltre; liga de estanho e chumbo, muito usada antigamente para peças de baixella. *Stanum plumbo admistum.*

Peltrechar. *a. (ant.)* V. *Pertrechar.*

Peltrechos. *m. pl. (ant.)* V. *Pertrechos.*

Peltrero. *m.* Picheleiro; aquelle que trabalha em obras de peltre. *Stanneorum operum artifex.*

Peltura. *f. (zool.)* Peltoura *(cauda em fórma de escudo);* genero de crustaceos trilobitos.

Peluca. *f.* Peruca, cabelleira, chinó. *Cæsaries supposititia;* *coma fucata:* — chorina; pessoa que traz chinó. *Cæsariatus homo:* — *(fam.)* batibarba; reprehensão forte dada por um superior a um inferior. *Aspera animadversio, reprehensio.*

Pelucon. *m. augm.* de *Peluca.*

Peludo, da. *adj.* Pelludo, pelloso; que tem muito pello. *Pilosus, a, um:* — *m.* esteira feita de espartos muito compridos. *Tapetum longis spartis constructum vel textum.*

Peluquera. *f.* Cabelleireira; a mulher do cabelleireiro.

Peluquería. *f.* Loja de cabelleireiro. *Comarum fucatarum taberna vel officina.*

PELUQUERO. *m.* Cabelleireiro; official que penteia e corta cabellos, faz e vende cabelleiras. *Comarum fucatarum artifex.*

PELUQUILLA, TA. *f. dim.* de *Peluca.*

PELUQUIN. *m.* Peruca, chinó mais pequeno e de penteado mais simples. *Parvum capillamentum.*

PELUSA. *f.* Pennugem, cotão; pello mui fino que criam certas plantas e fructas. *Lanugo, papus:* — cotão; parte do pello ou lã que com o uso largam os pannos. *Lanugo, inis.*

PELUSILLA. *f. dim.* de *Pelusa.*

PELVÁPTERO, RA. *adj. (zool.)* Pelvaptero; que não tem barbatanas ventraes.

PELVIANO, NA. *adj. (anat.)* Pelviano; pertencente ou relativo á pelvis.

PELVI-CRURAL. *adj. (anat.)* Pelvi-crural; que tem relação com a pelvis e a côxa.

PELVÍMETRO. *m. (med.)* Pelvimetro; instrumento destinado a medir a capacidade da pelvis.

PELVIMETRÍA. *f. (med.)* Pelvimetria; operação que constitue um dos ramos de obstetricia e tem por fim determinar a extensão das differentes partes da pelvis.

PÉLVIS. *f. (anat.)* Pelvis ou bacia; parte do esqueleto dos vertebrados que serve de ponto de união aos ossos dos membros posteriores.

PELVI-TROCANTERIANO, NA. *adj. (anat.)* Pelvi-trochanteriano; pertencente á pelvis e ao trochanter.

PELLA. *f.* Bola, pellota, bala, feita de qualquer materia muito apertada e unida. *Globus, i:* — banha do porco, conforme se lhe extrahe. *Abdomen suinum conglobatum, crudum:* — bocado de manjar branco: — somma; quantia de dinheiro. *Summa, æ:* — grelo da couve flor antes de florescer da hortaliça. *Brassicæ culiflorœcyma:* — *(ant.)* V. *Pelosa:* — multidão de pessoas: — *contr. (ant.)* de *per la.* V. *Por la. Pellas, contr. (ant.)* de *Per las.* V. *Por las. Ser ó parecer una pella de oro;* ser uma joia, uma perfeição, uma belleza. *Hacer una pella;* contrahir uma divida. *Correr la pella;* correr muito, andar leve. *Meter a la pella a alguno o traerle a pella;* fazer andar alguem n'uma dobadoira, mortifica-lo: — *(art.)* metal em bruto. *Massa metalica:* — bola de barro para formar qualquer peça: — bola de lã tirada da agua e posta a enxugar: — *(mil. ant.)* bala incendiaria. *Globus incendiarius:* — *(min.)* bola de prata ainda misturada com o azougue: — *(zool.)* garça real de côr cinzenta.

PELLADA. *f.* Bolada; golpe de bola. *Globi ictus:* — V. *Pella,* na primeira accepção. *No dar pellada (fr.);* estar parada alguma obra de alvenaria. *Ab opere vacare, cessare. No dar pellada en alguna cosa;* não dar passada, não adiantar um passo em qualquer cousa. *Nihil interim agere:* — *(art.)* trolhada; a porção de gesso ou cal amassada que uma trolha póde levar. *Massæ calcis vel gipsi pars.*

PELLARSE. *r. (ant.)* Rebolear-se; ir rolando como uma bola.

PELLEJA. *f.* Pelle separada do corpo do animal. *Pellis, is:* — *(fam.)* V. *Ramera:* — *(germ.)* V. *Saya:* — *(ant.)* V. *Pellejo. Perder ó dejar la pelleja (fr. fam.)* V. *Perder la vida.*

PELLEJERÍA. *f.* Pelleteria; estabelecimento, sitio onde se vendem e preparam as pelles. *Coriaria taberna, officina, vicus coriarius:* — pelletaria; officio do que vende e prepara pelles. *Coriarimunus:* — pellame; conjuncto de pelles. *Pellium aceri vata copia.*

PELLEJERO. *m.* Pelliqueiro; official que vende e prepara pelles. *Pellio, coriarius.*

PELLEJICA, LLA, TA. *f. dim.* de *Pelleja.* Pellesinha.

PELLEJICO, LLO, TO. *m. dim.* de *Pellejo.* Pellesinha.

PELLEJINA. *f.* Pellicula; pelle muito delgada e pequena. *Pellicula, æ.*

PELLEJO. *m.* Couro, pelle de animal. *Pellis, is:* — V. *Odre:* — *(fig.)* pellicula; membrana muito fina que cobre alguns fructos. *Pellicula, æ:* — *(fig. fam.);* pelle; a vida: — *(fig.)* pelle; a saude: — *(germ.)* V. *Sayo:* — *(fig. fam.);* borracho, bebado. *Ebrius. Dar, dejar ó soltar el pellejo (fr.);* largar, dar a pelle, morrer. *Vitam ammittere. Mudar el pellejo;* mudar a pelle, mudar de condição ou costumes. *Pellem mutare. No caber en el pellejo;* não caber na pelle de gordo. *Nimis pinguem vel obessum esse:* — não caber na pelle, em si; exultar de contente, de contentamento. *Sibi admodum de se gratulari. No tener mas que el pellejo,* não ter mais que a pelle ou não ter mais que pelle e osso. *Os atque pellem totum esse. Pagar con el pellejo;* pagar com a pelle, com a vida. V. *Morir. Quitar a uno le pellejo;* tirar a pelle; ir despojando com astucia alguem do que possue. *Bonis exuere, spoliare:* tirar a pelle a alguem; ameaça que se faz, principalmente a creanças. *Minari aliquem verberibus proscindendum:* tirar a pelle; murmurar, dizer muito mal de alguem. *Acerbiùs honori alicujus detrahere. Si yo estuviera ó me hallara en su pellejo,* se eu estivesse no seu logar. *Si in ejus loco essem.*

PELLEJUDO, DA. *adj.* Que tem muita pelle, muito couro. *Pellitum esse; pelle esse crassiori.*

PELLEJUELA. *f. dim.* de *Pelleja.* Pellesinha.

PELLEJUELO. *m. dim.* de *Pellejo.* Pellesinha.

PELLETA. *f. (prov.)* V. *Pelleja.*

PELLETERÍA. *f.* V. *Pellejería.*

PELLETERO. *m.* V. *Pellejero.*

PELLETRAR. *a. (ant.)* V. *Penetrar.*

PELLICA. *f.* Pellica; pelle de carneiro fina e preparada. *Aluta, æ:* — colcha, coberta de cama feita de pelles finas. *Stragulum pelliceum:*

— pellica; roupa feita ou forrada de pelles finas e preparadas. *Pellicea vestis ex selectissimis pellibus formata.*

Pellícá, lla, ta. *f. dim.* de *Pella.* Bolinha.

Pellico. *m.* Pellico; vestidura pastoril feita de pelles. *Vestis pellecea; rheno.*

Pellijero. *m.* V. *Pellejero.*

Pelliquero. *m.* Pelliqueiro; o que prepara e vende pellicas. *Pellio, pellionarius.*

Pelliza. *f.* Pelliça; vestidura feita ou forrada de pelles. *Vestis pellica:* — V. *Dorman.*

Pellizcador, ra. *s.* Belliscador; aquelle que bellisca. *Vellicans, antis.*

Pellizcar. *a.* Belliscar; apertar e torcer com as unhas ou pontas dos dedos a superficie da pelle. *Vellicare:* — belliscar; tocar ou ferir qualquer cousa muito levemente. *Vellicare:* — belliscar; tirar uma porção minima de alguma cousa. *Subripere:* — *r.* *(fig.)* finar-se, consumir-se de desejos por alguma cousa. *Angi vel pungi.*

Pellizco. *m.* Bellisco, belliscão, pelliscão; acção e effeito de belliscar. *Vellicatus, vellicatio:* — bellisco, belliscão; porção minima de qualquer cousa. *Parva rei pars:* — *(fig.)* bellisco, recordação, remorso: — *de monja;* certo bolo. *Tragemata saccharea delicatula.*

Pellizon. *s. (ant.)* V. *Pelizon.*

Pello. *contr. (ant.)* de *Per lo.* V. *Por lo.*

Pellon. *m.* Grande massa de neve: — *(p. A. M.)* especie de xairel de pelle de carneiro, de lã mui fina e comprida. Costumam tingi-lo de varias cores: — *(ant.)* vestido talar antigo feito de pelles. *Toga pellicea.*

Pello. *contr. (ant.)* de *Per los.* V. *Por los.*

Pellòta. *f. (ant.)* V. *Pelota.*

Pellote. *m. (ant.)* V. *Pellon:* — *(ant.)* V. *Capa, Manto.*

Pelluzgon. *m.* V. *Mechon.*

Pemazo. *m. (ant.)* V. *Cerote, pez.*

Pena. *f.* Pena, castigo, punição. *Pœna, æ:* — pena, cuidado, afflicção ou soffrimento da alma. *Molestia, sollicitudo, anxietas:* — pena, dor, molestia, soffrimento physico. *Dolor, molestia:* — pena, difficuldade, trabalho. *Difficultas, sollicitudo:* — memoria; annelsinho que se traz no dedo para lembrança de quem o deu: — especie de adorno que as mulheres usavam ao peito. *Monile quoddam:* — *pl. (germ.)* V. *Galeras:* — *(ant.)* V. *Pluma:* — pennugem; pello das pelles dos animaes. *Acusar la pena (fr. ant.);* accusar alguem de algum crime, pedindo castigo. *Postulare aliquem apud judicem. A duras penas;* com duras penas; com grande difficuldade ou trabalho. *Durè, difficilimè, ægrè. A graves penas* V. *A duras penas. A malas penas* V. *A duras penas. A penas;* apenas, logoque, assim que. *Statim ac:* — apenas, difficilmente. *Difficulter, non ita facilè. Merecer ó valer alguna cosa la pena;* merecer ou valer alguma cousa a pena, o trabalho que se emprega. *Rem tanti esse. Ni pena ni gloria;* nem pena nem gloria; diz-se dos que insensivelmente vêem e ouvem as cousas. *Insulsus homo vel nulla sollicitudine laborans. Pasar las penas del purgatorio;* soffrer as penas do purgatorio; ver-se afflicto com soffrimentos. *Ærumnis gravissimis affici. Súfrase quien penas tiene, que tiempo tras tiempo viene (rif.);* soffra-se quem penas tem, que atrás de tempo tempo vem. *Neque in extremis malis despondendus est animus:* — *(for.)* pena, punição, castigo imposto ao criminoso pela lei. *Pœna, æ:* — *aflictiva.* V. *Pena corporal:* — *arbitraria;* pena arbitraria; a que não é determinada pela lei, mas pelo arbitrio do juiz: — *capital;* pena capital, pena de morte. *Capitis pœna:* — *convencional;* pena convencional; a que é imposta mediante a convenção das partes: — *corporal;* pena corporal; a que afflige o corpo, como a morte, os tormentos, etc.: — *del desprez.* V. *Desprez:* — *del homecillo.* V. *Homecillo,* na accepção de pena pecuniaria: — *del talion;* pena de talião; pena igual ao crime. *Pœna talionis:* — *de muerte;* pena de morte: — *inmediata;* pena immediata; a de prisão perpetua: — *judicial;* pena judicial; a que se funda em uma promessa feita em juizo: — *legal;* pena legal; a que depende da lei e não do arbitrio do juiz: — *ordinaria.* V. *Pena capital:* — *pecuniaria;* pena pecuniaria; a multa imposta por lei. *Mulcta, æ:* — *de cámara;* multa da camara; a pecuniaria que se impõe ás partes, com applicação á camara ou ao fisco. *Multa litigatori a judice dicta, fisco persolvenda. Ultima pena.* V. *Pena capital. Siervo de la pena.* V. *Siervo:* — *(naut.)* pena ou penol; dá-se este nome aos laizes das carangueijas. *Antennæ cornu superius:* *de daño (rel.);* pena de damno; privação perpetua da vista de Deus, na outra vida. *Pœna damni in inferis:* — *de sentido;* pena de sentido; tormento dos condemnados no inferno. *Pœna sensûs. Penas del infierno ó penas eternas;* as pennas do inferno ou as penas eternas. *Pœnæ inferi.*

Penahera. *f.* V. *Penacho.*

Penacho. *m.* Poupa; topete de pennas, que algumas aves apresentam na cabeça. *Crista pennata:* — pennacho; adorno de pennas que se traz em chapéu, capacete, etc. *Galeæ crista; jubæ:* — *(fig.)* pennacho; applica-se a tudo o que apresenta a sua fórma. *Crista, æ:* — pennacho, vaidade, orgulho. *Elatio animi; superbia:* — *de Persia (bot.);* pennacho da Persia; planta que tem esta fórma: — *rojo;* pennacho vermelho; planta que tem as flores em fôrma de pennacho: — *eléctrico (phys.);* chispa, faisca electrica; raio de luz que despede uma ponta collocada sobre o conductor da machina electrica quando está carregada: — *de mar (zool.)*; pennacho do mar; nome dado a diversos animaes aquaticos, como os annelidos do genero amphytrite.

Penachuelo. *m. dim.* de *Penacho*.

Penadamente. *adv. m.*V. *Penosamente*.

Penadilla. *f.* V. *Penado*, na segunda accepção.

Penadisímo, ma. *adj. sup.* de *Penado*. Penosissimo.

Penado, da. *adj.* Penado, penoso; que tem penas, cheio de penas: — vaso de que se usava em Hespanha para beber e que tinha a bôca muito estreita. *Vas cyathus difficulter vel tardè potum diffundens:* — penoso, difficil, trabalhoso. *Difficilis, tardus:* — *(germ.)* V. *Galeote*.

Penal. *adj.* Penal; que impõe penas. *Pœnalis, e.*

Penalidad. *f.* Penalidade, trabalho, afflicção, molestia, incommodo. *Ærumna, labor:* — penalidade, desgraça, desventura: — penalidade; qualidade da pena.

Pésame. *m. (p. Ar.)* V. *Pésame*.

Penante. *adj.* V. *Penado*, na segunda accepção: — *(fam.)* padecente, amante, galanteador. *Pœnam, dolorem vel anxietatem, propter amorem, sustinens.*

Penar. *a.* Penar, punir, impor pena a alguem. *Pœnam imponere:* — *(ant.)* penar; dar ou causar pena. *Pœnam dare:* — *n.* penar, padecer, soffrer pena, dor, etc. *Angi:* — penar; soffrer as penas do inferno ou do purgatorio. *Alterius vitæ pœnas vel tormenta sustinere, vel tormentis torqueri:* — penar; estar agonisante, por muito tempo. *In agone persistere:* — *r.* penar-se, affligir-se, atormentar-se por alguma cousa. *Cruciari, angi, dolere, afici:* — *por alguna cosa (fr)*; penar por alguma cousa, deseja-la com ancia. *Solicitare, angi.*

Penates. *m. pl.* Penates; deuses domesticos dos pagãos. *Penastes, um.*

Penca. *f.* Penca; folha picante de certas plantas como o cardo, o aloes, etc. *Folium cardui, plantæ cujusvis:* — açoite com que o verdugo batia nos delinquentes. *Lictoris flagrum, lorum:* — *(p. Mex.* e *Cub.)* penca; a folha grossa e carnuda da palmeira e outras plantas. *Hacerse de pencas (fr.)*; fazer-se de manto de seda, fazer-se grave ou rogado. *Affectare, resistere, falsò renuere. Hacerse de penca (p. Mex.* e *Cub.)*; tirar a carga de si para a pôr n'outro.

Pencar. *a. (germ.)* Açoitar, dar açoites o verdugo.

Pencazo. *m.* Correada; golpe de correia ou açoite. *Lori verberatio vel ictus.*

Penco. *m. (p. Mex.* e *Cub.)* V. *Matalon*.

Pencudo, da. *adj.* Pencudo; que tem pencas. *Pungentibus foliis instructus.*

Pencuria. *f. (germ.)* V. *Ramera*.

Penchicarda. *f. (germ.)* Desordem, rixa simulada que alguns ladrões ou ratoneiros costumam armar nas tabernas, onde comeram e beberam, para no meio do barulho poderem saír sem pagar. *Ad vitandam solutionem rixa simulata.*

Pendado, da. *adj.* *(ant.)* V. *Peinado*.

Pendanga. *f.* V. *Ramera:* — a dama de oiros, no jogo do reversino que é o segundo matador depois do valete.

Pendejo. *m.* Pentelho; pello que nasce sobre o pubis em redor das partes naturaes. *Pubes, is:* — *(fam.)* homem poltrão, pusillanime. *Timidus, iners:* — toma-se vulgarmente pelo membro viril.

Pendencia. *f.* Pendencia, briga, rixa, contenda. *Rixa, contentio:* — *(germ.)* V. *Rufian:* — *(ant.)* pendencia; a qualidade do que está pendente, para decidir: — *(for.)* V. *Litispendencia*.

Pendenciar. *n.* Pendenciar; ter pendencias com alguem. *Rixari; rixas excitare.*

Pendenciero, ra. *adj.* Pendenciador, rixoso; propenso a rixas ou pendencias. *Rixosus; in rixas proclivis.*

Pendenzuela. *f. dim.* de *Pendencia*. Pendenciasinha.

Pender. *n.* Pender; estar pendurado ou suspenso. *Pendere:* — V. *Depender:* — *(for.)* pender; estar por decidir qualquer pleito. *Pendere:* — *(naut.)* pender; inclinar-se a embarcação, ou outra qualquer cousa para algum dos lados.

Pendiente. *f.* Vertente, encosta, declive de algum terreno. *Clivus, descensus, declivitas:* — *m.* pendente; brinco da orelha. *Inauris, is:* — *pl. (ant.)* V. *Los testículos:* — *adj. (naut.)* diz-se do apparelho, velame, etc., que uma embarcação tem em serviço activo. Usa-se tambem como substantivo: — *(br.)* pendente; a parte que pende da orla de um escudo, estandarte ou bandeira.

Pendil. *m.* Manto que as mulheres usam. *Palla, æ. Tomar el pendil (fr. fam.)*; safar-se, ausentar-se. *Effugere; insperatè abire.*

Pendingue *(tomar el). (fr. fam.)* V. *Tomar las de villadiego*.

Pendoja. *f. (ant.)* V. *Pluma*, de escrever.

Péndol. *m. (naut.)* Querena; operação que fazem os marinheiros, carregando a embarcação de um lado para que descubra o opposto, a fim de a limpar. Usa-se mais commummente no plural.

Péndola. *f.* Pendula; instrumento metallico que por meio de oscillações regula os movimentos do relogio, e serve para outros usos. *Vibratum horologii pendulum:* — *(ant.)* V. *Pluma:* — *(archit.)* prumo de madeira. *Trabs, is:* — *(naut.)* peso de chumbo que mettido nas caixas da janella, serve para conservar as vidraças abertas até uma certa altura nas suas corrediças.

Pendolaje. *m.* Direito de presa sobre todos os objectos que se encontram na coberta da embarcação vencida e tomada.

Pendolario. *m.* V. *Pendolista*.

Pendolero, ra. *adj. (ant.)* Pendurado, suspenso, pendente, sem gosto nem ordem. *Pendulus, a, um.*

Pendolista. *m.* O que é expedito no escrever e o faz com toda a correcção e esmero. *Scriba dexter.*

Pendolita. *f. (art.)* Pendula, regulador; molasinha nos relogios de algibeira, fiosinho de aço do volante, espiral.

Pendolon. *m. (archit.)* Pendural; peça de madeira de uma asna. *Tignum, i.*

Pendon. *m.* Pendão; especie de bandeira ou pequeno estandarte, usado desde tempo immemorial pela milicia, para distinguir uns dos outros, os differentes regimentos, batalhões e mais corpos do exercito. *Signum, vexillum:* — pendão, guião; bandeira usada nas procissões. *Vexillum ecclesiasticum:* — pernada; rama que sáe do tronco principal. *Arborum propago, scapus:* — *(fam.)* pendão; mulher muito alta, macilenta e desarranjada. *Procera mulier:* — *posadero;* taboleta, signal de que usam as estalagens e casas de pasto, para aviso dos passageiros. *Cauponæ signum:* — bandeira que servia de distinctivo ás pessoas encarregadas de aquartelar tropa. *A pendon herido (loc. adv.);* a pendão ferido; com toda a força, com toda a diligencia ou ligeireza. *Catervatim vel turmatim:* — *y caldera;* pendão e caldeira; privilegio que tinham os nobres de Portugal e Castella de trazerem na guerra, como divisa, um pendão, em signal de que podiam armar gente, e uma caldeira em signal de que a sustentavam á sua custa. *Vexillum ahenum equitibus concessum. Alzar ó levantar pendones (fr.)* V. *Proclamar. Seguir el pendon de alguno (fr. mil.);* seguir o pendão de alguem, alistar-se debaixo das suas bandeiras. *Sub alicujus vexillo mereri:* — *(br.)* pendão; especie de guião, antigo estandarte de cavalleiro. *In stemmatibus vexillum.*

Pendra. *f. (ant.)* V. *Prenda,* por transposição.

Pendrar. *a. (ant.)* V. *Prendar,* por transposição.

Penduliflobo, ra. *adj. (bot.)* Pendulifloro; applica-se á planta que tem as flores pendentes pela curvatura dos pedunculos.

Pendulifoliado, da. *adj. (bot.)* Pendulifoliado; diz-se da planta que tem as folhas pendentes.

Péndulo, la. *adj.* Pendulo, suspenso, pendente:—*m. (astr.)* pendulo; relogio ou pendula de construcção particular, para que o seu movimento seja uniforme e regulado pelo tempo medio; chama-se tambem pendulo astronomico: — *(phys.)* pendulo; qualquer corpo grave pendente de um fio que póde mover-se livremente ou vibrar-se descrevendo arcos de circulo. *Quodlibet, corpus pendulum.*

Pene. *m. (anat.)* Penis, membro viril; orgão da copula no homem.

Penea. *f. (bot.)* Penea; genero de plantas da familia das peneaceas.

Peneáceas. *f. pl. (bot.)* Peneaceas; familia de plantas dicotyledoneas apétalas e perigynas.

Penedencia. *f. (ant.)* V. *Penitencia.*

Penedencial. *s. (ant.)* V. *Penitencial.*

Penedo. *m. (prov.)* Penedo. V. *Peña, Peñasco.*

Penejar, Penejear. *m.* V. *Balanzear.*

Penel. *m. (ant.)* V. *Cataviento.*

Penélope. *f. (zool.)* Penelope; genero de aves da ordem das gallinaceas, cujas especies são herbivoras.

Peneque. *m. (fam.)* Borracho; aquelle que está embriagado. *Ebrius.*

Peneste. *m. (zool.)* Penestes; genero de insectos coleopteros tetrameros, da familia dos curculionidos.

Penetencial. *s. (ant.)* V. *Penitencial.*

Penetrabilidad *f.* Penetrabilidade; qualidade de penetravel. *Penetrabilium qualitas.*

Penetrable. *adj.* Penetravel; que se póde penetrar. *Penetrabilis, e:* — *(fig.)* penetravel, comprehensivel, intelligivel. *Quod mente capi potest.*

Penetracion. *f.* Penetração; acção e effeito de penetrar. *Callendi prompta facultas, eximia, celer:* — penetração, perspicacia, agudeza de engenho. *Calliditas, ingenii acumen:* — penetração; intelligencia, comprehensão cabal de alguma cousa difficil, pouco intelligivel. *Cognitio, intelligentia.*

Penetrador, ra. *s.* Penetrador, intelligente, sagaz, perspicaz. Usa-se tambem como adjectivo. *Penetrans, intelligens, intus agnoscens.*

Penetrante. *adj.* Penetrante; que penetra. *Penetrans, acutus:* — penetrante, profundo, fallando de uma ferida, etc. *Altum, profundum vulnus:* — penetrante, aguda, forte, elevada, fallando da voz. *Vox sonora, acuta, resona, alta.*

Penetrar. *a.* Penetrar; entrar, introduzir-se pelos poros, no interior, etc. *Penetrare:* — penetrar; comprehender alguma cousa difficil, entende-la bem. *Callere, intus agnoscere:* — *n.* penetrar; introduzir-se nó interior de algum espaço, aindaque haja difficuldades a vencer. *Penetrare, permeare.* Usa-se tambem como reciproco: — penetrar; fazer-se sentir com violencia, o frio, etc. *Vehementer afficere:* — *(fig.)* penetrar; tocar, ferir o interior da alma qualquer sentimento forte. *Animum vehementer afficere:* — *r. (fig.)* penetrar-se de alguma cousa, convencer-se, persuadir-se.

Penetrativo, va. *adj.* Penetrativo; que penetra ou é capaz de penetrar. *Penetrabilis, penetrandi vim habens.*

Penféride. *m. (zool.)* Pemphéride; genero de peixes acanthopterygios.

Peneide. *m. (bot.)* Pemphis *(campainha);* genero de plantas da familia das lythrarias.

Pénfigo. *m. (med.)* Pemphygo; affecção cutanea caracterisada por certas bolhas que produzem calor, algumas vezes dor, enchendo-se de serosidade que despejam, deixando crostas delgadas.

Penfigoda *adj. (med.)* Pemphygoda; qualificação dada á febre acompanhada do pemphygo.

Penfredo. *m. (zool.)* Pemphredon; genero de insectos hymenopteros da familia dos crabronios.

Penia. *f. (zool.)* Penia; genero de insectos coleopteros pentameros da familia dos sternoxos.

Penicilaria. *f. (bot.)* Penicillaria *(pincel)*; genero de plantas da familia das gramineas, tribu das paniceas.

Penijero, ra. *adj. (poes.)* Alado; que tem azas. *Alatus, a, um.*

Penino. *m. (p. Cub.)* V. *Pinico.*

Península. *f.* Peninsula; porção mais ou menos consideravel de terra, cercada de agua e só por uma parte está unida e tem communicação com a terra. *Peninsula, æ.*

Peninsular. *adj.* Peninsular; pertencente á peninsula: — *s.* peninsular; natural, habitante de uma peninsula.

Penique. *m.* Penny; moeda de cobre ingleza, que vale a duodecima parte de um shelling.

Peniscal. *m. (ant.)* V. *Peñascal, Peñasco.*

Penisla. *f. (ant.)* V. *Península.*

Penitencia. *f.* Penitencia; acto de mortificação interior ou exterior. *Mortificatio voluntaria, pœnitentiæ exercitium:* — penitencia; arrependimento, dor do peccado. *Admissi peccati dolor:* — penitencia; castigo publico imposto pela inquisição, e tambem a casa onde viviam os penitenciados. *Rei ab ecclesiastico judici damnati pœna. Ipsa domus qua clausus pœnam subibat:* — *(ant.)* V. *Perdon. Hacer penitencia (fr.);* fazer penitencia; comer parcamente. *Por penitencias mal cumplidas;* por penitencias mal cumpridas, por meus peccados. *Pro peccatis non expiatis:* — *(rel.)* penitencia, confissão. *Pœnitentiæ sacramentum:* — penitencia; arrependimento de ter peccado. *Pœnitentia, virtus:* — penitencia; mortificação corporal. *Christiana corporis maceratio:* — penitencia; pena que o confessor impõe ao penitente. *Pœna confitenti crimina a sacerdote imposita:* — *canónica;* penitencia canonica; penitencia publica imposta pelos sagrados canones. *Pœna canonica:* — *solemne;* penitencia solemne; a que era publica e tinha logar ordinariamente durante a quaresma. *Salmos de la penitencia;* psalmos penitenciaes; são os sete psalmos de David. *Tribunal de la penitencia;* tribunal da penitencia; o confessionario. *Confessarii sedes.*

Penitenciado, da. *adj.* Penitenciado; applicava-se á pessoa castigada pela inquisição. Usa-se tambem como adjectivo substantivado. *Ab ecclesiastico judice pœnæ damnatus.*

Penitencial. *adj.* Penitencial; da penitencia, relativo á penitencia. *Ad pœnitentiam pertinens:* — *m. (rel.)* penitencial; livro que regula as penitencias. *Cánones penitenciales;* canones penitenciaes; canones da Igreja primitiva, relativos á penitencia publica.

Penitenciar. *a.* Penitenciar; impor penitencia. *Quæsitores fidei pœna multare aliquem, punire.*

Penitenciaría. *f.* Penitenciaria; tribunal, da côrte de Roma, presidido por um cardeal, para expedir bulas, dispensas, etc. *Ecclesiasticum tribunal ita dictum:* — penitenciaria; dignidade, funcção, cargo de penitenciario. *Pœnitentiarii munus:* — *(neol.)* penitenciaria; edificio publico construido de um modo conveniente para castigo dos delinquentes.

Penitenciario, ria. *adj.* Penitenciario, penitencial; pertencente á penitencia. *Pœnitentialis, e:* — *m.* confessor sacerdote que ouve de confissão e tem o direito de impor penitencia. *Sacerdos ministrando pœnitentiæ sacramento deserviens:* — penitenciario; cardeal que preside á penitenciaria em Roma. *Summus pœnitentiarius. Sistema penitenciario (jur.);* systema penitenciario; systema adoptado e posto em pratica em algumas nações, o qual consiste em excitar na alma do culpado remorsos capazes de attrahir-lhe a virtude.

Penitencieria. *f. (ant.)* V. *Penitenciaría,* na primeira acepção.

Penitenciero, ra. *adj. (ant.)* V. *Penitenciario.*

Penitente. *adj.* Penitente; relativo á penitencia. *Pœnitentiam præferens, indicans:* — penitente; que tem penitencia: — *s.* penitente; que faz penitencia. *Pœnitens, pœnitentiam agens:* — penitente; o que confessa os seus peccados a algum sacerdote. *Pœnitens, tis:* — penitente; aquelle que nas procissões da Semana Santa ía vestido com uma tunica, fazendo penitencia. *Qui cultu habituve aspero vel humili pœnitentiam agebat:* — *(fam.)* companheiro, camarada, consocio. *Complex, socius:* — *m. pl. (rel.)* penitentes; religiosos da ordem terceira de S. Francisco.

Penitentísimo, ma. *adj. sup.* de *Penitente.* Penitentissimo. *Valdè pœnitens.*

Pennáceo, cea. *adj. (bot.* e *zool.)* Pennaceo; similhante a uma penna.

Pennado, da. *adj. (bot.)* Pennado; diz-se das folhas compostas, cujos foliolos estão dispostos ao lado de um peciolo commum.

Pennantia. *f. (bot.)* Pennantia; genero de plantas dicotyledoneas, de flores prolygamas.

Pennátula. *f. (zool.)* Pennatula *(pena)*; genero de polypos alcyonideos da familia dos pennatularios.

Pennatularios. *m. pl. (zool.)* Pennatularios; familia de

polyperos da classe dos zoophytos.

PENNIFORME. *adj.* *(anat.)* Penniforme; em fôrma de penna. *Músculos penniformes;* musculos penniformes; aquelles que nas suas inserções vão atar-se a um tendão central.

PENNINA. *f.* *(min.)* Pennina; variedade de chlorito que se encontra em massas crystallisadas.

PENNO. *m.* *(ant.)* V. *Peño.*

PÉNNORA. *f.* *(ant.)* V. *Multa, Pena.*

PENNORAR. *a.* *(ant.)* V. *Prendar.*

PENO, NA. *s.* Punico, carthaginez; natural de Carthago na Africa. *Cartaginiensis, e.*

PENOL. *m.* *(naut.)* Penol; a ponta das vergas. *Pali nautici acumen vel extremum:* — penol; a parte da véla immediata á ponta da verga. *Apaga penoles (fr.);* largar os apagapenoes. *A toca penoles;* a toca penoes; usa-se para significar que uma embarcação passa muito perto de outra. *Tener mucho o poco penol;* ter grande ou pequeno penol. *Salir al penol;* subir ao penol, ao lais.

PENOSAMENTE. *adv. m.* Penosamente; com pena, com trabalho. *Molestè, ægrè, acerbè.*

PENOSÍSIMO, MA. *adj. sup.* de *Penoso.* Penosissimo. *Acerbissimus, molestissimus.*

PENOSO, SA. *adj.* Penoso; que causa pena. *Acerbus, molestus:* — afflicto, molestado. *Dolore afflictus:* — *(fam.)* peralvilho, peralta, casquilho, presumido. *Corporis formam elegantiamque jactans.*

PENSADOR, RA. *s.* Pensador; o que pensa ou reflecte.

PENSAMIENTO. *m.* Pensamento; a faculdade de pensar. *Mens, animi sensus; vis cogitandi:* — pensamento; acção e effeito de pensar. *Cogitatio, meditatio, imaginatio:* — pensamento, suspeita, malicia, receio. *Suspicio, onis:* — pensamento; idéa principal de qualquer escripto: — *(fig.)* pensamento; ligeireza, promptidão extrema. *Celeritas summa:* — *(germ.)* V. *Bodegon. Beber los pensamientos a alguno (fr.);* adivinhar, a alguem os pensamentos. *Alterius cogitata præsagire, ut promptius ea exequatur. Derramar el pensamiento;* divertir, distrahir o pensamento. *Mentem recreare:* — *(bot.)* pensamento; especie de plantas do genero violeta: — *(pint.* e *esculpt.)* pensamento, esboço, bosquejo; primeiros traços que dão os professores para a composição de uma obra que imaginaram. *Prima picturæ lineamenta. Consentir en un pensamiento (rel);* consentir n'um pensamento, entreter-se com elle, desejar pô-lo em pratica.

PENSAR. *a.* Pensar, imaginar, cogitar, meditar. *Meditari:* — pensar, reflexionar, examinar com cuidado. *Considerare, perpendere:* — pensar, formar animo de fazer alguma cousa. *Deliberare, decernere:* — pensar; tratar do sustento, limpeza, etc., dos animaes. *Pascere jumenta, jumentis alimentum præbere:* — *(ant.)* pensar; alimentar, dar de comer ás pessoas: — *n.* pensar, julgar, formar conceitos: — pensar; estar perto, em risco de: — *(fig.)* V. *Parecer:* — *(ant.)* pensar; cuidar do sustento e mais cousas necessarias a uma pessoa. *Pensar en lo escusado (fr.);* formar castellos no ar, tentar impossiveis. *Difficilia vel impossibilia tentare. Dar en qué pensar;* dar em que pensar. *Suspicioni ansam præbere. De pensado (loc. adv.);* de pensado ou sobrepensado, de proposito. *Consultè. Sin pensar;* sem pensar, de improviso, inesperadamente. *Improvisè, inopinatò.*

PENSATIVO, VA. *adj.* Pensativo, cuidadoso; embebido em algum pensamento. *Cogitabundus, meditabundus.*

PENSEQUE. *m.* *(fam.)* Erro desculpavel, descuido ligeiro, falta de pensar. *Credebam; in mentem venit; existimabam.*

PENSIER. *m.* *(bot.)* V. *Trinitaria.*

PENSIL. *adj.* Pensil; levantado do chão, suspenso no ar; diz-se dos jardins formados sobre um terraço, á imitação dos de Babylonia. *Hortus pensilis, valdè amœnus.*

PENSION. *f.* Pensão; renda annual que se paga perpetua ou temporariamente, por qualquer cousa. *Onus, census, canon:* — pensão; tença annual que el-rei dá por algum serviço, ou que é imposta sobre qualquer officio ou emprego. *Pensio, onis:* — pensão; parte de congrua que o beneficiado deve dar a alguem. *Census, ûs:* — pensão; preço que alguem dá pela comida e instrucção que recebe: — *(fig.)* pensão; trabalho, encargo inherente á posse ou goso de qualquer cousa. *Onus, pensum:* — *bancaria;* pensão bancaria; renda de capital depositado no banco de Roma. *Census in domo argentaria constitutus. Casar la pension (fr.);* remir, comprar a pensão, livrar um beneficio da pensão imposta, pagando por uma só vez a quantia ajustada. *Pensionem extinguere, redimere.*

PENSIONADO, DA. *adj.* Pensionado; que tem ou recebe alguma pensão.

PENSIONAR. *a.* Pensionar; impor encargo, pensão. *Pensionem imponere, onere, gravare:* — pensionar; conceder, dar pensão. *Pensionem concedere.*

PENSIONARIO, RIA. *m.* Pensionario; que paga pensão. *Pensione gravatus:* — pensionario, conselheiro, advogado, homem de letras em alguma republica. *In dignitate litteraria constitutus.*

PENSIONISTA. *s* Pensionista; aquelle que tem direito a receber e gosar uma pensão. *Qui pensione gaudet:* — pensionista; estudante que paga pensão ao collegio onde está. *Alumnus, i.*

PENSOSO, SA. *adj.* *(ant.)* V. *Pensativo.*

PENTA. *f.* Penta; palavra grega que significa cinco.

PENTACANTO, TA. *adj.* *(zool.* e *bot.)* Pentacantho; que tem cinco espinhas.

PENTACARPO, PA. *adj.* *(bot.)* Pentacarpo; diz-se do fructo que se compõe de cinco carpellos ou fructos pequenos.

Pentacontaedro, dra. *adj. (min.)* Pentacontaedro; diz-se de um crystal mineral, cuja superficie se compõe de cincoenta faces.

Pentacórdeo. *m. (mus. ant.)* Pentacordeo; lyra dos antigos que tinha cinco cordas.

Pentacosmia. *f. (zool.)* Pentacosmia; genero de insectos coleopteros subpentameros da familia dos longicornes.

Pentacotomo, ma. *adj. (bot.)* Pentacotomo; que se divide em cinco partes.

Pentacrino. *m. (zool.)* Pentacrino; genero de echinodermes crinoideos.

Pentacripto. *m. (bot.)* Pentacrypto; genero de plantas da familia das umbelliferas.

Pentacróstico, ca. *adj.* Pentacrostico; epitheto dado aos versos que têem cinco acrosticos.

Pentadáctilo. *m. (bot.)* V. *Personia:* — *adj.* pentadactylo; que tem cinco divisões em fórma de dedos: — *adj. (zool.)* pentadactylo; applica-se ao insecto que tem nas azas cinco divisões, duas nas superiores e tres nas inferiores: — *m. pl.* pentadactylos; familia de mammiferos que comprehende as que têem cinco dedos nos pés dianteiros: — pentadactylos; familia de pachidermes composta dos que têem cinco dedos em todos os pés.

Pentadecágono. *m. (math.)* Pentadecagono; que tem quinze lados e quinze angulos.

Pentadesma. *f. (bot.)* Pentadesma; genero de plantas da familia das clusiaceas.

Pentaedro. *m. (math.)* Pentaedro; figura solida, terminada por cinco faces.

Pentaexaedro, dra. *adj. (min.)* Pentaexaedro; diz-se do crystal mineral, cuja superficie tem cinco ordens de facetas, collocadas seis a seis umas sobre outras.

Pentafillo. *m. (zool.)* Pentaphyllo *(cinco folhas);* genero de insectos coleopteros heteromeros, da familia dos taxicornes.

Pentafragma. *f. (bot.)* Pentaphragma; genero de plantas da familia das goodeniaceas.

Pentagonal. *adj. (math.)* Pentagonal; que tem a fôrma de um pentagono.

Pentágono. *m. (math.)* Pentagono; figura terminada por cinco lados ou linhas rectas. *Pentagonus, i.*

Pentagrafía. *f.* Pentagraphia; arte de copiar um plano ou estampa com o pentagrapho.

Pentágrafo. *m.* Pentagrapho; instrumento que serve para copiar planos e estampas.

Pentágrama. *m. (mus.)* Pentagramma; as cinco linhas do papel pautada, em que se escrevem as notas de musica. *Pentagramma, tis.*

Pentahídrico, ca. *adj. (chim.)* Pentahydrico; que contém cinco vezes tanto hydrogenio como outro composto do mesmo genero.

Pentajinia. *adj. (bot.)* Pentagynia *(cinco pistillos);* ordem de plantas, no systema sexual de Linneu, caracterisadas por terem cinco pistillos nas flores.

Pentagyno, na. *adj. (bot.)* Pentagyno; que tem cinco pistillos.

Pentalépido, da. *adj. (zool. e bot.)* Pentalepido; que tem cinco escamas.

Pentaloba. *f. (bot.)* Pentaloba; genero de plantas da familia das violariadas.

Pentámero. *m. (zool.)* Pentamero *(cinco partes);* genero de molluscos da familia dos brachiopodas: — *m. pl.* pentameros; secção de insectos da ordem dos coleopteros.

Pentámetro. *m. (poes.)* Pentametro; verso grego ou latino que consta de cinco pés. *Pentameter, tri.*

Pentamiron. *m. (pharm.)* Pentamiron; unguento chamado antigamente das cinco substancias.

Pentandria. *f. (bot.)* Pentandria *(cinco estames);* classe de plantas, do systema sexual de Linneu.

Pentándrico, ca. *adj. (bot.)* Pentandrico; pertencente á pentandria.

Pentandro, dra. *adj. (bot.)* Pentandro; que tem cinco estames.

Pentangular. *adj.* Pentangular; que tem cinco angulos.

Pentantéreo, rea. *adj. (bot.)* Pentanthereo; que tem cinco antheras.

Pentanto. *m. (bot.)* Pentantho *(cinco flores);* genero de plantas da familia das compostas labiatifloras.

Pentapasma. *f. (bot.)* V. *Discaria.*

Pentapétalo, la. *adj. (bot.)* Pentapetalo; diz-se da corolla composta de cinco petalas.

Pentapete. *f. (bot.)* Pentapetes *(que tem cinco folhas);* genero de plantas da familia das malvaceas.

Pentaplostémono, na. *adj. (bot.)* Pentaplostemono; diz-se da flor cujos estames são em numero cinco vezes maior do que as divisões da corolla.

Pentápoli. *f.* Pentapole; territorio que comprehende cinco cidades importantes.

Pentáptera. *f. (bot.)* Pentaptera *(cinco azas);* genero de plantas da familia das combretaceas.

Pentaptéride. *m. (bot.)* V. *Miriofillo.*

Pentaqueno. *m. (bot.)* Pentacheno; fructo simples formado por um ovario adherente ao calice, que quando amadurece se divide em cinco lobulos.

Pentarafia. *f. (bot.)* V. *Conradia.*

Pentarca. *m.* Pentarcha; cada um dos cinco individuos que compõem o governo supremo de um estado pentarchico.

Pentarómbico, ca. *adj. (min.)* Pentarhomboide; diz-se do crystal mineral que tem por faces cinco rhombos.

Pentarquía. *f.* Pentarchia; governo composto de cinco individuos: — pentarchia; dignidade de pentarcha.

Pentárquico, ca. *adj.* Pentarchico; que pertence á pentarchia.

Pentasemo. *m.* Pentasemo; pé de verso, que consta de cinco syllabas.

Pentasépalo, la. *adj. (bot.)* Pentasepalo; que se compõe de cinco sepalas.

PENTASÍLABO, BA. *adj. (gram.)* Pentasyllabo; de cinco syllabas.

PENTASPERMO, MA. *adj. (bot.)* Pentaspermo; que contém cinco sementes.

PENTÁSTICO, CA. *adj. (archit.)* Pentastico; diz-se do portico que tem cinco ordens de columnas: — *(poes.)* pentastico; diz-se da composição que consta de cinco versos.

PENTATEUCO. *m.* Pentateuco; parte da Biblia que comprehende os cinco primeiros livros do Velho Testamento escriptos por Moysés. *Pentatheucus, i:* — *quirúrjico (med.);* pentateuco cirurgico; nome dado á divisão das doenças cirurgicas em cinco classes. Esta classificação acha-se hoje abandonada.

PENTATONO. *m. (mus. ant.)* Pentatono; intervallo de cinco tons na musica grega.

PENTAUREA. *f. (min.)* Pentaurea; mina de ferro magnetico.

PENTEA. *f. (zool.)* Penthea *(lugubre);* genero de insectos coleopteros pentameros da familia dos longicornes.

PENTECONTACORDIO. *m. (mus.)* Pentecontacordio; instrumento que tem cincoenta cordas desiguaes.

PENTECONTAEDRO, DRA. *adj. (min.)* Pentecontaedro; diz-se do mineral cujos crystaes apresentam cincoenta faces.

PENTECOSTARIO, PENTECOSTERO. *m.* Pentecostario; livro que contém o officio desde a Paschoa da Resurreição até ao Pentecostes.

PENTECOSTES. *m.* Pentecostes; festa dos judeus, instituida em memoria da lei que Deus lhes deu no monte Sinai: — pentecostes; domingo do Espirito Santo. *Pentecoste.*

PENTEDECÁGONO. *m. (math.)* V. *Pentadecágono.*

PENTELICANO. *m. (min.)* Pentelicano; marmore de que falla Theophrasto, e que provavelmente é o marmore penthelico:

PENTÉLICO. *m. (min.)* V. *Mármol.*

PENTEMIMERIS. *f. (poes.)* Pentemimeris; cesura do verso pentametro.

PENTEREME. *f.* Pentereme; embarcação de cinco ordens de remos.

PENTESÍLABO. *m. (poes.)* Pentesyllabo; verso que consta de cinco syllabas. *Pentesyllabicus versus.*

PENTETRIA. *f. (zool.)* Penthetria; genero de insectos dipteros nemoceros da familia dos tipularios.

PENTÓFERA. *f. (zool.)* Penthophera; genero de insectos lepidopteros nocturnos da tribu dos lipanidos.

PENTORO. *f. (bot.)* Penthoro; genero de plantas da familia das crassulaceas.

PENÚLTIMO, MA. *adj.* Penultimo; que está immediatamente antes do ultimo. *Penultimus, a, um.*

PENUMBRA. *f. (astr.)* Penumbra; luz fraca dos eclipses. *Penumbra, æ:* — *(phys.)* penumbra; a parte da sombra alumiada pela luz refracta de algum corpo luminoso. *Penumbra, æ.*

PENURIA. *f.* Penuria; falta do necessario, mingua. *Penuria, inopia.*

PEÑA. *f.* Penedo; pedra grossa por lavrar. *Rupes, petra:* — *(ant.)* V. *Piel:* — *(fig. ant.)* abrigo, amparo: — *pl. (fr. germ.)* com que se avisa alguem para que se retire ou fuja: — *furada (p. Ast.);* penha, rochedo furado: — *vera;* pelle mui branca como a do arminho: — *viva* o *piedra viva;* penha, rocha, roca, rochedo. *Saxum, i. Durar por peñas (fr.);* durar por eternidades; diz-se de qualquer cousa que por ser de boa qualidade dura muito tempo. *Diutissimè durare, subsistere.*

PEÑADO. *m. (ant.)* V. *Peñasco, Peña.*

PEÑARSE. *r. (germ.)* Escapulir-se, safar-se, escapar-se, ir-se fugindo.

PEÑASCAL. *m.* Penedia; sitio cheio de penedos, de penhascos. *Saxetum, i.*

PEÑASCARÓ. *m. (germ.)* Aguardente.

PEÑASCO. *m.* Penhasco; penha grande e elevada. *Scopulus, cautes:* — *(comm.)* certo panno de muita duração. *Tela quædam lanea.*

PEÑASCOSO, SA. *adj.* Penhascoso; cheio de penhascos. *Saxosus, a, um.*

PEÑASQUERÍA. *f.* Penedia; muitos penedos juntos.

PEÑEDO. *m. (prov.)* V. *Peña, Peñasco.*

PEÑÍSCOLA. *f. (ant.)* V. *Península.*

PEÑO, ÑA. *s.* V. *Espósito:* — *m. (ant.)* V. *Prenda.*

PEÑOL. *m.* V. *Peñon:* — *(ant. naut.)* V. *Penol.*

PEÑOLA. *f. (ant.)* V. *Pluma.*

PEÑOLISTA. *s. (ant.)* V. *Pendolista.*

PEÑON. *m.* Penedio; monte, grupo de penhas ou rochedos. *Alta vel prægrandis rupes.*

PEÑORA. *f. (prov.)* V. *Pena, Prenda.*

PEÑORAR. *a. (prov.)* Tomar prenda.

PEÑUELA. *f. dim.* de *Peña.* Penhasinha.

PEON. *m.* Peão; aquelle que anda a pé. *Pedes, itis:* — operario, trabalhador, jornaleiro. *Mercenarius, operarius:* — peão, infante, soldado de pé. *Miles qui pedibus meretur:* — animal que move uma atafona ou nora: — peão; peça conica de madeira com que jogam os rapazes. *Trochus, turbo:* — peão; peça do jogo do xadrez. *Latrunculus, i:* — V. *Colmena:* — *(p. A. M.)* peão; moço destinado a certo serviço de lavoura: — *caminero;* cantoneiro; homem destinado á conservação e reparo dos caminhos. *A peon (fr.)* V. *A piè. Contra peon hecho dama, no para pieza en tabla (rif.);* quem quizer conhecer o villão metta-lhe a vara na mão. *Cave à plebejo homine ad nobilium ordinem evecto:* — peon; pé de verso de quatro syllabas uma longa e tres breves. *Pæon, is:* — *(naut.)* peão; madeiro ferrado que forma o centro do cabrestante e sobre o qual se move horisontalmente.

PEONADA. *f.* Jornal; o que um peão ou jornaleiro trabalha n'um dia. *Opera diurna:* —

peonagem; gente de pé, tropa de infanteria. *Pagar la peonada (fr. fig.);* não ficar atrás, pagar na mesma moeda. *Vices reddere.*

PEONAJE. *m.* Peonagem; multidão de peões ou soldados de infanteria. *Peditatus, us:* — partido de trabalhadores ou jornaleiros que trabalham em alguma obra. *Operariorum copia.*

PEONCICO, LLO, TO. *m. dim.* de *Peon.* Peãosinho.

PEONERÍA. *f.* Geira; medida de terra que um homem póde lavrar n'um dia. *Jugerum, i:* — *(ant.)* V. *Peonaje,* na primeira accepção.

PEONERO. *m. (ant.)* Peão, soldado de infanteria.

PEONÍA. *f.* Porção de terra dada antigamente a cada soldado de pé depois da conquista de um paiz, para seu estabelecimento. *Agri mensura quædam:* — porção de terra que nas Indias se póde lavrar n'um dia. *Jugerum, i:* — *(p. Ar.)* V. *Peonada:* — *(bot.)* péonia; genero de plantas monocotyledoneas polypetalas, da familia das ranunculaceas.

PEÓNICO, CA. *adj. (poes.)* Peonico; pertencente ao pé metrico chamado peon.

PEONZA. *f.* Pitorra; especie de peão sem bico de ferro. *Trochus, i:* — zigue-zigue; pessoa inquieta e buliçosa. *Ardelio; homo mobilitate trochum referens. A peonza (loc. adv. fam.)* V. *A piè:* — *(zool.)* V. *Troco.*

PEOR. *adj.* Peior; que é de má condição, inferior a outra cousa com que se compara. *Deterior, pejor:* — *adv.* peior, mais mal, com peioria. *Pejùs:* — *es lo roto que lo descosido (fr. fam.);* é peior a emenda que o soneto. *Malum malo pejus:* — *que peor;* de mal para peior. *Quod pejus vel deterius est. Llevar lo peor;* levar a peior, ficar vencido.

PEORAR. *a. (ant.)* Peiorar. V. *Empeorar.* Usa-se tambem como reciproco.

PEORÍA. *f.* Peioria, peioramento, deterioração; a qualidade de ser peior.

PEORMENTE. *adv.* Peiormente, com peioria. *Indeterius ruens.*

PEORUS. *f. (ant.)* Peorus; certa pedra preciosa.

PEPASMO. *m. (med.)* Pepasmo; estado de certas enfermidades, em que os humores, pelos esforços da natureza e pela efficacia dos remedios, experimentam certa modificação na sua qualidade e quantidade, com que deixam de ser nocivos.

PEPÁSTICO, CA. *adj. (med.)* V. *Dijestivo.*

PEPERIDIO. *m. (bot.)* V. *Renealnia.*

PEPERINA. *f. (geol.)* Peperina; rocha branda, de côr parda, amarella ou vermelha, que se encontra nos terrenos vulcanicos: — *esponjosa,* peperina esponjosa; variedade de pedra pomes.

PEPERINO. *m. (geol.)* V. *Peperina:* — peperino; dá-se este nome á especie typica da peperina, para a differençar das outras especies que mais ou menos se parecem com a pedra pomes.

PEPERITA. *f. (geol.)* Peperita; tufo vulcanico de côr vermelha.

PEPEROMIA. *f. (bot.)* Peperomia; genero de plantas dicotyledoneas da familia das piperaceas.

PEPIAN. *m.* V. *Pipian.*

PEPINAR. *m.* Pepinal; logar ou terra plantada de pepinos. *Locus cucumeribus consitus.*

PEPINAZO. *m. augm.* de *Pepino.*

PEPINICO, LLO, TO. *m. dim.* de *Pepino.*

PEPINO. *m.* Pepino; o fructo da planta chamada pepineiro. *No dársele un pepino (fr.);* não valer uma pitada de rapé. *Parvi vel flocci facere:* — *(bot.)* pepineiro; especie de plantas que têem as flores amarellas, sendo umas masculinas e outras femininas: — *del diablo* V. *Cohombrillo.*

PÉPION. *m.* Moeda miuda que se usava em Castella no seculo XIII. *Nummi antiqui genus.*

PEPITA. *f.* Pevide; semente de alguns fructos como melões, peras, etc. *Nucleus fructuum:* — pevide; doença na lingua das gallinhas. *Pituita, æ:* — pedaço de oiro puro e nativo. *Auri nativi frustum:* — area de oiro que se encontra em alguns rios. *Auri arena:* — *de San Ignacio;* fava de Santo Ignacio; semente que se encontra no fructo de uma arvore indigena das Indias Orientaes. *Con la pepita del alma (loc. adv. fam.);* com bastante custo, com pouca vontade, mas mostrando cara alegre. *No tener pepita en la lengua (fr. fam.);* não ter pevide na lingua; ser despejado em fallar. *Liberè loqui.*

PEPITAÑA. *f.* Pipia; canna do trigo ou cevada em que os rapazes assopram tirando um som mui agudo.

PEPITORIA. *f.* Pepitoria; guisado feito das azas, pescoços e miudos das aves. *Condimentum ex avium minutiis vel trunculis:* — *(fig.)* miscellanea; mistura de muitas cousas. *Miscellanea, æ.*

PEPITOSO, SA. *adj.* Pevidoso; que abunda em pevides. *Nucleis abundans:* — pevidosa; applica-se á gallinha quando tem pevide. *Aves pituita laborans.*

PEPLEGMENON. *m. (ant. mil.)* Peplegmenon; evolução usada na milicia grega que dava ao corpo de exercito a fôrma de uma meia lua ou de umas tenazes.

PEPON. *m.* V. *Sandía.*

PEPSIA. *f. (med.)* Pepsia; cocção que experimentam os alimentos no estomago para poderem ser assimilados.

PÉPSIDE. *m. (zool.)* Pepsis; genero de insectos hymenopteros, da familia dos sphegidos.

PEQUEÑAMENTE. *adv. m.* Pequenamente, com pequenez. *Parvè, exiguè.*

PEQUEÑEZ. *f.* Pequenez; qualidade de pequeno. *Parvitas, exiguitas:* — pequenez, infancia; idade muito nova. *Puerorum ætas:* — *(fig.)* pequenez, humildade, abatimento. *Humilitas, tis.*

PEQUEÑEZA. *f. (ant.)* Pequenineza. V. *Pequeñez.*

PEQUEÑÍSIMO, MA. *adj. sup.* de *Pequeño.* Pequenissimo. *Minimus, a, um.*

PEQUEÑITO, TA. *adj. dim.* de *Pequeño.* Pequenino, pequenete.

PEQUEÑO, ÑA. *adj.* Pequeno, curto, limitado; que tem pouca extensão, pouco volume. *Parvus, brevis:* — pequeno, menino, creança, de mui pouca idade. *Parvulus, pusillus:* — pequeno, humilde, baixo, submisso. *Demissus, pusillanimis, abjectus:* — *(fig.)* pequeno; pouco consideravel, sem importancia. *Parvus, modicus.*

PEQUEÑUELO, LA. *adj. dim.* de *Pequeño.* Pequenino.

PEQUILLA, TA. *f. dim.* de *Peca.*

PEQUIN. *m. (com.)* Pequin; estofo de seda chinez. *Telæ sericæ genus.*

PER. Per; proposição que entra na composição de muitos nomes e verbos, servindo ordinariamente para lhe augmentar a significação: — *(ant.)* V. *Por.*

PERA. *f.* Pera; fructo da pereira. *Pirum, i:* — pera; porção de barba que se deixa crescer na ponta do queixo. *Barbæ pars apicem menti tegens:* — *(fig.)* renda ou vida lucrativa e descansada. *Nummorum summa; longa crumena:* — *calabacil;* pera cabaça. *Piri varietas. Como pera en tabaque (fr.);* como castanha no ouriço; diz-se d'aquellas cousas que se guardam com grande cuidado e reserva. *Studiosè vel accuratè reservatum. Dar para peras;* dar para peras; especie de ameaça. *Castigare, colaphis multare. Escojer como entre peras;* escolher á vontade, escolher o melhor para si. *Ex arbitrio seligere. Partir peras con alguno;* partir peras com alguem; tratar alguem com familiaridade e franqueza. *Alio familiariter uti. Pedir peras al olmo;* pedir peras ao olmo; pedir impossiveis. *Hircum mulgere, æthiopem dealbare. Poner las peras a cuatro ó a ocho;* apertar com alguem, obrigando-o a fazer alguma cousa contra sua vontade. *Rationes exigere, severè objurgare. La pera y la doncella, la que calla es buena (rif.).* V. *Mujer. Quien dice mal de la pera, ese la lleva;* quem desdenha quer comprar. *Qui respuere affectat, ipse appetit:* — *(bot.)* pera; genero de plantas da familia das euphorbiaceas.

PERADA. *f.* Perada; doce, conserva de peras. *Salgama ex piro fricato et sacharo condita.*

PERAGRACION. *f. (astr.)* Peragração; tempo que a lua gasta em percorrer o zodiaco.

PERAILE. *s. (ant.)* V. *Pelaire.*

PERAL. *f. (bot.)* Pereira; genero de plantas dicotyledoneas, da familia das pomaceas, e da icosandria pentagynea no systema sexual de Linneu.

PERALEDA. *f.* Peral ou pereiral; pomar de pereiras. *Locus piris consitus.*

PERALTAR. *a. (arch.)* Elevar um arco de uma abobada ou cupula em fôrma parabolica. *Fornicem supra circuli modum arcuare.*

PERAMELO. *m. (zool.)* Peramelo *(texugo com bolsa);* genero de mammiferos da ordem dos marsupiaes.

PERÁMIDE. *m. (zool.)* Piramys *(rato com bolsa);* genero de mammiferos marsupiaes.

PERANTON. *m.* V. *Mirabel:* — V. *Pericon,* na sua segunda accepção: — *(fig. fam.)* arganaz; pessoa muito alta. *Procerus homo.*

PERATOSCOPIA. *f.* Peratoscopia; adivinhação feita pelos phenomenos aereos.

PERATÓSCOPO, PA. *s.* Peratoscopo; o que exerce a peratoscopia.

PERAZA. *f. (ant.)* Pera de pereira enxertada.

PERCA. *f. (zool.)* Perca; genero de peixes acanthopterygios, da familia dos percoides.

PERCADOR. *m. (germ.)* Ladrão que usa de gazua para roubar.

PERCAL. *m. (com.)* Especie de panninho fino de algodão.

PERCALINA. *f. (com.)* Panninho de lustro, que serve principalmente para forros.

PERCANCE. *m.* Percalço; gages, emolumento, lucro alem do ordenado. Usa-se ordinariamente no plural. *Emolumenta, lucellum:* — desgraça, contratempo, successo infeliz. *Percances del oficio.* V. *Gajes del oficio.*

PERCANZAR. *a. (ant.)* Percalçar, lucrar, ganhar.

PERCARBURO. *m. (chim.)* Percarbureto; combinação do carbone com um corpo simples, na qual ha um excesso do primeiro.

PERCATAR. *n.* Precatar, precaver, prevenir. Usa-se tambem como reciproco. *Cavere.*

PERCEBIMIENTO. *m.* V. *Apercibimiento.*

PERCEBIR. *a. (ant.)* V. *Apercibir.*

PERCEBUDO, DA. *adj. (ant.)* Percebido, precatado, acautelado.

PERCEPCION. *f.* Percepção; acção e effeito de perceber. *Percipiendi actus:* — percepção; idéa produzida pela impressão de um objecto. *Perceptio, onis.*

PERCEPTIBILIDAD. *f.* Perceptibilidade; a faculdade de perceber ou ser percebido.

PERCEPTIBLE. *adj.* Perceptivel; que se póde perceber ou comprehender. *Quod percipi potest.*

PERCEPTIBLEMENTE. *adv. m.* Perceptivelmente, sensivelmente; de um modo perceptivel. *Sensibiliter.*

PERCEPTIVO, VA. *adj.* Perceptivo; que tem a virtude de perceber. *Percipiendi vi præditus.*

PERCER. *n. (ant.)* V. *Perecer.*

PERCIBIDO, DA. *adj. (ant.)* Percebido, acautelado, precatado. *Prudens, cautus.*

PERCIBIR. *a.* Perceber, receber. *Accipere:* — perceber, aperceber, ouvir, ver, sentir. *Percipere:* — perceber, comprehender, entender. *Percipere, mente vel animo complecti:* — perceber; descobrir alguma cousa de longe.

PERCIBO. *m.* Percepção, apercebimento; acção e effeito de perceber. *Perceptio:* — percepção, cobrança; acto de receber alguma cousa. *Acceptio.*

PERCIBUDO, DA. *adj. (ant.)* V. *Percibido.*

PERCIMIENTO. *m. (ant.)* Apercebimento, resolução, animo, proposito.

Perclorado, da. *adj. (chim.)* Perchlorado; que contém a maior quantidade possivel de chloro.

Perclorato. *m. (chim.)* Perchlorato; sal formado pela combinação do acido perchlorico com as bases salificaveis.

Perclórico, ca. *adj. (chim.)* Perchlorico; denominação de um acido que se obtem tratando o perchlorato de potassa com acido sulphurico, á temperatura de 150°.

Percloruro. *m. (chim.)* Perchlorureto; combinação do chloro com os outros corpos em proporção demasiada.

Percluso, sa. *adj. (med.)* Percluso; impossibilitado de exercer as funcções da locomoção.

Percocería. *f. (ant.)* Obra miuda de prata. *Opera subtilia ex argento.*

Percóideos. *m. pl. (zool.)* Percoideos; familia de peixes acanthopterygios.

Percosia. *f. (zool.)* Percosia *(escuro)*; genero de insectos coleopteros pentameros, da familia dos carabicos.

Percuciente. *adj.* Percuciente; que fere. *Percutiens, entis.*

Percudido, da. *adj. (ant.)* Agudo, delgado.

Percudir. *a.* Embaciar, fazer perder o brilho ou lustre ás cousas: — *(ant.)* affligir, inquietar.

Percudio. *m. (ant.)* V. *Perjeño.*

Percusion. *f.* Percussão; acção e effeito produzido pelo choque de um corpo contra outro. *Percussio, onis. Centro de percusion (mech.)*; centro de percussão; ponto onde se reune toda a força de um corpo que se choca contra outro: — *(med.)* percussão; methodo de exploração, que consiste em percutir exteriormente qualquer cavidade, para avaliar, pela resonancia ou irresonancia o estado dos orgãos situados interiormente.

Percusor. *m.* Percussor; o que fere ou mata. *Percussor, oris.*

Percutir. *a. (med.)* Percutir; empregar a percussão como meio de exploração.

Percha. *f.* Percha; pau, vara comprida, que tem differentes usos. *Pertica, æ:* — cabide; tábua pregada de chapa na parede, com braços, nos quaes se penduram vestidos, etc. *Pertica, æ:* — acção de enxugar e preparar o panno: — *(caç.)* alçapé; laço para apanhar perdizes e outras aves. *Laqueus aucupatorius:* — braço; pau ou ferro em que os barbeiros penduram á porta as bacias para indicar que n'aquella loja se faz a barba: — correão onde os caçadores prendem a caça. *Ligula, lorum:* — poleiro, alcandora: — *(germ.)* pousada ou casa para descansar, e tambem a unha sobre que os ladrões cortam os cordões á bolsa. *Diversorium, ii. Estar en percha (fr.)*; estar de poleiro; estar bem seguro do que se desejava apanhar ou conseguir. *In tuto esse:* — *pl. (naut.)* perchas; molduras curvas que servem de ornato á prôa do navio. *Perticæ nauticæ:* — *(zool.)* V. *Perca.*

Perchado, da. *adj. (br.)* Empoleirado, alcandorado; applica-se ás aves collocadas sobre os ramos ou perchas. *Avis in ramis perticisve.*

Perchar. *a. (fig.)* Distribuir varias pessoas para trabalho ou serviço proprio, como os pobres que repartem seus filhos e os alheios para que recolham esmolas nas igrejas e logares de muito concurso: — *(art.)* pendurar, estender o panno para enxugar e acabar de preparalo: — *(caç.)* empoleirar; pôr no punho ou no poleiro o falcão e outras aves para caçar com ellas.

Perchon. *m.* Vara do vinho; vara principal que se deixa na cepa quando se poda. *Palmes præsidiarius.*

Perchonar. *n.* Deixar na cepa mais varas do que convem. *Palmites præsidiarios in vite relinquere:* — armar alçapés ou varas nos sitios onde ha caça. *Pedicas tendere, parare.*

Perchufar. *n. (ant.)* Chufar muito.

Perda. *f.* Perda. V. *Pérdida.*

Perdedero. *m.* Occasião, motivo de perda. *Damni, exitii occasio.*

Perdedor, ra. *adj.* Perdidoso; que perde. *Amittens, entis.*

Perder. *a.* Perder; deixar de ter alguma cousa que se possuia. *Amittere:* — perder, desperdiçar, prodigalisar. *Dissipare, dilapidare:* — perder; não conseguir o que se deseja ou ama ardentemente. *Deperdere; votis privari; adversa fortuna vinci:* — perder, prejudicar, estragar qualquer cousa. *Deformare, corrumpere:* — perder; causar damno ou ruina a alguem. *Perdere, damnum inferre:* — perder; soffrer perda ou damno, tanto no physico como no moral. *Jacturam facere vel subire:* — perder; soffrer perda ou damno na guerra, ser derrotado, morto, etc. *Perire, in manus inimicorum venire:* — perder; faltar com o respeito, cortezia, etc. *Deponere, exuere, nudari:* — *n.* perder, desmerecer: — perder; fallando de cores, desapparecer em parte ou de todo a sua viveza: — *(fig.)* perder; descaír do conceito, credito ou estima em que era tido. *Honoris vel famæ jacturam facere:* — *r.* perder-se; errar o caminho. *Aberrare:* — perder-se; não encontrar caminho nem saída. *Aberrare, cæco itinere duci:* — perder-se, extraviar-se: — perder-se, arrebatar-se, perturbar-se. *Abstrahi, arripi:* — perder-se, corromper-se, depravar-se. *Perditum esse, depravari, corrumpi moribus:* — perder-se; transtornar-se, enganar-se em algum discurso. *Fugere è mente:* — perder-se, escapar, não se perceber alguma cousa por defeito de algum dos sentidos. *Fugere:* perder-se, estragar-se, desaproveitar-se alguma cousa. *Deperdi, perire:* — perder-se, naufragar, ir a pique. *Naufragium facere:* — perder-se, arriscar-se, expor-se.

Capitis aut famæ periculum subire: — perder-se por alguem, por alguma cousa; amar, desejar ardentemente. *Deperire:* — perder-se; desestimar ou deixar caír em desuso as cousas que se apreciavam. *Aboleri, obliterari:* — perder-se; padecer algum damno espiritual ou corporal. *Jacturam facere:* — perder-se, desapparecer, occultar-se, esconder-se debaixo da terra, fallando de uma fonte, etc. *Abscondi, occultari, delitere:* — perder-se; ficar captivo ou prisioneiro: — perder-se, embaraçar-se; não saber como saír de uma difficuldade: — *el comer (fr.);* perder o comer, o appetite. *Cibum fastidire. No se perderá;* elle não se perde, sabe o que lhe convem. *Sibi consulet.*

Perdicion. *f.* Perdição, perdimento; o acto de perder ou perder-se. *Perditio, onis:* — perdição; ruina, grande damno espiritual ou temporal. *Pernicies, exitium:* — perdição; paixão amorosa desenfreada. *Amoris æstus:* — perdição, condemnação eterna. *Æterna damnatio:* — perdição, prodigalidade, dissipação. *Improvitas, prodigalitas:* — perdição; a causa ou motivo de prejuizo ou damno grave. *Damni occasio.*

Pérdida. *f.* Perdida, perda; privação de alguma cousa que se possuia. *Perditio, amissio:* — perda, damno que alguma cousa recebe. *Jactura, damnum, detrimentum:* — perda; o valor ou cousa perdida. *Res amissa:* — *perda;* desfalque nos bens ou capitaes em consequencia de mau negocio: — perda, perdida; acção e effeito de perder-se ou naufragar uma embarcação. *A perdidas y ganancias (loc. adv.);* a perdas e ganhos. *Ad commune lucrum aut damnum inita societate. De pérdida;* com perda, com risco.

Perdidamente. *adv. m.* Perdidamente, inconsideradamente, com excesso. *Perditè:* — perdidamente, inutilmente, sem proveito. *Frusta.*

Perdidísimo, ma. *adj. sup.* de *Perdido.* Perdidissimo. *Valdè perditus vel profligatus.*

Perdidizo, za. *adj.* Perdidiço; que finge que se perde. *Jacturam simulatans. Hacerse perdidizo (fr.);* fazer-se perdidiço; perder voluntariamente, deixar-se perder, ao jogo, tendo em vista qualquer fim.

Perdido, da. *adj.* Perdido; que perde. *Amittens, entis:* — perdido; que não tem destino ou fim determinado. *Vagus, a, um:* — perdido, infructuoso; que teve mau exito: — *(p. Mex.)* perdido, vadio: — *por alguna persona (fr.);* perdido, apaixonado por alguem. *Alicujus amore depereiens. Perdida cosa ó cosa perdida;* homem perdido, estravagante, incorrigivel. *Pro desperato habendus. Al perdido;* ao acaso, sem cuidado. *De perdida;* com risco ou disposição de perder. *Adversa alia vel sorte. Ir perdido;* estar perdido; ser inferior a outrem em qualquer competencia, especialmente no jogo. *Concertatori inferiorem se profiteri, se agnoscere. Ser un perdido;* ser um perdido, um devasso, um prodigo. *Prodigum esse.*

Perdidoso, sa. *adj.* Perdidoso; que perde, que soffre perda. *Jacturam faciens.*

Perdigana. *f. (p. Ar.)* V. *Perdigon.*

Perdigar. *a.* Assar sobre as brasas a perdiz ou outra qualquer ave ou vianda. *Avem vel carnes leviter amburere:* — preparar a carne, deitando na cassarola mais alguma gordura. *Carnes lardo condire:* — *(fig.)* dispor ou preparar alguma cousa para qualquer fim. *Disponere, præparare:* — *(ant.)* marcar com ferrete os réus de certos crimes.

Perdigon. *m.* Perdigoto; o filho da perdiz, a perdiz nova. *Perdicis pullus:* — perdigoto; munição de matar caça miuda. *Globulus plumbeus:* — *(caç.)* perdigão; o macho da perdiz, de que os caçadores se servem para reclamo: — prodigo, extravagante, gastador, especialmente no jogo: — *(ant.)* perdigueiro. V. *Perro perdiguero. Cazar con perdigones de plata (fr. fam.);* comprar caça para mostrar, querendo passar por caçador.

Perdigoncico, llo, to. *m. dim.* de *Perdigon.* Perdigotinho.

Perdiguero, ra. *adj.* Perdigueiro; diz-se do cão ou de outro animal que caça perdizes. *Canis perdicum, auceps:* — *m.* homem que compra aos caçadores a caça para a revender. *Perricum emptor, ut revendat.*

Perdigueta. *f. (naut.)* Prateleira; madeiro curvo com um chanfro ou rebaixo na parte superior, e cujos extremos se pregam contra os vaus da coberta para servir de apoio ao papagaio.

Perdimiento. *m.* V. *Perdicion, Pérdida.*

Perdiz. *m. (zool.)* Perdiz; genero de aves da familia dos gallinaceas, de que se encontram quatro especies na Europa e as especies restantes acham-se espalhadas por todas as regiões do globo. *Perdizes en campo raso (fr.);* difficil de alcançar. Diz-se por allusão á difficuldade de caçar fóra do monte. *Perdices aperto in campo aucupari vel rete ventos venari. Perdiz ó no comerla;* ou Cesar ou João Fernandes, ou tudo ou nada. *Aut Cæsar aut nihil. La perdiz a la nariz (rif.);* a perdiz com a mão no nariz. *Perdiz azorada, medio asada;* perdiz açorada, meio assada; a perdiz é mais tenra depois de fatigada pelo açor. *Falco perdicem insequens astaturam præparat.*

Perdizíneas. *f. pl. (zool.)* Perdizineas; familia de aves da ordem das gallinaceas que tem por typo o genero perdiz.

Perdizita. *f. (min.)* Perdizita; variedade de pedra que tem a côr da penna de perdiz.

Perdon. *m.* Perdão; remissão da culpa, da divida, etc. *Ve-*

nia, remissio: — V. *Indul-jencia:* — *(fam.)* pingo de azeite, cera ou de outra qualquer materia que cáe fervendo. *Gutta ardens vel succensa:* — *pl. (prov.)* comestiveis que se vendem nas estações de certas romarias. *Con perdon (loc. adv.);* com perdão, com licença. *Veniâ.*

Perdonable. *adj.* Perdoavel; que é digno de perdão. *Venialis; veniâ dignus.*

Perdonador, ra. *s.* Perdoador; o que perdôa. *Remittens, condonans, parcens:* — *(ant.)* frade que percorria os logares repartindo as indulgencias.

Perdonamiento. *m. (ant.)* V. *Perdon.*

Perdonante. *adj.* Perdoador; que perdôa. *Condonans, remittens.*

Perdonanza. *f. (ant.)* V. *Perdon:* — disfarce. V. *Disimulo.*

Perdonar. *a.* Perdoar; remittir a divida, injuria, pena, culpa, etc. *Remittere, condonare:* — perdoar, poupar, exceptuar alguem. *Prætermittere, excipere:* — perdoar; usa-se para despedir os pobres, quando se lhes não dá esmola. *Parcere:* — perdoar, dissimular, disfarçar: — *r.* escusar-se, recusar-se. *Dios me perdone!* Deus me perdoe.

Perdonavidas. *s. (fam.)* Mata-mouros; fanfarrão que se jacta de valentias ou atrocidades. *Blatero; virtutis inanis jactator.*

Perdulario, ria. *adj.* Perdulario, estragador, dissipador dos bens, etc. *Prodigus, sui negligens:* — *(p. Mex.)* V. *Vagabundo.*

Perdurable. *adj.* Perduravel; que é perpetuo ou dura sempre. *Perpetuus, æternus:* — perduravel; que dura muito. *Diuturnus, a, um:* — *f.* V. *Rompecoches.*

Perdurablemente. *adv. m.* Perduravelmente, eternamente, perpetuamente. *Perpetuus; ad æternitatem; in perpetuum.*

Perdurar. *n. (ant.)* V. *Permanecer.*

Perduto, ta. *adj. (ant.)* V. *Perdido.*

Perebea. *f. (bot.)* Perebea; genero de plantas da familia das artocarpeas.

Perecedero, ra. *adj.* Perecedeiro, perecedouro, caduco; que ha de perecer. *Periturus, caducus:* — *m.* necessidade, mesquinhez, miseria nas cousas necessarias á vida. *Egestas, inopia.*

Perecer. *n.* Perecer, acabar, morrer. *Perire:* — perecer; finar-se de trabalho, fadiga, molestia, etc. *Animi angore aut corporis ægritudine vehementissimè affici:* — perecer; soffrer privações, ser summamente pobre e miseravel. *Inopia, egestate summa laborare:* — perecer, desvanecer, perder as esperanças: — *(fig.)* soffrer algum damno espiritual, especialmente o da eterna condemnação. *Perire in æternum:* — *r.* finar-se, morrer por conseguir alguma cousa: — finar-se, consumir-se; padecer com violencia algum affecto ou paixão. *Animo vehementer affici. El que no parece perece (fr.),* quem não apparece, esquece.

Perecido, da. *adj.* Morto; applica-se ao que padece ardentemente alguma cousa ou soffre alguma paixão; *v. g.: estoy perecido de sed;* estou morto de sêde. *Valde affectus.*

Pereciente. *p. a.* de *Perecer.*

Perecimiento. *m.* Perecimento; o acto de perecer. *Interitus, us.*

Perecir. *n. (ant.)* V. *Perecer.*

Peregrinacion. *f.* Peregrinação; viagem por longes terras. *Peregrinatio, onis:* — peregrinação, romaria; viagem feita a logares santos por devoção ou penitencia. *Longinquum iter pietatis causa susceptum; peregrinatio:* — *(fig.)* peregrinação; a vida n'este mundo. *Peregrinatio, onis.*

Peregrinaje. *m.* V. *Peregrinacion.*

Peregrinamente. *adv. m.* Peregrinamente; de um modo raro, estranho, pouco visto. *Mirum in modum.*

Peregrinante. *adj.* Peregrinante; que peregrina. *Peregrinator, oris.*

Peregrinar. *n.* Peregrinar; andar viajando, andar por terras distantes. *Peregrinari; externas provincias peragrare:* — peregrinar; ir em romaria a algum logar santo. *Longinquum iter in locum pium suscipere:* — *(fig.)* peregrinar; estar n'este mundo onde se caminha para a eternidade. *Peregrinari.*

Peregrinidad. *f.* Peregrinidade; qualidade do que é raro, extraordinario. *Rei novæ mira qualitas.*

Peregrino, na. *adj.* Peregrino; que anda por terras estranhas e longinquas. *Peregrinus, a, um:* — peregrino, romeiro; que vae em romaria. *Peregrinator, oris:* — V. *Pasajero,* fallando de aves: — peregrino, estrangeiro, não nacional: — *(fig.)* peregrino, estranho, raro, poucas vezes visto. *Peregrinus, insolens, rarus:* — peregrino; que está adornado de singular formosura, perfeição ou excellencia: — peregrino; diz-se do homem durante a sua vida mortal. *Peregrinus, advena:* — *m. (zool.)* peregrino; genero de peixes condropterygios, da familia dos selacios.

Perejil. *m.* Perrexil; planta de que se faz conserva em vinagre e se usa para abrir a vontade de comer: — salsa; hortaliça vulgar com que se tempera o comer: — *Macedonio.* V. *Apio caballar:* — *(fig.)* enfeite vistoso, especialmente o que usam as mulheres nos vestidos e toucados: — *(pl. fig.)* titulos honorificos. *Honorificæ appellationes. Huyendo del perejil, le nació en la frente (rif.);* fugindo do alcaide caíu no meirinho.

Perelita. *f. (min.)* Perelita; nome da agatha da Siberia.

Perello, lla. *adj. (ant.)* Parelho, igual.

Perenal. *adj.* V. *Perennal.*

Perencion. *f. (for.)* Excepção peremptoria.

Perendeca. *f. (fam.)* V. *Ramera.*

Perendengue. *m.* Pendente; arrecada das orelhas das mulheres. *Pendula inauris:*

— moeda de prata e cobre que se cunhou no reinado de Filippe IV.

Perene. *adj.* V. *Perenne.*

Perennal. *adj.* V. *Perenne:* — perennal; diz-se do louco que não tem intervallos lucidos. *Jugiter demens.*

Perennalmente. *adv. m.* V. *Perennemente.*

Perenne. *adj.* Perenne, continuo, incessante, perpetuo. *Perennis, e:* — perenne, assiduo, junto a alguem.

Perennemente. *adv. m.* Perennemente, continuamente, incessantemente. *Perpetuò, incessanter.*

Perennidad. *f.* Perennidade, perpetuidade, continuidade. *Perennitas, atis.*

Perentoriamente. *adv. m.* Peremptoriamente; de modo peremptorio, decisivo, urgente. *Intra diem præfixum.*

Perentoriedad. *f.* Promptidão, actividade, presteza: — V. *Urjencia.*

Perentorio, ria. *adj.* Peremptorio; que não admitte dilação nem replica. *Peremptorius, a, um:* — peremptorio, decisivo, terminante, urgente. *Peremptorius, a, um.*

Perero. *m.* Instrumento usado antigamente para apanhar peras, marmellos, maçãs e outros fructos. *Cultri genus:* — *s.* vendedor de peras.

Pereskia. *f. (bot.)* Pereskia; genero de plantas da familia das opunteaceas.

Pereza. *f.* Preguiça; descuido, negligencia em fazer as cousas. *Pigritia, segnities, desidia:* — preguiça; negligencia no cumprimento das nossas obrigações. *Pigritia, æ:* — preguiça; tardança, lentidão nas acções ou movimentos. *Pigritia, tarditas, lentitudo:* — preguiça; repugnancia em levantar-se da cama, etc. *Pigritia, membra levandi desidia. Pereza, ¿quieres sopas (fr.)?* preguiça, nem para comer te moves. *Saltem ad comedendum exsurges?*

Perezear. *n.* Demorar, dilatar, retardar alguma cousa por frouxidão ou preguiça.

Perezosa. *f.* Preguiçosa; coifa de dormir que as mulheres usavam antigamente.

Perezosamente. *adv. m.* Preguiçosamente, lentamente, com preguiça. *Pigrè, tardè, segniter.*

Perezosísimo, ma. *adj. sup.* de *Perezoso.* Preguiçosissimo.

Perezoso, sa. *adj.* Preguiçoso, negligente, descuidado, dado á preguiça. *Piger, segnis, deses:* — preguiçoso, tardo, lento, pesado nos movimentos, etc. *Tardus, lentus:* — preguiçoso; que se levanta tarde e com custo. *Qui dormiendi amore lectum ægrè relinquit:* — *m. pl. (zool.)* preguiçosos; nome de varios mammiferos da familia dos tardigrados, que vivem na America meridional, notaveis pela lentidão dos seus movimentos. Formam dois generos distinctos que são: o preguiçoso de dois dedos e o preguiçoso de tres.

Perfeccion. *f.* Perfeição; acto de acabar ou aperfeiçoar alguma cousa. *Perfectio, absolutio:* — perfeição, grau de excellencia ou bondade a que alguma cousa póde chegar. *Perfectio, complementum:* — perfeição; estado de desenvolvimento completo: — perfeição; graça, dote, prenda. *Præclara dos:* — perfeição; formosura, belleza, sobretudo nas mulheres. *Egregia forma:* — perfeição; alto grau de virtude. *Perfectio, onis. A la perfeccion (loc. adv.);* com toda a perfeição, perfeitamente, completamente. *Absolutè, perfectè.*

Perfeccionamiento. *m.* Aperfeiçoamento; acção e effeito de aperfeiçoar, acabamento.

Perfeccionar. *a.* Aperfeiçoar; acabar de todo, levar á ultima perfeição. *Absolvere, perficere:* — aperfeiçoar; instruir, ensinar completamente alguem n'aquillo de que já possuia noções: — *r.* aperfeiçoar-se; adquirir grande perfeição, chegar a ella.

Perfectamente. *adv. m.* Perfeitamente, cabalmente, com perfeição. *Perfectè, adamussim.*

Perfectibilidad. *f.* Perfectibilidade; qualidade do que é perfectivel.

Perfectible. *adj.* Perfectivel; capaz de aperfeiçoar-se.

Perfectisimado. *m.* Perfeitissimado; dignidade dos perfeitissimos. D'ella se faz menção no codigo de Justiniano.

Perfectísimo, ma. *adj. sup.* de *Perfecto.* Perfeitissimo. *Perfectissimus, omnibus numeris absolutus:* — *s.* perfeitissimo; titulo de honra que davam os romanos aos governadores de algumas provincias.

Perfectivo, va. *adj.* Perfectivo; que faz perfeito, dá perfeição. *Perficiendi vi præditus.*

Perfecto, ta. *adj.* Perfeito, acabado, completo. *Absolutus, perfectus:* — perfeito, bello, sem defeito. *Pulcherrimus, egregiâ formâ pollens:* — perfeito, habil, destro. *Eximius, maximâ dexteritate gaudens:* — perfeito; que tem o maior grau de excellencia ou bondade. *Eximius, præstantissimus:* — *(fig.)* perfeito; que possue a virtude em alto grau. *Perfectus, a, um:* — *(gram.)* perfeito, applica-se aos tempos que definem e significam perfeitamente o estado absoluto das cousas. *Tempus perfectum. Número perfecto (math.);* numero perfeito; numero igual á somma de suas partes aliquotas: — *(mus.)* perfeito; junto á palavra consonancia designa um intervallo justo e determinado que não póde alterar-se sem que deixe de ser consonante: — perfeito; qualificação da harmonia composta de consonancias sem nenhuma dissonancia.

Perfecho, cha. *adj. (ant.)* V. *Perfecto.*

Perfetamente. *adv.* V. *Perfectamente.*

Perfeto, ta. *adj.* V. *Perfecto.*

Perfía. *f. (ant.)* V. *Perfidia.*

Perficiente. *adj.* Perfector; que aperfeiçôa. *Perficiens, entis.*

Perficion. *f. (ant.)* V. *Perfeccion.*

Perficionar. *a. (ant.)* V. *Perfeccionar.*

Pérfidamente. *adv. m.* Perfidamente; com perfidia ou deslealdade. *Perfidè.*

Perfidia. *f.* Perfidia, deslealdade, traição. *Perfidia, æ.*

Perfidiado, da. *adj. (ant.)* V. *Pérfido.*

Perfidísimo, ma. *adj. sup.* de *Pérfido.* Perfidissimo; muito perfido.

Pérfido, da. *adj.* Perfido, desleal, infiel, traidor. *Perfidus, a, um.*

Perfil. *m.* Perfil; adorno subtil da borda ou extremo. *Ornatus, us:* — apice das letras. *Litteræ apex:* — perfil; a postura do corpo visto de lado. *Corporis obliqua positio:* — *(arch.)* perfil; delineação da superficie de qualquer corpo no sentido da sua altura, ou de um edificio, por uma secção perpendicular lateral. *Orthographia, æ:* — *oblicuo;* perfil obliquo; o que se levanta ou termina em planos inclinados: — *recto;* perfil recto; o que se levanta ou termina em planos horisontaes, formando angulos rectos: — *(pint.)* perfil; o fio imaginario, dentro do qual se contém toda a figura. *Corromper los perfiles;* corromper os perfis; não imitar o aprendiz os traços do mestre. *Medio perfil,* meio perfil; a postura ou figura do corpo que não está inteiramente ladeado. *Pasar perfiles;* passar perfis; fixar os contornos passando-os com lapis ou penna. *Tomar perfiles;* tomar, copiar perfis; marcar com lapis os contornos de qualquer pintura ou estampa, em um papel transparente collocado sobre ella.

Perfilado, da. *adj.* Perfilado; applica-se ao nariz e rosto de um perfil bem formado. *Aptè efformatus, venustus:* — *m. (ant.)* atavio, adorno.

Perfilador, ra. *s.* Perfilador; aquelle que perfila.

Perfiladura. *f.* Perfiladura; acção de perfilar. Toma-se algumas vezes pelo mesmo perfil. *Lineamentum, i.*

Perfilar. *a. (pint.)* Perfilar; dar ou tirar o perfil a alguma cousa. *Lineare, delineare:* — *r.* perfilar-se; apresentar-se, collocar-se de perfil. *Corpus obliquare.*

Perforacion. *f.* Perfuração; acção e effeito de perfurar: — *(anat.* e *med.)* perfuração, furo; abertura accidental que se encontra na continuidade dos orgãos, produzida por uma lesão thraumatica ou por qualquer affecção interna.

Perfora-cráneo. *m. (med.)* Perfura-craneo; instrumento destinado a perfurar e dividir o craneo do feto morto no utero, para diminuir-lhe as dimensões e facilitar assim o parto.

Perforado, da. *adj. (anat.)* Perfurado; que é atravessado por um orgão perfurante.

Perforador, ra. *adj.* Perfurante; que perfura, que penetra: — *m.* furador; instrumento que serve para furar.

Perforante. *adj. (anat.)* Perfurante; nome dado a varios ramusculos arteriaes, e a tres ou quatro arterias.

Perforar. *a.* V. *Horadar.*

Perforativo, va. *adj. (med.)* Perfurativo; qualificação de um trepano de fórma e applicação particulares.

Perfosforado, da. *adj. (chim.)* Perphosphorado; que contém a maior quantidade possivel de phosphoro.

Perfruidor, ra. *s.* Desfructador; o que gosa ou desfructa alguma cousa.

Perfumadero. *m.* V. *Perfumador.*

Perfumador, ra. *s.* Perfumeiro, perfumista; o que faz ou vende perfumes. *Suffimentorum opifex:* — *m.* perfumador; caçoula que serve para perfumar. *Odoraria pyxis.*

Perfumar. *a.* Perfumar; communicar bom cheiro, defumar. *Suffire:* — *(fig.)* perfumar, defumar; espalhar qualquer cheiro, bom ou mau. *Odorem diffundere vel spargere; suffire.*

Perfume. *m.* Perfume, aroma, cheiro odorifero. *Suffimentum, suffitus, aromata:* — perfume; vapor, fumo aromatico. *Suffitus, suffimentum:* — *(fig.)* perfume; diz-se de qualquer materia que lança de si algum cheiro e tambem d'este mesmo cheiro. *Odor, suffimentum.*

Perfumería. *f.* Perfumaria; loja, officina de perfumeiro. *Suffimentorum officina vel taberna.*

Perfumero, ra. *s.* V. *Perfumista.*

Perfumista. *s.* Perfumista; o que faz ou vende perfumes. *Suffimentorum opifex aut venditor.*

Perfunctoriamente. *adv. m.* Perfunctoriamente; de passagem, superficialmente. *Perfunctoriè, obiter.*

Perfunctorio, ria. *adj.* Perfunctorio, passageiro, não duravel. *Perfunctoriè transiens.*

Perfusion. *f.* V. *Aspersion:* — *(med.)* perfusão; aspersão de agua fria, e em certos casos de agua quente, sobre a cabeça de um enfermo atacado de tetano.

Perga. *m. (zool.)* Perga; genero de insectos hymenopteros, da tribu dos tenthredinios.

Pergaminería. *f.* Pergaminharia; arte e commercio do pergaminheiro: — pergaminharia; logar onde se fabrica o pergaminho.

Pergaminero. *m.* Pergaminheiro; o que prepara e vende pergaminhos. *Pergamenæ chartæ artifex seu venditor.*

Pergamino. *m.* Pergaminho; pelle de carneiro, preparada para escrever, forrar livros, etc. *Pergamena charta.*

Pergenio. *m.* V. *Perjenio.*

Pergeñar. *a. (fam.)* V. *Perjeñar.*

Pergeño. *m. (fam.)* V. *Perjeño.*

Pergularia. *f. (bot.)* Pergularia; genero de plantas da familia das asclepiadas, tribu das pergulariadas.

Perhecho, cha. *adj.* Perfeito; muito trabalhado, muito apurado.

Perherir. *a. (ant.)* Percudir; ferir grave ou mortalmente.

Perhundo, da. *adj. (ant.)* Profundo, muito fundo.

Periacto. *m. (mil. ant.)* Periacto; machina de guerra que usavam os gregos: — *(theat. ant.)* periacto; artificio especial que usavam os gregos nos seus theatros para mudarem as vistas.

Perial. *adj.* Perial; diz-se de uma das peças elementares que constituem cada vertebra.

Periambo. *m.* *(poes.)* Periambo; pé de verso latino, que consta de duas breves. *Periambus, i.*

Perianto. *m.* *(bot.)* Perianthio *(que rodeia a flor)*; nome dos envolucros floraes em geral, e especialmente dos das plantas monocotyledoneas.

Periátomo. *m.* *(phys.)* Periatomo; poros invisiveis, que são o resultado immediato da porosidade de cada corpo, e que, segundo alguns auctores, produzem todas as acções chimicas.

Periblépsia. *f.* *(med.)* Periblepsis; olhar vago de um delirante, e que quando é sombrio, como em muitas loucuras, annuncia um estupor profundo do cerebro.

Perícole. *f.* *(med.)* Peribolo; translação dos humores e da materia morbida para a superficie do corpo, meio de que a natureza se serve para limpar o organismo.

Períbolo. *m.* *(arch.)* Parapeito, encosto, peitoril.

Peribrosis. *f.* *(med.)* Peribrosis; ulceração das palpebras, ou simplesmente da parte que as rodeia.

Perical. *m.* *(med.)* Perical; nome que dão em Cochim e na costa do Malabar a uma enfermidade que ataca um dos membros inferiores, raras vezes os dois, e sempre na parte mais inferior.

Pericala. *f.* *(zool.)* Pericalus; genero de insectos coleopteros pentameros, da familia dos carabicos.

Pericalimna. *f.* *(bot.)* Perycalymna *(envolucro)*; genero de plantas da familia das myrtaceas.

Pericalo. *m.* *(zool.)* Pericallo *(mui formoso)*; genero de insectos coleopteros pentameros, da familia dos sternoxos.

Pericardiaco, ca. *adj.* *(anat.)* Pericardiaco; que pertence ou diz respeito ao pericardio.

Pericardino, na. *adj.* *(anat.)* Pericardino; do pericardio.

Pericardio. *m.* *(ant.)* Pericardio; membrana que envolve o coração. *Pericardium, ii.*

Pericarditis. *f.* *(med.)* Pericarditis; inflammação do pericardio; pôde ser aguda, chronica e sub-aguda.

Pericarpial. *adj.* *(bot.)* Pericarpial; que se desenvolve no pericarpo.

Pericárpico, ca. *adj.* *(bot.)* Pericarpico; que diz respeito ao pericarpo.

Pericarpio. *m.* *(bot.)* Pericarpo; pellesinha que envolve o fructo ou semente de varias plantas.

Pericéntrico, ca. *adj.* Pericentrico; que está disposto em volta de um centro: — *(bot.)* pericentrico; epitheto dado á inserção dos estames dispostos em volta do centro da parte indivisa do calice, quando esta parte é plana ou sómente concava.

Pericia. *f.* Pericia, sciencia, destreza, habilidade. *Peritia, æ.*

Pericial. *adj.* Perito, apto, capaz.

Pericio. *m.* *(chron.)* Pericio; mez dos macedonios, que corresponde a janeiro.

Pericladio. *m.* *(bot.)* Pericladio; dilatação da base do peciolo que abraça o caule ou os ramos.

Periclasis. *f.* *(med.)* Periclasis; fractura comminutiva, com luxação do osso.

Periclaso. *m.* *(min.)* Periclaso; nome dado aos crystaes de magnesia nativa.

Periclinanto. *m.* *(bot.)* V. *Periclino.*

Periclino. *m.* *(bot.)* Periclino; nome dado por alguns naturalistas ao involucro das plantas compostas.

Periclo. *m.* *(ant.)* V. *Peligro.*

Perico. *m.* *dim.* de *Pero.* Perinho: — periquito; especie de topete antigo, feito de cabello postiço. *Muliebre capillamentum:* — *(p. Cub.)* o principal, o primeiro em qualquer genero: — *el de los palotes;* cabeça de vento; diz-se do que tem pouco juizo, do que é leviano: — *entre ellas;* mulherengo; que gosta de estar sempre entre mulheres. *Vir mulierosus:* — *(zool.)* periquito; especie de aves do genero papagaio, originaria do Brazil: — *ligero.* V. *Perezoso,* de dois dedos.

Pericon, na. *adj.* Diz-se d'aquelle que serve para tudo ou faz as vezes de todos. Usa-se mais commummente fallando do cavallo ou mula que no tiro serve em todos os logares. *Loco alterius deserviens:* — *m.* especie de leque muito grande. *Flabellum longum.*

Pericondro. *m.* *(anat.)* Perichondro; membrana que cobre as cartilagens não articulares, e que tem muita analogia com o periosteo.

Periconia. *f.* *(bot.)* Periconia; genero de plantas cryptogamicas, da familia dos cogumelos mucedineos.

Perícope. *f.* *(rel.)* Pericope; na liturgia grega, passagem do evangelho designada para ser lida no altar ou para servir de texto nos sermões feitos no pulpito.

Pericote. *m.* *(p. A. M.)* Rata grande.

Pericráneo. *m.* *(anat.)* Pericraneo; periosteo dos ossos do craneo, segundo uns, e aponevrose epicraneana que une os musculos occipital e frontal, segundo outros; usa-se geralmente na primeira accepção. *Pericraneum, i.*

Pericueto. *m.* V. *Vericueto.*

Peridea. *m.* *(zool.)* Peridea *(assustado)*; genero de insectos lepidopteros, da familia dos nocturnos.

Perídecaedro, dra. *adj.* *(min.)* Peridecaedro; epitheto dado a uma variedade, que foi primitivamente um prisma tetaedro, mas que se acha convertida em um prisma de dez faces.

Peridesmes. *m.* *(anat.)* Peridesmes; nome dado pelos gregos á membrana que envolve os ligamentos.

Peridésmico, ca. *adj.* *(med.)* Peridesmico; diz-se da impressão causada pela compressão mais ou menos forte, feita sobre partes molles.

Peridio. *m. (bot.)* V. *Pera:* — peridium; receptaculo membranoso que envolve os orgãos reproductores de certos cogumelos.

Peridiolo. *m. (bot.)* Peridiolo; receptaculo fechado e membranoso, que envolve os orgãos reproductores dos cogumelos.

Peridiscal. *adj. (bot.)* Peridiscal; que circumda o disco.

Peridonito. *m. (min.)* Peridonito; variedade do sulphato de ferro.

Peridoto. *m. (min.)* Peridoto; silicato de magnesia, cujas variedades são: o peridoto branco, o oriental, o de Ceylão e o do Brazil.

Peridromo. *m. (archit.)* Peridromo; galeria em volta de um edificio.

Periecos. *m. pl. (geog.)* Periecos; povos que habitam debaixo do mesmo parallelo e do mesmo meridiano, mas em pontos diametralmente oppostos. *Perieci, orum.*

Periejesis. *f.* Periegesis; descripção da terra.

Periejeta, Periejetes. *s.* Periegetes; auctor de uma viagem ou descripção de um paiz.

Perienquimo. *m. (bot.)* Parenchyma; tecido cellular vegetal que constitue a polpa dos fructos, e que se observa especialmente nos orgãos esphericos como o perisperma, os cotyledones, etc.

Perieresis. *f. (med.)* Perieresis; incisão em volta dos grandes abcessos.

Periexaedro, dra. *adj. (min.)* Periexaedro; nome dado a uma variedade mineralogica que, sendo primitivamente um prisma quadrangular, se converte n'um hexaedro.

Periferia. *f.* V. *Circunferencia:* — peripheria; contorno de uma figura curvilinea regular: — V. *Circuito.*

Perifo. *m. (zool.)* Perypho; genero de insectos coleopteros pentameros da familia dos carabicos.

Perifollo. *m.* Atavio, adorno, enfeite mulheril. Usa-se mais no plural. *Speciosus ornatus:* — *(bot.)* cerofolho; especie de plantas annuaes.

Perifragmo. *m. (bot.)* V. *Cantua.*

Perifrasear. *n.* Perifrasear; explicar, expor por perifrase. *Periphrasi vel circumlocutione uti.*

Perífrasi. *f. (rhet.)* V. *Perífrasis.*

Perífrasis. *f. (rhet.)* V. *Circunlocucion.*

Perigallo. *m.* Perigalho; pelle pendente da barba, por magreza ou velhice. É mais usado no plural. *Pellis à mento pendula:* — fita, listão de cores muito garridas que as mulheres usavam como adorno no toucado. *Ornatus ex nitentis coloris tœnia:* — especie de funda de cordel. *Funda ex unico filo cannabino efformata:* — *(fam.)* trangola; pessoa alta e delgada. *Procerus et gracilis homo:* — *(naut.)* perigalho; cabo que serve para suspender certas peças. *Funis quidam nauticus.*

Perigeo. *m. (astr.)* V. *Perijeo.*

Periglar. *m. (ant.)* V. *Peligrar.*

Periglo. *m. (ant.)* V. *Peligro.*

Perigloso, sa. *adj. (ant.)* V. *Peligroso.*

Periglotis. *f. (anat.)* Periglote; nome da glandula epiglotica.

Perigona. *f. (zool.)* Perigona *(rodeado de angulos)*; genero de insectos coleopteros pentameros da familia dos carabicos.

Perigonio. *m. (min.)* V. *Perígono.*

Perígono. *m. (bot.)* Perigono; nome dado aos involucros dos orgãos sexuaes das plantas: — *(min.)* perigono; variedade do quartzo agatha.

Perigrafo. *m. (anat.)* Perigrapho; inserção tendinosa dos musculos rectos do abdomen.

Perigro. *m. (ant.)* V. *Peligro.*

Perigroso, sa. *adj. (ant.)* V. *Peligroso.*

Perihelio. *m. (astr.)* Perihelio; o ponto em que um planeta dista menos do sol. *Perihelium, ii.*

Perijeo. *m. (astr.)* Perigeo; o ponto em que um astro se acha mais proximo do centro da terra. *Pœrigeum, i.*

Perijinandro. *m. (bot.)* Perigynandro; involucro floral da corolla ou calice.

Perijinio. *m. (bot.)* Perigynio; epitheto dado á corolla ou ás petalas das plantas quando nascem na parte interna do calice, e aos estames quando se inserem na face interna do periantho.

Perijino, na. *adj. (bot.)* Perigyno; que envolve ou circumda o ovario.

Perijovio. *m. (astr.)* V. *Aprojovio.*

Periklina. *f. (min.)* Periklina; variedade de feldspatho.

Perila. *f. (bot.)* Perilla; genero de plantas dicotyledoneas da familia das labiadas.

Perilampo. *m. (zool.)* Perilampo *(brilhante)*; genero de insectos hymenopteros da tribu dos chalcidios.

Perileuco. *m. (min.)* Perileuco; especie de agatha com manchas brancas e escuras.

Perilexis. *f. (rhet.)* V. *Circunlocucion.*

Perilipo. *m. (zool.)* Perilypo *(mui afflicto)*; genero de insectos coleopteros pentameros, da familia dos malacodermes.

Perilito. *m. (zool.)* Perilito *(unido ao redor)*; genero de insectos hymenopteros da familia dos braconidos.

Perilomia. *f. (bot.)* Perilomia *(franja em redor)*; genero de plantas da familia das labiadas.

Perilustre. *adj. (ant.)* Illustrissimo, muito illustre. *Perillustris, e.*

Perilla. *f. dim.* de *Pera.* Perinha: — maçaneta; ornato em fôrma de pera. *Ornatus piri formam referens:* — V. *Pera. De perilla (loc. adv.)*; a proposito, a tempo. *Aptè, opportunè.*

Perillan, na. *adj. (fam.)* Ladino, astuto, velhaco. Substantiva-se commummente na terminação masculina. *Nebulo, versutus, subdolus.*

Perillo. *m.* Especie de bolo. *Bellaria, æ.*

Perimaxeto. *m. (zool.)* Perimacheto; genero de insectos coleopteros tetrameros da familia dos curculionidos.

Perimétrico, ca. *adj. (math.)*

Perimetrico; pertencente ao perimetro.

PERÍMETRO. *m. (math.)* Perimetro; contorno de uma figura curvilinea.

PERIMORFOSIS. *f. (zool.)* Perimorphose; transformação das larvas em chrysalidas.

PERÍNCLITO, TA. *adj. (ant.)* Preclaro; inclito, grande, heroico em alto grau. *Valdè inclytus, præclarus.*

PERINEAL. *adj. (anat.)* Perineal; que diz respeito ao perineo.

PERINEO. *m. (anat.)* Perineo; espaço comprehendido entre o anus, as partes genitaes e as tuberosidades ischiaticas: — *clitoriano;* perineo clitoriano; annel carnudo pouco apparente nas mulheres que têem parido.

PERINEOCELE. *f. (med.)* Perineocele; hernia que apparece no perineo.

PERINEUMONIA. *f. (med.)* V. *Neumonia.*

PERINÍCTIDA. *f. (med.)* Perinictida; erupção que se manifesta sómente durante a noite.

PERINOLA. *f.* Pirinola, rapa; especie de dado para jogar, tem quatro faces com as lettras, R, P, T, D, que significam: rapa, põe, tira e deixa, e um eixo para o fazer girar. *Trochulus quadratus manu rotabilis:* — *(fig. e fam.)* pitorra, carapeta; mulher pequena e experta. *Brevis diligensque mulier.*

PERIODATO. *m. (chim.)* V. *Peryodato.*

PERIODEUTA. *m.* Periodeuta; especie de inspector na Igreja grega.

PERIÓDICAMENTE. *adv. m.* Periodicamente; com certo periodo. *Statis temporibus.*

PERIÓDICO, CA. *adj.* Periodico; pertencente ao periodo. *Periodicus, a, um:* — periodico; que observa um periodo determinado. *Periodicus, a, um:* — periodico; diz-se da obra, escripto ou impresso que se publica em dias determinados. Usa-se tambem como substantivo. *Periodicus libellus. Irregularidades periódicas (astron.);* irregularidades periodicas; variação a que estão sujeitos os elementos do mundo e cujas leis se não podem determinar. *Enfermidades periódicas (med.);* enfermidades periodicas; enfermidades cujos symptomas se aggravam em epochas certas e determinadas, depois de um periodo ou intervallo de descanso tambem fixo: — *(chim.)* V. *Peryodico.*

PERIODINIA. *f. (med.)* Periodynia; dor local vehemente que, segundo Hippocrates, se estende irradiando-se. Os modernos dão este nome a toda a dor viva que occupa um ponto fixo.

PERIODISMO. *m.* Periodismo; a profissão de periodista: — periodismo; imprensa periodica.

PERIODISTA. *m.* Periodista; auctor, redactor, editor de algum periodico. *Periodici scripti compilator.*

PERIODÍSTICO, CA. *adj.* Periodistico; que é relativo ao periodico, ao periodismo ou ao periodista.

PERIODO. *m.* Periodo; espaço de tempo determinado em que alguma cousa dura. *Periodus, i:* — periodo; o curso ou epocha mais interessante de alguma cousa. *Periodus, i:* — periodo; tempo decorrido entre duas epochas determinadas ou indeterminadas. *Periodus, i:* — *(astr.)* periodo; curso, revolução de um astro. *Periodus, clausula:* — *(chron.)* periodo, cyclo; espaço de tempo determinado pela volta de um phenomeno, que se repete em epochas fixas, ou revolução de certo numero de annos que serve de medida para contar o tempo de diverso modo para cada nação. *Periodus, cyclus:* — *(gram.)* periodo; phrase composta de muitos membros, cuja reunião forma um sentido completo e independente: — *(med.)* periodo; epocha, no curso das enfermidades, caracterisada por certos phenomenos ou pela maior ou menor intensidade dos symptomas. *Periodus, i:* — periodo; intervallo que vae, nas febres intermittentes, de um accesso a outro. *Periodus, i.*

PERIODURO. *m. (chim.)* V. *Peryoduro.*

PERIOFTALMIA. *f. (med.)* Periophtalmia; especie de inflammação que occupa o contorno ou os bordos das palpebras.

PERIOFTALMO. *m. (zool.)* Periophtalmo *(olho ao redor);* genero de peixes acanthopterygios da familia dos gobioideos.

PERIOLA. *f. (bot.)* Periola; genero de cogumelos.

PERIONO. *m. (anat.)* Periono; membrana caduca que se forma na madre depois da fecundação.

PERIÓRBITA. *f. (anat.)* Periorbita; periosteo que forra a fossa orbitaria.

PERIOSTIO. *m. (anat.)* Periosteo; membrana que reveste os ossos, excepto nas superficies articulares. *Periostium, ii.*

PERIOSTITIS. *f. (med.)* Periostitis; inflammação do periosteo.

PERIOSTÓGONO, NA. *adj. (min.)* Periostogono; diz-se do crystal que passou de prisma rhomboidal a prisma rectangular.

PERIOSTOSIS. *f. (med.)* Periostose; tumefacção do periosteo.

PERIPACIOS. *m. pl. (zool.)* Peripacios; familia de annelidos.

PERIPATÉTICO, CA. *adj.* Peripatetico; que segue a doutrina ou philosophia de Aristoteles, pertencente ao seu systema ou seita. *Peripateticus, a, um:* — *(fam.)* peripatetico, ridiculo, extravagante, futil nas suas opiniões. *Exoticus, ridiculus.*

PERIPATETISMO. *m.* Peripatetismo; philosophia peripatetica.

PERIPATO. *m.* Peripato; systema de Aristoteles, chefe dos peripateticos. *Aristotelis doctrina:* — *(zool.)* peripato *(andador);* grupo de entemozoarios verminformes, que formam a transição dos annelidos para os miriapodas.

PERIPECIA. *f. (poet.)* Peripecia; mudança repentina d'estado nas personagens de um drama, de um poema, etc. *Peripetia, æ:* — peripecia; qualquer scena tragica ou dramatica, seguida ou precedida de outras. *Peripetia, æ.*

PERIPETÁLEO, LEA. *adj. (bot.)* Peripetaleo; que rodeia as pétalas ou a corolla.

PERIPETALIA. *f. (bot.)* Peripetalia; classe de plantas que comprehende as dicotyledoneas polypetalas de estames perigynios.

PERIPÉTALO, LA. *adj. (bot.)* V. *Peripetáleo.*

PERIPIEMA. *m. (med.)* Peripiema; pus derramado na superficie de um orgão no interior ou no exterior.

PERIPLEROMO. *m. (rhet.)* Peripleromo; addição de uma palavra inutil para completar a harmonia da phrase.

PERIPLO. *m. (ant.)* Periplo; diario de navegação: — periplo; titulo das descripções de algumas costas maritimas.

PERIPLOCA. *f. (bot.)* Periploca *(abraço)*; genero de plantas da familia das asclepiadeas.

PERIPTÉREO, REA. *adj. (bot.)* Periptereo; que está rodeado de uma expansão membranosa, em fórma de aza.

PERÍPTERO, RA. *adj.* Periptero; entre os antigos applicava-se ao templo rodeado de columnas isoladas. *Peripteros.*

PERIPTOSIS. *m. (med.)* Periptosis; nome usado por Hypocrates e Galeno para designar a occasião em medicina.

PERIPUESTO, TA. *adj. (fam.)* Embonecado, atilado; applica-se ao que se prepara e veste com demasiada affectação e delicadeza. *Nimis comptus homo.*

PERIQUECIO. *m. (bot.)* Pericheso; nome dado ao involucro das flores femininas dos cogumelos.

PERIQUETE. É palavra usada só nas phrases. *Ir, venir ó hacer alguna cosa en un periquete;* ir, vir ou fazer alguma cousa em um instante.

PERIQUILLO. *m.* Doce feito sómente de calda de assucar, especie de alfenim.

PERIQUITO. *m. (naut.)* Verga de joanete, de sobre-mesena, e tambem a sua respectiva véla e mastaréu.

PERIR. *n. (ant.)* V. *Perecer.*

PERISCIANOS. *m. pl.* V. *Periscios.*

PERISCIFISMO. *m. (med.)* Periscíphismo; incisão que antigamente se praticava no craneo, para alliviar as fluxões dos olhos.

PERISCIOS. *m. pl. (geog.)* Periscios; habitantes das zonas frias, que têem o sol e a sombra em volta do horisonte um ou mais dias inteiros. *Periscii, orum.*

PERISCÓPICO, CA. *adj. (phys.)* Periscopico; diz-se das lentes que têem uma face plana ou concava, e a outra convexa.

PERISFALSIA. *f. (med.)* Perisfalsia; movimento de rotação, por meio do qual se reduzem algumas luxações.

PERISÍSTOLE. *m. (physiol.)* Perisystole; tempo que medeia entre os dois movimentos da systole e diastole.

PERISOLOJIA. *f. (rhet.)* Perissologia; redundancia ou multidão de palavras superfluas, repetição viciosa de uma idéa.

PERISPÉRMEO, MEA. *adj. (bot.)* Perispermeo; que está provido de um perisperma.

PERISPERMO. *m. (bot.)* Perisperma *(ao redor do grão)*; nome dado por alguns naturalistas ao involucro da semente.

PERISPORANJIO. *m. (bot.)* Perisporangio; membrana que envolve os rudimentos reproductores dos fetos.

PERISPORO. *m. (bot.)* Perisporo *(em redor do grão)*; nome dado por alguns naturalistas ao perisperma de certas plantas.

PERISTAFILINO, NA. *adj. (anat.)* Peristaphilino; que está ao redor da campainha. Applica-se a dois musculos que concorrem a formar o véu palatino.

PERISTÁLTICO, CA. *adj. (physiol.)* Peristaltico; diz-se do movimento proprio dos intestinos.

PERISTAMÍNEO, NEA. *adj. (bot.)* Peristamineo; diz-se das plantas dicotyledoneas apetalas, e de estames perigyneos.

PERISTAMINIA. *f. (bot.)* Peristaminia; classe de plantas que comprehende as que são dicotyledoneas, apetalas e de estames perigynios.

PERISTAQUIO. *m. (bot.)* Peristachio; involucro exterior das flores, nas plantas gramineas.

PERISTASIS. *f. (rhet.)* Peristasis; argumento, assumpto de um discurso com todas as suas circumstancias.

PERISTECIO. *m. (zool.)* Peristecio; uma das peças do peito dos insectos, que está situada entre os braços e as patas medias.

PERISTERA. *f. (bot.)* Peristera *(pomba)*; genero de plantas da familia das orchideas, tribu das vandeas.

PERISTERITA. *f. (min.)* Peristerita; especie de feldspatho impuro e de pouca dureza, que se encontra no alto Canadá.

PERISTIA. *f.* Peristia; purificação de um templo, usada antigamente na Grecia.

PERISTIARCA. *m.* Peristiarcha; aquelle que tinha a seu cargo a purificação dos templos na Grecia.

PERISTÍLICO, CA. *adj. (bot.)* Peristilico; que está situado em redor do estilete.

PERISTÍLIDE. *m. (bot.)* Peristylis *(rodeado de columnas)*; genero de plantas da familia das orchideas, tribu das ophrydeas.

PERISTILO. *m. (arch.)* Peristylo; galeria de columnas que rodeia um edificio ou parte d'elle. *Peristylium, ii:* — peristylo; logar, entre os antigos, rodeado interiormente de columnas, como os atrios. *Peristylium, ii.*

PERISTOLE. *f. (med.)* Peristole; movimento peristastico dos intestinos, segundo uns; força contentiva e tambem o movimento alternativo de tensão e relaxação do estomago, durante o trabalho digestivo, segundo outros.

PERISTOMA. *f. (anat.)* Peristoma; membrana que reveste a embocadura intestinal dos vasos chyliferos, e que faz parte da mucosa.

PERISTÓMEO, MEA. *adj. (bot.)* Peristomeo; que está provido de um peristomo.

PERISTÓMICO, CA. *adj. (bot.)* Peristomico; que está em relação com o orificio do tubo do calice.

PERISTOMO. *m. (bot.)* Peristomo *(ao redor da bôca);* nome dado á reunião de pequenos dentes que rodeiam circularmente a urna dos musgos — *(zool.)* peristoma; cavidade da região inferior da cabeça dos insectos, em que apresenta a base da trompa e a maior parte dos musculos.

PERISTROFO. *m. (bot.)* Peristropho *(que rodeia);* genero de plantas da familia das acanthaceas, tribu das dicliptereas.

PERITECIO. *m. (bot.)* Perithecio; receptaculo que aloja os orgãos da fructificação dos cogumelos.

PERISTELO. *m. (zool.)* Peristelo; genero de insectos tetrameros, da familia dos curculionidos gonatoceros.

PERITESTE. *m. (anat.)* Peritestе; tunica albuginea que reveste os testiculos.

PERITIO. *m. (bot.)* V. *Melanoxilo.*

PERITIOMOS. *m. pl. (med.)* Peritiomos; materias morbidas que permanecem nos orgãos depois da crise das enfermidades: — peritiomos; restos, signaes que deixam nos enfermos certos padecimentos.

PERITÍSIMO, MA. *adj. sup.* de *Perito.* Peritissimo; muito perito. *Peritissimus, a, um.*

PERITO, TA. *adj.* Perito, versado, habil em qualquer sciencia ou arte. *Peritus, a, um:* — *m. (min.)* perito; nome de um sulphato de ferro.

PERITOMA. *m. (bot.)* V. *Pedicelaria.*

PERITONACRIXIS. *f. (med.)* Peritonacrixis; hernia formada por meio de uma ruptura no peritoneo.

PERITONEAL. *adj. (anat.)* Peritoneal; pertencente ao peritoneo.

PERITONEO. *m. (anat.)* Peritoneo; membrana serosa que forra a cavidade abdominal, prolongando-se sobre a maior parte dos orgãos contidos n'esta cavidade.

PERITONITIS. *f. (med.)* Peritonite; inflammação do peritoneo ou do tecido que o rodeia.

PERITRIXIA. *f. (zool.)* Peritrichia *(pelludo ao redor);* genero de insectos coleopteros pentameros, da familia dos lamellicornes.

PERITROPO, PA. *adj. (bot.)* Peritropo; diz-se da semente que se dirige desde o eixo do fructo até aos lados do pericarpo.

PERJENIAR. *a. (ant.)* V. *Perjeñar.*

PERJENIO. *m.* V. *Perjeño:* — *(ant.)* exterioridade, ficção, apparencia.

PERJEÑAR. *a. (fam.)* Dispor, executar alguma cousa com acerto ou habilidade. *Aptè disponere vel ordinare.*

PERJEÑO. *m.* Habilidade, destreza em executar as cousas. *Agilitas, dexteritas.*

PERJUDICABLE. *adj.* Prejudicial; que pôde prejudicar.

PERJUDICADOR, RA. *s.* Prejudicador; o que prejudica. *Præjudicans, nocens.*

PERJUDICANTE. *p. a.* Prejudicante; que prejudica. *Nocens, detrimentum afferens.*

PERJUDICAR. *a.* Prejudicar; causar damno, fazer prejuizo. *Nocere, damnum inferre.*

PERJUDICIABLE. *adj. (ant.)* V. *Perjudicial.*

PREJUDICIAL. *adj.* Prejudicial; que causa prejuizo, damno ou ruina. *Noxius, a, um:* — *(for.)* prejudicial; anterior ao prejuizo e demanda principal. *Præjudicialis, le.*

PERJUDICIALMENTE. *adv. m.* Prejudicialmente; com prejuizo, de um modo prejudicial. *Perniciosè, damnosè.*

PERJUICIO. *m.* Prejuizo, damno, perda. *Damnum, incommodum, detrimentum.*

PERJUMAR. *a. (fam.)* Presumir, suspeitar.

PERJURADOR, RA. *s.* V. *Perjuro.*

PERJURAMENTE. *adv. m.* Perjuramente, falsamente, com perjurio.

PERJURAR. *n.* Perjurar; jurar falso. Costuma usar-se como reciproco. *Perjurare, pejerare:* — jurar muito, jurar por vicio. *Pejerare:* — *r.* perjurar, quebrar, violar o juramento. *Fidem jurejurando firmatam fallere.*

PERJURIO. *m.* Perjurio; delicto de jurar falso, acto de perjurar. *Perjurium, ii.*

PERJURO, RA. *adj.* Perjuro; que jura falso, que violou o juramento. *Perjurator, oris:* — *m.* V. *Perjurio.*

PERKINISMO. *m. (med.)* Perkinismo; methodo inventado na America septemtrional para curar as enfermidades. Consiste em passar pela superficie da parte doente duas agulhas, uma das quaes termina em ponta aguda e a outra é romba. Este methodo, por absurdo, foi logo abandonado.

PERLA. *f. (fig.)* Perola; cousa excellente, preciosa. *Res pretiosissima. De perlas (loc. adv.);* ás mil maravilhas, perfeitamente. *Adamussim:* — *(zool.)* perola; concreção de materia calcarea, com alguma substancia organica, encontrada nas conchas de alguns molluscos.

PERLADO, DA. *adj.* V. *Aperlado:* — *(ant.)* V. *Prelado.*

PERLAMORFA. *f. (zool.)* Perlamorpha; genero de insectos orthopteros, da tribu dos phasmios.

PERLÁTICO, CA. *adj.* Paralytico; que diz respeito á paralysia e do que a padece. *Paralyticus, a, um.*

PERLEGER. *a. (ant.)* Ler desde o principio até ao fim.

PERLERÍA. *f.* Copia, abundancia de perolas: — *(bot.)* V. *Coladonia.*

PERLESÍA. *f. (med.)* V. *Paralisis.*

PERLICA, LLA, TA. *f. dim.* de *Perla.* Perolasinha.

PERLINO, NA. *adj.* De côr de perola. *Margaritam colore referens.*

PERLIOS. *m. pl. (zool.)* V. *Perlianos.*

PERLIQUITENCIA. *f.* Titulo de honra burlesco a modo de senhoria.

PERLITO. *m. (min.)* Perlito; substancia mineral que se apresenta em fôrmas muito similhantes á da perola: — *globulario;* perlito globulario; variedade de feldspatho.

PERLONGAMIENTO. *m. (ant.)* Perlonga. V. *Dilacion.*

PERLONGANCIA, PERLONGANZA. *f. (ant.)* Perlongança.. V. *Dilacion.*

PERLONGAR. *n. (ant. naut.)* Perlongar; ir navegando ao longo de uma costa. Tambem se diz quando se estende um cabo para que se possa puxar por elle.

PERLSTEIN. *m. (min.)* V. *Perlito.*

PERLUNGAR. *a. (ant.)* V. *Diferir.*

PERLÚZIDO, DA. *adj. (ant.)* Luzidissimo; mui luzido.

PERMA. *f. (naut.)* Perma; pequena embarcação turca.

PERMAFOY. *m. (ant.)* Peça das que compunham os vestidos das donas.

PERMANECEDERO, RA. *adj. (ant.)* V. *Permanente.*

PERMANECER. *n.* Permanecer; ficar no mesmo estado. *Permanere:* — permanecer, demorar-se em alguma parte: — permanecer; persistir na mesma idéa, proposito, etc. *Permanere.*

PERMANECIENTE. *adj. (ant.)* V. *Permanente.*

PERMANENCIA. *f.* Permanencia, perseverança, estabilidade. *Permansio, onis.*

PERMANENTE. *adj.* Permanente; que permanece, firme, estavel. *Permanens, entis:* — V. *Vijente.*

PERMANENTEMENTE. *adv. m.* Permanentemente; com permanencia ou perseverança.

PERMANGANATO. *m. (chim.)* Permanganato; genero de saes formados pela combinação do acido permanganico com as bases salificaveis. Os mais importantes são o permanganato de baryta e o de potassa.

PERMANGÁNICO, CA. *adj. (chim.)* Permanganico; diz-se de um acido que se apresenta no estado solido debaixo da fórma de uma massa parda, crystallina e raiada.

PERMANSION. *f.* V. *Permanencia.*

PERMEABILIDAD. *f. (phys.)* Permeabilidade; propriedade que têem certos corpos de se deixarem penetrar por outros.

PERMEABLE. *adj. (phys.)* Permeavel; que possue a permeabilidade.

PERMISIBLE. *adj.* Permissivel; que se póde permittir. *Quod permitti potest, tolerabile.*

PERMISION. *f.* Permissão; acto de permittir. *Permissio, onis:* — *(rhet.)* permissão; figura que se dá quando o orador concede algumas rasões em que se funda a opinião contraria, confiado na certeza das suas ou na facil resposta. *Permissio, concessio.*

PERMISIVAMENTE. *adv. m.* Permissivamente; com consentimento tacito, sem licença expressa. *Tacita venia, consensu.*

PERMISIVO, VA. *adj.* Permissivo; que encerra permissão. *Venia, potestate rei faciendæ instructus.*

PERMISO, SA. *p. p. (ant.)* de *Permittir.* Permisso, consentido. *Permissus, a, um:* — permisso, permissão, consentimento, licença. *Permissio, onis.*

PERMISOR. *m.* V. *Permitidor.*

PERMISTION. *f.* Permistão; mistura de cousas, ordinariamente liquidas. *Permixtio, onis.*

PERMITIDERO, RA. *adj.* Permissivel; que se pôde permittir. *Quod permitti potest aut tolerari.*

PERMITIDOR. *m.* Permittidor; aquelle que permitte, consente ou tolera alguma cousa. *Permissor, oris.*

PERMITIR. *a.* Permittir, consentir, dar licença. *Permittere, pati:* — permittir, tolerar; não impedir o que se podia e devia evitar. *Pati, permittere, tolerare:* — permittir, conceder, em oratoria, alguma cousa como verdadeira, como producente. *Permittere:* — *r.* deixar-se ver, mostrar-se benigno e favoravel: — *(rel.)* permittir, consentir; concorrer para a pratica de alguma cousa, aindaque sem vontade, amor ou desejo d'ella. *Permittere.*

PERMUTA. *f.* Permuta, permutação, troco, cambio. *Permutatio, onis:* — permuta, permutação, troca de beneficios ou empregos. *Permutatio, onis.*

PERMUTABLE. *adj.* Permutavel, trocavel; que se póde permutar ou trocar.

PERMUTACION. *f.* V. *Permuta:* *pl. (math.)* permutações; especie de combinações em que se attende, não só ao numero dos termos que se comparam, mas tambem á differença que resulta dos logares em que se collocam.

PERMUTADOR, RA. *s.* Permutador; o que permuta ou troca.

PERMUTAR. *a.* Permutar, trocar, cambiar uma cousa por outra. *Permutare:* — trocar, collocar, dispor muitas cousas de diversos modos a respeito umas das outras. *Diverso inter se habitu et dispositione res multas collocare:* — V. *Transponer, Sustituir.*

PERNADA. *f.* Pernada; pancada que se dá com a perna, movimento violento que se faz com ella. *Cruris ictus, calcitratus.*

PERNAZA. *f. augm.* de *Pierna;* Pernaça; grande perna.

PERNEADOR, RA. *adj.* De boas pernas; diz-se do que tem pernas fortes e que pôde andar muito. *Cruribus fortis.*

PERNEAR. *n.* Pernear, espernear; mover as pernas com violencia. *Crura violenter movere:* — andar com muita diligencia em qualquer negocio. *Negotio diligenter incumbere, operam dare:* — *a.* vender os porcos na feira por cabeça. *Porcos nundinari:* — *(fig.)* impacientar-se, irritar-se por não lograr o que deseja. *Iracundia vel rabie agitari.*

PERNEO. *m. (p. And.)* Mercado de porcos.

PERNERÍA. *f.* Conjuncto de pernos. *Clavorum copia.*

PERNETAS. (EN) *(loc. adv.)* Em pernas; com as pernas nuas. *Nudis cruribus.*

PERNETE. *m. dim* de *Perno.* Pernosinho.

PERNIABIERTO, TA. *adj.* Perniaberto; que tem as pernas abertas ou afastadas uma da outra. *Divaricatus, a, um.*

Perniciosamente. *adv. m.* Perniciosamente, prejudicialmente, com grave damno. *Perniciosè.*

Perniciosísimo, ma. *adj. sup.* de *Pernicioso.* Perniciosissimo. *Valdè perniciosus vel exitialis.*

Pernicioso, sa. *adj.* Pernicioso; gravemente prejudicial ou damnoso. *Exitialis, e.*

Pernicho. *m. (germ.)* V. *Postigo.*

Pernigon. *m.* Ameixa confeitada de Genova. *Genuense prunum.*

Pernil. *m.* Pernil; a parte mais delgada da perna do animal. *Perna, æ.* Por antonomasia entende-se do porco:—perna de calção.

Pernio. *m.* Machafemea; peça sobre que jogam as portas e janellas para abrir e fechar. *Compages ferrea.*

Perniquebrar. *a.* Quebrar as pernas. *Crura frangere.*

Pernituerto, ta. *adj.* Pernitorto; que tem as pernas tortas. *Scaurus, varus.*

Perno. *m.* Perno; cavilha grande e de cabeça redonda, empregada nos navios e outras obras de construcção forte. *Clavus rotundus:* — leme singelo, usado nas portas e janellas.

Pernoctar. *n.* Pernoitar; passar a noite ou dormir em algum logar. *Abnoctare.*

Pernochar. *n. (ant.)* V. *Pernoctar.*

Pero. *conj.* Porém, mas, pero. *Sed, tamen:*—aindaque, postoque. *Quamquam:*—*m.* pecha, defeito, v. g.: *fulano no tiene pero;* fulano não tem pecha. *Vitium, defectus:* — pero; fructo do pereiro: — pereiro; variedade da maceira commum. *Ese pero no está maduro;* a seu tempo se colhem as peras. *Hoc maturescat, vel procrastinari debet. Pero Jimen,* o *Pedro Jimenez;* Pedro Ximenes; certa qualidade de uva. *Uvæ varietas.*

Perognato. *m. (zool.)* Perognatho *(mandibula em fórma de bolsa);* genero de mammiferos roedores da familia dos ratos.

Perogrullada. *f. (fam.)* Verdade sediça; cousa que toda a gente ha muito sabe. Custuma dizer-se: *Verdad de perogrullo. Patens apertaque propositio.*

Pero-grullo. Personagem phantastica, que jamais existiu e a quem se attribuem verdades sabidas por todos. E diz-se: *Verdad de Pero-grullo, que a la mano cerrada llamaba puño.*

Perol. *m.* Tacho; utensilio de metal que serve para aquecer ou cozer differentes substancias e especialmente para fazer doces. *Ahenum, i.*

Perolillo. *m. dim.* de *Perol.* Tachosinho.

Peromato. *m. (zool.)* Peromato; genero de insectos hemypteros, da tribu dos scutellerios.

Peromnio. *m. (bot.)* V. *Aulacomnio.*

Peron. *m. (p. Mex.)* V. *Pero*; fructo do pereiro.

Perona. *f. (bot.)* V. *Helocio.*

Peronea. *f. (zool.)* Peronea; genero de insectos lepidopteros da familia dos nocturnos, tribu dos platyomidos.

Peronema. *f. (bot.)* Peronema *(vestido);* genero de plantas da familia das verbenaceas, tribu das lippiadas.

Peroneo. *m. (anat.)* Peroneo; um dos dois ossos que formam a perna e que se acha situado na sua parte exterior: — *adj.* peroneo; pertencente ao osso peroneo.

Peropterijio, Peróptero, ra. *adj. (zool.)* Peroptero; nome applicado aos peixes que carecem de todo ou em parte de barbatanas ventraes.

Peroracion. *f. (rhet.)* Peroração; conclusão de discurso ou oração. *Peroratio, onis:* — peroração; discurso breve e sentimental.

Perorar. *n.* Perorar; concluir, fechar o discurso. *Perorare:* — *(fig.)* perorar; orar, pedir com instancia. *Enixè orare vel rogare:* — perorar; pronunciar algum discurso ou oração.

Perorata. *f.* Arenga, aranzel, oração importuna.

Perote. *m. dim.* de *Pero.* Perinho.

Perowskita. *f. (min.)* Perowskita; titanato de cal.

Peroxidado, da. *adj. (chim.)* Peroxydado; que se encontra no estado de peroxydo: — peroxydado; que contém a maior quantidade possivel de oxygenio.

Peróxido. *m. (chim.* e *min.)* Peroxydo; combinação de um corpo simples com o oxygenio.

Perpasar. *a. (ant.)* Trespassar, atravessar de parte a parte.

Perpejana. *f. (prov.)* V. *Parpalla.*

Perpejible. *adj. (ant.)* Intensissimo; muito intenso.

Perpendicular. *adj. (math.)* Perpendicular; diz-se da linha ou plano que cáe sobre outra linha ou plano, fazendo de cada lado um angulo recto. *Perpendicularis, e.*

Perpendicularmente. *adv. m.* Perpendicularmente; de maneira perpendicular, a prumo. *Ad perpendiculum.*

Perpendículo. *m. (archit.)* V. *Plomada.*

Perpero. *m. (zool.)* Perpero *(arrogante);* genero de insectos coleopteros tetrameros da familia dos curculionidos gonatoceros, divisão dos cleonidos.

Perpetracion. *f.* Perpetração; acção de perpetrar ou commetter algum delicto. *Perpetratio, patratio criminis.*

Perpetrador, ra. *s.* Perpetrador; o que perpetrou ou commetteu algum delicto. *Criminis patrator.*

Perpetrar. *a.* Perpetrar; commetter, consummar algum crime ou delicto. *Crimen perpetrare:* — *(ant.)* desacatar, desvenerar, faltar ao respeito.

Perpetua. *f. (bot.)* Perpetua; especie de plantas do genero gomphrena, cuja flor é do mesmo nome.

Perpetuacion. *f.* Perpetuação; acção de perpetuar alguma cousa. *Perpetuandi actio.*

Perpetual. *adj. (ant.)* V. *Perpetuo.*

Perpetualidad. *f. (ant.)* V. *Perpetuidad.*

Perpetualmente. *adv. m. (ant.)* V. *Perpetuamente.*

Perpetuamente. *adv. m.* Perpetuamente; sem interrupção ou sem fim. *Perpetuò.*

PERPETUAR. *a.* Perpetuar; fazer perpetuo, fazer durar muito alguma cousa. Usa-se tambem como reciproco. *Perpetuare.*

PERPETUIDAD. *f.* Perpetuidade; duração sem fim. *Perpetuitas, atis:* — perpetuidade; duração muito longa. Usa-se mais n'esta ultima accepção. *Perpetuitas, atis.*

PERPETUO, UA. *adj.* Perpetuo; que não cessa de existir, que dura sempre. *Perpetuus, a, um.*

PERPIAÑO. *m.* Pedra ou tijolo que atravessa toda a parede. *Diatorus, frontatus lapis.*

PERPLEJAMENTE. *adv.* Perplexamente; com perplexidade ou irresolução. *Perplexè, dubiè, dubitanter.*

PERPLEJIDAD. *f.* Perplexidade, irresolução, duvida. *Perplexitas, hæsitatio.*

PERPLEJO, JA. *adj.* Perplexo, duvidoso, indeciso, irresoluto. *Perplexus, hæsitans.*

PERPUNTADO. *m. (ant.)* V. *Perpunte.*

PERPUNTE. *m. (ant.)* Perponte ou perpunto; gibão forte acolchoado, á prova de punhal, espada, etc. *Thorax gossypio fartus.*

PERPUNTO. *m. (ant.)* V. *Perpunte.*

PERQUÉ. *m. (ant.)* Porque; especie de satyra usada pelos poetas antigos de Hespanha e Portugal: — libello diffamatorio. *Libellus infamis.*

PERQUIRIR. *a. (ant.)* Pesquizar, indagar, investigar, buscar com diligencia. *Perquirere.*

PERRA. *f.* Perra, cadella; a femea do cão. *Canis fœmina:* — *(fam.)* zanga; accesso de colera de curta duração: — *(fig. ant.)* borracheira, zangurriana, embriaguez. *Ebrietas, atis. La perra le parirá lechones (fr.);* quem dita tem, o vento lhe apanha a lenha. *Etiam mullæ illi parient. Soltar la perra;* contar com o ovo no cú da gallinha. *Antè tempus vel immaturè ali quid jactare vel gloriari.*

PERRADA. *f.* Canzuada; multidão de cães. *Canum copia:* — perraria, perrice. *Caninæ blanditiæ. Jugar una perrada (fr. fam.)* V. *Jugar una pieza.*

PERRAMENTE. *adv. m.* Pessimamente, muito mal. *Pessimè.*

PERRAZO. *m. augm.* de *Perro.* Canzarrão; cão mui grande.

PERREDA. *f. (ant.)* V. *Perrera,* na segunda accepção.

PERRENGUE. *m. (fam.)* Perrengue; homem irascivel, que com facilidade se encoleriza. *Homo iracundus:* — perrengue; dá-se este nome ao negro ou porque se encoleriza facilmente ou para chamar-lhe disfarçadamente perro. *Proclivis ad iram.*

PERRERA. *f.* Canil; casa dos cães de caça. *Canum cavea:* — emprego, occupação que dá muito trabalho e pouca utilidade. *Officium inutile:* — caloteiro, mau pagador. *Difficilis solvendo:* — sendeiro; cavalgadura muito ruim, velha e cansada. *Equus vel mula confecta senio:* — *adj. (fam.)* perro, mau, maligno.

PERRERÍA. *f.* Canzuada; multidão de cães. *Canum multitudo:* — canzuada; gente vil e malvada. *Sceleratorum turba:* — perreria; expressão ou demonstração de enfado ou ira. *Convicium, ii. Hacer perrerías con alguno (fr.);* fazer perrarias ou perrices a alguem, para o amofinar.

PERRERO. *m.* Perreiro, enxota-cães; aquelle que em algumas igrejas e nas cathedraes está encarregado de enxotar os cães. *Mastigophorus; canum expulsor:* — o que tem a seu cargo os cães de caça. *Canum custos:* — o que é muito affeiçoado a ter ou crear cães. *Canum amator:* — caloteiro, trampolineiro; o que engana outrem pregando calote. *Delusor, oris.*

PERREZNILLO, LLA. *s. dim.* de *Perrezno.* Cachorrinho.

PERREZNO. *m.* Cachorro, cãosinho, cão pequeno. *Catulus, catellus.*

PERRICO, CA, LLO, LLA, TO, TA. *s. dim.* de *Perro.* Perrosinho, cãosinho: — especie de saco de rede de que usam os pescadores.

PERRILLO. *m.* V. *Gatillo,* nas armas de fogo: — serrilha; especie de barbella com dentes que se põe por debaixo do queixo das mulas e machos para lhes fazer levantar a cabeça. *Frenum serratum:* — *de todas bodas;* papajantares; aquelle que se apresenta em todas as festas e banquetes. *Festorum et mensarum omnium assecla:* — *faldero ó de falda;* cãosinho fraldeiro. *Melitæus canis:* — *raposero;* cão rasteiro; especie de podengo que serve para levantar a caça maior. *Canis vulpinus, venaticus:* — *de muchas bodas, no come en ninguna por comer de todas (rif.);* quem tudo quer tudo perde. *Qui omnia ambit, nihil adispiscitur.*

PERRO. *m.* Cão, calote, fraude, logro. *Fraus vel dolus:* — perro; nome que, por desprezo, se dava antigamente aos mouros e judeus. *Canis, furcifer:* — *adj. (fig.)* obstinado, teimoso, intractavel. *Tenax, cis:* — *(fam.)* perro, atroz, odioso, indigno: — *viejo;* perro velho; fino, passado, matreiro, traquejado. *A otro perro con ese hueso (fr.);* a outro perro com esse osso, vá bater a outra porta. *Credat judæus apella. Como perros y gatos;* como o cão com o gato. *Mutuis odiis exardescentes. Dar perro ó perro muerto;* dar gato por lebre. *Darse a perros;* dar-se a perros; enraivecer-se, irritar-se. *Frendere. Echar a perros;* dar a perros, deitar perolas a porcos. *Disperdere. En dando que el perro rabia, ha de rabiar;* em dizendo que a pedra é pau, ha de ser pau. *Difficile de sententia quemque demoveas, quam semel arripuit:* — *ladrador, poco mordedor, ó nunca buen mordedor;* cão que ladra, não morde. *Canis timidus vehementer latrat quam mordet. A perro viejo, nunca cuz cuz, ó a perro viejo no hay tuz tuz;* a perro velho não digas buz buz. *Annosa vulpes non capitur laqueo. Muerto el perro, muerta la rabia;* tirada a causa cessa o effeito: — (*astr.*) V. *Can, Canícula. Perros de caza;* cães de caça, constellação septentrional composta de vinte e cinco estrellas: — *de ajea (caç.);* cão de busca; especie de cão perdigueiro: — *en carro;* especie de cão perdigueiro mais pequeno do que o antecedente. *Canis venatici genus:* — *de muestra;* cão perdigueiro que serve para parar a caça. *Canis prædæ monstrator, indicator:* — *guion;* cão que marcha na frente servindo de guia á matilha. *Canis venaticus qui ceteros anteit:* — *nocharniego;* cão que caça de noite: (*zool.*) cão; genero de mammiferos carniceiros digitigrados, cujas especies se encontram em quasi todas as regiões do globo no estado domestico e no estado selvagem. *Canis, is:* — *alano.* V. *Alano:* — *albaraniego ó albarraniego;* nome dado em algumas partes aos cães de gado. *Canis pastoralis genus:* — *coreador;* cão que serve para dirigir o gado: — *cruzado;* cão cruzado; aquelle que provém de paes de differentes raças. *Canis hibridus:* — *chino;* cão chinez; cão muito pequeno e sem pello. *Canis ægypcius:* — *de aguas;* cão de agua; raça de cães de pello encarapinhado e comprido que nadam perfeitamente. *Canis aquaticus:* — *de ayuda*; cão de fila, de guarda. *Subsidiarius canis:* — *de casta;* cão de raça, cão legitimo. *Canis generosus:* — *de ganado;* cão de gado; é muito parecido com o mastim: — *de lanas.* V. *Perro de aguas* e *Perro Faldero:* — *del Cabo de Buena Esperanza;* cão do Cabo de Boa Esperança; encontra-se no sul de Africa e é excellente para guardar gado: — *de los montes de San Bernardo ó de los Alpes;* cão dos montes de S. Bernardo ou dos Alpes; cães ensinados, pelos monges de S. Bernardo, a procurar os viajantes perdidos nas neves: — *de mar;* cão marino; uma das especies de peixes em que se divide o genero lixa: — *de montaña;* cão de montanha; é mais forte que o de gado mas menos intelligente: — *de presa.* V. *Alano:* — *de Terra Nova;* cão da Terra Nova; cão muito intelligente e excellente para nadar: — *dogo.* V. *Dogo:* — *perdiguero;* cão perdigueiro; raça de cães de orelhas mui grandes e pendentes, excellentes para amarrar perdizes. *Canis sagax:* — *podenco.* V. *Podenco.*

Perroquete. *m.* (*naut.*) V. *Mastelero.*

Perroquia. *f.* (*ant.*) V. *Parroquia.*

Perrotecia. *f.* (*bot.*) V. *Nicolsonia.*

Perruna. *f.* Pão de semeas para os cães. *Panis perfureus:* — V. *Torta perruna.*

Perruno, na. *adj.* Canino; de cão. *Caninus, a, um.*

Persa. *adj.* Persa; pertencente á Persia e a seus habitantes: — *s.* persa; natural da Persia. *Persa, æ.*

Persea. *f.* (*bot.*) Persea; genero de plantas da familia das laurineas.

Persecucion. *f.* Perseguição; acto de perseguir. *Persecutio, insectatio:* — perseguição; cada uma das epochas em que os imperadores pagãos perseguiram, por edicto publico, os christãos dos primeiros seculos da Igreja. *Persecutio Ecclesiæ:* — perseguição; instancia enfadonha e importuna. *Vexatio, insectatio.*

Perseguidor, ra. *s.* Perseguidor; o que persegue. *Persecutor, vexator.*

Perseguimiento. *m.* V. *Persecucion.*

Perseguir. *a.* Perseguir; ir em seguimento do que foge, para fazer-lhe damno. *Insectari, insequi:* — perseguir; importunar, seguir alguem por toda a parte. *Insequi, utique persequi:* — perseguir, molestar, fatigar, vexar. *Vexare, molestiam inferre:* — perseguir, solicitar, pedir com importunidade. *Molestè instare.*

Perseo. *m.* (*astr.*) Perseo; uma das vinte e duas constellações celestes a que chamam boreaes. *Perseus, constellatio ita dicta.*

Persevante. *m.* Passavante; official de armas, segundo a ordem ou regra de cavallaria, inferior ao arauto e este ao rei de armas. *Fecialis, lis.*

Perseverancia. *f.* Perseverança; constancia em continuar até o fim. *Perseverantia, æ:* — perseverança; duração permanente ou continua de alguma cousa. *Diuturnitas, longævitas:* — *final* (*rel.*); perseverança final; dita da pessoa que morre no estado de graça santificante. *Finalis perseverantia.*

Perseverante. *p. a.* Perseverante; que persevera. *Perseverans, tis.*

Perseverantemente. *adv. m.* Perseverantemente, constantemente, com perseverança. *Perseveranter.*

Perseveranza. *f.* (*ant.*) V. *Perseverancia.*

Perseverar. *n.* Perseverar; manter-se constante. *Perseverare:* — perseverar, persistir, ser firme, durar. *Durare, permanere.*

Persiana. *f.* Persiana; gelosia ou rotula formada de taboinhas moveis para impedir a entrada do sol. *Transenna obliquata:* — (*comm.*) estofo de seda com varios matizes e flores. *Tela serica magnis floribus distincta.*

Persiano, na. *adj.* V. *Persa.*

Persiante. *adj.* (*ant.*) V. *Persiano.*

Persicaria. *f.* (*bot.*) V. *Antenóron.*

Persicita. *f.* (*min.*) Persicita; pedra argillosa que tem a figura de um pecego.

Pérsico, ca. *adj.* Persico; pertencente á Persia. *Persicus, a, um:* — (*archit.*) persico; applica-se a certa ordem de architectura em que entram figuras no fuste de columnas doricas: — *m.* (*bot.*) pecego calvo e a arvore que os produz.

Persignarse. *r.* Persignar-se, benzer-se, fazer o signal da cruz. *Signo crucis se munire; cruce signari:* — benzer-se; estranhar, admirar-se muito de alguma cousa que se vê ou se ouve. *Signo crucis admirationem ostendere:* — *(fam.)* benzer-se; estreiar-se na venda de alguma cousa. *Tunc primum experiri.*

Per signum crucis. *f.* Palavras latinas que exprimem o signal da cruz.

Pérsigo. *m.* *(prov. bot.)* V. *Pérsico,* na terceira accepção: —V. *Prisco.*

Persistencia. *f.* Persistencia, permanencia, perseverança, constancia. *Perseverantia, constantia.*

Persistente. *p. a.* Persistente; aquelle que persiste. *Persistens, permanens:* — *adj. (bot.)* persistente; qualificação do calice que permanece depois da quéda das flores, que não cáem no outomno, e das estipulas que ficam depois da quéda das flores.

Persistir. *n.* Persistir, permanecer; ser firme ou constante. *Persistere, perstare:* — persistir, aturar, durar. *Permanere, durare.*

Persomeria. *f.* *(bot.)* Persomeria; genero de plantas da familia das orchideas.

Persona. *f.* Pessoa; creatura racional composta de corpo e alma. *Homo, inis:* — pessoa; a fórma, disposição do corpo. *Corporis species vel fórma:* — pessoa; homem distincto. *Optimus vir:* — pessoa; homem de prendas, capacidade e prudencia. *Homo magnis animi doctibus insignitus. Aceptar personas (fr.);* distinguir ou favorecer as pessoas sem attender ao seu merito ou valia, mas a algum motivo particular. *Præferre, potiorem habere. De persona a persona;* de pessoa a pessoa, só com outrem, ou pessoalmente. *Vir ad virum; præsentes ambo. En persona ó por su persona;* em pessoa, por si mesmo, estando presente. *Per semetipsum, præsens. Hacer de persona;* fazer de pessoa; affectar, vangloriar-se de poderio ou merito sem o ter. *Virum se ostentare; jactari. No despintársele a uno alguna persona;* não escapar a alguem uma pessoa, não lhe esquecer a figura, ainda que a tenha visto poucas vezes. *Rei memoriam retinere:* — *(gram.)* pessoa; cada uma das variações do verbo, nos pronomes. *Persona, æ:* — *(jur.)* pessoa; o homem considerado no estado de que gosa, e investido de certos direitos e deveres. As pessoas são o primeiro objecto da jurisprudencia, em seguida vem as cousas e por ultimo as acções: — *(rel.)* pessoa; diz-se do Padre, do Filho e do Espirito Santo, que são tres pessoas distinctas com uma mesma essencia. *Trinitatis persona:* — *(theat.)* V. *Interlocutor.*

Personada. *adj.* *(bot.)* Personada; epitheto applicado ás corollas monopetalas e irregulares formadas commummente por dois labios, que têem alguma similhança com o focinho de um animal ou com uma mascara: — *f. pl.* personadas; familia de plantas que apresentam os caracteres mencionados.

Personado. *m.* Dignidade ecclesiastica sem exercicio nem jurisdicção: — prerogativa que alguem tem na Igreja, sem jurisdicção alguma, porém com cadeira no côro, superior e mais honorifica que as dos outros, mas sem rendimento. *Ecclesiastica dignitas nulli affecta muneri:* — a pessoa investida n'esta dignidade: — na Catalunha dão este nome a certos beneficios, cuja posse é compativel com a de outros. *Personatus, us.*

Personaje. *m.* Personagem; pessoa auctorisada, nobre. *Vir nobilis:* — *(theat.)* V. *Interlocutor:* — V. *Personado:* — personagem; qualquer individuo desconhecido ou que guarda o incognito dando-se importancia. *Persona, æ:* — *(fam.)* personagem; individuo de pouco mais ou menos. *Persona, æ.*

Personal. *adj.* Pessoal; tocante á pessoa. *Personalis, le:* — *m.* pessoal; occupação ou dependencia especial em alguns empregos ou cargos publicos: — pessoal; contribuição que pagam os chefes de familia. *Personale tributum:* — V. *Persona,* na terceira accepção.

Personalidad. *f.* Personalidade; differença individual que constitue a pessoa. *Cujusque singularitas; id quo quisque singularis est, ab aliis distinctus:* — personalidade; sympathia ou antipathia que ha para com certa e determinada pessoa. *Præ ceteris aliquem amare aut odisse:* — personalidade; allusão offensiva: — *(for.)* emancipação; aptidão legal para poder entrar em qualquer negocio.

Personalismo. *m.* V. *Egoismo.*

Personalizarse. *n.* Personalisar; dizer personalidades, fallando ou escrevendo: — V. *Mostrarse parte.*

Personalmente. *adv. m.* Pessoalmente; por si mesmo, em pessoa.

Personería. *f.* Procuradoria; officio de procurador. *Mandatum, i.*

Personero. *m.* Agente, procurador ou solicitador legal dos negocios alheios. *Alterius mandato agens:* — procurador, syndico de algum povo.

Personificacion. *f.* Personificação; acção e effeito de personificar.

Personificar. *a.* Personificar; dar vida e attributos de seres racionaes aos que o não são, e ainda aos affectos da alma: — personificar; fazer de um ser abstracto, uma pessoa, uma divindade allegorica: — *r.* personificar-se; alludir a certas e determinadas pessoas nos discursos ou escriptos.

Personilla. *f. dim.* de *Persona.* Pessoasinha, homemzinho. Usa-se regularmente para significar com desprezo o sujeito muito pequeno de corpo ou de figura exquisita. *Homuncio, ridiculus homo.*

Perspectiva. *f.* Perspectiva; obra ou representação de objectos, executada segundo as regras da parte da optica que recebe este mesmo nome. *Opus opticè dispositum vel scenographicum:* — *(fig.)* perspectiva; quadro de paizagens ou vistas pittorescas: — perspectiva; aspecto dos objectos vistos de longe. *Prospectus, us:* — perspectiva; apparencia ou representação enganosa das cousas. *Prima frons rerum; apparens prospectus:* — *(phys.)* perspectiva; sciencia que ensina a delinear os objectos com tal arte que parecem verdadeiros. *Graphicè delineandi ars.*

Perspectivo. *m.* Perspectivo; que sabe, que professa a perspectiva. *Artis graphicè delineandi professor.*

Perspicacia. *f.* V. *Perspicazia.*

Perspicacidad. *f.* V. *Perspicazidad.*

Perspicaz. *adj.* Perspicaz; de vista muito aguda e clara. *Perspicax, acis:* — *(fig.)* perspicaz; de engenho agudo e subtil. *Perspicax, acutus.*

Perspicazia. *f.* Perspicacia; agudeza e penetração da vista. *Visûs, oculorum acumen:* — *(fig.)* perspicacia; agudeza de engenho ou do entendimento. *Perspicacia; ingenii acumen.*

Perspicazidad. *f.* V. *Perspicazia.*

Perspicazmente. *adv.* Perspicazmente, com perspicacia.

Perspicila. *f. (zool.)* V. *Ada.*

Perspicuamente. *adv. m.* Claramente, distinctamente, manifestamente. *Clarè, manifestè, apertè.*

Perspicuidad. *f.* Perspicuidade, claridade, transparencia. *Perspicuitas, atis:* — *(fig.)* perspicuidade; clareza na explicação, expressão e limpeza de estylo. *Perspicuitas orationis; elegantia.*

Perspicuo, cua. *adj.* Perspicuo, transparente, limpido. *Perspicuus, a, um:* — *(fig.)* perspicuo, claro, intelligivel, correcto. *Perspicuus, elegans.*

Perspirable. *adj. (physiol.)* Perspiravel: que tem a propriedade de penetrar pelos poros da pelle ou das membranas, em virtude da transpiração ou perspiração.

Perspiracion. *f. (physiol.)* Perspiração; exhalação insensivel que se effectua sem cessar na superficie da pelle ou das membranas sorosas.

Perspirar. *n. (physiol.)* Perspirar; transpirar insensivelmente.

Perspiratorio, ria. *adj. (phys.)* Perspiratorio; pertencente á perspiração ou transpiração. *Humores perspiratorios;* humores perspiratorios; os que são exhalados de uma maneira insensivel pela superficie da pelle ou das differentes membranas.

Perstriccion. *f. (med.)* Perstricção; nome que os antigos deram a uma bandagem particular, que, segundo Herodoto, se empregava em muitas enfermidades, para desviar a causa do mal, applicando-as sobre os grossos vasos.

Persuadidor, ra. *s.* Persuadidor; o que persuade. *Persuadens, suadens, inducens.*

Persuadir. *a.* Persuadir; obrigar com rasões a que uma cousa se faça ou se creia. *Persuadere:* — *r.* persuadir-se, acreditar.

Persuasible. *adj.* Persuasivel; que se póde persuadir ou ter por certo. *Quod facile suaderi vel credi potest.*

Persuasion. *f.* Persuação; acção e effeito de persuadir. *Persuasio, onis:* — persuasão; o juizo que se forma em virtude de algum fundamento, a idéa que por certos precedentes observados se forma ácerca de alguma cousa. *Persuasio, judicium, opinio.*

Persuasiva. *f.* Persuasiva; talento, força de persuadir. *Eloquentiæ vis.*

Persuasivamente. *adv. m.* Persuasivamente; com eloquencia persuasiva, arrebatadora.

Persuasivo, va. *adj.* Persuasivo, persuasorio; que persuade, proprio a persuadir. *Persuasorius, a, um.*

Persuasor, ra. *s.* Persuasor; o que persuade. *Persuadens, entis.*

Persulfocianhidrico, ca. *adj. (chim.)* Persulphocianhydrico; diz-se de um acido produzido pela decomposição do sulphocianhydrico.

Persulfuro. *m. (chim.)* Persulphureto; combinação de um corpo simples com o enxofre, no qual entra este ultimo na maior quantidade possivel, sem formar acido.

Pertegada. *f. (ant.)* Paulada; pancada com pau.

Pertenecer. *n.* Pertencer; ser de alguem, ser devido a alguem. *Pertinere, attinere:* — pertencer; ser do cargo ou obrigação de alguem. *Pertinere:* — pertencer; ser parte integrante de uma cousa, ou ter relação com ella, dizer-lhe respeito. *Attinere.*

Pertenecido. *m.* V. *Pertenencia.*

Perteneciente. *adj.* Pertencente; que pertence. *Pertinens, spectans:* — *(ant.)* pertencente, proprio para algum fim. *Aptus, idoneus:* — pertencente, habil, apto. *Dignus, a, um.*

Pertenencia. *f.* Pertença; acção ou direito á propriedade de alguma cousa. *Actio; jus ad rem:* — pertença; aquillo que pertence a alguem por titulo de propriedade ou jurisdicção. *Quod ad aliquem proprietatis aut jurisdictionis ratione spectat:* — pertença, dependencia, accessorio de alguma cousa, etc. *Accessio, appendix.*

Pertenenza. *f. (ant.)* V. *Pertenencia.*

Perterebrante. *adj. (med.)* Perterebrante; diz-se da dor que produz uma sensação similhante a uma perfuração.

Pértica. *f.* Medida de terreno que consta de dois passos ou dez pés geometricos: — *(arch.)* medida convencional para as partes de um edificio.

Pértiga. *f.* Pertiga, vara-pau, pau comprido. *Pertica, æ:* — *(ant.)* V. *Pértica.*

Pertigal. *m.* V. *Pertiga.*

Pertigo. *m.* Lança do carro. *Pertica, æ.*

PERTIGUERÍA. *f.* Officio de pertigueiro.

PERTIGUERO. *m.* Pertigueiro; ministro secular nas igrejas cathedraes, que assiste aos officios. *In ecclesiis sceptrifer vel minister pertica instructus:* — *mayor de Santiago;* pertigueiro mór de S. Thiago; dignidade de patrono ou protector d'esta igreja; é de grande auctoridade e representação, e tem sido este cargo sempre preenchido por pessoas da primeira nobreza. *In divi Jacobi ecclesia sceptrifer primarius.*

PERTIGUILLA. *f. dim.* de *Pértiga.* Pertiguinha.

PÉRTINACE. *adj. (ant.)* V. *Pertinaz.*

PERTINACIA. *f.* V. *Pertinazia.*

PERTINAZ. *adj.* Pertinaz, contumaz, teimoso. *Pertinax, obstinatus.*

PERTINAZIA. *f.* Pertinacia, obstinação, contumacia, teima. *Pertinacia, æ.*

PERTINAZMENTE. *adv. m.* Pertinazmente; com pertinacia, obstinadamente. *Pertinaciter.*

PERTINENCIA. *f. (ant.)* V. *Pertenencia.*

PERTINENTE. *adj.* Pertinente, pertencente. *Pertinens, spectans:* — pertinente; que vem a proposito: — *(for.)* pertinente; concernente ao pleito. *Pertinens, entis.*

PERTINENTEMENTE. *adv. m.* Pertencentemente, opportunamente, a proposito. *Opportunè.*

PERTINENZA. *f.* V. *Pertinencia.*

PERTRECHAR. *a.* Petrechar; prover de petrechos, municionar. *Vallare, munire:* — *(fig.)* petrechar; dispor ou preparar o necessario para a execução de alguma cousa. *Munire, fulcire:* — *(fam.)* petrechar; armar outrem, proporcionar-lhe ou dar-lhe o que necessita: — *r.* petrechar-se; prevenir-se, prover-se do necessario para qualquer operação. *Muniri, fulciri.*

PERTRECHOS. *m. pl.* Petrechos; munições, armas, instrumentos ou machinas de guerra. *Apparatus bellici:* — petrechos; utensilios, instrumentos necessarios para qualquer operação. *Instrumenta, apparatus.*

PERTUGADA. *f.* Movimento violento de todo o corpo.

PERTURBABLE. *adj.* Perturbavel; que se pôde perturbar. *Quod perturbari potest.*

PERTURBACION. *f.* Perturbação; revolução da ordem ou concerto de alguma cousa, ou do estado de quietação em que se achava. Usa-se no physico e no moral. *Perturbatio, onis.*

PERTURBADAMENTE. *adv. m.* Perturbadamente, desordenadamente. *Perturbatè, inordinatè.*

PERTURBADOR, RA. *s.* Perturbador; o que perturba. *Perturbator, oris:* — *adj. (med.)* perturbador; qualificação dada a um methodo curativo que se costuma empregar quando o perigo é imminente.

PERTURBAR. *a.* Perturbar; causar desordem, perturbação nos animos, nas pessoas, nas cousas ordenadas pela rasão. *Perturbare, commovere:* — perturbar; interromper alguem que falla. *Perturbare sermonem; loquentem consternare.*

PERÚ, PEROU. *(loc. adv. ant.)* V. *Por donde. Per u quier.* V. *Por donde quiera.*

PERUANO, NA. *s.* Peruano; natural do Perú: — *adj.* peruano; pertencente ao Perú. V. *Perulero.*

PERUÉTANO. *m.* Pera brava; fructo da pereira sylvestre: — *(fig.)* diz-se de qualquer cousa que, estando entre outras, sobresáe pelo seu comprimento. *Res inordinata oblonga:* — *(bot.)* pereira sylvestre.

PERUÍFERO, RA. *adj. (bot.)* Peruifero; diz-se do que produz a substancia chamada balsamo do Perú.

PERULARIA. *f. (bot.)* Perularia; genero de plantas da familia das orchideas.

PERULERO, RA. *adj.* V. *Peruano:* — peruano; aquelle que veiu do Perú. *Peruvianus, a, um:* — *(fam.)* ricaço, endinheirado. Costuma tambem usar-se como substantivo. *Dives, pecuniosus:* — *m. (prov.)* vasilha de barro, bojuda e de bôca estreita.

PERUSINO, NA. *s.* Perusino; o natural de Perugia, cidade dos Estados Pontificios. *Perusinus, a, um:* — *adj.* perusino; pertencente a esta cidade. *Perusinus, a, um.*

PERUVIANO, NA. *s.* V. *Peruano.*

PERUVINA. *f. (chim.)* Peruvina; corpo oleaginoso incolor que se obtem fazendo ferver o oleo de balsamo do Perú com um alcali.

PERVENIR. *n. (ant.)* V. *Llegar.*

PERVERSAMENTE. *adv. m.* Perversamente; com perversidade ou grande maldade. *Perversè.*

PERVERSIDAD. *f.* Perversidade, depravação, maldade. *Perversitas, improbitas.*

PERVERSION. *f.* Perversão; acto de perverter. *Perversio, depravatio:* — perversão; corrupção de costumes. *Perversitas, depravatio:* — *(med.)* perversão; alteração nociva que se observa nos solidos e nos liquidos da economia animal; — perversão; alteração das funcções organicas no estado de doença.

PERVERSISIMO, MA. *adj. sup.* de *Perverso.* Perversissimo; muito perverso.

PERVERSO, SA. *adj.* Perverso; summamente mau, corrompido, depravado. *Perversus, improbus.*

PERVERSOR, RA. *s. (ant.)* V. *Pervertidor.*

PERVERTÍDOR, RA. *s.* Pervertedor; o que perverte ou corrompe. *Perversor, seductor.*

PERVERTIMIENTO. *m.* V. *Perversion,* na primeira accepção.

PERVERTIR. *a.* Perverter; alterar, transtornar a ordem ou estado das cousas. *Pervertere:* — perverter, desmoralisar, depravar, corromper. Usa-se tambem como reciproco. *Pervertere, seducere.*

PERVICACIA. *f.* Pervicacia, pertinacia, obstinação.

PERVIGILIO. *m.* V. *Pervijilio.*

PERVIJILIO. *m.* Pervigilio; insomnia ou vigilia continua. *Pervigilium, ii.*

PERYURAR. *a. (ant.)* V. *Perjurar:* — *r.* V. *Perjurarse.*

Peryurio. *m. (ant.)* V. *Perjurio.*

Pesa. *f.* Pesa, peso; padrão pelo qual examinâmos o peso de qualquer corpo, pondo o peso na balança opposta á cousa que se pesa. *Pondus certum rebus aliis in statera seu bilance ponderandis:* — peso; tudo o que pelo seu peso determinado serve para dar movimento ou impulso a uma machina ou a outra qualquer cousa. *Pondus, pendulum:* — *dineral;* peso; peça de latão com que se pesam as moedas de oiro e prata. *Pondus trutinandæ monetæ. Conforme cayeren las pesas;* conforme correrem as cousas; expressão metaphorica com que se dá a entender, que uma cousa se fará ou deixará de fazer segundo as circumstancias. *Prout res tulerit.*

Pesada. *f.* Peso; o que se pesa de uma vez: — *(ant.)* V. *Pesadilla.*

Pesadamente. *adv. m.* Pesadamente, molesta, trabalhosamente. *Graviter, molestè, tardè, segniter:* — pesadamente; com pezar, de má vontade. *Ægrè, gravatè:* — pesadamente, gravemente, com excesso. *Graviter:* — pesadamente; com tardança ou demasiada lentidão. *Lentè, tardè, morosè.*

Pesadez. *f.* Carregume; gravidade do peso. *Gravitas, ponderitas:* — pesadume, impertinencia, enfado. *Molestia, pertinacia:* — pesadume; carregação, excesso, duração desmedida de qualquer cousa. *Gravitas, onus:* — V. *Obesidad:* — *(fig.)* pesadume; molestia, má vontade causada do trabalho. *Gravitas, molestia:* — pesadume, pezar, desgosto. *Molestia, æ:* — *(fam.)* tardança, lentidão, morosidade. *Tarditas, lentitudo.*

Pesadilla. *f. (ant.)* Chasco, graça pesada, motejo: — pesadelo; oppressão, agitação e anciedade que se sente ás vezes durante o somno. *Incubo, inis.*

Pesadísimo, ma. *adj. sup.* de *Pesado.* Pesadissimo. *Gravissimus, valdè molestus.*

Pesado, da. *adj.* Pesado; que pesa muito. *Gravis, onerosus:* — pesado; diz-se do somno profundo: — pesado; carregado de humores, de vapores, etc. *Gravatus, a, um:* — V. *Bochornoso:* — pesado, lento; que se move a custo. *Lentus, tardus:* — V. *Obeso:* — pesado, molesto, enfadonho, impertinente. *Gravis, molestus:* — pesado, offensivo, sensivel. *Gravis, acerbus:* — pesado, duro, aspero, violento, prejudicial. *Acerbus, molestus, noxius:* — *(germ.)* V. *Embargado.*

Pesador, ra. *s.* Pezador; o que pesa. *Libripens, ponderans.*

Pensadumbre. *f.* V. *Pesadez, Gravedad:* — pesadume, sentimento, desgosto. *Dolor, molestia, ærumna:* — pesadume; motivo ou causa de pesar. *Molestia, probrum, convitium:* — rixa, contenda com alguem, que occasiona desgosto. *Molestia, contensio ægra:* — *(ant.)* injuria, aggravo.

Pesadura. *f. (ant.)* Gravidade ou peso de qualquer cousa.

Pesalicores. *m.* Pesa-liquor; instrumento para conhecer o peso dos liquidos.

Pésame. *m.* Pezame; expressão com que se significa a alguem o sentimento que se tem da sua afflicção. *Officiosi doloris significatio, salutatio.*

Pesamentero, ra. *s. (p. Mex.)* O que entra nas casas sob o pretexto de dar os pezames com o fim de comer alguma cousa.

Pesante. *adj. (ant.)* V. *Pesaroso:* — prudente, acautelado. *Prudens, cautus:* — *m.* pesante; antiga moeda de prata de uma onça de peso: — meia drachma ou oitava; peso. *Dimidiæ drachmæ pondus:* — *adj.* que pesa ou tem determinado peso.

Pesantez. *f. (phys.)* V. *Gravedad:* — V. *Peso.*

Pesar. *m.* Pezar; sentimento interior que fatiga o animo. *Dolor; ægritudo animi:* — pesar; dito ou acção que causa sentimento ou desgosto. *Convitium, ii:* — pezar; arrependimento, dor de peccados. *Pœnitentia, dolor:* — *a.* pesar; determinar, examinar o peso de qualquer cousa. *Ponderare, trutinari:* *(fig.)* pesar, ponderar; examinar attentamente, considerar prudentemente. *Perpendere:* — *n.* pesar; ter um certo peso. *Ponderosum esse:* — pesar; ser de peso, de consideração ou valor. *Magni haberi, æstimari:* — pezar, ter pezar, doer-se, arrepender-se. *Pœniteri, dolere:* — *(fig.)* pesar; ter certa força, certa influencia no animo. *Prævalere, præponderare. A pesar;* *(loc adv.)* a pesar, a despeito, de mau grado, contra vontade. *Reluctanter, invitè. Decir pesares (fr.),* fazer pezares de alguem, tratar muito mal, reprehender asperamente. *Mal que le pese,* mal que lhe peze, tenha vontade ou não. *Vel invitè:* — *(naut.)* aprumar; estabelecer uma peça de construcção na rigorosa posição que deve ter.

Pesario. *m. (med.)* Pesario; instrumento de cirurgia destinado a remediar os prolapsos do utero e a manter este orgão na sua posição normal.

Pesaroso, sa. *adj.* Pezaroso; que tem pezar, sentido, arrependido. *Pœnitens, mœrens, dolens:* — pezaroso, maguado, triste.

Pesatchi. *m.* Pesatchi; idioma em que os poetas indios introduzem a fallar certos espiritos maus que representam nos seus dramas.

Pesca. *f.* Pesca; acção de pescar. *Piscatus, piscatio:* — pesca; officio de pescador. *Piscandi ars:* — pesca; peixe que se pescou. *Pisces, ium. Buena, linda o brava pesca;* diz-se da astucia ou finura com que alguem faz uma cousa. *Lepidus vel argutus, callidus homo.*

Pescada. *f. (germ.)* V. *Ganzúa:* — *(zool.)* pescada: — *fresca* o *pescada en rollo.* V. *Merluza.*

Pescadazo. *m. augm.* de *Pescado.*

Pescadería. *f.* Pescadaria; ribeira ou logar onde se vende peixe. *Forum piscarium.*

Pescadero, ra. *s.* Pescadeiro, peixeiro; a pessoa que vende peixe. *Piscium venditor aut venditrix:* — *m.* pescadeiro; sitio bom para a pesca.

Pescadico, llo, to. *m. dim.* de *Pescado.*

Pescadilla. *f. (zool.)* Pescadinha. V. *Merlan.*

Pescado. *m.* Pescado; toda a casta de peixe para consumo. *Piscis edulis:* — dá-se este nome por antonomasia ao bacalhou secco. *Morhua salita:* — *adj. (germ.)* epitheto applicado ao que foi roubado com gazua. *Dia de pescado;* dia de peixe, dia de abstinencia. *Parece que ha vendido pescado,* diz-se do que ao jogo apanhou todo o dinheiro aos parceiros. *Nummorum æreorum copia piscarium referens.*

Pescador. *m.* Pescador; o que pesca e vive d'isso. *Piscator, oris:* — *de caña, mas come que gana (rif.);* pescador de canna mais come do que gana. *Acu tibialia conficit:* — *que pesca un pez, pescador es;* aquelle que pesca um peixe pescador é. *Sin minus totum, partem consequi sufficiat:* — *(zool.)* pescador; peixe da ordem dos acanthopterygios.

Pescante. *m. (ant.)* Macaco; machina de que usam os pedreiros para levantar pesos. *Palus trochlea instructus attollendis ponderibus:* — cadeira; assento do cocheiro nas carruagens. *Sedile aurigæ in rheda:* — *(theat.)* contrapeso ou balanço que serve para a mudança de vistas. *Quædam machina versatilis in scena.*

Pescar. *a.* Pescar; apanhar peixes. *Piscari:* — pescar, apanhar; tirar com destreza. *Capere, tollere:* — pescar; apanhar alguem desprevenido. *Capere, intercludere:* — *(fig.)* pescar; conseguir, alcançar o que se desejava. *Consequi, voti compotem fieri:* — *en agua turbia (fr.);* pescar em aguas turvas; fazer negocio com prejuizo alheio. *No saber lo que se pesca;* ser ignorante, não saber dirigir suas acções. *Inscium, imperitum prorsus esse.*

Pescaría. *f. (ant.)* V. *Pesquería.*

Pesce. *m. (ant. zool.)* V. *Pez.*

Pescer. *n. (ant.)* V. *Perecer.*

Pescozada. *f.* V. *Pescozon.*

Pescozon. *m.* Pescoção, pescoçada; pancada com a mão no pescoço. *Cervicis percussio; colaphus.*

Pescozudo, da. *adj.* Pescoçudo; com grande pescoço. *Torosus collo.*

Pescuda. *f. (ant.)* V. *Pregunta.*

Pescudador, ra. *s. (ant.)* V. *Preguntador.*

Pescudar. *a. (ant.)* V. *Preguntar:* — V. *Investigar.*

Pescuezo. *m.* Pescoço, collo, garganta; parte do corpo entre a cabeça e o tronco. *Cervix, collum:* — *(fig.)* altivez, vaidade, soberba. *Elatio, onis. Andar al pescuezo (fr.);* andar á unha, andar á pancada. *Ictibus contendere. Estirar a uno el pescueso.* V. *Ahorcarle. Torcer el pescuezo,* torcer o pescoço. *Collum obtorquere:* — *de pichon (art.);* bocado com uma volta no meio que se usa para os cavallos duros de bôca.

Pescuño. *m. (agr.)* Pescaz; cunha que tempera a teiró da charrua. *Cuneus in aratro.*

Pese. *interj.* Apre! irra! que tal!

Pesebre. *m.* Manjadoura; especie de tarima sobre que se põe a palha ás bestas na estrebaria. *Præsepe, is:* — *(fig. fam.)* manjadoura; logar, casa onde alguem vae comer muitas vezes. *Triclinium; cœnatio. Conocer el pesebre (fr. fam.);* conhecer a manjadoura; fazer assistencia onde lhe dão de comer. *Cibaria redolere.*

Pesebrera. *f.* Disposição ou ordem de manjadouras nas cavallariças. *Præsepium series seu ordo.*

Pesebron. *m.* Persevão; a parte interior do coche onde assenta os pés quem vae dentro. *Rhedæ tabulatum.*

Peseta. *f.* Peceta; moeda de prata hespanhola que vale 200 réis. *Monetæ argenteæ genus:* — *s. (p. A. M.)* peceta, peça; malicioso, velhaco: — *columnaria;* peceta columnaria; moeda americana do valor de 200 réis. *Cambiar la peseta (fr. fig.);* deitar a carga ao mar; enjoar, vomitar, o que vae embarcado: — *(art.)* rede de pé; certa rede de pescar.

Pesetada. *f. (p. A. M.)* Peça, logração, engano.

Pésete. *m.* Especie de juramento, maldição ou execração que se faz contra alguem: chama-se assim por explicar com esta voz o desejo de que succeda algum mal. *Dii te malè perdant.*

Pesetero. *m.* Nome vulgar dos soldados que serviam em certos corpos e que recebiam uma peceta de soldo.

Pesga. *f. (ant.)* V. *Pesa, Peso.*

Pesgo. *m. (ant.)* V. *Peso, Pesantez.*

Pesia, Pesia tal. *interj.* V. *Pese. Pesia a mi.* V. *Por vida mia.*

Pesidróstero. *m. (phys)* Pesidrostero; instrumento que serve para determinar a gravidade especifica de um solido.

Pesillo. *m. dim.* de *Peso.* Pesinho; pequeno peso: — balancinha pesa-moedas. *Libella, parva libra.*

Pésimamente. *adv. m.* Pessimamente, detestavelmente; muito mal. *Pessimè.*

Pésimo, ma. *adj.* Pessimo; muito mau, o peior possivel. *Pessimus, a, um.*

Pesita. *f. dim.* de *Pesa.* Pesinho.

Peso. *m.* V. *Pesantez:* — peso; o que serve para equilibrar. *Pondus, eris:* — peso; gravidade, auctoridade que alguma cousa merece. *Pondus, sancitum, certum:* — peso, entidade, importancia. *Momentum; gravitas rei:* — peso; força, efficacia, influencia das cousas moraes. *Pondus, vis:* — peso; affluencia, abundancia de humores em alguma parte do corpo. *Gravedo, inis:* — peso, ver o peso, casa do haver ou aver de peso, onde se vendem viveres. *Forum cibariorum venalium:* — balança; instrumento que serve para determinar o peso das cousas. *Libra, trutina, statera:* — peso duro; moeda hespanhola de prata com uma onça de peso e do valor de 900 réis, pouco mais ou menos, conforme o cambio. *Uncialis argenteus:* — peso; moeda imaginaria que no uso commum se suppõe valer quinze reales de vellon: — *(fig.)* peso; juizo, sensatez de qualquer pessoa: — peso, cargo, gravame, obrigação. *Onus, munus:* — *(germ.)* V. *Embargo:* — *ensayado;* peso ensaiado; moeda imaginaria que nas Indias serve de termo de comparação para avaliar as barras de prata. *Nummi imaginarii genus:* — *de artifara (germ.)* V. *Pan. Medias de peso;* meias de peso; as de seda que têem um peso determinado por lei. *Caligæ sericæ statuti ponderis. A peso de oro, plata ó dinero (fr.);* a peso de oiro ou de dinheiro. *Magno pretio. Comprar al peso;* comprar a peso. *Correr el peso;* inclinar-se a balança mais para um lado. *Lancem præponderare. De peso;* de peso, com o peso legal. *Statuti ponderis. En el peso del dia;* no pino do dia, ao meio dia. *En peso;* em peso, no ar. *A terra elevatus, suspensus:* em peso; inteiramente, de todo. *Omnino, penitus:* em duvida, com hesitação. *Hæsitanter. No vale a peso de oveja;* não vale uma pitada de tabaco. *Vili penditur. Tomar a peso.* V. *Sompesar: (fig.)* tomar o peso, pesar, examinar um negocio antes de se encarregar d'elle. *Expendere, perpendere, examinare. Peso y medida quitan al hombre fatiga (rif.);* peso e medida tiram ao homem fadiga: aconselha o bom regimen que se deve ter nas acções da vida. *Accurata ratio in omnibus laborem minuit:* — *absoluto (phys.);* peso absoluto; peso de um corpo pondo de parte o volume e espaço que occupa: — *especifico;* peso especifico; peso de um corpo determinado com relação a outro de igual volume. *Pondus rei cuique propium.*

Pesol. *m.* Ervilha. V. *Guisante.*

Pesomaca. *m. (zool.)* V. *Dorcadio.*

Pespuntador, ra. *s.* Pespontador; o que pesponta. *Subtiliter consuens.*

Pespuntar. *a.* Pespontar; fazer lavor de pesponto.

Pespunte. *m.* Pesponto. *Elegans sutura, continuus fili ductus.*

Pespunteador, ra. *s.* V. *Pespuntador.*

Pespuntear. *a.* V. *Pespuntar.*

Pesquera. *f.* Pesqueira, pesqueiro; logar onde frequentemente se faz a pesca. *Piscaria, æ:* — açude; presa de agua para fazer moer as azenhas, etc.

Pesquería. *f.* Pescaria; acção de pescar. *Piscatio, onis:* — pescaria; trato, officio de pescador. *Piscandi ars:* — V. *Pesquera,* na primeira accepção.

Pesqueridor, ra. *s. (ant.)* V. *Pesquisidor.*

Pesquerir. *a. (ant.)* V. *Perquirir.*

Pesquisa. *f.* Pesquiza, busca, indagação, inquirição, informação. *Disquisitio, inquisitio:* — *m. (ant.)* V. *Testigo.*

Pesquisante. *p. a.* Pesquizante; o que pesquiza. *Inquirens, inquisitor.*

Pesquisar. *a.* Pesquizar, fazer pesquiza, buscar, inquirir. *Disquisitionem instituere; inquirere.*

Pesquisidor, ra. *s.* Pesquizador; aquelle que pesquiza. *Inquisitor, oris. Juez pesquisidor.* V. *Juez.*

Pestaña. *f.* Pestana; debrum de costura. *Limbus, i:* — *pl.* pestanas; cabellinhos das capellas dos olhos. *Palpebra, cilium (art.);* friso, que se costuma fazer para ornato em moveis, caixas, etc. *Limbus, i.*

Pestañear. *n.* Pestanear, pestanejar; mover as pestanas. *Connivere. No pestañear ó sin pestanear (fr.);* não pestanejar ou sem pestanejar; estar com toda a attenção para qualquer cousa. *Immotis palpebris.*

Pestañeo. *m.* Pestanejo; movimento rapido e involuntario das pestanas. *Palpebrarum convulsio.*

Pestañoso, sa. *adj.* Pestanudo; que tem grandes pestanas. *Magnis ciliis indutus.*

Peste. *f.* Peste, pestilencia; doença epidemica e contagiosa, ordinariamente mortal. *Pestis, is:* — peste; qualquer doença que, mesmo não sendo contagiosa, causa grande mortandade. *Pestilentia, contagio:* — peste; qualquer cousa má. *Pestis, pernicies:* — peste, fedor; mau cheiro: — *(fig.)* peste; corrupção de costumes. *Corruptio morum:* — peste, superabundancia, excessiva abundancia de qualquer cousa que causa prejuizo. *Redundantia, copia superabundans:* — *(germ.)* dado de jogar: — *pl.* peste; palavra que serve para exprimir enfado, ameaça, execração, etc. *Convitium, probum.*

Pestiferamente. *adv. m.* Pestiferamente; de um modo pestilencial, perniciosamente. *Pestiferè.*

Pestífero, ra. *adj.* Pestifero, pestilencial; que traz ou causa peste, que occasiona damno grave. *Pestifer, perniciosus, pestilens:* — pestifero, fedorento; que tem mau cheiro.

Pestilencia. *f.* Pestilencia. V. *Peste.*

Pestilencial. *adj.* Pestilencial. V. *Pestífero.*

Pestilencialmente. *adv.* V. *Pestiferamente.*

Pestilencioso, sa. *adj.* Pestilencioso; infecto de peste. *Pestilentiosus, pestilens.*

Pestilente. *adj.* Pestilente. V. *Pestífero.*

Pestilentísimo, ma, *adj. sup.* de *Pestilente.* Pestilentissimo; muito pestilente. *Pestilentissimus, a, um.*

Pestillencia. *f. (ant.)* V. *Pestilencia.*

Pestillo. *m.* Aldraba; tranqueta de fechar e abrir a porta. *Patibulum, i:* — belho, lingueta de fechadura. *Pessulus, i.*

Pestiño. *m.* Coscorão, filhó; massa frita em azeite e passada por calda de assucar, etc. *Placenta, æ.*

Pestorejada. *f. (ant.)* V. *Pescozon.*

Pestorejazo. *m.*V. *Pestorejon.*

Pestorejo. *m.* Cachaço; parte posterior do pescoço. *Cervix, sinciput.*

Pestorejon. *m.* Cachação; pancada no cachaço. *Cervicis percussio.*

Pesuña. *f.* Ungula; a parte cornea das patas dos animaes de unha rachada; v. g., boi, carneiro, etc. *Ungula, æ.*

Pesuño. *m.* Pesunho; a ungula ou parte d'ella nos didactilos. *Ungula bifida, bisulca.*

Petaca. *f.* Bahú ou caixa feita ou forrada de couro. *Arca coriacea:* — especie de caixa de couro, palha, etc., para guardar o tabaco de fumo: — *(p. Mex.)* prostituta, meretriz.

Petafio. *m. (ant.)* V. *Epitafio.*

Petalado, da. *adj. (bot.)* Petalado; que tem uma ou varias petalas.

Petalánteas. *f. pl. (bot.)* Petalantheas; classe de plantas monopetalas admittida por alguns naturalistas.

Petalantera. *f. (bot.)* Petalanthera; genero de plantas da familia das laurineas, tribu das dicypelliadas.

Petaleo, lea. *adj. (bot.)* V. *Petalado.*

Petaliforme. *adj. (bot.)* Petaliforme; que tem fôrma de petala.

Petalino, na. *adj. (bot.)* Petalino; relativo ás petalas.

Petaliparo, ra. *adj. (bot.)* Petaliparo; diz-se da flor em que todos os orgãos têem tomado a fôrma de petalas.

Petalismo. *m.* Petalismo; especie de desterro usado entre os syracusanos, similhante ao ostracismo dos athenienses. Tinha este nome porque se escrevia em certas folhas o nome do desterrado. *Syracusanorum exilium.*

Petalita. *f. (min.)* Petalita; variedade do feldspatho de lithina.

Pétalo. *m. (bot.)* Petala; nome de cada uma das peças que compõem a corolla.

Petalóceros. *m. pl. (zool.)* Petaloceros; familia de insectos coleopteros pentameros.

Petalodeo, dea. *adj. (bot.)* Petalodeo; que está provido de petalas ou tem a sua fórma.

Petalodo. *m. (zool.)* Petalodo *(similhante a uma folha);* genero de insectos coleopteros subpentameros da familia dos longicornes, tribu dos carambycinos.

Petaloideo, dea. *adj. (bot.)* Petaloide; qualificação dos orgãos que apresentam similhança com as petalas, na sua extructura, tecido ou côr. — *(med.)* petaloide; diz-se do sedimento da urina quando é escamoso ou similhante a folhas de flores.

Petalolépide. *f. (bot.)* V. *Azotamno.*

Petaloma. *f. (bot.)* V. *Caralia.*

Petalomanía. *f. (bot.)* Petalomania; tendencia de certas partes da flor a tomar o aspecto e consistencia de uma corolla.

Petalópodo, da. *adj. (zool.)* Petalopode; que tem pés membranosos: — *m. pl.* petalopodas; familia de zoophytos.

Petalósomos. *m. pl. (zool.)* Petalosomos; familia de peixes osseos, que comprehende as especies que têem o corpo em fôrma de lamina.

Petalostemo. *m. (bot.)* Petalostemon; genero de plantas da familia das leguminosas.

Petalotoma. *f. (bot.)* Petalotoma; genero de plantas da familia das myrtaceas.

Petaloxilo. *m. (zool.)* Petalochilo; genero de insectos coleopteros tetrameros, da familia dos curculionidos gonatoceros.

Petalura. *f. (zool.)* Petalura; genero de insectos nevropteros, da tribu dos libellulios.

Petaquilla. *f. (p. Mex.)* Pequena mala com divisões. *Coriacea arcula.*

Petar. *n. (fam.)* Aprazer, agradar. *Gratum esse:* — *(p. Ast.)* dar um golpe.

Petardear. *a.* Petardar, petardear; bater uma porta com petardos. Usava-se muito esta palavra na milicia antiga. *Pyloclastris quatere:* — calotear; pedir alguma cousa emprestada com tenção de não a restituir. *Technis argentum emungere, elicere.*

Petardero. *m.* Petardeiro; soldado que disparava os petardos. *Pyloclastrorum displosor:* — V. *Petardista.*

Petardista. *m.* Caloteiro; aquelle que faz calotes. *Technis argentum emungens.*

Petardo. *m.* Calote; divida que se faz sem tenção de pagar. *Æruscantis fraus, dolus. Pegar un petardo (fr.);* pregar um calote. *Æruscare, fallacis argentum emungere:* — *(mil.)* petardo; machina de bronze, da feição de um cone truncado e vazio, com quatro azas, que se ataca de polvora; tem o ouvido no fundo, como o das bombas, bem no centro ou desviado d'elle pollegada e meia; é quasi como um almofariz grande, e serve para fazer saltar as portas das cidades, das praças, pontes, etc. *Insititium tormentum:* — *de mina;* petardo de mina; fornilho para fazer saltar uma galeria da mina do inimigo.

Petarte. *m. (mil. ant.)* V. *Petardo.*

Petasito. *m. (bot.)* Petasito *(chapéu);* genero de plantas da familia das compostas, tribu das asteroideas.

Petate. *m.* Esteira de folhas de palmeira, que na America fazem e usam os indios da Nova Hespanha. *Storea, æ:* — bagagem; roupa e cama de cada marinheiro, ou de qualquer outro individuo que vae a bordo: — *(fam.)* caloteiro, traficante. *Æruscator, oris:* — pateta, imbecil. *Homo nihili:* — *(germ.)* V. *Colchon. Liar el petate (fr.);* fazer a trouxa, pôr-se a andar.

Petatero, ra. *s. (p. Mex.)* Esteireiro; o que faz ou vende esteiras.

Petauro. *m. (zool.)* Petauro *(volteador);* genero de mammiferos marsupiaes, da familia dos phalangistidos.

Petequia. *f. (med.)* Petechia;

nodoas, manchas vermelhas na pelle no decurso de algumas febres.

PETEQUIAL. *adj.* *(med.)* Petechial; diz-se de certas febres em que apparecem as petechias.

PÉTERREAR. *n.* *(fam.)* Crepitar; estalar alguma cousa no fogo, como a lenha, o sal, etc.

PETESIA. *f.* *(bot.)* Petesia; genero de plantas da familia das rubiaceas, tribu das gardenias.

PETICANO, PETICÁNON. *m.* *(art.)* Peticano; caracter de imprensa.

PETICION. *f.* Petição; o acto de pedir. *Petitio, onis:* — petição, rogo, supplica. *Petitio, oratio:* — *(for.)* petição; escripto em que se pede juridicamente. *Petitio, onis.*

PETILLO. *m. dim.* de *Peto.* Peitinho: — peitilho; ornato de seda ou de pedraria em fôrma triangular, que as mulheres usaram por adorno adiante do peito. *Pectoris ornatus.*

PETIMANCIA. *f.* Petimancia; adivinhação que se faz examinando o jogo das damas.

PETIMANTICO. *m.* Petimantico; o que professa ou exerce a petimancia: — *adj.* petimantico; concernente á petimancia.

PETIMETRE, TRA. *s.* Petimetre, peralta, peralvilho.

PETIROJO. *m.* *(zool.)* V. *Pardillo.*

PETISO, SA. *adj.* *(p. A. M.)* V. *Pequeño:* — *(p. A. M.)* cavallinho, poldro.

PETITORIA. *f.* *(fam.)* V. *Peticion.*

PETITORIO, RIA. *adj.* Petitorio; pertencente á supplica ou petição. *Ad petitionem attinens:* — petitorio, possessorio; applica-se no fôro á acção em que se pede a propriedade. *Petitorius, a, um:* — *m.* *(fam.)* peditorio; petição repetida e impertinente. *Petendi tenacitas, importunitas:* — *(pharm.)* regimento; catalogo impresso, tendo todos os medicamentos simples e compostos que deve haver nas boticas, para servir de norma aos seus visitadores. *Pharmacopolarum inventarium, repertorium.*

PETO. *m.* Peitilho; ornato para o peito. *Pectoris ornatus:* peta; a machadinha do podão. *Securicula, æ:* — peta; a parte opposta ao corte, em alguns outros instrumentos: — *(mil.)* peito de armas: — *(ant.)* couraça; armadura do peito. *Thorax, acis.*

PETRA. *f.* *(ant.)* V. *Piedra.*

PETRAL. *m.* *(ant.)* V. *Pretal.*

PETRARIA. *f.* V. *Ballesta.*

PETRARQUERÍA. *f.* *(fam. ant.)* Galanteio, fineza, dito ou palavra amorosa.

PETRARQUISTA. *adj.* Petrarchista; pertencente a Petrarcha, celebre poeta italiano, ou á sua escola. *Petrarchæ discipulus, imitator.*

PETREA. *f.* *(bot.)* Petrea; genero de plantas da familia das verbenaceas, tribu das lantaneas.

PETREFACTOS. *m. pl.* *(min.)* V. *Petrificaciones.*

PETRELO. *m.* *(zool.)* Petrel; genero de aves palmipedes, da familia das longipennas.

PÉTREO, TREA. *adj.* Petreo, pedregoso; que abunda em pedras. *Saxosus, a, um:* — petreo; que tem a natureza ou qualidade da pedra. *Saxeus, a, um:* — *(zool.)* petreo; secção de polyperos, admittida por alguns naturalistas para comprehender os animaes contidos em cellulas calcareas, accumuladas de maneira que formam um polypero solido.

PETRERA. *f.* *(ant.)* Combate á pedrada. *Rixa, æ.*

PETRIFICACION. *f.* Petrificação; acto de petrificar ou petrificar-se. *Conversio in lapidem:* — petrificação; a cousa ou substancia petrificada: — *(min.)* petrificação; fossil cuja materia organica foi substituida por uma substancia mineral.

PETRIFICANTE. *adj.* Petrificante; que petrifica. *Convertens in lapidem.*

PETRIFICAR. *a.* Petrificar, empedernecer; converter em pedra. *In lapidem convertere:* — *r.* petrificar-se; tornar-se em pedra.

PETRÍFICO, CA. *adj.* Petrifico; que petrifica ou tem a virtude de petrificar. *Vi convertendi in lapidem præditus.*

PETRIL. *m.* *(ant.)* V. *Pretil.*

PETRILITA. *m.* *(min.)* Petrilita; nome de uma variedade de feldspatho.

PETRINA. *f.* *(ant.)* V. *Pretina.*

PETROBIO. *m.* *(bot.)* Petrobio *(que vive nas pedras);* genero de plantas da familia das compostas, tribu das senecionideas: — *(zool.)* petrobio; genero de exapodas thysanuros, da familia das lepismos: — petrobio; genero de insectos coleopteros heteromeros, da familia dos melasomos, tribu dos blapsidos.

PETROCARVIO. *m.* *(bot.)* Petrocarvio; genero de plantas da familia das umbelliferas, tribu das smyrneas.

PETROCOTSIFO. *m.* *(bot.)* Petrocossyphus; melro azul ou solitario da ilha de Chio.

PETRÓFILA. *f.* *(bot.)* Petrophila *(que ama as pedras);* genero de plantas da familia das proteaceas, tribu das proteineas.

PETRÓFILO. *m.* *(zool.)* Petrophilo *(que ama as pedras);* genero de insectos coleopteros pentameros, da familia dos carabicos, tribu dos feronios.

PETROGALOS. *m. pl.* *(zool.)* Petrogalos; grupo de mammiferos da divisão dos marsupiaes.

PETROGNATA. *f.* *(zool.)* Petrognatha *(mandibula de pedra);* genero de insectos coleopteros subpentameros, da familia dos longicornes, tribu dos lamiarios.

PETROGNOSIA. *f.* *(min.)* Petrognosia; parte da historia natural, que trata dos mineraes.

PETROGRAFIA. *f.* *(min.)* Petrographia; tratado ou descripção das pedras.

PETROGRÁFICO, CA. *adj.* Petrographico; pertencente á petrographia. *Carta petrografica;* carta petrographica; a que indica as rochas existentes em um paiz.

PETROICA. *f.* *(zool.)* V. *Moscareta.*

PETROJETO. *m.* *(bot.)* V. *Crásula.*

PETROLENO. *m.* *(min.)* Petroleno; carbureto de hydrogenio, principio liquido dos betumes brandos e viscosos.

PETRÓLEO. *m.* *(min.)* Petroleo; especie de naphta, mais ou menos carregada de asphalto, e mais ou menos espessa, segundo a maior ou menor quantidade d'esta ultima substancia. É um oleo de cheiro mais forte que a naphta, e se encontra no estado de pureza nos terrenos volcanicos antigos, no carbonato de cal, nas costas do mar Caspio, na Persia. Auvernia, Aragão, etc. *Petrolœum, i.*

PETROLOJIA. *f.* *(min.)* V. *Petrognosia.*

PETROMATOGNOSIA. *f.* *(zool. e bot.)* Petromatognosia; conhecimento dos fosseis.

PETROMELO. *m.* *(bot.)* V. *Aliso.*

PETROMIZO. *m.* *(zool.)* V. *Lamprea.*

PETRONIA. *f.* *(zool.)* V. *Picogrueso.*

PETROSO, SA. *adj.* Petroso, petreo; que abunda em pedras. *Petrosus, saxosus.*

PETRUS-IN-CUNCTIS. *(loc. lat.)* Petrus in cunctis; diz-se d'aquelle que affecta saber muitas cousas sem ter conhecimento solido de nenhuma. *Omnimodœ scientiœ affectator.*

PETULANCIA. *f.* Petulancia, despejo, atrevimento, desaforo. *Petulantia, œ.*

PETULANTE. *adj.* Petulante, insolente, atrevido, descarado. *Petulans, antis.*

PETULÁNTEMENTE. *adv. m.* Petulantemetne; com petulancia.

PETUNCE. *m.* Petunce; silicato de alumina e potassa.

PETUNGA. *f.* *(bot.)* Petunga; genero de plantas da familia das rubiaceas, tribu das gardenias.

PETUNIA. *f.* *(bot.)* Petunia; genero de plantas da familia das solanaceas, tribu das nicocianeas.

PETUNZÉ. *f.* *(min.)* V. *Pegmatita.*

PEUCEDÁNEAS. *f. pl.* *(bot.)* Peucedaneas; tribu de plantas umbelliferas, cujo typo é o genero peucedano.

PEUCEDANINA. *f.* *(chim.)* Peucedanina; substancia muito amarga e aromatica que se extrahe da raiz do peucedano.

PEUCEDANO. *m.* *(bot.)* Peucedano; genero de plantas da familia das umbelliferas, tribu das pencedaneas.

PEUCILA. *f.* *(chim.)* Peucila; oleo que se fórma quando se distilla com cal o producto obtido, tratando a essencia de terebinthina pelo acido chlorhydrico.

PEULVAN. *m.* *(archeol.)* Peulvan; pedras celticas que se encontram ao oeste de França. São monumentos druidicos.

PEYOR. *adj.* e *adv.* *(ant.)* V. *Peor.*

PEYORAR. *a.* *(ant.)* V. *Empeorar.*

PEZ. *m.* Peixe; animal provido de guelras e barbatanas, que vive na agua. *Picis, is:* — peixe; diz-se indistinctamente dos de agua doce. *Piscis fluviatilis edulis:* — *(fig.)* lucro, ganho, ou cousa que com custo se adquire. *Commodum vel lucrum:* — *f.* V. *Alhorre:* — *con pez* *(loc. adv.)*; totalmente despejado ou desoccupado. *Omnino exhaustè vel vacuè. Dar con la pez* *(fr.)*; experimentar ou chegar ao ultimo extremo de qualquer cousa. *Usque ad fœces exhauriri. Estar como el pez en el agoa;* estar como o peixe na agua; muito a commodo. *El pez que busca el anzuelo, busca su duelo* *(rif.)*; é grave erro o deixar-se enganar pela apparencia das cousas. *Apparenti bone ne credito. Salga pez o salga rana, á la capacha;* reprehende a cobiça dos que apanham quanto encontram por pouco que valha e allude aos que emprehendem ás cegas uma cousa de duvidoso exito: — *(chim.)* pez; succo resinoso, extrahido do pinheiro por incisão. *Pix, cis:* — *bastarda;* pez bastardo; mistura de breu e pez negro em partes iguaes: — *blanca;* pez branco; o que se não acha misturado com outros corpos: — *de montaña.* V. *Malta:* — *griega.* V. *Colofonia:* — *judaica.* V. *Asfalto:* — *mineral.* V. *Malta:* — *m. pl.* *(zool.)* peixes; quarta e ultima classe de animaes vertebrados de geração ovipara ou vivipara: — *armado.* V. *Diodonte:* — *de San Pedro.* V. *Ceo:* — *espada;* peixe espada; genero de peixes osseos que comprehende uma só especie originaria do Mediterraneo. *Xiphias gladius:* — *mujer.* V. *Vaca marina:* — *sierra.* V. *Priste:* — *volador del trópico.* V. *Exoceto:* — *volante.* V. *Pez volador.*

PEZEAR. *a.* *(ant.)* Brear; dar com breu ou pez: — V. *Despedazar, Agujerear.*

PEZEÑO, ÑA. *adj.* Pezenho; côr de pez. Applica-se ordinariamente á côr do pello dos cavallos: — que sabe a pez.

PEZERA. *f.* Vidro de peixes; vasilha destinada a conter agua com peixes de varias cores.

PEZETA. *f.* Especie de tecido: — *(art.)* rede de pescar.

PEZIENTO, TA. *adj.* Pezenho; côr de pez, simílhante a elle.

PEZILUENGO, GA. *adj.* Pedunculoso; que tem pedunculo longo.

PEZINA. *f.* *(ant.)* Viveiro, tanque de peixes.

PEZOLADA. *f.* Cadilhos; porção de fios soltos e por tecer que se encontram no principio e fim das peças de panno. *Flocci, orum.*

PEZON. *m.* Chavelha; espiga de pau que se enfia nas extremidades dos cabeçalhos dos carros. *Palus ligando jugo ad extremam perticam currûs:* — manga; a extremidade do eixo que sáe fôra das rodas e onde prende a chaveta. *Axis extremitas:* — *(fig.)* cabo, ponta de serra ou de outra cousa similhante. *Promontorium, ii:* — *(germ.)* cordão da bolsa: — *(anat.)* bico do peito, mammillo. *Papilla, œ.*

PEZONCICO, LLO, TO. *m. dim.* de *Pezon.*

PEZONERA. *f.* Chaveta; cavilha de ferro que atravessa a extremidade do eixo para que a roda não sáia. *Fulcrum extremi axis:* — mammadeira; instrumento de vidro, chumbo, estanho, etc., para puxar o leite ás mulheres quando criam. *Papillarum forma instrumentum.*

Pezpalo. *m.* V. *Pejepalo.*

Pezpita. *f.* (zool.) V. *Aguzanieve.*

Pezpítalo. *m.* (zool.) V. *Aguzanieve.*

Pezuelo. *m.* Urdume, urdidura; primeiros fios da teia. *Floccus, i.*

Pezuña. *f.* V. *Pesuña.*

Pi. *(gram.)* Pi; nome da decima sexta letra do alphabeto grego que corresponde ao nosso p.

Pía *f.* Pia; faca ou egua remendada: — *(ant.)* V. *Pie.*

Piabuco. *m.* *(zool.)* Piabuco; genero de peixes acanthopterygios abdominaes pertencente á familia dos salmões.

Piache. Palavra tirada do italiano *Piace;* que quer dizer apraz, agrada. Usa-se sómente na phrase *Tarde piache;* tarde piache; já é tarde, já não é tempo. *Serò experrectus est.*

Piada. *f.* Piado, pio; a voz, o modo de piar. *Pipatus, us:* — expressão de alguem parecida com a que outrem costuma usar. *Verbòrum unius cum alio similitudo.*

Piadad, Piadade, Piadat. *f.* *(ant.)* V. *Piedad.*

Piador, ra. *s.* Piador; o que pia; diz-se das aves. *Pipiens, tis:* — *(germ.)* V. *Bebedor:* — *adj.* piador; que pia muito.

Piadosamente. *adv. m.* Piedosamente, compassivamente, misericordiosamente. *Piè:* — piedosamente, religiosamente. *Piè, religiosè:* — *(fam.)* piedosamente; a muito custo, por favor. *Piè.*

Piadosísimo, ma. *adj. sup.* de *Piadoso.* Piedosissimo. *Piissimus, pientissimus.*

Piadoso, sa. *adj.* Piedoso, compassivo, misericordioso. *Pius, misericors:* — piedoso; digno de piedade, que faz dó. *Pius, a, um.*

Piafador, ra. *adj.* Campeador; applica-se ao cavallo que campea.

Piafar. *n.* Campear; diz-se do cavallo que alça as patas deixando-as caír com força e rapidez quasi no mesmo sitio d'onde as levantou.

Pialar. *a.* *(p. Am.)* Laçar um animal pelas patas.

Pialbo, ba. *adj.* Calçado; diz-se dos cavallos que tem os cabos brancos sendo o resto da pelle de outra côr.

Piale. *m.* *(p. Am.)* Tiro de laço dirigido ás patas do animal que se quer apanhar.

Piamáter, Piamater. *f.* *(anat.)* Piamater; membrana que envolve o cerebro, o cerebêlo, a protuberancia annular e a prolongação rachidiana ou medulla espinhal, separando todas estas partes da membrana arachnoide.

Piamente. *adv. m.* Piamente. V. *Piadosamente.*

Pian. *m.* *(med.)* Pian; molestia de pelle muito frequente na zona torrida e mui rara nos climas temperados.

Pianepsio. *m.* Pianepsio; mez dos athenienses correspondente ao mez de outubro.

Pianisia. *f.* *(zool.)* Pyanisia; genero de insectos heteromeros da familia dos stenelytros.

Pianista. *s.* Pianista; tocador de piano: — *m.* fabricante de pianos: — *(p. Am.)* pianista; aquelle que soffre o pian ou que cura esta molestia.

Piano. *m.* *(mus.)* Piano; instrumento de musica com cordas e teclado. Ha-os de differentes fôrmas.

Pian pian. *(loc. adv.)* Pé ante pé. *Pedibus eundo:* — *(fam.)* paulatinamente, pouco a pouco, devagar. *Lentè, pedetentim.*

Piante. *adj.* Piante; que pia. *Pipilans, tis:* — *ni mamante (loc. fam.);* vae tudo raso, não escapa ninguem. *Nemo, nullus.*

Pianzita. *f.* *(min.)* Pianzita; especie de resina fossil.

Piar. *a.* *(germ.)* Piar, beber: — *n.* piar; diz-se de certo som particular das aves, especialmente das mais novas. *Pipiare, pipilare, pipire:* — *(fig.)* piar; chamar, clamar, com desejo e instancia, por alguma cousa. *Inhiare.*

Piara. *f.* Piara; vara, manada de porcos: — piara; manada de eguas, etc. *Grex, gis:* — *(p. A. M.)* piara; recua de dez cavalgaduras.

Piarcon, na. *s.* *(germ.)* Beberrão; grande bebedor.

Piariego, ga. *adj.* Creador; que tem manada de eguas, porcos, etc. *Armenti dominus.*

Piastra. *f.* Piastra; moeda de prata, cujo valor varia, segundo os paizes onde se usa.

Piastron. *m.* Piastrão; peça anterior da couraca.

Piazomia. *f.* *(zool.)* Piazomias *(hombro comprimido),* genero de insectos coleopteros tetrameros da familia dos curculionidos.

Piazuro. *m.* *(zool.)* Piazuro *(cauda comprida):* genero de insectos coleopteros tetrameros da familia dos curculionidios gonatoceros.

Pica. *f.* Pica, pique; especie de lança, com ferro pequenr e agudo. *Hasta, æ:* — gaorocha, rojão que usam os toureiros: — *seca;* pique secco; soldado armado de pique que servia na antiga milicia sem perceber soldo nem vantagens algumas. *Miles hastatus:* — *seca* o *suelta;* pique secco; soldado armado de pique, sem cossolete. *Hastatus levis armaturæ. A pica seca (loc. adv.);* á barba longa; sem vantagem, sem resultado. *Onerosè. Calar la pica (fr.);* enristar o pique. *Pasar por las picas;* passar por duras provas. *Multis laboribus exerceri, probari. Poder pasar por las picas de Flandes;* poder passar por todas as provas sem receio de perigo ou accidente algum. *Cuilibet periculo vel examini exponi posse. Poner una pica en Flandes,* metter uma lança em Africa. *Maximis periculis aliquid consequi. Saltar por las picas de Flandes;* saltar por trancos e barrancos, por cima de tudo, não receiar cousa alguma. *Pericula quæque contemnere:* — *(med.)* V. *Allotriofajia.*

Picacantos. *s.* *(fam.)* V. *Baladron, Valenton.*

Picacismo. *m.* *(med.)* V. *Pica.*

Picacureba. *f. (zool.)* Picacuroba; rola da America.

Picacho. *m.* Pico; cume agudo de monte, etc. *Acumen, cacumen.*

Picada. *f.* Picada; ferida que se faz picando. *Punctio, onis. A picada de mosca, pieza ó pierna de sábana (rif.);* a picada de mosca, ramo de lençol; muita bulha para nada, moteja as pessoas delicadas, especialmente quando pedem um grande remedio para um pequeno damno.

Picadero. *m.* Picadeiro; logar onde se ensinam cavallos. *Locus domandis exercendisque equis:* — *(art.)* cepo, banco de carpinteiro. *Tignum quoddam:* — *(caç.)* sitio onde se acolhem os gamos no tempo do cio. *Locus damarum ungulis excavatus:* — *(naut.)* picadeiro; madeiro em que assenta a quilha da embarcação no estaleiro.

Picadillo. *m.* Picado; guisado de carne picada. *Caro minutim confecta. Estar ó venir por picadillo (fr. fam.);* estar banzando, estar morto por desabafar. *Vultu dolorem vel solicitudinem præferre.*

Picado, da. *adj.* Picado; diz-se do debuxo, marcado com picadas para copiar. *Exemplar punctibus distinctum:* — picado, furado: — V. *Picoso:* — saído; diz-se do animal que anda com o cio: — *m.* V. *Picadillo, Pisto.*

Picador, ra. *s.* Picador; o que pica: — *m.* picador; o que ensina o manejo. *Equiso, onis:* — picador; toureiro de cavallo. *Æques taurorum agitator:* — tacho de cozinha: — *(germ.)* ratoneiro, ladrão que usa de gazua para se introduzir nas casas.

Picadura. *f.* Picadura; acção de picar. *Punctio, onis:* — picadura, picada; ferida feita com agulha, alfinete, ferrão, etc. *Punctus, ûs:* — picadura; recorte que se faz nos vestidos, calçado, etc. *Scissura, æ:* — picadura; mordedura de algum animal, especialmente a dos insectos e reptis. *Morsus, ûs.*

Picafigo. *m. (zool.)* V. *Papafigo.*

Picagallina. *f. (bot.)* V. *Alsina.*

Picamaderos. *m. (zool.)* Picapau; especie de aves que se alimentam de insectos que com o bico tiram da casca das arvores.

Picamulo. *m. (germ.)* V. *Arriero.*

Picante. *adj.* Picante; que pica. *Pungens, entis:* — *m.* pico; sabor acidulo. *Acrimonia, æ:* — *(fig.)* pico, sal, graça; certo modo de dizer agudo e chistoso. *Festiva dicacitas:* — *(germ.)* V. *Pimienta.*

Picantemente. *adv. m.* Malignamente, com intenção de picar ou ferir. *Malignè:* — *(fig. fam.)* graciosamente, espirituosamente.

Picaña. *f. (ant.)* V. *Picardía,* na quarta accepção.

Picaño, na. *adj.* Miseravel, maltrapilho e descarado. *Improbus, deses, pannosus:* — *m.* tomba; remendo no sapato. *Calcei sarcimen.*

Picapedrero. *m.* V. *Cantero.*

Picapiojos. *s.* Remendão; nome que se dá aos alfaiates por desprezo.

Picapleitos. *m. (fam.)* V. *Pleitista:* — nome que se dá aos empregados subalternos dos tribunaes de justiça: — *(ant.)* V. *Embustero.*

Picaporte. *m.* Trinco; fecho de portas e janellas muito simples. *Pessulus, i:* — *(prov.)* chave do trinco.

Picaposte. *m. (zool.)* V. *Picamaderos.*

Picapuerco. *m. (zool.)* Picaporco; especie de aves que se encontram no meio dia da Europa.

Picapunto. *m. (ant.)* Arranhadura; ferida muito leve.

Picar. *a.* Picar; ferir com algum instrumento perfurante. *Pungere, punctim ferire:* — picar; deter o touro com a vara. *Tauro lanceâ, equo sistente, obsistere:* — picar, dar picada, alguma ave, insecto ou reptil. *Pungere, mordere, fodicare:* — picar; fazer em picado. *Minutatim concidere:* — picar; diz-se das aves quando ferem com o bico ou apanham com elle a comida. *Rostro ferire, rostro escam arripere:* — picar; pegar o peixe no anzol. *Escam appetere, mordere, inescari:* — picar; causar comichão, picadas. *Pruritu afficere:* — picar; diz-se da pimenta e outros condimentos que estimulam o paladar. *Mordicare:* — debicar, provar; comer pouco de alguma cousa. *Cibum delibare, degustare:* — desbagoar; comer um cacho de uvas tomando bago por bago. *Racemum per grana excerpere:* — picar; chegar as esporas ao cavallo. *Equum calcaribus agitare:* — picar; maltratar um cavallo: — picar; ensinar um cavallo. *Equum agitare, domare, edocere:* — marcar, apontar n'um livro os capitulos ou materias mais importantes: — picar, excitar, estimular. *Stimulare:* — picar; offender, provocar outrem com palavras ou acções. *Scommatibus vel dicteriis aliquem perstingere, pungere:* — ter luzes, saber superficialmente, saber pelo alto alguma cousa que se estudou. *Degustare, delibare:* — picar, incitar, inquietar. *Pungere, commovere:* — picar; recortar o tafetá, etc., para guarnições e enfeites: — picar; marcar as cartas, para fazer ladroeira ao jogo: — picar; no bilhar impellir a bola com o taco: — *n.* picar, moer, esmiuçar. *Contundere, friare:* — encarecer; tornar-se caro: — picar-se; ir-se á pressa de alguma parte: — *(fig.)* picar; começarem a concorrer compradores. *Emptores paulatim apparere:* — picar; começar a ter effeito ou a obrar alguma cousa; *v. g.:* uma epidemia, etc. *Infestari, serpere:* — *r.* picar-se, traçar-se, corromper-se, a carne, fructa, etc. *Putrescere, tubescere:* — excitar-se; diz-se dos animaes que estão com o cio. *Catulire, venere agitari, stimulari:* — picar-se, presumir, jactar-se. *Jactari, gloriari:* — desvanecer-se; deixar-se arrastar pela vaidade. *Æmulatione efferri, incitari:* — *(fig.)* picar-se, offender-se. *Stoma-*

chari, commoveri dicto: — *(p. Mex.)* V. *Avergonzarse:* — *mas alto ó muy alto (fr.);* subir muito alto, aspirar a grandes cousas. *Alta petere:* subir muito, sobresaír, exceder o conceito formado. *Eso pica en historia;* isso tem mais que se lhe diga: — *(art.)* picar; amestrar o cavallo segundo as regras de equitação: — *a. (naut.)* picar, cortar amarras, mastros, etc.: — *n.* picar; começar a soprar o vento, levantar-se, as ondas: — *r.* picar-se; agitar-se, encrespar-se o mar: — *la arteria, el nervio (med.);* picar a arteria, o nervo; ferir estas partes ao praticar uma sangria: — picarse, carear; fallando dos dentes: — *a. (mil.)* picar; perseguir o inimigo em retirada, atacando-o pela rectaguarda. *A tergo insequi, persequi:* — *(pint.)* retocar; aperfeiçoar uma pintura com alguns toques. *Absolvere, perficere.*

Picarada. *f. (fam.)* Patifaria; dito ou allusão picaresca, de patife.

Picaral. *adj. (ant.)* V. *Picaresco.*

Pícaramente. *adv. m.* Picaramente, vilmente. *Nequiter, improbè, versutè.*

Picaramona. *f. (fam.)* Maroteira, velhacaria: — velhacada; ajuntamento de velhacos, de picaros.

Picaraza. *f. (zool.)* V. *Urraca.*

Picarazado, da. *adj. (p. Cub.)* V. *Picoso.*

Picardeador, ra. *s. (ant.)* Picaro; o que diz ou faz picardias.

Picardear. *n.* Marotear, velhaquear; viver ou portar-se como maroto, picaro, velhaco. *Pergræcari, libidini indulgere:* — velhaquear, incommodar, inquietar. *Lascivire, ludere, colludere, inquietare:* — *r.* tornar-se picaro.

Picardía. *f.* Picardia, baixeza, vileza. *Nequitia, scelus, fraus:* — picardia, velhacaria. *Astus, calliditas:* — brincadeira, burla, travessura de rapazes. *Innocens puerorum inquietudo, fraus:* —picardia; acção deshonesta. *Impudicitia, æ:*—velhacada; ajuntamento de velhacos ou picaros. *Improborum cœtus:* —*pl.* picardias, injurias, improperios, insultos. *Injuriæ, arum.*

Picardilmela. *f. dim.* de *Picardia.*

Picardo, da. *adj.* Picardo; pertencente á Picardia ou a seus habitantes: — *s.* picardo; natural de Picardia.

Picaresca. *f.* Velhacada; ajuntamento ou profissão de velhacos, de picaros. *Improborum, nebulonum cœtus, artes.*

Picarescamente. *adv. m.* Picaramente; de um modo picaresco.

Picaresco, ca. *adj.* Picaresco; pertencente a picaros, proprio d'elles. *Scurrilis, vafer:* — *(fig. fam.)* picaresco, burlesco, chulo.

Picaril. *adj.* V. *Picaresco.*

Picarillo, lla. *adj. dim.* de *Picaro.*

Pícaro, ra. *adj.* Picaro, patife, vil, maroto, velhaco. *Improbus, vafer:* — picaro, mau, malicioso. *Malus, noxius:* — picaro, astuto, manhoso. *Callidus, astutus faver:* — chistoso, alegre, folgasão. *Dicax, festivus, acutus:* — picaro, travesso, perigoso. *Malus, a, um:* — picaro, insoffrivel, incorrigivel. *Noxius, a, um:* — *m.* V. *Pinche, Galopin de cocina:* — moço de recados. *Ni a pícaro descalzo, ni a hombre callado, ni a mujer barbada no les des posada (rif.);* a picaro descalço, a homem calado, e a mulher barbada, não dês pousada. *Pannosum, taciturnum, barbatam mulierem ne hospitio excipito.*

Picaron, na. *adj. augm.* de *Picaro.*

Picaronazo, za. *adj. augm.* de *Picaron.*

Picarote. *adj.* Velhacaz, malandrim. *Summè vafer vel fallax.*

Picarrelincho. *m. (zool.)* V. *Aguzanieve.*

Picatoste. *m.* Picatoste; especie de recheio com miolo de pão, manteiga, etc.

Picaza. *f. (p. Murc.)* Sachadeira, raspadeira; especie de enxada que serve para cavar a terra superficialmente e limpa-la de más hervas. *Parvus ligo:* — *(zool.)* pêga; genero de aves, da ordem dos passaros, familia das corvideas: — *marina.* V. *Fenicoptero.*

Picazero, ra. *adj.* Applica-se ás aves de rapina que caçam pegas.

Picazo. *m.* Picada; golpe dado com um pique ou com qualquer instrumento perfurante, ou dado pelas aves com o bico. *Hastæ vel rostri ictus:* — filho da pêga. *Picæ pullus.*

Picazon. *f.* Coceira, comichão, prurido. *Prurigo, pruritus:* — *(fig.)* inquietação, desgosto, enfado. *Ira, molestia.*

Pícea. *f. (bot.)* Picea; pinheiro alvar.

Píceo, cea. *adj.* Piceo; de pez, similhante ao pez.

Picnita, Picnito. *s. (min.)* Pycnita ou pycnito; variedade de topasio cylindroide ou acanulado.

Picnocéfalo. *m. (bot.)* Pycnocephalo *(cabeça grossa);* genero de plantas da familia das compostas, tribu das vernoniaceas.

Picnofico. *m. (bot.)* Pycnophyco *(planta marina);* genero de plantas phyceas.

Picnomo. *m. (bot.)* Picnomo; genero de plantas da familia das compostas, tribu das cynareas.

Picnopalpo. *m. (zool.)* Pycnopalpo *(palpo grosso);* genero de insectos orthopteros, da tribu dos locustios.

Picnostillos. *m. (arch.)* Picnostilos; templo de columnas muito aproximadas.

Picnotropo. *m. (min.)* Picnotropo; mineral pouco conhecido, que se acha misturado com o talco.

Pico. *m.* Bico; parte da cabeça das aves, que lhes serve de bôca. *Rostrum, i:* — picareta; instrumento que serve para cavar em terreno duro, arrancar pedras, etc. *Vectis adunca, cuspidata:* — bico; peça do bule, cafeteira, etc., por onde se despeja o liquido. *Rostrum, i:* —

pico; montanha isolada ou excedendo as outras em altura, e que termina em ponta. *Montis cacumen:* — resto; quantia necessaria para arredondar uma conta. *Residum ex integra summa in rationibus:* — resto; sobra de uma quantidade depois de dividida por dez, cem ou mil. *Residuum, ii:* — *(fig.)* bico; a bôca do homem. *Os, bucca:* — *(fig.)* bico, extremidade, ponta aguda. *Rostrum aculeus, apex:* — facundia, verbosidade, facilidade em fallar. *Facundia, dicendi expedita facultas:* — *á viento (loc. adv.);* com o vento pela cara. *Vento adverso:* — *de oro;* lingua de prata; epitheto que se dá ao que discorre bem. *Chrysostomus, i:* — *verde;* lingua suja; diz-se da pessoa costumada a contar passageus deshonestas. *Andar ó irse a picos pardos (fr.);* perder tempo, andar vadiando por não querer trabalhar. *Otiari, divagari. A pico de jarra;* beber até caír. *Plenis poculis, largè, affatim. Callar su pico ó cerrar su pico;* calar o bico. *De pico;* de bôca, de lingua, sem obras. *Verbis tantùm. Hacer el pico;* sustentar, dar de comer a alguem. *Victui necessaria ministrare. Llevarse en el pico;* levar a melhor de alguem, levar-lhe vantagem. *Longe præstare, præcellere. No perderá por su pico;* quem o ouvir não o leva preso. *Sese laudibus extollere, propria laude vallere. Perder por el pico;* perder pela lingua. *Loquacitate sibi ipsi nocere. Poner en pico;* metter no bico a alguem. *Aperire, loqui quod sileri opportebat. Tener algo en el pico ó en la punta de la lengua;* ter alguma cousa na ponta da lingua; querer dizer uma cousa mas não se lembrar d'ella. *E memoriam interloquendum quod in promptu erat excidisse. Tener mucho pico;* ter a lingua muito comprida, fallar de mais. *Loquacissimum esse. Ese te hizo rico que te hiso el pico (rif.);* quem te fez o bico te fez rico: — *(art.)* bico; extremidade aguda e curva da agulha de fazer meia: — picão; instrumento de que usam os canteiros para lavrar a pedra. *Ferramentum dolandis lapidibus:* — bico; denominação da extremidade inferior da cabeça do cavallo: — *de cigüeña (bot.);* bico de cegonha; especie de plantas do genero geranion: — *por sí (caç.);* de bico livre. *Rostro haud impedito:* — *(naut.)* leque; a extremidade da prôa de uma embarcação: — V. *Espolon:* — *de loro ó de papagayo;* bico de papagaio; a parte mais aguda da unha da ancora: — *(med.)* bico; nome dado a differentes pinças, por causa da sua similhança com o bico dos passaros: — *(min.)* picarete; instrumento que usam os mineiros para derrubar ou cortar qualquer rocha: — *(zool.)* pico; genero de aves trepadoras que comprehende muitas especies: — *abierto;* pico aberto; genero de aves cultirostras: — *cruzado;* pico cruzado; genero de aves da ordem dos passaros conirostros: — *fino;* pico fino; genero de aves da ordem dos passaros dentirostros: — *grueso;* pico grosso; genero de passaros conirostros, da familia dos phrangylios: — *verde.* V. *Pica maderos.*

PICOA. *f. (germ.)* V. *Olla.*

PICOCIA. *f. (bot.)* V. *Onfalódeo.*

PICÓIDEO. *m. (zool.)* Picoideo; nome generico admittido por alguns naturalistas para comprehender as aves do genero pico que têem só tres dedos.

PICOL. *adv. (germ.)* Pouco, em pequena quantidade. *Parvè.*

PICOLETE. *m.* Gatosinho; pequena peça da fechadura. *Compago ferrea.*

PICOLITA. *f. (min.)* V. *Pecktolita.*

PICON, NA. *adj.* Belfo; diz-se do animal que tem os dentes superiores mais compridos que os inferiores, excedendo estes. *Dentibus exertis animal:* — belfo; applica-se ao animal que roe a herva de lado por defeito de dentadura. *Animal vitio dentium herbam aversè rodens:* — *m.* chasco, chufa, motejo. *Acer cavillatio vel ludificatio:* — carvão mui miudo, feito de lenha miuda. *Carbo minutim concisus:* — *(prov.)* arroz quebrado. *Oryza concisa:* — *(germ.)* piolho. *Pediculus, i.*

PICONAR. *a.* Picar, lavrar a pedra com picão.

PICONERO. *m.* Carvoeiro que faz o carvão miudo. *Minuti carbonis artifex.*

PICOR. *m.* Pico; sensação que se sente no paladar por ter comido alguma cousa picante. *Vis pruritu mordax, palati acritudo.*

PICOSA. *f. (germ.)* V. *Paja.*

PICOSO, SA. *adj.* Bexigoso; que está muito picado das bexigas. *Cicatricibus variolarum distinctus.*

PICOTA. *f.* Picota; especie de pelourinho á entrada dos logares, onde se expunham as cabeças dos justiçados. *Columna in foro aliisque locis publicis:* — *(fig.)* picoto; cimo de torre ou de montanha muito elevada. *Apex, icis. Beba la picota de lo puro, que el tabernero medirá seguro (rif.);* panno largo e bom feitor fazem rico o commendador. *Lictoribus merum: populo aquatum darc licet:* — *(naut.)* picota; o pau que pega na ponta do gancho com que se dá á bomba. *Tignum quoddam in navibus.*

PICOTADA. *f.* V. *Picotazo.*

PICOTAZO. *m.* Bicada; golpe que as aves dão com o bico. *Ictus rostro impactus.*

PICOTE. *m. (ant.)* V. *Saco:* — *(com.)* picote; panno aspero e grosseiro que se fabrica de pello de cabra. *Tela crassior e lana caprina:* — picote; especie de seda mui lustrosa, de que se faziam vestidos. *Tela serica.*

PICOTEADO, DA. *adj.* Picoso; que tem picos. *Multis angulis terminatus.*

PICOTEAR. *a.* Espicaçar, picar, ferir com o bico. *Rostro fe-*

rire: — *n.* *(fig.)* palrar, arengar; fallar muito de cousas inuteis e superfluas. *Blaterare, garrire:* — *r.* descompor-se; diz-se das mulheres que altercam entre si, dizendo-se palavras injuriosas. *Rixari verbis:* — *(art.)* cabecear; diz-se do cavallo que sacode a cabeça quando o incommoda o bocado do freio, pela sua má construcção ou por ser muito doce de bôca. *Equum caput movere.*

PICOTERÍA. *f.* Tagarellice; vicio de fallar muito. *Garrulitas, atis.*

PICOTERO, RA. *adj.* Palrador, tagarella. *Loquax, garrulus:* — *m.* *(zool.)* picanço; genero de aves da ordem dos passaros.

PICOTILLO. *m.* Picotilho; picote de inferior qualidade. *Telæ genus.*

PICRIA. *f.* *(bot.)* Picria *(amargo)*; genero de plantas da familia das gesneraceas, tribu das encyrtandreas.

PÍCRIDA. *f.* *(bot.)* Picrida *(amarga)*; genero de plantas da familia das compostas, tribu das chicoraceas.

PICRITO. *m.* *(min.)* Picrito; variedade de carbonato de cal e de magnesia.

PICROFARMACOLITA. *f.* *(min.)* Picropharmacolitha; variedade de pharmacolitha.

PICROFILITA. *f.* *(min.)* Picrophilitha; silicato de magnesia e de ferro.

PICROLITA. *f.* *(min.)* Picrolitha; variedade de serpentina, contendo muita magnesia.

PICROMEL. *m.* *(chim.)* Picromel; substancia incolor, de aspecto e consistencia iguaes á da terebinthina.

PICRORIZA. *f.* *(bot.)* Picrorhiza *(raiz amarga)*; genero de plantas da familia das escrofularineas, tribu das veroniceas.

PICROSIA. *f.* *(bot.)* Picrosia *(amarga)*; genero de plantas da familia das compostas, tribu das chicoraceas.

PICROSMINA. *f.* *(min.)* Picrosmina; variedade da boltonita.

PICROSPATO. *m.* *(min.)* V. *Picrolita.*

PICROTÓXICAS. *f. pl.* *(chim.)* Picrotoxicas; qualificação dos saes cuja base é a picrotoxina.

PICROTOXINA. *f.* *(chim.)* Picrotoxina; substancia branca, brilhante e semi-transparente, que crystallisa em prismas de quatro faces.

PICTECIA. *f.* *(bot.)* Pictetia; genero de plantas da familia das leguminosas, tribu das hedysareas.

PÍCTIMA. *f.* *(med.)* V. *Apósito.*

PICTITO. *m.* *(min.)* Pictito; variedade do spheno, que apresenta uma côr parda com raios amarellados.

PICTOMANIA. *f.* *(med.)* Pictomania; estado morbido das faculdades intellectuaes, em virtude do qual os enfermos têem a mania de pintar.

PICTÓRICO, CA. *adj.* Concernente, relativo á pintura. *Pictorius, a, um.*

PICÚCULO. *m.* *(zool.)* Picuculo; genero de aves da ordem dos passaros e da familia dos tenuirostros.

PICUDILLA. *f.* Especie de azeitona. *Oleæ genus.*

PICUDILLO, LLA. *adj.* *dim.* de *Picudo.*

PICUDO, DA. *adj.* Bicudo; que tem bico. *Rostratus, cuspidatus:* — V. *Hocicudo:* — *(fig.)* palrador, tagarella. *Blatero, garrulus:* — *m.* *(zool.)* V. *Espeton.*

PICUMNO. *m.* *(zool.)* Picumno; genero de aves trepadoras da familia das picideas.

PICHA. *f.* *(p. Mex.)* Manta de lã ordinaria.

PICHE. *m.* *(zool.)* Picchion; passaro da America meridional.

PICHEL. *m.* Pichel: — pichorra; vaso que differe do pichel em ter bico. *Urceus, urceolus stanneus.*

PICHELERÍA. *f.* Picheleria; o officio de picheleiro. *Ars urceos ex stanno corficiendi.*

PICHELERO. *m.* Picheleiro; aquelle que faz picheis. *Urceorum ex stanno artifex.*

PICHICHUELAS. *s.* *(fam.)* V. *Bicho*, pessoa ridicula.

PICHIGOTON. *s.* *(p. A. M.)* Creança de mamma dos indios das Pampas.

PICHILINGUE. *m.* *(p. Cub.)* V. *Perrito faldero:* — *(ant. fam.)* V. *Ingles:* — *(fig.)* o condescendente que por falta de caracter não tem vontade propria e vae sempre com a dos outros.

PICHOLA. *f.* Medida de vinho que se usa na Galliza: — *(naut.)* V. *Entrepenas.*

PICHON. *m.* Borracho; pombinho implume. *Pipio, pullus columbinus.*

PIDIENTERO. *m.* V. *Pordiosero, Mendigo.*

PIDIR. *a.* *(ant.)* V. *Pedir.*

PIDON, NA. *adj.* *(fam. ant.)* V. *Pedidor ó Pedigüeño.*

PIÉ. *m.* Pé; parte em que o corpo se sustenta, extremidade do corpo. *Pes, edis:* — pé; o tronco das arvores e plantas. *Truncus arboris:* — pé; base em que alguma cousa se sustenta. *Pes, basis:* — pé, lia, sedimento dos liquidos. *Fæx, cis:* — pé; a porção de uvas pisadas que se ajunta e depois se espreme com a vara do lagar. *Pes vinaceus:* — pé; nas meias, botas, etc., a parte que cobre o pé. *Tibialium pars infima pedes tegens:* — pé; o ultimo em qualquer jogo, em distincção do primeiro, que se chama mão. *Postremus in ludo:* — deixa; a ultima palavra que um actor diz para que o outro comece a fallar. *Ultima vox versus præcedentis:* — pé, occasião, motivo, pretexto. *Ansa occasio:* — regra, norma, estylo. *Methodus ratio:* — fecho, conclusão; a ultima parte de qualquer escripto. *Ima codicis cera, finis:* — pé; base sobre que se forma alguma cousa. *Fundamentum, radix, basis:* — pé; a parte inferior de qualquer cousa. *Ima pars:* — pé; tudo aquillo que serve de fundamento ou principio para conseguir algum fim. *Ansa, occasio:* — *(fig.)* pé; a base ou bases sobre que se mantém o corpo de alguma cousa material. *Pes, basis:* — *adelante (fr.)*; com ou sem adiantamento. *Progressu felici vel contra:* — *ante pié.* V. *Pasito ó paso a paso:* — *a tierra;* pé a terra. *Equo descendere, equo desiliens, equo omisso:* — *atrás;* pé atrás. *Retrorsum:* — *con bola;* á justa, sem faltar nada. *Adamussim:* — *de altar;* pé de altar; emolumentos que os ecclesiasticos recebem alem do seu ordenado. *Emolumenta altari inservientium: (fig.)* pé de altar, lucro, ganho eventual que alguem disfructa. *Proventus, ûs:* — *de amigo.* V. *Pié derecho:* pé direito; tudo aquillo que serve para sustentar qualquer cousa. *Fulcrum, i:* — *de gallo;* pé de gallo; lance no jogo das damas: — *derecho;* pé direito, escora, espeque. *Fulcrum, i:* — *jibado;* pé de xibao; dansa antiga. *Tripudium antiguum sic dictum. A los piés de usted;* aos pés de vossa mercê. *Tuis pedibus devolutus; mulieres salutandi formula. Al pié;* ao pé, perto, proximo de alguma cousa. *Juxta:* ao pé, cerca de, quasi. *Propè, fere. Al pié de la cuesta;* logo, ao principio. *Initio suscepti operis. Al pié de la letra;* ao pé da lettra, litteralmente, exactamente. *Fideliter, adamussim. Al pie de la obra;* promptamente, sem demora. *Statim, illicò. Andar de pié quebrado;* andar de aza caída, estar em decadencia. *Casum imminere, in præceps ire. Andar en cuatro piés;* andar em quatro pés, obrar como irracional. *Andar en un pié;* andar em um pé; obrar com diligencia e promptidão. *Festinanter, celeriter agere. Andar ó estar en pié;* andar ou estar de pé; levantar-se da cama depois de uma enfermidade. *Lecto valedicere. A pié enjuto;* a pé enxuto. *Siccis pedibus:* a pé enxuto; sem perigo, sem trabalho. *Sine ullo labore. A pié firme;* a pé firme. *Stabiliter, constanter, securè. A pié puntillas;* aos pés juntos. *Junctis pedibus: (fig.)* aos pés juntos; com obstinação ou porfia. *Firmiter, tenaciter. A pié puntillo.* V. *A pié puntillas. A pié quedo;* a pé quedo. *Quieto gressu, presso pede: (fig.)* a pé quedo; sem trabalho. *Absque labore vel cura. Arrastrar los piés;* arrastar os pés, estar muito velho. *Jam pedes senio trahere. Buscar cinco piés al gato.* V. *Gato. Caer de piés;* caír de pé; ser feliz em negocios arriscados. *In difficili negotio rem benè cedere; ex sententia aliquid evenire. Caminar con piés de plomo;* proceder com cautela. *Cautè, consultò agere. Con buen pié;* com bom pé, com felicidade. *Faustis avibus. Correr a cuatro piés la paridad;* vir a proposito qualquer exemplo. *Adductum exemplum aptè convenire. Cortar por el pié;* cortar pelo pé, pela raiz as arvores. *Arbores detruncare, cædere. Dar con el pié;* dar com o pé; tratar com desprezo. *Despicere, abjicere. Dar el pié y tomarse la mano;* dar o pé e tomar a mão. *Gratia et favore insolenter abuti. Dar pié;* dar pé, dar motivo, dar occasião. *Ansam præbere. Dar por el pié;* cortar pela raiz, deitar por terra. *A fundamentis diruere, evertere. Dar tantos piés a una fabrica;* dar tantos pés, marcar a area que deve occupar qualquer edificio. *Struendo ædificio aream designare. De a pié;* soldados, gente de pé. *Pedes, itis. Dejar a uno a pié;* deixar alguem a pé; deixar alguem mal. *Ab officio vel munere destituere, deponere. Del pié a la mano;* do pé para a mão, de um instante para o outro. *De piés.* V. *En pié. De piés a cabeza;* dos pés á cabeça. V. *De alto a bajo. Donde pongo los piés pongo los ojos;* onde ponho os pés ponho os narizes. *Vehementi pedum dolore inter ambulandum laborare. Echar el pié adelante a alguno;* pôr o pé adiante a alguem. *Præcellere, præcurrere. Echar el pié atraz;* voltar ou fazer pé atrás. *Retrogredi. Echar pié a tierra;* pôr pé a terra. *Equo vel rheda descendere. Echarse a los piés de alguno,* lançar-se aos pés de alguem. *Suppliciter orare, precari. En buen pié.* V. *Con buen pié. En pié;* em pé; restabelecido de alguma enfermidade. *Lecto post morbum transactum relicto:* em pé, direito, erguido. *Pedibus:* em pé; com permanencia. *Stabiliter: (fig.)* em pé; constantemente, firmemente. *Constanter, firmiter. Entrar con el pié derecho ó con buen pié;* entrar com o pé direito ou com bom pé; começar bem. *Faustis auspiciis rem aggredi. En un pié de tierra;* brevemente, em pouco tempo ou espaço. *Brevissimè, brevi spatio. Entrar con el pié en el estribo.* V. *Estribo. Estar con un pié en el aire;* estar com o pé no ar; não ter paragem certa. *Incerto et parum stabili gressu consistere. Estar con un pié en la sepultura;* estar com um pé na sepultura. *Morti proximum esse. Estar en pié,* estar de pé, vigorar. *Stare, permanere. Estar en un pié como la grulla;* estar em um pé como o grou; estar vigilante. *Rei alicui summo studio invigilare. Ir por su pié a la pila;* ir por seu pé ao baptismo. *Fontem baptismalem adultum adire. Irse por piés ó por sus piés;* valer-se das pernas, fugir. *Præpetem fugere. Levantar los piés del suelo;* excitar, determinar alguem a executar aquillo que não queria. *Concitare, commovere. Meter el pié;* metter o pé; introduzir-se em alguma cousa. *Se inducere. Meter un pié ó tener un pié dentro;* começar a progredir em qualquer cousa. *Progredi, progressus facere. Mirarse a los piés,* conhecer-se, reconhecer os defeitos proprios. *Se ipsum demissè despicere. Nacer de piés,* nascer com boa estrella. *Secundis, faustis avibus nasci. No caber de piés;* não caber em alguma parte, nem mesmo de pé, por causa da grande concorrencia. *Premi, urgeri præ hominum copia vel multitudine. No dejar a alguno sentar el pié en el suelo;* não deixar a alguem assentar pé no chão, traze-lo sempre em exercicio. *Vel tantillum otii negare. No se irá por piés;* não se vae pelos pés, não se escapa assim. *Non me aufugiet. Pasar del pié a la mano;* alcançar-se, tocar-se a cavalgadura. *Pedem anteriorem equum calcando transigere vel longè gradarium esse. Pasarse del pié a la mano.* V. *Dar el pié y tomarse la mano. Poner a los piés de los caballos;* pôr de rastos, deprimir alguma pessoa ou cousa. *Poner piés con cabeza las cosas;* confundir, transtornar a ordem das cousas. *Confundere, perturbare. Poner piés en polvorosa;* pôr os pés em polvorosa; fugir precipitadamente. *Aufugere. Recalcarse el pié;* torcer-se um pé. *Pedem retorqueri. Sacar a alguno el pié del lodo,* tirar a alguem o pé do lodo, tirar alguem da miseria. *Inopem erigere, copiis juvare. Sacar con los piés adelante a alguno;* levar alguem a enterrar. *In funus efferre. Sacar los piés al niño;* vestir uma creança de fatos curtos, começar a faze-lo andar. *Puerulum infantilibus fasciis detractis puerili jam veste induere. Sacar los piés de las alforjas;* deitar as mãosinhas de fóra, deitar a vergonha para trás das costas. *Timiditatem abjicere; audentiorem evadere fieri. Sacar los piés del plato.* V. *Sacar los piés de las alforjas. Salir con los piés adelante;* ser levado a enterrar. *Ser piés y manos de alguno;* ser o braço direito de alguem. *Alterius negotia curare. Siete piés de tierra;* sete pés de terra; a sepultura. *Sepulchrum, i. Tener el pié en dos sapatos;* querer um no saco e outro no papo. *Duplici spe frui. Tener piés;* ter pernas; correr muito. *Perniciter gradi vel currere. Tomar pié;* tomar pé; aferrar-se a alguma cousa. *Radices emittere, vires capessere:* tomar pé; tomar pretexto. *Ansam arripere. Tres piés a la francesa;* depressa, immediatamente. *Quam primum, cito gressu. Volver pié atras;* voltar pé atrás, retroceder. *Pedem referre. El pié del dueño estiercol pará su heredad (rif.);* o cavallo engorda com o olho do seu dono. *Domini præsentia, optima predii cultura. Los piés del hortelano no echan a perder la huerta;* os pés do hortelão não deitam a perder a horta; a tenda é para quem a entende. *Tractent fabrilia fabri:* — *(anat.)* pé; terceira parte das tres em que se dividem as extremidades abdominaer. *Pes, edis:* — *de cabalgar (art.);* pé esquerdo do cavallo, lado por onde se monta. *Sinister equi pes:* — *de cabra;* pé de cabra; especie de alavanca. *Ferramentum caprini pedis formam referens:* — *de montar.* V. *Pié de cabalgar:* — *columbino (bot.).* V. *Lengua de buey:* — *de becerro.* V. *Barba de Aaron:* — *de cabra.* V. *Egopodio:* — *de gato.* V. *Antenaria:* — *de leon.* V. *Leontopodio:* — *de liebre;* pé de lebre; especie de trevo: — *de lobo.* V. *Licopo:* — *de paloma.* V. *Lengua de buey:* — *(naut.)* V. *Contramecha:* — *de amigo.* V. *Aleta:* — *de carnero;* pé de carneiro; pontalete desde a escotilha de pôpa e prôa até á sobrequilha: — *del codaste;* pé do cadaste; extremo inferior d'este, que emmecha na quilha: — *de rodà;* pé da roda de prôa; peça inferior, de madeira, de que se compõe a roda d'ella. *A pié de gallo;* em pé de gallo; disposição em que são pregados tres pregos no sitio correspondente a cada caverna. *Estar sobre un pié;* estar sobre uma ancora. *Tener el pié marino;* ter andar de marinheiro: — *(metrol.)* pé; especie de medida usada em quasi todos os paizes. *Pes, mensuræ genus:* — *geométrico;* pé geometrico; o antigo pé romano. *Pes geometricus:* — *(poes.)* pé; medida de verso. *Pes, edis:* — *de asno (zool.).* V. *Espóndilo.*

Piececica, lla, ta. *f. dim.* de *Pieza.* Peçasinha.

Piecezuela. *f. dim.* de *Pieza.*

Piececico, llo, to. *m. dim.* de *Pié.* Pésinho.

Piecezuelo. *m. dim.* de *Pié.*

Piedad. *f.* Piedade; virtude que move e incita a reverenciar, acatar, servir e honrar a Deus, aos paes e a patria. *Pietas, atis:* — piedade; os actos d'esta virtude: — piedade, lastima, compaixão. *Pietas, miseratio. Dar piedad (fr. ant.):* causar dó: — *(br.)* piedade; figura de pelicano rasgando o peito para ali alimentar seus filhos.

Piedade. *f. (ant.)* V. *Piedad.*

Piede. *m. (ant.)* V. *Pié.*

Piedra. *f.* Pedra; corpo solido e duro que resulta de particulas terreas aggregadas e unidas mais ou menos fortemente; d'ellas nos servimos nos edificios, etc.: — pederneira de algumas armas de fogo. *Silex politus:* — pedra; granizo grosso. *Grando, inis:* — logar onde se põem os engeitados: — no jogo, o tento que se ganha em cada mão até que se conclue a partida: — *(germ.)* V. *Gallina:* — *(fig.)* pedra, dureza. *Durities, ei:* — guia, esclarecimento; tudo aquillo que conduz ao conhecimento da bondade ou maldade de qualquer cousa: — *fundamental;* pedra fundamental; a primeira que se colloca nos edificios. *Primus fundamenti lapis:* pedra fundamental; tudo o que é origem ou principio de alguma cousa. *Fundamentum, origo. Ablandar las piedras (fr.);* abrandar as pedras, infundir compaixão. *Dolorem, miserationem movere. Bien está la piedra en el agujero;* cada qual no seu logar. *Proprium in omnibus situm habeto. Encontrar o hallar la piedra filosofal;* encontrar a pedra philosophal; achar o meio de enriquecer. *Lapidem philosophicam invenire. Estar picada la piedra;* não ter os dentes embotados; comer muito e depressa. *Reglutire, vorare. Hablar las piedras.*

V. *Hablar las paredes. Levantarse las piedras contra uno;* conspirar-se tudo contra alguem. *Maximè infortunatum esse. No dejar o no quedar piedra sobre piedra;* não deixar ou não ficar pedra sobre pedra. *Funditus evertere; solo æquare. Tener su piedra en el rollo;* ser pessoa de distincção, ser digno de consideração. *Dignitate præstare. Tirar la piedra y esconder la mano;* lançar a pedra e esconder a mão. *Furtim nocere:* — *movediza nunca moho la cobija (rif.);* pedra movediça não cria bolôr. *Quidquid aveas, constans esto. No hay piedra berroqueña que dende a un año no ande lisa al pasamano;* agua mole em pedra dura, tanto dá até que fura. *Aspera continuo mitescit petra labore. Quien calla piedras apaña;* quem cala vence. *Taciturnum auditorem semper timeto. Quien urga y se afana, de las piedras saca;* quem trabalha tem alfaia: — *cándida (art.);* pedra candida; pedra com que os douradores a fogo estendem o metal amalgamado sobre a peça que querem doirar: — *franca;* pedra franca; a que é facil de lavrar: — *seca;* pedra solta. *A piedra perdida (fr.);* com pedra solta. *Picar la piedra,* picar a pedra nos moinhos. *Molam scisuris asperare:* — *de cauterio (pharm.);* pedra de cauterio; a potassa caustica: — *infernal;* pedra infernal; nitrato de prata fundido: — *(med.)* V. *Cálculo, Mal de piedra:* — *de fuego (mil.),* pedra de fogo; pasta endurecida de que se faz uso para incendiar objectos a grande distancia: — *filosofal (chim. ant.);* pedra philosophal; pretendida arte de fazer oiro, que occupou em vão todos os sabios da idade media.

Piedrecica, lla, ta. *f. dim.* de *Piedra.* Pedrinha.

Piedrezuela. *f. dim.* de *Piedra.* Pedrinha.

Piel. *f.* Pelle; couro preparado de algum animal. *Concinnata pellis:* — pelle; casca de algumas fructas. *Fructuum cortex, pellis, pellicula. Dar o entregar la piel (fr.);* dar a pelle, morrer. *Obire, mori. Ser la piel o de la piel del diablo;* ser da pelle do diabo. *Irrequietum, freni impatientem esse:* — *(anat.)* pelle; tegumento exterior que cobre o corpo do animal. *Pellis, is.*

Piélago. *m.* Pélago; o mar alto. *Pelagus, gurges:* — *(fig.)* pelago, immensidade, grande numero. *Res innumerabilis:* — *(ant.)* pélago, pégo: — *(poes.)* pélago; o mar.

Pielecita. *f. dim.* de *Piel.* Pellinha, pelzinha.

Pielgo. *m. (ant.)* V. *Piezgo.*

Piensar. *a. (ant.)* V. *Pensar.*

Pienso. *m.* Penso; porção de cevada ou de outro qualquer alimento dado a alguns animaes, a certas e determinadas horas. *Pabulum, pastus. Ni por pienso (loc. adv.);* nem por pensamento, por nenhuma fôrma. *Nullatenus.*

Pierda. *f. (ant.)* V. *Pérdida.*

Pierio, ria. *adj. (poes.)* Pierio; pertencente ás musas. *Pierius, a, um.*

Pierna. *f.* Perna; parte do corpo animal do joelho até ao pé ou entrando tambem a coxa. *Crus, ris:* — V. *Muslo,* nos quadrupedes e aves: — perna; cada um dos dois ramos do compasso: — perna, de calça ou calção: — desigualdade de largura nos pannos. *Inequalis et tortuosa telæ ora:* — especie de bilha. *Oblonga muletra:* — perna de letra. *Litteræ pars oblonga:* — *(fig.)* perna; alguma cousa que junta com outra forma ou compõe um todo. *Pars oblonga:* — *mechada;* perna entrapada. *A modo de pierna de nuez (fr.);* á moda de mil diabos. *Obliquè. A pierna suelta o tendida;* de perna estendida; com todo o descanso. *Quietè, placidè. Cortar o cortarse las piernas;* cortar ou cortar-se as pernas; impossibilitar ou impossibilitar-se para alguma cousa. *Sibi ipsum obstare, negotium impedire. Echar a alguno la pierna encima;* deitar a perna por cima a alguem; vence-lo, excede-lo. *Præcellere. Echar piernas;* presumir de elegante ou valente. *Formam aut virtutem jactari. En piernas;* em pernas, com as pernas nuas. *Nudis cruribus. Estirar la pierna,* esticar a canella; morrer. *Estirar o estender las piernas;* estender as pernas; passear. *Deambulare. Meter o poner piernas al caballo;* metter pernas ao cavallo. *Equum concitare. Ponerse sobre las piernas;* empinar-se o cavallo. *Equum in posterioribus tantum cruribus stare vel sistere. La pierna en el lecho y el brazo en el pecho;* a perna no leito e o braço ao peito. *Non omnibus omnia expediunt:* — *(anat.)* perna; parte do membro pelviano que se estende do joelho ao pé. *Tibia, æ.*

Pierniabierto, ta. *adj.* Perniaberto; que tem as pernas abertas.

Piernitendido, da. *adj.* De pernas estiradas. *Expansus cruribus.*

Pierofila. *f. (min.)* Pyrophylla; variedade de serpentina.

Piertiga. *f. (ant.)* V. *Pértiga.*

Piestosoma. *f. (zool.)* Piestosoma *(corpo deprimido);* genero de insectos hemipteros, da tribu dos reduvios, familia dos aradidos.

Pietismo. *m. (rel.)* Pietismo; doutrina dos pietistas.

Pietistas. *m. pl. (rel.)* Pietistas; individuos pertencentes a uma seita de lutheranos.

Pieza. *f.* Peça; parte, porção de um todo. *Portio, pars:* — peça; moeda ordinariamente de oiro. *Nummus, us:* — peça; qualquer traste movel ou joia. *Vas, candelabrum, pretiosa quæque:* — peça; porção de panno, etc. *Tela, æ:* — peça; quarto de qualquer casa. *Cubiculum, i:* — truão, bobo. *Scurria, morio:* — peça, logração, burla: — *(caç.)* peça; qualquer ave ou animal de caça. *Præda quævis venatoria:* — peça; qualquer artefacto ou cada uma das partes que o compõem. *Opus artefactum:* — peça; tabula de madeira ou marfim que serve para jogar as damas, xadrez, etc. *Latrunculus, i:* — peça; composição poetica, etc.: — peça; cousa perfeita, no seu genero. *Res eximiæ formæ aut magnitudinis:* — *(p. Cub.)* peça; negro que tem mais de vinte annos de idade: — *(ant.)* peça; espaço de tempo ou logar. *Intervallum, spatium:* — peça, numero, quantidade, porção: — *de estrado.* V. *Pieza de recibo:* — *de exámen;* peça de exame, obra prima. *Opus affabrè factum vel elaboratum:* — *de recibo;* sala para receber visitas. *Pars domûs lautior ornatiorque salutantibus excipiendis:* — *eclesiástica.* V. *Beneficio eclesiástico:* — *por pieza;* peça por peça, parte por parte, detalhadamente. *Singillatim:* — *tocada;* cousa inconveniente, que deve omittir-se. *Res silentio, prœmenda. Hacer piezas (fr.);* fazer peças ou em peças, fazer em pedaços alguma cousa. *In frusta secare. Jugar una pieza;* pregar uma peça. *Aliquem ludificari. Quedarse en una pieza ó hecho una pieza,* ficar de bôca aberta. *Hœrere, stupere. Tocar pieza;* discorrer ou dar materia para isso sobre qualquer cousa. *Sermonem fundere vel movere:* — *(art.)* peça; parte que se junta ao corpo principal de qualquer obra. *Pars, tis:* — *(br.)* peça; cada uma das partes em que se divide o escudo: — *honorable;* peça honorifica; a que occupa o logar mais distincto do escudo: — *de autos (for.);* peça de autos; papeis cozidos pertencentes a uma causa. *Acta, instrumentum:* — *(naut.)* peça; qualquer dos madeiros rectos ou curvos que constituem o casco da embarcação: — *de leva;* peça de leva, a que se dispara para fazer signal de botar fóra. *Vela dandi signum:* — *de artilleria (mil.);* peça de artilheria; nome generico de todas as bôcas de fogo que pertencem a esta arma. *Tormentum bellicum. Terciar una pieza;* experimentar, examinar uma peça. *Tormentum bellicum perpendere, accuratè examinare.*

Piezgo. *m.* Pernil; parte da pelle que cobria o pé do animal e que nos odres póde servir de bôca para despejo. *Amicium, i:* — odre; pelle preparada para transportar vinho, etc. *Uter, ri.*

Piezocera. *f. (zool.)* Piezocera *(antenna comprimida);* genero de insectos coleopteros subpentameros, da familia dos longicornes, tribu dos cerambycinos.

Piezometría. *f. (phys.)* Piezometria; arte de construir e empregar o piezometro, theoria em que se dá a medida da compressibilidade dos liquidos.

Piezómetro. *m. (phys.)* Piezometro; instrumento destinado a medir a compressibilidade dos liquidos.

Piezorópalo. *m. (zool.)* Piezorhopalo *(maça comprimida);* genero de insectos coleopteros tetrameros da familia dos xylophagos, tribu dos bostrichios.

Pifano. *m.* Pifano; flauta fina e aguda, que se toca nos regimentos. *Fistula, œ:* — pifano; o que toca este instrumento. *Fistularius, i.*

Pifar. *a. (germ.)* Picar um cavallo, chegar-lhe as esporas.

Pífaro. *m. (ant.)* V. *Pífano.*

Pífia. *f.* Fifia; tacada falsa, pancada com o taco na bola, picando-a em falso. *In trunculorum ludo ictus debilis:* *(fig.)* rudeza, falta de habilidade: — *(p. A. M.)* burla, mofa, escarneo. *Dar pífia (fr. fig.);* errar o golpe, não acertar nas diligencias que se empregam para conseguir alguma cousa.

Pifiar. *a.* Fifiar; dar uma tacada falsa no jogo do bilhar. *Inscitè globulum lusorium ferire:* — *n.* soprar muito, por defeito de embocadura, aquelle que toca flauta. *In inflatione tibiœ nimium flatu sonum edere:* — *(p. A. M.)* zombar, escarnecer de alguem.

Pifo. *m. (germ.)* Capote, redingote.

Pigastro. *m. (zool.)* Pygaster *(estrella fendida);* genero de echinodermes echinidos.

Pigmento. *m. (anat.)* Pigmento; materia corante da pelle que tem sua séde no corpo mucoso de Malpighi.

Pigmeo, ea. *adj.* Pygmeo; de pequena estatura. Usa-se tambem como substantivo. *Staturâ pusillus.*

Pignorar. *a.* Penhorar, empenhar, hypothecar.

Pignoraticio, cia. *adj. (for.)* Penhoraticio; que se refere ao penhor ou hypotheca. *Acreedor pignoraticio;* credor penhoraticio; aquelle a quem se entrega um penhor para segurança do credito, penhorado, hypothecado, empenhado.

Pignosoro. *m. (bot.)* Pycnosoro *(perna grossa);* genero de plantas da familia das compostas, tribu das senecionideas.

Pignotico, ca. *adj. (med.)* Calmante; proprio para condensar e refrescar os humores.

Pigolámpide. *m. (zool.)* Pygolampis; genero de insectos hemipteros da familia dos reduvios.

Pigolita. *f. (min.)* V. *Peckto-lita.*

Pigomelia. *f. (physiol.)* Pygomelia; monstruosidade que apresenta o pygomelo.

Pigomelo. *m. (physiol.)* Pygomelo; monstro que apresenta um ou dois membros accessorios na região hypogastrica.

Pigopago. *m. (physiol.)* Pygopago; monstro duplo, cujos corpos estão reunidos pelas nadegas.

Pigopajia. *f. (physiol.)* Pygopagia; monstruosidade que apresenta o pygopago.

Pigótita. *f. (min.)* Pygothita; substancia que resulta da combinação da alumina com um acido organico.

Pigre. *adj. (p. Ar.)* Preguiçoso, negligente. *Piger, ra, rum:* — V. *Desaplicado.*

Pigrea. *f. (bot.)* V. *Bacúrida.*

Pigricia. *f. (ant.)* Preguiça, negligencia, ociosidade. *Pigritia, œ.*

Pigro, gra. *adj.* Preguiçoso, negligente. *Piger, ra, rum.*

Pigular. *n. (ant.)* V. *Pegujar.*

Pihua. *f.* V. *Coriza.*

Pihuela. *f. (caç.)* Pioz; correia que as aves de volateria trazem nos pés ou sancos. *Pedica, æ:* —*(fig.)* embaraço, obstaculo, estorvo. *Impedimentum, i:* —*pl.* grilhões; ferros com que se seguram os criminosos. *Compedes ferrei.*

Píísimo, ma. *adj. sup.* de *Pio.* Piissimo. *Piissimus, a, um.*

Pijirigua. *f. (p. Cub.)* Ninharia, bagatela.

Pijirinco. *m. (zool.)* Pygirhyncho; genero de insectos orthopteros, da familia dos phasmios.

Pijota. *f. (prov.)* Peixota, pescada. V. *Merluza.*

Pijote. *m.* V. *Esmeril.*

Pijotería. *f. (fam.)* Mesquinhez, ruindade: — enfado, impertinencia.

Pijotero, ra. *adj. (fam.)* Ridiculo, miseravel, mesquinho: — pechoso, impertinente.

Pila. *f.* Pia; vaso de pedra, etc., que tem differentes usos. *Pila, crater, labrum:* — pia; peça concava de pedra, onde nas igrejas se administra o baptismo. *Labrum baptismati sacro accipiendo:* — pia; parochia, freguezia, por metonymia. *Parochia, æ:* — pilha; montão de cousas postas, a cavalete, umas sobre as outras. *Cumulus, acervus:* — toda a lã que um proprietario tira cada anno dos seus rebanhos. *Sacar de pila (fr.);* ser padrinho do baptismo. *Aliquem in sacro baptismatis fonte suspicere:* —*(archit.)* pegão; obra que sustém a columna de um arco de ponte. *Pontis fulcra, columnæ:* —*(br.)* figura triangular, no escudo: — *(phys.)* pilha; apparelho inventado por Volta, para obter uma corrente de fluido electrico. Ha-as hoje de varios auctores.

Pilada. *f.* V. *Pila*, na quarta accepção: — amassadura; porção de cal e areia que se amassa de uma vez: — apisoadura; porção de panno que se apisoa de uma vez. *Pannorum congeries fullonicæ simul subjicienda.*

Pilar. *m.* V. *Pilon:* — pilar; columna sem cornija ou outro ornato. *Pila, columna structilis:* — marco, baliza; demarcação dos caminhos. *Meta, æ:* — *(fig.)* esteio, amparo, arrimo: — *(ant.)* V. *Columna:* —*pl. (anat.)* pilares; nome de tres prolongações de uma porção de substancia medullar cerebral.

Pilarejo. *m. dim.* de *Pilar.* Pilarzinho, pilarete.

Pilarico, llo, to. *m. dim.* de *Pilar.* Pilarzinho.

Pilaro. *m. (zool.)* Pylaro; genero de insectos coleopteros tetrameros, da familia dos curculionidos gonatoceros.

Pilaron, Pilarote. *m. (p. archit.)* V. *Machon.*

Pilastra. *f.* Pilastra; columna quadrada. *Quadrata columna, pila.*

Pilastrilla. *f. dim.* de *Pilastra.*

Pilastron. *m. augm.* de *Pilastra.* Pilastrão.

Pilastroncillo. *m. dim.* de *Pilastron.*

Pilatero. *m.* Encarregado das lãs, nas manufacturas dos pannos. *Tundens in fullonis.*

Pilche. *m.* Especie de cabaça da America meridional.

Píldora, *f, (fig. fam.)* Pilula; má nova. *Infaustus vel molestus nuntius:* — *(ant.)* mecha, torcida de fios, estopa etc., que molhada em algum medicamento se introduzia nas feridas ou chagas. *Pilula, æ. Dorar la píldora (fr. fig.);* dourar a pilula; suavisar, disfarçar com algum artificio a má noticia que se quer dar. *Infaustum nuntium verbis lenire:* —*(pharm.)* pilula; composição medicinal, em bolinhas. *Catapotia, æ.*

Pildorero. *m. (pharm.)* Pilulador; instrumento para fazer pilulas.

Pilea. *f. (bot.)* Pilea *(chapéu);* genero de plantas da familia das urticaceas.

Pileanto. *m. (bot.)* Pileantho *(flor em fórma de chapéu);* genero de plantas da familia das myrtaceas.

Pilento. *m.* Pilento; especie de coche de que usaram as senhoras romanas.

Pileo. *m.* Pileo; barrete que usaram os gregos e romanos. *Pileus, i:* — barrete dos cardeaes. *Pileus cardinalitius.*

Pileóforo. *m. (zool.)* Pileophoro *(que tem gorro);* genero de insectos coleopteros tetrameros, da familia dos curculionidos.

Pileola. *f. (bot.)* Pileola; folha primitiva, completamente fechada que cobre e occulta as outras folhas do botão: —*(zool.)* pileola; genero de acalephos medusarios: — pileola; genero de molluscos fosseis.

Pileta, Pilica, lla, ta. *f. dim.* de *Pila.* Piasinha.

Pilguanejo, ja. *s. (p. Mex.)* Criado de convento.

Pilíferos. *m. pl. (zool.)* Piliferos; nome dado por alguns naturalistas aos mammiferos.

Piliforme. *adj. (zool.* e *bot.)* Piliforme; que tem a fôrma de pello.

Pilimiccion. *m. (med.)* Secreção de urina misturada com alguns cabellos.

Pilípedo, da. *adj. (zool.)* Pilipedo; diz-se do animal que tem os pés cobertos de pellos.

Pilipenneo, ea. *adj. (zool.)* Pilipenneo; diz-se das aves, cujas azas são pelludas.

Pilocárpeas. *f. pl. (bot.)* Pilocarpeas; tribu de plantas da familia das rutaceas.

Pilocarpo. *m. (bot.)* Pilocarpo *(fructo em fórma de chapéu);* genero de plantas da familia das rutaceas.

Pilofájia. *f.* Pilophagia; palavra com que alguns indicam a disposição a comer muito.

Pilon. *m. augm.* de *Pila:* — tanque, reservatorio de agua, que serve para dar de beber aos animaes, e outros usos. *Magnum labrum vel crater:* — pão de assucar. *Conus sacchari:* — monte de sal, nos muros das marinhas: — peso das balanças romanas. *Æquipondium, ii:* — peso; grande pedra que serve para comprimir as varas dos lagares. *Æquipondium, ii:* — monte de cal amassada com areia e agua. *Calcis maceratæ acervus, cumulus. Beber del pilon; fr. fig. fam.* com que se moteja o que acredita e espalha noticias do vulgo. *Haber bebido del pilon;* abrandar o rigor da justiça; diz-se de algum ministro ou juiz que começou com muita severidade, mas que depois vae abrandando. *De severitate remisisse. Llevar a alguno al pilon;* fazer de alguem tudo quanto se quer. *Alterius docilitate, ad id quod cuique libeat, abuti:* — *(chim.)* pilão; mão de gral que se usa nos laboratorios para pisar certas substancias.

PILONERA. *f. (fam.)* V. *Pajarota.*

PILONERO, RA. *adj.* Novelleiro; que conta novellas ou boatos falsos. *Supposititius, falsus.*

PILONGO, GA. *adj.* Pilado, magro, enrugado, fraco. *Gracilis, macer, debilis:* — applica-se em algumas partes ao beneficio ecclesiastico concedido ás pessoas baptisadas em certas e determinadas pias ou parochias. *Beneficium ecclesiasticum non nisi in quodam loco natis concessum. Castaña pilonga.* V. *Castaña.*

PILORO. *m. (anat.)* Pyloro; orificio inferior do estomago.

PILOSIS. *f. (physiol.)* Pilosis; nome que dão alguns physiologistas á formação do pello.

PILOSO, SA. *adj.* Piloso. V. *Peludo:* — *(anat.)* piloso; relativo aos pellos.

PILOTAJE. *m.* Pilotagem; arte de piloto. *Navarchi ars:* — pilotagem; direito que pagam as embarcações em alguns portos, onde precisam de pilotos praticos para sua segurança. *Portorii genus:* — estacada, estacaria; construcção feita com estacas debaixo de agua.

PILOTE. *m.* Estaca; pau comprido e agudo em uma das extremidades, que serve para construcções hydraulicas. *Vacerra, palus subtus aquam terræ affixus.*

PILOTEAR. *a.* Pilotear, marear, dirigir uma embarcação: — *n.* pilotear; exercer a pilotagem.

PILOTIN. *m. (ant.)* Estudante de pilotagem. *Naucleriæ arti studens.*

PILOTO. *m.* Piloto; aquelle que dirige uma embarcação, que exerce a pilotagem. *Nauclerus, navarchus:* — *(fig.)* piloto; guia, director de um negocio: — *(germ.)* piloto; o ladrão que, para um roubo, vae, guiando os outros, na frente: — *(fam.)* V. *Bebedor:* — *de puerto,* piloto da barra ou do porto; aquelle que dirige a entrada e saída das embarcações: — *práctico;* piloto pratico, piloto da costa: — *(zool.)* piloto; genero de peixes acanthopterygios da familia dos scomberoidos.

PILTRA. *f. (germ.)* V. *Cama.*

PILTRACA. *f.* V. *Piltrafa:* — *(fam. ant.)* V. *Ramera.*

PILTRAFA. *f.* Pelhancaria, pelhancas; carne muito magra. *Pellicula carnea.*

PILTRO. *m. (germ.)* V. *Aposento:* — *(germ.)* mandil; creado de alcoviteiro. *Estar hecho un piltro (fr. p. Mex.);* estar uma miseria, uma desgraça.

PILULAR. *adj. (pharm.)* Pilular; que se assimilha ás pilulas. *Masa pilular;* massa pilular; a que está preparada para fazer pilulas.

PILULARIA. *f. (bot.)* Pilularia; genero de plantas da familia das marsileaceas.

PILULÍFERO, RA. *adj. (bot.)* Pilulifero; applica-se á planta, cujos fructos se reunem formando uma massa globulosa.

PILULÍFLORO, RA. *adj. (bot.)* Pilulifloro; diz-se da planta cujas flores formam uma cabecinha redonda.

PILLA. *f. (p. Ar.)* V. *Pillaje.*

PILLADA. *f. (fam.)* Velhacada, patifaria. *Vafre, nequiter factum.*

PILLADOR, RA. *s.* Pilhante, salteador, ladrão. *Prædator, raptor:* — *(germ.)* jogador.

PILLAJE. *m.* Pilhagem, roubo. *Prædatio, direptio:* — *(mil.)* pilhagem, saque, roubo. *Latrocinium, prædatio.*

PILLASTRON, NA. *adj. augm.* de *Pillo.*

PILLAR. *a.* Pilhar, roubar, furtar. *Prædari:* — pilhar, apanhar, colher, agarrar. *Arripere:* — *(germ.)* jogar. *Quien pilla pilla (fr. fam.);* quem pilhou, pilhou, e quem não pilhou pilhasse. *Unusquisque ad prædam.*

PILLERÍA. *f.* Canalha, sucia de vadios: — V. *Pillada.*

PILLO, LLA. *adj. (fam.)* Vadio, picaro, libertino. *Vafer, vilis:* — infame, vil, indigno. *Vilis, le.*

PIMELEA. *f. (bot.)* Pimelea; genero de plantas da familia das daphnoideas.

PIMELIA. *f. (zool.)* Pimelia *(gorda);* genero de insectos coleopteros heteromeros, da familia dos melasomos, tribu dos pimeliarios.

PIMELITA. *f. (min.)* Pimelita; nome de um silicato de nickel.

PIMELÓPODO. *m. (zool.)* Pimelopodo *(pé gordo);* genero de insectos coleopteros pentameros da familia dos scarabideos.

PIMENTADA. *f.* Piverada; môlho com pimenta.

PIMENTAL. *m.* Pimental; logar plantado de pimenteiras.

PIMENTERO. *m.* Pimenteiro; vaso com pimenta. *Piperis vasculum:* — *(bot.)* pimenteira; genero de plantas da familia das piperaceas: — *falso (prov.)* V. *Turbinto.*

PIMENTON. *m.* Pimentão, colorau; pimento vermelho em pó: — *(prov.)* pimentão; pimento ainda verde.

PIMENTINA. *f. (chim.)* V. *Piperina.*

PIMIENTA. *f.* Pimenta; semente da pimenteira. *Ser una pimienta* o como *una pimienta (fr.),* ser vivo como azougue, ser muito experto. *Acer vel acutissimus est. Tener mucha pimienta;* ter muita pimenta; ser muito caro, ter um preço exorbitante. *Magni esse vel divendi:* — *(bot.)* pimenta; fructo da pimenteira; droga aromatica e picante que se emprega principalmente como adubo.

Pimiento. *m. (bot.)* Pimentão; genero de plantas da familia das solanaceas:—pimentão; fructo da planta do mesmo nome: —V. *Pimenton:* —V. *Pimentero:* — *(med.)* pimenta; substancia medicamentosa usada em alguns paizes para combater febres intermittentes.

Pimpin. *m.* Vassourinha; jogo de rapazes. *Puerorum ludus sic dictus.*

Pimpinela. *f. (bot.)* Pimpinella; genero de plantas da familia das rosaceas.

Pimpollar. *m.* Mata decotada que começa a arrebentar. *Locus germinibus vel stolonibus plenus.*

Pimpollecer. *n.* Rebentar, brotar, lançar renovos. *Arbores pullulare, stolones edere.*

Pimpollejo. *m. dim.* de *Pimpollo.*

Pimpollico, to. *m. dim.* de *Pimpollo:*—*(fam.)* V. *Chaborra.*

Pimpollo. *m.* Pimpolho, rebento, renovo de arvore. *Germen, stolo, pullus:* — botão de rosa. *Calyx, icis:* — *(fam.)* mancebo elegante, formoso, bizarro. *Speciosus forma juvenis.*

Pimpollon. *m. augm.* de *Pimpollo.*

Pimpolludo, da. *adj.* Viçoso, vecejante; que tem muitos pimpolhos ou rebentos. *Stolonibus abundans.*

Pina. *f.* Pino; ponto mais elevado de qualquer cousa terminando em ponta. *Terminus conicus, meta:* — pina; peça da circumferencia das rodas de qualquer carro. *Rotæ pinæ:* — *(ant.)* V. *Almena.*

Pinabete. *m. (bot.)* V. *Abeto.*

Pináculo. *m.* Pinaculo; a parte mais elevada de um edificio. *Pinnaculum, i:*—*(fig.)* pinaculo; a parte mais sublime de alguma sciencia.

Pinal. *m. (ant.)* V. *Pinar.*

Pinar. *m.* Pinhal; logar plantado de pinheiros. *Pinetum, i.*

Pinarejo. *m. dim.* de *Pinar.*

Pinariego, ga. *adj.* Pineo; de pinheiro ou pinho. *Pineus, a, um.*

Pinaropapo. *m. (bot.)* Pinaropapo; genero de plantas da familia das compostas, tribu das chicoraceas.

Pinastro. *m. (bot.)* Pinheiro silvestre. *Pinus sylvestris.*

Pinatípedos. *m. pl. (zool.)* Pinnatipedes; ordem de aves admittida por alguns naturalistas.

Pinaza. *f. (comm.)* Pinaça; tecido do Oriente, feito de casca das arvores:—*(naut.)* pinaça; pequena embarcação de véla e remos.

Pinazo. *m.* Moente; espiga que serve de eixo a uma porta sem bisagras.

Pincarrasca. *f. (bot.)* V. *Pincarrasco.*

Pincarrascal. *m.* Pinhal de pinheiros bravos. *Locus pinis consitus.*

Pincarrasco. *m. (bot.)* Pinheiro bravo. *Pinus silvestris.*

Pincel. *m.* Pincel; instrumento de pintor feito de cabellos unidos em mólho, com um cabo. *Penicillus, i:* — *(fig.)* pincel; o pintor. *Pictor, ris:* pincel; a obra pintada. *Pictura, æ:* — pincel; o modo de pintar. *Pingendi ratio:* — penna que os gaviões têem debaixo das azas propria para pintar. *Apodum plumæ quædam:* — *(bot.)* pincel; genero de algas calciferas da familia das corallinas: — *(naut.)* escopeiro; instrumento com que bream os costados e mastros da embarcação. *Penicillus nauticus.*

Pincelada. *f.* Pincelada; traço de pincel. *Ductus penicilli. Dar la´ ultima pincelada (fr.);* dar a ultima pincelada; aperfeiçoar, retocar. *Perficere.*

Pincelero. *m.* Pinceleiro; o que faz ou vende pinceis. *Penicillorum factor aut ventor.*

Pincelillo. *m. dim.* de *Pincel.*

Pincelote. *m. augm.* de *Pincel.*

Pincerna. *s.* Descanção; o que subministra a copa nos banquetes, provando primeiro a bebida. *Pincerna, æ:* — *(p. Gal.)* pertigueiro ou ministro que leva a vara de prata nos dias solemnes, nas igrejas cathedraes.

Pinco. *m. (naut.)* V. *Filibote.*

Pinchadura. *f.* Picadura; golpe ou ferida feita com instrumento pontagudo. *Punctio, nis.*

Pinchar. *a.* Perfurar, picar; dar picada penetrante, ferir de ponta. *Pungere.*

Pinchauvas. *adj. s.* Picauvas, farroupilha. É tomado dos que comem os bagos de uva que ficam no fundo dos cestos, picando-os com alfinete, palito, etc. *Homo vilis:* — espada, ou qualquer outra arma branca em mãos cobardes.

Pinchazo. *m.* Picada ou furo feito com a ponta de qualquer instrumento agudo.

Pinchbeck. *m. (art.)* Pinchebeque; composição metallica com apparencias de oiro.

Pinche. *m.* Bicho da cozinha, moço do cobre. *Famulus culinarius.*

Pincho. *m.* Zaguncho, ou especie de aguilhão ou ponta aguda de ferro ou de outra qualquer materia. *Stilus, i:* — sonda; vareta de ferro aguda de que usam os guardas-barreiras para examinar o que vem nas cargas.

Pindarico, ca. *adj.* Pindarico; que diz respeito a Pindaro ou a seu estylo. *Pindari stilium redolens.*

Pindonga. *f.* Cantoneira; mulher de má vida que anda pelos cantos das ruas.

Pindonguear. *n. (fam.)* V. *Callejear.*

Pineal. *adj. (anat.)* Pineal; similhante a uma pinha.

Pineda. *f.* Fita tecida com varias cores que serve ordinariamente para ligas. *Fasciola vel ligula versicolor:* *(prov.)* V. *Pinar:* — *(bot.)* pineda; genero de plantas da familia das bixaceas, tribu das prockiadas.

Pinelia. *f. (bot.)* Pinellia; genero de plantas da familia das aroideas, tribu das anaporcas.

Pineo, nea. *s. (ant.)* V. *Pigmeo.*

Pinescal. *m. (ant.)* V. *Peñascal.*

Pingajo. *m.* Frangalho, trapo pendente. *Vestis aut panni detriti frustum pendulum.*

Pingajoso, sa. *adj.* Fragalheiro. V. *Andrajoso.*

PINGANELLO. *m.* V. *Calamoco.*
PINGANILLAS (EN). *(loc. adv. Mex.)* V. *De puntillas.*
PINGANITOS (EN). *(loc. adv.)* Com fortuna prospera, com felicidade. *Favente in omnibus fortuna.*
PINGIELLO, LLA. *adj. (ant.)* V. *Pintado, Hermoso.*
PINGO. *m. (fam.)* V. *Guiñapo:* — *(fig.)* pingão; diz-se do homem sujo e mal trapilho: — *(p. A. M.)* cavallo de regalo.
PINGOROTE. *m.* V. *Peruetano,* na accepção figurada.
PINGOROTUDO, DA. *adj. (prov.)* Empinado, alto, elevado. *Erectus, altus.*
PINGOTEAR. *n. (p. A. M.)* Pinotear, saltar folgando; diz-se dos rapazes nos jogos.
PINGÜE. *adj.* Pingue, gordo, manteigoso. *Pinguis, e:* — pingue, abundante, fertil. *Pinguis, abundans:* — pingue, consideravel, opulento. *Pinguis, magnus:* — pingue, lucrativo, rendoso, fallando de certos empregos. *Pinguis, e.*
PINGÜEDINOSO, SA. *adj.* Gordurento. *Pinguis, crassus.*
PINGÜEDO *f.* Pinguedo, gordura. *Pinguedo, inis.*
PINGÜINO. *m. (zool.)* Pinguino; genero de aves palmipedes da familia das alcideas.
PINGÜISIMO, MA. *adj. sup.* de *Pingüe.*
PINGUOSIDAD. *f.* Pinguedo, gordura, unctuosidade. *Pinguedo, inis.*
PINICO. *m.* V. *Pino,* na segunda accepção. *Hacer pinicos o pinos (fr.);* cambalear: diz-se das creanças quando começam a andar, e dos convalescentes que têem estado muito tempo na cama, quando sáem d'ella. *Nutante gressu incedere.*
PÍNICO, CA. *adj. (chim.)* Pínico; diz-se dos productos que se extrahem do pinheiro.
PINÍFERO, RA. *adj. (poes.)* Pinifero; que tem ou produz pinheiros: — *m. pl. (zool.)* piniferos; nome dado aos peixes por alguns naturalistas.
PINIPEDIOS. *m. pl. (zool.)* Pinnipedios; classe de mammiferos, creada por alguns naturalistas.

PINJADO, DA. *adj. (ant.)* V. *Banco pinjado.*
PINJANTE. *m. (ant.)* Pinjente; adorno de oiro, prata, etc., que se traz pendente. *Res pendula.*
PINJANTILLO. *m. dim.* de *Pinjante.*
PINJAR. *n. (ant.)* V. *Colgar.*
PINNA. *f. (ant.)* Pináculo, eminencia, logar elevado.
PINNADO, DA. *adj.* V. *Pennado.*
PINNOTERO. *m. (zool.)* V. *Pinotero.*
PINO, NA. *adj.* Pino; direito ao alto: — *Præruptus, a, um:* — *m.* primeiros passos que as creanças dão quando começam a andar, ou os convalescentes quando se levantam. *Primi infantium gressus:* — o official que subiu a esta classe da de soldado: — *(fig.)* pinho; qualquer embarcação feita de pinho. *Navigium, ii:* — *de oro;* especie de ornato, que antigamente usavam as mulheres no toucado. *Ornatus muliebris genus. A pino (loc. adv.);* a pino; modo de dobrar os sinos. *Arrectis rotatisque tintinnabulis. Como un pino de oro (fr.);* como um pino de oiro; mui garboso e gentil. *Elegantem vel pulcherrimum esse. En pino;* a pino, em pé, direito. *Rectè. Hacer pinos.* V. *Hacer pinicos:* — *(bot.)* pinheiro; genero de plantas da familia das coniferas. *Pinus, i:* — pinus; genero de vegetaes fosseis que se encontram na creta e nos terrenos superiores a esta.
PINOCHA. *f.* Rama do pinheiro.
PINOCHO. *m. (p. Cuenca.)* Pinha, de uma variedade de pinheiro.
PÍNOLE. *m.* Pós aromaticos compostos de baunilha, canella, etc., que se deitam no chocolate. *Pulvis aromaticus quidam.*
PINOLE. *m. (p. Mex.)* Farinha de maiz torrado.
PINOSO, SA. *adj.* Pinifero; que tem pinheiros. *Pineus, a, um.*
PINTA. *f.* Pinta, signal, nodoa, mancha. *Macula, æ:* — pinta; antiga medida de liquidos. *Semicongius, ii:* — *(fig.)* pinta; signal exterior que indica a boa ou má qualidade de uma cousa. *Signum, species:* — pinta; jogo de cartas de parar. *Ludus quidam chartarum pictarum. No quitar pinta (fr.);* parecer-se em tudo com outrem. *Simillimum esse. Sacar por la pinta;* conhecer pela pinta. *E signo dignoscere:* — *(med.)* V. *Gota:* — *pl.* V. *Tabardillo.*
PINTACILGO. *m. (zool.)* V. *Jilguero.*
PINTADERA. *f.* Fôrma; instrumento usado em alguns partes para ornar com lavores o pão na parte superior. *Forma, typus.*
PINTADO, DA. *adj. (fig.)* Pintado; naturalmente matizado de diversas cores. *Versicolor, ris. Al mas pintado (loc.);* ao mais pintado, ao mais experimentado. *Excellentiori, præstantiori. No poder ver a uno ni pintado (fr.);* não poder ver alguem nem pintado. *Odio prosequi aliquem. Venir pintado;* vir ou estar pintado; ajustar perfeitamente, vir a proposito. *Aptissimè quadrare, convenire.*
PINTAMENTIRAS. *m.* Embusteiro, mentiroso.
PINTAMONAS. *m. (fam.)* Pintamonos; mau pintor. *Ridiculus pictor.*
PINTAR. *a.* Pintar; representar com pincel e tintas algum objecto. *Pingere:* — pintar; applicar cores com o pincel: — pintar, escrever, formar bem a letra. *Litterarum characteres describere:* — pintar; engrandecer, exagerar alguma cousa. *Amplificare, verbis augere:* — pintar; imaginar, figurar-se uma cousa: — V. *Brujulear,* no jogo de cartas: — *(fig.)* pintar; descrever alguma cousa por palavra ou escripto. *Depingere, describere:* — *n.* pintar; tomar côr a fructa. *Maturescere:* — pintar; apontar, começar a mostrar-se. *Signum vel specimen dare:* — *r.* pintar-se; dar côr no rosto. *Fucari:* — *al encausto (fr.)* V. *Encausto:* — *como querer;* arranjar as cousas á sua vontade. *Ex voto,*

ex animi sententia aliquid effingere. Pintarse solo; fazer alguma cousa com perfeição: — *de la primera (pint.);* de uma só vez, de um só traço. *Continenter haud intermissa opera picturam absolvere.*

Pintarojo. *m. (zool.) (p. Gal.)* V. *Pardillo.*

Pintarrajar. *a. (fam.)* V. *Pintorrear.*

Pintarrajo. *m. (fam.)* Borradura; pintura mal feita. *Pictura inepta vel ridicula.*

Pintarroja. *f. (zool.)* V. *Liga.*

Pintiparado, da. *adj.* Parecido, similhante. *Simillimus, aptissimus:* — proprio, justo, á medida. *Aptus, conveniens.*

Pintiparar. *a. (fam.)* Comparar; confrontar uma cousa com outra. *Conferre.*

Pinto, ta. *adj. (ant.)* V. *Pintado.*

Pintojo, ja. *adj.* Manchado; que tem manchas ou pintas. *Maculosus, a, um.*

Pinton, na. *adj. (p. Cub.)* Diz-se da fructa que começa a pintar.

Pintor, ra. *s.* Pintor; o que professa e exerce a arte da pintura. *Pictor, oris:* — *de brocha gorda, ó de mala muerte;* borrador, pintor grosseiro: — *(fig.)* pintamonos, mau pintor. *Ridiculus pictor:* — *(p. A. M.)* pintalegrete, casquilho.

Pintorescamente. *adv. m.* Pictorescamente; de uma maneira pictoresca.

Pintoresco, ca. *adj.* Pintoresco, pittoresco; digno de pintar-se. *Pictorius, a, um:* — pittoresco; bem pintado.

Pintorrear. *a.* Borrar; pintar sem gosto nem arte. *Coloribus variis tingere sine arte.*

Pintura. *f.* Pintura; arte de pintar. *Pictura, æ:* — pintura, quadro, painel: — pintura; obra do pintor. *Pictura, tabula picta:* — pintura; formação de letras. *Characterum, litterarum descriptio:* — *(fig.)* pintura; descripção por escripto ou por palavras. *Descriptio, onis:* — *a dos visos;* pintura de dupla vista. *Imago duplici aspectu distincta:* — *al fresco;* pintura a fresco. *Pictura madenti calci indita:* — *al óleo o al ólio;* pintura a oleo. *Pictura olearia:* — *al pastel;* pintura a pastel; a que é feita com lapis de differentes cores: — *al temple;* pintura á tempera; a que se faz com tintas desfeitas em gomma arabica ou colla: — *cerífica,* pintura encaustica; aquella cujas cores são preparadas com cêra. *Encaustica, æ:* — *de mosáico;* pintura de mosaico ou embutida. *Pictura emblematis descripta:* — *de procelana;* pintura de esmaltes. *Pictura vitrea:* — *figulina;* pintura figulina; a que é feita sobre a louça com cores metallicas. *Pictura figlina.*

Pinturero, ra. *adj. (fam.)* V. *Ponderador:* — V. *Entremetido:* — V. *Farsante.*

Pinturica, lla, ta. *f. dim.* de *Pintura.*

Pínula. *f.* Pinnula, mira; peça elevada, nos extremos de certos instrumentos mathematicos, por onde se dirige o raio visual. *Pinnula, æ.*

Pinzas. *f. pl.* Pinças, tenazes; instrumentos empregados em differentes artes. *Volsella, æ. No lo sacarán ni con pinzas (fr.);* não lh'o sacam do buxo, não são capazes de o obrigar a fallar. *Nec volsellis extrahent:* — *(cir.)* pinça; instrumento empregado em anatomia e em differentes operações.

Pinzon. *m. (zool.)* Tentilhão; genero de aves da ordem dos passaros.

Pinzona. *f. (bot.)* Pinzona; genero de plantas da familia das dilleniaceas.

Pinzote. *m. (naut.)* Pinçote; pau no extremo da canna do leme. *Clavus gubernaculo affixus.*

Piña. *f.* Pinha; fructo do pinheiro. *Strobilus pini:* — pinha; porção de prata, nas minas, posta em moldes, e levada ao fogo, para se separar do mercurio. *Argenti massa in conicam formam aptata:* — *de ciprés;* maçã de cypreste; fructo d'esta arvore. *Galbulus, i:* — *(naut.)* pinha; nó feito no chicote de um cabo.

Piñarse. *r. (germ.)* Pildar-se, fugir, safar-se.

Piñata. *f.* V. *Olla:* — *o baile de piñata;* baile de mascaras que costuma dar-se no primeiro domingo de quaresma.

Piñon. *m.* Pinhão; o fructo ou miolo do caroço da pinha. *Pineus nucleus:* — gatilho; peça dos fechos da espingarda. *Dens ferreus in scloppetis:* — pennugem; pequenas pennas que os falcões têem debaixo das azas. *Quædam falconis plumulæ. Comer los piñones (fr.);* fazer a meia noite, celebrar a noite de Natal. *Natale Domini celebrare domi. Estar dos a partir un piñon,* serem duas almas n'um corpo, serem amigos intimos. *Piñones de la India (bot.)* V. *Croton:* — *(caç.)* ultimo ossinho das azas da ave: — *(mech.)* carreto; roda dentada de relogio. *Pinnula striata in horologiis.*

Piñonada ó Piñonata. *f.* Conserva feita de amendoas e assucar. *Salgama ex amigdalis friatis conditisque saccharo.*

Piñonate. *m.* Pinhoada; pasta de pinhões e assucar. *Massa ex nucleis pineis saccharoque.*

Piñoncico, llo, to. *m. dim.* de *Piñon.* Pinhãosinho.

Piñorar. *a. (ant.)* V. *Prendar.*

Piñuela. *f.* Pinhoela; seda com uns circulos avelludados. *Tela serica nuclei pinei figuris variata:* — maçã do cypreste. *Cupressi nux:* — pinhoela; madeira creada em Guayaquil e em Quito e usada na construcção das embarcações.

Pio, ia. *adj.* Pio; inclinado á piedade, devoto. *Pius, religiosus:* — pio, benigno, brando, compassivo. *Pius, misericors:* — piò; diz-se do cavallo ou egua cuja pelle é remendada ou de varias cores. *Maculosus, a, um:* — *m.* pio; voz onomatopica da gallinha, etc. *Pipatus, us:* — *(fam.)* desejo vivo e ancioso de qualquer cousa. *Anxia, vehemens libido:* — *(germ.)* V. *Vino. Con todo el pio (loc. adv.);* pontualmente, com todo o cuidado. *Omni cura. Monte pio;* monte pio; estabelecimento onde se fazem emprestimos a juro modico.

Piocelia. *f. (physiol.)* Piocelia; formação de pés no abdomen.

Piocisto. *m. (med.)* Pyocisto; tumor purulento.

Piocha. *f.* Botão de pedraria, de varias figuras, que usam as mulheres para ornato da cabeça. *Ornatus muliebris è gemmis:* — flor feita de pennas muito finas. *Floris imago è plumis conficta.*

Pioftalmía. *f. (med.)* Pyophthalmia; formação de pus no olho.

Piohemia. *f. (med.)* Pyohemia; estado do sangue misturado de pus.

Piojenia. *f. (med.)* V. *Puojenia.*

Piojento, ta. *adj.* Piolhoso; que tem piolhos ou que lhes diz respeito. *Pediculosus, a, um.*

Piojera. *f. (med.)* V. *Tiriasis.*

Piojería. *f.* Piolharia; fervedouro, abundancia de pilhos. *Pediculorum copia, scaturigo (fr. fam.);* piolharia, miseria, pobreza. *Paucitas, exiguitas.*

Piojillo. *m. dim.* de *Piojo.* Piolhinho; diz-se ordinariamente dos que as aves criam. *Passerum pediculus.*

Piojo. *m.* Piolho; doença das aves. *Pedunculáris avium morbus:* — *pegadizo;* pessoa importuna. *Importunus, molestus homo. Comerse de piojos (fr.);* comer-se de piolhos; tê-los em grande abundancia. *Como piojo en costura;* metter-se como piolho em costura. *Ardelio alienis negotiis se immiscens. Como piojos en costura;* como sardinhas em tijella. *Loci angustia nimiùm compressus:* — *(zool.)* piolho; genero de insectos parasitas da ordem dos epizoicos de que ha differentes especies. *Pediculus humanus.*

Piojoso, sa. *adj.* Piolhoso; que tem muitos piolhos. *Pediculosus, a, um:* — *(fig.)* piolhoso, miseravel, mesquinho. *Miser, sordidè parcus.*

Piojuelo. *m. dim.* de *Piojo.* Piolhinho.

Piola. *f. (naut.)* Cabo pequeno e delgado. *Funiculi nautici genus.*

Piomesis. *f. (med.)* Pyomesis; vomito de pus.

Piometra. *m. (med.)* Pyometra; accumulação de pus na madre.

Pioplania. *f. (med.)* Pyoplania; metastase do pus.

Pioptisia. *f. (med.)* Pyoptysia; expectoração do pus.

Piornal. *m.* Piornal; logar com piornos.

Piornedo. *m. (prov.)* V. *Piornal.*

Piorno. *m. (germ.)* V. *Borracho:* — *(bot.)* piorno. V. *Retama.*

Piorrajía. *f. (med.)* V. *Piorrea.*

Piorrea. *f. (med.)* Pyorrhea; evacuação de pus por diversas partes inflammadas.

Piosis. *f. (med.)* Pyosis; enfermidade do olho, que consiste em uma supuração prolongada.

Piotina. *f. (min.)* Piotina; variedade de saponita.

Piotórax. *m. (med.)* Pyothorax; formação de pus no peito.

Pipa. *f.* Pipa; vasilha de tanôa para vinho, etc. *Dolium, cadus:* — cachimbo; instrumento que serve para fumar tabaco. *Siphunculus quo tabacci fummo excipitur:* —V. *Pipiritaña:* — V. *Pepita,* semente de alguns fructos: —V. *Espoleta,* nas granadas, etc. *Tomar pipa (fr. fam.);* dar ás trancas, safar-se. *Aufugere:* — *(zool.)* pipa; genero de reptis batracios anuros, originarios da America meridional.

Pipar. *n.* Cachimbar; fumar tabaco pelo cachimbo. *Tabacci fumum siphunculo excipere.*

Piperáceas. *f. pl. (bot.)* Piperaceas; familia de plantas monocotyledoneas.

Piperela. *f. (bot.)* V. *Micromeria.*

Pipería. *f.* Vasilhame; aggregado de vasilhas, pipas, etc. *Doliorum copia, congeries. Abatir la piperia (fr. naut.);* desfazer, inutilisar o vasilhame. *Aquaria dolia dissolvere.*

Piperina. *f. (chim.)* Piperina; principio alcaloide, que crystallisa em prismas ou palhetas.

Pipí. *f. (zool.)* Pipi; ave da Africa.

Pipian. *m.* Pipian; certo guisado nas Indias, em cuja composição entra muito pimento.

Pipiar. *n.* Pipiar, pipitar; diz-se da voz das aves pequeninas. *Pipire, pipilare.*

Pípila. *f. (p. Mex.)* V. *Pava, ave.*

Pipiripao. *m. (fam.)* Convite, festim explendido e magnifico. *Epulæ opiparæ per vices celebratæ.*

Pipiritaña, Pipitaña. *f.* Pipia; canna de cevada em que os rapazes sopram e que produz um som mui agudo. *Fistula ex hordei viridis calamis.*

Pipiza. *f. (zool.)* Pipiza; genero de insectos dipteros da familia dos athericeros.

Piporro. *m. (fam.)* V. *Bajon.*

Piprádeas. *f. pl. (zool.)* Pipradeas; familia de aves da ordem dos passaros heterodactylos.

Pipris. *m. (naut.)* Pipris; especie de canoa que usam os negros das costas de Guiné e Cabo Verde.

Piptanto. *m. (bot.)* V. *Anajiro.*

Piptocoma. *f. (bot.)* Piptocoma (*cabelleira caída*); genero de plantas da familia das compostas.

Pipunculo. *m. (zool.)* Pipunculo; genero de insectos dipteros da familia dos athericeros.

Pique. *m.* Pique, resentimento, discordia. *Offensio, exacerbatio:* — V. *Chichisveo:* — pique; lance no jogo dos centos. *Sexaginta punctorum numeratio ante alterius colludentis numerationem:* —V. *Fondo:* — *(p. Per.)* V. *Nigua:* —V. *Cortejo. A pique (loc. adv.);* a pique, em risco. *Parum abest, pænè. Echar a pique (fr.);* metter a pique, destruir. *Demergere, destruere:* — *(const.)* forcado da quilha. *Palus furcatus in navi:* — pique; a direcção vertical contada desde a superficie da agua até ao fundo do mar. *Tra-*

bajar a pique (fr. min.); trabalhar a pique; trabalhar profundando perpendicularmente as vetas.

Piqué. *m. (com.)* Panno de algodão lavrado.

Piquera. *f.* Alvado; buraco por onde entram as abelhas no cortiço. *Alvearis imum, foramen*: — batoque; buraco nos toneis por onde sáe o vinho. *Dolii foramen*: — V. *Mechero, Canutillo*: — *f. (ant.)* V. *Picotera*: — *(naut.)* embocadura, bôca de um porto, da barra.

Piqueria. *f. (bot.)* Piqueria; genero de plantas da familia das compostas.

Piquería. *f. (ant.)* Piqueria; multidão de piques ou de piqueiros. *Milites hastati, militia hastata.*

Piquero. *m. (ant.)* Piqueiro; soldado armado de pique. *Hastatus miles.*

Piqueta. *f.* Alvião; especie de enxadão que tem differentes usos. *Ligonis genus.*

Piquete. *m.* Picada; ferida ou golpe leve que se recebe ou dá com instrumento perfurante. *Punctio, onis*: — pequeno buraco feito na roupa ou em outra qualquer cousa. *Scissura parva*: — pique; estaca de madeira que serve para alinhar ou medir de longe qualquer objecto: — *(art.)* fucinheira; parte da cabeçada: — *(mil.)* piquete; tropa avançada. *Militum manipulus.*

Piquetero. *m.* Rapaz, empregado nas minas para fornecer ferramentas aos trabalhadores. *Puer in fodinis ferramenta operariis ministrans.*

Piquetilla. *f.* Picão; instrumento de pedreiro. *Parvi ligonis genus.*

Pira. *f.* Pyra, fogueira; entende-se ordinariamente aquella em que os antigos queimavam os cadaveres e as victimas dos sacrificios. *Pyra, æ*: — pyra; fogueira que como pratiça religiosa se accendia em certa classe de altares, e tambem significa o proprio altar. *Pyra, æ.*

Piracanta. *f. (bot.)* Pyracantha; especie de nespera, cujo fructo se usava antigamente como adstringente.

Piracanto, ta. *adj. (bot.)* Pyracantho; que tem estipulas amarellas como a herva moura.

Piragra. *f. (zool.)* Pyragra; genero de insectos orthopteros.

Piragua. *f. (naut.)* Piragua; embarcação que usam os indios, a qual é feita de uma só peça. *Cymba scapha.*

Piral. *m. (zool.)* V. *Pirausta.*

Pirálidos. *m. pl. (zool.)* Pyralidos; tribu de insectos lepidopteros.

Piralo. *f. (zool.)* Pyralo *(que provém do fogo)*; genero de insectos lepidopteros nocturnos.

Piralolita. *f. (min.)* Pyrallolitha; silicato hydratado de magnesia.

Piramia. *f. (bot.)* Pyramia; genero de plantas da familia das melastomaceas.

Piramidal. *adj.* Pyramidal; em fôrma de pyramide. *Pyramidatus, a, um*: — *(anat.)* pyramidal; diz-se de um dos ossos que ha no corpo. *Plantas piramidales (bot.)*, plantas pyramidaes; aquellas que, tendo os ramos estendidos horisontalmente, se vão estendendo da base ao vertice: — *(math.)* pyramidal; que tem a fôrma exacta de uma pyramide: — pyramidal; que diz respeito á pyramide: — *(min.)* pyramidal; denominação do systema de crystallisação, que comprehende o octaedro e o prisma de base quadrada. *Conchas piramidales (zool.)*; conchas pyramidaes; aquellas que têem a figura de uma pyramide.

Piramidalmente. *adv. m.* Pyramidalmente; em fôrma ou figura de pyramide. *Pyramidis instar.*

Pirámide. *f. (germ.)* V. *Pierna*: — *(anat.)* pyramide; eminencia ossea que ha na caixa do tympano, com uma pequena cavidade em que se encontra o musculo do estribo: — pyramide; nome dado ás eminencias pyramidaes posteriores da medulla espinhal: — *(arch.)* pyramide; solido de tres ou quatro lados, sobre a base do qual começam a estreitar os planos que o compõem até terminarem em ponta. *Pyramis, idis*: — *óptica (phys.)*; pyramide optica; a que formam os raios opticos principaes, tendo por base o objecto e por vertice o centro de qualquer dos olhos. *Optica pyramis*: — *(math.)* pyramide; solido que termina em um polygono plano qualquer, e se levanta por meio de planos triangulares sobre os lados d'este polygono, vindo a reunir-se em um mesmo ponto. *Pyramis, idis*: — *(med.)* pyramide; pequeno eixo de aço, de fôrma pyramidal, que se adapta ao centro da corôa do trepano, cujos movimentos deve dirigir.

Piramídeo, dea. *adj.* Pyramidal; que tem a fórma de uma pyramide.

Piramidion. *m. (arch.)* Pyramidion; a pequena pyramide quadrangular, ou antes rectangular, que termina um obelisco.

Piramidoide. *m.* Pyramidoide; solido formado pela revolução de um segmento parabolico, comprehendido entre o eixo da parabola, o perimetro da curva e uma ordenada perpendicular ao eixo, á roda d'esta.

Píramo. *m. (zool.)* Pyramo; casta de cães pequenos. São negros com manchas côr de fogo.

Pirata. *m.* Pirata; ladrão que rouba no mar. *Pirata, prædo*: — pirata; navio de piratas: — *(fig.)* tyranno; pessoa cruel e desapiedada. *Homo sævii ingenii.*

Piratear. *n.* Piratear; roubar como pirata. *Piraticam agere.*

Piratería. *f.* Pirataria; vida de pirata: — pirataria, piratagem; roubo de pirata. *Piratica, præda maritima*: — *(fig.)* usurpação; roubo, destruição dos bens de outrem. *Bonorum injusta spoliatio.*

Piratesa. *f. (zool.)* Piratesa; genero de annelidos.

PIRENA. *f. (min.)* Pyrena; pedra preciosa que tem a fórma de um caroço de azeitona: — *(zool.)* pirena; genero de molluscos creado para comprehender algumas especies do genero melanopside.

PIRENÁCEO, CEA. *adj. (bot.)* Pyrenaceo; diz-se das plantas, cujo fructo contém caroço no meio de um pericarpo carnoso.

PIRENARIO, RIA. *adj. (bot.)* Pyrenario; diz-se de um fructo polposo com cellulas de endocarpo lenhoso.

PIRENOIDE. *adj. (anat.)* Pyrenoide; nome da apophyse odontoidea da segunda vertebra cervical: — *(bot.)* pyrenoide; similhante a um caroço de fructa.

PIRENOMICETO, TA. *adj. (bot.)* Pyrenomiceto; diz-se dos cogumelos.

PIRENOXIA. *f. (bot.)* V. *Dotidea.*

PIRETINA. *f. (chim.)* Pyretina; resina que se produz na decomposição e distillação das substancias organicas.

PIROTOLOJIA. *f. (med.)* Pyrethologia; parte da pathologia que tem por fim o estudo das febres.

PIREXIA. *f. (med.)* Pyrexia; estado febril: —V. *Calentura.*

PÍRICO, CA. *adj. (phys.)* Pyrico; que diz respeito ao fogo.

PIRÍFERO, RA. *adj. (bot.)* Pyrifero; que tem fructos em fôrma de peras.

PIRIFORME. *adj. (anat.* e *bot.)* Pyriforme; que tem a fórma de uma pera: — *(zool.)* pyriforme; diz-se de uma concha univalve.

PIRIGARA. *f. (bot.)* V. *Gustavia.*

PIRIJENO, NA. *adj.* Pyrogenio; que é da natureza do fogo.

PIRILAMPO. *m. (zool.)* Pyrilampo; insecto phosphorico, luminoso.

PIRINETA. *f. (min.)* Pyrineta; granate que se encontra nos Pyrenéos e suas immediações.

PIRITA. *f. (min.)* Pyrites; antigo nome de certos sulphuretos metallicos.

PIRITOLOJÍA. *f. (min.)* Pyrithologia; tratado das pyrites.

PIRITOO. *m. (astr.)* Pyritoo; nome que se dá algumas vezes á constellação de Geminis.

PIRITOSO, SA. *adj. (min.)* Pyritoso; da natureza da pyrites, similhante á pyrites.

PIRITU. *m. (bot.)* Pyritu; nome de uma palmeira da America.

PIROACÉTICO, CA. *adj. (chim.)* Pyro-acetico; nome de um liquido que se obtem dos acetatos pela distillação secca.

PIROBALÍSTICO, CA. *adj.* Pyrobalistico; que lança projectis por meio do fogo.

PIRÓBOLA. *f. (mil. ant.)* Pyrobola; machina que arrojava dardos inflammados.

PIROBOLISTA. *m. (mil.)* Pyrobolista; engenheiro dedicado principalmente á construcção das minas que se fazem voar com a polvora.

PIROBOLO. *m. (bot.)* V. *Eurocio.*

PIROBOLOJÍA. *f.* V. *Pirolojia.*

PIROCEFALO. *m. (zool.)* V. *Muscipeta.*

PIROCETO. *m. (min.)* V. *Hierro volcánico.*

PIROCITRATO. *m. (chim.)* Pyrocitrato; combinação do acido pyrocitrico com uma base.

PIROCÍTRICO, CA. *adj. (chim.)* Pyrocitrico; acido que se obtem submettendo o acido citrico crystallisado á distillação secca.

PIROCLOA. *f. (bot.)* V. *Ustalia.*

PIROCLORO. *m. (min.)* Pyrochloro; titanato de cal de bases isomorphas.

PIRODE. *m. (zool.)* Pyrodes *(côr de fogo)*; genero de insectos coleopteros subpentameros, da familia dos longicornes.

PIRODMALITO. *m. (min.)* Pyrodmalytho; silicato hydratado de ferro e manganez.

PIRO-ELECTRICIDAD. *f. (phys.)* Pyro-electricidade; electricidade desenvolvida pelo augmento de temperatura: — pyro-electricidade; theoria dos phenomenos pyro-electricos.

PIROELÉCTRICO, CA. *adj. (phys.)* Pyro-electrico; diz-se dos phenomenos de polarisação electrica que se desenvolvem em alguns corpos com a elevação de temperatura.

PIRÓFAGO, GA. *adj.* Pyrophago; que traga ou parece tragar fogo.

PIRÓFANO, NA. *adj.* Pyrophano; que se torna transparente ao fogo: — *m. (min.)* pyrophano; variedade de opala.

PIROFILACIO. *m.* Pyrophylacio; caverna dilatada e cheia de fogo nas entranhas da terra.

PIROFILITA. *f. (min.)* Pyrophyllita; silicato hydratado de allumina e magnesia.

PIROFISALITA. *f. (min.)* Pyrophysalita; variedade esverdeada de topasio.

PIROFÍTICO, CA. *adj. (phys.)* Pyrophytico; diz-se de um acido que existe nos oleos pyrogenados vegetaes, não rectificados.

PIROFITOLITA. *f. (min.)* V. *Pirofisalita.*

PIROFLICTIDE. *f. (med.)* Pyrophlyctide; especie de pustula maligna.

PIRÓFORO. *m. (chim.)* Pyrophoro; nome dado a toda a substancia que tem a propriedade de inflammar-se em contacto com o ar: — *(zool.)* pyrophorus *(que traz luz)*; genero de insectos coleopteros pentameros, da familia dos serricornes.

PIROFOSFATO. *m. (chim.)* Pyrophosphato; phosphato que depois de ter sido calcinado muda as suas propriedades.

PIROGA. *f.* V. *Piragua.*

PIROGALATO. *m. (chim.)* Pyrogallato; sal que resulta da combinação do acido pyrogallico com uma base.

PIROGÁLICO. *adj. (chim.)* Pyrogallico; nome de um acido que se obtem submettendo o acido gallico á distillação secca.

PIROGNÓSTICO, CA. *adj. (chim.)* Pyrognostico; diz-se dos ensaios feitos ao fogo para reconhecer a natureza de uma substancia.

PIROIDEO, DEA. *adj. (geol.)* Pyroideo; diz-se dos terrenos que apresentam os caracteres das materias que experimentaram a acção do fogo.

PIROJENADO, DA. *adj. (chim.)* Pyrogenado; diz-se dos oleos e resinas empyreumaticas que se obtêem pela distillação das substancias organicas.

PIROJENÉSICO, CA. *adj. (med.)* Pyrogenesico; diz-se do sentido vital commum, que produz, por meio do calor e electricidade organicas vitaes, a combustão espontanea.

PIROJENITA. *f.* *(min.)* Pyrogenita; variedade compacta de diopside ou pyrogeno.

PIRÓJENO. *m.* *(min.)* Pyrogeno; silicato de cal e manganez.

PIROLA. *f.* *(bot.)* Pyrola; genero de plantas da familia das pyrolaceas: — *(zool.)* pyrola; genero de aves da familia das corvideas.

PIROLÁCEAS. *f. pl.* *(bot.)* Pyrolaceas; familia de plantas que têem por typo o genero pyrola.

PIROLATRA. *m.* Pyrolatra; adorador do fogo.

PIROLATRÍA. *f.* Pyrolatria; culto do fogo.

PIROLITA. *f.* *(min.)* Pyrolitha; mineral compacto, de côr violeta escura.

PIROLOJIA. *f.* Pyrologia; tratado do fogo.

PIROLUSITA, PIROLUZITA. *f.* *(min.)* Pyrolusita; peroxydo de manganez.

PIROMANCIA. *f.* Pyromancia; adivinhação pelo fogo. *Divinatio per ignem.*

PIROMÁNTICO, CA. *adj.* Pyromantico; pertencente á pyromancia: — *m.* pyromantico; o que pratica a pyromancia. *Divinator per ignem.*

PIROMARGARATO. *m.* *(chim.)* Pyromargarato; sal formado pela combinação do acido pyromargarico com uma base.

PIROMARGÁRICO, CA. *adj.* *(chim.)* Pyromargarico; nome de um acido que se obtem pela distillação do margarato de baryta.

PIROMECONATO. *m.* *(chim.)* Pyromeconato; sal formado pela combinação do acido pyromeconico com uma base.

PIROMECÓNICO, CA. *adj.* *(chim.)* Pyromeconico; diz-se do acido produzido pela distillação do acido meconico.

PIROMÉRIDE. *f.* *(min.)* Pyromeride; rocha composta de feldspatho e quartzo.

PIROMETRÍA. *f.* Pyrometria; arte de medir as dilatações produzidas pela acção do fogo nos corpos solidos.

PIROMÉTRICO, CA. *adj.* Pyrometrico; pertencente á pyrometria.

PIRÓMETRO. *m.* *(phys.)* Pyrometro; instrumento destinado a medir temperaturas muito elevadas.

PIRÓMIDA. *f.* Pyromida; nome que antigamente davam os egypcios ás estatuas que representavam os ministros do culto.

PIROMORFITA. *f.* *(min.)* Pyromorphita; variedade de phosphato de chumbo, que pela fusão adquire a fôrma crystallina.

PIROMÚCICO, CA. *adj.* *(chim.)* Pyromucico; denominação de um acido que se obtem decompondo o acido mucico pelo fogo.

PIROMUCOSO, SA. *adj.* *(chim.)* Pyromucoso; diz-se de um acido que se obtem submettendo a gomma á acção do calor.

PIRONOMIA. *f.* *(chim. ant.)* Pyronomia; arte de regular e dirigir o fogo nas operações chimicas.

PIRONOTA. *f.* *(zool.)* Pyronota *(dorso de fogo)*; genero de insectos coleopteros pentameros, da familia dos lamellicornes.

PIROPE. *m.* *(zool.)* Pyrope *(cara de fogo)*; genero de insectos hemypteros, da familia dos fulgoridos.

PIRÓPICO, CA. *adj.* *(min.)* Pyropico; diz-se de uma variedade de granada, de formosa côr roxa.

PIROPO. *m.* *(fig.)* Mistura, combinação de termos escolhidos. *Nimium micans fucataque oratio:* — lisonja, galantería, requebro: — *(min.)* piropo. V. *Carbunclo:* — *(zool.)* pyropo; genero de insectos coleopteros, da familia dos curculionidos gonatoceros.

PIRÓPTERO, RA. *adj.* *(zool.)* Pyroptero; diz-se da ave que tem as azas vermelhas.

PIROQUIMIA. *f.* *(chim.)* Pyrochimia; parte da chimica que estuda o fogo.

PIROQUÍMICO, CA. *adj.* *(chim.)* Pyrochimico; pertencente á pyrochimia.

PIROQUINATO. *m.* *(chim.)* Pyroquinato; sal resultante da combinação do acido pyroquinico com uma base.

PIROQUÍNICO, CA. *adj.* *(chim.)* Pyroquinico; diz-se de um acido que se obtem distillando a fogo o acido quinico.

PIRÓSCAFO. *m.* *(naut.)* Pyroscapho; especie de barco a vapor, sem chaminé, usado em alguns paizes da Europa.

PIROSCLERITA. *f.* *(min.)* Pyroschlerita; silicato de alumina e magnesia.

PIROSCOPIA. *f.* *(phys.)* Pyroscopia; arte de medir o poder radiante do calorico.

PIROSCÓPICO, CA. *adj.* *(phys.)* Pyroscopico; pertencente á pyroscopia.

PIRÓSCOPO. *m.* *(phys.)* Pyroscopo; instrumento destinado a medir o calorico radiante.

PIROSEBACATO. *m.* *(chim.)* Pyrosebacato; sal formado pela combinação do acido pyrosebacico com uma base.

PIROSEBÁCICO, CA. *adj.* *(chim.)* Pyrosebacico; denominação de um acido produzido pela acção do acido nitrico sobre a gordura.

PIROSEBATO. *m.* *(chim.)* V. *Pirosebacato.*

PIROSÉBICO, CA. *adj.* *(chim.)* V. *Pirosebácico.*

PIROSIS. *m.* *(med.)* Pyrosis; dôr ardente no estomago.

PIROSMALITA. *f.* *(min.)* Pyrosmalita; variedade de silicato de ferro.

PIROSMARAGDITA. *f.* *(min.)* Pyrosmaragdita; chlorophano verde.

PIROSOFÍA. *f.* *(chim. ant.)* Pyrosophia; sciencia do fogo, entre os alchimistas.

PIROSTÁTICA. *f.* *(phys.)* Pyrostatica; parte da physica que ensina a dispor por ordem os corpos que devem ser submettidos á acção do fogo.

PIROSTEÁRICO, CA. *adj.* *(chim.)* Pyrostearico; que se obtem pela distillação do stearato de cal.

PIROSTEARINA. *f.* *(chim.)* Pyrostearina; nome dado aos oleos pyrogenados, quando se apresentam solidos como a gordura.

PIROSTOMA. *f.* *(bot.)* Pyrostoma *(bôca de fogo)*; genero de plantas da familia das verbenaceas, tribu das lantaneas.

PIROSTRIA. *f.* *(bot.)* Pyrostria;

genero de plantas da familia das rubiaceas.

Pirota. *f.* *(zool.)* Pyrota *(inflammado)*; genero de insectos coleopteros heteromeros, da familia dos trachelydos.

Pirotartárico, ca. *adj.* *(chim.)* V. *Pirotártrico.*

Pirotartrato. *m.* *(chim.)* Pyrotartrato; sal formado pela combinação do acido pyrotartrico com uma base.

Pirotártrico, ca. *adj.* *(chim.)* Pyrotartrico; denominação de um acido que se produz pela distillação do acido tartrico ou do tartrato de potassa.

Pirotecnia. *f.* Pyrotechnia; arte que ensina o uso do fogo, a sua applicação: — *(med.)* cauterisação actual; modo de applicar o fogo nas enfermidades em que é um meio curativo efficaz.

Pirótico, ca. *adj.* *(med.)* Pyrotico; palavra empregada como synonymo de caustico.

Pirotonida. *f.* *(chim.)* Pyrotonida; materia resultante da combustão ao ar livre de materias textis.

Piro-urato. *m.* *(chim.)* Pyrourato; sal resultante da combinação do acido pyro-urico com uma base.

Piro-úrico, ca. *adj.* *(chim.)* Pyro-urico; diz-se do acido produzido pela distillação do acido urico.

Piroxeno. *m.* *(min.)* V. *Pirojeno.*

Piroxílico, ca. *adj.* *(chim.)* Pyroxylico; diz-se do espirito ou ether pyro-acetico, que se obtem pela distillação da madeira.

Pirozoato. *m.* *(chim.)* Pyrozoato; sal formado pela combinação do acido pyrozoico com uma base.

Pirozóico, ca. *adj.* *(chim.)* Pyrozoico; qualificação de um acido que se extrahe dos oleos animaes pyrogenados.

Pirranto. *m.* *(bot.)* V. *Lumnitzera.*

Pirriquio. *m.* Pyrrhichio; pé de verso grego e latino, que consta de duas syllabas breves.

Pirrito. *m.* *(min.)* Pyrrito; substancia mineral de côr alaranjada, que se apresenta em fórma de crystaes regulares.

Pirrócero, ra. *adj.* *(zool.)* Pyrrocero; diz-se do insecto que tem antennas vermelhas.

Pirrócide. *m.* *(zool.)* Pyrrocis; genero de insectos coleopteros heteromeros, da familia dos stenelytros.

Pirrocoma. *f.* *(bot.)* Pyrrocoma *(cabelleira vermelha)*; genero de plantas da familia das compostas.

Pirrocoride. *m.* *(zool.)* V. *Astema.*

Pirrode. *m.* *(zool.)* V. *Carmosino.*

Pirrofano, na. *adj.* *(zool.* e *bot.)* Pyrrophano; que é vermelho por cima e branco por baixo.

Pirrofora, fa. *adj.* *(zool.)* Pyrropho; diz-se da ave, cuja plumagem é vermelha e parda.

Pirrofo, ra. *adj.* *(zool.)* Pyrrophoro; que tem as sobrancelhas vermelhas.

Pirro-gastro, tra. *adj.* *(zool.)* Pyrro-gastro; que tem o ventre vermelho.

Pirroleuco, ca. *adj.* *(zool.* e *bot.)* Pyrroleuco; que é vermelho por cima e branco por baixo.

Pirrónico, ca. *adj.* Pyrrohonico; relativo á doutrina de Pyrrho: — *m.* pyrrhonico; sectario da escola de Pyrrho.

Pirronismo. *m.* Pyrrhonismo; doutrina de Pyrrho, ou systema da duvida e indifferença absolutas: — V. *Escepticismo.*

Pirronista. *adj.* V. *Escéptico.*

Pirronoto, ta. *adj.* *(zool.)* Pyrronoto; diz-se do animal que tem o lombo total ou parcialmente vermelho.

Pirropapo. *m.* *(bot.)* V. *Candrola.*

Pirropecilo. *m.* *(ant. min.)* Pyrropecilo; nome de certo marmore.

Pirroprocto, cta. *adj.* *(zool.)* Pyrroprocto; diz-se do animal que tem o anus vermelho.

Pirróptero, ra. *adj.* *(zool.)* Pyrroptero; que tem as azas vermelhas.

Pirrosa. *f.* *(bot.)* Pyrrhosa; genero de plantas da familia das myristiceas.

Pirrosia. *f.* *(bot.)* V. *Nifobolo.*

Pirrosiderita. *f.* *(min.)* Pyrrosiderita; ferro avermelhado.

Pirrostomo, ma. *adj.* *(zool.)* Pyrrostomo; que tem a bôca avermelhada.

Pirrotrixia. *f.* *(bot.)* V. *Oriosema.*

Pirrulíneas. *f. pl.* *(zool.)* Pyrrhulineas; sub-familia de aves da familia das fringillideas.

Pirueta. *f.* Pirueta. V. *Voltereta:* — *(art.)* pirueta; volta que o cavallo dá passando de mão no galope e apoiando-se nos membros posteriores.

Piruétano. *m.* V. *Peruétano.*

Pisa. *f.* Calca; acção de calcar, de pisar. *Calcatura, calcatus:* — pisadura, calcadura ás patadas. *Conculcatus, us:* — moedura; a porção de azeitona que de uma vez se deita no lagar: — pisa; a porção de uva que de uma vez se expreme no lagar: — *(germ.)* mancebia: — *(art.)* pedal do piano.

Pisada. *f.* Pisada; o acto e effeito de pisar: — pisada, pégada; signal que o pé deixa impresso. *Vestigium, ii:* — V. *Patada. Seguir las pisadas (fr.)*; seguir as pisadas de alguem, imita-lo, seguir em tudo o seu exemplo. *Alicujus vestigiis insistere.*

Pisador. *m.* Lagareiro; o que pisa as uvas. *Calcator, oris:* — *(art.)* cavallo que arregaça ou levanta muito os membros anteriores. *Equus sonipes.*

Pisadura. *f.* V. *Pisada.*

Pisalbo. *m.* *(ant.)* Pedalvo; diz-se do cavallo calçado dos membros posteriores.

Pisante. *m.* *(germ.)* V. *Pié:* — V. *Zapato.*

Pisar. *a.* Pisar; calcar com os pés. *Calcare:* — pisar, calcar, machucar a golpes de pisão ou maço. *Pavire, tundere:* — pisar, tocar, estar perto. *Attingere:* — *(fig.)* pisar, desprezar. *Proterere, despicere:* — *n.* assentar um solho sobre outro já formado. *Tectum tecto insistere:* — gallar; diz-se das aves, especialmente do pombo. *Coire, concumbere:* — *r.* embaraçar-se na roupa quando é muito comprida.

PISASFALTO. *m.* Pisasphalto; asphalto do commercio.

PISAURA. *f. (bot.)* V. *Lopezia.*

PISAUVAS. *m.* Lagareiro; o que pisa as uvas. *Uvarum calcator.*

PISAVERDE. *m. (fam.)* Pisaflores, petimetre, adamado. *Vir otio nimioque corporis cultui editus.*

PISCATOR. *m.* Reportorio, calendario que costuma publicar-se todos os annos. *Calendarium quoddam singulis annis edi solitum.*

PISCATORIA. *f. (poes.)* Piscatoria; egloga em que os interlocutores são pescadores. *Ecloga piscatoria.*

PISCATORIO, RIA. *adj.* Piscatorio; concernente á pesca. *Piscatorius, a, um.*

PISCICEPTOLOJÍA. *f.* Pisciceptologia; tratado da pesca.

PISCIDIA. *f. (bot.)* Piscidia; genero de plantas da familia das leguminosas.

PISCIFORME. *adj.* Pisciforme; que tem a fórma de um peixe.

PISCINA. *f.* Piscina; tanque ou viveiro para peixes que costuma haver nos jardins. *Piscina, œ:* — piscina; sumidouro onde se deita a agua em que se purificam os vasos e toalhas sagradas. *Piscina, œ:* — *(hist.)* piscina; deposito de agua perto de uma mesquita onde os mahometanos se lavam antes da oração: — *probática;* piscina probatica; piscina perto do atrio do templo de Jerusalem onde sé lavavam animaes destinados ao sacrificio. N'esta piscina se fez o milagre do leproso do Evangelho: — lavatorio onde os religiosos lavam as mãos antes de irem para o refeitorio.

PISCINAL. *adj.* Piscinal; que vive nas piscinas.

PISCÍPULA. *f. (bot.)* V. *Piscidia.*

PISCIS. *m. (astr.)* Piscis; signo dos peixes, é o duodecimo do zodiaco.

PISCÍVORO, RA. *adj.* Piscivoro; que vive de peixes: — *m. pl. (zool.)* piscivoros; nome dado a uma familia de mammiferos cetaceos que comprehende os que vivem de peixes.

PISCOLÁBIS. *m. (fam.)* V. *Tente en pié. Tomar o echar un piscolábis (fr.),* tomar uma refeição.

PISIDIO. *m. (zool.)* Pisidio; genero de molluscos conchiferos dymiarios.

PISIFORME. *adj. (anat.)* Pisiforme; que tem a fórma de ervilha.

PISÍFORO, RA. *adj. (bot.)* Pisiforo; que tem sementes similhantes ás ervilhas.

PISITO. *m. (min.)* V. *Cuarzo resinita, Ópalo.*

PISO. *m.* Pisadura; acção e effeito de pisar. *Calcatura, calcatus:* — pavimento de qualquer edificio. *Pavimentum, i:* — piso; solo ou superficie natural ou artificial de qualquer terréno. *Solum, i:* — andar; ordem de casas n'um edificio. *Tectum superiùs:* — aluguer, renda que se paga por qualquer cousa que se disfructa. *Domicilii merces.*

PISON. *m.* Maço; instrumento que serve para calcar a terra, pedras, etc. *Tudes, itis. A pison (loc. adv.);* a golpe de maço. *Ictu tuditis:* — *(art.)* maço, malho; instrumento de differentes fórmas e materias, commum a um grande numero de industrias. *Tudes, itis:* — *(zool.)* pison; genero de insectos hymenopteros da tribu dos crabronios.

PISONEAR. *a.* V. *Apisonar.*

PISONIA. *f. (bot.)* Pissonia; genero de plantas da familia das nictagineas.

PISOTEADURA. *f.* V. *Pisoteo.*

PISOTEAR. *a.* Pisar áos pés repetidamente. *Conculcare.*

PISOTEO. *m.* Acção de pisar aos pés. *Conculcatio, onis.*

PISOTON. *m.* Pisadura; acção de pisar alguem.

PISTA. *f.* Pista, pégada; rasto que deixam os animaes no terreno por onde passam. *Vestigium, ii. Guardar la pista (art.);* marcar bem as pistas; diz-se do cavallo que trabalha com todos os tempos.

PISTACITA. *f. (min.)* V. *Pistazita.*

PISTACHO. *m. (bot.)* V. *Alfónsigo:* — pistachia; frúcto, amendoa da pistachia.

PISTADERO. *m.* Pilão; mão do gral. *Pilum pistillum, utensilia pinsendo apta.*

PISTAJE. *m.* Comida ou bebida com mau gosto e repugnante.

PISTAR. *a.* Pisar; tirar o succo a alguma cousa. *Pinsere:* — *(ant.)* rodar o padecente, tirando-lhe primeiramente os olhos.

PISTAZITA. *f. (min.)* Pistazita; mineral de côr verde.

PISTERO. *m.* Apisteiro; especie de bule, que serve para dar caldo ou outro qualquer liquido aos doentes. *Scaphium, vas rostro instructum.*

PISTIA. *f. (bot.)* Pistia *(liquido);* genero de plantas da familia das aroideas.

PISTILARIO, RIA. *adj. (bot.)* Pistillario; concernente ao pistillo.

PISTILÍFERO, RA. *adj. (bot.)* Pistillifero; que tem um pistillo.

PISTILIFORME. *adj. (bot.)* Pistilliforme; que tem a fôrma de um pistillo.

PISTILIPARO, RA. *adj. (bot.)* Pistilliparo; diz-se da flor cujos orgãos se hão transformado em pistillo.

PISTILO. *m. (bot.)* Pistillo; orgão sexual feminino dos vegetaes, que encerra a sémente. *Pistillum, i.*

PISTO. *m.* Apisto; substancia da gallinha, perdiz, etc., que se administra aos enfermos que não podem comer, para seu alimento. *Avis pulpa pista:*—fritada de pimentos e tomates. *Cibus frixus e siliquastris:* —V. *Ciquitroque. A pistos (loc. adv.);* a pouco e pouco, com escassez e miseria. *Paulatim, minutatim, morullis interjectis.*

PÍSTOLA. *f. (ant.)* V. *Epistola.*

PISTOLA. *f.* Pistola; pequena arma de fogo. *Brevis modi catapulta:* — *(archeol.)* pistola; especie de punhal pequeno que se fabrivava em Pistoia.

PISTOLERA. *f.* Coldre; especie de estojo, no arção da sella, onde se mettem as pistolas. *Igneæ catapultæ minoris capsa.*

PISTOLETAZO. *m.* Pistolaço, pistolada; tiro de pistola: — pistolada; ferida resultante do tiro de pistola. *Igneæ catapultæ minoris jactus.*

Pistolete. *m.* Pistolete; pequena pistola, pistola de algibeira. *Catapulta ignea brevissima.*

Pistomesita. *f.* *(min.)* Pistomesita; carbonato duplo de ferro e de magnesia.

Piston. *m.* *(mech.)* Embolo; cylindro que joga dentro de um corpo de bomba: — espoleta; pequena capsula de polvora fulminante, que pela percussão se inflamma e descarrega as armas de fogo.

Pistonera. *f.* Caixinha onde se guardam as espoletas.

Pistoresa. *f.* Especie de punhal ou adaga. *Sica, æ.*

Pistorinia. *f.* *(bot.)* Pistorinia; genero de plantas da familia das crasulaceas.

Pistraje, Pistraque. *m.* V. *Pistaje.*

Pistura. *f.* *(ant.)* Moedura; acção e effeito de moer. *Pistura, æ.*

Pita. *f.* Pita; fios que se tiram das folhas da piteira: — *(bot.)* pita; planta da America: — pipi; voz com que se chamam as gallinhas.

Pitacala. *m.* *(chim.)* Pitacala; substancia resinosa.

Pitacio. *m.* Rotulo; especie de etiqueta que se usava nas garrafas de vinho para lhe indicar a antiguidade. Era feito de pergaminho banhado em pez.

Pitaco. *m.* Haste que lança a piteira.

Pitafio. *m.* *(ant.)* V. *Epitafio:* — *(germ.)* V. *Jarro.*

Pitagóricamente. *adv. m.* Pythagoricamente; segundo as regras e maximas pythagoricas.

Pitagórico, ca. *adj.* Pythagorico; de Pythagoras. *Pithagoricus, a, um.*

Pitaguá. *m.* *(zool.)* V. *Bentevea.*

Pitango. *m.* *(zool.)* V. *Tirano.*

Pitanza. *f.* Pitança; ração diaria. *Diarium stipendium vel portio:* — *(fam.)* pitança; preço ou estipendio que se dá por qualquer cousa. *Stipendium, ii:* — esmola da missa.

Pitanzería. *f.* Logar onde se distribuem as pitanças. *Locus ubi diaria stipendia distribuuntur:* — distribuição feita por pitanças. *Stipendiorum distributio:* — emprego de pitanceiro. *Munus stipendia quotidie distribuendi.*

Pitanzero. *m.* Pitanceiro; o que cobra e distribue as pitanças. *Diarii stipendii distributor:* — o que em algumas cathedraes tem a seu cargo tomar nota dos que faltam ao côro. *Absentium annotator in choro:* — *(ant.)* pitanceiro, economo; refeitoreiro ou mordomo, nos conventos das ordens militares. *Æconomus in ordinum militarium cœnobiis.*

Pitaña. *f.* V. *Lagaña.*

Pitañoso, sa. *adj.* V. *Lagañoso.*

Pitar. *a.* V. *Pagar:* — distribuir, dar pitanças. *Portiones distribuere, porrigere:* — *n.* apitar, tocar o apito. *Fistula canere:* — *(p. A.)* V. *Fumar.*

Pitarra. *f.* V. *Lagaña.*

Pitarroso, sa. *adj.* V. *Lagañoso.*

Pitavia. *f.* *(bot.)* Pitavia; genero de plantas da familia das zanthoxyleas.

Pitezna. *f.* Tranqueta de ferro usada nos cepos, e que os desarma ao mais leve toque. *Pessuli genus.*

Pítima. *f.* Emplasto confortativo que se põe sobre o peito. *Emplastrum, cordis fatigationi levandæ.*

Pitipíe. *m.* *(math.)* Petipé. V. *Línea.*

Pitiriasis. *f.* *(med.)* Pithiriase; affecção dartrosa da pelle.

Pitirodia. *f.* *(bot.)* Pityrodia *(similhante ao farelo)*; genero de plantas da familia das verbenaceas.

Pitirrear. *n.* *(p. Cub.)* Pedinchar, pedintar; pedir importunamente.

Pitirreo. *m.* *(p. Cub.)* Peditorio; acto e effeito de pedinchar.

Pitis. *m.* *(zool.)* Pithys; genero de aves da ordem dos passaros.

Pitita. *f.* *(min.)* Pittita; mineral que imita a madeira do pinheiro.

Pito. *m.* Apito, assobio. Chama-se assim especialmente o de prata de que usam os contramestres dos navios para mandar as manobras. *Fistula, æ:* — pipia; assobio que deitando-lhe agua e soprando-o por uma extremidade imita o canto e gorgeio dos passaros: — *(p. Murc.)* o casullo de seda aberto por uma extremidade. *Bombycinus folliculus cacumine perforato:* — *(p. Perú* e *Bolivia)* refresco feito de maiz torrado, assucar e varias especiarias dissolvidas em agua para apagar a sêde, e que é muito usado pelos viajantes: — *(fam.)* cigarro. *Cuando pitos flautas, cuando flautas pitos (loc. fam.)*; quando pêgas gallinhas, quando gallinhas pêgas; explica que as cousas costumam acontecer ao contrario do que se desejava ou podia esperar-se. *Res præposterè evenire. No dársele un pito (fr.)*; não tomar nada; não fazer caso de qualquer cousa. *Flocci facere. No tocar pito;* não tomar parte em algum negocio. *Alienum à se esse negotium; minimè ad se attingere. No valer un pito;* não valer uma pitada de tabaco. *Nihili æstimandum esse.*

Pitófilo. *m.* *(zool.)* V. *Pinófilo.*

Pitoflero, ra. *adj.* *(ant.)* Jocoso, chocarreiro: — *m.* musico pouco habil.

Piton. *m.* Corninho; pequeno corno que começa a apparecer ao cordeiro, cabrito, etc. *Novum cornu:* — pimpolho, rebento das arvores. *Pulli, gemma arborum:* — V. *Pitaco:* — *(fig.)* pequena eminencia, tuberosidade. *Tuberculum acutum:* — *(zool.)* python; genero de reptis ophidios.

Pitonia. *f.* *(bot.)* V. *Turneforcia.*

Pitonio. *m.* *(bot.)* Pythonio; genero de plantas da familia das aroideas.

Pitonios. *m. pl.* *(zool.)* Pythonios; familia de reptis ophidios.

Pitonisa. *f.* Pythonissa; saçerdotisa de Apollo no templo de *Delphos*: — pythonisa, encantadora, feiticeira. *Pythonissa, æ.*

PITOSPÓREAS. *f. pl. (bot.)* Pithosporeas; familia de plantas dycotiledoneas polypetalas.

PITOSPORO. *m. (bot.)* Pittosporo; genero de plantas da familia das pittosporeas.

PITREO. *m.* V. *Pitaco.*

PITUITA. *f. (med.)* Pituita; humor crú, especie de flegma aquosa.

PIUQUEN. *m. (zool.)* Piuquen; especie de abetarda do Chili.

PIURIA. *f. (med.)* Piuria; secreção de pus em logar de urina, que se observa nas affecções chronicas da bexiga.

PIVOTANTES. *m. pl.* Pivotantes; nome dado nas Asturias e em Leão ás raizes das arvores que profundam muito perpendicularmente.

PIXIDARIA. *f. (bot.)* V. *Lindaria.*

PÍXIDE. *f.* Pyxide; pequena caixa de madeira ou metal. *Pyxis, dis:* — pyxide; vaso para as particulas consagradas. *Sacra pyxis:* — *nautica*, caixa semi-espherica onde se colloca a agulha de marear: — V. *Brújula.*

PIXINA. *f. (bot.)* V. *Circinaria.*

PIXINIA. *f. (zool.)* Pyxinia; genero de helminthidos parasytas.

PIXIPOMA. *f. (bot.)* Pyxipoma *(tampa de caixa)*; genero de plantas da familia das portulaceas.

PIXOTA. *f. (ant.)* Peixota. V. *Merluza.*

PIZARRA. *f.* Pedra; quadro onde se escrevem as demonstrações e calculos mathematicos. *Abacus, calculatoria tabula:* — *(min.)* ardesa, ardosia; rocha dura de côr parda azulada e outras vezes amarellada, verde ou roxa e de pouco ou nenhum brilho. *Argilla schistus.*

PIZARRAL. *m.* Sitio onde ha ardosia. *Lapicidina lamellarum saxearum.*

PIZARREÑO, ÑA. *adj.* Da natureza da ardosia.

PIZARRERO, RA. *s.* Artista que trabalha em ardosia. *Lamellarum saxearum opifex.*

PIZCA. *f. (fam.)* Sigalho, bocadinho, migalha. *Mica, hilum:* —*(p. Mex.)* colheita do maiz. *Ni pizca ni media (loc. adv. fam.)*; nada absolutamente, nem uma palavra.

PIZCAR. *a. (fam.)* V. *Pellizcar:* — *(p. Mex.)* colher o maiz.

PIZCO. *m. (fam.)* V. *Pellizco.*

PIZCOLABIS. *m. (fam.)* V. *Piscolabis.*

PIZMIENTO, TA. *adj. (ant.)* Negro, enlutado: — desventurado, funesto.

PIZPERETA, PIZPIRETA. *adj.* Espirituosa, de muita vivacidade; diz-se da mulher. *Vivax, acer.*

PIZPERINA. *adj. (fam.)* Experta, folgasã, alegre; diz-se da mulher.

PIZPIRIGAÑA. *f.* Jogo de rapazes que consiste em belliscar suavemente as mãos. *Ludus puerorum, qui manus sibi mutuò vellicant.*

PIZUELO. *m. (ant.)* V. *Pezuelo.*

PLACA. *f.* Placa; antiga moeda hespanhola que valia dez maravedis. *Veteris monetæ genus apud hispanos:* — placa, commenda, venera. *Regiarum ordinum insigne.*

PLACABILIDAD. *f.* Placabilidade; qualidade de ser placavel. *Placabilitas, atis.*

PLACABLE. *adj.* Placavel. V. *Aplacable.*

PLACACION. *f.* V. *Aplacacion.*

PLACADIA. *f. (bot.)* V. *Lecidea.*

PLACAR. *a. (ant.)* V. *Aplacar.*

PLACARTE. *m.* Edital, cartaz que se fixa nas esquinas para avisar o publico de qualquer cousa. *Placitum, decretum.*

PLACATIVO, VA. *adj.* Placavel; que é capaz de applacar. *Placandi capax, placatorius.*

PLACEAR. *a. (ant.)* Publicar, divulgar alguma cousa. *In forum proferre; in vulgus edere:* — vender no mercado comestiveis por miudo.

PLACEL. *m. (ant. naut.)* V. *Placer.*

PLÁCEME. *m.* Parabens, congratulação, felicitação. *Congratulatio, onis.*

PLACEMIENTO. *m. (ant.)* Aprazimento, agrado, prazer.

PLACENTA. *f. (anat.)* Placenta; orgão cellulo-vascular, que estabelece as relações entre a mãe e o filho, durante a vida intra-uterina. *Placenta, æ:* — *(bot.)* placenta; nome dado á parte interior do fructo de algumas plantas, onde se acham as sementes.

PLACENTARIO. *m. (bot.)* Placentario; parte do fructo formado pela reunião de muitas placentas.

PLACENTERAMENTE. *adv. m.* Prazenteiramente, alegremente. *Festivè, jocundè, facetè.*

PLACENTERÍA. *f. (ant.)* V. *Placer.*

PLACENTERO, RA. *adj.* Prazenteiro, alegre, jovial. *Festivus, facetus, jocundus.*

PLACENTINO, NA. *adj.* Placentino; pertencente á cidade de Placencia, natural d'esta cidade. *Placentinus, a, um.*

PLACENTORIO, RIA. *adj. (ant.)* V. *Placentero.*

PLACER. *imp.* e *def.* Prazer, agradar, dar gosto. *Placere:* — *m.* prazer; sensação agradavel transmittida pelos nervos a todas as partes do corpo: — prazer, gosto, contentamento. *Voluptas, gaudium, exultatio:* — aprazimento, vontade, consentimento, beneplacito. *Consensus, venia:* — *pl.* pescarias de perolas nas Indias Occidentaes; areias onde se encontra oiro, minas de metaes preciosos, etc. *A placer (loc. adv.)*; com prazer, com todo o gosto. *Commodè, aptissimè, placidè:* — *(p. Ar.)* V. *Despacio. Que me place (fr.)*; assim me apraz. *Volupe est. Aplaceres accelerados, dones acrecentados (rif.)*; as boas noticias devem ser bem recompensadas. *Faustis nuntiis larga dona. Gran placer, no escutar y comer;* grande prazer é não escutar e comer. *Gratissimum, absque sumptu, epulum. Los placeres son por onzas y los males por arrobas;* o mal entra ás braçadas e sáe ás pollegadas. *Gaudium transit, dolor infigitur:* — *(naut.)* banco de areia ou pedra, no fundo do mar, bastante extenso e igual.

PLACERAMENTE. *adv. m. (ant.)*

Praceiramente; publicamente, ás claras.

Placibilidad. *f. (ant.)* Aprazibilidade; a qualidade de aprazivel.

Placible. *adj.* Aprazivel, agradavel. *Placidus, placens.*

Placiblemente. *adv. m. (ant.)* V. *Apaziblemente:*—aprazivelmente, agradavelmente.

Placidamente. *adv. m.* Placidamente, socegadamente. *Tranquillè, placidè, leniter.*

Placidísimo, ma. *adj. sup.* de *Plácido.* Placidissimo. *Valdè placidus.*

Plácido, da. *adj.* Placido, quieto, socegado. *Placidus, a, um:* — grato, aprazivel.

Placiente. *adj.* Aprazivel, agradavel. *Placens, placidus.*

Placimiento. *m. (ant.)* V. *Agrado.*

Placio. *m. (ant.)* V. *Plazo.*

Placode. *m. (zool.)* Placodes *(superficie plana)*; genero de insectos coleopteros pentameros da familia dos clavicornes.

Placodia. *f. (bot.)* Placodia; genero de plantas cryptogammicas da familia dos lichens.

Placodina. *f. (min.)* Placodina; subarseniureto de nickel.

Pláctano. *m. (ant. bot.)* V. *Plátano.*

Plafon. *m. (archit.)* Plano inferior do resalto da corôa de uma cornija. *Lacunar, laquear.*

Plaga. *f.* Praga; calamidade que faz grande estrago; *v. g.:* a praga dos gafanhotos, dos mosquitos, da fome, da peste, etc. *Malum, calamitas, clades:*—praga, prejuizo, doença. *Pernicies, noxa:* — *(fig.)* praga, infortunio, contratempo. *Molestia, infortunium, damnum:* — praga; abundancia de alguma cousa nociva. Tambem se costuma dizer das que o não são; *v. g.: plaga de melones, de peras;* praga de melões, etc. *Innumerabilis copia vel immensa vis:* — *(ant.)* V. *Llaga:* — charla; palavreado que empregam alguns pobres para pedir esmola: — plaga, clima, região: — *(naut.)* plaga; os quatro pontos cardinaes em que se divide o horisonte. *Circuli horisontalis æquales partes, plagæ.*

Plagado, da. *adj. (fig.)* Cheio de defeitos: — *(ant.)* V. *Herido, Castigado.*

Plagar. *a.* Encher, cobrir de alguma cousa nociva; *v. g.: plagar de piojos;* encher de piolhos. Usa-se tambem como reciproco. *Implere, obruere hoc vel illo morbo vel malo:* — *(ant.)* V. *Llagar.*

Plager. *n. (ant.)* V. *Agradar:* —V. *Adular.*

Plagiario, ria. *s.* V. *Plajiario.*

Plagio. *m.* V. *Plajio.*

Plagoso, sa. *adj. (ant.)* Chaguento; que produz chagas. *Plagas inferens.*

Plaguear. *a.* e *n.* Pedir esmola, empregando muito palavreado.

Plaid. *m.* Plaido; grande capa usada pelos montanhezes da Escocia.

Plajianto. *m. (bot.)* Plagiantho *(flor obliqua)*; genero de plantas da familia das sterculiaceas.

Plajiar. *a.* Plagiar; usar como seus dos pensamentos alheios, em materia de litteratura.

Plajiario, ria. *s.* Plagiario; entre os antigos romanos, o que vendia homens livres como se fossem escravos. *Plagiarius, ii:* — *(fig.)* plagiario; o que usa de pensamentos ou expressões alheias como suas e sem as referir ao seu auctor. *Plagiarius, ii.*

Plajiedro, dra. *adj. (min.)* Plagiedro; diz-se dos crystaes que têem uma face desigualmente inclinada sobre os angulos do prisma de seis faces.

Plajimiono, na. *adj. (zool.)* Plagimiono; que tem duas impressões musculares.

Plajio. *m.* Plagio; entre os antigos romanos o furto de filhos ou servos alheios para os vender como escravos: — *(fig.)* plagio; o attribuir-se pensamentos, expressões, ou parte das obras litterarias de algum auctor. *Litterarium furtum:* — *(bot.)* plagio *(obliquo)*; genero de plantas da familia das compostas.

Plajiobásico, ca. *adj. (min.)* Plagiobasico; diz-se dos systemas de crystallisação, cujas coordenadas são obliquas.

Plajiobótride. *m. (bot.)* Plagiobotrys *(racimo obliquo)*; genero de plantas da familia das asperifoliadas.

Plajiófilo. *m. (bot.)* V. *Centradenia.*

Plajiogono. *m. (zool.)* Plagiogono *(angulo obliquo)*; genero de insectos coleopteros da familia dos lamellicornes.

Plajiolobio. *f. (bot.)* Plagiolobio *(vagem obliqua)*; genero de plantas da familia das leguminosas.

Plajionita. *f. (min.)* Plagionita; variedade de sulphureto de chumbo e de antimonio.

Plajionoto. *m. (zool.)* Plagionoto *(espadua obliqua)*; genero de insectos coleopteros subpentameros da familia dos longicornes.

Plajiópodo, da. *adj. (bot.)* Plagiopodo; que tem o pé ou pediculo obliquo ou arqueado.

Plajiorombífero, ra. *adj. (min.)* Plagiorhombifero; que reune as faces do plagiedro e do rhomboide.

Plajioxeilo. *m. (bot.)* Plagiocheilo *(labio obliquo)*; genero de plantas da familia das compostas.

Plajioxila. *f. (bot.)* Plagiochila *(labio obliquo)*; genero de plantas da familia das hepaticas.

Plajiuro, ra. *adj. (zool.)* Plagiuro; que tem a cauda horisontal ou deprimida: — *m. pl.* plagiuros; familia de cetaceos.

Plan. *m.* V. *Plano:* —V. *Estatuto:* — plano; conjuncto de meios organisados para qualquer fim: — plano; extracto ou escripto em que se apontam as cousas principaes. *Breviarium, synopsis:*—plano, systema, methodo: — plano; programma que contém a descripção de alguma cousa. *De-*

scriptio: — plano, carta, mappa que apresenta e descreve posições, etc. *Delineatio, ichnographia:* — *(naut.)* a parte mais larga do porão. *Trabes carinæ insistentes, navisque fundamentum.*

Plana. *f.* Pagina, plana; a face de uma folha de papel impresso ou manuscripto. *Pagina, æ:* — plana; pagina escripta pelos rapazes na escola para aprenderem. *Pagina a pueris descripta. A plana renglon (fr.);* fielmente trasladado, sem falta de uma virgula: *(fig.)* ao pintar, a proposito. *Adamussim. Cerrar la plana;* concluir, finalisar qualquer cousa *Alicui rei finem imponere. Correjir o emendar la plana;* corrigir, advertir alguem. *Animadvertere, castigare. Enmendar la plana;* sobresaír a outrem, excedelo em qualquer cousa. *Rem præstantius exequi:* — *(art.)* V. *Paleta, Llana:* — *mayor (mil.);* primeira plana; estado maior de um regimento.

Planada. *f.* V. *Llanada.*

Planador. *m.* Brunidor; o que aplaina e brune as laminas para gravar. *Sculpendæ aut cœlendæ laminæ politor:* — official de martello; o que com o martello caldeia as peças de prata. *Argentarius malleator.*

Planaria. *f.* *(zool.)* Planaria *(aplanado);* genero de helminthidos.

Planarios. *m. pl.* *(zool.)* Planarios; familia de helminthidos que têem por typo o genero planaria.

Planáxide. *m.* *(zool.)* Planaxis *(eixo plano);* genero de molluscos gasteropodas pectinibranchios, da familia dos paludineos.

Planco. *m.* V. *Planga.*

Planitano. *m.* *(ant.)* V. *Plátano.*

Plancha. *f.* Planchá, prancha, lamina, folha larga de metal. *Lamina, æ:* — ferro de engommar. *Ærea lamina ad lintea perpolienda:* — *(naut.)* prancha; tábua que serve de ponte da prôa das embarcações á praia. *Estar a la plancha (fr.);* estar crenando a embarcação: — *de viento;* prancha; armadura que fazem os calafates e carpinteiros para trabalhar no costado dos navios. *Pegma, tabulata. Tomar la plancha;* entrar no bote, no escaler, etc.: — *de Lotteri (med.);* prancha de Lotteri; machina destinada a sustar a hemorrhagia da arteria intercostal: — *(art.)* buchete; instrumento de sapateiro para brunir os saltos das botas.

Planchada. *f.* Planchada; chapa de chumbo com que se cobre o ouvido da peça: — estrado que serve para igualar a coberta, e assestar com igualdade a artilheria. *Contabulatio, onis.*

Planchar. *a.* V. *Aplanchar.*

Planchear. *a.* Chapear; cobrir alguma cousa com folhas ou laminas de metal. *Laminis vestire, tegere.*

Plancheta. *f.* Plancheta; instrumento de mathematica que serve para medir distancias ou alturas e levantar plantas. *Instrumentum quodam geometricum.*

Planchete. *m.* *(ant.)* V. *Blanchete. Echarla de planchete (fr.);* fazer de valente, ser valente, ser fanfarrão.

Planchica, lla, ta. *f. dim.* de *Plancha.* Pranchinha.

Planchin. *m.* *(art.)* Ferro para abas, instrumento de chapeleiro.

Planchon, *m. augm.* de *Plancha.* Pranchão.

Planchuela. *f. dim.* de *Plancha.* Plancheta, prancheta: — *(art.)* chapa de fechos; peça principal em que jogam os fechos das armas de fogo: — *(naut.)* chapa de ferro, com differentes usos, na construcção: — *de roda.* V. *Correa:* — *(med.)* prancheta; mecha de fios chata, para curar feridas.

Planera. *f.* *(bot.)* Planera; genero de plantas da familia das ulmaceas.

Planeta. *f.* Planeta; especie de casula sacerdotal: — *m.* *(astr.)* planeta; nome dado aos corpos celestes que giram constantemente em torno do sol. *Planeta, æ:* — *(germ.)* V. *Candela:* — *(zool.)* planetes *(errante);* genero de insectos coleopteros pentameros, da familia dos carabicos.

Planetario, ria. *adj.* *(astr.)* Planetario; que diz respeito aos planetas. *Planeticus, ad planetas pertinens:* — *m.* planetario; astronomo que observa os planetas: — planetario; instrumento que com muitos movimentos complicados representa as revoluções dos planêtas.

Planetista. *m.* *(ant.)* Planetista; nome dado ao que pretendia conhecer a influencia dos planetas.

Planetolabio. *m.* *(astr.)* Planetolabio; instrumento empregado pelos astronomos antigos para medir o curso dos planetas.

Planga. *f.* *(zool.)* Planga; especie de aguia.

Planger. *n.* *(ant.)* V. *Plañir.*

Planicaude. *adj.* *(zool.)* Planicaude; diz-se do animal que tem a cauda achatada.

Planicie. *f.* V. *Llano, Llanura.*

Planicorne. *adj.* *(zool.)* Planicorne; diz-se do animal que tem os cornos achatados.

Planidad. *f.* *(ant.)* V. *Estension.*

Planidentado, da. *adj.* *(zool.)* Planidentado; diz-se do animal que tem os dentes achatados.

Planifloro, ra. *adj.* *(bot.)* Planifloro; diz-se da planta que tem flores planas.

Planifoliado, da. *adj.* *(bot.)* Planifoliado; diz-se da planta que tem folhas planas.

Planiformes. *m. pl.* V. *Omálidos.*

Planimetría. *f.* *(math.)* Planimetria; arte de medir as superficies planas.

Planimétrico, ca. *adj.* *(math.)* Planimetrico; relativo á planimetria.

Planipedia. *f.* Planipedia; especie de comedia de pouca importancia, que usavam os antigos.

Planipennos. *m. pl.* *(zool.)* Planipennos; familia de insectos da ordem dos nevropteros.

Planirostros. *m. pl. (zool.)* Planirostros; familia de aves da ordem dos passaros.

Planisferio. *m.* Planispherio; descripção geographica ou mappa universal dos dois hemispherios da terra, feita em plano e reduzida a dois circulos que os representam. *Planisphærium, ii:* — *celeste;* planispherio celeste; projecção da esphera celeste sobre um plano com a situação respectiva das estrellas e suas constellações.

Plano, na. *adj.* Plano, liso, desembaraçado, sem estorvo. *Planus, a, um:* — *m.* plano, planta, desenho, descripção de uma praça, cidade, etc. *Delineatio, ichnographia:* — plano, desenho, modelo de qualquer obra: — *(ant.)* plano. *Caer de plano (fr.);* caír em cheio, estender-se. *Plenè, prorsus cadere. Confesar de plano.* V. *Confesar. Dar de plano;* dar com a parte mais larga de qualquer instrumento cortante ou com a mão aberta. *Extensa manu aut plana ensis parte ferire. De plano;* de plano, chãmente, claramente. *Apertè, liquidè, manifestè:* — *(anat.)* plano; nome com que se designam as superficies entre as quaes se considera comprehendido o corpo animal. *Huesos planos;* ossos chatos; aquelles em que o comprimento e largura são proximamente iguaes: — *adj. (phys.)* plano; diz-se dos espelhos e lentes, em cuja superficie se póde applicar em todos os sentidos uma linha recta: — *(math.)* plano; superficie sobre a qual se póde applicar em todos os sentidos uma linha recta: — *inclinado (mech.);* plano inclinado; plano que forma um angulo obliquo com o horisonte. *Planum inclinatum.*

Planode. *m. (zool.)* Planodes *(errante);* genero de insectos coleopteros subpentameros da familia dos longicornes.

Planometría. *f. (math.)* Planimetria; parte da geometria que ensina a medir as superficies planas. *Planimetria, æ.*

Planométrico, ca. *adj. (math.)* Planimetrico; pertencente á planimetria.

Planómetro. *m. (math.)* Planometro; instrumento proprio para medir as superficies planas.

Planórbide. *m. (zool.)* Planorbis *(orbe plano);* genero de molluscos gasteropodas, da familia dos lymneos.

Planta. *f.* Planta; a parte inferior do pé que sustenta o corpo. *Planta, æ:* — planta; nome generico dos vegetaes: — planta; arvore ou hortaliça que se dispõe n'uma parte para se transplantar para outra. *Plantarium, i:* — plantação; acto de plantar. *Plantatio, onis:* — V. *Plantío:* — planta, plano, desenho ou traça feita para se executar qualquer obra. *Delineatio, onis:* — planta; o pé e sua posição. *Pedum positio:* — plano, projecto; disposição adoptada para assegurar o bom exito de algum negocio ou pretensão. *Prævia dispositio:* — bravata, fanfarronada. *Inanis virtutis jactatio:* — *mayor.* V. *Arbol. Afirmar las plantas (fr.);* firmar-se bem na sua opinião. *Obfirmare sententiam; opinionem mordicùs tenere. De planta;* de novo, desde os alicerces. *A fundamentis. Planta muchas vezes traspuesta, ni crece ni medra (rif.);* planta muitas vezes transplantada, nem cresce nem medra; quem muito escolhe pouco acerta. *Cœlum non animum mutant qui trans mare currunt:* — *(anat.)* V. *Cara plantar del pie:* — *(archit.)* planta; a figura traçada no terreno pelos alicerces de um edificio. *Vestigium ædificii:* — *(bot.)* planta; corpo organisado, immovel e preso ao solo por meio de raizes.

Plantacion. *f.* Plantação; acção de plantar. *Plantatio, nis:* — V. *Plantel, Plantío:* — *(p. A.);* colonia; estabelecimento de novos povoadores que arroteam a terra para cultura do tabaco, canna de assucar, etc.

Plantador, ra. *s.* Plantador; o que planta. *Qui plantat:* — *m.* plantador; sacho pequeno de que usam os hortelões para plantar. *Sarculum, i:* — *(p. Ar.)* plantador, colono: — *(germ.)* V. *Sepulturero.*

Plantaina. *f. (ant.)* V. *Llanten.*

Plantaje. *m.* Conjuncto de plantas. *Plántarium, ii:* — *(p. Mur.)* V. *Llanten.*

Plantajíneas. *f. pl. (bot.)* Plantagineas; familia de plantas dicotyledoneas.

Plantajinela. *f. (bot.)* V. *Limosela.*

Plantamiento. *m. (ant.)* V. *Plantío.*

Plantanal. *m.* V. *Platanal.*

Plántano. *m.* V. *Plátano.*

Plantar. *a.* Plantar; metter na terra plantas, sementes para vegetarem. *Plantare:* — *(fig.)* plantar; fincar em terra a prumo alguma cousa. *Ponere, statuere, erigere:* — plantar; assentar alguma cousa no logar que deve occupar. *Statuere:* — collocar, introduzir alguem em alguma parte. *Collocare:* — concluir, acabar, executar o plano ou idéa formada. *Perficere, exequi:* — plantar, fundar, estabelecer, a fé, a religião, etc. *Statuere, inferre:* — *(fig. fam.)* enganar, burlar. *Spem fallere:* — *(germ.)* V. *Enterrar:* — *r.* plantar-se; conservar-se a pé firme, occupando algum logar. *Pedibus aptè stare:* — apresentar-se em qualquer parte em menos tempo, com mais brevidade do que esperava. *Adventare:* — pegar-se; parar qualquer animal n'um sitio custando muito o faze-lo saír d'ali. *Se obstinatè sistere:* — ficar-se; em alguns jogos de cartas não querer mais das que se têem. *In chartarum ludo suis contentum esse:* — *adj. (anat.)* plantar; pertencente á planta do pé.

Plantario. *m.* Viveiro; logar onde se criam e tratam certas plantas até á epocha conveniente de serem transplantadas para os sitios onde devem ficar. *Plantarium, ii.*

Plantear. *a.* Delinear, traçar a planta de um edificio, etc. *Excogitare, præmeditari, prima lineamenta ducere:* — especular com alguma industria ou invenção que ainda não é conhecida: — apresentar as difficuldades, as questões com todos os seus accessorios para serem resolvidas: — *n. (ant.)* prantear, chorar, lamentar. Usa-se tambem como verbo activo.

Plantel *m.* V. *Criadero.*

Plantía. *f. (ant.)* V. *Plantío.*

Plantífero, ra. *adj. (poes.)* Plantifero; que cria ou produz plantas.

Plantificacion. *f.* V. *Plantacion, Planta,* na quinta accepção.

Plantificar. *a.* V. *Plantar,* na sua quinta accepção: — *bofetadas, cozes, etc. (fr. fam.);* distribuir, dar bofetadas, couces, etc. *Impingere.*

Plantilla. *f.* Palmilha; tira de cordovão, etc., sobre que se forma o sapato ou bota. *Prima et levis solea:* — palmilha; concerto que se faz á parte inferior dos pés das meias quando estão rotas. *Caligæ lintea solea:* — chapa ou peça a que estão seguras todas as outras dos fechos das armas de fogo. *Catapultæ igueæ fulcrum:*— especie de regua de canteiro. *Norma, æ:*—plano reduzido por uma escala proporcional. *Brevissima delineatio.*

Plantillar. *a.* Palmilhar; deitar palmilhas no calçado ou nas meias. *Soleas assuere.*

Plantío, ía. *adj.* Plantado, cultivado. *Plantis consitus ager; olivetum; pinetum; vinetum:* —*m.* plantio; acção de plantar. *Plantatio, satio:* — plantio; logar onde se planta e cria grande quantidade de arvores. *Ager arboribus consitus.*

Plantista. *m.* Fanfarrão; aquelle que apregoa valentias. *Ostentator, jactator inanis virtutis:*— arboricultor; aquelle que é empregado em plantar e crear arvores. *Qui hortorum plantaria curat.*

Planti-sub-falanjiano, na. *adj. (anat.)* Planti-sub-phalangiano; denominação dos musculos lombricaes do pé.

Plantisugos. *m. pl. (zool.)* Plantisugos; familia de insectos da ordem dos hemypteros.

Planti-tendino-falanjiano, na. *adj. (anat.)* Planti-tendino-phalangiano; epitheto applicado aos musculos lombricaes.

Plantívoro, ra. *adj.* V. *Herbívoro.*

Planto. *m. (ant.)* Pranto, lamentação, gemidos.

Planton. *m.* Arvoresinha ou pimpolho que serve para transplantar. *Stolo, pullus arboris. Dar un planton;* fazer esperar debalde. *Estar en o de planton (fig.);* estar de plantão, estar parado muito tempo. *Statarium permanere:* — *(mil.)* soldado que por castigo está muito tempo de guarda em qualquer posto. *Miles stationi ob culpam damnatus:* — soldado ou ordenança destinado a fazer interinamente o officio de porteiro em alguma casa, repartição ou dependencia militar. *Miles ostiarii munere fungens.*

Plantosa. *f. (germ.)* Taça, copo, vaso para beber.

Planudo, da. *adj. (naut.)* Chato; diz-se da embarcação que póde navegar em pouca agua. *Planus, a, um.*

Planularia. *f. (zool.)* Planularia; genero de molluscos, composto de varias especies.

Planura. *f. (ant.)* Planura. V. *Llanura.*

Plañemiento. *m. (ant.)* V. *Llanto.*

Plañidero, ra. *adj.* Pranteador, carpidor: — *f. (ant.)* carpideira, pranteadeira; mulher que por dinheiro acompanhava os enterros chorando. *Præfica, æ.*

Plañido. *m.* Pranto, carpido gemido. *Planctus, us.*

Plañir. *a. (ant.)* Carpir, chorar, lamentar: — prantear, chorar gemendo, lastimar. *Plangere.*

Plaqué. *m.* Casquinha; folha delgada de metal precioso que cobre certas peças de metal ordinario.

Plaquin. *m. (ant.)* Especie de cota de armas de mangas largas. *Armaturæ genus.*

Plasma. *f. (min.)* Plasma; variedade de agatha verde.

Plasmador. *m.* Plasmador; o que plasma. *Creator, plasmator, formator.*

Plasmar. *a.* Plasmar; formar, modelar em gesso, barro ou terra. *Plasmare.*

Plasmo. *m.* Typo, modelo.

Plaso. *m. (bot.)* V. *Butea.*

Plasta. *f.* Plasta; molle como massa, etc. *Plasma, massa:* —*(fig. fam.)* cousa feita sem ordem nem methodo. *Rudis indigestaque moles.*

Plaste. *m.* Massa plastica; a que é feita de gesso e colla. *Massa plastica.*

Plastecer. *a.* Plastecer; cobrir, tapar com massa plastica. *Massa plastica, explere obturare.*

Plastecido. *m.* Plastecido; acção e effeito de plastecer. *Plasticæ massæ inductio.*

Plástica. *f.* Plastica; arte de plasmar ou formar cousas de barro. *Plastice, ars figlina.*

Plástico, ca. *adj.* Plastico; que pertence á plastica. *Ad plasticem pertinens, plasticum:* — *(physiol.)* plastico; nome com que ás vezes se designa a força generatriz dos corpos organisados.

Plastodinamia. *f.* Plastodynamia; força creadora que constitue e desenvolve os orgãos.

Plastólogo. *m. (zool.)* Plastologo *(perfido);* genero de insectos coleopteros tetrameros da familia dos curculionidos.

Plata. *f. (min.)* Prata; metal branco e brilhante mais duro e menos ductil que o oiro. *Argentum, i:* — prata; a baixella e moveis d'este metal. *Argentum, i:* — *(p. Ar.)* V. *Dinero:* — *labrada;* prata lavrada; a que se usa nos serviços das casas, igrejas, etc.: — *quebrada (loc. fig.);* prata quebrada; cousa que nunca perde o seu valor e digna de estima. *Quidquid etiam dirutum et dilaceratum, in pretio est:* — prata quebrada; tudo aquillo que sem causar gravame tem em todo o tempo valor e utilidade. *Res quocumque tempore utilis. Como una plata (loc. adv.)*; como a prata; muito limpo e formoso. *Nitidè, venustè. En plata;* brevemente, sem rodeios. *Brevissimo apertoque sermone:* em substancia, em resumo. *Summatim. Valer mucha plata (fr.)*; valer muito dinheiro; ter grande valor, grande merecimento: — *(bras.)* prata; um dos metaes usados no brasão; equivale á côr branca. *Argentum, i:* — *(mil. ant.)* pratas; peças da armadura antiga.

PLATAFORMA. *f. (fam.)* Plataforma, apparencia. *Por plataforma (loc. adv. fam.)*; por condescendencia: — *(art.)* plataforma; machina que serve para montar differentes apparelhos. *Machina multis artificiis instruendis:* — *(mil.)* plataforma; obra construida de terra ou de madeira, sobre a qual se montam baterias de artilheria. *Machinarius agger.*

PLATÁGONO. *m.* Platagono; instrumento grego de percussão.

PLATANAL, PLATANAR. *m.* Platanal; sitio plantado de platanos. *Platanon; locus platanis consitus.*

PLATANARIA. *f. (bot.)* V. *Esparganio.*

PLATÁNEAS. *f. pl. (bot.)* Plataneas; familia de plantas do grupo das amentaceas.

PLÁTANO. *m. (bot.)* Platano *(largo)*; genero de plantas da familia das plataneas, e da monœcia polyandria do systema sexual de Linneo: — platano; o fructo da planta do mesmo nome: — *(zool.)* platano; nome de um peixe.

PLATANOCÉFALO. *m. (bot.)* V. *Cefalanto.*

PLATANÓIDEO, DEA. *adj. (bot.)* Platanoideo; similhante ao platano.

PLATANTERA. *f. (bot.)* Platanthera; genero de plantas da familia das orchideas.

PLATAZO. *m. aug.* de *Plato.*

PLATEA. *f.* V. *Patio*, nos theatros: — *(bot.)* platea; genero de plantas da familia das olacineas.

PLATEADO, DA. *adj.* Prateado; que tem a côr da prata. *Argentatus, a, um.*

PLATEADOR. *m.* Prateador; o que pratea alguma cousa. *Qui æs, ferrum, stagnum, cœte, argento tegit.*

PLATEADURA. *f.* Prateado; acção de applicar a prata sobre alguma cousa, ou a mesma prata empregada n'esta operação. *Argento tegendi actio, aut ipsum argentum quo tegitur.*

PLATEAR. *a.* Pratear; cobrir com folha de prata, dar a côr de prata. *Argento tegere.*

PLATEL. *m. (ant.)* Pratel; prato pequeno.

PLATERESCO, CA. *adj.* Lavrado; diz-se dos ornatos de phantasia e capricho, que algumas vezes se empregam em architectura, contra as regras da arte. *Inordinatus, præposterus ornatus in architectonicis.*

PLATERÍA. *f.* Prateria ou ourivesaria de prata; arte e officio de prateiro. *Argentaria ars:* — ruas onde os prateiros têem as suas lojas. *Via argentaria, vicus argentarius:* — prateria ou ourivesaria de prata; loja onde os prateiros trabalham e põem á venda as suas obras.

PLATERO. *m.* Prateiro; ourives que faz obras de prata. *Argentarius, cœlator vel artifex:* — *de oro.* V. *Orifice.*

PLATIBLEMA. *f. (zool.)* Platyblemma *(rosto largo)*; genero de insectos orthopteros, da familia dos gryllideos.

PLÁTICA. *f.* Pratica; conversação familiar. *Colloquium, sermo:* — *(ant.)* V. *Practica. De plática en plática (loc. adv.)* V. *De palabra en palabra. Echar la plática a otra parte (fr.)*; mudar de conversação. *Sermonem aliò vertere, deflectere:* — *(rel.)* pratica; pequeno discurso, exhortação feita pelos prégadores, prelados, etc., aos fieis. *Concio, onis.*

PLATICABLE. *adj. (ant.)* V. *Practicable.*

PLATICAPNO. *m. (bot.)* Platycapnos; genero de plantas da familia das papaveraceas.

PLATICAR. *a.* Praticar; conversar familiarmente. *Colloqui; sermones conferre:* — *(ant.)* V. *Practicar.*

PLATICARFA. *f. (bot.)* Platycarpha *(palha larga)*; genero de plantas da familia das compostas.

PLATICARPO. *m. (bot.)* Platycarpum *(fructo largo)*; genero de plantas da familia das bignoniaceas.

PLATICÉFALO. *m. (zool.)* Platycephalo *(cabeça larga)*; genero de peixes acanthopterygios.

PLATICERO. *m. (bot.)* Platycero *(antenna larga)*; genero de insectos coleopteros pentameros, da familia dos lamellicornes.

PLÁTICO, CA. *adj. (ant.)* V. *Practico.*

PLATICO. *m.* Guisado composto de carne e hervas picadas. *Cibus ex carne herbisque:* — propina; prato extraordinario que as communidades têem em dias festivos. *Ferculum extra ordinem.*

PLATICOPE. *m. (zool.)* Platycopes *(ramo largo)*; genero de insectos coleopteros tetrameros, da familia dos curculionidos.

PLATICRANIA. *f. (zool.)* Platycrania *(craneo largo)*; genero de insectos orthopteros, da familia dos phasmios.

PLATICRÁTERO. *m. (bot.)* Platycrater; genero de plantas da familia das saxifragaceas.

PLATICRÉPIDE. *m. (zool.)* Platycrepis; genero de insectos coleopteros heteromeros, da familia dos taxicornes.

PLATIDERO. *m. (zool.)* Platydero; genero de insectos hymenopteros, da familia dos proctotrupidos.

PLATIFICAR. *a.* Pratear; converter em prata, dar a apparencia da prata. *Argentum efficere.*

PLATIGLOSATO, PLATIGLOSOSO. *adj. (zool.)* Platyglosso; que tem a lingua larga.

PLATIGONIO. *m. (zool.)* Platygonio; genero de insectos coleopteros pentameros, da familia dos brachelytros.

PLATIJA. *f. (zool.)* Platessa; genero de peixes malacopterygios, da familia dos pleuronectos.

Platijenia. *f. (zool.)* Platygenia; genero de insectos coleopteros pentameros, da familia dos lamellicornes.

Platilépide. *m. (bot.)* Platylepis; genero de plantas da familia das orchideas.

Platilobio. *m. (bot.)* Platylobio; genero de plantas da familia das leguminosas.

Platilobulado, da. *adj. (bot.)* Platylobulado; que tem lobulos ou segmentos largos.

Platilomo, ma. *adj. (bot.)* Platylombo; que tem as folhas com uma orla larga.

Platillo. *m.* Prato; instrumento de metal usado nas musicas, especialmente nas militares. *Organum quoddam musicum:* — prato; peça que faz parte da balança:—*(fig.)* murmuração. *Detractio, obtetratio. Hacer platillo (fr.);* fazer pratinho; murmurar, entreter-se com a vida particular de alguem. *Fabulam facere; de aliquo fabulari. Hacer platillos (p. Mex.)* V. *Hacer platillo.*

Platimero. *m. (zool.)* Platymero; genero de insectos coleopteros tetrameros, da familia dos curculionidos.

Platimiscio. *m. (bot.)* Platymiscio; genero de plantas leguminosas papilionaceas.

Platina. *f.* Platina; ornato exterior de metal, que se usa nas caixas das carruagens: — *(art.)* platina; lamina do recipiente da machina pneumatica: — *(min.)* V. *Platino:* — *(zool.)* platyna; genero de insectos dipteros da familia dos notacanthos.

Platinema. *f. (bot.)* Platynema; genero de plantas da familia das malpighiaceas.

Platineuro, ra. *adj. (bot.)* Platyneuro; que tem nervuras largas.

Platínidos. *m. pl. (min.)* Platinidos; familia de mineraes que comprehende a platina e suas combinações.

Platinífero, ra. *adj. (min.)* Platinifero; diz-se do mineral que contém platina.

Platino. *m. (min.)* Platina; corpo simples metallico, de côr branca, muito parecido com a prata: — *(zool.)* platyno; genero de insectos coleopteros pentameros, da familia dos carabicos.

Platinóptera. *f. (zool.)* Platynoptera; genero de insectos coleopteros tetrameros, da familia dos malacodermes.

Platioftalmo. *m. (min.)* Platyophtalmo; especie de pedra preciosa.

Platiolmo. *m. (zool.)* Platyholmo; genero de insectos coleopteros heteromeros, da familia dos melasomos.

Platiomo. *m. (zool.)* Platyomo; genero de insectos coleopteros tetrameros, da familia dos curculionidos.

Platipalpo. *m. (zool.)* Platypalpo; genero de insectos dipteros, da familia dos tanystomos.

Platípedo, da. *adj. (bot.)* Platypedo; que tem o pé ou tronco dilatado na base.

Platipeza. *f. (zool.)* Platypeza; genero de insectos dipteros, da familia dos athericeros.

Platípodo, da. *adj. (zool.)* Platypoda; que tem os pés largos:—*m. pl.* platipodas; divisão ornithologica proposta por alguns naturalistas.

Platíptero. *m. (zool.)* Platyptero; genero de insectos coleopteros pentameros, da familia dos carabicos.

Platirino. *m. (zool.)* Platyrhino; genero de insectos coleopteros tetrameros, da familia dos curculionidos.

Platirostro, tra. *adj. (zool.)* Platyrostro; que tem o bico ou focinho largo: — *m. pl.* platyrostros; familia de aves da ordem dos passaros.

Platiscélide. *m. (zool.)* Platyscelis; genero de insectos coleopteros heteromeros, da familia dos melasomos.

Platisema. *f. (bot.)* Platysema; genero de plantas da familia das leguminosas.

Platispermo. *m. (bot.)* Platyspermo; genero de plantas da familia das cruciferas.

Platistemo. *m. (bot.)* Platystemon; genero de plantas da familia das papaveraceas.

Platistigma. *f. (bot.)* Platystigma; genero de plantas da familia das papaveraceas.

Platistílide. *m. (bot.)* Platystylis; genero de plantas da familia das orchideas.

Platitomo. *m. (zool.)* Platytomo; genero de insectos coleopteros pentameros, da familia dos lamellicornes.

Platiura. *f. (zool.)* Platyura; genero de insectos dipteros, da familia dos tipularios.

Platixelo. *m. (zool.)* Platychelo; genero de insectos coleopteros pentameros, da familia dos lamellicornes.

Platixilo. *m. (zool.)* Platychilo; genero de insectos coleopteros pentameros, da familia dos cicindelidos.

Plato. *m.* Prato; peça de metal, barro ou pau, em que se serve a comida nas mezas. *Lanx, catinus, paropsis:* — prato; comida contida na peça d'este nome. *Furculum, dapes:* — prato; comida, sustento, alimentação de cada dia. *Cibus quotidianus:* — prato; peça de balança: — *compuesto (p. And.);* prato de doces de differentes qualidades. *Hacer el plato (fr.);* sustentar alguem, dar-lhe de comer. *Alere. Hacer plato;* fazer o prato; servir, distribuir a comida. *Fercula distribuere:*— *(fig.)* V. *Hacer platillo. Hacer plato de alguna cosa;* brindar alguem com alguma cousa. *No haber quebrado un plato;* não ter commettido falta alguma. *Nihil pravi fecisse, admisisse. Poner el plato;* dar a alguem occasião de fallar. *Ansam præbere.*

Platonia. *f. (bot.)* Platonia; genero de plantas da familia das canellaceas.

Platónicamente. *adv. m.* Platonicamente; segundo a doutrina de Platão: — decentemente, sem malicia. *Honestè, decenter.*

Platónico, ca. *adj.* Platonico; que tem relação com a escola e philosophia de Platão. *Platonicus, a, um. Amor platónico.* V. *Amor.*

Platonismo. *m.* Platonismo; systema philosophico de Platão.

Platucha. *f. (p. Gal.)* V. *Platija.*

Plaubelia. *f. (bot.)* Plaubelia; genero de musgos bayaceos.

Plausibilidad. *f.* Plausibilidade; qualidade do que é plausivel. *Jus ad plausum.*

Plausible. *adj.* Plausivel; digno de applauso, approvação. *Plausibilis, plausu dignus.*

Plausiblemente. *adv. m.* Plausivelmente; de modo plausivel. *Plausibiliter; cum plausu.*

Plauso. *m.* V. *Aplauso.*

Plaustro. *m. (poes.)* V. *Carro.*

Playa. *f.* Praia; margem do mar ou dos grandes rios, plana e descoberta. *Situs, us.*

Playado, da. *adj.* Espraiado; diz-se do rio, mar, etc., que deixa em secco as suas margens.

Playal ó **Playazo.** *m.* Praia grande e extensa. *Litus apertum.*

Playera. *f.* Canção propria da gente da praia.

Playero, ra. *adj.* Que é pertencente á praia: — *m.* o que conduz á praia o peixe para vender. *Piscium venditor.*

Playon. *m. augm.* de *Playa.*

Playuela. *f. dim.* de *Playa.*

Plaza. *f.* Praça; logar espaçoso, dentro de qualquer povoação, onde se fazem as feiras, mercados, etc. *Forum, i:* — logar, posto determinado. *Pluteus, i:* — officio, emprego. *Munus, officium:* — nome, fama, reputação. *Nomen, opinio. Atacar bien la plaza (fr. fam.);* atacar bem a praça, comer muito. *Helluari. En plaza.* V. *En público. Hacer plaza;* fazer mercado; vender publicamente a retalho. *Publicè et minutatim divendere:* fazer praça, abrir caminho, fazer logar. *Locum expedire;* fazer praça; publicar, assacar, divulgar alguma cousa. *Arcanum patefacere, vulgare. Jurar alguna plaza ó empleo.*V. *Empleo. Pasar plaza;* ser tida ou reputada alguma pessoa ou cousa pelo que não é. *Haberi, opinione ferri. Socorrer la plaza;* soccorrer alguem. *Opem ferre; subsidio alicui esse. Quien en la plaza a labrar se mete, muchos adestradores tiene;* quem quer figurar em publico expõe-se á censura de muitos. *Qui verba facit in propatulo, multorum subit judicium:* — *(comm.)* praça; logar onde se effectuam as transacções e outras operações commerciaes: — praça; reunião de negociantes de uma praça de commercio: — *(mil.)* praça; logar fortificado com muros, baluartes, etc., para que a guarnição se possa defender do inimigo. *Oppidum, urbs munita:* — praça; assento que se faz nos livros competentes quando qualquer soldado se apresenta para servir no exercito. *Subscriptio dantis nomen militiæ:* — *alta;* praça alta; fortificação em posição superior a terrapleno. *Tormentorum bellicorum vallata sedes superior:* — *baja;* praça baixa; bateria defendida por algum reducto. *Tormentorum vallata sedes inferior:* — *de armas;* praça de armas; cidade ou fortaleza, escolhida em tempo de guerra, para deposito de todos os materiaes. *Oppidum belli sedes:* praça de armas; em uma cidade ou praça, o sitio onde se formam as tropas. *Castri, forum militare:* praça de armas; sitio destinado nos acampamentos para revistas e exercicios das tropas. *Castra, orum:* — *fuerte.*V. *Plaza de armas. Asentar ó sentar plaza;* assentar praça. *Militiæ nomen adscribere. Ceñir la plaza;* cercar, sitiar alguma praça. *Urbem obsidere. Estar sobre una plaza;* caír sobre uma praça, cerca-la, sitia-la. *Obsidere.*

Plazero, ra. *adj.* Praceiro; pertencente á praça ou proprio d'ella. *Publicus, a, um:* — ocioso, vadio; que anda em conversação pelas praças. *Negotiis vacuus; otiosus.*

Plazio. *m. (ant.)* V. *Plazo.*

Plazo. *m.* Prazo; tempo que se dá a alguem para responder, ou satisfazer alguma cousa. *Dies constitutus vel præstitutus:* — campo, arena; termo ou logar que se marcava para os duellos publicos. *Circus, arena. Correr el plazo (fr.)* V. *Correr el término. Correr por el plazo alguna cosa;* marcar praso para tratar de alguma cousa. *No hay plazo que no se cumpla, ni deuda que no se pague (rif.);* não ha praso que não acabe, nem divida que se não pague. *Promissis standum ne aliquando urgeat.*

Plazuela. *f. dim.* de *Plaza.*

Plé. *m.* Jogo da pella em que se arroja esta contra a parede. *Pilæ in parietem jactus.*

Plea. *f. (zool.)* Plea; genero de insectos hemipteros, da familia dos notonectidos.

Pleamar. *f. (naut.)* Preamar; alta maré. *Maris altior æstus.*

Plearia. *f. (zool.)* Pleiaria; genero de insectos hemipteros heteropteros, da familia dos reduvideos.

Plébano. *m. (prov.)* V. *Cura, Párroco.*

Plebe. *f.* Plebe; classe baixa da sociedade. *Ordo civium tributa popularia solventium:* — *ínfima;* infima plebe, populaça, gentalha. *Plebs, is.*

Plebeo, ea. *adj. (ant.)* V. *Plebeyo.*

Plebeyo, eya. *adj.* Plebeu; da plebe. *Plebeji ordinis proprium:* — plebeu; toma-se regularmente pelo individuo que não é nobre. *Plebejus, a, um.*

Plebiscito. *m.* Plebiscito; lei estabelecida pelo povo romano, convocado em assembléa. *Plebiscitum, i.*

Pleca. *f. (ant.)* Pequeno traço, na imprensa, que unido a outros formam uma linha. *Linearis typus.*

Plectar. *a. (ant.)* V. *Doblar.*

Plectear. *n. (ant.)* V. *Pleitear.*

Plectognatos. *m. pl. (zool.)* Plectognatos; ordem de peixes osseos ou fibrosos.

Plectorinco. *m. (zool.)* Plectorhynco; genero de peixes acanthopterygios, da familia dos scamipennes.

Plectorita. *f. (min.)* Plectorita; variedade de glosopetra em fôrma de bico de ave.

Plectranto. *m. (bot.)* Plectrautho; genero de plantas da familia das labiadas.

Plectro. *m. (fig.)* Plectro; a poesia. *Plectrum, i:—(mus.)* plectro; instrumento proprio para fazer vibrar as cordas dos instrumentos musicos. *Plectrum, i.*

Plectrocarpa. *f. (bot.)* Plectrocarpa; genero de plantas da familia das zygophilleas.

Plectrocero. *m. (zool.)* Plectrocero; genero de insectos coleopteros subpentameros, da familia dos longicornes.

Plectropomo. *m. (zool.)* Plectropomo; genero de peixes acanthopterygios, da familia dos percoideos.

Plectrura. *f. (zool.)* Plectrura; genero de insectos coleopteros subpentameros, da familia dos longicornes.

Pleea. *f. (bot.)* Pleea; genero de plantas da familia das melanthaceas.

Plegable. *adj.* Dobradiço; que é capaz de dobrar-se. *Plicatilis, le.*

Plegadamente. *adv. m.* Confusamente, obscuramente. *Confusè, confusim, permixtim:* — dobradamente, com dobras.

Plegadera. *f.* Dobradeira; faca de marfim, osso ou madeira, com que se dobra ou corta papel. *Cultrem plicandis librorum foliis.*

Plegadizo, za. *adj.* Dobradiço; que é facil de dobrar-se. *Plicatilis, le:* — *(ant.)* chegadiço, arrimadiço.

Plegado. *m.* V. *Plegadura.*

Plegador. *m.* Dobrador; o que dobra. *Plicans, antis:* — *(p. Ar.)* cobrador; aquelle que recebe esmolas para alguma confraria ou communidade. *Stipes collector:* dobrador; instrumento com que se dobra alguma cousa: — *(art.)* cylindro de madeira, nas fabricas de seda, onde se enrola a teia para a ir tecendo. *Cylindrus telæ convolvendæ.*

Plegadura. *f.* Dobradura, dobramento; acto de dobrar alguma cousa. *Plicatura, æ.*

Plegar. *a.* Dobrar; fazer dobras ou pregas a alguma cousa. *Plicare:* — dobrar as folhas de um livro. *Librorum folia plicare:* — enrolar, nas fabricas de seda, a teia no cylindro de madeira. *Telam cylindro convolvere:* — *n.* comprazer, agradar. *Placere:* — *(ant.)* V. *Llegar:* — *r.* dobrar-se, render-se, ceder aos desejos de alguem. *Plegue a Dios ó plega a Dios (fr.);* praza a Deos que... *Dii faxint:* — *al caballo (art.);* fazer encapotar o cavallo.

Plegaria. *f.* Plegaria, prece, rogativa, deprecação, supplica. *Preces publicæ, supplicationes:* — signal, que se faz ao meio dia nas igrejas para chamar os fieis á oração. *Precandi signum:* — *m.* creado dos beneficiados em Toledo. *Canonicorum famulus. Hacer plegarias (fr.);* fazer preces. *Suppliciter orare, efflagitare.*

Pleguete. *m.* V. *Zarcillo, Tijereta,* da vide.

Pleita. *f.* Empreita; tira de esparto, junco, etc., com que se fabricam as esteiras, ceirões, etc. *Storea fascia.*

Pleiteador, ra. *s.* Pleiteador; o que pleiteia. *Litigiosus, litigator.*

Pleiteamiento. *m. (ant.)* V. *Pleito:* — preito, ajuste, convenio.

Pleiteante. *adj.* Pleiteante; que pleiteia. *Litigans, litigator.*

Pleitear. *n.* Pleitear, litigar, contender, disputar no fôro. *Litigare; judicio contendere:* — *(ant.)* preitejar, pactear, ajustar, fazer concerto.

Pleiteoso, sa. *adj. (ant.)* V. *Pleitista.*

Pleitesía, sa. *adj. (ant.)* Demandista; que gosta de pleitos, que é versado n'elles: — conciliador; o que medeia entre duas ou mais pessoas, para compor suas desavenças: — procurador; o que, em nome de outro, trata ou ajusta qualquer negocio: — medianeiro, conciliador; o que se encarrega de tratar ou ajustar negocios entre pessoas desavindas. *Mediator, conciliator, solers.*

Pleitesía. *f. (ant.)* Pleitesia, pacto, ajuste, concerto. *Cometer pleitesía ó pleito (fr. ant.);* fazer algum contrato com certas seguranças.

Pleitilla. *f. dim.* de *Pleita.*

Pleitista. *adj.* Demandista; diz-se do individuo que pelo mais pequeno motivo move demandas ou pleitos. Usa-se tambem como substantivo. *Litigiosus, trico.*

Pleito. *m.* Pleito, demanda, questão judicial. *Controversia, lis:* — contenda, questão que se decide por meio das armas. *Certamen, contentio:* — desavença, pendencia domestica. *Controversia, disceptatio:* — pleito; processo ou corpo de autos, sobre qualquer causa. *Causæ acta:* — *(ant.)* preito, pacto, convenio, ajuste: — obrigação, contrato, escriptura: — turba, multidão: — *de acreedores;* secção de bens para pagamento de dividas. *Bonorum cessio ante judicem:* — *de justicia;* pleito ou causa criminal: — *homenaje.* V. *Homenaje:* — *ordinario;* pleito ordinario; aquelle que se dilata, cedendo do rigor com que começou. *Hoc prout lis ordinaria censendum:* pleito, causa ordinaria; a que tem logar frequentemente. *Instar ordinariæ litis. A pleito (loc. adv. ant.)* V. *Con condicion. Arderse en pleitos;* andar sempre em demandas. *Ardescere litibus:* mover, propor litigios ou armar contenda, rixa, etc. *Litem movere, excitare rixas. Conocer de un pleito;* conhecer de um pleito; ser juiz em qualquer pleito. *Causam cognoscere, judicare, judicis officio fungi. Cumplir los pleitos;* acabar com a demanda ou pleito. *Deliberar pleitos;* julgar pleitos, sentencia-los. *Ganar el pleito;* ganhar o pleito, conseguir alguem aquillo que desejava. *Optata adipisci; voti compotem fieri. Haber pleito.* V. *Dar audiencia. Librar pleitos.* V. *Deliberar pleitos. Parar el pleito;* dar palavra, fazer obrigação. *Poner a pleito;* fazer questão de qualquer cousa. *Salir con el pleito;* ganhar o pleito ou demanda. *Causa vincere. Pleito bueno ó malo, de tu mano el escribano (rif.);* boa demanda, má demanda, o escrivão pela minha banda. *In omni causa tabellionem habeas propitium. El que mal pleito tiene a barato ó a vozes lo mete;* onde a rasão se não ouve, doido é quem se não cala. *Quò minus rationibus potest, eò magis contendit vocibus. En pleito claro não ha menester letrado;* a justiça e a rasão escusam defensores. *Ubi causa patet, vacat patronus: — ordinario (for.);* pleito ordinario; aquelle que se segue por perguntas e respostas, observando todos os termos e formalidades prescriptas, até chegar á sentença definitiva. *Lis ordinaria. Andar por el pleito (fr. ant.);* ir com a demanda ou pleito por diante.

PLEMPREBENDADO, DA. *adj.* Plemprebendado; diz-se dos conegos que desfructam uma prebenda inteira, com differença dos semiprebendados, que gosam só meia prebenda.

PLENAMAR. *f.* V. *Pleamar.*

PLENAMENTE. *adv. m.* Plenamente, inteiramente. *Plenè.*

PLENARIAMENTE. *adv. m.* Plenariamente, plenamente. *Plenissimè, omninò: — (for.)* plenariamente, sem omittir as formalidades legaes. *Plenissimè; solemnibus judiciorum servatis.*

PLENARIO, RIA. *adj.* Plenario, pleno, inteiro, completo, absoluto. *Plenissimus; omnibus numeris absolutus: — (for.)* plenario; applica-se ao juizo possessorio, em que se examina com cuidado o direito das partes, para declarar a posse legal a favor de uma d'ellas. *Judicium plenarium: —* plenario; applica-se ao estado da causa criminal, em que se recebe o depoimento de novas testemunhas, como comprovação do depoimento já dado por testemunhas mais antigas. *Judicium criminis apertum, quod plenarium vocant.*

PLENERAMENTE. *adv. m.* Plenamente, inteiramente. *Plenè.*

PLENERO, RA. *adj. (ant.)* V. *Llenero.*

PLENICORNE. *adj. (zool.)* Plenicorne; diz-se do animal que tem os cornos macissos.

PLENILUNIO. *m.* Plenilunio. V. *Luna llena.*

PLENIPOTENCIA. *f.* Plenipotencia; pleno poder. *Plena potestas.*

PLENIPOTENCIARIO. *m.* Plenipotenciario; ministro ou agente diplomata de primeira ordem, com plenos poderes do seu governo para ajustar quaesquer negocios ou tratados com os governos das outras nações. *Legatus plena seu omnimoda potestate instructus.*

PLENÍSIMO, MA. *adj. sup.* de *Pleno.*

PLENITUD. *f.* Plenitude; complemento de qualquer cousa. *Plenitudo, inis: —* abundancia ou excesso de humores no corpo. *Redundantia, plenitudo: — de los tiempos;* plenitude dos tempos; tempo marcado para o cumprimento das prophecias relativas á vinda de Jesus Christo; plenitude dos tempos; fim do mundo.

PLENJITA. *f. (min.)* Plengita; variedade de sulphato de cal anhydro.

PLENO, NA. *adj.* Pleno, cheio. V. *Lleno: — (ant.)* pleno, completo, inteiro.

PLEO, EA. *adj. (ant.)* V. *Lleno.*

PLEOCROISMO. *m. (min.)* Pleochroismo; propriedade que têem certos mineraes de offerecer cores distinctas, segundo o lado por que se olham.

PLEONASMO. *m. (rhet.)* Pleonasmo; redundancia de palavras para se explicar o conceito, que todavia dá alguma belleza ou energia á phrase, e n'isto differe da perisologia; v. g.: *yo lo vi con estes ojos;* eu o vi com estes olhos. *Pleonasmus, i.*

PLEONASTA. *m. (min.)* Pleonasto; variedade de aluminato de magnesia.

PLEONÁSTICO, CA. *adj.* Pleonastico; que contém algum pleonasmo.

PLEORAMA. *m. (phys.)* Pleorama; quadro de movimento que passa por diante do espectador, do mesmo modo que as margens de um rio parecem fugir de um e outro lado do barco: — *(bot.)* pleroma; genero de plantas da familia das melastomaceas.

PLEORANFO, FA. *adj. (zool.)* Pleorampho; diz-se da ave que tem o bico duro.

PLEOSTEMONO, NA. *adj. (bot.)* Pleostemono; diz-se da flor que tem muitos estames.

PLEROMA. *m. (philos.)* Pleroma; plenitude das intelligencias.

PLEROSIS. *f. (med.)* Plerosis; restabelecimento das forças, depois de uma enfermidade: — plerosis; peso que experimenta o epygastrio quando o estomago está cheio.

PLERÓTICO, CA. *adj. (med.)* Plerotico; que póde produzir a plerosis.

PLESIA. *f. (zool.)* Plesia; genero de insectos coleopteros heteromeros, da familia dos stenelytros.

PLESÍCTIDE. *m. (zool.)* Plesictis; genero de mammiferos fosseis, da familia das martas.

PLESIMETRÍA. *f. (med.)* Plessimetria; modo particular de praticar a auscultação mediata, com o auxilio do instrumento chamado plessimetro.

PLESIMETRO. *m. (med.)* Plessimetro; instrumento empregado para praticar a percussão mediata.

PLESIO. *m. (zool.)* Plœsio; genero de insectos coleopteros pentameros, da familia dos clavicornes.

PLETEAMIENTO. *m. (ant.)* Preito, ajuste, contrato.

PLETEAR. *a. (ant.)* Preitear, ajustar, contratar: — pleitear, disputar.

PLETESÍA. *f. (ant.)* Caso, assumpto, negocio: — pleito, contenda, disputa.

PLETIAR. *a. (ant.)* V. *Pletear.*

PLETOMERÍA. *f. (physiol.)* Plethomeria; monstruosidade, que consiste no excesso das partes que compõem o corpo animal.

PLÉTORA. *f. (med.)* Plethora; superabundancia de humores nos vasos da economia animal.

PLETORÍA. *f. (ant.)* V. *Plétora.*

PLETRO. *m.* Plethro; medida

grega que equivalia a cem pés.

PLEURA. *f. (anat.)* Pleura; nome de duas membranas serosas que revestem os pulmões e as paredes interiores do peito.

PLEURACNO. *m. (bot.)* Pleurachno; genero de plantas da familia das cyperaceas.

PLEURÁFIDE. *m. (bot.)* Pleuraphis; genero de plantas da familia das gramineas.

PLEURALJIA. *f. (med.)* Pleuralgia; dor nervosa do costado.

PLEURANDRA. *f. (bot.)* Pleurandra; genero de plantas da familia das dilleniaceas.

PLEURESÍA. *f. (med.)* Pleurisia; inflammação da pleura, que póde ser aguda ou chronica.

PLEURÍTICO, CA. *adj. (anat. e med.)* Pleuritico; que padece a pleurisia. *Pleuriticus, a, um:* — pleuritico; pertencente á pleura.

PLEURITIS. *f. (med.)* Pleuritis. V. *Pleuresía.*

PLEUROBRANQUIOS. *m. pl. (zool.)* Pleurobranchios; familia de molluscos gasteropodas, que têem por typo o genero pleurobranchus.

PLEUROCANTO. *m. (zool.)* Pleurocantho; genero de crustaceos trilobitos: — pleurocantho; genero de insectos coleopteros pentameros da familia dos carabicos.

PLEUROCELE. *m. (med.)* Pleurocele; hernia da pleura.

PLEUROCLASO. *m. (min.)* Pleuroclaso; phosphato de magnesia.

PLEURODINIA. *f. (med.)* Pleurodynia; dor do costado.

PLEURODONTE. *adj. (zool.)* Pleurodonte; nome dado aos reptis que têem os dentes collocados na parte interna do osso maxillar.

PLEUROFORA. *f. (bot.)* Pleurophora; genero de plantas da familia das lythraricas.

PLEUROFORO, RA. *adj. (zool. e bot.)* Pleurophoro; que está provido de uma membrana ou tem a sua fórma: — *m.* pleurophoro; genero de insectos coleopteros pentameros, da familia dos lamellicornes.

PLEURONEUMONIA. *f. (med.)* Pleuro-pneumonia; inflammação da pleura e do pulmão.

PLEURO-PERINEUMONIA. *f. (med.)* Pleuro-peripneumonia; inflammação simultanea da pleura e do pulmão.

PLEUROPLÍTIDE. *f. (bot.)* Pleuroplitis; genero de plantas da familia das gramineas.

PLEUROPO. *m. (bot.)* V. *Agárico.*

PLEURÓPTERO. *m. (zool.)* Pleuroptero; genero de insectos coleopteros da familia dos xylophagos.

PLEURORÍZEAS. *f. pl. (bot.)* Pleurorhizeas; grande divisão de plantas cruciferas, cuja radicula se acha dobrada sobre os cotyledones.

PLEURORREA. *f. (med.)* Pleurorrhea; accumulação de liquidos na pleura.

PLEURORTONEA. *f. (med.)* Pleurorthonea; dor de costado que embaraça a respiração.

PLEUROSOMIA. *f. (physiol.)* Pleurosomia; eventração lateral com imperfeição do braço correspondente.

PLEUROSOMO. *m. (physiol.)* Pleurosomo; monstro que tem o abdomen fendido lateralmente e o braço correspondente mal desenvolvido.

PLEUROSPASMO. *m. (med.)* Pleurospasmo; spasmo do peito que não affecta mais que um lado do dito orgão.

PLEUROSPASMÓDICO, CA. *adj. (med.)* Pleurospasmodico; pertencente ao pleurospasmo.

PLEUROSPERMO. *m. (bot.)* Pleurospermo; genero de plantas da familia das umbelliferas.

PLEUROSTOMO, MA. *adj. (zool.)* Pleurostomo; que tem a bôca rodeada de uma membrana.

PLEUROSTÓTONOS. *m. (med.)* Pleurostotonos; tetano lateral em que estão affectados os musculos de um dos lados do tronco.

PLEUROTÁLIDE. *f. (bot.)* Pleurothallis; genero de plantas da familia das orchideas, tribu das pleurothalleas.

PLEUROTOMO. *m. (zool.)* Pleurotoma; genero de molluscos gasteropodes pectinibranchios, da familia dos canalliferos.

PLEXIDE. *m. (zool.)* Plexis; genero de insectos coleopteros pentameros, da familia dos lamellicornes.

PLEXIFORME. *adj. (anat.)* Plexiforme; que tem a fôrma ou aspecto de plexo.

PLEXÍPEDO, DA. *adj. (bot.)* Plexipedo; que tem o pé formado por um redenho fibroso.

PLEXO. *m. (anat.)* Plexo; tecido formado por varios ramusculos ou filamentos nervosos.

PLÉYADA. *f.* Pleyada; nome que, por allusão ás sete estrellas assim chamadas, se applica á reunião de sete pessoas celebres: — *pl. (astr.)* pleyadas ou hyadas; constellação de sete estrellas que occupam a cabeça do tauro, e das quaes sómente seis são visiveis.

PLEYOCARPO, PA. *adj. (bot.)* Pleyocarpo; diz-se dos bolbos que produzem varios caules, uns em continuação dos outros.

PLEYOFILLO, LLA. *adj. (bot.)* Pleyofillo; diz-se das plantas que têem muitas folhas.

PLICA. *f.* Papel fechado e sellado contendo testamento, sentença ou voto para se publicar a seu tempo. *Obsignatum scriptum:* — *(med.)* plica polonica; certa enfermidade que affecta os cabellos.

PLICATIVO, VA. *adj. (bot.)* Plicativo; que está dobrado sobre si mesmo.

PLICATIPÉNNEO, NEA. *adj. (zool.)* Plicatipénneo; diz-se dos insectos cujos elytros apresentam grossas pregas transversaes.

PLICÍFERO, RA. *adj. (bot. e zool.)* Plicifero; que tem pregas.

PLICIPÉNNEO, NEA. *adj. (zool.)* Plicipenneo; diz-se do insecto, cujas azas estão pregadas longitudinalmente.

PLIEGO. *m.* Prego, folha de papel. *Philyra; plagula papyracea:* — escriptura; instrumento publico firmado por tabellião para assegurar qualquer contrato ou negocio. *Pacta conventa, pactorum libellus:* — *(fig.)* maço de cartas. *Litterarum fasciculus:* — *(ant.)* V. *Plegadura, Pliegue:* — *(naut.)* prego; carta fechada com ordens secretas.

PLIEGUE. *m.* Prega; dobra feita na roupa ou n'outra qualquer cousa. *Plicatura, ruga.*

PLINTO. *m. (archit.)* Plintho; membro do pedestal, etc. *Zocus, i:* — *(bot.)* plintho; genero de plantas da familia das portulaceas: — *(zool.)* plintho; genero de insectos coleopteros tetrameros, da familia dos curculionidos.

PLINTOPIJIO, JIA. *adj. (zool.)* Plinthopigio; diz-se do animal que tem a extremidade do abdomen côr de tijolo.

PLIOCENO, NA. *adj. (min.)* Plioceno; diz-se da formação terciaria.

PLIRONTOFITO. *m. (bot.)* Plironthophito; nome dado ás plantas cujos estames são poucos e nascem da parede interna do calice.

PLITISTA. *adj. (ant.)* Pleiteante, demandista.

PLOCA. *f. (bot.)* V. *Deleseria.*

PLOCAMA. *f. (bot.)* Plocama; genero de plantas da familia das rubiaceas.

PLOCAMIA. *f. (bot.)* Plocamia; genero de plantas phyceas da familia das florideas.

PLOCAMO. *m. (zool.)* Plocamo; genero de insectos coleopteros tetrameros, da familia dos curculionidos.

PLOCANDRA. *f. (bot.)* Plocandra; genero de plantas da familia das gencianeas.

PLOCIA. *f. (zool.)* Plocia; genero de insectos coleopteros subpentameros, da familia dos longicornes.

PLOCOCARPO. *m. (bot.)* Plococarpo; especie de fructo composto de ovarios distinctos, polyspermos, dehiscentes e reunidos em volta de um eixo real ou apparente.

PLOMADA. *f.* Plombagina, lapis de chumbo que tem differentes usos. *Stilus plumbeus:* — prumo; peça de chumbo que presa a um cordel serve para tirar perpendiculares. *Perpendiculum plumbeum:* —chumbada; sonda dos navegantes e pescadores para medir a profundidade da agua. *Bolis, is:* — chumbada; conjuncto de pesos de chumbo que se põem nas redes de pesca. *Plumbeorum frustorum series in piscatorum retibus:* — latego chumbado; açoute de correias com bolas de chumbo nas extremidades. *Plumbatum flagellum:* —*(germ.)* V. *Pared:* —*(ant.)* V. *Bala:* — V. *Porra,* arma offensiva: — golpe, damno. *Echar la plomada (fr.);* examinar com a linha de prumo se alguma cousa está perpendicular. *Perpendiculum uti.*

PLOMAR. *a.* Sellar com chumbo; pôr sêllo de chumbo pendente de fios em algum instrumento, privilegio, diploma, etc. *Plumbeo signo munire, instruere:* — V. *Bollar,* os tecidos.

PLOMAZON. *f. (art.)* Almofadinha de dourador. *Inauratorum pulvinulus.*

PLOMBAJINA. *f. (min.)* V. *Grafito.*

PLOMBAJÍNEAS. *f. pl. (bot.)* V. *Plumbajíneas.*

PLOMERÍA. *f.* Chumbaria; arte de fundir cohmbo ou officina onde se trabalha em chumbo: — cobertura de chumbo que se põe nos telhados. *Tegmen è plumbo in tectis ædium.*

PLOMERO. *m.* Chumbeiro; o que fabrica ou vende cousas de chumbo. *Plumbarius, i.*

PLOMILLOS. *m. pl. (min.)* Particulas de chumbo que saltam dos fornos de fundição.

PLOMIZO, ZA. *adj.* Plumbeo; que contém chumbo ou participa das suas qualidades. *Plumbeus, a, um.*

PLOMO. *m.* V. *Plomada:* — plomo, chumbo; balas por metonymia. *Globulus plumbeus:* — *(fig.)* chumbo que se põe nas redes e outros utensilios para dar-lhes peso. *Plumbi frustum quodlibet:* — *(fig. fam.);* chumbo; pessoa pesada e molesta. *Molestissimus homo:* — *(p. Perú.)* V. *Plata bruta:* — *corto;* chumbo impuro, pouco ductil. *Plumbum parum ductile:* — *plata;* chumbo que tem mistura de prata. *Plumbago, inis:* — *pobre;* chumbo pobre; aquelle que nas minas tem pouca mixtura de prata. *Plumbago parum argenti continens. A plomo (fr.);* a prumo, perpendicularmente. *Ad perpendiculum. Cær á plomo;* caír a prumo, com todo o peso do corpo. *Ruere prorsus, procumbere:* — *m. (min.)* chumbo; corpo simples metallico de côr parda. É o metal menos tenaz e brilhante. *Plumbum, i.*

PLOMOSO, SA. *adj.* V. *Plomizo.*

PLORAR. *a. (ant.)* V. *Llorar.*

PLUIA. *f. (ant.)* V. *Lluvia.*

PLUMA. *f.* Pluma, penna; tubo natural guarnecido de plumagem que reveste as azas das aves. *Penna, pluma:* — pluma; penna de escrever. *Calamus, i:* — *(fig.)* penna; qualquer instrumento em fôrma de penna com que se escreve. *Stilus, i:* — penna; o escriptor. *Scriptor, oris:* — *(fig. fam.)* fortuna, bens, riqueza. *Opes, divitiæ:* — penna; habilidade, aptidão para escrever. *Scribendi dexteritas:* — *(fam.)* peido, traque; ar expellido pelo anus com ruido. *Peditus, ventris crepitus:* — *(germ.)* V. *Remo:* — *de agua;* penna de agua; a quantidade de agua que sáe por um cano do diametro de uma penna de escrever: — *viva;* penna viva; a que se tira ás aves estando ainda vivas e que serve para encher colxões, almofadas, etc. *Pluma ex ave vivente evulsa. Buena pluma (fig.);* boa penna; aquelle que escreve bem. *Litteras venustè describens. Cortar la pluma (fr.);* aparar a penna. *Calamum scriptorium aptare, temperare. Dejar correr la pluma;* deixar correr a penna; demorar-se muito na materia que se está escrevendo ou tratando. *Longius orationem protrahere. Echar buena pluma;* começar a saír da miseria, enriquecer. *Ditescere. Hacer a pluma y a pelo;* aproveitar tudo, não desperdiçar cousa alguma. *Nihil respuere. Llevar la pluma a alguno;* ser amanuense de alguem, escrever o que outrem dicta. *Loco amanuensis esse; alterius dicta transcribere. Poner o sentar bien la pluma;* escrever bem. *Guerra de pluma;* guerra de penna, disputa por escripto. *Hombre de pluma;* homem de negocios; homem de penna; homem que se occupa em escrever: — *artificial (art.)* V. *Pluma metálica:* — *geométrica;* penna geometrica; instrumento que serve para traçar toda a classe de curvas: — *metálica;* penna metallica, penna de aço; aparo de metal para escrever: — *en sangre (volat.);* penna em sangue; a penna das aves que não tem o cano secco. *Avium pluma sanguine rubens:* — *(naut.)* penol ou penna; dá-se este nome aos laizes das carangueijas: — pluma; cabo que aguenta para barlavento as antennas e vergas da cabrea: — pluma; cabos dados para vante e para ré ao pau do patarraz: — pluma; todos os cabos que se dão para vante e para ré nas cabrilhas. *Fulcrum quoddam in navis. Cortarle las plumas a un luque (fr.)* V. *Cortarle las alas.* V. *Ala:* — *de pavon (min.);* penna de pavão; pedra fina de côr esverdeada; especie de agata oriental que tem um reflexo purpurino á luz: — *de mar (zool.)* V. *Pennátula.*

Plumada. *f.* Pennada; acção de escrever alguma cousa curta. *Scribendi actio brevissima:* — pennada; rasgo de penna. *Calami ductus:* — pennada; quantidade de tinta que se colhe de uma vez com a penna: — *(volat.)* plumada; pennas que os falcões comeram e têem no papo. Tambem se dá este nome á purga que se lhes faz com carne involta em pennas. *Plumæ à falconibus voratæ, deglutitæ. Hacer la plumada o la pluma (fr.);* vomitar o açor as pennas que comeu. *Plumas deglutitas evomere.*

Plumado, da. *adj.* Plumoso; que tem plumas. *Plumatus, pennatus.*

Plumaje. *m.* Plumagem; as plumas de adorno dos capacetes, toucados, chapéus, etc. *Crista è plumis:* — *(volat.)* plumagem; certa especie de aves de caça ou a côr das pennas pela qual se distinguem. *Species avium ex colore distincta:* — *(zool.)* plumagem; nome com que se designa o conjuncto de todas as pennas de que se veste e adorna uma ave. *Plumæ, arum.*

Plumajear. *a. (ant.)* Mover, agitar qualquer cousa como se fôra uma penna.

Plumajería. *f.* Plumaceria; conjuncto de plumas ou plumagens. *Plumarum, cristarum copia, cumulus.*

Plumajero. *m.* Plumaceiro; o que vende e faz plumas. *Cristarum è plumis artifex, venditor.*

Plumalaria. *f. (zool.)* Plumalaria; genero de polypos da ordem dos sertularios.

Plumaria. *f. (bot.)* V. *Grifitia.*

Plumario. *m. (ant.)* V. *Plumista.*

Plumatela. *f. (zool.)* Plumatella; genero de polypos bryoziarios.

Plumatelianos. *m. pl. (zool.)* Plumatellianos; familia de polypos bryoziarios a que serve de typo o genero plumatella.

Plumaye. *m. (ant.)* V. *Plumaje.*

Plumazo. *m.* Plumazo; colchão ou almofada grande cheia de pennas. *Pulvinar plumis fartum.*

Plumazon. *m.* Plumaceria, plumagem.

Plumbago. *m. (bot.)* Plumbago; genero de plantas da familia das plumbagineas.

Plumbajíneas. *f. pl. (bot.)* Plumbagineas; familia de plantas, cujas especies são herbaceas ou arbustivas.

Plúmbeo, bea. *adj.* Plumbeo; que é de chumbo ou tem as suas qualidades. *Plumbeus, a, um.*

Plumbo-calcita. *f. (min.)* Plumbo-calcita; substancia mineral, composta de carbonato de cal e carbonato de chumbo.

Plumeado. *m. (pint.)* Pennejado; riscos ou traços cruzados para sombrear. *Linearum series tabulis adumbrandis.*

Plumear. *a. (pint.)* Pennejar; formar traços com o lapis ou penna para sombrear. *Lineas adumbrandis imaginibus ducere.*

Plúmeo, mea. *adj.* De pennas, feito de pennas. *Plumeus, a, um.*

Plumeria. *f. (bot.)* V. *Franchipana:* — *f. pl.* plumerias; tribu de plantas da familia das apocyneas.

Plumería. *f.* V. *Plumajería:* — plumaceria; fabrica ou armazem de obras de plumaceiro.

Plumero. *m.* Espanador, espanejador; mólho de pennas seguro a um cabo para sacudir o pó. *Plumarum fasciculus:* — vaso ou caixa onde se depositam as plumas. *Calamorum capsa vel vas:* —V. *Plumaje.*

Plumícola. *adj. (zool.)* Plumicolla; que tem o collo guarnecido de plumas: — *f. pl.* plumicollas; familia de aves de rapina, que comprehende as que são diurnas e têem o collo coberto de plumagem.

Plumífero, Plumíjero, ra. *adj. (poes.)* Plumigero; que tem plumas. *Plumiger, a, um.*

Plumion. *m.* V. *Plumon.*

Plumípedo, da. *adj. (zool.)* Plumipedo; que tem as patas cobertas de pennas: — *f. pl.* plumipedas; familia de aves da ordem das gallinaceas, que comprehende as especies que têem os tarsos cobertos de pennas.

Plumista. *s.* Amanuense, escrevente. *Scriba amanuensis:* — plumaceiro; o que faz e vende plumas. *Artefactus plumas effingens.*

Plumitarso, sa. *adj. (zool.)* Plumitarso; que tem os tarsos guarnecidos de pennas.

Plumon. *m.* Pennugem; penna mui fina, similhante á seda, que tem as aves, para cobrir as faltas que deixam as pennas. *Pluma, æ:* — pennugem; frouxel que têem as aves antes de se cobrirem de pennas: — plumazo; travesseiro de pennas. *Culcitra plumis farta.*

Plumoso, sa. *adj.* Plumoso; com plumas. *Plumosus, plumatus:* — *(min.)* plumoso; diz-se dos crystaes mui delgados e dispostos como as barbas de uma penna.

PLUM-PUDDING. *m.* Plum-pudding; manjar inglez, especie de pastel cozido em agua e composto de farinha, tutano de vacca, azeitonas ou passas de Corintho, etc.

PLÚMULA. *f. (zool.)* V. *Plumon.*

PLUMULIFORME. *adj.* Plumuliforme; que tem a fórma de uma pluma pequena.

PLUQUEA. *f. (bot.)* Pluchea; genero de plantas da familia das compostas.

PLURAL. *m. (gram.)* Plural; numero que nos nomes e nos verbos indica mais de um. *Pluralis, e.* No grego e n'outras linguas, quando se trata de indicar sómente duas pessoas ou cousas, se emprega o numero chamado dual: — *de escelencia ó regular;* plural de excellencia ou regular; na grammatica arabe aquelle que conserva todas as letras e vogaes do singular: — *roto ó irregular;* plural irregular; na grammatica arabe, aquelle em que se altera a fórma do singular.

PLURALIDAD. *f.* Pluralidade, multidão, grande numero. *Pluralitas vel major numerus:* — *absoluta;* pluralidade absoluta; nas votações a opinião que reune mais votos do que todas as outras juntas: — *relativa;* pluralidade relativa; a opinião que tem mais votos do que cada uma das outras, tomadas separadamente. *A pluralidad de votos (loc. adv.);* á pluralidade de votos, pelo maior numero de votos. *Majori suffragiorum numero.*

PLURALIZAR. *a. (ant.)* Pluralizar; usar um nome no plural.

PLURIARTICULADO, DA. *adj. (zool.)* Pluriarticulado; que se compõe de muitas articulações.

PLURIDENTADO, DA. *adj. (zool.)* Pluridentado; que tem muitos dentes.

PLURIFLORO, RA. *adj. (bot.)* Plurifloro; que encerra muitas flores.

PLURILOBULADO, DA. *adj.* Plurilobulado; que está dividido em muitos lobulos.

PLURILOCULARIO, RIA. *adj. (bot.)* Plurilocular; que comprehende muitas cellulas.

PLURIPARTITO, TA. *adj. (bot.)* Pluripartito; que apresenta muitas divisões ou córtes ou se acha dividido em muitas partes.

PLURIPÉTALO, LA. *adj. (bot.)* Pluripetalo; que se compõe de muitas petalas. É menos usado que *Polipétalo.*

PLURISERIADO, DA. *adj. (bot.)* Pluriseriado; que se compõe de muitas series.

PLURIVALVO, VA. *adj. (bot.)* Plurivalvo; que se compõe de muitas valvas.

PLUS. *adv. (ant.)* V. *Mas. Ser el non plus ultra (fr.);* ser um non plus ultra; ter grande superioridade sobre qualquer pessoa ou cousa. *Inter cæteros præ omnibus eminere.*

PLUSCUAMPERFECTO. *m. (gram.)* Plusquamperfeito; fórma do preterito de alguns verbos.

PLUSIA. *f. (zool.)* Plusia; genero de insectos lepidopteros, da familia dos nocturnos, tribu dos plusidos.

PLUSIACO, CA. *adj. (min.)* Plusiaco; diz-se de um mineral abundante em metaes ou em pedras preciosas.

PLÚTEO. *m.* Divisão da estante ou armario de livros. *Pluteus, ei.*

PLUTOCRACIA. *f. (neol.)* Plutocracia; poder, dominação dos homens ricos.

PLUTON. *m. (ant.)* V. *Infierno.*

PLUTONIANO, NA. *adj.* Plutoniano; que diz respeito a Plutão.

PLUTÓNICO, CA. *adj. (min.)* Plutonico; diz-se das rochas de origem ignea, cuja base é o granito. *Terrenos plutónicos;* terrenos plutonicos; terrenos formados por erupção ignea.

PLUTONISMO. *m. (geol.)* Plutonismo; hypothese geologica, na qual se attribue á acção dos vulcões a formação das principaes camadas de terreno.

PLUTONOMÍA. *f.* V. *Economía política.*

PLUVIA. *f. (ant.)* V. *Lluvia:* — *adj.* V. *Pluvial.*

PLUVIAL. *adj.* Pluvial; applica-se á agua que cáe das nuvens. *Pluvialis, e. Capa pluvial.* V. *Capa.*

PLUVIATIL. *adj.* Pluviatil; diz-se da temperatura produzida pela chuva: — pluviatil; diz-se tambem do terreno modificado pela acção da chuva.

PLUVIÓMETRO. *m. (phys.)* Pluviometro; instrumento destinado a medir a quantidade de agua que cáe da atmosphera.

PLUVIOMETROGRAFÍA. *m.* Pluviometrographia; arte de medir a agua que cáe das nuvens.

PLUVIOMETROGRÁFICO, CA. *adj.* Pluviometrographico; pertencente á pluviometrographia.

PLUVIOSO, SA. *adj.* V. *Lluvioso:* — *m. (chron.)* pluviose; quinto mez do anno no calendario republicano francez. Começava a vinte de janeiro e acabava a dezenove de fevereiro.

PO. *interj.* V. *Puf.*

POA. *f. (bot.)* Poa; grande genero de plantas da familia das gramineas, tribu das phestucaceas: — *(naut.)* poa; cabo cujos extremos se fixam nas testas das vélas redondas. *Funis nautici genus.*

POAL. *m. (ant.)* V. *Poyal:* — V. *Monte.*

POBEDA. *f.* Alameda de choupos. *Populetum, i.*

POBEDAL. *m.* V. *Pobeda.*

POBLA. *f. (ant.)* V. *Puebla.*

POBLACION. *f.* Povoação; acção e effeito de povoar. *Incolarum deductio in oppidum:* — população, povoação; a gente que habita em algum logar, villa, cidade, etc. *Incolarum numerus:* — povoação; o logar povoado. *Oppidum incolis frequens.*

POBLACHO. *m. (ant.)* Populacho, gentalha, povinho.

POBLACHON. *m. augm.* de *Pueblo.*

POBLADO. *m.* Povoado, povoação, cidade, villa, etc. *Locus incolis frequens.*

POBLADOR, RA. *s.* Povoador; o que povoa, fundador de uma colonia. *Urbium seu coloniarum conditor.*

POBLADURA. *f. (prov.)* V. *Poblacion.*

POBLAMIENTO. *m. (ant.)* Povoação; acção e effeito de povoar: — V. *Poblacion.*

Poblanza. *f. (ant.)* V. *Poblacion.*

Poblar. *a.* Povoar; fundar, formar alguma povoação. Usa-se muitas vezes como neutro. *Urbem, oppidum constituere, condere; coloniam deducere:* — povoar, encher, occupar. *Implere:* — povoar; procrear muito. *Abundè procreare:* — *r.* povoar-se, revestir-se de folhagem o arvoredo na primavera. *Arbores germinare vel foliis virescere.*

Poblazo. *m.* V. *Poblacho.*

Poblazon. *f. (ant.)* V. *Poblacion.*

Poble. *adj. (ant.)* V. *Pobre.*

Pobledat, Poblesa, Poblesa. *f. (ant.)* V. *Pobreza.*

Poblezuelo. *m. dim.* de *Pueblo.*

Poblo. *m. (ant.)* V. *Pueblo.*

Pobo. *m. (bot.)* V. *Álamo blanco.*

Pobrar. *a. (ant.)* V. *Poblar.*

Pobre. *adj.* Pobre, indigente; que carece do necessario para viver. *Pauper, egenus:* — pobre; mendigo que pede esmola de porta em porta. *Mendicus, pauper:* — pobre, escasso, falto, necessitado. *Egens, inops:* — pobre, humilde, modesto; de pouco valor ou entidade. *Humilis, tenuis:* — pobre, infeliz, desditoso, triste. *Miser, infelix:* — pobre; diz-se da pessoa pacifica, inoffensiva e que é dotada de pouca intelligencia e desembaraço. *Pacatus, pusillanimis:* — *de espíritu;* pobre de espirito; o que olha com desprezo todas as cousas mundanas:—*de mi!* Pobre de mim! triste, infeliz de mim!: — *de solemnidad;* pobrissimo, o que chegou á extrema miseria. *Egentissimus, extrema laborans inopiâ:* — *vergonzante;* pobre envergonhado; o que pede esmolas a occultas. *Mendicus quem mendicari pudet:* — *voluntario;* pobre voluntario; o que voluntariamente se despoja de tudo o que possue. *Voluntarius pauper:* — *y soberbio;* pobre e soberbo. *Pauper superbiens. No estar bien dos pobres a una puerta (fr.);* dois pobres a uma porta, algum ha de ficar sem esmola. *Eidem adstantes ostio mutuò sibi officiunt, pauperes. Al pobre el sol se le come;* ao pobre e ao nogal todos lhe fazem mal. *Etiam ipsa solis lux obest pauperi. Del pobre la bolsa con poco dinero rebosa;* homem pobre com pouco se contenta. *Crumenam pauperis implet obolus. Llórame solo, y no me llores pobre;* chora-me só e não me chores pobre. *Paupertas in solitudine pauperior.*

Pobrecía. *f. (ant.)* V. *Pobreza.*

Pobrecico, ca, llo, lla, to, ta. *adj. dim.* de *Pobre.* Pobresinho.

Pobredad. *f. (ant.)* V. *Pobreza.*

Pobreduría. *f.* V. *Pobretería.*

Pobremente. *adv. m.* Pobremente, escassamente, necessitadamente. *Miserè, tenuiter, parcè.*

Pobrería. *f.* V. *Pobretería.*

Pobrero, ra. *s.* Esmoler; religioso de uma communidade que tem a seu cargo distribuir as esmolas pelos pobres. *Eleemosynæ distributor.*

Pobreta. *f.* V. *Ramera.*

Pobrete. *adj.* Pobrete, desditoso, infeliz. *Pauperculus, misellus:* — pobrete, pobre; de pouca habilidade e prestimo, porém dotado de bom natural. Usa-se como substantivo em ambas as accepções. *Inutilis at probus homo.*

Pobretería. *f.* Pobreza; reunião, multidão de pobres. *Pauperum mendicorumve copia vel turba:* — pobreza, escacez, miseria. *Miseria, parcitas.*

Pobretillo, lla. *adj. dim.* de *Pobrete.*

Pobreton, na. *adj.* Pobretão; que é mui pobre. *Valdè egenus, inops.*

Pobreza. *f.* Pobreza, indigencia; falta de meios necessarios para sustento da vida. *Egestas, atis:* — pobreza, falta, escassez, carencia de alguma cousa. *Egestas, inopia:* — pobreza; esmola que recolhem os pobres: — pobreza; cessão voluntaria de tudo o que se possue e da qual fazem voto os religiosos, no dia da sua profissão. *Voluntaria paupertas:*—pobreza; escasso haver da gente pobre: — *(fig.)* pobreza; escassez, acanhamento das faculdades intellectuaes e moraes. *Pusillanimitas, atis:* — *no es vileza (rif.);* pobreza não é vileza. *Nil turpe à se habet paupertas:* — *nunca alza cabeza;* a pobreza nunca levanta cabeça. *Nemo est qui pauperem auxilio juvet. Ni te abatas por pobreza, ni te ensalzes por riqueza;* não te exaltes com a riqueza, nem te abaixes por pobreza. *Nec in paupertate desperandum, nec in divitiis superbiendum. Quien pobreza tien, de sus deudos es desden, y el rico de serlo, de todos es deudo;* quem pobreza tem, dos parentes é desdem. *Obscuritatem paupertas, divitiæ nobilitatem pariunt.*

Pobrezuelo, la. *adj. dim.* de *Pobre.*

Pobrísimo, ma. *adj. sup.* de *Pobre.* Pobrissimo; muito pobre.

Pobrismo. *m.* Pobreza; conjuncto, multidão de pobres. *Pauperum turba.*

Pocazo, za. *adj. (ant.)* V. *Pequeño.*

Pocero. *m.* V. *Pozero.*

Pocilga. *f.* Possilga; logar onde se criam e recolhem porcos. *Hara, suile:* — *(fig.)* possilga; logar immundo, asqueroso. *Fœtidus locus.*

Pocilofito. *m. (bot.)* Pocillophito; planta cuja fructificação apresenta variedades notaveis.

Pócima. *f.* Poção; bebida medicinal que se dá aos enfermos. *Potio medica:* — *(fig.)* poção; qualquer bebida desagradavel ou mal feita. *Ingrata potio.*

Pocion. *f.* V. *Bebida:* — *(pharm.)* poção; medicamento liquido do peso de quatro a seis onças, que se administra ás colheres. *Potio, onis.*

Poco, ca. *adj.* Pouco, escasso, curto, limitado. *Paucus, a, um:* — *m.* pouco; quantidade pequena ou escassa. *Parum, i:* — *adv.* pouco; com miseria, em pequena quantidade. *Parcè:* — pouco, brevemente, em breve. *Breviter:* — *a poco (loc. adv.);* pouco a pouco; com lentidão, de vagar: pouco a pouco; de vagar, por pequenas porções. *Paulatim, lentè, pedetentim:* — *interj.* pouco a pouco, alto lá! de vagar! *Heu, paulatim:* — *mas ó menos;* pouco mais ou menos, com pouca differença. *Res pravi pretii:* — *menos.* V. *Casi, casi:* —V. *A pocos.* V. *Por poco. A poco;* em pouco, em breve espaço de tempo. *Brevi. En poco, por poco;* por pouco. *¡Que poco!* que pouco! que ridicularia! *Nullatenus, minimè. Ser de poco mas ó menos (fr.);* ser de pouco mais ou menos; ser desprezivel, de maus costumes, etc. *De lo poco, poco, y de lo mucho, nada (rif.);* do pouco pouco, e do muito nada. *Largus dum eget, dum abundat parcissimus. Muchos pocos hacen un mucho;* muitos poucos fazem muito. *E minimis maxima fiunt.*

Pocomano, na. *adj.* Pocomano; diz-se das linguas que se fallam em Guatemala.

Pocoyan. *m. (zool.)* Pocoyan; abelha das Filippinas, mais grossa que a da Europa.

Poculiforme. *adj.* Poculiforme; em fôrma de copo.

Póculo. *m. (ant.)* V. *Bebida.*

Pocho, cha. *adj.* Descorado, de côr perdida. *Decolor, oris:* — passado, maduro de mais: — chocho, deteriorado, corrompido.

Poda. *f.* Poda; acção de podar, tempo em que se executa esta operação. *Putatio, onis.*

Podacanto *m. (zool.)* Podacantho; genero de insectos orthopteros, da tribu dos phasmios.

Podadera. *f.* Podadeira, podão; instrumento que serve para podar a vide e outras plantas. *Putatoria falx.*

Podador. *m.* Podador; o que poda. *Putator, frondator.*

Podadura. *f. (ant.)* V. *Poda.*

Podagra. *f. (med.)* Podagra; nome dado pelos antigos á gota que ataca as articulações do pé, e por extensão a toda a qualidade de gota.

Podagrica. *f. (zool.)* Podagrica; genero de insectos coleopteros subpentameros, da familia dos cyclicos.

Podalgo. *m. (zool.)* V. *Botino.*

Podaliria. *f. (bot.)* Podalyria; genero de plantas da familia das leguminosas papilionaceas.

Podanto, *m. (bot.)* V. *Eujenia.*

Podar. *a.* Podar; cortar os ramos superfluos das arvores e arbustos, para que fructifiquem com mais força e vigor. Diz-se ordinariamente da vinha. *Putare.*

Podartro. *m. (zool.)* Podartro; articulação do pé com o tarso, nas aves.

Podartrocacia. *f. (med.)* Podartrocacia; inflammação ou carie das superficies osseas da articulação do pé.

Podazon. *f.* Poda; epocha propria para podar as arvores. *Putationis tempus:* — *(ant.)* V. *Poda.*

Podencefalia. *f. (physiol.)* Podencephalia; monstruosidade caracterisada pela saliencia de parte do encephalo para fôra do craneo.

Podencéfalo. *m. (physiol.)* Podencephalo: genero de monstros unitarios, da familia dos exencephalianos, ordem dos antositos.

Podenco, ca. *adj.* Podengo; denominação do cão empregado na caça dos coelhos. *Canis venaticus odorus; vertagus.*

Podenquillo, lla. *adj. dim.* de *Podenco.* Podenguinho.

Poder. *a. (fam.)* Poder, vencer, triumphar de alguem. *Vincere:* - enfastiar, incommodar; *v. g.: me puede que hablen de lo que no entienden;* enfastia-me que fallem do que não entendem: — *n.* poder; ter facilidade ou potencia para fazer qualquer cousa: — poder, ter dominio, auctoridade, etc. *Dignitate, auctoritate valere:* — poder; ter força, actividade para resistir, soffrer, etc. *Valere:* — poder; emprega-se ás vezes este verbo para mover alguem a executar qualquer cousa. *Posse:* — poder; ter facilidade, tempo ou logar para fazer qualquer cousa. Usa-se regularmente como negativo. *Posse, valere:* — *r.* ser possivel, ser permittido. *Fieri, posse:* — *m.* poder, poderio, dominio, jurisdicção sobre qualquer cousa. *Facultas, potestas:* — poder; forças militares de uma nação, estado, republica, etc. *Potentia, vires:* — poder, força, vigor, capacidade, possibilidade. *Vis, is:* — *absoluto ó arbitrario.* V. *Despotismo:* — *de Dios! (interj.);* poder de Deus! *Proh Deus!:* — *esmerado.* V. *Poder supremo:* — *espiritual;* poder espiritual; poder da Igreja em negocios de religião: — *temporal;* poder temporal; governo civil de um estado. *A mas no poder (fr.);* a mais não poder; não poder deixar de. *Invitè, coactè. A poder de;* a poder de, por influxo, á força de rogos, dinheiro, etc. *Vi. A su poder ó a todo su poder;* com todo o seu poder, com todas as suas forças. *Totis viribus. A todo poder;* com todo o poder, com todo o esforço possivel. *Totis viribus. De poder absoluto.* V. *Despoticamente. De poder a poder;* com toda a força; diz-se de qualquer contenda, disputa ou batalha, em que de uma e de outra parte se empregaram todas as forças para o ataque e defeza. *Summis utrinque viribus. Hacer un poder;* fazer por poder, fazer um sacrificio. *Fac ut possis. Hasta mas no poder;* até mais não poder. *Quantum fieri possit. No poder con alguno;* não poder com alguem; não poder vence-lo nem traze-lo á rasão. *Incassum alteri obsistere. No poder mas;* não poder mais, tendo necessidade de executar qualquer cousa. *Necessitate compelli, cogi:* não poder mais; estar summamente fatigado ou cansado de fazer qualquer cousa. *Vires jam agendo deficere; ultra non posse:* não poder mais; não ter tempo ou meios necessarios para concluir qualquer cousa começada. *Non licere ob temporis angustiam.*

No poder menos; não poder fazer qualquer cousa por menos, ser necessario, ser indispensavel. *Non posse quin. No poder uno consigo mismo;* não poder alguem comsigo mesmo; aborrecer-se, enfastiar-se de si mesmo. *Ipsum sibi fastidio esse. No poder ver a alguno;* não poder ver alguem; ter-lhe aversão: — *(art.)* poder; diz-se da força, vigor do cavallo, em equitação: — *m. (jur.)* poder; posse actual de qualquer cousa. *Possessio, onis:* — poder, procuração; documento ou instrumento em que alguem dá a faculdade a outrem de executar, em seu nome, qualquer cousa. Usa-se tambem no plural, no mesmo sentido. *Mandatum; potestatis vel facultatis juridica transmissio. A todo su leal poder;* com todo o seu leal poder; com a maior fidelidade e exactidão possivel: — *ejecutivo (polit.);* poder executivo; o que nos governos representativos tem a seu cargo governar o estado e fazer observar as leis: — *judicial;* poder judicial; o que exerce a administração da justiça: — *lejislativo;* poder legislativo; o que tem o poder de fazer e reformar as leis.

Poderante. *m.* Constituinte, committente; o que dá poder a outrem para tratar qualquer negocio em seu nome. *Potestatem alteri conferens.*

Poderhabiente. *m.* Procurador; aquelle que recebe poderes de outrem para administrar ou tratar qualquer negocio em seu nome. *Potestatem ab alio acceptam habens.*

Poderío. *m.* Poderio, poder; faculdade de fazer qualquer cousa. *Potestas, potentia:* — poderio, poder, dominio, imperio. *Potentia, dignitas:* — poderio, auctoridade, jurisdicção. *Auctoritas, atis:* — poderio, bens, fazenda, riquezas. *Opes, bona:* — *(ant.)* poderio, poder, faculdade, força grande. *Potestas, tis.*

Poderosamente. *adv. m.* Poderosamente, fortemente, vigorosamente. *Potenter, viriliter.*

Poderosísimo, ma. *adj. sup.* de *Poderoso.* Poderosissimo; muito poderoso.

Poderoso, sa. *adj.* Poderoso; que tem poder. *Potens, tis:* — poderoso, rico, opulento. *Dives opum, opulentus:* — poderoso, grande, excellente, magnifico. *Prævalidus, præpotens:* — poderoso, activo, efficaz. *Validus, efficax:* — *(ant.)* dizia-se do que tinha alguma cousa em seu poder.

Podestadía. *f. (ant.)* V. *Potestad.*

Podex. *m. (zool.)* Podex; ultimo segmento dorsal do abdomen dos insectos.

Podio. *m. (hist.)* Podium; tribuna ou varanda em que os imperadores, consules e iguaes personagens assistiam aos espectaculos. *Podium, ii:* — *(archit.)* podium; pedestal em que se apoiam varias columnas. *Podium, ii:* — *(zool.)* podium; genero de insectos hymenopteros, da familia dos sphegidos.

Podo. *m. (ant.)* V. *Poda.*

Podoa. *f. (zool.)* V. *Helióruide.*

Podobranquio, quia. *adj. (zool.)* Podobranchio; diz-se do animal que tem branchias nas patas.

Podocarpo, pa. *adj. (bot.)* Podocarpo; diz-se da planta cujo ovario é sustentado por um pedunculo: — *m.* podocarpo: genero de plantas da familia das coniferas.

Podoce. *m. (zool.)* Podoce; genero de aves da ordem dos passaros, familia das corvideas.

Podocero. *m. (zool.)* Podocero; genero de crustaceos amphipodas da familia dos gamarideos.

Podofillo, Podofolio. *m. (bot.)* Podophyllo; genero de plantas da familia das berberideas.

Podojino. *m. (bot.)* Podogyno; eminencia solida, carnosa e distincta da substancia do pedunculo e do calix, que serve de sustentaculo ao ovario, com que se continúa e do qual se distingue sómente por sua côr ou tecido.

Podolépide. *m. (bot.)* Podolepis; genero de plantas da familia das compostas.

Podolobio. *f. (bot.)* Podolobio; genero de plantas da familia das leguminosas.

Podolojia. *f. (med.)* Podologia; descripção anatomica, physiologica e pathologica do pé.

Podolójico, ca. *adj.* Podologico; relativo á podologia.

Podomala. *f. (zool.)* Podomala; genero de insectos coleopteros heteromeros, da familia dos molasomos.

Podómetro. *m.* Podometro; instrumento destinado a contar os passos que alguem dá, ou as voltas que dá uma roda.

Podon. *m.* Podão; instrumento de podar arvores. *Scirpicula, æ.*

Podonipta. *m. (rel.)* Podonipta; individuo de uma seita, que considerava como obrigatoria a lavagem dos pés.

Podonta. *f. (zool.)* Podonta; genero de insectos coleopteros heteromeros, da familia dos xystropidos.

Podóptero. *m. (bot.)* Podoptero; genero de plantas da familia das polygoneas.

Podosaurio, ria. *adj. (zool.)* Podosaurio; diz-se dos reptis saurios, que podem mover-se com os pés.

Podoscirto. *m. (zool.)* Podoscirto; genero de insectos orthopteros, da familia dos gryllideos.

Podosperma. *f. (bot.)* V. *Podospermo.*

Podospermo. *m. (bot.)* Podospermo; funiculo ou cordão umbilical das sementes: — podospermo; genero de plantas da familia das compostas.

Podostemáceas. *f. pl. (bot.)* Podostemaceas; familia de plantas dicotyledoneas.

Podostémon. *m. (bot.)* Podostemon; genero de plantas da familia das podostemaceas.

Podostigma. *f. (bot.)* Podostigma; genero de plantas da familia das asclepiadeas.

Podoteca. *f. (bot.)* Podotheca; genero de plantas da familia das compostas: — *(zool.)*

podotheca; pelle que cobre todo o pé dos mammiferos: podotheca; verniz corneo, que reveste a parte inferior da perna e pé das aves: — podotheca; porção da chrysalida, que protege as patas do insecto.

Podoxilo. *m. (bot.)* Podochilo; genero de plantas da familia das orchideas.

Podozoarios. *m. pl. (zool.)* Podozoarios; classe de animaes em que predomina a formação dos pés, como os crustaceos, os insectos, os arachnides, etc.

Podre. *f.* Materia, pus.

Podrecer. *a.* V. *Pudrir.* Usa-se tambem como neutro e reciproco.

Podrecimiento. *m.* Apodrecimento, putrefacção, corrupção. *Suppuratio, corruptio.*

Podredumbre. *f.* Podridão; má qualidade, que faz apodrecer as cousas. *Putredo, inis:* — materia, pus:—*(fig.)* desgosto; sentimento interior que não se explica. *Angor animi:* — *(med.)* gangrena; estado particular das feridas que suppuram, que consiste na desorganisação das partes brandas: — *(vet.)* podridão, cachexia aquosa; enfermidade das ovelhas.

Podredura. *f. (ant.)* Podridão, putrefacção, corrupção.

Podridero. *m.* V. *Pudridero.*

Podrigono. *m. (fam.)* V. *Podredumbre:*—*(fig. fam.)* podre, achacoso; pessoa cheia de achaques.

Podrimiento. *m.* V. *Pudrimiento.*

Podrir. *a.* V. *Pudrir. Podrido de cabeza;* louco, nescio. *Olla podrida.* V. *Olla.*

Poema. *m.* Poema; obra escripta em verso, que pôde reduzir-se a alguma das especies de poesia. *Poema, atis.*

Poesía. *f.* Poesia; arte de fazer composições em verso. *Ars poetica:* — poesia; a mesma composição em verso em que se imita com perfeição a natureza. *Poesis, is:* — poesia; fogo e viveza das imagens poeticas. *Œstrum, i:* — poesia; qualquer obra ou parte d'ella que abunda em figuras, imagens e fic-ções. *Poesis, is:* — poesia; por extensão applica-se a tudo aquillo que apresenta elevação, nobreza e sentimento, com referencia a obras de arte, ás pessoas ou á natureza. *Poesis, is:* — *pl.* poesias; as obras dos poetas, especialmente fallando dos modernos. *Poemata, orum.*

Poeta. *m.* Poeta; o que cultiva a poesia. *Poeta, vates.*

Poetar. *n. (ant.)* V. *Poetisar.*

Poetastro. *m.* Poeta de agua doce, mau poeta.

Poética. *f.* V. *Poesía,* na sua primeira accepção: — poetica; obra ou tratado em que se dão preceitos e regras para fazer versos. *Poesis, ars poetica.*

Poéticamente. *adv. m.* Poeticamente, de uma maneira poetica. *Poeticè.*

Poético, ca. *adj.* Poetico; que diz respeito á poesia. *Poeticus, a, um.*

Poetilla. *m. dim.* de *Poeta.*

Poetisa. *f.* Poetisa; mulher que faz versos. *Poetria, poetris.*

Poetizar. *n.* Poetisar, poetar; fazer, compor versos. *Poetari:* — poetisar, poetar; dar a fôrma poetica a alguma cousa.

Poeton. *m. augm.* de *Poeta.*

Poetría. *f. (ant.)* V. *Poesía.*

Pogojina. *f. (bot.)* Pogogyna; genero de plantas, da familia das labiadas.

Pogonia. *f. (bot.)* Pogonia; genero de plantas da familia das orchideas: — *(zool.)* pogonia; genero de peixes acanthopterygios, da familia dos scienoides.

Pogoniasis. *f. (physiol.)* Pogoniasis; desenvolvimento da barba em uma mulher.

Pogono. *m. (zool.)* Pogono; genero de insectos coleopteros pentameros, da familia dos carabicos.

Pogonóforo, ra. *adj. (zool.)* Pogonophoro; diz-se do animal que tem barbas: — *f. pl.* pogonophoras; familia de aves trepadoras, cujas especies têem barbas em redor do bico.

Pogonópodo, da. *adj. (zool.)* Pogonopodo; diz-se do animal que tem os pés cobertos de pellos.

Pogonópside. *m. (bot.)* Pogonopsis; genero de plantas da familia das gramineas.

Pogonostoma. *f. (zool.)* Pogonostoma; genero de insectos nevropteros da familia dos phryganios.

Pogonoxero. *m. (zool.)* Pogonochero; genero de insectos coleopteros tetrameros, da familia dos longicornes.

Pogostémon. *m. (bot.)* Pogostemon; genero de plantas da familia das labiadas.

Pogostoma. *f. (bot.)* Pogostoma; genero de plantas da familia das scrophularineas.

Poiante. *adj. (ant.)* V. *Poderoso.*

Poiar. *a. (ant.)* V. *Pujar:* — pujar, sobrepujar, exceder: — *(ant.)* V. *Sobresalir.*

Poinciana. *f. (bot.)* Poinciana; genero de plantas da familia das leguminosas papilionaceas.

Poino. *m.* Poio, canteiro; trave em que assenta a cuba na bodega. *Ancon dolliis fulciendis.*

Poinsetia. *f. (bot.)* Poinsethia; genero de plantas da familia das euphorbiaceas.

Pois. *adv. t. (ant.)* V. *Después.*

Poitea. *f. (bot.)* Poitea; genero de plantas da familia das leguminosas papilionaceas.

Poivrea. *f. (bot.)* Poivrea; genero de plantas da familia das combretaceas.

Pola. *f. (ant. prov.)* Povo, povoação.

Polaca. *f.* Orelha do sapato, que cáe sobre o peito do pé. *Calcei lanula:* — *(mus.)* polaca; canto e dansa de movimento moderado, cuja origem vem da Polonia.

Polaco, ca. *adj.* Polaco; pertencente á Polonia, natural d'este paiz. *Polonus, polonicus:* — *m. pl.* polacos; denominação que se dava no seculo passado aos partidarios de uma das companhias comicas de Madrid.

Polacra. *f. (naut.)* Polacro; embarcação de dois mastros e com o mesmo velame dos bergantins. *Navis onerariæ genus:* — V. *Polacre.*

Polacre. *f. (naut.)* Polaca; embarcação de véla latina, usada no Mediterraneo. *Quodam navis genus.*

Poladura. *f. (ant. prov.)* Povo, povoação.

Polaina. *f.* Polaina; especie de calçado, ordinariamente de panno, que cobre a perna até ao joelho e chega ao peito do pé, abotoando-se pela parte de fóra. *Tibialia pannea sine soleis.*

Polanisia. *f. (bot.)* Polanisia; genero de plantas da familia das capparideas.

Polar. *adj.* Polar; pertencente aos polos. *Ad polos attinens:* — *a. (ant.)* V. *Poblar. Circulos polares (astr.)* V. *Circulo. Cuadrante polar.* V. *Cuadrante. Estrella polar;* estrella polar; a ultima estrella da constellação da ursa menor. *Proyeccion polar;* projecção polar; representação da terra ou do céu projectada sobre o plano de um dos circulos polares.

Polaridad. *f. (phys.)* Polaridade; faculdade de ter ou poder adquirir polos.

Polarizacion. *f. (phys.)* Polarisação; modificação que a luz experimenta ao atravessar um crystal dotado de dupla refracção, ou ao caír sobre uma superficie, com a qual forma um angulo de trinta e cinco graus.

Poldrack. *m.* Poldrack; moeda antiga da Polonia, que valia dois quartos.

Polea. *f. (naut.)* Polé; especie de moutão. *Quædam trochlea nautica:* — *(mech.)* V. *Garrucha:* — *compuesta.* V. *Polepastra.*

Poleadas. *f. pl.* Papas; farinha cozida em agua.

Poleame. *m.* Poleame; apparelho de polés, pertencente a uma embarcação. *Trochlearum copia.*

Polecía. *f. (ant.)* Estratagema, artificio.

Polemarca. *m.* Polemarcha; nome que se dava em Athenas ao terceiro archonte. No resto da Grecia dava-se geralmente o mesmo nome, como titulo de distincção, ao chefe do exercito.

Polemarquía. *f.* Polemarchia; dignidade de polemarcha; o tempo da sua duração, e tambem o logar da sua residencia.

Polemianos. *m. pl. (rel.)* Polemianos; sectarios do seculo IV, que sustentavam que se tinha feito uma mistura do verbo e da carne.

Polémica. *f.* Polemica; controversia, por escripto, sobre materias theologicas, politicas ou litterarias: — polemica; a theologia dogmatica. *Theologia positiva, dogmatica:* — *(mil.)* estrategia; arte que ensina os ardis com que se deve offender e defender qualquer praça. *Ars urbes expugnandi et eas tuendi ac defendendi.*

Polémico, ca. *adj.* Polemico; que diz respeito á polemica. *Ad belligerandum aut disputandum attinens.*

Polemoniáceas. *f. pl. (bot.)* Polemoniaceas; familia de plantas dicotyledoneas, que têem por typo o genero polemonio.

Polemonio. *m. (bot.)* Polemonio; genero de plantas da familia das polemoniaceas.

Polemos. *m.* Polemos; nome grego da guerra.

Polemoscópico, ca. *adj. (phys.)* Polemoscopico; relativo ao polemoscopio.

Polemóscopo, Polemoscopio. *m.* Polemoscopio; especie de oculo de ver ao longe com duas refracções e duas reflexões, usado principalmente na guerra.

Pólen. *m. (bot.)* Pollen; dá-se este nome ao pó fecundante das plantas.

Polenia. *f. (zool.)* Pollenia; genero de insectos dipteros, da familia dos athericeros.

Polenta. *f.* Polenta; especie de papas a que se junta queijo parmesão. *Polenta, æ:* — *(pharm.)* polenta; nome que davam os antigos ás differentes preparações de cevada, já como alimento, já como bebida. Actualmente dá-se este nome á farinha de maiz.

Poleo. *m.* Vaidade, ostentação no modo de andar ou fallar. *Jactantia, elatio:* — *(fam.)* vento frio e aspero. *Vehemens ventus:* — *(germ.)* V. *Polinche. Vienes a deseo, huelesme a poleo (rif.);* vale mais ser desejado que aborrecido. *Exspectatus advenis, et gratissimè pro inde receptus:* — *(bot.)* poejo; especie de plantas: — *de Creta;* poejo de Creta; variedade de poejo, a que se dá tambem o nome de poejo branco.

Poletes. *m.* Polletes; nome de dez magistrados de Athenas encarregados de administrar as rendas publicas e os bens confiscados a favor do estado.

Poleví. *m.* V. *Ponleví.*

Polex. *m. (ant.)* V. *Pulgar.*

Polexfenia. *f. (bot.)* Pollexfenia; genero de plantas phyceas, da tribu das rhodomeleas.

Polgar. *m. (ant.)* V. *Pulgar:* — *pl. (ant.)* força, potencia, brio, bizarria.

Poliacantocéfalo, la. *adj. (zool.)* Polyacanthocephalo; que tem a cabeça armada de espinhas.

Poliacústico, ca. *adj. (phys.)* Polyacustico; que multiplica os sons.

Poliadelfia. *f. (bot.)* Polyadelphia; classe de plantas, no systema sexual de Linneu, que comprehende aquellas que têem muitos estames, pegados por seus filamentos, formando differentes paquetes.

Poliadelfita. *f. (min.)* Polyadelphita; variedade de silicato de ferro.

Poliadelfo, fa. *adj. (bot.)* Polyadelpho; que tem os estames unidos por seus filetes em mais de dois paquetes: — polyadelpho; que tem relação com a polyadelphia.

Poliadenia. *f. (bot.)* V. *Tamaris:* — polyadenia; genero de plantas da familia das laurineas.

Polialda. *f. (phys.)* Polyalda; especie de lentes, com cujo auxilio se pôde variar o tamanho dos objectos dentro de certos limites.

Polialita. *f. (min.)* Polyalitha; substancia mineral em pequenas massas de textura compacta e fibrosa.

Polialtia. *f.* *(bot.)* Polyalthia; genero de plantas da familia das anonaceas.

Poliamatipar. *a.* *(art.)* Polyamatypar; fundir varias letras reunidas.

Poliamatipia. *f.* *(art.)* Polyamatypia; processo pelo qual se fundem varias letras reunidas.

Poliamatipo, pa. *adj.* *(art.)* Polyamatypo; diz-se dos caracteres typographicos em que se fundem varias letras reunidas.

Poliamico, ca. *adj.* *(med.)* Polyamico; diz-se de um medicamento composto de varias substancias.

Poliandria. *f.* *(bot.)* Polyandria; classe de plantas, no systema sexual de Linneu, que comprehende aquellas que têem muitos estames hypogynos reunidos em uma mesma flor.

Poliándrico, ca. *adj.* *(bot.)* Polyandrico; pertencente á polyandria.

Polianhemia. *m.* *(med.)* Polyanhemia; diminuição geral do sangue.

Polianita. *f.* *(min.)* Polyanita; peroxydo de manganez quasi puro, de muito brilho, tão duro como o quartzo, e que risca facilmente o aço.

Polianthea. *f.* Polyanthea; collecção de noticias sobre materias differentes e de classes distinctas. *Polyanthea, æ.*

Poliantemo, ma. *adj.* *(bot.)* Polyanthemo; que tem muitas flores: — polyanthemo; que tem mais de uma flor: — polyanthemo; que tem as flores agglomeradas.

Poliánteo, tea. *adj.* *(bot.)* Polyanteo; que tem as flores compostas ou aggregadas.

Poliantéreo, rea. *adj.* *(bot.)* Polyantereo; que tem muitos estames.

Poliantérice. *m.* *(bot.)* Polyantherix; genero de plantas da familia das gramineas.

Polianto, ta. *adj.* *(bot.)* Polyantho; que tem ou encerra muitas flores.

Poliarca. *m.* Polyarcha; individuo de uma polyarchia.

Poliarjilita, Poliarjita. *f.* *(min.)* Polyargilita; silicato de alumina, que se encontra em certo granito de Allemanha.

Poliarquia. *f.* Polyarchia; governo de muitos. *Polyarchia, æ.*

Poliaspisto, ta. *adj.* *(zool.)* Polyaspisto; que tem o corpo coberto de escamas.

Poliaxiro. *m.* *(bot.)* V. *Poliaquiro.*

Polibasita. *f.* *(min.)* Polybasita; sulphureto de prata, antimonio, arsenico e cobre.

Poliblennia. *f.* *(med.)* Polyblennia; superabundancia de mucosidades.

Políbola. *f.* *(mil.)* Polybola; machina de guerra, que lançava ao mesmo tempo muitos projectis.

Polibotria. *f.* *(bot.)* V. *Acróstico.*

Polibraco. *m.* *(physiol.)* Polybrachio; monstro que tem um ou muitos braços supranumerarios.

Polibranco, ca. *adj.* *(zool.)* Polybranchio; que tem muitas branchias.

Polibraquia. *f.* *(physiol.)* Polybrachia; monstruosidade que consiste na existencia de um ou muitos braços supranumerarios.

Polibraquio, quia. *adj.* *(physiol.)* V. *Polybraco.*

Policardia. *f.* *(bot.)* Polycardia; genero de plantas da familia das celastrineas, tribu das evonymeas.

Policárpea. *f.* *(bot.)* Polycarpea; genero de plantas da familia das paronychias: — *f. pl.* *(bot.)* polycarpeas; tribu de plantas da familia das paronychias, que tem por typo o genero polycarpon.

Policarpio. *m.* *(bot.)* Polycarpon; genero de plantas da familia das paronychias.

Pólice. *m.* V. *Pulgar.*

Policéfalo, la. *adj.* *(bot.)* Polycephalo; que está carregado de muitas cabecinhas: — polycephalo; que tem os ramos terminados por uma cabeça pequena: — *m.* *(zool.)* polycephalos; especie de vermes intestinaes vesiculosos.

Policenia. *f.* *(bot.)* Polycenia; genero de plantas da familia das selagineas.

Policerato, ta. *adj.* *(bot.)* Polycerato; que tem fructos prolongados e aggregados, em grande numero: — *(zool.)* polycerato; que tem muitos cornos.

Policerodermario, ria. *adj.* *(zool.)* Polycerodermario; que tem a pelle armada de muitos tentaculos.

Policía. *f.* Policia; boa ordem que se observa n'uma cidade, villa, etc., cumprindo-se as leis ou posturas estabelecidas. *Rectus civitatis ordo:* — policia, polidez, civilidade, cortezia no trato e costumes. *Urbanitas, comitas, morum elegantia:* — policia; corpo de agentes ou empregados destinados a fazer observar a ordem, a vigiar pela segurança publica, etc.: — *(ant.)* policia, primor, aceio: — *secreta;* policia secreta; corpo de espias assalariados para denunciar conspirações politicas, etc.: — *(mil.)* policia; parte do serviço interno dos quartéis.

Policíclico, ca. *adj.* *(zool.)* Polycyclico; que se enrola, com varias voltas, sobre si mesmo.

Policiclo. *m.* *(zool.)* Polycyclo; genero de ascidias do mar Adriatico.

Policitacion. *f.* Pollicitação; offerta ou promessa feita a Deus ou á republica. *Pollicitatio, onis.*

Policladia. *f.* *(bot.)* Polycladia; estado de uma planta, que lança mais ramos ou folhas que o ordinario.

Policlado, da. *adj.* *(bot.)* Polyclado; que lança mais ramos ou folhas que o ordinario.

Policleide. *m.* *(zool.)* Polyclacis; genero de insectos coleopteros tetrameros, da familia dos curculionidos.

Policlina. *f.* *(zool.)* Polyclina; genero de aves da familia dos alciões: — polyclina; genero de molluscos, estabelecido para classificar uma especie de ascidia que se encontra nos mares do Egypto.

Policlíneo, nea. *adj.* *(zool.)* Polyclineo; diz-se dos polypos reunidos em massas, tendo uma vida commum, differente da que tem cada um em particular.

Políclono, na. *adj. (bot.)* Polyclono; que tem o caule dividido n'um grande numero de ramos.

Policnemo. *m. (bot.)* Polycnemo; genero de plantas da familia das amaranthaceas.

Policolia. *f. (med.)* Polycolia; superabundancia de bilis.

Policomo. *m. (zool.)* Polycomo; genero de insectos coleopteros tetrameros, da familia dos curculionidos.

Policopria. *f. (med.)* Polycopria; abundancia excessiva de dejecções alvinas.

Policóptero, ra. *adj. (zool.)* Polycoptero; que tem as azas guarnecidas de manchas longitudinaes.

Policordio. *m. (mus.)* Polycordio; instrumento de cordas e arco, inventado em 1799.

Policorino. *m. (zool.)* Polycoryno; genero de insectos coleopteros tetrameros, da familia dos curculionidos.

Policotilario, ria. *adj. (zool.)* Polycotylario; que tem muitos pares de ventosas ou chupadores, guarnecendo a parte posterior do corpo.

Policotiledóneo, nea. *adj. (bot.)* Polycotyledoneo; diz-se da planta que tem mais de dois cotyledones.

Policótilo, la. *adj. (zool.)* Polycotylo; que tem muitas cavidades.

Policotomia. *f. (physiol.)* V. *Politomia.*

Policótomo, ma. *adj.* Polycotomo; que se acha dividido em muitas articulações ou segmentos.

Policracia. *f.* V. *Democracia.*

Policrasa. *f. (min.)* Polycrasa; mineral de côr negra, brilho metallico e que crystalliza em prismas rhomboidaes.

Policráticamente. *adv.* V. *Democráticamente.*

Policrático, ca. *adj.* V. *Democrático.*

Policresto, ta. *adj. (pharm.)* Polychresto; qualificação dada aos medicamentos que têem muitos e variados usos. *Sal policresta de Glauber.* V. *Sulfato de sosa.*

Policroa. *f. (bot.)* V. *Amaranto:* — *(chim.)* polychroa; principio corante do açafrão.

Policroilita. *f. (min.)* Polychroilita; pedra de fractura schistosa, que risca o vidro e se pulverisa ao mesmo tempo.

Polícroismo. *m. (phys.)* Polycroismo; phenomeno que consiste em apresentarem certos corpos crystallisados e transparentes, vistos por refracção ou collocados entre o olho e a luz, cores differentes, segundo o sentido em que são penetrados pelo raio luminoso.

Policroita. *f. (min.)* Polycroita; substancia mineral de fractura vitrea: — *(chim.)* polycroita; principio corante do açafrão.

Policromia. *f.* Polychromia; estado ou caracter de um corpo que apresenta na côr dos tecidos differentes matizes.

Policromo, ma. *adj.* Polychromo; composto de diversas cores: — *m. (min.)* polychromo; chloro-phosphato de chumbo.

Polícrono, na. *adj.* Polychrono; que dura muito tempo: — *m. (rel.)* polychrono; diz-se na Igreja grega de uma oração que se reza para que os imperadores tenham longa vida.

Poliche. *m. (germ.)* Casa de jogo.

Polichinela. *s.* Gracioso, jocoso, nas comedias italianas: — titre, bobo.

Polidacria. *f. (med.)* Polydachria; secreção superabundante de lagrimas.

Polidácride. *m. (zool.)* Polydacrys; genero de insectos coleopteros tetrameros, da familia dos curculionidos.

Polidáctilia. *f. (physiol.)* Polydactilia; monstruosidade que consiste na multiplicação dos dedos, ou na existencia de varios dedos supranumerarios.

Polidáctilo, la. *adj. (physiol.)* Polydactilo; qualificação dada aos individuos que têem dedos supranumerarios: — *(bot.)* polydactilo; que tem muitas espigas em mólhos, cujas cupulas formam uma especie de digitação nas extremidades dos lobulos.

Polidamente. *adv.* V. *Pulidámente.*

Polidero. *m. (ant.)* Polidor; o que pule.

Polideza. *f. (ant.)* V. *Pulidez.*

Polidixia. *f. (med.)* Polydixia; sêde excessiva que alguns auctores têem considerado como enfermidade especial.

Polido, da. *adj. (ant.)* V. *Pulido.*

Polidonte. *m. (zool.)* Polidonte; genero de conchas estabelecido para classificar algumas especies carenadas, umbilicadas, cuja abertura é guarnecida nos seus dois bordos por dentes grossos.

Polidor. *m. (ant.)* V. *Pulidor:* — *(germ.)* ladrão que vende o que outros têem roubado.

Polidraso. *m. (min.)* Polydraso; crystal de facetas, plano por um lado e convexo pelo outro, porém com a convexidade composta de muitos planos rectos.

Polidroso. *m. (zool.)* Polydroso; genero de insectos coléopteros, da familia dos curculionidos.

Poliédrico, ca. *adj. (math.)* Polyedrico; pertencente ao polyedro.

Poliedro. *m. (math.)* Polyedro; solido que consta de muitas faces: — *(min.)* polyedro; crystal terminado por planos ou superficies planas.

Poliemia. *f. (med.)* Polyhemia; plethora sanguinea, em opposição á anemia que indica falta de sangue.

Poliergia. *f.* Polyergia; talento, capacidade que abraça varios generos de conhecimentos, de desenvolvimento.

Poliesquia. *f. (physiol.)* Polyeschia; monstruosidade caracterisada pela deformidade de algum membro.

Poliesquiano, na. *adj. (physiol.)* Polyeschiano; diz-se de um monstro por polyeschia.

Polífago, ga. *adj.* Polyphago; que come muito: — V. *Omnívoro.*

Polifajia. *f. (med.)* Polyphagia, voracidade; propriedade de comer muito e toda a qualidade de substancias.

Polifarmacia. *f.* Polypharmacia; emprego, uso ou prescripção de um grande numero de medicamentos.

Polifarmaco. *m.* Polypharmaco; o que emprega muitos medicamentos ao mesmo tempo: — *adj.* polypharmaco; que se compõe de muitos medicamentos.

Polifemo. *m.* *(zool.)* Polyphemo; genero de crustaceos daphnoideos.

Polifénide. *m.* *(zool.)* Polyphænis; genero de insectos lepidopteros, da familia dos nocturnos.

Polifilo, lla. *adj.* *(bot.)* Polyphyllo; que tem muitas folhas.

Polifisa. *f.* *(bot.)* Polyphysa; genero de algas, da familia das confervaceas.

Polifisia. *f.* *(med.)* Polyphysia; abundancia de ventosidades.

Polifolia. *f.* *(bot.)* Polypholia; genero de plantas da familia das ericaceas.

Polífono, na. *adj.* Polyphono; que tem muitos sons: — *(phys.)* polyphono; diz-se do echo que repete o som muitas vezes.

Poliforo. *m.* *(bot.)* Polyphora; protuberancia situada sobre o ovario e cuja parte superior é o receptaculo commum de muitos ovarios.

Polifrade. *m.* *(zool.)* Polyphrades; genero de insectos coleopteros tetrameros, da familia dos curculionidos.

Polifragmo. *m.* *(bot.)* Polyphragmon; genero de plantas da familia das rubiaceas.

Políftongo. *m.* Polyphtongo; flauta egypcia feita de uma palha de cevada e inventada por Osiris.

Polígala. *f.* *(bot.)* Polygala; genero de plantas da familia das polygaleas.

Poligalactia. *f.* *(med.)* Polygalactia; affecção produzida por uma secreção abundante de leite acompanhada de dor nos uberes.

Poligáleas. *f. pl.* *(bot.)* Polygaleas; familia de plantas dicotyledoneas polypetalas, que tem por typo o genero polygala.

Poligalia. *f.* *(med.)* V. *Poligalactia.*

Poligalico, ca. *adj.* *(chim.)* Polygalico; denominação de um acido que existe na raiz da polygala.

Poligalina. *f.* *(chim.)* Polygalina; substancia amarga que se julga existir na raiz da polygala.

Poligamia. *f.* Polygamia; estado de um homem casado com muitas mulheres. O mesmo se entende da mulher com respeito aos homens. *Polygamia, æ:* — *(bot.)* polygamia; classe de plantas do systema sexual de Linneu, que comprehende aquellas que têem no mesmo pé flores hermaphroditas e flores masculinas ou femininas.

Polígamo, ma. *s.* Polygamo; o que tem ao mesmo tempo mulheres ou que as teve successivamente. Tambem se entende da mulher com respeito aos homens. *Polygamus, a, um.*

Poligarquía. *f.* V. *Poliarquía.*

Poligástrico, ca. *adj.* *(zool.)* V. *Poligastro:* — *m. pl.* polygastricos; classe de animaes infusorios que tem uma só bôca e varios estomagos.

Poligastro, tra. *adj.* *(zool.)* Polygastro; diz-se do animal que tem varios estomagos ou sacos alimentarios.

Poligloto, ta. *adj.* Polygloto; diz-se do individuo que sabe varias linguas. *Multarum linguarum peritus:* — polygloto; o que está escripto ou impresso em varias linguas, como a biblia de Arias Montano, a Complutense de Cisneros, etc. *Biblia sacra pluribus idiomatibus excussa.*

Poligmita. *f.* *(min.)* V. *Polimignita.*

Polignáteos. *m. pl.* *(physiol.)* Polygnatheos; familia de monstros duplos parasitarios, caracterisado pelo estado informe e incompleto do individuo parasita.

Polignato, ta. *adj.* *(zool.)* Polygnatho; que tem varias maxillas: — *m. pl.* polygnathos; familia de animaes articulados, que comprehende aquelles, cuja cabeça tem por baixo dos appendices manducatorios maxillas como os crustaceos e insectos.

Poligonáceas. *f. pl.* *(bot.)* Polygonaceas; familia de plantas dicotylledoneas apetalas.

Poligonastro. *m.* *(bot.)* V. *Ofiopogo.*

Poligóneas. *f. pl.* *(bot.)* V. *Poligonáceas.*

Poligonfo, fa. *adj.* *(zool.)* Polygompho; que tem muitos dentes.

Polígono. *m.* *(bot.)* Polygono; genero de plantas, typo da familia das polygonaceas: — *(math.)* polygono; nome generico dado em geometria a qualquer figura que tem mais de quatro lados. *Polygonus, i:* — *adj.* polygoneo; que tem a fórma de polygono ou tem relação com esta figura. *Polygonius, a, um:* — *(mil.)* polygono; recinto de uma praça que tem varias frentes: — polygono; frente de fortificação destinada a instruir os alumnos na arte de atacar as praças: — polygono; escola pratica e logar onde se exercitam os artilheiros: — *esterior;* polygono exterior; aquelle que se forma tirando linhas rectas de uma ponta a outra em todos os baluartes de uma praça: — *interior;* polygono interior; figura composta das linhas que formam as cortinas de uma praça.

Poligrafía. *f.* Polygraphia; arte de escrever por muitos e diversos methodos desconhecidos que occultam a escripta ou o seu sentido: — polygraphia; sciencia que ensina a decifrar o que está escripto com letras ou caracteres desconhecidos. *Polygraphia, æ.*

Polígrafo. *m.* Polygrapho; o que se dedica ao estudo da polygraphia. *Polygraphus:* — polygrapho; auctor que escreve sobre muitas materias. *Polygraphus:* — polygrapho; machina com que se podem mover varias pennas ao mesmo tempo, tirando muitas copias de um mesmo escripto. *Polygraphus, i:* — *(zool.)* polygrapho; genero de insectos coleopteros tetrameros, da familia dos xylophagos.

POLIGRAMA. *m. (math.)* Polygramma; figura de geometria composta de muitas linhas: — *(min.)* polygramma; especie de jaspe vermelho com manchas brancas em fôrma de linhas: — *(zool.)* polygramma; genero de insectos coleopteros subpentameros, da familia dos cyclicos.

POLIHALITA. *f. (min.)* V. *Polialita.*

POLIHEDRO. *m.* V. *Poliedro.*

POLIHIDRIA. *f. (med.)* Polyhydria; suor excessivamente abundante.

POLIHIDRITO. *m. (min.)* Polyhydrito; silicato hydratado de peroxydo de ferro.

POLIHIPERHEMIA. *f. (med.)* Polyhyperhemia; superabundancia geral do sangue.

POLIHISTOR. *m. (lit.)* Polyhistor; titulo de uma obra de Solino composta de diversas noticias, a maior parte geographicas, contendo tambem a historia natural de Plinio.

POLIHISTORIADOR. *m.* Polyhistoriador; auctor que escreveu a historia de varios povos, tratando da historia universal.

POLÍJERO, RA. *adj. (bot.* e *zool.)* Polligero; que está coberto de um pó muito fino, similhante ao pollen das plantas.

POLIJINIA. *f. (bot.)* Polyginia; nome dado no systema sexual de Linneu a quatro ordens de plantas que têem varios pistillos em cada flor.

POLIJINO, NA. *adj. (bot.)* Polygino; que contém varios pistillos ou ovarios.

POLILÉPIDE. *m. (bot.)* Polylepis; genero de plantas da familia das rosaceas.

POLILINFIA. *f. (med.)* V. *Anasarca.*

POLILITA. *f. (min.)* Polylita; substancia universal opaca que risca o feldspatho e é riscada pelo quartzo.

POLILOBIO. *m. (bot.)* Polylobio; genero de plantas da familia das leguminosas.

POLILOGO. *m.* Polylogo; o que sabe fallar ácerca de muitos assumptos.

POLILOJIA. *f.* Polylogia; faculdade de fallar, raciocinar ou discorrer ácerca de diversas materias.

POLILÓJICO, CA. *adj.* Polylogico; pertencente á polylogia.

POLILLA. *f. (fig.)* Traça; o que destroe insensivelmente as cousas. *Quod sensim nocet, corrumpit. Comerse de polilla (fr. fam.);* comer-se de traça; dá a entender que a alguem se vão sumindo as cousas insensivelmente. *Exedi; rodi sensim: (fig.)* affligir-se, consumir-se. *Fodicari; vellicari; animo pungi. No tener polilla en la lengua;* não ter papas na lingua; fallar com toda a liberdade e franqueza. *Liberè, audacter loqui:* — *(zool.)* polilha, traça; genero de insectos que se cria na roupa e que a roe e destroe. *Falsa polilla de los cueros.* V. *Aglosa.*

POLIMATÍA. *f.* Polymathía; multiplicidade, vasta extensão de conhecimentos, sciencia extensa e variada.

POLIMÁTICO, CA. *adj.* Polymathico; relativo á polymathia. *Escuela polimática;* escola polymathica; aquella em que se ensinam varias sciencias.

POLIMATO. *m.* Polymatho; o que é versado em muitas sciencias.

POLIMELIA. *f. (physiol.)* Polymelia; multiplicidade monstruosa de membros n'um mesmo corpo.

POLIMÉLICO, CA. *adj. (physiol.)* Polymelico; pertencente á polymelia.

POLIMELO. *m. (physiol.)* Polymelo; monstro caracterisado por membros supranumerarios.

POLIMENTO, POLIMIENTO. *m. (ant.)* V. *Pulimento.*

POLIMERA. *f. (zool.)* Polymera; genero de insectos dipteros da familia dos tipularios.

POLIMERIA. *f. (bot.)* Polymeria; genero de plantas da familia das convolvulaceas.

POLIMERISMO. *m. (med.)* Polymerismo; palavra pouco usada, que serve para designar a deformidade em que ha excesso de partes.

POLIMETRO. *m.* Polymetro; composição poetica de varia metrificação.

POLIMIARIO, RIA. *adj. (zool.)* Polymario; diz-se das conchas bivalves quando apresentam mais de tres impressões musculares em cada valva.

POLIMIGNITA. *f. (min.)* Polymignita; titanato duplo com um grande numero de bases, como o zirconio, a ytria, o oxydo de cerio, os oxydos de ferro e do manganez, a cal, a magnesia, etc.

POLIMITA. *adj.* Polymita; diz-se de qualquer estofo tecido com fios de varias cores. *Polymitus, a, um.*

POLIMITIA. *f. (hist.)* Polymythia; poema em que se encontra uma multidão de fabulas ou incidentes.

POLIMNIA. *f. (mit.)* Polymnia, polymneia ou polyhymnia; musa que preside á rhetorica: — *(bot.)* polymnia; genero de plantas da familia das compostas.

POLIMNITA. *f. (min.)* Polymnita; pedra marcada com certos pontos que representam signaes de musica.

POLIMORFISMO. *m. (min.)* Polymorphismo; propriedade que têem certos corpos de crystallisar-se debaixo de fórmas distinctas.

POLYMORFO, FA. *adj.* Polymorpho; que está sujeito a tomar varias fórmas: — *(min.)* polymorpho; diz-se de um crystal de carbonato de cal de figura rhomboide.

POLIN. *m.* V. *Rodillo.*

POLINACION. *f. (bot.)* Pollinação; emissão do pollen no acto da fecundação.

POLINCHE. *s. (germ.)* Capa de ladrões.

POLINEURO, RA. *adj. (bot.)* Polynevro; que tem muitas nervuras.

POLÍNICO, CA. *adj. (bot.)* Pollinico; relativo ao pollen. *Masas polínicas;* massas pollinicas; porções de pollen que enchem cada cavidade particular da anthera nas orchideas e asclepiadeas. *Organos polínicos;* orgãos pollinicos; cellulas de organisação complicada, que encerram em si a substancia destinada ao desenvolvimento de um novo individuo.

POLÍNIFERO, RA. *adj. (bot.)* V. *Políjero.*

POLINIO. *m. (min.)* Pollinio; novo metal encontrado em 1845 no mineral platino.

POLINÓMIO. *m. (math.)* Polynomio; toda a quantidade algebrica composta de mais de dois termos distinctos pelos signaes + e —.

POLIOCÉFALO, LA. *adj. (zool.)* Polyocephalo; diz-se da ave que tem a cabeça parda ou cinzenta.

POLIOFTALMO, MA. *adj. (zool.)* Polyophtalmo; diz-se de alguns insectos que apresentam um grande numero de manchas similhantes a olhos.

POLIOGASTRO, TRA. *adj. (zool.)* Polyogastro; diz-se da ave que tem o ventre pardo ou cinzento.

POLIÓNIMO, MA. *adj.* Polyonimo; com muitos nomes.

POLIOPE. *adj. (physiol.)* Polyope; monstros caracterisados pela reunião de dois individuos, cuja cabeça tem quatro olhos.

POLIOPSIA. *f. (med.)* Polyopsia; vista multipla: — *(zool.)* polyopsia; genero de insectos coleopteros subpentameros, da familia dos longicornes.

POLIÓPTICO, CA. *adj. (med.)* Polyoptico; relativo á polyopsia.

POLIORAMA. *m.* Polyorama; especie de imitação da natureza em movimento, por cujo meio os pontos de vista mudam a cada instante.

POLIORCÉTICA. *f.* Polyorcetica; arte de sitiar as fortalezas, praças, etc.

POLIOREXIA. *f. (med.)* Polyorexia; affecção do estomago, que produz um appetite insaciavel.

POLIOSA. *f. (zool.)* Polyosa; genero de insectos coleopteros subpentameros, da familia dos longicornes.

POLIOSIS. *f. (med.)* Polyosis, canicia; estado dos cabellos quando se tornam brancos.

POLIOSMA. *f. (bot.)* Polyosma; genero de plantas da familia das saxifragaceas.

POLIOSOMO, MA. *adj. (zool.)* Polyosomo; diz-se do animal que tem o corpo pardo ou cinzento.

POLIOTO. *m. (bot.)* Polyotos; genero de plantas hepaticas, da familia das ptilideas.

POLIOZO. *m. (bot.)* Polyozo; genero de plantas da familia das rubiaceas.

POLIPAPO. *m. (bot.)* Polypappo; genero de plantas da familia das compostas.

POLIPEDIA. *f. (physiol.)* Polypedia; genero de desviações organicas, caracterisadas pela anomalia no numero dos fetos pertencentes a uma mesma gestação.

POLIPERIÁNTEO, TEA. *adj. (bot.)* Polyperiantheo; diz-se da flor cujos orgãos sexuaes estão encerrados em um ou em varios involucros.

POLÍPERO. *m. (zool.)* Polypero; materia calcarea cornea, segregada pelo corpo dos polypos.

POLIPETALIA. *f. (bot.)* Polypetalia; estado de uma corolla polypetala, ou de uma planta de flores polypetalas.

POLIPÉTALO, LA. *adj. (bot.)* Polypetalo; diz-se da corolla composta de varias petalas livres e distinctas.

POLIPÍFERO, RA. *adj. (zool.)* Polypifero; que tem polypos.

POLIPIFORME. *adj. (med.)* Polypiforme; qualificação de certas coagulações da parte fibrinosa do sangue nos orgãos da circulação.

POLIPIONIA. *f. (med.)* Polypionia, obesidade; superabundancia de gordura.

POLIPLOCÓFORO, RA. *adj. (zool.)* Polyplocophoro; diz-se do animal cujo corpo se acha coberto de uma serie longitudinal de placas.

POLIPLÉURO. *m. (zool.)* Polypleuro; genero de insectos coleopteros heteromeros, da familia dos melasomos.

POLIPO. *m. (med.)* Polypo; excrescencia carnosa de volume e fôrma variaveis, que se cria e desenvolve na superficie das membranas mucosas: — *(zool.)* polypos; classe de animaes radiados, aquaticos, de uma pequenez notavel, que vivem geralmente agrupados e pegados uns aos outros, tendo uma vida commum.

POLIPODIA. *f. (physiol.)* Polypodia; monstruosidade que consiste na existencia de pés supranumerarios.

POLIPODIÁCEAS. *f. pl. (bot.)* Polypodiaceas; tribu de fetos, caracterisados por terem grupos de capsulas, compostos de um grande numero d'elles.

POLIPODIANO, NA. *adj.* Polypodiano; diz-se dos monstros por polypodia.

POLIPOSIA. *f. (med.)* Polyposia; ingestão no estomago de uma grande quantidade de um liquido qualquer.

POLIPTÉRIDE. *m. (bot.)* Polypteris; genero de plantas da familia das compostas.

POLÍPTERO. *m. (zool.)* Polyptero; genero de peixes holobranchios.

POLÍPTICO. *adj. (hist. ant.)* Polyptico; dizia-se em geral do livro composto de muitas folhas: — *m.* polyptico; livro dos censos, cobranças, esmolas, etc., que se fazia em Roma.

POLIPTIXODONTE. *m. (zool.)* Polyptychodon; genero de reptis fosseis, que tem os caracteres geraes dos crocodilos.

POLIPTOTE. *f. (rhet.)* Polyptoton; figura de dicção por consonancia, que consiste em repetir em um periodo uma mesma palavra, debaixo das varias fórmas grammaticaes de que é susceptivel.

POLIQUILIA. *f. (med.)* Polychylia; superabundancia de chylo.

POLIQUILO, LA. *adj. (med.)* Polychylo; que dá muito chylo.

POLIQUIMIA. *f. (med.)* Polychimia; superabundancia de sangue.

POLIQUIMO, MA. *adj. (med.)* Polychimo; que produz muito sangue.

POLIR. *a. (ant.)* V. *Pulir.*

POLIRINCO, CA. *adj. (zool.)* Polyrhynco; diz-se do animal que tem muitos tentaculos.

POLIRIZO, ZA. *adj. (bot.)* Polyrhyzo; diz-se do vegetal que tem muitas raizes ou fibras radiculares.

POLISÁCEAS. *f. pl. (bot.)* Polysaceas; tribu de plantas da familia das lycoperdiaceas.

POLISARCIA. *f. (med.)* Polysarcia; augmento consideravel

de volume no corpo humano. Os auctores dividem-na em carnosa e adiposa.

Poliscelia. *f.* *(physiol.)* Polyscelia; genero de monstros, caracterisado pela existencia de pés supranumerarios.

Polisceliano, na. *adj.* *(physiol.)* Polysceliano; applica-se aos monstros que apresentam os caracteres da polyscelia.

Poliscelo. *m.* *(physiol.)* Polyscelo; monstro que tem pés supranumerarios.

Políscopo, Poliscopio. *m.* Polyscopo; especie de oculo, lente ou crystal que multiplica os objectos: — *(zool.)* polyscopo; genero de insectos coleopteros heteromeros, da familia dos melasòmos.

Poliseco. *m.* *(bot.)* Polyseco; fructo cujas cellulas separadas procedem de muitos ovarios, porém são monospermas e indehiscentes.

Polisépalo, la. *adj.* *(bot.)* Polysepalo; epitheto applicado ao calice das flores, quando se acha composto de muitos segmentos ou sepalas distinctas.

Poliseto, ta. *adj.* *(bot.)* Polyseto; que tem muitos pellos em fôrma de seda.

Polisferita. *f.* *(min.)* Polyspherita; variedade de phosphato de chumbo, que contém phosphato de cal e fluorureto de calcio.

Polisialia. *f.* *(med.)* Polysialia; secreção excessiva da saliva.

Polisifonia. *f.* *(bot.)* Polysiphonia; genero de plantas phyceas.

Polisigma. *m.* *(rhet. ant.)* Polysigma; vicio que se pôde dar no discurso.

Polisilábico, Polisílabo, ba. *adj.* Polysyllabo, multisyllabo; que consta de muitas syllabas. *Polysyllabus, a, um.*

Polisilojístico, ca. *adj.* Polysyllogistico; diz-se do raciocinio, composto de varios sylogismos subordinados uns aos outros.

Polisíndeton. *m.* *(rhet.)* Polysyndeton; figura que consiste em ligar a oração com muitas conjuncções. *Polysyndeton, onis.*

Polisinodia. *f.* Polysynodia; systema de administração, que consiste em substituir cada ministro por um conselho.

Polisito. *m.* *(zool.)* Polysito; genero de insectos coleopteros pentameros, da familia dos carabicos.

Polisomatia. *f.* *(med.)* Polysomatia; corpulencia excessiva.

Polisomia. *f.* *(physiol.)* Polysomia; monstruosidade caracterisada pela multiplicação de corpos.

Polisomiano, na. *adj.* *(physiol.)* Polysomiano; diz-se dos monstros por polysomia.

Polisómico, ca. *adj.* *(physiol.)* Polysomico; pertencente á polysomia.

Polisomo. *m.* *(physiol.)* Polysomo; monstro que tem muitos corpos.

Polispástos. *f.* *(mech.)* Polyspasto; machina composta de muitas polés, que se emprega para levantar grandes pesos.

Polispermático, Polispermo, ma. *adj.* *(bot.)* Polyspermo; diz-se do fructo que contém muitas sementes.

Polispila. *f.* *(zool.)* V. *Calígrafo.*

Polisporo, ra. *adj.* *(bot.)* Polysporo; que contém muitos esporos.

Polisquiside. *m.* *(zool.)* Polyschisis; genero de insectos coleopteros subpentameros, da familia dos longicornes.

Polisquístide. *m.* *(bot.)* Polyschistis; genero de plantas da familia das gramineas.

Polista. *f.* *(zool.)* Polistes; genero de insectos hymenopteros, da tribu dos vespianos.

Polistaxia. *f.* *(bot.)* Polystachya; genero de plantas da familia das orchideas.

Polistémon. *m.* *(bot.)* V. *Belanjera.*

Polistemono, na. *adj.* *(bot.)* Polystemono; diz-se da flor que tem muitos estames.

Polisticta. *f.* *(zool.)* Polysticta; genero de insectos coleopteros subpentameros, da familia dos cyclicos.

Polistidos. *m. pl.* *(zool.)* V. *Polistitos.*

Polistigma. *f.* *(bot.)* V. *Dotideabironia.*

Polistigmo, ma. *adj.* *(bot.)* Polystygmo; que tem muitos stygmas em cada flor.

Polistilo, la. *adj.* *(arch.)* Polystylo; composto ou formado de muitas columnas: — *(bot.)* polystylo; que tem muitos estyletes.

Polistitos. *m. pl.* *(zool.)* Polistitos; grupo de insectos hymenopteros, da tribu dos vespianos, que tem por typo o genero polistes.

Polistoma. *f.* *(zool.)* Polystoma; genero de helminthidos intestinaes.

Polistomo, ma. *adj.* *(bot.)* Polystomo; diz-se das plantas parasitas, que nascem sobre outra raiz e produzem muitas radiculas que terminam em um chupador adherente á dita raiz.

Polistroma. *f.* *(bot.)* V. *Urceolaria.*

Polisulfuro. *m.* *(chim.)* Polysulphureto: sulphureto sulphurado, isto é, combinado com outro sulphureto em differentes proporções.

Politálamo, ma. *adj.* *(bot.)* Polythalamo; diz-se das plantas gramineas, que, em um mesmo pé, têem flores de differente sexo: — *m. pl.* *(zool.)* polythalamos; grupo de molluscos cephalopodes.

Politecnia. *f.* Polytechnia; estudo que dispõe a adquirir habilidade, na pratica de differentes artes de applicação.

Politécnico, ca. *adj.* Polytechnico; que abrange muitas sciencias ou artes.

Politeismo. *m.* Polytheismo; systema de religião que admitte muitos deuses.

Politeista. *m.* Polytheista; o que professa o polytheismo.

Politeleo, lea. *adj.* *(bot.)* Polyteleo; diz-se da planta que tem muitos ovarios em cada flor.

Politenia. *f.* *(bot.)* Polytenia; genero de plantas, da familia das umbelliferas.

Política. *f.* Politica, cortesia, urbanidade. *Urbanitas, comitas:* — politica; arte de governar os estados. *Politica, æ:* — politica; systema particular que adopta um governo ou partido: — politica; systema geral que resulta das differentes relações que entre si têem os estados.

Politicamente. *adv. m.* Politicamente; conforme as leis ou regras da politica. *Civiliter, comiter.*

Politicastro, tra. *s. (fam.)* Politicastro; o que ignorando a sciencia da politica quer parecer versado n'ella.

Político, ca. *adj.* Politico; que respeita á politica. *Politicus, a, um:* —civil, cortez, urbano. *Urbanus, comis:* —politico, sagaz, destro:—politico, estadista; homem versado nas cousas do governo. *Politices, rerum publicarum peritus:* —*(ant.)* V. *Civilizado.*

Politicomanía. *f.* Politicomania; mania de fallar em cousas politicas.

Politicon, na. *adj.* Politicão; grande politico.

Politipar. *a. (neol.)* V. *Clisar.*

Politipo, pa. *adj. (h. nat.)* Polytypo; diz-se de um genero que serve de typo a muitas especies similhantes.

Politomia. *f. (philos.)* Polytomia; divisão de assumpto ou classificação, em varias partes.

Politómico, ca. *adj.* Polytomico; pertencente á polytomia.

Politonio, nia. *adj. (bot.)* Polytonio; diz-se das folhas que estão divididas em muitas partes: — *m. (zool.)* polytonio; genero de acalephos da familia dos plethosomos.

Politono, na. *adj. (mus.)* Polytono; de muitos tons.

Politriceas. *f. pl. (bot.)* Polytriceas; tribu de musgos acrocarpos.

Politripa. *f. (zool.)* Polytripa; genero de polyperos fosseis.

Politripo. *m. (zool.)* Polytripo; genero de polyperos fosseis.

Politriquio, quia. *adj. (bot.)* Polytrichio; que é guarnecido de pellos compridos e abundantes.

Politrix. *m. (min.)* Polytrix; antigo nome da agatha arborisada, que apresenta riscos finos e capillares.

Politrofía. *f. (med.)* Polytrophia; excesso de nutrição do corpo ou de uma das suas partes.

Politropia. *f. (bot.)* Polytropia; genero de plantas da familia das leguminosas.

Poliuria. *f. (med.)* Polyuria; accumulação de urina na bexiga.

Polivalvo, va. *adj. (zool.)* Polyvalve; que tem muitas valvulas.

Poliviria. *f.* Polyviria; nome dado á mulher que tem muitos maridos ao mesmo tempo.

Polixeno. *m. (min.)* Pollyxeno; platino nativo contendo ferro: — *(zool.)* pollyxeno; genero de myriapodes diplopodes da familia dos pollyxenidos.

Polixetia. *f. (bot.)* Polychetia; genero de plantas, da familia das compostas.

Póliza. *f.* Apolice, acção; titulo que se dá por dinheiro recebido para cobrança do mesmo e seus juros. *Tessera nummaria:* — conhecimento; documento que attesta a legitimidade de quaesquer generos, mercadorias, etc. *Litteræ mercium vectarum indices.*

Polizoario, ria. *adj. (zool.)* Polyzoario; que se parece ao mesmo tempo com animaes de classes differentes.

Polizon. *m.* Ocioso, vadio que anda sem destino, de uma parte para outra. *Malè feriatus:* — passageiro que embarca occultamente e sem passaporte para a America. *Qui clam in navem irrepit:* — agulheta de oiro de que usam as mulheres de Guayaquil para segurar o cabello.

Polizona. *f. (bot.)* Polyzona; genero de plantas, da familia das myrthaceas.

Polizono. *m. (zool.)* Polyzono; genero de insectos coleopteros subpentameros, da familia dos longicornes.

Polka. *f.* Polka; especie de dansa muito animada, que tem varias figuras: — polka; a musica da dansa d'este nome.

Polkar. *n.* Polkar; dansar a polka.

Polo. *m. (fig.)* Polo; base sobre que assenta, ou de que depende o bom exito de alguma empreza. *Fundamentum, bassis. De polo a polo (loc. adv.);* de polo a polo; considera a grande distancia que vae de uma parte a outra. *Ab austro ad Aquilonem:* — *(astr.)* polo; qualquer dos extremos do eixo da esphera. *Polus, i. Polus de la tierra;* polos da terra; os dois extremos do eixo racional, em volta do qual este planeta executa o seu movimento de rotação. *Polos del mundo;* polos do mundo; o prolongamento até ao céu dos dois extremos do eixo da terra. *Altura ó elevacion del polo;* altura do polo; arco do meridiano interceptado pelo polo e pelo horisonte. *Polos magnéticos (phys.);* polos magneticos; os dois pontos oppostos de um iman onde está concentrada a virtude magnetica. *Magnetici poli. Polos eléctricos;* polos electricos; os dois extremos de um metal electrisado: polos electricos; os dois extremos da pilha de Volta, que manifestam acções contrarias.

Polografía. *f.* Polographia; descripção dos polos da esphera celeste.

Polográfico, ca. *adj.* Polographico; pertencente á polographia.

Pológrafo. *m.* Polographo; o que descreve os polos.

Polonesa. *f. (mus.)* V. *Polaca.*

Polono, na. *adj. (ant.)* V. *Polaco.*

Poloquio. *m. (zool.)* Polochion; genero de aves, da ordem das sylvanas.

Polpoda. *f. (bot.)* Polpoda; genero de plantas da familia das portulaceas.

Polpottin. *m.* Polpottin; moeda de prata, que corre na Russia.

Polt. *m. (metrol.)* Polt; medida de capacidade da Dinamarca, que equivale a um litro, pouco mais ou menos.

Poltin. *m.* Poltin; moeda de prata da Russia que vale meio rublo, ou oito reales, ou 365 réis.

Poltron, na. *adj.* Poltrão, preguiçoso, inimigo do trabalho, indolente. *Segnis, iners, desidiosus:* — commodo; tudo o que favorece o descanso. *Desidiam fovens.*

POLTRONA. *f.* Poltrona. V. *Silla ministerial.*

POLTRONEAR. *n.* V. *Haraganear.*

POLTRONERÍA. *f.* Poltroneria, fraqueza de animo, indolencia, aversão ao trabalho. *Segnities, inertia, desidia.*

POLTRONÍA. *f. (ant.)* V. *Poltronería.*

POLTRONÍSIMO, MA. *adj. sup.* de *Poltron.*

POLTRONIZARSE. *r.* Poltronear; fazer vida de poltrão, de preguiçoso, fugir do trabalho. *Ignàvia vel segnitie teneri.*

POLUCION. *f.* Pollução; effusão involuntaria do semen. *Virilis seminis effusio.*

POLUTO, TA. *adj.* Polluto, sujo, immundo, manchado. *Pollutus, a, um.*

PÓLUX. *m. (astr.)* Pollux; a parte posterior da constellação de Geminis: — pollux; estrella de segunda ou terceira grandeza, que se vê na mesma constellação: — *(min.)* pollux; triplo silicato de alumina, potassa e soda, encontrado no granito da ilha de Elba junto com o mineral chamado castor.

POLVAREDA. *f.* Poeira; muito pó levantado. *Pulveris turbo, vis. Levantar polvareda (fr.);* levantar poeira; fazer rumor, espalhar rumores, fazer desordem. V. *Levantar cantera.*

POLVICO, LLO, TO. *m. dim.* de *Polvo.*

POLVIFICAR. *a. (fam.)* V. *Pulverizar.*

POLVO. *m.* Pó; a parte mais subtil ou miuda da terra. *Pulvis, eris:* — pó; resto de qualquer cousa solida depois de bem pisada e moida. *Pulvis, eris:* — pitada; a porção de qualquer cousa reduzida a pó, que se pôde tomar de uma vez com as pontas dos dois dedos, pollegar e index. *Quantum pulveris pollice indiceque digitis semel capi potest:* — *pl.* polvilhos; pós que se preparam para empoar o cabello. *Polvos de cartas;* areia para enxugar a escripta. *Pulvis litteris recens scriptis exsicandis. Polvos de la madre Celestina;* pós da madre Celestina, pós de perlimpimpim; expressão com que se dá a entender o modo secreto e maravilhoso de fazer alguma cousa, por arte magica, por arte do diabo. *Magicis artibus. Polvos de soconusco.* V. *Pínole. Escribir en el polvo (fr.)* V. *Escribir en la arena. Levantar del polvo ó del polvo de la tierra;* levantar do pó; elevar alguem, tira-lo da miseria. *Erigere, è loco humili evehere. Limpio de polvo y paja;* limpo do pó e palha; sem trabalho ou cuidado algum. *Nulla omninò pensione gravatus:* producto liquido, livre de despezas. *Reducir a polvo;* reduzir a pó, arruinar, demolir. *Sacar polvo debajo del agua;* tirar pó debaixo de agua; ter grande sagacidade ou viveza. *Sacudir el polvo;* sacudir o pó, dar pancadas em alguem. *Ictibus cœdere. Sacudir el polvo de los pies ó zapatos;* afastar-se de algum logar aborrecivel, detestavel. *Locum qui virum probum non deceat, fugere et detestari. Salir limpio de polvo y paja;* saír bem, saír são e salvo de qualquer difficuldade: *(fam.)* V. *Quedar en la calle. De aquellos polvos vienen estos lodos (rif.);* muitos males que se padecem, provém de erros ou desordens commettidas anteriormente. *Hoc fonte derivata clades. El polvo de la oveja, alcohol es para el lobo,* mais vale um gosto que quatro vintens: — *de tierra (bot.)* V. *Cola de caballo:* — *pl. (pharm.)* pós; substancias medicinaes reduzidas pela pulverisação a particulas mais ou menos finas. *Polvos de río (min.)* V. *Adarce. Polvos de proyeccion (ant. chim.);* pós de projecção; pós que os alchimistas suppunham proprios para converter em oiro os metaes com que se misturavam.

PÓLVORA. *f.* Fogos de artificio, e assim se diz: *que hubo pólvora en tal ó cual festividad;* que houve fogo de vistas em tal festividade. *Ignes missiles:* — *(fig.)* polvora; o mau genio de alguem, que se irrita pelo mais pequeno motivo. *Ingenium inmite, proclive ad iram:* — polvora, viveza, actividade. *Ardor, ignea vivacitas:* — *(ant.)* V. *Polvos:* — *sorda;* o individuo que prejudica outro, sem barulho, dissimuladamente *Malignus, cavilator. Gastar la pólvora en salvas (fr.);* gastar a polvora em salvas; empregar meios inuteis e fóra de tempo para algum fim. *Vana sequi, aërem verberare. Mojar la pólvora a alguno;* moderar os ardores, a ira de alguem. *Sedare alicujus iram vel mollire. Ser una pólvora;* ser uma polvora; ser mui vivo, mui sagaz. *Nimis esse vividum, in agendo promptum, efficacem. Tirar con pólvora ajena;* fazer fogo com polvora alheia, gastar ou jogar com dinheiro alheio ou ganhado a outro ao jogo. *Volar con pólvora;* desejar a alguem grandes castigos, ameaçar com elles. *Mali mulctare:* — *poca y municion hasta la boca (rif.);* cautela e caldo de gallinha nunca fez mal a doentes. *Quantum ad rem sit, dum non lædat:* — *(chim.)* polvora; mistura de nitro, carvão e enxofre, que se inflamma facilmente. *Pulvis pyrius:* — *blanca.* V. *Algodon pólvora:* — *fulminante;* polvora fulminante; mistura que se inflamma com o calor, produzido pelo attrito ou choque: — *sorda;* polvora surda; a que, sem fazer estrondo, produz o effeito da ordinaria. *Pulvis nitratus surdus, tacens.*

POLVORADUQUE. *f. (ant.)* Molho, feito com cravos, assucar, canella, etc.

POLVOREAMIENTO. *m.* Acto de polvilhar. *Pulveratio, onis.*

POLVOREAR. *a.* Polvilhar; deitar pós ou pó sobre alguma cousa. *Pulverem spargere.*

POLVORIENTO, TA. *adj.* Pulverulento; cheio ou coberto de pó. *Pulverulentus, a, um.*

POLVORIN. *m.* Polvorim; polvora muito fina. *Pyrius pulvis tritus:* — polvarinho; frasco de levar polvora. *Pulveris theca:* — armazem de polvora.

POLVORISTA. *m.* Polvorista; o que faz polvora. *Sulphurati pulveris opifex:* — Cohetero.

POLVORIZABLE. *adj.* V. *Pulverizable.*

POLVORIZACION. *f.* V. *Pulverizacion.*

POLVORIZAR. *a.* V. *Polvorear:* — V. *Pulverizar.*

POLVOROSA. *f.* *(germ.)* Cidade.

POLVOROSO, SA. *adj.* V. *Polvoriento.*

POLZEVERE. *m.* *(min.)* Polzevere; variedade de marmore verde, das cercanias de Genova.

POLLA. *f.* Franga; gallinha nova. *Pullastra, æ:* — entrada; no jogo a porção de dinheiro que se põe no bolo. *Ludi sponsio:* — *(fam.)* franga; rapariga de pouca idade: — *(ant.)* polhinha; certo jogo de cartas. *Alábate polla, que has puesto un huevo y ese huero (rif.);* gaba-te franga, que pozeste um ovo e esse goro; moteja aos que se gabam de haver feito cousas de pequena entidade ou importancia. *Egregium profecte factum:* — *de agua* *(zool.)* V. *Gallina de rio.*

POLLACA. *f.* *(naut.)* Polaca; véla que trazem as embarcações menores.

POLLACRA. *f.* *(naut.)* V. *Polacra.*

POLLADA. *f.* Ninhada; os pollos ou pintos que tiram as aves, especialmente as gallinhas. *Gallinaceorum pullorum turba.*

POLLARAMON, NA. *s.* *(fam.)* Polhastro, rapagão, moço elegante e robusto.

POLLASTRA. *f.* Franga; gallinha nova que ainda não põe.

POLLASTRO. *m.* Polhastro, frango, gallo novo: — *(fam.)* homem astuto, sagaz. *Versutus, callidus.*

POLLASTRON, NA. *s.* *(fam.)* Polhastro, rapagão; moço alto e robusto.

POLLAZON. *m.* Creação de pintos. *Pullatio, onis.*

POLLERA. *f.* Logar onde se criam os pintos. *Locus pullis gallinaceis alendis:* — covo; especie de cesto onde se criam e guardam os pintos. *Cista pro pullis custodiendis:* — cesto, dentro do qual as creanças aprendem a andar. *Cista ambulatoria pro pueris:* — polheira; primeira saia. *Tunica interior muliebris:* — *(p. A. M.)* polheira; nome que se dá ao corpo da saia de tafetá singelo e sem forro.

POLLERÍA. *f.* Sitio, casa ou rua onde se vendem frangos e frangas. *Pullorum caupona.*

POLLERO. *m.* Capoeira onde se criam os frangos. *Pullarium, ii:* — gallinheiro; o que cria e engorda frangos e frangas para vender. *Pullorum venditor.*

POLLEZ. *f.* *(volat.)* Espaço de tempo que medeia entre duas mudas de penna nos falcões, e outras aves de rapina. *Tempus quo accipiter nondum novis plumis induitur.*

POLLICO, CA, LLO, LLA, TO, TA. *m. dim.* de *Pollo* e *Polla.* Frangainho.

POLLINARMENTE. *adv.* *(fam.)* V. *Asnalmente.*

POLLINO. *m.* Jumentinho, burrinho. *Asinus, i:* — *(fig.)* burro; homem simples, ignorante. *Stultus; rusticus homo:* — *(ant.)* pollo; cria de aves e quadrupedes. *Pullus, i:* — *que me lleve, y no caballo que me arrastre (rif.);* mais quero asno que me leve que cavallo que me derrube. *Medio tutissimus ibis.*

POLLITO. *m. dim.* de *Pollo.* Frangainho.

POLLO. *m.* Frango; cria da gallinha. *Pullus, i:* — pollo; a cria das abelhas. *Apum pulli:* — *(fig.)* pollo; rapaz de pouca idade: — *(fam.)* polhastro; homem astuto, sagaz. *Astutus, sagax:* — *(p. Ar.)* especie de sucalco que os trabalhadores costumam fazer nas vinhas de regadio. *Agger vineis irrigandis:* — pollo; todo o animal recemnascido: — *con pollo (loc.);* os pollos ou falcões novos devem cevar-se com perdizes novas. *Falconum pulli perdicum pullis saginandi. Como pollo en cesta.* V. *Como pera en tabique. Estar hecho un pollo de agua (fr.).* V. *Agua. Sacar pollos;* tirar pintos, tirar uma ninhada. *Ova incubare ac pullos edere. Voló el pollo.* V. *Voló el golondrino:* — *de enero cada pluma vale un dinero (rif.);* o frango de janeiro cada penna vale um dinheiro. *Januarii pulli omnium validissimi fiunt. El pollo de enero a San Juan es comedero;* o frango nascido em janeiro deve comer-se pelo S. João. *Januarii pulli junio decidente occidentur. El pollo de enero sube con su padre al gallinero;* pinto de janeiro vae com sua mãe ao poleiro. *Januarii pulli validissimi:* — *(volat.)* pollo; ave que ainda não mudou a penna. *Pullus, i.*

POLLUELA. *f. dim.* de *Polla.*

POLLUELO. *m. dim.* de *Pollo.*

POMA. *f.* V. *Manzana:* — V. *Perfumador:* — V. *Bujeta:* — especie de bola composta de varios principios aromaticos. *Confectio odora rotandaque.*

POMACANTO. *m.* *(zool.)* Pomacantho; genero de peixes acanthopterygios, da familia dos scamipenneos.

POMACARI. *m.* Pomacari; toldo de ramas que formam os indios nas suas canôas.

POMÁCEO, CEA. *adj.* *(bot.)* Pomaceo; similhante ao pomo: — *f. pl.* pomaceas; familia de plantas pertencente ao grande grupo das rosaceas.

POMACENTRO. *m.* *(zool.)* Pomacentro; genero de peixes acanthopterygios, da familia dos ciesnoideos.

POMÁCEO. *m.* *(bot.)* Pomaceo; genero de plantas da familia das rubiaceas.

POMADA. *f.* Pomada; composição aromatica feita de varios ingredientes. Ha-as de differentes qualidades. *Unguentum odorarium ex pomis:* — *(ant.)* a casca da maçã: — *(pharm.)* pomada; composição que tem por excipiente a banha junta a qualquer medicamento, de que toma o nome.

POMADASIS. *m.* *(zool.)* Pomadasis; genero de peixes thoracicos, que vivem no mar Roxo.

Pomadéride. *m. (bot.)* Pomaderris; genero de plantas da familia das rhamneas.

Pomanjio. *m. (bot.)* V. *Argostema.*

Pomar. *m.* Pomar; vergel de arvores fructiferas. *Pomarium, ii.*

Pomaria. *f. (bot.)* Pomaria; genero de plantas da familia das leguminosas.

Pomastomo, ma. *adj. (zool.)* Pomastomo; que tem uma bôca occulta.

Pomatobranco, ca. *adj.* Pomatobranchio; que tem as branchias occultas.

Pomatomo. *m. (zool.)* Pomatomo; genero de peixes acanthopterygios, da familia dos percoideos.

Pomatorino. *m. (zool.)* Pomathorino; genero de aves da familia das turdideas.

Pomax. *f. (bot.)* Pomax; genero de plantas da familia das rubiaceas.

Pomaxilo. *m. (zool.)* Pomachilio; genero de insectos coleopteros pentameros, da familia dos sternoxos.

Pomecia. *f. (bot.)* V. *Nefelio.*

Pomereula. *f. (bot.)* Pomereulla; genero de plantas da familia das rubiaceas.

Pomeridiano, na. *adj. (bot.)* Pomeridiano; diz-se da planta cujas flores se abrem de tarde.

Pomerio. *m.* Pomerio; espaço que os italianos deixavam ao redor dos muros de suas cidades, tanto pela parte de dentro, como pela parte de fóra. É contracção das palavras latinas *post mœrium.*

Pometado, da. *adj. (br.)* Pometado; diz-se das cruzes ou peças cujos extremos terminam em pomos.

Pómez. *f. Piedra pómez (min.);* pedra pomes; pedra mais leve que a agua, esponjosa, aspera ao tacto, de tecido fibroso e cheia de poros ou cavidades; risca o vidro e aço, e submettida á acção do maçarico se funde dando um esmalte branco.

Pomífero, ra. *adj. (ant.)* V. *Frutal:* —*(poes.)* pomifero; que tem pomos. *Pomifer, era, erum.*

Pomiforme. *adj. (bot.)* Pomiforme; que tem a fôrma de pomo.

Pomo. *m.* Pomo; toda a sorte de maçãs, peros, camoezes, etc. *Pomum, i:*—V. *Poma,* na quarta accepção:— frasco de vidro ou crystal, do feitio de pomo, que serve para guardar liquidos aromaticos. *Vitreum pomum:* — maçã do punho da espada. *Ensis caput:* — *(p. Am.)* vaso de prata, de fórma espherica, que contém agua aromatica: — *(p. Murc.)* ramo de flores. *Florum fasciculus.*

Pomólogo. *m. (bot.)* Pomologo; auctor de uma pomologia.

Pomolojia. *f. (bot.)* Pomologia; tratado dos fructos.

Pomolójico, ca. *adj. (bot.)* Pomologico; pertencente á pomologia.

Pomótide. *m. (zool.)* Pomotis; genero de peixes acanthopterygios, da familia dos percoideos.

Pompa. *f.* Pompa; acompanhamento sumptuoso e de grande apparato. *Pompa, æ:* — pompa, fausto, vaidade, grandeza. *Pompa, faustus:* — pompa; procissão solemne. *Solemnis pompa:* — bolha, ampoula que forma a agua com o ar que se lhe introduz. *Bulla, æ:* — folle que forma a roupa tomando ar: — roda que faz o pavão real levantando a cauda. *Pavonis cauda distenta. En pompa (loc. adv.);* com pompa, com grande acompanhamento. *Hacer pompa (fr.);* fazer roda; vestir-se, encher-se de folhagem a arvore. *Longè, latèque foliis diffundi: (fig.)* enfunar os vestidos ou as saias a mulher, quando se senta de repente. *Vestem inflare:* fazer ostentação, fazer gala de qualquer cousa. *Inaniter ostentare, jactare:* — *(naut.)* V. *Bomba.*

Pompearse. *r.* V. *Pavonearse:* — pompear; tratar-se com pompa e grande luxo, fazer-se acompanhar por numerosa comitiva e com grande apparato. *Pompam agere; elatè se gerere.*

Pompeyano, na. *adj.* Pompeiano; pertencente a Pompeu ou á cidade de Pompeia. *Pompejanus, a, um:* — *s.* pompeiano; natural de Pompeia. *Pompejanus, a, um.*

Pompiliano, na. *adj. (zool.)* Pompiliano; similhante ao pompilo: — *m. pl.* pompilianos; tribu de hymenopteros cavadores, cujo typo é o genero pompilo.

Pompílitos. *m. pl. (zool.)* Pompilitos; grupo de insectos hymenopteros, da familia dos sphegidos.

Pompilo. *m. (zool.)* Pompilo; genero de insectos hymenopteros, da tribu dos sphegios.

Pomponearse. *r.* V. *Pompearse.*

Pomposamente. *adv. m.* Pomposamente; com pompa, ostentação ou apparato. *Pompose, magnificè.*

Pomposidad. *f.* Apparato.

Pomposo, sa. *adj.* Pomposo, magnifico, grave, auctorisado. *Pomposus, magnificus:* — pomposo, inchado, empolado. *Inflatus; rotundè tumens.*

Pómulo. *m. (anat.)* Pomulo; nome da proeminencia da cara, debaixo do angulo exterior de cada olho: — pomulo; cova da face, correspondente á mandibula superior.

Poncela, Poncella. *f. (ant.)* V. *Doncella.*

Poncelecia. *f. (bot.)* Ponceletia; genero de plantas da familia das epacrideas.

Poncia. *f. (zool.)* Pontia; genero de crustaceos da familia dos poncios.

Poncil. *m.* Especie de limão lima ou cidra azeda.

Ponchada. *f.* Ponchada; quantidade de ponche para muitas pessoas.

Ponche. *m.* Ponche; bebida quente, composta de aguardente, limão, agua e assucar. *Potio ex spiritu vin aqua, citro saccharoque commixtis.*

Ponchera. *f.* Poncheira; vaso onde se faz e serve o ponche.

Poncho, cha. *adj.* Preguiçoso, molle, indolente. *Deses, igna.*

vus: — *m.* ponche; especie de albornós sem mangas, muito usado na America meridional.

PONCHON, NA. *adj. aug.* de *Poncho.*

PONDERABILIDAD. *f.* Ponderabilidade; qualidade do que é ponderavel.

PONDERABLE. *adj.* Ponderavel; applica-se a tudo aquillo que se póde pesar. *Ponderabilis, le:* — ponderavel; digno de ponderação e cuidado. *Amplificatione dignus.*

PONDERACION. *f.* Ponderação; acção de pesar as cousas. *Ponderandi actio:* — ponderação, attenção, reflexão. *Cura, diligentia:* — ponderação; exageração, encarecimento de alguma cousa. *Amplificatio, exaggeratio. Sin ponderacion (fr.);* sem ponderação, sem exageração. *Sine amplificatione.*

PONDERADO, DA. *adj. (ant.)* Vão, presumpçoso, impostor. *Arrogans, tumens.*

PONDERADOR, RA. *s.* Ponderador; o que pondera ou exagera. *Exaggerans, antis:* — ponderador; o que pesa, examina as cousas. *Ponderans, examinans, considerans.*

PONDERAL. *adj.* Ponderavel; pertencente a peso. *Ad pondus pertinens.*

PONDERAR. *a.* V. *Pesar:* — ponderar, considerar, examinar, meditar attentamente. *Ponderare, perpendere:* — ponderar, exagerar, encarecer. *Exaggerare, amplificare.*

PONDERATIVAMENTE. *adv.m.* Ponderativamente; com ponderação, exageração.

PONDERATIVO, VA. *adj.* Ponderativo; que exagera, encarece. *Amplificans, exaggerans.*

PONDEROSAMENTE. *adv. m.* Ponderosamente, attentamente, cuidadosamente. *Attentè.*

PONDEROSIDAD. *f.* V. *Pesadez.*

PONDEROSISIMO, MA. *adj. sup.* de *Ponderoso.* Ponderosissimo, muito ponderoso.

PONDEROSO, SA. *adj.* V. *Pesado:* — *(fig.)* ponderoso, grave, importante. *Circumspectus perpendens.*

PONEDERO, RA. *adj.* Que se póde pôr ou está para pôr-se. *Ponendus, a, um:* — poedeira; diz-se das aves que já põem ovos: — *m.* V. *Nidal,* nas suas duas primeiras accepções: — o orificio anal da gallinha. *Gallinæ anus.*

PONEDOR, RA. *s.* Poedor; o que põe. *Ponens, entis:* — V. *Postor:* — *adj.* diz-se do cavallo ensinado a sustentar-se sobre os membros posteriores, levantando os anteriores. *In posterioris pedes se erigens:* — *s. (ant.)* creador.

PONENTE. *adj.* Poente; applica-se na curia romana ao prelado ou juiz a quem toca relatar o processo que se ha de decidir nos tribunaes. *Litis explanator:* — poente; diz-se em Roma do cardeal designado pelo papa para propor a beatificação ou canonisação de alguma pessoa: — *(for.)* relator; magistrado encarregado de examinar uma causa, relatar o feito e formular a sentença, que submette á approvação dos outros magistrados.

PONENTINO, NA. *adj. (ant.)* Occidental; que diz respeito ao occidente ou poente.

PONENTISCO, CA. *adj. (ant.)* V. *Occidental.*

PONER. *a.* Poer, pôr, collocar, dispor. *Ponere, collocare:* — pôr, dispor, preparar alguma cousa. *Disponere, parare:* — pôr, estabelecer, fixar. *Statuere, numerare:* — suppor, conceder. *Supponere, dare:* — pôr, impor, obrigar. *Imponere, incidere:* — V. *Apostar:* — obrigar, violentar a praticar uma cousa. *Redigere:* — pôr, submetter; deixar uma cousa ao arbitrio de outrem. *Alicujus arbitrio committere:* — pôr, trazer, adduzir um exemplo. *Adducere:* — pôr; escrever o que outrem dicta. *Scribere:* — pôr; largarem o ovo as aves. *Ova parere, edere:* — pôr, collocar alguem em um emprego, officio, etc. *Debere, addicere, devovere:* — V. *Parar,* no jogo: — pôr, applicar, empregar. *Adhibere, applicare:* — pôr diligencia, trabalhar para algum fim. *Facere, laborare:* — pôr; fazer estar; *v. g.:* em perigo. *Exponere, in discrimen adducere:* — pôr, acrescentar alguma cousa que parece faltar. *Addere:* — pôr certa quantia, concorrer com a sua parte. *Symbolam dare:* — pôr, acrescentar alguma cousa á narração. *Addere, superaddere:* — repor; em alguns jogos de cartas, pôr na mesa outro tanto dinheiro do que está no bolo. *In chartarum ludo mulcta ei inflicta, quem sua ipsius lusio fefellit:* — pôr alguem em mau estado, de palavras ou obras. *Conviitiis aut ictibus lacessere:* — pôr mãos á obra, começar. *Captare:* — pôr ao sol, ao ar, etc. *Apponere, exponere:* — pôr em duvida, pôr em risco, etc. *Revocare:* — pôr medo, susto, etc. *Incutere, inducere:* — pôr empenho, diligencia, etc. *Locare, ponere:* — pôr lei, etc. *Imponere:* — *(ant.)* offerecer, prometter, ajustar: — V. *Resolver, Decretar:* — *r.* pôr-se, applicar-se, dedicar-se a trabalhar. *Operam dare, incumbere:* — pôr-se, oppor-se a outrem, fazer-lhe frente. *Opponi, obsistere:* — pôr-se, transtornar-se, mudar de côr, de costumes, etc. *Fieri:* — pôr-se, occultar-se no horisonte, fallando dos astros. *Occidere:* — pôr-se, chegar-se a qualquer logar com brevidade. *Celeriter pervenire. Poner a uno qual digan dueñas ó qual no digan dueñas (fr.);* pôr pela rua da amargura; dizer muito mal de alguem; dizer d'elle cobras e lagartos. *Castigare, objurgare:* — *bien a uno;* acreditar, recommendar, fazer estimar alguem. *Cuivis gratiam alterius conciliare:* soccorrer, sustentar, ajudar alguem. *Bonis vel facultatibus aliquem instruere, juvare:* — *como nuevo a alguno;* maltratar, castigar alguem: insultar, affrontar, injuriar alguem. *Verbis aliquem lacessere:* — *encima;* pôr em cima; elevar, exaltar alguem: — *en seco;* pôr em enxuto; mudar a roupa molhada; diz-se das creanças quando precisam que as pensem. *Madefactam vestem exuere. Ponerse bien;* pôr-se bem, arranjar conveniencias. *Rem familiarem augere:* pôr-se ao facto, entrar no conhecimento de qualquer negocio, sciencia, etc., pôr-se em dia. *Certiorem fieri; benè aptèque instrui:* concordar em um preço rasoavel, pedir o que é justo. *Modum pretio figere; prœscribere ex œquo. Ponerse de parte de uno;* pôr-se pela parte de alguem *In alterius sententiam ire. Ponerse tan alto alguno;* offender-se, resentir-se pelo mais leve dito, querendo mostrar superioridade. *Intumescere, excandescere, exardescere. No ponerse cosa por delante;* não reparar em cousa alguma, não respeitar conveniencias. *Nihil pensi habere; omnia posthabere:* — *al caballo en las manos y en las piernas (art.);* ensinar tão bem um cavallo, que execute todos os manejos sem ser obrigado: — *al caballo sobre las piernas;* fazer com que o cavallo quando anda carregue mais sobre o terço posterior: — *en fianzas al caballo;* pôr o cavallo de fiança; fazer-lhe assentar os cascos desferrados sobre uma cama humida, para que amolleçam.

Ponera. *f. (bot.)* Ponera; genero de plantas da familia das orchideas: — *(zool.)* ponera; genero de insectos hymenopteros, da tribu dos formicarios.

Poneritos. *m. pl. (zool.)* Poneritos; grupo de insectos hymenopteros, da tribu dos formicarios.

Ponfolix. *m. (min. ant.)* Pompholix; nome que se dava antigamente ao cadmio: — *(chim. ant.)* pompholix; protoxydo de zinco, obtido por sublimação.

Pongamia. *f. (bot.)* Pongamia; genero de plantas da familia das leguminosas.

Pongo. *m, (p. A. M.)* Pongo, estreiteza: — pongo; moço que cada rancho de individuos envia semanalmente á residencia do cura, para que lhe sirva de creado.

Ponicion. *f. (ant.)* Materia, assumpto.

Ponientada. *f. (naut.)* Ponentada; vento forte do poente.

Poniente. *m.* V. *Occidente:* — poente; o vento que vem directamente da parte do occidente. *Ventus decidens:* — *(germ.)* V. *Sombrero.*

Ponimiento. *m* Postura; acção e effeito de pôr ou pôr-se: — *(ant.)* postura; acção de pôr-se algum astro ou occultar-se no horisonte: — V. *Libranza.*

Ponina. *f. (p. Cub.)* Diversão em que só tomam parte os que contribuem com a quota que lhes toca.

Ponjal. *m. (prov.)* Cerrado, cercado; logar cercado por muros ou sebes em volta das habitações.

Ponlevi. *m. (ant.)* Tacão de madeira que as mulheres usavam antigamente no calçado. *Calcei fulcrum perpolitum.*

Ponnidor, ra. *adj. (ant.)* Pungente, picante.

Ponno. *m. (ant.)* V. *Puño.*

Pontadgo. *m. (ant.)* V. *Pontazgo.*

Pontaje. *m.* V. *Pontazgo.*

Pontaracna. *f. (zool.)* Pontarachna; genero de arachnides acaridos, da tribu dos hydrachnidos.

Pontático. *m. (ant.)* V. *Pontazgo.*

Pontazgo. *m.* Portagem; direito que se paga em algumas partes pela passagem das pontes. *Vectigal pro pontis transitu.*

Pontear. *a.* Fazer, construir pontes. *Pontem instruere, injicere.*

Pontecilla. *f. (ant.) dim.* de *Puente.* Pontesinha.

Pontederia. *f. (bot.)* Pontederia; genero de plantas da familia das pontederiaceas.

Pontederiáceas. *f. pl. (bot.)* Pontederiaceas; familia de plantas monocotyledoneas.

Pontezuela. *f. dim.* de *Puente.*

Pontezuelo. *m. dim.* de *Puente.*

Póntico, ca. *adj.* Pontico; pertencente ao reino do Ponto. *Ponticus, a, um.*

Pontieva. *f. (bot.)* Ponthieva; genero de plantas da familia das orchideas.

Pontificado. *m.* Pontificado; a dignidade de pontifice. *Pontificia dignitas; pontificatus:* — pontificado; duração d'esta dignidade. *Pontificatus, us.*

Pontifical. *adj.* Pontifical; que pertence ao pontifice. *Pontificalis, le:* — *m.* pontifical; conjuncto de ornamentos que o pontifice usa para a celebração dos officios divinos. *Pontificalia ornamenta:* — pontifical; livro que contém as ceremonias pontificaes. *Pontificale seu liber rituumpontificalium:* — *(ant.) pl.* dizimos; renda ecclesiastica que pertencia a cada parochia. *Decimœ parochiales.*

Pontificalmente. *adv. m.* Pontificalmente; segundo a pratica e estylo pontifical. *Modo pontificio.*

Pontificar. *n.* Ser pontifice, obter a dignidade pontificia. *Ecclesiœ universali prœsidere.*

Pontífice. *m.* Pontifice; bispo, arcebispo de alguma diocese. *Pontifex, icis:* — pontifice; dá-se este nome por antonomasia ao Papa, chefe da Igreja catholica romana. *Summus pontifex.*

Pontificio, cia. *adj.* Pontificio; pertencente ao pontifice. *Pontificius, a, um.*

Pontin. *m. (naut.)* Pontin; embarcação das ilhas Filippinas.

Ponto. *m. (naut.)* V. *Botador,* na sua segunda accepção: — *(poes.)* ponto; o mar.

Ponton. *m.* Pontão; madeiro de dezenove e mais pés de comprimento. *Trabs, tignum:* — *pl.* pontões; pedras collocadas nos vaus: — *(naut.)* pontão; barco chato que serve para passar os rios ou construir pontes. *Cymba scapha:* — pontão; navio de guerra velho, amarrado nos portos e junto dos arsenaes, que serve para armazem ou deposito: — *flotante;* pontão fluctuante; barca feita de madeiros unidos, para passar um rio, etc. *Tabulatum aqua supernatans.*

PONTONCILLO. *m. dim.* de *Ponton.*

PONTONERO. *m. (mil.)* Pontoneiro; engenheiro empregado no trabalho dos pontões.

PONTONIA. *f. (zool.)* Pontonia; genero de crustaceos decapodas macrouros.

PONZOÑA. *f.* Peçonha, veneno; substancia organica ou inorganica que contém em si qualidades nocivas á vida. *Venenum, virus.*

PONZOÑAR. *a. (ant.)* V. *Empozoñar.*

PONZOÑOSAMENTE. *adv. m.* Venenosamente; com peçonha. *Veneno adhibito.*

PONZOÑÍSIMO, MA. *adj. sup.* de *Ponzoñoso.* Venenosissimo.

PONZOÑOSO, SA. *adj.* Peçonhento, venenoso; que contém peçonha. *Venenifer, virulentus:* — *(fig.)* peçonhento, nocivo, prejudicial. *Perniciosus, a, um.*

POOCIA. *f. (bot.)* V. *Canscora.*

POÓFAGO. *m. (zool.)* Poophago; genero de insectos coleopteros tetrameros, da familia dos curculionidos gonatoceros.

POPA. *f. (ant.)* V. *Testera,* nos coches. *De popa a proa (loc. adv);* de pôpa á prôa; inteiramente, totalmente. *Omnimodè:* — *(naut.)* pôpa; a parte posterior das embarcações. *Puppis, is. Pasar por la popa (fr.);* passar pela pôpa; dirigir o rumo de uma embarcação de maneira que, atravessando o que outra segue, lhe passe mui perto da pôpa.

POPAMIENTO. *m.* Afagamento; acção e effeito de afagar, acariciar. *Blandimentum, i.*

POPAR. *a. (ant.)* Afagar, acariciar. *Blandiri:* — acariciar, tratar com brandura. *Blandiri, molliter curare:* — zombar, mangar. *Contemnere, despicere:* — injuriar, aggravar: — negar, indeferir: — perdoar, desculpar.

POPÉS. *m. (naut.)* Estaes; cabos grossos que encapellam nos calcezes dos mastros. *Rudentes vel funes nautici quidam.*

POPILIA. *f. (zool.)* Popilia; genero de insectos coleopteros pentameros, da familia dos longicornes.

POPISMO. *m.* Assobio com que os gregos julgavam afastar a maligna influencia do raio: — palmada.

POPLÍTEO, TEA. *adj. (anat.)* Popliteo; diz-se de um musculo pequeno, chato e triangular, que nasce do condylo femural externo. Ha ainda a arteria, veia, e dois nervos que se dividem em interno e externo, d'este nome.

POPOLONGO, GA. *adj.* Popolongo; diz-se de um dos idiomas do Mexico.

POPOTE. *m.* Especie de palha, de que na Nova Hollanda fazem escovas. *Palea indica.*

POPOWIA. *f. (bot.)* Popowia; genero de plantas da familia das auonaceas.

POPULACION. *f.* V. *Poblacion,* acção de povoar, etc.

POPULACHO. *m.* Populacho, infima plebe. *Infima plebs.*

POPULAR. *adj.* Popular; concernente ao povo. *Popularis, re:* — popular; que pertence á classe do povo. *Plebejus, a, um:* — popular; que por sua affabilidade e maneiras é bemquisto do povo. *Popularis, re:* — *a (ant.)* V. *Poblar:* — *adj. (med.)* popular; epitheto dado por alguns auctores ás doenças epidemicas e endemicas.

POPULARIDAD. *f.* Popularidade; influencia, prestigio que alguem gosa entre o povo, e o aggregado de qualidades e acções com que isto se adquire. *Popularitas, atis.*

POPULARIZAR. *a.* Popularisar; tornar alguem popular. Usa-se mais como reciproco.

POPULARMENTE. *adv. m.* Popularmente; de um modo popular. *Populariter:* — popularmente; de um modo grato ao povo. *Populariter.*

POPULATURA. *f. (ant.)* Tributo que se paga por povoar.

POPULAZO. *m.* V. *Populacho.*

POPULEON. *m. (pharm.)* Populeão; unguento que tem por base os rebentos do choupo branco. *Populeum, populeon.*

POPULINA. *f. (chim.)* Populina; principio crystallisavel, encontrado na casca do choupo branco.

POPULOSÍSIMO, MA. *adj. sup.* de *Populoso.*

POPULOSO, SA. *adj.* Populoso; muito povoado, que tem muitos habitantes. *Incolarum multitudine nobilis; populosus:* — *(ant.)* populoso, povoado, cheio: — *(poes.)* povoado de ramos e folhas.

POQUEDAD. *f.* Pouquidade, escassez, miseria. *Paucitas, atis:* — pouquidade, fraqueza, cobardia. *Animi angustia, pusillanimitas:* — pouquidade, bagatela; cousa de pouco valor. *Parvitas, res nihili.*

POQUEDUMBRE. *f. (ant.)* V. *Poquedad.*

POQUEZA. *f. (ant.)* V. *Poquedad.*

POQUÍLLIN. *m. (p. Am.)* Arbusto que dá um fructo do tamanho da pimenta.

POQUILLO. LLA, TO, TA. *adj. dim.* de *Poco.* Poucochinho: — *adv. dim.* de *Poco.*

POQUÍSIMO, MA. *adj. sup.* de *Poco.* Pouquissimo: — *adv. sup.* de *Poco.*

POQUITICO, CA, LLO, LLA. *adj. dim.* de *Poquito.* Poucochinho: — *adv. dim.* de *Poquito.*

POQUITO, TA. *adj.* Debil, enfezado, fraco do corpo e do espirito. *Valdè exiguus vel debilis:* — *adv.* pouco, em pouco, em breve tempo. *Parcè, admodum, brevissimè:* — *a poco (loc. adv.)* V. *Poco a poco. A poquitos;* aos poucochinhos, por pequenas porções. *Exiguis admodum partibus. De poquito;* para pouco, de pequeno alcance. *Pusilli animi homo.*

POR. *prep.* Por; explica a causa por que se faz alguma cousa. *Propter:* — por; na voz passiva, junto a ablativo, significa a pessoa por quem alguma cousa é feita. *Per, a, ab:* — por; exprime o logar por onde se passa. *Per:* — por; significa o tempo em que alguma cousa acontece. *Ad, in, per:* — por; como, na qualidade de. *In:* — por; em favor de, em logar de. *Per, ex:* — por; por meio de, por intervenção de. *Per:* — por; d'este modo, por esta fórma, etc. *Per, ex:* — por; exprime a troca ou venda de alguma cousa. *Pro:* — por; a favor, em defeza de alguem. *Pro:* —V. *En lugar de:* — por; em conta de, na opinião de. *Prout:* — por; a respeito de, ácerca de. *Pro, in:* — por, sem, ainda não. *Non, nondum, minimè:* — por; a fim de, para. *Ad:* — por; emprega-se na multiplicação de numeros: — por; usa-se na medida de superficies: — por; emprega-se na comparação entre dois ou mais objectos: — por; junto ao infinito de alguns verbos significa para. *Ut, ne:* — por; junto aos infinitos dos verbos, exprime a acção futura dos mesmos. *Futurum est ut:* — *ahí, por ahí (loc.)* V. *Poco mas* o *menos:* — *donde.* V. *Por lo cual:* — *encima;* por cima, ao de leve, superficialmente. *Perfunctoriè, obiter:* — *entre;* por entre, por meio: — *junto.*V. *Junto:* — *mas que* o *por mucho que;* por mais que ou por muito que se faça. *Quantumvis. De por si;* de per si, separadamente. *Sejunctim, segregatim:* — *si acaso;* se por acaso. *Si fortè.*

Pora. *prep. (ant.)* V. *Para.*

Poramintinero, ra. *adj.*V. *Presuntuoso.*

Porana. *f. (bot.)* Porana; genero de plantas, da familia das convolvulaceas.

Porantera. *f. (bot.)* Poranthera; genero de plantas da familia das euphorbiaceas.

Poraqueiba. *f. (bot.)* Poraqueiba; genero de plantas ainda não classificado, creado para comprehender uma arvore natural da Guyana.

Porca. *f.* Camalhão; leiva de terra comprehendida entre dois sulcos.

Porcal. *adj.* Reinol; certa especie de ameixas.

Porcalzo. *m. (ant.)* Maneira, modo.

Porcallon, na. *adj. (fam.)* Porcalhão.V. *Desaseado:* — diz-se da pessoa gorda e mal feita.

Porcarizo, za. *s. (ant.)* V. *Porquerizo.*

Porcaszar. *a. (ant.)* V. *Trabajar.*

Porcel. *m. (p. Murc.)* Leitão; porco pequeno. *Porcellus, i.*

Porcelana. *f.* Porcelana; especie de louça fina, lustrosa e transparente, inventada na China e imitada em varios pontos da Europa. *Vasa fictilia pretiosiora:* — porcelana; vaso, taça d'esta louça. *Librum fictile ad modum sinicum:* — porcelana; branco azulado. *Color albus cœruleo mistus:* — *(art.)* porcelana; esmalte de côr branca ou branco azulado: — *(com.)* porcelana; especie de tecido de algodão das Indias: — *(zool.)* porcelana; genero de molluscos gasteropodas pectinibranchios.

Porcelanídeo, dea. *adj. (zool.)* Porcelanideo; similhante á porcelana.

Porcelanita. *f. (geol.)* Porcelanita; rocha côr de tijolo, parda ou amarella, muito brilhante, de textura compacta e schistosa, e de fractura imperfeitamente conchoidea.

Porcelion. *m. (zool.)* Porcellion; genero de crustaceos isopodas da familia dos cloportidos, divisão dos porcellionidos.

Porceliónidos. *m. pl. (zool.)* Porcellionidos; divisão de crustaceos isopodas.

Porcino, na. *adj.* Porcino; relativo ao porco. *Porcinus, a, um:* — *m.* leitão; porco pequeno. *Porcinus, porculus:* — gallo; tumor que apparece na cabeça em resultado de alguma pancada. *Tuberculum, i.*

Porcion. *f.* Porção; parte, quantidade que se toma de outra maior. *Portio, onis:* — porção; a quota que se julga indispensavel para sustento dos ecclesiasticos. *Congrua sustentatio:* — *(fig.)* porção, quinhão; certa quantidade de alimento que se dá para sustento de alguem. *Cibi portio unicuique adsignata:* — *cóngrua (ant.);* porção, congrua; aquella parte que se dava ao ecclesiastico cura de almas que não recebia dizimos. *Proventus ecclesiastico viro congruens.*

Porcionario, ria. *adj. (ant.)* V. *Partícipe.*

Porcioncica, lla, ta. *f. dim.* de *Porcion.*

Porcionero, ra. *adj.* Porcioneiro.V. *Partícipe.* Usa-se tambem como adjectivo substantivado.

Porcionista. *m.* Porcionista; aquelle que tem direito sobre alguma porção. *Qui jus ad partem rei habet:* — porcionista. V. *Pensionista,* nos collegios e outras communidades.

Porcipelo. *m. (fam.)* Cerda forte e aguda do porco. *Porci seta.*

Porciúncula. *f.* Porciuncula; primeira casa da ordem de S. Francisco, fundada pelo mesmo em *Italia:* — porciuncula; indulgencia concedida aos conventos de S. Francisco, no dia 2 de agosto. *Jubilæus Portiuncula dictus.*

Porco. *m. (ant. p. Gal.)* V. *Puerco.*

Porcon, na. *adj. (fam.)* V. *Porcallon.*

Porcuno, na. *adj.* Porcino; que é proprio do porco, que lhe pertence. *Porcarius, porcinus:* — *m. (prov.)* V. *Atrio.*

Porche. *m.* Portico. *Porticus, i.*

Pordiosear. *n.* Mendigar, esmolar, pedir de porta em porta pelo amor de *Deus. Emendicare.*

Pordiosería. *f.* Profissão, costume de mendigar de porta em porta. *Mendicitas, mendicimonium.*

Pordiosero, ra. *adj.* Mendigo que pede esmola invocando o nome de Deus. *Mendicus, i.*

Poren, Porende. *conj. (ant.)* Porende, por isso, portanto.

Porent. *(ant.)* V. *Poren.*

Porfazar. *a. (ant.)* V. *Acusar.*

Porfazo. *m. (ant.)* Affronta, aggravo.

Porfía. *f.* Porfia; disputa, altercação obstinada. *Contentio, altercatio:* — porfia, obstinação, teima. *Pertinacia, æ:* — porfia, instancia, importunidade. *Importunatio, molestia:* — *(ant.)* V. *Perfidia. A porfía (loc. adv.);*

á porfia, com emulação. *Certatim : — mata la caza (rif.);* quem porfia mata caça. *Constanti perseverantiæ nil difficile : — mata venado.* V. *Porfia mata la caza. En porfias bravas desquícianse las palabras;* não fies nem porfies, viverás entre as gentes. *Leniter et absque offensione in disputationibus agendum.*

Porfiadamente. *adv. m.* Porfiadamente, obstinadamente. *Instanter, pertinaciter.*

Porfiadísimo, ma. *adj. sup.* de *Porfiado.*

Porfiado, da. *adj.* Porfiado, obstinado. *Pertinax, sui judicii tenax.*

Porfiador, ra. *s.* Porfiador, altercador, teimoso. *Altercator, oris.*

Porfiar. *n.* Porfiar; disputar, altercar obstinadamente. *Altercari; contendere pertinaciter:* — porfiar; insistir com importunidade na posse de qualquer cousa. *Instare, insistere:* — *mas no apostar (rif.);* porfiar, mas nunca apostar. *Ne in tui damnum contentionem vertas.*

Porficar. *n. (ant.)* V. *Porfiar.*

Porfidia. *f. (ant.)* V. *Perfidia:* — V. *Porfia.*

Porfidiado, da. *adj. (ant.)* Porfiado, obstinado.

Porfídico, ca. *adj. (min.)* Porphyrico; que contém porphyro, que tem a apparencia de porphyro. *Terrenos porfídicos;* terrenos prophyricos; terrenos caracterisados pela abundancia de rochas de prophyro.

Pórfidita. *f. (min.)* Porphydita; especie de pedra similhante ao porphyro.

Porfidítico, ca. *adj. (min.)* V. *Porfídico.*

Pórfido. *m. (pharm. chim.)* Porfido ou porphyro; bocado quadrado da pedra do mesmo nome, que se emprega para pulverisar finamente certas substancias : — *(geol. e min.)* porphyro; pedra dura e susceptivel de polir-se. Conhecem-se differentes variedades d'esta pedra. *Saxum porphyreum.*

Porfijamiento. *m. (ant.)* V. *Prohijamiento.*

Porfijar. *a.* V. *Prohijar.*

Porfiosamente. *adv. m. (ant.)* V. *Porfiadamente.*

Porfioso, sa. *adj. (ant.)* V. *Porfiado :* — perfido, perverso.

Pórfira. *f. (bot.)* Porphyra; genero de plantas phyceas.

Porfirita. *f. (min.)* Porphyrita; especie de mineral similhante ao porphyro.

Porfirización. *f. (pharm. e chim.)* Porphyrisação; acção de porphyrisar.

Porfirizar. *a.* Porphyrisar, pulverisar, moer, pisar sobre o porphyro.

Porfirocéfalo, la. *adj. (zool.)* Porphyrocephalo; diz-se do animal que tem a cabeça vermelha.

Porfirófora. *f. (zool.)* Porphyrophora; genero de insectos hemipteros homopteros, da tribu dos coccinianos.

Porfiróideo, dea. *adj. (min.)* Porphyroideo; diz-se de um mineral que apresenta similhanças com o porphyro.

Porfirope. *m. (zool.)* Porphyrops; genero de insectos dipteros da familia dos brachystomos.

Porfirozonado, da. *adj. (min.)* Porphyrozonado; diz-se de um mineral que apresenta bandas ou zonas vermelhas.

Porgadero. *m. (p. Ar.)* Ciranda, crivo que serve para limpar cereaes. *Cribrum, i.*

Porhijamiento. *m.* V. *Prohijamiento.*

Porhijar. *a. (ant.)* V. *Prohijar.*

Poridad. *f. (ant.)* V. *Secreto. En poridad (loc. adv.)* V. *En puridad, En secreto.*

Poridadero, ra. *adj. (ant.)* Segredeiro; diz-se d'aquelle que guarda segredo.

Poridróstero. *m. (phys.)* Poridrosthero; instrumento que serve para conhecer o peso especifico dos corpos solidos.

Porina. *f. (bot.)* Porina; genero de lichens.

Porisma, Porismo. *m. (math. ant.)* Porismo; proposição empregada subsidiariamente para a demonstração de um theorema ou solução de um problema.

Porístico, ca. *adj. (math.)* Poristico; que se apoia ou funda n'um porisma. *Método porístico;* methodo poristico; modo de determinar os meios para obter a solução de um problema.

Porlieria. *f. (bot.)* Porlieria; genero de plantas da familia das terebinthaceas.

Porlonganza. *f. (ant.)* V. *Dilacion.*

Porlongar. *a. (ant.)* V. *Diferir.*

Pormenor. *m.* Pormenor; circumstancias detalhadas de qualquer cousa. Usa-se mais no plural. *Singularium partium descriptio. Poner a uno al pormenor de alguna cosa (fr.);* pôr alguem ao facto de qualquer cousa; fazer alguem sciente de alguma cousa. *Vender al pormenor;* vender por miudo.

Pornografía. *f.* Pornographia; tratado sobre a prostituição.

Pornográfico, ca. *adj.* Pornographico; que diz respeito á pornographia.

Poro. *m.* Poro; cada um dos intersticios ou pequenos espaços que separam as moleculas integrantes dos corpos. *Subtilissima corporis rimula; porus :* — *(anat.)* poro; cada uma das extremidades dos vasos absorventes que apresentam suas aberturas na superficie de varias membranas mucosas. *Poros absorbentes;* poros absorventes; os orificios dos vasos lymphaticos. *Poros exhalantes;* poros exhalantes ;os que terminam as extremidades das arterias ou dos vasos exhalantes : — *(bot.)* poro; nome que se dá em mycologia á abertura do receptaculo dos spherios, e mais geralmente á dos tubos que cobrem a face fructifera do receptaculo dos polyporos.

Poró. *conj. (ant.)* Por onde, pelo qual.

Porocefáleo, lea. *adj. (zool.)* Porocephaleo; que tem a cabeça provida de uma bôca em fórma de poro.

Porocele. *m. (med.)* Porocele; especie de hernia com endurecimento do sacco herniario.

Pororoca. *m.* Pororoca; fluxo violento da maré, que se observa em alguns pontos das costas da America, e que consiste em subirem as altas marés em um ou dois minutos.

Porodérmeo, mea. *adj. (zool.)* Porodermeo; que tem a pelle atravessada de poros.

Porodermos. *m. pl. (bot.)* Porodermos; familia de plantas, do grupo das exoporeas pylomiceas.

Porodotia. *f. (bot.)* Porodothia; genero de lichens, que comprehende um pequeno numero de especies, todas exoticas.

Porodrago. *m. (zool.)* Porodrago; genero de conchas univalves.

Porofillo. *m. (bot.)* Porophyllo; genero de plantas da familia das compostas.

Poróforа. *m. (bot.)* V. *Pertusaria.*

Poróforo. *m. (zool.)* Poróphoro; genero de insectos coleopteros tetrameros da familia dos curculionidos.

Poronfalis. *f. (med.)* Poronphalis; hernia umbilical, cujas paredes estão callosas e endurecidas.

Porongo. *m. (pl. A. M.)* Porongo; especie de cabaça, de casca mui dura, que se emprega como vasilha para varios usos domesticos.

Poronia. *f. (bot.)* V. *Hipóxilo.*

Poropterídeo, dea. *adj. (bot.)* Poropterideo; diz-se das plantas cujos esporangios se abrem no vertice por um poro.

Poróptero. *m. (zool.)* Poroptero; genero de insectos coleopteros tetrameros da familia dos curculionidos.

Pororinco. *m. (zool.)* Pororhyncho; genero de insectos coleopteros tetrameros da familia dos curculionidos.

Porosidad. *f.* Porosidade; aggregado de poros de um corpo: — porosidade; qualidade do que é poroso: — *(phys.)* porosidade; propriedade que possuem os corpos de deixarem intervallos vasios entre as suas moleculas materiaes.

Poroso, sa. *adj.* Poroso; que tem poros. *Rimosus, plures poros habens.*

Porotelio. *m. (bot.)* V. *Porodotia.*

Porótico, ca. *adj. (med.)* Porótico; diz-se dos medicamentos que se julgam proprios a favorecer a formação do callo nos ossos fracturados.

Poroto. *m. (p. A. M.)* Especie de ervilha.

Porpaco. *m. (zool.)* Porpaco; genero de insectos coleopteros da familia dos curculionidos.

Porpita. *f. (zool.)* Porpita; genero de acalephos cirrhigrados.

Pórpora ó Pórpola. *f. (ant.)* V. *Púrpura.*

Porque, Porqué. *conj.* Porque; exprime a causa, motivo ou rasão de alguma cousa. *Quia, namque, cur, quare, quid.* *¿ Por qué haces eso?* *(fr.)* Porque fazes isso? : — *(ant.)* V. *Aunque:* — *m. (fam.)* porque, causa, rasão, motivo. *Causa, æ:* — porção, quantidade. *Ratio, pars.*

Porquera. *f.* Porqueira, covil, lameiro do javali. *Aprorum hara.*

Porquería. *f.* Porcaria, sujidade, immundicie. *Sordes, spurcitia:* — porcaria; acção obscena, indecente. *Sordida vel immunda actio:* — porcaria, grosseria, desattenção. *Rusticum, indecorum vel inhonestum factum:* — porcaria, bagatela, ninharia, cousa de pouco valor. *Param rei vel nihil:* — porcaria, golosina. *Levia gulæ irritamenta:* — porcaria; cousa mal feita: — *pl.* comida feita dos miudos do porco. *Suillæ minutiæ. Porquerías son sopas;* quem desdenha quer comprar. *Meliora fastidis.*

Porqueriza. *f.* Chiqueiro, possilga; logar onde se criam e recolhem os porcos. *Hara, suile.*

Porquerizo. *m.* Porcariço, porqueiro; guarda de porcos. *Porcorum custos, subulcus.*

Porquero. *m.* Porqueiro. V. *Porquerizo.*

Porqueron. *m.* Esbirro, official de justiça encarregado de prender os delinquentes. *Satelles, apparitor.*

Porqueta. *f.* V. *Cucaracha.*

Porquezuelo, la. *s. dim.* de *Puerco.*

Porra. *f.* Cachamorra. V. *Clava:* — V. *Cachiporra:* — pé; nome que dão os rapazes ao ultimo, na ordem do jogo. *Postremus vel novissimus in ludo:* — *(p. A. M.)* emmaranhamento das crinas, na cauda dos cavallos: — *(fig. fam.)* vaidade, jactancia. *Elatio, superbia:* — individuo importuno, molesto. *Molestus vel tenax homo:* — *(germ)* V. *Rostro. Hacer porra (fr.);* parar, estacar, não passar adiante. *Tenaciter sistere, hærere, consistere.*

Porráceo, cea. *adj.* Porraceo; de côr verde escura, similhante á do porro. *Porraceus, a, um:* — *(med.)* porraceo; epitheto dado á bilis e serosidade quando apresentam uma côr analoga á do porro. *Porraceus, a, um.*

Porrada. *f.* Porrada, cachamorrada; golpe de cachamorra, e por extensão, a que se dá com a mão ou com qualquer outro instrumento. *Clavæ ictus:* — *(fig. fam.)* necedade, disparate. *Stoliditas, ineptia, stultitia. A cada necio agrada su porrada (rif.);* cada qual come do que gosta. *Quisque judicat, prout est affectus.*

Porrazo. *m.* Porrazo, porrada, cachamorrada; pancada que se dá com cachamorra: — porrazo, porrada; qualquer pancada que se dá com outro instrumento: — porrada; pancada que se recebe em consequencia de alguma quéda. *Ictus, percussio.*

Porrear. *n. (fam.)* Aporrear; vexar, atormentar alguem, insistindo em alguma cousa. *Tenaciter, mordicùs insistere.*

Porreccion. *f. (rel.)* Entrega ou apresentação; ceremonia usada na Igreja catholica, quando se conferem as ordens menores.

Porrería. *f. (fam.)* Necedade, loucura. *Stoliditas, stultitia, molestia.*

Porreta. *f.* Porreta; folha verde do porro, e por extensão do trigo e de outras plantas. *Porracea folia. En porreta (loc. adv. fam.);* em couro, nú em pello. *Omnino nudè.*

Porrifoliado, da. *adj. (bot.)* Porrifoliado; diz-se das plantas cujas folhas são similhantes ás do porro.

Pórrigo. *m. (med.)* Porrigo; inflammação especial da pelle muito cabelluda, e que é contagiosa.

Porrijinoso, sa. *adj. (med.)* Porriginoso; qualificação de uma especie de tinha, que só ataca a superficie da derme, irritando-a ligeiramente.

Porrilla. *f. dim.* de *Porra:* — *(art.)* martello de ferrador, serve para atarracar cravos. *Mallei genus:* — *(vet.)* sobre machicho, sobre quartella; tumor duro de natureza ossea, que affecta as cavalgaduras nas articulações dos machinhos. *Tumor in bestiarum artubus.*

Porrillo (a). *(loc. adv. fam.)* Abundantemente, copiosamente. *Abundè.*

Porrina. *f.* Estado das searas quando estão mui pequenas e verdes. *Messes virescentes:* — V. *Porreta.*

Porrino. *m.* Porrinho; o porro no estado de ser transplantado. *Porrina, æ.*

Porro, bra. *adj. (fam.)* Porreta, rude, nescio, ignorante. *Stolidus, rusticus, hebes.*

Porron, na. *adj. (fam.)* Pachorrento, lento, preguiçoso. *Pigerrimus, plumbeus, hebes:* — *m.* porrão; vasilha de barro para ter agua. *Fidelia, æ:* — especie de rodoma de vidro.

Porrorrinco. *m. (zool.)* Porrorhynco; genero de insectos coleopteros pentameros, da tribu dos gyrinios.

Porrostoma. *f. (zool.)* Porrostoma; genero de insectos coleopteros pentameros da familia dos malacodermes.

Porroto. *m. (zool.)* V. *Bradibato.*

Porrudo. *m. (p. Murc.)* Cajado, pau com que o pastor guia o gado. *Fustis capitatus.*

Porta. *f. (ant.)* V. *Puerta. Vena porta (anat.);* veia porta; apparelho vascular situado dentro do abdomen, que resulta de duas arvores distinctas, porém reunidas em um tronco commum: — *(naut.)* porta; abertura nos costados da embarcação: — *m. (mil.)* porta-estandarte; alferes que na cavallaria leva o estandarte.

Porta-balanza. *m. (mech.)* Braço de balança.

Porta-bandera. *m. (mil.)* Porta-bandeira; cinturão de couro, onde se apoia a bandeira. *Balteum vexillo gestando.*

Portacaja. *f. (art.)* Porta-caixa; listão de madeira onde se suspende a caixa dos teares de seda: — *(mil.)* porta-caixa; correia branca muito larga que usam os tambores para suspender a caixa.

Porta-candelillas. *m. (med.)* Porta-velinhas; canula de prata similhante á do trochate, porém mais comprida, destinada a introduzir as velinhas na uretra para a dilatar.

Portacarabina. *f.* Porta clavina; peça de couro pendente da sella onde vae apoiar-se a bôca da clavina. *Capula coriacea ex ephippio pendens.*

Portacartas *m.* Porta-cartas; bolsa onde se trazem cartas. *Scrinium chartarium:* — *(ant.)* V. *Cartero.*

Portacartuchos. *m.* V. *Guardacartuchos.*

Porta-cáustico. *m. (med.)* Porta-caustico; instrumento de que se servem os medicos para introduzir um caustico no canal da uretra.

Portada. *f.* Portada; ornato de architectura ou pintura feito nas fachadas principaes dos grandes edificios para os aformosear. *Ædium facies vel fons, architectonica arte ornata:* — frontispicio; primeira pagina onde se põe o titulo de um livro. *Libri frons:* — *(fig.)* frontispicio; face principal de qualquer cousa. *Facies, frons. La buena portada honra la casa; fr.* com que se costuma apodar o que tem a bôca grande. *Honesta facies hominem commendat.* — *(art.)* portada; a divisão de certo numero de fios de seda que se faz para formar o urdume, e assim se diz: que a teia leva oitenta portadas, cem portadas.

Portaderas. *f. pl.* V. *Aportaderas.*

Portadgo. *m. (ant.)* V. *Portazgo.*

Portadguero. *m. (ant.)* V. *Portazguero.*

Portador, ra. *s.* Portador; o que leva ou traz alguma cousa. *Gestator, oris:* — especie de taboleiro no qual se servem os pratos de comida. *Tabula gestatoria:* — *de malas nuevas;* portador de más novas; o que dá más noticias. *Tristis nuntius:* — *de una letra de cambio;* portador de uma letra; o que tem a cobrar uma letra.

Portaestandarte. *m. (mil.)* V. *Porta.*

Portafusil. *m. (mil.)* Bandoleira, correia que serve para pendurar nas costas a espingarda. *Catapultæ incendiariæ gestandæ lorum.*

Portaguion. *m.* Porta-guião; em alguns regimentos de cavallaria, o official que leva o guião.

Portaje. *m. (ant.)* V. *Puerto:* — V. *Portazgo.*

Portal. *m.* Portal; entrada, porta principal de qualquer casa. *Vestibulum, i:* — portal; logar coberto, construido sobre pilares. *Propyleum, porticus:* — V. *Pórtico:* — *(prov.)* a porta da cidade. *Oppidi porta.*

Portalazo. *m. augm.* de *Portal.*

Portalazos. *m. (med.)* Porta-laços; instrumento de que se servem os parteiros para introduzir no utero cordões ou laços que tragam o feto a alguma das posições naturaes.

Porta-lechino. *m. (med.)* Porta-mecha; instrumento que usám os cirurgiões para introduzir mechas nas chagas profundas.

Portaleña. *f.* Portinhola, canhoneira: — tábua que serve para fazer portas. *Tabula valvis construendis apta.*

Portalero. *m.* Guarda-barreira; empregado que está á porta das povoações para revistar os generos que entram e exigir os competentes direitos. *Vectigalium in portis urbis exactor, portitor.*

Portalico, llo, to. *m. dim.* de *Portal.*

Portalon. *m. (naut.)* Portaló; logar onde está a escada para embarcar, tanto de um como de outro bordo do navio. *Navis lateralis aditus vel ingressus.*

Portamanteo. *m.* Portamantó; genero de mala em que se leva o capote ou outro fato, particularmente em jornada.

Portamitra. *m.* Porta-mitra; ecclesiastico que nos actos solemnes leva a mitra do prelado.

Porta-mosqueton. *m. (mil.)* V. *Portacarabina.*

Porta-moxa. *m. (med.)* Porta-moxa; especie de pinças de que se servem os cirurgiões para applicar as moxas á parte que querem cauterisar.

Portanario. *m.* Pyloro; orificio inferior do estomago.

Portante. *m.* Furta-passo; andadura das cavalgaduras quando levantam a mão e o pé do mesmo lado. *Tomar el portante (fr.)*; largar a galope, apressar o passo. *Præpes gressus, gradarius passus:* — *(phys.)* portante; pedaço de ferro que se colloca debaixo dos polos de um iman e a que se suspende o peso que deve sustentar.

Portantillo. *m. dim.* de *Portante.* Passo curto e apressado dos animaes novos. *Præpes minutusque gradus vel gressus.*

Portanveces. *m. (p. Ar.)* Logar-tenente, vigario; o que faz as vezes de outrem. *Vices gerens, vicarius.*

Portañola. *f. (naut.)* Portinhola, canhoneira.

Portañuela. *f.* Portinhola; tira de panno que tapa a abertura que têem os calções na frente. *Valvula femoralium.*

Portapaz. *m.* Porta-paz; lamina de prata, oiro, etc., com que nas igrejas se dá a paz aos fieis. *Lamella vel imago qua ritu ecclesiastico pax datur.*

Porta-peso. *m. (phys.)* Porta-peso; ferro onde se suspende o peso que devem sustentar os imans.

Porta-piedra. *m. (med.)* Porta-pedra; pequeno instrumento, similhante a um porta-lapis, que serve para fixar a pedra infernal o outros corpos, que se usam para cauterisar.

Porta-pliegos. *m. (mil.)* Pasta; bolsa de couro de que usam os ajudantes de campo pendente do cinturão para trazerem com mais segurança ordens, officios.

Portar. *a. (ant.)* Trazer, levar: — V. *Soportar:* — *r.* portar-se, haver-se, proceder, comportar-se, conduzir-se bem ou mal em qualquer negocio. *Præclarè vel ineptè se gerere:* — portar-se, tratar-se com luxo, decencia. *Lautè se gerere.*

Portarueda. *m. (mil.)* Porta-roda; apparelho acrescentado ao antigo carro de munições de artilheria.

Porta-sierra. *m. pl. (zool.)* Porta-serra; familia de insectos da ordem dos hymenopteros, secção dos therebranos.

Porta-sonda. *m. (med.)* Porta-sonda; instrumento usado em cirurgia para fixar a sonda e introduzi-la mais facilmente no conducto nasal, quando se faz a operação da fistula lacrimal.

Porta-tablillas. *m. (med.)* Porta-talas; pedaço de panno em que estão envolvidas as talas que os cirurgiões empregam no tratamento de algumas fracturas.

Portátil. *adj.* Portatil; que é facil de transportar. *Gestatorius, movilis.*

Porta-válvula. *m. (mech.)* Porta-valvula; peça circular de cobre que forma parte dos corpos de bomba e que serve para sustentar as valvulas.

Portaventanero. *m.* Carpinteiro que faz portas e janellas. *Lignarius faber.*

Porta-viento. *m. (art.)* Porta-vento; tubo que nos fornos de fundição serve para conduzir até ao fogo o ar impulsado pelos folles.

Porta-voz. *m. (phys.)* Porta-voz; instrumento empregado para dirigir e fazer chegar a voz a grandes distancias.

Portazgo. *m.* Portagem; direito que se paga pela passagem por alguns sitios. *Portòrium, vectura:* — portagem; logar onde se cobra este direito: — *(ant.)* portagem; tributo que se pagava nas portas.

Portazguero. *m.* Portageiro; o que cobra a portagem.

Portazo. *m.* Batedura, ruido de uma porta fechada com força. *Portæ ictus vel crepitus:* — acção de fechar a porta na cara a alguem. *Alicujus despectio portæ ictu significata.*

Porte. *m.* Porte; o que se paga pelo transporte de qualquer cousa. *Merces pro vectura:* — porte, comportamento, conducta. *Vitæ modus, ratio:* — porte; boa ou má disposição com que alguem se apresenta, modo de vestir, etc. *Elegantia, decens ornatus:* — porte, qualidade, nobreza. *Nobilitas, dignitas:* — porte, grandeza, capacidade de qualquer cousa. *Capacitas, amplitudo.*

Porteador. *m.* Porteador; o que porteia.

Portear. *a.* Portear; levar, conduzir, transportar qualquer cousa por preço ajustado. *Portare:* — *n.* bater; diz-se das portas e janellas quando batem. *Fores vel foribus crepitum facere:* — *r.* emigrar, passar de um logar para outro; diz-se particularmente das aves de arribação. *Transmeare, transferre.*

Portecica, lla, ta. *f. (ant.) dim.* de *Porta.* Portinha.

Portegado. *m. (ant.)* Portico, atrio. *Porticus, i.*

Portensclajia *f. (bot.)* V. *Eleodendro.*

Portento. *m.* Portento, prodigio, singularidade, maravilha. *Portentum, i.*

Portentosamente. *adv. m.* Portentosamente, prodigiosamente. *Prodigialiter, prodigiosè.*

Portentosísimo, ma. *adj. sup.* de *Portentoso.* Portentosissimo; muito potentoso.

Portentoso, sa. *adj.* Portentoso, extraordinario, singular, prodigioso. *Portentosus, a, um.*

Porteo. *m.* Porte, carreto, transporte de mercadorias, e o preço que por elle se dá.

Porterejo. *m. dim.* de *Portero.*

Portería. *f.* Portaria; emprego de porteiro e a sua habitação. *Janitoris officium:* — portaria; entrada principal de um convento, de uma communidade qualquer. *Janua, æ:* — portaria; nos palacios e casas principaes a porta que deita para os aposentos privados das mulheres. *Cœnobii vel gymnasii janua:* — *(naut.)* conjuncto de portinholas de uma embarcação. *Portularum ordo in navi.*

Porterillo. *m. dim.* de *Portero.*

Portero, ra. *s.* Porteiro; pessoa que tem a seu cuidado a guarda de qualquer porta. *Janitor, oris:* — *(ant.)* creado, mensageiro: — *de cadena.* V. *Guardamea:* — *de damas;* porteiro das damas; official do paço, cuja occupação é guardar a entrada das habitações que em outro tempo occuparam as damas solteiras e hoje occupam as camaristas, retretas, etc. *Gymnœcei janitor:* — *de estrados;* porteiro de tribunaes. *Accesus, i:* — *de vara;* porteiro, official de justiça. *Apparitor, oris:* — *de maza;* porteiro de maça.

Portétide. *m. (zool.)* Porthetis; genero de insectos orthopteros da familia dos truxalidos.

Porteto. *m. (zool.)* Porthetes; genero de insectos coleopteros tetrameros da familia dos curculionidos.

Portezuela. *f. dim.* de *Puerta:* portinhola; pequena porta das carruagens: — portinhola; entre alfaiates, pestana que cobre as algibeiras

Portezuelo. *m. dim.* de *Puerto.*

Pórtico. *m.* Portico; especie de portal assente sobre columnas, que se colloca á entrada dos templos e outros edificios sumptuosos. *Porticus, i:* — portico; claustro ou pateo rodeado de columnas ou pilastras: — *(philos.)* portico; seita, doutrina, escola de Zenon.

Portiello. *m. (ant.)* V. *Portillo.*

Portillo. *m.* Portilhão; brecha, abertura feita n'uma muralha, parede, etc. *Muri aditus vel ruina:* — postigo; pequena porta aberta n'outra maior. *Ostiolum, i:* — buraco ou fenda que fica n'alguma cousa quebrada, como prato, terrina, etc. *Cavum fractura factum:* — porta menos principal de algumas capitaes por onde não pôde entrar o que deve pagar direitos. *Oppidi portula, porta minor:* — *(fig.)* portilho; toda e qualquer abertura: — saida, subterfugio, pretexto. *Aditus, ûs:* — desfiladeiro; caminho estreito entre duas alturas. *Diezmar a portillo (fr.);* dizimar o gado lanigero ou caprino á medida que váe saíndo por uma porta estreita. *Pecudes arcto loco sigillatim incidentes decumare:* — *(mil.)* V. *Poterna.*

Portlandia. *f. (bot.)* Portlandia; genero de plantas da familia das rubiaceas.

Porto. *m. (ant.)* V. *Puerto.*

Porton. *m.* Portão, segunda porta de entrada de uma casa nobre. *Ædium porta interior.*

Portugalés, sa. *adj. (ant.)* V. *Portugués.*

Portugués, sa. *s.* Portuguez; natural de Portugal. *Lusitanus, a, um:* — *adj.* portuguez; pertencente a Portugal. *Lusitanus, a, um:* — *m.* portuguez; o idioma que se falla em Portugal. *Lusitana lingua.*

Portulacáceas. *f. pl. (bot.)* V. *Portuláceas.*

Portulacaria. *f. (bot.)* Portulacaria; genero de plantas da tribu das portulacarias: — *f. pl.* portulacarias; tribu de plantas da familia das portulaceas que tem por typo o genero portulacaria.

Portuláceas. *f. pl. (bot.)* Portulaceas; familia de plantas dicotyledoneas cujas especies herbaceas são annuaes ou vivazes.

Portunios. *m. pl. (zool.)* Portunios; tribu de crustaceos decapodas brachyuros da familia dos cyclometopes.

Portuno. *m. (zool.)* Portuno; genero de crustaceos decapodas brachyuros, da familia dos cyclometopes.

Porvenir. *m.* Porvir; successo futuro. *Futurum, i:* — porvir; tempo futuro. *Futurum, i.*

Porvida. *m.* Juramento feito pela vida de Deus ou dos santos. *Vivit Dominus; mehercule.*

Porzana. *f. (zool.)* V. *Gallinula.*

Pos. (do latim *post)* Pós; só tem uso na *loc. adv. en pos;* que significa: após, atrás: — *adv. (ant.)* V. *Después.*

Posa. *f.* Signaes, dobre, toque dos sinos por defuntos. *Campanarum mortualia, neniæ:* — parada que faz o clerigo n'um enterro para cantar os responsos. *Statio pro piacularibus precibus canendis pro defunctis:* — *(ant.)* V. *Pausa:* — pausa, descanso, quietação: — *pl.* pousadeiro; as nadegas. *Nates, clunes.*

Posada. *f.* Pousada, casa, habitação, domicilio. *Habitationis domus, habitaculum:* — estojo com um talher e utensilios necessarios n'uma jornada. *Theca, cochleare, cultello et furcilla instructa:* — pousada, hospedaria, estalagem. *Hospitium, diversorium:* — pousada; aposento, quarto destinado nos palacios e casas principaes para habitação das creadas. *Famularum conclave:* — *de colmenas.* V. *Asiento de colmenas. Mas acá hay posada (fr.);* com que se moteja alguem que exagera ou sobe de ponto alguma cousa. *Næ istud nimium est. El salir de la posada es la mayor jornada (rif.);* a maior difficuldade das cousas consiste em principia-las. *Dimidium facti qui benè cœpit habet:* — *(art.)* empino; posição em que o cavallo levanta os membros anteriores firmando-se nos posteriores.

Posaderas. *f. pl.* Pousadeiras. V. *Nalgas.*

Posadería. *f. (ant.)* Hospedaria. V. *Posada,* na terceira accepção.

Posadero, ra. *s.* Estalajadeiro, hospedeiro. *Hospitii meritorii magister:* — especie de assento feito de tábua ou de esparto. *Sedilis genus:*—V. *Nalgatorio. Pendon posadero.* V. *Pendon.*

Posadilla, ta. *f. dim.* de *Posada.*

Posado, da. *adj. (ant.)* V. *Difunto:* — sentado: — V. *Suspendido.*

Posador. *m. (ant.)* V. *Aposentador.*

Posante. *adj. (naut.)* Diz-se da embarcação socegada, isto é, quando dá balanços mui suaves. *Motu lenis, tranquillus.*

Posar. Pousar; alliviar-se de algum peso, para descansar. *Deponere, ponere:* — *n.* pousar; alojar-se, hospedar-se em alguma parte. *Diversari, hospitari, divertere:* — pousar, sentar-se, descansar. *Sedere:* — pousar, sentar-se, fallando das aves. Usa-se tambem como reciproco. *Sistere:* — *(ant.)* pousar, morar, habitar: — *r.* pousar, depositar-se, precipitar-se, fallando das fezes dos liquidos.

Posatero. *m. (ant.)* V. *Aposentador.*

Poscomunion. *f.* V. *Postcomunion.*

Posdata. *f.* V. *Postdata.*

Posdiluviano, na. *adj.* V. *Postdiluviano.*

Pose. *m. (art.)* Especie de anzol mui forte e comprido.

Poseedor, ra. *s.* Possuidor; o que possue. *Possessor, oris:* — *de buena fe (for.);* possessor de boa fé; aquelle que possue alguma cousa de outrem, convencido de que lhe pertence. *Bonæ fidei possessor. Tercero poseedor;* terceiro possuidor; entende-se pelo que possue alguma cousa certa e particular, havida d'aquelle contra quem se litiga por titulo oneroso. *Tertius possessor:* — *(chim. ant.)* possuidor; nome que davam os alchimistas ao que, segundo elles diziam, possuia o segredo de transformar em oiro os outros metaes.

Poseer. *a.* Possuir; ter alguma cousa em seu poder. *Possidere:* — possuir, saber com perfeição alguma cousa. *Collere:* — *r.* possuir-se; dominar-se a si mesmo, vencer suas paixões. *Estar poseido (fr.);* estar possuido, estar penetrado de uma idéa, pensamento, etc.

Poseido, da. *adj.* V. *Poseso:* — *(fig.)* possuido, possesso; diz-se do que pratica más acções, acções de louco. *Phreneticus, furiosus:* — *m. (prov.)* terra de semeadura, comprada ou herdada. Emprega-se para se differençar da que se traz de renda. *Ager hereditate aut pretio comparatus.*

Posentador. *m. (ant.)* Posentador. V. *Aposentador.*

Posescudete. *m. (zool.)* V. *Postescudete.*

Posesion. *f.* Possessão, posse; acto de possuir qualquer cousa. *Possessio, onis:* — estado de possessão. *Dæmonis possessio, vexatio:* — possessão, posse; a cousa possuida. *Bona possessa, possessio:* — *(fig.)* boa reputação, bom conceito que se faz de alguem. *Opinio concepta. Tomar posesion (fr.);* tomar posse de alguma cousa. *Possessionem sumere, accipere:* — *actual (for.);* posse actual; a que é acompanhada do goso real e effectivo de qualquer cousa: — *artificiosa;* posse artificiosa; ficção de direito que nos faz considerar como possuidores de qualquer cousa que outrem possue: — *civil;* posse civil; aquella que alguem disfructa com justa causa e boa fé. *Possessio civilis:* — *clandestina;* posse clandestina, occulta. *Possessio clandestina:* — *de buena fé;* posse de boa fé; a que alguem tem justamente. *Bonæ fidei possessio:* — *de mala fe;* posse de má fé; detenção da cousa alheia sem titulo justo. *Malæ fidei possessio:* — *equívoca;* posse equivoca; aquella que suscita duvida: — *inmemorial;* posse immemorial; a que excede a memoria dos homens mais antigos: — *natural;* posse natural; aquella que prescinde da intervenção do direito. *Naturalis vel corporalis possessio:* — *pazífica;* posse pacifica; a que se adquire sem violencias: — *pro indiviso;* posse pro indiviso; aquella que tem duas ou mais pessoas n'uma cousa que se conserva sem se dividir: — *vel cuasi;* posse vel quasi; a que é imposta sobre as cousas corporaes, direitos, serviços, etc. *Possessio realis, corporalis vel quasi:* — *viciosa;* posse viciosa, illegitima: — *violenta;* posse violenta, retenção violenta e injusta da cousa alheia. *Possessio rei immobilis violenter retentæ vel adquisitæ. Amparar en la posesion (fr.);* manter a alguem na posse de qualquer cousa. *In possessione aliquem tueri, conservare. Aprehender la posesion;* tomar a posse de qualquer cousa. *In possessionem adire. Dar posesion;* dar a posse de qualquer cousa. *Possessionem conferre.*

Posesional. *adj.* Possessivo, possessorio; que diz respeito á posse. *Possessivus, a, um.*

Posesionarse. *r.* Apossar-se; tomar posse. *Alicujus rei possessionem adire, inire.*

Posesionero. *m.* Proprietario de um rebanho que adquiriu a posse dos pastos arrendados. *Qui pascua possidet.*

Posesivo, va. *adj. (gram.)* Possessivo; diz-se dos pronomes que exprimem posse ou dominio em commum ou em particular. *Nomen possessivum.*

Poseso, sa. *adj.* Possesso; que está possuido do demonio, atormentado pelos espiritos malignos. *A diabolo possessus. Pagar el poseso (fr.);* pagar a patente; dar algum convite ou regalo por haver tomado posse de alguma cousa ou entrado a desempenhar um emprego.

Posesor, ra. *s.* V. *Poseedor.*

Posesorio, ria. *adj.* Possessorio; que diz respeito á posse de alguma cousa. *Possessorius, a, um.*

Poseyente. *adj.* Possuinte; o que possue. *Possidens, entis.*

Posfazar. *a. (ant.)* Injuriar, maltratar.

Posfazo. *m.* *(ant.)* Affronta, deshonra.

Posfecha. *f.* Postdata; data posterior á verdadeira. *Retroacta diei inscriptio.*

Posfechar. *a.* Postdatar; datar de um tempo posterior.

Posfreno. *m.* *(zool.)* V. *Postfreno.*

Posibilidad. *f.* Possibilidade; capacidade, rasão de ser ou existencia que têem as cousas. *Possibilitas, atis:* — posses, bens, meios que alguem possue. *Facultates, opes. Hacer su posibilidad (fr. ant.)* V. *Hacer lo posible.*

Posibilitado, da. *adj. (ant.)* Possibilitado; habilitado para fazer alguma cousa.

Posibilitar. *a.* Possibilitar; tornar possivel, facilitar a execução. *Possibile reddere.*

Posible. *adj.* Possivel; que póde ser ou succeder, que se póde executar. *Possibilis, le:* — *m. pl.* posses, bens, meios que alguem possue. *Facultates, opes. ¿Es posible? (loc.)*; pois é possivel! *Ita ne vero est? Hacer lo posible ó todo lo posible (fr.)*; fazer o possivel ou todo o possivel; fazer toda a diligencia. *Pro virili inniti, contendere. No ser posible;* não ser possivel. *Fieri non posse.*

Posiblemente. *adv. m.* Possivelmente, com possibilidade. *Quoad fieri potest.*

Posicion. *f.* Posição; disposição, situação de qualquer cousa. *Positio, onis:* — posição; representação, importancia que alguem tem: — V. *Suposicion. Angulo de posicion (astr.)*; angulo de posição; aquelle que forma no centro de um astro o circulo de declinação e o de latitude: — *(for.) pl.* posições; artigos de libellos affirmativos. *Actoris in civili aut criminali actione postulatus quibus respondeat reus. Jeometría de posicion;* geometria de posição; parte da geometria que determina a situação de um corpo no espaço. *Regla de falsa posicion;* regra de falsa posição; regra pela qual, em uma operação feita com numeros suppostos, vamos conhecer, com o auxilio das proporções, o verdadeiro numero que procurâmos. *Fictitia positio:* — *(mil.)* posição, postura; attitude militar de cada soldado na fileira: — posição; nome generico de certa extensão de terreno, accommodado ás circumstancias de uma campanha. *Tomar posicion (fr.)*; tomar posição, fallando de um exercito.

Posidonia. *f.* *(bot.)* Posidonia; genero de plantas da familia das naiadeas.

Posidonio. *m.* *(astr.)* Posidonio; nome que dão os astronomos á vigesima setima mancha da lua.

Posidrostero. *m.* *(phys.)* Posidrostero; instrumento que serve para avaliar o peso especifico de um solido pela quantidade do liquido deslocado.

Positivamente. *adv. m.* Positivamente, certamente. *Re ipsa, re verâ.*

Positividad. *f.* *(phys.)* Positividade; estado de um corpo quando manifesta os phenomenos da electricidade positiva.

Positivismo. *m.* *(neol.)* Positivismo; systema da philosophia positiva: — positivismo, egoismo, materialismo.

Positivista. *adj.* *(neol.)* Positivista; diz-se dos philosophos que só acreditam nas cousas positivamente demonstradas: — *(fam.)* positivista; que só acredita no dinheiro, que só se move por interesse.

Positivo, va. *adj.* Positivo, certo, verdadeiro. *Certus, verus:* — positivo; applica-se ao direito ou lei divina ou humana, em contraposição á natural. *Positivus, a, um:* — *(neol.)* positivo; que tem utilidade ou vantagem real. *De positivo (loc. adv.)*; de positivo, certamente. *Re ipsa, re vera, absque dubio. Caracteres positivos (bot.)*; caracteres positivos; os que se tomam em presença de um orgão: — *(philos.)* V. *Afirmativo. Filosofia positiva;* philosophia positiva; systema philosophico que rejeita todo o principio que não seja rigorosamente demonstrado, ou que não se apoie em factos: — *(phys.)* positivo; diz-se de um dos fluidos electricos: — *(gram.)* positivo; é o adjectivo na fôrma em que significa o attributo simplesmente. *Nomen positivum. Cantidades positivas (math.)*; quantidades positivas; as que são precedidas do signal de addição.

Pósito. *m.* Deposito, armazem de trigo que existia antigamente de reserva e prevenção nas cidades, villas e logares. *Horreum publicum:* — *pio;* deposito pio; aquelle que tinha por encargo varias obras de caridade, como: prestar trigo a viuvas, lavradores, pobres, etc. *Horreum publicum egenis agricolis sublevandis.*

Positura. *f.* V. *Postura:* — estado, disposição de alguma cousa. *Status, ordo.*

Posliminio. *m.* V. *Postliminio.*

Posma. *f.* *(fam.)* Lentidão, fleugma, preguiça. *Segnities, pigritia, tarditas:* — *adj. (fam.)* fleugmatico, pachorrento, impassivel.

Posmeridiano, na. *adj.* V. *Postmeridiano.*

Poso. *m.* Lia; sedimento que depositam os liquidos no fundo dos vasos. *Sedimentum, fex:* — pouso, descanso, repouso. *Quies, etis:* — *(ant.)* pouso; logar para descansar. *Haber buen poso (fr. ant.)*; ter bom pouso, gosar todas as commodidades.

Posolojia. *f.* *(med.)* Posologia; conhecimento das dóses em que devem empregar-se os medicamentos nos differentes individuos, com relação ao sexo, idade, temperamento, etc.

Posolójico, ca. *adj.* *(med.)* Posologico; relativo á posologia.

Poson. *m.* V. *Posadero.*

Posoqueria. *f.* *(bot.)* Posoqueria; genero de plantas da familia das rubiaceas.

Posparto. *m.* V. *Postparto.*

Pospelo (a). *(loc. adv.)* A pospello. V. *A contrapelo:* — *(fig.)* a pospello; com repugnancia, fóra de proposito. *Invitè, minervè.*

Pospierna. *f.* Posperna; coxa de um cavallo. *Cruris pars postica.*

Posponer. *a.* Pospor; pôr, collocar uma cousa depois de outra. *Postponere:* —V. *Postergar:* — *(fig.)* pospor; ter em menos, dando a preferencia ou precedencia a outra cousa. *Posthabere.*

Posta. *m.* Posta; o que vae fazer alguma diligencia a toda a pressa. *Veredarius, ii:* — *f.* posta; cavallos que estão de prevenção nos caminhos, de distancia em distancia, para que os correios e passageiros se transportem com mais brevidade de um logar para outro. *Veredorum statio:* — posta; a casa ou logar onde estão estes cavallos. *Domus in via publica veredis locandis:* — posta; distancia de uma posta á outra. *Spatio quod veredum dicurritur:* — posta; pequena bala de chumbo. *Plumbeus scrupulus:* — parada; dinheiro que se põe sobre a mesa, nos jogos de parar. *Nummorum sponsio in ludo:* — posta; talhada, pedaço de carne, peixe, etc. *Frustrum, segmen:* — *(germ.)* V. *Alguacil:* — *(ant.)* posta; posto ou sitio onde se colloca alguem de sentinella: — posta; o que dava aviso para que se juntassem as milicias. *Por la posta (loc. adv.)*; pela posta, correndo a posta: *(fig.)* pela posta; com toda a rapidez e velocidade. *Citissimè. A posta (fam.)*; de proposito, com intenção. *De industria; data opera. A su posta (ant.)*; a seu modo, á sua vontade. *Correr la posta (fr.)*; correr a posta, caminhar em cavallos de posta. *Mutatis subinde equis viam percurrere:* — *(mil. ant.)* posta; sentinella fixa no seu posto: — posta; posto militar. *Hacer posta (fr. ant.)*; fazer sentinella.

Postabdómen. *m. (zool.)* Postabdomen; reunião dos cinco segmentos posteriores do abdomen dos insectos hexapodos: — postabdomen; a cauda dos crustaceos que corresponde a este conjuncto: — postabdomen; a parte posterior do corpo dos trilobitos.

Postal. *adj.* Postal; que diz respeito ás postas ou correios. *Convencion postal*; convenção postal; convenio feito com uma potencia estrangeira a respeito da expedição das cartas de um paiz para outro.

Postapicial. *adj. (zool.)* Postapicial; que se encontra por detrás do apice ou vertice.

Postar. *a. (ant.)* V. *Apostar.*

Postcomicial. *adj.* Postcomicial; que se segue aos comicios.

Postcomunion. *f.* Postcommunio; oração dita pelo sacerdote na missa, depois da communhão.

Postcostal. *adj. (anat.)* Postcostal; que está situado por detrás das costellas.

Postdata. *f.* Postdata; o que se acrescenta á carta depois de escripta e datada.

Postdiluviano, na. *adj. (geol.)* Postdiluviano; qualificação dos terrenos que contém rochas posteriores ao diluvio.

Postdorsal. *adj. (anat.)* Postdorsal; que está situado por detrás do dorso.

Postdorsolo. *m. (zool.)* Postdorsolo; parte media dos insectos, comprehendida entre o mesophragmo e o postescudete.

Poste. *m.* Poste, columna. *Pila, tibicem, sublicium:* — *(fig.)* castigo que nos collegios se dá aos estudantes, obrigando-os a estudar de pé e muito direitos por algumas horas. *Statio tironibus in quibusdam collegiis indicta:* — *(ant.)* V. *Puntal. Asistir al poste (fr.)*; esperar o lente, em algumas universidades, algum tempo depois da lição, para resolver alguma difficuldade que os discipulos lhe apresentem. *Stare ad interrogata. Dar poste*; deter, fazer esperar alguem. *Morari aliquem. Hacer llevar poste*; fazer esperar alguem mais tempo do que o ajustado. *In diem et locum statutum non comparare. Llevar poste*; esperar alguem que falta ao tempo marcado. *Moram pati. Oler el poste (fig.)*; prever, prevenir o perigo. *Discrimen vel periculum subodorari.*

Postear. *n. (ant.)* V. *Correr la posta.*

Postela. *f. (naut.)* Curva das mesas; peça curva de madeira, pregada no costado do navio, para segurar as mesas de guarnição. *Recurvum tignum lateri navi affixum.*

Posteleo. *m. (ant. naut.)* V. *Postelero.*

Postelero. *m. (ant. naut.)* Escora que sustém as mesas de guarnição, desde a estrema até ao costado do navio, e que costuma substituir-se pela curva da mesa.

Postema. *f.* Apostema; abcesso, tumor que contém pus. *Apostema, æ:* — *s. (fig.)* pessoa pesada ou molesta. *Molestus gravis homo. No hacersele á uno postema alguna cosa (fr.)*; não ser de arcas encouradas, dizer com franqueza a outrem todas as queixas que tem contra elle, tudo quanto sente a seu respeito. *Apertè cum aliquo expostulare:* *(fig.)* dizer tudo quanto sabe, não poder guardar segredo. *Plenum rimarum esse; hac illac effluì.*

Postemacion. *f. (ant.)* V. *Postema.*

Postemático, ca. *adj.* V. *Postemoso.*

Postemero. *m.* Apostemeiro; instrumento cirurgico que serve para abrir as apostemas. *Scalpellus major ad apostemata dissecanda vel aperienda.*

Postemoso, sa. *adj.* Postemoso; que tem apostemas ou é da natureza d'elles.

Posteramente. *adv. (ant.)* Posteriormente, ultimamente.

Postergacion. *f.* Postergação; acção e effeito de postergar. *Rei dilatio.*

Postergadamente. *adv. m.* Atrazadamente, com postergação.

Postergar. *a.* Postergar; deixar para traz alguma cousa, desprezar, não fazer caso. *Differre.*

Posteridad. *f.* Posteridade,

descendencia, geração vindoura. *Posteritas, atis:* — posteridade; os vindouros.

Posteriocrinito. *m. (zool.)* Posteriocrinito; genero fossil de polyperos, que se encontram nos terrenos anteriores á creta.

Posterior. *adj.* Posterior; que vem depois. *Posterior, oris.*

Posterioridad. *f.* Posterioridade; estado, ordem de uma cousa posterior. *Posterioris rei ordo.*

Posteriormente. *adv. m.* Posteriormente, ultimamente, depois. *Posteriùs.*

Posteros. *m. pl.* Posteros, vindouros.

Postescudete. *m. (zool.)* Postescudete; a quarta peça posterior do escudo dos insectos.

Posteta. *f. (art.)* Alçadura; a porção de folhas que, na imprensa, mettem umas dentro de outras para formar os pacotes: — alçadura; as folhas que um encadernador bate de uma vez.

Postfreno. *m. (zool.)* Postfreno; parte do metathorax, á qual se fixa o postescudete nos insectos coleopteros.

Póstico. *m. (arch.)* Nome dado á fachada posterior de um templo.

Postiella. *f. (ant.)* V. *Postilla:* — *(fig. ant.)* trabalho: — deshonra.

Postigo. *m.* Postigo; parte falsa que ordinariamente está collocada no sitio mais escuro da casa. *Posticum, i:* — postigo; porta que consta de uma só peça. *Ostium, ii:* — postigo; pequena porta aberta n'outra maior. *Ostiolum portula:*— postigo; cada uma das aberturas praticadas nas portas ou janellas: — postigo; porta menos principal de alguma cidade ou villa. *Oppidi portula.*

Postiguillo. *m. dim.* de *Postigo.*

Postila. *f.* V. *Apostilla.*

Postilacion. *f.* Apostillação, annotação; acção de apostillar ou annotar. *Annotatio, onis.*

Postilador. *m.* Postillador; o que faz ou põe postilla, cota ou annotação. *Annotator, oris.*

Postilar. *a.* Postillar. V. *Apostillar.*

Postilla. *f.* Bostella; crosta que criam as chagas quando vão seccando. *Pustula, æ:* — V. *Apostilla.*

Postillacion. *f.* Erupção de pustulas.

Postillar. *a.* Postillar. V. *Apostillar.*

Postillon. *m.* Postilhão; o que leva cartas, corre a posta, etc. *Veredarius famulus, minister.*

Postilloso, sa. *adj.* Bostelloso; que tem bostellas. *Pustulosus, a, um.*

Postitis. *f. (med.)* Postitis; inflammação do prepucio.

Postiza. *f. (ant. naut.)* Postiça; obra acrescentada ao costado do navio para o fazer mais alteroso. *Opus quoddam lateribus triremium exterius adfixum.*

Postizo, za. *adj.* Postiço; não natural, posto por arte, fingido. *Adscititius, subdititius:* — *m.* peruca, cabello postiço. *Adscititia coma:* — anquinhas; artificio com que as mulheres fazem avultar os quadris.

Postliminio. *m.* Postliminio; restituição de todos os direitos a um militar, á sua entrada em Roma, depois de ter sido prisioneiro. *Postliminium, ii.*

Postmeridiano, na. *adj.* Postmeridiano, pomeridiano; depois do meio dia. *Postmeridianus, pomeridianus.*

Posto. *m. (ant.)* V. *Puesto:* — *adj. (ant.)* posto, disposto, determinado.

Postor, ra. *s.* V. *Ponedor.*

Postponer. *a. (ant.)* V. *Posponer.*

Post-posicion. *f. (med.)* Posposição; estado de uma febre intermittente, que ataca depois do tempo em que era esperada.

Postracion. *f.* Prostração; acção e effeito de prostrar ou prostrar-se. *Corporis ad terram submissio, debilitatio:* — prostração, abatimento, debilidade. *Animi deliquium.*

Postrador, ra. *s.* Prostrador; o que prostra. *Eversor, destructor:* — *m.* genuflexorio; estrado com encosto para ajoelhar. *Suppedamentum, i.*

Postrar. *a.* Prostrar, abater, lançar por terra. *Subjicere, submittere, prosternere:* — prostrar, debilitar, enfraquecer muito. Usa-se tambem como reciproco. *Debilitare:* — *r.* prostrar-se; lançar-se de joelhos, de bruços diante de alguem. *In genua procumbere; pedibus alicujus advolvere.*

Postre. *adj.* V. *Postrero:* — *m.* postre; a sobremesa. *Bellaria, æ:* — *f.* fim. *A la postre (loc. adv.);* ultimamente, no fim. *Postremò.*

Postremas. *adv. (ant.)* V. *Últimamente. A postremas (loc. adv. ant.).* V. *Al fin, Últimamente.*

Postremeramiente. *adv. m. (ant.)* V. *Postreramente.*

Postremero, ra. *adj. (ant.)* V. *Postrero.*

Postremo, ma. *adj.* V. *Postrero, Último.*

Postrer. *adj.* V. *Postrero.*

Postreramente. *adv. m.* Postumeiramente, ultimamente, depois. *Postremò.*

Postrero, ra. *adj.* Postreiro, postumeiro; ultimo, derradeiro. *Postremus, a, um:* — postremo; que fica ou vem depois de tudo.

Postrimer. *adj. (ant.)* V. *Postrero.*

Postrimeramente. *adv. m.* V. *Postreramente.*

Postrimería. *f.* Prostimeira; o que está por vir e ha de ser derradeiro ou novissimo ao homem, o ultimo periodo de qualquer cousa: — postimaria, fim, termo; o ultimo periodo, os ultimos annos da vida. *Extremum vitæ tempus.*

Postrimero, ra. *adj.* Postrimeiro. V. *Postrero, Último.*

Postulacion. *f.* Postulação; em direito canonico, petição de dispensa para obter alguma dignidade. *Postulatio, onis:* — *(ant.)* postulação, petição, instancia, supplica.

Postulado. *m.* Postulado; principio claro e evidente. *Petitiones, um.*

Postulador. *m.* Postulador; capitular que vota para prelado aquelle que não pôde ser nomeado por eleição. *Postulator, oris:* — postulador;

aquelle que por commissão legitima de parte interessada, solicita na curia romana a beatificação e canonisação de alguem. *Postulator, oris.*

Postulante. *adj.* V. *Pretendiente.*

Postular. *a.* Postular; pedir para prelado de alguma igreja aquelle que não tem direito a ser eleito. *Postulare.*

Póstumo, ma. *adj.* Posthumo; que acontece depois da morte de alguem. *Posthumus, a, um.*

Postura. *f.* Postura, geito do corpo, situação. *Status, gestus, modus:* — postura; o trabalho da mão esquerda na viola ou rabeca: — postura; acto de pôr ou dispor plantas, etc. *Plantatio, onis:* postura, concerto, ajuste. *Conventio, pactum:* — postura; preço estabelecido pelo comprador. *Pretii præscriptio:* — postura; aposta entre dois. *Sponsio pecuniæ:* postura; o ovo da ave. *Ovum, i:* — postura; acto de pôr, fallando das aves: — postura, ninho; sitio onde as aves põem: — planta, arvore tenra que se transplanta. *Surculus, i:* — *(ant.)* V. *Adorno:* — postura, tributo, imposto: — V. *Establecimiento. Plantar la postura (fr.);* fazer transplantação de arvores tenras. *Arbusculas plantare.*

Posturica, lla. *f. dim.* de *Postura.*

Pota. *f.* Grande giba.

Potable. *adj.* Potavel; que é bom para beber. *Potabilis, le.*

Potada. *f.* V. *Potala,* na primeira accepção,

Potado. *m. (germ.)* Bebedor; aquelle que bebe. *Potator, oris.*

Potaje. *m.* Potagem; môlho de guisados. *Jusculum, i:* — potagem; caldo, môlho de legumes guisados para os dias de abstinencia: — provisão de legumes seccos. *Legumina condita vel condienda:* — potagem; bebida em que entram muitos ingredientes. *Potio ex pluribus rebus mixta:* — *(fig.)* michordia; mistura de varias cousas inuteis. *Inutilium mixtura.*

Potajería. *f.* Hortaliça ou legumes bons para caldos. *Legumina, orum:* — logar onde se guardam os legumes e hortaliça. *Leguminum cella.*

Potajier. *m.* Creado que olha pelos legumes e hortaliça na casa real. *Leguminum in domo regia præfectus.*

Potala. *f.* Pouta; pedra atada á extremidade de um cabo, que serve de ancora ás embarcações menores. *Lapis ad extremum funem navigiis continendis alligatus:* — *(naut.)* embarcação mui pequena e de pouco andar.

Potalia. *f. (bot.)* Potalia; genero de plantas da familia das loganiaceas.

Potaliáceas. *f. pl. (bot.)* Potaliaceas; tribu de plantas da familia das loganiaceas.

Potamia. *f. (zool.)* Potamia; genero de crustaceos decapodas brachyuros, da familia dos catometopes.

Potámide. *f. (zool.)* Potamis; genero fossil de conchas canaliferas.

Potamitos. *m. pl. (zool.)* Potamitos; familia de reptis chelonios, que comprehende as tartarugas, que vivem nos grandes rios.

Potamo. *m. (bot.)* Potamo; genero de plantas da familia das naiades.

Potamobio. *m. (zool.)* V. *Orectotóxilo.*

Potamófila. *f. (bot.)* Potamophila; genero de plantas, da familia das gramineas.

Potamofíleas. *f. pl. (zool.)* V. *Nayádeas.*

Potamófilo. *m. (zool.)* Potamophilo; genero de insectos coleopteros pentameros, da familia dos clavicornes.

Potamografía. *f.* Potamographia; descripção scientifica dos rios.

Potamográfico, ca. *adj.* Potamographico; relativo á potamographia.

Potamógrafo. *m.* Potamographo; auctor de uma potamographia.

Potamolojía. *f.* V. *Potamografía.*

Potamolójico, ca. *adj.* V. *Potamográfico.*

Potamosaurios. *m. pl. (zool.)* Potamosaurios; familia de reptis saurios, que comprehende os que vivem nos rios.

Potar. *a.* Aferir, igualar, marcar os pesos e medidas. *Pondera mensurasque ad trutinam revocare:* — *(germ.)* V. *Beber.*

Potarco. *m. (bot.)* V. *Microsteria.*

Potasa. *f. (chim.)* Potassa: alcali branco, solido, inodoro e de um sabor acre e caustico. Esta base forma, com muitos acidos, differentes saes. *Alkali vegetabile, potassa; sal tartari fixum.*

Potasado, da. *adj. (chim.)* Potassado; ligeiramente combinado com a potassa.

Potasana. *f. (chim.)* Potassana; antigo nome do chlorureto de potassio.

Potásico, ca. *adj. (chim.)* Potassico; que diz respeito ao potassio.

Potasiado, da. *adj. (chim.)* Potassiado; que contém potassio. *Gas hidrójeno potasiado;* gaz hydrogenio potassiado; composto gazoso de hydrogenio e potassio.

Potasidos. *m. pl. (chim.)* Potassidos; familia de corpos ponderaveis que tem por typo o potassio.

Potasio. *m. (chim.)* Potassio; corpo simples metallico, solido, mui ductil, mais brando que a cera, brilhante e mais ligeiro que a agua. Entra na formação de differentes saes.

Pote. *m.* Pote; vasilha de barro. *Vas fictite:* — vaso para flores. *Vas fictile excolendis floribus:* — padrão, medida, peso pelo qual se aferem e regulam os outros. *Norma, æ. A pote (loc. adv. fam.)* V. *Abundantemente.*

Potea. *f. (min.)* Potea; oxydo de estanho recalcinado, mistura de estanho fundido com vidro, que serve para fazer um esmalte branco e para dar polimento ás pedras e metaes.

Potecillo. *m. dim.* de *Pote* Potesinho.

Potencia. *f.* Potencia, força,

faculdade de executar ou produzir qualquer cousa. *Potentia, æ:* — potencia, poder, imperio, dominio. *Potestas, atis:* — V. *Posibilidad*, na primeira accepção: — potencia, erecção; faculdade de gerar. *Potentia, virtus:* — potencia; poder, força de um reino, etc. *Potentia, æ:* — potencia; qualquer das faculdades da alma. *Dotes animi:* — potencia; qualquer nação independente, com governo proprio. *Imperium, regnum, respublica:* — *pl.* nove raios de luz formando de tres em tres uma especie de corôa que se vê nas imagens do menino Jesus. *Corona in radiorum triades disposita:* — *de una pieza de artillería;* potencia de uma peça de artilheria; espaço percorrido por uma bala de artilheria formando uma linha sensivelmente recta. *Spatium quod tormenti bellici jactu percurritur:* — *motriz;* força motriz; o corpo que póde mover outro. *Potentia movens. Lo último de potencia (fr.);* com todas as forças. *Summa vis; summus conatus:* — *(philos.)* potencia, força vital; as forças da vida, conjuncto de leis que regem o organismo animal: — potencia; superioridade de um homem para outro em qualquer das funcções physiologicas; — potencia; a possibilidade que qualquer orgão possue de desempenhar certas e determinadas funcções: — *(math.)* potencia; producto de um numero qualquer multiplicado por si mesmo um certo numero de vezes. *Multiplicationis aritmeticæ summa:* — *(mech.)* potencia; toda a força que applicada a um corpo produz um effeito qualquer. *Potentia, æ:* — potencia; força que produz ou tende a produzir movimento em qualquer machina: — *animada;* potencia animada; a que é produzida pelo homem ou pelos animaes: — *inanimada;* potencia inanimada; a que não é produzida pelo homem nem pelos animaes, mas pelo calor, ar, agua, etc.: — *mecánica de una máquina;* potencia mechanica de qualquer machina; quantidade de trabalho util produzido por ella ou o seu trabalho simplesmente: — *motora;* potencia motora; a que produz movimento: — *resistente;* potencia resistente; a que se oppõe ao movimento. *Potencias conspirantes;* potencias conspirantes; as que não actuam em direcções oppostas: — *(med.)* potencia; virtude, força dos medicamentos empregados no tratamento das doenças. *Virtus, vis.*

POTENCIAL. *adj.* Potencial; que tem potencia ou que a ella se refere. *Ad potentiam attinens:* — potencial; que pôde ser ou existir, não actual: — potencial, equivalente; diz-se das cousas que têem a força ou a efficacia de outras. *Æquivalens, entis:* — *(med)* potencial; diz-se das substancias que, apesar de muito energicas, não obram senão algum tempo depois da sua applicação.

POTENCIABILIDAD. *f.* Potenciabilidade; mera capacidade da potencia, independente do acto. *Potentia, æ:* — equivalencia de uma cousa a respeito de outra em virtude e efficacia. *Æqualis potestas.*

POTENCIALMENTE. *adv. m.* Potencialmente, equivalentemente; virtualmente: — em estado de capacidade, aptidão ou disposição para alguma cousa.

POTENCIOSO, SA. *adj.* Potencioso, activo; que tem força e aroma.

POTENTADO. Potentado; principe com dominio independente n'uma provincia ou estado, sendo porém investido no poder por outro principe superior. *Rex, princeps, dynasta:* — potentado; qualquer monarcha, principe ou pessoa poderosa e opulenta.

POTENTE. *adj.* Potente; que tem poder, força ou virtude. *Potens, entis:* — V. *Poderoso:* — potente; diz-se do homem capaz de gerar. *Feminæ potens:* — *(fam.)* potente, grande, immenso, de tamanho excessivo. *Grandior, immanis:* — *(med.)* potente; capaz de procrear.

POTENTEMENTE. *adv. m.* Potentemente, poderosamente. *Potenter.*

POTENTILA. *f. (bot.)* Potentilla; genero de plantas da familia das rosaceas.

POTENTISIMO, MA. *adj. sup.* de *Potente.*

POTENZA. *f. (br.)* Potentea; cruz que tem a haste mais longa que os braços. *Lignum alteri innixum litteræ T formam referens.*

POTENZADO, DA. *adj. (br.)* Potentado; applica-se ás peças terminadas n'uma crùz em fórma de T. *In T figuram desinens.*

POTERANTERA. *f. (bot.)* Poteranthera; genero de plantas da familia das melastomaceas.

POTERIOCRINITO. *m. (zool.)* Poteriocrinito; genero de echinodermes crinoideos, composto de duas especies fosseis.

POTERIÓFORO. *m. (zool.)* Poteriophoro; genero de insectos coleopteros tetrameros, da familia dos curculionidos gonatoceros.

POTERNA. *f. (mil.)* Poterna; porta falsa ou secreta nas cortinas das praças de guerra. *Portula in munimentis urbium.*

POTERO. *m. (prov.)* V. *Potador.*

POTESTAD. *f.* Potestade, dominio, poder. *Potestas, tis:* — corregedor, juiz ou governador, em alguns povos da Italia. *Prætor, oris:* — V. *Podestá:* — V. *Potentado:* — *pl.* potestades; sexto côro de anjos. *Patria potestad,* patrio poder; poder que os paes têem sobre os filhos até que estes emancipem. *Salir de la patria potestad (fr.);* saír do patrio poder; emancipar-se: — *(math.)* V. *Potencia.*

POTESTATIVO, VA. *adj. (fór.)* Facultativo; que depende do poder ou vontade de alguem. *Quod in potestate alicujus est:* — facultativo; applica-se á condição que depende só do arbitrio da pessoa a quem se impõe.

Potia. *f. (bot.)* Pottia; genero de musgos.

Potiáceas. *f. pl. (bot.)* Pottiaceas; tribu de musgos que tem por typo o genero pottia.

Potingue. *m. (fam.)* Michordia; nome burlesco que se dá a qualquer bebida de pharmacia.

Potipará. *m. (p. Am.)* Potipará; variedade de tabaco do Paraguay, cuja folha é pintada de manchas amarellas.

Potista. *m.* Bebedor de vinho. *Bibax, cis.*

Poto. *m. (bot.)* Pottos; genero de plantas da familia das aroideas.

Potolojía. Potologia; tratado das bebidas.

Potolójico, ca. *adj.* Potologico; que pertence á potologia.

Potoróo. *m. (zool.)* Potoroo; genero de mammiferos marsupiaes.

Potra. *f. (fam.)* Potra. V. *Hernia, Quebradura:* — V. *Potro:* — *(fam.)* poltroneria, fleugma, preguiça, pachorra. *Contarle a uno la potra (fr. fig. fam.);* resentir-se a quebradura das mudanças de tempo. *Aeris mutationem partis lesæ dolore prænuntiari. Tener potra;* ser afortunado.

Potrada. *f.* Manada de potros.

Potranca. *f.* Poldra; a egua até aos tres annos. *Equa bima vel trima.*

Potrear. *a. (fam.)* Incommodar, molestar: — *n. (p. Mex.)* domar os poldros.

Potrero. *m.* Guarda de potros na manada. *Equinorum pullorum custos:* — *(fam.)* V. *Hernista:* — *(p. Am.)* propriedade destinada para manutenção de eguas e vaccas: —*f.* cabresto, cabeçada de canhamo para os poldros. *Cannabinum frontale; capistrum.*

Potrico, llo, to. *m. dim.* de *Potro.* Potrosinho.

Potril. *adj.* Potril; applica-se á deveza onde se criam os poldros depois de separados das mães aos dois annos de idade. Usa-se tambem como substantivo. *Ad pullos equinos pertinens.*

Potrilla. *f.* Potrilha; velho com pretensões a mancebo. *Viridis senex.*

Potro. *m.* Potro, poldro; o cavallo desde que nasce até que muda os dentes de leite, o que acontece aos quatro annos pouco mais ou menos. *Pullus equinus:* — potro; machina de tortura usada antigamente. *Equuleus, ei:* — tronco; apparelho de madeira que serve para sujeitar os cavallos quando se não querem deixar ferrar ou curar. *Numella equis constringendis:* — *(fam.)* V. *Incordio:* — *(fig.)* tudo aquillo que afflige e molesta gravemente. *Angustia, æ:* — *(ant.)* ourinol de barro. *Matella fictilis:* — *de primer bocado;* poldro que deita o primeiro desfecho. E aos tres annos e meio, pouco mais ou menos. *Trimus equus:* — *de segundo bocado;* poldro que deita o segundo desfecho. Esta muda de dentes dá-se regularmente aos quatro annos e meio. *Quadrimus equus. Manda potros y da pocos (loc. fam.);* quem muito promette pouco dá. *Multa fidem promissa levant. Potros cayendo y moros perdiendo, van asesando (rif.);* bolsa vasia e casa acabada faz o homem sisudo, mas tarde. os trabalhos e contratempos fazem o homem cordato. *Laboribus docemur. Al potro y al mozo el ataharre flojo y apretado el bozo;* a teu filho pão e castigo. *Benè pastus labore coercendus est, ne lasciviat. Dos potros a un can bien le morderán;* dois lobos a um cão bem o comerão. *Plurimum valet in pugna multitudo. El potro, primero de otro o dómele otro;* casa, vinho e potro, faça-o outro. *Ne quid discriminis inexpertus aggrediare. Pacen potros como los otros;* pascem potros como os outros; mais corre uma lebre de um anno que um burro de sete. *Consilium quandoque viget juvenilibus annis:* — *(agr.)* buraco aberto na terra, na occasião em que se crestam as colmêas, para limpar os favos de algumas abelhas que ainda contenham. *Favea ab apiariis facta, recipiendis apibus quæ in alveari supersunt.*

Potroso, sa. *adj.* V. *Hernioso:* *(fam.)* ditoso, afortunado, feliz. *Fortunatus, felix.*

Potsia. *f. (bot.)* Pottsia; genero de plantas da familia das apocynaceas.

Pouco, ca. *adj. (p. Gal.)* V. *Poco.*

Poya. *f.* Poya; pão mais avultado que paga quem coze em forno alheio. *Furnacea merces.*

Poyal. *m.* Tapete com que nas aldeias e em alguns logares pequenos cobrem os poyaes. *Stragulum podiis tegendis:* — V. *Poyo.*

Poyar. *n.* Pagar a poya: — *(ant.)* subir, crescer.

Poyata. *f.* Taboleiro onde se põem vasos e outras cousas. *Abacus, i:* — V. *Repisa.*

Poyarilla *f. dim.* de *Poyata.*

Poyato. *m. (agr.)* Taboleiro; socalco feito no terreno das encostas afim de o aproveitar melhor.

Poyatura. *f. (mus.)* V. *Apoyatura.*

Poyo. *m.* Poyal; assento de pedra, construido ordinariamente junto ás portas e encostado á parede. *Podium, ii:* — emolumento que se paga aos juizes quando estão despachando. *Stipendium vel merces judice erogata.*

Poza. *f.* Poça, cova com agua. *Lacuna, æ:* — poça, alverca onde se macera o canhamo. *Stagnum macerando cannabo. Lamer la poza (fr.);* disfructar alguem, chupando-lhe o dinheiro. *Pecuniam sensim exhaurire.*

Pozal. *m.* Balde com que se tira agua do poço. *Vas puteale:* — bocal do poço. *Puteal, lis:* — talha; pote cravado na terra onde se guarda azeite, etc. *Cadus ore tenus terræ immissus.*

Pozanca. *f.* V. *Pozanco.*

Pozanco. *m.* Poça que fica na margem do rio ao retirarem-se as aguas. *Lacus recedentibus aquis post fluvii exundationem reliquus.*

Pozero. *m.* Poceiro; o que faz poços ou trabalha n'elles: — poceiro; o que limpa poços e depositos de immundicies.

Pozillo. *m.* Talha; vaso de barro cravado na terra para recolher azeite, vinho, etc.: — *(p. And.)* chavena em que se toma chocolate.

Pozo. *m.* Poço; cova onde se ajunta agua que para ahi corre de algum olho; que costuma forrar-se de pedras com o seu bocal alto. *Puteus, ei:* — pégo; sitio onde os rios têem maior profundidade. Em algumas partes fazem-nos artificiaes para a pesca dos salmões. *Locus in alveo fluminis altior:* — *(fig.)* poço; qualquer cousa profunda, notavel, completa no seu genero. *Plenitudo, profunditas:* — *artesiano;* poço artesiano; o que se faz brocando o solo até que a agua salte á superficie: — *de nieve;* neveira; especie de poço onde se guarda e conserva a neve para o verão. *Puteus reservandæ nivi. Caer en el pozo airon (fr. fig.);* perder-se alguma cousa sem esperança de a achar: — *(art.)* poço; divisão formada com tábuas forradas de chumbo n'um barco de pesca para conservar os peixes vivos: — *(naut.)* poço; distancia que vae desde a coberta superior de uma embarcação que não tem convés, até ao extremo superior do seu bordo: — poço, pégo; ponto do mar onde não se encontra fundo ou ha muita profundidade: — *de lobo (mil.);* passo de lobo; pequena cova onde se enterra uma estaca ponteaguda para difficultar o passo ao inimigo: — *de mina;* poço de mina; excavação cylindrica ou parallelipipeda que dá principio á mina.

Pozoa. *f. (bot.)* Pozoa; genero de plantas da familia das umbelliferas.

Pozole. *m. (p. Mex.)* Guisado composto de maiz cozido, pesunhos, abobora e pimento.

Pozon. *m. (ant.)* V. *Veneno.*

Pozonador, ra. *s. (ant.)* Empeçonhador, envenenador.

Pozuela. *f. dim.* de *Poza.* Pocinha.

Pozuelo. *m. dim.* de *Pozo.* Pocinho: — V. *Pozal,* na terceira accepção.

Pracio. *m. (ant.)* V. *Plazo.*

Pracrito. *m. (philol.)* Pracripto; idioma vulgar da India derivado do sanscripto.

Práctica. *f.* Pratica; exercicio das regras de uma arte, etc. *Praxis, is:* — pratica; uso continuado, costume, estylo. *Praxis, consuetudo:* — pratica, praxe, methodo, systema. *Methodus, ratio:* — pratica; exercicio feito debaixo da direcção de pessoa competente, que alguns professores têem de fazer para se habilitarem devidamente. *Tirocinium, ii.*

Practicable. *adj.* Praticavel; capaz de se praticar. *Quod fieri potest:* — transitavel, que se póde passar.

Practicador, ra. *s.* Praticador; o que pratica. *Practicus, praxim cujusque artis exercens.*

Prácticamente. *adv. m.* Praticamente, experimentadamente. *Practicè, in praxi.*

Practicante. *s.* Praticante; o que pratica. *Exercens, entis:* — praticante; o que por certo numero de annos se instrue na pratica da cirurgia e medicina debaixo da direcção de pessoa competente. *Medici vel chirurgi assecla, medidicinæ vel chirurgiæ candidatus:* — praticante, enfermeiro; o que nos hospitaes assiste aos enfermos. *Medicinæ studiosus juvenis in nosocomio ægros curans.*

Practicar. *a.* Praticar; exercitar, pôr em pratica aquillo que se sabe. *Ad praxim reducere, exsequi:* — praticar; usar ou exercitar continuamente uma cousa. *Tractare, exercere:* — praticar; exercer a pratica debaixo da direcção de pessoa competente. *Artis praxim sub magistro edicere:* — *(ant.)* percorrer um paiz, viajar por elle: —*n. (ant.)* praticar, conversar, ter trato ou negocios com alguem: — *(med.)* praticar; exercer a profissão medica.

Práctico, ca. *adj.* Pratico; que pertence á pratica. *Practicus, ad praxim pertinens:* — pratico, versado, exercitado. *Peritus; experientia edoctus:* — *m.* V. *Médico:* — pratico; piloto que dirige as embarcações á entrada das barras. *Proposicion práctica (philos.);* proposição pratica; no systema de Kant, proposição que enuncia a acção, pela qual é possivel um resultado e que é a condição necessaria d'este mesmo resultado.

Practicon, na. *adj. augm.* de *Práctico:* — *m.* pratico; homem habil, sómente pela pratica, em qualquer arte ou faculdade. *Praxim tantùm doctus.*

Pradal. *m. (ant.)* V. *Prado.*

Pradecillo. *m. dim.* de *Prado.* Pradozinho.

Pradeño, ña. *adj.* Pradoso; que pertence ao prado. *Pratensis, e.*

Pradera. *f.* V. *Pradería.*

Praderia. *f.* Pradaria; campo de muitos prados. *Pascua, orum:* — pradaria; pedaço de prado mui fertil. *Prati pars virens.*

Praderoso, sa. *adj.* Pradoso; pertencente a prado. *Pratensis, se.*

Pradial. *m. (chron.)* Pradial; nono mez do calendario republicano francez.

Pradico, llo, to. *m. dim.* de *Prado.* Pradozinho.

Pradjnikas. *m. pl. (rel.)* Pradjinikas; individuos de uma seita de Budha que dá por attributos á divindade a existencia absoluta, a intelligencia e a sabedoria.

Prado. *m.* Prado; campo de ordinario para pasto, herva não cultivada. *Pratum, i:* — alameda; sitio ameno ornado de arvores, que costuma estar situado perto das cidades e serve de passeio. *Locus vel ambulacrum arboribus consitum vel ornatum:* — *de guadaña;* prado annual; o que se ceifa annualmente. *Pascuum quod singulis annis metitur:* — *artificial (agr.);* prado artificial; aquelle cuja formação é devida á cultura: — *natural;* prado natural; aquelle cuja formação é devida á natureza.

PRAEUJENA. *f.* *(zool.)* Praeugena; genero de insectos coleopteros heteromeros da familia dos stenelytros.

PRAGMATICA. *f.* Pragmatica; lei que procedendo de auctoridade competente, differençava-se dos decretos e ordens reaes nas formulas da sua publicação. *Pragmatica, œ.*

PRAGMÁTICO, CA. *adj.* *(for.)* Pragmatico; applica-se ao auctor jurista que interpreta as leis nacionaes. *Pragmaticus, a, um.*

PRAHASARI. *m.* Prahasaria; comico ambulante na *India*.

PRAIA. *f.* *(zool.)* Praia; genero de acalephos da familia dos beroideos.

PRAKRITI. *m.* *(philos.)* Prakriti; natureza material unica e activa dos indios.

PRAMA. *f.* *(naut.)* Canhoneira; embarcação grande com uma bateria de grosso calibre, para defeza das costas e portos.

PRAMIO. *m.* *(min.)* Pramio; variedade de quartzo hialino negro.

PRANGO. *m.* *(bot.)* Prangos: genero de plantas da familia das umbelliferas.

PRANGUÍ. *m.* Prangui; nome que dão na *India* aos europeus.

PRANIZA. *f.* *(zool.)* Praniza; genero de crustaceos da familia dos pranizios.

PRANIZIOS. *m. pl.* *(zool.)* Pranizios; familia de crustaceos isopodas: — *propiamente dichos;* pranizios propriamente ditos; tribu de crustaceos isopodas da familia dos pranizios.

PRAO. *m.* *(naut.)* V. *Parao.*

PRAÓCIDE. *m.* *(zool.)* Praocis; genero de insectos coleopteros da familia dos melasomos.

PRAONETIA. *f.* *(zool.)* Praonetia; genero de insectos coleopteros subpentameros da familia dos longicornes.

PRÁSEO. *m.* *(min.)* Praseo; variedade de quartzo hialino de côr verde: — *del cabo de Buena Esperanza.* V. *Prenita.*

PRASEOLITA. *f.* *(min.)* Prascolita; variedade de smarchita.

PRASER. *n.* *(ant.)* Prazer, comprazer, agradar.

PRASINÓPTERO, RA. *adj.* *(zool.)* Prasinoptero; que tem as azas verdes.

PRASIO. *m.* *(bot.)* Prasio; genero de plantas da familia das labiadas: — *(min.)* V. *Práseo.*

PRASMA. *m.* *(min.)* Prasma; variedade de calcedonia de côr verde mais ou menos escura.

PRASOCURO. *m.* *(zool.)* Prasocuro; genero de insectos coleopteros da familia dos crysomelinos.

PRASOFILLO. *m.* *(bot.)* Prasophyllo; genero de plantas da familia das orchideas.

PRASOFIRA. *f.* *(min.)* Prasophyra; variedade de ophyta.

PRASOIDE. *f.* *(min.)* Prasoide; chrysolita de côr verde desmaiada.

PRASOPALA. *f.* *(min.)* Prasopala; variedade de chrysoprasio.

PRÁTICA. *f.* *(ant.)* V. *Práctica.*

PRATICULTOR, RA. *adj.* Praticultor: que cultiva os prados.

PRATICULTURA. *f.* Praticultura; cultura dos prados.

PRAVEDAD. *f.* Pravidade, maldade, perversidade, iniquidade. *Pravitas, atis.*

PRAVO, VA. *adj.* Pravo, mau, perverso, malvado. *Pravus, a, um.*

PRAXIANOS. *m. pl.* *(rel.)* Praxianos; sectarios do seculo II que sustentavam não haver mais do que uma pessoa divina.

PRÁXIS. *f.* *(ant.)* V. *Práctica.*

PRAZO. *m.* *(ant.)* V. *Plazo.*

PRE. *(prep.)* Pre; preposição latina que empregada na composição de alguns nomes e verbos denota antecedencia, antecipação: — V. *Prest:* — *manibus (loc. adv. latin.);* pre manibus: entre as mãos.

PREA. *f.* *(ant.)* V. *Presa.*

PREABDÓMEN. *m.* *(zool.)* Preabdomen; conjuncto dos cinco primeiros segmentos do abdomen nos crustaceos.

PREADAMISMO. *m.* Preadamismo, opinião dos calvinistas, que pretendiam que a terra era habitada antes de Adão e que este não era mais do que o tronco do povo hebreu.

PREADAMITA. *adj.* Preadamita; que existiu antes de Adão: — *m. pl.* *(rel.)* preadamitas; sectarios que sustentavam que antes de Adão existiram homens.

PREÁMBULO. *m.* Preambulo, exordio, prefacio que precede alguma narração, discurso, etc. *Prœfatio, proloquium:* — relatorio; discurso preliminar que costuma anteceder os projectos de lei apresentados pelo governo ou a primeira parte de uma lei, em que se expõe os motivos por que se promulga, a sua utilidade, necessidade, etc.: — *(fam.)* preambulo; rodeio, digressão impertinente no discurso. *Circumloquutio, ambages.*

PREAR. *a.* *(ant.)* Prear, apresar, saquear, roubar.

PREHALANCIN. *m.* *(zool.)* Prebalancim; nome de dois corpos fixos adiante das azas e aos lados do prothorax de alguns insectos, e que o animal move com grande rapidez durante o vôo.

PREBASILAR. *adj.* *(anat.)* Prebasilar; que está collocado adiante da peça do craneo chamada basilar.

PREBENDA. *f.* Prebenda; renda, beneficio ecclesiastico annexo a um canonicato, etc. *Prœbenda, œ:* — prebenda; nome que se dá a todos os beneficios ecclesiasticos, de ordem superior, nas igrejas cathedraes e collegiadas. *Prœbenda, œ:* — dote que piedosamente se funda para uma mulher tomar o estado de religiosa ou de casada, ou para estudantes frequentarem os estudos. *Prebenda dotis vel studiorum nomine:* —*(fig. fam.)* conezia; officio, emprego lucrativo e pouco trabalhoso. *Ministerium, munus:* — *de oficio;* preceptoria; prebenda doutoral, magistral, litteraria ou penitenciaria. *Canonicatus docendi, prœdicandi, lites sustinendi, aut confessiones audiendi onere gravatus.*

PREBENDADO. *m.* Prebendado;

que tem ou gosa de prebenda. *Beneficio seu sacerdotio primario in ecclesia cathedrali fungens:* — *adj. (ant.)* prebendado; que pertence á prebenda.

Prebendar. *a.* Prebendar; conferir prebenda a alguem. *Ecclesiæ principis sacerdotium conferre.*

Prebestad. *f. (ant.)* V. *Prebostazgo.*

Prebestadgo. *m. (ant.)* V. *Prebostazgo.*

Prebostal. *adj.* Prebostal; pertencente á jurisdicção dos prebostes.

Prebostazgo. *m.* Officio de preboste. *Præfectura, æ.*

Preboste. *m.* Presidente de uma communidade qualquer. *Præpositus, præfectus:* — *o capitan preboste (ant.);* preboste ou capitão preboste; official que, em tempo de guerra e durante a campanha, era nomeado para processar e fazer executar os criminosos e para manter a ordem e policia. *Lictorum militarium præfectus in castris. Gran preboste;* grão preboste: dignidade instituida em França no principio do seculo XIV por Carlos *VI.*

Prebostía. *f.* Districto pertencente á jurisdicção de um preboste.

Prebucal. *adj. (anat.)* Prebocal; que está situado adiante da bôca.

Precacion. *f. (ant.)* Precação, rogativa. V. *Deprecacion.*

Precancion. *f. (ant.)* V. *Antecanto.*

Precariamente. *adv. m. (for.)* Precariamente; de um modo precario. *Precariò.*

Precario, ria. *adj.* Precario; que tem pouca estabilidade ou duração. *Precarius, a, um:* — *(ant.)* precario; que se possue temporariamente: — *(for.)* precario; que se possue por mercê ou emprestimo. *Precarius, a, um.*

Precaucion. *f.* Precaução; cautela antecipada, prevenção para evitar inconvenientes. *Præcavendi actio; cautela.*

Precaucionado, da. *adj. (ant.)* Precavido, prevenido, cauto. *Cautus; sibi cavens.*

Precaucionarse. *r. (ant.)* Precaucionar-se, precatar-se, precaver-se, prevenir-se, acautelar-se. *Sibi cavere.*

Precaudal. *adj. (zool.)* Precaudal; que está situado adiante da cauda. *Anillos ó segmentos precaudales;* anneis ou segmentos precaudaes; anneis que se encontram ás vezes em pequeno numero na extremidade do abdomen dos chetopodes.

Precautelar. *a.* Precautelar, acautelar, prevenir; empregar todos os meios para evitar qualquer perigo. *Præcavere.*

Precaver. *a.* Precaver, previnir, acautelar. Usa-se tambem como reciproco. *Præcavere.*

Precavido, da. *adj.* Precavido, sagaz, cauto. *Cautus, a, um.*

Precedencia. *f.* Precedencia; antecedencia no tempo, na ordem, etc. *Antecessio, onis:* — precedencia, preferencia, preeminencia. *Primus gradus, locus:* — precedencia, primazia, superioridade. *Primatus, us.*

Precedente. *adj.* Precedente; que precede. *Præcedens, entis:* — *m.* V. *Antecedente.*

Precedentemente. *adv. m.* V. *Anteriormente.*

Preceder. *a.* Preceder; anteceder em tempo, ordem ou logar. *Præcedere:* — preceder, anteceder, antepor-se. *Præcedere, anteponi, præponi:* — *(fig.)* preceder, avantajar-se, prevalecer. *Præcellere.*

Precelente. *adj. (ant.)* Preexcellente; mui excellente.

Precelentísimo, ma. *adj. sup.* de *Precelente.* Preexcellentissimo.

Precepcion. *f. (ant.)* Preceito, instrucção.

Preceptista. *m.* Preceptor; o que dá e ensina preceitos ou regras. *Præceptor, oris.*

Preceptivamente. *adv. m.* Preceptivamente; de um modo preceptivo. *Præceptivè.*

Preceptivo, va. *adj.* Preceptivo; que contém preceitos. *Præceptivus, a, um.*

Precepto. *m.* Preceito, mandado, ordem superior. *Præceptum, i:* — preceito; instrucção, regra, documento. *Præceptum, i:* — preceito; por antonomasia cada um dos dez mandamentos da lei de Deus. *Præceptum Decalogi:* — preceito; cada um dos dogmas, maximas, etc. que formam um corpo de doutrina: — *(ant.)* preceito; privilegio ou instrumento de privilegio: — *afirmativo;* preceito affirmativo; qualquer dos da lei de Deus, em que se manda fazer alguma cousa. *Præceptum positivum:* — *formal de obediencia;* preceito formal de obediencia; aquelle que nas religiões usam os superiores para obrigarem os inferiores á obediencia. *Severum præceptum:* — *negativo;* preceito negativo; qualquer dos do Decalogo em que se prohibe alguma cousa. *Præceptum negativum. Cumplir com el precepto (fr.);* cumprir com o preceito. V. *Cumplir com la parroquia.*

Preceptor. *m.* Preceptor, aio, mestre. *Præceptor, magister.*

Preces. *f. pl.* Preces; versiculos tirados da Sagrada Escriptura, usados na Igreja, contendo as orações destinadas por ella para pedir a Deus soccorro nas necessidades publicas ou particulares. *Preces, um:* — *(ant.)* preces, rogativas, supplicas, com referencia ás bullas e despachos da côrte de Roma.

Precesion. *f. (astr.)* Precessão; movimento retrogrado dos pontos equinocciaes: — *(rhet.)* V. *Reticencia.*

Preciadito, ta. *adj. dim.* de *Preciado.*

Preciado, da. *adj.* Preciado, prezado, precioso, excellente. *Pretiosus; magni factus vel habitus:* — jactancioso, presumpçoso, vão. *Præsumtuosus, jactabundus.*

Preciador, ra. *s.* V. *Apreciador.*

Preciar. *a.* V. *Apreciar:* — *(ant.)* V. *Valuar:* — *r.* jactar-se, gloriar-se. *Gloriari, jactari.*

Precinjirse. *r. (ant.)* Precingir-se; cingir-se de antemão.

Precinta. *f.* Precinta; faixa ou tira de coiro para cingir ou reatar. *Coriacea fasciola:* — precinta; fita de nastro com que se precintam as caixas, para que se não abram até á alfandega do porto a que vão destinadas: — *(naut.)* precinta; tira de lona breada ou de chumbo, com que se cobrem as juntas das tábuas das embarcações e se forram os cabos.

Precintar. *a.* Precintar; reatar, cingir as caixas com precintas. *Coriaceis fasciolis munire:* — precintar; cingir com fita de nastro as caixas com generos de commercio, etc. *Arcas mercibus onustas tæniis cingere.*

Precio. *m.* Preço; valor pecuniario em que se avalia alguma cousa. *Pretium, ii:* — preço, premio que se ganhava nas justas. *Bravium; præmium victoribus in equestribus ludis collatum:* — *(fig. ant.)* preço, estimação, importancia, credito. *Æstimatio, onis. Abrir precio (fr.);* abrir preço; ser o primeiro a estabelecer o preço dos generos, etc. *Mercis pretium indicare. Alzar el precio ó valor de alguna cosa;* augmentar o preço ou valor de alguma cousa. *Pretia rerum augere. Correr las cosas a tal precio;* correr as cousas a tal preço; ter tal estimação ou valor. *Res pretio æstimari, venundari. Hacer en precio;* ser honroso. *Poner a precio.* V. *Poner talla. Poner en precio;* pôr em preço, ajustar. *Pretio convenire. Poner precio;* pôr preço, marcar o valor. *Romper precio;* abrir preço. *Tener en precio;* ter em apreço, estimar, apreciar. *Magni facere.*

Preciosa. *f.* Esportula ou retribuição dada aos prebendados em algumas cathedraes, por assistirem á commemoração por alma de algum bemfeitor. *Sportula, stips quædam ecclesiarum principum canonicis erogari solita.*

Preciosamente. *adv. m.* Preciosamente, custosa, ricamente. *Pretiosè.*

Preciosidad. *f.* Preciosidade; qualidade preciosa de uma cousa. *Pretiositas, atis:* — preciosidade; cousa preciosa.

Preciosísimo, ma. *adj. sup.* de *Precioso.* Preciosissimo; muito precioso.

Precioso, sa. *adj.* Precioso, excellente, digno de estimação e apreço. *Pretiosus, a, um:* — jovial, chistoso, galhofeiro. *Valdè festivus, facetus, lepidus:* — precioso; affectado, estudado, presumido, ridiculo.

Precipicio. *m.* Precipicio; despenhadeiro por onde se não póde caminhar sem risco de caír. *Præcipitium, ii:* — precipicio; quéda precipitada e violenta. *Præcipitium, ruina:* — precipicio, decadencia, ruina espiritual ou temporal. *Exitium, pernicies.*

Precipitacion. *f.* Precipitação; acto de precipitar: — precipitação; demasiada pressa, inconsideração. *Nimia festinatio; præpropera actio:* — *(chim.)* precipitação; quéda das partes as mais grosseiras de um metal, de um licor, etc., no fundo do vaso, ou permanecendo suspenso debaixo da fórma de flocos ou crystaes.

Precipitadamente. *adv. m.* Precipitadamente, arrebatadamente, inconsideradamente. *Præproperè, temerè, inconsultè.*

Precipitadero. *m.* V. *Precipicio.*

Precipitadísimo, ma. *adj. sup.* de *Precipitado.* Precipitadissimo.

Precipitado, da. *adj.* Precipitado, accelerado, inconsiderado. *Præceps, inconsideratus, temerarius:* — *m. (chim.)* precipitado; substancia que se precipita no fundo de um vaso, ou fica em suspensão quando é separada do seu dissolvente por meio de algum reagente: — *amarillo;* precipitado amarello; sulphato de mercurio: — *blanco;* precipitado branco; proto-chlorureto de mercurio, obtido por precipitação: — *rojo;* precipitado vermelho, oxydo de mercurio.

Precipitamiento. *m.* Precipitação; acto e effeito de precipitar ou precipitar-se.

Precipitante. *adj.* Precipitante; que precipita. *Præcipitans, antis:* — *m. (chim.)* precipitante; agente que opera a precipitação.

Precipitar. *a.* Precipitar, despenhar; arrojar de logar alto. *Præcipitare, præcipitem agere:* — precipitar, accelerar, apressar: — *(fig.)* precipitar; expor alguem á ruina. *In exitium agere; in discrimen adducere:* — *r.* precipitar-se; arrojar-se sem prudencia, obrar sem consideração. *Temerè, inconsultè agere:* — *a. (chim.)* precipitar; fazer com que um corpo se separe do liquido em que se acha dissolvido, pela addição de outra substancia. Usa-se tambem como neutro e reciproco. *Præcipitare.*

Precípite. *adj.* Precipite; que está em risco de precipitar-se. *Præceps, itis.*

Precipitosamente. *adv. m.* V. *Precipitadamente.*

Precipitoso, sa. *adj.* Precipitoso; com precipicios ou sujeito a elles. *Præruptus, præcipitio obnoxius:* — *(fig.)* precipitoso, arrojado, inconsiderado. *Consiliis præceps, præproperus.*

Precipuamente. *adv. m.* Precipuamente, principalmente. *Præcipuè.*

Precipuo, pua. *adj. (ant.)* Principal, especial, singular, particular. *Præcipuus, a, um.*

Precisamente. *adv. m.* Precisamente, justamente; com precisão. *Justè, certò, acuratè, exactissimè:* — precisamente, necessariamente, indispensavelmente. *Necessariò.*

Precisar. *a.* Precisar, obrigar, forçar a executar alguma cousa. *Cogere:* — precisar; fixar, determinar alguma cousa com clareza e distincção.

Precision. *f.* Precisão; obrigação, necessidade urgente. *Coactio, necessitas:* — precisão, exactidão, concisão. *Accurata diligentia:* — precisão; exactidão concisa de um discurso. *Sermonis accuratissima distinctio:* — *(philos.)* precisão; abstracção ou separação mental que faz o entendimento de duas cousas realmente identificadas, em virtude da qual se concebe uma distincta da outra. *Idearum separatio (vulgò abstractio) mentis ope facta.*

Precisivo, va. *adj.* Preciso, exacto, rigoroso. *Omittens, entis.*

Preciso, sa. *adj.* Preciso, necessario, indispensavel. *Necessarius, a, um:* — preciso, pontual, exacto, determinado. *Definitus, præfixus:* — preciso, distincto, claro, formal. *Certus, definitus:* — *(ant.)* preciso, separado, apartado. *Præcisus, a, um:* — *(philos.)* preciso; abstrahido ou separado pelo entendimento. *Mentis ope abstractus.*

Precista. *m.* Precista; nome de certos beneficios ecclesiasticos fundados em Allemanha, em virtude do direito das primeiras preces.

Precitado, da. *adj.* Precitado; já citado, antes ou acima citado.

Precito, ta. *adj.* Precito, condemnado. V. *Réprobo.*

Preclaramente. *adv.* Preclaramente, illustremente. *Præclarè.*

Preclarísimo, ma. *adj. sup.* de *Preclaro.* Preclarissimo; muito preclaro.

Preclaro, ra. *adj.* Preclaro, bello, illustre, famoso. *Præclarus, a, um.*

Precocidad. *f.* V. *Precozidad.*

Precodido, da. *adj. (ant.)* Espesso, obscuro.

Precognicion. *f.* Precognição; conhecimento anterior, com antecipação e prenotação. *Prænotio; cognitionis anticipatio.*

Precomputar. *a. (ant.)* Precomputar, computar de antemão.

Preconizacion. *f.* Preconisação; acto de preconisar. *Præconium, ii.*

Preconizador. *m.* V. *Panejirista.*

Preconizar. *a.* Preconisar; apregoar louvando: — preconisar; na curia romana, fazer a denuncia o cardeal protector, de que no seguinte consistorio proporá para bispo um certo sujeito, elogiando n'este acto as suas virtudes e merecimentos. *Candidati dotes et merita recensere.*

Preconocedor, ra. *s.* Previdente; aquelle que prevê ou conhece antecipadamente qualquer cousa.

Preconocer. *a.* Prever, conjecturar; conhecer antecipadamente qualquer cousa. *Mente et ratione providere.*

Precordial. *adj. (anat.)* Precordial; relativo ao diaphragma. *Rejion precordial.* V. *Rejion epigástrica.*

Precoz. *adj.* Precoce, temporão, prematuro. *Præcox, ocis:* — *(fig.)* precoce, antecipado, adiantado. *Præcox, ocis:* — *(med.)* precoce; applica-se ao desenvolvimento prematuro de um orgão, ou da funcção de que é instrumento.

Precozidad. *f.* Precocidade; qualidade de ser precoce. *Maturitatis anticipatio:* — *(med.)* precocidade; desenvolvimento prematuro de um orgão, de uma funcção ou de todo o organismo.

Precúrsor, ra. *adj.* Precursor; que se antecipa ou vem antes de outro para o annunciar. A Igreja dá este titulo a S. João Baptista, porque, nascendo antes de Jesus Christo, annunciou a sua vinda ao mundo. *Præcursor, oris:* — precursor; diz-se por extensão das cousas que costumam preceder outras.

Preda. *f. (ant.)* Presa, roubo, saque.

Predazita. *f. (min.)* Predazita; carbonato de cal magnesico que se encontra no Tyrol, formando massas brancas e terrosas.

Predecesor, ra. *s.* Predecessor, antecessor; aquelle que precede outro. *Antecessor, prœcessor.*

Predecir. *a.* Predizer, prognosticar, dizer antes, prophetisar. *Prædicere.*

Predefinicion. *f.* Predefinição, predestinação; definição, limitação antecipada. *Prædefinitio, onis.*

Predefinir. *a.* Predefinir; determinar, assignar, limitar com antecipação o futuro. *Prædefinire:* — V. *Prefinir.*

Predentado, da. *adj. (zool.)* Predentado; applica-se aos mammiferos amphibios, cujos caninos superiores formam enormes presas dirigidas de cima para baixo.

Predestinacianismo. *m. (rel.)* Predestinacianismo; doutrina dos predestinacianos; systema dos partidarios da predestinação absoluta.

Predestinaciano, na. *adj. (rel.)* Predestinaciano; que pertence aos partidarios da predestinação absoluta.

Predestinacion. *f.* Predestinação; destinação ou determinação antecipada. *Prædestinatio, onis:* — predestinação; ordem immutavel de acontecimentos, em virtude da qual se suppõe que devem succeder-se uns aos outros necessariamente, e por antonomasia, a ordem da vontade divina com que ab eterno tem elegido os que, mediante a sua graça e auxilios, se hão de salvar. *Prædestinatio, onis.*

Predestinado. *m.* Predestinado; que se ha de salvar pela graça de Deus. *Prædestinatus, a, um:* — *adj. (ant.)* V. *Obstinado.*

Predestinante. *p. a.* Predestinante; o que predestina. *Prædestinans, antis.*

Predestinar. *a.* Predestinar; destinar antecipadamente. *Prædestinare, præordinare:* — predestinar; eleger Deus os justos desde a eternidade. *Æternæ beatitudini prædestinare.*

Predeterminacion. *f.* Predeterminação; determinação anterior. *Prœconceptum consilium.*

Predeterminar. *a.* Predeterminar; determinar antecipadamente. *Prædestinare, præstituere.*

Predial. *adj.* Predial; que pertence a predio. *Prædiatorius, a, um.*

Prédica. *f.* Predica; pratica, sermão que os sectarios fazem a seus sequazes. *Concio, onis:* — predica; os dogmaticos dão este nome á que os calvinistas pregam aos seus povos.

Predicable. *adj.* Predicavel;

capaz de se prégar. *Prædicabilis, le:* — *(ant.)* V. *Sermon:* — *(philos.)* predicavel; uma das classes a que reduzem todas as qualidades, que se podem dar ao sujeito. *Prædicabilis, le.*

PREDICACION. *f.* Prégação; acção de prégar. *Concionandi actio:* — predica; doutrina que se prega, ensino dado por meio da predica. *Concionatoris doctrina, monita.*

PREDICADERA. *f. (p. Ar.)* V. *Púlpito:* — *(ant.)* monja dominica: — *pl.* dotes oratorios, dotes de bom prégador.

PREDICADO. *m. (philos.)* Predicado; attributo de uma proposição. *Prædicatum, i.*

PREDICADOR, RA. *s.* Prégador; individuo que publicamente annuncia alguma verdade ou reprehende algum vicio. *Concionator, oris:* — o que elogia ou censura alguem particularmente. *Prædicator, oris:* — prégador; orador evangelico que annuncia a palavra de Deus. *Concionator, oris:* — *(zool.) (p. Am.)* V. *Tulcan.*

PREDICAMENTAL. *adj. (philos.)* Predicamental; que pertence ao predicamento. *Prædicamentalis, le.*

PREDICAMENTO. *m.* Predicamento, dignidade, classe, grau, graduação moral e politica. *Dignitas, locus:* — *(philos.)* predicamento; uma das classes ou categorias a que se reduzem todas as cousas e entidades physicas. *Prædicamentum, i.* Regularmente as dividem em dez, que são substancia, quantidade, qualidade, relação, acção, paixão, logar, tempo, situação e habito.

PREDICANTE. *m.* Predicante, predicador; ministro protestante. *Hæreticorum minister.*

PREDICAR. *a.* Publicar, divulgar. *Palàm ostendere:* — prégar; annunciar a palavra de Deus, instruir por meio de sermões. *Concionari:* — prégar, louvar, exaltar, pregoar. *Prædicare, nimiis laudibus extollere:* — *(fig.)* prégar; reprehender asperamente. *Objurgare. Subirse a predicar (fr. fam.);* subir o vinho á cabeça. *Caput vino gravari. Bien predica quien bien vive (rif.);* bem préga quem bem vive. *Non monitis sed exemplis docendum est:* — *(philos.)* dizer-se, affirmar-se ou negar-se, na enunciação, uma cousa de outra. *Prædicari, dici.*

PREDICATIVO, VA. *adj.* Predicativo; epitheto dado pelos antigos grammaticos a uma proposição simples ou enunciativa.

PREDICATORIO. *m. (ant.)* Pregadoiro, pregnatoiro. V. *Púlpito.*

PREDICCION. *f.* Predicção, prognostico; annuncio antecipado. *Prædītio, onis.*

PREDIFUNTO, TA. *adj. (for.)* Predefunto; morto antes de outro, ou antes da epocha em que se falla.

PREDILECCION. *f.* Predilecção; preferencia de affeição. *Erga aliquem præ aliis dilectio.*

PREDILECTO, TA. *adj.* Predilecto; amado com preferencia. *Præ aliis dilectus.*

PREDIO. *m.* Predio, herdade, fazenda, terra, propriedade inamovivel. *Prædium, ii:* — *rústico,* predio rustico; campo que se cultiva, propriedade rural. *Prædium rusticum:* — *urbano,* predio urbano; casa, edificio para habitar. *Prædium urbanum.*

PREDISPONENTE. *adj. (med.)* Predisponente; qualificação das causas que se suppõem preparar o desenvolvimento das enfermidades.

PREDISPONER. *a.* Predispor; dispor antecipadamente: — predispor; preparar, dispor o animo para certas impressões: — *(med.)* predispor; collocar o corpo em circumstancias de contrahir facilmente uma enfermidade, logoque intervenha uma causa occasional ou efficiente.

PREDISPOSICION. *f.* Predisposição; disposição, aptidão antecipada: — *(med.)* predisposição; disposição da economia que precede e prepara o desenvolvimento de uma enfermidade.

PREDOMINACION. *f.* V. *Predominio.*

PREDOMINAR. *a.* Predominar, dominar, prevalecer: — predominar, exceder, abundar uma cousa mais do que outra. *Prevalere:* — *(fig.)* predominar; exceder muito em altura a qualquer cousa. *Præeminere.*

PREDOMINIO. *m.* Predominio; imperio, poder, superioridade sobre qualquer cousa ou pessoa. *Dominium, imperium.*

PREDORSAL. *adj. (anat.)* Predorsal; que está situado adiante do dorso ou espadua. *Rejion predorsal;* região predorsal; face anterior da região dorsal.

PREDORSO-ATLOIDIANO, PREDORSO-CERVICAL. *adj. (anat.)* Predorso-atloidiano ou predorso-cervical; qualificação do musculo comprido do pescoço, que se estende desde a região predorsal até á primeira vertebra cervical.

PREELECCION. *f. (rel.)* V. *Predestinacion.*

PREEMINENCIA. *f.* Preeminencia, privilegio, prerogativa, excepção, vantagem. *Privilegium, ii.*

PREEMINENTE. *adj.* Preeminente, sublime, superior. *Præstans, excellens.*

PREESCELENTE. *adj.* Preexcellente; mui excellente.

PREESCELSO, SA. *adj.* Preexcelso; mui elevado, illustre, sublime. *Valdè excelsus.*

PREESPINAL. *adj. (anat.)* Preespinal; que está situado adiante da columna vertebral. *Cara preespinal;* face preespinal; a anterior da columna vertebral.

PREEXISTENCIA. *f. (philos.)* Preexistencia; existencia anterior. *Præexistentia, æ.*

PREEXISTENTE. *adj.* Preexistente; que existe antes de um outro. *Præexistens, entis.*

PREEXISTIR. *n. (philos.)* Preexistir; existir antes de um outro. *Præexistere.*

PREFACIO. *m.* Prefacio; parte da missa antes do canon. *Præfatio, onis:* — prefacio. V. *Prólogo.*

PREFACION. *f.* Prefação. V. *Prólogo.*

PREFACIONCILLA. *f. dim.* de *Prefacion.*

PREFECTO. *m.* Prefeito, director, presidente, superior de algum tribunal ou communidade ecclesiastica. *Præfectus, i:* — prefeito; individuo nomeado para fazer cumprir os deveres de qualquer cargo ou ministerio. *Præfectus, i: — (neol.)* prefeito; chefe de um departamento em França. *Præfectus, i: — del pretorio;* prefeito do pretorio; commandante da guarda pretoriana dos imperadores romanos e que era seu principal ministro. *Cohortibus prætorianis præfectus.*

PREFECTURA. *f.* Prefeitura; dignidade, emprego, cargo de prefeito. *Præfecti munus, præfectura:* — prefeitura; provincia, territorio da jurisdicção de um prefeito. *Præfectura, æ.*

PREFERENCIA. *f.* Preferencia, primazia; vantagem que alguma pessoa ou cousa tem sobre outra. *Primæ partes.*

PREFERENTE. *adj.* Preferente; que prefere. *Præeminens, entis.*

PREFERIBLE. *adj.* Preferivel; que deve ser preferido. *Anteponi dignus.*

PREFERIBLEMENTE. *adv. m.* Preferivelmente; com preferencia.

PREFERIR. *a.* Preferir, dar vantagem, dar preferencia. *Præferre:* — *n.* preferir, ter preferencia.

PREFIGURACION. *f.* Prefiguração; representação antecipada de uma cousa. *Animo præconcepta imago, opinio.*

PREFIGURAR. *a.* Prefigurar; representar typicamente pessoa ou cousa que ha de vir. *Præfigurare; rei imaginem animo præconceptam habere.*

PREFIJAR. *a.* Prefixar; determinar, assignar ou fixar antecipadamente alguma cousa. *Præfigere.*

PREFINICION. *f.* Limitação, tempo prefixo. *Præfinitio, onis.*

PREFINIR. *a.* Prefinir; marcar, prescrever, fixar, assignar, limitar um termo. *Præfinire.*

PREFLORACION. *f. (bot.)* Prefloração; as diversas modificações das partes de uma flor antes da sua abertura ou desabotoamento: — *arrugada;* prefloração enrugada; aquella em que a corolla está dobrada confusamente em todos os sentidos: — *equitativa;* prefloração equitativa; diz-se quando, em uma corolla irregular, as partes maiores abrangem as mais pequenas: — *plicativa;* prefloração plicativa; aquella em que a corolla está dobrada sobre si mesmo.

PREFOLIACION. *f. (bot.)* Prefoliação; disposição das folhas no botão antes da sua evolução, estado das folhas assim dispostas.

PREFULGENTE. *adj.* Prefulgente; mui resplandecente. *Præfulgens, entis.*

PREGAR. *a. (ant.)* Pregar, segurar, fixar.

PREGARÍA. *f. (ant.)* V. *Plegaria.*

PREGO. *m. (ant.)* Rogo, rogativa.

PREGON. *m.* Pregão; publicação de qualquer cousa, seita, em voz alta, nos logares publicos, para que todos o saibam. *Præconium, edictum:* — *(fig.)* pregão; elogio publico de uma pessoa ou cousa. *A pregon ferido (fr.);* convocando publica e solemnemente. *Pedir pregones;* apregoar, lançar pregões. *Tras cada pregon azote;* sobre cada bocado, copo de vinho. *Nulla sine austu buccea.*

PREGONAR. *a.* Pregoar, apregoar; annunciar com o pregão. *Aliquid edicere, per præconem promulgare:* — apregoar; dizer em alta voz o que ha para vender. *Merces emptoribus publicare:* — *(fig.)* pregoar, publicar, divulgar. *Palam facere:* — pregoar; louvar, elogiar em publico. *Laudibus publicè extollere:* — *(ant.)* V. *Proscribir.*

PREGONES. *m.* Modo de apregoar dos cegos, vendilhões, etc. pelas ruas.

PREGONERÍA. *f.* Emprego, officio de pregoeiro. *Præconis munus, officium:* — certo direito ou tributo. *Vectigalis genus.*

PREGONERO, RÁ. *adj.* Pregoeiro; que publica ou divulga alguma cousa que se ignorava. *Prædicator, laudator:* — *m.* pregoeiro, porteiro; o encarregado de lançar os pregões. *Præco, onis:* — *mayor (ant.);* pregoeiro mór; dignidade ou emprego muito honorifico que recebia certas contribuições. *Vectigalium licitationi auctionique præpositus. Subir de pregonero a verdugo (fr.);* passar de cavallo a burro.

PREGUNTA. *f.* Pergunta; interrogação feita a alguem. *Interrogatio, onis. Las preguntas;* especie de jogo de prendas com que se entretêem as reuniões domesticas. *Andar, estar o quedar a la cuarta pregunta (fr. fam.);* estar sem vintem, estar a tenir. *Rei familiaris angustiis laborare:* — *oficiosa (for.);* pergunta officiosa; aquella que é feita ao réu por pessoa que não tem jurisdicção para isso. *Absolver las preguntas o proposiciones de algun interrogatorio (fr.);* responder, debaixo de juramento, ás preguntas de qualquer interrogatorio. *Judicialem quæstionem absolvere.*

PREGUNTADOR, RA. *s.* Perguntador; o que interroga outro. Toma-se mais ordinariamente por aquelle que é importuno em perguntar. *Molestus percontator vel interrogator.*

PREGUNTANTE. *p. a.* de *Preguntar.*

PREGUNTAR. *a.* Perguntar; interrogar, inquirir, indagar. *Interrogare. Quien pregunta no yerra (rif.);* quem pergunta não erra, quem pergunta quer saber. *Pernosce primum, quæ causa tibi peroranda sit.*

PREGUNTICA, LLA, TA. *f. dim.* de *Pregunta.* Perguntinha.

PREGUNTON, NA. *adj.* Perguntador importuno, curioso. *Molestus, nimius percontator.*

PREHECHO, CHA. *adj. (ant.)* Feito antes.

PREHENSIL. *adj. (zool.)* Apprehensorio; diz-se do animal

que tem a faculdade de tomar ou agarrar como os quadrumanos.

Prehensípedo, da. *adj. (zool.)* Apprehensipedo; diz-se do animal que tem a faculdade de agarrar-se ou trepar com as patas.

Prehensoras. *f. pl. (zool.)* Apprehensoras; ordem de aves admittida por alguns naturalistas para comprehender as trepadoras, que têem a propriedade de colher e levar á bôca com os pés os corpos de que se alimentam.

Preinserto, ta. *adj.* Preinserto; inserto antes. *Antea allatus.*

Preisa. *f. (ant.)* V. *Priesa,* por transposição.

Preisia. *f. (bot.)* Preissia; genero de plantas da familia das marchantiaceas.

Preiteado, da. *adj. (ant.)* Preiteado, ajustado, contratado.

Preito. *m. (ant.)* V. *Pleito.*

Prejudicial. *adj. (for.)* Prejudicial; diz-se da acção em que se trata de defender ou vindicar o estado de liberdade de cidadão ou de familia: — prejudicial; diz-se de todas as cousas que em concurso de outras se devem discutir primeiro, porque, decididas aquellas, fica inutil a disputa d'estas.

Prejuicio. *m. (ant.)* V. *Perjuicio.*

Perjuzgar. *a.* Prejulgar; julgar antecipadamente. *Præjudicare.*

Prelacía. *f.* Prelazia; dignidade de prelado. *Prælatura; præsulis munus vel dignitas.*

Prelacion. *f.* Prelação; preferencia com que se deve attender uma cousa a respeito de outra com que se compara. *Prælatio; præferendi actio.*

Prelada. *f.* Prelada; superiora de qualquer convento de religiosas. *Monialium magistra.*

Prelado. *m.* Prelado; superior ecclesiastico constituido em alguma das dignidades da igreja. *Præsul, antistes:* — prelado; superior de uma communidade de religiosos. *Cœnobii, sodalitii ecclesiastici præsul:* — *consistorial;* prelado consistorial; superior cuja nomeação é feita pela corôa e confirmada pelo consistorio do papa. *Præsul à senatu pontificio confirmatus:* — *doméstico;* prelado domestico; o ecclesiastico da familia do papa. *Prelatus è pontificia domo.*

Prelativo, va. *adj.* Preferivel; que merece preferencia ou prelação.

Prelatura. *f.* Prelatura. V. *Prelacía.*

Prelibacion. *f. (ant.)* Prelibação; primeira libação que se fazia nos sacrificios.

Preliminar. *adj.* Preliminar; que precede a outra cousa com que tem connexão, e serve como de entrada para ella. *Prolusio, onis:* — *m.* preliminar; cada um dos artigos geraes que servem de fundamento para o ajuste e tratado definitivo de paz entre as potencias contratantes. *Prolusio pacis; pactum prævium.*

Preliminarmente. *adv. m.* V. *Anticipadamente.*

Prelucir. *n.* V. *Preluzir.*

Preludiar. *a. (mus.)* Preludiar; tocar preludios, ensaiar-se para cantar ou tocar, experimentando a voz ou o instrumento. *Psallendi aut canendi præludium facere.*

Preludio. *m.* Preludio; o que annuncia ou precede alguma cousa. *Præludium, ii:* — *(mus.)* preludio; phantasia curta com que ás vezes se preparam os instrumentistas antes de executar uma peça. *Præludium musicum.*

Prelumbar. *adj. (anat.)* Prelombar; que está adiante dos lombos.

Prelumbo-pubiano, na. *adj. (anat.)* V. *Prelumbo-supra-pubiano.*

Prelumbo-sub-pubiano, na. *adj. (anat.)* Prelombo-sub-pubiano; qualificação do musculo collocado adiante dos lombos e que vae inserir-se abaixo do pubis.

Prelumbo-supra-pubiano, na. *adj. (anat.)* Prelombo-supra-pubiano; qualificação dada por Chaussier ao musculo pequeno psoas.

Prelumbo-torácico, ca. *adj. (anat.)* Prelombo thoracico; o que está situado adiante dos lombos e penetra no thorax.

Prelumbo-trocantiniano, na. *adj. (anat.)* Prelombo-trochantiniano; qualificação dada ao musculo grande psoas.

Prelusion. *f.* Prelusão; preludio ou ensaio que dá a entender o que ha de ser a acção principal. *Prolusio, onis.*

Preluzir. *n.* Preluzir; luzir com antecipação. *Prælucere.*

Premática. *f. (ant.)* V. *Pragmática.*

Prematuramente. *adv. m.* Prematuramente, antes de tempo. *Prematurè.*

Prematuro, ra. *adj.* Prematuro; que vem antes de tempo: — *(for.)* prematuro; applica-se á mulher que ainda não chegou á idade de casar. *Præmaturus, a, um:* — *(med.)* prematuro; diz-se do parto antes de tempo.

Premeditacion. *f.* Premeditação; acto de premeditar. *Præmeditatio, onis.*

Premeditar. *a.* Premeditar; pensar maduramente uma cousa antes de a pôr em practica. *Præmeditare:* — *(for.)* premeditar; própor-se de caso pensado a perpetrar um delicto.

Premer. *a (ant.)* Premar, apertar, opprimir.

Premia. *f. (ant.)* Pressão, força, coacção: — urgencia, necessidade, precisão: — oppressão, escravidão. *Caballero de premia.* V. *Cabellero.*

Premiador, ra. *s.* Premiador; aquelle que dá premio. *Præmium conferens.*

Premiar. *a.* Premiar, remunerar, recompensar. *Præmiis aliquem afficere, ornare:* — *(ant.)* V. *Apremiar.*

Premiativo, va, *adj. (ant.)* Premiativo; que dá premios ou serve para premiar.

Premidera. *f. (art.)* V. *Cárcola.*

Premier. *a. (ant.)* V. *Premer.*

Premio. *m.* Premio, recompensa, galardão. *Præmium, ii:* — premio; recompensa que se dá ao mais habil em qualquer competencia. *Merces, bravium:* — premio;

quantia que se paga nos cambios para igualar a estima ou valia de qualquer cousa. *Merces ultra sortem:* — premio; augmento de valor dado por lei a algumas moedas.

Premiosamente. *adv. m.* Apertadamente, forçadamente, com difficuldade. *Ægrè, difficultèr, difficilè:* — forçadamente, coactamente. *Vi, coactè.*

Premioso, sa. *adj.* Apertado, forçado. *Constrictus, compressus:* — penoso, molesto. *Molestus, gravis:* — *(fig.)* rigido, severo.

Premisa. *f.* *(fig.)* Premissa; qualquer facto de que se infere qualquer cousa subsequente, ou rasão ou causa em que se funda alguma concessão ou graça. *Argumentum, indicium:* — *(philos.)* premissa; qualquer das duas primeiras proposições do syllogismo, por onde se infere e tira a conclusão; a primeira d'ellas chama-se maior e a segunda menor. *Præmissa, æ.*

Premiso, sa. *adj.* V. *Prevenido.* Presupposto ou enviado com antecipação: — precedente. Só tem uso em algumas formulas do fôro como esta: *premisa la venia necesaria,* antes de tudo, a devida venia. *Obtento priùs consensû.*

Premitir. *a.(ant.)* V. *Anticipar.*

Premna. *f.* *(bot.)* Premna; genero de plantas da familia das verbenaceas.

Premnada. *f.* *(zool.)* Premnada; genero de peixes acanthopterygios da familia dos scienoides.

Premocion. *f.* Premoção; moção anterior que inclina a algum effeito ou operação. É de uso escolar. *Præmotio, onis.*

Premonstratense. *adj.* Premonstratense; applica-se á ordem de conegos regulares fundada por S. Norberto, e tambem aos individuos que a professam. *Præmonstratensis, se.*

Premoriencia. *f.* *(for.)* Morte anterior a outra.

Premoriente. *adj.* *(for.)* Predefunto; o que morre antes de outro.

Premorir. *n.(for.)* Morrer qualquer pessoa antes de outra. *Præmori.*

Premostratense. *adj.* V. *Premonstratense.*

Premuerto, ta. *p. irreg.* de *Premorir.*

Premura. *f.* Pressa, urgencia, instancia. *Angustia, rei instantia.*

Prenanto. *m.* *(bot.)* Prenantho; genero de plantas da familia das compostas, tribu das chicoriaceas.

Préncepe. *m.(ant.)* V. *Príncipe.*

Prenda. *f.* Penhor; objecto de valor que se dá como segurança de alguma divida ou contrato. *Pignus, i:* — movel, alfaia de casa. *Quæque supellectillis pars; utensilia domestica:* — prenda; o que se dá como prova ou demonstração de amisade, reconhecimento, etc. *Signum, testimonium:* — cada uma das peças que compõem o vestido: — prenda; cada uma das pessoas que se estimam ou amam extremosamente. *Pignus adamatum:* prenda; cada uma das perfeições ou boas qualidades assim do corpo como da alma. *Corporis aut animi dotes:* — prenda; cada um dos objectos que em certos jogos de sala se tomam aos que jogam, para lhes impor uma pena pelo seu resgate: — *(fig.)* penhor; qualquer cousa immaterial que serve de segurança e firmeza para qualquer fim. *Pignus, i. En prendas (loc. adv.);* como fiança. *Estar por mas la prenda (fr.),* a recompensa é inferior aos beneficios recebidos. *Nondùm tan exiguo pignore fidem meam libero. Hacer prenda;* reter o penhor. *Rem pignoris loco retinere:* valer-se de algum dito ou acção para obrigar alguem a cumprir o promettido. *Pignoris loco dictum vel factum accipere. Meter prendas;* intrometter-se em qualquer negocio para ter parte n'elle. *Negotiis se immiscere. Soltar prendas;* dizer, declarar alguma cousa que de futuro obrigue. *No le duelen las prendas;* não olha a despezas: — *(for.)* penhor; contrato real pelo qual o devedor entrega uma cousa ao credor para segurança da divida: — *pretoria;* penhor judicial; valor que com auctorisação do juiz se dá ao credor para segurança e pagamento de credito, com obrigação de dar conta do seu rendimento *Prætorium pignus.*

Prendadísimo, ma. *adj. sup.* de *Pendado.*

Prendado, da. *adj.* *(ant.)* Implicado, comprommettido: — empenhado, obrigado pela palavra.

Prendador, ra. *s.* Depositario que toma penhor, ou o individuo que o dá. *Pignus exigens.*

Prendamiento. *m.* Penhora; acção e effeito de penhorar. *Pignoratio, onis.*

Prendar. *a.* Penhorar; fazer apprehensão em moveis para segurança de qualquer divida. *Pignus ab aliquo exigere:* — penhorar; ganhar a vontade e agrado de alguem. *Allicere; alterius gratiam sibi conciliare:* — *(ant.)* V. *Prender:* — *r.* penhorar-se, affeiçoar-se, enamorar-se. *Quidquam sibi esse gratissimum.*

Prendecilla. *f. dim.* de *Prenda.*

Prendedero. *m.* Prisão; tudo aquillo que serve para atar e prender qualquer cousa. *Fibula, æ:* — alamar, colchete para prender os vestidos. *Fibula, æ:* — *(ant.)* fita de atar o cabello. *Fascia capillis astringendis.*

Prendedor, ra. *s.* Prendedor; o que prende. *Apprehensor, ris.*

Prender. *a.* Prender; tomar, agarrar alguma cousa. *Comprehendere, capere:* — prender; encerrar alguem, privando-o da liberdade. *In carcerem detrudere, immittere:* — *(ant.)* prender, tomar, receber: — *n.* prender, arraigar; lançar raizes na terra a planta. *Coalescere; radices emittere:* — prender, ateiar-se; v. g.: o fogo prende ou prende-se no edificio. *Corripere, invadere:* — copular; exercer o acto da geração. *Marem cum femina coire:* — prender, ligar um cousa á outra: — conseguir, ter bom exito: — *r.* adornar-se, ataviar-se, enfeitar-se, fallando das mulheres. *Conspicuam se muliebri ornatu parare mulierem.*

PRENDERÍA. *f.* Loja de adelo; casa onde se vendem objectos de pouca importancia, trastes usados, etc. *Taberna supellectilium.*

PRENDERO, RA. *s.* Adelo; o que vende trastes usados e moveis em segunda mão de toda a sorte. *Supellectilium venditor.*

PRENDIMIENTO. *m.* Prendimento, prisão, captura; acto de prender. *Comprehensio, captura:* — enraizamento; acto de enraizar uma planta.

PRENITA. *f.* (*min.*) Prehnita; silicato hydratado de alumina e cal, que se encontra no Cabo da Boa Esperança.

PRENNEDAT. *f.* (*ant.*) V. *Preñez.*

PRENOCION. *f.* (*philos.*) Prenoção; noção antecipada, ou primeiro conhecimento das cousas. *Prænotio, onis.*

PRENOTAR. *a.* Prenotar; notar com antecipação. *Prænotare.*

PRENSA. *f.* Prensa; machina que serve para apertar qualquer cousa, e cuja fórma varia segundo os seus differentes usos: — prensa, imprensa, prelo. *Prœlum typographicum.* V. *Imprenta:* — prensa; tesura e lustre que adquirem os pannos quando são mettidos n'esta machina: — *periódica;* imprensa periodica; expressão geral e representação dos interesses e das convicções dos partidos, reproduzidas, discutidas e ventiladas diariamente nos periodicos. *Dar a la prensa* (*fr.*); dar á imprensa; publicar, imprimir alguma obra. *Edere; typis mandare. Meter en prensa;* metter na prensa; apertar alguem muito para o obrigar a executar alguma cousa. *In angustias reducere. Sudar la prensa;* imprimir muito ou continuamente. *Prœlum typographicum magnoperè laborare:* — *de cilindro* (*mech.*); prensa de cylindro; a que comprime os objectos entre dois cylindros, de que se compõe: — *hidráulica;* prensa hydraulica; a que augmenta extraordinariamente a força de pressão por meio da agua comprimida, que sobe de uma caixa inferiormente collocada.

PRENSADO. *m.* Prensado; lustre que se dá aos pannos por meio da prensa. *Pannorum expolitio prœli ope.*

PRENSADOR. *m.* Imprensador, impremidor; o que trabalha com a prensa. *Prœlo premens.*

PRENSADURA. *f.* Imprensadura; acção e effeito de metter na prensa. *Prœli pressio, pressura.*

PRENSAR. *a.* V. *Aprensar.*

PRENSISTA. *m.* Impressor; o que trabalha na prensa. *In officina typographica qui prœlum cudendo premit.*

PRENUNCIAR. *a.* Prenunciar; annunciar antecipadamente.

PRENUNCIO. *m.* Prenuncio, annuncio, prognostico.

PREÑADO, DA. *adj.* Prenhado, prenhe. Em sentido proprio usa-se na terminação feminina pela mulher ou femea de qualquer especie, que ha concebido e tem a creatura no ventre. *Prægnans, gravida:* — prenhe; diz-se da parede que forma barriga, ameaçando ruina. *Extuberans, tumescens paries:* — (*fig.*) prenhe; o que inclue em si alguma cousa que não se descobre. *Minans, gravidus:* — *m.* (*physiol.* e *med.*) prenhez; estado da mulher depois de conceber. *Prægnatio, fœtura:* — *estra-uterino ó anormal;* prenhez extra-uterina ou anormal; aquella em que se desenvolve fóra do utero o producto da concepção: — *uterino ó normal;* prenhez uterina ou normal; aquella que resulta do desenvolvimento de um ou muitos fetos na cavidade do utero.

PREÑEZ. *f.* (*fig.*) Prenhez; estado ou disposição de uma cousa, da qual se espera algum successo adverso ou favoravel que não acaba de manifestar-se. *Rerum status anceps:* — confusão, difficuldade, obscuridade incluida em uma cousa que de algum modo a dá a conhecer. *Status rei pluribus difficultatibus impeditæ:* — (*physiol.* e *med.*) V. *Preñado. Falsa preñez;* falsa prenhez; estado pathologico que tem alguns pontos de analogia com a prenhez, e que ás vezes se confunde com ella.

PREOCCUPACION. *f.* Preoccupação; juizo antecipado, prevenção. *Præoccupatio, onis:* — preoccupação; primeira impressão no animo. *Præjudicium, præjudicata opinio:* — preoccupação; offuscação do entendimento causada por paixões, erro dos sentidos, etc. *Præoccupatio, onis.*

PREOCUPADAMENTE. *adv. m.* Preoccupadamente; com preoccupação. *Præconcepta opinione.*

PREOCUPADÍSIMO, MA. *adj. sup.* de *Preocupado.* Preoccupadissimo.

PREOCUPADO, DA. *adj.* Preoccupado; embebido em alguma preoccupação. *Præconcepta opinione captus.*

PREOCUPAR. *a.* Preoccupar; occupar antes, tomar antecipadamente. *Præoccupare:* — (*fig.*) preoccupar; prevenir com antecipação o animo de alguem, de modo que o embarace de tomar outra opinião. *Alicujus animum præoccupare:* — *r.* preoccupar-se; estar prevenido a favor ou contra alguma pessoa ou cousa. *Adversa opinione esse imbutum.*

PREOPERCULO. *m.* (*zool.*) Preoperculo; peça ossea, por cujo meio o operculo se articula de uma maneira movel com o craneo.

PREOPINANTE. *s.* Preopinante; o que opina ou opina antes de outro.

PREORDINACION. *f.* (*rel.*) Preordenação; decreto eterno de Deus para que todas as cousas tivessem seu effeito determinado. *Prœordinatio, onis.*

PREORDINADAMENTE. *adv. m.* (*rel.*) Preordenadamente;

com preordenação. *Præordinatè.*

Preordinar. *a. (rel.)* Preordenar; determinar desde a eternidade. *Præordinare.*

Preparacion. *f.* Preparação; acção e effeito de preparar ou dispor alguma cousa: — *(anat.)* preparação; peça de anatomia, preparada ou disposta de modo que sirva para alguma demonstração: — *(med.)* preparação; medicamento preparado de certo modo, e sujeito a determinadas prescripções: — *química (chim.);* preparação chimica; mistura de certas substancias, preparadas por uma operação chimica.

Preparador. *m. (anat.)* Preparador; anatomista que é empregado em disseccar, a fim de que as partes dissecadas sirvam para esclarecer as explicações dos professores d'esta sciencia: — *(phys.* e *chim.)* preparador; a pessoa encarregada, nos cursos de physica e chimica, de dispor as cousas necessarias para as experiencias que deve fazer o professor.

Preparamento. *m. (ant.)* V. *Medicamento.*

Preparamiento. *m.* V. *Preparacion.*

Preparante. *adj. (anat.)* Preparante; qualificação dada aos vasos spermaticos.

Preparar. *a.* Preparar, prevenir, dispor, apparelhar. *Præparare:* — preparar, prevenir, dispor alguem. *Præparare:* — *r.* preparar-se, dispor-se, apparelhar-se. *Præparari:* — *n. (naut.)* preparar; apresentar-se bem ao vento, fallando das vélas:— *una disonancia (mus.);* preparar uma dissonancia; fazer ouvir como consoante uma nota antes de passar a ser dissonante.

Preparativo, va. *adj.* V. *Preparatorio:* — *m.* preparativo, apresto. *Apparatus, ûs.*

Preparatoriamente. *adv. m.* Preparatoriamente; com preparação. *Præparatò.*

Preparatorio, ria. *adj.* Preparatorio; que prepara ou dispõe. *Præparatorius, a, um.*

Preparado, da. *adj. (ant.)* V. *Antepasado.*

Prepedito. *m. (zool.)* Prepedito; genero de reptis saurios, da familia dos scincoideos.

Prepodo. *m. (zool.)* Prepodo; genero de insectos coleopteros tetrameros, da familia dos curculionidos.

Preponderancia. *f.* Preponderancia; excesso de peso de uma cousa respectivamente a outra. *Pondus majus, excessus ponderis:* — *(fig.)* preponderancia; superioridade de credito, consideração, etc. *Majus auctoritatis aut potentiæ pondus.*

Preponderar. *n.* Preponderar; prezar mais uma cousa com respeito a outra. *Præponderare, ponderosiorem esse:* — *(fig.)* preponderar, prevalecer, ter maior preço. *Prævalere.*

Preponer. *a.* Prepor; pôr antes, preferir. *Præponere.*

Preposicion. *f. (gram.)* Preposição; particula indeclinavel antes do nome, etc. *Præpositio, onis.*

Prepositivo, va. *adj. (gram.)* Prepositivo; que se põe antes ou no principio de uma palavra. *Præpositivus, a, um.*

Prepósito. *m.* Preposito; uma das dignidades de um cabido collegial e cathedral. *Præpositus, i:* — preposito; prefeito de uma corporação ou communidade. *Præpositus, i.*

Prepositura. *f.* Prepositura; dignidade de preposito. *Præpositura, æ:* — *(p. Val.)* V. *Pavordía.*

Prepostè. *s. (ant.)* V. *Preposito, Prior.*

Preposteracion. *f.* Preposteração, preposteridade; inversão de ordem. *Præposteritas, atis.*

Preposteramente. *adv. m.* Preposteramente; fóra de tempo ou ordem. *Præposterè.*

Preposterar. *a.* Preposterar; inverter a ordem. *Ordinem invertere.*

Prepóstero, ra. *adj.* Prepostero; contrario á boa ordem, feito ás avessas ou fóra de tempo. *Præposterus, a, um.*

Prepotencia. *f.* Prepotencia; grande poder: — prepotencia; poder excessivo e orgulhoso. *Præpotentia, æ.*

Prepotente. *adj.* Prepotente; que tem demasiado poder. *Præpotens, entis:* — prepotente; que abusa do poder que tem. *Potentia et vi in aliorum perniciem abutens:* — *(ant.)* prepotente; mui poderoso, que tem grande poder.

Prepucial. *adj. (anat.)* Prepucial; que pertence ao prepucio.

Prepucio. *m. (anat.)* Prepucio; pellicula que cobre a glande do membro viril. *Præputium, ii.*

Prepuesto, ta. *p. p. irreg.* de *Preponer.*

Prepusa. *f. (bot.)* Prepusa; genero de plantas da familia das gencianeas.

Prerogativa. *f.* Prerogativa, privilegio. *Prærogativa, æ.*

Presa. *f.* Presa; acção de agarrar, empolgar ou tomar alguma cousa. *Apprehensio, prædatio:* — presa; a cousa tomada: — presa; o que se toma ao inimigo na guerra. *Præda, æ:* — presa; navio tomado ao inimigo: — presa, represa; canal feito com estacaria ou cantaria para que a agua dê movimento ás rodas dos moinhos ou outras obras hydraulicas. *Incile, i:* — represa, açude; obra de pedra e cal que atalha rios. *Cataracta, aquarum obex:* — talhada, porção pequena de qualquer comestivel. *Frustum cibi:* — presa; dente canino. *Canini dentes majores:* — *(p. Ar.)* dieta de enfermo. *Caro elixa ægris alendis:* — *(ant.)* presa; tomada, conquista de uma praça: — V. *Mano:* — V. *Presilla:* — *alta (germ.);* grande presa, roubo grande: — *al caldo.* V. *Pisto:* — *y pinta.* V. *Parar,* jogo de cartas. *Buena ó mala presa;* boa ou má presa; presa feita com regra ou em contravenção das leis do corso. *Hacer presa (fr.);* fazer presa, segurar a presa. *Mordicùs tenere:* — *(art.)* V. *Estacada,* entre pescadores: — *(volat.)* presa; a ave que o falcão ou outra qualquer ave de rapina apanha. *Avis a falcone capta:* — presa; a garra do falcão ou de outra ave de rapina. *Unguis avis aduncus. Caer a la presa ó al señuelo (fr. fig. fam.);* caír o falcão sobre a presa. *Falconem prædam capere, in prædam incidere.*

PRESADA. *f.* Côr verde, entre escuro e claro. *Prasinus color.*

PRESAGIAR. *a.* V. *Presajiar.*

PRESAGIO. *m.* V. *Presajio.*

PRESAGIOSO, SA. *adj.* V. *Presajioso.*

PRÉSAGO, PRESAGO, GA. *adj.* Presago; que presente alguma cousa futura. *Præsagus, a, um.*

PRESAJIAR. *a.* Presagiar; annunciar por presagios, predizer. *Præsagire.*

PRESAJIO. *m.* Presagio; cousa de que se toma agoiro ou noticia do futuro. *Præsagium, ii:* — presagio; especie de adivinhação por certos signaes. *Divinatio, onis.*

PRESAJIOSO, SA. *adj.* Presagioso; que encerra presagio. *Ominosus, præsagus.*

PRESALIR. *n. (ant.)* Sair antes.

PRESANTIFICADOS. *m. pl. (rel.)* Presantificados; missa em que o sacerdote communga a hostia e o vinho já consagrados n'outra missa.

PRESBICIA. *f. (med.)* Presbycia; defeito de visão, que consiste em não poder ver os pequenos objectos, senão collocados a certa distancia.

PRESBIOPE. *s. (med.) syn.* de *Presbite, Presbita.*

PRESBIOPIA. *f. (med.) syn.* de *Presbicia.*

PRESBITA. *s. (med.)* Presbyta; pessoa affectada de presbycia.

PRESBITE. *s. (med.) syn.* de *Presbita.*

PRESBITERADO. *m.* Presbyterado; a ordem de presbytero. *Presbyteri dignitas.*

PRESBITERAL. *adj.* Presbyterial; concernente a presbytero. *Sacerdotalis, le.*

PRESBITERATO. *m.* V. *Presbiterado.*

PRESBITERIANO. *m.* Presbyteriano; hereje que pretende que o bispo não differe do presbytero no poder, etc. *Presbyterianus, a, um.*

PRESBITERIO. *m.* Presbyterio; a area do altar mór até ás grades d'elle, antigamente reservada só aos presbyteros. *Presbiterium, ii.*

PRESBÍTERO. *m.* Presbytero; sacerdote, clerigo com ordens de missa. *Presbyter.*

PRESBITISMO. *m. (med.)* Presbytismo; estado particular do presbyta.

PRÉSBITO, TA. *s.* V. *Presbita.*

PRESBITOPÍA. *f.* V. *Presbicia.*

PRESCIENCIA. *f.* Presciencia; sciencia do porvir. *Prænotio futurorum.*

PRESCINDIBLE. *adj.* Prescindivel, dispensavel; aquillo de que se póde prescindir. *Quod prætermitti potest.*

PRESCINDIR. *n.* Prescindir, abstrahir; não fazer conta com alguma cousa, não tratar d'ella, separar mentalmente, uma cousa de outra. *Prætermittere.*

PRESCIO. *m. (ant.)* V. *Precio.*

PRESCITO, TA. *adj., s.* Prescito, precito, condemnado, rebrobo.

PRESCOTIA. *f. (bot.)* Prescothia; genero de plantas da familia das orchideas.

PRESCRIBIR. *a.* Prescrever, ordenar, determinar. *Præscribere, præfinire:* — prescrever; adquirir o dominio de uma cousa por meio da prescripção. Usa-se tambem como neutro. *Præscribere; tempus à legibus præscriptum adimplere:* — *n.* prescrever; perder-se por prescripção: — *(fig.)* prescrever; perder-se a esperança de alguma cousa, caír em desuso.

PRESCRIPCION. *f.* Prescripção; acção e effeito de prescrever. *Præfatio, titulus:* — *(ant.)* introducção, epigraphe ou proemio com que se começa alguma obra ou escripto. *Præscriptio, onis:* — *(for.)* prescripção; modo de adquírir o dominio de uma cousa, por tê-la possuido com as condições e pelo tempo prescripto pelas leis. *Præscriptio, onis:* — *(med.)* prescripção; segunda parte da formula ou receita para o tratamento de qualquer enfermidade.

PRESCRIPTIBLE. *adj.* Prescriptivel; que admitte prescripção. *Præscriptioni obnoxius.*

PRESCRIPTO, TA. *p. p.* de *Prescribir.*

PRESEA. *f.* Prezea; alfaia, joia de preço. *Pretiosum donum, munus, donarium:* — *(ant.)* movel, utensilio domestico: — vaso, utensilio onde se faz a comida.

PRESEAR. *n. (ant.)* Apressar-se, dar-se pressa.

PRESENCIA. *f.* Presença; assistencia pessoal. *Præsentia, æ:* — presença; figura, talhe do corpo. *Corporis habitus:* — representação, pompa, fausto. *Affectata majestas:* — *(fig.)* presença; recordação de alguma cousa. *Repræsentatio, recordatio:* — *de ánimo;* presença de espirito; serenidade, tranquillidade nos successos. *Animi præsentia:* — *de Dios;* presença de Deus; actual consideração de estar diante de Deus. *Dei præsentis cogitatio:* — *(chim.* e *med.)* presença; a existencia de uma substancia n'outra qualquer.

PRESENCIAL. *adj.* Presencial; que toca á presença. *Ad præsentiam pertinens:* — presencial; diz-se do que se acha presente a algum acontecimento.

PRESENCIALMENTE. *adv. m.* Presencialmente, pessoalmente. *In præsentia.*

PRESENCIAR. *a.* Presenciar, ver, estar presente, observar o facto. *Adesse.*

PRESEND. *m. (ant.)* V. *Presente,* como substantivo.

PRESENTACION. *f.* Presentação, apresentação; acção e effeito de apresentar. *Oblatio, onis:* — presentação; proposta de qualquer individuo para uma dignidade ou beneficio ecclesiastico, feita por quem tem o direito de a apresentar. *Candidati designatio:* — apresentação; festa celebrada pela Igreja no dia vinte e um de novembro, em que Maria Santissima foi apresentada a Deus, no templo, por seus paes. *Dei-*

paræ in templo Præsentationis festum: — *(p. A. M.)* presentação, pedido.

Presentado, da. *adj.* Presentado ou apresentado; diz-se do theologo que em algumas ordens religiosas, acabado o curso, está esperando o grau de professor. *Magisterii candidatus.* Tambem se usa como substantivo masculino.

Presentador, ra. *s.* Apresentador; o que apresenta. *Oblator, designator.*

Presentalla. *f.* Promessa, voto; offerta feita pelos fieis a Deus ou aos santos. *Donaria ex voto.*

Presentaneamente. *adv. m.* Presentaneamente, logo, em continente.

Presentáneo, nea. *adj.* Presentaneo, efficaz; prompto no effeito.

Presentante. *p. a.* Apresentante; o que apresenta. *Offerens, exhibens.*

Presentar. *a.* Presentar; pôr na presença, levar á presença. Usa-se tambem como reciproco. *Exhibere; ob oculos ponere:* — presentar; offerecer alguma cousa. *Offerre, donare:* — presentar; propor alguem para uma dignidade ou beneficio ecclesiastico. *Candidatum designare:* — presentar; introduzir, levar alguem á presença de outrem, recommendando-o pessoalmente: — *r.* apresentar-se; pôr-se voluntariamente á disposição de alguem. *Sese alicui offerre:* — *(p. A. M.)* apresentar-se; pedir em juizo: — *la batalla (fr.);* apresentar, offerecer batalha: — *r. (for.)* apresentar-se, comparecer em juizo. *Sese judicio sistere.*

Presentaya. *f. (ant.)* V. *Presente*, como substantivo.

Presente. *adj.* Presente; que está diante, que assiste em pessoa. *Præsens, entis:* — presente; diz-se do tempo actual que vae correndo. *Præsens, entis:* — *m.* presente, dadiva, dom, offerta. *Munus, donus. Al presente ó de presente (fr.);* presentemente, agora. *In præsentia. Hacer presente;* fazer presente, representar, informar, declarar. *Rem verbis aut scripto exponere:* ter alguem como presente, fazer conta com elle. *Præsentem putare, habere. Hacerse presente;* collocar-se de proposito diante de outro. *Conspectui alicujus se offerre. Por el presente, por la presente ó por lo presente;* por agora, n'este momento. *Nunc; hoc ipso temporis momento. Tener presente;* ter presente, conservar de memoria. *In memoria habere:* — *(gram.)* presente; nos verbos, as variações que affirmam a existencia actual do attributo verbal. *Præsens, entis.*

Presentemente. *adv. m.* Presentemente, ao presente, agora.

Presentero. *m.* Apresentador; o que propõe alguem para prebendas ou beneficios ecclesiasticos. *Candidati designator.*

Presentimiento. *m.* Presentimento; movimento interior que faz antever o que ha de acontecer. *Præsensio, onis.*

Presentir. *a.* Presentir; antever o futuro por certo movimento interior do animo. *Præsentire:* — presentir; sentir a causa antes que succeda, por alguns signaes. *Præsentire.*

Presera. *f. (prov. bot.)* V. *Amor de hortelano.*

Presero. *m.* Trabalhador encarregado de cuidar das represas, açudes, canaes, etc., para que não lhes falte a agua. *Cataractæ curator.*

Preservacion. *f.* Preservação; acção e effeito de preservar. *Tutela, æ.*

Preservador, ra. *s.* Preservador; o que preserva. *Tutor, oris:* — *adj. (med.)* preservador; applica-se ao tratamento que tem por fim impedir que se desenvolvam certas enfermidades.

Preservar. *a.* Preservar; livrar de damno futuro. Usa-se tambem como reciproco. *Tueri, præmunire.*

Preservativamente. *adv. m.* Preservativamente, acauteladamente. *Ad cautelam.*

Preservativo, va. *adj.* Preservativo; que tem virtude de preservar. Usa-se algumas vezes como substantivo na terminação masculina. *Tuendi vi præditus.*

Presidario. *m.* V. *Presidiario.*

Presidencia. *f.* Presidencia; cargo, dignidade de presidente. *Præfectura; præsidis munus, dignitas:* — presidencia; acção de presidir. *Præsidendi actus.*

Presidente. *adj.* Presidente; que preside. *Præsidens, entis:* — *m.* presidente; o que preside em tribunal, etc. *Præses, præfectus:* — presidente; o que em algumas religiões substitue o prelado. *Præsulis locum tenens:* — presidente; professor que no logar principal assiste ao discipulo que faz algum acto litterario. *Discipuli in ludo litterario patronus:* — presidente; entre os romanos, governador de alguma provincia. *Præses provinciæ.*

Presidial. *m. (ant.)* Presidial; tribunal que em certos casos julgava em ultima instancia.

Presidiar. *a. (ant.)* Presidiar; pôr guarnição, presidio. *Præsidiis munire.*

Presidiario. *m.* Presidiario; condemnado a servir em presidio. *Urbis præsidio addictus loco pœnæ.*

Presidio. *m.* Presidio; praça ou logar destinado para castigo dos criminosos condemnados a trabalhos publicos. *Munitus locus ad quem scelerati damnantur:* — presidio; conjuncto de presidiarios de um mesmo logar. Toma-se tambem pela mesma pena que se lhes impõe: — *(fig.)* presidio, auxilio, ajuda, soccorro. *Auxilium, præsidium. Rematado a presidio.* V. *Rematado a galeras:* — *(mil.)* presidio; praça de armas, fortaleza. *Arx præsidio munita:* — presidio; gente armada que guarnece uma praça, fortaleza, etc. *Præsidium, ii.*

Presidir. *a.* Presidir; ter o primeiro logar em junta, tribunal, etc. *Præesse:* — presidir; occupar o professor o primeiro logar em qualquer exame ou acto litterario.

Discipulum in ludo litterario tueri.

Presientar. *a. (ant.)* V. *Presentar.*

Presilla. *f.* Presilha; cordãosinho de seda, lã, etc. *Ansula serica:* — presilha; peça que os alfaiates costumam fazer nos vestidos. *Fibula, æ:* — presilha; certa especie de panno. *Tela lintea quædam.*

Presion. *f. (ant.)* V. *Prision:* — *(phys.)* pressão; acção e effeito de um corpo pesado carregar sobre outro. *Pressio, onis:* — *atmosférica;* pressão atmospherica; effeito da gravidade da athmosphera sobre todos os corpos: — *abdominal (med.);* pressão abdominal; methodo inventado para facilitar o diagnostico das doenças do peito: — *(caç.)* V. *Presa.*

Presirostros. *m. pl. (zool.)* Pressirostros; familia de aves da ordem das pernaltas.

Preslia. *f. (bot.)* Preslia; genero de plantas da familia das labiadas.

Presno. *m. (ant.)* V. *Racion.*

Preso, sa. *p. p. irreg.* de *Prender:* — *s.* preso; que está encarcerado, privado da liberdade. *Captus, vinctus:* — *adj. (ant.)* V. *Apretado:* — *por mil, preso por mil y quinientos (loc.);* preso por mil, preso por mil e quinhentos. *Qui semel delinquit, pluries fortassè delinquet:* *(fam.)* custe o que custar. *Pereant cætera, dum id unum consequar quod ambio.*

Prespinal. *adj. (anat.)* Prespinal; que está situado adiante da espinha dorsal.

Prespiracion. *f. (phys.)* Prespiração; penetração da agua na terra.

Prest. *m.* Pret; soldo diario do soldado.

Presta. *f. (bot. p. Estr.)* V. *Yerba buena.*

Prestacion. *f. (ant.)* V. *Arrendamiento:* — *(for.)* prestação; acção e effeito de prestar. *Prestatio, onis:* — prestação; contribuição a que alguem está obrigado.

Prestadizo, za. *adj.* Prestadio; que se pôde prestar. *Mutuatitius, a, um.*

Prestado. *m. (ant.)* V. *Empréstito. De prestado (loc. adv.);* emprestado por pouco tempo. *Ad tempus.*

Prestador, ra. *s.* Prestador; o que presta. *Commodans, antis:* — *(com.)* prestador; o que dava dinheiro a juro para preparar ou soccorrer uma embarcação.

Prestamente. *adv. m.* Prestesmente, promptamente, com presteza. *Festinanter; promptè, prœstè.*

Prestamera. *f. (ant.)* Prestimonio; pensão tirada das rendas do beneficio, reddidos para sustento de sacerdotes. *Præstimonium, ii.*

Prestamería. *f.* Dignidade de prestameiro. *Præstimonialis dignitas:* — goso de algum prestimonio.

Prestamero. *m.* Prestameiro; o que gosa de algum prestimonio. *Præstimonio fruens:* —*mayor;* prestameiro mór; secular que participa de algumas rendas ecclesiasticas ou beneficios desmembrados, que se lhes concederam em algumas provincias, para elles e seus successores. *Nobilis primarius, qui præstimonio ad usus sæculares redacto fruitur.*

Prestamista. *m.* Prestamista, mutuante; o que empresta dinheiro a juro. *Mutuator, oris.*

Préstamo. *m.* Prestamo. V. *Empréstito:* — V. *Prestamera:* — *(com.* e *naut.)* adiantamento de salario que o capitão ou proprietario de uma embarcação mercante costuma fazer á marinhagem, ao saír para uma viagem longa.

Prestancia. *f.* Prestancia. V. *Escelencia.*

Prestante. *adj.* Prestante. V. *Escelente.*

Prestantísimo, ma. *adj. sup.* de *Prestante.* Prestantissimo.

Prestar. *a.* Prestar, emprestar; dar alguma cousa com a obrigação de a restituir. *Commodare:* — prestar, ajudar, auxiliar. *Prodesse:* — prestar, dar, communicar. *Præstare, dare:* — prestar, dar, fazer, vender: — *n.* prestar, aproveitar, ser util. *Prodesse:* — prestar; dar de si, estendendo. *Distendi:* — prestar; junto a alguns nomes, como attenção, paciencia, tem a significação d'esses nomes. *Adhibere:* — *r.* prestar-se, offerecer-se, ser util. *Sese offerre:* — *fé (fr.);* prestar fé; acreditar: — *servicios;* prestar, fazer serviços: — *(for.)* solver, satisfazer o pagamento a que se está obrigado. *Præstare, solvere.*

Preste. *s.* Preste, presbytero, celebrante; sacerdote que celebra a missa cantada, assistido do diacono e subdiacono, ou que preside aos officios divinos com capa de asperges. *Sacra faciens; sacer præses:* — preste. V. *Sacerdote:* — *adv. (ant.)* prestes. V. *Pronto:* — *Juan;* Prestes João; titulo do imperador dos abyssinios, que na sua lingua equivale a rei, porque antigamente estes principes eram sacerdotes. *Abyssinorum pontifex.*

Prester. *m.* V. *Huracan.*

Presteza. *f.* Presteza, agilidade, pressa. *Celeritas, velocitas.*

Prestidijitador. *m. (neol.)* V. *Prestijiador.*

Prestidijitar. *a. (neol.)* V. *Prestijiar.*

Prestigiador. *m.* V. *Prestijiador.*

Prestigiante. *p. a. (ant.)* V. *Prestijiante.*

Prestigiar. *a. (ant.)* V. *Prestijiar.*

Prestigio. *m.* V. *Prestijio.*

Prestigioso, sa. *adj.* V. *Prestijioso.*

Prestijiador. *m.* Prestigiador; o que faz jogos de mãos illusivos. *Præstigiator, oris.*

Prestijiante. *p. a. (ant.)* de *Prestijiar.*

Prestijiar. *a. (ant.)* Prestigiar; fazer prestigios, fazer jogos de mãos illusivos.

Prestijio. *m.* Prestigio; engano, apparencia com que os prestigiadores illudem o publico. *Prestigiæ, arum:* — prestigio; prevenção que se tem a favor de alguem: — prestigio; reunião de circumstancias que contribuem para que uma pessoa inspire respeito e admiração.

Prestijioso, sa. *adj.* Prestigioso; que contém prestigio.

Prestimonio. *m.* V. *Préstamo:* — *(ant.)* V. *Arrendamiento.*

Prestiño. *m.* V. *Pestiño.*

Prestir. *a. (germ.)* V. *Prestar.*

Prestísimo, ma. *adj. sup.* de *Presto.* Prestissimo.

Presto, ta. *adj.* Presto, ligeiro, veloz. *Celer, acer:* — prestes, apparelhado, prompto, preparado. *Promptus:* — *adv.* presto, cedo, logo. *Illicè. De presto (loc. adv.);* de prompto, com presteza. *Præstè.*

Prestonia. *f. (bot.)* Prestonia; genero de plantas da familia das apocyneas.

Presumible. *adj.* Presumivel; que pôde presumir-se. *Quod suspicari possumus.*

Presumidico, ca, llo, lla, to, ta. *adj. dim.* de *Presumido.*

Presumido, da. *adj.* Presumido, desvanecido, presumpçoso. *Nimis confidens; arrogans.*

Presumir. *a.* Presumir, suppor, suspeitar, conjecturar. *Conjicere, suspicari:* — *n.* presumir, vangloriar-se, ter grande opinião de si. *Nimium sibi arrogare:* — *(ant.)* presumir, confiar antecipadamente.

Presumpcion. *f. (ant.)* V. *Presuncion.*

Presumptuoso, sa. *adj.* V. *Presuntuoso.*

Presuncion. *f.* Presumpção; suspeita, conjectura fundada em indicios ou signaes. *Conjectura, suspicio:* — presumpção; vã confiança pessoal. *Arrogantia, nimia confidentia, superbia:* — *de hecho y de derecho (for.);* presumpção de facto e de direito; a suspeita fundada em taes conjecturas, que a lei estabelece expressamente sobre ellas o que se deve observar. *Juris et facti præsumptio:* — *de hombre ó de juez;* presumpção de homem ou de juiz; conjectura ou suspeita que por si só não faz prova. *Hominis vel judicis præsumptio:* — *de ley ó de solo derecho;* presumpção de lei ou unicamente de direito; suspeita fundada em indicios legaes. *Mera juris præsumptio:* — *violenta;* presumpção violenta; suspeita fundada em indicios e conjecturas tão fortes, que não deixam duvida alguma. *Vehemens præsumptio.*

Presuncioso, sa. *adj. (ant.)* V. *Presuntuoso.*

Presunta. *f.* V. *Presuncion.*

Presuntamente. *adv. m.* Conjecturalmente, por presumpção. *Conjecturæ ope.*

Presuntivamente. *adv. m.* Conjecturalmente, com presumpção. *Conjecturæ ope.*

Presuntivo, va. *adj.* Presumptivo; que pôde presumir-se. *Conjecturalis, le.*

Presunto, ta. *p. p. irreg.* de *Presumir:* — *adj.* V. *Presuntivo.*

Presuntuosamente. *adv. m.* Presumptuosamente, vãmente, com vangloria. *Vanè, elatè, arroganter.*

Presuntuosidad. *f.* V. *Presuncion.*

Presuntuosísimo, ma. *adj. sup.* de *Presuntuoso.*

Presuntuoso, sa. *adj.* Presumptuoso; que tem muita presumpção.

Presuponer. *a.* Presuppor; suppor antes, dar por assentada uma cousa. *Ponere, supponere:* — orçar; fixar as despezas de alguma cousa.

Presuposicion. *f.* Presupposição; supposição antecipada. *Suppositio, onis:* — V. *Presupuesto.*

Presupuestar. *a. (neol.)* V. *Presuponer,* na segunda accepção.

Presupuesto, ta. *p. p. irreg.* de *Presuponer:* — *m.* presupposto, motivo, causa, pretexto. *Causa supposita:* — presupposto, supposição: — orçamento; estimativa do custeamento de qualquer obra, das despezas de qualquer repartição, etc. *Præsumpta computatio:* — *(ant.)* presupposto, designio, proposito.

Presura. *f.* Pressa, promptidão, ligeireza. *Festinatio, celeritas:* — *(ant.)* pressura oppressão: — affinco, porfia.

Presuranza. *f. (ant.)* Apressuramento, presteza.

Presurósamente. *adv. m.* Apressuradamente, promptamente, apressadamente. *Festinanter, celeriter.*

Presuroso, sa. *adj.* Pressuroso, apressado, diligente. *Festinus, celer.*

Pretal. *m.* Peitoral; correia que cinge o peito ao cavallo. *Antilena, æ.*

Pretear. *a. (ant.)* Preitear, contratar, ajustar.

Pretendencia. *f. (ant.)* V. *Pretension.*

Pretender. *a.* Pretender; solicitar com as diligencias necessarias. *Petere, ambire:* — pretender. V. *Intentar.*

Pretendiente. *s.* Pretendente; aquelle que pretende, solicita alguma cousa. Usa-se tambem como adjectivo substantivado. *Petens, ambiens.*

Pretensa. *f. (ant.)* V. *Pretension.*

Pretension. *f.* Pretensão; solicitação para lograr o que se deseja. *Petitio, ambitus:* — pretensão; o direito que se pretende ter a alguma cousa. *Jus, actio. Barajarle a alguno una pretension (fr.);* impedir, embaraçar alguem em uma pretensão. *Perturbare, evertere, frustari. Concurrir a la pretension de una misma cosa varios sujetos;* concorrerem varios individuos com a mesma pretensão. *Competere.*

Pretenso, sa. *p. p. irreg.* de *Pretender:* — *m. (ant.)* V. *Pretension.*

Pretensor, ra. *s.* V. *Pretendiente.*

Preterición. *f. (philos.)* Preterição; a fôrma ou quasi fórma que se constitue e denomina passada, isto é, que não existe presentemente, mas que existiu em outro tempo. *Præteritio, onis:* — *(for.)* preterição; em direito civil, a omissão d'aquelle que, tendo herdeiros forçados, não os menciona no seu testamento. *Præteritio, onis:* — *(rhet.)* pretermissão; figura que consiste em nomear as cousas, dizendo ao mesmo tempo que as não apontâmos. *Præteritio, onis.*

Preterir. *a. (for.)* Preterir; omittir no testamento a instituição de herdeiros. *Præterire.*

PRETÉRITO, TA. *adj.* Preterito; que passou ou succedeu. *Prœteritus, a, um:* — *(gram.)* preterito; applica-se a um dos tempos do verbo com que se designa o passado. Usa-se tambem como adjectivo substantivado. *Prœteritum tempus.*

PRETERMISION. *f. (rhet.)* V. *Pretericion.*

PRETERMITIR. *a.* Pretermittir. V. *Omitir.*

PRETERNATURAL. *adj.* Preternatural, sobrenatural ou fóra da ordem natural. *Extra naturalem rerum ordinem.*

PRETERNATURALIZAR. *a.* Alterar, transtornar a ordem natural de alguma cousa. Usa-se tambem como reciproco. *Rei naturam immutare, pervertere.*

PRETERNATURALMENTE. *adv. m.* Preternaturalmente; de um modo preternatural. *Extra naturalem rerum ordinem.*

PRETESTA. *f.* V. *Pretexta.*

PRETESTAR. *a.* Pretextar; valer-se de algum pretexto. *Prœtexere.*

PRETESTO. *m.* Pretexto; motivo apparente que se allega para fazer ou não fazer alguma cousa. *Prœtextus, ûs.*

PRETEXTA. *f.* Pretexta; vestido branco orlado de purpura, que usavam os magistrados romanos, os mancebos e donzellas até á idade de casar. *Prœtexta, œ.*

PRETEXTAR. *a.* V. *Pretestar.*

PRETEXTO. *m.* V. *Pretesto.*

PRETIBIAL. *adj. (anat.)* Pretibial; diz-se do que está situado na face anterior da tibia.

PRETIBIO-DIJITAL. *adj. (anat.)* Pretibio-digital; diz-se de um musculo que se estende desde a face anterior da tibia até aos dedos.

PRETIBIO-SUB-FALANJETARIO, RIA. *adj.(anat.)* Pretibio-sub-phalangitario; que vae desde a face anterior da tibia até á face superior dos dedos.

PRETIL. *m.* Guarda; muro de pedra, etc., que serve de anteparo nas pontes, etc. *Lorica seu fulcimentum saxeum:* — passeio; logar ao lado das vias publicas, por onde anda a gente de pé para se livrar dos vehiculos.

PRETINA. *f.* Petrina; cinto com fivelas. *Fibulata zona:* — cintura. *Pars corporis exterior renibus proxima:* — petrina; a parte dos jubões, vasquinhas, etc. que ajusta á cintura. *Cinctura in vestibus:* — *(fig.)* tudo aquillo que cinge ou rodeia alguma cousa. *Cinctorium, cinctura. Meter ó poner en pretina (fr.);* obrigar alguem a executar alguma cousa ou a cumprir com a sua obrigação. *Ad disciplinam adigere; disciplinœ regulis obstringere.*

PRETINAZO. *m.* Cintaraço; golpe dado com a petrina ou cinta. *Fibulatœ zonœ ictus.*

PRETINERO. *m.* Cinteiro; official que fabrica cintas ou petrinas. *Zonarum vel cincturarum artifex.*

PRETINILLA. *f. dim.* de *Pretina:* —pretina; cinto que usavam as mulheres. *Cingulum, i.*

PRETIO. *m. (ant.)* V. *Precio.*

PRETOR. *m.* Pretor; magistrado romano. *Prœtor, ris:* — negrura das aguas na pesca do atum no sitio onde abundam. *Atra macula in maris œquore.*

PRETORÍA. *f.* V. *Pretura.*

PRETORIAL. *adj.* Pretorial; pertencente ao pretor. *Prœtorius, a, um. Audiencia pretorial (p. A. M.)* V. *Audiencia.*

PRETORIANO, NA. *adj.* V. *Pretorial:* — pretoriano; dizia-se dos soldados da guarda dos imperadores romanos. *Prœtorianus, a, um.*

PRETORIENSE. *adj.* Pretoriense; pertencente ao pretorio. *Prœtorius, a, um.*

PRETORIO, RIA. *adj.* V. *Pretorial:* — *m.* pretorio; logar onde o pretor dava audiencia. *Prœtorium, ii.*

PRETURA. *f.* Pretura, pretoria; dignidade de pretor. *Prœtura, œ.*

PREVALESCER. *n.* Prevalecer, sobresaír, levar vantagem. *Prœcelere:* — prevalecer; conseguir, obter uma cousa com opposição de alguem. *Prœvalere:* — prevalecer, crescer, enraizar. *Coalescere:* — *(fig.)* crescer, augmentar. *Invalere, coalere.*

PREVALECIENTE. *p. a.* de *Prevalecer.*

PREVALER. *n. (ant.)* V. *Prevalecer:* — *r.* valer-se, servir-se de alguma cousa. *Uti.*

PREVARICACION. *f.* Prevaricação; acção e effeito de prevaricar. *Prœvaricatio, onis.*

PREVARICADOR, RA. *s.* Prevaricador; o que falta ao seu dever quebrantando a fé ou juramento. *Prœvaricator, oris:* — pervaricador; o que perverte a outrem. *Prevaricator, oris:* — *(ant.)* prevaricador, prevertedor: — V. *Corruptor:* — *m. (for.)* prevaricador; advogado ou procurador que favorece occultamente a parte contraria.

PREVARICAR. *a.* Prevaricar, perverter, transtornar, inverter a ordem. *Pervertere:* — *n.* prevaricar; faltar ao seu dever quebrantando a fé ou juramento. *Prœvaricari, prœposterè agere:* — *(for.)* prevaricar; commetter o crime de prevaricação. *Prœvaricari.*

PREVARICATO. *m. (for.)* Collusão; crime de advogado ou procurador que engana a sua parte favorecendo a contraria. *Prœvaricatio, onis.*

PREVENCION. *f.* Prevenção; acção e effeito de prevenir. *Prœparatio, onis:* — prevenção, preparação, disposição. *Prœparatio, onis:* — prevenção; provisão de mantimentos, etc. *Penus, apparatus:* — previdencia; conhecimento antecipado do que póde acontecer. *Providentia, œ:* — prevenção, aviso, advertencia. *Animadversio, onis:* — prevenção; conceito favoravel ou desfavoravel a respeito de alguem ou de alguma cousa: — prevenção; conhecimento antecipado do juiz a respeito de uma causa. *Cognitionis causœ à proprio judice occupatio. A prevencion o de prevencion (loc. adv.);* por prevenção, para prevenir. *Ad cautelam. A prevencion (loc. adv. for.);* com conhecimento de causa, com prevenção. *Litis cognitione prœoccupata:* — *(mil.)* guarda ao quartel, guarda de prevenção. *Provisa ad castrorum ordinem custodia.*

PREVENIDAMENTE. *adv. m.* Prevenidamente, antecipadamente, com prevenção. *Providè, cautè.*

PREVENIDO, DA. *adj.* Prevenido; preparado de antemão. *Paratus, promptus:* — prevenido, provido, abundante. *Provisus, plenus, abundè paratus:* — prevenido, cuidadoso, acautelado. *Providus, cautus.*

PREVENIENTE. *p. a.* de *Prevenir.*

PREVENIR. *a.* Prevenir; preparar, dispor de antemão. *Parare, præparare:* — prevenir, prever; conhecer com antecipação. *Prævidere, præcognoscere:* — prevenir, antecipar-se a alguem. *Prævenire:* — prevenir, baldar, atalhar, impedir. *Impedire, antevertere:* — prevenir, advertir, avisar. *Animadvertere:* — prevenir, impressionar, preoccupar o animo. *Præoccupare:* — prevenir; occorrer a algum inconveniente, difficuldade, etc. *Anteoccupare:* — prevenir, sobrevir, surprehender. *Supervenire:* — *(ant.)* prevenir; occupar de antemão um ponto, um posto, etc.: — *r.* prevenir-se; dispor-se de antemão, precatar-se. *Prospicere, providere. Prevenírsele a uno alguna cosa (fr.);* occorrer, vir ao pensamento alguma cousa. *Menti aliquid occurrere, mente prævidere:* — *(for.)* prevenir-se; antecipar-se o juiz no conhecimento da causa. *Litis cognitionem præoccupare.*

PREVENTIVAMENTE. *adv. m.* Preventivamente, com prevenção. *Præoccupatæ litis jure.*

PREVENTIVO, VA. *adj.* Preventivo; que contém prevenção. *Præveniens, præoccupator. Voz preventiva (mil.);* voz, ordem preventiva.

PREVER. *a.* Prever, antever; ver com antecipação por signaes ou indicios. *Prævidere.*

PREVIAMENTE. *adv. m.* Previamente, antecipadamente.

PREVICO. *m. (ant.)* V. *Hechicero, Agorero.*

PREVILEJAR. *a. (ant.)* V. *Privilejiar.*

PREVILEJO, PREVILLEJO. *m. (ant.)* V. *Privilejio.*

PREVIO, VIA. *adj.* Previo, antecipado. *Prævius, a, um.*

PREVISION. *f.* Previsão, previdencia. *Anticipata rei cognitio.*

PREVISOR, RA. *s.* Previdente; aquelle que preve. *Prævidens, tis.*

PREVISTO, TA. *p. p. irreg.* de *Prever.*

PREVOSTEA. *f. (bot.)* V. *Dufurea.*

PREYACENTE. *adj. (ant.)* Previo, anterior.

PREZ. *m.* Prez, valor, preço, honra, estima, consideração. *Nomen, honos:* — *(ant.)* V. *Fama.*

PREZO. *m. (ant.)* V. *Precio.*

PRIA. *f. (zool.)* Pria; genero de insectos coleopteros pentameros da familia dos clavicornes.

PRIACANTO. *f. (zool.)* Priacantho; genero de peixes acanthopterygios da familia dos percoideos.

PRIADO. *adv. (ant.)* Prestes, de prompto.

PRIAPEA. *f.* Priapéa; nome de uma obra summamente obscena, cujo auctor é desconhecido.

PRIAPISMO. *m. (med.)* Priapismo; erecção continua e dolorosa do membro viril.

PRIAPOLITO. *m. (min.)* Priapolito; concreção petrea assim denominada pelos antigos por causa da sua similhança com o membro viril.

PRIECES. *m. pl. (ant.)* V. *Preces.*

PRIEGO. *m. (ant.)* Prego. V. *Clavo:* — atadura, nó.

PRIESA. *f.* V. *Prisa:* — *de afincamiento (loc. ant.);* por violencia, á viva força.

PRIETAMENTE. *adv. m. (ant.)* V. *Apretadamente.*

PRIETO, TA. *adj.* Denegrido, moreno: — trigueiro, fusco; applica-se á côr muito escura e que pouco se distingue do negro. *Subniger, fulvus:* — V. *Apretado:* — *(prov.)* apertado, misero, escasso. *Præparcus, a, um:* — *(p. A. M.)* V. *Negro.*

PRIEUREA. *f. (bot.)* Prieurea; genero de plantas da familia das œnotheraceas.

PRIMA. *f.* Prima; uma das partes em que os romanos dividiam o dia artificial. Eram as tres primeiras horas do dia. *Prima diei pars tribus horis constans:* — prima; a primeira hora do officio divino. *Hora prima canonica, preces oriente sole recitare solitæ:* — prima; a primeira corda, a mais delgada de todas em alguns instrumentos. *In quibusdam musicis organis chorda tenuissima:* — V. *Tonsura:* — prima; cada uma das femeas da especie do açor: — *(germ.)* V. *Camisa:* — *(ant.)* V. *Primacía. A primas o a las primas (loc. adv. ant.);* primeiramente, pela primeira vez: — *(volat.)* V. *Halcon:* — *(comm.)* premio; beneficio pago sobre o valor real do papel: — premio concedido pelo governo a alguma companhia commercial, a algum fabricante, etc.: — *(mil.)* prima; a parte da noite desde as oito horas até ás onze. *Prima vigilia.*

PRIMACÍA. *f.* Primazia, superioridade, prioridade, excellencia. *Primatus, ûs:* — primazia; dignidade de primaz. *Primatus, principatus.*

PRIMACIAL. *adj.* Primacial; pertencente ao primaz ou á primazia. *Ad primatum pertinens.*

PRIMADA. *f. (fam.)* Corriola, logração; engano de que alguem é objecto por ser pouco esperto.

PRIMADGO. *m. (ant.)* V. *Primado.*

PRIMADO. *m.* Primado; primeiro logar, primazia, superioridade. *Principatus, princeps locus:* — primado; primazia de algum bispo sobre todos os outros. *Primatus, ûs:* — primaz; prelado superior aos arcebispos e bispos. *Primas, tis:* — V. *Primazgo:* — *(ant.)* V. *Patron:* — *m. pl. (zool.)* primados; familia de mammiferos, creada para comprehender os animaes que, por sua organisação e fórmas, se assimilham á especie humana.

PRIMAL. *adj.* Diz-se do cabrito, cordeiro de um anno

nascido pelo S. Miguel, em setembro. *Anniculus, a, um:* — *m.* cordão de seda. *Tænia serica.*

Primamente. *adv. (ant.)* Primamente, primorosamente, esmeradamente.

Primariamente. *adv. m.* Primariamente, principalmente, em primeiro logar. *Primariè, præcipuè.*

Primario, ria. *adj.* Primario, principal, primeiro. *Primarius, precipuus:* — *m.* lente primario; o lente de prima. *Primarius præceptor. Planetas primarios (astron.);* planetas primarios ou principaes; os que têem o sol por centro dos seus movimentos. *Peciolo primario y pedúnculo primario (bot.);* peciolo e pedunculo primarios; o tronco principal de um pedunculo ou peciolo que sustenta pedunculos ou peciolos secundarios: — *(geol.)* V. *Primitivo. Plumas primarias del ala (zool.);* guias; pennas principaes da aza.

Primavera. *f.* Primavera; uma das quatro estações do anno que vem a caír entre o inverno e o estio. *Ver, ris:* — primavera; especie de tecido de seda matizado com flores de varias cores. *Tela serica floribus versicoloribus distincta:* — *(fig.)* primavera; cousa vistosa e de formosas cores. *Varietate vel colore speciosa vel pulchra res:* — primavera; tempo em que uma cousa está no seu maior vigor e formosura. *Ver, flos:* — *(bot.)* primavera; especie de plantas do genero primula.

Primaz. *m. (ant.)* V. *Primado.*

Primazgo. *m.* Parentesco que tem entre si os primos. *Consanguinitas inter consobrinos aut patrueles.*

Primearse. *r.* Dar-se o tratamento de primo. *Consanguinitatem urbanè affectare.*

Primeo. *m. (ant. naut.)* V. *Tomador.*

Primer. *adj.* V. *Primero.*

Primera *f.* Primeira; certo jogo de cartas. *Ludus chartarum sic dictus:* — *pl.* primeiras; as cinco vasas que um parceiro faz primeiro que todos os outros.

Primeramente. *adv. m.* Primeiramente; em primeiro logar. *Primò.*

Primería. *f. (ant.)* V. *Primacía:* — V. *Principio.*

Primeridad. *f. (ant.)* V. *Primacía.*

Primerizo, za. *adj.* Primario, principal, primeiro. *Primus, a, um:* — *adj.* e *f.* primichica; femea de animal, depois do primeiro parto. *Primipara, æ.*

Primero, ra. *adj.* Primeiro; que precede outra cousa em ordem, tempo ou logar. *Primus, a, um:* — primeiro; principal em dignidade, etc. *Primus, primas ferens:* — primeiro, excellente, grande, superior. *Princeps, is:* — primeiro, antigo, primitivo. *Prior, anterior:* — *adv.* V. *Primeramente:* — primeiro, antes, mais depressa. *Priùs, potiùs. Cinco primeras;* cinco primeiras; no jogo do voltarete, as cinco primeiras vasas que um parceiro faz. *Quinque primæ faustæ sortes in chartarum ludo. De primero (loc. adv.);* primeiramente, antes, ao principio. *No ser el primero (fr.);* não ser o primeiro. *Haud primum fieri:* — *(phys)* primo; fallando das substancias de que são formados os corpos, chama-se prima a materia em geral, prescindindo da fórma e modificações que pôde receber.

Primevo, va. *adj. (ant.)* Primevo. V. *Primitivo, Primero.*

Primicerio, ria. *adj.* Primicerio; o mais antigo em dignidade, etc. *Primicerius, a, um:* — *m.* primicerio; chantre, conego que tem a direcção no côro da sé, etc. *Primicerius:* — primicerio; na universidade de Salamanca, o graduado eleito annualmente entre as faculdades, o qual occupa o logar immediato ao reitor. *Primicerius.*

Primicia. *f.* Primicia; o primeiro fructo de qualquer cousa. *Primitia, æ:* — primicia; oblação que se faz a Deus dos primeiros fructos. *Primitiæ, arum:* — *pl. (fig.)* primicias; a primeira producção de cousa immaterial. *Primitiæ, arum.*

Primicial. *adj.* Primitivo; pertencente a primicias. *Ad primitias pertinens.*

Primiclerio. *m.* V. *Primicerio.*

Primichon. *m.* Novello ou meada de seda frouxa usada em muitos bordados. *Tenuis metaxa serica.*

Primier. *adj. (ant.)* V. *Primer, Primero.*

Primigenio, nia. *adj.* V. *Primijenio.*

Primijenio, nia. *adj.* Primigenio; primeiro gerado, original primitivo. *Primigenus, a, um.*

Primíjeno, na. *adj.* V. *Primijenio.*

Primilla. *f.* Perdão da primeira falta que se commette. *Venia vel remissio primæ noxæ.*

Primípara. *f. (med.)* Primipara; mulher que pare pela primeira vez.

Primiparidad. *f. (physiol.)* Estado da mulher na primeira parturição.

Primísimo, ma. *adj. sup.* de *Primo.*

Primitivo, va. *adj.* Primitivo; que é de primeira instituição, que não toma origem de outra cousa. *Primitivus, a, um. Colores primitivos (phys.);* cores primitivas; as sete cores principaes de que se compõe a luz solar. *Terrenos primitivos (geol.);* terrenos primitivos; nome que se dava antigamente aos terrenos que não contêem vestigios alguns de corpos organicos, por serem de formação anterior á existencia d'estes. *Fórma primitiva (min.);* fórma primitiva; fórma crystallographica igual á do nucleo, que se obtem pela divisão mechanica: — fôrma primitiva; fórma cujas faces são iguaes entre si e estão situadas de maneira que não podem derivar de nenhuma outra fórma.

Primnoa. *f. (zool.)* Primnoa; genero de polypos alcyonios, da familia dos gorgonios.

Primo, ma. *adj.* V. *Primero:* — primo, excellente, primoroso. *Elegans, concinnus:* — *s.* primo; parentesco entre os filhos de irmão ou irmã. *Patruelis, consobrinus:* — primo; tratamento que dá o rei aos grandes de Hespanha. *Cognatus, ûs:* — *(fam.)* negro, ethiope. *Æthiops, is:* — tonto, parvo, credulo: — *m. (germ.)* V. *Jubon:* — *(ant.)* delgado, subtil: — *carnal.* V. *Primo hermano:* — *cormano (ant.).* V. *Primo hermano:* — *hermano.* V. *Primo,* na segunda accepção: — *(fig.)* irmão, similhante, mui parecido. *Consimilis, le. A primas (loc. adv. ant.);* primeiramente, ao principio.

Primogénito, ta. *adj.* V. *Primojenito.*

Primogenitor, ra. *s. (ant.)* V. *Primojenitor.*

Primogenitura. *f.* V. *Primojenitura.*

Primojénito, ta. *adj.* Primogenito; que nasceu primeiro. *Primogenitus, a, um.*

Primojenitor, ra. *s. (ant.)* Primogenitor. V. *Projenitor.*

Primojenitura. *f.* Primogenitura; direito e qualidade de primogenito. *Filii primogeniti locus, dignitas.*

Primor. *m.* Primor, destreza, habilidade, esmero: — primor; perfeição de qualquer obra. *Artificium, concinnitas:* — *(ant.)* primor, primazia, superioridade.

Primordial. *adj.* Primordial, originario, primitivo. *Primigenius, a, um. Terreno primordial (geol.);* terreno primordial, terreno primitivo.

Primorear. *n.* Distinguir-se, fazer primores. Usa-se principalmente fallando dos que tocam bem qualquer instrumento. *Peritè operari, fides pulsare.*

Primorosamente. *adv. m.* Primorosamente; com primor. *Affabrè, concinnè, eleganter.*

Primorosísimo, ma. *adj. sup.* de *Primoroso.* Primorosissimo.

Primoroso, sa. *adj.* Primoroso, excellente, delicado, perfeito. *Affabrè factus, elegans, concinnus:* — primoroso, perito, destro, experimentado. *Peritus, a, um.*

Prímula. *f. (bot.)* Primula; genero de plantas da familia das primulaceas.

Primuláceas. *f. pl. (bot.)* Primulaceas; familia de plantas dicotyledoneas monopetalas.

Príncepe. *m. (ant.)* V. *Príncipe.*

Princesa. *f.* Princeza; filha ou mulher de principe. *Principis uxor:* — princeza; a que possue um principado. *Femina princeps:* — *de Asturias;* princeza das Asturias; a filha do rei de Hespanha, immediata successora ao throno. *Primogenita regis filia, regni heres.*

Princip. *m. (ant.)* V. *Príncipe.*

Principada. *f. (fam.)* Acção de auctoridade ou superioridade, executada por quem não a tem. *Principatus jactantia.*

Principadgo. *m. (ant.)* V. *Principado.*

Principado. *m.* Principado; dignidade de principe. *Principatus, ûs:* — principado; o territorio de um principe. *Principis ditio:* — principado, primazia, superioridade. *Principatus, ûs:* — principado; titulo que se dá ao territorio das Asturias e Catalunha: — *pl. (rel.)* principados; setimo côro dos anjos. *Principatus, ûs.*

Principal. *adj.* Principal; que tem o primeiro logar e graduação. *Præcipuus, a, um:* — principal, illustre, esclarecido em nobreza. *Primarius; in primis nobilis:* — principal; que é o primeiro em qualquer negocio. *Præcipuus, a, um:* — principal, essencial, fundamental. *Principalis, le:* — *m.* principal; nos contratos e obrigações, o capital dado a juro. *Rei caput, summa:* — principal; chefe de uma casa de commercio, fabrica, etc.: — *(mil.)* principal; guarda superior que se estabelece em uma praça de armas, acampamento, etc.: — principal; ponto ou edificio em que esta guarda se acha estabelecida. *Statio militum in media urbe:* — *(naut.)* principal; nome por que se distinguem algumas vélas.

Principalía. *f. (ant.)* V. *Principalidad.*

Principalidad. *f.* Principalidade, prioridade; qualidade de principal. *Nobilitas, atis:* — *(ant.)* principalidade, nobreza.

Principalísimo, ma. *adj. sup.* de *Principal.*

Principalmente. *adv. m.* Principalmente; com preferencia, sobre tudo. *Præsertim, præcipuè.*

Principante. *p. a. (ant.)* de *Principar.*

Principar. *n. (ant.)* Mandar, dominar como principe.

Príncipe. *m.* Principe; o primeiro em talento, etc. *Princeps, is:* — principe; filho primogenito do rei, herdeiro da corôa, por antonomasia. *Princeps juventutis; regis filius natu maximus:* — principe, soberano. *Princeps, is:* — principe; dignidade, titulo de honra que concedem os reis. *Princeps, is:* — optimate; qualquer dos grandes de algum reino ou monarchia. *Primates, proceres, optimates:* — principe; nome dado pela Biblia aos principaes entre os sacerdotes e levitas, scribas e phariseus: — *de Asturias;* principe das Asturias; titulo do filho primogenito do rei de Hespanha: — *de Gales;* principe de Galles; filho primogenito do rei de Inglaterra: — *de la sangre;* principe de sangue; aquelle que pertence á familia real de França, e que póde succeder no throno. *Princeps regio sanguine genitus. Portarse como un príncipe (fr.);* tratar-se como um principe. *Principis magnificentiam ostentare:* — *(agr.)* principe; em algumas partes, a cria da abelha rainha que não está em circumstancias de procrear. *Apicula princeps.*

Principela. *f. (com. ant.)* Especie de camelão usado para vestidos de mulheres e capas de homens. *Telæ laneæ anglicæ genus.*

Principesa. *f. (ant.)* V. *Princesa.*

Principiador, ra. *s.* Principiador; o que principia alguma cousa. *Inceptor, oris.*

PRINCIPIANTE. *s.* Principiante; que principia, aprendiz, noviço. *Incipiens, tiro.*

PRINCIPIAR. *a.* Principiar, começar, dar principio. *Incipere, initium facere.*

PRINCIPIERA. *f. (inus.)* Primeira peça que faz parte da marmita.

PRINCIPIO. *m.* Principio, entrada, começo. *Initium, ii:* — principio, base, origem, rasão fundamental. *Principium, fundamentum:* — principio, origem, causa primitiva. *Principium, causa:* — principio, entrada, primeira parte de um jantar. *Ferculum promulsidarium:* — principio; as primeiras verdades ou rudimentos de cada faculdade. *Elementa, rudimenta:* — principio; elementos de que se compõem os corpos. *Principia, elementa:* — principio; maximas fundamentaes por onde cada um se rege. *Principia, orum:* — principio; na universidade de Alcalá, qualquer dos tres actos feitos pelos theologos em uma das quatro partes do livro das sentenças. *Exercitationis litteraria genus in complutensi academia:* — *quieren las cosas (fr.);* todas as cousas querem seu principio. *Incepto opus est; cætera res ipsa se expediet. A los principios ó al principio;* a principio, de começo. *Initio. A principios del mes, año, etc.;* nos primeiros dias, no principio do mez, anno, etc. *Del principio al fin;* do principio ao fim, inteiramente. *A capite usque ad calcem. Tener, tomar ó traer principio;* ter, tomar, trazer principio. *Originem ducere, trahere:* — *(philos.)* principio; verdade principal mais evidente que as outras, e cujo conhecimento o homem póde adquirir por meio da sua rasão: — principio; na logica de Kant, juizo *a priori* immediatamente certo: — *(phys.)* principio; lei a que os corpos estão submettidos no seu modo de ser ou obrar: — *de Arquimedes;* principio de Archimedes; lei de hydrostatica, segundo a qual um corpo submergido em um fluido desloca um volume d'elle igual ao seu, e perde do seu peso o peso do volume do fluido deslocado: — *vital (med.);* principio vital; força em virtude da qual se suppõe que se executam todos os movimentos necessarios á vida: — *(chim.)* principio; corpo simples, ou ao menos indecomponivel pelos meios que a sciencia actualmente possue. *Principios inmediatos;* principios immediatos; elementos dos corpos mixtos, substancias compostas, ao menos de tres elementos, e que se extrahem dos animaes e vegetaes, sem alteração, por processos simples e immediatos.

PRINDA. *f. (ant.)* V. *Prenda.*

PRINDAR. *a. (ant.)* V. *Prendar.*

PRINGADA. *f.* Fatia molhada no pingo ou gordura. *Panis frustum lardo vel pinguedine illitum.*

PRINGAR. *a.* Besuntar, untar com pingo ou gordura. *Pinguedine illinere:* — pingar; deitar pingos de gordura, sujar com pingos de gordura. Usa-se regularmente como reciproco. *Pinguedine fœdare:* — pingar; deitar pingos de gordura fervendo, ou resina, por tormento. Este barbaro castigo applicava-se antigamente aos escravos. *Ferventi pinguedine urere, cruciare:* — *(fam.)* ferir fazendo sangue. *Pungere, ferire:* — *(fig. fam.)* interessar; ter parte em algum negocio ou pendencia. *Interesse, partem habere:* — diffamar; deshonrar alguem perante a opinião publica. *Famam maculare vel obscurare:* — *n.* prevaricar. *Quæsitu vel lucro fœdari.*

PRINGON, NA. *adj.* Pingão, besuntão, porco, sujo, cheio de gordura. *Spurcus, pinguedine fœdatus:* — acção de manchar-se com gordura ou a nodoa feita por ella. *Pinguedinis macula.*

PRINGOSO, SA. *adj.* Pingue, gordo; que tem gordura. *Pinguis, e.*

PRINGUE. *s.* Pingo, gordura. *Pinguedo, inis:* — *(fig.)* sebo, jugidade, gordura que se pega á roupa, etc. *Spurcitia, immunditia, sordes:* — *(ant.)* pingo; castigo de pingar os escravos com gordura fervendo. *Cruciatus, ustio pinguedinis ope facta.*

PRINIA. *f. (zool.)* Prinia; genero de aves da ordem dos passaros.

PRINO. *m. (bot.)* Prinos; genero de plantas da familia das ilicineas.

PRINOBIO. *m. (zool.)* Prinobio; genero de insectos coleopteros subpentameros da familia dos longicornes.

PRINSEPIA. *f. (bot.)* Prinsepia; genero de plantas da familia das chrysobalaneas.

PRINTZIA. *f. (bot.)* Printzia; genero de plantas da familia das compostas.

PRIOBIO. *m. (zool.)* Priobio; genero de insectos coleopteros pentameros da familia dos malacodermes.

PRIOCERA. *f. (zool.)* Priocera; genero de insectos coleopteros pentameros da familia dos malacodermes.

PRIOCEROS. *m. pl. (zool.)* V. *Serricornios.*

PRIODONTE. *m. (zool.)* Priodon; genero de peixes acanthopterygios da familia dos teuthios.

PRIOLOMO. *m. (zool.)* Priolomo; genero de peixes acanthopterygios da familia dos colydios.

PRIONACALO. *m. (zool.)* Prionocalo; genero de insectos coleopteros subpentameros da familia dos longicornes.

PRIONACNA. *f. (bot.)* Prionachna; genero de plantas da familia das gramineas.

PRIONÁPTERO. *m. (zool.)* Prionaptero; genero de insectos coleopteros subpentameros da familia dos longicornes.

PRIONÉSTIDE. *m. (zool.)* Prionesthis; genero de insectos coleopteros subpentameros da familia dos eupodes.

PRIÓNIDOS. *m. pl. (zool.)* V. *Prionios.*

PRIONIO. *m. (bot.)* Prionio; genero de plantas da familia das juncaceas: — *m. pl. (zool.)* prionios; tribu de insectos coleopteros pentameros da familia dos longicornes.

PRIONÍTIDE. *f. (bot.)* V. *Critamo.*

PRIONITO. *m. (zool.)* V. *Momot.*

PRIONIXO. *m. (zool.)* Prionycho; genero de insectos coleopteros heteromeros da familia dos xystropidos.

PRIONO. *m. (zool.)* Priono; genero de insectos coleopteros subpentameros da familia dos longicornes.

PRIONOCERA. *f. (zool.)* Prionocera; genero de insectos coleopteros pentameros da familia dos malacodermes.

PRIONODERA. *f. (zool.)* Prionodera; genero de insectos coleopteros subpentameros da familia dos cyclicos.

PRIONODERMA. *f. (zool.)* Prionoderma; genero de helminthidos muito similhante ao linguatula.

PRIONÓFORA. *f. (zool.)* Prionophora; genero de insectos coleopteros pentameros da familia dos sternoxos.

PRIONOMERO. *m. (zool.)* Prionomero; genero de insectos coleopteros tetrameros da familia dos curculionidos gonatoceros.

PRIONOPLO. *m. (zool.)* Prionoplo; genero de insectos coleopteros subpentameros da familia dos longicornes.

PRIONOTECA. *f. (zool.)* Prionotheca; genero de insectos coleopteros heteromeros da tribu dos melasomos.

PRIONOTO. *m. (bot.)* Prionotes; genero de plantas da familia das epacrideas: — *(zool.)* prionoto; genero de peixes acanthopterygios: — prionoto; genero de insectos hemipteros heteropteros da familia dos reduvios.

PRIONURO. *m. (zool.)* Prionuro; genero de peixes acanthopterygios da familia dos teutios.

PRIOR. *m.* Prior; superior de convento em algumas religiões. Em outras é o segundo prelado, porque o primeiro tem o titulo de abbade. *Cœnobiarcha, æ:* — prior; superior de qualquer convento de conegos regulares e das ordens militares. *Prior, antistes:* — prior; dignidade que ha em algumas igrejas cathedraes. *Prior, oris:* — prior; parocho, cura, em alguns bispados. *Prior, oris:* — *adj.* prior; diz-se em termos escolares do que precede qualquer-cousa na ordem. *Prior, us. Gran prior;* grão prior; dignidade superior na ordem de S. João. *Totius ordinis equestris sancti Joannis magister primus. Si el prior, juega a los naipes ¿Qué haran los frailes (rif.)?* Se o prior joga as cartas, que farão os frades: — *(com.)* consul, chefe de qualquer consulado, com auctoridade legitima para decidir negocios de commercio. *Mercatorum collegio præfectus.*

PRIORA. *f.* Prioreza; superiora de algum convento de religiosas. Em algumas religiões dá-se este titulo á segunda prelada, que tem o governo e mando depois da principal. *Antistita, æ.*

PRIORADGO. *m. (ant.)* V. *Priorato.*

PRIORAL. *adj.* Prioral; pertencente a prior ou prioreza. *Ad præsulem seu antistitam pertinens.*

PRIORATO. *m.* Priorado, priorato; dignidade de prior ou prioreza. *Antistitis dignitas, munus:* — priorado, territorio da jurisdicção do prior. *Antistitis ditio:* —V. *Curato,* em alguns bispados: — priorado; na religião de S. Bento, a casa onde habitavam poucos monges, pertencentes a algum mosteiro principal, cujo abbade nomeava o superior immediato, com o titulo de prior, para os governar. *Cœnobium minus.*

PRIORAZGO. *m. (ant.)* V. *Priorato.*

PRIORESA. *f. (ant.)* V. *Priora.*

PRIORI (A). A priori; locução latina usada em philosophia para dar a entender que um raciocinio qualquer é fundado n'um principio já admittido. Diz-se do juizo formado sobre uma cousa antes que esta se realise, ou antes de conhecer todos os seus elementos. *Nociones a priori (philos.);* noções a priori; noções de tempo e espaço que, na philosophia de Kant, servem de fôrma á receptividade. Tambem se dá este nome ás noções comprehendidas nas categorias que servem de fôrmas ao juizo.

PRIORÍA. *m. (ant.)* V. *Priorato.*

PRIORIDAD. *f.* Prioridade; anterioridade, precedencia de uma cousa a respeito de outra, no tempo, na ordem ou no logar. *Antecessio, præstantia:* — *de naturaleza;* prioridade de natureza; excellencia, preferencia de uma cousa a respeito de outra. *Naturæ antecessio, scholasticis prioritas:* — *(philos.)* prioridade; precedencia de uma cousa a outra, que depende ou procede d'ella. *Antecessio, prioritas vulgò dictá:* — *de origen (rel.);* prioridade de origem; a que se considera nas pessoas divinas. *Originis antecessio, scholasticis prioritas.*

PRIOSCÉLIDE. *f. (zool.)* Prioscelis; genero de insectos coleopteros heteromeros da familia dos melasomos, composto de uma especie encontrada em Nova Zelandia: — prioscelide; genero de insectos coleopteros heteromeros da familia dos melasomos, composto de uma só especie encontrada na Serra Leoa.

PRIOSTE. *m.* Prioste; recebedor das rendas de algumas irmandades ou confrarias. *Sodalitii œconomus:* — *de juego de esgrima (ant.);* mestre de esgrima.

PRIOTELO. *m. (zool.)* Priotelo; genero de insectos coleopteros subpentameros da familia das clavicornes.

PRIPNO. *m. (zool.)* Prypno; genero de insectos coleopteros tetrameros da familia dos curculionidos gonatoceros.

PRISA. *f.* Pressa; celeridade, ligeireza, promptidão em fazer alguma cousa. *Accelerațio, festinatio, properatio:* — conflicto. *Pugnæ conflictus:* — pressa, azáfama, lida, grande concorrencia. *Confluentia, concursus:* — *(ant.)* pressa, aperto, trabalho, perigo, conflicto: — pressa, azafama, multidão, tropel. *Acabóse con la prisa (fr.)*; acabou a pressa, acabou de todo. *Actum est. A mas prisa gran vagar ó mas vagar*; quanto mais depressa mais devagar. *Festina lentè. Andar de prisa*; andar depressa. *Festinanter agere. A toda prisa*; a toda a pressa, com a maior promptidão. *Citissimè. Dar prisa*; dar pressa, instar com alguem. *Urgere, instare*: dar pressa; apertar, obrigar a retirar o inimigo. *Urgere. Darse prisa*; dar-se pressa, apressar-se. *Festinare. Dé prisa*; depressa, com promptidão. *Festinanter, præproperè. Estar de prisa*; estar com pressa. *Magnoperè occupatum esse. Meter prisa*; apressar as cousas. *Urgere, instare. Vivir de prisa ó aprisa*; gastar a saude, arruinar-se. *Labori aut voluptatibus nimium indulgere.*

Prisar. *a. (ant.)* Prisionar, aprisionar; fazer alguem prisioneiro: — apresar, tomar, fazer presa.

Priscilianismo. *m. (rel.)* Priscillianismo; doutrina de Priscilliano, que consistia em acreditar na existencia dos dois principios, condemnar o matrimonio e negar a resurreição. *Priscilliani hæresis secta.*

Priscilianistas. *m. pl. (rel.)* Priscillianistas; sectarios do seculo IV que seguiam a doutrina de Priscilliano. *Priscilliani sectatores.*

Prisco. Especie de pecego molar.

Priser. *a. (ant.)* V. *Tomar.*

Prises. *f. pl. (ant.)* V. *Preces.*

Prision. *f.* Prisão, captura; acção de prender. *Apprehensio, captura*: — prisão, carcere, cadeia. *Carcer, custodia*: — *(vol.)* prisão; a ave que a de rapina empolgou. *Præda, æ*: — prisão; laço com que se prendem as aves de caça. *Vincula, ligamen, compedes*: — *(fig.)* prisão; qualquer cousa que ata ou detem physicamente. *Vinculum, ligamen*: — prisão; o que une estreitamente as vontades e affectos. *Vinculum, i*: — *(ant.)* V. *Prisionero*: — tomada, posse de qualquer cousa: — *pl.* prisões; cadeias, correntes, grilhões e outros instrumentos com que nos carceres se seguram os criminosos. *Vincula, compedes. Renunciar la prision (fr.)* V. *Renunciar la cadena.*

Prisioncilla, ta. *f. dim.* de *Prision.* Prisãosinha.

Prisionero. *m.* Prisioneiro; militar tomado na guerra aos inimigos. *Bello captus*: — *(fig.)* prisioneiro; o que está captivo de algum affecto ou paixão. *Ilecebris, irretitus*: — *de guerra*; prisioneiro de guerra; o que se entrega ao vencedor, precedendo capitulação. *Hostibus deditus.*

Prisma. *m. (phys.)* Prisma; instrumento de vidro ou crystal de tres faces que se emprega para decompor a luz por meio de refracção. *Vitreum prisma triangulare*: — *(math.)* prisma; corpo solido, cujos planos rectilineos oppostos são iguaes. *Prisma.*

Prismatanto. *m. (bot.)* V. *Sifonostejia.*

Prismático, ca. *adj.* Prismatico; da feição, figura do prisma. *Prismatim speciem referens. Colores prismáticos (phys.)*; cores prismaticas; cores que se vêem observando a decomposição de um raio luminoso através um prisma triangular diaphano. Tambem se lhe chama cores primitivas: — *(min.)* prismatico; diz-se de um systema de crystallisação que comprehende o prisma de base rectangular, o prisma obliquo symetrico e não symetrico, e os outros crystaes que d'elles derivam: — *oblicuo*; prismatico obliquo; diz-se do systema de crystallisação que comprehende o prisma obliquo rhomboidal e o prisma obliquo não symetrico.

Prismatizacion. *f. (phys.)* Prismatisação; acção de decompor a luz por meio do prisma: — prismatisação; estado da luz decomposta pelo prisma.

Prismatizar. *a. (phys.)* Prismatisar; decompor a luz por meio do prisma.

Prismatocarpo. *m. (bot.)* Prismatocarpo; genero de plantas da familia das campanulaceas.

Prismatócero. *m. (zool.)* Prismatocero; genero de insectos hemipteros heteropteros da familia dos coreideos.

Prismatóideo, dea. *adj. (min.)* Prismatoide; diz-se do crystal mineral que tem a fôrma analoga ao prisma ou é derivada d'elle.

Prismoide. *adj.* Prismoide; que tem fôrma de prisma.

Priso, sa. *p. p. irreg. (ant.)* de *Prisar.*

Prison. *f. (ant.)* V. *Prision.*

Prisopo. *m. (zool.)* Prisopo; genero de insectos orthopteros da tribu dos phasmios.

Priste. *m. (zool.)* Pristis; genero de peixes condropterygios.

Pristerarmá. *f. (zool.* Pristherarma; genero de insectos hemipteros heteropteros da tribu dos reduvios.

Pristesanco. *m. (zool.)* Pristhesanco; genero de insectos hemipteros heteropteros da tribu dos reduvios.

Pristilofo. *f. (zool.)* Pristilopho; genero de insectos coleopteros pentameros da familia dos sternoxos.

Pristimero. *m. (zool.)* Pristimero; genero de insectos coleopteros tetrameros da familia dos curculionidos gonatoceros.

Prístino, na. *adj.* Pristino, antigo, primitivo, primeiro. *Pristinus, a, um.*

Pristipoma. *f. (zool.)* Pristipoma; genero de peixes acanthopterygios da familia dos scienoideos.

Pristíptera. *f. (zool.)* V. *Halecia.*

Pristlena. *f. (bot.)* Pristlena; genero de plantas da familia das leguminosas.

Pristo. *m. (ant. naut.)* Prysto; pequena embarcação que usavam os gregos.

Pristocnémide. *m. (zool.)* Prystocnemis; genero de arachnides phalangidos da tribu dos gonileptidos.

Pristodáctila. *f. (zool.)* Pristodactyla; genero de insectos coleopteros pentameros da familia dos carabicos.

Pristodera. *f.* *(zool.)* Pristodera; genero de insectos coleopteros da familia dos malacodermes.

Pristófora. *f.* *(zool.)* Pristophora; genero de insectos hymenopteros da familia dos tenthredinios.

Pristonixo. *m.* *(zool.)* Pristonycho; genero de insectos coleopteros pentameros da familia dos carabicos.

Prisuelo. *m.* Açamo, focinheira de furão, para que não possa chupar o sangue aos coelhos. *Parvum frenum viverris imponi solitum.*

Priva. *f.* *(bot.)* Priva; genero de plantas da familia das verbenaceas.

Privacion. *f.* Privação; acto de privar. *Privatio, onis:* —privação; perda de cousa possuida. *Privatio, onis:* — privação; aquillo de que alguem é excluido. *Privatio, onis:* — *(fig.)* privação; ausencia do bem que se deseja. *Privatio, orbatio. La privacion es causa del apetito (rif.);* a privação é causa do appetite; pondera o desejo das cousas que não podemos alcançar, fazendo pouco apreço das que possuimos. *Nitimur in vetitum, semper cupimusque negata.*

Privada. *f.* Privada. V. *Letrina:* — immundicia que se encontra pelos caminhos, ruas, travessas e bêcos. *Oletum, i.*

Privadamente. *adv. m.* Privadamente, familiarmente, em particular. *Privatim.*

Privadero. *m.* Alimpador de latrinas. *Latrinarum mundator.*

Privado, da. *adj.* Privado; que se executa em particular. *Domesticus, a, um:* — privado, particular, pessoal, individual. *Privatus, a, um:* — *(ant.)* V. *Pronto:* — *m.* privado, favorito, valido. *Regis aut principis gratia valens:* — *(ant.)* privado; primeiro ministro: — *adv. (ant.)* prestes, logo.

Privant. *adj. (ant.)* Privado: —poderoso.

Privanza. *f.* Privança, valimento, trato de valido. *Gratia apud principem.*

Privar. *a.* Privar; despojar alguem de uma cousa que possuia. *Orbare:* — privar; excluir alguem de um emprego, dignidade, etc. *Munere vel dignitate privare, exuere:* — V. *Prohibir, Vedar:* — privar; fazer perder a alguem os sentidos. Usa-se frequentemente como reciproco. *Sensibus hærere; sensuum torporem inferre:* — *n.* privar; ter valimento como privado. *Apud aliquem gratia vel familiaritate valere:* — privar; ter alguma pessoa ou cousa geral aceitação: — *r.* privar-se; impor-se privação. *Aliquid spontè dimittere, adjicere.*

Privativamente. *adv. m.* Privativamente, com exclusão. *Propiè, peculiariter.*

Privativo, va. *adj.* Privativo; que causa privação ou a designa. *Privativus, a, um:* — privativo, proprio, particular. *Proprius, a, um.*

Privilegiadamente. *adv. m.* V. *Privilejiadamente.*

Privilegiar. *a.* V. *Privilejiar.*

Privilegiativo, va. *adj.* V. *Privilejiativo.*

Privilegio. *m.* V. *Privilejio.*

Privilejiadamente. *adv. m.* Previlegiadamente; com privilegio, de um modo privilegiado. *Prœrogativo jure.*

Privilejiado, da. *adj.* Privilegiado; diz-se do altar que tem indulgencia plenaria para as missas que n'elle se celebram.

Privilejiar. *a.* Privilegiar; dar algum privilegio ou prerogativa. *Privilegio donare.*

Privilejiativo, va. *adj.* Privilegiativo; que dá ou contém privilegio. *Privilegium continens, conferens.*

Privilejio. *m.* Privilegio; graça, prerogativa, isenção concedida pelo rei, etc. *Privilegium, ii:* — *convencional;* privilegio convencional; aquelle que se dá por algum pacto ou convenio com o privilegiado. *Conventionale privilegium:* — *del cánon;* privilegio canonico; aquelle que impõe a pena de excommunhão a todos aquelles que pozerem mãos violentas em quem o tiver. *Ecclesiastica immunitas:* — *esclusivo o de invencion;* privilegio exclusivo ou de invenção; o que se concede ao inventor de uma cousa, para que se possa só utilisar d'ella durante um certo numero de annos: — *del fuero;* privilegio de fôro; o que tem os ecclesiasticos para serem julgados nos seus tribunaes. *Privilegium fori:* — *favorable;* privilegio favoravel; o que favorece o privilegiado, mas sem prejudicar ninguem. *Privilegium alicui sine alterius detrimento concessum:* — *gracioso;* privilegio que não attende ao merito do privilegiado, mas que só depende da graça que o superior quer fazer. *Gratiosum privilegium:* — *local;* privilegio local; o que só se estende a um certo e determinado logar. *Locale privilegium:* — *odioso;* privilegio odioso; o que prejudica um terceiro. *Odiosum privilegium:* — *personal;* privilegio pessoal; o que só considera uma pessoa, não se estendendo aos seus successores. *Personale privilegium:* — *real;* privilegio real; o que gosam certas pessoas em virtude de algum cargo, que passa aos seus successores. *Regium vel regale privilegium:* — *remuneratorio;* privilegio remuneratorio; o que se concede como premio de alguma acção gloriosa. *Privilegium remunerationis causâ concessum:* — *rodado;* privilegio rodado; privilegio antigo, no qual, depois de datado, se formava uma roda, em cujo centro se punha o sêllo real, em redor as firmas dos chefes da casa do rei, e em seguida as dos prelados e ricos-homens. *Privilegium sigillo quodam rotundo munitum, confirmatumque a regni primoribus.*

Privillejar. *a. (ant.)* V. *Privilejiar.*

Privillejo. *m. (ant.)* V. *Privilejio.*

Pro. *m.* Prol. V. *Provecho.*

O plural *Proes* não está em uso na lingua castelhana: — pro; affirmativa de uma proposição:—*(ant.)* V. *Honra:* — *adj.* *(ant.)* probo, nobre, honrado, bom: — pro; proposição latina que se usa sómente na composição de alguns nomes ou verbos. *Buena pro;* que lhe faça bom proveito; expressão com que se sauda o que está comendo ou bebendo:—parabens; usa-se no fim das arrematações, arrendamentos, etc. *Prosit. En pro (fr.);* pró, a favor. *Commodè.*

Proa. *f.* *(ant.)* Jogo dianteiro do coche. *Poner la proa (fr. fig.);* pôr a prôa; deitar as vistas sobre alguma cousa, pretende-la. *In aliquid animum intendere:* — *(naut.)* prôa; a parte dianteira do navio. *Prora, æ:* — prôa; diz-se por extensão do espaço que medeia entre o mastro grande e a prôa propriamente dita: — prôa; toma-se pela direcção que o navio leva: — *cerrada;* prôa fechada. *Estar sobre proa;* estar sobre a prôa; mergulhar mais o navio n'esta parte. *Ganar la proa al viento;* ganhar a prôa ao vento; fazer um rumo que forme com a direcção do vento um angulo menor de noventa graus. *Ganar la proa a un buque;* ganhar a prôa a um navio; adiantar-se-lhe. *Poner, meter, mantener la proa a la mar o al viento;* metter a prôa ao vento ou ao mar; fechar o angulo da direcção da quilha com a do vento ou mar.

Proapodosis. *f.* *(rhet.)* Proapodosis; figura que consiste em repetir no fim da phrase a palavra por onde se começou.

Proar. *n.* *(ant.)* V. *Aproar.*

Proba. *f.* *(ant.)* V. *Prueba.*

Probábile. *adj.* *(ant.)* V. *Probable.*

Probabilidad. *f.* Probabilidade, verosimilhança. *Probabilitas, atis. Calculo de las probabilidades (math.);* calculo das probabilidades; theoria mathematica pela qual se submette á investigação do calculo a determinação das cousas futuras que se julgam provaveis.

Probabilísimo, ma. *adj. sup.* de *Probable.*

Probabilismo. *m.* Probabilismo; doutrina dos que, em materias moraes, crêem ser licito seguir um dictame provavel que favorece a liberdade, em competencia de outro mais provavel que favorece a lei. *Probabilitatis secta, probabilismus à sectatoribus dicta.*

Probabilista. *m.* Probabilista; o que segue o probabilismo. *Probabilismi, ut dicitur, sectator.*

Probable. *adj.* Provavel, verosimil. *Probabilis, le:* — provavel; que se póde provar. *Probabilis, le.*

Probablemente. *adv. m.* Provavelmente; com probabilidade. *Probabiliter.*

Probacio. *m.* *(zool.)* Probacio; genero de insectos coleopteros subpentameros, da familia dos longicornes.

Probacion. *f.* V. *Prueba:* — *(ant.)* provação; nas ordens regulares, o exame e prova que se fazia, pelo menos durante um anno, da vocação e virtude dos noviços antes de professar. *Probatio, onis.*

Probada. *f.* *(ant.)* V. *Probadura.*

Probadísimo, ma. *adj. sup.* de *Probado.* Provadissimo.

Probado, da. *adj.* Provado; acreditado, reconhecido por experiencia. *Probatus; experimento cognitus.*

Probador, ra. *s.* Provador; o que prova. *Gustans, tis:* — *(ant.)* V. *Defensor.*

Probadura. *f.* Provadura; acção de provar alguma cousa. *Degustatio, gustatio.*

Probanza. *f.* Provança, inquirição, averiguação, prova que juridicamente se faz de uma cousa. *Inquisitio, probatio.*

Probar. *a.* Provar; examinar a qualidade de uma cousa, a capacidade de um sujeito, etc. *Experiri, periculum facere:* — provar; examinar se uma cousa tem a medida ou proporção de outra a que se deve ajustar. *Ad examen revocare:*—provar; mostrar a verdade com rasões, documentos, etc. *Monstrare, manifestum facere:* — provar; gostar uma pequena porção de qualquer comida ou bebida. *Degustare, delibare:* — provar; junto com a proposição *a* e o infinito de outros verbos significa experimentar, intentar. *Tentare, experiri:* — *(ant.)* V. *Aprobar:* — *n.* provar; vir a proposito, ajustar. Usa-se ordinariamente com os adverbios bem ou mal. *Convenire:* — provar; ser favoravel á saude.

Probática. *adj.* Probatica; diz-se sómente da piscina que havia em Jerusalem, junto ao templo de Salomão, em que se lavavam e purificavam as rezes destinadas aos sacrificios. *Probatica piscina.*

Probatorio, ria. *adj.* Probatorio, comprovativo; que serve para provar e averiguar a verdade de alguma cousa. *Probativus; probationem faciens:* — *(for.)* probatorio; applica-se ao praso concedido pela lei ou pelo juiz para apresentar as provas. *Probativus, a, um.*

Probatura. *f.* *(fam.)* Provação, prova. *Probatio, onis.*

Probedat. *f.* *(ant.)* V. *Pobreza.*

Probeta. *f.* *(art.)* Provête; machina pyrotechnica que serve para experimentar a qualidade e força da polvora: — *(phys.)* proveta; barometro de dois rumos, um d'estes fechado, que se colloca no recipiente da machina pneumatica, para indicar a pressão á medida que se vae fazendo o vacuo.

Probidad. *f.* Probidade; bondade de costumes, honradez. *Probitas, atis.*

Problema. *f.* Problema; questão que se póde defender negativa e affirmativamente. *Problema, atis:*—*(math.)* problema; proposição feita para investigar alguma verdade desconhecida ou praticar alguma operação. *Problema, atis:* — *indeterminado;* problema indeterminado; aquelle que admitte muitas resoluções. *Problema indeterminatum.*

Problemáticamente. *adv. m.* Problematicamente; com razões por uma e outra parte. *Argumentis utrinque oppositis.*

Problemático, ca. *adj.* Problematico, duvidoso incerto; que se póde defender por uma e outra parte. *Quod in dubio est. Juicio problemático (philos.);* juizo problematico; juizo, na philosophia de Kant, em que a relação do attributo para com o sujeito não se concebe senão como possivel.

Probo, ba. *adj.* Probo, honesto, virtuoso. *Probus, a, um.*

Proboscefáleo, lea. *adj. (zool.)* Proboscephaleo; diz-se do animal que tem a cabeça prolongada em fôrma de tromba: — *m. pl.* proboscephaleos; ordem de entozoarios, que comprehende os que têem uma tromba comprida e retractil.

Proboscidáctila. *f. (zool.)* Proboscidactyla; genero de acalephos medusarios, da familia dos genionidos.

Probóscide. *f.* Proboscide; a tromba do elephante.

Proboscídeo, dea. *adj. (zool.)* Proboscideo; similhante a uma tromba ou provido d'ella.

Proboscidianos. *m. pl. (zool.)* Proboscidianos; familia de mammiferos que comprehende as especies maiores de pachidermes.

Proboscidífero, ra. *adj. (zool.)* Proboscidifero; que tem tromba.

Proboscidiforme. *adj. (zool.)* Proboscidiforme; que tem a fôrma de tromba.

Proboscirrostro. *m. (zool.)* Proboscirrostro; eminencia á maneira de tromba, que forma a parte anterior da cabeça de alguns insectos coleopteros e nevropteros, tendo o seu vertice na bôca.

Probre. *adj. (ant.)* V. *Pobre.*

Proca. *f. (zool.)* Proca; genero de insectos tetrameros, da familia dos curculionidos.

Procacidad. *f.* V. *Procazidad.*

Procatártico, ca. *adj. (med.)* Procathartico; dá-se este nome ás causas das enfermidades que são as primeiras a obrar e que põem as outras em movimento.

Procaz. *adj.* Procaz, desaforado, descarado, petulante, impudente, desavergonhado, insolente. *Procax, acis.*

Procazidad. *f.* Procacidade, desavergonhamento, insolencia. *Procacitas, petulantia.*

Procedencia. *f.* Procedencia, origem; principio d'onde nasce ou procede alguma cousa: — procedencia, derivação.

Procedente. *adj.* Procedente; que procede ou provém. *Procedens, entis:* — procedente; que saíu ou vem de certa paragem, fallando de embarcações. *Adveniens è portu.*

Proceder. *m.* Proceder, procedimento, regimen. *Vitæ modus:* — *n.* proceder, vir, nascer, derivar, provir, trazer origem. *Oriri, gigni:* — proceder; passar a pôr em execução. *Paratis omnibus, ad rem gerendam se accingere:* — proceder; proseguir em uma empreza começada, ir por diante, continuar. *Persequi:* — entender-se; *v. g.: esto no procede con fulano;* isto não se entende com fulano. *Ad aliquem pertinere, alicujus interesse:* — proceder, descender. *Originem ducere:* — proceder; vir de qualquer paragem: — proceder; portar-se bem ou mal em suas acções. *Se gerere:* — *(ant.)* proceder; seguir ou continuar no discurso ou obra começada: — *en infinito (fr.);* proceder até ao infinito; seguir uma serie de cousas que não têem fim. *In infinitum procedere:* — *(for.)* proceder, ser conforme ao direito: — *contra alguno;* proceder contra alguem; executar as leis contra elle. *Judicio persequi:* — *(rel.)* proceder; fallando da Trindade Santissima, significa que o Eterno Pae produz o Verbo Divino, engendrando-o com seu entendimento, do qual procede; e que, amando-se o Pae e o Filho, produzem o Espirito Santo, que procede dos dois. *Procedere.*

Procedido. *m. (ant.)* V. *Producto.*

Procediente. *p. a. (ant.)* de *Proceder.* Procedente; que procede. *Procedens, oriens.*

Procedimiento. *m.* Procedimento; acto de proceder. *Processio, onis:* — procedimento; acção, modo de portar-se bem ou mal. *Opera, acta:* — processo; serie de operações tendentes á producção de alguma cousa nova: — processo; cada um dos pormenores de uma operação analytica: — *(for.)* procedimento; os actos que faz o juiz em qualquer processo.

Procefálidos. *m. pl. (zool.)* Procephalidos; grupo de insectos, da familia dos longicornes.

Procéfalo. *m. (zool.)* Procephalo; genero de insectos coleopteros pentameros da familia dos cicindelidos.

Procefalodero. *m. (zool.)* Procephalodero; genero de insectos coleopteros tetrameros, da familia dos curculionidos.

Procela. *f. (poes.)* Procella, borrasca, tempestade no mar.

Procelaria. *f. (zool.)* V. *Petrelo:* — *f. pl.* procellarias; familia de aves palmipedes.

Procelarídeas. *f. pl. (zool.)* Procellarideas; familia de aves palmipedes, que tem por typo o genero procellaria.

Proceleusmatico. *m. (hist.)* Proceleusmatico; pé de verso grego e latino que consta de quatro syllabas breves. *Pes proceleusmaticus.*

Proceloso, sa. *adj.* Procelloso, borrascoso, tempestuoso. *Procellosus, a, um.*

Prócer. *adj.* Procero; alto e corpulento. *Procerus, a, um:* — *m.* proceres, magnates, grandes da nação. *Procer, dynasta.*

Procerato. *m.* Dignidade dos proceres.

Proceridad. *f.* Proceridade, altura do corpo, grande. *Proceritas, atis:* — proceridade, vigor, louçania; diz-se das pessoas e plantas: —V. *Procerato:* — *(ant.)* proceridade, força, fortaleza.

PRÓCERO, RA. *adj.* V. *Prócer:* — *m. (zool.)* procero; genero de insectos coleopteros pentameros, da familia dos carabicos.

PROCESADO, DA. *adj.* Processado; applica-se á escripta e letra do processo. *Characterum forma in actis judicialibus usurpari solita.*

PROCESAL. *adj.* Processal; pertencente ao processo. *Ad acta judicialia pertinens.*

PROCESAR. *a.* Processar; formar, fazer processos ou autos. *Actionem judicialem intendere, instruere:* — processar; fazer todos os actos judiciaes que precedem a decisão e sentença da causa.

PROCESION. *f.* Processão; acção pela qual uma cousa procede da outra. *Derivatio, onis:* — procissão; ceremonia religiosa em que vão, ordenadamente, em duas alas, ecclesiasticos, irmandades, etc. *Publica solemnis pompa:* — *(fig.)* procissão; multidão de pessoas que vão seguindo umas ás outras. *Continuata rerum personarumve series. Abrir la procesion (fr.);* abrir a procissão; diz-se das pessoas ou communidades que marcham adiante, em uma procissão. *Primum in solemni pompa procedere. Andar la procesion por dentro;* disfarçar, occultar o que se sente interiormente. *Cerrar la procesion;* fechar a procissão; diz-se dos que vão na rectaguarda de uma procissão. *Ultimum in solemni pompa procedere. No se puede repicar y andar en la procesion (rif.);* não se podem fazer duas cousas ao mesmo tempo. *Pluribus intentus, minor est ad singula sensus:* — *(rel.)* processão; acção pela qual o Padre produz o Verbo e estas duas Pessoas produzem o Espirito Santo. *Processio, onis.*

PROCESIONAL. *adj.* Processional; concernente á procissão. *Ad solemnem pompam pertinens.*

PROCESIONALMENTE. *adv. m.* Processionalmente; em procissão. *Pompæ solemnis instar.*

PROCESIONARIO. *m.* Processionario; livro com as orações rezadas nas procissões. *Liber cantui precibusque in pompis publicis ordinandis.*

PROCESO. *m.* V. *Progreso:* — processo; continuação de cousas, correr do tempo: — *(ant.)* processo, negocio, assumpto: — *en infinito;* processo até ao infinito; acto de seguir uma serie de cousas que não têem fim. *Processus in infinitum:* — *(for.)* processo; conjuncto de autos e escriptos em uma causa civil ou criminal. *Acta judicialia. Fulminar el proceso (fr.);* instruir o processo, faze-lo seguir todos os seus termos até pô-lo em estado de obter sentença. *Causam instruere. Vestir el proceso;* revestir o processo com todas as solemnidades e diligencias requeridas em direito. *Acta judicialia solemniter instruere.*

PROCIDENCIA. *f. (med.)* Procidencia, prolapso, quéda; saída violenta de algumas partes moveis, como o recto, olhos, utero, etc.: — *del iris;* procidencia do iris, hernia da iris.

PROCINTO. *m. (ant.)* Preparação, preparo; estado immediato e proximo a executar alguma cousa. Dizia-se especialmente na milicia quando estava para dar-se uma batalha. *Procinctus, us.* É pouco usado.

PROCIO. *m. (bot.)* Procio; genero de plantas, da familia das teribinthaceas.

PROCION. *m. (astron.)* Procion; estrella de primeira grandeza segundo alguns auctores, e segundo outros, de segunda no peito do Cão menor, e que apparece onze dias antes da canicula. *Procion, onis.*

PROCIRRO. *m. (zool.)* Procirro; genero de insectos coleopteros pentameros, da familia dos brachelytros.

PROCKIA. *f. (bot.)* Prockia; genero de plantas da familia das bixaceas: — *f. pl.* prockias; tribu de plantas, da familia das bixaceas, que comprehende as que têem o fructo dehiscente.

PROCLAMA. *f.* Proclama; notificação publica. Usa-se, regularmente, fallando das denuncias que se fazem na igreja quando ha algum casamento ou ordenação: — proclamação; allocução feita por algum magistrado, chefe ou caudilho. *Proclamatio, edictum. Correr las proclamas (fr.)* V. em *Amonestacion, Correr las amonestaciones.*

PROCLAMACION. *f.* Publicação de algum decreto, lei, etc., que se faz solemnemente para que chegue ao conhecimento de todos. *Promulgatio, onis:* — acclamação; actos publicos, cerimonias com que se declara e inaugura um novo reinado, etc.: — *(inus.)* applauso publico e commum. *Acclamatio, plausus.*

PROCLAMAR. *a.* Proclamar; publicar em altas vozes alguma cousa, para que chegue ao conhecimento de todos. *Proclamare:* — V. *Acclamar:* — proclamar, declarar solemnemente o principio ou inauguração de um reinado, principado, etc.

PROCLÍTICO, CA. *adj.* Procliticо; diz-se da palavra que dá seu accento á seguinte. No idioma grego ha dez monosyllabos procliticos.

PROCLIVE. *adj.* Inclinado, propenso a alguma cousa, especialmente ao mal. *Proclivis, ve.*

PROCLIVIDAD. *f.* Propensão, inclinação a alguma cousa, especialmente ao mal. *Proclivitas, atis.*

PROCLO. *m. (astron.)* Proclo; nome da trigesima quinta mancha da lua.

PROCNATO. *m. (zool.)* Prognatha; genero de insectos coleopteros pentameros, da familia dos brachelytros.

PROCO. *m. (ant.)* Proco; pretendente de mulher, para casamento, e mais propriamente para fim deshonesto. *Procus, i.*

PROCOMISARIO. *m.* Procommissario; o que faz as vezes do commissario. *Esta* palavra usa-se na historia ecclesiastica.

Procomun, Procomunal. *m.* Utilidade publica.

Proconia. *f. (zool.)* Proconia; genero de insectos hemipteros homopteros, da tribu dos fulgorinos.

Procónsul. *m.* Proconsul; magistrado romano, fazendo as vezes do consul como governador de provincia. *Proconsul, lis.*

Proconsulado. *m.* Proconsulado; emprego, dignidade de proconsul. *Proconsulatus, us:* — proconsulado; tempo que durava a dignidade de proconsul. *Proconsulatus, us.*

Proconsular. *adj.* Proconsular; relativo ao proconsul. *Proconsularis, re.*

Procrastinar. *a.* Procrastinar; differir de dia para dia.

Procreacion. *f.* Procreação; geração, multiplicação de alguma especie, creação e conservação d'ella. *Procreatio, onis.*

Procreador, ra. *s.* Procreador; o que procrêa. *Procreator, genitor.*

Procreante. *p. a.* Procreante; que procrêa. *Procreans, gignans.*

Procrear. *a.* Procrear, gerar; multiplicar a especie. *Procreare.*

Prócride. *m. (zool.)* Procris; genero de insectos lepidopteros, da familia dos crepusculares.

Procronismo. *m.* Prochronismo; erro chronologico, que vem a ser o contrario do anachronismo.

Procrusto, *m. (zool.)* Procrustes; genero de insectos coleopteros pentameros, da familia dos carabicos.

Proctagra. *f. (med.)* Proctagra; dor arthritica no anus.

Proctaljia. *f. (med.)* Proctalgia; dor no anus sem phenomenos inflammatorios.

Proctáljico, ca. *adj. (med.)* Proctalgico; concernente á proctalgia.

Proctitis. *f. (med.)* Proctitis; inflammação do anus.

Proctocele. *f. (med.)* Proctocele; hernia do anus, ou antes de uma porção do recto.

Proctoncia. *f. (med.)* Proctoncia; augmento de volume do anus.

Proctopo. *m. (zool.)* V. *Pseudopo.*

Proctorrajía. *f. (med.)* Proctorrhagia; hemorrhagia do anus.

Proctorrájico, ca. *adj. (med.)* Proctorrhagico; pertencente á proctorrhagia.

Proctorrea. *f. (med.)* Proctorrhea; saída de materias mucosas pelo anus.

Proctorréico, ca. *adj. (med.)* Proctorrheico; pertencente á proctorrhea.

Proctosis. *f. (med.)* Proctosis; enfermidade muito frequente nas creanças, e que consiste na relaxação e saída do recto juntamente com as materias fecaes.

Proctotosis. *f. (med.)* V. *Proctocele.*

Proctotreto. *m. (zool.)* Proctotreto; sub-genero de reptis do genero tropiduro.

Proctotrupo. *m. (zool.)* Proctotrupes; genero de insectos hymenopteros, da tribu dos proctotrupios.

Proctotrupios. *m. pl. (zool.)* Proctotrupios; tribu de insectos hymenopteros: — proctotrupios; grupo de insectos hymenopteros.

Procura. *f.* V. *Procuracion*, na segunda accepção: — *(prov.)* V. *Procuraduría.*

Procuracion. *f.* Cuidado, diligencia com que se trata algum negocio. *Procuratio, onis:* — procuração; commissão, poder que alguem dá a outrem para tratar algum negocio. *Auctoritas gerendi negotia:* — V. *Procuraduría*, na segunda accepção: — procuração; contribuição, direitos que os prelados exigem nas igrejas que visitam, para seu sustento e da sua familia durante o tempo da visita. *Vectigal episcopis parœcias invisentibus pendi solitum, cibariorum nomine.*

Procurador, ra. *s.* Procurador; o que procura. *Procurator, oris:* — procurador; o que trata negocios com procuração de outrem. *Qui alterius mandatu agit:* — procurador; individuo, nas communidades religiosas, por cuja mão correm as dependencias economiças da casa, e todos os negocios. *Procurator, oris:* — *a, de o en cortes;* procurador ás côrtes, deputado ás côrtes; individuo eleito por qualquer terra para a representar em côrtes. *Procurator comitialis:* — *de pobres;* abelhudo; aquelle que se mette procurador em negocios onde não é chamado, e de que não tira interesse algum. *Homo alienis negotiis se immiscens:* — *síndico general;* procurador syndico geral; individuo que tem a seu cargo promover e defender os interesses dos povos. *Procurator syndicus, municipii tribunus:* — *(for.)* procurador de causas; o que, revestido do poder de algumas partes, tem a seu cargo, nos tribunaes e audiencias, a gerencia e defeza de algum pleito ou causa. *Procurator, oris:* — *astricto (p. Ar.);* procurador obrigado a seguir certas causas, especialmente criminaes. *Procurator ex lege.*

Procuraduría. *f.* Procuradoria; officio de procurador. *Procuratoris munus:* — procuradoria; repartição, escriptorio de procurador. *Procuratoris officina.*

Procurante. *p. a.* de *Procurar. Curans, antis.*

Procurar. *a.* Procurar; fazer as diligencias por conseguir alguma cousa. *Curare, conari:* — procurar, solicitar, agenciar; exercer o officio de procurador. *Procuratorem agere:* — procurar, promover o bem de alguem. *Quien menos procura alcanza mas bien (rif.);* nem por muito madrugar amanhece mais cedo. *Non officiositate et ambitu, sed solertia et opportunitate res perficitur.*

Procurrente. *m. (geog.)* Peninsula; grande extensão de terra mettida pelo mar dentro, como é toda a Italia. *Procurrens, entis.*

Prod, Prode. *s. (ant.)* V. *Pro*, na primeira accepção.

Prodefacer. *n. (ant.)* V. *Aprovechar.*

Prodero, ra. *adj. (ant.)* V. *Provechoso.*

Prodicion. *f.* Prodição, traição, perfidia, aleivosia. *Proditio, onis.*

Prodictador. *m.* Prodictador; especie de dictador interino, entre os romanos.

Prodictadura. *f.* Prodictadura; dictadura interina, entre os romanos.

Prodigaleza. *f. (ant.)* V. *Prodigalidad.*

Prodigalidad. *f.* Prodigalidade, desperdicio, profusão. *Prodigalitas, profusio:* — prodigalidade, copia, abundancia. *Copia, abundantia.*

Prodigalizar. *a. (ant.)* V. *Prodigar.*

Prodigamente. *adv. m.* Prodigamente; com prodigalidade, abundantemente. *Prodigè, profusè.*

Prodigar. *a.* Prodigar, prodigalisar, desperdiçar, gastar prodigamente. *Effusè expendere:* — *(fig.)* prodigalisar; dizer, fazer, dar alguma cousa com prodigalidade.

Prodigiador. *m. (ant.)* V. *Prodijiador.*

Prodigio. *m.* V. *Prodijio.*

Prodigiosamente. *adv. m.* V. *Prodijiosamente.*

Prodigiosidad. *f.* V. *Prodijiosidad.*

Prodigiosísimo, ma. *adj.* V. *Prodijiosisimo.*

Prodigioso, sa. *adj.* V. *Prodijioso.*

Pródigo, ga. *adj.* Prodigo, dissipador, gastador. *Prodigus, a, um:* — prodigo; que prodigalisa seu sangue, sua vida pela patria, etc. *Prodigus, a, um:* — prodigo; mui liberal. *Valdè munificus homo:* — *(for.)* prodigo; diz-se do que está privado, por sentença judicial, da livre administração de seus bens, para que não continue a dissipa-los. *Prodigus, a, um.*

Prodijiador. *m. (ant.)* Adivinhador, prognosticador que, pelos prodigios ou cousas extraordinarias que succedem, annuncia o que está para vir. *Præsagus, præsugiens, divinator.*

Prodijio. *m.* Prodigio; successo extraordinario, milagre. *Prodigium, ostentum:* — prodigio; cousa rara e primorosa: — V. *Milagro.*

Prodijiosamente. *adv. m.* Prodigiosamente; de um modo prodigioso, extraordinariamente. *Prodigialiter:* — prodigiosamente, primorosamente; com todo o esmero. *Apprimè, valdè eleganter.*

Prodijiosidad. *f.* Maravilha, raridade; qualidade que torna uma cousa rara, prodigiosa. *Prodigium, miraculum.*

Prodijiosísimo, ma. *adj. sup.* de *Prodijioso.* Prodigiosissimo.

Prodijioso, sa. *adj.* Prodigioso, maravilhoso, extraordinario; que contém prodigio. *Prodigiosus, mirus:* — prodigioso, primoroso, excellente. *Mirus, valdè elegans.*

Proditor. *m. (ant.)* Proditor. V. *Traidor.*

Proditoriamente. *adv. m. (ant.)* Proditoriamente. V. *Traidoramente.*

Proditorio, ria. *adj. (ant.)* Proditorio, atraiçoado; que contém traição. *Proditorius, a, um.*

Prodoncia. *f. (zool.)* Prodontia; genero de insectos coleopteros pentameros da familia dos longicornes.

Prodromo. *m.* Prodromo; prefacio preliminar de uma obra, introducção a algum estudo: — prodromo; annuncios, principios de um successo: — *(med.)* prodromo; tempo que precede uma enfermidade e em que se manifestam signaes e symptomas precursores.

Produccion. *f.* Producção; acto de produzir alguma cousa. *Productio, creatio:* — producção; a cousa produzida pela natureza, pela arte ou pelo engenho. *Productio, onis:* — enunciação; modo de expressar-se, fallando ou escrevendo. *Quælibet ore aut scripto expositio facta:* — V. *Prolongacion:* — *(anat.)* producção; prolongamento. *Producciones accidentales;* producções accidentaes; tecidos desenvolvidos accidentalmente n'uma parte qualquer do corpo, porém analogos aos que n'elle existem. *Producciones compuestas (med.);* producções compostas; tecidos creados debaixo da influencia de um estado morbido, e misturados com outros, com os quaes não têem analogia alguma.

Producente. *adj.* Producente; o que produz. *Producens, gignens.*

Producibilidad. *f. (philos.)* Productibilidade; qualidade, força productiva.

Producible. *adj. (philos.)* Produzivel; que se póde produzir. *Quod gigni potest.*

Producidor, ra. *s.* Productor; o que produz. *Creator, genitor.*

Produciente. *adj. (ant.)* V. *Producente.*

Producimiento. *m. (ant.)* V. *Produccion.*

Producir. *a.* Produzir; tirar de si, alguma cousa, com actividade ou acção vital. *Producere:* — produzir, gerar, procrear, crear. *Gignere:* — produzir; dar, crear fructos, o terreno, as arvores, etc. *Gerere, producere:* — produzir, render, dar interesse. *Proventum parere:* — produzir, causar, procurar, originar. *Ferre, inferre:* — produzir, allegar, apresentar, citar factos, circumstancias, etc. *Aliquid in probationem afferre:* — *(fig.)* produzir; diz-se da patria ou logar onde nascem algumas pessoas: — *r.* enunciar-se, explicar-se. *Dicere, exponere:* — *(fig.)* manifestar-se, sair á luz. *Aliquid in lucem prodire:* — *(for.)* produzir, exhibir, apresentar em juizo, documentos, testemunhas, etc., com que alguem prova o seu direito. *Proferre, exhibere.*

Produtible. *adj.* Productivel; que póde dar algum producto. *Producens, entis.*

Productivo, va. *adj.* Productivo; que tem a virtude de produzir. *Producendi vi præditus.*

Producto, cta. *p. p. irr.* de *Producir:* — *m.* producto; a cousa produzida: — producto; capital, renda, lucro que alguma cousa produz. *Redditus, us:* — *(math.)* producto; numero ou quantidade que resulta da multiplicação de outros numeros ou quantidades. *Productus, i:* — *(chim.)* producto; resultado de uma operação chimica: — *(zool.)* producto; genero de molluscos brachyopodas fosseis, creado para comprehender varias conchas encontradas nos terrenos de transição.

Proe. *m. (ant.)* Proe, proveito, utilidade, vantagem: — V. *Prole.*

Proece. *m. (zool.)* Proeces; genero de insectos coleopteros tetrameros, da familia dos curculionidos.

Proejar. *n. (fig.)* Resistir com coragem e constancia, lutar com esforços: — *(naut.)* remar contra a maré ou força dos ventos, quando batem pela prôa. *Aquæ currentis vi remis obniti, reluctari.*

Proel. *adj. (naut.)* Proeiro; que diz respeito á prôa: — *m.* proeiro; marinheiro que trabalha á prôa da embarcação. *Nauta proræ adstans:* — *de galera (ant.);* proeiro da galera; cada um dos oito homens que occupavam a prôa de uma galera, para dirigirem a manobra n'esta parte.

Proemial. *adj.* Proemial; concernente ao proemio. *Ad proœmium pertinens.*

Proemio. *m.* Proemio, prologo, prefacio, preambulo, exordio. *Proœmium, ii.*

Proencefalia. *f. (phisiol.)* Proencephalia; monstruosidade que caracterisa os proencephalos.

Proencefaliano, na. *adj. (phisiol.)* Proencephaliano; diz-se dos monstros por proencephalia.

Proencefálico, ca. *adj. (phisiol.)* Proencephalico; concernente á proencephalia ou aos proencephalos.

Proencéfalo. *m. (phisiol.)* Proencephalo; monstro cujo cerebro está fóra do craneo na região frontal.

Proevar. *a. (ant.)* Provar, intentar.

Proeza. *f.* Proeza, façanha, valentia, acção valorosa. *Egregium, præclarum facinus.*

Profanacion. *f.* Profanação; acção e effeito de profanar. *Profanatio, onis.*

Profanador, ra. *s.* Profanador; o que profana. *Profanator, violator.*

Profanamente. *adv. m.* Com luxo, com fausto excessivo. *Luxuriose, profanè.*

Profanamiento. *m.* V. *Profanacion.*

Profanar. *a.* Profanar; abusar das cousas sagradas tratando-as com irreverencia e desprezo. *Violare sacra, sacris abuti:* — profanar, manchar, deshonrar. *Fœdare.*

Profanía. *f. (ant.)* V. *Profanidad,* na primeira accepção.

Profanidad. *f.* Luxo, fausto excessivo. *Luxus, i:* — V. *Profanacion.*

Profanísimo, ma. *adj. sup.* de *Profano.* Profanissimo; muito profano.

Profano, na. *adj.* Profano; que não é sagrado, mas puramente secular. *Profanus, a, um:* — profano; que é contra a reverencia devida ás cousas sagradas. *Profanus, a, um:* — profano, libertino, deshonesto, mundano. *Parcus Dei cultor:* — profano, irreligioso, immodesto. *Luxuriosus, a, um.*

Profazador, ra. *s. (ant.)* Intrigante que semeia a discordia entre amigos. *Susurro, onis.*

Profazamiento. *m. (ant.)* V. *Profazo.*

Profazar. *a. (ant.)* Profaçar; accusar face a face, lançar em rosto: — abominar, censurar, dizer mal de alguma pessoa ou cousa. *Susurronem agere; rumores sinistros sparcere:* — *n. (ant.)* profaçar, desacreditar, murmurar de alguem.

Profazo. *m. (ant.)* Descredito; má fama em que alguem cáe pelo seu mau comportamento. *Infamia, dedecus.*

Profecía. *f.* Prophecia; dom sobrenatural que faz conhecer as cousas futuras. *Prophetia, æ:* — prophecia; predição ou annuncio das cousas futuras, em virtude do dom da prophecia. *Prophetia, prædictio:* — *(fig.)* prophecia; juizo que se forma de uma cousa pelos signaes que n'ella se observam. *Prognosticum, i.*

Profecticio, cia. *adj.* V. *Bienes, Peculio.*

Proferente. *p. a.* de *Proferir.*

Proferimiento. *m. (ant.)* V. *Offerta.*

Proferir. *a.* Proferir, dizer, pronunciar, articular. *Proferre:* — *(ant.)* offerecer, prometter, propor. Usava-se tambem como reciproco. *Polliceri.*

Proferta. *f. (ant.)* V. *Offerta.*

Proferto, ta. *p. p. irr.* de *Proferir.*

Profesante. *p. a.* de *Profesar.*

Profesar. *a.* Professar; exercer alguma arte, officio, etc. *Exercere, profiteri:* — professar; ensinar alguma sciencia, arte, etc. *Edocere:* — professar; estudar uma faculdade, seguir uma carreira: — *n.* professar; fazer votos, em alguma ordem religiosa, depois de ter passado um anno de noviciado. *Votis monachorum sese obstringere:* — professar; exercer, praticar alguma cousa de boa vontade e por vocação continuando sempre n'ella. *Profiteri, exercere.*

Profesion. *f.* Profissão, emprego, officio, modo de vida. *Professio, officium:* — profissão; acção de professar em alguma ordem religiosa. *Professio monastica:* — profissão; declaração, confissão publica. *Professio fidei. Hacer profesion de alguna costumbre, habilidad ó manía (fr.);* fazer profissão de algum costume, etc. *Professio, exercitium.*

Profeso, sa. *adj.* Professo; religioso que professou. *Vota monachica professus:* — professo; pertencente aos religiosos professos.

Profesor, ra. *s.* Professor; o que exerce alguma sciencia ou arte. *Artem aut scientiam aliquam exercens, colens:* — professor; o que a ensina.

Professor, oris: — professor; o que faz profissão de alguma cousa.

PROFESORADO. *m.* Professorado; emprego, exercicio do professor.

PROFESORATO. *m.* V. *Profesorado.*

PROFETA. *m.* Propheta; o que tem o dom de prophecia. *Propheta, vates:* — *(fig.)* propheta; o que por alguns signaes conjectura e annuncia o fim de alguma cousa. *Vaticinator, conjector:* — *(rel.)* propheta; titulo que os musulmanos dão a Mafoma: — propheta; nome que os hebreus davam a certos homens que prediziam o futuro ou revelavam alguma verdade occulta. *Propheta, æ.*

PROFETAL. *adj.* Prophetal; concernente a prophetas e prophecias. *Prophetalis, le.*

PROFETANTE. *p. a.* de *Profetar.*

PROFETAR. *a. (ant.)* V. *Profetizar.*

PROFÉTICAMENTE. *adv. m.* Propheticamente; com espirito prophetico. *Propheticè.*

PROFÉTICO, CA. *adj.* Prophetico; de profeta, que contém prophecia. *Propheticus, a, um.*

PROFETISA. *f.* Prophetisa; mulher que tem o dom da prophecia. *Prophetissa, æ.*

PROFETIZADÔR, RA. *s.* Prophetisador; o que prophetisa. *Vaticinator, oris.*

PROFETIZANTE. *p. a.* de *Profetizar.*

PROFETIZAR. *a.* Prophetisar, prophetar; predizer o futuro, em virtude do dom da prophecia. *Prophetare:* — *(fig.)* prophetisar, conjecturar, formar juizo a respeito de alguma cousa, em virtude de alguns signaes observados. *Vaticinari, conjectare.*

PROFICIENTE. *adj.* Proficiente; que faz progressos. *Proficiens, entis.*

PROFICUO, CUA. *adj. (inus.)* V. *Provechoso.*

PROFIJAMIENTO. *m. (ant.)* V. *Prohijamiento.*

PROFIJAR. *a. (ant.)* V. *Prohijar.*

PROFILÁCTICA. *f. (med.)* Prophylactica; parte da medicina, que tem por objecto as precauções necessarias para conservar a saude e evitar as enfermidades.

PROFILÁCTICO, CA. *adj. (med.)* Prophylactico; que tem relação com a prophylactica.

PROFILAXE. *m. (zool.)* Prophylax; genero de crustaceos decapodas macrouros da familia dos thalassinios.

PROFILAXIA, PROFILAXIS. *f. (med.)* V. *Profiláctica.*

PROFILLAR. *a. (ant.)* V. *Prohijar.*

PROFISIS. *f. (med.)* Prophysis; adhesão ou reunião contranatural de duas partes. Tambem se emprega este termo para significar algumas adhesões naturaes como as do corpo dos ossos com as epiphyses.

PROFLIGAR. *a. (ant.)* Profligar, vencer, destruir, desbaratar. *Profligare.*

PRO FÓRMULA. Pro formula; *(fr. lat.)* que se emprega para significar que se faz alguma cousa segundo a regra, costume, etc.

PROFRAGMA. *m. (zool.)* Prophragma; parte elastica, divisoria do corpo dos insectos.

PRÓFUGO, GA. *adj.* Profugo, fugitivo; diz-se principalmente d'aquelle que foge da justiça ou de qualquer auctoridade legitima: — *m.* refractario; aquelle que se occulta ou ausenta para escapar á sorte de soldado. *Profugus, a, um.*

PROFUNDAMENTE. *adv. m.* Profundamente; com profundidade. *Profundè, altè:* — *(fig.)* profundamente; com grande penetração, do intimo da alma. *Altè, profundè.*

PROFUNDAR. *a. (ant.)* V. *Profundizar.*

PROFUNDIDAD. *f.* Profundidade; altura desde a superficie até ao fundo. *Profunditas, altitudo:* — profundidade; intensidade de alguma cousa. *Altitudo, inis:* — *(fig.)* profundidade, grandeza, excellencia de engenho. *Profunditas, altitudo, abyssus:* — *(geom.)* profundidade; a terceira das tres dimensões dos corpos solidos. *Profunditas, altitudo.*

PROFUNDÍSIMO, MA. *adj. sup.* de *Profundo.* Profundissimo; muito profundo.

PROFUNDIZAR. *a.* Profundar, afundar, cavar mais fundo. *Altiùs cavare, fodere:* — *(fig.)* profundar; examinar, discorrer com a maior attenção. Usa-se tambem como neutro. *Penetrare altè vel cognoscere.*

PROFUNDO, DA. *adj.* Profundo; que se considera medido desde o mais alto ao mais baixo. *Profundus, altus:*—profundo; mais alto e fundo do que o regular. *Profundus, a, um:* — profundo; que tem grande fundo, grande capacidade. *Latus, a, um:* — profundo, alto, grande, sublime. *Profundus, vastus:* — profundo, baixo, humilde. *Humilimus, a, um:* — *(fig.)* profundo, intenso, pesado. *Altus, a, um:* — *m.* V. *Profundidad:* — V. *Mar:* — *(anat.)* profundo; diz-se das cousas que estão mais ou menos distantes da superficie. *Pulso profundo (med.)*; pulso profundo; aquelle em que o bater da arteria se sente como se estivesse situada muito no interior: — *m. (poes.)* profundo. V. *Infierno.*

PROFUSAMENTE. *adv. m.* Profusamente, com profusão. *Profusè.*

PROFUSION. *f.* Profusão; dispendio excessivo, superfluo. *Profusio, onis:* — profusão, abundancia, copia. *Copia, æ.*

PROFUSÍSIMO, MA. *adj. sup.* de *Profuso.* Profusissimo; muito profuso.

PROFUSO, SA. *adj.* Profuso, abundante, copioso, superfluo. *Profusus, a, um.*

PROGÁSTRICA. *adj. (zool.)* Progastrica; que tem as barbatanas ventraes articuladas por debaixo do abdomen.

PROGENIE. *f.* V. *Projenie.*

PROGENITOR, RA. *s.* V. *Projenitor.*

PROGENITURA. *f.* V. *Projenitura.*

PROGLOSOS. *m. pl. (zool.)* Proglossos; familia de aves trepadoras, caracterisadas por terem a lingua mui comprida e extensivel.

PROGNOSIO. *f. (med.)* Prognosio; parte da medicina que se occupa dos prognosticos.

Prognosticacion. *f. (ant.)* V. *Pronosticacion.*

Prognosticar. *a. (ant.)* V. *Pronosticar.*

Prognóstico. *m. (ant.)* V. *Pronóstico.*

Programa. *m.* Programma, edicto, bando, aviso publico. *Programma, atis:* — programma; thema que se dá para um discurso, etc. *Programma, atis:* — programma; plano de ensino, por secripto, de alguma sciencia, etc. *Programma, atis:* — programma; regulamento onde se declara a ordem a seguir em algum exame, acto litterario, funcção publica, etc. *Programma, atis.*

Progresar. *n.* Progredir; ir ávante, fazer progressos. *Progredi.*

Progresion. *f.* Progressão; acção de adiantar-se ou progredir. *Progressio, onis:* — *(math.)* progressão; serie de rasões iguaes, em que cada termo é, ao mesmo tempo, consequente do que o precede e antecedente do que o segue. *Progressio, onis:* — *arithmética;* progressão arithmetica; aquella em que cada termo excede o seu antecedente n'uma quantidade igual. *Progressio arithmetica:* — *ascendente;* progressão ascendente; aquella cujos numeros vão crescendo arithmetica e geometricamente. *Ascendens progressio:* — *descendente;* progressão descendente; aquella cujos numeros vão baixando, na ordem inversa da ascendente. *Descendens progressio:* — *geométrica;* progressão geometrica; aquella em que cada um dos termos contém o que o procede ou está contido n'elle, um certo e determinado numero de vezes. *Progressio geometrica:* — *(mus.)* progressão; movimento regular da harmonia, em uma fôrma determinada. *Progressio, onis.*

Progresista. *m.* Progressista; partidario das idéas de progresso.

Progresivamente. *adv. m.* Progressivamente, com progressão. *Gradatim.*

Progresivo, va. *adj.* Progressivo; que progride. *Progressivus, a, um.*

Progreso. *m.* Progresso, continuação, adiantamento. *Progressus, us:* — progresso; movimento progressivo da civilisação e das instituições politicas e sociaes. *Progressus, us.*

Prohibente. *p. a.* de *Prohibir.*

Prohibicion. *f.* Prohibição; acção e effeito de prohibir. *Prohibitio, onis.*

Prohibir. *a.* Prohibir; impedir o uso ou execução de uma cousa. *Prohibere, vetare.*

Prohibitivo, va. *adj.* V. *Prohibitorio.*

Prohibitorio, ria. *adj.* Prohibitorio; que prohibe. *Prohibitorius, a, um.*

Prohidia. *f. (ant.)* V. *Porfía.*

Prohidiar. *a. (ant.)* V. *Porfiar.*

Prohijacion. *f.* V. *Prohijamiento.*

Prohijador. *m.* Perfilhador; o que perfilha. *Adoptator, oris.*

Prohijamiento. *m.* Perfilhamento, perfilhação; acção e effeito de perfilhar. *Adoptio, onis.*

Prohijar. *a.* Perfilhar, adoptar; receber por filho. *Adoptare:* — *(fig.)* imputar, attribuir a outrem aquillo que não fez. *Imputare.*

Prohombre. *m.* Nos gremios dos artistas, cada um dos mestres de officio que, por sua probidade e conhecimentos, se elege para membro do gremio. *Fabrilis collegii princeps, moderator:* — homem probo, honrado, que gosa de especial consideração entre os da sua classe. *Vir conspicuus.*

Proicto. *m. (zool.)* Proictes; genero de insectos coleopteros tetrameros da familia dos curculionidos gonatoceros.

Próis, Proís, Proiz. *m. (naut.)* Proiz; cabo com que se amarra a embarcação em terra: — *(ant.)* V. *Noray.*

Prohiza. *f. (ant. naut.)* Proiz; certo cabo da prôa para ancorar ou amarrar a embarcação. *Rudentis genus.*

Projenie. *f.* Progenie, descendencia, geração. *Progenies, ei.*

Projenitor. *m.* Progenitor, ascendente. *Progenitor, oris.*

Projenitura. *f.* V. *Projenie:* — primogenitura; qualidade e direito de primogenito. *Filii natu maximi locus, jus, dignitas.*

Prójimo. *m.* Proximo; os outros homens, os nossos similhantes. *Proximus, i. No tener prójimo (fr.);* não ter caridade, ter máu coração. *Aliis non consulere.*

Prol. *m. (ant.)* Prol. V. *Aprovechamiento.*

Prolacion. *f.* Prolação; acção de proferir ou pronunciar. *Prolatio, onis:* — *(mus.)* prolação; serie de notas que devem empregar-se no canto subindo ou baixando.

Prolapso. *m. (med.)* Prolapso; quéda, saida de qualquer orgão para fóra do local e relações devidas.

Prole. *f.* Prole, descendencia, geração. *Proles, is.*

Prolegómeno. *m.* Prolegomeno; tratado preliminar, etc. *Prolegomena, præfatio.*

Prolepsis. *f. (rhet.)* Prolepsis; figura em virtude da qual se previnem as objecções que pôde fazer o adversario e se responde antecipadamente a ellas.

Proléptico, ca. *adj. (chron.)* Proleptico; diz-se de um acontecimento attribuido com regra a uma era ou methodo chronologico, ainda que isto não tenha sido estabelecido quando o facto se deu: — *(med.)* proleptico; diz-se de uma febre cujos accessos são continuos.

Proletariado. *m.* Proletariado; estado, condição de proletario: — proletariado; classe dos proletarios.

Proletario, ria. *adj.* Proletario; que não tem bens alguns, que só contribue com filhos ao estado. *Pauperrimus; in proletariis censendus:* — *(fig.)* proletario; applica-se aos escriptores de pouca nota. *Infimæ notæ scriptor.*

Prolífera. *f. (bot.)* V. *Conferva.*

Proliferacion. *f. (bot.)* Proliferação; apparição de um botão ou de uma flor n'uma parte da planta onde não costuma apparecer.

Prolífero, ra. *adj. (bot.)* Prolifero; diz-se de qualquer orgão que produz outro similhante a elle.

Prolífico, ca. *adj.* Prolifico; que tem força de gerar. *Producendi vi præditus. Humor prolifico (physiol.);* humor prolifico; liquido spermatico: — *(med.)* prolifico; nome dado por alguns a uma classe de substancias, a que attribuiam a propriedade de augmentar as forças de reproducção.

Prolijamente. *adv. m.* Prolixamente; com prolixidade. *Diffusè.*

Prolijero, ra. *adj. (bot.)* Proligero; que produz ou tem corpos reproductores.

Prolijidad. *f.* Prolixidade; escrupulo demasiado na execução de qualquer cousa. *Prolixitas, diffusio:* — prolixidade; excessivo cuidado ou esmero. *Prolixitas, cura intensa:* — prolixidade; demasiada impertinencia. *Morositas, atis.*

Prolijísimo, ma. *adj. sup.* de *Prolijo.*

Prolijo, ja. *adj.* Prolixo, dilatado, extenso. *Prolixus, a, um:* — prolixo; demasiadamente cuidadoso ou esmerado. *Prolixus, nimius:* — prolixo, impertinente, enfadonho, molesto. *Molestus, gravis.*

Prolímneo, nea. *adj. (geol.)* Prolimneo; epitheto dado algumas vezes aos terrenos terciarios ou aos espaços occupados por agua doce, nos primeiros tempos do periodo terciario, antes da principal formação marina.

Prolina. *f. (ant.)* Parentesco de consanguinidade.

Prólogo. *m.* Prologo, prefação; discurso no principio de livro, etc. *Prologus, i:* — *(fig.)* preludio; aquillo que precede e é como ensaio da obra que se ha de seguir. *Prolusio, exordium:* — prologo; introducção de opera usada n'outro tempo e cujo assumpto não tinha relação alguma com a peça.

Prologuista. *m.* Escriptor de prologos. *Prologorum scriptor.*

Prolongacion. *f.* Prolongação, prolonga, demora. *Dilatio, mora:* — *raquidiana (anat.);* prolongação rachidiana; nome dado por Chaussier á espinhal medulla: — *(mus.)* prolongação; continuação de uma ou mais notas de um compasso para outro por meio de uma ligadura ou sem ella.

Prolongadamente. *adv. m.* Prolongadamente; com prolongação, com demora. *Nimis longè, diutiùs.*

Prolongadísimo, ma. *adj. sup.* de *Prolongado.* Prolongadissimo.

Prolongado, da. *adj.* Prolongado; estendido ao longor ou comprido. *Magis longus quam amplus.*

Prolongador, ra. *s.* Prolongador; o que prolonga ou dilata. *Dilator, oris.*

Prolongamiento. *m.* V. *Prolongacion.*

Prolonganza. *f. (ant.)* V. *Dilacion.*

Prolongar. *a.* Prolongar, dilatar, estender ao comprido. *Producere, distendere:* — prolongar, demorar, fazer durar. *Rem diuturniorem facere:* — *(ant.)* prolongar; correr algum sitio no sentido do seu comprimento: — *(naut.)* prolongar, atracar, encostar alguma cousa no sentido do comprimento da embarcação: — prolongar; navegar dirigindo-se ao largo mas parallelamente á costa e nas suas immediações.

Proloquio. *m.* Proloquio, maxima, adagio, rifão, sentença, proverbio. *Proloquium, ii.* V. *Sentencia.*

Proluengo. *m. (ant.)* Longor, comprimento, extensão.

Prolusion. *f.* V. *Prelusion.*

Promeco. *m. (zool.)* Promecho; genero de insectos coleopteros subpentameros da familia dos cyclicos: — promeces; genero de insectos coleopteros subpentameros da familia dos longicornes.

Promecodero. *m. (zool.)* Promecodero; genero de insectos coleopteros pentameros da familia dos carabicos.

Promecope. *m. (zool.)* Promecops; genero de insectos coleopteros tetrameros da familia dos curculionidos.

Promecóptera. *f. (zool.)* Promecoptera; genero de insectos coleopteros pentameros da familia dos carabicos.

Promecosoma. *f. (zool.)* Promecosoma; genero de insectos coleopteros subpentameros da familia dos cyclicos.

Promecoteca. *f. (zool.)* Promecotheca; genero de insectos coleopteros subpentameros da familia dos cyclicos.

Promediar. *a.* Meiar; dividir, repartir uma cousa em duas partes iguaes. *In medias partes dividere; medium tenere:* — *n.* mediar, intervir, interpor-se em algum negocio. *Interponi.*

Promedio. *m.* Medio; ponto em que uma cousa se divide pelo meio. *Dimidium, ii.*

Promerope. *m. (zool.)* Promerops; genero de aves da ordem dos passaros que tem uma unica especie.

Promeropídeas. *f. pl. (zool.)* Promeropideas; familia de aves da ordem dos passaros, que tem por typo o genero promerops.

Promesa. *f.* Promessa; acto de prometter e a cousa promettida. *Promissum, i:* — promessa; offerecimento que se faz a Deus ou aos Santos. *Votum, promissio divis facta:* — *de casamiento;* promessa, ajuste de casamento. *Simple promesa;* simples promessa; a que não se confirma com voto ou juramento. *Simplex promissio.*

Prometedor, ra. *s.* Prometedor; o que promette. *Promissor, oris.*

Prometeo. *m. (astr.)* Prometheo; nome dado accidentalmente á constellação de Hercules.

Prometer. *a.* Prometter; dar palavra de fazer, dizer ou dar alguma cousa. *Promittere, polliceri:* — prometter; asseverar, assegurar ameaçando. *Spondere, fidem interponere:* — *r.* prometter-se; esperar com grande confiança. *Sperare, confidere:* — prometter-se, votar-se ao serviço de *Deus* e dos Santos. *Devoveri:* — prometter-se; dar-se mutuamente palavra de casamento. *Mutuam fidem spondere, polliceri.*

Prometido. *m.* V. *Promesa:* — offerta; lanço de arrematação. *Licitatæ pecuniæ merces, præmium:* — *adj.* promettido em casamento.

Prometiemiento. *m.* *(ant.)* V. *Promesa.*

Prometiente. *p. a.* de *Prometer.*

Prometimiento. *m.* Promettimento. V. *Promesa.*

Prominencia. *f.* Prominencia; parte levantada. *Prominentia, æ.*

Prominente. *adj.* Prominente; que se levanta acima do nivel. *Prominens, entis:* — *(fig. neol.)* prominente, o mais distincto, mais assignalado: — *(anat.)* prominente; qualificação dada ás partes do corpo que excedem o nivel das outras.

Promiscuamente. *adv. m.* Promiscuamente, misturadamente, sem distincção. *Promiscuè.*

Promiscuar. *n.* Misturar n'um dia de abstinencia a comida de carne com a de peixe. *Carne piscibusque promiscuè vesci.*

Promiscuo, cua. *adj.* Promiscuo, confuso, misturado, sem distincção. *Promiscuus, a, um.*

Promision. *f.* *(ant.)* V. *Promesa:* — promissão; só se usa na expressão propria ou figurada, terra de promissão.

Promisorio, ria. *adj.* Promissorio; que contém promessa. *Promissionem continens.*

Promitimiento. *m.* *(ant.)* V. *Prometimiento.*

Promocion. *f.* Promoção; acção de promover. *Promotio, onis:* — promoção; elevação a dignidade ou emprego superior. *Promotio, onis.*

Promontorio. *m.* Promontorio; ponta de terra prominente. *Promontorium, ii:* — *(fig.)* montanha; qualquer cousa de grande volume e que causa grande embaraço. *Cumulus, i:* — *(anat.)* promontorio; pequena saliencia da parede interna do tympano que corresponde ao lado externo do vestibulo e que quasi fecha inferiormente a janella oval: — *(geog.)* V. *Cabo.*

Promotor. *m.* Promotor; o que promove alguma cousa. *Promotor, oris.*

Promovedor, ra. *s.* V. *Promotor.*

Promover. *a.* Promover; adiantar alguma cousa. *Promovere:* — promover; elevar alguem a cargo ou dignidade superior. *Extollere, evehere.*

Promulgacion. *f.* Promulgação; acção e effeito de promulgar. *Promulgatio, onis.*

Promulgador, ra. *s.* Promulgador; o que promulga. *Qui promulgat; promulgans.*

Promulgar. *a.* Promulgar; publicar solemnemente, dar a publico. *Promulgare:* — *(fig.)* promulgar, publicar, divulgar uma cousa. *Promulgare.*

Pronacion. *f.* Pronação; movimento, em virtude do qual se volta a mão com a palma para baixo.

Pronacro. *m.* *(bot.)* Pronacron; genero de plantas da familia das compostas.

Pronador, ra. *adj.* *(anat.)* Pronador; qualificação dos musculos do ante-braço, que produzem o movimento de pronação.

Pronaya. *f.* *(bot.)* Pronaya; genero de plantas da familia das pittosporeas.

Prone, *m.* *(zool.)* Pronœ; genero de crustaceos amphipodas, da familia dos hyperinos.

Proneidad. *f.* Inclinação, tendencia, propensão.

Proneo. *m.* *(zool.)* Pronæo; genero de insectos hymenopteros, da familia dos sphegidos.

Pronervacion. *f.* *(anat. inus.)* Pronervação; expansão tendinosa.

Prono, na. *adj.* *(ant.)* Prono, inclinado, propenso. *Pronus, a, um.*

Pronombre. *m.* *(gram.)* Pronome; parte da oração, que se põe em logar do nome para evitar a sua repetição. *Pronomen, inis.*

Pronomea. *f.* *(zool.)* Pronomea; genero de insectos coleopteros heteromeros, da familia dos brachelytros.

Pronominal. *adj.* *(gram.)* Pronominal; da natureza do pronome. *Verbos pronominales;* verbos pronominaes; os que se conjugam com dois pronomes da mesma pessoa.

Pronopiografía. *f.* Pronopiographia; arte de copiar por meio do pronopiographo.

Pronopiográfico, ca. *adj.* Pronopiographico; pertencente á pronopiographia.

Pronopiógrafo. *m.* Pronopiographo; especie de camara escura que representa os objectos que tem diante e serve para os copiar.

Pronosticacion. *f.* Prognosticação, prognostico, predição do futuro feita pela observação de alguns signaes. *Vaticinatio, prognosticon.*

Pronosticador, ra. *s.* Prognosticador; o que prognostica. *Vaticinator, oris.*

Pronosticar. *a.* Prognosticar; predizer pela observação de signaes. *Ex signorum observatione prædicere.*

Pronóstico. *m.* Prognostico; signal por onde se tira o juizo ou conjectura de alguma cousa futura. *Prognosticon:* — prognostico; juizo ou conjectura do que ha de acontecer. *Prædictio, vaticinatio:* — calendario, almanach, folhinha, reportorio. *Calendarium, ii:* — *(med.)* prognostico; juizo do medico ácerca do bom ou mau fim de uma enfermidade. *Medicum vaticinium. Los pronósticos (litt.);* os prognosticos; titulo de um tratado pelo imperador Juliano.

Prontamente. *adv. m.* Promptamente; com promptidão. *Promtè, celeriter.*

Pronteza. *f.* *(ant.)* V. *Prontitud.*

Prontísimo, ma. *adj. sup.* de *Pronto.* Promptissimo; muito prompto.

Prontitud. *f.* Promptidão, actividade, presteza. *Promptitudo, celeritas:* — promptidão, agudeza, viveza de engenho ou de imaginação. *Ingenii acumen:* — promptidão, arrebatamento, precipitação, viveza de genio. *Præceps festinatio.*

Pronto, ta. *adj.* Prompto, ligeiro, veloz. *Promtus, a, um:* — prompto, preparado, disposto. *Promtus, paratus:* — *m.* repente; movimento repentino causado por alguma paixão ou occorrencia inesperada. *Impulsus animi:* — *adv.* V. *Prontamente. De pronto (loc. adv.)*; de prompto, apressadamente, sem reflexão. *Festinanter, inconsultò, temerè. Por el ponto;* interinamente, entretanto, provisoriamente. *Ad tempus. Primer pronto.* V. *Primer movimiento.*

Prontuario. *m.* Promptuario; resumo ou apontamento em que se notam varias cousas, a fim de tê-las presentes quando se necessitem. *Commentarium, ii:* — promptuario; livro que contém o mais necessario de uma sciencia, etc.

Pronuba. *f.* Pronuba; a mulher que, entre os romanos, conduzia a recem-casada ao thalamo nupcial: — *(poes.)* pronuba; a madrinha dos esponsaes. *Pronuba, æ.*

Pronuncia. *f. (for. p. Ar.)* V. *Pronunciacion.*

Pronunciacion. *f.* Pronunciação; acto de pronunciar. *Pronuntiatio, verborum expressio:* — *(for.)* V. *Publicacion:* — *(rhet.)* pronunciação; a parte que modera e dirige o semblante e acções do orador. *Pronuntiatio, onis.*

Pronunciador, ra. *s.* Pronunciador; o que pronuncia. *Pronuntiator, oris.*

Pronunciamiento. *m.* V. *Alzamiento:* — *(for.)* V. *Pronunciacion*, na segunda acepção: — pronuncia; acto de pronunciar a sentença.

Pronunciar. *a.* Pronunciar, articular, fallar. *Litteras seu verba ope vocis exprimere:* — determinar, decidir, acordar. *Edicere, decernere:* — *(ant.)* pronunciar, annunciar, predizer. *Prænuntiare:* — *r.* pronunciar-se, rebellar-se, declarar-se contra o governo: pronunciar-se; declarar-se contra ou a favor de alguma cousa: — *a. (for.)* pronunciar, dar a sentença. *Pronuntiare, sententiam dicere.*

Proóxido. *m. (zool.)* Prooxys; genero de insectos hemipteros, da tribu dos scutelleríos.

Propagacion. *f.* Propagação, multiplicação, reproducção. *Propagatio, onis:* — *(fig.)* propagação, dilatação, extensão. *Propagatio, onis.*

Propagador, ra. *s.* Propagador; o que propaga. *Propagator, oris.*

Propaganda. *f.* Propaganda; congregação, sociedade estabelecida para propagar a fé ou certos principios politicos.

Propagante. *p. a.* de *Propagar.*

Propagar. *a.* Propagar; multiplicar por geração ou por qualquer via de reproducção. *Propagare:* — *(fig.)* propagar, ampliar, augmentar alguma cousa. *Propagare.*

Propagativo, va. *adj.* Propagativo; que tem virtude de propagar. *Propagans, antis.*

Propágulo. *m. (bot.)* Propagulo; nome de pequenos corpos redondos e pulverolentos, que se encontram á superficie do calice dos lichens, e que se julgam destinados á reproducção.

Propalar. *a.* Propalar; divulgar o que devêra estar secreto. *Propalare, palam facere:* — propalar, proclamar.

Propao. *m. (naut.)* Propao; madeiro que fecha as perchas grandes, entalhado na roda de prôa. *Clathrus in navi foros ab arce dividens.*

Proparalepsis. *m.* V. *Paragoje.*

Propartida. *f. (inus.)* Tempo que precede a partida. *Tempus profectioni proximum.*

Propasar. *a.* Prepassar; passar mais adiante do que o devido: — *r.* ultrapassar, exceder-se, adiantar-se. *Excedere, metam transgredi.*

Propatía. *f. (med.)* Propathia; alteração da saude, que faz presumir a invasão de uma enfermidade.

Propático, ca. *adj. (med.)* Propathico; concernente á propathia.

Propender. *n.* Propender; inclinar-se para alguma parte, ter inclinação. *Proclivem esse.*

Propensamente. *adv. m.* Propensamente; com propensão ou inclinação. *Propensè, pronè.*

Propension. *f.* Propensão, inclinação, pendor. *Propensio, proclivitas.*

Propenso, sa. *adj.* Propenso; naturalmente inclinado. *Propensus, a, um.*

Propiamente. *adv.* Propriamente; com propriedade. *Propriò.*

Propiciacion. *f.* Propiciação; acção agradavel a Deus para alcançar a sua misericordia. *Propitiatio, onis:* — propiciação; sacrificio que se offerecia na lei antiga, para applacar a divina justiça e fazer a Deus propicio. *Propitiatio, onis.*

Propiciador, ra. *s.* Propiciador; o que propicia. *Propitiationem assequens.*

Propiciamente. *adv. m.* Propicia, benigna, favoravelmente. *Benignè, benevolè.*

Propiciar. *a.* Propiciar, abrandar, applacar, fazer propicio. *Propitiare, placare.*

Propiciatorio, ria. *adj.* Propiciatorio; que tem a virtude de fazer propicio. *Propitiationem merens:* — *m.* propiciatorio; lamina de oiro collocada sobre a arca do Testamento, d'onde se ouvia a voz de Jehovah, quando propicio ouvia a voz do povo. *Aurea tabula propitiatorium dicta:* — propiciatorio; o templo, os santos, as imagens e reliquias, pelas quaes alcançâmos as graças e mercês de Deus. *Templum et sacra omnia, quibus Deo propitiando utimus:* — V. *Reclinatorio.*

Propicio, cia. *adj.* Propicio, favoravel, benigno. *Propitius, benevolus.*

Propiedad. *f.* Propriedade; direito que se tem sobre qualquer cousa de que se póde dispor e usar como se entender: — V. *Dominio:* — propriedade, fazenda, bens:

— propriedade; qualidade particular pertencente a qualquer cousa. *Proprium, ii:* — propriedade; propensão natural, inclinação. *Proclivitas consuetudine firmata:* — *(fig.)* propriedade, similhança, imitação perfeita. *Apta similitudo, congruentia:* — propriedade; defeito contrario á pobreza religiosa. *Proprietas, atis. Elixir de propiedad (phar.)*; elixir de propriedade; tintura composta de myrrha, açafrão, etc.: — *(philos.)* V. *Propio:* — *(phys.)* propriedade; maneira por que um corpo se apresenta no seu modo de existir, no seu modo de obrar, etc.: — *(gram.)* propriedade; significação ou sentido particular e exacto de qualquer palavra. *Verborum proprietas; propria et nativa verbi significatio:* — *(for.)* propriedade; o dominio de uma cousa considerada separadamente, e em contraposição ao usufructo. *Proprietas, atis:* — *(mus. ant.)* propriedade; cada uma das tres especies de hexacordios que se distinguem no systema de Guido Aretino, e são o sustenido, o bemol e o bequadro, que servem para modificar os sons, subindo ou abaixando meio tom. *Proprietates musicæ.*

Propienda. *f. (art.)* Regua do bastidor; peça onde se segura o bordado. *Fascia lintea fulciens.*

Propietariamente. *adv. m.* Proprietariamente; com direito de propriedade. *Jure proprietatis.*

Propietario, ria. *s.* Proprietario; que tem direito de propriedade sobre alguma cousa. *Proprietarius, rei dominus:* — proprietario; religioso que pecca contra o voto de pobreza, possuindo alguma cousa como propria. *Monachus paupertatis violator.*

Propíleo. *m. (hist. ant.)* Propileo; vestibulo de um templo, peristilo: — propileo; edificio de Athenas, entre a gruta de Pan e o templo da Terra, que formava parte da cidadela, á qual servia de entrada principal, e cuja construcção era do tempo de Pericles.

Propina. *f.* Propina; presente que se dava aos concorrentes a qualquer junta, e que depois se reduziu a dinheiro. *Honorarium, ii:* — propina; retribuição a dinheiro por qualquer trabalho, occupação, assistencia, etc. *Honorarium præbere solitum.*

Propinacion. *f.* Propinação; acção e effeito de propinar. *Propinatio, onis.*

Propinar. *a.* Propinar; dar a beber. *Propinare:* — *(med.)* propinar; acção de prescrever um medicamento.

Propinco, ca. *adj. (ant.)* V. *Propincuo:* — *(fig. ant.)* V. *Deudo.*

Propincuidad. *f.* Propincuidade; proximidade, sobre tudo de parentesco. *Propinquitas, atis.*

Propincuísimo, ma. *adj. sup.* de *Propincuo.*

Propincuo, cua. *adj.* Propinquo, proximo, chegado. *Propincuus, a, um.*

Propio, pia. *adj.* Proprio; que pertence só e exclusivamente a alguem. *Proprius, a, um:* — proprio, caracteristico, particular. *Proprius, peculiaris:* — proprio; conveniente, a proposito para qualquer fim. *Conveniens, aptus:* — proprio, natural, genuino. *Nativus, natura adquisitus:* — V. *Mismo:* — proprio, similhante, parecido. *Consimilis, le:* — proprio; escripto com propriedade. *Verborum proprietatis sciens:* — *m.* proprio; correio, portador que se despacha para levar papeis de importancia. *Tabellarius privatim missus:* — proprio; bens que o estado ou qualquer cidade, villa, etc. possue como propriedade sua. Usa-se mais commummente no plural. *Bona publica, municipii propria. Al propio (loc. adv.)*; ao proprio, com propriedade ou aptidão. *Aptè, congruenter:* — *adj. (philos.)* proprio; inseparavel da essencia e natureza das cousas. *Proprius, a, um:* — *(gram.)* proprio; diz-se do nome com que se dá a conhecer alguma pessoa ou cousa. *Proprium nomen.*

Propóleos, Propolis. *f.* V. *Cera aleda.*

Propomacro. *m. (zool.)* V. *Euxiro.*

Proponedor, ra. *s.* Proponente; aquelle que propõe. *Proponens, entis.*

Proponemiento. *m. (ant.)* V. *Propósito.*

Proponente. *p. a.* de *Proponer.*

Proponer. *a.* Propor, offerecer, expor duvidas, rasões, etc. *Proponere:* — propor, determinar, deliberar. Usa-se mais como reciproco. *Decernere, statuere:* — propor; apresentar argumentos pro e contra. *Argumenta proponere:* — propor; apresentar alguem para um emprego, etc. *Muneri conferendo proponere:* — propor, estabelecer preço em uma arrematação.

Proponible. *adj.* Proponivel; que póde propor-se.

Proponimiento. *m. (ant.)* V. *Propósito.*

Proporcion. *f.* Proporção; disposição, correspondencia ou justa grandeza relativa entre as partes de um todo ou seus membros. *Proportio, onis:* — proporção, aptidão, disposição ou capacidade para qualquer cousa. *Aptitudo, inis:* — proporção; occasião opportuna. *A proporcion (loc. adv.).* V. *A medida:* — *(math.)* proporção; similhança ou igualdade de duas rasões; *v. g.:* como de 4 a 2, assim 6 a 3. *Proportio, onis:* — *aritmética;* proporção arithmetica; aquella cuja differença entre os numeros de que se compõe, é sempre a mesma; *v. g.:* 5 a 7 como 8 a 10, cujas differenças são sempre o numero 2. *Proportio arithmetica:* — *armónica;* proporção harmonica; aquella em que as suas differenças ou rasões conservam certa harmonia. *Proportio harmonica:* — *compuesta;* proporção composta; a que se compõe de mais de quatro termos principaes, e por consequencia de mais de duas rasões. *Proportio composita:* — *contínua;* proporção continua; aquella em que o primeiro termo tem a respeito do segundo a mesma rasão que o segundo a respeito do terceiro, etc. *Propositio continua:* — *directa;* proporção directa; aquella em que os termos se comparam directamente. *Proportio directa:* — *dupla;* proporção dupla; aquella em que uma das quantidades é duas vezes maior que a outra. *Duplex proportio, dupla:* — *geométrica;* proporção geometrica; aquella cujos antecedentes cabem nos seus consequentes, ou estes n'aquelles, um certo numero de vezes. *Geometrica proportio:* — *recíproca ó inversa;* proporção reciproca ou inversa; quando os termos se comparam indirectamente. *Reciproca vel inversa proportio:* — *sesquiáltera;* proporção sesquialtera; aquella em que uma das quantidades é vez e meia maior do que a outra. *Sesquialtera proportio:* — *simple;* proporção simples; a que se compõe sómente de quatro termos principaes. *Proportio simplex. Compas de proporcion;* compasso de proporção; instrumento que serve para effectuar diversas operações geometricas: — *mayor (mus.);* proporção maior; um dos tempos que se usavam na musica. *Proportio major musica vel ternarium majus:* — *menor;* proporção menor; outro tempo dos que se usavam na musica. *Proportio minor musica. Proporciones chímicas (chim.);* proporções chimicas; quantidades de qualquer corpo que entram em uma composição determinada, e que estão regidas por leis atomicas.

Proporcionable. *adj.* Proporcionavel; que póde proporcionar-se. *Quod fieri potest.*

Proporcionablemente. *adv. m.* V. *Proporcionadamente.*

Proporcionadamente. *adv. m.* Proporcionadamente; com proporção. *Proportione servata.*

Proporcionado, da. *adj.* Proporcionado, proprio, conveniente, regular. *Aptus, congruus.*

Proporcional. *adj.* Proporcional; concernente á proporção. *Proportionalis, le. Números proporcionales (chim.);* numeros proporcionaes; aquelles que indicam as relações em que podem combinar-se as substancias.

Proporcionalidad. *f.* Proporcionalidade. V. *Proporcion.*

Proporcionalmente. *adv. m.* Proporcionalmente. V. *Proporcionadamente.*

Proporcionar. *a.* Proporcionar; dispor, ordenar uma cousa com a proporção e conveniencia devidas. *Rem apprimè aptare:* — proporcionar; preparar, dispor as cousas para qualquer fim. Usase tambem como reciproco. *Aptum reddere:* — V. *Facilitar:* — proporcionar; estabelecer entre duas cousas uma relação exacta.

Proposicion. *f.* Proposição; acção de propor. *Propositio, onis:* — proposição; a cousa proposta: — proposição; breve oração em que se affirma ou nega uma cousa. *Propositio, enuntiatio:* — proposição; enunciação de um juizo, pensamento, etc. *Barajar una proposicion (fr.);* pôr de parte, abandonar uma proposição. *Reprobare, repellere. Recojer una proposicion;* retirar uma proposição, dá-la por não dita. *Dictum emendare. Retirar una proposicion;* retirar uma proposição por vir já tarde ou não vir a proposito. *Sententiam mutare:* — *(math.)* proposição, theorema; enunciado que se estabelece e que deve ser demonstrado, que deve executar-se. *Propositio, onis. Panes de proposicion (rel.)* V. *Pan.*

Propósito. *m.* Proposito; animo, intenção de fazer ou não fazer alguma cousa. *Propositum, consilium:* — proposito, fim, objecto: — proposito; materia, assumpto de que se trata. *Argumentum, i:* — *(ant.)* V. *Propuesta. A propósito (loc. adv.);* a proposito, proporcionada, opportunamente. *Ad rem, opportunè. De proposito;* de proposito, com intenção determinada. *Consultò. Fuera de propósito;* fóra de proposito, fóra de tempo, sem vir ao caso. *Extra rem, inopportunè. Mal a propósito.* V. *Fuera de propósito.*

Propredad. *f. (ant.)* V. *Propiedad.*

Propretor, ra. *s.* Propretor; magistrado romano que pela segunda vez era nomeado pretor: — propretor; o que acabando de ser pretor passava a governar uma provincia pretoriana. *Proprætor, oris.*

Propriamente. *adv. (ant.)* V. *Propiamente.*

Propriamentre. *adv. (ant.)* V. *Propiamente.*

Propriedad. *f. (ant.)* V. *Propiedad.*

Proprietariamente. *adv.* V. *Propietariamente.*

Proprietario, ria. *adj. (ant.)* V. *Propietario.*

Proprio, pria. *adj. (ant.)* V. *Propio:* — *m. (ant.)* V. *Propio:* — *motu (loc. latina);* motu proprio; por vontade propria, espontaneamente.

Próptero. *m. (zool.)* Proptero; genero de peixes ganoideos da familia dos lepidoideos.

Proptoma. *f. (med.)* Proptoma; prolongação excessiva de certas partes do corpo.

Proptosis. *f. (med.)* Proptosis; quéda, saida de uma parte do recto, clitoris, etc.

Propuesta. *f.* Proposta, proposição; idéa que se manifesta a alguem para um fim qualquer. *Propositio, onis:* — proposta; representação feita a um superior a respeito de qualquer emprego ou beneficio. *Candidatorum, munus ambientium selectio principi oblata:* — proposta; consulta a respeito de qualquer assumpto ou negocio ao individuo ou corporação que ha de resolve-lo. *Consultatio, onis.*

Propuesto, ta. *p. p. irr.* de *Proponer.*

Propugnáculo. *m.* Propugnaculo, fortaleza, logar fortificado. *Propugnaculum, i:* — *(fig.)* propugnaculo, apoio, defeza, sustentaculo. *Propugnaculum, i.*

Propulsa. *f.* V. *Repulsa.*

Propulsar. *a.* V. *Repulsar.*

Propulsion. *f.* V. *Repulsa.*

Prora. *f. (ant. poes.)* V. *Proa.*

Prorata. *f.* Prorata; quantia repartida entre varios na rasão do que toca a cada um. *Rata pars, portio.*

Proratear. *a.* Ratear; dividir qualquer quantia entre varios, dando a cada um a parte que lhe toca. *Pro rata parte distribuere.*

Prorateo. *m.* Rateio; repartição de uma quantia entre varios dando a cada um a parte que lhe é devida. *Pro rata parte distributio.*

Prorocentro. *m. (zool.)* Prorocentro; genero de infusorios da familia dos cryptomadineos.

Prorodonte. *m. (zool.)* Prorodon; genero de infusorios, caracterisados por terem o corpo bastante volumoso, oval, oblongo e piloso em todas as suas partes.

Prorogable. *adj.* Prorogavel; que pôde prorogar-se. *Quod prorogari potest.*

Prorogacion. *f.* Prorogação; continuação, dilação alem do tempo prefixo. *Prorogatio, onis.*

Prorogar. *a.* Prorogar; continuar, dilatar, estender alguma cousa por tempo determinado. *Prorogare.*

Prorumpir. *a.* Proromper; saír com impeto, com violencia. *Prorumpere:* — *n. (fig.)* proromper; saltar com força e repentinamente alguma palavra, suspiro ou qualquer demonstração de dor ou paixão vehemente. *Prorumpere, erumpere.*

Pros. *m. (naut.)* Pros; embarcação usada na India.

Prosa. *f.* Prosa; oração, discurso ordenado sem a medida, numero e concerto particular proprio do verso: — *Sermo solutus:* — prosa; linguagem vulgar e chã: — *(fam.)* prosa, parola; conversação ou pratica impertinente, em que se gastam muitas palavras e rasões para exprimir o que é de pouca importancia. *Longus sermo, prolixa verba, multiloquium:* — *(rel.)* sequencia; uma prosa com consoantes a modo de versos leoninos, que em algumas festas solemnes se reza depois da Epistola da missa. *Prosa, æ.*

Prosador, ra. *s.* Prosador. V. *Prosista:* — *(fam.)* fallador satyrico, malicioso. *Multi malignique sermonis homo.*

Prosáico, ca. *adj.* Prosaico; concernente á prosa. *Prosaicus, a, um:* — prosaico; diz-se do verso que por falta de harmonia ou pela simpleza da sua linguagem parece prosa: — prosaico, baixo, simples, sem attractivos. *Prosaicus, a, um.*

Prosaileo. *m. (zool.)* Prosayleo; genero de insectos coleopteros tetrameros da familia dos curculionidos.

Prosaismo. *m.* Prosaismo; linguagem prosaica e vulgar em demasia.

Prosapia. *f.* Prosapia, casta, progenie, ascendencia, linhagem. *Prosapia, æ.*

Prosapodosis. *f. (rhet.)* Prosapodosis; figura que consiste em juntar a cada proposição que se enuncia a prova, concebida em poucas palavras.

Prosarto. *m. (bot.)* Prosartes; genero de plantas da familia das convallarias.

Proscenio. *m.* Proscenio; tablado do theatro. *Proscenium, ii.*

Proscolo. *m. (bot.)* Proscolo; tuberculo granuloso das orchideas que segrega um humor viscoso, onde se pegam os grãos de pollen no acto da fecundação.

Proscopia. *f. (zool.)* Proscopia; genero de insectos orthopteros da tribu dos acridios.

Proscopídeos. *m. pl. (zool.)* Proscopideos; familia de insectos orthopteros da tribu dos acridios, que tem por typo o genero proscopia.

Proscribir. *a.* Proscrever; declarar alguem como malfeitor publico, dando a faculdade de lhe tirar a vida e ás vezes offerecendo premio a quem o entregue vivo ou morto. *Devovere, proscribere:* — proscrever, desterrar: proscrever, derogar, prohibir: — *(fig.)* proscrever, excluir, reprovar, abolir, fallando dos usos, costumes, etc.

Proscripcion. *f.* Proscripção; acção e effeito de proscrever: — *(for.)* proscripção; bando, pregão em que se declara alguem por malfeitor publico, concedendo a qualquer a faculdade de o matar, e offerecendo premio a quem o entregar vivo ou morto. *Proscriptio, onis.*

Proscripto, ta. *p. p. irr.* de *Proscribir.*

Proscriptor, ra. *s.* Proscriptor; o que proscreve.

Prosecucion. *f.* Prosecução, proseguição; acção de proseguir. *Prosequendi actio:* prosecução, continuação, seguimento. *Persecutio, onis.*

Proseguible. *adj.* Proseguivel; que se pôde proseguir. *Quod continuari potest.*

Proseguimiento. *m.* Proseguimento. V. *Prosecucion.*

Proseguir. *a.* Proseguir, continuar; dar seguimento. *Prosequi.*

Proseicela. *f. (zool.)* Proseicela; genero de insectos coleopteros subpentameros da familia dos cyclicos.

Proselèneo o Proselénico, ca. *adj.* Proseleneo; que se suppõe ter existido antes da lua.

Proselítico, ca. *adj.* Proselytico; concernente aos proselytos.

Proselitismo. *m.* Proselytismo; zêlo de fazer proselytos.

Prosélito. *m.* Prosélyto, neophito; o novo converso á lei. *Proselytus, i:* — *(fig.)* proselyto, sequaz, partidario.

Prosembrion. *m. (bot.)* V. *Perispermo.*

Prosena. *f. (zool.)* Prosena; genero de insectos dipteros brachoceros da familia dos athericeros.

Prosenaedro. *m. (min.)* Prosenaedro; que tem nove faces e duas partes adjacentes. Tambem se dá este epitheto a uma variedade de turmalina, em que o prisma e um dos vertices tem nove faces.

Prosenquima. *m. (bot.)* Prosenchyma; variedade de tecido cellular vegetal que se encontra no caule das plantas dicotyledoneas.

Proserpínea. *f. (bot.)* Proserpinea; genero de plantas da familia da halorageas.

Prosevante. *s. (ant.)* V. *Persevante.*

Prosfisis. *f. (med.)* Prosphysis; enfermidade das palpebras que consiste n'uma adherencia anormal entre si ou com o globo do olho.

Prosilita. *f. (min.)* Prosylita; hydrosilicato de alumina, ferro e magnesia.

Prosilojismo. *pl. (philos.)* Prosyllogismo; argumento que consta de dois syllogismos seguidos, de sorte que a conclusão do primeiro sirva de maior ou menor proposição do outro.

Prosimiano, na. *adj. (zool.)* Prosimiano; similhante ao mono.

Prosimno. *m. (zool.)* Prosymno; genero de insectos coleopteros pentameros da familia dos malacodermes.

Prosista. *m.* Prosador; auctor que escreve em prosa. *Sermone soluto scribens:* — *(fam.)* tagarella, fallador enfadonho. *Multiloquax, acis.*

Prosita. *f. dim.* de *Prosa.*

Proslambanómeno. *m. (mus. ant.)* Proslambanomeno; nome da corda de tom mais baixo no systema dos gregos.

Prosoda. *f. (zool.)* Prosodes; genero de insectos coleopteros heteromeros da familia dos melasomos.

Prosodia. *f.* Prosodia; parte da grammatica que trata da quantidade das syllabas, accento ou tom com que se pronunciam as palavras e tempo que se emprega na prolação das vogaes. *Prosodia, æ:* — a poesia. *Poesis, sis:* — loquacidade, affluencia affectada de palavras. *Loquacitas, atis.*

Prosodíaco, Prasodico, ca. *adj.* Prosodico; tocante á prosodia. *Lengua prosódica,* lingua prosodica; a que tem uma pronunciação bem marcada ou o accento e quantidade das syllabas bem determinadas.

Prosomena. *f. (zool.)* Prosomenes; genero de insectos coleopteros heteromeros da familia dos taxicornes.

Prosonomasia. *f. (rhet.)* Prosonomasia; figura que se funda na similhança das vozes.

Prosopaljia. *f. (med.)* Prosopalgia; dor da face.

Prosópide, Prosopis. *m. (bot.)* Prosopis; genero de plantas da familia das leguminosas: — *(zool.)* prosopis; genero de insectos orthopteros da tribu dos apidos.

Prosopistoma. *f. (zool.)* Prosopistoma; genero de crustaceos xyphosuros.

Prosopocera. *f. (zool.)* Prosopocera; genero de insectos coleopteros subpentameros da familia dos longicornes.

Prosopografía. *f. (rhet.)* Prosopographia; figura ou descripção que tem por objecto representar em verso ou em prosa o aspecto exterior, etc., de um homem ou de qualquer animal.

Prosopográfico, ca. *adj.* Prosopographico; concernente á prosopographia.

Prosopógrafo. *m.* Prosopographo; especie de panthographo.

Prosopon. *m. (zool.)* Prosopon; genero de crustaceos fosseis.

Prosopopeya. *f. (fam.)* Prosopopeia; affectação de esplendor, luzimento ou gala, e mais ordinariamente, affectação de gravidade, e assim se diz: *que uno tiene ó gasta mucha prosopopeya. Gravitas nimia in dicendo vel agendo; jactantia:* — *(rhet.)* prosopopéia; figura que se dá quando se introduzem a fallar os ausentes, os mortos, as cousas inanimadas. *Prosopeia, æ.*

Prosóposis. *f. (med.)* Prosoposis; termo inventado por Chaussier como synonymo de expressão facial.

Prospectiva. *f. (ant.)* V. *Perspectiva.*

Prospecto. *m.* Prospecto; programma que dá idéa de uma obra litteraria. *Brevis scripti explanatio.*

Prospelato. *m. (zool.)* Prospelato; genero de insectos coleopteros tetrameros da familia dos curculionidos.

Prosperamente. *adv. m.* Prosperamente; com prosperidade. *Prosperè, secundè.*

Prosperar. *n.* Prosperar; estar em prosperidade, ir em augmento. *Prosperitate frui:* — prosperar; fazer feliz, fazer que prospere. *Secundare; opes alicujus augere.*

Prosperidad. *f.* Prosperidade, felicidade, fortuna. *Prosperitas, atis.*

Prosperísimo, ma. *adj. sup.* de *Próspero.*

Próspero, ra. *adj.* Prospero, afortunado, feliz. *Secundus, prosper.*

Prostaferesis. *f. (astr.)* Prostapherese; differença entre o logar medio e verdadeiro de um planeta. *Æquatio, onis.*

Prostantera. *f. (bot.)* Prostanthera; genero de plantas da familia das labiadas.

Prostantéreas. *f. pl. (bot.)* Prostanthereas; tribu de plantas da familia das labiadas, que tem por typo o genero prostanthera.

Prostasis. *f. (med.)* Prostasis; predominio ou superioridade de um humor sobre outro.

Prostata. *f. (anat.)* Prostata; corpo glanduloso na raiz do membro viril.

Prostataljia. *f. (med.)* Prostatalgia; dor na prostata.

Prostático, ca. *adj. (anat.)* Prostatico; concernente á prostata.

Prostatis. *f. (med.)* Prostatis; inflammação da prostata.

Prostatocele. *m. (med.)* Prostatocele; hydropisia da prostata.

Prostatoncia. *f. (med.)* Prostatoncia; tumefacção da prostata.

Prostea. *f. (bot.)* Prostea; genero de plantas da familia das sapindaceas.

Prosteca. *f. (zool.)* Prostheca; peça subcartilaginosa, pegada ao lado interno das mandibulas, em alguns insectos estaphilinidos.

Prostema. *f. (zool.)* Prostemma; genero de insectos hemipteros da familia dos reduvideos.

Prostemo. *m. (zool.)* Prostemmo; appendice de diversas fórmas que se vê nas narinas de alguns mammiferos.

PROSTENA. *m. (zool.)* Prostena; genero de insectos coleopteros da familia dos stenelytros.

PROSTERNACION. *f.* Prosternação; acto de prosternar-se.

PROSTERNARSE. *r.* Prosternar-se. V. *Postrarse.*

PROSTERNO. *m. (zool.)* V. *Limonio.*

PROSTESIA. *f. (bot.)* V. *Alsodea.*

PROSTESIS. *f. (gram.)* Prosthese; figura que consiste em ajuntar uma letra ou syllaba no principio da palavra: — *(med.)* prosthese; operação que consiste em acrescentar artificialmente ao corpo animal qualquer parte que lhe falta.

PROSTÍBULO. *m.* Prostibulo, lupanar; casa de prostituição, putaria.

PRÓSTILO, LA. *adj. (archit.)* Prostylo; applica-se ao templo de segunda especie entre os antigos, que, alem das duas columnas conjunctas, tinha outras duas em frente das pilastras angulares. *Prostylos.*

PROSTIPO. *m. (anat.)* Prostypo; cordão ou funiculo vascular que penetra nas laminas das tunicas seminaes.

PROSTÍRIDA. *f. (archit.)* Prostyrida; nome dado por alguns a uma chave de arco ou de abobada, adornada de uma franja de folhas.

PROSTITUCION. *f.* Prostituição; acção e effeito de prostituir ou prostituir-se. *Prostitutio, onis.*

PROSTITUIR. *a.* Prostituir; expor publicamente a todo o genero de torpeza. Usa-se tambem como reciproco. *Prostituere:* — prostituir; entregar, abandonar á lascivia. *Prostituere:* — *(fig.)* prostituir; usar deshonesta, indevidamente, por peita, etc. *Opprobare, vendere.*

PROSTITUTO, TA. *p. p. irr.* de *Prostituir.*

PROSTITUTA. *f.* Prostituta. V. *Ramera:* — V. *Cortesana.*

PROSTLITO. *m. (ant.)* Prostlyto; serie de columnas, na fachada de algum edificio.

PROSTÓMIDE. *m. (zool.)* Prostomis; genero de insectos coleopteros tetrameros da familia dos xylophagos.

PROSTOMO. *m. (zool.)* V. *Perimaxeto:* — prostomo; genero de insectos coleopteros tetrameros da familia dos curculionidos.

PROSTRAR. *a. (ant.)* V. *Postrar.*

PROSUPONER. *a. (ant.)* V. *Presuponer.*

PROSUPUESTO, TA. *p. p. irr.* de *Prosuponer:* — *m. (ant.)* V. *Presupuesto.*

PROTAGONISTA. *m.* Protagonista; principal personagem de uma tragedia, drama, etc. *Actor in scena præcipuus.*

PRÓTASIS. *f. (lit.)* Protosis ou protase; primeira parte, exposição do drama. *Protasis, is:* — *(rhet.)* protasis; a primeira parte, no periodo composto, onde o sentido começa a descer. *Protasis, is.*

PROTÁTICO, CA. *adj.* Protatico; que pertence á protase.

PROTEA. *f. (bot.)* Protea; genero de plantas da familia das proteaceas.

PROTEÁCEAS. *f. pl. (bot.)* Proteaceas; familia de plantas dicotyledoneas apetalas.

PROTECCION. *f.* Protecção; amparo ou favor de algum poderoso. *Protectio, tutela. Preceptos de proteccion,* preceitos de protecção; aquelles que asseguravam aos que os obtinham uma salvaguarda contra o poder ecclesiastico e temporal. *Sistema de proteccion (comm.);* systema de protecção; systema relativo á admissão de mercadorias estrangeiras em um paiz, mediante um direito de entrada chamado protector.

PROTECCIONISTA. *m.* Proteccionista; partidario do systema de protecção do commercio.

PROTECTOR, RA. *s.* Protector; o que protege e ampara algum desvalido. *Protector, patronus:* — protector; o que por officio cuida dos interesses e negocios de alguma communidade. *Protector, oris:* — protector; titulo de um cardeal encarregado em Roma de defender certos interesses da Igreja no estrangeiro. *Protector, oris.*

PROTECTORADO. *m.* Protectorado; dignidade de protector: — protectorado; tempo que dura esta dignidade.

PROTECTORÍA. *f.* Protectoria; qualidade, ministerio de protector. *Protectoris munus, dignitas.*

PROTECTORIO, RIA. *adj.* Protectorio; pertencente á protecção ou proprio d'ella. *Protectionis proprium.*

PROTEGER. *a.* V. *Protejer.*

PROTEGIDO, DA. *s.* V. *Protejido.*

PROTÉICO, CA. *adj.* Proteico; que muda de fórma com frequencia. *Terrenos proteicos (geol.);* terrenos proteicos; grupo de terrenos chamados tambem margo-arenosos.

PROTEIFORME. *adj.* Proteiforme; que muda de fôrma a cada instante como Proteo.

PROTEINA. *f. (chim.)* Proteina; principio puro e privado de todos os saes alcalinos da fibrina e da albumina.

PROTEININIOS. *m. pl. (zool.)* Proteininios; tribu de insectos coleopteros da familia dos brachelytros, que tem por typo o genero proteino.

PROTEINO. *m. (zool.)* Proteino; genero de insectos coleopteros pentameros da familia dos brachelytros.

PROTEITA. *f. (min.)* Proteita; mineral de fórma crystallina duvidosa, de côr esverdinhada.

PROTEJER. *a.* Proteger; amparar, favorecer. *Protegere, tueri.*

PROTEJIDO, DA. *s.* Protegido, favorito, afilhado. *Cliens, entis.*

PROTELA. *f. (zool.)* Protela; genero de mammiferos carniceiros digitigrados.

PROTEO. *m. (fig. neol.)* Proteo; o que muda constantemente de opinião, etc.: — *de los filósofos (chim. ant.);* proteo dos philosophos; o mercurio: — *(zool.)* proteo; genero de infusorios, cujas especies vivem parasitas no corpo das lombrigas: — proteo; genero de reptis batracios, cujas especies têem sido consideradas por alguns naturalistas como larvas de outros reptis.

PROTEOCEFÁLEO, LEA. *adj. (zool.)* Proteocephaleo; que tem a cabeça branda e muda frequentemente de fórma.

Proteocordilo. *m.* *(zool.)* V. *Protonópside.*

Proteoide. *adj.* V. *Proteiforme.*

Proteosauro. *m.* *(zool.)* Proteosauro; nome dado por alguns naturalistas ao genero ictiosauro.

Proteranto, ta. *adj.* *(bot.)* Proterantho; diz-se das plantas em que as flores se apresentam antes das folhas.

Protéropo. *m.* *(zool.)* Proteropo; genero de insectos hymenopteros da familia dos braconidos.

Proterviamente. *adv.* *m.* Proterviamente; com insolencia, com protervia. *Protervè.*

Protervia. *f.* Protervia, insolencia, desaforo. *Protervia, æ.*

Protervidad. *f.* V. *Protervia.*

Protervo, va. *adj.* Protervo, insolente, desaforado, descarado, atrevido. *Protervus, a, um.*

Prótesis. *f.* *(cir.)* Prothese; parte da cirurgia que tem por fim substituir a falta de qualquer orgão ou membro do corpo, ou remediar qualquer deformidade.

Protesta. *f.* Protesto, protestação; promessa com asseveração de executar qualquer cousa. *Attestatio, asseveratio:* — *(for.)* protesto; declaração que se faz para adquirir ou conservar algum direito ou prevenir algum damno que possa sobrevir. *Protestandi actio:* — *de mar (naut.);* protesto de mar; declaração justificada do commandante de uma embarcação para salvar a sua responsabilidade em casos fortuitos.

Protestacion. *f.* Protestação; declaração feita com animo firme de executar qualquer cousa. *Sententiæ nunquam mutandæ obtestatio:* — *(for.)* V. *Protesta:* — *de la fe (rel.);* protestação de fé; declaração, confissão publica que alguem faz da crença que professa. *Fidei professio:* protestação de fé; formula estabelecida pelo concilio de Trento e pelos papas, para confessar e ensinar em publico as doutrinas da fé catholica. *Formula professionis fidei.*

Protestante. *p. a.* de *Protestar:* — *s.* protestante; o que segue a religião reformada ou qualquer das suas seitas. *Protestans, antis:* — *adj.* protestante; concernente a estes sectarios. *Protestans, antis.*

Protestantismo. *m.* Protestantismo; seita, crença religiosa dos protestantes.

Protestar. *a.* Protestar; declarar alguem a vontade que tem de executar qualquer cousa. *Protestari, denuntiare:* — protestar; assegurar com efficacia. *Attestari, denuntiare:* — V. *Amenazar:* — protestar; confessar publicamente a fé e crença que professa e em que deseja viver. *Publicè fidem profiteri:* — *una letra (fr. com.)* V. *Letra:* — *(for.)* protestar; declarar alguem que ha violencia, medo ou illegalidade em qualquer acção, a fim de que não seja prejudicado. *Testatò clamare.*

Protestativo, va. *adj.* Protestativo; que protesta, declara ou dá testemunho. *Palam testans.*

Protesto. *m.* V. *Protesta:* — *(com.)* protesto; declaração publica ou judicial contra aquelle que não quer aceitar ou pagar uma letra. *De mensaria singrapha repudiata, aut de non soluta pecunia solemnis obtestatio.*

Protima. *f.* *(zool.)* Prothyma; genero de insectos coleopteros pentameros, da familia dos cincindelidos.

Protioduro. *m.* *(chim.)* Protiodureto; primeiro grau de combinação de um corpo simples com o iode.

Protipográfico, ca. *adj.* Protypographico; que é anterior á invenção da imprensa: — protypographico; que só contém documentos anteriores á invenção da imprensa.

Proto. *m.* Proto; termo grego que significa primeiro; entra na composição de muitas palavras. *Primus, a, um:* — *m.* *(zool.)* proto; genero de molluscos gasteropodas pectinibranchios.

Protoalbéitar. *m.* Protoalveitar; o primeiro entre os alveitares.

Protoalbeitárato. *m.* Protoalveitarato; junta onde se examinavam e approvavam os alveitares para poderem exercer a profissão.

Protoapostolario. *m.* Protoapostolario; na Igreja oriental era o chefe dos que explicavam a vida dos apostolos e o Novo Testamento. Davam o mesmo nome ao que lia a epistola na missa.

Protobarberato. *m.* Protobarbeirato; junta superior encarregada de examinar os barbeiros e sangradores, e expedir os titulos aos approvados.

Protobromuro. *m.* *(chim.)* Protobromureto; primeiro grau de combinação de um corpo simples com o bromio.

Protocanónico, ca. *adj.* Protocanonico; diz-se dos livros sagrados, reconhecidos como taes.

Protocarbonato, ta. *adj.* *(chim.)* Protocarbonato; que está combinado com a primeira proporção de carbone.

Protocarburado, da. *adj.* *(chim.)* Protocarburado; que está no estado de protocarbureto.

Protocarburo. *m.* *(chim.)* Protocarbureto; primeiro grau de combinação de um corpo simples com o carbone: — *de hidrójeno.* V. *Hidrójeno carbonado.*

Protocerio. *m.* *(zool.)* Protocerio; genero de insectos coleopteros tetrameros, da familia dos curculionidos.

Protocianuro. *m.* *(chim.)* Protocyanureto; primeiro grau de combinação de um corpo simples com o cyanogenio.

Protocirujanato. *m.* Junta superior creada para examinar os cirurgiões que hão de exercer a faculdade.

Protocirujano. *s.* Cada um dos membros da junta superior de cirurgia.

Protoclorurado, da. *adj.* *(chim.)* Protochlorurado; que está no estado de protochlorureto.

Protocloruro. *m.* *(chim.)* Protochlorureto; primeiro grau de combinação de um corpo simples com o chloro: — *de* *mercurio;* protochlorureto de mercurio; calomelanos ou mercurio doce.

PROTOCOCO. *m. (bot.)* Protococo; genero de plantas phyceas, da tribu das palmelleas.

PROTOCOLAR, PROTOCOLIZAR. *a.* Incluir, assentar no protocollo. *In tabellionis libro scribere.*

PROTOCOLO. *m.* Protocollo; livro de notas do tabellião. *Tabellionis liber:* — protocollo; formulario que contém as regras de etiqueta e diplomacia com que mutuamente se tratam os governos: — registo ou livro em que se lançam deliberações, actas de um congresso, etc.

PROTOECIA. *f. (zool.)* Protoecia; genero de insectos coleopteros pentameros, da familia dos lamellicornes.

PROTOENCANTADOR, RA. *s.* Protoencantador; primeiro, principal encantador.

PROTOFARMACÉUTICO. *m.* Protopharmaceutico; titulo do pharmaceutico mór da pharmacia real, por ser examinador dos ajudantes da mesma.

PROTOFILLO. *m. (bot.)* Protophillo; primeira folha de uma planta.

PROTOFISO. *m. (zool.)* Protophyso; genero de insectos coleopteros subpentameros, da familia dos cyclicos.

PROTOFITO, TA. *adj. (bot.)* Protophyto; diz-se dos vegetaes que se julga serem os primeiros nascidos no reino vegetal.

PROTOFLUORURO. *m. (chim.)* Protofluorureto; primeiro grau de combinação de um corpo simples com o fluor.

PROTOFOSFORADO, DA. *adj. (chim.)* Protophosphorado; que está no estado de protophosphureto.

PROTOFOSFURO. *m. (chim.)* Protophosphureto; primeiro grau de combinação do phosphoro com outro corpo simples.

PROTOHIDRIODURO. *m. (chim.)* Protohydriodureto; primeiro grau de combinação do iodureto de hydrogenio com um corpo simples.

PROTOJENO, NA. *adj. (physiol.)* Protogeno; que é de primeira formação, que tem sido produzido ou gerado antes de outra cousa.

PROTOJINA. *f. (geol. e min.)* Protogina; rocha composta de feldspatho, ordinariamente branco, e de silicato verde de magnesia.

PROTOMÁNTIDE. *m. (zool.)* Protomantis; genero de insectos coleopteros tetrameros, da familia dos curculionidos.

PROTOMÁRTIR. *m.* Protomartyr; o primeiro martyr. Epitheto dado a Santo Estevão, por ser o primeiro dos discipulos de Jesus que padeceu martyrio. *Protomartyr, ris.*

PROTOMEDEA. *f. (zool.)* V. *Hipopodio.*

PROTOMEDICATO. *m.* Protomedicato; junta de medicos, que tem a seu cargo a inspecção dos medicos, etc., e tudo o que pertence á saude publica. *Supremum medicorum tribunal:* — protomedicato; emprego e titulo honorifico de protomedico. *Protomedici munus, dignitas.*

PROTOMÉDICO. *m.* Protomedico; primeiro medico em graduação. *Protomedicus, i.*

PROTOMICE. *adj. (bot.)* Protomice; diz-se dos cogumelos que têem a estructura mais simples.

PROTONOPSIDE. *m. (zool.)* Protopsis; genero de reptis fosseis, creado para comprehender o esqueleto de uma grande salamandra encontrada nos terrenos terciarios.

PROTONOTARIATO. *m.* Protonotariato; emprégo, cargo de protonotario.

PROTONOTARIO. *m.* Protonotario; o primeiro, o principal notario. *Notariorum comes, protonotarius:* — protonotario; notario da côrte de Roma, que tem preeminencia sobre os outros notarios, e despacha os accordãos dos consistorios publicos: — *apostólico;* protonotario apostolico; dignidade concedida pelo papa, com certos privilegios. *Protonotarius apostolicus.*

PROTOPALO. *m. (zool.)* Protopalo; genero de insectos coleopteros tetrameros, da familia dos curculionidos.

PROTOPAPA. *m.* Protopapa; nome dado pelos gregos ao seu primeiro sacerdote.

PROTOPATIA. *f. (med.)* Protopathia; enfermidade primitiva ou que não é precedida nem produzida por outra.

PROTOPÁTICO, CA. *adj. (med.)* Protopathico; concernente á protopathia.

PROTOPLASTO. *m.* Protoplasto; primeira formação; applica-se a Adão e Eva.

PROTOPOBRE. *s.* Protopobre; primeiro, principal dos pobres.

PROTÓRAX. *m. (zool.)* Prothorax; primeiro segmento do thorax nos insectos hexapodas.

PROTORGÁNICO, CA. *adj. (geol.)* Protorganico; diz-se dos terrenos que contêem restos de corpos organisados.

PROTOSAURO. *m. (zool.)*. Protosauro; genero de reptis fosseis.

PROTOSELENIURO. *m. (chim.)* Protoseleniureto; primeiro grau de combinação de um corpo simples com o selenio.

PROTOSULFURO. *m. (chim.)* Protosulphureto; primeiro grau de combinação de um corpo simples com o enxofre.

PROTOTALO. *m. (bot.)* Prototalo; primeiro vestigio da organisação dos lichens.

PROTOTÍPICO, CA. *adj.* Prototypico; concernente ao prototypo.

PROTOTIPO. *m.* Prototypo, exemplar, modelo. *Prototypus, i.*

PROTOTRIGONA. *f. (zool.)* Prototrigona; genero de insectos coleopteros subpentameros, da familia dos cyclicos.

PROTOTRONO. *m.* Protothrono; primeiro bispo grego de uma provincia, suffraganeo de um patriarcha.

PROTOVÉRTEBRA. *f. (anat.)* Protovertebra; primeira vertebra ou vertebra de primeira ordem.

PROTOVERTEBRAL. *adj. (anat.)* Protovertebral; concernente á protovertebra.

PROTOVERTEBRIFORME. *adj. (anat.)* Protovertebriforme; que tem a fórma de uma protovertebra.

Protoxidado, da. *adj.* *(chim.)* Protoxydado; que está no estado de protoxydo.

Protóxido. *m.* *(chim.)* Protoxydo; o oxydo menos oxygenado que póde formar uma substancia qualquer.

Proto-yoduro. *m.* *(chim.)* Proto-iodureto; primeiro grau de combinação de um corpo simples com o iode.

Protozeugma. *f.* *(rhet.)* Protozeugma; nome dado á figura chamada zeugma, quando as palavras subentendidas por ella são expressas no principio da phrase.

Protozoario, ria. *adj.* *(zool.)* Pratozoario; diz-se dos animaes de conformação mais simples, e que se consideram como os primeiros de todos.

Protrijeto. *m.* *(astr.)* Protrigeto; nome de uma estrella que está á direita da constellação da Virgem.

Protuberancia. *f.* *(anat.)* Protuberancia; cada uma das eminencias redondas, desiguaes e rugosas que se vêem na superficie de certos ossos: — protuberancia; nome dado ás prolongações ou eminencias da substancia cerebral.

Protula. *f.* *(zool.)* Protula; genero de annelidos, composto de uma só especie.

Proueza. *f.* *(ant.)* V. *Proveza.*

Proustia. *f.* *(bot.)* Proustia; genero de plantas da familia das compostas.

Provagar. *n.* *(ant.)* Progredir no caminho começado, passar adiante.

Provecto, ta. *adj.* Provecto, adiantado, antigo. *Provectus, a, um:* — provecto; maduro, entrado em dias.

Provechar. *a.* *(ant.)* V. *Aprovechar.*

Provecho. *m.* Proveito; beneficio, vantagem que se consegue ou tira de alguma cousa. *Utilitas, commodum:* — proveito; beneficio que se faz a alguem. *Utilitas, commodum:* — proveito; aproveitamento, adiantamento nas sciencias, etc. *Profectus, us:* — proveito; emolumentos que se adquirem alem do salario. *Quæstus, emolumenta:* — proveito; rendas, reditos de um capital ou industria. *Buen provecho (loc. fam.);* bom proveito, que lhe aproveite. *Prosit.* *No hay tonto para su provecho;* não ha tolo para seu proveito; cada qual sabe o que lhe convem. *Quisque sibi sapit.* *Haber provecho (fr.).* V. *Ser de provecho.* *Meter en provecho (ant.).* V. *Utilizar.* *Ser de provecho;* ser de proveito, ser util, ser conveniente. *Conferre, conducere, utilem esse.*

Provechosamente. *adv. m.* Proveitosamente, vantajosamente. *Utiliter.*

Provechosísimo, ma. *adj. sup.* de *Provechoso.* Proveitosissimo.

Provechoso, sa. *adj.* Proveitoso, util, conveniente, vantajoso. *Utilis, le.*

Proveedor. *m.* Provisioneiro, fornecedor; o que tem a seu cargo prover ou abastecer do necessario para consumo os exercitos, etc. *Annonæ præfectus:* — *(hist.)* provedor; magistrado da republica de Veneza, que equivalia ao governador geral de uma provincia. Na capital havia dois.

Proveeduría. *f.* Deposito, armazem onde se guardam e distribuem as provisões: — cargo, officio de provisioneiro. *Annonæ officina vel ejus præfecti munus.*

Proveer. *a.* Prover; dar ordem, remediar, fazer provimento, ter cuidado das cousas, que nada falte, que tudo esteja em boa ordem. *Instruere, necessaria suppeditare:* — prover, dispor, resolver, dar saida a algum negocio. *Providere, decernere, sancire:* — prover; dar, conferir alguma dignidade, emprego, etc. *Munus conferre:* — prover; dar a alguem o necessario para sustentar-se. *Necessaria vitui præbere:* — *r.* descomer, desistir do corpo, descarregar o ventre. *Ventrem exonerare:* — *a.* *(for.)* prover, despachar, expedir. *Decernere, expedire.*

Proveidamente. *adv.* *(ant.)* V. *Próvidamente.*

Proveidísimo, ma. *adj. sup.* de *Proveido.*

Proveido. *m.* Mandado judicial. *Decretum, mandatum judicis:* — *adj.* *(ant.)* V. *Próvido.*

Proveimiento. *m.* Provimento, provisão; acto de prover.

Provena. *f.* Mergulhão, propagem da videira. *Tradux, propago.*

Proveniente. *p. a.* de *Provenir.*

Provenir. *a.* Provir; nascer, proceder de algum principio. *Provenire, oriri.*

Provento, ta. *p. p. irreg.* de *Provenir:* — *m.* provento, producto, renda. *Proventus, reditus.*

Provenzal. *m.* Provençal; natural de Provença: — *adj.* provençal; concernente a este paiz. *Ad Provinciam pertinens.*

Proverbiador. *m.* Livro onde se apontam algumas sentenças especiaes e outras cousas dignas de memoria. *Commentarius, ûs.*

Proverbial. *adj.* Proverbial; concernente a proverbios. *Proverbialis, le.*

Proverbialmente. *adv. m.* Proverbialmente; de um modo proverbial. *In modum proverbii.*

Proverbiar. *n.* *(fam.)* Proverbiar; usar frequentemente de proverbios. *Proverbiis frequenter uti.*

Proverbio. *m.* Proverbio, sentença, adagio, rifão. *Proverbium, ii:* — agouro ou superstição, que consiste em acreditar que certas palavras, ouvidas casualmente em determinadas noites do anno, e particularmente na de S. João, são oraculos que annunciam a ventura ou desventura de quem as ouve. *Augurii genus:* — *pl.* proverbios; livro da Sagrada Escriptura, que contém varias sentenças de Salomão. *Liber proverbiorum sacer.*

Proverbista. *m.* *(fam.)* Proverbista; o que emprega frequentemente os proverbios. *Qui proverbiis frequenter utitur.*

Proveza. *f.* *(ant.)* Proveito, aproveitamento.

Proviceró, Proviciero. *m. (ant.)* Astrólogo agourêiro.

Próvidamente. *adv. m.* Providamente, cuidadosa, diligentemente. *Providè.*

Providencia. *f.* Providencia; disposição antecipada, prevenção. *Providentia, æ:* — providencia; disposição para remediar algum damno, etc. *Providentia, æ:* — providencia; por antonomasia, a suprema sabedoria de *Deus* que governa e dirige todas as cousas. *Providentia divina:* — providencia; por antonomasia, a ordem dos clerigos de S. Caetano: — providencia; estado, ordem ou disposição actual das cousas. *Rerum status:* — *(ant.)* V. *Provision:* — *(for.)* providencia; qualquer resolução do juiz, que não é definitiva.

Providencial. *adj.* Providencial; concernente á providencia. *Ad providentiam pertinens.*

Providencialmente. *adv. m.* Provisionalmente, provisoriamente. *In præsens, ad tempus:* — providencialmente; por decreto da Providencia, de um modo providencial.

Providenciar. *a.* e *n.* Providenciar; prover em algum caso, dar, tomar n'elle providencias. *Decernere, statuere.*

Providente. *adj.* Providente, avisado, prudente. *Providens, entis.*

Providentísimo, ma. *adj. sup.* de *Providente.* Providentissimo; muito providente.

Próvido, da. *adj.* Provido, prevenido, cuidadoso, diligente. *Providus, a, um.*

Provincia. *f.* Provincia; grande divisão territorial de um reino ou estado. *Provincia, æ:* — provincia; districto, numero de conventos que, nas religiões, estão debaixo da jurisdicção do provincial. *Provincia, æ:* — *(fig.)* provincia, cargo, commissão, intendencia: — *(ant.)* provincia, districto, certa extensão de jurisdicção: — *(fig. ant.)* logar, sitio, parte.

Provincial. *adj.* Provincial; concernente a alguma provincia. *Provincialis, le:* — V. *Paisano:* — *m.* provincial; o religioso que tem governo e superioridade sobre todos os conventos de uma provincia. *Monachorum provinciæ præpositus, moderator:* — *(ant.)* pasquim em que se censura fortemente o governo ou algum acto publico. *Libellus, i.*

Provincialato. *m.* Provincialado; dignidade, cargo de provincial. *Monachalis provinciæ præfectura:* — provincialado; tempo que dura a dignidade ou cargo de provincial. *Monachalis præfecturæ tempus.*

Provincialismo. *m.* Provincialismo; vicio particular de uma provincia, no modo de fallar, etc.

Provinciano, na. *s.* Provinciano; natural de uma provincia: — provinciano; natural das provincias vascongadas: — *adj.* provinciano; concernente á provincia ou aos provincianos.

Provinco. *m. (ant.)* V. *Encantador:* — *(ant.)* astrologo, agoureiro.

Provision. *f.* Provisão; fornecimento de viveres, etc., que se guardam para quando forem necessarios. *Provisio annonæ, commeatus:* — provisão; mantimentos, etc., que se guardam para qualquer fim. *Penus, i:* — provisão, fornecimento, abastecimento, local onde elle se faz: — provisão; despacho ou mandado que, em nome do rei, expedem alguns tribunaes. *Edictum regium:* — provisão; acção de dar ou conferir algum emprego, dignidade, etc. *Officii vel dignitatis conferendæ decretum:* — *(ant.)* provisão, precaução, prevenção: — previsão; providencia ou disposição conducente ao logro de alguma cousa: — *(comm.)* provisão; remessa de fundos feita pelo saccador de uma letra á pessoa sobre a qual é saccada.

Provisional. *adj.* Provisional; que se dispõe ou manda interinamente. *Ad tempus constitutum.*

Provisionalmente. *adv. m.* Provisionalmente, provisoria, interinamente. *Pro temporè.*

Proviso (al). *loc. adv.* V. *Al instante.*

Provisor. *m.* V. *Proveedor:* — provisor; juiz ecclesiastico em quem o bispo delega sua auctoridade e jurisdicção contenciosa. *Episcopi vicarius.*

Provisora. *f.* Provisora; nos conventos de religiosas a que tem a seu cargo fazer provisão do necessario. *Penui præposita apud moniales.*

Provisorato. *m.* Provisorado; emprego, officio de provisor. *Vicarii episcopalis munus.*

Provisoría. *f.* V. *Provisorato:* despensa; nos conventos e outras communidades, a casa destinada a guardar e distribuir as provisões. *Cella penuaria.*

Provisorio, ria. *adj. (neol.)* V. *Provisional.*

Provisto, ta. *p. p. irr.* de *Proveer.*

Provizo, za. *m. (ant.)* Astrologo, agoureiro.

Provocacion. *f.* Provocação; acção e effeito de provocar. *Provocatio, onis:* — provocação; tudo aquillo que provoca. *Provocationis causa.*

Provocador, ra. *s.* Provocador; o que provoca. Usa-se tambem como adjectivo. *Provocator, oris.*

Provocante. *p. a.* de *Provocar.*

Provocar. *a.* Provocar; incitar, excitar, induzir a executar qualquer cousa. *Provocare:* — provocar; incitar, irritar alguem com palavras ou obras. *Provocare, irritare, lacessere:* — provocar, facilitar, ajudar, mover. *Coadjuvare:* — provocar, mover. *Excitare, movere:* — *(fam.)* V. *Vomitar.*

Provocativamente. *adv. m.* Provocativamente; de um modo insolente, provocativo.

Provocativo, va. *adj.* Provocativo; que tem a propriedade de provocar. *Provocans, excitans:* — provocativo; diz-se do individuo provocador. *Rixosus, contentiosus.*

Proxeneta. *m.* Proxeneta; o

que entre os antigos romanos fazia o officio de corretor nas vendas, compras e casamentos.

Proxilo. *m.* *(zool.)* Prochilo; genero de insectos orthopteros da tribu dos locustios.

Proximamente. *adv.* *m.* Proximamente, recentemente, muito perto. *Proximè.*

Proximidad.*f.* Proximidade, vizinhança, immediação. *Proximitas, atis:* — proximidade; parentesco chegado. *Propinquitas, atis.*

Próximo, ma. *adj.* Proximo, immediato, chegado. *Proximus, a, um.*

Proxoma. *f.* *(zool.)* Prochoma; genero de insectos coleopteros heteromeros da familia dos melasomos.

Proyeccion. *f.* *(archit.)* Resalto nas cornijas e n'outros membros de um edificio: — *(math.)* projecção; representação apparente de qualquer objecto sobre um plano: — *de la esfera;* projecção da esphera; a sua representação sobre uma superficie. *Plano de proyeccion;* plano de projecção; aquelle sobre o qual se projecta um ponto ou uma linha: — *(mech.)* projecção; acção de arrojar ou impellir qualquer corpo pesado. *Projectio, onis:* — projecção; movimento que se imprime a qualquer projectil. *Projectio, onis.*

Proyectar. *a.* Projectar; dispor, formar um projecto. *Rei faciendæ consilium et rationem explicare:* — desenhar: — *r.* *(naut.)* projectar-se; concorrerem dois ou mais objectos na mesma linha.

Proyectil. *m.* *(mech.)* Projectil; corpo que se lança ao ar, ficando abandonado á acção da gravidade e á impulsão do movimento dado: — *(mil.)* projectil; nome generico de todo o corpo arrojado por qualquer arma, porém mais particularmente pelas de fogo. Ha differentes especies de projectis; os de illuminação, os ôcos, os incendiarios e os solidos ou massiços.

Proyectista. *m.* Projectista; o que é mui inclinado a fazer projectos e a facilita-los. *Consiliorum inventor.*

Proyecto. *m.* Projecto; disposição, plano de um tratado, negocio, etc. *Rei faciendæ imago, expositio:* — projecto, idéa, pensamento, designio.

Proyectura. *f.* *(archit.)* Projectura, sacada. V. *Vuelo.*

Prozóico, ca. *adj.* *(min.)* Prozoico; anterior á apparição dos seres vivos. Diz-se das rochas que nunca contiveram detritos organicos.

Prudencia. *f.* Prudencia; uma das quatro virtudes cardeaes que ensina a conhecer e distinguir o bem do mal. *Prudentia, æ:* — prudencia; circumspecção, moderação nas acções. *Prudentia, æ.*

Prudencial. *adj.* Prudencial; que diz respeito á prudencia. *Prudens, entis:* — verosimil; approximado da verdade.

Prudencialmente. *adv.* *m.* Prudencialmente, prudentemente. *Prudenter.*

Prudente. *adj.* Prudente; que tem prudencia, circumspecto. *Prudens, entis.*

Prudentemente. *adv.* *m.* Prudentemente; com prudencia e circumspecção. *Prudenter.*

Prudentisimo, ma. *adj.* *sup.* de *Prudente.* Prudentissimo; muito prudente.

Prueba. *f.* Prova; acção e effeito de provar. *Probatio, onis:* — prova, rasão, argumento. *Probatum, argumentum:* — prova, indicio, signal, testemunho. *Indicium, signum:* — prova, ensaio, experiencia. *Experimentum, periculum:* — prova, amostra. *Specimen, exemplar:* — prova; verificação de um calculo, de uma conta. *Rationis comprobatio.* *A prueba;* á prova, a provar. *A prueba de bomba;* á prova de bomba; com toda a firmeza ou solidez. *Firmiter instructum:* á prova de bomba; com toda a perfeição, com todo o esmero. *Absolutè, perfectè.* *De prueba;* com consistencia e firmeza, tanto physica como moral. *Paratus experimento:* *(art.)* prova; a folha impressa em papel ordinario para que o auctor ou corrector de provas possa fazer-lhe as emendas necessarias. *Primum specimen folii typis mandati:* — *(for.)* prova; a justificação do direito das partes feita por declarações de testemunhas ou por documentos. *Probatio, onis:* — *pl.* provanças; provas de nobreza. *A prueba y estese;* á espera de provas. *Probatio sequatur, detento reo.*

Pruebro *m.* *(ant.)* V. *Pueblo.*

Pruina. *f.* *(ant.)* V. *Helada, Escarcha.*

Pruna. *f.* *(prov.)* V. *Ciruela.*

Prunada. *f.* *(ant.)* Quéda, desgraça.

Prunar. *a.* *(ant.)* V. *Dirijir.*

Pruneda. *f.* *(p. Ast.)* Ameixial; terreno plantado de ameixieiras.

Prunela. *f.* *(bot.)* Prunella; genero de plantas da familia das labiadas: — *(ant. med.)* seccura da lingua e da garganta que se faz sentir nas febres continuas. *Sal prunela (chim.);* sal prunella; um dos nomes dados pelos antigos chimicos á mistura de nitrato de potassa com o sulphato da mesma base: — *(zool.)* prunella; genero de acalephos cuja especie unica é discoide e guarnecida por todas as partes de tentaculos deprimidos e filiformes.

Pruniforme. *adj.* *(bot.)* Pruniforme; que tem a fôrma de ameixa.

Prumina. *f.* *(chim.)* Prumina; mucilagem contida na gomma da ameixieira.

Pruno. *m.* *(p. Ast.)* Abrunheiro silvestre.

Prurigo. *m.* *(med.)* Prurigem, prurito, comichão. *Pruritus, ûs.*

Prurijinoso, sa. *adj.* *(med.)* Pruriginoso; diz-se das erupções acompanhadas de comichão ou prurido.

Prurito. *m.* *(fig.)* Prurito; desejo immoderado, excessivo. *Pruritus, immoderata cupiditas:* — *(med.)* V. *Prurigo.*

Prusiato. *m.* *(chim.)* V. *Hidrocianato, Cianuro.*

Prúsico, ca. *adj.* *(chim.)* V. *Ácido cianhídrico.*

Prusiuro. *m.* *(chim.)* V. *Cianuro.*

Prustita. *f.* *(min.)* Prustita; sulphureto de prata e de arsenico.

Przibramita. *f.* *(min.)* Przibramitha; sulphureto de zinco que se encontra na Bohemia.

Ps. Ps; letras por que começam muitas palavras tiradas do grego, como psalmo, etc.

Psacalio. *m.* *(bot.)* Psacalio; genero de plantas da familia das compostas.

Psacasta. *f.* *(zool.)* Psacasta; genero de insectos hemipteros da tribu dos scutellerios.

Psalicero. *m.* *(zool.)* Psalicero; genero de insectos coleopteros pentameros da familia dos lamellicornes.

Psalidio. *m.* *(zool.)* Psalidio; genero de insectos coleopteros tetrameros da familia dos curculionidos.

Psalidófora. *f.* *(zool.)* Psalidophora; genero de insectos orthopteros da familia dos forticulios.

Psalidognato. *m.* *(zool.)* Psalidognatho; genero de insectos coleopteros subpentameros da familia dos longicornes.

Psalodio. *m.* *(zool.)* Psalodio; genero de peixes placoideos da familia dos chimeridos.

Psalteriado, da. *adj.* *(ant.)* Insigne no psalterio.

Psameco. *m.* *(zool)* Psammæcho; genero de insectos coleopteros tetrameros da familia dos eupodes.

Psametico. *m.* *(zool.)* Psammeticho; genero de insectos coleopteros heteromeros da familia dos melasomos.

Psamerítrico, ca. *adj.* *(geol.)* V. *Triásico.*

Psamito. *m.* *(geol.)* Psammito; rocha de argilla granulosa pertencente aos terrenos fossilliferos.

Psammodo. *m.* *(zool.)* Psammodo; genero de peixes placoideos da familia dos cestraciontes.

Psamoda. *f.* *(zool.)* Psammodes; genero de insectos coleopteros pentameros da familia dos melasomos.

Psamodio. *m.* *(zool.)* Psammodio; genero de insectos coleopteros pentameros da familia dos lamellicornes.

Psamodromo. *m.* *(zool.)* Psammodromo; genero de reptis saurios, da familia dos lacertideos.

Psamófido. *m.* *(zool.)* Psammophis; genero de reptis ophydios.

Psamoterna. *f.* *(zool.)* Psammotherna; genero de insectos hymenopteros, da familia dos mutillideos.

Psamotrofa. *f.* *(bot.)* Psammotropha; genero de plantas da familia das portulaceas.

Psaro. *m.* *(zool.)* Psaro; genero de insectos dipteros brachoceros, da familia dos brachystomos.

Psarocolio. *m.* *(zool.)* V. *Ictero.*

Psarófolo. *m.* *(zool.)* V. *Ocíptero.*

Psatira. *f.* *(bot.)* Psathyra; genero de plantas, da familia das rubiaceas:—V. *Agárico.*

Psaturosis. *f.* *(min.)* V. *Plata negra.*

Psaturoxeta. *f.* *(bot.)* Psaturocheta; genero de plantas da familia das compostas.

Psecadia. *f.* *(zool.)* Psecadia; genero de insectos lepidopteros, da familia dos nocturnos.

Psectrocera. *f.* *(zool.)* Psectrocera; genero de insectos coleopteros da familia dos longicornes.

Psefito. *m.* *(geol.)* Psephito; rocha de textura granulosa, vermelha ou esverdeada.

Psefolax. *f.* *(zool.)* Psepholax; genero de insectos coleopteros tetrameros, da familia dos curculionidos.

Pselafaco. *m.* *(zool.)* Pselaphaco; genero de insectos coleopteros, da familia dos clavipalpos.

Pselafios. *m. pl.* *(zool.)* Pselaphios; terceira e ultima familia da ordem dos insectos coleopteros trimeros.

Pselafo. *m.* *(zool.)* Pselapho; genero de insectos coleopteros tetrameros, da familia dos pselaphios.

Pselio. *m.* *(bot.)* Pselio; genero de plantas da familia das menispermaceas.

Pselismo. *m.* *(med.)* V. *Selismo.*

Psene. *m.* *(zool.)* Psene; genero de peixes acanthopterygios, da familia dos scomberoideos.

Pseto. *m.* *(zool.)* Psetto; genero de peixes acanthopterygios, da familia dos squamipennos.

Pseudacacia. *f.* *(bot.)* V. *Robinia.*

Pseudalcanina. *f.* *(chim.)* V. *Seudalcanina.*

Pseudaleya. *f.* *(bot.)* Pseudaleia; genero de plantas da familia das olacineas.

Pseudamante. *m.* Pseudiamante; pedra artificial que imita as pedras preciosas naturaes.

Pseudanto. *m.* *(bot.)* Pseudantho; genero de plantas, da familia das euphorbiaceas.

Pseudartría. *f.* *(bot.)* Pseudarthria; genero de plantas da familia das leguminosas.

Pseudencefalios. *m. pl.* *(physiol.)* Pseudencephalios; familia de monstros unitarios, da ordem dos autositos, que forma a transição dos anencephalios para os exencephalios.

Pseudice. *m.* *(zool.)* Pseudis; genero de reptis batracios anuros.

Pseudiosma. *f.* *(bot.)* Pseudiosma; genero de plantas, da familia das terebinthaceas.

Pseudo-apia. *f.* *(med.)* V. *Seudo-apia.*

Pseudo-artrosis. *f.* *(med.)* V. *Seudo-artrosis.*

Pseudo-asma. *f.* *(med.)* V. *Seudo-asma, Disnea.*

Pseudoblapso. *m.* *(zool.)* Pseudoblapso; genero de insectos coleopteros heteromeros, da familia dos melasomos.

Pseudoblepsia. *f.* *(med.)* V. *Seudoblepsia.*

Pseudocarcino. *m.* *(zool.)* Pseudocarcino; genero de crustaceos decapodas brachyuros, da familia dos cyclometopes.

Pseudo-ciesia. *f.* *(med.)* V. *Seudo-ciesia.*

Pseudocoristo. *m.* *(zool.)* Pseudocorysto; genero de crustaceos decapodas brachyuros, da familia dos catometopes.

Pseudoelope. *m.* *(zool.)* Pseudohelops; genero de insectos coleopteros heteromeros, da familia dos stenelytros.

Pseudoencefalia. *f.* *(anat.)* V. *Seudoencefalia.*

Pseudoencefaliano, na. *adj. (anat.)* V. *Seudoencefaliano.*

Pseudoencefálico, ca. *adj. (anat.)* V. *Seudoencefálico.*

Pseudoencéfalo. *m. (anat.)* V. *Seudoencéfalo.*

Pseudo-eritrina. *f. (med.)* V. *Seudo-eritrina.*

Pseudo-espato. *m. (chim.)* V. *Seudo-espato.*

Pseudo-estrella. *f. (astron.)* V. *Seudo-estrella.*

Pseudofana. *m. (zool.)* Pseudophana; genero de insectos hemipteros, da tribu dos fulgoridos.

Pseudofillo. *m. (zool.)* Pseudophyllo; genero de insectos orthopteros, da tribu dos locustios.

Pseudofleo. *m. (zool.)* Pseudophleo; genero de insectos hemipteros, da familia dos coreideos.

Pseudograpso. *m. (zool.)* Pseudograpso; genero de crustaceos decapodas brachyuros, da familia dos catometopes.

Pseudo-hermafrodismo. *m. (anat.)* V. *Sendo-hermafrodismo.*

Pseudo-hermafrodita. *m. (anat.)* V. *Seudo-hermafrodita.*

Pseudo-hidropesía. *f. (med.)* V. *Seudo-hidropesía.*

Pseudo-hidrópico, ca. *adj. (med.)* V. *Seudo-hidrópico.*

Pseudo-hipoxinonto, ta. *adj. (chim.)* V. *Seudo-hipoxinonto.*

Pseudolico. *m. (zool.)* Pseudolyco; genero de insectos coleopteros heteromeros, da familia dos trachelydos.

Pseudomáseo. *m. (zool.)* Pseudomaseo; genero de insectos coleopteros pentameros, da familia dos carabicos.

Pseudo-membrana. *f. (med.)* V. *Seudo-membrana.*

Pseudomo. *m. (zool.)* Pseudomo; genero de insectos coleopteros tetrameros, da familia dos curculionidos.

Pseudomope. *m. (zool.)* Pseudomops; genero de insectos orthopteros, da tribu dos blattianos.

Pseudo-mórfico, ca. *adj. (chim.)* V. *Seudo-mórfico.*

Pseudo-morfina. *f. (chim.)* V. *Seŭdo-morfina.*

Pseudo-morfo, fa. *adj. (med.)* V. *Seudo-morfo.*

Pseudo-neumonia. *f. (med.)* V. *Seudo-neumonia.*

Pseudo-neumónico, ca. *adj. (med.)* V. *Seudo-neumónico.*

Pseudo-perineumonia. *f. (med.)* V. *Seudo-perineumonia.*

Pseudopia. *f. (med.)* V. *Seudopia.*

Pseudo-pleuresia. *f. (med.)* V. *Seudo-pleuresia.*

Pseudo-pólipo. *m. (med.)* V. *Seudo-pólipo.*

Pseudópside. *m. (zool.)* Pseudopsis; genero de insectos coleopteros pentameros da familia dos brachelytros.

Pseudorasia. *f. (med.)* V. *Seudorasia.*

Pseudoresia. *f. (med.)* V. *Seudorexia.*

Pseudorinco. *m. (zool.)* Pseudorhynco; genero de insectos orthopteros da tribu dos locustios.

Pseudoserica. *m. (zool.)* Pseudoserica; genero de insectos coleopteros pentameros da familia dos lamellicornes.

Pseudosteropo. *m. (zool.)* Pseudosteropo; genero deinsectos coleopteros pentameros da familia dos carabicos.

Pseudo-tísico, ca. *adj. (med.)* V. *Seudo-tísico.*

Pseudotisis. *f. (med.)* V. *Seudotisis.*

Pseudotomo. *m. (zool.)* Pseudothomo; genero de insectos coleopteros pentameros da familia dos carabicos.

Psi. Psi; nome da vigesima terceira letra do alphabeto grego.

Psiadia. *f. (bot.)* Psiadia; genero de plantas da familia das compostas.

Psicagogo. *m.* Psicagogo; magico que tinha a profissão de evocar as sombras.

Psicagojia. *f.* Psicagogia; ceremonia magica, por meio da qual se evocavam as sombras.

Psicagójico, ca. *adj.* Psicagogico; concernente á psicagogia: — *(med.)* psicagogico; que é proprio para reanimar a vida.

Psicobio. *m. (zool.)* Psychobio; genero de insectos coleopteros pentameros da familia dos carabicos.

Psicoda. *f. (zool.)* Psychoda; genero de insectos dipteros nemoceros da familia dos tipularios.

Psicodiario, ria. *adj. (zool.)* Psychodiario; nome dado a um terceiro reino, intermediario ao vegetal e animal, e que apresenta caracteres d'estes dois reinos.

Psicognosia. *f. (philos.)* Psychognosia; conhecimento profundo das faculdades da alma.

Psicognóstico, ca. *adj. (philos.)* Psychognostico; concernente ás faculdades da alma.

Psicogonia. *f. (philos.)* Psychogonia; geração progressiva, desenvolvimento da alma.

Psicogónico, ca. *adj. (philos.)* Psychogonico; concernente á psychogonia.

Psicografia. *f. (philos.)* Psychographia; historia, descripção da alma e de suas faculdades.

Psicográfico, ca. *adj. (philos.)* Psychographico; concernente á psychographia.

Psicógrafo. *m. (philos.)* Psychographo; auctor de uma psychographia.

Psicólogo. *m. (philos.)* Psychologo; aquelle que estuda a psychologia.

Psicolojia. *f. (philos.)* Psychologia; parte da philosophia que estuda as faculdades da alma.

Psicolójico, ca. *(philos.)* Psychologico; concernente á psychologia.

Psicomancia. *f.* Psychomancia; especie de magia, arte de evocar os mortos.

Psicomántico, ca. *s.* Psychomantico; o que pratica a psychomancia.

Psicomaquia. *f. (lit.)* Psychomachia; titulo de um poema de Prudencio em que descreve os combates entre os vicios e as virtudes no coração do homem.

Psicometría. *f. (physiol.)* Psychometria; medida ou apreciação das faculdades moraes e intellectuaes do homem.

Psicométrico, ca. *adj. (physiol.)* Psychometrico; concernente á psychometria.

Psicómetro. *m. (physiol.)* Psychometro; instrumento por meio do qual muitos physiologistas pretendem apreciar as faculdades moraes e intellectuaes do homem.

PSICOMETROLOJIA. *f. (physiol.)* Psychometrologia; tratado sobre a arte de medir e apreciar as faculdades moraes e intellectuaes do homem.

PSICOMETROLÓJICO, CA. *adj. (physiol.)* Psychometrologico; concernente á psychometrologia.

PSICOSTOMO. *m. (bot.)* V. *Braximano.*

PSICOTIDE. *m. (bot.)* Psychotis; genero de plantas da familia das umbelliferas.

PSICOTRIA. *f. (bot.)* Psychotria; genero de plantas da familia das rubiaceas.

PSICOTRICAS. *f. pl. (bot.)* Psychotricas; tribu de plantas da familia das rubiaceas.

PSICROMÉTRICO, CA. *adj. (phys.)* Psychometrico; relativo ao psychrometro.

PSICRÓMETRO. *m. (phys.)* Psychrometro; apparelho empregado para determinar a quantidade relativa de agua em vapor contida na atmosphera.

PSIDRACIA. *f. (med.)* Psydracia; affecção que se confunde frequentemente com uma das variedades da sarna.

PSIGMATÓCERO. *m. (zool.)* Psygmatocero; genero de insectos coleopteros subpentameros da familia dos longicornes.

PSIGURIA. *f. (bot.)* Psiguria; genero de plantas da familia das rubiaceas.

PSILA. *f. (zool.)* Psylla; genero de insectos hemipteros da familia dos psyllidos.

PSILAGO. *m. (mil. ant.)* Psylago; chefe de uma psylagia.

PSILAJIA. *f. (mil. ant.)* Psylagia; subdivisão de uma phalange grega.

PSILETA. *m. (mil. ant.)* Psylleta; soldado grego, armado á ligeira.

PSILIDOS. *m. pl. (zool.)* Psyllidos; familia de insectos hemipteros da tribu dos aphidios.

PSILIODA. *f. (zool.)* Psylliodes; genero de insectos coleopteros subpentameros da familia dos cyclicos.

PSILOBORA. *f. (zool.)* Psyllobora; genero de insectos coleopteros subpentameros da familia dos aphidiphagos.

PSILOCARPO. *m. (bot.)* Psyllocarpo; genero de plantas da familia das rubiaceas.

PSILÓCERA. *f. (zool.)* Psilocera; genero de insectos coleopteros pentameros da familia dos cicindelidos.

PSILOCNÉMIDE. *m. (zool.)* Psilocnemis; genero de insectos coleopteros pentameros da familia dos lamellicornes.

PSILODONTE. *m. (zool.)* Psilodon; genero de insectos coleopteros pentameros da familia dos lamellicornes.

PSILOGASTRO. *m. (zool.)* Psilogaster; genero de insectos hymenopteros da tribu dos chalcidios.

PSILOGLOTO, TA. *adj. (bot.)* Psilogloto; que tem pontos prolongados e sem pello.

PSILOJINO. *m. (bot.)* Psilogyno; genero de plantas da familia das bignoniaceas.

PSILOMELANA. *f. (min.)* Psilomelana; peroxydo de manganesio barytifero.

PSILOMIA. *f. (zool.)* Psilomya; genero de insectos dipteros brachoceros da familia dos athericeros.

PSILONIA. *f. (bot.)* Psilonia; genero de cogumelos clinosporeos da tribu dos sarcopsidos.

PSILONOTO, TA. *adj. (zool.)* Psilonoto; que tem o dorso ou a parte superior do corpo desnudada.

PSILOPILO. *m. (bot.)* Psilopilo; genero de musgos.

PSILOPO. *m. (zool.)* Psilopo; genero de aves da familia das sylviadeas: — psilopo; genero de insectos dipteros brachoceros da familia dos brachystomos.

PSILÓPODO, DA. *adj. (zool.)* Psilopodo; que tem as patas desnudadas.

PSILÓPTERA. *f. (zool.)* Psiloptera; genero de insectos coleopteros da familia dos sternoxos.

PSILOSOMO, MA. *adj. (zool.)* Psilosomo; que tem o corpo delgado e em fôrma de folha.

PSILOSTAQUIADO, DA. *adj. (bot.)* Psilostachiado; que tem espigas mui pequenas.

PSILOSTOMA. *f. (bot.)* Psilostoma; genero de plantas da familia das rubiaceas.

PSILOSTROFA. *f. (bot.)* Psilostropha; genero de plantas da familia das compostas.

PSILOTA. *f. (zool.)* Psilota; genero de insectos dipteros brachoceros da familia dos brachystomos.

PSILOTAMNO. *m. (bot.)* Psilothamno; genero de plantas da familia das compostas.

PSILOTO. *m. (bot.)* Psiloto; genero de plantas da familia das lycopodiaceas: — *(zool.)* psiloto; genero de insectos coleopteros da familia dos clavicornes.

PSILOTRIXO. *m. (bot.)* Psilotricho; genero de plantas da familia das amarantaceas.

PSILURO. *m. (bot.)* Psiluro; genero de plantas da familia das gramineas.

PSIQUIATRIA. *f. (med.)* V. *Siquiatria.*

PSIQUIÁTRICO, CA. *adj. (med.)* V. *Siquiátrico.*

PSIQUIATRO. *m. (med.)* V. *Siquiatro.*

PSÍQUIDOS. *m. pl. (zool.)* Psychidos; tribu de insectos lepidopteros da familia dos nocturnos.

PSIQUIS. *m. (zool.)* Psychis; genero de insectos lepidopteros da familia dos nocturnos.

PSITACÍDEAS. *f. pl. (zool.)* Psittacideas; familia de aves trepadoras.

PSITACÍNEAS. *f. pl. (zool.)* Psittacineas; sub-familia de aves trepadoras da familia das psittacideas.

PSITACIRROSTRA. *f. (zool.)* Psittacirostra; genero de aves da familia das fringillideas.

PSITACODONTE. *m. (zool.)* Psittacodon; genero de peixes placoideos da familia dos chimeridos.

PSITACOGLOSO. *m. (bot.)* Psittacoglosso; genero de plantas da familia das orchideas.

PSÍTIRIDOS. *m. pl. (zool.)* Psithyridos; familia de insectos hymenopteros da tribu dos apienidos ou melliferos.

PSITIRO. *m. (zool.)* Psithyro; genero de insectos hymenópteros da familia dos psithyridos.

Psoa. *f. (zool.)* Psoa; genero de insectos coleopteros tetrameros da familia dos xylophagos.

Psoas. *adj. (anat.)* Psoas; qualificação dos musculos abdominaes que vão prender á parte anterior das vertebras lombares.

Psocios. *m. pl. (zool.)* Psocios; tribu de insectos nevropteros.

Psoco. *m. (zool.)* Psoco; genero de insectos nevropteros da tribu dos psocios.

Psodo. *m. (zool.)* Psodos; genero de insectos lepidopteros da familia dos nocturnos.

Psofocarpo. *m. (bot.)* Psophocarpo; genero de plantas da familia das leguminosas.

Psofoda. *f. (zool.)* Psophodes; genero de plantas da familia das meliphagideas.

Psoita. *f. (med.)* Psoita; inflammação dos musculos psoas.

Psolo. *m. (zool.)* Psolo; genero de echinodermes holothuridos do grupo das holothurias.

Psomela. *f. (zool.)* Psomeles; genero de insectos coleopteros da familia dos curculionidos gonatoceros.

Psora. *f. (bot.)* V. *Patelaria.*

Psorálea. *f. (bot.)* V. *Albácigа.*

Psoriasis. *f. (med.)* V. *Soriasis.*

Psórico, ca. *adj. (med.)* V. *Sórico.*

Psoriforme. *adj. (med.)* V. *Soriforme.*

Psoroda. *f. (zool.)* Psorodes; genero de insectos coleopteros heteromeros da familia dos melasomos.

Psoroftalmía. *f. (med.)* V. *Soroftalmía.*

Psoroftálmico, ca. *adj. (med.)* V. *Soroftálmico.*

Psorospermo. *m. (bot.)* Psorospermo; genero de plantas da familia das hypericineas.

Psorotalinia. *f. (med.)* Psorothalinea; especie de ophtalmia acompanhada de prurido.

Pt. *(chim.)* Pt; abreviatura empregada pelos chimicos para designar o platino.

Ptármica. *f. (bot.)* Petarmica; genero de plantas da familia das compostas.

Ptelea. *f. (bot.)* Ptelĕa; genero de plantas da familia das zanthoxyleas.

Pteleila. *f. (chim.)* V. *Teleila.*

Ptlidio. *m. (bot.)* Ptelidio; genero de plantas da familia das celastrineas.

Ptena. *f. (zool.)* Ptena; genero de insectos coleopteros da familia dos cyclicos.

Ptenidio. Ptenidio; genero de insectos coleopteros da familia dos clavicornes.

Pteracanta. *f. (zool.)* Pteracantha; genero de insectos coleopteros subpentameros da familia dos longicornes.

Pteracanto. *m. (zool.)* Pteracantho; genero de insectos coleopteros da familia dos curculionidos.

Pteranteas. *f. pl. (bot.)* Pterantheas; tribu de plantas da familia das paronychias.

Pteranto. *m. (zool.)* Pterantho; genero de plantas da familia das paronychias.

Pterela. *f. (zool.)* Pterela; genero de crustaceos isopodas da familia dos cymothoadios.

Ptericopto. *m. (zool.)* Ptericopto; genero de insectos coleopteros subpentameros da familia dos longicornes.

Ptéride. *m. (bot.)* Pteris; genero de fetos da tribu das polypodiaceas.

Pterídeas. *f. pl. (bot.)* Pterideas; tribu da familia dos fetos, cujo typo é o genero pteris.

Pteridia. *f. (bot.)* Pteridia; fructo rodeado de uma capa membranosa.

Pterigodio. *m. (bot.)* Pterygodio; genero de plantas da familia das orchideas.

Pterigóforo. *m. (zool.)* Pterygophoro; genero de insectos hymenopteros da tribu dos tenthredinios.

Pterigoides. *f. (anat.)* V. *Terigoides.*

Pterigomo. *m. (med.)* V. *Terigomo.*

Pterigota. *f. (bot.)* Pterygota; genero de plantas da familia das sterculiaceas.

Pterigrafia. *f. (bot.)* Pterygraphia; descripção ou tratado dos cogumelos.

Pterigráfico, ca. *adj. (bot.)* Pterygraphico; concernente á pterygraphia.

Pterígrafo. *m. (bot.)* Pterygrapho; auctor de uma pterygraphia.

Pteríjeno, na. *adj. (bot.)* Pterigeno; que nasce sobre os fetos.

Pterijina. *f. (bot.)* Pterygina; appendice membranoso de uma semente.

Pterijion. *m. (med.)* V. *Terijion.*

Pterinoxilo. *m. (zool.)* Pterinoxylo; genero de insectos orthopteros da tribu dos phasmios.

Pteristafilino, na. *adj. (anat.)* V. *Teristafilino.*

Pteristanto. *m. (bot.)* Pteristanthes; genero de plantas da familia das ampelideas.

Pterocaría. *f. (bot.)* Pterocarya; genero de plantas da familia das terebinthaceas.

Pterocarpo. *m. (bot.)* Pterocarpo; genero de plantas da familia das leguminosas papilionaceas.

Pterocaulo. *m. (bot.)* Pterocaulon; genero de plantas da familia das compostas.

Pterocéfalo. *m. (bot.)* Pterocephalo; genero de plantas da familia das dipsaceas.

Pterocelastro. *m. (bot.)* Pterocelastro; genero de plantas da familia das celastrineas.

Pterócera. *f. (zool.)* Pterocera; genero de molluscos gasteropodas pectinibranchios da familia dos alados.

Pterocle. *m. (zool.)* V. *Ganga.*

Pteroclídeas. *f. pl. (zool.)* Pteroclideas; familia de aves da ordem das gallinaceas.

Pterocolo. *m. (zool.)* Pterocolo; genero de insectos coleopteros tetrameros da familia dos curculionidos.

Pterocoma. *f. (zool.)* Pterocoma; genero de insectos coleopteros da familia dos melasomos.

Pterocroza. *f. (zool.)* Pterochroza; genero de insectos orthopteros da tribu dos locustios.

Pterodactiliano, na. *adj. (zool.)* Pterodactyliano; similhante a um pterodactylo.

Pterodáctilo. *m. (zool.)* Pterodactylo; genero de reptis saurios.

Pterodibranquio, quia. *adj.*

(zool.) Pterodibranchio; que tem os orgãos da respiração situados nos appendices natatorios.

Pterodícero, ra. *adj.* *(zool.)* Pterodicero; que tem azas e duas antennas.

Pterodictia. *f.* *(zool.)* Pterodyctia; genero de insectos hemipteros da familia dos fulgoridos.

Pterodina. *f.* *(zool.)* Pterodina; genero de systolidos rotadores, cujas especies são aquaticas.

Pterodiplo, pla. *adj.* *(zool.)* Pterodiplo; diz-se do insecto cujas azas superiores formam uma prega longitudinal durante o repouso.

Pterodonta. *f.* *(zool.)* Pterodonta; genero de insectos dipteros brachoceros da familia dos athericeros.

Pterodonte. *m.* *(bot.)* Pterodon; genero de plantas da familia das leguminosas: — *(zool.)* pterodonte; genero de insectos coleopteros tetrameros da familia dos curculionidos.

Pteroelo. *m.* *(zool.)* Pterohelo; genero de insectos coleopteros heteromeros da familia dos tenebrionidos.

Pterofilla. *f.* *(bot.)* Pterophylla; genero de plantas da familia das saxifragaceas.

Pterofito. *m.* *(bot.)* V. *Actinoméride.*

Pterofóridos. *m. pl.* *(zool.)* Pterophoridos; tribu de insectos lepidopteros da familia dos nocturnos.

Pteroforo. *m.* *(zool.)* Pterophoro; genero de insectos lepidopteros da familia dos nocturnos.

Pterogloso, sa. *adj.* *(zool.)* Pteroglosso; que tem a lingua em fôrma de penna: — *f. pl.* pteroglossas; familia de aves sylvanas da tribu das zygodactylas.

Pterogon. *m.* *(zool.)* Pterogon; genero de insectos lepidopteros da familia dos crepusculares.

Pterogonio. *m.* *(bot.)* Pterogonio; genero de musgos, cujas especies se encontram nos climas temperados.

Pterolasia. *f.* *(zool.)* Pterolasia; genero de insectos coleopteros heteromeros da familia dos melasomos.

Pterolépide. *m.* *(bot.)* Pterolepis; genero de plantas da familia das melastomaceas: — *(zool.)* pterolepis; genero de insectos orthopteros da tribu dos locusticos.

Pterolobio. *m.* *(bot.)* Pterolobio; genero de plantas da familia das leguminosas.

Pterolofia. *f.* *(zool.)* Pterolophia; genero de insectos coleopteros da familia dos longicornes.

Pteroloma. *f.* *(zool.)* Pteroloma; genero de insectos coleopteros pentameros da familia dos carabicos.

Pteroneuro. *m.* *(bot.)* Pteroneuro; genero de plantas da familia das cruciferas.

Pteronia. *f.* *(bot.)* Pteronia; genero de plantas da familia das compostas.

Pteroplato. *m.* *(zool.)* Pteroplato; genero de insectos coleopteros tetrameros da familia dos longicornes.

Pteroplio. *m.* *(zool.)* Pteroplio; genero de insectos coleopteros pentameros da familia dos longicornes.

Pterópodos. *m. pl.* *(zool.)* Pteropodes; classe de molluscos que não podem fixar-se nem andar sobre corpos solidos.

Pteropógon. *m.* *(bot.)* Pteropogon; genero de plantas da familia das compostas.

Pteroporo. *m.* *(zool.)* Pteroporo; genero de insectos coleopteros tetrameros da familia dos curculionidos gonatoceros.

Pterosoma. *f.* *(zool.)* Pterosoma; genero de molluscos heteropodes.

Pterospermo. *m.* *(bot.)* Pterospermo; genero de plantas da familia das byttneriaceas.

Pterosporo *m.* *(bot.)* Pterosporo; genero de plantas dicotylodoneas, de flores monopetalas.

Pterostejia. *f.* *(bot.)* Pterostegia; genero de plantas da familia das polygonaceas.

Pterostelma *f.* *(bot.)* Pterostelma; genero de plantas da familia das asclepiadeas.

Pterostigma. *f.* *(bot.)* Pterostigma; genero de plantas da familia das scrophularineas.

Pterostílide. *m.* *(bot.)* Pterostylis; genero de plantas da familia das orchideas.

Pterotarso. *m.* *(zool.)* Pterotarso; genero de insectos coleopteros pentameros da familia dos sternoxos.

Pterotrixo. *m.* *(bot.)* Pterothrix; genero de plantas da familia das compostas.

Pteroxilo. *m.* *(bot.)* Pterochilo; genero de plantas da familia das sapindaceas: — *(zool.)* pterochilo; genero de insectos hymenopteros, da familia das eumenides.

Pterula. *f.* *(bot.)* Pterula; genero de cogumelos basidiosporeos, da tribu dos idiomycetos.

Ptialagogo, ga. *adj.* *(med.)* Ptialagogo, sialagogo; diz-se das substancias que excitam a secreção da saliva.

Ptialina. *f.* *(chim.)* Ptialina; principio animal existente na saliva.

Ptialismo. *m.* *(med.)* Ptyalismo; secreção abundante de saliva, dependente da irritação das glandulas salivares.

Pticodero. *m.* *(zool.)* Ptychoderes; genero de insectos coleopteros tetrameros, da familia dos curculionidos.

Pticodo. *m.* *(zool.)* Ptychode; genero de insectos coleopteros subpentameros, da familia dos longicornes.

Pticóforo. *m.* *(zool.)* Ptychophoro; genero de insectos coleopteros pentameros, da familia dos lamellicornes.

Pticoloma. *f.* *(zool.)* Ptycholoma; genero de insectos lepidopteros, da familia dos nocturnos.

Pticóptero. *m.* *(zool.)* Ptychoptero; genero de insectos coleopteros pentameros, da familia dos serricornes: — ptychoptero; genero de insectos dipteros brachoceros, da familia dos tipularios.

Ptielo. *m.* *(zool.)* Ptyelo; genero de insectos hemipteros, da familia dos cercopidos.

Ptigura. *f.* *(zool.)* Ptygura; genero de systolidos rotadores.

Ptilia. *f.* *(zool.)* Ptilia; genero de insectos hymenopteros, da tribu dos tenthredinios.

Ptilidio. *m.* Ptilidio; genero de plantas hepaticas.

Ptilimnio. *m.* *(zool.)* V. *Discopleura.*

Ptilino. *m.* *(zool.)* Ptilino; genero de insectos coleopteros pentameros, da familia dos malacodermes.

Ptilio. *m.* *(zool.)* Ptilio; genero de insectos coleopteros, da familia dos trichopterygios.

Ptilócera. *f.* *(zool.)* Ptilocera; genero de insectos dipteros brachoceros, da familia dos notacanthos: — ptilocera; genero de insectos dipteros, da familia dos athericeros.

Ptilodáctila. *f.* *(zool.)* Ptilodactyla; genero de insectos coleopteros pentameros, da familia dos serricornes.

Ptilodóntide. *m.* *(zool.)* Ptilodontis; genero de insectos lepidopteros, da familia dos nocturnos.

Ptilófora. *f.* *(zool.)* Ptilophora; genero de insectos lepidopteros, da familia dos nocturnos.

Ptilogono. *m.* *(zool.)* Ptilogono; genero de aves da familia das ampelideas.

Ptilomero. *m.* *(zool.)* Ptilomero; genero de insectos hemipteros, da familia dos hydrometridos.

Ptilosis. *f.* *(med.)* Ptilosis; quéda das pestanas.

Ptilostefio. *m.* *(bot.)* Ptilostephio; genero de plantas da familia das compostas.

Ptilota. *f.* *(bot.)* Ptilota; genero de plantas phyceas, da familia das florideas.

Ptiloto. *m.* *(bot.)* Ptiloto; genero de plantas da familia das amarantaceas.

Ptilotrico. *m.* *(bot.)* Ptilotricho; genero de plantas da familia das cruciferas.

Ptiluro. *m.* *(bot.)* Ptiluro; genero de plantas da familia das compostas.

Ptinioros. *m. pl.* *(zool.)* Ptinioros; tribu de insectos coleopteros pentameros, da familia dos serricornes.

Ptino. *m.* *(zool.)* Ptino; genero de insectos coleopteros pentameros, da familia dos serricornes.

Ptiriasis. *f.* *(med.)* Ptiriasis; enfermidade que tem por symptoma principal o desenvolvimento de uma grande quantidade de piolhos.

Ptismagogo, ga. *adj.* *(med.)* V. *Espectorante.*

Ptixocera. *f.* *(zool.)* Ptychocera; genero de molluscos cephalopodes, da familia dos pulmonados.

Ptoco. *m.* *(zool.)* Ptocho; genero de insectos coleopteros tetrameros, da familia dos curculionidos.

Ptosima. *f.* *(zool.)* Ptosima; genero de insectos coleopteros pentameros, da familia dos serricornes.

Pu. *interj.* V. *Puf:*—*f.* *(metrol.)* pu; medida itineraria da China: — *(fam.)* caca; excremento das creanças.

Pua. *f.* Pua; ponta aguda e delgada. *Mucro, aculeus, spina:* — pua; cada um dos dentes do pente, carda, etc. *Pectinis dens:* — pua; cada um dos espinhos do ouriço, etc. *Erinacei spina:* — pua; o ferro do pião: — *(fig.)* pua, espinho; causa immaterial de sentimentos e pezares. *Animi aculeus:* — velhaco. *Callidus, vafer homo. Saber cuantas puas tiene un peine (fr. fig.);* saber onde tem a cara, não se deixar lograr. *Valdè sagacem esse. Sacar la pua al trompo;* dar no vinte, chegar a saber ou entender uma cousa á força de diligencias e trabalho. *Rem difficilem extricare, aperire:* — *(agr.)* pua; o garfo que se enxerta. *Surculus; talea, turio.*

Puado. *m.* Aggregado de puas de um pente, etc.

Púber. *adj.* Pubere; que está na idade da puberdade.

Pubertad. *f.* Pubertade, puberdade; idade em que o homem ou a mulher são capazes de reproduzir a especie. *Pubertas, atis.*

Pubes. *m.* *(anat.)* V. *Púbis.*

Pubescencia. *f.* V. *Pubertad.*

Pubescente. *adj.* Pubescente; guarnecido de pellos finissimos, curtos e macios.

Pubescer. *n.* Chegar á puberdade. *Pubescere.*

Pubiano, na. *adj.* *(anat.)* Pubiano; relativo ao pubis. *Arco pubiano;* arcada pubiana; chanfradura na parte anterior e inferior da circumferencia da pelvis. *Ligamentos pubianos;* ligamentos pubianos; ligamentos que vão prender á symphise do pubis. *Sinfisis pubiana;* symphise pubiana; articulação que une os ossos do pubis entre si.

Pubicórneo, nea. *adj.* *(zool.)* Pubicorneo; que tem os cornos pubescentes.

Pubífloro, ra. *adj.* *(bot.)* Pubifloro; diz-se da flor que tem o calice ou a corolla coberta de pellos avelludados.

Pubíjero, ra. *adj.* *(bot.)* Pubigero; que tem pellucia.

Pubio-coxijeo-anular. *adj.* *(anat.)* Pubio-coxigeo-annular; nome dos musculos elevadores do annel ischio-coxigeo.

Pubio-esternal. *adj.* *(anat.)* Pubio-esternal; nome do musculo recto do abdomen.

Pubio-femoral. *adj.* *(anat.)* Pubio-femoral; qualificação do musculo, primeiro adductor da coxa.

Pubio-infra-umbilical. *adj.* *(anat.)* Pubio-infra-umbilical; nome do musculo pyramidal do baixo ventre.

Pubio-prostático, ca. *adj.* *(anat.)* Pubio-prostatico; nome do musculo que se estende do pubis á prostata.

Pubio-umbilical. *adj.* *(anat.)* Pubio-umbilical; nome do musculo pyramidal do baixo ventre.

Púbis. *m.* *(anat.)* Pubis; nome da parte anterior da pelvis, e da parte media do hypogastro. Os anatomicos dão tambem este nome á parte anterior de cada um dos coxaes.

Publicacion. *f.* Publicação; acção e effeito de publicar. *Promulgatio, onis:* — V. *Amonestacion.*

Publicador, ra. *s.* Publicador; aquelle que publica. *Promulgans, antis.*

Publicamente. *adv. m.* Publicamente; em publico, á vista de todos. *Publicè, palàm.*

Publicano. *m.* Publicano; cobrador dos direitos publicos entre os romanos. *Publicanus, i:—f. (ant.)* publicana; mulher publica.

Publicar. *a.* Publicar; fazer notorio ou patente, por meio do pregão, etc., qualquer cousa que se deseja chegue ao conhecimento de todos. *Promulgare, publicare:* — publicar, divulgar, declarar. *In vulgus edere:* — publicar, revelar, descobrir um segredo, etc. *Aperire, palàm facere:* — apregoar, denunciar, proclamar, publicar os pregões para o matrimonio ou ordens sagradas. *Futuras nuptias vel ordinum gradus edicere:* — publicar; dar á luz, pela imprensa, qualquer obra. *In lucem edere; typis mandare.*

Publicata. *f.* Mandado *de publicandis;* a ordem que o prelado dá ao parocho para que publique o nome do ordinando e inquira sobre a sua vida e costumes, dando depois ao mesmo prelado conta do resultado, juntamente com uma informação ou attestado seu particular. *Diploma monitionum ad ordines sacros suscipiendos, vel pro jam edictis testimonium.*

Publicidad. *f.* Publicidade, notoriedade; estado ou qualidade das cousas publicas. *Rei notitia apud vulgus:* — publicidade; logar publico, sitio onde concorre muita gente. *Locus hominibus frequens. En publicidad (loc. adv.).* V. *Publicamente.*

Publicista. *m.* Publicista; o que escreve sobre direito publico, que o ensina. *Juris publici scriptor:* — publicista; nome que se dá por extensão a qualquer escriptor publico.

Público, ca. *adj.* Publico, notorio, patente, manifesto. *Publicus, a, um:* — publico, vulgar, commum, notado por todos. *Publicus, a, um:* — publico; diz-se de qualquer logar, estabelecimento, etc., onde concorre muita gente: — publico; applica-se ao poder, jurisdicção, etc. *Publicus, a, um:* — publico; que pertence a todos: — *f.* acto publico, defeza de these em algumas universidades para receber o grau. *Publica exercitatio in academiis pro doctoris laurea obtinenda. En público;* em publico; publicamente, á vista de todos. *Coram omnibus, publicè, palàm. Entrar en público;* dar entrada em publico qualquer auctoridade, apresentando-se com solemnidade e apparato. *Solemniter ingredi. La causa pública;* a causa publica, o interesse do paiz. *Sacar al público.* V. *Sacar a la plaza. Servicios públicos;* serviços publicos; os diversos ramos de administração dos negocios do estado. *Vida pública;* vida publica; tempo passado na administração dos negocios do estado.

Publique. *m. (ant.)* V. *Burdel.*

Puccianismo. *m. (rel.)* Puccianismo; doutrina de Francisco Pucci, que sustentava ter Jesus Christo com a sua morte pago por todos os homens.

Puccianista. *m.* Puccianista; partidario, sectario do puccianismo.

Pucela. *f. (ant.)* V. *Doncella.*

Pucelana. *f. (min.)* V. *Puzolana.*

Pucia. *f. (pharm.)* Almofía; vaso proprio para infusões. *Olla quædam pharmaciis elaborandis deserviens.*

Pucinia. *f. (bot.)* Pucinia; genero de cogumelos clinosporeos da tribu dos coniopsideos.

Pucha. *f. (p. Cub.)* Pequeno ramalhete de flores.

Puchada. *f.* Cataplasma feita de farinha. *Cataplasmatis genus.*

Puchecilla. *f.* Papinhas; papas com pouca farinha. *Soluta puls, pulticula.*

Puchera. *f. (fam.)* Pucara. V. *Olla.*

Pucherico, llo, to. *m. dim.* de *Puchero.* Pucarinha.

Pucherito. *m.* Beicinha; contracção que se nota nos labios das creanças quando vão começar a chorar. *Pueri in ploratum vergentis oris conformatio.*

Puchero. *m.* Pucara, panella. *Pultarius, ii:* — cozido; comida ordinaria que consta de carne, toucinho, legumes, etc. *Cibus meridianus pultario decoctus:* — panella; alimento diario e regular. *Cibus diarius, victus diarium:* — ramalhete envolto n'uma folha de platano que costumam offerecer ás senhoras de Lima: — *(fig.)* beicinho; gesto ou movimento de beiços que precede o pranto verdadeiro ou fingido. *Oris jamjam ploraturi conformatio:* — *de enfermo;* panella de doente; comida sem temperos. *Caro sine oleribus elixa, valetudinis tuendæ causâ. Empinar el puchero (fr.);* ter o necessario para viver com decencia. *Honesta re familiari frui. Hacer pucheros,* fazer beiço como quem quer chorar. *Os in ploraturi modum conformare. Este huele a puchero de enfermo;* este não deixa nada; expressão com que as mulheres solteiras desprezam os obsequios dos homens casados. *Hic conjugatus est; cavete, puellæ. Oler a puchero de enfermo;* ser uma cousa mui vulgar e desprezivel. *Rem nimis vulgarem seu despicabilem esse.*

Pucheruelo. *m. dim.* de *Puchero.* Pucarinha.

Puches. *pl.* V. *Gachas.*

Pucho. *m. (p. A. M.)* Ponta de cigarro ou charuto: — retalho, resto de qualquer artigo de commercio.

Puchuela. *s.* Nome de uma das varias castas de homens que se conhecem na America.

Pudendagra. *m. (med.)* Pudendagra; gota das partes genitaes ou talvez da symphise pubiana.

Pudendo, da. *adj.* Pudendo, vergonhoso. *Pudendus, a, um:* — *(anat.)* pudendo; applica-se ás partes genitaes de um e de outro sexo, porém mais particularmente ás da mulher. *Pudendus, a, um.*

Pudibundo, da. *adj.* Pudibundo. V. *Vergonzoso.*

Púdicamente. *adv. m.* Pudicamente; com pudor.

Pudicicia. *f.* Pudicicia, castidade; virtude que ensina ao homem a honestidade que deve observar em suas acções e palavras, e a evitar os gosos illicitos e prohibidos. *Pudicitia, æ.*

Púdico, Pudico, ca. *adj.* Pudico, casto, honesto. *Pudicus, a, um.*

Pudiente. *adj.* Poderoso, rico, opulento. *Potens, opulentus.*

Pudin, Puding. *m.* Pudim; massa ou especie de bolo feito de farinha, leite, passas, assucar e ovos. É termo inglez.

Pudinga. *f. (geol.)* Pudinga; rocha composta de fragmentos redondos, reunidos umas vezes por cimento e outras sem elle. *Encontra-se de differentes qualidades, tal como granitica, a jaspeada e a siliciosa.*

Pudio, dia. *adj. (ant.)* Putrido, decomposto.

Pudir, *n. (ant.)* V. *Heder.*

Pudor. *m.* Pudor, honestidade, modestia, recato. *Pudor, oris:* — *(ant.)* V. *Hedor.*

Pudorosamente. *adv. m.* Pudicamente, com pudor.

Puderoso, sa. *adj.* Pudico, vergonhoso, cheio de pudor. *Pudicus, a, um.*

Pudredumbre. *f. (ant.)* Podridão, corrupção.

Pudricion. *f.* V. *Putrefaccion.*

Pudridero. *m.* Logar onde se colloca alguma cousa para que apodreça ou se corrompa. *Sterquilinium, ii:* — jazigo real no mosteiro de S. Lourenço do Escurial. *Locus exsiccandis cadaveribus destinatus.*

Pudridor. *m.* Tina onde se macera o trapo moido para fazer o papel. *Vas in quo lintei panni detriti chartæ papyraceæ elaborandæ, aquâ immerguntur.*

Pudrigorio. *m. (fam.)* Valetudinario; individuo muito enfermo e achacoso. *Pluribus infirmitatibus laborans, affectus.*

Pudrimento, Pudrimiento. *m.* Apodrecimento, putrefacção, corrupção. *Putredo, corruptio.*

Pudrir. *a.* Apodrecer, corromper, estragar, causar podridão, fazer que alguma cousa apodreça. *Putrefacere, corrumpere:* — *r.* apodrecer; fazer-se podre. *Putrescere:* — *(fig.)* consumir, molestar, affligir. *Summè angere:* — *n.* ter morrido, estar sepultado. *Mortuum esse, sepulcru jacere. No hay quien le diga por ahí te pudras (fr.);* não tem ponta por onde se lhe pegue.

Puebla. *f. (ant.)* Povoação, povo; logar: — sementeira que faz o hortelão para cada genero de hortaliças ou legumes. *Olearum aut leguminum seminatio. Carta puebla.* V. *Carta.*

Pueble. *adj. (ant.)* V. *Pobre.*

Pueblecico, llo, to. *m. dim.* de *Pueblo.* Povinho, povosinho.

Pueblero, ra. *adj. (p. A.)* Nome dado por certos indigenas aos habitantes das cidades e logares.

Pueblo. *m.* Povo, povoação, cidade, villa, etc. *Oppidum, i:* — povo; a gente que habita um logar. *Populus, i:* — povo; a universalidade dos habitantes de um territorio: — povo; a gente commum e ordinaria de qualquer povoação, differente dos nobres. *Plebs, vulgus:* — povo. V. *Vulgo:* — povo. V. *Nacion:* — *(ant.)* povo, gente.

Puebre. *adj. (ant.)* V. *Pobre.*

Puebro. *m. (ant.)* V. *Pueblo.*

Pueco, ca. *adj. (ant.)* V. *Poco.*

Puelche. *m. (p. Chil.)* Vento desagradavel e nocivo que atravessa a cordilheira dos Andes.

Puelo. *m. (ant. p. Ast.)* V. *Pueblo.*

Puelvo. *m. (ant.)* V. *Polvo:* — V. *Pueblo.*

Puente. *s.* Ponte; obra construida de pedra, madeira ou ferro que atravessa os rios, fossos, etc., e dá passagem para o outro lado d'elles. *Pons, tis:* — ponte; construcção sobre barcas para o mesmo fim. *Pons supra coria vel cymbas jactus:* — cavallete dos instrumentos de cordas. *Citharæ ponticulus:* — viga da nora onde gira o eixo: — certo jogo de creanças: — travessões que nos carros ou galeras, seguram a armação pela parte superior. *In plaustris transversa ligna:* — *cerril,* ponte estreita que serve para passar gado solto. *Arctus, angustus pons solis bestiis pervius:* — *colgado o colgante;* ponte pensil: — *de los asnos (fig. fam.);* ponte dos asnos; grave difficuldade que se encontra em qualquer sciencia, etc., e que tira o animo para passar adiante. *Locus transitus difficilis; difficultas quæ ægrè superatur:* — *levadizo;* ponte levadiça; a que se encontra nos fossos de castellos ou praças fortes, e que é construida de maneira que se pôde, por meio de cadeias, levantar e abaixar quando for necessario. *Versatilis pons. Calar el puente (fr.);* abaixar a ponte para que se possa passar. *Pontem versatilem demittere. Hacer la puente de plata;* facilitar e aplanar as cousas em que alguem encontra difficuldade. *Rem facilem reddere. Por la puente que está seco;* marchar sempre pelo mais seguro. *Tutiori via eundum:* — *de Varolio (anat.);* ponte de Varolio; nome dado á protuberancia annular ou mesocephala: — *(art.)* ponte; peça nas fabricas de tapetes que atravessa todo o tear e sustenta os balancins: — supporte em certas construcções de alvenaria collocado entre dois pés direitos. *Transversum ligonum:* — ponte; certa figura de dansa. *Puentes americanas;* pontes americanas; pontes de grandes dimensões formadas de travessões de madeira que descansam sobre pilares collocados de cincoenta a sessenta varas de distancia: — *(naut.)* ponte; obra de madeira sobre que assentam as baterias. *Navis tabulatum:* — *de fajinas (mil.);* ponte de fachinas; terrapleno de terra e pedras, com algumas fachinas em cima, cobertas de tabuões, que os sitiadores estabelecem nos fossos das praças para tornarem mais facil o ataque á brecha: —

militar; ponte militar; a que não é permanente, mas sim de construcção prompta e eventual, segundo as circumstancias: — *volante;* ponte volante; qualquer corpo fluctuante que serve para transportar tropas de uma para outra margem dos rios. A mais ordinaria é a que se forma de barcas sobre as quaes se assentam tabuões.

PUENTECICO, LLO, TO. *m. dim.* de *Puente.*

PUENTECILLA. *f. dim.* de *Puente.* Pontesinha.

PUENTEZUELA. *f. dim.* de *Puente.*

PUERCA. *f.* Alporca, escrofula; tumor scirroso. *Struma, æ:* — *(art.)* porca; peça onde entra um parafuso ou as roscas do mesmo: — *(zool.)* V. *Cloporto:* — *montes.* V. *Jabalina:* — *(naut.)* porquete; qualquer dos meios gios que atravessam o carro da pôpa e vão acabar nos mancos.

PUERCAMENTE. *adv. m.* Porcamente, sujamente, sem limpeza. *Spurcè, sordidè:* — *(fig.)* descortez, grosseira, incivilmente. *Rusticè, inurbanè.*

PUERCO, CA. *adj.* Porco, sujo, immundo. *Spurcus, sordidus, immundus:* — *(fig.)* incivil, grosseiro, malcreado. *Incivilis, inurbanus. Puerco fiado gruñe todo el año (rif.);* porco fiado grunhe todo o anno; explica o quanto é sensivel a um devedor a repetida exigencia dos credores. *A cada puerco le viene ó llega su San Martin;* a cada porco vem seu S. Martinho ou cada porco tem seu S. Martinho. *Nemo doloris expers vel stat sua quique dies. Al mas ruin puerco la mejor bellota;* o peior porco come a melhor lande. *Non meliores sed fortunatiores reipublicæ munera obtinent. Al matar de los puercos placeres y juegos, al comer de las morcillas placeres y risas, al pagar de los dineros pesares y duelos;* ao arrendar cantar e ao pagar chorar. *Expendis hilaris, mœstus exsolves. Al puerco y al yerno, mostrarle la casa, que el se vendrá luego;* ao porco e ao genro, mostra-lhe a casa e virá cedo. *Quod cuique interest, facile quisque amplectitur. A puerco fresco y berenjenas quien tendrá las manos quedas?* Um sabor tem cada caça, mas o porco cento alcança. *Ægrè voluptati resistitur. Comereis puerco y mudareis acuerdo;* a melhor mestra da vida é a experiencia. *Usus et experientia dominantur in artibus. El puerco sarnoso revuelve la pocilga;* quem menos merece mais deseja. *Qui minus meretur, magis ambit. Hurtar el puerco y dar los pies por Dios,* furtar o carneiro e dar os pés pelo amor de Deus. *Falsa pietas admissum non redimit:* — *espin (mil.);* porco espinho; apparelho armado de grandes puas de ferro, que nas escaladas se costuma collocar no parapeito das muralhas para deitar por terra as escadas e os que sobem por ellas. *Trabes ferreis cuspidibus circummunita:* — *s. (zool.)* porco. V. *Cerdo:* — *de simiente.* V. *Berraco:* — *espin;* porco espinho; genero de mammiferos roedores claviculados, da familia dos hystricios que comprehende umas doze especies: — *espin de mar.* V. *Diodonte:* — *marino.* V. *Tonina:* — *montes ó salvaje.* V. *Jabalí.*

PUERICIA. *f.* Puericia; idade do homem que medeia entre a infancia e a adolescencia, isto é, dos sete aos quatorze annos. *Pueritia, æ.*

PUERIL. *adj.* Pueril; concernente á puericia. *Puerilis, le:* — pueril; diz-se das acções e ditos proprios de creanças e improprios de um homem. *Puerilis, le:* — pueril; epitheto que os astrologos dão ao primeiro quadrante do thema celeste. *Puerilis, le.*

PUERILIDAD. *f.* Puerilidade, creancice; cousa propria de creanças, reprehensivel nos homens. *Puerilis jocus:* — puerilidade, ninharia; cousa de pouca entidade. *Nugæ, arum.*

PUERILMENTE. *adv. m.* Puerilmente; de uma maneira pueril, frivola. *Pueriliter.*

PUERPERA. *f.* Puerpera; nome dado á mulher que pariu de pouco.

PUERPERAL. *adj. (med.)* Puerperal; concernente ao parto. *Calentura puerperal;* febre puerperal; a que se desenvolve em consequencia do parto.

PUERPERIO. *m. (med.)* Puerperio; o parto, as suas consequencias e o tempo que se lhe segue.

PUERQUEZUELO, LA. *adj. dim.* de *Puerco:* — *s. dim.* de *Puerco.* Porquinho.

PUERRO. *m. (bot.)* Porro; especie de plantas bolbosas do genero alho, de que se conhecem duas variedades: — *silvestre;* porro silvestre; planta que nasce espontaneamente pelas vinhas e olivaes: — *(med.)* verruga; excrescencia callosa de pequeno volume que nasce em differentes partes do corpo.

PUERTA. *f.* Porta; abertura feita na parede, desde o chão até á altura sufficiente para entrar e saír por ella. *Janua, ostium:* — porta; peça plana de madeira, ferro, etc., que se revolve sobre gonzos ou lemes, e é segura pelo outro lado por meio de fechadura, ferrolho ou outro qualquer fecho. *Fores, valvæ:* — *(fig.)* porta, entrada, admissão. *Aditus, ûs:* — porta, sublime porta; a côrte ottomana. *Turcarum imperium, ditio:* — portagem; tributo de entrada que se paga nas cidades e outros logares. *Victigal in urbium ingressu pendi solitum:* — *(ant.)* garganta, desfiladeiro; passagem, passo estreito dos montes. *Montium angustiæ:* — *(fig.)* porta; logar que dá entrada e saida, especialmente nas covas de alguns animaes. *Ostium, ii:* — *accesoria.* V. *Puerta falsa:* — *cochera;* porta cocheira, de carro, de quinta, portão, porta grande e larga. *Cellæ rhedarum receptoriæ foris:* — *escusada.* V. *Puerta falsa:* — *falsa;* porta falsa ou secreta; porta pequena, em logar pouco apparente, para entrar e saír occultamente.

Pseudothyrum, i: — *franca;* porta franca; entrada ou saida livre, que se concede a todos. *Liber aditus: (fig.)* porta franca; isenção de pagamento de direitos dos objectos importados para consumo proprio. *Vectigalium immunitas:* — *reglar;* portaria, porta de convento, por onde se entra na clausura das religiosas. *Clausuræ janua inter moniales:* — *secreta.* V. *Puerta falsa:* — *trasera;* porta trazeira; porta mais pequena que a principal, que serve para serviço dos creados e misteres ordinarios da casa. *Porticum pseudothyrum: (fam.)* porta trazeira; o cu, parte por onde se expellem os excrementos. *Anus, podex:* — *vidriera;* porta envidraçada; a que se colloca nas casas, á entrada dos gabinetes, alcovas, etc. *Foris vitri crystallive laminis instructa. Abrir puerta ó la puerta (fr.);* abrir porta ou a porta; dar motivo, occasião para qualquer cousa. *Aditum præbere. A esotra puerta;* vá bater a outra porta, com teimosos não se deve porfiar. *Surdo canis. A cada puerta su dueña (rif.);* quem se guardou não errou. *In domûs custodiâ nihil negligendum. A las puertas de la muerte (fr.),* ás portas da morte, moribundo. *Morti proximè. A otra puerta que esta no se abre;* vá bater a outra porta que está não se abre, procure outro recurso. *Aliam excute quercum. A puerta cerrada;* á porta fechada; em segredo, ás escondidas. *Secretò, clam. A puertas cerradas;* a portas cerradas; constituir alguem seu universal herdeiro, deixar-lhe tudo. *Omnino. A puerta cerrada el diablo se vuelve (rif.);* a occasião faz o ladrão. *Tollenda mali occasio. Cerrar la puerta (fr.);* fechar a porta, fechar-se; negar-se absolutamente a fazer qualquer cousa. *Recusare, abnuere. Cerrarse todas las puertas;* fecharem-se todas as portas; falharem todos os recursos, não ter já recurso algum. *Omni spe destitui. Cojer entre puertas;* tomar entre portas; surprehender alguem para o obrigar a fazer qualquer cousa. *Improviso adigere. Cojer la puerta.* V. *Irse. Condenar una puerta;* entaipar uma porta; deixar de fazer uso d'ella, tapando-a. *Fores, aditum obstruere. Cuando una puerta se cierra, ciento se abren (rif.);* quando uma porta se fecha, cento se abrem; falha um meio, um recurso, e offerece-se outro. *Æqua Venus teucris, Palas iniqua fuit. Dar con la puerta en la cara, en los ojos ó en los hocicos (fr.);* atirar com a porta, dar com a porta na cara ou nos narizes; fecha-la de golpe, por desfeita, a quem quer entrar. *Forem alicui claudere. Dejar a uno por puertas;* pôr alguem por portas; reduzi-lo á miseria. *Omnibus fortunis aliquem spoliare, exuere, ad mendicitatem redigere. De puerta en puerta;* de porta em porta, mendigando de casa em casa. *Ostiatim. Detrás de la puerta;* atrás da porta, a cada passo. *Facilè. Echar las puertas abajo;* deitar as casas abaixo; gritar muito forte. *Fores pulsando infringere. Emparejar la puerta;* encostar a porta; cerrar a porta, sem comtudo a fechar á chave ou com ferrolho. *Fores claudere. Enseñar a alguno la puerta de la calle;* ensinar, mostrar a alguem a porta da rua; pôr alguem fóra, despedi-lo de casa. *Domo abigere. Entrarse por las puertas;* entrar pela porta dentro, entrar em casa de alguem sem ser esperado. *Insperatè advenire. Entrarse por las puertas de uno;* recorrer á protecção de alguem, valer-se do seu auxilio. *Ad alicujus patrocinium confugere. Estar a la puerta;* estar á porta; estar muito proximo, muito perto. *Rem imminere, proximè adesse. Llamar a la puerta.* V. *Estar a la puerta. Llamar a las puertas de alguno;* bater á porta de alguem, implorar seu favor e protecção *Alicujus opem implorare. Poner puertas al campo;* perder tempo, trabalhar debalde. *Oleum et operam perdere. Por puertas ó a puertas;* andar por portas; esmolar de porta em porta. *Usque ad mendicitatem:* — *abierta, el santo tienta (rif.);* porta aberta, justo pecca; a occasião faz o ladrão. *Salir por la puerta de los carros y de los perros (fr.);* saír pela porta dos cães; fugir precipitadamente com receio de algum castigo. *Fustibus vel metu exagitatum abire. Tomar la puerta;* saír de casa. *Abire domo. Volver la puerta,* fechar a porta. *Fores claudere.*

Puertaventana. *f.* V. *Contraventana.*

Puertecica, lla, ta. *f. dim.* de *Puerta.* Portinha.

Puertezuelo. *m. dim.* de *Puerto.* Portinho.

Puerto. *m.* Porto; logar seguro e defendido dos ventos, onde entram as embarcações com segurança, e se abrigam dos temporaes. *Portus, ûs:* — porto; passo estreito entre montanhas. *Montium angustiæ:* — *(anat.)* vulva; entrada da madre ou utero. *Vulvæ os:* — *(fig.)* porto, asylo, amparo, refugio. *Refugium, ii:* — *(prov.)* represa; estacada feita de terra, lenha e cascalho, que atravessa o rio para fazer subir a agua. *Agger in fluvio evehendis aquiis transversè congestus:* — *(germ.)* porto; pousada ou venda: — *pl.* pastos de montanha ou de verão, no concelho de Mesta. *Pascua montana:* — *de arrebata capas;* qualquer sitio por onde correm ventos impetuosos, ou onde, pela confusão e desordem, se corre risco de perder qualquer objecto, como capa, chapéu de sol, etc. *Editus locus, quem venti concitatissimè agitant:* — *de arribada (naut.).* V. *Escala:* — *franco;* porto franco; aquelle em que entram e sáem os navios de qualquer nação, sem pagar direitos nem as suas mercadorias, comtanto que as não introduzam no paiz. *Portus liber.* *Puertos secos;* portos seccos; entradas por terra, entrada de generos por terra. *Stationes capiendis vectigalibus:* — *de deposito;* porto de deposito; o que está apto para receber generos mercantis, sem pagar direitos, até que sáiam ou entrem. *Arribar ó salir a puerto de claridad, de salvacion ó de salvamiento (fr.).* V. *Salir a salvo.* *Tomar puerto;* tomar porto, arribar. *Portum appellere:* *(fig.)* surgir em porto; refugiar-se em parte segura. *In locum tutum confugere.* *De puertos allende (for.);* de portos a fôra; territorios fóra dos limites de uma provincia rodeada de montes. *De puertos aquende;* de portos áquem ou a dentro; territorio comprehendido dentro dos limites de uma provincia, rodeado de montes.

Pues. *adv.* Pois, assim pois, portanto, por consequencia. *Igitur, ergo:* — pois, n'esse caso, isso supposto. *Igitur, ergo:* — pois, já que, visto que. *Cum verò, siquidem:* — pois, mas, em verdade, porém. *Equidem, verùm:* — pois; interrogando, significa porque? por que rasão? por que motivo? *Quare, quid ergo?:* — pois; usa-se tambem para ligar as orações entre si, comparando as mais das vezes uma cousa com outra. *Quid ergo:* — pois, porém, por certo; usa-se affirmando alguma cousa. *At:* — pois, assim pois, porque não. *Ita quidem, cur non?:* — pois; usa-se tambem como interjeição para dar força a qualquer ameaça. *Quidem equidem:* — *(adv. ant.)* V. *Despues.* *Pues no?* V. *No.* *Pues si;* pois sim; expressão ironica ue se usa para redarguir aq alguem, figurando concordar com elle, mas fazendo-lhe ver o contrario. *At.* *Pues y que?* pois que? como assim? como é isso? *Quid ergo!* *Y pues?* e depois? só isto?

Puesta. *f.* Posta; porção em que se divide o peixe ou a carne: — *(ant.)* cesto, cabaz, canastra: — V. *Apuesta:* — parada, em alguns jogos de cartas, em que o jogador perde o bolo e tem de o repor. *In nonnullis chartarum pictarum ludis sors, qua quis sponsionem amittit atque exsolvit:* — *del sol.* V. *Ocaso.* *A puesta ó puestas del sol (loc. adv.);* ao pôr do sol. *Sub solis occasum.*

Puestecico, llo, to. *m. dim.* de *Puesto:* — tasca, bodega, taverna insignificante. *Taberna paupercula; tabernula.*

Puesto, ta. *p. p. irreg.* de *Poner:* — *m.* posto; sitio ou espaço occupado por qualquer cousa. *Locus, i:* — posto; logar, sitio ou paragem destinada para a execução de qualquer cousa. *Situs, locus:* — taverna, tenda, loja onde se vende por miudo. *Taberna, locus rebus vendendis:* — cadeira, cama ou logar onde a mulher pare. *Mulieris parturientis sedile:* — posto; predicamento, cargo, officio, graduação. *Dignitas, honor, gradus:* — posto; sitio ou logar onde o caçador se occulta, introduzido entre a ramagem para, d'ali atirar. *Locus ramis obsitus, venatori obtegendo aptus:* — posto; logar ou casa em que estão os garanhões e cavallos paes, para cobrir eguas e burras. *Ædes in quibus admissarii equi et asini mercede locantur:* — *(fig.)* estado ou disposição em que qualquer cousa se acha, physica ou moralmente. *Status, gradus:* — *(mil.)* posto; logar onde se põe sentinella ou destacamento de tropa. *Locus militi copiisve adsignatus.* *Puesto que (loc. adv.);* postoque. V. *Aunque:* postoque, supposto que, porquanto: — V. *Porque:* — *avanzado (mil.);* posto avançado; terreno escolhido para collocar tropas que livrem o exercito de qualquer surpreza, ou as tropas destinadas a este serviço: — *de alarma;* posto de alarma; o designado por um chefe para, ao signal de alarma, acudir a executar ou receber ordens: — *de precaucion,* posto de precaução; acampamento que se estabelece em um dos pontos principaes de uma praça, para evitar que receba soccorros e viveres: — *fijo;* posto fixo; sitio naturalmente defendido, e no qual se póde collocar uma força para um fim qualquer. *Prevenir un puesto (fr. ant.);* antecipar-se a occupar qualquer posto.

Puf. *interj.* Puf; significa que alguma cousa cheira muito mal. *Fœtet.*

Puga. *f. (ant. prov.)* V. *Pua.*

Pugil. *m.* V. *Pujil.*

Pugilar. *m.* V. *Pujilar.*

Pugilato. *m.* V. *Pujilato.*

Pugna. *f.* Pugna, combate, peleja. *Oppositio, contradictio.*

Pugnacidad. *f.* V. *Pugnazidad.*

Pugnada. *f. (ant.)* V. *Puñada.*

Pugnante. *p. a.* de *Pugnar.*

Pugnar. *a.* Pugnar, pelejar, combater, contender. *Pugnare:* — pugnar; solicitar com affinco, procurar com efficacia. *Summa ope niti:* — pugnar; porfiar com calor, defender com esforço. *Pugnare, contendere.*

Pugnaz. *adj. (ant.)* Pugnaz. V. *Belicoso.*

Pugnazidad. *f.* Pugnacidade; disposição pugnaz, bellicosa. *Pugnacitas, atis.*

Pugnicion. *f. (ant.)* V. *Punicion.*

Puies. *m. (ant.)* V. *Pujes,* na segunda accepção.

Puja. *f.* Lanço, preço que se offerece em almoeda sobre alguma cousa que se vende ou arrenda. *In licitationibus pretii augmentum:* — *(ant.)* excesso, vantagem, superioridade. *Sacar de la puja (fr. fig.);* tirar alguem do lanço; conseguir o que outro pretendia, levar-lhe vantagem. *Superare.* *Sacar de la puja a alguno.* V. *Sacarle del apuro o lanze.*

Pujador. *m.* Lançador em almoeda ou hasta publica, licitante. *Pretii auctor in licitationibus.*

Pujame. *m. (naut.)* V. *Pujamen.*

Pujamen. *m. (naut.)* Esteira das vélas; a parte inferior d'ellas. *Veli pars inferior.*

Pujamiento. *m.* Affluencia, abundancia de humores; diz-se mais particularmente do sangue. *Humorum, sanguinis precipuè affluentia nimia:* — *(fam.)* V. *Puja.*

Pujante. *adj.* Pujante, poderoso, forte, potente. *Potens, vegetus.*

Pujantísimo, ma. *adj. sup.* de *Pujante.* Pujantissimo; muito pujante.

Pujanza. *f.* Pujança, robustez, força extraordinaria. *Potentia, vigor:* — *(ant.)* pujanças, poderio, valimento.

Pujar. *a.* Lançar; offerecer maior preço no leilão. *Pretium augere in licitationibus:* — *n.* esforçar-se para conseguir alguma cousa procurando vencer o obstaculo que se encontra. *Eniti, conari:* — embaraçar-se, ter difficuldade em explicar-se, não acabando o que tinha a dizer ou detendo-se na execução de alguma cousa. *Ægrè, hæsitanter loqui:* — *(fam.)* gesticular, fazer visagens, cara de quem quer chorar, ou faze-las depois de ter chorado. *Gestum agere tristem antè aut post planctum:* — *(ant.)* pujar, exceder, avantajar-se. Usava-se tambem como neutro: — subir, ascender.

Pujavante. *m.* Puxavante; instrumento de que usam os ferradores para cortar e aparar os cascos das bestas. *Scalprum, i.*

Pujes. *m. (ant.)* V. *Higa*, na sua segunda accepção: — puge; moeda franceza de pouco valor.

Pujesada. *f.* Quantidade de alguma cousa, que valia um puge.

Pujil. *m.* Pugilista; athleta que combate ás punhadas. *Pugil, ilis.*

Pujilar. *m.* Manual em que os hebreus tinham as lições da escriptura. *Pugillare.*

Pujilato. *m.* Pugilato; combate ás punhadas. *Pugillatio, pugillatus.*

Pujilómetro. *m.* Pugilometro; instrumento usado para medir a força produzida por uma punhada.

Pujionio. *m. (bot.)* Pugionio; genero de plantas da familia das cruciferas.

Pujo. *m. (med.)* Puxo, tenesmo; esforço doloroso de pessoa que forceja por expellir os excrementos alvinos. *Tenesmus, i:* — furor, desejo violento de demonstrar claramente qualquer paixão. *Pruritus, i:* — *(fig.)* ancia, desejo efficaz de lograr alguma cousa ou conseguir qualquer fim. *Anxietas, atis:* — *de sangre (med.)* V. *Tenesmo. A pujos (loc. adv.);* pouco a pouco, com difficuldade.

Pul. *m.* Pul; nome dado na Persia a todas as moedas de cobre que correm no paiz.

Pulcela. *f. (ant.)* V. *Doncella.*

Pulcelaje. *m. (ant.)* Donzellice, virgindade.

Pulcritud. *f.* Pulchritude, formosura, belleza, esmero no aceio e adorno da pessoa. *Pulchritudo, inis.*

Pulcro, cra. *adj.* Pulchro, formoso, bello, bem parecido, aceiado; applica-se regularmente á pessoa que cuida esmeradamente dos seus adornos e limpeza. *Concinnus, venustus, pulcher, elegans.*

Pulga. *f.* Pulga; insecto vulgar que se nutre do sangue que chupa, é notavel pela grande força e ligeireza com que salta. *Pulex, icis:* — *maligna (med.);* pulga maligna; especie de anthrax endemico, em algumas partes da Borgonha. Dá-se-lhe tambem o nome da pulga de Borgonha: — *(fig.)* pitorra; chamam assim os rapazes aos piões pequenos com que jogam *Trochuli, orum. Cada uno tiene su modo de matar pulgas (fr.);* cada um tem seu modo de matar pulgas. *Suum cuique ingenium. Echar la pulga detrás de la oreja;* deitar a pulga atrás da orelha; dizer a alguem uma cousa que o inquiete. *Sollicitudinem alicui injicere. Hacer de una pulga un camello ó un elefánte,* fazer de uma pulga um cavalleiro armado; serve para censurar os que notam os defeitos alheios. *Elephantem ex musca facere. Tener pulgas;* ferver em pulgas, ser impaciente, irascivel, inquieto. *Impatientem injuriæ esse.*

Pulgada. *f. (metrol.)* Pollegada; medida do systema antigo, que contém doze linhas geometricas ou a duodecima parte de um pé geometrico ou a trigesima sexta parte da vara hespanhola. No novo systema metrico a pollegada equivale a $0{,}^{84}/_{36}$ do metro ou 27 millimetros: — *de agua;* pollegada de agua; a quantidade de agua que sáe por um furo circular com um diametro de uma pollegada. *Pollicis mensura.*

Pulgadera. *f.* Pollegadeira; tira de pergaminho dividida em pollegadas e partes de pollegada, que usam os contramestres para medir a grossura dos cabos.

Pulgar. *m.* Pollegar; o pé mais curto e grosso da vide podada. *Vitis surculus:* — *(anat.)* pollegar; o primeiro dedo e mais grosso da mão. *Pollex, icis. Menear los pulgares (fr.);* separar os naipes, nos jogos de cartas. *Chartas pictas auxpicari, explorare:* — desembaraçar os dedos, mexer as mãos com pressa e desembaraço. *Manus laborando celeriter movere. Por sus pulgares,* por suas proprias mãos e sem ajuda de outros. *Propriis manibus; propio marte.*

Pulgarada. *f.* Pancada com o dedo pollegar. *Pollicis ictus:* — pitada; pequenissima quantidade de alguma cousa. *Quantum pulveris pollice indiceque digitis semel capi potest:* — V. *Pulgada.*

Pulgarejo. *m.* V. *Entrañas:* — *(fig. fam.)* V. *Partes vergonzosas.*

Pulgon. *m. (zool.)* Pulgão; genero de insectos hemipteros da familia dos aphidios, cujas especies se alimentam da seiva dos vegetaes, a qual chupam destruindo-os.

Pulgoso, sa. *adj.* Pulguento; que tem pulgas. *Pulicosus, a, um.*

Pulguera. *f.* Pulguedo; logar cheio de pulgas. *Locus pulicosus:* — *(bot.)* V. *Zaragatona:* — V. *Empulguera.*

Pulguica. *f.* V. *Pulguita.*

Pulguilla. *f.* V. *Pulguita:* — *pl.* traquinas; pessoa inquieta e buliçosa. *Irrequietus homo.*

Pulguita. *f. dim.* de *Pulga.* Pulgita.

Pulican. *m.* Pelicano, especie de boticão; instrumento de tirar dentes molares. *Ferramenta molaribus dentibus evellendis.*

Pulicaria. *f. (bot.)* Pulicaria; genero de plantas da familia das compostas.

Pulicia. *f. (ant.)* V. *Policía.*

Pulidamente. *adv. m.* Polidamente; com polidez. *Pulchrè, politè.*

Pulidero. *m. (art.)* Poidouro; trapo por meio de cuja dobra passa o fio que se vae dobrando: — peça com buracos que junta os fios na urdidura de lã.

Pulidez. *f.* Polidez, compostura, aceio, delicadeza. *Concinnitas, atis.*

Pulideza. *f. (ant.)* V. *Pulidez.*

Pulidísimo, ma. *adj. sup.* de *Pulido.* Polidissimo.

Pulido, da. *adj.* Polido, agradavel, bem parecido. *Concinnus, elegans:* — *(art.)* polidura; operação de tirar aos crystaes as mais pequenas desigualdades: — V. *Pulimento.*

Pulidor. *m.* Pulidor; o que pule, compõe e adorna alguma cousa. *Politor, oris:* — *(art.)* V. *Pulidero,* na primeira acepção: — pedra de brunir; instrumento para brunir as pelles: — brunidor; instrumento de brunir. *Ferramentum lævigando aptum:* — V. *Bruñidor.*

Pulijero, ra. *adj. (bot.)* Puligero; que tem muitas proeminencia. Usa-se tambem como substantivo.

Pulimentar. *a.* Pulir, brunir; dar polimento a alguma cousa. *Expolire, lævigare.*

Pulimento. *m.* Polimento; lustre, brilho que se dá a algumas cousas. *Politura, expolitio:* — *(art.)* polimento; a acção de polir: — polimento; verniz que se dá nas madeiras, etc., para lhes dar brilho.

Pulir. *a.* V. *Pulimentar:* — polir, compor, alisar ou aperfeiçoar alguma cousa, dando-lhe o ultimo toque. *Polire:* — polir, adornar, adereçar, compor. Usa-se como reciproco. *Polire:* — V. *Civilizar:* — *r.* polir-se, civilisar-se, instruir-se. *Urbanitatem acquirere, rusticitatem exuere, urbanos mores induere:* — *(art.)* polir, alisar, igualar e dar brilho aos metaes, pedras e quaesquer outros objectos: — brunir; fallando de pelles, alisa-las e dar-lhes o lustre com a pedra de brunir. *Tablado de pulir;* tábua de polir; nas fabricas de agulhas, é uma tábua grossa e mui lisa por onde fazem rolar as agulhas até que fiquem perfeitamente polidas.

Pulison, na. *s.* V. *Polison.*

Pulmo-aórtico, ca. *adj. (anat.)* Pneumo-aortico; que pertence ao pulmão e á aorta.

Pulmobranquios. *m. pl. (zool.)* Pulmobranchios; denominação que alguns naturalistas empregam como synonymo de pulmonados, e que comprehende os molluscos gasteropodas que respiram o ar natural.

Pulmogrado, da. *adj. (zool.)* Pulmogrado; diz-se dos insectos que têem o corpo gelatinoso, e apresentam movimentos de dilatação e contracção similhantes aos do pulmão no acto da respiração.

Pulmon. *m. (vet.)* Vivos; tumor carnoso que se forma sobre os ossos e articulações: — *(zool.)* pulmão; nome dado a varias especies do genero Medusa: — *(anat.)* pulmão; orgão principal da respiração.

Pulmonados. *m. pl. (zool.)* Pulmonados; primeira ordem de molluscos gasteropodas.

Pulmonar. *adj. (anat.)* Pulmonar; concernente ao pulmão. *Pulmonarius, peripneumoniacus. Arteria pulmonar;* arteria pulmonar; arteria que parte do ventriculo direito do coração, e vae até aos pulmões.

Pulmonaria. *f. (bot.)* Pulmonaria *(pulmão);* genero de plantas da familia das borragineas.

Pulmonarios. *m. pl. (zool.)* V. *Araneidos.*

Pulmonía *f. (med.)* Pulmonia; inflammação do parenchyma pulmonar.

Pulmoniaco, ca. *adj. (med.)* V. *Pulmonar:* — pulmonico; vulgarmente dá-se este nome aos que soffrem do peito.

Pulpa. *f.* Polpa; partes carnudas, molles dos animaes. *Pulpamen, inis:* — polpa; a parte molle dos fructos e a substancia medullar das plantas lenhosas. *Pulpa, medulla:* — *cerebral (anat.);* polpa cerebral; a parte medullar do cerebro ainda quando tem uma textura fibrosa: — *dijital;* polpa digital; parte carnosa e arredondada que termina os dedos.

Pulpacion. *f. (pharm.)* Polpação; acção de reduzir a polpa certas substancias vegetaes.

Pulpar. *a. (pharm.)* Reduzir a polpa alguma substancia.

Pulpejo. *m.* Polpa; a parte carnosa e molle de algum membro pequeno do corpo; v. g.: a cabeça do dedo opposta á unha. *Membri parvi cujusvi carnea pars:* — cutidura; a parte carnosa d'onde nasce o casco ou unha das cavalgaduras.

Pulpera. *f. (pharm.)* Espatula comprida com que se espreme sobre uma peneira grossa a substancia posta de antemão em estado de massa branda, para reduzi-la a polpa.

Pulpería. *f.* Tenda, loja nas Indias onde se vendem viveres e differentes generos de mercearia. *Communis taberna vel caupona.*

Pulpero. *m.* Tendeiro, merceeiro das Indias. *Caupo, tabernarius:* — pescador de polvos. *Polyporum piscator.*

Pulpesia. *f. (med.)* Pulpesia; nome dado por alguns auctores á apoplexia.

Pulpeta. *f.* Pedaço que se tira da polpa da carne. *Frustulum carneum.*

Pulpeton. *m. augm.* de *Pulpeta.*

Pulpito. *m.* Pulpito; cadeira elevada nas igrejas d'onde se pregam sermões. *Suggestus, i:* — pulpito; nas ordens religiosas, o emprego de prégador. *Concionatoris munus inter monachos.*

Pulpo. *m. (zool.)* Polvo, polypo *(animal de muitos pés)*; genero de molluscos cephalopodes cujas especies são mui communs nos mares da Europa. *Poner como un pulpo (fr. fig.* e *fam.)*; pôr em lençoes de vinho; castigar alguem de pancadas deixando-o muito mal tratado. *Verberibus contundere.*

Pulpol. *m. (pharm.)* Polpa medicinal; em geral, medicamento de substancia branda formado da parte carnosa dos vegetaes.

Pulpolado. *m. (pharm.)* Polpa, substancia reduzida a polpa.

Pulpólico, ca. *adj. (pharm.)* Polpudo; composto de polpa, feito de polpa.

Pulposo, sa. *adj. (pharm.* e *med.)* Polposo, carnudo; que só tem carne ou tem a consistencia da polpa. *Pulposus, a, um.*

Pulque. *m.* Pulque; licor da arvore da maguey, extrahido por incisão feita no tronco. *Potio indica quædam.*

Pulquería. *f.* Loja onde se vende o licor do maguey. *Taberna potionis indicæ pulque dictæ.*

Pulsacion. *f.* Pulsação; acção e effeito de pulsar. *Pulsatio, onis:* — *(phys.)* pulsação; movimento de vibração que se effectua nos fluidos elasticos, quando suas moleculas são movidas bruscamente: — *(med.)* pulsação, pulso; dilatação e contracção alternada das arterias. *Pulsus, pulsatio.*

Pulsada. *f.* V. *Pulsacion.*

Pulsador, ra. *s.* Pulsador; aquelle que pulsa.

Pulsamiento. *m. (ant.)* V. *Pulsacion.*

Pulsante. *p. a.* de *Pulsar.*

Pulsar. *a.* Pulsar, tocar, ferir. *Pulsare:* — tomar o pulso a um doente para examinar o movimento da arteria. *Arteriam pulsare, pulsum explorare tactu:* — *(fig.)* sondar, tentear, examinar algum assumpto para descobrir o meio de o tratar. *Explorare:* — pulsar; palpitar, latejar a arteria, o coração ou outra cousa que tem movimento sensivel. *Venam micare, salire.*

Pulsátil. *adj.* V. *Pulsativo.*

Pulsátila. *f. (bot.)* Pulsátila; especie de plantas do genero anemona.

Pulsativo, va. *adj.* Pulsativo; que pulsa. *Pulsans, tis:* — *(med.)* pulsàtivo; applica-se á dor acompanhada de latejos ou pulsações similhantes ás das arterias.

Pulsatorio, ria. *adj. (phys.* e *med.)* Pulsatorio; que produz pulsações. *Movimiento pulsatorio;* movimento pulsatorio; emprega-se em medicina e em physica como synonymo de pulsação.

Pulseador, ra. *adj.* Que experimenta a força do pulso.

Pulsear. *n.* Experimentar a força de pulso entre dois individuos.

Pulsera. *f.* Pulseira; ligadura em volta do pulso do enfermo quando se lhe applica algum topico corroborante. *Fascia brachialis:* — pulseira; adorno que as mulheres põem em roda dos pulsos. *Armilla muliebris.*

Pulsilojio. *m. (med.)* Pulsilogio; instrumento proprio para medir e conhecer a qualidade do pulso.

Pulsimancia. *f. (med.)* Pulsimancia; arte de predizer ou prognosticar pelo pulso, segundo suas indicações.

Pulsimántico, ca. *adj. (med.)* Pulsimantico; concernente á pulsimancia: — *m.* pulsimantico; aquelle que pratica a pulsimancia.

Pulsimetría. *f. (phys.* e *med.)* Pulsimetria; arte de empregar o pulsimetro e de apreciar suas indicações.

Pulsimétrico, ca. *adj. (phys.* e *med.)* Pulsimetrico; concernente ao pulsimetro.

Pulsímetro. *m. (phys.)* Pulsimetro; apparelho proprio para indicar a facilidade com que se effectua a evaporação no vacuo: — *(med.)* pulsimetro; instrumento proprio para medir a velocidade do pulso.

Pulsion. *f. (phy.)* Pulsão; propagação do movimento de ondulação em um fluido elastico.

Pulsista. *adj. (med.)* Pulsista; applica-se ao medico que é versado na observação das variações do pulso.

Pulso. *m.* Pulso; movimento, bater da arteria. *Pulsus, i:* — pulso; parte do antebraço onde se sente o bater da arteria. *Garpus, i:* — pulso; segurança, firmeza de mão para executar qualquer cousa. *Manus dexteritas, vigor:* — *(fig.)* tento, cuidado, attenção, diligencia, solicitude. *Cura, diligentia:* — *lleno (med.)*; pulso cheio; o que indica superabundancia de sangue na arteria: — *sentado;* pulso socegado, brando. *Pulsus quietus, firmus. A pulso (loc. adv.)*; com o pulso; exprime que uma cousa se levanta fazendo força só com o pulso, sem apoiar o braço em parte alguma. *Mano suspensa. Quedarse sin pulsus (fr. fig.)*; ficar desanimado, ficar esmorecido. *Exanimari. Tomar a pulso;* examinar, experimentar pelo pulso o peso de qualquer cousa. *Rei pondus explorare, tentare. Tomar el pulso;* tomar o pulso; reconhecer o medico pelo pulso o estado do enfermo. *Ægri arteriam tentare:* *(fig.)* examinar, tentear o estado ou disposição de alguma cousa. *Rei statum explorare:* — *(med.)* pulso; movimento de dilatação e contracção das arterias.

Pulsómetro. *m. (med.)* V. *Pulsimetro.*

Pultáceo, cea. *adj. (med.)* Pultaceo; que tem a consistencias das papas.

Pulténea. *f. (bot.)* Pultenea; genero de plantas da familia das leguminosas papilionaceas.

Pultro. *m. (ant.)* V. *Potro, Caballo.*

Pululante. *p. a.* de *Pulular.*

PULULAR. *n.* Pulular, rebentar, multiplicar, brotar, germinar, lançar renovos. *Pullulare:* — originar-se, nascer, provir uma cousa de outra. *Oriri:* — *(fig.)* pullular, rebentar, grassar.

PULVERARIA. *f. (bot.)* V. *Patelaria.*

PULVERATRIZ. *adj.* Pulveratriz; diz-se das aves que se revolvem no pó, e em particular as gallinaceas.

PULVERÍFERO, RA. *adj. (min.)* Pulverifero; classificação que se applica a uma variedade de quartzo agatha ôco, cuja cavidade está cheia em parte ou no todo de um pó de cal carbonatada.

PULVERIZABLE. *adj.* Pulverisavel; que se póde reduzir a pó. *Quod in pulverem redigi potest, pulveri simile.*

PULVERIZACION. *f.* Pulverisação; acção e effeito de pulverisar. *In pulverem reductio:* — *(pharm.)* pulverisação; operação que tem por fim dividir os corpos até os reduzir a pó mais ou menos fino.

PULVERIZAR. *a.* Pulverisar; reduzir a pó alguma cousa. *Pulverare.*

PULVEROL. *m. (pharm.)* Pó medicinal.

PULVEROLADO. *m. (pharm.)* Substancia reduzida a pó.

PULVERÓLICO, CA. *adj. (pharm.)* Pulverisado; que está reduzido a pó.

PULVERULENTO. *adj. (pharm.)* Pulverulento; substancia carregada de pó ou que se apresenta debaixo d'esta fórma: — *(min.)* pulverulento; diz-se de um mineral que tem a consistencia do pó ou que é facil de reduzir a pó.

PULVINOLA. *f. (bot.)* Pulvinula; nome dado por alguns naturalistas ás excrecencias que se notam na superficie do caule de certos lichens.

PULLA, *f.* Pulha; dito obsceno e grosseiro. *Convitium scurrile:* — pulha; expressão aguda e picante dita a proposito e com promptidão. *Mordens, facetia:* — *(ant.)* pulha; cantar deshonesto. *Echar pullas;* escarnecer, motejar.

PULLETRO. *m. (ant.)* V. *Pultro.*

PULLINO, NA. *adj. (ant.)* V. *Estevado.*

PULLISTA. *m.* Pulhador, escarnicador; o que diz ou costuma dizer pulhas. *Mordentibus facetiis utens.*

PUMA. *f. (p. Peru)* Puma; quadrupede parecido na cabeça com o tigre, mas não na ferocidade, por ser fraco e timido.

PUMAL. *m. (ant.)* V. *Pomar.*

PUMARADA. *f. (p. Ast.)* Pomar de maceeiras.

PUMENTE. *m. (germ.)* Fralda de camisa de mulher.

PUMICIFORME. *adj.* Pomiciforme; que se parece com a pedra pomes.

PUMICITA. *f. (min.)* V. *Pumita.*

PUMITA. *f. (min.)* Pomita; rocha cuja base é a pedra pomes.

PUNA. *f.* Puna; região inhabitavel pelo muito frio. *Regio frigoris asperitate inhabitabilis:* — *(p. A. M.)* puna; qualquer terra, e por antonomasia as paragens altas e frias da cordilheira dos Andes: — *(ant.)* V. *Pugna.*

PUNADA. *f. (ant.)* V. *Puñada.*

PUNALITA. *f. (min.)* V. *Poonalita.*

PUNAR. *n. (ant.)* V. *Pugnar.*

PUNCELA. *f. (ant.)* V. *Doncella.*

PUNCION. *f. (ant.)* V. *Punzada:* — *(med.)* punção; operação cirurgica que se pratica com o trochater ou com a ponta do bisturi, a fim de evacuar a serosidade ou qualquer outro liquido contido em uma cavidade natural ou accidental.

PUNCHA. *f.* Pua, bico, ponta delgada e aguda. *Spina, aculeus.*

PUNCHAR. *a. (ant.)* Picar, punçar, furar. *Pungere.*

PUNCHE, *m. (p. A.)* Punche; especie de manjar branco.

PUNDONOR. *m.* Pundonor, ponto de honra, brio. *Honos, dignitatis cura vel studium.*

PUNDONOROSAMENTE. *adv. m.* Pundonorosamente, briosamente, com pundonor. *Honestatis ratione habita.*

PUNDONOROSO, SA. *adj.* Pundonoroso, brioso, cheio de pundonor. *Propria dignitatis sollicitus, studiosus.*

PUNGA. *f. (ant.)* V. *Pugna.*

PUNGENTIVO, VA. *adj. (ant.)* Pungitivo; que punge e excita a fazer alguma cousa. *Stimulans, pungens.*

PUNGIMIENTO. *m. (ant.)* Pungimento; acto e effeito de pungir. *Punctio, onis.*

PUNGIR. *a. (ant.)* V. *Punzar:* — *(fig. ant.)* pungir, estimular, irritar. *Pungere, stimulare:* — *r. (ant.)* atrever-se, aventurar-se, ousar.

PUNGITIVO, VA. *adj. (ant.)* Pungitivo; que punge, ou é capaz de pungir.

PUNIBLE. *adj.* Punivel; que merece punição ou castigo. *Puniendus, pœna dignus.*

PUNICION. *f.* Punição. V. *Castigo.*

PÚNICO, CA. *adj.* Punico; pertencente aos phenicios e carthaginezes. *Punicus, a, um. Fé punica;* fé punica; má fé, por allusão á perfidia que os romanos censuravam aos carthaginezes.

PUNIDOR, RA. *s. (ant.)* Punidor; o que castiga, que pune.

PUNIR. *a. (ant.)* Punir. V. *Castigar.*

PUNJITIO. *m. (zool.)* V. *Cefalacanto.*

PUNNADA. *f. (ant.)* V. *Puñada.*

PUNNAR. *n.* Punar. V. *Pugnar.*

PUNNO. *m. (ant.)* V. *Puño.*

PUNTA. *f.* Ponta; extremidade aguda e picante de algum instrumento. *Mucro cuspis:* — ponta; extremidade angulosa. *Cuspis, angulus:* — ponta; pequena porção de gado que se separa do rebanho. *Pars pecoris a grege separata:* — ponta; esgalho de qualquer dos cornos do veado. *Parvula cuspis inter cervorum cornua interjacens:* — ponta; corno do touro. *Tauri cornu:* — *(fig.)* ponta; porção de terra que vae estreitando, e entrando pelo mar. *Promontorium, is:* — ponta, sainete; sabor acre e picante de qualquer cousa. *Acor, oris:* — *(caç.)* parada do cão em vista da caça. *Detentio, mora, canis statio:* — *(art.)* ponta; esgalho que fica depois de cortadas e apparelhadas as peças que se tiram de uma arvore. *Amputatæ arboris residuum:* — ponta; o extremo de qualquer madeiro opposto á cabeça. *Lignum arboris extremum:* — ponta, furador; instrumento typographico em fôrma de sovela, porém mais pequeno e com o ferro direito, que serve para tirar a letra das fôrmas. *Subula typographica:* — *de diamante*; ponta de diamante; instrumento de que os vidraceiros se servem para cortar vidro. *Manubrium adamantino cuspide instructum:* — ponta; figura ponteaguda e angulosa que se costuma dar ás pedras e outros materiaes. *Angularis et cuspidata forma:* — *injenua:* ponta ingenua; nome que se dava antigamente ao diamante crystallisado em octaedros em fórma de ponta ou pyramide natural: — *(br.)* ponta; a parte inferior do escudo, na perpendicular que o divide em duas partes iguaes. *In stemmatibus angulus:* — ponta; figura de honra representada por um triangulo, cuja base está na ponta das duas terças partes da sua largura e sobe a terminar em angulo no chefe do escudo. *Stemma triangulare:* — *(ant.)* pontada; dor aguda em qualquer parte do corpo: — *pl. (p. Mex.)* pontas; guarnição bordada de seda de differentes cores, que as mulheres do povo usam nas saias: — *(naut.)* V. *Cabo:* — *de bolina;* ponta de bolina; navegação executada na posição rigorosa de bolina: — *de marea;* ponta de maré; o final de qualquer de seus movimentos de ascenção ou descenção: — *con cabeza;* bico ou cabeça; jogo de rapazes, que consiste em metter, fechados na mão, dois alfinetes, e perguntar a outro se estão cabeça com cabeça ou cabeça com bico; o que responde ganha se acerta, e se erra perde. *Puerilis ludus quidam. Agudo como punta de colchon (loc. fam.);* tapado como uma porta. *Hebes, tardus. Andar en puntas (fr.);* andar de ponta, em desavença com alguem. *Rixari, altercari. A punta de lanza;* a ponta de lança, com esforço, com todo o rigor. *Totis viribus. Armar de punto en blanco;* armar de ponto em branco; armar alguem dos pés á cabeça, com todas as armas. *Catapharetam induere; undique munire. De puntas.* V. *De puntillas. Doblar la punta (fr. naut.).* V. *Doblar el cabo. Estar de punta con otro;* estar de ponta, zangado ou renhido com outro. *Sibi mutuo adversari, repugnare. Hacer punta;* ser o primeiro a dirigir-se, a encaminhar-se para qualquer parte. *Aliquo divertere:* oppor-se abertamente a outro, pretendendo tirar-lhe o que elle solicita ou intenta. *Præoccupare, velle alterius locum:* distinguir-se; sobresaír entre muitos em prendas ou conhecimentos. *Eruditione et animi dotibus inter multos præcellere:* repontar; diz-se do gado, especialmente vaccum, quando pretende fugir. *Ser de punta;* ser excellente, escolhido. *Montar la punta (fr. naut.).* V. *Doblar el cabo. Tener en la punta de la lengua alguna cosa;* ter debaixo da lingua; não se lembrar promptamente de alguma cousa que se quer dizer. *In ipso temporis momento memoria excidisse. Tomar puntas;* metter-se pelo mar dentro para poder dobrar o cabo.

PUNTACION. *f.* Pontuação; acção de pôr pontos sobre as letras. *Notarum super litteras appositio:* — pontuação; acção de pontuar, de pôr pontos e virgulas e outros signaes orthographicos. *Punctuatio, punctorum, notatio.*

PUNTADA. *f.* Ponto; obra que se faz com a agulha no panno que se vae cozendo. *Punctum acus:* — *(fig.)* allusão, insinuação; dito que como descuidadamente se profere para recordar ou obrigar a fallar sobre qualquer cousa. *Obiter dictum:* — *(ant.)* ponto, momento, instante: — *pl.* tinturas; conhecimentos leves, superficiaes *No dar puntada (fr.);* não dar passo em qualquer negocio. *Rem, negotium omittere. No dar puntada en alguna cosa;* não dar rego; não ter nenhuma intenção, fallar desatinadamente em qualquer materia. *Ignarum, imperitum esse. De todo entiende un poquito y de albardero dos puntadas (rif.);* diz-se do homem que presume saber de tudo e que nada sabe.

PUNTADOR, RA. *s.* V. *Apuntador.*

PUNTAL. *m.* Pontalete, escora; pau a prumo que esteia algum edificio ou muro. *Fulcrum, sustentaculum:* — pontal; elevação, saliencia de terra em ponta. *Clivi apex:* — *(naut.)* pontal; altura de um navio desde a quilha até á primeira coberta. *Navis altitudo ab imo usque ad tabulatum superius:* — *(fig.)* apoio, fundamento. *Fulcrum, fulcimentum:* — *pl.* pontaes; estacaria feita para formar algum porto ou caes: — *(arch.)* V. *Apeo.*

PUNTANAIPES. *m. (art.)* Pontanaipes; nome de certos diamantes que vem de Bengala e são octaedros.

PUNTANO, NA. *s.* Puntano; natural da provincia de S. Luiz, na confederação argentina.

PUNTAPIÉ. *m.* Pontapé; golpe com a ponta do pé. *Pedis ictus. Mandar a alguno a puntapiés (fr.);* ter grande ascendencia sobre alguem, alcançar d'elle tudo que se pretende. *Alterius facta pro libitu regere, in potestate habere.*

PUNTAR. *a.* Apontar; notar as faltas dos ecclesiasticos no côro. *Clericos a choro absentes annotare:* — apontar; marcar com ponto ou com os signaes orthographicos que dividem as clausulas das sentenças para melhor entendimento d'ellas: — pontoar; pôr pontos sobre as letras, o que se faz nas linguas que não têem vogaes em seu alphabeto, para as supprir. *Puncta litteris superponere:* — *(mus.)* marcar as pausas mais ou menos perfeitas, e dividir de tal sorte as phrases que se sintam os principios, as quédas e as ligações. *Notas musicas punctis signare.*

PUNTEAR. *a.* Dedilhar, tocar viola, ferindo com os dedos cada uma das cordas determinadamente. *Citharæ chordas carptim sciteque percutere:* — pontilhar, pontear; marcar com pontos qualquer cousa. *Punctis notare vel pingere:* — pontear, coser com agulha, dar pontos. *Suere:*—*n. (naut.)* grivar, tocar em vento, chegar-se ao vento; ir orçando quanto se pode para aproveitar o vento quando escasseia. Usa-se tambem como activo. *Obliquare sinus in ventum:* — pontear, alinhavar.

PUNTEL. *m. (art.)* Pontel; instrumento de ferro, que serve para tirar o vidro do forno e dar-lhe as fórmas necessarias. *Ferreus tubus ad vitrum è furnace educendum.*

PUNTEO. *m.* Dedilhação; acção de dedilhar, de fazer resoar as cordas de algum instrumento com os dedos.

PUNTERA. *f. (fam.)* V. *Puntapié:* — *(bot.)* V. *Siempreviva mayor.*

PUNTERÍA. *f.* Pontaria; mira, alvo a que se dirije o tiro. *Collineandi actio. Hacer, dirijir, poner la puntería (fr.)* fazer pontaria. V. *Asestar el tiro.*

PUNTERICO. *m.* V. *Punterito.*

PUNTERILLO. *m.* V. *Punterito.*

PUNTERITO. *m. dim.* de *Puntero.*

PUNTERO, RA. *adj.* Certeiro; applica-se á pessoa que faz bem a pontaria com alguma arma. *In collineando certus:* — *m.* ponteiro; hastezinha aguçada com que os rapazes que aprendem a ler vão apontando as letras para as distinguir umas das outras. *Stilus, i:* — ponteiro; instrumento que serve para apontar ou marcar qualquer cousa; nas igrejas e côros é uma varinha de metal, com que assignalam os logares que se hão de cantar ou ler. *Stilus, i:* — ponteiro; instrumento que serve para administrar o sacramento da confirmação. *Stilus sacri olei pyxidis operculo inhærens unctionique deserviens:* — *(art.)* ponteiro; instrumento com que os ferradores abrem as craveiras. *Stilus ferreus:* — ponteiro; instrumento de canteiro. *Scalper acuminatus:* — ponteiro; peça do relogio, que indica as horas, minutos e segundos.

PUNTEROL. *m. (germ.)* Instrumento para fabricar alparcas.

PUNTIAGUDO, DA. *adj.* Pontagudo; que tem a ponta aguda. *Acuminatus, præacutus.*

PUNTICA. *f.* V. *Puntilla.*

PUNTILLA. *f.* V. *Puntita:* — pontilha; bordado delicadissimo. *Fasciola ex tenuissimo filo reticulata:* — *(p. And.)* V. *Cachetero. De puntillas (loc. adv.);* nas pontinhas, nos bicos dos pés. *Extremis pedibus:* ás escondidas, em segredo. *Poner-se de puntillas (fr.);* pôr-se nas pontinhas dos pés com alguem, levantar-se com elle. *Adversari, contra obsistere.*

PUNTILLAZO. *m.* V. *Puntapié.*

PUNTILLO. *m.* Pontinho, ninharia; qualquer cousa leve e insignificante a que as pessoas excessivamente pundonorosas dão grande importancia. *Levissimi res momento quisquiliæ:* — pontinha; peguilho, motivo, pretexto, pique.

PUNTILLON. *m.* V. *Puntapié.*

PUNTILLOSO, SA. *adj.* V. *Pelilloso.*

PUNTITA. *f. dim.* de *Punta.* Pontinha.

PUNTO. *m.* Ponto, assumpto, sujeito, materia de que se trata. *Argumentum, i:* — ponto; o principal de qualquer assumpto. *Rei summa, caput, cardo:* — ponto; fim, intento de qualquer acção. *Meta, scopus:* — ponto; estado actual, modo de ser de qualquer cousa. *Status, ûs:* — ponto; estado perfeito que chega a tomar qualquer cousa tratada pelo fogo. *Perfectus status:* — ponto; parte, questão de qualquer sciencia. *Argumentum, i:* — V. *Pundonor:* — ponto; occasião opportuna, momento favoravel. *Tempus, occasio:* — buraco que tem o timão do arado na parte dianteira por onde se une ao jugo. *Temonis aratri foramen:* — ponto; em alguns jogos de cartas o valor do az de cada naipe. *In chartularum pictarum ludo monas:* — ponto; cousa pequenissima, parte minima de alguma cousa. *Minimum; minima rei pars:* — ponto, instante, momento. *Momentum, temporis punctum:* — ponto, parte, região, paiz, logar: — ponto, mira; o botãosinho que as espingardas têem no cano para dirigir a pontaria: — V. *Piñon,* nos fechos das armas de fogo: — ponto; pequena rotura feita nas meias, soltando-se as malhas que a formam. *Tibialium scissura:* — ponto; fim do curso do anno lectivo nas escolas, tempo de ferias nos tribunaes. *Annui curriculi litterarii finis in academiis, indictio justitiæ in foro:* — bico; cada uma das partes em que se divide o aparo das pennas de escrever. *In calamis scriptoriis apicis scissi pars altera:* — ponto; cada um dos valores que se dão ás cartas ou dados no jogo. *Chartarum pictarum aut talorum puncta:* — ponto; valor que se marca a favor de qualquer parceiro no jogo até perfazer o numero com que deve ganhar. *Calculorum numerus:* — ponto; nas escolas de instrucção primaria cada um dos erros que se commettem ao dar a lição de cór. *Erratum, i:* — ponto; these, proposição tirada á sorte pelo examinando. *Thema sorte ductum:* — *(fig.)* ponto; a parte minima, a circumstancia mais minuciosa de qualquer cousa. *Minima rei cujusvis particula:* — ponto; o extremo, o mais alto grau a que podem chegar as qualidades moraes. *Extremum; summus apex:* — *(ant.)* ambiguidade; escuridade de linguagem que dá motivo a diversas interpretações: — intelligencia, advertencia; —

céntrico; ponto central; fim, objecto determinado, objecto essencial. *Scopus, i:* — *crudo o tiempo crudo;* ponto; momento critico em que deve succeder alguma cousa. *Temporis constitutum punctum:* — *de apoyo;* ponto de apoio; ponto principal que sustenta qualquer empreza, etc. *Præsidium, columen:* — *de honra;* ponto de honra. V. *Pundonor:* — *de meditacion;* ponto de meditação; materia, assumpto de oração. *Meditationis materia:* — *de vista;* ponto de vista; aquelle donde se vê melhor um objecto: — *en boca (fr.);* ponto na bôca, tá, calae-vos: — *menos;* pouco mais ou menos. *Ferè:* — *por punto,* ponto por ponto; circumstanciadamente. *Sigillatim. A buen punto,* a bom ponto, a tempo, a proposito. *Opportunè. Al punto;* em ponto, promptamente. *Al punto que;* a ponto que. *Andar en puntos.* V. *Andar en puntas. A punto;* a ponto, em tempo opportuno, com prevenção. *Paratè. A punto fijo;* com um ponto fixo, sem duvida alguma. *Certè, abs dubio. Ahí fica el punto;* ahi bate o ponto, n'isso está a difficuldade. *Hoc opus, hic labor est. Bajar de punto;* baixar de ponto, declinar, decair. *Bajar el punto de alguna cosa.* V. *Moderarla. Calzar tantos puntos, o pocos o muchos puntos.* V. *Calzar. Dar punto;* dar, pôr, fazer ponto; concluir, dar por terminado qualquer estudo ou trabalho. *Studiorum vacationes indicere, labori finem imponere. Darse un punto a la boca;* dar um ponto na bôca, calar-se. *De todo punto;* em todo o ponto, inteiramente. *Omninò. En punto;* em ponto, á justa, sem falta. *Omninò, prorsus. Estar a punto o en punto;* estar a ponto, estar proximo. *Parum abesse quin. Hacer punto;* fazer ponto; parar de ler ou de conversar. *Clausulam vel orationem finire. Hacer punto de alguna cosa;* fazer empenho, capricho em alguma cousa. *Summa vi in aliquid intendere. Levantar de punto;* subir de ponto; elevar, engrandecer. *Evehere, elevare. Mujer de punto;* mulher recatada. *Honesta fœmina. Nacer en buen o mal punto.* V. *Nacer en buena o mala hora. No perder punto;* não perder ponto, fazer toda a diligencia. *Rem diligenter curare. Poner en su punto;* pôr as cousas em bom ponto. *Perficere, absolvere. Poner los puntos;* intentar, pretender, ter em vista. *Collineare, intendere. Poner los puntos muy altos,* pôr os pontos altos; ensoberbecer-se, ter grandes pretensões. *Alta petere vel optare. Por puntos,* por pontos, por instantes. *Jamjam. Subir de punto;* subir de ponto, crescer, augmentar-se. *Crescere, augere. Tener sus puntos de;* ter seus pontos de contacto, ter analogia com alguma cousa. *Tomar puntos;* tomar, tirar ponto para fazer algum exame ou dissertação. *Thema sorte ductum publicè explicandum eligere. Medio punto (archit.);* meio ponto; diz-se do arco ou abobada, cuja curva é formada por um semicirculo, isto é, por um arco de cento e oitenta graus. *Semicirculata fornix:* — *(art.)* peso de tear para entesar os pannos: — ponto; especie de lavor que se dá a algumas sedas: — ponto; espaço igual marcado na craveira dos sapateiros. *Calceorum mensuræ signa vel notæ:* — ponto; furo feito nas obras de costura com a agulha e linha. *Punctura acûs:* — ponto, malha de meia. *Caligarum texturæ ductus:* — furo das correias para prender a fivella. *Foramen in ansulis, caligarum aut calceorum fibulis aptandis:* — dente de roda: — *de cadeneta.* V. *Cadeneta:* — *equipolado (br.);* cada um dos nove quadrados dispostos pela mesma ordem em que está o taboleiro do xadrez. *In stemmatibus quadrata diverso alternatim colore:* — *(comm.)* panno branco de linho, algodão ou seda. *Dar punto;* fazer ponto; quebrar, fallir um negociante ou pelo menos suspender os seus pagamentos: — *accidental (phys.);* ponto accidental; qualquer ponto differente do principal, por onde se dirigem as linhas d'aquelles objectos cujos lados não são perpendiculares ao plano optico: — *de distancia;* ponto de distancia; ponto da linha horisontal que dista do ponto principal o comprimento do raio principal. *Distantiæ opticæ punctum:* — *de la fusion,* ponto da fusão; grau de calor que funde os corpos solidos: — *de la refraccion;* ponto de refração; o ponto em que os raios de luz, passando obliquamente de um meio para outro de differente resistencia, formam o angulo de inclinação separando-se da linha recta. *Refractionis punctum:* — *de la vista o punto principal;* ponto de vista ou ponto principal; ponto em que o raio principal corta o plano optico que se acha na linha horisontal. *Punctum visionis:* — *(gram.)* ponto; signal orthographico com que se marca o fim do periodo: — *admirativo ó de admiracion ó admiracion.* V. *Admiracion:* — *(naut.)* ponto; logar marcado na carta de marear que indica onde se acha o navio pela distancia e rumo ou pelas observações astronomicas. *Locus in charta hydrographica designatus:* — *de escuadría;* ponto de esquadria; ponto da carta de marear deduzido do rumo seguido e da latitude observada. *Punctum in charta nautica ex directione ac latitudine observata deductum:* — *de lonjitud;* ponto de longitude; ponto da carta de marear resultante das observações astronomicas de latitude e longitude. *Punctum in charta nautica ex observationibus astronomicis longitudinis et latitudinis deductum:* — *figo.* V. *Punto de lonjitud. Echar el punto (fr.);* fixar, marcar o ponto na carta de marear. *Navis cursum designare:* — *de telar;* ponto de tear; o que se usa nas costuras: — *de vaina;* ponto de bainha; o que se faz nas vélas sobrepondo uma bainha: —*(math.)* ponto; extremo de qualquer linha, o qual tem posição, mas carece de dimensão em comprimento, largura ou profundidade. *Punctum, i:* — ponto; a duodecima parte de uma linha: — *céntrico;* ponto central, o centro. *Centrum; punctum omni ex parte æqualiter a circumferentia distans:* — *de apoyo (mech.);* ponto de apoio; parte ao redor da qual se movem as machinas; v. g.: a alavanca. *Fulcrum, fulcimentum:* — *(med.)* ponto; operação feita para unir os labios de uma ferida. *Punctum, i. Dar punto (fr.);* deitar pontos; unir os labios de uma ferida. *Vulnus sarcire:* — *de apoyo (mil.);* ponto de apoio; nome generico que se dá a qualquer posição forte e vantajosa: ponto de apoio; obra de fortificação que defende outra ou sustenta um movimento ou uma operação militar: — *en blanco;* ponto em branco; aquelle em que a linha de tiro ou trajectoria corta pela segunda vez na sua descida a linha de pontaria: — *estratéjico;* ponto estrategico; aquelle que pôde ser de alguma importancia militar por sua situação ou recursos: — *(mus.)* ponto; signal que pela posição dá certo valor ás notas: — ponto, tom, affinação dos instrumentos de musica. *Consonantiæ tonus:* — V. *Nota. Bajar de punto ó bajar el punto;* baixar de ponto; descer, transportar um tom para um ou mais pontos baixos. *Vocis aut instrumenti tonum remittere, tonum descendere.*

Puntoso, sa. *adj.* Pontudo; que tem pontas. *Acuminatus, a, um:* — pontoso, pundonoroso, caprichoso, brioso. *Honoris tenax, studiosus:* — pontoso, pichoso, demasiadamente delicado em pontos de etiqueta. *In decore tuendo morosus.*

Puntuacion. *f.* Pontuação; collocação dos signaes orthographicos nos escriptos para distinguir as orações e periodos. *Interpunctio, apicum notatio:* — *(mus.)* pontuação; modo de distinguir na musica as pausas, compassos, etc.

Puntual. *adj.* Pontual, diligente, cuidadoso, exacto em fazer as cousas a hora e do modo devido, no ponto dado, a seu tempo, apropositadamente. *Exactus, diligens, fidelis:* — pontual, indubitavel, certo. *Certus, indubitatus:* — pontual, conforme, conveniente adequado. *Aptus, conveniens.*

Puntualidad. *f.* Pontualidade, exactidão, perfeita execução. *Fides, accurata diligentia:* — conformidade, conveniencia precisa das cousas para o fim a que se destinam. *Aptitudo, convenientia.*

Puntualísimo, ma. *adj. sup.* de *Puntual.* Pontualissimo.

Puntualizar. *a.* Imprimir, gravar na memoria, com toda a exactidão, as mais pequenas cousas. *Ordine disponere, memoriter discere:* — aperfeiçoar; dar o ultimo toque a alguma cousa. *Rem perficere, absolvere:* — particularisar; referir miudadamente.

Puntualmente. *adv. m.* Pontualmente, exactamente, com pontualidade. *Exactè, fideliter, certè.*

Puntuar. *a.* Pontuar; collocar signaes orthographicos nos escriptos para distincção dos periodos e orações. *Apicibus vel punctis scripta notare, signare.*

Puntuoso, sa. *adj. (ant.)* V. *Puntoso.*

Puntura. *f.* Punctura; ferida subtil feita com instrumento perfurante, como lanceta ou agulha. *Punctio, punctura:* — prego de rua; ferida nas ranilhas e palmas das cavalgaduras, por terem assentado o pé sobre alguma cousa perfurante, como cravo, agulha, osso, etc. *Pedum bestiarum percussio, læsio:* — *(art.)* punctura; duas chapas de ferro com puas nas extremidades, em que na imprensa se enfiam as folhas. *Cuspides in tabula typographica.*

Punzada. *f.* Picada, ferida com instrumento de ponta. *Punctio, onis:* — *(fig.)* picada; dor molesta que se sente mais aguda de quando em quando. *Dolor quandoque augescens:* — *(fig.)* dor, sentimento interior que afflige o animo. *Mœror, ægritudo animi.*

Punzador, ra. *adj.* Punçante, pungente; que fura ou pica. *Pungens, atis.*

Punzadura. *f.*V. *Punzada,* na primeira accepção.

Punzante. *p. a.* de *Punzar.* Pungente, picante.

Punzar. *a.* Picar; ferir de ponta, dar picada. *Mucroni ferire:* — *(fig.)* picar, molestar mais agudamente uma dor de quando em quando. *Pungere, stimulare:* — *(fig.)* affligir-se, mortificar-se, angustiar-se, interiormente. *Mœrore afficere, angere.*

Punzon. *m. (art.)* Punção; instrumento de fôrma pontaguda que serve para abrir buracos. *Stilus acuminatus:* —V. *Buril:* — punção; instrumento de aço, algum tanto rombo, que na ponta tem alguma cifra ou signal gravado, e applicado sobre qualquer cousa deixa-o profundamente estampado. *Graphium, ii:* — especie de anzol, com que os pescadores apanham uma certa variedade de marisco: — *(mil.)* especie de gancho com que os artilheiros rompem os cartuchos: — chave de honra que certos empregados do paço trazem na portinhola da algibeira da casaca: — V. *Piton,* pequeno corno.

Punzoncico. *m. dim.* de *Punzon.*

Punzonería. *f.* Quantidade de punções necessarios para uma fundição de typos. *Graphiorum congeries.*

Puñada. *f.* Punhada; golpe dado com o punho fechado. *Pugni ictus. Venir a las puñadas.* V. *Venir a las manos.*

PUÑADO. *m.* Punhado; porção de qualquer cousa que enche ou pôde conter a mão. *Pugillus, i:—(fig.)* punhado; pequeno numero de alguma cousa de que costuma haver quantidade, como um punhado de gente. *Exiguitas, atis: — de moscas (fig. fam.);* punhado de moscas; quantidade de cousas ou pessoas que se separam e dispersam facilmente. *Multitudo facilè evanescens; murearum turba. A puñados (loc. adv.);* aos punhados; larga e abundantemente. *Abundè, plenis manibus, vel contra strictè, pugno clauso. Gran puñado! Què puñado (loc. fam.)!* Grande cousa! Que grande cousa! Exprime o valor do que se offerece por ser pouco ou de pouca importancia. *Magnum id quidem.*

PUÑAL. *m.* Punhal; arma offensiva que só fere de ponta. *Pugio, sica: — adj. (ant.)* empunhado; que cabe ou póde ter-se no punho.

PUÑALADA. *f.* Punhalada; golpe de punhal. *Pugionis ictus, vulnus: — (fig.)* golpe, desgraça, infortunio inesperado. *Improvisum animi vulnus. Coser a puñaladas (fr. fam.);* cozer a punhaladas; dar a alguem muitas punhaladas. *Es puñalada de picaro?* devagar se vae ao longe; denota que se não deve precipitar a cousa de que se trata. *Extemplò fieri non potest.*

PUÑALEJO. *m. dim.* de *Puñal.*

PUÑALERO. *m.* O que faz ou vende punhaes. *Cultrarius, ii.*

PUÑALICO, LLO, TO. *m. dim.* de *Puñal.* Punhalzinho.

PUÑAR. *n. (ant.)* Punhar, pugnar, pelejar: — trabalhar, porfiar.

PUÑERA. *f. (prov.)* V. *Almuerza.*

PUÑETAZO. *m.* Murro, murraça; pancada com o punho ou mão fechada. *Ictus pugno impactus.*

PUÑETE. *m.* V. *Puñada:* — pulseira, manilha, bracelete. *Armilla, æ. Andar al puñete (fr.);* andar aos murros, ás punhadas.

PUÑICO. *m.* V. *Puñito.*

PUÑITO. *m. dim.* de *Puño.*

PUÑO. *m.* Punho; a mão fechada: —V. *Puñado:* — miseria, ridicularia, mesquinhez. *Exiguitas, atis:* — punho; extremidade da manga nas camisas. *Assuta, subuculæ brachialis fascia:* — punho, ornato em volta do punho da camisa. *Manica superposita ornatu causa:* — punho; nas armas brancas e alguns instrumentos, logar por onde se lhe pega. *Capulus, capulum:* — punho; castão de bengala. *Baculi superior pars: — (naut.)* punho; angulo da véla onde prendem as escotas, empunidouros, adriças e amuras. *Veli pes: — (ant.)* V. *Puñada. Apretar los puños (fr.);* fazer toda a força para executar qualquer cousa. *Ex animo agere. A puño cerrado;* a punho fechado; com força ou efficacia. *Enixè. Como un puño;* como um punho. *Pugni instar. De proprio puñ;* de proprio punho, de mão propria. *Sua ipsa manu. Jugarla de paño.* V. *Pegarla de puño. Medir a puños;* medir aos punhos. *Aliquid pugno metiri. Meter en un puño o en un zapato (fr. fig.);* metter em um chinello; confundir, envergonhar alguem de fôrma que não se atreva a responder. *Ad angustias silentiumque redigere. Pegar la puño (fr. fig. fam.);* enganar alguem completamente. *Omnino circumvenire, fallere. Por sus puños (loc. adv.);* por suas mãos, com o seu trabalho. *Propriis viribus. Ser como un puño (fr.);* ser apertado, ser um miseravel ou ser uma figura ridicula, um anão. *Strictè tenax, parcus, statura pusillus. Hombre de puños.* V. *Hombre. Creer a puño cerrado.* V. *Apretado como un puño,* apertado como um punho, mesquinho, miseravel. *Vivir por sus puños;* viver do seu braço, do seu trabalho, do trabalho de suas mãos.

PUOCELIA. *f. (med.)* V. *Piocelia.*

PUOCÉLICO, CA. *adj. (med.)* V. *Piocélico.*

PUOCISTO. *m. (med.)* V. *Piocisto.*

PUOEMIA. *f. (med.)* V. *Piohemia.*

PUOÉMICO, CA. *adj. (med.)* V. *Piohemico.*

PUOFTALMIA. *f. (med.)* V. *Pioftalmia.*

PUOFTÁLMICO, CA. *adj. (med.)* V. *Pioftálmico.*

PUOJENIA. *f. (med.)* Puogenia; formação de pus; theoria ou mechanismo d'esta formação.

PUOJÉNICO, CA. *adj. (med.)* V. *Piojénico.*

PUOMESICO, CA. *adj. (med.)* V. *Piomésico.*

PUOMESIS. *f. (med.)* V. *Piomesis.*

PUOMETRÁ. *f. (med.)* V. *Piometra.*

PUOMÉTRICO, CA. *adj. (med.)* V. *Piométrico.*

PUOPLANIA. *f. (med.)* V. *Pioplania.*

PUORRAJÍA. *f. (med.)* V. *Piorrajía.*

PUORRÁJICO, CA. *adj. (med.)* V. *Piorrájico.*

PUORREIA. *f. (med.)* V. *Piorrea.*

PUORRÉICO, CA. *adj. (med.)* V. *Piorréico.*

PUOSIS. *f. (med.)* V. *Piosis.*

PUOTÍSICO, CA. *adj. (med.)* V. *Pioptísico.*

PUOTISIS. *f. (med.)* V. *Pioptisis.*

PUOTÓRAX. *m. (med.)* V. *Piotórax.*

PUPA. *f.* Bostella que fica de uma borbulha, vulgarmente na bôca. *Pustula, æ:* — ache; voz das creanças com que exprimem algum mal que soffrem e não sabem explicar. *Puerorum vox populam vel aliud vulnus demonstrans.*

PUPALIA. *f. (bot.)* Pupalia; genero de plantas da familia das amarantaceas.

PUPARTIA. *f. (bot.)* Pupartia; genero de plantas da familia das terebinthaceas.

PUPILA. *f.* Pupilla; a menina que está em tutoria, menor de doze annos. Tambem se dá este nome á menor de vinte e cinco annos, que tem curador. *Pupilla, æ: — (anat.)* pupilla, menina do olho; abertura central do iris do olho por onde passam os raios de luz que pintam na retina a imagem dos corpos externos: — *artificial (med.);* pupilla artificial; abertura que se faz para supprir a pupilla natural quando se acha obliterada.

Pupilaje. *m.* Pupillagem; estado do pupillo, com relação ao seu tutor. *Pupillaris conditio:* — estado d'aquelle que está ajustado por um tanto diario para que o tratem e lhe dêem de comer, e assim se costuma dizer: *estar á pupilaje:* — pupillagem; estado do que está sujeito á vontade de outrem, porque lhe dá de comer. *Alumni status, conditio:* — casa de educação onde se recebem pupillos estudantes, pensionarios. *Alumnorum hospitium.*

Pupilar. *adj.* Pupillar; que pertence ao pupillo ou menor. *Pupillaris, re:* — *(anat.)* pupillar; concernente á pupilla. *Membrana pupilar;* membrana pupillar; membrana que cobre a abertura central do iris no feto durante os sete primeiros mezes da gestação.

Pupilero, ra. *s.* O que recebe em sua casa pensionistas. *Alumnorum hospes.*

Pupilo. *m.* Pupillo; menor que carece de tutor; sendo rapaz até á idade de quatorze annos, e rapariga até aos doze. *Pupillus, i:* — pensionista que está em casa de educação. *Alumnus, i:* — porcionista; collegial interno de um estabelecimento de ensino. *Medio pupilo;* meio pensionista; aquelle que em uma casa de hospedes ou educandos come unicamente ao meio dia.

Pupina. *f. (zool.)* Pupina; genero de molluscos gasteropodas aquaticos.

Pupíparos. *m. pl. (zool.)* Pupiparos; familia de insectos dipteros brachoceros.

Pupitre. *m. (neol.)* Estante em plano inclinado que serve para ler, escrever, desenhar, etc.

Pupívoros. *m. pl. (zool.)* Pupivoros; familia de insectos hymenopteros.

Pupófagos. *m. pl. (zool.)* V. *Pupívoros.*

Puposo, sa. *adj.* Bostelloso, pustuloso; que tem pustulas. *Pustulosus, a, um.*

Puquetia. *f. (bot.)* Puchetia; genero de plantas da familia das rubiaceas.

Puramente. *adv. m.* Puramente; com pureza. *Purè, castè:* — V. *Castamente:* — puramente; com pureza e propriedade na linguagem: — V. *Meramente:* — *(for.)* puramente, sem condição, excepção ou restricção. *Purè, exceptione nulla adhibita:* — puramente, simplesmente.

Purana. *m. (lit.)* Purana; nome de varios poemas sanscriptos que contêem a theogonia e cosmogonia do Indostão.

Pureza. *f.* Pureza; qualidade que constitue alguma cousa pura, limpa e sem mistura. *Puritas, atis:* — pureza; limpeza moral, castidade, especialmente a virginal. *Virginitas, castitas:* — *(fig.)* pureza; integridade e innocencia de costumes. *Innocentia, probitas:* — pureza; a exactidão na escolha, uso, ordem e construcção das palavras, phrases proprias do bom fallar. *Sermonis puritas. Obrar con pureza;* tratar lealmente.

Purga. *f. (med.)* Purga; medicamento que determina a evacuação do ventre.

Purgable. *adj.* Que se póde purgar.

Purgacion. *f.* Purgação; acção e effeito de purgar: — purgação; acção de expellir os maus humores por meio dos remedios que se tomam para isso. *Humorum expulsio:* — purgação, menstruo; evacuação mensal das mulheres. *Menstrua purgatio:* — purgação; secreção morbida que evacuam pelas vias urinarias tanto os homens como as mulheres. *Purgatio, onis:* — *(for.)* purgação; prova da innocencia de pessoa accusada ou suspeita de crime. *Purgatio à crimine:* — *canónica;* purgação canonica; prova na fórma prescripta pelas leis canonicas, que consiste em tomar como verdadeiro o juramento do delinquente e dos seus compurgadores, para o illibar da infamia ou nota que sobre elle recaia. *Purgatio canonica:* — *vulgar;* purgação vulgar; a inquirição ou exame judicial, em que, por falta de outra prova e para decidir a culpa ou innocencia do réu, o sujeitavam á experiencia de agua fervendo, do ferro em brasa ou caldo, deitando-o atado em agua para ver se ía ou não ao fundo, etc. *Ferri candentis vel aquæ ferventis purgatio:* — *pl.* V. *Blenorragia:* — *general;* purgação geral; a causada por um medicamento que produz um effeito geral e uma derivação prompta, como na apoplexia, em certas hydropesias e em diversas affecções mentaes: — *local;* purgação local; a produzida por um medicamento que actua localmente: — *(chim.)* purgação; nome que davam os antigos chimicos á preparação feita aos mineraes para os purificar.

Purgador, ra. *s.* Purgador; o que purga. *Purgator, oris.*

Purgadura. *f. (ant.)* V. *Purga.*

Purgamiento. *m. (ant.)* Purgamento, purgação; acção de effeito de purgar ou limpar. *Purgatio, onis.*

Purgante. *adj. (med.)* Purgante; applica-se aos medicamentos que têem a faculdade de determinar uma irritação passageira e especial na superficie interna dos intestinos, e da qual resultam dejecções.

Purgar. *a.* Purgar, limpar, purificar alguma cousa. *Purgare:* — V. *Espiar:* — purgar, expiar qualquer culpa ou delicto. *Expiare crimen:* — purgar; padecer as penas do purgatorio para purificar a alma de todo o peccado e poder entrar no céu. *Purgari:* — purgar; dar ao enfermo a medicina conveniente para poder expellir os maus humores. *Potionem medicam propinare:* — purgar; evacuar algum humor ou seja naturalmente ou mediante a medicina que se applicou para este fim. *Humorem expellere, ejicere:* — *(for.)* purgar; desvanecer os indicios, suspeitas ou nota que ha contra qualquer pessoa.

Objectum crimen purgare: — *(poes.)* purgar; corrigir, moderar, modificar as paixões. *Moderari:* — *r. (fig.)* purgar-se; libertar-se de qualquer cousa que causa prejuizo ou encargo. *Liberari, expedire:* — *(ant.)* salvar, libertar. *Toma si purga!* Ai que purga! Especie de interjeição em que se exprime o enfado de se repetir uma cousa muitas vezes ou continuadamente.

Purgativo, va. *adj.* Purgativo; que purga ou tem a virtude de purgar. *Via purgativa.* V. *Via.*

Purgatorio. Purgatorio; logar onde as almas dos justos satisfazem a justiça Divina, soffrendo as penas dos peccados que não expiaram de todo n'esta vida. *Purgatorium, ii:* — *adj.* purgatorio; que tem a virtude de purgar: — *m. (fig.)* purgatorio; qualquer logar onde se passa a vida com trabalho e soffrimento. *Locus ubi œgre vita degitur. Mes purgatorio (astron.);* mez purgatorio; nome com que se designa na chronologia astronomica o mez de fevereiro, em consequencia de soffrer periodicamente augmento ou diminuição de um dia. *Pasar las penas del purgatorio;* passar as penas do purgatorio; soffrer grandes desgostos e maguas. *Angi, cruciari, uri.*

Puribus (en ó in). *(loc. adv. fam.)* Francamente, sem rodeios: — nú, em pello, em couro: — nú, desembainhado, sem bainha, o punhal, a espada, etc. *Quedarse in puribus (fr. fam.).* V. *In puribus.*

Purichinela. *f.* V. *Polichinela.*

Puridad. *f. (ant.)* V. *Pureza,* na primeira accepção: — puridade, inteireza, integridade: — puridade, innocencia, rectidão, integridade de costumes: — V. *Secreto. En puridad (loc. adv.);* sem rebuço, ás claras, sem rodeios. *Simpliciter, candidè:* — *(ant.)* V. *En secreto.*

Purificacion. *f.* Purificação; acto e effeito de limpar ou purificar de toda a mancha ou imperfeição. *Purificatio, purgatio:* — *(rel.)* purificação; festa que no dia 2 de fevereiro celebra a Igreja, em memoria da apresentação do menino Jesus no templo, quarenta dias depois do seu nascimento. *Festum purificationis:* — purificação; entre as mulheres, segundo Levitico, era o acto de ir ao templo quarenta dias depois do parto. *Purificatio, purgatio muliebris:* — purificação; o vinho que o sacerdote toma na missa, logo depois da communhão do calix, e precede á ablução. *Sacri calicis purificatio abstersio.*

Purificadamente. *adv. m.* Purificadamente; com purificação.

Purificadero, ra. *adj.* Purificante; diz-se do que limpa ou purifica. *Purificans, antis.*

Purificadísimo, ma. *adj. sup.* de *Purificado.* Purificadissimo.

Purificador, ra. *s.* Purificador; o que purifica ou limpa. *Purgator, oris:* — *m.* sanguinho; panno com que o sacerdote limpa e enxuga o calix depois de commungar. *Linteum sacro calici detergendo:* — purificador; panno de que o sacerdote se serve no altar para limpar os dedos depois de dar a communhão aos fieis. *Linteum sacerdotis digitis abstergendis.*

Purificante. *p. a.* de *Purificar.* Purificante; o que purifica.

Purificar. *a.* Purificar, fazer puro, apurar, limpar das fezes. *Purificare, purgare:* — *r.* purificar-se; na lei antiga, apresentar-se a mulher no templo quarenta dias depois do parto. *Purificari. Purificarse la condicion (fr.).* V. *Condicion.*

Purificatorio, ria. *adj.* Purificatorio; que serve para purificar. *Purgatorius, purificans, purgans.*

Puriforme. *adj. (med.)* Puriforme; que tem a apparencia do pus. *Esputos puriformes;* espectoração puriforme; liquidos expectorados, que resultam da inflammação secundaria das membranas mucosas, cuja secreção se augmenta e modifica em virtude da inflammação.

Purim. *m. (rel.)* Purim; festa celebrada pelos judeus a 14 do mez de março, em memoria da vingança que seus maiores, protegidos pela rainha Esther, tiraram de seus inimigos.

Purísimo, ma. *adj. sup.* de *Puro.* Purissimo. *Purissimus, a, um.*

Purismo. *m.* Purismo; o cuidado de usar puramente as palavras da lingua sem mistura de estrangeirismos. *Nimia puri sermonis affectatio.*

Purista. *adj.* Purista; o que não usa senão de palavras castiças, e que assim o affecta, não se servindo nunca das estrangeiras. *Puri sermonis affectator.*

Puritanismo. *m.* Puritanismo; a qualidade ou pretensão dos puritanos.

Puritano, na. *adj.* Puritano; applica-se aos hereges presbyterianos de Inglaterra, que se prezam de observar uma religião mais pura. Usa-se tambem como substantivo. *Puritanus, a, um:* — puritano; diz-se do que segue e pratíca com todo o escrupulo os principios da escola ou seita que professa.

Purkinjia. *f. (bot.)* Purkinjia; genero de plantas da familia das myrsineas.

Puro, ra. *adj.* Puro, estreme, legitimo, sem mistura. *Merus, a, um:* — puro, recto, justo, exemplar. *Integer, ra, rum:* — puro, livre, isento. *Purus, absolutus:* — V. *Casto:* — summo, excessivo: — *(fig.)* puro, livre, isento de imperfeições. *Purus, mundus:* — puro, mero, simples. *Purus, merus:* — *m.* charuto. *Matemáticas puras (math.);* mathematicas puras; parte d'estas sciencias, que tem por fim o estudo da quantidade, considerada de um modo abstracto. Comprehende a arithmetica, a algebra, o calculo differencial e integral, a geometria, trigonometria, e a geometria pratica e descriptiva.

Púrpura. *f.* Purpura; roupa tinta com a côr extrahida do marisco da concha do mesmo nome. *Purpura, æ:* — purpura; côr escarlate similhante á da purpura:— *(fig.)* purpura; dignidade real e cardinalicia. *Purpura, æ:* — *(med.)* exanthema determinado pela ebullição de sangue: — *(chim.)* purpura; materia corante escarlate, obtida de um mollusco gasteropoda:— *de Casio ó púrpura mineral;* purpura de Cassio ou purpura mineral; côr de purpura que se emprega nas artes para pintar a porcellana: — *(zool.)* purpura; genero de molluscos gasteropodas pectinibranchios.

Purpurado, da. *adj.* Purpurado. V. *Cardenal.*

Purpurante. *p. a.* de *Purpurar.*

Purpurar. *a.* Purpurizar, purpurear; tingir de purpura, vestir com ella. *Murice tingere, purpurea veste indui.*

Purpurato. *m. (chim.)* Purpurato; sal formado pela combinação do acido purpurico com uma base.

Purpurear. *n.* Purpurear; tomar ou mostrar a côr de purpura. *Purpureo colore micare, purpurascere.*

Purpúreo, rea. *adj.* Purpureo; que tem a côr de purpura. *Purpureus, a, um:* — purpureo; pertencente á purpura ou dignidade cardinalicia. *Purpuratus cardinalitius. Dijital purpúrea.* V. *Dijital:* — *(med.)* purpureo; que tem relação com a purpura. *Fiebre purpúrea;* sarampo.

Purpuricino. *m. (zool.)* Purpuriceno; genero de insectos coleopteros pentameros, da familia dos longicornes.

Purpúrico, ca. *adj. (chim.)* Purpurico; qualificação de um acido, que se forma tratando o acido urico pelo acido nitrico, e que tem a propriedade de formar, combinado com as bases, saes que apresentam uma bonita côr de purpura.

Purpuríferos. *m. pl. (zool.)* Purpuriferos; familia de molluscos gasteropodas pectinibranchios.

Purpurina. f. Purpurina; bronze preparado para pintar: — *(chim.)* purpuria; substancia colorante rubra, existente na ruiva dos tintureiros.

Purpurinó, na. *adj. (poes.)* Purpurino. V. *Purpúreo.*

Purrecia. *f. (bot.)* Purretia; genero de plantas da familia das bromeliaceas.

Purrela. *f.* Potrea; vinho de inferior qualidade, similhante á agua-pé. *Lorea, vinum infimæ notæ.*

Purriela. *f. (fam.)* Bagatela, ninharia, cousa de pouco valor. *Res nihil.*

Pursia. *f. (bot.)* Purshia; genero de plantas da familia das rosaceas.

Purulencia. *f. (med.)* Purulencia; qualidade do que é purulento: — purulencia; suppuração de qualquer parte do corpo.

Purulento, ta. *adj.* Purulento; que é da natureza do pus, e mui especialmente do pus do tecido celular. *Esputos purulentos;* espectoração purulenta; espectoração do enfermo nas phtysicas ulcerosas. *Foco purulento;* foco purulento; chama-se assim o espaço onde se forma e mantem o pus nos abcessos.

Pus. *adv. (ant.)* V. *Despuès:* — *(med.)* pus; secreção da chaga, materia da suppuração.

Pusckinia. *f. (bot.)* Puchkinia; genero de plantas da familia das liliaceas.

Pusiesta. *f, (ant.)* Hora depois da sesta.

Pusilánime. *adj.* Pusillanime, fraco, cobarde, medroso. *Pusillanimis, me.*

Pusilanimemente. *adv. m.* Pusillanimemente, cobardemente; com pusillanimidade.

Pusilanimidad. *f.* Pusillanimidade, cobardia, timidez. *Pusillus animus, pusillanimitas.*

Pusilánimo, ma. *adj. (ant.)* V. *Pusilánime.*

Pusilífloro, ra. *adj. (bot.)* Pusillifloro; que tem pequenas flores.

Pusponer. *a. (ant.)* V. *Posponer.*

Pusquinita. *f. (min.)* Puschkinita; variedade de epidoto.

Pustrimero, ra. *adj. (ant.)* V. *Postrimero.*

Pústula. *f. (med.)* Pustula, bostella; pequena ferida na pelle que cria pus e forma codea.

Pustulado, da. *adj. (med.)* Pustuloso; que apresenta pustulas.

Pustulilla. *f. dim.* de *Pústula.*

Pustulópora. *f. (zool.)* Pustulopora; genero de polyperos fosseis.

Pustuloso, sa. *adj. (med.)* Pustuloso; que tem relação com as pustulas.

Puta. *f.* Puta. V. *Ramera:* — *la madre, puta la hija, puta la manta que los cobija (rif.);* nota que em alguma familia ou reunião de pessoas, todos incorrem no mesmo defeito. *Eæ omnes eodem vitio laborant. Ayer putas hoy comadres;* hontem putas, hoje comadres; hontem lobos matreiros, hoje mansos cordeiros: diz-se das pessoas que rinhem diffamando-se e logo com facilidade se fazem amigas. *Convicia heri, hodie blanditiæ.*

Putaismo. *m.* Putaria; vida, exercicio de mulheres perdidas. *Mas meretricios:* — putaria; reunião de mulheres perdidas. *Meretricum cœtus:* — putaria; casa de prostituição.

Putanismo. *m.* V. *Putaismo.*

Putanna. *f. (ant.)* V. *Puta.*

Putañear. *n. (fam.)* Putear; dar-se ao vicio da torpeza, procurando as mulheres perdidas. *Meritricari, scortari.*

Putañero. *m. (fam.)* Putanheiro, frascario, frequentador de putas. *Scortator, oris.*

Putativo. *adj.* Putativo; applica-se ao que é reputado e tido por pae, filho, irmão, etc., não o sendo. *Dictus, existimatus pater:* — *(fig.)* putativo, supposto, falso, não verdadeiro. *Habitus, creditus.*

Putear. *n.* Putear. V. *Putañear.*

Puteria. *f. (bot.)* V. *Labacia.*

Putería. *f.* V. *Putaismo:* — *(fam.)* affago, carinho de que usam algumas mulheres. *Lenocinium: — ni hurto nunca se encubren mucho (rif.)*; putaria e o furto nunca se encobrem muito, a cautela e o cuidado não pôde ser permanente, quando o peccado é frequente. *Magna non latitant mala.*

PUTERLICKIA. *f. (bot.)* Putterlickia; genero de plantas da familia das celastrineas.

PUTERO, RA. *adj. (fam.)* V. *Putañero.*

PUTESCO, CA. *adj. (fam.)* Meretricio; proprio de meretriz, de puta. *Meretricius, a, um.*

PUTICA, LLA, TA. *f. dim.* de *Puta.* Putinha.

PUTO. *m.* Puto; o que se prostitue ao vicio dos sodomitas. *A puto el postre (loc. fam.)*; denota o esforço que se faz para não ser o ultimo em alguma cousa. *Certatim adeo ut postremus accedere velit nemo.*

PUTORIA. *f. (bot.)* Putoria; genero de plantas da familia das rubiaceas.

PUTRANJIVA. *f. (bot.)* Putrangiva; genero de plantas da familia das putrangiveas.

PUTRANJÍVEAS. *f. pl. (bot.)* Putrangiveas; familia de plantas muito similhantes ás antidesmeas.

PUTREFACCION. *f.* Putrefacção; acção de corromper-se alguma cousa. *Curruptio, onis:* — putrefacção, podridão, corrupção. *Putredo, inis:* — *(chim.)* putrefacção; decomposição que se verifica nos corpos organicos, privados de vida debaixo da influencia de certas condições, e que é acompanhada da formação de productos novos, mais ou menos fetidos, dos quaes uns são fixos, outros volateis.

PUTREFACTIVO, VA. *adj.* Putrefactivo; que póde causar putrefacção.

PUTRESCINIAS. *f. pl. (bot.)* Putrescineas; familia de cogumelos que comprehende aquelles que se decompõem com muita rapidez. *Putrefaciendi vim habens.*

PUTRIDEZ. *f.* V. *Putrefaccion.*

PUTRIDITIS. *f. (med.)* Putriditis; estado em que os elementos de um corpo vivo, obrando uns sobre os outros, formam combinações novas comparadas ás que se verificam nos corpos organisados privados da vida.

PÚTRIDO, DA. *adj.* Putrido, corrompido, que está putrefacto. *Putridus, putris. Enfermedades pútridas (med.)*; enfermidades humoraes cuja existencia foi rebatida durante muito tempo. *Fiebre pútrida;* febre podre; affecção attribuida á putrefacção dos humores e chamada febre adynamica pelos que não admittem a existencia das enfermidades humoraes. *Miasmas pútridas;* miasmas putridos; moleculas que se desprendem durante a putrefacção dos corpos e que, misturadas com o ar atmospherico, o tornam prejudicial á respiração. *Fermentacion pútrida (chim.)*; fermentação putrida; decomposição dos corpos organisados que estão já privados da vida.

PUTRILAGO. *m. (med.)* Putrilago; substancia semiliquida, pultacea, que se desprende das partes desorganisadas em certas affecções gangrenosas.

PUTRILAJINOSO, SA. *adj. (med.)* Putrilaginoso; concernente ao putrilago.

PUTRÍVORO, RA. *adj. (zool.)* Putrivoro; que vive de materias putridas.

PUYA. *f. (ant.)* V. *Pua.*

PUYAL. *m. (ant.)* V. *Poyo.*

PUYAR. *n. (ant.)* V. *Subir.*

PUZOL. *m.* V. *Puzolana.*

PUZOLANA. *f. (min.)* Pozzolana; silicato de alumina de ferro e cal, que se encontra ao pé do Vesuvio, e que reduzida a pó forma com a areia ordinaria e a cal um cimento hydraulico: — pozzolana; nome dado pelos engenheiros e architectos a toda a substancia que, submettida á acção do fogo, forma com a cal e a areia uma argamassa que endurece debaixo de agua: — *del vivarés;* pozzolana composta de fragmentos de lava basaltica de côr de tijolo, que se encontra nas immediações dos vulcões apagados.

Q

Q. Decima nona letra do alphabeto hespanhol e decima quinta das consoantes paladiaes ou guturaes. Nunca se emprega sem ser seguido de *u,* ainda que na pronuncia se omitte esta vogal. Alguns orthographos modernos o substituem por *c* antes de *u,* em differentes palavras, com especialidade n'aquellas em que ao *u* se segue *e; v. g., cuestion,* em vez de *qüestion:* — *Q*; letra numeral romana que valia quinhentos e com um traço por cima quinhentos mil: — *(art.) Q*; typo ou peça de metal que nas imprensas serve para imprimir a mesma letra.

QUE. *(pron. relat.)* Que. É indeclinavel e commum a todos os generos. *Qui, quæ, quod:* — que! particula admirativa, que se emprega para exagerar aquillo de que se trata. *Qualis, ut, quam:* — que; empregado depois de um verbo, rege o verbo que se lhe segue e o determina: — que; emprega-se tambem como particula comparativa e segue-se ordinariamente ao adverbio *mas* ou *tanto,* mais ou tanto, e assim se diz: *mas que, tanto que. Quam:* — que; usa-se tambem como particula causal, dando a rasão ou motivo de alguma cousa e vale o mesmo que: *porque. Quoniam, quia:* — que; emprega-se como particula disjunctiva; *v. g.: que llueva, que no llueva;* que chova que não chova. *Necne:* — que; emprega-se tambem na accepção de *o*, ou, conjuncção disjunctiva; e assim se diz: *tarde que temprano;* tarde ou cedo. *Vel, sive:* — que; emprega-se como interrogação e significa: *á donde, en que lugar;* onde, em que logar. *Ubi:* — que; usa-se no sentido de alguma cousa e serve de interrogação. *Quid:* — *tanto que;* tanto que, logoque. *Qué diran;* que dirão; qual será a opinião publica. *Hominum opinio. Algo que (fr.);* alguma cousa mais; expressão que se usa para significar que ha mais do que se presume ou apparece. *Quid re. Sin qué ni para qué;* sem que, nem para que; sem causa, sem motivo. *Sine causa.*

Quebrable. *adj.* Quebradiço, fragil; sujeito a quebrar-se, que quebra facilmente.

Quebrada. *f.* Quebrada, pés de ladeira; roturas feitas nos montes pelas correntes das aguas das chuvas: — quebrada; terra desigual e aberta entre montes, formando alguns valles estreitos. *Inæquale solum, terræ hiatus, præruptum:* — *(p. A. Mer.)* V. *Rambla.*

Quebradero. *m.*V. *Quebrador:* — *de cabeza (fr. fig.);* quebradeira de cabeça; amofinação, apoquentação, inquietação, tedio, aborrecimento, tudo que importuna e incommoda. *Importuna contentio:* quebradeira de cabeça; anxiedade, cuidado, desasocego. *Sollicitudo, anxietas:* quebradeira de cabeça; diz-se do objecto que se ama com paixão e pelo qual se soffre inquietação. *Solicitudinum causa; cura animi, amoris objectum.*

Quebradillo. *m.* Salto ou tacão de madeira que se usava nos sapatos de mulher. *Calcei fulcrum:* — quebro; geito ou movimento que se faz com o corpo, como que requebrando-o, em certos passos de dansa. *Corporis inflexio in tripudio, tripudii genus.*

Quebradizo, za. *adj.* Quebradiço, fragil, sujeito a quebrar-se. *Fragilis:* — debil, fragil, delicado; pouco ou nada robusto em saude e disposições physicas. *Debilis, debilitatus tenellas, infirmus, debilis:* — fragil, caduco; de pouca duração. *Fragilis, fluxus, caducus:* — flexivel; diz-se da voz facil em modulações, gorgeios e trinados. *Flexilis:* — *(fig.)* V. *Fragil:* — V. *Vidrioso.*

Quebrado, da. *adj.* Quebrado; diz-se da pessoa encontrada em bancarrota ou que se declarou em quebra: — quebrado; diz-se da pessoa que padece hernia ou quebradura: — quebrado, quebrantado, debil, enfraquecido. *Enervatus, elanguescens:* — *(fig.)* quebrado; diz-se de um velho, porque tem perdido todo o seu rigor: — *adj. m. (arith.)* quebrado; fracção em que se considera dividido o numero inteiro ou a unidade. Expressa-se por dois numeros separados por um traço; o de cima chama-se numerador e o de baixo denominador. Este denota as partes em que se divide o inteiro e aquelle as que se tomam para formar o quebrado. *Numerus fractus. Quebrado de quebrado o compuesto;* quebrado de quebrado; diz-se do numero quebrado tomado como inteiro e dividido em algumas partes. *Numeri fracti fractio:* — *(poes.)* quebrado; diz-se do verso de quatro syllabas quando rima com outros mais extensos ou de metro maior; e tambem da poesia em que ha esta especie de versos. Usa-se como substantivo na terminação masculina. *Versus reliquis brevior. Pie quebrado (poes.);* pé quebrado; hemistichio em que o sentido fica suspenso. *Andar de pié quebrado (loc. fig.);* andar de pé quebrado; metter-se em maus negocios. *Escribir de quebrados (fr.);* escrever em fórma de quebrados; traçar o papel deixando alguns espaços em branco ou sem riscos. *Intersectis ductricibus lineis scribere.*

Quebrador, ra. *adj., s.* Quebrador, destruidor; que quebra ou despedaça alguma cousa. *Effractarius, effractor:* — *(fig.)* quebrador, quebrantador; transgressor de alguma lei ou preceito. *Violator, ruptor:* — V. *Quebrantador:* — *de imagenes;* quebrador de imagens, iconoclaste; partidario da seita anti-christã, que condemnava o culto das imagens.

Quebradura. *f.* Quebradura; rotura ou abertura de alguma cousa. *Fissio, fissura, diruptio, effractio:* — quebradura, hernia; descida das tripas ou dos intestinos no escroto. *Hernia, æ.*

Quebraja. *f.* Racha; greta, fenda em madeira, ferro ou em qualquer materia susceptivel de se fender ou gretar. *Hiatus, fissura:* — falha; racha, greta no diamante.

Quebrajadura. *f.* V. *Quebraja.*

Quebrajar. *a.*V. *Resquebrajar.* Usa-se tambem como neutro e como reciproco.

Quebrajoso, sa. *adj.* V. *Quebradizo.*

Quebramiento. *m.* V. *Quebrantamiento.*

Quebrantable. *adj.* Quebrantavel, fragil; susceptivel de se quebrar. *Fragilis, quod frangi vel infringi potest.*

Quebrantador, ra. *s.* Quebrantador, violador, transgressor, o que transgride uma lei ou um preceito. V. *Quebrador:* — quebrantador; o que debilita, prostra ou quebranta as forças. *Debilitator, fractor:* — quebrantador; guerreiro astuto e sagaz, que sabe diminuir as forças do inimigo e bater-se quando convem. *Profligator:* — canteiro. *Lapicida.*

Quebrantadura. *f.* V. *Quebradura:* — quebra, rotura, rompimento. *Diruptio, onis.*

Quebrantahuesos. *m.(zool.)* Quebraosso; especie de açor ou

aguia maritima, de dois pés de comprimento, lombo branco, e os cotos das azas malhados de negro, o bico muito forte, grande e curvo, bem como os pés, que são cobertos de pennas e cujas unhas são grandes e fortes. *Falco ossifragus:* — (zool.) quebrantosso; especie do genero petrelo, chamada tambem *petrelo gigante.* Encontra-se desde o Cabo de Horn até ao da Boa Esperança e sustenta-se de insectos, molluscos e da carne dos peixes e cetaceos mortos que fluctuam na superficie do mar: — *(fig.)* pessoa molesta e importuna, que incommoda e causa tedio. *Homo fastidiosus, molestus:* — jogo de rapazes, que consiste em ligarem-se dois pela cintura com os pés encontrados, firmando-os alternadamente no chão e voltando-se sobre as espaduas de outros dois, que se collocam de gatas, de sorte que quando um está em pé, está o outro de bruços. *Ludus puerorum sic dictus ex contorsione vel conversione corporis.*

Guebrantamiento. *m.* Quebrantamento, abatimento, prostração, fraqueza, debilidade, cansaço; estado do corpo quebrado pela fadiga. *Lassitudo, corporis attritio; virium fractio:* — *(fig.)* quebrantamento, infracção, transgressão, violação de alguma lei ou preceito. *Transgressio, violatio:* — *(for.)* annullação; diz-se de um testamento revogado pela lei. *Derogatio, rescissio:* — quebradura; acto de quebrar ou quebrar-se alguma cousa. *Fractura, fractio:* — quebrantamento; evasão, rompimento ou força feita para se libertar de alguma oppressão. *Violatio, effractio.*

Quebrantancia. *f.* V. *Quebrantanza.*

Quebrantante. *p. a.* de *Quebrantar.*

Quebrantanuéces. *m.* Quebra-nozes; instrumento com que se partem as nozes: — quebra-nozes; ave da Europa do tamanho da pega.

Quebrantanza. *f.* *(ant.)* Desconsolação, afflicção, pena, desgosto. V. *Quebranto.*

Quebranta-olas. *m.* *(naut.)* Quebra-vagas; navio velho e incapaz de servir, que, carregado de pedra, se colloca em um porto para quebrar a impetuosidade das ondas ante uma obra hydraulica, para a defender e proporcionar mais seguro abrigo ao ancoradouro.

Quebrantar. *a.* Quebrantar, quebrar, forçar; superar qualquer difficuldade ou estorvo que se oppunha ao goso da liberdade. *Frangere, rumpere:* — quebrantar; diminuir as forças, o vigor: — quebrar; separar, dividir com maior ou menor violencia as partes de um todo. *Frangere, effringere, elidere:* — eivar, rachar, fender, adelgaçar; pôr alguma cousa em estado de se quebrar mais facilmente. *Quassare:* — amolgar, machucar. *Quassare, frangere:* — violar; profanar um logar interdicto. *Violari, transgredi:* — suavisar ou temperar o excesso de alguma cousa; diz-se especialmente do calor ou frio. *Frangere, imminuere:* — molestar, fatigar, affligir o animo, angustiar o coração. *Fatigare, affligere:* — tocar, commover; causar pena, inspirar dó ou compaixão. *Ad pietatem movere, inducere; misericordiam commovere:* — quebrantar; acalmar a ira, o rigor: — induzir, persuadir, mover com ardil, industria e porfia. *Sedare, mollire:* — *(fig.)* quebrantar, infringir, transgredir, violar, não guardar alguma lei, palavra ou obrigação. *Transgredi, violare, rumpere:* — abalar, abanar, enfraquecer, deixar pouco seguro e firme. *Quassere:* — pulverisar, moer o mineral. *Frangere, pinsere:* — molestar, fatigar, causar tedio. *Molestia, tædio afficere:* — *(naut.)* alquebrar-se; render-se, ficar o navio sem aquella curvatura que faz pelo meio, tendo a pôpa e prôa mais elevadas que o meio: — *r.* enfraquecer-se, envelhecer-se, effeminar-se: — *(for.)* revogar, annullar um testamento. *Rescindere. Quebrantar la cabeza;* quebrar a cabeça; cansar, repetindo sempre a mesma cousa: — *(fig.)* quebrantar; abrandar quem está irritado, fazer ceder a rogos. *Audaciam, animos frangere.*

Quebranta-terrones. *m.* V. *Labrador.*

Quebrante. *p. a.* de *Quebrar.*

Quebranto. *m.* Quebranto, desfallecimento, prostração. *Lassitudo, debilitatio:* — quebra; acção ou acto de quebrar. *Fractura, æ:* — lastima, commiseração, piedade, compaixão. *Miseratio, commiseractio:* — perda sensivel ou damno padecido. *Consternatio, afflictio, animi contrictio, damnum:* — dor, pesar, afflicção. *Dolor, afflictio:* — *(naut.)* alquebramento; curva que forma o casco do navio quando se alquebra.

Quebrantura. *f.* *(ant.)* V. *Quebradura.*

Quebrar. *a.* Quebrar; separar, desunir as partes de um todo. *Frangere, effringere:* — quebrar, dobrar, torcer. *Flectere, detorquere:* — quebrar; temperar, suavisar, moderar, abrandar a força e rigor de alguma cousa. *Moderare, temperare, flectere:* — afear, deslustrar a tez ou côr natural do rosto. *Deturpare, fœdare:* — quebrar, vencer, superar alguma difficuldade. *Rumpere, dirumpere:* — *(fig.)* quebrar; transgredir, violar, infringir. *Violare, transgredi:* — quebrar; interromper, estorvar o andamento ou continuação de alguma cousa immaterial. *Rumpere, dissolvere:* — *n.* quebrar, fazer bancarota; interromper o commercio ou negocios por falta de fundos ou cabedaes com que satisfazer aos crédores, perdendo completamente o credito por motivos conhecidos ou por fraude. *Debitores solutione fraudare, foro cedere, decoquere:* — quebrar; romper as relações de amisade com alguem ou affrouxa-las. *Dissolvere, rumpere, dimittere amicitiam:* — quebrar, perturbar, desviar, interromper, impedir. *Turbare, rumpere:* — quebrar; desfigurar, transtornar a apparencia natural de alguma cousa. *Fœdare, dedecorare:* — *r.* quebrar; contrahir uma hernia. *Hernia laborare, rumpi, disrumpi:* — quebrar-se; fallando de cordilheiras ou serras quer dizer que a sua continuidade é interrompida. *Abrumpi, intercidi:* — *por alguno (fr.);* quebrar por alguem; não se verificar alguma cousa por faltar quem tinha uma parte no desempenho d'ella. *Stare per aliquem; impedimento esse:* — *el corazon (fr.);* quebrar o coração; desanimar. *Dolorem, misericordiam movere:* — *la cabeza;* quebrar a cabeça, cansar, importunar, incommodar: — *el hilo;* quebrar o fio; interromper alguma cousa. *Interrumpere:* — *la condicion ó el natural;* quebrar a indole ou o genio; mudar de inclinações. *Indomitam indolem frangere, flectere, mollire:* — *por lo mas delgado, ó quebrar la soga por lo mas delgado;* quebrar pelo mais fraco, ou quebrar a corda pelo mais fraco; isto é, o forte sempre prevalece contra o mais debil, o poderoso contra o mais fraco. *A potentiori vinci:* — *seno.* V. *Seno;* na mesma phrase: — *r. (fig.)* quebrar-se a cabeça; applicar-se ao estudo com affinco. *Aures obtundere.*

Québulo. *m.* Kebulo; o melhor myrobalano.

Quecosicosi. *m. (fam. ant.)* V. *Quisicosa.*

Queche. *m. (naut.)* Ketche; especie de embarcação ingleza, cuja pôpa e prôa são de igual formato, nas quaes totalmente carece de lançamento, e cujo lote varia de cincoenta a trezentas toneladas, observando-se em todo o seu apparelho algumas differenças. É embarcação pouco veloz, particularmente á bolina.

Quechemarin. *m. (naut.)* V. *Cachemarin.*

Quechúe. *m.* Quechue; fructa sempre verde da nova Andaluzia, de gosto suave e similhante á amora da *Europa*, porém de muito pouca duração.

Queda. *f.* Descanso, repouso; tempo marcado em alguns povos, especialmente em praças fechadas, para que todos se recolham, o que se annuncia a toque de sineta. *Quietis tempus, requies:* — sineta destinada para este fim. *Recessus signum campana datum:* — *(mil. ant.)* V. *Retreta. Tocar a la queda (fr.);* tocar a silencio.

Quedada. *f.* Ficada; acção de parar ou permanecer em algum sitio. *Mansio, permansio:* — *(fam.)* pousada, retiro, estancia, morada: — *(naut.)* quietação; permanencia, conservação do estado do mar ou vento.

Quedado. *adj. (ant.)* Quedo, socegado, tranquillo, quieto.

Quedante. *p. a. (ant.)* Que fica.

Quedar. *n.* Ficar; deter-se ou demorar-se em algum logar. *Manere, permanere, residere.* Usa-se tambem como reciproco: — ficar; restar, sobrar, crescer. *Restare, remanere, superesse:* — ficar, restar. *Restare, deficere, superesse, stare per:* — ficar, permanecer, durar, subsistir alguma cousa como effeito de outra. *Remanere, subsistere:* — ficar; arrematar-se a favor de alguem rendas ou outra qualquer cousa vendida em hasta publica. *Stare pro alicuo:* — ficar; conservar-se depois da partida de outros: — ficar; achar-se em uma inacção forçada ou mais longa do que se esperava: — ficar; junto com algum nome, equivale a estar com o que o nome indica; *v. g.: quedar armado;* ficar armado. *Esse:* — ficar; junta-se muitas vezes á preposição *por*, e equivale a ser tido ou reputado; *v. g.: quedar por valiente, por discreto;* ficar, passar, ser tido ou reputado por valente, por discreto. *Haberi, putari:* — ficar, vencer, ganhar, resultar a favor; *v. g.: el campo quedó por ellos;* o campo ficou por elles: — *(prov.)* usa-se impropriamente como activo, e equivale a deixar: — *(ant.)* V. *Cesar:* — V. *Dormirse:* — *r.* ficar-se, suspender-se; perder o fio e a ordem da materia que se tratava. Diz-se ordinariamente dos oradores, quando se perdem na recitação de algum discurso. *Hærere, memoria defici:* — ficar; junto com a preposição *con*, significa reter em seu poder alguma cousa, quer seja propria, quer alheia: — *(naut.)* aquietar-se, abonançar-se; fallando do mar ou do vento: — *bien ó mal (fr.);* ficar bem ou mal; sair airosa ou desairosamente de alguma conjunctura; portar-se digna ou indignamente. *Benè aut malè se gerere; feliciter exire, vel contra:* — *con uno;* ficar, convir, concertar com alguem. *Convenire, pacisci, consentire:* — *limpio (fr.);* ficar limpo; ficar inteiramente sem dinheiro. Usa-se particularmente entre jogadores. *Pecunia vacuum omnino remanere vel evadere:* — *en limpio;* resultar em alguma conta uma somma real e liquida, depois de deduzidas todas as despezas e gastos. *Liquido restare, superesse:* — *ó quedarse a trás (fr. fig.);* ficar ou ficar-se a trás; ser inferior ou de menos estimação e merito do que outrem. *Vinci, superari:* — *por alguno (fr.);* ficar por alguem; responder por outrem, ser fiador. *Fidejubere; pro aliquo stare, aliquem præstare:* — *por uno;* ficar por um; isto é, não realisar alguma cousa por faltar alguem que devia tomar parte na realisação d'ella. *Per aliquem stare officio deesse:* — *uno airoso (fr.);* ficar airoso; sair com exito afortunado de alguma empreza ou negocio. *Feliciter rem succedere. Quedarse a la espiga;* ficar o ultimo; reservar-se para aproveitar e recolher os desperdicios dos outros. *Quedarse a oscuras (fr. fig.)*; ficar ás escuras; perder alguma cousa, ou não obter o que se esperava e pretendia. Alguns dizem: *quedarse a buenas noches. Rem omnino perdere, spe falli. Quedarse atrás (fr. fig.)*; ficar atrás; não alcançar ou não saber tanto como outrem. *Ingenio minus pollere, ingenio cædere:* ficar-se atrás; não comprehender toda a força de alguma cousa, não fazer progressos em alguma sciencia ou arte. *Non callere. Quedarse en blanco (fr. fig.)*; ficar em branco; isto é, não conseguir o que se pretendia ou esperava. *Spe frustrari, destitui. Quedarse fresco (fr. fig.* e *fam.)*; ficar fresco; isto é, não lograr ou conseguir aquillo por que se anhelava e suspirava. *Spe frustrari. Quedarse frio (fr.)*; ficar frio; saír a alguem um resultado, em qualquer negocio, contrario ao que esperava. *Spe falli: (fr. fig.* e *fam.)* ficar frio; denota a surpreza e abalo que causa a alguem o ver frustrar as suas esperanças. *Spe falli decipi. Quedarse helado;* ficar gelado; suspenso, attonito, abysmado, estupefacto. *Stupefieri, obrigere. Quedarse in albis (fr. fig. fam.)*. V. *Quedarse en blanco. Quedarse muerto.* V. *Muerto. Quedarse per istam.* V. *Per istam. Quedarse sin pulsos;* perturbar-se, perder o sentido do que se ouviu. *Exanimari, exanimen jacere. Quedarse en el sermon;* parar, perder o fio do discurso. *Quedarse debajo;* ficar debaixo, ficar vencido. *Quedarse en la estacada;* ficar na estacada; succumbir, ficar morto. *No quedar a deber nada (fr. fig.)*; não ficar a dever nada; corresponder em palavras ou acções ás palavras e acções de outrem. *Par pari referre. No quedarle a uno otra cosa (fr. fam.)*; denota que o que se disse é a verdade. *Animi sensu ut expromuntur ita esse revera. Quedarse el caballo (equit.)*; ficar-se o cavallo; diz-se quando este vae abrandando a actividade com que começou a andar.

QUEDASA BURDON. *f. (hist.)* Festa que se celebra no dia da lua cheia de novembro, em honra da deusa Parvali. Os que a observam não fazem mais do que uma collação e prendem no braço direito um cordão amarello.

QUÉDIO. *m. (zool.)* Quedio; genero de insectos coleopteros pentameros, da familia dos brachelytros.

QUEDITO, TA. *adj. dim.* de *Quedo.* Quietinho, socegadinho. Tem a mesma significação de *Quedo,* se bem que com maior energia. *Quietus, tranquillus:* — *adv.* vagarosamente, mansamente, pouco a pouco, paulatinamente. *Paulatim, sensim, pedetentim.* V. *Quedo.*

QUEDO, DA. *adj.* V. *Quieto:* — *(ant.)* quedo, immovel, suspenso, parado: — *adv. m.* de vagar, em voz baixa. *Silencio, summissi, summissa voce:* — usado como interjeição serve para conter, advertir ou prevenir alguem, como quando dizemos: de vagar! acautela-te! etc. *Heus, cave:* — devagarinho, pouco a pouco, lentamente. *Sensim, lentè, pedetentim:* — *que quedo (fr. fig.)*; cada vez mais firme, obstinado, pertinaz, teimoso. *Pertinax, obstinatus. A quedo (loc. adv. ant.)*; de vagar, a pouco e pouco, moderadamente. *A pié quedo;* a pé quedo, a pé firme. *Tranquillè, otiosè.*

QUEFALCONOMANCIA. *f.* Quefalconomancia; especie de adivinhação por meio de uma cabeça de burro cozida.

QUEFALCONOMÁNTICO. *adj.* Quefalconomantico; concernente á quefalconomancia.

QUEHACER. *m.* Negocio, occupação, mister. Usa-se mais commummente no plural. *Gerenda res, negotium.*

QUEILALJIA. *f. (med.)* Cheilalgia ou chilalgia; dor nos labios.

QUEILÁLJICO. *adj. (med.)* Cheilalgico ou chilalgico; relativo ou similhante á chilalgia.

QUEILANTA. *f. (bot.)* Chilanta; genero de fetos composto de trinta especies, originarias de differentes climas.

QUEILANTITOS. *m. pl. (bot.)* Chilantitos; divisão de fetos fosseis, que comprehende varias especies encontradas em fructificação nos terrenos argillosos.

QUEILETO. *m. (zool.)* Cheyleto *(labio)*; genero de aracnidos tracheus, da tribu dos acaridos.

QUEILINO. *m. (zool.)* Chelino; genero de peixes da familia dos labroideos.

QUEILIO. *m. (zool.)* Cheilio *(labio)*; genero de peixes da familia dos labroideos.

QUEILION. *m. (zool.)* V. *Queilio.*

QUEILOCACIA. *f. (med.)* Cheilocace, chilocace; endurecimento, inchação, fendas nos labios; doença frequente nos meninos em Inglaterra.

QUEILODÁCTILO. *m. (zool.)* Cheilodactylo; genero de peixes da familia dos escienoideos.

QUEILOFIMA. *m. (med.)* Cheilophima; tumor nos labios.

QUEILOMENO. *(zool.)* Cheilomeno; genero de insectos coleopteros trimeros, da tribu dos coccinellidos.

QUEILONIXA. *f. (zool.)* Cheilonicha *(unha no labio)*; genero de insectos coleopteros pentameros, da familia dos carabicos.

QUEILÓPSIDE. *m. (bot.)* V. *Dilivaria.*

QUEILORRAJIA. *f. (med.)* Cheilorrhagia; hemorrhagia dos labios.

QUEILORRÁJICO. *adj. (med.)* Cheilorrhagico; relativo ou concernente á cheilorrhagia.

QUEILOSA. *f. (bot.)* Cheilosa; genero de plantas da familia das euphorbiaceas, creado para caracterisar uma arvore que cresce em Java.

QUEILOSIA. *f. (zool.)* Cheilosia *(labio)*; genero de insectos dipteros brachoceros, da familia dos brachystomos.

QUEILOTOMA. *f. (zool.)* Cheilotoma *(labio cortado)*; genero de insectos coleopteros tetrameros, da familia dos chrysomelinos.

QUEIMAR. *a. (ant.)* V. *Quemar.*

QUEIRACANTO. *m. (zool.)* Cheiracantho *(espinha na mão);* genero de helminthos intestinaes nematodes.

QUEIRÁNTEAS. *f. pl. (bot.)* Cheirantheas; tribu de plantas da familia das cruciferas.

QUEIRANTOFOLIADO. *adj. (bot.)* V. *Queirantofillo.*

QUEIRANTO. *m. (bot.)* V. *Clavero.*

QUEIRANTOFILLO. *adj. (bot.)* Cheiranthofoliado; diz-se das plantas cujas folhas se parecem com as do craveiro.

QUEIRANTOIDE. *adj. (bot.)* Cheiranthoide; que se assimilha ao goivo.

QUEIRAPSIA. *f. (med.)* Cheirapsia; acção de coçar-se ou esfregar-se, em algumas enfermidades.

QUEIRODO. *m. (zool.)* Cheirodo; genero de insectos heteromeros da familia dos taxicornes.

QUEIROGÁLEO. *m. (zool.)* Cheirogále; genero de mammiferos da familia dos lemurianos.

QUEIROPLÁTIDE. *m. (zool.)* Cheiroplátide *(mão larga);* genero de insectos coleopteros da familia dos lamellicornes.

QUEIROPTEROS. *m. pl. (zool.)* Cheiropteros *(mão em fórma de aza);* familia de mammiferos carnivoros, caracterisados por terem uma pelle estendida entre os membros e os dedos das extremidades anteriores, de sorte que forma uma aza propria para o vôo. Alguns consideram este grupo como uma verdadeira ordem intermedia entre os quadrumanos e os carnivoros.

QUEIROSTEMO. *m. (bot.)* Cheirostemo; genero de plantas da familia das esterculiaceas.

QUEIROSTÍLIDE. *m. (bot.)* Cheirostilide; genero de plantas da familia das esterculiaceas.

QUEIROTO. *m. (zool.)* Chiroto *(que tem mãos);* genero de reptis amphisbenios caracterisados por terem os membros anteriores pequenos e com cinco dedos em fórma de mãos.

QUEIXARSE. *r. (ant.)* V. *Quejarse.*

QUEJA. *f.* Queixa, lamentação; expressão de dor, pena ou sentimento. *Querela, quæstus, querimonia:* — querella; pleito ventilado em consequencia de uma injuria, offensa ou insulto. *Querela:* — queixa, resentimento, resabio. *Querela:* — *(ant.)* V. *Congoja, Priesa. Dar quejas,* exprobar, arguir, censurar. *Mas vale buena queja que mala paga (rif.);* antes queixa bem cabida, do que premio insufficiente, isto é, vale mais ficar com o motivo de queixa, do que aceitar um premio que não corresponda ao muito que com elle se tenta remunerar. *Queri posse meritò mallem quam iniquo præmio contentum videri.*

QUEJADA. *f. (ant.)* V. *Quijada.*

QUEJAR. *a. (ant.)* V. *Congojar:* — apremar, obrigar, apresurar: — *r.* queixar-se, lamentar-se; proromper em queixas, manifestar vocalmente a dor ou pena que se experimenta. *Queri, conqueri, lamentari:* — queixar-se; dar a entender o resentimento ou motivo de queixa que se tem de outrem. *Querelas facere; quærimoniam jactare:* — V. *Querellarse:* — *(ant.)* V. *Desear. Quejarse de vicio;* queixarse, lamentar-se por vicio ou costume. *De nihilo queri.*

QUEJEDAT. *f. (ant.)* Pena, tristeza.

QUEJICOSO, SA. *adj.* Choricas; diz-se do que se lastima mais por habito e calculo do que por motivo reconhecido. *Facile querulus, queribundus.*

QUEJIDICO. *m.* V. *Quejidito.*

QUEJIDILLO. *m.* V. *Quejidito.*

QUEJIDITO. *m. dim.* de *Quejido.*

QUEJIDO. *m.* Gemido, ai, lamento, queixume. *Quæstus, gemitus. Dar quejidos;* dar ais, soltar gemidos; exprimir a dor com uma voz lamentosa.

QUEJIGAL. *m.* Azinhal; terreno povoado de azinheiras.

QUEJIGO. *m. (bot.)* Azinheira; especie de roble muito parecido com o carvalho.

QUEJIJO. *m. (ant.)* Pena, dor, afflicção.

QUEJILLA. *f.* V. *Quejita.*

QUEJITA. *f. dim.* de *Queja.*

QUEJIZO. *m. (ant.)* V. *Quejijo.*

QUEJO. *m.* V. *Quejá.*

QUEJOSAMENTE. *adv. m.* Queixosamente; de uma maneira queixosa. *Querela, querimonia.*

QUEJOSÍSIMO, MA. *adj. sup.* de *Quejoso.* Queixosissimo, descontentissimo. *Valdè queribundus.*

QUEJOSO, SA. *adj.* Queixoso; resentido, offendido, aggravado; que tem queixa de outrem. *Querulus, queribundus:* — *(ant.)* V. *Deseoso.*

QUEJUMBRE. *f. (ant.)* Queixume. V. *Queja.*

QUEJUMBROSO, SA. *adj.* Queixoso; que se resente e indispõe facilmente, que é dotado de facil susceptibilidade. *Querulus, queribundus:* — *(poes.)* tetrico, melancolico.

QUEJUME. *f. (ant.)* Queixume. V. *Queja.*

QUEJURA. *f. (ant.)* Queixa amarga, dolorosa. *Questus, gemitus.*

QUELABITA. *m.* Quelabita; membro de uma tribu dos arabes.

QUELAR. *a. (germ.)* V. *Bailar.*

QUELARIAS. *f. (zool.)* Chelarias; genero de insectos lepidopteros da familia dos nocturnos.

QUELERALÓ. *m. (ger.)* V. *Bailador.*

QUELIBEN *m. (germ.)* V. *Declaracion.*

QUELICORNIO. *adj. (zool.)* Chelicorne; que tem as unhas guarnecidas de pellos.

QUELIDO. *m. (zool.)* Chélydo; genero de reptis chelonios da familia dos emydos.

QUELIDONIA. *f. (bot.)* Chelidonia ou celidonia; planta polypetala da familia das papoulas: — cruciforme, vivaz pelas raizes e de succo amarello: — *(min.)* chelidonia ou celidonia; pedra de que falla Plinio; tinha a côr propria das andorinhas e havia uma variedade purpurina com manchas negras. Dizia-se que se encontrava no estomago das andorinhas novas.

QUELIDONIAS. *f. pl.* Chelidonias ou celidonias; festas que se celebravam em Rhodes no tempo da primavera.

QUELIDONINA. *f. (bot.)* Chelidonina ou celidonina; substancia amarella e caustica que contém a celidonia e é propria para destruir as verrugas.

QUELIDONIO. *m. (bot.)* Chelidonio; genero de plantas da familia das papaveraceas.

QUELIDOMISMO. *m. (mus. ant.)* Chelidomismo; canção alegre que se cantava em Rhodes nas festas chelidonias.

QUELÍFERO. *adj. (zool.)* Chelifero; que tem as mandibulas fendidas como umas tenazes: — chelifero; que termina em unha.

QUELIFORME. *adj. (zool.)* Cheliforme; que tem a fôrma de unha; — cheliforme; nome que se dá aos palpos dos insectos, quando têem a ultima phalange dividida em duas peças, uma das quaes se move sobre a outra, formando como que umas tenazes.

QUELIGASTRO. *m. (zool.)* Cheligastro; genero de insectos dipteros brachoceros da familia dos atheryceros.

QUELIGNATO. *adj. (zool.)* Chelignato; que tem as maxillas em fôrma de tenazes.

QUELIMORFA. *m. (zool.)* Chelimorpha; genero de insectos coleopteros pentameros da familia dos chrysomelinos.

QUELINGUE. *m. (naut.)* Quelingue; embarcação de fundo chato que se usa nas costas do Coromandel.

QUELINOTA. *f. (min.)* V. *Quelidonia;* na accepção de pedra.

QUELMEISELO. *m. (med.)* Chelmeiselo; nome que os cirurgiões allemães dão a um apparelho que introduzem nas fistulas e nas ulceras para as dilatar.

QUELMON. *m. (zool.)* Chelmon; genero de peixes formado do genero chelodonte.

QUELO. *m. (germ.)* V. *Baile.*

QUELOBÁSIDE. *m. (zool.)* Chelobasis; genero de insectos coleopteros tetrameros da familia des chrysomelinos.

QUELODERO. *m. (zool.)* Chelodero; genero de insectos coleopteros tetrameros da familia dos longicornes.

QUELODINA. *f. (zool.)* Chelodina *(tartaruga de arroio);* genero de reptis chelonios da familia dos emydos.

QUELODONTE. *adj. (zool.)* Chelodonte; insecto com mandibulas.

QUELONA. *f. (bot.)* Chelona *(tartaruga);* genero de plantas da familia das scrophularineas: — *(myth.)* chelone; nympha transformada em tartaruga por ter recusado assistir ás bodas de Jupiter e Juno e ter zombado de tal enlace.

QUELONÁNTERA. *f. (bot.)* Quelonantera; genero de plantas da familia das orchideas.

QUELONARIO. *m. (zool.)* Chelonario *(tartaruga);* genero de insectos coleopteros pentameros da familia dos clavicornes.

QUELONEIA. *f. (zool.)* Cheloneia; tartaruga do mar.

QUELONIA. *f. (zool.)* V. *Tortuga marina:* — chelonia; genero de insectos lepidopteros da familia dos nocturnos, tribu dos chelonidos.

QUELONIANOS. *m. pl. (zool.)* Chelonianos; reptis da familia das tartarugas.

QUELÓNIDOS. *m. pl. (zool.)* Chelonidos; tribu de insectos lepidopteros da familia dos nocturnos. As lagartas são vellosas, polyphagas, correm com viveza e transformam-se em chrysalidas dentro de um casulo de seda, que collocam nas folhas e no musgo.

QUELONIOS. *m. pl. (zool.)* Chelonios; ordem de reptis caracterisados pelo corpo curto, globuloso e coberto por um involucro mais ou menos solido, que no tronco forma uma especie de concha ou couraça, sob a qual podem occultar parcial ou totalmente a cabeça e as extremidades.

QUELONITA. *f. (min.)* Chelonita; nome que os antigos davam a uma variedade de sulphureto de ferro.

QUELONITOS. *m. pl. (zool.)* Chelonitos; nome dado ás tartarugas de agua doce.

QUELONO. *m. (zool.)* Chelono *(tartaruga);* genero de insectos hymenopteros da familia dos brachonidos.

QUELONODEMA. *f. (zool.)* Chelonodema *(corpo de tartaruga);* genero de insectos coleopteros pentameros da familia dos carabicos.

QUELONÓFAGO. *adj. (zool.)* Chelonophago; diz-se dos animaes que se alimentam de tartarugas.

QUELONOGRAFÍA. *f.* Chelonographia; descripção ou tratado das tartarugas.

QUELONOGRÁFICO. *adj.* Chelonographico; concernente ou relativo á chelonographia.

QUELONÓGRAFO. *m.* Chelonographo; que se dedica exclusivamente ao conhecimento das tartarugas ou as descreve.

QUELÓPODOS. *m. pl. (zool.)* Chelopodas *(unha no pé);* ordem de mammiferos, creada por alguns naturalistas para comprehender os que têem os dedos armados de unhas agudas.

QUELOSTOMA. *f. (zool.)* Chelostoma; genero de insectos hymenopteros da familia dos meliphoros.

QUELLOTROTARSE. *r. (ant.)* V. *Enquillotrarse.*

QUEMA. *f.* Queima, queimada; acto de queimar e o sitio queimado. *Ustio, incendium, crematio:* — queima, incendio, abrasamento. *Incendium. Huir de la quema (fr.);* fugir da queima; evitar toda a occasião em que se possa comprometter, em geral fugir de qualquer perigo. *Periculum vitare, fugere, evadere.*

QUEMADERO. *m.* Logar onde se faziam as fogueiras para queimar os condemnados á pena de fogo. *Ustrina, locus comburendis reis destinatus.*

QUEMADO, DA. *adj. (germ.)* Negro, ethiope: — *p. p.* queimado, abrasado, incendiado. *Ustus, combustus, crematus.*

QUEMADOR, RA. *s.* Queimador, incendiario; o que queima ou lança fogo a alguma cousa. *Ustor, oris:* — incendiario;

o que maliciosamente põe fogo. *Incendiarius, combustor.*

QUEMADURA. *f.* Queimadura; effeito produzido pelo fogo em algum corpo e seguido da decomposição de suas partes. *Ustio, crematio:* — queimadura; signal, chaga, empola ou impressão que produz o fogo ou qualquer cousa muito quente applicada a outra. *Ustio, adustio:* — V. *Tizon;* na accepção de enfermidade das plantas.

QUEMAJOSO, SA. *adj.* Pungitivo, forte, vivo, penetrante, ardente. *Quod punget, perstringit.*

QUEMAMIENTO. *m.* Queimamento; acção e effeito de queimar.

QUEMANTE. *adj.* Abrasante; que abrasa, queima. *Urens, calidus, adurens:* — *m. (germ.)* olho.

QUEMAR. *a.* Queimar; abrasar ou consumir por meio do fogo. *Urere, adurere:* — queimar, abrasar; aquecer com muita intensidade, como o sol no estio. *Adurere:* — queimar, crestar, desecar; fazer perder a verdura e louçania, como acontece com varias plantas, no tempo de grandes neves ou de calores excessivos. *Adurere:* — queimar; causar uma sensação muito activa na bôca e no paladar. *Acri prurigine os palatumque afficere:* — queimar, tostar, tisnar, torrar ao ardor do sol ou do fogo. *Adurere:* — *(fig.)* queimar; desbaratar, dissipar a fazenda, vende-la por vil preço. *Decoquere, dilapidare, destruere:* — queimar, picar; offender excessivamente alguem, affronta-lo: — *n.* queimar; estar uma cousa demasiadamente quente. *Nimis calere:* — *con malas razones (fr.);* convencer: — *r.* sentir muito calor. *Aduri, ardere, fervere:* — queimar-se, agastar-se, impacientar-se; desesperar-se ou porque se faz alguma cousa contra vontade propria ou por se ouvirem expressões que offendem. *Uri, cruciari, æstuare, flagrare:* — abrasar-se, de paixão ou affecto. *Nimia sollicitudine affici vel ardenti desiderio:* — *(fam.)* queimar-se; avizinhar-se de alguma cousa, estar prestes a toca-la. *Ferè attingere:* — *(ant.)* diz-se do cavallo que move as pernas com difficuldade, por ter n'ellas esparavões. *Quemarse la sangre (fr.);* queimar-se o sangue, ferver o sangue; sentir uma viva impaciencia. *Quemarse las cejas (fr.);* queimar as pestanas; estudar de noite, trabalhar, desvelar-se para fazer alguma cousa. *A quema ropa (fr.);* á queima roupa; de repente, immediatamente. *Cominus. Tomar algo por donde quema;* tomar as cousas por onde queimam, isto é, toma-las á má parte, no peior sentido. *In malam partem accipere. Quien se quemar que sople (fr. prov. e fig.);* quem se queimar que sopre; isto é, quem se julgar offendido ou prejudicado que se accuse. *Qui dolore premitur, remedium quærat. Quémese la casa y no salga el humo (rif.);* queime-se a casa, mas que não sáia o fumo; isto é, se se praticar o mal, seja ao menos sem escandalo.

QUEMAZON. *f.* Queimadura, incendio, queima; acção e effeito de queimar ou de se queimar. *Ustio, adustio, combustio, crematio:* — grande calor, calor excessivo, calma abrazadora. *Ardor, æstus:* — V. *Comezon:* — *(fig.)* dicterio; dito picante e provocador. *Scomma, atis:* — *(fig.)* queimação; cousa que enfada muito ou o enfado que d'ella resulta. *Scommatum acritudo:* — *(min.)* espuma de metal ligeira e chamuscada, que é um dos indicios de veia.

QUEMERINA. *f. (zool.)* Chemerina *(de inverno);* genero de insectos lepidopteros nocturnos.

QUEMIIM. *m. (myth.)* Quemiim; ser supremo entre os caribes.

QUENA. *f.* Quena; especie de flauta que tocam os indios do Perú e Bolivia.

QUENDEBRE. *m. (germ.)* V. *Diciembre.*

QUENEN. *m. (astron.)* V. *Comé.*

QUENENDÓPORA. *f. (zool.)* Chenendópora; genero de espongiarios ficoides.

QUENIO. *m. (zool.)* Chennio; genero de insectos coleopteros da familia dos pselaphios.

QUENOPÓDEAS. *f. pl. (bot.)* Chenopodeas; familia de plantas dicotyledoneas.

QUENOPODIÁCEAS. *m. pl. (bot.)* V. *Atriplíceas.*

QUENOPODIO. *m. (bot.)* Chenopodio *(pé de ganso);* genero de plantas da familia das chenopodiaceas.

QUEO. *m.* Queo; instrumento musico chinez de vinte e cinco cordas.

QUEOPORO. *m. (zool.)* Cheporo; genero de insectos coleopteros da familia dos carabicos.

QUEPIS. *m.* Képi; gorro militar de pequeno uniforme.

QUEQUÉ. *conj. (ant.)* Logoque.

QÜEQUIER. *adj. (ant.)* V. *Cualquiera,* especie de enridiça ou sipó do Brazil.

QUERAMINOS. *m. pl. (rel.)* Cheraminos; sectarios musulmanos que attribuem a Deus a figura humana, attendendo á expressão litteral do coran, relativa aos pés, ás mãos, etc.

QUERAB. *a. (germ.)* V. *Hacer.*

QUERCÍCOLO. *adj. (zool.)* Quercicula; que vive parasito no carvalho.

QUERCINA. *f. (chim.)* Quercina; substancia crystallina que se encontra na casca do carvalho. É de um sabor amargo, soluvel na agua e no alcool, insoluvel no ether, e muito parecida pelas suas propriedades com a salicina.

QUERCÍNEAS. *f. pl. (bot.)* Quercineas; familia de plantas do grupo das amentaceas, que tem por typo o genero carvalho.

QUERCITRINA. *f. (chim.)* Quercitrina; principio colorante amarello, extrahido da casca do quercitron. É um corpo pulverulento, inodoro, soluvel em agua a ferver e no alcool. Obtem-se tratando a casca da mesma arvore pelo alcool.

QUERCITRON. *m. (bot.)* Quercitron; especie do genero carvalho, originaria da America, notavel pelo principio existente na parte cellular da casca, que subministra uma formosa côr de limão.

Querelar. *a. (germ.)* V. *Convertir:* — V. *Ejercer:* — *r. (ant.)* V. *Querellarse.*

Querella. *f.* Querela, queixa. *Querela, quæstus:* — *(for.)* querela; accusação ou queixa apresentada em juizo contra alguem que se faz réu de algum delicto, que o aggravado pede se castigue. *Delatio ad judicem, criminatio, querimonia. Querela de testamento inoficioso;* querela de testamento inofficioso; a que os herdeiros forçados, injustamente desherdados ou omittidos, apresentam ao juiz, pedindo a invalidade ou rescisão do testamento, como inofficioso, isto é, como feito contra os deveres de piedade que os paes e os filhos se devem mutuamente. *Querela inofficiosi testamenti. Bajarse de la querela (fr. ant.);* desistir de uma querela ou pleito.

Querellador. *m.* Querelador; a que querela.

Querellante. *p. a.* Querelante; que querela. *Querens, delator:* — queixoso; que se lamenta, que se chora. *Querens, conquerens.*

Querellarse. *r.* Querelar-se, queixar-se, lamentar-se, chorar-se; manifestar o sentimento proprio ou o que se nutre a respeito de alguma pessoa. *Queri, conqueri:* — *(for.)* querelar; fazer uma accusação perante o juiz, queixando-se de alguem, por delicto, injuria ou aggravo que tenha commettido. Antigamente usava-se como neutro. *Aliquem ad judicem deferre, accusare.*

Querellosamente. *adv. m.* Queixosamente; com sentimento ou queixa. *Dolenter.*

Querelloso, sa. *adj.* V. *Querellante:* — queixoso; que se resente facilmente. *Querulus, queribundus.*

Querencia. *f.* Logar ou sitio onde os animaes pastam ordinariamente e onde foram creados, e para o qual o instincto os arrasta sempre. *Assuetum receptaculum:* — *(fig.)* poiso; logar ou casa onde alguma pessoa vae frequentemente, por haver algum motivo que a prenda ali. *Assuetum receptaculum:* — apego, affeição, estima, benevolencia, amisade. *Benevolentia, æ.*

Querencioso, sa. *adj.* Diz-se do sitio ou paragem a que os animaes estão costumados, e dos mesmos animaes que os frequentam. *Quod animantia ad incolendum allidit.*

Querento. *m. (germ.)* V. *Acento.*

Querer. *m.* Querer, vontade, desejo. *Voluntas, studium:* — *a.* querer; desejar, appetecer alguma cousa. *Appetere, expetere:* — querer, amar; ter vehemente affecto por alguem. *Amare, diligere, velle, amore prosequi:* — querer; ter vontade, estar resolvido a pôr por obra algum pensamento. *Velle:* — querer, resolver, ordenar, determinar, mandar. *Velle, decernere:* — querer, pretender, intentar, procurar. *Velle, intendere:* — querer; convir uma cousa a outra, pedi-la, exigi-la. *Expetere, exigere:* — querer; conformar-se ou convir com alguem em um intento, designio ou caso analogo. *Velle, assentire:* — querer; aceitar o convite para o jogo. *Sponsionem ludo factam admittere, acceptare:* — querer; ter vontade de alguma cousa, e assim se diz: *Quiero comer.* N'este sentido junta-se quasi sempre a outro verbo. *Appetere, expetere, desiderare:* — querer; dar alguem occasião, pelo que faz ou diz, para que se execute alguma cousa contra elle, como: *este quiere que le rompamos la cabeza;* este quer que lhe quebremos a cabeça. *Quærere, movere:* — querer; estar alguma cousa prestes a verificar-se. *Proximum esse, imminere. Como asi me lo quiero (loc. fam.);* tal qual o meu desejo: denota que uma cousa aconteceu conforme se desejava. *Hoc erat in votis. Ex animi sententia. Como usted quisiere (fr.);* como o senhor quizer ou como queira; expressão de que se usa para ceder em qualquer contenda, questão ou disputa. *Ut velis. Que mas quieres?* que mais queres? denota que se obteve tudo quanto se podia desejar. *Quid ultra tibi vis. Que quiera, que no quiera;* queira ou não queira; isto é, seja qual for a sua vontade. *Velit nolit, libenter vel invite. Que quiere ser esto?* que quer isto dizer? denota a admiração ou estranheza que alguma cousa causa. *Hoc quid sibi vult? Quid hoc secum importare? Que quiere decir eso?* que quer isso dizer? Ameaça ou admoestação dirigida a alguem, para que corrija e modere o que tiver dito. *Quid sibi vult? Sin querer (mod. adv.);* sem querer, por acaso, sem intenção. *Præter intentionem vel animo incogitanter. Donde quiera que fueres, haz como vieres (rif.);* onde quer que fores, faze como vires; isto é, convem sempre seguir os costumes e usos que se vêem, e nunca singularizar-se. *Dum fueris Romæ, romano vivito more; dum fueris alibi, vivito sicut ibi. Mas hace el que quiere, que no el que puede (rif.);* faz mais quem quer do que quem póde; isto é, a vontade tem a parte principal nas acções, com ella realisam-se ainda as que parecem menos possiveis. *Studiosæ voluntati omnia posibilia fiunt. Quien bien quiere, bien obedece (rif.);* quem bem quer, bem obedece; o carinho e a amisade facilita ao que a professa todos os meios de comprazer e dar gosto. *Amore citius, quam imperio subditos agas. Quien bien quiere tarde olvida (rif.);* quem bem quer, tarde esquece; a estima ou verdadeiro amor não varia com as circumstancias e contingencias do tempo. *Verus amor oblivium nescit. Quien bien te quiere te hará llorar;* quem bem te quer, far-te-ha chorar; quer dizer que a verdadeira estima consiste em saber reprehender e corrigir. *Meliora sunt vulnera diligentis, quam fraudulenta oscula odientis. Quien todo lo quier, todo lo pierde (rif.);* quem tudo quer, tudo perde; adverte quanto é sempre funesta a ambição. *Qui duos lepores sequitur neutrum capit. Si bien me quieres, trátame como sueles (rif.);* amizade que não tem constancia, jamais é verdadeira. *Trahere blanditiis nequit instabilis amor.*

Queria. *f. (bot.)* Queria; genero de plantas da familia das caryophylladas, cuja especie typica é herbacea e cresce nos logares aridos e nas collinas de Hespanha.

Queriáceo. *adj. (bot.)* Queriaceo; parecido com a queria.

Queridísimo, ma. *adj. sup.* de *Querido.* Queridissimo, prezadissimo, dilectissimo. *Dilectissimus.*

Querido, da. *adj.* Querido, amado, favorecido, predilecto. *Dilectus, expetitus:* — querido; expressão carinhosa e terna com que se denota o affecto intimo que se tem por alguem. *Fili mi, amice mi, dilecte mi:* — querido, amante, namorado.

Queriente. *adj.* Querente; que quer. *Volens, entis.*

Querleria. *f. (bot.)* V. *Alsina.*

Quermes. *m. (bot.)* V. *Grana quermes:* — *(zool.)* quermes ou kermes; genero de insectos hemipteros, cujas especies têem as antennas compostas de cinco artelhos, e o abdomen desprovido de canaes secretorios: — *mineral (min.);* quermes ou kermes mineral; antimonio oxysulphurado, que se encontra em Anvernia, Saxonia, Siberia, Inglaterra, etc., em fórma de agulhas crystallinas fundiveis, muito brandas, frageis, e de um vermelho escuro. Chamaram-lhe tambem antimonio roxo.

Quernera. *f. (bot.)* V. *Posidonia.*

Quernito. *m. (min.)* Quernito; nome que os antigos davam a uma variedade do marmore branco.

Quero. *m. (zool.)* Cherro; genero de insectos coleopteros tetrameros, da familia dos curculionidos.

Querocha. *f.* V. *Cresa.*

Querochar. *n.* Depositar a semente as abelhas. *Semen apes emittere.*

Querodonte. *m. (zool.)* Cherodonte; genero de mammiferos roedores.

Querofíleas. *f. pl. (bot.)* Cherophylleas; tribu de plantas da familia das umbelliferas, que têem por typo o genero cherophyllo.

Querofilo. *m. (bot.)* Cherophyllo; genero de plantas da familia das cherophylleas, cujas especies são herbaceas, annuaes ou vivazes, têem as folhas singelas e as flores brancas, roseas ou amarellas.

Querolita. *f. (min.)* V. *Cerolita.*

Querosto. *m. (germ.)* V. *Agosto.*

Quersidro. *m. (zool.)* Chersydro *(vibora d'agua);* genero de reptis ophydios.

Quersina. *f. (zool.)* Chersina *(terrestre);* genero de reptis chelonios.

Quersótide. *m. (zool.)* Chersotis; genero de insectos lepidopteros, da familia dos nocturnos.

Querube. *m.* V. *Querubin.*

Querúbeo. *adj.* V. *Querúbico.*

Querúbico. *adj.* Cherubinico; relativo ou pertencente aos cherubins: — *(rel.)* cherubinico; diz-se na igreja grega de um hymno que faz parte de um outro muito celebre, que se canta durante o sacrificio da missa.

Querubin. *m.* Cherubim; cada um dos espiritos angelicos que constituem o segundo côro da primeira hierarchia. *Cherubin.*

Querubínico. *adj.* V. *Querúbico.*

Querva. *f. (bot.)* V. *Tartago.*

Quesa. *f. (ant.)* V. *Queja:* — V. *Quiza,* especie de tunica.

Quesadilla. *f.* Pastel de ovos, manteiga e queijo. *Artocreas caseo delibutum:* — pastelinho, queijadinha feita de conserva ou outra cousa. *Tragemata, maza; crustabum:* — rosca de pão alvo que fazem em Ambalo, provincia da republica do Equador, e que não tem podido ser imitada em outra alguma parte.

Quesar. *n. (germ.)* V. *Ser.*

Quesarse. *r. (ant.)* V. *Quejarse.*

Quesear. *n.* Queijar; fazer queijos. *Caseos premere, conformare.*

Quesera. *f.* Queijeira; casa onde se fazem queijos. *Locus caseis efformandis. Casearia cella:* — cincho; fôrma, molde onde se queija. *Caseale, tabula casearia.*

Quesería. *f.* V. *Quesera:* — tempo ou estação propria para queijar. *Casei premendi tempus.*

Quesero, ra. *s.* Queijeiro; o que faz ou vende queijos. *Casei pressor, venditor:* — *adj.* V. *Caseoso.*

Quesia. *f. (zool.)* Chesias; genero de insectos lepidopteros, da familia dos nocturnos.

Quesido. *adj. (ant.)* V. *Querido.*

Quesillo, to. *m.* V. *Quesito.*

Quesito. *m. dim.* de *Queso.* Queijinho. *Caseus pusillus.*

Quesnelistas. *m. pl.* Quesnelistas; sectarios de Quesnel.

Queso. *m.* Queijo; massa de leite de vaccas, ovelhas, cabras coalhado e espremido no cincho. *Caseus, i. Medio queso (art.);* imprensa; pedaço de madeira de que os alfaiates se servem para alizar as golas: — *de yerba;* queijo de herva; o que se coalha com a flor do cardo ou com outra herva. *Flore cardin caseus coagulatus. Dos de queso (loc. fam.);* applica-se ao que é de pouco valor ou pouca utilidade. *Res flocci, nihili. Algo es queso, pues se dá por peso (rif.).* V. *Algo.*

Quesono. *m. (myth.)* Quesono; idolo de certos povos da Africa, que lhe offerecem libações com um mixto de vinho de palmeira e sangue de cabra.

Quetocera. *f. (zool.)* Chetocera; genero de insectos dipteros, da familia dos palomides.

Quetóceros. *m. pl. (zool.)* V. *Seticornios.*

Quetodíptero. *m. (zool.)* Chetodiptero; genero de peixes.

Quetodon. *m. (zool.)* V. *Quetodónidos.*

Quetodónidos. *m. pl. (zool.)* Chetodonidos; familia de peixes acanthopterygios, creada por alguns naturalistas para comprehender o genero chetodonte.

Quetodonte. *m. (zool.)* Chetodonte; genero de peixes acanthopterygios, da familia dos escamipennes, notaveis pelas cores vivas e vistosas que lhes adornam o corpo; comprehende especies que offerecem differentes caracteres, e que, segundo alguns auctores, deviam ser divididas em generos particulares.

Quetópodos. *m. pl. (zool.)* Chetopodes; grupo de annelidos, que comprehende os que têem nas partes lateraes do corpo pellos espinhosos, inarticulados, por meio dos quaes se movem como se fossem membros rudimentares.

Quetopóreas. *f. pl. (bot.)* Chetosporeas; tribu de plantas phyceas, da familia das zoospermeas, caracterisadas pelos filamentos ramosos e articulados, e pelas folhas gelatinosas divididas com irregularidade.

Quexigal. *f. (ant.)* V. *Quejigal.*

Quexigo. *m. (ant.)* V. *Quejijo.*

Quey. *m. (myth.)* Quey; nome que dão os chins aos genios maus.

Queyapi. *m. (p. Perú)* Queyapi; fato de pelles preparadas como a anta com que se vestem as indias de Tucuman.

Queza. *f. (ant.)* Especie de panno fino e pouco consistente.

Qui. *adj. (ant.)* V. *Quien.*

Quiá. *interj.* V. *Cá,* na ultima accepção.

Quiasmo. *m.* Chiasmo; ponto de contacto, reunião de duas cousas ou partes que formam cruz:—*(anat.)* chiasma; encontro dos nervos opticos que se cruzam no craneo: — *(reth.)* chiasma; figura de rhetorica composta de duas antitheses, cujos termos se cruzam, correspondendo o primeiro ao ultimo, e o segundo ao terceiro.

Quiasognato. *m. (zool.)* Chiasognatho; genero de insectos coleopteros pentameros da familia dos lamellicornes.

Quiastro. *m. (med. ant.)* Chiastro ou Kiastro; especie de ligadura em fórma da letra X, de que usavam os antigos para suster os fragmentos osseos nas fracturas transversaes da rotula.

Quicial. *m.* Aro; peça onde se collocam os quicios ou bisagras das portas ou janellas. *Cardo, postis:* —V. *Quicio.*

Quicialera. *f.* V. *Quicial.*

Quicio. *m.* Quicio; gonzo das portas e janellas para as fazer girar. *Cardo, axis:* — *(fig.)* eixo; o ponto principal de qualquer tentativa, pretensão ou negocio. *Cardo:* — eixo; circumstancia particular da qual depende o exito de qualquer cousa. *Fuera de quicio (loc. adv.);* fóra do eixo; usa-se com varios verbos e denota que se procede com violencia, ou contra a ordem e estado que convem. *Præpostere, inverso ordine. Sacar una cosa de quicio (fr.);* tirar uma cousa dos seus eixos; faze-la saír do seu estado ou andamento natural. *Rerum ordinem invertere; extra ordinem prætergredi.*

Quichardila. *f. (germ.)* Mancha.

Quichí. *adj. (germ.)* Quanto.

Quidad. *f. (philos.)* Quidade; essencia de uma cousa. *Quidditas, atis.*

Quidam. *m. (fam.)* Quidam, um certo, um tal; pessoa indeterminada, cujo nome se ignora ou se occulta. Usa-se commummente em tom de desprezo. *Quidam.*

Quiditativo. *adj. (philos.)* Quiditativo; que pertence ou é relativo á essencia, ou substancia de alguma cousa. *Quidditativus, a, um.*

Quid pro quo. *loc. adv.* Quid pro quo; expressão puramente latina introduzida em todos os idiomas europeus, que se usa quando se substitue uma palavra ou cousa por outra equivalente: — *(fam.)* V. *Equivocacion.*

Quiebra. *f.* Quebra, rotura, fenda, abertura, fractura. *Fractio, effractio, fractura:* — quebrada; abertura de terra nos montes ou valles causada pela abundancia das chuvas. *Terræ hiatus, abruptio:* — quebra; perda, deterioração de alguma cousa. *Jactura, damnum, detrimentum, imminutio:* — quebra; suspensão de negocio entre os negociantes, omittindo o pagamento aos credores. *Decoctio. Negotiatoris, qui solvendo non est, à negotiatione cessatio; bonorum cessione, creditoribus oblata dissolutio.*

Quiebro. *m.* Quebro; inflexão affectuosa do corpo como que quebrando-o pela cintura. *Medii corporis inflexio:* — *(mus.)* quebro; inflexão, trinado rapido da voz. *Vocis inter canendum celerrima vibratio, inflexio, volutatio:* — modulação, inflexão ou variação accelerada de sons, que produz muitos tons differentes, os quaes formam uma especie de cadencia precipitada, em virtude de uns pontos picados na mesma corda, tecla, etc. *Soni variatio in fidibus.*

Quiem. *adj. (ant.)* V. *Quien.*

Quien. *adj.* Quem, qual, que. *Qui, quæ, quod.* Usa-se regularmente perguntando por alguem:—equivale tambem ao que relativo ou o que, a que: — um, outro; usa-se frequentemente como distributivo; *v. g.: quien se fue á su casa, quien á la plaza;* um foi a sua casa, outro á praça. *Alter vel alter quidam.*

Quiena. *pron. (ant.)* Contracção de *quien la.*

Quieno. *pron. (ant.)* Contracção de *quien lo.*

Quienquier. *adj.* Quemquer. V. *Cualquier.*

Quienquiera. *adj.* V. *Cualquiera.*

Quiensequier. *adj. (ant.)* V. *Cualquiera.*

Quier. *conj. (ant.)* Já:—V. *Siquier, Siquiera.*

Quiermesir. *f.* V. *Quiermesira.*

Quiermesira. *f.* Quiermesira; tela de seda fabricada em Alepo.

Quietacion. *f. (ant.)* Quietação, repouso, tranquillidade. Está pouco em uso. *Quies, placatio, sedatio.*

Quietado, da. *adj.* Quietado. V. *Aquietado.*

Quietador, ra. *s.* Tranquillisador, apaziguador. *Qui sedat.*

Quietamente. *adv.* Quietamente, tranquillamente, pacificamente; com socego e descanso. *Quietè, placidè, tranquillè, securè.*

Quietar. *a. (ant.)* Quietar. V. *Aquietar.* Usa-se tambem como reciproco.

Quiete. *f.* V. *Descanso.* Toma-se quasi sempre pela hora ou tempo em que algumas communidades se entregam aos exercicios de recreio, depois de comer. *Quies, etis.*

Quietísimo, ma. *adj. sup.* de *Quieto.* Quietissimo, socegadissimo. *Quietissimus, a, um.*

Quietismo. *m.* Quietismo; nome de uma doutrina tambem chamada *molinismo,* denominação derivada do seu auctor Miguel de Molina, heresiarca aragonez do seculo xvii, que ensina bastar uma continua elevação ou extasi para ganhar a bemaventurança, aindaque a pessoa se entregue a torpezas peccaminosas. *Quiescentium secta, vulgo quietismus.*

Quietisimamente. *adv. sup.* de *Quietamente.*

Quietista. *adj.* Quietista; sectario do quietismo. Usa-se commummente como substantivo masculino. *Quiescentium sectator, vulgo quietista.*

Quieto, ta. *adj.* Quieto; falto de movimento. *Quietus, tranquillus:* — quieto, pacifico, socegado, tranquillo; isento de perturbação ou alteração. *Tranquillus, quietus:* — quieto, socegado; diz-se do homem que não é dado a vicios, especialmente da sensualidade. *Quietus, modestus.*

Quietud. *f.* Repouso, quietação; ausencia de movimento. *Quies, tranquillitas:* — socego, repouso, descanso, tranquillidade. *Tranquillitas:* — quietação; estado normal, uniforme e constante das cousas bem ordenadas e dirigidas.

Quifonismo. *m.* Quifonismo; supplicio espantoso que consistia em untar de mel o corpo do padecente, expondo-o aos raios do sol atado de pés e mãos até morrer lentamente, servindo de pasto a uma infinidade de insectos que o roiam vivo.

Quijada. *f.* Queixada, queixo; parte ossea do corpo animal onde estão cravados os dentes. *Mandibula, maxilla:* — *(art.)* unha; cada uma das duas peças das extremidades do gato que abraçam e sujeitam a pedra no seu logar: — cada um dos mordentes dos ramos de qualquer peça de serralharia; v. g., do torno, etc.: — *(naut.)* cada um dos lados da caixa de uma moitão ou cadernal.

Quijal. *m.* V. *Quijar.*

Quijar. *m.* Queichal; dente mollar. *Maxillaris dens:* — V. *Quijada.*

Quijara. *f. (ant. naut.)* V. *Cajera.*

Quijari. *m. (germ.)* Estribo.

Quijarudo, da. *adj.* Queixudo; que tem grandes queixos. *Ingentibus maxillis præditus.*

Quijera. *f.* Torno; peça da bésta. *Balistæ fulcrum, munimen:* — *(art.)* faceira; peça de coiro nas cabeçadas, que por uma extremidade prende na testeira mediante uma fivela, e pela outra no freio: — *pl.* fôrras; forças que os carpinteiros põem nas peças de madeira para servirem de segurança a ambos os lados.

Quijero. *m. (p. Mur.)* Margem ou lado em declive da acequia ou rego. *Labrum, ripa.*

Quijo. *m.* Matriz, pedra de mina ou metallica; corpo pedregoso onde se formam e combinam os metaes nas minas. É palavra usada nas Indias, e principalmente no Perú. *In fondinis lapis matrix.*

Quijones. *m. (bot.)* Acula; especie de grama.

Quijotada. *f.* Quichotada; acção ridicula, extravagante. *Rediculè et jactanter factum:* — quichotada; empenho fóra de proposito. *Quid ridiculum:* — V. *Vanidad.*

Quijote. *m.* Parte da coxa dos animaes muares e cavallares que está sobreposta ás nadegas e descansa sobre a extremidade posterior do osso ischion. *Jumentorum superior natium et mollior pars:* — *(mil. ant.)* coxote; parte da armadura desde a cinta até o joelho. *Crurum, coxarumque tegmen:* — *(fig.)* quichote; homem ridiculamente serio. *Affectata gravitate ridiculus:* — quichote; o que se intromette em questões que lhe não respeitam para tomar a defeza do mais fraco. *Importunè officiosus.*

Quijotería. *f.* Quichotada; proceder ridiculo e extravagante. *Inanis et ridicula jactatio:* — fatuidade, impertinencia, fanfarronada, vaidade.

Quijotescamente. *adv. m.* Fatuamente; com fanfarronada e impertinencia.

Quijotesco, ca. *adj.* Ridiculo; proprio de quichote ou fanfarrão. Diz-se das acções e das pessoas que as praticam. *Ridiculus jactator.*

Quilatador. *m.* Quilatador; o que examina e estima os quilates dos metaes e pedras preciosas. *Auri vel unionum graduum æstimator.*

Quilatar. *a.* Quilatar; examinar e fixar o quilate do metal ou da pedraria. V. *Aquilatar.*

Quilate. *m.* Quilate; grau de perfeição e pureza do oiro e das pedras preciosas. *Auri vel unionum qualitatis gradus:* — quilate; vigesima quarta parte do valor do oiro puro. *Vicesima quarta pars qualitatis in auro purissimo:* — quilate; nas pedras preciosas uma das cento e quarenta partes em que se divide a onça. *Centesima quadragesima pars unciæ:* — quilate; especie de moeda antiga do valor de meio dinheiro. *Nummus, moneta:* — quilate; peso de quatro grãos, é a terça parte do tomim e a centesima quadragesima quarta parte da onça. *Pondus quoddam, novena drachmæ pars:* — *(fig.)* quilate; grau de perfeição de qualquer objecto immaterial. *Præstantia, virtus, gradus. Por quilates (loc. adv. fam. e fig.);* por quilates; miudamente, em pequenissimas porções. *Minutatim.*

QUILATERA. *f.* Quilateira; instrumento comprido cheio de furos por onde passam as pedras preciosas para se reconhecer os quilates ou valor d'ellas. *Magnitudines unionum mensura.*

QUILIADA. *f.* V. *Millar. Las quiliadas (lit.);* as chiliadas; obra em versos de João Tzetzes, na qual se conta uma infinidade de feitos da mythologia e da historia, cada um com um titulo particular. Chama-se assim em consequencia de ser dividido de mil em mil versos.

QUILIANTO. *adj.(bot.)* Chilianto; diz-se de uma planta que tem flores em grande numero.

QUILIARCA. *m.* Chiliarca; official grego que commandava um corpo de mil homens.

QUILIAREA. *f. (metrol.)* Chiliarea; medida de superficie que vale mil areas.

QUILIARQUÍA. *f.* Chiliarchia; dignidade e auctoridade de chiliarcha: — chiliarchia; batalhão grego composto de mil homens.

QUILIASMO. *m.* Chiliasmo; doutrina dos chiliastas ou milenarios.

QUILIASTA. *m. (rel.)* Chiliasta; membro de uma seita religiosa do seculo XII, cuja doutrina estabelecia que depois do juizo final os predestinados viviriam mil annos sobre a terra e n'ella gosariam toda a sorte de delicias.

QUILÍFERO. *adj. (philol.)* Chylifero; que conduz o chylo. *Vasos quilíferos;* vasos que conduzem o chylo desde os intestinos até ao canal toracico.

QUILIFICACION. *f. (physiol.)* Chylificação; formação do chylo em consequencia da digestão. *In chylum mutatio:* — chylificação; acção absorvente que os vasos chyliferos exercem sobre o chymo na superficie dos intestinos.

QUILIFICAR. *a. (phisiol.)* Chylificar; fazer o chylo, converter em chylo. Usa-se tambem como reciproco. *Alimenta in chylum vertere, digerere.*

QUILIFIQATIVO. *adj.* Chylificativo; que chylifica.

QUILILLOS. *m. pl. (germ.)* V. *Anillos.*

QUILINA. *f. (zool.)* Chilina; genero de molluscos gasteropodas.

QUILIOGONO. *m. (math.)* Chiliogono; diz-se do polygono que tem mil angulos e mil lados.

QUILIOMBE. *f.* Chiliombe; sacrificio de mil bois ou de mil victimas.

QUILÍOVOROS. *m. pl. (zool.)* Chylivoros *(que comem chylo);* familia de insectos dipteros, creada por alguns naturalistas, cujas larvas vivem no corpo dos animaes, onde se suppõe que se alimentam com o seu chylo.

QUILMA. *f. (ant. prov.)* V. *Costal.*

QUILMOORIA. *f. (bot.)* V. *Hidnocarpo.*

QUILO. *m.* Chylo; liquido ou substancia branca que, no acto da digestão, se separa do chymo no duodeno: — *(zool.)* chylo; genero de insectos lepidopteros da familia dos nocturnos.

QUILOCARPO. *m. (bot.)* Chilocarpo; genero de plantas da familia das apocinaceas.

QUILOCLADIA. *f. (bot.)* V. *Lomentaria.*

QUILOCORO. *m. (zool.)* Chilocoro; genero de insectos coleopteros.

QUILODIA. *f. (bot.)* Chilodia *(dente no labio);* genero de plantas da familia das labiadas.

QUILOGLÓTIDE. *m. (bot.)* Chiloglotide *(mil linguetas);* genero de plantas da familia das orchideas.

QUILOGNATOS. *m. pl. (zool.)* Chilognatos; ordem de miriapodas.

QUILÓGRAMO. *m. (metrol.)* V. *Kilógramo.*

QUILOLITRO. *m. (metrol.)* V. *Kilolitro.*

QUILOLOJIA. *f.* Chylologia; tratado ácerca do chylo.

QUILOMBO. *m. (p. A. Meridional.)* V. *Burdel.*

QUILÓMETRO. *m.* V. *Kilómetro.*

QUILOMÓNADE. *m. (zool.)* Chylomónade; genero de infusorios asimétricos da familia dos monadios.

QUILON. *m. (med.)* Chylon; tumefacção dos labios: — chylon; que tem labios grossos.

QUILONICTÉRIDE. *m. (zool.)* Chylonicteride; genero de mammiferos cheiropteros.

QUILÓPODOS. *f. (zool.)* Chilópodas *(mil pés);* ordem de miriápodas que comprehende os animaes d'esta classe, cujo corpo é linear, deprimido e membranoso, e composto de muitos anneis cobertos de uma lamina coriacea e cartilaginosa.

QUILOPOYESIS. *f. (physiol.)* Chylopoiesis ou chylopoese; synonymo de chylificação.

QUILOSIS. *f. (physiol.)* Chylose; chylificação, formação do chylo.

QUILOSO. *adj.* Chyloso; que tem relação com o chylo ou participa d'elle.

QUILLA. *f. (naut.)* Quilha; a parte inferior do navio, da qual se elevam todas as obras do costado, ou a base principal de qualquer embarcação, d'onde parte todo o esqueleto d'ella. É composta de varias peças encravadas umas nas outras, ás quaes se dá o nome de talões da quilha; é o alicerce sobre que se forma este admiravel edificio: — quilha; o mesmo navio, tomando a parte pelo todo. *Amarrarse ó fondear con la quilla;* varar. *Pasar por debajo de la quilla;* passar por debaixo da quilha; fazer passar um homem por debaixo da quilha do navio, pena de morte marcada pelas leis penaes para certos delictos de maior gravidade. *Poner ó plantar la quilla de un buque o poner este en quilla;* pôr o navio em quilha; começar a construi-lo. *Dame quilla y te dará millas (rif.);* dá-me quilha que eu te darei milhas; isto é, a velocidade do navio está na rasão directa da extensão da quilha. *La quilla es de quien la pasa (rif.)*; a quilha é de quem a passa; isto é, o capitão do navio tem sempre occasião de tirar partido da disposição das manobras.

QUILLARA. *f. (germ.)* V. *Ciruela.*

QUILLAJE. *m. (naut.)* Direito que se pagava, nos portos de França, a primeira vez que qualquer embarcação n'elles entrava.

QUILLO. *m.* Quilho; moeda de Florença, que vale treze soldos e quatro dinheiros do paiz.

QUILLOTE. *m.* Quilhote; medida de grãos, usada em algumas partes do Levante.

QUILLOTRAR. *a. (ant.)* Compor, aceiar, enfeitar, alinhar. Usa-va-se tambem como reciproco: — *n. (ant.)* enamorar-se: — alegrar-se, divertir-se, regosijar-se. *Quillotrarse de villa (fr. ant.).* V. *Villa.*

QUILLOTRO, TRA. *adj. (vulg. ant.)* Aquel'outro. *Alter.*

QUIMÁRIDO. *m. (bot.)* Chimarido *(que cresce nas correntes)*; genero de plantas da familia das rubiaceas.

QUIMAS. *f. pl.* Nome que em alguns pontos das montanhas dão aos ramos das arvores.

QUIMBÁMBULAS. *f. pl. (p. Cuba.)* Logares escabrosos, asperos, cheios de fraguras.

QUIMBAN. *m. (com.)* Quimban; tecido que se fabrica no reino de Loango.

QUIMBRARA. *f.* Quimbrara; baile religioso dos habitantes do Congo.

QUIMERA. *f.* Chimera, rixa, disputa, contenda. *Rixa, altercatio, contentio :* — chimera; cousa impossivel, idealidade, ficção, imaginação vã e sem fundamento. *Imaginaria res:* — *(fig.)* V. *Fantasma :* — *(zool.)* chimera; genero de peixes cartilaginosos, cujo nome lhes provém da muita similhança que têem com o monstro fabuloso do mesmo nome. A especie mais conhecida é a *chimera arctica*, que vive nos mares do norte, e que algumas vezes se encontra nas regiões temperadas, e persegue e destroe os immensos grupos de arenques, em consequencia do que, é tambem conhecido pelo nome de rei dos arenques.

QUIMÉRICAMENTE. *adv. m.* Chimericamente; de uma maneira imaginaria ou puramente phantastica.

QUIMÉRICO, CA. *adj.* Chimerico, fabuloso, illusorio, phantastico, imaginario, sem fundamento. *Imaginarius, fictitius.*

QUIMERINO, NA. *adj. (ant.)* V. *Quimérico.*

QUIMERISTA. *adj.* Bulhento, altercador, dado a disputas e contendas. *Turbulentus, rixator :* — *m.* amigo de chimeras e ficções: — espadachim de profissão.

QUIMERIZAR. *n.* Imaginar, sonhar; fingir cousas impossiveis, idear cousas puramente phantasticas. *Commentitia, chimæras affingere :* — *(inus.)* delirar.

QUIMIA. *f. (ant.)* V. *Química.*

QUIMIATRIA. *f.* Chimiatria; chimica medicinal, arte de curar por meio de remedios chimicos.

QUÍMICA. *f.* Chimica; ramo das sciencias naturaes, que estuda a constituição intima dos corpos sublunares, examinando a acção que entre si têem as moleculas heterogeneas e as circumstancias que favorecem ou contrariam esta acção, da qual resulta ou a união intima dos corpos que reagem, ou a separação de corpos que estavam intimamente unidos. Divide-se geralmente em chimica mineral e em chimica organica, segundo trata das substancias mineraes ou das de origem organica, vegetal ou animal.

QUÍMICAMENTE. *adv. m.* Chimicamente; segundo os processos chimicos. *Chimicè.*

QUÍMICO, CA. *adj.* Chimico; que pertence á chimica ou é objecto d'ella. *Chimicus, ad chimiam pertinens:* — *m.* chimico, o que professa a chimica; e por extensão qualquer individuo que é n'ella perito. *Chimiæ professor.*

QUIMÍFERO. *adj. (phys.)* Chimifero; que contém chymo.

QUIMIFICACION. *f.* Chimificação; principio que transmitte consistencia chimica a uma substancia.

QUIMISTA. *m.* V. *Alquimista:* — *(ant.)* V. *Quimico.*

QUIMO. *m. (ant.)* Chymo; especie de polpa homogenea, que formam os alimentos depois de terem estado certo tempo no estomago, e que se divide em duas partes no intestino delgado, uma que constitue o chylo, e outra que é expellida, e se chama excremento.

QUIMOFICACION. *f. (phys.)* Chymoficação; formação do chymo.

QUIMOFICAR. *a. (phys.)* Chymoficar; converter uma substancia em chymo.

QUIMOMETRÍA. *f.* Chimometria; especie de calculo ou medida analoga, dos elementos chimicos, que entram na composição dos corpos.

QUIMON. *m. (com.)* Queimão; tecido do Japão, para roupões ou chambres.

QUIMONANTO. *m. (bot.)* Chimonantho; genero de plantas da familia das calycanthaceas.

QUIMOSIS. *f. (med.)* Chymose; inflammação das palpebras: — chymose; segunda digestão que se verifica no estomago.

QUINA. *f. (chim.)* Quina ou quinquina; a casca do vegetal do mesmo nome, de que se conhecem varias especies. É anti-febril: — *(bot.)* quina; genero de plantas da familia das rubiaceas, cujas especies são arvores mais ou menos elevadas, que crescem no Perú e no Brazil.

QUINÁO. *m. (ant.)* Quináo; emenda do erro, que faz o que argumenta a quem responde errado.

QUINAQUINA. *f. (chim.)* Quinaquina. V. *Quina.*

QUINAR. *a. (germ.)* Comprar.

QUINARIO. *adj.* Quinario; diz-se do numero composto de cinco unidades, ou que é divisivel por cinco. Usa-se tambem como substantivo masculino. *Quinarius :* —

(num.) quinario ou victoriato; moeda de prata dos romanos, que valia cinco asses ou meio denario. *Quinarius, minimus argenteus.*

Quinas. *f. pl. (br.)* Quinas; armas de Portugal, que são cinco escudos azués postos em cruz, e em cada escudo cinco dinheiros de prata em aspa. *Lusitaniæ tessera gentilitia:* — quinas; parelhas dos cinco pontos dos dados: —*(germ.)* dinheiros.

Quinate. *m. (germ.)* Queijo.

Quincalla. *f.* Quincalharia; commercio de generos de pouco valor. *Parvi momenti merx:* — quincalharia, ferragem; negocio de objectos de metal, de pedras falsas.

Quincallería. *f.* V. *Quincalla:* —V. *Buhonería.*

Quince. *adj. (num.)* Quinze; numero composto de dez e cinco ou de tres vezes cinco. *Quindecim:* — quinze; algarismo que representa este numero. *Numerabilis nota quindecim referens:* —quinze; decimo quinto. *Decimus quintus:* — quinze; jogo de cartas. *Ludus chartarum ad quindecim puncta perficienda:* — quinze; no jogo da pella, cada um dos dois primeiros lances que se ganha. *Quindecim in pilæ ludo. Dar quince y falta (fr.);* dar quinze e falta; atalhar alguem, com mais saber, e mostrando mais discrição. *Longè antecellere.*

Quincena. *f.* Quinzena; nome collectivo que comprehende quinze cousas do mesmo genero: — quinzena; espaço de quinze dias, e soldo ou salario respectivo a elles:— *(naut.)* V. *Diario:* — *(mus.)* um dos registos dos orgãos.

Quincenal. *adj.* Quinzenal; que pertence á quinzena.

Quincenalmente. *adv.* Quinzenalmente; por quinzenas.

Quincenario. *m.* V. *Quincena,* nas duas primeiras accepções.

Quinceno, na. *adj.* Decimo quinto; que completa o numero de quinze, ou uma das suas partes, quando o inteiro se divide em quinze. *Quindenus, dicimus quintus.*

Quinceta. *adj. (ant.)* De quinze annos; applica-se á mulher, segundo se infere do rifão: *A la mujer quinceta hombre de treinta;* para a mulher de quinze annos, homem de trinta.

Quincita. *f. (min.)* Quincita; variedade de magnesia de côr encarnada.

Quincuagenario, ria. *adj.* V. *Quincuajenario.*

Quincuagésima. *f.* V. *Quincuajésima.*

Quincuagésimo, ma. *adj.* V. *Quincuajésimo.*

Quincuajenario, ria. *adj.* Quinquagenario; que consta de cincoenta ou inclue cincoenta. *Quinquagenarius, a, um.*

Quincuajésima. *f.* Quinquagesima; dominga que precede a primeira da quaresma. *Dominica quinquagesimæ.*

Quincuajésimo, ma. *adj.* Quinquagesimo; que completa o numero de cincoenta. *Quinquajesimus, a, um.*

Quincuatrias. *f. pl.* Quinquatrias; festas que se celebravam todos os annos, primeiro em Alba e depois em Roma, no dia 17 de março, em honra de Minerva. Eram as festas dos artistas, e duravam cinco dias. O ultimo era consagrado á purificação das trombetas que serviam nos ritos sagrados. *Quinquatriæ, arum.*

Quincunce. *m.* Plantio de arvores, umas, em cada angulo e outra no meio, ou disposição de arvores em fórma de xadrez:—quinconce; antiga moeda romana, que valia cinco asses.

Quincurion. *m.* Quincurião; official inferior da milicia romana, que commandava cinco soldados. *Quincurio: quinque militibus præfectus.*

Quincha. *f. (p. A.)* V. *Adobe:* — barreira feita de ramos de arvores collocados perpendicularmente.

Quinchar. *a. (p. A.)* Fazer barreiras de ramos de arvores.

Quindale. *m. (germ.)* V. *Mayo.*

Quindecágono. *m. (math.)* Quindecagono; figura geometrica composta de quinze lados e outros tantos angulos.

Quindecemviros. *m. pl.* Quindecemviros; conselho de quinze varões, instituido em Roma, para repartir as terras, para ler ou interpretar os versos das Sybillas e dispor as festas seculares.

Quindécima. *f.* Decima quinta; cada uma das partes de um todo que consta de quinze. *Decimaquinta pars.*

Quindenio. *m.* Quindennio; espaço de quinze annos. Usa-se frequentemente pela pensão que cada quinze annos se pagava ao papa, de igrejas annexas. *Quindeni anni, quindecim annorum redditus vel spatium.*

Quindiá. *f. (germ.)* V. *Habichuela.*

Quinesimetría. *f.* Quinesimetria; medida do movimento.

Quinete. *m. (com.)* Estamenha ordinaria importada de Amiens e de Mans.

Quingentésimo, ma. *adj. (num. ord.)* Quigentesimo; que comprehende o numero de quinhentos. *Quingentesimus, a, um.*

Quinientos, tas. *adj.* Quinhentos; diz se da metade de mil, produzida pela multiplicação de cinco por cem. *Quingenti. Eso son otros quinientos o esas son otras quinientas (fr. fam.);* isso são outros quinhentos; quer dizer que alguem pronunciou novo disparate afóra os que havia já soltado. *Ejusdem est hoc farinæ vel pretii.*

Quinimar. *a. (germ.)* V. *Apaziguar.*

Quinina. *f. (chim.)* Quinino; alcaloide descoberto em 1820, que apresenta ordinariamente o aspecto de uma massa porosa e crystallisa em fôrma de agulhas em uma dissolução de alcool.

Quinisesto. *adj.* Quinisexto; diz se de um famoso concilio celebrado em Constantinopla em 692, onde as constituições apostolicas foram rejeitadas e propugnadas pela Igreja do Oriente.

Quinjentésimo. *adj.* Quingentesimo; que perfaz o numero de quinhentos.

Quinnon. *m. (ant.)* Quinta parte, quinto.

Quino. *m. (chim.)* Quino; sumo

concreto, analogo ao opio, que provém de diversos vegetaes que crescem nas margens do rio Gambia na Africa, na Nova Hollanda e em outros pontos.

QUINOGRAFÍA. *f.* V. *Quinolojía.*

QUINOIDINA. *f. (chim.)* Quinoidina; materia escura, resinosa, que se encontra nas quinas amarellas e roxas. É inodora, amarga, muito soluvel no alcool e pouco na agua e no ether.

QUÍNOLA. *f.* Quinola; vestido ridiculo de varias cores: — quinola; lance no jogo do reversino. V. *Batarga*: — *(fig.)* cousa difficil e embaraçada: — *pl.* jogo de cartas. *Estar en quinolas (fr. fam.)*; estar vestido garridamente; isto é com fatos de differentes cores. *Variegata veste esse indutum.*

QUINOLEAR. *a.* Dispor as cartas, embaralha las para o jogo do reversino. *Chartas ad ludum sic dictum ordinare, distribuere.*

QUINOLILLAS. *f. pl.* V. *Quinolas.*

QUINOLOJÍA. *f. (chim.)* Quinologia; descripção das diversas especies de quinquinas.

QUINOLEINA. *f. (chim.)* Quinoleina; producto de decomposição do quinino e da cinchonina pela potassa.

QUINON. *m. (chim.)* Quinon; producto da distillação do acido quinico.

QUINQUÉ. *m.* Candieiro ou lampada de Argand.

QUINQUECENTISTA. *m. (lit.)* Quinhentista; diz se dos classicos italianos e portuguezes que escreveram no seculo XV e que são considerados como auctoridades.

QUINQUEDENTADO, DA. *adj. (bot.)* Quinquedentado; terminado por cinco dentes.

QUINQUEFIDO. *adj. (bot.)* Quinquefido; fendido em cinco partes.

QUINQUEFOLIADO, DA. *adj. (bot.)* Quinquefoliado; que tem cinco folhas.

QUINQUEFOLIO. *m. (bot.)* Quinquefolio. V. *Cincoenrama.*

QUINQUELOBULADO. *adj. (bot.)* Quinquelobulado; que está dividido em cinco lobulos.

QUINQUENAL. *adj.* Quinquennal; que dura cinco annos, que se faz ou occorre de cinco em cinco annos. *Quinquennalis, le:* — quinquennal; epitheto que se dava a certos jogos, magistrados e a outras cousas, que entre os romanos se faziam de cinco em cinco annos. *Quinquennalis, le:* — quinquennal; dizia se de cada um dos dois ou quatro magistrados das colonias ou municipios, cuja auctoridade durava cinco annos. *Quinquennalis, le.*

QUINQUENALIAS. *f. pl.* Quinquennalias; festas que se celebravam de cinco em cinco annos.

QUINQUENALICIO. *adj.* Quinquennalicio; que dura cinco annos.

QUINQUENERVADO, DA. *adj. (bot.)* Quinquenervado; que tem cinco nervuras.

QUINQUENIO. *m.* Quinquennio; espaço de cinco annos. Usa se ordinariamente no computo das rendas. *Por quinquenio;* todos os cinco annos. *Quinquennium.*

QUINQUERCIO. *m.* Quinquercio; exercicio dos cinco jogos, isto é, disco, carreira, salto, luta e tiro de flecha. Os romanos acrescentaram a nadadura e a equitação.

QUINQUEREME. *f. (naut.)* Quinqueremé; galera de cinco ordens de remos de que se usava antigamente.

QUINQUEVIRATO. *m.* Quinquevirato; magistratura de cinco homens, que os romanos nomeavam extraordinariamente para diversos cargos da republica.

QUINQUEVIRO. *m.* Quinqueviro; cada um dos cinco magistrados romanos que faziam parte do quinquevirato.

QUINQUILLERÍA. *f.* V. *Buhoneria.*

QUINQUILLERO. *m.* V. *Buhonero.*

QUINQUINA. *f. (germ.)* Cozinha.

QUINQUINIVÉ. *m. (germ.)* Cozinheiro.

QUINQUIVIA. *f. (germ.)* Persovejo.

QUINTA. *f.* Quinta; fazenda no campo com sua casaria. *Villa:* — quinta; acto de quintar. *Quinti cujusque delectio vel captio:* — sorteio; acção de tirar á sorte os que hão de servir no exercito como soldados. *Sortiri milites, sorte eligere:* — quinta; no jogo dos centos, cinco cartas seguidas do mesmo naipe. *In ludo quinque chartæ lusoriæ ordine subsecutæ:* — *(ant.)* contingencia, perigo: — *(ant.)* V. *Quinto:* — *(mus.)* quinta; intervallo consonante que pôde apresentar-se debaixo de muitos aspectos: —*esencia.* V. *Esencia.*

QUINTADOR. *m.* Quintador; o que quinta. *Qui sortitur.*

QUINTAL. *m.* Quintal; peso de quatro arrobas, que varia em algumas partes. *Centum pondium:* — quinta parte de cem. *Centeni numeri quinta pars.*

QUINTALADA. *f. (naut.)* Quintalada; importancia que do producto dos fretes, depois de deduzidos os prejuizos das avarias, resultava de 2 $^1/_2$ por cento do liquido, para ser repartida pela gente de bordo, que mais tinha trabalhado e servido na viagem. *Nautorum gratificatio:* — *(ant.)* tonelagem dos navios no Mediterraneo.

QUINTALEÑO, ÑA. *adj.* Que tem o peso de um quintal. *Centum pondium continet.*

QUINTALERO, RA. *adj.* Que pesa um quintal. *Quod centum pondium continent.*

QUINTANTE. *m. (astron.)* Quintante; instrumento de reflexão para observar as alturas ou distancias dos astros, cujo arco consta da quinta parte do circulo, podendo por conseguinte medir angulos de cento e quarenta e quatro graus. *Instrumentum astronomicum quoddam.*

QUINTAÑON, ÑA. *adj.* Centenario; diz-se da pessoa que tem cem annos. Applica se ordinariamente ao individuo bastante decrepito. *Centenarius.*

QUINTAR. *a.* Quintar; tirar de cada cinco um. *Quintum quemque sejungere, diligere, capere:* — sortear; tirar á sorte os que hão de servir no exercito, como tropa effectiva. *Milites sortiri, sorte deligere:* — quintar; pagar ao rei o direito que se chama quinto. *Quinti vectigal solvere vel deducere :* — *n.* quintar; chegar ao numero de cinco. Diz-se ordinariamente da lua, quando chega ao quinto dia. *Quintum attingere, quinarium complere:* — *(agr.)* quintar; dar a ultima volta com o arado ás terras para a sementeira. *Terram quinto iterare.*

Quintare. *m. (ant.)* V. *Quinta.*

Quintería. *f. (prov.)* Casal, fazenda, herdade. *Villa suburbana.*

Quinterillo. *m. dim.* V. *Quintero.*

Quintero. *m.* Caderno de papel de cinco folhas *Quinque foliorum codex :* — quina ; cinco numeros na extracção da loteria. *Sors quædam in publica alea.*

Quintero. *m.* Quinteiro, fazendeiro; o que tem arrendada alguma quinta. *Villicus, colonus :* — trabalhador ; que trabalha na cultura das terras mediante um salario. *Marcenarius coloni.*

Quinteto. *m. (mus.)* Quinteto; composição musical para cinco partes. *Concentus ex quinque vocibus constans:* — *(poes.)* V. *Quintilla.*

Quintidodecaedro. *adj. (min.)* Quintidodecaedro; diz se do crystal que resulta da combinação de cinco dodecaedros.

Quintiforme. *adj (min.)* Quintiforme; diz-se do crystal que resulta da combinação de cinco fórmas differentes.

Quintil. *m.* Quintil ; quinto mez do anno, ou julho, no antigo calendario romano. *Quintilis. Aspecto, oposicion quintil (astron.);* aspecto opposição quintil; distancia dos planetas igual a setenta e dois graus ou a quinta parte do zodiaco.

Quintilla. *f. (poes.)* Quintilha; composição metrica de cinco versos, quasi sempre octosyllabos, dois dos quaes têem a mesma consoante, e da mesma sorte os tres restantes, cuja ordem se altera de varios modos. *Compositio metrica quinque versibus constans; pentastichum. Poner se o andar en quintillas (fr.);* metter-se a fazer quintillas; isto é, oppor se a alguem, profiando e provocando. *Cum aliquo contendere; alicui sese opponere.*

Quintillo. *m.* Quinto; jogo do homem com algumas modificações, quando se joga entre cinco. *Ludus quidam chartarum.*

Quintin. *m. (ant.)* Quintin ; panno de linho fino, assim chamado em rasão do logar onde se fabricava. *Lintei genus.*

Quinto, ta. *adj.* Quinto ; que perfaz ou completa o numero de cinco. *Quintus, a, um:* —sorteado; diz-se d'aquelle a quem cabe a sorte para o serviço militar. Usa se tambem como substantivo masculino. *Militiæ sorte adscriptus:* — *m.* quinto; uma parte do todo dividido em cinco. *Pars quinta. Quintum:* — quinta parte dos bens do testador, que livremente a pôde deixar a quem quizer, embora tenha filhos. *Quintum bonorum :* — quinto ; direito de 20 por cento. *Pars quinta :* — quinto ; especie de direito ou imposto que se paga á fazenda publica, por todas as tomadias, thesouros e cousas similhantes, que é sempre a quinta parte do que se tomou, apprehendeu ou descobriu. *Quinta pars, quintum:* — quinto ; parte de deveza ou terra, ainda que não seja exactamente a quinta parte. Usa-se d'esta voz especialmente na Extremadura e Andaluzia. *Terræ culturæ aut pascuis destinatæ quinta vel altera pars :* — *(naut.)* quinto ; uma das cinco partes em que os marinheiros dividiam antigamente a hora. *Horæ quinta pars.*

Quintuplicable. *adj.* Quintuplicavel ; que póde quintuplicar se.

Quintuplicacion. *f.* Quintuplicação ; acção e effeito de quintuplicar.

Quintuplicadamente. *adv. m.* Quintuplicadamente ; com quintuplicação.

Quintuplicador. *m.* Quintuplicador ; o que quintuplica.

Quintuplicamiento. *m.* V. *Quintuplicacion.*

Quintuplicar, *a.* Quintuplicar; multiplicar um numero por cinco, fazer uma cousa cinco vezes maior.

Quíntuplo, pla. *adj.* Quintuplo; quantidade que inclue outra cinco vezes. *Quintuplus.*

Quinvilo. *m. (germ.)* V. *Quinvilero.*

Quinvilero. *m. (germ.)* Companheiro.

Quiñon. *m.* Quinhão; parte que alguem tem no ganho de uma sociedade. Toma se ordinariamente pelas terras que se dividem para a semeadura. *Pars sorte acquisita vel distributione:*—quinhão; parte da herança que se adjudica a cada um dos co herdeiros : — *(art.)* V. *Beta*, entre os pescadores.

Quiñonero. *m.* Quinhoeiro, socio; o que tem parte com outros nos lucros de alguma sociedade. *Particeps, consors, socius.*

Quipos *m. pl.* Quipós ; pedaços de cordas nodosos, com differentes numeros e varias cores, dos quaes os Indios do Perú se serviam para supprir a falta da escripta, conservando assim as historias e noticias, como as contas em que são mister os algarismos. *Funes variis nodis discoloribus distincti.*

Quiquier. *adj. (ant.)* V. *Cualquiera.*

Quiquiriqui. *m.* Quiquiriqui; canto do frangão. *Galli cantus:* — quiquiriqui ; jogo de rapazes parecido com o das escondidas.

Quiragra. *f. (med.)* Chiragra; gota que ataca as mãos :— *(veter.)* chiragra; especie de gota que padecem as aves nos pés.

Quirartrocace. *f. (med.)* Chirartrocace; caria da articulação carpiana.

Quiribí. *m. (germ.)* Comadre.

Quiribó. *m. (germ.)* Compadre.

Quirie. *m. (rel.)* Kyrie; deprecação que se faz a *Deus*, invocando-o com esta palavra grega, no principio da missa, rogações, ladainhas, etc. Usa-se mais commummente no plural. *Sacræ preces. Jugar los quiries (fr. fam.)*; jogar a preço de uma missa. *Missæ stipendium in ludo periclitari.*

QUIRIELEISON. *m. (rel.)* Kyrieleison. V. *Quirie : — (fam.)* Kyrieleison ; canto dos enterros e dos officios de defunctos. *Officii pro defunctis cantus.*

QUIRINAL. *adj.* Quirinal; pertencente a Quirino, a Romulo, ou a um dos sete montes da antiga Roma. *Quirinalis :* — quirinal; dizia se do palacio edificado sobre o monte Quirino. *Quirinalis:* — *f. pl.* quirinaes ; festas antigas dos romanos em honra de Quirino ou Romulo, que se celebravam no mez de fevereiro.

QUIRINALIAS. *f. pl.* V. *Quirinal;* na ultima accepção.

QUIRINDAÑI. *f. (germ.)* V. *Aficion.*

QUIRIO. *m. (p. Mex.)* Classe, categoria, jerarchia, hierarchia.

QUIRIOLOJÍA. *f.* Chiriologia ; pintura ou representação das idéas pelas imagens dos objectos visiveis.

QUIRITARIO. *adj.* Quiritario ; pertencente ou relativo aos quirites. *Derecho quiritario;* entre os romanos, o do proprietario legitimo, e que não póde ser disputado.

QUIRITE *m.* Quirite; cavalleiro, cidadão romano. Usa-se communmente no plural. *Quirites*

QUIRLANDO. *m.* Quirlando; instrumento musico, contrabaixo dos negros.

QUIRO. *m. (zool.)* Chiro *(braço);* genero de peixes da familia dos gobioides.

QUIRO CENTRO. *m. (zool.)* Chirocentro; genero de peixes da familia dos clupeoides.

QUIROCERA. *f. (zool.)* Chirocera; genero de insectos hymenopteros da tribu dos calcidos.

QUIROGÁSTERO. *adj.* Quirogastero; diz se dos cyclopes por terem destruido as muralhas gigantescas conhecidas da antiguidade pelo nome de *cyclopeas :* — quirogastero; dava se esta denominação aos dactilos, porque, até certo ponto, eram como que os braços de Rhea, posque trabalhavam para ella.

QUIROGRAFARIO. *m. (for.)* Chirographario ; crédor de uma divida, que se funda em um bilhete ou obrigação particular sem hypotheca.

QUIRÓGRAFO. *m.* Chirographo; escripto ou obrigação particular.

QUIROLA. *f. (ant.)* Festa, diversão, regosijo.

QUIROLAR. *m. (p. Extrem.)* Erical; monte povoado de erica.

QUIROLOGÍA. *f.* V. *Quirolojía.*

QUIROLÓGICO. *adv.* V. *Quirolójico.*

QUIROLOJÍA. *f.* Chirologia; arte de se exprimir e explicar com os dedos sem fallar.

QUIROLÓJICO, CA. *adj.* Chirologico ; relativo ou concernente á chirologia.

QUIROMANCIA. *f.* Chiromancia ; adivinhação vã e superstíciosa pelas linhas das mãos, a que chamam *buena dicha* ou boa ventura. *Divinatio ex manuum lineis.*

QUIROMÁNTICO, CA. *adj.* Chiromantico; que pertence ou é relativo á chiromancia. *Ad divinationem ex manuum lineis pertinens:* — *m.* chiromantico; o que usa da chiromancia. *Ex manuum lineis divinator.*

QUIROMIA. *f. (zool.)* Chiromia; genero de insectos dipteros.

QUIRON. *m. (zool.)* Chiron; genero de insectos coleopteros da familia dos lamellicornes : — *(astr.)* chiron, sagittario ; signo do Zodiaco.

QUIRONIA. *f (bot.)* Chironia; genero de plantas da familia das gencianas : — *f. pl.* chironias ; tribu de plantas da familia das gencianas, que tem por typo o genero chironia.

QUIRONECTO. *m. (zool.)* Chironecto; genero de mammiferos marsupiaes : — *(zool.)* chironecto; genero de peixes acanthopterygios.

QUIRONEO. *adj. (med.)* V. *Quironio.*

QUIRONIANO. *adj. (med.)* V. *Quironio.*

QUIRONIO. *adj. (med.)* Chironeo; diz-se das ulceras inveteradas, cujos labios são inflammados, duros e callosos, difficeis de cicatrizar, como a que teve Chiron em um pé, originada da ferida que lhe causou uma frecha de Hercules.

QUIRONOMIA. *f.* Chironomia; especie de pantomima, movimento de corpo e especialmente das mãos, por cujo meio e sem o auxilio da falla, os comicos da antiguidade representavam de deuses e homens celebres, ou fosse para, á custa d'estes, provocar a hilaridade ou para lhes inspirar idéas salutares : — chironomia; exercicio da gymnastica : — chironomia; signal que faziam ás creanças para lhes ordenar que tomassem uma postura conveniente.

QUIRONOMONTES. *m. pl.* Chironomontes; trinchantes que, entre os gregos e os romanos, cortavam as viandas compassadamente e ao som de instrumentos.

QUIROPOTO. *adj. (zool.)* Chiropoto; que tem o costume de beber no concavo da mão.

QUIRÓPTERO. *adj. (zool.)* Chiroptero; epitheto que se dá aos pés dos mammiferos quando têem a configuração de azas: — *m. pl. (zool.)* chiropteros; familia de mammiferos que tem membranas nos dedos das extremidades anteriores.

QUIROSCÉLIDE. *m. (zool.)* Chiroscélide ; genero de insectos coleopteros heteromeros da familia dos melasomos.

QUIROTECA. *f. (ant. fam.)* Luva. *Manum indumentum.*

QUIROTONIA. *f. (rel.)* Chirotonia; imposição das mãos, verificada ao conferir as ordens sacras.

QUIRUELA. *f. (p. Extr.)* Especie de brejo.

QUIRÚRGICO, CA. *adj.* V. *Quirújico.*

QUIRURGO. *m. (fam.)* Cirurgião. *Chirurgus, i.*

QUIRÚRJICO. *adj.* Cirurgico; que pertence á cirurgia.

QUIS. *m. (min.)* Pyrites; mercassita de cobre.

QUISA. *f. (bot.)* Chisa; pimenta do Mexico.

QUISCADAÚNO. *adj. (ant.)* V. *Cada uno.*

Quiscalo. *m. (zool.)* Quiscalo; genero de aves da ordem dos passaros, da familia das sturnideas.

Quiscuiláde. *m. (bot.)* Quisqualis; genero de plantas da familia das combretaceas.

Quisicosá. *f. (fam.)* Enigma; pergunta problematica e enigmática, de que se pede a solução. *Ænigma, æ.*

Quisque. *adj. (ant.)* Cada um, cada qual. *Cada quisque.* V. *Cada.*

Quisquemil. *m.* Capotinho de que usavam as americanas.

Quisquilla. *f.* Frivolidade, frioleira; contestação pueril e frivola, objecção inepta. *Quisquiliæ; res flocci facienda:*—frioleira; resentimento por motivo futil.

Quisquillosamente. *adv. m.* Frivolamente, puerilmente.

Quisquilloso, sa. *adj.* Impertinente, rabugento; que quer que se trate e faça caso de bagatelas. *Difficilis, morosus:* — melindroso, susceptivel; o que se resente por tudo, que é prompto em escandalisar se. *Irasci facilis.*

Quiste. *m.* V. *Cista.*

Quistidos. *m. (bot.)* V. *Estepa.*

Quistion. *f.* V. *Question.*

Quisto. *m.* V. *Cista:* — *(ant.)* *p. p. irreg.* de *Querer. Quisto. Bien o mal quisto;* bem ou mal quisto; que gosa ou não de sympathias, que é querido ou detestado. *Acceptus, a, um.*

Quita. *f.* Quita; remissão de alguma divida ou obrigação. *Liberatio, absolutio:* — *(interj.)* guarda, tira. *Absit, apage. Quita allá;* vae te, tira-te lá. *Apage.*

Quitacion. *f.* Quitação; o acto pelo qual se desobriga alguem de satisfazer o que deve. *Acceptilatio, onis.* V. *Quita:*—reddito, renda, soldo, estipendio. *Salarium, victus, stipendium:* — *perentoria;* quitação peremptoria; a morte. *Carta de quitacion.* V. *Carta.*

Quitador, ra. *s.* Tirador; o que tira alguma cousa. *Qui subripit, tollit:* — tirador; cão que está ensinado a tirar a caça aos outros, para que não a despedacem nem comam, e a traze-la á mão. *Prædæ assertor canis.*

Quitaguas. *m.* V. *Paráguas.*

Quitaipon. *m.* V. *Quitapon.*

Quitamente. *adv. m. (ant.)* Summariamente, em summa.

Quitamentre. *adv. (ant.)* Livremente, pacificamente: — quietamente, seguramente.

Quitamiento. *m.* Quitamento. V. *Quita.*

Quitamotas. *adj.* V. *Quitapelillos.*

Quitante. *p. a.* Que tira. *Auferens, tollens, subripiens.*

Quitanza. *f. (ant.)* Quitação; declaração que se passa ao devedor quando paga. *Liberatio; solutionis epocha.*

Quitapelillos. *m.* Bajulador, adulador, lisonjeiro. *Assentator; adulator servilis; palpator.*

Quitapepena. *m. (min.)* Encarregado da porta da mina e da extracção dos metaes para que não haja descaminho.

Quitapesares. *m.* Consolador; o que anima e conforta em um momento de angustia. *Solator, oris:* — lenitivo, consolação, allivio, conforto. *Solatium, ii.*

Quitapon. *m.* Cabeçada á hespanhola; cabeçada adornada de varias cores com borlas e outros enfeites para as bestas muares e de carga. *Jumentorum phaleræ amobiles.*

Quitar. *a.* Tirar uma cousa do seu logar. *Tollere, eripere, adimere:* — desempenhar, solver, remir. *Pignus redimere:*—tirar, usurpar, roubar, arrebatar; apoderar-se de alguma cousa contra vontade do dono. *Eripere, subripere, furari:* — quitar, impedir, tolher. *Impedire, interdicere:*—quitar, prohibir, vedar. *Prohibere, interdicere:* — tirar, derogar, annullar, revogar. *Abrogare, liberare, absolvere:* — tirar; supprimir algum emprego ou cargo. *Funditus tollere:* —*(fig.)* tirar, despojar, privar. *Privare, tollere:*—*(ant.)* quitar, desobrigar, libertar, desembaraçar, desonerar. *Liberare, redimere:* — *r.* quitar-se, separar-se; deixar alguma cousa. *Ab aliqua re se expedire:* — ir-se, ausentar-se, retirar-se. *Abire, discedere:* — V. *Redimir;* — *(esg.)* defender-se; pôr-se em guarda contra algum bote. *Ictus se subtrahere:* — *quita allá.* V. *Quita. Al quitar (loc. adv.);* designa a pouca duração de alguma cousa. *Ad nutum mutandum aut tollendum. Censo al quitar.* V. *Censo. Ser alguma cosa de quita y pon (fr.);* ser cousa de tirar e pôr, não ser permanente:—*la capa;* despojar, roubar: — *la cara (fig. fam.);* quebrar a cara, dar uma bofetada: — *los dientes;* dar um murro nos queixos. *Quitarse del medio;* tirar-se do meio, passar para o lado, dar caminho: *(fig.)* retirar-se de um negocio, deixar de intervir n'elle. *Sin quitar ni poner;* sem tirar nem pôr; com exactidão e inteireza. *Adamussim.*

Quitasol. Quitasol, parasol, guarda-sol, chapéu de sol; sombreiro de pé que se abre e fecha para resguardar e abrigar do sol a quem o leva. *Umbella, æ.*

Quita-sueño. *m. pl. (naut.)* Baixios, escolhos.

Quitaypon. *m.* V. *Quitapon.*

Quite. *m.* Resistencia, obstaculo, impedimento; acção de impedir que uma cousa se faça. *Obes, impedimentum:* —*(art.)* parada; dá se este nome em esgrima ao movimento defensivo que se faz com arma branca para desviar o golpe descarregado pelo adversario. *No tiene quite (fr. fam.);* não tem cura não tem remedio; usa-se para mostrar que uma cousa ou se não póde emendar ou a emenda é difficilima. *Inevitabile est.*

Quiteño. *adj.* Quitenho; que pertence a Quito ou aos seus habitantes: — *s.* quitenho; natural de Quito.

Quiterpino. *m.* Pimenta de Guiné.

Quito. *adj.* Quito, quite, tirado. *Liber.* V. *Quita.*

Quitólis. *m. (fam.)* V. *Robo.*

Quitonia. *f. (bot.)* Quitonia

(tunica); genero de plantas da familia daszygophylleas: —*f. pl. (hist.)* quitonias festas que os syracusanos celebravam em honra de *Diana*.

QUITONISCA. *f.* Quitonisca; tunica de lã que os gregos usavam sobre a pelle e lhes servia de camisa.

QUITRAS. *f. pl. (hist.)* Quitras; festa atheniense celebrada no terceiro dia das antesterias, e durante a qual coziam em marmitas toda a qualidade de legumes, offerecendo-as pelos mortos a Baccho e a Mercurio.

QUITRIN. *m. (p. Cuba)* Caleche; carruagem, cujo tejadilho se levanta e abaixa por meio de molas.

QUIUNGADOY. *m. (germ.)* Bissexto.

QUIXERA. *f. (archit.)* Semblagem; côrte que se dá no topo de um madeiro para ajustar com outro.

QUIYÁ. *f. (p. A.)* Lontra de Buenos Ayres e de outras regiões da America Meridional.

QUIYPÍ. *m.* Quiyapi; composto de couros cozidos, trabalhados pelos indios para seu abrigo e outros usos : entre os povos civilisados são muito apreciados para alfombras ou tapetes.

QUIYOTE. *m (ant.)* V. *Quijote*, na accepção de armadura.

QUIZA. *f. (ant.)* Quiza; especie de tunica usada em tempos remotos.

QUIZÁ. *adv.* V. *Quizas*.

QUIZÁS. *adv.* Quiçá, talvez, porventura. *Fortassè, forsan, fortè.*

QUIZAVES. *adv. (ant.)* V. *Quizás*.

QUOCOLO. *m. (min.)* Quocolo ; pedra da *Italia* de uma vitrificação facil e completa.

R

R. Vigesima letra do alphabeto hespanhol e decima sexta das consoantes. São duas as pronuncias d'esta letra, e das consoantes linguaes e semivogaes, e uma das duas que se interpõe em uma syllaba entre a consoante e a vogal que a forma como em *cremo, tremendo, provecho, crisol* : — R; abreviatura de *Real*, pelo que pertence ao rei ou á rainha : — R, abreviatura de reverendo e reverencia nos tratamentos ; v. g. : *V. R.*; vossa reverencia ou vossa reverendissima : — R ; nas universidades usa-se d'esta letra nas votações para indicar que se reprova o proposto ou examinando, da mesma sorte nos collegios, seminarios, escolas e outros estabelecimentos de instrucção e em algumas corporações, onde se approva ou reprova alguma pessoa ou cousa : — *(math.)* R; letra numeral romana que valia oitenta e com um traço horisontal por cima oitenta mil; — R; entre os gregos, apontado pela parte superior equivalia a cem, e pela inferior a cem mil: — *(med.)* R; nas receitas dos medicos é a abreviatura do recipe ou tome: — *(chim.)* R; symbolo empregado para expressar o metal conhecido pelo nome de *rodio*.

RAAGDARÍA. *f.* Raagdaria; direito que se paga na Persia para segurança das mercadorias nos caminhos.

RAASCH. *f. (zool.)* V. *Malapteuro*.

RABA. *f. (art.)* Preparação de ovas de bacalhau, que serve para engodo da sardinha.

RABAB. *m. (mus)* Rabab; instrumento de cordas que usam os arabes.

RABABUZ. *m.* Succo da regalera ou alcaçuz cozido e reduzido a arrobe.

RABADA. *f.* Quarto trazeiro dos animaes depois de mortos, mórmente do carneiro, para consumo.

RABADAN. *m.* Rabadam ou rabadão; rigorosamente significa maioral, porém communmente entende-se pelo guardador assoldadado do gado com subordinação ao maioral, e que manda sobre o zagal e o pastor. É antiquado em portuguez. *Pastorum maximus, præfectus.*

RABADILLA *f.* Rabadilha ou rabadela; extremidade do espinhaço; osso sacro. É termo antiquado em portuguez. *Ossacrum* : — rabadela, uropigio, sobrecú; parte posterior das aves que faz mover as pennas da cauda. *Uropygium, ii.*

RABADON. *m. (ant.)* V. *Rabadan.*

RABADOQUIN. *m.* Especie de colubrina de pequeno calibre usada antigamente. *Tormenti bellici minoris modi genus.*

RABAL. *m. (ant.)* Rabalde. V. *Arrabal.*

RABANAL. *m.* Rabanal; terra semeada ou plantada de rabãos. *Terra raphanis consita.*

RABANERA. *f.* Terreno, campo povoado de rabanos silvestres nascidos espontaneamente : — *(fig.)* regateira, mulher da escoria do povo.

RABANERO, RA. *adj.* Diz-se do vestido curto especialmente de mulher. *Decurtatus, a. um:* —diz se dos modos e acções descaradas, atrevidas, proprias de regateiras : — *s.* vendedor ou vendedora de rabano. *Raphanorum venditor.*

RABANETE. *m. dim.* de *Rábano.* Rabanete.

RABANICO, LLO, TO. *m. dim.* de *Rábano.* Rabanete.

RABANILLO. *m.* Pico; principio de azedume que precede o gosto no vinho que começa a converter-se em vinagre. *Acrimoniæ, acerbitas* : — *(fig. fam.)* azedume, acerbidade; aspereza de genio, desabrimento no modo de tratar. *Ingenii asperitas:* — *(fig. fam.)* prurido, comichão; appetite, desejo ardente. *Pruritus, ûs.*

Rabanistas. *m. pl. (rel.)* Rabanistas; sectarios judeus que só se fundam na tradição de seus maiores.

Rabaniza. *f.* Semente do rabano. *Raphani semen.*

Rábano. *m. (bot.)* Rabano ou rabão; genero de plantas da familia das cruciferas: — *cultivado;* rabano cultivado; planta do genero rabano que dá uma raiz succosa, de côr variavel, e que se come: — V. *Rabanillo,* na primeira accepção. *Tomar el rábano por las hojas (fr. fig.);* começar por onde deveria acabar; inverter a ordem, methodo ou collocação das cousas. *Præposterè agere.*

Rabaño. *m. (ant.)* V. *Rebaño.*

Rabarbarina. *f. (chim.)* V. *Reina.*

Rabaz. *m.* V. *Rapaz.*

Rabazuz. *m.* Sumo de alcaçuz cozido e reduzido a xarope. *Glycyrrizæ succus decoctus.*

Rabboth. *m.* Rabboth; commentarios allegoricos do Pentateucho.

Rabdoforia. *f.* Rabdophoria; cargo, funcções do rabdophoro, duração d'este cargo.

Rabdoforo. *m.* Rabdophoro; official da antiga Grecia, que tinha a seu cargo manter a boa ordem nos jogos publicos.

Rabdoides. *m. (anat.)* Rabdoide; nome dado por alguns anatomicos á sutura sagittal do craneo.

Rabdolita. *f. (min.)* V. *Vernerita.*

Rabdolojía. *f.* Rabdologia; especie de arithmetica que consiste em fazer calculos com certas varinhas em que estão escriptos os numeros simples.

Rabdolójico, ca. *adj.* Rabdologico; relativo ou concernente á rabdologia.

Rabdomancia. *f.* Rabdomancia; pretendida adivinhação de cousas occultas ou escondidas, que se fazia principalmente por meio de uma varinha.

Rabdomántico, ca. *adj.* Rabdomantico; que respeita á rabdomancia: — *m.* rabdomantico; o que praticava a rabdomancia.

Rabdota. *f. (zool.)* Rabdota; genero de insectos coleopteros pentameros da familia dos serricornes.

Rabdoteca. *f. (bot.)* Rabdotheca *(caixa recta);* genero de plantas da familia das compostas.

Rabe. *m. (ant.)* V. *Rabel.*

Rabear. *n.* Rabear; bolir com o rabo, menea-lo para um e outro lado. *Caudam agitare, jactare:* — rabear, saracotear; balançar com o corpo no acto de andar.

Rabel. *m.* Rabel, rabil ou arrabil que é mais usado; instrumento musico pastoril de tres cordas e arco á maneira de uma pequena rabeca. *Lyra rustica:* — instrumento que se compõe de um pau e uma canna, entre os quaes se colloca uma bexiga cheia de ar. Faz-se soar a corda com um arco de crina, e serve para brinco das creanças: — *(fam.)* nadegas, culatra, assento, trazeiro, especialmente de rapazes. *Pars postica:* — *agua de rabel (pharm.);* agua de rabel. V. *Agua.*

Rabelejo. *m. dim.* de *Rabel.* Arrabilzinho.

Rabelico, llo, to. *m. dim.* de *Rabel.* Arrabilzinho, pequeno arrabil.

Rabeo. *m.* Rabeadura; movimento da cauda, acção de rabear: — *(naut.)* movimento da pôpa, quando o navio muda de rumo ou de bordo.

Rabera. *f.* Rabeira; parte posterior de qualquer cousa. *Pars postica:* — taboleiro da noz da bésta. *Ballistæ pars plana:* — alimpadura, grança; o que fica do trigo, milho, cevada, etc., depois de limpo, joeirado ou escolhido. *Reliquiæ purgamenta:* — rabo, cauda; usa-se em algumas provincias: — *(art.)* V. *Coarcho, Cola de almadraba.*

Rabí. *adj.* Rabbi ou rabbino, mestre; titulo de magisterio com que os judeus honram os doutores da sua lei. *Rabbi, magister.*

Rabia. *f. (med.)* Raiva ou hydrophobia; doença commum aos animaes e ao homem, que faz perecer o doente no meio de espasmos convulsivos e de alguns accessos de furor. *Rabies, hydrophobia:* — *(fig.)* raiva, ira, furor; transporte violento e furioso de colera. *Ira ferox:* — que raiva! usa-se como expressão de admiração para explicar e ponderar alguma cousa. *Furor, oris:* — *(ant.)* raiva, dor, pena, desesperação, paixão violenta: — raiva, mania; habito inveterado: — raiva; crueldade excessiva. *De rabia mató la perra (fr.);* vingar-se na primeira pessoa que encontra, por não poder satisfazer a sua ira em quem o offendeu. *In se ipsum vel propria sævire, irasci. Estar tocado del mal de la rabia (fr. fam.);* estar dominado ou possuido de alguma paixão violenta. *Vehementi animi affectu corripi, vexari. Tomar rabia.* V. *Cólera.*

Rabiar. *n.* Rabiar, raivar; padecer, sentir na sua maior força uma cousa, ter um desejo ardente. N'esta accepção vae seguido de *por* ou *de,* v. g.: *rabio de sed; rabio por bailar;* estalo, ardo com sêde. *Desiderio incendi, inhiare:* — *(fig.)* soffrer uma dor excessiva. *Dolore agitari:* — *(fig.)* raivar, enraivecer ou enraivecer-se, impacientar-se, agastar-se, irar-se. *Irasci:* — *(fig.)* ser excessivo em alguma das qualidades ou na acceleração do movimento, como *quema que rabia. Vehementer excedere:* — *un garbanzal;* damnar-se, deteriorar-se um granzal, apodrecer-lhe o grão com a humidade. *Acordarse del rey que rabió (fr. fam.);* ser mais velho que a sé, ser da era dos Affonsinhos, ser sediço, antiquissimo, não ser da moda: — *(med.)* raivar, damnar-se; estar damnado-doente de raiva ou hydrophobia.

Rabiasca. *f.* V. *Rabieta,* na segunda accepção.

Rabiatar. *a.* Atar pelo rabo. *Cauda ligare.*

Rabiazorras. *m.* Vento do sul; usa-se só entre pastores e em algumas partes. *Eurus, i.*

Rabicaliente. *adj.* *(fam.)* Esquentado; ardendo em concupiscencia em luxuria: — junto com os verbos *andar, escapar, salir, etc.,* significa executar estas acções com presteza.

Rabican, Rabicano. *adj.* Rabicão; que tem clinas ou cerdas brancas no rabo; diz-se do cavallo e outros animaes. *Equus cauda pilis albis intermista.*

Rabico, llo, to. *m. dim.* de *Rabo.* Rabinho, caudasinha.

Rabicorto, ta. *adj.* Rabicurto; que tem a cauda curta. *Cauda brevis:* — *(fig.)* diz-se da pessoa que usa os vestidos talares mais curtos que o regular. *Brevis veste.*

Rábido, da. *adj.* Rábido. V. *Rabioso.*

Rabieta. *f. dim.* de *Rabia.* Raivinha: — impaciencia, enfado, principalmente de creanças, motivado por uma causa ligeira e sem importancia. *Iracundia ex levi causa.*

Rabigalgo, ga. *adj.* *(ant.)* V. *Rabilargo.*

Rabihorcado. *m.* *(zool.)* V. *Fragata.*

Rabijunco. *m.* *(zool.)* V. *Faetonte.*

Rabilargo, ga. *adj.* Rabudo, rabilongo; que tem a cauda comprida. *Caudâ longus:* — diz-se do que usa os vestidos tão compridos que arrastam pelo chão. *Longa veste indutus:* — *m.* *(zool.)* especie de pega cinzenta.

Rabillo. *m.* Pinta negra que se observa nas extremidades dos grãos de trigo, cevada e outros, quando estão deteriorados. *Atra macula in frumenti granis.*

Rabínico, ca. *adj.* Rabbinico; concernente aos rabbinos ou ao rabbinismo. *Rabbinicus, a, um. Caracteres rabínicos;* caracteres rabbinicos; diz-se dos caracteres redondos dos hebreus. *Lengua rabínica;* lingua rabbinica; lingua hebraica moderna, em que escrevem os rabbinos de Hespanha, de Portugal, da Italia e da Allemanha. Os mais bellos monumentos da lingua rabbinica são a *Misna,* e as obras de Maimónides. Os caracteres que se empregam n'esta sorte de escripta derivam do antigo caracter hebreu. A lingua rabbinica não é mais do que o arabe aperfeiçoado pelos rabbinos. Formou-se nas escolas de Hespanha, onde os rabbinos, desterrados pelos arabes de Babylonia, antigo centro das escolas rabbinicas celebres, encontraram estes ultimos, occupando-se em investigações sobre a lingua arabe. A seu exemplo, quizeram tambem dedicar-se ao estudo do hebreu; porém a antiga lingua da Biblia não lhes bastou, e a enriqueceram consideravelmente. Immediatamente se cultivou a lingua rabbinica em Hespanha, França, Italia, Portugal e Allemanha.

Rabinismo. *m.* Rabbinismo; systema ou doutrina dos rabbinos. *Rabinorum secta.*

Rabinista. *m.* Rabbinista; o que segue a doutrina dos rabbinos. *Rabbinorum sectator.*

Rabino, na. *adj.* V. *Rabínico:* —*m.* rabbino ou rabbi; mestre judeu ou doutor da lei judaica. *Rabbinus, i. Gran rabino;* grão rabbino; chefe de uma synagoga ou de um consistorio israelita.

Rabiosamente. *adv. m.* Raivosamente; com ira, colera ou raiva. *Rabidè, rabiosè.*

Rabiosísimo, ma. *adj. sup.* de *Rabioso.* Raivosissimo. *Furiosissimus, a, um.*

Rabioso, sa. *adj.* *(med.)* Raivoso, damnado; doente de raiva ou de hydrophobia. *Rabiosus, rabidus:* — *(fig.)* raivoso, furioso, colerico, enraivecido; diz-se das pessoas e das acções. *Rabidus, iracundus:* — *(fig.)* raivoso, vehemente, excessivo, violento. *Vehemens, entis.*

Rabisacador. *m.* *(naut.)* Percha ou qualquer outra peça que diminue consideravelmente em grossura para a extremidade.

Rabisaco. *adj.* *(naut.)* Pontagudo; applica-se a todo o pau, cuja grossura diminue para a extremidade.

Rabisalsera. *adj.* *(fam.)* Descarada, descocada, desbocada, muito livre e desabusada; diz-se da mulher. *Vivax vel effrons fœmina.*

Rabisca. *f.* Impaciencia, enfado repentino e sem grande motivo.

Rabit. *m.* Rabit; certo mez dos mouros.

Rabiza. *f.* *(germ.)* Prostituta, meretriz, rameira: — *(art.)* ponta da canna de pescar em que se ata a linha. *Arundinis piscatoriæ cuspis:* — *(naut.)* espia; cabo delgado, unido por um dos extremos a varios objectos, para os sujeitar onde for mister, ou maneja-los de qualquer modo: — rabicho; chicote que se faz nas pontas dos cabos para que se não desmanche. *Cuspis extremitas.*

Rabizar. *a.* *(naut.)* Fazer chicotes ou rabichos nos cabos.

Rabizorra. *f.* Vento sul; usa-se em algumas partes de Hespanha.

Rabo. *m.* Rabo, cauda. Usa-se com mais restricção d'esta palavra, applicando-a particularmente á cauda de alguns quadrupedes. *Cauda, æ:* — *(fig.)* rabo; qualquer cousa que se prega pela parte posterior. *Quidquid à posteriore parte pendet:* — *(fig.)* raboleva; rabo de papel ou panno, que pelo entrudo põem os rapazes nas costas dos vestidos de alguem, dando-lhe vaia: — *pl.* *(fig.)* farrapo ou partes desfiadas da extremidade das roupas ou vestidos que se enchem de lama porque vão arrastando. *Vestis tractus terram radens:* — *(prov.)* V. *Rabera,* na primeira accepção: — *á viento* *(caç.);* rabavento; diz-se da caça que vôa dando-lhe o vento na cauda, opposto a peit'avento. *Secundo vento:* — *de junco* *(zool.);* rabo de junco; ave que se encontra na derrota da India, do tamanho de pombos torcazes, e com uma penna na cauda mais comprida que as outras. *Aun le ha de sudar el rabo (fr.fam.)*; ainda lhe ha de suar o topete ou ainda ha de comer muito sal; diz-se para ponderar a difficuldade ou trabalho que ha para conseguir alguma cousa. *Adhuc longus sudor laborque restat. Asirle por el rabo (fr. fam.)*; pegar-lhe pelo rabo; exprime que alguem fugiu ou está fóra do alcance, e tambem a pouca esperança que ha de conseguir uma cousa. *Leporis fugientis caudam arripere. Estar ó faltar el rabo por desollar (fr. fam.)*; estar ou faltar o rabo por esfolar; faltar ainda muito que fazer em alguma coúsa, e ainda o que é mais difficil. *Longum iter adhuc. Ir al rabo (fr. fam. fig.)*; andar sempre agarrado ao rabo de alguem; ser inseparavel d'elle, nunca o largar. *Instanter insequi. Ir ó salir rabo entre piernas (fr. fig.)*; metter o rabo entre as pernas; aquietar-se por medo, ficar vencido. *Demissis auribus abire; confusione affici. Mirar de rabo ó de rabadillo de ojo (fr. fam.)*; olhar com o rabo do olho, olhar a furto com o olho de esguelha, olhar com maus olhos. *Limis oculis aspectare. Volver de rabo (fr.)*; trocar as voltas; trocar-se alguma cousa, mudar-se ao contrario do que se esperava. *Proposterè aliquid evenire. De rabo de puerco nunca buen virote (rif.)*; de rabo de porco nunca bom virote; de homens de escura qualidade não se podem esperar obras nem acções nobres. *Mali corvi malum ovum.*

Rabon, na. *adj.* Rabão; que tem rabo cortado; diz-se dos animaes. *Cauda præcisus:* — *f. (ant.)* jogo insignificante, de pouca entidade. *Levis ludus.*

Raboseada, Raboseadura. *f.* Salpicadura, enlameadura; acção de salpicar de lama. *Maculatio vel aspersio contingens.*

Rabosear. *a.* Manchar ou sujar alguma cousa ligeiramente, como se salpicasse ou enchesse de laivos. *Casu furtuito maculare, aspergere.*

Raboso, sa. *adj.* Diz-se de um vestido desfiado, rasgado por baixo e que arrasta pelo chão. *Pendulis sordibus vel quisquillis infectus, maculatus.*

Rabotada. *f. (fam.)* Rabanada; pancada com o rabo: — *(fam.)* repostada, respostada; replica atrevida e injuriosa com gestos grosseiros, resposta descortez.

Rabotear. *a.* Derrabar; cortar o rabo aos cordeiros na primavera. Usam-no os pastores. *Caudam amputare:* — *n.* dar rabanadas.

Raboteo. *m.* Acção de derrabar os cordeiros na primavera e o tempo em que se faz esta operação. *Caudæ amputatio.*

Rabudo, da. *adj.* Rabudo; que tem rabo ou cauda comprida. *Cauda oblonga instructus, caudatus.*

Rábula. *m.* Rabula; advogado ignorante e mui fallador, mau orador.

Raca. *f.* Garruncho; argola, annel grande de ferro que serve para que alguma cousa a ella sujeita possa correr facilmente pelo pau ou cabo, a que deve estar unida. É palavra usada em marinha, e, segundo um dos diccionarios nauticos, tambem ha garrunchos de madeira, formados de arcos de pipa e cousas similhantes: — *(philol.* e *hist.)* raca; palavra syria que significa pateta, tolo, parvoeirão. Entre os hebreus era termo do maior desprezo.

Racahut. *m.* Racahut; farinha nutritiva e medicinal, em que entra fecula de batata, mais conhecida pelo nome de racahut dos arabes.

Racama. *f. (zool.)* Racama; genero de aves de rapina, cuja especie unica vive em Angola.

Racamenta. *f. (naut.)* V. *Racamento.*

Racamento. *m. (naut.)* Cassoilos; peças de madeira redondas, com furo transversal; servem para enfiar os bastardos dos enxertorios das vergas, para facilitar o movimento das mesmas. *Globulorum nauticorum series.*

Racamineas. *m. pl. (zool.)* Racamineas; sub-familia de aves da familia das vulturideas, creada para comprehender o genero racama.

Racémico. *adj. (chim.)* Racemico; classificação dada a um acido conhecido pelo nome scientifico de *acido paratartico.*

Racemífero, ra. *adj. (bot.)* Racimifero; que produz ou traz racimos.

Racemifloro. *adj. (bot.)* Racimifloro; que tem as flores dispostas em cachos.

Racemiforme. *adj. (bot.)* Raciminiforme; que se parece com um cacho.

Racimado, da. *adj.* V. *Arracimado.*

Racimar. *a. (prov.)* V. *Rebuscar.*

Racimico, llo, to. *m. dim.* de *Racimo.* Raciminho, racimosinho, cachinho.

Racimo. *m.* Racimo, cacho; conjuncto de bagos com pedunculos curtos e apinhados em roda de um eixo ou pedunculo commum e pendente. Por extensão diz-se de outros fructos, como cerejas, ginjas, etc. *Racemus, i:* — *(fig.)* racimo, cacho; ajuntamento de cousas miudas, dispostas á maneira de racimo. *Racemus, i:* — *(fam.)* enforcado. *Patibulo suspensus.*

Racimoso, sa. *adj.* Racimoso; cheio de racimos. *Racemosus, a, um.*

Raciocinacion. *f.* Raciocinação, raciocinio; acção e effeito de raciocinar. *Ratiocinatio, rationis exercitatio, usus.*

Raciocinar. *n.* Raciocinar, discorrer; formar um raciocinio. *Ratiocinari.*

Raciocinio. *m.* Raciocinio; argumento ou discurso. *Ratiocinium, ii:* — *(philos.)* raciocinio; qualquer syllogismo.

Racion. *f.* Ração; pitança, porção diaria que se distribue á tropa, á tripulação de navio, aos membros de communidades religiosas, a creados, etc. *Portio victus:* — ração; dinheiro que se dá diariamente a um creado para seu sustento ou para as suas despezas. *Diarium, canon:* — ração; nome de certas prebendas immediatas aos canonicatos. *Præbenda portionaria:* — *(ant.)* V. *Cuenta:* — V. *Razon:* — V. *Parte:* — *de hambre (fam.);* ração de fome; emprego ou renda insufficiente para a necessaria decencia e precisa manutenção. *Parcissimum diarium:* — *y media racion (prov.);* dóse e meia dóse; medidas mais pequenas de aguardente e licores. *Minimæ liquorum mensuræ. Media racion;* meia prebenda. *Dimidia ecclesiastica portio. Pedir raciones (fr. ant.);* pedir esmola.

Racionabilidad. *f.* Racionabilidade; o ser racional, a faculdade de raciocinar. *Rationalitas, atis:* — racionabilidade; qualidade de ser racional. *Rationalitas, atis.*

Racionable. *adj. (ant.)* Racionavel. V. *Racional.*

Racional. *adj.* Racional; concernente, relativo á rasão. *Rationalis, le:* — racional; dotado da faculdade de raciocinar: — racional, racionavel, arrasoado; accommodado com a rasão. *Rationalis, le:* — *m.* racional; peça de estofo quadrada, que o summo sacerdote dos judeus trazia no peito, sobre o qual estavam escriptos os nomes das doze tribus, e ornada de doze pedras preciosas. *Rationalis, le:* — racional; funccionario ou official da casa real de Aragão, cujo emprego corresponde ao de contador mór. *Rationalis:* — *adj. (math.)* racional; diz-se das raizes, rasões e outras quantidades que podem expressar-se exactamente por numeros inteiros ou quebrados. *Rationalis, le:* — *(med.)* racional; diz-se da medicina e da pratica não empyrica, fundada em raciocinio.

Racionalidad. *f.* Racionalidade; conformidade com a rasão e equidade, com os dictames da boa rasão. *Rationalitas; rationi conformitas:* — racionalidade, racionabilidade; qualidade de ser racional: — *(philos.)* racionalidade; faculdade de raciocinar ou de conhecer, discernir e julgar das cousas pela rasão. *Rationalitas, atis.*

Racionalisimo, ma. *adj. sup.* de *Racional.* Racionalissimo. *Valdè rationi consentaneus.*

Racionalismo. *m.* Racionalismo; methaphysica que considera os objectos só por abstracção: — racionalismo; philosophia que considera certas noções geraes como productos da rasão pura.

Racionalmente. *adv.* Racionalmente, racionavelmente; conforme á rasão. *Rationaliter.*

Racioncica, lla, ta. *f. dim.* de *Racion.* Raçãosinha, ração exigua.

Racionero. *m.* Racioneiro ou raçoeiro; ecclesiastico que gosa de uma prebenda em um capitulo. *Ecclesiæ portionarius:* — despenseiro; o que distribue as rações. *Portionum distributor. Medio racionero,* ecclesiastico que só tem meia prebenda. *Præbenda dimidiata utens clericus.*

Racionista. *s.* Racioneiro ou raçoeiro, arraçoado; o que recebe ração em genero ou em dinheiro. *Portionarius, ii.*

Racóforo. *m. (zool.)* Racophoro; genero de reptis anuros, cuja especie typica vive na India.

Racha. *f. (naut.)* V. *Rafaga,* de vento. Usa-se principalmente entre os marinheiros: — *(ant.)* V. *Baja,* astilha, lasca.

Racho, cha. *adj. (ant.)* Rachado, fendido.

Rada. *f.* Enseada onde as embarcações podem estar ancoradas ao abrigo de alguns ventos. *Maris sinus.*

Raddia. *f. (bot.)* V. *Olira.*

Rademaquia. *f. (bot.)* V. *Artocarpo.*

Radezige. *m. (med.)* Radezyge; nome dado em Noruega a uma doença que tem alguma analogia com o pian ou com certas variedades de lepra.

Radiacion. *f.* Radiação, irradiação; emissão de raios de luz. *Radiatio, onis:* — *(phys.)* radiação, irradiação; emissão de um fluido imponderavel sob a fôrma de raios.

Radiado, da. *adj.* Radiado, radiante; cheio de raios de luz: — radiado; composto de raios divergentes.

Radial. *adj. (anat.)* Radial; que tem relação com o osso chamado radio.

Radiante. *adj.* Radiante; que radia, lança, emitte raios de luz. É termo mui usado na poesia. *Radians, antis.*

Radiar. *a. (phys.)* V. *Irradiar:* — *n. (poet.)* radiar, lançar, emittir raios de luz. *Radiare.*

Radiarios. *m. pl. (zool.)* Radiarios; classe de animaes invertebrados.

Radicacion. *f.* Radicação; acção e effeito de se radicar. *Radicandi, radices emittendi actio:* — *(fig.)* radicação, longa permanencia, pratica e duração de um uso, costume, etc. *Inveteratio, onis.*

Radical. *adj.* Radical; de raiz, pertencente á raiz. *Radicis propium, ad radicem pertinens, radicalis, le:* — radical, capital, fundamental, principal. *Præcipuum in re aliqua; rei ipsius fundamentum:* — *(physiol.)* radical; qualificação dada pelos physiologicos a um fluido hypothetico que consideravam como principio da vida e á aniquilação do qual attribuiam a morte: — *(gram.)* radical; diz-se das letras que precedem as diversas terminações dos nomes e verbos, e tambem das que seguem as particulas e preposições de que se formam alguns nomes compostos. *Palabra radical,* palavra radical ou primitiva; aquella de que se formam outras: — *(polit.)* radical; diz-se em varios paizes do partido que quer reformas democraticas na constituição e nas leis: — *(chim.)* radical; denominação que se dá a varios corpos hypotheticos, admittidos pelos chimicos modernos na parte da sciencia que trata dos corpos organicos, com o fim de facilitar a sua comprehensão. *Signo radical (math.)*; signal radical; o que se colloca adiante das quantidades cuja raiz se quer extrahir e que tem esta figura $\sqrt{}$. *Cura radical (med.)*; cura radical; a que extirpa o mal pela raiz.

Radicalmente. *adv. m.* Radicalmente; de raiz, até á raiz, fundamentalmente. *Radicitus. Curar radicalmente;* curar radicalmente, de todo.

Radicar. *a.* e *n.* Radicar. V. *Arraigar:* — *r.* radicar-se, arraigar ou arraigar-se, lançar raizes, firmar-se em algum vicio ou virtude. *Radices agere.*

Radicícola. *adj. (bot.)* Radicicola; diz-se das plantas que são parasitas pela base ou raiz sobre as raizes de outras plantas.

Radicífloro. *adj. (bot.)* Radicifloro; diz-se da planta, cujas flores nascem da raiz.

Radicoso, sa. *adj.* Radicoso; da natureza das raizes. *Radicosus, a, um.*

Radicula. *f. (bot.)* Radicula; parte do embryão das plantas destinadas a converter-se em raiz ou a lançar raizes.

Radinocarpo. *m. (bot.)* Radinocarpo *(fructo delgado)*; genero de plantas da familia das leguminosas.

Radinosomo. *m. (zool.)* Radinosomo; genero de insectos coleopteros tetrameros da familia dos curculionidos, cujas especies são originarias da Nova Zelandia.

Radio, dia. *adj. (ant.)* Dividido, separado: — *m. (fam.)* circuito, recinto, districto: — *(anat.)* radio; o mais delgado dos dois ossos do ante-braço. *Radius, ii:* — *(math.)* raio; linha recta tirada do centro do circulo para a circumferencia. *Radius, ii:* — *de la plaza (mil.)*; raio; linha recta que se considera do centro da praça até ao angulo do polygono exterior ou do interior. *Radius, ii.*

Radiocarpiana. *adj. (anat.)* Radiocarpiana; denominação dada á articulação do antebraço com a mão.

Radióleos. *m. pl. (zool.)* Radioleos; familia de molluscos cephalopodas.

Radiómetro. *m. (math.)* Radiometro, balestilha; instrumento astronomico. V. *Ballestilla.*

Radioso, sa. *adj.* Radioso, radiante, fulgente, brilhante. *Radiatus, a, um.*

Radja. *adj.* Radja; titulo dos principes da raça indiana.

Raedera. *f.* Raspadeira, rapadoura ou raspador; instrumento de raspar. *Radula, æ.*

Raedizo, za. *adj.* Facil de raspar-se. *Qui radi potest.*

Raedor, ra. *s.* Raspador; o que raspa. *Radens, entis:* — *m. (ant.)* arrasador, medidor de trigo, cevada e outros grãos: — arrasador, rasoura. V. *Rasero.*

Raedura. *f.* Raspadura, rapadura, raspas; o que se tirá raspando. *Ramentum, i.*

Raeira. *f. (art.)* Rede que usam os pescadores de Galliza, composta de varias peças, cujas malhas excedem o comprimento de um palmo.

Rael. *m. (naut.)* V. *Redel.*

Raer. *a.* Raer, raspar; roçar corpo aspero, escabroso ou cortante contra qualquer superficie solida de corpo secco, para o alisar ou reduzir a pó parte da substancia, cortar rente. *Radere:* — V. *Rasar:* — *(fig.)* erradicar, desarreigar, destruir pela raiz inteiramente alguma cousa, como vicio ou mau costume. *Expellere, eradicare:* — *de la memoria (fig.)*; riscar, varrer, apagar da memoria: — *r.* safar-se, gastar-se até ver-se o fio; diz-se do fato.

Raez. *adj.* e *adv. (ant.)* V. *Rahez.*

Rafa. *f.* Encascado; reforço de cal e miudos que se põe n'uma parede para a reparar dos estragos que tem. *Commissura lateritia vel lapidea:* — abertura feita em uma acequia ou canal, a fim de obter agua para as irrigações. *Sectio, scissura:* — raça; abertura ou fenda longitudinal que ás vezes se forma na parte dianteira do casco da besta. *Scissura in equorum unguibus.*

Ráfaga. *f.* Reféga, rajada; golpe ou pé de vento forte que de ordinario tem pouca duração. *Venti afflatus vehemens:* — nuvemzinha que apparece especialmente quando o tempo quer fazer mudança. *Nubecula oblonga:* — clarão; luz, claridade forte e rapida.

Rafaguilla. *f. dim.* de *Ráfaga.* Rajadasinha.

Rafáneas. *m. pl. (bot.)* Raphaneas; tribu de plantas da familia das orthoploceas que tem por typo o genero rabano.

Ráfania. *f. (med.)* Raphania; doença mui frequente na Allemanha e na Suecia, causada pelo uso de grão de má qualidade.

Rafanidosis. *f.* Raphanidose supplicio que os athenienses applicavam algumas vezes ao adultero.

Rafazi. *m.* Raphazi; membro de uma das seis classes que formam as setenta e duas seitas musulmanas: — raphazi; nome que os turcos dão aos persas que seguem uma interpretração do Coran differente da sua.

Rafe. *m. (prov.)* Beira, aba do telhado. *Subgrunda, æ:* — *(anat.)* raphê; nome dado a qualquer linha proeminente situada na parte media do corpo. Diz-se mais particularmente da linha saliente que divide o escroto e o perineo em duas partes iguaes, e que se estende até ao anus.

Rafear. *a.* Encascar; compor, fortificar uma parede ou edificio com encascado. *Lateritiis, lapideis commissuris ædificia firmare.*

Rafez. *adj. (ant.)* V. *Rahez. De rafez (loc. adv. ant.)*; com facilidade, facilmente.

Rafezar. *n. (ant.)* Depreciar-se, aviltar-se, abater-se, perder valor ou estimação as cousas.

Rafezmente. *adv. m. (ant.)* V. *Fácilmente.*

Rafio. *m. (prov. ant.)* Nome

dado pelos pescadores da costa de Valença ao croque, ou gancho de ferro com cabo de pau, de que fazem uso na sua occupação: — *(zool.)* rhaphio *(aguilhão)*; genero de insectos dipteros, da familia dos brachystomos.

Rafiocera. *f. (zool.)* Raphiocera; genero de insectos da familia dos notacanthos, cuja especie typica é originaria do Brazil.

Rafiolépide. *m. (bot.)* Raphiolepide; genero de plantas da familia das pomaceas, cujas especies são arvores ou arbustos que crescem na India e na China.

Rafionema. *f. (bot.)* Raphionema; genero de plantas da familia das asclepiadeas, cujas especies crescem no Cabo da Boa Esperança.

Rágades. *f. pl. (med.)* Rhagadas; gretas ou ulceras lineares que se abrem nas palmas das mãos, na planta dos pés, na entrada das ventas, nos labios, nas palpebras, no prepucio, nos labios da vulva e no anus.

Ragadía. *f. (ant.)* Greta, fenda, abertura.

Ragio. *m. (zool.)* Rhagio; familia de insectos dipteros.

Ragónico. *m. (zool.)* Rhagonyco; genero de insectos coleopteros pentameros, da familia dos malacodermes, composto de duas especies, uma originaria da Europa Boreal, outra da Finlandia.

Raguseo, sea. *adj.* Raguseo ou ragusano; pertencente a Ragusa. *Ragusæus, a, um*: — *s.* raguseo ou ragusano; o natural de Ragusa.

Rahaz. *adj. (ant.)* V. *Rahez.*

Rahez. *adj. (ant.)* Arefeçado, vil, baixo, abatido, aviltado, desprezivel: — *(ant.)* barato, de preço baixo: — *(ant.)* V. *Fácil. De rahez (loc. adv. ant.)*; com facilidade. V. *Fácilmente.*

Rahezarse. *r. (ant.)* Rebaixar-se, aviltar-se, abater-se, humilhar-se.

Rahezmente. *adv. m. (ant.)* V. *Fácilmente.*

Raible. *adj. (inus.)* Delevel; que se póde riscar, raspar. *Quod radi potest.*

Raiceja. *f. dim.* de *Raiz.* Raigota, raizinha, radicula. *Radicula, æ.*

Raicica, lla, ta. *f. dim.* de *Raiz.* Raizinha, raigota, raiz mui delgada e pequena.

Raido, da. *adj.* Rafado, gasto, mui usado, a ver-se-lhe o fio: — *(fig.)* descocado, descarado, desavergonhado, impudente. *Effrons, petulans.*

Raigal. *adj.* Radical; pertencente á raiz: — diz-se do extremo do madeiro, que corresponde á raiz da arvore. *Trunci pars radici proximior.*

Raigambre. *f.* Raizame; todas as raizes da planta. *Radices.*

Raigar. *a. (ant.)* V. *Arraigar.* Tambem se acha usado como reciproco.

Raigon. *m. aug.* de *Raiz.* Raiz grande, grossa e velha. *Radix vetus*: — raiz dos dentes molares. *Molaris dentis radix.*

Raimiento. *m.* Raspadura; acção e effeito de raspar. *Rasura, æ*: — *(fig.)* descoco, desaforo, descaramento, impudencia. *Impudentia, æ.*

Raina. *f. (art.)* Tralha; pedaço de rede estreito e comprido que os pescadores acrescentam á parte inferior das redes, que roça pelo fundo no seu arrastamento sobre as praias.

Rainal. *m. (art.)* Estropo, em cujo extremo se prende um anzol, ficando livre a outra extremidade para se prender a outro cordel mais grosso e comprido, de que usam os pescadores.

Rainela. *f. (ant.)* Certo feitiço.

Raiz. *f. (bot.)* Raiz; parte inferior dos vegetaes, que penetra na terra, absorve as materias necessarias á sua nutrição, e serve tambem de segurar a planta ou arvore no solo. *Radix, icis*: — *(fig.)* raiz, origem; parte occulta de uma cousa, d'onde procede a que está patente. *Radix, origo*: — *(fig.)* raiz; parte inferior, pé de qualquer cousa. *Radix, basis*: — *(fig.)* raiz, origem, principio, causa, fundamento. *Radix, origo, stirps*: — bens de raiz, bens immoveis, que consistem em terras cultivadas, propriedades rusticas ou urbanas. Usa-se mais no plural, dizendo: *bienes raizes. Bona stabilia vel inmobilia*: — V. *Época. A raiz (loc. adv.)*; ao pé, junto, chegado, contra, contiguo ou mui proximo. *Ad radicem*: pela raiz ou junto á raiz. *Justa radicem. Cortar de raiz ó cortar la raiz (fr. fig.)*; cortar pela raiz ou cortar a raiz, desarreigar, irradicar, extirpar, destruir pela raiz, radicalmente. *Eradicare. De raiz (loc. adv.)*; pela raiz; inteiramente, totalmente, radicalmente. *Radicitùs. Echar raizes (fr. fig.)*; lançar raizes; firmar-se, estabelecer-se. *Radicare, firmare*: lançar raizes, arraigar-se, aferrar-se a uma paixão. *Malo inveterasci. Tener raizes (fr. fig.)*; ter raizes, estar arraigada uma cousa, ser difficil de tirar d'onde está: — *(gram.)* raiz; parte radical de um vocabulo. *Radix, icis*: — *(math.)* raiz; numero que, multiplicado por si mesmo, uma ou mais vezes, produz uma quantidade que se chama potencia d'aquelle numero. *Radix, icis.*

Raja. *f.* Racha, fenda, lasca; pedaço de pau rachado. *Assula, æ*: — racha, fenda, greta, rachadura, abertura. *Scissura, fissura*: — *(fig.)* parte ou porção de alguma cousa, que se distribue ou obtem, disputando-a, e assim se diz: *sacar raja*; ter parte. *Pars parva alicujus rei*: — especie de panno grosseiro e inferior, usado antigamente. *Pannus minoris pretii. Hacer rajas (fr.)*; fazer quinhões; dividir alguma cousa, repartindo-a entre varios interessados, ou para diversos usos. *Minutatim dividere vel distribuere. Hacerse rajas.* V. *Hacerse añicos. Sacar raja (fr.)*, lograr, conseguir alguma cousa ou parte d'ella. *Petiti partem saltem aliquam extorquere. Salir de capa de raja (fr. fig.)*; tirar o pé do lodo; fazer fortuna depois de ter estado na miseria.

Rajadillo. *m.* Doce feito de amendoas cortadas e cobertas com assucar. *Tragematis species scissis amygdalis confecta.*

Rajadizo, za. *adj.* Que se póde rachar. *Fissilis, le.*

Rajadura. *f.* Rachadura, racha, fenda, abertura.

Rajante. *p. a.* de *Rajar. Frangens, scindens.*

Rajar. *a.* Rachar, fender, abrir, dividir em lascas ou rachas. *Fendere, scindere, frangere:* — pataratear, basofiar, jactar-se, gabar-se, dizer pataratas, contar acções de valor. *Vires venditare, jactare:* — *(ant.)* palrar, parolear, fallar muito: — *r.* rachar-se, gretar, fender, abrir racha: — *(p. Mex.)* faltar á sua palavra. *A raja tabla (loc. adv.).* V. *Tabla:* — *broqueles (fig. fam.)*; arrebata punhadas, espadachim, fanfarrão.

Rajeta. *f.* Panno chamado *raja*, tecido de varias cores. *Pannus versicolor infimi pretii.*

Rajica, lla, ta. *f. dim.* de *Raja.* Rachinha, gretinha.

Rajuela. *f. dim.* de *Raja.* Rachinha, rachita.

Ralea. *f.* Casta, raça, linhagem. *Genus, species:* — *(fig.)* ralé, laia, especie, genero, qualidade. *Genus, qualitas:* — *(volat.)* ralé; a ave ou o animal em que a ave de rapina costuma fazer presa. *Species prædæ:* — ralé; comida que se dá aos cães dos mesmos animaes que elles caçaram.

Ralear. *a. (ant.)* Ralear, fazer ralo, diminuir: — *n.* ralear; fazer-se ralo ou raro. *Liquescere:* — ralear-se; diz-se dos racimos das vides quando têem muitos claros, pouco bago. *Clarescere:* — rarefazer; derreter-se alguma substancia mais ou menos espessa: — *(prov.)* manifestar, dar a conhecer alguem a sua laia e má indole.

Raleon, na. *adj.* Diz-se da ave de rapina que faz muitas presas ou ralés. *Ad certam prædæ speciem inclinata avis.*

Raleza. *f.* Raleza, rareza; o ser ralo, qualidade do que é ralo. *Raritas, laxitas, mollitudo.*

Ralídeas. *f. pl. (zool.)* Rallideas; familia das aves que passam a maior parte do tempo na agua.

Ralillo, lla, to, ta. *adj. dim.* de *Ralo.* Ralinho, ralosinho, um tanto ralo.

Ralo, la. *adj.* Ralo, não basto, raro. *Rarus, a, um:* — V. *Raro*, não commum.

Rall, Rallo, Rayo. *m. (art.)* V. *Atarraya.*

Rallado, da. *adj.* Ralado; passado pelo ralo.

Rallador, ra. *s.* Ralador; o que rala: — *(ant.)* V. *Hablador.*

Ralladura. *f.* Raladura; o que se ralou ou raspou com o ralo. *Ramentum, i:* — rego ou signal excavado que deixa o ralo na parte por onde passou. *Rasuræ vestigium:* — *(ant.)* V. *Raedura.*

Rallar. *a.* Ralar; passar pelo ralo. *Radulâ deterere, fricare:* — *(fig.)* ralar, molestar, importunar, desgostar. *Molestiam inferre, graviter offendere.*

Rallico, to. *m. dim.* de *Rallo.* Ralinho.

Rallo. *m.* Ralo ou ralador; instrumento de metal com furos feitos de dentro para fóra, ficando o metal arrebitado na superficie externa; contra ella se roçam substancias para as reduzir a pó. *Radula, lamina asperis foraminum marginibus instructa:* — ralo; por extensão, diz-se de qualquer peça de metal ou pedra furada, por onde escorre agua ou outro liquido.

Rallon. *m. (volat.)* Venablo; especie de dardo que se disparava com arco e servia especialmente para a caça grossa. *Missile tormentum venatorium.*

Rama. *f.* Ramo; membro em que o tronco da arvore ou a haste do arbusto se divide, ou que lança de si. *Ramus, i:* — *(fig.)* ramo; pessoa que, juntamente com outras, tira a sua origem ou descendencia de um mesmo tronco. *Progenies, soboles:* — *(fig.)* ramo; parte, divisão de uma sciencia, de uma empreza, do commercio, etc. *Andarse por las ramas (fr. fam.)*; andar pela rama, superficialmente; deter-se em o menos substancial de algum assumpto deixando o mais importante. *Inania sequi. Asirse a las ramas (fr. fam.)*; allegar rasões frivolas para se desculpar de alguma cousa. *Inanes excusationes adhibere vel eis inniti. De rama en rama (loc. adv.)*; de ramo em ramo, variando continuamente, sem se fixar em objecto determinado. *Inconstanter. En rama (loc. adv.)*; em rama, em bruto, não lavrado ou trabalhado; diz-se dos generos ou materias primas; v. g.: *lana en rama*; lã em rama, não fiada, não torcida. *Rudi materiâ:* — *(anat.)* ramo; divisão de um tronco de vasos ou nervos que se subdivide em raminhos: — *(typ.)* rama; caixilho de ferro sem barra pelo meio, em que se encaixam e apertam as fôrmas de maior tamanho. *Circulus vel arcus ferreus typographicus:* — *(art.)* especie de bastidor que se usa nas fabricas de pannos para os estirar em todas as direcções: — *(naut.)* V. *Pernada*, na correspondente accepção.

Ramada. *f. (ant.)* Ramada. V. *Enramada:* — ramada. V. *Ramaje.*

Ramadan. *m.* Ramadan ou ramazan; quaresma dos mahometanos que dura trinta dias, desde o principio de uma lua até á outra. *Mahometanorum jejunium.*

Ramaje. *m.* Ramagem ou ramada; todos os ramos de uma arvore, copia de ramos. *Ramorum multitudo:* — ramagem, ramos; lavor de ramos, de folhas, de flores em um estofo.

Ramal. *m.* Ramal; cada um dos cordões ou mólhos de fios de que se compõem as cordas torcidas. *Funiculus, resticula:* — cabresto, corda com que se prende ou governa a besta que não leva freio ou cabeção. *Funiculus pendens:* — lanço de escada, separado de outro. *Scalæ portio:* — ramal, ramo de mina; caminho subterraneo que guia aos fornilhos. *In fodinis, callis ad dextram aut sinistram apertus:* — *(fig.)* ramo, divisão, ramificação; parte em que se divide um todo e do qual é dependente. *Pars seu divisio alicujus rei:* — *(mil.)* ramal, ramo; especie de caminho coberto que se pratica para resguardar um corpo de tropas, etc.

Ramalazo. *m.* Cordoada; golpe, açoite com corda ou ramal. *Funiculi percussio:* — malha, signal que fica na parte onde se deu cordoada. *Livida macula:* — malha, mancha ou signal que vem ao rosto ou a qualquer parte do corpo, por effeito de pancada ou doença. *Livida macula, oblongaque:* — *(fig.)* pontada; dor subita e aguda em qualquer parte do corpo. *Improvisus, intensusque dolor:* — *(fig.)* pezar, desgosto inesperado. *Improvisus dolor vel pœna:* — *(fig.)* damno ou mal de uma pessoa que reflecte em outra. *Malum consequens:* — *(fig.)* pé de vento; ventania de pouca duração.

Ramalear. *n.* Seguir o cavallo sem resistencia o homem que o leva á mão.

Ramalico, llo, to. *m. dim.* de *Ramal.* Ramalzinho.

Rambla. *f.* Terreno coberto de areia que deixam depois das inundações as correntes das aguas. *Cavatus torrentium canalis:* — rigueira, fenda, abertura de rochedo por onde as aguas se precipitam em tempo de chuva: — passeio cuidadosamente areiado: — terreno arenoso perto das margens dos rios.

Ramblar. *m.* Logar onde se reunem varios areiaes.

Ramblazo. *m.* Acto de correrem as aguas das fendas dos rochedos. *Torrentium canalis.*

Ramblizo. *m. (prov.)* V. *Ramblazo.*

Ramera. *f.* Rameira, puta, meretriz. *Meretrix, scortum.*

Ramería. *f.* Lupanar, bordel, alcouce, casa de prostituição. *Lupanar, aris:* — prostituição, vida perdida, vida de meretriz. *Meretricium, i.*

Ramerita. *f. (fam.) dim.* de *Ramera.* Putinha; puta, meretriz ainda nova.

Ramero. *adj.* Rameiro; diz-se do falcão ainda novo que anda pelos ramos de arvores. *Accipitris pullus per ramos saliens.*

Rameruela. *f. dim.* de *Ramera.* Putinha, marafonazinha.

Ramificacion. *f.* Ramificação; distribuição de ramos ou em fórma de ramos. *Derivatio, onis:* — ramificação; serie de pontos de contacto que uns objectos têem com outros: — *(anat.)* ramificação; nome dado ás divisões dos ramos das arterias, veias ou nervos. *Arteriarum venarumque et nervorum in toto corpore distributio.*

Ramificado, da. *adj. (ant.)* Enramado; coberto, vestido de ramos.

Ramificarse. *r.* Ramificar-se; estender-se, dividir-se em ramos. *In ramos extendi.*

Ramiforme. *adj. (bot.)* Ramiforme; que se parece com um ramo ou tem d'elle a fórma.

Ramilla, ta. *f. dim.* de *Rama.* Raminho: — *(fig.)* pé; qualquer cousa ligeira de que alguem se serve para o seu intento. *Quisquiliæ.*

Ramillete. *m.* Ramilhete, ramalhete; ramo de flores naturaes ou artificiaes, convenientemente dispostas e atadas pelo pé. *Florum fasciculus:* — *plateau;* adorno composto de figuras e peças de marmore ou metaes, lavradas em differentes sentidos, que se põe sobre as mesas, onde se servem iguarias lautas e no qual se collocam doces, fructas. *Lautissimarum mensarum ornatus:* — bandeja de doce ou de fructas: *(fig.)* especie de pinha ou pyramide artificial de doces ou de varias fructas que se servem nas mesas ou se destinam para presentes. *Bellaria concinnè disposita:* — *(fig.)* ramalhete; collecção de peças ou composições escolhidas de litteratura, etc. *Eloquentiæ vel doctrinæ flores collecti:* — *(bot.)* ramalhete; reunião de flores, cujas pedunculos unifloros, partem todos do mesmo ponto: — *de Constantinopla (bot.)* V. *Minutisa.*

Ramilletero, ra. *s.* Ramalheteiro; o que faz e vende ramalhetes. *Florum collectarum venditor:* — especie de vaso ou jarra em que se põe flores artificiaes imitando um ramalhete e que se colloca nos altares. *Florum fasciculus vasi infixus.*

Ramillo, to. *m. dim.* de *Ramo.* Raminho: — *(p. Ar.)* V. *Dinerillo.*

Rámiza. *f.* Ramada; ramos de arvores cortados com as suas folhas verdes. *Ramorum cumulus:* — artificio feito de ramadas. *Ramorum artificium.*

Rámneas. *f. pl. (bot.)* Rhamneas; familia de plantas dicotyledoneas polypetalas.

Ramnina. *f. (chim.)* Rhamnina; materia colorante que se extrahe do rhamno ou espinheiro.

Ramno. *m. (bot.)* Ramno. V. *Espino:* — *catartico.* V. *Espino cerval.*

Ramo. *m.* Ramo. V. *Rama.* Rigorosamente significa em castelhano o ramo cortado da arvore. *Ramus, i.* V. *Ristra:* — ramo; parte ou tratado especial de alguma sciencia ou arte. *Pars, tis:* — ramo; qualquer classe de industria, contrato ou negocio. *Pars, sectio:* — ramo; negocio ou incumbencia de alguns cargos ou commissões que se subdividem entre varias pessoas. *Pars negotii gerendi, cuique contigens:* — V. *Articulo,* fallando de mercadorias. *Mercium genus:* — ramal; molho de fios de seda com que os passamaneiros fazem os lavores das fitas. *Filorum sericorum cumulus:* — *(fig.)* ramo; parte separada e dependente de um todo. *Ramus, pars:* — *(fig.)* ramo; doença imperfeita, não declarada, ataque, accesso leve; como: *ramo de perlesia;* ramo de paralysia, etc. *Principium, aggressus morbi:* — *(fig. ant.)* V. *Hijo. Vender al ramo (fr.);* vender vinho por miudo, ter ramo de louro á porta. *Ramo pendente ante portam vinum vendere. Tener ramo de locura (fr. fig.);* ter veia de louco; ser algum tanto doido: — *(anat.)* ramo; divisão secundaria dos vasos e nervos: — *(art.)* ramada; pescaria que se faz deitando ramos nos sitios onde ha pouco fundo para o peixe saír por elles. *Domingo de ramos;* domingo de ramos; o da Semana Santa em que se dão palmitos ou ramos de oliveira aos fieis.

Ramojo. *m.* Molhinho de ramos miudos cortados de arvores. *Ramusculorum congeries.*

Ramon. *m.* Ramada; ramos de arvores cortados com as suas folhas verdes para apascentar os gados em tempo de muita neve. *Rami, ramalia.*

Ramondia. *f. (bot.)* Ramondia; genero de plantas da familia das escrophularineas.

Ramonear. *n.* Desramar; cortar os ramos das arvores. *Ramos decerpere:* — comer as folhas e os rebentos das arvores o gado caprino. *Ramos capere dentibus.*

Ramoneo. *m.* O acto de desramar as arvores. *Ramorum abscissio.*

Ramoso, sa. *adj.* Ramoso; que tem muitos ramos. *Ramosus, a, um.*

Rampa. *f.* V. *Calambre:* — rampa, ladeira, plano inclinado, declive suave. *Levis declivitas, inclinatio:* — lanço de escada: — *(archit.)* V. *Escalera.*

Rampante. *adj. (br.)* Rampante ou rapante; diz-se do leão ou outro animal representado no campo do escudo de armas, com a mão aberta e as garras estendidas em posição de agarrar. *Rapax, acis.*

Rampinete. *m.* Agulha; instrumento de ferro comprido com uma ponta torcida, com que os artilheiros reconhecem pelo fogão o metal da peça. *Ferramentum incurvo acumine.*

Ramplon, na. *adj.* Diz-se do calçado tosco e grosseiro, cuja sola é muito maior que a planta do pé. *Rudis, amplus calceus:* — *(fig.)* chamboado, grosseiro, tosco. *Impolitus, a, um:* — *m.* rompão; especie de salto ou elevação que se forma dobrando os ramos da ferradura no sitio dos talões para remediar alguns defeitos do casco. *Talus in inferiori ferrea solca:* — rompão; peça de ferro em fórma pyramidal que se põe no lume e talões das ferraduras, para que as cavalgaduras fazendo firmeza no gelo, possam andar por elle sem escorregarem. *Talus in ferrea solea. A ramplon (loc. adv.);* com ferraduras de rompão ou com rompões. *Talis ferreæ soleæ additis.*

Ramploncillo. *m. dim.* de *Ramplon.* Rompãosinho; pequeno rompão.

Rampojo. *m.* Engaço; parte do cacho depois de despojado do bago ou fructo. *Scopium, uvarum pedunculi.*

Rampollo. *m.* Estaca; ramo que se corta da arvore para plantar. *Surculus, i.*

Ramujos. *m. pl.* Ramada para o lume, raminhos, rama, lenha miuda de que se fazem mólhinhos.

Ramularia. *f. (bot.)* V. *Ulvastro.*

Ramusqet. *m. (art.)* Especie de chapéus brancos de pello de coelho que se usam na estação calmosa.

Rana. *f. (zool.)* Rã; genero de reptis batrachios que habitam charcos e lagoas, e cuja carne é mui alva, delicada e comestivel: — *de zarzal;* rã das moutas, rela ou rubeta; especie de rã verde e venenosa que vive entre silvas e vallados: — *marina ó pescadora;* rã do mar. V. *Pejesapo:* — *(fig.)* poeta de agua doce, mau poeta: — *(fig.)* garrulo, cacarejador, palrador. *Cuando la rana tenga o crie pelos (fr. fam.);* quando as gallinhas tiverem dentes, para a semana dos noves dias; diz-se de uma cousa que é difficil ou impossivel de executar-se ou de acontecer. *Ad kalendas græcas. No ser rana (fr. fig. fam.);* não ser pêco, não ser tolo; ser habil, ter aptidão. *Optimè callere vel operari:* — *(veter.)* V. *Ránula.*

Ranacuajo. *m. (zool.)* V. *Renacuajo:* — figurinha, homemzinho, homem desprezivel, de pouca conta. *Homuncio, onis.*

Rancajada. *f.* Desarraigamento; acção de desarreigar, de arrancar de raiz uma arvore, uma planta, etc. *Exstirpatio, onis.*

Rancajado, da. *adj.* Ferido com alguma lasca ou espinho que penetrou na carne. *Cuspide laniatus.*

Rancajar. *a. (prov.)* Desarraigar, arrancar de raiz ou com as raizes as plantas, cearas ou cousas similhantes.

Rancajo. *m.* Lasca, espinho que se mette na carne. *Ligni fragmentum; assula carni infixa.*

Rancar. *a. (ant.)* V. *Arrancar:* — V. *Vencer.*

Ranciadura. *f.* V. *Rancidez.*

Ranciarse. *r.* Enrançar-se. V. *Enranciarse.*

Rancidez. *m.* Ranço; qualidade do que é rançoso. *Rancor, oris.*

Rancido, da. *adj. (ant.)* V. *Rancio.* Rancido.

Rancio, cia. *adj.* Rançoso; que tem ou adquiriu ranço: — *m.* ranço; estado ardido de substancias gordurentas que adquirem sabor acre, cheiro forte, como o toucinho, azeite, manteiga, guardados muito tempo ou por effeito do calor e humidade. *Rancor, oris. Tabaco rancio;* tabaco ardido, deteriorado, que adquire sabor acre. *Oler a rancio;* cheirar a ranço: — *(fig.)* rançoso, sediço, antiquado. *Rancidus, antiquus. Español, portugués, francés rancio (fig.);* hespanhol, portuguez, francez velho, verdadeiro, de outro tempo, aferrado as cousas antigas. *Ponerse rancio (fr.);* crear ranço, fazer-se rançoso.

Rancioso, sa. *adj.* V. *Rancio:* — *(fig. ant.)* rançoso, sediço. V. *Antiguo.*

Rancon. *m. (ant.)* V. *Rincon.*

Ranconado, da. *adj. (ant.)* V. *Arrinconado.*

Rancor. *m. (ant.)* V. *Rencor.*

Rancurar. *a. (ant.)* V. *Ranturar.*

Rancheadero. *m.* Logar ou sitio onde se arrancha ou forma rancho. *Militare contubernium.*

Ranchear. *n.* Arranchar-se; formar ranchos, ajuntar-se em ranchos. Usa-se tambem como reciproco. *Contubernia stabilire:* — *(p. Cub.)* procurar alguem com diligencia e empenho: — *(p. A. Mer.);* saquear as casas dos inimigos, e por extensão roubar.

Rancheo. *m. (p. A. Mer.)* V. *Saqueo, Robo.*

Rancheria. *f.* Cabana, barraca, sitio, logar ou casa no campo onde se recolhe a gente de um rancho. *Tugurium, ii:* — *(p. Am.)* reunião de muitos ranchos ou cabanas que formam como um logarejo: — *(p. Cub.)* reunião de negros fugitivos nos bosques e nos matos.

Ranchero. *m.* Rancheiro; camarada que faz o rancho ou mesa commum no quartel de soldados ou nos navios, etc. *Contubernii provisor et coquus:* — *(p. Mex.)* rancheiro, habitante de um rancho. Significa o mesmo que camponez.

Rancho. *m.* Rancho; certo numero de pessoas que comem juntas ou em mesa commum. Diz-se regularmente dos soldados ou marujos que se ajuntam na mesma camarata. *Contubernium, mapalia:* — V. *Chacra:* — logar ou sitio desempedido para a gente passar, assentar-se, etc.; v. g.: *hagan rancho* por *hagan lugar;* façam, abram logar. *Vacus et expeditus locus:* — *(fam.)* rancho; ajuntamento pouco numeroso de pessoas para andarem de companhia ou conversarem e tratarem de algum assumpto ou negocio particular. *Conventus, colloquium:* — *(p. Mex.)* casa de campo separada de uma fazenda ou herdade: — *(p. Mex.)* rancho; choça em que descansam de noite os trabalhadores, tenda portatil que se arma pelas estradas. *Alborotar el rancho (fr. fam.)* V. *Alborotar el cortijo. Asentar el rancho (fr. fam.);* assentar o arraial; parar ou deter-se em algum sitio para comer, descansar ou fixar-se ahi. *Stationem, domicilium stabilire:* — *(naut.)* rancho; divisão do navio onde os marujos ou gente de bordo fazem rancho ou camarada. *Nautarum cubile:* — *(naut.)* rancho; cada uma das divisões que se faz da marinhagem para a boa ordem e disciplina nos navios de guerra. *Nautarum turmæ:* — *(naut.)* rancho; provisão de comida para os individuos que formam rancho ou estão arranchados. *Navalis commeatus.*

Randa. *f.* Renda; tecido mui fino e bordado feito de fio de linho, de seda, etc., para ornato de roupas, de véus, etc. *Reticulum, i.*

Randado, da. *adj.* Rendado; guarnecido de renda. *Reticulatus, reticulis ornatus.*

Rendage. *m.* V. *Rendaje.*

Randaje. *m.* Ponto de renda ou de meia.

Randal. *m.* Especie de rede de retrós ou de seda. *Tela reticuli formam referens; reticulum filis contextum.*

Randera. *f.* Rendeira; mulher que faz ou vende rendas de ornato. *Reticulorum opifex.*

Raneta. *f.* Raineta; sorte de maçã pequena e excellente.

Ranfasto. *m. (zool.)* V. *Tucan.*

Rangífero. *m. (zool.)* V. *Ranjífero.*

Rango. *m. (neol.)* Ordem, classe, jerarchia, qualidade das pessoas.

Rangua. *f.* Cachimbo; peça de ferro ou de outro metal em que gira o leme ou espiga das machinas. *Lamina ferrea in medio cavata.*

Raniformes. *m. pl. (zool.)* Raniformes; ordem de reptis, que corresponde á ordem actual dos batrachios.

Ranilla. *f. dim.* de *Rana.* Rãzinha, rã pequena: — ranilha; parte pyramidal do casco da besta, situada entre as barras da taipa, formada de um tecido corneo, mais molle que o restante, é dotada de certa elasticidade. *Equinæ ungulæ pars quarta vel ranula:* — *(veter.)* doença que sobrevem ás ranilhas ou talões do cavallo. *Ranula, æ:* — doença do gado vaccum, que consiste em coagular-se-lhe nos intestinos certa porção de sangue que não podem expellir, e que é produzida por certos gusanos que se introduzem pelo anus. *Morbus quidam bovinus.*

Ranina. *adj. (anat.)* Ranina; diz-se da arteria lingual, quando depois de chegar á parte inferior e junto á base da lingua, muda de direcção até se dirigir ao vertice d'este orgão. *Vena ranina;* veia ranina, que nasce da ponta da lingua.

Ranívoro, ra. *adj. (zool.)* Ranivoro; que se alimenta de rãs.

Ranjífero. *m. (zool.)* Rangifer. V. *Tarando.*

Ranquear. *n.* V. *Renquear.*

Ranturar. *a. (ant.)* Remir, vingar.

Ránula. *f. (med.)* Ranula; tumor que se forma debaixo da lingua, junto ao freio ou ligamento anterior, no homem e nos animaes.

Ranular. *adj. (anat.)* Ranular; diz-se algumas vezes das veias raninas.

Ranunculáceas. *f. pl. (bot.)* Ranunculaceas; familia de plantas dicotyledoneas polypetalas, mui parecidas com ás papaveraceas.

Ranúnculo. *m. (bot.)* Ranunculo; genero de plantas dicotyledoneas, da familia das ranunculaceas, com differentes especies.

Ranura. *f.* Ranhura; canal na tábua, pedra ou columna, para n'elle se embeber o resultado correspondente de outra peça. *Canalis, is.*

Ranz. *m.* Cantiga popular das montanhas da Suissa, conhecida pela singeleza, naturalidade e caracter campestre da sua melodia; chama-se tambem: *ranz de las vacas*, porque a tocavam principalmente os vaqueiros.

Ranzal. *m. (ant.) Especie de* leuçaría.

Raña. *f. (p. Extr.)* Terreno montanhoso, povoado de urzes, lentiscos e outros arbustos.

Raño. *m. (zool.)* Especie de perca: — *(art.)* gancho de ferro, com um cabo, para arrancar as ostras que estão pegadas ás rochas.

Rapa. *f. (prov.)* Flor de oliveira. *Olivæ flos.*

Rapacejo. *m.* Franja, fimbria ou galão liso e sem lavor. *Fimbria, æ.*

Rapacería. *f.* V. *Rapazería:* — V. *Rapazidad.*

Rapacidad. *f.* V. *Rapazidad.*

Rapacillo, lla. *adj. dim.* de *Rapaz.*

Rapacísimo, ma. *adj. sup.* de *Rapaz.* Rapacissimo; muito rapace. *Rapacissimus, a, um.*

Rapado, da. *adj.* Rapado; que tem o cabello cortado rente com a carne.

Rapador. *m.* Rapador, tosquiador. *Radens, entis:*—*(fam.)* tosquiador, barbeiro. *Tonsor, oris.*

Rapadura. *f.* Rapadura; acção e effeito de rapar. *Rasura, æ:* — *(p. Am.)* rapadura; crostas de assucar que ficam pegadas aos tachos.

Rapagon. *m.* Rapagão; moço bem feito, que ainda não tem barba. *Imberbis juvenis vel adolescens.*

Rapamiento. *m.* V. *Rapadura.*

Rapante. *adj.* Roubador. *Radens, rapiens:* — *adj. (ant.)* agudo, aguçado; diz-se das unhas: — *(br.)* V. *Rampante.*

Rapapiés. *m.* V. *Buscapiés.*

Rapapolvo. *m. (fam.)* Corrimaça, reprehensão aspera.

Rapar. *a. (fam.)* Rapar; cortar rente o cabello, á navalha. *Radere, tondere:* — rapar, arrebatar, roubar, levar por violencia. *Rapere:* — *(fam.)* V. *Afeitar:* — *(ant.)* V. *Llevar:* — *(fig. ant.)* fazer olvidar: — *r. (p. Mex.)* levar, passar, ter; *v. g.: Fulano se rapa una vida regalada;* fulano leva, passa uma vida regalada.

Rapasa. *f.* Pedra muito branca, e propria para n'ella abrir figuras.

Rapaz. *adj.* Rapaz, rapace, roubador; que é dado ao roubo, á rapina. *Rapax, acis:* — rapaz; moço de pouca idade. Usa-se regularmente substantivado e como por desprezo. Na terminação feminina diz-se: *rapaza;* rapariga. *Puer, puerulus, puellula, puella:*—*m. (p. Soria.)* zagal do gado: — mocinho de escudeiro: — *pl. (zool.)* rapaces, aves de rapina ou de presa; ordem de aves que vivem só da rapina.

Rapazada. *f.* Rapaziada. V. *Rapazería.*

Rapazería. *f.* Rapazia; dito, acção, travessura de rapaz. *Puerilitas, atis:* — V. *Rapazidad.*

Rapazidad. *f.* Rapacidade; disposição rapace, inclinação a roubar. *Rapacitas, atis:* — rapacidade; a avida violencia com que a ave de rapina e a fera se lançam á presa. *Rapacitas, atis.*

Rape. *m. (fam.)* Rasoura ou barbeadura feita á pressa e sem muito cuidado. Usa-se commummente na phrase: *dar un rape;* dar uma rapadela. *Rasura, æ.*

Rapé. *m.* Rapé, tabaco em pó, para tomar ás pitadas. Usa-se substantivado.

Rapeta. *f.* Nome dado em Galliza a uma especie de rede para pescar sardinhas.

Rapeton. *m. (art.)* Rede maior que a *rapeta,* e que tem os mesmos usos.

Rápidamente. *adv. m.* Rapidamente; com rapidez. *Rapidè.*

Rapidez. *f.* Rapidez; movimento rapido, arrebatado, velocidade impetuosa. *Rapiditas, atis.*

Rapidísimo, ma. *adj. sup.* de *Rápido.* Rapidissimo. *Rapidissimus, a, um.*

Rápido, da. *adj.* Rapido, veloz, prompto, impetuoso, acelerado. *Rapidus, a, um.*

Rapidolita. *f. (min.)* V. *Vernerita.*

Rapiego, ga. *adj.* Rapaz ou rapace; diz-se das aves de rapina. *Rapax, acis:* — *m. (ant.)* V. *Arrapiezo, Mequetrefe.*

Rapilli. *m. (min.)* Rapilho; variedade de pedra pomes.

Rapina. *f. (ant.)* V. *Rapiña.*

Rapiña. *f.* Rapina, roubo, furto com violencia. *Rapina, æ. Ave de rapiña (zool.);* ave de rapina. V. *Rapazes.*

Rapiñador, ra. *s.* Rapace, arrebatador, roubador. *Rapax, acis.*

Rapiñar. *a. (fam.)* Rapinar, rapar, arrebatar, roubar, levar por violencia. *Rapere, rapinas agere.*

Rapista. *m. (fam.)* Tosquiador, barbeiro. *Tonsor, oris.*

Rapo. *m.* Especie de nabo redondo.

Rapónchigo. *m. (bot.)* Nabinho; planta perenne de raiz branca.

Raponticina. *f. (chim.)* Rhaponticina; substancia amarella que a agua separa da raiz do rhuibarbo.

Rapóntico. *m. (bot.)* Rhapontico. V. *Ruibarbo.*

Raposa. *f.* Raposa. V. *Zorra:* —*(fig.)* raposa, fino, matreiro, manhoso, astuto, sagaz; diz-se das pessoas. *Vulpes, astutus.*

Raposear. *n.* Raposinhar; usar de astucia, ser manhoso como a raposa. *Vulpinos mores induere.*

Raposera. *f.* Raposeira; covil, cova da raposa. *Vulpinum cubile:* — monte abundante de raposas.

Raposería. *f.* Raposia, siganice, manha, astucia; artificio carinhoso com animo de enganar ou fraudar. *Blanditia vel assentatio vulpina.*

Raposero, ra. *adj.* Raposino; pertencente á raposa. *Perro raposero.* V. *Perro.*

Raposía. *f. (ant.)* V. *Raposería.*

Raposilla, ta. *f. dim.* de *Raposa.* Raposinha.

Raposino, na. *adj.* V. *Raposuno.*

Raposo. *m.* Raposo; macho da raposa. *Vulpes mas:* — *(fig.)* raposino, astuto, manhoso, malicioso, matreiro, ardiloso: — *ferrero;* casta de raposo que tem a pelle côr de ferro, e é muito estimada. *Vulpi genus.*

Raposuno, na. *adj.* Raposino; de raposa. *Vulpinus, a, um:* — *(fig.)* raposino, astuto, matreiro, dissimulado.

Rapsodia. *f.* Rapsodia. V. *Centon,* na accepção de obra, etc.

Rapsodista. *m.* Rapsodista; o que compõe rapsodias.

Rapsodomancia. *f.* Rapsodomancia; arte de predizer o futuro por meio de passagens tiradas de um poeta, especialmente de Homero e Virgilio.

Rapsodomántico, ca. *adj.* Rapsodomantico; relativo á rapsodomancia: — *m.* rapsodomantico; o que exerce a rapsodomancia.

Rapta. *adj.* Raptada; diz-se da mulher levada violentamente por algum homem. *Rapta femina.*

Raptar. *a. (ant.)* Reptar, desafiar.

Rapto. *m.* Rapto; roubo violento da filha ou mulher de outrem para fim deshonesto. *Raptus, us:* — rapto, extasis, enlevação da alma. V. *Estasis:* — *(astr.)* V. *Movimiento:* — *(med.)* atordoamento, perturbação do cerebro ou dos sentidos.

Raptor. *m.* Raptor, arrebatador, roubador; o que commette rapto. *Raptor feminæ:* — *(ant.)* roubador, ladrão. *Raptor, latro, fur.*

Raptura. *f. (ant.)* V. *Rapto.*

Rapuncio. *m. (bot.)* Rhapuncio. V. *Lobelia.*

Raputia. *f. (bot.)* V. *Galipea.*

Raque. *m.* Raque; licor que se extrahe da palmeira, na India, e que póde embriagar.

Raqueta. *f.* Raqueta; pala, aro guarnecido de rede, com cabo, usado para dar no volante, ou nas pellas, n'estes jogos. *Reticulum ad pilæ ludum:* — V. *Volante,* jogo: — jogo da pella, em que se usa a raqueta: — V. *Jaramago.*

Raquetero. *m.* Raqueteiro; o que faz ou vende raquetas.

Raqui. *m.* Raqui; especie de cidra na Hungria.

Raquialjia. *f. (med.)* Rachialgia; dor da columna vertebral.

Raquiáljico, ca. *adj.* Rachialgico; concernente ou relativo á rachialgia.

Raquialjitis. *f. (med.)* Rachialgite; inflammação da espinha dorsal.

Raquídeo, dea. *adj. (anat.)* Rachideo; concernente ao rachis.

Raquidiano, na. *adj. (anat.)* Rachidiano. V. *Raquídeo.*

Raquis. *m. (ant.)* Rachis, espinha dorsal, columna vertebral, espinhaço.

Raquisagra. *f. (med.)* Rachisagra; nome do rheumatismo gotoso do espinhaço.

Raquíticamente. *adv. m.* Rachiticamente; de maneira rachitica: — *(fig.)* mesquinhamente, miseravelmente.

Raquítico, ca. *adj. (med.)* Rachitico; que padece rachitis. *Rhachiticus, a, um:* — *(fig.)* mesquinho, muito miseravel; diz-se das pessoas e das cousas.

Raquitis. *f. (med.)* Rachitis; curvatura morbida da espinha dorsal e dos ossos em geral.

Raquitismo. *m. (med.)* Rachitismo; estado de pessoa rachitica.

Raramente. *adv. m.* Raramente, raras vezes, de raro. *Raro:* — com rareza, de um modo extraordinario e ridiculo. *Rarò.*

Rarefaccion. *f. (phys.)* Rarefacção; acção de rarefazer: — rarefacção; estado rarefeito ou dilatado. *Rarefactio, onis.*

Rarefacer. *r.* V. *Rarificar.*

Rarefacerse. *r. (phys.)* V. *Rarificarse.*

Rarefaciente. *adj. (med.)* Rarefaciente; dava-se antigamente este nome a certas substancias a que se attribuia a propriedade de rarefazerem o sangue.

Rarefactivo, va. *adj.* V. *Rarificativo.*

Rarefacto, ta. *p. p. irreg.* de *Rarefacer.* Rarefeito. *Rarefactus, a, um.*

Rareza. *f.* V. *Raridad,* na primeira accepção: — rareza, raridade, cousa rara, o ser raro, pouco commum. *Infrequentia, æ:* — raridade, excentricidade; extravagancia de genio, irregularidade de caracter, propensão para cousas fóra do commum. *Ingenii singularitas.*

Raridad. *f.* Rareza; o ser raro ou ralo. *Raritas, raritudo:* — raridade, singularidade; cousa rara, extranha, pouco commum. *Singularitas, atis.*

Rarificacion. *f.* V. *Rarefaccion.*

Rarificar. *a.* Rarefazer; dilatar, tornar menos denso, dar maior expansão a um corpo. Usa-se tambem como reciproco. *Rarefieri, rarefacere.*

Rarificativo, va. *adj.* Rarefactivo; que rarefaz.

Rarísimo, ma. *adj. sup.* de *Raro.* Rarissimo. *Perrarus, a, um.*

Raro, ra. *adj.* Raro, ralo; pouco denso, pouco basto. *Rarus, a, um:* — raro, dilatado, rarefeito: — raro, extraordinario, singular, pouco commum ou frequente. *Rarus, a, um:* — raro, insigne, egregio, superior, eximio, excellente. *Eximius, a, um:* — raro, singular, excentrico; extravagante de genio, e propenso a singularisarse. *In agendo singularis:* — raro, pouco commum; que se encontra com difficuldade e em pequena quantidade. *Rarus, a, um:* — *(adv. t.)* de raro, raramente. *Raro.*

Ras. *m.* Superficie rasa, unida, sem desigualdades. *Plana superficies vel æqua:* — *con ras, ó ras en ras (loc. adv.);* réz por réz, ao justo, em equilibrio, em igualdade perfeita. *Mensura æquans:* — *con ras (loc. adv.);* frisando, tocando ligeiramente um corpo, passando por elle. *Levi tractu.*

Rasa. *f.* Rechano, planura; planicie em terra elevada em que fazem roças ou lavouras e têem os seus lameiros os vaqueiros das Asturias.

Rasador. *m.* Arrasador. V. *Rasero.*

Rasadura. *f.* Rasadura; acção e effeito de rasar. *Hostorio adæquandi actio.*

Rasamente. *adv. m.* Claramente, francamente, abertamente. *Planè, omninò candidè.*

Rasamiento. *m. (ant.)* Arrasamento: — V. *Rasadura.*

asànte. *p. a.* de *Rasar. Hostiens, tangens, leviter perstringens.*

Rasar. *a.* Rasar, rasourar, arrasar; igualar com rasoura a superficie da medida cheia. *Hostire, radio adæquare:* — roçar; tocar levemente um corpo com outro. *Leviter tangere.*

Rasca. *f. (art. p. Gal.)* Rasca; certa rede de arrastar, que no Levante se chama *cazonal.*

Rascadera. *f.* V. *Rascador.* Vulgarmente dá-se éste nome á almofaça.

Rascadór. *m.* Rascador, raspador; instrumento para rascar ou limpar. *Radula scalptorium:* — alfinete de toucar, guarnecido de pêdras, que as mulheres usam para enfeitar a cabeça. *Calamister sculptorius:* — *(cir.)* V. *Legra:* — *(mil.)* rascador; instrumento de ferro com cabo para limpar a alma e recamàra das peças de artilheria.

Rascadura. *f.* Rascadura, arranhadura; acção e effeito de rascar ou arranhar-se. *Unguibus scalpendi actio, vestigium.*

Rascadurilla. *f. dim.* de *Rascadura.* Rascadurasinha, arranhadurasinha.

Rascalino. *m.* V. *Tiñuela.*

Rascamiento. *m.* Rascadura, arranhadura; acção e effeito de rascar. *Scalpendi unguibus actio.*

Rascamoño. *m.* V. *Rascador,* na ultima accepção.

Rascañar. *a. (ant.)* Rascar, arranhar.

Rascar. *a.* Rascar, coçar, esfregar a pelle com alguma cousa aguda ou aspera. Regularmente diz-se quando isto se faz com as unhas. *Scalpere, scabere.* N'estas duas accepções usa-se tambem como reciproco: —V. *Arañar. Descuidarse en el rascar (fr.);* descuidar-se; não aproveitar a occasião, deixa-la escapar. *Occasionem non arripere. Llevar ó tener que rascar (fr.).* V. *Llevar ó tener que lamer. Rascarse la faltriquera (fr. vulg.);* puxar pela bolsa, abri-la, tirar-lhe o dinheiro. *Crumenam excutere. El comer y el rascar, todo quiere ó todo es empezar (rif.)* V. *Comer.*

Rascazon. *f.* Comichão grande que excita a coçar-se. *Pruritus scalpendi.*

Rascle. *m. (art.)* Um dos instrumentos inventados para a pesca do coral.

Rasco. *m.* V. *Rascadura. Tener gana de rasco (fr.)* V. *Gana:* — *(art.)* V. *Rasca.*

Rascolnismo. *m. (rel.)* Rascolnismo; diz-se em geral da crença de todas as seitas russas, que se separaram da Igreja grega depois da revisão dos livros sagrados e da redacção de uma liturgia uniforme, feita em 1659 pelo patriarcha Nicon.

Rascolnista. *m.* Rascolnista; o que professa o rascolnismo.

Rascon. *m. (zool.)* Rei ou mãe das codornizes; genero de aves macrodactylas, cuja especie mais commum na Europa é a gallinhola. V. *Rey de codornices:* — *adj.* diz-se do que é aspero, acerbo ao paladar. *Acerbus, a, um.*

Rascuñar. *a.* V. *Rasguñar.*

Rascuño. *m.* V. *Rasguño.*

Rasel. *m. (naut.)* Parte delgada do navio, desde as alhetas até á quilha. *Navis subtilior pars.*

Rasera. *f. (ant.)* Rabote; plaina de que usam os carpinteiros e marceneiros para alizar a madeira.

Rasero. *m.* Rasoura ou arrasador; instrumento ou pau roliço, torneado, que os medidores passam por cima das medidas acoguladas, para as rasar, tirando-lhes o cogulo. *Hostorium, ii. Por un rasero ó por el mismo rasero (loc. adv. fig.);* pela mesma rasoura; com rigorosa igualdade, sem a menor differença, com a mais stricta justiça. Usa-se commummente com os verbos *Medir* e *Llevar. Æqua mensura.*

Rasete. *m. (com.)* Meio setim; especie de setim inferior ou de estofo fabricado á imitação do setim.

Rasgado, da. *adj.* Rasgado; diz-se das portas e janellas que se abrem muito, que dão muita luz. *Planè apertus, propatulus, patens:* — rasgado; diz-se da bôca e dos olhos grandes, mui abertos. *Apertus, patulus:* — *m.* V. *Rasgon.*

Rasgador, ra. *s.* Rasgador; o que rasga. *Scindens, discindens.*

Rasgadura. *f.* Rasgadura. V. *Rasgon.*

Rasgar. *a.* Rasgar, romper, fender, dividir com força alguma cousa de pouca consistencia. *Discindere, scindere:* — V. *Rasguear:* — rasgar; abrir muito o espaço de uma porta, janella, etc.

Rasgo. *m.* Rasgo; traço rapido e elegante, feito com a pena, para enfeite e belleza da letra que se escreve. *Calami ductus elegans:* — *(fig.)* rasgo do entendimento; expressão persuasiva, dito subtil, conceito, sentença aguda e engenhosa. *Speciosa sententia, vel sermo elegans:* — *(fig.)* rasgo; acção bella, briosa e repentina, que tem alguma cousa de singular. Usa-se regularmente no plural. *Clara vel perspicua actio:* — rasgo; linha ou traço feito com o pincel: — *pl.* feições do rosto.

Rasgon. *m.* Rasgão, rasgadura; abertura da cousa rasgada. *Scissura, æ.*

Rasgueado. *m.* V. *Rasgueo.*

Rasgueador, ra. *s.* Zangarreador; o que toca viola, arrastando a mão pelas cordas.

Rasgueadura. *f.* V. *Rasgueo.*

Rasgueamiento. *m.* V. *Rasgueo.*

Rasguear. *a.* Arranhar, zangarrear; tocar a guitarra ou outro instrumento arrastando toda a mão pelas cordas. *Citharam plena manu pulsare:* — *n.* rasgar a letra; escrever com traços largos. *Liberius ductus calami effingere.*

Rasgueo. *m.* Rojão; toque rasgado na viola. *Citharæ plena manu pulsatio.*

Rasguillo, to. *m. dim.* de *Rasgo.* Rasgosinho.

Rasguñadura. *f.* V. *Rasguño.*

Rasguñar. *a.* Rasgar; arranhar ou rasgar com as unhas ou instrumento cortante alguma cousa, especialmente a pelle. Usa-se tambem como reciproco. *Scalpere, unguibus perstringere:*—*(pint.)* rascunhar, esboçar grosseiramente. *Leviter et ruditer adumbrare.*

Rasguñito. *m. dim.* de *Rasguño.* Rascunhosinho.

Rasguño. *m.* Rascadura, arranhadura. V. *Araño:*—*(pint.)* rascunho, esboço grosseiro. *Lineamentum inchoatum.*

Rasguñuelo. *m. dim.* de *Rasguño.* Rascunhosinho.

Rasilla. *f.* Rasa; especie de sarja de lã. *Tela lanea rasea subtilis:* — ladrilho fino, que serve para assoalhar. *Laterculus politior.*

Rasion. *f. (ant.)* V. *Rasura:* — *(phar.* e *chim.)* raspadura; reducção de um corpo a pequenas partes por meio do ralador. *Fricatio ope radulæ.*

Raso, sa. *adj.* Raso, descoberto, plano, desembaraçado de estorvos; diz-se commummente do campo sem montes, barrancos, mato ou arvores. *Planus, æquus, æquor:* — descoberto, claro, limpo, puro, sereno, sem nuvens; diz-se do céu ou da atmosphera. *Cœlum rudum, serenum:* — raso, baixo; de condição inferior, sem titulo ou graduação que o distinga, como: *soldado raso,* etc.; soldado raso. *Nudus, a, um:* — raso; sem encosto nem braços; diz-se da cadeira ou assento. *Sedile planum:* — *(ant.)* V. *Rasgado, Raido:* — raso; diz-se do terreno plano, sem mato nem arvores, rodeado de outros terrenos montuosos e elevados. *Planus, a, um:* — *(p. Gall.)* areial grande e extenso, na costa: — *(germ.)* V. *Abad:* — raso, raspado, cortado rente; diz-se do cabello, etc.: —*m. (comm.)* raso, setim; tecido de seda lustrosa, suave, fina, de mais corpo que o tafetá. *Rasum sericum. A la rasa (loç. adv. ant.).* V. *Al descubierto. Al raso (loc. adv.);* a descoberto, sem abrigo ou resguardo, no campo, exposto ao ar, ao tempo. *Sub diu. En campo raso (loc. adv.);* em campo descoberto. *Dejar raso (fr.);* deixar, cortar raso, rente. *Bala rasa;* bala rasa, lisa, não escabrosa ou encadeada. *Escudo raso (br.);* escudo raso, sem ornato. *Quedarse al raso (fr.);* ficar a descoberto, sem abrigo ou resguardo, ao sol, á chuva, ao relento.

Rasoriano, na. *adj.* Rasoriano; pertencente ao rasorismo ou aos rasoristas: — *m.* rasoriano; partidario de Rasori, medico italiano, ou da sua doutrina.

Rasorismo. *m.* Rasorismo; doutrina medica estabelecida pelo auctor Rasori.

Rasorista. *m.* Rasorista. V. *Rasoriano.*

Raspa. *f.* V. *Arista:* —V. *Pelo,* da penna de escrever: — espinha de peixe, principalmente a do meio. *Spina, æ:* — engaço da uva, e em algumas provincias o cacho. *Scapus, i:* — pellicula, casca de alguns fructos: — *(germ.)* certa trapaça no jogo das cartas. *Ir ó andar a la raspa (fr. fam.);* ir á pilhagem, furtar, roubar. *Furta prosequi. Tender la raspa (fr. fam.);* estender-se ao comprido para descansar, deitar-se a dormir. *In longum cubare vel se prosternere.*

Raspadera. *f.* V. *Raspador.*

Raspadillo. *m. (germ.)* V. *Raspa.*

Raspador. *m.* Raspador; instrumento de raspar. *Radula, æ.*

Raspadura. *f.* Raspadura; acção e effeito de raspar. *Rasura, æ:* — raspa, raspas, raspadura; o que se tira raspando. Usa-se mais no plural. *Rasura, ramentum:* — *(p. Am.)* rapadura; crostas de assucar trigueiro, que ficam pegadas aos tachos dos engenhos, e que servem para a gente pobre e do campo. Com ellas se fazem umas tortas na America meridional, as quaes se chamam tambem rapaduras.

Raspailar. *n. (fam.)* Ir a galope, ir depressa.

Raspajo. *m. (prov.)* Engaço de uvas. *Uvarum scapus.*

Raspamiento. *m.* V. *Raspadura,* na primeira accepção.

Raspante. *adj.* Picante; diz-se do vinho forte, que fere o paladar. *Radens, gratè pungens.*

Raspar. *a.* Raspar; roçar ligeiramente alguma cousa, tirando-lhe parte da superficie, ou da primeira camada ou materia que a cobre. *Radere, radula deterere:* — picar, o vinho ou outro licor, um pouco o paladar. *Grato sapore pungere:* — esgueirar; furtar, desviar, tirar com destreza alguma cousa. *Subfurari:* — *(fig.)* frisar, tocar levemente, de passagem.

Raspe. *m. (ant.)* V. *Raspadura.*

Raspear. *n.* Espirrar a penna, lançar de si a tinta em salpicos. *Calamum inter scribendum stridere.*

Raspinegro, gra. *adj.* V. *Arisnegro, Arisprieto.* É palavra em uso na baixa Andaluzia.

Rasquetas. *f. pl.* Raspas; instrumentos de ferro, com um, dois ou tres gumes, que servem para raspar os costados e as cobertas dos navios. *Ferrum anceps.*

Rasquiño. *m. (art.)* V. *Rasca.*

Rastar. *a. (ant.)* Deter-se, ficar, demorar-se.

Rastel. *m.* Especie de grade ou varanda, de ferro ou de madeira. *Ferreus seu ligneus clathrus.*

Rastillado, da. *adj. (germ.)* Diz-se da pessoa a quem se roubou alguma cousa.

Rastillador, ra. *s.* V. *Rastrillador.*

Rastillar. *a.* V. *Rastrillar.*

Rastillero. *m. (germ.)* Ladrão que arrebata alguma cousa e foge.

Rastillo. *m.* V. *Rastrillo:* — *(germ.)* mão.

Rastra. *f.* Rastrilho, rastilho, trenó. V. *Narria:* — rojo, arrastamento, arrastadura; acção de arrastar; *v. g.: llevar a la rastra;* levar de rojo, de rastos. *Tractus, ûs:* — arrasto; qualquer objecto que vae arrastando. *Aliquid raptans, repens:* — V. *Rastro,* na primeira accepção: — V. *Rastro*, na accepção agricola: — rasto; pessoa que anda muito com outra, á qual póde fazer conhecer por andar na sua companhia. *Continuò, insequens:* — restia; enfiada de alhos, cebollas ou fructos seccos, formando como uma corda. *Restis, is:* — cria da egua: — *(fig.)* consequencia de alguma acção culpavel ou criminosa que obriga a reparar o damno commettido ou a soffrer a pena do delicto. *Reatus, ûs. A la rastra (loc. adv.);* de rastos, de rojo, arrastando. V. *Arrastrando.*

Rastrallar. *n.* Estalar; dar estalos o chicote ou açoute, sacudindo-o com violencia no ar. *Stridere.*

Rastrallido. *m.* Estalido, estalo; soidó forte que faz o açoute vibrando. Diz-se tambem de qualquer soido similhante.

Rastrante. *p. a. (ant.)* de *Rastrar.*

Rastrapaja. *m. (fig. ant.)* Accumulador de bens mundanos; como se se dissesse: recolhedor de palha.

Rastrar. *a. (ant.)* V. *Arrastrar.*

Rastreador, ra. *s.* Rastejador; o que rasteja. *Odorans, vestigia sequens.*

Rastreadura. *f.* V. *Rastreamiento.*

Rastreamiento. *m.* Rastejadura; acção e effeito de rastejar.

Rastrear. *a.* Rastejar; seguir pelo rasto ou pisa, seguir as pégadas, vestigios. *Vestigia insequi, odorari:* — vender a carne por grosso no matadouro. *Carnes in macello vendere:* — estorroar; quebrar os torrões da terra lavrada, arrancar as hervas seccas, fazer qualquer trabalho com o rastro ou ensinho. *Terram rastro vertere:* — *(fig.)* rastejar, farejar, pesquizar, indagar, averiguar. *Investigare, odorari:* — *n.* rastejar; voar muito rasteiro, quasi rente com o chão; diz-se das aves. *Prope terram volare:* — *(art.)* arrastar; levar de rojo pelo fundo do mar um rastro ou rede de arrastar: — *(naut.)* rossegar; levar uma fateixa suspensa a um cabo e rojando pelo fundo do mar, na paragem onde se perdeu ou se sabe que existe algum objecto, para dar com elle, prendê-lo e tira-lo.

Rastreo. *m.* Rastejo. V. *Rastreamiento:* — vôo rasteiro, baixo, rente com o chão; diz-se entre caçadores.

Rastreramente. *adv. m.* Rasteiramente, baixamente; de modo rasteiro.

Rastrero, ra. *adj.* Rasteiro; que anda de rastos, de rojo. *Raptans, repens:* — rastejador, ventor; diz-se do cão que rasteja a caça, que a procura pelo rasto. *Canis odorus:* — rasteiro; diz-se das aves e das cousas que vão pelo ar, muito baixas, quasi rentes com a terra. *Prope terram volans:* — rasteiro, baixo, vil, desprezivel, muito humilde. *Repens, abjectus, humilis:* — *m.* inspector dos açougues chamados *rastros*. V. esta palavra na quarta accepção. *Macellarius, ii:* — o que traz gado para o *rastro*. *Qui armenta in macellum trahit.*

Rastrilla. *f. dim.* de *Rastra.*

Rastrillada. *f.* O que se ajunta de uma vez com o rastro ou ancinho. *Quantum rastro trahitur.*

Rastrillador, ra. *s.* Asseador; o que asseda o linho. *Pectens, entis:* — destorroador, gradador; o que destorroa e grada a terra: — trabalhador que ajunta o feno com o ancinho.

Rastrilladura. *f.* V. *Rastrilleo.*

Rastrillamiento. *m.* V. *Rastrilladura.*

Rastrillar. *a.* Restellar; passar pelo restello o linho. *Linum pectere:* — ajuntar com o rastro ou ancinho a palha na eira. *Triticum colligere rastro:* — gradar; destorroar a terra, aplana-la com a grade ou rastro para cobrir a sementeira.

Rastrilleo. *m.* Destorrôa, gradadura; acção e effeito de estorroar e gradar a terra.

Rastrillo. *m. (agr.)* V. *Rastro:* — *(art.)* restello; pente de ferro com que se limpa o linho ou canhamo, para melhor se fiar limpo da estopa. *Lini pecten;* — rastello; divisão do palhetão da chave. *In parte clavium plana fissura illæ quæ dentes referunt:* — roda da fechadura. *Lamina ferrea, ubi clavis foramen:* — *(p. Murc.)* especie de nassa, que regularmente se applica ás pescarias de agua doce: — cassoleta; peça exterior dos fechos da espingarda, onde se deita a escorva. *Chalybs, ybis:* — *(mil.)* rastrilho; grade de ferro que se suspendia nas portas das praças fortes, deixando-a caír quando se queria defender a sua entrada. *Clathri:* — *(mil.)* rastrilho; porta de grades de uma paliçada, que remata em bicos na sua parte superior, a qual se usa na fortificação moderna. *Cataracta, æ.*

Rastro. *m.* Rasto, vestigios, pégadas, pisadas, pista; trilha que o animal ou alguma cousa deixa no caminho por onde passou. *Vestigium, ii:* — V. *Rastra*, na accepção de instrumento que serve para arrastar alguma cousa. *Rastellum, i:* — V. *Mugron:* — açougue ou logar destinado nas povoações para, em certos dias da semana, vender a carne por grosso. *Macellum, i:* — *(fig.)* rasto, signal, reliquia, traças, vestigios de alguma cousa. *Vestigium, ii:* — *(ant.)* rasto; enfiada, serie que forma a gente quando caminha muito reunida: — *(ant.)* V. *Resto:* — *de la côrte;* territorio até onde se estendia a jurisdicção dos alcaides da côrte. *Territorium vel ditio curiæ:* — *(agr.)* rastro, ensinho; instrumento aratorio composto de um cabo comprido, na extremidade do qual está outro atravessado, mais pequeno e com dentes. Serve para quebrar os torrões da terra cavada, para arrastar as espigas que ficam na eira por debulhar, etc. *Rastrum, i.*

Rastrojear. *n.* *(prov.)* Rabiscar, dar busca entre os rastolhos.

Rastrojera. *f.* Terra que fica com restolho. *Demessus ager:* — o tempo em que fica o restolho na terra. *Tempus quo demessus ager communis judicatur.*

Rastrojó. *m.* Rastolho, resteva; resto da canna do trigo ou milho, etc., que fica com a raiz na terra depois de segado ou cortado. *Demessus ager:* —V. *Rastrojera,* na primeira accepção.

Rasura. *f.* Rasoura; acção de barbear, o fazer a barba. *Rasura, æ:* — barbeadura; barba feita, effeito de barbear. *Rasura, æ:* — rasoura, côrte do cabello; acção e effeito de o cortar. *Rasura, æ:* — rasura. V. *Raedura:* — *(ant.)* summario, resumo, argumento: — *pl.* fezes do vinho que servem em cozimento para branquear a prata e outros usos. *Tartarus vini:* — *pl. (pharm.)* rasuras, raspas; o que se tira a certas substancias raspando; v. g.: *rasuras de cuerno de ciervo, etc.;* rasuras, raspas de ponta de veado, etc.

Rasuracion. *f. (chim.* e *pharm.)* V. *Rasion.*

Rasurar. *a.* Barbear; fazer a barba, rapa-la. *Barbam radere:* — cortar, aparar o cabello. *Caput radere.*

Rata. *f.* *(zool.)* Rata; femea do rato: — pequena trança de cabello enrolado em fita que pende atrás, e que se usa nas aldeias de Hespanha. *Crinalis fasciola pendens:* — *(ant.)* interesse, lucro, quantidade: — *f.* rata; só se ajunta com o substantivo *parte* para significar o mesmo que *pro rata.* Usa-se mais commummente como substantivo. *Rata pars:* — *(germ.) algibeira.* V. *Faltriquera:* — *por cantidad (loc. adv.)* V. *A prorata:* pro rata; pagamento feito a um credor em quantia igual ao seu credito. *Pro rata ó pro rata parte (loc. lat.)* V. *Prorata. Piel de rata (art.);* pello de rato; diz-se do cavallo de côr cinzenta similhante á do rato: — *(naut.)* V. *Raton:* — *de dos pies (zool.)* V. *Gerbo:* — *de Faraon;* rata de Pharaó. V. *Mangosta:* — *de trigo.* V. *Hamster:* — *topo.* V. *Espalace.*

Ratadura. *f.* *(naut.)* Roedura; estrago produzido por uma rata no interior do navio até proximo da agua.

Ratafía. *f.* Ratafia; especie de rosasolis feita de aguardente, assucar, canella, ginjas, etc., mais delicado e activo que o rosasolis commum. *Potio ex vini distillatione tenuissima, et magis potoribus grata, quam quæ vulgari sermone rossolis dicitur.*

Ratal. *m.* V. *Dinero.*

Ratania. *f.* *(med.)* Ratania; raiz medicinal empregada como adstringente.

Ratear. *a.* Rateiar; diminuir ou abater pro rata. *Pro rata parte diminuere:* — rateiar; distribuir, repartir proporcionalmente, pro rata. *Pro rata portione distribuere, dividere:* — surripiar, roubar cousas de pouco valor e com dextreza e subtileza. *Astutè et subtiliter res etiam minimi pretii furari:* — *n.* rastejar, andar de rastos, de rojo, arrastar-se. *Repere.*

Ratel. *m.* Ratel; peso da Persia, que equivale a uma libra de Hespanha: — *(zool.)* texugo da Africa; genero de mammiferos carniceiros plantigrados, cuja unica especie que vive na Africa, lança de si um cheiro repugnantissimo e é muito affeiçoado ao mel.

Rateo. *m.* Rateio. V. *Prorateo.*

Rateramente. *adv. m.* Rasteiramente, baixamente, vilmente. *Turpiter, fœdè.*

Ratería. *f.* Ratonice, gatunice; furto de cousas de pouco valor e a acção de as furtar com astucia e cautela. *Furtum, i:* — vileza, baixeza em cousas de pouco interesse. *Vile lucrum, blitea res.*

Raterísimo, ma. *adj. sup.* de *Ratero.* Grande ratoneiro ou gatuno. *Furacissimus, a, um.*

Ratero, ra. *adj.* Rasteiro, reptil, reptante; diz-se do que anda de rastos pela terra. *Reptilis, le:* — rasteiro; diz-se das aves que vôam muito baixas, rente com o chão. *Ad terram demissus:* — ratoneiro, gatuno; ladrão de cousas de pouco valor, que surripia das algibeiras com astucia e destreza. *Furunculus, i:* — *(fig.)* rasteiro, vil, infame, indigno, miseravel; de baixos sentimentos ou acções. *Vilis, contemnendus:* — *(fig.)* rasteiro, baixo, humilde, desprezivel. *Vilis, humilis:* — *m. (naut.)* rasteiro; navio pirata, pequeno, de pouca força e pouco alteroso no bordo.

Rateruelo, la. *adj. dim.* de *Ratero.* Ratoneirosinho, ladrãozinho. Usa-se commummente como substantivo.

Ratico, llo, to. *m. dim.* de *Rato.* Ratinho.

Ratificacion. *f.* Ratificação; acção e effeito de ratificar. *Ratihabitio, onis.*

Ratificar. *a.* Ratificar; confirmar, approvar definitivamente. *Ratum habere.* Usa-se tambem como reciproco.

Ratificativo, va. *adj.* Ratificativo; que ratifica; diz-se de um acto, de uma cedula, etc.

Ratigar. *a. (prov.)* Atar, amarrar; segurar com cordas o trem que se transporta em um carro, depois de n'este ter sido arrumado e disposto por ordem. *Sarcinam ligare, colligare, colligere.*

Rátigo. *m.* *(prov.)* Carrada; conjuncto de cousas que são transportadas em um carro. *Plaustri sarcina.*

Ratihabicion. *f. (for.)* Ratihabição, ratificação; declaração da vontade de alguem em ordem a algum acto que outro fez por elle, approvando-o e confirmando-o. *Ratihabitio, onis.*

Ratina. *f.* Ratina; panno de lã fino, sarabulhento da parte da flor e não no envez. *Purpura exilior:* — *(p. Ast.)* rato almiscarado de agua: — almiscar ou excremento do rato almiscarado.

Ratinar. *a.* Imitar a ratina.

Ratis. *m.* Ratis; peso para os diamantes que se usa em Bengala.

Rato. *m.* Momento, instante; espaço de tempo indeterminado, de ordinario curto e breve. *Spacium temporis exiguum:* — prazer ou pezar, gosto ou desgosto, e n'este sentido é acompanhado sempre dos adjectivos *bueno* ou *malo;* v. g.: *tener um buen rato;* ter um grande prazer, muita satisfação; *tener un mal rato;* ter um grande desgosto, passar um momento desagradavel. *Temporis momentum, voluptatem aut dolorem afferens:* —rato. V. *Raton,* animal. N'este sentido só se usa hoje em algumas partes de Hespanha. *Al cabo de rato (loc. adv.);* por fim de contas; diz-se de uma cousa mal feita, ou de um desproposito que se faz ou se diz depois de um grande espaço ou de longa. *Post tot temporis. A ratos (loc. adv.);* por vezes, alguma vezes. *Interdum. A ratos perdidos (loc. adv.);* nas horas vagas, no tempo que sobra da principal occupação. *Vacuis horis. Buen rato (fam.);* bom numero, boa maquia; grande quantidade de alguma cousa. *Plurimum: (ant.)* de longe em longe, de distancia em distancia, de tempos em tempos. *Para rato (loc. adv.);* para bastante ou para muito tempo. *De rato en rato (loc. adv.);* algumas vezes, de tempos a tempos, com algumas intermissões de tempo. *Interdum. Un largo rato;* um longo espaço de tempo. *Tener un rato de conversacion;* ter uma conversação curta. *Pasar los ratos leyendo;* passar o seu tempo a ler. *Lo que has de dar al rato, dáselo al gato (rif.);* o que has de dar ao rato dá-o ao gato. *Præstat, dono dare, quám perdere.*

Raton. *m. (zool.)* Rato; especie de mammiferos roedores e damninhos, muito communs em todos os paizes, especialmente na Europa: — *campesino;* rato do campo, arganaz. V. *Campañol:* — *(germ.)* ladrão timido, cobarde: — *(naut.)* rato; pedra escabrosa e cortante que roe as amarras da ancora. *Lapis in maris fundo, acie adeo acuta, ut navium rudentes scindere soleat.*

Ratona. *f.* Rata; femea do rato. *Mus femina.*

Ratonar. *a.* Ratar; morder ou roer o rato alguma cousa. Burlescamente diz-se tambem das pessoas, especialmente das creanças golosas que vão abocanhar alguma comida, sobretudo se é doce. *Radere:* — *r.* adoecer o gato por comer muitos ratos. *Felem in morbum, pluribus adesis muribus, incidere:* — *(naut.)* ratar, roer as amarras da ancora a pedra do fundo do mar chamada rato.

Ratoncico, llo, to. *m. dim.* de *Raton.* Ratinho.

Ratoncilla. *f. dim.* de *Ratona.* Ratinha.

Ratonera. *f.* Ratoeira; armadilha de apanhar ratos. *Muscipula, æ:* — covil, toca, buraco onde se cria o rato. *Murium cubile:* — *de agua.* V. *Gato de agua. Caer en la ratonera (fr.);* caír na ratoeira. V. *Caer en el garlito.*

Ratonero, ra. *adj.* Pertencente aos ratos. *Ad mures pertinens.*

Ratonesco. ca. *adj.* V. *Ratonero.*

Ratonia. *f. (bot.)* V. *Cupania.*

Ratonil. *adj.* V. *Ratonesco, Ratonino.*

Ratonino, na. *adj.* Proprio do rato ou que lhe respeita.

Rauba. *f. (ant.)* V. *Ropa.*

Rauda. *f.* Raudal; corrente rapida das aguas.

Raudal. *m.* Raudal; torrente de agua. *Profluens et rapida aquæ copia:* — *(fig.)* raudal, torrente; abundancia, copia, multidão de cousas que correm com impeto. *Copia, cumulus:* — dá-se este nome no rio Chagres ao sitio de pouco fundo, pelo qual nem os pequenos barcos podem passar.

Raudamente. *adv. m.* Impetuosamente, rapidamente, com rapidez. *Rapidè.*

Raudísimo, ma. *adj. sup.* de *Raudo.* Rapidissimo, violentissimo, precipitadissimo, impetuosissimo. *Rapidissimus, a, um.*

Raudo, da. *adj.* Rapido, violento, impetuoso, precipitado. Em poesia diz-se do vento que sopra com immensa furia. *Rapidus, a, um.*

Raugrave. *adj.* Raugrave; nome de certos condes da Allemanha, cujas possessões estavam situadas em paizes montanhosos.

Raupa. *f. (ant.)* V. *Ropa.*

Rauso. *m. (ant.)* Rauso ou rausso. V. *Rapto.*

Rauta. *f.* Caminho. Só se usa nas phrases *cojer ó tomar la rauta,* pôr-se a caminho, tomar o caminho, ir-se, partir. *Iter, via.*

Ravasco. *m.* V. *Rabino.*

Ravenes, sa. *adj.* Ravennez ou ravennense; pertencente a Ravenna: — *s.* ravènnez ou ravennense; o natural de Ravenna. *Ravennensis.*

Ravia. *f. (bot.)* V. *Galipea.*

Raya. *f.* Raia, risca, linha traçada á penna ou feita com outro instrumento adequado. *Linea, æ:* — raia; confins, limites de uma provincia, reino, região, ou a divisão de suas respectivas jurisdicções. *Terminus, limes, confinium:* — raia; termo, limites que se põem a alguma cousa, assim no physico como no moral. *Meta, æ:* — risca, tira, listra: — raia; espaço de terra que se limpa de toda a materia combustivel para impedir a communicação do incendio nos campos. *Terreum intervallum:* — raia; no truque do taco e em outros jogos é um dos quatro pontos com que se ganha a partida: — *(fig.)* raia, freio, dique, medida, sujeição: — *(ant.)* trincheira, paliçada. *A raya (fr.);* á risca; dentro dos justos limites. *Intra fines. Echar raya (fr. fig.)* V. *Competir. Hacer raya (fr.);* ser excellente, exceder, avantajar-se, sobrepujar, levar vantagem, sobresair em alguma cousa. *Præcellere, eminere. Pasar de raya (fr.);* passar a raia, os limites, exceder-se. *Metas transgredi. Tener. a raya (fr.)*, conter dentro da raia ou limites devidos. *Tres en raya;* jogo da palheta usado pelos rapazes que se executa saltando com um pé no ar e impellindo com o outro n'um sentido prescripto uma pedrinha em linhas circumscriptas. *Puerorum ludus, lineis transversis intra quadrum dispositis: — (zool.)* raia ou arraia; genero de peixes chondropterygeos da familia dos selacios, cuja carne é mui saborosa e estimada.

Rayado. *m.* Riscado; riscas ou listras de um estofo, etc., de côr differente do fundo. *Virgatum in telis.*

Rayano, na. *adj.* Arraiano, limitrophe, confinante, comarcão ou situado nas fronteiras. *Confinis, conterminus: — s.* arraiano; o natural ou morador da raia de um paiz.

Rayar. *a.* Raiar, riscar; fazer, traçar riscas ou raias. *Lineas ducere, delineare: —* riscar; borrar com riscas a escriptura: — riscar, sublinhar; pôr, tirar uma linha por baixo das regras ou palavras em que se deve fixar mais a attenção ou que se devem imprimir em italico ou em outro caracter. Usa-se mais dizer *subrayar. Lineas notare, vel signare: — n.* raiar por cima de alguem, sobresair, exceder, distinguir-se, avantajar-se. *Præexcellere, supereminere, præstare: — n.* raiar, lançar raios de luz, apontar a luz. *Lucere: — (fig.)* tocar, chegar-se para perto, approximar-se uma cousa a outra. *Proximè accedere: — (art.)* raiar; abrir estrias no interior do cano das armas de fogo portateis, a fim de que a bala entre n'ellas forçada.

Rayer. *a. (ant.)* V. *Raer.*

Rayica, lla, ta. *f. dim.* de *Raya.* Raiasinha, risquinha, riscasinha.

Rayo. *m.* Raio; linha recta que indica a direcção. *Radius, ii: —* raio; cada um dos paus direitos que sáem do cubo da roda e vão ter ás pinas ou circumferencia. *Radius, ii: — (fig.)* arma de fogo. *Fulmen, inis: — (fig.)* raio; tudo que fere e penetra com grande força e rapidez, que tem muita actividade ou efficacia na sua acção. *Fulmen, inis: — (fig.)* raio; pessoa mui ardente, mui viva e esperta, prompta em conceber e executar, de grande penetração ou mui terrivel. *Instar fulminis agens: — (fig.)* dor mui aguda em uma parte determinada do corpo. *Peracer vel peracutus dolor: — (fig.)* raio, estrago, desastre, infortunio ou castigo imprevisto e repentino. *Strages vel infortunium improvisum et grave: —* usa-se como uma das interjeições mais energicas para exprimir a dor ou o mal que se começa a sentir ou se teme, ou a grande estranheza e admiração que alguma cousa causa. *Heus: — (germ.)* alcaide, meirinho, official subalterno de justiça: — *(germ.)* olho: — *de leche;* raio, fio de leite que sáe do bico do peito das mulheres creadeiras. *Saliens lac è mamma feminæ. Echar rayos (fr. fig.);* lançar, vomitar raios, praguejar, jurar, blasphemar, manifestar grande ira, enfurecer-se. *Furere: — testorio (art.)* V. *Lanzadera: — (phys.)* raio; filete de luz emittido de corpo luminoso, especialmente do sol. *Radius, ii: —* raio; porção de fogo electrico vivissimo, que desprendido repentinamente de uma nuvem, exerce a sua espantosa influencia contra algum objecto terrestre: — *de luz ó de especies;* raio de luz diffundida por um meio diaphano: — *visual;* raio visual; linha recta que parte do olho para o objecto ou d'este para o olho.

Rayosidad. *f.* Qualidade do que é raiado.

Rayoso, sa. *adj.* Raiado, listrado, riscado; que tem raias. *Lineis notatus, distinctus.*

Rayuela. *f. dim.* de *Raya.* Raiasinha: — raia; jogo de rapazes, que consiste em atirar a uma raia que se faz a certa distancia, ganhando o que mais se approximar a ella ou lhe tocar. *Puerorum ludus ad lineam tegulis ex intervallo attingendam.*

Raz. *m. (ant.)* Cabeça ou cabeceira.

Raza. *f.* Raça, casta ou qualidade de origem ou linhagem. Fallando do homem, toma-se ordinariamente á má parte. *Genus, stirps; etiam generis macula vel ignominia: —* raio de luz ou do sol. N'este sentido tambem se dizia raça em portuguez. *Radius, ii: —* raça; abertura longitudinal que apparece ás vezes na parte dianteira do casco da besta. *Ulcus in equorum ungula: — (fig.)* qualidade ou condição de uma cousa, especialmente a que contrahe na sua formação, como a do panno, etc. N'este sentido usa-se com mais frequencia e propriedade das palavras, *calidad, condicion, clase, naturaleza, etc. Genus, qualitas: — (ant.)* V. *Raja, Mota, Paja. Razas humanas (zool.)* V. *Hombre.*

Razado, da. *adj.* Desigual; diz-se dos pannos ou tecidos que, pela falta de igualdade dos fios, apresentam algumas listras irregulares. *Discolori fascia rotatus.*

Razago. *m.* Panno ou tecido de estopa muito grosseiro. *Stupea tela.*

Razar. *a. (ant.)* V. *Raer, Bordar.*

Razia. *f.* V. *Riza.*

Razon. *f.* Rasão ou razão; faculdade de discorrer e raciocionar. *Ratio, onis: —* raciocinio; acto do entendimento ou discurso. *Ratio, ratiocinatio: —* rasão; equidade nas compras e vendas. *Ratio, æquitas: —* computo, conta, calculo. *Calculatio, supputatio: —* rasão; causa, motivo, fundamento. *Causa, fundamentum: —* ordem e methodo de alguma cousa. *Ordo, modus: —* rasão; justiça, rectidão nas operações ou direito para as executar. *Jus, æquitas: —* palavra, termo ou expressão que exprime um conceito. *Verbum, i:*

— rasão, conta, relação. *Ratio, onis:* — rasão, argumento, prova. *Argumentum, probatio:* — *de cartapacio (fam.);* rasão que se dá estudada e de memoria, sem vir ao caso. *Futilis ineptaque ratio:* — *de estado;* rasão d'estado; politica e regra com que se dirigem e governam as cousas pertencentes ao interesse e boa ordem da republica. *Ratio politica:* — respeito e consideração que nos move a portar-nos de certo modo na sociedade civil. *Erga hominum opiniones reverentia:* — *de pie de banco (fam.);* rasão tola, absurda e frivola, que não satisfaz nem convence. *Futilis et inepta ratio. Razones coloradas;* rasões concertadas, bem ordenadas: — *natural;* rasão natural; potencia discursiva do homem, livre de qualquer outra cousa que a illustre. *Ratio naturalis. Alcanzar a uno de razones (fr. fam.);* vencer a alguem na disputa, rende-lo á rasão. *Convincere. A razon (loc. adv.);* a rasão, pelo preço de; v. g.: *a razon de diez por ciento;* a rasão de 10 por cento. V. *Al respecto. Ratione habita ad. A razon de catorce (loc. adv.);* diz-se de uma conta que não está certa. *Præpostera ratione. Atravesar razones (fr.);* travar-se de rasões. V. *Trabarse de palabras. Cargarse de razon (fr. fig.);* encher-se de rasão. *Jure munire, fulciri, armari. Dar la razon a alguno (fr.);* dar rasão a alguem; approvar o que elle diz ou confessar que obra racionalmente. *Assentiri. Dar razon (fr.);* dar conta, noticiar, informar de algum negocio. *Certiorem facere. Dar razon de si, de su persona (fr.);* dar rasão ou conta de si. *Sui rationem præbere, munus suum adimplere. En razon (fr.);* em rasão, pelo que pertence ou toca. *Estar a razon ó a razones (fr.);* raciocinar, discorrer ou praticar sobre algum assumpto. *Sermonem de aliqua re instituere. Hacer la razon (fr.);* fazer justiça, o que é justo e regular: *(fig.)* fazer a rasão de um brinde, corresponder a um brinde com outro brinde. *Llenarse de razon (fr.)* V. *Cargarse de razon. Poner en razon (fr.);* chegar á rasão, pôr em paz, apaziguar os contendores ou altercadores. *Sedare:* chegar á rasão; corrigir a alguem com o castigo ou a aspereza. *Pacare, ad jus atque æquum aliquem redigere. Ponerse a razones (fr.);* começar as rasões; altercar com alguem. *Altercari, verbis contendere. Por razon (loc. adv.);* pela rasão, por causa ou motivo. *Causâ, ergo. Tomar razon ó tomar la razon (fr.);* tomar rasão, nota, copiar, assentar ou tomar em resumo alguma partida de receita ou despeza ou qualquer cousa similhante nos livros competentes das contadorias. *Rationes revisere et libris annotare:* — *(comm.)* rasão de commercio; a firma de casa de commercio: — *(math.)* rasão; proporção, relação entre duas grandezas ou dois numeros. *Ratio, onis.*

Razonable. *adj.* Rasonavel, rasoavel, racionavel; conforme á rasão. *Æquus, rationi conveniens:* — *(fig.)* rasoavel, mediano, moderado, regular. *Mediocris, is:* — *(ant.)* racional.

Razonablejo, ja. *adj. (fam.)* V. *Razonable,* na accepção figurada.

Razonablemente. *adv. m.* Rasoavelmente, arrasoadamente, racionavelmente, de modo conforme á rasão. *Jure:* — arrasoadamente, medianamente, nem pouco, nem muito. *Mediocriter.*

Razonadamente. *adv. m.* Rasoavelmente, arrasoavelmente, conforme á rasão.

Razonado, da. *adj.* Rasoado, arrasoado; abundante em rasões: — rasoado, arrasoado, sensato, judicioso, de boa rasão. *Prudens, entis. Bien razonado (loc. ant.)* V. *Bien hablado.*

Razonador, ra. *s.* Arrasoador, raciocinador; o que arrasoa, discorre ou discursa. *Sermocinator, oris:* — *(ant.)* arrazoador, advogado.

Razonal. *adj. (ant.)* V. *Razional.*

Razonamiento. *m.* Arrasoamento, raciocinação; acto de arrazoar ou raciocinar: — arrazoamento, raciocinação; oração, discurso vocal ou por escripto, fundado em rasões. *Oratio, sermo, concio:* — qualquer pratica, colloquio ou conversação entre varias pessoas.

Razonar. *n.* Rasoar, arrasoar, discorrer, allegar ou produzir rasões, de viva voz ou por escripto. *Sermocinari, orationem texere:* — arrasoar; fallar absolutamente e de qualquer modo que seja. *Affari, confabulari:* — conversar, praticar, conferenciar livre e familiarmente: — *a.* nomear, appellidar: — *(ant.)* tomar a rasão: — V. *Computar, Regular:* — *(ant.)* arrasoar, advogar, allegar, defender em direito: — conceituar, reputar.

Rasoncica, lla, ta. *f. dim.* de *Razon.* Rasãosinha; rasão fraca, que pouco prova.

Razonidad. *f. (ant.)* Racionabilidade; faculdade de raciocinar, o ser racional: — *(ant.)* o fallar.

Re. Re; particula prepositiva, inseparavel, que denota repetição, iteração: — *(mus.)* ré; nota da solfa que se segue ao *ut* ou *dó.*

Reabsorber. *a.* Reabsorver; fazer entrar na circulação um liquido que se tinha separado ou saido d'ella.

Reabsorcion. *f.* Reabsorpção; acção e effeito de reabsorver.

Reacariciar. *a.* Tornar a acariciar: — acariciar detidamente.

Reaccion. *f. (phys.)* Reacção; força que um corpo impellido por outro exerce contra este, igual e contraria á força impulsiva. *Reactio, onis:* — *(fig.)* reacção; reunião de esforços contra a execução de uma cousa: — *(fig.)* reacção, repulsão que produz a violencia de um impulso. *Repulsus, us:* — *(polit.)* reacção; todos os esforços ou serie de actos tendentes a destruir um poder ou systema, para o substituir por outro; e tambem a victoria alcançada sobre o poder constituido, com ruina d'este, estabelecendo outro poder, especialmente em sentido retrogrado.

Reaccionariamente. *adv. m.* Reaccionariamente; de maneira reaccionaria.

Reaccionario, ria. *adj.* Reaccionario; que segue ou promove a reacção em todas as suas accepções.

Racio, cia. *adj.* V. *Rehacio.*

Reactivamente. *adv. m.* Reactivamente; de um modo reactivo.

Reactividad. *f.* Reactividade; qualidade de reactivo, o ser reactivo.

Reactivo. *m. (chim.)* Reactivo, reagente; substancia que se emprega para averiguar as propriedades chimicas dos corpos. Usa-se tambem como adjectivo em ambas as terminações.

Reactor. *m. (polit.)* Reaccionario; agente da reacção, o que a move ou causa.

Reacuñar. *a.* Rebater; cunhar de novo as moedas.

Readmision. *f.* Readmissão; acção e effeito de admittir de novo.

Readmitir. *a.* Readmittir; admittir de novo.

Readopcion. *f.* Readopção; nova ou segunda adopção.

Readoptar. *a.* Readoptar; tornar a adoptar.

Reagravacion. *f.* Reaggravação; acção e effeito de reaggravar. *Iteratum gravamen.*

Reagravar. *a.* Reaggravar; tornar a aggravar ou aggravar mais. Usa-se tambem como reciproco, particularmente na medicina. *Ingravare, prægravare.*

Reagravatoria. *f.* Reaggravatoria; ultima admoestação da igreja, e ultima excommunhão que intima.

Reagudo, da. *adj.* Muito vivo e engenhoso, ardente e fogoso. *Vir ingenio nimis acri.*

Real. *adj.* Real, existente, não imaginario. *Revera existens:* — real, regio; de rei ou soberano. *Regius, regalis:* — *(fig.)* real, generoso, elevado, magnifico, sumptuoso, digno de um rei. *Regius, magnificus:* — *(fam.)* aberto, franco, sincero, sem dissimulação. *Sincerus, ingenuus:* — *(fig. fam.)* real, de lei, excellente, summamente bom, incomparavel. *Præstans, antis:* — *m.* real, arraial, acampamento militar. Em sentido mais rigoroso é o sitio onde está a tenda do rei ou do general. Usa-se tambem no plural. *Castra, orum:* — real; moeda hespanhola do valor de trinta e quatro maravedis, que é o que hoje se chama *real de vellon. Argenteus triginta et quatuor marabitinis constans:* — real; na America entende-se sempre assim a oitava parte de um peso, que são dois reaes e meio de *vellon:* — real; antiga moeda castelhana de prata: — *f.* real; navio principal de uma esquadra. *Navis regia:* — *de a cincuenta;* real de cincoenta; moeda antiga, de prata, usada em Hespanha. *Moneta argentea ex quinquaginta regalibus argenteis:* — *de a cuatro;* real de quatro; moeda castelhana, de prata, do valor de quatro reaes de prata. *Siclus argenteus vel semiuncia:* — *de a dos;* real de dois; moeda de prata do valor de dois reaes de prata. *Didrachmum argenteum:* — *de a ocho;* real de oito; moeda hespanhola de prata, do peso e valor de oito reaes de prata. *Uncialis angenteus:* — *de agua;* quantidade de agua que sáe por um canno do diametro de um real de prata. *Aquæ portio diametro regalis argentei vel drachmæ mensurata:* — *de ardite;* moeda de Catalunha, do valor de dois soldos ou vinte e quatro dinheiros catalães: — *de minas;* em Nova Hollanda dá-se este nome ao povo em cujo districto ha minas de prata. *Oppidum intra cujus ditionem argenti venæ inveniuntur:* — *de plata;* real de prata; moeda effectiva de prata, do valor de dois reaes de *vellon* ou sessenta e oito maravedis. *Drachma argentea:* — *vieja;* moeda de cambio do valor de dezeseis quartos. *Alzar ó llevantar el real (fr.);* alçar ou levantar o real ou arraial, deixar o acampamento, o exercito. *Castra movere. Asentar los reales ó el campo (fr.);* assentar o arraial, o campo, acampar-se. V. *Acampar el ejército. Como a real de enemigo (fr.);* atirar-se a alguem como um tigre; enfurecer-se, encarniçar-se contra elle, fazer-lhe todo o mal possivel. Usa-se com o verbo *tirar. Inimicè, hostiliter. Con mi real y mi pala (loc. fam.);* com a minha pessoa e o meu dinheiro. *Rata parte et labore. Sentar el real ó los reales (fr. fig.);* assentar o arraial, domiciliar-se, pôr-se de assento ou estabelecer vivenda em algum logar. *Sedem locare. Un real sobre otro;* real a real; isto é, perfeitamente contado. *Numerata pecunia.*

Realce. *m.* V. *Realze.*

Realegrasse. *r.* Realegrar-se; tornar a sentir uma alegria extraordinaria.

Realejo. *m.* Realejo; orgão portatil que se faz soar com uma manivela. *Organum manuale, parvum.*

Realengo, ga. *adj.* Realengo, reguengo; diz-se dos povos que não pertencem a senhorio nem ás ordens, e dos terrenos do estado. Antigamente usava-se como substantivo, na terminação masculina, na accepção de patrimonio real. *Quod ad regem pertinet.*

Realera. *f.* V. *Maestril.*

Realete. *m.* V. *Dieziocheno.*

Realeza. *f. (ant.)* V. *Realidad:* — realeza, dignidade, soberania, estado, ser de rei. *Regalis dignitas, principatus regius:* — realeza; magnificencia regia, pompa, apparato regio. *Regia magnificentia.*

Realidad. *f.* Realidade; existencia real e effectiva de alguma cousa, o ser real. *Phy-*

sica existentiæ rei: — verdade, ingenuidade, sinceridade. *Veritas, sinceritas:* — *(philos.)* realidade; existencia physica do mundo, que se mostra como independente das sensações produzidas pela mesma, e que no-la fazem conhecer. *En realidad (loc. adv.);* na realidade, realmente, de facto, effectivamente, sem duvida alguma. *Re ipsa, re vera. En realidad de verdad (loc. adv.);* realmente, verdadeiramente. *Reapse.*

Realillo, to. *m.* Moeda de prata, cujo valor é de oito quartos e meio de *vellon. Argenteus minimus.*

Realismo. *m.* Realismo; systema dos realistas: — realismo; adhesão absoluta aos reis: — *(philos.)* realismo; systema philosophico da idade media, que consiste em affirmar que os universaes existem realmente, e se individualisam nos seres particulares, cuja essencia identica elles formam. A doutrina opposta chama-se nominalismo: — *racional;* realismo racional; diz-se de uma modificação introduzida por Abelardo, que queria um termo medio entre a doutrina dos realistas e a dos nominalistas, e deu origem ao conceptualismo: — realismo; systema de alguns professores allemães.

Realista. *adj.* Realista; diz-se do que é partidario dos reis. Usa-se tambem substantivado. *Regiarium partium sectator:* — *(philos.)* realistas; na idade media eram assim chamados os philosophos escolasticos que sustentavam a realidade das idéas universaes: — realistas; na philosophia moderna dá-se este nome aos que na Allemanha querem limitar consideravelmente o estudo das linguas classicas, e tomar por base do ensino as sciencias praticas e industriaes. A opinião opposta é a dos humanistas.

Realizable. *adj.* Realisavel; que se pôde realisar.

Realizacion. *f.* Realisação; acção e effeito de realisar.

Realizar. *a.* Realisar, effectuar; fazer real, effectivo. *Efficere:* — *(com.)* realisar, liquidar, vender os generos, reduzi-los a dinheiro.

Realme. *m. (ant.)* V. *Reino.*

Realmente. *adv. m.* Realmente, effectivamente; na realidade, com effeito. *Revera, reapse:* — realmente; com modo de rei, com grandeza, apparato, pompa regia: — sinceramente, com boa fé.

Realzar. *a.* Realçar; elevar mais, fazer mais alto, fazer sobresaír. *Extollere, augere:* — realçar; bordar de realce. *Supereminentibus laboribus expolire:* — *(fig.)* realçar, illustrar, engrandecer, fazer sobresaír. Usa-se tambem como reciproco. *Amplificare, exornare:* — *(fig.)* realçar; dar maior lustre: — *(naut.)* realçar; elevar ou dar mais altura ás obras mortas de um navio: — *(pint.)* realçar; avivar a côr. *Illuminare.*

Realze. *m.* Realce ou realço; adorno ou lavor que sobresáe na superficie de alguma cousa. *Supereminens ornatus:* — *(fig.)* realce, relevo, luzimento, maior lustre, cousa que realça. *Gloria, splendor. Bordar de realze (fr.),* bordar de realce; ficando o bordado realçado sobre o panno. *Prominentes figuras acu pingere:* — *(fig.)* exagerar e desfigurar os factos inventando circumstancias e detendo-se n'ellas. *Commentis rem ornare:* — *(pint.)* realce; a parte relevada do objecto illuminado, onde fere mais a luz. *Res luci expositæ, pars maximè irradiata.*

Reamar. *a.* Amar em extremo, pagar amor com amor, corresponder no amor. *Redamare.*

Reame. *m. (ant.)* Reame. V. *Reino.*

Reamparar. *a.* Reamparar; amparar, proteger novamente, tornar a amparar.

Reanimar. *a.* Reanimar; tornar a animar, confortar, dar vigor, restabelecer as forças. *Vires reficere:* — *(fig.)* reanimar; infundir animo e valor ao que está abatido. Usa-se tambem como reciproco. *Animum addere.*

Reanejo, ja. *adj.* Muito velho.

Reaparecer. *a.* Reapparecer; tornar a apparecer.

Reaparicion. *f.* Reapparição; acção de reapparecer: — *(astron.)* reapparição; vista de um astro que começa a reapparecer depois de um eclipse ou de ter estado muito tempo a longa distancia para poder ser visto.

Reapertura. *f.* Reabertura; nova abertura de um theatro, de um estabelecimento publico, etc.

Reapreciar. *a.* Reapreciar; apreciar de novo, tornar a apreciar ou a estimar: — reapreçar, reavaliar; dar, pôr novo preço ou valor a alguma cousa.

Reapretar. *a.* Reapertar; tornar a apertar ou apertar muito. *Iterum seu valdè premere.*

Rearar. *a.* Arar de novo, tornar a lavrar, a arar. *Iterum arare.*

Reasignar. *a.* Reassignar; tornar a assignar: — *(for.)* reassignar; assignar novamente sobre outros fundos alem dos que eram solidarios da divida.

Reasumir *a.* Reassumir, recobrar; tornar a tomar o que antes se tinha ou se havia deixado. *Resumere:* — *(fig.)* reassumir, arrogar; reunir alguem em si varias cousas dispersas ou propriedades e faculdades que não tinha ou não lhe pertenciam.

Reasuncion. *f.* Reassumpção; acção e effeito de reassumir. *Resumendi actio.*

Reasunto, ta. *adj. (ant.)* Reassumpto, reassumido, recobrado.

Reata. *f.* Reata, arreata; cabresto ou guia de cabeçada, por onde se guiam cavallos e bestas de carga presas umas ás outras. *Religamen, inis:* — corda de inquerir; a que sujeita os dois terços de uma carga depois de equilibrados: — cavallo ou mula que vae adiante dos dois cavallos ou machos da lança. *Mula anterior vel previa:* —

(fig.) conformidade, condescendencia inteira e absoluta com a opinião ou parecer de outra pessoa. *Pedibus in alterius sententiam ire. De reata (loc. adv.)*; seguir á risca o parecer, o voto de outra pessoa: —*(naut.)* reatas; voltas de cabo forte com que se atam peças em torno.

Reatadura. *f.* Reatadura; acção e effeito de reatar. *Religatio, onis.*

Reatar. *a.* Reatar; atar de novo, tornar a atar, atar bem. *Iterum seu arctius ligare:* — arreatar, levar bestas á arreata; prende-las pelos cabrestos umas ás outras como fazem os ribeirinhos. *Religare jumenta:* — *r.* deixar-se ir ou levar pela opinião dos mais, seguir á risca o seu parecer: — *a. (naut.)* reatar; pôr, formar reatas aos mastros, vergas, etc.

Reatino, na. *adj.* Reatino; pertencente a Rieti. *Reatinus, a, um:* — *s.* reatino; natural de Rieti, cidade dos estados ecclesiasticos. *Reatinus, i.*

Reato. *m.* Reato; obrigação de cumprir a pena correspondente ao crime ou delicto, ainda mesmo depois de perdoado. *Servitus pœnæ:* — reato; estado, condição de réu que anda em livramento ou tratando de sua justiça.

Reatraccion. *f. (phys.)* Reatracção; acção de um corpo actualmente electrico pela qual attrahe novamente um corpo que tinha já attrahido, porém que havia repellido depois.

Reaumuria. *f. (bot.)* Reaumuria; genero de plantas da familia das reaumuriaceas.

Reaumuriáceas. *f. pl. (bot.)* Reaumuriaceas; familia de plantas creada para comprehender o genero reaumuria.

Reaventar. *a.* Reaventar; tornar a aventar ou mover ao ar alguma cousa. *Iterum ventilare.*

Rebaba. *f.* Rebarba; parte de gesso ou de metal fundido que penetra pelos encaixes dos moldes ao vasar alguma estatua ou ornato: —*(archit.)* resalto ou desigualdade que apresenta uma pedra, a respeito das mais, na face exterior de um muro ou na parte concava de uma abobada, etc.: —*(art.)* argamassa que as pedras e ladrilhos cospem pelas suas juntas por causa da sua força de compressão.

Rebaja. *f.* Rebate, abatimento, diminuição ou desconto de alguma cousa. *Disminutio, onis:* — rebate; reducção de preços ou valores nas tarifas, etc.: — segundo e ulteriores abatimentos nas licitações ou preços.

Rebajar. *a.* Rebaixar, abaixar; diminuir uma cousa, tirar-lhe parte. *Diminuere fastigium:* — rebaixar; abater segunda vez o preço de alguma mercadoria nas licitações. *Minoris pretii iterum licitare:* — *(fig.)* rebaixar, abaixar, deprimir, humilhar, diminuir o merito e boas qualidades de alguem: — *(fig.)* abaixar, aviltar, denegrir, envilecer, menosprezar alguem; diz-se por extensão: — *r.* dar-se por enfermo algum dos assistentes; diz-se em alguns hospitaes de Hespanha. *Se ut ægrotantem exhibere:* — *r.* dar baixa no exercito, eximir-se do serviço por qualquer causa: — *r. (fig.)* rebaixar-se, abaixar-se, abater-se, humilhar-se, aviltar-se. *Rebajar licores, vinos, etc.*, aguar, enfraquecer os vinhos, licores, etc., misturando-lhes agua: — *a. (naut.)* diminuir a altura das obras mortas de um navio, tirando-lhe alguma coberta das superiores, etc.: —*(pint.)* declinar a côr clara para a escura. *Lucem supprimere.*

Rabajo. *m. (art.)* Encarna, entalho; abertura feita n'uma peça de madeira ou de pedra para encaixar n'ella outra e ajustarem bem as duas peças. *Incisio tabulis aut lapidibus aptandis.*

Rebalaj. *m. (ant.)* V. *Rebalaje.*

Rebalaje. *m.* Redomoinho ou direcção tortuosa que formam as correntes das aguas. *Undarum vortex.*

Rebalsa. *f.* Agua estagnada. *Stagnans aqua:* — estagnação dos humores em alguma parte do corpo. *Stagnans humor:* — remanso; receptaculo pequeno que se construe de espaço em espaço nas margens de um canal ou de um rio estreito para dar logar ao passo encontrado de uns e outros barcos.

Rebalsar. *a.* Estagnar; fazer estancar, tirar a correnteza a algum liquido. Usa-se regularmente como reciproco. *Stagnare:* —*(fig.)* reconcentrar; recolher, occultar profundamente o odio, a ira, o amor no peito, etc. *Rebalsarse los humores;* estagnar-se os humores, não circularem. *Stagnare, immorari.*

Reballar. *a. (art.)* Lançar certa especie de redes que tomam o nome d'este verbo na Catalunha.

Rebanada. *f.* Fatia de pão ou de qualquer outra cousa. *Segmentum longum:* — talhada de melão, melancia, etc. *Segmentum longum.*

Rebanadica, lla, ta. *f. dim.* de *Rebanada.* Fatiasinha, talhadinha.

Rebanar. *a.* Fazer em fatias, cortar fatias. *In longa segmenta scindere, secare:* — fazer talhadas, cortar em talhadas: — talhar, cortar ao comprido, separar em dois. *In longum discindere.*

Rebanco. *m. (archit.)* Segundo pedestal ou base de uma columna. *Stylobates alteri superimpositus.*

Rebañadera. *f.* Fateixa ou gancho de ferro para tirar o que caíu a algum poço. *Ferreus circulus variis harpaginibus pendentibus instructus.*

Rebañado, da. Rebanhado. V. *Arrebañado.*

Rebañadura. *f.* V. *Arrebañadura.*

Rebañar. *a.* Rebanhar. V. *Arrebañar.*

Rebañal, Rabañego, ga. *adj.* Gregal; pertencente ao rebanho. *Gregarius, a, um.*

Rebañico, llo, to. *m. dim.* de *Rebaño.*

Rebaño. *m.* Rebanho; gado lanigero, fato grande de carneiros ou ovelhas. *Grex, egis:* — *(fig.)* rebanho, ovelhas; congregação dos fieis a respeito de seus pastores espirituaes. *Grex, egis:* — *(fig.)* rebanho, multidão.

Rebañuelo. *m. dim.* de *Rebaño.* Rebanhosinho.

Rebaptizado, da. *adj.* Rebaptisado, tornado a baptisar. *Iterato baptisatus*

Rebaptizar. *a. (ant.)* V. *Rebautizar.*

Rebasadero. *m. (naut.)* Paragem ou logar por onde um navio deve manobrar para evitar um perigo. *Locus, quem navis prætergreditur.*

Rebasar. *a. (naut.)* Navegar mais afastado de algum navio, cabo ou outro ponto que apresenta algum perigo. *Navigando prætergredi:* — *(fig.)* exceder, ultrapassar, sobresair, passar alem.

Rebastar. *a. (fam.)* Sobrar, ser mais que sufficiente.

Rebata. *f. (ant.)* Desamparo. *De rebata (loc. adv. ant.)*; de rebate, de repente, com surpreza, de assalto. *Dar rebata (fr.)* V. *Sorprender.*

Rebatadamente. *adv. m. (ant.)* V. *Arrebatadamente.*

Rebatado, da. *adj.* V. *Arrebatado.*

Rebatador. *m. (ant.)* V. *Arrebatador.*

Rebatar. *a. (ant.)* Rebatar. V. *Arrebatar.*

Rebate. *m.* Rebate, combate, assalto, pendencia. *Rixa, contentio repentina:* — *(fig.)* debate, refutação, discussão, disputa.

Rebatimiento. *m.* Rebatimento, rebate; acção e effeito de rebater. *Repulsus, ûs.*

Rebatiña. *f.* Rebatinha. V. *Arrebatiña. Andar a la rebatiña (fr. fam.)*; andar á rebatinha; concorrer á porfia para apanhar alguma cousa, tirando-a das mãos uns aos outros. *Raptim è manibus auferre; arripere certatim.*

Rebatir. *a.* Rebater, repercutir, repellir, rechaçar. *Repellere propulsare:* — rebater; tornar a bater ou bater muito. *Iterum seu valdè agitare:* — rebater, combater, refutar. *Refutare:* — rebater, combater, contradizer, repellir as proposições de alguem: — redobrar, reforçar. *Fortiter iterare; totis viribus agere:* — abater, descontar, tirar, deduzir da conta ou somma. *Pro rata parte summam diminuendo extrahere:* — rebater, combater; oppor-se á admissão de uma cousa por ser illegitima, etc.: — *(fig.)* rebater, combater, resistir, repellir accusações, rasões, tentações, propostas. *Reprimere, repellere:* — *(art.)* rebater, repellir, rechaçar o golpe do inimigo, desviando-lhe ou abaixando-lhe a espada.

Rebato. *m.* Rebate, assalto, incursão, ataque repentino. *Repentinus hostis incursus:* —rebate, assalto; tudo o que sobrevem subita e inopinadamente: — rebate; signal com sino ou tambor para chamar ás armas. *Conclamatio ad arma:* — rebate, ataque de doença, alteração subita dos humores: — *(fig.)* assalto; movimento subito e impetuoso de uma paixão. *De rebato (loc. adv. fam.)*; de rebate, de repente, de improviso. *Subitò, improvisò. Tocar a rebato (fr.)*; tocar a rebate ou tocar rebate, alvoroçar, dar aviso do perigo: *(fig.)* picar-se, escandalisar-se, demonstrando-o com phrases austeras. *En un rebato (loc. adv.)*; em um repente; n'um primeiro movimento. *Coger de rebato;* apanhar de improviso, de subito, desprevenido.

Rebatosamente. *adv. m. (ant.)* Arrebatadamente, inconsideradamente.

Rebatoso, sa. *adj. (ant.)* Arrebatado, precipitado, inconsiderado.

Rebautizacion. *f.* Rebaptisação, rebaptisamento; reiteração do baptismo, acção de rebaptisar.

Rebautizante. *adj.* Rebaptisante; o que rebaptisa. *Rebautisans, antis:* — *m. pl. (rel.)* rebaptisantes; membros de uma seita religiosa, que reiteravam as ceremonias do baptismo.

Rebautizar. *a.* Rebaptisar; reiterar o baptismo, tornar a baptisar. *Baptismum iterare, iterum baptizare.*

Rebebido, da. *adj. (pint.)* Esmorecido; diz-se do quadro que perdeu o brilho, e cuja pintura não se distingue bem.

Rebeco, ca. *adj. (fam.)* Rabugento, arisco, intratavel, insociavel, de mau humor: — *m. (zool.)* V. *Rebezo.*

Rebel. *adj. (ant.)* Rebel. V. *Rebelde.*

Rebelado, da. *adj.* Rebellado, sublevado, excitado á rebellião.

Rebelar. *a.* Rebellar. V. *Sublevar:* — *r.* rebellar-se; sublevar-se, levantar-se faltando á obediencia devida. *Rebellare, a debita fide deficere:* — rebellar-se, deshaver-se, indispor-se com alguem. *Ab amicitia desciscere, deficere:* — rebellar-se; resistir, oppor-se á auctoridade: — *(fig.)* rebellar-se; sublevar-se contra a rasão ou á rasão, não lhe cederem; diz-se das paixões. *Rebellare:* — *(fig.)* rebellar-se, resistir, não se sujeitar, não ceder; diz-se das cousas inanimadas. *Rebellare.*

Rebelde. *adj.* Rebelde; diz-se do que faz rebellião, que se rebellou. Usa-se tambem substantivado. *Rebellis, le:* — rebelde, indocil, teimoso, tenaz, recalcitrante. *Contumax, inobediens:* — rebelde, ingrato, mal avindo, que falta á amisade ou se separa d'ella: — *(fig.)* rebelde; diz-se das doenças de cura difficil, que resistem aos remedios: — *(fig.)* rebelde, insensivel; diz-se do coração que não se rende aos obsequios, e das paixões que não cedem á rasão. *Rebellis, le:* — *(for.)* revel, contumaz; que não obedece ao mandado do juiz, que nem por si nem por procurador apparece em juizo. *Contumax, acis.*

Rebeldía. *f.* Rebeldia; a culpa de rebelde, desobediencia pertinaz. *Contumacia, inobedientia:* — rebeldia, resistencia, opposição, repugnancia, tenacidade. *Resistencia, contumacia:* — rebeldia, desobediencia, indocilidade, dureza. *Rebellio, contumacia:* — *(fig.)* rebeldia, rebellião; sublevação das paixões contra o animo: — *(fig.)* rebeldia; repugnancia, insensibilidade, dureza de coração: — *(fig.)* rebeldia, ingratidão; acto de não corresponder á boa amisade: — *(for.)* revelia, contumacia; desobediencia do réu, que não comparece em juizo, nem por si, nem por procurador. *Contumacia, æ. En rebeldia (loc. adv. for.);* á revelia; por contumacia. *Pro contumacia.*

Rebele. *adj. (ant.)* Rebel. V. *Rebelde.*

Rebelion. *f.* Rebellião; levantamento, conspiração ou sublevação contra a patria ou contra a auctoridade suprema do estado. *Rebellio, defectio:* — rebellião; acto de impedir com violencia a execução das ordens emanadas da auctoridade publica: — *(fig.)* rebellião, sublevação, resistencia das paixões contra a rasão.

Rebelon, na. *adj.* Rebellão; que não obedece á redea; diz-se dos cavallos. *Equus difficilis ad reversionem vel revolutionem.*

Rebellar. *n. (ant.)* Revellar, resistir, ser revel ou contumaz: — rebellar. V. *Rebelarse.*

Rebelle. *adj. (ant.)* V. *Rebelde.*

Rebellin. *m. (mil.)* Revelim; obra exterior de duas faces formando angulo saliente, para defender cortina, ponte, etc. *Parvum propugnaculum exterius.*

Rebellinejo. *m. dim.* de *Rebellin.* Revelimzinho.

Rebencazo. *m.* Golpe descarregado com o rebem.

Rebenque. *m.* Rebem; açoute de corda breada com que o comitre castigava os remeiros, galeotes ou forçados. *Portisculus, scutica remigum:* — rebem; açoute, correia ou corda que usava o verdugo para castigar e açoutar os condemnados: — *(naut.)* vinhateira; pedaço de cabo, formado da união de tres mialhares que serve para amarrar alguns objectos. *Funis nauticus brevior:* — *(naut.)* V. *Chicote.*

Rebeza. *f. (naut.)* Revessa; mudança ou alteração na direcção das marés ou correntes, produzida pela desigualdade do fundo e configuração da costa. *Varius maris æstus ob fundi aut ripæ asperitates:* — revessa; rajada de vento em direcção opposta á que seguia: — hervas, plantas, vegetação aquatica nos lagos e tanques, mostrando-se á superficie da agua.

Rebezar. *n. (naut.)* Revessar ou arrevessar; fazer revessa o mar: — mudar o vento para outra parte.

Rebezo. *m. (zool.)* Especie de gamo ou cabra montez: — cabra montez da Africa, chamada tambem gazella.

Rebielle. *adj. (ant.)* V. *Rebelde.*

Rebien. *m. (fam.)* Rebem; duas vezes bem, muito bem. *Optimè.*

Rébisabuelo, la. *adj.* Trisavô e trisavó; terceiro avô, terceira avó. *Abavus, i.*

Rebisnieto, ta. *adj.* Trisneto, tataraneto; filho do bisneto, terceiro neto. *Abnepos, abneptis.*

Reblandecer. *a.* Embrandecer, amollecer, fazer brando. Usa-se tambem como reciproco. *Emollire.*

Reble. *m. (germ.)* V. *Nalga.*

Rebociño. *m.* Rebuço; mantilha ou touca curta que usam as hespanholas para cobrir parte do rosto. *Muliebre amiculum, in Bœtica præsertim usitatum.*

Rebolisco. *m. (p. Cub.)* Reboliço, bulicio; bulha de gente inquieta.

Rebolla. *f.* Nome dado em algumas partes de Hespanha a uma especie de roble.

Rebollar. *m.* Reboleira; parte em que os rebentos das raizes dos carvalhos se multiplicam de tal sorte que formam espessos matagaes.

Rebolladura. *f. (mil.)* Fenda; defeito que se observa na alma da peça de artilheria por estar mal fundida. *In tormentis bellicis internum offendiculum.*

Rebollo. *m.* Rebentão, rebento, gomeleira; filho que rebenta da raiz dos robles ou carvalhos. *Roboris surculus, germen:* — *(p. Ast.)* tronco de arvore. *Arboris truncus:* — *(ant.)* braçado, mólho de lenha.

Rebolludo, da. *adj.* Roliço, forte, membrudo. *Teres, etis:* — aspero, escabroso; diz-se do diamante em bruto de figura mais irregular e pouco a proposito para se lavrar. *Durius quàm ut poliri possit.*

Rebombar. *n. (ant.)* Rebombar. V. *Retumbar.*

Rebоñar. *n. (p. Burgos)* Parar o moinho pela muita abundancia de agua. *Rotam molendini sistere ob aquam superfluentem.*

Rebordar. *a.* V. *Recamar.*

Rebosadero. *m.* Logar ou parte por onde transborda um liquido. *Locus, quo quidvis superfluit.*

Rebosadura. *f.* Transvasão; acção e effeito de transbordar a agua ou outro liquido. *Exundatio, inundatio.*

Rebosamiento. *m.* V. *Rebosadura.*

Rebosar. *n.* Transbordar, redundar, deitar por fóra; saír a agua ou outro liquido fóra das bordas que o contém, por não caber dentro d'ellas. *Superfluere, redundare:* — *(fig.)* transbordar, redundar, superabundar, ter em demasia. *Abundare nimis, redundare:* — *(fig.)* denotar, significar, exprimir; manifestar de algum modo os sentimentos da alma por meio de gestos ou palavras. *Animi sensa vultu exprimere.* N'esta accepção tambem é usado este verbo como activo.

Rebotadera. *f. (art.)* Especie de pente de cardadores de pannos. *Brevis lamina seu bractea ferrea dentata.*

Rebotador, ra. *s.* Rebotador, repellente; o que rebota ou repelle. *Qui repellit.*

Rebotadura. *f.* Rechaço, repulsão; acção de rebotar, rechaçar ou repellir. *Repercussio, onis:* — acção de revirar, rebater, voltar, metter para dentro a ponta do prego.

Rebotallero. *m.* O que rebusca o rebotalho ou partes de

metal que ficam nos terrenos das minas.

Rebotar. *a.* Rebotar; rechaçar, repellir, rebater a pella ou qualquer outro corpo, soffrendo varios choques ou saltando de uma parte para a outra. *Iterum repercutere:* — rebater, revirar, voltar; metter para dentro a ponta do prego ou de outra cousa aguda. *Retundere, retorquere:* — levantar com o pente o pello do panno que se vae cardar. *Bractea ferrea dentata pannum tondendum carpere:* — rebotar, rechaçar. V. *Rechazar:* — *(fig. ant.)* embotar, entorpecer: — *n.* desbotar; mudar-se, alterarse a côr e qualidade de alguma cousa.

Rebote. *m.* Rebote, rechaço, repulsão; acção de rebotar ou rechaçar: — rebote, resalto, rechaço; salto dado por pella ou corpo elastico. *Pilæ repercussio, reflexio. De rebote (loc. adv.);* de resalto, de chapeleta, de ricochete; resaltos ou choques successivos e repetidos que os projectis fazem no seu alcance, emquanto dura a força de projecção communicada pela explosão da polvora. *Tiro de rebote;* tiro de chapeleta ou ricochete.

Rebotica. *f.* Laboratorio de uma pharmacia, officina interior de uma botica. *Pharmacopolium secundum vel posterius:* — cisterna para o serviço da botica. *Cavea, cisterna:* — *(prov.)* V. *Trastienda.*

Rebotiga. *f.* V. *Trastienda.*

Rebotin. *m.* Segunda folha da amoreira, depois de colhida a primeira. *Folia secundò pullulantia in moris:* — diz-se da seda frouxa.

Rebozadamente. *adv. m.* Rebuçadamente; com receio, com vergonha.

Rebozadito, ta. *adj. dim.* de *Rebozado.* Rebuçadinho.

Rebozado, da. *adj.* Rebuçado, embuçado: — *(fig.)* rebuçado, encoberto, disfarçado.

Rebozar. *a.* Cobrir de farinha, ovos ou outra cousa uma vianda antes de a frigir. *Cibos frigendos in pultem intingere:* — rebuçar; cobrir com rebuço, o rosto, a cabeça. Usa-se tambem como reciproco. *Faciem pallio obducere:* — *(fig.)* rebuçar; envolver em expressões suaves uma noticia má, uma allusão picante, etc.: — *(fig.)* rebuçar, encobrir, dissimular, disfarçar.

Rebozito. *m. dim.* de *Rebozo.* Rebocinho.

Rebozo. *m.* Rebuço; maneira de levar a capa ou mantilha, cobrindo quasi todo o rosto. *Vultus, revoluto pallio, abductio:* — V. *Rebocino:* — *(fig.)* rebuço, dissimulação, disfarce. *Calliditas, simulatio. Con rebozo (loc. adv.);* com rebuço, com rodeios, com pretextos. *De rebozo (loc. adv.);* a occultas, secretamente, occultamente. *Clam, secreto. Sin rebozo (loc. adv.);* sem rebuço, franca e sinceramente. *Sincerè.*

Rebramar. *n.* Rebramar; tornar a bramar, prolongar o bramido. *Iterum fremere:* — *(mont.)* responder a um bramido com outro. *Fremitui fremitu respondere.*

Rebramo. *m.* Bramido, berro com que o veado ou qualquer animal do mesmo genero responde ao de outro de sua especie, ou ao reclamo. *Fremitus iteratus.*

Rebrotin. *m. (prov.)* V. *Retoño.*

Rebtar. *a. (ant.)* V. *Reprender.*

Rebudiar. *n. (mont.)* Grunhir o javali quando sente gente. *Aprum stertere.*

Rebueldo. *m. (ant.)* V. *Regüeldo.*

Rebueno, na. *adj.* Optimo, mais que bom, excellente, muito bom. *Optimus, a, um.*

Rebufar. *n.* Bufar com força, tornar a bufar. *Refremere.*

Rebufo. *m.* Explosão; expansão do ar em volta da bôca da arma de fogo ao sair o tiro. *Explosio, onis:* — bufido repetido ou mui forte.

Rebujal. *m.* Numero de cabeças de gado que em um rebanho não chega a cincoenta; por exemplo, em um rebanho de quatrocentas e trinta ovelhas, ás trinta chamam *rebujal. Gregis cujuspiam pecudum numerus quinquaginta minor:* — *(agr.)* terreno de qualidade inferior que não chega a meia fanga. *Parvus et infœcundus ager.*

Rebujar. *a.* V. *Arrebujar.*

Rebujo. *m.* Rebuço, embuço das mulheres para não serem conhecidas. *Oris obducio:* — embrulho, trouxa de muitas cousas juntas com desalinho. *Inconcinnum involucrum:* — *(fig.)* reserva, cautela: — *(prov.)* porção de dizimos que se distribue em dinheiro entre os interessados. *Decimarum portio pecunia, redemta.*

Rebultado, da. *adj.* V. *Abultado.*

Rebullicio. *m.* Reboliço, bulicio grande. *Murmur vehemens.*

Rebullir. *n.* Começar a mover-se o que estava quieto. *Parum se vel aliquantulum movere:* — reanimar-se; dar signaes de vida.

Reburujar. *a. (fam.)* Embrulhar uma cousa á tôa, fazer d'ella um embrulho. *Convolvere, circumvolvere.*

Reburujon. *m.* V. *Burujo,* na accepção de embrulho, etc.

Rebusca. *f.* Rebusca; acção e effeito de rebuscar. *Residua colligendi actio:* — rebusca; fructo que fica nos campos depois de feita a colheita. Diz-se particularmente da rebusca das vinhas. *Messis aut vindemiæ residuum; vindemiæ residuæ collectio:* — rebotalho; fructo ou fazenda de qualidade inferior. *Rejectanda pars.*

Rebuscador, ra. *s.* Respigador; respigadeira: — rabiscador, rabiscadeira; homem ou mulher que colhe as uvas que ficaram na vinha depois de vindimada. *Qui vindemiæ reliquias legit.*

Rebuscar. *a.* Respigar; recolher as espigas que ficaram por segar: — rebuscar ou rabiscar; dar busca ás uvas que os vindimadores deixaram por descuido. *Vindemiæ residua colligere:* — rebuscar, dar busca ao rebotalho, restos ou desperdicios de qualquer genero: — rebuscar; buscar de novo, esquadrinhar, buscar, investigar muito. *Residua inquirere.*

Rebusco. *m.* Rebusco. V. *Rebusca:* — cacho que nasce dos raminhos da vide, e algumas vezes dos sarmentos principaes.

Rebutir. *n.* Embutir, encher.

Rebuznador, ra. *s.* Que zurra muito; diz-se do asno. *Rudens, entis:* — *(fig.)* asno, asneirão, toleirão, pessoa parva, que diz muitas asneiras e parvoices.

Rebuznar. *n.* Ornejar, zurrar; soltar a voz o burro. *Rudere:* — *(fig.)* zurrar, disparatar, dizer sandices: — *(fig.)* expressar-se em termos grosseiros.

Rebuzno. *m.* Zurro, o zurrar dos burros, som da voz do asno. *Asini vox, ruditus:* — *(fig.)* asneira, tolice, sandice, parvoice.

Recabar. *a.* Obter, conseguir, alcançar uma cousa á força de supplicas ou instancias. *Assequi, consequi, impetrare, obtinere:* — *(ant.)* V. *Recaudar;* na primeira accepção.

Recabdacion. *f. (ant.)* Recadação. V. *Recaudacion.*

Recabdador. *m.* Recadador. V. *Recaudador.*

Recabdamiento. *m. (ant.)* V. *Recaudacion.*

Recabdar. *a. (ant.)* Recadar. V. *Recaudar:* — *(ant.)* assegurar, prender: — V. *Cumplir.*

Recabdo. *m. (ant.)* V. *Recaudo:* — *(ant.)* recado, reserva, cautela, segurança. *Dar recabdo (fr. ant.);* dar recado, dar conta, caução, fiança. *Haber recabdo (fr. ant.);* ter pleno conhecimento, adquirir sciencia completa.

Recachear. *a. (ant.)* V. *Cicatear.*

Recadear. *n. (aut.)* Recadar. V. *Recaudar.*

Recadero. *m.* Mensageiro, moço de recados.

Recadía. *f. (ant.)* V. *Recaída.*

Recadiar. *n. (ant.)* Recaír em alguma falta.

Recado. *m.* Recado, mandado, mensagem. *Mandatum, i:* — recado, lembrança, memoria, a estima ou carinho que se tem a alguma pessoa. *Salus missa:* — regalo, mimo, presente, e n'este sentido costuma pôr-se na carta que o acompanha: *con recado. Donum missum:* — recado; provisão do necessario. N'este sentido é obsoleto em portuguez. *Res ad aliquid parata:* — recado, compras; provisões diarias que se trazem do mercado ou tenda para o gasto de uma casa. *Diarium penum:* — apresto, preparo; objectos, instrumentos, tudo que é necessario para fazer alguma cousa; como: *recado de escribir;* apresto, preparo de escrever, etc. *Ad aliquid necessarium:* — documento que justifica as partidas de uma conta. *Instrumentum, i:* — recado, precaução, segurança, cautela. *Cautio, diligentia:* — *(p. A. Mer.)* arreios, jaezes com que os indigenas da America do Sul adornam os seus cavallos. *A recado, a buen recado, a mucho recado (loc. adv.);* a recado, com recado; bem guardado, com segurança. Usa-se mais commummente dizer *a buen recaudo,* etc. *In tuto. Mal recado;* mau recado, má acção, travessura. *Improba actio, negligentia. Dar recado para alguna cosa (fr.);* dar recado para alguma cousa; dar o necessario para a executar. É desusado em portuguez. *Necessaria subministrare. Llevar recado (fr. fig. fam.);* levar um recado; ir bem reprehendido ou castigado. *Satis, affatim ferre. Sacar los recados (fr.);* tirar os papeis necessarios para os proclamas ou banhos de casamento. *Decretum conjungii ab ecclesiastico judice obtinere. Ser mozo de buen recado (fr. iron.);* ser bom moço de recados; desempenhar mal uma commissão ou mandado: — *de justificacion (for.);* instrumento que se apresenta para fazer valer algum direito.

Recaer. *n.* Recaír, reincidir; tornar a caír. Usa-se particularmente em sentido moral. *Recidere, relabi:* — recaír; ter recaida da doença o convalescente. *Eodem morbo iterum laborare:* — recaír, carregar sobre; *v. g.: recayó sobre él la responsabilidad;* recaíu sobre elle a responsabilidade, etc. *Tandem devenire:* — caír, parar, ir ter: *v. g. recayó en sus manos la carta;* caíu nas suas mãos a carta: — redundar; *v. g.: esto recaye en gloria suya;* isto redunda em gloria sua: — recaír, tocar; *v. g.: la eleccion recayó en fulano;* a eleição recaíu em fulano.

Recaia. *f. (ant.)* V. *Recaida.*

Recaida. *f.* Recaida, recaimento; reincidencia em culpa, acto de tornar a caír na mesma culpa. *Ejusdem criminis iteratio:* — recaida; repetição de doença emquanto se está convalescente. *Morbi repetitio.*

Recalada. *f. (naut.)* Abordagem; acção e effeito de abodar.

Recaladura. *f.* Porção de vinho ou de outro licor, que reçuma da vasilha.

Recalar. *n.* Reçumar; suar, verter pelos poros, filtrar-se um liquido pouco a pouco, através um corpo poroso. É mais usado como reciproco. *Transfundere:* — *a. (naut.)* abordar um navio a outro: — *(naut.)* chegar um navio á vista de um cabo, ou de outro ponto da terra, e a distancia proporcionada para o reconhecer e marcar. *Appellere.*

Recalcadamente. *adv. m.* Recalcadamente; bem cheio e calcado. *Confertim.*

Recalcadura. *f.* Recalcadura; acção de recalcar. *Inculcatio, onis.*

Recalcar. *a.* Recalcar; calcar ás camadas, apertar muito uma cousa com outra ou sobre outra. *Inculcare, constipare, confercire:* — recalcar; encher muito alguma cousa com outra, comprimindo-a para que caiba mais. *Infarcire:* — accentuar lentamente as palavras ou as phrases para as fazer notar, ou com a intenção de ferir alguem: — V. *Calcar:* — *r.* repisar; repetir uma cousa muitas vezes. *Inculcare:* — V. *Arrellanar-se. Recalcarse el pié;* torcer-se o pé.

Recalcitracion. *f.* Recalcitração; acção e effeito de recalcitrar.

Recalcitrar. *n.* Recalcitrar, escoucear, dar couces. *Recalcitrare:* — *(fig.)* recalcitrar; resistir desobedecendo. *Recalcitrare, obsistere.*

Recaldar. *a. (ant.)* V. *Recaudar.*

Recaldo. *m. (ant.)* V. *Recaudo:* — juizo, compostura: — rasão, conta: — recado, resposta.

Recalentamiento. *m.* Requentamento, reaquecimento; acção e effeito de requentar ou de requentar-se. *Calefactionis iteratio.*

Recalentar. *a.* Requentar; tornar a aquentar, aquecer de novo ou demasiadamente. *Rursus nimiumve calefacere:* — esquentar; excitar, provocar o cio nos irracionaes, e o amor e a concupiscencia nos racionaes. Usa-se tambem como reciproco. *Amorem, libidinem excitare:* — *r.* escaldar-se; perder-se, avariar-se o trigo, feno e outras cousas pelo excesso de calor: — apodrecer, deteriorar-se a madeira.

Recalmon. *m. (naut.)* Calma; diminuição repentina, consideravel e mais ou menos duradoura do vento, e tambem do mar.

Recalo. *m. (naut.)* V. *Recalada.*

Recalzar. *a.* Amotar; chegar terra ao pé das arvores. *Plantas circumposita ligone terra fovere:* — reparar, concertar os fundamentos ou alicerces. *Fundamenta reparare:* — *(pint.)* picar um desenho. *Premere, imprimere.*

Recalzo. *m.* Rebocadura; reparo que se faz nos cimentos dos edificios, cobrindo de reboco as pedras descarnadas. *Fundamenti fulcimentum:* — V. *Recalzon.*

Recalzon. *m.* Segunda câiba que se põe nas rodas dos carros. *Rotæ ligneus canthus.*

Recamado, da. *adj.* Recamado, bordado de realce.

Recamador, ra. *s.* Recamador; bordador de realce. *Phrygii operis acu pictor.*

Recamadura. *f.* Recamadura; acção e effeito de recamar: — recamadura; obra de recamado.

Recamar. *a.* Recamar; bordar de relevo, relevar com bordaduras. *Eminentes figuras acu pingere.*

Recámara. *f.* Recamara, guarda roupa; camara interior, que fica por detrás do quarto. *Conclave interius:* — recamara, alfaias, joias das casas ricas. *Sumptuosa supellex:* — recamara; alfaias, joias, apparelho de serviço de algum personagem. *Supellex, ectilis:* — *(fig. fam.)* reserva, cautela, precaução. *Cautela, æ:* — equipagem; conjuncto de cousas que se levam em jornada ou viagem: — *(mil.)* camara; vão que contém a polvora, nas armas de fogo de todas as classes. *Tormenti bellici extrema pars, in quam pyrius pulvis ad explosionem immittitur:* — camara; logar da mina onde se colloca a polvora para produzir o effeito que se deseja; quando a camara está carregada, dá-se-lhe o nome de fornilho.

Recamarilla. *f. dim.* de *Recamara.* Recamarasinha.

Recambiar. *a.* Recambiar; fazer segundo cambio ou troca. *Permutationem iterare:* — *(com.)* recambiar; enviar letra não aceita ou não paga a quem a remettêra. *Mensarium singraphum, ab eo cui mandatur, solutione non facta in mandatorem repellere:* — recambiar; acrescentar novo interesse ao cambio *Anatocismum facere.*

Recambio. *m.* Recambio; segundo cambio ou troca. *Secunda vel iterata permutatio:* — *(germ.)* bodega, baiúca, taberna: — *(ant.)* V. *Cambio:* — recambio. V. *Usura:* — *(comm.)* recambio; remessa de letra não aceita ou não paga. *Iterata pecuniæ permutatio inter mercatores:* — recambio; usura acrescentada ao interesse do cambio nas letras.

Recamo. *m.* Recamo; bordado, lavor de realce. *Superemineus labor in opere phrygio:* — especie de alamar feito de galão e terminando em uma bolinha. *Patagium superlextum.*

Recancanilla. *f.* Modo de nadar dos rapazes, fingindo que são coxos. *Ludrica puerorum clauditas:* — *(fig.)* empalhação, tergiversação, delonga, escusa.

Recantacion. *f.* Recantação, palinodia. V. *Palinodia.*

Recanton. *m.* Frade; pedra que se põe junto das portas da rua, e ás esquinas, para não roçarem por ellas os carros, carroças, etc. *Saxum ad januæ latera.*

Recapacitar. *a.* V. *Recapazitar.*

Recapazitar. *a.* Recapacitar; repassar pela memoria, tornar a reflectir em alguma cousa. Usa-se tambem como reciproco. *Recolere, reminisci.*

Recapio. *m. (p. Murc.)* Porção que fica de um negalho de seda.

Recapitulacion. *f.* Recapitulação; acto de recapitular, repetição resumida, resumo. *Epitome summarium.*

Recapitulado, da. *adj.* Recapitulado; repetido resumidamente.

Recapitular. *a.* Recapitular; resumir, compendiar a narração, argumento. *Epilogum texere, facere; ad epilogum redigere.*

Recarga. *f.* Sobrecarga; nova carga acrescentada á outra. *Onus super additum.*

Recargado, da. *adj. (fig.)* Excessivo, exagerado.

Recárgar. *a.* Tornar a carregar ou carregar de novo. *Novo onere gravare:* — sobrecarregar; augmentar a carga. *Novum onus superimponere, superaddere:* — reaccusar; fazer novo cargo ou accusação contra alguem. *Novum crimen vel culpam objicere:* — *(fig.)* sobrecarregar, carregar demasiadamente de adornos, de cores, etc.: — *(for.)* embargar, deter o preso na cadeia, ou aggravar a sua condemnação por differente juiz ou novo processo. *Reum vinctum retinere alterius judicis mandato:* — *(mil.)* tornar ao ataque, ao combate, reiterar uma nova refrega: — *la calentura (med.);* augmentar, crescer, fazer-se mais forte a febre.

Recargo. *m.* Sobrecarga; nova carga ou augmento da carga. *Onus oneri additum:* — aggravo, novo cargo, imputação de um novo crime. *Novæ obligationis imputatio:* — *(for.)* opposição que se faz á soltura de um preso, encarcerado a requerimento de alguem; embargo na sua prisão. *Nova objecto criminis:* — *(med.)* crescimento, augmento ou novo accesso de febre. *Febris accessio vel incrementum:* — *(mil.)* tempo que se faz servir de mais o soldado, alem do que marca a ordenança, por alguma falta commettida contra a disciplina, etc.

Recata. *f.* Acção de tornar a gostar. *Iterata gustatio.*

Recatadamente. *adv. m.* Recatadamente; com recato. *Cautè, sollerter.*

Recatadísimo, ma. *adj. sup.* de *Recatado.* Recatadissimo. *Valdè cautus.*

Recatado, da. *adj.* Recatado, circumspecto, acautelado, prudente, reservado. *Cautus, a, um:* — recatado, honesto, modesto, pudico; diz-se particularmente das mulheres. *Honestus, pudicus.*

Recatamiento. *m. (ant.)* V. *Recato.*

Recatar. *a.* Recatar, encobrir ou occultar o que não se quer que se veja ou se saiba, pôr em recato. Usa-se tambem como reciproco. *Cavere, cautè agere:* — tornar a gostar. *Regustare, iterum delibare:* — *r.* recatar-se, acautelar-se, precatar-se. *Vereri, temeri.*

Recatear. *a.* V. *Regatear:* — V. *Escasear, Rehusar.*

Recatería. *f.* V. *Regatonería.*

Recato. *m.* Recato, cautela, circumspecção. *Cautio, calliditas:* — recato, honestidade, modestia, pudor. *Pudicitia, circumspectio:* — recato, segredo, arcano. *Arcanum.*

Recaton. *m.* V. *Regaton,* na terceira accepção: — *s.* V. *Regaton.*

Recatonazo. *m.* Contoada; golpe com o conto da lança.

Recatonear. *a.* V. *Regatonear.*

Recatonería. *f.* V. *Regatonería.*

Recatonía. *f. (ant.)* V. *Regatonería.*

Recaudacion. *f.* Arrecadação, cobrança; acção e effeito de arrecadar ou cobrar tributos, rendas, etc. *Exactio, onis:* — recebedoria; casa, escriptorio onde se recebe o pagamento de rendas, sizas, dinheiros publicos. *Exactorum officina.*

Recaudador. *m.* Arrecadador, recebedor, cobrador de imposições. *Exactor publicanus.*

Recaudamiento. *m.* Arrecadamento. V. *Recaudacion:* — recebedoria; officio, emprego de recebedor. *Exactoris munus:* — territorio até onde se estende o cargo do recebedor. *Territorium sub exactoris jure constitutum.*

Recaudanza. *f. (ant.)* V. *Recaudacion.*

Recaudar. *a.* Arrecadar, cobrar, receber rendas, tributos, etc. *Exigere:* — arrecadar, prender, pôr ou ter em custodia. *Custodire, retinere:* — *(ant.)* arrecadar, conseguir. V. *Recabar,* na primeira accepção: — *n. (ant.)* negociar, manejar bem um negocio.

Recaudo. *m.* Arrecadação; acto de arrecadar. *Exactio, onis:* — *(ant.)* V. *Recado,* na accepção de instrumento de justificação, etc.: — V. *Recado,* significando precaução, cautela: — recado; provisão, aviamentos para fazer alguma cousa. *A recaudo ó a buen recaudo (loc. adv.);* a recado ou a gran recado; em cobro, em logar seguro, a salvo. *In tuto. Dar recaudo (fr. ant.);* dar recado, dar conta, satisfazer, pagar, responder por: — *(for.)* recado, caução, fiança.

Recavar, *a.* Recavar; tornar a cavar. *Iterum vel secundo cavare, excavare.*

Recazador, ra. *adj. (volat.)* Diz-se da ave de rapina que é dextra em empolgar a sua ralé, deixa-la fugir e torna-la a caçar.

Recazar. *a. (volat.)* Deixar a ave de rapina fugir a sua ralé, depois de empolgada a primeira vez, e torna-la a agarrar, matando-a em seguida. *Iterato revolare.*

Recazo. *m.* Guarda mão; guarnição ou parte intermedia comprehendida entre a folha e a empunhadura da espada. *Pars media inter ensem et capulum:* — costas, lombo da faca; parte da lamina opposta ao gume. *Cultri dorsum; cultri pars aciei opposta:* — *pl.* caibas; peças curvas de madeira, que compõem o circulo exterior das rodas dos carros, carretas, etc.

Recebir. *a. (ant.)* V. *Recibir.*

Recécho (en). *(loc. adv. ant.)* V. *En acecho.*

Recel. *m. (ant.)* Cobertor ou coberta ligeira e listrada.

Recelador. *m.* Garanhão, cavallo pae, para ser lançado ás eguas. Mais commummente, diz-se do cavallo destinado a esquentar as eguas.

Recelamiento. *m.* V. *Recelo.*

Recelar. *n.* V. *Rezelar.*

Recelo. *m.* V. *Rezelo.*

Receloso, sa. *adj.* V. *Rezeloso.*

Recentadura. *f.* Porção de levadura ou fermento que se reserva para fermentar outra massa. *Fermentum in aliam massam reservatum.*

Recental. *adj.* Recental; diz-se do cordeiro de mamma, que ainda não pasta. Usa-se tambem substantivado. *Hædus vel agnus lactans.*

Recentar. *a.* Deitar na massa a porção de levadura que se deixou reservada para fermentar. *Massæ novæ fermentum addere:* — *(ant.)* V. *Renovar:* — *r. (ant.)* V. *Renovarse.*

Receñir. *a.* Tornar a cingir. *Iterum seu nimis cingere.*

Recepcion. *f.* Recepção, acção e effeito de receber. *Receptio, onis:* — recepção; recebimento, admissão de alguem em um cargo, corporação, etc. *Cooptatio, onis:* — *(for.)* exame, inquirição das testemunhas. *Testimoniorum receptio ac discussio.*

Recepta. *f.* *(ant.)* Registo; livro em que se escreviam as multas impostas pelo conselho das *Indias*. *Liber in quo pecuniariæ multæ scripto notantur:* — V. *Receta.*

Receptaculo. *m.* Receptaculo; cavidade, espaço vasio que recebe ou póde receber alguma substancia. *Receptaculum, i:* — *(fig.)* receptaculo, abrigo, ninho, refugio, asylo, guarida. *Receptaculum, i:* — *(bot.)* receptaculo; nome dado algumas vezes á placenta: — *de las flores;* receptaculo das flores, clinantho; parte de um pedunculo de que brotam muitas flores.

Receptador, ra. *(for.)* Receptador; o que recolhe delinquente, e guarda e esconde em sua casa objectos roubados. *Receptator, receptor.*

Receptar. *a.* *(ant.)* Receber, acolher. Usa-se tambem como reciproco. *Excipere:* — *(for.)* receptar; esconder, encobrir delinquentes, guardar furtos, roubos. *Receptare.*

Recepticios. *adj.* *(for.)* Recepticios; diz-se dos bens de que a mulher póde dispor sem dependencia do marido.

Receptividad. *f.* Receptividade; aptidão de certos orgãos para receber os agentes morbificos: — *(philos.)* receptividade; faculdade de receber impressões. Costuma dizer-se em logar de sensibilidade.

Receptivo, va. *adj.* Receptivo; que recebe, capaz de receber. *Quod recipere potest.*

Recepto. *m.* *(ant.)* Recesso, retiro, asylo, refugio. *Receptaculum, refugium.*

Receptor, ra. *s.* Receptor, recebedor; o que recebe. *Qui recepit:*—*m.* *(for.)* receptor, recebedor, cobrador, escrivão commissionado por um tribunal para fazer cobranças, etc. *Scriba delegatus:* —*general (for.)*, receptor geral; o que recebe ou arrecada as multas impostas pelos tribunaes superiores. *Qui munus exercet mulctas pecuniarias à supremis tribunalibus injunctas recipiendi.*

Receptoría. *f.* Recebedoria. V. *Recetoría:* — recebedoria; officio de recebedor. *Munus scribæ vel quæstoris:*—*(for.)* despacho ou commissão que leva o recebedor. *Mandatum scribæ delegato datum:* — *(for.)* commissão que se dá ás justiças ordinarias, para praticar certas diligencias judiciaes, que ordinariamente se encarregam a recebedores. *Mandatum de aliquid faciendo judicibus inferioribus datum.*

Recercador, ra. *s.* O que torna a cercar. *Iterum vallans:* — *(art.)* V. *Cercador,* entre abridores ou lavrantes.

Recercar. *a.* *(ant.)* V. *Cercar.*

Recésit. *m.* V. *Rede.*

Receso. *m.* Recesso, separação, apartamento, desvio. *Separatio, onis:* — *(p. Mex.)* tempo em que não estão reunidas as camaras legislativas:—*del sol (astr.)*; recesso do sol; movimento pelo qual se nos figura que aquelle astro se aparta do equador ou linha equinoccial. *Solis recessus.*

Receta. *f.* Receita; nota ou formula que o medico ou cirurgião dá por escripto ao boticario para a composição de algum remedio. *Medicamenti præscriptio:* — receita; entre contadores, a relação das partidas que passam de uma escripturação para outra, para que por ella se possa tomar conta ao assentista. *Rationum præscriptus ordo vel relatio:* — *(fig.)* receita; formulas e methodo para fazer tintas, licores ou outra composição. *Præscriptio vel norma rei gerendæ:* — *(fam.)* receita; rol das cousas que se pedem. *Præscriptus ordo rerum petitarum.*

Recetador. *m.* Receitador; o que receita. *Qui medicamina præscribit.*

Recetante. *p. a.* Receitante; o que receita. *Præscribens, entis.*

Recetar. *a.* Receitar; prescrever medicamentos, fazer uma receita. *Medicamina præscribere vel remedia:* — *(fig.)* pedir alguma cousa de viva voz ou por escripto e assim se diz: *recetar largo;* pedir por bôca, sem tom nem som, pedir muito. *Abundè præscribere:* — *en buena botica (fig. fam.)*; ter parentes ricos que satisfazem todas as nossas despezas.

Recetario. *m.* Receituario; as prescripções do medico no decurso do tratamento de uma doença. *Medicaminum præscripta series:* — receitario; conjuncto de receitas que ainda não estão pagas, que os boticarios enfiam em um arame ou cordel, a que tambem chamam receitario. *Medicaminum præscriptorum collectio:* — receituario, pharmacopéa; livro de formulas de medicamentos.

Recetero. *m.* O que guarda algumas receitas ou medicamentos particulares: — *pl.* vendedores ambulantes que andam pelas villas e aldeias vendendo comedias, folhetos, estampas, etc., e tambem os que levam lenços ou outros artigos de venda.

Recetica, lla, ta. *f. dim.* de *Receta.* Receitinha, receitazinha.

Recetor. *m.* V. *Receptor:* — recebedor, cobrador, thesoureiro; o que recebe rendas ou fundos publicos. *Quæstor publicus.*

Recetoría. *f.* Recebedoria, thesouraria; casa onde se recebe o pagamento de rendas, sizas, etc. *Quæstoris officina:* — thesouraria; repartição onde os prebendados de algumas igrejas vão cobrar os seus emolumentos. *Ærarium privatum clericorum:* — recebedoria; cargo do recebedor: — titulo ou documento do recebedor.

Recial. *m.* Corrente caudalosa e impetuosa dos rios. *Gurgitis fluminei præceps decursus.*

Reciamente. *adv. m.* Rijamente, vigorosamente, fortemente, impetuosamente, com força, violencia. *Fortiter, validè, vehementer.*

Reciancho, cha. *adj. (ant.)* Largo e avultado.

Reciarios. *m. pl. (hist. ant.)* Reciarios; gladiadores que combatiam com rede em que procuravam envolver o adversario.

Recibí. *m.* Recebi; palavra de formula que precede a firma do que confessa ter recebido alguma quantia.

Recibidero, ra. *adj.* Recebivel, receptivel, admissivel, aceitavel. *Recipiendus, receptibilis.*

Recibidor, ra. *s.* Recebedor; o que recebe. *Recipiens, accipiens:* — recebedor; cavalleiro de malta commissionado para cobrar as rendas da ordem. *Ordinis Sanctis Joannis Hierosolymitani exactor:* — sala, aposento ou gabinete de recepção.

Recibimiento. *m.* Recebimento, recepção; acto de receber. *Receptio, acceptio, cooptatio, exceptio:* — recebimento, recepção, acolhimento, acolhida; modo com que se acolhe ou recebe alguem. *Exceptio, onis:* — em algumas partes de Hespanha, o mesmo que ante-sala; em outras a sala principal; em Madrid a casa de entrada em cada um dos quartos independentes: — recepção; visita geral em que uma pessoa (geralmente uma senhora), recebe a todas as conhecidas e amigas por algum motivo, como parabens, pezames, etc. *Solemnis actus, quo ingenua femina alias se urbanitatis causa invisentes excipit:* — *(prov.)* altar que se arma nas ruas para as procissões em que ha de haver estação. *Altare paratum in via ad solemnem pompam.*

Recibir. *a.* Receber; tomar o que alguem nos dá, envia, offerece em pagamento, nos confia para guardar ou para outro qualquer destino. *Accipere, recipere:* — receber; sustentar, suster um corpo a outro. *Sustentare, sustinere, fulcire:* — receber; soffrer damno, injuria, etc. *Ferre, accipere:* — receber; diz-se tambem das cousas immateriaes que se participam, communicam ou dão; como, parabens, noticias, etc. *Accipere:* — receber, conter, acolher, admittir em si; como: *el mar recibe todos los rios;* o mar recebe todos os rios. *Suscipere, recipere:* — receber, admittir, acceitar, approvar alguma cousa, como: *fue mal recibida esta opinion;* foi mal recebida esta opinião. *Admittere, approbare:* — receber; admittir alguem em sua companhia ou sociedade. *Asciscere, adjungere, exoptare:* — receber; admittir as visitas em sua casa. *Invisentes admittere:* — receber; ir ao encontro de alguem para o comprimentar ou obsequiar quando vem de fóra. *Venienti obviàm ire obsequi causâ:* — receber; esperar ou fazer frente ao que accommette, com animo e resolução de lhe resistir ou de o repellir. *Præstò vel paratum esse ad repellendum venientem, seu impetum sustinendum:* — *r.* formar-se; em certas faculdades, ficar approvado em alguma d'ellas, como na de medicina, direito, etc., habilitando-se para a exercer. *Examinis discrimen facere; in causidicorum, medicorum, etc., numerum cooptari.*

Recibo. *m.* V. *Recepcion:* — V. *Recibimiento,* na segunda e terceira accepções: — recibo; escripto em que alguem reconhece ter recebido dinheiro ou outro valor. *Acceptum, accepti ratio. Accusar el recibo de alguna carta, oficio, etc.;* accusar a recepção de uma carta, officio, etc.; avisar de a ter recebido. *Rescribere. Estar de recibo (fr.);* estar preparada e disposta para receber visitas; diz-se das senhoras. *Ad excipiendum paratam esse. Estar ó ser de recibo (fr.);* ser aceitavel, admissivel; ter algum genero todas as qualidades necessarias para se admittir segundo a lei ou contrato. *Justa legem recipi posse. Pieza de recibo;* sala das visitas, das recepções.

Reciedumbre. *f. (ant.)* Força, fortaleza, vigor, rigor, dureza, aspereza.

Recien. *adv. t.* Recem, recentemente, ha pouco tempo. Usa-se sempre anteposto aos participios; como: *recien nacido, recien llegado, etc.;* recem-nascido, recem-chegado, etc. *Recens, entis.* V. *Reciente.*

Reciente. *adj.* Recente, novo, de pouco tempo, acabado de fazer. *Recens, entis.*

Recientemente. *adv. t.* Recentemente, proximamente; de pouco tempo, poucos dias antes. *Recenter, nuper.*

Recientísimo, ma. *adj. sup.* de *Reciente.* Recentissimo; muito recente. *Nuperrimus, valdè recens.*

Recinchar. *a.* Cingir; atar em roda, apertar alguma cousa em torno de outra. *Compressius circumcingere:* — tornar a cilhar, apertar muito as cilhas: — *(fig. ant.)* attribuir, imputar.

Recinias. *f. pl. (hist.)* Recinias; festas que em Roma se celebravam todos os annos em memoria da expulsão dos Tarquinios.

Recinio. *m. (hist. ant.)* Recinio; especie de toga das mulheres romanas.

Recinto. *m.* Recinto; espaço comprehendido dentro de certos limites, área cingida, circuito. *Spatium terminis certis clausum.*

Recio, cia. *adj.* Rijo, forte, robusto, vigoroso. *Firmus, validus, robustus:* — grosso, gordo, corpulento, avultado. *Crassus, robustus:* — rijo, rispido, aspero, duro, rigido, forte de genio. *Vehemens, durus:* — forte, gorda, pingue; diz-se das terras. *Terrenum, solum pingue, ferax, uberrimum:* — vigoroso, aspero, desabrido; diz-se das estações. *Rigidus, acerbus:* — *(fig.)* veloz, impetuoso, rapido, accelerado. *Impetuosus, rapidus, præceps:* — *(fig.)* duro, arduo, aspero, que custa a soffrer, difficil de tolerar ou supportar. *Arduum, grave, ægrè ferendum:*

— *adv. m.* rijo, fortemente, vigorosamente, violentamente; com força, violencia. *Vehementer, acriter:* — rapidamente, impetuosamente, precipitadamente. *Celeriter, rapidè. De recio (loc. adv.);* de rijo, fortemente, excessivamente, com vehemencia. *Vehementer, validè. Hablar recio;* fallar rijo ou de rijo, muito alto, ter a voz forte. *Pegar recio;* dar em alguem rijo; com força, com violencia, asperamente.

Récipe. *m. (fam.)* Récipe; palavra puramente latina que significa receita de medico: *(fig. fam.)* récipe, desgosto, dissabor, resposta a decisão desagradavel que se dá a alguem, especialmente em sentido ironico e burlesco. *Molestia, ægritudo. Dar un récipe (fr. fig. fam.);* dar um récipe, uma reprehensão.

Recipiangulo. *m. (phys.)* Recipiangulo; instrumento para medir os angulos dos solidos.

Recipiente. *adj.* Recipiente; que recebe. *Recipiens, entis:* — vaso, pilão: — *m. (phys.)* recipiente; vaso de vidro que recebe immediatamente o liquido distillado ou filtrado. *Vas recipiens, exceptorium, excipulum:* — *(phys.)* recipiente; manga de vidro fechada na machina pneumatica, em que se introduzem corpos sobre os quaes se experimenta o effeito da abstracção do ar. *Machinæ pneumaticæ campanula.*

Recíproca. *f.* V. *Reciprocidad.*

Reciprocacion. *f.* Reciprocação, reciprocidade: — reciprocação; qualidade de recaír a acção de um verbo no sujeito que o rege. *Significationis verbi reciprocatio, reflexio:* — *del pendulo (phys.);* reciprocação do pendulo; o seu movimento supposto produzido pelo movimento da terra.

Recíprocamente. *adv. m.* Reciprocamente; com reciprocidade, mutuamente. *Mutuò, invicem.*

Reciprocar. *a. (inus.)* Reciprocar; communicar mutuamente, fazer com que duas coussas se correspondam entre si: — *r. (inus.)* reciprocar-se; corresponder-se, communicar-se mutuamente.

Reciprocidad. *f.* Reciprocidade; acção reciproca, correspondencia mutua. *Mutuus personarum aut rerum consensus.*

Recíproco, ca. *adj.* Reciproco; que tem mutua correspondencia, que inclue reciprocidade. *Reciprocus, mutuus:* — *(gram.)* reciproco; diz-se dos pronomes cuja significação recáe sobre o mesmo sujeito ou cousa de que se falla, taes são em castelhano *se* e *suyo*, e em portuguez se e seu. *Pronomen reciprocum:* — *(gram.)* reciproco; diz-se do verbo cujo infinito é acompanhado do pronome se. *Verbum reciprocum. Cantidades recíprocas (math.);* quantidades reciprocas; diz-se de duas quantidades quando o producto de uma pela outra é a unidade. *Razon recíproca.* V. *Razon inversa.*

Recísimo, ma. *adj. sup.* de *Recio.* Rijissimo; muito rijo, robustissimo. *Validissimus, vehementissimus.*

Recision. *f. (for.)* Recisão. V. *Rescision.*

Recisorio, ria. *adj.* V. *Rescisorio.*

Recitacion. *f.* Recitação; acto de recitar. *Recitatio, onis.*

Recitado. *m. (mus.)* Recitado, o recitativo de drama musico; composição musical que se usa nas poesias narrativas e nos dialogos, e que é o meio termo entre a declamação e o canto. Algumas vezes é só acompanhada de contrabaixo e piano, e n'esse caso tem o nome de recitado fallante, usado principalmente nas burletas italianas. *Compositio musica non ad canendum, sed ad recitandum composita.*

Recitador, ra. *s.* Recitador; pessoa que recita. *Recitator, oris.*

Recitante, ta. *(ant.)* Comediante, farçante, farcista.

Recitar. *a.* Recitar; dizer, ler, referir em voz alta. *Recitare:* — dizer ou pronunciar de cór e em voz alta versos, discursos, etc. *Recitare, proferre:* — recitar, narrar, contar, em sentido geral.

Recitativo, va. *adj.* Recitativo; diz-se do estylo musico em que se canta recitando. *Quod modis musicis recitatur.*

Reciura. *f.* Rigor, aspereza, inclemencia, desabrimento, do tempo, das estações. *Tempestitas, asperitas:* — rijeza. V. *Fortaleza, Robustez:* — rigor, mau trato.

Recizalla. *f.* Segunda raspadura. *Ramentum iterum abrasum.*

Reclamable. *adj.* Reclamavel; que se pôde reclamar.

Reclamacion. *f.* Reclamação; acção e effeito de reclamar. *Reclamatio, onis:* — *(for.)* reclamação; opposição ou contradicção que se faz a alguma cousa como injusta ou mostrando não consentir n'ella. *Reclamatio, oppositio:* — *(for.)* reclamação; demanda que o verdadeiro dono de uma cousa faz contra quem a possue illegalmente.

Reclamante. *adj.* Reclamante; diz-se da pessoa que reclama.

Reclamar. *a.* Reclamar; chamar-se, as aves, chamar de uma arvore para a outra. *Voce allicere:* — reclamar; chamar as aves com reclamo. *Folliculo aves allicere, earum voces imitando:* — tornar a clamar ou a chamar, clamar muito ou repetidas vezes. *Iteratò, enixè clamare:* — *a.* e *n.* reclamar; protestar contra, pronunciar-se contra alguma decisão injusta, resistir, oppor-se. *Reclamare, refragari.*

Reclame. *m. (naut.)* Moitão de corôa; aquelle por onde passam as ostagas. *Fasciola nautica perforata, polyspastus:* — V. *Groera*, na primeira accepção de marinha.

Reclamo. *m.* Reclamo; ave ensinada que chama cantando as outras para os laços ou redes. *Avis illex vel illecebræ deserviens:* — reclamo; voz com que uma ave chama outra da sua especie.

Avium inclamatio: — reclamo; assobio com que o caçador chama as aves, imitando o seu canto. *Illex aucupis; folliculus avis vocem imitans:* — reclamo, chamamento, chamada; voz ou grito com que se chama alguem. *Clamatio, onis:* — reclamo, chamada; signal que se usa na escripta para chamar a outra parte. *Nota in scriptura, aliò legentem dirigens:* — *(fig.)* reclamo; cousa que attrahe, convida. *Illecebra, illicium:*—*(germ.)* creado de prostituta. *Scorti famulus:* — *(typ.)* reclamo; chamada que se usava no fim de cada pagina e consistia n'uma palavra ou syllaba que era a mesma com que começava a pagina seguinte. *In typis ultima syllaba ad calcem paginæ supposita, qua sequens pagina incipiat:* — *(for.)* V. *Reclamacion. Acudir al reclamo (fr. fig. fam.);* acudir ao reclamo, ao chamamento á chamada, aonde ha alguma cousa proveitosa ou agradavel. *Accurrere ad illicium.*

Reclavar. *a.* Repregar; tornar a pregar, firmar alguma cousa com mais pregos do que os que tinha.

Recle. *m.* Tempo de ferias para os prebendados em que se lhes permitte estar ausentes do côro. *Requies, ei.*

Reclinable. *adj.* Reclinavel; que póde reclinar-se.

Reclinacion. *f.* Reclinação; acção e effeito de reclinar. *Reclinandi actus.*

Reclinado, da. *adj.* Reclinado, recostado, deitado. *Reclinatus, a, um.*

Reclinar. *a.* Reclinar, abaixar, encostar, recostar a cabeça, o corpo, etc., para descanso. Usa-se tambem como neutro e como reciproco. *Reclinare, recubare.*

Reclinatorio. *m.* Reclinatorio; almofada, travesseiro ou qualquer cousa accommodada e disposta para reclinar a cabeça, o corpo, etc. *Quidquid ad reclinandum juvat:* —genuflexorio; pequena mesa estreita com um degrau ou coxim para orar de joelhos.

Recluir. *a.* Recluir, encerrar, clausular. *Occludere, concludere.*

Reclusion. *f.* Reclusão, encerramento, clausura; estado de pessoa rèclusa voluntaria ou involuntariamente, e n'este ultimo caso é o mesmo que prisão. *Inclusio, interclusio:* — carcere, prisão, cadeia; sitio onde alguem está recluso. *Carcer, eris.*

Recluso, sa. *adj.* Recluso, preso, encerrado, enclausurado.

Reclusorio. *m.* V. *Reclusion,* na accepção de carcer, etc.: — asylo; casa onde se recolhem os pobres.

Recluta. *f.* Recluta, recruta; leva de gente de guerra. *Militum supplementum:* — *m.* recruta voluntario; aquelle que voluntariamente assenta praça de soldado. *Voluntariè militiæ adscriptus:* —recruta, soldado novo, bisonho; diz-se por extensão: —*(fig.)* substituição de uma cousa que falta.

Reclutador. *m.* Recrutador; o que faz recrutas, levas de gente para o serviço militar.

Reclutamiento. *m.* Recrutamiento; acção e effeito de recrutar.

Reclutar. *a.* Recrutar; fazer recrutas, leva de gente para o serviço militar, levantar tropas. *Legiones supplere:*— *(fig.)* fazer partidarios, adeptos, proselytos, procurar gente para seguir as suas doutrinas ou opiniões, etc.: — *(fig.)* supprir-se, proverse do necessario. *Supplere.*

Recobrable. *adj.* Recuperavel; que se pôde recuperar.

Recobracion. *f. (ant.)* Recobro. V. *Recuperacion.*

Recobramiento. *m. (ant.)* Recobramento. V. *Recuperacion.*

Recobrante. *p. a.* Recuperante; o que recupera. *Recuperans, antis.*

Recobrar. *a.* Recobrar; tornar a cobrar, recuperar o perdido. Diz-se tambem das cousas immateriaes; v. g.: *recobrar el honor;* recuperar a honra, etc., *Recuperare:* — *r.* reparar-se, despicarse, satisfazer-se de algum damno recebido. *Compensare damnum:* — *r.* desforrar-se, ressarcir-se, refazer-se do perdido. *Redintegrari:* — recobrar o animo, as forças, os sentidos; tornar a si depois de algum accidente ou enfermidade. *Se colligere vel recipere, convalescere.*

Recobro. *m.* Recobro; o actó de recobrar, recuperação. *Recuperatio, restauratio, receptio.*

Recocer. *a.* Recozer; tornar a cozer ao lume, requeimar, cozer em demasia. Usa-se tambem como reciproco. *Recoquere:* — *r. (fig.)* ralar-se, arder, abrasar-se, atormentar-se, consumir-se de raiva, despeito, impaciencia. *Ira, ægritudine exuri, tabescere.*

Recocido, da. *adj.* Recozido, requeimado, tornado a cozer ao lume. *Recoctus, a, um:* — *(fig.)* recozido, requintado, consummado; diz-se da pessoa muito experimentada e pratica em qualquer materia. *Expertus valdè vel versatus:* — *(fig.)* acossado; muito atormentado interiormente: — *(art.)* recozido; operação que consiste em pôr ao fogo uma peça metallica e deixa-la esfriar lentamente, a fim de que adquira certa flexibilidade.

Recocina. *f. (p. Arag.)* Quarto contiguo á cozinha.

Recocta. *f. (ant.)* V. *Requeson.*

Recocho, cha. *adj.* Recozido, requeimado, resequido; muito cozido, passado de cozido. *Nimis coctus.*

Recodadero. *m.* V. *Reclinatorio.*

Recodar. *n.* Recostar-se, reclinar-se, ou descansar sobre o cotovelo. Usa-se commummente como reciproco. *Reclinare, recumbere, recubare:* — voltar, formar angulo ou cotovelo, um rio ou caminho.

Recodir. *n. (ant.)* V. *Recudir:* — *(ant.)* tornar a acudir a algum logar: — recobrar os sentidos, tornar a si.

Recodo. *m.* Cotovelo; angulo que forma em certos sitios uma rua, uma estrada, um rio, etc. *Angulus, anfractus, sinus:* — bola por tabella; diz-se no bilhar quando se faz jogo com uma bola depois de ter girado em dois ou tres angulos da mesa. *In trudiculorum, ut dicitur, ludo sors quædam.*

Recogedero. *m.*V. *Recojedero.*

Recogedor, ra. *s.* V. *Recojedor.*

Recoger. *a.*V. *Recojer.*

Recogida. *f. (ant.)* V. *Recojida.*

Recogidamente. *adv.* V. *Recojidamente.*

Recogido, da. *adj.*V. *Recojido.*

Recogimiento. *m.* V. *Recojimiento.*

Recojedero. *m.* Casa de despejo, ou logar onde se mettem ou ajuntam diversas cousas que pejariam, embaraçariam as casas. *Locus ubi dispersa colliguntur:* — instrumento com que se ajuntam differentes objectos. *Excipulum exceptoria capsula.*

Recojedor, ra. *s.* Recolhedor; pessoa que recolhe ou dá agasalho a alguem. *Colligens, recipiens:* —V. *Recojedero:* — *m. (agr.)* instrumento agricola, que consiste em uma tábua inclinada, com a qual se ajunta o trigo debulhado da eira, por meio de uma cavalgadura que a vae puxando.

Recojer. *a.* Recolher; tornar a colher, ajuntar, tomar outra vez alguma cousa. *Colligere, recipere, recolligere:* — recolher; ajuntar, unir, reunir algumas cousas que estavam separadas ou dispersas. *Congregare, recolligere, adunare:* — recolher, colligir; apanhar e guardar a novidade, fazer a colheita dos fructos. *Fructus metere:* —recolher, encolher, estreitar. *Contrahere, coarctare:* —recolher, guardar, pôr em logar seguro; v. g.: *recoje esta plata;* guarda esta prata. *In custodiam recipere:* — ir juntando pouco a pouco e guardando, especialmente o dinheiro. *Sensim recolligere in futurum vel reponere:* — recolher, acolher, agasalhar, refugiar alguem. *Recipere:* — prender, encarcerar um doudo, um alienado. *Insanum in custodiam adigere:* —recolher, supprimir; suspender o uso ou o curso de alguma cousa. *Usum intercidere, defendere ad tempus:* — recolher, colligir, compilar; fazer collecção, compilação de passagens de diversos auctores, etc. *Colligere:* — *r.* recolher-se, retirar-se, refugiar-se, acolher-se, pôr-se em salvo. *Se recipere, in recessum quærere:* — recolher-se, retirar-se; apartar-se, desviar-se, separar-se das sociedades, da demasiada communicação e commercio da gente. *Abstrahi, abducere se à sæculo:* — restringir-se, limitar-se; reduzir, moderar a sua despeza. *Sumtus corrigere, diminuere:* —recolher-se; retirar-se á camara de dormir, ir descansar ou dormir. *In lectum se recipere:* — recolher-se; voltar a casa, á morada, á habitação; v. g. *Juan se recoje temprano,* João recolhe-se cedo. *Domum repetere; in domum se recipere:* —*(fig.)* recolher-se; apartar-se, abstrahir-se o animo de tudo quanto é terreno, que possa impedir-lhe a meditação ou contemplação. *Sibi ipsi ac Deo vacare. Recojerse a buen vivir (fr.);* retirar-se a descansar ou apartar-se do bulicio das sociedades para ir viver em retiro e socego. Em outro sentido corrigir-se, emendar-se, reformar os seus costumes e modo de vida. *Ad bonam frugem se recipere:* — *el pico al caballo (equit.);* fazer abaixar o focinho ao cavallo quando se despapa, ou o leva muito levantado.

Recojida. *f. (ant.)* V. *Acojida:* — recolhida. V. *Retirada:* — apprehensão, nas corridas de touros o acto de repetir o touro o seu ataque depois de ter alcançado o combatente: — *pl.* recolhidas; mulheres que vivem reclusas em clausura. *In custodiam receptæ, adductæ.*

Recojidamente. *adv. m.* Recolhidamente; com recolhimento. *Animo ab omni strepitu seu negotiorum æstu remoto.*

Recojido, da. *adj.*Recolhido, retirado; diz-se do que vive em solidão, longe das companhias do mundo. *Qui secessum amat, atque seorsum ab hominum frequentia recedit:* — *(fam.)* recolhido, recatado, modesto, honesto; diz-se das mulheres: — curto; diz-se do animal que tem o quarto trazeiro proximo do dianteiro, isto é, pouca extensão de costellas e de rins. *Animal corpore paulò à capite ad caudam contractiore.*

Recojimiento. *m.* Recolhimento; acção e effeito de recolher: — ajuntamento, cumulo; união ou aggregado de algumas cousas. *Congregatio, coacervatio, cumulus, acervus:* — recolhimento, acolhimento, refugio; logar seguro onde se guarda alguma cousa. *Receptaculum, recessus:* — V. *Acojimento:* — asylo, casa de caridade ou misericordia: — recolhimento; casa religiosa de clausura para mulheres sem votos religiosos. *Receptaculum mulierum ad bonam frugem se recipientium:* — V. *Reclusion:* — recolhimento, retiro, vida retirada. *Animi vacatio; a curis sæcularibus separatio:* — *(fig.)* recolhimento do espirito, estado de meditação. *In seipsum receptio; animi recessus.*

Recolar. *a.* Tornar a coar. *Rursus colare.*

Recoleccion. *f.* Recopilação, resumo, compendio. *Summa compendium:* — colheita dos fructos. *Messis, is:* — arrecadação, cobrança de fructos ou dinheiro. *Exactio, collectio:* — recollecção; observancia mui rigorosa da regra em certas religiões. *Primævi et severioris instituti observantia vel cultus:* — recollecção; casa de recoletos ou convento em que se observa a mais rigorosa disciplina. *Domus in qua severior disciplina colitur:* — *(fig.)* convento; casa particular onde se vive em muito retiro: — *(rel.)* recolhimento do espirito, retiro. *Vacatio Deo sibique.*

Recoletar. *a.* V. *Recojer,* na terceira accepção.

Recolector. *m.*V. *Recaudador.*

Recolegir. *a. (ant.)* V. *Recolejir.*

Recolejir. *a. (ant.)* Colligir; juntar o que está dividido ou espalhado: — *(ant.)* colligir, inferir, conjecturar, deduzir.

Recoleto, ta. *adj.* Recoleto; diz-se do religioso reformado, que observa recollecção, vida muito austera. *Primævi, severiorisque instituti custos vel cultor:* — recollecção; casa ou convento de recoletos: — *(fig.)* retirado, recatado; que vive com algum retiro ou veste modestamente. *Victu et cultu moderatus; á pompa sæculi segregatus.*

Recombrar. *a. (ant.)* V. *Recobrar:* — *n. (ant.)* V. *Recobrarse.*

Recomendable. *adj.* Recommendavel, estimavel, apreciavel; digno de recommendação, apreço ou estima. *Commendabilis, dignus, acceptus.*

Recomendablemente. *adv. m.* Recommendavelmente; de maneira recommendavel. *Commandabili via et ratione.*

Recomendacion. *f.* Recommendação; acção e effeito de recommendar. *Commendatio, onis:* — recommendação; termos, supplicas com que se recommenda alguem. *Commendatio, onis:* — recommendação; louvor, elogio de alguma pessoa para a introduzir ou relacionar com outra. *Elogium, præconium, laudatio:* — recommendação; qualidade que faz recommendavel. *Dignitas, auctoritas:* — *del alma;* recommendação da alma; preces que a *I*greja faz pelos fieis que estão em agonia. *Animæ commendatio. Carta de recomendacion;* carta de recommendação, a favor de alguem.

Recomendadísimo, ma. *adj. sup.* de *Recomendado.* Recommendadissimo.

Recomendamiento. *m. (ant.)* V. *Recomendacion.*

Recomendar. *a.* Recommendar; encommendar, encarregar alguma cousa a alguem. *Commendare:* — recommendar; inculcar uma pessoa a outra como digna de favor, mercê; pedir que seja tratada com favor, bom agasalho ou que seja auxiliada nas suas pretensões. *Elogio commendare. Recomendarse a si mismo (fr.);* recommendar-se a si mesmo; ter prendas muito notaveis, boas qualidades, saber ou engenho para merecer distincção sem precisar do favor alheio.

Recomendaticio, cia. *adj.* De recommendação, que recommenda. *Commendatitius, a, um.*

Recomendatorio, ria. *adj.* V. *Recomendaticio.*

Recompensa. *f.* Recompensa, compensação, satisfação; especie de troca que se faz de uma cousa por outra equivalente. *Compensatio, onis:* — recompensa, remuneração, premio, gratificação, retribuição de serviço feito, de beneficio recebido por quem remunera. *Remuneratio, retributio.*

Recompensable. *adj.* Recompensavel; o que se póde recompensar, ou é digno de recompensa. *Quod compensari potest seu compensationem meretur.*

Recompensacion. *f.* Recompensação, compensação, indemnisação. *Compensatio, onis:* — V. *Recompensa.*

Recompensar. *a.* Recompensar, compensar, remunerar serviços, beneficios, o amor. *Compensare, remunerare, retribuere:* — recompensar. V. *Premiar:* — recompensar, compensar, satisfazer, indemnisar.

Recomponer. *a.* Recompor, reparar, compor, combinar de novo. *Restaurare, sarcire, reficere:* — *(chim.)* recompor; reunir as partes separadas.

Recomposicion. *f.* Recomposição; acção e effeito de recompor.

Recompostura. *f.* V. *Recomposicion.*

Recomprar. *a.* Tornar a comprar.

Recompuesto, ta. *adj.* Recomposto, composto, combinado de novo.

Reconcentramiento. *m.* Reconcentração; acção e effeito de reconcentrar ou reconcentrar-se. *In centrum directio.*

Reconcentrar. *a.* Reconcentrar; metter no centro, no intimo. Usa-se regularmente como reciproco. *Intima penetrare, petere:* — reconcentrar, dissimular, recolher, occultar profundamente algum sentimento ou affecto. *In intima abdere, obtegere, reponere:* — *r.* reconcentrar-se, chegar-se para o centro, fixar-se na vontade ou no animo algum affecto, ou no interior do corpo, os humores ou doenças. *Intimo hærere.*

Reconciliable. *adj.* Reconciliavel; que se pôde reconciliar.

Reconciliacion. *f.* Reconciliação; acção e effeito de reconciliar-se. *Reconciliatio, onis:* — reconciliação; renovação da amisade rota ou quebrada. *Reconciliatio; in pristinum amorem restitutio:* — reconciliação; confissão breve e auricular de algum peccado que se esqueceu na antecedente confissão. *Reconciliatio, onis:* — confissão sacramental feita por um sacerdote. *Confessio sacramentalis:* — *del hereje;* reconciliação do herege; readmissão ao gremio da *I*greja por effeito da abjuração dos seus erros: — *encubierta;* reconciliação encoberta, fingida, pouco duravel.

Reconciliador, ra. *s.* Reconciliador; pessoa que reconcilia ou procura reconciliar. *Conciliator, oris.*

Reconciliar. *a.* Reconciliar; restituir á antiga amisade, fazer as pazes. Usa-se muito como reciproco. *Reconciliare, in gratiam restituere:* — ouvir uma breve ou ligeira confissão. *Culpas per confessionem audire, sæpè leviores:* — reconciliar; benzer o logar sagrado que foi profanado. *Ecclesiasticis ritibus sacrum locum expiare:* — reconciliar um hereje, um apostata á *I*greja; absolve-lo depois de ter abjurado a sua heresia: — *r.* reconciliar-se; confessar-se o penitente de peccado esquecido ou commettido depois da precedente confissão. *Reconciliari.*

Reconcomerse. *r.* Coçar-se, esfregar-se muito por causa de frequente prurido. *Prurigine gestire.*

Reconcomio. *m. (fam.)* Movimento que se faz a um tempo com os hombros e as costas motivado por alguma comichão, ou quando se recebe alguma noticia agradavel, etc. *Pruriginis motu sedatio:* — suspeita, desconfiança que obra sobre o espirito. *Levis suspicio:* —*(fam.)* comichão, prurido, appetite, impulso; movimento intimo da alma que inclina a algum affecto. *Animi prurigo.*

Recondito, ta. *adj.* Recondito; muito escondido, occulto, encoberto, profundo. *Reconditus, a, um.*

Reconduccion. *f. (for.)* Reconducção; reforma de contrato para outros prasos, contrato de segundo arrendamento, depois de ter findado o tempo do primeiro. *Reconducendi actio.*

Reconducir. *a.* Reconduzir; tornar a conduzir: — *(for.)* reconduzir; repetir ou renovar o contrato de arrendamento. *Rursus locare.*

Reconfesar. *a. (ant.)* Reconfessar; confessar de novo, tornar a confessar. *Factam confessionem iterare.*

Reconecedor, ra. *s.* Reconhecedor; o que reconhece. *Qui recognoscit:* — *m.* revisor, examinador.

Reconocer. *a.* Reconhecer; examinar com cuidado alguma cousa, verifica-la, inteirar-se d'ella. *Recognoscere:* — reconhecer; acertar por alguma particularidade de quem vem uma cousa ou quem a disse ou fez; v. g.: *en este escrito reconozco el estilo de fulano;* n'este escripto reconheço o estylo de fulano: — reconhecer; fazer acto de reconhecimento ou de submissão. *Recognoscere:* — reconhecer, agradecer; confessar a obrigação, o favor, a mercê, o serviço que se deve a outro, mostrar-se agradecido. *Recognoscere, agnoscere, fateri:* — reconhecer; considerar, notar, advertir, contemplar. *Intelligere, agnoscere, aminadvertere:* — reconhecer, comprehender, fórmar juizo. *Mente perspicere, judicare:* — reconhecer; dar como seu, confessar que alguma cousa é sua ou lhe pertence; v. g.: *reconocer una letra, etc.;* reconhecer uma letra, etc. *Recognoscere:* — reconhecer; registrar ou olhar com cuidado alguma cousa, ou seja para procurar o que se tem em vista, ou para ver se é o que se julgava. *Recognoscere, speculari:* — *r.* reconhecer-se. V. *Arrepentirse:* — reconhecer-se; confessar-se culpado de alguma falta ou erro. *Se reum fateri:* — conhecer-se; julgar justamente de si proprio, do seu talento, forças, recursos, etc. *Se ipsum agnoscere:* — *el campo ó terreno;* reconhecer o campo ou terreno: — *por hijo;* reconhecer, declarar por filho.

Reconocidamente. *adv. m.* Reconhecidamente; com reconhecimento e gratidão. *Grato animo.*

Reconocidísimo, ma. *adj. sup.* de *Reconocido.* Reconhecidissimo. *Gratissimus, a, um.*

Reconocido, da. *adj.* Reconhecido, grato; que reconhece o favor ou beneficio recebido. *Memor beneficii.*

Reconociente. *p. a.* de *Reconocer. Recognoscens, entis.*

Reconocimiento. *m.* Reconhecimento; acto de reconhecer. *Recognitio, onis:* — reconhecimento, agradecimento, gratidão. *Beneficii memoria, grati animi significatio:* — reconhecimento; prestação, homenagem, acto de vassallagem, sujeição. *Subjectio, onis:* — reconhecimento, exame, averiguação, inquirição. *Inquisitio, investigatio:* — reconhecimento; confissão de uma falta: — *(for.)* reconhecimento; declaração que judicialmente faz alguem da legitimidade de algum documento produzido contra elle. *Judicialis de instrumenti validitate declaratio. Reconocimientos militares (mil.);* reconhecimentos militares; movimentos praticados por forças maiores ou menores, a fim de averiguar e conhecer a posição e manobras do inimigo e de explorar a natureza do paiz em que se deve operar.

Reconquista. *f.* Reconquista; acção e effeito de reconquistar. *Armis facta recuperatio.*

Reconquistable. *adj.* Reconquistavel; o que pôde ser novamente conquistado.

Reconquistar. *a.* Reconquistar; conquistar de novo, recobrar a conquista. *Armis recuperare.*

Reconstruccion. *f.* Reconstrucção; acção de reconstruir, e a cousa reconstruida.

Recontamiento. *m. (ant.)* Recontamento, relatorio, relação, narração. *Recensus, recensio.*

Recontado, da. *adj.* Recontado, contado, referido de novo.

Recontante. *p. a.* de *Recontar. Recensens, entis.*

Recontar. *a.* Recontar; tornar a contar, referir de novo. *Recensere:* — recontar; contar segunda vez, calcular de novo: — *(ant.)* explicar, referir.

Recontento, ta. *adj.* Recontente; duas vezes contente, mui contente. *Gaudio valdè affectus:* — *m.* contentamento grande. *Eximium gaudium.*

Reconvalecer. *n.* Reconvalecer; tornar a convalecer. *Revalescere.*

Reconvencion. *f.* Reconvenção, exprobração, refutação que se faz a alguem, valendo-se das suas proprias palavras ou acções. *Redarguendi actio; ab adversarii ipsius rationibus deducta ratio; redargutio:* — *(fam.)* sabonete, esfrega; castigo, reprehensão aspera e severa: — *(for.)* reconvenção; acção retorquida pelo demandado contra o auctor. *Contrariæ actionis intentio; mutua petitio.*

Reconvenir. *a.* Reconvir; refutar, redarguir, argumentar contra alguem, valendo-se de suas proprias palavras ou acções. *Redarguere, actionem retorquere:* — V. *Re-*

prender: — *(for.)* reconvir; demandar o réu o auctor que o demanda, convertendo-se de réu em auctor. *Petitorem ipsius actione convenire, mutua petitione agere.*

Recopilacion. *f.* Recopilação, resumo, epitome, compendio; resumo breve de uma obra ou discurso. *Epitome, breviarium:* — recopilação, compilação, collecção de varias cousas; e n'este sentido chama-se recopilação aos livros em que se acham todas as leis. *Collectio, onis.*

Recopilador. *m.* Recopilador, compilador; o que recopila. *Collector, oris.*

Recopilar. *a.* Recopilar, abreviar, compendiar obra, resumir, reunir em compendio. *In compendium redigere; breviare; congregare summatim:* — recopilar, colligir; formar collecção de diversas cousas ou materias: — recopilar, compilar; reduzir extractando.

Recoquin. *m.* Rolho, caçapo, tacão; homem baixo ou acaçapado e gordo. *Brevis, crassus homo.*

Recordable. *adj.* Recordavel; que se pôde recordar: — recordavel, memoravel, memorando; digno de recordação. *Memorandus; recordatione dignus.*

Recordacion. *f.* Recordação; acto de recordar, de trazer á memoria alguma cousa. Toma-se muitas vezes na accepção de *Recuerdo. Recordatio, onis.*

Recordador, ra. *adj.* Recordador; que recorda, que traz á lembrança. *Qui in memoriam revocat.*

Recordamiento. *m. (ant.) Recordacion.*

Recordanza. *f. (ant.)* V. *Recordacion.*

Recordar. *a.* Recordar, lembrar; excitar e mover alguem a que tenha presente alguma cousa de que se encarregou, etc. *Memoriam facere, excitare; in memoriam revocare:* — recordar; trazer de novo á memoria alguma cousa, lembrar-se d'ella. Usa-se tambem como reciproco. *In memoriam revocare:* — despertar, acordar; interromper o somno ao que dorme. Usa-se no Chili e em outras partes da America meridional: — *n. (fig.)* acordar, despertar quem dorme. *Expergisci.*

Recordativo, va. *adj.* Commemorativo; que recorda ou faz lembrar. Usa-se tambem como substantivo na terminação masculina. *Quod recordatur, recordarive potest.*

Recorrer. *a.* Procurar, buscar, investigar, inspeccionar cuidadosamente por todas as partes. *Percurrere, perspicere:* — recorrer, percorrer, repassar, examinar de novo e rapidamente um livro ou escripto. *Perlegere, percurrere, evolvere:* — recorrer, concertar. *Resarcire:* — *n.* recorrer a alguem, implorar o seu auxilio. *Confugere, opem implorare:* — *la memoria (fr.)* V. *Recapazitar:* — *los cañavesales (fr. fig. fam.);* mendigar de porta em porta.

Recorrida. *f. (naut.)* Reparação, concerto que se faz ao casco, apparelho, enxarcia de um navio, etc.: — reparação, concerto dos telhados, dos pavimentos, etc.

Recortado. *m.* Recortado; cousa recortada, obra recortada de papel, panno, etc., tambem chamada recortados.

Recortador, ra. *s.* Recortador; o que recorta.

Recortadura. *f.* Recortadura. V. *Recorte:* — *pl.* retalhos.

Recortar. *a.* Aparar; cortar o que sobra em qualquer cousa. *Recidere:* — recortar; cortar com arte o papel, o vestido, as roupas, as arvores, etc., fazendo desenhos, figuras. *Variè vel artificiosè incidere:* — *(pint.)* recortar; applicar a côr ao redor da figura para que appareçam todas as partes d'ella no seu ser. *Lineamenta definire.*

Recorte. *m.* Recorte; acção e effeito de recortar. *Recisio, onis:* — *pl.* aparas, pedaços, porções excedentes de qualquer materia tecida ou trabalhada, que se separam por meio de um instrumento cortante. *Recisamenta, orum:* movimento repentino do corpo para evitar algum golpe.

Recorvar. *a.* Recurvar. V. *Encorvar.* Usa-se tambem como reciproco.

Recorvo, va. *adj.* Recurvo. V. *Corvo.*

Recoser. *a.* Recoser; tornar a coser com agulha. *Resuere:* — coser, concertar a roupa, vestidos, etc.

Recostadero. *m.* Movel ou qualquer outra cousa em que alguem se recosta. *Locus ad recubandum aptus.*

Recostar. *a.* Recostar, reclinar, collocar ou pôr de lado alguma cousa. Usa-se tambem como reciproco. *Reclinare:* — *r.* recolher-se; retirar-se á camara de dormir para descansar ou entregar-se ao somno. *Recubare, recumbere:* — *(naut.)* inclinar-se; tombar demasiadamente o navio, obrigado pela força do vento ou do mar.

Recova. *f.* Recova; compra por grosso de ovos, gallinhas e outras cousas nas aldeias, para depois as vender por miudo nas cidades. *Ovorum, aviumve per vicos recollectio vel comparatio:* — matilha, quadrilha de cães de caça. *Ex canibus mandra:* — *(p. And.)* mercado de gallinhas e outras aves demesticas: — alpendre, telheiro, anteparo, abrigo contra as intemperies. *Operimentum vel tegumentum fabrile.*

Recovar. *a.* Comprar ovos, gallinhas e outras cousas para as tornar a vender.

Recoveco. *m.* Cotovelo, rodeio, volta, gyro ou angulo que forma em certos sitios uma rua, uma estrada, um regato, etc. *Gyrus, circuitus, sinus:* — *(fig.)* rodeios, ambages, rasões equivocas, circumlóquios, meios tortuosos, dilatorios, artificio simulado para conseguir alguma cousa. *Circumlocutio, tergiversatio.*

Recovero. *m.* Recoveiro; homem que traz á cidade gallinhas, ovos, e outras bagatelas para as vender. *Ovo-*

rum vel avium per vicos emptor, comparator.

Recre. *m.* V. *Recle.*

Recreacion. *f.* Recreação, diversão, passatempo; o recrear ou recrear-se, especialmente no campo. *Animi relaxatio, oblectatio.*

Recrear. *a.* Recrear, divertir, deleitar. Usa-se tambem como reciproco. *Animum relaxare, recreare, oblectare:* — *(ant.)* recrear; crear de novo, tornar a crear.

Recreativo, va. *adj.* Recreativo; que recreia. *Quod jucunditatem affert vel afferre potest.*

Recrecer. *a.* Recrescer, acrescer; augmentar, acrescentar alguma cousa. Usa-se tambem como neutro. *Exaugere:* — recrescer, acontecer, sobrevir, occorrer, offerecer-se alguma cousa de novo. *Supervenire; in mentem subire:* — *r.* reanimar-se, cobrar animo, brios.

Recrecimiento. *m.* Recrescimento, crescimento, augmento. *Incrementum, i:* — V. *Crecimiento.*

Recrecer. *n.* *(ant.)* Desconfiar, desesperar.

Recreido, da. *adj.(volat.)* Diz-se do falcão que se torna indocil e volta á sua liberdade natural. *Libertate gaudens.*

Recremento. *m. (ant.)* Reliquia, resto de qualquer cousa. *Residuum, i.*

Recreo. *m.* Recreio. V. *Recreacion:* — logar ou sitio de recreio, proprio para diversão. *Delicium; locus oblectans:* — *(fig.)* recreio, passatempo, recreação, cousa que recreia, diverte.

Recriminacion. *f.* Recriminação; acção e effeito de recriminar.

Recriminar. *a.* Recriminar, retorquir a accusação contra o accusador.

Recrucetado, da. *adj.* V. *Recruzetado.*

Recrudescencia. *f.* Recrudescencia; renovação de epidemia.

Recruzetado, da. *adj.* *(br.)* Recruzetado; diz-se da cruz que na extremidade de cada braço tem outra cruz, ou que vem a formar cruzetas.

Recta. *f.* *(math.)* Recta, linha recta.

Rectaguardia. *f.* *(ant.)* V. *Retaguardia.*

Rectamente. *adv.* *m.* Rectamente; com rectidão, justamente. *Rectè:* — rectamente; em linha recta.

Rectangular. *adj.* Rectangular; que tem angulos rectos.

Rectángulo, la. *adj.* Rectangulo; que tem angulo ou angulos rectos. *Rectangulus, a, um:* — *m.* rectangulo; parallelogramo que tem os quatro angulos rectos, porém nem todos os lados iguaes. *Rectangulum, i.* *Triangulo rectángulo;* triangulo rectangulo; o que tem um angulo recto.

Rectificable. *adj.* Rectificavel; que póde rectificar-se.

Rectificacion. *f.* Rectificação; acção e effeito de rectificar. *Exacta ad regulas æquatio:* — *(chim.)* rectificação, apuração; distillação mediante a qual se obtem, em estado de pureza ou quasi puro, um liquido que estava unido com outro menos volatil: — *(math.)* rectificação; operação pela qual se busca uma linha recta igual a uma dada curva.

Rectificar. *a.* Rectificar, corrigir, emendar, apurar, reduzir á perfeição. *Exactè ad regulas redigere:* — rectificar; desfazer equivocos ou más interpretações, explicando e fixando o verdadeiro sentido do que se disse: — rectificar; comprovar alguma cousa, assegurar-se da sua certeza; *v. g.: rectificar una observacion astronómica;* rectificar uma observação astronomica. *Corrigere:* — *una curva (math.);* rectificar uma curva; buscar uma linha recta que lhe seja igual no comprimento: — *(chim.)* rectificar; apurar por distillações repetidas. *Liquores purificare; tenuissimos reddere.*

Rectificativo, va. *adj.* Rectificativo; que rectifica ou póde rectificar. Usa-se tambem como substantivo na terminação masculina. *Quod corrigit, seu corrigendi vim habet.*

Rectífloro, ra. *adj.* *(bot.)* Rectifloro; diz-se da calathide das synanthereas, quando todas as flores que a constituem são parallelas ao eixo.

Rectigrado, da. *adj.* Rectigrado; diz-se das aranhas que caminham sempre em linha recta.

Rectilíneo, nea. *adj.* Rectilineo; formado de linhas rectas, ou que se dirige em linha recta. *Rectilineus, a, um.*

Rectísimo, ma. *adj.* *sup.* de *Recto.* Rectissimo; muito recto. *Admodum rectus.*

Rectitud. *f.* Rectitude, rectidão; direcção recta. *Rectitudo, inis:* — rectitude, rectidão; qualidade de ser recto ou justo. *Rectitudo, justitia:* — rectidão; exactidão, exacção nas operações. *Exacta, perfecta in agendo justitia:* — *(fig.)* rectitude, rectidão, recta rasão. *Judicii æquitas, rectitudo:* — rectidão; equidade, integridade, imparcialidade na applicação da justiça. *Justitia, æquitas:* — *pl.* *(art.)* os seis movimentos da esgrima chamados: abaixo, acima, á direita, á esquerda, á retaguarda, á frente.

Recto, ta. *adj.* Recto, direito, erecto, não inclinado ou curvo. *Rectum, i:* — *(fig.)* recto, justo, direito, integro; conforme á justiça, ao direito, severo, firme nas suas resoluções. *Æquus, rectus, justitiæ tenax:* — recto, franco, sincero: — *(math.)* recto; diz-se de qualquer angulo formado por duas perpendiculares, e tambem de qualquer dos angulos que forma uma linha recta com outra, quando cae perpendicularmente sobre ella. *Angulus rectus:* — *(gram.)* V. *Nominativo.* *Sentido recto;* sentido recto, proprio ou natural. *Intestino recto (anat.);* intestino recto; terceira e ultima porção do intestino grosso, em consequencia da sua direcção quasi recta.

Rector, ra. *s.* Rector, reitor,

director; o que rege, dirige ou governa. *Rector, rectrix:* — reitor; superior de uma communidade, seminario, collegio, lyceu, etc. *Rector, moderator, rectorix:* — reitor de almas; cura, parocho de uma freguezia. *Rector, parochus:* — reitor; chefe ou regente de universidade. *Gymnasiarcha, æ.*

Rectorado. *m.* Reitorado; emprego, officio ou cargo de reitor. *Gymnasiarchæ munus:* — reitoradò; duração da reitoria.

Rectoral. *adj.* Reitoral; do reitor, que pertence ao reitor ou reitora. *Ad rectorem rectricemve pertinens.*

Rectorar. *a.* Chegar a ser reitor, alcançar uma reitoria; *Rectoris munus obire.*

Rectoría. *f.* Reitoria; officio, emprego, jurisdicção, direitos do reitor. *Rectoris munus vel ditio:* — reitoria, reitorado, curato; direcção de uma parochia.

Recua. *f.* Récua, recova; multidão de bestas de carga. *Mandra; mulorum onera portantium agmen vel series:* —*(fig.* e *fam.)* cafila, bando, enfiada; disposição de muitas cousas que se seguem umas ás outras. *Agmen, series.*

Recuadrar. *a. (pint.)* V. *Cuadrar, Cuadricular.*

Recuadro. *m. (archit.)* Quadratura; divisão em fôrma de quadrado ou quadrilongo. *Quadratura, æ.*

Recuaje. *m.* Tributo que se paga pelo transito das recuas: — *(ant.)* recovagem. V. *Recua.*

Recuarta. *f.* Requarta; segunda corda da viola, que se põe em quarto logar quando se dobram as cordas. *Una ex chelys fidibus, quatro locosita.*

Recubdir. *n. (ant.)* Responder; corresponder.

Recuchillo. *m. (ant.)* Nome que os alfaiates dão a uma nesga que se põe no fato.

Recudida. *f.* V. *Rebote. De recudida (loc. adv. ant.);* de chapeleta, de resalto. *Volver de recudida (fr. ant.);* fazer alguma cousa alternadamente.

Recudidero. *m. (ant.)* Logar, sitio de muita concorrencia.

Recudimento. *m. (ant.)* V. *Recudimiento.*

Recudimiento. *m.* Auctorisação e poder que se dá ao arrendador para cobrar as rendas que estão a seu cargo. *Facultas ad redditus exigendos impertita.*

Recudir. *a.* Solver, pagar; satisfazer divida, restituir a alguem o que lhe pertence. *Rependere, persolvere:* — *(ant.)* recudir; acudir ou concorrer a alguma parte: — *(ant.)* acudir; recorrer a alguem: — *(ant.)* acudir, responder, replicar: —*n.* reflectir, resaltar, retroceder, resurtir ou voltar uma cousa ao sitio d'onde saíu primeiro. *Reflecti, regredi:* — *(ant.)* concorrer, vir, ajuntar-se em um mesmo logar alguma cousa, como as ruas, caminhos, etc.: — *(ant.)* responder, corresponder.

Recuelo. *m.* Barrela que se recolhe na tina, depois de ter passado pelo barreleiro.

Recuenco. *m.* Cotovelo; terreno que dá uma volta em fórma de angulo, canto ou esquina.

Recuento. *m.* Conta, enumeração, ou segunda enumeração que se faz de alguma cousa. *Census, recensio:* — *(p. Gal.)* V. *Inventario:* — chamada dos estudantes de uma classe.

Recuentro. *m. (ant.)* V. *Reencuentro.*

Recuerdo. *m.* Recordo; recordação, lembrança de cousa passada. *Recordatio, commemoratio.*

Recuero. *m.* Recoveiro, almocreve; conductor de bestas de carga. *Mulio, onis.*

Recuesta. *f.* Requesta, requerimento, supplica: — V. *Recuesto:* — *(ant.)* busca, diligencia: — *(ant.)* requesta, desafio, duello, briga, contenda: — *(ant.)* restinga, baixio. *A toda recuesta (loc. adv.);* em todo o caso, a todo o custo, succeda o que succeder.

Recuestador, ra. *s. (ant.)* Requeredor, requerente; o que requer ou solicita: — *(ant.)* desafiador; o que desafia.

Recuestar. *a. (ant.)* Requestar, requerer, solicitar, pedir: — *(ant.)* requestar, desafiar, chamar a duello: — *(fig. ant.)* requebrar uma dama, dizer-lhe finezas.

Recuesto. *m.* Recosto, ladeira, encosta, declivio; pendor, inclinação de um terreno. *Clivus, declivitas.*

Reculada. *f.* Recúo; acção de recuar. *Regressus, retrogressus.*

Recular. *n.* Recuar, retroceder; andar para trás sem voltar a face. *Retrogredi, retroire:* — *(fig. fam.)* retrogradar, retroceder, voltar atrás, ceder da sua opinião, descontinuar a empreza começada. *Retrocedere.*

Reculillo, *adj. (prov.)* Recoleto, religioso reformado.

Reculo, la. *adj.* Derrabado; diz-se de um frango, ou da gallinha a que se cortou o rabo. *Pullus cauda carens:* — *m.* V. *Reculada.*

Reculones (a). *(loc. adv. fam.)* Recuando, para trás. *Retrogrediendo.*

Recuntar. *a. (ant.)* Recontar; contar, referir de novo.

Recuperable. *adj.* Recuperavel; que se póde recuperar. *Quod recuperari potest.*

Recuperacion. *f.* Recuperação; acção e effeito de recuperar. *Recuperatio, restauratio:* — recuperação, restauração.

Recuperador, ra. *s.* Recuperador; o que recupera. *Recuperator, oris.*

Recuperar. *a.* Recuperar, recobrar, reconquistar; tornar a cobrar ou tomar o perdido. *Recuperare:* — *r.* recuperar-se, refazer-se; resarcir os damnos, indemnisar-se dos prejuizos. *Instaurari, refici.*

Recuperativo, va. *adj.* Recuperativo; que recupera, ou tem a propriedade de recuperar. *Quod recuperat, vimve habet recuperandi.*

Recura. *f. (art.)* Recura; instrumento que serve para formar e aclarar as puas dos pentes. É um ferro dentado, com córtes de ambos os lados, com o cabo em fórma de faca. *Ferrum longum utrinque dentatum pectinibus efficiendis:* — lima de alargar os dentes das cardas.

RECURAR. *a.* Serrar; formar e aclarar as puas dos pentes com a recura adaptada a esse fim. *Dentes pectinis serra efformare.*

RECURRENTE. *adj. (anat.)* Recurrente; diz-se de varias arterias do antebraço, e de uma arteria da perna, porque parece que retrocedem para a origem do tronco d'onde partem. *Nervios recurrentes;* nervos recurrentes; dois nervos de sexto par, que se ramificam na larynx, e lançam ramos que voltam para cima.

RECURRIR. *a.* Recorrer; acudir em caso de necessidade ao favor de alguem, interpor recurso. *Confugere:* — empregar meios pouco communs para conseguir alguma cousa: — *n. (ant.)* reverter, reflectir, retroceder, tornar uma cousa para o logar d'onde saíu. *Progredi, reddire, reverti.*

RECURSO. *m.* Recurso; acção e effeito de recorrer. *Recursus, refugium:* — regresso, retrocesso; tornada para trás, volta de alguma cousa para o logar d'onde saiu. *Recursus, us:* — recurso, meio, expediente proprio para conseguir alguma cousa. *Carecer de recursos (fr.);* carecer de recursos; não ter fundos, estar sem dinheiro. *Ser hombre de recursos (fr.);* ser homem de recursos, que acha meios de resolver todas as difficuldades em que se veja, e saír bem de todos os apuros: ser homem de recursos, de meios, ser rico: — *(for.)* recurso; appellação com instancia a tribunal superior, ao rei, á corôa, pedindo emenda, remedio de injustiça commettida por inferior. *Recursus, actio subsidiaria.*

RECUSABLE. *adj.* Recusavel; que póde recusar-se ou deve rejeitar-se.

RECUSACION. *f.* Recusação; acção e effeito de recusar ou rejeitar. *Recusatio, onis:* — *vaga;* recusação vaga; a que se faz em geral de alguma especie de sujeitos, sem determinar individuos. *Ejuratio fori vel recusatio vaga.*

RECUSANTE. *p. a.* Recusante; o que recusa. *Escusans, antis.*

RECUSAR. *a.* Recusar, rejeitar; não querer admittir ou aceitar. *Recusare:* — *(for.)* recusar; não querer admittir por juiz ou testemunha, da-los por suspeitos. *Judicem rejicere, recusare.*

RECHAZADOR, RA. *s.* Rechaçador, repellente, o que rechaça ou repelle. *Qui repellit.*

RECHAZAMIENTO. *m.* Rechaço; acção e effeito de rechaçar. *Repulsa, repulsus.*

RECHAZAR. *a.* Rechaçar, repellir, rebater; resistir um corpo a outro, forçando-o a retroceder. *Repellere, rejectare:* — *(fig.)* rechaçar, rebater, repellir; resistir ao inimigo, obrigando-o a ceder, retirar-se ou fugir. *Repellere, propulsare:* — *(fig.)* rechaçar, rebater, refutar, repellir, combater, contradizer, impugnar, as rasões, proposições, ditos de alguem. *Verbis impugnare:* — V. *Recusar:* — *o volver la pelota (fr. fig.);* rechaçar, rebater, refutar a rasão contraria com outra rasão igual ou mais efficaz. *Verba reciprocare, rejicere.*

RECHAZO. *m.* Rechaço, repulsão; volta ou retrocesso que faz algum corpo por se encontrar com outro de mais resistencia. *Repulsus, impulsus retrogradus. De rechazo (loc. adv.);* de chapeleta, dando resalto. Modernamente diz-se tambem de ricochete, mas é gallicismo.

RECHIFLA. *f.* Zombaria, mofa, gracejo, escarneo; acção de escarnecer. *Irrisio, onis.*

RECHIFLAR. *a.* Zombar, escarnecer, mofar em extremo, chasquear, metter a ridiculo. *Irridere, carpere.*

RECHINADOR, RA. *adj.* Rechinador; que rechina. *Qui stridet.*

RECHINAMIENTO. *m.* Rechino, estridor; acção e effeito de rechinar. *Stridor, oris.*

RECHINAR. *a.* Rechinar, ranger, fazer um stridor. *Stridere:* *(fig.)* mostrar mau modo, fazer alguma cousa de má vontade e com repugnancia. *Repugnare, acerbè ferre:* — V. *Gruñir.*

RECHINO. *m.* Rechino, estridor, rangido, som aspero. *Stridor, oris:* — rechino, rangido dos dentes.

RECHONCHO, CHA. *adj. (fam.)* Rechonchudo; diz-se da pessoa baixa e mui gorda. *Homo pusillo crassiorique corpore.*

RED. *f.* Rede; tecido de malha mais ou menos larga com que se apanha peixe e se arma ás aves. A esta ultima especie chama-se tambem rede de tombo. *Rete, retis:* — rede; qualquer tecido de malha feito de differentes materias, e para diversos usos. *Rete, reticulum:* — rede; tecido mui fino, feito de fio de linho, de seda ou algodão, formando malhas muito subtis, para ornato de roupas, de véus, etc. *Reticulum, i:* — logar onde se vende o pão, peixe e outros generos que se dão por entre grades. *Forensis clathrus:* — especie de prisão ou gaiola de ferro onde se encerram os criminosos nas aldeias e povoações pequenas. *Clathrum, i:* — *(fig.)* rede, laço, armadilha, esparrella, ardil, engano, logração. *Laqueus, i:* — *(prov.)* rede. V. *Cofia:* — *(germ.)* V. *Capa:* — *(ant.)* grade. Hoje só se usa significando o ralo ou grade de locutorio de freiras: — *de araña;* teia de aranha. V. *Telaraña. Araneæ tela:* — *del aire;* rede do ar; a que se arma suspendendo-a de uma arvore a outra, de sorte que as aves quando passam fiquem presas n'ella. *Rete pendulum:* — *de pájaros (fig. fam.);* rede de passaros ou de pardaes; qualquer fazenda ou tecido muito ralo e mal fabricado. *Rarior tela:* — *de payo (germ.);* capote de burel, de panno grosseiro proprio de camponezes: — *tumbadera;* rede para apanhar feras: —

de peluca; rede, coifa em que se mette o cabello. *A red barredera (loc. adv.);* destruindo e levando tudo quanto se encontra diante. *Omnia omnino evertendo vel everrendo aut surripiendo. Echar la red (fr. fig.);* deitar, lançar a rede; fazer toda as diligencias para conseguir algum fim. *Retia tendere. Tender las redes (fr.);* estender as redes, lança-las ao mar para pescar. *Retia jacere, tendere: (fig.)* estender, lançar as redes; usar de meios opportunos para conseguir uma cousa. *Industriam in rebus agendis adhibere:—barredera (art.);* rede varredoura, de rasto, de arrastar ou rede-pé; rede de malhas muito estreitas e apertadas para não deixar escapar os peixes pequenos. Tambem se chama rede de *jorro* ou de *jorraz. Everriculum, i:—de cazar;* rede de apanhar perdizes, codornizes, etc. *Calar la red (fr.);* collocar a rede dentro de agua de maneira conveniente para apanhar o peixe: — *de abordaje (naut.),* rede de abordagem; a que rodeia o costado por cima das bordas para defeza durante a abordagem, e impedir a passagem aos inimigos:—*de combate (naut.);* rede de combate, a que se estica de bombordo a estibordo por cima da borda, para que n'ella fiquem enredados os estilhaços da mastreação nos navios, cuja artilheria joga descoberta.

Reda. *f. (ant. hist.)* Reda; carro de quatro rodas entre os gallos.

Redaccion. *f.* Redacção; acção e effeito de redigir. *Actorum in quacumque re scriptura; relatio scripta:* — redacção; logar, casa onde se redige. *Scripturarum tabularium.*

Redactar. *a.* Redigir; pôr por ordem e por escripto autos, actas, providencias, noticias, etc. *Acta scribere:* — redigir; escrever qualquer obra, periodico, artigo; etc.

Redactor. *m.* Redactor; o que redige. *Actorum scriptor:*— redactor; collaborador de qualquer obra litteraria ou scientifica, de qualquer periodico ou outro genero de escriptos.

Redada. *f.* Redada; lanço de rede. *Jactus retis vel captura piscium:* — *(fig.)* redada; prisão de muita gente, ou grande numero de cousas que se tomam ou apanham de uma vez. *Captura plurium.*

Redaja. *f. (ant.)* Especie de rede que usam os pescadores de rio.

Redamar. *a. (ant.)* Retribuir o amor, corresponder, pagar amor com amor.

Redaño. *m. (anat.)* Redanho ou redenho, zirbo, epiploon, omento; prolongação do peritoneo que cobre por diante os intestinos, formando uma especie de bolsa adherente ao estomago e ao intestino colon, e solta por baixo.

Redar. *a. (art.)* Lançar e manejar as redes para a pesca. *Retia tendere, mittere.*

Redargucion. *f. (ant.)* Replica; acção de redarguir ou de retorquir o argumento. *Redarguendi actio; argumenti conversio.*

Redargüir. *a.* Redarguir, retorquir; replicar argumentando, converter, voltar o argumento contra quem o dirigiu. *Redarguere:* — *(fig. e fam.)* redarguir; combater, criminar alguem, valendo-se das suas proprias rasões, e até das suas proprias palavras: — *(for.)* redarguir, accusar; contradizer, impugnar uma cousa por algum defeito ou irregularidade que contém. Usa-se commummente a respeito dos instrumentos apresentados em juizo. *Causæ instrumenta doli aut falsitatis arguere.*

Redaya. *f.* Rede para pescar.

Redazo. *m. (mil.)* Especie de pyramide usada em artilheria, formada de um pedaço de lona velha, de tres palmos de comprido e dois de largo, em cuja composição entram vides enxofradas, estopas, polvora, e outros elementos de faxina, cobrindo-se este mixto com outro pedaço de lona, e guarnecida com uma aza em uma das extremidades, para por ella ser manejada.

Redear. *a.* V. *Majadear,* entre pastores e lavradores.

Redecica, lla, ta. *f. dim.* de *Red.* Redinha, redesinha.

Redecilla. *f.* Rede; especie de coifa usada antigamente para conservar composto o cabello. Hoje põe-se ás crianças: — lavor de que se fazem as redes e coifas. *Reticulum, i:* — *(zool.)* V. *Tiplope.*

Redecir. *a. (ant.)* Redizer, repetir, tornar a dizer. *Repetere.*

Rededor. *m.* Arredor. V. *Contorno. Al rededor, en rededor (loc. adv.);* ao redor, em redor, em torno, á roda, em circuito. *Circum.*

Redejon. *m. (germ.)* Coifa ou touca de seda.

Redemiento. *m. (ant.)* Redimimento. V. *Redencion.*

Redemir. *a. (ant.)* Redemir. V. *Redimir.*

Redencion. *f.* Redempção; acção e effeito de remir. *Redemptio, onis:* — redempção, resgate; recuperação da liberdade perdida. *Redemptio, onis:* — redempção; por antonomasia entende-se, segundo a religião christã, o resgate que Jesus Christo fez do genero humano, por meio da sua paixão e morte. *Redemptio generis humani:* — redempção, remedio, recurso, refugio. *Remedium, refugium.*

Redentor, ra. *s.* Redemptor, resgatador; o que resgatou ou remiu: — o Redemptor; diz-se por excellencia, de Jesus Christo. *Redemptor, liberator:* — redemptor; religioso da mercê e trindade, nomeado para fazer o resgate dos christãos captivos que estavam em poder dos sarracenos. *Redemptor, oris:* — *m.* redeiro; o que faz ou arma as redes para a caça ou pesca: — o que caça com redes.

Redero, ra. *adj.* Pertencente ás redes. *Ad rete pertinens:* — *m.* redeiro; o que faz ou arma as redes para caça ou pesca. *Retium concinnator:* — o que caça com redes: — *(germ.)* ladrão de capotes: — *adj. (volat.)* diz-se do falcão que se apanhou com rede fóra do ninho. *Falco reticula captus.*

REDHESTIN. *m.* Contrato celebrado entre duas ou mais pessoas, em virtude do qual uns põem em commum certo numero de animaes, e outros encarregam-se de os guardar e alimentar, com a condição de se dividirem os ganhos.

REDHIBICION. *f. (for.)* Redhibição; annullação da venda que pôde intentar o comprador, restituindo ou encampando ao vendedor a cousa vendida com dolo ou fraude. *Redhibitio, onis.*

REDHIBITORIO, RIA. *adj. (for.)* Redhibitorio; diz-se da acção que compete ao comprador para desfazer a venda, por não ter o vendedor manifestado o vicio ou defeito da cousa vendida. *Redhibitoria actio:* — redhibitorio; que pôde operar a redhibição.

REDICA, LLA, TA. *f. dim.* de *Red.* Redinha.

REDICION. *f. (ant.)* Repetição do que já se tinha dito. *Verborum repetitio.*

REDÍCULO. *m.* Bolsa em que as mulheres levam o lenço de assoar, etc.

REDICHO, CHA. *adj. (fam.)* Redito; muito repetido, tornado a dizer: — affectado no fallar; diz-se das pessoas. *Affectatò loquens.*

REDIENTE. *m. (mil.)* Redente; angulo saliente de uma linha de entrincheiramento ou de circumvallação, que se compõe de duas faces e de uma gola. Tem por objecto flanquear a linha: — resalto que se pratica em um muro construido sobre um terreno inclinado, com o fim de igualar a sua falta de nivel.

REDIEZMAR. *a.* Redizimar; dizimar segunda vez, cobrar nova dizima dos fructos já dizimados. *Rursus decimare.*

REDIEZMO. *m.* Redizima; dizima dos fructos já dizimados: — redizima; nova parte dos fructos já dizimados, ou outra qualquer porção que se exigia d'elles depois de se ter pago o dizimo. *Secundæ decimæ.*

REDIL. *m.* Redil; curral de gado, sebe para encerrar e guardar ovelhas ou cabras. *Caula, ovium sepes, ovile:* — *(fig.)* redil, aprisco; logar para onde se retiram os fieis que vivem debaixo da conducta de um pastor.

REDIMIBLE. *adj.* Remivel, resgatavel; o que se pôde remir ou resgatar. *Quod redimi potest.*

REDIMIDOR, RA. *s. (ant.)* Remidor. V. *Redentor.*

REDIMIENTO. *m. (ant.)* Redimimento, redamento. V. *Redencion:* — V. *Remedio.*

REDIMIR. *a.* Redimir, remir; tirar da escravidão o captivo, mediante certo preço. *Redimere:* — remir; tornar a comprar alguma cousa que se tinha vendido ou possuido. *Redimere:* — remir, desempenhar; resgatar a cousa empenhada ou hypothecada, satisfazendo a divida que com ella se segurára. *Censum redimere:* — remir; livrar-se de alguma obrigação, ou fazer que esta cesse, pagando certa quantia. *Redimere:* — *(fig.)* remir; livrar-se de penas, vexames, males, afflicções, etc. *Redimere:* — *la vexacion;* remir o vexame; livrar-se d'elle.

REDINGOTE. *m. (ant.)* Redingote; especie de casacão ou capa de pouca roda, algum tanto justa ao corpo, com mangas largas. *Pallium contractius, manicis instructum.*

REDISTRIBUCION. *f. (inus.)* Distribuição ou divisão repetida. *Iterata distributio.*

RÉDITO. *m.* Reddito, renda, rendimento, lucro do capital. *Reditus, us.*

REDITUABLE, REDITUAL. *adj.* Rendoso, lucrativo; que dá lucro, reddito. *Quod reddit.*

REDITUAR. *a.* Render, produzir, dar rendimento, utilidade. *Reddere.*

REDITUOSO, SA. *adj. (ant.)* Rendoso, lucrativo; que dá reddito consideravel.

REDIVIVO, VA. *adj.* Redivivo, resuscitado. *Redivivus, a, um.*

REDMANGA. *f. (ant.)* Rede com manga para pescar.

REDOBLADO, DA. *adj.* Dobrado, reforçado, refeito, rolho, musculoso, bem fornido e não mui alto; diz-se do homem. *Homo brevis, at robustus, crassusve:* — *(mil.)* dobrado; diz-se do passo vivo, accelerado.

REDOBLADURA. *f. (ant.)* Redobradura; acção de redobrar.

REDOBLAMIENTO. *m.* Repetição; execução de uma cousa duas vezes. *Bina iteratio.*

REDOBLANTE. *m.* Especie de instrumento musico: — tocador d'este instrumento.

REDOBLAR. *a.* Redobrar, reduplicar; augmentar uma cousa outro tanto ou o dobro do que antes era. Usa-se tambem em sentido moral; como: *redoblar las penas;* redobrar, augmentar as penas. *Iterum atque iterum augere:* — revirar; dobrar, voltar, metter para dentro a ponta de prego ou de outra cousa. *Retundere:* — redobrar, reduplicar, reiterar, repetir a miudo, tornar a fazer alguma cousa. *Iterare:* — *(mil.)* rufar; tocar rufos no tambor.

REDOBLE. *m.* Redobradura, repetição, reiteração de alguma cousa. *Repetitio, iteratio:*—*(mil.)* rufo; floreio, toque mais vivo e aturado do tambor, usado na infanteria. *Iteratus tympani sonus:* — *(mus.)* redobre; a repetição das arcadas na rebeca.

REDOBLEGAR. *a.* Redobrar. V. *Doblegar.*

REDOBLON. *m. (germ.)* Dobra que se faz na carta de jogar, para fazer trapaça.

REDOLADA (A LA). *(loc. adv.)* Usa-se em Albufeira de Valencia para designar um methodo extraordinario de pescar com fisga

REDOLER. *n. (fam.)* Doer surda e constantemente.

REDOLIENTE. *adj. (ant.)* Redolente; mui cheiroso, rescendente.

Redolino. *m.* *(p. Arag.)* Bola; esphera em que se põem os numeros para serem sorteados.

Redolor. *m.* Principio de dor, ou dor surda.

Redoma. *f.* Redoma; vaso de vidro, com bojo e gargalo, cylindrico ou afunilado. *Ampulá vitrea; phiala:* — *(ant.)* presente que se dava aos noivos no dia das nupcias. Era termo usado nas aldeias. *Nuptiale donum, munus.*

Redomadazo. *adj.* *(fam.)* *aug.* de *Redomado.* Finissimo; muito astuto e esperto.

Redomado, da. *adj.* Fino, astuto, sagaz. *Astu plenus, vafer versutus.*

Redomazo. *m.* Pancada com uma redoma. *Ictus phiala vitrea impactus.*

Redomica, lla, ta. *f.* *dim.* de *Redoma.* Redominha ou redomazinha.

Redomon. *m.* *(p. Am.)* Potro recentemente domado, que necessita ensino e manejo para ficar um cavallo manso.

Redonda. *adj.* Diz-se da seda que se tira de um casulo formado por dois bichos. *Serici genus:* — *f.* terra em que podem pastar os gados de um povo ou concelho em certas estações do anno, segundo as respectivas ordenações municipaes. *Pascuus ager:* — contornos, comarca; toma-se n'este sentido algumas vezes; *v. g.: es el labrador mas rico de la redonda;* é o lavrador mais rico da comarca: — deveza, pasto cercado: — *(germ.)* V. *Basquiña. A la redonda (loc. adv.);* em redondo, em torno, á roda, ao redor. *Circum:* — *(mus.)* V. *Semi-breve.*

Redondamente. *adv. m.* Redondamente; em circumferencia ou ao redor. *Circulatim:* — redondamente, claramente, absolutamente, positivamente, desenganadamente, sem hesitação. *Perspicuè, dilucidè; omni ambiguitate remotâ.*

Redondeador. *m.* *(art.)* Instrumento de ferro, fendido pelo meio, por onde corre um regulador, e uma laminasinha do mesmo metal, que serve para recortar o feltro das abas dos chapéus, igualando-as pela parte exterior.

Redondeamiento. *m.* Arredondamento; acção de arredondar.

Redondear. *a.* Redondear, arredondar; fazer redondo, dar figura redonda a alguma cousa. *Rotundare, rotundum reddere:* — V. *Orillar,* e n'este sentido diz-se: *Fulano ha redondeado sus negocios;* fulano endireitou os seus negocios: — *r.* desembaraçar-se de dividas ou cuidados, accommodando-se aos seus teres. *A curis vel negotiis se omnino liberare, expediri:* — *(art.)* arredondar; entre sapateiros, dar a mesma fórma ás solas que tem a fôrma, na parte correspondente á planta do pé: — *(pint.)* arredondar; representar um objecto em relevo por meio de claro e escuro: — *(esculpt.)* arredondar; pronunciar os contornos com força e graça, etc.

Redondel. *m.* *(fam.)* V. *Circulo:* — especie de capa sem capuz, e redonda por baixo. *Pallii rotundi genus:* — esteira redonda, de palha, para forrar o pavimento das casas durante o inverno: — usa-se muito entre os toureiros e affeiçoados ás corridas tauromachicas.

Redondela. *f.* Emprega-se n'esta phrase: *Redondela de metal ó mimbre;* circulo de prata, estanho, etc., para se porem os pratos na mesa.

Redondeo. *m.* Diz-se, no commercio, do negociante que não tem divida alguma contra si.

Redondete. *adj.* *dim.* de *Redondo.* Redondinho.

Redondez. *f.* Redondeza; qualidade, fórma do corpo redondo. *Rotunditas, atis:* — circumferencia de uma figura circular ou espherica. *Circuli peripheria:* — *(ant.)* arredor, circuito: — *de la tierra;* redondeza da terra; toda a sua extensão ou superficie. *Terrarum orbis, terræ globus, quàm latè patet.*

Redondeza. *f.* *(ant.)* Redondez. V. *Redondez.*

Redondico, ca, llo, lla, to, ta. *adj.* *dim.* de *Redondo.* Redondinho, redondinha.

Redondilla. *f.* *(poet.)* Redondilha; estancia de quatro versos de oito syllabas, em que o primeiro rima com o quarto e o segundo com o terceiro; outras vezes rima o primeiro com o terceiro e o segundo com o quarto. *Compositio metrica, quatuor versibus dimetris alternatim consonantibus constans.*

Redondillo. *adj.* V. *Redondo,* fallando da letra.

Redondo, da. *adj.* Redondo, rotundo; de figura circular ou espherica. *Rotundus, orbicularis:* — redonda; diz-se da letra commum, para distincção da bastarda ou cursiva. Usa-se substantivado em ambas as terminações. *Rotundus, a, um:* — diz-se do terreno convertido em pasto e que não é commum. *Pascuis destinatus, septus:* — claro, categorico, terminante, absoluto, sem rodeios. *Manifestus, expressus:* — *(fig.)* de quatro costados; diz-se do fidalgo que é igual em seu nascimento. *Undequaque nobilis:* — redondo; diz-se dos numeros denarios nas quantidades, para distincção dos outros que formam as fracções: — *m.* circulo; qualquer cousa de figura circular. *Globus, circulus:* — *(fam.)* moeda, dinheiro. *Cabeza redonda.* V. *Cabeza. De redondo (loc. adv.);* de vestido ou fato curto; diz-se das creanças quando se põem a andar, que é ordinariamente quando se lhes tiram os cueiros e se vestem de curto. *Subducta, vel brevi veste:* em letra redonda. *Litteris quas rotundas vocant. En redondo (loc. adv.);* em redondo, em circuito, circularmente, em circumferencia, ao redor. *Circùm. Caerse de redondo (fr.);* caír redondamente, de pancada.

Redondon. *m.* *(fam.)* Circulo, figura redonda muito grande. *Magnus circulus vel orbis.*

Redopelo. *m.* A repello, a pospello; acção de passar a mão pelo panno ou outro estofo contrapello. *Pilus adversus:* — baralha, briga, rixa, contenda entre muitas pessoas de palavras ou obras. *Rixa, æ. Al redopelo (loc. adv.);* ás avessas, ao contrario, contra o que deve ser. *Præpostere; a repello;* com violencia, por mal. *Violenter. Traer al redopelo (fr);* maltratar alguem; trata-lo com desprezo, sem consideração, etc. *Vexare mali mulctare.*

Redor. *m.* Esteira de fórma redonda. *Storea rotunda:* — *adv. (ant.)* V. *Alrededor.*

Redra. *f. (ant.)* V. *Defensa.*

Redrar. *a. (ant.)* Arredar, apartar, desviar, separar: — *(ant.)* desviar, arrojar: — *(ant.)* V. *Defender:* — *r. (ant.)* apartar-se, retirar-se: — *(for. ant.)* V. *Sanear.*

Redro. *adv. l. (fam.)* Retro, atrás. V. *Atrás, detrás. Retrò:* — *m.* annel ou circulo mais escuro que se observa nas pontas do gado cabrum e que se forma cada anno, excepto no primeiro. *Annulus nigrescens, singulis annis in hircorum cornibus apparens.*

Redrojo. *m.* Escadea ou cachinho de uvas, que os vindimadores deixam na vinha. *Botryon exiguum:* — fructo ou flor tardia, ou segunda flor que lançam as plantas, que por ser fóra de tempo não chega a vingar. *Regerminatio, onis:* — *(fig.)* rapaz enguiçado, desmedrado, enfezado, definhado, debil, que não medra. *Puer marcidus vel languidus:* — animal pequeno.

Redrojuelo. *m. dim.* de *Redrojo:* — *(fam.)* V. *Redrojo,* na terceira accepção.

Redropelo. *m. (ant.)* V. *Redopelo.*

Redrosaca. *f. (ant.)* V. *Estafa, Socaliña.*

Redruejo. *m.* V. *Redrojo.*

Redruña. *f. (volat.)* Mão ou lado esquerdo.

Reduccion. *f.* Reducção; acção e effeito de reduzir. *Contractio, imminutio:* — reducção; conversão, mutação de uma cousa em outra equivalente. *Conversio, commutatio:* — reducção; cambio, troca de uma moeda por outra. *Permutatio, onis:* — reducção; divisão de um todo ou de um corpo em partes miudas. *Resolutio, onis:* — reducção; passagem de um corpo do estado solido para o liquido ou vaporoso. *Resolutio, liquatio:* — reducção; submissão, subjeição de algum reino, logar, etc., por meio do poder. *Traditio, deditio arcis, civitatis, regni in potentioris manum:* — reducção; persuasão efficaz com argumentos e rasões. *Inductio, persuasio:* — reducção, povoação de indios reduzidos, convertidos á verdadeira religião. *Neophytorum oppidum:* — *(philos.)* reducção, conversão de um syllogismo imperfeito em outro perfeito. *Conversio, onis:* — *(math.)* reducção; equivalencia que se procura da quantidade em uma epocha com a de outra distincta. *Conversio numeri alterius quantitatis in numerum alterius:* — *(chim.)* reducção; decomposição de um corpo em seus principios ou elementos. *Corporis in elementa resolutio:* — *(chim.)* reducção; resolução ou restituição dos corpos mixtos ao seu estado natural. *Restitutio, revocatio:* — *(chim.)* reducção; operação pela qual se separa um corpo dos demais com que está combinado, para ficar inteiramente puro. *Depurgatio, onis.*

Reducible. *adj.* Reductivel; que se póde reduzir. *Quod reduci potest.*

Reducidamente. *adv. m.* Moderadamente, parcamente.

Reducido, da. *adj.* Estreito, curto, circumscripto, limitado.

Reducimiento. *m.* V. *Reduccion.*

Reducir. *a.* Reduzir; reconduzir ao mesmo logar, repor no mesmo logar ou no antigo estado. *Restituere:* — reduzir, diminuir, limitar, estreitar, circumscrever. *Minuere:* — reduzir, converter; mudar uma cousa em outra equivalente. *Reducere, convertere, commutare:* — reduzir; cambiar, trocar uma moeda por outra. *Permutare, commutare:* — reduzir, compendiar; resumir um discurso, narração, etc. *In compendium redigere:* — reduzir; dividir um corpo em partes miudas. *Solvere, resolvere:* — reduzir, resolver; fazer que um corpo passe do estado solido ao liquido ou ao de vapor. *Liquare, in vaporem redigere:* — reduzir; comprehender, incluir debaixo de certo numero ou quantidade. Usa-se tambem como reciproco. *Includere, comprehendere:* — reduzir; sujeitar á obediencia os rebeldes, etc. *Redigere, subjicere, ad obsequium revocare:* — reduzir; persuadir, convencer com rasões e argumentos. *Adducere, convincere:* — *r.* reduzir-se, moderar-se, limitar-se na maneira de viver. *Modum ponere, adhibere:* — reduzir-se; resolver-se por motivos poderosos a executar alguma cousa. *Cogi, adigi:* — reduzir; converter á fé: — *(philos.)* reduzir; converter um syllogismo imperfeito em outro perfeito. *Convertere:* — *(math.)* reduzir; converter um numero em outro, ou uma figura ou solido geometrico em outro equivalente. *Convertere:* — *(art.)* reduzir; fazer uma figura ou desenho mais pequeno, guardando a mesma proporção nas medidas que têem outro maior. *In breve cogere, redigere:* — *(chim.)* reduzir, resolver; decompor um corpo em seus principios ou elementos. *In elementa resolvere:* — *(chim.)* reduzir, depurar; separar um corpo dos demais com que está combinado, para que fique inteiramente puro. *Depurgare.*

Reductillo. *m. dim.* de *Reducto.* Reductosinho; pequeno reducto.

Reductivo, va. *adj.* Reductivo; que reduz.

Reducto. *m.* Reducto; nome generico de muitas obras de fortificação permanente e passageira, de differentes fórmas e tamanho. São construidas de ordinario nas linhas de circumvallação e nos approxes e algumas vezes nos retornos das trincheiras, fossos, etc.: — reducto; especie de cidadella pequena que se construe ás vezes em um baluarte, fortificando a sua gola, até ao interior da praça. *Parvi propugnaculi genus:* — reducto; especie de revelim que se construe dentro dos revelins communs.

Redundancia. *f.* Redundancia, superabundancia, sobejidão, nimia copia. *Redundantia, æ:* — redundancia, superfluidade, superabundancia de palavras.

Redundante. *adj.* Redundante, sobejo, excessivo. *Redundans, antis:* — redundante, que transborda; diz-se do rio, fonte: — redundante, superfluo, desnecessario; diz-se das palavras no discurso, etc.

Redundantemente. *adv. m.* Redundantemente; com redundancia, de modo redundante.

Redundar. *n.* Redundar, transbordar, deitar por fóra; diz-se regularmente dos liquidos. *Redundare:* — redundar, resultar; ter por effeito ou resultado, vir a dar uma cousa em beneficio ou damno de outrem. *Redundare, transferre:* — redundar, sobrar, ser de sobra.

Reduplicacion. *f.* Reduplicação; repetição da mesma cousa. *Duplicatio, onis:* — *(rhet.)* reduplicação; figura de estylo que consiste em repetir consecutivamente no mesmo membro de uma phrase certas palavras de um interesse marcado.

Reduplicadamente. *adv. m.* Reduplicadamente, repetidamente, com reduplicação.

Reduplicar. *a.* Reduplicar, redobrar; repetir a miudo, duplicar de novo. *Duplicare.*

Reduplicativo, va. *adj.* Reduplicativo; que denota reduplicação. *Proposicion reduplicativa (philos.);* proposição reduplicativa; a que contém uma restricção, para indicar a maneira como se tem considerado o assumpto.

Redivídeos. *m. pl. (zool.)* Reduvideos; familia de insectos hemipteros da tribu dos reduvios.

Reduvio. *m. (zool.)* Reduvio; genero de insectos hemipteros da familia dos reduvideos: — *m. pl.* reduvios; tribu de insectos hemipteros homopteros, caracterisados por ter a cabeça estreita na sua inserção, as antennas compridas e delgadas e o escudo pequeno.

Reduviolo. *m. (zool.)* Reduviolo; genero de insectos hemipteros da familia dos reduvideos.

Reedia. *f. (bot.)* Reedia; genero de plantas da familia das gutiferas.

Reedificable. *adj.* Reedificavel; que póde ser reedificado.

Reedificacion. *f.* Reedificação; acção e effeito de reedificar. *Instauratio, onis.*

Reedificado, da. *adj.* Reedificado, reconstruido; que se reedificou. *Instauratus, a, um.*

Reedificador, ra. *s.* Reedificador, o que reedifica. *Instaurator, oris.*

Reedificar. *a.* Reedificar, reconstruir; tornar a edificar, construir de novo um edificio, etc. *Reædificare, instaurare.*

Reedificio. *m.* V. *Reedificacion.*

Reedor. *m. (ant.)* V. *Rededor.*

Reelecion. *f.* Reeleição; acção e effeito de reeleger. *Rursus eligendi actus.*

Reelegir. *a.* V. *Reelejir.*

Reelejir. *a.* Reeleger; tornar a eleger. *Rursus eligere.*

Reelijir. *a. (ant.)* V. *Reelejir.*

Reembarcar. *a.* Reembarcar; tornar a embarcar o que se tinha desembarcado. Usa-se tambem como reciproco, fallando das pessoas: — *r. (fig.)* tornar-se a empenhar ou a envolver em algum negocio.

Reembarco. *m.* Reembarque; acção e effeito de reembarcar generos.

Reembargar. *a.* Tornar a embargar, pôr novos embargos.

Reembarque. *m.* Reembarque; acção e effeito de reembarcar-se as pessoas.

Reembolsar. *a.* Reembolsar; cobrar a quantia que se tinha emprestado ou desembolsado. Usa-se tambem como reciproco. *Recuperare nummos.*

Reembolso. *m.* Reembolso; acção e effeito de reembolsar. *Nummorum recuperatio:* — reembolso; dinheiro que se reembolsa.

Reemir. *a. (ant.)* V. *Redimir.* Usa-se tambem como reciproco.

Reempacar. *a.* Tornar a empacotar, a entrouxar, a enfardar.

Reemplazar. *a.* Substituir, supprir; pôr no logar de uma cousa outra igual ou equivalente. *Supplere:* — *(neol.)* chamar as baixas do exercito.

Reemplazo. *m.* Substituição, supprimento; acção e effeito de substituir. *Supplendi actio:* — supplemento, substituição de alguma cousa. *Supplementum, i:* — substituto; homem que vae servir em logar de outro para o exercito. N'esta accepção é mais usado *substituto. Viri in locum alterius militiæ abscriptio. Situacion de reemplazo (mil.);* disponibilidade; espectativa de collocação no exercito em que se acham muitos officiaes pertencentes ao mesmo, por falta de vacaturas ou por outras causas, com direito a perceber uma parte do soldo de seus respectivos postos.

Reencargar. *a.* Tornar a encarregar.

Reencomendar. *a.* Tornar a encommendar ou encommendar com muita instancia.

Reencuentro. *m.* Recontro, choque; encontro de duas cousas que se chocam mutuamente. *Occursus, collisio, conflictus:* — encontro, duello, combate: — recontro, acommettimento, choque de tropas inimigas em pequeno numero, que se encontram umas com outras. *Conflictus, certamen.*

Reenganchador. *m.* O que torna a alistar gente.

Reenganchamiento. *m. (mil.)* Novo alistamento; acção e

effeito de tornar a alistar e de alistar-se novamente. *Iterata in militiam ascriptio:* — dinheiro que se dá ao soldado que se alista de novo depois de ter acabado o tempo de serviço. *Iteratæ militis allectionis pretium, merces.*

Reengachar. *a. (mil.)* Tornar a alistar. *Rursus in militiam allicere:* — *r.* tornar a alistar-se, a assentar praça de soldado depois de ter acabado o tempo legal. *Militiæ rursus adscribi.*

Reenganche. *m. (mil.)* V. *Reenganchamiento.*

Reengendrador. *m.* V. *Reenjendrador.*

Reengendrar. *a.* V. *Reenjendrar.*

Reenjendrador. *m.* Regenerador; o que regenera uma cousa ou lhe dá novo ser. Só se usa em sentido moral. *Regenerans, antis.*

Reejendramiento. *m.* Regeneração; acção e effeito de regenerar.

Reenjendrar. *a.* Regenerar; tornar a gerar. *Procreare, generare:* — regenerar; dar nova vida espiritual ou de graça. *Regenerare.*

Reenjendrativo, va. *adj. (ant.)* V. *Rejenerativo.*

Reensayar. *a.* Tornar a ensaiar. *Rursus examinare, explorare, periculum facere.*

Reensaye. *m.* Segundo ensaio dos metaes, acção e effeito de os tornar a ensaiar. *Iterata probatio.*

Reensayo. *m.* Segundo ensaio de uma comedia, drama, etc. *Probatio duplex.*

Reenvidar. *a.* Reenvidar; tornar a envidar, dobrar a parada ao que envidou: —*(fig.)* repetir os golpes, as pancadas:—*(fig.)* ter a barba tesa ou ter-se teso com alguem, resistir-lhe, não ceder.

Reenvite. *m.* Reenvite, segundo envite, retruque.

Rees. *m.* Rees; moeda de muito valor usada no Indostão e no Brazil.

Reesportacion. *f. (comm.)* Reexportação; acção e effeito de tornar a exportar.

Reesportar. *a. (comm.)* Reexportar; tornar a exportar.

Reevesia. *f. (bot.)* Reevesia; genero de plantas da familia das esterculiaceas.

Reexaminacion. *f.* Reexaminação, reexame, novo exame. *Iteratum examen.*

Reexaminar. *a.* Reexaminar; tornar a examinar. *Rursus expendere.*

Refaccion. *f.* Refeição; alimento moderado que se toma para reparar as forças. *Refectio, jentaculum:* — *(ant.)* restituição que se fazia ao estado ecclesiastico da parte com que tinha contribuido para os direitos reaes de que estava isento. *Vectigalis accepti pro immunitate restitutio.*

Refacer. *a. (ant.)* Refazer, restabelecer, resarcir, reparar, indemnisar:—refazer, reedificar.

Refacimento. *m. (ant.)* V. *Rehacimiento.*

Refacio, cia. *adj. (ant.)* V. *Rehacio:* —V. *Necesitado.*

Refacion. *f. (ant.)* V. *Refaccion:* — diminuição, abatimento.

Refajo. *m.* Especie de saia de abrigo, ordinariamente curta, que usam as mulheres cruzando-a por detrás. *Muliebris tunica rusticorum propria.*

Refalsado, da. *adj. (ant.)* Refalsado, enganador, atraiçoado, não sincero. *Fallax, acis.*

Refavor. *m.* Naipe a que se dá a preferencia em alguns jogos de cartas, mesmo sobre o favorito.

Refe. *m.* Refe; medida igual approximadamente a uma braça, usada em Madagascar.

Refeccion. *f.* Refecção. V. *Refaccion,* na primeira accepção: — refeição, reparação, reforma, supprimento. *Refectio, onis.*

Refeccionar. *a. (ant.)* Alimentar. *Alere.*

Refeccionario, ria. *adj. (for.)* Refeccionario; crédor privilegiado pela qualidade do emprestimo, quando foi contrahido com o fim de sustentar o devedor ou reparar a hypotheca em caso de ruina.

Refecion. *f. (ant.)* V, *Refaccion,*

Refectolero. *m.* V. *Refitolero.*

Refectorio. *m.* Refeitorio; casa de jantar nos conventos e communidades. *Cœnaculum, i.*

Refen. *m. (ant.)* V. *Rehen.* Usava-se regularmente no plural.

Referencia. *f.* Referencia; narração ou relação de alguma cousa. *Narratio, onis:* — relação, connexão, dependencia ou similhança de uma cousa com outra. *Relatio, onis:* — nota, advertencia que se faz ao leitor.

Referendario. *m. (ant.)* Relator; o que refere ou relata alguma cousa. *Relator, oris:* — V. *Refrendario.*

Referible. *adj.* Referivel, relatavel; que se póde referir. *Quod referri potest.*

Referimiento. *m. (ant.)* Referimento. V. *Referencia. Narratio, onis.*

Referir. *a.* Referir, narrar, contar, relatar. *Narrare:* — referir; dirigir, encaminhar, ordenar alguma cousa para certo e determinado fim. Usa-se tambem como reciproco. *Referre:* — *(ant.)* V. *Aferir:* —V. *Atribuir:* —V. *Ahuyentar:* —V. *Rechazar:* — conter, deter: — seguir, perseguir: — *r.* referir-se; dizer respeito, ter relação uma cousa com outra. *Referri:* —referir-se, reportar-se, remetter-se ao que se disse antecedentemente. *Ad dicta remittere. Referirse a lo escrito (fr.);* referir-se, reportar-se aos documentos escriptos, em contraposição ás asseverações verbaes. *Scripto stare.*

Refertado. *m. (ant.)* Repulsa.

Refertar. *a. (ant.)* V. *Reyertar:* — refertar. V. *Refutar:* —V. *Rehusar:* —V. *Reprobar:* —V. *Referir:* — superar, exceder, sobrepujar.

Referterio, ra. *adj.* Referteiro, bulliçoso, bulhento, rixador. *Rixator, oris:* — *(ant.)* referteiro, altercador, pendenciador, disputador: — *(ant.)* referteiro; dizia-se da pessoa que se fazia rogar.

Refertirse. *r. (ant.)* Suster-se, manter-se, conservar-se, sustentar-se.

Referto, ta. *adj.* V. *Lleno.*

Refes. *adj. (ant.)* Pobre, infeliz: — *(ant.)* V. *Fácil.*

Refez. *adj. (ant.)* V. *Rahez:* — *adv. (ant.)* V. *Fácilmente.* De refez *(loc. adv. ant.)* V. *Fácilmente.*

Refezar. *n. (ant.)* V. *Rafezar.*

Refezmiente. *adv. m. (ant.)* V. *Fácilmente.*

Refierra. *f. (ant.)* Desaire, acção pouco airosa.

Refierta. *f. (ant.)* Referta, repugnancia, opposição, contradicção: — *(ant.)* referta, contenda, disputa, altercação: — *(ant.)* refolho, rebuço, pretexto: — V. *Refierra.*

Refigurar. *a. (ant.)* Reconhecer, figurar de novo, recordar a figura de uma pessoa.

Refilon (de). *(loc. adv.)* De través, de esguelha: — de passagem, ao de leve, por alto, ligeiramente.

Refina. *f.* Especie de lã muito fina.

Refinacion. *f.* Refinação; acção e effeito de refinar. *Purgatio, defæcatio.*

Refinadora. *f.* Rolo de pedra para amassar o chocolate. *Chocolatæ, ut dicitur, massæ subigendæ utensilia.*

Refinadísimo, ma. *adj. sup.* de *Refinado.* Refinadissimo. *Purgatissimus, a, um.*

Refinado, da. *adj.* Refinado, apurado, clarificado. *Purgatus, defæcatus:* — *(fig.)* refinado, puro, excellente. Diz-se commummente do astuto, ardiloso, sagaz. *Eminens, valdè calidus.*

Refinador. *m.* Refinador; o que refina. *Purificator, defæcator:* — refinador, apurador, especialmente de licores e metaes. *Purificator, oris.*

Refinadura. *f.* Refinadura, refinação; acção de refinar. *Purificatio, defæcatio:* — *(chim.)* refinação; operação pela qual se separam uns metaes de outros. Effectua-se por oxydação, por sublimação e pelos acidos.

Refinamiento. *m.* V. *Refinacion:* — *(neol.)* requinte; grande apuro, affectação, primor.

Refinar. *a.* Refinar, apurar, depurar; fazer mais fina ou mais pura uma cousa, separando-lhe as fezes e materias heterogeneas. *Purgare, defæcare:* — *(fig.)* refinar, requintar, apurar; reduzir uma cousa á mór perfeição. *Perficere, absolvere.*

Refino, na. *adj.* Refinado, apurado, superfino, muito fino, muito puro. *Defæcatus, valdè purgatus:* — *m.* refino. V. *Refinacion:* — *(p. Ar.)* loja onde se vende chocolate, cacau, assucar e outros generos. *Cibariorum quorumdam taberna.*

Refirmar. *a.* Confirmar, ratificar. *Confirmare:* — *(ant.)* afiançar, assegurar. Tambem se acha usado como reciproco.

Refitolero, ra. *s.* Refeitoreiro; o que cuida do refeitorio: — *Architriclinus, i:* — V. *Cazolero:* — *(p. Cub.)* obsequioso com affectação.

Refitor. *m. (ant.)* V. *Refectorio:* — em alguns bispados certa porção de dizimas que percebe em differentes povos o cabido da cathedral.

Refitorio. *m. (ant.)* V. *Refectorio.*

Reflectacion. *f.* V. *Reflexion.*

Reflectar. *n.* V. *Reflejar.*

Reflectir. *n.* V. *Reflijar.*

Reflector. *m. (phys.)* Reflector; apparelho destinado a reflectir os raios luminosos, calorificos ou sonoros.

Refleja. *f.* V. *Reflexion.*

Reflejar. *a.* Reflectir; projectar um corpo a luz ou o raio luminoso que recebeu de outro. *Reflectere:* — *(ant.)* reflectir. V. *Reflexionar:* — *n.* reflectir-se; fazer a luz a sua reflexão encontrando algum objecto.

Reflejo, ja. *adj.* Reflexo, reflectido, que se refletiu; diz-se da luz, etc. *Reflectens, entis:* — reflectido, ponderado, considerado. *Maturè perpensus:* — *m.* reflexo; luz reflectida. *Reflexa lux.*

Reflexibilidad. *f.* Reflexibilidade; propriedade de um corpo susceptivel de reflexão.

Reflexible. *adj.* Reflexivel, reverberativo; capaz de reflectir, proprio para se reflectir.

Reflexion. *f.* Reflexão; acção de reflectir, consideração attenta sobre alguma cousa. *Consideratio, onis:* — *(phys.)* reflexão, reverberação; repulsão de um raio luminoso, calorifico ou sonoro. *Reflexio, repercussio:* — *(pint.)* reflexo, rebatimento, reverberação de luz; claridade ou luz secundaria que resulta da incidencia da luz primaria nos corpos illuminados, e tempera o vigor das sombras. *Reflexio lucis.*

Reflexionar. *a.* Reflexionar, reflectir; considerar nova e detidamente uma cousa; pensar ácerca de alguma cousa; examinar ou ponderar attentamente o que se faz ou se trata de fazer. *Attentè considerare, meditari.*

Reflexivamente. *adv. m.* Reflectidamente; com reflexão. *Reflexivè, consideratè.*

Reflexivo, va. *adj.* Reflexivo, reflexo, reflectido; que reflecte ou reverbera. *Reflectens, entis:* — reflexivo, meditativo, costumado a fallar e a obrar com reflexão. *Consideratus, circumspectus:* — *(gram.)* reflexivo ou reflexo. V. *Recíproco,* referindo-se ao verbo.

Reflorecer. *n.* Reflorecer ou reflorescer; tornar a florescer os campos, ou a produzir flores as plantas. *Reflorescere:* — *(fig.)* reflorescer; tornar uma cousa ao seu antigo luzimento, prosperar de novo. *Reflorere.*

Refluente. *p. a.* Refluente; que reflue. *Refluens, entis.*

Refluir. *n.* Refluir, retroceder, tornar atrás algum liquido. *Refluere:* — *(fig.)* redundar.

Reflujo. *m.* Refluxo; vasante da maré. *Maris æstus:* — *(fig.)* refluxo; vicissitude, alternativa, mudança das cousas humanas.

Refocilacion. *f.* Refocillamento; acção de refocillar e refocillar-se. *Recreatio, onis.*

Refocilado, da. *adj.* Refocillado, realentado, revigorado, recreado. *Refocillatus, recreatus.*

Refocilar. *a.* Refocillar, realentar, revigorar, recrear.

Usa-se tambem como reciproco. *Refocillare, recreare.*

Refocilo. *m.* V. *Refocilacion.*

Refoir. *a. (ant.)* V. *Rehuir.*

Reforma. *f.* Reforma; correcção, emenda, nova fôrma ou disposição que se dá a alguma cousa. *Reformatio, onis:* — reforma; mudança ou nova disposição de um estabelecimento, repartição, etc.: — reforma, deposição; privação do exercicio de algum emprego que se tinha, e, por extensão, das cousas que se deixam de usar. *Depositio, expoliatio, demissio:* — reforma; restituição de uma ordem religiosa á sua antiga disciplina. *Severioris disciplinæ instauratio, restitutio:* — reforma; qualquer religião reformada, e assim se diz: *los conventos de la reforma, etc.;* os conventos da reforma, etc. *Strictioris observantiæ ordo:* — reforma; mudança dos costumes, da vida, etc. para melhor: — reforma; diminuição, reducção das despezas de uma casa, etc.: — reforma; baixa dos cavallos do exercito, substituindo-os por outros. V. *Remonta:* — reforma; licenciamento de tropas: — *(hist.)* reforma; dá-se este nome á revolução operada na christandade no xvi seculo por Luthero, e que separou da *I*greja romana grande parte da Europa. *Derecho de reforma (hist.);* direito de reforma; direito pelo qual os principes allemães declarāram que adoptavam o protestantismo.

Reformable. *adj.* Reformavel; que póde ou que deve ser reformado. *Quod ad severiorem disciplinam restitui potest.*

Reformacion. *f.* Reformação, reforma; acção e effeito de reformar. *Reformatio, onis:* — V. *Reforma,* na primeira accepção: — reformação, reforma religiosa de Luthero e Calvino. V. *Reforma,* n'este sentido.

Reformadísimo, ma. *adj. sup.* de *Reformado.* Reformadissimo. *Valdè emendatus.*

Reformado, da. *adj.* Reformado; restituido á primeira fórma: — reformado, emendado, regenerado, corrigido. *Emendatus, a, um:* — reformado; melhorado de fórma, provido do necessario: — *(mil.)* reformado; diz-se do official militar dispensado do serviço, conservando o soldo ou parte d'elle.

Reformador, ra. *s.* Reformador; pessoa que reforma. *Reformator, instaurator.*

Reformar. *a.* Reformar, reparar, restaurar, restabelecer, formar de novo. *Instaurare:* — reformar; dar nova fórma, restituir á primeira fórma, refazer: — reformar. corrigir, emendar, pôr em ordem. *Restituere, emendare:* — reformar; reduzir ou restituir uma ordem religiosa, etc. á sua primitiva observancia ou instituto. *Ad severiorem disciplinam restituere:* — extinguir, desfazer algum estabelecimento ou corpo. *Delere, extinguere:* — reformar; privar do exercicio de algum emprego. *Deponere, spoliare:* — reformar; reduzir, diminuir o numero, a qualidade. *Diminuere:* — reformar, supprimir; reduzir as tropas a menor numero, licenciar, despedir parte d'ellas: — *(ant.)* V. *Restituir:* — *r.* reformar-se, emendar-se, corrigir-se, tomar emenda. *Mores corrigere:* — moderar-se, conter-se, refrear-se, reprimir-se. *Modum sibi imponere, temperare:* — *(ant.)* restaurar-se.

Reformatorio, ria. *adj.* Reformativo: que reforma ou é capaz de reformar, emendar. *Correctivus, a, um.*

Reforzada. *f.* Especie de fita ou galão de seda ou de outro tecido, da largura de um dedo pouco mais ou menos. *Fasciola dorica angustior:* — corda dobrada ou bordãosinho para a harpa e outros instrumentos. *Chorda duplicata.*

Reforzado, da. *adj.* Reforçado, fortalecido, feito mais forte. *Firmatus:* — reforçado; diz-se do canhão e do cano de espingarda com maior espessura de metal. *Tormentum bellicum obfirmatum:* — *m.* V. *Reforzada,* na primeira accepção.

Reforzar. *a.* Reforçar, engrossar; dar maior força, fazer mais forte, augmentar as forças. *Reficere, firmare:* — reforçar, fortalecer, reparar o que ameaça ruina, etc. *Munire, fulcire:* — reforçar, animar, alentar. Usa-se tambem como reciproco. *Excitare, vires addere.*

Refosete. *m. (mil.)* Refossete. V. *Contrafoso.*

Refraccion. *f. (phys.)* Refracção; desvio da linha recta que soffre a luz, passando de um meio a outro de differente densidade. *Refractio, onis.*

Refractar. *a.* V. *Refrinjir.*

Refractario, ria. *adj.* Refractario; diz-se da pessoa que falta á promessa ou pacto, ou que se recusa a obedecer ás leis ou aos superiores. *Refractarius, a, um:* — *(phys.* e *chim.)* refractario; difficil de fundir, que resiste ao fogo sem se derreter.

Refractivo, va. *adj. (phys.)* Refractivo; que tem a propriedade de refranger a luz.

Refracto, ta. *adj.* Refracto, refrangido; diz-se do raio luminoso, que, por passar de um meio a outro de differente densidade, torce a sua direcção. *Refractus, a, um.*

Refran. *m.* Rifão, proverbio, adagio; dito agudo e sentencioso de uso commum. *Proverbium, adagium. Tener muchos refranes, o téner refranes para todo (fr. fam.),* ter respostas, expediente para tudo, saber salvar-se de todos os embaraços. *Responsiones semper in promptu habere.*

Refrancico, llo, to. *m. dim.* de *Refran.* Rifãosinho.

Refrangibilidad. *f. (phys.)* V. *Refranjibilidad.*

Refrangible. *adj. (phys.)* V. *Refranjible.*

Refranjibilidad. *f. (phys.)* Refrangibilidade; propriedade refrangivel.

Refranjible. *adj. (phys.)* Refrangivel; capaz de soffrer refracção.

Refregadura. *f.* V. *Refregon.*

Refregamiento. *m.* Esfregadura, esfregação de uma cousa com outra. *Refricandi actio.*

Refregar. *a.* Esfregar de novo ou muitas vezes, esfregar uma cousa com outra. *Refricare, atterere:* — *(fig. fam.)* lançar em rosto, dizer na cara de alguem alguma cousa offensiva, etc. *Objicere, redarguere:* — *r.* esfregar-se, roçar-se contra alguem ou alguma cousa.

Refregon. *m.* Esfregação, fricção; roçadura de uma cousa com outra. *Collisio, onis:* — signal que resulta da esfregação de uma cousa com outra. *Macula ex collisione:* — *(fig.* e *fam.)* gosto ou desgosto passageiro que se tem com alguma pessoa. *Collusio, colloquium. Darse un refregon (fr. fig. fam.);* fallar de passagem, ligeiramente sobre algum assumpto ou materia. *Perfunctoriè colloqui.*

Refreir. *a.* Tornar a frigir: — frigir bem alguma cousa. *Valdè multum frigere:* — *(fig.)* seccar, causticar, molestar, importunar, incommodar, aborrecer em extremo.

Refrenamiento. *m.* Refreamento; acção e effeito de refrear, reprimir ou cohibir. *Refrenatio, onis.*

Refrenar. *a.* Refrear, sujeitar, reduzir, subjugar o cavallo com o freio. *Refrenare, frenare:* — *(fig.)* refrear, enfrear, reprimir, domar, conter, cohibir. Usa-se tambem como reciproco. *Cohibere, continere, refrenare.*

Refrendacion. *f.* Acção e effeito de referendar. *Subscriptio, onis.*

Refrendado, da. *adj.* Referendado, rubricado; diz-se da escriptura ou documento.

Refrendar. *a.* Referendar, rubricar; legalisar uma escriptura ou documento publico por meio da firma de pessoa auctorisada para isso. *Signare, subscribere:* — referendar; rever, examinar os passaportes e annotar a sua apresentação: — *(fig.* e *fam.)* repetir; tornar a executar a acção que se havia feito, como tornar a comer ou beber da mesma cousa, etc. *Iterare aliquid:* — *(ant.)* aferir; marcar os pesos e medidas. *Peculiari nota distinguere.*

Refrendario. *m.* Referendario; o que referenda documento publico. *Subscriptor, cancellarius.*

Refrendata. *f.* Firma do referendario ou do que assigna depois do superior. *Subscriptio, onis.*

Refrescador, ra. *s.* Pessoa que refresca: — *adj.* refrigerante; que refresca ou refrigera. *Refrigerans, antis.*

Refrescadura. *f.* Refresco, refrigeração; acção e effeito de refrescar. *Refrigeratio, onis.*

Refrescamiento. *m. (ant.)* Refrescamento. V. *Refresco.*

Refrescante. *adj.* V. *Refrijerante.*

Refrescar. *a.* Refrescar, refrigerar; moderar, temperar, diminuir o calor de alguma cousa. *Refrigerare:* — refrescar-se; tomar refrescos, bebidas refrigerantes ou geladas. N'esta accepção usa-se ordinariamente como neutro. *Algidum potum bibere:* — refrescar; tomar forças, vigor ou alento. *Revirescere, refocillari:* — refrescar-se; pôr-se fresco, temperar-se, moderar-se o calor do ar. Usa-se como neutro, e com algum nome por supposto da oração, que signifique tempo; *v. g.: la mañana refresca;* a manhã refresca. *Æstum remitti:* — *n.* refrescar-se, moderar o proprio calor, tomar o fresco ou descansar de alguma fadiga. Usa-se frequentemente como reciproco. *Recreari vires, resumere, captare frigora:* — *(fig.)* avivar; renovar algum sentimento, dor, costume antigo, etc. *Refricare, renovare:* — *(naut.)* refrescar-se; tomar porto ou ancoradouro, descansar n'elle alguns dias, depois de uma longa viagem, e tomar refresco de agua e vitualhas: — *los cablos (naut.);* refrescar os cabos, e renovar a aguada e viveres, etc.: — *el viento (fr.);* refrescar o vento. V. *Viento:* — *los cablos;* refrescar os cabos; rega-los com agua quando, pela continuada roçadura a que estão expostos, chegam a aquecer a ponto de poderem incendiar-se: — *una boca de fuego (mil.);* refrescar uma bôca de fogo; metter-lhe uns pannos ou lanada embebida em agua, a fim de lhe fazer perder o calor adquirido no acto de disparar-se.

Refresco. *m.* Refresco, refeição; alimento moderado que se toma para reparar as forças e continuar o trabalho. *Refectio, prandiculum, cibus exiguus:* — refresco; qualquer bebida fria ou refrigerante. *Frigidus et temperans potus:* — refresco; bebidas doces e chocolate, que se dá ás visitas, em certas reuniões ou concorrencias. *Bellaria vespertinis horis prœbita domum invisentibus. De refresco (loc. adv.);* de fresco, de novo. *Denuò, recenter:* — *pl. (naut.)* refrescos; bebida e alimentos frescos que se dão á gente, quando aporta depois de longa viagem. *Denuò, recenter.*

Refriamiento. *m. (ant.)* Refrescamento. V. *Enfriamiento.*

Refriante. *adj.* Refrigerante.

Refriega. *f.* Refrega, briga, batalha, conflicto, recontro, contenda. *Rixa, contentio.*

Refrieguilla. *f.* V. *Rafaguilla.* Refregasinha. *Levis et inconstans venti flatus.*

Refrigeracion. *f.* V. *Refrijeracion.*

Refrigerado, da. *adj.* V. *Refrijerado.*

Refrigerante. *m.* V. *Refrijerante.*

Refrigerar. *a.* V. *Refrijerar.*

Refrigerativo, va. *adj.* V. *Refrijerativo.*

Refrigeratorio, ria. *adj.* V. *Refrijeratorio.*

Refrigerio. *m.* V. *Refrijerio.*

Refrijeracion. *f.* Refrigeração; acção e effeito de refrigerar. *Refrigeratio, onis:* — *(ant.)* resfriamento forte, privação, ausencia absoluta de calor.

Refrijerante. *m. (chim.)* Refrigerante; vaso cheio de agua, com que se tapa a parte superior de um alambique, para favorecer a condensação dos vapores que se elevam das materias submettidas á acção do fogo. *Refrigeratorium vas:* — *adj.* refrigerante; que refrigera, refresca. Usa-se tambem substantivado. *Refrigerans, refrigeratorius.*

Refrijerar. *a.* Refrigerar, refrescar; temperar ou diminuir o calor de alguma cousa. *Refrigerare:* — refrescar, restabelecer, reparar; refazer as forças pelo bom alimento ou pelo descanso. *Reficere, fovere:* — *(fig.)* refrigerar, desafogar; alliviar de algum modo os padecimentos physicos ou moraes: — *r.* refrigerar-se; tomar refresco, beber um copo de vinho e comer um pouco: — *r. (fam.)* refrescar-se, saciar-se; apagar, matar a sêde.

Refrijerativo, va. *adj.* Refrigerativo, refrigerante; que refrigera, refresca. *Refrigeratorius, a, um.*

Refrijeratorio, ria. *adj.* V. *Refrijerativo:* — *(chim.)* refrigeratorio. V. *Refrijerante.*

Refrijerio. *m.* Refrigerio, refrigeração, refresco; beneficio ou allivio que se sente com o fresco. *Refrigerium, ii:* — refresco, refeição; alimento ligeiro que se toma para reparar as forças. *Refectio, levis cibus:* — *(fig.)* refrigerio, allivio, desafogo; cousa que refrigera, allivia, consola. *Refectio, solatium.*

Refringente. *p. a.* V. *Refrinjente.*

Refringir. *a.* V. *Refrinjir.*

Refrinjente. *adj. (phys.)* Refrangente, refractivo; que refrange, percute. *Refringens, entis. Medio refrinjente;* meio refrangente; o que faz mudar de direcção aos raios luminosos, quando elles o atravessam. *Poder refrinjente;* poder refrangente; força que exercem os corpos diaphanos sobre os raios luminosos, para os desviar da sua direcção primitiva.

Refrinjir. *a.* Refranger; desviar os raios da luz da sua direcção rectilinea, como faz o prisma, o crystal, a agua. Usa-se regularmente como reciproco. *Refringere.*

Refrito, ta. *p. irreg.* de *Refreir.* Frito de novo.

Refuelle. *m. (art.)* V. *Balanza,* entre pescadores.

Refuerzo. *m.* Reforço; cousa que se põe para fortalecer e firmar outra que pôde ameaçar ruina. *Fulcimen, inis:* — reforço, soccorro, ajuda ou adjutorio. *Subsidium, ops:* — reforço; maior espessura de metal no canhão e demais armas de fogo. *Fulcimentum, i:*—*(mil.)* reforço; cada uma das tres circumferencias da peça de artilheria.

Refugano, na. *adj. (ant.)* Diziase de quem fugia do dominio ou jurisdicção de um senhor para o de outro.

Refugar. *a. (ant.)* V. *Rehusar.*

Refugir. *a. (ant.)* Recusar.

Refugiado, da. *adj.* V. *Refujiado.*

Refugiar. *a.* V. *Refujiar.*

Refugio. *m.* V. *Refujio.*

Refujiado, da. *adj.* Refugiado; que se refugiou. *Asylo tutus:* — refugiado. V. *Emigrado.*

Refujiar. *a.* Refugiar, acolher, amparar alguem, dando-lhe agasalho e asylo. *Refugium vel auxilium præbere:* — *r.* refugiar-se, acolher-se, buscar asylo, abrigar-se.

Refujio. *m.* Refugio, asylo, acolhida, amparo, acolheita; logar seguro. *Refugium, confugium:* — *(fig.)* refugio, excusa, pretexto: — refugio; irmandade em Hespanha dedicada exclusivamente ao serviço dos pobres: — casa, asylo destinado a recebe-los e recolhe-los por tempo determinado. *Sodalitium quoddam solandis pauperibus.*

Refulgencia. *f.* V. *Refuljencia.*

Refulgente. *adj.* V. *Refuljente.*

Refulgentísimo, ma. *adj. sup.* V. *Refuljentisimo.*

Refulgir. *a.* V. *Refuljir.*

Refuljencia. *f.* Refulgencia; brilho, resplendor de corpo luminoso ou resplandecente. *Refulgentia, æ.*

Refuljente. *adj.* Refulgente, brilhante, resplandecente. *Refulgens, entis.*

Refuljentísimo, ma. *adj. sup.* de *Refuljente.* Refulgentissimo. *Fulgentissimus, a, um.*

Refuljir. *a.* Refulgir, resplandecer, brilhar; lançar luz brilhante. *Refulgere.*

Refundicion. *f.* Refundição; acção e effeito de refundir. *Iterata fusio vel liquefacio.*

Refundido, da. *adj.* Refundido; tornado a fundir. *Iterato fusus, liquatus.*

Refundir. *a.* Refundir; tornar a fundir. *Iterum fundere, liquefacere:* — *(fig.)* comprehender, incluir. Usa-se muitas vezes como reciproco. *Refundere, includere:* — *n.* recaír; converter-se uma cousa em proveito ou damno de alguem. *Vertere:* — *(fig.)* refundir, recompor, corrigir, emendar; dar nova fórma e disposição a uma obra litteraria, como discurso, comedia, etc. *Reficere:* — *o refundirse la jurisdiccion (for.)* V. *Jurisdicion.*

Refunfuñador. *m.* Fungador, o que funga: — resmungador, rosnador; o que rosna ou resmunga.

Refunfuñadura. *f.* Fungadura; ruido ou som que se faz com os narizes em signal de desgosto ou enfado. *Cannitio, quærimonia, murmur.*

Refunfuñar. *n.* Fungar; fazer certo ruido ou som com as ventas em signal de impaciencia, desgosto ou enfado. *Obmurmurare, gannire:* — rosnar, resmungar; fallar entre os dentes em tom de quem ralha, exprime descontentamento: — resmungar, ralhar habitualmente por qualquer cousa; diz-se por extensão.

Refunfuño. *m.* V. *Refunfuñadura.*

Refusancia, Refusanza. *f. (ant.)* Recusa, recusação; acção e effeito de recusar.

Refusar. *a. (ant.)* Refusar. V. *Rehusar.*

Refutable. *adj.* Refutavel; que se pôde refutar ou que admitte refutação.

REFUTACION. *f.* Refutação; argumento ou prova cujo objecto é destruir as rasões do contrario. *Refutatio, confutatio:* — *(ant.)* V. *Renuncia:* —*(rhet.)* refutação, confutação; parte do discurso em que se rebatem as rasões que podem oppor-se contra aquillo que o orador sustenta ou defende. *Defensio, onis.*

REFUTAR. *a.* Refutar; contradizer ou reprovar alguma cousa. *Refutare, confutare:* — refutar, confutar; combater com rasões, argumentos ou objecções, convencer de falso. *Confutare:*—*(ant.)* refutar. V. *Rehusar.*

REFUTATORIO, RIA. *adj.* Refutatorio; que refuta, proprio para refutar. *Quod refutat.*

REGACHO. *adj. (ant.)* Dava-se antigamente este nome, em Hespanha, a uma classe de pagens, talvez por usarem chapéus desabados.

REGADERA. *f.* Regador, aguador; vaso ordinariamente de lata com biqueira de ralo, usado para regar hortas, flores. *Vas rigationis aquæ effundendæ:* — V. *Reguera:* — *pl.* tabuinhas por onde corre a agua para os eixos das gruas, para que se não incendeiem. *Incilia lignea:* —*(zool.)* regadeira; genero de molluscos acephalos, cujas especies encontram-se nos mares meridionaes, especialmente nos da Asia oriental.

REGADERO. *m.*V. *Regadera.*

REGADÍO, DIA. *adj.* Regadio; diz-se do terreno que se rega ou póde regar. Usa-se tambem como substantivo na terminação masculina. *Irriguus, irrigationi aptus, irriguus ager:* — *m.* regadia, regadura, irrigação, rega.

REGADIZO, ZA. *adj.* V. *Regadío.*

REGADOR, RA. *s.* Aguador; individuo que rega ou agúa a terra com regador. *Irrigans, rigator:* — *m.* roguete; instrumento de ferro com que os pentieiros traçam o comprimento dos dentes dos pentes. *Ferramentum pectinariis usitatum:*—*(p. Murc.)* o que tem direito de regar as terras com agua comprada ou repartida para elle. *Dominus aquæ irriguæ.*

REGADURA. *f.* Regadura, rego, rega ou regadia; trabalho de regar por uma vez. *Irrigatio, onis.*

REGAJAL. *m.*V. *Regajo.*

REGAJO. *m.* Charco que se forma de algum regatosinho; o mesmo regatosinho. *Rivulus, lacus, stagnum.*

REGALA. *f. (naut.)* Amurada; tabuão que forma a borda ou bordada das embarcações. *Grandior assis navium oras constituens. Meter la regala debajo del agua (fr. naut.);* metter a borda debaixo de agua; diz-se commummente dos botes ou embarcações similhantes, que com vento muito fresco costumam tombar até metterem a borda debaixo de agua.

REGALADA. *f.* Cavallariça, estrebaria da casa real onde estão os cavallos de regalo, de parada ou de luxo: — os cavallos de regalo, de luxo ou de parada do rei. *Delectorum equorum stabulum in regia.*

REGALADAMENTE. *adv. m.* Regaladamente, deliciosamente; de modo regalado. *Lautè, delicatè.*

REGALADÍSIMO, MA. *adj. sup.* de *Regalado.* Regaladissimo; muito regalado. *Lautissimus, valdè delicatus.*

REGALADO, DA. *adj.* Regalado, suave, delicado, exquisito. *Delicatus, suavissimus:* — regalado, doce, agradavel, aprazivel, em que ha regalos.

REGALADOR, RA. *s.* Regalador; pessoa amiga de regalar. *Munificus, a, um:* — *m.* instrumento de roçar os odres. *Radula coriaria.*

REGALAMIENTO. *m. (ant.)* Regalo; acção de regalar ou de se regalar.

REGALAR. *a.* Regalar; fazer um regalo, um presente, presentear alguem, trata-lo com regalo. *Lautè accipere; donis muneribus prosequi:* — regalar, acariciar; tratar com affecto e benevolencia alguem, dizer-lhe expressões affectuosas. *Mulcere, blandiri, benevolè accipere:* — regalar, tratar bem: — regalar, recrear, deleitar, causar grande prazer. *Recreare:* — *r.* regalar-se, viver regaladamente, amimar-se, tratar-se bem, procurando ter as commodidades possiveis. *Sibi indulgere:* — *(ant.)* derreter-se, liquidar-se, desfazer-se. *Solvi, liquefieri.*

REGALEJO. *m. dim.* de *Regalo.* Regalito.

REGALENGO, GA. *adj. (ant.)* V. *Realengo.*

REGALERO. *m.* Official da casa real encarregado de levar os fructos e as flores ao rei, aos principes, etc. *Fructuum vel florum portator.*

REGALÍA. *f.* Regalia; preeminencia, direito, prerogativa, ligada á soberania de um principe nos seus estados, como a de cunhar moeda, etc. *Jus regium, regia potestas:* — emolumentos; tudo o que, alem do ordenado, percebem os empregados em algumas repartições. *Emolumentum, i:* — regalia; termo usado para distinguir tres classes de charutos que se fabricam na ilha de Cuba, com tabaco do mesmo paiz: — palavra de que se usa a bordo dos navios negreiros, significando gratificação: — certo direito que algumas vezes costumam pagar os negociantes pela faculdade de transportarem os seus generos em navios estrangeiros: — *(fig.)* regalia, privilegio, prerogativa, excepção privativa ou particular que alguem tem. *Peculiare jus:* — *de aposento;* imposto que se paga em Madrid e outras povoações de Hespanha, em indemnisação do alojamento que deviam dar á tropa.

REGALICIA. *f.* Regalice, regaleza, alcaçuz.V. *Orozuz.*

REGALICO, LLO, TO. *m. dim.* de *Regalo.* Regalito, regalinho.

REGALILLO. *m.* Regalo; manguito de pelles em que as senhoras no inverno mettem as mãos. *Manica pellicea.*

REGALINDO, DA. *adj. (ant.)* Regalindo.V. *Realengo.*

REGALIZ. *m. (bot.)* Regaliz, regliz, regoliz ou alcaçuz *(raiz doce);* genero de plantas da familia das leguminosas papilionaceas, cujas especies são herbaceas, vivaces, e crescem espontaneamente nos paizes temperados do hemispherio boreal. A que lhe serve de typo tem a raiz cylindrica, mais ou menos amarella por dentro, adocicada e muito usada na medicina pelas suas propriedades peitoraes, etc.

Regaliza. *f. (bot.)* Regaliz. V. *Regaliz.*

Regalo. *m.* Regalo, mimo, presente. *Donum, munus:* — regalo, grande prazer, regosijo. *Delectatio, voluptas:* — regalo; iguarias gulosas, comeres appetitosos, comidas e bebidas delicadas e exquisitas. *Lautitia, victus delicatus, opiparusque:* — regalo, mimo, luxo no comer e mais prazeres, commodidade que se procura para a vida regalada, voluptuosa. *Luxus, mollities, laxa quies:* — assistencia, cuidado, desvelo: — regalo, banquete magnifico, festim. *Con regalo (loc. adv.);* com vida regalada, de folgança, de prazer, passada em prazeres. *Caballo de regalo;* cavallo de regalo ou de parada, cavallo fino, de luxo.

Regalon, na. *adj.* Regalão; diz-se do que se trata com muito regalo. *Valdè delicatus, mollis:* — perdido; diz-se do menino tratado com excessivo mimo e indulgencia de seus paes, etc. *Indulgentius habitus.*

Regaloneria. *f. (fam.)* Vida regalada, habito de regalar-se, de viver regaladamente.

Regamiento. *m. (ant.)* Rega; acção e effeito de regar. *Irrigatio, onis.*

Reganar. *a. (inus.)* Ganhar de novo, tornar a ganhar.

Regantío, tía. *adj. (ant.)* V. *Regadío.*

Regaña (a) dientes. *(loc. adv.)* Arreganhando os dentes.

Regañada. *f. (p. And.)* Especie de torta muito delgada e recozida. *Placentæ genus.*

Regañado, da. *adj.* Arreganhada, arregoada; diz-se de uma especie de ameixa que se fende até descobrir o caroço, e tambem da arvore que a produz. *Pruni genus:* — gretado; por extensão diz-se do pão que se abre no forno, pela força do fogo ou por alguma outra causa: — *(ant.)* V. *Tieso.*

Regañamiento. *m. (ant.)* Acção e effeito de ralhar. *Animadversio, reprehensio, objurgatio.*

Regañar. *a.* Ralhar, reprehender; fazer vãos ameaços familiarmente. *Rixari:* — *n.* ralhar; altercarem de palavras duas ou mais pessoas: — *n.* rosnar, arreganhar os dentes; formar o cão certo som em signal de raiva e enfado, sem ladrar e mostrando os dentes. *Ringere, dentibus frenderè vel minari:* — *n.* arreganhar, gretar-se, abrir-se a casca de alguns fructos quando estão maduros. *Findi, hiare:* — *n.* resmungar; indignar-se, fazer má cara, dar mostras de enfado com palavras e gestos de indignação. *Frendere, ringere. A regaña dientes (loc. adv.)* V. *Diente.*

Regañir. *n.* Tornar a ganir ou ganir repetidas vezes. *Gannitum iterare.*

Regaño. *m.* Carranca, má catadura, semblante carregado, ar enfadado, quasi sempre acompanhado de palavras asperas. *Minæ:* — parte tostada do pão e arreganhada, sem codea, por causa do muito calor do forno. *Torrefacti panis pars hians, hiatus.*

Regañon, na. *adj.* Ralhador; diz-se da pessoa que ralha por habito. *Asper, minax:* — diz-se do vento noroeste. *Boreas, Aquilo.*

Regar. *a.* Regar; aguar a terra com regador ou fazer correr por ella agua em regos. *Irrigare, irriguas aquas ducere:* — regar, aguar; borrifar com agua, espalhar este liquido nas casas, ruas ou passeios, para os varrer ou refrescar e apagar o pó. *Aquam spargere:* — regar, chover, deitar agua; diz-se das nuvens. *Pluere:* — regar, banhar, correr ao longo; diz-se do rio ou mar que corre junto de uma cidade, costa, paiz, etc. *Alluere, irrigare:* — regar, molhar, cobrir, encher ou banhar de agua: — regar; humedecer as abelhas as cellulas do favo. *Apes humectare favi cellulas:* — *(fig.)* regar, banhar; verter ou derramar algum liquido sobre qualquer cousa.

Regata. *f.* Regueirasinha ou rego por onde se conduz a agua para regar. *Rivulus, canaliculus aquæ irriguæ ducendæ:* — *(naut.)* regata. V. *Regateo:* — V. *Imbornal,* na accepção nautica.

Regatar. *a. (naut.)* Pôr croque n'um bicheiro: — *n.* V. *Regatear.*

Regate. *m.* Furtadella; movimento prompto que se faz furtando o corpo para esquivar o golpe. *Repentinus corporis motus ictui eludendo:* — *(fig.)* pretexto, excusa, subterfugio, evasiva. *Subterfugium, tergiversatio.*

Regatear. *a.* Regatear; altercar, porfiar sobre o preço de alguma cousa posta em venda. *De pretio licitare, disceptare:* — regatar; vender por miudo. *A mercatoribus empta minutatim divendere:* — recusar a execução de alguma cousa. *Gravatè vel difficulter facere:* — tergiversar, buscar subterfugio, escapatorios, usar de pretextos. *Tergiversari, subdolè divertere:* — *(p. Cub.)* contender dois ou mais cavallos na carreira: — *(naut.)* regatear; porfiar ou disputar duas embarcações a vantagem da velocidade na corrida á véla ou a remos. *Remigando contendere.*

Regateo. *m.* Acção e effeito de regatear. *De rei pretio licitatio:* — *(naut.)* regata; corrida de barcos, á véla ou a remos, geralmente usada por aposta, vencendo o que chega primeiro a um ponto dado.

Regatería. *f.* V. *Regatonería,* na primeira accepção.

Regatero, ra. *adj.* V. *Regaton.* Usa-se tambem substantivado.

Regato. *m.* V. *Regajo.*

Regaton, na. *s.* Regatão; o que

vende por miudo. *Propola, æ.* Usa-se tambem como adjectivo: — regatão, regateador; pessoa que regateia muito, que faz toda a diligencia por vender caro. *Emptor in pretio assignando morosus:* — *m.* conto, ponteira, ferrão, virola ou gastão de ferro que se põe no extremo das lanças, bastões, etc., para maior firmeza. *Baculi aut hastæ ferreum aut ferreum fulcimentum:* — *(naut.)* croque, ferro em fórma de gancho com ponta, que se põe no extremo dos bicheiros, para que o marinheiro que vae á prôa se agarre ao objecto a que quer atracar a embarcação ou a empurre quando desatraca.

Regatonear. *n.* Regatar; comprar por grosso para vender por miudo. *Cauponari.*

Regatonería. *f.* Regataria ou regatiã; trafico, occupação de regatão ou de regateira. *Propolæ ars, officium:* — loja de regatão. *Propolæ taberna:* — venda por miudo de generos que se compram por grosso. *Minuta venditio.*

Regatonía. *f. (ant.)* V. *Regatonería.*

Regazar. *a.* Regaçar. V. *Arregazar.*

Regazo. *m.* Regaço; seio das saias ou roupas apanhadas desde a cintura até aos joelhos. *Sinus, gremium:* — regaço; parte do corpo que o apanhado da saia cobre ou onde se forma o regaço da roupa. *Sinus, us:* — *(fig.)* regaço, seio; qualquer cousa que recebe em si outra carinhosamente. *Gremium, ii.*

Regelo, Regello. *n. (ant.)* Regelo, caramelo, gêlo denso, agua gelada.

Regencia. *f.* V. *Rejencia.*

Regenerable. *adj.* V. *Rejenerable.*

Regeneracion. *f.* V. *Rejeneracion.*

Regenerado, da. *adj.* V. *Rejenerado.*

Regenerar. *a.* V. *Rejenerar.*

Regenta. *f.* V. *Rejenta.*

Regentado, da. *adj.* V. *Rejentado.*

Regentar. *a.* V. *Rejentar.*

Regente. *m.* V. *Rejente.*

Regentear. *a.* V. *Rejentear.*

Régiamente. *adv. m.* V. *Rejiamente.*

Regicida. *f.* V. *Rejicida.*

Regicidio. *m.* V. *Rejicidio.*

Regidor. *m.* V. *Rejidor.*

Regidoría. *f.* V. *Rejidoría.*

Regiduría. *f.* V. *Rejiduría.*

Regimen. *m.* V. *Rejimen.*

Regimentable. *adj.* V. *Rejimentable.*

Regimentar. *a.* V. *Rejimentar.*

Regimiento. *m.* V. *Rejimiento.*

Regina. *f. (ant.)* V. *Reina.*

Regio, gia. *adj.* V. *Rejio.*

Region. *f.* V. *Rejion.*

Regional. *adj.* V. *Rejional.*

Regido, da. *adj.* V. *Rejido.*

Regir. *a.* V. *Rejir.*

Registrado, da. *adj.* V. *Rejistrado.*

Registrador. *m.* V. *Rejistrador.*

Registrar. *a.* V. *Rejistrar.*

Registro. *m.* V. *Rejistro.*

Regitar. *a.* V. *Rejitar.*

Regitivo, va. *adj. (ant.)* Regente; que rege ou governa. *Regens, entis.*

Regla. *f.* Regua; tábua estreita e plana terminada na sua longura por duas superficies parallelas, por meio da qual se traçam linhas rectas em superficies planas. *Regula, æ:* — regra; instituto de ordem religiosa. *Regula in sodalitiis religiosis:* — regra, constituição, estatuto, norma, preceito para fazer alguma cousa. *Constitutio, statutum:* — regra; preceito, principio, maxima ou axioma das sciencias e das artes. *Præceptum, regula:* — regra, moderação, temperança, economia. *Modus, us:* — V. *Pauta:* — regra; ordem e concerto invariavel que guardam as cousas naturaes. *Rerum naturalium ordo:* — *(fig.)* regra; rasão que deve servir de norma e á qual se devem ajustar as acções para que sejam rectas e dignas. *Regula, norma, canon. A regla (loc. adv.);* segundo a regra. *Ad normam:* com regra, segundo a rasão. *Prudenter; ad rationis normam. Con regla (loc.);* com regra, regradamente, sem excesso. *De regla (loc.);* de regra, de ordem, de medida. *En regla ó en toda regla (loc. adv.);* perfeitamente, completamente: em regra; com todas as circumstancias ou requisitos: da maneira mais absoluta e terminante. *Echar la regla (fr.);* examinar com a regua se estão direitas as linhas. *Libellam ducere. Por regla general (loc.);* em regra geral, segundo a regra geral, segundo o costume, conforme o que de ordinario acontece: — *lesbia (arch.);* suta; regua dobradiça, formada de modo que se póde dobrar e ajustar a qualquer figura. *Lesbia regula:* — *(astr.)* regra; nome de uma constellação meridional: — *magnética (phys.);* régua magnetica; instrumento de latão ou de outra materia que não seja ferro, com duas pinnulas, a que se ajusta uma caixinha com uma bussola dentro e o circulo dividido em trezentos e sessenta graus. Serve para varias operações de geometria pratica. *Regula vel norma magnetica:* — *(physiol.)* regra, regras, menstruação, fluxo menstrual das mulheres. V. *Menstruacion. Reglas de derecho (for.);* regras de direito; principios que, á falta de leis escriptas, servem para decidir as questões entre particulares: — *(math.)* regra; methodo de fazer uma operação: — *de aligacion (math.);* regra de liga. *Regula alligationis:* — *de compañia;* regra de companhia. *Regula aurea vel proportionis inter socios:* — *de oro, regla de proporcion, regla de tres;* regra de tres; a que ensina o modo de achar um quarto termo proporcional, isto é, dados tres numeros achar o quatro que tenha a mesma rasão com o terceiro que tem o segundo com o primeiro. *Regula aurea vel proportionis:* — *de tres compuesta;* regra de tres composta; a que tem cinco ou mais termos conhecidos e para a executar se reduzem primeiro a tres multiplicando uns pelos outros. *Regula proportionis composita.*

Regladamente. *adv. m.* Regradamente; com medida, com regra. *Ad normam, parcè, moderatè.*

Reglado, da. *adj.* Regrado, regulado, moderado, nos gastos, no comer, etc. *Sobrius, parcus cibi.*

Reglador. *m. (art.)* Regrador, debuxo; instrumento de correeiro para riscar o couro.

Reglamentario, ria. *adj.* Regulamentario ou regulamentar; relativo a regulamentos, *v. g.: disposicion reglamentaria;* disposição regulamentaria: — rigoroso na execução dos regulamentos: — *m.* dava-se este nome nos seminarios de Hespanha a um discipulo que era encarregado de tocar a campainha para cada exercicio, á hora prescripta pelo regulamento.

Reglamento. *m.* Regulamento; instrucção por escripto que se dá para a direcção ou governo de um corpo, repartição, estabelecimento, etc. *Ordo, dispositio.*

Reglar. *adj.* Regular, regral; concernente a regra religiosa. *Regularis, re:* — *a.* regrar; traçar linhas com regua. *Ad normam lineas ducere:* — regrar; marcar no papel as linhas por onde ha de seguir a escripta. *In charta lineas ad regulam ducere vel formare:* — regrar, regular; dirigir, ajustar as acções conforme a regra. *Ad normam agere, modum ponere:* — *r.* regrar-se, regular-se, dirigir-se, moderar-se, reduzir-se ou reformar-se. *Moderari, temperari.*

Reglero. *m.* Regrador; instrumento com que se regra o papel, fazendo muitos traços a um tempo.

Regleta. *f. (typ.)* Regreta; lamina que os typographos põem entre as linhas para as distanciar. *Tænia ærea typographica.*

Reglica, lla, ta. *f. dim.* de *Regla.* Reguasinha.

Reglon. *m. (art.)* Regua grande de que usam os pedreiros e calceteiros para nivelar os pavimentos e as paredes. *Grandior regla.*

Regmatodonte. *m. (bot.)* Regmatodonte *(dente fendido);* genero de musgos aploperístómeos.

Regnado. *m. (ant.)* V. *Reinado.*

Regnar. *n.* V. *Reinar.*

Regnícola. *adj.* Regnicola ou reinicola; do reino, natural de algum reino. Usa-se tambem substantivado. *Regnincola, æ.*

Regno. *m. (ant.)* V. *Reino.*

Regocijadamente. *adv. m.* V. *Regozijadamente.*

Regocijado, da. *adj.* V. *Regozijado.*

Regocijador, ra. *s.* V. *Regozijador.*

Regocijar. *a.* V. *Regozijar.*

Regocijo. *m.* V. *Regozijo.*

Regodearse. *r. (fam.)* Deleitar-se, recrear-se, comprazer-se no que deleita ou dá goso. *Delectari, oblectari, jocari:* — chacotear, chalaçar; dizer chalaças, estar de chacota. *Jocari:* — *(ant.)* mostrar-se indifferente em um negocio, aproveitando-se do estado apurado da pessoa com quem se trata.

Regodéo. *m.* Deleite, prazer, satisfação, goso. *Delectatio, oblectatio:* — regosijo, diversão, festa, folgança. *Recreatio, ludricum:* — desdem fingido, recusa affectada de uma cousa que se deseja. *Contemptus, simulatio:* — chalaça, zombaria, dito picante, jocoso.

Regojo. *m.* Motrégo; resto ou bocado de pão que fica de sobra na mesa. *Frustum reliquum panis:* — cotêto; rapaz de baixa estatura. *Corpore brevis puer.*

Regojuelo. *m. dim.* de *Regojo.* Bocadinho, pedacinho de pão que sobra da comida.

Regoldano, na. *adj.* Rebordão; diz-se do castanheiro bravo: — rebordão; diz-se da castanha d'esta arvore, que é grossa e redonda. *Castanea silvestris.*

Regoldar. *a.* Arrotar; dar arrotos, expulsar violentamente e com estrepito o ar do estomago pela bôca. É palavra vulgar que se substitue na linguagem culta por eructar, e em castelhano *erutar. Ructare, eructare:* — *(fig. fam.)* arrotar, jactar-se, vangloriar-se. *Jactare aliquid.*

Regolfar. *n.* Refluir; retroceder a agua contra a sua corrente fazendo remanso. Usa-se tambem como reciproco. *Refluere et restagnare.*

Regolfo. *m.* Regolfo; retrocesso, volta da agua contra a sua corrente. *Aquæ exundantis retrocessus:* — calheta; pequena enseada ou seio comprehendido entre dois cabos ou pontas de terra. *Maris sinus.*

Regona. *f.* Regueiro grande. *Canalis grandior aquis ducendis.*

Regordete, ta. *adj.* Gordanchudo; diz-se da pessoa baixa e gorda. *Corpore brevis, crassusque.*

Regordido, da. *adj. (art.)* Gordo, grosso, refeito, roliço, avultado.

Regorjarse. *r. (ant.)* V. *Regodearse.*

Regostarse. *r.* Affeiçoar-se a uma cousa, repetir, continuar a faze-la por dar gosto ou proveito. *Regustare, studio voluptatis præteritæ affici.*

Regosto. *m.* Appetite ou desejo de repetir o que se começou a gosar, a saborear com deleite e prazer. *Regustandi appetitus.*

Regozijadamente. *adv. m.* Regosijadamente, alegremente, com regosijo. *Hilariter, lætè, jucundè.*

Regozijado, da. *adj.* Regosijado, ledo, alegre; que causa regosijo ou alegria. *Lætificans, exhilarans:* — regosijado, alegrado, alegre, contente.

Regozijador, ra. *s.* Regosijador, alegrador; o que alegra ou causa regosijo. *Exhilarans, antis.*

Regozijar. *a.* Regosijar, alegrar, divertir; causar regosijo, gosto ou prazer. *Lætificare, exhilarare:* — *n.* regosijar-se, alegrar-se; ter regosijo, gosto, prazer. *Gaudere, lætari, exultari.*

Regozijo. *m.* Regosijo, goso, jubilo, alegria; acto de se regosijar. *Lætitium, gaudium:* — regosijo; demonstração de alegria, festa, folgança, expressão de gosto e prazer. *Exultatio, onis:* — corrida de touros: — *pl.* regosijos, festas, ceremonias publicas.

Regraciar. *a. (inus.)* Regraciar; agradecer de novo, dar graças, agradecimentos. *Gratias agere vel reddere.*

Regradecer. *a. (ant.)* V. *Agradecer.*

Regradecimiento. *m. (ant.)* V. *Agradecimiento.*

Regresado, da. *adj.* Regressado; que regressou.

Regresar. *a.* Resignar, abdicar; ceder um beneficio a favor de outro: — *(ant.)* resignar; sujeitar a propria vontade ou liberdade á de outrem: — *n.* regressar; voltar ao logar d'onde se partiu. *Redire:* — regressar; tomar posse segunda vez do beneficio que se tinha resignado ou permutado, por se haver faltado ás condições estipuladas, ou por morte d'aquelle a favor do qual se resignou. *Beneficium regredi vel devolvi ad aliquem.*

Regresio. *f.* Retrocesso, tornada atrás; acção de voltar atrás. *Regressus, regressio.*

Regreso. *m.* Regresso; volta ao logar da partida. *Regressus, us:* — resignação; cessão, renuncia de um beneficio em favor de outro. *Beneficii cessio in alterius gratiam:* — *(for.)* regresso; acção ou direito de tornar a obter a posse do que se tinha alienado ou cedido por qualquer titulo. *Regressus, us:* — *(for.)* regresso; acção ou direito que se tem entre parentes para tornar a obter ou repetir o que se tinha alienado ou cedido por qualquer titulo. *Regressio, regressus.*

Regruejo. *m. (p. Murc.)* Diz-se dos limões que ficam na arvore de um anno para o outro.

Regruñir. *n.* Grunhir muito, repetidas vezes. *Multum grunnire.*

Reguarda. *f. (ant.)* Reguarda. V. *Retaguardia:* — V. *Mirada:* — resguardo, grande vigilancia, guarda cuidadosa de alguma pessoa ou cousa.

Reguardadamente. *adv. m.* Resguardadamente, acauteladamente; com cautela ou precaução.

Reguardar. *a. (ant.)* Regardar; olhar com cuidado ou vigilancia: — *(fam.)* guardar com muito cuidado: — *n.* resguardar-se, precaver-se, acautelar-se, guardar-se, vigiar-se, defender-se cuidadosamente. *Caverè, cautè agere.*

Reguardo. *m. (ant.)* V. *Mirada:* — *(ant.)* regardo, resguardo, respeito, contemplação: — lado de uma cousa.

Regüeldo. *m.* Arroto; ar ou gaz comprimido no estomago e que se expelle pela bôca com estrepito maior ou menor. No estylo culto usase do synonymo eructação, e em castelhano *eruto. Eructatio, ructus:* — cardo imperfeito que nasce do tronco do principal: — *(fig.)* basofia, jactancia, ostentação vã. *Jactatio vana.*

Reguera. *f.* Regueira, regueiro; sulco, rego prolongado por onde corre agua para regar. *Aquæductus vel canalis aquæ ducendæ:* — *(naut.)* V. *Codera.*

Reguerica, lla, ta. *f. dim.* de *Reguera.* Regueirinha, regueirinho, regueirasinha.

Reguero. *m.* Regueiro; especie de pequeno arroio que se faz de alguma cousa liquida. *Rivulus, i:* — regueiro, rasto; signal continuado que fica de alguma cousa que se vae entornando. *Effusæ rei irrigua linea:* — regueiro. V. *Reguera.*

Reguilado, da. *adj. (ant.)* Alegre, attento.

Reguilar. *n. (ant.)* V. *Rehilar*, na terceira accepção.

Reguilete. *m.* V. *Rehilete.*

Reguillar. *a. (prov.)* V. *Alegrar.*

Reguizar. *a. (ant.)* Ajustar um vestido, compô-lo melhor, etc.

Régula. *f. (ant.)* V. *Regla:* — V. *Escritura.*

Regulacion. *f.* Computo, supputação, calculo prudencial. *Computatio, collatio:* — regulação; acção e effeito de regular.

Reguladamente. *adv. m.* Reguladamente; de maneira regular.

Regulado, da. *adj.* Regulado, regular; conforme á regra. *Ad normam ductus.*

Regulador, ra. *s.* Regulador; o que regula. *Moderator, oris:* — *(art.)* regulador; mechanismo que nas machinas de vapor, e em outras diversas serve para regular o movimento: — regulador, pendula; relogio que serve de typo para regular o movimento dos mais.

Regular. *adj.* Regular; feito, ajustado segundo as regras. *Regularis, re:* — regulado, regrado, dirigido; que se regula bem, que vive regradamente, moderado. *Regularis, re:* — regular, commum, frequente, ordinario. *Frequens, communis:* — regular, regrante; diz-se das pessoas que vivem debaixo de alguma regra ou instituto religioso. Usa-se tambem como substantivo. *Sub regula religiosa vivens:* — regular; pertencente ás ordens religiosas regulares, aos religiosos regrantes: — *a.* regular, dirigir, regrar, moderar ou pôr em ordem alguma cousa; como: *regular los gastos;* regular os gastos, as despezas. *Moderari, modum ponere:* — medir, ajustar, comparar uma cousa com outras. *Conferre, computare:* — regular, moderar, modificar. *Por lo regular (loc. adv.);* pelo regular, de ordinario, regularmente, por via de regra, commummente, ordinariamente. *Frequenter, plerumque. Cuerpos regulares (math.);* corpos regulares; os cinco polyedros cujas superficies são todas polygonos regulares, iguaes entre si. *Figura regular (math.);* figura regular; a que tem os lados e angulos todos iguaes. *Pulso regular (med.);* pulso regular. V. *Pulso.*

Regularidad. *f.* Regularidade; qualidade de ser regular; conformidade, proporção que guardam quaesquer das partes para constituir um to do regular. *Ordo regulis conformis, conveniens:* — regularidade; exacta observancia de regra ou instituto religioso. *Exacta disciplina, vitæ tenor:* — modo commum e ordinario de obrar, uso commum. *Tenor communis, assuetus:* — *(ant.)* V. *Mediania.*

Regularifloro, ra. *adj. (bot.)* Regularifloro; diz-se da calathide e do disco das synanthereas, quando se compõe de flores com corollas regulares.

Regulariforme. *adj. (bot.)* Regulariforme; diz-se das corollas das synanthereas, que são quasi regulares.

Regularísimo, ma. *adj. sup.* de *Regular.* Regularissimo; extremamente regular. *Regulis conformis:* — ordinarissimo; muito commum. *Valdè communis.*

Regularizar. *a.* Regularisar; fazer regular, submetter a regras, dar regularidade.

Regularmente. *adv. m.* Regularmente; com regularidade, segundo as regras. *Ad normam, regulariter:* — regularmente, commummente ordinariamente. *Frequenter, regulariter.*

Régulo. *m.* Régulo, reizinho; rei ou senhor de algum estado pequeno. *Regulus, i:* — V. *Basilisco,* animal fabuloso: — *(astr.)* régulo, Basilisco ou coração de Leo; estrella de primeira grandeza no signo de Leo. *Regulus, i:* — *(zool.)* V. *Abadejo:* — *(chim.* e *min.)* regulo; metal depurado por meio da fusão. *Regulus, i.*

Reguncerio. *m. (ant.)* Relação, narração.

Reguncar. *a. (ant.)* Referir, narrar, contar.

Regurgitacion. *f. (med.)* V. *Regurjitacion.*

Regurgitar. *m. (med.)* V. *Regurjitar.*

Regurjitacion. *f. (med.)* Regurgitação; acção pela qual um conducto ou receptaculo se desembaraça sem esforço das materias que n'elle se accumularam em excesso.

Regurjitar. *n. (med.)* Regurgitar, extravasar-se, transbordar, saír, os humores ou outras materias pela muita repleção ou abundancia.

Réguseo, sea. *adj.* Raguseo ou ragusano; pertencente á cidade de Ragusa: — *s.* raguseo ou ragusano; o natural de Ragusa.

Rehab. *m. (mus.)* Rehab; instrumento persa que tem alguma similhança com a rabeca.

Rehabilitacion. *f.* Rehabilitação; acção e effeito de rehabilitar. *Restitutio in statum pristinum.*

Rehabilitado, da. *adj.* Rehabilitado; tornado a habilitar. *In statum pristinum restitutus.*

Rehabilitar. *a.* Rehabilitar; habilitar de novo ou restituir aos direitos civicos ou civis. *In pristinum statum restituere:* — *r.* rehabilitar-se; tornar a entrar nos direitos que se haviam perdido.

Rehacer. *a.* Refazer; tornar a fazer o que se tinha desfeito. *Reficere, reparare:* — refazer, reformar, reparar, restabelecer. Usa-se tambem como reciproco. *Reficere:* — refazer, restabelecer, reunir, ajuntar de novo a tropa desbaratada: — *r.* refazer-se, reforçar-se, fortalecer-se, recobrar forças. *Refici, vires adquirere:* — *(mil.)* volver o soldado, depois de ter dado meia volta, a ficar na primeira fôrma ou posição. *In faciem iterum reverti:* — *r.* reunir-se, ajuntar-se, formar-se de novo as tropas já derrotadas e dispersas.

Rehacimiento. *m.* Refazimento; acção e effeito de refazer ou refazer-se. *Refectio, instauratio.*

Rehacio, cia. *adj.* Porfiado, pertinaz, obstinado, teimoso. *Pertinax, pervicax.*

Rehala. *f. (ant.)* Fato, rebanho de gado lanigero.

Rehalero. *m. (ant.)* Pegureiro, pastor de gado lanigero.

Rehartar. *a.* Refartar, fartar muito, saciar. Usa-se tambem como reciproco. *Saturare.*

Reharto, ta. *p. p. irreg.* de *Rehartar.* Refarto; muito farto.

Rehecho, cha. *adj.* Refeito, renovado; feito segunda vez. *Refectus, reparatus:* — refeito; diz-se da pessoa corpulenta, baixa ou de mediana estatura. *Torosus, lacertosus.*

Rehen. *m.* Refem ou refens; pessoa de representação ou praças, castellos, etc., que se põem em poder do inimigo, como penhor ou garantia da execução do pacto. Usa-se ordinariamente no plural em ambos os idiomas. *Obses, idis. En rehenes (loc.)*; em refens, em garantia.

Rehenchido, da. *adj.* Reenchido, tornado a encher.

Rehenchimiento. *m.* Preenchimento; acção e effeito de preencher.

Rehenchir. *a.* Reencher; tornar a encher. *Replere, iterum implere.*

Rehendija. *f. (ant.)* V. *Rendija.*

Reherimiento. *m.* Rechaço, repulsão; acção e effeito de repellir, rechaçar, rebater. *Repulsa, æ.*

Reherir. *a. (ant.)* Rechaçar, repellir, rebater. *Repellere:* — aferir; verificar a exactidão dos pesos e medidas.

Reherrar. *a.* Referrar; tornar a ferrar bestas. *Soleas ferreas iterum affigere.*

Rehervido, da. *adj.* Refervido; que referveu ou feito ferver de novo.

Rehervir. *n.* Referver; tornar a ferver. *Refervere:* — *(fig.)* arder, inflammar-se; accender-se em alguma grande paixão. *Referrere, excandescere:* — *r.* fermentar-se, azedar-se, alterar-se, fazer-se azedo; diz-se das conservas. *Fermentescere.*

Rehez. *adj. (ant.)* V. *Rahez.*

Rehiladillo. *m.* V. *Hiladillo.*

Rehilandera. *f.* Moinho de papel; brinquedo de rapazes que consiste em uma varinha delgada com duas bandeirinhas de papel encontradas no extremo, presas com um alfinete, as quaes andam á roda com muita velocidade correndo com a varinha na mão. *Virgula frustis papyraceis munita, ad venti nutum gyrans.*

Rehilar. *a.* Retorcer; tornar a torcer, fiar ou torcer muito o fio que se está fiando. *Filum nimis retorquere:* — abanar; mover, sacudir alguma cousa como que abalando-a: — *n.* balancear, bambalear; agitar-se movendo o corpo, não estar fixo. *Nutare, titubare:* — rechinar; ranger, sibilar a frecha ou outras armas arrojadiças.

Rehilete. *m.* Volante; peça empennada com que jogam os rapazes. *Puerorum ludicrum quoddam:* — jogo do volante; setta ou flecha de papel que os rapazes disparam para que fique pregada nas paredes, portas, etc. *Sagitta pinnata vel spiculum.*

Rehilo. *m.* Tremor de alguma cousa que se move ligeiramente. *Nutatio, vacillatio.*

Rehina. *f. (chim.)* Substancia amarella avermelhada que o ether extrahe da raiz do rhuibarbo.

Rehinchimiento. *m. (ant.)* V. *Rehenchimento.*

Rehinchir. *a. (ant.)* V. *Rehenchir.*

Rehmania. *f. (bot.)* Rehmania; genero de plantas da familia das escrofularineas.

Rehogar. *a.* Refogar; frigir em manteiga ou gordura. *Obsonia lento igne oleo aut pinguedine, sine aqua condire.*

Rehollar. *a.* Repisar, recalcar, espesinhar; tornar a pisar, calcar aos pés. *Conculcare:* — V. *Pisotear.*

Rehortir. *a. (ant.)* Disputar, duvidar, replicar.

Rehoya. *f.* V. *Rehoyo.*

Rehoyar. *n.* Excavar de novo, tornar a abrir a cova que se tinha feito para plantar arvores. *Fossam denuo excavare.*

Rehoyo. *m.* Cova profunda. *Cavea, profunda scrobs.*

Rehuida. *f.* Retirada, fugida. *Fuga, recessio:* — volta rapida e violenta que faz o veado ou outro animal pela mesma trilha. *Recessio, fuga, recessus.*

Rehuir. *a.* Retirar, apartar alguma cousa com temor ou receio de algum perigo. Usa-se como reciproco e ás vezes como neutro, significando tambem fugir. *Refugere, recedere:* — *n.* rejeitar, recusar, excusar, não aceitar. *Rejicere, respuere:* — fugir; retirar-se com violencia alguma cousa do logar que naturalmente occupava. *Recedere:* — retirar-se, afastar-se, esquivar-se; evitar com cuidado alguma cousa, fazer diligencia por não encontrar-se com ella: — *(fig.)* reprovar, desapprovar, rejeitar, levar a mal alguma cousa. *Renuere:* — *(mont.)* tornar a fugir o veado ou outro animal pelo mesmo rasto. *Eadem via recedere, fugere.*

Rehumedecer. *a.* Humedecer muito. Usa-se tambem como reciproco. *Admodùm humectare, humectari.*

Rehundido, da. *adj.* Afundido, submergido. *Submersus, a, um:* — *m.* V. *Vaciado.*

Rehundir. *a.* Afundir, afundar, submergir; metter no fundo. Usa-se tambem como reciproco. *In fundum deprimere, submergere:* — refundir; tornar a fundir algum metal. *Refundere:* — V. *Ahondar:* — derreter; gastar sem saber em que, ir-se as cousas de entre as mãos. *Temerè fundere, dissipare.*

Rehurtado, da. *adj. (mont.)* Diz-se do veado ou de outro animal que torna a voltar pela trilha que seguia.

Rehurtar. *a.* Tornar a furtar: — *r. (caç.)* desviar-se, afastar-se a caça para caminho differente do que seguia. *Alia via fugere.*

Rehurto. *m.* Furtadella; movimento com que se esquiva o corpo.

Rehusar. *a.* Refusar, recusar, excusar; não querer ou não aceitar alguma cousa, não conceder o que se pede. *Detrectare:* — *(naut.)* refusar-se o navio, fugir do vento, propendendo a arribar ou resistindo a orçar.

Reible. *adj. (ant.)* V. *Risible.*

Reicardia. *f. (bot.)* V. *Picridio.*

Reich. *m. (gram.)* Reich; nome da vigesima letra do alphabeta hebraico.

Reichy. *m. (rel.)* Reichy; sectarios de Cachemira, que adoram a um deus unico.

Reideras. *f. pl.* Disposição para rir-se.

Reidero, ra. *adj. (fam.)* Risivel, irrisorio; que provoca frequentemente o riso. *Risum movens.*

Reidor, ra. *adj.* Risonho; dado a rir. *Ridens, entis.*

Reifersquedia. *f. (bot.)* Reiferschedia; genero de plantas da familia das dileniaceas.

Reigola. *f. (ant. naut.)* V. *Flechaste.*

Reimaria. *f. (bot.)* Reimaria; genero de plantas da familia das gramineas, cujas especies crescem nas margens do Amazonas.

Reimpresion. *f.* Reimpressão; acção e effeito de reimprimir. *Iterata editio:* — reimpressão; conjuncto de exemplares reimpressos de uma vez. *Editio, onis.*

Reimpreso, sa. *p. p. irreg.* de *Reimprimir.* Reimpresso; tornado a imprimir.

Reimprimir. *a.* Reimprimir; tornar a imprimir ou repetir a impressão de uma obra. *Typis iterum edere.*

Reina. *f.* Rainha; esposa do rei. *Regina, æ:* — rainha; soberana de monarchia. *Regina, æ:* — rainha; nome de requintada galanteria com que se designa qualquer mulher em estylo cortezão e festivo, como: *la reina del baile, de la fiesta,* etc.; a rainha do baile, da festa, etc. *Domina, hera:* — rainha; peça principal do jogo de xadrez depois da chamada rei. *Regia in latrunculorum ludo:* — rainha; abelha mestra nas colmeias. V. *Abeja maesa:* — *(p. And.)* certo jogo de rapazes: — V. *Infernáculo:* — *del cielo,* rainha do céu; nome que os judeus prevaricadores e idolatras davam á lua, á qual consagravam um culto supersticioso.

Reinado. *m.* Reinado; duração da auctoridade regia. *Regnantis principis tempus:* — provincia, districto, jurisdicção: — *(ant.)* reinado, soberania, dignidade real: —

(ant.) jogo de cartas:—*(ant.)* V. *Reino.*

Reinador, ra. *s.* Reinante; pessoa que reina actualmente. *Regnator, oris.*

Reinamiento. *m. (ant.)* V. *Reinado.*

Reinante. *adj.* Reinante; diz-se do principe ou rainha que reina actualmente. *Regnans, antis:* — diz-se tambem dos principes, aindaque não sejam reis.

Reinar. *a.* Reinar; reger, governar um estado com o titulo de rei, exercer o poder regio. *Regnare:*—diz-se por extensão dos principes soberanos, aindaque não tenham o titulo de rei: — reinar, dominar; ter poder, predominio uma cousa sobre outra. *Imperare:* — reinar, dominar, prevalecer, persistir, continuando-se ou estendendo-se alguma cousa, como tal moda, tal costume, tal doença, etc. *Persistere:* — reinar, existir, presidir, conservar-se; exemplo:*reinó la mayor armonia en el banquete,* etc.; reinou a maior harmonia no banquete, etc.: — cercar, ficar, rodear, estar contiguo, no circuito; como: *esta galería reina al rededor de todo el edificio;* esta galeria fica em roda de todo o edificio.

Reincidencia. *f.* Reincidencia, recaida; repetição da mesma culpa ou falta. *Iterata culpæ admissio, patratio.*

Reincidente. *adj.* Reincidente; que recáe de novo em culpa, delicto, etc. *Iterans, iterum in culpam incidens.*

Reincidir. *n.* Reincidir, recaír; tornar a caír em algum erro, falta ou culpa. *In errorem aut culpam iterum incidere.*

Reincorporacion. *f.* Reincorporação; acção e effeito de reincorporar ou reincorporarse. *Reintegratio, onis.*

Reincorporar. *a.* Reincorporar; tornar a incorporar, aggregar, ou unir a um corpo politico ou moral o que se tinha separado d'elle. Usase tambem como reciproco. *Iterum cooptare.*

Reinmanita. *f. (min.)* V. *Alófana.*

Reino. *m.* Reino; territorio governado por um rei ou rainha. *Regnum, regia dictio:* — reino; qualquer das provincias de um estado, que antigamente foram governadas por um rei, proprio e privativo, como reino de Galliza, de Aragão, do Algarve, etc. *Provincia olim regibus parens:* — deputados de um reino, conjuncto dos representantes de uma nação em côrtes. *Provinciarum legati:* — reino; cada uma das tres classes, chamadas reinos da natureza, em que os naturalistas dividem os corpos naturaes, e são: o reino animal, que comprehende os animaes, o reino vegetal, as plantas, e o reino mineral, todos os mineraes ou substancias inorganicas. *Regnum, sectio:* — reino dos céus, o paraizo, mansão dos bemaventurados. *Celeste regnum. Estrañar de los reinos a uno (fr.);* desterrar os ecclesiasticos, priva-los do direito de nacionalidade, confiscando-lhes os bens que tinham no reino, e fazendo-os saír para fôra dos seus dominios. *Relegare; regno expellere.*

Reintegracion. *f.* Reintegração; recobro ou satisfação integra e total de alguma cousa, restituição á posse. *Redintegratio, onis.*

Reintegrado, da. *adj.* Reintegrado; que reintegrou ou foi posto no estado primitivo. *Redintegratus, a, um:* — *(ant.)* melhorado, corrigido, reformado.

Reintegrar. *a.* Reintegrar; repor no antigo estado, na posse que tinha de restituir no direito ou acção. *Redintegrare, ex integro restituere:* — *r.* reintegrar-se; recuperar, recobrar inteiramente o que se tinha emprestado, aventurado ou perdido. *In integrum restitui; redintegrari.*

Reintegro. *m.* Reintegração; acção de reintegrar. *Redintegratio, onis.*

Reinwardtia. *f. (bot.)* Reinwardtia; genero de plantas da familia das ternstremiaceas.

Reir. *n.* Rir ou rir-se; expressar, manifestar com determinados movimentos de bôca e de outras partes do rosto a alegria e regosijo que interiormente se tem. Usa-se tambem como reciproco *Ridere:* — rir-se; fazer movimentos convulsivos, similhantes aos do riso natural, de um modo forçado ou por doença. *Sardonio risu ridere:* — rir-se, escarnecer, mofar, zombar. *Irridere:* —*(fig. poet.)* rir-se, sorrir-se, mostrar apparencia alegre; diz-se das cousas inanimadas. *Arridere:* — *r. (fam.)* rir-se, abrir-se; começar a romper-se, fender-se ou a rasgar-se as roupas, vestidos ou outras cousas, por estarem usadas ou pela sua má qualidade. *Vetustate vel usu disrumpi. Reirse entre sí;* rir só comsigo, rir-se ou rir ás paredes; rir-se nesciamente, como os parvos: estar transportado, arrebatado de alegria, estar em extasis. *Reirse a carcajadas;* rir ás gargalhadas. *Reirse de algo o de alguno (fr. fig. fam.);* rir-se de alguem ou de alguma cousa, desprezalos, não fazer caso d'elles. *Irridere, contemnere.*

Reis. *m.* Réis; moeda antiga portugueza de tenue valor, e hoje unidade monetaria das moedas de Portugal. Oitenta e cinco réis equivalem a dois reaes de vellon.

Reis-effendi. *m. (hist.)* Reis-effendi; ministro dos negocios estrangeiros no governo da Porta Ottomana.

Reisekia. *f. (bot.)* Reisekia; genero de plantas da familia das rhamneas.

Reismo. *m. (ant.)* Dynastia; serie de reis.

Reiterable. *adj.* Reiteravel; que se pôde reiterar.

Reiteracion. *f.* Reiteração; repetição ou acto de reiterar. *Iteratio, onis.*

Reiteradamente. *adv. m.* Reiteradamente, repetidamente; com reiteração. *Iteratò.*

Reiterado, da. *adj.* Reiterado; repetido segunda vez. *Iteratus, a, um.*

Reiterar. *a.* Reiterar, repetir,

tornar a executar alguma cousa. *Iterare, repetere.*

REITERATIVO, VA. *adj.* Reiterativo; que reitera, proprio para reiterar ou que inclue reiteração.

REIVAS. *f. (myth.)* Reivas; nome dado pelos persas a uma arvore, da qual na sua opinião nasceram os auctores do genero humano.

REIVINDICACION. *f. (for.)* Reivindicação ou reivendicação; acção para reivindicar a posse do que por direito nos pertence. *Reivindicatio.*

REIVINDICAR. *a. (for.)* Reivindicar; intentar acção para obter a restituição de cousa de que fomos injustamente desapossados. *Reivindicare.*

REIZ. *f. (ant.)* V. *Raiz.*

REJA. *f.* Relha; instrumento de ferro que faz parte do arado e serve para romper e revolver a terra. *Vomer, eris:* — rexa; grade de ferro que se põe nas janellas e outras partes para segurança e defeza. *Cluthri, orum:* — aradura; lavra ou volta que se dá á terra com o arado. *Aratio, onis. Rejas vueltas pl. (prov.);* expressão que se diz em Hespanha, quando em dois povos confinantes podem pastar os seus gados promiscuamente dentro dos campos de um e outro, e quando o lavrador vizinho de um semeia no outro, pagando por metade o imposto em ambos os povos. *Pascuòrum communitas. Propios et vicinos agros colendi promiscua facultas. Son rejas vueltas (fr.);* é pagar na mesma moeda; diz-se quando se corresponde com um favor ou aggravo a outro que se recebeu.

REJACAR. *a.* V. *Arrejacar.*

REJADA. *f.* V. *Arrejada.*

REJADO. *m.* Grade de ferro, etc. V. *Verja,* n'este sentido. *Clathri, orum.*

REJALGAR. *m. (min.)* Rosalgar; sulphureto vermelho de arsenico, substancia mineral de côr de cochonilha ou vermelho alaranjado, que se apresenta quasi sempre em crystaes, cuja fórma primitiva é um prisma rhomboidal obliquo. Volatilisa-se ao fogo lançando um cheiro parecido com o dos alhos: — *(fig.)* veneno, peste; diz-se de qualquer substancia desagradavel e nociva.

REJAZO. *m.* Golpe dado com a relha do arado. *Vomeris ictus.*

REJENCIA. *f.* Regencia, regimento; acto de reger ou governar o estado. *Directio, onis:* — regencia; cargo, dignidade de regente. *Regentis munus, dignitas:* — regencia; governo de um estado monarchico na menoridade, ausencia ou incapacidade do rei ou principe. *Regni administratio nondum adulto principe:* — regencia; tempo que dura o governo de um regente em um paiz ou nação: — regencia; denominação de alguns estados pequenos, taes como as regencias barbarescas.

REJENERABLE. *adj.* Regeneravel; que póde ser regenerado.

REJENERACION. *f.* Regeneração; acção e effeito de regenerar e regenerar-se. *Regenerandi actus.*

REJENERAR. *a.* Regenerar; dar novo ser a alguma cousa que degenerou, restabelece-la, melhora-la. Usa-se só em sentido moral. *Regenerare.*

REJENTAR. *a.* Exercer algum emprego ou cargo de honra. *Exercere munus:* — reger, dirigir, governar, administrar, ou estar á testa de algum estabelecimento, etc.; diz-se em sentido geral familiar: — *(fig.)* affectar superioridade, fazer de senhor, pretender ter dominio, mando, exercendo algum emprego. *Munus fastu et vana ostentatione exercere.*

REJENTE. *s.* Regente; pessoa que governa um estado durante a menoridade ou algum impedimento do rei. Usa-se ás vezes tambem como adjectivo. *Regni administrator:* — regente; primeiro magistrado, presidente de uma audiencia. *Regens regiam cancellariam:* — regente, reitor; director dos estudos em certas ordens religiosas. *Gymnasiarcha, scholarum rector:* — regente, cathedratico triennal em algumas escolas e universidades. *Professor, cathedræ moderator:* — director ou administrador; o que nas imprensas dirige immediatamente as suas operações materiaes e que, depois do dono, governa o estabelecimento. *Moderator typographicus.*

REJENTEAR. *n.* Fazer de mestre, querer dominar, affectar superioridade.

REJERA. *f. (naut.)* V. *Codera.*

REJERO. *m.* Serralheiro que faz grades de ferro. *Clathrorum faber.*

REJIAMENTE. *adv. m.* Regiamente; com grandeza real, com maneiras de rei, sumptuosamente. *Regiè, magnificè.*

REJICIDA. *adj.* Regicida; matador de rei ou rainha.

REJICIDIO. *m.* Regicidio; morte violenta de rei ou rainha, crime do regicida.

REJIDOR, RA. *adj.* Regedor, regente; que rege ou governo. *Rector, moderator:* — *m.* regedor; magistrado municipal. *Decurio, onis:* — *f.* regedora; mulher de regedor municipal. *Decurionis uxor.*

REJIDORÍA, REJIDURÍA. *f.* Regedoria; officio de regedor. *Decurionis munus.*

REJICA, LLA, TA. *f. dim.* de *Reja.* Rexasinha, gradesinha.

REJILLA. *f.* Ralo; especie de rotula ou grade que se põe nos confessionarios, para ouvir as confissões das mulheres. *Cancelli, claustra.*

RÉJIMEN. *m.* Regimen ou regime; modo de governar-se ou reger-se. *Regimen, inis:* — regimen, governo: — *(gram.)* regimen; construcção de um verbo com a preposição, e caso ou modo que pede, e de uma preposição com o seu caso correspondente. *Constructio, syntaxis.*

REJIMENTABLE. *adj.* Arregimentavel; que póde ser arregimentado.

REJIMENTAR. *a.* Arregimentar; reduzir a regimentos varias companhias ou partidas soltas, organisar um regimento ou regimentos: — disciplinar; diz-se de algumas cousas para mostrar que estão em vigor e servem para o fim a que se destinam; v. g.: *este calendario rije todavia;* este calendario governa ainda. Usa-se tambem com a negativa; como: *ya no rije ese decreto;* já não governa ou não está em vigor esse decreto. *Vigere, vigentem esse:* — ser o corrente, o presente, o actual, que vae passando; ex.: *a veinte del que rije; en el año que rije;* a vinte do corrente; no presente anno ou no anno corrente, etc.: — *(fig.)* despejar, descarregar o ventre. *Ventrem exonerare:* — *(gram.)* reger; pedir um verbo esta ou aquella preposição, este ou aquelle modo, ou pedir uma preposição este ou outro caso. *Requirere:* — *(gram.)* reger; collocar todas as palavras de um auctor pela ordem natural, dar a definição de cada uma d'ellas e designar a construcção que pedem. *Cujusvis latini scriptoris verba ad ordinem naturalem reducere, singulorumque in oratione proprietates et naturam ostendere:* — *(naut.)* governar; obedecer o navio ao leme. *Navim gubernaculo obtemperare, obedire.*

Rejirado, da. *adj. (ant.)* V. *Encorvado, Concorvado.*

Rejistrador, ra. *s.* Registador ou registrador, examinador, verificador; o que registra ou examina. *Speculator, scrutator:* — registrador, official do registro; individuo auctorisado para notar e assentar nó livro de registro todos os privilegios, cedulas, cartas regias, mercês, alvarás e os despachos expedidos por juizes e funccionarios revestidos da competente auctoridade. *Notarius publicus regiis diplomatibus excribendis:* — guarda-barreira ou fiscal que está ás portas ou entrada de alguma povoação para examinar os generos ou mercadorias que entram. *Merces ad portas civitatis recensens, vectigalibus exigendis.*

Rejistrar. *a.* Registar ou registrar; ver, examinar, verificar com cuidado e diligencia alguma cousa. *Inspicere, lustrare:* — registrar; manifestar alguma cousa para ser registrada. *Merces æstimandas patefacere:* — registrar; apresentar nas alfandegas a nota ou factura da carga que se embarca, para com ella negociar licitamente: — registrar; assentar, copiar por inteiro ou em extracto no livro de registro cedulas, cartas regias, etc., etc. *In tabulis vel libris publicis adnotare, describere:* — registrar; marcar com registro algum logar do livro. *Fasciolis, vel aliis notis signare librum:* — *r.* matricular-se. *In album referre.*

Rejistro. *m.* Registro; acto de registrar ou registar. *Recensio, onis:* — verificação, exame attento. *Speculatio, scrutatio:* — atalaia; logar d'onde se póde descobrir, vigiar ou observar alguma cousa. *Specula, æ:* — registro, regulador; peça que serve para atrazar ou adiantar o relogio. *Horologii rotula moderatrix:* — registro; abertura com tampa, para examinar as cloacas ou canos da limpeza e os canaes subterraneos, e para limpar os poços. *Operculum in cloacis:* — recenseamento, censo; lista, rol dos individuos existentes em um povo, estado ou reino. *Census, us:* — V. *Protocolo:* — registro; manifestação que se faz dos bens, generos ou mercadorias. *Mercium patefactio, recognitio:* — registro; casa em que se registra, examina. *Locus ubi merces recognitioni exponuntur:* — registro; assento que fica do que se registra. *Tabulæ publicæ, tabularium:* — registro; livro não impresso em que se nota o que se registra. *Codex, icis:* — registro; cedula, escriptura d'onde consta ter sido registrada a mercadoria, a despeza, o documento. *Schedula merces patefactas describens:* — registro; fitinha, cordão ou outro signal que se põe entre as folhas de livro para marcar o logar onde se deve abrir. *Tæniolæ vel fasciolæ pensiles in libris, signi causa:* — registro; peça de madeira, machinismo que regula e modifica o som nos orgãos, cravos, pianos fortes, etc. *Arganicorum ordinum regulæ, clavicymbali regula moderatrix:* — cada genero de vozes no orgão, com o seu flautado maior, menor, etc. *Organicorum vocum ordo, series:* — registo ou registro; correspondencia entre as regras da pagina com as da outra que ficam nas costas do papel. *In folio typis edito paginarum hinc inde æqualitas:* — registro; nota que se punha no fim de algum livro em que se referiam as assignaturas de todo elle, advertindo se os cadernos eram de duas, tres folhas, etc., e que servia para guiar o encadernador. *Typographorum notæ quædam:* — *(fig.)* diz-se de uma pessoa curiosa que procura saber tudo que os outros passam ou fazem. *Curiosus inspector:* — *(germ.)* taverna, bodega, baiuca: — *de una mina;* acto de manifestar perante a justiça o logar em que existe alguma mina e a classe de mineral, para poder ter dominio sobre ella. *Echar todos los registros (fr. fig.);* tocar todos os registros; fallar em tudo, em todos os tons, fazer alguem tudo o que pôde e sabe em alguma materia ou assumpto. *Omnia tentare:* — *(chim.)* registro; abertura do fornilho que serve para dar fogo e introduzir o ar nas operações chimicas. *Clibani os vel foramen.*

Rejitar. *a. (volat.)* V. *Vomitar.*

Rejo. *m.* Aguilhão, ferrão; bico ou ponta aguçada de ferro, e por extensão, diz-se de outras especies de ferrões ou aguilhões, como o da abelha. *Aculeus; stimulus:* — prego de ferro, redondo, com que se joga o ferrão. *Discus ferreus:* — arco de ferro, com que seguram as portas. *Arcus ferreus:* — radicula; orgão de que se forma a raiz nas sementes e embryões das plantas. *In semine plantæ radicula:* — *(ant.)* rijeza, robustez, vigor, fortaleza. *Robur, oris:* — V. *Cinto.*

Rejon. *m.* Barra de ferro, cortante e ponteaguda. *Vectis acuminata:* — rojão, garrochão; garrocha grande para tourear a cavallo. *Hastile mucronatum vel ferro præfixo:* — especie de punhal. *Pugio, onis.*

Rejonazo. *m.* Garrochada; golpe de garrocha ou rojão. *Hastilis mucronati ictus:* — punhalada; golpe, ferida de punhal. *Pugionis ictus.*

Rejoneador. *m.* O que garrocheia. *Hastili mucronato taurorum agitator.*

Rejonear. *a.* Garrochar; picar o cavalleiro o touro com a garrocha, quebrando-a n'elle. *Tauros hastili mucronato lacessere.*

Rejoneo. *f.* Acção de garrochar. *Taurorum agitatio mucronatis hastilibus.*

Rejuela. *f. dim.* de *Reja.* Gradezinha: — esquentador para os pés, da feição de cofrezinho, com grades na tampa. *Foculus calefaciendis pedibus.*

Rejuvenecer. *a.* Remoçar; fazer recuperar o viço, o vigor da mocidade. *Juvenescere:* — *n.* remoçar-se; recobrar o viço, o vigor da mocidade. Usa-se tambem como reciproco.

Rejuvenir. *n. (ant.)* V. *Rejuvenecer.*

Relacion. *f.* Relação; acção e effeito de referir, o narrar ou referir algum successo. *Relatio, narratio:* — relação, connexão, correspondencia mutua entre duas cousas, pessoas ou idéas. *Relatio, respectus:* — romance, cançãosinha historica que os cegos cantam e vendem pelas ruas. *Recitatio metrica:* — relação, narração, exposição de uma peça theatral. *Narratio comica:* — *de ciego (fig. fam.);* cantilena de cego; discurso lido ou recitado de um modo monotono, e sem lhe dar o verdadeiro sentido. *Inconcinnè pronuntiata narratio:* *(fig. fam.)* oração de cego; frivola, impertinente. *Frivola et importuna narratio:* — *desnuda,* relação, exposição nua, singela, simples de algum facto. *Expositio simplex, sincera, nuda:* — *jurada;* narração em que se jura ser verdadeiro em tudo. *Narratio jusjurando fulcita. Hacer relacion (fr.);* alludir, referir-se a outra cousa com que tem connexão aquella de que se trata. *Ad aliud referre:* — *de los juicios (philos.);* relação dos juizos; propriedade que estes têem de serem categoricos, hypotheticos ou disjunctivos: — *(for.)* relação; informe que faz a pessoa designada pela lei a um tribunal ou juiz, do substancial de um processo. *Judicialis causæ recitatio, relatio. Hacer relacion (fr.),* dizer succintamente o essencial do processo nos pleitos ou causas. *Breviter, persumma capita explicare.*

Relacionar. *a.* Relatar, referir, contar, narrar, fazer a relação de um facto. *Referre, narrare:* — relacionar; pôr em relação, em commercio, em familiaridade uma pessoa com outra.

Relacionero. *m.* Auctor ou vendedor de romances ou canções historicas. *Metricæ narrationis compositor vel venditor.*

Relajacion. *f.* Relaxação; estado relaxado, falta de tensão, diminuição da tesura natural de um corpo. *Relaxatio, laxatio:* — V. *Quebradura:* — relaxação, intermissão, folga, descanso de trabalho. *Laxatium, otium, vacatium:* — *(fig.)* relaxação, corrupção, depravação; viciação dos costumes, inobservancia das regras de algum instituto. *Disciplinæ seu morum dissolutio:* — relaxação; relevamento de algum voto ou juramento. *Relaxatio, solutio voti vel ju-*

ramenti: — *(for.)* relaxação; abandono de réu de crime religioso á auctoridade secular, para lhe impor pena de sangue ou capital. *Seculari judici rei traditio:* — *(med.)* relaxação, afrouxamento, frouxidão, debilidade; falta de tensão, ou diminuição do vigor natural dos nervos, musculos, fibras, etc.

Relajadamente. *adv. m.* Depravadamente, corruptamente, viciadamente, dissolutamente; com relaxação ou prevaricação. *Dissolutè, licenter.*

Relajadísimo, ma. *adj. sup.* de *Relajado.* Relaxadissimo, depravadissimo. *Valdè dissolutus.*

Relajador, ra. *adj.* Relaxador; que relaxa. *Relaxans, remittens.*

Relajamiento. *m.* Relaxação. V. *Relajacion.*

Relajar. *a.* Relaxar, afrouxar, laxar, desentesar, remover a tensão. *Solvĕre, laxare, remittere:* — *(fig.)* relaxar, descansar; folgar algum tanto, dar folga, descanso ás forças do animo, do espirito. *Animum laxare, otiari:* — relaxar; diminuir o rigor, occasionar ou permittir a relaxação ou enfraquecimento da observancia da lei, regra ou estatuto. *Severioris disciplinæ curam omittere:* — relaxar; dispensar, desligar, relevar de algum voto, juramento ou obrigação. *A vinculo voti vel juramenti solvere:* — relaxar; abandonar o réu, o condemnado por crime religioso, ás auctoridades seculares, para lhe imporem pena de sangue ou capital. *Judici sæculari reum tradere:* — relaxar os costumes, prevarica-los, fazer dissoluto, licencioso: — *(for.)* relaxar, moderar, alliviar, diminuir pena ou castigo a alguem. *Pœnam relaxare, levare:* — *r.* relaxar-se, afrouxar-se; perder a tensão, o vigor, dilatar-se alguma parte do corpo animal, por debilidade ou por alguma força ou violencia. *Relaxari, laxari:* V. *Quebrarse:* — *(fig.)* relaxar-se, prevaricar-se, depravar-se, corromper-se; afrouxar no dever, fazer-se dissoluto. *Solutiùs vel licentiùs agere vel se gerere.*

Relamer. *a.* Relamber; tornar a lamber. *Iterum lambere:* — *r.* delamber-se; lamber os beiços com a lingua uma ou muitas vezes. *Regustare, labia lingere:* — *(fig.)* pintar-se, ataviar-se, compor-se, enfeitar-se; pôr posturas, arrebiques no rosto. *Nimis cutem vel faciem polire, lævigare:* — *(fig.)* delamber-se; alegrar-se, regosijar-se, gloriar-se ou jactar-se por ter feito ou conseguido alguma cousa de gosto. *Voluptatem ob factum verbis monstrare.*

Relamido, da. *adj.* Delambido, requebrado; que se apura e affecta muito. *Nimis comptus:* — *(p. Cub.)* V. *Descarado.*

Relámpago. *m.* Relampago; luz ou clarão electrico, que brilha repentinamente na atmosphera, de ordinario seguida do trovão. *Fulgur, uris:* — *(fig.)* relampago, raio; qualquer fogo ou claridade muito rapida, que passa em um momento. *Fulgur, coruscatio:* — *(fig.)* relampago, raio; qualquer cousa que passa ligeiramente, ou é prompta nas suas operações. *Res momento transacta instar fulguris:* — *(fig.)* arguciа, dito engenhoso e agudo. *Vividum acumen:* — parte do brial que se via nas mulheres, trazendo a vasquinha inteiramente aberta por diante. *Muliebris tunicæ pretiosior pars detecta, per exterioris amictûs apertionem:* — acção de abrir e fechar o manto com promptidão; dizia-se antigamente. *Propriæ venustatis in mulieribus ostentatio, per amiculi vultum tegentis aspertionem:* — *(veter.)* albugem; nevoa branca que vem aos olhos do cavallo. *Albugo, inis. Dar relampagos (fr.);* fazer, haver relampagos, relampadejar: — *(germ.)* dia: — *(germ.)* golpe, pancada.

Relampagueante. *adj.* Relampadejante, fulgurante, coruscante; que brilha muito. *Fulgurans, antis.*

Relampaguear. *n.* Relampaguear, relampear, relampejar, relampadejar, fuzilar, coruscar; haver, fazer relampagos, brilharem relampagos na atmosphera. *Fulgurare, coruscare:* — *(fig.)* fulgurar, scintillar; lançar faiscas, resplendores de luz, brilhar muito, com algumas intermissões. Diz-se frequentemente dos olhos muito vivos ou iracundos. *Fulgere, micare.*

Relampagueo. *m.* Lampejo; acção e effeito de relampadejar.

Relampaguzar. *n.* V. *Relampaguear.*

Relampar. *n. (ant.)* V. *Relumbrar.*

Relampo. *m. (ant.)* Relampo. V. *Relampago.*

Relance. *m.* V. *Relanze.*

Relancear. *n. (ant.)* Relancear; jogar um lance.

Relania. *f. (bot.)* Relania; genero de plantas da familia das compostas.

Relanzar. *a.* Repellir, rechassar. *Repellere, propulsare:* — tornar a lançar na urna os votos nas eleições. *Sortes in cestellam iterum conjicere.*

Relanze. *m.* Segunda redada ou lanço de rede. *Iteratus retis jactus:* — segunda aventura tentada, accidente, casualidade; successo, acontecimento fortuito, casual e duvidoso. *Casus, us:* — nos jogos de envite, a sorte ou azar que se segue ou succede a outras. *Sors secunda vel adversa iterata in alea:* — acção de tornar a deitar na urna o voto para as eleições. *Iterata sortium in cistellam conjectio. De relanze (loc. adv.);* de relance, por acaso, accidentalmente, por accidente ou casualidade, casualmente. *Casu fortuitò.*

Relanzo. *m. (ant.)* V. *Relanze. De relanzo (loc. adv. ant.).* V. *De relanze.*

Relapso, sa. *adj.* Relapso; que reincidiu no erro abjurado. *Relapsus, a, um.*

Relatador. *m.* Relatador, relator; o que relata, narra, refere. *Relator, oris:* — V. *Relator.*

Relatante. *p. a.* de *Relatar. Enarrans, antis.*

Relatar. *a.* Relatar; referir, narrar, contar algum successo ou historia. *Referre, narrare:* — *(for.)* relatar; fazer relação ou relatorio de um processo ou pleito. *Causam, litigiumve in judicio recitare.*

Relativamente. *adv. m.* Relativamente; com relação, em relação. *Relatione habita.*

Relativo, va. *adj.* Relativo; que tem relação com outra cousa, pessoa ou idéa. *Relativus, a, um:* — *(gram.)* relativo; diz-se de um pronome ou adjectivo que exprime a relação de um termo com outro, que se refere a elle. *Relativum.*

Relato. *m.* Relação, narração.

Relator. *m.* Relator, narrador; o que relata, narra, refere historia, successo. *Narrator, enuntiator:* — *(ant.)* relator de supplica. V. *Referendario:* — *(for.)* relator, juiz que faz relatorio de processo, que expõe a causa, o direito, as provas, a defeza, etc. *Recitator, oris.*

Relatoría. *f.* Emprego de relator. *Recitatoris munus.*

Relavadura. *f.* Segunda lavadura ou lavagem.

Relavar. *a.* Relavar; tornar a lavar ou purificar mais alguma cousa. *Iterum lavare.*

Relave. *m.* Segunda lavagem, principalmente dos metaes nas minas. *Altera metalli lotio:* — *pl. (min.)* particulas dos metaes, nas minas, que pela segunda lavagem vão misturadas com o lodo ou barro. *Ramenta è secunda metalli lotione delabentia.*

Releer. *a.* Reler; ler segunda vez, tornar a ler. *Relegere, iterum legere.*

Relegacion. *f.* Expatriação, exilio; desterro que os romanos impunham a um cidadão, sem o privar dos seus direitos. *Relegatio, in exilium amandatio:* — V. *Destierro.*

Relegar. *a.* V. *Desterrar:* — expatriar, exilar, desterrar um individuo entre os antigos romanos, sem o privar dos direitos de cidadão. *Relegare, in exilium amandare.*

Relej, Releje. *m.* Saburras; materias que se depositam na lingua e mais partes da bôca. *Concretio sordium in labiis:* — diminuição de espessura em uma parede caminhando debaixo para cima. Diz-se tambem de outras cousas, especialmente nas carruagens. *Spissitudinis diminutio in parietibus:* — *(art.)* resalto que pela parte interior costumam ter algumas peças de artilheria na recamara, estreitando-a para que seja mais acanhada a parte onde está a polvora, do que o resto da peça. *In tormentorum parti posteriori cavitatis diminutio.*

Relejar. *n.* Diminuir de espessura, fallando de uma parede. *Parietis spissitudinem minui.*

Relente. *m.* Relento; humidade atmospherica em certas noites serenas. *Humida noctium temperies:* — *(fig. fam.)* negligencia, preguiça.

Relentecer. *n.* Lentejar; fazer-se lento. Usa-se tambem como reciproco. *Lentere, lentescere.*

Releque. *m. (archit.)* V. *Zarpa.*

Relevacion. *f.* Relevamento; acção de relevar, perdoar, alliviar, absolver de obrigação, encargo. *Remissio, liberatio oneris.*

Relevante. *adj.* Relevante, importante, attendivel, eminente, insigne. *Eminens, insignis.*

Relevar. *a.* Relevar; exonerar de algum cargo ou onus. *Levare, exonerare:* — relevar, realçar, dar relevo, fazer alguma cousa de relevo. *Anaglypha formare, cælare, sculpere:* — remediar, soccorrer. *Subvenire, sublevare:* — relevar, absolver, perdoar, demittir, dispensar. *Remittere:* — *(fig.)* realçar, exaltar ou engrandecer alguma cousa. *Elevare, extollere:* — *(mil.)* render; mudar uma sentinella ou corpo de tropa de algum posto. *Subrogare:* — *(pint.)* relevar, realçar; pintar alguma cousa de maneira a fazer sobresaír certas partes da pintura. *Rei formam adeo graphicè depingere, ut reapse prominere videatur:* — *n. (esculpt.)* sobresaír uma figura fóra do plano. *Supereminere.*

Relevo. *m.* Rendimento; acção de render uma sentinella ou um corpo de tropa: — soldado ou corpo que se rende. *Militis aut militum manipuli excubias levatio. Miles aut militum manipulus ad excubias substitus.*

Relia. *f. (bot.)* Relia; genero de plantas da familia das campanulaceas.

Relianistas. *m. pl. (rel.)* Relianistas; membros de uma seita fundada na Inglaterra no seculo xix, que ensinava que os Sacramentos não são mais do que figuras e emblemas.

Relicario. *m.* Relicario; logar onde se guardam as reliquias de uma Igreja, etc. *Reliquiarum theca, repositorium:* — relicario; caixa de reliquias. *Reliquiarum capsa.*

Relief. *m. (mil.)* Ordem regia concedida a um official, ausente por causa legitima, para poder receber os seus soldos, vencidos durante o tempo de sua ausencia. *Testimonium quo miles absens pro præsenti habetur.*

Relieve. *m.* Relevo; lavor ou figura que resalta sobre o plano. *Anaglypha, signum eminens:* — *pl.* reléus; sobejos da mesa. *Analecta, orum:* — *(pint.)* relevo; partes da pintura que figuram corpos resaltados. *Figuræ depictæ apparens prominentia. Alto relieve;* relevo inteiro; em que as figuras sáem do plano mais de metade. *Prominentior cælatura. Bajo relieve;* baixo relevo; em que as figuras esculpidas sobresáem pouco. *Cælatura minus prominens. Medio relieve;* meio relevo; em que as figuras sobresáem por metade. *Ectypa effigies cælaturâ media sui parte prominens. Todo relieve.* V. *Alto relieve.*

Religa. *f.* Segunda liga ou pequena porção de metal que se junta a outro para o trabalhar. *Iterata metalli mixtio.*

Religacion. *f.* Religação; acção e effeito de religar ou ligar mais estreitamente. *Religatio, onis.*

Religar. *a.* Religar; ligar de novo, atar outra vez ou com mais força. *Religare:* — tornar a ligar um metal com outro. *Metalla iterum miscere.*

Religion. *f.* V. *Relijion.*

Religionario. *m.* V. *Relijionario.*

Religionista. *m.* V. *Relijionista.*

Religiosamente. *adv. m.* V. *Relijiosamente.*

Religiosidad. *f.* V. *Relijiosidad.*

Religioso, sa. *adj.* V. *Relijioso.*

Relijion. *f.* Religião; culto a Deus, aos santos, virtude moral com que adorâmos a Deus. *Religio, onis:* — religião; observancia das doutrinas e exercicios de devoção. *Religio, onis:* — religião, piedade, devoção, virtude, christandade. *Pietas, atis:* — religião; a catholica, apostolica romana, diz-se por antonomasia. *Religio, onis:* — religião; vida de pessoa dedicada ao culto divino ou que fez votos religiosos. *Religio; religiosæ vitæ professio, conditio:* — religião; impropriamente e por abuso chama-se tambem o culto e veneração que tributam alguns povos aos seus falsos deuses, ás divindades symbolicas. *Vana religio; superstitio:* — *reformada*, religião reformada; nome que se dá á religião christã, segundo a entendem os lutheranos, calvinistas e outros sectarios que no seculo XVI se separaram da unidade catholica e da obediencia do papa. *Guerras de relijion;* guerras de religião; as que tiveram por origem a differença de religião, e principalmente as que se deram entre os catholicos e os protestantes. *Entrar en relijion (fr.);* entrar n'uma ordem religiosa, ser n'ella admittido, vestindo o habito do seu instituto. *Ordini, sodalitati religiosæ nomen dare, adscribi. Salir o salirse de la relijion;* renunciar o habito e profissão religiosa, juridicamente, e voltar ao mundo ou não professar o noviço. *Religiosæ vitæ professioni renuntiare, valedicere.*

Relijionario. *m.* Relig̃onario; sectario da religião reformada. *Falsæ religionis sectator.*

Religionista. *m.* V. *Religionario.*

Religiosamente. *adv. m.* Religiosamente; com religião. *Religiosè, piè:* — religiosamente; com pontualidade. *Religiosè, sanctè, accuratè:* — *(fam.)* moderadamente. *Religiosè, moderatè.*

Religiosidad. *f.* Religiosidade; qualidade de religioso, de pio. *Pietas, religio:* — religiosidade; pratica das acções devotas. *Pietas, sanctitas:* — exactidão no proceder e no tratar. *Accuratissima diligentia.*

Religiosísimo, ma. *adj. sup.* de *Religioso.* Religiosissimo; muito religioso. *Valdè religiosus, piissimus.*

Religioso, sa. *adj.* Religioso; observante da religião que professa. *Religiosus, a, um:* religioso; que professa ou professou em religião. *Religiosus, religiosæ vitæ professor:* — religioso; relativo ou pertencente á religião. *Religiosus, a, um:* — religioso, pio, devoto. *Pius, religiosus:* — *(fam.)* parco, moderado. *Moderatus, parcus.*

Relimar. *a.* Relimar; limar de novo. *Iterum limare, lima expolire.*

Relimpiar. *a.* Relimpar; limpar de novo ou muitas vezes. *Iterum purgare.*

Relimpio, pia. *adj. (fam.)* Muito aceiado. *Valdè tersus, nitidus.*

Relinchador, ra. *adj.* Rinchão; cavallo que rincha muito. *Frequenter hinniens.*

Relinchante. *adj.* Rinchante; diz-se do cavallo que rincha. *Hinniens.*

Relinchar. *n.* Relinchar, rinchar; soltar a voz o cavallo. *Hinnire.*

Relinchido. *m.* V. *Relincho.*

Relincho. *m.* Relincho, rincho; voz do cavallo. *Hinnitus, i.*

Relindo, da. *adj.* Muito bonito, muito lindo. *Perpolitus, a, um.*

Relinga. *f. (naut.)* Relinga; cabo com que se ata a véla. *Nauticus funis quo vela muniuntur.*

Relingar. *a. (naut.)* Relingar; pôr as relingas á véla. *Nautico fune vela munire:* — *n.* relingar; fazer cara ao vento com as relingas: — relingar; agitarem-se as relingas com o vento ou começar a enfunar-se os panos da véla. *Nauticum funem vela munientem vento agitari.*

Reliquia. *f.* Reliquia, resto, sobejo. *Reliquiæ, arum:* — reliquia; parte do corpo de algum santo. *Reliquiæ, arum:* — *(fig.)* reliquia; vestigio de cousas passadas. *Reliquiæ, vestigium:* — *(fig.)* dor ou achaques habituaes que ficam de alguma grande doença. *Morbi reliquiæ:* — *insigne;* reliquia insigne; a cabeça, braço ou perna de algum santo. *Reliquia insignis.*

Reloj. *m.* Relogio; machinismo que marca as horas. *Horologium, ii:* — *de agua;* relogio de agua, clepsydro. *Clepsydra, æ:* — *de arena;* relogio de areia, ampulheta. *Horologium arenæ descensu horas demetiens:* — *de campana;* relogio de campainha; o que dá as horas com campainha. *Horologium campanæ sonitu horas indicans:* — *de faltriqueza*, relogio de algibeira. *Horologium exiguum, quod loculis inclusum portari potest:* — *de longitudes*, relogio de longitudes; que avalia rigorosamente as longitudes no mar: — *de música;* relogio de musica; o que bate as horas tocando alguma peça musical. *Horologium simul cum horæ sonitu musicatum concentum edens:* — *de péndola;* pendula; relogio com pendulo: — *de reflexion;* quadrante solar por meio de reflexão. *Solarium horologium ope radiorum reflexorum solis:* — *de refraccion;* quadrante solar de refracção. *Solarium ope radiorum refractorum horas indicans:* — *de repeticion;* relogio de repetição. *Horologium sonitum horas indicantem iterans:* — *desconcertado (fig.);* relogio desconcertado; pessoa desordenada na sua conducta. *Horologio perturbato similis homo:* — *de sol* ou *solar;* relogio de sol. *Adelantar el reloj (fr.);* adiantar o relogio. *Horologii horas antecipare. Atrasar el reloj,* atrasar o relogio. *Retardare. Estar* como *un reloj (fr. fig.);* estar como uma pendula; estar bem disposto, e em equilibrio de saude. *Rectè se habere. Soltar el reloj (fr.);* soltar o relogio; levantar a mola para que vá batendo até se lhe acabar a corda. *Horologii tintinnabulum solvere.*

Relojera. *f.* Caixa propria para guardar ou pôr os relogios. *Capsa horologiis includendis deserviens.*

Relojería. *f.* Relogiaria; arte de relojoeiro. *Horologia fabricandi ars:* — relogiaria, relojoaria; fabrica ou loja de relojoeiro. *Horologiorum officina.*

Relojero. *m.* Relogeiro, relojoeiro; o que faz, concerta ou vende relogios. *Horologiorum artifex aut venditor.*

Relojico, llo, to. *dim.* de *Reloj.* Relojinho; relojo pequeno.

Reluciente. *adj.* Reluzente, brilhante; que brilha, que luz muito. *Splendens, micans.*

Relucir. *n.* Reluzir; brilhar, luzir muito. *Relucere, valdè lucere:* — *(fig.)* reluzir; mostrar-se excellente nas acções. *Eminere, excellere.*

Reluchar. *n. (fig.)* Reluctar; resistir, lutar mutuamente duas cousas. *Reluctari.*

Relumbrante. *adj.* Relumbrante, reluzente; que brilha, que espalha luz. *Resplendens, micans.*

Relumbrar. *n.* Relumbrar, scintilar, resplandecer; brilhar, luzir muito. *Renidere, splendescere.*

Relumbre. *m.* Sabor de ferro, de cobre, que tomam as carnes, guisados, etc., guardados ou preparados em vasos d'aquelles metaes. *Ferrugineus, cupreusve sapor.*

Relumbron. *m.* Clarão ou golpe de luz vivo e passageiro.

Rellanar. *a.* Aplanar totalmente. *Complanare:* — *r.* assentar-se, agachar-se. *Subsidere.*

Rellano. *m.* Patareo, descanso, patamar da escada. *Statio in scalis.*

Rellenar. *a.* Reencher; encher de novo. *Replere:* — rechear; encher a ave de picado, etc. *Refarcire:* — *(fam.)* repimpar; encher a barriga, dar de comer em abundancia. Usa-se regularmente como reciproco. *Ingluviem refercire.*

Relleno, na. *adj.* Muito cheio. *Repletus, a, um:* — *m.* recheio; massa muito bem temperada e picada com que se enche a ave. *Farcimen, inis:* — enchimento; acção de encher. *Repletio, onis.*

Rellente. *m.* V. *Relente.*

Rellentecer. *n.* V. *Relentecer.* Tambem é reciproco.

Remachar. *a.* Rebater, revirar; bater mais a ponta ou a cabeça do prego. *Clavum retundere.*

Remache. *m.* Acção e effeito de rebater ou revirar o prego. *Retundendi actus.*

Remador. *m. (ant.)* V. *Remero.*

Remadura. *f. (ant.)* Remadura; trabalho de remar.

Remallar. *a.* Compor as malhas rotas ou deterioradas. *Loricam reficere, resarcire.*

Remamiento. *m.* Remadura; trabalho de remar. *Remigatio, onis.*

Remandar. *a.* Remandar; mandar repetidas vezes. *Iterum, sæpiùs mandare, præcipere.*

Remanecer. *n.* Reapparecer; apparecer de novo. *Apparere, in conspectum venire.*

Remaneciente. *p. a.* de *Remanecer. Denuè apparens.*

Remanente. *m.* Remanente, remanecente; que sobeja, resta. *Reliquum, residuum.*

Remangar. *a.* V. *Arremangar.*

Remango. *m.* Regaço; especie de saco feito com as abas do vestido, etc. *Tunicæ defluentis plicatura.*

Remansarse. *r.* Estagnar-se; deter-se ou suspender-se o curso ou a corrente de alguma cousa liquida. *Stagnari.*

Remanso. *m.* Remanso; detensão ou suspensão da agua ou outro liquido. *Stagni factio, confectio, effectio:* — *(fig.)* remancho, descanço, pachorra. *Tarditas, lentitudo.*

Remante. *p. a.* de *Remar.*

Remar. *a.* Remar; mover o barco dando aos remos. *Remigare:* — *(fig.)* remar; trabalhar muito em qualquer cousa ou para qualquer fim. *Invitè laborare; remis contra ventum agere.*

Remarcar. *a.* Remarcar; tornar a marcar. *Notam, signum iterum apponere.*

Rematadamente. *adv. m.* Totalmente, inteiramente, absolutamente. *Penitus, omninò.*

Rematadísimo, ma. *adj. sup.* de *Rematado.* Absolutissimo, inteirissimo. *Absolutissimus, a, um.*

Rematado, da. *adj.* Incuravel, sem cura; diz-se da pessoa em muito mau estado e sem recursos alguns. *Inemendabilis, insanabilis.*

Rematamiento. *m.* V. *Remate.*

Rematar. *a.* Rematar; acabar ou concluir. *Absolvere, finire:* — arrematar; vender ou comprar em almoeda. *Postremo licitanti rem addicere:* — matar a caça redondamente com o tiro. *Vita omninò privare:* — arrematar; atar, firmar bem o ponto da costura, com pontos sobrepostos, etc. *Acu ipsa aut nodo suturam firmare, fulcire:* — *n.* acabar, finalisar. *Desinere, finire:* — *r.* perder-se, destruir-se alguma cousa. *Perire.*

Remate. *m.* Remate; conclusão de alguma cousa. *Extremum, finis, rei exitus:* — arrematação; adjudicação a quem mais lança em almoeda. *Postrema rei addictio pluris licitanti:* — remate; ornato que remata e finalisa varias obras de architectura. *Ornatus ædium culmini superimpositus. A remate (loc. adv. ant.)* V. *De remate. De re-*

mate (loc. adv.); sem remedio, sem recurso, absolutamente. *Absolutè, penitus. Por remate (loc. adv.)*; em remate, por fim, por ultimo. *Postremò, tandem.*

Remecedor. *m.* Varejador; o que vareja as azeitonas para se soltarem das oliveiras. *Qui oleas, ut fructus decidant, concutit.*

Remecer. *a.* Remexer; mover continuadamente uma cousa. Tambem se usa como reciproco. *Huc, illuc movere.*

Remedable. *adj.* Imitavel; que se pôde imitar. *Quod effingi vel simulari potest.*

Remedador, ra. *s.* Arremedador, imitador; o que arremeda. *Qui imitatur, effingit.*

Remedamiento. *m. (ant.)* V. *Remedo.*

Remedar. *a.* Remedar, arremedar; contrafazer os modos de alguem, fingir, imitar. *Alterius gestus ridiculè exprimere:* — arremedar, imitar, contrafazer uma cousa. *Defingere, referre, simulare:* — arremedar, imitar, assimilhar-se; seguir a mesma rotina ou passos de alguem. *Imitari.*

Remediable. *adj.* Remediavel; que se pôde remediar. *Remediabilis, remedii capax.*

Remediador, ra. *adj.* Remediador; o que remedeia. *Remedium afferens.*

Remediar. *a.* Remediar; dar remedio. *Remedium afferre, adhibere:* — remediar; soccorrer em alguma urgencia ou necessidade. *Necessitati providere, consulere; opem ferre:* — livrar; salvar de perigo. *Liberare:* — remediar, evitar; livrar de cousa nociva. *Vitare.*

Remedicion. *f.* Remedição; acção de tornar a medir. *Remetiendi actus.*

Remedio. *m.* Remedio; meio tendente a prevenir ou reparar o mal. *Remedium, ii:* — remedio, emenda, correcção de falta. *Emendatio, correctio:* — remedio, recurso, expediente. *Remedium, confugium:* — remedio; medicamento ou meio tendente a auxiliar a saude. *Medicamen, medicamentum:* — *(for.)* V. *Accion:* — *(germ.)* V. *Procurador:* — *casero;* remedio caseiro; o que se faz sem ser na botica. *Medicamentum domesticum. A lo hecho no hay remedio, y á lo por hacer consejo (rif.)*; devemos ter conformidade com o que se fez e saíu mal, e ter prudencia com o que d'ahi em diante se praticar. *Factum sustine, faciendum cogita. No tener remedio (fr.)*; não ter remedio, ser indispensavel, necessario fazer-se. *Aliter fieri non posse; necessitate compelli. No tener un remedio (fr.)*; não ter remedio; carecer inteiramente de tudo. *Omnino egere; omnibus carere.*

Remedir. *a.* Remedir; tornar a medir. *Remetiri.*

Remedo. *m.* Remedo, arremedo; imitação, especialmente quando não é perfeita a similhança. *Imitatio, effictio.*

Remembracion. *f. (ant.)* V. *Recordacion.*

Remembranza. *f. (ant.)* Remembrança, lembrança, memoria, recordação.

Remembrar. *a. (ant.)* Remembrar, lembrar; fazer vir á memoria.

Rememorar. *a.* Rememorar; tornar a lembrar, recordar, trazer á memoria. *Recordari.*

Rememorativo, va. *adj.* Rememorativo; que serve de fazer lembrar. *Rememorandi capax.*

Remendado, da. *adj.* Remendado, malhado; com malhas. *Alterius coloris maculis distinctus.*

Remendar. *a.* Remendar; deitar remendo. *Resarcire, assuere:* — *(fig.)* remendar, corrigir. *Emendare, à mendis purgare:* — remendar; supprir a uma cousa d'aquillo de que carece. *Accommodare.*

Remendon. *m.* Remendão; o que tem por officio remendar cousas velhas. *Veteramentarius, cerdo.*

Remera. *f.* Rémiges; pennas grandes das azas das aves. *Quæque ex grandioribus alæ pennis.*

Remero. *m.* Remeiro; o que rema. *Remex, igis.*

Remesa. *f.* Remessa; acção de remetter alguma cousa, ou o que se remette. *Missio, onis:* — *(ant.)* V. *Cochera.*

Remesar. *a.* Arrepellar; arrancar os cabellos com as mãos. *Capillos revellere.*

Remeson. *m.* Arrepellão; acto de arrancar o cabello ou pelo. *Pilorum revulsio:* — arremeço; a saida com força e impetuosa do cavallo. *Cursûs equi repentina cohibitio:* — *(esgr.)* treta que se faz correndo a espada do adversario até aos copos para o poder ferir mais á vontade. *In ludo gladiatorio, ensis adversarii repercusio usque ad capulum.*

Remeter. *a.* Introduzir; metter para dentro. *Intromittere:* —fallando de creanças, pôr-lhes uma fralda limpa sem os desenfaixar. *Panniculum mundum infanti supponere.*

Remiche. *m. (naut.)* Espaço nas galés entre os bancos onde os forçados vão remando. *Spatium inter transtra triremis.*

Remiel. *m.* Segundo mel que se tira da canna do assucar. *Mel secundo loco è saccharina canna extractum.*

Remiendo. *m.* Remendo; pedaço de panno cozido no fato roto, etc. *Sarcimen, commissura, panniculus assutus:* — remendo, emenda, correcção. *Qui superadditum vel superpositum:* — remendo; pequena obra feita com o fim de reparar algum damno parcial. *Opus parvum supperadditum:* — remendo; malha de outra côr. *Macula à reliquio colore differens:* — *(art.)* supplemento; pequena obra de que se tiram poucos exemplares na imprensa. *Opus breve typis editum:* — *(fam.)* insignia de qualquer das ordens militares que se coze ao lado esquerdo da vestidura ou manto dos cavalleiros. *Signum militaris ordinis vesti assutum. A remiendos (loc. adv.)*; ás avançadas, aos bocados, feito com intermissão de tempo. *Per partes, paulatim. Echar un remiendo a la vida (fr. fam.)*; remendar a vida;

comer mais um pouco fóra das horas de refeição para se vigorar. *Vitam fulcire. No hay mejor remiendo que el del mismo paño (rif.)*; quem quer vae quem não quer manda; o que se pôde fazer pelas proprias mãos não se entrega a outrem, se queremos confiar no bom resultado *Similibus similia jungito. Ser remiendo de otro paño (fr.)*; ser remendo de outro panno; ser de uma outra natureza. *Diversæ naturæ esse.*

Remífero, ra. *adj. (zool.)* Que tem azas.

Remiir. *a. (ant.)* V. *Redimir.*

Remija. *f. (bot.)* Remija; genero de plantas da familia das rubiaceas indigenas do Brazil.

Remilgadamente. *adv. m.* Com tregeitos, ademanes para affectar-se. *Inepta et affectata oris conformatione.*

Remilgadísimo, ma. *adj. sup.* de *Remilgado.* Affectadissimo; muito affectado. *Qui ineptè nimis et affectatè os vultumque conformare studet.*

Remilgado, da. *adj.* Affectado; que usa de affectação. *Qui ineptè atque affectatò os vultumque conformat.*

Remilgarse. *r.* Affectar-se; fallar, obrar, gesticular contra o natural. Diz-se commummente das mulheres. *Pulchritudinem jactare vel ea superbire.*

Remilgo. *m.* Affectação; acção de affectar. *Pulchritudinis jactancia, affectatio.*

Remimiento. *m. (ant.)* Remimento. V. *Redencion.*

Reminiscencia. *f.* Reminiscencia; representação á memoria de cousas passadas. *Reminiscentia, æ:* — reminiscencia; faculdade da alma que nos faz lembrar das cousas que não temos presentes. *Reminiscendi vis, facultas.*

Remípedo. *m. (zool.)* Remipede; genero de crustaceos decapodas da familia dos pteringuros, indigenas de Nova Hollanda; — *pl.* remipedes; familia de insectos da ordem dos coleopteros com os tarsos proprios para a natação.

Remir. *a. (ant.)* V. *Redimir.*

Remirado, da. *adj.* Circumspecto, prudente; que reflexiona escrupulosamente. *Prudens, circumspectus.*

Remirar. *a.* Remirar, rever; tornar a ver com attenção. *Recognoscere, recensere:* — *r.* esmerar-se, resolver-se a obrar com muito cuidado. *Summa ope niti; perquam accuratè perpendere:* — remirar-se, rever-se; deleitar-se em ver. *Grato atque intensiori rei alicujus aspectu oblectari.*

Remirea. *f. (bot.)* Remirea; genero de plantas da familia das cyperaceas que vegetam especialmente na Guyana.

Remisamente. *adv. m.* Remissamente, frouxamente, negligentemente. *Remissè.*

Remisible. *adj.* Remissivel; que se póde perdoar. *Venia dignus.*

Remision. *f.* Remissão; acção de remetter. *Remissio, onis:* — remissão; perdão, absolvição de falta. *Absolutio, venia:* — remissão, negligencia. *Negligentia, incuria:* — remissão; diminuição na intensidade das doenças agudas. *Remissio, laxatio:* — remissão, chamada, nota; signal para o leitor ver n'outra parte do livro ou escripto o que tem relação com o que está lendo.

Remisivamente. *adv. m.* Com relação a outra pessoa, logar ou tempo. *Relatione habita.*

Remisivo, va. *adj.* Remissivo; que remette ou envia. *Remissivus, a, um.*

Remiso, sa. *adj.* Remisso, frouxo, negligente. *Remissus, segnis:* — remisso, lento. *Remissus, non intensus.*

Remisoria, Letra remisoria. *(for.)* Remissoria ou carta remissoria; o despacho do juiz com que envia uma causa ou um preso a um tribunal. *Remissoriæ, remissivæ litteræ.*

Remisorio, ria. *adj.* Remissorio; que tem a faculdade de remir, de perdoar. *Remittens, absolvens.*

Remitarso, sa. *adj. (zool.)* Remitarso; com os tarsos em fórma de remos: — *m. pl.* remitarsos; familia de insectos da ordem dos hemipteros que têem patas proprias para a natação.

Remitente. *adj. (med.)* Remittente; diz-se da febre que vae perdendo muito de sua intensidade, mas sem se extinguir, e que depois torna a assumir a sua exacerbação.

Remitir. *a.* Remetter, enviar. *Mittere:* — remittir; perdoar, absolver da culpa, etc. *Remittere, absolvere, liberare:* — remetter, remittir; diminuir, moderar em intensidade. Usa-se tambem como neutro e como reciproco. *Remitti, diminui:* — remetter; deixar á direcção, confiar ao alvitre de alguem. *Permittere:* — *r.* remetter-se; referir-se a alguma auctoridade ou instrumento para comprovar o que se expressa ou indica. *In probationem rem aliquam vocare, adducere:* — remetter; enviar o leitor a outro logar do livro ou escripto por meio de chamada: — *(ant.)* V. *Devolver:* — encarregar, confiar.

Remo. *m. (fig.)* Cadeia de miserias, estado, profissão penivel. *Improbus labor:* — *pl.* membros; os braços e as pernas no homem e nos quadrupedes. *Manus et pedes:* — *pl.* azas nas aves. *Avium alæ. A remo y sin sueldo (loc adv.)*; trabalhar para a cidade; trabalhar sem utilidade. *Improbo inutilique labore. A remo y vela (fr.)*; á véla e a remos; trabalhar com actividade e presteza. *Omnibus nervis, enixè:* — *(art.)* membros; nome generico que em equitação e hippiatria se costuma dar ás quatro columnas locomotoras: — *(naut.)* remo; instrumento de madeira, da figura de uma pá, proprio para remar. *Remus, i. Afrenillar los remos (fr.)* V. *Afrenillar. Aguantar por los remos;* aguantar com os remos; conservar com elles a embarcação no ponto desejado. *Armar, desarmar los remos;* armar, desarmar os remos; apromptal-os para fazer uso d'elles ou estende-los nas bancadas, quando já não são precisos para actuarem. *Atraillar los remos.* V. *Atraillar. Correr al remo.* V. *Ir al remo. Echar al remo;* condemnar ás galés. *Ir al remo;* ir a remos; caminhar a embarcação só pelo esforço de remar. *Navegar al remo.* V. *Ir al remo. Ser un remo;* diz-se do homem de mar incansavel no trabalho.

Remebotas. *m. pl. (rel.)* Remobotas; nome de uns falsos religiosos do seculo IV.

Remocion. *f.* Remoção; acto de remover ou ser removido. *Remotio, onis:* — *(ant.)* debilidade de estomago.

Remojadero. *m.* Logar onde se deita o peixe a remolhar. *Locus ubi asellus salitus aqua madefit vel lentescit.*

Remojar. *a.* Remolhar, macerar; pôr de remolho. *Iterum madefacere. Remojar la palabra (fr.);* molhar a palavra.

Remojo. *m.* Remolho; acção de remolhar, de amollecer, curtir n'agua. *Madefaciendi actio:* — *(p. Cub.)* propinas, luvas, gratificação. *Echar en remojo algun negocio (fr.);* pôr de remolho um negocio; temporisa-lo ou faze-lo adormecer. *In aliud tempus differre.*

Remolacha. *f. (bot.)* Beterraba; especie de plantas do genero beta, que produzem uma raiz fusiforme e carnosa, ás vezes de grandes dimensões, de uma variedade das quaes se extrahe hoje assucar em grande copia, especialmente na França.

Remolar. *m.* Carpinteiro que trabalha em remos. *Remorum artifex:* — officina ou logar em que se fazem os remos. *Opificina remis fabricandis:* — *a. (germ.)* usar de dados falsos ao jogo.

Remolcar. *a. (naut.)* Rebocar, reboquear; levar a reboque. *Remulcare.*

Remolco. *m. (naut.)* V. *Remolque.*

Remoler. *n.* Remoer; moer muito e mais fino. *Subtilissimè terere:* — *(p. A. Mer.)* brincar, folgar com as mulheres.

Remolimiento. *m.* Remoedura; acção de remoer e ser remoido. *Terendi actus.*

Remolinante. *adj.* Remoinhoso; que remoinha. *Circumagens, entis.*

Remolinar. *n.* Remoinhar; fazer remoinhos. Tambem se usa como reciproco. *Circumagi; in gyrum seu verticem agi:* — *(fig.)* remoinhar; amontoar-se, apinhar-se muito a gente. Tambem se usa como reciproco. *Inordinatè conglobari.*

Remolinear. *a.* Remoinhar; mover-se em roda. *Circumagere, circumrotare:* — *n.* V. *Remolinar.*

Remolino. *m.* Redomoinho, sorvedouro; movimento circular da agua n'algumas paragens dos rios ou do mar. *Vortex, gurges:* — redomoinho; movimento circular e violento de dois ventos oppostos quando se encontram. *Turbo, inis:* — redemoinho, rodopello; retorcimento do pello n'alguns pontos do corpo dos animaes. *Vortex, icis:* — *(fig.)* redomoinho, reboliço, turbamulta. *Turba, æ:* — *(fig.)* redomoinho, desassocego, inquietação. *Turbatio, onis.*

Remolon, na. *adj.* Ronceiro, preguiçoso, zorreiro; que foge das applicações e do trabalho. *Segnis, ne:* — *m.* defeza superior do javalí. *Apri dens oblongus:* — qualquer das saliencias ou picos que apresentam ás vezes os dentes molares do cavallo e seus congeneres. *Cuspidis genus equinis dentibus innascentis.*

Remolonear. *n.* Remanchar; demorar-se sem fazer o preciso: — *r.* remanchar-se, recusar-se, demorar-se em executar alguma cousa. *Pigrè moveri, procedere.*

Remolque. *m.* Reboque; acção de rebocar, de sirgar. *Remulcus, i:* — sirga; corda de puxar barco. *Nauticus funis, ad navigium remulco trahendum deserviens. A remolque (loc. adv. naut.);* a reboque; ír rebocado. *Remulcare. Dar remolque (fr. naut.)* V. *Remolcar.*

Remollar. *a. (germ.)* Guarnecer.

Remoller, Remollero. *m. (ant.)* V. *Remolar,* carpinteiro de remos.

Remolleron. *m. (germ.)* Casco, elmo; armadura para a cabeça.

Remondar. *a.* Tornar a mondar, alimpar outra vez uma cousa. Ordinariamente diz-se das plantas. *Emundare:* — *(art.)* limpar tecidos com umas pinças de ferro dos nósinhos que tenham.

Remondo. *m. (ant.) n. p.* V. *Raimundo, Ramon.*

Remonta. *f. (mil.)* Remonta; fornecimento de novos cavallos para o exercito: — remonte; concerto das botas quando se lhe põem palas e solas: — *(mil.)* remonta; todos os cavallos de uma remonta. *Equorum, militiæ destinatorum agmen:* — remonta; compra e solicitação feita para remontar a cavallaria. *Equorum militarium emptio.*

Remontamiento. *m.* Remonta; acção de remontar. *Equos in exercitu supplendi actio.*

Remontar. *a. (mil.)* Remontar; prover de cavallos a tropa, o soldado. *Equos præbere, ministrare:* — remontar; espantar a caça. *Fugare, abigere:* — *(fig.)* remontar; espantar alguem. *Fugare:* — *(fig.)* remontar, elevar, exaltar: — *(art.)* remontar; deitar remontes no calçado. *Refarcire:* — remontar; concertar bem que quasi pareça novo. *Refarcire:* — *(naut.)* remontar; navegar contra a corrente: — *r.* remontar-se; elevar-se, subir muito alto a ave. *In sublime ferri:* — *(fig.)* elevar-se, exaltar-se, subir de posição, de auctoridade. *Alta petere.*

Remonte. *m. (fig.)* Remonte; acção de se elevar. *Elevatio, sublimitas.*

Remontista. *m.* Official de remonta; o que é encarregado por algum corpo de cavallaria da compra de novos cavallos. *Militarium equorum emptor.*

Remoque. *m.* Remoque; palavra picante. *Mordax verbum.*

Remoquete. *m.* Socco, murro, punhada. *Pugni ictus:* — dicterio, palavrada, dito mordaz. *Dicterium, ii:* — *(fam.)* galanteio. *Feminœ obsequium.*

Rémora. *f. (zool.)* Rémora; genero de peixes acanthopterygios, a que os antigos attribuiam a propriedade de impedir o curso dos barcos: — *(fig.)* rémora; cousa que estorva ou atalha o movimento. *Remora, œ.*

Remordedor, ra. *adj.* Remordedor; que remorde. *Remordens, entis.*

Remorder. *a.* Remorder; morder segunda vez, morder a quem nos mordeu. *Remordere:* — remorder, atormentar, inquietar, desassocegar interiormente, pungir. *Angore vel sollicitudine cruciare, pungere:* — *r.* morderse; manifestar o sentimento reprimido por alguma acção exterior. *Offensionem animi signis manifestare.*

Remordiente. *p. a.* de *Remorder.*

Remordimiento. *m.* Remordimento, remorso; pungimento da consciencia, pezar pungente de haver executado alguma má acção. *Remorsus, sollicitudo, animi angor.*

Remosquear. *n. (impr.)* Repintar; sair borradas as letras e algum tanto sujos os brancos que ha entre ellas. Usa-se mais como reciproco.

Remostar. *a.* Misturar mosto no vinho velho. *Cum vino vetere mustum miscere:* — *r.* esmagar-se a uva uma com outra antes de chegar ao lagar. Diz-se tambem de outros fructos quando se apertam uns com os outros e apodrecem. *Uvas mustulentas fieri; suo ipsarum musto corrumpi:* — tornar-se doce, saber a mosto; diz-se do vinho. *Vinum mustum sapere, musti saporem referre.*

Remostecerse. *r.* V. *Remostarse.*

Remosto. *m.* Mistura do mosto com o vinho velho. *Mistio musti.*

Remotamente. *adv. l.* Remotamente, apartada, afastadamente. *Remotè:* — *(fig.)* remotamente; sem verosimilhança, fóra de toda a probabilidade. *Remotè:* — *(fig.)* remotamente, confusamente.

Remotísimo, ma. *adj. sup.* de *Remoto.* Remotissimo. *Valdè remotus.*

Remoto, ta. *adj.* Remoto, distante, afastado, longiquo. *Remotus, a, um:* — *(fig.)* remoto; que não é verosimil ou que está mui longe de succeder. *Remotus, a, um. Estar remoto (fr. fig.);* estar esquecido. *Pœnè oblitum esse vel immemorem.*

Remover. *a.* Remover; passar ou mudar alguma cousa de um logar para outro. *Removere:* — remover, afastar, apartar, tirar, obviar algum obstaculo ou inconveniente. *Propellere, rejicere:* — mover, agitar os humores. *Agitare, commovere humores:* — remover; depor alguem do cargo, emprego ou dignidade. *Munere privare.*

Removimiento. *m.* Removimento, remoção; acto de remover. *Remotio, commotio, alteratio:* — movimento, alteração dos humores. *Commotio, onis.*

Remozamiento. *m.* Remoçamento; acção e effeito de remoçar ou remoçar-se.

Remozar. *a.* Remoçar; fazer recuperar o viço da mocidade, dar novo vigor. *Juvenem reddere.* Usa-se mais communmente como reciproco.

Rempujar. *a.* Empuxar, empurrar, impellir. *Impellere, repellere:* — *(fig.)* proseguir; levar alguem ávante o seu pensamento ou a sua resolução, a despeito dos objectos que se opponham. *Constanter exsequi, persequi:* — *(mont.)* perseguir a caça para que fuja para certo e determinado sitio.

Rempujo. *m.* Impulso, choque; força ou resistencia que se faz com qualquer cousa. *Impulsus, impulsio:* — encoste de uma parede. *Gravitas et pondus parietis, qui in parietem incumbit.*

Rempujon. *m. (fam.)* Repellão, empuchão, empurrão; impulso violento para afastar alguem do logar em que está. *Impulsus, impulsio.*

Remucho. *adv. (fam.)* V. *Muy mucho.*

Remuda. *f.* Mudança; acção e effeito de mudar. *Mutatio, immutatio. A remuda (loc. adv.);* alternativamente.

Remudamiento. *m.* V. *Remuda.*

Remudar. *a.* Remudar; tornar a mudar: — mudar, substituir; pôr alguma pessoa ou cousa em logar de outra. Usa-se como reciproco fallando de pessoas. *In alterius locum sufficere.*

Remugar. *a. (p. Ar.)* V. *Rumiar.*

Remullir. *a.* V. *Mullir.*

Remunerable. *adj.* Remuneravel; digno de remuneração.

Remuneracion. *f.* Remuneração; acção e effeito de remunerar. *Remuneratio, onis.*

Remunerador, ra. *s.* Remunerador; o que remunera, galardoa. *Remunerator, oris.*

Remunerar. *a.* Remunerar, galardoar, recompensar. *Remunerare.*

Remuneratorio, ria. *adj.* Remuneratorio; destinado a remunerar, a recompensar obsequios ou beneficios. *Remunerans, remunerationem prœbens.*

Remusgar. *n. (vulg.)* Suspeitar, conjecturar, barruntar. *Suspicari.*

Remusgo. *m.* Briza; vento frio e secco que sopra do nordeste. Usa-se mais frequentemente o diminutivo *remusguillo. Aura frigidiuscula.*

Ren. *m. (ant.)* V. *Riñon:* —V. *Nada.*

Rena. *f. (ant.)* V. *Riñon.*

Renacer. *n.* Renascer; tornar a nascer. *Renasci, repullulare:* — *(fig.)* renascer; adquirir pelo baptismo a vida da graça. *In baptismate renasci:* — renascer; recobrar o vigor amortecido.

Renacimiento. *m.* Renascimento; acção de renascer. Usa-se communmente no sentido figurado. *Novus ortus.*

Renacuajo. *m. (zool.)* Embryão da rã: — *(fig.)* homunculo, homemzinho, homem pequeno, mal feito e pretencioso. *Homuncio, onis.*

Renadío. *m.* Campo semeado

que tendo-se ceifado em herva torna a rebentar.

Renal. *adj. (ant.)* Renal; dos rins.

Renantera. *f. (bot.)* Renantera; genero de plantas da familia das orchideas, cuja especie typica cresce nos bosques da Cochinchina.

Rencilla. *f. (ant.)* V. *Rencilla.*

Rencilla. *f.* Renzilha, rixa, rasões; altercação de que resulta algum rancor. *Rixa, jurgium.*

Rencilloso, sa. *adj.* Renzilhoso, brigoso, rixoso. *Rixosus, a, um.*

Rencionar. *a. (ant.)* Provocar, causar rixas, brigas ou pendencias.

Renciza. *f. (ant.)* V. *Rencilla.*

Rencle. *m. (ant.)* *Ringlera.*

Renco, ca. *adj.* Derreado; diz-se do que está coxo por lesão nas cadeiras. *Delumbis, be.*

Rencon. *m. (ant.)* V. *Rincon.*

Renconada. *f. (ant.)* V. *Rinconada.*

Rencor. *m.* Rancor; odio inveterado, resentimento depois de uma offensa. *Rancor, vetus odium.*

Rencorioso, sa. *adj. (ant.)* V. *Rencoroso.*

Rencorosamente. *adv. m.* Rancorosamente; com rancor. *Inimico adversoque animo.*

Rencoroso, sa. *adj.* Rancoroso; cheio de rancor. *Rancorem animo fovens.*

Rencoso. *adj.* Que tem visivel um só testiculo; diz-se do cordeiro que offerece esta particularidade. *Agnus altero testiculo manifesto, altero occulto.*

Rencura. *f. (ant.)* V. *Rencor.*

Rencurarse. *r. (ant.)* Rancurar-se. V. *Querellarse.*

Rencuroso, sa. *adj. (ant.)* Rancuroso, querelante; que se queixa de algum damno ou aggravo.

Renda. *f. (prov.)* Renda ou arrendadura; segunda cava das vinhas. *Repastinatio, onis:* — *(ant.)* V. *Renta.*

Rendaje. *m.* Apparelho; todos os arreios da besta de sella: — *(ant.)* arreios; redeas, guias, loros, etc., para cavallos ou mullas. V. *Correaje.*

Rendajo. *m.* V. *Arrendajo.*

Rendar. *a. (prov.)* Arrendar; cavar segunda vez a vinha. *Repastinare.*

Render. *a. (ant.)* Render, entregar.

Rendicion. *f.* Rendimento; acção e effeito de render ou render-se alguma cousa. *Traditio, onis:* — rendimento, reddito, producto, renda. *Reditus, proventus:* — rendição, resgate; preço por que se rime ou resgata: — *(naut.)* V. *Rendidura.*

Rendidamente. *adv. m.* Rendidamente; com rendimento da vontade. *Submissè.*

Rendidisimo, ma. *adj. sup.* de *Rendido.* Rendidissimo. *Valdè subjectus, fatigatus.*

Rendidura. *f. (naut.)* Rendidura; logar por onde estala pau, mastro, verga, etc.

Rendija. *f.* Fenda, racha, abertura estreita na madeira e em outros corpos duros. *Rima, æ.*

Rendimiento. *m.* Rendimento, fadiga, cansaço, abatimento das forças. *Fatigatio, lassitudo:* — rendimento, submissão, subordinação, sujeição. *Submitio, subjectio:* — deferencia, condescendencia; respeito, attenção para com alguem. *Obsequium, i:* — rendimento, reddito, producto; renda de bens de raiz ou de capital empregado. *Reditus, proventus.*

Rendir. *a.* Render, vencer, submetter, sujeitar, obrigar as tropas, praças, embarcações inimigas, etc., a que se entreguem. *In deditionem compellere; expugnare:* — submetter, sujeitar alguma cousa ao dominio de outro. *Subdere; in alterius potestatem tradere.* Usa-se tambem como reciproco: — reintegrar; restituir a alguem o que lhe foi usurpado. *Restituere, redintegrare:* — render, produzir, fundir; dar fructo ou utilidade alguma cousa. *Producere, fructum reddere:* — render, cansar, fatigar por effeito de grande forcejo, de trabalho violento. Usa-se tambem como reciproco. *Defatigare, lassare, lassitudine procumbere:* — vomitar; lançar violentamente o que estava no estomago. *Vomere:* — render; junto com alguns nomes toma a significação do nome que se lhe junta, como: *rendir gracias;* render graças, agradecer. *Præstare:* — dar, prestar, apresentar, como: *rendir cuentas;* dar contas: — *(ant.)* dar, entregar alguma cousa: — V. *Restituir:* — *r.* pedir; em alguns jogos de cartas prevenir o jogador a tempo que não pôde defender-se com receio de levar codilho. *Rendir el alma;* render a alma, morrer, expirar. *Rendir parias.* V. *Parias:* — *(naut.) a.* e *n.* render; ceder com o peso, estar a ponto de quebrar. *Malum, antennam in ravi rumpi:* — *(mil.)* render; passar ao cuidado e vigilancia de outros e n'este sentido diz-se: *rendir la guardia;* render a guarda. *Tradere, committere.*

Rendon (de). *(loc. adv. ant.)* V. *De rondon.*

Rene. *m. (ant.)* V. *Riñon.*

Renegado, da. *adj.* Renegado; que renuncia a lei de Jesus Christo. *Christi fidei desertor; à religione desciscens:* — maldizente; que não tem respeito a Deus ou aos homens. *Impius, dejerator:* — *m.* arrenegada; jogo de cartas entre tres parceiros, no qual se distribuem a cada um nove cartas. *Ludus chartarum pictarum sic dictus.*

Renegador. *m.* Renegador; o que renega, blasphema. *Blasphemator frequens.*

Renegar. *a.* Renegar, arrenegar, detestar, abominar. *Abominari, detestari, exsecrari:* — negar com instancia alguma cousa. *Denegare, pernegare:* — *n.* renegar; passar de um culto para outro; diz-se ordinariamente d'aquelle que, apostatando da fé de Jesus Christo, abraça a seita mahometana. *Ab orthodoxa religione deficere:* — renegar, blasphemar; proferir blasphemias, injurias contra alguem. *Blasphemare:* — V. *Blasfemar. Renegar el conejo (fr.);* consentir o coelho que o furão o mate na madrigueira antes de saír.

Renglada. *f.* *(ant.)* V. *Riñonada.*

Rengle. *m.* *(ant.)* V. *Ringlera.*

Renglera. *f.* *(ant.)* V. *Ringlera.*

Renglon. *m.* Regra, linha de papel escripto ou impresso. *Verborum linea:* — parte da renda, utilidade ou beneficio que alguem possue. *Pars proventus vel utilitatis:* — artigo de commercio: — *pl.* escriptos, obras litterarias. *Scripta, orum. Dejar entre renglones ó quedarse entre renglones;* deixar, ficar no tinteiro, esquecer-se de alguma cousa. *Præterire, prætermittere.*

Renglonadura. *f.* Risco, linha traçada sobre o papel. *Linearum adumbratio.*

Rengo, ga. *adj.* V. *Renco. Hacer la de rengo (fr. fam.);* fingir-se doente para escusar-se do trabalho. *Debilitatem fingere, simulare.*

Rengue. *m.* Rengo; fiado de tecer cassas e outros pannos finos de algodão.

Rengui. *m.* Rengui; moeda de chumbo conhecida no reino de Sião.

Reniego. Arrenegação, apostasía, rebellião contra a fé. V. *Blasfemia:* — arrenegação, execração; dito injurioso e atroz. *Execratio, blasphemia.*

Renifoliado, da. *adj.* *(bot.)* Renifoliado; que tem folhas reniformes.

Reniforme. *f.* *(bot.* e *zool.)* Reniforme; applica-se a todo o orgão que tem a fórma de rim.

Renilla. *f.* *(zool.)* Renilha; genero de polypos nadadores da familia dos pennatularios, cuja unica especie vive nos mares da America.

Renipustulado, da. *adj.* *(bot.)* Renipustulado; assignalado com manchas em fôrma de rim e com aspecto de pustulas.

Renita. *f.* *(min.)* Renita; variedade de phosphato de cobre que se encontra nas provincias do Rhim.

Renitencia. *f.* Renitencia, repugnancia, opposição em admittir ou executar alguma cousa. *Reluctatio, onis.*

Renitente. *adj.* Renitente; que repugna, que resiste a fazer alguma cousa. *Repugnans, resistens.*

Renjería. *f.* *(bot.)* Rengeria; genero de plantas da familia das clusiaceas, cujas especies são arvores da America tropical.

Renjifa. *f.* *(bot.)* Rengifa; genero de plantas da familia das clusiaceas, cujas especies são arvores que crescem no Perú.

Renjífero. *m.* Rengifero; genero de mammiferos ruminantes, mui parecidos com os cervos, cujas especies vivem nas regiões polares da Europa, Asia e America.

Renner. *n.* *(ant.)* V. *Reñir.*

Reno. *m.* *(ant.)* Reino: — *(zool.)* V. *Renjífero.*

Renombrable. *adj.* Celebre, susceptivel de adquirir renome. *Laudabilis, le.*

Renombrado, da. *adj.* Nomeado, afamado, celebrado, famoso; de grande nomeada. *Laudatus, prædicatus.*

Renombrar. *a.* *(ant.)* Nomear; designar por nome, denominar, dar nome. Usava-se tambem como reciproco: — appellidar; pôr appellido ou alcunha. Usava-se tambem como reciproco.

Renombre. *m.* Renome, reputação. *Nomen, cognomen:* — appellido ou alcunha. *Agnomen, inis.*

Renovable. *adj.* Renovavel; que se póde renovar.

Renovacion. *f.* Renovação; acção e effeito de renovar. *Renovatio, onis:* — renovação, reforma, melhoramento; transformação ou mudança de um estado a outro mais perfeito. *Renovatio, onis.*

Renovador, ra. *s.* Renovador; o que renova. *Renovator, instaurator.*

Renovamiento. *m.* *(ant.)* Renovamento. V. *Renovacion.*

Renovar. *a.* Renovar; fazer de novo alguma cousa, ou torna-la ao seu primeiro estado. *Renovare, redintegrare:* — renovar; restabelecer alguma cousa que se havia interrompido. *Instaurare:* — renovar, prover de novo. *Subrogare:* — renovar; substituir, trocar cousas velhas por outras novas. *Vetus pro novo permutare:* — renovar; fazer publicar de novo. *Iterare, rursus publicare:* — renovar; substituir as hostias antigas por outras novas, depois de haver o saccerdote consumido aquellas. *Renovare:* — *(ant.)* V. *Novare.*

Renovero, ra. *adj.* Usurario. *Fœnerator, oris:* — roupavelheiro, remendão. *Veteramentarius sartor.*

Renquear. *n.* Coxear: andar coxeando, claudicando. *Claudicare.*

Renta. *f.* Renda, rendimento; producto annual de alguma cousa. *Reditus annuus, proventus:* — renda; o que paga em dinheiro ou em fructos qualquer arrendatario. *Pretium a redituum conductore solutum:* — *vitalicia;* renda vitalicia: — *en bienes raíces;* renda em bens de raiz: — *rentada;* renda eventual. *Ares ó no ares, renta me pagues (rif.);* ares ou não ares, a renda me pagues.

Rentado, da. *adj.* Que tem rendas para viver. *Qui reditibus fruitur.*

Rentar. *a.* Render, produzir. *Redire, reditum vel proventum parare.*

Rentería. *f.* Terra de renda.

Rentero, ra. *s.* *(ant.)* Rendeiro; o que paga renda de herdade ou predio que disfructa. *Conductor, oris:* — rendeiro; o que cobra rendas, impostos. *Conductor publicanus:* — *adj.* V. *Tributario.*

Rentilla. *f.* *dim.* de *Renta.* Pequena renda: — renda; jogo de cartas: — jogo de seis dados que só são numerados por um lado. *Las siete rentillas;* certos ramos das rendas do estado, que por serem de pouca importancia se costumam arrendar todos juntos. *Septem vectigalia minora.*

Rentista. *m.* Financeiro; o que entende de finanças, versado em materias de arrecadação fiscal, ou de rendas do estado.

Rento. *m. (prov.)* Casa de campo, com suas terras, pastagens e abegoaria. *Villa, æ:* — renda que annualmente paga o lavrador. *Merces annua a conductore soluta.*

Rentoso, sa. *adj.* Rendoso; que dá lucro. *Reditus afferens.*

Rentóy. *m.* Especie de jogo do trunfo. *Ludus chartarum pictarum sic dictus.*

Renuencia. *f.* Repugnancia a fazer alguma cousa. *Renutus, repugnantia.*

Renuente. *adj.* V. *Indocil, Remiso.*

Renuevo. *m,* Renovo; ramo que brota da planta podada ou cortada. *Surculus, i:* — V. *Renovacion:* — *(ant.)* V. *Usura.*

Renulita. *f. (zool.)* Renulita; genero fossil de crustaceos, dos terrenos supercretaceos.

Renuncia. *f.* Renuncia; acto de renunciar: — renuncia; instrumento ou documento que a contém. *Renuntiatio; apocha vel instrumentum renuntiationis:* — renuncia de alguma cousa que se possue ou do direito a ella. *Renuntiatio, abdicatio.*

Renunciable. *adj.* Renunciavel; que se póde renunciar. *Quod renuntiari potest:* — renunciavel; diz-se do officio ou cargo que se pôde transferir para outro. *Officium, munus quod ad alium transferri potest.*

Renunciacion. *f.* Renunciação. V. *Renuncia:* — *simple;* renuncia sem reserva de rendimento ou de titulo.

Renunciamiento. *m.* V. *Renuncia.*

Renunciar. *a.* Renunciar, resignar, abdicar. *Renuntiare, abdicare:* — renunciar; não admittir o que se propõe ou diz. *Renuere, rejicere:* — renunciar, desprezar, abandonar. *Respuere, valedicere:* — renunciar; em alguns jogos carteados, não servir carta do naipe jogado, tendo-a. *In chartarum pictarum ludis chartam classis expetitæ non exponere. Renunciarse a si mismo;* renunciar-se, abnegar-se a si mesmo, renunciar a propria vontade. *Suæ ipsius voluntati refragari.*

Renunciatario. *m.* Resignatario; sujeito a favor de quem se fez alguma renuncia. *Is, in cujus gratiam quidquam abdicatum est.*

Renuncio. *m.* Renuncia; a falta em que se incorre em alguns jogos carteados, não servindo ao naipe que se joga. *In chartarum pictarum ludis chartæ classis expetitæ reservatio:* — *(fig.* e *fam.)* inconveniencia; acto ou dito contrario ao que se devia esperar de alguem. *Dictum factumve cujuspiam opinioni de ipso conceptæ adversum:* — falta, culpa, erro.

Renvalsar. *a.* Rebaixar nas portas ou janellas uma das duas peças que formam seus encaixes, para que as frentes fiquem desiguaes e sobrepostas. *Januæ aut fenestræ portas fabriliter aptare.*

Reñidamente. *adv. m.* Renhidamente, porfiadamente. *Contentiosè.*

Reñidísimo, ma. *adj. sup.* de *Reñido.* Renhidissimo. *Valdè contentiosus.*

Reñido, da. *adj.* Renhido. *Oppositus, adversarius.*

Reñidor, ra. *s.* Renhidor, altercador; diz-se da pessoa que costuma renhir frequentemente. *Rixator frequens.*

Reñidura. *f.* Altercação.

Reñir. *n.* Renhir; contender, porfiar altercando. *Contendere, rixari:* — *a.* increpar; reprehender severamente. *Increpare, objurgare:* — *en desafio (fr.);* bater-se em duello.

Reñon. *m. (ant.)* V. *Riñon.*

Reo. *m.* Reo, réu; o que é condemnado em juizo por acção civel ou crime. *Reus, ei:* — *adj. (ant.)* réu, criminoso, culpado: — *de estado;* réu de estado, que tem crime commettido contra o estado: — *(zool.)* peixe do genero salmão, que chega a ter o comprimento de cinco pés, e que é comestivel.

Reobarbo. *m. (ant. bot.)* V. *Ruibarbo.*

Reoctava. *f.* V. *Octavilla.*

Reoctavar. *a.* Perceber a oitava parte de outra oitava, como imposto ou direito de siza. *Partem octavam ex octava parte alia deducere.*

Reojo (mirar de). *(fr.)* Olhar de revez, obliquamente, por cima do hombro. *Obliquis oculis dissimulanter aspicere:* — *(fr. fig.)* olhar com desprezo. *Despicere.*

Reordenacion. *f.* Reordenação; acto pelo qual se reordena o padre.

Reorganizacion. *f.* Reorganisação; acto de reorganisar.

Reorganizar. *a.* Reorganisar; organisar de novo.

Reoxidacion. *f. (chim.)* Reoxydação; segunda conversão em oxydo.

Reoxidar. *a. (chim.)* Reoxydar; reduzir segunda vez ao estado de oxydo.

Repacer. *a.* Repastar; tornar a pastar, apurar o gado a herva que pasta. *Herbam pascendo absumere.*

Repadecer. *a.* Padecer muito. Usa-se como neutro.

Repagar. *a.* Repagar; tornar a pagar, pagar com excesso. *Plus æquo pretium solvere.*

Repagulo. *m.* Cancella que se põe na porta, ou que lhe serve de divisão ou repartimento.

Repaire. *m, (ant.)* Allivio, consolação.

Repajo. *m.* Sebe; logar cerrado de arbustos ou outras plantas. *Septum, i.*

Repanchigarse. *r.* V. *Repantigarse.*

Repantigarse. *r.* Repotrear-se; sentar-se, estender-se commodamente e com liberdade em um assento qualquer. *Pigrè admodùm sedere, in sella recumbere.*

Repapilarse. *r.* Repimpar-se; encher muito a barriga. *Se cibis ingurgitare.*

Reparable. *adj.* Reparavel; que se pôde reparar. *Reparabilis, le:* — reparavel, notavel, digno de attenção. *Attentione dignus.*

Reparacion. *f.* Reparação; acto de reparar, de melhorar, de renovar. *Refectio, instauratio, renovatio:* — reparação; satisfação completa de offensa, etc. *Satisfactio, famæ restitutio:* — reunião de estudantes nas escolas, para repetirem a lição e argumentarem ás vezes uns com os outros. *Lectionum repetitio, relectio scholastica.*

Reparada. *f. (art.)* Reparo; movimento rapido e extraordinario do cavallo, fugindo de repente com o corpo, por maldade ou por se espantar. *Inopinatus equi motus.*

Reparado, da. *adj.* Reparado, fortalecido. *Munitus, a, um.*

Reparador, ra. *s.* Reparador; o que repara, reforma ou concerta alguma cousa. *Reparator, instaurator:* — reparador; o que censura, que critica, que repara ou nota defeitos com frequencia. *Censor morosus, severior.*

Reparamiento. *m.* V. *Reparo, Reparacion.*

Reparar. *a.* Reparar; restabelecer, instaurar, emendar algum erro ou damno. *Reficere:* — reparar; olhar com cuidado, notar, advertir alguma cousa. *Perspicere:* — reparar, considerar, reflexionar, attender. *Considerare, observare, animadvertere:* — reparar, emendar, corrigir. *Emendare, reficere, corrigere:* — reparar; satisfazer ao offendido: — suspender-se, deter-se por motivo de inconveniente ou embaraço. *Observare, attendere:* — reparar; aparar um golpe, defender-se d'elle. *Defensionem parare; defensioni consulere:* — reparar; remediar ou prevenir algum damno. *Damno mederi; damnum cavere:* — reparar; fortalecer as forças proprias, dar vigor. *Vires reficere:* — reparar; dar a ultima demão á obra. *Opus perpolire:* — *n.* parar, deter-se, fazer alto. *Gradum sistere:* — *r.* conter-se, constranger-se. *Se continere vel temperare:* — *(p. Mex.)* empinar-se o cavallo: — *(naut.)* reparar; abrigar o navio, uma costa ou qualquer porção de continente: — *(ant.)* pairar; não surdir, entreter-se com pouco panno: — *r.* reparar-se; abrigar-se em algum porto ou ancoradouro, alliviar o navio, e descansar a gente dos trabalhos soffridos com os temporaes.

Reparativo, va. *adj.* Reparativo; que repara, que restabelece. *Quod reficit aut reficiendi vim habet.*

Reparo. *m.* Reparo, restauração, remedio. *Reparatio, instauratio:* — reparo; concerto em obra deteriorada. *Renovatio, reparatio:* — reparo, observação, advertencia. *Animadversio, observatio:* — reparo, duvida, difficuldade, obstaculo. *Obex, difficultas:* — reparo; confortativo para os doentes. *Medicamentum reficiens, confortans:* — reparo; qualquer cousa disposta com o fim de resguardo ou defeza. *Tutamen, fulcimen:* — escrupulo, vergonha, acanhamento, por extensão fallando familiarmente: — *(p. Mex.)* empino; acção do cavallo se empinar: — *(naut.)* reparo, abrigo.

Reparon, na. *adj.* Critico, observador indiscreto dos defeitos alheios, e que se entretem em futilidades. *Aristarchus, a, um.*

Repartible. *adj.* Repartivel; que se pôde repartir. *Quod distribui potest.*

Reparticion. *f.* Repartição, distribuição; acção de repartir. *Distributio, partitio.*

Repartidamente. *adv. m.* Repartidamente; por partes, com repartição. *Partitè, partitim.*

Repartidero, ra. *adj.* Repartivel; que se ha de repartir. *Partiendus, distribuendus.*

Repartidor, ra. *s.* Repartidor, distribuidor; o que reparte, que distribue. *Distributor, partitor:* — *m.* distribuidor; homem dependente de alguma redacção ou imprensa, destinado á distribuição de alguma obra: — *(p. And.)* repartidor; logar ou ponto em que se dividem as aguas. *Aquæ irriguæ divisor:* — *(for.)* distribuidor; o que distribue os autos aos escrivães dos tribunaes. *Distributor, partitor*

Repartimiento. *m.* Repartição, distribuição. *Distributio, partitio:* — instrumento em que consta o que a cada um se distribuiu. *Catalogus, elenchus distributionum:* — repartição, contribuição. *Vectigal distributum.*

Repartir. *a.* Repartir; distribuir, dividir, separar por partes. *Partiri, distribuere:* — repartir; assentar, distribuir alguma contribuição ou imposto por partes. *Vectigal distribuere:* — espargir, derramar.

Reparto. *m. (fam.)* V. *Repartimiento.*

Repasadera. *f.* Junteira; instrumento de carpinteiro. *Longus scalper.*

Repasadora. *f. (art.)* Carmeadeira; mulher que carmeia lã. *Femina lanam carminando repurgans.*

Repasar. *a.* Repassar; tornar a passar. Tambem se usa como neutro. *Viam repetere:* — carmear, limpar a lã para ir a cardução. *Lanam rarefacere ac repurgare:* — repassar, reler. *Recolere, relegere:* — repassar, tornar a ler a lição. *Magistri dictata, studiosè lecta, recolere:* — repassar, examinar de novo, correr levemente pela vista algum escripto. *Cursim relegere:* — seccar a roupa junto ao lume. *Leviter igni siccare:* — recozer a roupa; torna-la a cozer. *Resuere:* — remexer bem a mistura do azougue e do metal, para beneficia-lo, nas minas. *Hydrargyrum metallumque mixtum convolvere:* — *(art.)* limpar com o martello a folha de lata, quando fica suja, ou alizar a peça forjada.

Repasata. *f. (fam.)* Reprehensão, correcção. *Animadversio, onis.*

Repaso. *m.* Acção e effeito de repassar. *Recensio, recognitio:* — entre os exploradores das minas de prata e dos outros metaes, entende-se quando, depois de alguma operação se passa a outra que faça avançar mais a exploração. *Actus hydrargyri metallique mixtionem convolvendi:* — releitura breve de algum estudo, recordando-o melhor para não esquecer. *Recensio brevis, iterata et rapida lectio:* —

revisão; exame de alguma cousa, para ver se tem alguma falta ou omissão. *Recognitio, recensio:* — increpação, advertencia, reprehensão forte. *Animadversio, onis.*

Repastar. *a.* Repastar; tornar a pastar ou dar pasto. *Iterum pascere.*

Repasto. *m.* Repasto; o pasto junto ao ordinario ou regular. *Iteratus pastus.*

Repatriar. *n.* *(ant.)* Regressar, voltar á patria.

Repeana. *f.* *(ant.)* Segunda peanha ou segundo estrado ou escabello.

Repechar. *a.* Ir costa acima, subir algum declive grande. Ordinariamente usa-se como neutro. *Sursum per declivem locum gradi.*

Repecho. *m.* Costa, encosta, ladeira, declive de monte, etc. *Declivis locus, collis.* *A repecho (loc. adv.);* costa acima, com subida. *Sursum versùs.*

Repegar. *a.* *(ant.)* Branquear.

Repelada. *adj.* V. *Ensalada.*

Repelado. *m.* V. *Repeladura,* na segunda accepção.

Repeladura. *f.* Segunda pelladura. *Capillorum secunda tonsio:* — resombro no papel impresso ou estampado.

Repelar. *a.* Repellar, arrepellar; tirar os cabellos, arranca-los. *Evellere, vellicare, carptim vellere:* — despontar a herva. *Carptim revellere:* — *(fig.)* cercear, diminuir, cortar. *Carpere, vellicare, discerpere:* — *n.* sair repintado ou resombrado o exemplar estampado ou impresso. *Repelar al caballo (art.);* fazer dar uma corrida ao cavallo por pouco tempo. *Ad brevem cursum equo calcaria admovere.*

Repelente. *adj.* Repellente; que repelle, que arroja. Tambem se usa como substantivo masculino. *Repellens, rejiciens.*

Repeler. *a.* Repellir; lançar de si alguma cousa com violencia. *Repellere:* — repellir, rejeitar. *Repellere, rejicere.*

Repelo. *m.* Pequena parte de qualquer cousa, que se separa da outra; *v. g.:* a espiga que se levanta junto á raiz da unha, etc.: — contrapello, arripia-cabello. *Adversis pilis, adversus pilos; reduvia:* — nó, parte nodosa da madeira, formada pelas suas fibras torcidas. *Arboris spira, nodus:* — *(fig. fam.)* desavença, pequena disputa. *Levis rixa:* — *(fig.)* repugnancia, contra vontade para alguma cousa. *Adversus, repugnans animus.*

Repelon. *m.* Arrepelão; acção de arrancar o pello ou cabello. *Capillorum vellicatus, evulsio:* — apanhado; certas malhas nas meias. *Tibialis filum texturam fugiens:* — *(fig.)* pequena parte que se toma ou tira de uma cousa, como que arrancando-a. *Pars carptim divulsa:* — *(fig.)* repellão; corrida prompta que dá o cavallo a toda a brida. *Brevis et violentus equi cursus.* *A repelones (mod. adv.);* aos repellões; por partes, com difficuldade ou resistencia. *Carptim, vellicatim.* *Darse un repelon;* fallar de fugida; ter uma breve conversa com alguem. *De repelon (loc. adv.);* de repellão, á pressa, sem detença. *Perfunctoriè, leviter.* *Batir de repelon (fr. art.);* ferir de repellão; picar com as esporas, abaixando os talões e puxando pelas puas para cima, acompanhando a barriga do cavallo. *Calcaria equo sursum versum adhibere, admovere.*

Repeloso, sa, *adj.* Sarabulhento, aspero, desigual, que tem nós, fallando do lenho ou madeiro. *Filamentis rigens vel asperum lignum:* — *(fam.)* escalda-favaes, brigão, espadachim. *Rixosus, a, um.*

Repellar. *a.* Engessar de novo ou rebocar com gesso ou cal. *Murum gypso trullissare.*

Rependencia. *f.* *(ant.)* Contenda, pleito: — arrependimento. V. *Arrepentimiento.*

Rependirse. *r.* *(ant.)* V. *Arrepentirse.*

Repensar. *a.* Repensar; tornar a pensar, pensar de novo. *Iterum accuratè perpendere.*

Repente. *m.* Repente; acção, dito, successo repentino. *Subitus motus.* *De repente (loc. adv.);* de repente, de improviso, repentinamente, sem pensar. *Repentè, subitò, extemporè.* *Hablar de repente.* V. *Hablar.*

Repentencia. *f.* *(ant.)* Penitencia, arrependimento.

Repentimiento. *m.* *(ant.)* Arrependimento. V. *Arrepentimiento.*

Repentinamente. *adv. m.* Repentinamente, subitamente, de repente. *Repentè, subitò, extemporè.*

Repentino, na. *adj.* Repentino, subito, imprevisto, não esperado. *Subitus, improvisus, repentinus.*

Repentirse. *r.* *(ant.)* V. *Arrepentirse.*

Repentista. *m.* Repentista, improvisador; o que faz versos de repente. *Extemporalis versificator.*

Repenton. *m.* Repente, caso, acontecimento imprevisto. *Improvisus casus.*

Repeor. *adj.* *(fam.)* Muito peior. *Multò pejor.*

Repera. *f.* *(bot.)* Repera; genero de plantas da familia das zygophyleas, originarias da Nova Hollanda.

Repercudida. *f.* Reflexão; volta que faz o corpo saltando d'aquelle em que foi dar. *Repercussio, onis.*

Repercudir. *n.* V. *Repercutir.* Tambem se usa como reciproco.

Repercusion. *f.* Repercussão; acto de repercutir. *Repercussio, onis:* — repercussão, reverberação, reflexão da luz, do som, da voz. *Lucis repercussio, reflexio.*

Repercusivo, va. *adj.* Repercussivo; com propriedade de repercutir. *Repercutiendi vi præditus:* — *(med.)* repercussivo, adstringente; que faz refluir os humores ao interior do corpo. *Repercutiendi vim habens.*

Repercutir. *a.* Repercutir; fazer repercussão, retroceder, mudar de direcção um corpo chocado com outro. *Repercutere:* — repercutir; reverberar, reflectir a luz ou som. *Refulgere, prominere:* — *(med.)* repercutir; fazer que um humor reflua para dentro do corpo. *Rejicere, repellere.*

Repertorio. *m.* Repertorio; index alphabetico, ou livro abreviado, em que se fazem menções succintas. *Repertorium, index:* — V. *Almanaque, Calendario.*

Repesar. *a.* Repesar; tornar a pesar. *Iterum ponderare.*

Repeso. *m.* Repeso; acção de repesar. *Ponderationis iteratio:* — repeso; logar em que se repesa. *Locus ponderationis iterationi destinatus:* — repeso; encargo de repesar. *Pensitandi munus. De repeso (loc. adv.);* com todo o peso de um corpo. *Toto pondere ruens: (fig.)* com todo o peso ou efficacia da auctoridade ou valimento. *Rationis potestatisve plenitudine.*

Repentencia. *f. (ant.)* V. *Repeticion.*

Repeticion. *f.* Repetição; o acto de repetir, tornar a dizer ou fazer o mesmo. *Repetitio, onis:* — repetição; lição, prelecção doutrinal. *Prælectio, dissertatio:* — repetição; exame privado, exame de conclusões magnas, em algumas universidades, antes de se conferir o grau de licenciado. *Exercitatio litteraria quædam:* — repetição; machinismo do relogio, para que dê as horas quando se toca uma mola. *Repetitio horarum horologii:* — V. *Reloj de repeticion:* — *(for.)* repetição; acção pela qual pedimos se nos torne o que deramos, a fim de nos darem ou fazerem alguma cousa que não nos deram nem fizeram. *Actio, onis:* — *(art.)* repetição; obra de pintura ou esculptura repetida pelo mesmo auctor original. *Archetypum seu exemplum ab ipsius auctore iterum depictum vel sculptum:* — *(rhet.)* repetição; figura em que uma mesma voz ou phrase se repete muitas vezes em um periodo para dar maior energia á expressão. *Repetitio, onis.*

Repetidamente. *adv. m.* Repetidamente, frequentemente, de novo, com repetição. *Iterum atque iterum, sæpius.*

Repetidor, ra. *s.* Repetidor; o que repete. *Repetens, entis:* — repetidor; o que repete as lições aos alumnos. *Dictatum repetens; hypodidascalus:* — *(naut.)* qualquer navio de uma esquadra, destinado a repetir os signaes do almirante.

Repetir. *a. (ant.)* Repetir; tornar a dizer, a cantar, a recitar, a fazer o mesmo. *Repetere:* — repetir, reiterar; tornar a fazer o mesmo. *Reiterare:* — repetir; pedir o que se tinha dado. *Apud judicem postulare:* — *(pint. e esculpt.)* repetir; tornar a executar um artifice uma obra que originalmente havia feito, ou alguma parte d'ella. Usa-se tambem como reciproco. *Pictorem, sculptoremve archetypum iterare:* — conversar; fallando da comida ou bebida, vir á bôca o seu sabor. *Cibi nondum digesti gustum in palatum revenire:* — repetir; nas universidades defender theses, conclusões magnas, para receber o grau de licenciado. *In scholis litterarium discrimen.*

Repicado, da. *adj. (ant.)* V. *Repulido.*

Repicapunto (de). *adv.* De repicaponto; feito, executado com todo o primor, curiosidade e aceio.

Repicar. *a.* Repicar; tanger os sinos com certa harmonia. *Crebro sonitu cymbala festivè pulsare:* — repicar; ferir batendo repetidas vezes. *Repungere:* — repicar; cortar, reduzir a partes muito pequenas e tenues. *Iterum minutatim concidere:* — repicar; fazer repique no jogo dos centos ou dos piques. *In chartarum ludo sors quædam:* — *r.* picar-se, presumir, jactar-se. *Gloriari, jactare:* — picar-se, resentir-se, offender-se. *En salvo está el que repica (fr.);* em salvo está o que repica; explica que se dão bons conselhos quando se está fôra do perigo. *Dum benè valemus, recta consilia ægrotis damus.*

Repilo. *m.* Especie de penteado, deixando o cabello comprido atrás a cobrir o pescoço, que usam as camponezas.

Repilogar. *a. (ant.)* V. *Epilogar.*

Repinarse. *r.* V. *Remontarse.*

Repintar. *a. (art.)* Repintar; pintar sobre o já pintado, ou para restaurar quadros, ou para aperfeiçoar mais as pinturas já concluidas. *Repingere:* — *r.* pintar-se, ataviar-se, enfeitar-se. *Pigmentis se ac fuco illinire:* — repintar; nas imprensas diz-se das letras quando resombram. *Impressas litterarum notas rursus extra ordinem depingi.*

Repintencia. *f. (ant.)* Penitencia, arrependimento.

Repique. *m.* Repique; toque festivo de sinos. *Crebra et festiva cymbalorum pulsatio:* — repique; acção e effeito de repicar. *Cymbalorum strepitus:* — *(fig.)* altercação, questão ligeira de parte a parte. *Contentio levis:* — repique; lance no jogo dos centos. *Sors quædam in pagellarum ludo.*

Repiquete. *m.* Repiquete; rebate repetido dos sinos: — lance ou recontro. *Casualis et improvisa rixa:* — *(naut.)* V. *Bordada. Dar repiquete (fr.);* bordejar aos bordos curtos, com ventos de repiquete.

Repiquetear. *a.* Repicar muito e com força. *Cymbala vehementer crebròque pulsare:* — *r.* descompor-se; altercarem duas ou mais pessoas, proferindo de parte a parte termos offensivos. *Mutua contentione rixari:* — *(naut.)* V. *Dar repiquetes.*

Repiqueteo. *m.* Acto de repicar muito e com força.

Repisa. *f. (arch.)* Cachorro; especie de mizula. *Mensulæ architectonicæ genus, simulacro signove alio sustentando.*

Repisar. *a.* Repisar; tornar a pisar: — *(fig. ant.)* repisar, calcar aos pés.

Repiso, sa. *adj. (ant.)* Arrepeso, arrependido: — *m.* repisa, vinho de repisa; o que se faz das uvas repisadas. *Vinum tenue, vapidum.*

Repizcar. *a.* V. *Pellizcar.*

Repizco. *m.* V. *Pellizco.*

Replantar. *a.* Replantar, tornar a plantar, plantar de novo. *Reserere, rursus plantare.*

Replantear. *a.* Reformar; tornar a traçar ou tirar a planta de um edificio, sobre os fundamentos saidos á flor da terra. *Edificii ichnographiam super fundamenta jacta rursus designare, delineare.*

Replanteo. *m.* *(arch.)* Acto de reformar a planta de um edificio, e a planta que pela segunda vez se marca sobre os cimentos, para começar a levantar as paredes. *Ichnographiæ ædificii super cæmenta designatio, ichnographia ipsa rursus adumbrata.*

Replecion. *f.* Repleção; enchimento dos vasos pelos humores, ou do estomago pelo comer. *Copia, plethora.*

Replegable. *adj.* Que se póde franzir ou encrespar de novo.

Replegadamente. *adv. m.* Com pregas ou franzidos.

Replegar. *a.* Encrespar de novo, tornar a fazer novas pregas, enrugar, enroscar. *Replicare:* — *r.* *(mil.)* retroceder; retirar-se em boa ordem, fallando das tropas avançadas.

Repletamente. *adv. m.* Com repleção.

Repleto, ta. *adj.* Repleto; muito cheio. Applica-se á pessoa muito cheia de humores ou de comida. *Repletus, plethoricus.*

Réplica. *f.* Réplica; o argumento que se faz contra o que se respondeu. *Objectio, onis:* — réplica; resposta que se dá, impugnando o que se disse ou manda. *Repugnans responsio:* — *(for.)* replica; o escripto do auctor contestando a resposta do réu. *Contrascriptum, i.*

Replicacion. *f.* Replicação; acção e effeito de replicar: — *(ant.)* repetição, reiteração: — *(for.)* V. *Réplica.*

Replicador, ra. *s.* Replicador, contraditor; o que replica frequentemente, que contraria. *Obloquutor, oris.*

Replicante. *adj.* Replicante; que replica.

Replicar. *a.* Replicar; fazer réplica. *Objecta refellere, retorquere:* — replicar; responder como repugnando o que se disse ou manda. *Repugnare:* — *(ant.)* V. *Repetir:* — *(for.)* replicar; refutar a resposta ou defeza do réu. *Contrascriptum in judicio exhibere:* — *(ant.)* V. *Repetir.*

Replicato. *m.* *(ant.)* V. *Réplica,* na segunda accepção: — *(for. ant.)* V. *Réplica.*

Replicon, na. *adj.* *(fam.)* Respondão; que responde contradizendo. *Molestus reclamator, disputator.*

Repliegue. *m.* V. *Pliegue:* — *(mil.)* retirada; retrocesso das tropas.

Repoamiento. *m.* *(ant.)* V. *Esclusion.*

Repoblacion. *f.* Acção de repovoar uma terra. *Incolarum frequentatio iterata.*

Repoblar. *a.* Repovoar; povoar de novo. *Rursus incolis frequentare.*

Repodrir. *a.* V. *Repudrir:* — *r.* *(fig.)* V. *Repudrirse.*

Repollar. *a. n.* Repolhar; fazer-se repolhudo. Tambem é reciproco. *Condensum, conglobatumque meditullium olera quædam efformare.*

Repollo. *m.* Repolho; especie de couve, fechada e redonda, que não abre as folhas. *Brassica capitata:* — repolho; cabeça ou volume roliço que algumas plantas formam, apinhando suas folhas umas sobre outras. *Conglobatum quorumdam olerum, condensumque meditullium:* — braçado de lenha.

Repolludo, da. *adj.* Repolhudo; diz-se das plantas que formam repolho, como a couve lombarda, a alface, etc. *Conglobata planta, in globi formam efformata:* — *(fam.)* repolhudo; grosso, muito gordo, fallando do homem. *Rotundus, torosus homo.*

Repolluelo. *m. dim.* de *Repollo.* Repolhinho.

Reponer. *a.* Repôr; tornar a pôr. *Reponere:* — repôr; restituir ao seu logar o que se tinha tirado. *Sufficere, subrogare, resarcire:* — oppor, replicar. *Objicere, obloqui:* — *r.* restabelecer-se; recobrar a saude ou a fazenda. *Rem familiarem valetudinemve amissam recuperare:* — *(for.)* repor, reformar, tornar a causa ao seu primitivo estado. *Reponere.*

Reportacion. *f.* Reportação, commedimento, moderação, modestia. *Animi moderatio, refrenatio.*

Reportado, da. *adj.* Reportado, temperado, moderado, modesto. *Moderatus, prudens.*

Reportamiento. *m.* Reportação; acção e effeito de reportar ou reportar-se. *Refrenatio, onis.*

Reportar. *a.* Reportar; fazer reportado, moderado. *Continere, temperare, moderari:* — reportar, alcançar, obter, conseguir. *Reportare, adipisci:* — trazer ou levar. *Reportare, revehere:* — *(ant.)* retribuir, recompensar: — produzir, originar: — *r.* reportar-se, moderar-se, refrear-se. *Continere, temperare, moderari.*

Reportorio. *m.* *(ant.)* V. *Repertorio:* — V. *Almanaque.*

Reposadamente. *adv. m.* Repousadamente; em repouso, com socego. *Quietè.*

Reposado, da. *adj.* Repousado; descansado, quieto. *Quietus, pacatus.*

Reposar. *n.* Repousar; ter repouso, descansar, socegar das fadigas. *Quiescere, requiescere:* — repousar, descansar, socegar, dormir. *Quietem vel somnum capere:* — repousar; descansar, permanecer em quietação uma cousa. *Quiescere:* — repousar, jazer, estar enterrado. *Quiescere, jacere:* — repousar. assentar; purificar-se ou aclarar-se um liquido, depondo as impurezas no fundo. Tambem se usa como reciproco. *Liquorem turbidum subsidere:* — *r.* repousar, socegar-se depois de estar agitado: — repousar; estar quieto um liquido, para se saturar dos ingredientes que tem em suspensão. *Quiescere.*

Reposicion. *f.* Reposição; acção de repôr. *Repositio, onis.*

Repositorio. *m. (ant.)* Repositorio; logar para pôr ou collocar alguma cousa.

Reposo. *m.* Repouso, descanso, socego. *Quies, requies, vacatio:* — repouso; tranquillidade, socego de espirito. *Tranquillitas, quies:* — movimento socegado. *Estar de reposo (fr. ant.);* estar de assento: — *(phys.)* estado de inercia, ou fixidez dos corpos: — *absoluto;* repouso absoluto; persistencia de um corpo na mesma parte do espaço: — *relativo;* repouso relativo; o mesmo que repouso absoluto, mas com referencia aos corpos que o rodeiam.

Repostar. *a. (naut.)* V. *Pertrechar.*

Reposte. *m. (p. Ar.)* Reposte. V. *Despensa.*

Reposteria. *f.* Cópa; casa destinada, nas habitações de pessoas ricas, para fazer doces e bebidas. *Bellariorum et potionum præfecti officina:* — emprego de reposteiro mór da casa real dos antigos reis de Castella. *Magni penuarii regii dignitas:* — todos os objectos e provisões pertencentes á copa, e a gente que n'ella se occupa. *Pennariorum seu rei penuariæ collectio:* — officio de copeiro.

Repostero. *m.* Copeiro; o que tem a seu cargo a copa nas casas ricas. *Bellariorum et potionum præfectus:* — reposteiro; panno com as armas da casa, que serve para cobrir as cargas das azemolas, ou para cobrir as portas, etc. *Tapes, stragulum, stemmatibus distinctum:* — *de camas;* creado da rainha, que tem a seu cargo cuidar da porta da ante-camara, e de bater os colchões da cama. *Regii lecti administer:* — *de estrados;* moço do degrau, o incumbido de pôr o estrado ou degrau ao rei. *A regis subselliis.* Estes officios têem sido reformados: — *mayor;* reposteiro-mór; na antiga casa real de Castella, o fidalgo que tinha a seu cargo tudo respectivo ao ramo do reposte e mantearia. *Procer rei penuariæ in domo regia prefectus.*

Repoyar. *a. (ant.)* Repudiar, repellir.

Repregunta. *f. (for.)* Repergunta; pergunta repetida sobre o mesmo assumpto. *Iterata interrogatio.*

Repreguntar. *a. (for.)* Reperguntar; perguntar segunda vez sobre o mesmo assumpto ou materia. *Iteratò interrogare.*

Reprehender. *n.* V. *Reprender.*

Reprendedor. *adj. (ant.)* V. *Reprenser.*

Reprender. *a.* Reprehender; reprender; dar reprehensão. *Reprehendere, arguere.*

Reprendiente. *p. a.* de *Reprender. Reprehendens, entis.*

Reprendimiento. *m. (ant.)* V. *Reprension.*

Reprensible. *adj.* Reprehensivel; digno de reprehensão. *Reprehensione dignus.*

Reprension. *f.* Reprehensão, reprensão; palavras em que dizemos a alguem que errou ou obrou mal, moral ou injudiciosamente. *Objurgatio, onis.*

Reprensivo, sa. *adj.* Que serve para reprehender: — V. *Reprensible.*

Reprensor, sa. *adj., s.* Reprehensor, reprehendedor; o que reprehende. *Reprehensor, objurgator.*

Reprensorio, ria. *adj. (ant.)* Que reprehende.

Represa. *f.* Represa; suspensão, interrupção do movimento; v. g.: das aguas de um rio. *Aquæ stagnantis detentio:* — *(fig.)* detensão de algumas cousas immateriaes, como dos affectos e paixões do animo. *Congeries, ei. Moler de represa (fr.);* diz-se do que tem estado sem poder fallar por algum motivo, e que, em tendo occasião para isso, falla em demasia. *Voluptari restrictæ subitò habenas laxare:* — *(naut.)* represa; navio que se tomou da mão do inimigo que o havia apresado.

Represalia. *f.* Represalia; direito de tomar ao inimigo, alguma cousa em compensação do que elle tomou. *Clarigatio, onis:* — *(fam.)* represalia; por extensão, qualquer despique em vingança de uma offensa: — *(ant.)* V. *Prenda.*

Represar. *a.* Represar; deter o curso das aguas. *Stagnare:* — *(fig.)* represar, atalhar, deter. Tambem se usa como reciproco. *Reprimere, remorari, retinere:* — *(naut.)* represar; retomar ao inimigo a embarcação por elle apresada. *Navem ab hoste ablatam recuperare.*

Represaria. *f. (ant.)* V. *Represalia.*

Representable. *adj.* Representavel; que póde representar-se. *Quod repræsentari aut ostendi potest.*

Representacion. *f.* Representação; acção de representar, de exhibir. *Repræsentatio, onis:* — representação; acção de representar no theatro alguma peça. *Fabulæ vel comediæ actio:* — representação; poema dramatico. *Drama, æ:* — representação, auctoridade, dignidade, caracter recommendavel. *Decor, dignitas, auctoritas:* — representação; figura, imagem, idéa que substitue muitas vezes a realidade. *Effigies, imago:* — representação; supplica ou exposição baseada em rasões, que se faz a pessoa elevada. *Libellus supplex:* — *(for.)* representação; o direito de representar alguma pessoa e usar do direito que lhe competia. *Representatio, onis:* — *nacional;* representação nacional; corpo de deputados de uma nação reunidos em côrtes.

Representador, ra. *s.* Representador; o que representa. *Repræsentans, antis:* — V. *Comediante.*

Representante. *m.* Representante; a pessoa que representa no theatro. V. *Comediante:* — representante; o que representa e faz as vezes de outrem e por ella obra ou requer o que é seu direito e rasão. *Vice gerens:* — representante; deputado da nação.

Representar. *a.* Representar; descrever imitando alguns objectos com palavras, tintas ou figuras. *Repræsentare.* Tambem se usa como reciproco: — representar, declarar, informar, referir. *Referre, edicere, declarare:* — representar; recitar em theatro. *Fabulam vel comœdiam agere:* — representar; manifestar no exterior os sentimentos de affecto de que se está possuido. *Repræsentare, referre:* — representar; fazer as vezes de alguem. *Repræsentare, vices vel personam gerere:* — representar; ser o typo, a imagem, o symbolo de alguma cousa. *Repræsentare, referre:* — *(ant.)* V. *Presentar.*

Representativo, va. *adj.* Representativo; que serve de representar ou representa. *Quid aliud referens vel repræsentans:* — representativo; diz-se da fórma de governo ou systema, em que a nação é representada por deputados ás côrtes.

Represion. *f.* Repressão; acção de represar ou reprimir. *Actio reprimendi.*

Represivameete. *adv. m.* Repressivamente; de uma maneira repressiva.

Represivo, va. *adj.* Repressivo; que reprime.

Reprimenda. *f. (fam.)* V. *Reprension.*

Reprimir. *a.* Reprimir, refrear, conter, moderar. *Cohibere, continere.*

Reprobable. *adj.* Reprovavel; que se deve reprovar ou é digno de reprovação. *Reprobandus, a, um.*

Reprobacion. *f.* Reprovação; acto de reprovar. *Reprobatio, onis.*

Reprobadamente. *adv. m.* Reprovadamente; com reprovação. *Reprobatione habita.*

Reprobadísimo, ma. *adj. sup.* de *Reprobado.*

Reprobado, da. *adj.* Reprovado, desapprovado, rejeitado. *Improbatus, a, um:* — reprovado, reprobo. *Reprobus, a, um.*

Reprobador, ra. *s.* Reprovador; o que reprova. *Reprobans, improbator.*

Reprobar. *a.* Reprovar, desapprovar, condemnar, refutar; não approvar. *Reprobare, rejicere.*

Reprobatorio, ria. *adj.* Que reprova ou serve para reprovar. *Quod reprobat, aut reprobando deservit.*

Réprobo, ba. *adj.* Reprobo, condemnado, prescito. Tambem se usa como substantivo. *Reprobus, a, um.*

Reprochar. *a.* Reprochar, exprobrar. *Exprobrare:* — rejeitar, recusar, repellir. *Repellere, rejicere.*

Reproche. *m.* Reproche, exprobração, vituperação. *Exprobratio, onis:* — repulsa, negativa. *Rejectio, onis.*

Reproduccion. *f.* Reproducção; acto de reproduzir, de restaurar. *Renovatio, restauratio:* — *(for.)* reproducção; acção de reproduzir a mesma allegação em juizo. *Repetitio, iterata reclamatio.*

Reproducir. *a.* Reproduzir; tornar a produzir. *Semel dicta repetere, aut nova producere, proferre:* — reproduzir; tornar a allegar o que se disse. *Antea dicta repetere.*

Reproductible. *adj.* Reproductivel; susceptivel de se reproduzir.

Reproductividad. *f.* Reproductibilidade; faculdade de ser reproductivel.

Reproductivo, va. *adj.* Reproductivo; que produz de novo. *Consumo reproductivo;* consumo reproductivo; consumo que dá origem a um novo producto.

Reproductor, ra. *adj.* Reproductor; que serve para a reproducção.

Repromision. *f.* Repromissão; promessa reciproca ou repetida. *Repromissio, iterata promissio.*

Repropio, pia. *adj. (art.)* Rebellão; diz-se em picaria do cavallo que resiste á espora, e não obedece ao cavalleiro. *Equus restitans.*

Reprueba. *f.* Reprova; nova prova. *Altera probatio.*

Repsimo. *m.* Repsimo; genero de insectos coleopteros pentameros da familia dos lamellicornes.

Reptar. *a. (ant.)* Reptar. V. *Retar:* — vituperar, reprehender.

Reptiles. *m. pl. (zool.)* Reptis; classe de animaes vertebrados, que se rojam pelo chão ou são providos de pés muito curtos, e não têem pellos.

Reptílivoro, ra. *adj. (zool.)* Reptilivoro; que devora os reptis.

Repto. *m. (ant.)* Repto, desafio.

República. *f.* Republica; estado governado pelo povo, ou por delegados eleitos por elle. *Republica, democratia:* — republica; estado, governo politico. *Republica, reipublicæ administratio:* — republica; causa, bem publico. *Republica, æ:* — nas provincias vascongadas, o povo de uma cidade ou villa composto de ordinario de diversos grupos de fogos que formam um concelho: — *literaria;* republica litteraria ou das letras; o corpo dos homens de letras. *Litteraria republica:* — *de Platon (lit.);* republica de Platão; obra onde se contém a politica d'este philosopho.

Republicanamente. *adv. m.* Republicanamente; com republicanismo.

Republicanismo. *m.* Republicanismo; amor pela republica, zêlo ardente pela republica.

Republicano, na. *adj.* Republicano; pertencente ou relativo á republica. *Quod ad rempublicam attinet:* — republicano; que approva o governo das republicas ou que vive na republica. *Populi potentiæ amicus, reipublicæ studiosus.* Usa-se tambem como substantivo: — *m.* homem de representação, capaz das funcções publicas. *Primus in oppidis.*

Repúblico. *m.* Republico; zeloso do bem publico: — republico, estadista.

Repudiable. *adj.* Repudiavel; que pôde repudiar-se. *Quod repudiari potest.*

Repudiacion. *f.* Repudio; acção e effeito de repudiar, de rejeitar. *Repudiatio, onis.*

Repudiar. *a.* Repudiar; rejeitar, abandonar o marido a mulher. *Repudiare:*—V. *Renunciar:* —V. *Refutar.*

Repudio. *m.* Repudio, separação; acção de fazer divorcio com a mulher, de desquitarse d'ella. *Repudium, ii.*

Repudrir. *a.* Apodrecer muito. Usa-se tambem como reciproco. *Putrefacere, putrefieri:* — *r.* ralar-se, consumirse interiormente por calar ou dissimular algum sentimento ou pena. *Interius angi, tabescere.*

Repuesto, ta. *adj.* *(ant.)* Escondido, apartado: — *m.* reserva de provisões. *Apparatus, us:* — aparador com todos os preparos para o serviço da mesa. *Abacus, i:* — logar ou casa em que se colloca o aparador. *Mensæ apparatui adservando cubiculum. De repuesto (loc. adv.)* V. *De prevencion.*

Repugnancia. *f.* Repugnancia; contrariedade, opposição entre duas cousas. *Repugnantia, æ:* — repugnancia, antipathia, aversão, tedio. *Aversio, tædium:* — repugnancia; contrariedade da vontade. *Repugnantia, æ:* — *(philos.)* repugnancia; incompatibilidade de duas qualidades ou attributos no mesmo sujeito ou cousa. *Repugnantia, æ.*

Repugnante. *adj,* Repugnante; que repugna. *Repugnans, antis.*

Repugnantemente. *adv. m.* Repugnantemente; com repugnancia. *Repugnanter.*

Repugnantísimo, ma. *adj. sup.* de *Repugnante.* Repugnantissimo; muito repugnante. *Valdè repugnans.*

Repugnar. *a.* Repugnar, resistir, não acquiescer. *Repugnare:* — repugnar; contradizer ou negar. *Repugnare, contradicere:* — repugnar; fazer de mau grado ou admittir com difficuldade alguma cousa. *Ægrè vel gravatè ferre, facere:*—*(philos.)* repugnar, implicar, ser contrario, incompativel, não se poderem verificar duas qualidades ou cousas. *Repugnare.*

Repulgado, da. *adj.* V. *Afectado.*

Repulgar. *a.* Repolegar; abainhar, orlar, fazer repolego á roupa, etc. *Oram telæ replicare, complicare:* — repolegar; fazer cordões e orlas de massa ás empadas e demais pasteis doces. *Placentæ oram, crustamve opere pistorio convolvere, configurare:*—aperfeiçoar, polir.

Repulgo. *m.* Repolego; orla, bainha na roupa, etc. *Oræ plicatura, replicatio:* — repolego; cordão de massa em torno da empada e pasteis. *Massæ pistoriæ plicatura. Reparar en repulgos de empanada (fr. fam.);* divertir-se com bagatellas. *In re levissima offendi.*

Repulidamente. *adv. m.* Repolidamente; muito polidamente.

Repulido, da. *adj.* Repolido; muito polido, muito perfeito. *Nitidus, perpolitus.*

Repulir. *a.* Repolir, polir de novo. *Iterum polire:* — *r.* burnir-se; preparar-se, vestir-se com demasiada affectação. *Nimis ornare, exornare.*

Repulsa. *f.* Repulsa; acto de negar o que se pede ou de repellir. *Repulsa, æ.*

Repulsar. *a.* Repulsar; negar o pedido, repellir uma cousa. *Repellere, despicere.*

Repulsion. *f. (phys.)* Repulsão; acção e effeito de repellir. *Repulsus, repulsa.*

Repulsivo, va. *adj.* Repulsivo; que tem acção ou virtude de repulsar. *Repellendi vim habens.*

Repulso, sa. *adj. (ant.)* Repulso, repellido.

Repulular. *n.* Repullular; nascer em quantidade, deitar novos botões, rebentar de novo. *Repullulare.*

Repullo. *m.* Pulo; movimento subito e violento do corpo por motivo de susto, medo, alvoroço, etc. *Repentina corporis trepidatio:* — V. *Rehilete:* — *(fig.)* pulo; demonstração exterior e violenta da surpreza causada por algum motivo ou successo inesperado. *Motus subitus; exacerbationis signum:* — *(germ.)* V. *Acetre.*

Repunar. *a. (ant.)* Repunar. V. *Repugnar.*

Repunta. *f.* Ponta, lingua, cotovelo de terra. *Isthmus, i:* — ponta, particula, migalha; pequena porção ou parte minima de alguma cousa. *Particula, æ:* — reponta, ponta, rixa, questão. *Rixa, æ.*

Repuntar. *a. (ant.)* Reprovar, levar a mal alguma cousa: — *r.* voltar-se; azedar o vinho. *Acescere, acidum fieri:* — esquentar-se, desavirse, indispor-se com alguem ou ter alguma leve e passageira desavença. *Exacerbari:* — *n. (naut.)* repontar; começar a encher a maré. *Maris æstum incipere.*

Repunte. *m. (naut.)* Reponta; começo da enchente da maré.

Repuntear. *a.* Pontear de novo alguma tela ou tecido.

Repurga. *f. (ant.)* Repurgação; purga repetida.

Repurgar. *a.* Repurgar; tornar a purgar ou limpar uma cousa. *Iteratò vel denuò purgare:* — *(ant.)* repurgar; tornar a purgar o doente.

Reputacion. *f.* Reputação; o conceito que se faz de alguma pessoa. *Existimatio, onis.*

Reputante. *p. a.* de *Reputar.*

Reputar. *a.* Reputar; dar reputação. *Æstimare, existimare:* — reputar, estimar, apreciar, avaliar, ter em conta.

Requebrador. *m.* Requebrador; o que galanteia, que diz finezas a uma dama. *Blandiloquus, amoris allector.*

Requebrajar. *a. (ant.)* V. *Requebrar.*

Requebrar. *a. (fig.)* Requebrar, galantear; dizer requebros, finezas a uma dama. *Blanditiis amorem excitare, amatoris verbis blandiri:* — *(ant.)* requebrar; quebrar mais o que já estava quebrado.

Requejada. *f. (prov.)* V. *Requejo.*

Requejal. *m.* V. *Requejada.*

Requejamiento. *m. (ant.)* Queixume, sentimento.

Requejar. *a. (ant.)* Reprehender ou refutar: — *r. (ant.)* queixar-se, doer-se, sentir-se.

Requejo. *m. (prov.)* Terreno que acaba em costa ou declive para entrar em alguma planicie.

Requemado, da. *adj.* Requeimado; que tem côr escura denegrida por ter estado ao fogo ou ao sol. *Adustus, a, um:* — *m.* especie de gorgorão fino, muito negro, sem lustro, de que se faziam mantos e capas.

Requemadura. *f.* Requeimadura; segunda ou nova queimadura.

Requemamiento. *m.* V. *Resquemo.*

Requemar. *a.* Requeimar; queimar outra vez ou tostar em excesso. *Iterum torrere, adurere:* — requeimar; seccar muito, fazendo evaporar a humidade ou parte aquea. *Exurere:* —V. *Resquemar:* — esquentar; irritar o sangue ou os humores do corpo. *Accendere, inflammare:* — *r.* requeimar-se; consumir-se interiormente. *Aduri.*

Requemazon. *f.* V. *Resquemo.*

Requeridor. *m.* Requeredor, requerente; o que requer. *Qui requirit.*

Requeriente. *adj.* Requerente; que requer.

Requerimiento. *m. (for.)* Requerimento, requisição; cobrança por auctoridade publica: — acto judicial, pelo qual se admoesta que se execute ou deixe de fazer alguma cousa. *Monitio juridica:* — intimação, aviso ou noticia que se passa a alguem, fazendo-o sabedor de alguma cousa com auctoridade publica. *Denuntiatio publicè facta.*

Requerir. *a.* Avisar ou fazer constar ou notificar alguma cousa com auctoridade publica. *Monere, denuntiare:* — reconhecer, examinar, verificar o estado de alguma cousa. *Perpendere:* — requerer, demandar, pedir, necessitar. É muito usado como reciproco por ser necessario. *Requirere:* — induzir, persuadir: — *(ant.)* requerer; rogar com instancia, declarar a sua paixão amorosa. *Allicere, sollicitare:* — prover, abastecer: — requerer, consultar, buscar.

Requeson. *m.* Requeijão; a flor do soro de leite coalhada ao lume. *Pinguior lactis pars, coctione coagulata:* — segunda coalhada que se tira do residuo do leite depois de feito o queijo. *Coagulati lactis residuum.*

Requesonero. *m.* O que faz ou vende requeijões.

Requiebro. *m.* Requebro; expressões de amor. *Amatoriæ blanditiæ:* — requebro; inflexão na voz quando se canta. *Sonus vocis inflexus, modulationis inflexio.*

Requienia. *f. (bot.)* Requienia; genero de plantas leguminosas papilionaceas.

Requietorio. *m.* Requietorio; nome que os romanos deram ao sepulchro como descanso das fadigas da vida.

Requilorios. *m. pl. (p. Cub.)* Excusas, subterfugios.

Requintador, ra. *s.* O que lança um quinto nas arrematações dos arrendamentos. *Licitator quintam partem licitationis augens.*

Requintar. *a.* Requintar; exceder, chegar ao auge. *Longè præstare, antecellere:* — lançar mais um quinto nas arrematações dos arrendamentos. *Quintam conductionis partem licitando rursum augere:* — *(mus.)* subir ou baixar cinco pontos uma corda ou tom. *Tonum remittere aut intendere.*

Requinto. *m.* Requinto; segundo quinto de uma quantidade a que já se havia extrahido a quinta parte. *Quinta pars rursus post aliam quintam partem deducta:* — lanço da quinta parte que se dá nos arrendamentos depois de já terem sido quintados. *Licitatio, quinta conductionis parte aucta:* — o serviço extraordinario que se impoz aos indios do Perú no reinado de Filippe *II*, e uma quinta parte da somma das suas contribuições ordinarias. *Tributi genus quoddam extra ordinem indis imperati:* — requinta; instrumento musico como um clarinete pequeno: — requinta; musico que toca o dito instrumento.

Requisa. *f.* Visita, revista, reconhecimento que o carcereiro faz ás prisões e presos uma ou mais vezes ao dia. *Quotidiana captorum requistio à carceris, custode peracta:* — V. *Requisicion.*

Requisar. *a.* Revistar, examinar, inspeccionar: — requisitar; fazer requisição.

Requisicion. *f.* Requisição; pedido feito por auctoridade publica para levas de soldados, cavallos, etc.: — *(for. ant.)* V. *Requerimiento.*

Requisito. *m.* Requisito; condição, circumstancia requerida em alguma cousa. *Requisita conditio, circumstantia, res.*

Requisitoria. *f.* Requisitoria; mandado de um juiz para outro, etc. *Judicis requirentis litteræ.* Usa-se tambem como adjectivo, e algumas vezes como substantivo masculino.

Requive. *m.* V. *Arrequive.*

Res. *f.* Res ou rez; cabeça de gado ou de animal silvestre. *Pecus, oris:* — *(ant.)* V. *Cosa:* — *de vientre;* rez parideira nos rebanhos, vaccadas, etc. *A la res vieja alíviale la reja (rif.);* a rez velha alliviar-lhe a relha; a quem é idoso deve-se-lhe procurar allivio e pouco trabalho. *Ab onere levanda senectus.*

Resaber. *a.* Resaber; saber a fundo, saber muito bem. *Calere, planè scire:* — *n.* resaber; ser demasiadamente fallador, causar enfado a quem ouve. *Sapientem se jactare; sciolum molestum esse.*

Resabiar. *a.* Resabiar; fazer tomar vicio ou mau costume. Usa-se tambem como reciproco. *Vitium parere, contrahere:* — *r.* resabiar-se, desgostar-se, desagradar-se. *Exacerbari:* — V. *Saborearse.*

Resabido, da. *adj.* Resabido; applica-se á pessoa que presume de sabia e entendida. *Sciolus, a, um:* — resabido; muito sabido e publicado.

Resabio. *m.* Resábio, resaibo;

sabor desagradavel. *Ingratus sapor:* —resabio; vicio, mau costume. *Vitium, ii:* — *(fig. ant.)* resabio, desgosto.

RESACA. *f.* Resaca; o movimento que faz o rolo das ondas recuando da praia. *Refluentis maris motus:* — *(comm.)* resaque de uma letra de cambio.

RESACAR. *a. (ant.)* V. *Sacar:* — *(comm.)* resacar uma letra de cambio.

RESALADO, DA. *adj.* Engraçado, muito chistoso; diz-se das pessoas. *Festivus, jocosus.*

RESALIR. *n. (arch.)* V. *Resaltar*, na terceira accepção.

RESALTADO, DA. *adj.* Resaltado; que sáe ou avança para fóra de uma linha.

RESALTAR. *n.* Resaltar; saltar um corpo reflectindo. *Resilire:* — resaltar; despegar-se um corpo que estava reunido a outro. *Resilire:* — resaltar; fazer sobresaír o nivel. *Prominere:* — *(fig.)* resaltar; saltar á vista, ferir os olhos uma cousa por ser bem visivel ou saliente. *Occulos perstringere.*

RESALTE. *m.* Resalto; prominencia em alguma cousa. *Prominentia, æ:* — *(arch.)* V. *Resalto:* — *(art.)* resalto; parte saliente da fecharia das armas de fogo portateis, pela qual passa o parafuso do fuzil.

RESALTO. *m.* Resalto; salto, reflexo que dá o corpo elastico. *Repercussio, onis:* — resalto; saliencia em superficie plana. *Prominens, entis:* — *(arch.)* resalto; parte saliente á linha principal. *Prominentia, æ:* — *(caç.)* modo de caçar o javali, que consiste em atirar-lhe o besteiro no momento em que, vendo-se obrigado a levantar e saír de sua cama, pára para ver de quem foge. *Apri consistentis ictus.*

RESALUDAR. *a.* Resaudar; responder á saudação com outras iguaes palavras e cortezia. *Resalutare.*

RESALUTACION. *f.* Correspondencia á cortezia ou a quem primeiro sauda. *Resalutatio, onis.*

RESALVIA. *f.* Conta das vergonteas que se devem deixar no côrte das matas.

RESALVO. *m.* Vergontea que sáe do tronco principal, a qual por lei se deve deixar no côrte das matas.

RESARCIBLE. *adj.* Susceptivel de resarcimento.

RESARCIDOR, RA. *adj.* Que resarce.

RESARCIMIENTO. *m.* Resarcimento; acção e effeito de resarcir ou resarcir-se. *Compensatio, onis.*

RESARCIR. *a.* Resarcir, indemnisar, compensar, reparar o damno. Tambem se usa como reciproco. *Resarcire, compensare.*

RESBALADERO. *m.* Resvaladeiro, resvaladouro; logar escorregadio. *Lubricus, i:* — *adj.* V. *Resbaladizo*, na segunda accepção: — *(fig.)* enganador; que expõe a incorrer em falta. *Lubricus, a, um.*

RESBALADIZO, ZA. *adj.* Resvaladio, escorregadiço; que resvala ou escorrega facilmente das mãos. *Quod facilè labitur:* — resvaladio, escorregadio; em que se escorrega facilmente. *Lubricus, a, um.*

RESBALADOR, RA. *adj.* Resvalador; o que escorrega, resvala. *Quod labitur.*

RESBALADURA. *f.* Resvaladura, escorregadura: — traço, signal que fica de ter resvalado. *Lapsûs vestigium.*

RESBALAMIENTO. *m.* V. *Resbalon.*

RESBALANTE. *adj.* Que resvala. *Labens, entis.*

RESBALAR. *a.* Resvalar, deslisar, escorregar. *Labi:* — *(fig.)* resvalar, escorregar; faltar aos seus deveres, incorrer em falta. Tambem se usa como reciproco. *Culpam admittere.*

RESBALO. *m. (p. Quito.)* Resvaladeiro; encosta muito empinada.

RESBALON. *m.* Resvaladura, escorregadura; acto de escorregar. *Lapsus, prolapsio:* — *(fig.)* escorregadura, erro, descuido, inadvertencia. *Lapsus in culpam.*

RESBALOSO, SA. *adj.* V. *Resbaladizo:* — V. *Resbaladero.*

RESCALDAR. *a.* V. *Escaldar.*

RESCALDO. *m. (ant.)* V. *Rescoldo.*

RESCATADOR, RA. *adj.* Resgatador; que resgata. *Redemptor, oris.*

RESCATAR. *a.* Resgatar; remir com dinheiro o que o inimigo roubou. *Redimere:*—resgatar; permutar. *Permutare, commutare:* — resgatar, libertar de trabalho ou sujeição. *Redimere:* — *(min.)* resgatar; comprar o metal nas minas.

RESCATE. *m.* Resgate; acção de resgatar, de recuperar o perdido. *Redemptio, onis:* — resgate; preço por que se resgata. *Pretium redemptionis:* — resgate, troca, permutação. *Permutatio, onis:* — *(min.)* acção de resgatar nas minas.

RESCATIN. *m. (p. Am. merid.)* O que compra as pequenas partidas de mineral que recolhem os indios nos districtos das minas.

RESCAZA. *f.* V. *Escorpina.*

RESCEBIR. *a. (ant.)* V. *Recibir.*

RESCINDIR. *a.* Rescindir, annullar, romper; invalidar algum contrato, obrigação, testamento, etc. *Rescindere.*

RESCISION. *f.* Rescisão; acto de rescindir. *Rescisio, onis:* — rescisão, annullação. *Rescisio, onis.*

RESCISORIO, RIA. *adj.* Rescisorio; que rescinde, que annulla. *Rescisorius, a, um.*

RESCOLDO. *m.* Rescaldo, borralho; brazido quasi extincto. *Cineres prunarum reliquiis mixti:* — *(fig.)* rescaldo; escrupulo, vaga inquietação com especie de remorso, etc. *Animi uredo, anxietas.*

RESCONTRAR. *a. (ant.)* Encontrar; compensar nas contas umas parcellas com outras.

RESCRIBIR. *a. (ant.)* Responder por escripto a alguma carta ou papel.

RESCRIPCION. *f. (ant.)* V. *Descripcion.*

RESCRIPTO. *m.* Rescripto; ordem de motu proprio do principe, ou mais propriamente o mandato d'elle, por occasião de consulta, supplica ou requerimento por escripto. *Rescriptum, i:* — rescripto; resposta da papa sobre algumas questões de theologia, para servir de decisão ou de bulla: — *(hist.)* rescripto; resposta dos imperadores romanos ás questões sobre que eram consultados pelos governadores das provincias, pelos juizes ou pelos particulares em suas questões.

Rescriptorio ria. *adj.* Pertencente aos rescriptos. *Ad rescripto pertinens.*

Rescrito. *m. (ant.)* V. *Rescripta.*

Rescuentro. *m. (ant.)* Encontro; compensação de parcella com outra n'uma conta. *Compensatio, onis.*

Rescula. *f. (ant.)* Pequeno rebanho.

Resecacion. *f.* Reseccação; acção de reseccar. *Siccatio, onis.*

Resecamiento. *m.* V. *Resecacion.*

Resecar. *a.* Reseccar; seccar de todo. *Exsiccare.* Tambem se usa como reciproco.

Reseco, ca. *adj.* Reseccado, resequido; muito secco. *Nimis exsiccatus, aridus:* — resequido, secco; diz-se da pessoa excessivamente magra e debil. *Macer nimis:* — *m.* parte secca do arbusto ou da arvore. *Arefactus ramusculus.*

Reseda. *m. (bot.)* Reseda; genero de plantas da familia das resedaceas, de que se obtem uma tinta amarella usada nas artes: — *murina (zool);* especie de polypeiro do genero gorgona.

Resedáceas. *f. pl. (bot.)* Resedaceas; familia de plantas dicotyledoneas polypetalas, que têem por typo o genero reseda.

Resedela. *f. (bot.)* V. *Oligoméride.*

Reseder. *n. (ant.)* V. *Residir.*

Resegar. *a.* Resegar; segar de novo, tornar a segar. *Iterum metere.*

Resellador. *m.* O que resella. *Sigillum apponens.*

Resellante, *p. a.* de *Resellar.*

Resellar. *a.* Resellar; tornar a sellar: — recunhar; tornar a cunhar. *Iterum sigilli munire.*

Resello. *m.* Resello; segundo sêllo: — recunho. *Iterata sigilli impressio.*

80

Resemblar. *a. (ant.)* Assimilhar; fazer similhante. *Refferre:* — *r.* assimilhar-se, parecer-se; ser parecido ou similhante. *Alicujus esse similem.*

Resembrar. *a.* Resemear; tornar a semear. *Iterum seminare.*

Resentidísimo, ma. *adj. sup.* de *Resentido.* Resentidissimo; muito resentido. *Valdè indignatus vel commotus.*

Resentimiento. *m.* Resentimento; offensa leve e encoberta. *Animi offensio, dolor:* — fenda, racha em algum objecto fragil. *Fissura, rima.*

Resentirse. *r. (fig.)* Resentir-se, offender-se; mostrar algum sentimento ou pezar. *Subirasci, exacerbari:* — resentir-se; mostrar indicios de soffrer na saude ou por algum outro modo: — sentir-se; rachar-se, fender-se um objecto fragil. *Fissuris vel rimis laborare:* — *(ant.)* mostrar allivio ou satisfação.

Reseña. *f. (mil. ant.)* Resenha, revista, mostra. *Recensio militum:* — nota dos signaes mais distinctivos do corpo de um homem ou de um animal para facilmente serem conhecidos. *Notæ corporis:* — *(vet. e equit.)* descripção dos signaes exteriores mais notaveis do cavallo, idade, etc., com o fim de o conhecer bem e distingui-lo dos demais. *Notæ corporis:* — *(fig.)* resenha; descripção, narração sobre motivos historicos, litterarios, etc.: — signal, prognostico, presagio. *Signum, i.*

Reseñar. *a.* Resenhar; fazer resenha. *Notas, signa alicujus capere, describere:* — *(fig.)* resenhar, enumerar, narrar, descrever, sobre historia, litteratura, etc.

Resequido, da. *adj.* Resequido; secco, exhausto de humidade. *Exsiccatus, a, um.*

Reserenar. *a. (ant.)* Tornar a serenar.

Reserva. *f.* Reserva; acção de reservar, de guardar para quando for mister servir. *Custodia, repositio:* — reserva; excepção que o superior faz de parte das faculdades que concede ao inferior. *Exceptio, onis:* — segredo que se guarda ou deposita. *Arcanum, secretum:* — reserva; circumspecção no obrar ou no fallar com cautela para não descobrir o interior, retrahimento, refolho. *Cautela, calliditas:* — reserva, circumspecção, prudencia. *Prudentia, circumspectio:* — reserva; clausula pela qual alguem fica para si com uma parte do que dá, vende ou traspassa: — *(prov.)* V. *Reservado,* referindo-se ao Sacramento. *A reserva (loc. adv.);* com reserva, ás escondidas, em segredo. *Clam. Sin reserva;* sem reserva; francamente, com sinceridade. *Ingenuè; ex animi sententia:* — *(for.)* direito salvo; declaração que o juiz faz na sentença para que por ella se não prejudique a algumas das partes, a fim de que possa expor o seu direito em diverso juizo ou por maneira diversa. *Judicialis providentia in futurum:* — *(mil.)* reserva; força militar situada na retaguarda para auxiliar os que estão em linha de batalha. *Estar en la reserva (fr.);* estar na reserva; servir nos corpos que não estão em armas.

Reservacion. *f.* Reservação, o reservar; acção e effeito de reservar. *Reservandi actio.*

Reservadamente. *adv. m.* Reservadamente; com reserva, de maneira reservada. *Secretò.*

Reservado, da. *adj.* Reservado, cauteloso, dissimulado. *Cautus, a, um:* — reservado, discreto, comedido. *Prudens, entis:* — *m. (prov.)* o sacramento da Eucharistia que se guarda no sacrario, e assim se diz: *en tal iglesia no hay reservado. Sacrosancta Eucharistia. Casos reservados (rel.);* casos reservados; peccados reservados, cuja absolvição depende só do papa, dos bispos ou dos sacerdotes que para ella tenham poderes especiaes. *Peccatum cujus absolutionem sibi episcopus vel superior reservavit.*

Reservar. *a.* Reservar; pôr de parte, guardar para quando for mister servir. *Reservare:* — reservar; guardar para outro tempo, para outro fim. *Differre:* — reservar, isentar, dispensar de alguma lei commum. *Excipere, eximere:* — reservar; apartar alguma cousa do total para a dar a outrem ou guardar para si. *Reservare:* — reservar, dissimular; guardar para si, não dar a conhecer uma cousa. *Retinere:* — *(ant.)* aposentar; fallando dos creados nas casas nobres e principaes: — diz-se, em alguns jogos carteados, de certas cartas que não são obrigadas e com que se atravessa quando convem a quem as tem. *Exceptio quædam in pagellarum ludo:* — reservar-se; guardar-se para melhor occasião. *Sese reservare vel servare:* — reservar-se; acautelar-se, desconfiar de alguem. *Ab alio cavere:* — *(rel.)* encerrar o Santissimo Sacramento. *Sacramentum Corporis Christi reservare.*

Reservativo, va. *adj.* Que serve para reservar. *Censo reservativo.* V. *Censo.*

Reservatorio. *m.* Reservatorio. V. *Invernáculo:—de aguas;* reservatorio de aguas.

Resfriado. *m.* Resfriado; constipação ou indisposição causada pela obstrucção dos poros. *Pororum obstructio ob repentinam frigoris perceptionem:* — *(prov.)* rega que se dá á terra quando está secca e dura para que se possa arar. *Irrigatio terræ ante arationem molliendæ. Cocer ó cocerse el resfriado (fr.);* cozer o catarrho, restituir-se ao estado normal os liquidos que se alteraram pela constipação ou resfriado. *Ex obstructione frigoris ad sanitatem restitui.*

Resfriador. *adj.* Resfriador; que resfria. *Refrigerator, oris.*

Resfriadura. *f.* Resfriamento; suppressão de transpiração no cavallo e mais bestas.

Resfriamiento. *m.* V. *Enfriamiento.*

Resfriante. *adj.* Refrigerante; que resfria. *Frigus inducens.*

Resfriar. *a.* *(ant.)* V. *Enfriar:* — resfriar, refrigerar; diminuir, tirar o calor. *Refrigerare:* — *(fig.)* resfriar, entibiar, diminuir o fervor. Tambem se usa como reciproco. *Æstum, fervorem mitigare:* — *n.* resfriar; começar a fazer frio. *Frigescere:* — *r.* resfriar-se, constiparse; indispor-se o corpo animal pelo aperto dos poros causado pelo frio. *Frigori obstrui.*

Residencial. *adj.* Residencial; diz-se do emprego que exige residencia pessoal. *Quod residendi onus imponit.*

Residenciar. *a.* Residenciar; tomar residencia, indagar, examinar, tirar informação. *Rationem petere, inquirire.*

Residente. *adj.* Residente; que reside. *Incola, commorans:* — residente; diz-se do ministro que reside em alguma côrte estrangeira sem o caracter de embaixador. *Regius legatus apud alium principem.*

Residentemente. *adv. m.* Com ordinaria residencia ou assistencia. *Constanter, assiduè.*

Residir. *a.* Residir; morar, estar de assento em algum logar, cidade, casa, etc. *Commorare, incolare:* — residir; estar qualquer cousa immaterial n'uma pessoa, como direitos, faculdades, etc. *Esse:* — residir; assistir pessoalmente e permanecer por tempo determinado n'um logar. *Commorari.*

Residuo. *m.* Residuo, resto, sobejo. *Residuum, reliquum:* — residuo; deposito ou fezes que deixam os liquidos no fundo do vaso ou alambique.

Resiega. *f.* *(naut.)* V. *Rastra.*

Resiegar. *a.* *(naut.)* V. *Rastrear.*

Resiembra. *f.* Continua semeadura de um terreno sem o deixar descansar. *Continua seminatio.*

Resigna. *f.* Resignação; renuncia que se faz do beneficio ecclesiastico em favor de um individuo determinado. *Beneficii ecclesiastici in gratiam alterius renuntiatio.*

Resignacion. *f.* Resignação; conformidade voluntaria, entregando-se alguem ao dispor de outrem. *Sui ipsius in alterius potestatem traditio, abalienatio, mancipatio:* — V. *Resigna:* — V. *Conformidad.*

Resignadamente. *adv. m.* Resignadamente; com resignação. *Patienter.*

Resignadísimo, ma. *adj. sup.* de *Resignado.* Resignadissimo; muito resignado. *Valdè acquietus.*

Resignante. *adj.* Resignante; que resigna um officio, um beneficio. *Resignans, antis.*

Resfrio. *m.* *(fam.)* V. *Resfriado.*

Resguardar. *a.* Resguardar, garantir, guardar, proteger. *Præmunire, defendere:* — *r.* resguardar-se, acautelarse. *Cavere:* — *(naut.)* resguardar; dar resguardo.

Resguardo. *m.* Resguardo; cuidado, attenção, segurança n'alguma cousa. *Cautio, præmunitio:* — resguardo, defeza, reparo, abrigo. *Tutamen, inis:* — caução; garantia ou segurança que se faz por escripto das dividas ou contratos. *Cautio, onis:* — resguardo; vigilancia, cuidado para impedir o contrabando dos generos. *Mercium adventantium inspectionis et vectigalium solvendorum cura:* — corpo de guardas ou empregados incumbidos de não deixar passar contrabandos ou objectos furtados aos direitos. *Ministrorum vectigalibus colligendis, et interdictis mercibus abigendis turba:* — *(naut.)* resguardo; distancia proporcionada que se toma por precaução, quando se passa perto de algum baixo, recife, etc., sobretudo quando ainda não é bem conhecido.

Resí. *adv.* *(fam.)* Sim, sim; affirmativa repetida.

Resídencia. *f.* Residencia; assistencia continua em algum logar ou casa. *Domicilium, ii:* — residencia; persistencia no logar onde se tem emprego a desempenhar. *Residendi onus:* — residencia;

espaço de tempo que um ecclesiastico deve residir no logar de seu beneficio. *Residendi tempus:* — residencia; conta que um juiz toma a outro ou a qualquer pessoa de cargo publico, da administração ou desempenho do seu logar, pelo tempo que esteve ao seu cuidado. Por extensão se diz de outros cargos que se desempenham ou da conta que d'elles se pede. *Ratio, inquisitio:* — residencia; o cargo de residente por seu principe ou governo em alguma côrte estrangeira. *Munus regii legati apud alium principem:* — *(ant.)* residencia; nome que os jesuitas davam á casa religiosa que não era collegio nem casa professa, nem granja, nem casa de prazer. *Domus ubi resident aliqui:* — residencia; processo formado ao residente. *De ratione reddenta instrumenta.*

Resignar. *a.* Resignar; renunciar algum beneficio ecclesiastico ou demittir-se d'elle em favor de algum sujeito determinado. *Beneficium ecclesiasticum gratuitò alicui transmittere, tradere.* Tambem tem applicação a outros empregos ou funcções: — *r.* resignar-se, conformar-se, submetter-se a. *Arbitrium et notum se totum convertere, fingere.*

Resignatario. *m.* Resignatario; o sujeito em quem se resignou o beneficio. *Is cujus arbitrio et potestati quidquam submittitur.*

Resina. *f.* Resina; materia oleosa, inflammavel, que resuma de alguns vegetaes. *Resina, æ:* — *anime (bot.)* V. *Anime:* — *copal.* V. *Copal:* — *copal fósil;* substancia inflammavel, soluvel na potassa, que, exposta ao fogo, espalha um cheiro muito aromatico: — *curbaril.* V. *Curbaril:* — *de barniz.* V. *Sandaraca:* — *elástica.* V. *Cautchuc:* — *elemí.* V. *Emlemí. Resina líquida de Nueva España;* nome que algumas vezes se dá ao balsamo de copaiba ou ao ambar liquido: — *olampi.* V. *Olampi:* — *tacamaca.* V. *Tacamaca.*

Resinato. *m. (chim.)* Resinato; combinação das resinas com as bases salificaveis.

Resineina. *f. (chim.)* Resineina; oleo obtido pela distillação da colophonia com cal.

Resineona. *f. (chim.)* Resineona; um dos productos da essencia de terebinthina distillada.

Resínido, da. *adj. (chim.)* Resinoso; parecido com a resina: — *f. pl.* familia de compostos ternarios organicos que comprehende as resinas.

Resinífero, ra *adj. (bot.)* Resinento; que tem ou produz resina.

Resiniforme. *adj. (bot.)* Resiniforme; com aspecto de resina.

Resinita. *f. (min.)* Resinita; mineral com o aspecto do pez, e que se compõe de silica, agua e peroxydo de ferro.

Resino-amargo. *m. (chim.)* V. *Acíbar.*

Resinócero. *m. (pharm.)* Medicamento composto da mistura de resina com a cêra.

Resinoideo, dea. *adj. (bot.)* V. *Resiniforme.*

Resinosa. *f. (chim.)* Producto que se extrahe da distillação da essencia de terebinthina.

Resinoso, sa. *adj.* Resinoso; que tem ou distilla resina. *Resinosus, a, um. Electricidad resinosa (phys.);* electricidade resinosa; a que se obtem esfregando a resina ou outras substancias analogas.

Resipiscencia. *f.* Resipiscencia; emenda que toma o que, moralmente, ia errado e mal, tornando ao bom caminho: — *(rhet.)* figura de rhetorica que tem logar quando alguem corrige o que disse.

Resisa. *f.* Oitava parte que se tira da outra oitava, que no vinho, vinagre e azeite se havia cobrado pelo direito da siza. *Vectigal quoddam.*

Resisar. *a.* Diminuir mais as medidas já sizadas do vinho, vinagre e azeite, abatendo d'ellas o correspondente ao direito chamado resiza. *Diminutas mensuras iterum diminuere.*

Resistencia. *f.* Resistencia; acção e effeito de resistir. *Resistendi actio, repugnantia:* — *(fam.)* resistencia, desobediencia, rebeldia. *Resistencia de los flúidos (phys.);* resistencia dos fluidos; a força que retarda o movimento que os corpos fazem dentro de um fluido. *Resistencia de los sólidos;* resistencia dos solidos; a força que oppõem ao choque ou impressão de outro corpo em movimento: — *(mech.)* resistencia; toda a força independente da vontade que não se pôde equilibrar ou vencer, senão empregando outra que está ao arbitrio do homem. *Sólido de menor resistencia;* solido de menor resistencia; o que descreve uma curva ao redor do seu eixo e que se move em um fluido, onde encontra menos resistencia que nenhum outro solido circular da mesma base. *Partido de resistencia (polit.);* partido de resistencia; o que seguem os politicos que temem entrar na senda das innovações e oppõem uma força de inercia a todo o projecto de reforma.

Resistente. *adj.* Resistente; que resiste, tenaz. *Resistens, entis.*

Resistero. *m.* Ardor do sol desde o meio dia até ás tres horas, nos dias de grande calor de verão. *Solis æstus:* — calor excessivo que produz a reverberação do sol, e o logar em que se faz sentir. *Solis reverberantis æstus; radiorum solis repercussio.*

Resistible. *adj.* Toleravel, supportavel. *Tolerabilis, le.*

Resistidor, ra. *s.* Resistidor; o que resiste. *Qui resistit.*

Resistir. *n.* Resistir; oppor-se á força, etc. *Resistere.* Tambem se usa como reciproco: — *a.* resistir, soffrer, supportar. *Sufferre, tolerare, sustinere:* — resistir; combater as paixões, os desejos, etc. *Pravis affectibus obsistere:* — resistir, repellir, rechaçar. *Rejicere, obsistere:*

— resistir, contradizer, repugnar. *Resistere, repugnare:* — *r.* resistir, brigar, forcejar. *Contendere.*

Resma. *f.* Resma; vinte mãos de papel. *Quingentarum chartarum fasciculus:* — *limpia;* resma que consta de vinte mãos uteis: — *sucia ó con costreras;* resma que consta de dezoito mãos uteis e duas costaneiras.

Resobrar. *n.* Resobrar; sobrar muito. *Multum superesse.*

Resobrino, na. *adj.* Filho de primo coirmão. *Consobrini filius.*

Resol. *m.* Reverberação ou reflexo do sol de um em outro corpo. *Solis radiorum repercussio.*

Resolano, na. *adj.* Solario, soalheiro; diz-se do sitio onde se toma o sol. *Solarius, a, um.* Usa-se como substantivo na terminação feminina.

Resolgar. *n. (ant.)* V. *Resollar.*

Resoluble. *adj.* Resoluvel; que póde resolver-se. *Quod facilè solvi potest.*

Resolucion. *f.* Resolução; determinação sobre um negocio. *Resolutio, consilium:* — resolução, animo, valor, coragem. *Animi fortitudo:* — resolução; decisão ou solução de alguma duvida. *Solutio, resolutio:* — dissolução de um todo por se desaggregarem as suas partes. *Dissolutio, onis:* — resolução; proposito ou liberdade em dizer ou operar uma cousa. *Agendi aut dicendi facilitas, agilitas, libertas:* — resolução; analyse ou divisão que physica ou mentalmente se faz de um composto nas suas partes. *Resolutio, onis:* — resolução, actividade, liberdade de acções. *In agendo celeritas:* — V. *Resúmen. Epilogus, i. En resolucion (loc. adv.);* em summa, em conclusão. *Uno verbo:* — *(med.)* resolução; dissipação de um tumor ou humor, reabsorvendo-se ou eliminando-se por qualquer via. *Humoris resolutio, exstirpatio, exhalatio.*

Resolutamente. *adv. m. (ant.)* Resolutamente. *Resueltamente.*

Resolutísimo, ma. *adj. sup.* de *Resoluto.* Resolutissimo; muito resoluto. *Resolutissimus, a, um.*

Resolutivamente. *adv. m.* Resolutamente; com resolução. *Definitè.*

Resolutivo, va. *adj. (med.)* Resolutivo; que póde resolver ou dissolver os humores. Usa-se tambem como substantivo na terminação masculina. *Quod solvere seu laxare valet:* — resolutivo; applica-se á ordem ou methodo analytico. *Analyticus, a, um.*

Resoluto, ta. *adj.* Resoluto, afouto, dextro, expedito. *Versatus, assuefactus, promptus:* — resumido, compendioso, abreviado. *In compendium redactus.*

Resolutoriamente. *adv. m.* Resolutamente; com resolução. *Absolutè.*

Resolutorio, ria. *adj. (for.)* Resolutorio; que serve de cassar, de abolir, de annullar um acto ou convenção: — resoluto; que tem resolução. *Celer, promptus.*

Resolvente. *adj. (phys.* e *med.)* Resolvente, resolutivo; que resolve. *Solvens, entis.*

Resolver. *a.* Resolver; decidir, deliberar sobre alguma materia. *Decernere, consilium capere:* — resumir, recapitular, epilogar. *In compendium redigere:* — resolver; desfazer alguma difficuldade ou dar solução a alguma duvida. *Solvere, expedire:* — resolver; decompor os corpos e reduzi-los a seus elementos. *Resolvere:* — resolver, dissipar, destruir. *Dissipare:* — resolver; mudar alguma cousa para outro estado pela acção de algum agente que lhe destrua a união ou cohesão. Tambem se usa como reciproco. *Dissolvere:* — resolver; analysar physica ou mentalmente um composto nos seus elementos ou partes. *Singillatim dividere:* — *r.* resolver-se, determinar-se a alguma cousa. *Apud se statuere, deliberare:* — resolver-se; mudar-se uma cousa em outra. *In aliud verti:* — *a (phys.* e *med.);* resolver; fazer dividir, attenuar, exhalar ou desvanecer alguma cousa. Tambem se usa como reciproco.

Resolviente. *adj. (phys.* e *med.)* Resolvente; que resolve, dissipa ou attenua.

Resollar. *n.* Resfolegar; respirar com ruido. *Spirare, respirare:* — V. *Hablar.* Usa-se frequentemente com a negativa: — *(fig.)* resfolegar, respirar livre; descansar de fadigas ou trabalhos. *Animum laxare.*

Resonacion. *f.* Resonancia, echo; sonido causado pela repercussão. *Repercussus sonus.*

Resonancia. *f.* Resonancia; prolongação gradual do som. *Soni continuatio:* — *(ant.)* imagem, recordação: — *(mus.)* V. *Consonancia.*

Resonante. *adj.* Resonante; que resoa. *Resonans, antis.*

Resonar. *a.* Resonar, resoar; redobrar, repetir os sons. *Resonare:* — *(fig.)* resoar; ser geral o credito ou fama de uma pessoa ou cousa.

Resoplar. *n.* Assoprar muito. *Vehementer sufflare:* — bufar, soprar o cavallo ou qualquer outro animal por medo ou receio. *Suspiciosum hinnire equum, migire taurum.*

Resoplido. *m.* Assopro continuado e forte. *Vehemens et continua respiratio:* — bufido; sopro do cavallo e outros animaes quando estão receiosos, etc. *Equi hinnitus.*

Resoplo. *m.* V. *Resoplido.*

Resorber. *a.* Tornar a sorver. *Iterum sorbere.*

Resorte. *m.* V. *Muelle,* peça de ferro: — elasterio, elasticidade; força elastica de alguma cousa. *Elastica vis:* — *(fig.)* expediente; meio para lograr alguma cousa. *Ratio, via.*

Respaldar. *a.* Assentar, apontar ou notar nas costas de um escripto ou endossar uma letra. Diz-se regularmente do que se vae pagando á conta de um escripto de obrigação ou de um vale. *Tergo notare:* — *r.* encostar-se; apoiar ás costas, ao respaldo de cadeira, etc. *Assidere:* — *(veter.)* deslocar-se o osso da espadoa ao cavallo. *Os humeri equini luxari.*

Respaldo. *m.* Verso ou costas do papel ou escripto em que se nota alguma conta. *Chartæ tergum:* — respaldo, costas, encosto da cadeira. *Sellæ dorsum.*

Respectar. *n.* V. *Respetar.*

Respectivamente. *adv. m.* Respectivamente, proporcionadamente, comparativamente; com relação a outra cousa. *Relatione habita.*

Respective. *adv. m.* Respectivamente. É vocabulo tirado do latim.

Respectivo, va. *adj.* Respectivo; que diz respeito a alguma pessoa ou cousa. *Quod refertur ad aliquid.*

Respecto. *m.* Respeito; relação de uma cousa com outra. *Respectus, us:* — respeito; o lado ou face por onde se olha, considera alguma cousa. *Respecto a, ó respecto de (loc. adv.);* a respeito, ácerca de, em comparação, relativamente a. *Relatione, cum relatione ad. Al respecto (loc. adv.);* a respeito de, á proporção de, respectivamente a. *Respectu.*

Respeluncarse. *r. (ant. vulg.)* V. *Despeluzarse.*

Respeluzar. *a. (ant.)* V. *Despeluzar.* Tambem se usava como reciproco.

Respendo. *m. (ant.)* V. *Rebuzno.*

Respennar. *a. (ant.)* V. *Ahuyentar.*

Respetable. *adj.* Respeitavel; digno de respeito. *Venerabilis, reverentia dignus.*

Respetablemente. *adv. m.* Respeitavelmente; de uma maneira respeitavel.

Respectador, ra. *s.* Respeitador; o que respeita. *Qui reveretur, veneratur.*

Respetar. *a.* Respeitar, acatar, venerar. *Revereri, venerari:* — respeitar; considerar: — *n.* respeitar; dizer respeito, ser respectivo a. *Pertinere.*

Respecto. *m.* Respeito, reverencia, veneração, acatamento. *Observantia, reverentia:* — respeito; causa, consideração, motivo particular. *Respectus, us:* — qualquer cousa que se tem por ostentação, ou para servir só em certas occasiões, como coche de respeito. *Apparatus, repositus:* — *(germ.)* espada. *A, ó respecto de (loc. adv.);* a respeito de, em respeito de; em consideração, em attenção de. *Respectu. Campar por su respeto (fr.)* V. *Campar. Estar de respeto (fr.);* estar de ceremonia, de respeito. *Solemni modo, ritu agere, versari.*

Respetosamente. *adv. m.* V. *Respetuosamente.*

Respetoso, sa. *adj.* V. *Respetuoso.*

Respetuosamente. *adv. m.* Respeitosamente; com respeito, com reverencia. *Reverenter.*

Respetuoso, sa. *adj.* Respectuoso, respeitoso; que respeita, venera ou mostra ter respeito. *Reverens, observans:*—respeitoso; que move á veneração e respeito. *Venerabundus, reverendus:* — respeitoso, submisso, obediente; diz-se por extensão, fallando familiarmente. *Subjectus, a, um.*

Réspice. *m. (fam.)* Réspice; resposta brusca e aspera. *Dura animadversio:* — réspice; reprehensão aspera, mas laconica. *Aspera et brevis objurgatio.*

Respigador, ra. *s.* Respigador; o que respiga as cearas ceifadas. *Spicilegium exercens; spicas requirens.*

Respigar. *a.* Respigar; recolher as espigas que ficaram por segar. *Messis reliquias legere, recolligere.* V. *Espigar.*

Respigon. *m.* Respigão; espigas que nascem ao redor das unhas. V. *Padrastro* nos dedos: — *(vet.)* ulcera da ramilha; affecção ulcerosa da ranilha das bestas, com exsudação de materia, dor, etc. *Ulceris genus in jumentis.*

Respingado, da. *adj.* V. *Arremangado.*

Respingar. *n.* Respingar; coucear o cavallo rinchando ao mesmo tempo. *Calcitrare cum gemitu:* — *(fig. fam.)* respingar, resistir, desobedecer, recalcitrar. *Calcitrare, fremere.*

Respingo. *m.* Respingo; acção de respingar. *Calcitratus, ûs:* — *(fig. fam.)* respingo; repugnancia em executar o que se ordena. *Indignationis signum; verbum mordicans.*

Respingoso, sa. *adj.* Respingador, respingão; animal que respinga. *Calcitro, onis:* — *(fig.)* respingador, respingão, recalcitrante. *Qui jussa recusat.*

Respirable. *adj.* Respiravel; diz-se do ar que pôde ser utilmente respirado.

Respiracion. *f.* Respiração; acção de respirar. *Respirandi actus:* — respiração, halito; ar que se respira. *Aura, æ:* respiração; entrada e livre saída do ar n'um logar limitado. *Aeris, venti aditus:* — *(pint.)* certa porção de celagem ou de claridade que se descobre por detrás de uma opacidade de sombras ou figuras.

Respiradero. *m.* Respiradouro; abertura por onde sáe o ar. *Spiraculum, respiramen:* — respiradouro; abertura no telhado, etc.: — respiradouro; fresta, abertura para a entrada do ar: — respiradouro; canal da respiração. *Spirationis meatus:* — *(fig.)* respiro; allivio, descanso de algum trabalho ou vigilia. *Levamen, inis.*

Respirante. *adj.* Respirante; que respira. *Spirans, antis.*

Respirar. *n.* Respirar; attrahir e expellir o ar pela acção dos pulmões. *Respirare:* — respirar; exhalar algum cheiro. *Exhalare:* — respirar; ter saida ou communicação com o ar exterior um fluido que está fechado. *Liberè effluere:* — respirar; descansar, ter allivio de trabalho, da oppressão. *Levari, recreari:* — V. *Hablar.* Usa-se frequentemente junto á negativa: — *(fig.)* respirar, viver: — respirar; cobrar alento. *Vires capere, sumere. Respirar por la herida (fr.);* resentir-se de alguma pena, de algum infortunio passado e que nunca esquece, e tambem significa a allusão feita a esse passado de tristeza. *No tener por donde respirar (fr.);* não ter que responder. *Respondere ne-*

quire. Sin respirar (loc. adv.); sem respirar; sem descansar na execução de alguma cousa. *Continuo vel non intermisso laborare.*

Respiro. *m.* Respiro; acção de respirar. *Spiratio, onis:* — respiro; tempo de descanso que se dá para depois recomeçar o trabalho com vigor. *Breve temporis spatium recreandis viribus:* — *(fig.)* respiro; praso para satisfazer uma divida. *Tempus solvendo concessum.*

Resplandecencia. *f.* Resplandecencia, resplandor.

Resplandecer. *n.* Resplandecer; luzir muito. *Resplendere, micare:* — *(fig.)* resplandecer; brilhar pela reflexão da luz. *Micare, nitere:* — *(fig.)* resplandecer; sobresaír em virtudes ou n'alguma outra cousa. *Eminere.*

Resplandeciente. *adj.* Resplandecente; que resplandece. *Splendens, fulgens.*

Resplandecimiento. *m.* V. *Resplandor.*

Resplandecientemente. *adv. m.* Resplandecentemente; com resplandor.

Resplandor. *m.* Resplendor; grande clarão que sae de algum corpo. *Splendor, oris:* — alvaiade ou cousa similhante com que as mulheres se enfeitam. *Fucus nitens:* — esplendor, magnificencia. *Splendor, nitor:* — *(fig.)* resplendor; brilho de alguma cousa. *Nitor, oris.*

Resplendor. *m. (anat.)* V. *Resplandor.*

Respondedor, ra. *adj.* Respondedor; que responde. *Respondens, entis.*

Respondencia. *f. (ant.)* Respondencia. V. *Correspondencia, Relacion:* — V. *Responsabilidad.*

Responder. *a.* Responder; dar resposta ao que se pergunta ou propõe. *Respondere:* — responder; dar replica a quem chama ou quando se pergunta quem é. *Respondere:* — responder; dar resposta a carta ou outro escripto. *Respondere, rescribere:* — responder; satisfazer ao argumento, duvida, difficuldade ou pergunta. *Satisfacere:* — responder; corresponder o animal com sua voz á de seus similhantes, ou ao reclamo artificial que a imita. *Respondere:* — responder; corresponder ou não a fertilidade da terra aos cuidados do lavrador. *Reddere:* — responder; corresponder ao que se deseja ou pretende, fallando das cousas inanimadas. *Reddere, præbere:* — *n.* responder; corresponder, guardar proporção ou igualdade uma cousa com outra. *Respondere:* — responder; repetir o echo. *Assonare:* — responder, corresponder; ser agradecido. *Respondere, gratis habere:* — responder, replicar, ser respondão. *Reponere:* — responder; replicar a um arrasoado ou a um requerimento. *Replicare, in judicio respondere:* — responder, corresponder; ficar, estar situado algum logar, edificio, etc. na mesma direcção ou frontaria. *Versus hanc vel illam plagam vergere:* — responder; ser o fiador, o responsavel de alguma cousa ou pessoa. *Pro aliquo respondere. Responder a las ayudas (art.)*; responder, obedecer o cavallo aos apoios; diz-se em equitação: — *(naut.)* corresponder ou sentir-se no extremo de um cabo o puxão que se se dá no outro, para ver se está corrente.

Respondidamente. *adv. m. (ant.)* Proporcionalmente; com symetria ou proporção.

Respondiente. *adj.* Respondente, correspondente; que responde. *Respondens, entis.*

Respondon, na. *adj.* Respondão; que replica ou retruca a tudo incivilmente. *Obloquutor, oris:* — *(ant.)* dizia-se de quem dava respostas a alguma cousa ou assumpto.

Responer. *a. (ant.)* Replicar.

Responsabilidad. *f.* Responsabilidade; obrigação de reparar e satisfazer por si ou por outro qualquer perda ou damno. *De reparando damno sponsio.*

Responsable. *adj.* Responsavel; sujeito a reparar a perda ou damno por que se obrigou, ou que tem obrigação de evitar em rasão de seu officio. *Qui tenetur ad aliquid.*

Responsar. *n.* Responsar; rezar responsos. *Preces pro mortuis effundere.*

Responsear. *n.* V. *Responsar.*

Responsion. *f.* V. *Responsabilidad:* — responsão; satisfação a titulo de censo ou outra obrigação: — dinheiro com que contribuem para o cofre da ordem de S. João os commendadores e demais individuos que desfructam rendas. *Symbola ab equitibus Sancti Joanis ordinis ærario præbita:* — *(ant.)* responsão, resposta: — correspondencia ou proporção de uma cousa com outra.

Responsivo, va. *adj. (for.)* Responsivo; que contém resposta.

Responso. *m.* Responso; oração que se diz pelos defuntos. *Responsorium, piaculares preces pro defunctis.*

Responsorio. *m.* Responsorio; supplicas e versiculos que se dizem na reza depois das lições nas matinas e depois das capitulas. *Responsorium, i.*

Respuesta. *f.* Resposta; satisfação a pergunta ou a duvida. *Responsio, responsum:* — V. *Réplica:* — V. *Refutacion:* — resposta; escripto em que se diz alguma cousa a respeito da pergunta, proposta ou dito que outrem nos disse ou dirigiu. *Rescriptio, onis:* — estampido; som forte de qualquer arma de fogo. *Catapultæ fragor:* — resposta; som reflectivo, repetido pelo echo. *Echo, sonus aut vocis revocatio.*

Respuesto, ta. *p. p. irreg. (ant.)* de *Responder.*

Resquebradura. *f.* Quebradura, fenda, greta. *Fissura, æ.*

Resquebrajadura. *f.* V. *Resquebradura.*

Resquebrajar. *a.* Abrir, quebrar, fender, rachar, rebentar. Usa-se tambem como neutro, e mais ordinariamente como reciproco. *Hiare, findere.*

Resquebrajo. *m.* Racha, fenda.

Resquebrajoso, sa. *adj.* Quebradiço; facil de quebrar. *Quod facilè finditur.*

Resquebrar. *n.* Rachar-se, fender, separar-se as partes de algum todo. *Findi.*

Resquemar. *a.* Requeimar; picar, fazer arder a lingua certos alimentos ou bebidas. Tambem se usa como neutro. *Acerbitatem, acorem parere:*—*r.* requeimar-se; tostar-se muito com o calor.

Resquemazon. *f.* V. *Resquemo.*

Resquemo. *m.* Queimo; calor picante que certas substancias produzem na lingua. *Acris acerbitas:* — queimo; sabor a requeimado. *Ingratus sapor.*

Resquicio. *m.* Resquicio; greta, abertura da porta, parede, etc. *Rima, æ:* —*(fig.)* aberta, meio, expediente; occasião que se proporciona a algum fim. *Aditus, occasio.*

Resquitar. *a.* *(ant.)* Descontar, diminuir, abater.

Resta. *f.* V. *Resto:* — resto; restante de alguma quantia pecuniaria. *Residuum, ii.*

Restablecer. *a.* Restabelecer; restituir ao seu primeiro estado. *Restaurare, restituere:* —*r.* restabelecer-se; restaurar-se de alguma doença, perda, etc. *Restaurari, vires reficere.*

Restablecimiento. *m.* Restabelecimento; acto de restabelecer-se, e estado de restabelecido. *Restitutio, restauratio.*

Restado, da. *adj.* Intrepido, decidido.

Restallar. *n.* Estalar; dar estalido o chicote, rebentar a bomba. *Crepitare:* — estalar; soar forte. *Stridere.*

Restante. *adj.* Restante; que fica de resto. *Quod superest.*

Restañadura. *f.* Segunda estanhadura. *Stannei linimenti iteratio:* — estancamento.

Restañar. *a.* Estanhar de novo. *Stanno iterum oblinire:* — estancar; deter o curso da agua, do sangue ou outro liquido. Tambem se usa como neutro e reciproco. *Sanguinis profluvium reprimere:* — V. *Restallar.*

Restañasangre. *f.* V. *Alaqueca,* pedra.

Restaño. *m.* Especie de brocatel. *Tela serica, auro vel argento contexta:* — *(ant.)* V. *Estanque:* — *adj.* *(naut.)* V. *Estanco.*

Restar. *n.* Restar, sobejar; ficar de resto, de sobejo. *Restare, superesse:* —*a.* abater, diminuir; tirar de um todo. *Subtrahere:* — rechaçar; fazer retroceder a pella para o que a atira. *Pilam jactatam devolvere:* — *(arith.)* subtrahir, diminuir; tirar um numero menor de outro maior. *Deducere:* — *(ant.)* V. *Arrestar:* —*r.* *(ant.)* ficar-se.

Restauracion. *f.* Restauração, restabelecimento, recuperação. *Renovatio, instauratio:* restauração; restabelecimento de uma dynastia ou systema politico decaído.

Restaurador, ra. *s.* Restaurador; que restaura. *Instaurator, oris.*

Restaurante. *adj.* Restaurante; que restaura. Tambem se usa como substantivo masculino. *Instaurans, antis.*

Restaurar. *a.* Restaurar, renovar; restituir ao estado primeiro. *Instaurare, restituere:* — restaurar, recuperar, recobrar. *Instaurare, recuperare.*

Restaurativo, va. *adj.* Restaurativo, restaurante; que restaura, proprio para restaurar. Tambem se usa como substantivo masculino. *Restaurans, antis.*

Restenia. *f.* *(zool.)* Restenia; genero de insectos hemipteros da familia dos mirideos com varias especies.

Restiáceas. *m. pl.* *(bot.)* Restiaceas; familia de plantas monocotyledoneas, cujas especies são herbaceas ou subfructescentes.

Restinga. *f.* Restinga; baixo de pedras ou areia no mar. *Scopulus, i:* — *(naut.)* restinga; logar estreito onde ha pouca agua e de fundo pedregoso ou areiento, introduzindo-se no mar. *Sinus in mari arenam aut lapides in ipsum effundens.*

Restingar. *m.* Logar cheio de restingas. *Locus scopulis frequens.*

Restio. *m.* *(bot.)* Restio; genero de plantas da familia das restiaceas, indigenas do cabo da Boa Esperança.

Restitucion. *f.* Restituição; acção e effeito de restituir. *Restitutio, onis:* — *(astron.)* restituição; volta de um planeta a seu apside. *Restitutio in integrum (fr.)*; restituição *in integrum*; restituição de um menor ou de outra pessoa privilegiada a todas as suas acções ou direitos. *In integrum restitutio.*

Restituible. *adj.* Que se póde restituir. *Quod restitui potest.*

Restituidor, ra. *s.* Restituidor; o que restitue. *Restitutor, oris.*

Restituir. *a.* Restituir; tornar a dar o que se tomára. *Restituere:* — restituir, restabelecer; repôr no antigo estado. *Restituere:* — *r.* regressar; voltar ao logar d'onde tinha saído. *Redire.*

Restitutivo, va. *adj.* *Restitutorio.*

Restitutorio, ria. *adj.* *(for.)* Restitutorio; pertencente á restituição ou que a ordena. *Restitutorius, a, um.*

Resto. *m.* Resto; o que fica de um todo ou quantidade dividida. *Residuum, reliquum:* — resto; parada, nos jogos de envite. *Sors pecuniæ, aleæ exposita:* — rechaço; no jogo da pella. *Qui in ludo ex adverso est jacienti pilam:* — rechaço; no mesmo jogo o sitio em que se rechaça. *Meta ex qua pila rejicitur:* — rechaço; no dito jogo a acção de rechaçar. *Pilæ jactatæ rejectio:* — *abierto;* parada não determinada no jogo e que póde augmentar ou diminuir. *Tota sponsio in ludo.* *A resto abierto (loc. adv. fam.)*; sem limites, illimitadamente, sem restricção. *Nullis limitibus.* *Echar el resto (fr.)*; metter o resto; parar o dinheiro que fica depois de perdida alguma porção. *Omnem pecuniam sorti lusoriæ committere:* *(fam.)* jogar as ultimas; fazer todos os esforços. *Totis viribus niti.* *Envidar el resto (fr.)* V. *Echar el resto. Hacer resto (fr.)*, fazer um resto; fazer uma parada de resto. *Quandam pecuniam ludo spondere.*

Restrar. *a. (ant.)* V. *Arrastrar.*

Restregar. *a.* Esfregar muito e com força.

Restregon. *m.* Esfregação forte e repetida.

Restrennido, da. *adj. (ant.)* Refreado, contido.

Restribar. *n.* Restribar; fazer fincapé, firmar-se com força. *Niti.*

Restriccion. *f.* Restricção; limitação. *Limitatio, onis:* — *mental;* restricção mental; interpretação ou artificio sophistico, com que se frauda a lei ou falta á verdade, encobrindo circumstancia ou desviando a quem nos ouve do verdadeiro sentido. *Limitatio mente interiùs facta.*

Restrictamente. *adv. m.* Restrictamente; em rigor. *Restrictim, strictè.*

Restrictivo, va. *adj.* Restrictivo; que restringe. *Restringens, coercens:* — que tem virtude ou força para restringir ou apertar. *Restringere valens. Polvos restrictivos (pharm.);* pós restrictivos; pós adstringentes, que têem por base a maçã de cypreste.

Restricto, ta. *adj.* Restricto, limitado, conciso. *Restrictus, a, um.*

Restringa. *f.* V. *Restinga.*

Restringente. *adj.* Restringente; que restringe. Tambem se usa como substantivo masculino. *Restringens, entis.*

Restringible. *adj.* Restringivel; que se pôde restringir. *Quod restringi potest.*

Restringir. *a.* Restringir, estreitar, limitar. *Restringere:* —V. *Restriñir.*

Restriñidor, ra. *s.* Restringidor; o que restringe. *Quod restringit.*

Restriñimiento. *m.* Restricção; acto de restringir. *Restringendi actio.*

Restriñir. *a.* Restringir, estreitar, limitar. *Restringere.*

Restrojo. *m. (ant.)* V. *Rastrojo.*

Resucitador, ra. *s.* Resuscitador; o que faz resuscitar ou renovar. *Instaurator, reparator.*

Resucitar. *a.* Resuscitar; fazer tornar á vida. *A mortuis suscitare; ad vitam rèvocare:* — *(fig.)* resuscitar; livrar-se de uma doença grave, recuperando saude: — resuscitar, renovar, restaurar, reproduzir: — *n.* resuscitar; tornar a viver. *Resurgere, reviviscere.*

Resudacion. *f.* Resudação; acção de resudar ou transpirar. *Levis sudoris emissio.*

Resudar. *n.* Resudar; transpirar levemente. *Leviter sudare:* — resudar; perder uma arvore a sua humidade superflua.

Resudor. *m.* Transpiração ligeira. *Levis sudor.*

Resueltamente. *adv. m.* Resolutamente; com resolução, intrepidamente, ousadamente. *Obfirmatè.*

Resuelto, ta. *adj.* Resoluto, afouto, atrevido; muito intrepido e audaz. *Audax, liber:* — resoluto, diligente, determinado, expedito. *Expeditus, a, um:* — *(equit.)* prompto; diz-se em equitação do cavallo que executa com desembaraço os movimentos que lhe manda o cavalleiro.

Resuello. *m.* Anhelito; respiração difficil. *Crebra spiratio, anhelitus:* — *(germ.)* dinheiro.

Resulta. *f.* Resulta; a cousa que resultou ou procedeu, consequencia, effeito. *Effectus consequens; consequentia:* — resulta, resultado; o que resultou de conferencia, etc. *Consultationis vel disputationis summa:* — resultado de uma conta: — vacatura, vaga de um emprego pelo accesso de quem o occupava. *Munus vel officium vacans ex promotione illo fungentis. De resultas (loc. adv.);* em consequencia, por isso, portanto. *Ideo.*

Resultado. *m.* Resultado; o que resultou ou é effeito ou consequencia de alguma operação, conferencia, etc. *Summa, æ.*

Resultancia. *f.* V. *Resultado.*

Resultante. *adj.* Resultante; que resulta. *Quod ex aliquo conficitur, consequitur:* — *(mech.)* resultante; força que resulta da composição de outras varias forças applicadas a um mesmo ponto.

Resultar. *n.* Resaltar, saltar, reflectir: — resultar, redundar; vir a parar uma cousa em proveito ou damno de alguem. *Recidere, redundare:* — resultar, nascer, originar-se, proceder de outra cousa. *Oriri, provenire, proficisci.*

Resumbruno. *adj. (caç.)* Diz-se da plumagem do falcão de côr entre ruivo e preto. *Color subrufus vel murinus.*

Resúmen. *m.* Resumo, compendio, summa, summario. *Epilogus, compendium, summarium. En resúmen (loc. adv.);* em resumo, em summa, em breves palavras, em conclusão. *Denique, paucis verbis.*

Resumidamente. *adv. m.* Resumidamente, summariamente; em resumo. *Summatim;* — resumidamente; em summa, em poucas palavras. *Summatim, breviter.*

Resumir. *a.* Resumir, compendiar, recopilar, reduzir a menos e a mais breves rasões. Tambem se usa como reciproco. *Ad pauca vel in summarium redigere:* — resumir; repetir o actuante ou sustentante, a resumpta do contrario. *Argumentum adversarii repetere:* — *r.* resumir-se; comprehender-se, converter-se, resolver-se uma cousa em outra. *Mutari:* — resolver-se; tomar uma resolução.

Resuncion. *f. (rhet.)* Resumpção; o acto de tornar a principiar.

Resuntivo, va. *adj. (pharm. ant.)* Resumptivo; qualificação de certos medicamentos a que se attribuiam propriedades de cederem sua virtude tonica a um corpo debil.

Resupinado, da. *adj. (bot.)* Resupinado; diz-se das partes de uma planta que nascem em sentido ou ordem contraria ao que é commum ás demais plantas analogas.

RESURGIR. *n. (ant.)* Resurgir. V. *Resucitar:* — V. *Resultar.*

RESURRECCION. *f.* Resurreição; volta ou passagem da morte á vida. *Resurrectio, onis.*

RESURTIDA. *f.* Resalto; salto reflexo do corpo. *Resultandi actio, repercussio.*

RESURTIR. *n.* Resurtir; saír com impeto ao alto, resaltar, saltar reflectindo. *Resilire, resultare.*

RETABLO. *m.* Retabulo; quadro pintado ou esculpido, representando alguma scena ou acção. *Tabula variis imaginibus depicta aut cœlata:* — *(ant.)* theatro pequeno em que os titereiros fazem mover os titeres: — *(fam.)* artificio com pouco engenho: — *de duelos* ou *dolores (fig.)*; espelho de dores, soffrimentos ou miserias; diz-se do homem apoquentado com trabalhos e infelicidades. *Homo ærumnis obrutus:* — *(arch.)* retabulo; obra de marmore, pedra, madeira, etc., que compõe a decoração de um altar. *Opus architectonicum altari ornando. Contra-retablo;* fundo do retabulo.

RETACAR. *a.* Retacar; repicar a bola, toca-la duas vezes no jogo do bilhar. *Bacillo tradiculario globum bis ferire.*

RETACERÍA. *f.* Conjuncto de retalhos de qualquer especie de tecido. *Fragmentorum panni aut cujusvis telæ congeries.*

RETACO. *m.* Especie de carabina curta e reforçada. *Catapulta ignea brevior:* — bistoquete; taco do jogo do bilhar. *Bacillus tudicularius brevior et crassior:* — *(fig.)* rolho; homem baixo e grosso. *Homo brevis rotundusque.*

RETADOR. *m.* Reptador; o que repta. *Ad duellum provocans.*

RETAGUARDA. *f. (ant.)* V. *Retaguardia.*

RETAGUARDIA. *f.* Retaguarda; o ultimo corpo de tropa que cobre as marchas e os movimentos de um exercito, divisão ou columna. *Postrema acies. Picar la retaguardia (fr. mil.);* picar a retaguarda; perseguir de perto o inimigo que se retira. *Hostem insequi.*

RETAHILA. *f.* Enfiada; quantidade de muitas cousas que se vão succedendo ou estão por ordem. *Series longa rerum.*

RETAJAR. *a.* Cercear, diminuir, cortar ao redor alguma cousa. *Circumcidare:* — aparar de novo uma penna. *Calamum secundè temperare:* — *(ant.)* V. *Circuncidar.*

RETAL. *m.* Retalho; pedaço de panno de peça cortada. *Panni segmentum:* — retalho; pedaço ou desperdicio de qualquer panno ou de pelle, especialmente a que serve para fazer a colla de que usam os pintores. *Corii, pellis frustum.*

RETALLAR. *n.* V. *Retallecer:* — *(art.)* retocar; passar outra vez o buril pelos raios ou traços de uma lamina já gasta. *Cœlatas laminas scalpello instaurare.*

RETALLECER. *n.* Rebentar, abrolhar, brotar de novo a planta. *Repullulare.*

RETALLO. *m.* Pimpolho, renovo; raminho novo da planta, da arvore. *Surculus, i. A retallo (loc. adv.);* a retalho; por menor, em quantidades pequenas.

RETAMA. *f. (bot.)* Retama; genero de plantas da familia das papilionaceas que dão uma flor amarella muito odorifera e cultivada nos jardins: — giesta; genero de plantas leguminosas com varias especies que vegetam no Mediterraneo: — *macho ó de olor.* V. *Gayomba.*

RETAMAL. *m.* Logar cheio de giestas. *Locus genistis frequens.*

RETAMAR. *m.* V. *Retamal.*

RETAMERA. *f.* Logar em que se cria muita giesta.

RATAMERO, RA. *adj.* Pertencente ou relativo á giesta. *Ad genistam pertinens.*

RETAMON. *m.* Junco de giesta.

RETANILLA. *f. (bot.)* Retanilha; genero de plantas da familia das ramneas, com varias especies indigenas do Perú.

RETAR. *a.* Reptar, desafiar, provocar á luta. *Ad pugnam provocare:* — *(fam.)* lançar em rosto, reprehender. *Vitium alicui coram objicere, objurgare:* — *(ant.)* reptar, accusar de traição ou aleive um nobre a outro. *De proditione apud regem aliquem apellare:* — *(p. A. Mer.),* altercar, ter pendencia com alguem.

RETARDACION. *f.* Retardação, demora; acção de demorar. *Retardatio, onis.*

RETARDAMIENTO. *m.* V. *Retardacion.*

RETARDAR. *a.* Retardar, demorar, prolongar, deter. *Retardari, morari.*

RETARDATRIZ. *adj. (phys.)* Retardatriz; diz-se da força que retarda o movimento de um corpo.

RETARDO. *m.* V. *Retardacion:* — pequeno foguete de composição calculada para retardar a explosão de outro artificio.

RETARTALILLA. *f. (ant.)* V. *Retahila:* — V. *Charlatanería.*

RETASA. *f.* Retaxa; segunda taxa ou preço em venda. *Iterata rei æstimatio.*

RETASACION. *f.* V. *Retasa.*

RETASAR. *a.* Retaxar; taxar de novo. *Iterum æstimare; pretium assignare.*

RETATARABUELO, LA. *s.* Quarto avô e quarta avó.

RETATARANIETO, TA. *s.* Quarto neto e quarta neta.

RETAZAR. *a.* Retalhar; cortar, dividir em partes. *In frusta dividere:* — *(ant.)* quebrar, romper.

RETAZERÍA. *f.* Grande porção de retalhos.

RETAZO. *m.* Retalho; pedaço de panno da peça cortada. *Panni segmentum:* — fragmento de discurso ou de qualquer outro escripto. *Scripti aut sermonis fragmentum.*

RETEJADOR. *m.* O que retelha.

RETEJAR. *a.* Retelhar; recobrir de telhas. *Tecta tegulis reficere:* — *(fig. fam.)* remediar o que está roto e falto de vestido. *Nuditati mederi.*

RETEJER. *a.* Retecer; tecer muito unida e apertadamente. *Strictim texerc.*

RETEJO. *m.* Retelhadura; reparo e concerto no telhado. *Tecti tegulitii refectio, reparatio.*

Retelia. *f. (zool.)* Retelia; genero de polypeiros, cuja especie se encontrou no Mediterraneo.

Retembrar. *n.* Retremer; tornar a tremer, tremer repetidamente. *Tremere.*

Retemblor. *m.* Tremor repetido.

Reten. *m.* Retem; provisão, reserva de cousas. *Quid præparatum, repositum:—(mil.)* retem; reserva de tropas.

Retencion. *f.* Retenção; acção de reter, reserva. *Retentio, onis:* — retenção; conservação ou accumulação de emprego que se tinha, havendo alcançado outro. *Retentio muneris:* — retenção; suspensão que o rei faz da execução de qualquer rescripto, procedente de auctoridade ecclesiastica, até que tenha concordado com o papa. *Suspensio sententiæ à judice ecclesiastico lata:* — *(med.)* retenção; deposito ou demora no corpo de algum humor que deveria expellir-se. *Con retencion (loc. adv. for.);* com retenção; referindo-se á pena de presidio ou qualquer outra, significa que se não livra d'ella o réu, apesar de ter já concluido o tempo marcado, sem que o rei ou tribunal que o sentenceou previamente lhe conceda licença.

Retenedor. *m.* V. *Detentador:* — o que retem.

Retenencia. *f.* Provisão de bastimentos e de tudo o mais necessario á conservação e defeza de alguma fortaleza.

Retener. *a.* Reter, deter, guardar. *Retinere:* — reter; guardar, conservar na memoria. *Memoria retinere:* — reter; conservar o emprego que se tinha quando se passou a outro. *Munus retinere:* — reter; suspender o rei a execução de algum rescripto que procede de auctoridade ecclesiastica. *Retinere, suspendere:* — reter; deter alguem na prisão: — *(ant.)* representar, significar: — *(for.)* reter; ficar um tribunal superior com os autos do juiz inferior, remettidos por appellação ou outro recurso. *Retinere.*

Retenidamente. *adv. m.* Detidamente; com retenção. *Cautè.*

Retenimiento. *m.* V. *Retencion.*

Retentar. *a.* Retentar; tornar a tentar: — tornar a ameaçar a enfermidade, dor ou accidente que se padeceu ou resentir-se d'elle. *Iterum morbum imminere.*

Retentivo, va. *adj.* Retentivo; que obsta á saída, que detem. Tambem se usa como substantivo. *Retinendi vi præditus:* — *f.* retentiva, memoria; faculdade de reter. *Vis memoriæ tenax:* — *(ant.)* V. *Prudencia:* — *m. pl.* sentidos, potencias.

Retentriz. *adj. (med.)* Retentriz; diz-se da faculdade propria para a reter. *Retinere valens.*

Reteñir. *a.* Retingir; tingir de novo. *Retingere, iterum tingere:* — *n.* V. *Retiñir:* — retinir; soar por algum tempo o metal.

Retepora. *f. (zool.)* Retepora; genero de polypeiros, cujo typo foi encontrado no Mediterraneo.

Retesamiento. *m.* Entesadura; acto de entesar, estirar. *Distensio, onis.*

Retesar. *a.* Entesar; fazer teso. *Distendere, intendere.* Usa-se tambem como reciproco: — V. *Hartarse.*

Reteso. *m.* Tesão; rijez de cousa estirada e tesa. *Distentio, onis:* — V. *Teso.*

Reticencia. *f. (rhet.)* Reticencia; figura que consiste em ir levemente tocando n'aquillo que dissemos se deixaria em silencio: — reticencia; omissão voluntaria do que se devêra dizer. *Reticencia, æ.*

Reticente. *adj.* Reticente; diz-se da pessoa que costuma usar de reticencias.

Reticulado, da. *adj. (bot.)* Reticulado; diz-se de uma superficie marcada com linhas encruzadas á maneira de rede.

Reticular. *adj. (anat.)* Reticular; tecido á maneira de rede. *Retis formam referens.*

Reticularia. *f. (bot.)* V. *Ustilago.*

Retículo. *m. (astr.)* Reticulo; constellação formada no hemispherio boreal, entre a Hydra e a Dourada: — *(bot.)* reticulo; bainha fibrosa que rodeia a base das folhas nas palmeiras: — *(ant.)* reticulo; redesinha em que as mulheres romanas sujeitavam os cabellos.

Retido, da. *adj. (ant.)* V. *Derretido.*

Retífero, ra. *adj. (hist. nat.)* Retifero; que está marcado de linhas cruzadas á maneira de redesinha.

Retiforme. *adj. (anat.)* V. *Reticular.*

Retin. *m. (ant.)* V. *Retintin.*

Retina. *f. (anat.)* Retina; tunica do olho, expandindo-se desde o nervo optico, na qual tem logar a visão. *Retina, æ.*

Retináculo. *m. (bot.)* Retinaculo; corpusculo globular viscoso, a que adhere o pedunculo que sustém as massas de pollen nas orchideas: — *(cir.)* retinaculo; instrumento proprio a impedir a quéda do intestino na saco herniario, depois da sua reducção.

Retinalita. *f. (min.)* Retinalitha; silicato alcalino de magnesia, que se encontra no Baixo Canadá.

Retinaria. *f. (bot.)* V. *Guania.*

Retinasfalto. *m. (min.)* Retinasphalto; variedade de resina fossil, que contém uns 40 por cento de asphalto.

Retinifillo. *m. (bot.)* Retinifillo; genero de plantas da familia das rubiaceas, cujo typo vegeta na America meridional.

Retinita. *f. (min.)* Retinita; especie de resina fossil, parda amarellada ou avermelhada: — *perlada.* V. *Perlita.*

Retinta. *m.* Segunda tintura que se dá a alguma cousa. *Tinctura iterata:* — V. *Retintin.*

Retintin. *m.* Retimtim; som de dois corpos sonoros quando se tocam. *Tinnitus, us:* — modo affectado de fallar, especialmente com accento ironico ou segunda tenção. *Vocis tonus affectatus.*

Retinto, ta. *adj.* Fusco; côr

carregada n'alguma cousa. *Fuscus, subniger.*

Retiñir. *n.* Retinir; tinir por algum tempo. *Tinnire.*

Retiracion. *f. (impr.)* Retiração; a parte da folha opposta á que se acaba de tirar, o que fica em branco nas costas da face impressa. *Secundæ paginæ typis subjectio.*

Retirada. *f.* Retirada; acção de retirar-se. *Recessus, receptus:* — retirada; logar de refugio. *Receptus, refugium, recessus:* — retirada; na dansa hespanhola é o movimento que se faz avançando a ponta do pé direito como quem dá um pontapé e retirando-o depois para trás. *Hispanicæ saltationis motus quidam:* — *(mil.)* retirada; movimento retrogrado que a tropa executa em direcção opposta ao inimigo. *Recessus, receptus:* — retirada; intrincheiramento que de ordinario se faz nas duas faces de um ou mais baluartes, formando um angulo entrante, por disputar o terreno palmo a palmo, quando as primeiras defensas estão já destruidas.

Retiradamente. *adv.* Retiradamente, solitariamente; em retiro, em solidão: — retiradamente, occultamente; em segredo. *Secretè, occultè.*

Retirado, da. *adj.* Retirado, desviado, apartado, distante. *Remotus, secretus:* — retirado, aposentado, reformado; diz-se do empregado já desobrigado do exercicio das suas funcções, mas percebendo o ordenado. Ordinariamente diz-se dos militares. *Emeritus, a, um:* — retirado, solitario, occulto, recondito.

Retiramiento. *m. (ant.)* V. *Retiro.*

Retirar. *a.* Retirar, apartar; tirar do posto, do sitio, separar uma de outra cousa. *Removere, separare:* — retirar; afastar, apartar da vista. *Subducere, abstrahere:* retirar, afastar, fazer retroceder, obrigar a retirar. *Rejicere, repellere:* — *n. (ant.)* tirar, assimilhar-se; parecer-se uma cousa com outra: — *r.* retirar-se; apartar-se do tracto, do commercio social, da amisade, etc. *Amicitiæ, consuetudini renuntiare, valedicere:* — retirar-se, refugiar-se; pôr-se a salvo: — retirar-se; reformar-se, jubilar-se, aposentar-se: — *a. (impr.)* retirar; imprimir a parte da folha opposta á já impressa. *Secundam paginam typis mandare, subjicere:* — *(comm.)* retirar; synonymo de *recojer*, e assim se diz: *retirar una letra de cambio;* retirar uma letra de cambio, etc.

Retiro. *m.* Retiro, retirada; acção de retirar-se. *Recessus, receptus:* — retiro; logar retirado, solidão. *Recessus; secretus locus:* — retiro, apartamento, renuncia ao tracto mundano. *A negotiis subductio, remotio:* — *(mil.)* reforma; situação do militar reformado e o soldo respectivo.

Retizito. *m. (min.)* Retizito; variedade de disteno de côr branca.

Reto. *m.* Repto; desafio proposto por quem repta. *Ad pugnam vel duellum provocatio:* — duello ou desafio com ou sem testemunhas: — V. *Amenaza*, e assim se diz: *echar retos;* ameaçar, proferir ameaças. *Minæ, arum:* — *(ant.)* repto; accusação de aleive ou traição que um nobre fazia a outro á vista do rei, obrigando-se a sustenta-la em campo. *De proditione appellatio apud regem.*

Retobar. *a. (p. Am.)* Forrar de couro os fardos de mercadorias, para se não deteriorarem, especialmente quando se transportam por terra para grandes distancias.

Retobo. *m. (p. Am.)* Forro de couro.

Retocamiento. *m.* Retoque; acto de retocar.

Retocar. *a.* Retocar; aperfeiçoar uma obra, um quadro, etc., restaurar as pinturas deterioradas. *Picturam perficere, absolvere:* — tocar outra vez, ou repetidamente. *Sæpiùs pulsare:* — *(fig.)* retocar; corrigir, aperfeiçoar qualquer obra. *Perficere.*

Retoñar. *n.* Rebentar, abrolhar, deitar novos botões ou crescer a planta. *Regerminare, reproduci:* — *(fig.)* reproduzir-se; voltar de novo o que havia deixado de ser. *Regerminare, reproduci.*

Retoñecer. *n. (inus.)* V. *Retoñar.*

Retoño. *m.* Pimpolho, vergontea, renovo de planta. *Novus surculus.*

Retoque. *m.* Retoque; a perfeição ou emenda que se dá a alguma obra, especialmente ás pinturas. *Perfectio, perpolitio:* — insulto; repetição de alguma enfermidade ou accidente morbido. *Ejusdem morbi repetitio:* — pulsação frequente e repetida. *Repetita pulsatio.*

Retor. *m. (ant.)* Rhetorico; o que sabe ou ensina rhetorica. *Rhetor, oris:* — V. *Rector.*

Retorcedor. *m.* Retorcedor; o que retorce.

Retorcedura. *f.* V. *Retorcimiento.*

Retorcer. *a.* Retorcer; torcer outra vez ou muito uma cousa. *Contorquere, retorquere:* — retorcer, retorquir um argumento ou raciocinio. *Argumentum in adversarium retorquere:* — retorcer; interpretar mal, dar um sentido differente do que tem. *Perperàm interpretari:* — remorder; atormentar interiormente alguma cousa.

Retorcido. *m.* Especie de doce feito de varias fructas. *Tragemata tortilia.*

Retorcijar. *a. (ant.)* V. *Retortijar.*

Retorcijo. *m. (ant.)* V. *Retorcimiento.*

Retorcijon. *m. (ant.)* V. *Retortijon.*

Retorcimiento. *m.* Retorcedura; acção de retorcer. *Contorsio, retorquendi actus.*

Retórica. *f.* Rhetorica. V. *Oratoria:* — *pl. (fam.)* rhetorica, labia; abundancia de palavras com o fim de enganar ou de escusar-se.

Retoricado, da. *adj. (ant.)* Bem estudado e explicado.

Retóricamente. *adv. m.* Rhetoricamente; segundo as regras de rhetorica. *Ad rethoricæ regulas.*

Retoricar. *n. (ant.)* Rhetoricar; fallar, escrever segundo as regras da rhetorica.

Retórico, ca. *adj.* Rhetorico; pertencente á rhetorica. *Rhetoricus, a, um:* — *m.* rhetorico; que sabe rhetorica. *Rhetoricus, i.*

Retornamiento. *m.* Tornada; acção de retornar ou volver. *Reditus, ûs.*

Retornar. *n.* Retornar; voltar ao mesmo sitio. Tambem se usa como reciproco. *Redire, viam repetere:* — *a.* devolver remunerando ou recompensando. *Remunerari:* — retorcer; torcer outra vez. *Contorquere:* — fazer virar para trás. *Retrorsum compellere. Retornar en sí (fr. ant.);* retornar sobre si; cobrar animo.

Retornelo. *m. (mus.)* Retornello; repetição da primeira parte da aria, e de algumas outras composições poeticas. *Repetitio, onis:* — *(poet.)* retornello; estribilho que se repete no fim de cada estancia.

Retorno. *m.* Retorno; volta ao sitio d'onde se partiu. *Rediens:* — retorno; satisfação ou recompensa do beneficio recebido. *Remuneratio, onis:* — retorno; troca ou troco. *Permutatio, commutatio:* — retorno; carruagem, cavallo ou outra besta que volta para o logar d'onde saiu. *Vectarii currûs vel equi reditus:* — *(naut.)* retorno; moitão collocado n'um ponto fixo, que serve para fazer variar a direcção de uma corda que actua n'uma manobra.

Retorsion. *f.* Retorsão; acto de retorquir ou retorcer argumentos ou rasões. *Retorquendi actus retorsio.*

Retorsivo, va. *adj.* Retorquinte; que inclue retorsão. *Quod retorquere valet.*

Retorta. *f.* Retorta; vaso bojudo de vidro, de barro ou de ferro, com um bico curvo para se juntar ao recipiente e que serve para operações chimicas. *Ampulla curvi colli, retorta.*

Retortero. *m.* Volta á roda. Usa-se ordinariamente n'esta locução adverbial: *al retortero* ou *traer al retortero;* fazer muitas andadas ou fazer dar muitas voltas. *In girum versatio. Traer al retortero á alguno (fr. fam.);* trazer alguem n'um corrupio, em continua agitação. *Agitare aliquem, nimis occupare. Traer en retortero (ant.)* V. *Traer al retortero.*

Retortijar. *a.* Retorcer muito. *Strictim retorquere.*

Retortijon. *m.* Torcedura; estado de cousa torcida. *Torsio, contorsio:* — *de tripas,* camaras com puxos. *Tormina.*

Retostado, da. *adj.* Tostado; de côr adusta. *Fuscus, a, um.*

Retostar. *a.* Tostar, torrar. *Retorrere.*

Retozador, ra. *adj.* Retouçador, brincador, buliçoso, inquieto; que gosta de brincar e saltar. *Lasciviens, entis.*

Retozadura. *f.* V. *Retozo.*

Retozar. *n.* Retouçar; não parar, brincar, folgar, saltar de alegria. *Lascivire:* — brincar, saltar uma pessoa com outra. *Lascivire:* — agitar-se, excitar-se no interior algumas paixões. *Moveri:* — *a.* tocar a miudo com a mão em pessoa de outro sexo, brincando com ella. *Attrectare.*

Retozo. *m.* Retouço, brinco, folguedo; acção de brincar, de folgar. *Exsultatio, lascivia:* — *de la riza;* riso reprimido, contido. *Risûs excitatio, motus.*

Retozon, na. *adj.* Retoução, brincão, folgazão; que gosta de brincar e galantear. *Lasciviens, lascivire amans.*

Retozonamente. *adv. (fam.)* V. *Juguetonamente.*

Retraccion. *f.* Retracção, retrahimento; acção de retrahir e estado de cousa retrahida. *Retractio, onis:* — *(anat.)* retracção; contracção, encolhimento de uma parte.

Retractable. *adj.* Retractavel; o que pôde retractar-se ou desdizer-se.

Retractaccion. *f.* Retractação; acção de retractar-se ou desdizer-se. *Retractatio, onis. Las retractaciones (lit.);* as retractações; titulo de um livro de Santo Agostinho, em que tratou das materias que lhe pareceram inexactas ou incompletas em suas obras anteriores.

Retractado, da. *adj. (ant)* V. *Reprendido.*

Retractar. *a.* Retractar, desdizer. Usa-se tambem como reciproco. *Retractare, palinodiam canere:* — *n. (ant.)* manifestar-se desgostoso pelo que outro faz.

Retráctil. *adj. (zool.)* Retractil; diz-se das unhas dos animaes que no estado de repouso estão occultas na parte superior do dedo.

Retractilidad. *f.* Retractilidade; qualidade de retractil.

Retracto. *m. (for.)* Direito de reivindicação. *Jus rem sibi vindicandi, tanti, quanti alteri vendita fuerit.*

Retractor. *m. (cir.)* Retractor; instrumento destinado a levantar as carnes depois de cortadas na amputação da coxa.

Retraer. *a.* Retrahir; dissuadir, apartar, tirar, impedir de algum intento ou sentimento. *Retrahere:* — lançar em rosto, recordar o que já estava meio esquecido: — inspirar desgosto ou repugnancia a alguma cousa: — *(for.)* reivindicar. *Rem sibi vindicare, oblato aut soluto venditionis pretio.* V. *Semejar.* Usa-se tambem como reciproco: — retrahir; retirar a palavra, etc.: — *(ant.)* contar, referir, censurar: — V. *Remedar:* — *r.* retrahir-se, recolher-se, refugiar-se. *Confugere, in tutum se recipere:* — retrahir-se, retirar-se, retroceder. *Fugere, retrocedere:* — *(ant.)* pôr-se o sol: — *m. (ant.)* dito jocoso e picante.

Retraido. *adj.* Retrahido, refugiado a logar sagrado para se livrar de pena. *Receptus in tutum.*

Retraimiento. *m.* Retrahimento; logar, habitação retirada: — retrahimento, refugio, guarida; logar de segurança. *Confugium, recessus.*

Retranca. *f.* Retranca; correia que segura a sella ou albarda ás pernas da besta. *Postilena, æ:* — *(naut.)* V. *Arritranca, Arritranco.*

Retranqueo. *m. (arch.)* Posição que se dá aos corpos, fóra da sua regular esquadria.

Retrasar. *a.* Demorar, dilatar, prorogar; deixar para mais tarde. Tambem se usa como reciproco. *Differre:* — *n.* atrazar; ir para trás, não estar corrente. *Retrorsum ire.*

Retraso. *m.* Dilação, prorogação de tempo. *Dilatio, onis.*

Retratable. *adj.* V. *Retractable.*

Retratacion. *f.* V. *Retractacion.*

Retratador, ra. *s.* V. *Retratista.*

Retratar. *a.* Retratar; imitar um objecto delineando-o ou debuxando-o. *Faciem vel speciem alicujus pingere, exprimere:* — retratar, imitar, assimilhar-se. *Referre, imitari:* — retratar, pintar, descrever. *Describere:* — V. *Retractar.* Tambem se usa como reciproco. *Dictum aut scriptum revocare, emendare:* — *(for.)* reivindicar. *Rem venditam sibi ablato pretio vendicare.*

Retratico, llo, to. *m. dim.* de *Retrato.* Retratinho.

Retratista. *m.* Retratista; o que faz retratos. *Imaginum cujusvis vultum referentium pictor.*

Retrato. *m.* Retrato; copia ou representação da figura de pessoa ou animal. *Similis imago; pictura speciem imitans:* — retrato; descripção da figura de alguma pessoa. *Descriptio vultûs et partium corporis alicujus:* — *(fig.)* retrato; imagem, figura similhante a alguma outra. *Imago, inis:* — *(for.)* V. *Retracto.*

Retrayente. *p. a.* de *Retraer.*

Retrecha. *f. (ant.)* Falta, maldade: — castigo, prejuizo.

Retrechería. *f. (fam.)* Refalsamento, velhacaria, astucia dissimulada para illudir a confissão da verdade e o cumprimento do offerecido. *Versutia, æ:* — labia; gestos affectados, palavras doces para seduzir.

Retrechero, ra. *adj. s. (fam.)* Refalsado, velhaco; que com artificio e dissimulação trata de illudir a confissão da verdade e o cumprimento do dever. *Versutus, a, um:* — affectado, requebrado; o que com gestos affectados e requebros seduz e persuade as mais pessoas.

Retremer. *n. (ant.)* V. *Retemblar.*

Retreta. *f.* Retreta; signal ou toque militar que adverte aos soldados de se recolherem ao quartel. Tambem significa o toque para marchar em retirada. *Militaris sonus receptu canens.*

Retrete. *m.* Retrete; aposento intimo e o mais recolhido e retirado da casa. *Cubiculum secretum:* — retrete; o quarto retirado onde se têem os vasos para exonerar o ventre. *Excretoriis vasis secessus:* — *(fam.)* por extensão, diz-se de qualquer gabinete secreto: — *(fig.)* entretela do vestido.

Retretico, llo, to. *m. dim.* de *Retrete.* Pequeno retrete.

Retribucion. *f.* Retribuição; premio, paga que se dá a quem não serve por salario. *Retributio, onis.*

Retribuente. *p. a. (ant.)* V. *Retribuyente.*

Retribuir. *a.* Retribuir; recompensar ou pagar com alguma cousa outra que se ha recebido. *Retribuere:* — V. *Remunerar.*

Retribuyente. *p. a.* de *Retribuir.*

Retrillar. *a.* Retrilhar, repisar; tornar a pisar. *Iterum terere.*

Retrincheramiento. *m. (mil.)* V. *Atrincheramiento.*

Retrincherarse. *r. (mil.)* V. *Atrincherarse.*

Retroaccion. *f. (for.)* Retroacção; effeito do que é retroactivo.

Retroactivamente. *adv. m.* Retroactivamente; de uma maneira retroactiva.

Retroactivo, va. *adj.* Retroactivo; que tem acção e força sobre o tempo passado. *Ad tempus præteritum vim habens.*

Retroceder. *n.* Retroceder; voltar atrás andando. *Retrocedere, retro abire:* — *(fig.)* retroceder; ceder, não continuar no intento, na resolução.

Retrocesion. *f.* Retrocessão, retrocesso; acto de retroceder. *Retrocessus, ûs:* — *(for.)* retrocessão; acto pelo qual se cede a outro o direito que nos tinha cedido. *Cessi juris iterata cessio.*

Retroceso. *m.* Retrocesso; acto de retroceder. *Retrocessus, ûs:* — *(med.)* retrocesso; retirada dos humores do corpo de uma para outra parte. *Humorum retrocessus:* — *(mil.)* recuo; couce do canhão ou da arma de fogo ao disparar-se.

Retrofeudatario. *adj.* Subfeudatario.

Retrofeudo. *m.* Retrofeudo; feudo que vem ou depende de outro feudo, feudo translativo: — pensão annual que alguem impõe sobre a herança, que se transmitte por direito de successão.

Retrogradacion. *f. (astron.)* Retrogradação, retrocesso; acção pela qual parece que os planetas se movem contra a ordem dos signos celestes. *Retrogressus, ûs.*

Retrogradar. *n.* V. *Retroceder,* volver atrás. *Retrogradi:* — *(astron.)* retrogradar; retroceder os planetas ou fazer movimento apparente contra a ordem dos signos. *Retrogradi:* — *(polit.)* retrogradar; oppor-se ao progresso, inclinar-se á reacção.

Retrógrado, da. *adj.* Retrogrado; que anda para trás. *Retrogradus, a, um:* — *(astron.)* retrogrado; movimento que contra a ordem natural e dos signos descreve um planeta. *Retrogradus, a, um:* — *m.* retrogrado; individuo que se oppõe ao progresso.

Retroguardia. *f. (ant.)* V. *Retaguardia.*

Retronar. *n.* Retroar, resoar, communicar-se a distancia o rebombar dos trovões. *Tonitrua longè sonare:* — *(fig.)* rebombar; reflectir-se o echo com ruido.

RETRÓNICA. *f. (ant. vulg.)* Rhetorica ou muito phraseado. É vocabulo adulterado.

RETROPENNADO, DA. *adj. (bot.)* Retropennado, diz-se de uma folha pennada, na qual cada folhinha se prolonga mais abaixo do seu ponto de inserção sobre o peciolo.

RETROPILASTRA. *f.* Pilastra que se põe detrás de uma columna. *Postcolumna, æ.*

RETROPULSION. *f. (med.)* Retrocesso.

RETROTRAER. *a.* Retrotrahir; levar até atrás, persuadir que uma cousa succedeu em tempo anterior áquelle em que realmente occorreu: ficção que se admitte em certos casos para varios effeitos legaes. *Retroagere.*

RETROVENDENDO. *m.* Retrovendendo; voz tirada de dois termos latinos, e que se usa na expressão de *contrato, pacto de retrovendendo*, contrato, pacto de retrovendendo, que vem a ser acto de venda ou pacto com faculdade de nova compra pelo vendedor, isto é, de tornar a obter a cousa vendida, restituindo o seu preço. *Pactum de re empta restituenda venditori, restituto pretio.*

RETROVENDER. *a. (for.)* Retrovender; vender a retro ou tornar a vender a quem vendêra. *Rem venditori, restituto pretio, restituere.*

RETROVENDICION. *f. (for.)* Retrovendição; acção de retrovender. *Actus restituendi venditori rem emptam, restituto pretio.*

RETROVENTA. *f.* V. *Retrovendicion.*

RETROVERSION. *f. (med.)* Inversão; acção de inverter-se um orgão, uma viscera, especialmente o utero.

RETRUCAR. *n.* Retrucar, repicar; voltar a bola impellida da tabella, e bater na outra que lhe deu o movimento. *Repercutere globum in alterum in ludo tudiculari:* — retrucar, reenvidar, no jogo de cartas chamado truque. *Iterum contra invitare seu provocare in pagellarum ludo.*

RETRUCO. *m.* V. *Retruque.*

RETRUÉCANO. *m.* Torcicollo, calimburgo, inversão, ambiguidade de palavras, dando logar a mais de um sentido em uma expressão. *Verborum inversio.*

RETRUQUE. *m.* Retruque, repique; pancada de uma bola que, depois de ter tocado a tablilha, vae bater na outra bola que primeiro a impelliu. *Globi in globum repercussio:* — retruque; segundo envite no jogo do truque. *Iterata invitatio vel provocatio è contra in pagellarum ludo.*

RETUERTA. *f.* Torcicollo; volta tortuosa dos caminhos ou rios quando encontram obstaculos.

RETUERTO, TA. *adj.* Muito esteril, muito mau.

RETULAR. *a. (ant.)* V. *Rotular.*

RÉTULO. *m. (ant.)* V. *Rótulo.*

RETUMBANTE. *adj.* Retumbante, sonoro; que resoa. Diz-se sobretudo do estylo e das palavras. *Resonans, reboans, resonus.*

RETUMBAR. *a.* Retumbar; resoar muito. *Reboare, resonare.*

RETUMBO. *m.* Retumbo; repercussão do som. *Resonantia, æ.*

RETUNDIR. *a. (med.)* Retundir, reprimir, rebater; quebrar a força. *Repellere, repercutere:* — igualar com algum instrumento cortante ou outra ferramenta a pedra de cantaria depois de collocada. *Lapidem edificio impositum æquare.*

RETZIA. *f. (bot.)* Retzia; genero de plantas retziaceas, cujo typo é originario do cabo da Boa Esperança.

RETZIÁCEAS. *f. pl. (bot.)* Retziaceas; familia de plantas admittida por alguns naturalistas, que tem por typo o genero retzia.

REUMA. *m. (med.)* Rheuma; usava-se antigamente esta voz no feminino e era equivalente a catarrho. *Rheuma, æ:* —V. *Reumatismo.*

REUMAMETRÍA. *f. (phys.)* Reumametria; medida da rapidez de uma corrente de agua.

REUMAMÉTRICO, CA. *adj.* Reumametrico; que se refere á reumametria.

REUMAMETRO. *m.* Reumametro; instrumento que mede a rapidez de uma corrente de agua.

REUMÁTICO, CA. *adj.* Rheumatico; diz-se do que pertence ao rheumatismo ou do que o padece. *Rheumaticus, a, um.*

REUMATISMO. *m. (med.)* Rheumatismo; enfermidade caracterisada por dores continuas ou intermittentes, affectando os musculos, os membros, o periosteo, com difficuldade de movimento. *Rheumatismus, i.*

REUMATÓIDEO, DEA. *adj. (med.)* Rheumatoide; que se parece com o rheumatismo.

REUNION. *f.* Reunião; acção de reunir ou reunir-se. *Copulatio, iterata unio.*

REUNIR. *a.* Reunir; tornar a annexar: — reunir, ajuntar, amontoar. *Iterum unire vel copulare.*

REUSELERITA. *f. (min.)* Reuselerita; silicato hydratado de magnesia, de densidade analoga á do talco, e que risca o carbonato de cal.

REUSIA. *f. (bot.)* Reusia; genero de plantas da familia das pontederiaceas, cujas especies são aquaticas.

REUSINA. *f. (min.)* Reusino; sal de sabor amargo, muito soluvel n'agua, cuja dissolução se precipita com o ammoniaco.

REUTERA. *f. (bot.)* Reutera; genero de plantas da familia das umbelliferas, que crescem em Hespanha.

REVÁLIDA. *f.* V. *Revalidacion*, segunda accepção no verbo *revalidar.*

REVALIDACION. *f.* Revalidação; acto de revalidar ou ser revalidado. *Confirmatio, ratihabitio.*

REVALIDAR. *a.* Revalidar; tornar a dar força e valor legitimo ao que o perdêra ou era invalido e nullo. *Confirmare; ratum habere:* — *r.* admittir-se ou approvar-se em alguma faculdade por tribunal superior. *Denuò approbari.*

REVANCHA. *f. (neol.)* Desforra,

despique: — recompensa, compensação: — desforra; partida que joga o parceiro que perde. *Vindicatio.*

Revecero, ra. *adj.* Revezado; que alterna ou muda. Usa-se n'algumas partes referindo-se aos arados e gados de trabalho. *Mutabilis, le.*

Reveedor. V. *Revisor.*

Revejecer. *n.* Envelhecer, envelhentar; tornar-se velha antes de tempo uma cousa. Usa-se tambem como reciproco. *Senescere, veterascere.*

Revelejado, da. *adj.* Envelhentado; feito velho antes de tempo. *Maturè senescens.*

Revelacion. *f.* Revelação; manifestação de algum segredo, etc. *Revelatio, arcani patefactio:* — *(rel.)* revelação; inspiração pela qual Deus fez conhecer a sua lei, a sua vida, os seus mysterios, etc.

Revelador, ra. *s.* Revelador; o que revela. *Revelator, oris.*

Revelamiento. *m.* V. *Revelacion.*

Revelar. *a.* Revelar; descobrir, dar a saber algum segredo, etc. *Revelare, patefacere:* — revelar; em religião significa manifestar Deus aos homens as verdades eternas. *Mysterio vel arcana revelare, retegere.*

Reveler. *a. (med.)* Derivar ou separar o que causa, mantem ou aggrava uma enfermidade em qualquer orgão importante do corpo, chamando-a para outro orgão menos importante. *Revellere.*

Revellada. *f. (ant. fam.)* V. *Reverencia.*

Revellado, da. *adj. (ant.)* Levantado, em pé.

Revellencia. *f. (ant. vulg.)* V. *Reverencia.*

Revencer. *a. (ant.)* V. *Vencer.*

Revendedera. *f.* V. *Revendedora.*

Revendedor, ra. *s.* Revendedor; o que revende. *Propola, mango.*

Revender. *a.* Revender; tornar a vender o que se comprou. *Revendere, mangonisare, iterum vendere.*

Revenir. *n.* V. *Encòjerse:* — *(ant.)* voltar, tornar a vir: — *r.* definhar-se, consumir-se pouco a pouco. *Contrahi, arctari:* — estragar-se, corromper-se, alterar-se, o vinho, os licores, as carnes, conservas, etc. *Acescere, fermentescere:* — rever, reçumar, resudar, ressumbrar. *Humescere:* — *(fig.)* submetter-se; ceder em parte do que tinha sustentado e defendido com energia. *Dictum vel factum coarctare, mutare.*

Reventa. *f.* Revenda; segunda venda. *Iterata venditio.*

Reventacion. *f.* V. *Reventazon,* segunda accepção.

Reventadero. *m.* Aspereza de algum sitio ou terreno difficultoso de subir e passar. *Clivus arduus:* — trabalho arduo, rude, fatigante. *Improbus labor.*

Reventar. *n.* Rebentar, arrebentar; abrir-se uma cousa pelo impulso de outra interior. *Dirumpi, crepare:* — arrebentar; desfazer-se em espuma as vagas contra as rochas ou as praias. *Rumpi:* — arrebentar, brotar, nascer, saír com força. *Erumpere:* — trabalhar com affinco. *Enixè laborare, contendere:* — *(fig.)* arrebentar; desejar com ardor: — *a.* causar grande paixão, fazer vivos desejos alguma paixão ou affecto. *Vehementer affluere:* — arrebentar; inutilisar, maltratar a ponto de não tornar a servir, como: *reventar un caballo a fuerza de correr;* arrebentar um cavallo á força de correr: — *(fig.)* cansar, enfadar, molestar. *Vexare, molestia afficere:* — *(naut.)* arrebentar; fallando de vélas, romper-se ou rasgar-se alguma pelo grande esforço do vento: — arrebentar; partir-se um cabo.

Reventazon. *f.* V. *Reventon,* primeira accepção: — quebrança; o embate das ondas quando rebentam. *Fluctuum maris diruptio.*

Reventon. *m.* Arrebentamento; acto de rebentar. *Ruptio, onis:* — quebrada, resvaladeiro; logar muito ingreme e alcantilado. *Arduus, molestus clivus:* — aperto grave, circumstancia difficil em que alguem se vê. *Arduitas, atis:* — esforço, trabalho, fadiga para vencer alguma urgencia. *Nixus in labore:* — *adj.* diz-se de certas cousas que rebentam ou parecem que vão rebentar, como: *clavel reventon, ojos reventones;* cravo arrebentado, olhos esbugalhados, etc.

Rever. *a.* Rever; tornar a ver com attenção. *Respicere, iterum recognoscere:* — *(for.)* rever, examinar; tornar a ver no tribunal superior o processo ou autos já julgados inferiormente. *Rem judicatam recognoscere.*

Reverar. *a. (naut.)* Remover a corrente a uma embarcação encalhada e a areia ou lodo em que está mettida.

Reverberacion. *f.* Reverberação; reflexão viva da luz quando bate n'um corpo polido. *Refulgentia, lucis reflexio:* — *(chim.)* reverberação; calcinação n'um forno de reverbero. *Reverberatio, onis:* — *(pint.)* reverberação; luz que recebe um corpo pela reflexão de outro.

Reverberar. *n. (phys.)* Reverberar; fazer reflexão a luz de um corpo luminoso em outro polido. *Refulgere, reflecti.*

Reverbero. *m.* Reverbero; placa reverberatoria ou lamina que serve para augmentar a luz do candieiro, etc.: — V. *Pharol de reverbero:* — *(chim.)* V. *Reverberacion.*

Reverdecer. *n.* Reverdeċer; tornar-se verde o campo, lançar novas folhas a planta. Tambem se usa como activo. *Revirescere:* — *(fig.)* reverdecer; tomar alentos, novo vigor. *Revirescere.*

Reverdiciente. *adj.* Reverdecente; que reverdece. *Revirescens, entis.*

Reverencia. *f.* Reverencia; respeito a uma pessoa. *Reverentia, æ:* — reverencia, cumprimento; inclinação do corpo ou parte d'elle que se faz em signal de respeito. *Demissio in signum honoris:* — reverencia; tratamento que se dá a religiosos. *Reverentia, æ. En reve-*

rencia de alguno (loc. adv. ant.); com licença, com permissão de alguem.

Reverenciable. *adj.* Veneravel; digno de reverencia e respeito. *Reverendus, a, um.*

Reverenciador, ra. *s.* Reverenciador; o que reverenceia. *Honorator, cultor.*

Reverencial. *adj.* Reverencial; que mostra reverencia ou respeito. *Reverens, entis.*

Reverencialmente. *adv. m.* Reverencialmente. V. *Respetuosamente.*

Reverenciar. *a.* Reverenciar, respeitar, acatar, venerar: — *n.* reverenciar; fazer reverencias.

Reverendamente. *adv. m.* Reverenciosamente, reverentemente; com reverencia e respeito.

Reverendas. *f. pl.* Reverendas; letras demissorias, pelas quaes o bispo dá faculdade a algum seu diocesano para ordenar-se com outro bispo. *Litteræ demissoriæ:—pl.* qualidades, dotes ou titulos que tornam uma pessoa digna de estima e consideração. *Decus, dignitas.*

Reverendísimo, ma. *adj. sup.* de *Reverendo.* Reverendissimo; muito reverendo.

Reverendo, da. *adj.* Reverendo, respeitavel; digno de reverencia e respeito. *Reverendus, a, um:* — reverendo; titulo honorifico dos sacerdotes. *Reverendus, a, um:* — *(fam.)* reverendo; em extremo circumspecto, de uma gravidade affectada. *Reverendus, a, um.*

Reverente. *adj.* Reverente; que reverencia, respeitoso. *Reverens, entis.*

Reversar. *a. (ant.)* Revessar, vomitar. V. *Revesar:* — *n. (ant.)* vir á bôca o gosto do que se comeu, e que ainda se não digeriu.

Reversible. *adj.* Reversivel; que tem condição legal para voltar ao estado precedente: — *(fr.)* reversivel; que deve tornar.

Reversion. *f.* Reversão; restituição de uma cousa ao seu anterior estado, ou a devolução d'ella á pessoa que primeiro a possuia. *Reversio, restitutio.*

Reverso. *m.* Reverso. V. *Revés,* fallando de moedas ou medalhas. *Dorsum, i:* — V. *Vuelta,* segunda pagina de uma folha.

Reverter. *a.* Verter, derramar: — *n.* trasbordar, extravasar-se. *Exundare, refluere:* — *r.* V. *Descubrirse.*

Revés. *m.* Revés, revez, costas, reverso de uma cousa. *Aversa facies:* — revez; pancada com as costas da mão. *Aversa manu percussio facta:* — revez; no jogo da pella, a pancada que o jogador imprime n'esta com as costas da mão para a enviar. *Pilæ aversa manu repercussio:* — *(fig.)* revez, desgraça, infortunio. *Infortunium, ii:* — *(fig.)* inconstancia; mudança no gesto e no trato. *Inconstantia, æ:* — *alto;* no jogo da pella, pancada n'esta de revez, enviando-a pelo alto: — *de la medalla;* revez, reverso da medalha; fallando das pessoas, a que é contraria em genio ou costumes a outra pessoa com quem se compara. *Aversa frons, facies. Al revés ó del revés (loc. adv.);* ao revez ou de revez; ao contrario, ás avessas. *Contra, averse, præpostere. De revés;* obliquamente, da esquerda á direita. *Al revés te la vestí y ándese así (rif.);* depois do mal feito não se deve ser tão descuidado que se prosiga n'elle, só pelo facto de não se dar ao trabalho de o corrigir. *Quomodolibet fiat, bene est:* — *(esgr.)* revez; o golpe de espada dado diagonalmente da direita para a esquerda. *Transversus ictus vel cæsio:—(naut.)* peça extrema de qualquer caverna, que tem volta concava e convexa: — *de la aleta;* peça que desde a curva da culatra sobe até á amurada de pôpa: — *de las velas;* revez das vélas; a face ou superficie que olha para a prôa, para onde formam o bolso quando vão enfunadas. *Dar de revés al viento;* dar o vento de revez; soprar o vento, ou mudar repentinamente de rumo, ferindo as vélas de revez.

Revesa. *f. (germ.)* Arte ou astucia do que vende a outro que confia n'elle: — *(naut.)* revessa; parte da corrente de agua que se dirige em outro sentido do da corrente geral: — rajada de vento em outra direcção da que seguia.

Revesado, da. *adj.* Arrevesso, revessado, difficil, intrincado, difficil de entender. *Intractus, a, um:* — *(fig.)* indocil, travesso.

Revezar. *a.* Revessar, arrevessar, vomitar. *Evomere:* — arrevessar; tomar direcções differentes da corrente geral, a agua ou o vento no mar.

Revesino. *m.* Reversino; jogo de cartas, em que ganha quem tem mais pontos ou vasas. *Quidam pagellarum ludus ita dictus. Cortar el revesino (fr.);* cortar o reversino; tirar uma vasa ao que intenta faze-las todas. *Collusori ne victoriam assequatur obstare:* — *(fig.)* cortar, empatar a vasa; impedir alguem nos seus desejos, ou interrompe-lo no discurso. *Interrumpere, impedire.*

Revestido. *m. (arch.)* Revestido; camada de madeira, pedra, gesso, etc., com que se cobre uma parede.

Revestimiento. *m.* Revestimento; acção e effeito de revestir uma parede, muralha, etc.

Revestir. *a.* Revestir; vestir um fato sobre outro; diz-se de ordinario do sacerdote quando vae dizer missa. Usa-se mais como reciproco. *Superinduere:* — *(arch.)* revestir; reforçar com cal, pedra e outros materiaes qualquer muralha ou parede. *Loricare:* — *r.* imbuir-se, penetrar-se de alguma cousa. *Abripi, imbui:* — *a.* revestir; por extensão, dar banho ou demão a alguma cousa: — *r. (fig.)* desvanecer-se, ensoberbecer-se com emprego ou dignidade. *Efferri, superbire, extolli.*

Revete. *m. (ant.)* V. *Ribete.*

Revezar. *a.* Revezar, alternar, succeder-se, entrar de novo. Usa-se tambem como reciproco. *Per vices mutare:* — revezar, alternar; trabalhar cada um a seu turno. *Alternatim agere, laborare.*

Revezero, ra. *adj.* Revezado; que se alterna ou reveza. Em algumas partes usa-se em relação aos gados ou instrumentos de trabalho: — *(ant.)* vezeiro; dizia-se de quem fazia uma cousa repetidas vezes.

Revezo. *m.* Revezamento; acção de revezar ou alternar. *Mutatio per vices:* — revezo, cousa revezada, difficil.

Revidar. *a. (ant.)* Revidar. V. *Reenvidar.*

Reviejo. *m.* Rama secca e inutil de qualquer arvore. *Inutilis, sine humore ramus exsiccatus:* — *adj.* revelho; que está muito velho. *Vetustus admodum.*

Reviernes. *m.* Cada uma das sete sextas feiras que se seguem á paschoa da Resurreição. *Sexta feria post Resurrectionis festum septies repetita.*

Revindicacion. *f. (for.)* V. *Reivindicacion.*

Revindicar. *a. (for.)* V. *Reivindicar.*

Revirada. *f. (naut.)* Revirada; manobra de revirar.

Revirado, da. *adj. (naut.)* Diz-se do navio que não tem os costados symetricos por defeito de construcção.

Revirar. *a. (naut.)* Virar de bordo, tomar outro rumo: — *(naut.)* revirar; dar voltas a alguma cousa, ou faze-la girar á roda sobre um eixo horisontal imaginario: — ferrar a véla sobre a respectiva verga, depois de enrolada e antes de lhe passar os tomadores, para que fique bem apertada.

Reviro. *m.* Empena; a volta ou tortura que toma uma peça de madeira.

Reviron. *m. (art.)* Apara; pedaço de sola que se mette por um lado entre as solas, para as igualar.

Revisar. *a.* V. *Rever.*

Revisclar. *a.* e *n. (ant.)* Resuscitar: — *n. (fig. ant.)* resuscitar; tornar a si.

Revision. *f.* Revisão; acto de rever. *Recognotio, onis.*

Revisita. *f.* Revisita; segundo reconhecimento que se faz de alguma cousa. *Recensio, recognitio.*

Revisor. *m.* Revisor; o que revê ou examina cuidadosamente alguma cousa. *Recognitor, oris:* — revisor, censor; que tem por officio rever, censurar. *Censor, oris.*

Revizoría. *f.* Revisoria; officio de revisor. *Censoris munus, officium.*

Revista. *f.* Revista; segunda vista ou exame. *Recognitio, recensio:* — revista; titulo de alguns periodicos diarios, tratando extensamente de litteratura, sciencias, etc. Tambem se diz da parte dos periodicos diarios que trata do dito assumpto: — *(for.)* revista, revisão de um processo. *Iterata causæ cognitio. Suplicar en revista (for.);* requerer a revista ou revisão de processo para a sua decisão. *Iteratum causæ cognitionem provocare:* — *(mil.)* revista; inspecção das tropas. *Militaris recensio:* — *de comisario;* mostra, revista do commissario; a que no principio dos mezes passa o commissario de mostra, verificando os individuos de cada classe que compõem um corpo militar, para se lhes abonar o respectivo soldo. *Recensio militum à recensionibus præfecto facta:* — *de ropa;* revista de roupa; a que tem por fim verificar uma vez na semana se cada soldado tem no devido estado o vestuario que lhe pertence. *Militarium vestium recensio:* — *de armas;* revista de armas. *Armorum recensio:* — *de inspeccion,* revista de inspecção; a que se passa de tempos a tempos, pelo inspector geral ou outro official de graduação superior, a cada um dos corpos militares. *Solemnis militaris recensio. Pasar revista (fr.);* passar revista ás tropas. *Milites recensere. Pasar revista;* passar revista; desfilar a tropa defronte do inspector de revista. *Agmen coram militum magistro ordinatim transire.*

Revistar. *a. (mil.)* Revistar. V. *Pasar revista:* — *(for.)* revistar; rever um processo, examina-lo.

Revisto, ta. *p. p. irreg.* de *Rever.* Revisto; tornado a ver e examinar.

Revitar. *a. (naut.)* V. *Remachar.*

Revividero. *m.* Logar onde criam bichos de seda. *Locus bombycibus animandis.*

Revivíficar. *a.* Revivificar; tornar a vivificar, avivar. *Vivificare, vivum reddere.*

Revivir. *n.* Reviver; tornar a ter vida o que a tinha como perdida. *Reviviscere:* — reviver; tornar a si o que parecia morto. *Reviviscere:* — *(fig.)* reviver, resuscitar; renovar-se alguma cousa. *Renovari.*

Revocable. *adj.* Revogavel; o que se pôde revogar. *Revocabilis, le.*

Revocablemente. *adv. m.* Revogavelmente; de um modo revogavel. *Revocabili sententia.*

Revocacion. *f.* Revogação; annullação, cassação de algum acto. *Rescissio, abrogatio.*

Revocador, ra. *s.* Revogador; o que revoga. *Abrogator, oris:* — *m.* pedreiro que reboca paredes. *Dealbator, albarius.*

Revocadura. *f.* V. *Revoque:* — *(pint.)* extremidade ou orla de panno que se prega com tachinhas nos caixilhos. *Ora lintea.*

Revocante. *adj.* Revogante; que revoga. *Abrogans, antis.*

Revocar. *a.* Revogar, annullar, abolir, cassar. *Revocare, rescindere, abrogare:* — apartar, dissuadir de alguma idéa ou designio. *Revocare:* — rebocar; cobrir com cal a parede. *Parietis dealbare, loricare:* — retrogradar, retroceder, tornar atrás. *Retrocedere:* — *(ant.)* converter; mudar em outra cousa: — *(ant.)* apartar, dispersar.

Revocatorio, ria. *adj.* Revocatorio, revogatorio; que revoga e annulla. *Rescissorius, a, um.*

Revoco. *m.* V. *Revoque:* — defeza ou contraforte de ramos de giesta, que se faz nos cestos grandes do carvão. *Genistæ fasciculus super positus.*

Revolar. *n.* Revoar; tornar a voar a ave. *Iterum volare:* — *(germ.)* saltar pela janella ou por telhado o ladrão para fugir: — V. *Revolotear.*

Revolcadero. *m.* Espojadouro; logar em que se espoja a besta. *Volutabrum, i:* — *(fig.)* chafurdeiro.

Revolcadura. *f.* Espojadura; acto de se espojar.

Revolcarse. *r.* Espojar-se; lançar-se de costas em terra, e esfregar-se rolando. *Volutari:* — *(fig.)* inculcar-se em qualquer materia. *Inculcari:* — chafurdar-se, atolar-se, enlodar-se nos vicios, nos deleites.

Revolear. *n.* Revoar; voar fazendo giros, como fazem as andorinhas. *Pennas agitare:* — *(ant.)* V. *Revolotear.*

Revolotear. *n.* V. *Revolear. In orbem volare:* — girar uma cousa pelo ar dando voltas. Usa-se como verbo activo, significando atirar uma cousa ao ar de maneira que pareça dar voltas. *Circumvolare.*

Revoloteo. *m.* Revoada; movimento accelerado que a ave descreve com as azas em curta distancia. *Pennarum agitatio:* — *(fig.)* V. *Bationdeo.*

Revoltijo. *m.* V. *Revoltillo,* primeira accepção.

Revoltillo. *m.* Amontoamento; montão de cousas, sem ordem nem methodo. *Confusus, acervus:* — trança ou rolo de tripas de carneiro. *Funiculus contortus ex intestinis:* — embrulhada, confusão. *Confusio, turbatio.*

Revoltizo. *m.* Especie de palhada que se dá ás bestas composta de palha e diversos grãos ou sementes.

Revolton. *s.* Lagarta das vinhas. *Volvox, ocis.*

Revoltor. *adj.* *(ant.)* V. *Revolvedor.*

Revoltoso, sa. *adj.* Revoltoso, turbulento, travesso, inquieto. *Irrequietus, inquietus, audax:* — revoltoso, sedicioso, faccioso. *Turbulentus, a, um.*

Revoltura. *f.* *(ant.)* V. *Mezela:* — *(min. p. Mex.)* mixto de fundentes juntos ao mineral de prata queimado e antes de fundido.

Revolucion. *f.* Revolução, revolvimento; acção de revolver ou revolver-se. *Revolvendi actio:* — revolução, tumulto, alboroto, sedição. *Turbatio, tumultus:* — revolução; commoção, movimento dos tumores entre si. *Commotio, turbatio:* — revolução; mudança ou nova fórma no estado ou governo das cousas. *Mutatio, onis. Revoluciones atmosféricas;* revoluções, mudanças athmosphericas. *Revoluciones morales;* revoluções moraes; mudanças nas idéas humanas relativamente á religião, á politica ou á fôrma social. *Revoluciones políticas;* revoluções politicas; mudanças nos estados, ou no seu pessoal ou no seu chefe, etc. *Revoluciones sociales;* revoluções sociaes; revoluções moraes que mudam as relações dos homens entre si, as instituições sociaes, etc. *Revoluciones terrestres;* revoluções terrestres, mudanças na terra pelos diluvios, terremotos, volcões, etc.: — *(astr.)* revolução; gyro inteiro do planeta na sua orbita. *Circumvertentis astri gyrus.*

Revolucionario, ria. *adj.* Revolucionario; da revolução: — revolucionario; partidario da revolução: — revolucionario, amotinador, revoltoso.

Revolucionarse. *r.* Revolucionar-se, revoltar-se, sublevar-se.

Revolutifoliado, da. *adj.* *(bot.)* Revolutifoliado; que tem folhas enroladas pelas margens.

Revolutivo, va. *adj.* *(bot.)* Revolutoso; diz-se das folhas no botão, quando os dois bordos se enrolam por fóra sobre si.

Revolvedero. *m.* Espogeiro, chafurdeiro; logar de revolver, espojar, etc. *Volutabrum, i.*

Revolvedor, ra. *s.* Revolvedor; o que revolve, auctor de discordias. *Turbator, oris.*

Revolver. *a.* Revolver; mover perturbadamente, mover em gyro. *Revolvere:* — revolver; remexer, misturar uma cousa com outra ou envolver-se cobrindo-se com ella. *Convolvere:* — volver, voltar cara ao inimigo que vae no alcance. *Pugnam redintegrare; in hostem verti:* — revolver; ver e examinar. *Evolvere:* — revolver; causar, suscitar revolta, desordem. *Turbare, perturbare:* — revolver, meditar; considerar muitas vezes. *Machinari:* — revolver; fallando do cavallo, faze-lo virar pela redea. *Flectere:* — voltar, tornar a vir. *Reverti:* — excitar, provocar. *Rixas movere:* — rodear; dar uma volta inteira até chegar ao ponto de partida. Tambem se usa como reciproco. *Convolvi, in circulum, agi:* — *r.* revolver-se, remexer-se; mover-se de uma para outra parte. Usa-se regularmente com a particula negativa para mostrar a estreiteza do logar em que se acha uma cousa. *Converti:* — revoltar-se, embrulhar-se, turvar-se, mudar-se o tempo. *Mutari, perturbari:* — *(fam.)* copular-se; juntar-se pela copula carnal. *Coire. Revolver a uno con otro (fr.);* malquistar uma pessoa com outra. *Inimicitias inter aliquos serere:* — *(astr.)* *r.* girar; descrever a sua carreira algum planeta ou astro, voltando ao ponto de partida. *Cursum conficere:* — *(art.)*

pegar-se; diz-se em equitação do cavallo que resiste em passar por alguma parte: — *(naut.)* revolver-se, agitar-se o mar.

Revolvimiento. *m. (ant.)* V. *Revolucion*, primeira accepção. *Commotio, perturbatio.*

Revoque. *m.* Reboco, rebocadura; acção e effeito de rebocar as paredes. *Dealbandi actio:* — reboco, rebocadura; camada de gesso, de cal e areia, etc., que se estende na parede. *Parietis linimentum.*

Revuelco. *m.* Espojadura; acção e effeito de espojar-se ou rebolar-se pelo chão. *Volutatio, onis.*

Revuelo. *m.* Revôo; segundo vôo da ave. *Secundus volatus:* — revôo; vôo da ave em roda. *Volatûs circuitio:* — perturbação, movimento confuso de algumas cousas. *Turbatio, onis. De revuelo (loc. adv.);* a voar; com ligeireza, promptamente, a correr, de caminho. *Obiter.*

Revuelta. *f.* Revolta, sedição, sublevação. *Motus, seditio:* — segunda volta ou repetição da volta. *Iteratus reditus:* — reparo, acto de discorrer, consideração, o meditar sobre o que já se reflexionou. *Meditatio, onis:* — volta, rodeio; o ponto em que alguma cousa começa a ter outra direcção, como a sinuosidade do caminho, etc. *Anfractus, ûs:* — volta; mudança de um a outro estado. *Commutatio, onis:* — revolta, desordem, desavença, briga. *Contentio, rixa. A revuelta (loc. adv.);* em companhia, juntamente. *Simul:* — *(art.)* volta; gyro que se dá ao cavallo no circo, fazendo-o dar voltas repetidas.

Revueltamente. *adv. m.* Revoltosamente, confusamente, desordenadamente, sem ordem. *Inordinatè, præposterè.*

Revuelto, ta. *adj.* Revoltoso, turbulento, travesso, insubordinado. *Irrequietus, turbarum excitator:* — revolto, intrincado; difficil de entender. *Intrincatus, difficilis:* — *m. (agr.)* mergulhão; vara com que se rodeia a cepa e que se faz videira nova. *Palmes circumvolutus viti:* — *(art.)* docil á redea; diz-se em equitação do cavallo que volta e gira facilmente á vontade do cavalleiro n'um logar limitado. *Equus flecti facilis.*

Revulsion. *f. (med.)* Revulsão; acção dos medicamentos, por meio dos quaes se desvia a causa de uma enfermidade de uns para outros orgãos menos importantes. *In adversus conversio, revulsio humorum.*

Revulsivo, va. *adj. (med.)* Revulsivo; diz-se dos medicamentos, por meio dos quaes se desvia a causa de uma enfermidade para orgãos diversos e menos importantes que os affectados. *In adversum convertus.*

Revulsorio, ria. *adj. (med.)* V. *Revulsivo.*

Rexia. *f. (bot.)* Rhexia; genero de plantas da familia das melastomaceas, composto de oito especies.

Rey. *m.* Rei; chefe de monarchia. *Rex, egis:* — rei; peça principal no jogo de xadrez. *In latrunculorum ludo rex:* — rei; figura coroada no jogo das cartas. *In chartarum ludo rex:* — um dos bailes da dansa hespanhola. *Hispanica saltatio quædam:* — *(fam.)* guardador de uma vara de porcos: — rei; o principal ou que manda aos demais em jogo, baile ou espectaculo. *Ludorum, rex:* — *(germ.)* V. *Gallo:* — *pl.* certo jogo antigo de cartas: — *de armas;* rei de armas; official publico que tem a seu cargo escrever a genealogia dos nobres e suas allianças; explicar o que toca aos brasões d'ellas, dar cartas de brasões, etc. *Caduceator, fecialis:* — *de banda;* rei da banda; perdigoto que é como um guia ou chefe dos perdigotos de algum sitio. *Perdicis pullus, aliorum pullorum ductor:* — *de codornices;* rei das codornizes; ave maior que a codorniz, e que só se conhece por lhes servir de guia. *Coturnicis pullus, aliorum pullorum ductor. Alzar ó levantar rey ó por rey (fr.);* acclamar o rei. *Regem acclamare. Aquí del rey.* V. *Favor al rey. Con el rey en el cuerpo (loc. adv.);* com o rei na barriga; diz-se do ministro ou empregado que, servindo-se do nome do rei, abusa da auctoridade. *Facta a rege potestate. Donde está el rey está la córte (fr. fam.);* onde está o rei está a côrte; em obsequios ou cumprimentos só se deve attender á pessoa principal. *Ubi rex, ibi et aulici; non tamen his sed illi obsequendum. Estar a treinta con rey;* estar muito embriagado. *Hacer el rey consulta (ant.);* dar audiencia o rei. *Llevar, traer ó tener al rey en el cuerpo (fr.);* levar, ter ou trazer o rei na barriga; ostentar mando e auctoridade affectada. *Potentiam inaniter jactare. No temer rey ni roque (loc. fam.);* não ter rei nem roque; não temer nada e a ninguem. *Nihil omnino timere, nemini obedire:* — *(zool.)* V. *Abeja maesa:* — *de los arenques.* V. *Quimera:* — *de los cervatillos.* V. *Antilope.*

Reyecico, llo, to. *m. dim.* de *Rey.* Reisinho; rei pequeno.

Reyerta. *f.* Contenda, rixa, altercação. *Rixa, æ.*

Reyertar. *n. (ant.)* Contender, rixar, altercar. *Rixari.*

Reyezuelo. *m.* Reisete, regulo; rei de um pequeno estado. *Regulus, i:* — *(zool.)* carriça; genero de aves da ordem dos passaros, caracterisadas por um bico muito delgado, e sustentando-se de mosquitos e pequenos insectos.

Reynaudia. *f. (bot.)* Reinaudia; genero de plantas da familia das gramineas, cujas especies crescem na ilha de S. Domingos.

Reys. *m. (ant.)* V. *Reyes.*

Rezadero, ra. *adj. (ant.)* V. *Rezador.*

Rezado. *m.* V. *Rezo,* significando officio divino.

Rezador, ra. *adj.* Rezador; o que reza muito. *Sacris precibus deditus.*

Rezaga. *f. (ant.)* V. *Retaguardia.*

Rezagante. *p. a.* de *Rezagar.*

Rezagar. *a.* Deixar atrás. Usa-se mais commummente como reciproco. *A tergo relinquere, relinqui:*—atrazar; suspender por algum tempo a execução de alguma cousa. *Morari differre:* — *r.* atrazar-se; ficar atrás.

Rezago. *m.* Reziduo; restos de alguma cousa. *Residuum, reliquum.*

Rezar. *a.* Rezar; rogar a *Deus* vocalmente, pronunciando orações usadas e approvadas pela *Igreja. Sacras preces recitare:* — rezar; ler, recitar attentamente o officio divino. *Preces canonicas recitare:* — rezar, recitar, em opposição a cantar. *Loqui, verba proferre:* — *(fam.)* rezar; dizer-se em escripto, prognosticar, o almanach, etc. *Indicare:* — *(fam.)* rezar. V. *Gruñir, Refunfuñar:* — *(ant.)* rezar; proferir sentenças. *Bien resa pero mal ofrece;* bem reza mas mal offerece, muito prometter e nada cumprir; diz-se de quem promette muito e nada cumpre ou do que desgosta alguem. *Verba factis non conveniunt.* Como *rezas medres (loc. fam.);* como rezes medres; diz-se de quem murmura baixo, sem ser ouvido. *Quod rogas, hoc tibi vertat Deus.*

Rezelador. *m.* Garanhão que incita as eguas ao coito. *Equus admissarius.*

Rezelamiento. *m.* V. *Rezelo.*

Rezelar. *a.* Recear, desconfiar, suspeitar. Usa-se tambem como reciproco. *Vereri, timere:* — affrontar um cavallo á egua para a incitar e dispor a receber o garanhão. *Admissarium equum equæ offerre:* — *(ant.)* respeitar, obedecer por motivo de receio.

Rezelo. *m.* Receio, temor, suspeita. *Timor, suspicio, formido.*

Rezeloso, sa. *adj.* Receioso, timorato; o que receia, teme ou desconfia. *Suspiciosus, diffidens.*

Rezmellado, da. *adj. (ant.)* V. *Remellado.*

Rezno. *m. (bot.)* V. *Higuera infernal:* — florinha de oliveira quando começa a nascer: — *(zool.)* carrapato; bicho quasi redondo que se apega á pelle dos cães. *Ricinus, i.*

Rezo. *m.* Reza; acto de rezar. *Sacræ preces:* — reza; officio divino. *Officium divinum:* reza; orações, officios particulares de cada festividade. *Preces canonicæ.*

Rezon. *m. (naut.)* Fateixa; ferro com cabo como o da ancora, porém sem cepo, com quatro dentes, e que serve para fundear embarcações menores. *Mantenerse sobre los razones (fr.);* manter-se sobre as fateixas; diz-se das embarcações menores, quanse conservam perto do navio, não amarradas ao costado, mas fundeadas com suas amarras e fateixas.

Rezongador, ra. *s.* Resmungador; o que resmunga. *Obmurmurans, antis.*

Rezongar. *n.* Resmungar; contradizer o que se manda, dar-se por descontente em o executar. *Obmurmurare.*

Rezonglon, na. *adj.* V. *Rezongador.*

Rezongon, na. *adj.* V. *Rezongador.*

Rezumable. *adj.* O que pôde reçumar.

Rezumadero. *m.* Logar por onde reçuma alguma cousa. *Locus resudans:* — o que reçumou. *Effluxio, onis:* — logar onde se junta o reçumado. *Effluxionis receptaculum.*

Rezumarse. *r.* Reçumar; passar um liquido pelos poros. *Resudare:* — *(fig.)* reçumar; mostrar-se, descobrir-se alguma cousa. *Conjici, præsumi, vulgò id ipsum, susurrari.*

Rezura. *f. (ant.)* V. *Reciura.*

Rhético, ca. *adj.* Rhetico; pertencente á Rhetia: — natural da Rhetia.

Ri. *m.* Ri; nome de uma letra do alphabeto sanscrito, que os grammaticos indios consideram como vogal.

Ría. *f.* Ria; foz por onde o rio desagua no mar. *Ostium fluminis mare intrantis.*

Riacolita. *f. (min.)* Riacolitha; variedade de feldspatho, composto de alumina, soda e potassa.

Riachuelo. *m.* Riacho; rio pequeno. *Rivulus, i.*

Riada. *f.* Cheia, inundação; a agua trasbordada do rio. *Fluminis exundatio.*

Riana. *f. (bot.)* V. *Alsodea.*

Riatillo. *m.* V. *Riachuelo.*

Riba. *f. (p. Ar.)* Riba, ribanceira. V. *Ribazo. Tumulus, clivus:* — *(ant.)* V. *Ribera.* Só se usa em certas palavras compostas, taes como *Ribagorza, Ribadavia.*

Ribadoquin. *m.* Colubrina de pequeno calibre hoje desusada. *Tormentum bellicum sic dictum.*

Ribalde. *adj. (ant.)* V. *Rival.*

Ribaldería. *f.* Ribalderia; acção de ribaldo. *Nequitia, æ.*

Ribaldo, da. *adj.* Ribaldo, mau, velhaco. *Nebulo, nequam:*— *(ant.)* V. *Rufian.*

Ribar. *n. (ant.)* V. *Arribar:*— V. *Subir.*

Ribazo. *m.* Riba; terra levantada, outeirinho, porção de terra com alguma elevação e declive. *Clivus, i.*

Ribera. *f.* Ribeira; margem, borda de rio ou do mar, e por extensão diz-se da terra baixa proxima aos rios. *Ripa, litus. Ser de monte y ribera (fr.);* ser pau para toda a obra; servir para tudo. *Ad omnia esse aptum.*

Ribereño, ña. *adj.* Ribeirinho; de ribeira, proprio de ribeira. *Riparius, a, um:* — ribeirinho; que mora na borda de agua, que habita em ribeira ou margem de rio. *Riparius, a, um.*

Riberica, lla, ta. *f. dim.* de *Ribera.* Ribeirinha; ribeira pequena.

Riberico, ca. *adj.* V. *Riberiego.*

Riberiego, ga. *adj.* Diz-se dos gados que pastam á beira dos rios, e do pastor que os guia. *Riparius, a, um.*

Ribero. *m.* Vallado de estacas e cascalho que se faz na extremidade das presas para conter a agua. *Sepes, vallum:* — sitio nas margens dos rios ou nas costas do mar destinado a receber ou embarcar as madeiras que se conduzem aos estaleiros: —*(ant.)* V. *Montecillo, Ribazo.*

RIBESIA. *f. (bot.)* V. *Grosellero.*

RIBESIÁCEAS. *f. pl. (bot.)* V. *Grosularieas.*

RIBETE. *m.* Ribete; fita de acairelar e guarnecer a extremidade de roupa ou de fato. *Limbus, fimbria:*— augmento, acrescentamento. *Additio, accessio:* —*(fig.)* pilheria; graça na conversação, dito engraçado. *Ornatus rei narrationi superadditus.*

RIBETEADOR, RA. *s.* O que cairela ou faz cairel.

RIBETEAR. *a.* Cairelar; cobrir, orlar com cairel a borda dos vestidos ou roupas. *Limbis vel fimbriis ornare, munire.*

RÍBIDE. *m. (bot.)* V. *Robsonia.*

RIBTO. *m. (ant.)* V. *Reto.*

RICACHO, CHA. *adj.* V. *Ricazo.*

RICADUEÑA. *f.* Rica dona; mulher, filha de grande ou de rico homem. *Femina primaria.*

RICAFEMBRA. *f. (ant.)* V. *Ricadueña.*

RICAHEMBRA. *f.* V. *Ricadueña.*

RICAHOMBRÍA. *f.* Titulo que antigamente se dava á primeira nobreza de Hespanha. *Magnatum, optimatum dignitas.*

RICAMENTE. *adv. m.* Ricamente, magnifica, opulentamente. *Copiosè, sumptuosè:* —V. *Preciosamente:* — *(ant.)* V. *Diestramente, Valientemente.*

RICAZO, ZA. *adj. augm.* de *Rico.* Ricaço; muito rico. *Valdè dives.*

RICIA. *f. (ant.)* V. *Riza,* segunda accepção:—*(bot.)* riccia; genero de plantas hepaticas.

RICIAL. *adj. (agr.)* Diz-se da terra que, depois de cortado o pão em verde, torna a nascer e rebentar. *Ager repullulans:* — diz-se da terra semeada de verde para pasto dos gados. *Ager hordeo satus pascendis pecoribus.*

RICINATO. *m. (chim.)* Ricinato; sal formado pela combinação do acido ricinico com uma base.

RICÍNEAS. *f. pl. (bot.)* Ricineas; tribu de plantas da familia das euphorbiaceas, que tem por typo o genero ricino.

RICINELA. *f. (zool.)* Ricinela; genero de molluscos gasteropodas pectinibranchios, da familia dos purpuriferos.

RICINICO, CA. *adj. (chim.)* Ricinico; nome de um acido particular que se produz pela saponificação do oleo de ricino.

RICINO. *m. (bot.)* Ricino; genero de plantas da familia das euphorbiaceas, com varias especies herbaceas ou arboreas, de cujo fructo se obtem o oleo do mesmo nome, usado em medicina:—*(zool.)* ricino; genero de insectos apteros da familia dos parasitas a que vulgarmente se chama piolhos das aves.

RICINOCARPO. *m. (bot.)* Ricinocarpo; genero de plantas da familia das euphorbiaceas.

RICO, CA. *adj.* Rico; que tem superabundantes bens da fortuna. *Dives, pecuniosus:* —rico, abundante, pingue. *Opulentus, bonis affluens:*— nobre; de alta linhagem ou de reconhecida bondade. *Nobilis, potens:* — rico; bello, excellente no seu genero. *Egregius, optimus:* — rico, saboroso, delicioso, agradavel. *Gratus, egregius:* — rico, pingue, productivo. *Rico o pinjado (fr. prov.);* ou tudo ou nada; envolver-se em negocio arriscado, para ganhar honra ou interesse, expondo-se para isso a arruinar-se e perder-se. *Aut Cæsar, aut nihil. A rico no debas, y a pobre no prometas (rif.);* a rico não devas e a pobre não promettas. *Nec diviti debitor, nec pauperi promisor fies. Del rico es dar remedio y del viejo consejo (rif.);* do rico é dar remedio, e do velho conselho. *A divite auxilium, à sene consilium. De rico á soberbio no hay palmo entero (rif.);* de rico a soberbo não ha palmo inteiro. *Divitas quam proximè superbia sequitur. Si quieres ser rico, calza de vaca y viste de fino (fr.);* se queres ser rico calça de vacca, e veste de fino. *Ut rem conserves, durabilem vestem induito. Metal rico.* V. *Metal.*

RICOCHICO. *m. (p. Am.)* Presente dos fructos da terra, cordeiros e gallinhas, e dinheiro ás vezes, que os parochianos fazem a seus curas em certas epochas do anno.

RICOHOMBRE, RICOHOME. *m.* Rico-homem; o que em outro tempo pertencia á primeira nobreza.

RICOMA. *f. (ant.)* V. *Bordadura.*

RICOOMNE. *m. (ant.)* V. *Ricohombre.*

RICOTIA. *f. (bot.)* Ricotia; genero de plantas da familia das cruciferas, cujas especies crescem na Turquia asiatica.

RICTAD. *f. (ant.)* Fama ou proveito.

RICTULARIA. *f. (zool.)* V. *Ofiostoma.*

RICHARDIA. *f. (bot.)* Richardia; genero de plantas da familia das aroideas, cujas especies crescem no cabo da Boa Esperança.

RICHARDSONIA. *f. (bot.)* Richardsonia; genero de plantas da familia das rubiaceas, cujas especies são herbaceas, e vegetam na America tropical.

RICHERIA. *f. (bot.)* Richeria; genero de plantas da familia das euphorbiaceas, cujas especies são arvores indigenas das Antilhas.

RIDE. *m.* Ride; antiga moeda de oiro na Allemanha.

RIDÍCULAMENTE. *adv. m.* Ridiculamente; de uma maneira ridicula. *Ridiculè.*

RIDICULEZ. *f.* Ridicularia; dito ou acção ridicula e extravagante. *Ridiculè dictum aut factum:* — excessivo melindre de genio ou grande susceptibilidade. *Ingenii morositas.*

RIDICULÍSIMO, MA. *adj. sup.* de *Ridiculo.* Ridiculosissimo; muito ridiculo. *Valdè ridiculus.*

RIDICULIZAR. *a.* Ridiculisar, ridicularisar; zombar de alguem movendo a hilaridade, metter a ridiculo. *Irridere.*

RIDÍCULO, LA. *adj.* Ridiculo, ridiculoso; que move a riso. *Ridiculus, a, um:* — ridiculo; de pouco apreço, digno de desprezo. *Ridiculus, a, um:* — ridiculo; de pouco valor. *Despicabilis, le:*—ridiculo, impertinente, rabugento; de genio irregular e susceptivel. *Morosus, a, um:* — *m.* V. *Ridiculez:* — ridiculo; lado ridiculo de uma cousa: —V. *Redículo.*

Ridiculoso, sa. *adj. (ant.)* V. *Ridículo.*

Ridleya. *f. (bot.)* Ridleya; genero de plantas da familia das bitneriaceas.

Rieptar. *a. (ant.)* V. *Retar.*

Riedra. *f. (ant.)* V. *Defensa.*

Riedro. *adv. (ant.)* Atrás, para trás.

Riedrocabalgada. *f. (ant.)* V. *Cabalgada doble.*

Riefeno. *m. (zool.)* Rhyepheno *(cheio de riquezas);* genero de insectos coleopteros tetrameros da familia dos curculionidos, composto de seis especies.

Riegla. *f. (ant.)* V. *Regla.*

Riego. *m.* Rega, regadura; o acto de regar ou o beneficio que se dá á terra regando-a. *Irrigatio, onis.*

Riel. *m.* Barra pequena de oiro, prata ou cobre em bruto. *Metalli rudis virgula, fragmentum.*

Rielar. *n. (poet.)* Resplandecer, brilhar como barra de prata: —V. *Reflejar.* Diz-se especialmente do luar nas aguas.

Rielera. *f.* Molde de ferro em que se deitam os metaes derretidos para os reduzir a barra. *Auri vel argenti virgarum typus, forma.*

Riemanita. *f. (min.)* Riemanita; certo silicato de alumina, infusivel, soluvel nos acidos, que risca o sulphato de cal e é riscado pelo fluor.

Rien. *f. (ant.)* V. *Riñon.*

Riencurtia. *f. (bot.)* Riencurtia; genero de plantas da familia das compostas, que vegetam em Guiné.

Rienda. *f.* Redea; correias presas ao freio do cavallo, e que o cavalleiro leva na mão para o governar. *Habena, æ:* — *(fig.)* redea, freio, moderação. *Habena, frenum:* — *pl.* redeas; governo, direcção de alguma cousa. *Rei directio:* — *(ant.)* V. *Renta. Aflojar las riendas (fr.);* alliviar, diminuir o trabalho ou fadigas. *Laborem remittere. A media rienda (loc. adv.);* á meia redea; a pequeno galope. *Adductis habendis. A rienda suelta (fr. fig.);* á redea solta; de uma maneira inteiramente livre ou independente. *Laxatis habenis:* á redea solta; com toda a celeridade. *Laxatis habenis. Correr á rienda suelta (fr.);* correr á redea solta, a toda a brida; soltar o cavalleiro as redeas ao cavallo para que corra quanto possa. *Laxatis habenis equum agitare: (fig.)* correr á redea solta; entregar-se sem reserva ao exercicio de alguma cousa, especialmente ás paixões. *Effrenatè agere, se gerere. Dar rienda suelta (fr.);* soltar a redea; dar livre curso. *Laxare. Falsa rienda,* falsa redea; correia que prende o focinho da besta ao peitoral para lhe recolher ou sujeitar a cabeça. *Corrigia sellæ adstricta levando capiti equorum. Ganar las riendas (fr.);* deitar a mão ás redeas; tomar a redea a um cavallo para deter o cavalleiro. *Occupato freno equitem detinere. Soltar la rienda (fr. fig.);* soltar a redea ás paixões, aos vicios. *Habenas laxare, liberiùs libidini indulgere. Tener las riendas (fr.);* puxar a redea, para deter o passo do cavallo. *Frena temperare, moderari. Tirar las riendas (fr. fig.);* puxar, apertar as redeas; cohibir, sujeitar. *Habenas continere, cohibere.*

Riendir. *a. (ant.)* V. *Rendir.*

Riente. *adj.* Ridente, risonho. *Ridens, entis.*

Riepto. *m. (ant.)* V. *Reto.*

Rier. *n. (ant.)* V. *Reir.*

Riesgo. *m.* Risco, perigo, azar. *Discrimen, inis. Correr riesgo o peligro (fr.);* correr risco ou perigo; estar arriscado. *Versari in discrimine; in periculo esse.*

Rieto. *m. (ant.)* V. *Reto. Caer de rieto (fr. ant.);* ser digno de reprehensão.

Rifa. *f.* Rifa, contenda, rixa. *Rixa, æ:* — rifa; sorteio de algum objecto entre muitos, para caber a quem tiver o premio. *Sortitio, onis.*

Rifador. *m.* Rifador; o que faz rifa. *Sortes conjiciens, jaciens.*

Rifadura. *f. (naut.)* Rotura de algumas vélas, bandeira, etc. *Veli disruptio in navi.*

Rifanazo. *m. (ant.)* V. *Puñado.*

Rifar. *a.* Rifar; fazer rifa, sortear algum objecto. *Collatis symbolis sortiri:* — *n.* rifar, disputar, rixar, brigar. *Rixari, altercari:* — *r. (naut.)* romper-se, descozer-se ou fazer-se pedaços alguma véla, bandeira, etc. Usa-se algumas vezes como activo, quando a rasgam o vento ou a manobra. *Velum rumpi.*

Rifirrafa. *f. (ant.)* Vendedeira, revendedora, vivandeira.

Rifirrafe. *m. (fam.)* Rezinga; disputa leve e passageira. *Rixa levis.*

Rifo. *m. (zool.)* Rhypho *(rapido);* genero de insectos dipteros nemoceros da familia dos tipularios, cujas especies vivem na Europa.

Rifol. *m. (art.)* V. *Balanza,* entre pescadores.

Rigente. *adj. (ant.)* Aspero, duro.

Rigidamente. *adv. m.* Rigidamente; com rigidez. *Strictè.*

Rigidez. *f.* Rigidez, rigor, severidade. Usa-se em sentido metaphorico. *Rigor, severitas.*

Rigidísimo, ma. *adj. sup.* de *Rígido.* Rigidissimo; muito severo, austero. *Valdè rigidus, severus.*

Rígido, da. *adj.* Rigido; severo, austero, rigoroso. *Rigidus, severus.*

Rigmaforo. *m. (zool.)* Rhygmaphoro *(que é fendido),* genero de insectos coleopteros pentameros da familia dos serricornes.

Rigo. *m. (ant.)* V. *Rio:* — *(zool.)* rhigo *(frio);* genero de insectos coleopteros tetrameros da familia dos curculionidos.

Rigodon. *m.* Rigodão; dansa vivissima entre dois ou mais pares: — rigodão; musica da sobredita dansa.

Rigóla. *f. (naut. ant.)* V. *Flechaste:* — *(mil.)* rigole; valleta, sanja em que se colloca a primeira linha de salchichões de uma bateria.

Rigor. *m.* Rigor; excessiva frialdade, aspereza do frio. *Rigor, oris:* — rigor, severidade. *Nimia severitas:* — rigor; aspereza, dureza de genio. *Ingenii severitas:* — rigor; ultimo termo a que uma cousa póde chegar. *Rei summum:* — rigor, intensidade; e assim se diz: *el rigor del verano;* o rigor do verão. *Vis, vehementia:* — propriedade, teor, uniformidade de uma cousa. *Rigor, oris:* — *(germ.)* fiscal. *En rigor, en realidad (loc. adv.);* em rigor, na realidade. *Verè:* em rigor, estrictamente. *Ser de rigor (fr.)*, ser de rigor; ser indispensavel uma cousa por qualquer motivo.

Rigorismo. *m.* Rigorismo; moral muito severa. *Nimia severitas.*

Rigorista. *adj., s.* Rigorista; sectario do rigorismo, de moral muito severa. *In nimiam severitatem pronus, proclivis.*

Rigorosamente. *adv. m.* V. *Rigurosamente.*

Rigoroso, sa. *adj.* V. *Riguroso.*

Rigozo. *m. (bot.)* Rigoso; genero de plantas da familia das bignoniaceas.

Riguo. *m. (ant.)* V. *Río.*

Riguridad. *f. (ant.)* V. *Rigor.*

Rigurosamente. *adv. m.* Rigorosamente; com rigor. *Severè, rigidè.*

Rigurosidad. *f. (ant.)* V. *Rigor.*

Rigorosísmo, ma. *adj. sup.* de *Riguroso.* Rigorosissimo; muito rigoroso. *Valdè rigidus, severus.*

Riguroso, sa. *adj.* Rigoroso, aspero. *Asper, severus:* — rigoroso; muito severo ou inflexivel. *Valdè severus:* — rigoroso, limitado, estreito: — rigoroso, austero, excessivo. *Austerus, a, um.* Diz-se mais das penas e castigos que das pessoas: — rigoroso, recto, exacto, litteral; fallando do sentido de algum termo ou oração.

Riir. *n. (ant.)* V. *Reir.*

Rija. *f.* Rixa, pendencia, desavença, discordia. *Rixa, æ:* — *(med.)* V. *Fístula lacrimal.*

Rijador, ra. *adj.* V. *Rijoso. Rixosus, a, um.*

Rijina. *f. (ant.)* V. *Reina.*

Rijo. *m.* Desejo, appetite carnal. *Pruritus libidinis.*

Rijoso, sa. *adj.* Rixoso, rixador, pendenciador; amigo de rixas. *Rixosus, a, um:* — rinchão; diz-se do cavallo inquieto e que rincha muito á vista da femea. *Adhiniens, veneris impatiens:* — *(ant.)* luxurioso; dado a mulheres.

Rima. *f.* V. *Rimero:* — *(bot.)* V. *Antocarpo:* — *(poet.)* V. *Consonante:* — rima, versos; composição poetica escripta em consoantes. Ordinariamente usa-se no plural. *Rhytmus, i.*

Rimado, da. *adj.* Rimado; que tem rima ou consoantes. *Versificatus, a, um:* — *m. (ant.)* collecção ou livro de poesias ou rimas.

Rimador. *m.* Rimador; versejador, trovista; o que faz versos mais pela rima que pelo merecimento poetico.

Rimar. *n.* Rimar; fazer versos consoantes. *Versificari:* — rimar; ser consoante: — *a.* inquirir, procurar, indagar.

Rimbombante. *p. a.* Retumbante; que soa, que faz muito echo ou retumba. *Personans, bombos sonans.*

Rimbombar. *n.* Ribombar, rebombar, retumbar, resoar ou fazer muito echo. *Personare, bombos sonare.*

Rimbombe, Rimbombo. *m.* Ribombo, rebombo; som que retumba. *Bombus, i:* — *(fig.)* som, voz rouca.

Rimero. *m.* Rima, ruma; monte de cousas. *Congeries, strues.*

Rimo. *m. (ant.)* V. *Rima:* — V. *Remo:* — V. *Ritmó.*

Rimulina. *f. (zool.)* Rimulina; genero de rizopodas formado para comprehender uma concha encontrada no Adriatico.

Rina. *f. (ant.)* V. *Reina:* — *(zool.)* rhina *(nariz);* genero de insectos coleopteros tetrameros da familia dos curculionidos gonatoceros.

Rinanto. *m. (bot.)* Rhinantho. V. *Alectorolofo.*

Rinaria. *f. (zool.)* Rhinaria *(nariz);* genero de insectos coleopteros da familia dos curculionidos, originarios da Australia.

Rináspide. *m. (zool.)* Rhinaspide *(escudo);* genero de insectos coleopteros pentameros da familia dos lamellicornes indigenas do Brazil.

Rinasto. *m. (zool.)* Rhinasto *(nariz);* genero de insectos coleopteros tetrameros da familia dos curculionidos.

Rincantera. *f. (bot.)* Rhincantera; genero de plantas da familia das melastomaceas, indigenas da America tropical.

Rincobdela. *f. (zool.)* Rhyncobdela; genero de peixes acanthopterygios da familia dos scomberoides.

Rincocarpa. *f. (bot.)* Rhyncocarpo; genero de plantas da familia das cucurbitaceas, indigenas da Africa tropical.

Rincocéfalo. *m. (zool.)* Rhincocephalo; que tem a cabeça prolongada em fórma de bico.

Rincocineto. *m. (zool.)* Rhynchocineto; genero de crustaceos decapodas macruros, da familia dos salicocos.

Rincodo. *m. (zool.)* Rhincodo *(bico);* genero de insectos coleopteros tetrameros da familia dos curculionidos.

Rincóforo. *m. (zool.)* Rhinchophoro *(que tem tromba);* genero de insectos coleopteros tetrameros da familia dos curculionidos.

Rincogloso. *m. (bot.)* Rhincoglosso; genero de plantas da familia das escrofularineas.

Rincolo. *m. (zool.)* Rhyncolo; genero de insectos coleopteros da familia dos curculionidos.

Rincolofo. *f. (zool.)* Rhincholopho; genero de arachnides acaridios, da familia dos trombidios.

Rincon. *m.* Rincão; canto, angulo interior da união de duas paredes. *Angulus, i:* — esconderijo; logar retirado. *Latebra, æ:* — canto; casa, habitação particular e retirada de cada um. *Secessus in domo:* — cantinho; paiz considerado pequeno em relação a outros muito maiores. *Angulus, i.*

Rinconada. *f.* Esquina, angulo formado por duas casas,

ruas, caminhos ou entre montes. *Angulus, i.*

Rinconcillo. *m. dim.* de *Rincon.* Cantinho; canto, angulo pequeno.

Rinconera. *f.* Cantoneira; especie de mesa ou armario de figura triangular que se colloca no canto ou angulo de uma casa. *Mensa ad cubiculi angulum accommodata:* — *(art.)* peça interior da caixa do piano que por meio de uma cunha evita o movimento do diapasão.

Rinconero, ra. *adj.* Diz-se das colmeias atravessadas. *Transversus, a, um.*

Rincopo. *m. (zool.)* V. *Pico tijeras.*

Rincosia. *f. (bot.)* Rhynchosia *(bico)*; genero de plantas da familia das leguminosas papilionaceas, que vegetam nas regiões tropicaes do globo.

Rincospermo. *m. (bot.)* Rhynchospermo; genero de plantas da familia das compostas, cujo typo vegeta em Java.

Rincospora. *f. (bot.)* Rhynchospora; genero de plantas da familia das ciperaceas.

Rincostomos. *m. pl. (zool.)* Rhynchostomos; tribu de insectos coleopteros heteromeros da familia dos stenelytros.

Rincostílide. *m. (bot.)* V. *Sacolabio.*

Rincostómide. *m. (zool.)* Rhynchostomide; genero de insectos coleopteros subpentameros.

Rincoteca. *f. (bot.)* Rhincoteca; genero de plantas da familia das rhincotheaceas, indigena do Peru.

Rinelépide. *m. (zool.)* Rhinelepide; genero de peixes malacopterygios da familia dos siluroides.

Rinencefalia. *f. (physiol.)* Rhinencephalia; estado de um monstro rhinencephalo.

Rinencéfalo, la. *adj. (physiol.)* Rhinencephalo; que tem o nariz prolongado em fórma de tromba.

Rinenquisia. *f. (med.)* Rhinenchysia; operação pela qual se introduzem injecções no nariz, por meio do rhinenchyto.

Rinenquito. *m. (med.)* Rhinenchyto; instrumento destinado a dar injecções ao nariz.

Rinexide. *m. (zool.)* Rhinechide *(focinho de vibora)*; genero de reptis ophidios da familia das cobras.

Rinela. *f. (zool.)* Rhinela; genero de infusorios da familia dos urceolarios.

Rinforzando. *adj. (mus.)* Palavra italiana com a qual se indica dever augmentar-se a intensidade do som.

Ringla. *f. (fam.)* V. *Ringlera.*

Ringle. *m.* V. *Ringlera.*

Ringlera. *f. (fam.)* Enfiada, fileira, fila; ordem de cousas umas após de outras ou lado com lado. *Series.*

Ringlero. *m.* Regra; traço no papel para se escrever direito. *Linea chartæ plumbo signata.*

Ringorrango. *m. (fam.)* Traço de penna muito livre e rasgado no acto de escrever; e por extensão diz-se de qualquer adorno superfluo. *Superfluus ornatus vel calami ductus.*

Rinio. *m. (bot.)* V. *Tetracera.*

Riníptia. *f. (zool.)* Rhinyptia; genero de insectos coleopteros pentameros, da familia dos lamellicornes.

Rinjia. *f. (zool.)* Rhingia *(bico)*; genero de insectos dipteros brachoceros da familia dos branchiostomos.

Rinjícula. *f. (zool.)* Ringicula; genero de molluscos da familia das colimaceas.

Rinobato. *m. (zool.)* V. *Larino.*

Rinocarpo. *m. (bot.)* V. *Anacardio.*

Rinocefalia. *f. (physiol.)* Rhinocephalia; estado de um monstro rhinocephalo.

Rinocefálico, ca. *adj. (physiol.)* Rhinocephalico; pertencente a monstro rhinocephalo.

Rinocéfalo. *m. (physiol.)* Rhinocephalo; monstro com uma cabeça quasi toda nariz.

Rinoceronte. *m. (zool.)* Rhinoceronte; genero de mammiferos da ordem dos pachidermes, composto de quatro a cinco especies, caracterisadas por terem no focinho um ou dois chifres fibrosos e de natureza cornea.

Rinocilo. *m. (zool.)* Rhynocylo *(focinho curvo)*; genero de insectos coleopteros tetrameros da familia dos curculionidos.

Rinocnesmo. *m. (med.)* Comichão no nariz.

Rinofido, da. *adj. (zool.)* Rhinophido; diz-se das serpentes cujo focinho se prolonga em fórma de tromba.

Rinofisal. *adj. (anat.)* Nasal; diz-se do osso do nariz.

Rinoforia. *f. (physiol.)* Rhinophoria; resonancia da voz nas fossas nasaes.

Rinofrino. *m. (zool.)* Rhinophris; genero de reptis bufoniformes, com uma só especie originaria do Mexico.

Rino-larinjitis. *f. (med.)* Rhino-laryngite; inflammação simultanea das membranas mucosa, nasal e guttural.

Rinolobio. *m. (bot.)* Rhinolobio; genero de plantas da familia das asclepiadas, indigenas do cabo da Boa Esperança.

Rinolofino, na. *adj. (zool.)* Rhinolophino; parecido com um rhinolopho.

Rinolofo. *m. (zool.)* Rhinolopho; genero de mammiferos cheiropteros insectivoros, caracterisados por terem nas ventas um appendice em fórma de ferradura.

Rinomanceridos. *m. pl. (zool.)* Rhinomanceridos; tribu de insectos coleopteros da familia dos curculionidos.

Rinomacero. *m. (zool.)* Rhinomacero *(focinho comprido)*; genero de insectos coleopteros tetrameros da familia dos curculionidos.

Rinomia. *f. (zool.)* Rhinomya; genero de aves da ordem dos passaros, familia dos merulinos.

Rinopétalo. *m. (bot.)* Rhinopetalo *(petala no bico)*; genero de plantas da familia das liliaceas, que vegetam nos montes Uraes.

Rinoplastia. *f. (med.)* Rhinoplastia; operação que consiste em substituir um novo nariz quando esta parte tenha sido destruida por uma causa qualquer.

Rinoplástico, ca. *adj. (med.)* Rhinoplastico; pertencente á rhinoplastia.

Rinoplasto. *m.* Rhinoplasto; o que pratica a rhinoplastia.

Rinopomasto. *m. (zool.)* Rhinopomasto; genero de aves da ordem dos passaros e da familia das promeropideas.

Rinopomo. *m. (zool.)* Rhinopomo *(operculo no focinho)*; genero de mammiferos cheiropteros, com as aberturas nasaes providas de um pequeno lobulo em fórma de operculo.

Rinoptia. *f. (med.)* Rhinoptia, acção de ver pelo nariz; deformidade causada por uma doença do grande angulo do olho ou da base do nariz, o que forma uma abertura nas paredes das fossas nasaes, pelo través da qual os raios luminosos podem chegar até aos olhos.

Rinóptico, ca. *adj. (physiol.)* Rhinoptico; pertencente á rhinoptia.

Rinopto, ta. *adj. (physiol.)* Rhinopto; que vê pelo nariz.

Rinorrajía. *f. (med.)* Rhinorrhagia, epistaxis; hemorrhagia nasal.

Rinorrájico, ca. *adj. (med.)* Rhinorrhagico; pertencente á rhinorrhagia.

Rinorrea. *f. (bot.)* V. *Alsodeya:* — *(med.)* rhinorrhea; fluxo de mucosidades pelo nariz, sem symptomas de inflammação.

Rinorréico, ca. *adj. (med.)* Rhinorrheico; que se refere á rhinorrhea.

Rinosimo. *m. (zool.)* Rhinosimo; genero de insectos coleopteros heteromeros da familia dos stenelitros.

Rinostognosis. *f. (med.)* Rhinostognosis; obstrucção das fossas nasaes.

Rinotevo. *m. (zool.)* Rhinotevo; pellicula cornea ou membranosa, que reveste a metade superior do bico das aves.

Rinotia. *f. (zool.)* Rhinotia; genero de insectos coleopteros tetrameros da familia dos curculionidos.

Rinotmeto. *m. (zool.)* Rhinotmeto *(que tem o nariz cortado)*; genero de insectos coleopteros subpentameros, da familia dos cyclicos.

Rinotrago. *m. (zool.)* Rhinotrago *(bôca no nariz)*; genero de insectos coleopteros subpentameros da familia dos longicornes.

Riña. *f.* Rixa, pendencia, briga, discordia. *Rixa, æ:* — reprehensão, por extensão fallando familiarmente. *Riña, cuestion de por San Juan, paz para todo el año (rif.)*; questão pelo S. João, paz para todo o anno; de uma pendencia bem renhida origina-se muitas vezes grande amizade. *Ex bello pax.*

Riñon. *m. (anat.)* Rim; viscera do animal, de caracter glanduloso, em que se forma a urina. *Ren, enis:* — *(fig.)* coração, meio, centro; interior de terreno ou logar. *Umbilicus, medium. Tener cubierto el riñon (fr. fig.)*; ter os rins bem cobertos; estar rico. *Divitiis abundare.*

Riñonada. *f.* Unto; gordura que envolve os rins. *Renum adeps:* — rins, lombos; região dos rins. *Renum situs:* — guizado de rins. *Renes conditi.*

Riñoso, sa. *adj. (ant.)* Rixoso, rixador; amigo de rixas.

Rio. *m.* Rio; corrente caudalosa de muitas aguas reunidas, que vão desaguar em outra ou no mar. *Flumen, fluvius, amnis:* — *(fig.)* rio, corrente; grande quantidade de qualquer cousa liquida. *Flumen, fluenta:* — rio, torrente; diz-se tambem figuradamente, fallando de cousas immateriaes e abundantes, como: *rio de elocuencia;* torrente de eloquencia, etc. *Apear el rio (fr.)*; passar um rio a pé. *Vadum pedibus transire. A rio revuelto (loc. adv.)*; em confusão, em desordem. *Turbatis rebus. A rio revuelto, ganancia de pescadores (rif.)*; a rio revolto ganancia de pescadores, nas aguas turvas se apanham as enguias; os maus valem-se das occasiões criticas para especularem e fazerem interesses. *Turbatis rebus, improvi valent. Correr los rios (fr.)*; correr os rios; caminhar por elles. *Flumina cursum agere.*

Riojano, na. *adj., s.* Riojano; natural de Rioja: — riojano; pertencente a Rioja.

Riolada. *f. (fig.)* Enxurrada, enchente, affluencia; concorrencia de muitas causas a um tempo. *Confluentia, simultanea rerum affluentia.*

Riostra. *f. (ant.)* Aspia; madeiro que posto obliquamente segura um pé direito. *Fultura obliquè apposita.*

Riostrar. *a. (art.)* Aspiar; pôr áspias em um pé direito.

Riostres. *m. (art.)* Someiro do orgão.

Riparosomo. *m. (zool.)* Rhyparosomo *(corpo sujo)*; genero de insectos coleopteros tetrameros da familia dos curculionidos.

Ripia. *f. (art.)* Ripa, lata; pedaço de madeira aspera, comprida e delgada: — fasquia; taboinha, tira de madeira. *Tabula residua, exilis, scandula, assula:* — *(ant.)* V. *Ripio.*

Ripiar. *a.* Ripar; gradar com ripas. *Linum pectere:* — encher de ripio ou cascalho, especialmente as represas das azenhas. *Rudus immittere, rudere, farcire:* — *(p. Cub.)* espedaçar; fazer pedaços, migalhas.

Ripiazon. *m. (ant.)* V. *Ripio.*

Ripicera. *f. (zool.)* Rhipicera *(antenna em fórma de leque)*; genero de insectos coleopteros pentameros da familia dos serricornes.

Ripicéridos. *m. pl. (zool.)* Rhipiceridos; secção de insectos coleopteros estabelecida na familia dos serricornes.

Ripidia. *f. (zool.)* Rhipidia; genero de insectos dipteros nemoceros da familia dos tipularios.

Ripidio. *m. (bot.)* V. *Erianto.*

Ripidolita. *f. (min.)* Ripidolitha; variedade de chlorito pouco transparente que se apresenta em laminas amontoadas.

Ripidura. *f. (zool.)* Rhipidura; genero de aves da ordem dos passaros muscicapideos.

Ripieno. *m. (mus.)* Ripieno; palavra italiana que indica as partes de uma orchestra entre o baixo e os altos, e que se podem supprimir.

Ripíforo. *m. (zool.)* Rhipiphoro *(que tem leque)*; genero de insectos coleopteros heteromeros da familia dos trachelidos.

RIPIO. *m.* Ripio, cascalho. *Rudus, retrimentum*: — *(poet.)* ripio; no verso a cunha ou palavra que vae só para encher a medida. *Superflua verba in versibus.* — palhada; palavras inuteis. *Superflua verba. Meter ripio (fr.)*; introduzir palavras que não significam nada. *Infarcire verba. Dar ripio a la mano (fr.)*; dar com liberalidade. *No perder ripio (fr.)*; não perder pitada; não perder occasião. *Occasionis pilum arripere. No desechar ripio.* V. *No perder ripio.*

RIPIPTÉRICE. *m. (zool.)* Rhipipterice *(aza em fórma de abano)*; genero de insectos orthopteros da tribu dos grillianos.

RIPÍPTEROS. *m. pl. (zool.)* Rhipipteros; nome dado por Latreille a uma ordem de insectos, conhecidos mais geralmente por strepsiteros.

RIPSÁLIDE. *m. (bot.)* Ripsalide; plantas da familia das punciaceas, composta de sete especies.

RIPUARIO, RIA. *adj.* V. *Ribereño.* Diz-se dos povos das margens do Rheno, do Mosa e de suas leis: — *m. pl.* ripuarios; tribu da confederação de francos, que occupava a margem occidental do Rheno.

RIQUE. *m.* Rique; especie de aguardente dos indios.

RIQUEZA. *f.* Riqueza; abundancia de bens e preciosidades. Usa-se tambem no sentido metaphorico, e mais no plural. *Divitiæ, opes, opulentia, copia.*

RIQUÍSIMO, MA. *adj. sup.* de *Rico.* Riquissimo; muito rico. *Ditissimus, opulentissimus.*

RISA. *f.* Riso; gesto que se faz com a bôca e o som que soltâmos a rir. *Risus, ûs*: — riso; o que faz rir. *Risu dignum*: — *(fig.)* movimento suave de algumas cousas que causam gosto ou prazer. *Risus, ûs*: — *falsa*; riso fingido. *Risus simulatus*: — *sardesca, sardonia* ou *sardónica*; riso sardonico; riso falso para dissimular algum sentimento. *Sardonicus risus. Caerse de risa (fr.)*; escangalhar-se com riso; rir muito, ás gargalhadas. *Incompositè ridere, cachinnari. Comerse de risa*; conter de riso; reprimir o riso. *Risum tenere. Descalzarse, descoyuntarse, despedazarse, desperecerse, desternillarse de risa (fr. fam.)*; escangalhar-se com riso; rir muito e com movimentos descompassados. *Cachinnari, effusè ridere, immoderatè ridere. Estar para reventar de risa (fr.)*; estar a rebentar com riso; reprimir-se a custo da grande vontade de rir. *Risum erumpentem vix continere. Tirarse de risa (fr.)*; desmanchar-se com riso; rir descompassadamente. *Immoderatè ridere. Larisa del conejo (fam.)*; riso contrafeito e causado de ordinario por soffrimento ou dor. *Risus sardonicus. Retozar la risa ó retozar la risa en el cuerpo (fr.)*; querer suster o riso; custar a reprimi-lo. *Risum excitare, moveri. Reventar de risa (fr.)*; rebentar, estalar de riso, rir ás bandeiras despregadas. *In cochinnos solvi. Risa sardónica (med.)*; riso sardonico; convulsão e contracção dos musculos do rosto, de que resulta um gesto, como quando se ri. *Risus sardonicus*: — *(zool.)* V. *Latridio.*

RISADA. *f.* Risada, risa. V. *Risotada.*

RISCO. *m.* Risco; penhasco mui alto e alcantilado. *Rupes, is.*

RISCOSO, SA. *adj.* Riscoso, arriscado, alcantilado, perigoso. *Præruptus rupibus.*

RISDALE. *m.* Risdale; moeda de prata allemã de varias classes e denominações, valendo 1$000 réis pouco mais ou menos.

RISIA. *f. (zool.)* Risia; subgenero de mammiferos do genero antilope, que comprehende tres especies.

RISIBILIDAD. *f.* Risibilidade; qualidade ou faculdade de risivel, que pertence só aos racionaes. *Ridendi facultas.*

RISIBLE. *adj.* Risivel; capaz de rir. *Ridendi capax*: — risivel; que faz rir. *Ridiculus, a, um*: — *m. (ant.)* riso; faculdade de rir-se.

RISIBLEMENTE. *adv. m.* Risivelmente; de uma maneira risivel. *Ridiculè.*

RISICA, LLA, TA. *f. dim.* de *Risa.* Risinho. Ordinariamente toma-se na accepção de riso falso ou fingido.

RISO. *m. (ant.)* V. *Risa.*

RISÓDIDOS. *m. pl. (zool.)* Rhysodes; tribu de insectos coleopteros pentameros.

RISOCARPO. *m. (zool.)* Rhysocarpo; genero de insectos coleopteros tetrameros da familia dos curculionidos.

RISOÑO, ÑA. *adj. (ant.)* V. *Risueño.*

RISOQUETO. *m. (zool.)* V. *Blapsida.*

RISOTADA. *f.* Gargalhada; risada forte. *Cachinnus, i.*

RÍSPIDO, DA. *adj.* V. *Áspero.*

RISTRA. *f.* Restea; trança, enfiada de alhos ou cebolas. *Alliorum aut ceparum restis*: — *(fig.)* enfiada; collocação de cousas umas depois de outras. *Series.*

RISTRE. *m.* Ristre, riste; ferro em que o cavalleiro embebe o conto da lança. *Lanceæ vel hasteæ retinaculum.*

RISTRO. *m. (ant.)* V. *Ristrá.*

RISUELO. *m.* Açamo que se põe aos furões.

RISUEÑO, ÑA. *adj.* Risonho; que se ri facilmente, de semblante jocundo. *Ad risum facilis, proclivis*: — risonho, affavel, prazenteiro: — *(fig.)* risonho, gracioso, agradavel á vista. *Arridens, entis*: — V. *Pintoresco*, em relação a paizagens: — *(poes.)* risonho, ameno, delicioso, florido.

RITA. *f.* Grito dos pastores para chamar o gado, especialmente dirigindo-se a uma rez só que se tenha apartado. *Pastoris vox ovem aut bovem evocans.*

RITAMENTE. *adv. m. (ant.)* Rectamente, justamente, legalmente.

RITICEFALO. *m. (zool.)* Rhiticephalo *(cabeça enrugada)*; genero de insectos coleopteros pentameros da familia dos curculionidos.

Ritidofleo. *m. (zool.)* Rhytidophlo; genero de insectos coleopteros tetrameros da familia dos curculionidos.

Ritidosomo. *m. (zool.)* Rhitidosomo *(corpo enrugado)*; genero de insectos coleopteros tetrameros da familia dos curculionidos.

Ritífora. *f. (zool.)* Rhytiphora *(que tem rugas)*; genero de insectos coleopteros subpentameros da familia dos longicornes.

Ritiglosa. *f. (bot.)* Rhitiglosa *(lingua enrugada)*; genero de plantas da familia das acantaceas, indigenas do Cabo da Boa Esperança.

Ritirino. *m. (zool.)* Rhytirhino *(nariz enrugado)*; genero de insectos coleopteros tetrameros da familia dos curculionidos.

Rititraxelo. *m. (zool.)* V. *Riticéfalo.*

Rítmico, ca. *adj.* Rhythmico; pertencente ao rhythmo. *Rhythmicus, a, um.*

Ritmo. *m.* Rhythmo; commummente significa numero, cadencia, consonancia. *Orationis numerus, rhythmus:* — *(mus.)* rhythmo; combinação symetrica das durações extensas e breves dos sons. *Temporis proportio:* — *esterior;* rhythmo exterior; relação entre uma successão completa de sons com respeito a outras successões: — *interior;* rhythmo interior; relação entre a duração de cada uma das partes componentes de um todo: — *(poes.)* rhythmo; maneira harmoniosa de variar a cadencia dos versos. *Rhythmus, i. Mudar de ritmo (fr.);* mudar de metro: — *(rhet.)* rhythmo; boa eleição de termos e de periodos oratorios, a fim que produzam bom effeito ao ouvido. *Rhythmus, i.*

Ritmopea. *f. (mus.)* Rhitmopea; parte scientifica da melodia que ensina a regra das partes melodiosas, relativamente á sua extensão.

Rito. *m.* Rito, costume, maneira. *Ritus, i:* — rito; ordem estabelecida nas ceremonias religiosas. *Ritus, i:* — rito; por extensão qualquer das praticas e formulas usadas em todos os cultos. *Ritus, i:* — *adj. (ant.)* recto, justo, legal.

Ritornello. *m. (mus.)* Ritornello; palavra italiana, que designa uma parte de musica instrumental, que se escreve no principio de uma peça de canto, antes de começar a voz: — ritornello; repetição do motivo ou de uma parte do thema, posto no principio, meio e fim da peça a que se applica.

Ritual. *m.* Ritual, livro das ceremonias sagradas. *Rituale; liber ritualis:* — *adj.* ritual; que se refere ou pertence ao rito ou ceremonial. *Cæremonialis.*

Ritualista. *m.* Ritualista; o auctor que trata dos varios ritos da Igreja.

Rival. *m.* Rival; competidor, concorrente no amor. *Rivalis, is.*

Rivalidad. *f.* Rivalidade, competencia. *Rivalitas, atis.*

Rivalizar. *n.* Rivalisar, competir. V. *Competir.*

Rivera. *f.* V. *Ribera:* — V. *Arroyo.*

Rivina. *f. (bot.)* Rivina; genero de plantas da familia das phytolacaceas, indigenas da America Tropical.

Rivo. *m. (ant.)* V. *Rio.*

Rivularia. *f. (bot.)* Rivularia; genero de plantas phyceas da tribu das rivularias, cujas especies crescem nas pedras ou plantas á beira de agua.

Rivularieas. *f. pl. (bot.)* Rivularias; tribu de plantas phyceas da familia das zoospermeas, que tem por typo o genero rivularia.

Rixa. *f. (ant.)* V. *Riña.*

Rixador, ra. *adj. (ant.)* V. *Rijoso,* primeira accepção.

Riza. *f.* Destroço, estrago, destruição em geral. *Strages, is:* — retraço; sobejo da palha que as bestas deixam. *Palea residua in præsepibus. Hacer riza (fr.);* fazer destroço, grande estrago na guerra. *Stragem edere. Hacer riza (fr.);* diz-se tambem quando n'alguma pendencia se faz deter os contrarios por se terem accommettido com ardor. *Acriter obsistere. Hacer riza (fr.);* fazer guerra; argumentar muito para convencer com rasões efficazes. *Rationum pondere oppugnare.*

Rizado. *m.* Encanutado, encanudado; pregas arredondadas feitas com ferro quente em roupa engommada, etc. *Plicatura lintei, ope ignis facta.*

Rizagra. *m. (cir.)* Instrumento de tirar as raizes dos dentes.

Rizal. *adj.* V. *Ricial.*

Rizanto, ta. *adj. (bot.)* Rizanto; diz-se das plantas em que as flores e os pedunculos nascem da raiz.

Rizar. *a.* Riçar; frisar os cabellos. *Capillos calamistro crispare:* — encanudar fazer pregas redondas na roupa engommada. *Subtilibus plicaturis artificiosè ornare.*

Rizo, za. *adj.* Riçado, frisado, encrespado. *Crispus, crispatus:* — *m.* annel do cabello. *Cincinnus, i:* — risso; especie de velludo que por não ser cortado no tear fica aspero ao tacto e forma uma especie de cordãosinho. Pôde ser liso ou lavrado. *Textum holosericum villosum:* — *(ant.)* V. *Riza:* — *(naut.)* rizes; certas tranças que passando pelos ilhozes da vêla servem para a encolher quando faz muito vento. *Funes nautici velis plicandis.*

Rizobia. *f. (zool.)* Rhizobia; genero de insectos coleopteros pentameros da familia dos lamellicornes.

Rizocarpo. *m. (bot.)* V. *Lecidea.*

Rizodido. *m. (zool.)* V. *Cacícula.*

Rizodo. *m. (zool.)* Rhizodo *(enrugado)*; genero de insectos coleopteros pentameros da familia dos malacodermes.

Rizofago, ga. *adj. (zool.)* Rhizophago; qualificação do animal que se alimenta de raizes: — *m.* rhizophago; genero de insectos coleopteros tetrameros da familia dos xylophagos.

Rizofajia. *f.* Rhizophagia; qualidade do animal que se alimenta de raizes.

Rizofilo, la. *adj.* Rhisophilo; que gosta de raizes, ou vive sobre ellas.

Rizófora. *f. (bot.)* Rhisophora;

genero de plantas da familia das rhisophoreas, composto de arvores que vegetam nas regiões tropicaes.

Rizofóreas. *f. pl. (bot.)* Rhisophoreas; familia de plantas dicotyledoneas monopetalas.

Rizofero, ra. *adj. (bot.)* Rhisophoro; que tem raizes.

Rizografía. *f.* Rhisographia; descripção das raizes.

Rizográfico, ca. *adj.* Rhisographico; concernente ou relativo á rhisographia.

Rizografo. *m.* Rhisographo; que professa a rhisographia ou descreve as raizes.

Rizolita. *f. (min.)* Rhisolitha; pedra que tem a fôrma e ás vezes a estructura das raizes das arvores ou plantas.

Rizoma. *m. (bot.)* Rhizoma; caule ou tronco subterraneo das irideas e de outras plantas, que tem o aspecto de raizes.

Rizomatoideo, dea. *adj. (bot.)* Rhizomatoideo; epitheto das raizes que têem rhizoma.

Rizomatosis. *f. (bot.)* Rhizomatosis; conversão de uma raiz em rhizoma.

Rizonemo. *m. (zool.)* Rhizonemo *(que vive das raizes)*; genero de insectos coleopteros pentameros da familia dos lamellicornes.

Rizoperta. *f. (zool.)* Rhyzoperta; genero de insectos coleopteros tetrameros da familia dos xylophagos.

Rizopo. *m. (bot.)* V. *Mucor.*

Rizosperma. *f. (bot.)* V. *Azolia.*

Rizospérmeas. *f. pl. (bot.)* V. *Marsileáceas.*

Rizospermo, ma. *adj. (bot.)* Rhizospermo; que tem fructos perto da raiz.

Rizostoma. *f. (zool.)* Rhysostoma; genero de acalephos medusarios, caracterisados por não terem bôca e possuirem uns braços muito compridos providos de chupadores.

Rizostómidos. *m. pl. (zool.)* Rhisostomidos; familia de acalephos medusarios que têem por typo o genero rhisostoma.

Rizotomia. *f.* Rhizotomia; córte das raizes.

Rizotomo. *m. (ant.)* Rhizotomo; o que colhe raizes e plantas: — V. *Botánico.*

Rizotrogo. *m. (zool.)* Rhizotrogo *(que roe as raizes)*; generos de insectos coleopteros pentameros da familia dos lamellicornes.

Rizula. *f. (bot.)* Rhizula; nome que designa as raizes finissimas dos cogumelos.

Ro. Ó; voz que se repete para acalentar creanças. *Vox somnum puerulis concilians.*

Roa. *f. (naut.)* V. *Roda.*

Roanés, sa. *s.* Ruanez, ruão; natural de Ruão. *Rotomagiortus:—adj.* ruanez; pertencente á cidade de Ruão. *Rotomagum expectans.*

Roano, na. *adj.* Ruão; diz-se do cavallo de pello branco, pardo e baio. *Equus coloribus leucophæ, badio, et albo simul mixtis distinctus.*

Rob. *m. (pharm.)* Robe, arrobe; succo depurado e espesso de plantas ou de fructos cozidos, misturado com assucar ou mel. *Sapa è fructibus melle aut saccharo mixtis.*

Roba. *f. (ant.)* Roubo, furto. *Facer roba (ant.)*; fazer roubo.

Robada. *f. (p. Nav.)* Espaço de terra com area de 400 varas quadradas de Navarra, que leva uma fanga aragoneza de semeadura. *Agri spatium quoddam.*

Robado, da. *adj.* Roubado; que não tem o adorno regular e preciso: — de graça, que é comprado muito barato.

Robador, ra. *s.* Roubador; o que rouba. *Raptor, prædator, latro.*

Robadorcillo, lla. *adj. dim.* de *Robador.* Ladrãosinho.

Robaliza. *f. (zool.)* Robaliza; peixe de genero perca.

Robalo. *m. (zool.)* Roballo; peixe de genero perca, do comprimento de uns dois pés, que se cria nas aguas doces.

Robamiento. *m. (ant.)* V. *Arrobamiento.*

Robar. *a.* Roubar; tirar o alheio e leva-lo por força. *Rapere:* — roubar, rapinar, tomar para si o alheio ou furtar de qualquer modo. *Rapere, subripere:*—roubar, raptar; tirar uma mulher, violentamente ou com engano, de casa da sua familia. *Rapere:*—arrebatar; levarem as correntes de agua parte da terra por onde passam. *Alluvione subducere, subtrahere:* — tirar os favos do cortiço, mudando as abelhas para outro. *Alveare favis, apibus in aliud transmissis, spoliare:* — tirar; no jogo de cartas descartar-se o individuo de algumas que tem na mão, tomando outras tantas das que estão no baralho por dividir. *In ludo chartis aliquibus dimissis alias accipere:* — *(fig.)* roubar, encantar; attrahir a si com força a affeição e os affectos. *Illicere, ad se rapere:* — *(naut.)* fallando da terra ou costa, trocar esta ou variar a sua direcção, dobrando ou inclinando-se para o interior de si mesma. *Robar a toda ropa.* V. *Piratear. Robar la ampolleta.* V. *Ampolleta.*

Robda. *f.* Especie de tributo antigo. *Vetus tributi genus ita dictum.*

Roberia. *f. (ant.)* V. *Roubo.*

Robertia. *f. (bot.)* Robertia; genero de plantas da familia das compostas, indigenas do Mediterraneo.

Robervaliana. *f. (math.)* Robervaliana; diz-se de certas curvas descriptas pelo geometra Roberval.

Robespierrismo. *m.* Robespierrismo; systema de Robespierre.

Robespierrista. *s.* Robespierrista; partidario de Robespierre.

Robezo. *m.*V. *Bicena.*

Robin. *m.* Ferrugem dos metaes. *Rubigo, inis.*

Robinia. *f. (bot.)* Robinia; genero de plantas da familia das leguminosas papilionaceas, a maior parte indigenas da America.

Robinsonia. *f. (bot.)* V. *Turulia.*

Robiquenia. *f. (bot.)* V. *Sacolabio.*

Robir. *a. (ant.)* V. *Robar.*

Robla. *f.* V. *Robra,* carta ou instrumento.

Robladero, ra. *adj.* Rebitado; diz-se do cravo ou prego em disposição para ser revirado. *Quod recurvari ac retundi potest.*

Robladura. *f.* Rebite; acção e effeito de rebitar um prego

ou qualquer outra peça metallica. *Recurvandi, retundendi actio.*

Roblar. *a.*V. *Robrar:* — revirar, bater bem um prego ou qualquer peça metallica para ficar mais firme. *Recurvare, retorquere, retundere:* — *(ant.)* rubricar, firmar.

Roble. *m. (bot.)* Roble; especie de carvalho de madeira muito dura, elastica, quasi incorruptivel e de que ha muitas variedades: — *(fig.)* carvalho; qualquer cousa dura e de muita consistencia. *Robur, oris.*

Roblecillo. *m. dim.* de *Roble.* Roblesinho.

Robledal. *m.* Robledo; logar plantado de robles. *Roboribus abundans locus.*

Robledo. *m.* V. *Robledal.*

Roblizo, za. *adj.* Forte, duro, solido. *Roboreus, robustus.*

Roblon. *m.* Arrebite; prego que se rebate n'uma folha de ferro para firmar a peça que a ella se prega. *Clavus cujus cuspis super bracteam ferream retunditur.*

Robo. *m.* Roubo; acção de roubar. *Raptus, prædatio:* — roubo; cousa roubada. *Raptus, prædatio:*—roubo; em alguns jogos de cartas o numero d'ellas que se tira do monte. *Chartæ in ludo sumptnæ, aliis æquali numero dimissis:* — medida de seccos usada em Navarra, que equivale a meia fanga de Castella pouco mais ou menos. *Mensuræ genus. Meter a robo (fr. ant.)* V. *Meter a saco.*

Roboracion. *f.* Roboração, corroboração; acção e effeito de roborar. *Roborandi actio.*

Roborante. *adj.* Roborante, corroborante; que fortifica e dá forças. Diz-se particularmente dos mendicamentos fortificantes. *Roborans, antis.*

Roborar. *a.* Roborar, corroborar; dar força e firmeza. *Roborare:* — V. *Robrar:* — *(fig.)* roborar, corroborar; confirmar, dar mais força e rasão ao que se disse. *Robur addere; novis argumentis confirmare:* — *(ant.)* confirmar corroborar, outorgar.

Roborativo, va. *adj.* Roborativo, roborante, corroborante; que dá força e vigor. *Roborans, robur addens.*

Robra. *f. (ant.)* Escriptura ou papel authentico para segurança de compras e vendas ou de qualquer contrato: — V. *Alboroque,* pela gratificação que se dá nas vendas ou contratos.

Robramiento. *m.* Confirmação de contrato de compra ou venda, etc. *Confirmatio, onis.*

Robrar. *a.* Lavrar, passar, fazer escriptura ou papel authentico sobre algum contrato. *Litteras vel tabulas publicas inscribere pacto firmando:* — *(ant.)* roborar; dar força, vigor: — rubricar, confirmar.

Robre. *m.*V. *Roble.*

Robrecillo. *m. dim.* de *Roble.* Roblesinho.

Robredal. *m.*V. *Robledal.*

Robredo. *m.*V. *Robledal.*

Robsonia. *f. (bot.)* Robsonia; genero de plantas da familia das ribesiaceas, indigenas de Nova Hollanda.

Robular. *a. (ant.)* Rubricar, firmar.

Robustamente. *adv. m.* Robustamente; com força e robustez. *Firmiter, firmè, stabiliter.*

Robustez. *m.* Robustez, robusteza, força, fortaleza. *Valetudo firma, robur.*

Robusteza. *f.*V. *Robustez.*

Robusticidad. *f. (ant.)* V. *Robustez.*

Robustidad. *f. (ant.)* V. *Robustez.*

Robustísimo, ma. *adj. sup.* de *Robusto.* Robustissimo. *Valdè robustus, validus.*

Robusto, ta. *adj.* Robusto, forte, vigoroso. *Robustus, validus, valens:* — robusto; que tem membros fortes e boa saude. *Torosus, lacertosus.*

Robustosidad. *f. (ant.)* V. *Robustez.*

Roca. *f.* Roca, rocha; massa de pedra muito solida e dura. *Rupes, cautes:* — rocha, penedo, penha, rochedo. *Scopulus, cautes:* — *(fig.)* rocha; o que é mui duro, firme ou constante. *Rupes, saxum:* — *(ant.)* castello rocheiro. *Piedra de roca (arch.);* pedra de rocha; a mais dura e menos propria para ser trabalhada: — *(geol.)* rocha; massa mineral distincta, branda, solida ou pulverulenta, homogenea ou heterogenea, que por si só ou unida a outras constitue o que os geologos dizem formação. *Cristal de roca (min.)* V. *Cristal.*

Rocada. *f.* Rocada; o copo de linho, lã, etc., que se põe na roca: — *de lana (art.);* nas fabricas de lã, assim chamam a dois copos que cabem n'uma roca.

Rocadero. *m.* V. *Coroza:* — carapuça de papel forte que se põe nas rocas sobre a rocada. *Colûs pensi cucullus:* — parte superior da roca de redor da qual se põe o copo para ser fiado. *Colûs apex.*

Rocador. *m.* V. *Rocadero,* na segunda accepção.

Rocalla. *f.* Rocalha; especie de avellorio de vidro forte lavrado em fórma de contas para fazer rosarios e adornos; missanga. *Globuli vitrei:* — embrechados ou cascalho; pedrinhas, conchinhas ou lascas de pedra. *Glorea, æ.*

Rocallero. *m.* O que trabalha embrechados.

Rocar. *m. (zool.)* Rocar; melro do Cabo da Boa Esperança.

Roce. *m.* Roçadura; acção e effeito de roçar ou roçar-se. *Fricatio, onis:* — *(fig.)* familiaridade. *Consuetudo, familiaritas.*

Rociada. *f.* Rociada; acção de rociar. *Adspersio, onis:* — *(fig.)* rociada, chuveiro; grande quantidade de projectis ou cousas arremessadas. *Grando, imber:* — *(fig.)* murmuração com referencia a muitos. *Detractio plures comprehendens:* — *(fig.)* reprehensão, censura aspera. *Animadversio vehemens:* — *(ant.)* V. *Rocío:* — *(veter.)* verdura orvalhada que se administra como remedio ás bestas. *Herba rore conspersa.*

Rociadera. *f.* V. *Regadera.*

Rociadero. *m. (art.)* Logar,

nas fabricas de lã, onde esta borrifa com azeite.

Rociado, da. *adj.* Rociado, orvalhado, borrifado. *Rore madens.*

Rociador. *m.* Escova de borrifar e orvalhar a roupa. *Utensilium aspergendis linteis aquâ.*

Rociadura. *f.* V. *Rociada*, primeira accepção.

Rociamiento. *m.* Aspersão; acto e effeito de aspergir ou borrifar. *Respersio, onis.*

Rociar. *a.* Rociar, aspergir, borrifar. *Aspergere:* — *(fig.)* maldizer, murmurar de muitos a um tempo: — pagar nas casas de jogo o premio do dinheiro emprestado. *Acceptœ pecuniœ prœmium in ludo:* — *n.* rociar, orvalhar; caír orvalho. *Rorare:* — *(fig.)* arrojar, atirar, espargir cousas de modo que cáiam separadas. *Dispergere.*

Rocin. *m.* Rocim; cavallo pequeno e de má qualidade. *Caballus, cantherius:* — rocim; cavallo de trabalho, em contraposição a cavallo de regalo. *Cantherius, equus agrarius:* — *(fig. fam.)* cavalgadura; homem tosco e ignorante. *Slotidus, i. Rocin y manzanas ó aunque se aventuren rocin y manzanas (fr.)*; diz-se para exprimir a firme resolução de fazer alguma cousa, aindaque seja com risco ou prejuizo. *Quidquid eveniat. A rocin viejo cabezadas nuevas (rif.)*; a cavallo velho cabeçada nova; reprehende os velhos que se enfeitam como se fossem rapazes. *In senectâ fucus. Encontrar Sancho con su rocin (fr.)*; eis-ali S. Roque e o seu cão. *Quod cuique convenit. Ir de rocin a ruin (fr.)*; passar de cavallo para burro; ir de mal a peior. *Ab equis ad asinos. Allá va Sancho con su rocin (rif.)*; andar a corda e o caldeirão; serem inseparaveis duas ou mais pessoas. *En Nisus et Eurialus.*

Rocinal. *adj.* Rocinal; pertencente ou proprio de rocim. *Caballinus, a, um.*

Rocinante. *m.* V. *Rocin*, mau cavallo: — rocinante; nome com que Cervantes designa o cavallo com que D. Quichote saíu a buscar aventuras.

Rocinar. *n.* *(fig. fam.)* Zurrar; dizer parvoices.

Rocinazo. *m.* *augm.* de *Rocin.*

Rocinillo. *m.* *dim.* de *Rocin.*

Rocino. *m.* *(ant.)* V. *Roçin.*

Rocío. *m.* Rocio, orvalho; vapor da noite condensado pelo frio. *Ros, oris:* — rocio; chuva miuda. *Tenuis pluvia:* — *(fig.)* orvalho, borrifo; gotas miudas de agua artificiosamente espalhadas para humedecer alguma cousa. *Rorantes guttœ:* — suavidade, brandura que move, persuade, deleita, como: *le colmó con el rocío de sus palabras;* socegou-o com a brandura de suas palavras: — *(agr.)* agua que se junta á azeitona para espreme-la.

Roclo. *m.* Rocló, josésinho; capote ajustado ao corpo, em uso no seculo passado.

Roconia. *f.* *(bot.)* Roconia; genero de plantas da familia das compostas, indigenas de Madagascar.

Rocou. *m.* *(bot.)* V. *Achiote.*

Rocha. *f.* *(ant.)* Adega; logar para guardar o vinho.

Rochea. *f.* *(bot.)* Rochea; genero de plantas da familia das crasulaceas, sub-arbustivas, indigenas do Cabo da Boa Esperança.

Rochefortia. *f.* *(bot.)* Rochefortia; genero de plantas creado para comprehender varios arbustos das Antilhas.

Rocho. *m.* Rocho; ave fabulosa de desmedido tamanho e força.

Roda. *f.* Roda; direito que pagavam os gados lanigeros. *Tributum lanari pecori impositum:* — *(naut.)* roda de prôa. *Palus curvus quo prora finitur:* — *limpia;* a roda que não tem talhamar: — *(ant.)* caminho de carros ou de outros vehiculos.

Rodaballo. *m.* *(zool.)* Rodovalho; genero de peixes malacopterygios da familia dos pleuronectos, muito abundantes nos costas da Europa.

Rodada. *f.* Rodeira; o carril que deixam as rodas do carro. *Rotœ vestigium.*

Rodadero, ra. *adj.* Rodante; facil em girar ou rodar. *Rotatilis, rotabilis.*

Rodadizo, za. *adj.* Rodante; que roda ou gyra com facilidade. *Facilè rotabilis.*

Rodado, da. *adj.* Rodado; diz-se do pello do cavallo que tem malhas redondas ou pintas circulares, como baio rodado, castanho rodado, etc. *Notis rotundis distinctus:* — rodante, corrente; diz-se do periodo ou estylo muito concertado. *Rotundus, concinnus. Privilejio rodado.* V. *Privilejio. Venir rodado (fr.)*; vir a proposito, a tempo, opportunamente. *Opportunè evenire.*

Rodador. *adj.* Rodante; que roda ou cáe rodando. *Rotans, antis:* — *m.* *(art.)* especie de boia ou cabaça que os pescadores põem em algumas redes.

Rodadura. *f.* Rodeamento; acção de rodar ou o movimento que se faz rodando. *Rotatio, onis.*

Rodaja. *f.* Rodinha; pequena roda sem raios, que serve para machinas e outros usos. *Parva rota radiis carens.*

Rodaje. *m.* Rodagem; todas as rodas de uma machina. *Rotarum congeries.*

Rodajica, lla, ta. *f.* *dim.* de *Rodaja.* Rodagem pequena.

Rodajuela. *f.* *dim.* de *Rodaja.* Rodeta; roda muito pequena.

Rodal. *m.* Logar ou sitio pequeno que se distingue por alguma cousa, como: *rodal de retamas, de algas*, etc.; sitio de giestas, de algas, etc.

Rodalita. *f.* *(min.)* Rodalitha; silicato hydratado de alumina e de ferro, côr de rosa, que se risca pelo carbonato calcareo: — V. *Rodalosa.*

Rodalosa. *f.* *(min.)* Caparosa; nome dado ao sulphato de ferro por causa de sua côr rosada.

Rodamento. *m.* *(naut.)* Todas as peças que formam a roda da prôa de um navio: — curvatura maior ou menor das tres peças unidas que formam a roda da prôa do navio.

Rodancho. *m. (germ.)* Broquel: — roda do pavão ou do perú, a abertura que faz inchando as pennas, abrindo as remiges e as da cauda em leque redondo.

Rodano, na. *adj.* Róseo; côr de rosa.

Rodanta. *f. (bot.)* Rodanta; genero de plantas da familia das compostas, indigenas de Nova Hollanda.

Rodapelo. *m.* V. *Redopelo.*

Rodapié. *m.* Rodapé; sanefa que cobre a roda da cama desde o colchão até abaixo. *Lecti vel aliæ rei circumductum tegumentum inferius:* — rodapé; pintura ou friso de outra côr que se põe nas paredes junto ao chão. *Parietis pars inferior diversè picta:* — rodapé; tábua de pouca altura que se põe para os trastes se não roçarem. *Angustior tabula, qua mensæ, armaria, aliaque hujus generis infernè circummuniuntur:* — rodapé; tábua que se colloca nas varandas ou sacadas para impedir se vejam os pés ás pessoas que a ella chegam. *Cancelli seu tabula angustior, quâ meniana infernè circumvallantur.*

Rodaplancha. *f.* Restelho da chave. *Repaguli genus.*

Rodar. *n.* Rodar; mover-se em roda, gyrar, rolar. *Rotare:* — rodar; mover-se por meio de rodas. *Rotare, moveri rotis:* — rodar, rolar; caír de altura. *In præceps cadere:* — rodar, rolar; andar alguma cousa pelo chão como abandonada òu por desleixo. *Pessumdari:*— rodar; circular em abundancia qualquer cousa, como dinheiro, etc., andar á roda. *Abundare nimis:*—gyrar, andar em negocio, em pretensões. *Negotiis distrahi:* — rodar; succeder-se umas a outras cousas. *Succedere. Rodar por alguno (fr.)*; empenhar-se por servir alguem, encarregar-se e trabalhar muito para isso. *Facilè in obsequium alicujus ferri:* — *(naut.)* correr, deslisar-se um navio pelo estaleiro quando se deita á agua: — rodar; andar de um a outro lado o navio quando ha calmaria.

Rodaria. *f. (zool.)* Rodaria; genero do insectos lepidopteros da familia dos nocturnos, composto de sete especies.

Rodata. *f. (chim.)* Rodato; sal que resulta da combinação do oxydo rodico com uma base.

Rodeabrazo (A). *loc. adv.* Á volta do braço, dando uma volta ao braço para arrojar alguma cousa. *Obvoluto brachio.*

Rodeado, da. *adj. (fam.)* Intrincado, sublime, elevado.

Rodeador, ra. *s.* Rodeador; o que rodeia ou anda á roda. *Qui circumit.*

Rodear. *a.* Rodear; cercar alguma cousa. *Circumdare; circumcingere:*—rodear; fazer andar em roda alguma cousa. *Circumrotare:* — rodear; correr algum paiz ou logar em roda: — *(p. Am.)* encurralar ou encantoar o gado em parte d'onde não possa saír: — *(ant.)* procurar, proporcionar: — *n.* rodear; andar em roda. *Ambire, circumire:* — rodear; ir por caminho não direito mas seguindo rodeios e voltas. *Circumire, per circuitum iter facere:* — *(fig.)* rodear; usar de circumloquios, de rodeios. *Circumloquiis uti. Rodearse las cosas;* transtornarem-se as cousas, acontecerem de um modo inesperado. *No poderse rodear;* não saber para onde voltar-se; estar muito sobrecarregado de negocios ou estar apertado entre gente ou em um logar: — *(naut.)* V. *Rolar,* primeira accepção.

Rodela. *f.* Rodella; escudo redondo, que se tomava com o braço esquerdo e cobria o peito ao que combatia com espada. *Clypeus rotundus.*

Rodeleja. *f. dim.* de *Rodela.* Rodellasinha.

Rodelero. *m.* Rodelleiro; soldado armado de rodella. *Miles clipeo rotundo munitus:* — homem inquieto e brigão. *Homo pugnandi cupidus, parmatus.*

Rodeno. *m.* Certa pedra muito porosa.

Rodeo. *m.* Rodeio; acção de rodear. *Ambitus, circuitio:* — rodeio, volta no caminho, retirando-se da estrada mais curta. *Anfractus; a recta via deflexio:* — rodeio, subterfugio, escusa, pretexto. *Diverticulum, i:* — logar nas feiras e mercados em que se põe o gado grosso reunido para venda. *Circus armentorum in nundinis:* — *(fig.)* rodeio; empalhação, dilação em negocio. *Cunctatio in rebus agendis:*—*(fig.)* rodeio; ambages, circumlocução. *Ambages, gium:* — reconhecimento que se faz dos gados para os contar por cabeça. *Pecoris enumerandi inspectio:* — *(p. Am.)* acto de encerrar os gados em um campo d'onde não possa saír: — *(germ.)* companhia de ladrões ou gatunos.

Rodeon. *m.* Revira-volta, pirueta, volta redonda. *Circumductio, onis.*

Roder. *a. (ant.)* V. *Roer.*

Rodera. *f.* V. *Carril.*

Rodero, ra. *adj.* Rodeiro; que pertence ou serve ás rodas. *Ad rotam pertinens:* — *m.* o que cobrava o tributo da roda. *Pecuarii tributi exactor:* — *(naut.)* V. *Arrufo.*

Rodete. *m.* Rolete ou cabello atado de castanha; a rosca de tranças de cabello que as mulheres fazem no vertice da cabeça para enfeite ou para o suster. *Aggestæ comarum spiræ:* — rodilha; rosca de panno ou palha que as mulheres põem no alto da cabeça para sobre ella assentarem pesos. *Arculus, cesticillus:* — roda; circulo de ferro fixo nas fechaduras para n'elle rodarem as aberturas das chaves. *Seræ pars quædam:* — rodizio; peça redonda e plana que serve em muitas machinas para lhe dar movimento. *Rotunda et plana tabula machinarum quarun-*

dam usui: — roda do jogo dianteiro dos trens ou dos vehiculos. *In rhœdis rotula versatis:* —V. *Rodezon:* — *(bras.)* lambrequins; ornatos que pendem do elmo. *In stemmatibus tœnia:* — *(naut.)* V. *Aduja.*

Rodezno. *m.* Rodete, rodizio; cylindro vertical com travessas chamadas pennas, onde bate a corrente de agua, e as impelle ao movimento. *Cylindrus cochlearibus quibusdam instructus in moletrinis:* — nas atafonas, roda dentada que dá movimento á que está unida á mó. *Rota dentata in pistrinis.*

Rodezuela. *f. dim.* de *Rueda.* Rodeta, rodinha; roda pequena.

Ródico, ca. *adj. (chim.)* Rhodico; pertencente ao rhodio.

Rodilla. *f.* Joelho; a junta da perna onde acaba a coxa, opposta á curva. *Genus, us:* — *(anat.)* rodilha, rotula, rodella, patella do joelho. *Cruris rotula:* — rodilha; panno ou trapo que serve para limpar alguma cousa. *Panniculus abstergendis sordibus. A media rodilla (m. adv.);* com um joelho em terra. *Genu flexu. De rodilla en rodilla;* de varão em varão. *Masculina progenie. De rodillas (loc. adv.);* de joelhos. *Flexis genibus. Doblar la rodilla (fr.);* dobrar o joelho, curvar-se, humilhar-se. *Alicui se subjicere. Estar en tal ó tal rodilla (fr.);* estar em tal ou tal grau de parentesco. *Hincarse de rodillas.* V. *Arrodillarse:* — *(naut.)* V. *Mortero,* na accepção nautica.

Rodillada. *f.* V. *Rodillazo:* — genuflexão. *Genuflexio, onis.*

Rodillazo. *m.* Joelhada; pancada com o joelho. *Genu percussio facta.*

Rodillera. *f.* Joelheira; cobertura do joelho, seja por adorno ou para defeza. Usa-se frequentemente no plural. *Genualia, ium:* — joelheira; peça ou remendo no fato, na parte correspondente ao joelho. *Bracearum ad genua sarcimen.*

Rodillero, ra. *adj.* Pertencente aos joelhos. *Ad genua pertinens.*

Rodillo. *m.* Rolhão; madeiro cylindrico e forte sobre que se conduzem pesos. *Cylindrus ligneus:* — rolo; cylindro mui pesado que se faz rodar para aplanar a terra. *Valgium, ii:* —*(ant.)* V. *Rodal. De rodillo a rodillo (fr.);* no jogo da bola; diz-se quando se despede com violencia uma bola rasteira, para que topando outra bola ou a que serve de alvo as mude de logar. *Globulo jacto:* — *(art.)* rolo; instrumento cylindrico com que se estende a tinta sobre as fôrmas typographicas.

Rodilludo, da. *adj.* Joelhudo; que tem joelhos grossos e volumosos. *Magnis genibus præditus.*

Rodio, dia. *adj.* Rhodio; natural ou pertencente á ilha de Rhodes. *Rhodius, a, um.*

Rodiota. *m.* Rhodiota; natural de Rhodes.

Rodista. *adj.* V. *Rodio.*

Rodita. *f. (min.)* Rodita; pedra de côr e fórma de rosa.

Rodizito. *m. (min.)* Rodizito; especie de borato de magnesia.

Rodo. *m.* V. *Rodillo,* cylindro para aplanar a terra: — *(ant.)* rodeio. *Traer a rodo (fr. ant.);* regular, compor.

Rodocera. *f. (zool.)* Rhodocera *(antenna em fórma de rosa);* genero de insectos lepidopteros da familia dos diurnos.

Rodoceridos. *f. (zool.)* Rhodoceros; tribu de insectos lepidopteros da familia dos diurnos, caracterisados pelas suas antennas conicas.

Rodoclorito. *m. (min.)* Rodochlorito; carbonato de manganez.

Rodocromo. *m. (min.)* Rhodocromo; variedade de serpentina em que entra grande quantidade de oxydo de chromio.

Rododactilo, la. *adj. (zool.)* Rhododactylo; diz-se dos insectos que têem azas digitaes e côr de rosa.

Rododafne. *m. (bot.)* V. *Adelfa.*

Rododéndreas. *f. pl. (bot.)* Rhododendreas; tribu de plantas da familia das ericaceas, que tem por typo o genero rhododendro.

Rododendro. *m. (bot.)* Rhododendro *(arvore de rosa);* genero de plantas da familia das ericaceas, composto de arvores e arbustos notaveis pela belleza de sua folhagem persistente, e especialmente pelas suas grandes e brilhantes flores.

Rodogastro, tra. *adj. (zool.)* Rhodogastro; diz-se de alguns insectos que têem o ventre rosado.

Rodografía. *f.* Rhodographia; descripção das rosas.

Rodográfico, ca. *adj.* Rhodographico; pertencente á rodographia.

Rodografo. *m.* Rodographo; que escreve ácerca das rosas.

Rodolena. *f. (bot.)* Rhodolena *(envoltura de rosa);* genero de plantas da familia das denaceas, cujo typo vegeta no Madagascar.

Rodoleuco, ca. *adj. (bot.)* Rhodoleuco; que é branco e rosado.

Rodolita, Rhodonita. *f. (min.)* Rodolitha; silicato de manganez côr de rosa.

Rodolojía. *f.* Rhodologia; tratado das rosas.

Rodolójico, ca. *adj.* Rhodologico; pertencente á rhodologia.

Rodomel. *m. (pharm.)* Rhodomel, mel rosado.

Rodomela. *f. (bot.)* Rhodomela *(rosa negra);* genero de algas da familia das florideas, notaveis pela sua côr roxa anegrada.

Rodoméleas. *f. pl. (bot.)* Rhodomeleas; tribu de plantas phyceas, que tem por typo o genero rhodomela.

Rodomiel. *f. (pharm.)* V. *Rodomel.*

Rodona. *f. (fam.)* V. *Andorrera.*

Rodonoma. *f. (bot.)* V. *Dasia.*

Rodóptero, ra. *adj. (zool.)* Rhodoptero; diz-se do insecto que tem azas rosadas.

Rodora. *f. (bot.)* V. *Rododendro.*

Rodoráceas. *f. pl. (bot.)* V. *Rododendreas.*

Rodospermo, ma. *adj. (bot.)* Rhodospermo; que tem sementes rosadas.

Rodostomo, ma. *adj. (zool.)* Rhodostomo; que tem a bôca rosada.

Rodrigar. *a.* Empar; encostar a vide aos tanchões. *Pedare.*

Rodrigazon. *f.* Empa; tempo proprio de empar as vinhas. *Pedandi, pedationis tempus.*

Rodrigon. *m.* Tanchão; vara ou estaca para empar as vides ou as arvores. *Ridica, pedamentum:* — *(fam.)* creado, lacaio que acompanha a pé algumas senhoras. *Pedissequus, i.*

Rodriguez. *m.* Rodrigues; filho de Rodrigo. Hoje é appellido de familia. *Roderici filius.*

Rodulfino, na. *adj. (hist.)* Rodolphino; pertencente ao imperador Rodolpho. *Tablas rodulfinas (math.);* tábuas rodolphinas; nome das tábuas astronomicas de Kepler, dedicadas ao imperador Rodolpho II.

Roealtares. *m. (fam.)* V. *Santurron.*

Roedor, ra. *adj.* Roedor; que roe. *Rodens, entis:* — que commove, que abala a alma, que causa desgosto. *Intus rodens:* — *m. pl. (zool.)* roedores; ordem de mammiferos que tem a propriedade de comer e roer os alimentos sem lhes ser possivel apanharem uma presa viva e tirar-lhe a carne, o que lhes deu o nome por que são conhecidos na sua classe.

Roedura. *f.* Roedura; acção de roer. *Rosio, corrosio:* — roedura; porção roida. *Rosio, corrosio.*

Roel. *m. (bras.)* Arruella; peça redonda na quarta parte do escudo de armas. *Orbiculus in stemmatibus.*

Roela. *f.* Arruela; pedaço de oiro ou prata em bruto do feitio de gamella. *Aurea argenteave rotula, capsula.*

Roer. *a.* Roer; cortar miudamente com os dentes. *Rodere:* — roer; tirar pouco a pouco a carne apegada aos ossos. *Rodere, exedere:* — *(fig.)* roer; consumir pouco a pouco. *Exedere, corrodere:* — roer; inquietar, molestar interiormente. *Ægritudine interius afficere, rodere:* — roer, murmurar.

Roete. *m.* Sumo de romã fermentado, para remedio. *Vinum ex malorum punicorum succo.*

Rogacion. *f.* Rogativa, rogatoria; acção de rogar. *Rogatio, onis:* — *pl.* rogações; preces publicas para obter bons fructos. *Rogationes; preces publicas:* — *(ant.)* rogativa, supplica, rogos: — *(hist.)* projecto de lei apresentado ao povo romano: — rogações; dizia-se dos tres dias que empregavam os irmãos *Arveles* em percorrer o campo, implorando a protecção dos deuses ruraes.

Rogador, ra. *s.* Rogador; o que roga. *Rogator, oris:* — *(hist.)* official romano encarregado de recolher os votos: — o que propunha uma lei.

Rogante. *p. a.* de *Rogar.*

Rogar. *a.* Rogar; pedir por mercê. *Rogare, petere:* — rogar; instar com supplicas e submissão. *Obsecrare, rogare, efflagitare. Rogar a ruines (fr.);* rogar a ruins; explica o pouco que se deve esperar de baixas condições. *Avaros vel viles rogare pudet. Hacerse de rogar (fr.);* fazer-se rogar; não satisfazer logo ao que se lhe pede. *Quod concedere tandem est animus, etiam enixe patentibus negare. El ruin cuanto mas le ruegan mas se ensancha (rif.);* o ruim quanto mais o rogam mais se entona. *Precibus et rogationibus superbit plebejus.*

Rogaria. *f. (ant.)* Rogo, supplica: — *(ant.)* V. *Rogativa.*

Rogativa. *f.* Rogativa; preces, rogos a Deus para obter remedios e bons fructos. *Supplicatio, deprecatio ad Deum.*

Rogativo, va. *adj.* Rogativo; que roga, que contém supplica. *Quod rogat, seu rogationem complectitur.*

Rogatorio, ria. *adj.* Rogativo; relativo aos rogos ou supplicas.

Rogo. *m. (ant.)* V. *Ruego.*

Roido, da. *adj.* Roto, desprezivel, miseravel. *Despicabilis, le:* — *m. (ant.)* V. *Ruido:* — ruido, nome, brado, fama. *Hacerse roido (fr.);* fazer ruido, publicar-se, divulgar-se.

Roidsia. *f. (bot.)* Roidsia; genero de plantas da familia das caparideas, que tem por typo um arbusto que vegeta na India.

Roijal. *m.* Terreno povoado de mato rasteiro, azinheiros, carrascos e outras arvores ou arbustos que se aproveitam para pasto de bois.

Rojeante. *adj.* Rubicundo, vermelho. *Rubens, entis.*

Rojear. *n.* Arroxear, roxear, avermelhar, tirar a côr vermelha. *Rubescere.*

Rojete. *m.* Vermelhão, rebique; côr, postura com que as mulheres compõem o rosto. *Purpurissum, i.*

Rojeto, ta. *adj. (ant.)* Roxeado; de côr tirante a roxo.

Rojez. *f.* Vermelhidão, rubor. *Rubedo, inis.*

Rojico, ca, llo, lla, to, ta. *adj. dim.* de *Rojo.* Vermelhinho.

Rojizo, za. *adj.* Arroxeado, roxeado, avermelhado: que tira a roxo ou vermelho. *Rubescens, entis.*

Rojío. *m. (ant.)* V. *Arroyo.*

Rojo, ja. *adj.* Roxo, vermelho ardente. *Ruber, bra, brum:* — ruivo. *Rubens, entis:* — ruivo; diz-se nas bestas da côr castanho muito vivo: — *alambrado;* vermelho muito carregado. *Ignei coloris:* — *de almagre (min.)* V. *Almagre:* — *de saturno.* V. *Minio.*

Rojura. *f.* V. *Rojez.*

Rokosz. *m. (hist.)* Rokosz; privilegio que tinham os nobres da Polonia de tomar as armas quando os ameaçava alguma invasão por parte do rei ou do senado.

Rol. *m.* Rol, catalogo, lista. *Elenchus, catalogus:* — *(naut.)* licença ou salvo-conducto do commandante de provincia de marinha, com a lista da marinhagem que leva o capitão ou patrão do navio.

Rolada. *f. (naut.)* Mudança; acção de rondar o vento.

Rolandia. *f. (bot.)* Rollandia; genero de plantas da familia das lobeliaceas, composto de arbustos que vegetam nas ilhas Sandwich.

Rolandra. *f. (bot.)* Rollandra; genero de plantas da familia das compostas.

Rolar. *n. (naut.)* Rondar; ir o vento successivamente variando de direcção. *Rolar el turno (fr.)*; ir por escala no serviço.

Roldana. *f. (ant.)* Vaso para vinho: — tronco ou madeiro tosco, abandonado no monte: — *(naut.)* roldana; roda, polé, moitão. *Trochlea ducendis funibus in navi.*

Rolde. *m.* Circulo, roda de pessoas ou cousas em ordem. *Circulus, corona.*

Roleo. *m. (ant. arch.)* V. *Voluta.*

Rolinia. *f. (bot.)* Rolinia; genero de plantas da familia das anonaceas, indigenas do Brazil.

Rolla. *f.* Especie de rolo entrançado, de esparto, que reforça e conserva fixa a colleira das bestas emparelhadas ou jungidas. *Tænia circumvoluta:* — *(prov.)* V. *Niñera.*

Rollado, da. *adj. (ant.)* V. *Arroyado.*

Rollar. *a. (ant.)* V. *Arrollar.*

Rollete. *f. dim.* de *Rollo.* Rolinho.

Rollizo, za. *adj.* Roliço; em fórma de rolo. *Teres, etis:* — roliço; diz-se da pessoa gorda e robusta. *Teres, torosus.*

Rollo. *m.* Rolo; peça longa, redonda em todo o seu comprimento. *Quid circumvolutum:* — rolo; peça de estofo ou tecido enrolado para vender-se. *Telarum venalium sarcina:* — pelourinho; collumna em praça publica, onde se expunham os criminosos. *Columna publica in foro:* — seixo; pedra roliça que se encontra nos rios, arroios ou praias. *Silex, icis:* — V. *Rolla. Enviar ó hacer ir al rollo (fr.)*; mandar á missa, passear ou bugiar; despedir alguem sem o attender nem satisfazer no que pede. *In malam crucem mittere:* — *(for.)* rolo; peça de um processo. Assim se dizia, porque, como antigamente se escrevia em pregaminho, se faziam tiras compridas, que se enrolavam para se levarem de uma para outra parte. *Volumen, inis.*

Rollon. *m.* V. *Acemite.*

Rollona. *adj. (fam.)* V. *Niñera. El niño de la rollona;* expressão que moteja o rapaz já crescido, a quem pegam ao collo como se fosse creancinha.

Romadizarse. *r.* V. *Arromadizarse.*

Romadizo. *m.* Defluxo; corrimento de mucosidades da parte interior do nariz. *Capitis gravedo, corysa.*

Romaica. *f.* Romaika; baile nacional dos gregos modernos.

Romaíco, ca. *adj.* Romaiko; pertencente aos gregos modernos.

Romalea. *f. (zool.)* Romalea *(forte)*; genero de insectos orthopteros, da tribu dos acrydidos.

Romalocera. *f. (zool.)* Romalocera *(antenna forte)*; genero de insectos coleopteros subpentameros, da familia dos cyclicos.

Romana. *f.* Romana; balança que tem um unico peso movel sobre o braço da alavanca. *Statera, æ. Entrar la romana (fr.)*; começar a pesar na balança romana com um certo numero de libras ou arrobas. *Stateram à certo pondere initium ducere. Hacer romana (fr.)*; equilibrar ou contrapesar uma cousa com outra. *Pondus ponderi æquare. Venir a la romana (fr.)*; ajustar-se alguma cousa ao peso que se queria examinar com a balança. *In æquam venire.*

Romañador. *m.* V. *Fiel de romana.*

Romanar. *a.* V. *Romanear.*

Romance. *m.* Romance; lingua castelhana ou portugueza. *Lingua vernacula hispanorum et lusitanorum:* — romance; cada uma das linguas vulgares que na idade media procederam da baixa latinidade. *Sermo vernaculus:* — *(poet.)* romance; composição poetica, em que se repete o mesmo assoante em todos os versos pares. *Compositio poetica versibus alternatè assonantibus:* — *corto;* romance de versos com seis syllabas: — *de gesta;* na antiga litteratura, eram os romances historicos ou reputados como taes: — *endecasílabo;* romance hendecasyllabo; que consta de versos de onze syllabas: — *heróico ó real.* V. *Romance endecasílabo:* — *pl.* subterfugios, escusas estupidas: — romance; livro em prosa ou verso, tratando de aventuras: — locução, modo especial de fallar. *En buen romance (loc.)*; em bom romance; claramente, sem equivoco, em bom portuguez. *Hablar en romance (fr. fig.)*; fallar em bom romance; explicar-se com clareza e sem equivocos. *Planè loqui:* — *(mus.)* romance; peça de musica de um só motivo lento, de caracter simples, e de melodia terna e natural.

Romancear. *a.* Romancear; traduzir em vulgar. *In vernaculam linguam vertere:* — romancear; explicar por outras palavras a oração, para facilitar a versão em latim. *Per periphrasim explicare.*

Romancero, ra. *s.* Romanceiro, romancista; o que compõe, canta ou sabe romances. *Poematiorum hujus nominis auctor vel cantor:* — *m.* romanceiro; livro ou collecção de varios romances, especialmente dos antigos. *Collectio poematiorum hujus nominis.*

Romancesco, ca. *adj.* V. *Novelesco.*

Romancista. *m.* Romancista; o que escreve ou traduz em lingua vulgar. *Qui lingua hispana aut lusitana tantùm scribit:* — cirurgião que não sabe latim, e que só tem pratica.

Romancico, llo, to. *m. dim.* de *Romance.* Romancinho.

Romanear. *a.* Pesar com a balança romana. *Statera ponderare:* — *n.* pesar mais qualquer cousa para o lado onde está. *Pondere præst.*

re, vincere: — *(naut.)* mudar pesos a bordo, de um para outro lado, para equilibrar o navio ou accommodar melhor a estiva.

Romaneo. *m.* Acção de pesar com a balança romana. *Ponderatio ope staterœ.*

Romanero. *m.* V. *Fiel de romana.*

Romañilla, ta. *f. dim.* de *Romana.* Pequena balança romana.

Romanina. *m.* Certo jogo em que uma especie de pião derruba uns pausinhos collocados sobre uma mesa comprida, similhando um pequeno bilhar.

Romano, na. *adj.* Romano; pertencente a Roma. *Romanus, a, um:* — *adj.* e *s.* romano; natural de Roma. *Romanus, a, um:* — nome dos gatos de côr malhada de listas transversaes de côr parda e negra. *Catus fasciis transversis nigris et cinereis varius:* — alperche muito grande e saboroso, que tem o caroço corado e a polpa adherente a elle. *Cotoneum romanum:* — *adj. (ant.)* V. *Español*, em contraposição a godo, isto é, de conquistador ou descendente d'estes. *A la romana (loc. adv.);* á romana, ao uso de Roma. *Romano more. Arquitectura romana (arch.);* architectura romana; designa-se assim a ordem toscana e composita: — *(art.)* romano; nas imprensas assim se diz de dois caracteres de typo, um equivalente a 16 pontos typographicos e o outro a 9. *Números romanos (math.);* numeros ou algarismos romanos; letras com que estes exprimiam quantidades, e ainda hoje se usam em mostradores de relogios, etc., e são C, *D*, *I*, L, M, V, X.

Romanticismo. *m.* Romanticismo; escola e systema litterarios, que procedem das idéas e gosto da idade media, em contraposição aos que se derivam da antiguidade classica.

Romántico, ca. *adj.* Romantico, romanesco: — romantico; pertencente ao romancismo.

Romanz. *m. (ant.)* V. *Romance.*

Romanza. *f. (mus.)* V. *Romance.*

Romanzador. *m. (ant.)* Traductor, trasladador; o que traduz na lingua vernacula o que está em outro idioma. *Qui in vernaculam linguam vertit.*

Romanzar. *a.* V. *Romancear.*

Romanzon. *m.* Romance muito grande e volumoso, composto em verso. *Longioris molestique poematii hispanici genus.*

Romanzosvita. *f. (min.)* Romanzosvita; variedade de granada que se encontra na Finlandia.

Romaria. *f. (ant.)* V. *Romería.*

Romaza. *f. (bot.)* Labaça azeda, da familia das polygoneas, composto de hervas annuaes ou vivazes, de sabor acido.

Rombífero, ra. *adj. (min.)* Rhombifero; certo crystal em que algumas de suas facetas são perfeitos rhombos.

Rombifoliado, da. *adj. (bot.)* Rhombifoliado; com folhas em fôrma de rhombo.

Rombifolio. *f. (bot.)* V. *Neurocarpo.*

Rombiforme. *adj.* Rhombiforme; de folhas em figura de rhombo.

Rombo. *m. (math.)* Rhombo, losango; parallelogrammo de lados iguaes e de angulos desiguaes. *Rhombus, i:* — *(zool.)* V. *Rodaballo.*

Rombocéfalo. *m. (zool.)* Rhombocephalo; genero de myriapodas da familia das escolopendridos.

Rombodera. *f. (zool.)* Rhombodera *(collo rhomboide);* genero de insectos coleopteros pentameros da familia dos carabicos.

Romboédrico, ca. *adj.* Rhomboedrico; qualificação de um systema de fórmas crystallinas que tem por fórma fundamental o rhomboedro.

Romboedro. *m. (min.)* Rhomboedro; nome substituido ao de rhomboide para designar um solido que differe do prisma quadrangular em que as seis faces estão collocadas com regularidade umas a respeito das outras.

Romboidal. *adj.* Rhomboidal; com figura de rhombo ou rhomboide.

Romboide. *m. (math.)* Rhomboide; parallelogramo em que os angulos e lados contiguos são desiguaes.

Rombopalpo. *m. (zool.)* Rhombopalpo *(palpo rhomboide);* genero de insectos coleopteros subpentameros da familia dos cyclicos.

Romborina. *f. (zool.)* Rhomborina; genero de insectos coleopteros pentameros da familia dos lamellicornes.

Rombosporo, ra. *adj. (bot.)* Rhombosporo; que tem sementes rhomboidaes.

Romeina. *f. (min.)* V. *Romeita.*

Romeita. *f. (min.)* Romeita; antimoniato de cal, substancia mineral de côr amarella, de fractura granulosa, insensivel á acção dos acidos.

Romeo, mea. *adj.* V. *Romero.*

Romeraje. *m.* V. *Romería.*

Romeral. *m.* Logar plantado de alecrim. *Ager vel locus rore marino plenus.*

Romería. *f.* Romaria; peregrinação, viagem feita especialmente por devoção, a algum santuario. *Sacra peregrinatio:* — *(ant.)* romaria; peregrinação a Roma. *Romería de cerca mucho vino y poca cera (rif.);* muitas vezes se tomam como pretexto as devoções para assim se gosar e divertir. *Brevis peregrinatio vinum quœrit. A las romerías y á las bodas van las locas todas (rif.);* ás romarias e ás vodas não as loucas todas. *Vagatio et saltatio feminas non decet honestas. Quien muchas romerías anda, tarde ó nunca se santifica (rif.);* quem muitas romarias anda, tarde ou nunca se santifica. *Non in vagatione devotio.*

Romero, ra. *adj.* Romeiro; peregrino que vae em romaria. *Peregrinus ad loca sacra:* — *(ant.)* romeiro; peregrino de Roma. *Echar un romero (fr.);* deitar sortes para ver a quem toca o voto ou promessa de uma romaria entre muitos. *Sortitione uti, sortiri ad sacram peregrinationem. Romero ahito saca zatico (rif.);* agua molle em pedra dura, tanto dá até que fura. *Gutta cavat lapidem; assidua stilla saxum cavat:* — *m. (bot.)* alecrim; genero de plantas da familia das labiadas:—*(zool.)* romeiro; especie de peixes do genero gadus, do comprimento de cinco a seis pollegadas: — *(naut. ant.)* promessa com offertas á Virgem ou a algum Santo quando ha perigo no mar. *Hechar un romero (fr.);* fazer promessa a Deus ou a algum Santo, e receber as esmolas e offrendas que se lhe hão de levar quando se esteja livre do perigo.

ROMI, ROMIN. V. *Azafran.*

ROMICO, CA, LLO, LLA, TO, TA. *adj. dim.* de *Romo.*

ROMO, MA. *adj.* Rombo, obtuso, não pontudo. *Obtusus, a, um:* — rombo; que tem o nariz chato e curto, não agudo. *Simus, a, um:* — diz-se do mulo asneiro, nascido de cavallo e burra. *Hinnus.*

ROMPECOCHE. *m.* Tecido forte de lã usado antigamente. *Telæ laneæ genus.*

ROMPEDERA. *f.* Rompedeira; cunha cravada n'um cabo com que os ferreiros abrem o ferro em brasa. *Ferramentum manubriatum ad fabrilia ferrea mallei ictibus perforanda.*

ROMPEDERO, RA. *adj.* Fragil; facil de romper-se. *Quod facilè rumpi potest.*

ROMPEDOR, RA. *adj.* Estragador; que rompe, estraga. Diz-se especialmente do individuo que rompe ou estraga muito fato. *Discerpens, deterens.*

ROMPEDURA. *f.* V. *Rotura.*

ROMPEESQUINAS. *m.* V. *Perdonavidas.*

ROMPER. *a.* Romper, despedaçar, rasgar, quebrar. *Scindere:* — romper, quebrar; fazer pedaços. *Frangere:* — romper; gastar, estragar muito o fato, e por extensão se diz de outras cousas. *Deterere, discerpere:* — romper; desbaratar, desfazer um corpo de gente unida. *Profligare:* — romper, arrombar; fazer rotura ou abertura em qualquer corpo. *Rumpere, dividere:* — romper, arrotear; desmoutar a terra cega de mato bravio, semeia-la a primeira vez. *Proscindere, arare incultum agrum:* — romper; cortar, interromper a união de um corpo. *Interscindere, interrumpere:* — romper; transpor os limites, transgredir. *Transgredi:* — *(fig.)* romper; dividir ou separar por tempo breve a união ou continuidade de algum corpo fluido, como o ar, a agua, etc. *Dividere:* — romper; fallando do sol ou da luz, vencer com sua claridade, descobrindo-se á vista o impedimento que o obscurecia. *Erumpere:* — *(p. And.)* desparrar as cepas: — *n.* V. *Empezar*, começar, como: *romper el dia, romper a hablar;* romper, apparecer o dia, começar a fallar. *Inchoare, incipere:* — atravessar a caça para alguma parte, apartando-se do caminho que se esperava ella levasse. *Deviare, elabi:* — romper; resolver-se á execução de alguma cousa em que existiam difficuldades. *Decernere, statuere:* — romper, brotar. *Erumpere, prorumpere:* — romper; abrirem as flores, florescerem as plantas. *Pullulare, floresce re:* — romper; abrir caminho. *Perrumpere:*—romper, interromper; cortar a conversa. *Interrumpere, sermonem intercipere:* —romper; violar a lei, preceito ou dever, infringi-los. *Infringere:* —*r.* desenvolver-se, desembaraçar-se em suas acções ou procedimento. *Expeditum, habilem reddi. Romper con alguno (fr.);* romper com alguem; indispor-se com alguem, mostrar-lhe a sua antipathia. *Amicitiæ renuntiare. Romper por todo (fr.);* romper por tudo, arrojar-se á execução de alguma cousa superando difficuldades. *Rem aggredi nulla habita periculi ratione. De rompe y rasga (loc. fam.);* de faca e calhau; demasiada energia ou genio nas acções de alguem. *Liber, solutus, audax:* — *n. (naut.)* V. *Rebentar*, primeira acepção nautica: — *r.* romper-se; fallando das nuvens ou celagens, dividirem-se ou separarem-se em porções maiores ou menores.

ROMPE-VEJIGAS. *m. (phys.)* Rompe-bexigas; cylindro de vidro aberto pelas duas extremidades, e coberto n'uma d'ellas com uma pelle de bexiga, que se rompe quando se faz o vacuo no cylindro.

ROMPIDO, DA. *adj. (bras.)* V. *Fallido.*

ROMPIENTE. *m. (naut.)* Cachopo, escolho, rochedo á flor da agua, onde rebenta o mar. *Scopulum, syrtis:* — *adj. (ant.)* rompente; que rompe.

ROMPIMIENTO. *m.* Rompimento; acção de romper. *Ruptio, diruptio* — rompimento; estado de cousa rota. *Ruptio, diruptio:* — rompimento, arrotea. *Prima terræ proscissio aratri ope:* — *(fig.)* rompimento; desavença ou discordia entre pessoas. *Dissidium, ii:* — rompimento; rotura, abertura de cousa rota ou desunida, desunião. *Diruptio, scissura:* — direito que paga, nas parochias, o que tem sepultura ou jazigo proprio na occasião de usar d'elle. *Jus parœciale pro apertura sepulchri:* — *(pint.)* vista de fundo que parece romper a superficie, ou a vista do céu, fingindo abrir-se e deixando ver alguma parte da gloria ou resplandor. *Specus in tabulis pictis.*

ROMULEA. *f. (bot.)* V. *Triconema.*

RON. *m.* Rum; aguardente de assucar. *Aqua vitæ ex sachari arundine distillata.*

RONABEA. *f. (bot.)* Ronabea; genero de plantas da familia das rubiaceas, composto de arbustos indigenas da Guyana.

RONCA. *f.* Ronca; bravata, ameaça de fanfarrão. *Jactatæ minæ:* — ronca, berra; a brama do gamo com cio, chamando a femea. *Rhoncus, i:* —arma similhante á partasana. *Armorum genus hastæ bipenni simillimum. Echar roncas (fr. fam.);* estar rouco. *Raucire; raucum esse vel fieri:* V. *Echar bocanadas. Minas jactare.*

Roncador, ra. *adj. s.* Roncador, o que ronca. *Qui stertit:* — *(zool.)* especie de peixes do genero peixe espada. V. *Sobrestante,* nas minas de *Almaden.*

Roncalés, sa. *adj.* Roncalez; pertencente ao valle de Roncal e a seus habitantes: — *m.* roncalez; natural do dito valle.

Roncamente. *adv. m.* Grosseira, tosca, rusticamente. *Rusticè, inconditè.*

Roncar. *n.* Roncar; dar um som rouco dormindo. *Stertere, rhoncos edere:* — roncar; fazer ruido surdo ou rouco os instrumentos de vento. *Raucè resonare:* — roncar; fazer ruido rouco e surdo, o mar, etc. *Raucè resonare:* — *(fam.)* roncar, bravatear; ameaçar em vão. *Minas sanis inmixtas jactare:*—bramar; chamar o gamo á femea quando está com cio. *Damam rhoncos edere.*

Ronce. *m.* V. *Ronceria,* expressão de carinho e affago.

Roncear. *a.* Roncear, remanchar; dilatar, entreter, retardar alguma cousa, andar vagaroso, obrar ronceiramente. *Morari, procrastinare:* — attrahir, affagar, adular, fazer a bôca doce para alcançar algum fim. *Blanditiis aliquem allicere:* — *(naut.)* roncear; navegar vagarosamente. *Lentè navigare.*

Roncería. *f.* Ronçaria; lentidão, tardança, demora em satisfazer algum pedido ou exigencia. *Tarditas, lentitudo:* — meiguice, festa, expressão de affago e carinho para conseguir algum fim. *Callidæ blanditiæ:* — *(naut.)* ronçaria; vagar na marcha de um navio. *Tarditas, lentitudo navis.*

Roncero, ra. *adj.* Ronceiro, tardo, vagaroso, zorreiro. *Tardus, lentus:* — grosseiro, mal acondicionado, intratavel. *Asper, era, erum:* — adulador, lisonjeiro; que usa de meiguices e lisonjas para alcançar algum fim. *Blandus, adulator:*— *(naut.)* ronceiro, zorreiro; diz-se do navio mau veleiro e vagaroso. *Lentus, tardus.*

Ronco, ca. *adj.* Ronco, rouco, enrouquecido; que tem rouquidão. *Raucus, a, um:* — rouco, rude, fallando da voz ou som. *Raucus, inconditus.*

Roncon. *m.* Ronca; baixo da gaita de folle, que consiste n'um tubo unido ao folle, o qual, ao mesmo tempo que soa a gaita, forma o baixo do instrumento. *Ronca fistula.*

Roncha. *f.* Vergão; o signal levantado que deixa no corpo o golpe da vara ou açoite. *Livor, oris:* — o pulmão que se eleva em figura de fava no corpo do animal. *Vibex, icis:* — *(fig.)* damno recebido em dinheiro por motivo de fraude. *Fraudulenta nummorum extorsio:* — *(p. Ar.)* talhada redonda de qualquer cousa. *Rotundum segmentum.*

Ronchar. *a.* V. *Ronzar:* — fazer ou causar vergões ou pulmões na pelle. *Vibicibus afficere.*

Ronchon. *m. augm.* de *Roncha.*

Ronda. *f.* Ronda; acção de rondar. *Nocturna lustratio, circuitio:* — ronda; a gente que anda rondando. *Vigiles exploratores vel excubitores:* — *(mil.)* roda; espaço entre a parte interior da muralha e das casas da cidade, villa ou fortaleza. Tambem se chama assim o espaço que rodeia as muralhas pela parte exterior: — ronda; certo jogo de cartas. *In chartarum ludo sors quædam:* — serenata ou descante; a musica e reunião de rapazes, que de noite cantam ás portas ou defronte das janellas das raparigas. *Farol de ronda;* lanterna de furta-fogo; lanterna disposta de maneira que quem a conduz pôde ver aos demais sem ser visto.

Rondador. *m.* Rondador; o que ronda. *Circuitor, oris.*

Rondalla. *f.* Contos, historias, fabulas, historietas para distrahir. *Commentum, fabula:* — *(p. Ar.)* serenata.

Rondana. *f. (naut.)* V. *Roldana.*

Rondaquina. *f. (bot.)* V. *Brasenia.*

Rondar. *n.* Rondar; fazer a ronda. *Urbem circuire, lustrare, excubitas agere:* — rondar; correr as ruas de noite, especialmente os mancebos, para galantear o bello sexo. *Vias, domum vel fores amasiæ noctu perlustrare:*—*a.* rondar, andar á roda de alguma cousa. *Circuire:* — rondar; andar em torno de alguem, ou perseguindo-o para algum fim. *Continuò persequi:* — atacar, ameaçar a alguem o somno, a enfermidade, etc. *Imminere:* — *a. (naut.)* rondar; atesar, rodear ou dar voltas com um cabo á roda de um mastro ou de qualquer outra cousa em que trabalham: — *n.* V. *Rolar.*

Rodnel. *m.* Especie de verso pouco usado. *Metri genus.*

Rondelecia. *f. (bot.)* Rondelecia; genero de plantas da familia das rubiaceas, que vegetam nas Antilhas.

Rondi. *m. (art.)* V. *Rondis.*

Rondin. *m. (mil.)* Ronda que de ordinario faz um official inferior nas muralhas, para observar as sentinellas. *Excubiæ vigilias seu vigiles lustrantes:* — guarda dos arsenaes de marinha. *Navalium custos.*

Rondis, Rondiz. *m. (art.)* Fundo ou a maior base de uma pedra preciosa. *Lapillorum basis major.*

Rondó. *m. (mus.)* Rondó; composição musica, cujo thema se repete muitas vezes. *Scriptionis musicæ genus.*

Rondon. *m.* Rondão; voz que só tem uso em *de rondon (loc. adv.);* de rondão, de repente, de golpe e sobresalto. *Inconsultè, inconsideratè.*

Ronfea. *f. (ant.)* Espada comprida.

Ronjigata. *f. (prov.)* V. *Rehilandera.*

Ronquear. *n.* Estar ou fallar rouco. *Raucire, raucitate laborare.*

Ronquedád. *f.* Ronquice; embaraço na voz, que se solta com difficuldade, sumida e mal distincta. *Raucitas, atis.*

Ronquera. *f.* Rouquidão; mutação estranha do som natural da voz, occasionado por algum estorvo ou damno recebido em seus orgãos. *Raucitas, atis.*

Ronquez. *f. (ant.)* V. *Ronquera.*

Ronquido. *m.* Ronquido, ronco; som de quem ronca. *Rhoncus, i:* — *(fig.)* ronquido, ronco; ruido ou som rouco. *Inconditus sonus.*

Ronquillo, lla, to, ta. *adj. dim.* de *Ronco.*

Ronza (ir a la). *(fr. naut.)* Sotaventar-se uma embarcação, desganhar o barlavento. *Navim lentiùs progredi.*

Ronzal. *m.* Cabeçada ou cabresto de prender a besta á manjadoura. *Funes capistri:* — *(naut.)* V. *Palanca.*

Ronzar. *a.* Trincar; cortar com os dentes dando um certo estalo. *Dentibus atterere:* — *(naut.)* levantar, mover uma cousa pesada por meio de alavancas. *Vectibus movere.*

Roña. *f.* Ronha; especie de sarna que dá no gado lanigero. *Pecoris scabies, psora:* — *(fam.)* ronha, astucia, manha. *Calliditas, astus:* — *(fig.)* ronha; sugidade, porcaria inveterada. *Spurcitia, sordes:* — *(fig.)* ronha, erronea, vicio moral. *Corruptio morum.*

Roñada. *f. (naut.)* Annel maior ou menor, que se forma com um pedaço de cabo para diversos fins.

Roñeria. *f.* Ronha, malicia, astucia, artificio cauteloso. *Calliditas, astus:* — miseria ou mesquinhez no que se dá. *Avaritia, parcitas nimia.*

Roñoso, sa. *adj.* Ronhoso; que tem ou padece ronha. *Scabiosus, a, um:* — ronhoso, porco, sujo. *Sordidus, a um:* — ronhoso; fino, astuto, sobre tudo para os seus interesses. *Callidus, astutus:* — mesquinho, miseravel, avaro. *Avarus, nimis parcus.*

Ropa. *f.* Roupa; fazenda para vestidos, etc. *Omne telarum genus:* — roupa, fato, vestido, vestimenta. *Vestis, is:* — roupa; tudo que póde servir para abrigar do frio. *Quidquid fovendo calori deservit:* — roupa; capa ou vestidura que vae por cima de outras mais justas. *Toga, æ:* — tomento ou qualquer cousa, que posta debaixo ou entre outras, serve para fazer enchimento ou assento. *Tomentum, i:* — *blanca;* roupa branca; camisas, lençoes, toalhas, e toda a mais roupa d'este genero para uso individual. *Linea supellex:* — *de cámara;* roupa, vestido ou fato caseiro; a que serve de ordinario para andar por casa e quando se levanta da cama. *Vestis cubicularis:* — *talar;* roupa, vestidos talares; vestiduras compridas, e pelo commum largas ao corpo, que chegam até ao calcanhar. *Talaris tunica:* — *vieja;* guisado da carne cozida que sobejou da panella. *Obsonii genus e carne. Aclarar la ropa (fr.);* enxaguar a roupa. *Vestim lineam detergere. Acomodar la ropa limpia a alguno (fr.);* sujar ou deitar nodoas sobre o fato de alguem. *Vestem alicui fœdere. Apuntar la ropa (fr.);* apontoar a roupa; cose-la uma á outra, quando vae a lavar. *Sordida lintea lavanda filo perfunctoriè annectere. Buena ropa;* boa roupa, boa qualidade de pessoa ou cousa. *Optima res. Cojer la ropa (fr.);* compor, dobrar a roupa. *Vestes plicare, accommodare. Colar la ropa,* infundir a roupa. *Lintea lixiviâ purgare, mundare. Estirar la ropa (fr.),* puxar a roupa; desenruga-la depois de lavada e secca. *Lintea explicare, extendere. Guardar la ropa (fr. fig.);* guardar as costas; desviar o corpo de algum perigo. *Sibi cavere. Disparar a quemaropa (loc. adv.);* disparar á queima-roupa; sem pontaria certa e de muito perto. *Proximè, cominus: (fig.)* á queima-roupa; tambem significa acção ou dito inesperado contra alguem. *Insperatè, improvisò. Hacer a toda ropa (fr.);* andar a toda a roupa; roubar a amigos e inimigos, a torto e a direito, sem distincção de pessoa. *No tocar a la ropa ó al pello de la ropa (fr.);* não ser contra alguem em qualquer circumstancia. *Nec leviter nocere, offendere. Palpar la ropa.* V. *Tentar la ropa. Poca ropa;* homem de fraca roupa; pobre, mal vestido, ou o de pouco merito ou valor. *Levi vel lasera veste indutus. Tentar la ropa (fr. fig.);* apalpar a roupa o enfermo moribundo: agarrar-se pelas paredes, buscar subterfugios para fugir á rasão. *Tergiversari. Tentar la ropa a alguno;* tentar, apalpar alguem; indagar d'elle ou provoca-lo a que faça alguma cousa. *Tentare, invitare, inducere. Venderse ropa ó aqui se vende ropa (fr. fam.);* diz-se de algum sitio que está abrigado quando faz frio. *Apricus valdè locus:* — *a la mar (fr. naut.);* carga ao mar; locução com que se ordena se lance carga ao mar, em occasião de tormenta. *In mare jacienda ut navis levetur:* — *fuera (naut.);* roupa fóra; expressão usada nas galés, para avisar os forçados a preparar-se para o trabalho, desembaraçando-se das vestes. *Vestem deponas.*

Ropaje. *m.* Roupa; vestido exterior do corpo. Especialmente significa o vestido talar ou roupas compridas, vistosas e de auctoridade. *Vestis exterior, paludamentum:* — fáto, rouparia; conjuncto de roupas ou vestidos. *Pannorum seu vestium congeries, copia:* — *(pint.)* roupagem; a parte que representa as roupas, vestidos, pannos.

Ropala. *f. (bot.)* Ropala; genero de plantas da familia das protaceas, indigena da America tropical.

Ropálico, ca. *adj. (lit.)* Diz-se de um verso em que a primeira palavra é monosyllaba, a segunda um disyllabo, e assim por diante, augmentando progressivamente até á ultima. *Metri genus à monosyllaba voce incipientis atque in polissyllabas progredientis.*

Ropalócero. *m. (zool.)* Ropalocero; genero de insectos coleopteros tetrameros, da familia dos xylophagos.

Ropalomera. *f. (zool.)* Ropalomera; genero de insectos dipteros brachoceros, da familia dos athericeros.

Ropalopo. *m. (zool.)* Ropalopo; genero de insectos coleopteros subpentameros, da familia dos longicornes.

Ropalosis. *f. (med. ant.)* Molestia em que os cabellos engrossam pela extremidade.

Ropavejería. *f.* Loja de adelo. *Detritarum vestium taberna.*

Ropavejero, ra. *s.* Ropavelheiro, adelo; o que vende roupas e fatos usados. *Detritarum vestium scrutarius.*

Ropería. *f.* Rouparia; casa ou logar de convento ou communidade, onde se guardam as roupas. *Vestiarium, ii:* — officio de algibebe. *Vestiaria ars:* — loja de algibebe. *Vestiaria taberna:* — mister de guardar a roupa e cuidar d'ella. *Munus pannos ac vestes curandi et custodiendi:* — *de viejo.* V. *Ropavejeria.*

Ropero. *m.* Algibebe; alfaiate que vende fato feito e novo. *Vestiarius, vestium venditor:* — roupeiro; o que cuida da roupa. *Vestium custos:* — roupeiro; pastor que guarda ovelhas. *Puer pastorum suppellectilis custos:* — roupeiro; pastor que tem a seu cargo fazer os queijos. *Caseorum opifex.*

Ropeta. *f.* Roupeta; vestuario curto e de pouca roda. *Stricta et brevis tunica.*

Ropica, lla, ta. *f.* Capa dobrada, a que os francezes chamam *doublecape;* especie de casaco curto com mangas e cabeções, de que pendem regularmente outras mangas soltas ou perdidas, e se veste por cima do outro fato. *Stricta et brevis tunica, thorax manicatus. Dar a uno una ropilla (fr. fam.);* arguir amigavelmente. *Amicè et leniter arguere.*

Ropon. *m.* Roupão; vestido largo talar, muito fraldado, que se traz sobre outros. *Amplior seu latior tunica.*

Ropostemo. *m. (bot.)* Ropostemo; genero de plantas da familia das orchydeas, indigenas de Java.

Roque. *m.* Roque; ultima peça do canto, no jogo do xadrez. *In latrunculorum ludo scrupus ita dictus:* — *(ant.)* V. *Carro.*

Roqueda. *f.* Penedia; logar onde ha muitos penedos, rocas, penhas, rochedos. *Rupibus præruptus locus.*

Roquedal. *m.* V. *Roqueda.*

Roquedo. *m.* Rochedo, penha, penhasco. *Rupes, scopulus.*

Roqueño, ña. *adj.* Cheio de rochedos. *Scopulosus, a, um:* — duro como rocha.

Roqueo. *m.* Pesca entre os rochedos, que ordinariamente costuma ser de mariscos.

Roquero, ra. *adj.* Roqueiro; que pertence ou está edificado em rocha. *Ad rupes pertinens, rupes referens.*

Roqueta. *f.* Especie de atalaya antiga, que occupava uma parte interior do recinto da praça. *Speculæ, ac propugnaculi genus.*

Roquetal. *adj.* Do feitio ou a modo de roquete.

Roquete. *m.* Roquete, rochete; especie de sobrepelliz. *Amiculum lineum humerale:* — *(art.)* roquete; roda com dentes inclinados para um lado ou com figura triangular: — *(br.)* roquete; peça ou figura triangular no escudo. *Triangularis figura in stemmatibus:* — *(mil.)* V. *Atacador,* em artilheria.

Rorar. *a. (poet.)* Rorar, rociar, orvalhar.

Rorario. *adj. (hist. ant.)* Rorario; nome que se deu no principio ao soldado romano da primeira e infima ordem: — *m.* rorarios; soldados armados á ligeira, que os romanos punham na frente dos exercitos.

Rorela. *f.* V. *Drosera.*

Roridula. *f. (bot.)* Roridula; genero de plantas da familia das droseraceas.

Rorro. *m. (fam.)* Menino, pequenito. *Pupus, pusio. Vamos a lo rorro;* vamos ao hóhó, vamos dormir.

Rosa. *f.* Rosa; flor da roseira: — *(fig.)* rosa; malha encarnada que vem á pelle. *Macula rubra:* — rosa, roseta; laço de fita similhando rosas, etc. *Nexus rosæ formam referens:* — rosa; do feitio ou fórma similhante á rosa. *Res formam rosæ referens:* — rosa; diamante lapidado sem facetas superiormente e por baixo chato. *Genus adamantis ita dicti:* — rosa; côr rosada. *Roseus color:* — *del azafran;* flor do açafrão. *Flos croci:* — *de istria;* especie de cravo rosado ou côr de carne sobre um campo branco: — *(astr.)* V. *Cometa crinito:* — *de los vientos, rosa nautica (naut.);* rosa dos ventos, rosa nautica; a figura onde estão marcados os trinta e dois ventos. *Rosa nautica:* — *de oro (rel.);* rosa de oiro; rosa artificial, com folhas de oiro, que o papa benze na quaresma e leva em procissão, mandando-a depois a algum principe. *Noble rosa;* moeda de oiro gravada no reverso com uma rosa, que girava em Inglaterra.

Rosáceo, cea. *adj.* Rosacèo; de côr similhante á rosa: — *f. pl. (bot.)* rosaceas; familia de plantas dicotyledoneas, geralmente espinhosas, muito elegantes e odoriferas.

Rosácico, ca. *adj.* Rosacico; diz-se de uma substancia acida, rosada ou roxa, depositada pela urina depois dos accessos de febre intermittente.

Rosacruz. *m. (hist.)* Rosacruz; um dos graus da maçonaria.

Rosada. *f.* V. *Escarcha.*

Rosado, da. *adj.* Rosàdo; côr de rosa. *Roseus, a, um:* — rosado; composto de rosas. *Rosatus, a, um. Azucar rosado.* V. *Azucar.*

Rosal. *m. (bot.)* Roseira; arbusto da familia das rosaceas, que comprehende muitas especies e variedades: — *silvestre.* V. *Escaramujo.*

Rosalia. *f. (zool.)* Rosalia; genero de insectos coleopteros subpentameros, da familia dos longicornes.

Rosalina. *f. (zool.)* Rosalina; genero de foraminiferos rhizopòdas, que comprehende certas conchas microscopicas.

Rosariero. *m.* O que faz ou vende rosarios. *Rosariorum artifex aut venditor.*

Rosario. *m.* Rosario; contas de quinze mysterios. *Rosarium beatæ Mariæ Virginis:* — rosario; o conjuncto de ave-marias e padre-nossos rezados ou cantados por sua ordem, e contados pelo rosario material. *Rosarium recitatum:* — rosario; reunião de pessoas que recitam em côro o rosario. *Cœtus rosarium publicè recitantium:*—*(fam.)* rosario, espinhaço. *El rosario en el cuello y el diablo en el cuerpo (rif.)*; o rosario ao pescoço e o diabo no corpo, ou Deus na bôca e o diabo no coração; reprehende os hypocritas: — *(mech.)* rosario; machina hydraulica: — rosario; antiga moeda ingleza, assim chamada porque tinha um rosario gravado: — *(zool.)* especie de pombo de côr escura raiada.

Rosarse. *r.* V. *Sonrosearse.*

Rosato. *m. (chim.)* Rosato; sal produzido pela combinação do acido rosacico com uma base.

Rosca. *f.* Rosca; lavor espiral, com uma quina viva, que se faz aos parafusos de metal ou pau; as roscas entram no vão das porcas. *Cochlea, æ:* — rosca; qualquer das espiras de um parafuso: — rosca; qualquer cousa enroscada, deixando um vasio no centro. *Spira, æ:* — rosca; bollo de farinha, circular. *Cibum spirale:* — rolo circular que certos collegiaes trazem por distinctivo em um dos lados da batina ou garnacha. *In trabea panneus circulus:* — rosca; dobra causada em alguma cousa pelo seu movimento, como a da cobra a mover-se. *Spira convolatio. Hacer la rosca del galgo (fr.)*; enroscar-se como o cão, deitar-se em qualquer parte. *Ubivis cubare. Hacerse rosca;* enroscar-se, encolher-se, dobrar o corpo. *In spiram verti, contrahi. En rosca (loc. adv. naut.)*; em casco; diz-se do navio acabado de construir, ou considerado sem enxarcias nem mastreação.

Roscea. *f. (bot.)* Roscea; genero de plantas da familia das ginziberaceas.

Rosco. *m. (ant.)* V. *Hocico.*

Roseicolio, lia. *adj.* Rosicolleo; que tem o collo côr de rosa.

Roseigastro, tra. *adj.* Rosigastro; que tem o ventre côr de rosa.

Roseipenneo, nea. *adj.* Rosipenneo; que tem azas côr de rosa.

Rosel. *m. (ant.)* V. *Rosal.*

Roselita. *f. (min.)* Roselita; arseniato de cobalto com um quarto de calcareo.

Rosenia. *f. (bot.)* Rosenia; genero de plantas da familia das compostas: — V. *Galipea.*

Roseñol, Roseñor. *m. (ant.)* V. *Ruiseñor.*

Róseo, sea. *adj.* Roseo; côr de rosa. *Roseus, a, um.*

Rosero, ra. *adj.* O que apanha as flores do açafrão. *Croci florum collector.*

Roseta. *f. dim.* de *Rosa:* — V. *Chapeta:* — novela *(ant.)*; especie de doce.

Roseton. *m.* Florão, rosa; ornato usado em architectura. *Ornatus grandioris rosæ formam referens:* — *pl.* rosetas; rubor que ás vezes sobe ás faces.

Rosica, lla, ta. *f. dim.* de *Rosa.* Rosinha; pequena rosa.

Rosicler. *m.* Rosicler ou Rosicré; côr viva e brilhante, como de rosa rubra. *Roseus color:* —*(min.)* rosicler; metal rico de prata, maciço e vidroso, de côr roxa por fóra e encarnada por dentro. *Metallum coccinei coloris:* — *(min.)* nome que no Perú se dá ao mineral de prata vermelho.

Rosilla. *f. (bot.)* Rosilha; genero de plantas da familia das compostas, indigenas do Mexico.

Rosillo, lla. *adj.* Rosilho, russilho; de côr russa, com côr de rosa mesclada. *Subflavus, subrufus.*

Rosinela. *f. (zool.)* Rocinela; genero de crustaceos isopodas, da familia dos cymothoadios.

Rosinol. *m. (ant.)* V. *Ruiseñor.*

Rosita. *f. (min.)* Rosita; silicato de alumina de bases protoxydadas, com o aspecto côr de rosa.

Rosmarino. *m. (ant. bot.)* V. *Romero.*

Rosmaro. *m. (zool.)* V. *Vaca marina.*

Roso, sa. *adj.* V. *Rojo. A roso y velloso (loc. adv.)*; a torto e a direito; sem excepção nem consideração. *Penitùs, omnino.*

Rosoboda. *f. (ant.)* Especie de gelado.

Rosoli. *m.* Rossolis, rosasolis; licor composto de aguardente rectificada, assucar, canella, aniz, e outros ingredientes aromaticos. *Rossolis.*

Rosones. *m. pl. (veter.)* Vermes do tamanho de uma fava, grossos e vermelhos, que atacam os animaes domesticos. *Verminosi in animantibus morbi genus.*

Rosquete. *m. (prov.)* Rosquilha, argola doce maior que as regulares. *Parvulus artolaganus orbiculatus.*

Rosquilla. *f.* Rosquinha, argola doce; bolinho de farinha feito em argola torcida. *Exilis spira panis dulciarii. No saber a rosquillas (fr.)*; causar dor ou sensibilidade:—*(zool.)* designação das larvas de differentes insectos com o corpo naturalmente dobrado em annel. *Insectorum orbicularis larva.*

Rostelaria. *f. (bot.)* Rostelaria; genero de plantas da familia das acanthaceas: — *f. (zool.)* rostelaria; genero de molluscos gasteropodas pectinibranchios da familia dos alados.

Rostir. *a. (ant.)* V. *Asar.*

Rostrado, da. *adj. (ant.)* Rostrado; feito, terminado em bico de ave ou em esporão de navio. *Rostratus, a, um:* — *m. (ant.)* V. *Saeta:* — *(naut. ant.)* rostrado; dizia-se do navio ou galé com esporão na prôa.

Rostral. *m. (ant.)* V. *Saeta:* — *adj.* rostrata; epitheto applicado ás columnas erigidas em memoria de uma victoria naval, as quaes se ornavam de pôpas e prôas de naus e de galera com ancoras e harpéus. *Corona rostral;* corôa rostrata; a que se concedia ao romano que primeiro saltava no navio inimigo em combate naval, e era ornada de pôpas e prôas de nau: — *(zool.)* rostrata; diz-se das antennas quando são insertas sobre o bico ou focinho.

Rostramo. *m. (zool.)* Rostramo; genero de aves de rapina, cuja especie typica vive no Brazil.

Rostricorneo, nea. *adj. (zool.)* Rostricorne; diz-se do insecto em que as antennas se inserem sobre o focinho.

Rostriforme. *adj.* Rostriforme; que tem fôrma de bico.

Rostrico, Rostrillo. *m.* Especie de toalha que as mulheres punham á roda da cara e que hoje só se vê nas imagens da Virgem e de algumas santas. *Ornatus circumductus mulierum faciei:* — especie de aljofar medianamente grosso e cujo volume pôde variar, chegando a formar uma onça desde 500 a 1:200 das suas granulações. *Parvæ margaritæ sic dictæ.*

Rostrituerto, ta. *adj.* Carrancudo, trombudo; de semblante carregado. *Torvus ore.*

Rostro. *m.* Rostro; bico das aves, e por extensão se diz das cousas terminadas tambem em bico. *Rostrum, i:* — rostro, rosto, face, cara, semblante. *Os, facies, vultus:* — *(ant.)* V. *Aguijon:* — focinho: — *(hist. ant.)* rostro; tribuna onde os oradores romanos usavam fallar ao povo, chamada assim por estar ornada dos esporões das galés tomadas aos Anciates: — *(naut. ant.)* beque de navio. *Rostrum in navi. Rostro a rostro (loc. adv.);* rosto a rosto, cara a cara, face a face. V. *Cara a cara. A rostro firme;* a cara descoberta, com rosto firme; com resolução. *In faciem. Cubrir el rostro;* occultar o rosto; occultar alguma acção com artificio. *Celare, occultare. Dar en rostro alguna cosa;* dar em rosto; exprobrar, causar enojo ou repugnancia. *Stomachum alicui movere, animum offendere. Dar en rostro a uno con alguna cosa;* dar em rosto ou deitar em rosto; exprobrar a alguem, fazer-lhe reproche na sua presença das faltas ou lembrar-lhe os beneficios recebidos. *Exprobrare. Desencajarse el rostro.* V. *Desencajarse la cara. Encapotar el rostro (fr.);* torcer o rosto ou fazer mau rosto; tornar-se carrancudo, de mau humor, com mau modo. *Faciem immutare. Hacer rostro;* fazer rosto, fazer face. *Aciem in hostem obvertere;* tambem exprime o acto de combater ou pugnar as opiniões de alguem. *Adversari;* assim tambem a disposição para soffrer os contratempos ou adversidade. *Libenter, æquo animo tolerare;* bem como se toma na accepção de admittir ou conformar-se com alguma cousa ou circumstancia. *Libenter admittere. Volver el rostro (fr.);* voltar o rosto; olhar com ternura a alguem. E tambem significa desprezo quando a vista se desvia da pessoa. *Oculos in aliquem convertere, seu ab aliquo avertere:* — V. *Huir. Mas vale rostro bermejo que corazon negro (rif.);* mais vale rosto vermelho, que coração negro; quer dizer que a vergonha não deve ser em tal excesso que nos obrigue a occultar as nossas afflicções a quem possa remedia-las ou ao que no-las causou. *Melius est rubere faciem, quam tardè pœnitere.*

Rostrojo. *m. (ant.)* V. *Rastrojo.*

Rota. *f.* Rota; desbarato de exercito. *Clades, profligatio:* — V. *Derrota,* accepção de rumo ou caminho: — rota; tribunal de Roma, no qual se decidem em grau de appellação as causas ecclesiasticas de todo o orbe catholico. *Sacra Rota. Rota de la nunciatura apostólica;* tribunal supremo ecclesiastico de ultima appellação, em Hespanha: — *(ant.)* rotura, rompimento. *De rota ó de rota batida (loc. adv.);* de rota batida; com grande destroço. *Perditè, funditùs:* de rota batida, de caminho, sem demora. *Subitò, inconsultò. Dar rota (fr. ant.);* derrotar, desbaratar o inimigo.

Rotáceo, cea. *adj. (bot.)* Rotaceo; diz-se das corollas monopetalas, em que o tubo é muito curto e se estende logo formando um limbo aberto.

Rotacion. *f.* Rotação; movimento que o corpo tem rodando sobre si. *Rotatio, onis:* — *(agr.)* rotação; turno, alternativa, troca de colheitas n'um mesmo campo: — *(anat.)* rotação; movimento circular que certas partes do corpo podem executar: — *(bot.)* rotação; nome dado á circulação intra-cellular: — *(math.)* rotação; revolução de uma superficie em torno de uma recta immovel: — *(mech.)* rotação; movimento de um corpo em roda de uma linha recta, que recebe o nome de eixo de rotação.

Rotador, ra. *adj. (anat.)* Rotador; qualificação de certos musculos que fazem executar movimentos de rotação a varias partes do corpo: — *pl. (zool.)* rotadores; divisão ou sub-classe de infusorios que comprehende um sem numero de animaes microscopicos que vivem nas aguas.

Rotala. *m. (bot.)* Rotala; genero de plantas da familia das litraricas, indigenas da India.

Rotalia, Rotaliña, Rotalita. *f. (zool.)* Rotalia; genero de molluscos cephalopodos fosseis achados nos terrenos terciarios.

Rotamente. *adv. m.* Rotamente; abertamente, em segredo. *Perditè, flagitiosè.*

Rotang. *m. (bot.)* Rotang; genero de plantas da familia das palmeiras, cujas especies crescem na Asia e Africa intertropicaes.

Rotante. *p. a.* de *Rotar.*

Rotar. *n.* V. *Rodar:* — *r. (ant.)* V. *Moverse.*

Rothelia. *f. (bot.)* Rotbelia; genero de plantas da familia das gramineas, cujas especies crescem na Oceania tropical.

Rotela. *f. (zool.)* Rotella; genero de molluscos gasteropodas pectinibranchios da familia dos turbinaceos.

Rotia. *f. (bot.)* Rotia; genero de plantas da familia das compostas: — V. *Himenopapo.*

Rotífero. *m. (zool.)* Rotifero *(que tem rodas);* genero de infusorios rotadores da familia dos rotiferos, composto de especies microscopicas.

Rotlera. *f. (bot.)* Rotlera; genero de plantas da familia das euphorbiaceas.

Roto, ta. *p. p. ir.* de *Romper:* — *adj.* roto, esfarrapado, andrajoso. Tambem se usa como substantivo. *Discisis ac discerptis vestibus indutus:* — *(ant.)* licencioso, libertino, perdulario. *Effrans, liber:* — *(prov.)* vadio, tunante: — *(p. Mex.)* voz de desprezo equivalente a bandalho ou peralvilho. *Nunca falta un roto para un descosido (rif.);* nunca falta um roto a um descosido; dá a entender que os pobres e desvalidos costumam achar allivio e consolação entre os que tambem o são, e o costuma usar, como em despique, a pessoa que, por seu escasso haver ou pouco merito se vê desdenhada.

Rotofita. *f. (miner.)* Rotofita; variedade de granada que se encontra na Suecia.

Rotonda. *f.* Almofada das diligencias, cujos assentos são mais baratos que os do interior: — V. *Rotunda.*

Rótula. *f. (anat.)* Rotula; patella do joelho. *Rotula in cruribus:* — *(bot.)* rotula; genero de plantas dicotyledoneas da familia das barrogineas, que crescenasmargens dos rios na Cochinchina: — *(zool.)* rotula; genero de echinodermes echinidos, oriundos da costa occidental da Africa.

Rotular. *a.* Rotular; pôr titulo, inscripção, rotulo. *Inscribere.*

Rotulata. *f. (fam.)* V. *Rótulo,* inscripção: — collecção de rotulos. *Inscriptionum collectio.*

Rótulo. *m.* Rotulo, inscripção, letreiro. *Inscriptio, titulus:* — rotulo, etiqueta; papel escripto para dar a conhecer o conteúdo de alguma cousa. *Rotulus, i:* — cartaz; papel pregado nas esquinas noticiando alguma cousa ao publico. *Litteræ publicè appositæ:* — despacho expedido pela curia romana, em virtude das informações colhidas pelo ordinario sobre as virtudes de alguem, para se fazer a mesma informação em nome do Papa, e proceder á beatificação. *Rotulus, i:* — lista dos bachareis que pretendiam licenças para graduar-se na universidade de Alcalá. *Rotulus, i.*

Rotunda. *f.* Rotunda; edificio redondo por dentro e por fôra coberto por uma cupula.

Rotundamente. *adv. m.* Rotundamente. V. *Redondamente.*

Rotundicolio, lia. *adj. (zool.)* Rotundicolio; que tem collo redondo.

Rotundidad. *f.* V. *Redondez.*

Rotundifoliado, Rotundifolio. *m. (bot.)* Rotundifolio; que tem folhas redondas.

Rotundo, da. *adj.* Rotundo. V. *Redondo.*

Rotura. *f.* Rotura, abertura. *Fissura, æ:* — rotura; greta, fenda na terra ainda não arada. *Prima terræ aratro proscissio:* — *(fig. ant.)* desordem, liberdade de costumes, licença, libertinagem. *Dissolutio, nimia licentia:* — *(veter.)* rotura, contrarutura; hernia dos solipedes.

Roturar. *a.* Rotear; romper a terra inculta para se cultivar. *Agrum incultum proscindere:* — V. *Cultivar,* em cujo sentido se toma ás vezes.

Roverso. *m. (ant.)* V. *Reverso.*

Roxburjia. *f. (bot.)* Roxburgia; genero de plantas da familia das roxburgiaceas, que crescem no Japão.

Roxburjiáceas. *f. pl. (bot.)* Roxburgiaceas; familia de plantas monocotyledoneas.

Roya. *f. (agr.)* Ferrugem das searas e demais plantas. *Rubigo, inis:* — *(prov.)* V. *Rubia.*

Royuno, na. *adj. (p. Am.)* Privado de uma orelha; diz-se do cavallo.

Róza. *f. (agr.)* Roça; acção de roçar um terreno. *Runcatio, onis:* — roça; terra já roçada e limpa para ser semeada. *Ager runcatus. Estar en la roza (fr. ant.);* estar em conversa.

Rozadero. *m.* Roçado; logar em que se roça. *Locus in quo runcatur:* — roçado; tudo que se roça. *Res quæ runcatur.*

Rozado, da. *adj.* Coagulado, meio gelado; diz-se das bebidas meio geladas. *Subgelidus potus.*

Rozador, ra. *m.* Roçador; o que roça. *Runcator, oris.*

Rozadura. *f.* Roçadura; acção e effeito de roçar, attrito. *Fricatio, onis.*

Rozagante. *adj.* Roçagante; diz-se do vestido magestoso e com longa cauda. *Splendida vestis talaris:* — *(fig.)* roçagante, magnifico, pomposo, brilhante, esplendido. *Splendidus, a, um.*

Rozamiento. *m.* V. *Roze.*

Rozar. *a. (agr.)* Roçar; limpar a terra do mato. *Runcare:* — pastar, cortar, roer a herva com os dentes o animal, para a comer. *Dentibus carpere:* — *(art.)* raspar; igualar a superficie de uma parede, tirando-lhe qualquer curva ou saliencia. *Radere, planum reddere:* — roçar, raspar, rapar; tirar parte da superficie de alguma cousa. *Radere, eradere:* — *(germ.)* comer: — *n.* roçar; tocar levemente uma cousa na outra. *Leviter tangere, refricare:* — *r.* roçar-se; tocar um pé em outro. *Pedem pede colludere:* — roçar-se; tratar-se com familiaridade e confiança. *Familiaritate conjungi:* — gaguejar; embaraçar-se na pronuncia das palavras. *Balbutire, lingua hæsitare:* — roçar-se, approximar-se; parecer-se uma cousa com outra. *Referri, assimilari.*

Rozavillon. *m. (germ.)* Guilhote, papa-jantares.

Roze. *m.* Roçadura; acção de roçar ou roçar-se: — *(fig.)* trato frequente, familiaridade.

Rozera. *f.* Lenha que se tira das roças.

Roznar. *n.* Ornear, ornejar; zurrar o asno. *Rudere.* V. *Rebuznar:* — trincar, estalar cortado pelos dentes dos animaes quando comem cousas duras. *Stridorem ac strepitum edere inter mandendum.*

Roznido. *m.* Ruido que faz com os dentes um animal quando trinca cousas duras. *Dentium stridor:* — V. *Rebuzno.*

Rozno. *m.* Burrico; jumento pequeno. *Asellus, i:* — *(fam.)* V. *Rebuzno.*

Rozo. *m.* Roça; acto e effeito de roçar mato. *Runcatio, onis:* — lenha miuda que resulta da roçadura. *Lignorum scissorum reliquiæ:* — *(germ.)* comida.

Ru. *m.* V. *Zumaque. Rus, uris.*

Rua. *f.* Rua; espaço entre as casas, nas povoações, por onde se anda e passeia. *Oppidi callis, via:* — estrada, via publica. *Via publica.*

Ruan. *adj.* V. *Ruano:* — *m.* ruão; panno de linho tosado, que se fabrica em Ruão.

Ruana. *f.* Ruana; tecido de lã que se fabrica no Perú, e serve para vestir a gente pobre.

Ruano, na. *adj. (ant.)* Ruão; diz-se do cavallo branco com malhas pretas redondas: — que anda muito pelas ruas. Diz-se ordinariamente dos cavallos. *Urbanæ deambulationi paratus equus:* — que está em roda ou a faz. De ordinario diz-se da cobertura de cama dos pobres, já safada e velha. *In orbem dispositus stragulum attritum.*

Ruante. *adj. (br.)* Ruante; diz-se do pavão que levanta a cauda. *Caudam in orbem explicans.*

Ruar. *n. (ant.)* Arruar; passear para requestar. *Obsequi causa vias oppidi percurrere:* — rodar, passear, correr as ruas em trem. *Rheda vehi per oppidi vias.*

Rubbío. *f. (metrol.)* Rubbio; medida de liquidos usada na Lombardia, equivalente a 41 libras.

Rubelana. *f. (min.)* Rubelana; substancia mineral opaca, que tem o aspecto da mica, e se encontra na Bohemia.

Rubelita. *f. (min.)* Rubelita; variedade de turmalina carmesim, que se encontra na Siberia.

Rubelita. *f. (zool.)* V. *Bufonita.*

Rúbeo, bea. *adj.* Rubeo; de côr vermelha. *Rubeus, rubens.*

Rubeola. *f. (bot.)* V. *Crucianela.*

Rubeta. *f. (zool.)* Rubeta, rã de sarçal; genero de reptis batrachios, adornados de bonitas côres, especialmente o verde e o azulado.

Rubí. *m.* Rubi, rubim; pedra preciosa de côr roxa, rosea ou carmesim. *Silex spinelus:* — *(fig.)* rubim; que tem um vermelho vivo, como os labios, etc. *Carbunculus, i.*

Rubia. *f.* Ruiva, garança; planta da familia das rubiaceas, que serve para tingir de vermelho. *Rubia tinctorum:* — *(zool.)* ruivo; especie de peixes do genero ciprino.

Rubiáceas. *f. pl. (bot.)* Rubiaceas; familia de plantas dicotyledoneas monopetalas, cujas especies são arvores, arbustos ou hervas de folhas oppostas e de flores dispostas em racimos. A maior parte d'ellas possuem propriedades medicinaes, como a quina, a epicacuanha, o café, etc., e nas artes tambem são apreciadas pelos principios colorantes que subministra a ruiva e outras especies.

Rubial. *m.* Campo em que se cria a ruiva. *Ager rubia consitus:* — terreno arruivado. *Ager rubeus.*

Rubicano, na. *adj.* Rubicano, rubicão; diz-se do cavallo em que o pello é mesclado de branco e ruivo. *Equus albo et fulvo coloribus mixtus.*

Rubicela. *f. (min.)* Rubicela; aluminato de magnesia, topasio amarello avermelhado.

Rubicundez. *f.* Côr de rubim.

Rubicundo, da. *adj.* Rubicundo, vermelho. V. *Rubio.*

Rubificacion. *f.* Rubificação; acção de tingir uma cousa de vermelho.

Rubificar. *a.* Rubificar ou rubricar; tingir com côr vermelha. *Rubeum reddere.*

Robiforme. *adj. (bot.)* Rubiforme; que tem a fórma de framboesa.

Rubieva. *f. (bot.)* Rubieva; genero de plantas da familia das chenopodeas.

Rubin. *m.* V. *Rubí:* — ferrugem dos metaes.

Rubio, bia. *adj.* Ruivo; amarello mui acceso, tirante a vermelho claro. *Ruber, rutilus:* — *m. (zool.)* ruivo; peixe do mar.

Rubion. *adj. (bot.)* Especie de trigo que tem os grãos de côr ruiva.

Rublo. *m.* Rublo; moeda russiana. *Nummus argenteus quidam apud russos.*

Rubo. *m. (ant.)* V. *Zarza.*

Rubor. *m.* Rubor; vermelhidão, vermelho muito vivo. *Rubor, rubedo:* — rubor; o rubro das faces, por effeito do pudor. *Rubor, oris:* — rubor, pejo, vergonha. *Verecundia, modestia.*

Ruborosamente. *adv. m.* Pudicamente, modestamente. *Pudenter.*

Ruborosísimo, ma. *adj. sup.* de *Ruboroso.* Muito vergonhoso.

Ruboroso, sa. *adj.* V. *Vergonzoso.*

Rúbrica. *f.* Marca, signal encarnado. *Rubrica, æ:* — rubrica, signal, firma, cetra, guarda do nome; cifra que cada um faz no fim do seu nome. *Chirographus subscriptioni additus:* — *(for.)* rubrica; antigamente era o titulo dos livros de direito, escripto com letras vermelhas. *Rubrica, epigraphe:* — *(rel.)* rubrica; regras para officiar, em termo de liturgia. *Rubrica ecclesiastica:* — *fabril (art.);* rubrica; almagre usado pelos carpinteiros para assignalar as linhas na madeira que hão de serrar. *Rubrica fabrilis:* — *lemnia (min.).* V. *Bol. Rubrica lemnia.*

Rubricante. *adj.* Rubricador; que rubrica. *Chirographo apposito firmare.*

Rubricar. *a.* Rubricar; pôr a rubrica, o signal. *Chirographo signare:* — subscrever e sellar algum papel ou despacho com o sinete da pessoa em cujo nome se escreve. *Sigillum apponere, sigillo munire:* — *(fig.)* confirmar, testificar uma verdade. *Testari.*

Rubrificar. *a.* Pôr ou dar côr ruiva ou encarnada em alguma cousa.

Rubriquista. *m.* Rubricista; individuo bem versado nas rubricas ecclesiasticas. *Rubricarum ecclesiasticarum peritus.*

Rubro, bra. *adj.* Rubro; de côr rubra ou vermelha viva. *Ruber, rufus.*

Rubschita. *f. (min.)* Rubschita; variedade de carbonato de magnesia, que se encontra na Moravia.

Ruc. *m.* Ruc; ave fabulosa. V. *Rocho.*

Rucaria. *f. (bot.)* Rucaria; genero de plantas da familia das sapindaceas, que crescem na Guyana.

Rucio, cia. *adj.* Ruço, pardo claro, fallando do pello de um cavallo. *Canus, albicans:* —*(fam.)* ruço, grisalho; diz-se de quem começa a encanecer. *Canis, aspersus:* — *rodado;* ruço rodado; côr ruça de cavallo, apresentando malhas circulares, ou circulos formados de pello. *Equus leucophæus scutulatus.*

Ruckeria. *f. (bot.)* Ruckeria; genero de plantas da familia das compostas.

Ruda. *f. (bot.)* Arruda; genero de plantas dicotyledoneas, da familia das rutaceas, que tem por typo uma planta do mesmo nome, dotada de propriedades medicinaes: — *cabruna;* arruda de cabra; certa planta. *Ser mas conocido que la ruda, ó tan conocido como la ruda (fr. fam.);* ser mais conhecido que cão ruivo; ser geralmente conhecido. *Nulli non notus.*

Rudamente. *adv.* Rudamente, grosseira, broncamente; com rudeza. *Impolitè, inconditè.*

Rudbeckia. *f. (bot.)* Rudbeckia; genero de plantas da familia das compostas, que comprehende especies proprias de jardim.

Rudera. *f.* Entulho, caliça de um edificio arruinado. *Rudera.*

Rudez. *f. (ant.)* V. *Rudeza.*

Rudeza. *f.* Rudeza, grosseria; qualidade tosca que naturalmente affecta alguma cousa. *Ruditas, atis:* — rudeza, estupidez, pobreza de espirito. *Ingenii tarditas, hebetudo.*

Rudiario. *m. (hist. ant.)* Rudiario; gladiador retirado, a quem pelo seu merito se concedia o privilegio de não voltar ao circo.

Rudidad. *f. (ant.)* V. *Rudeza.*

Rudimentario, ria. *adj. (hist. nat.)* Rudimentar; diz-se de qualquer orgão em rudimento ou com desenvolvimento incompleto.

Rudimento. *m.* V. *Principio:* —*pl.* rudimentos, elementos, ensaios, principios de arte ou sciencia. *Rudimenta, orum:* — *(hist. nat.)* rudimento; primeiros traços de um orgão vegetal ou animal.

Rudistos. *m. pl. (zool.)* Rudistos; ordem de molluscos conchiferos dimyarios, encontrados fosseis nos terrenos cretaceos.

Rudjea. *f. (bot.)* Rudgea; genero de plantas da familia das rubiaceas, indigenas da Guyana.

Rudo, da. *adj.* Rudo, rude, tosco, grosseiro. *Rudis, is:* — rude, irregular, tosco; pouco conforme ás regras de arte. *Rudis, abnormis:* — rude, ignorante, estupido. *Tardus, hebes:* — rude, tosco; de maneiras grosseiras e incivis.

Rueca. *f.* Roca; instrumento de canna, em que as mulheres fiam. *Colus, i:* — torcedura, volta de alguma cousa. *Flexus, contorsio.*

Rueda. *f.* Roda; peça circular, que gira sobre um eixo. *Rota, æ:* — roda; circulo de pessoas ou de cousas. *Circulus corona:* — roda; cauda do pavão toda aberta. *Caudæ pavonis ambitus:* — roda; talhada redonda de carnes, fructas, etc. *Segmentum, minutal rotundum:* — roda, alternativa, revezadura, mudança. *Alternatio, vicissitudo:* — *(germ.)* roda, broquel: — *de la fortuna;* roda da fortuna; instabilidade das cousas humanas. *Rerum vicissitudo, instabilitas:* — *de Santa Catalina;* roda de Santa Catharina; a que os charlatães fazem estampar em alguma parte de seu corpo, e que ás vezes fingem ter no paladar. *Rota quædam cuti eorum impostorum inusta, qui salutatores vulgo dicuntur. Ande la rueda y cos con ella;* jogo de rapazes que dansam em circulo, dadas as mãos, e dando com os pés para trás, impedem se chegue o que anda fóra do circulo. *Vertatur in gyrum rota, calcesque undique jaciat. Comulgar con ruedas de molino;* commungar com mós de moinho; pretender que alguem creia cousas inverosimeis. *Traer en rueda;* trazer á roda de si; ter alguem ou muita gente occupada, com pressa, á roda de si. *Circum se ducere, agere:* — *(art.)* roda; instrumento de encadernadores para imprimir ou estampar filetes ou orlas nas lombadas dos livros: — roda; cada um dos cylindros de aço lisos, e justos um ao outro, com que os tiradores de oiro formam o escarchado: — disposição circular das folhas de uma obra impressa, nas typographias, a fim de se tirarem em ordem para a formação de cada tomo: — estofado; especie de anquinhas de lã ou de outras materias, que os alfaiates punham nas folhas das casacas dos homens. *Textum ex setis vestium plicaturis indurandis:* — roda; mó de moinho: — roda; rodizio dos moinhos de agua: — *catalina;* roda catharina ou de encontro; certa roda dos relogios, que dá movimento ao volante. *Rotula sic dicta in horologiis:* — *contadora.* V. *Rueda de cuenta:* — *copera;* roda de oleiro: — *corona.* V.

Rueda de canto: — *de abrillantadores y lapidarios;* roda de abrilhantadores e lapidarios; roda de aço, que serve para cortar os diamantes e outras pedras preciosas e dar-lhes polimento: — *de canto;* carreto; roda que encaixa nos dentes do peão da roda catharina: — *de cuenta;* roda de conta; pequena roda, que serve de guia para os quartos, nos relogios grandes ou de torre: — *de cuenta;* roda de estrella; uma roda que serve para os relogios darem o numero de badaladas correspondentes á hora que assignalam: — *de espaldas;* roda que se faz nas contradansas, voltando todos os hombros, dando-se as mãos, e caminhando á roda: — *del cilindro.* V. *Rueda de martillos:* — *del escape;* palheta; a ultima roda dos relogios, destinada a transmittir o movimento ao volante: — *de los minutos ó minutera;* roda dos minutos; a que rege os minutos no relogio: — *del rejistro;* roda do registro; porção de roda a que está sujeito o espiral dos relogios, e que serve para estes se atrazarem ou adiantarem: — *de martillos;* roda de cylindro; roda de aço, cujos dentes em fórma de martello põem em movimento o volante nos relogios de cylindro: — *dentada;* roda dentada; a que tem dentes iguaes e da mesma fórma em toda a sua circumferencia: — *horaria;* roda das horas; a que regula a marcação das horas: — *mediana;* roda mediana; a que está entre a das horas e a do canto, adaptando-se com a primeira pelo peão e com a segunda pelos dentes da propria roda. *Suplicio de la rueda (hist.);* supplicio da roda; supplicio que em outro tempo se impunha aos assassinos, ladrões de estrada, parricidas e outros criminosos, e que consistia em quebrar-lhes os ossos com uma barra de ferro, e faze-los expirar logo em uma roda. Este supplicio foi inventado na Allemanha e adoptado logo em outros paizes: — *(for.)* roda; chamamento que se faz de muitos presos nas cadeias, pondo entre elles aquelle a quem se imputa algum delicto, para que a parte ou testemunha o reconheça. *In carceratorum manifestatio, corona.*

Ruedecica, lla, ta. *f. dim.* de *Rueda.* Rodinha.

Ruedezuela. *f. dim.* de *Rueda.* Rodinha.

Ruedo. *m.* Rodeamento; acção de rodar. *Rotatio, onis:* — orla, franja, ou qualquer tira collocada em roda de alguma cousa. *Ora, limbus:* — roda, orla interior dos vestidos talares, na extremidade e em redor. *Vestis ora, limbus:* — esteira pequena e redonda, e tambem as felpudas ou de junco ou esparto lisas, compridas ou quadradas. *Storea in spiras ducta:* — circuito, circumferencia. *Ambitus, circuitus. A todo ruedo (loc. adv.);* a todo o custo, a todo o risco. *Quolibet discrimine:* á redea solta; com plena liberdade.

Ruego. *m.* Rogo; acto de rogar, pedir alguma graça ou mercê. *Rogatio, preces, precatio. A ruego ó a su ruego (loc. adv.);* a rogos de alguem. *Rogatu, ipsius rogatu. Mas vale el ruego del amigo, que el hierro del enemigo (rif.);* mais vale o rogo do amigo, que o ferro do inimigo; denota que a doçura e suavidade têem maior poder que o rigor e as ameaças. *Rogatu, non vi res obtinentur.*

Ruejo. *m. (p. Ar.)* Roda do moinho: — V. *Rodillo.*

Ruelia. *f.* Ruellia; genero de plantas da familia das acanthaceas, que crescem na Nova Hollanda.

Ruello. *m. (p. Ar. agr.)* Rolo ou cylindro de pedra, com que os lavradores aplanam o solo das suas eiras. *Cylindrus saxeus.*

Ruemper. *a. (ant.)* V. *Romper.*

Ruestiqueza. *f. (ant.)* V. *Rustiquez.*

Rufalandaina. *f. (fam.)* Chacota, zombaria, chocarrice.

Rufalandario, ria. *adj.* V. *Estrafalario.*

Rufezno. *m. (germ.)* V. *Rufiancillo.*

Rufian. *m.* Rufião; alcoviteiro de meretrizes. *Leno, onis:* — infame, homem sem honra. *Infamis homo.*

Rufianada. *f. (p. Cub.)* Acção propria de rufião.

Rufianar, Rufianear. *a.* e *n. (ant.)* Rufiar. V. *Alcahuetear.*

Rufianazo. *m. augm.* de *Rufian.* Rufianaz.

Rufiancete. *m. dim.* de *Rufian.*

Rufiancillo. *m. dim.* de *Rufian.*

Rufianejo. *m. dim.* de *Rufian.*

Rufianería. *f.* V. *Alcahuetería.*

Rufianesca. *f.* Vida e trafico de rufião: — bando de rufiões e ladrões.

Rufianesco, ca. *adj.* Rufianesco; relativo ou pertencente a rufião. *Meretricius, a, um.*

Rufiano. *adj. (p. Cub.)* Affectado; que usa de affectações nas suas maneiras.

Ruficarpo, pa. *adj. (bot.)* Ruficarpo; que tem os fructos de côr vermelha.

Ruficórneo, nea. *adj. (zool.)* Ruficorneo; com antennas vermelhas.

Rufigastro, tra. *adj. (zool.)* Rufigastro; que tem ventre vermelho.

Rufinérveo, vea. *adj. (zool.)* Rufinerveo; que tem os nervos vermelhos.

Rufipalpo, pa. *adj. (zool.)* Rufipalpo; que tem os palpos vermelhos.

Rufitarso, sa. *adj. (zool.)* Rufitarso; que tem os tarsos vermelhos.

Rufo, fa. *adj.* Rufo, ruivo, avermelhado. *Rufus, a, um:* — crespo; com o cabello torcido em anneis. *Crispus, a, um:* — *(germ.)* rufião.

Rufon. *m. (germ.)* Fuzil com que se fere lume.

Ruga. *f.* V. *Arruga.*

Rugar. *a.* V. *Arrugar.*

Rugible. *adj.* V. *Rujible.*

Rugido. *m.* V. *Rujido.*

Rugiente. *adj.* V. *Rujiente.*

Rugimiento. *m.* V. *Rujimiento.*

Ruginoso, sa. *adj.* V. *Rujinoso.*

Rugir. *n.* V. *Rujir.*

Rugosidad. *f.* Rugosidade; qualidade de rugoso. *Rugositas, atis.*

Rugoso, sa. *adj.* Rugoso; que tem rugas. *Rugosus, a, um.*

Ruibarbo. *m. (bot.)* Ruibarbo ou rheubarbo; genero de plantas dicotyledoneas, que tem por typo uma planta do mesmo nome, dotada de propriedades medicinaes.

Ruido. *m.* Ruido, estrondo. *Strepitus, us:* — ruido, contenda, motim, tumulto. *Tumultus, rixa:* — *(fig.)* ruido; grande apparencia, pouca realidade, vã ostentação. *Inanis sonitus vel pompa:* — ruido, brado, fama. *Rumor, fama:* — *(germ.)* rufião. *Ruido hechizo;* ruido, estrepito feito de caso pensado, com fim particular. *Affectatus strepitus. Busca ruidos;* provocador. *Hacer ruido (fr.);* fazer ruido; causar rumor, excitar a admiração. *Admirationem movere, excitare. Mas es el ruido que las nuezes (fr. fam.);* são mais as vozes do que as nozes, é mais a parra que a uva; parece grande cousa e não vale nada. *Parturient montes, nascetur ridiculus mus. Meter ruido;* fazer ruido, fazer bulha. *Querer ruido;* querer ruido; ser amigo de contendas. *Finjir ruido por venir a partido (rif.);* fingir ruido para vir a partido; explica a astucia e malicia de alguns que, não tendo rasão, querem fazer-se temer para conseguir o que desejam. *Rationibus clamores substituere.*

Ruidosamente. *adv. m.* Ruidosamente; com estrepito, com pompa, com fausto. *Magno cum strepitu vel pompa.*

Ruidoso, sa. *adj.* Ruidoso; que faz ruido. *Strepitans, strepitum movens:* — ruidoso, famoso, famigerado.

Ruin. *adj.* Ruim, vil, abjecto, mau, desprezivel. *Vilis, le:* — ruim, pequenino, pouco ou miudo. *Pusillus, despicabilis:* — ruim, mau, perverso, de maus costumes. *Nequam, malus, vilis:* — ruim, mesquinho, avaro. *Parcus, sordidus, avarus:* — ruim, manhoso, mau, fallando dos animaes. *Falsus, insidiosus:* *m.* nervo que têem os gatos no extremo da cauda. *Subtilis nervus in cauda felis:* —*pl. (fam.)* cabellos da barba. *El ruin delante;* o ruim adiante; expressão familiar com que se nota ao que nomeia antes de outro ou lhe toma o primeiro logar. *Se ante alios nominat; alii se præfert vanus. Ruin con ruin, que así casan en dueñas (rif.);* um ruim com outro se quer; o matrimonio para não ser desgraçado deve ser entre iguaes. *Conjugium inter æquales felix. Ruin sea quien por ruin se tiene (rif.);* ruim seja, quem por ruim se tem; ninguem deve considerar-se tão baixo que mereça ser julgado com desprezo. *Qui semetipsum despicit, despicitur omnibus. De ruin á ruin, quien acomete vence (rif.);* de ruim a ruim, quem acommette vence; entre dois covardes vence o que primeiro se esforça e ençeta a contenda. *Dum timidi pugnant, victor est qui primus aggreditur. En nombrando al ruin de Roma, luego asoma (rif.);* fallae no ruim, logo apparece, fallae no mau, apparelhae o pau. *Lupus in fabula. Quien ruin es en su villa, ruin será en Sevilla (rif.);* quem é mau na sua villa, peior será em Sevilha, ou quem ruim é em sua terra, ruim é fôra d'ella. *Cœlum, non animum mutant, qui trans mare currunt. Un ruin ido, otro venido (rif.);* um ruim se nos vae da porta, outro vem, que nos consola. *Incidit in Scyllam, cupiens vitare Charybdin.*

Ruina. *f.* Ruina; destruição. *Ruinæ, æ:*—*(fig.)* ruina; decadencia, perda, caimento de pessoa, estado, etc. *Exitium, pernicies:* — ruina; causa da ruina, da quéda de alguem. *Ruina, pernicies:* — *pl.* ruinas; o que resta dos edificios arruinados. *Rudera, ædium reliquiæ. Batir en ruina (fr. mil.);* bater em ruina; disparar a artilheria contra alguma fortaleza para arruina-la e deita-la a terra. *In ruinam tormentis quatere.*

Ruinar. *a.* V. *Arruinar.*

Ruincico, ca, llo, lla, to, ta. *adj. dim.* de *Ruin.* Ruinzinho.

Ruindad. *f.* Ruindade, velhacada; acção vil, de mau caracter, indecorosa ou infame. *Nequitia, pravitas:* — ruindade; a qualidade de ser ruim, physica ou moralmente. *Humilitas, atis:* — ruindade, mesquinhez, avareza. *Parcitas, sorditas.*

Ruinmente. *adv. m.* Ruimente; com ruindade. *Nequiter, perversè, improbè.*

Ruinoso, sa. *adj.* Ruinoso; que ameaça ruina. *Ruinosus, a, um:* — ruinoso; que causa ruina, perda ou destruição. *Exitiosus, a, um:* — vil, de pouco preço. *Vilis, le.*

Ruipóntido vulgar. *m. (bot.)* V. *Centáurea mayor.*

Ruir. *n. (ant.)* V. *Susurrar.*

Ruis. *m.* Ruis; decima quarta letra do alphabeto celtico, que corresponde ao nosso *r.*

Ruiseñor. *m. (zool.)* Rouxinol; avesinha da ordem dos passaros, notavel pelo seu canto melodioso, variando ao infinito seus gorgeios e trinados.

Ruisquiana. *f. (bot.)* V. *Dracocéfalo.*

Ruizia. *f. (bot.)* Ruizia; genero de plantas da familia das bytneriaceas.

Rujel. *m. (ant.)* Dansa que se tocava na guitarra.

Rujiada. *f. (p. Ar.)* Aguaceiro, pancada de agua, chuveiro. *Imber, pluvia.*

Rujiar. *a. (p. Ar.)* Regar com agua.

Rujible. *adj.* O que é capaz de rugir ou imitar o rugido. *Quod rugire, rugitumve referre potest.*

Rujido. *m.* Rugido, bramido; voz do leão. *Rugitus, fremitus:* — *(fig.)* rugido; ruido que as tripas fazem no ventre. *Ventris rugitus.*

Rujiente. *p. a.* de *Rujir.*

Rujimiento. *m.* V. *Rujido.*

Rujinoso, sa. *adj.* Ferrugento; coberto de ferrugem. *Rubiginosus, a, um.*

Rujir. *n.* Rugir; bramir o leão. *Fremere, rugire:* — rugir;

fazer estridor. *Stridere, susurrare:* — *r.* rugir, soar; começar a fallar-se de uma cousa que estava ignorada. *Susurrari, rumorem vagari.*

Rular. *n.*V. *Rodar.*

Rulinjia. *f. (bot.)* Rulingia; genero de plantas da familia das bytneriaceas.

Rulo. *m.* Bola grande ou outra cousa redonda que roda facilmente. *Globus seu cilindrus:* — *(p. And.)* pedra de moinho de fórma pyramidal.

Ruma. *f. (ant.)* V. *Rencor, Sentimiento.*

Rumbadas. *f. pl. (ant.)* V. *Arrumbadas.*

Rumbo. *m.* Rumo; caminho que alguem se propõe seguir no que intenta ou procura. *Cursus, via:* — *(fig.)* pompa, fausto, ostentação. *Pompa, ostentatio:* — *(germ.)* perigo: — *pl. (fam.)* V. *Arrogancia. Rhombus, i:* — *(naut.)* rumo; qualquer das trinta e duas divisões da bussula, que indicam a direcção de cada vento. *Linea index venti:* — rumo; direcção do navio, corrente, costa, maré, etc.

Rumbon, na. *adj.* Liberal, munificente. *Liberalis, munificus.*

Rumbosamente. *adv.* Pomposamente, magnificamente. *Magnificè, lautè.*

Rumboso, sa. *adj.* Pomposo, magnifico. *Magnificus, a, um:* — *(fam.)* liberal, generoso, munificente. *Liberalis, munificus.*

Rumia. *f.* Rumiadura; acção de rumiar. *Ruminatio, onis:* — *(bot.)* rumia; genero de plantas da familia das umbelliferas, indigenas da Siberia: — *(zool.)* rumia; genero de insectos lepidopteros da familia dos nocturnos.

Rumiador, ra. *adj.* Rumiador, ruminante; que rumina. *Ruminans, antis.*

Rumiadura. *f.*V. *Rumia.*

Rumiante. *adj.* Ruminante; que rumina. *Ruminans, antis:* — *m. pl. (zool.)* ruminantes; ordem de mammiferos quadrupedes, que têem quatro estomagos e são dotados da propriedade de volver á bôca, para ser remoido, o alimento que ingerem no estomago. *Ruminans, antis.*

Rumiar. *a.* Rumiar, ruminar; mastigar outra vez o comer que volve do estomago á bôca. *Ruminare, remandare:* — *(fig.)* rumiar; recojitar, revolver no pensamento, considerar muitas vezes o mesmo. *Recogitare, meditari.*

Rumina. *f. (zool.)* Rumina; genero de insectos coleopteros subpentameros da familia dos cyclicos.

Ruminante. *adj.* V. *Rumiante.*

Ruminar. *a. (ant.)* V. *Rumiar.*

Rumion, na. *adj.* Que rumina muito. *Multum, valdè ruminans.*

Rummeh. *m. (bot.)* Rummeh; especie de canna com que os arabes formam as hastes ás suas lanças.

Rumo. *m.* Arco da cabeça; o primeiro arco dos quatro com que se apertam as extremidades ou cabeças das cubas e dos toneis. *In dolii capite primus arcus.*

Rumor. *m.* Rumor; noticia vaga. *Rumor, oris:* — *(poet.)* rumor, sussurro, murmurio; ruido brando e suave. *Susurrus, murmur.*

Rumoroso, sa. *adj. (poet.)* Ruidoso, famoso. *Celebratus, inclitus.*

Rumorcico, llo, to. *m. dim.* de *Rumor.* Rumorzinho.

Rúnallama. *f. (zool.)* V. *Llama.*

Runcarios. *adj. s. pl.* Reuncarios; individuos de uma seita religiosa, que sustentavam que o homem não pôde peccar mortalmente senão com o coração, e que todos os actos da parte inferior do corpo são innocentes. Por consequencia entregavam-se ás maiores desordens.

Runfla, Runflada. *f.* Enfiada; quantidade de cousas do mesmo genero collocadas em serie. *Series, copia:* — rifa, rifada; reunião de muitas cartas de um mesmo naipe.

Rúnico, ca. *adj.* Runico; diz-se das letras, monumentos e poesias dos antigos germanos. *Runicus, a, um.*

Runo, na. *adj.*V. *Rúnico.*

Runografia. *f.* Runographia; tratado dos caracteres runicos.

Runográfico, ca. *adj.* Runographico; relativo á runographia.

Runógrafo. *m.* Runographo; o que escreve ácerca dos caracteres rúnicos.

Runrun. *m. (fam.)* Rumrum, rumor, fama. V. *Rumor.*

Ruñar. *a. (art.)* Runhar; fazer o javre ás aduelas em que se encaixam os fundos das pipas ou cubas. *Circulum cavum in doliis efformare, operculis aptandis.*

Ruogo. *m. (ant.)* V. *Ruego.*

Rupelario, ria. *adj. (zool.)* Rupellario; que vive nas rochas: — *m. pl.* rupellarios; genero de conchas bivalves, modernamente descobertas.

Rupelia. *f. (zool.)* Ruppellia; genero de insectos dipteros brachoceros da familia dos brachystomos.

Rupia. *f.* Rupia; moeda de Surrate e do Mogol: — *(bot.)* rupia; genero de plantas da familia das nayadeas, que crescem no fundo das aguas doces: — *(med.)* rupia; certo estado inflammatorio da pelle, caracterisado por ampollas de base muito rubra.

Rupícola. *f. (zool.)* Rupicola; genero de aves da ordem dos passaros, que vivem nas rochas e cavernas, e têem uma bonita plumagem.

Ruptil. *adj. (bot.)* Ruptil; diz-se de um orgão que se abre rompendo-se em fôrma irregular, por effeito do engrossamento das partes que elle contém.

Ruptilidad. *f. (bot.)* Ruptilidade; estado ou qualidade do que é ruptil.

Ruptorio. *m. (med.)* Ruptorio; designação do cauterio potencial, porque corroe e produz solução de continuidade.

Ruptura. *f. (ant.)* V. *Rotura:* — *(med.)* V. *Rotura.*

Ruqueta. *f. (bot.)* V. *Jaramago.*

Rural. *adj.* Rural, rustico, camponez; que toca ou pertence á lavoura, aos campos. *Ruralis, le.*

Ruralmente. *adv. m.* Ruralmente; de uma maneira rural. *Modo rurali.*

Rubicola. *adj.* Ruricola; que vive nos campos.
Rurú. *m. (ant.)* V. *Runrun.*
Rus. *m.* V. *Zumaque.*
Rusco. *m. (bot.)* V. *Brusco.*
Ruselia. *f. (bot.)* Ruselia; genero de plantas da familia das scrophularineas.
Ruseñol. *m. (ant.)* V. *Ruiseñor.*
Rusiente. *adj.* Candente; que se põe em braza ou rubro com o fogo. *Igne candescens.*
Rusina. *f. (zool.)* Rusina; genero de insectos lepidopteros da familia dos nocturnos.
Rusma. *m. (pharm.)* Rusma; preparação depilatoria de que se servem os orientaes: —*(miner. ant.)* os antigos mineralogistas assim chamavam a um sulphato de ferro que continha muito arsenico.
Ruso, sa. *adj.* Russo; da Russia ou de seus habitantes. *Ad Russiam attinens:* — *s.* russo; o natural da Russia. *Russus.*
Ruspone. *m.* Ruspone; moeda de oiro da Toscana.
Rústica. *f.* Brochura; especie de encadernação de livros, cobrindo-os só com papel, ordinariamente de côr.
Rustical. *adj.* V. *Rural.*
Rusticamente. *adv. m.* Rusticamente, grosseiramente. *Rusticè.*
Rusticano, na. *adj. (ant.)* V. *Rural:* — *(bot.)* V. *Rábano, Jaramago.*
Rusticidad. *f.* Rusticidade; qualidade de rustico, grosseiro. *Rustica simplicitas:* — rusticidade; grosseria, rudeza, aspereza do que é rustico. *Rusticitas, atis.*
Rústico, ca. *adj.* Rustico, campestre; pertencente ao campo. *Rusticus, a, um:* — rustico, tosco, grosseiro. *Rudis, impolitus:* — *m.* rustico, camponez; homem de campo. *Rusticus. Órden rústico (arch.);* ordem rustica; a mais simples de todas e a mais livre de adornos.
Rustiquez, Rustiqueza. *f.* V. *Rusticidad.*
Rustrir. *a. (p. Ast.)* Torrar o pão e comer as fatias torradas. *Torrere.*
Rustro. *m.* V. *Rumbo.*
Ruta. *f.* Ruto, rota, derrota de uma viagem. Toma-se ordinariamente pelo itinerario para ella. *Cursus itinerarium.*
Rutabaga. *m. (bot.)* Rutabaga; variedade de nabo da Suecia.
Rutáceas. *f. pl. (bot.)* Rutaceas; familia de plantas dicotyledoneas, dotadas de propriedades medicinaes.
Rutela. *f. (zool.)* Rutela; genero de insectos coleopteros pentameros da familia dos lamellicornes.
Rutenio. *m. (miner.)* Rutenio; novo metal descoberto no osmiureto de iridium.
Ruteno, na. *adj. (ant.)* Ratheno. V. *Ruso.* Hoje só se usa fallando da liturgia.
Ruthe. *m.* Ruthe; medida de extensão do reino do Hanover.
Rutídea. *f. (bot.)* Rutidea; genero de plantas da familia das rubiaceas.
Rutila. *f. (miner.)* Rutila; oxydo de titano de côr avermelhada e que risca o vidro e ás vezes o quartzo: — *lameliforme.* V. *Brookita.*
Rutilante. *adj.* Rutilante, brilhante; que rutila e resplandece. *Rutilans, antis.*
Rutilar. *n. (poet.)* Rutilar, luzir, resplandecer, brilhar. *Rutilare, radiare.*
Rutilia. *f. (zool.)* Rutilia *(brilhante);* genero de insectos dipteros brachoceros.
Rutilina. *f. (chim.)* Rutilina; substancia rubra, produzida pela acção do acido sulphurico sobre a salicina.
Rutilita. *f. (miner.)* Rutilita; variedade de granada ou silicotitanato de cal.
Rútilo, la. *adj.* Rutilo, brilhante, côr de oiro. *Rubeus color.*
Rutina. *f.* Rotina; habito, costume adquirido pela pratica. *Assiduus longusque usus, diuturna in re aliqua exercitatio.*
Rutinario, ria. *adj.* Rotineiro; que se faz ou pratica com rotina: — *m.* rotineiro; o que obra segundo a rotina.
Rutinero, ra. *adj.* Rotineiro; que exerce algum mister por mera rotina.
Ruyo, ya. *adj. (ant.)* V. *Rojo.*
Ryder. *m.* Ryder; moeda de oiro da Hollanda, que vale 119 reales e 4 maravedis ou 5$600 réis.
Ryper. *m.* V. *Ryder.*

S

S. S; vigesima primeira letra do alphabeto hespanhol e decima setima entre as consoantes; tem o mesmo som que em portuguez e nunca se escreve dobrado. Quando se acha entre duas vogaes tem o som de *ç* portuguez ou se pronuncia como *ss*:— S; abreviatura de *Señor, San* e *Santidad;* Senhor, São e Santidade:— S; abreviatura de *Su,* Sua, nos tratamentos, como *S. M.;* Sua Magestade; S. *A.;* Sua Alteza:—S; fallando dos pontos cardinaes da rosa nautica significa o Sul: — S. S. S.; abreviatura que se usa nos sobrescriptos para exprimir *Su Seguro Servidor:* — S; como signo numerico valia entre os latinos 90 e com um til 90:000: — S; simples ou unido com outro S, e cruzado com uma linha horisontal designava, entre os romanos, *sestercio* ou *sestercios:* — S. S.; abreviatura de sua senhoria: — *(mus.)* S; abreviatura de solo: — *(comm.)* s./c.; abreviatura de sua conta.
Sa. *m. (germ.)* V. *Hierro:* — sa; quinta letra do alphabeto turco: — sa; consoan-

te suave da setima ordem na grammatica sanscrita: — *(mus.)* nome que antigamente se deu á nota *si.*

Saa. *f. (ant.)* V. *Saya:* — *(metrol.)* antiga medida do Egypto e de muitas partes da Asia. É a mesma que o modio.

Sabacia. *f. (bot.)* Sabacia; genero de plantas da familia das gencianeas.

Sabadilina. *f. (chim.)* V. *Cebadillina.*

Sábado. *m.* Sabbado; setimo e ultimo dia da semana, dedicado pelos antigos a Saturno. Os judeus lhe chamavam *Sabbat* ou dia de repouso. Os catholicos o consagram á Santissima Virgem, e nos primeiros tempos do christianismo era festejado como o domingo: —*santo;* sabbado santo; o que precede o domingo de Paschoa. *Carne de sábado;* miudos dos animaes que era permittido comer aos sabbados, quando estava prohibido o uso de carnes n'este dia da semana. *Tener el sábado;* guardar o sabbado, santifica-lo. *Ni sábado sin sol, ni moza sin amor; o ni vieja sin arrebol (rif.);* nem sabbado sem sol, nem moça sem amor, nem velha sem postiça côr. *Prius sabbatum sol deficiet, quam puellam amor.*

Sabaha. *m.* Sabaha; chefe da religião na ilha de Madagascar.

Sabaita. *m.* Sabaita, adorador dos astros. V. *Sabeo,* n'este sentido.

Sabal. *m. (bot.)* Sabal; genero de plantas da familia das palmeiras.

Sabalar. *m. (art.)* Rede com que se pescam os saveis no rio Guadalquivir.

Sabalera. *f.* Reticulo de ferro ou ladrilhos separados entre si, que servem nos fornos de reverbero para collocar o combustivel. *In fornace æraria craticula lignis superponendis.*

Sabalero. *m.* Pescador de saveis. *Alosarum piscator.*

Sábalo. *m. (zool.)* Savel; genero de peixes malacopterygios.

Sábana. *f.* Lençol ou lançol; a lençaria com que se cobrem os colchões da cama. *Syndon, nis:* —V. *Sabanilla,* toalha de altar: —sávana, lençol, páramo; planicie arenosa sem arvores. É termo muito usado na America: — *(ant.)* V. *Colgadura:* — *santa;* o santo sudario. *Sancta syndon:* — *vieja,* toalha ou panno para embrulhar ou aquecer um doente. *Pegársele a uno las sábanas (fr. fam.);* pegar-se os ossos á cama; levantar-se alguem tarde da cama por preguiça. *Ob pigritiam lecto teneri.*

Sabandija. *f.* Sevandija; qualquer verme, reptil ou bichinho immundo. *Serpens, animaculum:* — *(fig.)* V. *Bicho,* na segunda accepção: —V. *Mal bicho.*

Sabandijuela. *f. dim.* de *Sabandija.*

Sabanero. *m. (p. Am.)* Que vive nas sávanas ou caminha por ellas.

Sabanilla. *f. dim.* de *Sábana.* Lençolzinho: —pequeno objecto de lençaria, como toalha, lenço, etc. *Parva syndon, linteolum:* — toalha de altar. *Sacra altaris mappa:* — *(p. Nav.)* pedaço de beatilha com que as mulheres adornam o toucado. *Capitis velum, linteolum:* — *(p. A. Mer.)* tecido de lã que fabricam os indios do archipelago de Chiloe.

Sabañon. *m.* Frieira; inflammação causada pelo excesso de frio, que se forma ordinariamente nos dedos das mãos e dos pés. *Pernio, onis. Comer como un sabañon (fr.);* comer como uma frieira; comer muito. *Avidè comedere, vorare.*

Sabatario. *adj.* Sabatario ou sabbatario; que observa religiosamente o sabbado: diz-se dos judeus. *Sabbatarius, a, um.*

Sabático, ca. *adj.* Sabatico ou sabbatico; concernente ao sabbado. *Sabbaticus, a, um:* — sabbatico; nome dado a cada setimo anno entre os judeus. *Sabbaticus, a, um.*

Sabatina. *f.* Sabatina ou sabbatina; reza do officio divino proprio para o sabbado. *Sabbati officium:* — sabbatina; exercicio que se faz aos sabbados, e em que se recapitulam as lições ou materias tratadas no decurso da semana. *Anteriorum dierum dictata, ultima hebdomadis die in scholis recolenda.*

Sabatino, na. *adj.* Sabatino ou sabbatino; do sabbado, pertencente ao sabbado. *Sabbatinus, a, um. Bula sabatina;* bulla sabbatina, a que se concedeu a Simão Stock com os privilegios do escapulario, e que promette todos os sabbados a saida de uma alma do purgatorio.

Sabatismo. *m.* Sabbatismo; celebração, com descanso de trabalho, que os judeus faziam no dia de sabbado: — descanso, repouso de trabalho.

Sábato. *m. (ant.)* V. *Sábado.*

Sabazia. *f. (bot.)* Sabazia; genero de plantas da familia das compostas, cujas especies são herbaceas e indigenas da America tropical.

Sabedor, ra. *adj.* Sabedor; que sabe, que tem noticia de alguma cousa.

Sabedoría. *f. (ant.)* V. *Sabiduría, Noticia.*

Sabeismo. *m.* Sabeismo; culto rendido ao fogo, ao sol, á lua e ás estrellas. Esta religião é antiquissima e teve muitos adeptos antes do christianismo.

Sabela. *f. (zool.)* Sabella; genero de annelidos chetopodas, cujas especies vivem nas costas da Europa.

Sabelaria. *f. (zool.)* Sabellaria; genero de annellidos da familia dos sabularios, composto de tres especies.

Sabelianismo. *f. (rel.)* Sabelianismo; seita ou doutrina fundada na crença de um só Deus, que se revela debaixo de tres nomes distinctos, negando por conseguinte a distincção das tres pessoas e o mysterio da Trindade.

Sabeliano, na. *adj.* Sabeliano; conforme á doutrina de Sabelio: —*m.* sabeliano; sectario, partidario do sabelianismo.

Sabencia, Sabenza. *f. (ant.)* Sabença. V. *Sabiduria, Noticia.*

Sabeo, ea. *s,* Sabéo; o natural de Sabá, região da Arabia Feliz: — *adj.* sabéo; pertencente a Sabá. *Sabæus, a, um:—(hist.)* sabéo; que professa o sabeismo.

Saber. *a.* Saber; conhecer alguma cousa ou ter noticia d'ella. *Scire:* —V. *Experimentar:* — saber; ser douto, erudito. *Scire:* — saber; ter habilidade para alguma cousa, ou ser instruido e dextro em arte ou sciencia. *Noscere, callere:* — servir, valer, ser proprio, apto, efficaz para algum fim; diz-se das cousas inanimadas. *Facilè posse, valere:* — saber; ser mui sagaz, esperto e advertido; como: *sabe mas que la zorra;* sabe mais que a raposa, etc. *Callidum, sagacem esse:* — saber, praticar, costumar; usa-se algumas vezes affirmativamente; como: *fulano sabe hacer un favor;* fulano sabe fazer um favor; mas de ordinario usa-se com a negativa, por exemplo: *fulano no sabe mentir;* fulano não sabe, não costuma mentir. *Solere; vel contra, nunquam facere:* — algumas vezes equivale a *poder:* — *(fig.)* saber; sujeitar-se, accommodar-se a alguma cousa; como: *yo sabré economizar;* eu saberei economisar: — parecer-se uma cousa com outra. *Similitudinem, speciem referre:* — *n.* saber; ter sabor. *Sapere, sapidum esse:* — *m.* saber, sabedoria: — *(ant.)* saber, sciencia, conhecimentos. *Sabe que rabia (fr. fam.);* sabe como o diabo; diz-se de um individuo de muito saber, ou de alguma cousa em que se nota um sabor muito pronunciado. *Optimè vel nimium sapere. Saber á todo (fr. fig. fam.);* diz-se frequentemente do dinheiro. *Ad omnia esse aptum. Saber cuantas son cinco (fr. fam.);* saber onde tem a cara; ser entendido e atilado. *Gnarum, sollertem esse. Sabérselo todo (fr. fam.);* saber tudo, ser um sabichão; diz-se ironicamente de uma pessoa muito presumpçosa, que não admitte conselhos alheios. *Omnia scire. Como si no lo sapiera;* como se tal não soubesse; exprime que guardará fielmente um segredo. *Quod scio nescio, ac si nescirem. El que ó quien las sabe las tañe (loc. fam.);* ninguem se metta no que não sabe; cada qual falle só do que souber. *Tractent fabrilia fabri. Es a saber o conviene saber;* convem a saber, isto é. *Nempe, scilicet. Hacer saber (fr.);* fazer saber; informar, communicar. *Notum facere. No sabe lo que se pesca (fr. fam.);* não pesca, não sabe nada, de um negocio ou assumpto, etc.; ser ignorante, não entender nada. *Stultitiâ laborare, vel apertiora nescire. No saber de si (fr. fig.);* não saber de si; ter muitos negocios, faltar-lhe o tempo até para cuidar de si. *Curis vel negotiis animum suspendi. Los niños lo saben (fr.);* até as creanças o sabem. *Mas vale saber que haber (rif.);* mais vale saber que haver; deve preferir-se a sciencia á riqueza. *Divitiis sapientia prævalet.*

Sabia. *f. (bot.)* Sabia; genero de plantas da familia das anacardiaceas, cuja especie typica é um arbusto da India.

Sabiamente. *adv. m.* Sabiamente, doutamente; com sabedoria. *Sapienter.*

Sabicea. *f. (bot.)* Sabicea; genero de plantas da familia das rubiaceas.

Sabichoso, sa. *adj. (p. Cub.)* Sapiente, sabio; dotado de sabedoria.

Sabidamente. *adv. m.* Sabidamente. V. *Conocidamente.*

Sabidillo, lla. *adj. dim.* de *Sabio.* Sabiosinho; algum tanto sabio.

Sabido, da. *adj.* Sabido, sabio; diz-se da pessoa sciente, que sabe muito. *Callidus, sapiens.*

Sabidor, ra. *adj.* V. *Sabedor:* — *(ant.)* sabedor. V. *Sabio.*

Sabidoramente. *adv. m. (ant.)* Sabidamente. V. *Sabiamente.*

Sabiduría. *f.* Sabedoria; prudencia, circumspecção. *Sapientia, æ:* — sabedoria; conhecimento profundo das sciencias, especialmente das moraes. *Rerum cognitio, scientia:* — sciencia, conhecimento, noticia. *Scientia, cognitio:* — *eterna, increada;* sabedoria eterna, increada; diz-se por antonomasia do Verbo Divino. *Æterna sapientia.*

Sabiedor, ra. *adj. (ant.)* V. *Sabedor.*

Sabiencia. *f. (ant.)* V. *Sabiduría, Noticia.*

Sabiendas (A). *loc. adv.* A sabendas; com conhecimento e noticia, scientemente. *Scienter.*

Sabiente. *adj. (ant.)* Sabiente, sciente, sabedor, sabido. *Sciens, entis.*

Sabieza. *f. (ant.)* V. *Sabiduría.*

Sabina. *f. (bot.)* Sabina; especie de plantas do genero zimbro, que se cultiva nos jardins como planta de adorno. É um arbusto sempre verde, de cheiro forte, que se emprega em medicina como poderoso emmenagogo.

Sabinar. *m.* Sabinal; terreno plantado de sabinas. *Locus juniperis consitus.*

Sabinea. *f. (bot.)* Sabinea; genero de plantas da familia das leguminosas, composto de duas especies que crescem nas Antilhas.

Sabinita. *f. (min.)* Sabinita; pedra de fórma irregular representando um montão de folhas.

Sabino, na. *adj.* Sabino. V. *Rosillo:* — *s.* sabino; o natural de Sabina, antiga provincia de Italia, e o pertencente a ella. *Sabinus, a, um.*

Sabio, bia. *adj.* Sabio; diz-se das cousas que instruem ou encerram sabedoria ou doutrina. *Doctrina plenus:* — *s.* sabio; pessoa que possue sabedoria, sapiencia. *Sapiens, entis.*

Sabiondez. *f. (fam.)* Dextreza,

finura, sagacidade, industria. *Sollertia, versutia:* — sabença; presumpção vã de ser sabio.

Sabiondo, da. *adj.* e *s. (fam.)* Sabichão; pessoa que affecta erudição, que presume de sabio. *Sciolus, a, um.*

Sablazo. *m.* Golpe de sabre. *Acinacis ictus.*

Sable. *m. (prov.)* V. *Arena:* — *(br.)* sable; côr negra. *Niger color:* — *(mil.)* sabre, catana; especie de espada curta mais ou menos curva, e de um só gume. *Acinaces, is.*

Sablecico, llo, to. *m. dim.* de *Sable.* Sabresinho; pequeno sabre.

Sablon. *m.* Saibrão, saibro; areia grossa.

Saboga. *f. (zool.)* Savelha; especie de savel pequeno. *Parvæ alosæ genus.*

Sabogal. *adj.* Diz-se da rede propria para apanhar savelhas. Tambem se usa substantivado. *Rete alosis capiendis.*

Saboneta. *f.* Sabonete; relogio de algibeira, cujo mostrador coberto por uma tampa de oiro ou prata, se descobre apertando uma mola.

Sabor. *m.* Sabor; sensação que produz no paladar as substancias sapidas. *Sapor, oris:* — *(ant.)* desejo, appetite, vontade de alguma cousa, prazer, gosto. *A sabor (loc. adv.);* a sabor, ao gosto, á vontade. *Ad placitum:* — *(equit.)* cada uma das pequenas bolas enfiadas que se põem no freio, junto ao bocado, para refrescar a bôca do cavallo. Usa-se mais no plural. *Globulorum striga, lupatis frenis innexa.*

Saborcico, llo, to. *m. dim.* de *Sabor.* Saborzinho.

Saboreamiento. *m.* Acto e effeito de saborear. *Saporis perceptio.*

Saborear. *a.* Saborear; dar sabor ao comer. *Saporem infundere:* — *(fig.)* engodar, alliciar, lisonjear; attrahir com affagos, mimos, boas palavras, etc. *Allicere:* — saborear; tomar o gosto, gostar com deleitação os manjares ou bebidas: — *r.* saborear-se; comer ou beber detidamente, mostrando ou sentindo particular deleitação. *Ligurire; cibi saporem jucundè capere:* — *(fig.)* saborear-se, deleitar-se; acostumar-se a usar de alguma cousa com deleite. •*Jucundissimè in aliquo immorari; voluptate teneri. Saborear el freno (art.);* saborear o freio; masca-lo e move-lo na bôca o cavallo.

Saboreo. *m.* V. *Paladeo.*

Saborete. *m. dim.* de *Sabor:* — *(vulg.)* osso de vacca com tutano, que se mette na panella para dar gosto e sabor ao caldo.

Saborgar. *a. (ant.)* Encher de sabor, doçura e deleite.

Saboroso, sa. *adj.* V. *Sabroso.*

Saboyana. *f.* Saboiana; vestidura exterior antiga de mulheres, á feição de vasquinha, aberta por diante, cuja moda se imitou de Saboia. *Muliebris tunica vel stola à Sabaudia ita dicta:* — especie de pastel. *Artocreatis genus.*

Saboyano, na. *s.* Saboiano; natural de Saboia: — *adj.* saboiano; pertencente a Saboia. *Ad Sabaudiam attinens.*

Sabre. *m. (ant.)* V. *Arena.*

Sabrido, da. *adj.* V. *Sabroso.*

Sabrimiento. *m. (ant.)* V. *Sabor:* — *(fig.)* sal, chiste, graça.

Sabrosamente. *adv. m.* Saborosamente; com sabor e gosto. *Jucundè, suaviter, sapidè.*

Sabrosico, ca, llo, lla, to, ta. *m. dim.* de *Sabroso.* Saborosinho; algum tanto saboroso.

Sabrosísimo, ma. *adj. sup.* de *Sabroso.* Saborosissimo; muito saboroso. *Valdè sapidus vel jocundus.*

Sabroso, sa. *adj.* Saboroso; que tem bom sabor, grato ao paladar. *Sapidus, a, um:* — *(fig.)* saboroso, agradavel, deleitavel. *Jocundus, suavis:* — *(fam.)* appetitoso; diz-se da comida algum tanto salgada. *Nimis salsus:* — *(ant.)* satisfeito, contente: — *(ant.)* saudavel, proveitoso.

Sabudo, da. *adj. (ant.)* Sabudo, sabido, manifesto: — determinado, estabelecido.

Sabueso, sa. *s.* Sabujo; cão de caça, maior que o podengo, dotado de muito instincto. *Plaudus, i. Aunque manso tu sabueso, no le muerdas en el beso (rif.);* aindaque teu sabujo é manso, não o mordas no beiço. *Periculum est, quempiam, etsi mitissimus animo sit, irritare.*

Sabularios. *m. pl. (zool.)* Sabularios; familia de annelidos chetopodas, caracterisados por terem a cabeça composta de tres anneis, o thorax com doze segmentos, e a bôca provida de barbilhas tentaculares.

Sábulo. *m.* Sabro, saibro; areia grossa e pesada. *Sabulum, i.*

Sabuloso, sa. *adj.* Arenoso, areioso, areiento; cheio, coberto, misturado de areia, ou que tem areia. *Sabulosus, a, um:* — diz-se de alguns fructos não sumarentos e de pouca substancia.

Saburra. *f. (med.)* Saburra; materias viciadas e viscosas, que cobrem a lingua e o canal digestivo, em consequencia de más digestões e em certas doenças febris.

Saburral. *adj. (med.)* Saburroso; pertencente á saburra. *Estado saburral;* estado saburroso, accumulação de saburra no estomago.

Saburrar. *a. (ant.)* Saburrar; lastrar com pedra ou areia as embarcações.

Saca. *f.* Saca, extracção; acção e effeito de sacar ou extrahir. N'esta e na terceira accepção é pouco usado em portuguez. *Extrahendi actio:* — saca; saco grande. *Saccus amplior:* — saca; extracção, exportação de mercadorias de um paiz para outro. *Exportatio, onis. Estar de saca (fr.);* estar á venda. *Venale expositum esse:* — *(fam.)* estar na conta; estar para casar, ou em boa idade para isso, a mulher. *Nuptiis aptam esse vel paratam:* — *(for.)* primeira copia authentica. *Prima syngraphæ authentica escriptio:* — *(for. p. Ar.)* reivindicação. *Tener buena saca (min.);*

diz-se da mina, quando se extrahe bastante metal, por ser larga e favoravel a sua beta.

Sacabala. *f. (cir.)* Saca-bala; instrumento com que os cirurgiões tiram as balas introduzidas no corpo. *Vas chirurgicum, quo globulus plumbeus è corpore extrahitur.*

Sacabalas. *m.* Saca-balas; instrumento de tirar as balas da espingarda ou canhão. *Ferramentum, quo globi missiles è tormentis bellicis extrahuntur.*

Sacabocado, Sacabocados. *m. (art.)* Saca-bocado, vasador; instrumento de aço cortante, com que se abrem furos, e com que se cortam pedaços circulares de couro, sola, panno, etc. *Scalpellum pellibus perforandis: — (fig.)* meio efficaz para conseguir alguma cousa. *Ratio, via ad aliquid obtinendum.*

Sacabotas. *m.* Descalçador; instrumento de pau com que se descalçam as botas.

Sacabuche. *m. (fam.)* V. *Renacuajo*, homem baixo: — *(naut.)* bomba de mão, com que se extrahe agua, vinho ou outro liquido das pipas estivadas no porão ou dispensa, sem ser preciso move-las. *Fistula aquæ in navibus exhauriendæ: — (mus.)* saca-buxa. V. *Trombon.*

Sacacorchos. *m.* Saca-rolhas; instrumento de tirar as rolhas ás garrafas. *Ferrum in spiras contortum obturamentis extrahendis.*

Sacacuartos. *m.* Os objectos de pouco valor e pequena utilidade, que se vendem por baixo preço para assim melhor enganar o povo.

Sacada. *f.* Partido ou territorio separado de algum reino ou provincia. Hoje em Hespanha só se usa este termo applicando-o ás quatro divisões das Asturias. *Provinciæ pars segregata: — (art.)* certa rede que se usa nas costas da Galliza.

Sacadilla. *f.* Pequena batida ou montaria. *Strictim circumscripta venatio.*

Sacadinero, Sacadineros. *m.* Bugiarias, bagatellas, objectos de pouco valor, mas de muita apparencia, que excita a compra-los. *Quidquid oculos fallit, et ut ematur provocat.*

Sacado. *prep. (ant.)* Excepto, afóra.

Sacador, ra. *s.* Sacador; o que saca ou tira. *Extrahens, entis.*

Sacadura. *f. (art.)* Córte obliquo que os alfaiates fazem na gola da capa e em outras vestiduras, para assentar bem. *Sectio ad vestem aptandam.*

Sacafilástica. *m. (naut.)* Sacafilaça; agulha de artilheiro, com duas ou tres farpas. *Ferrea virgula hamata ad igniariam restim è foco eruendam.*

Sacafondo. *m. (art.)* Saca fundo ou tira fundo; especie de verruma com que os tanoeiros puxam a ultima aduela das pipas, para entrar no javre.

Sacaglótide. *m. (bot.)* Saccoglottide; genero de plantas da familia das humeriaceas, cujas especies são arvores que crescem no Brazil.

Sacais. *m. pl. (germ.)* V. *Ojos.*

Sacaliña. *f.* Especie de dardo antigo, com ponta farpada. *Aclis:* — V. *Socaliña:* — V. *Garabato.*

Sacamanchas. *m.* Tira nodoas, limpador de vestidos; o que tira nodoas ao fato, por dinheiro. *Emaculandi artem exercens.*

Sacamantas. *m. (fam.)* Official encarregado de obrigar alguem a satisfazer o pagamento de contribuições.

Sacamiento. *m.* Tiramento. *Extrahendi actio.*

Sacamolero. *m.* V. *Sacamuelas.*

Sacamuelas. *m.* Saca-molas, dentista, tirador de dentes. *Dentium extortor: — (fig.)* qualquer cousa que faz caír os dentes.

Sacana. *f. (zool.)* Sachana *(mau cheiro)*; genero de insectos hemipteros heteropteros, da tribu dos reduvios, cuja especie typica é indigena da America meridional.

Sacanabo. *m. (mil.)* Sacanabo; gancho de ferro para tirar as bombas dos morteiros. *Ferramentum quo globulos è tormento eruitur.*

Sacanete. *m.* Lasquenete; certo jogo de cartas, de azar. *Chartarum ludus sic dictus.* V. *Cané*, jogo.

Sacapelotas. *m.* Sacapelouros; instrumento que usavam os antigos arcabuzeiros para tirar os pelouros do arcabuz. *Spira ferrea globulis è catapulta extrahendis: — (fig. fam.)* sevandija, canalha; homem vil, desprezivel. *Vilis seu despicabilis homo.*

Sacapotras. *m.* Sacapotras, matasânos; termo desprezivel que se applica aos maus cirurgiões. *Ineptus chirurgus.*

Sacar. *a.* Sacar, extrahir; tirar para fôra. *Extrahere, educere:* — tirar; apartar alguem do seu posto, occupação ou destino; como: *Sacar al niño de la escuela;* tirar o menino da escola. *Deducere:* — tirar, formar, fazer alguma cousa. *Effingere, formare:* — tirar, imitar, copiar, retratar. *Rei alicujus effigiem exprimere, formam fingere:* — tirar; aprender, resolver, averiguar alguma cousa á força de estudo; como: *Sacar la cuenta;* tirar a conta, etc. *Deprehendere, comperire:* — tirar; estar chocando os ovos a gallinha ou outra ave, especialmente quando já estão proximos a nascer os filhinhos. *Pullos ovis contentos fovere, educere:* — tirar, livrar; ajudar a saír alguem de lance, embaraço ou conjunctura. *Educere, juvare:* — tirar, arrancar, extrahir; separar por força alguma cousa do logar em que estava fixa; como: *Sacar una mola;* tirar, arrancar um dente, etc. *Eruere, evellere:* — tirar, conhecer, descobrir, achar, por signaes ou indicios; *v. g.*: *Sacar por el rastro;* tirar, descobrir pelo rasto. *Subodorari, præsentire:* — tirar, obter, receber, conseguir alguma cousa pedida, etc. *Impetrare:* — tirar, arrancar, extorquir; obter por força ou com astucia alguma cousa. *Exigere, extorquere:* — sacar, tirar, arrancar; fazer com que alguem, por meio de ardil ou por violencia, diga o que tinha calado ou em segredo; como: *Ya le he sacado cuanto necesitaba saber;* já lhe saquei ou tirei tudo quanto precisava saber. *Vi astuve oculta elicere, exprimere:* — tirar; inferir, deduzir, colligir. *Colligere, deducere:* — tirar, extrahir; obter de alguma cousa alguns dos principios ou partes que a constituem ou compõem; *v. g.: Sacar aceite de almendras;* tirar, extrahir oleo de amendoas, etc. *Extrahere:* — eleger, fazer eleição por sorteio ou pluralidade de votos; como: *Sacar alcalde;* eleger alcaide, etc. *Sortitione, ope sortis eligere:* — tirar; ganhar por sorte alguma cousa; *v. g.: Sacar la alhaja;* tirar a joia, etc. *Sortis ope obtinere:* — tirar; conseguir, lograr alguma cousa por effeito ou consequencia de outra. *Consequi:* — enxaguar; lavar segunda vez a roupa, passa-la por agua limpa depois de ensaboada ou mettida na barrela, antes de a enxugar. *Relavare:* — estender, alongar, pôr, inclinar para diante; como: *Fulano saca el pecho cuando anda;* fulano estende o peito quando anda, etc. *Distendere:* — tirar, exceptuar, eximir, excluir. *Excipere, eximere:* — tirar uma copia, trasladar, transcrever. *Exscribere, transcribere:* — tirar, mostrar, manifestar alguma cousa. *Ostendere:* — tirar, arrancar, dissipar; diz-se ordinariamente de cousas que afeiam ou prejudicam, como certas manchas na pelle, doença, etc. *Evellere, tollere:* — citar, apontar, trazer ao assumpto, á conversação. *In medium proferre:* — ganhar ao jogo. *Lucrari:* — inventar, produzir, crear, fazer, formar, dar existencia; como: *Sacar una máquina;* inventar uma machina, etc. *Producere, creare, invenire:* — tirar, conseguir, obter, tomar, receber uma cousa em leilão. *Licitatione superare, obtinere:* — tirar, comprar em alguma loja; como: *He sacado muchos generos en tal tienda;* comprei muitos generos em tal loja. *Emere:* — tirar, apparecer, apresentar-se alguem com algum vestido novo, com alguma cousa pouco vista, etc., saír com ella. *Re nova primùm vel aliquando uti:* — tirar, levar, conduzir as gavelas para a eira, e amontoa-las ou pô-las em meda para depois se debulharem. *Messis manipulos exportare, in aream portare:* — saír com, *v. g.: Hemos sacado buen tiempo;* saimos com bom tempo; em lògar de: *Hemos salido con buen tiempo. Sereno, obnubilove cœlo proficisci:* — sacar, tirar, arrancar; desembainhar a espada, florete, etc. *Stringere:* — fazer perder, tirar o juizo; usa-se n'este sentido com a proposição *de* e os pronomes pessoaes; *v. g.: Esta pasion te saca de ti;* esta paixão tira-te o juizo. *Mente movere:* — atirar; arrojar a péla, lança-la contra quem se joga. *Lusoriam pilam emittere, jacere:* —*(ant.)* discorrer, inverter. *Sacar a bailar (fr.);* tirar uma senhora para dansar. *Ad saltandum, ad tripudium provocare: (fr. fam.)* trazer á balha; nomear, fazer figurar alguem ou alguma cousa da qual não vinha a proposito fallar-se; diz-se de ordinario censurando ou reprehendendo quem o faz sem rasão; *v. g.: Que necesidad habia de sacar a bailar a los que ya han muerto?* que necessidade havia de trazer á balha quem está na outra vida? *In medium adducere vel proferre:* — *a danzar (fr.).* V. *Sacar a bailar: (fr. fig.)* metter na dansa; obrigar, excitar alguem a tomar parte em algum negocio ou contenda. *Nolentem, invitum provocare: (fig. fam.)* trazer á balha; mencionar alguem, dizer alguma cousa d'elle. *Diem alicui dicere, in jus vocare. Sacar a volar a alguno (fr. fig.);* tirar debaixo das saias da mãe; desacanhar, introduzir alguem no trato do mundo. *E nido educere. Sacar claro (fr.);* atirar a péla de modo que possam facilmente volve-la aquelles contra quem se joga. *Datorem ita pilam mittere ut à collusoribus facilè reddi possit:* — *de pila;* tocar por padrinho ou madrinha do baptismo de alguma creança: — *el caballo adelante (fr. fig.);* galgar um perigo, affronta-lo, livrar-se d'elle: — *en claro;* tirar a claro; deduzir claramente, em substancia, em conclusão. *Apertè deducere:* — *en limpio (fr. fig.);* tirar a limpo; assegurar-se da certeza de alguma cousa. *Certiorem fieri:* — *largo;* atirar a péla a muita distancia. *Longissimè pilam mittere:* — *mentiroso a otro (fr.);* deixar alguem por mentiroso; provar uma pessoa pelos seus actos ou por qualquer meio a falsidade do que outrem tinha dito d'ella. *Alium, falsa loquutum, re ac factis ostendere:* — *por el vicario.* V. *Vicario:* — *fruto (fr.);* tirar fructo; obter o que se desejava, tirar proveito: — *por la pinta (fr. fig.);* tirar, conhecer pela pinta, por algum signal commum, pela similhança, etc.: — *de madre (fr. fig.);* fazer sair alguem fóra de si; impacienta-lo, encolerisa-lo: — *de pañales (fr. fig.);* tirar alguem do lodo, da miseria: — *los tuétanos, el corazon (fr. fig.);* tirar, chupar os olhos a alguem; tirar-lhe todo o proveito ou lucro possivel, empregando meios industriosos: — *suelo a fondo (fr. agr.).* V. *Dar tajo:* — *al caballo (art.);* obrigar o cavallo a saír á frente: — *el caballo la cadera ó la espalda.* V. *Huir el caballo la cadera ó la espalda.*

Sacarífero, ra. *adj. (bot.)* Sacharifero; que produz assucar.

Sacarificacion. *f. (chim.)* Sacharificação; conversão de uma substancia em assucar.

Sacarino, na. *adj.* Sacharino, assucarado; de assucar ou similhante ao assucar. *Sacharinus, a, um.*

Sacarita. *f. (min.)* Sacharita; silicato alcalino de alumina e de cal, que se apresenta em massas amorphas ou em grãos muito finos.

Sacaróforo. *m. (bot.)* Sachurophoro. V. *Caña de azucar.*

Sacaroide. *adj. (min.)* Sacharoide; de estructura granulosa como o assucar.

Sacarol. *m. (pharm.)* Sacharol; o assucar considerado como excipiente.

Sacarolado, da. *adj. (pharm.)* Sacharolado; diz-se do que tem o assucar ou o mel por excipiente, ou por principio predominante.

Sacarolinita. *f. (pharm.)* Sacharolinita; medicamento magistral assucarado, de pequeno volume.

Sacarolita. *f. (pharm.)* Sacharolita; preparação magistral com assucar.

Sacarolojia. *f.* Sacharologia; tratado sobre o assucar.

Sacaromaza. *f. (pharm.)* Parte medicamentosa assucarada.

Sacarubo. *m. (pharm.)* Sacharureto; medicamento que resulta da união do assucar com uma substancia dissolvida no alcool ou no ether.

Sacasillas. *m. (fam.)* V. *Metemuertos.*

Sacasuelos. *m.* V. *Sacafondo.*

Sacatapon. *m.* V. *Sacacorchos.*

Sacatarugo. *m. (art.)* Saca-espoleta; instrumento que serve para tirar dos projectis as espoletas.

Sacatrapos. *m. (art.)* Sacatrapos; peça de ferro com alvado, fixada na extremidade da vareta, com que se saca a buxa das armas de fogo, ou com que se limpam. *Spira ferrea plumbeis et laneis globulis è catapulta extrahendis.*

Sacatuétano. *m.* Sacatutano; instrumento de prata com que á mesa se tira o tutano dos ossos.

Sacelacion. *f. (med.)* Acto de applicar a um membro enfermo saquinhos cheios de materias estimulantes.

Sacelario. *m. (hist.)* Sacellario; thesoureiro particular na côrte de alguns principes: — *(hist.)* sacellario; certo empregado da igreja de Constantinopla.

Saceliforme. *adj. (hist. nat.)* Saceliforme; que tem a fórma de um saco.

Sacelo. *m.* Sacello, capella, ermida, pequeno templo.

Sacerdocio. *m.* Sacerdocio; officio, estado, dignidade sacerdotal. *Sacerdotium, ii.*

Sacerdotal. *adj.* Sacerdotal; de sacerdote, que respeita ao sacerdocio. *Sacerdotalis, le. Juegos sacerdotales;* jogos sacerdotaes; jogos publicos dados ao povo pelos sacerdotes, em algumas provincias romanas. *Casta sacerdotal;* casta sacerdotal; divisão do povo egypcio, depositaria de todos os conhecimentos scientificos, e encarregada de dirigir a acção governativa.

Sacerdote. *m.* Sacerdote, padre; ministro de qualquer religião ou culto: — sacerdote; sacrificador gentilico: — sacerdote; ministro da igreja christã. *Sacerdos, otis. Simple sacerdote;* simples sacerdote; o que não tem dignidade ou jurisdicção ecclesiastica, nem cargo pastoral. *Simplex sacerdos. Sumo sacerdote;* summo sacerdote, soberano pontifice; diz-se de Jesus Christo e do papa. *Summus sacerdos.*

Sacerdotesa. *f. (ant.)* V. *Sacerdotisa.*

Sacerdotisa. *f.* Sacerdotisa; mulher que no paganismo fazia sacrificios nos templos e cuidava d'elles. *Sacerdos, otis.*

Saciable. *adj.* Saciavel; que pôde ser saciado. *Satietatis capax.*

Saciar. *a.* Saciar, fartar; satisfazer plenamente de comida ou bebida. Tambem se usa como reciproco. *Satiare:* — *(fig.)* saciar, fartar; satisfazer os olhos, os ouvidos, os desejos, a paixão, a cobiça, os appetites. Usa-se tambem como reciproco.

Sacidio. *m. (bot.)* Sacidio *(em fórma de saco);* genero de plantas da familia das orchydeas, cujas especies são herbaceas, e crescem no Cabo da Boa Esperança.

Saciedad. *f.* Saciedade, fartura; o que basta para fartar, satisfazer em excesso o desejo de alguma cousa. *Satietas, atis.*

Sácio, cia. *adj.* Saciado, fartado, farto, satisfeito.

Saco. *m.* Saco ou sacco; especie de bolsa, maior ou menor, fechada ou cosida por todos os lados, com uma só abertura superior, feita de couro, panno grosseiro, etc. *Saccus, i:* — saial; vestidura tosca e ordinaria de saial, de que usam os camponezes, capa aguadeira de pastor. *Sagum crassius rusticis usitatum:* — saco; tunica, vestidura talar de burel ou saial, que se veste por penitencia. *Vilis, rudior tunica:* — saco, saque; acto de saquear. V. *Saqueo:* — V. *Saque,* no jogo da péla: — *de noche;* saco da noite; saco onde cada um mette as cousas mais necessarias quando vae de jornada. *Entrar a saco (fr.);* entrar a saco; saquear uma cidade, villa, etc. *Diripere, deprædari, expilare. Meter a saco, y meter a sacomano (fr.);* meter a saco. V. *Saquear. No echar una cosa en saco roto (fr.);* não deitar em saco roto; não deixar caír no chão uma palavra, uma cousa que se disse, aproveita-la para se usar d'ella opportunamente. *Ex rebus utilitatem capere. No le fiara un saco de alacranes (fr. fig.);* não lhe fiava nem dez réis; usa-se para se denotar a grande desconfiança que se tem de uma pessoa. *De scorpionum sacco furabitur. Poner a saco (fr.);* pôr a saco. V. *Saquear. Siete, ó tres al saco y el saco en tierra (fr. fam.);* sete ao saco, e o saco em terra; diz-se quando concorrem muitas pessoas para transportar ou fazer alguma cousa, não conseguindo faze-lo por falta de geito ou de habilidade. *Operantium multitudine rem perdere:* — *(hist.)* sago; saio militar usado pelos romanos em tempo de guerra, excepto os varões consulares. *Sagum, i:* — *(naut.)* seio, enseada, golfo profundo, que penetra muito nas terras: — *fulminante ó de pólvora (mil.);* saco fulminante ou de polvora; artificio de guerra, usado para defender as brechas; compõe-se de um saco de panno forte, cheio de polvora bem atacada, e com uma espoleta.

Sacocha. *f. (germ.)* V. *Faltriquera.*

Sacodero. *m. (zool.)* Saccodero. V. *Notocirto.*

Sacóforo. *m. (zool.)* Saccophoro *(que tem saco);* genero de mammiferos roedores, cujas especies vivem na terra.

Sacogomita. *f. (chim.)* Sachogomita; principio assucarado do alcaçús.

Sacoime. *m. (germ.)* V. *Mayordomo.*

Sacojina. *f. (bot.)* Saccogyna; genero de plantas hepaticas, que contém uma unica especie rasteira.

Sacolabio. *f. (bot.)* Saccolabio; genero de plantas da familia das orchideas.

Sacolactato. *m. (chim.)* Saccholactato; genero de sal produzido pelo acido saccholactico.

Sacoláctico. *adj.* Saccholactico; diz-se do que se obtem por meio do leite e do assucar: — saccholatico; diz-se do acido mucico, porque ao principio extrahia-se do assucar de leite.

Sacomano. *m. (ant.)* Sacomano. V. *Saqueo:* — saccomão, saccomardo. V. *Bandolero:* — V. *Forrajeador.*

Sacomice. *m. (zool.)* Saccomyce; genero de mammiferos roedores claviculados, cujas especies se encontram na America meridional.

Sacondios. *m. (min. ant.)* Sacondios; nome dado por Plinio a uma variedade azulada de amethysta.

Sacopétalo. *m. (bot.)* Sacopetalo; genero de plantas da familia das anonaceas, cujas especies são herbaceas.

Sacra. *f.* Sacra; cada uma das tres tábuas que se põem no altar e que contêem as palavras da consagração e o credo. *Tabella altari sacro:* — sacra, sagração, canon da missa.

Sacramental. *adj.* Sacramental; de sacramento, pertencente aos sacramentos. *Sacramentalis, le. Palabras sacramentales (fig.);* palavras sacramentaes; essenciaes, decisivas para a conclusão de um tratado, de um negocio: *(rel.)* palavras sacramentaes; a formula com que se administra algum sacramento. *Carta sacramental (hist.);* carta sacramental, acta por meio da qual se contrahia uma obrigação sob a fé de juramento. No tempo dos reis francos era assim chamada a sentença pronunciada sem mais prova da verdade do facto que o juramento: — *pl. (rel.)* sacramentaes; diz-se dos remedios que a *Igreja* emprega para curar e purificar a alma: — *m.* irmão do Santissimo; membro da irmandade dedicada a dar culto ao Santissimo Sacramento. *Confraternitatis sodalis.*

Sacramentalmente. *adv. m.* Sacramentalmente; em fôrma de sacramento. *Sacramentaliter:* — sacramentalmente; em confissão sacramental. *Sacramentaliter.*

Sacramentar. *a.* Sacramentar; administrar o viatico aos enfermos e moribundos. *Sacrum viaticum administrare.*

Sacramentario. *adj.* Sacramentario; diz-se da pessoa que nega a presença real e verdadeira de Christo no sacramento da Eucharistia. *Sacramentarius:* — *m. pl. (rel.)* sacramentarios; seita de reformados, que afastando-se da lei de Luthero sobre o Sacramento da *Eucharistia*, rejeitavam a presença real de Jesus Christo, que Luthero tinha conservado; calvinistas e zwinglios.

Sacramente. *adv.* V. *Sagradamente.*

Sacramento. *m.* V. *Misterio:* — *(ant.)* sacramento, juramento. *Administrar sacramentos (fr.);* administrar sacramentos; dá-los, conferi-los. *Hacer sacramentos (fr.)* V. *Hacer misterios. Incapaz de sacramentos (loc. fam.);* diz-se da pessoa muito parva e tola. *Recibir los sacramentos (fr.);* receber os sacramentos, sacramentar-se o doente, receber os sacramentos de penitencia, *Eucharistia* e extrema-uncção: — *(rel.)* sacramento; signal visivel de cousa invisivel instituido por *Deus* para a santificação dos homens. *Sacramentum, i. Descubrir el sacramento;* expor o sacramento; collocar a hostia consagrada em custodia, no ostensor, á veneração e culto dos fieis: — *del Altar;* Sacramento do Altar, a Eucharistia, o Santissimo Sacramento.

Sacramiento. *m. (ant.)* V. *Sacramento:* — V. *Consagracion.*

Sacratísimo, ma. *adj. sup.* de *Sagrado.* Sacratissimo; muito sagrado. *Sacratissimus, valdè sacer.*

Sacre. *adj.* Sagaz, perspicaz, esperto, astuto. Usa-se tambem substantivado: — *(zool.)* sacre; especie de aves do genero falcão: — *(mil.)* sacre; canhão, peça de artilheria antiga do calibre de 4 a 6. *Tormentum bellicum ita dictum.*

Sacrificable. *adj.* Sacrificavel; que se póde, que é licito sacrificar.

Sacrificadero. *m.* Logar ou sitio destinado para os sacrificios. *Locus sacrificiorum.*

Sacrificado, da. *adj.* Sacrificado, immolado; offerecido em sacrificio.

Sacrificador. *m.* Sacrificador; sacerdote do paganismo, que sacrificava victimas nos templos. *Sacrificus, sacrificator:* — sacrificador; o que sacrifica.

Sacrificante. *p. a.* de *Sacrificar.* Sacrificante; que sacrifica. *Sacrificans, antis.*

Sacrificar. *a.* Sacrificar, immolar; offerecer em sacrificio a Deus. *Sacrificare, im-*

molare: — *(fig.)* sacrificar; expor a pessoa ou a fazenda, arriscar, aventurar: — *r.* sacrificar-se; dedicar-se, offerecer-se particularmente a *Deus*: — sacrificar-se; expor-se, arriscar-se, sujeitar-se a incommodo ou perigo, a uma cousa violenta ou repugnante.

Sacrificio. *m.* Sacrificio; cousa sacrificada, consagrada, offerecida á divindade. *Sacrificium, i:* — *(fig.)* sacrificio; operação cirurgica violenta ou perigosa: — *(fig.)* sacrificio; acto de abnegação inspirado por grande amisade ou paixão, pelo amor que se vota a alguem: — sacrificio; acção, cousa a que alguem se sujeita com grande repugnancia por motivos fortes que a isso o obrigam: — *(rel.)* sacrificio, oblação; o que o sacerdote catholico faz na missa, offerecendo o corpo de Christo, debaixo das especies de pão e vinho. *Sacrificium eucharisticum:* — *del altar ó de la misa;* sacrificio do altar ou da missa. *Missæ sacrificium:* — *de prosperidad ó de reconocimiento (hist.);* sacrificio de prosperidade ou de reconhecimento; entre os judeus, aquelle em que só se queimava a gordura dos animaes immolados: — *expiatorio (hist.);* sacrificio expiatorio; sacrificio em que só se depositava sobre o altar parte das victimas; o resto pertencia ao sacerdote.

Sacrílegamente. *adv. m.* Sacrilegamente; de modo sacrilego, com sacrilegio. *Sacrilegè; sacrilega impietate.*

Sacrilegar. *a. (ant.)* V. *Profanar,* referindo-se a logares sagrados. *Profanare, violare.*

Sacrilegio. *m.*V. *Sacrilejio.*

Sacrílego, ga. *adj.* Sacrilego, profanador; diz-se da pessoa que commette sacrilegio. *Sacrilegus, a, um:* — sacrilego; diz-se das cousas ou acções com que se commetteu sacrilegio. *Sacrilegus, a, um.*

Sacrilejio. *m.* Sacrilegio; profanação, de alguma cousa sagrada, desacato. *Sacrilegium, ii.*

Sacrimoche. *adj.* Diz-se por desprezo de um homem vestido de preto, como um sacristão, mas todo sujo e roto. *Homo ridicula atraque veste indutus. Homo pannosus et sordidus.*

Sacrismocho. *adj.*V. *Sacrismoche.*

Sacrista. *m.* V. *Sacristan,* na segunda accepção.

Sacristan. *m.* Sacristão; homem que cuida da igreja e sacristia e ajuda o cura no serviço de altar. *Æditiuus; sacrarum rerum custos:* — sacristão; dignidade ecclesiastica que tinha a seu cargo a custodia e guarda dos vasos, livros e vestimentas sagradas, e a superintendencia de todos os empregados da sacristia. Hoje conserva-se em algumas cathedraes e nas ordens militares, e em outras tem mudado o nome para o de thesoureiro. *Rerum sacrarum custos:* — *de amen (fam.);* acolito; pessoa que se submette cegamente á opinião de outra: — *mayor;* sacristão mór; o principal entre os sacristães. *Æditiuorum magister:* — V. *Tontillo,* especie de roupinha. *Los dineros del sacristan cantando se vienen y cantando se van (prov.);* os bens, ou dinheiro, de sacristão, cantando vem, cantando vão. *Es bravo sacristan, es un gran sacristan (fam.);* é um grande espertalhão; diz-se da pessóa muito fina e sagaz, que sabe tratar da sua conveniencia com detrimento alheio.

Sacristana. *f.* Sacristã, sacrista ou sacristan; freira que cuida da sacristia e do asseio dos paramentos, e que dá tudo o necessario para o serviço da igreja. *Monialis sacrarum vestium curam gerens:* — sacristã; mulher do sacristão.

Sacristancillo, ito. *m. dim.* de *Sacristan.* Sacristãosinho; sacristão ainda novo, muito rapaz.

Sacristanear. *n. (fam.)* V. *Papelonear.*

Sacristanía. *f.* Sacristania; officio, emprego de sacristão ou sacrista. *Æditui munus:* — dignidade de thesoureiro em algumas igrejas.

Sacristía. *f.* Sacristia; casa contigua á igreja onde se guardam as vestimentas sacerdotaes, vasos para o culto, e onde se revestem os sacerdotes: — sacristia; especie de beneficio em algumas abbadias ou cabidos: — *(fam.)* bucho; o estomago do homem: — V. *Sacristanía.*

Sacro, cra. *adj.* Sacro, sagrado. V. *Sagrado. Hueso sacro (anat.);* osso sacro; o que termina a columna vertebral. *Ordenes sacros (rel.);* ordens sacras; as de diacono, subdiacono e presbytero. *Fuego sacro (med.);* fogo sagrado; especie de erysipela: — *coxaljia (med.);* sacro coxalgia; dor no osso sacro e na articulação da coxa.

Sacrorrí. *f. (germ.)* Moça.

Sacrorró. *m. (germ.)* Moço.

Sacrosanto, ta. *adj.* Sacrosanto; sagrado e santo. *Sacrosantus, a, um.*

Sacti. *m. (myth.)* Sacti; poder de *Deus* personificado em uma fôrma feminina; póde applicar-se genericamente a todas as deusas; porém entende-se particularmente de *Durga,* esposa de Siva.

Sacudida. *f.* Sacudida. V. *Sacudimiento. De sacudida (loc. adv.)* V. *De resulta.*

Sacudidamente. *adv. m.* Sacudidamente, bruscamente; com sacudimento. *Asperè.*

Sacudido, da. *adj.* Sacudido, abalado; agitado com força. *Succussus, a, um:* — sacudido, aspero, indocil, intratavel. *Asper, indocilis:* — desenfadado, divertido, alegre, isento, livre, de cuidados: — *m.* certo passo da antiga dansa hespanhola.

Sacudidor. *m.* Sacudidor; o que sacode. *Excussor, quassator:* — instrumento para sacudir, limpar. *Scopæ, excussorium.*

Sacudidura. *f.* Sacudidura; acção de sacudir, especialmente para tirar o pó ou limpar a sugidade. *Excutio, executiendi actus.*

SACUDIMIENTO. *m.* Sacudimento, abalo, sacudida, sacudidura; acção de sacudir, de rejeitar, desprezar. *Excussus, rejectio, contemptio.*

SACUDIR. *a.* Sacudir, abalar, abanar, agitar; mover com força de uma para outra parte. *Quatere:* — sacudir; tirar o pó de cima de uma cousa, agita-la, abana-la para esse effeito, para a enxugar, etc.: — *(fig. fam.)* sacudir o pó a alguem; espanca-lo, zurzi-lo. *Fuste lumbos dolare:* — sacudir, arremessar, brandir, atirar, arrojar: — *r.* repellir, rejeitar; não attender alguem, aparta-lo de si em termos asperos, refutar, rejeitar alguma cousa ou dito com liberdade e viveza: — *(fig. fam.)* levantar-se contra o seu superior, responder com altivez ás pessoas de respeito, levantar-lhes a grimpa.

SACHA. *f.* Sacha, sachadura; acção de sachar, monda com o sacho. *Sarculatio, sarritio.*

SACHADURA. *f.* Sachadura; acção de mondar com o sacho. monda com o sacho. *Sarculatio, sarritura.*

SACHAR. *a.* Sachar; remecher, mondar com o sacho. *Sarculare, sarrire.*

SACHO. *m.* Sacho; instrumento cujo ferro é menor que o da enxada, com cabo de pau, que serve de remexer levemente a terra, e de a esmondar das más hervas. *Sarculum, i.*

SADER. *m.* Sader; livro que contém a religião dos guebros e dos parses.

SADUCEISMO. *m.* Saduceismo; doutrina dos saduceus.

SADUCEOS. *m. pl. (hist.)* Saduceus; nome dos individuos de uma seita judia, assim chamada de Sadoc, seu fundador, que a estabeleceu no seculo III antes de Jesus Christo. Os saduceus serviam a Deus pelas recompensas temporaes; seguiam o texto da lei e não admittiam explicações; não attendiam a tradições, negavam a immortalidade da alma e a resurreição.

SAETA. *f.* Seta ou setta, frecha; haste delgada, como de tres palmos de comprido, com ponta aguda de ferro, lisa ou farpada, provida de pennas recortadas na extremidade opposta, e que se dispara por meio de arco. *Sagitta, æ:* — setta, mão, ponteiro de relogio: — agulha; lamina de aço magnetisada, movel, que marca o norte na bussola ou rosa nautica: — frecha; ponta do sarmento que fica na sepa quando se poda: — *(fig.)* setta; expressões figuradas, agudas, moraes, sentenciosas, que se dizem nos sermões de missão, na oração mental, e em outros actos de devoção e penitencia. *Echar saetas (fr. fig. fam.);* lançar, vomitar raios; mostrar alguem por palavras, gestos ou acções, que está picado de alguma cousa: — *(astr.)* setta. V. *Flecha.*

SAETADA. *f.* V. *Saetazo.*

SAETAZO. *m.* Settada; acção de disparar a setta, tiro de setta, acto de ferir com setta: — settada; golpe com setta disparada: — settada; ferida feita com a setta. *Sagitæ ictus, percutio.*

SAETEAR. *a.* V. *Asaetear.*

SAETERA. *f.* Setteira; aberta estreita no muro das fortificações antigas, por onde se disparavam settas. *Balistaria, fenestra:* — fresta; janellinha estreita para dar claridade ás escadas, corredores, aguas furtadas, etc.

SAETERO. *m.* Setteiro, sagittario, frecheiro; guerreiro armado de arco e setas. *Sagitarius, ii:* — *adj.* concernente ás settas: — diz-se do favo de mel feito em linha recta pelas abelhas, de um lado ao outro da colmeia.

SAETI. *m.* V. *Sagati.*

SAETÍA. *f.* Setia; embarcação latina de transporte, com tres mastros e uma coberta. *Vectoriæ navis genus:* — V. *Saetera,* na primeira accepção.

SAETILLA. *f. dim.* de *Saeta.* Settinha; settasinha, pequena setta. *Spiculum, i:* — *pl. (fig.)* picuinhas, dicterios; palavras, ditos picantes: — agulha da rosa nautica: — setta, mão, ponteiro de relogio: — expressão, dito agudo e sentencioso de missionario, etc.: — *(arch.)* settas; pontas de settas que symbolisam o amor, e servem de adorno aos ovados em fôrma de coração.

SAETIN. *m.* Calha; canno de madeira que leva a agua ao rodizio da azenha para o pôr em movimento. *Incile, angustæ molæ canalis:* — preguinho delgado e sem cabeça, que usam os sapateiros, marceneiros, etc.: — especie de setim: — prego ou espapula para pendurar as vélas na cozinha.

SAETON. *m.* Arremessão ou setta muito comprida e aguda, tendo a um terço da ponta um ferro atravessado, a fim de que, ferindo o coelho ou outro animal, não penetre mais alem, nem o animal possa entrar na toca. *Spiculum, telum.*

SAFACORANO, NA. *adj. (germ.)* V. *Sevillano.*

SÁFICO, CA. *adj.* Saphico; concernente a Sapho, celebre poetisa grega: — saphico; nome dado a um verso que consta de cinco pés, dos quaes o primeiro deve ser sempre dactylo, e os outros podem ser coreus ou spondeus, de maneira que a segunda syllaba do ultimo não tenha accento agudo. Tem este nome da celebre poetisa Sapho, que o inventou. *Saphicus, a, um.*

SAFÍO. *m. (p. And.)* Safio. V. *Congrio.*

SAFRA. *f. (p. Cub.)* Safra; colheita annual da canna, sua moagem e o fabrico do assucar.

SAFRE. *m. (min.)* Safre; oxydo de cobalto, de côr cinzenta escura, que fundido com a areia produz um lindo esmalte azul.

SAGA. *f.* Saga, feiticeira, bruxa, adivinha. *Saga, æ:* — *(zool.)* saga; genero de insectos orthopteros, da tribu dos locustios, cuja especie typica vive na Europa.

Sagan. *m. (hist.)* Sagan; titulo do vigario do grande sacrificador dos judeus.

Sagapeno. *m. (pharm.)* Sagapeno; gomma-resina produzida por uma especie do genero ferula ou canafrecha, que cresce na Persia. Usase em medicina. *Sagapenum, i.*

Sagatemer. *m.* Sagatemer; especie de fructo de que os habitantes da Virginia extrahem um azeite doce.

Sagati. *m.* Saeta ou saieta; especie de estamenha lustrosa, tecido de lã de que se fazem vestidos.

Sagaz. *adj.* Fino, de bom olfacto, que tem bom faro; diz-se dos cães. Por extensão diz-se tambem dos outros animaes dotados de muito instincto, que presentem as cousas. *Sagax, acis:* — *(fig.)* sagaz, perspicaz, dotado de penetração, astuto, fino, esperto, ladino; diz-se das pessoas. *Sagax, callidus.*

Sagazidad. *f.* Faro; olfacto fino dos cães. *Sagacitas, atis:* — sagacidade, viveza; instincto apurado de certos animaes. *Sagacitas, atis:* — *(fig.)* sagacidade, perspicacia, subtileza, astucia; qualidade sagaz, penetração de espirito. *Sagacitas, perspicacitas.*

Sagazmente. *adv. m.* Sagazmente; com sagacidade, com finura. *Sagaciter, callidè:* — prudentemente, cautelosamente.

Sagio. *m. (ant.)* Sagion, sagião. V. *Sayon.*

Sagma. *f. (arch.)* Medida tomada sobre uma regua, onde estão marcados muitos membros de architectura; por exemplo, todos os membros de uma cornija. *Mensura quædam architectonica:* — *(astr.)* sagma; estrella de quinta grandeza, debaixo da aza do Pegaso.

Sagne. *f. (ant.)* V. *Sangre.*

Sago. *m.* Sago; saio militar dos antigos romanos. Era o emblema de guerra, assim como a toga o era de paz. Reduzia-se a uma especie de capa que não passava dos joelhos. *Sagum, i.*

Sagoclámide. *f.* Sagochlamyde; vestidura dos officiaes romanos em tempo de paz; era similhante ao sago e á chlamyde.

Sagon. *m.* Sagon; um dos nomes do modio no Egypto, e em outras parte da Asia.

Sagotal. *m. (bot.)* Sagueiro; genero de plantas da familia das palmeiras, composto de tres especies, muito notaveis pela utilidade que prestam aos indigenas, com os seus variados productos, e das quaes se extrahe a fecula chamada sagú, boa para comer e usada medicinalmente.

Sagra. *f. (zool.)* Sagra; genero de insectos coleopteros subpentameros, da familia dos cyclicos, composto de vinte e oito especies.

Sagrada. *f. (ant.)* Sacramento. V. *Juramento.*

Sagradamente. *adv. m.* Sagradamente; de modo sagrado, veneravelmente, com respeito, veneração. *Sacro ritu; sanctè.*

Sagrado, da. *adj.* Sagrado; dedicado, consagrado a Deus e ao culto divino. *Sacer, cra, crum:* — sagrado, veneravel; diz-se do que por qualquer motivo tem relação com o que é divino. *Sacer, cra, crum:* — sagrado; entre os antigos, dizia-se de tudo o que era mui difficil e quasi impossivel de alcançar por meios humanos, e assim chamavam sagradas a algumas doenças que julgavam incuraveis. *Sacer, cra, crum:* — *(ant.)* maldito, detestavel, execrando, abominavel *Sacer, diris devotus:* — *(fig.)* sagrado; diz-se do que é digno de veneração e respeito. *Sacer, venerandus:* — *m.* sagrado; logar de franquia, de immunidade, que serve de asylo aos delinquentes nas igrejas, etc. *Asylum, i:* — *(fig.)* sagrado, asylo, refugio; logar de segurança, aindaque não seja sagrado. *Asylum, refugium. Acojerse ó meterse a sagrado (fr. fig.);* procurar um refugio; tirarse de uma difficuldade ou embaraço que não se pôde satisfazer, fazendo mediar alguma auctoridade ou pessoa respeitavel. *Ad aram confugere. Yerba sagrada (bot.);* herva sagrada. V. *Verbena. Escritura sagrada (dipl.);* escriptura sagrada; denominação sob a qual Diodoro e Herodoto comprehendem as escripturas egypcias, que Clemente de Alexandria chama hyeratica e jeroglifica. *Libros sagrados (litt.);* livros sagrados ou santos; o Antigo e Novo Testamento. *Historia sagrada.* V. *Historia. Fuego sagrado (hist.);* fogo sagrado; fogo perpetuo que os antigos conservavam em alguns de seus templos. *Fuego sagrado (med.)* V. *Fuego.*

Sagramente. *m. (ant.)* Juramento, homenagem.

Sagramento, Sagramiento. *m. (ant.)* Sacramento. V. *Juramento.*

Sagrar. *a. (ant.)* Sagrar. V. *Consagrar.*

Sagrariero. *m.* Pessoa que tem a seu cuidado tudo que respeita ao sacrario das igrejas. *Sacrarii custos.*

Sagrario. *m.* Sacrario; logar ou parte interior do templo em que se guardam as reliquias ou cousas sagradas. *Sacrarium, i:* — sacrario; logar em que se encerram as fórmas sagradas para se administrarem na communhão. *Sacrarium, ii:* — capella que serve de parochia em algumas igrejas cathedraes. *In cathedrali ecclesiâ parœciale sacellum:* — sacrario de reliquias, relicario: — *(fig.)* sacrario; logar interior e mais reservado.

Sagrativamente. *adv. m. (ant.)* Mysteriosamente: — moralmente.

Sagrativo, va. *adj. (ant.)* V. *Misterioso.*

Sagrea. *f. (bot.)* Sagrea; genero de plantas da familia das melastomaceas, que contém quinze especies.

Sagrídeos. *m. pl. (zool.)* Sagrideos; tribu de insectos coleopteros subpentameros, da familia das eupodas.

Sagrina. *f. (zool.)* Sagrina; genero de foraminiferos, da familia dos textularidos.

Sagú. *m. (pharm.)* Sagú; fecula amylacea, que se extrahe da medulla de varias palmeiras, especialmente do sagueiro.

Sagudir. *a. (ant.)* V. *Sacudir.*

Saguinos. *m. pl. (zool.)* Saguinos ou saguins; grupo de mammiferos quadrumanos, exclusivamente originarios do Brazil. Trepam com facilidade pelas arvores e vivem nas cavidades das rochas, alimentando-se de substancias vegetaes e animaes.

Sagula. *f.* V. *Sayuelo.*

Saguntino, na. *adj.* Saguntino; pertencente a Sagunto, em Hespanha. *Saguntinus, a, um:* — *s.* saguntino; o natural de Sagunto. *Saguntinus, i.*

Saguyero. *m. (bot.)* V. *Sagotal.*

Sahornarse. *r.* Assar-se, excoriar-se esfolar-se alguma parte do corpo, por se haver roçado com outra. *Cutem aduri.*

Sahorno. *m.* Excoriação, esfoladura ou assado de alguma parte do corpo por haver-se roçado com outra. *Intertrigo, inis.*

Sahumado, da. *adj. (fig.)* Excellente, bom, singular, escolhido; diz-se de qualquer cousa accidental que melhora outra, e a faz mais estimavel. *Selectus, præstans.*

Sahumador. *m.* Perfumista; o que faz ou vende perfumes.

Sahumadura. *f.* Perfumadura, defumadura; acção e effeito de perfumar ou defumar. *Suffitio, onis:* — defumadura, perfume; mistura ou composição odorifera para defumar: — perfumadura. V. *Sahumerio. Suffitus, us.*

Sahumar. *a.* Perfumar, defumar; espalhar o fumo de hervas aromaticas queimadas, ou de outra substancia de cheiro agradavel, lançada sobre brazas ou ferro quente, fazer tomar um bom cheiro a alguma cousa. *Suffire, suffumigare.*

Sahumerio. *m.* Perfumadura, defumadura; acção e effeito de perfumar ou defumar. *Suffitio, onis:* — perfume; cheiro que os corpos odoriferos exhalam ao queimar. *Suffitus, us:* — perfume; cousa ou composição odorifera para defumar. *Suffimen, suffimentum.*

Sahumo. *m.* V. *Sahumerio.*

Saica. *f.* Saica ou saique; embarcação de transporte, que se usa entre os turcos: — *(zool.)* saica; genero de insectos hemipteros da tribu dos reduvios.

Sain. *m.* Banha; gordura dos animaes. *Sagina, adeps:* — sebo, porcaria; sugidade, gordurosa de que se cobrem com o uso os pannos, chapéus e outros objectos. *Sordes, is.*

Saina. *f.* Trigo candil. *Siligo, inis.*

Sainar. *a.* Saginar, cevar, engordar animaes. *Saginare.*

Sainete. *f.* Sainete; pedacinho de gordura, tutano ou de miolos que os falcoeiros e caçadores dão ao falcão ou aos passaros, quando os caçam, para os terem mansos e amigos. *Saginæ frustum:* — *(fig.)* sainete, acipipes, iguaria delicada, gulosa; diz-se tambem do sabor grato e agradavel de um manjar. *Gulæ irritamentum:* — *(fig.)* sainete, pico, sal; o que aviva ou realça o merecimento de uma cousa já de si agradavel. *Voluptatis stimulus, irritamentum:* — sainete; môlho de que se usa para dar bom sabor. *Sapidum condimentum:* — enfeite, adorno especial que dá elegancia e belleza ás vestiduras e outras cousas. *Elegantia, venustas:* — *(litt.)* entremez, farça; breve composição dramatica, jocosa e burlesca, de ordinario em um acto, que hoje se usa representar depois da comedia ou tragedia. *Jocosa compositio dramatica.*

Sainetear. *n.* Representar farças ou entremezes.

Sainetillo. *m. dim.* de *Sainete.* Sainetesinho.

Saino. *m.* Especie de porquinho da India. *Indicus sus.*

Saintmorisia. *f. (bot.)* Saintmorysia; genero de plantas da familia das compostas, cujas especies são arbustos originarios do Cabo da Boa Esperança.

Sairanto. *m. (bot.)* Sairantho. V. *Nicociana.*

Saja. *f.* Sarja. V. *Sajadura.*

Sajador. *m.* Sarjador; o que sarja ou escarifica. V. *Escarificador:* — V. *Sangrador.*

Sajadura. *f.* Sarja, escarificações; incisão superficial na pelle para tirar sangue. *Levis incisio, scarificatio.*

Sajar. *a.* Sarjar, escarificar; fazer incisões superficiaes na pelle para tirar sangue. *Scarificare, leviter incidere.*

Saje. *adj. (germ.)* Sabio, prudente, mui avisado, astuto: — *(ant.)* V. *Sabedor:* — *m. (ant.)* V. *Piloto.*

Sajenaria. *f. (bot.)* Sajenaria; planta fossil dos terrenos antigos que tem muita analogia com o lycopodio.

Sajenita. *f. (min.)* Sagenita; variedade reticulada de oxydo de titano.

Sajeresia. *f. (bot.)* Sagerecia; genero de plantas da familia das rhamneas, composto de oito especies originarias da China.

Sajina. *f. (bot.)* Saxina; genero de plantas da familia das caryophilleas, cuja especie typica é uma herva que cresce abundantemente nas paredes humidas e nos sitios pedregosos.

Sajita. *f. (arch.)* Montea de uma abobada: — *(math.)* seno verso.

Sajital. *adj.* Sagittal; diz-se do que tem fórma de setta.

Sajitaria. *f. (bot.)* Sagittaria; genero de plantas da familia das alismaceas.

Sajitario. *m.* Sagittario. V. *Saetero:* — *(germ.)* criminoso que vão açoutando pelas ruas: — *(astr.)* sagitario ou saggittario; constellação que forma o nono signo do zodiaco. Apresenta-se em novembro, e consta de trinta e uma estrellas.

Sajitela. *f. (zool.)* Sagitella; genero de molluscos nadadores, que contêm uma unica especie diaphana, que vive nos mares da America.

Sajon, na. *adj.* Saxonio; pertencente á Saxonia. *Ad Saxoniam pertinens:* — *s.* saxonio; natural da Saxonia. *Saxo, onis.*

Sajú. *m. (zool.)* V. *Sapajú.*

Saki. *m. (zool.)* V. *Saqui.*

Sal. *f.* Sal; substancia dura, secca, fria, soluvel na agua, que se obtem evaporando a agua do mar e algumas outras aguas salinas, extrahindo-se tambem do seio da terra onde existe em grandes massas compactas. *Sal, alis:* — *(fig.)* sal, discrição, graça, chiste, argucia. *Sal, facetiæ. Sal quiere el huevo (fr.);* um ovo quer sal e fogo. *Con su sal y pimienta (fr.);* com sua critica, com sua graça. *Cum mica salis:* com trabalho e difficuldade, a muito custo, com certas e determinadas condições. *Deshacerse como la sal en el agua.*V. *Hacerse sal y agua. Echar en sal (fam.);* deitar de molho; reservar, guardar o que se estava para dar, ensinar ou dizer. *Reponere, differre. Estar algun hecho de sal (fr. fam.);* estar alguem de chalaça, alegre, gracejador. *Hilarem, facetum esse. Hacerse sal y agua (fr. fig.);* fazer-se de sal e agua; dissipar-se, consumir-se em pouco tempo a fortuna, as riquezas, etc. *Dissipari, perdi. No alcanzar a alguno la sal (fr.);* estar em apuro de circumstancias, não ter os precisos meios de subsistencia. *Summa inopiâ laborare. Poner sal a alguno en la molera (fr. fig.);* pôr a alguem o sal na moleira; morigera-lo, faze-lo ter juizo á força de castigos e correcções. *Animi levitatem corrigere, coercere. Sembrar de sal (fr. fig.);* semear de sal, derribar, destruir; diz-se em allusão ao castigo que se dava aos traidores, arrasando-lhes as casas, lavrando depois o chão e lançando-lhe sal. *Funditus destruere. Sal de la Higuera (pharm);* sulphato de magnesia.. *Sulphas magnesiæ:* — *prunella;* mistura de nitrato de potassa fundido, e um pouco de sulphato de potassa: — de vinagre; sulphato de potassa crystallisado e impregnado de acido acetico: — *ática (litt.);* sal attico, atticismo; delicadeza, bom gosto, elegancia na linguagem, particular aos athenienses. Por extensão e no mesmo sentido o entendemos ainda hoje, fallando de estylo culto ou esmerado: — *(min.* e *chim.)* sal; substancia composta de um ou de muitos acidos e de uma ou mais bases: — *(ant.)* enxofre, segundo os alchimistas: — *gema;* sal gemma. V. *Gema:* — *comun;* sal commum, chlorureto de sodio: — *marina;* sal marinho ou de cozinha; nome vulgar de chlorureto de sodio: — *(poet.)* salso argento; o mar: — *zuave (poet.);* suave argento, mar em calma.

Sala. *f.* Sala; peça principal de uma casa, destinada a receber visitas, a bailes e a banquetes. *Aula, æ:* — sala, casa da audiencia, onde se despacham os pleitos. *Curia, æ:* — *(ant.)* festim, baile, assembléa, sarau. *Hacer sala (fr. ant.);* dar sala; dar banquetes: — *(for.)* secção; reunião de certo numero de juizes para examinar e decidir os negocios. *Tribunalis sectio, pars:* — tribunal de alcaides da casa e côrte. *Prætorium tribunal in urbe regia:* — *de apelacion;* junta que se forma dos alcaides da côrte nomeados por mezes para decidir os pleitos que não excediam a 10:000 maravedis, e que haviam sido sentenciados pelo julgado de algum dos outros alcaides. *Duum virilitibus minoribus judicandis in prætoria, urbis regiæ curia:* — *de mil y quinientas;* sala que estava destinada para ver os pleitos graves. *Supremi senatûs curia ultimo et irrevocabili judicio litibus quibusdam finiendis:* — *del crimen;* junta dos alcaides do crime em todas as chancellarias e audiencias, para conhecer das causas crimes. *In conventu juridico pars judicum criminibus vindicandis. Hacer sala (fr. for.);* haver plena reunião; juntar-se o numero sufficiente e legal de magistrados para constituir tribunal. *Senatores, prætores in numero sufficienti adesse, ut tribunal constituatur:* — *de gálibos (naut.);* sala do risco: — *de armas (mil.);* sala de armas; nos arsenaes a casa onde se collocam as armas.

Salacia. *f. (bot.)* Salacia; genero de plantas da familia das hippocrateaceas: — *(zool.)* salacia; genero de polypeiros sertularios: — salacia; genero de crustaceos decapodas da familia dos oxyrhynchos.

Salacidad. *f.* Salacidade, lubricidade, impudicicia. *Salacitas, atis.*

Salacísimo, ma. *adj. sup.* de *Salaz.* Salacissimo; muito salaz. *In venerem propensissimus.*

Saladamente. *adv. m.* Salgadamente, chistosamente, graciosamente; com chiste, sal ou graça. É pouco usado o primeiro vocabulo em portuguez. *Salsè, facetè.*

Saladar. *m.* Talho; caldeira em que se crystallisa o sal nas marinhas. *Lacus ex marina aqua:* — terreno salgado, salino, esteril pela muita abundancia de saes que contém. *Terra nimio sale infœcunda:* — salga, salgadeira; logar onde se salga o peixe ou a carne: — *(p. And.)* V. *Marisma.*

Saladero. *m.* Salgadeira; logar ou casa onde se salga a carne ou o pescado. *Locus saliendis carnibus destinatus:* — edificio da cadeia em Madrid, assim chamado por ter sido primitivamente salgadeira: — salgadeira; vaso, barrica ou tina de pau onde se põe o peixe ou carne a salgar ou em salmoura. *Vas salsamentarium.*

Saladillo. *m.* Toucinho salpreso, salpicado, salgado levemente. *Porcina caro parcè salita:* — bandas; peças do quarto dianteiro do porco, que se põem ao de cima das outras peças que se salgam, para não tomarem muito sal.

Salado, da. *adj.* Salgado; impregnado de sal, que tem muito sal. *Salis nimia copia laborans:* — *(fig.)* picante, gracioso, agudo, chistoso, engraçado, que tem muito pico, sal ou graça. *Salsus, facetus:* — salgado; diz-se do terreno esteril por ter excesso de saes. *Nimio sale infœcundus.*

SALADOR, RA. *s.* Salgador; que salga. *Saliens, sale condiens:* — *m.* V. *Saladero.*

SALADURA. *f.* Salgadura, salga; acção e effeito de salgar. *Salsura, æ:* — V. *Salazon.*

SALAITA. *f. (min.)* Variedade de pyrogeneo.

SALAMANDRA. *f. (zool.)* Salamandra ou salamanteiga; genero de reptis amphibios da familia dos salamandridos, cujas especies são fluviaes ou terrestres, e vivem nos logares escuros ou nas aguas tranquillas da Europa, Asia e America: — *acuática.* V. *Triton.*

SALAMANDRIA. *f.* V. *Salamandra.*

SALAMANDRIDOS. *m. pl. (zool.)* Salamandridos; familia de reptis batrachios, a que pertence a Salamandra.

SALAMANQUÉS, SA. *adj.* Salamanque. V. *Salmantino.*

SALAMANQUEZA. *f. (zool.)* V. *Salamandra:* — *de agua;* salamantiga aquatica; reptil que só se distingue da salamandra em ter a cauda inteiramente plana e em serem maiores e de côr azulada ou avermelhada as manchas de que é coberto. O macho é, alem d'isso, caracterisado por ter ao longo do dorso uma membrana em fôrma de crista.

SALAMANQUINO, NA. *adj.* V. *Salmantino.*

SALAMIDE. *m. (zool.)* Salamide; genero de acalephos medusarios, cujo typo se encontra nas Molucas.

SALAMITO. *m. (germ.)* V. *Médico.*

SALANGA, SALANGANA. *f. (zool.)* Salangana; dá-se este nome nas ilhas Filippinas a uma pequena andorinha do mar.

SALANGO *m. (zool.)* Salango; genero de peixes acanthopterygios abdominaes, composto de uma só especie, originaria do Mediterraneo.

SALAR. *a.* Salgar; impregnar de sal, pôr de salmoura, curar com sal carne ou peixe para o conservar. *Salire, sale condire:* — salgar; temperar com sal as viandas, etc. *Sale condire:* — salgar; deitar sal em excesso na comida.

SALARIA. *f. (zool.)* Salaria; genero de peixes acanthopterygios da familia dos gobioideos, composto de trinta e uma especies.

SALARIAR. *a.* Salariar. V. *Asalariar.*

SALARIO. *m.* Salario; estipendio ou ordenado que se dá aos creados. *Salarium, merces:* — salario; gage, estipendio que se dá a jornaleiro, e em geral a toda a pessoa que trabalha para outrem. *Stipendium, merces. Correr el salario, la paga, el sueldo (fr.)* V. *Paga.*

SALARSE. *r. (germ.)* Rir-se.

SALAXIDE. *m. (bot.)* Salaxide; genero de plantas da familia das ericaceas, cujas especies são arbustos que crescem no Cabo de Boa Esperança.

SALAZ. *adj.* Salaz, impuro, impudico. *Salax; in libidinem pruriens.*

SALGAZON. *f.* Salgadura; acção de salgar, tempo proprio para salgar. *Salitura, salsura:* — salgado; peixe, viandas salgadas em certa quantidade. *Piscium salitorum copia.*

SALCE. *m.* V. *Sauce.*

SALCEDA. *f.* Salgueiral; campo de salgueiros. *Salicetum, i.*

SALCEDO. *m.* Terreno humido, de ordinario junto aos rios, que se acha coberto de arvores ou onde nascem os salgueiros.

SALCOCHAR. *a.* Encalar; dar meia cozedura á carne sem a temperar. *Leviter coquere; semicoctum relinquere.*

SALCHICHA. *f.* Salchicha; tripa delgada de porco, cheia de carne gorda do mesmo animal, crua, picada e temperada com sal, pimenta, pimentão, etc. *Isicium, insicium, icisia, botulus:* — *(mil.)* salchicha; chouriço de panno com a costura alcatroada, da grossura de um dedo, que se enche de polvora e se enterra no chão para por elle se communicar fogo á mina: — *(mil.)* salchicha; fachina longa que se atravessa sobre as outras para as segurar. *Grandior ramalium fascis.*

SALCHICHARÍA. *f.* Salchicharia; casa, loja de salchicheiro. *Taberna in qua insiciæ venduntur.*

SALCHICHERO, RA. *s.* Salchicheiro, toucinheiro; o que vende carne de porco e que faz ou vende salchichas, chouriços, etc. *Insiciarius, i.*

SALCHICHON. *m.* Salchichão; salchicha grossa. *Tomacula, botulus:* — *(mil.)* salchichão; mólhos de lenha atados pelo meio e pelas extremidades, que servem de fachinas. *Ramalium grandierum fascis:* — *volante.* V. *Cohete incendiario:* — *(naut.)* trouxa feita da cama e roupa de cada um dos soldados e marinheiros, da reunião das quaes se faz nas redes das bordas e passamanos uma especie de parapeito contra a fuzilaria e metralha inimiga: — mólho de enxarcia velha cortada, que serve para o mesmo que as trouxas ou lios antecedentes.

SALCHUYO. *m. (germ.)* Canna.

SALDA. *m. (zool.)* Salda; genero de insectos hemipteros heteropteros da tribu dos reduvios.

SALDABLE. *adj.* Saldavel, liquidavel; diz-se do que se póde ou deve saldar.

SALDADURA. *f. (fam.)* V. *Saldo.*

SALDAMIENTO. *m.* V. *Saldo.*

SALDANITA. *f. (min.)* Saldanita; sulphato de alumina, muito abundante no sul de Nova Galles.

SALDAR. *a.* Saldar; inteirar o resto ou a differença do debito e credito. *Rationes dati et accepti æquare, debiti solutione.* Usa-se tambem em sentido familiar analogo; v. g., *andaban muy reñidos, pero al fin saldaron sus cuentas,* andavam desavindos, mas a final ajustaram, saldaram as suas contas.

Saldidos. *m. pl. (zool.)* Saldidos; familia de insectos hemipteros da tribu dos reduvios.

Saldinia. *f. (bot.)* Saldinia; genero de plantas da familia das rubiaceas.

Saldo. *m.* Saldo; a somma que falta ou se resta para ajustar o debito com o credito, nas contas entre devedor e credor, ou de administrações em que ha receita e despeza. *Dati et accepti computatione facta, debiti confessio aut solutio:* — saldo; acção e effeito de saldar.

Saledizo. *adj. (arch.)* Sacada, beira; obra resaltada e que avança fóra da parede mestra do edificio. Tambem se chama *volado*, em castelhano. *Subgrunda; pars extra parietem prominens, pluviis arcendis. Hacer saledizo (fr. arch.);* fazer saliencia; sair fóra da linha a obra de architectura.

Salegar. *m.* Sitio onde se destribue sal aos rebanhos nos campos. *Locus ubi sal pecori ministratur.*

Salenia. *f. (zool.)* Salenia; genero de echinodermes fosseis, que contém doze especies encontradas nos terrenos cretaceos.

Salep. *m. (bot.)* Salepo; nome dado aos tuberculos ovaes e carnosos do satyrião ou orchis macho, depois de ter soffrido uma preparação que lhes dá a côr e o aspecto do corno. Estes tuberculos constituem um alimento mui nutritivo e de facil digestão, que se dá aos doentes e pessoas debeis.

Salera. *f.* Saleira; pia ou pedra em que se deita o sal para os gados no campo. *Saxum in quo sal edendum pecoribus datur:* — V. *Salegar.*

Salernitano, na. *adj.* Salernitano; pertencente a Salerno ou a seus habitantes. *Salernitanus, a, um:* — *s.* salernitano; natural de Salerno. *Salernitanus, i.*

Salero. *m.* Saleiro; vaso em que se serve o sal na mesa. *Salinum, i:* — armazem, deposito de sal. *Salis repositorium:* — *(fam.)* sal, pico, chiste, graça, donaire. *Sales, lepor.*

Salerosamente. *adv. m.* Salgadamente, graciosamente, engraçadamente; com pico, com sal ou graça. É pouco usado o primeiro vocabulo na lingua portugueza.

Saleroso, sa. *adj.* Engraçado, chistoso, donairoso; que tem graça, sal, pico, chiste. *Salsus, lepidus.*

Salesa. *adj.* Sallesia; diz-se das religiosas da ordem fundada por S. Francisco de Salles.

Salespacio. *m. (ant.)* Com os adjectivos *buen* o *mal*, significava bom ou mau gosto, boa ou má recompensa, etc.

Saleta. *f. dim.* de *Sala.* Saleta, pequena sala: —V. *Sala de apelacion:* — sala do paço, mais distante da antecamara do rei.

Salgada. *f. (bot.)* V. *Armuelle.*

Salgadera. *f.* V. *Salgada.*

Salgadura. *f. (ant.)* V. *Saladura.*

Salgar. *a. (ant.)* V. *Salar.*

Salguera. *f.* V. *Mimbrera.*

Salguero. *m. (ant.)* V. *Salegar.*

Saliavata. *f. (zool.)* Salyavata; genero de insectos hemipteros heteropteros da tribu dos reduvios.

Sálica. *adj.* Sálica; diz-se da lei introduzida em França pelos francos salicos e que excluia as femeas do throno. *Gallica lex à regni hereditate feminas excludens.*

Salicaria. *f. (bot.)* Salicaria ou lisimachia; genero de plantas da familia das lythraricas, cujas especies são herbaceas, annuaes ou vivaces: — *f. pl.* salicarias. V. *Litrarias.*

Saliceto. *m.* V. *Salceda.*

Salicícola. *adj. (hist. nat.)* Salicicola; que vive no salgueiro.

Salicifoliado, da. *adj. (bot.)* Salicifoliado; diz-se das plantas que têem folhas similhantes ás do salgueiro.

Salicina. *f. (chim.)* Salicina; substancia febrifuga obtida em estado puro da casca do salgueiro e de algumas especies de choupos.

Salicíneas. *f. pl. (bot.)* Salicineas; familias de plantas dicotyledoneas apetalas, formada dos generos salgueiro e choupo.

Salicivoro, ra. *adj. (zool.)* Salicivoro; diz-se do animal que come flores ou folhas de salgueiro.

Sálico, ca. *adj.* Salico; pertence aos salios.

Sálicocos. *m. pl. (zool.)* Salicocos; familia de crustaceos decapodas macrouros.

Salicor. *m. (bot.)* Salicornia; planta ramosa do genero salicornia, cuja cinza, immensamente dura e abundante em alcali vegetal, emprega-se nas fabricas de vidro e de sabão.

Salicornaria. *f. (zool.)* Salicornaria; genero de polypeiros bryozoarios, cujas especies se encontram no Mediterraneo e no Oceano.

Salicornia. *f. (bot.)* Salicornia; genero de plantas da familia das chenopodeas, cujas especies são herbaceas e crescem nos terrenos impregnados de sal: — *m. pl.* salicornias; tribu de plantas apetalas da familia das chenopodeas, que tem por typo o genero salicornia.

Salicote. *m. (zool.)* V. *Langostino.*

Salida. *f.* Saida ou sahida; effeito de saír. *Egressio, onis:* saida, passo, porta, logar por onde se sáe. *Exitus, egressus:* — arredores, contornos; espaço, campos contiguos a alguma cidade, villa, onde se vae passear, etc. *Campus oppido confinis; suburbanum ambulacrum:* — sacada, resalto, projectura, saliencia, proeminencia; parte que sobresáe de uma cousa a respeito de outra. *Projectura, prominentia:* — saída; venda, extracção dos generos. *Venditio, onis:* — saida, escapula, subterfugio, pretexto, desculpa. *Perfugium, i:* — saída, exito, fim, acabamento; successo final de negocio ou dependencia. *Eventus, exitus:* — *(fig.)* saída; rasões, meios com que se vence algum argumento ou difficuldade.

Exitus, us: — *(naut.)* V. *Arrancada:* — *de golfo;* vento fresco que vem do fundo de um golfo e se mette pela terra: — *del agua;* quantidade de agua que sáe dos portos e faz diminuir o fundo pela descida da maré. *Dar salida (fr.);* dar saída; fazer que o navio ande mais, arribando ou virando de rumo convenientemente. *Llevar, tomar salida (fr.);* adquirir mais velocidade o navio por qualquer causa: — *(mil.)* saida, sortida; ataque repentino e inopinado dos sitiados contra os sitiadores. *Militum eruptio.*

Salidica, lla, ta. *f. dim.* de *Salida.* Saidasinha.

Salidizo. *m.*V. *Saledizo.*

Salido, da. *adj.* Saído, resaltado, saliente; diz-se do que sobresáe em algum corpo mais regular. *Projectus, prominens:* — saida, aluada; diz-se das femeas de alguns animaes, quando andam com o cio ou brama. *Catuliens; in libidinem pruriens:* — *(ant.)* V. *Desterrado.*

Salidonato. *m. (zool.)* V. *Psalidognato.*

Saliega. *f. (prov.)* Terra salina; especie de terra abundante em saes, que se manifestam á superficie.

Saliente. *adj.* Saliente; que sobresáe, que avança fóra. *Exiens, entis.*

Salífero, ra. *adj.* Salifero, salino; que contém sal.

Salificable. *adj. (chim.)* Salificavel; diz-se do que tem a propriedade de formar saes, combinando-se com os acidos.

Salificacion. *f.* Salificação; transformação de uma substancia em sal.

Salimiento. *m. (ant.)* V. *Salida,* na primeira accepção.

Salin. *m.* Armazem ou deposito de sal.

Salina. *f.* Salina, marinha de sal; logar onde se faz o sal. É muito usado no plural. *Salina, æ:* — salina; mina de sal.

Salinero. *m.* Saleiro, salineiro; o que faz e vende sal.

Salino, na. *adj.* Salino; da natureza do sal. *Salsus, a, um:* — salino, salso; que contém sal. *Salsus, a, um.*

Salio. *m. (zool.)* Salio; genero de insectos hemynopteros, da tribu dos sphegios, composto de tres especies.

Salir. *n.* Sair; passar de dentro para fóra. *Exire, egredi:* — sair, partir; ir, marchar de um logar para outro. *Abire, proficisci:* — sair; escapar, livrar-se de perigo, difficuldade, incommodo. *Evadere, emergere:* — saír; desembaraçar-se, livrar-se de duvida, de idéas tristes, etc. *Liberari, sese expedire, extricare:* — sair, apparecer, manifestar-se, descobrir-se, como: *salir el sol;* sair, apparecer o sol. *Apparere, oriri:* — sair, nascer, brotar, como: *empezar a salir el trigo;* começar a saír, a nascer o trigo, etc. *Germinare, pullulare:* — sair, sobresaír, resaltar; estar uma cousa mais alta ou mais saída para fóra que outra. *Supereminere:* — no jogo, ser o primeiro a jogar: — sair, proceder; tirar sua origem. *Provenire:* — sair, apparecer, publicar-se, dar-se a publico. *Edi, evulgari:* — acabar, concluir, ajustar, terminar uma conta, negocio, etc.; como: *Ya sali de mis cuentas;* já conclui as minhas contas, etc. *Absolvere, ad exitum perducere:* — passar, vender; desfazer-se de alguma cousa, passando-a a outrem; como: *Ya he salido de todos mis granos;* já passei, vendi todos os meus cereaes, etc. *Alienare, demittere:* — sair; dizer, fazer alguma cousa inesperada, intempestiva. *Intempestivè, inseperatò loqui aut agere:* — occorrer; offerecer-se de novo alguma cousa. *Accidere, evenire:* — saír, importar, vir a custar, referindo-se a uma cousa que se compra, etc. *Tanto pretio esse, stare:* — sair ou saír-se bem; com a proposição *con* e alguns nomes, significa alcançar, obter o que os taes nomes expressam; *v. g.: Salió con la pretencion;* saíu com a sua pretensão; conseguiu-a, realisou-a, saíu-se bem da sua pretensão. N'este caso usa-se tambem como reciproco. *Adipisci, voti compotem fieri:* — saír; com a proposição *de* e alguns nomes, como juizo, sentido, tino e outros similhantes, vale perder o uso do que esses nomes significam. Tambem se usa com o adverbio *fuera,* antes da proposição *de,* como: *Salió fuera de tino;* saiu fóra da rasão, etc. *Sensum amittere; mente alienari:* — sair; ter bom ou mau exito alguma cousa; *v. g.: A mi nada me sale bien;* a mim nada me sáe bem, tudo me sáe frustrado, etc. *Benè vel nequiter procedere:* — sair; fallando das estações e de outras partes do tempo, significa findar, acabar-se; *v. g.: Hoy sale el verano;* hoje sáe, acaba o verão. *Desinere, finem habere:* — sair, parecer-se, assimilhar-se. Diz-se especialmente dos filhos a respeito dos paes, e dos discipulos em relação aos mestres, etc. *Specimen, exprimere, referre:* — sair; afastar-se, arredar-se de alguma cousa ou faltar a ella. Usa-se tambem como reciproco; como: *Salió de la regla;* saíu, afastou-se da regra. *A regula discedere, declinare, deflectere:* — sair; acabar, cessar com algum cargo ou officio, deixar de o exercer; *v. g.: Pronto saldré de tutor;* em breve salrei de tutor, etc. *Cessare, desistere:* — sair; ser eleito um individuo por votação, ser premiado ou tirado á sorte um bilhete, etc. *Sortitione vel suffragiis eligi:* — sair, conduzir; dar saida, ir ter a um ponto determinado, fallando de ruas ou caminhos. *Terminari:* — saír; descobrir a alguem a sua indole, aproveitamento, etc., como: *Salió muy travieso, buen matemático, etc.;* saíu mui travesso, bom matehmatico. *Fieri, evadere:* — *r.* ir-se, verter, derramar-se, saír um liquido de alguma vasilha ou deposito por alguma fenda ou rotura. Diz-se tambem do vaso ou cousa que contém outra; *v. g.: Este tintero se sale;* este tinteiro vae-se, verte: — estar saido ou deslocado, deslocar-se: — *a alguna cosa (fr.);* tomar alguma cousa a seu cargo, responder por ella. *In se recipere:* — *de uno alguna cosa (fr.);* saír, ser alguma cousa de alguem, proceder d'elle, ser de invenção propria, sem intervenção alheia. *Rem proprio marte facere. Salirle caro, ó salirle cara alguna cosa a alguno;* saír-lhe caro, custar-lhe ou saír-lhe cara alguma cousa a alguem; resultar-lhe algum damno, trabalho ou dissabor da sua execução. *Caro stare:* — *por alguno (fr.);* saír por alguem, defende-lo, abona-lo, acudir por elle, etc. *Fidejubere. Salirle allá una cosa (fr. fam.);* vir a ser uma cousa quasi o mesmo que outra. *Ferè idem esse; eodem redire. Salirse con la suya (fr.);* saír com a sua, ou fazer a sua, levar a sua ávante, conseguir o fim, fazer o que quer, vencendo difficuldades ou contrariedades. *Nitendo consequi. Salga lo que saliere (loc. fam.);* sáia o que saír, aconteça o que acontecer. *Quidquid eveniat. No salir de uno alguna cosa (fr.);* não saír, não passar de alguem alguma cousa, guarda-la como segredo. *Silentio premere:* não saír ou vir de alguem alguma cousa, ser suggerida por outrem: — *(naut.)* saír-se um navio de outro; escapar-lhe ou affastar-se bem e ligeiramente d'elle. *Navem cursu superare:* — *(naut.)* alongar-se, afastar-se progressivamente de um objecto: — V. *Andar,* e assim se diz: *No salimos nada;* não andâmos nada: — decrescer, vasar a maré: — *el buque al viento.* V. *Salir a barlovento:* — V. *Barloventar. Salir al campo (fr. mil.);* saír a campo; buscar o inimigo com intenção de pelejar.

SALISIA. *f. (bot.)* Salisia; genero de plantas da familia das myrtaceas.

SALISPACIO. *m.* V. *Salespacio.*

SALITRADO, DA. *adj.* Salitrado; empregnado de salitre, composto ou preparado com salitre. *Nitratus, a, um.*

SALITRAL. *adj.* V. *Salitroso;* — *m.* salitral, nitreira; mina de salitre. *Nitraria, æ.*

SALITRE. *m. (min.)* Salitre. V. *Nitro. Nitrum, i:* — *terreo;* salitre terreo; nitrato de cal que se apresenta debaixo da fôrma de efflorescencias salinas, nas paredes humidas.

SALITRERÍA. *f.* Salitreira; fabrica de salitre. *Nitraria, æ.*

SALITRERO. *m.* Salitreiro; fabricante, vendedor ou negociante de salitre. *Nitrariæ ucrator, aut nitri venditor.*

SALITROSO, SA. *adj.* Salitroso, nitroso; que contém salitre. *Nitrosus, a, um:* — salitroso; que participa da natureza do salitre. *Salitrosus, a, um.*

SALIVA. *f.* Saliva; humor aquoso, segregado pelas glandulas salivares. *Saliva, æ. Gastar saliva (fr.);* gastar palavras, fallar inutilmente. *Nugas garrire, effutire. Tragar saliva (fr. fam.);* engolir a saliva; não perder nem ousar dizer alguma cousa, nem desafogar-se ou desaffrontar-se de uma injuria, etc. *Ægrè et silenter ferre, tolerare.*

SALIVACION. *f.* Salivação; acção e effeito de salivar. *Salivatio, onis:* — *(med.)* salivação, ptyalismo; secreção excessiva da saliva occasionada por alguma doença ou provocada por algum medicamento. *Salivatio, onis.*

SALIVAL. *adj.* Salival, salivar; concernente ou relativo á saliva. *Salivarius, a, um.*

SALIVAR. *n.* Salivar; lançar saliva da bôca. *Salivare:* — *adj. (anat.)* salivar; que se refere á saliva. *Glandulas salivares;* glandulas salivares; orgãos secretorios da saliva. *Fistula salivar;* fistula salivar; a que é produzida pela abertura dos conductos secretorios das glandulas salivares.

SALIVERA. *f.* V. *Sabor,* no freio do cavallo. Usa-se mais no plural.

SALIVOSO, SA. *adj.* Salivoso; cheio de saliva, e tambem o que expelle muita saliva. *Salivosus, a, um:* — salivoso, salival; da natureza da saliva. *Salivatus, a, um.*

SALMA. *f.* V. *Tonelada.*

SALMACIA. *f. (bot.)* V. *Carludovica.*

SALMÁCIDE. *f. (zool.)* Salmacide; genero de echinodermes, composto de cinco especies, que se encontram no oceano indico e no mar Vermelho.

SALMALIA. *f. (bot.)* Salmala; genero de plantas da familia das esterculiaceas.

SALMANA. *f. (ant.)* V. *Semana.*

SALMANTICENSE. *adj.* V. *Salmantino.*

SALMANTINO, NA. *adj.* Salamantico ou salamanticense; pertencente a Salamanca ou a seus habitantes. *Salamanticensis, e:* — *s.* salamantico ou salamanticense; natural de Salamanca. *Salamanticensis.*

SALMATICENSE. *adj.* V. *Salmantino.*

SALMEA. *f. (bot.)* Salmea; genero de plantas da familia das compostas, cujas especies são arbustos que crescem na America.

SALMEAR. *n.* Salmear ou psalmear; entoar, rezar psalmos. *Psalmos canere, concinere.*

SALMISTA. *m.* Salmista, psalmista; compositor de psalmos. Por antonomasia diz-se de David. *Psalmographus, psalmicen:* — salmista, psalmista; cantor de psalmos e das horas canonicas, nas igrejas cathedraes e collegiadas. *Psaltes.*

SALMO. *m.* Salmo, psalmo; composição ou canto sagrado, em louvor de Deus. *Psalmus, i:* — *(rel.)* psalmo; nome dado aos hymnos ou cantos hebraicos, cujo auctor se crê geralmente que foi o rei David.

SALMODIA. *f.* Salmodia, psalmodia; canto dos psalmos, o psalmear. *Psalmodia, æ:* — psalterio; o livro dos psalmos attribuidos a David. *Psalmodia; psalterium da-*

vidium: — *(fam.)* salmodia; canto monotono, sem graça nem expressão.

Salmodiar. *n.* V. *Salmear.*

Salmoirada. *f. (ant.)* V. *Salmuera:* — *(fig. ant.)* enfado, encommodo.

Salmon. *m. (zool.)* Salmão; genero de peixes malacopterygios, da familia dos salmonoideos, notaveis pelo tamanho que chegam a adquirir, pela delicadeza da sua carne, e pela grande pesca que d'elles se faz. *Salmo, onis.*

Salmonado, da. *adj.* Salmonado; que tem a carne vermelha como a do salmão. Diz-se de certos peixes, especialmente algumas trutas.

Salmonera. *f. (ant.)* Rede de pescar salmões.

Salmonete. *m. (zool.)* Salmonete; genero de peixes acanthopterygios, da familia dos percoideos, muito apreciados pela sua carne de sabor exquisito e delicado.

Salmoní. *adv. (germ.)* V. *Aprisa.*

Salmonóideos. *m. pl. (zool.)* Salmonoideos; familia de peixes malacopterygios abdominaes, que contém alguns generos muito interessantes, a que serve de typo o salmão.

Salmorejo. *m.* Molho de coelho. *Muria, æ:* — guizado de perdizes e algumas outras peças de caça: — *(fig.)* sabonete; reprehensão aspera: — *(fig.)* pezar, sentimento.

Salmuera. *f.* Salmoura, moura; composto liquido, feito de sal derretido, em que se conserva a carne ou o peixe. *Muria, salsugo:* — salsugem; agua que escorre das carnes ou peixes salgados. *Salsugo, inis:* — *(fig.)* salmoura, pilha; cousa muito salgada.

Salmuerarse. *r.* Adoecer o gado por comer muito sal. *Pecus nimio salis esu morbo affici.*

Salmunar. *n. (germ.)* V. *Saltar.*

Salobral. *adj.* V. *Salobreño:* — *m.* V. *Saladar.*

Salobre. *adj.* Salobre, salobro; que tem algum sal ou sabor salgado. *Natura salsus.*

Salobreño, ña. *adj.* Salgadiço; diz-se do terreno que tem mistura de algum sal. *Terra salaria.*

Saloma. *f. (naut.)* Saloma ou celeuma; cantiga ou gritaria que fazem os marinheiros quando alam algum cabo. *Nautica opera canendo acta.*

Salomar. *a. (naut.)* Salomear, celeumar; animar os marinheiros com a celeuma. *Operam canendo præscribere in navibus.*

Salomonia. *f. (bot.)* Salomonia; genero de plantas da tribu das polygaleas, que contém uma unica especie originaria da China.

Salon. *m.* Salão; sala grande e espaçosa. *Magnum conclave:* — chacina, carne salgada, peixe salgado. *Salsamentum, salsamen:* — *(germ.)* pau, bastão.

Salpa. *f. (zool.)* Peixelim; especie de peixes do genero boga, de corpo oval, de cores menos brilhantes que as da boga, e menos apreciados que esta, por terem a carne mais branda e indigesta: — V. *Biforo.*

Salpianto. *m. (bot.)* Salpiantho; genero de plantas da familia das nyctagineas, cuja especie typica é um arbusto que cresce no Mexico.

Salpicadura. *f.* Salpicadura; acção de salpicar. *Aspersio, onis:* — salpico; signal ou nodoa de cousa que salpicou. *Macula, æ.*

Salpicar. *a.* Salpicar; molhar com gotas espargidas. Tambem se usa figuradamente por macular a reputação de alguem. *Aspergere; notis aut signis distinguere, maculare:* — *(fig.)* salpicar, saltar; passar de umas cousas a outras sem continuação nem ordem, fazendo transições, como de um capitulo a outro quando se lê, etc. *Ab uno in aliud inordinatè transire.*

Salpicon. *m.* Salpicão; presunto de vinha de alhos, picado, mettido em tripa de boi e curado. *Caro minutim concissa, sale, cepeque condita:* — *(fig.)* picado; guisado de cousas picadas. *Minutal, alis:* — V. *Salpicadura.*

Salpiglóseas. *f. pl. (bot.)* Salpiglosseas; tribu do plantas da familia das escrofularineas, que tem por typo o genero salpiglosside.

Salpiglóside. *m. (bot.)* Salpiglosside ou salpiglossis; genero de plantas da familia das escrofularineas, cuja especie typica é uma herva originaria do Chili.

Salpiglosídeas. *f. (bot.)* Salpiglossideas. V. *Salpiglóseas.*

Salpimentar. *a.* Salpimentar; temperar com sal e pimento ou pimentão. *Sale et pipere aspergere, condire:* — *(fig.)* adubar a conversação, orna-la, dar-lhe graça: — *(fig.)* salpimentar; maltratar de motejos picantes.

Salpimenton. *m.* Salpicão, em que entra como ingrediente indispensavel o pimentão ou malagueta.

Salpimienta. *f.* Salpimenta; mistura de sal e pimenta. *Sal piperatum.*

Salpina. *f. (zool.)* Salpina; genero de infusorios rotadores da familia dos euchlanidotes, cujas especies são microscopicas.

Salpinga. *f. (bot.)* Salpinga; genero de plantas da familia das melastomaceas: — *(zool.)* salpinga; variedade de serpentes que se cria na Africa.

Salpingo. *m. (zool.)* Salpingo *(trombeta)*; genero de insectos coleopteros heteromeros, da familia dos stenelytros.

Salpresar. *a.* Salpresar; salgar alguma cousa, comprimindo-a depois para melhor tomar o sal. *Sale condire.*

Salpullido. *m.* Ebullição; erupção, fogagem que sáe pelo corpo, com prurido. *Pustulatio, onis.*

Salpullir. *a.* Excitar a pelle, fazer ebullição ou fogagem na pelle. *Pustulas gignere, excitare.*

Salquero. *m. (germ.)* Vaso.

Salsa. *f.* Salsa, môlho; composição para adubar, dar sabor á carne, ao peixe, ás iguarias. *Salsamentum, condimentum:* — *(fig.)* salsa;

qualquer cousa que move ou excita o gosto. *Condimentum, i:* — *del campo;* especie de alho, maior que o commum: — *de San Bernardo (fig. fam.);* mostarda de S. Bernardo; fome canina, appetite devorador, que faz com que se ache gostosa toda a comida. *Amor edendi, fames.*

Salsafras. *f. (ant. bot.)* V. *Saxifraga.*

Salsamentar. *a. (ant.)* Sazonar, temperar, guizar. Tambem se usa como reciproco.

Salsamento. *m. (ant.)* Condimento, adubo, tempero: — tempero; acção e effeito de temperar.

Salsedumbre. *f.* Qualidade do que é salgado ou salino. *Salsi aut nitrosi qualitas.*

Salseja. *f. (ant.)* V. *Salchicha.*

Salsera. *f.* Salseira; vaso em que se servem na mesa os môlhos ou salsas. *Salsamentarium; vas dapibus condiendis:* —V. *Salserilla.*

Salsereta, Salserilla. *f. dim.* de *Salsera.* Salseirinha: — tigelinha ou pequeno vaso em que os pintores misturam as suas tintas ou oleos, ou para outros ingredientes que se necessita ter á mão. *Condimentarium vasculum, testula pictorum.*

Salsero. *adj.* Diz-se do tomilho fino e muito cheiroso, que serve para môlho ou salsas. *Condimentarium thymum.*

Salseron. *m.* V. *Salsa:* — oitava; medida pequena de seccos que se usa nas azenhas e moinhos das montanhas de Burgos.

Salseruelo. *m.* V. *Salserilla.*

Salsifrajia, Salsifrax. *f. (bot.)* V. *Saxifraga,* planta medicinal.

Salso, sa. *adj. (ant.)* Salso, salgado. V. *Salado.*

Salsola. *f. (bot.)* V. *Sosa.*

Salsóleas. *f. pl. (bot.)* Salsoleas; tribu de plantas da familia das atripliceas, que tem por typo o genero solda.

Saltaatrás. *m.* V. *Saltoatras.*

Saltabanco, Saltabancos. *m.* Saltimbanco; charlatão que anda attrahindo povo, a quem relata virtudes singulares de remedios e drogas que vende. *Circulator, loquax:* — saltimbanco, pelotiqueiro; o que baila nas praças publicas e faz pelotiças: — *(fig.)* saltimbanco; homem buliçoso, leviano, de pouca importancia.

Saltabardales. *m.* Traquinas; rapaz travesso, buliçoso, andejo, muito inquieto. *Lascivus, inquietus:* —*f.* sirigaita, rapariga inquieta, amiga de saltar e de brincar.

Saltabarrancos. *m. (fam.)* Saltabarrancos; pessoa buliçosa, descuidada, que anda, corre e salta por toda a parte. *Intrepidus, irrequietus ambulator.*

Saltacion. *f.* Salto; acção e effeito de saltar: — dansa, baile. *Saltatio, onis.*

Saltacharquillos. *m.* Rapaz affectado que anda aos saltinhos e nas pontas dos pés. *Pede pendulo incedens.*

Saltadero. *m.* Logar, sitio elevado e proprio para d'elle se saltar. *Elatio, locus ad saliendum aptus:* —V. *Surtidor:* — *adj.* saltador; diz-se do que salta. *Saltatorius, a, um.*

Saltador, ra. *s.* Saltador; o que salta. Commummente diz-se dos bailarinos ou arlequins que saltam para divertir o publico. *Saltator, oris:* — *m. (germ.)* pé: — *pl. (zool.)* saltadores; familia de insectos orthopteros, notaveis pela grandeza e robustez de seus membros posteriores, aos quaes devem a facilidade e destreza com que saltam.

Saltadura. *f. (art.)* Estilhaço; lasca de pedra que involuntariamente se tira de um silhar no acto de o trabalhar. *Superficiei lapidis inter expoliendum diruptio.*

Saltaembarca. *f. (ant.)* V. *Saltambarca.*

Salta en branco. *m.* V. *Saltabanco.*

Saltambarca. *f. (ant.)* Saltimbarca; roupeta ou vestidura rustica aberta pelas ilhargas. *Chlamys; sagum rusticum quoddam.*

Saltamontes. *m. pl. (zool.)* Salta-montes; genero de insectos orthopteros da familia dos acridios.

Saltante. *adj.* Saltante; que salta. *Saliens, saltans.*

Saltaparedes. *m.* V. *Saltabardales.*

Salta-perico. *m.* Nome que em algumas partes de Hespanha dão aos gafanhotos.

Saltar. *a.* Saltar; cobrir o macho a femea, fallando dos animaes. *Salire:* — saltar; passar de uma cousa a outra, deixando as que deviam succeder-se por ordem ou opção. Usa-se no sentido physico e no moral. *Raptim ad alia transire:* — saltar; no jogo das damas ou xadrez, levantar uma peça ou figura e passa-la de uma casa para outra por cima das que estão assentes. *In latrunculorum ludo sors quædam:*—*n.* saltar; dar saltos: — saltar; pular a pella, levantar-se a chispa do lume, etc. *Exsilire, insilire:* — saltar; esguichar, saír a agua ou outro liquido, em espadanâ, com impeto. V. *Salir,* n'este sentido. *Subsilire:*—saltar, arrebentar; quebrar-se violentamente, *v. g.:* a corda de um instrumento, etc. *Crepare, disrumpi:* — saltar; desprender-se alguma cousa d'onde estava unida ou fixa. *Impetu dissolvi, deglutinari:* — saltar, sobresaír, tornar-se notavel. *Spectabilem fieri; aliorum oculos in se rapere:* — saltar; apresentar-se, offerecer-se casualmente ou de improviso á memoria alguma cousa. *Repentè occurrere, supervenire:* — saltar; picar-se, resentir-se, dando-o a conhecer exteriormente. *Iram animo conceptam patefacere:* — *(fig.)* saltar; variar sem transições, ou passar a fallar em cousa sem connexão com a que se tratava, ou responder intempestivamente aquelle com quem se não falla. *Saltare extra chorum:* — *(naut.)* saltar; mudar o vento repentinamente.

Salta-regla. *f.* Saltaregra. V. *Pantómetra.*

Saltarel. m. (ant.) V. *Saltaren, Salton.*

Saltarelo. m. Saltarelo; antiga dansa hespanhola. *Saltationis hispanicæ genus.*

Saltaren. m. Certa musica que se tangia na guitarra e ao som da qual se dansava. *Cytharæ quidam sonus:* — (zool.) V. *Salton.*

Saltarin, na. *adj.* Dansarino, bailarino, dansador; pessoa que dansa. *Saltator, oris:* — (*fig.*) traquinas; rapaz inquieto, turbulento, buliçoso. *Irrequietus juvenis.*

Saltaterandate. *m.* Especie de bordado de pontos muito largos, atravessados por outros mui delicados e miudos. *Operis phrygionii species longis punctis distincta.*

Saltatriz. *m.* Saltatrice, dansarina, bailarina; mulher que dansa em publico, com arte e habilidade, por officio. *Saltatrix, icis.*

Salteadamente. *adv. m. (ant.)* Repentinamente; de assalto.

Salteador. *m.* Salteador; ladrão que ataca os passageiros nas estradas. *Insidiator, grassator:* — (*fig.*) arrebatador da honra, desflorador, seductor.

Salteamiento. *m.* Salteamento, assalto, surpreza. *Latrocinium, grassatio.*

Saltear. *a.* Saltear; saír ao caminho, acommetter de improviso para roubar. *Viatoribus insidiari, grassari:* — saltear, assaltar, atacar, acommetter. *Invadere, aggredi:* — saltar; começar uma cousa sem a concluir, passando logo a outras. *Intervallis, per saltus agere:* — antecipar-se a outrem com sagacidade e astucia na compra de alguma cousa. *Callidè præoccupare:* — saltear, surprehender; tomar, atacar de improviso. *Improvisò alicujus animum occupare:* — (*fig.*) saltear; causar sobresalto, susto, surprehender o animo com alguma impressão forte e viva. *Improvisò alicujus animum occupare:* — (*naut.*) saltear, assaltar, avançar para a embarcação a mareta ou onda empolada, fazendo circumvoluções.

Salteno, na. *adj.* (*p. Am.*) Salteno; natural da provincia de Salta, na confederação argentina.

Salteo. *m.* Saltada, assalto; acção e effeito de saltear. *Repentina grassatoris aggressio:* — saltada, assalto, aggressão, ataque repentino.

Salteriar. *a.* (*ant.*) Instruir nos psalmos.

Salterio. *m.* (*germ.*) Salteador: — (*mus.*) salterio ou antes psalterio; instrumento musico de figura triangular, o qual tem treze ordens de cordas, que se tocam com a unha ou com algum arame ou palito curvo. *Psalterium, ii:* — especie de flauta ou corneta com que se acompanha o canto nas igrejas. *Fistula quædam canticis ecclesiasticis concinens:* — (*rel.*) psalterio; livro canonico que contém os cento e cincoenta psalmos de David. *Psalterium davidicum:* — psalterio; livro do côro que contém só os psalmos de David. *Psalterium, ii:* — rosario de Nossa Senhora, por ser composto de cento e cincoenta Ave-Marias. *Psalterium seu rosarium Beatæ Virginis Mariæ.*

Saltero, ra. *adj.* V. *Montaraz:* — *m.* guarda mato.

Salticar. *n.* (*ant.*) Saltar, dansar.

Saltico, llo, to. *m. dim.* de *Salto.* Saltinho: — (*zool.*) saltico. V. *Ato,* genero de arachnides. *A saltillos* (*loc. adv.*) V. *A saltos.*

Saltigrado, da. *adj.* (*zool.*) Saltigrado; diz-se do animal que anda aos saltos: — *m. pl.* saltigrados; tribu de arachnides pulmonares, cujas especies têem os pés proprios para o salto.

Saltimbanco, Saltimbanquis. *m.* (*fam.*) V. *Saltabanco.*

Salto. *m.* Salto; acção e effeito de saltar. *Saltus, us:* — salto; logar elevado e proprio para saltar, e tambem aquelle que não se póde transpor sem o salvar de salto. *Locus præceps, præruptus, neque saltu transgrediendus:* — diz-se ironicamente de alguns despenhadeiros ou rochedos muito altos, porque são impossiveis de saltar: — espaço de terreno que se salva quando se salta. *Saltûs spatium:* — salto, catadupa, cataracta, cachoeira; quéda natural de um rio que se despenha de muito alto com grande ruido: — (*fig.*) salto, pulo; passagem desproporcionada de uma cousa a outra sem tocar nas intermediarias ou na immediata. *Saltus, us:* — salto; omissão de clausula, de linha ou pagina, passando a outra, sem mais nexo nem ordem, lendo ou escrevendo. *Prætermissio inter legendum aut scribendum:* — salto; accesso a posto superior sem passar pelos intermediarios. *Saltus, inordinata provectio:* — salto; tacão da bota ou sapato. *Suppedium, ii:* — salto, pulo; movimento subito com esforço: — salto, saltada, assalto, roubo. *Predatio, latrocinium:* — (*ant.*) V. *Asalto:* — sobresalto, espanto: — *de corazon;* sobresalto, palpitação violenta do coração. *Cordis agitatio, palpitatio:* — *de mata* (*fam.*); salto de mata; fugida ou evasão com receio de castigo. *Præ timore pœnæ festino fuga:* — *de trucha;* salto de carpa; especie de salto dos volteadores de profissão, que consiste em se estenderem ao comprido no chão, e firmando-se nas mãos, sustendo n'ellas o corpo dão uma volta completa no ar. *Corporis in œrem convolutio:* — especie de salto ou modo de andar aos pés juntos dos prisioneiros, quando trazem grilhões cruzados. *Gressus persaltus decussatis compedibus:* — *mortal;* salto mortal; o que dão os volatins de cabeça a baixo, voltando-se depois no ar e caíndo sobre os pés. *E summo in aerem corporis inversa volutatio. A saltos* (*loc. adv.*); aos saltos, salto a salto, dando saltos ou saltando de uma cousa a outra, deixando ou omittindo as intermediarias. *Saltuatim. Dar saltos de alegría ó de contento (fr.)*; dar saltos, pular de alegria ou de contentamento. *Præ lætitia saltare. De salto (loc. adv.)*; de salto, de repente, de improviso. *Al salto (loc. adv. p. Cub.)*; de assalto, em continente, immediatamente, sem demora. *Por salto (loc. adv.)*; de salto; feito ou conseguido sem ordem regular, deixando algum meio que se devia praticar para chegar ao fim. *Per saltum. A gran salto gran quebranto (rif.)*; grande salto, grande quéda; de grande subida, grande caída; quem de repente se eleva está arriscado a caír depressa. *Imminet repentino ascensui ruina. Mas vale salto de mata, que ruego de buenos (rif.)*; mais vale salto de mata, que rogos de homens bons; vale mais escapar ao castigo, que esperar o perdão. *Fuga patrono melior: — (art.)* salto; certo passo de dansa que se executa levantando ambos os pés ao ar: — *de carnero;* salto de carneiro; brinco ou movimento malicioso do cavallo encurvando-se, para deitar o cavalleiro fóra da sella: — *y coz.* V. *Cabriola: — (naut.)* salto; a mudança repentina do vento.

Saltoatrás. *s.* Filho ou filha de quarteirão e de mulata ou vice-versa, porque retrocede, em vez de adiantar na côr branca e de approximar-se á raça europea.

Salton, na. *adj.* Saltante; que salta, pula. *Quod saltuatim ambulat, valdève saltitat: — m. (p. Ast.)* saltão. V. *Aguja, Paladar*, peixe: — *(zool.)* saltão; genero de insectos orthopteros da familia dos acridios, de côr verde, cuja especie typica é mui commum na Europa, vive sobre as arvores e plantas, e produziria os mesmos estragos que os gafanhotos se fosse em tanto numero como estes.

Saltuario. *m. (h. ant.)* Saltuario; escravo ou liberto encarregado das terras, bosques, etc.: — *adj.* applica-se ao que passa repentinamente de um extremo a outro, como, de muito frio a muito calor, de muito caro a muito barato.

Saluberrimo, ma. *adj. sup.* de *Salubre.* Saluberrimo; muito salubre, muito saudavel. *Saluberrimus, a, um.*

Salubre. *adj.* Salubre. V. *Saludable.*

Salubridad. *f.* Salubridade; qualidade salubre, sadia. *Salubritas, atis.*

Salud. *f.* Saude; boa disposição, estado do corpo sem doença nem achaque. *Valetudo, sanitas: —* saude, salvação, conservação da cousa em boa estado; v. g.: a saude publica do exercito, do estado. *Salus, utis: — (germ.)* igreja: — *pl. (ant.)* actos e expressões de cortezia. *Dicta salus, missa aut nunciata: — (interj.)* V. *Salve. A su salud (fr.)* V. *A su salvo. Beber a la salud de alguno (fr.)*; beber á saude de alguem, fazer-lhe uma saude ou brinde; fazer votos pela sua saude no acto de beber. *Propinare. Con salud le rompa (fr. fam.)*; com saude o rompa; usa-se para felicitar alguem que estreia fato novo. *Vestem salvus deterat. En sana salud (fr.)*; em perfeita saude. Diz-se allusivamente de outras cousas que não são animadas, significando que estão em bom ou perfeito estado. *Cum bene se habet; in statu sanitatis. Gastar la salud (fr.)*; gastar, estragar a saude, destrui-la fazendo excessos. *Gastar salud (fr.)*; lograr, gosar, desfructar boa saude. *Valere. Para poca salud mas vale ninguna (fr.)*; para pouca saude mais vale nenhuma; denota que, em certos casos, de nada serve possuir um pequeno cabedal ou alguma outra cousa em diminuta quantidade. *Vender salud (fr. fam.)*; vender saude; ter boa, vigorosa saude. *Valetudine prosperrima uti: — (rel.)* saude da alma; estado de graça, posse da bemaventurança eterna. *Spiritualis salus.*

Saludable. *adj.* Saudavel, salubre, sadio; que dá, conserva ou restabelece a saude. *Saluber, bris: —* saudavel, sadio, são; que gosa saude: — *(fig.)* saudavel, salutar, salutifero; util, proveitoso, particularmente para o bem da alma. *Saluber, salutaris.*

Saludablemente. *adv. m.* Saudavelmente, sãmente, sadiamente; com saude, de modo saudavel, com utilidade da saude. *Salubriter, salutariter: — (fig.)* saudavelmente, salutiferamente; utilmente, proveitosamente, vantajosamente. *Salubriter, salutariter.*

Saludacion. *f. (ant.)* V. *Salutacion.*

Saludador. *m.* Saudador; o que sauda. *Salutator, oris: —* saludador, benzedor; impostor ou homem supersticioso que pretende curar ou prevenir a raiva ou outros males com o halito, a saliva e certas deprecações e formulas, e tambem por meio de nominas de santos, inculcando-se dotado de graça e virtude para isso. Em Hespanha chamavam-se saludadores os benzedores que se diziam descendentes de Santa Catharina ou Santa Quiteria, e traziam as cabeças d'estas santas marcadas nos braços com tinta azul ou preta. *Qui rabiem aliosque morbos curare cavereve sufflatione vanisque aliis remediis adhibitis affectat.*

Saludamiento. *m.* V. *Salutacion.*

Saludar. *a.* Saudar, cumprimentar; exprimir os votos pela saude de alguem, dar o Deus te salve. *Salutare, salutem dicere: —* saudar; acclamar, proclamar rei, imperador, etc. *Acclamare, principem salutare: —* saludar; benzer doentes e fazer diversas ceremonias o saludador, com a pretensão de os curar. *Sufflationem vanaque alia remedia ad rabiem aliosque morbos curandos cavendosve adhibere: —* saudar, brindar; fazer saudes, beber á saude ou em obsequio de alguem. *Salutem mittere: — (fig.)* saudar, cumprimentar; fazer cumprimentos: — *(fam.)* convidar, mimosear; receber com uma sova, com azas de pau: — *(fig.)* tomar uma tintura de alguma sciencia ou arte, aprender os seus principios. É mais usado com a negativa; v. g.: *no ha saludado la retorica;* não chegou a instruir-se na rhetorica: — *(mil.)* saudar, salvar; dar signaes de obsequio ou festejo com descargas de artilheria. *Festivis tormentorum tonitruis aliquem excipere, salutare:* — saudar; fazer continencia com as armas ou por toques de instrumentos.

Salude. *f. (ant.)* V. *Salud.*

Saludisar. *a. (germ.)* Saudar.

Saludo. *m.* Saudação; acto de saudar: — saudação, comprimento, cortezia; qualquer expressão ou movimento com que se sauda a alguem: — *(mil.)* salva, cortezia; descarga de artilheria ou mosquetaria, por occasião festiva ou em signal de honra. V. *Salva. Militaris salutatio:* — continencia militar; modo de cortejar fazendo certos movimentos com a arma ou alguns toques nos instrumentos.

Salumbre. *m.* Flor do sal; especie de efflorescencia vermelha, similhante ao bolor, que se cria sobre o sal, e que tambem se chama *flor de la sal,* em castelhano. *Salis rubigo.*

Salut. *f. (ant.)* V. *Salud.*

Salutacion. *f.* Saudação; acção e effeito de saudar: — exordio; preambulo de sermão ou oração. *Orationis exordium:* — *anjélica;* saudação angelica, a Ave-Maria. *Salutatio angelica.*

Salute. *m. (ant.)* Salute; moeda de oiro franceza, que correu em Castella no seculo xv, e tinha gravada a saudação angelica. Valia pouco mais ou menos o mesmo que o ducado. *Moneta gallica vetus sic dicta.*

Salutíferamente. *adv. m.* Salutiferamente. V. *Saludablemente.*

Salutífero, ra. *adj.* Salutifero. V. *Saludable.*

Salva. *f.* Salva; cortezia feita com descarga de artilheria ou de mosquetaria. *Bellica tormenta plausu concrepare, perstrepere:* — salva; prova que se fazia das comidas ou bebidas que se serviam aos reis, para mostrar que não tinham veneno. *Prægustandi, prælibandi actio:* — salva, juramento, promessa solemne. *Solemnis promissio juramento firmata:* — V. *Salvilla. Hacer la salva (fr. fig.);* fazer a salva, a saude, brindar, excitar a alegria. *Invitare:* *(fig.)* pedir venia para fallar ou fazer representações. *Veniam petere:* dar salva, salvar; disparar certo numero de tiros de peça ou de espingarda com polvora secca, em demonstração de regosijo ou para celebrar alguma victoria, etc.: — *(for.)* salva; prova temeraria que fazia alguem de sua innocencia, expondo-se a um grave perigo, como metter as mãos em agua a ferver, andar descalço sobre uma barra candente, etc., confiado em que Deus o salvaria milagrosamente. *Impacti criminis temeraria et superstitiosa purgatio.*

Salvacion. *f.* Salvação, salvamento; acção e effeito de salvar ou de salvar-se. *Servatio, onis:* — *(rel.)* salvação; posse da bemaventurança, da felicidade eterna. *Beatitudinis æternæ adeptio.*

Salvadera. *f.* Areieiro; vaso cheio de pequenos furos na parte superior, dentro do qual está areia ou pó que serve para enxugar a tinta da escripta. *Capsula perforata sabulo fundendo quo scripta siccantur.* Tambem em castelhano se chama *Arenera.*

Salvado. *m.* Farelo, semea; casca ou pellicula dos cereaes, que fica misturada com a farinha, depois de moida, e da qual se separa peneirando-a. *Furfur, uris. Libro de lo salvado;* livro em que se assentavam e registavam as mercês, graças e concessões feitas pelos reis. *Regestum in quo regis concessiones ordine redigebantur:* — especie de rapé, que se faz das fibras da folha. *Meter en salvado (fr. art.);* metter em semeas; nas fabricas de agulhas é revolve-las em semeas, que se mudam duas ou tres vezes.

Salvador, ra. *s.* Salvador, saudador; o que salva. *Salvator, servator:* — salvador; por antonomasia diz-se de Jesus Christo. *Jesus Christus, mundi salvator.*

Salvadora. *f. (bot.)* Salvadora; genero de plantas da familia das plumbagineas, que, segundo alguns auctores, constitue o typo das salvadoraceas.

Salvadoráceas. *f. pl. (bot.)* Salvadoraceas; familia de plantas caracterisadas por terem as folhas oppostas e o fructo carnoso.

Salvaguarda. *m. (ant.)* Salvaguarda. V. *Salvaguardia.*

Salvaguardia. *f.* Salvaguarda; papel ou signal que se dá a alguem para que não seja offendido nem embaraçado no que vae executar. *Signum alicui collatum, ne offensionem aut moram patiatur:* — salvaguarda; guarda para proteger, defender. *Custodia pro incolumitate, defensione:* — *(mil.)* salvaguarda; protecção dada por um general, em tempo de guerra, a uma povoação ou pessoa, para não ser roubada ou maltratada pela tropa vencedora. *Signum incolumitatis:* — salvaguarda; especie de guarda ou destacamento que se dá a alguma pessoa, casa ou povo, para que seja respeitado das tropas, tanto proprias como tambem do inimigo, em certos casos convencionaes e determinados: — *(zool.)* V. *Monitor.*

Salvajáceas. *f. pl. (bot.)* Selvajaceas; familia de plantas dicotyledoneas polypetalas, cujas especies são hervas animaes ou sub-arbustos.

Salvajada. *f.* V. *Salvajería.*

Salvaje. *adj.* Selvagem, silvestre, agreste, bravio; diz-se do animal que vive nas selvas, bosques ou matos, que não é domestico. *Silvestris, is:* — selvagem, bravio, não cultivado, maninho; diz-se do terreno. *Montuosus, asperus:* — selvagem silvestre, bravio; diz-se das plantas não cultivadas: — *(fig.)* selvagem, grosseiro, ignorante, rude, estupido. *Agrestis, is:* — *m.* selvagem, homem rude, que vive no mato, em selvas, bosques, montesinho, de costumes barbaros. *Silvarum incola, silvestris homo.*

Salvajear. *n. (fam.)* Fazer brutalidades, grosserias: — asnear; dizer, fazer tolices, parvoices.

Salvajecia. *f. (bot.)* Selvajecia; genero de plantas da familia das selvajaceas, composto de sete ou oito especies.

Salvajemente. *adv. m.* Selvaticamente; como selvagem, á maneira de selvagem. *Silvestri, silvatico more.*

Salvajería. *f.* Salvageria, brutalidade, grosseria; dito ou acção brutal, grosseira. *Rusticè dictum aut factum:* — brutalidade, asneira, tolice, parvoice.

Salvajez. *f.* Selvatiquez; a qualidade de ser selvagem. *Silvestris hominis conditio.*

Salvajico, llo, to. *m. dim.* de *Salvaje.* Selvagemzinho, meio selvagem, um tanto selvagem.

Salvajina. *adj.* Salvagina ou selvagina; diz-se da carne dos animaes e veação dos montes; v. g.: porcos, veados, etc. *Ferina caro:* — *f.* salvagina; fera ou animal montez. *Fera bellua:* — salvagina; conjunto de pelles de animaes montezes. *Coriorum collectio:* — salvagina; multidão de feras ou de animaes montezes. *Ferarum copia.*

Salvagino, na. *adj.* Selvagino; de selvagem, bruto, fera. *Selvaticus, a, um.*

Salvajuelo, la. *m. dim.* de *Salvaje.* Selvagemzinho.

Salvamente. *adv.* Salvamente, seguramente; com segurança, sem risco ou perigo. *Securè, tutè.*

Salvamento, Salvamiento. *m.* Salvamento, salvação; acção e effeito de salvar ou salvar-se. *Actus seipsum vel alium salvandi, salus:* — refugio, abrigo, logar de segurança, de salvação, porto seguro. *Portus, tuta sedes:* — *(naut.)* salvamento; titulo que se dá ao porto a que se chega com felicidade, depois de ter experimentado grandes perigos ou avarias. *Quedar a salvamiento (fr. naut.);* ficar a salvamento, concluir-se com felicidade uma ou diversas manobras para segurar um navio, mastro, cabria, etc.

Salvante. *p. a.* de *Salvar:* — *adv. (vulg.)* salvante, salvo, excepto, senão. V. *Salvo.*

Salvar. *a.* Salvar; livrar ou tirar do perigo. Usa-se tambem como reciproco. *Salvare, servare, sospitare:* — salvar; evitar um risco, impedimento, inconveniente ou difficuldade. *Declinare, devitare:* — salvar, saltar, transpor; passar alem sem tocar por cima, ou tocando mui levemente, alcançar saltando: — salvar; vencer asperezas ou outros obstaculos, como: *salvar los montes;* salvar os montes, etc. *Re intacta relicta, ipsam superare, prœterire:* — resalvar; fazer o tabellião ou notario no fim da escriptura ou instrumento alguma nota para tornar valido o que se emendou ou poz entre linhas, e para que não valha o que se riscou. *Litteram aut verbum emendatum ad calcem adnotare:* — tomar a salva; provar a comida ou bebida dos principes e grandes senhores antes de estes se servirem, para lhes mostrar que não ha veneno. *Degustare, delibare:* — salvar; provar juridicamente a innocencia ou liberdade de alguma pessoa ou cousa. *Indemnem, liberum demonstrare apud judicem:* — *(germ.)* estafar, fraudar ao jogo o fulheiro, conservando uma carta para a aproveitar opportunamente: — *(ant.)* salvar. V. *Saludar:* — *n. (ant.)* salvar; fazer dar a salva com artilheria: — *la disonancia (fr. mus.);* salvar a disonancia; resolve-la, fazendo-a baixar ou subir um grau: — *(rel.)* salvar; dar Deus a salvação, a gloria e bemaventurança eterna. *Salvare, beatitudinem œternam largiri:* — *r. (rel.)* salvar-se; conseguir a bemaventurança eterna, ir para o céu. *Salutem œternam assequi.*

Salvático, ca. *adj. (ant.)* Salvatico. V. *Selvatico.*

Salvatierra. *m. (germ.)* Fulheiro que no jogo usa esconder ou reter a carta.

Salvatiquez. *f. (ant.)* V. *Selvatiquez.*

Salvavidas. *m.* Salva-vidas; especie de barco pequeno de duas prôas, construido de modo que não possa ser submergido.

Salve. *def. lat.* Salve; significa Deus te guarde, eu te saudo; usa-se em castelhano e portuguez no mesmo sentido. *Salve:* — *f.* Salve Rainha; uma das orações com que se sauda e roga á Virgem Santa Maria. *Salutatoria ad Virginem Deiparam deprecatio.*

Salvedad. *f.* Salvaguarda, salvo-conducto, licença, carta de seguro, escusa. *Libertas, securitas.*

Salvedat. *f. (ant.)* V. *Salvacion.*

Salvia. *f. (bot.)* Salva; genero de plantas da familia das labiadas, composto de umas trezentas especies, que são hervas ou sub-arbustos. A especie mais notavel é a salva officinal, que cresce espontaneamente nos logares seccos da Europa meridional.

Salvilla. *f.* Salva; peça chata de vidro, prata ou de outro metal, sustentada em um ou mais pés, sobre que se serve doce, copos de agua, etc. *Patella plana et circularis ad sustinenda pocula.*

Salvinia. *f. (bot.)* Salvinia; genero de plantas da familia das salviniaceas, cujas especies são aquaticas.

Salviniáceas. *f. pl. (bot.)* Salviniaceas; familia de plantas cryptogamicas, cujas especies são aquaticas, e crescem nas regiões temperadas e tropicaes.

Salvo, va. *adj.* Salvo, salvado, livre do risco, perigo, doença. *Salvus, a, um:* — *adv.* salvo, excepto, fóra, senão. *Exceptè, præter:* — *ende (ant.)* V. *Escepto. A salvo (loc. adv.);* a salvo, em salvo, livre de perigo, risco. *Citra læsionem aut detrimentum. A su salvo (loc. adv.);* a seu salvo, em segurança, á sua vontade, sem correr risco. *Tutè, securè, sine impedimento. En salvo (loc. adv.);* em salvo, em segurança, em liberdade, isento de perigo. *Absque discrimine, tutè. Salir a salvo (fr.);* saír a salvo; concluir-se, terminar-se felizmente alguma cousa difficil. *Sese à difficili negotio feliciter expedire. Ser en salvo a uno alguna cosa (fr. ant.);* ser em salvo a alguem alguma cousa; pode-la fazer com segurança, sem perigo. *En salvo está el que repica (rif.);* em salvo está o que repica; dar noticia do perigo depois de estar salvo d'elle.

Salvoconducto. *m.* Salvo-conducto; carta de seguro, concedida por auctoridade publica, para se poder ir livremente de um logar a outro. *Fides publica:* — *(fig.)* salvo-conducto, privilegio, isenção; cousa que dá segurança ou liberdade. *Fides, venia.*

Salvohonor. *m. (fam.)* Salvo-seja, trazeiro; assento, parte posterior do corpo humano. *Podex, icis.*

Salzmania. *f. (bot.)* Salzmannia; genero de plantas da familia das rubiaceas, cujas especies são arbustos originarios do Brazil.

Sallador. *m.* V. *Escardador.*

Salladura. *f.* V. *Escarda.*

Sallar. *a.* V. *Escardar:* — *(naut.)* V. *Artilleria.*

Sallir. *n. (ant.)* V. *Salir:* — V. *Saltar.*

Sallo. *m.* V. *Escardillo.*

Samadera. *f. (bot.)* Samadera; genero de plantas da familia das simarubaceas, que comprehende duas especies.

Samara. *f. (bot.)* Samara; genero de plantas da familia das rhamneas, que tem por typo uma arvore que cresce nas Indias orientaes.

Samarita. *adj.* V. *Samaritano.*

Samaritano, na. *s.* Samaritano; natural de Samaria, cidade da Palestina. *Samariticus, samarites:* — *adj.* samaritano; pertencente á Samaria ou aos samaritanos.

Sambenito. *m.* Sambenito; especie de saco ou escapulario de panno amarello, com uma cruz vermelha em aspa, de que se revestiam os penitentes reconciliados pelo tribunal da inquisição. *Sagum infame quo notabantur qui à fide defecerant:* — sambenito; letreiro, tendo por cima uma cruz vermelha em aspa, que se punha nas igrejas com o nome e os signaes dos penitenciados. *Inscriptio sententiæ deficientium à fide:* — *(fig.)* sambenito; nota de infamia que resulta de uma acção deshonrosa ou vergonhosa. *Infamiæ nota.*

Sambeque. *m. (p. Cub.)* V. *Zambra.*

Samblaje. *m.* Samblagem. V. *Ensambladura.*

Sambo. *m. (p. Am.)* V. *Zambo.*

Sambuca. *f. (mil.)* Sambuca; machina de guerra, antiga, com que se tomavam de assalto as cidades. *Machina bellica sambucæ instar:* — *(mus.)* sambuca; instrumento musico antigo de cordas, da feição de harpa. *Sambuca, æ.*

Sambúceas. *f. pl. (bot.)* Sambuceas; tribu de plantas da familia das caprifoliaceas, que tem por typo o genero sabugueiro.

Sambucina. *f. (chim.)* Sambucina; substancia particular que existe na flor do sabugueiro.

Sambucíneas. *f. pl. (bot.)* V. *Sambúceas.*

Sambumbia. *f. (p. Cub.)* Sambumbia; bebida fermentada, feita com agua, succo de canna ou algum outro ingrediente, para melhor desenvolver a fermentação.

Sambumbiería. *f. (p. Cub.)* Casa onde se prepara ou vende a bebida sambumbia.

Samek. *m.* Samek; nome da decima quinta letra do alphabeto hebraico, correspondente ao nosso S.

Samida. *f. (bot.)* Samyda; genero de plantas da familia das samydeas, cujas especies são arbustos originarios da America tropical.

Samídeas. *f. pl. (bot.)* Samydeas; familia de plantas dicotyledoneas apetalas, cujas especies são arvores ou arbustos que crescem nas regiões tropicaes.

Samio, mia. *s.* Samio; natural de Samos, ilha da Turquia: — *adj.* samio; pertencente a Samos. *Samius, a, um.*

Samnita. *s.* Samnita; natural de Samnium, hoje Sannio, região da Italia. *Samnis, itis.*

Samnítico, ca. *adj.* Samnitico; dos samnitas. *Samniticus, a, um.*

Samobia. *f. (zool.)* Samobia *(que vive na areia);* genero de molluscos conchiferos dimyarios, da familia dos nymphaceos.

Samoleas. *f. pl. (bot.)* Samoleas; tribu de plantas da familia das primulaceas.

Samolo. *m. (bot.)* Samolo; genero de plantas da familia das primulaceas, tribu das samoleas.

Sampaca. *f. (bot.)* V. *Miquelia.*

Samplar. *a. (germ.)* Julgar.

Sampsuco. *m. (bot.)* Mangerona. V. *Mejorana.*

Sampuñería. *f. (germ.)* Saboaria; fabrica de sabão.

Sampuñero. *m. (germ.)* Saboeiro; fabricante de sabão.

Sampuñi. *m. (germ.)* Sabão.

Samuga. *f.* V. *Jamuga.*

San. *adj.* São; abreviado de santo. V. *Santo.* Só se usa este ultimo vocabulo hespanhol antes dos nomes proprios de santos, excepto *Domingo, Tomás, Tomé* e *Toribio,* nos quaes se antepõe o primeiro.

Sanable. *adj.* Sanavel, remediavel, curavel; que pôde remediar-se ou curar-se. *Sanari potens.*

Sanador, ra. *s.* Curandeiro, mezinheiro; o que cura ou sara os doentes. *Qui sanat.*

Sanadura. *f. (fam.)* Cura; acção de curar ou sarar, ou estado da cousa sarada: — *(ant.)* cura de algum mal ou doença.

Sanalotodo. *m.* Certo emplastro de côr preta, assim chamado por se applicar em differentes males, panacea. *Emplastrum nigrum seu benedictum:* — *(fig.)* panacéa; remedio, meio, expediente que se emprega em todos os casos, para todos os damnos, etc. *Panchrestum damnum.*

Sanamente. *adv. m. (inus.)* Sãmente ou sanmente, saudavelmente. *Sanè, saniter:* — sãmente, naturalmente, sinceramente, sem malicia. *Sincerè.*

Sanamiento. *m.* V. *Sanadura.*

Sanar. *a.* Sanar, sarar, dar saude. *Sanare, sanum facere:* — *n.* sarar, recobrar a saude. *Sanum fieri, convalescere: (fig.)* — sanar, corrigir-se, emendar-se. *Recipere se ad bonam frugem. El dia que te casas ó te matas ó te sanas (rif.);* antes que cases olha o que fazes: — *(art.)* cobrir com oiro as partes que ficaram sem elle.

Sanativo, va. *adj.* Sanativo; que sana, cura. *Quod sanat seu sanandi vim habet.*

Sancion. *f.* Sancção, ratificação, confirmação; acto solemne pelo qual se auctorisa ou confirma qualquer lei ou estatuto. *Legis confirmatio:* — sancção, ordenação, lei, estatuto. *Sanctio, onis:* — pena ou recompensa que a lei estabelece a respeito de quem a infringe ou observa.

Sancionamiento. *m.* V. *Sancion,* na primeira accepção.

Sancionar. *a.* Sanccionar; dar sancção, confirmar, dar força de lei a alguma cousa. *Sancire.*

Sancionativo, va. *adj.* Sanccionativo; que sancciona ou tem força e poder de sanccionar.

Sancochar. *a.* V. *Salcochar.*

Sanctasanctorum. *m.* V. *Santasantorum.*

Sanctificar. *a. (ant.)* V. *Signar,* na ultima accepção.

Sanctiguar. *a. (ant.)* V. *Santiguar:* — *r. (fig. ant.)* V. *Admirarse.*

Sancto, cta. *adj. (ant.)* Sancto. V. *Santo.*

Sanctus. *m.* Sanctus; palavra puramente latina, que o padre diz na missa, depois do prefacio e antes do canon; d'aqui vem o dizer-se familiarmente: *Tocan a sanctus, ya estan en el sanctus;* tocam a santos, já estão a santos.

Sanchete. *m.* Sanchete; moeda de prata do valor de um soldo, mandada cunhar pelo rei *D.* Sancho, o sabio, de Navarra. *Argenteus nummus olim apud navarros cusus.*

Sanchezia. *f. (bot.)* Sanchezia; genero de plantas da familia das escrofularineas, cujas especies são herbaceas, e crescem no Perú.

Sancho. *m. (p. Mex.)* Boi costumado á sella, e a ser montado desde pequeno: — *(fig. fam. p. Mex.)* V. *Cabron,* na segunda accepção. *Al buen callar llaman Sancho (rif.);* ao bom calar chamam santo. *Prudentes silere laudatum est. Con lo que Sancho sana, Domingo adolece (rif.);* com o que Pedro sara, Sancho adoece; nem tudo é para todos. *Non omnibus omnia prosunt.*

Sandala. *f. (naut.)* Sandala; lanchão que se usa nas pontes do Levante para descarregar os navios.

Sandalia. *f.* Sandalia; calçado composto de uma sola atada por baixo da planta do pé com correias, repassadas por cima do peito do pé. *Sandalium, ii.*

Sandalino, na. *adj.* Sandalino; de sandalo ou pertencente ao sandalo. *Sandalinus, a, um.*

Sandaliolíta. *f. (bot.)* Sandaliolitha; madrepora fossil que imita a fôrma de um pé humano.

Sandalita. *f. (bot.)* Sandalitha; madeira de sandalo petrificada.

Sándalo. *m. (bot.)* Sandalo; genero de plantas da familia das santalaceas, cujas especies são arvores ou arbustos que crescem naturalmente na Asia, na Australia tropical, e em varias ilhas da Oceania. A preciosa madeira d'estas arvores serve como materia colorante, tem propriedades medicinaes, e é principalmente apreciada pelo aroma que despede: — *(zool.)* sandalo; genero de insectos coleopteros pentameros, da familia dos serricornes.

Sandápila. *f.* V. *Féretro,* na terceira accepção.

Sandaraca. *f. (bot.)* Sandaraca; substancia resinosa, de cheiro balsamico muito agradavel, que se emprega na composição de vernizes, a qual se crê procedente de uma arvore da costa d'Africa: — *(min.)* sandaraca; rosalgar rôxo, arsenico rubro.

Sandaresa, Sandaresis. *f. (min. ant.)* Sandaresa; pedra preciosa das Indias orientaes, descripta por Plinio.

Sandastro. *m. (min.)* Sandastro; especie de agatha de côr verde escuro, coberta de pequenas manchas douradas, que os antigos consideravam como uma pedra preciosa.

Sándeo, dea. *adj. (ant.)* V. *Sandio.*

Sanderling. *m. (zool.)* Sanderling; genero de aves alcoridas, da familia das scolopacideas, cujas especies emigram no inverno, não se separando comtudo dos paizes frios e das margens dos mares e rios.

Sandez. *f.* Sandice; necedade, parvoice, tolice, desproposito. *Stoliditas, stolidè dictum aut factum.*

Sandhi. *m. (philol.)* Sandhi; nome do systema euphonico da lingua sanscrita, pelo qual todas as palavras se unem no discurso em uma serie não interrompida.

Sandía. *f.* Melancia; fructo geralmente conhecido, de fôrma arredondada, coberto por uma casca verde e lisa, cuja polpa aquosa é vermelha ou amarellada. Em castelhano tambem se chama *melon de agua:* — *(bot.)* melancia; especie de plantas da familia das cucurbitaceas, que produz o fructo do mesmo nome.

Sandiez. *f.* *(ant.)* V. *Sandez.*

Sándio, dia. *adj.* Sandeu, tolo, insano, mentecapto. Em portuguez a variação feminina é sandia. *Stolidus, a, um.*

Sandorica. *f.* *(bot.)* Sandorica; genero de plantas da familia das meliaceas, cuja especie typica é uma arvore que cresce nas ilhas Filippinas e nas Molucas.

Sandrato. *m.* *(zool.)* Sandrato; genero de peixes acanthopterygios, da familia dos percoideos, cuja especie typica vive nos rios e lagos do norte e oriente da Europa.

Sandunga. *f.* *(fam.)* V. *Zandunga.*

Saneable. *adj.* Saneavel; que se pôde sanear.

Saneamiento. *m.* Saneamento; acção e effeito de sanear. *Satisdatio, cautio.*

Sanear. *a.* Sanear; remediar, reparar alguma cousa. *Reparare, resarcire, periculum amovere:* — afiançar ou assegurar o reparo ou satisfação do damno que póde sobrevir. *Satisdare vel cautionem præbere.*

Sanédrin. *m.* Sanedrim, sanhedrim, synedrim ou synedrio; supremo conselho dos judeus, em que se tratavam e decidiam os negocios do estado e dá religião. *Synedrium, ii.*

Sangley. *adj.* Singley; applica-se ao chinez que passa a commerciar nas Filippinas. *Sina in Philippinas insulas mercaturæ faciendæ causâ commigrans.*

Sangne. *f.* *(ant.)* V. *Sangre.*

Sangradera. *f.* V. *Lanzeta:* — vaso para receber o sangue da sangria, etc.: — *(fig.)* sangradouro; abertura que se faz em um rio, canal, etc., para o desaguar ou levar a agua a outro logar. *Emissarium, ii:* — *(art.)* sangradeira; lança de ferro comprida, que se usava na costa de Cantabria para desangrar as baleias depois de feridas com o arpão.

Sangrador. *m.* Sangrador; o que sangra por officio. *Phlebotomus, i:* — sangradouro, sangradura; abertura que se faz para dar saida aos liquidos contidos em vasos ou canaes. *Fissura hiatus.*

Sangradura. *f.* Sangradouro; flexura do braço onde se costuma sangrar. *Pars brachii anterior qua vena inciditur:* — sangria; picada ou incisão da veia para evacuar sangue. *Venæ scissura:* — sangradura, sangradouro; abertura por onde se deriva agua de algum rio ou canal para a encaminhar a algum logar. *Fluminis derivatio:* — *(fam.)* acção de sangrar-se; diz-se por extensão.

Sangrar. *a.* Sangrar; abrir a veia para fazer correr o sangue. *Venam incidere:* — mandar sangrar, ordenar que se faça uma sangria. *Venam incisionem præcipere:* — sangrar; tirar, derivar agua ou outro liquido de algum vaso ou cuba, fazendo-lhe uma abertura. *Liquorem e vase perforato extrahere:* — *(fig.)* sangrar; abrir sangradouro em rio, fosso, regato, etc., para encaminhar a agua a outra parte. *Aquam ab amne derivare, per emissarium accipere:* — *n.* sangrar; lançar, deitar sangue. *Sanguinem emittere:* — *r.* sangrar-se; ser sangrado, perder sangue por meio de sangria. *Venæ incisionem pati:* — *la bolsa (fr. fig.);* sangrar a bolsa, deixa-la exhausta, vasia, sem dinheiro: — *un canal, foso, etc.;* sangrar um canal, fosso, etc., abrir-lhe sargentas para escorrerem as aguas: — *(art.)* recolher; começar o typographo uma linha mais dentro que as outras da pagina, como se faz com a primeira de cada paragrapho. *Verborum lineam typographicam breviorem facere.*

Sangraza. *f.* Sangue mau, seroso, alterado, corrupto. *Sanies, corruptus sanguis.*

Sangre. *f.* Sangue; licor rubro, que no homem e em grande multidão de animaes circula pelas veias e arterias. *Sanguis, inis:* — *(fig.)* sangue, casta, raça, linhagem, geração. *Genus, consanguinitas:* — sangue, ferida; fallando de duellos ou desafios, e n'este caso dizia-se primeiro, segundo ou terceiro sangue. V. *Herida. Vulnus, eris:* — *(fig.)* sangue, substancia, bens, fazenda; v. g.: *chupar la sangre;* chupar o sangue. *Opes; fortunæ; substancia:* —, *sangre mia;* minha vida, meu amor; expressão de carinho: — *fria;* sangue frio; estado da alma quando está sem paixão, tranquillidade de espirito: — *y leche;* sangue e leite; côr vermelha e branca misturadas que costumam ter alguns jaspes. *Color ex rubro alboque coalescens. A sangre fria (loc. adv.);* a sangue frio; sem colera, sem paixão. *Consultò et cogitatò. A sangre y fuego (loc. adv.);* a fogo e a sangue; com todo o rigor, commettendo todo o genero de crueldades. *Ferro flammisque;* a fogo e a sangue; com violencia, sem attender a nada, atropelando. *Violentissimè. Bajarse ó irse la sangre a los talones o zancajos (fr. fam.);* ficar sem pinga de sangue no corpo; ficar muito tomado de susto. *Expellere, exanguem reddi. Beber la sangre a otro, ó querer uno beber la sangre a otro (fr. fig.);* desejar beber o sangue a alguem; ter-lhe excessivo odio. *Inimico sanguine præ ira expleri velle. Bullir la sangre (fr.);* ferver o sangue, estar com o sangue na guelra; estar na força da idade. *Juvenili vigore pollere. Circular la sangre (fr.);* circular o sangue; fazer o seu giro, communicando-se pelas arterias desde o coração a todas as partes do corpo, e voltando pelas veias ao coração. *Sanguinem circulare, in girum volvi. Correr sangre (fr.);* correr sangue; haver ferimentos em rixa ou contenda. Usa-se mais particularmente em castelhano, com a particula *no. Chupar la sangre (fr. fig.);* chupar o sangue; extorquir, tirar dinheiro a alguem com enganos, astucias ou importunidades. *Alicujus bonis astu frui. Dar la sangre de sus venas (fr. fig.);* dar o sangue de suas veias; dar tudo, fazer todos os esforços e diligencias para servir alguem. *Ad sanguinem pro aliquo fundendum. Escribir con sangre (fr. fig.);* escrever com sangue, com excessiva dureza e acrimonia. *Acriter, acerbè scribere. Escupir sangre (fr.);* blasonar de muito nobre e aparentado e jactar-se de ser cavalheiro. *Nobilitatem gloriosè jactare. Escupir sangre en bacin de oro (fr. fig.);* cuspir sangue em bacia de oiro; ter pouco contentamento com muita riqueza. *Inter opes haud æquo animo esse. Estar chorreando sangre alguna cosa (fr. fig.);* estar escorrendo ou vertendo sangue alguma cousa; estar ainda fresca, acabar de succeder. *Aliquid recens esse. Haber mucha sangre (fr.);* haver muito sangue; ser muito renhida e sanguinolenta uma contenda ou batalha. *Acriter pugnari. Hacer sangre.* Fazer sangue. V. *Sacar sangre. Hervir la sangre (fr.)* V. *Bullir la sangre:* ferver o sangue; exacerbar-se, exaltar-se algum sentimento ou paixão do animo. *Vehementer animo affici. Igualar la sangre (fr.);* dar segunda sangria, a qual, segundo o vulgo acreditava erradamente, fazia igualar o sangue, ficando tanto de um lado como do outro. *Alterius lateris venam incidere:* dar segundo golpe a quem se deu já um. *Ictum ictui parem impingere. Lavar con sangre (fr.);* lavar com sangue; derramar o sangue do inimigo em satisfação de alguma offensa. *Sanguine diluere. Podrirse la sangre ó quemarse la sangre (fr.);* queimar-se, empestar-se o sangue; ralar-se, consumir-se, impacientar-se alguem excessivamente por desgostos continuados. *Exardescere, tabescere. Sacar sangre (fr. fig.);* tirar annos de vida; affligir, desgostar. *Acriter coercere, increpare. Ser de sangre azul (fr. fig.);* ser de sangue azul; usa-se fallando dos que presumem de grande nobreza. *Genus et proavos ineptè jactare. Tener la sangre caliente (fr. fig.);* ter sangue quente; ter arrojo, valor, intrepidez a toda a prova para se metter aos perigos mais arriscados. *Æstu sanguinis effervescere, agi. Tener sangre en el ojo (fr. fig.);* ter sangue no olho; ter honra e brio para cumprir com os seus deveres. *Curam honoris habere. Verter sangre (fr.);* verter sangue, estar côr de sangue, muito vermelho ou incendido, muito corado o rosto. *Vultu valdè rubicundo esse aliquem:* verter sangue; estar ainda fresco, acabar de succeder algum caso importante. *Quàm recentissimè accidisse. Vomitar sangre.* V. *Escupir sangre. La sangre se hereda, y el vicio se pega (rif.);* o sangue se herda e o vicio se pega; a virtude dos paes não se transmitte sempre com o sangue aos seus filhos. *Genus alienum, vitia propria sunt: — de drago (pharm.);* sangue de drago; substancia medicinal resinosa, de côr muito vermelha, que se tira de varias especies de arvores da India; porém a mais estimada é a que produz nas ilhas Canarias a arvore chamada por Linneo *dracena drago* ou dragoeira: — *de espaldas (med.);* fluxo hemorrhoidal, sangue que se evacua das veias hemorrhoidaes: — *lluvia (med.);* sangue chuiva ou sangue chuva, hemorrhagia; doença das mulheres, que consiste no fluxo continuo de sangue pelas veias do utero. Os tres primeiros vocabulos são antiquados em portuguez. *Sanguinis fluxus, profluvium: — (anat. e phys.)* sangue; liquido animal de côr rubra nas quatro classes de animaes vertebrados e nos annelidos; branco e transparente como agua nos insectos e nos crustaceos; branco azulado nos molluscos; amarellado nos holothurios e em alguns outros invertebrados. Este liquido adquire suas qualidades vivificantes no acto da respiração, penetra todos os orgãos por meio dos vasos arteriaes, e distribue os principios nutritivos a todos os tecidos organicos. Examinado com o microscopio, parece composto essencialmente de corpos solidos em numero incalculavel, que nadam n'um fluido particular, apresentando fórmas constantes. O sangue contém agua, albumina, fibrina, um principio colorante e varios saes. Se se extrahe das veias e se abandona a si mesmo, separa-se em duas partes, uma rubra, mais ou menos branda, que se chama coalho, e outra liquida, de côr amarello verdoso, que tem o nome de soro. O sangue arterial é de côr rubra mais viva e de cheiro mais forte que o sangue venoso. *Tomar la sangre (fr.);* estancar o sangue. *Vulneri primùm mederi. Trasfusion de la sangre;* transfusão de sangue; acto de substituir sangue de um individuo pelo de outro. Esta operação esteve em voga em França no seculo XVIII; porém os seus resultados medicos foram nullos e até por vezes chegou a causar accidentes graves, o que levou o parlamento de Pariz a prohibi-la. *La sangre de los filósofos (chim. ant.);* sangue dos philosophos; espirito mineral que, segundo a crença dos alchimistas, não só existe nos metaes, mas especialmente no sol e na lua. *Sangre de Jesu Cristo (hist.);* sangue de Jesus Christo; ordem militar instituida em Mantua em 1608, em honra das gotas de sangue de Jesus Christo, que se conservam, segundo se suppõe, na cathedral de Milão. *Tribunal de sangre;* tribunal de sangue; tribunal estabelecido em 1567 nos Paizes Baixos pelo duque de

Alba, para a condemnação ou justificação dos que inspiravam suspeitas de opposição ás vontades do rei de Hespanha, Filippe *II*. Compunha-se de doze membros.

Sangrentar. *a.* *(ant.)* V. *Ensangrentar*.

Sangría. *f.* Regalo, presente que se fazia por amisade á pessoa que se sangrava. *Donum, munusculum ob sanguinis emissionem:* — sangradouro; parte interior do braço opposto ao cotovelo, onde se costuma sangrar. *Curvaturæ brachii interior pars:* — sangria; bebida composta de agua, sumo de limão ou de laranja com vinho tinto e assucar. *Citrea potio atro vino et saccharo confecta:* — *(fig.)* sangria; o que se tira a alguem por pequenas partes, com dolo, fraude ou por constrangimento astucioso, especialmente dinheiro. *Furtim et paulatim facta detractio:* — sangria. V. *Sangradura*, na terceira accepção: — *(germ.)* rombo que o ladrão faz para tirar dinheiro. *Lo mismo son sangrías que ventosas (fr. fam.);* tanto faz dar-lhe na cabeça, como na cabeça lhe dar, ou tanto vale um tostão como cinco vintens. *Inutilissimum est actum agere:* — *(art.)* sangria; acção e effeito de recolher uma linha ou de a começar mais dentro que as outras da pagina. *Verborum lineam typographicam breviorem facere:* — *(cir.)* sangria; evacuação de certa quantidade de sangue provocada por um meio artificial, e que recebe differentes nomes segundo o ponto em que tem logar e o fim com que é feita. *Venæ incisio.*

Sangrientamente. *adv. m.* Sangrentamente, cruentamente; de modo sangrento. *Cruentè:* — sanguinariamente, encarniçadamente, cruentamente, mui cruelmente, fallando por extensão.

Sangrientar. *a.* *(ant.)* V. *Ensangrentar*.

Sangrientísimo, ma. *adj. sup.* de *Sangriento*. Sangrentissimo, cruentissimo; muito sangrento. *Valdè sanguinolentus, cruentus.*

Sangriento, ta. *adj.* Sanguento; que verte sangue. *Sanguinans; sanguinem emittens:* — sangrento, sanguento, ensanguentado; coberto, manchado, tinto de sangue. *Sanguineus, sanguinolentus, cruentus:* — sangrento, cruento, cruel; diz-se da pessoa ou do animal inclinado á crueldade, e tambem do logar ou do tempo em que esta se exerce. *Sævus, ferus, immanis:* — sangrento, cruento, sanguinolento; em que ha grande effusão de sangue. *Cruentus, sanguinolentus.*

Sangual. *m.* *(zool.)* V. *Quebrantahuesos*.

Sanguaza. *f.* V. *Sangraza:* — *(fig.)* liquido côr de sangue aguado, que sáe de alguns legumes ou fructas. *Quarundam plantarum sanguineus liquor.*

Sangüesa. *f.* *(prov. bot.)* V. *Frambuesa*.

Sangüífero, ra. *adj.* Sanguifero; que traz ou contém sangue. *Sanguinem ferens.*

Sangüificacion. *f.* Sanguificação, hematose; conversão do chylo em sangue, acção e effeito de sanguificar.

Sangüificar. *a.* Sanguificar; converter o sangue em chylo, fazer que se crie sangue. *Sanguinem producere.*

Sanguijuela. *f.* *(zool.)* Sanguesuga ou sanguisuga; genero de annelides endobranchios, da familia dos hirudineos, que vivem na agua, especialmente entre o lodo, e apesar de serem mui vorazes, passam comtudo annos inteiros sem tomar outro alimento mais que as materias inorganicas contidas na agua. A sua especie mais notavel é a sanguesuga medicinal, vulgarmente chamada bicha, que se usa muito para as evacuações sanguineas locaes: — *volante.* V. *Vampiro:* — *(fig.)* sanguesuga; pessoa que com habilidade e astucia vae pouco a pouco tirando a alguem grande parte do dinheiro ou de outras cousas. *Qui aliena bona callidè sugit.*

Sanguina. *f.* *(germ.)* Menstruação, regra; fluxo menstrual das mulheres.

Sanguinaria. *f.* *(bot.)* Sanguinaria; nome de duas especies de plantas de dois generos differentes: — *mayor;* sanguinea. V. *Nevadilla:* — *menor;* sanguinha. V. *Centinodia, Corregüela:* — *(min.)* hematita; pedra similhante á agatha, côr de sangue, á qual se attribuia a virtude de estancar o sangue.

Sanguinariamente. *adv. m.* Sanguinariamente; de um modo sanguinario. *Sanguinario more.*

Sanguinarina. *f.* Sanguinarina; base salificavel organica, que existe na raiz da sanguinha ou corrijola.

Sanguinario, ria. *adj.* Sanguinario. V. *Cruel*.

Sanguíneo, nea. *adj.* Sanguineo; de sangue ou que contém sangue. *Sanguineus, a, um:* — sanguineo; diz-se do temperamento em que predomina o sangue. *Sanguinosus, a, um:* — sanguineo; côr de sangue, parecido com este liquido, ou que participa de sua natureza e propriedades. *Sanguinis colorem referens:* — sanguineo; pertencente ou relativo ao sangue. *Sanguineus, sanguinalis.*

Sanguinicolio, lia. *adj.* *(zool.)* Sanguinicolio; que tem o collo ou corsolete vermelho.

Sanguinipedo, da. *adj.* *(zool.)* Sanguinipedo; que tem as patas côr de sangue.

Sanguinirostro, tra. *adj.* *(zool.)* Sanguinirostro; que tem o bico vermelho, côr de sangue.

Sanguino, na. *adj.* Sanguinho. V. *Sanguíneo*, em todas as accepções. Em portuguez é pouco usado: — *(ant.)* sanguinho, sanguinolento. V. *Sangriento*, tinto em sangue: — *m.* *(p. Gal.)* cerejeira brava ou silvestre.

Sanguinolaria. *f.* *(zool.)* Sanguinolaria; genero de molluscos conchiferos (dimyarios, da familia das nymphaceas.

SANGUINOLENCIA. *f.* Sanguinolencia; qualidade, condição ou natureza do sanguinolento.

SANGUINOLENTÍSIMO, MA. *adj. sup.* de *Sanguinolento.* Sanguinolentissimo; muito sanguinolento. *Valdè sanguinolentus.*

SANGUINOLENTO, TA. *adj.* Sanguinolento. V. *Sangriento:* — sanguinolento, sanguineo; misturado com certa quantidade de sangue, como: *Esputo sanguinolento*, esputo, escarro sanguinolento ou de sangue.

SANGUINOSO, SA. *adj.* Sanguinoso, sanguineo; de sangue, concernente ao sangue, abundante em sangue. *Sanguineus, a, um:* — sanguinoso, sanguinario, cruel. V. *Cruel.*

SANGÜIS. *m.* Termo puramente latino com que se significa o sangue de Christo, debaixo das especies de vinho. *Christi Domini sanguis sub vini specie in missæ sacrificio.*

SANGUISORBA. *m. (bot.)* Sanguisorba; genero de plantas da familia das rosaceas, cujas especies são hervas vivaces que crescem nas regiões temperadas do hemispherio boreal.

SANGUISÓRBEAS. *f. pl. (bot.)* Sanguisorbeas; tribu de plantas da familia das rosaceas, que tem por typo o genero sanguisorba.

SANGUISUELA. *f. (ant.)* Sanguisuga ou sanguixuga. V. *Sanguijuela.*

SANGUJA. *f. (prov.)* Sanguexuga. V. *Sanguijuela.*

SANI. *f. (med.)* Sanie. V. *Icor.*

SANICULA. *f. (bot.)* Sanicula; genero de plantas da familia das umbelliferas, composto de umas dez especies. A mais conhecida é a sanicula officinal ou solda real.

SANICÚLEAS. *f. pl. (bot.)* Saniculeas; tribu de plantas da familia das umbelliferas, que tem por typo o genero sanicula.

SANIDAD. *f.* Sanidade; estado são, qualidade do que é são. *Sanitas, atis:* — *(fig.)* sinceridade, ingenuidade: — saude; isenção de contagio. N'este sentido diz-se: *Junta de sanidad, patente de sanidad, etc.;* junta de saude, patente, carta de saude, etc. *Contagii, pestis immunitas. En sanidad (loc. adv.);* com saude, em perfeita saude. *Integra, prospera valetudine. Boleta de sanidad;* carta de saude; documento authentico certificando que o logar d'onde se partiu não estava suspeito de doença alguma epidemica ou contagiosa.

SANIDINA. *f. (min.)* Feldspatho de soda.

SÁNIE. *f. (med.)* Sanie. V. *Icor.*

SÁNIES. *f. (med.)* V. *Sánis.*

SANIO, NIA. *adj. (ant.)* V. *Sano.*

SANIOSO, SA. *adj. (med.)* Sanioso. V. *Icoroso.*

SANÍSIMO, MA. *adj. sup.* de *Sano.* Sanissimo; muito são. *Valdè sanus.*

SANITARIO, RIA. *adj.* Sanitario; concernente á saude, como: *Medidas sanitarias;* medidas sanitarias. *Cordon sanitario (mil.)* V. *Cordon.*

SANJACADO, SANJACATO. *m.* Sanjacado; governo de algum territorio do imperio turco. *Prætoris inter turcos jurisdictio.*

SANJACO. *m.* Sanjaco, sangiaco ou sandjak; governador, chefe de um territorio, districto ou do termo de uma cidade, no imperio turco. *Inter turcos prætor.*

SANJUANERO, RA. *adj.* Sanjoaneiro; diz-se de alguns fructos que apparecem pelo S. João. *Fructus æstatis initio maturescens.*

SANJUANISTA. *adj.* Sanjuanista; applica-se ao cavalleiro da ordem militar de S. João de Jerusalem. Usa-se tambem substantivado. *Ordinis Santi Juanis Hierosolymitani sodalis.*

SANLÁZARO. *m.* V. *Tiña. Mal de Sanlázaro.* V. *Mal.*

SANLUQUEÑO, ÑA. *adj.* Sanluqueno; pertencente á cidade de Sanlucar, na Hespanha. *Ad Lusiferi fanum pertinens:* — *s.* sanluqueno ou sanluquense; natural ou habitante de Sanlucar.

SANMIGUELEÑO, ÑA. *adj.* Diz-se de algumas fructas que vem pelo tempo de S. Miguel, em setembro. *Fructus mense septembri desinente maturescentes.*

SANNA. *f. (ant.)* Abono.

SANNO. *m. (ant.)* V. *Saña, Cólera.*

SANO, NA. *adj.* São; que tem boa saude. *Sanus, a, um:* — são; diz-se das cousas inanimadas, em perfeito estado, não viciadas. *Sanus, a, um:* são, seguro; isento, livre de risco ou prejuizo: — são, sadio, salubre, saudavel; util, proprio para conservar a saude. *Salubris, bre:* — *(fig.)* são, sincero, probo, recto; de boa condição, seguro no trato, sem defeito moral. *Sincerus, probus:* — *(fig.)* são, inteiro; sem defeito ou falha. *Sanus, integer:* — *(fig.)* são, puro, recto, innocente: — *de Castilla (germ.);* ladrão dissimulado, fino e astuto: — *y salvo (loc. adv.);* são e salvo; sem lesão, doença ou perigo. *Sanus liberque, incolumis. Aquel va mas sano que anda por lo llano (rif.);* quem corre pelo muro não dá passo seguro. *Medio tutissimus ibis. El sano al doliente so regla lo mete. (rif.)*, o são ao doente em regra o mette. *Qui vitio careat, is erit corrigendis vitiis aptus. Si quieres vivir sano, hazte viejo temprano (rif.);* se queres viver são, faz-te velho antes de tempo; ensina aos moços que sigam os exemplos dos velhos como meio de conservar a vida. *Adoptata in juventute senectus vitam protrahit.*

SANSCRITO, TA. *adj.* Sanscrito; diz-se da antiga lingua dos brahmanes, considerada como lingua sagrada do Indostão septentrional: — *m.* sanscrito, lingua sanscrita; é hoje uma lingua morta e offerece grandes analogias com os idiomas de todos os povos germanicos; é notavel pela sua harmonia, abundancia e pela perfeição do seu systema grammatical, mas muito complicada.

SANSEVIERA. *f. (bot.)* Sanseviera; genero de plantas da familia das liliaceas, composto de quinze a vinte especies.

Sansuquino. *m.* Amaracino; unguento de mangerona.

Sant. *adj. (ant.)* Na terminação masculina equivale a *San.*

Santa. *f.* Santa; segundo a Biblia, parte anterior do tabernaculo erigido por ordem de *Deus* no deserto, e do templo de Jerusalem, separada por um véu da parte interior ou sancta sanctorum. *Sanctuarium, sancta.*

Santabárbara. *f. (naut.)* Santa Barbara; paiol da polvora. *Pulveris pyrii in navibus conditorium.*

Santaláceas. *f. pl. (bot.)* Santalaceas; familia de plantas dicotyledoneas apetalas, que têem por typo o genero sandalo.

Santamente. *adv. m.* Santamente; com santidade, como santo. *Sanctè:* — sinceramente.

Santa-santórum. *m.* Santa-sanctorum; parte interior e mais sagrada do tabernaculo elevado no deserto e depois no templo de Salomão, onde só o summo sacerdote podia entrar. *Sanctasanctorum:* — *(fig.)* objecto, cousa sagrada para alguem, que a aprecia ou estima sem igual. *Quidquid maximo pretio æstimatur.*

Santazo, za. *adj. sup.* de *Santo.*

Santelmo. *m. (phys.)* Santelmo. V. *Helena.*

Santero. *m.* Andador que cuida de alguma ermida ou capella e pede esmola para o seu culto. *Sacræ ædiculæ custos, et eleemosinarum collector:* — santeiro; devoto de santos, supersticioso, e discreto. *Qui sanctorum imagines non recto sed superstitioso cultu veneratur.*

Santia. *f. (bot.)* Santia; genero de plantas da familia das rubiaceas, cujas especies são arbustos que crescem na India: — *m.* santia. V. *Polipógon.*

Santiago. *interj.* S. Thiago; grito com que os castelhanos invocavam o seu patrono S. Thiago, quando se principiava a batalha contra os mouros. *Sancti Jacobi nominis invocatio in prœlio:* — *m.* S. Thiago; o combate, a batalha em que se invocava aquelle santo. *In hostes irruptio, sancti Jacobi nomine invocato:* — *(fig.)* investida, assalto, roubo, ataque imprevisto: — lençaria de mediana qualidade, assim chamada do nome da cidade em que se fabrica. *Linteum sic dictum. Dar un santiago (fr.);* dar um S. Thiago no inimigo, ataca-lo bradando. V. *Dar un asalto.*

Santiagueño, ña. *adj.* Diz-se de certos fructos que vêem annualmente pelo S. Thiago. *Fructus mense Julio declinante maturescens.*

Santiagués, esa. *adj.* S. Thiaguez; pertencente á cidade de Santiago de Compostella, o natural d'esta cidade. *Compostellanus, a, um.*

Santiaguista. *m.* Cavalleiro da ordem militar de S. Thiago. *Qui militarem sancti Jacobi ordinem professus est:* — *adj.* pertencente á ordem de Santiago.

Santiamen. *m. (fam.)* Santiamen; instante, momento, espaço brevissimo de tempo, e n'este sentido costuma dizer-se: *en un santiamen;* n'um santiamen; no mesmo instante, sem interrupção ou demora. *Temporis punctum.*

Santico, ca, llo, lla, to, ta. *adj. dim.* de *Santo.* Santinho, santinha.

Santidad. *f.* Santidade; a qualidade de santo. *Sanctitas, atis:* — santidade; titulo honorifico do Papa. *Sanctitas, atis:* — santidade; bondade, magestade de uma cousa ou respeito que inspira; v. g.: *la santidad de las leyes;* a santidade das leis, etc.: — *(ant.)* V. *Santuario.*

Santificable. *adj.* Santificavel; que póde santificar-se.

Santificacion. *f.* Santificação; acção e effeito de santificar e santificar-se. *Sanctificatio, onis.*

Santificadamente. *adv. m.* Santificadamente; com santificação.

Santificador, ra. *s.* Santificador; o que santifica. *Santificator, oris.*

Santificante. *adj.* Santificante; que santifica. *Sanctificans, antis.*

Santificar. *a.* Santificar; fazer santo. *Sanctificare:* — santificar. V. *Canonizar:* — santificar; dedicar a Deus alguma cousa. *Deo, sacro cultui consecrare:* — santificar; fazer veneravel alguma cousa pela presença ou contacto com o que é santo. *Sanctum aliquid facere; veneratione dignum reddere:* — santificar; reconhecer por santo, toma-lo e servi-lo como tal. *Quempiam sanctitudinis nomine venerari:* — santificar, bemdizer, louvar: — santificar, illustrar, ensinar santos costumes. *Aliquem bonorum morum exemplis ad beatitudinem comparandam informare:* — *(fig. fam.)* santificar; justificar, abonar, desculpar alguem. *Immunem à labe, à culpa prœdicare:* — *los dias ó las fiestas (fr.);* santificar os dias ou as festas; abster-se de trabalho profano e fazer obras de religião. *Diem Domino sacrum habere sanctum.*

Santiguada. *f.* Acção de fazer o signal da cruz. Só tem uso no sentido de juramento; v. g. *Para ó por mi santiguada,* por minha fé, á fé de christão, pela cruz. *Per fidem meam; meæ fidei signum.*

Santiguadera. *f.* Acção de santigar, de fazer cruzes, gestos, etc., e dizer orações sobre os enfermos, como fazem os ensalmadores e curandeiros. *Actio signandi aliquem signo crucis.*

Santiguadero, ra. Santiguador, ra. *s.* Ensalmador, charlatão; impostor que supersticiosamente costuma santigar, dizer ensalmos, orações sobre os enfermos, pretendendo fazer crer que cura por esses meios. *Qui crucis signo aliquem adjunctis precibus signat.*

Santiguamiento. *m.* Acção e effeito de santigar ou de fazer o signal da cruz. *Signo crucis signatio.*

SANTIGUAR. *a.* Santigar; fazer o signal da cruz sobre alguem. *Aliquem signare signo crucis:* — santigar; fazer supersticiosamente cruzes sobre alguem, dizendo certas orações. *Crucis signo superstitiosè abuti:*—*r.* persignar-se; fazer o signal da cruz:—*(fig. fam.)* chrismar; esbofetear, dar bofetadas ou maltratar de pancadas. Diz-se ordinariamente: *santiguar las secas. Fustibus lacessere.*

SANTIGUO. *m. (inus.)* V. *Santiguamiento.*

SANTILITA. *f. (min.)* Santilita; variedade de quartzo hialino.

SANTIMONIA. *f.*V. *Santidad:* — santimonia ou santimonias; santidades apparentes, exterioridades de santo, beatice, hypocrisia; diz-se em sentido ironico e jocoso: — *(bot.)* pampilho ou olho de boi; especie de plantas do genero chrysantemo, que dá uma flor grande e vistosa.

SANTISCARIO. *m. (vulg.)* Invenção. Só se usa na expressão *de mi santiscario. Propio marte.*

SANTÍSIMO, MA. *adj. sup.* de *Santo.* Santissimo; muito santo. *Sanctissimus, a, um:* — santissimo padre; tratamento que se dá ao Papa. *Sanctissimus, a, um. El Santísimo;* o Santissimo; por antonomasia o Santissimo Sacramento da Eucharistia. *Eucharistiæ sacramentum. Descubrir ó manifestar el Santísimo (fr.);* expor o Santissimo, o Sacramento; patentea-lo, pô-lo á vista, á publica adoração dos fieis. *Adorationi fidelium Sacram Eucharistiam publicè offerre.*

SANTO, TA. *adj.* Santo; dotado de santidade, livre de toda a culpa moral: só Deus é essencialmente santo. *Sanctus, a, um:* — santo; diz-se da pessoa que a Igreja declara bemaventurada e gosando da visão beatifica. Usa-se tambem substantivado. *Cœlicola, divus:*—santo; diz-se da pessoa mui virtuosa e exemplar. *Sanctus, pius:* — santo, sagrado; diz-se do que é especialmente consagrado e dedicado a Deus. *Sanctus, sacer:*—santo, sagrado; veneravel por algum motivo de religião. *Religionis ergo venerabilis:* —santo, justo; que é conforme á lei de Deus, aos bons costumes. *Sanctus, rectus, justus:* — santo, soberano; muito util, efficaz, proveitoso, salutifero; diz-se de algumas cousas, especialmente das que tem têem particular virtudes para a cura de certas doenças. *Valdè utilis:* — santa; diz-se da Igreja Catholica Apostolica Romana: — *(fam.)* santo, simples; pouco esperto e sagaz, de entendimento curto; *v.g.: es un santo hombre;* é um santo homem, é um bom homem. *Bonus simplexque:* — *m.* santo; imagem de um santo. *Alicujus sancti imago, effigies:* — *de pajares (fam. iron.);* santarrão, santilhão; hypocrita com capa de santo. *Virtutis simulator, hypocrita:* — *doble;* santo a que corresponde o officio semiduplex: — *simple;* aquelle a que corresponde o officio simples: — *mocarro.* V. *Mocarro:* — *varon.* V. *Varon:* — *y bueno;* santo e justo; expressão com que se approva alguma cousa, dito ou proposição. *Justè quidem et rectè. Alzarse con el santo y la limosna (fr. fam.);* levantar-se com o santo e com a esmola; apropriar-se exclusivamente de alguma cousa. *Opes aut favorem alicujus allicere, captare. Año santo.* V. *Año. A santo tapado (loc. adv. p. Extrem.);* á socapa; á surdina, secretamente. *Cautè, clandestinè, clam. Con mil santos (fam.),* denota o enojo que causa alguma pessoa ou cousa; e assim se diz: *anda con mil santos;* vae com Deus. *Apage, apagesis. Encomendarse a buen santo (fr. fig.);* encommendar-se a bom santo; sair quasi milagrosamente de perigo ou embaraço ou conseguir alguma cousa de que havia pouca esperança, por intervenção de bons valedores. *Patronum optimum advocare. No ser santo de su devocion (fr. fam.);* não ser santo de sua devoção; não estar em boa harmonia com alguem. *Quitar de un santo para poner en otro (fr.),* despir um santo para vestir outro; censura áquelles que por motivo particular applicam a um sujeito o que pertencia a outro. *Aliis eripiunt, quod aliis largiantur. Ser el santo del dia (fam.);* ser o heroe da festa, chamar a attenção de todos; sobresaír por algum titulo, ou ser objecto de alguma funcção ou festejo. *Entre santa y santo pared de cal y canto (rif.);* entre santa e santo parede de cal e canto; o homem é fogo, e a mulher estopa, vem o diabo e assopra. *Dicitur ignis homo sic fœmina stupa vocatur, vel viris et feminis, etiam sanctis, cavenda est nimia familiaritas. Rogar al santo hasta pasar el tronco (rif.);* rogar o santo até passar o barranco; reprehende aos ingratos que depois de receberem o beneficio se esquecem do bemfeitor. *Precibus fervens, obtentis frigidus:* — *m. (mil.)* V. *Nombre. Dar el santo (fr. mil.);* dar o santo; dar o chefe superior na milicia o nome de um santo, para servir de senha ás guardas e postos das praças ou exercitos durante a noite. *Nomen cujusque divi à militum magistro decurionibus secreto indicare, quò ipsi inter se in excubiis agendis securè dignoscantur:* dar o santo, dizer o nome do santo designado pelo chefe ao militar que por ordenança o deve exigir. *Nomen proferre illius divi, quod pro signo in excubiis datum est:* dar o santo; communicar cada chefe ao seu immediato inferior o santo dado pelo general até chegar a todos aquelles a quem deve participar-se. *Nomen à magistro militum prosigno datum, decurionem subdecu-*

rionibus communicare. Rendir el santo (fr. mil.); render o santo; dar a ronda inferior o nome do santo á ronda superior.

Santolino. *f. (bot.)* Santolino; genero de plantas da familia das compostas, cuja especie typica, vulgarmente chamada abrotano femea, cresce nos paizes quentes proximos do Mediterraneo.

Santon. *m.* Santão; religioso ou individuo que entre os mahometanos professa vida austera e penitente. *Asperè et pœnitenter degens apud mauros: — (fig.)* santarrão; hypocrita que se finge santo. *Virtutis simulator, hypocrita:* — santão; chefe de alguma seita religiosa entre os mahometanos. Por extensão diz-se de certos homens politicos.

Santonina. *f. (chim.)* Santonina; materia crystallisavel, nem acida nem alcalina, que se encontra no extracto ethereo de semen-contra ou semente santa.

Santoral. *m.* Santoral; livro de panegyricos ou vidas de santos. Tambem se usa na terminação feminina, especialmente no plural, significando os santos apostolos. *Liber sanctorum vitas continens:* — livro de coro, que contém as antifonas e os introitos dos officios dos santos, postos em contochão. *Liber quo sanctorum officia annuatim canenda notis descripta sunt:* — calendario; lista dos santos do anno, conforme o almanak.

Santuario. *m.* Santuario; o templo em que se venera a imagem ou reliquia de algum santo de especial devoção. *Sanctuarium, ii:* — V. *Santa,* no tabernaculo e no templo de Jerusalem: — V. *Presbiterio,* na igreja catholica. Algumas vezes significa o templo ou igreja em geral e tambem as cousas sagradas. *Examinar una cosa, pesarla con el peso del santuario (fr.);* examinar bem, profunda e minuciosamente alguma cousa. *Poner la mano en el santuario (fr. fig.);* intrometter-se o leigo nas cousas sagradas, ou no que lhe não pertence.

Santucho, cha. *adj. (fam.)* Tartufo. V. *Santurron.*

Santulario, ria. *adj.* Diz-se em estylo jocoso de quem venera supersticiosamente algum objecto commum, como se fôra uma verdadeira reliquia.

Santurron, na. *adj.* Santilão; hypocrita, que affecta nimia devoção. *In externis pietatis actibus nimius.*

Santurronería. *f.* Tartuferia, tartufice; qualidade de tartufo ou santarrão, santimonia, beatice. *Nimis affectata devotio.*

Sanvitalia. *f. (bot.)* Sanvitalia; genero de plantas da familia das compostas, cuja especie typica é uma herva que nasce no Mexico.

Saña. *f.* Sanha, ira, furor, raiva. *Furor, ira, indignatio:* — *(ant.)* valor, animo. *A sañas (loc. adv. ant.);* com sanha, sanhudamente: — *(poet.)* damno ou estrago que causam as cousas inanimadas, como: *la saña del mar, de una batalla, etc.;* o estrago do mar, de uma batalha.

Saño, ña. *adj. (ant.)* São, sarado, restabelecido.

Sañosamente. *adv.* V. *Sañudamente.*

Sañoso, sa. *adj.* Sanhoso. V. *Sañudo.*

Sañudamente. *adv. m.* Sanhudamente; com sanha. *Iracundè, furenter.*

Sañudo, da. *adj.* Sanhudo, assanhado, sanhoso, raivoso, muito irado. *Iracundus, a, um:* — sanhudo, iracundo, irascivel; propenso á ira, á sanha. *Iracundus, a, um.*

Sao. *m. (p. Cub.)* Bosque muito claro por onde podem transitar carruagens.

Sapaju. *m. (zool.)* Sapaju; genero de mammiferos quadrumanos, caracterisados por ter o corpo bastante delgado, a cabeça de ordinario redonda, a cara larga e curta, o angulo facial de sessenta graus, as orelhas redondas e os olhos volumosos. Chamam-se tambem macacos almiscarados, por causa do cheiro de almiscar que exhalam, especialmente na epocha do cio.

Saparita. *f. (min.)* Saparita; variedade de disteno azul transparente, que se encontra na ilha de Ceylão.

Sapenos. *m. (min. ant.)* Sapenos; variedade de amathista azul claro, conhecida já de Plinio.

Saperda. *f. (zool.)* Saperda; genero de insectos coleopteros subpentameros da familia dos longicornes.

Sapidez *f.* Sabor; qualidade do que é sapido ou saboroso.

Sápido, da. *adj.* Sapido, saboroso; que tem sabor, grato ao paladar.

Sapiencia. *f.* Livro da sapiencia; um dos livros canonicos, attribuido a Salomão. *Sapientiæ liber:* — *(ant.)* sapiencia, sabedoria, principalmente de cousas moraes divinas. V. *Sabiduría:* — sciencia, noticia, conhecimento.

Sapiencial. *adj. (ant.)* Sapiencial; da sabedoria. *Sapientialis, le:* — *pl.* sapienciaes; diz-se dos livros moraes da Sagrada Escriptura. *Sapientialis moralisque bibliorum liber.*

Sapiente. *adj. (ant.)* Sapiente. V. *Sabio.*

Sapientísimamente. *adv. m.* Sapientissimamente; muito sapientemente, mui sabiamente.

Sapientísimo, ma. *adj. sup.* de *Sapiente.* Sapientissimo; muito sabio. *Sapientissimus, a, um.*

Sapico, llo, to. *m. dim.* de *Sapo.* Sapinho; pequeno sapo.

Sapillo. *m.* Ranula; tumor que apparece no homem e nos animaes debaixo da lingua ou aos lados da bôca. *Ranula, aphtæ. Compon el sapillo, parecerá bonillo (rif.);* enfeitae o cepo, parecerá mancebo; a compostura e os ornatos contribuem muito para fazer bella e agradavel um cousa. *Ornatus deformitatem operit.*

Sapindáceas. *f. pl. (bot.)* Sapindaceas; familia de plantas dicotyledoneas polypetalas, cujas especies são arvores e arbustos, algumas vezes sarmentosos e trepadores.

Sapíno. *m.* V. *Sabin.*

Sapla. *f. (germ.)* Sentença.

Saplar. *a. (germ.)* Sentencear: — *(germ.)* accusar.

Saplungan. *m.* Saplungan; arvore das Filippinas, cuja madeira do mesmo nome é fina e muito solida.

Sapo. *m. (zool.)* Sapo; genero de reptis batrachios, de aspecto repugnante.*E*stes animaes são aquaticos na primeira idade e terrestres depois da metamorphose: — *marino.*V. *Pejesapo :—(fig.)* pessoa soberba e vaidosa:— pessoa inchada, opada: — açorda; pessoa mollengueirona, lenta nos seus movimentos, sem deliberação. *Echar sapos o culebras (fr.);* dizer cobras e lagartos; proferir com ira incoherencias, desatinos. *Ineptias effutire. Matar el sapo (p. Mex.);* fazer cera; fingir que se trabalha ou interromper muito o trabalho para estar ocioso; usa-se entre os obreiros. *Ojos de sapo;* olhos de sapo, os que são ramellosos e inchados: olhos de gazella, saltões, muito vivos. *Pisar el sapo (fr. fig.);* aboborar na cama; levantar-se tarde da cama por mandrice. *Segniter et tardè e lecto surgere:* não se atrever a fazer alguma cousa por medo infundado de que lhe resulte algum damno. *Pusillanimis nil non timet. Antaño me mordió el sapo y orgaño se me hinchó el papo (rif.);* ora ha um anno me mordeu o sapo, e agora me inchou o papo; diz-se attribuindo alguma cousa presente a uma causa muito remota.

Sapolina. *f. (min.)* Sapolina; nome que alguns mineralogistas dão ao acido borico.

Saponáceas. *f. pl. (zool.)* Saponaceas; familia de plantas que tem por typo o genero saponaria.

Saponáceo, cea. *adj.* Saponaceo. V. *Jabonoso.*

Saponaria. *f. (bot.)* Saponaria ou herva saboeira. V. *Jabonera.*

Saponarina. *f. (chim.)* Saponarina; substancia crystallisavel que se achou em uma especie de saponaria.

Saponificable. *adj.* Saponificavel; que póde ser saponificado ou convertido em sabão.

Saponificacion. *f.* Saponificação; acção e effeito de saponificar ou saponificar-se.

Saponificar. *a.* Saponificar; converter uma substancia em sabão. Tambem é reciproco.

Saponiforme. *adj.* Saponiforme; que tem o aspecto ou a fôrma de sabão.

Saponita. *f. (min.)* Saponita; silicato de alumina e de magnesia, de côr pardacenta ou esbranquiçada, untuoso como o sabão e mui brando.

Saponolita. *f. (min.)* V. *Saponita.*

Saporífero, ra. *adj.* Saporifero. V. *Saporífico.*

Saporífico, ca. *adj.* Saporifico, saboroso; que dá ou tem sabor. *Saporem inducens.*

Sapotáceas. *f. pl. (bot.)* Sapotaceas; familia de plantas dicotyledoneas monopetalas.

Sapote. *m.* Sapucaia ou sapucaya; fructa delicadissima e saborosa da sapucayeira. V. *Zapote.*

Sapotero. *m. (bot.)* Sapucaieira ou sapucayeira; genero de plantas da familia das sapotaceas.

Sapotillo. *m.* Fruta da America meridional, do tamanho de uma pera bergamota:— V. *Zapotillo.*

Saprino. *m. (zool.)* Saprino *(apodrecido, podre);* genero de insectos coleopteros pentameros da familia dos clavicornes, composto de muitas especies originarias de todos os paizes do globo. Encontram-se nos corpos dos animaes em putrefacção.

Saprófagos. *m. pl. (zool.)* Saprophagos *(que come cousas podres);* grupo de insectos coleopteros da familia dos lamellicornes, cujas especies se alimentam de materias vegetaes em decomposição.

Saprolegnia. *f. (bot.)* Saprolegnia; genero de plantas phyceas, cujas especies crescem nos corpos animaes e vegetaes, submergidos em agua, que começam a decompor-se:—*f. pl.* saprolegnias; familia de plantas phyceas, que tem por typo o genero saprolegnia.

Sapromisa. *f. (zool.)* Sapromyza *(mosca podre);* genero de insectos dipteros brachoceros, da familia dos athericeros, que se desenvolvem nas substancias animaes em putrefacção.

Saprosma. *f. (bot.)* Saprosma *(que cheira a cousa podre);* genero de plantas da familia das rubiaceas, cujas especies são arvores ou arbustos indigenas de Java.

Saque. *m.* Serviço; acção e effeito de servir a pella. *Pilæ lusoriæ missio, jactus :* — serviço; lado do jogo onde está aquelle a quem se serve a pella. *Meta ex qua pila mittitur, jacitur:*—jogador que serve a pella, que a lança ou atira. *Pilæ prolussor; qui pilam mittit.*

Saqueador. *m.* Saqueador; o que saqueia. *Depopulator, oris.*

Saqueamiento. *m.* V. *Saqueo.*

Saquear. *a.* Saquear; metter a saque, dar saque a uma cidade, etc., apoderando-se violentamente os soldados do que n'ella encontram. *Spolia arripere. Urbem arripere:—(fig.)* saquear, despojar, pilhar, roubar tudo ou quasi tudo em alguma parte. *Deprædari, depopulari.*

Saqueo. *m.* Saque, saco; acção e effeito de saquear. *Direptio, depopulatio.*

Saquera. *f.* Agulha de coser sacos. *Acus saccis asuendis apta.*

Saquería. *f.* Sacaria; quantidade de sacos ou sacas. *Saccorum copia:*— obra de sacos, acção de os fazer. *Opus e saccis confectum.*

Saquete. *m. dim.* de *Saco.* Saquete, saquinho, saquitel; pequeno saco: —*(mil.)* saquinho; cartuxo atado e cheio de polvora para carregar as peças de artilheria.

Saquí. *m. (zool.)* Saki ou sachi; genero de mammiferos quadrumanos, caracterisados por ter o focinho curto, o angulo facial de 60 graus, as orelhas similhantes ás do homem e a cauda tão comprida como o corpo, sem ser prehensil. Vivem nos extensos bosques de Guyana e do Brazil.

Saquilada. *f.* Quantidade de trigo que se leva a moer em saco que não vae cheio. *Sacci non pleni captus.*

Saquillo, to. *m. dim.* de *Saco.* Saquinho; saco menor que saquete:—saquinho ou bolsinha cheia de cheiros ou substancias aromaticas: — *de metralla;* taleigo, tubo ou cylindro de lona alcatroada em que se collocam as balas ou outra especie de metralha.

Sar. *conj. (germ.)* V. *Con.*

Sará. *m. (germ.)* Sargento.

Sarabaitas. *m. pl. (rel.)* Sarabaitas; nome dado a falsos apostolos, que appareceram no *Egypto* quasi immediatamente depois da morte dos apostolos, e que sob o pretexto de observar a lei, desprezavam os superiores da *Igreja.*

Saraca. *f. (bot.)* Saraca. V. *Jonesia.*

Saracenaria. *f. (zool.)* Saracenaria; genero de polypeiros fosseis, pertencentes aos terrenos supercretaceos.

Sarago. *m. (zool.)* Sarago; genero de insectos coleopteros heteromeros da familia dos melasomos.

Saraguete. *m.* Pequeno sarau ou reunião de parentes. *Tripudium domesticum.*

Saramicues. *m. (zool.)* Saramiques; cobra grande e venenosa do paiz das Amazonas, nas margens do Maranhão.

Sarampion. *m. (med.)* Sarampão ou sarampo; doença eruptiva, em que o corpo se cobre de pintas vermelhas ou arroxadas, com febre e ás vezes tosse.

Sarangosti. *m. (h. nat.)* Sarangosti; especie do gomma, peculiar das *Indias* orientaes, que serve para betumar ou cobrir as costuras dos navios, em logar de breu.

Sarao. *m.* Saráo ou sarau; baile nocturno entre pessoas de distincção. *Tripudium festivum; nobilium saltatio.*

Sarape. *m. (p. Mex.)* Especie de cobrejão do lã fina e de cores muito vivas, que tem uma abertura no centro, para metter a cabeça.

Sarazoncito, ta. *adj. (p. Mex.)* Alegre; diz-se d'aquelle que está espiritualisado com o vinho.

Sarbañá. *f. (germ.)* Sardinha.

Sarcantemo. *m. (bot.)* Sarcanthemo *(flor de carne);* genero de plantas da familia das compostas.

Sarcanto. *m. (bot.)* Sarcantho *(flor de carne);* genero de plantas da familia das orchideas.

Sarcasmo. *m. (rhet.)* Sarcasmo; ironia mordaz, amarga e insultante. *Sarcasmus, us.*

Sarcásticamente. *adv. m.* Sarcasticamente; com sarcasmo, de modo sarcastico.

Sarcástico, ca. *adj.* Sarcastico; em que ha sarcasmo.

Sarcenadura. *f. (ant.)* V. *Cercenadura.*

Sarcenar. *a. (ant.)* V. *Cercenar.*

Sarcia. *f. (ant.)* Sarcina, carga, fardo, peso, gravame. *Sarcina, æ.*

Sarcillo. *m.* V. *Escardillo. Al sarcillo (loc. adv. ant.)* V. *Al retortero.*

Sarcina. *f: (ant.)* V. *Jarcia,* cordoalha do navio.

Sarcinóideos. *m. pl. (zool.)* Sarcinoideos; familia de zoophytos, que comprehende os que formam parte de uma massa carnosa, informe e viva.

Sarcinula. *f. (zool.)* Sarcinula; genero de polypeiros livres, que formam uma massa simples e grossa, composta de tubos reunidos.

Sarcita. *f. (min.)* Sarcita; pedra côr de carne, variedade de hydrolitha.

Sarco. *m. (germ.)* V. *Sayo:— de po, pal;* saio comprido e de muita roda.

Sarcocálice. *m. (bot.)* Sarcocalyce *(calice carnoso);* genero de plantas da familia das leguminosas.

Sarcocapno. *m. (bot.)* Sarcocapno; genero de plantas da familia das papaveraceas.

Sarcocéfalo. *m. (bot.)* Sarcocephalo *(cabeça de carne);* genero de plantas da familia das rubiaceas, cujas especies são arbustos que crescem na Africa tropical.

Sarcocele. *f. (med.)* Sarcocele; tumor carnoso, duro e indolente, que se forma á roda dos testiculos ou sobre a membrana interna do escroto, e que cresce pouco a pouco.

Sarcococa. *f. (bot.)* Sarcococcá; genero de plantas da familia das euphorbiaceas, que tem por typo um arbusto que cresce no Nepal.

Sarcocola. *f. (bot.)* Sarcocolla; genero de plantas da familia das peneaceas: — *(chim.)* sarcocolla; substancia resinosa produzida pela arvore do mesmo nome, que se usava em outro tempo como adstringente e propria para cicatrizar as feridas.

Sarcocolina. *f. (chim.)* Sarcocolina; principio extrahido da sarcocolla, que é uma substancia não crystallisavel, soluvel na agua, no alcool e no acido nitrico, e que forma com este o acido oxalico.

Sarcocono. *m. (zool.)* Sarcocone. V. *Estefanomia.*

Sarcófaco. *m.* Sarcophago. V. *Sepulcro:* — *(zool.)* sarcophago *(que come carne);* genero de insectos dipteros brachoceros da familia dos athericeros.

Sarcofillo. *m. (bot.)* Sarcophyllo *(folha carnosa);* genero de plantas da familia das leguminosas, que tem por typo um arbusto do Cabo da Boa *Esperança:* — *m. pl. (zool.)* sarcophyllos; nome dado por Cuvier a um grupo de mammiferos marzupiaes.

Sarcofita. *f. (bot.)* Sarcophyta *(planta de carne);* genero de plantas da familia das balanophoreas.

Sarcofíteas. *f. pl. (bot.)* Sarcophyteas; tribu da familia das balanophoreas, que tem por typo o genero sarcophyta.

SARCÓIDEOS. *m. pl. (zool.)* Sarcoideos; ordem de polypeiros, que comprehende todos aquelles que são mais ou menos irritaveis e desprovidos de eixo central.

SARCOLENA. *f. (bot.)* Sarcolena *(envolucro de carne)*; genero de plantas da familia das chlenaceas.

SARCOLITA. *f. (min.)* Sarcolitha *(pedra de carne)*; silicato de alumina e de cal, côr de carne e ás vezes vermelho, a que Leman chama hydrolitha.

SARCOLOBO. *m. (bot.)* Sarcolobo; genero de plantas da familia das asclepiadeas.

SARCOPIRÁMIDE. *m. (bot.)* Sarcopyramide *(pyramide de carne)*; genero de plantas da familia das melastomaceas.

SARCOPTO. *m. (zool.)* Sarcopto *(que corta a carne)*; genero de arachneides da familia dos acoridos.

SARCOSCIFO. *m. (bot.)* Sarcoscypho *(vaso de carne)*; genero de plantas hepaticas.

SARCOSTEMA. *f. (bot.)* Sarcostemma *(corôa de carne)*; genero de plantas da familia das asclepiadeas.

SARCOSTIGMA. *f. (bot.)* Sarcostigma *(estigma de carne)*; genero de plantas da familia das hernandiaceas.

SARCOSTOMA. *f. (bot.)* V. *Dendrobio.*

SARCÓTICO, CA. *adj. (med.)* Sarcotico; diz-se dos remedios que têem a virtude de cicatrizar as feridas creando nova carne. Tambem se usa como substantivo. *Sarcoticus; ulcera glutinans, obducens.*

SARCÓXILO. *m. (bot.)* Sarcochilo *(labio de carne)*; genero de plantas da familia das orchideas.

SARDA. *f. (zool.)* Sarda; especie de cavalla menor. V. *Caballa*: — *(min. ant.)* sarda; nome que se dava a uma variedade de agatha encontrada em Sardenha.

SARDA-ÁGATHA. *f. (min.)* Sarda-agatha; especie de agatha alaranjada e vermelho-clara, tendo ambas estas cores distribuidas por igual.

SARDACATA. *f. (min.)* Sardacata; especie de agatha, com veios vermelhos claros.

SARDAGATA. *f. (min.)* V. *Sardacata*: — sardagatha; nome dado pelos lapidarios a uma pedra, cujas cores participam das da coralina e da agatha.

SARDAÑÁ. *f. (germ.)* Graça.

SARDAÑOSA. *adj., f. (germ.)* Graciosa, engraçada.

SARDENAR. *a. (germ.)* Condemnar.

SARDESCO, CA. *adj. (ant.)* V. *Sardo*: — cavallinho, burrico ou burrinho; diz-se do cavallo ou do burro pequeno, alludindo aos de Sardenha que são baixos e curtos. Tambem se usa substantivado. *Sardonicus, a, um*: — *(fam.)* aspero, indocil, intratavel; diz-se das pessoas. *Asper, calcitrans.*

SARDESQUILLO, LLA, TO, TA. *adj. dim.* de *Sardesco.*

SARDICENSE. *adj.* Sardicense; pertencente á cidade de Sardica, hoje Sophia ou Triaditza, na *Dacia* inferior. *Sardicensis, se*: — *s.* sardicense; o natural de Sardica. *Sardicensis, is.*

SARDINA. *f. (zool.)* Sardinha; especie de peixes do genero clupea, mui parecidos com os arenques na fórma e nos costumes. São muito apreciados e conhecidos pelo sabor delicado de sua carne, e encontram-se muito no Mediterraneo, costas de França, Hespanha e Portugal: — *(fig.)* sardinha; diz-se por mofa das pessoas magras e delgadas. *Echar otra sardina (fr. fam.)*; deitar outra sardinha, que outro ruim vem da vinha; diz-se quando entra alguma pessoa de fóra, especialmente em occasião pouco opportuna para a receber. *Lupum in fabula adesse; aliquem inspectatum advenire. Estar como sardinas en banasta (fr. fam.)*; estar como sardinha em tigela; estar extremamente apertado em uma reunião de gente. *Hominum frequentia comprimi. La última sardina de la banasta (loc. fig.)*; a ultima sardinha da canastra; ser o ultimo recurso, a ultima cousa que resta para empregar ou aproveitar, etc. *Nil ultrà residuum esse, remanere. La mujer y la sardina los rostros en la ceniza (rif.)*; o homem na praça e a mulher em casa; as occupações das mulheres devem ser as domesticas.

SARDINAL. *m.* Reunião de varias peças de rede para pescar as sardinhas no Mediterraneo.

SARDINEL. *m. (arch.)* Obra de tijolo ou de ladrilho.

SARDINERO, RA. *adj.* Sardinheiro; de sardinha, pertencente á sardinha. *Ad sardinam pertinens*: — *m.* sardinheiro; vendedor de sardinhas. *Sardinarum negotiator*: — *(art.)* rede sardinheira; rede com que se pesca a sardinha nas costas das Asturias e da Cantabria.

SARDINETA. *f. dim.* de *Sardina.* Sardinheta, sardinhasinha, sardinha pequena: — parte excedente que se corta do queijo depois de feito, para que fique bem tirado na fôrma. *Casei formam excedentis segmen*: — adorno que se faz em alguns uniformes militares, e consiste em uma especie de alamares de galão terminados em ponta: — jogo das sardinhas; certo jogo de rapazes, que consiste em se darem mutuamente umas pancadas sobre a mão com o dedo do meio e o indicador molhados em saliva.

SARDIO. *m. (min.)* Sardio; especie de carnerina ou cornalina pouco transparente, sem brilho, esbranquiçada, com pontos, manchas e listras.

SARDIOQUE. *m. (germ.)* O saleiro e o sal.

SARDO, DA. *adj.* Sardo; pertencente á ilha de Sardenha. *Sardus, sardicus*: — *s.* sardo; natural da ilha de Sardenha. *Sardus, sardicus*: — *(germ.)* V. *Sarjento*: — *m. (min.)* V. *Sardio.*

Sardonia. *f. (bot.)* Sardonia, pantalon dos valles; especie de plantas do genero ranunculo: —V. *Risa.*

Sardónica. *f. (min.)* Sardonica ou sardonyx; variedade de agatha de côr alaranjada: — sardonyx; antigo nome de uma variedade de agatha branca.

Sardónicamente. *adv. m.* Sardonicamente; com riso sardonico.

Sardónico, ca. *adj.* Sardonico; pertencente á herva sardonia. *Sardous; ad sardoam herbam pertinens. Risa sardónica;* riso sardonico, riso amarello, falso, para dissimular outros sentimentos. V. *Risa.*

Sardónio, Sardónique. *m. (min.)* V. *Sardónica.*

Sardonix. *f. (min.)* V. *Sardónica.*

Saré, Saró. *adj. (germ.)* V. *Todo.*

Sarga. *f.* Sarja; tecido de seda ligeiro e como trançado. *Tela serica reticulata:* — sarja; tecido de lã fina, que de ordinario serve para forros: — tapeçaria pintada á tempera, que esteve muito em voga em Sevilha no seculo xvi: — *(bot.)* especie de vime.

Sargado, da. *adj.* V. *Asargado.*

Sargal. *m.* Logar plantado dos vimes chamados em castelhano *sargas. Viminibus consitus locus.*

Sargazo. *m. (bot.)* Sargaço; genero de plantas phyceas da familia das phycoideas, cujas especies andam travadas no cimo da agua, e formam grandes mantas em certos mares e costas.

Sargo. *m. (zool.)* Sargo; genero de peixes acanthopterygios, da familia dos esparoideos: — sargo; genero de insectos dipteros brachoceros da familia dos notacanthos.

Sarguero, ra. *adj. (bot.)* Pertencente ao vime *sarga:* — *m.* tecelão, fabricante de sarjas.

Sargueta. *f. dim.* de *Sarga.* Sargeta.

Sarí. *adj. (germ.)* Toda.

Saribo. *m. (bot.)* V. *Licuala.*

Sarischipis. *m. (germ.)* Interprete.

Sarisa. *f. (hist.)* Sariça; lança da phalange macedonica, usada tambem pelos romanos.

Sarjar. *a. (ant.)* V. *Sajar.*

Sarjenta. *f.* V. *Serjenta:* — *f. (ant.)* especie de alabarda que usavam os sargentos. *Hasta subcenturionis insigne:* — mulher do sargento. *Subcenturionis uxor.*

Sarjente. *m. (ant.)* V. *Sarjento.*

Sarjentear. *n.* Sargentear; fazer as vezes de sargento, mandar como sargento. *Legionis centuria instruere:* — *(fig.)* V. *Capitanear:* — *(fam.)* sargentear; dar ordens com fadiga e com affectado mando em alguma funcção ou mister. *Jactanter disponere, imperare.*

Sarjentía. *f.* Exercicio, cargo de sargento. *Centuriæ instruendæ munus:* — *mayor;* officio de sargento mór ou major. *Centurionum magistri munus:* — secretaria; casa ou gabinete onde o major trata dos negocios de seu cargo. *Centurionum magistri tabularium.*

Sargento. *m.* O mais antigo alcaide da côrte depois dos cinco que tinham a seu cargo a judicatura de provincia, o qual servia no impedimento de qualquer d'estes. *Curiæ prætor, cujusvis absentis vices gerens:* — *(mil.)* sargento; official inferior de cada companhia, superior ao cabo de esquadra e inferior a alferes. Ha primeiros e segundos sargentos. *Subcenturio, onis:* — *general de batalla;* sargento mór de batalha; official immediato ao mestre de campo general, na milicia antiga. *Exercitûs supremus instructor:* — *mayor;* major; official encarregado da instrucção e disciplina do corpo, exerce as funcções de fiscal e intervem na distribuição dos fundos. *Primus legionis instructor:* — *mayor de brigada;* sargento mór de brigada; o mais antigo dos sargentos mores dos corpos que a compunham, a cujo cargo estava tomar e distribuir ordens. *Primus centurionum magister:* — *mayor de la plaza;* sargento mór da praça; official immediato ao governador. *Secundus ab provinciæ duce:* — *mayor de provincia;* sargento mór de provincia; chefe militar que na India mandava depois do governador e tenente rei. *Secundus a provinciæ duce.*

Sarjenton. *adj., s. (fam.)* Tarimbão ou tarimbeiro; diz-se do official que tendo passado de sargento, conserva maneiras grosseiras: — *(fam.)* sargentão; pessoa alta, corpolenta e de modos toscos e grosseiros.

Sarmanaka. *m. (hist.)* Sarmanaka; dá-se este nome na India ao individuo que se consagra á vida ascetica, qualquer que seja a sua devoção particular.

Sarmenda. *prep. (germ.)* Commigo.

Sarmentador, ra. *adj.* Esvidigador; apanhador de vides seccas para o fogo. *Sarmentorum collector.*

Sarmentar. *n.* Esvidigar; apanhar, colher as vides podadas. *Sarmenta colligere.*

Sarmentera. *f.* Logar ou local onde se guardam as vides. *Locus in quo sarmentorum congeries servatur:* — acção de apanhar as vides ou o tempo de as colher. *Sarmentorum collectio:* — *(germ.)* parte superior da rede.

Sarmenticio, cia. *adj.* Sarmenticio; epitheto dado pelos gentios aos christãos martyrisados a fogo lento de vides. *Sarmentitius, a, um.*

Sarmentillo. *m. dim.* de *Sarmento.* Sarmentinho, sarmentosinho.

Sarmientoso, sa. *adj.* Sarmentoso; da natureza do sarmento. *Sarmentosus, a, um:* — sarmentoso; similhante ao sarmento. *Sarmentosus, a, um:* — sarmentoso; cheio de sarmentos: — *(bot.)* sarmentoso; diz-se das plantas lenhosas, cujos sarmentos, compridos e flexiveis, buscam apoiar-se nos corpos vizinhos.

Sarmienta. *f. (bot.)* Sarmienta; genero de plantas da familia das gesneraceas.

Sarmiento. *m.* Sarmento; vara da vide, comprida, delgada e nodosa, d'onde crescem os cachos. *Palmes, sarmentum:* — *(bot.)* sarmento; dá-se este nome ao tronco ou ramo lenhoso e trepador de um vegetal.

Sarmentoso, sa. *adj.* V. *Sarmientoso.*

Sarmiñé. *adj.* e *adv. (germ.)* Prompto.

Sarna. *f. (med.)* Sarna; erupção cutanea contagiosa que causa grande comichão, devida a um insecto chamado acaro ou sarcopto que vive dentro das pequenas vesiculas cheias de aguadilha que se notam nos pontos da pelle atacada. *Scabies, ei:* — *(fig. ant.)* comichão, prurido; appetite, desejo ardente. *Pruritus, i:* — *perruna;* sarna de cão; sarna mais miuda, incommoda e perniciosa que a commum. *Psora, æ. No le falta sino sarna que rascar (fr.);* não lhe falta senão sarna para se coçar; diz-se de quem tem todas as commodidades, necessarias, e que apesar d'isso lamenta a sua sorte. *Nihil omnino illi deest præter scabiei pruritum, ut sibi placeat. Ser mas viejo que la sarna (fr. fam.);* ser mais velho que a sarna, ser muito antigo. *Chao antiquior.*

Sarnazo. *m.* Erupção muito abundante de sarna, grande camada de sarna.

Sarnilla. *f. dim.* de *Sarna.*

Sarnosillo, lla. *adj. dim.* de *Sarnoso.* Pouco sarnoso.

Sarnoso, sa. *adj.* Sarnoso, sarnento; doente, coberto, cheio de sarna; diz-se tambem das partes affectadas da doença. *Scabiosus, scabidus:* — sarabulhento, aspero, escabroso, de superficie desigual; não lisa. *Scaber, asper. El puerco sarnoso revuelve toda la pozilga (rif.);* nas republicas e nas communidades o mais indigno é o que mais barulho faz.

Saronida. *m. (hist. ant.)* Saronides; nome dado aos druidas, da palavra grega *saronis,* velho carvalho.

Saropoda. *f. (zool.)* Saropoda; genero de insectos hymenopteros da familia dos anthophoridos, cujas especies vivem na Europa.

Sarópodo, da. *adj. (zool.)* Saropodo; que tem as patas pelludas ou parecidas com vassouras.

Sarotamno. *m. (bot.)* Sarothamno; genero de plantas da familia das leguminosas, cujas especies são arbustos que crescem nas regiões centraes e austraes da Europa.

Sarote. *m. (bot.)* Sarote; genero de plantas da familia das byttneriaceas, composto de arbustos que crescem na Nova Hollanda: — sarote *(que varre);* genero de arachneides da familia dos araneidos.

Sarpullido. *m.* Ebullição, effervescencia de sangue, fogagem que sáe pelo corpo e consiste em grande numero de borbulhas muito vermelhas e de pouca elevação. *Vitiligo, inis:* — *(fig.)* signaes que deixam na pelle as mordeduras das pulgas. *Rubentes maculæ e pulicum morsibus.*

Sarpullir. *n.* Morder a pulga, deixando signaes ou manchas no corpo. *Pulicem morsibus corpus maculare:* — *r.* encher-se de empigens, borbulhas ou de fogagem pelo corpo. *Vitiligine corpus fœdari:* — *(fig.)* ser muito mordido das pulgas.

Sarraca. *f. (bot.)* Sarracha; genero de plantas da familia das solaneas, cujas especies são herbaceas e crescem no Perú.

Sarracear. *n. (ant.)* Nevar, chover ou annuviar-se, escurecer o tempo.

Sarracenia. *f. (bot.)* Sarracenia; genero de plantas dicotyledoneas da familia das sarracenias, cujas especies são herbaceas e crescem nos logares pantanosos da America septentrional: — *f. pl.* sarracenias; familia de plantas dicotyledoneas polypetalas, cujas flores são vermelhas, amarellas ou brancas.

Sarracénico, ca. *adj.* Sarracenico; pertencente ou relativo aos sarracenos. *Saracenicus, a, um.*

Sarraceno, na. *adj.* Sarraceno; nome e epitheto que se davam os mouros, suppondo-se descendentes de Sara, esposa de Abrahão e mãe de Isaac; e não de Agar, mãe de Ismael, que apenas foi concubina d'aquelle patriarcha; d'aqui procede o desprezo em que têem o epitheto de agarenos que os christãos lhes dão. *Saracenus, a, um:* — *m. pl.* sarracenos; povo mais antigo da Arabia Deserta. Teve origem na parte occidental, e foi ao principio pouco consideravel, tornando-se forte depois que se uniu com outras tribus.

Sarracin. *adj. (ant.)* V. *Sarraceno.*

Sarracina. *f.* Sarrabulhada; desordem entre muitos, especialmente quando se accommettem em confusão; por extensão diz-se de qualquer desordem ou rixa em que ha feridos e mortos. *Pugna, conflictus.*

Sarracino. *m. (ant.)* V. *Sarraceno.*

Sarrano, na. *adj.* V. *Serrano:* — *m.* côr purpurea.

Sarranse, Sarrante. *m.* Embarcação antiga similhante a uma pequena galé.

Sarria. *f.* Especie de rede grande em que se transporta palha. *Sparteum reticulum:* — *(prov.)* esparta, ceira grande. *Magna sparta.*

Sarrieta. *f. dim.* de *Sarria.*

Sarrillo. *m. (fam.)* Sarrido, estridor da respiração. V. *Estertor,* nos moribundos: — *(bot.)* collocasia, jarro. V. *Yarro.*

Sarrio. *m. (zool.)* V. *Dama.*

Sarro. *m.* Sarro; fezes do vinho, da urina ou de outra cousa, que se pegam ao fundo do vaso. *Rubigo, sordes:* — sarro; crosta que vem aos dentes. *Sordes, is:* — *(fig.)* sarro, saburra; humor viscoso que cobre a lingua em certos casos e a põe aspera. *Linguæ squalor.*

Sarroso, sa. *adj.* Sarrento; que

tem sarro. *Rubiginosus, a, um:* — *(med.)* saburroso; coberto de saburra; diz-se da lingua.

Sarrotrio. *m. (zool.)* Sarrotrio *(vassoura);* genero de insectos coleopteros tetrameros da familia dos xylophagos, composto de tres especies.

Sarrotripa. *f. (zool.)* Sarrotripa; genero de insectos lepidopteros da familia dos nocturnos, que contém duas especies originarias da Europa.

Sarrotrocera. *f. (zool.)* Sarrotrocera *(corno em fórma de vassoura);* genero de insectos coleopterós subpentameros da familia dos longicornes.

Sarsalar. *a. (germ.)* Acompanhar.

Sarsalé. *adj. (germ.)* Acompanhado.

Sarta. *f.* Sarta, enfiada; cordão, serie de cousas enfiadas por ordem. *Series, striga:* — *(fig.)* enfiada; disposição de muitas cousas ou pessoas que se seguem umas ás outras, que vão em fila. *Series.*

Sartal. *m.* Sartal. V. *Sarta,* na primeira accepção.

Sartalejo. *m. dim.* de *Sartal.* Sartasinha.

Sartelesar. *a. (germ.)* Conter.

Sarten. *f.* Sartã; frigideira chata de ferro, com pouca borda, onde se frege peixe ou carne. *Sartago, inis. Saltar de la sarten y dar en las brasas (fr.);* saír do lodo e caír no arroio. *Incidit in Scyllam, cupiens vitare Charybdin. Tener la sarten por el mango.* V. *Tener el cucharon por el mango. Cuando la sarten chilla, algo hay en la villa (rif.);* quando a sartã chia, alguem ha na villa; voz do povo voz de Deus ou do diabo. *Novi aliquid popularis rumor portendit. Dijo la sarten a la caldera, tírate allá, culinegra (rif.);* disse a caldeira á sartã, tirte-lá não me enfarrusques; exprime o desdem com que a pessoa torpe e sordida accusa outra das menores faltas. *Caldarii fuliginem aspernator sartago. Dijole la sarten al cazo, quitate allá que me tiznas (rif.)* V. *Dijo la sarten a la caldera, etc.*

Sartenada. *f.* Frigideirada; porção de carne ou peixe que de uma vez se póde frigir na sartã. *Frisura, frictura.*

Sartenazo. *m.* Pancada forte dada com sartã. *Sartaginis ictus:* — *(fig.)* pancada violenta descarregada com qualquer cousa. Estende-se tambem ás cousas immateriaes. *Jocularis ictus, ludibrium:* — *(ant.)* chufa, motejo, dicterio; dito pesado e picante.

Sarteneja. *f. dim.* de *Sarten.* Sartãsinha.

Sartenica, lla, ta. *f. dim.* de *Sarten.* Sartãsinha, pequena sartã.

Sartorio. *m. (anat.)* Tibial; musculo extensor da perna, a que os castelhanos chamam tambem *musculo del sastre,* por ser elle que executa o movimento de encruzar as pernas. *Sartorius, ii.*

Sarzo. *m. (germ.)* Saio: — *de papal;* saio com fraldões compridos.

Sasafrás. *m. (bot.)* Sassafraz; genero de plantas da familia das laurineas, cujas especies são notaveis pela utilidade que prestam á medicina, á economia domestica e á tinturaria.

Sasia. *m. (bot.)* Sassia; genero de plantas herbaceas, que comprehende duas especies originarias do Chili.

Sassolina. *f. (min.)* Sassolina; dá-se este nome ao acido borico hydratado, encontrado nas margens de uma fonte thermal da Toscana.

Sasta. *f. (germ.)* Até.

Sastar. *n. (germ.)* Sarar.

Sasteja. *f. (germ.)* Queixa.

Sastejoso, sa. *adj. (germ.)* Queixoso.

Sasto, ta. *adj. (germ.)* São, em estado de saude, de perfeita integridade.

Sastra. *f.* Alfaiata, costureira; mulher que corta e faz vestidos: — mulher do alfaiate. *Sartoris uxor.*

Sastre. *m.* Alfaiate; official que corta e faz vestidos. *Sartor, oris:* — *de portal;* alfaiate de escada; o que trabalha n'esta parte da casa por não ter loja. *Cajon de sastre (fig.);* almanach; pessoa que sabe muitas noticias litterarias e scientificas, mas sem ordem nem methodo: tambem se diz da caixa onde ha papelada ou outros objectos em confusão. *Corto sastre (fig. fam.);* pobre patola, fraco entendedor; homem pouco entendido ou conhecedor da materia de que se trata. *Exigui ingenii homo. Entre sastres no se pagan hechuras (fr. fam.);* entre collegas não se pagam feitios; deve-se ser generoso para as pessoas da nossa profissão. *Ejusdem muneris sumus, munera absint vel merces. Ser buen sastre (fr. fig. fam.);* ser mestraço, entendido, habil, perito em alguma sciencia ou faculdade, arte ou officio. *Aprime industrius, sollers, ingeniosus. El sastre del cantillo ó del campillo, que cosia de balde y ponia el hilo (rif.);* alfaiate de encruzilhada põe as linhas de sua casa; applica-se á pessoa que alem de trabalhar de graça ou sem interesse, ainda põe alguma cousa de seu. *Oleum et operam perdit. Músculo del sastre (anat.)* V. *Sartorio.*

Sastrecillo. *m. dim.* de *Sastre.* Alfaiatesinho; alfaiate ainda novo ou de pouco prestimo.

Sastrería. *f.* Officio e loja de alfaiate. *Sartoris opificium, officina:* — *de viejo;* officio, occupação de roupavelheiro ou adelo, e tambem a loja ou logar onde se faz este commercio.

Sastresa. *f. (p. Ar.)* Alfaiata; costureira que trabalha em obras de alfaiate.

Sasú. *m. (germ.)* Genro.

Sat. *m. (germ.)* Ferro.

Satan, Satanás. *m.* Satanaz; o diabo. Em rigorosa significação, inimigo, adversario. *Satan, Satanas.*

Satánico, ca. *adj.* Satanico; de Satanaz, infernal: — satanico. V. *Diabólico.*

Satarré. *m. (germ.)* Ferreiro.

Satélite. *m. (fam.)* Quadrilheiro, alguazil, alcaide, esbirro, beleguim, etc.: — sequaz, proselyto, sectario, seguidor, partidista:— satellite; homem armado que está ás ordens de outro para executar as violencias que lhe mandar: — *(naut.)* satellite; diz-se de qualquer veia que acompanha uma arteria: — *(astr.)* satellite; planeta secundario ou menor, que gira em roda de outro maior ou primario. *Planetæ primarii satelles.*

Saten. *m.* Setim; tecido de seda liso e lustroso. V. *Raso.*

Satin. *m. (neol.)* V. *Saten.*

Satinador. *m. (neol.)* Setinador ou assetinador; o que setina ou assetina.

Setinar. *a.* Setinar, assetinar; fazer liso e lustroso como o setim, dar lustre ao estofo, papel, etc.

Satira. *f.* Satyra; obra ou poema, de ordinario em verso, em que se censuram costumes, defeitos publicos ou de algum particular. *Satyra, æ:* — *(fig.)* satyra, chufa, dicterio, remoque; dito satyrico, mordaz, picante, descortez. *Acutè et malignè dictum:* — *(fam.)* mulher satyrica, dicaz, escarnicadeira, propensa a dizer mal, a escarnecer dos outros. *Dicax, petulans.*

Satiriasis. *m. (med.)* Satyriasis ou satyrismo, priapismo; estado morbido, caracterisado pela exaltação das funcções genitaes, com a faculdade de as exercer sem extenuação; furor venereo: — satyriasis; diz-se algumas vezes da elephantiasis ou lepra dos arabes, por esta doença ser acompanhada de intenso appetite luxurioso.

Satiriasmo. *m. (med.)* Mal dos rins, proveniente da lubricidade.

Satíricamente. *adv. m.* Satyricamente; de modo ou em estylo satyrico. *Satyrico more.*

Satírico, ca. *adj.* Satyrico; que respeita á satyra. *Satyricus, a, um:* — satyrico, mordaz, mordente, picante, que satyrisa; diz-se das pessoas e tambem das cousas. *Satyricus, a, um. Danza satírica (hist.);* dansa satyrica; a que consistia em posturas indecentes e lascivas.

Satiridio. *m. (bot.)* Satyridio; genero de plantas da familia das orchideas, indigenas do Cabo da Boa Esperança.

Satíridos. *m.pl. (zool.)* Satyridos; tribu de insectos lepidopteros, da familia dos diurnos, que contém muitas especies espalhadas por todas as regiões do globo.

Satirio. *m. (bot.)* Satyrião, orchis macho, testiculo de cão, herva abelha; genero de plantas da familia das orchideas, cujas especies crescem nos bosques. É uma planta medicinal, de raiz bulbosa, e que dá flores de figura de abelha com as azas abertas: — *(zool.)* rato de agua ou da India, animal parecido com a lontra.

Satirizante. *p. a.* de *Satirizar.* Satyrizante. *Satyricus, a, um.*

Satirizar. *a.* Satyrizar; compor, escrever satyras, ou censurar em sentido mordaz os costumes ou as pessoas. *Satyras scribere; satyris carpere.*

Sátiro. *m.* Satiro ou satyro; monstro ou semideus entre os gentios; era homem da cintura para cima, e para baixo cabra. *Satyrus:* — *(ant.)* ladrão que roubava nos campos toda a casta de animaes: — *(zool.)* satyro; genero de insectos lepidopteros, da familia dos diurnos, cujas especies são de pequeno volume e vivem em quasi todos os paizes do globo.

Satisdacion. *f. (for.)* Satisdação, fiança. V. *Fianza.*

Satisfaccion. *f.* Satisfação; acção de satisfazer. *Satisfactio, onis:* — satisfação, desculpa, escusa, reparação de damno, injuria, offensa, etc. *Satisfactio, plena purgatio, excusatio:* — V. *Presuncion,* e n'este sentido diz-se: *Fulano tiene mucha satisfaccion de sí mismo;* fulano tem muita presumpção: — confiança, esperança firme. *Confidentia, fiducia:* — satisfação; cumprimento, bom exito dos nossos desejos. *Satisfactio, adimpletio:* — satisfação, contentamento. *A satisfaccion (loc. adv.);* á satisfação, a sabor, ao gosto de alguem. *Plenè; ad alterius placitum. Tomar satisfaccion (fr.);* tomar, pedir satisfação. V. *Satisfacerse,* exigir satisfação:—*(rel.)* satisfação; uma das tres partes do sacramento da penitencia, pela qual se repara por meio de obras penitenciaes a offensa dos peccados commettidos. *Satisfactio, onis.*

Satisfacer. *a.* Satisfazer; pagar a divida, obrigação, o serviço. *Satisfacere:* — satisfazer pela culpa; reparala com penitencias ou obras meritorias. *Satisfacere:* — *(fig.)* serenar, aquietar, acalmar, socegar as paixões do animo. *Plene placere, sedare:*— satisfazer; saciar qualquer vontade, como a fome, o somno, etc. Usa-se tambem em sentido moral. *Satiare, explere:* — satisfazer; resolver alguma duvida ou difficuldade; socegar, acalmar alguma queixa ou sentimento. *Satisfacere, respondere:* — satisfazer; premiar, recompensar os serviços, o merito. *Retribuere, persolvere:*— *r.* satisfazer-se; pagar-se por suas proprias mãos. *Sibi ipsi per se æs alienum solvere:* — satisfazer-se; vingar-se de alguma affronta. *Injuriam ulcisci, vindicare:* — satisfazer-se; indemnisar-se a pessoa offendida, ou exigir satisfação ou reparação do offensor. *Honorem vindicare:* — satisfazer-se, convencer-se, persuadir-se. *Acquiescere.*

Satisfaciente. *p. a.* de *Satisfacer. Satisfaciens, entis.*

Satisfatoriamente. *adv. m.* Satisfactoriamente; de maneira satisfactoria. *Plenâ satisfactione acceptâ.*

Satisfatorio, ria. *adj.* Satisfactorio; capaz de satisfazer ou que satisfaz. *Satisfaciens entis:* — satisfactorio, favoravel.

Satisfecho, cha. *p. p. irreg.* de *Satisfacer.* Satisfeito: — *adj.* satisfeito de si, desvanecido, presumido, cheio de presumpção. *Arrogans, confidens:* — satisfeito, contente; em estado de satisfação. *Contentus, a, um.*

Sativo, va. *adj.* Sativo; que se semeia, que se cultiva. *Sativus, a, um.*

Sato. *m. (ant.)* V. *Sembrado.*

Sátrapa. *m. (fam.)* Satrapa; homem matreiro, ladino, manhoso, astuto, mui fino e experimentado. *Callidus, astutus:* — *(fig.)* satrapa, grande senhor, rico e voluptuoso, etc.: — *(hist.)* satrapa; entre os antigos persas e algumas outras nações do Oriente, eram assim chamados os governadores das provincias encarregados da cobrança e administração dos impostos. *Satrapa, æ.*

Satrapía. *f.* Satrapia; dignidade, dominio, governo, limite da auctoridade de um satrapa. *Satrapia, æ.*

Saturable. *adj.* Saturavel; capaz de saturação.

Saturacion. *f.* Saturação; acção e effeito de saturar. *Saturandi actio; saturitas:* — *(fig.)* saciedade, fartura; estado de pessoa farta de comida: — *(lit.)* saturação; nome de uma licença poetica ou lei euphonica, pela qual os poetas arabes pospõem a uma vogal uma letra analoga a esta, para tornar mais cheio o seu som.

Saturar. *a.* V. *Saciar:* — *(chim.)* saturar; dissolver em um liquido toda a quantidade de outra substancia que aquelle póde admittir. *Saturare, saturam reddere:* — saturar; fazer cessar a união de dois corpos, qualquer que seja o estado da sua combinação, como: *Saturar de oxijeno el hierro ó el plomo;* saturar de oxygenio o ferro ou o chumbo, etc.: — saturar; neutralisar as qualidades caracteristicas de um corpo por meio da união com elle, e n'este caso diz-se: *La potasa satura las propriedades ácidas del ácido sulfúrico;* a potassa satura as propriedades acidas do acido sulphurico: — tingir ligeiramente, juntando uma pequena quantidade de uma substancia qualquer; *v. g.: Saturar el agua con vino;* saturar a agua de vinho, etc.

Saturativo, va. *adj.* Saturativo; que tem virtude de saturar.

Satureineas. *f. pl. (bot.)* Satureineas; tribu de plantas da familia das labiadas, que tem por typo o genero saturagem ou segurelha.

Saturnal. *adj.* Saturnal; de Saturno. *Saturnalis, le. Las saturnales ó fiestas saturnales (hist.);* as saturnaes ou festas saturnaes; antigas festas romanas em honra de Saturno, em que se commettiam excessos escandalosos.

Saturnia. *f. (zool.)* Saturnia; genero de insectos lepidopteros da familia dos nocturnos, que tem por typo o maior lepidoptero conhecido na Europa.

Saturniano, na. *adj.* Saturnino, saturnio; pertencente ou relativo a Saturno: — *(hist. e poet.)* saturnino; dava-se este nome aos versos licenciosos que se cantavam nas saturnaes.

Saturnilabo. *m. (astr.)* Saturnilabio; instrumento empregado para achar as configurações ou posições respectivas dos satellites de Saturno.

Saturnino, na. *adj.* Saturnino, triste, melancolico, taciturno. *Melancholicus, biliosus. tristis.*

Saturnita. *f. (min.)* Saturnita; sulphureto de chumbo epigeno.

Saturno. *m. (astr.)* Saturno; um dos planetas cuja orbita está situada entre Jupiter e Urano. *Saturnus, i. Estracto de Saturno;* extracto de Saturno; sal de chumbo quando tem a consistencia de xarope. *Sal de Saturno;* sal de Saturno ou de chumbo; combinação do acido acetico com o oxydo de chumbo em estado solido: — *(chim. ant.)* saturno; nome dado ao chumbo pelos alchimistas. *Saturnus, plumbum.*

Saucal. *m.* Salgueiral; logar plantado de salgueiros.

Sáuce. *m. (bot.)* Salgueiro; genero de plantas da familia das salicineas, cujas especies são arvores e arbustos que crescem principalmente nas margens dos rios e nos logares frescos das montanhas. *Salix, icis:* — *de Babilonia ó lloron;* salgueiro de Babylonia ou chorão; especie de salgueiro originario do Oriente que se cultiva na Europa como planta de adorno e que de ordinario se colloca na proximidade das aguas.

Saucedа. *f.* V. *Salceda.*

Saucedal. *m.* Salgueiral. V. *Salceda.*

Saucegatillo. *m. (ant. bot.)* V. *Sauzgatillo.*

Saucera. *f. (ant.)* V. *Salceda.*

Saucillo. *m.* V. *Sanguinaria.*

Sauco. *m. (bot.)* Sabugo, sabugueiro; genero de plantas da familia das caprifoliaceas, composto de especies herbaceas arborescentes que crescem nos paizes quentes e temperados do globo. Algumas d'ellas são usadas na medicina, empregando-se as suas flores como diaphoreticas e resolutivas: — *(vet.)* sauco; parte do casco da besta entre a taipa e a palma. *Secunda ungulæ bestiarum crusta.*

Saudade. *f. (ant.)* Saudade; magua que causa o estar apartado do objecto amado, e o desejo de o tornar a ver e de estar na sua companhia. É palavra propriamente portugueza.

Saullo. *m. (germ.)* Potro.

Sauquillo. *m. (bot.)* Engos; especie de pequeno sabugueiro, de umas tres varas de altura, que cresce nos logares humidos.

Saurauja. *f. (bot.)* Saurauja; genero de plantas da familia das ternstremiaceas, composto de umas vinte especies, que são arvores ou arbustos que crescem na America tropical.

Saurel. *m. (zool.)* V. *Carango.*

Saurios. *m. pl. (zool.)* Saurios;

ordem de reptis que têem o corpo prolongado e cylindrico, coberto de escamas e de uma pelle granulosa. N'esta ordem comprehendem-se todos os reptis denominados lagartos e tambem alguns animaes temiveis, como o crocodilo, e outros inoffensivos, como o camaleão.

SAURITA. *f.* Saurita; nome de uma pedra que, segundo Plinio, se encontrava no ventre de um lagarto.

SAURO. *m.* *(zool.)* Sauro *(lagarto);* genero de peixes malacopterygios abdominaes, da familia dos salmões, cujas especies vivem no Mediterraneo.

SAURÓFAGO, GA. *adj.* *(zool.)* Saurophago; diz-se do animal que come saurios ou lagartos.

SAURÓFIDEO. *m.* *(zool.)* Saurophideo ou saurophis; genero de reptis saurios da familia dos chalcidios, cuja especie typica vive no cabo da Boa Esperança.

SAUROGLOSO. *m.* *(bot.)* Sauroglosso *(lingua de lagarto);* genero de plantas da familia das orchideas cujas especies crescem na America tropical.

SAUROGRAFÍA. *f.* Saurographia; descripção ou tratado dos reptis saurios.

SAUROGRÁFICO, CA. *adj.* Saurographico; pertencente á saurographia.

SAURÓGRAFO. *m.* Saurographo; o que descreve os saurios ou lagartos.

SAUROLOGO. *m.* Saurologo; auctor de uma saurologia.

SAUROLOJIA *f.* Saurologia; tratado ácerca dos reptis saurios.

SAUROLÓJICO, CA. *adj.* Saurologico; relativo á saurologia.

SAUROMATO. *m.* *(bot.)* Sauromato; genero de plantas herbaceas da familia das aroideas, indigenas da India.

SAUROMORFO. *m.* *(zool.)* Sauromorpho *(em fórma de lagarto);* genero de insectos coleopteros pentameros da familia dos brachelytros.

SAUROPO. *m.* *(bot.)* Sauropo *(pé de lagarto);* genero de plantas da familia das euphorbiaceas, cujas especies são arbustos que crescem em Java.

SAUROPSIDE. *m.* *(zool.)* Sauropside ou sauropsis *(aspecto de lagarto);* genero de peixes ganoideos, composto de tres especies encontradas fosseis nos terrenos jurassicos.

SAURÚREAS. *f. pl.* *(bot.)* Saurureas; familia de plantas dicotyledoneas, composta de especies herbaceas, vivaces e aquaticas que crescem nas regiões temperadas da America do Norte e da Asia oriental.

SAURURO. *m.* *(bot.)* Saururo *(cauda de lagarto);* genero de plantas da familia das saurureas cujas especies crescem nas aguas estagnadas da America boreal.

SAUSERÍA. *f.* Mantieria; casa onde se guarda tudo o pertencente á mesa real. *Cibi regii officina.*

SAUSIER. *m.* Mantieiro; o que cuida da mantieria, chefe da mantieria. *Cibi regii officinæ præfectus.*

SAUSUREA. *f.* *(bot.)* Sausurea; genero de plantas da familia das compostas, cujas especies crescem nas montanhas mais altas da Europa, na Siberia e na India.

SAUSSURITA. *f.* *(min.)* Saussurita; nome dado em honra de Saussure a um silicato alcalino de alumina e de cal.

SAUTERIA. *f.* *(bot.)* Sauteria; genero de plantas hepaticas da tribu das marchaciaceas, composto de duas especies que crescem nas montanhas elevadas de ambos os hemispherios.

SAUTO. *m.* *(ant.)* V. *Soto.*

SAUTOR. *m.* *(br.)* V. *Aspa.*

SAUZ. *m.* V. *Sauce.*

SAUZAL. *m.* V. *Salceda.*

SAUZGATILLO. *m.* *(bot.)* Agnocasto ou anhocasto; genero de plantas da familia das verbenaceas.

SAVACÚ. *m.* *(zool.)* Savacu; genero de aves da familia das alcoridas.

SAVIA. *f.* *(bot.)* Seiva, seve; succo nutritivo das plantas, cuja circulação consiste n'um movimento ascendente e outro descendente. *Plantarum succus:* — savia; genero de plantas da familia das euphorbiaceas que tem por typo um arbusto que cresce na ilha de S. Domingos.

SAVIGNIA. *f.* *(bot.)* Savignya; genero de plantas da familia das cruciferas, cujo typo é um arbusto que cresce no Egypto.

SAVODINSKITA. *f.* *(min.)* Savodinskita; variedade de tellurureto de prata que se encontra n'uma mina do Altai.

SAXAFRAX. *f.* V. *Saxifraga.*

SAXÁTIL. *adj.* Saxatil; que se cria entre pedras ou pegado a ellas; diz-se de certos peixes ou mariscos e de varias plantas. *Saxatilis, le.*

SÁXEO, EA. *adj.* Saxeo; de seixo ou pedra. *Saxeus, a, um.*

SAXICAVA. *m.* *(zool.)* Saxicava; genero de molluscos conchiferos dimyarios.

SAXICOLÍDEAS. *f. pl.* *(zool.)* Saxicolideas; familia de aves da ordem dos passaros, admittida por alguns naturalistas para classificar especies que vivem nos terrenos seccos e pedregosos.

SAXIFRAGÁCEAS. *f. pl.* *(bot.)* Saxifragaceas; familia de plantas dicotyledoneas polypetalas, que tem por typo o genero saxifraga.

SAXIFRAGA. *f.* *(bot.)* Saxifraga ou califraga; genero de plantas da familia das saxifragaceas, cujas especies são herbaceas e vivaceas, e crescem nas montanhas elevadas entre as fendas dos rochedos, nos muros antigos e arruinados e no meio das pedras.

SAXIFRAJEAS. *f. pl.* *(bot.)* Saxifrageas. V. *Saxifragáceas.*

SAXIFRAJIA. *f.* V. *Saxifraga.*

SAXO. *m.* *(ant.)* Pedra, penha, penhasco, rocha.

SAXOSO, SA. *adj.* *(ant.)* Saxoso, pedregoso. V. *Petroso:* — grave, pesado.

SAYA. *f.* Sáia; vestidura de mulheres, que se cinge pela cintura e desce até á parte inferior das pernas. *Stola, palla qua mulieres utuntur:* — certa somma que a rainha dá ás suas creadas quando tomam estado, em vez do enxoval. *Pecunia pro veste a regina pedissequis donata:* — V. *Sotana:* — saia; vestidura talar, antiga, de homens, especie de tunica. *Talaris tunicæ genus:* — *de embrocar;* especie de saia ou vasquinha aberta dos lados que se vestia pela cabeça e ficava parte sobre os hombros; usava-se na America: — *de reina;* especie de sarja tecida em quadrados que as mulheres usavam nos seus vestidos. *Tela quadratorum texturâ distincta:* — *entera;* saia comprida. *Stola syrmate ornata:* — *inglesa;* estofo ou tecido de seda de diversas cores. *Tela serica versicolor. Saya:* — *saya;* especie de setim ou tafetá singelo, que se fabrica na China. *Sinensis telæ genus.*

Sayagués, Suyagüés, sa. *s.* Saiaguez; o natural de Saiago, territorio da provincia de Samora: — *adj.* saiaguez; pertencente a Saiago. *Oppidanus e Sajago prope Salmanticam vel ad ipsum pertinens:* — *(germ.)* simples: — ladrão disfarçado. *Bonito sayagués.* V. *Bonito.*

Sayal. *m.* Saial; panno grosseiro, felpudo por uma face. *Pannus villosus:* — *(ant.)* saial; habito de monge ou frade: — saia; vestidura comprida de mulher. *Color de saial.* V. *Color. No es todo el sayal alforjas (fr. fam.);* nem todo o mato é ouregãos; não ha regra sem excepção. *Utut generale quid fiet, exceptione non vacat. Debajo del sayal ó so el sayal hay al (rif.);* não é o habito que faz o monge; não se deve julgar das cousas pelas apparencias. *Aliud videtur, aliud latet.*

Sayalería. *f.* Arte, officio de fazer saial e outros pannos grosseiros. *Sagarii officium, ars.*

Sayalero. *m.* Fabricante de saial, burel e outros pannos grosseiros. *Sagarius, ii:* — vendedor, negociante d'estes pannos.

Sayalesco, ca. *adj.* Que é de saial ou pertence a este panno. *Cilicius, villosus.*

Sayalete. *m. dim.* de *Sayal:* — saial fino e pouco encorpado, especie de durante para vestiduras interiores. *Subtilior pannus villosus.*

Sayaza. *f. augm.* de *Saya.* Saia grande.

Sayazo. *m. augm.* de *Sayo.* Saio grande.

Sayete. *m. dim.* de *Sayo.* Saiote.

Sayito. *m. dim.* de *Sayo.* Saiosinho, saio pequeno.

Sayo. *m.* Saio; especie de casacão sem botões usado pelos aldeões ou camponezes. *Sæcus, sagum:* — saio; roupa larga, tunica pouco ou nada justa, ou cousa similhante: — *(fam.)* qualquer vestido. *Tunica, vestis:* — *(ant.)* V. *Sayon:* — *bobo;* vestidura dos bobos de comedia; era comprida até aos pés, justa ao corpo e toda abotoada. *Saccus versicolor usque ad talos integer:* — *de armas;* saio, cota de armas; vestidura de panno acolchoado, propria para resguardar o corpo dos golpes inimigos: — *vaquero;* vaqueiro; vestido exterior que cobre todo o corpo, e se ataca por uma abertura que tem atrás; era muito usado pelos meninos. *Stricta tunica talaris. Cortar un sayo (fr. fam.);* cortar na casaca; criticar, murmurar de alguem. *Carpere, vituperare. Decir uno á ó para su sayo (fr. fam.);* fallar com os seus botões; fallar comsigo mesmo. *Intus sibique loqui. Remienda ó adoba tu sayo y pasarás tu año (rif.);* remenda teu panno, chegar-te-ha ao anno. *Si vestem repares, longum durabit in annum.*

Sayon. *m. (ant.)* Saião, algoz, verdugo: — saião, aguasil: — *augm.* de *sayo;* saião; grande saio: — *(fig.)* algoz; homem corpulento, de má catadura e cruel. *Ingens homo, fœdusque aut crudelis:* — juiz de certas causas.

Sayonazo. *m. augm.* de *Sayon.* Saião grande, saio muito grande. Usa-se para maior força de expressão.

Sayuela. *f.* Camisa de estamenha, usada em algumas ordens religiosas. *Stamineum indusium:* — especie de figueira. *Fici arboris genus.*

Sayuelo. *m. dim.* de *Sayo.* Saiote, sainho: — especie de justilho ou colete curto de mulher. *Muliebris thorax.*

Saz. *m. (ant.)* V. *Sauce.*

Sazon. *m.* Sazão; tempo da madureza dos fructos, ou estado de perfeição, de madureza de alguma cousa. *Maturitas, perfectus rerum status:* — gosto, sabor das cousas. *Sapor, gustus:* — sazão, conjuncção, ensejo, conjunctura; tempo opportuno, momento, occasião favoravel. *Opportunitas, atis:* — *(ant.)* momento, occasião, espaço de tempo indeterminado. *A la sazon (fr.)* V. *Entonces. En sazon (loc. adv.);* em sazão, a proposito, em occasião opportuna. *Opportunè, tempestive.*

Sazonable. *adj.* Sazoavel; que póde ser sazonado, susceptivel de sazão.

Sazonadamente. *adv. m.* Sazonadamente; a proposito, a bom tempo. *Conditè, maturè.*

Sazonadisimo, ma. *adj. sup.* de *Sazonado.* Sazonadissimo; muito sazonado. *Valdè conditus, maturus.*

Sazonado. *adj.* Sazonado, amadurecido: — sazonado, temperado, adubado: — sazonado, adornado; diz-se do discurso ou da conversação chistosa, abundante em ditos agudos, que tem sal. *Salsus, sapidus.*

Sazonador, ra. *s.* Adubador, cozinheiro; o que tempera, sazona e aduba as viandas. *Conditor, oris.*

Sazonamiento. *m.* Sazonamento, tempero, adubo; acção e effeito de sazonar, temperar, adubar o comer.

Sazonar. *a.* Sazonar, temperar, adubar o comer, fazer saboroso. *Saporem inducere, sapidè condire:* — sazonar, amadurecer, maturar; fazer maduro, pôr no ponto da madureza. *Maturare:* — sazonar, maturar, amadurecer; deixar ou fazer adquirir madureza e reflexão, etc.; diz-se por translação das cousas do animo. *Maturè disponere:* — *r.* sazonar-se, amadurecer, maturar ou madurar; fazer-se maduro, chegar ao ponto da madureza. *Maturescere, perfectionis statum attingere:* — *la conversacion (fr.);* sazonar, adornar, adubar a conversação; faze-la agradavel, chistosa, com sentenças ou conceitos, etc.

Scala. *f. (ant.)* Scala; vaso sagrado.

Scalido. *m. (ant.)* Sitio onde desagua a calha da azenha.

Scelesto, ta. *adj. (ant.)* Scelerado. V. *Malvado.*

Scitola. *f. (ant.)* V. *Cítara.*

Schaueria. *f. (bot.)* Schaueria; genero de plantas da familia das acanthaceas.

Scheat. *m. (astr.)* Scheat; uma das estrellas da constellação de Pegaso.

Schebat. *m. (chron.)* Schebat; undecimo mez do anno sagrado e quinto do anno civil, entre os hebreus.

Schedar. *m. (astr.)* Schedar; nome de uma das estrellas da constellação de Andromeda.

Scheelita. *f. (min.)* Sheelita; mineral alvacento, composto de acido tungstico e de cal.

Schefferia. *f. (bot.)* Schefferia; genero de plantas da familia das rhamneas.

Schelhammera. *f. (bot.)* Schelhammera; genero de plantas da familia das melanthaceas.

Scheperia. *f. (bot.)* Scheppería; genero de plântas da familia das caparideas.

Scheuchzeria. *f. (bot.)* Scheuchzeria; genero de plantas da familia das alismaceas.

Schichowskia. *f. (bot.)* Schichowskia; genero de plantas da familia das urticaceas.

Schiedea. *f. (bot.)* Schiedea; genero de plantas da familia das caryophylladas.

Schimmelmannia. *f. (bot.)* Schimmelmannia; genero de plantas phyceas.

Schimpera. *f. (bot.)* Schimpera; genero de plantas da familia das cruciferas.

Schkuhria. *f. (bot.)* Schkuhria; genero de plantas da familia das compostas.

Schleichera. *f. (bot.)* Schleichera; genero de plantas da familia das sapindaceas.

Schleidenia. *f. (bot.)* Schleidenia; genero de plantas da familia das asperifolias.

Schmidelia. *f. (bot.)* Schmidelia; genero de plantas da familia das sapindaceas.

Schmidtia. *f. (bot.)* Schmidtia; genero de plantas da familia das compostas.

Schuchia. *f. (bot.)* Schuchia; genero de plantas da familia das vochysiaceas.

Se. Se; pronome que se usa para significar a propria pessoa, quando recáe n'ella a acção do verbo. Emprega-se anteposto ou posposto: — se; usado junto e anteposto aos outros pronomes *me, te, le,* singularisa a acção do verbo e a determina á pessoa que significam os outros pronomes: — se; usa-se tambem como proposição na composição de alguns nomes e verbos, como *separar, seducir, separacion, etc.;* separar, seduzir, separação, etc.: — se; tambem se emprega nas locuções impessoaes, como *se dice, se supone;* diz-se, suppõe-se, etc.: — *conj. (ant.)* V. *Si:* — *adv. (ant.)* V. *Asi.*

Sea. *conj.* Seja, ou, quer.

Seafortia. *f. (bot.)* Seaforthia; genero de plantas da familia das palmeiras.

Sebáceo, cea. *adj.* Sebaceo. V. *Seboso. Folículos sebáceos (anat.);* folliculos sebaceos; bolsinhas glandulosas, situadas na espessura da pelle, que segregam um humor unctuoso, chamado materia sebacea.

Sebácico. *adj. (chim.)* Sebacico; diz-se de um acido que se obtem decompondo as gorduras pelo calor.

Sebanco. *m.* Nome de um fructo da Ethiopia e de um licor que d'elle se faz.

Sebasteno, na. *adj.* Sebasteno; de Sebaste, pertencente á cidade de Sebaste. *Sebastenus, a, um:* — *s.* sebasteno ou sebastense; natural de Sebaste.

Sebastiania. *f. (bot.)* Sebastiania. V. *Crisantela.*

Sebastiano. *m. (bot.)* V. *Sebesten.*

Sebastocrator. *m. (hist. ant.)* Sebastocrator; dignidade na côrte de Constantinopla.

Sebato. *m. (chim.)* Sebato; sal formado pelo acido sebacico e uma base.

Sebe. *f. (prov.)* Sebe; tapume de rama secca para cercar e vedar o accesso a quinta, vinha, etc. *Sepes, is.*

Sebea. *f. (bot.)* Sebea; genero de plantas da familia das gencianeas, cujas especies são indigenas do Cabo da Boa Esperança.

Sebellir. *a. (ant.)* V. *Sepultar.*

Sebero. *m.* Sebeiro; pedaço de pau com um entalho ou concavidade no centro, em que os calafates levam o sebo para untar as brocas e verrumões.

Sebesta. *f.* Sebesta; fructo do Egypto, pequeno abrunho ou fructa da sebesteira.

Sebesten. *m. (bot.)* Sebeste ou sebesteria; planta que dá o fructo chamado sebesta. V. *Cordia. Serdia sebestena.*

Sebífero, ra. *adj.* V. *Seboso.*

Sebillo. *m.* Sebo fino e macio como o de cabrito, que se emprega para amaciar a pelle e para outros usos. *Delicatum, molle sebum:* — especie de sabão fino para amaciar e branquear a pelle. *Saponis genus.*

Sebo. *m.* Sebo, gordura, banha, unto solido e duro que se tira de alguns animaes e que derretido serve para vélas e outros usos. *Sebum, i:* — banha; qualquer gordura. *Sebum, pinguedo:* — *(fig. fam.)* chorume; dinheiro, bens ou abundantes riquezas. *Substancia, pinguedo.*

Sebófora. *f. (bot.)* Sebophora. V. *Miristica.*

Seboso, sa. *adj.* Seboso; que tem sebo, cheio, abundante de sebo. *Sebosus, a, um:* — seboso; da natureza do sebo. *Sebosus, a, um:* — seboso, sebento, ensebado, untado, besuntado de sebo, de gordura. *Sebo, pinguedine sordidus:* — seboso; parecido com o sebo: — *(fig.)* assucarado; muito amoroso, carinhoso ou lisonjeiro, meigo, suave em demasia.

Seca. *f.* Secca; falta de chuva, estação em que não cáe chuva, tomando a causa pelo effeito, que é seccar e esterilisar a terra. *Siccitas; pluviæ absentia:* — V. *Sequia:* —V. *Casa de moneda:* —V. *Secano*, banco de areia: — *(p. Gal.)* parte da praia que na baixamar fica em secco. *A secas (loc. adv.)*; sómente, sem outra cousa. *A secas y sin llover (loc. fam.)*; sem dar cavaco; sem prevenção, sem aviso, sem consultar, contra a regra. *Cojer por seca a alguno (fr. ant.)*; apanhar em falta, em delicto, notar a alguem a falta. *A gran seca, gran mojada (rif.)*; não ha tempestade sem bonança; tudo tem a sua compensação. *Siccitatem pluvia sequitur:*—*(med.)* tumor, inchaço; inflammação das glandulas. *Morbus ex glandularum inflammatione.*

Secacul. *m. (bot.)* V. *Cardo corredor.*

Secadal. *m.* V. *Sequedal:* — V. *Secano.*

Secadero. *m.* Estendedouro; logar onde se põe ou estende alguma cousa para seccar. *Locus ubi aliquid siccandum exponitur:* — *adj.* diz-se das fructas que podem conservar-se seccas. *Quod siccatum asservatur.*

Secadillo. *m.* Composição de amendoas pisadas, casca de limão e assucar, a que se junta de quando em quando uma pequena porção de clara de ovo, pondo-se depois a seccar a fogo lento. Da massa que resulta faz-se uma especie de pastel ou torta, e dos restos formam-se pequenas figuras de passaros, corações, etc., para a adornar. *Placenta ex amygdalis.*

Secadura. *f.* Seccura. V. *Secamiento.*

Secal. *m. (ant.)* V. *Centeno.*

Secala. *f. (ant.)* V. *Secal.*

Secaliña. *f. (bot.)* V. *Cebada de los prados:* — *(chim.)* secalina; gluten particular da farinha de centeio.

Secamente. *adv. m.* Seccamente; com seccura: — seccamente; sem ornato, em poucas palavras. *Asperè, paucis verbis:* — seccamente, desabridamente, asperamente; com seccura, aspereza, desabrimento, sem attenção nem cortezia. *Durè, impoliter, inciviliter:* — seccamente, friamente.

Secamiento. *m.* Sequidão, seccura; acto de seccar e seccar-se: — *(ant.)* V. *Sequedad.*

Secamona. *f. (bot.)* Seccamona; genero de plantas da familia das asclepiadeas, cuja especie typica é um arbusto indigena do oriente, que produz o succo concreto, conhecido no commercio pelo nome de escamonéa de Smyrna.

Secano. *m.* Banco de areia que não é coberto pela agua. *Syrtis superans aquam:* — *(agr.)* sequeiro; terreno secco e que não é regado senão pelas chuvas. *Siccanus ager:* — *(fig.)* seccarrão, muito secco; diz-se por extensão de qualquer cousa. *Siccaneus, a, um.*

Secansa. *f.* Certo jogo de cartas. *Ludi chartaceis genus.*

Secante. *adj.* Seccante; que secca. *Exsiccans, antis:* — *f. (math.)* secante; qualquer linha que corta uma curva ou superficie, ou qualquer plano que corta algum corpo. *Secans linea:* — *de un arco;* secante de um arco; a recta que, saíndo do centro do circulo, passa pela extremidade do dito arco, até se encontrar com a tangente: — *(pint.)* seccante; composição feita ordinariamente de oleo de linhaça fervido com alhos, vidro moido e lithargyrio, ou almartega de dourador, que se emprega para seccar depressa as tintas. *Desiccans, antis.*

Secar. *a.* Seccar, enxugar; privar da humidade. *Siccare:* — seccar; gastar, ir consumindo o humor, o succo dos corpos. *Exsiccare, arefacere:* — seccar, enxugar, esgotar; exhaurir, tirar a agua de um poço, de uma lagôa, etc.: — *(ant.)* V. *Segar:* — *r.* seccar-se, enxugar-se; perder a humidade, tornar-se secco pela evaporação. *Exsiccari, arescere:* — seccar-se, esgotar-se, cessar de correr; perder a agua o rio, a fonte, etc. *Arescere:* — seccar-se, murchar-se; ficarem seccas, mortas, murchas, privadas de succos as plantas. *Arescere, exarescere:* — seccar-se, enfadar-se, agastar-se, aborrecer-se. *Tædio confici:* — *(fig.)* seccar-se, definhar-se, emagrecer; ir-se attenuando e extenuando pouco a pouco por doença ou por velhice; diz-se dos animaes. *Macrescere:* — estar mui sequioso ou sedento, morrer de sêde, ter muita sêde. *Siti affici. Secarse las plantas (fr.)*; seccar-se as plantas, ficarem seccas, murcharem, morrerem. *Secarse la tierra (fr.)*; seccar-se, endurecer-se a terra.

Secaral. *m.* V. *Sequeral.*

Secatura. *f. (fam.)* Secca; pratica importuna, enfadonha.

Seccion. *f.* Secção. V. *Cortadura:* — secção; divisão de uma obra, tratado ou materia em livros, capitulos, paragraphos ou artigos, para melhor clareza e composição. *Sectio, onis:* — *(adm.)* secção; cada uma das partes em que se dividem os individuos de uma mesma corporação, repartição ou officina, para melhor serviço e execução dos trabalhos: — *(arch.)* secção; delineação da altura e profundidade de um edificio, como se fôra partido pelo centro, para se ver a sua parte interior. *Sectio, onis:* — *(math.)* secção; córte das linhas, figuras e corpos solidos. *Sectio, onis:* — secção; capacidade do leito do rio ou canal, determinada por um plano perpendicular á corrente da agua, que a corta desde a superficie até ao fundo. *Alvei sectio:* — *(mil.)* secção; fracção administrativa e de manobra da cavallaria, que consta da quarta parte do esquadrão; corresponde á que na mesma arma se chama *mitad* pelo antigo regulamento, em Hespanha: — secção; subdivisão da bateria, que consta de duas peças.

Seccionar. *a.* Dividir em secções.

Sece. *adj. (ant. math.)* V. *Seis.*

Seceno, na. *adj. (ant. math.)* V. *Décimosesto.*

Secesion. *f. (ant.)* Seccesso, apartamento, separação, retiro.

Seceso. *m.* V. *Cámara,* evacuações do ventre.

Secespite. *f. (hist.)* Secespite; faca ou instrumento comprido de que se serviam os sacerdotes gentios para matar as victimas ou para lhes arrancar as entranhas.

Secluso, sa. *adj. (ant.)* Apartado, separado.

Seco, ca. *adj.* Secco, enxuto; privado de humidade, sem agua. *Siccus, a, um:* — secco; sem verdura, falto de succos, de louçania; diz-se particularmente das plantas. *Siccus, aridus:* — secco, fructa secca; diz-se das fructas de casca dura, como avellãs, amendoas, nozes, etc., e tambem dos fructos a que se tira parte da humidade para que se conservem, em cujo caso se chamam tambem passados, como figos, uva passada ou passas, etc. *Siccaneus, aridus:* — secco, magro; de poucas carnes. *Exsuccus, flaccidus:* — secco; diz-se do tempo em que não chove. *Impluvius, siccus:* — *(fig.)* secco, só; sem mistura de outras cousas. *Jejunus, vacuus:* — *(fig.)* pobre, secco, pouco abundante ou falto das cousas necessarias á vida ou ao trato da gente; como: *este lugar es seco;* este logar, esta terra é pobre, escassa. *Sterilis; penuria laborans:* *(fig.)* secco, esteril, arido, inculto, falto de ornatos, sem bellezas, etc.; diz-se de um assumpto, estylo ou materia. *Exilis, le:* — secco de palavras, de condição, ou simplesmente secco, aspero, desabrido, pouco affavel; diz-se das pessoas. *Asper, austerus:* — *(fig.)* restricto, rigoroso, exacto; como: *justicia seca, verdad seca;* justiça rigorosa, verdade restricta, etc.: — secco, frio; pouco devoto, pouco fervoroso na virtude; diz-se em sentido mystico. *Siccus, frigidus, aridus:* — *m.* golpe dado de certa maneira com a mão: — porção de praia coberta pelo mar nos fortes temporaes ou nas grandes marés, e que depois fica em secco: — *de sed;* secco de sêde, mui sequioso, que arde em sêde. *Sitiens; siccis faucibus. A secas (loc. adv.)* V. *Solamente,* sem nenhuma outra cousa. *Tantùm; sine ullo alio. A secas y sin llover (loc. adv. fam.);* sem dar cavaco, sem prevenção, sem aviso. *Hospite insalutato. En seco (loc. adv.);* em secco; fóra de agua ou de logar humido. *In sicco; in siccum:* — sem rasão, sem motivo nem causa. *Sine causa. Pan seco;* pão secco, sem conducto ou outro alimento solido. *Misa en seco;* missa secca; em que o sacerdote não consagra. *Navegar a palo seco f. (naut.);* navegar em arvore secca, com as vélas ferradas. *Quedarse en seco (fr.);* ficar, dar em secco, encalhar o navio.

Secondo, da. *adj. (ant.)* V. *Segundo.*

Secor. *m. (ant.)* V. *Sequedad.*

Secrecion. *f.* Secesso. V. *Apartamiento:* — *(med.)* secreção; segregação de diversos humores do sangue elaborada pelas glandulas.

Secrestacion. *f. (ant.)* V. *Secuestro.*

Secrestador. *m. (ant.)* V. *Secuestrador.*

Secrestar. *a. (ant.)* Secrestar. V. *Secuestrar:* — sequestar, apartar, separar, pôr distantes umas cousas de outras. *Secernere.*

Secresto. *m. (ant.)* Secresto. V. *Secuestro.*

Secreta. *f.* Secreta. V. *Letrina:* — secreta; these defendida só em presença dos doutores, em algumas universidades, pelo candidato que quer receber o grau de licenciado em direito canonico. *Litterarum discrimen pro doctoris munere accipiendo:* — busca, pesquiza, inquirição secreta. *Secreta inquisitio:* — secreta; cada uma das orações que o padre diz em voz baixa antes do prefacio. *Secreta, æ.*

Secretamente. *adv. m.* Secretamente, occultamente; em segredo. *Secretò.*

Secretar. *n. (med.)* Segregar; formar a secreção, elaborar os diversos humores, tirando-os do sangue.

Secretaria. *f.* Secretária; mulher que exerce o officio de secretario de alguma senhora particular, de communidade ou associação. *Femina è secretis:* — mulher do secretario. *Viri a secretis, tabularii uxor.*

Secretaría. *f.* Secretaria; emprego, officio de secretario e casa onde se guardam os documentos da repartição do secretario e onde este exerce as suas funcções. *Tabellionis munus, tabularium.*

Secretario. *m.* Secretario; o que escreve cartas, despachos, correspondencias e dá conta do estado dos negocios de algum principe, de alguma pessoa particular, de alguma repartição ou corporação, cujas deliberações dispõe e coordena, etc. *Vir a secretis:* — *(fig.)* secretario; o que escreve o que outro dita, especialmente cartas. *Amanuensis, is:* — escrivão, notario, tabellião. *Scriba, æ:* — *(ant.)* secretario; pessoa a quem se confia algum segredo para o guardar. *Secreti custos:* — *del despacho ó del despacho universal;* ministro e secretario d'estado. *Regis è secretis:* — *(zool.)* V. *Mensajero.*

Secretear. *n. (fam.)* Segredar, cochichar; fallar ao ouvido, emsegredinhos. *Clam, clanculum loqui.*

Secretico, llo, to. *m. dim.* de *Secreto.* Segredinho.

Secretisimo, ma. *adj. sup.* de *Secreto.* Secretissimo; muito secreto. *Valdè secretus, arcanus.*

Secretista. *m.* Naturalista; auctor que trata dos segredos da natureza. *Naturæ arcanorum scriptor:* — segredista; pessoa que tem o costume de cochichar, de fallar em segredinhos. *Secretò colloqui amans.*

Secreto, ta. *adj.* Secreto, occulto, ignorado, escondido. *Secretus, abditus:* — secreto, calado; que está em silencio, em segredo, não sabido. *Arcanus; in tegendo arcano religiosus:* — *m.* segredo; cousa que se cala, sobre que se guarda silencio, que se não communica a outrem ou a terceira pessoa. *Secretum, i:* — segredo; acto de occultar, de calar alguma cousa. *Secretum, arcanum:* — segredo; achado, invento não conhecido do publico, receita particular. *Secretum, arcanum:* — segredo; algibeira que se põe pela parte de dentro do cós dos calções para guardar alguma cousa pequena. *Loculus, abdita crumena:* — segredo; esconderijo em um gabinete, em um cofre, onde se mette alguma cousa, com a qual ninguem atina senão quem a escondeu. *Scrinii pars abdita, latibulum:* — *(fig.)* segredo, obscuridade, silencio, sombra da noite: — *(fig.)* secreto; retiro, solidão de um sitio, como: *el secreto del claustro del bosque, del desierto;* o segredo do claustro, do bosque, do deserto, etc.: — *(ant.)* V. *Misterio:* — V. *Secreta,* segunda accepção: — *(germ.)* estalajadeiro: — *(germ.)* punhal: — *(adv. ant.)* V. *Secretamente. Secreto a vozes o secreto con chirimías (fam.);* segredo de comedia, já sabido de todos. *Publicum secretum:* — *de anchuelo;* diz-se quando nos participam alguma noticia publica, pedindo muito segredo d'ella. *Secretum Midœ:* — *de la naturaleza;* segredo da natureza; qualquer dos effeitos naturaes que, por serem pouco sabidos, excitam a curiosidade. *Naturœ arcanum:* — *natural;* segredo natural; o que a mesma natureza manda que se cale e occulte. *Secretum à natura prœscriptum. De secreto (loc. adv.);* em segredo, com toda a reserva, privadamente, em particular. *Secretò, clam, abditè:* á capucha, sem formalidade, sem ostentação ou ceremonia publica. *Absque ritu, absque cœrimonia publica. Echar algun secreto a la calle (fr.);* deitar algum segredo á rua; publica-lo. *Occulta, secreta revelare, in vulgus edere. En secreto.* V. *Secretamente. En la boca del discreto, lo público es secreto (rif.);* na bôca do discreto, o publico é secreto. *Tras pared ni tras de seto no digas tu secreto (rif.);* montes vêem, paredes ouvem; ensina que se deve ser muito reservado e cauteloso. *No hay secreto que tarde ó temprano no sea descubierto (rif.);* não ha secreto, que tarde ou cedo não seja descoberto. *Nihil est opertum quod non revelabitur, et occultum quod non scietur:* — *(art.)* caixa grande dos orgãos para receber o vento dos folles: — *(for.)* secreto; no tribunal da inquisição, o despacho ou decisão das causas de fé. Tambem se dava este nome á secretaría em que se decidiam e guardavam estas causas.

Secretorio, ria. *adj.* Secretorio; que segrega, separa do sangue e elabora as secreções; diz-se dos orgãos ou vasos.

Secretoso, sa. *adj. (ant.)* V. *Secreto.*

Secta. *f.* Seita; doutrina particular ensinada ou estabelecida por algum mestre celebre. *Secta, œ:* — seita; opinião, doutrina religiosa ou philosophica, que se aparta da crença geral. *Secta, œ.*

Sectador, ra. *s.* Sectador ou sectator. V. *Sectario.*

Sectario, ria. *s.* Sectario; o que professa ou segue uma seita. *Sectator, oris.*

Sector. *m. (math.)* Sector; parte do circulo comprehendida entre dois dos seus raios, e o arco que elles comprehendem. *Sector, oris:* — *de esfera;* sector de esphera; uma parte d'ella, solido ou cone que tem por base a superficie de um segmento da esphera e termina em ponta no centro d'ella. *Sector sphœrœ:* — *dentado (mech.);* sector denteado; roda em que só uma parte da circumferencia tem dentes. Serve para transformar um movimento circular continuo em circular alternativo.

Secuaz. *adj.* Sequaz; partidario, partidista, membro de bando, partido. *Sequax; vestigiis alterius inhœrens.*

Secuela. *f.* Sequela; consequencia, conclusão que se tira raciocinando. *Secuela, œ:* — *(ant.)* V. *Séquito:* — V. *Secta.*

Secuencia. *f.* Sequencia; prosa com consoantes a modo de versos leoninos que em algumas festas solemnes se reza depois da epistola na missa. *Versus post graduale in missa legendus.*

Secuestrable. *adj.* Sequestravel; que pôde sequestrar-se.

Secuestracion. *f.* Sequestração. V. *Secuestro.*

Secuestrador. *m.* Sequestrador; o que sequestra. *Qui sequestro dat.*

Secuestrar. *a.* Sequestrar; pôr bens em sequestro. *Sequestrare.*

Secuestrario, ria. *adj. (ant.)* Pertencente ao sequestro: — *m.* sequestro; pessoa em cujas mãos se faz o deposito ou sequestro.

Secuestro. *m. (for.)* Sequestro; tomada judicial e deposito em mãos de terceiro de cousa litigiosa até se averiguar a quem pertence. *Sequestro datum:* — algumas vezes significa *embargo:* — sequestro; bens sequestrados: — sequestro; depositario do sequestro. *Sequester, tri.* V. *Juez árbitro ó mediador.*

Secular. *adj.* Secular; que dura seculos: — secular; que se faz ou succede de cem em cem annos. *Secularis, re:* — V. *Seglar,* na segunda accepção: — *m.* secular; religioso que vive no seculo, em opposição ao que vive em clausura. *Secularis, re.*

Secularidad. *f.* Secularidade; estado, condição de secular, fallando de ecclesiasticos e communidades.

Secularizable. *adj.* Secularisavel; que póde secularisar-se.

Secularizacion. *f.* Secularisação; acção e effeito de secularisar ou de ser secularisado. *Rei aut personæ sacræ ad profanam conditionem reversio.*

Secularizar. *a.* Secularisar; fazer secular o que era ecclesiastico. *Ad profanos usus transferre:* — *r.* secularisar-se; obter a secularisação, passar do estado religioso ao de secular. *Personæ, regulari disciplinæ adscriptæ, reversio ad sæcularem statum.*

Secularmente. *adv. m.* Secularmente; de um modo secular, como secular, temporalmente, mundanamente.

Secundariamente. *adv. m.* Secundariamente; em segundo logar. *Secundò.*

Secundario, ria. *adj.* Secundario; segundo em ordem, qualidade ou graduação. *Secundarius, a, um:* — *pl.* *(astr.)* V. *Satélites:* — secundarios; circulos que, passando pelos polos da ecliptica, a cortam perpendicularmente e servem para assignalar o logar respectivo de cada estrella. *Luz secundaria (phys.);* luz secundaria; luz procedente da reflexão ou refracção.

Secundinas. *f. pl. (anat.)* Secundinas. V. *Placenta.*

Secundo, da. *adj. (ant.)* V. *Segundo:* — *(prep.* e *adv. ant.)* V. *Segun.*

Secura. *f.* Seccura. V. *Sequedad.*

Securidaca. *f. (bot.)* Securidaca; genero de plantas da familia das papilionaceas.

Securiforme. *adj. (hist. nat.)* Securiforme ou seguriforme; em fôrma de segúre.

Securijera. *f. (bot.)* Securigera; genero de plantas da familia das leguminosas.

Securinega. *f. (bot.)* Segurinega; genero de plantas da familia das euphorbiaceas, indigenas de França.

Securipalpo. *adj. (zool.)* Securipalpo; que tem os palpos em fôrma de secure ou machadinha.

Secutar. *a. (ant.)* V. *Ejecutar.*

Secutivo, va. *adj. (ant.)* V. *Ejecutivo:* — severo, rigido.

Secutor, ra. *adj. (ant.)* V. *Ejecutor.*

Sed. *f.* Sêde; necessidade, desejo natural ou appetite de beber agua. *Sitis, is:* — *(fig.)* sêde, seccura; falta de chuva ou de agua de rega que tem os agros ou campos. *Sitis, is:* — *(fig.)* sêde; desejo ardente, cubiça. *Desiderium vehemens:* — *falsa;* sêde falsa; os medicos chamam assim á seccura que se sente nas fauces ou na bôca, pelos muitos vapores que sobem da fermentação dos alimentos. *Sitis falsa. Apagar o matar la sed (fr.);* apagar, matar a sêde; sacia-la, beber até satisfaze-la. *Sitim extinguere. Apalambrarse de sed (fr. fam.);* arder com ou em sêde, morrer de sêde; ter muita vontade de beber. *Vehementi siti laborare. Hacer sed (fr.);* fazer, causar, provocar, desafiar a sêde. *Sitim irritare, excitare. Llamar a la sed (fr.);* fazer sêde, excitar a beber; diz-se dos manjares appetitosos, picantes e salgados. *No dar una sed de agua (fr. fam.);* não dar uma sêde de agua; não ter compaixão, não dar o menor allivio, um soccorro tenue a quem o implora ou está necessitado. *Nec scyphum aquæ sedandæ siti offerre. No deber una sed de agua (fr.);* nada dever a ninguem. *Nec levi beneficio esse obstrictum. Una y otra gota apagan la sed (fr. fig.);* a gotta e gotta o mar se esgota; quem porfia mata caça. *Labor constans omnia vincit. Mirais lo que bebo y no la sed que tengo (rif.);* olhaes para o que bebo e não para a sêde que tenho; usa-se contra os que murmuram da prosperidade alheia, sem considerar o trabalho que custou alcança-la. *Fortunam invides, non laborem quo parta est.*

Seda. *f.* Seda; substancia filamentosa e lustrosa que fórma o casulo do bicho chamado de seda, e que depois de fiada serve para fabricar differentes estofos. *Sericum, i:* — fio de seda. *Filum sericum:* — seda; obra, estofo ou tecido de seda. *Tela serica:* — seda, cerdas; pello rijo e longo de alguns animaes, especialmente do javali. V. *Cerda. Seta, rigidus pilus:* — *ahogada;* seda afogada; a que se fia depois de afogado o bicho dentro do casulo. *Sericum quod, bombyce de mortuo, ex folliculo ducitur:* — *cruda, en crudo* o *en rama;* seda crua, em rama, não preparada, não tinta, apenas fiada ou só torcida: — *de candongo ó de candongos (p. Murc.);* seda mais fina que os homens fiam no torno de tres madeixas. *Sericum purius, subtilius:* — *de coser;* seda de coser, retroz, seda torcida para este uso. *Sericum in fila ductum:* — *de todo capullo;* seda ainda não torcida. *Sericum non intortum:* — *joyante;* seda muito fina e lustrosa. *Sericum perlucidum:* — *verde;* seda verde; a que se fia estando vivo o bicho dentro do casulo. *Sericum quod vivo adhuc bombyce ex folliculo deducitur. Como una seda (fr.);* suavemente, sem embaraço nem interrupção. *De toda seda;* de toda a seda; diz-se dos tecidos de seda sem mistura de outros fios. *Ex puro serico. Ser una seda (fr. fig.);* ser uma cera, ser de cera ou como uma cera, manso como um cordeiro, mui docil de condição. *Indole blanda suavique pollere. Cutis suave* como *una seda;* pelle assetinada, lisa, macia como o setim.

Sedadera. *f.* Sedeiro; instrumento para assedar e amaciar o linho.

Sedal. *m.* Sedalha ou sedella; cordinha de seda com que se ata o anzol á canna. *Filum, seta piscatoria:* — rede de esparto de grandes malhas e composta de varias peças, do comprimento de muitas braças, com que nas almadravas se atalha ou corta o passo aos atuns até os lançar á praia: — certa rede com que se pescam atuns em alguns pontos da costa de Andaluzia:—*del fondo;* apparelho; cordel do tamanho da largura do rio com muitos anzoes em que vão caíndo os peixes: — *de zapatero;* linha de palmilhas; linhas enceradas com cerol com que os sapateiros cozem a sola, o cabedal, etc.,: — *(cir.* e *veter.)* sedenho; fita ou cordão chato que se introduz na pelle, atravessando-a em certa extensão, para promover a suppuração ou dar saída ás materias ali depositadas. *Filum sericum transversum.*

Sedante. *adj. (med.)* V. *Sedativo.*

Sedar. *a. (ant.)* Socegar, apasiguar.

Sedativo, va. *adj. (med.)* Sedativo; que applaca dor, irritação; diz-se dos remedios. *Sedare valens.*

Sede. *f.* Séde, assento, cadeira: — séde; dignidade de bispo, arcebispo, patriarcha e summo pontifice que exercem jurisdicção e auctoridade em algum territorio. *Sedes, is:* — séde ou Sé Apostolica, Santa Séde ou Santa Sé, a Igreja de Roma. Antepõe-se-lhe ordinariamente a palavra *santa. Sedes, is: — plena;* séde plena; séde actualmente occupada por um bispo ou pontifice: — *vacante;* séde vacante, vaga por falta de prelado. *Vacans sedes episcopalis: — (ant.)* V. *Sed.*

Sedear. *a.* Sedear; limpar o ourives com a escova de sedas prata ou oiro e pedras preciosas. *Margaritas seu metallicam supellectilem setacea scopula detergere.*

Sedematoso, sa. *adj. (med.)* Sedimentoso; diz-se dos depositos ou sedimentos que se encontram no fundo das urinas e que indicam o caracter das doenças.

Sedentariamente. *adv. m.* Sedentariamente; de maneira sedentaria.

Sedentario, ria. *adj.* Sedentario, de pouca agitação e movimento; diz-se do officio ou da vida de pessoas que trabalham sentadas, ou da de pessoas caseiras, que vivem em retiro e fazem pouco exercicio. *Sedentarius, a, um.*

Sedeña. *f.* Estopa fina; segunda estopa que fica no sedeiro. *Lini stupa subtilior:* — panno ou tecido de estopa fina: — sedela; corda de seda com que se ata o anzol á canna.

Sedeño, ña. *adj.* De seda, fino, brando, macio, doce ao tocar como seda, parecido com a seda. *Serico similis; bombycinus:* — sedeüdo, cerdoso; que tem sedas ou cerdas. *Setosus, a, um.*

Seder. *n. (ant.)* Ser, estar.

Sedera. *f.* Escovinha ou brocha de sedas. *Setarum penicillus:* — assento em que se põe o tecelão nos teares de pannos de Segovia: — *(bot.)* sedera; genero de plantas da familia das convolvulaceas, cujas especies são arvores da Arabia Feliz.

Sederento, ta. *adj. (ant.)* Sederento, sedente. V. *Sediento.*

Sedería. *f.* Loja de sedas. *Sericaria officina, taberna:* — fazendas, toda a sorte de mercadorias de seda. *Sericæ telæ merces:* — fabrica de sedas.

Sedero. *m.* Fabricante de sedas. *Sericarius, i:* — vendedor, negociante de sedas.

Sedicion. *f.* Sedição, levantamento, motim, alboroto, rebellião contra o soberano ou a auctoridade. *Seditio, onis:* — *(fig.)* rebellião, desobediencia, sublevação, guerra da parte sensitiva do homem contra a rasão. *Seditio, onis.*

Sediciosamente. *adv. m.* Sediciosamente, tumultuosamente; de modo sedicioso, com sedição e tumulto. *Seditiosè.*

Sedicioso, sa. *adj.* Sedicioso; que promove ou fomenta sedições. *Seditiosus, a, um:* — sedicioso; propenso á sedição: — *(fig.)* rebelde; diz-se das paixões da alma, quando se rebellam contra a rasão.

Sediente. *adj. (ant.)* V. *Sediento. Benes sedientes.* V. *Bienes.*

Sediento, ta. *adj.* Sedento, sequioso; que tem sêde. *Sitiens, entis:* — *(fig.)* sequioso, secco; diz-se dos campos ou terras que carecem de rega ou chuva. *Sitiens, sitibundus:* — *(fig.)* sedento, sequioso, avido; que deseja ardentemente. *Avidus, avidè cupiens.*

Sedimentario, ria. *adj. (geol.)* Sedimentario; diz-se das rochas estratificadas e fossiliferas que foram depositadas pela agua.

Sedimento. *m.* Sedimento, borra, fezes, lia; parte mais crassa e impura dos succos e liquidos, que assenta e faz pé. Usa-se mais commummente na medicina e pharmacia. *Sedimen, fæx. Rocas de sedimento (geol.);* rochas de sedimento; rochas estratificadas e fossiliferas que na sua origem foram depositadas pela agua. Esta denominação comprehende toda a serie neptuniana.

Sedimentoso, sa. *adj.* Sedimentoso; pertencente ao sedimento ou que participa da sua natureza: — sedimentoso, crasso; cheio, misturado, abundante de sedimentos.

Sedlitz (sal de). *(chim.)* Sal de Sedlitz. V. *Sulfato de magnesia.*

Sedmana. *f. (ant.)* V. *Semana.*

Sedoso, sa. *adj.* Sedoso; de seda ou parecido com a seda: — *(fig.)* assetinado, de seda, mui suave e lustroso.

Seduccion. *f.* Seducção; acção e effeito de seduzir ou de enganar. *Seductio, onis:* — seducção, attractivos, encantos; cousa que seduz, attrahe: — V. *Soborno.*

Seducir. *a.* Seduzir; enganar com arte e astucia, persuadir suavemente ao mal, conduzir a obrar mal com insinuações. *Seducere:* — seduzir; deshonrar uma mulher, com especialidade se ella é virgem: — seduzir, encantar, arrebatar, encher de illusões.

Seductivo, va. *adj.* Seductor; que attrahe e seduz.

Seductor, ra. *s.* Seductor, enganador; pessoa que seduz.

Diz-se particularmente do homem que desencaminha uma mulher para a gosar. *Seductor, oris.*

Seelar. *a. (ant.)* Seellar. V. *Sellar.*

Seello. *m. (ant.)* Seello. V. *Sello.*

Seer. *v. s. (ant.)* V. *Ser:* — *n. (ant.)* seer; ser ou estar sentado.

Seetzenia. *f. (bot.)* Seetzenia; genero de plantas classificado em seguida á familia das zygophylleas, cuja organisação é mui notavel e anomala.

Sefela. *f. (zool.)* Sephela; genero de insectos hemipteros, da tribu dos scutellerios.

Sefelo. *m. (bot.)* Sephelo; genero de plantas da familia das synanthereas.

Sefer. *(philol.)* Sefer; nome hebraico que significa livro por excellencia; emprega-se ás vezes para designar as escripturas sagradas.

Sefina. *f.* Sephina; genero de insectos hemipteros da familia dos coreidos.

Segable. *adj.* Segadouro, maduro; proprio para se ceifar ou segar. *Quod meti potest.*

Segada. *f. (ant.)* Segada, segadella, ceifa. V. *Siega.*

Segadera. *f.* Fouce segadoura, ou simplesmente fouce; instrumento para segar. *Mesoria falx.*

Segadero, ra. *adj.* Segadouro. V. *Segable.*

Segador, ra. *s.* Segador, ceifador, ceifeiro; o que ceifa ou sega as cearas, os pães maduros. *Messor, oris.*

Segadurer. *a. (ant.)* V. *Perseguir.*

Segajo. *m.* Cabritinho que ainda não tem um anno.

Segar. *a.* Segar, ceifar; cortar as searas, recolher os pães maduros. *Metere:*—segar, ceifar, cortar a herva. *Metere:* — *(fig.)* ceifar; cortar de qualquer maneira, especialmente aquillo que sobresáe ou está mais alto; *v. g.: segar la cabeza, el cuello;* ceifar a cabeça, o pescoço, etc. *Secare. Segar palmas y laureles (fr. fig.);* ceifar, conquistar palmas e louros; adquirir gloria, fazer conquistas.

Segazon. *f.* Sega, ceifa; acção e effeito de segar. *Messio, onis:* — ceifa; o tempo da sega ou ceifa. *Messionis tempus:* — ceifa, colheita. V. *Cosecha.*

Segente. *adj. (ant.)* V. *Siguiente.*

Seglar. *adj.* Seglar, secular, mundano; pertencente á vida, ao estado, aos costumes do seculo ou do mundo. *Secularis, re:* — secular, leigo, laical, mundano. V. *Lego,* em contraposição a ecclesiastico ou regular. *Secularis, re.*

Seglarmente. *adv. m.* Secularmente; como secular, leigamente, mundanamente. *Laicè, modo seculari.*

Seglo. *m. (ant.)* V. *Siglo.*

Segmento. *m.* Segmento; pedaço, porção ou parte de alguma cousa. *Segmentum, i:* — *(math.)* segmento; parte de um circulo comprehendida entre o arco e a sua corda. *Segmentum, i.*

Segondamente. *m. (ant.)* V. *Persecucion.*

Segondo, da. *adj. (ant.)* V. *Segundo:* — *prep.* e *adv. (ant.)* V. *Segun.*

Segontiacos. *m. pl. (geogr. ant.)* Segontiacos; povos que habitavam a Gran-Bretanha.

Segoviano, na. *adj.* Segoviano; pertencente á cidade de Segovia: — *s.* segoviano; o natural de Segovia. *Segoviensis.*

Segrado, da. *adj. (ant.)* V. *Sagrado.*

Segral. *adj. (ant.)* Segral. V. *Seglar,* na segunda accepção.

Segredo. *m. (ant.)* V. *Secreto.*

Segregacion. *f.* Segregação, separação; acção e effeito de segregar. *Segregatio, onis:* — segregação; separação ou apartamento de uma cousa que estava entre outras. *Segregatio, onis.*

Segregar. *a.* Segregar, separar; pôr de parte, apartar uma cousa de entre outras. *Segregare:* — separar, despejar, desunir, desprender. Usa-se tambem como reciproco: — *de la Iglesia y de su gremio (fr.);* separar, excluir da Igreja e do seu gremio, excommungar.

Segregativo, va. *adj.* Que segrega ou tem a faculdade de segregar. *Segregans, segregare valens.*

Segri. *m.* Estofo feito de seda, do corpo ou espessura do tafetá dobrado, com um lavorzinho parecido com o que em Hespanha chamam *saya de la reina. Serica tela quædam.*

Segritin. *adj. (germ.)* Ultima.

Segriton. *adj. (germ.)* Ultimo.

Segudar. *a. (ant.)* Lançar, arrojar: — perseguir.

Segueta. *f.* Serra surda; serrinha de marchetaria.

Seguetear. *a.* Trabalhar com a serra surda, usada em marchetaria.

Seguida. *f.* Seguida, seguimento; acção e effeito de seguir ou seguir-se. *Sectatio, consecutio:* — serie, ordem, continuação; acha-se usado principalmente em escriptores antigos. *Series, is. De seguida (loc. adv.);* de seguida, seguidamente, consecutiva ou continuamente, sem interrupção. *Continuò, statim. En seguida (loc. adv.);* em seguida, logo, em acto continuo, seguidamente. *Persona o gente de seguida;* larapio, ladrão, corja, bando de ladrões.

Seguidamente. *adv. m.* Seguidamente; em seguida — seguidamente; sem interrupção.

Seguidero. *m.* Exemplar, traslado para escrever. *Exemplar, aris.*

Seguidilla. *f.* Seguidilha ou seguidilhas; trovas garridas, alegres, lascivas, que se cantam com toada similhante, e com que se bailam diversas dansas, principalmente em Hespanha: — composição poetica de quatro versos, em que o quarto rima com o segundo, os quaes constam de cinco syllabas, e o primeiro e o terceiro de sete. Ha-os com estribilho e sem elle. O estribilho consta de tres versos; o primeiro e o terceiro de cinco syllabas rimadas entre si, e o segundo de sete. *Compositio quædam metrica:* —*pl. (fam.)* camaras, evacuações do ventre. *Ventris fluxus.*

SEGUIDILLERO, RA. *s.* Seguidilheiro; cantador, dansador de seguidilhas, pessoa affeiçoada a canta-las ou dansa-las. *Popularium cantionum cantator.*

SEGUIDO, DA. *adj.* Seguido, continuo, successivo; sem intermissão de logar ou de tempo. *Non interruptus, continuus:* —V. *Derecho. Todo seguido (loc. adv.);* seguidamente, successivamente, sem interrupção*:* — *m. pl.* mates, malhas que vão diminuindo no remate do pé das meias para o fechar. *Texturæ tibialium decrementum.*

SEGUIDOR, RA. *s.* Seguidor; o que segue ou acompanha alguem ou alguma cousa. *Sectator, insecutor:* — seguidor, sectario, partidario. *Sectator, oris:* — *m.* V. *Seguidero.*

SEGUIERIA. *f. (bot.)* Seguieria; genero de plantas da familia das phytolaccaceas, cujas especies são arvores ou arbustos que crescem na America tropical.

SEGUIMIENTO. *m.* Seguimento; acção e effeito de seguir, de acompanhar, de ir após. Usa-se ordinariamente com a proposição *en. Assectatio, insecutio:*— seguimento, andamento, progresso, marcha, desempenho continuado de um negocio, como: *estoy encargado del seguimiento del pleito;* estou encarregado do seguimento do pleito.

SEGUIR. *a.* Seguir; ir depois, caminhar após, atrás. *Sequi, alicujus vestigiis insistere:* — seguir; proseguir, continuar no que se começou. *Prosequi:* — seguir, acompanhar; ir em companhia de alguem, andar com elle. *Insequi, comitari:* — seguir; professar ou exercer alguma sciencia, arte, etc. *Sectari, profiteri:* — seguir, proseguir; continuar com perseverança um pleito ou negocio, tratar d'elle ou maneja-lo com diligencia. *Prosequi:* — seguir; ser sectario, seguidor de alguem, ser da sua opinião ou partido. *Sectari aliquem, ejus partes aut sententias sequi:* — *(fig.)* seguir, perseguir, acossar; ir em busca ou alcance com instancia e empenho de render ou molestar; como: *seguir una fiera;* seguir, perseguir uma fera, etc. *Persequi, insectari:* — *(fig.)* seguir; imitar alguem, dirigir-se, guiar-se por elle, fazer alguma cousa pelo seu exemplo. *Imitari:* — *(fig.)* seguir o caminho, dirigir uma cousa com toda a ordem e methodo, sem se apartar do intento. *Dirigere:* — *r.* seguir-se; inferir-se ou ser consequente uma cousa de outra que a antecede. *Sequi:* — seguir-se; vir depois, immediatamente, succeder-se uma cousa á outra, por ordem, numero, etc. *Subsequi:* — *r. (fig.)* seguir-se, causar-se, originar-se; nascer, proceder uma cousa de outra. *Oriri, subsequi.*

SÉGUITO. *m. (ant.)* Sequito. V. *Séquito.*

SEGULLO. *m.* Primeira terra que se encontra nas minas de oiro.

SEGUN. *prep. relativa.* Segundo, conforme. Equivale a *con arreglo a;* como: *segun la ley, segun arte;* segundo a lei, segundo a arte, etc. Tambem se usa algumas vezes como condicional; *ex.: segun lo permitan mis ocupaciones;* segundo o permittirem as minhas occupações, etc. *Pro, ex, ut:*—segundo; preposição relativa e condicional de outra cousa a que se refere, á qual é conforme ou parecida: — *y como (loc. adv.);* segundo que, conforme, como, tal qual, da mesma maneira, no mesmo estado que; *v. g.: te vuelvo la caja segun y como la recibí;* entrego-te a caixa conforme a recebi, etc. *Prout, quemadmodum, sicuti:* — *y conforme.* V. *Conforme.*

SEGUND. *prep. (ant.)* V. *Segun.*

SEGUNDA. *f.* Volta dobrada que se costuma fazer nas chaves e fechaduras. *Secundum clavis repagulum:* — *(mus.)* segunda; intervallo de uma nota a outra immediata; por exemplo: do *dó* ao *ré,* do *fá* ao *sol,* etc. *Agua fuerte de segunda (chim.);* agua segunda; agua forte já enfraquecida por ter servido na dissolução de alguns metaes.

SEGUNDAMENTE. *adv. m. (ant.)* Segundamente, secundariamente; em segundo logar.

SEGUNDAR. *a.* Segundar, reiterar, repetir. V. *Asegundar:* — *n.* ser o segundo ou seguir-se ao primeiro. *Secundo loco agere, dicere.*

SEGUNDARIAMENTE. *adv. m.* Segundariamente. V. *Secundariamente.*

SEGUNDARIO, RIA. *adj.* Segundario. V. *Secundario.*

SEGUNDERO. *m. (naut.)* Ponteiro dos segundos, no chronometro.

SEGUNDILLA. *f. (fam.)* Agua que se esfria nos restos de neve, depois d'esta ter esfriado outra agua. *Aqua secundo loco eadem nive frigefacta:* — sineta com que em certas communidades se avisa os religiosos. *Parvum cymbalum.*

SEGUNDILLO. *m.* Segunda porção de pão ou de comida, menor que a primeira, que se serve aos religiosos no refeitorio. *Secunda panis portio, secundum ferculum.*

SEGUNDO, DA. *adj. numeral ordinal.* Segundo; o que se segue immediatamente ao primeiro. *Secundus, a, um:* — V. *Favorable. Segunda intencion;* segunda intenção: intenção quasi sempre damnada e malevola e que se occulta. Costuma expressar-se simplesmente, em hespanhol, com o vocabulo *segunda; v. g.: fulano en esto lleva segunda;* fulano tem n'isto segunda intenção : — *m. (astron.)* segundo; cada uma das sessenta partes em que se divide o minuto de circulo ou de tempo. *Minutum secundum.*

SEGUNDOJÉNITO, TA. *adj.* Segundogenito; diz-se do filho segundo. *Secundo genitus.*

SEGUNDOJENITURA. *f. (for.)* Segundogenitura; qualidade e circumstancia de ser filho segundo.

Segundon. *m.* Filho segundo de casa nobre. Tambem se chama assim, em Hespanha, a todos os filhos que não são primogenitos. *Secundogenitus.*

Seguntdo. *prep. (ant.)* V. *Segun.*

Seguntino, na. *adj.* Seguntino; pertencente á cidade e provincia de Siguenza. *Siguntinus, a, um:* — *s.* seguntino; o natural de Siguenza. *Siguntinus, i.*

Segur. *f.* Segure ou segura; machado grande para cortar. *Securis, is:* — V. *Hoz:* — *(hist.)* segure; machadinha que os lictores romanos levavam entre as fasces, como insignia de punir, e com que cortavam as cabeças aos delinquentes. *Securis, is.*

Segura. *f. (ant.)* Segura. V. *Segur. A segura llevan preso (fr.);* a grandes cautelas, maiores; todos os cuidados são poucos a respeito de algum negocio, acção, etc.

Seguradamiente. *adv. m. (ant.)* V. *Seguramente.*

Segurador. *m.* Segurador, garante, fiador, abonador; o que fica por alguem para segurança de dividas, ou de outra cousa, pela qual elle é obrigado. *Fidejussor, oris.*

Seguramente. *adv. m.* Seguramente; com segurança, de modo seguro. *Securè:* — seguramente, certamente, com certeza ou sem risco de equivocar-se. *Tutè, certè.*

Seguramiento. *m. (ant.)* V. *Seguridad.*

Segurancia o **Seguranza.** *f. (ant.)* Segurança. V. *Seguridad.*

Segurar. *a. (ant.)* Segurar. V. *Asegurar.*

Seguridad. *f.* Seguridade ou segurança; estado das cousas que as torna firmes, certas e livres de todo o risco e perigo. *Securitas, atis:* — segurança, certeza. *Securitas, certitudo:* — seguridade, segurança, fiança. *Fidejussio, satisdatio:* — seguridade, repouso, socego, tranquillidade.

Segurísimo, ma. *adj. sup.* de *Seguro.* Segurissimo. *Valdè securus, tutissimus.*

Seguro, ra. *adj.* Seguro; livre e isento de todo o perigo, damno ou risco. *Securus, a, um:* — seguro, certo, indubitavel, e até certo ponto infallivel. *Securus, certus:* — seguro, firme, constante. *Securus, tutus, firmus:* — alheio, ignorante, não sabedor: — seguro, certo, digno de confiança: — *m.* seguro, salvo conducto. *Fidei cautio:* — logar seguro, asylo, retiro: — compromisso; obrigação de cumprir alguma cousa: — descanso; mola das armas de fogo para evitar que se disparem pelo jogo dos fechos. *A buen seguro (loc. adv.);* com toda a certeza, certamente, indubitavelmente, sem duvida, em verdade. *Certè, indubitanter. Al seguro (loc. adv.)* V. *Seguramente. De seguro (loc. adv.);* com certeza, sem duvida. *Certò. En seguro (loc. adv.);* em seguro, em segurança; em parte onde não ha que temer nem receiar damno. *Tuto. Sobre seguro (loc. adv.);* sobre seguro, seguramente, com toda a segurança. *Ex tuto, confidenter:* — *(comm.)* seguro; contrato ou escriptura com que se seguram as cousas ou objectos que correm algum risco por mar ou por terra. Usa-se muito no commercio. *Satisdatio, onis. Compañia de seguros;* companhia de seguros; sociedade mercantil que reintegra as perdas occasionadas por incendio, naufragio, etc., mediante uma pequena retribuição que paga o segurado. Se tem por objecto assegurar só as propriedades dos individuos que a compõem, chama-se então companhia de seguros mutuos.

Seidra. *m.* Seidra; grão sacerdote da seita de Ali, entre os persas.

Seies. *adj. (ant.)* V. *Seis.*

Seimeria. *f. (bot.)* Seymeria; genero de plantas da familia das escrophularineas.

Seimiri. *m. (zool.)* Seimiri; especie de macacos americanos, que tambem se chamam sapajú aurora ou sapajú de Cayena, e formam a transição dos sapajús para os saguins.

Seiranota. *f. (zool.)* Seiranota; genero de reptis batrachios.

Seiro. *m. (zool.)* Seiro; genero de insectos hemipteros da tribu dos scutelerios.

Seis. *adj.* Seis; numero que se compõe de cinco unidades mais uma. *Sex:* — seis, sexto; como: *capítulo seis;* capitulo seis ou sexto: — *m.* seis; caracter ou algarismo que representa o numero de cinco unidades mais uma. *Senarius numerus:* — seis; carta de jogar que tem seis signaes; v. g.: *el seis de espadas, etc.,* o seis de espadas. *Pagella sexarium numerum referens:* — seis; nos dados são seis pontos negros que elles têem n'um de seus lados. *Numerus senarius in talis:* — em alguns logares ou villas, cada um dos regedores que n'este numero se disputavam para o governo politico e economico ou para algum negocio particular.

Seisavado, da. *adj.* Sextavado, hexagono; que tem seis lados e seis angulos. *Sexangulus, a, um.*

Seisavo, va. *adj.* V. *Exágono:* — seisavos; sexta parte de um numero. *Sexta numero pars.*

Seiscientos, tas. *adj. numeral.* Seiscentos; numero que resulta da multiplicação de seis pela centena. *Sexcenti, æ, a.*

Seise. *m.* Menino de côro de algumas cathedraes de Hespanha, especialmente da Andaluzia. Exercita-se no canto, e de ordinario não excede a seis o seu numero total, d'onde lhe procede o nome.

Seisen. *m.* Seisen; antiga moeda de prata de valor de meio real, equivalente a seis dinheiros de Aragão.

Seisena. *m.* Seisena; moeda de cobre de Valencia, que vale seis dinheiros ou doze maravedis. Está quasi extincta, pois ha muitos annos que se não cunha.

Seiseno, na. *adj.* Sexto.

Seisillo. *m.* Jogo de cartas entre seis pessoas: — *(mus.)* ligadura; reunião de seis notas iguaes. *Temporis mensura in musica, sex notas pares continens.*

Seita. *f. (ant.)* V. *Saeta.*

Sejecia. *f. (zool.)* Segecia; genero de insectos lepidopteros nocturnos.

Sejestria. *f. (zool.)* Segestria; genero de arachnides da tribu das aranhas, que contém cinco especies originarias de ambos os hemispherios.

Sejo. *m. (ant.)* V. *Sexo.*

Sejonia. *adv. (germ.)* Hoje.

Seket. *m.* Seket; terceiro decano de Aries, a quem se representa sentado sobre uma flor de lodão no zodiaco rectangular de *D*enderah.

Selacio. *m. (zool.)* V. *Peregrino:* — *m. pl. (zool.)* selacios; familia de peixes chondropterygios, caracterisados por ter as branchias fixas na pelle, e mandibulas livres e a bôca aberta na parte inferior do focinho.

Seladerma. *f. (zool.)* Seladerma; genero de insectos hymenopteros da tribu dos chalcidios.

Selago. *m. (bot.)* Selago; genero de plantas da familia das selagineas.

Selajíneas. *f. pl. (bot.)* Selagineas; familia de plantas dicotyledoneas monopetalas, cujas especies crescem no Cabo da Boa *E*sperança.

Selajinito. *m. (bot.)* Selaginito; genero de plantas que parecem pertencer á familia das lycopodiaceas e cujas especies hão sido encontradas fosseis.

Selandria. *m. (zool.)* Selandria; genero de insectos hymenopteros da familia dos tenthredineos.

Selasia. *f. (zool.)* Selasia *(brilho)*; genero de insectos coleopteros da familia dos malacodermes.

Selatosomo. *m. (zool.)* Selastomo. V. *Diacanto.*

Seleccion. *f.* Selecção, escolha; acto de escolher. *Selectio, onis.*

Selecto, ta. *adj.* Selecto, escolhido. *Selectus, a, um:* — *(fam.)* selecto, superior, incomparavel, exquisito, muito excellente.

Selenhidrato. *m. (chim.)* Selenhydrato; sal formado pela combinação de hydrogenio seleniado com um seleniureto metallico.

Selenia. *f. (bot.)* Selenia; genero de plantas da familia das cruciferas, cuja especie typica cresce na America do norte.

Seleniado, da. *adj. (chim.)* Seleniado; que contém selenio.

Seleniato. *m. (chim.)* Seleniato; sal formado pela combinação do acido selenico com uma base.

Selenibase. *f. (chim.)* Selenibase; combinação do selenio que representa de base.

Selenicianuro. *m. (chim.)* Selenicyanureto; sal em que o cyanogenio e o selenio fazem o papel de principio electro-negativo.

Selénico, ca. *adj.* Selenico; pertencente á lua ou aos seus movimentos: — selenico; diz-se do discurso que se pronuncia ou da obra que se escreve ácerca da lua: — *(chim.)* selenico; diz-se de um acido formado pelo selenio e o oxygenio.

Selenidos. *m. pl. (min.)* Selenidos; familia de mineraes que tem por base o selenio.

Selenífero, ra. *adj. (chim.)* Selenifero; que contém selenio.

Selenio. *m. (min.)* Selenio ou selenium; metal simples descoberto em 1817 por Berzelio. Conduz mal o calorico e o fluido electrico; reduz-se com facilidade a pó; tem grande similhança com o enxofre e arde ao ar livre, dando origem ao acido selenioso.

Selenioso. *adj. (chim.)* Selenioso; diz-se de um dos acidos que forma o selenio com o oxygenio.

Selenita. *s. (astr.)* Selenita; habitante da lua: — *f. (min.)* selenita; nome dado por *D*ioscorides a uma variedade crystallina e laminosa de gesso, conhecida vulgarmente pelo nome de folha de talco.

Selenitas. *f. (min.)* V. *Selenita.*

Selenito. *m. (chim.)* Selenito; sal formado pela combinação do acido selenioso com uma base.

Seleniuro. *m. (chim.* e *min.)* Seleniureto; combinação do selenio com outro metal qualquer.

Selenocéfalo. *m. (zool.)* Selenocephalo *(cabeça em fórma de lua)*; genero de insectos hemipteros homopteros da familia dos cercopidos.

Selenocéntrico, ca. *adj. (astr.)* Selenocentrico; que tem relação com o centro da lua.

Selenodero. *m. (zool.)* Selenodero; genero de insectos coleopteros pentameros da familia dos clavicornes.

Selenodonte. *m. (zool.)* Selenodonte; genero de insectos coleopteros pentameros da familia dos malacodermes.

Selenófora. *f. (zool.)* Selenophora *(que tem meia lua)*; genero de insectos coleopteros pentameros da familia dos carabicos.

Selenogamia. *f. (med.)* Selenogamia. V. *Somnambulismo.*

Selenogámico, ca. *adj. (med.)* Selenogamico; relativo á selenogamia.

Selenognóstica. *f.* Selenognostica; reunião de todos os factos conhecidos sobre a constituição physica da lua.

Selenografía. *f.* Selenographia; descripção da luz.

Selenográfico, ca. *adj.* Selenographico; concernente ou relativo á selenographia.

Selenógrafo. *m.* Selenographo; o que descreve a lua ou é versado em selenographia.

Selenopalpo. *m. (zool.)* Selenopalpo; genero de insectos coleopteros heteromeros da familia dos stenelytros.

Selenope. *m. (zool.)* Selenope; genero de arachnides da tribu das aranhas, cujas especies vivem em ambos os continentes.

Selenosis. *f. (med.)* Selenosis; mancha branca nas unhas.

Selenóstato. *m. (phys.)* Selenostato; instrumento para observar a lua.

Selenotopografía. *f.* Selenotopographia; topographia da lua, descripção da superficie d'este planeta.

Selenotopográfico, ca. *adj.* Selenotopographico; concernente ou relativo á selenotopographia.

Seleucida. *s. (hist.)* Seleucida; descendente de Seleuco, rei da Syria.

Seléucide. *f.* Seleucide; ave astuta e mui voraz, que se alimenta principalmente de gafanhotos.

Seliera. *f. (bot.)* Seliera; genero de plantas da familia das goodeniaceas.

Selino. *m. (bot.)* Selino; genero de plantas da familia das umbelliferas.

Selio. *m. (zool.)* Selio; genero de crustaceos lerneideos da familia dos chondracanthos.

Selismo. *m. (med.)* Psellismo; nome generico que comprehende todos os vicios de pronunciação. Até hoje distinguem-se onze especies.

Selmana. *f. (ant.)* V. *Semana.*

Seloa. *f. (bot.)* Selloa; genero de plantas da familia das compostas.

Selva. *f.* Selva, bosque, mato. *Silva, æ: — cedua;* mata que se acha em disposição de receber o córte, para fazer carvão ou outros usos. *Fatigar la selva (fr. poet.);* bater mato, empregar-se no exercicio da caça grossa. *Fera fatigare, venari.*

Selvaje. *adj. (ant.)* Selvagem. V. *Salvaje.*

Selvajino, na. *adj. (ant.)* Selvagino. V. *Selvático.*

Selvático, ca. *adj.* Selvatico; pertencente ou relativo ás selvas, montesino, que nasce, cresce ou se cria nas selvas. *Silvaticus, a, um: —* selvatico, selvagem, rustico, agreste, montez, etc.

Selvatiquez. *f.* Selvatiqueza; qualidade, condição ou natureza do que é selvatico: — selvatiqueza, rusticidade, rudeza, falta de cultura. *Rusticitas, atis.*

Selvoso, sa. *adj.* Selvoso, silvoso; pertencente, relativo ás selvas ou proprio d'ellas. *Silvosus, a, um:*—selvoso; diz-se do territorio ou paiz em que ha muitas selvas, matos.

Sellador. *m.* Sellador; o que sella ou põe sêllo. *Signator, oris.*

Selladura. *f.* Sellagem; acção e effeito de sellar. *Signatura, æ.*

Sellar. *a.* Sellar; pôr o sêllo. *Signare; signo, sigillo munire: —* sellar; estampar, imprimir ou deixar marcada uma cousa em outra. *Obsignare: —* sellar, concluir, rematar, pôr fim. *Rem perficere; coronidem imponere: —* sellar, cerrar, tapar, fechar. Na mesma accepção se usa tambem fallando de cousas immateriaes. *Occludere, silentio servare: — (fig. inus.)* prender, obrigar um a outro com beneficios, traze-lo preso pelo beiço. *Beneficiis obstringere: — (fig.)* sellar; confirmar com sacrificios pessoaes a verdade da causa que se defende: — *los labios (fr.);* sellar, fechar os labios, a bôca; não dizer palavra, calar-se.

Sello. *m.* Sêllo; peça, ordinariamente de metal, em que estão abertas as armas ou divisa de algum principe, estado, republica, religião, communidade, senhor ou cavalleiro particular, que se imprime em cartas ou papeis de importancia para os tornar validos e authenticos. *Sigillum, i: —* sêllo, sinete, chancella; instrumento ou peça com caracteres ou algum desenho gravado, que serve para fechar as cartas ou a capa de qualquer papel, ou para imprimir algum signal particular em cêra, lacre derretido, obreia ou outra materia branda, ou com tinta: — sêllo; casa ou repartição onde se estampa ou põe o sêllo a alguns escriptos para os auctorisar. *Domus in qua literæ sigillo muniuntur: —* sêllo; o que fica estampado, impresso e sellado no mesmo sêllo. *Signatura, sigilli impressio: — (fig.)* sêllo, ultima perfeição. *Coronis, idis: —* sêllo, signal, vestigio, marca: — *(fig.)* caracter ou physionomia especial: — V. *Sellador: — del estómago (fig.);* qualquer porção pequena de comida solida e vigorosa que se toma sobre a mais comida e ajuda a digestão. *Internum stomachi fomentum: — de penitencia.* V. *Sijilo sacramental: — seco ó en seco,* sêllo em branco; o que se imprime fortemente sobre papel para lhe deixar marcadas as partes proeminentes: — *volante;* sêllo volante; o que se põe nas cartas sem o apertar, para que fiquem abertas e possa lê-las a pessoa por mão de quem se dirigem a outra. *Sigillum non constrictum. Echar sello (fr. fig.);* pôr o sêllo, acabar, ultimar, concluir, aperfeiçoar o que se começou. *Operi fastigium, coronidem imponere. Lugar del sello,* logar do sêllo, nota que se põe no fim de alguns despachos: — *de Salomon (bot.);* polygonato vulgar; especie de plantas que serve de typo ao genero polygonato.

Sem. *prep. (ant.)* Sem. V. *Sin.*

Semaforo. *m. (zool.)* Semaphoro *(que tem signal);* genero de insectos lepidopteros da familia dos nocturnos.

Semana. *f.* Semana; o espaço de sete dias contados de domingo até sabbado. *Hebdomas, atis: — de la pasion;* semana da Paixão; a que precede a semana santa: — *grande, semana mayor;* semana maior. V. *Semana santa: — santa;* semana santa; a ultima da quaresma, desde o domingo de Ramos até ao de Paschoa de Resurreição. *Hebdomas, quâ Christi patientis ac morientis mysteria sanctè recoluntur: —* ripanso; livro de reza da semana Santa e dos officios que n'ella se celebram. *Officium majoris hebdomadis. Cobrar la semana (fr. fam.);* receber a feria, o salario ganho durante a semana. *Entre semana (loc. adv.);* em qualquer dia da semana, menos no primeiro e no ultimo. *Per hebdomadem. La semana que no tenga viernes (loc. fam.);* para a semana dos nove dias; usa-se dizer para despedir alguem, negando-lhe o que pretende ou para significar a impossibilidade de conseguir alguma cousa. *Ad kalendas græcas*. *Mala semana;* regra, menstruação das mulheres. *Hombre de tres semanas;* diz-se zombando de um homem que finge não ter appetite e que se queixa da comida que lhe dão: — *(chron.)* semana; periodos septenarios de tempo, seja de mezes, annos ou seculos, como as semanas de *Daniel*: —*(hist.)* semana; segundo Moysés e a sagrada Escriptura, a divisão do tempo em semanas deve a sua origem á creação do mundo, porque Deus o acabou em seis dias e descançou no setimo. Dião Casio pretende que os egypcios foram os primeiros que usaram d'esta divisão do tempo, cuja idéa tomaram dos sete planetas. Os gregos e os romanos antigos não conheceram esta divisão, pois aquelles contavam seus dias por decadas e estes por novenas: — *tridua;* semana tridua; a de tres dias de que faz menção Santo Agostinho. Na Cantabria esteve em uso, pois na sua lingua ha vestigios que o demonstram como: *aste-lena*, que corresponde a segunda feira, e quer dizer primeiro dia da semana; *aste-artía*, que corresponde a terça feira, e *asteazquena*, que equivale a quarta feira, dia ultimo. *Ostegunа*, significa sabbado ou dia depois da semana.

Semanal. *adj.* Semanal; pertencente á semana. *Hebdomadarius, a, um.*

Semanalmente. *adv. m.* Semanalmente; por semanas, em todas as semanas, de modo semanal. *Per hebdomades; singullis hebdomadibus.*

Semanario, ria. *adj.* Semanaria, semanal; pertencente á semana ou que succede semanalmente. *Quod accidit singulis quibusque hebdomadibus:* — *m.* semanario; papel ou periodico semanal.

Semanería. *f.* Cargo ou officio de semaneiro. *Hebdomadarii munus:* — nos tribunaes é o exame que se faz dos despachos que d'elles sáem, para ver se vão conformes ao que se ha resolvido. Chama-se assim este acto, porque é semanal. Nas audiencias é outro o seu exercicio, segundo o estylo de cada uma. *Senatoris hebdomadarii munus.*

Semanero, ra. *adj.* Semaneiro, semanario; diz-se da pessoa que exerce alguma emprego ou encargo por semanas. Usa-se mais commummente substantivado. *Hebdomadarius, a, um.*

Semanoto. *m. (zool.)* Semanoto; genero de insectos coleopteros subpentameros da familia dos longicornes.

Semarilaria. *f. (bot.)* Semarillaria. V. *Paulinia.*

Sembella. *f. (num.)* Sembella; moeda pequena de prata usada na antiga Roma e que valia metade do asse.

Semblante. *m.* Semblante; representação exterior que no rosto se mostra do que n'alma se passa. *Vultus, aspectus:* — semblante. V. *Cara, Rostro:* — *(fig.)* semblante; mostras, apparencia, exterior, aspecto, representação do estado das cousas. *Aspectus, facies:* — *(ant.)* signal, indicio: — *adj. (ant.)* V. *Semejante:* — *ceñudo, emperrado;* semblante sanhudo, carregado, severo, carrancudo. *Buen semblante;* bom semblante, boa cara, ar de saude: *(fig.)* boa cara, bom agasalho, bom acolhimento. *Mal semblante;* má cara, aspecto achacoso: *(fig.)* má cara, semblante carregado: *(fig.)* má cara, mau acolhimento, tratamento desabrido. *Componer el semblante (fr.);* mostrar seriedade ou modestia. *Vultum modestum præferre, ad gravitatem vultum componere. Mudar de semblante ó de color (fr.);* mudar de semblante, de cara, mostrar outra cara, mudar de côr; alterar-se, dando-o a entender no rosto. *Vultum mutare: (fr. fig.)* mudar de face; mudarem ou variarem as circumstancias das cousas. *Speciem mutare. Hacer semblante (fr. ant.);* fazer semblante, dar mostras.

Semblanza. *f. (ant.)* V. *Semejanza.* Em litteratura usa-se ainda como especie de retrato biographico; v. g.: *las semblanzas de los diputados a córtes;* a vida ou cores politicas dos deputados ás côrtes.

Semblar. *n. (ant.)* V. *Semejar*, ser similhante.

Semble. *adv. m. (ant.)* Juntamente: — similhantemente.

Semblide. *m. (zool.)* Semblide; genero de insectos nevropteros da familia dos semblidos, cujas larvas são aquaticas, e ao transformar-se em nymphas, sáem da agua e introduzem-se na terra ao pé das arvores.

Semblidos. *m. pl. (zool.)* Semblidos; familia de insectos nevropteros.

Sembra (en). *(loc. adv. ant.)* Similhantemente.

Sembrada. *f. (ant.)* V. *Sembrado.*

Sembradera. *f.* Semeador; instrumento de semeadura. Ha-os de differentes especies.

Sembradío, día. *adj.* Proprio, apto, bom para se semear; diz-se das terras ou campos. *Sativus ager.*

Sembrado. *m.* Semeado, semeada, terra, campo semeado. *Sata, orum.*

Sembrador, ra. *s.* Semeador; o que semeia. *Seminator, oris.*

Sembradura. *f.* Semeadura, sementeira; acção e effeito de semear. Diz-se principalmente das terras lavradias, para as distinguir das terras de pastos, etc. *Satio, sementis.*

Sembrar. *a.* Semear; lançar grão, semente á terra. *Serere, seminare:* — *(fig.)* semear, esparzir, espalhar, derramar. *Spargere:* — *(fig.)* semear, causar, occasionar, promover a discordia, a sizania, erros, uma doutrina má, falsos rumores, etc. *Seminare, serere:* — *(fig.)* semear; collocar sem ordem alguma cousa para adorno de outra. *Sparsim collocare:* — *(fig.)* semear, espalhar, publicar, divulgar. *Spargere, diffundere, disseminare:* — *(fig.)* semear; fazer algumas cousas tendo o fito no lucro ou fructo. *Seminare, serere:* — *(fig.)* semear, cobrir, tapetar de flores, de hervas; juncar de mortos: — *cizaña;* semear, metter sizanias, enredar, intrigar. *Como sembraredes, cojeredes (fr.);* assim como semeares colherás; colher cada um segundo semeia; os fructos correspondem ás obras. *Ut sementem feceris, ita et metes. Quien bien sembra, bien coje (fr. fig.);* quem bem semeia, bem colhe. *Sementi respondent segetes:* — *en la arena (fr. fig.);* semear na areia, em terra ingrata; fazer bem aos ingratos e desagradecidos: trabalhar debalde.

Semecarpo. *m. (bot.)* Semecarpo; genero de plantas da familia das anacardiaceas, cuja especie typica é uma arvore grande que cresce nas Indias orientaes, e se cultiva em certos logares das Antilhas e da America tropical.

Semeja. *f. (inus.)* V. *Semejanza:* — signal, mostra, indicio. *Signum, indicium. Como por semejas (loc. adv. ant.);* ás cegas, ás apalpadellas, com pouco conhecimento. *Ni por semejas (loc. adv. ant.);* nem por sombras. *Hija, ni mala seas, ni hagas las semejas (rif.);* filha, má não deves sê-lo nem parece-lo.

Semejable. *adj.* Similhavel, comparavel; que póde comparar-se. *Assimilare valens:* — *(ant.)* V. *Semejante.*

Semejablemente. *adv. m. (ant.)* Similhavelmente, similhantemente; com similhança, da mesma maneira.

Semejabre. *adj. (ant.)* V. *Semejante.*

Semejado, da. *adj.* Similhado, assimilhado, parecido.

Semejancia. *f. (ant.)* V. *Semejanza.*

Semejante. *adj.* Similhante, parecido; que tem similhança. *Similis, le:* — similhante, tal; diz-se da pessoa ou cousa a que nos referimos, como: *no he visto a semejante mujer; no he leido semejante libro;* não tenho visto similhante mulher; não hei lido similhante livro, etc.: — *m. (ant.)* V. *Símil,* comparação. *Semejanza,* imitação. *Por semejante (loc. adv. ant.);* similhantemente, igualmente. *Figuras semejantes (math.);* figuras similhantes; as que têem os angulos iguaes e os lados proporcionaes.

Semejantemente. *adv. m.* Similhantemente, com similhança. *Similiter.*

Semejantísimo, ma. *adj. sup.* de *Semejante.* Similhantissimo. *Valdè similis.*

Semejanza. *f.* Similhança; o parecer-se uma cousa com outra. *Similitudo, inis:* — *(ant.)* V. *Símil,* exemplo. *Facer semejanza de si (fr. ant.)* V. *Aparentar.*

Semejar. *n.* Similhar, assimilhar-se; ser similhante, parecer-se uma cousa com outra. *Assimilari:* — *(imp. ant.)* similhar, parecer, ter apparencia.

Semelable, Semelabre. *adj. (ant.)* V. *Semejante.*

Semelancia. *f. (ant.)* V. *Semejanza.*

Semelar. *n. (ant.)* V. *Parecer.*

Semeliancia. *f. (ant.)* V. *Semejanza.*

Semellabe, Semellable. *adj. (ant.)* V. *Semejante.*

Semellar. *n.* V. *Parecer.*

Sémen. *m.* Semen, esperma, licor seminal ou prolifico dos animaes machos, que fecunda as femeas e os ovos. *Semen, inis.*

Semencera. *f. (ant.)* V. *Sementera.*

Semencina. *f.* Semencina; uma das tres principaes especies do semen-contra.

Semencontra. *f. (bot.)* Semencontra; nome dado em pharmacia ás extremidades não floridas de algumas especies de artemisa, que se administram como remedio vermifugo muito efficaz, especialmente para as creanças.

Sementacion. *f.* Sementeira, semeadura; acção e effeito de semear.

Semental. *adj.* Semental; concernente á semeadura ou determinado para ella. *Sementinus, a, um:* — *m.* pae de eguas, cavallo de semente, cavallo de padreação.

Sementar. *a.* Sementar, semear; espalhar, lançar a semente. *Semen espargere, seminare.*

Sementera. *f.* Sementeira; acção e effeito de semear. *Satio, onis:* — sementeira; terra semeada. *Satus ager:* — sementeira; o que se semeia. *Semen terræ mandatum:* — sementeira; estação, tempo, sasão de semear. *Sementis, serendi tempus.*

Sementero. *m.* Sementeiro; sacco em que o semeador leva o grão para semear. *Saccus sementifer:* — V. *Sementera.*

Sementinas. *f. pl. (hist.)* Sementinas; festas que se celebravam em Roma para obter boa sementeira.

Sementino, na. *adj.* Sementino; pertencente ás sementes. *Sementinus, a, um:* — diz-se particularmente de uma especie de peras que amadurece pelo tempo das sementeiras.

Semestral. *adj.* V. *Semestre.*

Semestre. *adj.* Semestre; que dura seis mezes. *Semestris, tre:* — *m.* semestre; o espaço de seis mezes consecutivos, meio anno. *Demidii anni spatium; semestris.*

Semeyar. *n. (ant.)* V. *Parecer.*

Semeyologo. *m.* Semeiologo; o que escreve ácerca da semeiologia.

Semeyolojía. *f. (med.)* Semeiologia; parte da medicina que trata dos signaes, e dá a conhecer as alterações que annunciam o que existe, o que passou e o que ha de occorrer, especialmente no estado de doença.

Semeyolójico, ca. *adj.* Semeiologico; que se refere á semeiologia.

Semeyóforo. *m.* Semeiophoro; um dos cinco officiaes inferiores que tinha cada hecatontarchia do exercito grego.

Semeyótica. *f.* Semeiotica; parte da medicina que trata dos signaes e do seu valor nas molestias, dando a conhecer pelas alterações exteriores o que occorre interiormente;

— *(mil.)* semeiotica, arte de fazer manobrar as tropas, indicando-lhes os movimentos com signaes e não com a voz.

Semeyótico, ca. *adj.* Semeiotico; concernente aos signaes.

Semianular. *adj.* Semianuular; que tem a disposição ou a fórma de um meio annel.

Semi. Semi; termo latino que significa metade, meio, e que se antepõe a muitas outras palavras para modificar a sua significação; como: *semi-círculo, semi-breve, etc.*, semi-circulo, semi-breve, etc. Algumas vezes tem a significação de quasi, como: *semi dormido, etc.*, meio acordado, etc. *Dimidium, medietas.*

Semiarrianismo. *m.* Semiarianismo; seita originada pelo arianismo, porém com modificações e reformas que a constituiam muito mais moderada.

Semibárbaro, ra. *adj.* Semibarbaro; meio barbaro.

Semibastion. *m. (mil.)* Meio baluarte; obra fortificada que se compõe de um só flanco e de uma só face.

Semibreve. *f. (mus.)* Semi-breve; figura ou nota fundamental da musica que vale um compasso menor. *Musica nota semibrevis dicta.*

Semicabron, Semicapro. *m.* Semicapro; meio bode e meio homem. É epitheto que os gentios davam a alguns dos seus deuses. *Semicaper, pri.*

Semicilíndrico, ca. *adj.* Semicylindrico; o que é cylindrico por um só lado.

Semicircular. *adj.* Semi-circular; concernente ou relativo ao semi-circulo. *Semicircularis, re:* — semi-circular; disposto em fôrma ou á maneira de semi-circulo.

Semicírculo. *m.* Semi-circulo, meio circulo ou metade de circulo, cortada por um diametro. *Semicirculus, i:* — V. *Hemiciclo:* — semi-circulo. V. *Transportador.*

Semicolon. *m.* Semi-colon; antigo signal de pontuação, que valia meia pausa e uma coma.

Semicopado. *m. (mus.)* Syncope; nota que une a segunda parte de um compasso com a primeira do que se segue. *Musica nota, secundam anterioris temporis partem cum prima posterioris annectens.*

Semicorchea. *f. (mus.)* Semicolcheia; nota ou figuras de musica, que vale meia colcheia. *Musicæ nota duplici linea inferiùs signata.*

Semicromático, ca. *adj. (mus.)* Semi-cromatico ou semi-chromatico; diz-se de certo genero de musica, composto do diatonico e do chromatico. *Semichromaticus, a, um.*

Semicuadrado, da. *adj. (astr.)* Semi-quadrado; diz-se do aspecto que apresentam dois planetas separados um do outro 45°.

Semicupio. *m.* Semicupio; meio banho ou banho n'agua até á cintura.

Semidea. *f. (poet.)* Semidéa. V. *Semidiosa.*

Semideo. *m. (poet.)* V. *Semidios.*

Semidiáfano, na. *adj.* Semidiaphano; o que não é perfeitamente transparente.

Semidiámetro. *m.* Semidiametro, raio de circulo. V. *Radio.*

Semidiapason. *m. (mus.)* Semidiapasão; intervallo dissonante de oito vozes, quatro tons e tres semitons maiores. *Semidiapason.*

Semidiapente. *m. (mus.)* Semidiapente; intervallo de dois tons e dois semitons maiores, quinta remissa. *Semidiapente.*

Semidiatesaron. *m. (mus.)* Semidiatheserão; quinta diminuida, intervallo dissonante de quatro vozes, um tom e dois semitons. *Semidiatessaron.*

Semidifunto, ta. *adj.* Semi-defunto, semi-morto; meio morto ou quasi defunto. *Semianimis, me.*

Semidijital. *adj.* Que tem o comprimento de meio dedo.

Semidiós. *m.* Semideus, meio deus, divindade subalterna, deus de segunda ordem; nome que os gentios davam aos heroes e varões esclarecidos por suas façanhas, a quem collocavam entre os deuses. *Semideus, ei.*

Semidiosa. *f.* Semi-deusa ou semidéa; assim chamavam os gentios áquellas heroinas que por seus altos feitos pareciam descender de algum de seus deuses. *Semidea, æ.*

Semiditono. *m. (mus.)* Semiditono; intervallo que consta de um tom e um semiton, terceira menor.

Semidivinidad. *f.* Semidivindade; qualidade de semi-deus, o ser semi-deus.

Semidoble. *adj.* Semi-duplex ou semi-duples; diz-se das festas ecclesiasticas que se celebram com menos solemnidade que as duplex e com mais que as simples. *Semiduplex festum.*

Semidocto, ta. *adj. (fam.)* V. *Semierudito.*

Semidormido, da. *adj.* Semi-adormecido, meio adormecido, que está quasi a dormir. *Semisopitus, a, um.*

Semidragon. *m.* Semi-dragão; meio homem e meio dragão. É termo do estylo phantastico ou metaphorico. *Semidraco, onis.*

Semienciclopédico, ca. *adj.* Semiencyclopedico; que é quasi encyclopedico, que abrange uma noticia mui succinta das principaes artes e sciencias.

Semient. *f.* Sement; apocope de semente. V. *Simiente.*

Semienza. *f. (ant.)* V. *Sementera.*

Semierudito, ta. *adj.* Semidouto; que só tem conhecimentos superficiaes e pretende passar por homem douto.

Semiesfera. *f.* Semi-esphera; meia esphera, metade de uma esphera.

Semiesférico, ca. *adj.* Semi-espherico; que forma meia esphera.

Semiesferoide. *m.* Semiespheroide; metade de um espheroide.

Semifallo, lla. *adj.* Baldo; carecido de algum naipe; v. g.: *estoy semifallo a copas, bastos, etc.*; estou baldo a copas, a paus, etc.: — *m.* circumstancia de não ter mais que uma carta de algum naipe.

Semiflúido, da. *adj.* Semi-fluido; meio fluido, que não é inteiramente fluido.

Semifusa. *f. (mus.)* Semi-fusa,

meia fusa; nota que vale metade de uma fusa. *Semifussa, æ.*

Semigola. *f. (mil.)* Semigola, demigola, meia gola; linha tirada do flanco ao angulo da gola.

Semigótico, ca. *adj.* Semi-gothico, meio gothico. *Escriptura semigótica;* escriptura semi-gothica; escriptura gothica, alterada pela mistura de caracteres romanos.

Semihistórico, ca. *adj.* Semi-historico; meio historico e meio romantico.

Semihombre. *m.* Semi-homem, meio homem.

Semilunar. *adj.* Semi-lunar; da fôrma de meia lua ou crescente.

Semilunio. *m.* Semi-lunio; meia lua, metade do tempo em que a lua faz a sua revolução. *Medius lunæ cursus.*

Semilla. *f. (fig.)* Semente, sementeira, manancial; causa, origem. *Origo, causa:* — *pl.* sementes, entre lavradores chamam-se assim principalmente as diversas especies de sementes, á excepção do trigo e da cevada. *Semina, orum:* — *de perlas;* semente das perolas; perolas mui miudas, assim chamadas pelos ourives e lapidarios:—*(bot.)* semente; corpo vegetal produzido pela germinação, que depois de fecundado se desenvolve e adquire propriedades que o tornam capaz de dar nascimento a uma nova planta. *Semen, inis.*

Semillama. *f.* V. *Manzanilla.*

Semillero. *m.* Sementeira, seminario, viveiro de plantas novas e de arvoresinhas para depois se transplantarem. *Seminarium, ii:* —*(fig.)* foco; origem fecunda de algumas cousas prejudiciaes; como: *semillero de vicios, de pleitos. Malorum sementis.*

Semimembranoso, sa. *adj.* Semimembranoso; diz-se de um musculo situado na parte posterior da coxa.

Sémina. *f.* Semina; deusa dos latinos que presidia ás sementes.

Seminacion. *f.* Seminação; a dispersão das sementes.

Seminal. *adj.* Seminal, espermatico; de semen, pertencente a elle ou que o contém. *Seminalis, e.*V. *Espermático:* — *(bot.)* seminal; diz-se das primeiras folhas das plantas que se desenvolvem na semente pela germinação e que são os cotyledones convertidos em folhas.

Seminar. *a. (inus.)* Engendrar, gerar, procrear: — V. *Sembrar.*

Seminarista. *m.* Seminarista; alumno interno de algum seminario. *Seminarii alumnus:* — seminarista; o que é educado em seminario.

Seminatura. *f. (ant.)* V. *Sembradura.*

Seminífero, ra. *adj.* Seminifero; que encerra ou contém sementes. *Vasos ó conductos seminíferos (anat.);* vasos ou conductos seminiferos; vasos mui pequenos, da reunião dos quaes se forma a substancia do testiculo, e nos quaes se segrega e circula o esperma ou semen.

Semínima. *f. (mus.)* Seminima; nota que vale meia minima, é a quinta nota. *Seminima, æ.*

Semininfa. *f. (zool.)* Seminympha; nympha que differe pouco do insecto perfeito.

Seminota. *f. (zool.)* Seminota; genero de insectos hymenopteros da familia dos evanidos.

Semioctava. *f. (ant.)* Semioitava; composição de quatro versos consonantes, que é a primeira metade de uma oitava.

Semiófora. *m. (zool.)* Semiophora *(que tem signal);* genero de insectos lepidopteros, da familia dos nocturnos.

Semioforo. *m. (zool.)* Semiophoro *(que tem signal);* genero de peixes da familia dos escamipenneos.

Semi-ópalo. *m. (min.)* V. *Resimita.*

Semioto. *m. (zool.)* Semioto *(assignalado);* genero de insectos coleopteros pentameros, da familia dos serricornes: — semioto; genero de insectos hymenopteros da familia dos chalcidios.

Semipedal. *adj.* Semipedal; que tem meio pé de comprimento. *Semipedalis, le.*

Semipelajianismo. *m. (hist. e rel.)* Semipelagianismo; doutrina professada no V seculo da *Igreja*, por Fausto e Capieno. Pretendia conciliar as opiniões dos pelagianos com as dos orthodoxos sobre a graça e sobre o peccado original.

Semipelajiano, na. *adj.* e *m.* Semi-pelagiano; o que seguia parte dos erros de Pelagio.

Semiplena. *adj.* Semi-plena; diz-se da prova imperfeita ou não completa, como a que resulta da declaração de uma só testemunha, sendo de toda a excepção. *Probatio semiplena.*

Semiplenamente. *adv. m.* Semi-plenamente; com uma prova imperfeita, semi-plena. *Semiplena probatione.*

Semipoeta. *adj.* Semi-poeta; rimador, poeta de agua doce, mau poeta. *Pœtaster.*

Semiprobanza, Semiprueba. *f. (for.)* Semi-prova; prova semi-plena ou imperfeita, meia prova.

Semipútrido, da. *adj.* Semi-putrido; meio podre, quasi podre. *Semiputridus, a, um.*

Semi-quintil. *adj. (astr.)* Semi-quintil; diz-se do aspecto dos planetas separados um do outro trinta e seis graus.

Semi-racional. *adj.* Semi-racional, estupido, grosseiro, parecido com os irracionaes; diz-se da pessoa que pratica algumas acções improprias de gente. *Semihomo, semirationale animal.*

Semi-recto. *adj.* Semi-recto; diz-se do angulo que têm quarenta e cinco graus, por ser a metade do angulo recto.

Semi-rubio, bia. *adj.* Semi-louro, algum tanto louro.

Semís. *m.* V. *Semi:* — semis; metade do asse romano. *Semissis, is.*

Semisabio, bia. *adj.* Semi-douto; que falla de tudo e nada sabe com fundamento.

Semisalvaje. *adj.* Semi-selvagem, quasi selvagem.

Semisecular. *adj.* Semi-secular; que tem meio seculo.

Semiseparatista. *m.* *(hist.)* Semi-separatista; individuo de uma divisão da seita dos separatistas.

Semisestil. *adj.* *(astr.)* Semissestil; diz-se do aspecto que apresentam dois planetas separados um do outro uns trinta graus.

Semistaminar. *adj.* *(bot.)* Semistaminar; diz-se de uma flor dobrada que não mudou em petalas mais que uma parte de seus estames.

Semita. *s.* Semita; descendente de Sem, primogenito de Noé. Os semitas são os arabes, os hebreus, os chaldeus, os phenicios e os syrios.

Semítico, ca. *adj.* Semitico; concernente a Sem, filho mais velho de Noé. *Lenguas semíticas (philol.)*; linguas semiticas; nome dado ás linguas que fallam os povos da Asia occidental, d'onde a Biblia nos diz serem os descendentes de Sem. O arabe antigo é o typo das linguas semiticas.

Semitono. *m.* *(mus.)* Semitono; meio tom, intervallo que separa certas notas de musica. *Semitonus, i.*

Semitransparente. *adj.* Semitransparente; meio transparente, alguma cousa transparente.

Semividrioso, sa. *adj.* Semivitreo; que se parece um pouco com o vidro.

Semivivo, va. *adj.* Semivivo, meio vivo, quasi morto, com pouca vida. *Semivivus, a, um.*

Semivocal. *adj.* Semivogal; diz-se de uma letra consoante que se não profere sem uma vogal. *Semivocalis, le.*

Semivulpa. *f.* *(zool.)* V. *Zorra mochilera.*

Semnar. *a.* *(ant.)* V. *Sembrar.*

Semnopiteco. *m.* *(zool.)* Semnopitheco; genero de mammiferos quadrumanos.

Semnoteo. *adj.* *(hist.)* Semnoteo; nome dado aos druidas pelos gregos.

Sémola. *f.* Trigo candil descascado. *Similago, inis:* — semola; farinha reduzida a pequenos grumos de que se fazem caldos. *Simila, æ.*

Semotilo. *m.* *(zool.)* Semotilo; genero de peixes abdominaes, composto de tres especies.

Semoviente. *adj.* Semovente; diz-se do que por si mesmo se move, como os gados, escravos, que são bens semoventes. *Semovens, entis.*

Sempiterna. *f.* Sempiterna; tecido de lã basto e encorpado que usam ordinariamente as mulheres pobres para vestir-se. *Tela lanea sic dicta:* — *(bot.)* V. *Perpetua.*

Sempiternamente. *adv. m.* Sempiternamente, perpetuamente, eternamente; com duração interminavel, de maneira sempiterna. *Sempiternè.*

Sempiterno, na. *adj.* Sempiterno, sempre eterno, sempiternal. *Sempiternus, a, um.*

Sempre. *adv.* *(ant.)* V. *Siempre.*

Sempremente. *adv.* *(ant.)* Sempremente ou simpremente. V. *Simplemente.*

Sen. *m.* *(ant.)* Sentido, intenção, pensamento: — *(ant.)* siso, juizo: — *(prep. ant.)* sen. V. *Sin:* — *(bot.)* sene ou senne; subgenero de plantas do genero cassia, cujas especies, originarias de diversos paizes, têem todas as propriedades medicinaes muito apreciadas como purgativas.

Sena. *f.* Sena; os seis signaes pretos que o dado tem n'um de seus lados. *Numerus senarius in talis:* — *(bot.)* V. *Sen.*

Senacia. *f.* *(bot.)* Senacia. V. *Pitosporo.*

Senáculo. *m.* *(hist. ant.)* Senaculo; logar onde se reunia o senado romano antes de entrar na curia.

Senado. *m.* Senado; corpo, junta, assembléa de senadores. *Senatus, us:* — senado; logar, casa onde se juntam os senadores. *Curia, æ:* — *(fig.)* assembléa, junta de pessoas respeitaveis. *Congressus, us:* — *(ant.)* o publico, o auditorio, os espectadores: — *adj.* *(ant.)* sensato, cordato, judicioso: — *(hist.)* senado; conselho perpetuo da republica romana, instituido por Romulo e abolido por Justiniano, depois de mil trezentos e vinte e um annos de existencia. Houve tambem o senado de Athenas e o senado de Esparta, o qual constava de vinte e oito anciãos eleitos pelo povo. *Senatus, us:* — *de las damas;* senado das damas; senado de mulheres estabelecido pelo imperador Heliogabalo, no qual se discutia e resolvia sem appellação ácerca dos privilegios do bello sexo. *Príncipe del senado;* principe do senado; titulo que se dava ao senador cujo nome se tinha inscripto em primeiro logar nas tábuas do censor.

Senado consulto. *m.* Senatusconsulto; decreto ou determinação do senado. Só se diz dos decretos que dictava o antigo senado de Roma. *Senatusconsultum, i.*

Senador. *m.* Senador; magistrado, membro do senado. *Senator, oris.*

Senara. *f.* Seara; pequena porção de terra cultivada por um seareiro ou lavrador pobre. *Breve prædium:* — seara; porção de terra semeada pelos habitantes de um povo, em beneficio commum.

Senarero. *m.* Seareiro; lavrador pobre, que só cultiva uma pequena porção de terra. Em portuguez é termo usado quasi exclusivamente no Alemtejo. *Breve prædium colens.*

Senario, ria. *adj.* Senario; diz-se do numero que se compõe de seis unidades. Usa-se tambem substantivado. *Senarius numerus:* — *(litt.)* senario; diz-se do verso latino composto de seis pés, regularmente jambicos. *Senarius versus.*

Senatorio, ria. *adj.* Senatorio; pertencente ou relativo ao senado ou aos senadores. *Senatorius, a, um.*

Sencido, da. *adj.* *(art.)* Adornado, aformoseado.

Senciente. *adj.* Sensiente; que sente ou tem sensação.

Sencillamente. *adv. m.* Singelamente, sinceramente, simplesmente; sem malicia nem rebuço. *Sincero animo.*

Sencillez. *f.* Simplicidade; qualidade que constitue as cousas simples, delgadas, pouco espessas no seu genero. *Simplicitas, atis:* — singeleza, simplicidade, ingenuidade, sinceridade. *Simplicitas, sinceritas, animi candor:* — simpleza, necedade, ignorancia, credulidade excessiva, facilidade em se deixar enganar. *Fatuitas; cito credendi facilitas:* — *de estilo;* simplicidade, singeleza de estylo; o ser simples, sem ornatos.

SENCILLÍSIMO, MA. *adj. sup.* de *Sencillo.* Singelissimo, simplissimo. *Valdè simplex.*

SENCILLO, LLA. *adj.* Simples; não composto, que não tem mistura. *Simplex, icis:* — singelo; não dobrado, que tem menos corpo que outras cousas de sua especie. Diz-se ordinariamente dos estofos de seda, como: *Tafetan sencillo, etc.;* tafetá singelo, etc. *Simplex, icis:* — *(fig.)* simples, simplorio, nescio, pouco astuto, facil de enganar, ignorante, demasiadamente credulo. *Simplex, cito credens:* — *(fig.)* simples, ingenuo, sincero, singelo, franco; sem malicia, refolho, dobrez. *Simplex, sincerus:* — moeda pequena, comparada com outra do mesmo nome, mas de maior valor, como: *Doblon sencillo;* dobrão singelo, etc. *Simplex, minutior:* — *(bot.)* singelo, simples; nas flores, diz-se do que é contraposto a multiplo, duplo ou dobrado, e n'este caso chamam-se simples as que têem menos folhas na sua respectiva classe.

SENDA. *f.* Senda, vereda; caminho estreito por onde cabe só uma pessoa ou um animal. *Trames, itis:* — senda, vereda; qualquer caminho, aindaque não seja estreito: — *(fig.)* via, caminho, meio, modo para se conseguir alguma cousa. *Semita, via:* — *(fig.)* senda; conducta boa ou má: — *de la virtud;* senda, caminho da virtude: — *del vicio;* senda, caminho do vicio: — *traviesa;* atalho; caminho diverso da estrada real, que conduz ao mesmo sitio, mas é mais curto: — azinhaga. *Semita, æ. Si hay camino no tomes por una senda (rif.);* não deixes caminho direito por atalho: — *(for.)* passagem; direito que alguem tem de passar á sua herdade, atravessando a alheia, a pé ou a cavallo, só ou acompanhado, de sorte que n'este caso vá um atrás do outro e não a par. O caminho por onde se passa costuma ter a largura de dois pés.

SENDERAR. *a.* Praticar, abrir atalhos, azinhagas, veredas. *Semitam aperire.*

SENDEREAMIENTO. *m.* Acção e effeito de guiar por um atalho ou caminho estreito.

SENDEREAR. *a.* Guiar ou encaminhar por atalho, azinhaga ou vereda. *Per semitam ducere:* — *n. (fig.)* conduzir a um fim por vias extraordinarias. *Per arduas semitas, tramites pergere, procedere:* — V. *Senderar.*

SENDERO. *m.* V. *Senda.*

SENDICA, LLA, TA. *f. dim.* de *Senda.* Sendasinha, vereda-sinha.

SENDOS, DAS. *adj. pl.* Sendos, senhos; diz-se de dois objectos da mesma natureza, que se referem ou pertencem a duas pessoas, levando ou tendo cada uma o seu; *v. g.*: *Iban en sendos caballos;* íam em sendos cavallos, isto é, cada um d'elles levava o seu cavallo. *Singuli.*

SENDTNERA. *f. (bot.)* Sendtnera; genero de plantas hepaticas, da familia das jungermannideas.

SENE. *m. (ant.)* Sene, velho, idoso, ancião.

SENEBIERA. *f. (bot.)* Senebiera; genero de plantas da familia das cruciferas.

SENECIO. *m. (bot.)* Senecio; genero de plantas da familia das compostas, que contém muitas especies, algumas das quaes têem propriedades medicinaes.

SENECIONÍDEAS. *f. pl. (bot.)* Senecionideas; tribu de plantas da familia das compostas.

SENECTO, TA. *adj.* Senecto, velho, ancião, de idade provecta.

SENECTUD. *f.* Senectude, senio, senilidade, velhice, ancianidade, idade provecta. *Senectus, utis.*

SENEFELDERA. *f. (bot.)* Sennefeldera; genero de plantas da familia das euphorbiaceas.

SENEGALÍ. *m. (zool.)* Senegali; sub-genero de aves da ordem dos passaros, e do genero pardal, cuja especie typica habita no Senegal.

SENESCAL. *m.* Senescal ou senechal; em alguns paizes, mordomo mór, superintendente da casa real. Em Portugal correspondia a vedor da casa real. *Supremus in domo regia administer:* — senescal; chefe ou cabeça principal da nobreza do povo, que a governa especialmente em tempo de guerra. *Senescallus; nobilium magister in exercitu:* — senescal; juiz supremo, ou governador da republica ou reino, ou de alguma parte d'elle. *Senescallus; supremus in republica dux.*

SENESCALÍA. *f.* Senescalia; dignidade, cargo ou emprego de senescal. *Supremi magistratus officium, dignitas:* — senescalia; jurisdicção do senescal: — senescalia; logar onde o senescal exerce ou exercia a justiça.

SENIL. *adj.* Senil; concernente ou relativo á velhice ou aos velhos. *Senilis, le:* — *(ant.)* senil; um dos epithetos que os astrologos davam ao quarto quadrante do thema celeste.

SENIOR, RA. *adj. (ant.)* Senior senhor. Usa-se tambem substantivado, significando membro do senado: — senior; o mais antigo de certa communidade.

SENO. *m.* Seio, cavidade do peito. *Sinus, i:* — seio. V *Regazo:* — seio, ventre materno. *Maternus sinus:* — seio; bolso que formam algumas cousas. *Sinus, us:* — seio; qualquer concavidade ou espaço. *Sinus, us:* — seio; diz-se das cousas espirituaes. *Sinus, us:* — seio; o peito da mulher: — seio; o ventre materno: — *(anat.)* seio qualquer cavidade interior do corpo animal. *Sinus, us:* — *(naut.)* seio, enseada; extensão consideravel de mar rodeada de terra, e mais ou menos larga na sua entrada. *Sinus, us:* — seio, bolso; em geral, e em toda a cousa flexivel, o pau do arco, ou curvatura que forma entre os extremos que a sujeitam, quando não está tirante, como: *el seno de un cabo, de una vela, etc.;* o seio de um cabo, de uma véla, etc. *Rudentis laxitas. Quebrar seno (fr. naut.);* diminuir, reduzir o circulo ou volta que forma um cabo grosso em certas operações: — *(cir.)* seno; pequena cavidade ou bolsinho de materia que se forma ao lado da chaga. *Vulneris sinus:* — *de Abraham (rel.);* seio de Abraham; logar em que estavam detidas as almas dos fieis que tinham passado d'esta vida na fé e com esperança no redemptor. *Sinus Abrahæ:* — *recto ó primero de un arco ó ángulo (math.);* seno recto ou primeiro de um arco ou angulo; linha recta perpendicular, que cáe da extremidade do arco ou angulo sobre o diametro que passa pela outra extremidade, e por isso se entende quando absolutamente se diz *seno*. *Sinus rectus:* — *segundo de un arco;* seno segundo de um arco; o seno primeiro do complemento do dito arco, até ao quadrante. *Sinus complementi secundus.*

Senodonia. *f. (zool.)* Senodonia; genero de insectos coleopteros pentameros da familia dos serricornes.

Senogastros. *m. pl. (zool.)* Senogastros *(ventre estreito);* genero de insectos dipteros, da familia dos brachystomos.

Senojil. *m.* V. *Cenojil.*

Senometopia. *f. (zool.)* Senometopia *(frente estreita);* genero de insectos dipteros, da familia dos athericeros, tribu dos muscidos.

Senopterina. *f. (zool.)* Senopterina *(aza estreita);* genero de insectos dipteros da tribu dos muscidos.

Sensacion. *f.* Sensação; nome extensivo a toda a impressão que a alma recebe dos objectos pelo intermedio dos sentidos. *Sentiendi actus. Sensaciones esternas;* sensações externas; as que reconhecem por causa os objectos exteriores, por orgãos, os que estão collocados na parte exterior do corpo, e por effeitos, as relações que medeiam entre nós e os seres que nos rodeiam. *Sensaciones internas;* sensações internas; as que nascem pela influencia de estimulantes interiores, que obram no seio das cavidades ou nas profundidades das visceras.

Sensatez. *f.* Sensatez, cordura, sisudeza, prudencia, circumspecção, juizo.

Sensato, ta. *adj.* Sensato, cordato, prudente, sisudo, assisado, dotado de bom senso. *Cordatus, a, um.*

Sensibilidad. *f.* Sensibilidade; propriedade inherente aos corpos organisados, que os faz aptos para receber as diversas impressões. *Sentiendi facultas:* — sensibilidade; em sentido mais estricto, é a propriedade que têem os diversos orgãos de receber impressões com mais ou menos facilidade: — sensibilidade; fallando do homem, é uma faculdade, um poder, um effeito, uma propriedade do nosso ser, em virtude da qual recebemos impressões de varias especies, e temos a consciencia d'ellas: — sensibilidade; em accepção menos lata, é o sentimento que nos faz compadecer das miserias alheias, e soffrer com mais força as impressões do amor, da ternura, etc.: — sensibilidade; disposição terna e delicada da alma, que a torna sensivel e compadecida.

Sensible. *adj.* Sensivel; perceptivel pelos sentidos ou que se imprime n'elles. *Sensibilis, le:* — sensivel, doloroso, lamentavel; que causa ou move sentimentos de dor. *Animum movens; dolore afficiens:* — sensivel, compadecido; diz-se da pessoa que se doe, compadece facilmente. *Mollis, ærumnis obnoxius:* — *(phys.)* sensivel; diz-se do instrumento, etc., que marca as mais pequenas differenças e variações, como: *Balanza sensible;* balança sensivel. *Nota sensible (mus.);* nota sensivel; a que está um semitom mais baixa que a tonica.

Sensiblemente. *adv. m.* Sensivelmente; de um modo sensivel, perceptivelmente, visivelmente. *Sensibiliter:* — sensivelmente, dolorosamente, pezarosamente; com grande dor, sentimento, pezar, pena. *Dolenti animo, dolenter:* — sensivelmente; por meio da sensação.

Sensitiva. *f. (bot.)* Sensitiva; especie de plantas do genero mimosa, que é uma das mais notaveis do reino vegetal, por causa da excessiva irritabilidade de suas folhas, que se contrahem com a simples approximação dos corpos estranhos.

Sensitivo, va. *adj.* Sensitivo, sensivel; dotado da faculdade de sentir. *Sentiendo aptus:* — sensitivo; diz-se de tudo que é concernente aos sentidos corporaes, ás sensações. *Sensibilis, sensualis.*

Sensorio, ria. *adj.* Sensorio; que respeita á faculdade de sentir, que serve a receber as sensações, como: *órganos sensorios;* orgãos sensorios. *Ad sensus pertinens:* — *m.* faculdade sensitiva. *Sentiendi facultas:* — sensorio; orgão da sensibilidade, parte onde reside a faculdade de sentir ou sentido commum. *Corporalium sensuum sedes.*

Sensual. *adj.* Sensual; em sentido recto, o mesmo que sensitivo; porém geralmente diz-se do que é voluptuoso, libidinoso, apegado aos prazeres dos sentidos. *Libidinosus, a, um:* — sensual, luxurioso, lubrico, libidinoso; relativo ao appetite carnal. *Impudicus, libidinosus.*

Sensualidad. *f.* Sensualidade; inclinação, apego aos prazeres sensuaes e corporaes, deleitação nos prazeres carnaes. *In libidinem proclivitas.*

Sensualismo. *m.* Sensualismo; doutrina philosophica opposta ao idealismo, que faz derivar todas as nossas idéas dos sentidos, e dá por unico fim á nossa existencia os gosos sensuaes; liga-se muito com o materialismo e o atheismo.

Sensualista. *m.* Sensualista; partidario do sensualismo. Usa-se tambem adjectivamente; como: *sistema ó doctrina sensualista, etc.;* systema ou doutrina sensualista, etc.

Sensualmente. *adv. m.* Sensualmente, libidinosamente, voluptuosamente; com sensualidade, com lascivia. *Libidinosè.*

Sentada. *f.* V. *Asentada.*

Sentadillas (a). *(loc. adv.)* A cavallo como as mulheres, com ámbas as pernas do mesmo lado. *Muliebris equitatio.*

Sentado, da. *adj.* Assentado, discreto, avisado, prudente, judicioso, sisudo, moderado. *Quietus animo, maturus:* — duro; opposto ao brando ou molle; diz-se do pão. *Estar bien sentado (fr. fig.);* estar bem arraigado e seguro n'um emprego ou collocação pelo valimento de alguem. *Firmiter, securè sedem tenere:* — estar de melhor partido para ganhar, no jogo de cartas, em relação ao outro jogador. *Potiori loco sedere. El tiempo no está sentado;* o tempo não está seguro, está variavel. *Tener el credito sentado (fr.);* ter o credito seguro, firme, estabelecido. *Pulso sentado;* pulso tranquillo, socegado.

Sentadura. *f. (fam.)* V. *Sentada, Asentada.*

Sentallí. *m. (germ.)* Freio.

Sentamiento. *m. (arch.)* V. *Asiento.*

Sentar. *a.* Sentar. V. *Asentar:* — collocar alguem em emprego, dar-lhe a posse de algum cargo: — V. *Asentarse:* — *bien una cosa (fr. fig.);* agradar, ser conforme ao gosto ou á opinião. *Bene accipere; arridere:* — *la comida, la bebida;* assentar a comida, a bebida; digeri-la bem, sem se sentir incommodado do estomago: — *las costuras (fr. fig. fam.);* assentar as costuras, tosar alguem, espanca-lo, zurzi-lo. *Dame donde me siente, que yo haré donde me acueste (rif.);* não dar o dedo ao villão, porque te tomará a mão; diz-se dos entremettidos que por pouca confiança que se lhes dê, tomam logo mais liberdade que a devida. *Si mihi sedere liceat, etiam cubabo.*

Sentencia. *f.* Sentença, sentido, parecer, opinião. *Judicium, sententia:* — sentença; dito grave e memoravel, maxima mui sabia, discreta, que contém moralidade. *Sententia, dictum, effectum:* — *(fig.)* sentença; decisão de qualquer controversia ou disputa extra-judicial dada pela pessoa nomeada como arbitro para a julgar. *Sententia, judicium:* — sentença, condemnação; juizo de Deus contra os peccadores. *Decir sentencia a alguno (fr.);* dizer palavras offensivas e injuriosas a alguem. *Fulminar la sentencia (fr.);* fulminar a sentença; pronuncia-la quando é prejudicial a alguem. *Sententiam pronuntiare. Pronunciar la sentencia (fr.);* pronunciar a sentença; dicta-la, publica-la: — *(for.)* sentença; decisão legitima do juiz ou arbitro, de tribunal em materia litigiosa. *Sententia, æ:* — *arbitral;* sentença arbitral; a que dão os arbitros em virtude do poder ou compromissos das partes: — *definitiva;* sentença definitiva; a que o julgador, concluido o processo, dá finalmente sobre o negocio. *Decretorium, de litis summa judicium.*

Sentenciar. *a.* Sentenciar; dar ou pronunciar sentença. *Sententiam ferre, pronuntiare:* — *(fig.)* sentenciar, decidir; dar o seu parecer, juizo ou opinião ácerca de uma causa ou contenda. *Judicare, sententiam dare:* — *(fam.)* condemnar; destinar, applicar alguma cousa para um fim determinado. *Sententia, judicio despondere, destinare, adjudicare. Estar a juzgado y sentenciado (fr. for.)* V. *Juzgado.*

Sentenciaza. *f. augm.* de *Sentencia.*

Sentencion. *m. augm.* de *Sentencia.* Sentença rigorosa e excessiva. *Gravis, summa sententia.*

Sentenciosamente. *adv. m.* Sentenciosamente, judiciosamente; de modo sentencioso. *Sententiosè.*

Sentencioso, sa. *adj.* Sentencioso, grave; que contém sentenças, maximas discretas, moralidades. *Sententiosus, a, um.*

Sentenzuela. *f. dim.* de *Sentencia.* Sentençasinha; sentença leve e de pouca importancia.

Senticar. *m. (ant.)* Cardal; sitio ou terreno cheio de cardos ou espinhos.

Sentidamente. *adv. m.* Sentidamente; com sentimento, com dor, dolorosamente. *Dolenter.*

Sentidísimo, ma. *adj. sup.* de *Sentido.* Sentidissimo; muito sentido ou afflicto. *Valdè dolens.*

Sentido, da. *adj.* Sentido; que encerra ou exprime sentimento, magôa. *Plenus dolore; dolorem exprimens:* — sentido, sensivel, susceptivel; que facilmente se offende, magôa, resente de injuria, offensa, de alguma cousa que lhe digam. *Offensioni obnoxius:* — sentido; fendido, rachado, ligeiramente aberto ou quebrado. *Fissus, a, um:* — sentido, tocado, combalido; diz-se do que começa a corromper-se, a alterar-se. *Quod tabescit:* — sentido, mavioso, cheio de sentimento, eloquente, persuasivo; como: *sentido discurso, sentidas palabras;* sentido discurso, sentidas palavras: — *m.* sentido; qualquer das cinco faculdades chamados sentidos, por meio das quaes tanto o homem como os irracionaes se põem em relação com o mundo exterior; taes são o sentido do ouvido, do tacto, da vista, do olphato, do paladar. *Sensus, us:* — sentido; o entendimento ou a rasão para discernir as cousas. *Mens, entis:* — sentido, appetite; como: *dejarse llevar de sus sentidos;* deixar-se arrastar pelos seus appetites, etc.: — sentido; modo particular de entender alguma cousa, ou juizo que d'ella se forma. *Opinio, onis:* — sentido; intelligencia ou conhecimento com que se executam algumas cousas; v. g.: *leer con sentido;* ler com sentido, etc. *Sensus, us:* — sentido; significação perfeita de alguma proporção ou clausula, e n'este caso diz-se: *esta proposicion carece de sentido;* esta proposição carece de sentido, etc. *Sensus, sententia:* — sentido, accepção; significado dos termos ou palavras, como: *esta voz tiene dos sentidos, el recto y el metafórico;* esta palavra tem dois sentidos, o proprio e o figurado, etc. *Sensus, us:* — sentido; uma ou mais interpretações que se póde dar a uma proposição ou a algum escripto; como: *los diversos sentidos de la escritura;* os diversos sentidos da sagrada escriptura. *Sensus, us:* — sentido; modo de distinguir e separar um objecto de outro, o qual, na pintura, consegue-se por meio de certos toques, no bordado, com sedas de differentes cores, nos vestidos, com guarnições, enfeites, etc.: — *acomodaticio;* sentido accommodaticio; o que se dá ás palavras da sagrada escriptura, applicando-as, ou accommodando-as a outro sentido differente d'aquelle em que se dizem e entendem, segundo a sua propria e rigorosa significação. *Sensus accommodatitius:* — *comun;* senso, juizo commum; faculdade inherente a todos os seres racionaes de julgar rasoavelmente das cousas. *Sensus communis:* — *interior;* sentido interior; faculdade interior, na qual se recebem e imprimem todas as imagens dos objectos que enviam os sentidos exteriores. *Abundar en su sentido (fr.);* abundar em seu sentido; seguir a sua opinião. *Suam firmiter sententiam tenere. Con todos sus cinco sentidos (loc.);* com todos os seus cinco sentidos; com toda a attenção, advertencia, cuidado ou grande diligencia. *Attento animo; summa cura. Perder el sentido (fr.);* perder os sentidos, desmaiar.

Sentidor, ra. *adj. s. (ant.)* Sentiente, sensiente; que tem a faculdade de sentir. *Sentiens, entis.*

Sentimental. *adj.* Sentimental; que excita ou exprime sentimentos, affecto pathetico: — sentimental; diz-se da pessoa propensa a affectos, a impulsos fortes da alma. *Escuela sentimental (philos.);* escola sentimental; a que attribue a idéa do bem moral a um instincto da sensibilidade.

Sentimentalismo. *m.* Sentimentalismo; maneira de exagerar o sentimento, desnaturalisando-se, fazendo-o caír no ridiculo. Exageração dos affectos de ternura.

Sentimiento. *m.* Sentimento; percepção da alma nas cousas espirituaes, sensação intima. *Interior animi sensus, motus:* — sentimento, dor, pena, pezar, magua, desgosto. *Ærumna, æ:* — sentimento, rachadura de uma parede, vaso, etc., estado pouco solido de edificio ou outra cousa. *Vitium ædium:* — sentimento, resentimento, indignação, contra alguem. *Querimonia, querela:* — sentimento, sentido, sentença, juizo, parecer, opinião. *Judicium, opinio:* — sentimento; affecto intimo da alma: — sentimento; acção de perceber os objectos pelos sentidos. *Sensus; sentiendi actus.*

Sentina. *f. (fig.)* Sentina; receptaculo de cousas podres, de immundicias. *Sentina, æ:* — *(fig.)* causa, fonte de vicios, maldades: — *(fig.)* sentina, cloaca; logar hediondo, receptaculo de cousas torpes, foco de vicios: — *(naut.)* sentina; arca da bomba ou parte baixa do navio, onde se ajunta e corrompe a agua, e se accumulam as immundicias. *Sentina, æ. Caer en la sentina (fr. naut.);* caír na sentina; diz-se a bordo, fallando do individuo que não apparece por mais que se chame e se procura por elle.

Sentir. *a.* Sentir; perceber por meio dos sentidos as impressões dos objectos. *Sentire; sensu percipere:* — sentir; ouvir ou perceber com o sentido do ouvido. *Audire, auditu percipere:* — sentir; padecer physicamente alguma dor, falta, etc.; como: *sentir hambre, sed, etc.;* sentir fome, sêde, etc. *Dolere, pati:* — sentir; ter pena, mágua, pesar ou outros affectos do animo. *Dolere, ægrè ferre:* — sentir, julgar, entender, formar parecer ou opinião. *Judicare, existimare:* — sentir; accommodar as acções exteriores ás expressões ou palavras, ou dar-lhes o sentido que lhes corresponde. *Aptè, scitè dicere, recitare:* — sentir, presentir, antever, conhecer; antecipadamente por alguns signaes ou indicios o que ha de succeder. Diz-se especialmente dos animaes que conhecem a approximação dos temporaes e os annunciam com alguns movimentos. *Præsentire:* — *r.* sentir-se, resentir-se, offender-se; mostrar sentimento ou pezar. *Ægrè ferre; molestè affici:* — sentir-se, queixar-se; padecer alguma dor, sentir alguma indisposição; v. g.: *sentirse de la cabeza;* sentir-se, queixar-se da cabeça, etc. *Sentire, dolere:* — sentir-se; conhecer o estado em que se está em certos casos; como: *sentirse preñada;* sentir-se pejada, etc. *Sentire, nosse:* — *m.* sentir. V. *Sentimiento:* — sentimento, opinião, parecer, voto. *Sententia, æ. Sentirse ó estar sentido (fr.);* estar combalido, começar a abrir-se subtilmente ou rachar-se alguma cousa, como vidro, sino, etc. *Vitiari, dehiscere.* *Sin sentir (loc. adv.);* sem se sentir, inadvertidamente, sem conhecimento, sem cuidado. *Inscienter, inconsultò.* *Dar que sentir (fr.);* dar que sentir, causar pena e sentimento. *Sentirse bueno, malo, indispuesto, triste, alegre, etc.;* sentir-se, achar-se bem, mal, indisposto, triste, alegre, etc.

Senzido, da. *adj. (ant.)* V. *Sencido.*

Seña. *f.* Senha, signal; indicio sensivel que serve para indicar alguma cousa ou vir em seu conhecimento. *Signum, i:* — senha, signal; aceno, gesto, etc., conhecido e combinado entre duas ou mais pessoas para se entenderem. *Nutus, signum:* — V. *Señal:* — *(p. Am.)* senha; moeda de chumbo que cada loja de generos tem com a sua marca particular, para dar as demasias, quando vendem alguma cousa que vale menos de um real, e que por isso suppre as moedas mais infimas: — *(ant.)* insignia, estandarte, bandeira, guião militar. *Vexillum, signum.* *Señas mortales;* signaes de morte, certos e evidentes, que difficilmente se confundem. *Certissima et evidentia signa.* *Hablar por señas (fr.);* fallar por signaes; explicar-se por gestos, ademanes. *Nutibus loqui:* fallar por signaes; fazer acenos para dar a entender uma cousa sem a dizer, ou para chamar alguem em segredo ou que está muito distante. *Signis, nutibus aliquid explicare, aliquem accersere.* *Por señas (loc. adv.);* por signaes, por acenos. *Nutibus, per gutus.* *Por señas ó por mas señas (fr.);* por signal; em prova de ser verdade o que se affirmou, ou para se reconhecer a identidade de pessoa ou cousa. *Cujus rei est indicium; quod testatur:* — *(mil.)* senha; signal e nome que se ajunta ao santo, nas praças de armas, para se reconhecerem as patrulhas. *Verbum arcanum in excubiis agendis, militum ducibus revelatum.*

Señal. *m.* Signal; marca posta nas cousas, para as dar a conhecer e distinguir de outras. *Nota, æ:* — signal, marco, limite. *Limes, meta:* — signal; qualquer cousa que serve de fazer lembrar outra. *Signum, memoriæ monimentum:* — signal, nota ou distinctivo; usa-se á boa ou á má parte. *Nota, æ:* — signal, indicio; tudo aquillo que nos aponta alguma cousa, ou leva ao conhecimento d'ella. *Signum, i:* — signal, indicio, mostra immaterial de alguma cousa. *Indicium, argumentum:* — V. *Seña,* bandeira militar: — signal, vestigio; traço ou impressão que alguma cousa deixa, por onde se chega a conhecer ou descobrir. *Vestigium, ii:* — signal; cicatriz que fica das chagas e feridas depois de curadas. *Vibex, cicatrix:* — imagem ou representação de alguma cousa. *Species, imago:* — signal, prodigio; cousa extraordinaria e fóra da ordem natural. *Monstrum, i:* — signal; porção de dinheiro adiantado que se dá ao vendedor ou alugador, para segurança da compra ajustada ou do preço do aluguer. *Arrha, arrhabo:* — signal; demonstrações que se fazem de qualquer modo para annunciar ou executar alguma cousa ou concorrer a algum logar. *Signum, i:* — *(ant.)* signal, firma de tabellião. V. *Signo,* n'este sentido: — *(ant.)* signal, sêllo ou escudo de armas: — *(ant.)* signal, firma: — *adj. (germ.)* official de justiça: — *de borrica florentina (fam.);* acção clara e patente com que alguem dá a conhecer a segunda intenção que tem. *Dolosi animi signum:* — *de la cruz;* signal da cruz; o que os christãos fazem com a mão direita, imitando a cruz. *Signum crucis:* — *de tronco;* marca que se faz a cada cabeça de gado, cortando-lhe uma ou ambas as orelhas. *In pecudibus nota resectarum auricularum:* — *mortal;* signal de morte, symptoma mortal: — *(fig.)* signal, indicio certo e evidente de alguma cousa. *Certissimum, evidens signum.* *Dar señal (fr.);* dar signal, dinheiro adiantado para segurança de uma compra ajustada: — *de loco;* signal de doudo, acção extravagante. *Dar señal de (fr.);* dar signal de, mostrar, dar indicios de alguma cousa. *En señal (fr.);* em signal, em prova, em mostra ou penhor de alguma cousa. *In signum.* *Ni señal de tal cosa (fr.);* nem signal de tal cousa; diz-se para mostrar que uma cousa acabou ou não se acha. *Ne vestigium quidem:* — *(med.)* signal; accidente, mudança ou apparencia que induz a formar juizo do estado ou do exito da doença.

Señaladamente. *adv. m.* Signaladamente, assignaladamente, expressamente, nomeadamente, especificadamente. *Speciatim:* — assignaladamente, distinctamente; com distincção.

Señaladísimo, ma. *adj. sup.* de *Señalado.* Signaladissimo, assignaladissimo. *Valdè insignis.*

Señalado, da. *adj.* Signalado, assignalado, egregio, insigne, famoso, memoravel. *Insignis, e:* — assignalado, particular, especial, determinado.

Señalamiento. *m.* Assignalamento; acção de assignalar ou determinar hora, logar ou outra cousa similhante. *Assignatio, designatio.*

Señalar. *a.* Signalar, assignalar; marcar, pôr signal. *Signare:* — assignar, rubricar algum despacho ou decreto. *Signare:* — assignalar; chamar a attenção para alguma pessoa ou cousa, designando-a com a mão ou mostrando-a por algum signal. *Assignare, notare:* — assignalar, assignar; determinar, fixar, aprazar tempo, logar, determinar pessoa para este ou aquelle fim. *Designare:* — assignalar, marcar; fazer alguma ferida ou signal no corpo, particularmente no rosto, ficando desfigurado ou defeituoso. *Vulnere signare, deformare:* — *(fig.)* figurar; fazer um bote fingido em esgrima. *Ictum indicare:* — assignalar, annunciar; fazer signal para dar noticia de alguma cousa, como: *El castillo señaló dos naves;* o castello assignalou, annunciou dois navios. *Dare signum:* — assignar, destinar, constituir, como: *Señalar dote, una renta, etc.;* assignar dote, uma renda, etc.: — *r.* assignalar-se, distinguir-se ou singularisar-se, nobilitar-se; fazer-se illustre por algum feito honroso, acção ou qualidade louvavel. *Eminere, excellere, primas ferre:* — marcar, no jogo de cartas, os pontos que cada um vae ganhando, até se acabar o jogo. *Puncta notare.*

Señaleja. *f. dim.* de *Señal.* Signalzinho.

Señalero. *m. (ant.)* Alferes mór; o que levava o estandarte real.

Señaleza. *f. (ant.)* V. *Señal.*

Señar. *n. (ant.)* Acenar, fazer acenos ou signaes. Hoje usa-se em Aragão.

Señera. *f. (ant.)* Pendão militar.

Señeramente. *adv. m. (ant.)* Singularmente, particularmente.

Señero, ra. *adj. (ant.)* Só, solitario, separado de toda a companhia. *Solus, a, um:* — *(ant.)* dizia-se das cidades e povoações que tinham a faculdade de arvorar o seu estandarte nas acclamações dos reis. *Signum salutandi regis gratiâ tollere valens:* — assignalador; que dá signaes de alguma cousa: — V. *Sañudo.*

Señolear. *n.* Caçar com a negaça ou reclamo. *Illicio venari:* — *a.* pôr a negaça a um falcão.

Señor. *m.* Senhor; dono de qualquer cousa, que tem dominio sobre ella. *Dominus, i:* — senhor, chefe, dominador, potentado; o que possue algum estado ou logar. *Dynasta, æ:* — senhor; termo de cortezia, fallando com alguma pessoa, aindaque seja igual ou inferior. *Dominus i:* — senhor; amo, a respeito dos creados: — senhor; por antonomasia, applica-se a Deus. *Dominus, i:* — *(fam.)* sogro. *Socer, i:* — mestre de escola; usa-se em algumas partes: — *adj. (fam.)* senhoril, nobre, decoroso; proprio de senhor, de pessoa garbosa, fallando especialmente de modos, trajes e cores: — *de horca y cuchillo;* senhor de baraço e cutello; aquelle que tinha direito e jurisdicção para castigar até com pena de morte: — *del argamandijo.* V. *Argamandijo:* — *de salva (ant.);* personagem de muita distincção e de alta gerarchia: — *de sí;* senhor de si; em perfeito juizo, sem perturbação, sem paixão, que conserva sangue frio no meio dos lances difficeis e arriscados. *Sui compos; mente firmatus:* — *mayor;* homem muito idoso. *Ætate provectus. Gran señor;* grão senhor, grão turco, imperador da Turquia. *Turcarum imperator. Ninguno puede servir a dos señores;* ninguem pôde servir a dois senhores; é proverbio tirado do Evangelho. *Nemo potest duobus dominis servire. Quedar señor del campo (fr. mil.);* ficar senhor do campo; vencer a batalha, tendo afugentado d'elle o inimigo. *Fugatis hostibus campo potiri:* *(fig.)* ficar senhor do campo; ficar vencedor em qualquer disputa ou contenda. *Victorem se gerere. Sirve a señor y sabrás de dolor (rif.);* serve a senhor, saberás que é dor. *Divitibus et magnatibus famulari, dura et ingrata servitus. Haz lo que tu señor te manda, y comerás con el a la mesa (rif.);* faz o que manda teu senhor, e assentar-te-has com elle ao sol.

Señora. *f.* Senhora; por antonomasia, a Virgem Maria. *Sancta Maria Virgo:* — senhora; ama ou dona de casa, a respeito de seus creados. *Hera, æ:* — *(fam.)* sogra. *Socrus, us:* — mestra, mulher do mestre de escola; diz-se em algumas partes: — *de honor;* dama de honor; titulo que se dá no palacio real ás que têem cargo inferior ás damas. *Femina quibusdam honestis, non tamen primariis officiis fungens in domo regia:* — *mayor;* senhora muito idosa, de idade provecta. *Ætate provecta.*

Señoraje. *f.* Senhoreage. V. *Señoreaje.*

Señorazo, za. *s. aug.* de *Señor* e *Señora.* Senhoraço, senhoraça; grande senhor ou senhora. Só usado hoje em estylo jocoso. *Affectatæ nobilitatis homo.*

Señorcico, ca, llo, lla, to, ta. *s. dim.* de *Señor* e *Señora.* Senhorito, senhorita, menino ou menina nobre, senhor de pequeno senhorio e mulher menos graduada.

Señoreador, ra. *s. (ant.)* Senhoreador, dominante; o que senhorea, domina. *Dominator, oris.*

Señoreaje. *f.* Senhoreage ou senhoreagem; direito que se paga em reconhecimento do senhorio, e especialmente se diz do que el-rei percebe pela casa da moeda. *Vectigal pro dominatu.*

Señorear. *a.* Senhorear, dominar; mandar em alguma cousa como senhor ou dono d'ella. *Dominari, imperare:* — senhorear, assenhorear; tomar, dominar como senhor, apoderar-se de alguma cousa, conquista-la, sujeita-la ao seu dominio. Usa-se frequentemente como reciproco. *Subjicere; suo imperio submittere, occupare:* — senhorear, dominar; estar sobranceiro, a maior altura que outra cousa. *Supereminere:* — senhorear, dominar; sujeitar as paixões á rasão, enfrea-las. *Dominare, subjicere:* — tratar por senhor repetidas vezes, dar este tratamento a alguem fóra de proposito. *Dominum iteratò aliquem appellare:* — *(fig.)* fazer de senhor, mandar imperiosamente, e dispor das cousas como se fossem suas.

Superbè agere, imperare: — *r.* senhorear-se, apossar-se, fazer-se senhor: — *r.* usar de gravidade no porte, ter modos senhoris, tratar-se senhorilmente. *Magnificè, graviter se gerere.*

Señoría. *f.* Senhoria; tratamento que se dá a certas pessoas constituidas em dignidade, acima de mercê e inferior a excellencia: — senhoria; pessoa a quem se dá este tratamento. *Qui hujuscemodi jure potitur:* — V. *Señorio,* dominio ou mando: — senhoria, senhorio; governo de algum estado particular, que se rege como republica, e n'este caso dizia-se: *la señoria de Venecia, de Génova, etc.;* o senhorio de Veneza, de Genova, etc. *Respublica, æ:* — senado que governa algum estado particular. *Senatus reipublicæ.*

Señorial. *adj.* Senhorial; pertencente ao senhor de estados ou de povos, e ao senhorio ou suas dependencias.

Señorico, ca, llo, lla, to, ta. *s. dim.* de *Señor.* Senhorito, senhorita; filho dos senhores ou grandes, e por cortezia diz-se em Hespanha do filho de qualquer outro sujeito de representação, e em Portugal, senhor ou senhora. *Dynastæ filius:* — menino; hoje os creados empregam quasi sempre este termo (*señorito,* em hespanhol) alludindo ao filho ou filha de seus amos, e tambem ao irmão solteiro que vive na mesma casa: — *(fig.)* petimetre; rapaz affectado, adamado, que affecta ar senhoril: — *(fig.)* homem que faz de senhor, que manda com imperio. *Señorita de Numidia;* senhorita de Numidia; especie de aves do genero antropoide; é de côr parda azulada, com a cabeça e parte do collo pretos, e tem em cada olho um penacho de pennas brancas compridas e flexiveis que pendem para trás.

Señoril. *adj.* Senhoril; proprio de senhor, pertencente ao senhor. *Dominicus, nobilis:* — senhoril, nobre, magestoso, garboso; proprio de pessoas de alta gerarchia. Usa-se tambem em sentido ironico.

Señorilmente. *adv. m.* Senhorilmente; de modo senhoril, com garbo e gravidade.

Senorío. *m.* Senhorio, dominio, mando. *Dominium, dominatus:* — senhorio, auctoridade; direito sobre alguma cousa: — senhorio; territorio pertencente ao senhor. *Ditio, onis:* — senhorio, districto; direitos de jurisdicção que tinham os senhores feudaes: — imperio, dominio sobre as paixões. *Dominium, imperium:* — imperio; auctoridade que uma pessoa quer exercer sobre as mais sem lhe competir: — *(fig.)* ar senhoril, gravidade no porte e acções. *Majestas, dignitas, gravitas:* — *(ant.)* senhorio; estados ou dominios de um imperador, rei, etc., em contraposição aos das republicas que se chamavam senhorias. *Lugar de señorio;* senhorio, terra senhorial.

Señorizar. *a. (ant.)* V. *Señorear.*

Señoron, na. *adj.* Senhoraço, senhoraça, mui senhor ou mui senhora.

Seños. *adj. pl. (ant.)* Senhos, diversos, distinctos, cada um em separado.

Señuelo. *m.* Negaça; passaro fingido de couro com que se chama o falcão que não volta. Por extensão diz-se de qualquer outra cousa que serve para este fim. *Illicium, ii:* — *(fig.)* negaça, engodo, alliciação; qualquer cousa que attrahe, persuade ou induz. *Illicium, illecebra:* — V. *Cimbel.*

Seo. *f. (p. Ar.)* Sé, igreja cathedral.

Sépalo. *f. (bot.)* Sepala; cada uma das peças que compõem o calice das flores.

Sepancuantos. *m. (fam.)* Batibarba, castigo, reprehensão. *Objurgatio, castigatio.*

Separable. *adj.* Separavel; que se pôde separar. *Separabilis, le.*

Separacion. *f.* Separação; acção de separar uma cousa de outra. *Separatio, onis:* — separação, divisão, partição: — separação, afastamento, distancia: — separação; cousa que separa; como: *esta puerta, este tabique es la única separacion de los dos cuartos;* esta porta, este tabique é a unica separação dos dois quartos, etc.: — separação, desmembramento.

Separadamente. *adv. m.* Separadamente, apartadamente; com separação. *Sejunctim:* — separadamente, apartadamente, á parte, sobre si, cada um de per si.

Separador, ra. *s.* Separador; o que separa ou aparta. *Separans, dividens, divisor:* — cirurgião que disseca um cadaver.

Separante. *p. a.* Separante; o que separa. *Separans, antis.*

Separar. *a.* Separar, apartar, pôr distante, desunir. *Separare:* — separar, divorciar: — separar, apartar os novilhos da manada, levando-os para pastos onde não estejam as mães: — dissecar um cadaver: — *r.* separar-se, apartar-se, cessar a união, dividir-se uma cousa de outra. *Separari, divelli, disjungi:* — separar-se, apartar-se; deixar-se, abster-se de alguma cousa, renuncia-la, abandona-la. *Abstrahi, sejungi:* — *(for.)* separar-se, apartar-se, desistir de uma acção juridica. *Desistere.*

Separatistas. *m. pl. (rel.)* Separatistas; sectarios inglezes do tempo de *Izabel* e de *Jacob I,* que só se distinguiam dos reformados pela extraordinaria santidade que affectavam.

Separativo, va. *adj.* Separativo; que separa ou tem virtude de separar. *Separare valens.*

Separatorio. *m. (chim.)* Separatorio; vaso de separar os licores, é oblongo e tem dois orificios, um por onde entra o liquido e outro mui estreito no fundo, por onde sáe.

Sepedon. *m. (zool.)* Sepedon (*putrefacção*); genero de insectos dipteros da familia dos athericeros, tribu dos muscidos: — sepedon; genero de reptis saurios da familia dos scincoideos, cuja especie typica vive na Europa.

Sepedonio. *m. (bot.)* Sepedonio; genero de cogumelos do grupo dos esporotricheos, cuja especie typica é notavel pela sua linda côr amarella doirada.

Sepelir. *a. (ant.)* V. *Sepultar.*

Sepia. *f.* Siba; liquido negro contido n'um saco do animal do mesmo nome, com o qual se prepara uma tinta que serve para desenhar: — *(zool.)* siba. V. *Gibia.*

Sepiario, Sepícola. *adj. (hist. nat.)* Sepicola; que vive nas sebes e moutas.

Sepidio. *m. (zool.)* Sepidio; genero de insectos coleopteros heteromeros da familia dos melasomos.

Sepiera. *f. (art.)* Especie de nassa para pescar sibas; usa-se nas costas de Levante.

Sepiola. *f. (zool.)* Sepiola; genero de molluscos cephalopodas, cuja especie typica vive no Mediterraneo.

Sepiotéuto. *m. (zool.)* Sepioteuto; genero de molluscos cephalopodas.

Seposicio. *m. (ant.)* Seposição, empenho, supplica para obter alguma cousa. V. *Empeño.*

Sépside. *m. (zool.)* Sepside *(putrefacção)*; genero de insectos dipteros da familia dos athericeros.

Sepsídeos. *m. pl. (zool.)* Sepsideos; subtribu de insectos dipteros da tribu dos muscidos.

Sepsiquimia. *f. (med.)* Sepsichimia; tendencia dos humores á putrefacção.

Sepsis. *f. (med. inus.)* Sepsis, corrupção, putrefacção.

Septa. *f. (bot.)* Septa; genero de plantas da familia das crasulaceas.

Setemlobulado, da. *adj. (bot.)* Setemlobulado; que é dividido em sete lobulos.

Septennervado, da. *adj. (bot.)* Septemnervado; diz-se da planta cujas folhas têem sete nervuras.

Septenario. *m.* e *adj.* V. *Setenario.*

Septenfoliado, da. *adj. (bot.)* Septemfoliado; diz-se da planta cujas folhas são compostas de sete foliolos.

Septenio. *m.* V. *Setenio.*

Septeno, na. *adj.* V. *Seteno,* porém menos usado.

Septentrion. *m.* V. *Setentrion.*

Septentrional. *adj.* V. *Setentrional.*

Septenvirato. *m.* Septemvirato; dignidade de septemviro. *Septemviratus, us.*

Septenviro. *m. (hist.)* Septemviro; titulo de sete magistrados e pretores romanos, encarregados de preparar e ordenar as solemnidades publicas, de dividir e distribuir as terras aos colonos e de julgar as causas relativas a estas divisões ou distribuições. *Setemvir, iri.*

Septerion. *m. (hist.)* Septerion; festa celebrada em Delphos, de nove em nove annos, em honra de Apollo, vencedor da serpente Python.

Séptico, ca. *adj. (med.)* Septico, putrefactivo; que faz apodrecer, que causa putrefacção nas carnes sem muita dor. Diz-se particularmente de certos venenos que determinam affecções gangrenosas.

Septicoloro, ra. *adj.* Septicolor; assignalado ou marcado com sete cores.

Septidí. *m.* Septidi; setimo dia da decada no calendario republicano francez.

Septiembre. *m.* V. *Setiembre.*

Septífero, ra. *adj. (bot.)* Septifero; que tem septos ou membranas divisorias.

Septiforme. *adj. (bot.)* Septiforme; que tem a fôrma de septo ou tabique.

Septifrago, ga. *adj. (bot.)* Septifrago; que se abre pela ruptura dos tabiques ou membranas.

Séptima. *f.* V. *Sétima.*

Séptimamente. *adv. m. (ant.)* V. *Sétimamente.*

Septimatrias. *f. pl. (hist.)* Septimatrias; festas de Minerva, que se celebravam no septimo dia depois dos idos de março.

Séptimo, ma. *adj.* Setimo. V. *Sétimo.*

Septimoncias. *f. pl. (hist.)* Septimoncias; festas que se celebravam em Roma no mez de dezembro, desde que o setimo monte foi incorporado á cidade.

Septizonio. *m. (hist.)* Septizonio; edificio rodeado de sete ordens de columnas, dos quaes houve dois em Roma.

Septronista. *s. (hist.)* Septronista; nome por que se designa nas decretaes aos Valdenses ou pobres de Lyão.

Septuagenario, ria. *adj.* V. *Setuajenario.*

Septuagésima. *f.* V. *Setuajésima.*

Septuagésimo. *adj.* V. *Setuajésimo.*

Septula. *f. (bot.)* Septula ou septo; nome dado por alguns naturalistas ao tabique ou repartimento que divide em cellulas a anthera das orchideas.

Septulífero, ra. *adj. (bot.)* Septulifero; diz-se do que tem interiormente um septo ou tabique pequeno.

Septuncial. *adj.* Septuncial; composto de sete onças. *Septuncialis, le.*

Septunx. *m.* V. *Sétunx.*

Septuplicar. *a.* V. *Setuplicar.*

Septuplo, la. *adj.* V. *Sétuplo.*

Sepulcral. *adj.* Sepulcral ou sepulchral; de sepulchro, que respeita a sepulchro. *Sepulchralis, le:* — sepulchral; que contém sepulchros; v. g.: *capilla sepulcral;* capella sepulchral: — *(fig.)* sepulchral, medonho, surdo, que parece saír do fundo de um sepulchro; v. g.: *voz sepulcral, ruido sepulcral;* voz sepulchral, ruido sepulchral: — *(fig.)* sepulchral, pallido, triste, sombrio. *Losa sepulcral;* pedra, lousa sepulchral, campa: — *m. (rel.)* sepulchral; membro de uma seita que sustentava que se devia entender por sepulchro a palavra infernos, onde o *credo* diz que desceu Jesus.

Sepulcro. *m.* Sepulcro ou sepulchro; tumulo, sepultura ornada, monumento ordinariamente de pedra, que se construe levantado da terra para n'elle se metter o cadaver de alguma pessoa, e honrar e fazer mais duradoura a sua memoria. *Tumulus, sepulchrum:* — sepulchro; logar em alguma capella, fechado com vidros, onde está mettida a imagem do Senhor morto. *Sepulchrum, i. Santo sepulcro;* santo sepulchro; a urna em que se expõe o corpo de Jesus Christo morto: — *(fig.)* sepultura; diz-se do mar relativamente aos marinheiros, de uma terra onde morre muita gente, etc.

Sepultador. *m.* Enterrador, coveiro; o que abre covas ou sepulturas para enterrar algum cadaver. *Sepeliens, entis.*

Sepultar. *a.* Sepultar, enterrar, inhumar; dar sepultura ou subterrar, recolher o cadaver ou os ossos na sepultura. *Sepellire:* — *(fig.)* sepultar; esconder ou encobrir uma cousa de modo que não se veja ou não se conheça ou que se esqueça. *Sepelire, abscondere. La tierra estaba sepultada en tinieblas;* a terra estava sepultada em trevas: — *(fig.)* sepultar, confundir, amortecer, reduzir a estado abjecto: — *r. (fig.)* sepultar-se, enterrar-se, mergulhar-se, engolfar-se. *Sepultarse vivo (fig.);* enterrar-se vivo; deixar o mundo, o tumulto, apartar-se, retirar-se de todo o trato mundano.

Sepulto, ta. *p. p. irreg.* de *Sepelir.* Sepulto, sepultado.

Sepultura. *f.* Sepultura, inhumação; acção e effeito de sepultar. *Sepultura, æ:* — sepultura; cova, logar onde se sepulta o cadaver. Tambem se chama sepultura a cova ou jazigo que encerra o cadaver. *Sepultura, fossa cadaveribus adservandis. Dar sepultura (fr.);* dar sepultura, jazigo, sepultar. *Llevar a la sepultura (fr. fig.);* levar á sepultura; causar a morte. *Irse a la sepultura;* descer á sepultura.

Sepulturero. *m.* Sepultureiro, coveiro; o que enterra por officio. *Vespillo, onis.*

Sequedad. *f.* Sequidade, seccura, sequidão; falta de humidade, de chuva, sêde. *Siccitas, ariditas:* — seccura; escassez ou falta de fructos em algum paiz, aridez ou esterilidade d'elle; e por extensão diz-se d'aquellas cousas que deveriam offerecer utilidade, mas que não dão producto. *Ariditas, infœcunditas, inopia:* — expressão secca, dura, aspera, desabrida. Usa-se mais ordinariamente no plural. *Gravia et aspera verba:* — *(fig.)* seccura, sequidão, frieza, desabrimento, desapego; aspereza e dureza de genio, falta de carinho, modo secco, pouco affavel de tratar. *Siccitas, asperitas:* — *(fig.)* seccura, sequidão, aridez, esterilidade; falta de doçura e eloquencia no estylo. *Siccitas, ariditas, inopia:* — *(fig.)* seccura, sequidão, aridez; falta de fervor, insensibilidade, estado da alma que não sente conforto nos exercicios de devoção; diz-se em sentido mystico. *Siccitas, ariditas.*

Sequedal. Sequeral. *m.* Sequeiro; terreno arido, mui secco e infecundo. *Siccaneus ager.*

Sequera. *f.* V. *Sequedal.*

Sequería. *f.* Acção de seccar peixe.

Sequero. *m.* V. *Secano:* — V. *Secadero. De sequero (loc. adv.)* V. *En seco.*

Sequeroso, sa. *adj.* Sequioso, sequinhoso, secco; falto de humidade, de succo. *Siccus, aridus.*

Sequete. *m.* Pedaço, bocado de pão, bolo ou rosquinha, secco e duro. *Frustum panis siccum, durius:* — golpe, encontrão ou impulso que se dá a alguma cousa para conter ou cortar o movimento de outra. *Firmus impulsus:* — *(fig.)* seccura, sequidão, frieza; aspereza no trato ou modo de responder, desabrimento, genio pouco affavel. *Duritas, asperitas.*

Sequía. *f.* Secca; falta de chuva: — seccura da bôca, da guela, causada pela sêde ou falta de saliva: — seccura, secca, esgotamento, estado de cousa que seccou.

Sequier, Sequiere. *conj. (ant.)* V. *Siquiera.*

Sequilla. *f. dim.* de *Seca.* Seccasinha, secca de pouco tempo.

Sequillada. *f. (ant.)* Sequito, acompanhamento.

Sequillo. *m.* Sequilho ou sequilhos; bolinhos, rosquinhas de massa secca de farinha, de varios temperos e feitios. *Bellarium ex massa saccharoque.*

Sequío. *m.* V. *Secano.*

Séquito. *m.* Sequito, comitiva, acompanhamento; gente que acompanha por obsequio, etc. *Comitatus, us:* — fama, voga, aura popular, aceitação, estimação ou applauso commum. *Aura popularis, gratia.*

Sequizo, za. *adj.* Secco por natureza. Diz-se especialmente das fructas que têem pouco succo. *Siccaneus, a, um.*

Ser. Ser; verbo substantivo, anomalo e auxiliar, que serve para a conjugação de todos os mais verbos na voz que se chama passiva, e significa em geral existir, estar, viver. *Esse:* — ser; servir, aproveitar para alguma cousa; como: *Pedro no es para esto;* Pedro não é para isto: — ser, estar em algum logar ou situação. *Esse, adesse:* — ser; succeder, passar, acontecer; v. g.: *cómo fue ese caso?* Como foi isso? etc. *Esse, accidere, contingere:* — ser, valer, custar, fallando do preço das cousas; e assim se pergunta nas compras: *a cómo es lo que se vende?* Quanto é, quanto custa essa cousa? *Multi, parvi esse:* — ser; pertencer a alguem, ao seu dominio ou senhorio; v. g.: *este jardim es de fulano;* este jardim é de fulano, etc. *Esse:* — ser, pertencer, tocar; como: *este proceder no es de hombre de bien, etc.;* este proceder não é de homem de bem, etc. *Esse:* — ser, pertencer ou tocar, fallando de communidade, numero ou qualidade, e tambem se junta com a preposição *de, v. g. es del consejo, etc.;* é do conselho, etc. *Esse:* — ser; ter principio, origem ou natureza, fallando dos logares ou paizes; como: *Antonio és de Madrid;* Antonio é de Madrid. *Esse:* — ser; nas proposições significa a relação que o predicado tem com o sujeito: — ser; serve para affirmar ou negar. *Hoc esse, ita esse:* — ser; junto com os nomes que significam emprego, occupação ou ministerio, significa exercita-los ou occupar-se n'elles; como: *es capitan, es gobernador, etc.;* é capitão, é governador, etc. *Esse:* — ser; junto com os nomes e participios de outros verbos, vale ter as qualidades ou propriedades d'aquillo que os taes nomes significam. *Esse:* — *m.* ser; essencia ou natureza. *Natura, essentia:* — ser, ente. V. *Ente. Ens, entis:* — ser, valor, preço, força, estimação das cousas; v. g.: *en esa palabra está todo el ser de la proposicion;* n'essa palavra está todo o ser, toda a força da proposição, etc. *Pretium, vis:* — ser; modo de existir. *Natura, æ. Ser con alguno (fr.);* ser com alguma pessoa; opinar como ella. *Cum aliqua sentire:* — *de alguno (fr.);* ser de alguem; seguir o seu partido ou opinião, ser-lhe affeiçoado. *Pro aliquo stare:* — *de sobre sí mismo (fr.);* ser a seu cargo, á sua conta: — *en que se haga una cosa (fr.);* ser de parecer que se faça uma cousa, opinar que se faça, concorrer ou contribuir para isso: — *en uno.* V. *Casarse. Serle mal contado a uno (fr.)* V. *Contado:* — *que otro (fr.);* se fosse outro; usa-se para dar a entender o que devia fazer o individuo de quem se falla na materia alludida. *Érase que se era;* era uma vez; expressão familiar com que a gente ordinaria costuma dar principio aos seus contos e relações. *Sic habe, sic habete. Sea lo que fuere ó sea lo que sea (loc.);* seja o que for, seja como for. *Quomodocumque se res habeat. Sea ó no sea;* seja ou não seja, quer seja quer não; expressão com que, prescindindo da existencia de alguma cousa, se passa a tratar do assumpto principal. *Sit vel non sit. Soy con usted (loc.);* eu já lhe fallo, já lhe presto attenção; diz-se para prevenir alguem que espere um pouco, para tratar do seu negocio ou dependencia, como desculpando-se com o que está tratando com outra pessoa. *Tecum adsum; quam primum adsto. En ser (loc. adv.);* no mesmo ser; sem se ter gasto, mudado, consumido ou desfeito. *Integra, immutata re. Esto es (loc. adv.);* isto é, quer dizer. *Sendo Dios servido (loc.);* sendo Deus servido, se Deus quizer. *Es quien es (loc.);* é quem é; diz-se de uma pessoa que obra conforme á sua qualidade, classe ou emprego. *Generoso sanguini respondet; suæ nobilitatis signa dat. Si yo fuera que fulano (loc.);* se eu estivesse no logar de fulano. *Si in ejus loco essem.*

Sera. *f.* Seira ou ceira; especie de esporta grande, ordinariamente sem azas, que serve para conduzir carvão e outras cousas. *Fiscina, sporta.*

Serado. *m.* V. *Seraje.*

Seráfico, ca. *adj.* Seraphico; de seraphim, parecido com um seraphim. Dá-se este epitheto a S. Francisco de Assis, e á ordem religiosa que fundou. *Seraphicus, a, um. Hacer la seráfica (fr. fig. fam.);* fazer-se hypocrita, fingir devoção, affectar virtude e modestia para conseguir os seus fins. *Astu et hypocrisi modestiam, humilitatem simulare.*

Serafin. *m.* Seraphim; anjo da primeira hierarchia, assim denominado por ser mui resplandecente. *Seraphin:* — *(fig.)* seraphim; pessoa mui bella, formosa, de indole celeste. *Seraphin:* — seraphim; moeda de prata que se usa na India. *Monetâ quædam. Órden de los serafines (hist.);* ordem dos seraphins; ordem de cavallaria estabelecida em Suecia, no anno de 1335, pelo rei Magno IV. Esta ordem foi dedicada a Jesus Christo, e os cavalleiros traziam o nome do Salvador n'um ovado que pendia de um collar composto de seraphins, alternando com cruzes patriarchaes.

Serafina. *f.* Seraphina; estofo feito de lã, cujo tecido é muito similhante á baeta, mas mais tapado que esta, e tem diversidade de flores e outros debuxos. *Tela quædam lanea.*

Serafita. *f. (bot.)* Seraphita; genero de plantas da familia das orchideas.

Seraje. *m.* Copia, quantidade de ceiras ou alcofas, especialmente de carvão. *Sportarum, fascinarum cumulus.*

Serangodo. *m. (zool.)* Serangodo; genero de insectos coleopteros heteromeros da familia dos estenelytros.

Serapia. *f. (bot.)* Serapia; genero de plantas da familia das orchideas.

Serafino. *m.* V. *Sagapeno.*

Serasquier. *m. (hist.)* Seraskier; official general ou governador de provincia no imperio ottomano. *Dux exercitûs apud turcos.*

Serba. *f.* Sorva; fructo da sorveira. *Serbum, i.*

Serbal. *m. (bot.)* Sorveira; genero de plantas da familia das pomaceas, cujas especies são arvores ou arbustos indigenas de ambos os continentes. A que lhe serve de typo cresce espontaneamente nas montanhas da Europa meridional. O seu fructo é muito saboroso e dá por meio da fermentação um liquido vinoso.

Serbo. *m. (prov.)* V. *Serbal.*

Serdañí. *f. (germ.)* Navalha.

Serear. *n. (germ.)* Cornear.

Serenar. *a.* Serenar, aquietar, acalmar, aclarar, socegar, tranquillisar, o tempo, o mar, etc. Usa-se tambem como neutro e como reciproco. *Quiescere, sedare:* — serenar; expor ao sereno. *Nocturno frigori aliquid exponere:* — assentar; precipitar-se, ou vir abaixo o sedimento ou pé de algum licor. Usa-se frequentemente como reciproco. *Turbida seda-*

ri: — serenar, amansar, assentar, socegar, pacificar, o animo, a ira, o semblante, etc. Usa-se tambem como reciproco. *Frontem serenare:* — *(fig.)* serenar; socegar, apaziguar disturbios ou tumultos. *Sedare, placare, tranquillum reddere.*

Serenata. *f.* Serenata; musica vocal e instrumental que se executa de noite, debaixo ou defronte das janellas de alguma casa, por obsequio. *Festi conventûs symphonia.*

Serenero. *m.* Capota; especie de touca que as mulheres usam, para se garantirem do sereno e frio da noite. *Capitis velamen muliebre:* — *m. (p. Mex.)* V. *Sereno*, na quarta accepção.

Serení. *m.* Canôa, pequena lancha para serviço dos navios. *Parva cimba:* — nome de uma cantiga ou copla popular em Hespanha.

Serenidad. *f.* Serenidade, claridade; estado sereno do ar, limpo de nevoeiros, nuvens ou chuvas. *Serenitas, atis:* — serenidade; titulo de honra que se dá a alguns principes e aos primeiros magistrados de certas republicas. *Serenitas, atis:* — *(fig.)* serenidade, socego; estado tranquillo do animo, do semblante. *Animi tranquillitas:* — *(germ.)* descaramento, impudencia, desaforo, falta de vergonha: — *de conciencia;* serenidade, socego de consciencia; satisfação que resulta de obrar bem. *Conscientiæ quies, securitas:* — *del animo;* serenidade do animo, sangue frio, presença de espirito.

Serenísimo, ma. *adj.* Serenissimo; titulo de honra que se dá em algumas nações aos principes e filhos de reis. *Serenissimus, a, um.*

Sereno, na. *adj.* Sereno, claro, limpo, sem nevoas, nuvens, chuveiros; diz-se do ar, tempo, céu. *Serenus, sudus:* — *(fig.)* sereno, tranquillo, socegado, não turvado; diz-se do rosto, animo, etc. *Serenus, tranquillus, quietus, placatus:* — *m.* sereno, relento; o ar humido, orvalhoso, vaporoso da noite. *Noctis propria temperies, humiditas:* — *m.* sereno; policia hespanhol encarregado de rondar de noite as ruas, annunciar os incendios, evitar os roubos, e de dizer em voz alta de vez em quando o estado do tempo e as horas que são. Corresponde em parte á antiga policia de Lisboa, cujos individuos eram vulgarmente conhecidos pelo nome de morcegos. *Nocturnus urbis lustrator:* — *(germ.)* descarado, impudente, desavergonhado. *Al sereno (loc. adv.);* ao sereno, ao relento. *Subdiu. Dias serenos (poet.);* dias serenos, felizes, affortunados. *Gota serena (med.);* gota serena, amaurose; doença que tira a vista sem lesão apparente ou opacidade dos humores do olho, e consiste na paralysia da retina e nervo optico.

Serentia. *f. (zool.)* Serentia; genero de insectos hemipteros.

Serfo. *m. (zool.)* Serpho; genero de insectos hymenopteros da tribu dos proctotrupios.

Sergenta. *f.* V. *Serjenta.*

Serialaria. *f. (zool.)* Serialaria; genero de polypeiros bryozoarios.

Sériamente. *adv. m.* Seriamente; com seriedade, devéras. *Seriò, graviter.*

Seriario, ria. *adj. (philos.)* Seriario; pertencente á serie ou que se faz por series.

Seriatóporo. *m. (zool.)* Seriatoporo; genero de polypeiros lamelliferos, madreporaceos, composto de sete especies.

Sericatos. *m. pl. (zool.)* Sericatos ou sericati; familia de aves da ordem dos passaros, creado por alguns naturalistas para comprehender as especies que têem o bico curto, fendido e deprimido na base.

Sericestio. *m. (zool.)* Sericesthio *(vestido de seda);* genero de insectos coleopteros pentameros da familia dos lamellicornes.

Sericícola. *adj.* Sericola; concernente á cultura da seda, isto é, á cultura da amoreira e á creação dos bichos de seda.

Sericicultura. *f.* Sericultura; cultura da seda, a qual abrange o cultivo da amoreira e a creação dos bichos de seda.

Sérico, ca. *adj. (ant.)* Serico; de seda, feito de seda. *Sericus, a, um:* — serico; pertencente á Serica, antigo paiz que parece corresponder hoje ao que se chama Tartaria chineza.

Sericocarpo. *m. (bot.)* Sericocarpo; genero de plantas da familia das compostas.

Sericocera. *f. (zool.)* Sericocera *(antenna setácea);* genero de insectos dipteros da familia dos atheryceros.

Sericodera. *f. (zool.)* Sericodera *(collo de seda);* genero de insectos coleopteros pentameros da familia dos carabicos.

Sericodero. *m. (zool.)* Sericodero *(collo de seda);* genero de insectos coleopteros heteromeros da familia dos taxicornes.

Sericogastro. *m. (zool.)* Sericogastro *(ventre sedoso);* genero de insectos hymenopteros da tribu dos respianos: — sericogastro; genero de insectos coleopteros subpentameros da familia dos longicornes.

Sericoide. *m. (zool.)* Sericoide; genero de insectos coleopteros subpentameros da familia dos lamellicornes.

Sericomia. *f. (zool.)* Sericomya *(mosca setacea);* genero de insectos dipteros da familia dos atheryceros.

Sericóride. *m. (zool.)* Sericoride; genero de insectos lepidopteros da familia dos nocturnos.

Sericosomo. *m. (zool.)* Sericosomo *(corpo de seda);* genero de insectos coleopteros pentameros da familia dos serricornes.

Sericostoma. *f. (zool.)* Sericostoma *(bôca sedosa);* genero de insectos nevropteros da tribu dos friganios.

Sericostomitos. *m. pl. (zool.)* Sericostomitos; grupo de insectos nevropteros da tribu dos friganios, que tem por typo o genero sericostoma.

SERICOTRIPE. *m. (zool.)* Sericothripe; genero de insectos thysanopteros da familia dos thripsideos.

SÉRIDE. *m. (bot.)* Seride; genero de plantas da familia das compostas, cujas especies são herbaceas ou vivaces.

SERIDIA. *f. (bot.)* Seridia; genero de plantas da familia das compostas, que contém duas especies indigenas da Europa.

SERIE. *f.* Serie; continuação ordenada e successiva de cousas, numero de cousas seguidas. *Ordo, tractus, series:* — *(geol.)* serie; reunião ou conjuncto de muitas formações de terrenos, devida a uma causa particular e sem analogia com a serie que a precede ou segue: — *metamórfica;* serie metamorphica. V. *Serie pluto-neptuniana:* — *neptuniana;* serie neptuniana; reunião de terrenos cuja formação é devida á agua. Esta serie, apesar de ser superior pela sua origem ás series plutonica e metamorphica, contém, não obstante, algumas rochas modificadas pelo fogo, e tambem rochas igneas; por isso alguns geologos comprehendem n'esta serie a maior parte das rochas metamorphicas: — *pluto neptuniana;* serie pluto-neptuniana; reunião de rochas devidas á acção da agua e de uma temperatura elevada. Está situada sobre a serie plutonica, da qual se distingue pela sua estratificação, e é tambem conhecida pelo nome de serie metamorphica: — *plutónica;* serie plutonica; reunião de rochas igneas ou de terrenos devidos á acção ignea. Esta serie é a mais antiga do globo, e forma, por assim dizer, a sua armação ou esqueleto. As rochas de que é composta, crystallisadas e sem nenhuma estratificação, não contêem resto algum fossil: — *volcánica;* serie vulcanica; quarta serie geologica, formada pela serie plutonica que se estende até á superficie do globo, internando-se e subindo pelas suas aberturas. As rochas que compõem esta serie são analogas ás resultantes das formações graniticas, porém alteradas, ao passar pelas outras séries, no que diz respeito ás suas fôrmas e cores.

SERIEDAD. *f.* Seriedade, gravidade, modo, ar, gesto serio. *Gravitas, severitas:* — seriedade, sinceridade no trato. *Sinceritas, atis:* — severidade, rigor, aspereza; ar, modo, olhar severo. *Severitas, atis.*

SERIFIO. *f. (bot.)* Seriphio; genero de plantas da familia das compostas.

SERIJO. *m.* Ceirinha; ceira pequena para metter passas, figos ou outras cousas similhantes. *Fiscus, fiscellus.*

SERILLO. *m.* V. *Serijo.*

SERINETA. *f. (zool.)* Serinetha; genero de insectos hemipteros da familia dos lygeidos.

SERINJIA. *f. (bot.)* Seringia; genero de plantas da familia da bytneriaceas.

SERIO, RIA. *adj.* Serio, sisudo, grave; composto, modesto nas acções e no modo de proceder. Tambem se diz das acções. *Serius, a, um:* serio, severo no semblante, no olhar, no modo de fallar. *Gravis, severus:* — serio; sincero e verdadeiro, sem dobrez, sem dissimulação ou engano. *Simplex, sincerus:* — serio, grave, importante; de consideração, que exige ponderação; como: *negocio serio, enfermedad seria;* negocio serio, doença seria, etc. *Magnus, gravis:* — serio, magestoso, grave; como: *funcion seria;* funcção seria. *Gravis, e.*

SERIOLA. *f. (bot.)* Seriola; genero de plantas da familia das compostas: — *f. (zool.)* seriola; genero de peixes acanthopterygeos da familia dos escomberoideos.

SERISCIO. *m. (zool.)* Seriscio; genero de insectos coleopteros heteromeros da familia dos melasomos.

SERISA. *f. (bot.)* Serissa; genero de plantas da familia das rubiaceas.

SERISTERIO. *m. (philos.)* Seristerio; no systema societario de Fourier, diz-se de uma sala do phalansterio destinada ás funcções de uma serie.

SERJANIA. *f. (bot.)* Serjania; genero de plantas da familia das sapindaceas.

SERJENTA. *f.* Sergenta; religiosa leiga da ordem de S.Thiago. *Ordinis sancti Jacobi monialis laica.*

SERJENTE. *m. (ant.)* Infante, soldado de infanteria.

SERJESTO. *m. (zool.)* Sergesto; genero de crustaceos decapodas macrouros, composto de uma só especie.

SERMOCINAL. *adj. (ant.)* Oratorio; que respeita ao sermão, ao discurso feito em publico.

SERMON. *m.* Sermão; discurso doutrinal, religioso. *Oratio, concio:* — *(fig.)* sermão, reprehensão, advertencia correccional. *Reprehensio, increpatio, animadversio:* — *(ant.)* linguagem, idioma proprio de uma nação. *Sermo, onis:* — *(ant.)* discurso, conversação.

SERMONA. *f. (ant.)* Pratica, conversação espiritual, predica.

SERMONAR. *n. (ant.)* Prégar; annunciar doutrina religiosa.

SERMONARIO, RIA. *adj.* Concionatorio, oratorio; relativo a um sermão ou discurso publico. *Concionatorius, a, um:* — *m.* sermonario; collecção de sermões, escriptos ou impressos. *Concionum liber:* — *(ant.)* V. *Razonamiento.*

SERMONCICO, LLO, TO. *m. dim.* de *Sermon.* Sermãosinho.

SERMONEAR. *a. (fam.)* Prégar, fazer sermões, reprehender frequentemente. *Frequenter, assiduè reprehendere.*

SERMONERO. *m. (fam.)* Prégador, ralhador, reprehendedor importuno.

SERMONÍA. *f. (ant.)* V. *Negocio.*

SERNA. *f.* Serna; herdade, terra que se semeia. *Ager, arvum:* — terra aravel que antes era inculta ou coberta de mato: — *(ant.)* serna; tributo que se cobrava para o senhor do logar por fazer a sementeira da terra.

Seroja. *f.* Folha secca que cáe das arvores. *Folium deciduum:* — raminhos seccos, lenha miuda das arvores. *Ramorum decidua.*

Serojo. *m.* V. *Seroja.*

Serola. *f. (zool.)* Serola; genero de crustaceos isopodas da familia dos cymotoadios.

Seron. *m.* Ceirão; tecido de esparto em fôrma de alforges que se põe sobre as bestas de carga. *Amplior sporta:* — *caminero;* ceirão para carga, em jornada. *Sporta viaria, rebus in itinere portandis.*

Serondo, da. *adj. (prov.)* Serodio, tardio; diz-se dos fructos que vem tarde na estação.

Seronero. *m.* Esparteiro que faz ou vende ceirões. *Sportarum artifex.*

Séror. *f. (ant.)* Soror, irmã. V. *Hermana.*

Serosidad. *f. (physiol.)* Serosidade; humor seroso ou aqueo do sangue, ligeiramente viscoso e produzido pela secreção normal das membranas serosas. *Sanguinis serum.*

Seroso, sa. *adj.* Seroso, aquoso, aqueo; que tem soro ou que abunda em soro ou serosidade. *E sero factus, sero abundans.*

Serpa. *f.* Mergulhão; vara comprida da cepa que serve para mergulhar e fazer videira nova. *Draco, onis.*

Serpear. *n.* Serpear. V. *Serpentear.*

Serpentaria. *f. (bot.)* Serpentaria ou dragontéa. V. *Dragontea:* — *virjiniana (pharm.);* serpentaria da Virginia; raiz medicinal de uma planta originaria da Virginia e de outras partes da America.

Serpentarieos. *m. pl. (zool.)* Serpentarios; familia de aves de rapina, caracterisada por ter as pernas mui compridas, delgadas e nuas até aos joelhos.

Serpentario. *m. (astron.)* Serpentario; nome de uma constellação do hemispherio boreal, representada por uma figura de homem segurando uma serpente. *Serpentarius, i:* — *(zool.)* V. *Mensajero.*

Serpentear. *n.* Serpentear, serpear, serpejar; mover-se em voltas tortuosas como a serpente.

Serpentícola. *adj.* Serpenticola; adorador de serpentes. Usa-se tambem substantivado.

Serpentífero, ra. *adj.* Serpentifero; que produz ou gera serpentes. *Serpentifer, era, erum.*

Serpentiforme. *adj.* Serpentiforme; em fôrma de serpente.

Serpentígero, ra. *adj. (poet.)* Serpentigero; que contém serpentes. *Serpentiger, era, erum.*

Serpentin. *m. (art.)* Serpa, cão da espingarda: — *(mil.)* serpe; peça de metal onde se punha o morrão acceso nos mosquetes e espingardas antigas que não tinham fechos com pederneira. *Catapultæ pars ignifera:* — *(mil.)* colubrina; antiga peça de artilheria. *Tormentum bellicum quoddam:* — *(min.)* V. *Serpentina:* — *(chim.)* serpentina; canudo espiral de cobre ou estanho por onde corre a aguardente e outros licores distillando-se; mette-se no refrigeratorio. *Tubus cochleatus, cochleæ formam referens.*

Serpentina. *f.* Serpentina; especie de arma de arremeço. *Missile telum:* — *(art.)* V. *Serpentin:* — *(mil.)* V. *Serpentin:* — *(min.)* serpentina; pedra de côr verde claro, igual ou com malhas, como a pelle de uma cobra; emprega-se para objectos de adorno, e mineralogicamente considera-se um silicato hydratado de magnesia.

Serpentinamente. *adv. m.* Como serpente, á maneira de serpente. *Serpentium more.*

Serpentino, na. *adj.* Serpentino; de serpente, relativo ás serpentes ou proprio d'ellas. *Serpentibus proprius:* — serpejante; que serpeja, que se move em voltas tortuosas, que se encaracola como a serpente: — *(fig.)* serpentina, viperina; diz-se da lingua maldizente e depravada. *Maledicus, a, um:* — *(pharm.)* diz-se em pharmacia do oleo de minhocas. *Oleum serpentium:* — *(min.)* serpentina; diz-se do marmore que participa das qualidades da serpentina ou do que é verde com listões tortuosos de varias cores. *Marmor viride maculis dilutis aut subnigris varium.*

Serpenton. *m. augm.* de *Serpiente.* Serpentão. *Ingens, immanis serpens:* — *(mus.)* serpentão; instrumento de sopro mais longo e grosso que o baxão. *Tuba majoris formæ.*

Serpezuela. *f. dim.* de *Sierpe.* Serpesinha, serpentinha; pequena serpe.

Sérpia. *f. (p. And.)* Serpia ou bexiga; especie de cancro ou vicio do tronco da cepa. *Vitis vitium.*

Serpícula. *f. (bot.)* Serpicula; genero de plantas da familia das halorageas.

Serpiente. *f. (fig.)* Serpente infernal, o diabo, alludindo á serpente que tentou Eva. *Antiquus serpens; diabolus:* — serpente; animal reptil, sem pés ou com membros rudimentares. Commummente entende-se por cobra de grandes dimensões e de muita ferocidade. *Grandior anguis:* — *f. pl. (zool.)* V. *Ofidios.*

Serpigo. *m. (med.)* Serpigo; ulceração cutanea que forma circumvoluções mais ou menos extensas e profundas.

Serpijinoso, sa. *adj. (med.)* Serpiginoso; diz-se dos dartros e ulceras que se estendem em direcção tortuosa e irregular.

Serpol. *m. (bot.)* Serpol, serpão ou herva ussa; subgenero de plantas aromaticas do genero tomilho.

Sérpula. *f. (zool.)* Serpula; genero de annellidos chetopodas da familia dos serpulidos.

Serpularia. *f. (zool.)* Serpularia; genero de annellidos tubicolas, creado para comprehender duas especies que se têem encontrado fosseis nos terrenos calcareos.

Serpúleos. *m. pl. (zool.)* Serpuleos; ordem de annellidos sedentarios que comprehende os serpulidos, os tubicolas e os arenicolas.

Serpúlidos. *m. pl. (zool.)* Serpulidos; familia de annellidos chetopodas, que tem por typo o genero serpula.

Serpulios. *m. pl. (zool.)* Serpulios; genero de annellidos polypodas, cujas especies são sedentarias e carecem de olhos e de antennas.

Serradizo, za. *adj.* Serradiço; diz-se da madeira falquejada e serrada ou capaz de serrar-se para obras de carpenteria e mercenaria. *Secabilis, sectilis.*

Serrado. *adj.* Serreo, asserrilhado, denteado; diz-se do que tem dentes similhantes aos de uma serra ou serrilha. *Dentatus, serratus.*

Serrador. *m.* Serrador. V. *Aserrador.*

Serraduras. *f. pl.* V. *Serradura.* V. *Aserraduras.*

Serrallo. *m.* Serralho; palacio do gran-senhor. De ordinario confundimos este vocabulo com harem, habitação das mulheres e concubinas. *Turci imperatoris regia:* - serralho, lupanar; casa, sitio de devassidão ou deboche. *Obscenitatis domicilium.*

Serranía. *f.* Serrania; continuação de serras, corda de serras. *Montes, montana.*

Serraniego, ga. *adj.* Serrão. V. *Serrano.*

Serranil. *m.* Especie de punhal ou faca.

Serrano, na. *adj.* Serrano, serril, montesino; pertencente ás serras ou serranias e aos seus habitantes: — *s.* serrano, montanhez; habitante de serra ou o nascido n'ella. *Montanus, i.*

Serrar. *a.* V. *Aserrar.*

Serrasalmo. *m. (zool.)* Serasalmo; genero de peixes malacopterygios abdominaes, cujas especies vivem nos rios do Brazil e da Guyana.

Serrato, ta. *adj. (anat.)* Dentado ou denteado; diz-se do musculo que tem dentes á maneira de serra. *Denticulatus, serratus. Gran serrato (anat.);* grande dentado; musculo da região thoraxica, mui plano, quadrilatero, denteado por uma das margens, que occupa a parte lateral do peito, inserindo-se nas costellas, indo terminar na borda espinhal da omoplata: — *(zool.)* serrato *(serra);* genero de peixes acanthopterygeos da familia dos percoideos, caracterisado por terem uma só barbatana dorsal e o preoperculo em fôrma de serra.

Serrátula. *f. (bot.)* Serratula; genero de plantas da familia das compostas, cujas especies são herbaceas.

Serrea. *f. (bot.)* Serrea; genero de plantas da familia das malvaceas.

Serreta. *(art.)* Serrilha; nos cabeções das bestas são pontas agudas para domar os cavallos.

Serrezuela. *f. dim.* de *Sierra.* Serrinha.

Serricornios. *m. pl. (zool.)* Serricornes; familia de insectos coleopteros pentameros, caracterisados principalmente por ter as antennas em fórma de serra.

Serríjero. *m. (zool.)* Serrigero; genero de insectos coleopteros pentameros da familia dos serricornes.

Serrijon. *m.* Terra ou cordilheira de montes de pouca extensão. *Montium juga parum extensa.*

Serrin. *m.* V. *Aserraduras.*

Serrino, na. *adj.* Serreo; pertencente á serra ou parecido com ella. *Ad serram pertinens, serræ similis:* — *(med.)* diz-se do pulso frequente e desigual. *Pulsus frequens.*

Serrípedos. *m. pl. (zool.)* Serripedes; divisão de insectos hymenopteros homopteros da tribu dos fulgorinos.

Serrirostros. *m. pl. (zool.)* Serrirostros. V. *Lamelirostros.*

Serrocero. *m. (zool.)* Serrocero; genero de insectos coleopteros pentameros da familia dos serricornes.

Serroja. *f.* V. *Seroja.*

Serron. *m. (ant.)* V. *Serrucho.*

Serropálpidos. *m. pl. (zool.)* Serropálpidos; tribu de insectos coleopteros heteromeros da familia dos estenelytros.

Serropalpo. *m. (zool.)* Serropalpo; generó de insectos coleopteros heteromeros da familia dos estenelytros, cujas especies vivem na Europa.

Serrucho. *m.* Serrote; pequena serra de mão. *Serrula, æ.*

Serruria. *f. (bot.)* Serruria; genero de plantas da familia das proteaceas, cujas especies são arbustos que crescem no Cabo da Boa Esperança.

Sersalisa. *f. (bot.)* Sersalisa; genero de plantas da familia das sapotaceas, cujas especies são arvores que crescem na Nova Hollanda.

Sersen. *adj. (germ.)* Hespanhol.

Serta. *f. (germ.)* Camisa.

Sertularia. *f. (bot.)* Sertularia; genero de polypos da familia dos sertularieos.

Sertularieos. *m. pl. (zool.)* Sertularieos; familia de polypos sertularios, que tem por typo o genero sertularia.

Sertularios. *m. pl. (zool.)* Sertularios; ordem de polypos antozoarios, que pela maior parte parecem uma phase do desenvolvimento de certos acalephos que nascem pór germinações, como as flores, e produzem depois ovos.

Serva. *f. (germ.)* Sevilha.

Servador. *m.* Servador, salvador, defensor, libertador. Os poetas dão este epitheto ao deus Jupiter. *Servator, oris.*

Serval. *m. (bot.)* V. *Serbal.*

Servar. *a. (ant.)* Servar, observar, guardar, conservar. *Servare.*

Servato. *m. (bot.)* Peucedano ou funcho de porco. V. *Peucedano.*

Servedumne. *f. (ant.)* V. *Servidumbre.*

Servente. *s. (ant.)* V. *Sirviente, Siervo.*

Serventesio. *m. (poet.)* Serventesio; poesia antiga dos poetas provençaes. *Carminis genus.*

Servible. *adj.* Serviçal; capaz de servir. *Quod adhuc uti possumus.*

Serviciador. *m.* Cobrador, recebedor da portagem ou direito que se paga pela passagem dos rebanhos. *Exactor vectigalis pro grege transmigrante.*

SERVICIAL. *adj.* Serviçal, obsequioso, officioso; amigo de servir, de prestar. *Obsequiosus; ad servitium proclivis:* — *m.* V. *Ayuda, Clister.*

SERVICIALMENTE. *adv. m.* Serviçalmente, officiosamente, obsequiosamente; com diligencia e cuidado em servir, com modo serviçal. *Obsequiosè, officiosè.*

SERVICIAR. *a.* Cobrar, receber o direito de portagem ou passagem que se paga pelos gados. *Pro gregibus transmigrantibus vectigal exigere.*

SERVICIO. *m.* Serviço; acção e effeito de servir. *Famulatus, us:* — serviço; estado, condição do servo, escravo, servente ou creado. *Famulatus, ministerium:* — serviço de Deus; culto, pratica dos preceitos moraes da religião. *Servitium, officium, cultus:* — serviço militar, estado militar; o acto de servir no exercito ou marinha nacional, especialmente na guerra. *Meritum, i:* — serviço; officiosidade, obsequio aos amigos. *Obsequium, officium:* — serviço; donativo de vassallo, dom gratuito, porção de dinheiro offerecido voluntariamente ao rei ou á republica para as urgencias do estado ou bem publico. *Donativum, donatio:* — serviço; utilidade, proveito, prestimo. *Utilitas, atis:* — serviço, bacio, servidor, bispote, penico; vaso para n'elle se evacuarem os excrementos. *Scaphium, ii:* — serviço; talher e pratos que se põem na mesa para cada um dos commensaes. *Utensilia singulis prandentibus apposita:* — serviço; os vasos, os apparelhos que servem á mesa. *Mensæ vasarium:* — serviço, coberta; pratos de iguarias que se põem na mesa de cada vez. V. *Cubierto* n'este sentido. *Prima aut secunda mensa; primi cibi, secundi, etc.:* — serviço; residencia, assistencia pessoal, fallando de beneficios ou prebendas ecclesiasticas. *Assidua præsentia:* — contribuição que pagam annualmente os gados: — *de lanzas.* V. *Lanzas. Estar al servicio (fr.);* estar ao serviço, estar ás ordens; usa-se por cortezia quando se quer offerecer a alguem uma cousa ou se expressa que está á sua disposição. *Alicujus obsequio se offerre, paratum esse. Hacer un flaco servicio a alguno (fr. fam.);* fazer, prestar um mau serviço a alguem; prejudica-lo, servi-lo mal. *Damnum inferre alicui:* — *(mil.)* serviço; nome generico que se dá ao desempenho das obrigações militares: — *de armas;* serviço de armas; o de guardas, destacamentos e os mais que se desempenham com as armas na mão. *Hacer el servicio (fr. mil.);* fazer o serviço; exercer na milicia o emprego que cada um tem. *Officium implere in militia.*

SERVIDERO, RA. *adj.* Serviçal; apto, capaz, a proposito para servir. *Utilis, idoneus:* — pessoal; diz-se de um serviço, uma funcção, de um emprego que é preciso exercer-se em pessoa; como: *beneficio servidero;* beneficio pessoal. *Quod personaliter effici debet, cui personale debetur ministerium.*

SERVIDO, DA. *adj.* Servido, usado; que tem andado em serviço, em uso. *Detritus, a, um. Ser servido (fr.);* ser servido, haver por bem; querer, consentir uma cousa, conformando-se com a supplica ou pretensão que se faz. *Dignari. Siendo Dios servido, si Dios es servido;* se Deus for servido. *Donde Dios es servido;* onde Deus quizer. *Si quieres ser bien servido sirvete a ti mismo (rif.);* se queres ser bem servido serve-te a ti mesmo. *Qui famulum aveat diligentem, sibi ipse famuletur.*

SERVIDOR, RA. *s.* Servidor; servente, servo; pessoa que serve como creado. *Minister, famulus:* — servidor, servo, creado; em estylo cortez o que se offerece á disposição ou obsequio de alguem. *Alterius voluntati obsequens:* — servidor de damas, chichisbeo; o que é assiduo em fazer a côrte a uma senhora, o que a obsequeia e anda acompanhando. *Alicujus feminæ voluntati obsequens:* — servidor, bacio; vaso para os excrementos. *Scaphium, ii.*

SERVIDUMBRE. *f.* Serviço; acto ou exercicio de servir. *Servitus, famulatus, ministerium:* — servidão, escravidão; estado de servo ou escravo. *Servitus, utis:* — familia; os creados, os domesticos de uma casa. *Familia, æ:* — escravidão, grande sujeição ou obrigação rigorosa de fazer alguma cousa. *Servitus, utis:* — *(fig.)* escravidão, captiveiro; sujeição das paixões ou affectos que de certo modo priva da liberdade. *Servitus, utis:* — V. *Letrina:* — *(for.)* servidão; sujeição sobre alguma herdade, campo ou fazenda, etc., pela qual o dono está obrigado a soffrer certos encargos ou incommodos; v. g.: a serventia dos caminhos, etc. *Servitus, utis.*

SERVIDUMEN, SERVIDUMNE, SERVIDUMPNE. *f. (ant.)* V. *Servidumbre.*

SERVIENTE. *s. (ant.)* V. *Sirviente.*

SERVIL. *adj.* Servil; de servo, de creado ou escravo. *Servilis, le:* — servil, baixo, humilde, rasteiro, de pouca estimação. Diz-se tambem das cousas do animo. *Servilis, le.*

SERVILIA. *f. (zool.)* Servilia; genero de insectos dipteros da tribu dos entomobios.

SERVILISMO. *m.* Servilismo; predilecção que alguem tem pelas idéas tendentes a conservar os governos arbitrarios, absolutos ou despoticos.

SERVILMENTE. *adv. m.* Servilmente; como servo, á maneira de servo. *Serviliter:* — servilmente, baixamente, vilmente, indecorosamente, indecentemente; com baixeza, vileza, com animo servil. *Serviliter:* — servilmente; com servilismo, de modo servil.

SERVILLA. *f.* Servilha; sapato de coiro brando com sola servida. *Calceamentum servile.*

SERVILLETA. *f.* Guardanapo; toalha pequena que se põe na mesa para cada pessoa se limpar. *Mappula, æ. Doblar la servilleta (fr.)* V. *Morirse.*

SERVIO, VIA. *adj.* Servio; pertencente á Servia ou aos seus habitantes: — *s.* servio; o natural da Servia.

SERVIOLA. *f. (naut.)* Serviola; pau que sáe do castello de prôa para os lados do navio; serve de afastar a ancora do costado. *Palus levandis anchoris deserviens.*

SERVIR. *a.* Servir; prestar serviço, empregar-se a pessoa em utilidade de outrem na qualidade de servo, creado, dependente, etc. *Servire:* — comprazer, satisfazer, dar gosto: — servir a *Deus*, aos santos; adora-los, dar-lhes culto. *Servire:* — servir, prestar serviços; obsequiar alguem ou fazer alguma cousa em seu favor, beneficio ou utilidade. *Obsequi, obsequium præstare:* — servir, cortejar damas; galantea-las, grangear a sua affeição com obsequios. *Feminæ obsequi, ejus gratiam captare:* — servir; fazer um dom gratuito ao rei, offerecer-lhe ou dar-lhe voluntariamente ou á republica alguma quantia para as urgencias do estado ou do publico. *Servitium pecuniarum offerre:* — *(ant.)* V. *Pagar:* — *n.* servir; estar ao serviço de outrem. *Famulari:* — servir; exercer as funcções, os deveres de um cargo ou emprego como proprietario ou serventuario. *Servire:* — servir; fazer o que alguem ordena, obedecer-lhe. *Servire:* — servir; estar sujeito a alguem por qualquer motivo, aindaque seja voluntariamente. *Obtemperare:* — *(fig.)* servir, ter prestimo, utilidade; diz-se dos instrumentos, machinas e outras cousas similhantes. *Inservire:* — servir; exercer algum emprego ou cargo proprio ou em logar de outro. Tambem se usa ás vezes como activo n'esta accepção. *Munus implere, exercere:* — servir de, substituir, supprir, fazer as vezes de outro em algum officio ou occupação. *Alicujus vices gerere; pro aliquo agere:* — servir, aproveitar, ser util, importar. *Prodesse, utile esse:* — servir, ser soldado, exercendo as funcções proprias da milicia. *Militiæ munus exercere; militia mereri:* — servir; jogar a carta do naipe que se pede, especialmente quando é inferior. *Chartam lusoriam submittere:* — servir; no jogo da bola, lança-la ou volve-la de modo que se possa jogar facilmente. *Pilam aptè mittere, rejicere:* — servir; assistir á mesa, ministrando ou trazendo os manjares ou as bebidas. *Mensis ministrare:* — servir; aquecer o forno para lhe metter o pão, etc. *Furnum parare:* — servir; preparar e dispor o cozinheiro os pratos para os levar para a mesa. *Cibos, fercula parare:* — *r.* servir-se, haver por bem; comprazer-se em alguma cousa, quere-la, admitti-la com gosto ou vontade. *Acceptare; gratè admittere:* — servir-se, valer-se; fazer uso, empregar em uso proprio. *Uti. Servirse ó hacerse servir (fr.);* fazer-se servir, fazer-se obedecer, etc. *Proprio servitio consulere, studere. Para servir a usted;* para o servir ou para servir o senhor; modo de fallar obsequioso e cortez com que alguem se offerece á disposição ou serviço de outrem. *Tuo obsequio præsto sum. Sirvase usted;* sirva-se, haja por bem, digne-se; phrase polida com que se pede a uma pessoa para que faça uma cousa. *A mas servir menos valer (rif.);* por mais servir menos valer; muitas vezes não se attendem os meritos. *Quien sirve al comun, sirve a ningun (rif.);* quem serve a commum, serve a nenhum. *Nemini servit, qui omnibus conjunctim servit:* — *(for.)* servir; estar sujeita uma terra, herdade ou outra cousa a alguma servidão.

SERVITAS. *m. pl. (rel.)* Servitas; ordem de religiosos, assim chamados porque fazem profissão de servir a Virgem Maria. Observa a regra de Santo Agostinho, e foi fundada no seculo XIII.

SERVITUD. *f. (ant.)* V. *Servidumbre.*

SERVIZ. *f. (ant.)* V. *Cerviz.*

SERVIZO. *m. (ant.)* V. *Servicio.*

SERVO, VA. *adj. (ant.)* V. *Siervo.*

SES. *adj. (ant.)* V. *Seis.*

SESADA. *f.* Fritada de miolos. *Cerebri medulla frixa:* — *(p. And.)* miolos, encephalo de um animal.

SESAENTA. *adj. (ant.)* V. *Sesenta.*

SESÁMEAS. *f. pl. (bot.)* Sesameas; grupo de plantas dicotyledoneas polypetalas da familia das bignoniaceas.

SÉSAMO. *m. (bot.)* Sesamo ou gergelim; genero de plantas da familia das bignoniaceas, cujas especies são herbaceas annuae se originàrias da India. A que lhe serve de typo cultiva-se no Oriente, e é muito apreciada pelo seu fructo, do qual se extrahe um oleo de sabor doce que os naturaes preferem ao de oliveira. Tambem serve de cosmetico ás mulheres, que, alem d'isso, o bebem diariamente para adquirirem robustez.

SESAMOIDEO, DEA. *adj.* Sesamoideo; parecido com a semente do sesamo: — *(anat.)* sesamoideo; diz-se de certos ossinhos, como a semente de sesamo, que se encontram em certas articulações e que parecem destinados a favorecer o movimento dos tendões.

SESARMA. *f. (zool.)* Sesarma; genero de crustaceos decapodas brachyuros da familia dos catometopos, cuja especie typica vive no mar das Indias.

SESBANIA. *f. (bot.)* Sesbania; genero de plantas da familia das leguminosas papilionaceas.

SESÉ. *f. (germ.)* Hespanha.

SESEA. *f. (bot.)* Sesea; genero de plantas da familia das solaneas, cujas especies, que são fructescentes e arborescentes, crescem no Perú.

Sesear. *n.* Cecear; pronunciar os cc como *ss.* *Litteram S pro C pronuntiare:* — gaguejar, balbuciar.

Sesegamiento. *m. (ant.)* V. *Asosegamiento.*

Seselí. *m. (bot.)* Seseli, seselio ou sesela; genero de plantas da familia das umbelliferas, cujas especies são herbaceas, biennaes e vivaces, e crescem espontaneamente na Europa, na America septentrional e na Asia central. A que lhe serve de typo é indigena do sul da Europa e dá um fructo aromatico, usado em medicina como anthelmintico, diuretico, cordial, etc.

Sesén. *m. (ant.)* Sesen; moeda aragoneza, que valia seis maravedis. *Aragoniæ nummus senarius.*

Sesenta. *adj. num. cardinal.* Sessenta; algarismo ou caracteres numericos que representam o numero sessenta. *Sexagenarius numerus:* — sessenta; diz-se do numero composto de seis dezenas ou que resulta da multiplicação de dez por seis. Usa-se tambem substantivado. *Sexaginta:* — V. *Sexagésimo.*

Sesenton, na. *adj.* Sexagenario; diz-se do que tem sessenta annos. *Sexagenarius, a, um.*

Seseo. *m.* Ceceio; acção de ceciar: — gaguice, balbuciação.

Sesera. *m.* Alto da cabeça; parte superior do craneo onde estão os miolos. *Cerebrum, i:* — cerebro ou encephalo, os miolos. *Cerebrum, i.*

Seserino. *m. (zool.)* Seserino; genero de peixes acanthopterygeos da familia dos escomberoideos.

Sesga. *f.* V. *Nesga.*

Sesgadamente. *adv. m.* V. *Sesgamente.*

Sesgado, da. *adj.* Sesgo, obliquo: — esguelhado; cortado, posto ao viez, de esguelha.

Sesgadura. *f.* Esguelha, linha obliqua, soslaio, obliquidade: — córte ou cortadura de um estofo ou outra cousa ao viez, esguelhadamente. *Transversa, obliqua sectio.*

Sesgamente. *adv. m.* Esguelhadamente, de esguelha, ao viez, obliquamente, de ilharga, por um lado só. *Obliquè, transversè:* — suavemente, tranquillamente. *Placidè, tranquillè.*

Sesgar. *a.* Esguelhar, atravessar; torcer, pôr de esguelha, obliquamente, ao través. *Obliquè vertere, transversè inclinare:* — enesgar; cortar ou partir de nesga. *Transversè, obliquè secare, scindere.*

Sesgo, ga. *adj.* Sesgo, obliquo, torto, esguelhado, torcido; cortado ou posto de esguelha. *Transversus, obliquus:* — sesgo, placido, sereno, socegado. *Quietus, immotus:* — *(fig.)* sesgo, sereno, grave; diz-se do semblante, etc. *Severus, gravis:* — *m.* esguelha, obliquidade, soslaio; tortura de alguma cousa para um lado, ou no córte ou no movimento. *Obliquitas, atis:* — *(fig.)* expediente, meio termo que se toma nas dependencias ou negocios duvidosos. *Modus, via:* — *(fig.)* curso; rumo que toma ou segue um negocio ou dependencia. *Al sesgo (loc. adv.);* de esguelha, de ilharga, de soslaio, ao viez, obliquamente, ao través. *Obliquè, transversè. Estar, andar al sesgo;* estar, andar de esguelha, de ilharga, esguelhadamente: — *(art.)* nesga; tira ou pedaço de panno triangular que os alfaiates ou costureiras põem nos vestidos.

Sesia. *f. (zool.)* Sesia *(tinha);* genero de insectos lepidopteros da familia dos crepusculares.

Sesieideos. *m. pl. (zool.)* Sesieideos; tribu de insectos lepidopteros da familia dos crepusculares, que tem por typo o genero sesia.

Sesil. *adj. (bot.)* Sessile, rente; diz-se do que assenta immediatamente sobre o ramo ou tronco que lhe dá nascimento; como: *flores sesiles, hojas sesiles;* flores sessiles ou rentes, folhas sessiles.

Sesilifloro, ra. *adj. (bot.)* Sessilifloro; diz-se do que tem flores sessiles ou sem pedunculo.

Sesillo. *m. dim.* de *Seso.* Miolinho. Usa-se mais no plural.

Sesion. *f.* Sessão; reunião de corpo deliberante: — sessão, assembléa, junta, congregação de um concilio. *Consessus, us:* — *(fig.)* sessão; conferencia ou consulta entre varias pessoas para decidir ou determinar alguma cousa. *Consilium, consultatio, deliberatio.*

Sesleria. *f. (bot.)* Sesleria; genero de plantas da familia das gramineas, cujas especies crescem nas montanhas da Europa.

Sesma. *f.* Sesma; sexta parte de qualquer cousa. Commummente refere-se á sexta parte da vara. *Sexta pars:* — certa divisão territorial. *Terræ pars:* — *(art.)* viga com doze dedos de largura e doze de grossura, e de comprimento indeterminado. *Tignum mensuræ cujusdam.*

Sesme. *m.* Sesme; nome de dois decanos, um dos quaes é representado no zodiaco rectangular por tres linhas perpendiculares, atravessadas por uma horisontal, com uma cabeça e um braço em cima, e no zodiaco circular, por uma cabeça de cynocephalo collocada sobre um pedestal com um disco cravado em dois chifres de bode; o outro decano está representado em ambos os zodiacos por meio de uma cabeça de gavião.

Sesmero. *m.* Sesmeiro; o que tem a seu cargo os negocios e direitos de cada sesmo. *Curator, procurator.*

Sesmo. *m.* Sesmo; districto ou partido composto de varios logares ou aldeias e governado por sesmeiros. *Provinciæ pars, tractus:* — *(prov.)* marco, linde, raia divisoria: — *adj. (ant.)* sesmo. V. *Sesto.* Usava-se substantivado na terminação masculina.

Seso. *m.* Cerebro, miolo; totalidade da massa molle e polposa que occupa a cavidade do craneo do animal. Usa-se communmente no plural. *Çerebrum, cerebri medulla:* — *(fig.)* siso, miolos, juizo, prudencia. *Mens, judicium:* — calce; pedra, tijolo ou feno com que se calça uma panella, para que fique firme. *Ollæ coquendæ fulcrum:* — *(ant.)* V. *Sentido*, referindo-se aos corporaes: — *(ant.)* V. *Sentido*, accepção, significado: — *(ant.)* juizo, opinião, parecer. *Cambiar de seso (fr. fig. ant.)*; perder o siso ou juizo. *Mentis excessu laborare. Dar sesos de mosquitos, a alguno (fr. fig.)*; dar coca a alguem; traze-lo sujeito e á sua disposição. *Aliquem facile ad proprium nutum trahere, ducere. Devanarse los sesos (fr. fig.)*; alambicar o juizo, o cerebro, quebrar a cabeça; meditar, trabalhar muito por profundar certa materia. *Defatigari intensa meditatione. Tomar un seso (fr.)*; tomar um acordo. *Beber los sesos (fr. fig.)*; derreter os miolos; quebrar a cabeça a alguem, impacientalo, caustica-lo com exigencias. *Tener el seso en los calcañares (fr. fig.)*; ter o juizo nos calcanhares; ter pouco senso e prudencia, ser leve de cabeça. *Insanæ mentis esse. Ver por seso*; ter por bom, por acertado.

Sesqui. *adj. indecl. latino.* Sesqui; voz tomada do latim, que vale um inteiro de uma quantidade e uma parte mais, segundo o adjectivo numeral que se lhe junta. Só se usa em composição, v. g. *Sesquidoble*, sesquiduplo, etc. *Sesqui tantundem et pars quædam.*

Sesquiáltero, ra. *adj. (math.)* Sesquialtero; diz-se da proporção que tem a grandeza que contém outra vez e meia; v. g.: 12 a respeito de 8, 3 a respeito de 2, 6 a respeito de 4. *Quantitatem aliquam continens et dimidium.*

Sesqui-cuadrado, da. *adj. (astron.)* Sesqui-quadrado; diz-se do aspecto dos planetas, separados um do outro quatro signos e meio ou 135°.

Sesqui-doble. *adj. (math.)* Sesqui-duplo; que contém outra quantidade duas vezes e meia.

Sesquimodio. *m.* Sesquimodio; medida que contém modio e meio. *Sesquimodius, ii.*

Sesquioctavo, va. *adj.* Sesquioitavo; que contém o oitavo de uma cousa e mais metade.

Sesquipedal. *adj.* Sesquipedal; que tem pé e meio de comprido. *Sesquipedalis, le.*

Sesquitercio, cia. *adj.* Sesquitercio ou sesquiterceiro; diz-se do dinheiro que contém outro e mais uma certa parte d'elle, e o mesmo se entende em geometria, nas proporções das linhas, superficies ou corpos.

Sesta. *f.* Sexta; no jogo dos centos, seis cartas seguidas do mesmo naipe. *In chartarum ludo sors quædam:* — *(chron.)* sexta; uma das horas em que os hebreus e os romanos dividiam o dia artificial; começava ao meio dia e acabava ás tres horas. D'aqui veiu a palavra hespanhola *siesta* e a portugueza sexta, bem como a phrase *dormir la siesta*; dormir a sésta. *Hora sexta diei:* — *(mus.)* sexta; intervallo de dois sons differentes, distantes um do outro 6°, subindo como dó lá, ré, si, mi, dó: — *aumentada*; sexta augmentada; a que se compõe de quatro tons e dois semi-tons desiguaes: — *mayor*; sexta maior; a que contém quatro tons e um semi-tom: — *menor*; sexta menor; a que consta de tres tons e dois semi-tons: — *(rel.)* sexta; hora cononica entre a terça e a noņa. *Hora sexta in sacris precibus.*

Sestante. *m. (astr.)* Sextante; instrumento que contém a sexta parte do circulo, e serve para tomar a altura do sol e fazer outras observações. *Sextans, instrumentum astronomicum:* — sextante; moeda antiga de cobre, que pesava duas onças, tres partes menor que o quadrante. *Sextans, nummi genus.*

Sestar. *a. (ant.)* Assestar, acertar.

Sestario. *m.* Sextario; a sexta do congio e doze cyathos, medida romana para liquidos e seccos, usada antigamente. *Sextarius, i:* — V. *Ánfora*, na terceira accepção.

Sesteadero. *m.* Sitio sombrio, logar abrigado do sol onde sesteia o gado. *Æstiva, æstivus locus.*

Sestear. *n.* Sestear; dormir a sesta, passar a hora calmosa á sombra. *Meridiari.*

Sesterciario. *m. (hist. ant.)* Sesterciario; individuo encarregado em Roma de distribuir sestercios em certas festas publicas.

Sestercio. *m. (num.)* Sestercio; moeda romana de prata, que constituia na sua origem a quarta parte de um dinheiro e valia dois asses e meio; esta chamava-se pequeno sestercio, para differença do grande sestercio, que era uma moeda ideal, assim como o talento dos gregos, etc. Tendo subido o dinheiro a 16 asses, o pequeno sestercio valeu 4. *Sestertius, ii.*

Sestero. *m.* V. *Sesteadero:* — *(ant.)* cesto, canastra.

Sesteto. *m. (mus.)* Sexteto; peça de musica vocal ou instrumental, ou de ambos os generos, isto é, para vozes com acompanhamento de orchestra, composto para seis partes obrigadas.

Sestil. *m.* V. *Sesteadero:* — *adj. (astr.)* sextil; diz-se do aspecto dos astros, quando distam um do outro 60° ou a sexta parte do zodiaco. *Sextilis, le:* — *(hist.)* sextil; nome que davam os romanos ao mez de agosto, porque era o sexto do anno.

Sestilla. *f.* Sextilha; composição poetica em estancias de seis versos. *Compositio metrica sex versibus constans.*

Sestina. *f.* Sextina; especie de carta de excommunhão que se fulminava para descobrir delinquentes: — *(poet.)* sextina; composição metrica ou especie de rima de seis em seis versos, parecida no todo com a oitava. *Carmen sex versibus constans.*

SESTO, TA. *adj.* Sexto; que na serie occupa o logar que se segue ao quinto. *Sextus, a, um:* — *m.* sexto; livro em que estão algumas constituições e decretos canonicos. *Sextus canonum ecclesiasticorum liber.*

SESTULA. *f. (num.)* Sextula; moeda do peso de um real e cinco maravedis. *Sextula, sextussis, nummi genus.*

SESTUPLICAR. *a.* Sextuplicar; repetir seis vezes, multiplicar por seis. *Vicibus sex repetere.*

SÉSTUPLO, PLA. *adj.* Sextuplo; que inclue em si seis vezes uma quantidade. Usa-se tambem substantivado. *Sextuplus, a, um.*

SESUDAMENTE. *adv. m.* Sisudamente, prudentemente, cordatamente; com reflexão, sizo ou juizo. *Maturè, cordatè.*

SESUDO, A. *adj.* Sisudo, cordato, prudente, serio, sensato, de siso. *Maturus, cordatus:* — V. *Concienzudo.*

SESUVIEAS. *f. pl. (bot.)* Sesuvieas; tribu de plantas da familia das portulaceas, que tem por typo o genero sesuvio.

SESUVIO. *m. (bot.)* Sesuvio; genero de plantas da familia das portulaceas, cujas especies são herbaceas e carnosas.

SET. *f. (ant.)* V. *Sed.*

SETA. *f.* Seda, cerda de porco. *Seta, æ:* —V. *Geta,* na primeira accepção: — murrão; parte da torcida do candieiro ou do pavio da véla depois de muito queimada. *Lucis fungus:* — *(ant.)* V. *Secta.* Ainda hoje se usa entre o vulgo de Hespanha: — *(bot.)* nome dado a todas as especies comestiveis de cogumelos: —V. *Morilla.*

SETABENSE, SETABIENSE. *adj.* Setabiense; pertencente a Setabis, hoje Xativa, cidade de Hespanha. *Setabitanus, a, um:* — *s.* setabense ou setabiense; o natural de Setabis, hoje Xativa.

SETÁCEO, CEA. *adj. (hist. nat.)* Setaceo; que tem a fórma de uma cerda.

SETAENTA. *adj. num. cardinal (ant.)* V. *Setenta.*

SETARIA. *f. (bot.)* Setaria; genero de plantas da familia das gramineas.

SETE. *m. (ant.)* Casa ou officina onde estava o cepo em que a moeda era cunhada a martello. *Locus ubi pecunia cuditur:* — moeda fabricada antigamente a martello sobre um cepo.

SETECIENTOS, TAS. *adj.* Setecentos; sete centenas, sete vezes cem. *Septingenti, æ, a.*

SETELIA. *f. (zool.)* Setellia; genero de insectos dipteros da familia dos myodarios.

SETENA. *f.* Setena; aggregado de sete cousas por ordem. *Septima, septuplum:* — *pl.* setenas; pena com que antigamente se obrigava a pagar o sextuplo de uma quantidade determinada. *Septupli pœna. Pagar con las setenas alguna cosa (fr.);* pagar uma multa excessiva ou soffrer um castigo demasiado, em comparação da falta ou culpa pouco consideravel que se commetteu. *Septuplo pœnam subire.*

SETENARIO, RIA. *adj.* Setenario; diz-se do numero composto de sete unidades. Usa-se tambem como substantivo masculino. *Septenus, a, um:* — *m.* setenario; espaço de sete dias. *Septenarium, i.*

SETENIO. *m.* Setennio; tempo, espaço de sete annos. *Septennium, i.*

SETENIRA. *f. (zool.)* Sethenira; genero de insectos hemipteros, da familia dos coreideos.

SETENO, NA. *adj.* Seteno. V. *Sétimo.*

SETENTA. *adj. numeral cardinal.* Setenta; sete dezenas ou numero que resulta da multiplicação da dezena por sete. Usa-se tambem substantivado. *Septuaginta.*

SETENTON, NA. *adj.* Septuagenario; que tem setenta annos. Diz-se frequentemente de qualquer pessoa muito idosa. *Septuagenarius, a, um.*

SETENTRION. *m. (astr.)* V. *Osa mayor:* — norte, vento do norte. V. *Tramontana, Norte:* — septentrião, norte; parte da esphera desde o equador até ao polo arctico. *Pars septentrionalis.*

SETENTRIONAL. *adj.* Septentrional; do norte, pertencente ou relativo ao septentrião. *Septentrionalis, le.*

SETENVIRATO. *m.* V. *Septenvirato.*

SETENVIRO. *m.* V. *Septenviro.*

SETFARI. *m.* Setfari; véu que usam as mulheres em muitas partes de Africa.

SETÍCERO, RA. *adj. (zool.)* Seticero; que tem as antennas em fórma de seda.

SETICÓRNEO, NEA. *adj. (zool.)* Seticorneo; que tem as antennas setaceas ou guarnecidas de uma seda n'um de seus anneis.

SETIEMBRE. *m.* Setembro; nome do nono mez do anno, no calendario commum ou gregoriano. No anno primitivo romano era o setimo mez. *September, bris. Por setiembre calabazas (loc. fam.);* por setembro aboboras; usa-se para notar que alguem não conseguirá o que solicita, precisamente por falta de opportunidade. Usa-se muito em sentido ironico, ridiculisando as pretensões intempestivas, fóra de proposito, pouco ou nada rasoaveis, etc. *Nequaquam id assequeris.*

SETÍFERO, RA. *(hist. nat.)* Setifero, sedeúdo; que tem sedas ou cerdas. *Setiger, era, erum.*

SETIFLORO, RA. *adj. (bot.)* Setifloro; que tem as petalas liguliformes e quasi similhantes a sedas.

SETIFORME. *adj. (hist. nat.)* Setiforme; que tem a fôrma de sedas ou cerdas.

SETIM. *m. (hist.)* Setim, sitim, pequia ou pau setim; madeira preciosa e incorruptivel de que Moysés fez construir a arca, o tabernaculo, etc.

SÉTIMA. *f.* Setima; sete cartas do mesmo metal postas por ordem no jogo dos centos. *In ludo pagellarum sors quædam:* — *(mus.)* setima; intervallo dissonante formado de duas notas que estão a distancia de seis graus diatonicos uma da outra: — *diminuta;* setima diminuta; a que se compõe de dois tonos e tres semi-tonos desiguaes: — *mayor;* setima maior; a que contém cinco tonos e um semi-tono maior. *Septima major:* — *menor;* setima menor; a que é composta de quatro tonos e dois semi-tonos desiguaes. *Septima minor.*

Sétimamente. *adv. m. (ant.)* Setimamente; em setimo logar.

Sétimo, ma. *adj. numeral ordinal.* Setimo; que constitue ou forma o numero de sete, ou que occupa o logar que se segue ao sexto. *Septimus, a, um:* — *m.* setimo, setima parte; uma das sete partes em que está dividido um todo. *Septima pars.*

Setina. *f. (zool.)* Setina; genero de insectos lepidopteros da familia dos nocturnos.

Setípodos. *m. pl. (zool.)* Setipodos. V. *Quetópodos.*

Setmana. *f. (ant.)* V. *Semana.*

Seto. *m.* Sebe; nome extensivo a qualquer tapume de rama secca, para cercar e vedar o accesso a quinta, vinha, etc. *Septum, i.*

Setodo. *m. (zool.)* Setodo; genero de insectos nevropteros da tribu dos friganidos.

Setófaga. *f. (zool.)* Setophaga; genero de aves da ordem dos passaros, familia das muscicapideas.

Setuagenario, ria. *adj.* V. *Setuajenario.*

Setuagésima. *f.* V. *Setuajésima.*

Setuagésimo, ma. *adj.* V. *Setuajésimo.*

Setuajenario, ria. *adj.* Septuagenario; diz-se da pessoa que tem setenta annos de idade. *Septuagenarius, a, um.*

Setuajésima. *f.* Septuagesima; o terceiro domingo antes da quaresma. *Septuagesima, æ.*

Setuajésimo, ma. *adj.* Septuagesimo; numero que se segue na serie ordinal ao sexagesimo nono. *Septuagesimus, a, um.*

Setunx. *m.* Septunx; moeda do peso de sete onças. *Septunx, uncis:* — septunx; medida de nove pollegadas e um terço. *Septunx, uncis.*

Setuplicar. *a.* Setuplicar; repetir sete vezes, multiplicar por sete. *Septem repetere.*

Sétuplo, pla. *adj.* Setuplo; diz-se da quantidade que inclue ou contém em si sete vezes outra. *Septuplus, a, um.*

Seu. *pron. possessivo (ant.)* V. *Suyo.*

Seudangustina. *f. (med.)* V. *Brucina.*

Seudo. *m.* Pseudo; particula invariavel que entra na composição de muitas palavras e cuja significação é falso.

Seudoafia. *f. (med.)* Pseudoaphia; perversão do sentido do tacto.

Seudo ágata. *f. (min.)* Pseudo-agatha; variedade de jaspe agatha.

Seudo alabastro. *m. (min.)* Pseudo-alabastro. V. *Alabastrita.*

Seudo amatista. *f. (min.)* Pseudo-amethysta; fluorureto de cal de côr violeta.

Seudo angustura. *f. (med.)* Pseudo-angustura. V. *Angustura falsa.*

Seudo arenáceo, cea. *adj. (min.)* Pseudo-arenaceo; diz-se de um mineral que se parece com uma rocha arenacea.

Seudo artrosis. *f. (anat.)* Pseudo-arthrosis; falsa articulação.

Seudo asma. *f. (med.)* Pseudo-asma; falsa asma. É synonymo de dispnéa.

Seudo basalto. *f. (min.)* Pseudo-basalto; rocha argillosa.

Seudo blepsia. *f. (med.)* Pseudo-blepsia; nome generico que comprehende as differentes perversões do sentido da vista.

Seudo carpiano, na. *adj. (bot.)* Pseudo-carpiano; diz-se da planta cujo fructo está coberto por outras partes que parecem constitui-lo.

Seudo carpo. *m. (bot.)* Pseudo-carpo; genero de fructos, chamado tambem arcestido.

Seudociesia. *f. (med.)* Pseudociesia; falsa gordura.

Seudo cotiledóneo, nea. *adj. (bot.)* Pseudo-cotyledoneo; diz-se das plantas que parecem ter cotyledones ou orgãos parecidos com elles: — *f. pl.* pseudo-cotyledoneas; divisão do reino vegetal que comprehende os musgos, os lycopodios, os fetos e as equisetaceas, que parecem ter cotyledones.

Seudo cristal. *m. (min.)* Pseudo-crystal; fôrma crystallina que não pertence ao mineral em que se encontra.

Seudo diamante. *m. (ant.)* Diamante falso ou pedra artificial que imita as pedras preciosas naturaes.

Seudóedrico, ca. *adj. (min.)* Pseudoedrico; diz-se de uma reunião de corpos polyedricos irregulares, estreitamente unidos, e cujas faces parece que são o effeito da pressão que têem exercido uns sobre outros durante a sua formação.

Seudoencefalia. *f. (physiol.)* Pseudo-encephalia; monstruosidade produzida pela presença de um tumor vasculoso que substitue o cerebro.

Seudo-encefaliano, na. *adj. (physiol.)* Pseudo-encephaliano; diz-se dos monstros em que o cerebro é substituido por um tumor vasculoso.

Seudo-encefálico, ca. *adj. (physiol.)* Pseudo-encephalico; diz-se do que apresenta os caracteres da monstruosidade conhecida pelo nome de pseudo-encephalia.

Seudo-encéfalo. *m. (physiol.)* Pseudo-encephalo; monstro que apresenta o phenomeno da pseudo-encephalia.

Seudo-esmeralda. *f. (min.)* Pseudo-esmeralda; quartzo hyalino verde.

Seudo-espato. *m. (chim.)* Pseudo-espatho; cal fluatada.

Seudo-espinoso, sa. *adj. (zool.)* Pseudo-espinhoso; diz-se das lagartas que têem tuberculos um pouco espinhosos ou vellosos sobre o dorso.

Seudo-estrella. *f. (astron.)* Pseudo-estrella ou falsa estrella: — pseudo-estrella; meteoro luminoso mui parecido com uma estrella.

Seudofidio, dia. *adj. (zool.)* Pseudophidio; diz-se do animal que pela fórma do corpo se parece com as serpentes.

Seudo-galena. *f. (min.)* Pseudo-galena; nome dado ao sulphureto de zinco por causa da similhança que tem com o sulphureto de chumbo ou galena.

SEUDOGNATO, TA. *adj. (zool.)* Pseudognatho; diz-se do animal que tem falsas maxillas: — *m. pl.* pseudognathos; divisão do reino animal, que comprehende os articulados, cuja cabeça não tem appendices manducatorios na parte inferior.

SEUDOGRAFÍA. *f.* Pseudographia; escriptura falsificada, vicio de commetter erros na escriptura.

SEUDOGRÁFICO, CA. *adj.* Pseudographico; pertencente á pseudographia.

SEUDÓGRAFO. *m.* Pseudographo; o que faz erros ou commette equivocos no acto de escrever.

SEUDOHERMAFRODISMO. *m. (physiol.)* Pseudohermaphrodismo; hermaphrodismo sem excesso de partes.

SEUDOHERMAFRODITA. *s. (physiol.)* Pseudohermaphrodita; individuo que apresenta o phenomeno do pseudohermaphrodismo.

SEUDOHIDROPESÍA. *f. (med.)* Pseudo-hydropisia; hydropisia falsa ou apparente.

SEUDOHIDRÓPICO, CA. *adj. (med.)* Pseudo-hydropico; diz-se do individuo que está affectado de pseudo-hydropisia ou hydropisia apparente.

SEUDOMALPIJIÁCEO, CEA. *adj. (bot.)* Pseudo-malpigiaceo; diz-se dos pellos dos vegetaes que estão collocados horisontalmente e adheridos pelo centro, mas que não repousam sobre uma base glandulosa.

SEUDOMEMBRANA. *f. (med.)* Pseudo-membrana, falsa membrana.

SEUDOMONOCOTILEDÓNEO, NEA. *adj. (bot.)* Pseudo-monocotyledoneo; diz-se do que parece não ter mais que um cotyledone, por estarem os dois unidos pela face interna.

SEUDOMÓRFICO, CA. *adj. (min.)* Pseudomorphico. V. *Seudomorfo.*

SEUDOMORFINA. *f. (chim.)* Pseudomorphina; substancia crystallisada em folhinhas brancas e descoberta em 1832 por Pelletier em algumas especies de opio.

SEUDOMORFO, FA. *adj. (med.)* Pseudomorpho; diz-se dos orgãos do corpo que apresentam uma fórma que não é a commum: — *(min.)* pseudomorpho; diz-se de um mineral quando crystallisou em uma fôrma estranha á sua especie.

SEUDOMORFOSIS. *m. (min.)* Pseudomorphosis; massa crystalliforme, produzida por conversão ou decomposição parcial ou total de outra massa, conservando a fôrma que esta tinha antes de se alterar.

SEUDONEFELINA. *f. (min.)* Pseudonephelina; variedade de nephelina que se encontra proximo de Roma em pequenos crystaes prismaticos de seis faces.

SEUDONEUMONIA. *f. (med.)* Pseudopneumonia ou falsa pneumonia.

SEUDONEUMÓNICO, CA. *adj. (med.)* Pseudopneumonico; diz-se do individuo atacado de pseudopneumonia ou pneumonia falsa.

SEUDÓNIMO. *m.* Pseudonymo; nome falso ou supposto, que se toma para encobrir ou disfarçar o verdadeiro: — *adj.* pseudonymo; diz-se do auctor que publica as suas obras sob um nome supposto, e das obras assim publicadas.

SEUDONORMAL. *adj. (min.)* V. *Seudoregular.*

SEUDOPERINEUMONIA. *f. (med.)* Pseudoperipneumonia; falsa peripneumonia.

SEUDOPERISTOMO. *m. (bot.)* Pseudoperistomo; peristomo externo dos musgos, quando é mui fugaz, e desapparece bem depressa.

SEUDOPIA. *f. (med.)* Pseudopia; illusão do sentido da vista.

SEUDOPLEURESIA. *f. (med.)* Pseudopleuresia; falsa pleuresia ou falsa pleuriz. É synonymo de pleurodynia segundo alguns auctores.

SEUDÓPODO, DA. *adj. (zool.)* Pseudopoda; diz-se do animal que tem prolongações em fôrma de pés.

SEUDOPÓLIPO. *m. (med.)* Pseudopolypo; falso polypo: — pseudopolypo; concreção polypiforme.

SEUDOPORO. *m. (bot.)* Pseudoporo; depressão ou simples mancha que se observa em uma semente e marca o sitio do estigma.

SEUDOPROFETA. *m.* Pseudopropheta; falso propheta.

SEUDOPROFETISA. *f.* Pseudoprophetisa; falsa prophetisa.

SEUDORASIA. *f. (med.)* Pseudorasia, illusão de sentido da vista. É synonymo de pseudopia.

SEUDOREGULAR. *adj. (min.)* Pseudoregular; diz-se do crystal mineral que não offerece mais que a apparencia da regularidade.

SEUDOREXIA. *f. (med.)* Pseudorexia; falso appetite.

SEUDORUBÍ. *m.* V. *Rubí* de *Bohemia.*

SEUDOSAURIO. *adj. (zool.)* Pseudosaurio; diz-se do reptil um tanto parecido no exterior com os saurios.

SEUDOSPERMO, MA. *adj. (bot.)* Pseudoespermo; diz-se do fructo cujo pericarpio indehiscente forma corpo com a semente.

SEUDOTÍSICO, CA. *adj. (med.)* Pseudo-tisico ou pseudophthisico; diz-se dos doentes atacados da molestia chamada pseudotisica.

SEUDOTISIS. *f. (med.)* Pseudo-tisica ou pseudo-phthisica; tisica apparente.

SEUDOTOPACIO. *m. (min.)* Pseudotopazio; quartzo hyalino amarellento.

SEUDOTOXINA. *f. (chim.)* Pseudotoxina; substancia nitrogenada que se extrahe das folhas da belladona, onde se encontra associada á atropina.

SEUDOVOLCÁNICO, CA. *adj. (min.)* Pseudovulcanico; diz-se de um mineral que tem sido alterado mais ou menos pela acção de fogos subterraneos accidentaes.

SEUDOZAFIRO. *m. (min.)* V. *Cordierita.*

SEUDOZOARIO, RIA. *adj. (h. nat.)* Pseudozoario; diz-se do que se parece com um animal: — *m. pl.* pseudozoarios; grupo de seres organisados, que antigamente se collocavam entre os zoophytos e hoje pertencem ao reino vegetal.

Seutera. *f. (bot.)* Seutera; genero de plantas da familia das asclepiadeas, composto de uma unica especie herbacea e originaria da America septentrional.

Seutil. *m. (bot.)* Seutil; arvore da America meridional, parecida com o limoeiro, aindaque de menor porte e de folha lisa. Produz um fructo do mesmo nome, do tamanho de um ovo, mais sumarento e acido que o limão.

Severamente. *adv. m.* Severamente; com severidade, com rigor. *Severè.*

Severianos. *m. pl. (rel.)* Severianos; sectarios do seculo XII, que sustentavam que o mundo era obra de diversos poderes. Condemnavam o matrimonio e negavam a resurreição.

Severidad. *f.* Severidade; rigidez, rigor, aspereza no modo e trato, no castigo e reprehensão. *Severitas, atis:* — severidade, seriedade, gravidade. *Severitas, gravitas:* — severidade, austeridade; exacção, pontualidade na observancia de alguma lei ou instituto. *Severitas, atis.*

Severisímamente. *adv. m.* Severissimamente; mui severamente.

Severísimo, ma. *adj. sup.* de *Severo.* Severissimo; muito severo.

Severita. *f. (min.)* Severita; variedade de hydro-silicato de alumina.

Severizarse. *r. (ant.)* Formalisar-se; pôr-se serio ou grave.

Severo, ra. *adj.* Severo, rigoroso, rigido; aspero em punir, em reprehender, duro no trato. *Severus, gravis:* — severo, austero, rigido, exacto, pontual na observancia de alguma lei, preceito ou regra. *Severus, a, um:* — severo, serio, grave. *Severus, gravis.*

Sevicia. *f.* Sevicia; crueldade ferina, excessiva. *Sœvitia, œ:* — *(for.)* sevicia; mau tratamento que o marido faz á mulher, o pae aos filhos.

Sevillanilla. *f. (ant.)* Franjasinha, guarnição ou qualquer adorno similhante.

Sevillano, na. *adj.* Sevilhano; pertencente á cidade de Sevilha ou aos sevilhanos. *Hispalensis, se:* — *s.* sevilhano, sevilhense; o natural de Sevilha.

Sex. *adj. numeral (ant.)* V. *Seis.*

Sexábolo, Sexabuelo, la. *s. (ant.)* Sexavô; sexto avô.

Sexagenario, ria. *adj.* V. *Sexajenario.*

Sexagésima. *f.* V. *Sexajésima.*

Sexagésimo, ma. *adj.* V. *Sexajésimo.*

Sexagonal. *adj.* Sexagonal, hexagonal. V. *Exágono.*

Sexajenario, ria. *adj.* Sexagenario; que tem sessenta annos de idade. *Sexagenarius, a, um.*

Sexajésima. *f.* Sexagesima; a oitava dominga antes da Paschoa. *Sexagesima, œ.*

Sexajésimo, ma. *adj.* Sexagesimo; ordinal, que na serie inclue ou constitue o numero sessenta. *Sexagesimus, a, um.*

Sexángulo, la. *adj. (math.)* Sexangulo, heptagono; diz-se da figura de seis angulos. Usa-se tambem substantivado na terminação masculina. *Sexangulus, a, um.*

Sexcuncia. *f. (num.)* Sexcuncia; moeda hespanhola que pesava onça e meia. *Nummi genus.*

Sexcuns. *m.* V. *Sexcuncia.*

Sexenal. *adj.* Sexennal; que succede de seis em seis annos.

Sexenio. *m.* Sexennio; espaço de seis annos. *Sexennium, ii.*

Sexil. *adj. (bot.)* V. *Sesil.*

Sexma. *f. (ant.)* Sexma. V. *Séstupla.*

Sexmero. *m. (ant.)* V. *Sesmero.*

Sexmo, ma. *adj. (ant.)* V. *Sesmo.* Usava-se tambem como substantivo.

Sexnieto, ta. *adj. (ant.)* Sexneto; sexto neto.

Sexo. *m.* Sexo; differença de organisação entre o macho e a femea, tanto nos racionaes como nos irracionaes e tambem nas plantas. *Sexus, us:* — *masculino;* sexo masculino: — *femenino;* sexo feminino, o bello sexo, as mulheres.

Sexoctonal. *adj. (min.)* Sexoctonal; diz-se de um crystal composto de quatorze faces, oito das quaes, prolongadas idealmente, tendem a produzir um solido octaedro.

Sexta. *f.* V. *Sesta.*

Sextante. *m.* V. *Sestante.*

Sextario. *m.* V. *Sestario.*

Sextil. *adj.* V. *Sestil.*

Sextilla. *f.* V. *Sestilla.*

Sextina. *f.* V. *Sestina.*

Sexto, ta. *adj.* V. *Sesto.*

Sextula. *f.* V. *Sestula.*

Sextuplicar. *a.* V. *Sestuplicar.*

Sextuplo, pla. *adj.* V. *Sestuplo.*

Sexu. *m. (ant.)* V. *Sexo.*

Sexual. *adj.* Sexual; que respeita ao sexo, que é peculiar e caracteristico de cada sexo.

Sey. *f. (ant.)* V. *Sede, Silla.*

Seybertita. *f. (min.)* Seybertita; alumino-silicato hydratado de magnesia e de cal, que se apresenta em fôrma de laminas de côr vermelha e transparentes, quando são delgadas.

Seyelo, Seyello. *m. (ant.)* V. *Sello.*

Seyer. *v. auxiliar (ant.)* V. *Ser:* — *n. (ant.)* sentar-se, estar sentado.

Seyes. *adj. num. (ant.)* V. *Seis.*

Seyía. *f. (ant.)* Séde, assento, residencia.

Seze. *adj. num. (ant.)* V. *Diez y seis.*

Sezeno, na. *adj. (ant.)* V. *Dieziseiseno.*

Si. *conj.* Se; significa muitas vezes duvida, suspeita ou receio, e então costuma juntar-se-lhe a particula *mas* anteposta; como: *¿si se habrá ausentado fulano? ¿mas si juzgará que yo le he dicho?* se fulano se ausentaria? mas se elle julgará que eu o disse? *Ecquid, nunquid.* Usa-se tambem para dar por supposta ou sabida alguma cousa, como: *si le conoces ¿ para qué te fias de él?* se o conheces, para que te fias d'elle?: — se; usa-se para encarecer alguma cousa, contrapondo-a a outra, e então equivale a aindaque, quando mesmo; *v. g.: si me mataran no lo haria;* se me matassem, aindaque me matassem não o fazia, etc. *Etiam si:* — se; usa-se tambem como disjunctivo, contrapondo uma preposição a outra, e repetindo o *si*, como: *si callamos, nos tienen por ignorantes; si respondemos, por atrevidos;* se nos calâmos, tomam-nos por ignorantes, se respondemos por atrevidos. *Si, et, sin vero, sin autem:* — se, em algumas expressões serve para explicar a superioridade ou excellencia de alguma cousa; *v. g.: es sabio si los hay;* se ha sabios é um d'elles. *Si usquam gentium:* — *acaso o por si acaso (loc. adv.);* se acaso, ou se por acaso; significa a possibilidade ou contingencia de que succeda ou tenha succedido alguma cousa. *Si fortè:* — *bien (loc. adv.);* se bem, aindaque, quando mesmo. V. *Aunque.* Usa-se contrapondo uma cousa á outra, ou para explicar alguma excepção. *Tametsi. Un si es no es (fr.);* um pouco, muito pouco, um poucochinho; usa-se para significar a pouquidade, pequenez ou curteza de alguma cousa. *Parum nil ferè.*

Sí. *adv.* Sim; exprime affirmação, consentimento, approvação, e oppõe-se a não. *Verè, certò, quidem:* — sim; usa-se para expressar especial asseveração no que se diz ou se crê, ou para ponderar alguma cousa; *v. g.: esto sí que es portarse; aquel sí que es buen letrado,* etc.; isto sim que é bom comportamento; aquelle sim que é bom letrado, etc. *Demum:* — sim; emprega-se frequentemente em sentido ironico, e significa negação ou não assentimento. *Verè, quidem, certè:* — *(ant.)* V. *Así:* — *m.* sim, consentimento, acquiescencia; *v. g.: ya tengo el sí de su padre;* já tenho o sim de seu pae. *Assensio, consensus:* — si; corresponde tambem ao pronome possessivo latino *sui, sibi, se* em todos os casos da terceira pessoa de ambos os numeros; *v. g.: de sí para sí, contra sí, por sí, en sí;* de si para si, contra si, por si, em si: — si; conversão do pronome *él:* — *por cierto (loc. adv.);* sim por certo, certamente, com certeza, seguramente; usa-se para affirmar sinceramente uma cousa. *Equidem:* — *por sí, o no por no.* V. *No. Dar el sí (fr.);* dar o sim, responder sim; annuir, consentir, conceder. Usa-se mais commummente fallando do casamento. *Consensum proferre, testari. De por sí (loc. adv.);* de per si, separadamente. *Separatim, sigillatim. De sí.* V. *De suyo. No decir o no responder un sí o un no (fr.)* V. *No. No haber entre algunos o no tener un sí o un no (fr.)* V. *Por sí (loc. adv.);* só por si; com suas proprias forças, sem ajuda alheia: por si mesmo; naturalmente, sem arte, espontaneamente. *Por sí o por no (loc. adv.);* por sim ou por não. V. *Por sí acaso:* — *(mus.)* si; setima nota da musica, introduzida modernamente e posta depois de lá, para facilitar o systema de Guido Aretino que se compunha de hexacordos, e reduzi-lo a heptacordos. *Si, septima musicalis vox.*

Siagonia. *f. (zool.)* Siagonia *(maxilla);* genero de insectos coleopteros pentameros, da familia dos carniceiros.

Siagonotos. *m. pl. (zool.)* Siagonothos; familia de peixes malacopterygios abdominaes.

Siagro. *m. (bot.)* Siagro; genero de plantas da familia das palmeiras, composto de uma unica especie que cresce á beira do rio Amazonas.

Sialagogo, ga. *adj. (med.)* Sialagogo; que provoca a emissão da saliva.

Sialide. *m. (zool.)* Sialide. V. *Sémblide.*

Sialismo. *m. (med.)* Sialismo ou ptyalismo. V. *Salivacion.*

Sialista. *f. (bot.)* V. *Dilenia.*

Sialologia. *f. (med.)* Sialologia; discurso ou tratado ácerca da saliva.

Sialológico, ca. *adj. (med.)* Sialologico; pertencente á sialologia.

Siames, sa. *s.* Siamez; o natural de Sião: — *adj.* siamez; pertencente ao paiz de Sião.

Siampan. *m. (naut.)* Siampão; navio pequeno da China, de véla e remos: — droga para tintas que vem de Sião. *Medicamen tinctorium siampanense.*

Sibaldia. *f. (bot.)* Sibbaldia; genero de plantas da familia das rosaceas.

Sibar. *a. (germ.)* Coser.

Sibarismo. *m.* Sibarismo; systema, caracter dos sibaritas: — sibarismo; por extensão, desejo immoderado de luxo e de prazeres.

Sibarita. *adj. (fig.)* Sibarita; diz-se do que é affeminado, devasso, muito dado ao luxo e á mollicie, como os antigos habitantes de Sibaris: — sibarita; o natural de Sibaris. *Sybarita, æ:* — *adj.* sibarita; pertencente a esta cidade.

Sibaríticamente. *adv. m.* Sibariticamente; como os sibaritas, á maneira dos sybaritas.

Sibarítico, ca. *adj.* Sibaritico, sibaritano; pertencente ou relativo aos sibaritas e á antiga cidade de Sibaris. *Sibaritanus, a, um:* — *(fig.)* sibarita, molle, affeminado, dado aos deleites sensuaes, á luxuria.

Sibaritismo. *m.* V. *Sibarismo.*

Siberita. *f. (min.)* Siberita; nome que dão alguns mineralogistas a uma variedade roxa de turmalina que se encontra em Siberia.

Sibil. *m.* Especie de despensa subterranea, de pequenas dimensões, para conservar frescas as carnes, fructas, a agua, o vinho e outras provisões. *Penuaria cella in cavea.*

Sibila. *f.* Sibylla; nome dado pelos gregos e romanos ás mulheres, a quem attribuiam o conhecimento do porvir e inspiração divina. Eram muito consultadas; davam os seus oraculos em termos ambiguos, ou os escreviam em folhas volantes, que muitas vezes se tornavam o jogo dos ventos. A mais celebre de todas foi a sibylla de Cumas em Italia. *Sybilla, æ:* — *(fig.)* sibylla; mulher idosa que tem pretensões de talento e sciencia: — (*fig.*) fera, serpente; mulher de mau coração.

Sibilante. *adj.* (*zool.*) Sibilante; que assobia ou soa com zunido agudo. *Sibilans, antis.*

Sibilino, na. *adj.* Sibyllino; das sibyllas. *Sybillinus, a, um. Libros sibilinos* (*hist.*); livros sibyllinos; livros que continham as predicções das sibyllas e eram uma especie de biblia romana. Foram consumidos em um incendio do Capitolio. Tambem se deu o nome de livros sibyllinos a uns livros que chegaram até nós, nos quaes se prophetisou a vinda de Jesus Christo, sua paixão e morte. *Versos sibilinos;* versos sibyllinos, propheticos, das antigas sibyllas.

Sibilismo. *m.* Sibyllismo; doutrina das sibyllas: — sibyllismo; as predicções ou augurios sibyllinos: — sibyllismo; fé, crença fanatica pelos livros das sibyllas.

Sibilista. *adj.* Sibyllista; diz-se dos christãos que pretenderam encontrar prophecias ácerca de Jesus Christo nos livros sibyllinos.

Sibilitico, ca. *adj.* Sibyllico, sibyllino; proprio das sibyllas: — sibyllico, sibyllino; diz-se geralmente do que é mysterioso e obscuro com apparencias de grave, e póde-se applicar ao estylo e a certas phrases inintelligiveis pronunciadas com emphase.

Sibina. *f.* (*zool.*) Sibyna; genero de insectos coleopteros tetrameros da familia dos curculionidos.

Sibistroma. *f.* (*zool.*) Sibystroma; genero de insectos dipteros da familia dos brachystomos.

Sibtorpia. *f.* (*bot.*) Sibthorpia; genero de plantas da familia das escrophularineas.

Sicamor. *m.* V. *Ciclamor.*

Sicano. *m.* (*zool.*) Sicano; genero de insectos hemipteros da tribu dos reduvios.

Sicario. *m.* Sicario; matador, assassino mercenario, pago: — sicario, assassino, matador, malfeitor armado de faca de ponta, punhal ou adaga. Diz-se particularmente dos judeus que, durante o sitio de Jerusalem, matavam os que não eram do seu partido. *Sicarius, ii:* — *m. pl.* (*zool.*) sicarios; tribu de insectos dipteros da familia dos notacanthos.

Sicefalios. *m. pl.* (*physiol.*) Sicephalios; familia de monstros dobles autositarios.

Sicidio. *m.* (*bot.*) Sicydio; genero de plantas da familia das cucurbitaceas: — (*zool.*) sicydio; genero de peixes acanthopterygios da familia dos gobioideos.

Siciliano, na. *s.* Siciliano; o natural de Sicilia. *Siculus, i:* — *adj.* siciliano; pertencente a esta ilha. *Siculus, a, um. Vísperas sicilianas* (*hist.*); vesperas sicilianas.

Sicinnis. *f.* Sicinnis; dansa grutesca dos antigos, que se executava ao som de um instrumento só.

Sicinnista. *m.* Sicinnista; o que dansava a sicinnis.

Siconia. *f.* (*zool.*) Sicyonia; genero de insectos lepidopteros diurnos, da tribu dos papilionides.

Sichmania. *f.* (*bot.*) Sichmannia; genero de plantas da familia das cyperaceas.

Sicle. *m.* (*germ.*) Seculo.

Siclo. *m.* Siclo; moeda de prata dos hebreus, do peso de meia onça attica. *Siclus, i.*

Sicófaga. *f.* (*zool.*) Sycophaga; genero de insectos hymenopteros da tribu dos chalcidios.

Sicófago, ga. *adj.* Sycophago; que se sustenta de figos.

Sicofanta. *m.* Sycophanta; propriamente significa o denunciante dos que contra a lei de Athenas transportavam figueiras e mandavam figos para fóra do territorio de Attica: — (*fig.*) sycophanta, calumniador, denunciante, falso delator. *Sycophanta, æ.*

Sicofantin. *m.* Bufão, chocarreiro, bobo de comedia.

Sicofantismo. *m.* Sycophantismo; impudencia, baixeza de um sycophanta ou falso delator.

Sicomancia. *f.* (*hist. ant.*) Sycomancia; adivinhação por meio das folhas de figueira, nas quaes se escreviam as perguntas, cuja resposta se queria obter.

Sicomántico. *m.* Sycomantico, adivinho que praticava a sycomancia: — *adj.* sycomantico; concernente á sycomancia.

Sicómoro. *m.* (*bot.*) Sycomoro. V. *Arce, Falso plátano.*

Sicosis. *f.* (*med.*) Sycosis; tumor da feição de um figo.

Sicótico, ca. *adj.* Sycotico; relativo á sycosis.

Sicotria. *f.* (*bot.*) V. *Psicotria.*

Sichá. *f.* (*germ.*) Macaca, mona; a femea do macaco ou bugio.

Sichaguillo. *m.* Acolytho, rapazinho que ajuda o sacerdote quando celebra missa.

Sida. *f.* (*bot.*) Sida; genero de plantas da familia das malvaceas.

Sideas. *f. pl.* (*bot.*) Sideas; tribu de plantas da familia das malvaceas, que tem por typo o genero sida.

Sideral. *adj.* (*astron.*) Sideral, sidereo; pertencente aos astros, ás estrellas. *Sideralis, le. Año sideral.* V. *Año. Dia sideral;* dia sideral; tempo da revolução da terra, desde uma estrella, pelo seu movimento diurno. *Revolucion sideral;* revolução sideral; volta até á mesma estrella: — (*min.*) sideral; pertencente ao ferro: — (*min.*) sideral; que tem as propriedades do ferro.

Sidéreo, rea. *adj.* (*poet.*) Sidereo; das estrellas, brilhante, resplandecente como as estrellas. *Sidereus, a, um.*

Sideretina. *f.* (*min.*) Sideretina. V. *Sideritina.*

Sidérides. *m.* (*min.*) Siderides; familia mineralogica de corpos solidos, cuja base é o ferro ligeiramente atacado pelo acido nitrico.

Siderismo. *m.* Siderismo; adoração dos astros: — *m.* (*med.*) siderismo; variedade de magnetismo animal que consiste em pôr em relação com os metaes o individuo que deve ser magnetisado.

Siderita. *f.* (*bot.*) Siderita; especie de plantas da familia das labiadas: — *(min.)* Siderita. V. *Klaprotina.*

Sideritina. *f. (min.)* Sideritina; variedade de sulphato de ferro que se encontra junto com o arseniato do mesmo metal.

Siderocalcita. *f. (min.)* Siderocalcita; carbonato de cal e de magnesia.

Sidero-ciánico, ca. *adj. (chim.)* Sidero-cyanico; nome dado ás vezes ao acido hydro-ferro-cyanico.

Siderocromo. *m. (min.)* Siderochromo; chromato de ferro.

Siderocténia. *f.* Sideroctenia; arte de trabalhar o ferro.

Siderocténico, ca. *adj.* Siderotenico; concernente á sideroctenia.

Siderodáctilo. *m. (zool.)* Siderodactylo *(que tem dedos de ferro);* genero de insectos coleopteros tetrameros da familia dos curculionidos gonatoceros.

Siderodendro. *m.* Siderodendro; genero de plantas da familia das rubiaceas.

Siderogastro, tra. *adj. (zool.)* Siderogastro; que tem o abdomen ferruginoso.

Siderografía. *f.* Siderographia; arte de gravar em aço.

Siderográfico, ca. *adj.* Siderographico; concernente á siderographia.

Siderógrafo. *m.* Siderographo; gravador em aço.

Siderolina. *f. (zool.)* Siderolina; genero de foraminiferos ou rhizopodas.

Siderolita. *f. (zool.)* Siderolitha; genero de conchas nautilaceas que se encontram em estado fossil nas camadas inferiores á greda.

Sideromancia. *f.* Sideromancia; arte de vaticinar o futuro, por meio de uma barra de ferro candente, sobre a qual se lançavam troços de palha, observando como se queimavam e a direcção do fumo.

Sideromántico. *adj.* Sideromantico; que praticava a sideromancia.

Sideróporа. *m. (zool.)* Siderópora; genero de polypeiros zoantharios.

Siderosis. *f. (chim.)* Carbonato de ferro.

Siderotécnia. *f.* Siderotechnia. V. *Siderurjia.*

Siderotécnico, ca. *adj.* Siderotechnico; que se refere á siderotechnia.

Siderotето. *m. (min.)* Siderotето; phosphureto de ferro.

Siderotina. *f. (min.)* Siderotina; substancia ordinariamente de côr parda, translucida e de aspecto resinoso, ás vezes de côr amarella como certa ferrugem, e em geral branda e mui fragil. Consta de acido arsenico, sulphurico, peroxydo de ferro e agua. Produz-se todos os dias no interior de algumas minas.

Sideroxilo. *m. (bot.)* Sideroxylo *(madeira de ferro);* genero de plantas da familia das sapotaceas.

Siderurjia. *f.* Siderurgia ou siderotechnia; arte de extrahir o ferro do mineral que o contém.

Sidjano. *m. (zool.)* V. *Anfacanto.*

Sidonio, nia. *adj. (ant.)* Sidonio; pertencente a Sidon e aos sidonios: — *s.* sidonio; o natural de Sidon, antiga cidade da Phenicia.

Sidra. *f.* Cidra; bebida fermentada, acre e capaz de embriagar, que se faz do sumo da maçã. *Sicera, æ.*

Sied. *f. (ant.)* Séde, cadeira.

Siega. *f.* Sega, ceifa; acção e effeito de segar os pães. *Messis, is:* — sega, ceifa; tempo de ceifar os pães. *Messis, is:* — sega; as messes segadas. *Messis, is.*

Siegesbeckia. *f. (bot.)* Siegesbeckia; genero de plantas da familia das compostas.

Sieglo. *m. (ant.)* V. *Siglo:* — *mayor;* a outra vida, o outro mundo.

Siegro. *m. (ant.)* V. *Siglo.*

Siella. *f. (ant.)* V. *Silla.*

Siello. *m. (ant.)* V. *Sello.*

Siembra. *f.* Sementeira, semeadura; acção e effeito de semear. *Seminatio, onis:* — sementeira; estação, tempo de semear. *Serendi tempus:* — sementeira. V. *Sembrado.*

Sieme. *m.* Sieme; terceiro decano de Escorpião. Representa-se sentado nos dois zodiacos de Denderah.

Siempre. *adv. t.* Sempre; duravel em todo o tempo, sem cessar. *Semper:* — *jamás (loc. adv.);* para todo o sempre, perpetuamente, sem fim. *Semper, omni tempore:* — *que (loc. adv.);* sempre que, todas as vezes que, quantas vezes. V. *Con tal que. Quotiescumque. Per siempre (loc. adv.);* para sempre, perpetuamente.

Siempreviva. *f. (bot.)* Sempreviva; genero de plantas da familia das crasulaceas.

Siemsenia. *f. (bot.)* Siemsenia; genero de plantas da familia das compostas.

Sien. *f.* Fonte da cabeça; cada uma das duas partes da cabeça um pouco concavas, que ficam entre as orelhas e a testa. *Tempus, oris:* — *(prep. ant.)* V. *Sin.*

Siena. *f. (germ.)* Cara, rosto.

Sienita. *f. (neol.)* Syenita; rocha composta de feldspatho laminoso branco ou avermelhado, pertencente aos terrenos granitico e porphyrico, e que parece ser o resultado de uma modificação do granito pela acção ignea. A maior parte dos obeliscos egypcios são feitos d'esta pedra.

Sienítico, ca. *adj.* Syenitico; que contém syenita.

Sierpe. *f.* Serpe, serpente; communmente usa-se mais este ultimo vocabulo, e em castelhano, *serpiente. Serpens, entis:* — *(fig.)* serpente, monstro, dragão; pessoa horrenda, muito feia. *Valdè deformis homo:* — *(fig.)* serpente, vibora, dragão; pessoa muito feroz ou que está em extremo encolerisada. *Valdè iracundus homo:*—qualquer cousa serpejante, que se move em voltas tortuosas. *Serpens, entis:* — *(germ.)* gazua. *Lengua de sierpe;* lingua serpentina, viperina, depravada, maldizente: — *voladora o volante (zool.);* serpe ou serpente volante; especie de serpente mui venenosa, de côr escura.

Sierpecilla. *f. dim.* de *Sierpe.* Serpesinha, serpentinha.

Sierra. *f.* Serra; monte de penedia, com picos e quebradas ou boqueirões. *Prœrupti montes, rupes: — pl. (germ.)* fontes da cabeça: — *(fig.)* serra de agua; ondas muito empoladas. *Correr las sierras o los montes (fr.)*, correr, estender-se as serras ou os montes em certa direcção, tantas leguas ou tanto terreno, desde tal a tal sitio. *Extendi, protendi. De sierra a estremos (fr.)*, diz-se dos gados transhumantes que passam das serras de Castella para as devezas da Extremadura hespanhola. *Cuando la sierra está tocada, en la mano viene el agua (rif.)*; quando a serra está tocada, á mão vem a agua, isto é, quando a serra está coberta de nuvens, está proxima a chuva. *Montium juga nubibus cooperta imbres protendunt: — (art.)* serra; lamina de aço delgada e estreita, dentada por um lado, e fixada de ordinario em armação de pau, para cortar madeira. *Serra, æ:* — serra; folha de aço que differe da serra commum em não ter dentes, e serve para cortar pedra com ajuda da agua. *Serra, æ: — abrazadera;* serra braçal; serra grande dos serradores. *Prægrandis serra: — de mano;* serra de mão; aquella com que um só homem serra. *Manualis serra: — de punta;* serrote de ponta; pequena serra que remata em ponta e que se introduz em certas obras, onde as outras serras não podem trabalhar. *Serra parva triangula: — de tras dos;* serrote, pequena serra que ao contrario da commum tem a folha ou ferro immovel. *Serra parva cui dentatum ferrum immobile inest: — de agua;* serra de agua; a que é movida por agua, em engenho de serrar madeira. *Serra quæ aqua fluente movetur: — (zool.)* V. *Priste.*

Siervo, va. *s.* Servo, escravo. V. *Esclavo:* — servo, creado; formula obsequiosa. *Servus, i: — de Dios;* servo de Deus; homem de grande piedade, que serve a Deus e guarda os seus preceitos. *Dei servus: (fam.)* pobre homem, coitado, digno de lastima. *Homulus, homuncio: — de pena (ant.)*; servo da pena; o que era para sempre condemnado a servir nas minas e outros trabalhos publicos. *Ad metalla pœnamve aliam perpetuò damnatus.*

Sieso. *m.* Sesso, anus; orificio do intestino recto por onde se vasam regularmente os excrementos. Em castelhano applica-se principalmente aos animaes. *Podex, anus.*

Siesta. *f.* Sésta; tempo depois do meio dia, em que aperta mais o calor no estio, durante o qual, os homens e o gado se deitam a dormir depois de ter comido. *Pomeridiana diei pars: —* sésta; somno que se dorme depois de jantar. *Pomeridiana dormitio: —* vespera; musica que na igreja se canta ou toca de tarde. *Pomeridianus cantus in templis: — (ant.)* V. *Calor. Dormir la siésta (fr.)*; dormir a sésta, fazer a sésta; dormir depois de jantar. *Somnum meridianum capere. En bajando la siésta (fr.)*; em passando a sésta, em diminuindo o calor.

Siet. *f. (ant.)* Séde, cadeira.

Siete. *adj. numeral.* Sete; numero impar que se compõe de seis unidades mais uma. Usa-se tambem substantivado. *Septem:* — sete, setimo; usa-se ás vezes n'este sentido, *v. g.: capitulo siete;* capitulo sete ou setimo. *Septimus, a, um: — m.* sete; algarismo que figura este numero. *Septenarii numeri nota:* —sete; carta ou dado que tem sete signaes. *Charta lusoria notis septem distincta. Tres sietes;* tres setes; jogo de cartas que tem por objecto fazer vinte e um pontos: — *dias (med.)*; sete dias; mal que ataca asc reanças recem-nascidas, acompanhado de nevrose convulsiva, e de que poucas se salvam na America. Vem-lhe o nome do tempo de sua duração, que não excede a sete dias.

Sietecuero. *m. (p. Cub.)* V. *Panadizo.*

Sietedurmiente. *s. (fig.)* Dormilão, dorminhoco; pessoa muito somnolenta, que dorme muito: —*pl.* os sete dormentes, martyres da fé christã.

Sietelevar. *m.* Sete levar; parada de jogo da banca, que se faz do parolim vencido; se o ponto a ganha, pagam-lhe sete vezes tanto como a primeira parada. *In ludo septimo sors quœdam.*

Sietemesino, na. *adj.* Setemezinho; diz-se da creança nascida ao setimo mez. *Infans septimo mense natus.*

Sieteñal. *adj.* Que tem sete annos ou é de sete annos. *Septennis, e.*

Sifantera. *f. (bot.)* Syphantera; genero de plantas da familia das melastomaceas.

Sifílide. *f. (med.)* Syphilide; nome commum com que se designam varias affecções cutaneas de natureza venerea, que coincidem com symptomas syphiliticos primitivos ou se manifestam depois da desapparição d'estes symptomas.

Sífilis. *f. (med.)* Syphilis; affecção multiforme e complexa, ou, para melhor dizer, grupo de affecções mui diversas, procedentes todas de uma causa primaria, da acção de um virus que se transmitte entre os individuos por contacto immediato, especialmente pela copula, algumas vezes por inoculação, ou simplesmente pela sua applicação sobre a pelle denudada ou sobre uma membrana mucosa. Chama-se tambem gallico, mal venereo e mal francez, e julga-se que foi importado da America para a Europa nos fins do seculo xiv. Todavia ha opiniões que a syphilis existiu em tempos remotissimos.

Sifilítico, ca. *adj.* Syphilitico; diz-se do que se refere á syphilis ou depende d'ella.

Sifocampilo. *m. (bot.)* Syphocampilo; genero de plantas da familia das lobeliaceas.

Sifon. *m.* Siphão; tubo curvo

que serve para tirar a agua ou outro liquido de uma vasilha. *Siphon, tubus incurvus ad liquorum è vaso hauriendum:* — siphão; tubo, canal, conducto curvo para a agua: — tromba; manga de agua que desce das nuvens em fôrma de columna gyratoria. V. *Manga,* n'este sentido: — *(zool.)* siphão; nome dado ao canal que atravessa o tabique das conchas polythalamas e estabelece communicação entre as differentes cellulas. Tambem se chama assim ao bico de certos crustaceos e de alguns arachneides.

Sifona. *m. (zool.)* Siphona; genero de insectos dipteros da familia dos athericeros.

Sifonacanto. *m. (bot.)* Siphonacantho; genero de plantas da familia das acanthaceas.

Sifonápteros. *m. pl. (zool.)* Siphonapteros; ordem de insectos apteros.

Sifonaria. *f. (zool.)* Siphonaria; genero de molluscos gasteropodas.

Sifoncúleos. *m. pl. (zool.)* Siphonculeos; familia de insectos parasitas.

Sifonela. *f. (zool.)* Siphonella; genero de insectos dipteros da familia dos athericeros.

Sifonia. *f. (bot.)* Siphonia *(tubo);* genero de plantas da familia das euphorbiaceas: — *(zool.)* siphonia; genero de polypeiros espongiarios.

Sifoníferos. *m. pl. (zool.)* Siphoniferos; nome dado por alguns auctores a uma divisão de molluscos cephalopodas que encerra aquelles, cuja concha é provida de um siphão.

Sifonobranquios. *m. pl. (zool.)* Siphonobranchios; sub-ordem de molluscos paracephalophoros, que inclue todos os gasteropodas cuja concha é canaliculada.

Sifonóforos. *m. pl.* Siphonophoros; ordem de acalephos, cujos orgãos locomotores são formados por peças cartilaginosas providas de uma cavidade, d'onde a agua é impellida pela contracção, ou de uma bexiga cheia de ar.

Sifonostejía. *f. (bot.)* Siphonostegia; genero de plantas da familia das escrofularineas.

Sifonóstomos. *m. pl. (zool.)* Siphonostomos; familia de peixes acanthopterygios abdominaes: — siphonostomos; familia de molluscos syphonobranchios: — siphonostomos; ordem de crustaceos creada por alguns naturalistas para comprehender todos os que são chupadores.

Sifonoto. *m. (zool.)* Siphonoto; genero de myriapodes diplopodas da familia dos polyzonidos.

Siforinas. *f. pl. (zool.)* Siphorinas. V. *Procelarídeas.*

Sifóstoma. *f. (zool.)* Siphostoma; genero de annellidos tubicolas.

Sifué. *f.* Sobresilha; a silha que se põe em cima do caparazão da sella de montar, para o sujeitar a esta.

Sifula. *f. (bot.)* Siphula; genero de lichens da tribu dos espherophoreos.

Sigalfitos. *m. pl. (zool.)* Sigalphitos; genero de insectos hymenopteros da familia dos brachonidos.

Sigalfo. *m. (zool.)* Sigalpho; genero de insectos hymenopteros da familia dos brachonidos.

Sigalion. *m. (zool.)* Sigalion; genero de annellidos chetopodas parecidos com os aphroditas.

Sigara. *f. (zool.)* Cigarra; genero de insectos hemipteros da tribu dos repianos.

Sigareto. *m. (zool.)* Sigareto; genero de molluscos gasteropodas pectinibranchios.

Sigilacion. *f. (med.)* V. *Sijilacion.*

Sigilado, da. *adj.* V. *Sijilado.*

Sigilar. *a.* V. *Sijilar.*

Sigilo. *m.* V. *Sijilo.*

Sigilosamente. *adv. m.* V. *Sijilosamente.*

Sigiloso, sa. *adj.* V. *Sijiloso.*

Siglo. *m.* Seculo; espaço de cem annos solares. *Seculum, i:* — seculo, epocha, idade; tempo, duração de alguma pessoa ou cousa notavel; como: *el siglo de las cruzadas, el siglo de Augusto;* o seculo das cruzadas, o seculo de Augusto, etc. *Ætas, atis:* — seculo; longo espaço de tempo indeterminado. *Seculum, i:* — seculo; o mundo, as cousas mundanas, commercio e trato dos homens no que respeita á vida commum e politica; como: *fulano deja el siglo;* fulano deixa o seculo, o mundo. *Hominum frequentia, consuetudo:* — seculo; o mundo, as cousas mundanas, a vida mortal; *v. g.: en este y en el otro siglo;* n'este e no outro seculo, n'esta e na outra vida, n'este e no outro mundo: — *de hierro;* seculo, idade de ferro; tempo que os poetas fingiram, durante o qual desappareceram da terra as virtudes e começaram a reinar todos os vicios e desgraças. Por extensão diz-se do tempo calamitoso, cheio de miserias e de guerras. *Ferreum seculum:* — *de cobre;* seculo, idade de cobre; tempo em que, segundo os poetas, se adiantou a malicia dos homens. *Æneum seculum:* — *de oro;* seculo, idade de oiro; tempo em que os poetas imaginaram ter reinado o deus Saturno, e durante o qual, diziam elles, terem vivido os homens feliz e ditosamente. Por extensão dá-se este nome a qualquer tempo feliz e afortunado, em que ha pàz e abundancia. *Aureum seculum: (fig.)* seculo, idade de oiro; tempos floridos e felizes em que havia paz e socego. *Aureum seculum:* — *de plata;* seculo de prata; tempo em que fingiram os poetas ter começado a reinar Jupiter, e em que os homens menos simples principiaram a fabricar casas de taipa, a lavrar as terras e a semea-las. *Argenteum seculum:* — *dorado.* V. *Siglo de oro. Dejar el siglo (fr.);* deixar o seculo, o mundo; retirar-se á vida religiosa. *Haber buen siglo (fr.),* descansar em paz, gosar da bemaventurança ou da vida eterna; e assim dizia-se *buen siglo haya;* tenha fortuna, á pessoa a quem se se desejava algum bem; e pelo contrario, *mal siglo haya;* amofinado seja, era uma imprecação. *Por el siglo de todos mis pasados;* por alma dos meus parentes; especie de juramento. *Por* o *en los siglos de los siglos;* por todos os seculos, pelos seculos dos seculos, eternamente, por toda a eternidade. *Vivir fuera del siglo (fr. fig.);* viver fóra do seculo; não ser d'este mundo.

Sigma. *f.* Sigma; decima oitava letra do alphabeto grego que tem o mesmo som que o nosso *s.*

Sigmodonte. *m. (zool.)* Sigmodonte; genero de mammiferos roedores.

Sigmodóstilo. *m. (bot.)* Sigmodostylo; genero de plantas da familia das leguminosas.

Sigmoideo, dea. *adj.* Sigmoideo; diz-se do que se parece com o sigma dos gregos. *Cavidades* o *fosas sigmoideas (anat.);* cavidades ou fossas sigmoideas; nome de duas chanfraduras que apresenta a extremidade superior do cubito. *Válvulas sigmoideas;* valvulas sigmoideas; as que existem na arteria pulmonar e na aorta.

Signa. *f. (ant.)* V. *Señal.*

Signable. *adj.* Assignavel; que póde ser assignado.

Signáculo. *m.* Signaculo, sêllo, signal impresso. *Signaculum, i.*

Signar. *a.* Assignar, firmar, subscrever; pôr ou imprimir signal, firma ou assignatura. *Signare:* — *(ant.)* signalar. V. *Señalar:* — o *signarse*; persignar-se, fazer o signal da cruz. *Cruce signare.*

Signatura. *f.* Signatura, assignatura. V. *Señal, Signo, Caracter:* — assignatura; tribunal da côrte romana composto de varios prelados, no qual se determinam diversos negocios de graça e justiça, segundo o tribunal de assignatura a que correspondem. *Signaturæ tribunal:* — *(art.)* assignatura; signal que com as letras do alphabeto se põe ao pé das primeiras paginas das folhas impressas para governo do encadernador. Ás vezes, no que chamam principios, costumam pôr estrellas ou outros signaes. Hoje usa-se geralmente de algarismos para as assignaturas do corpo do volume, e das letras do alphabeto para os principios ou preliminares. *Signum, nota quædam apud typographos.*

Signífero, ra. *adj. (poet.)* Signifero; que tem ou traz algum signal ou insignia. *Signifer, era, erum.*

Significacion. *f.* Significação, demonstração; acção de significar ou demonstrar. *Significatio, onis:* — significação, significado das palavras. V. *Significado:* — *m.* cousa significada. *Significatum, i.*

Significador, ra. *s.* Significador; o que significa. *Significans, antis:* — *m. (astron.)* significador; ponto da ecliptica que marca um acontecimento.

Significamiento. *m. (ant.)* V. *Significacion.*

Significancia. *f. (ant.)* V. *Importancia, Significacion.*

Significante. *adj.* Significante; que significa. *Significans, antis.*

Significantemente. *adv. m.* V. *Significativamente.*

Significanza. *f. (ant.)* V. *Significacion.*

Significar. *a.* Significar; ter uma significação ou significado. *Significare:* — significar, denotar; fazer saber, dar a entender ou manifestar alguma cousa. *Notum facere.*

Significativamente. *adv. m.* Significativamente; de maneira significativa, expressamente, com significação e expressão. *Significanter.*

Significativo, va. *adj.* Significativo, expressivo; que tem um grande sentido, que expressa ou dá a entender e conhecer sensivelmente alguma cousa. *Significativus, a, um.*

Signo. *m.* Signal, indicio ou nota de alguma cousa. *Signum, i:* — signal que o padre faz na missa abençoando a hostia, etc. *Signum, i:* — signal; firma que os tabelliães põem no fim da escriptura ou outros instrumentos, entre as palavras em testemunho de verdade. *Tabellionis in scriptura signum:* — sina, fado, estrella, sorte; destino de cada pessoa, que o vulgo crê vãmente ser resultado da influencia dos astros. *Fatum, i:* — *(ant.)* V. *Campaña:* — *natural;* signal natural; o que por natureza representa cousa differente de si, como o gemido do doente. *Signum naturale:* — *por costumbre;* signal estabelecido pelo uso; tal é, por exemplo, o ramo á porta de certas tabernas. *Signum ex consuetudine:* — *servicio;* termo com que antigamente se designava a terceira ordem ou classe da sociedade; e n'este caso dizia-se: *vasallo de signo servicio;* vassallo do povo ou da terceira classe: — *(astron.)* signo; cada uma das doze partes em que se considera dividido o zodiaco. *Signum, i:* — *(philos.)* signo, signal; tudo aquillo que, quando se percebe, dá noticia de outra cousa com que tem relação natural ou convencional. *Signum, i:* — *(med.)* signal, phenomeno apparente; symptoma que, unido á observação e ao raciocinio, póde illustrar o medico ácerca do estado passado, presente e futuro de uma doença: — *(mus.)* signo; qualquer dos caracteres com que se descreve a musica. *Musicum signum:* — *(mus.)* signo; caracter particular que indica o tom natural de um som.

Sigueyes. *f.* Certas conchas de pequenas dimensões, que se encontram nas ilhas Filippinas.

Siguiente. *adj.* Seguinte; que se segue na serie ou ordem. *Sequens, entis:* — V. *Posterior. Posterior, oris.*

Siguramientre. *adv. m.* V. *Seguramente.*

SIGURANZA, SIGUREZA. *f. (ant.)* V. *Seguridad.*

SIILO. *m. (ant.)* V. *Sello.*

SIILLO. *m. (ant.)* V. *Sello.*

SIITAS. *m. pl. (hist.* e *rel.)* Siitas; nome dos mahometanos que consideram a Ali como successor de Mafoma.

SIJILACION. *f. (med.)* Sigillação. V. *Impresion, Marca.*

SIJILADO, DA. *adj.* Manchado, marcado; notado com algum defeito, atacado de alguma doença, inficionado de algum contagio. *Vitii alicujus maculâ notatus; contagiosi morbi suspectus.*

SIJILAR. *a.* Sigillar, sellar; pôr o sêllo. *Sigillo signare:* — calar, guardar segredo, occultar alguma cousa. *Silentio tanquam sigillo cellare.*

SIJILARIA. *f.* Sigillaria; genero de plantas fosseis, cujas especies são verdadeiros troncos de fetos arborescentes.

SIJILARIAS. *f. pl. (hist. ant.)* Sigillarias; festas que se celebravam em Roma quatro dias antes dos tres das Saturnaes. Eram assim chamadas, porque se mandavam como presente sellos ou pequenas figuras de relevo por occasião d'ellas.

SIJILO. *m. (ant.)* Sigillo, sêllo, sinete. V. *Sello:* — sigillo, segredo. *Secretum, i:* — *sacramental,* sigillo sacramental ou da confissão; o segredo inviolavel que deve guardar o confessor do que ouve em confissão. *Sacramenti pœnitentiæ secretum.*

SIJILOSAMENTE. *adv. m.* Secretamente, caladamente; com sigillo, em segredo. *Silentio.*

SIJILOSO, SA. *adj.* Secreto, calado, discreto; que guarda rigoroso segredo. *Qui cautè silentio aliquid celat.*

SÍLABA. *f.* Syllaba; a voz representada por qualquer vogal ou duas vogaes ditongadas ou vogal com consoante. *Syllaba, æ:* — *breve;* syllaba breve; a que se pronuncia rapidamente, que exige menos tempo para se pronunciar que algumas das que a precedem ou se lhe seguem: — *compuesta;* syllaba composta; na grammatica grega a que termina por uma letra mobil: — *larga;* syllaba longa; a que se pronuncia prolongando de certo modo o som: — *mista;* syllaba mixta. V. *Sílaba compuesta:* — *pura;* syllaba pura; a que termina por uma vogal, na grammatica grega.

SILABAR. *n.* V. *Silabear.*

SILABARIO. *m.* Syllabario, carta de syllabas; folheto ou livrinho de syllabas soltas, e palavras divididas em syllabas, por onde se aprende a ler. *Syllabarum catalogus.*

SILABEAR. *n.* Syllabar, soletrar; ajuntar as letras e pronunciar cada syllaba de per si. Usa-se tambem como activo. *Singulas syllabas distinctè pronuntiare.*

SILABEO. *m.* Ajuntamento das syllabas, acção de syllabar.

SILÁBICO, CA. *adj.* Syllabico; que respeita ás syllabas ou ao accento tonico. *Ad syllabam pertinens:* — syllabico; que se faz syllaba por syllaba, como: *lectura o pronunciacion silábica;* leitura ou pronunciação syllabica: — syllabico; composto de uma syllaba; exemplo: *aumento silábico,* augmento syllabico. *Escritura silábica;* escriptura syllabica; escripta em que cada syllaba é representada por um só caracter. *Canto silábico (mus.),* canto syllabico; canto em que cada nota corresponde a uma syllaba.

SILABIZAR. *n. (ant.)* V. *Silabear.*

SILAGO. *m. (zool.)* Sillago; genero de peixes acanthopterygios da familia dos percoideos.

SILAO. *m. (bot.)* Silau; genero de plantas da familia das umbelliferas.

SILBA. *f.* Apupada, apupo, vaia, alarido, assobios, gritaria por desprezo, escarneo ou desapprovação.

SILBADOR, RA. *s.* Assobiador; o que assobia. *Sibilator, oris:* — *adj.* assobiador, sibilante; diz-se do que silva ou assobia. *Sibilans, antis.*

SILBAR. *a. (fig.)* Assobiar, apupar; dar assobios, vaias, mostrando desprezo ou desapprovação, como ás vezes se faz no theatro a um mau drama, a um mau actor, etc. *Sibilare, sibilo irridere:* — *n.* assobiar; dar assobios, formar o assobio. *Sibilare:* — silvar, assobiar, sibilar; fazer um ruido agudo e penetrante, soprar com zunido agudo. *Sibilare.*

SILBATICO, LLO, TO. *m. dim.* de *Silbato.* Assobiosinho.

SILBATO. *m.* Assobio; instrumento com que se assobia. *Fistula sibilans:* — buraquinho, fendasinha ou pequena rotura por onde entra ou sáe o ar ou corre algum liquido. *Fistula, æ.*

SILBIDILLO. *m. dim.* de *Silbido.* Silvosinho, assobiosinho.

SILBIDO. *m.* V. *Silbo:* — *de oidos;* zunido, zunida de ouvidos, que se sente em certas indisposições. *Aurium sibilus.*

SILBO. *m.* Assobio; som agudo que faz o ar comprimido, saíndo da bôca por um canal estreito, franzindo os labios. Tambem se faz mettendo na bôca os dedos ou alguma outra cousa apropriada. *Sibilus, i:* — *(fig.)* silvo, sibilo, assobio; voz aguda e penetrante das serpentes e de alguns outros animaes. *Sibilus, i:* — *(fig.)* sibilo, assobio, zunido; certo ruido que faz o ar encanado por entre alguma cousa. *Sibilus, i.*

SILBOMIA. *f. (zool.)* Silbomya *(brilhante);* genero de insectos dipteros da familia dos muscidos.

SILBOSO, SA. *adj. (poet.)* Sibilante, que assobia ou sibila. *Sibilans, sibilus.*

SILENA. *f. (bot.)* Silena; genero de plantas da familia das caryophilleas.

SILENÁCEAS. *f. pl. (bot.)* Silenaceas; tribu de plantas da familia das caryophilleas.

SILENCIARIO, RIA. *adj.* Silenciario; muito calado, taciturno, que guarda e observa continuo silencio. *Silentiosus, taciturnus:* — *m.* silenciario; individuo encarregado de fazer guardar silencio em um templo ou outra parte. *Silentiarius, silentium curans:* — *pl. (hist.)* silenciarios; cargo importante na côrte dos imperadores gregos; este titulo era dado ás pessoas destinadas ás negociações secretas. Havia um grande silenciario e trinta silenciarios ordinarios.

Silenciero, ra. *s.* Silenciario; o que tem a seu cargo fazer observar o silencio. *Silentiarius, ii.*

Silencio. *m.* Silencio; privação voluntaria de fallar ou que não procede de impedimento physico. *Silentium, ii:* — *(fig.)* silencio, tranquillidade, socego; cessação de todo o genero de ruido. *Silentium, ii:* —*(fig.)* silencio; descontinuação, falta de cartas de correspondencia. *Entregar alguna cosa al silencio (fr. fig.);* entregar alguma cousa ao silencio, cala-la, esquece-la, não fazer mais menção d'ella. *Rem oblivioni dare, silencio premere. Imponer silencio (fr. fig.);* pôr, impor silencio; mandar, fazer calar. *Silentium jubere, indicere. Imponer perpetuo silencio (for.);* impor perpetuo silencio; prohibir o auctor de que torne a deduzir a acção ou a instar n'ella. *Jus auctori denegare, prohibere. Pasar en silencio (fr. for.);* passar em silencio; não fazer menção de alguma cousa, omitti-la, cala-la. *Prætermittere, silentio mandare.*

Silenciosamente. *adv. m.* Silenciosamente; com silencio, em silencio, secretamente. *Silenter.*

Silencioso, sa. *adj.* Silencioso, calado, taciturno, reservado; que falla pouco. *Silentiosus, a, um:* — silencioso, socegado, quieto, onde não se dão vozes; diz-se do sitio ou logar onde ha muito socego e onde se guarda silencio. *Silentiosus locus.*

Siléneas. *f. pl. (bot.)* Silenеas. V. *Silenáceas.*

Silenia. *f. (bot.)* Silenia. V. *Azara.*

Silente. *adj. (ant.)* Silencioso, calado.

Silepsis. *f. (gram.)* Syllepsis ou syllepse; figura da grammatica, pela qual o discurso se ajusta mais ao nosso pensamento que ás regras grammaticaes, construindo-se conforme o sentido e não conforme as palavras. *Syllepsis.*

Siléptico, ca. *adj. (gram.)* Sylleptico; concernente á syllepsis.

Silería. *f.* Logar, terra onde estão os siros ou covas subterraneas para guardar trigo, etc. *Locus siris frequens.*

Sileríneas. *f. pl. (bot.)* Silerineas; tribu de plantas da familia das umbelliferas que tem por typo o genero silero.

Silero. *m.* V. *Silo:* — *(bot.)* silero; genero de plantas da familia das umbelliferas.

Silfa. *f. (zool.)* Silpha; genero de insectos coleopteros pentameros da familia dos clavicornes.

Silfalos. *m. pl. (zool.)* Silphalos; tribu de insectos coleopteros pentameros da familia dos clavicornes.

Sílfide. *f. (myth.)* Sylphide. V. *Silfo.*

Silfiosperma. *f. (bot.)* Silphiosperma; genero de plantas da familia das compostas.

Silfomorfa. *f. (zool.)* Silphomorpha; genero de insectos coleopteros pentameros da familia dos carabicos.

Silga. *f. (naut.)* V. *Sirga.*

Silgar. *a. (naut.)* V. *Sirgar:* —V. *Singlar.*

Silguero. *m. (ant. zool.)* V. *Jilguero.*

Silibo. *m. (bot.)* Silybo, cardo leiteiro; genero de plantas da familia das compostas.

Silicato. *m. (min. e chim.)* Silicato ou siliciato; substancia composta de silica e de uma ou muitas bases. Conhecem-se grande numero de silicatos, a maior parte dos quaes se encontram crystallisados, e todos têem mais ou menos o aspecto pedregoso.

Sílioe. *f. (min.)* Silica ou silicia; este mineral, que os chimicos consideram como um oxydo de silicium, é uma das substancias espalhadas na terra, e encontra-se abundantemente em estado de pureza, desempenhando o papel de acido na composição das rochas. V. *Cuarzo:* — *pulverulenta;* silica pulverulenta; variedade de jaspe que se acha em fôrma de camadas nos depositos formados por certas aguas mineraes.

Silíceo, cea. *adj.* Silicioso; da natureza da silica ou que contém silica: — concernente á pederneira.

Silicio. *m.* Silicio. V. *Cilicio:* — *(bot.)* silicio; genero de plantas da familia das myrtaceas: — *(min.)* silicio ou silicium; corpo simples metallico, descoberto por Berzelius em 1807. Tem grande affinidade para o oxygenio, e não se acha puro na natureza. Considera-se como acido infusivel. É, depois do oxygenio, o corpo que com mais abundancia se encontra nas rochas que formam a crusta do globo.

Silicita. *f. (min.)* Silicita; substancia mineral mui rica em silica, que se encontra especialmente em alguns pontos da Irlanda.

Silico-aluminato-de-hierro. *m. (min.)* Silico-aluminato de ferro; substancia mineral preta, que ennegrece os dedos e risca o vidro; compõe-se essencialmente de silica, alumina e oxydo de ferro.

Sílico-borato. *m. (min.)* Silico-borato; sal em que entra a silica e o borax.

Silico-fluato de alúmina. *m. (min.)* V. *Topácio.*

Silicosas. *adj. pl. (bot.)* Siliquosas; diz-se das plantas que têem por fructo uma siliqua: —V. *Cruzíferas.*

Silico-sulfato. *m. (min.)* Silico-sulfato ou silico-sulphato; substancia mineral em cuja composição entram a silica e o acido sulphurico.

Silicua. *f.* Siliqua; vagem de legumes. *Siliqua, æ:*—*(bot.)* siliqua; nome dado a uma especie de fructo prolongado, capsular e bivalve, cujo interior está dividido em duas cellulas separadas por um tabique longitudinal. Quando este fructo, em logar de ser prolongado, é curto, chama-se silicula: —

(metrol.) siliqua; antigo peso igual a quatro grãos.

Silicuaria. *f. (zool.)* Siliquaria; genero de molluscos gasteropodas tubulibranchios.

Silícula. *f. (bot.)* Silicula. V. *Silicua.*

Silicuosas. *f. pl. (bot.)* Silicuosas. V. *Silicosas.*

Sílide. *m. (zool.)* Syllide; genero de annellidos da familia das nereides.

Silimanita. *f. (min.)* Sillimanita; silicato de alumina anhydro, substancia mineral de côr parda escura, que risca o phosphato de cal, e é riscado pelo quartzo.

Silis. *m. (zool.)* Silis; genero de insectos coleopteros pentameros da familia dos malacodermes.

Silitra. *f. (bot.)* Sylitra; genero de plantas da familia das leguminosas.

Silné. *adj. (germ.)* V. *Firme.*

Silo. *m.* Sillo, matamorra; cova subterranea para guardar trigo e outros grãos. *Sirus, i:* — antro; cova profunda e escura; diz-se por extensão. *Cavea, specus:* — *(litter. ant.)* syllo; poema satyrico que estava em uso entre os gregos. Era a modo de parodia.

Silografía. *f. (litter.)* Syllographia; tratado sobre os syllos.

Silográfico, ca. *adj.* Syllographico; concernente á syllographia.

Silógrafo. *m.* Syllographo; poeta satyrico entre os antigos.

Silojismo. *m. (philos.)* Syllogismo; argumento que consta de tres proposições artificiosamente dispostas. As duas primeiras chamam-se premissas, e a terceira consequencia. *Syllogismus, i.*

Silojísticamente. *adv. m.* Syllogisticamente; por meio de syllogismos, em fórma syllogistica.

Silojístico, ca. *adj.* Syllogistico; concernente ao syllogismo. *Syllogisticus, a, um. Cadena silojística;* cadeia syllogistica; dá-se este nome ás vezes ao sorites.

Silojizar. *n.* Syllogisar; disputar com syllogismos, deduzir, inferir, raciocinando, em fórma syllogistica. *Syllogizare.*

Silométrico, ca. *adj.* Sillometrico; relativo ou pertencente ao sillometro.

Silómetro. *m. (naut.)* Sillometro; instrumento proprio para medir a velocidade do curso de um navio.

Silopa. *f. (zool.)* Silopa; genero de insectos pentameros da familia dos lamellicornes.

Silueta. *f.* Retrato de perfil, tirado pelo contorno da sombra.

Silundia. *f. (zool.)* Silundia; genero de peixes malacopterygios abdominaes, da familia dos siluroideos.

Siluriano, na. *adj. (zool.)* Siluriano; diz-se de um grupo ou systema de rochas neptunianas.

Siluro. *m. (zool.)* Siluro; genero de peixes malacopterygios abdominaes da familia des siluroideos.

Siluróideos. *m. pl. (zool.)* Siluroideos; familia de peixes malacopterygios abdominaes, que tem por typo o genero siluro.

Silva. *f. (ant.)* Silva, selva: — silva, miscellanea: collecção de varias peças ou materias, escriptas sem methodo nem ordem. *Silva rerum sententiarumque:* — improviso; poesia composta immediatamente, sem premeditação: — anthologia; collecção de poesias escolhidas, de epigrammas gregos: — *(poet.)* silva; metro para o qual ha a liberdade de misturar os versos de sete syllabas com os de onze, e collocar as consoantes onde se queira, e tambem para usar de alguns versos soltos. *Poematis hispanici genus.*

Silvanas. *f. pl. (zool.)* Silvanas; nome dado por alguns auctores a um grupo e por outros a uma ordem de aves, cujas especies vivem todas nos bosques.

Silvanita. *f. (min.)* Silvanita; nome dado ao teturio nativo de Transylvania.

Silvano. *m. (min.)* Sylvano. V. *Teluro:* — *(zool.)* silvano; genero de insectos coleopteros tetrameros da familia dos xylophagos.

Silvático, ca. *adj.* Silvatico. V. *Selvático.*

Silvestre. *adj.* Silvestre, agreste, bravio; diz-se do que naturalmente se cria sem cultura em selvas ou campos, *Silvester, tris:* — silvestre. rude, agreste, tosco, rustico, grosseiro, inculto; diz-se das pessoas. *Silvester, rusticus.*

Silvia. *f. (zool,)* Sylvia; genero de insectos dipteros da familia dos athericeros: — silvia, pintarroxo. V. *Curruca.*

Silviádeas. *f. pl. (zool.)* Sylviadeas; familia de aves da ordem dos passaros, caracterisadas por terem o bico recto, pequeno, deprimido na base e comprimido na ponta.

Silvícola. *adj.* Silvicola; que habita as selvas: — *f. (zool.)* sylvicola; genero de aves, da familia das silviadeas.

Silvídeas. *f. pl. (zool.)* Sylvideas. V. *Silviádeas.*

Silvina. *f. (min.)* Sylvina; nome dado por Beudant ao chlorureto de potassio, antigamente chamado sal febrifugo ou digestivo de Sylvio.

Silvio. *m. (zool.)* Silvio; genero de insectos dipteros da familia dos thabanios.

Silvíparo. *m. (zool.)* Sylviparo; genero de aves granivoras da ordem dos passaros.

Silvoso, sa. *adj.* Silvoso. V. *Selvoso.*

Silla. *f.* Cadeira; assento com encosto e ás vezes com braços, para uma só pessoa. Em portuguez antiquado tambem ha silha n'este sentido. *Sella, æ:* — sella; assento com estribos, de diversas fôrmas e materias, sobre o qual o cavalleiro monta a cavallo. Chama-se tambem sella de montar. *Ephippium, ii:* — *(fig.)* cadeira, sède; dignidade e jurisdicção episcopal ou apostolica. *Episcopalis sedes:* — *apostólica;* sède, cadeira apostolica; a Igreja de Roma, a Santa Sé. V. *Sede:* — *de caderas;* cadeira de braços e respaldo.

Sedile aptum ad tergum humerosque reclinandos: — *de jineta;* sella á franceza. Usase para montar á gineta. *Ephippium levioris armaturæ, brevioribus stapetibus:* — *de la reina;* cadeirinha; assento que se faz com as mãos, entre duas pessoas, agarrando cada uma um dos seus pulsos e um dos da outra, fazendo uma como grade sobre que conduzem alguem. *Modus gestandi aliquem implexis duorum manibus:* — *de manos:* — cadeirinha de mãos ou simplesmente cadeirinha; especie de liteira pequena, fechada com cortinas e ás vezes com vidraças, levada por dois homens. *Sella gestatoria; lectica:* — *de posta;* carro de dois assentos, em que se vae pela posta. *Cursualis, cursoria rheda:* — *gineta, a la gineta.* V. *Silla de gineta:* — *ministerial;* cadeira ministerial; destino de ministro: — *poltrona;* poltrona; cadeira de braços mais baixa que a commum, porém mais ampla e commoda. *Cathedra supina; sella grandior, minus ad sedendum quam ad cubandum apta:* — *pontificia;* cadeira pontificia, a Santa Sé: — *rasa;* sella rasa, sellim. V. *Silla de montar:* — *volante;* carro ligeiro, montado em duas rodas, e com dois varaes, tirado ordinariamente por um cavallo: é o que chamâmos, por gallicismo, cabriolet. *Rheda duabus rotis, non bijugis. Alegrar la silla (fr.);* refrescar a sella ou o sellim; levanta-lo um pouco, para que se refresquem os lombos ao cavallo que caminhou muito. *Asentarse la silla (fr.);* assentar a sella; fazer pelo seu roçamento alguma matadura no cavallo. *Asentarse la silla a alguno (fr. fig.);* estar fatigado de algum trabalho, cargo ou obrigação. *Calzar las sillas (fr.);* calçar as cadeiras; metter-lhes por baixo do pé um calce ou alça quando não assentam no chão por igual. *Falcire, firmare. Dar silla (fr.);* dar, offerecer uma cadeira a alguem para se assentar. *Sedile, honoris causâ, invisenti dare. De silla a silla (loc. adv.);* só por só, em particular, em conferencia privada. *Duorum peculiari colloquio. No ser para silla ni para albarda (fr. fam.);* não servir, não prestar para nada, ser completamente inhabil. *Omnino ineptum esse, ad nullam rem aptum. Pegársele a uno la silla ó el asiento (fr. fig.);* ficar pegado á cadeira; demorar-se muito em alguma parte, fazer uma visita muito longa. *Fastidiosum, molestum fieri. Hombre de ambas ó de todas sillas (fig.);* homem ambidextro, muito habil e proprio para tudo. *Quien fue a Sevilla perdio su silla (rif.);* quem foi ao ar perdeu o logar, quem foi ao vento perdeu o assento; a ausencia faz perder empregos e logares, e causa outras mudanças e prejuizos. Tambem significa não haver direito de exigir o que uma vez se deixou. *Qui locum conservare velit, ne abeat.*

Sillar. *m.* Silhar; pedra lavrada em quadro para assentar em parede. *Lapis quadratus, vel saxum quadratum:* — selladouro; parte do dorso da cavalgadura, onde assenta a sella, albarda, albardão, etc. *Dorsum, i.*

Sillarejo. *m.* V. *Adoquin.*

Sillera. *f.* Repartimento, casinha separada para metter as cadeirinhas. *Sellæ lecticæ capsa.*

Sillería. *f.* Ordem, correnteza, serie de cadeiras convenientemente dispostas para as pessoas se sentarem. *Sellarum, sedium series:*—cadeiras, assentos, bancos do côro das igrejas. *Sellarum sedium series:* — loja de moveis, onde se vendem principalmente cadeiras. *Sellarum officina, taberna:* — officio de marceneiro ou fabricante de cadeiras. *Sellarum, opificium:* — loja, officio de selleiro: — obra de silharia; obra, edificio formado de silhares ou pedras chatas assentes umas sobre outras e em fileiras. *Fabrica e lapidibus quadris.*

Sillero. *m.* Marceneiro ou official que faz e vende cadeiras. *Sellarum opifex, venditor:* — selleiro; official que faz sellas e as vende. *Ephippiorum artifex.*

Silleta. *f. dim.* de *Silla.* Cadeirinha, cadeira pequena: — comadre; vaso pequeno e plano que se põe aos enfermos que se não podem levantar da cama, para fazerem as dejecções excrementicias. *Parvum planumque scaphium:* — pedra sobre que se moe o cacau para fazer o chocolate: — *pl. (p. Ar.)* V. *Jamugas.*

Silletazo. *m.* Pancada com uma cadeira.

Silletero. *m.* Moço ou homem de cadeirinha; o que recebe salario para conduzir a cadeirinha de mãos. *Lecticarius, ii:* — marceneiro, official que faz, concerta ou vende cadeiras. *Sellarum venditor, artifex.*

Sillico. *m.* Cadeira de retrete ou baciá para receber os excrementos. *Scaphium, ii.*

Sillita. *f. dim.* de *Silla.* Cadeirinha, pequena cadeira.

Sillo. *m. (ant.)* Signal, ferida.

Sillofí. *f. (germ.)* Espinho.

Sillon. *m. augm.* de *Silla.* Poltrona, cadeira de braços: — silhão; sella grande propria para cavalgarem mulheres. *Ephippium muliebre:* — silhão, cataplasma; peça dos arreios do cavallo: — *(mil.)* silhão; obra elevada com parapeito, que algumas vezes se construia no meio do fosso de uma obra fortificada para diminuir a sua largura.

Sima. *f.* Furna, antro; cova profunda escura e medonha. *Specus profundus.*

Simaba. *f. (bot.)* Simaba; genero de plantas da familia das simarubaceas.

Simachales. *f. pl. (germ.)* Signaes.

Simaché, Simachí. *f. (germ.)* Signal.

Simado, da. *adj. (p. And.)* Dizse das terras profundas. *Profundus, a, um.*

SIMARUBA. *m. (bot.)* Simaruba; genero de plantas da familia das simarubaceas.

SIMARUBÁCEAS. *f. pl. (bot.)* Simarubaceas; familia de plantas dicotyledoneas.

SIMATETO. *m. (zool.)* Symmathetes; genero de insectos coleopteros tetrameros.

SIMBACOS. *m. pl. (hist. ant.)* Simbacos; nome dos dois sacerdotes que deviam purificar a cidade de Athenas, durante as Targelias.

SIMBELAR. *n. (germ.)* Soar.

SIMBIO. *m. (zool.)* Symbio; genero de insectos coleopteros da familia dos trachelydos.

SIMBLEFÁRIDE. *m. (bot.)* Symblepharide ou symblepharis; generos de musgos.

SIMBLEFAROSIS. *f. (med.)* Simblepharosis; adherencia preternatural das palpebras, e especialmente da superior ao globo do olho.

SIMBLOCLINA. *f. (bot.)* Simbloclina; genero de plantas da familia das compostas.

SIMBLOMERIA. *f. (bot.)* Symblomeria; genero de plantas da familia das compostas.

SIMBOLANTO. *m. (bot.)* Symbolantho; genero de plantas da familia das gencianeas.

SIMBÓLICAMENTE. *adv. m.* Symbolicamente; por symbolos, de modo symbolico. *Symbolicè.*

SIMBÓLICO, CA. *adj.* Symbolico; concernente a symbolo ou symbolos: — symbolico; expressado, exprimido por symbolos, ou que os encerra. *Per symbola explicans, symbolicus:* — analogo, congruente; de natureza similhante, que tem affinidade com outra cousa. *Genere aut naturâ similis.*

SIMBOLISMO. *m. (philos.)* Symbolismo; estado primitivo da lingua philosophica, no qual os dogmas não são expressados senão por symbolos: — *antropomórfico;* symbolismo anthropomorphico; o das religiões mais illustradas da Grecia, em que a arte e a personalidade humana têem um caracter mais distincto: — *natural;* symbolismo natural; o das religiões primitivas do Oriente.

SIMBOLIZACION. *f.* Symbolisação; o symbolisar, representar por symbolos, representação symbolica: — analogia, similhança, sympathia, congruencia ou conformidade de uma cousa com outra. *Similitudo, conformitas.*

SIMBOLIZAR. *a.* Symbolisar; representar, figurar por symbolos. *Per symbolum explicare:* — *n.* symbolisar, sympathisar; ter congruencia, conformidade, parecer-se uma cousa com outra. *Similem, conformem esse.*

SÍMBOLO. *m.* Symbolo; nota, signal ou divisa que dá a conhecer alguma cousa. *Symbolum, i:* — symbolo, o credo, os artigos da crença christã, attribuidos aos apostolos. *Symbolum apostolorum:* — symbolo; imagem, figura, signal allusivo, emblematico ou allegorico que significa objecto physico ou moral, tendo com elle alguma relação natural ou convencional; como, por exemplo, o cão é o symbolo natural da fidelidade; a pomba, da simplicidade; o leão, da força, a rapoza, da manha e astucia, o triangulo é o symbolo convencional da trindade, o olho da Providencia, o circulo da eternidade. *Symbolum, i:* — *(fig.)* symbolo, divisa; enigma ou sentença breve e obscura, que significa alguma cousa occulta, e é peculiar e caracteristica de alguem. *Symbolum, i:* — *(ant.)* symbolo, senha; signal que dava um soldado a outro para se differençar do inimigo, e que era o nóme do santo que todas as noites dá o general ou chefe militar. Tambem se chama assim qualquer signal de convenção para se chamarem secretamente e reconhecerem pessoas ligadas por doutrina religiosa ou outra. *Symbolum, i:* — *de los apostolos;* symbolo dos apostolos, o credo.

SIMBOLOJÍA. *f. (med. ant.)* Symbologia; parte da pathologia que trata dos signaes e dos symptomas das doenças.

SIMBOLÓJICO, CA. *adj. (med.)* Symbologico; que respeita á symbologia.

SIMBRES. *f. pl. (germ.)* Celhas, pestanas.

SIMBULO. *m. (ant.)* V. *Símbolo.*

SIMELIOS. *m. pl. (zool.)* Symelios; familia de monstros unitarios caracterisados pela reunião ou fusão media das membranas abdominaes.

SIMELA. *f. (zool.)* Symmela; genero de insectos coleopteros da tribu dos escarabideos.

SIMENTAL. *m. (ant.)* Adorno feito pelos cordoeiros para os jaezes dos cavallos, em Hespanha.

SIMENZAR. *a. (p. Ar.)* V. *Jimenzar.*

SIMÉTIDE. *m. (bot.)* Simethide; genero de plantas da familia das liliaceas.

SIMETRIA. *f. (bot.)* Symmetria; genero de plantas da familia das lythorarieas.

SIMETRÍA. *f.* Symetria; devida proporção, rasão de igualdade ou similhança. *Symmetria, æ.*

SIMÉTRICAMENTE. *adv. m.* Symetricamente; com symetria, de maneira symetrica. *Symmetriâ servatâ.*

SIMÉTRICO, CA. *adj.* Symetrico; em que ha symetria, concernente á symetria. *Symmetrus; ad symmetriam pertinens.*

SIMETROCARPO, PA. *adj. (bot.)* Symetrocarpo; diz-se da planta cujo pericarpio se deixa dividir em duas metades exactamente similhantes.

SIMIA. *f.* Simia, bugia, mona. V. *Mona:* — *marina;* peixe que se parece com a mona.

SIMIENTE. *f.* V. *Semilla:* — semente. V. *Sémen:* — *(fig.)* semente, origem, causa. *Semen, inis:* — *de papagayos.* V. *Alazor. No ha de quedar para simiente de rábanos (fr.);* não ha de ficar para semente. Usa-se para advertir alguem que ha de morrer, que não será eterno no mundo. *Nequaquam immortalitatem induet.*

SIMIENZA. *f. (agr.)* Propagação das plantas, arvores e arbustos por semente: — *(ant.)* V. *Sementera.*

Símil. *adj.* Similhante, parecido; que tem similhança. *Similis, le:* — *m.* similhança, exemplo. *Exemplum, similitudo.*

Similar. *adj.* Similar, homogeneo; de natureza similhante. *Similigenus, a, um:* — *(comm.)* similhar, similhante; diz-se dos generos da mesma natureza e materia que outros que servem de typo para pagar os direitos na alfandega ou para outros fins. *Rayos similares (phys.)*; raios similares; nome dado por Newton aos raios luminosos igualmente refrangiveis:—*(math.)* similares; diz-se dos numeros proporcionaes entre si, e igualmente das quantidades geometricas da mesma especie, cujas dimensões são proporcionaes.

Similicadencia. *f. (rhet.)* Similicadencia; figura que consiste na repetição de alguma palavra que tenha o som ou cadencia parecida com a de outra. *Similiter cadens.*

Similidesidencia. *f. (poet.)* V. *Asonancia*, na poesia, etc.

Similifloro, ra. *adj. (bot.)* Similifloro; diz-se do que tem flores similhantes.

Similirate. *m. (germ.)* Ladrão ou ratoneiro timido, medroso.

Similitud. *f.* V. *Semejanza.*

Similor. *m. (art.)* Oiro falso; liga artificial de 67 partes de cobre e 33 de zinco, que imita o oiro. Chama-se tambem em castelhano, *oro de Manheim y metal del principe Roberto. Metallum auro simile.*

Simio. *m.* Simio, bugio, mono; macho da simia ou mona. *Simius, ii.*

Simira. *f. (zool.)* Simyra; genero de insectos lepidopteres nocturnos.

Simmoria. *f. (hist.)* Simmoria; companhia, associação de sessenta cidadãos dos mais ricos de Athenas, que devia prover as despezas extraordinarias da estado.

Simoeto. *m. (zool.)* Simoetho; genero de insectos lepidopteros, da familia dos diurnos, cuja especie typica vive em Bengala.

Simon, na. *adj.* Diz-se em Madrid do trem ou carruagem de aluguer ou de praça, e do cocheiro que a guia. Usa-se tambem como substantivo. *Rheda conductitia.*

Simonea. *f. (zool.)* Simonea; genero de arachneides, da ordem dos acaridos.

Simonía. *f.* Simonia; crime de vender cousas sagradas, ou de comprar cargo ecclesiastico. *Simonia, æ.*

Simoniacamente. *adv. m.* Simoniacamente; com simonia. *Simoniacè.*

Simoníaco, ca. *adj. (hist.* e *rel.)* Simoniaco; concernente á simonia, em que ha simonia. *Simoniacus, a, um:* — *s.* simoniaco; o que commette simonia. *Simoniacus, i.*

Simonianos. *m. pl. (hist.* e *rel.)* Simonianos; sectarios de Simão, o Mago, que pretendiam que todas as acções humanas são indifferentes.

Simoniático, ca. *adj.* V. *Simoniaco.*

Simonídeo, dea. *adj. (hist. ant.)* Simonideo; pertencente ao poeta Simonides. Diz-se especialmente das quatro letras que aquelle introduziu no alphabeto grego.

Simoqueilo. *m. (bot.)* Simocheilo; genero de plantas da familia das ericaceas.

Simorfócero. *m. (bot.)* Symmorphocero; genero de insectos coleopteros pentameros.

Simosauro. *m. (zool.)* Simosauro; genero de reptis conchiosauros.

Simpalomí. *adj. (germ.)* Pellado.

Simpar. *adj.* Sem par, sem igualdade ou similhança. Hoje é mais usado escrever *sin par.*

Simpatía. *f.* Sympathia; correspondencia ou affinidade que os antigos imaginavam existir entre alguns corpos, pelas suas propriedades. *Sympathia, consensus, congruentia:* — *(fig.)* sympathia; conformidade de humor, de genio, inclinação de uma pessoa para outra, interesse natural, affectuoso para alguem. *Similitudo, concordia:* — sympathia natural ou ideal entre dois seres: — *(med.)* sympathia; relação que existe entre as acções de dois ou varios orgãos, mais ou menos distantes, que faz com que a affecção do primeiro se transmitta secundariamente aos outros, por meios ainda desconhecidos.

Simpáticamente. *adv. m.* Sympathicamente; com sympathia, de maneira sympathica. *Sympathiæ vi:* — sympathicamente; com perfeito accordo, conformidade, correspondencia de affectos, de pensamentos, etc.

Simpático, ca. *adj.* Sympathico; diz-se do que é naturalmente conforme, grato ou analogo a outra cousa, que sympathisa de amor ou de affectos. *Sympathia pollens. Tinta simpática.* V. *Tinta:* — *(anat.)* sympathico; qualificação de tres nervos, assim chamados pelo papel importante que desempenham nas sympathias.

Simpatista. *m. (philos.)* Sympathista; nome com que se designam alguns philosophos que pretendiam que a unica origem do amor, do odio e da indifferença está no effeito que as emanações de uma pessoa produzem em outra.

Simpatizar. *n.* Sympathisar; sentir, ter sympathia por uma determinada pessoa: — sympathisar; convirem em genios, inclinações, pensamentos, idéas, etc., duas ou mais pessoas. *Inter se congruere, convenire.*

Simperasmo. *m. (philos. ant.)* Simperasmo; especie de syllogismo, cuja conclusão é mui directa.

Simperiánteo, tea. *adj. (bot.)* Symperiantheo; diz-se da flor cujo calice e corolla se reunem em um só tubo estaminifero.

Simperi-eléctrico, ca. *adj. (phys.)* Symperi-electrico; diz-se dos corpos que são electrisaveis por si mesmos.

Simpetálico, ca. *adj. (bot.)* Sympetalico; diz-se dos estames, que, reunindo as petalas, dão a uma corolla polypetala a apparencia de monopetala.

Simpieza. *f.* *(bot.)* Sympieza; genero de plantas da familia das ericaceas.

Simpiezopo. *m.* *(zool.)* Sympiczopo *(que comprime o pé);* genero de insectos coleopteros tetrameros, da secção dos apostasimeridos.

Simpiezorinco. *m.* *(zool.)* Simpiezorrhinco *(que comprime a tromba);* genero de insectos coleopteros tetrameros, do grupo dos cyclomidos.

Simpiezorino. *m.* *(zool.)* Simpyezorhyno; genero de insectos hemipteros, da familia dos scutellerios.

Simplazo, za. *adj. aug.* de *Simple.* Simplacheirão, simplorio; homem extremamente simples.

Simple. *adj.* Simples, puro, só, unico; que não admitte composição. *Simplex, icis:* — simples; não composto, que não tem mistura, sem composição alguma. *Simplex, icis:* — simples; fallando das cousas que podem ser duplas ou estar duplicadas, diz-se das singelas, como a muralha sem terrapleno chama-se muralha simples. *Simplex, icis:* — simples; diz-se da copia de alguma escriptura, instrumento publico ou cousa similhante, que se tira sem ser firmada ou auctorisada. *Non authenticus:* — simples, insulso, sem muito concerto ou adubos, falto de sabor, insipido. *Insulsus, insipidus:* — simples, ingenuo; sem malicia nem doblez. *Simplex, candidus:* — simples, não duples; diz-se de uma festa, rito, officio religioso. *Officium divinum ritu simplici recitandum:* — *(fig.)* simples, simplorio, parvo, ignorante; demasiadamente credulo, de pouco engenho ou discurso. *Fatuus, stultus:* — *(bot.)* simples; diz-se das plantas que não estão divididas ou ramificadas: — *m.* simples, no plural simplices; planta, droga ou ingrediente que por si só serve á medicina ou entra na composição de algum medicamento. *Simplicia. Fructos simples (bot.);* fructos simples; os que são formados pela união natural de varios carpellos: — *(gram.)* simples; diz-se do nome ou verbo não composto, e que entra na composição. *Simplex, icis. Cuerpos simples (chim.);* corpos simples; os que até hoje não têem podido ser decompostos. *Sales simples;* saes simples; aquelles em que o peso atomico do acido é igual ao da base. *Animales simples (zool.);* animaes simples; os que não resultam da aggregação de varios individuos. *Antena simples;* antenna simples; a que não apresenta prolongações nem ramificações. *Cópula simple;* copula simples; a que se verifica entre animaes pertencentes a especies unisexuaes. *Nervaduras simples;* nervuras simples; as que nas azas dos insectos terminam em um ponto redondo.

Simplecillo, lla, to, ta. *adj. dim.* de *Simple.* Simplesinho.

Simplecta. *f.* *(zool.)* Simplecta; genero de insectos dipteros, da familia dos tipularios.

Simplemente. *adv. m.* Simplesmente, singelamente; sem refolho, sem dobrez, com singeleza. *Candidè, sin dolo:* — simplesmente, nesciamente, ignorantemente. *Stultè:* — simplesmente, singelamente; sem ornato: — absolutamente, sem condição alguma. *Sine ulla prorsus conditione.*

Simplesita. *f.* *(min.)* Simplesita; especie de arseniato de ferro.

Simpleza. *f.* Simpleza, necedade, ignorancia, parvoice. *Stultitia, æ:* — rudeza, grosseria, impolitica. *Inurbanitas, atis:* — *(ant.)* simpleza, simplicidade, singeleza, sinceridade, ingenuidade. *Simplicitas, atis.*

Simplicórneo, nea. *adj.* *(zool.)* Simplicorneo; diz-se do insecto cujas antennas são providas de pello lateral.

Simplicidad. *f.* Simplicidade; o ser simples, não complexo ou composto. *Simplicitas, atis:* — simplicidade. V. *Simpleza,* na primeira accepção.

Simplicifoliado, da. *adj.* *(bot.)* Simplicifoliado; diz-se da planta que tem folhas simples.

Simplicimanos. *m. pl.* *(zool.)* Simplicimanos; secção de insectos estabelecida na tribu dos carabicos, para conter os coleopteros que têem os dois tarsos anteriores dilatados nos machos, em fórma de uma pá quadrada ou orbicular.

Simplicipedos. *m. pl.* *(zool.)* Simplicipedes; tribu de insectos coleopteros, da familia dos carabicos, que consta d'aquelles que carecem de chanfradura no lado interno dos membros anteriores.

Simplicísimo, ma. *adj. sup.* de *Simples.* Simplicissimo; mui simples ou singelo. *Simplicissimus, a, um.*

Simplicista. *m.* V. *Simplista.*

Simplificacion. *f.* Simplificação; acção e effeito de simplificar. *Rei ad naturalem simplicitatem reductio.*

Simplificadamente. *adv. m.* Simplificadamente; com simplificação, de maneira simplificada.

Simplificar. *a.* Simplificar; fazer simples, ou mais facil e menos complicada uma cousa, desembaraçar do que complica. *Simplicem reddere; simplificare.*

Simplísimo, ma. *adj. sup.* de *Simples.* Simplissimo, muito simples; diz-se frequentemente de quem é muito simplorio ou parvo. *Valdè fatuus, stultissimus.* V. *Simplicisimo.*

Simplista. *m.* Simplicista; o que escreve ou trata dos simplices. *Qui de metallorum aut herbarum virtutibus scribit:* — o que gosa de um beneficio simples: — *(philos.)* simplicista; qualificação dada pela escola societaria aos que não consideram mais que uma só phase de uma idéa ou de um objecto.

Simplo, pla. *adj.* *(ant.)* V. *Sencillo.*

Simploca. *f.* *(bot.)* Symploca; genero de platnas phyceas.

Simplocaria. *f.* *(zool.)* Simplocaria; genero de insectos coleopteros pentameros, da familia dos clavicornes.

Simplocarpo. *m. (bot.)* Symplocarpo; genero de plantas da familia das orchideas.

Simplóceas. *f. pl. (bot.)* Symploceas ou symplocineas; tribu de plantas dicotyledoneas polypetalas.

Simplocion. *m. (bot.)* Symplocion; annel elastico, que de ordinario tem duas valvulas unidas, pelas quaes se abrem as capsulas dos fetos.

Simploco. *m. (bot.)* Symploco; genero de plantas da tribu das styraceas.

Simplon, na. *adj. aug.* de *Simple.* V. *Simplazo.*

Simplonazo, za. *adj. aug.* de *Simplon.* Simplacheirão.

Simpodio. *m. (zool.)* Sympodio; genero de polypeiros da familia dos alcyonarios.

Simposia. *f. (hist. ant.)* Symposia; festim, banquete que ordinariamente era uma reunião de varios philosophos, que tratavam alguma questão de philosophia.

Simposiarca. *m. (hist. ant.)* Symposiarca; entre os antigos gregos, director de um banquete, que regularmente era nomeado por sorte.

Simposiasta. *m. (hist. ant.)* Symposiasta; convidado para um festim.

Simpulatriz. *f. (hist. ant.)* Sympulatriz; mulher que entre os romanos curava por meio do sympulo as pessoas que adoeciam em consequencia de visões nocturnas.

Simpulo. *m. (hist. ant.)* Sympulo; vaso sagrado, de aza mui comprida, com o qual se faziam as libações nos sacrificios.

Simsia. *f. (bot.)* Simsia; genero de plantas da familia das compostas.

Simuchí. *m. (germ.)* Mico, especie de macaco.

Simulacion. *f.* Simulação, fingimento; acção de simular. *Simulatio, onis.*

Simulacro. *m.* Simulacro; imagem feita á similhança de alguma cousa ou pessoa, especialmente sagrada. *Simulacrum, i:* — simulacro; sombra, vã representação, chimera, visão, phantasma imaginario. *Phantasma, æ:* — *militar,* ou simplesmente *simulacro (mil.);* simulacro militar, ou simplesmente simulacro; arremedo ou imitação de uma operação militar ou de uma acção, ou serie de manobras ou movimentos combinados, que se executam para a instrucção das tropas.

Simuladamente. *adv. m.* Simuladamente, fingidamente, ficticiamente. *Simulatè, simulater:* — simuladamente; com simulação.

Simulado, da. *adj.* Simulado, fingido, affectado; feito, obrado com fingimento.

Simulador, ra. *s.* Simulador; o que simula, finge. *Simulator, oris.*

Simular. *a.* Simular, disfarçar; representar alguma cousa, fingindo ou imitando o que não é. *Simulare.*

Simulativo, va. *adj.* Simulativo; diz-se do que encerra simulação, ou serve para simular.

Simulcadencia. *f. (rhet.)* Simulcadente. V. *Similicadencia.*

Simulcadente. *adj. (inus.)* Simulcadente; que tem o mesmo som, a mesma cadencia que outra cousa.

Simulio. *m. (zool.)* Simulio; genero de insectos dipteros, da familia dos nemoceros.

Simultad. *f. (ant.)* V. *Simultaneidad.*

Simultáneamente. *adv. m.* Simultaneamente, juntamente; ao mesmo tempo, de maneira simultanea. *Junctim; una.*

Simultaneidad. *f.* Simultaneidade; a qualidade de ser simultaneo, reunião de cousas, ou a occorrencia de successos ao mesmo tempo. *Rerum simul concurrentium status.*

Simultáneo, nea. *adj.* Simultaneo; que se diz ou faz ao mesmo tempo. *Simul concurrens.*

Simun. *m. (phys.)* Simun; vento abrasador que sopra no meio dia, ao norte da Africa, levanta as areias, e sepulta ás vezes caravanas inteiras.

Sin. *prep.* Sem; denota exclusão, privação, falta. *Sine, absque:* — alem, de mais, fóra; *v. g.:* levou o dinheiro, alem de outras muitas cousas, etc. *Præter:* — sem; quando se junta com o infinito do verbo, significa o mesmo que não, com o seu participio ou gerundio; *v. g.: Me fui sin comer;* fui sem comer, isto é, não tendo comido. *Quin:* — *(adv. ant.)* V. *Asi:* — *qué, ni por qué, sin qué ni para qué.* V. *Qué.*

Sinabafa. *f. (ant.)* Nome de uma teia fina, similhante á teia de Hollanda, muito usada antigamente.

Sinabar. *n. (germ.)* V. *Acontecer.*

Sinadelfia. *f. (physiol.)* Synadelpha; aberração organica, que consiste na inserção de oito membros em um só tronco.

Sinadelfiano, na. *adj.* Synadelphiano; affectado de synadelpha.

Sinadélfico, ca. *adj.* Sinadelphico; pertencente á sinadelpha.

Sinadelfo. *m. (physiol.)* Synadelpho; monstro que tem um só tronco e oito membros.

Sinafa. *f. (zool.)* Synapha; genero de insectos dipteros, da familia dos tipularios.

Sinafea. *f. (bot.)* Synaphea; genero de plantas da familia das proteaceas.

Sinagoga. *f. (hist.)* Synagoga; reunião de fieis. Depois da publicação do Evangelho, a igreja succedeu á synagoga, sitio em que os judeus se reuniam fóra do templo, para verificar as suas leituras e rezas publicas. Jesus Christo ía á synagoga no sabbado, e ahi prégava á reunião, depois da leitura da lei e dos prophetas: — synagoga; templo dos judeus, logar em que elles se congregam para o exercicio publico da sua religião. *Synagoga, æ:* — synagoga; congregação ou assembléa religiosa dos judeus. *Congregatio, cœtus. La gran sinagoga;* a grande synagoga; assembléa dos doutores da lei, que existiu desde Esdra até o grande sacerdote Simeão, e á qual deveu o judaismo muitas instituições religiosas.

SINAGRO. *m. (zool.)* Synagro ou synagros; genero de insectos hymenopteros, da familia dos cumenios.

SINAI *m. (geog.* e *hist. ant.)* Sinai ou sina *(Djebel-Tor);* monte do deserto de Sin, proximo da Arabia e do mar Vermelho, onde, conforme a Escriptura, appareceu *Deus* a Moysés, no meio de uma espessa nuvem, da qual fuzilavam relampagos, com espantoso fragor de raios e trombetas.

SINAITA. *f. (min.)* Sinaita; nome dado á sienita que se encontra no monte Sinai: *s.* sinaita; habitante do monte Sinai: — *adj.* sinaita; concernente ao monte Sinai ou aos sinaitas.

SINAL. *m. (ant.)* Signal, prodigio, portento.

SINALÁCTICO, CA. *adj.* Synallactico, conciliador; que concilia: — synallactico; diz-se de uma variedade de cal carbonatada, na qual, o resultado de uma lei complexa, reunida á variedade analogica, concilia-se do tal modo com os effeitos das leis simples de que depende esta variedade, que ajunta novas analogias.

SINALAGMÁTICO, CA. *adj. (for.)* Synallagmatico; palavra grega que significa obrigatorio de uma e outra parte; diz-se dos contratos que ligam mutuamente os dois contratantes.

SINALAXO. *m. (zool.)* Synallaxo; genero de aves trepadeiras, da ordem dos passaros.

SINALEFA. *f. (gram.)* Synalepha; figura grammatical, que consiste na reunião ou contracção de duas syllabas em uma só. *Synalepha, æ.*

SINANDRA. *f. (bot.)* Synandra; genero de plantas da familia das labiadas.

SINANTÉREAS. *f. pl. (bot.)* Synanthereas; nome dado por alguns auctores á familia das compostas, cujo caracter principal consiste na soldadura das antheras de suas flores.

SINANTÉRICO, CA. *adj. (bot.)* Synantherico; que tem as antheras reunidas. *Estambres sinantéricos;* estames synanthericos; os que têem as antheras unidas uma á outra pelos lados, em um tubo que atravessa o estylete.

SINANTEROGRAFÍA. *f. (bot.)* Synantherographia; parte da synantherologia, que contém a descripção de todos os generos e especies pertencentes á ordem das synanthereas.

SINANTEROGRÁFICO, CA. *adj.* Synantherographico; relativo á synantherographia.

SINANTERÓGRAFO. *m.* Synantherographo; o que se dedica ao estudo da synantherographia: — synantherographo; o que descreve as synanthereas.

SINANTEROLOJIA. *f.* Synantherologia; sciencia das synanthereas, que apresenta por ordem chronologica a analyse critica e racional de todos os botanicos que têem tratado das synanthereas.

SINANTEROLÓJICO, CA. *adj.* Synantherologico; concernente á synantherologia. *Glosolojia sinanterolójica;* glossologia synantherologica; vocabulario methodico dos termos technicos que se devem empregar para designar todas as partes da flor e da calathide das synanthereas, como tambem as suas diversas modificações, de maneira que dêem uma idéa cabal ácerca da sua natureza e relações, e introduzam na descripção dos generos, ordem, uniformidade e exactidão.

SINANTERONOMIA. *f.* Synantheronomia; parte da synantherologia, que tem por objecto o conhecimento geral: 1.º, dos caracteres, organisação e funcções, communs a todas as plantas synanthereas; 2.º, as modificações que estes caracteres, organisação e funcções, apresentam em cada uma das tribus naturaes, e pertencem em commum á maior parte das plantas da tribu.

SINANTERONÓMICO, CA. *adj.* Synantheronomico; pertencente á synantheronomia.

SINANTEROTECNIA. *f. (bot.)* Synantherotechnia; arte de estudar as synanthereas.

SINANTEROTÉCNICO, CA. *adj.* Synantherotechnico; concernente ou relativo á synantherotechnia.

SINAFA. *f. (mus.)* Synapha; união de dois tetracordios.

SINAPIDENDRO. *m. (bot.)* Sinapidendro; genero de plantas da familia das cruciferas.

SINAPINA. *f. (chim.)* Sinapina; substancia crystallina que se extrahe da mostarda.

SINAPISMO. *m.* Sinapismo; cataplasma ou remedio composto de farinha de mostarda, misturada ás vezes com vinagre. *Sinapismus, i.*

SINAPTA. *f. (zool.)* Synapta; genero de echinodermes holothuridos.

SINAPTO. *m. (zool.)* Synapto; genero de insectos coleopteros pentameros, da familia dos esternoxos.

SINAR. *n. (ant.)* Acenar, fazer signaes.

SINARMOSTO. *m. (zool.)* Synarmosto; genero de insectos coleopteros pentameros, da familia dos scarabideos.

SINARTRODIAL. *adj. (anat.)* Synarthrodial; que se refere ou pertence á synarthrose.

SINARTROSIS. *f. (anat.)* Synarthrosis ou synarthrose; articulação immovel.

SINASA. *f. (bot.)* Synasa; genero de plantas da familia das orchideas.

SINASPISMA. *f. (bot.)* Synaspisma; genero de plantas da familia das euphorbiaceas.

SINASPISMO. *m. (mil.)* Synaspismo; ordem de batalha em massa, usada antigamente entre os gregos.

SINASTRAR. *a. (germ.)* Prender.

SINATROISMO. *m. (litt.)* Synathroismo; figura que consiste em ajuntar em uma phrase muitos termos de significação correlativa, muitos adjectivos, verbos ou composições complementares.

SINAXA. *f.* Synaxe; assembléa, congregação dos primeiros christãos para orar, ouvir a palavra de *Deus*, e participar dos sacramentos.

SINAXARIO. *m.* *(hist.)* Synaxario; compendio da vida dos santos.

SINAXIS. *f.* *(hist. ant.)* Synaxis; reunião dos antigos christãos para celebrarem a ceia.

SINBONDA. *f.* Sinbonda; certa raiz com a qual alguns povos da Africa fazem um licor, de que se servem para pôr a provas as pessoas accusadas de algum delicto.

SINBRANEO. *m.* *(zool.)* Synbranchio; genero de peixes malacopterygios apodas.

SINCALIPTA. *f.* *(zool.)* Syncalypta; genero de insectos coleopteros pentameros da familia dos clavicornes.

SINCARPIA. *f.* *(bot.)* Syncarpia; genero de plantas da familia das myrtaceas.

SINCARPIALES. *m. pl.* *(germ.)* Escravos.

SINCATEGOREMA. *m.* Syncathegorema; palavra que determina a significação de outra a que se ajunta. É pouco usado.

SINCATEGOREMÁTICO, CA. *adj.* Syncathegorematico; diz-se dos termos que não têem significação sem se ajuntarem a outros, cujo sentido tambem determinam: — syncathegorematico; de dialectiva, potencialmente infinito. É pouco usado em ambas as accepções.

SINCÉFALO. *m.* *(bot.)* Syncephalo; genero de plantas da familia das compostas.

SINCEFALANTO. *m.* *(bot.)* Syncephalantho; genero de plantas da familia das compostas.

SINCELO. *m.* *(hist.)* Syncello; official encarregado de inspeccionar a conducta dos patriarchas e bispos, na antiga igreja grega.

SINCERADOR, RA. *s.* Defensor, justificador; o que justifica o bom procedimento de alguem, que o advoga, falla a seu favor. *Defensor, oris.*

SINCERAMENTE. *adv. m.* Sinceramente; com sinceridade. *Sincerè.*

SINCERAR. *a.* Defender, desculpar, justificar e persuadir a inculpabilidade de alguem. Usa-se mais como reciproco. *Culpâ purgare; innocentiam exponere.*

SINCERIDAD. *f.* Sinceridade, singeleza, lhaneza; lizura no fallar ou obrar. *Sinceritas, atis.*

SINCERÍSIMO, MA. *adj. sup.* de *Sincero.* Sincerissimo; muito sincero. *Sincerissimus, a, um.*

SINCERO, RA. *adj.* Sincero, singelo, lhano, ingenuo; sem dobrez ou dissimulação. *Sincerus, a, um:* — *(ant.)* sincero, puro; sem mistura de cousa que altera, corrompe. *Purus, a, um.*

SINCICLIA. *f.* *(bot.)* Syncyclia; genero de plantas phyceas da tribu dos diatomeas; cujas especies crescem todas no mar.

SINCIPITAL. *adj.* *(anat.)* Sincipital; relativo ao sincipucio.

SINCIPUCIO. *m.* *(anat.)* Sincipucio, molleira, alto, vertice da cabeça; parte superior ou dianteira d'ella. É palavra tirada do latim.

SINCLAIRIA. *f.* *(bot.)* Sinclairia; genero de plantas da familia das compostas.

SINCLETIS. *f.* *(hist.)* Synchletis; assembléa extraordinaria do povo de Athenas, que se convocava especialmente em circumstancias importantes e imprevistas.

SINCODENDRO. *m.* *(bot.)* Synchodendro; genero de plantas da familia das compostas.

SINCOLÓSTEMO. *m.* *(bot.)* Syncolostemo *(estame agglutinado)*; genero de plantas da familia das labiadas.

SINCONDROSIS. *f.* *(anat.)* Synchondrosis ou synchondrose; articulação, união de dois ossos por meio de uma cartilagem.

SINCONDROTOMÍA. *m.* *(cir.)* Synchondrotomia; secção da symphysis pubiana.

SINCONDROTÓMICO, CA. *adj.* *(cir.)* Synchondrotomico; concernente á synchondrotomia.

SÍNCOPA. *f.* *(gram.)* Syncopa; figura que consiste em tirar uma letra ou syllaba do meio de uma palavra. *Concisio, syncopa:* — *(mus.)* syncopa; nota que pertence ao fim de um tempo, e ao principio de outro.

SINCOPADAMENTE. *adv. m.* Syncopadamente; com syncopa. *Syncope adhibitia.*

SINCOPAL. *adj.* *(med.)* Syncopal; da natureza de syncope: — syncopal; sujeito a syncopes: — syncopal; diz-se da febre acompanhada de syncope. *Syncopalis febris.*

SINCOPAR. *a.* Syncopar; elidir letra ou syllaba no meio de uma palavra. *Syncopa uti:* — *(fig.)* abreviar, reduzir. *Syncopis uti, breviare.*

SÍNCOPE. *f.* *(gram.)* Syncope. V. *Síncopa:* — *(med.)* syncope, desfallecimento; suspensão subita ou momentanea da acção do coração, acompanhada de cessação da respiração, das sensações e dos movimentos voluntarios.

SINCOPIZAR. *a.* Syncopisar; causar syncope. Usa-se tambem como reciproco. *Syncope affícere, corripi.*

SINCOTILEDÓNEO, NEA. *adj.* *(bot.)* Syncotyledoneo; que tem ambos os cotyledones reunidos e confundidos em uma só massa.

SINCRANIO, NIA. *adj.* *(anat.)* Syncraniano; pertencente ao craneo.

SINCRASIS. *f.* *(philos.)* Syncrasis, fusão, mistura.

SINCRESIS. *f.* *(rhet. ant.)* Syncresis; reunião de duas vogaes em um diphthongo.

SINCRETISMO. *m.* Syncretismo; conciliação ou approximação das differentes seitas ou communhões religiosas: — *(philos.)* syncretismo; mistura confusa de opiniões que uma escola adopta, sem se dar ao trabalho de as conciliar entre si: — *(hist.)* syncretismo; insurreição legal de todos os cretenses contra os magistrados da republica, quando estes abusavam do seu poder.

SINCRETISTA. *m.* Syncretista; conciliador de differentes seitas ou communhões religiosas.

SINCRIPTA. *f.* *(zool.)* Sincripta; genero de infusorios, caracterisados por terem só um olho, e porque alem da envoltura particular de cada individuo, se acham reunidos dentro de outra envoltura commum.

SINCRISIS. *f.* *(med.)* Syncrisis; algumas vezes é equivalente a *Mezcla:* — *(chim. ant.)* syncrisis; passagem de um corpo do estado liquido ao solido, ou antes á coagulação dos liquidos misturados: —*(rhet.)* syncrisis; antithese ou comparação de duas cousas ou pessoas contrarias.

SINCRÍTICO, CA. *adj.* *(med.)* Syncritico, adstringente.

SINCRÓNICO, CA. *adj.* Synchronico; diz-se de um quadro, no qual estão reunidos os acontecimentos que se verificaram ao mesmo tempo em differentes logares.

SINCRONISMO. *m.* Synchronismo; relação de cousas feitas, acontecidas ao mesmo tempo.

SINCRONISTA. *adj.* Synchronista, contemporaneo; que viveu ao mesmo tempo.

SINCRONÍSTICO, CA. *adj.* *(chron.)* Synchronistico; pertencente ao synchronismo.

SINCRONO, NA. *adj.* Synchronista, contemporaneo, coetaneo: — *(med.)* synchrono, isochrono; que se faz ao mesmo tempo: — *(math.)* synchrono, isochrono; diz-se de uma curva, ás differentes partes da qual chegam juntos e no menor intervallo de tempo possivel muitos corpos pesados, iguaes entre si, que partem do mesmo ponto e descrevem linhas curvas.

SINCRONOLOJIA. *f.* Synchronologia; tratado dos synchronismos.

SINCHULÉ. *m.* *(germ.)* Grande bolsa.

SINDÁCTILOS. *m. pl.* *(zool.)* Syndactylos; divisão de aves estabelecida por alguns auctores na ordem dos passaros, para conter aquellas, cujo dedo externo é quasi tão comprido como o medio, e se acha unido com elle até á segunda articulação.

SINDÉRESIS. *f.* Synderesis, discrição; capacidade natural para julgar rectamente. *Sinderesis, is:* — synderesis; instincto moral: — *(fig.)* bom senso, tino, discernimento.

SINDESMANTO. *m.* *(bot.)* Syndesmantho; genero de plantas da familia das ericaceas.

SINDESMOGRAFÍA. *f.* Syndesmographia; parte da anatomia que trata da descripção dos ligamentos.

SINDESMOGRÁPHICO, CA. *adj.* Syndesmographico; relativo á syndesmographia.

SINDESMOGRAFO. *m.* Syndesmographo; auctor de uma syndesmographia.

SINDESMÓLOGO. *m.* Syndesmologo. V. *Sindesmolojista.*

SINDESMOLOJIA. *f.* Syndesmologia; parte da anatomia que trata do uso dos ligamentos.

SINDESMOLÓJICO, CA. *adj.* Syndesmologico; que pertence ou se refere á syndesmologia.

SINDESMOLOJISTA. *m.* Syndesmologista; o que se dedica á syndesmologia ou escreve ácerca d'ella.

SINDESMOSIS. *f.* *(anat.)* Syndesmosis; articulação de dois ou mais ossos por meio de ligamentos.

SINDESMOTOMÍA. *f.* *(anat.)* Syndesmotomia; dissecção dos ligamentos.

SINDESMOTÓMICO, CA. *adj.* *(anat.)* Syndesmotomico; concernente á syndesmotomia.

SINDESO. *m.* *(zool.)* Syndeso; genero de insectos coleopteros pentameros da familia dos lucanidos.

SINDICABALAR. *a.* e *n.* *(germ.)* Jurar.

SINDICABANETO. *m.* *(germ.)* Juramento.

SINDICACION. *f.* Syndicação; o acto de syndicar: — accusação, delação, denuncia.

SINDICADO. *m.* Assembléa syndical, junta de syndicos. *Syndicorum cœtus:* — *adj.* accusado, delatado, denunciado: —syndicado, censurado, reprehendido.

SINDICADOR, RA. *s.* Accusador, denunciante, delator. *Delator, oris:* — reprehendedor, censurador; o que reprehende ou censura. *Animadversator, oris.*

SINDICAL. *adj.* Syndical; pertencente ao syndico, proprio do syndico.

SINDICAR. *a.* Accusar, delatar, denunciar alguma pessoa ou delicto á justiça. *Accusare:* — criminar alguem, suspeitar d'elle. *Carpere, criminari:* — syndicar, censurar, reprehender.

SINDICATO. *m.* Syndicato, syndicatura; cargo, funcção de syndico, sua duração.

SINDICATURA. *f.* V. *Sindicato.*

SÍNDICO. *m.* Syndico, procurador. V. *Procurador:* — syndico; o que recebe o dinheiro das esmolas dadas aos religiosos mendicantes. *Monachorum syndicus:* — V. *Personero:* — *(comm.)* syndico; o que em uma reunião de credores ajusta as contas e recebe o que pertence á quebra do negociante: — *(hist.)* syndico; orador atheniense encarregado da defeza de uma lei.

SINDOSMIA. *f.* *(zool.)* Syndosmya; genero de molluscos conchiferos dimyarios.

SÍNDRIDE. *m.* *(zool.)* Syndride ou sindris; genero de insectos lepidopteros da familia dos nocturnos.

SINDROMO. *m.* *(med.)* Syndromo; reunião dos symptomas que se apresentam em uma doença.

SINE. *prep.* *(ant.)* V. *Sin.*

SINEA. *m.* *(zool.)* Sinea; genero de insectos hemipteros da tribu dos reduvios.

SINÉCDOQUE. *f.* *(rhet.)* Synecdoche; tropo que consiste em tomar a parte pelo todo, ou o todo pela parte; ou quando a materia se toma pela cousa, etc. *Synecdoche.*

SINECFONESIS. *f.* *(gram.)* Synecphonesis; suppressão de uma syllaba.

SINEDRELA. *f.* *(bot.)* Synedrella; genero de plantas da familia das compostas.

SINEDRIO. *m.* V. *Sinedrin.*

SINELCOSCIADIO. *m.* *(bot.)* Synelcosciadio; genero de plantas da familia das umbelliferas.

SINEMA. *m.* *(bot.)* Synema; parte da columna das orchideas, que representa os filetes dos estames: — synema; qualquer corpo produzido pela reunião de dois ou mais estames.

SINEMÁTICO, CA. *adj.* *(bot.)* Synematico; que forma ou concorre para formar o synema.

Sinemmenon. *adj.* *(mus. ant.)* Diz-se do que pertence ao terceiro tetracordio.

Sinemuria. *f.* *(zool.)* Sinemuria; genero de molluscos acephalos, cuja concha, que é transversal e inequilatera, tem um só dente lateral, uma pequena abertura obliqua no ligamento interno e outros dois dentes lateraes mais distantes.

Sinequia. *f.* *(anat.)* Synechia; adherencia da iris á cornea.

Sinéresis. *f.* *(gram.)* Synereses; figura pela qual se contrahem duas syllabas, formando uma só. *Sineresis, is.*

Sinerjia. *f.* *(physiol.)* Synergia; concurso de varios orgãos.

Sinérjico, ca. *adj.* Synergico; que depende da synergia.

Sinerjistas. *m.* *pl.* Synergistas; seita de lutheranos, na opinião dos quaes o homem póde contribuir algum tanto para a sua conservação.

Sinero, ra. *adj.* *(ant.)* V. *Señero.*

Sinértico, ca. *m.* *(zool.)* Synertico; genero de insectos coleopteros pentameros da familia dos malacodermes.

Siñes. *(prep. ant.)* V. *Sin.*

Sinescal. *m.* *(ant.)* V. *Senescal.*

Sinescalía. *f.* *(ant.)* V. *Senescalia.*

Sinesis. *f.* *(lit.)* Synesis; reunião de palavras, sujeita a regras.

Sineta. *f.* *(zool.)* Syneta; genero de insectos coleopteros subpentameros da familia das eupodas.

Sineurosis. *f.* *(anat.)* Syncvrosis; termo com que os antigos designavam as partes brancas, como os nervos, tendões, aponevroses e ligamentos: — synevrosis ou synevrose; articulação que se mantem por meio de ligamentos.

Sinfisia. *f.* *(bot.)* V. *Centaurela.*

Sínfisis. *f.* *(anat.)* Symphysis ou symphyse; conjuncto dos meios que servem para conservar os ossos em relação nas articulações: — symphysis ou symphyse; nome dado principalmente a certas articulações, como: *la sínfisis del pubis, la sinfisis sacro-iliaca,* a symphysis pubiana, a symphysis sacro-iliaca.

Sinfito. *m.* *(bot.)* Symphyto, consolda maior. V. *Consuelda.*

Sinfonía. *f.* *(mus.)* Symphonia; concerto de instrumentos de musica. *Symphonia, æ:* — sanfonina ou sanfona; instrumento antigo de cordas: — symphonia; peça de musica instrumental, de um caracter e fôrma particulares: — *concertante;* symphonia concertante; disposta para ser executada por muitos instrumentos.

Sinfonista. *m.* Musico compositor de symphonias, e tambem o que executa n'ellas a sua parte: — instrumentista; musico que toca um instrumento qualquer em uma orchestra.

Sinforicarpo. *m.* *(bot.)* Symphoricarpo; genero de plantas da familia das caprifolliadas.

Sinforina. *f.* *(bot.)* Symphorina. V. *Sinforicarpo.*

Singa. *f.* *(germ.)* Musica.

Singamo. *m.* *(zool.)* Syngamo; genero de helminthidos nematboideos.

Singana. *f.* *(bot.)* Singana; genero de plantas da familia das guttiferas.

Singastro. *m.* *(zool.)* Syngastro; genero de insectos hymenopteros, da familia dos brachonidos.

Singladura. *f.* *(naut.)* Singradura; a derrota de um navio á véla em um dia, o caminho que elle fez no espaço de vinte e quatro horas, contadas desde o meio dia ao seguinte. *Diurnum navis iter:* — singradura; acção de singrar, navegar, velejar, caminhar o navio: — singradura; velocidade que a embarcação leva. *Doblar la singladura (fr. naut.);* dobrar a singradura; levar dupla velocidade da de outro navio.

Singlar. *a.* *(naut.)* Singrar; navegar á véla, velejar, surdir ávante, andar, caminhar o navio com um rumo determinado. *Adnavigare; aliquo navigando contendere.*

Singnata. *f.* *(zool.)* Syngnatha ou syngnathes. V. *Escolopendra.*

Singonio. *m.* *(bot.)* Syngonio; genero de plantas da familia das aroideas.

Singo-zin. *(myth. jap.)* Singozin; divindades tutellares da religião de Sinto, da mediação das quaes se valem os devotos para dirigir as suas preces ou orações a Ten-Sio-Dai-Tsim.

Singrafo. *m.* Syngrapha; escripto de obrigação de uma divida, feita particularmente entre o credor e o devedor, e guardada por ambos.

Singsumaran. *m.* *(astron. ind.)* Singsumaran; circulo celeste, situado muito alem do céu dos sete Richis ou da Ursa-maior: tem a figura de um lagarto.

Singuafato. *m.* Singuaphato; templo de uma divindade dos tartaros, em cujos arredores se ajuntam os ossos dos mortos.

Singular. *adj.* Singular, só, unico. *Singularis, re:* — *(fig.)* singular, raro, excellente, extraordinario; sem segundo, unico em perfeição. *Eximius, excellens:* — *(fig.)* singular, extravagante: — *(p. Ar.)* particular, individuo, cidadão. Usa-se tambem substantivado. *Privatus homo, civis. En singular (loc. adv. ant.)* V. *En particular:* — *(gram.)* singular; diz-se do numero que designa uma só pessoa ou cousa: refere-se aos nomes e aos verbos. *Singularis, re. Los singulares (hist.);* os singulares; dava-se este nome entre os romanos a certos cavalleiros escolhidos da guarda dos imperadores. *Ley singular (for. ant.);* lei singular; a que se acha só sob um titulo ou em um capitulo. *Puntos singulares de una curva (math.);* pontos singulares de uma curva; diz-se dos pontos que têem algumas propriedades notaveis, como succede aos de inflexão, etc.

Singularidad. *f.* Singularidade, particularidade; o que faz singular uma cousa, qualidade de ser singular. *Singularitas, atis:* — singularidade; modo extraordinario de pensar, de fallar, de obrar, etc., differente do dos mais: — singularidade ou singularidades; capricho, acções extravagantes, desusadas, que alguem faz por se singularisar, ou que o distinguem.

SINGULARÍSIMAMENTE. *adv. sup.* de *Singularmente.* Singularissimamente.

SINGULARÍSIMO, MA. *adj. sup.* de *Singular.* Singularissimo. *Valdè singularis, præcellens.*

SINGULARIZADO, DA. *adj.* Singularisado; feito singular, distincto.

SINGULARIZAR. *a.* Singularisar, particularisar; fazer singular, unico na sua especie, distinguir uma cousa entre outras. *Singulariter distinguere:* — *r.* singularisar-se, distinguir-se, particularisar-se; fazer-se singular, notavel. *Singulariter agere.*

SINGULARMENTE. *adv. m.* Singularmente, particularmente, separadamente. *Singulariter, singillatim:* — singularmente; com singularidade, de modo singular: — singularmente, extraordinariamente; de um modo estranho, caprichoso, singular.

SINGULTO. *m. (med.)* Singulto, soluço. V. *Hipo.*

SINIESTRAMENTE. *adv. m.* Sinistramente, funestamente, mal, á má parte, avessamente, de modo sinistro. *Sinistrè, pravè:* — V. *Oblicuamente.*

SINIESTRO, TRA. *adj.* Sinistro; diz-se da parte ou sitio que fica á mão esquerda. *Sinister, tra, trum:* — sinistro, avesso, viciado, mal intencionado. *Sinister, pravus:* — sinistro, sestro, infausto, esquerdo, aziago, de mau agouro. *Sinister, infortunatus:* — *m.* sestro, manha; vicio ou mau habito de pessoa ou de animal. Usa-se ordinariamente no plural. *Vitium, prava consuetudo:* — sinistro, desastre, avaria grossa que acontece ao navio: — *f.* sinistra, esquerda; mão sestra ou esquerda, contraria á dextra. *Sinistra, æ.*

SININJIA. *f. (bot.)* Sinningia; genero de plantas da familia das gesneraceas.

SINISACTOS. *m. pl. (rel.)* Sinisactos; sectarios que pretendiam que tudo era puro para as consciencias puras.

SINISAR. *a. (germ.)* Atinar, acertar.

SINISCAL. *m. (ant.)* V. *Senescal.*

SINISTRATO, TA. *adj. (zool.)* Synistrato; diz-se dos insectos cujas queixadas são reunidas pela base ao labio inferior: — *m. pl.* synistratos; classe de insectos que encerra a maior parte dos nevropteros e alguns apteros.

SINISTRORSUM. *adv.* Sinistrorsum; palavra latina que significa da direita para a esquerda, e que se emprega nas demonstrações.

SINIZESIS. *f. (med.)* Synizesis; ausencia de pupilla nos olhos.

SINJENESIA. *f. (bot.)* Syngenesia; classe de plantas no systema sexual de Linneo, cujo caracter consiste na soldadura dos estames entre si, por meio das antheras. Esta ordem corresponde á familia das compostas.

SINJENESO, SA. *adj. (bot.)* Syngeneso; diz-se dos estames, quando estão unidos pelas antheras.

SINJENO, NA. *adj. (bot.)* Syngeno; nome que se dá ás arvores verdes da familia das coniferas, cujas folhas cáem ao mesmo tempo no segundo anno.

SÍNJILIS. *m. (zool.)* Singilis; genero de insectos coleopteros pentameros, da familia dos carniceiros.

SINJUSTICIA. *f. (ant.)* V. *Injusticia.*

SINLERO, RA. *adj. (ant.)* V. *Señero.*

SINNA. *f. (ant.)* Sina, bandeira, estandarte.

SINNAL. *f. (ant.)* V. *Señal.*

SINNERO, RA. *adj. (ant.)* V. *Señero.*

SINO. *conj.* Senão, mas; serve para contrapor em proposições negativas duas cousas que se comparam, como: *No es claro, sino mui oscuro;* não é claro, mas muito escuro, etc. *Imò, quinimò:* — senão; conjuncção composta, em castelhano, das duas particulas *si* e *no;* porém n'este caso deve escrever-se cada particula separadamente, como: *Te castigaré si no vieres;* castigar-te-hei senão vieres, etc.: — senão; usa-se para exceptuar uma cousa de outra ou entre outras; *v. g.: Nadie entiende esto sino fulano;* ninguem entende isto senão fulano. *Præter, nisi:* — senão; equivale aos adverbios *solo ó solamente,* sómente, só, unicamente, precedendo proposição negativa; *v. g.: No espero sino que te vayas;* não espero senão que te vás, só espero que te retires, etc. *Nihil, nisi præter:* — senão; usa-se para contrapor os extremos de uma oração, como contrarios entre si, determinando o que se ha de escolher. *Quinimò, imò potiùs:* — antes, ao contrario, mas sim; usa-se para distinguir uma cousa de outra, contrapondo-as, e então é sempre precedida de uma proposição negativa, como: *No es blanco, sino pardo;* não é branco, mas sim pardo, etc. *Imò:* — mas, alem d'isto, ainda tambem, até mesmo, de mais a mais; equivale a *demás, fuera de,* juntando extremos á oração e sempre é precedido da locução adverbial *no solo; v. g.: No solo por rico, sino por prudente, sabio, etc.;* não só por ser rico, mas por ser prudente, sabio, etc. *Sed etiam, necnon:* — senão; *v. g.: sino como hermano, a lo menos como amigo;* senão como irmão, ao menos como amigo, etc.: — *m. (ant.)* sino. V. *Signo:* — *(fam.)* V. *Signo,* na accepção de sina, destino, etc.: — *(p. Cub.)* fôrma de assucar, sem buracos, que se emprega para preparar a lixivia da roupa, ter agua, ou para outros usos.

Sinoble. *adj. (br.)* Sinoble. V. *Verde.*

Sinocal. *adj. (med.)* Synochal; diz-se das febres inflammatorias simples. *Synocalis, le.*

Sinoco, ca. *adj. (med.)* Synocho ou synocha; diz-se de certa especie de febre continua e sem augmento. Usa-se mais commummente substantivado na terminação feminina. *Synoca febris.*

Sinodal. *adj.* Synodal; de synodo. De ordinario diz-se das decisões dos synodos, e então usa-se como substantivo feminino. *Synodalis, le:* — *m.* synodal; examinador nos concursos a curatos e de ordinandos e confessores. *Synodalis censor. Testigos synodales;* testemunhas synodaes; curas e deãos que nos synodos davam informação da conducta do clero secular.

Sinodalmente. *adv. m.* Synodalmente; em pleno synodo, em synodo.

Sinodático. *m. (ant.)* Synodatico; tributo que, em signal de obediencia, pagavam annualmente ao bispo todos os ecclesiasticos seculáres, quando íam ao synodo. *Episcopo in ordinatione pensum tributum. Derecho sinodático;* direito synodatico; direito de assistir ao synodo.

Sinodendro. *m. (zool.)* Synodendro *(que causa damno ás arvores);* genero de insectos coleopteros pentameros, da familia dos lamellicornes.

Sinódico, ca. *adj.* Synodico; diz-se das cousas que respeitam ao synodo. *Synodicus, a, um:* — *(astron.)* synodico; pertencente á conjuncção, que se ajunta no mesmo grau da ecliptica ou no mesmo circulo. *Synodicus, a, um. Mes synódico;* mez synodico; o que decorre desde uma até á outra conjuncção da lua. *Synodicus, a, um.*

Sinodita. *m.* Synodita; monge, religioso que vive em communidade. V. *Relijioso.*

Sinodo. *m.* Synodo; assembléa religiosa, concilio. *Synodus, i:* — *(p. Am.)* esmola ou estipendio dado aos missionarios pelo seu trabalho: — *(astron.)* synodo; conjuncção de dois planetas no mesmo grau da ecliptica ou no mesmo circulo de posição. *Synodus, i:* — *de Apolo (hist.)* synodo de Apollo; especie de confraria ou irmandade, creada em honra de Apollo, e na qual eram recebidos os comicos, poetas, musicos, instrumentistas, etc.: — *(litt.)* synodo, collecção de decisões synodaes: — *(rel.)* synodo. V. *Concilio,* assembléa de bispos: — synodo; congregação de ecclesiasticos nomeados pelo ordinario para examinar os ordinandos e confessores: — *diocesano;* synodo diocesano; o clero de uma diocese convocado e presidido por um bispo, para tratar de assumptos ecclesiasticos. *Diœcesana synodus:* — *nacional.* V. *Concilio nacional:* — *provincial.* V. *Concilio provincial.*

Sinodonte. *m. (zool.)* Synodonte; genero de peixes malacopterygios abdominaes.

Sinoecias. *f. pl. (hist.)* Synoecias; festas instituidas por Theseo, entre os gregos.

Sinóico. *m. (zool.)* Synoico; genero de molluscos ascidios, cuja especie typica encontra-se nas costas de Spitzberg.

Sinólogo, ga. *adj.* Synologo; diz-se da pessoa que sabe o idioma chinez.

Sinon. *conj. (ant.)* V. *Sino.*

Sinónica. *f. (zool.)* Synonycha; genero de insectos coleopteros subpentameros da familia dos coccinios.

Sinonimia. *f.* Synonymia; qualidade das palavras synonymas: — *(rhet.)* synonymia; figura de rhetorica que consiste em accumular synonymos ou termos equivalentes. *Synonymia, æ.*

Sinónimo, ma. *adj.* Synonymo; diz-se dos termos ou expressões que têem a mesma significação, que são equivalentes a outros. Usa-se tambem substantivado na terminação masculina. *Synonymus, a, um.*

Sinónomo, ma. *adj.* V. *Sinónimo.*

Sinope. *m. (min.)* Sinopla; tinta vermelha, materia argillosa que se encontrava nas concavidades ou terrenos baixos da ilha de Lemnos, em Cappadocia, Egypto e nas ilhas Baleares.

Sinople. *adj. (bot.)* Sinople ou sinopla; côr verde nas armas das familias nobres. V. *Verde:* — *(min.)* sinople; variedade de quartzo hyalino de côr vermelha viva e quasi opaca: — sinople; mineral de oiro misturado com galena e blenda, e cuja ganga é constituida pelo quartzo sanguineo. Encontra-se na Hungria.

Sinoplia. *f. (med.)* Synoplia; humor coagulado nas articulações das pessoas que padecem gota.

Sinopsis. *f.* Synopsis ou synopse, compendio, summario, epitome. *Sinopsis, epitome.*

Sinóptero, ra. *adj. (zool.)* Synoptero; que tem as barbatanas pelvianas reunidas pelas margens.

Sinóptico, ca. *adj.* Synoptico; que apresenta como em um painel, que mostra á primeira vista com clareza e distincção as partes principaes de um todo; como: *cuadro sinóptico, tabla sinóptica;* quadro synoptico, tábua synoptica, etc.

Sinoptomalojia. *f. (med.)* Synoptomalogia; parte da medicina que expõe os effeitos ou accidentes das doenças, e tem por objecto as cousas contrarias ás leis da natureza.

Sinoquita, Sinoquítida. *f.* Synochita; pedra com que os antigos magicos pretendiam deter as sombras que tinham evocado.

Sinosteografía. *f. (anat.)* Synosteographia; parte da anatomia que trata das articulações.

Sinosteógrafico, ca. *adj.* Synosteographico; concernente á synosteographia.

Sinosteolojia. *f. (anat.)* Synosteologia; tratado das articulações.

Sinosteolójico, ca. *adj. (anat.)* Synosteologico; que se refere á synosteologia.

Sinosteotomía. *f. (anat.)* Synosteotomia; dissecção, preparação anatomica das articulações.

Sinosteotómico, ca. *adj. (anat.)* Synosteotomico; que se refere á synosteotomia.

Sinotia. *f. (physiol.)* Synotia; monstruosidade do synoto.

Sinótico, ca. *adj. (physiol.)* Synotico; que respeita á synotia ou ao synoto.

Sinoto. *m. (physiol.)* Synoto; genero de monstros que tem quatro orelhas na cabeça.

Sinoun. *f. (bot.)* Synoun; genero de plantas da familia das melliaceas, cuja especie unica é uma arvore que cresce em Nova Hollanda.

Sinovia. *f. (anat.)* Synovia; liquido suave e viscoso, que lubrifica as articulações.

Sinovial. *adj. (anat.)* Synovial; da synovia. *Glándulas sinoviales;* glandulas synoviaes; nome dado a uns corpos secretorios que fluctuam no interior das capsulas synoviaes e que parecem destinadas á secreção da synovia.

Sinrazon. *f.* Semrasão, injustiça, acção desarrasoada. *Injuria, æ. A sin razon (loc. adv. ant.);* semrasão, injustamente. V. *Injustamente.*

Sinsabor. *m.* Semsaboria, dissabor, desprazer; cousa que causa desgosto leve. V. *Desabor. Acerbitas, molestia, dolor.*

Sintagma. *f.* Syntagma; tratado methodico, systema: — *de la filosofía de Epicuro (philos.);* syntagma da philosophia de Epicuro; titulo de uma obra de Gassendi: — *(mil. ant.)* syntagma; subdivisão da phalange grega.

Sintagmatarca. *m. (mil. ant.)* Syntagmatarça; chefe ou commandante de um syntagma.

Sintáxis. *f. (gram.)* Syntaxe; construcção grammatical.

Sintema. *m. (mil. ant.)* Syntema; palavra de ordem no exercito grego: — syntema; ordem do dia das legiões.

Sintenosis. *f. (anat.)* Syntenosis; articulação na qual dois ossos estão unidos por meio de um tendão.

Síntesis. *f.* Synthesis ou synthese; composição de um todo pela reunião de suas partes. *Synthesis, is:* — *(philos.)* synthese; methodo de composição ou de expor doutrina, procedendo das causas aos effeitos, dos principios ás consequencias: — *(math.)* synthese; demonstração das proposições successivas só pela composição das que se provaram anteriormente: — *(cir.)* synthese; operação que consiste em reunir as partes divididas e approximar as que se apartaram ou desviaram: — *de contigüidad;* synthese de contiguidade; reducção dos orgãos deslocados como nas hernias e luxações: — *de continuidad,* synthese de continuidade; reunião dos labios ou margens de uma chaga, ou approximação das partes de um osso fracturado: — *(chim.)* synthese; operação pela qual se reunem corpos simples ou compostos para formar outros de composição mais complexa: — synthese; reunião dos elementos de um corpo composto separados pela analyse.

Sintéticamente. *adv. m.* Syntheticamente; por synthese, de modo synthetico.

Sintético, cá. *adj.* Synthetico; relativo á synthese: — synthetico; que procede por synthese, em contraposição de analytico, que procede decompondo. *Syntheticus, a, um. Juicio sintético (philos.);* juizo synthetico; na philosophia de Kant, juizo que affirma mais que o conceito do sujeito.

Sintexia. *f. (med.)* V. *Colicuacion.*

Sintir. *a. (ant.)* V. *Sentir.*

Sintiri. *m. (germ.)* Pinheiro.

Sintlibonoto. *m. (zool.)* Synthlibonoto; genero de insectos coleopteros tetrameros.

Sintliborinco. *m. (zool.)* Synthliborhyncho; genero de insectos coleopteros tetrameros da secção dos apostasimeridos.

Sinto. *m. (myth.)* Sinto; a mais antiga e uma das tres principaes religiões do Japão, essencialmente fundada no culto das almas. Adora a virtude, reconhece o deus *Tien* (o céu), e uma infinidade de espiritos ou deuses inferiores, e divinisa os grandes homens. Este culto confundiu-se posteriormente com o buddhismo.

Sintoco. *m. (zool.)* Synthoco; genero de insectos coleopteros tetrameros da divisão dos byrsopsidos.

Sintoismo. *m. (myth.)* Sintoismo; doutrina da religião de Sinto.

Sintòista. *adj. (myth.)* Sintoista; relativo á religião de Sinto: — *s.* sintoista; partidario da religião de Sinto.

Síntoma. *m. (med.)* Symptoma; accidente que acompanha a doença, do qual se tiram indicios para o curativo ou para conhecer a sua natureza e prognostico. *Symptoma, æ:* — *(fig.)* symptoma, signal, indicio, presagio; as mais das vezes de adversidade ou successo mau.

Sintomáticamente. *adv. m.* Symptomaticamente; por symptomas.

Sintomático, ca. *adj.* Symptomatico; que respeita a symptomas. *Symptomaticus, a, um:* — symptomatico; que depende de symptomas ou que os apresenta.

Sintómide. *m. (zool.)* Syntomide; genero de insectos lepidopteros da familia dos crepusculares.

Sintomo. *m. (zool.)* Syntomo; genero de insectos coleopteros pentameros da familia dos carabicos.

Sintomopo. *m. (zool.)* Syntomopo; genero de insectos lepidopteros da familia dos nocturnos.

Sintónico, ca. *adj. (ant. mus.)* Syntonico; nome dado pelos gregos a uma especie do genero diatonico.

Sintono-lidio. *adj. (mus. ant.)* Synto-lydio; diz-se de um dos modos usados entre os gregos.

Sintor. *m. (zool.)* Sintor *(prejudicial);* genero de insectos coleopteros tetrameros da familia dos curculionidos.

Sintrófico, ca. *adj. (bot.)* Syntrophico; diz-se das plantas falsas-parasitas, que sem viverem á custa dos vegetaes sobre que crescem, participam da sua sorte e estão sujeitas ás mesmas influencias.

Sintrono. *adj. (hist. ant.)* Synthrono; nome dado pelos antigos áquelles a quem concediam as honras da apotheose.

Sinuco. *m. (zool.)* Synucho. V. *Tafria.*

Sinuosidad. *f.* Sinuosidade, tortuosidade; qualidade do que é sinuoso ou que tem ou faz seios, voltas. *Inflexio in modum sinus; sinuosa inflexio:* — *(cir.)* sinuosidade; trajecto que formam no interior do corpo as ulceras chamadas sinuosas.

Sinuoso, sa. *adj.* Sinuoso, tortuoso, torcido; que tem ou faz seios, voltas, etc. *Sinuosus, a, um. Ulcera sinuosa (cir);* ulcera sinuosa; a que descreve no interior das partes molles um trajecto tortuoso, estreito e mais ou menos profundo, formando ao mesmo tempo cavidade, onde se accumula o liquido da suppuração.

Sinusiastas. *m. pl. (rel.)* Sinusiastas; sectarios christãos que não admittiam em Jesus Christo senão uma natureza e uma só substancia.

Sinzigántera. *f. (bot.)* Synzyganthera; genero de plantas da familia das lacistemeas.

Sio. *m. (bot.)* Sio ou sium; genero de plantas da familia das umbelliferas, conhecido vulgarmente pelo nome de rabaça.

Siona. *f. (zool.)* Siona; genero de insectos lepidopteros da familia dos nocturnos.

Sionitos. *m. pl. (zool.)* Sionitos; sub-tribu de insectos lepidopteros da familia dos nocturnos.

Siote. *m.* Siote; ave de Nova Granada, pequena, de côr negra e com signaes doirados nos extremos das pennas, e de canto suave.

Sipalo. *m. (zool.)* Sipalo *(difficil);* genero de insectos coleopteros tetrameros da familia dos curculionidos.

Sipánea. *f. (bot.)* Sipanea; genero de plantas da familia das rubiaceas.

Sipilo. *m. (zool.)* Sipylo; genero de insectos coleopteros pentameros, da familia dos longicornes.

Siponclo. *m. (zool.)* Siponclo; genero de annelidos cylindricos de tegumento coriaceo.

Sipunculídeos. *m. pl. (zool.)* Sipunculideos; grupo de annellidos.

Siquemita. *s.* Sichemita; o natural de Sichem, cidade da Palestina: — *adj.* sichemita; pertencente a Sichem.

Siquier. *conj. (ant.)* V. *Siquiera,* na primeira accepção.

Siquiera. *conj.* Sequer, ao menos, pelo menos. V. *A lo menos, Ya.* Usa-se da mesma maneira, repetindo-a na oração para contrapor os termos d'ella. *Vel, aut:* — nem sequer, nem ao menos. *Vix, ac vix quidem:* — ou, de outro modo. *Aut.*

Siquititi. *f. (p. Am.)* Siquititi; especie de formiga do Perú, que destroe toda a classe de insectos.

Siracusano, na. *s.* Syracusano; o natural de Syracusa: — *adj.* syracusano; pertencente a Syracusa. *Syracusanus, a, um.*

Sire. *m.* Sire, senhor; tratamento que se dá aos soberanos de França.

Sirena. *f. (fig.)* Sereia ou seréa; mulher seductora e de voz doce, melodiosa e penetrante: — *(myth.)* sereia; nome dado a certos monstros fabulosos da antiguidade. Figuravam-se da cintura para cima mulher formosa, e peixe no resto do corpo, eram tres e habitavam em rochas escarpadas entre a ilha Caprea e a costa de Italia. Tinham um canto tão suave, que os navegantes, ouvindo-o, esqueciam o seu paiz e morriam possuidos de certo extasis. *Siren, enis:* — *(zool.)* sereia; genero de reptis batrachios, cujo corpo é prolongado e bastante parecido com o das enguias. Todas as especies vivem nas aguas doces da America septentrional.

Sirenia. *f. (bot.)* Syrenia; genero de plantas da familia das cruciferas.

Sirenias. *f. pl. (zool.)* Sirenias, ou sirenes; nome dado por alguns naturalistas a uma divisão de mammiferos cetaceos herbivoros que encerra os lamantinos e os dugongos: — sirenias; familia de reptis amphibios que tem por typo o genero sereia.

Sirenomelo. *m. (physiol.)* Sirenomelo; genero de monstros symelios caracterisados pela atrophia notavel do unico membro em que estão reunidas ambas as pernas, que carecem de pés, e em seu logar apresenta uma especie de coto ou ponta.

Sirenópside. *m. (bot.)* Syrenopside; genero de plantas da familia das cruciferas.

Sirex. *m. (zool.)* Sirex; genero de insectos hymenopteros da tribu dos siricios.

Sirfo. *m. (zool.)* Sirpho *(mosca);* genero de insectos dipteros da familia dos brachystomos.

Sirga. *f.* Sirga, reboque; acção e effeito de sirgar: — sirga; corda de puxar redes, ou barco á tôa e para outros usos. *Rudens, entis. A la sirga (loc. adv.);* á sirga; diz-se da embarcação que navega puxada por uma corda ou sirga pela margem. *Navigio funibus è litore ducto.*

Sirgado, da. *adj.* Sirgado, rebocado; puxado á sirga, levado a reboque.

Sirgar. *a. (naut.)* Sirgar; atar, puxar com sirga, dar reboque. *Navem rudente trahere.*

Sirgo. *m.* Seda torcida. *Duobus filiis intortum sericum:* — tecido, estofo feito de seda torcida. *Tela serica.*

Sirguerito. *m. dim.* de *Sirguero.*

Sirguero. *m. (ant.)* V. *Jilguero.*

Siríaco, ca. *adj.* Syriaco; pertencente á Syria. *Syriacus, a, um:* — *s.* syriaco; o natural da Syria: — *m.* syriaco, a lingua syriaca; idioma semitico que fallavam antigamente as nações comprehendidas entre o Mediterraneo e o Euphrates.

Siriano, na. *adj. (ant.)* Syriano. V. *Siríaco. Letras siria-*

nas (philos.); letras syrianas; nome pelo qual os auctores antigos designavam as letras de fôrma cursiva, que substituiram os caracteres cuneiformes.

SIRIARCA. *m. (hist.)* Syriarcha; summo sacerdote encarregado de fazer sacrificios aos deuses pela felicidade de toda a Syria.

SIRIASIS. *f. (med.)* Syriasis ou syriase; inflammação de cerebro causada pelo ardor do sol.

SIRICIOS. *m. pl. (zool.)* Syricios; tribu de insectos hymenopteros caracterisados por terem o corpo longo e cylindrico, as mandibulas curtas e grossas, e as azas cheias de nervosidades.

SIRICTO. *m. (zool.)* Syrichto; genero de insectos lepidopteros da familia dos diurnos.

SIRIGMON. *m. (mus. ant.)* Syrigmon; instrumento que parece ter sido uma flauta agudissima.

SIRINGA. *f. (mus.)* Syrinx; instrumento mui antigo, composto de doze ou dezeseis tùbos de cana proporcionaes, unidos uns aos outros. Toca-se passando a bôca por suas successivas aberturas. Era este instrumento que tocava o deus Pan.

SIRINGODENDRO. *m. (bot.)* Syringodendro; planta fossil dos terrenos anteriores á greda.

SIRINGOPORA. *f. (zool.)* Syringopora; genero de polypeiros zoantharios.

SIRINGOTOMÍA. *f. (cir.)* Syringotomia; operação da fistula do anus.

SIRINGOTOMO. *m. (cir.)* Syringotomo; instrumento empregado antigamente para fazer a operação da fistula do anus.

SIRINJITA. *f. (min.)* Syringita; nome de uma pedra preciosa dos antigos.

SIRIO, RIA. *s.* Syrio; o natural de Syria: — *adj.* syrio; pertencente á Syria. *Sirios negros;* syrios negros; chamam-se assim os habitantes da Syria propriamente dita, em contraposição aos habitantes da Cappadocia, que se chamavam syrios brancos: — *m. (astr.)* syrio; uma das estrellas que formam a constellação da canicula, denominada Sothis pelos egypcios, ou astro de *I*sis. Os antigos temiam a sua influencia e offereciam-lhe sacrificios. *Sirius, ii.*

SIRIS. *m. pl. (germ.)* Olhos.

SIRITA. *f. (zool.)* Syrita; genero de insectos dipteros da familia dos brachystomos.

SIBLE. *m.* Caganitas; estrume das cabras e carneiros. *Stercus ovile vel caprinum.*

SIRMACIO. *m. (bot.)* Syrmacio; genero de plantas da familia das leguminosas.

SIRMAISMO. *m. (med.)* Sirmaismo; evacuação suave pelo vomito ou pelas camaras.

SIRMÁSTIDO. *m. (zool.)* Sirmastido; genero de insectos hemipteros da familia dos choreideos.

SIROMASTO. *m. (zool.)* Syromasto; genero de insectos hemipteros da familia dos coreideos.

SIRME. *f. (hist.)* Syrme; especie de bebida que se dava na Grecia aos vencedores nas Syrmeas.

SIRMEAS. *f. pl. (hist.)* Syrmeas; festas e jogos estabelecidos em Esparta.

SIRO, RA. *adj.* Syro; pertencente á Syria. *Syrus, a, um:* —*s.* syro; o natural da Syria.

SIROCO. *m.* Sirocco; vento tambem chamado *jaloque* em castelhano, que sopra da parte intermedia entre Levante e Meio dia, segundo a divisão da rosa nautica que se usa no Mediterraneo. Corresponde ao sudoeste no oceano. Os poetas dão-lhe o nome de Euro. *Eurus, i.*

SIROCRÓSIDE. *m. (bot.)* Sirocrocide; genero de plantas phyceas, formado para incluir uma alga que nasceu em uma dissolução pharmaceutica de tartaro emetico.

SIRO-FENICIO, CIA. *s.* Syro-phenicio; o natural da Syrophenicia, região mais conhecida hoje pelo nome de Syria: — *adj.* syro-phenicio; pertencente á syro-phenicia.

SIROSIFON. *m. (bot.)* Sirosiphão; genero de plantas phyceas.

SIRRAPTO. *m. (zool.)* Sirrhapto; genero de aves gallinaceas da familia das tetraonideas.

SIRRIA. *f.* V. *Sirle.*

SIRROPODONTE. *m. (bot.)* Syrrhopodonte; genero de musgos acrocarpos.

SIRTE. *f.* Syrte; banco mui perigoso de areia movediça, mórmente em golfos e mares interiores, para os quaes os navios são arrastados pela corrente. *Syrtes, tium.*

SIRTENEA. *f. (zool.)* Sirthenea; genero de insectos hemipteros da tribu dos reduvios.

SIRTICO, CA. *adj.* Syrtico; pertencente ás syrtes.

SIRTO. *m. (zool.)* Sirto; genero de insectos coleopteros pentameros da familia dos malacodermes.

SIRUPOSO, SA. *adj.* Xaroposo; que tem o aspecto ou natureza de xarope.

SIRVIENTA. *f.* Servente, creada; mulher que serve. *Famula, æ.*

SIRVIENTE. *adj. (comm.)* Servente; homem ou mulher que serve. *Serviens, entis:* — *(mil.)* servente; cada um dos artilheiros, que se dividem, tres de cada lado da peça.

SISA. *f.* Sisa; pequena parte que os creados furtam paulatinamente na compra diaria dos comestiveis, exagerando-lhe o preço em proveito seu. *Rei pars aliqua dolosè ac furtivè subtracta, surrepta:* — sisa, gato, retalho, sobejos que os alfaiates guardam para si da fazenda que elles talham para o freguez. *Telæ pars furtivè reservata:* — sisa; bocado de panno que se tira ao vestido para o ajustar e acommodar ao corpo. *Telæ forfice facta diminutio ad aptandam vestem:* — mordente; composição de oleo de linhaça fervido com vermelhão, ocre ou outros simples de côr, que os douradores applicam aos objectos de madeira para lhes assentarem o oiro. *Leucophorum, i:* — sisa ou siza; tributo sobre victualhas, diminuindo a medida. *Vectigal dissimulatum ponderis aut mensuræ diminutione.*

SISADOR, RA. *s.* Sisador; creado

que não é fiel, que rouba nas compras que lhe mandam fazer. *Rei partem furtivè subtrahens:* — alfaiate que tem por costume ficar com os sobejos da fazenda que lhe dão para talhar fato, etc.

Sisar. *a.* Sisar ou sizar; furtar pequenas quantias em contas ou compras para os amos, o creado, cozinheiro, etc., que não é fiel. Por extensão diz-se de outras pessoas. *Subtrahere; furtivè reservare aliquid:* — sisar; diminuir as medidas á proporção do imposto da sisa. *Mensuram decurtare:* — encavar; fazer uma cava, cortar nos vestidos a parte necessaria para lhes dar a fôrma conveniente. *Ad vestem adaptandam aliquid decurtare:* — preparar com o mordente o que se ha de dourar. *Leucophoro linire.*

Sisarcosis. *f. (anat.)* Sysarcosis; união dos ossos por meio dos musculos.

Sisastrar. *a. (germ.)* Aprender.

Siscabar. *a. (germ.)* Ensinar.

Siscundé. *m. (germ.)* Quarta feira, quarto dia da semana.

Sisero. *m.* Siseiro ou sizeiro; cobrador da sisa. *Tributi illius collector, quod è ponderis ac mensuræ diminutione coalescit.*

Sisga. *f. (art.)* Rede de pescar sardinha, que alguns pescadores chamam tambem em castelhano *sacada alta:* — sirga; nome dado em algumas partes á corda com que, depois de caladas as redes, os pescadores puxam por ellas da terra ou dos barcos.

Sísifo. *m. (zool.)* Sisypho; genero de insectos coleopteros pentameros da familia dos lamellicornes.

Sisímbrico, ca. *adj. (bot.)* Parecido com o saramago.

Sisimbrio. *m. (bot.)* Saramago, sabão sylvestre; genero de plantas da familia das cruciferas.

Sisira. *f. (zool.)* Sisyra; genero de insectos nevropteros da familia dos hemerobideos.

Sislá. *f. (germ.)* Força.

Sislique. *m. (germ.)* Castello.

Sisló. *adj. (germ.)* Forte.

Sismondina. *f. (min.)* Sismondina; hydrosilicato de alumina e de ferro, substancia mineral que se apresenta em fôrma de massas lamellosas de côr verde escuro ou pardacento.

Siso. *m. (ant.)* Siso, juizo, entendimento. *Sana mens, animi sanitas.*

Sisomático, ca. *adj.* Sysomatico; pertencente á sysomia.

Sisomia. *f. (physiol.)* Sysomia; aberração organica caracterisada pela presença de dois corpos.

Sisomiano, na. *adj. (physiol.)* Sysomiano; affectado de sysomia.

Sisomios. *m. pl. (physiol.)* Sysomios; familia de monstros duplos autositarios, caracterisados pela reunião ou fusão, mais ou menos intima, de dois corpos coroados sempre por duas cabeças completamente separadas.

Sísomo. *m. (physiol.)* Sysomo; monstro que tem dois corpos.

Sison. *m.* Pessoa de pouco credito, que frequentemente sisa ou furta pequenas quantias em contas ou compras. *Qui frequenter et furtivè subtrahit:* — *(bot.)* sisão; genero de plantas da familia das umbelliferas: — *(zool.)* sisão; genero de aves do tamanho da adem, de côr entre branco e pardo, com um cordão branco sobre o pescoço.

Sisor. *m. (zool.)* Sisor; genero de peixes malacopterygeos abdominaes, da familia dos siluroideos.

Sispono. *m. (bot.)* Syspono; genero de plantas da familia das leguminosas papilionaceas.

Sistálico, ca. *adj. (med.)* Systalico; diz-se do movimento de todas as partes que se dilatam e contrahem alternativamente, como o coração e as arterias.

Sistar. *adj. num. (germ.)* Quatro.

Sistarco. *m. (hist. ant.)* Systarco; chefe de uma systase.

Sistase. *f. (hist. ant.)* Systase; subdivisão da milicia grega.

Sistáside. *m. (zool.)* Systaside; genero de insectos hymenopteros da tribu dos chalcidios.

Sistelócero. *m. (zool.)* Systellocero; genero de insectos coleopteros pentameros.

Sistema. *f.* Systema; enlace de principios, maximas e conclusões relativas a uma materia. *Systema, æ:* — systema; combinação de corpos e movimentos que, sendo differentes, formam um todo e contribuem para um fim; como: *sistema solar, sistema de vida, método de vida;* systema solar, systema de vida, methodo de vida, etc.: — *(fam.)* systema; norma de proceder, modo ou methodo de obrar de pessoas ou governos: — *cambriano (geol.)* V. *Formacion cambriana:* — *cretáceo;* systema cretaceo; nome dado ao terreno cretaceo: — *cristalino;* systema crystallino; reunião ou aggregado de fórmas primitivas e secundarias de um mineral: — *oolítico;* systema oolithico. V. *Formacion oolítica:* — *salífero.* V. *Terreno triásico:* — *siluriano;* systema siluriano. V. *Formacion siluriana:* — *(hist. nat.)* systema; distribuição methodica e artificial dos seres, propria para facilitar o seu estudo: — *(med.)* systema; conjuncto de orgãos da mesma especie que concorrem para um fim; como: *sistema nervioso, linfático, etc.;* systema nervoso, lymphatico, etc.: — *(mus.)* systema; reunião de todos os conhecimentos musicos, ou só de uma parte d'estes: — systema; disposição da escala musica de um povo ou de uma epocha: — *(art.)* galão de oiro ou de prata de uma só face. *Aurea argenteave fasciola unam tantùm faciem præferens:* — *(polit.)* systema; organisação da constituição de um estado.

Sistematarca. *m.* V. *Sistarco.*

Sistemáticamente. *adv. m.* Systematicamente; de um modo systematico, em modo de systema. *Systemate servato.*

Sistemático, ca. *adj.* Systematico, methodico; que adopta, segue systema. *Systema servans:* — systematico; diz-se do que procede por principios, e é invariavel no seu modo de vida ou em seus escriptos, opiniões, etc.

SISTENA. *f. (zool.)* Systena *(estreito);* genero de insectos coleopteros subpentameros.

SISTENODERO. *m. (zool.)* Systenodero *(collo estreito);* genero de insectos coleopteros pentameros da familia dos malacodermes.

SISTILO. *m. (arch.)* Systylo; um dos cinco generos de edificios em que as columnas distam umas das outras duas vezes mais da proporção ordinaria. *Systylus, i:* — *adj. (bot.)* systylo; que tem os estylètes soldados em uma só columna: — *m. (min.)* systylo; mineral prismatico de côr azulada baça por fóra, e algumas vezes brilhante por dentro.

SÍSTOLE. *f. (physiol.)* Systole; movimento de contracção do coração e das arterias, para dar impulso ao sangue, e determinar a sua progressão. É o movimento opposto á diastole: — *(poet.)* systole; figura pela qual se faz breve uma syllaba longa por liberdade poetica. *Systole.*

SISTÓLIDOS. *m. (zool.)* Systolidos. V. *Rotadores.*

SISTOLO. *m. (zool.)* Systolo; genero de insectos coleopteros tetrameros, da familia dos curculionidos.

SISTREFA. *f. (bot.)* Systrepha; genero de plantas da familia das apocineas.

SISTREMA. *f. (hist. ant.)* Systrema; subdivisão da phalange grega.

SISTREMATARCA. *m. (hist. ant.)* Systrematarca; commandante de uma systrema.

SISTRO. *m. (mus.)* Sistro; especie de pandeiro dos antigos, que consistia em um arco de metal, atravessado de muitos fios ou varinhas, tambem metallicos, com soalhos de latão. *Sistrum, i.*

SISTROFA. *f. (zool.)* Systropha; genero de insectos hymenopteros, da tribu das apinas.

SISTROFO. *m. (zool.)* Systropho; genero de insectos dipteros, da familia dos tanystomos.

SITAESCORIAL. *f. (germ.)* Alcarraza; nome de uns vasos porosos, usados em Hespanha para refrescar a agua de verão.

SITANA. *f. (zool.)* Sitana; genero de reptis saurios, da familia dos iguanidos.

SITARCA. *m. (hist. ant.)* Sitarca; funccionario encarregado da administração dos trigos.

SITAREA. *f. (zool.)* Sitarea *(trigo);* genero de insectos dipteros myodarios, da familia das aciphoreas.

SITARIDE. *m. (zool.)* Sitaride; genero de insectos coleopteros heteromeros, da familia dos stenelytros.

SITARION. *m. (metrol. ant.)* Sitarião; peso usado no Egypto e em parte da Asia. Quarenta e oito sitariões compunham uma drachma.

SITARQUÍA. *f. (hist. ant.)* Sitarchia; entre os gregos, administração dos trigos, cargo proprio do inspector das victualhas.

SITÁRQUICO, CA. *adj.* Sitarchico; que se refere á sitarchia ou é proprio d'este cargo.

SIT-CHANG. *m.* Sit-chang; tribunal estabelecido na China, no anno de 1480, para julgar os crimes de rebellião.

SITEITO. *m. (zool.)* Siteyto ou siteytes; genero de insectos coleopteros tetrameros, da familia dos curculionidos.

SITELA. *f. (zool.)* Sittella; genero de aves trepadeiras, da familia dos passaros.

SITH. *m. (astr.)* Sith; segundo decano de Cancer. O zodiaco rectangular de Denderah, representa-o com cabeça de gavião, adornado de um disco.

SITIADOR. *m.* Sitiador, sitiante; o que sitia, faz cerco a alguma praça ou fortaleza. *Obsidens, entis:* — *adj.* sitiador, sitiante; que sitia.

SITIAL. *m.* Sitial; cadeira ou genuflexorio com seu paramento e almofada, onde as pessoas reaes e prelados se encostam, quando assistem ás funcções publicas nas igrejas. *Sedile, pulvinar magnificè apparatum:* — tamborete; assento sem braços nem encosto, que se usa nos estrados. *Sedile, is.*

SITIAR. *a.* Sitiar, cercar, pôr assedio a alguma praça ou fortaleza. *Urbem obsidere, militibus cingere:* — *(fig.)* sitiar; cercar alguem, tomando-lhe todas as saidas, para o apanhar. *Undequaque cingere:* — *por hambre (fig.);* valer-se da occasião critica ou necessitada de alguem para o obrigar a consentir em alguma cousa. *Necessitate compellere.*

SITIBUNDO, DA. *adj.* Sitibundo, sequioso, ardente. V. *Sediento.*

SITIERO. *m. (p. Cub.)* Habitante ou empregado da deveza ou fazenda chamada *sitio* em Cuba.

SITINO. *m. (zool.)* Sittino; genero de aves trepadeiras da ordem dos passaros.

SITIO. *m.* Sitio; logar, espaço, chão ou parte de terreno que occupa qualquer corpo. *Locus, i:* — sitio; logar ou terreno determinado proprio pela sua qualidade para alguma cousa. *Situs, us:* — sitio; casa de campo ou fazenda de recreio de algum personagem, quasi sempre nas vizinhanças das capitaes. Entre nós é usado n'este sentido, tirado do castelhano, fallando dos reis de Hespanha, onde, referindo-se ao rei, diz-se: *Sitio real,* ou simplesmente *el sitio. Amœnus locus, regia villa:* — *(p. Cub.)* deveza ou fazenda rustica com habitação e demais estabelecimentos, para a creação em commum de gado cavallar, vaccum e suino: — *(mil.)* sitio, assedio; cerco de praça ou fortaleza. *Obsidio, onis.*

SITIOLOJÍA. *f.* Sitiologia; obra escripta sobre os alimentos.

SITIOLÓJICO, CA. *adj.* Sitiologico; que respeita á sitiologia.

SITITA. *f. (min.)* Sitita; nome dado pelos antigos a uma variedade de rubí, de brilho particular, mui estimado entre os latinos.

Sito, ta. *adj.* Sito, situado. V. *Situado:* — *m.* *(ant.)* sitio, logar.

Sitocomo. *m.* *(hist. ant.)* Sitocomo ou edil cereal; magistrado atheniense intendente dos trigos e celleiros publicos.

Sitófago, ga. *adj.* *(zool.)* Sitophago; que se sustenta de trigo.

Sitofilax. *m.* *(hist. ant.)* Sitophylax; magistrado atheniense que vigiava para que nenhum cidadão comprasse mais trigo do que aquelle que lhe era preciso ou permittido pela lei para seu provimento.

Sitófilo. *m.* *(zool.)* Sitophilo *(que gosta de trigo)*; genero de insectos coleopteros tetrameros, da familia dos curculionidos.

Sitonio, nia. *adj.* Sithonio; pertencente a Sithonia, uma das tres peninsulas da Calcidica, entre Pallene e Athos: — *s.* sithonio; o natural ou habitante de Sithonia.

Sitono. *m.* *(hist. ant.)* Sitono; funccionario subalterno de Athenas, encarregado de comprar os trigos que necessitava a cidade: — *(zool.)* sitono; genero de insectos coleopteros pentameros, da familia dos curculionidos.

Situacion. *f.* Situação; disposição de alguma cousa a respeito do logar que occupa. *Situs, us:* — *(fig.)* V. *Situado:* — situação; estado ou constituição das cousas e pessoas. *Rerum status:* — situação; o assentio das casas, da cidade, praça, quinta, etc.

Situado, da. *adj.* Situado, assentado, sito. *Situs, a, um:* — posto, collocado: — *m.* assignação; consignação de fundos, destinação de certa herdade, etc. para algum pagamento; consignação de renda, hypotheca, estabelecimento de pensões sobre certas terras ou rendas, que ficam affectos e hypothecados. *Reditus statutus:* — certa esmola que os povos de Hespanha davam de seus proprios aos conventos de observantes descalços e capuchinhos.

Situar. *a.* Situar; collocar ou pôr alguma cousa em algum sitio ou logar. *Collocare, ponere:* — situar, assentar, edificar: — assignar, consignar, obrigar, hypothecar; fazer a consignação, estabelecer um pagamento ou divida sobre certo fundo. *Reditus statuere:* — *r.* situar-se, pôr-se, collocar-se: — collocar-se, arranjar-se, empregar-se; obter um logar, emprego, etc. *Collocari:* — *los ojos (fr. ant.)*; fixar, cravar os olhos, a vista em alguma pessoa ou cousa.

Siva. *f.* *(myth.)* Siva; terceira pessoa da trindade indostanica, divindade renovadora e modificadora por excellencia, que se apresenta sob as duas phases de destruição e reproducção.

Sivaista. *s.* *(rel.)* Sivaista; adorador de Siva. Dá-se este nome aos individuos de uma seita religiosa do Indostão, que consideram a Siva como o principio unico do universo e o creador da materia.

Sivan. *m.* *(chron.)* Sivan; nome de um mez dos hebreus, terceiro do seu anno sagrado e o nono do seu anno civil.

Sivaterio. *m.* *(zool.)* Sivatherio; genero de mammiferos fosseis, formado para encerrar uma cabeça de ruminante, achada nos terrenos terciarios e que é notavel pela sua fôrma caprichosa.

Sivuelcual. *adj.* *(ant.)* V. *Cualquiera.*

Sivuelcuando. *adv.* *(ant.)* V. *Cuando quiera, Para siempre.*

Sivuelque. *adj.* *(ant.)* Qualquer, um qualquer.

Sizigope. *m.* *(zool.)* Syzygope; genero de insectos coleopteros tetrameros.

Sizijia. *f.* *(astr.)* Syzygia; conjuncção ou opposição de algum planeta com o sol: — *(mith. egyp.)* syzygia; dualidade das emanações segundo as quaes as divindades do Egypto se engendram umas ás outras.

Sizijio. *m.* *(astr.)* V. *Sizijia:* — *(bot.)* syzygio; genero de plantas da familia das myrtaceas.

Skiddaudiano. *adj.* *(zool.)* Skiddaudiano; diz-se de um terreno situado na parte inferior do grupo cambriano, e que é composto de schistos chloritosos e argillosos. Este nome vem de uma montanha de Cumberland, onde se encontrou o typo d'este systema.

Skipe. *m.* *(philol.)* Skipe; lingua da familia indiana e do ramo greco-latino; falla-se na Albania.

Skipetario, ria. *adj.* Skipetario, albanez; pertencente aos albanezes: — *s.* *(hist.)* skipetario; nome indigena dos albanezes. V. *Albanés.*

Skoyciec. *m.* *(metrol.)* Skoyciec; peso da republica de Cracovia; 48 skoyciecs compõem uma libra.

Sloanea. *f.* *(bot.)* Sloanea; genero de plantas da familia das tiliaceas.

Sloka. *m.* *(litt.)* Sloka; estrophe de dois versos em um poema indico.

Slovo. *m.* *(philol.)* Slovo; nome da decima oitava letra do alphabeto slavo: corresponde ao nosso *s.*

Smalah. *f.* Smalah; reunião das tendas de campanha de um chefe arabe poderoso, onde habitam sua familia e os servos, e onde se acham depositadas suas bandeiras, riquezas e equipagens. A smalah acompanha o chefe em todos os seus movimentos, quer elle seja vencedor ou vencido.

Smeathmannia. *f.* *(bot.)* Smeathmannia; genero de plantas da familia das passifloreas.

Smelowskia. *f.* *(bot.)* Smelowskia; genero de plantas da familia das cruciferas.

Smidtia. *f.* *(zool.)* Smidtia; genero de insectos dipteros myodarios.

Smithsonita. *f.* *(min.)* Smithsonita; carbonato de zinco.

S. N. *(chim.)* S. N.; abreviatura da palavra estanho.

So. *prep.* Sob, debaixo. Usa-se com os substantivos *capa, color, pena*, etc., e assim se diz: *So capa de, so color de, so pena de;* sob capa, sob a côr, o pretexto de, sob pena de, etc. *Sub.* Em portuguez tambem antigamente se usava o vocabulo *so* n'este sentido: — so; entra como suffixo em muitas palavras compostas, as mais das vezes como contracção de sob em portuguez, e serve para reter a sua significação, como em *socavar*, socavar, etc.; outras emprega-se para diminuir ou moderar a significação do verbo ou nome que compõe, como em *soasar*, soassar; e em outros casos serve para a augmentar, substituindo-se então em muitos vocabulos portuguezes por sub; *v. g.: Sojugar, sofrenar*, etc.; subjugar, sofrear, etc.: — chó; interjeição que se usa para fazer parar as bestas. Diz-se tambem *cho* e *jo*, em castelhano. *Siste:* — *(pron. poss. ant.)* V. *Su:* — *m. (vulg. ant.)* sô. V. *Señor. De so uno (loc. adv. ant.);* juntamente, do mesmo modo, no mesmo tempo. *Pariter:* de commum accordo.

Soa. *m. (zool.)* V. *Psoa.*

Soaga. *m. (min.)* Soaga; nome dado pelos tibetinos ao borax ou hydroborato de soda que colhem em pequenas redomas, á beira de um lago de aguas thermaes.

Soala. *f. (bot.)* Soala; genero de plantas da familia das clusiaceas.

Soas. *m. (anat.)* V. *Psoas.*

Soasar. *a.* Soassar; assar ligeiramente. *Leviter torrere, assare.*

Soata. *f.* Almoço de uso commum e geral em Palma, cidade da Nova Granada. Compõe-se de maiz e folhas de uyama guisadas.

Soba. *f.* Sovadura, amassadura; acção e effeito de sovar ou amassar. *Subactio, onis:* — *(fig.)* sova, tunda, maçada, piza de pancadas. *Verberatio, onis.*

Sobaco. *m.* Sobaco, axilla; a cava debaixo do braço onde elle se articula ao hombro. *Axila, ala. Cojer a uno el pan bajo el sobaco (fr. fam.);* levar, prender pelo beiço a alguem, domina-lo, captar-lhe a vontade.

Sobadero, ra. *adj.* Que se pôde sovar ou amassar. *Quod subigi agitarive potest.*

Sobado, da. *adj.* Sovado, calcado, bem amassado: — *m.* V. *Sobadura.*

Sobádrar. *n. (germ.)* Suar.

Sobadura. *f.* Sovadura; acção e effeito de sovar. *Subactio, attrectatio.*

Sobajado, da. *adj.* Tocado, manuziado rudemente, amarrotado, amassado.

Sobajadura. *f.* Acção e effeito de manear, amarrotar, amassar. *Subactio, attrectatio.*

Sobajamiento. *m.* V. *Sobajadura.*

Sobajanero. *m. (p. And.)* Criado, moço de quinta ou predio rustico que faz os recados, etc. *Famulus in villis.*

Sobajañí. *f. (germ.)* Alcofa, alcoviteira.

Sobajoñó. *m. (germ.)* Alcofa, alcaiote, alcoviteiro.

Sobajar. *a.* Manear ou pegar e apertar com força, rudemente, entre os dedos, etc., amarrotar. Usa-se tambem como reciproco. *Attrectando corrumpere.*

Sobaquera. *f.* Cava; abertura, côrte que se faz de proposito nos vestidos, na união da manga com o corpo na parte correspondente ao sovaco. *Vestis scissura sub alis. Cojerle a uno las sobaqueras (fr. fam.)* V. *Cojerle el pan bajo el sobaco.*

Sobaquido. *m. (germ.)* Furto que se leva debaixo do braço.

Sobaquina. *f.* Raposinhos; mau cheiro dos sobacos, principalmente quando suam muito. *Hircus, alarum virus.*

Sobar. *a.* Sovar, calcar, amassar; revolver e esmagar repetidamente uma cousa com as mãos para a reduzir a massa branda. *Subigere, manibus premere, depsere:* — sovar; dar uma tunda, pisar com pancadas. *Ictibus, fustibus cædere, verberare, atterere:* — *(fig.)* tratar com demasiada familiaridade a alguem. *Attrectare, tactu premere:* — *la correa (fr. ant.);* padecer algum damno.

Sobarba. *f.* Focinheira; correia da cabeçada do cavallo que passa por cima das ventas. *Corrigia frenum cingens.*

Sobarbada. *f. (fig.)* Batibarba, corrimaça; reprehensão aspera. *Reprehensio aspera:* — V. *Sofion:* — *(art.)* sofreada, sacada; puxão violento que se dá ao cavallo com a redea, á fim de o refrear quando vae inquieto. *Refrenatio; actio subjugandi freno equum.*

Sobarcado, da. *adj.* Sobraçado; posto debaixo do braço.

Sobarcar. *a.* Sobraçar; metter, levar alguma cousa debaixo do braço. *Subfarcinare; brachio sarcinam cingere:* — sobraçar; segurar debaixo do braço a capa traçada, o vestido arregaçado, etc. *Vestem sublevare.*

Sobejanía. *f. (ant.)* Sobejidão, quantidade sobeja, demasia, excesso, superflua abundancia: — extorsão, vexação, exacção violenta.

Sobejano, na. *adj. (ant.)* Sobejo, sobrado, excessivo, demasiado: — *(ant.)* sobejo, excessivo; que excede os limites, fazendo ou commettendo o que não deve: — *(ant.)* vagabundo.

Sobejero, ra. *adj. (ant.)* Sobejo, sobrado, abundante, copioso.

Sobejo, ja. *adj. (ant.)* V. *Sobejano.*

Sobeo. *m. (prov.)* Correia que sujeita o timão do carro ou do arado ao jugo. *Aratri lorum:* — *(fam.)* V. *Soba.*

Soberanamente. *adv. m.* Soberanamente; com soberania, de um modo soberano. *Sublimiter, superbè:* — soberanamente, perfeitamente, excellentemente, excelsamente, em subido grau; diz-se por extensão.

Soberanía. *f.* Soberania; qualidade de ser soberano, e os direitos ou a auctoridade annexos ao soberano: — soberania; superioridade, poderio sobre todos. *Celsitudo, sublimitas, suprema potestas:* — soberania, orgulho, imperiosidade, altiveza. *Superbia, arrogantia.*

Soberanidad. *f.* *(ant.)* V. *Soberanía.*

Soberanísimo, ma. *adj. sup.* de *Soberano.* Soberanissimo. *Potentissimus, altissimus.*

Soberano, na. *adj.* Soberano, supremo, excelso, mui excellente, eminente e singular. *Sublimis, excelsus, supremus:* — *(ant.)* soberano, imperioso, altivo: — soberano, excellente, prestante: — *s.* soberano; pessoa de auctoridade suprema, principe absoluto, independente. *Dynasta, princeps.*

Soberbia. *f.* Soberba, altivez, orgulho; vontade desordenada de ser preferido aos outros. *Superbia, æ:* — soberba, ufania, presumpção, arrogancia, demasiada presumpção e vaidade. *Arrogantia, elatio:* — magnificencia, sumptuosidade pompa excessiva, especialmente em edificios. *Superbia, fastus:* — soberba, arrogancia; colera ou ira expressada com acções ou ditos soberbos e insolentes. *Iræ excessus; iracundia tumens:* — *(ant.)* arrogancia; palavra ou acção injuriosa. *Abajar de la soberbia (fr. ant.);* abater, quebrar a soberba.

Soberbiamente. *adv. m.* Soberbamente, arrogantemente, orgulhosamente, altivamente; com soberba. *Superbè, arroganter:* — soberbamente, magnificamente, pomposamente, sumptuosamente.

Soberbiar. *a.* *(ant.)* Assoberbar; tratar com soberba, arrogancia: — *n.* *(ant.)* V. *Ensoberbecerse.*

Soberbio, bia. *adj.* Soberbo; que tem soberba, ou se deixa dominar por ella. *Superbus, a, um:* — soberbo, altivo, orgulhoso, arrogante, presumido, presumpçoso. *Arrogans, elatus, tumidus:* — *(fig.)* alto, sublime, excelso, eminente; diz-se das cousas inanimadas. *Excelsus, sublimis, eminens:* — soberbo, fogoso; diz-se ordinariamente dos cavallos. *Superbus, animosus:* — soberbo, magnifico, sumptuoso; diz-se dos edificios, etc.

Soberbiosamente. *adv. m.* *(mus.)* Soberbosamente. V. *Soberbiamente.*

Soberbioso, sa. *adj.* Soberboso. V. *Soberbio.*

Soberbísimo, ma. *adj. sup.* de *Soberbio.* Soberbissimo. *Superbissimus, a, um.*

Soberceja. *f.* *(ant.)* V. *Sobreceja.*

Sobernal. *adj.* *(ant.)* V. *Sobrenatural.*

Sobervienta. *f.* *(ant.)* V. *Sobresalto.*

Sobiella. *f.* *(ant.)* V. *Aguja.*

Sobina. *f.* Sovina; cravo, torno de pau. *Subscus, udis.*

Sobir. *a.* e *n.* *(ant.)* Sobir. V. *Subir.*

Sobjeccion. *f.* *(ant.)* V. *Sujecion.*

Sobolewskia *f.* *(bot.)* Sobolewskia; genero de plantas da familia das cruciferas, cuja especie unica é herbacea e cresce no Caucaso.

Sobon, na. *adj.* Maçador; diz-se da pessoa que por excessiva familiaridade, caricias e afagos se torna enfadonha. *Fastidiosè blandiens:* — calacciro; homem ocioso, vadio, que foge ao trabalho. *Nequam, desidiosus.*

Sobonazo. *m.* V. *Sobon,* na segunda accepção.

Sobornacion. *f.* Subornação. V. *Soborno.*

Sobornado, da. *adj.* Subornado, seduzido com suborno: — embuchado; diz-se do pão que se mette entre duas fileiras de outros pães quando vae ao forno, e que por isso fica com outra fôrma por estar apertado. *Panis inter duos alios positus.*

Sobornador, ra. *s.* Subornador; o que suborna, peita. *Muneribus corruptor, sollicitator.*

Sobornal. *adj.* Diz-se de uma sobre-carga ou peso ligeiro que se junta á carga que a besta leva. *Jumenti oneri accendens:* — fardinho, fardo pequeno.

Sobornar. *a.* Subornar; seduzir, corromper com palavras lisonjeiras ou peitas para obrar mal. *Muneribus corrumpere.*

Soborno. *m.* Suborno, subornação; acção e effeito de subornar. *Muneribus subornandi actus:* — suborno, peita; dadiva com que se corrompe ou suborna alguem. *Munus, donum corrumpendo accipienti aptum:* — *(fig.)* cousa attractiva, seductora, que attrahe a si a vontade, que concilia affecto, etc. *Quidquid sollicitat, trahit, aut inclinat.*

Sobra. *f.* Sobejidão; demasia, excesso, quantidade sobeja. *Redundantia, superfluitas:* — sobejidão, atrevimento, insolencia, injuria. *Injuria, offensio:* — *adv.* *(ant.)* V. *Muy:* — *pl.* sobras, sobejos; restos que ficam da comida ao levantar da mesa, e em sentido mais extenso o que sobra ou sobeja de alguma cousa. *Reliquiæ, arum. De sobra (loc. adv.);* de sobra; com excesso, abundantemente, mais do que é necessario. *Redundanter:* — de sobra, por demais, sem necessidade, superfluamente. *Superfluè, non necessariè.*

Sobracería. *f.* *(ant.)* Excesso, desaccato.

Sobracero, ra. *adj.* *(ant.)* Sobrado, sobejo, excessivo: — *(ant.)* amargo, cruel, penoso.

Sobradamente. *adv. m.* Sobejamente, nimiamente, copiosamente, abundantemente. *Copiosè, abundanter, nimis:* — sobejamente, em demasia, de sobejo. *Copiosè, abundanter.*

Sobradar. *a.* Sobradar; construir uma casa com um ou mais sobrados. *Ædes contignare, contignationibus instruere.*

Sobradil. *m.* Tábua, prancha de madeira. V. *Tabla,* n'este sentido.

Sobradillo. *m. dim.* de *Sobrado.* Sobradosinho, entresolho, sotão: — guarda-chuva; especie de alpendre que se põe por cima das janellas ou varandas para resguardo da agua das biqueiras quando chove. *Protectus; protectum.*

Sobradísimo, ma. *adj. sup.* de *Sobrado.* Sobejissimo; mui sobejo. *Nimius valdè.*

Sobrado, da. *adj.* *(ant.)* Sobejo, audaz, atrevido. *Audax, acis:* — licencioso, desregrado. *Effrenus, exlex:* — sobrado, rico, abastado; que tem em abundancia com que passe. *Divitiis affluens:* — *m.* V. *Desvan;* — *(ant.)* sobrado, andar, ordem de casas que estão no mesmo nivel: — zagal; pastor subordinado a outro: — *adv. m.* V. *Sobradamente.*

Sobraja. *f. (ant.)* V. *Sobra, Sobrante:* — *(ant.)* sobejidão, demasia, excesso.

Sobral. *m.* Sobral; mata, bosque de sobreiros.

Sobralia. *f. (bot.)* Sobralia; genero de plantas da familia das orchideas.

Sobramiento. *m. (ant.)* Sobejo, sobras.

Sobrancero, ra. *adj.* Calaceiro, ocioso, desoccupado; diz-se do que não procura trabalho e não tem officio ou occupação determinada. *Supervacaneus, a, um:* — *m. (p. Murc.)* moço, creado que serve no campo por emprestimo, para supprir outro. *Operarius supervacaneus, ut alterius vices gerat.*

Sobrante. *p. a.* de *Sobrar:* — *adj.* sobejo; que sobra. Usa-se tambem como substantivo masculino, significando restos, sobras, remanescente de alguma cousa. *Quod superest, reliquum:* — V. *Sobrado,* na terceira accepção.

Sobranzaría. *f. (ant.)* Sobejidão, excesso, cousa excessiva.

Sobrar. *a. (ant.)* Sobrar, superar; exceder outra cousa em peso, numero, valor ou qualidade: — *n.* sobrar, sobejar; exceder o necessario. *Superesse, abundare:* — ser de mais; diz-se frequentemente fallando das pessoas que se mettem onde não são chamadas ou onde se tornam desnecessarias. *Superesse:* — sobrar, sobejar, restar, ficar de resto. *Superesse, reliquum esse:* — *(ant.)* superar, vencer, triumphar, poder mais. *Ni sobró, ni faltó, ni hubo harto (loc. fam.);* não sobejou, nem faltou; denota que uma cousa foi á justa para o que se precisava. *Nec defuit quod necessarium fuit, nec ultra superfuit.*

Sobrasado, da. *adj.* Diz-se da panella, tacho, etc., a que se chegou mais as brazas, o carvão.

Sobrasar. *a.* Ajuntar as brazas, o carvão para o pé da panella, cafeteira, tacho, etc., para cozer ou ferver mais depressa o que está dentro. *Prunas supponere, subjicere.*

Sobrazado, da. *adj. (ant.)* V. *Embrazado,* posto no braço.

Sobrazano, na. *adj. (ant.)* Grande, excessivo.

Sobrazar. *a. (ant.)* Sobraçar; metter, levar, guardar debaixo do braço.

Sobre. *(prep.)* Sobre. V. *Encima:* — sobre, ácerca. V. *Acerca de:* — sobre, alem de. V. *Además de:* — cerca, perto, proximamente, pouco mais ou menos; como: *tengo sobre cien reales;* tenho pouco mais ou menos uns cem reales, etc. Em castelhano n'esta accepção vale por *cerca, poco mas ó menos. Plus minusve:* — sobre, por cima; superior a uma cousa, dominando-a, proximo d'ella mas mais elevado. *Supra:* — sobre; com dominio e superioridade. *Super:* — sobre; serve para a composição de nomes e verbos correspondendo ao *super* latino, e ou augmenta a significação, ou lhe ajunta a sua ao nome ou verbo que compõe; como *sobreponer, sobrecargar, sobrecojer, etc.;* sobrepor, sobrecarregar, surprehender, etc.: — usa-se algumas vezes por *a, hacia. Adversus:* — sobre; serve para denotar uma propriedade, fazenda, etc., cuja renda está consignada ou hypothecada, e n'este caso diz-se: *un censo sobre tal casa;* um censo sobre tal casa, etc.: *Super:* — sobre, depois de; v. g.: *sobre comida, sobre siesta, etc.;* sobre a comida ou sobre o jantar, sobre a sesta, etc. *Post:* — *(ant.)* V. *Contra:* — *adv. (ant.)* V. *Muy:* — *m.* V. *Sobrescrito:* — *manera (loc. adv.);* sobremaneira, excessivamente, alem da justa medida. V. *Escesivamente. Supra modum, valdè, admodum:* — *sí (loc. adv.);* com attenção, cautela ou cuidado. *Intento animo:* — com inteireza e altivez: sobre si; sem dependencia, com isenção, separado de outrem. *Singulatim, seorsum:* — antigamente usava-se para denotar a confiança com que se aconselhava alguma cousa; como: *sobri mi sino lo consigues por este medio;* isto é, eu afianço em como o consegues. *Estar sobre una plaza (fr.)* V. *Plaza. Ir sobre alguno (fr.);* ir sobre alguem; segui-lo de perto, ir no seu alcance para o prender ou fazer-lhe mal. *Insequi, jamjam assequi. Tomar sobre sí algun negocio (fr.);* tomar sobre si algum negocio; encarregar-se d'elle, afiança-lo, fazer-se responsavel do seu desempenho. *Liberè, licenter.*

Sobreabondado, da. *adj. (ant.)* Sobreabundante. V. *Superabundante.*

Sobreabundancia. *f.* Superabundancia; excesso, abundancia excessiva. *Redundantia, affluentia nimia.*

Sobreabundante. *p. a.* Sobreabundante, superabundante; que superabunda. *Superabundans, antis.*

Sobreabundantemente. *adv. m.* Sobreabundantemente, superabundantemente; com superabundancia. *Satis abundè; affatim.*

Sobreabundar. *n.* Sobreabundar, superabundar; mais que abundar, exceder o necessario, abundar muito. *Superabundare.*

Sobreaguar. *a.* Andar ou estar sobre a agua. Usa-se tambem como reciproco. *Supernatare.*

Sobreagudo, da. *adj. (mus.)* Sobreagudo, muito agudo; diz-se da voz ou tono mais alto que o agudo. *Acutior sonus:* — sobreaguda; diz-se de cada uma das sete notas da musica, pequenas e duplicadas. *Nota quædam musica.*

Sobrealiento. *m.* Anhelito; alento, respiração difficil. *Anhelitus, anhelatio.*

Sobrealzar. *a.* Sobreerguer; alçar, erguer, levantar ou elevar a maior altura uma cousa. Usa-se tambem como reciproco. *Extollere, super aliud tollere:* — levantar; fazer crescer o preço de uma mercadoria que já se vendia muito cara.

SOBRE-ANTIMONIATO. *m. (chim.)* Sobre-antimoniato; antimoniato com excesso de acido.

SOBREAÑADIDURA. *f.* Acção e effeito de acrescentar mais o que já se tinha augmentado.

SOBREAÑADIR. *a.* Acrescentar mais, augmentar com excesso o que estava já augmentado.

SOBREAÑAL. *adj.* Que tem mais de um anno; diz-se de alguns animaes. *Animal anniculo majus, binoque inferius.*

SOBREARCO. *m. (arch.)* Sobrearco, verga de porta.

SOBREARSENIATO. *m. (chim.)* Sobrearseniato; arseniato em que o acido existe em quantidade uma e meia vezes maior que no neutro.

SOBREASADA. *f.* Especie de salchichão que se faz nas ilhas Baleares, e que se come assado. *Tomaculum, i.*

SOBREASAR. *a.* Tornar a assar, a pôr ao lume o que já está assado ou cozido para que se toste. *Iterum assare.*

SOBREBÁSICO, CA. *adj. (chim.)* Sobrebasico; diz-se do sal que tem excesso de base.

SOBREBOSO, SA. *adj.* Soberboso. V. *Soberbio.*

SOBRECALZA. *f. (ant.)* V. *Polaina.*

SOBRECAMA. *f.* Colcha, coberta de cama. *Supernum tegmen tecti.*

SOBRECÁNON. *m. (for.)* Primeira renda dominical que se impõe a uma herdade sobre o censo.

SOBRECARBONATO. *m. (chim.)* Sobrecarbonato; carbonato em que o acido entra em quantidade vez e meia ou duas vezes maior que no neutro.

SOBRECARGA. *f.* Sobrecarga; a carga de mais, posta sobre a carga regular de uma besta. *Oneris additamentum accessio, superpondium:* — sobrecarga; corda que se passa por cima da carga para a segurar. *Restis sarcinam supercingens:* — *(fig.)* sobrecarga; cousa que aggrava o incommodo, pena ou paixão que já se sentia. *Additamentum, accessio.*

SOBRECARGAR. *a.* Sobrecarregar; carregar com peso ou carga excessiva. *Onus nimium imponere:* — sobrecoser a costura; usa-se entre costureiras e alfaiates. *Nova sutura assuere.*

SOBRECARGO. *m. (naut.)* Sobrecarga; individuo que véla sobre a carga do navio e é responsavel por ella, feitor da negociação do navio. *Mercium in navibus curator.*

SOBRECARTA. *f.* Sobrescripto, capa, coberta da carta. *Epistolæ papyraccum tegmen:* — segunda carta, ordem ou aviso que os tribunaes dão ácerca de uma cousa, quando por qualquer motivo não se cumpriu o que mandava o primeiro. *Senatusconsultum, diploma iteratum.*

SOBRECARTAR. *a.* Repetir uma ordem ou aviso para que se execute o primeiro. *Senatusconsultum diploma iterare.*

SOBRECEBADERA. *f. (naut.)* Sobrecevadeira; véla pequena e quadrada que fica sobre a cevadeira. *Velum navis quadratum.*

SOBRECEDER. *a. (ant.)* V. *Esceder.*

SOBRECÉDULA. *f.* Segunda cedula que se expede para a observancia e cumprimento do prescripto na primeira. *Regium diploma secundum, prioris alterius observantiam injungens.*

SOBRECEJA. *f.* Sobr'olho, parte da testa immediata ás sobrancelhas. *Supercilium, ii.*

SOBRECEJO. *m. (fam.)* Sobrecenho. V. *Ceño. De sobrecejo (loc. adv.);* de sobrecenho, de carranca, com semblante severo. *Traer sobrecejo (fr.);* trazer carranca, andar carrancudo, mostrar aspecto soberbo, presumpçoso, estar triste.

SOBRECEÑO. *m.* Sobrecenho, cenho, semblante muito carrancudo. *Triste iratumque supercilium.*

SOBRECERCO. *m.* Circulo adaptado sobre outro para o reforçar. *Circulus alteri circulo superimpositus.*

SOBRECINCHA. *f.* Sobresilha; segunda silha que se põe para segurar a manta ou cobrejão ou os cinchos da sella. *Amplior ephippii cinctus.*

SOBRECINCHO. *m.* V. *Sobrecincha.*

SOBRECLAUSTRO. *m.* Sobreclaustro; claustro superior, ou peça, habitação que fica por cima do claustro. *Supra claustrum contignatio, habitaculum.*

SOBRECOGEDOR. *m. (ant.)* V. *Sobrecojedor.*

SOBRECOGER. *a.* V. *Sobrecojer.*

SOBRECOJEDOR. *m. (ant.)* V. *Recaudador.*

SOBRECOJER. *a.* Surprehender ou surprender; tomar de improviso. Usa-se physica e moralmente fallando. *Improvisum aliquem occupare, deprehendere:* — surprehender, assustar; infundir medo, pavor — *r.* assustar-se, intimidar-se; ficar surprehendido, tomado de susto.

SOBRECOMIDA. *f.* V. *Postre.*

SOBRECOPA. *f.* Tampa de calice ou taça. *Calicis operculum.*

SOBRECRECER. *n.* Sobrecrescer; crescer por cima, sobre outra cousa. *Supercrescere.*

SOBRECROMATO. *m. (chim.)* Sobrechromato; chromato que contém duas vezes tanto acido como o sal neutro correspondente.

SOBRECRUZES. *m. pl.* Quatro raios em cruz dos engenhos hydraulicos, que estão sobre outros quatro chamados cruzes, para a formação e segurança da roda. *Anthliæ pali quatuor, aliis decussatim superpositi.*

SOBRECRUZETAS. *f. pl. (naut.)* Sobrecruzetas; segundas cruzetas dos mastros de joanete, sobre a encapelladura das suas respectivas enxarcias, para n'ellas atesar as dos sobrejoanetes.

SOBRECUBIERTA. *f.* Segunda coberta, ou cobertura posta sobre outra, para tapar ou resguardar melhor uma cousa. *Secundum tegmen.*

SOBRECUELLO. *m.* V. *Collarin.*

SOBRECÚTIS. *m.* Primeira pelle ou casca.

SOBREDESMERO. *m.* Adjunto, ajudante que acompanha o cobrador das decimas, para a cobrança se fazer com a maior exactidão e rigor. *Decimarum receptori adjunctus.*

SOBREDICHO, CHA. *adj.* Sobredito, referido, dito, mencionado antes, acima. *Supradictus, a, um.*

SOBREDIENTE. *m.* Sobredente; dente cavalgado sobre outro. *Dens supra alios prominens.*

SOBREDORAR. *a.* Sobredourar; dourar os metaes ou qualquer outra cousa. *Deaurare:* — *(fig.)* dourar, adoçar; desculpar, disfarçar com termos apparentes ou sophisticos alguma acção ou dito mal expressado ou reprehensivel. *Deaurare.*

SOBREEDIFICAR. *a.* Edificar, construir sobre alguma cousa. *Supra aliquid ædificare.*

SOBREEMPEINE. *m.* Parte inferior das polainas, que cáe sobre o pé. *Tibialis pannei inferior pars pedem attingens.*

SOBREENTENDER. *a.* V. *Sobrentender.*

SOBREESEDER. *a.* V. *Sobresceder.*

SOBREESCOTE. *m.* Porção que passa da quantia que tencionavam gastar os que fazem alguma cousa a escote.

SOBREFAZ. *f.* Sobreface, superficie; parte ou face exterior das cousas. *Superficies:* — *(mil.)* sobreface; distancia entre o angulo exterior do baluarte e o flanco prolongado. *Distancia ab angulo propugnaculi in ejus latus porrectum.*

SOBRE-FLUORURO. *m.* *(chim.)* Sobrefluorureto; composto, formado pela combinação de um fluorureto com o hydrofluorico.

SOBRE-FOSFATO. *m.* *(chim.)* Sobrephosphato; phosphato que encerra dupla quantidade de acido que o do sal neutro.

SOBREGONEL. *m.* *(ant.)* Especie de sobretudo.

SOBREGUARDA. *m.* Sobreguarda; novo guarda acrescentado aos outros para mais segurança. *Custodi adjectus:* — chefe dos guardas.

SOBREHAZ. *f.* V. *Sobrefaz:* — cobertura, capa, coberta de qualquer cousa.

SOBREHUESO. *m.* Sobreosso, exostose; tumor duro formado sobre os ossos, e que é mui doloroso. *Tumor ossi imminens:* — *(veter.)* sobreosso; exostose ou tumor osseo que se forma sobre a canna dos membros do cavallo. Tambem se lhe chama sobrecanna: — *(fig.)* sobreosso; cousa que incommoda, molesta, serve de embaraço. *Superpondium, impedimentum.*

SOBREHUMANO, NA. *adj.* Sobrehumano; superior ás forças e faculdades humanas. *Humanum excedens, plusquam humanus.*

SOBREJALMA. *f.* Enxalmos, manta ou cobertor que se põe sobre a albarda. *Tragulum dorsuale clitellæ superimpositum.*

SOBREJUEZ. *m.* *(ant.)* Sobrejuiz; magistrado superior, em Portugal e Hespanha, a quem se recorria dos juizes inferiores.

SOBRELABRAR. *a.* Adornar de novos lavores um estofo lavrado.

SOBRELECHO. *m.* *(ant.)* Colcha, coberta da cama: — *(arch.)* superficie inferior da pedra que descansa sobre o leito da que fica por baixo. *Quadrati lapidis inferior superficies.*

SOBRELEVANTAR. *a.* Levantar uma cousa sobre outra.

SOBRELLAVE. *f.* Chave dobrada de uma porta. *Secunda clavis, qua tutior prima sit:* — *m.* official do paço que tem segunda chave para evitar que se abra alguma casa ou dependencia sem o seu consentimento. *Munus in regia domo clavem secundam servantis:* — *(naut.)* guarda de armazem, ou encarregado da chave e segurança do deposito da carga e demais effeitos de uma presa.

SOBRELLENAR. *a.* Encher de mais uma cousa, até trasbordar.

SOBRELLENO, NA. *adj.* Muito cheio, que trasborda, deita por fóra. *Mensuram excedens.*

SOBRELLEVAR. *a.* Alliviar; ajudar alguem, levando ás costas ou de outra fórma o peso ou carga que elle deveria conduzir. *Alterius onus levare:* — moderar o trabalho, dado pouco a pouco a uma pessoa, para a não sobrecarregar, e ser em harmonia com as suas forças. *Onus, sarcinam moderari:* — relevar; desculpar alguns defeitos ou descuidos de um inferior ou subordinado. *Tolerare:* — *(fig.)* ajudar a soffrer os trabalhos ou incommodos da vida. *Alicui in perferendis ærumnis opem ferre:* — *(fig.)* supportar; soffrer com paciencia os trabalhos e contratempos.

SOBREMALLERO. *m.* *(art.)* Uma das quatro especies de redes com que se pesca a sardinha nas costas da Cantabria.

SOBREMANERA. *adv.* Sobremaneira, sobremodo, excessivamente, com excesso. *Supra modum.*

SOBREMANO. *f.* *(veter.)* Sobremão; tumor osseo que se forma sobre a corôa do casco da besta, na parte dianteira e inferior das quartellas dos membros anteriores. *Osseus tumor animalium ungulæ imminens.*

SOBREMESA. *f.* Tapis, cobertura de mesa por ornato, decencia, e accio. *Mensæ tegmentum:* — sobremesa. V. *Sobrecomida. De sobremesa (loc. adv.);* á sobremesa, no fim do jantar. *Illico post prandium.*

SOBREMESANA. *f.* *(naut.)* Sobremesena; véla do mastro de mesena. *Quadratum navis velum supra epidromum:* — sobremesena; verga em que se enverga a véla acima dita.

SOBREMOSTO. *m.* Mosto que se tira da cuba, antes de espremer a uva e de fermentar.

SOBREMUÑONERA. *f.* *(mil.)* Sobremunhoneira; cada uma das peças de ferro que atravessam sobre as munhoneiras dos canhões, para segurar os munhões dentro d'ellas. *Arcus ferreus adstrictorius in tormentis bellicis.*

SOBRENADAR. *n.* Sobrenadar;

nadar por cima, ao de cima, suster-se uma cousa em cima da agua ou de outro liquido, sem ir ao fundo. *Supernatare.*

SOBRENATURAL. *adj.* Sobrenatural; que excede ou parece exceder as forças da natureza. *Præternaturalis; naturæ viris excedens:* — sobrenatural, maravilhoso, extraordinario.

SOBRENATURALMENTE. *adv. m.* Sobrenaturalmente; de um modo sobrenatural. *Supra naturam.*

SOBRENOMBRE. *m.* Sobrenome; appellido ou alcunha que se ajunta ao nome do baptismo. *Cognomen, cognomentum:* — alcunha, apodo, sobrenome burlesco, nome ridiculo e algumas vezes injurioso que se dá a alguem, allusivo a algum defeito physico ou moral, ou por comparação irrisoria. *Cognomen, nata occasione, impositum.*

SOBRENTENDER. *a.* Sobentender; supprir com o entendimento, palavra ou cousa que se não exprime. Usa-se tambem como reciproco. *Aliquid non expressum intelligere.*

SOBRE-OLEATO. *m. (chim.)* Sobreoleato; oleato com excesso de acido.

SOBRE-OXALATO. *m. (chim.)* Sobre-oxalato; oxalato em que entra dobrada quantidade de acido mais que no neutro.

SOBREÓXIDO. *m. (chim.)* Sobreoxydo; oxydo que contém demasiado oxygenio para poder unir-se com os acidos.

SOBREOXIJENACION. *f. (chim.)* Sobreoxygenação; oxygenação no mais subido grau.

SOBREPAGA. *f.* Augmento de paga. *Mercedis accretio.*

SOBREPAÑO. *m.* Panno sobreposto a outro. *Pannis alii superpositus.*

SOBREPARTO. *m.* Tempo sobreparto, que immediatamente se segue depois de parir. *Tempus post partum:* — sobre parto; estado delicado de saude, que se segue logo ao parto.

SOBREPELLIZ. *f.* Sobrepelliz; vestidura ecclesiastica branca, com mangas perdidas ou muito largas, que se enfia pelo pescoço, e cobre em roda o corpo até abaixo da cintura. *Superpelliceum.*

SOBREPESO. *m.* Sobrepeso, sobrecarga, peso excessivo. V. *Sobrecarga.*

SOBREPIÉ. *m. (veter.)* Sobrepé; o mesmo que a sobremão, só com a differença de se manifestar nos membros posteriores. *Osseus tumor ungulæ animalium imminens.*

SOBREPONER. *a.* Sobrepor; pôr em cima ou por cima de outra cousa. *Superponere:* — sobrepor; dobrar por cima: — *r.* sobreelevar-se; fazer-se, tornar-se superior ás adversidades, ou aos obstaculos que offerece algum negocio.

SOBREPUERTA. *f.* Galeria; especie de armação de pau, collocada sobre as portas interiores dos aposentos, da qual pendem as cortinas. *Lignarium opus januis superfixum, ex quo vela pendent:* — sanefa ou pequena cortina que se põe sobre as portas. *Parvum velum januis superadstans:* — geralmente diz-se de qualquer pintura, estofo, talha, etc., que se põe por adorno sobre as portas. *Ornatus januis superimpositus.*

SOBREPUESTO, TA. *p. p. irreg.* de *Sobreponer.* Sobreposto; posto em cima de outro: — *m.* cousa sobreposta, que se põe por sobre outra: — panal ou favo de mel feito depois do cortiço estar cheio, e que fica sobreposto aos mais. *Favus ultimò elaboratus:* — vaso de barro, ou cesto de vime, que se põe de bôca para baixo sobre os cortiços, dentro do qual trabalham as abelhas. *Vas fictile sive vimineum apum albeo superimpositum. Bordar de sobrepuesto (fr.);* bordar de sobreposto; formar as figuras sobre panno, tela ou cousa similhante, e cortando-as sem que se descubra o fundo, cosem-se e seguram-se sobre o campo do estofo. *Telam floribus figurisque pingere, variare:* — *(hist. nat.)* sobreposto; dá-se este nome a todos os corpos compostos de partes collocadas umas sobre as outras, de maneira que a extremidade de uma se acha coberta pela base da que a segue, e assim successivamente.

SOBREPUGANT. *adj. (ant.)* Sobrepujante, poderoso.

SOBREPUJAMIENTO. *m.* Sobrepujamento, excesso; acção e effeito de sobrepujar.

SOBREPUJANTE. *adj.* Sobrepujante; que sobrepuja, excede. *Superans, antis.*

SOBREPUJANZA. *f. (ant.)* Sobrepujança, excesso, grande superioridade, pujança excessiva.

SOBREPUJANTE. *adj. (ant.)* Sobrepujante.

SOBREPUJAR. *a.* Sobrepujar; exceder em altura, som, força, virtude, talento, etc. *Excedere, supereminere, superare.*

SOBREQUILLA. *f. (naut.)* Sobrequilha; peça grossa, composta de outras, que corre da pôpa á prôa sobre as cavernas, e corresponde á quilha. *Crassius lignum intra navim à prora ad puppim contingens.*

SOBREROAS. *f. (naut.)* Golfinho.

SOBRERONDA. *f.* Sobreronda. V. *Contraronda.*

SOBREROPA. *f.* V. *Sobretodo.*

SOBRE-SAL. *f. (chim.)* V. *Salácida.*

SOBRESALARIO. *m.* Augmento de salario, o que se ajunta ao salario.

SOBRESALIENTE. *m.* Sobresalente; qualquer official, chefe ou tropa que está prompta para marchar quando seja preciso. *Paratus dux, parata cohors:* — *(fig.)* sobresalente; pessoa destinada a supprir a falta ou ausencia de outra, como nos papeis de comedia, etc. N'este ultimo caso usa-se tambem na terminação feminina. *Designatus ad alterius vices gerendas:* — *(ant.)* homem que servia a bordo dos navios de guerra para os defender nas abordagens, sem ter o officio de marinheiro: — *adj.* sobreexcellente, de superior excellencia. *Eminens, præstans, excellens.*

Sobresalir. *n.* Sobresaír, exceder, avantajar-se, singularisar-se. *Eminere, præstare:* —sobresaír, resaltar. V. *Resaltar*, na terceira accepção.

Sobresaltadamente. *adv. m.* Sobresaltadamente; com sobresalto.

Sobresaltar. *a.* Sobresaltar, sobresaltear; tomar de improviso, accommetter de repente. *Ex improviso irruere in aliquem, incautum excipere:* — sobresaltar, assustar, causar susto, espaventar. Usa-se tambem como reciproco. *Subitò terrere:* — *r.* sobresaír, ter realce, saltar aos olhos; diz-se especialmente das pinturas, quando as figuras parecem que sáem da tela. *Oculos ferire.*

Sobresalto. *m.* Sobresalto; sensação que provém de um acontecimento repentino e imprevisto. *Commotio, perturbatio ex subito casu:* — sobresalto; temor, susto repentino, enleio, pavor causado por cousa que sobresalta. *Repentinus motus, formido. De sobresalto (loc. adv.);* de sobresalto, de improviso, subitamente, impensadamente. *Improvisè, inesperatè.*

Sobresanadamente. *adv. m. (ant.)* Occultamente, dissimuladamente, disfarçadamente.

Sobresanar. *a.* Sobresarar; sarar superficialmente uma ferida, etc. *Fictè, simulatè, non reapse sanare:* — *(fig.)* affectar, disfarçar, dissimular com alguma cousa superficial alguma acção ou defeito. *Dissimulare.*

Sobresano. *adv. m.* Superficialmente, em apparencia, por meio de cura falsa ou superficial. *Fictâ, simulatâ curatione:* — *(fig.)* affectada, fingida, dissimuladamente. *Fictè, simulatè:* — *m. (naut.)* forra; precinta de lona, com que se reforça de alto a baixo a véla grande.

Sobresaturado. *adj. (chim.)* Sobresaturado; diz-se de um sal neutro, em que a base se acha em excesso.

Sobreescender. *a.* Sobreexceder, soprepujar, exceder, avantajar-se. *Longè superare, antecellere.*

Sobreescitacion. *f.* Sobreexcitação; augmento de excitação ou de acção vital de um tecido, de um orgão.

Sobreescitar. *a.* Sobreexcitar; excitar em excesso, causar ou produzir uma sobreexcitação.

Sobrescribir. *a.* Sobscrever ou subscrever: — escrever ou pôr um letreiro sobre alguma cousa. É mais usado no sentido de pôr subescripto em uma carta, escrevendo-lhe o nome, titulo e morada da pessoa a quem é dirigida. *Superscribere.*

Sobrescrito. *m.* Sobrescripto; letreiro, indicação que se põe sobre a capa das cartas. *Superscriptio, onis:* — *(fig.)* sobrescripto; physionomia, aspecto de qualquer cousa.

Sobreseer. *n.* Sobreser, sobreestar, suspender, descontinuar, desistir da pretensão ou empenho que se tinha. *Supersedere:* — sobreestar, parar, não proseguir, cessar, não ir por diante. Usa-se mais no fôro. *Supersedere, cessare.*

Sobreseguro. *adv. m.* Com toda a segurança, seguramente, sem risco, sem perigo. *Ex tuto, securè.*

Sobreseimiento. *m.* Sobressimento, parada, descontinuação, interrupção, suspensão. *Supersedendi actus.*

Sobresello. *m.* Contrasêllo; segundo sêllo que se põe para maior firmeza e auctoridade. *Sigillum alio sigillo superpositum.*

Sobresilicato. *m. (chim.)* Sobresilicato; silicato em que a quantidade de acido é uma e meia ou duas vezes maior que no neutro.

Sobresembrar. *a.* Sobresemear; tornar a semear, semear sobre o terreno já semeado: — *(fig.)* semear e introduzir novas doutrinas ou discordias, etc. *Interserere, superseminare.*

Sobreseñal. *m.* Sobresignal; signal exterior, distinctivo ou divisa que os cavalleiros antigos traziam arbitrariamente. *Insigne.*

Sobreseñar. *a. (ant.)* V. *Señalar.*

Sobresolar. *a.* Sobresolar; cozer uma sola nova nos sapatos sobre as outras que estão gastas ou rotas. *Novam soleam calceis superassuere:* — sobre solhar; deitar segundo solho sobre o já feito. *Pavimentum pavimento superimponere.*

Sobrestadía. *f. (naut.* e *comm.)* Demora causada por algum accidente ou motivo forte. Usa-se mais no plural.

Sobrestante. *adj. (ant.)* Eminente, imminente; muito proximo ou que está sobre ou em cima. *Superstans, imminens:* — *m.* sobrestante, olheiro, apontador, vigia dos trabalhadores. *Præpositus operi; operariorum præfectus:* — *de coches;* empregado das estrebarias reaes encarregado dos coches do serviço do rei. *Regiarum rhedarum curam gerens:* — *mayor de las obras;* mestre de obras.

Sobrestaría. *f. (naut.* e *comm.)* V. *Sobrestadía.*

Sobresueldo. *m.* Estipendio ou consignação que se dá alem do estipulado. *Superadditum stipendium.*

Sobresuelo. *m.* Sobresôlho, segundo solho que se colloca ou põe sobre o primeiro ou principal. *Superpositum pavimentum.*

Sobresulfato. *m. (chim.)* Sobresulfato ou sobresulphato; sulphato que contém dupla quantidade de acido da do neutro.

Sobretarde. *f.* Sol posto, tardinha, o caír da tarde, parte do dia proximo ao anoitecer. *Sub vesperum.*

Sobretejer. *a.* Tecer á broca, recamar tecendo, fazer um brocado de seda, oiro ou prata.

Sobretercero. *m. (prov.)* Encarregado, em alguns logares de Hespanha, de dar conta dos dizimos, e conservar em seu poder uma chave da tercena ou deposito onde se guardam. *Decimarum præceptori adjectus.*

Sobretodo. *m.* Sobretudo, casacão, casaco; vestidura larga e comprida com mangas, aberta por diante. *Manicata toga.*

Sobreveedor. *m.* Fiscal dos vedores. *Inspectorum præfectus.*

Sobrevela. *f. (ant. mil.)* Segunda sentinella.

Sobrevenida. *f.* Sobreventa; vinda inopinada, imprevista. *Superventus, us.*

Sobrevenir. *n.* Sobrevir; vir, occorrer, succeder, acontecer, logo depois de outro successo. *Supervenire:* — sobrevir; vir, chegar inopinadamente, de repente. *Supervenire:* — vir no tempo, na occasião de. *Supervenire.*

Sobreventa. *f. (ant.)* Sobrevento. V. *Arrebato.*

Sobreventar, Sobreventear. *n. (ant. naut.)* V. *Barloventear.*

Sobreverterse. *r.* Derramar-se, escoar-se, verter-se com abundancia. *Redundare, superfluere.*

Sobrevesta. *f. (ant.)* Sobreveste; casaco, casacão ou vestidura que se trazia por cima de outra. *Superna palla.*

Sobreveste. *f. (ant.)* V. *Sobrevesta.*

Sobrevestir. *a.* Sobrevestir; vestir por cima de outro vestido. Tambem se usa como reciproco. *Vestem super vestem induere.*

Sobrevidriera. *f.* Reticulo de arame do tamanho das janellas, que se põe principalmente para resguardar os vidros. *Reticulum æreum ad fenestram vitream conservandam:* — segunda vidraça que se põe para maior abrigo.

Sobrevienta. *f. (ant.)* Ventania; vento forte e impetuoso: — *(ant.)* impeto, furia: — *(ant. fig.)* successo, caso repentino: — *(ant. fig.)* sobrevento, sobresalto, consternação; cousa que sobrevem e altera, assusta, inquieta. *A sobrevienta (loc. adv. ant.);* de repente, de improviso, inopinadamente.

Sobreviento. *m. (ant. naut.)* V. *Barlovento:* — pé de vento, furacão ou augmento de intensidade do que existia. *Estar ó ponerse a sobreviento (fr. naut.);* pôr-se á trinca.

Sobrevista. *f.* Sobrevista; barra semilunar de ferro que se une á borda que fazem os murriões no ôco que corresponde ao rosto. *Quædam pars cassidis.*

Sobrevivir. *n.* Sobreviver; viver mais que outrem, viver depois de morrer outra pessoa. *Superstitem esse; supervivere.*

Sobrexceder. *a.* V. *Sobresceder.*

Sobreyugo. *m. (naut.)* V. *Contrayugo.*

Sobriamente. *adv. m.* Sobriamente; com sobriedade, de maneira sobria. *Sobriè:* — sobriamente, moderadamente, temperadamente: — sobriamente, frugalmente.

Sobriedad. *f.* Sobriedade; qualidade de sobrio. *Sobrietas, atis:* — sobriedade, temperança, principalmente no comer e beber. *Sobrietas, atis:* — sobriedade, moderação: — *(med.)* sobriedade, frugalidade, temperança.

Sobrinazgo. *m.* Parentesco de sobrinho: — V. *Nepotismo.*

Sobrinito, ta. *adj. dim.* de *Sobrino.* Sobrinhinho; sobrinho ainda creança.

Sobrino, na. *adj.* Sobrinho, sobrinha; filho ou filha do irmão ou da irmã. *Nepos, nepotis:* — *(hist.)* sobrinho; titulo que os imperadores de Allemanha davam aos eleitores seculares do imperio.

Sobrio, bria. *adj.* Sobrio, parco, frugal; moderado no comer, no beber e em outros appetites. *Sobrius, a, um.*

Sobrir. *a. (ant.)* V. *Sufrir:* — V. *Permitir.*

Sobstener. *a. (ant.)* Sustentar, manter.

Sobtilizar. *a.* e *n. (ant.)* V. *Sutilizar.*

Sobyecto, ta. *adj. (ant.)* V. *Sujeto, Súbdito.*

Soca. *f. (p. A. Mer.)* Soca; a canna de assucar que brota depois do primeiro córte e dá segunda novidade: — *adj. (fam.)* sonso, dissimulado, astuto e fino com apparencia de simplicidade.

Socabar. *n. (germ.)* Habitar.

Socaire. *m. (naut.)* Lado do navio por onde a véla expelle o vento. *Navis pars per quam velum ventum expellit. Estar ó ponerse al socaire (fr. naut.);* fazer-se ronceiro, preguiçoso o marinheiro, conservando-se na maca sem lhe importar o serviço. Por extensão diz-se de qualquer que se esquiva ao trabalho. *Nautæ dormitantis oscitantia segnities.*

Socaliña. *f.* Estafa; engano, furto feito artificiosamente, ardil, manha, pretexto bem imaginado para tirar dinheiro ou alguma outra cousa. *Sagax, subdola exactio.*

Socaliñar. *a.* Estafar; tirar, obter, furtar com destreza, manha e artificio. *Solerter, sagaciter extorquere.*

Socaliñero, ra. *s.* Estafador; o que usa artificios e tretas para haver ou tirar alguma cousa. *Subdolus, sollers, versutus exactor.*

Socalzar. *a.* Reforçar pela parte inferior um edificio ou muro que ameaça ruina. *Ruinosam parietem imâ parte fulcire.*

Socamarero. *m.* Segundo camareiro ou camarista.

Socapa. *f.* Socapa; com capa, côr, pretexto, rasão apparente. *Prætextus, species. A socapa (loc. adv.);* á socapa, á surdina, dissimuladamente, pela calada, com cautela, furtivamente. *Cautè, simulatè.*

Socapiscol. *m.* V. *Sochantre.*

Socarra. *f.* Chamusco; queima leve ou superficial de cousa que se passa pelo fogo. *Ambustio; onis:* —V. *Socarronería.*

Socarrar. *a.* Chamuscar; passar alguma cousa pelo fogo, queimar levemente. *Amburere:* — *(ant.)* tostar, queimar.

Socarren. *m.* Sacada, beira, aba do telhado. *Subgrunda, æ.*

Socarrena. *f.* Concavidade, espaço ôco, intervallo, cavidade formada pelo vazio de todo o corpo individual. *Subcavum, interstitium:*—*(ant.)* pardieiro, casebre, barraca;

casa humilde, pequena e má.

Socarrina. *f. (fam.)* V. *Chamusquina.*

Socarron, na. *adj.* Socarrão, sonso, velhaco, astuto, dissimulado. *Callidus, versutus.*

Socarronamente. *adv. m.* Velhacamente, dissimuladamente, astuciosamente. *Callidè, versutè.*

Socarronazo, za. *adj. augm.* de *Socarron.* Grande socarrão, mui velhaco.

Socarronería. *f.* Velhacaria, astucia e dissimulação; caracter, qualidade de socarrão. *Calliditas, astutia, sagacitas.*

Socarronísimo, ma. *adj. sup.* de *Socarron.* Velhaquissimo, mui socarrão. *Callidissimus, astu prævalens.*

Socava. *f.* Socava; cava subterranea por baixo de monte ou em profundeza, acção e effeito de socavar. *Suffossio, ablaqueatio:* — caldeira; cova que se faz em roda de uma arvore para conter agua que a regue. *Fossa, fovea.*

Socavacion. *f.* V. *Socava.*

Socavar. *a.* Socavar; cavar por baixo. *Suffodere, ablaqueare.*

Socavon. *m. (min.)* Socavão; socava grande ou mui profunda que se faz em monte ou collina, para tirar areia, pedra ou agua e metaes das minas. *Caverna, cavea.*

Sociabilidad. *f.* Sociabilidade; qualidade de ser sociavel, propensão, inclinação das pessoas, e tambem dos animaes ao trato e communicação com os demais. *Sociabilitas, atis.*

Sociable. *adj.* Sociavel; amigo da sociedade, naturalmente inclinado á sociedade ou que tem propensão para ella. *Sociabilis, le.*

Social. *adj.* Social; pertencente á sociedade, que d'ella faz parte ou que a ella se refere. *Socialis, le:* — social; relativo aos socios ou companheiros, alliados ou confederados. *Socialis, e.*

Socialismo. *m.* Socialismo; doutrina philosophica que tem por objecto o desenvolvimento physico, moral e intellectual do individuo, o augmento da producção, a satisfação de todas as necessidades e a harmonia de todos os interesses, por meio da associação universal.

Socialista. *m.* Socialista; o que professa ou segue a doutrina do socialismo.

Sociedad. *f.* Sociedade; união maior ou menor de pessoas, familias, povos ou nações. *Societas, atis:* — sociedade; associação de varias pessoas para fins communs, para o progresso das faculdades e sciencias. *Societas, atis:* — *(comm.)* sociedade. V. *Compañía:* — *accidental;* sociedade accidental; contrato pelo qual, sem estabelecer companhia formal, se interessam alguns commerciantes nas operações de outros, contribuindo para ellas com a parte do capital que convencionam, e tornando-se participes de seus resultados prosperos ou adversos, na proporção ajustada. Esta sociedade conhece-se tambem pelo nome de *cuentas en participacion:* — *anónima;* sociedade anonyma; a que se forma creando-se um fundo por acções determinadas, para o fazer gyrar sobre um ou muitos objectos que dêem nome á empreza social, cujo manejo ou direcção se encarrega a mandatarios ou administradores amoviveis á vontade dos socios. Chama-se anonyma, porque não tem rasão social, nem se designa pelos nomes de seus socios, e só pelo fim ou fins para que foi formada: — *colectiva;* sociedade collectiva; a que se contrahe em nome collectivo sob pactos communs a todos os socios, que participam dos mesmos direitos e obrigações na proporção por elles estabelecida: — *en comandita;* sociedade que se contrahe entre um ou muitos socios responsaveis e solidarios, e uma ou muitas pessoas que não fazem mais que prestar os seus fundos para as operações sociaes: — *(for.)* sociedade; contrato consensual que celebram duas ou mais pessoas, pondo em commum os seus bens e industria ou alguma d'estas cousas, com o fim de tirar algum interesse: — *leonina;* sociedade leonina; aquella em que se convenciona que um dos socios terá parte na perda e não no ganho. Tem este nome por ser similhante á que, segundo a fabula de Esopo, fez o leão com outros animaes. Está reprovada pela lei.

Socinianismo. *m.* Socinianismo; doutrina de Socino e de seus sectarios. Segundo os seus principios, só é Deus o Padre Eterno; Jesus Christo é um homem, porém mui superior aos demais, e foi enviado á terra, não como mediador, mas sim como senhor e modelo. Alem d'isto, o socinianismo nega os sacramentos e o peccado original. Começou no meado do XVI seculo e teve por fundadores os dois Socinos (Lelio e Fausto).

Sociniano, na. *adj.* Sociniano; diz-se da doutrina de Fausto Socino: — *s.* sociniano; sectario do socinianismo.

Socio. *m.* Socio. V. *Compañero.*

Sociumbre. *f. (ant.)* V. *Sociedad.*

Soco. *m. (zool.)* V. *Psoco.*

Socolor. *m.* Côr, pretexto, disfarce, mascara, sombra, apparencia: — *(loc. adv.)* sob-color ou sob-côr; debaixo de côr, de pretexto, com apparencia. *Prætextu, specie.*

Socollada. *f. (naut.)* Embate; sacudidura que dão as vélas quando ha calmaria, e as enxarcias quando estão frouxas: — aguagem; corrente do mar pela prôa do baixel e que o faz arfar.

Socono. *m. (germ.)* Roubo, furto: — *(germ.)* presente que uma rameira envia ao seu amante.

Soconusco. *m. (fig.)* Cacau de superior qualidade, assim chamado por ser o melhor aquelle que nasce na provincia de Soconusco, em Guatemala.

Socordia. *f. (ant.)* Socordia, preguiça, desidia, inercia, apathia, indolencia.

Socoro. *m. (ant.)* Sobcôro; logar, espaço que fica por baixo do côro.

Socorredor, ra. *s.* Auxiliador, valedor; inclinado a soccorrer, que soccorre os outros. *Auxiliator, opetulator.*

Socorrer. *a.* Soccorrer; prestar auxilio, soccorro, ajuda em lance perigoso, em aperto, necessidade urgente. *Succurrere; suppetias ferre:* — dar á conta uma parte da somma que se deve. *Debiti partem solvere:* — *r. (ant.)* soccorrer-se, valer-se, refugiar-se.

Socorrido, da. *adj.* Soccorrido, ajudado, auxiliado: — auxiliador, benefico, bemfazejo, serviçal, officioso; diz-se das pessoas. *Auxilium faciliter præbens:* — fornecido, abastado, farto, abastecido; diz-se de uma praça, mercado, em que ha com abundancia as cousas necessarias á vida: — commum, ordinario, frequente, trivial; que se encontra com abundancia ou que é facil de apresentar; ¡como: *los huevos son un plato muy socorrido;* os ovos são uma comida muito commum ou frequente.

Socorro. *m.* Soccorro; acção e effeito de soccorrer. *Subsidium, auxilium:* — soccorro, auxilio, adjutorio que se dá a quem está em necessidade, aperto ou perigo imminente. *Subsidium, ops, auxilium:* — soccorro: parte que se dá antecipadamente do soldo ou salario que alguem ha de vencer, ou á conta do que já se lhe deve, e que ainda não se lhe paga de todo. Em portuguez chama-se soccorro, quando este dinheiro é adiantado a soldados e marinheiros doentes ou feridos, que estão nos hospitaes, e que se lhes abate no soldo. *Pecuniæ solvendæ pars soluta:* — soccorro ou soccorros; tropas auxiliares, reforço de tropas ou a provisão de munições de bôca e de guerra de que se carece. *Subsidium annonæ militum. Nuevo socorro;* victualhas, provisão de viveres.

Socrático, ca. *adj.* Socratico; concernente á doutrina de Socrates. *Socraticus, a, um:* — *s.* socratico; sectario, seguidor da doutrina de Socrates. Usa-se tambem substantivado.

Secretería. *f. (germ.)* Synagoga.

Socrocio. *m.* Emplastro em que entra o açafrão: — *(fig. ant.)*, balsamo, allivio, consolação, gosto, prazer.

Socucho. *m. (p. Mex.)* Sótão, comprido e estreito que serve de adega e de prisão nas aldeias: — *(p. Cub.)* esconderijo, cova, caverna.

Sochantre. *m.* Sochantre; o ecclesiastico que suppre no côro o chantre. *Præcentor chori.*

Soda. *f. (bot.)* V. *Sosa.*

Sodaita. *f. (min.)* V. *Equeberjita.*

Sodalita. *f. (min.)* Sodalitha; silicato de alumina e de soda, extrahido de uma rocha micacea da Groenlandia.

Soldawalita. *f. (min.)* Sodawalitha; substancia fusca, opaca, que parece composta de silicatos de alumina e de ferro, phosphato de magnesia e agua.

Sodio. *m. (min.)* Sodio ou sodium; corpo simples, metallico, descoberto em 1807 por Davy. É brilhante, de côr branco argentino, inodoro, brando e ductil; inflamma-se na agua á temperatura de 40º do thermometro centigrado.

Sodomía. *f.* Sodomia; concubito entre pessoa do mesmo sexo, ou contra a ordem natural. Ordinaria e legalmente entende-se o concubito de homem com homem. *Sodomia, æ.*

Sodomita. *adj.* Sodomita; homem que commette sodomia. *Sodomita, æ.*

Sodomíticamente. *adv. m.* Sodomiticamente; com sodomia.

Sodomítico, ca. *adj.* Sodomitico; pertencente á sodomia. *Sodomiticus, a, um.*

Soez. *adj.* Baixo, grosseiro, indigno, vil. *Abjectus, vilis.*

Sofá. *m.* Sofá; especie de canapé mais largo e commodo que os ordinarios ou communs.

Sofaldar, Sofaldear. *a.* Sofraldar; arregaçar, levantar, erguer a fralda ou a cauda das roupas. *Vestem, laciniam allevare; succingere vestem:* — *(fig.)* levantar o que está sobre uma cousa para a descobrir. *Tegmen, tegumentum sublevare.*

Sofaldo. *m.* Arregaçadura; acção e effeito de arregaçar, sofraldar. *Vestis, tegumenti erectio, levatio, apertura.*

Sofí. *m.* Sophi; titulo dos reis da Persia: — sophi; nome de uma seita religiosa da Persia.

Sofion. *m.* Respostada; resposta grosseira, aspera e incivil. *Aspernatio, responsio aspera.*

Sofisma. *f.* Sophisma; argumento, raciocinio, capcioso, enganoso. *Sophisma, æ.*

Sofismo. *m. (ant.)* V. *Sofisma.*

Sofista. *m.* Sophista; nome que os antigos davam aos professores de philosophia ou rhetorica. *Sophista, æ:* — sophista; antigamente significou sabio, philosopho: — *adj.* sophista; diz-se do argumentador subtil e capcioso, que se vale de sophismas. Usa-se tambem substantivado. *Sophisticus, a, um.*

Sofistería. *f.* Sophisteria ou sophistaria; rasão sophistica, falsa, argumentos sophisticos. *Sophisma, æ.*

Sofisticacion. *f.* Sophisticação, falsificação, impostura, engano ou adulteração de alguma cousa. *Falsatio, confictio, adulteratio.*

Sofísticamente. *adv. m.* Sophisticamente; apparente e enganosamente, com sophisma, de modo sophistico. *Sophisticè.*

Sofisticar. *a.* Sophisticar; enganar, illudir com sophismas, subtilisar com excesso: *(ant.)* sophisticar, falsificar, adulterar, contrafazer alguma cousa. *Falsare, adulterare, confingere.*

Sofístico, ca. *adj.* Sophistico, apparente, fingido, enganoso, capcioso. *Sophisticus, a, um.*

Sofistismos. *m. (ant.)* V. *Sofisma.*

Sófito. *m. (arch.)* Sofito; do italiano *Soffito;* tecto á antiga, formado com vigas descobertas e distribuidas em differentes quadraturas, ornadas de diversas fôrmas, imitando caixotões distribuidos pela parte inferior dos lagrimaes das cornijas das ordens dorica, corinthia e composita. *Lacunar.*

Soflama. *f.* Chamma ligeira ou reflexo, reverberação do fogo. *Tenuis flamma; ignis ex adverso positi splendor:* — affrontamento; vermelhidão no rosto procedida de accidente ou calor preternatural. *Ruboris suffusio:* — rubor, vermelhidão; côr vermelha que assoma ao rosto por vergonha, pejo, etc.: — *(fig.)* palavras artificiosas, capciosas, com o fim de enganar ou chasquear alguem. *Captiosa, sophistica suasio:* — mocanquice, meiguice, lisonja; affago para attrahir o amor, a vontade de alguem: — *(p. Mex.)* nimia delicadeza.

Soflamar. *a.* Enganar, induzir por meio de palavras affectadas e capciosas. *Captiosè vel sophisticè suadere:* — *(fig.)* escarnecer, motejar, metter a ridiculo, fazer córar alguem, envergonha-lo. *Rubore suffundere.*

Soflamero. *m. (fig.)* Homem sophistico, capcioso, enganador, trapaceiro, que procura enganar ou chincalhar outro, empregando ficções e palavras artificiosas. *Captiosus, sophisticus:* — *(fam.)* V. *Burlon:* — *(p. Mex.)* o que é excessivamente urbano e delicado.

Sofocacion. *f.* Suffocação. V. *Sufocacion.*

Sofocador. *m.* V. *Sufocador.*

Sofocante. *m. (ant.)* Afogador; fita ou laço que as mulheres usavam por adorno no pescoço.

Sofocar. *a.* Suffocar. V. *Sufocar.*

Sofocarpo. *m. (bot.)* V. *Psocarpo.*

Sofoco. *m. (fam.)* V. *Sufocacion.*

Sofondado, da. *adj. (ant.)* Fundo, profundo.

Sofonderse. *r. (ant.)* Afundar-se, submergir-se.

Sofora. *f. (bot.)* Sophora; genero de plantas da familia das leguminosas papilionaceas.

Sofóreas. *f. pl. (bot.)* Sophoreas; tribu de plantas da familia das leguminosas, que tem por typo o genero sophora.

Sofraja. *f. (ant.)* V. *Socorro.*

Sofredor, ra. *s. (ant.)* V. *Sufridor.*

Sofreir. *a.* Frigir levemente. *Leviter frigere.*

Sofrenada. *f.* V. *Sobarbada.*

Sofrenar. *a. (fig.)* Soffrear; reter, reprimir as paixões, os appetites desordenados. *Cohibere, reprimere:* — *(art.)* soffrear; reter, reprimir o cavallo, puxando as redeas e sujeitando-o com o freio. *Suffrenare.*

Sofrenazo. *m.* V. *Sofrenada.*

Sofrencia. *f. (ant.)* Pena, tormento.

Sofrer. *a. (ant.)* V. *Sufrir.*

Sofridero, ra. *adj. (ant.)* V. *Sufridero.*

Sofronia. *f. (bot.)* Sophronia; genero de insectos lepidopteros da familia dos nocturnos.

Sofrónica. *f. (zool.)* Sophronica *(prudente);* genero de insectos coleopteros subpentameros da familia dos longicornes.

Softa. *m. (hist.)* Softa; nome dado aos religiosos mahometanos encarregados de rogar pelo repouso das almas dos defuntos: — softa; professor ou erudito em Constantinopla.

Soga. *f.* Soga; corda grossa de esparto ou de outra materia. *Spartea retis:* — medida agraria de comprimento variavel na maior parte das provincias de Hespanha. *Mensura agrorum quædam:* — entre os esparteiros, certa porção de corda, que, em chegando a determinada medida, toma o nome de soga. Diz-se, por exemplo, que uma corda de poço tem tantas sogas de extensão, etc. *Portio funis ex mensura sic dicta:* — *(fig. fam. ant.)* socarrão; assim chamado pela paciencia que tem em soffrer com a idéa de conseguir os seus intentos. *Homo subdolè faciens, sustinens:* — *(ant.)* corda, serie, cadeia, enfiada: — *interj.* safa; voz que exprime a extranheza de alguma novidade, ou a aversão a alguma cousa que não nos convem. *Vox per modum interjectionis, aversionis, admirationis. Dar soga (fr.)* V. *Dar cuerda,* dar corda; fazer dar ao desfructo, lograr, metter a ridiculo. *Ludificare aliquem. Echar la soga tras el caldero (fr. fig.);* lançar a corda atrás do caldeirão; deixar perder o accessorio, perdido o principal. *Sequitur Vara Vibiam, vel Varam Vibia sequitur. Hacer soga (fr. fig.);* ficar atrás, retardar-se, andar mais devagar que as outras pessoas que vão em companhia. *Retrò, à tergo insequi:* metter palhada na conversação, estende-la, faze-la prolixa e enfadonha. *Importuna intertexere. Llevar o traer la soga arrastrando (fr. fig.);* trazer a corda arrastando; merecer a corda por ter commettido delicto grave, pelo que anda sempre exposto ao castigo. *Pœnam scelerato manere. No se ha de mentar la soga en casa del ahorcado (loc. provb.);* em casa de ladrão não falles em baraço, ou em casa de enforcado não falles em corda; devemos abster-nos de empregar palavras na conversação que façam lembrar alguma cousa que envergonhe ou incommode algum dos circumstantes. *Verbis lœdas neminem, quæ ipsi suspecta videantur. Quebrar la soga por alguno (fr. fam.);* quebrar a corda por alguem, faltar alguem ao que prometteu, ao que se esperava d'elle. *Datam fidem fallere, mutare. Tener soga de ahorcado (fr.):* — ter pacto com o diabo; ser muito feliz. *Gygis habere anulum, virgulam divinam. Verse o estar con la soga a la garganta (fr.);* estar com a corda na garganta, em grande aperto, em perigo imminente. *In periculo summo esse, grave discrimen adire. Siempre quiebra la soga por lo mas delgado (rif.)* V. *Quebrar. Cortar sogas (fr. min.);* abandonar a mina.

Sogaljina. *f. (bot.)* Sogalgina; genero de plantas da familia das compostas.

Sogro. *m. (ant.)* V. *Suegro.*

Soguear. *a. (p. Ar.)* Cordear; medir com uma corda ou com a medida chamada *soga*, em Hespanha.

Soguería. *f.* Cordoaria; logar onde se fazem cordas, loja de cordoeiro. *Restium taberna:* — officio de cordoeiro. *Restium opificium:* — *(p. Ar.)* cordame; sortimento, quantidade de cordas. *Restium congeries.*

Soguero. *m.* Cordoeiro, esparteiro ou official que faz cordas. *Restiarius, restio:* — vendedor de cordas. *Restium venditor.*

Soguilla, ta. *f. dim.* de *Soga.* Soguilha, cordinha: — trancinha de cabellos. *Capillorum resticula, tæniola:* — trancinha de esparto: — dobra que se faz na borda ou fimbria do vestido.

Soguillo. *m. (p. Murc.)* Trancinha de cabello. *Capillorum resticula, tæniola.*

Soimida. *f. (bot.)* Soymida; genero de plantas da familia das cedrelaceas.

Sojino. *m. (zool.)* Sogino; genero de insectos coleopteros pentameros, da familia dos carniceiros.

Sojornar. *n. (ant.)* Alojar-se, hospedar-se: — demorar-se.

Sojorno. *m. (ant.)* V. *Rato.*

Sojubgar, Sojudgar. *a. (ant.)* V. *Sojuzgar.*

Sojuzgador. *m.* Subjugador; o que subjuga, domina e manda. *Subjugator, oris.*

Sojuzgar. *a.* Subjugar, submetter, sujeitar, dominar. *Subjugare, subjicere.*

Sol. *m.* Sol, astro do dia. *Sol, solis;* — *(fig.)* sol, astro; qualquer cousa que dá luz physica ou moral: — *(fig.)* sol, astro, luminar; formosura extraordinaria ou personagem insigne pela sua sciencia, virtude ou santidade: — sol, dia; tomando a causa pelo effeito. *Dies, ei:* — *(ant. p. Mex.)* um dia de caminho: — *contrac. ant.* de *so el:* — sob, debaixo: — *adv. (ant.)* só. V. *Solamente:* — *con uñas;* sol encoberto em parte por ligeiras nuvens. *Sol subnubilus:* — *de justicia;* sol abrasador: — *non (loc. adv. ant.)* nem mesmo. *Al poner del sol (loc. adv.);* ao pôr do sol; ao tempo que elle se occulta de nossa vista. *Occidente sole. Al salir el sol (loc. adv.);* ao saír, ao nascer do sol; ao tempo em que elle se offerece á nossa vista. *Exoriente sole. Al sol puesto (loc. adv.);* ao sol posto, ao crepusculo da tarde. *Inumbrante vespera. Al sol que nace (fr. fig. fam.);* adorar o sol que nasce; adular os poderosos, os que recentemente adquiriram poder, auctoridade. *In solem orientem. Aun hay sol en las bardas (fr. fig.);* ainda ha algum recurso, não está de todo perdida a esperança. *Adhuc spes affulget. Bañar el sol algun espacio (fr.);* banhar, inundar o sol algum espaço; enche-lo de luz, allumia-lo. *Replere luce, locum illuminare. Campear de sol a sombra (fr. ant.);* trabalhar no campo desde a manhã até á noite. *Cojer el sol (fr.)* V. *Tomar el sol. Dejarse caer el sol.* V. *Dejarse caer el calor. De sol a sol (loc. adv.);* de sol a sol; desde que elle nasce até que se põe. *A solis ortu usque ad occasum. Entrar el sol (fr.);* pôr-se o sol. *Jugar el sol antes que salga (fr. fig.);* jogar o jornal do dia seguinte. *Omnem in ludo etiam insequentis diei mercedem periclitari. Meter a alguno donde no vea el sol (fr.);* metter alguem onde não veja o sol; encerra-lo em um carcere escuro. *Tetro carcere occludere. Morir el sol ó los planetas (fr.);* esconder-se o sol ou os planetas, occultar-se debaixo do horisonte. *Occidere. No dejar a sol ni a sombra a alguno (fr.);* não deixar alguem, nem ao sol, nem á sombra; caustica-lo, não o deixar um só momento, persegui-lo de continuo, a toda a hora. *Aliquem indesinenter urgere. Partir el sol (fr.);* partir o sol; nos duellos antigos e publicos era collocar os combatentes, ou marcar-lhes o campo, de modo que a luz do sol lhes servisse igualmente. *Pugnatores in solis æquali lumine collocare. Picar el sol (fr.);* queimar o sol; aquecer demasiadamente. *Urere solem. Sentarse el sol (fr.);* assentar o sol; dar o sol em chapa, de maneira que coma e desbote as cores. *Insolari. Tener el sol (fr.).* V. *Predicar en desierto. Tomar el sol (fr.);* tomar o sol, aquecer-se a elle. *Solem captare:* — *de invierno, sale tarde y se pone presto (rif.);* sol de inverno sáe tarde e põe-se cedo; diz-se de qualquer bem tardio e de pouca duração. *Tarda spes nec multum duratura:* — *que mucho madruga, poco dura (rif.);* sol que muito madruga, pouco dura. *Odi puerulos præcoci sapientia. Salime al sol, dije mal y oí peor (rif.);* saíme ao sol, disse mal e ouvi peior; serve para censurar a concurrencia ao logar ou parte onde se murmura ou falla mal: — *(art.)* roda de fogo; entre pyrotechnicos, peça que gira em torno de um eixo, e lança fogo em fôrma de raios: — *(astron.)* sol; astro luminoso e de fôrma quasi espherica, que gira sobre si mesmo de oeste para este, e projecta incessantemente luz e calor sobre todos os corpos celestes que formam parte do systema solar ou planetario. *Sol, solis. Pesar el sol (fr. ant. naut.);* pesar o sol, tomar-lhe a altura. *Tomar el sol (fr. naut.);* tomar o sol; tomar a altura do sol para deduzir a latitude de um logar: — *(mus.)* sol; quinta nota de solfa. *Quinta exachordi vox:* — *pl. (poet.)* soes, estrellas; olhos lindos: — *(chim. ant.)* sol; nome dado ao oiro pelos alchimistas: — *de justicia (rel.)*; sol de justiça, *Deus*, na linguagem da *Escritura*.

Solacear. *a.* V. *Solazar.*

Solacrino. *m. (zool.)* Solacrino; genero de echinodermes crinoides, encontrados fosseis nos terrenos jurassicos.

Solada. *f.* V. *Suelo*, na terceira accepção.

Solado. *m.* Pavimento, sobrado, chão do edificio, de lousas, tábuas, ladrilhos ou de outra cousa similhante. *Pavimentum, i.*

Solador. *m.* Ladrilhador; o que ladrilha ou cobre de tijolos ou lages um pavimento, etc. *Pavimentans, antis.*

Soladura. *f.* Ladrilhadura; acção e effeito de ladrilhar o chão de algum edificio. *Pavimenti factio:* — ladrilho, lagedo, material para ladrilhar ou lagear. *Materies pavimentando apta.*

Solajar. *a. (germ.)* Blasphemar.

Solamente. *adv. m.* Sómente, unicamente, só, meramente. *Solum.*

Solana. *f.* Sitio ou logar soalheiro, exposto ao meio dia, onde o sol bate em cheio. *Solarium, locus apricus:* — soalheiro; eirado, varanda ou qualquer outro logar da casa, destinado para a gente tomar o sol de inverno. *Solarium, ii.*

Solanáceas. *f. pl. (bot.)* Solanaceas ou solaneas; familia de plantas dicotyledoneas monopetalas.

Solanar. *m. (p. Ar.)* V. *Solana.*

Solanazo. *m. aug.* de *Solano:* —solano; vento mui quente, molesto e incommodo. *Molestus subsolanus.*

Solandra. *f. (bot.)* Solandra; genero de plantas da familia das solanaceas.

Solánico. *adj. (chim.)* Solanico; diz-se dos saes que têem por base a solanina.

Solanina. *f. (chim.)* Solanina; alcali descoberto nas bagas do solano ou dulcamera, e que tambem se encontra em varias especies do mesmo genero.

Solano. *m.* Soão; vento de leste mui calmoso e suffocante. *Subsolanus, i:* — *(ant.)* solar, casa: — V. *Campo:* — *(bot.)* solano; genero de plantas da familia das solaneas: — solano, herva moura. V. *Yerba mora.*

Solanocrinito. *m. (zool.)* Solanocrinito; genero de echinodermes crinoides.

Solapa. *f.* Acção e effeito de sobrepor uma cousa em outra, parte do vestido que se sobrepõe ou cruza sobre outra, e de ordinario sobre o peito para agasalho. *Pars vestis alteri superposita:* — solapa, côr, dissimulo, disfarce. *Integumentum animi. De solapa (loc. adv.)*; solapadamente, de modo solapado, ás escondidas, com disfarce, occultamente. *Tener muchas solapas (fr. fig.)*; ter mil solapas, muitos entresolhos, astucias, ardis, ser muito refolhado, dissimulado: — *(veter.)* ferida solapada, funda e fistulosa, com orificio estreito. *Subcava ulceris caverna.*

Solapadamente. *adv. m.* Solapadamente, dissimuladamente; com disfarce. *Subdolè.*

Solapado, da. *adj.* Solapado, fingido, dissimulado, falso; que encobre maldade. *Subdolus, a, um.*

Solapamiento. *m. (veter.)* V. *Solapa.*

Solapar. *a.* Sobrepor, cobrir parte de uma lousa, telha, porta, etc., outra parte da que está immediata, deixando o resto descoberto: — cruzar, sobrepor, dobrar, pôr uma parte da vestimenta sobre outra. *Partem vestis alteri superpositam esse, superponere:* — *(fig.)* colorar, pretextar, mascarar, disfarçar, dar uma côr, encobrir uma cousa sobre pretexto. *Obtegere, occulere.*

Solape. *m.* V. *Solapa.*

Solapo. *m.* V. *Solapa:* — *(fam.)* V. *Sopapo:* — solapa; cova, parte solapada de uma cousa. *Cavum, i. A solapo (loc. adv.)*; solapadamente, de modo solapado, occultamente. *Occultè.*

Solar. *a.* Solhar, pavimentar com tijolos ou com lages uma casa. *Pavimentare:* — solar; pôr, deitar solas aos sapatos. *Calceos soleis munire:* — *adj.* solar; do sol, que respeita ao sol. *Solaris, re:* — *m.* solo, chão, terreno onde se edifica uma casa, habitação, etc., ou onde foi edificada. *Solum, area:* — solar; o chão da casa, da habitação antiga de familia nobre, herdade, terra onde ha assento primitivo de familia nobre. *Antiquæ ædes; nobilis domicilium:* — *(ant.)* casa, habitação.

Solare. *m. (ant.)* Casa, habitação.

Solarego, ga. *adj. (ant.)* Solarego. V. *Solariego.*

Solariego, ga. *adj.* Solariego, solarengo; pertencente ao solar de pessoa nobre. Usa-se tambem substantivado. *Antiquus et nobilis:* — diz-se de um fundo ou bem patrimonial que pertenceu com todo o direito a seus donos. *Fundus ex feudo:* — antigo e nobre: — *(ant.)* V. *Villano. Casa solariega;* casa solarenga ou senhorial; onde ha assento primitivo de familia nobre.

Solario. *m. (hist. ant.)* Solario ou soalheiro; eirado, terrado exposto ao sol, que formava parte dos edificios romanos: — *(zool.)* solario; genero de molluscos gasteropodas pectinibranchios, da familia dos turbinaceos.

Solas. *m. (ant.)* Solás, solao. V. *Solaz.*

Solaz. *m.* Solás, consolação, prazer. *Recreatio, oblectatio. A solaz (loc. adv.)*; com gosto, alegria, prazer. *Placidè.*

Solazar. *a.* Alegrar, recreiar, divertir. Usa-se tambem como reciproco. *Solari, hilarem reddi.*

Solazo. *m. (fam.) aug.* de *Sol.* Sol forte e ardente. *Sol urens.*

Solazoso, sa. *adj. (ant.)* Solaçoso, agradavel, aprazivel, deleitavel. *Delectabilis, le.*

Soldada. *f.* Soldada; soldo, estipendio que se dá a criados. *Merces, stipendium:—(ant.)* soldada, soldo, estipendio: — soldada. V. *Pré.*

Soldadazo. *m. augm.* de *Soldado.* Soldadaço; soldado muito corpulento.

Soldadero, ra. *adj.* Soldadeiro; que serve por soldada. É termo antiquado em portuguez. *Stipendiarius, stipendiatus.*

Soldadesca. *f.* Soldadesca, gente de guerra, soldados rasos: — milicia; exercicio, profissão, vida de soldado. *Militia, æ:* — divertimento entre varias pessoas que se vestem de soldado, imitando os exercicios militares, etc. *Militiæ species, imitatio festiva. A la soldadesca (loc. adv.);* ao modo, ao uso dos soldados. *Militariter.*

Soldadesco, ca. *adj.* Soldadesco; de soldado. *Militaris, re.*

Soldadico, llo, to. *m. dim.* de *Soldado.* Soldadinho.

Soldado. *m.* Soldado, militar, homem de guerra. *Miles, itis:* — soldado; homem alistado para o serviço militar, e que não tem posto algum; de ordinario chama-se soldado raso. *Miles gregarius:* — *(fig.)* soldado, homem de valor, exercitado na disciplina militar. *Miles egregius, strenuus:* — *viejo;* soldado velho; militar antigo, que tem servido por muito tempo nas fileiras. Chama-se tambem veterano, para distincção de soldado novo ou bisonho. *Miles veteranus:—adj. (bot.)* soldado, unido por adhesão; dá-se este nome ás partes de um vegetal, que achando-se muito proximas quando pequenas, contrahem adherencia uma com a outra, e se unem mais ou menos completamente.

Soldador. *m.* Soldador; o que solda, une metaes. *Consolidator, ferruminans:* — ferro de soldar; instrumento com que se solda. *Ferruminantis ferramentum.*

Soldadura. *f.* Soldadura; união natural ou artificial de duas partes quebradas ou divididas. *Commissura, ferruminatio:* — soldadura, solda; materia que se usa para soldar metaes, pedras, etc. *Ferrumen, inis:* — *(fig.)* cura, remedio, emenda, correcção de alguma cousa; como: *este desacierto no tiene soldadura;* este erro não tem cura. *Emendatio, onis.*

Soldan. *m.* Soldão; titulo do imperador dos turcos e de outros potentados do Oriente. *Rex, princeps apud mahometanos.*

Soldanela. *f. (bot.)* Soldanella; genero de plantas da familia das primulaceas.

Soldania. *f. (zool.)* Soldania; genero de conchas microscopicas.

Soldar. *a.* Soldar; pegar, unir alguma cousa, especialmente os metaes com solda. *Consolidare, ferruminare:* — *(fig.)* soldar, remendar, remediar; compor, corrigir, emendar, desculpar algum erro ou falta por acções ou palavras. *Emendare.*

Soldevilla. *f. (bot.)* Soldevilha; genero de plantas da familia das compostas, tribu das chicoriaceas.

Soldo. *m. (ant.)* V. *Sueldo.*

Solea. *f. (bot.)* Solea; genero de plantas da familia das violaceas: — *(zool.)* linguado; subgenero de peixes malacopterygeos do genero pleuronecto.

Solear. *a.* V. *Asolear.*

Solecismo. *m. (gram.)* Solecismo; erro de grammatica, na concordancia ou no modo de declarar as relações das cousas. *Solœcismus, i.*

Solecito. *m. (fam.) dim.* de *Sol.* Solzinho.

Solecurta. *f. (zool.)* Solecurta; genero de molluscos conchiferos dimyarios da familia dos solenaceos.

Soledad. *f.* Soledade, solidão, falta de companhia. *Solitudo, inis:* — soledade, solidão; logar solitario, terra inhabitada. *Solitudo, inis:* — soledade, orphandade; falta, ausencia, privação de alguma pessoa querida, que nos causa saudades. *Orbitas, atis.*

Soleirolia. *f. (bot.)* Soleirolia; genero de plantas da familia das urticeas.

Solejar. *m.* Soalheiro; praça ou logar mui descoberto, exposto ao sol. *Solarium, locus apricus.*

Solemia. *m. (zool.)* Solemya; genero de molluscos conchiferos dimyarios da familia dos matraceos.

Solemne. *adj.* Annual: que succede, se faz, ou celebra todos os annos, ou de anno em anno. *Solemnis, e:* — solemne, pomposo, celebre, apparatoso, feito com apparato, pompa e ceremonias publicas, religiosas ou civis. *Solemnis, e:* — grande, insigne; notavel, excessivo no seu genero. *Insignis, ingens:* — alegre, festivo, chistoso. *Facetus, plausu dignus:* — *(for.)* solemne, authentico; revestido de todas as formalidades estabelecidas pelas leis para ter validade.

Solemnemente. *adv. m.* Solemnemente; de modo solemne, com solemnidade. *Solemniter:* — solemnemente, apparatosamente, pomposamente.

Solemnidad. *f.* Solemnidade; qualidade de ser solemne. *Solemnitas, atis:*—solemnidade; ceremonia publica e festiva. *Solemnitas, atis:* — solemnidade; pompa ou magnificencia de alguma funcção. *Solemnitas, atis:*— solemnidade, festa solemne, em termos ecclesiasticos. *Solemnitas, festum:* — V. *Notoriedad,* e n'este sentido diz-se: *pobre de solemnidad:* — *pl. (for.)* solemnidades; formalidades e circumstancias que tornam válido um acto ou instrumento.

Solemnisimo, ma. *adj. sup.* de *Solemne.* Solemnissimo, mui solemne. *Valdè solemnis.*

Solemnizador, ra. *s.* Celebrador; o que celebra ou solemnisa. *Celebrator, oris.*

Solemnizar. *a.* Solemnisar; celebrar, festejar com solemnidade, fazer solemne. *Solemni cerimonia, celebri pompa aliquid celebrare:* — celebrar, exaltar, engrandecer, encarecer; louvar com applauso, elogiar com palavras. *Celebrare, plausu accipere.*

Solen. *m. (zool.)* Solen; genero de molluscos conchiferos dimyarios da familia dos solenaceos.

Solenáceos. *m. pl. (zool.)* Solenaceos; familias de molluscos conchiferos dimyarios.

Solenanto. *m. (bot.)* Solenantho; genero de plantas da familia das borragineas.

Solénidos. *m. pl. (zool.)* Solenidos. V. *Solenáceos.*

Soleniscia. *f. (bot.)* Soleniscia *(tubo pequeno);* genero de plantas da familia das epacrideas.

Solenocarpo. *m. (bot.)* Solenocarpo; genero de plantas da familia das anacardiaceas.

Solenodonte. *m. (zool.)* Solenodonte; genero de mammiferos insectivoros.

Solenófora. *f. (bot.)* Solenophora; genero de plantas da familia das gesneriaceas.

Solenojino. *m. (bot.)* Solenogyno; genero de plantas da familia das compostas.

Solenópside. *m. (zool.)* Solenopside ou selenopsis; genero de molluscos acephalos.

Solenopo. *m. (zool.)* Solenopo; genero de insectos coleopteros tetrameros da familia dos curculionidos.

Solenóptera. *f. (zool.)* Solenoptera; genero de insectos coleopteros subpentameros da familia dos longicornes.

Solenostedio. *f. (zool.)* Solenosthedio; tribu de insectos hemipteros da tribu dos scutellerios.

Solenostema. *f. (bot.)* Solenostema; genero de plantas da familia das asclepiadeas.

Solenostoma. *f. (zool.)* Solenostoma; genero de peixes acanthopterygios lophobranchios.

Solenoteca. *f. (bot.)* Solenotheca; genero de plantas da familia das compostas.

Sóleo. *m. (anat.)* Tibio-calcaneo; musculo que prende a parte superior e posterior do peroneo e termina inferiormente por um tendão que concorre a formar o tendão de Achilles.

Soler. *n.* Soler, costumar, ter por costume. V. *Acostumbrar. Suele venir a esta hora;* costuma vir a esta hora, de ordinario vem a esta hora, etc. *Solere:* — *m. (naut.)* assoalhado do porão.

Solera. *f. (art.)* Frechal; a vigota que posta sobre a parede mestra, recebe as cabeças dos barrotes ou varas. *Solea in ædibus:* — soleira; peça de pedra que assenta no chão, pedra assentada por baixo do portal. *Lapidea basis:* — pouso; mó debaixo, que não se move, e sobre a qual se móe o trigo ou outras cousas. *Mola inferior horizontalis, meta molaria:* — *(p. And.)* borra, fezes do vinho. *Vini fæx. Vino de solera;* vinho velho e generoso do condado de Niebla, que se destina para fortalecer o novo: — *(mil.)* soleira; na artilheria, tábua que vae da taleira á dianteira da carreta: — *(naut.)* soleira; aba sobre que assenta o pé do esbirro.

Solercia. *f.* Solercia, industria, diligencia, habilidade, astucia. *Sollertia, æ.*

Solería. *f.* Materiaes para ladrilhar ou sobradar uma casa. *Materies sternendo pavimento apta:* — V. *Solado, Enlosado:* — quantidade de couros para fazer solas. *Solearum congeries.*

Solero. *m. (p. And.)* V. *Solera,* na terceira accepção.

Solerte. *adj. (ant.)* Solerte, industrioso, diligente, astuto, sagaz. *Solers, ertis.*

Soleta. *f.* Palmilha; peça de panno de linho, etc., que se deita na parte inferior das meias para as concertar. *Caligæ solea:* — *(p. Mex.)* V. *Vizcocho de garapiña. Apretar ó picar la soleta ó tomar soleta (fr.);* metter pernas, tomar as de villadiogo, correr, fugir. *Accelerare.*

Soletar. *a.* Palmilhar; deitar palmilhas nas meias. *Soleis caligas munire, vel eis soleas assuere.*

Soletard. *m. (min.)* Soletard; variedade de greda que se encontra em Inglaterra.

Soletear. *n.* V. *Soletar.*

Soletero, ra. *s.* Palmilhador; o que concerta e deita palmilhas nas meias. *Solearum assutor.*

Solevacion. *f. (ant.)* V. *Sublevacion.*

Solevamiento. *m. (ant.)* Levantamento. V. *Sublevacion.*

Solevantado, da, *adj.* Sublevado: — perturbado, inquieto, solicito. *Sollicitus, inquietus.*

Solevantamiento. *m.* V. *Sublevacion.*

Solevantar. *a.* Solevantar, sublevar, soerguer; levantar alguma cousa mettendo-lhe outra por baixo para a mover. *Sublevare:* — solicitar, desinquietar; induzir alguem a fazer alguma cousa má, ou para que mude de habitação, officio, etc. Especialmente diz-se referindo-se ao criado para que deixa o serviço do amo. *Subvertere, amovere:* — alterar, commover. *Concitare, commovere.*

Solevanto. *m. (ant.)* Alteração, commoção.

Solevar. *a. (ant.)* Solevar. V. *Sublevar.*

Solfa. *f.* Solfa; arte que ensina a ler e entoar as differentes notas da musica. *Scientia rectè canendi, musica:* — *(fig.)* acordo, harmonia, concordancia e conformidade entre pessoas de diversas classes ou auctoridade. *Concordia, convenientia, harmonia:* — *(fig.)* harmonia, musica natural. *Cantus, melos:* — *(fam.)* tunda, zurzidura, tósa, azas de pau. *Verberatio, onis. Estar ó poner en solfa (fr. fig. fam.);* estar alguma cousa feita com arte, regra, methodo e acerto. *Concinnare, rectè componere. Tocar la solfa a alguno (fr. fig. fam.);* tocar a pavana a alguem. V. *Solfear,* na primeira accepção.

Solfatara. *f. (zool.)* Solfatara *(do italiano solfato);* terreno volcanico antigo de onde se exhalam vapores sulphurosos, que depositam o seu enxofre nas paredes das rochas. Estes vapores acidos reagem sobre a alumina das camadas que formam o leito da solfatara e produzem o alumen ou pedra hume. As solfataras mais notaveis são as de Puzol, perto de Napoles, que eram já exploradas no tempo de Plinio. A palavra solfatara quer dizer mina de enxofre natural.

SOLFEADOR, RA. *s.* Solfista; o que solfeja. *Musicus, ad modos musicos canens:* — *(fam.)* zurzidor; o que tosa, sóva ou dá pancadas em alguem. *Verberator, oris.*

SOLFEAR. *a.* *(mus.)* Solfear ou solfejar; cantar as notas de musica sem proferir letra ou palavras correspondentes, observando o compasso. *Musicè canere; cantum manu moderare, regere:* — *(fig. fam.)*; sovar, tosar, zurzir alguem; dar-lhe uma pisa de pancadas. *Verberare.*

SOLFEO. *m.* Solfeio ou solfejo; acção e effeito de solfejar. *Cantus per musicæ syllabas:* — *(fam.)* sova, tunda, zurzidura, pisa de pancadas. *Verberatio, onis.*

SOLFISTA. *s.* Solfista; o que canta por solfa, que é habil e destro na musica. *Doctus musicam modis musicis.*

SOLGOMA. *f.* *(ant.)* Certa pedra preciosa.

SOLIA. *f.* *(ant.)* V. *Suela.*

SOLIVAR. *m.* *(germ.)* Freio.

SOLICITACION. *f.* Solicitação; acção e effeito de solicitar. *Sollicitatio, onis.*

SOLICITADOR, RA. *s.* Solicitador; o que solicita. *Sollicitator, oris:* — V. *Agente:* — *fiscal (ant.)* V. *Ajente fiscal.*

SOLICITAMENTE. *adv. m.* Solicitamente; de modo solicito, com ancioso cuidado, diligentemente. *Sollicitè.*

SOLICITANTE. *adj.* Solicitante; que solicita: — solicitante; diz-se especialmente do confessor que procura seduzir a sua penitente. *Sollicitans, sollicitator.*

SOLICITAR. *a.* Solicitar, agenciar, diligenciar; pedir, pretender com instancia e diligencia. *Sollicitare:* — *(fig.)* solicitar; procurar seduzir uma mulher, desinquieta-la. *Sollicitare, tentare alicujus pudicitiam:* — solicitar, agenciar, diligenciar; promover, procurar com actividade e cuidado um negocio. *Sollicitudinem, curam alienarum rerum adhibere:* — *(ant.)* solicitar, induzir, incitar: — *(impess. ant.)* instar, urgir.

SOLÍCITO, TA. *adj.* Solicito, diligente, cuidadoso, desvelado. *Sollicitus, a, um.*

SOLICITUD. *f.* Solicitude, ancia, cuidado, desvelo, diligencia. *Sollicitudo, inis:* — *(fam.)* pretensão: — memorial em que se solicita.

SOLÍDAGO. *m.* *(bot.)* Solidago; genero de plantas da familia das compostas.

SÓLIDAMENTE. *adv. m.* Solidamente, firmemente; com solidez, com firmeza. *Solidè:* — *(fig.)* solidamente; com segurança, madureza, rasões verdadeiras e firmes. *Solidè.*

SOLIDAR. *a.* Solidar, firmar, consolidar, fortalecer, endurecer; dar consistencia solida aos liquidos, ás cousas brandas, etc. *Solidare:* — *(fig.)* solidar; estabelecer, fundar, firmar com rasões solidas e verdadeiras. *Solidare, firmare.*

SOLIDARIAMENTE. *adv. m.* Solidariamente; em solido, por inteiro. V. *In solidum.*

SOLIDARIDAD. *f.* Solidariedade; qualidade de solidario, participação igual de differentes pessoas em uma cousa.

SOLIDARIO, RIA. *adj.* *(for.)* Solidario; diz-se das obrigações contrahidas em solido e das pessoas que as contrahem.

SOLIDEO. *m.* Solidéo; barretinho redondo e liso, que os ecclesiasticos trazem sobre a corôa para a cobrir. *Pileum, vertice capitis à sacerdotibus gestatum.*

SOLIDEZ. *f.* Solidez, firmeza, fortaleza, consistencia solida. *Soliditas, atis:* — *(fig.)* solidez, firmeza, segurança, integridade das cousas, do animo. *Soliditas, firmitas.*

SOLIDIFICACION. *f.* Solidificação; acção de solidificar.

SOLIDIFICAR. *a.* Solidificar, solidar; fazer solida uma cousa. *Solidescere.*

SOLIDISMO. *m.* *(med.)* Solidismo; doutrina de certos medicos, que concedem aos liquidos do corpo um papel passivo e secundario nos phenomenos da vida, que, segundo elles, reside essencialmente nas partes solidas.

SÓLIDO, DA. *adj.* Solido, firme, macisso, denso; cujas partes mais ou menos adherentes formam um aggregado ou todo inteiriço, que a agitação não desliga ou desune, oppõe-se a fluido. *Solidus, a, um:* — *(fig.)* solido, firme; que tem validade, firmezá, estabelecido com rasões fundamentaes e verdadeiras. *Solidus, firmus:* — *(ant.)* solido, soldo. V. *Sueldo:* — *m.* *(math.)* solido, corpo; consta de tres dimensões, comprimento, largura e profundidade. *Corpus, oris.*

SOLIDUM. *m.* *(loc. adv.)* *In solidum;* expressão latina forense, em solido, por inteiro, que significa a responsabilidade que pesa sobre cada uma das partes de um todo, respondendo cada um por todas.

SOLIERIA. *f.* *(bot.)* Solieria; genero de plantas phyceas.

SOLILOQUIAR. *n.* *(fam.)* Fallar só, a solas, a si mesmo. *Secum loqui.*

SOLILOQUIO. *m.* Soliloquio; discurso, falla que alguem faz a si mesmo, falla de personagem no drama a si só. *Solius cum se ipso colloquium.*

SOLILOTE. *m.* *(zool. p. Mex.)* V. *Gallinaza.*

SOLIMAN. *m.* *(chim.)* Solimão; sublimado corrosivo, ou chlorureto de mercurio sublimado. *Mercurius sublimatus corrosivus.*

SOLIO. *m.* Solio, throno. *Solium, ii:* — *(fig.)* solio, soberania, realeza, poder, dominação.

SOLÍPEDOS. *m. pl.* *(zool.)* Solipedes; familia de mammiferos pachydermes, cujo caracter principal consiste em ter as quatro patas terminadas por um só dedo e casco exterior. Esta familia só comprehende o genero cavallo.

SOLISA. *f.* *(p. Murc.)* V. *Descarada. Effrons, ontis.*

SOLITARIA. *f.* *(zool.)* Solitaria. V. *Tenia.*

SOLITARIAMENTE. *adv. m.* Solitariamente; em estado solitario, em solidão. *In solitudine.*

Solitario, ria. *adj.* Solitario, deshabitado, ermo, só, isolado, deserto. *Solitarius, a, um:* — solitario; que vive só, sem companhia, em solidão. *Solitarius, a, um:* — solitario; dá-se este nome aos diamantes de um tamanho superior, que pelo seu muito apreço e belleza se engastam isoladamente, sem circulo de outras pedras preciosas. *Prægrandis adamans:* — especie de jogo em que toma parte uma só pessoa. Ha-os diversos, especialmente de cartas. *Ludus sine collusore:* — carrão de posta para uma só pessoa. *Cursualis rheda, qua unus tantùm vehitur:* — solitario, ermitão. V. *Ermitaño:* — solitario. V. *Pajaro solitario.*

Sólito, ta. *adj.* Solito, acostumado, usado, ordinario; que costuma fazer-se ordinariamente. *Solitus, a, um.*

Solito. *adj. dim.* de *Solo.* Sozinho.

Solitud. *f. (ant.)* Solitude. V. *Soledad.*

Soliva. *f. (bot.)* Soliva; genero de plantas da familia das compostas.

Soliviadura. *f.* Sublevação; acção e effeito de sublevar ou ajudar a levantar alguma cousa pela parte de baixo. *Sublevandi actio.*

Soliviamento. *m.* V. *Soliviadura.*

Soliviar. *a.* Sublevar; ajudar a levantar alguma cousa pela parte de baixo. *Sublevare:* — *(ant.)* V. *Levantar:* — *r.* levantar-se um pouco o que está sentado, inclinado ou deitado sobre alguma cousa, não se levantar de todo. *Parum se allevare.*

Solivio. *m.* V. *Soliviadura.*

Solo, la. *adj.* Só, unico em sua especie. *Solus, a, um:* — só, isolado; sem ser acompanhado de outra cousa, ou que se considera como separado d'ella. *Solus, a, um:* — só; desacompanhado, não acompanhado. *Incomitatus, a, um:* — só, orphão; privado de todo o soccorro, que não tem quem o ampare, proteja ou console nas suas necessidades ou afflicções, abandonado de todos. *Orbus; ab omnibus derelictus:* — solo; passo de dansa, que se executa por uma só pessoa: — só; em certos jogos de cartas, lanço em que se fazem todas as vazas necessarias para ganhar, sem ajuda de parceiro nem de trapaça. *Chartarum sors, sic vulgò dicta:* — *adv. m.* só, sómente. V. *Solamente. A solas (loc. adv.);* a solas, só por só, sem ajuda de outrem. *Citra alterius opem. A solas ó a sus solas (loc. adv.);* a solas, só por só, em particular, solitariamente. *Sine arbitris; seorsim:* — *m. (mus.)* solo; peça de musica vocal ou instrumental, executada por uma só pessoa com a voz ou em instrumento musico. *Compositio musica ad unius cantum aptata.*

Sologastro. *m. (zool.)* Sologastro; genero de echinodermes, da familia dos asteridos.

Solombra. *f. (ant.)* V. *Sombra.*

Solombrera. *f. (ant.)* V. *Sombría:* — V. *Sombrero.*

Solombrero. *m. (ant.)* V. *Sombrero.*

Solomillo. *m.* Lombinho; parte carnosa e sem osso que está junta ao lombo, sobre as costellas do porco. *Porcina caro inter costas:* — assem, parte carnosa e sem osso, contigua ao lombo, entre as costellas da vacca, etc.

Solomo. *m.* V. *Solomillo.* Por extensão diz-se do lombo de porco temperado e salgado. *Succidia, porci tergum, armus. Cuando no tengo solomo, de todo como (rif.);* quando não tenho lombo, de tudo como; applica-se ao ambicioso, que quando não póde conseguir muito, não deixa de aceitar o que lhe dão, aindaque seja bagatela. *Etsi magno ambiam, parva non despiciam:* quando não ha alvo, come-se de rala; applica-se aos que sabem reduzir as suas despezas quando o estado de sua fazenda aconselha a economia.

Solorina. *f. (bot.)* Solorina; genero de plantas phyceas.

Solsera. *f.* Especie de grande rede de pescar.

Solsticial. *adj.* Solsticial; pertencente ao solsticio, *Solstitialis, le.*

Solsticio. *m.* Solsticio; o tempo em que o sol parece estar parado, e se acha em um dos dois pontos mais afastados do equador. *Solstitium, ii.*

Soltadizo, za. *adj.* Solto com arte e manha, com disfarce ou segredo, para algum fim. *Aptè, subdolè solutus, dimissus.*

Soltador, ra. *s.* Soltador; o que solta, desata ou larga alguma cousa que tinha presa, atada, etc. *Quod tenebat dimittens.*

Soltamiento. *m.* V. *Soltura.*

Soltar. *a.* Soltar, desatar. V. *Desatar, Desceñir:* — soltar; dar liberdade ao preso. Usa-se tambem como reciproco. *Solvere, dimittere:* — soltar; manifestar por signaes exteriores algum affecto ou sentimento interior, como: *Soltar la risa, las lágrimas;* soltar o riso, o pranto, etc. *Solvere lacrymas, aut risum,* etc.: — explicar, decifrar, dar solução. Hoje só se usa na phrase: *Soltar la dificultad, el argumento;* resolver a difficuldade, o argumento. *Solvere, explanare:* — *(ant.)* soltar; perdoar uma divida ou parte d'ella, desobrigar d'ella o devedor: — *(ant.)* soltar, desobrigar, livrar, desencarregar, exonerar alguem de alguma obrigação: — *(ant.)* soltar, annullar, desfazer: — *(ant.)* soltar, dar, conceder, permittir:. — V. *Perdonar:* — *el preso (fr. vulg.);* soltar, largar um prisioneiro; dar um peido, um traque: — *el tropo (fr. fig.);* soltar as redes aos vicios, á devassidão, etc., entregar-se inteiramente a elles: — *la carga (fr. fig.);* sacudir a carga; dispensar-se, livrar-se de um onus, de um desar penoso: — *la presa;* soltar a presa, os diques; abri-los para deixar correr a agua represada; — *(fig.)* debulhar-se em lagrimas: — *la tarabilla (fr. fig.)*; soltar a lingua, dar á taramella; fallar muito e precipitadamente, palrar: — *una palabra;* soltar, proferir uma palavra: — *la ropa;* soltar o vestido,desarregaça-lo,abaixa-lo: — *r.* desembaraçar-se, desenvolver-se; adquirir desembaraço, afouteza, fazer-se expedito, diligente, perder o acanhamento. *Expeditius agere: — (fig.)*; desregrar-se, desmandar-se, entregar-se aos vicios, dar-se á licença, á desenvoltura. *Licentius agere: — (ant.)* verificar-se, realisar-se.

Soltería. *f.* Celibato; estado de uma pessoa nubil, que vive solteira. *Cœlibatus, us.*

Soltero, ra. *adj.* Solteiro, celibatario, célibe; pessoa que vive sem tomar estado, e que ainda não foi casada. Usa-se tambem substantivado. *Cœlebs, bis:* — V. *Suelto, Libre: — (ant.)* grande, importante. *A rienda soltera (loc. adv. ant.)*; á redea solta.

Solteron, na. *adj.* Solteirão; diz-se da pessoa que já não é moça e que se conserva solteira: — casadeiro, nubil; pessoa que está capaz de casar, mas que ainda é solteira.

Soltura. *f.* Soltura; acção e effeito de soltar. *Solutio, onis:* — soltura; destreza despejada, desembaraço em qualquer exercicio, agilidade. *Agilitas, dexteritas:* — soltura, descomedimento, desenvoltura, dissolução, licenciosidade. *Dissolutio, petulantia, procacitas:* — liberdade e destreza de mão que denota que o artista não se fatigou com a sua obra, por ser superior ás difficuldades da sua profissão: — *(ant.)* soltura. V. *Solucion,* na segunda accepção: — *(ant.)* perdão, remissão: — benção, absolvição: — *(for.)* soltura; liberdade concedida aos presos pelo juiz.

Solubilidad. *f.* Solubilidade; qualidade de ser soluvel.

Soluble. *adj.* Soluvel; que póde ser dissolvido. *Solubilis, le.*

Solucion. *f.* Solução, dissolução; acção e effeito de solver ou dissolver. *Solutio, onis:* — solução, resolução; explicação de difficuldade. *Solutio, onis:* — paga, satisfação: — *(lit.)* V. *Desenlaze,* no drama e poema epico.

Solutivo, va. *adj. (med.)* Solutivo, laxativo; que tem virtude para soltar, laxar o ventre. Usa-se tambem substantivado na terminação masculina. *Laxativus, a, um.*

Solvencia. *f.* Solvabilidade; desempenho, satisfação da divida ou debitos contrahidos.

Solventar. *a. (comm.)* V. *Pagar.*

Solvente. *p. a.* Dissolvente; que solve ou dissolve. *Solvens, entis:* — *adj.* desobrigado, livre, isento, exonerado de divida, que a pagou. *Ære alieno solutus:* — *(comm.)* abonado para pagar a divida que contrahiu.

Solver. *a. (ant.)* Solver, soltar. *Solvere:* — *(ant.)* solver, dissolver: — *(fig.)* solver, resolver, explicar duvidas, etc. *Solvere:* — V. *Absolver.*

Solzeta. *f.* Molancão; cavallo pesado, molle, sem fogo nem ardimento.

Sollada. *f. (ant.)* Soldada, paga.

Sollador. *m. (ant.)* Assoprador; homem que de continuo assopra.

Sollamar. *a.* Chamuscar; queimar ligeiramente, passar por cima das chammas. *Amburere; leviter torrere.*

Sollar. *a.* Assoprar como folle ou com elle.

Sollastre. *m.* Moço, rapaz, bicho da cozinha; creado que faz o serviço mais ordinario da cozinha, ao qual tambem se chama em castelhano *pinche de cocina. Culinarius servus:* — *(fig.)* velhaco, maroto, brejeiro fino e astuto. *Rafer, versutus.*

Sollastría. *f.* Emprego do moço ou bicho da cozinha. *Culinæ servitium.*

Sollastron. *m. augm.* de *Sollastre.* Brejeirão, marotão fino e astuto. *Vaferrimus, astutissimus.*

Sollia. *f. (bot.)* Sollya; genero de plantas da familia das pittosporeas.

Sollo. *m. (zool.)* V. *Esturion:* — *de mar.* V. *Centropomo:* — *perca;* lucio-perca; especie de peixes.

Sollozar. *a.* Soluçar; dar soluços. *Singultire.*

Sollozo. *m.* Soluço; movimento convulso da respiração, especie de suspiro interrompido, que precede ou acompanha o pranto. *Singultus, us.*

Soma. *f.* Rolão; segunda farinha que os lavradores destinam para fazer o pão dos creados. *Farina secundaria:* — *(germ.)* gallinha.

Somanta. *f. (fam.)* Sova, tunda, pisa de pancadas. *Verberatio, onis.*

Somaten. *m.* Companhia ou corpo de gente armada e mantida á custa de algum povo, cidade ou provincia do antigo principado de Catalunha, para sua defeza. *Oppidanorum cœtus coactorum ad hostem armis repellendum:* — soldado que serve n'esta companhia ou corpo. *Oppidanus in cœtum coactus ad hostem armis repellendum.*

Somatico. *m. (zool.)* Somatico; genero de insectos coleopteros heteromeros da familia dos melasomos.

Somatodo. *m. (zool.)* Somatodo *(carnoso)*; genero de insectos coleopteros da familia dos curculionidos.

Somatolojía. *f.* Somatologia; tratado das partes solidas do corpo humano.

Somatolójico, ca. *adj.* Somatologico; concernente á somatologia.

Somatoplatípodo, da. *adj. (zool.)* Somatoplatipoda; diz-se das aves que têem pés espalmados e collocados na parte posterior do corpo.

Somatotomía. *f.* Somatotomia. É synonymo desusado de anatomia.

Somatotómico, ca. *adj.* Somatotomico; pertencente á somatotomia.

Sombra. *f.* Sombra; obscuridade causada por um corpo opaco que intercepta a luz do sol, ou a que é emittida ou reflectida por um corpo luminoso. *Umbra, æ:* — sombra, visão, phantasma, espectro. *Spectrum, i:* — sombra de finado, espectro; em estylo elevado e poetico é o mesmo que familiarmente se chama alma do outro mundo: — *(fig.)* sombra, amparo, abrigo, defeza, favor, protecção. *Umbra, æ:* — *(fig.)* sombra, côr, pretexto, motivo: — *(fig.)* sombra, mostras, apparencia, leve indicio. *Umbra, æ:* — *(p. Mex.)* sombreiro: armação com que os vendedores se abrigam do sol: — *(germ.)* justiça: — *(ant.)* V. *Hermosura:* — *pl.* sombras da noite, trevas, escuridade que reina então: — *pl.* sombras da morte, dos finados ou dos mortos, manes, almas do outro mundo. *Sombras chinescas;* sombrinhas; espectaculo em que se representam figurinhas em acção, junto a um cortinado de papel branco, illuminado pela parte opposta aos espectadores. *Sombras invisibles;* dansa que se executa pondo no fundo do theatro uma cortina de estofo ou de papel, atrás da qual a certa distancia se põem algumas luzes no chão, e os que dansam collocam-se entre as luzes e a cortina. *Tripudium, gesticulatio, umbra tantum conspicabilis. A sombra de tejado* o *a sombra de tejados (loc. adv.);* ás escondidas, encobertamente, occultamente, clandestinamente. Usa-se com o verbo *andar. Clandestinò, clanculum. Andar sin sombra (fr. fig.);* andar mui cuidadoso e diligente para obter alguma cousa. *Nimio desiderio, nimia cura angi. Hacer sombra (fr.);* fazer sombra, assombrar; impedir, interceptar a passagem da luz, projectar sombra. *Obumbrare:* *(fig.)* fazer sombra a alguem, offusca-lo, eclipsa-lo; escurecer-lhe o merecimento, vence-lo, não o deixar sobresaír e luzir. *Obumbrare, obscurare:* *(fig.)* fazer sombra; proteger, amparar. *Favere, tueri. Mirarse a la sombra (fr. fam.);* mirar-se na sombra, olhar para a sombra; ser presumido, ter presumpção de bonito e gentil. *Suâ ipsius formâ delectari. Ni por sombra (loc. adv.);* nem por sombras; por nenhum modo ou maneira. *Nullo modo. No ser ni su sombra (fr.);* não ser nem a sua sombra; estar inteiramente mudado ou degenerado, que não se reconhece o que era. *Poner a la sombra (fr. fam.);* pôr á sombra; metter na cadeia, encarcerar alguem. *In carcerem conjicere. Al espantado la sombra le espanta (rif.);* gato escaldado de agua fria tem medo; quasi sempre os que uma vez foram escarmentados, tornam-se nimiamente cautelosos. *Timore correptus suam ipsius umbram fugit:* — *(pint.)* sombra; tinta escura com que se pintam as sombras ou partes do painel que representam os corpos em que não dá a luz. *Umbra, æ:* — *de hueso;* tinta preta que se faz dos ossos de porco calcinados, e que se usa para sombras. *Pigmentum ex ossibus porci:* — *de Venecia;* sombra de Veneza; especie de carvão que se encontra em fôrma de terra de côr de ferrugem ou pardo escuro. Emprega-se em pintura para escurecer as tintas ou representar as sombras. *Bitumen quoddam pictorum:* — *de viejo;* especie de terra de côr pardo escura, de que usam os pintores. *Pigmenti genus:* — *(zool.)* sombra ou ombria; especie de peixes, que se acham nos rios do centro da Europa, e são mui apreciados pelo seu sabor delicado.

Sombraje. *m.* V. *Sombrajo,* na primeira accepção.

Sombrajo. *m.* Ramada; obra que se faz de ripas direitas com outras atravessadas em cima, coberta de ramos verdes cortados e unidos para fazerem sombra de verão. *Umbraculum, i:* — sombrinha; sombra que alguem faz pondo-se diante da luz e movendo-se de modo que incommode quem precisa d'ella. Usa-se frequentemente no plural. *Vaga umbra lucem impediens. Caérsele a uno los palos del sombrajo (fr.)* V. *Caérsele la casa a cuestas.* V. *Casa:* — *(agr.)* ramada, abrigo; resguardo feito de ramos, vimes, esteiras, etc. para sombra.

Sombrar. *a. (ant.)* V. *Asombrar.*

Sombrear. *a.* Sombrear, assombrar; pôr, distribuir as sombras no desenho ou pintura. *Adumbrare.*

Sombrerazo. *m. augm.* de *Sombrero.* Chapeirão, chapéu grande. *Ingens galerus, petasus:* — golpe com um chapéu. Em Hespanha é uma injuria grave. *Ictus, percussio galero impacta.*

Sombrerera. *f.* Chapeleira; caixa para guardar chapéus. *Theca galeri, capsa.*

Sombrerería. *f.* Chapelaria; loja ou fabrica de chapéus. *Officina pilearia:* — chapelaria; commercio de chapéus: — chapelaria; officio de sombreireiro, arte de fabricar chapéus.

Sombrerero. *m.* Sombreireiro, chapeleiro; homem que fabrica e vende chapéus. *Petasorum artifex.*

Sombrerete. *m. dim.* de *Sombrero.* Sombreirete, chapéu pequeno.

Sombrerillo, to. *m. dim.* de *Sombrero.* Sombreirinho, chapelinho, chapéozinho ou chapéusinho: — *(bot.)* sombreirinhos ou chapéu dos telhados, umbigo de Venus; herva commummente chamada couchellos. V. *Ombligo de Venus.*

Sombrero. *m.* Sombreiro, chapeo ou chapéu; cobertura da cabeça, de que usam homens e mulheres, feita de feltro, lã, pello, palha, etc. *Galerus, i:* — sobrecéu ou tecto que se põe sobre o pulpito. *Suggestus, pulpiti tectum:* — *(fig.)* grandeza que têem algumas pessoas de Hespanha, que lhes dá o direito de se cobrirem diante do rei. *Magnatum hispanorum dignitas; inde dicta quod coram rege, capite cooperto, adstare possint:* — *de copa;* chapéu de copa alta: — *de hierro.* V. *Bacinete:* — *de panza de burra (p. Mex.);* chapéu de lã commum um pouco lustrosa: — *de petate (p. Mex.);* chapéu de folha de palmeira: — *de teja;* chapéu de telha; chapéu de abas levantadas, que usam os ecclesiasticos de Hespanha. *Galerus cunaliculatus:*—*de tres picos;* chapéu de tres bicos; armado em fôrma de triangulo. *Triangularis galerus:* — *gacho;* chapéu desabado; redondo e de abas inteiras e não levantadas. *Incurvis oris pileus:* — *apuntado;* chapéu de tres bicos. *Calar el sombrero (fr.);* enterrar o chapéu, carrega-lo, pô-lo na cabeça até aos olgos. *Galerum fronti adstringere. No quiero, no quiero, pero echádmelo en el sombrero (rif.);* não o quero, não o quero, deitamo n'este capello; refere-se aos que recusam affectadamente receber alguma cousa que se lhes dá, com desejo de que os roguem mais para a aceitar. *Nolo, nolo, sed nolendo dico volo. Quitarse el sombrero (fr.);* tirar o chapéu, descobrir-se. *Caput nudare:* — *(naut.)* a parte superior do cabrestante onde se lhe introduzem as barras para lhe dar movimento: —V. *Caperuza:* — capello; especie de cobertura de ferro com que se resguardam as abitas: —V. *Copa,* em marinha. *Ponerse por sombrero el buque (fr. naut.);* fazer da quilha portaló. V. *Zozobrar.*

Sombría. *f.* Logar, sitio sombrio, onde ha sombra. *Umbratus locus, umbrosior.*

Sombrilla. *f. dim.* de *Sómbra.* Sombrinha: — sombrinha de mão ou de sol; chapéu de sol pequeno. *Umbella, æ:* — *(zool.)* V. *Medusa.*

Sombrío, ía. *adj.* Sombrio; onde ha sombra, que recebe pouca luz. *Umbrosus, opacus:* — escuro; diz-se da parte da pintura onde se põe as sombras:—sombreado, escuro; diz-se da figura ou pintura a que se pozeram as sombras. *Adumbratus, a, um:*—*(fig.)* sombrio, triste, tristonho, tetrico, severo, carrancudo: — *(pint.)* escuro; diz-se da tinta ou côr opaca, pouco brilhante.

Sombrita. *f. dim.* de *Sombra.* Sombrinha.

Sombroso, sa. *adj.* Sombroso, umbroso, umbrifero; que faz muita sombra. *Umbrosus, a, um:* — sombrio, escuro: —V. *Hermoso.*

Someramente. *adv. m.* Superficialmente. *Superficie tenùs.*

Somería. *f. (fam. ant.)* V. *Superficialidad.*

Somero, ra. *adj.* Superficial; que tem pouco fundo, que está á flor, na superficie. *Summus, superficialis:* — *(ant.)* summo, o mais alto, o de cima. *Summus, a, um:* —V. *Sobrante:* — *m. (ant.)* V. *Bestia de carga:* — *pl.* someiros; duas peças quadradas de madeira que nas prensas antigas de imprimir estão entre as duas columnas, fixa a debaixo, e movel a de cima.

Somervillita. *f. (min.)* Sommervillita; variedade de humboldtilitha: — sommervillita; variedade de hydrosilicato de cobre.

Someter. *a.* Sometter, submetter; pôr uma cousa debaixo de outra. O primeiro vocabulo é desusado em portuguez. *Submittere, subjicere:* — submetter, sujeitar, domar, humilhar, subjugar. *Summittere, subjugare:* — *r.* submetter-se, sujeitar-se. *Submitti.*

Somètrico, ca. *adj. (ant.)* V. *Sodomítico.*

Sometimiento. *m.* Submettimento; acção de submetter-se. *Submissio, subjectio.*

Somirse. *r. (ant.)* Sumir-se. V. *Sumirse.*

Sommera. *f. (bot.)* Sommera; genero de plantas da familia das rubiaceas.

Sommita. *f. (min.)* Sommita; variedade de nephelina.

Somnambulismo. *m.* V. *Sonambulismo.*

Somnámbulo, la. *adj.* V. *Sonámbulo.*

Somnífero, ra. *adj. (poet.)* Somnifero; que causa, excita o somno, que faz dormir. *Somnifer, somnificus.*

Somnilocuo, cua. *adj.* Somniloquo; que falla durante o somno.

Somnioso. *m. (zool.)* Somnioso; genero de peixes acanthopterygios.

Somnolencia. *f.* Somnolencia; peso e torpor dos sentidos produzido pelo somno. *Somnolentia, æ:* — somnolencia; vontade de dormir, disposição a dormir. *Somnolentia, æ.*

Somo. *m. (ant.)* Summidade, cimo; o ponto mais alto de uma cousa: — *(adv. ant.)* V. *Arriba. De somo afondon (loc. adv. ant.);* de alto abaixo. *En somo (loc. adv. ant.);* em cima, no cimo, no ponto mais alto.

Simoinita. *f. (min.)* Simoinita; substancia mineral encontrada nas areias dos montes Uraes juntamente com a platina.

Somonte. *adj.* Tosco, rude, bruto, grosseiro, sem polimento. *Artificii expers:* — *(ant.)* qualificação que se dava ao panno que era fabricado na villa de Agreda.

Somoplato. *m. (zool.)* Somoplato *(corpo largo);* genero de insectos coleopteros pentameros da familia dos carniceiros.

Somorgujador. *m.* V. *Buzo.*

Somorgujar. *a.* Mergulhar, submergir. Usa-se tambem como reciproco. *Submergere, immergere:* —V. *Buzear.*

Somorgujo. *m.* Mergulhador; da-se este nome ás aves aquaticas, que têem a propriedade de mergulhar. *Aves aquaticæ aqua sese immergentes. A lo somorgujo (loc. adv.);* debaixo de agua. *Sub aquis:* *(fig.)* sob ou debaixo de mão; secretamente, occultamente, á surdina, ás escondidas. *Clanculum, furtim:* — *(zool.)* mergulhão; genero de aves palmipedes da especie das marrecas.

Somorgujon. *m.* V. *Somorgujo.*

Somormujador. m. V. *Somorgujador.*

Somormujar. a. V. *Somorgujar.*

Somormujo. m. V. *Somorgujo.* *A lo somormujo (lóc. adv.)* V. *A lo somorgujo.*

Somover. a. (ant.) V. *Conmover.*

Somoviénto. m. (ant.) V. *Negocio, Asunto.*

Sompesar. a. Sopesar; tomar o peso ao corpo que se pretende arrojar, arremessar, librar. *Alicujus rei pondus, eam sublevando, tentare, experiri.* Usa-se tambem como reciproco.

Somurgujar. a. (ant.) V. *Somorgujar.*

Son. m. Som, tom; impressão que faz no ouvido o ar vibrado, especialmente o som determinado, apreciavel, como o dos instrumentos musicos. *Sonus, i:* — *(fig.)* rumor, voz, fama, noticia, divulgação de alguma cousa. *Fama:* — norma, modo, maneira, como: *por este son;* por este modo. *Ratio, modus:* — *(germ.)* caluda!: — *(conj. ant.)* V. *Sino.* *¿A qué son? ó a son de qué? (loc. fam);* por que titulo ou motivo? v. g.: *a son de qué se ha de hacer esto ó aquello?* por que motivo se ha de fazer isto ou aquillo? *Ut qui? Qua de causa? A son (loc. adv.);* ao som; seguindo a toada, conformando-se á musica dos instrumentos. *Hoc, illo instrumento sonante, clangente. Bailar a cualquier son (fr. fig.);* voltar com todo o vento, ceder a qualquer impressão, não ter estabilidade, ser inconstante, mover-se facilmente de qualquer affecto ou paixão. *Quocumque affectu commoveri. Bailar al son que se toca (fr. fig.);* dansar ao som que se toca; accommodar-se ao tempo ou com o tempo, ás circumstancias ou com as circumstancias; contemporisar, fazer como os mais. *Tempori servire. Bailar sin son (fr. fam.);* estar tão interessado e influido com uma cousa, que não precisa de estimulo ou incentivo para a concluir. *Sine sono saltare. En son (loc. adv.);* em som, á maneira de, como quem. *Admodum, speciè:* com apparencia ou pretexto. *Instar, velut. No viene el son con la castañeta (fr. fig.);* não dizer a letra com a careta; não quadrar, não condizer uma cousa com outra, discordar, discrepar. *Hæc maximediscordant. Quedarse al son de buenas noches (fr. fam.);* ficar chuchando no dedo; ficar logrado, ou sem a cousa que se esperava. *Inani spe decipi. Sin son (loc. adv.);* á tôa, inconsideradamente, sem rasão, sem fundamento. *Temerè, abs re, inconsulto. Sin ton y sin son (loc. adv.);* sem tom nem som; sem ordem, rasão, tempo ou concerto. *Extra chorum, abs re. A son de parientes, busca que meriendes (rif.);* em fiusa de parentes, busca que merendes; não te dês ao ocio confiando em soccorro alheio. *Virtuti et labori, non parentum auxilio fidendum.*

Sonable. adj. V. *Sonoro, Ruidoso:* — V. *Sonado,* na primeira accepção.

Sonacay. m. (germ.) Oiro.

Sonada. f. (ant.) V. *Sonata:* — V. *Son, Sonido.*

Sonadera. f. Acção de se assoar. *Narium emunctio.*

Sonadero. m. Lenço de assoar ou de algibeira. *Linteum emungendis naribus.*

Sonado, da. adj. Soado, famigerado, famoso, celebre, afamado, mui notavel. *Famâ celebris, pervulgatus.*

Sonador, ra. adj. Soante; que sôa ou faz ruido. *Sonans, antis:* — *s.* o que se assoa com ruido: — *m.* lenço de assoar.

Sonaja. f. Pandeiro sem pelle, provido de soalhas. *Crepitaculum, i.*

Sonajero. m. Roquinha; brinquedo de creanças composto de um cabo, tendo em cima umas soalhas ou cascaveis. *Crotalum, i:* — o que faz ou vende roquinhas para creanças.

Sonajica, lla, ta. f. *dim.* de *Sonaja.*

Sonajillas. f. pl. V. *Sonajero,* primeira accepção.

Sonajuela. f. *dim.* de *Sonaja.*

Sonambulismo. m. Somnambulismo; estado, molestia do somnambulo: — somnambulismo artificial; somno facticio, imposto pela vontade alheia, e por certos toques, que deixa livre o uso da palavra e de algumas faculdades intellectuaes, e durante o qual se pretende que o homem é dotado de poderes superiores, similhantes aos que se manifestam durante o estado extatico.

Sonámbulo, la. adj. Somnambulo; diz-se da pessoa que anda, passeia e faz outras cousas durante o somno, como se estivera acordada. *Qui dormiens ambulat, et agit ut vigilans:* — somnambulo; diz-se do homem ou da mulher, segundo os partidarios do magnetismo, que, tendo recebido de outro o fluido magnetico, se adormece e responde ao que se lhe pergunta, especialmente sobre o mal de que padece e do remedio a fazer-lhe. *Qui dormiens divinare videtur.*

Sonante. adj. Soante. V. *Sonoro:* — *f. (germ.)* noz: — *m. (germ.)* guarda.

Sonar. a. Soar, tocar, tanger um instrumento com arte e harmonia. *Pulsare, sonare:* — assoar, esmoncar; tirar o ranho, limpar do monco ou humor superfluo que corre do nariz. Usa-se tambem como reciproco. *Nasum emungere:* — significar; fallando das palavras, é expressar o valor litteral que encerram. *Sonare, significare, valere:* — *(fig.)* alludir, fazer allusão. *Alludere:* — *n.* soar; dar som, ferir o ouvido. *Sonare:* — soar; exprimir-se na pronunciação o valor das letras. *Sonare, pronuntiari:* — cheirar; ter visos, apresentar probabilidades, dar esperanças; como: *le sonó el negocio a ganancia;* cheirou-lhe o negocio a interesse: — *(impes.)* soar, divulgar-se, correr voz, espalhar-se rumores de alguma cousa. Usa-se mais frequentemente como reciproco. *Susurrari, rumorem esse:* — *bien ó mal (fr.);*

soar, parecer bem ou mal. *Benè, malè sonare. Lo que fuere sonará (loc. prov.)*; o que for soará. *Lo que me suena, me suena (fr. fig. fam.)*; o que me sôa, tôa; exprime que alguem se cinge á significação natural das palavras, e não a interpretações subtis e engenhosas.

Sonata. *f.* Sonata; peça de musica instrumental, composta para um ou mais instrumentos e formada de tres ou quatro fragmentos de differentes caracteres. *Concentus, symphonia.*

Soncas. *adv. (ant.)* Em verdade, por certo: — quiçá, talvez.

Soncheas. *f. pl. (bot.)* Soncheas; familia de plantas que tem por typo o genero serralha.

Soncho. *m. (bot.)* Soncho; nome alatinado da serralha. V. *Cerràja.*

Sonda. *f.* Sonda, sondagem; acção e effeito de sondar. *Altitudinis maris exploratio ope bolidis. Ir con la sonda en la mano (fr. fig.)*; ir com o prumo na mão; sondar, tentear, examinar a fundo, proceder com cautela, exame e acerto. *Rem accuratè ac maturè perpendere*: — *(naut.)* sonda; plumo ou prumo com que os nauticos sondam a altura do mar, rio, lago. *Bolis, idis*: — sonda; parte do mar, onde se acha fundo com a sonda ou cuja altura de agua já é conhecida. *Altitudo maris vulgò cognita. Cantar la sonda (fr. naut.)* V. *Cantar el brazeaje. Cojer ó tomar sonda (fr. naut.)* V. *Cojer*, na primeira accepção nautica. *Perder sonda (fr. naut.)*; perder sonda; não encontrar já fundo com as cento e vinte braças de linha da sonda maior. *Picar en sonda (fr. naut.)*; tocar em sonda; chegar a altura onde ha sonda, ou sondar e encontrar fundo com quasi cento e vinte braças de linha de sonda: — *(cir.)* sonda, tenta; instrumento metallico, ou de gomma elastica, solido ou ôco, para sondar a bexiga, feridas, fistulas, etc.: — *(mil.)* sonda; instrumento para reconhecer a alma das peças de artilheria e a cavidade dos projectis ôcos: — *(min.)* sonda; furo ou abertura artificial que se faz nas rochas, para descobrir a natureza das substancias terrosas, para arejar as minas ou com o fim de tirar a agua: — *de minero*; sonda de mineiro; barra de ferro acerada por um dos extremos, que serve para furar as rochas.

Sondable. *adj.* Sondavel; que póde ser sondado. *Bolide mensurabilis.*

Sondadura. *f.* V. *Sonda*, na primeira accepção.

Sondaleza. *f. (naut.)* Sondareza; cabinho que se amarra ao prumo. Distinguem-se duas sondarezas, á grande e a pequena; aquella é a que se acaba de definir, e esta outra mais curta para as paragens de pouco fundo. *Bolidis chorda, funis*: — cabinho da guindola: — sondareza; barrinha de ferro, de um ou dois pés de comprimento, dividida em pollegadas e meias pollegadas, que serve, amarrada ao extremo de um cordel proporcionado, para sondar a bomba e averiguar a quantidade ou altura da agua que ha na sentina. *Echar la sondaleza (fr.)*; tomar a sonda. V. *Sondar.*

Sondar. *a.* Sondar; tomar a altura do mar, rio ou lago com a sonda nautica, tomar o fundo. *Bolide maris altitudinem explorare*: — *(fig.)* sondar, tentear; tentar descobrir, procurar, penetrar, inquirir, examinar com cautela e dissimulação as intenções de alguem, o seu segredo, o seu animo. *Tentare, experiri.*

Sondaro. *m. (zool.)* Sondaro; genero de insectos hemipteros da familia dos coreidos.

Sondear. *a.* V. *Sondar.*

Sondeo. *m.* Acção e effeito de sondar.

Sonecillo. *m. dim.* de *Son.* Som ligeiro, fraco, pouco perceptivel. Frequentemente significa o som alegre, vivo e ligeiro. *Levis sonus, hilaris.*

Sonerácia. *f. (zool.)* V. *Pagapato.*

Sonerila. *f. (bot.)* Sonerila; genero de plantas da familia das melastomaceas.

Sonetazo. *m. augm.* de *Soneto.* Grande soneto; diz-se ordinariamente por ironia.

Sonete. *m. (ant.)* V. *Sonsonete.*

Sonetico. *m. dim.* de *Soneto.* Soneto mau, insignificante: — som, toque ligeiro que se faz com os dedos sobre a mesa ou outra cousa. V. *Sonecillo.*

Soneto. *m. (poet.)* Soneto; composição poetica de quatorze versos rimados; a saber: dois quartetos e dois tercetos. *Compositio metrica sic dicta, quatuordecim versibus constans.*

Songa. *f. (fam. p. Cub.)* Chalaça, mofa, zombaria.

Songuita. *f. (fam. p. Cub.)* V. o vocabulo precedente.

Sonicéfalo. *m. (zool.)* Sonicephalo; nome vulgar de algumas especies de insectos coleopteros da familia dos teredilos, notaveis pela faculdade que têem de produzir um som rapido e analogo ao do movimento de um relogio, firmando-se fortemente com as patas e ferindo a madeira com a cabeça.

Soniche. *m. (germ.)* Silencio.

Sonido. *m.* Sonido, som, ruido; especial movimento, impressão ou commoção do ar ferido e agitado por algum corpo, ou pelo choque e collisão de dois ou mais corpos que o ouvido percebe. *Sonitus, us*: — som, tom, valor, pronunciação das letras. *Sonus, pronuntiatio*: — rumor, noticia, fama: — significação, sentido, valor litteral das palavras; v. g.: *estar al sonido de las palabras*; estar no sentido das palavras. *Litteralis significatio.*

Soniqueos. *m. (phil.)* Soniqueos; deistas africanos que não reconhecem Mafoma como propheta.

Sonna. *f. (litt.)* Sonna; collecção que encerra as tradições da religião mahometana. É um supplemento do Alcorão, e o livro que, depois d'este, gosa de mais auctoridade entre os mahometanos.

SONNINIA. *f. (bot.)* Sonninia; genero de plantas da familia das asclepiadeas.

SONNO. *m. (ant.)* Sono. V. *Sueno.*

SONNOSO, SA. *adj. (ant.)* Sonolento ou sonorento. V. *Soñoliento.*

SONO. *m. (ant.)* Sonido, som.

SONOCHADA. *f. (ant.)* Sonoite, crepusculo da noite, principio da noite.

SONÓMETRO. *m.* Sonometro; instrumento musico composto de muitas cordas parallelas, que serve para encontrar as relações de todos os intervallos harmonicos.

SONORAMENTE. *adv. m.* Sonoramente, harmonicamente; com som cheio, sonoro, harmonioso. *Sonorè.*

SONORIDAD. *f.* Sonoridade; a propriedade de ser sonoro: — sonoridade, harmonia, doçura, consonancia, agradavel ou deliciosa cadencia da musica ou dos versos. *Sonitûs dulcedo, suavitas.*

SONORO, RA. *adj.* Sonoro; que dá som claro, agradavel. *Sonorus, a, um. Onda sonora (phys.);* onda sonora; serie continua de ondulações da mesma natureza, que se desenvolvem simultaneamente em uma columna de ar posta em vibração. *Vibraciones sonoras;* vibrações sonoras; oscillações regulares executadas pelas particulas de dois corpos elasticos, e que produzem em nós a sensação do som.

SONOROSO, SA. *adj.* Sonoroso, sonoro. V. *Sonoro.*

SONREGAR. *a. (ant.)* Regar, molhar.

SONREIRSE. *r.* Sorrir-se, sorrir; rir-se algum tanto ou levemente. *Subridere.*

SONRISA. *f.* Sorriso; riso modesto, começo de riso em signal de satisfação ou por zombaria. *Blandus risus, levis.*

SONRISARSE. *r. (ant.)* V. *Sonreirse.*

SONRISO. *m.* V. *Sonrisa.*

SONRODARSE. *r.* Atolar-se, enterrar-se na lama as rodas de uma carruagem. *Rhedam luto hærere.*

SONROJAR. *a.* Envergonhar; fazer corar de pejo, fazer subir a côr ao rosto. Usa-se tambem como reciproco. *Rubore suffundere, afficere.*

SONROJÉ. *adj. (germ.)* Afflicto, affligido.

SONROJEAR. *a. (ant.)* V. *Sonrojar.*

SONROJO. *m.* Acção de envergonhar ou envergonhar-se, de corar ou fazer corar de pejo: — rubor, vergonha, pejo que se mostra no rosto ficando corado. *Rubor, erubescentia:* — *(fig.)* affronta, improperio, offensa, injuria; dito aggravante que faz corar, subir a côr ao rosto. *Quidquid erubescentiam movet.*

SONROSAR. *a.* Dar, communicar uma côr de rosa. *Purpurare:* — pôr côr artificial, pintar o rosto.

SONROSEAR. *a.* V. *Sonrosar:* — *r.* corar-se; fazer-se vermelho. *Purpurare, erubescere.*

SONROSEO. *m.* Rubor; côr rosada, vermelha que sobe ao rosto. *Purpureus color, rubor.*

SONRUJIRSE. *r. (ant.)* Rosnar-se, sussurrar, correr a voz, o rumor.

SONSACA. *f.* Destreza, arte, astucia, sagacidade para furtar ou enganar. *Callida extorquendi ars:* — induzimento; acto de solicitar, desinquietar, induzir alguem: — moquenquice, lisonja, palavras doces, subtileza para tirar ou saber de uma pessoa alguma cousa.

SONSACADOR, RA. *s.* Enganador, moquenco, induzidor; o que engana com boas palavras. *Callidus extortor.*

SONSACAMIENTO. *m.* V. *Sonsaca.*

SONSACAR. *a.* Furtar o que está em um saco, descosendo-o ou rompendo-o por baixo, sem se dar por isso. *Callidè eripere, extorquere:* — induzir alguem a fazer alguma cousa secretamente, ás escondidas. *Subdolè, clam allicere:* — *(fig.)* sacar; tirar de alguem ardilosamente alguma cousa, fazer descobrir o segredo, etc. *Subdolè, sollerter arcanum ab aliquo extorquere.*

SONSAQUE. *m.* V. *Sonsaca.*

SONSERA. *f. (p. A. M.)* Asneira, tolice, parvoice.

SONSIBELAR. *n. (germ.)* Emmudecer.

SONSONETE. *m.* Som produzido por pequenos golpes que se dão repetidamente em algum corpo, imitando este ou aquelle tom musico. *Sonus iteratus:* — *(fig.)* tom ou modo especial no riso ou nas palavras, que denota desprezo ou ironia. *Tonus ironicè loquendi.*

SONSONICHAR. *n. (germ.)* Calar, omittir.

SOÑADOR, RA. *s.* Sonhador; o que sonha muito, habituado a sonhar. *Somniator, oris:* — sonhador; o que conta visões, sonhos, cousas imaginarias. *Somniorum, futilium rerum narrator.*

SOÑANTE. *p. a.* de *Soñar.*

SOÑAR. *a.* Sonhar; ter sonhos, ver, imaginar em sonho cousas phantasticas, como se fossem reaes e presentes. *Somniare:* — *(fig.)* sonhar; discorrer phantasticamente, dando por certo o que é falso, imaginar, suspeitar sem fundamento. *Somniare. Ni soñarlo (loc. fam.);* nem sonha-lo, nem por sonho; não ter o menor pensamento ou idéa de uma cousa, estar mui longe de a saber ou imaginar. *Nec per somnum.*

SOÑARRERA. *f. (p. And.)* Somno pesado, profundo, ou o sonhar muito. *Altus somnu; multiplex per quietem visio:* — somnolencia habitual, disposição continua para o somno. *In somnum proclivitas.*

SOÑERA. *f.* Somneira; propensão a dormir.

SOÑOLENCIA. *f.* Somnolencia. V. *Somnolencia.*

SOÑOLENTO, TA. *adj. (ant.)* Sonolento. V. *Soñoliento.*

SOÑOLIENTAMENTE. *adv. m.* Somnolentamente, com somnolencia. *Dormitando.*

SOÑOLIENTO, TA. *adj.* Somnolento; disposto a dormir, ou cheio, accommettido de somno. Algumas vezes em castelhano significa tambem a pessoa adormecida. *Somnolentus, a, um:* — somnifero, soporifero; que causa somno. *Somnifer, era, erum:* — *(fig.)* sorna, preguiçoso, inerte.

Sopa. *f.* Sopa; pedaço de pão embebido em caldo, leite, vinho, etc. *Offa, æ:* — sopa; pão cortado em bocados que se deita no caldo. Usa-se communmente no plural em ambos os idiomas. *Panis frustula juri immergenda:* — sopa; prato composto de pão, arroz ou massa e caldo. *Ferculum ex pane jure madido:* — caldo; comida que se dava na portaria dos conventos aos pobres, e constava principalmente de caldo e pão. *Jus, obsonium mendicantibus elargitum:* — *borracha;* sopa de vinho; pão ou biscoito molhado em vinho com assucar e canella. *Offa vino madida:* — *de arroyo (fam.);* seixo, pedra solta, cascalho. *Lævis missilisque lapis:* — *de vino (prov.);* flor de cardo ou abrolho. *Flos tribuli, vulgò aliquibus locis sic dicta:* — *dorada;* a que se faz de pão torrado em fatias, sobre as quaes se deita o caldo mais substancial e uma porção de assucar e bagos de romã. Foi muito usada antigamente. *Dulcis offa pane tosto. Sopas de ajo ó de gato;* sopa de azeite; sopa feita com agua a ferver, sal e pimenta ou pimentão, a que se junta um pouco de azeite frito com alguns dentes de alho. *Offa ex oleo et aqua; vulgò sic dicta. Andar a la sopa (fr.);* andar ás sopas, mendigar o sustento de porta em porta ou de convento em convento. *Cibum ostiatim mendicare. Caerse la sopa en la miel (fr. fig. fam.);* caír a sopa no mel; succeder alguma cousa com mais felicidade do que se esperava. *Præter opem aliquid evenire; in melius evenire rem. Calar la sopa (fr.);* molhar, escaldar a sopa; deitar caldo sobre o pão cortado em sopas. *Offam jure saturare. Estar a la sopaboba (fr. fig.);* comer e regalar-se á custa da barba longa, á custa alheia. *Hecho una sopa, ó hecho una sopa de agua (fr.);* feito uma sopa; muito molhado. *Multa aqua madidus. Ir a la sopa (fr.);* estar perdido, reduzido á miseria, a pedir esmola. *Borracho como una sopa;* bebado como uma sopa; enfrascado em vinho, licores. *De la mano a la boca se cae la sopa (fr.);* da mão á bôca se perde a sopa. *Echar a uno mas alto que sopas en queso (fr. fig. fam.);* despedir asperamente. *Pereza quieres sopas? (fr. fam.);* diz-se a um preguiçoso que perde tudo ou se priva de quasi tudo pela sua negligencia. *Sopas a manta;* sopa abundante. *Sopa de vino no emborracha, pero agacha ó arrima a las paredes (rif.);* todas as cousas produzem o effeito que lhes é proprio, aindaque se disfarce ou encubra com alguma côr ou pretexto. *Quidquid sit, prout et natura comparatum, egit.*

Sopaipa. *f.* Especie de sonho ou coscorão passado por mel. *Massa melle confecta, frixaque.*

Sopalancar. *a.* Solevar com alavanca, metter a alavanca debaixo de alguma cousa para a mover ou levantar. *Vectem oneri levando subjicere.*

Sopalanda. *f.* V. *Hopalanda.*

Sopanda. *f.* Trave, viga; madeiro grosso que se põe nos edificios horisontalmente, apoiado só pelos extremos, e que serve para suster alguma cousa. *Crassior trabs in edificiis transversa:* — correão; cada uma das tiras largas de sola que sustentam a caixa das carruagens que não são de mollas. *Lora quibus rheda hinc indeque suspenditur.*

Sopapeadura. *f.* V. *Sopapeo:* — *(fam.)* carga de sopapos.

Sopapear. *a.* *(fam.)* Esbofetear, dar bofetões, sopapos: — V. *Sopetear,* na segunda accepção.

Sopapeo. *m.* Acção e effeito de esbofetear ou dar sopapos: — grande numero de sopapos.

Sopapo. *m.* Sopapo; pancada que se dá com a mão no pescoço, por debaixo da barba. *Sub mentum percussio:* — sopapo, bofetada. V. *Bofetada:* — valvula das machinas hydraulicas, que serve para impedir a saida da agua que vão recebendo. *Valvula, æ.*

Sopar. *a.* V. *Ensopar.*

Sopear. *a.* V. *Ensopar:* — sopear; metter ou trazer sob ou debaixo dos pés, pisar, calcar. *Calcare, conculcare:* — *(fig.)* sopear, reprimir, dominar, subjugar, maltratar. *Subigere, dominari.*

Sopeña. *f.* Socava, excavação, concavidade que uma penha ou rocha forma na parte inferior. *Subcavum rupis interstitium.*

Sopera. *f.* Sopeira; terrina em que se serve a sopa. *Lanx grandior et profundior.*

Sopero. *adj.* Sopeiro; diz-se do prato côvo que serve para sopas. *Catinus profundior.*

Sopesar. *a.* V. *Sompesar:* — *(ant.)* accommetter, surprehender.

Sopetear. *a.* Sopetear; molhar, embeber a miudo o pão no caldo ou molho. *Frustula panis jure madefacere:* — *(fig.)* mimosear, sacudir alguem, maltrata-lo ou ultraja-lo. *Subijere, pessumdare.*

Sopeton. *m. aug.* de *Sopa.* Sopetarra: — fatia grande de pão torrado, que se molha em azeite nos lagares. *Ingens offa oleo intincta:* — *(fam.)* bofetão, sopapo, bofetada forte, violenta e repentina. *Colaphus, i:* — *(ant.)* V. *Empellon, Empujon. De sopeton (loc. adv.);* de improviso, subitamente, impensadamente. *Subitò, improvisò.*

Sopilla, ta. *f. dim.* de *Sopa.* Sopinha.

Sopista. *m.* Sopista; o que vive de esmolas e vae receber o caldo á portaria dos conventos. Diz-se ordinariamente dos estudantes pobres que vivem de donativos particulares. *Mendicans, serbillum quæritans.*

Sopladero. *m.* Espiraculo, respiradouro; orificio que dá

entrada e saida ao ar nos conductores subterraneos. *Subterraneum spiraculum.*

Soplado. *adj.* Casquilho, taful; diz-se do homem que traja com demasiada elegancia, com affectação. *Nimis comtus.*

Soplador, ra. *s.* Soprador, assoprador; o que sopra. *Flans, antis:* — *(fig.)* soprador, assoprador, instigador; o que excita. *Spirans, accendens:* — assoprador; especie de folle para accender brazeiros: — *m. pl. (zool.)* sopradores; nome dado pelos marinheiros e os habitantes das costas ás especies de cetaceos do genero delphim, provavelmente pelos repuchos de agua que lançam pelos seus espiraculos, quando nadam á superficie da agua.

Soplamocos. *m. (fam.)* Tapaolho; pancada que se dá na cara com a mão, principalmente sobre o nariz. *Colaphus, alapa.*

Soplar. *a.* Soprar, assoprar; impellir o ar com o sopro. *Flatu aliquit removere, expellere:* — *(fig.)* soprar, assoprar; suggerir, repetir em voz baixa a alguem o que há de dizer. *Insufflare, insussurrare:* — *(fig.)* assoprar, suggerir, inspirar, e n'este sentido diz-se: *Que sopla la musa, etc.;* que a musa assopra, inspira, etc. *Inspirare:* — *(fig.)* surripiar, empalmar; furtar ou tirar alguma cousa ás escondidas, com astucia. *Furtim tollere:* — *(fig.)* assoprar; no jogo das damas é levantar a tabula com que o parceiro devia comer outra. *Adversarii latrunculum de medio tollere:* — *n.* assoprar; mover o ar com a bôca, expellir o ar da bôca com violencia. Usa-se tambem como activo. *Spirare, flare:* — assoprar; fazer vento, mover o ar com o folle. *Follicare:* — soprar, assoprar, respirar; mover-se, correr o vento, fazendo-se sentir. *Flare, perflare:* — *(fig.)* enxugar copos; beber muito vinho, ser um esponja, grande bebedor. *Perpotare, altè bibere:* — *(fig.)* mexericar, accusar, delatar: — *(fam.)* V. *Chismear:* — pespegar, dar, como: *Soplar un bofeton;* pespegar um bofetão: — *r. (fam.)* enxugar, devorar, comer ou beber muito; *v. g.:* *Se sopró dos azumbres de vino y medio jamon;* enxugou dois quartilhos de vinho e meio presunto. *Sopla!* interjeição que se costuma applicar á admiração que se sente. *Sopla, vivo te lo doy;* jogo de rapazes, que se faz tomando na mão um pausinho ou outra cousa similhante, e estando acceso em uma ponta assoprando-o, dizem: *Sopla, vivo te lo doy, y si muerto me lo dás, tu me la pagarás;* e vae passando de uns para outros, e aquelle em cuja mão se apaga perde uma prenda. *Lussus quidam; geniale quoddam oblectamentum:* — *y sorber no puede ser (rif.);* assoprar e sorver não pôde ser, não posso ter a bôca cheia de agua, e assoprar ao fogo; exprime que não podem fazer-se e desfructar-se a um tempo cousas incompativeis. *Non omnia simul.*

Soplete. *m.* Maçarico; tubo de metal de menor diametro para a ponta que é curva, de que se servem os ourives e outros artistas para soldar, applicando-o a uma luz, e assoprando por elle ligeiramente, fazendo por este modo fundir os ingredientes da solda. *Tubus metallicus fundendo inserviens:* — V. *Soplador.*

Soplico, llo. *m. dim.* de *Soplo.* Soprosinho.

Soplido. *m. (ant.)* V. *Soplo.*

Soplillo. *m.* Qualquer cousa fraca, delicada, mui leve. *Quidquid levissimum:* — soprilho; seda muito rala e leve. É antiquado em portuguez: — V. *Soplador.*

Soplo. *m.* Sopro, assopro; acção de assoprar. *Flatus, i:* — sopro, assopro; ar impellido no acto de assoprar. *Spiritus, halitus, ventus:* — sopro, assopro, bafo; movimento breve e ligeirissimo do ar: — *(fig.)* assopro; denuncia, delação, aviso, accusação secreta. *Insurratio, onis:* — *(fig.)* bafo, favor, protecção. *Favor, oris:* — *(fig.)* sopro, assopro, instante, momento, tempo brevissimo. *Momentum temporis:* — *(germ.)* delator, denunciante.

Soplon, na. *adj.* Mexeriqueiro, delator, accusador, denunciante. *Susurro, delator.*

Soploncillo, lla. *adj. dim.* de *Soplon.*

Sopon. *m. aug.* de *Sopa.* Sopão; sopa grande: — V. *Sopista.*

Soponcio. *m. (fam.)* Faniquito, desmaio, deliquio; perda dos sentidos: — angustia, afflicção. *Anxium desiderium, ægra sollicitudo, cura.*

Sopor. *m.* Adormecimento; vontade de dormir, disposição para o somno. *Sopor, oris:* — lethargo, somno profundo de que é difficil tirar o enfermo. *Sopor, oris.*

Soporífero, ra. *adj.* Soporifero, soporifico, dormitivo; que causa, promove o somno. *Soporifer, era, erum.*

Soporoso, sa. *adj.* V. *Soporífero:* — soporoso; somnolento. *Somniculosus, a, um.*

Soportable. *adj.* Supportavel, soffrivel, toleravel; que se pôde supportar, soffrer, tolerar. *Tolerabilis, le.*

Soportador, ra. *s.* Supportador; pessoa que supporta, soffre. *Tolerans, antis.*

Soportal. *m.* Portico; portal de edificio com alpendre. *Porticus, xystus.*

Soportante. *p. a. (ant.)* de *Soportar.*

Soportar. *a. (ant.)* Supportar; suster o peso de alguma cousa: — *(fig.)* supportar, tolerar, soffrer com paciencia. *Sustinere, tolerare.*

Soporte. *m. (br.)* Supporte; cada uma das figuras de anjos, de homens ou animaes que sustentam o escudo. *Animalium figuræ tesseram gentiliam sustinentium.*

Soprano. *s.* Soprano; o que tem voz de tiple: — castrado; cantor castrado: — *adj. (mus.)* soprano; palavra italiana com que se designam as vozes feminis mais agudas e as dos meninos; a sua extensão regular é de duas oitavas. *Mezzo soprano;* voz que participa de soprano e de contralto.

SOPUBIA. *f. (bot.)* Sopubia; genero de plantas da familia das escrofularineas.

SOPUNTAR. *a.* Marcar, pôr pontinhos por baixo de uma palavra para a fazer observar. *Notas, apices subjicere; apicibus notare.*

SOR. *f.* Sor ou soror, irmã; titulo que se dá ás freiras. V. *Hermana:* — *m. (fam.)* V. *Señor.*

SORA. *f.* Sora; bebida em uso no Perú; compõe-se de maiz deitado de molho até germinar, moido depois, cozido em agua e deixado de infusão. *Potio peruana, è millio indico aqua decocto confecta.*

SORABÍ. *adj. (germ.)* Fino.

SORAMIA. *f. (bot.)* Soramia. V. *Dolicarpo.*

SORANTO. *m. (bot.)* Sorantho. V. *Sorocéfalo.*

SORASENI. *m. (philol.)* Soraseni; dialecto que os poetas da India fazem fallar ás mulheres de alta classe que figuram em suas composições.

SORBA. *f. (ant.)* Sorva; fructo da sorveira. V. *Serva.*

SORBEDOR, RA. *s.* Sorvedor; pessoa que sorve. *Qui sorbet, potator.*

SORBER. *a.* Sorver; attrahir algum liquido para o interior da bôca aspirando o ar. *Sorbere:* — *(fig.)* sorver, absorver; sumir dentro em si algumas cousas, aindaque não sejam liquidas. *Absorvere:* — *(fig.)* sorver, absorver, chupar; embeber, attrahir a si algum liquido, como fazem os corpos porosos. *Absorvere, sugere:* — *(fig.)* sorver, absorver, tragar, submergir. *Absorbere. Sobérsele a alguno (fr. fig. fam.);* engulir alguem; ser mais forte que elle, vence-lo. *Sorberse los mocos;* sorver o ranho dos narizes.

SORBETE. *m.* Sorvete; entre os turcos é limonada, bebida refrigerante, entre nós é limonada nevada ou qualquer outro xarope de fructa nevado.

SORBETON. *m. augm.* de *Sorbo.* Grande sorvo.

SORBIBLE. *adj.* Sorvivel; que pôde ser sorvido. *Sorbibilis, le.*

SORBICION. *f.* Sorvo; acção de sorver: — bebida propria para se sorver.

SORBILLO, TO. *m. dim.* de *Sorvo.* Sorvinho.

SORBO. *m.* Sorvo, sorvedura; o acto de sorver, bebendo ou chupando. *Sorbitio, onis:* — sorvo; porção de liquido que de uma vez se sorve. *Sorbillum, i:* — cousa pequena comparada com outra maior: — *(bot.)* V. *Sorval.*

SORBONA. *f.* Sorbonna; nome dado á faculdade de theologia da universidade de París, de que foi fundador em 1252 Roberto de Sorbon.

SORBÓNICO, CA. *adj.* Sorbonnico; pertencente a Sorbonna ou que se deriva d'ella.

SORCE. *m. (ant.)* Ratinho, rato pequeno.

SORDAMENTE. *adv. m.* Surdamente, secretamente, á surdina, pela calada. *Silenter, tacitè.*

SORDAWALITA. *f. (min.)* Sordawalita; silicato hydratado de alumina, de ferro e de magnesia, encontrado em pequenos filões na Finlandia.

SORDECER. *a. (ant.)* Ensurdecer; fazer surdo: — *n. (ant.)* surdear. V. *Ensordecer.*

SORDEDAD. *f. (ant.)* Surdeza. V. *Sordera.*

SORDERA. *f.* Surdez; privação do sentido de ouvir, natural ou por effeito de doença. *Surditas, atis.*

SORDEZ. *f. (ant.)* V. *Sordera.*

SORDICAR. *a. (germ.)* Absolver.

SÓRDIDAMENTE. *adv. m.* Sordidamente; com sordidez, sujamente. *Sordidè.*

SORDIDEZ. *f.* Sordidez, sordideza, torpeza, immundicie. *Fœditas, atis:* — *(fig.)* sordidez, torpeza, impureza, vileza: — *(fig.)* sordidez, avareza, mesquinharia, miseria. *Sorditas, illiberalitas.*

SÓRDIDO, DA. *adj.* Sordido, sujo: — *(fig.)* sordido, impuro, indecente ou escandaloso. *Sordidus, a, um:* — sordido, torpe, vil: — sordido, mesquinho, avarento.

SORDILLO, LLA, TO, TA. *adj. dim.* de *Sordo.* Surdinho,

SORDINA. *f.* Surdina; peça que abafa o som de instrumento musico de sopro ou de cordas. *Id quod apponitur, ut lyra, tuba vel buccina sonitum submissum edant. Á la sordina (loc. adv.);* á ou pela surdina, silenciosamente, pela calada, em silencio ou fazendo mui pouco ruido. *Silenter, tacitè:* — *(art.)* surdina; mola que se aperta para impedir que sôe a campainha, nos relogios de repetição: — *(mus.)* instrumento musico de cordas parecido com a rebeca.

SORDISIMO, MA. *adj. sup.* de *Sordo.* Surdissimo, muito surdo. *Surdissimus, a, um.*

SORDO, DA. *adj.* Surdo; privado do sentido de ouvir, por doença ou de nascença. *Surdus, a, um:* — surdo, calado, silencioso, sem ruido. V. *Callado:* — muito ruidoso a ponto de ensurdecer; diz-se por metonymia, tomando a causa pelo effeito: — surdo; diz-se das cousas que soam pouco, ou que têem som obtuso; como: *ruido sordo, etc.;* ruido surdo. *Surdus, remissè sonans:* — *(fig.)* tranquillo, silencioso; que não é ouvido. *Surdus, a, um:* — *(fig.)* surdo, insensivel ou indocil ás persuasões, conselhos, supplicas, etc. *Surdus, a, um. A la sorda (loc. adv.);* á surda ou pela surda, pela calada, insensivelmente, sem ruido. *Sensum, silenter. A lo sordo (loc. adv.)* V. *A la sorda. A sordas (loc. adv.),* ás surdas. V. *A la sorda. Dolor sordo;* dor surda, que não é aguda. V. *Dolor. Dar musica a un sordo (fr.);* fazer ouvir um surdo; cansar-se debalde para convencer ou mover alguem. *El diablo sea sordo (fr.);* o diabo seja surdo, Deus tal não permitta, referindo-se a uma cousa fatal ou contraria, que se deseja não succeda. *Hacerse sordo (fr.),* fazer-se surdo; fazer ouvidos de mercador, fingir que não ouve, não dar ouvidos: distrahirse, tirar-se o sentido de uma cousa. *A palabras necias orejas sordas (fr.)*; a palavras loucas, orelhas moucas. *No hay peor sordo que el que no quiere oir (rif.)*; não ha peior surdo que o que não quer ouvir. *Obturanti aures incassum clamites.*

Sorea. *f. (bot.)* V. *Vatica.*

Sorema. *f. (bot.)* Sorema; genero de plantas da familia das solanaceas.

Soria. *f. (bot.)* Soria. V. *Euclidio.*

Soriano, na. *adj.* Soriano; pertencente á Soria, cidade de Hespanha: — *s.* soriano; o natural d'esta cidade. *Sorianus, a, um.*

Soriasis. *f. (med.)* Psoriasis; inflammação chronica da pelle, limitada a uma parte do corpo, maior ou menor.

Sórico, ca. *adj. (med.)* Psorico; concernente á psoriasis.

Soridio. *m. (zool.)* Soridio; genero de reptis saurios, da familia dos scincoides.

Soriforme. *adj. (med.)* Psoriforme; diz-se das affecções parecidas com a psoriasis.

Sorimbo, ba. *adj. (germ.)* Serio.

Sorindeya. *f. (bot.)* Sorindeia; genero de plantas da familia das anacardiaceas.

Sorites. *m. (philos.)* Sorites; argumento composto de uma serie de proposições encadeadas, das quaes o predicado da antecedente passa para sujeito da subsequente, até que na conclusão se une o sujeito da primeira com o predicado da ultima. *Sorites.*

Sormeta. *f. (zool.)* Sormeta; genero de molluscos gasteropodas.

Sormigrar. *a. (ant.)* V. *Sumergir.*

Sorna. *f.* Sorna; grande preguiça, inercia ou lentidão. *Lentitudo, cunctatio:* — *(fig.)* sorna, preguiça, flegma affectada e maliciosa com que se faz ou diz alguma cousa. *Simulata cunctatio, aut lentitudo:* — *f. (germ.)* noite. *Cantar la sorna (fr.)*; entregar-se insensivelmente á devassidão, aos costumes estragados. *Otio libidinique indulgere.*

Sornar. *a. (germ.)* Dormir.

Sornaviron. *m.* Sopapo, pancada que se dá em alguem com as costas da mão. *Alapa, colaphus aversa manu.*

Sornindoi. *m. (germ.)* Somno.

Soro. *adj.* Diz-se do falcão apanhado antes da primeira muda.

Sorocea. *f. (bot.)* Sorocea; genero de plantas da familia das artocarpeas.

Sorocéfalo. *m. (bot.)* Sorocephalo; genero de plantas da familia das proteaceas.

Soroche. *m. (p. A. M.)* Soroche; doença de peito produzida nas regiões muito elevadas dos Andes pela rarefacção do ar, que affecta tanto os homens como os animaes depois de se entregarem a algum exercicio violento e extraordinario: — *(min.)* soroche; mineral brilhante e quebradiço que encerra alguma prata.

Soroftalmia. *f. (med.)* Psorophthalmia, ophthalmia psorica; dá-se este nome ás diversas variedades de blepharite que ataca as palpebras e as suas bordas.

Soroftálmico, ca. *adj. (med.)* Psorophthalmico; diz-se do que se parece ou tem relação com a psorophthalmia.

Soronjiar. *a. (germ.)* Affligir.

Soror. *f.* V. *Sor. Soror, oris.*

Sorprender. *a.* Surprehender; executar algum acto em silencio e com cautela. Usa-se especialmente na guerra. *Improviso invadere; repentè occupare:* — surprehender; tomar de improviso, inesperadamente. *Improvisò occupare, invadere.*

Sorprendido, da. *adj.* Surprehendido, surprezo; tomado de subito, apanhado desapercebidamente. *Deprehensus, a, um.*

Sorpresa. *f.* Surpreza, sobresalto; tomada ou presa que se faz de alguma cousa subitamente, de improviso, quando se não espera. Diz-se ordinariamente das praças de armas. *Repentina aggressio; improvisa occupatio:* — *(fig.)* surpreza, sobresalto, espanto, enleio; movimento repentino do animo causado por cousa que espanta, deslumbra, por successo subito e imprevisto. *Perturbatio, onis.*

Sorra. *f.* Socata; areia grossa que serve de lastro nos navios. *Saburra, æ:* — lado, flanco do atum. *Thyni illia.*

Sorrabar. *a.* V. *Derrabar:* — puxar pelo rabo de uma besta para a levantar.

Sorregar. *a.* Tornar; passar a agua da regueira ou de um canteiro ou porção de terra já regada, para ir regar outra immediata. *Contiguæ areæ humiditate frui.*

Sorriego. *m.* Tornada; passagem da agua de um canteiro ou terra que foi regada para outro canteiro ou terra contigua. *Contiguæ areæ humiditas, aut aqua stillans.*

Sorrienda. *(adv. ant.)* V. *Sorrenda.*

Sorrostrada. *f. (ant.)* V. *Castigo, Afrenta:* — damno, calamidade.

Sorteador. *m.* Sorteador; o que lança sortes. *Sortium ductor, sortitor:* — capinha; homem de capa que acompanha a pé o toureador para provocar o touro ou desvia-lo de acommetter o cavalleiro. *Taurorum pedibus agitator.*

Sorteamiento. *m.* Sorteamento. V. *Sorteo.*

Sortear. *a.* Sortear; deitar, lançar sorte, tirar por sorte. *Sortiri, sortes ducere, conjicere:* — *(fig.)* sortear, capear; fazer sortes aos touros. *Tauros pedibus agitare:* — *n.* entrar em sorte.

Sorteiro. *m. (fig.)* Sorteiro, sorteador, adivinho, embusteiro. V. *Adivino.*

Sorteo. *m.* Sorteio; acto de sortear, de tirar as sortes a ver a quem cabe o premio ou obrigação de fazer alguma cousa. *Sortitio, onis.*

Sortería. *f. (ant.)* V. *Sortilejio.*

Sortero. *m. (ant.)* Sorteiro. V. *Adivino, Agorero.*

Sorteya. *f. (ant.)* Sortela. V. *Sortija.*

Sortia. *f. (bot.)* Sortia; genero de plantas da familia das pyrolaceas.

Sortija. *f.* Sortija, sortilha, annel; argolinha de oiro, prata ou de outra materia, que se traz no dedo. *Annulus, i:* — sortija; argolinha, ordinariamente de metal, que serve para prender ás cortinas, fazendo-as correr depois por uma varinha de ferro em que se enfia, e para outros usos. *Annulus, i:* — *(fig.)* annel; volta de cabello em figura redonda, ou por este ser naturalmente crespo, ou por se haver artificiosamente encrespado. *Capilli annulus:* — *pl. (p. And.)* aros dos cubos das rodas dos carros ou carruagens. *Annuli, orum. Correr sortija;* jogo da argolinha; no qual ganha quem enfia a lança por uma argolinha que pende de uma corda, indo a correr a cavallo. *Citato equo decurrentem hastâ pendulum annulum præripere.*

Sortijita. *f. dim.* de *Sortija.* Sortijasinha, sortijinha.

Sortijon. *m. augm.* de *Sortija.* Sortijão, sortilhão.

Sortijuela. *f. dim.* de *Sortija.* Sortijinha.

Sortila. *f. (ant.)* V. *Sortija.*

Sortílegio. *m.* V. *Sortilejio.*

Sortilego, ga. *adj.* Sortilego, sorteiro, adivinhador por sortes; diz-se do que adivinha ou prognostica alguma cousa por meio de sortes supersticiosas. Tambem se usa substantivamente. *Sortilegus, a, um.*

Sortilejio. *m.* Sortilegio; adivinhação por sortes supersticiosas. *Sortilegium, ii.*

Sortilla, Sortiya. *f. (ant.)* V. *Sortija.*

Sorterero. *m. (ant.)* Sorteiro. V. *Adivino.*

Sos. *(germ.)* Que.

Sosa. *f. (bot.)* Soda. V. *Barrilla:* — *(min. e chim.)* soda; oxydo de sodium, mui similhante á potassa, deliquescente e soluvel na agua, na qual deposita crystaes de hydrato de soda.

Sosacador. *m. (ant.)* V. *Sonsacador:* — inventor, auctor.

Sosacamiento. *m. (ant.)* V. *Sonsacamiento:* — damno, prejuizo: — tributo, exacção.

Sosacar. *a. (ant.)* V. *Sonsacar:* — V. *Exijir:* — inventar, discorrer.

Sosaco. *m. (ant.)* Invenção, engenho.

Sosamente. *adv. m.* Insulsamente, insipidamente. *Insulsè.*

Sosanar. *a. (ant.)* V. *Despreciar.*

Sosañar. *a. (ant.)* Mofar, zombar: — *(ant.)* reprehender, castigar.

Sosaño. *f. (ant.)* Mofa, escarneo, zombaria. *Sanna, irrisio:* — *(ant.)* injuria, insulto, ultrage: — *(ant.)* reprehensão aspera, castigo: — V. *Pesar:* — V. *Grito:* — *adj. (ant.)* suspendido.

Soscabar. *n. (germ.)* Estar.

Sosclayar. *a. (germ.)* Abrandar.

Soscunchí. *adj. (germ.)* Esquinado, anguloso.

Soschí. *adj. (germ.)* Animado.

Sosedecho, cha. *adj. (ant.)* V. *Sosodicho.*

Sosegadamente. *adv. m.* Socegadamente; com socego. *Placidè, pacatè, sedatè.*

Sosegadísimo, ma. *adj. sup.* de *Sosegado.* Socegadissimo, pacatissimo. *Pacatissimus, a, um.*

Sosegado, da. *adj.* Socegado, aquietado, tranquillisado: — socegado, quieto, pacifico, que ama a paz, o socego. *Quietus, tranquillus:* — *de vagar (fr.);* pachorrento, fleugmatico. *Paños sosegados.* V. *Panno.*

Sosegador, ra. *s.* Socegador, aquietador, tranquillisador; o que socega, aquieta, tranquillisa. *Pacator, oris.*

Sosegar. *a.* Socegar, aquietar, pacificar, tranquillisar alguma cousa. *Sedare, placare:* — *(fig.)* socegar, aquietar, tranquillisar o animo, mitigar os movimentos ou impetos de colera ou ira. *Iras permulcere; iracundiam omittere:* — *(ant.)* pactuar; fazer pacto ou convenção: — *n.* socegar, descansar, repousar, aquietar-se ou cessar a turbação ou movimento. Usa-se frequentes vezes como reciproco, e refere-se ás cousas physicas immateriaes. *Quiescere, sedari, placari:* — socegar, descansar, repousar, dormir, adormecer. *Quiescere, requiescere.*

Sosería. *f.* Insipidez; falta de graça, de sal e viveza. *Insulsitas, atis:* — insipidez, desconchavos, dito ou acção insulsa, sem graça. *Insulsè, infacetè factum aut dictum.*

Sosiego. *m.* Socego, quietação, descanso, repouso, tranquillidade, serenidade. *Quies, tranquillitas.*

Sosilo. *m. (zool.)* Sosylo; genero de insectos coleopteros tetrameros da familia dos xylophagos.

Sosimbo. *m. (germ.)* Torno.

Sosimbres. *f. pl. (germ.)* Pestanas.

Sosinga. *f. (germ.)* Cintura.

Soslayar. *a.* Esguelhar; atravessar, ao soslaio ou obliquamente. *Obliquare.*

Soslayo. *m.* Soslaio, esguelha; só se usa nas seguintes locuções adverbiaes: *al soslayo ó de soslayo;* ao soslaio, em soslaio, de esguelha, de lado, obliquamente, de travez.

Soso, sa. *adj.* Ensosso, insipido; diz-se do que não tem sal ou o tem em mui pequena quantidade. *Insulsus, sale carens:* — *(fig.)* insulso, insipido, desengraçado, desenxabido, sem graça; diz-se das cousas e pessoas. *Insulsus, a, um.*

Sospecha. *f.* Suspeita, conjectura; desconfiança pouco fundada. *Suspicio, onis:* — *(germ.)* estalagem, hospedaria.

Sospechar. *a.* Suspeitar, conjecturar; suppor com probabilidade, desconfiar. *Suspicari.*

Sospechilla. *f. dim.* de *Sospecha.* Suspeitasinha.

Sospechosamente. *adv. m.* Suspeitosamente; com suspeita, de modo suspeitoso. *Suspiciosè:* — suspeitosamente, receiosamente; com temor ou receio.

Sospechosísimo, ma. *adj. sup.* de *Sospechoso.* Suspeitosissimo. *Suspicacissimus, a, um.*

Sospechoso, sa. *adj.* Suspeitoso, suspeito; que dá logar a ser suspeitado, de quem ha suspeita, de que se póde ter receio. *Suspectus, a, um;* — V. *Suspicaz.*

SOSPESAR. *a.* Solevar, levantar, sublevar. *Suspendere, sublevare.*

SOSPEZOSO, SA. *adj.* (*ant.*) Suspeito. V. *Sospechoso.*

SOSPIRAR. *a.* (*ant.*) V. *Suspirar.*

SOSPIRO. *m.* (*ant.*) V. *Suspiro.*

SOSQUE. *adv.* (*germ.*) Onde.

SOSQUIN. *m.* Pancada, golpe de lado dado á traição. *Transversus et insidiosus ictus.*

SOSTEN. *m.* Sustimento; acção de suster. *Sustentatio, onis:* — esteio, apoio, arrimo; cousa que sustém. *Fulcrum, i:* — (*naut.*) equilibrio ou firmeza de um navio bem lastrado, que vae á véla. *Navis rectitudo.*

SOSTENEDOR, RA. *s.* Sustentador; o que sustenta, defende, protege. *Sustentator, sustentaculum.*

SOSTENER. *a.* Suster, sustentar, manter alguma cousa. Usase physica e moralmente, e tambem como reciproco. *Sustinere, sustentare:* — sustentar; defender these ou proposição. *Propugnare:* — (*fig.*) suster; soffrer, tolerar penas, trabalhos, etc. *Sustinere, tolerare, sufferre:* — sustentar; dar o necessario para viver, alimentar, manter. *Sustentare; necessaria victui tribuere:* — r. sustersе; ter-se, manter-se seguro, firme, fixo. *Sustentari, consistere:* — *al caballo* (*equit.*); suster o cavallo; puxar algum tanto as redeas para o reprimir.

SOSTENIDO, DA. *adj.* Sustido, segurado, mantido firme: — sustentado: — *m.* (*mus.*) sustenido; signal que faz subir meio ponto á nota diante da qual se põe. *Musicale signum quoddam.*

SOSTENIENTE. *p. a.* Sustentante; que sustém ou sustenta. *Sustinens, Sustentans.*

SOSTENIMIENTO. *m.* V. *Sosten*, na primeira accepção: — (*ant.*) V. *Mantenimiento, Sustento:* — V. *Conservacion.*

SOSTENTAR. *a.* (*ant.*) V. *Guerrear.*

SOSTENUTO. *m.* (*mus.*) V. *Sostenido.*

SOSTIMIENTO. *m.* (*ant.*) V. *Sustento.*

SOSTITUIR. *a.* (*ant.*) V. *Sustituir.*

SOSTITUTO, TA. *s.* (*ant.*) V. *Sustituto.*

SOTA. *f.* Valete; uma das tres figuras das cartas de jogar. *Charta lusoria sic vulgò dicta:* — (*fig. fam.*) mulher de má vida: — sota; termo que forma muitas palavras compostas, e que significa inferior, subordinado ao chefe, segundo, immediato em auctoridade, mando. É contracção de sota a, em portuguez; v. g.: *sota caballerizo, sotacochero, etc.*, sota-estribeiro, sota-cocheiro, etc. Usa-se muitas vezes este termo, em ambos os idiomas, sem o juntar a outro, dizendo: *el sota*, o sota: — (*prep. ant.*) soto, sob, debaixo.

SOTABANCO. *m.* (*arch.*) Acroterio; membro de architectura.

SOTABASA. *f.* (*ant.*) Plintho, sóco, etc., em que assenta a base.

SOTACABALLERIZO. *m.* Sota-estribeiro; estribeiro menor; o immediato ao estribeiro-mór.

SOTACOCHERO. *m.* Sota-cocheiro ou sota; segundo cocheiro.

SOTACOLA. *f.* V. *Ataharre, Grupera.*

SOTACÓMITRE. *m.* Sota-cómitre; segundo cómitre, o que faz de cómitre nas galés durante a ausencia do primeiro.

SOTACORO. *m.* Logar que fica por baixo do côro. *Locus sub choro.*

SOTÁDICO. *adj.* (*litt.*) Sotadico; diz-se de uma especie de verso jambico inventado por Sotades, poeta grego.

SOTALCAIDE. *m.* Sota-alcaide, segundo alcaide.

SOTALUGO. *m.* Collete; segundo arco com que se apertam os extremos das pipas ou barris. *Dolii arcus secundus strictorius.*

SOTAMINISTRO. *m.* V. *Sotoministro.*

SOTAMONTERO. *m.* Sota-monteiro; segundo monteiro ou o que faz as vezes do monteiro-mór.

SOTANA. *f.* Sotana, sotaina; vestidura talar, aberta por diante e abotoada. O primeiro vocabulo é pouco usado em portuguez. *Tunica talaris:* — (*fig. fam.*) banda, sova, tunda, surra de pancadas. *Verberatio, onis.*

SOTANEAR. *a.* (*fam.*) Espancar, zurzir, sovar. *Verberare:* — (*fam.*) zurzir; reprehender asperamente. *Asperè objurgare.*

SOTANÍ. *m.* Especie de mantéu curto e sem pregas. *Muliebris stola brevior.*

SOTANILLA. *f. dim.* de *Sotana.* Sotainasinha, sotaina pequena.

SÓTANO. *m.* Sotão; casa, abobada subterranea que forma parte de um edificio. *Cella subterranea.*

SOTAR. *n.* (*ant.*) Saltar, dansar, bailar: — saltar de contente, alegrar-se.

SOTAVENTARSE. *r.* (*naut.*) Sotaventear-se; ficar a sotavento. *Plagâ unde ventus flat navim aberrare.*

SOTAVENTO. *m.* (*naut.*) Sotavento; borda do navio opposta áquella d'onde sopra o vento; oppõe-se a barlavento. *Navis latus vento oppositum, transversum.*

SOTECHADO. *m.* Telheiro ou logar coberto com tecto ou telhado. *Tectus locus.*

SOTELEZA. *f.* (*ant.*) V. *Sutileza.*

SOTEÑO, ÑA. *adj.* Soutenho; que se cria nos soutos. *In irriguo nemore productus.*

SOTERIAS. *f. pl.* (*hist.*) Soterias; festas celebradas para dar graças aos deuses, quando um povo se tinha livrado de algum perigo: — soterias; festas que se celebravam annualmente em Sicyone, em honra de Arato, libertador d'esta cidade.

SOTERIM. *m. pl.* (*hist.*) Soterim ou sophetim; juizes ou officiaes de justiça subalternos entre os judeus.

SOTERRABLE. *adj.* Soterravel; que se pôde soterrar.

SOTERRAMIENTO. *m.* (*ant.*) Soterramento. V. *Entierro.*

SOTERRÁNEO, NEA. *adj.* Soterraneo, soterrenho. V. *Subterráneo.*

SOTERRANO, NA. *adj.* Soterranho. V. *Subterráneo:* — *m.* V. *Subterráneo.*

SOTERRAR. *a.* Soterrar, enterrar; metter debaixo da terra. *Defodere, sub terram condere:* — (*fig.*) soterrar, esconder, occultar cuidado samente, sepultar no esquecimento. *Condere, abdere.*

SOTIACO, CA. *adj. (astron.)* Sothiaco; concernente, relativo a Sothis. *Ciclos sotiacos (chron.)*; cyclos sothiacos; nome de dois cyclos, um dos quaes começa em 20 de julho de 2785 e outros em 20 de julho de 1325, antes de Jesus Christo *Periodo sotiaco;* periodo sothiaco; periodo de 1460 annos, passado o qual se principiava a contar o anno civil e o anno religioso dos egypcios desde o nascimento heliaco da canicula.

SOTIL. *adj. (ant.)* V. *Sutil.*

SOTILEZA. *f. (ant.)* V. *Sutileza.*

SOTILEZAR, SOTILIZAR. *a.* e *n. (ant.)* Sotilizar. V. *Sutilizar.*

SOTILMIENTRE. *adv. m. (ant.)* V. *Sutilmente.*

SOTILLO. *m. dim.* de *Soto.* Soutinho, soutosinho.

SOTIS. *m. (astron. ant.)* Sothis; nome que os egypcios davam á estrella canicula.

SOTO. *m.* Soto, souto; sitio povoado de arvores e arbustos nas veigas ou ribeiras. O primeiro vocabulo é pouco usado em portuguez. *Nemus ripæ fluminis adjacens:* — souto; mata de arvores e arbustos, de que se tira lenha. Em sentido o mais geral, na lingua portugueza, diz-se de castanhal, bosque de castanheiros. *Nemus, saltus: — (prep.)* soto, debaixo; usa-se unicamente na composição de muitos termos. *Batir el soto (fr.)* V. *Batir el monte.*

SOTOMINISTRO. *m.* Soto-ministro; os jesuitas dão este nome ao coadjutor, que é o principal ou superior dos que têem a seu cuidado a cozinha, dispensa e mais officinas dependentes d'ella. *Subminister domus.*

SOTROZO. *m. (mil.)* Chaveta; ferro que se mette nos extremos dos eixos das carretas das peças para segurar as rodas. *Ferrum quoddam rhedarum axibus infixum.*

SOTTO-VOCE. *loc. adv. (mus.)* Expressão italiana, que se emprega como equivalente de — a meia voz. Antigamente significava que o acompanhamento devia deixar-se dominar pela voz.

SOTUER. *m. (br.)* Sotoar, aspa; peça honrosa no escudo que tem a figura da cruz de Santo André. *In stemmatibus tertiam gentilitiæ tesseræ partem occupans portio.*

SOTURA. *f.* Sotura. V. *Costura.* Usa-se em anatomia para expressar a connexão de dois ossos, como se estivessem cozidos.

SOWERBEA. *f. (bot.)* Sowerbea; genero de plantas da familia das liliaceas.

SOYA. *f. (bot.)* Soya; genero de plantas da familia das leguminosas.

SOYERIA. *f. (bot.)* Soyeria; genero de plantas da familia das compostas.

SOYERIVADO, DA. *adj. (ant.)* Offendido, aggravado.

SOYA. *f. (ant.)* V. *Soga.*

SOZCOMENDADOR. *m. (ant.)* V. *Sub-comendador.*

SOZPRIOR. *m. (ant.)* V. *Suprior.*

SPACHEA. *f. (bot.)* Spachea; genero de plantas da familia das malpighiaceas.

SPAENDONÇEA. *f. (bot.)* Spaendoncia. V. *Corda.*

SPAHI. *m. (mil.)* Spahi ou sipahi; soldado de um corpo de cavallaria ligeira dos turcos, que foi creado por Amurat I. Os francezes dão este nome á cavallaria indigena na Africa, a qual tambem conta um pequeno numero de naturaes do imperio.

SPALLANZANIA. *f. (bot.)* Spallanzania; genero de plantas da familia das rubiaceas.

SPARMANNIA. *f. (bot.)* Sparmannia; genero de plantas da familia das liliaceas.

SPECKLINIA. *f. (bot.)* Specklinia; genero de plantas da familia das orchideas.

SPIELMANNIA. *f. (bot.)* Spielmannia; genero de plantas da familia das verbenaceas.

SPOLA. *f. (ant.)* V. *Espuela.*

STANLEYA. *f. (bot.)* Stanleya; genero de plantas da familia das cruciferas.

STAPELIA. *f. (bot.)* Stapelia; genero de plantas da familia das asclepiadeas.

STATANA, STATANO. *(myth.)* Statana e Statano; divindades romanas que se invocavam quando as creanças começavam a andar.

STATHUDER. *m. (hist.)* Stathouder. V. *Estatuder.*

STATHUDERATO. *m.* Stathouderato. V. *Estatuderato.*

STERNBERJITA. *f. (min.)* V. *Esternberjita.*

STEVENIA. *f. (bot.)* Stevenia; genero de plantas da familia das cruciferas: — *(zool.)* stevenia; genero de insectos dipteros da tribu dos muscidos.

STEVENSIA. *f. (bot.)* Stevensia; genero de plantas da familia das rubiaceas.

STILLYARD. *m. (hist.)* Stillyard; associação commercial de mercadores estrangeiros, estabelecidos em Londres. O stylliard, fundado em 1215 para favorecer as cidades de Allemanha, foi destruido em 1552.

STRABONIA. *f. (bot.)* Strabonia; genero de plantas da familia das compostas.

STRADIVARIUS. *m. (mus.)* Rebeca da fabrica de Stradivarius (celebre fabricante de instrumentos de corda) que se prefere para a orchestra, por ter vozes mais cheias.

STRANVŒSIA. *f. (bot.)* Stranvœsia; genero de plantas da familia das pomaceas.

STRASBURGUES, SA. *s.* Strasburguez; o natural de Strasburgo: — *adj.* strasburguez; pertencente a Strasburgo, cidade de França.

STRATA. *f. (ant.)* V. *Camino real.*

STRAUSIA. *f. (zool.)* Strauzia; genero de insectos dipteros da tribu dos muscidos.

STRELITZ. *m. pl. (hist.)* Strelitz; corpo de infanteria moscovita, cuja organisação era quasi a mesma que a dos janizaros turcos. Gosava de muitos privilegios, e subia a uns quarenta mil homens.

STRELITZIA. *f. (bot.)* Strelitzia; genero de plantas da familia das musaceas.

STROGONOWIA. *f. (bot.)* Strogonowia; genero de plantas da familia das cruciferas.

STRUVITA. *f. (min.)* Struvita; phosphato de ammoniaco e

de magnesia, encontrado em Hamburgo.

Stuarita. *f.* *(bot.)* Stuarita; genero de plantas da familia das ternstremiaceas.

Sturmia. *f.* *(zool.)* Sturmia; genero de insectos dipteros da familia dos athericeros.

Su. Seu; pronome possessivo da terceira pessoa, que significa, o que lhe é proprio ou de algum modo lhe pertence. *Suus, a, um:* — *adv. (ant.)* V. *Debajo.*

Sua. *f. (ant.)* V. *Sudor:* — *adj. f.* V. *Suya.*

Suabo, ba. *adj.* Suabo; pertencente á Suabia: — *s.* suabo; o natural da Suabia.

Suadir. *a.* *(ant.)* Suadir. V. *Persuadir.*

Suarcia. *f. (bot.)* V. *Swartzia.*

Suarda. *f.* Sujidade, materia crassa e gordurosa que se pega á roupa sobretudo nos collarinhos, golas, etc.: — suarda, sujidade, humor crasso que se deposita na pelle dos animaes por causa do suor.

Suasible. *adj. (ant.)* Suasivel. V. *Persuasivel.*

Suasion. *f.* *(ant.)* Suasão. V. *Persuasion.*

Suasivo, va. *adj. (ant.)* Suasivo. V. *Persuasivo.*

Suasorio, ria. *adj.* Suasorio, persuasivo; que serve de persuadir, que respeita á persuasão. *Suasorius, a, um.*

Suave. *adj.* Suave, brando, aprazivel aos sentidos. *Suavis, ve:* — suave, tranquillo, quieto, manso. *Suavis, ve:* — suave, docil, brando, aprazivel, affavel, benigno; diz-se ordinariamente do genio, caracter, etc. *Suavis, facilis, benignus.*

Suavecico, ca, llo, lla, to, ta. *adj. dim.* de *Suave.* Suavesinho.

Suavemente. *adv. m.* Suavemente, delicadamente, aprazivelmente, levemente. *Suaviter.*

Suavidad. *f.* Suavidade, doçura, brandura, delicadeza; a qualidade de ser suave. *Suavitas, atis:* — suavidade, brandura, benignidade, bondade, mansidão de animo, etc. *Suavitas, atis:* — suavidade, brandura, delicia, regalo, agrado. *Suavitas, atis.*

Suavísimo, ma. *adj. sup.* de *Suave.* Suavissimo; muito suave. *Valdè suavis.*

Suavizador. *m.* Assentador; pedaço de couro em que os barbeiros assentam o fio ás navalhas. *Corium cultris tonsoriis acuendis.*

Suavizar. *a.* Suavisar, abrandar. *Molire, lenire:* — suavisar, abrandar, alliviar, mitigar. *Mitigare.*

Sub. *prep. (ant.)* Sub, sob, debaixo. V. *Debajo.*

Sub-abdominal. *adj. (zool.)* Subabdominal; diz-se do que está situado debaixo do abdomen.

Sub-acetato. *m. (chim.)* Subacetato; acetato que tem excesso de base.

Subacicular. *adj. (min.)* Subacicular; diz-se do que tem quasi a figura de agulha.

Subagudo, da. *adj.* Sub-agudo; diz-se do que é um pouco agudo.

Subalar. *adj. (zool.)* Sub-alar; diz-se do que está debaixo das azas.

Subalcalde. *m.* Sub-alcaide; substituto de alcaide, segundo alcaide. *Secundus ab arcis præfecto.*

Subalpino, na. *adj. (hist.)* Subalpino; situado ao pé dos Alpes.

Subalternante. *adj.* Sujeitante; que sujeita, submette. *Subjiciens, entis.*

Subalternar. *a. (ant.)* V. *Sujetar,* metter debaixo do jugo.

Subalterno, na. *adj.* Subalterno; diz-se do que está inferior, subordinado a outra cousa, dependente d'ella. Usa-se frequentes vezes substantivamente, especialmente na milicia. *Inferior, alteri subjectus.*

Subanguloso, sa. *adj.* Sub-anguloso; que tem angulos pouco salientes.

Sub-aponeurótico, ca. *adj.* Subaponevrotico; diz-se do que está debaixo de uma aponevrose.

Subáptero, ra. *adj. (zool.)* Subaptero; diz-se do que tem alguma similhança com os insectos apteros.

Sub-arbusto. *m. (bot.)* Sub-arbusto; dá-se este nome ás plantas mais ou menos lenhosas, cujo tronco se eleva pouco e não produz botões propriamente ditos.

Subarrendador, ra. *s.* Sub-arrendador; o que sub-arrenda. *Locator; qui alteri locat.*

Sub-arrendamiento. *m.* V. *Subarriendo.*

Subarrendar. *a.* Subarrendar; dar ou tomar de renda uma cousa, não do dono nem do administrador, mas sim do rendeiro d'ella. *Locatorem locari, locare.*

Subarrendatario, ria. *s.* Subarrendatario, subrendeiro; o que toma de subarrendamento.

Subarriendo. *m.* Subarrendamento; arrendamento que o rendeiro faz de cousa arrendada. *Locatio à locatore alteri facta.*

Sub-arseniato. *m. (chim.)* Subarseniato; arseniato com excesso de base.

Subarticulado, da. *adj. (bot.)* Subarticulado; diz-se do que está quasi articulado.

Subascendente. *adj.* Subascendente; que se dirige ligeiramente debaixo para cima.

Subasta. *f.* Hasta publica, leilão; venda publica de alfaias ou outros bens, a quem mais lança, principalmente com intervenção da justiça. *Hasta, æ:* — arrematação; contrato que se faz do mesmo modo para a construcção de alguma obra publica, para certos fornecimentos, etc. *Sacar a pública subasta alguna cosa (fr.);* vender em hasta publica, fazer leilão, pôr a lanços a quem mais der. *Sub hasta ponere.*

Subastacion. *f.* V. *Subasta.*

Subastar. *a.* Arrendar, vender em hasta publica, pôr a lanços alguma cousa. *Sub hasta vendere:* — arrematar; contratar certas obras, fornecimentos ou serviços em hasta publica.

Subauriforme. *adj.* Subauriforme; que se parece com uma orelha.

Sub-biarticulado, da. *adj.* Sub-biarticulado; diz-se do que está quasi dividido em duas articulações.

Sub-braquios. *m.pl.(zool.)* Subbrachios; nome dado por alguns naturalistas a uma ordem de peixes separados dos malacopterygios, e caracterisados por terem as barbatanas ventraes collocadas debaixo das peitoraes e immediatamente suspensas dos ossos da espadua.

Sub-brigadier. *m. (naut.)* Segundo commandante de brigada; guarda marinha que na companhia a que pertence exerce as funcções de segundo commandante de brigada.

Sub-capilar. *adj.* Sub-capillar; diz-se do que tem quasi a tenuidade de um cabello.

Sub-carbonato. *m. (chim.)* Subcarbonato; nome generico dos saes em que o acido carbonico se encontra com excesso de base.

Subcesor, ra. *s. (ant.)* V. *Sucesor.*

Subciente. *adj. (ant.)* Subdito, sujeito.

Subcilíndrico, ca. *adj.* Subcylindrico; quasi cylindrico.

Subcinericio, cia. *adj.* Subcinericio, cozido debaixo do borralho; diz-se do pão. *Sub. cinere coctus.*

Subclavero. *m.* Subclaveiro ou segundo claveiro de algumas ordens militares. *Secundus a clavigero.*

Subclavio, via. *adj. (anat.)* Subclavio, que está por baixo da clavicula; diz-se das veias, arterias, etc.

Subcolector. *m.* Subcollector; segundo collector, substituto, ajudante do collector. *Collectoris vicarius.*

Subcomendador. *m.* Subcommendador; segundo commendador, que faz as vezes do primeiro nas ordens militares. *Cœnobii militaris subprœfectus.*

Subconservador. *m.* Subconservador; juiz delegado pelo conservador. *A provocationum judice legatus.*

Subcoriáceo, cea. *adj.* Subcoriaceo; que tem uma estructura ligeiramente coriacea.

Subcutáneo, nea. *adj.* Subcutaneo; que fica por baixo da pelle ou cutis.

Subdécuplo, pla. *adj.* Subdecuplo; que contém uma parte de dez.

Subdelegable. *adj.* Subdelegavel; que se póde subdelegar. *Quod delegari potest.*

Subdelegacion. *f.* Subdelegação; territorio, casa, repartição, emprego de subdelegado. *Subdelegati munus, ditio:* — *(for.)* subdelegação; commissão de jurisdicção feita por um subdelegado. *Subdelegatio, in delegati locum suffectio.*

Subdelegado, da. *adj.* Subdelegado; delegado a terceira pessoa: — *m.* subdelegado; aquelle a quem se subdelegou a jurisdicção. *Subdelegatus, in delegati locum suffectus.*

Subdelegante. *p. a.* Subdelegante; que subdelega. *Subdelegans, antis.*

Subdelegar. *a. (for.)* Subdelegar; substituir o delegado por si outrem que faça as suas vezes. *Subdelegare; in delegati locum sufficere.*

Subdecano. *s.* Subdecano; segundo decano.

Subdiaconado, Subdiaconato. *m.* Subdiaconato; ordem de subdiacono. *Subdiaconatus, us.*

Subdiácono. *m.* Subdiacono; sacerdote que tem ordem de epistola, que é a primeira das maiores. *Subdiaconus, i.*

Sub-diafragmático, ca. *adj. (anat.)* Subdiaphragmatico; que está por debaixo do diaphragma.

Subdiforme. *adj.* Subdiforme; que tem a fórma um pouco irregular.

Subdijitado, da. *adj. (bot.)* Subdigitado; que está quasi dividido em digitações.

Subdíptero. *adj. (zool.)* Subdiptero; diz-se dos insectos cujos elytros são muito curtos e não cobrem as azas.

Subdistincion. *f.* Subdistincção; distincção de outra distincção. *Distinctionis distinctio.*

Subdistinguir. *a.* Subdistinguir; distinguir o que já foi distinguido ou distincto, fazer uma distincção de outra distincção. *Subdistinguere.*

Súbdito, ta. *adj.* Subdito; sujeito á obediencia de outro, ás leis. *Subditus, a, um.*

Subdividir. *a.* Subdividir; dividir de novo, dividir a cousa ou numero já dividido. *Subdividere.*

Subdivisible. *adj.* Subdivisivel; que póde subdividir-se ou ser subdividido.

Subdivision. *f.* Subdivisão; segunda divisão ou divisão de cousa ou de numero já dividido. *Subdivisio, onis.*

Subdominante. *adj. (mus.)* Subdominante; quarta nota de um tono, que segue immediatamente a dominante, descendo na escala.

Subduplo, pla. *adj.* Subduplo; que é a metade de outro; assim 3 é subduplo de 6. *Subduplus, a, um.*

Subejecutor. *adj.* Subexecutor; diz-se do que por delegação ou sob a direcção de outro executa alguma cousa. Tambem se usa substantivamente. *Qui delegatus alterius mandata exequitur.*

Suberato. *m. (chim.)* Suberato; genero de saes que resulta da combinação do acido suberico com as bases.

Subérico. *adj.* Suberico; que se tira da cortiça. Diz-se principalmente de um acido descoberto em 1787, e que se produz tratando a cortiça pelo acido nitrico.

Suberina. *f. (chim.)* Suberina; materia que fica depois que a cortiça tem sido destruida por todos os dissolventes.

Suberita. *f. (chim.)* V. *Suberina.*

Suberoso, sa. *adj. (hist. nat.)* Suberoso; diz-se do que é da natureza ou tem a consistencia da cortiça.

Sub-esternal. *adj. (anat.)* Substernal; que está por baixo do sterno ou sternon.

Sub-fosfato. *m. (chim.)* Subphosphato; phosphato com excesso de base.

Sub-frutescente. *adj. (bot.)* Sub-fructescente; que é da natureza dos sub-arbustos, e que tem o seu aspecto.

Sub-género. *m. (hist. nat.)* Subgenero; divisão immediata do genero, que de ordinario se admitte n'aquelles que têem muitas especies, quando estas se distinguem entre si por alguns caracteres que não são bastantes para uma separação generica.

SUBGLOBULOSO, SA. *adj.* Subglobuloso; que tem a fórma quasi globulosa.

SUB-HIDROCLORATO. *m.* *(chim.)* Sub-hydrochlorato; hydrochlorato com excesso de base.

SUBIDA. *f.* Subida, ascensão; acção e effeito de subir. *Ascensus, ascencio:* — subida, encosta, ladeira; sitio ou logar declive por onde se sobe. *Clivus, i:* — subimento, acrescimo, augmento, recrescimento de uma doença ou achaque. *Incrementum, accessio:* — *(fig.)* subimento, elevação, augmento, levantamento de preço, carestia, encarecimento, preço subido. *Augmentum, accretio. Cuanto mayor es la subida, tanto mas es la descendida, ó de gran subida, gran caida (rif.);* de grande subida grande caida; quanto mais a fortuna eleva o homem, maior é depois a quéda. *Ab altiori loco gravior casus; arduum ascensum præceps descensus sequitur.*

SUBIDAMENTE. *adv.* *(ant.)* Subidamente, altamente, elevadamente, sublimemente.

SUBIDERO, RA. *adj.* Montante; diz-se de alguns instrumentos que servem para subir, trepar a alguma parte. *Instrumentum ad ascendendum deserviens:* — *m.* subida; sitio, parte ou logar por onde se sobe. *Locus per quem ascenditur.*

SUBIDÍSIMO, MA. *adj. sup.* de *Subido.* Subidissimo; muito subido.

SUBIDO, DA. *adj.* Subido, montado: — subido, alto, elevado, eminente, excellente, superior. *Supremus, summus:* — activo, forte, vivo, intenso; diz-se dos cheiros. *Vividus, acer:* — vivo; diz-se das cores fortes. *Vividus, acer:* — *(fig.)* subido, alto, caro; diz-se do preço das cousas.

SUBIDOR. *m.* O que tem por officio levantar ou elevar alguma cousa. *Qui sursum aliquid attollit.*

SUBIENTE. *p. a.* Ascendente; que sobe, que se eleva. *Ascendens, entis:* — *m.* *(pint.)* remontante, realçado; diz-se de uma grinalda ou ornato que se dirige para cima adornando algum espaço de pilastra, columna, etc. *Ascendens ornatus in tabulis pictis.*

SUBILLA. *f.* V. *Lesna.*

SUBIMBRICAL. *adj.* *(bot.)* Subimbrical; diz-se das folhas que abraçam o tronco ou caule, applicando-se uma contra outra pela face inferior, depois de ter torcido o seu peciolo.

SUBIMIENTO. *m.* *(ant.)* Subimento. V. *Subida.*

SUBINFLAMACION. *f.* *(med.)* Subinflammação; inflammação ligeira.

SUBINFLAMATORIO, RIA. *adj.* *(med.)* Subinflammatorio; diz-se do que apresenta em grau ligeiro os phenomenos da inflammação.

SUBINTRACION. *f.* Subintração; entrada de alguma cousa logo depois de outra. Usa-se em medicina e cirurgia. *Subintratio, subintroitus.*

SUBINTRANTE. *adj.* *(med.)* Subintrante; diz-se de uma especie de febres, cujo accesso começa antes que se termine a precedente.

SUBINTRAR. *n.* Subintrar; entrar em seguida, successivamente um depois de outro. *Subintrare.*

SUBIR. *a.* Subir, levantar, elevar; levar debaixo para cima. *Elevare, tollere, evehere sursum:* — subir, elevar; fazer mais alto ou elevado, ir augmentando uma cousa para cima; como: *subir una pared;* subir, elevar uma parede, etc. *Elevare, accrescere, augere:* — levantar, erguer, endireitar alguma cousa que estava inclinada para baixo; v. g.: *sube esa cabeza, esos brazos;* levanta essa cabeça, esses braços, etc. *Erigere:* — subir, montar, importar; emprega-se em sentido neutro fallando dos numeros; como: *la cuenta sube a tanto;* a conta sobe a tanto, etc. *Ad summam venire:* — *(fig.)* subir, encarecer, augmentar; dar mais preço ou maior estimação ás cousas d'aquelle que tinham; v. g.: *subir el pan;* encarecer, subir de preço o pão, etc. *Pretio crescere:* — *n.* subir, ascender, passar de baixo para cima, elevar-se. *Ascendere, scandere:* — subir, crescer, irem augmentando as cousas pelo aggregado e concurso de outras; v. g.: *subir lo rio;* subir, crescer o rio, etc. *Crescere:* — subir; trepar, elevar-se o bicho de seda aos ramos ou tojo para fiar o casulo. *Ramis bombycem insistère:* — *(fig.)* subir, elevar-se, exaltar-se; crescer em dignidade, conseguir maior emprego, augmentar os bens, a fazenda. *Ascendere, sublimari, augeri:* — *a caballo;* subir, montar a cavallo: — *r.* subir-se, elevar-se. V. *Levantarse. Subirse a la cabeza (fr. fig. fam.);* subir á cabeça, perturbar a rasão, o juizo; diz-se do vinho e mais liquidos alcoolicos. Os castelhanos n'este sentido, referindo-se ao vinho dizem tambem *subirse a predicar. Subirse a mayores (fr.);* atrever-se, ousar, tomar ousadia, liberdades: — ensoberbecer-se, encher-se de vaidade, mostrar-se muito pretencioso e impostor: — *n.* *(mus.)* subir; ir elevando a voz gradualmente. *Scandere, ascendere.*

SÚBITAMENTE, SUBITANEAMENTE. *adv. m.* Subitamente, subitaneamente, de repente, de improviso. *Subitò.*

SUBITÁNEO, NEA. *adj.* Subitaneo, repentino; de improviso, que succede de repente e sem ser esperado. *Subitaneus, a, um.*

SÚBITO, TA. *adj.* Subito, repentino, improviso. *Subitus, a, um:* — precipitado, impetuoso, violento nas acções ou palavras. *Subitus, preceps:* — *adv. t.* subito, de repente, subitamente, repentinamente. *Subitò. De subito (loc. adv.);* de subito, de repente, subitamente. *Subitò.*

Subjectar. *a. (ant.)* Subjectar. V. *Sujetar.*

Subjecto. *(adj. ant.)* V. *Sujeto:* — *m. (ant.)* subjecto. V. *Sujeto.*

Subjetivamente. *adv. m.* Subjectivamente; de modo subjectivo.

Subjetividad. *f. (philos.)* Subjectividade; qualidade do que é subjectivo, conjuncto de propriedades subjectivas.

Subjetivo, va. *adj. (philos.)* Subjectivo; diz-se do que se refere ao sujeito pensante, do que está dentro d'elle. Contrapõe-se a objectivo, que se refere ao objecto exterior.

Subjeto, ta. *adj. (ant.)* Subjecto. V. *Sujeto:* — *m. (ant.)* subjecto. V. *Sujeto:* — sujeito, subdito, vassallo.

Subjugante. *p. a.* Subjugante; que subjuga. *Subjugans, antis.*

Subjugar. *a. (ant.)* V. *Sojuzgar.*

Subjuntivo. *m. (gram.)* Subjunctivo; modo dos verbos, cujos tempos são subordinados aos de outro verbo no indicativo ou no condicional, expresso ou subentendido. *Subjunctivus, i.*

Subjuzgar. *a. (ant.)* V. *Sojuzgar.* Usa-se como reciproco.

Sublantino, na. *adj.* Sublantino; pertencente a Sublancia, antiga cidade de Hespanha: — *s.* sublantino; natural d'esta cidade.

Sublapsario. *m. (rel.)* Sublapsario; deu-se este nome a alguns calvinistas que consideravam os homens não predestinados, como condemnados a uma perda inevitavel, em consequencia da quéda de Adão, não obstante o baptismo.

Sub-leñoso, sa. *adj. (bot.)* Sublenhoso; diz-se de uma planta em que o caule ou tronco, lenhoso na base, é herbaceo para a extremidade.

Sublevacion. *f.* Sublevação; acção e effeito de sublevar-se. *Sublevatio, seditio:* — sublevação; levantamento, rebellião, motim.

Sublevamiento. *m.* V. *Sublevacion.*

Sublevar. *a.* Sublevar, amotinar; fazer rebellar contra a auctoridade estabelecida, excitar algum motim. Usa-se tambem como reciproco. *Sublevare, seditionem movere.*

Sublimacion. *f.* Sublimação; acção e effeito de sublimar. *Sublimatio, onis:* — *(min.)* sublimação; acção vulcanica que produz diversas substancias mineraes, taes como o enxofre, o hydrochlorato de ammoniaco, o sulphureto de arsenico, etc.: — *(chim.)* sublimação; operação pela qual se separam as partes mais uteis e volateis de uma substancia, fazendo-as subir, por meio do fogo, em vaso onde se condensam.

Sublimado ó Sublimado corrosivo. *m. (chim.)* Sublimado ou sublimado corrosivo, solimão; deuto-chlorureto de mercurio, obtido pela sublimação de uma mistura de sal commum, peroxydo de manganez e deuto-sulphato de mercurio.

Sublimar. *a.* Sublimar, exaltar, engrandecer. *Sublimare:* — *(germ.)* soltar: — *(chim.)* sublimar; separar por sublimação.

Sublimatoria. *f. (chim.)* Sublimatoria; vaso empregado em chimica para as sublimações.

Sublimatorio, ria. *adj.* Sublimatorio; que serve ou pertence á sublimação. *Sublimans, antis.*

Sublime. *adj.* Sublime, alto, elevado, eminente. *Sublimis, e:* — *(anat.)* sublime; diz-se de um dos musculos do antebraço: — *(hist.)* sublime; titulo de honra e dignidade que no seculo V se concedia exclusivamente aos condes.

Sublimemente. *adv. m.* Sublimemente, altamente; com sublimidade. *Sublimiter.*

Sublimidad. *f.* Sublimidade, altura, elevação, exaltação, grandeza. *Sublimitas, atis.*

Sublimísimo, ma. *adj. sup.* de *Sublime.* Sublimissimo. *Altissimus, a, um.*

Sublingual. *adj. (anat.)* Sublingual; que está situado debaixo da lingua.

Sublunar. *adj.* Sublunar; que fica inferior á orbita da lua. *Sublunaris, re.*

Sub-marino, na. *adj.* Submarino ou submarinho; que existe ou fica por baixo do mar.

Sub-maxilar. *adj. (anat.)* Submaxillar; situado debaixo da maxilla ou mandibula inferior.

Sub-mental. *adj. (anat.)* Submental; situado debaixo da barba.

Submerso, sa. *adj. (ant.)* V. *Sumergido, Ahogado.*

Submetaloideo, dea. *adj. (min.)* Submetalloide; que tem quasi a apparencia de metal.

Subministracion. *f. (ant.)* V. *Suministracion.*

Subministrador, ra. *s. (ant.)* V. *Suministrador.*

Subministrar. *a. (ant.)* V. *Suministrar.*

Submúltiple. *adj.* Submultiplo ou submultiplice; diz-se da quantidade contida em outra um numero exacto de vezes, como tres em doze.

Sub-nitrato. *m. (chim.)* Subnitrato; nitrato que encerra duas, tres ou seis vezes tanta quantidade de base, como o neutro.

Sub-nitruro. *m. (chim.)* Subnitrureto; combinação que contém menos azote que outra correspondente.

Sub-normal. *adj. (math.)* Subnormal; diz-se, na theoria das curvas, da parte do eixo comprehendida entre duas pontas, onde a ordenada e a perpendicular á curva tirada do ponto do contacto vem encontrar este eixo.

Sub-occipital. *adj. (anat.)* Suboccipital; diz-se do que está situado por baixo do occipicio ou toutiço.

Sub-ocular. *adj.* Sub-ocular; situado debaixo dos olhos: — *(zool.)* sub-ocular; diz-se das antennas dos insectos, quando são inseridas debaixo dos olhos.

Sub-oleato. *m. (chim.)* Suboleato; oleato com excesso de base.

Subolmí. *f. (germ.)* Chicara.

Sub-orbitario, ria. *adj. (anat.)* Suborbitario; diz-se do que está situado debaixo da orbita.

Subordenar. *a. (ant.)* Subordenar. V. *Subordinar.*

Subordinacion. *f.* Subordinação; estado subordinado, sujeição, dependencia de superior auctoridade ou jurisdicção. *Subjectio, onis:* — subordinação; dependencia entre phenomenos, artes ou sciencias.

Subordinadamente. *adv. m.* Subordinadamente; com subordinação, sujeição, obediencia. *Sub alterius ordinatione.*

Subordinar. *a.* Subordinar; sujeitar á dependencia, fazer dependente. *Submittere, subjicere:* — subordinar; pôr ou classificar algumas cousas inferiores em ordem a respeito de outras. *Alia aliis postponere.*

Sub-oxalato. *m. (chim.)* Sub-oxalato; oxalato com excesso de base.

Sub-óxido. *m. (chim.)* Sub-oxydo; oxydo que não encerra oxygenio bastante para poder desempenhar o papel de base e combinar-se com os acidos.

Sub-pericárdico, ca. *adj. (anat.)* Sub-pericardico; diz-se do que está situado debaixo do pericardio.

Subpolar. *adj.* Sub-polar; epitheto que se applica a tudo o que fica debaixo dos polos. *Sub polis situs.*

Subpositício, cia. *adj. (ant.)* V. *Supositicio:* — estranho a outro.

Sub-prefecto. *m. (adm.)* Sub-prefeito; dá-se este nome em França ao empregado que desempenha em cada districto, sob a direcção do prefeito, as funcções que em outro tempo correspondiam ás administrações municipaes e aos commissarios de cantão, exceptuando-se as que são expressamente commettidas aos conselhos de districto e municipalidades: — *(hist. ant.)* sub-prefeito; logar-tenente do prefeito ou general entre os romanos.

Sub-prefectura. *f. (adm.)* Sub-prefeitura; assim se chama em França a sub-divisão de uma prefeitura, administrada por um sub-prefeito: — sub-prefeitura; cargo de sub-prefeito, e o tempo que dura: — sub-prefeitura; cidade onde reside o sub-prefeito, e logar onde está a sua repartição.

Sub-profesor. *m.* Professor de segunda classe.

Sub-promotor. *m.* Sub-promotor, vice-promotor; official que nas canonisações dos santos faz as vezes de promotor.

Sub-pubiano, na. *adj. (anat.)* Sub-pubiano; que está situado debaixo do pubis.

Subre. *(prep. ant.)* V. *Sobre.*

Subrepcion. *f.* Subrepção, dolo, fraude, falsa informação. *Subreptio, onis:* — acção feita a occultas, ás escondidas. *Subreptio, onis.*

Subrepticiamente. *adv. m.* Subrepticiamente; com subrepção, por via subrepticia. *Subreptitio modo.*

Subrepticio, cia. *adj.* Subrepticio, fraudulento, doloso, obtido por fraude, dolo, subrepção. *Subreptitius, a, um:* — subrepticio, clandestino, furtivo; feito ou tomado occultamente, á surdina. *Subreptitius, a, um.*

Sub-resina. *f. (chim.)* Sub-resina; substancias que se acham em algumas resinas, e são insoluveis no alcool frio, soluveis no que é quente, e crystallisaveis por meio do arrefecimento.

Subrigadier. *m.* Official que desempenhava as funcções de segundo sargento no corpo de guardas de corps. *Custodum regis decurio.*

Subrogacion. *f.* Subrogação, substituição; acto de subrogar. Usa-se frequentemente no fôro. *Subrogandi actio.*

Subrogar. *a.* Subrogar, substituir; pôr em logar de outro. É muito usado no fôro. *Subrogare, substituere.*

Sub-sal. *m. (chim.)* Sub-sal; nome dado em geral aos saes que contêem excesso de base.

Subsanacion. *f.* Reparação; acção e effeito de sanar ou reparar alguma falta ou delicto, de resarcir algum damno.

Subsanado, da. *adj.* Sanado, remediado, desculpado, escusado.

Subsanar. *a.* Sanar, desculpar; remediar erro, falta, culpa, reparar, resarcir algum damno. *Excusare, emendare.*

Sub-scapular. *adj. (anat.)* Sub-scapular; que está situado debaixo da omoplata.

Subscribir. *a.* V. *Suscribir.*

Suascripcion. *f.* V. *Suscricion.*

Subscriptor. *m.* V. *Suscritor.*

Subsecretaría. *f.* Subsecretaria; cargo ou emprego de subsecretario.

Subsecretario. *m.* Subsecretario; o que faz as vezes de secretario: — official maior; primeiro chefe de um ministerio, depois do ministro.

Subsecuente. *adj.* V. *Subsiguiente.*

Subseguirse. r. Seguir-se alguma cousa immediatamente a outra. *Subsequi.*

Subséptuplo, pla. *adj.* Subseptuplo; que contém uma parte de sete.

Sub-sesquialtero, ra. *adj. (math.)* Sub-sesquialtero; diz-se da rasão de menor desigualdade entre dois termos, um dos quaes contém o outro duas vezes e meia.

Subsesquitercio, cia. *adj. (math.)* Subsesquitercio; diz-se da rasão de menor desigualdade entre dois termos, dos quaes um contém o outro uma vez e um terço.

Subséstuplo, pla. *adj.* Sub-sextuplo; diz-se do que contém uma parte de seis.

Subseyente. *adj.* V. *Subsiguiente.*

Subsidiariamente. *adv. m.* Subsidiariamente; de modo subsidiario, como auxilio, por via de subsídio. *In subsidium.*

Subsidiario, ria. *adj.* Subsidiario, auxiliar; que auxilia, ajuda, adjuva, que se dá ou se manda de subsidio. *Subsidiarius, a, um:* — *(for.)* subsidiario; que não é principal, mas sim secundario e superabundante.

Subsidio. *m.* Subsidio, auxilio, adjutorio; soccorro de dinheiro, soldados, munições, etc. *Subsidium, ii:* — subsidio; certo soccorro concedido pela Santa Sé aos reis de Hespanha sobre as rendas ecclesiasticas dos seus reinos. *Vectigal à clericis regi solutum:* — subsidio, contribuição.

Subsiguiente. *adj.* Subsequente; que segue, que vem immediatamente depois de outra cousa. *Subsequens, entis.*

Subsistencia. *f.* Subsistencia; permanencia, estabilidade, conservação das cousas. *Subsistentia, æ:* — subsistencia, passadio; os meios de viver, o supprimento das despezas de alguem. *Victui necessaria:* — *(philos.)* subsistencia; existencia individual, complemento ultimo da substancia ou acto pelo qual uma substancia se torna incommunicavel com outra. *Subsistentia, æ.*

Subsistente. *p. a.* Subsistente; que subsiste. *Subsistens, entis.*

Subsistir. *n.* Subsistir; existir, permanecer, durar alguma cousa ou conservar-se. *Subsistere:* — subsistir, viver, manter-se; satisfazer as necessidades da vida. *Victui necessariis pollere:* — *(philos.)* subsistir; ter existencia individual. *Subsistere.*

Subsolano. *m.* Subsolano; vento do levante, opposto ao favonio. *Subsolanus, i.*

Substancia. *f.* Substancia. V. *Sustancia.*

Substancial. *adj.* V. *Sustancial.*

Substancialmente. *adv. m.* V. *Sustancialmente.*

Substanciar. *a.* Substanciar. V. *Sustanciar.*

Substancioso, sa. *adj.* V. *Sustancioso.*

Substantivadamente. *adv. m.* V. *Sustantivadamente.*

Substantivo. *adj.* V. *Sustantivo.*

Substitucion. *f.* V. *Sustitucion.*

Substituto, ta. *adj.* V. *Sustituto.*

Substraccion. *f.* V. *Sustraccion.*

Substraer. *a.* V. *Sustraer.*

Sub-sulfato. *m. (chim.)* Subsulphato; sulphato com excesso de base.

Sub-tanjente. *adj. (math.)* Subtangente; diz-se da parte do eixo de uma curva interceptada entre a ordenada e o ponto em que a tangente encontra o eixo.

Sub-tartrato. *m. (chim.)* Subtartrato; tartrato com excesso de base.

Subtender. *a. (math.)* Subtender; cortar com linha subtensa.

Subteniente. *m. (mil.)* Alferes; official inferior ao tenente e superior aos sargentos.

Subteniósomos. *m. pl. (zool.)* Subteniosomos; diz-se dos peixes, cujo corpo é comprido e um pouco deprimido em fórma de fita.

Subtensa. *f. (math.)* Subtensa; linha recta opposta a um angulo, e que se suppõe tirada entre as duas extremidades do arco que mede este angulo. V. *Cuerda.*

Subterfugio. *m.* V. *Subterfujio.*

Subterfujio. *m.* Subterfugio, fraude, meio doloso, pretexto para escapar ou deixar de executar promessa, facto, ajuste, ou para illudir as rasões. *Subterfugium, ii.*

Subterráneamente. *adv. m.* Subterraneamente; por debaixo da terra. *Sub terra.*

Subterráneo, nea. *adj.* Subterraneo; que está debaixo da terra. *Subterraneus, a, um:* — *m.* subterraneo; logar, excavação debaixo da terra, caverna, construcção subterranea. *Subterraneus locus.*

Subtil. *adj. (ant.)* Subtil. V. *Sutil.*

Subtileza. *f. (ant.)* V. *Sutileza.*

Subtilizar. *a. (ant.)* V. *Sutilizar.*

Subtraer. *a. (ant.)* V. *Sustraer.* Usa-se tambem como reciproco.

Sub triple. *adj. (math.)* Subtriplice ou sub-triplo; diz-se do numero comprehendido tres vezes em outro, como quatro em doze e seis em dezoito.

Sub-trocanteriano, na. *adj. (anat.)* Sub-trochanteriano; que está situado debaixo do trochanter.

Subula. *f. (zool.)* Subula; genero de insectos dipteros da familia dos notacanthos.

Subulado, da. *adj. (hist. nat.)* Subulado, assovelado; diz-se do que se vae estreitando debaixo para cima, terminando em ponta similhante á de uma sovela.

Subularia. *f. (bot.)* Subularia; genero de plantas da familia das cruciferas.

Subularieas. *f. pl. (bot.)* Subularieas; tribu de plantas da familia das cruciferas.

Subulicornios. *m. pl. (zool.)* Subulicornes. V. *Libelulios.*

Subulifoliado, da. *adj. (bot.)* Subulifoliado; que tem folhas subuladas.

Subulipalpos. *m. pl. (zool.)* Subulipalpos; secção de insectos coleopteros da tribu dos carabicos.

Subulipedo, da. *adj. (hist. nat.)* Subulipede; diz-se do que tem o pé ou o estipite comprido e delgado.

Subulirostros. *m. pl. (zool.)* Subulirostres; familia de aves estabelecida por Dumeril na ordem dos passaros, e que comprehende todas aquellas que têem o bico curto, fraco e flexivel, não chanfrado, de base estreita e arredondada.

Suburbano, na. *adj.* Suburbano; vizinho á cidade, situado nos arrabaldes, suburbios. *Suburbanus, a, um.*

Suburbicario, ria. *adj.* Suburbicario; sujeito ao papa; diz-se das provincias de Italia que formam a diocese de Roma, e tambem das igrejas d'estas mesmas provincias: — *(hist.)* suburbicario; no tempo do imperio romano dava-se este nome ás cidades e regiões proximas de Roma. O Pisceno e a Tuscia eram provincias suburbicarias.

Suburbio. *m.* Suburbio; arrabalde de cidade. *Suburbium, ii.*

Suburra. *f. (hist.)* Suburra; bairro e tribu de Roma na segunda região, onde estavam os mercados de comestiveis e os bordeis ou casas de prostituição.

Subutraquista. *m. (rel.)* Subutraquista; membro de uma seita de husitas, que administravam a communhão debaixo das duas especies.

Subvencion. *f.* Subvenção, subsidio, adjutorio, soccorro pecuniario. *Auxilium, ii.*

Subvencionar. *a.* Subvencionar, subsidiar, auxiliar, soccorrer. V. *Asalariar.*

Subvenio. *m. (ant.)* V. *Subvencion.*

Subvenir. *a.* Soccorrer, ajudar, amparar. *Subvenire; auxilio esse:* — satisfazer.

Subversion. *f.* Subversão; acção e effeito de subverter ou subverter-se. *Subversio, onis:* — subversão, transtorno, destruição, caída, ruina. *Subversio, onis.*

Subversivo, va. *adj.* Subversivo; que tende a subverter. *Subvertendi capax.*

Subvertir. *a.* Subverter; transtornar, arruinar, destruir. *Evertere, subvertere.*

Subyecto, ta. *adj.* Subjecto. V. *Sujeto:* — *m.* sujeito: — sujeito, subdito, vassallo.

Subyugar. *a.* Subjugar; submetter, sujeitar, avassallar, impor o jugo, dominar violentamente. *Subjugare.*

Sucarrillo. *m. (germ.)* Pagem.

Sucarro. *m. (germ.)* Creado, moço de servir.

Succeder. *a.* V. *Suceder,* na segunda accepção.

Succesion. *f.* V. *Sucesion,* na terceira accepção.

Succesor, ra. *adj.* V. *Sucesor.*

Succinita. *f. (min.)* Succinita; variedade de granada amarella, que se acha no valle de Lans, no Piemonte.

Succino. *m. (min.)* Succino. V. *Ambar.*

Succion. *f.* Chupamento, chupadura; acção de chupar. *Sugendi actio, suctio:* — *(phys.* e *med.)* sucção, chupadura; acção de chupar ou sugar.

Sucedáneo, nea. *adj. (hist.)* Succedaneo; dizia-se em Roma das victimas que se immolavam, quando o primeiro sacrificio não tinha sido agradavel á divindade: — *(med.)* succedaneo; diz-se da substancia, medicamento, etc., que se póde substituir a outro, ou que tem as mesmas propriedades que elle.

Suceder. *n.* Succeder; entrar em logar de outro, vir, seguir-se em ordem ou tempo. *Succedere:* — succeder, adquirir por successão, herdar, entrar na posse dos bens de outro por sua morte. *Succedere in bona:* — *(ant.)* succeder, descender, proceder, provir: — *(impess.)* succeder, acontecer. *Accidere, contingere:* — *(for.)* succeder; entrar em logar de outro ou seguir-se a elle, a titulo geral ou particular. *Succedere.*

Sucediente. *p. a.* Succedente; que succede ou se segue. *Succedens, entis.*

Sucedumbre. *f. (ant.)* V. *Suciedad.*

Sucentor. *m. (ant.)* V. *Sochantre.*

Sucesible. *adj.* Successivel; capaz para succeder em herança ou de outro modo. *Quod successione obtineri potest, vel quod evenire potest.*

Sucesion. *f.* Successão; acção e effeito de succeder: — successão, serie, continuação das cousas que se seguem a outras. *Successio, onis:* — successão, prole, descendencia directa. *Proles, is:* — successão, herança. *Acta de sucesion (hist.);* acta de successão; decisão do parlamento inglez em 1701, que excluiu do throno os catholicos, e chamou a elle a casa de Hannover ou de Brunswick-Luneburgo, ramo feminino e protestante da familia dos Stuarts.

Sucesivamente. *adv. m.* Successivamente, seguidamente; em successão, um depois do outro. *Successivè.*

Sucesivo, va. *adj.* Successivo; que succede ou vem após outro sem interrupção. *Successivus, a, um.*

Suceso. *m.* Successo; acontecimento bom ou mau, feliz ou infeliz. *Casus, eventus, successus:* — successão, lapso, decurso de tempo. *Temporis spatium.*

Sucesor, ra. *s.* Successor; o que succede em herança, cargo, posto, governo, etc. *Successor, oris:* — *particular (for.);* successor particular; o que succede ou se subroga a outro em alguma cousa que adquiriu d'elle por venda, doação ou outro meio similhante: — *universal;* successor universal; o que succede em todos os direitos e acções da pessoa a quem representa e no logar da qual se subroga.

Sucia, Suciadumbre. *f. (ant.)* V. *Suciedad.*

Suciamente. *adv. m.* Sujamente, porcamente, sordidamente. *Spurcè, sordidè.*

Sucidad, Sucidat, Sucidumbre, Sucidumne. *f. (ant.)* V. *Suciedad.*

Sucinato. *m. (chim.)* Succinato; genero de saes que resultam da combinação do acido succinico com as bases.

Sucineina. *f. (chim.)* Succineina; resina do succino.

Sucínico, ca. *adj. (chim.)* Succinico; pertencente ao succino ou proveniente d'elle. *Acido sucínico;* acido succinico ou carabico; diz-se de um acido organico que se prepara ordinariamente distillando o succino ou carábe.

Sucinita. *f. (min.)* V. *Succinita.*

Sucino. *m. (min.)* Succino, ambar amarello. V. *Ambar.*

Sucinone. *f. (chim.)* Succinone; materia oleosa particular, que resulta da distillação do acido succinico com a cal.

Sucintamente. *adv. m.* Succintamente; de modo succinto, concisamente, brevemente, compendiosamente, abreviadamente. *Breviter.*

Sucintarse. *r. (ant.)* V. *Ceñirse.*

Sucinto, ta. *adj.* Succinto, breve, conciso, compendioso, abreviado, não prolixo. *Brevis, ve:* — cingido por baixo. *Succinctus, a, um.*

Sucio, cia. *adj.* Sujo, torpe, immundo, sordido; não limpo, não aceiado. *Spurcus, sordidus, immundus:* — *(fig.)* sujo, torpe, sordido, immundo, manchado, maculado com peccados e imperfeições. *Immundus, a, um:* — *(fig.)* sujo, deshonesto, obsceno, indecente, impuro. *Impurus, obscœnus:* — indecente, descortez, impolitico, incivil. *Inurbanus, a, um:* — sujo, baço; diz-se da côr confusa, deslavada, sem brilho. *Remissus, dilatus color. Jugar sucio (fr.);* jogar porco ou cação; no jogo do bilhar, arrastar a bola de modo que corra junta com a contraria, que estava unida ou mui proxima a ella.

Sucísimo, ma. *adj. sup.* de *Su-*

cio. Sugissimo; muito sujo. *Spurcissimus, a, um.*

Suciumbre. *f. (ant.)* V. *Sueiedad.*

Suco. *m.* Succo. V. *Jugo:* — *adj. (p. Peru)* V. *Naranjado.*

Sucoso, sa. *adj.* Succoso. V. *Jugoso, Sustancioso.*

Sucotrino. *adj.* Socotrino ou Socotorino, de Socotorá; diz-se de uma qualidade de aloes què vem da ilha de Socotorá. *Socotrinus, a, um.*

Sucovia. *f. (bot.)* Sucowia; genero de plantas da familia das cruciferas.

Súcubo. *adj.* Sucubo; dizia-se vulgarmente do demonio, que no trato illicito com o homem diziam que tomava a fôrma de mulher. *Succuba:* — *(fig.)* fodidincul, bargantè, puto. *Cinædus, i.*

Súcula. *f.* V. *Cábria:* — *pl. (ant. astron.)* súculas; as hyadas, constellação que os egypcios representáram por uma porca com as crias.

Suculento, ta. *adj.* Suculento. V. *Sucoso.*

Sucumbiente. *p. a.* de *Sucumbir. Succumbens, entis.*

Sucumbir. *n.* Succumbir; caír debaixo, sêr prostrado, abater-se, .submettêr-se. *Succumbere:* — succumbir; ceder á força maior, deixar-se vencer. *Succumbere:* — *(for.)* succumbir, perder o pleito. *Causa cadere.*

Sucursal. *adj.* Sucursal; diz-se propriamente de uma igreja que suppre pela parochial em todos os casos, quando esta não póde convenientemente servir os seus freguezes: — por extensão, diz-se de qualquer estabelecimento que serve de ajuda a outro da mesma classe. Usa-se substantivamente para significar um estabelecimento subordinado a outro e creado com o mesmo fim, como: *La sucursal de un hospital, del monte de piedad.*

Suche. *m.* Flor amarella e muito aromatica, de cinco folhas um tanto carnosas, que ordinariamente trazem as senhoras no Perú: — *m.* suche; nome dado pelos indios a todos os peixes grandes e saborosos da lagôa de Chucuito: — *pl.* guarnições que traziam pendentes da vestidura as Indias dá nação dos musos na Nova Granada.

Suchí. *m.* V. *Suche.*

Suchicopal. *m. (bot.)* Especie de copal, estoraque ou incenso.

Suchoe. *m. (astron.)* Suchoe; primeiro decano de Libra. Representa-se no zodiaco rectangular com a cabeça de abutre e sobre ell'a um disco.

Suchtelenia. *f. (bot.)* Suchtelenia; genero de plantas da familia das borragineas.

Sud. *m.* Sul; o ponto cardinal opposto ao norte, ou a constellação da ursa menor. *Meridies, ei.* V. *Sur:* — sul; vento que sopra directamente d'aquelle ponto. *Meridianus ventus.*

Sudadero. *m.* Sudario; lenço, panno de limpar o suor. *Sudarium, ii.* Em portuguez antiquado tambem se dizia sudeiro: — suadouro, estufa; logar do banho destinado para fazer suar. *Sudatorium, hypocaustum:* — logar, parede que sua, resuma, distilla a agua gota a gota. *Stillicidii locus:* — *(p. Extr.)* V. *Bache,* logar onde se tosquia o gado. *Pecudum tondendarum sudatorium:* — suadouro, manta que se põe debaixo da sella e que assenta no costado do cavallo. Tambem se chamam suadouros dois cochins da sella para o mesmo fim. Na provincia de Cuba toma-se n'este ultimo sentido. *Stragulum ephipiis suppositum.*

Sudadór, ra. *s.* Suador; o que sua muito.

Sudante. *p. a.* O que sua. *Sudans, antis.*

Sudar. *n.* Suar; deitar suor pelos poros. Usa-se tambem como activo. *Sudare, exsudare:* — *(fig.)* escarrar; dar alguma cousa com repugnancia, contra vontade, como: *Me han hecho sudar tanta cantidad;* fizeram-me escarrar uma quantidade grande, etc. *Minutim et strictim dare:* — *(fig.)* suar; lidar, afadigar-se, trabalhar muito, physica ou moralmente. *Laborare, sudare:* — *(fig.)* suar; verter humidade, distillar succos certas aves e plantas. *Stillare:* — *la prensa (fig.);* fazer gemer a prensa, imprimir muito.

Sudario. *m.* V. *Sudadero,* na primeira accepção: — santo sudario; panno ou toalha em que se representa a figura de Christo, ferido e atormentado. *Sudarium, ii:* — santo sudario; lençol com que José de Arimathéa cobriu o corpo de Jesus Christo, quando o baixou da cruz para o sepultar. *Sudarium, ii:* — sudario, lenço, panno com que se cobre o rosto de um defunto; diz-se por extensão. *Sudarium, ii.*

Sudatorio, ria. *adj.* V. *Sudorífico:* — *(hist.)* suadouro, estufa; logar nos banhos romanos, em que se fazia suar tomando os banhos de vapor.

Sudeste. *m.* Sueste; vento ou ponto do horisonte, que medeia entre o S. e o E.: — sueste; um dos trinta e dois ventos em que é dividida a rosa nautica, o qual sopra do ponto acima referido. *Euronotus, i.*

Sudiento, ta. *adj. (ant.)* Suarento, suado, humido com suor.

Sudis. *m. (zool.)* Sudis; genero de peixes malacopterygios abdominaes, dá familia dos clupeoideos.

Sudo. *adv. (ant.)* V. *Abajo.*

Sudoestada. *f.* Sudoestada; vento forte de sudoeste.

Sudóestazo. *m.* Ventania forte do sudoeste.

Sudoeste. *m.* Sudoeste; vento ou ponto do horisonte que medeia entre o S. e o O. *Inter meridianum et favonium ventus africus.*

Sudoestar. *n.* Sudoestar; descaír o vento para o S.O.

Sudor. *m.* Suor; humor excrementicio que sáe pelos poros da pelle em fórma de pequenas gotas. *Sudor, oris:* — suor, trabalho, fadiga *Sudor, labor:* — *(fig.)* suor; licor que as arvores suam, e a humidade que as paredes, rochas, etc. vertem ou distillam. *Sudor, oris:* — *pl. (med.)* suores; transpiração frequente e abundante que se promove pelos meios convenientes para remedio dos individuos atacados de syphilis.

Sudoriento, ta. *adj.* Suarento, suado, humido com suor. *Sudore madens.*

Sudorífero, ra. *adj.* Sudorifero, sudorifico.

Sudorífico, ca. *adj.* Sudorifico, que promove o suor, a transpiração; diz-se de certos remedios, e substantiva-se na terminação masculina. *Sudorem eliciens.*

Sudoroso, sa. *adj.* Suador; diz-se do que sua muito, e do que é muito propenso a suar.

Sudoso, sa. *adj.* Suado; que tem suor, coberto de suor. *Sudore madidus.*

Sudsudeste. *m.* Sussueste; vento ou ponto do horisonte que fica entre o S. e o SO.

Sudsudoeste. *m.* Sussudoeste; vento ou ponto do horisonte entre o S. e o SE.

Sudueste. *m. (naut.)* V. *Sudoeste.*

Sue. *adj. f. (ant.)* V. *Suya.*

Sueco, ca. *s.* Sueco; natural da Suecia: — *adj.* sueco; pertencente á Suecia. *Suecus, a, um. Hacerse el sueco (fr. fam.);* fazer-se lorpa, desentendido, fingir ignorancia de alguma cousa. *Inscium, ignarum se simulare.*

Sueda. *f. (bot.)* Sueda; genero de plantas da familia das chenopodeas.

Suedíneas. *f. pl. (bot.)* Suedineas; tribu de plantas da familia das atripliceas.

Suegra. *f.* Sogra; a mãe da mulher ou do marido. *Socra, æ:* — *(fam.)* breviario; é termo usado entre os clerigos: — *(prov.)* extremos onde se unem as roscas dos pães, que são mais delgados e mais cozidos. *Spiralis libi extrema. La suegra ni de azucar es buena (rif.);* sogra nem de barro á porta; quem não tem sogra nem cunhada, é bem casada. *Socrus etiam melle condita amarescit.*

Suegro. *m.* Sogro; o pae do marido ou da mulher, relativamente ao genro ou á nora. *Socer, Socerus. Para mi no puedo y devanaré para mi suegro (rif.);* para mim não peço e pedirei para meu sogro; applica-se aos que pedem favor para alguma pessoa estranha, não o tendo para si. *Me patronum desideras, cum ipse indigeam patrono.*

Suela. *f.* Sola; a parte inferior e mais dura do calçado, que de ordinario costuma ser de couro grosso e preparado. *Solea, æ:* — sola; couro de boi, curtido e preparado para calçado. *Corium maceratum soleis efficiendis:* — V. *Lenguado:* — V. *Zócalo:* — *(fig.)* linha; madeiro sobre o qual se forma um tabique. *Tignum cratitio parieti sublevando:* — *pl.* sandalias de algumas ordens religiosas. *Soleæ, arum. Bañado de suela;* diz-se do sapato cuja sola é muito mais larga que a planta do pé. *Calceus, cujus solea pedis plantam excedit. De tres ó de cuatro suelas (loc. adv. fig.);* forte, solido, firme, e tambem consummado, rematado; *v. g.: Tonto de cuatro suelas;* tolo dos quatro costados, consummado, perfeito. *Terque, quaterque. No llegar a la suela del zapato (fr.);* não chegar aos calcanhares de alguem, ser-lhe mui inferior, ter menos habilidade e merecimento que elle. *Longè inferiorem, imparem esse alteri.*

Suelda. *f. (bot.)* Solda. V. *Consuelda:* — *consuelda;* especie de reptil do genero amphisbena. Depois de secco e reduzido a pó era considerado como especifico efficacissimo para as fracturas dos ossos.

Sueldacostilla. *f. (bot.)* Especie de boas noites; planta que dá uma flor branca como a mosqueta, a qual se abre de dia e fecha de noite.

Sueldo. *m.* Soldo; a paga ou estipendio do soldado e official militar. *Stipendium:* — ordenado; estipendio dos empregados publicos. *Stipendium, ii:* — soldada, ordenado; paga que se dá a creados de servir. V. *Salario,* n'este sentido: — *a libra o sueldo por libra (loc.);* soldo a libra, pro rata, proporcionalmente ao principal, na proporção da somma que se tem a repartir. *Proportione servata. Correr el sueldo, el salario, las pagas.* V. *Paga:* — *(numism.)* soldo; antiga moeda de oiro dos romanos, á qual deram o nome de *solidus,* que significa inteiro, porque não tinha divisores, para differença dos soldos que depois fizeram da metade e terça parte d'aquelle, para os cambios e facilidade do commercio. Em Hespanha o soldo tem tido diversos valores em cada reino. O que actualmente se usa em Aragão vale meio real de prata. Em Portugal, antes de 1385, vinte soldos faziam uma libra. *Solidum, monetæ genus:* — *bueno o burgalés;* soldo burgalez; moeda que se usou em Hespanha e valia doze dinheiros de quatro mealhas. *Solidum burgense, monetæ hispanicæ genus:* — *menor;* soldo menor; antiga moeda hespanhola que valia um dinheiro e quatro mealhas, tambem chamado *ochosen. Solidum minus, monetæ genus.*

Suelo. *m.* Solo, chão; a superficie da terra. *Solum, i:* — fundo, base; superficie inferior de algumas cousas, como das vasilhas, etc. *Pars inferior, ima:* — lar do pão: — assento, pouso, pé; sedimento que fazem no fundo das vasilhas as partes crassas e terreas dos licores. *Sedimentum, i:* — solo, chão; terreno onde está ou estava assentado um edificio. *Solum, i:* — chão, pavimento. *Stratum, solum:* — andar de qualquèr casa. *Pavimentum, i:* — o chão de qualquer quarto dos differentes andares de uma casa. *Tabulatum, contignatio:* — solo;

territorio, superficie, espaço de terra comprehendido em uma provincia, districto ou jurisdicção. *Regio, onis:* — *(fig.)* solo, terra, mundo: — *(fig.)* termo, fim. *Finis, terminus:* — *(ant.)* anus; orificio inferior do intestino recto: — *pl.* grãos de trigo ou de outro cereal que ficam na eira e que se ajuntam com uma vassoura para serem aproveitados. *Messis jam tritæ reliquiæ:* — *pl.* palha ou grãos que ficam de um anno para o outro nos palheiros ou nas tulhas. N'esta e na precedente accepção é termo mais usado entre lavradores. *Seminum residua, reliquiæ. Dar consigo en el suelo (fr.);* dar comsigo em terra, caír no chão, caír por terra. *Collabi, succumbere. Dar en el suelo con alguna cosa (fr.);* dar com alguma cousa em terra; derriba-la, deita-la ao chão: *(fig.)* dar com alguma cousa em terra, em pantana; perde-la, arruina-la, destrui-la, desfaze-la. *Diruere, evertere, perdere. Echarse por los suelos (fr. fig.);* rojar-se, prosternar-se, humilhar-se em extremo. *Demissè se subjicere. Faltar el suelo (fr.);* faltar o chão; tropeçar ou caír. *Offendere, cadere. Llevar de suelo y propiedad (fr. fig.);* estar na posse de; ter-se continuado ou continuar-se alguma cousa a individuos ou familia e ser já como propriedade inseparavel d'ella; e assim se diz: *esa casa lleva de suelo el ser miserable;* essa casa está na posse de ser miseravel. *A principio, a fundamentis. Medir el suelo (fr.)* V. *Medir. No dejar caer en el suelo, o no llegar al suelo alguna cosa (fr. fig.);* não deixar caír no chão alguma cousa; nota-la, reparar n'ella. *Nihil notatu dignum prœterire. No pisar el suelo;* andar nos bicos dos pés; com muita affectação, como usam os peralvilhos. *No salir del suelo (fr.);* não passar do chão, ser um caçapo, muito baixo de estatura. *Pusilla statura esse. Por el suelo o por los suelos (loc. adv.);* pelo chão, de rastos; nota o desprezo com que se trata alguma cousa ou o seu estado de abatimento. *In abjectionem. Sin suelo (loc. adv.);* sem termo, sem conta, sem limites, com grande excesso. *Sine fundo. Tener suelo alguna vasija (fr.);* diz-se de um vaso que contém ou leva menos da quantidade que parece dever levar. *Multò minus, quam quod capit, continebit. Venirse al suelo (fr.);* vir a terra, desabar, caír, ir-se abaixo um edificio, muro, etc. *Ruere, corruere:* — *pl. (veter.)* solas; nome dado vulgarmente á face plantar do casco do cavallo, e algumas vezes tambem, em castelhano, a todo o casco, dizendo-se: *buenos o malos suelos;* bons ou maus cascos, boa ou má cascaria. Este ultimo vocabulo é puramente de uso vulgar, e refere-se ao conjuncto dos cascos da besta. *Ungula, corneus calceus.*

Suelta. *f.* Solta, soltura; acção de soltar. *Solutio, onis:* — solta, travão; maniota comprida de pear bestas. *Pedica, æ:* — bois de reserva, muda de bois que vão soltos para se metterem ao carro no logar dos que estão cansados. É termo mais proprio de carreiros. *Boves liberi, plaustris ducendis parati:* — sitio ou logar a proposito para soltar os bois que vão jungidos ao carro, e para pastarem. *Locus bovibus pascendis aptus:* — *(ant.)* remissão de divida. *Dar suelta (fr. fig.);* dar licença, permissão por algum tempo a um inferior ou subordinado. *Libertatem concedere; liberum emittere.*

Sueltamente. *adv. m.* Soltamente, desembaraçadamente; com desembaraço e soltura. *Expeditè:* — soltamente, licenciosamente, dissolutamente, livremente. *Immoderatè:* — *(ant.)* livremente, expontaneamente, voluntariamente.

Sueltar. *a. (ant.)* V. *Soltar.*

Suelto, ta. *p. p. irreg.* de *Soltar* e *adj.* Solto, soluto, livre desembaraçado de tudo o que prende. *Solutus, a, um:* — diz-se do que está atado a outra cousa de modo que póde mover-se, como o cordel de um chicote, etc.: — solto, ligeiro, veloz. *Celer, velox:* — prompto, expedito, agil, desembaraçado. *Agilis, expeditus:* — solto, livre, atrevido, despejado, desenvolto, descarado. *Procax, acis:* — expedito, desembaraçado, prompto, corrente, prestes no fallar. *Expeditus, facilis lingua:* — solto, destacado; diz-se do que está separado e não joga nem forma união com outras cousas; como: *muebles sueltos, especies sueltas;* moveis soltos, idéas, palavras soltas, etc. *Singularis, invicem diversus:* — solto; diz-se do verso não rimado. *Rythmus solutus:* — *(ant.)* V. *Acabado:* — solto. V. *Soltero:* — *de lengua;* solto de lingua, maldizente, desavergonhado, atrevido; o que falla sem pejo, sem modestia, sem comedimento. *Facilis ad jurgia, procax. Arbol suelto;* arvore solta, destacada, isolada, separada de outras. *Dinero suelto;* miudos: — *(arch., pint.* e *esculpt.)* solto, esvelto, ligeiro, elegante: — *(min.)* pedaço de metal ou de mineral nativo que se encontra solto nos montes ou quebradas, por ter sido arrancado da mina pela acção das aguas ou dos ventos. *Abscissum metalli pondus.*

Süeno. *m. (ant.)* V. *Sonido.*

Sueño. *m.* Somno, o dormir; acção de dormir. *Somnus, i:* — sonho; representação ideal que se offerece á mente durante o somno. *Somnium, ii:* — somno, somnolencia; inclinação, disposição a dormir; *v. g.: tengo sueño, me estoy cayendo de sueño;* tenho somno, estou caíndo com somno. *Sapor, somnus:* — sonho; cousa phantastica, imaginaria, não real, sem fundamento.

Ægri somnium: — *lijero;* somno ligeiro ou leve; pouco profundo. *Leve somnium:* — *pesado;* somno pesado, muito profundo, e algumas vezes melancholico e triste. *Somnum grave, profundum, altum. Caerse de sueño (fr. fam.);* caír de somno; não se poder ter em pé por effeito de somnolencia, não poder resistir-lhe. *Somno gravari. Conciliar el sueño (fr.);* conciliar, provocar o somno; procurar dormir. *Allicere somnum. Cuajar el sueño (fr.);* adormecer, apoderar-se o somno de alguem. *Decir el sueño y la soltura (fr. fam.);* dizer tudo quanto vem á bôca; fallar com despejo, referir tudo que se offerece, aindaque sejam cousas immodestas. *Quidquid in os venerit obloqui, procaciter loqui. Descabezar el sueño (fr. fig.);* dormitar, enganar o somno; dormir um pouco o que está a caír de somno. *Dormitare, brevissimum somnum capere. Dormir a sueño suelto (fr.);* dormir a somno solto. V. *Dormir a pierna suelta. El sueño de la liebre (loc.);* o sonho da lebre; diz-se dos que fingem ou dissimulam alguma cousa. *Cave; somnum simulat. En sueños o entre sueños (loc. adv.);* em sonhos, em visão, durante o somno, dormindo. *Per somnium. Entre sueños (loc. adv.);* entre o somno, dormitando. *Dormitando. Espantar el sueño (fr. fam.);* espantar o somno; impedi-lo, não deixar dormir. *Somnum excutere. Guardar el sueño (fr);* guardar o somno; impedir que se faça acordar alguem. *Dormientis quieti consulere. Hacer un sueño (fr.)* V. *Soñar. Ni por sueño (fr.);* nem por sonhos; diz-se de uma cousa que está tão longe de executar-se, que nem mesmo em sonhos se offereceu á mente. *Ne per somnium quidem. No dormir sueño (fr.);* não pregar olho, não poder conciliar o somno. *Pervigilio laborare. Quebrantar el sueño (fr.)* V. *Descabezar el sueño. Tornarse o volverse el sueño del perro (fr.);* ficar em nada uma cousa; frustrar-se, mallograr-se, não se realisar o que se esperava. *Inani spe capi, falli. Volverse el sueño al revés (fr.)* V. *Tornarse o volverse el sueño del perro.*

Suero. *m.* Soro; parte aquea do sangue ou do leite. *Serum lactis.*

Sueroso, sa. *adj.* V. *Seroso.*

Suerte. *f.* Sorte, acaso, accidente, fortuna. *Sors, ortis:* —V. *Lote,* na segunda accepção: — sorte, condição, qualidade, classe, especie, laia. *Species, genus:* — sorte, maneira, modo, geito. *Modus, ratio:* — sorte; lance feliz no jogo dos dados e em outros jogos. *Sors prospera:* — sorte; negaça, engano que faz o toureador ao touro pondo-se-lhe adiante ou ferindo-o com agilidade e arte, sem damno ou risco proprio. *Periculosa evasio in taurorum ludo:* — agro ou terra de cultura separada de outras por extremas ou linhas divisorias. *Agellus singularis, ab aliis distinctus:* — sorte, linhagem, estirpe. *Stirps, genus:* — *(ant.)* V. *Captal,* referindo-se ao commercio: — sorte; quando é precedido dos numeros ordinaes, 1.ª, 2.ª, 3.ª, etc., exprime a qualidade respectiva dos generos ou de qualquer outra cousa. *Qualitas, atis:* — *y verdad (loc.);* que se emprega para pedir aos circumstantes que decidam sincera e imparcialmente uma duvida do jogo, e por extensão de qualquer outro assumpto ou materia. *Sincerè de sorte indicetur. Caerle o tocarle a uno la suerte (fr.);* caír, caber ou tocar a sorte a alguem, em virtude de sorteio. *Sortem alicui obtingere. Correr bien o mal la suerte a uno (fr.);* correr bem ou mal a sorte a alguem; ser ditoso ou desgraçado. *Sortem benè aut malè cedere alicui. De suerte (loc. adv.);* de sorte, de maneira, de modo que; usa-se para captar a attenção de alguem quando se começa uma ovação ou discurso. *Echar suerte (fr.);* deitar, lançar sortes, tirar por sorte. *Sortes emittere. Entrar en suerte (fr.);* entrar em sorte; tomar parte em um sorteio, ser contado no numero das pessoas entre as quaes se ha de sortear alguma cousa. *In sortem adsciscì, vocari.*

Sueste. *m.* Sueste; vento ou ponto do horisonte entre o sul e o oeste: —V. *Sudeste.*

Suestear. *n.* Suestar; descaír o vento para o sueste.

Suez. *adj. (ant.)* V. *Soez.*

Sufeta. *m. (hist.)* Suffete; dava-se este nome aos primeiros magistrados annuaes em Carthago, que eram n'esta cidade o mesmo que os consules em Roma: — suffete; titulo dos magistrados annuaes ou vitalicios de todas as cidades da Phenicia, e tambem das colonias phenicias ou carthaginezas.

Suffrenia. *f. (bot.)* Suffrenia; genero de plantas da familia das lythrarias.

Sufíbulo. *m. (hist.)* Suffibulo; véu branco preso com um broche, com que as virgens vestaes cobriam a cabeça quando sacrificavam.

Suficiencia. *f.* Sufficiencia, capacidade, aptidão. *Aptitudo, inis:* — *(neol.)* vaidade, presumpção. *A suficiencia (loc. adv.);* com sufficiencia, sufficientemente. V. *Bastantemente.*

Suficiente. *adj.* Sufficiente, bastante; em abastança, que basta. *Sufficiens, entis:* — *(fig.)* sufficiente, apto, capaz, idoneo. *Aptus, habilis, idoneus.*

Suficientemente. *adv. m.* Sufficientemente, bastantemente; com sufficiencia, quanto é bastante. *Sufficienter.*

Suficientísimo, ma. *adj. sup.* de *Suficiente.* Sufficientissimo. *Abundantissimus, a, um.*

Suficion. *f. (hist.)* Suffição; purificação usada pelos antigos quando assistiam a um funeral. Consistia em molhar-se levemente com agua e expor-se ao fumo.

Súfide. *m. (zool.)* Suphide; genero de insectos coleopteros pentameros da tribu dos dytiscidos.

Suflacion. *f. (ant.)* Insufflação. V. *Soplo.*

Suflar. *a. (ant.)* V. *Soplar.*

Sufocacion. *f.* Suffocação, afogadura, afogamento, abafamento; impedimento da respiração, estado de pessoa que se afoga, que não póde respirar, ou que respira com grande difficuldade. *Suffocatio, onis.*

Sufocador, ra. *adj.* Suffocador, suffocante; que suffoca. *Suffocans, antis.*

Sufocante. *adj.* Suffocante; que suffoca. *Suffocans, antis.*

Sufocar. *a.* Suffocar, afogar, abafar; tolher a respiração. *Suffocare:* — suffocar, abafar, afogar, amortecer, reprimir. *Extinguere:* — *(fig.)* suffocar, atalhar, opprimir, embaraçar o exercicio ou o effeito de alguma cousa ou faculdade immaterial.

Sufoco. *m. (fam.)* V. *Sufocacion.*

Sufra. *f.* Mangote; correão grosso formado de varias correias largas, que formam uns anneis nas pontas para entrarem por elles os varaes da carruagem.

Sufragáneo, nea. *adj.* Suffraganeo, sujeito, subordinado, dependente de outro. *Suffraganeus, a, um:* — *m.* suffraganeo; bispo de uma diocese que juntamente com outros compõe a provincia do metropolitano. *Suffraganeus episcopus.*

Sufragano, na. *adj. (ant.)* Suffragano. V. *Sufragáneo.*

Sufragar. *a.* Suffragar, ajudar, approvar, auxiliar, favorecer. *Suffragari:* — attender, satisfazer, pagar: — *n.* bastar; ser bastante, sufficiente.

Sufragio. V. *Sufrajio.*

Sufrajio. *m.* Soccorro, ajuda, favor, auxilio, protecção. *Auxilium, ii:* — suffragio; toda a obra pia por alma dos defunctos. *Suffragium, preces, sacrificia:* — *(polit.)* suffragio, voto. V. *Voto:* — *universal (polit.);* suffragio universal; direito de votar na eleição de representante do povo, que se concede a todo o individuo de profissão conhecida e que não está criminoso ou preso. Este direito só se acha consignado entre os principios da democracia.

Sufre. *m.* V. *Azufre.*

Sufrencia. *f. (ant.)* V. *Sufrimiento.*

Sufrible. *adj.* Soffrivel, toleravel; que se póde soffrer e tolerar. *Tolerabilis, le.*

Sufrida. *f. (germ.)* Cama.

Sufridera. *f.* Safradeira ou alfeça; pedaço de ferro que os serralheiros mettem entre a peça que elles querem furar e a bigorna, para o punção não bater contra esta. *Quoddam ferrari fabri ferramentum.*

Sufridero, ra. *adj.* V. *Sufrible.*

Sufrido, da. *adj.* Soffrido, soffredor; que soffre e tolera com paciencia e resignação. *Patiens, entis:* — soffredor, paciente; diz-se do marido tolerante que consente nos amores de sua mulher com outro homem. *Patiens, entis.*

Sufridor, ra. *s.* Soffredor; o que soffre e tolera com paciencia, resignado no soffrimento, capaz de soffrer. *Patiens, tolerans.*

Sufriente. *p. a.* Tolerante, soffrido. *Tolerans, sustinens.*

Sufrimiento. *m.* Soffrimento; habito de soffrer: — soffrimento; paciencia, resignação, conformidade com que se soffre. *Tolerancia, æ:* — soffrimento, tolerancia de abusos.

Sufrir. *a.* Soffrer, tolerar; aturar, supportar com paciencia os trabalhos, encommodos, privações, dores, males de toda a especie. *Sufferre:* — soffrer, supportar, sustentar, suster um peso, um fardo, etc. Usa-se tambem como reciproco. *Sustinere:* — V. *Permitir:* — soffrer, padecer, *Pati, perpeti:* — soffrer; receber a pancada pela parte opposta da tábua ou madeiro que se prega, o que se executa pondo a enxó ou outro instrumento duro em que se quebra a força do golpe. *Ictum inferius sustinere:* — *(fig.)* soffrer. V. *Sostener:* — *n. (ant.)* soffrer-se. V. *Contenerse.*

Sufumigacion. *f. (med.)* Suffumigação, fumigação; vapor, fumo que se applica a alguma parte para a curar. *Suffumigandi actio.*

Sufusion. *f. (med.)* Suffusão; especie de catarata ou opacidade do crystallino. *Suffusio, onis:* — *(ant.)* suffusão, derramamento; acto de derramar.

Sugeriente. *p. a.* V. *Sujeriente.*

Sugerir. *a.* V. *Sujerir.*

Sugestion. *f.* V. *Sujestion.*

Sugesto. *m.* V. *Sujeto.*

Sugo. *m. (ant.)* Sugo. V. *Jugo.*

Sugoso, sa. *adj. (ant.)* V. *Jugoso.*

Suicida. *s.* Suicida; o que se dá a morte a si mesmo. *Se ipsum interficiens.*

Suicidarse. r. Suicidar-se, matar-se; dar a morte a si mesmo.

Suicidio. *m.* Suicidio, morte de si mesmo; acção d'aquelle que se mata a si proprio e voluntariamente, effeito d'esta acção. *Sui ipsius homicidium.*

Suietenia. *f. (bot.)* V. *Swictenia.*

Suietenieas. *f. pl. (bot.)* V. *Swietenieas.*

Sui-manga. *f. (zool.)* Sui-manga; genero de aves trepadoras da ordem dos passaros, muito parecidos com os colibús.

Suizaro, ra. *adj. (ant.)* V. *Suizo.*

Suizo, za. *s.* Suisso; o natural da Suissa: — *adj.* suisso; pertencente á Suissa. *Helveticus, a, um.*

Sujalé. *adj. (germ.)* Anticipado.

Sujecion. *f.* Sujeição; acção de sujeitar ou sujeitar-se. *Subjectio, onis:* — prisão, atadura, liame, ligadura; tudo que serve para atar e prender. *Vinculum, ligamen:* — sujeição; estado de pessoa ou cousa sujeita. *Subjectio, onis:* — cuidado, applicação, trabalho: — *(rhet.)* sujeição; argumento que tem logar quando alguem se argue, faz objecção a si mesmo.

Sujecto, ta. *adj. (ant.)* V. *Sujeto.*

Sujerelar. *a. (germ.)* Pôr.

Sujerente. *p. a.* Que suggere. *Suggerens, entis.*

Sujerir. *a.* Suggerir, inspirar, lembrar, advertir. *Suggerere:* — seduzir, persuadir, desinquietar, induzir; instigar alguem a fazer alguma cousa má ou prejudicial. *Suggerere.*

Sujestion. *f.* Suggestão; acção de suggerir. *Suggestio, onis:* — suggestão; a cousa suggerida. *Suggestio, onis:* — suggestão, insinuação, instigação; conselho ou tentação para fazer alguma cousa má ou prejudicial. *Suggestio, instigatio.*

Sujesto. *m. (hist.)* Suggesto; tribuna ou pulpito d'onde os oradores fallavam ao povo romano. *Suggestus, ûs:* — suggesto, palco; tablado levantado do chão para os imperadores romanos nos espectaculos publicos.

Sujetar. *a.* Sujeitar, submetter; reduzir a obediencia, ter sujeito, dependente. Tambem se usa como reciproco. *Subjicere:* — sujeitar; firmar, segurar, conter alguma cousa por meio da força. *Vi continere, constringere.*

Sujetísimo, ma. *adj. sup.* de *Sujeto.* Sujeitissimo. *Valdè obnoxius.*

Sujeto, ta. *p. p. irreg.* de *Sujetar.* Sujeito, submettido, subjugado, reduzido a sujeição: — *adj.* sujeito, exposto. *Proclivis, ve:* — *(ant.)* sujeito, materia, assumpto, objecto, argumento sobre que se escreve ou se falla. *Argumentum, materia:* — *m.* sujeito; qualquer pessoa indeterminada, homem que se não nomeia: — pessoa distincta, notavel por seus talentos, prendas, etc.: — *(fig.)* actividade, força, vigor; n'este sentido diz-se do enfermo muito extenuado: *no hay sujeto:* — *(philos.)* sujeito da proposição; o termo ou termos com que significâmos a pessoa ou cousa de quem o verbo affirma alguma propriedade ou attributo. *Subjectum, i.*

Sulamita. *f. (rel.)* Sulamita; nome da esposa mysteriosa de Salomão, no Cantico dos Canticos.

Sulastraba. *f. (germ.)* Cadeia.

Sulcar. *a. (ant.)* Sulcar. V. *Surcar.*

Sulco. *m. (ant.)* V. *Surco:* — terra ou campo separado de outro por um sulco.

Sulfarseniato. *m. (chim.)* Sulfarseniato; genero de sulphosaes que resultam da combinação do sulphido arsenico com uma sulpho-base.

Sulfatado, da. *adj. (chim.)* Sulfatado ou sulphatado; diz-se das bases que se convertem em saes, combinando-se com o acido sulphurico.

Sulfato. *m. (min. e chim.)* Sulfato ou sulphato; substancia composta de acido sulphurico e de um alcali ou base metallica.

Sulfaurato. *m. (chim.)* Sulfaurato ou sulphaurato; genero de sulpho-saes que resultam da combinação do sulphido aurico com as sulpho-bases.

Sulfido. *m. (chim.)* Sulphido; grau superior de sulphuração dos metaes electro-negativos, cuja composição é proporcional á dos oxydos metallicos, que se combinam á maneira dos acidos, com os sulphuretos electro-positivos.

Sulfidrato. *m. (chim.)* Sulfidrato ou sulphidrato; genero de saes que resultam da combinação do sulphido hydrico com as sulpho-bases.

Sulfiridato. *m. (chim.)* Sulfiridato ou sulphiridato; genero de sulpho-saes que resultam da combinação do sulphido iridico com as sulpho-bases.

Sulfito. *m. (chim.)* Sulfito ou sulphito; genero de saes formados pelo acido sulphuroso e uma base.

Sulfobase. *f. (chim.)* Sulfo-base ou sulpho-base; dá-se este nome aos graus de sulphuração dos metaes electro-positivos que correspondem ás oxybases, e que fazem as vezes de base nas sulphobases.

Sulfobásico, ca. *adj. (chim.)* Sulfo-basico ou sulphobasico; diz-se dos saes haloides que estão combinados com uma sulpho-base.

Sulfocarbonato. *m. (chim.)* Sulfocarbonato ou sulphocarbonato; genero de sulpho-saes produzidos pela combinação do sulphido carbonico com as sulpho-bases.

Sulfocarburo. *m. (chim.)* Sulphocarboreto; combinação do carbureto de enxofre ou sulphido carbonico com um corpo simples.

Sulfociánico. *adj. (chim.)* Sulphocyanico; diz-se de um ether que se considera como uma combinação do sulphocyanogenio e do carbureto de hydrogenio.

Sulfociánido. *m. (chim.)* Sulfocyanido ou sulphocyanido; sulphocyanureto que faz as vezes de acido ou de sulphido.

Sulfocianito. *m. (chim.)* Sulfocyanito ou sulphocyanito; genero de sulpho-saes produzidos pelo sulphocyanogenio considerado como sulphido cyanoso.

Sulfocianójeno. *m. (chim.)* Sulfocyanogenio ou sulphocyanogenio; corpo halogenio composto, resultante da combinação do cyanogenio com o enxofre.

Sulfocianuro. *m. (chim.)* Sulfocyanureto; combinação de um sulphocyanogenio com um metal.

Sulfonaftálico. *adj. (chim.)* Sulfonaphtalico ou sulphonaphtalico; diz-se de um acido que se descobriu aquecendo a naphtalina com o acido sulphurico anhydro.

Sulfonete. *m.* Phosphoro ou palito phosphorico para a accender o lume, etc. V. *Pajuela,* n'este sentido.

Sulforear. *a. (ant.)* V. *Azufrar.*

Sulfosal. *m. (chim.)* Sulfosal ou sulphosal; combinação dos sulphidos e dos sulphuretos, ou saes que contêem enxofre em ambos os principios constituintes.

Sulfosilicato. *m. (chim.)* Sulfosilicato ou sulphosilicato; genero de sulpho-saes produzidos pela combinação do sulphido silicico com as bases.

Sulfosinapisina. *f. (chim.)* Sulfosinapisina ou sulphosinapisina; substancia crystallina que se extrahe da mostarda, e na composição da qual entra enxofre.

Sulfovínico. *adj. (chim.)* Sulfovinico ou sulphovinico;

assim se chama um acido hyposulphurico unido a uma materia organica que o acompanha na combinação com as bases.

Sulfuracion. *f.* *(chim.)* Sulfuração ou sulphuração; estado de uma substancia simples combinada com o enxofre.

Sulfurado, da. *adj.* *(chim.)* Sulfurado ou sulphurado; diz-se de um corpo simples combinado com o enxofre.

Sulfúreo, rea. *adj.* Sulfureo ou sulphureo; que contém enxofre ou provém do enxofre. *Sulphureus, a, um.*

Sulfúrico, ca. *adj.* Sulfurico ou sulphurico. V. *Sulfúreo:* — *(chim.)* sulphurico; diz-se de um acido antigamente chamado vitriolico, que é o quarto e ultimo grau de oxydação do enxofre, e o mais energico de todos os acidos conhecidos. *Eter sulfúrico.* V. *Eter.*

Sulfurido, da. *adj.* Sulfurido; parecido com o enxofre: — *m. pl.* sulfuridos ou sulphuridos; familia de corpos ponderaveis, que têem por typo o enxofre: — *pl.* *(min.)* sulphuridos; familia de mineraes, que encerra todos aquelles que despedem um cheiro de enxofre.

Sulfurífero. *adj.* *(min.)* Sulfurifero ou sulphurifero; diz-se de um quartzo-agatha globuloso, cujo nucleo é composto de enxofre e argilla.

Sulfurípedo, da. *adj.* *(zool.)* Sulphuripede; que tem as patas amarelladas, côr de enxofre.

Sulfuro. *m.* *(chim.* e *min.)* Sulfureto ou sulphureto; corpo que resulta da combinação do enxofre com um corpo combustivel: — sulphureto; combinação do enxofre com os metaes electro-positivos, cujas relações atomicas são as mesmas das bases.

Sulfuroso, sa. *adj.* *(chim.)* Sulfuroso ou sulphuroso; que contém enxofre: — sulphuroso; diz-se das combinações do enxofre com os corpos halogeneos, que correspondem ao acido sulphurico pela sua composição. *Acido sulfuroso;* acido sulphuroso; segundo grau de oxydação do enxofre; forma-se pela combustção do enxofre ao ar livre.

Sulopía. *f.* *(germ.)* Antesala.

Sultan. *m.* *(hist.)* Sultão; imperador dos turcos. *Nomen principis apud turcas.*

Sultana. *f.* Sultana; fita, faixa que as mulheres traziam por adorno ao pescoço, até meiado do seculo precedente: — *(hist.)* sultana; mulher do sultão: — *favorita;* sultana favorita, ou simplesmente favorita; primeira sultana em categoria; esta honra era tributada á mulher que primeiramente dava á luz um filho do sultão. *Imperatoris turcarum primaria uxor:* — *validé;* sultana velha; a mãe do sultão reinante: — *(naut.)* sultana; navio ou nau principal de que usam os turcos na guerra. *Navis bellica turcarum.*

Sultani. *m.* Sultanino; especie de moeda que corre no Egypto, Tunis e Argel, do valor de 800 a 900 réis, pouco mais ou menos.

Sulto. *m.* *(ant.)* V. *Suerte.*

Sullivantia. *f.* *(bot.)* Sullivantia; genero de plantas da familia das saxifragaceas.

Suma. *f.* Summa, somma; quantidade, aggregado de muitas cousas. De ordinario refere-se a dinheiro. *Summa, æ:* — somma; acção de sommar; *v. g.:* *Estoy haciendo esta suma;* estou fazendo esta somma. *Summa, æ:* — o essencial, o principal, o ponto mais importante de uma cousa. *Summa, caput:* — summa, somma, resumo, epitome, recopilação ou compendio. *Summa, epilogus:* — *(fig.)* summa; substancia resumida, a parte mais importante. *Summa, æ. En suma (loc. adv.);* em summa, em conclusão, em resumo, em substancia. *Paucis verbis:* — *(math.)* summa, somma, total; a quantidade que resulta de diversas parcellas ou numeros addicionados, expressão numerica d'esta addição. *Summa, æ.*

Sumaca. *f.* *(naut.)* Sumaca; embarcação pequena de cabotagem ou costeagem, usada no Brazil e no Rio da Prata.

Sumador, ra. *s.* Recopilador, compendiador, abreviador; o que resume ou faz summa, reduz a compendio. *Summam conficiens:* — sommador; o que somma.

Sumamente. *adv. m.* Summamente; em summo grau. *Summè:* — summamente, excessivamente.

Sumar. *a.* Sommar, summariar, resumir, recopilar, compendiar, abreviar, reduzir a summa ou a summario. *Ad summam, epilogum reducere. Summam confici:* — sommar; averiguar e achar a quantia ou numero que resulta de muitas parcellas ou porções de grandezas da mesma especie. *Summam conficere; in summam redigere:* — *n.* sommar; resultar uma somma ou partida de outra.

Sumaria. *f.* *(for.)* V. *Sumario,* na segunda accepção.

Sumariamente. *adv. m.* Summariamente, compendiosamente, abreviadamente; de modo summario, em resumo. *Summatim:* — summariamente; sem guardar inteiramente a ordem judicial, prescindindo dos tramites e solemnidades judiciaes. *Absque juris solemnibus.*

Sumario, ria. *adj.* Summario, summariado, resumido; reduzido a compendio ou resumo. *Summarius, a, um:* — *m.* summario, compendio, resumo ou somma. *Summarium, compendium, summa:* — *m.* *(for.)* summario; modo de proceder abreviadamente em alguns negocios, sem todas as formalidades judiciaes. *Brevis, summaria ratio, via:* — summario; diz-se principalmente das primeiras diligencias com que se instrue uma causa crime, até se pôr em estado de tomar confissão ao réu.

Sumarísimo, ma. *adj. sup.* de *Sumario.* Summarissimo; muito summario.

Sumbaló. *m.* *(germ.)* Dedal.

Sumbarse. *r.* *(p. Cub.)* Sumir-se, safar-se, ir-se ou despedir-se depressa.

Sumergimiento. *m.* V. *Sumerjimiento.*

Sumergir. *a.* V. *Sumerjir.*

Sumerjimiento. *m.* V. *Sumersion.*

Sumerjir. *a.* Sumergir, submergir; metter debaixo de agua. O primeiro vocabulo é antiquado em portuguez. *Submergere: — (fig.)* mergulhar, engolfar, entranhar, sepultar, metter no vicio, na miseria, etc. *Sumergere, implicare.*

Sumersion. *f.* Sumersão, submersão; acção e effeito de submergir ou de ser submergido. *Submersio, onis.*

Sumidad. *f.* Summidade, ápice, cimo, cume; o ponto mais alto. *Summitas, atis.*

Sumidero *m.* Sumidouro; cova ou logar na terra por onde se some ou escôa a agua. *Vorago, inis.*

Sumiller. *m.* Sumilher; official de diversos serviços na casa real, o qual se distingue pelos nomes que designam cada serviço, como adiante se verá. É termo tirado do francez *sommelier*, e introduzido em Castella pela casa de Borgonha. *Præfectus quidam in domo regia: — de corps;* sumilher da camisa; pessoa distincta que vestia a camisa ao rei e o acompanhava no seu aposento. *Summus præfectus cubiculi regii: — de cortina;* sumilher de cortina; ecclesiastico encarregado de correr a cortina da capella real, benzer a mesa na ausencia do patriarcha da India, e outros actos. *Minister aulicus, qui regi velum pandit aut reducit: — de paneteria;* mantieiro, official da casa real que tem a seu cargo a prata e roupa da mesa. *Præfectus mensæ regiæ.* Alguns d'estes officios estão hoje reformados ou em desuso.

Sumillería. *f.* Officio, emprego, funcções de sumilher e de outros officios da casa real. *Munus præfecti regii cubiculi, mensæ: —* mantieria; officina de mantieiro. *Officina præfecti potus aut mensæ regiæ.*

Suministracion. *f.* V. *Suministro.*

Suministrador, ra. *s.* Subministrador; o que subministra. *Subministrator, oris.*

Suministrar. *a.* Subministrar; prover, fornecer do necessario. *Subministrare.*

Suministro. *m.* Subministração; acção e effeito de subministrar. *Subministratio, onis.*

Sumir. *a.* Consumir; em castelhano usa-se só fallando do sacrificio da missa, dizendo *sumir el sánguis;* consumir o sangue. V. *Tomar. Sumere: — r.* sumir-se; metter-se, desapparecer debaixo da terra: — submergir-se, afundir-se, afundar-se; metter-se, sumir-se debaixo de agua. Algumas vezes tambem se usa como activo. *Mergi: —* sumir-se, afundir-se, encovar-se as faces por falta de dentes, por magreza, etc. *Deprimi, subsidere: — (fig.)* preverter-se, engolfar-se, metter-se nos vicios, etc.

Sumisamente. *adv. m.* Submissamente, humildemente; com submissão. *Submissè:—* submissamente; com voz submissa, em tom, em voz baixa. *Submissim.*

Sumision. *f.* Submissão, submettimento; acção e effeito de submetter-se. *Submissio, onis: —* sujeição, deferencia a toda a prova, acatamento, grande attenção e obsequiosa urbanidade; usa-se frequentemente n'este sentido: — submissão; abaixamento da voz, acção de abaixar a voz, de fallar baixo: — *(for.)* submissão; acto solemne, pelo qual alguem se submette a outra jurisdicção, renunciando o seu domicilio e fôro. *Subjectio, submissio.*

Sumiso, sa. *adj.* Submisso, sujeito, rendido, humilhado a outro, principalmente quando é por attenção ou reverencia. *Submissus, a, um. Poco sumiso, no sumiso;* pouco submisso, não submisso, insubordinado, desobediente. *Sumisa voce (loc. lat.);* com voz submissa, em voz baixa.

Sumista. *m.* Summista; o que faz summas, resumos, epitomes. *Summæ scriptor: —* o que aprendeu resumidamente a theologia moral; moralista principiante ou pouco estudioso. *Leviter, perfunctoriè doctus: —* o que sabe sommar bem contas.

Sumo, ma. *adj.* Summo; o mais alto e elevado. *Summus, a, um: —* summo, supremo; o que mais sobresáe em seu genero. *Præminens, præstantissimus. A lo sumo (loc. adv.);* ao summo, ao supremo, ao mais alto, ao maior grau, numero, quantidade, etc. *Ad summum, usque. De sumo (loc. adv. ant.);* inteiramente, totalmente, de todo. *Lo sumo;* o summo, o maximo. *En sumo grado (loc. adv.);* em summo, em subido grau.

Sumonte. *m.* V. *Somonte.*

Sumóscapo. *m. (arch.)* Escapo; parte curva em que remata a columna na parte superior. *Summus scapus.*

Sumpalar. *adj. (germ.)* Junto.

Sumparal. *adj. (germ.)* Cerca, perto.

Súmulas. *f. pl.* Súmmulas, compendio, summario dos principios elementares da logica. *Summulæ logicæ.*

Sumulista. *m.* Summulista; o versado na summula: — estudante de elementos de logica. *Qui summularum logicæ studio operam dat.*

Sumulístico, ca. *adj. (ant.)* Pertencente ou relativo á summula de logica. *Ad summulas logicas pertinens.*

Sunaquí. *adj. (germ.)* Antepassado.

Suncion. *f.* Communhão; acção de commungar, de consumir a hostia na missa.

Suncho. *m. (naut.)* Aro; circulo de ferro que abraça a bôca ou orificio da bomba por onde entra o embolo. *Circulus ferreus quidam in antlia navali: — pl.* aros; circulos de ferro que se pregam nos laizes das vergas, por onde saem os paus dos cutelos: — *pl.* aros; circulos de ferro que seguram o cepo da ancora, etc.

Sundaché. *m. (germ.)* Mundo.

Sungló. *m. (germ.)* Melão.

Sunipia. *f. (bot.)* Sunipia; genero de plantas da familia das orchideas.

Suno (de). *(loc. adv. ant.)* V. *Desuno.*

Suntuario, ria. *adj.* Sumptuario; concernente a gasto, despeza. Diz-se das leis que põem modo aos gastos, despezas dos cidadãos. *Sumptuarius, a, um.*

Suntuosamente. *adv. m.* Sumptuosamente; com sumptuosidade. *Sumptuosè.*

Suntuosidad. *f.* Sumptuosidade, custosa magnificencia, grande fasto, pompa. *Luxus, magnificentia.*

Suntuosísimo, ma. *adj. sup.* de *Suntuoso.* Sumptuosissimo; muito sumptuoso. *Splendidissimus, magnificentissimus.*

Suntuoso, sa. *adj.* Sumptuoso; de muito custo, feito com grande despeza, adornado e apparelhado custosamente. *Sumptuosus, a, um:* — sumptuoso; que despende em magnificencias e preciosidades com mão larga. *Splendidus, magnificus.*

Suo. *adj. (ant.)* V. *Suyo.*

Suor. *m. (ant.)* V. *Sudor.*

Supedáneo. *m.* Especie de peanha ou apoio, como o que costumam ter alguns crucifixos. *Suppedaneum, ii.*

Supeditacion. *f.* Sujeição; acção e effeito de sujeitar, supear, subjugar. *Suppeditatio, onis:* — sujeição, subordinação, dependencia da vontade alheia.

Supeditar. *a.* Sujeitar, opprimir alguma cousa com violencia: — *(fig.)* sujeitar, avassallar. Usa-se tambem como reciproco. V. *Avasallar. Suppeditare.*

Super. *(gram.)* Super; preposição latina que entra como prefixo na composição de muitas vozes, especialmente scientificas, e corresponde a sobre. *Super.*

Superable. *adj.* Superavel; que se pôde superar, exceder, vencer. *Superabilis, le.*

Superabundancia. *f.* Superabundancia, excesso, abundancia excessiva. *Ingens copia; abundantia nimia:* — superabundancia, superfluidade; diz-se por extensão. *De superabundancia (loc. adv.);* com superabundancia. V. *Superabundantemente.*

Superabundante. *adj.* Superabundante; que superabunda. *Superabundans, antis.*

Superabundantemente. *adv. m.* Superabundantemente; com superabundancia. *Abundè admodum.*

Superabundantísimo, ma. *adj. sup.* de *Superabundante.* Superabundantissimo; mui superabundante. *Copiosissimus, a, um.*

Superabundar. *n.* Superabundar; mais que abundar, exceder o necessario, abundar em demasia. *Superabundare.*

Superacion. *f. (astron.)* Superação; o excedente ou differença do movimento de um planeta mais rapido, a respeito de outro planeta mais tardio.

Superádito, ta. *adj. (ant.)* Superaddito; acrescentado a outra cousa. *Superadditus, a, um.*

Superano. *m. (ant. mus.)* V. *Soprano.*

Superante. *adj. (arith.)* Superante; diz-se do numero que excede da somma das partes aliquotas. *Superans, antis.*

Superar. *a.* Superar, sobrepujar, exceder, vencer, levar de vencida. *Superare.*

Superavit. Superavit; voz latina que se usa substantivada em castelhano, e vale o mesmo que resto, sobejo, sobra de alguma cousa.

Superaxilar. *adj. (bot.)* Superaxillar; diz-se do que nasce um pouco mais acima do angulo formado pelas folhas com o tronco ou ramo.

Superbamente. *adv. m. (ant.)* Soberbamente, sumptuosamente, magnificamente, lautamente. *Lautissimè.*

Superbia. *f. (ant.)* V. *Soberbia.*

Superbioso, sa. *adj. (ant.)* V. *Soberbio.*

Superbísimo, ma. *adj. sup.* de *Superbo.* V. *Suberbisimo.*

Superbo, ba. *adj. (ant.)* V. *Soberbio.*

Superciliar. *adj. (anat.)* Superciliar; pertencente ás sobrancelhas. *Arcos superciliares;* arcos superciliares; eminencias transversaes do osso coronal, em cima da borda superior das orbitas.

Supercrecer. *a. (inus.)* V. *Sobrepujar.*

Superchería. *f.* Supercheria, fraude, engano, embuste. É gallicismo desusado em portuguez. *Dolus, fraus.*

Superchero, ra. *adj.* Embusteiro; que usa de embustes, que os inventa. *Dolosus, a, um.*

Supereminencia. *f.* Supereminencia, preeminencia, superioridade, prestancia, vantagem; grau de excellencia de cousa ou pessoa sobre outra. *Magna celsitudo; eminentia superior.*

Supereminente. *adj.* Supereminente, sobreelevado, sobreeminente, superior, muito elevado. *Supereminens, entis.*

Supererogacion. *f.* Supererogação; o acto de dar mais do que se pede, mais do que a obrigação exige, o que se faz de bem, alem do que se está obrigado. *Supererogandi actio.*

Supererogatorio, ria. *adj.* Supererogatorio; que é mais da obrigação, do dever, superabundante, gratuito.

Superfetacion. *f. (med.)* Superfetação; concepção, geração de um novo feto, quando já está outro concebido no seio materno. *Fœtûs superfœtum additio, accessio:* — *(fig.)* superfetação; cousa que apparece tarde, fóra de tempo.

Superficial. *adj.* Superficial; pertencente á superficie, que está á flor, na superficie. *Superficialis, le:* — *(fig.)* superficial, ligeiro, apparente; sem solidez, nem substancia, que não é profundo, que para só no exterior e apparencia das cousas. *Species omnino vana.*

Superficialidad. *f.* Superficialidade; qualidade de ser superficial: — superficialidade; instrucção superficial de uma pessoa: — superficialidade; acanhamento de intelligencia, curteza, estreiteza de engenho, limitação de talento.

Superficialísimo, ma. *adj. sup.* de *Superficial.* Superficialissimo; muito superficial. *Vanissimus; omnis substantiæ privuus.*

Superficialmente. *adv. m.* Superficialmente, á superficie: — superficialmente; ligeiramente, não profundamente, por cima. *Perfunctoriè:* — futilmente, frivolamente.

Superficiario, ria. *adj. (for.)* V. *Superficionario.*

Superficie. *f. (math.)* Superficie; o exterior, a extensão considerada de per si, sem dependencia das outras dimensões de altura e espessura. *Superficies, ei.*

Superficionario, ria. *adj. (for.)* Applica-se ao que tem o uso da superficie ou usa dos fructos do fundo alheio, pagando certa pensão annual ao senhor. *Alieni fundi solo fruens.*

Superfino, na. *adj.* Superfino, finissimo, muito fino, do extrema finura. *Eximius, præstantissimus.*

Supérfluamente. *adv. m.* Superfluamente, excessivamente; de sobejo, sem necessidade, com superfluidade. *Superfluè.*

Superfluidad. *f.* Superfluidade, sobejidão, excesso, demasia. *Superfluitas, atis:* — superfluidades, cousas superfluas. *Res supervacanea, superflua.*

Supérfluo, ua. *adj.* Superfluo, desnecessario, demasiado, inutil por sobejo. *Superfluus, a, um. Poligamia supérflua (bot.);* polygamia superflua; ordem da classe syngenesia, que comprehende aquellas plantas cujas flores têem flosculos hermaphroditas no disco e femininos no raio.

Superhumeral. *m.* Superhumeral; vestidura, tecido de varias e mui preciosas cores, cóbertura de oiro, similhante á estola, á qual chamavam ephód dos hebreus, e que cobria os hombros do summo sacerdote da lei antiga. *Superhumerale, ephod ab hæbreis dictum:* — véu de hombros; o que se usa para pegar na custodia, patena e reliquias. *Superhumerale.*

Superintendencia. *f.* Superintendencia; fiscalisação, inspecção sobre qualquer ramo de administração ou de obra. *Suprema administratio:* — superintendencia; cargo, officio, commissão, jurisdicção do superintendente. *Præfectura, suprema administratio.*

Superintendente. *m.* Superintendente; pessoa encarregada de superintender ou da superintendencia. *Supremus inspector, curator alicujus rei:* — superintendente; particularmente diz-se da pessoa que tem a seu cargo a administração geral da fazenda publica. Chama-se-lhe tambem superintendente das finanças. *Vectigalium curator supremus.*

Superior. *adj.* Superior; que está mais alto, elevado. *Superior, oris:* — superior, excellente, eximio; summamente bom, perfeito entre os mais. *Superior, eximius, excellens:* — *s.* superior; pessoa superior em auctoridade, que governa, manda sobre outras inferiores, principalmente nas communidades religiosas. N'esta accepção tambem tem desinencia feminina. *Præsul, ulis:* — *adj. (astron.)* superior; diz-se dos planetas, como Saturno e Jupiter, que estão mais distantes do sol que a terra. *Superiores planetæ:* — *(geogr.)* superior; diz-se de algumas terras ou logares que ficam mais altas a respeito de outras; como: *Alemania superior, etc.* Allemanha superior, etc. *Superior, oris. Dioses superiores (myth.);* deuses superiores; dava-se este nome aos deuses que habitavam o Olympo, por opposição aos deuses inferiores ou infernaes.

Superiorato. *m.* Superiorato; officio, cargo, dignidade de superior ou superiora, especialmente de communidade religiosa e o tempo que dura. *Præsulis munus aut tempus.*

Superioridad. *f.* Superioridade, preeminencia, excellencia; qualidade superior de cousa ou pessoa. *Præstantia, æ.*

Superiormente. *adv. m.* Superiormente; com superioridade, de modo superior: — superiormente, excellentemente, eminentemente. *Eximiè, apprimè, egregiè.*

Superlativamente. *adv. m.* Superlativamente; em grau superlativo. *Superlativo modo.*

Superlativar. *a. (gramm.)* Elevar ao superlativo uma palavra, faze-la superlativa.

Superlativo, va. *adj.* Superlativo; optimo, excellente no seu genero, summo grau, tanto do bem como do mal. *Superlativus, a, um. En grado superlativo (loc. adv. fam.);* em grau superlativo, no superlativo, em summo grau, com excesso. *Superlativo gradu:* — *(gramm.)* superlativo; nome cujo significado põe a cousa, em grau e estima, ou mui alta ou mui baixa; v. g.: *malísimo, bonísimo, etc.,* malissimo, bonissimo, etc. *Superlativus, a, um:* — superlativo; pertencente ao grau ou nome superlativo.

Superno, na. *adj.* Superno, supremo, superior; que está mais alto. *Supernus, a, um.*

Supernumerario, ria. *adj.* Supernumerario, supranumerario; que se ajunta ao numero determinado e estabelecido. O segundo vocabulo é mais usado em portuguez. *Supernumerarius, a, um:* — *m.* supranumerario; official ou empregado alem dos do numero. *Supernumerarius.*

Superpartiente. *adj. (math.)* Superparciente, superpartiens ou superparticularis; diz-se do genero, que é o segundo da proporção desigual, em que a quantidade maior contém a menor uma vez e mais uma parte do mesmo numero. *Superpartiens, entis.*

Superparticular. *adj. (math.)* V. *Superpartiente.*

Superposicion. *f.* Superposição; posição de uma cousa sobre outra.

Supersolido. *adj.* *(math.)* Supersolido; diz-se do problema que é expresso por uma equação de grau superior ao terceiro. V. *Planosólido.*

Supersticacion. *f.* *(ant.)* V. *Superstición.*

Supersticion. *f.* Superstição; falsa doutrina ou crença em materia religiosa, falsa religião; crença absurda e confiança em praticas religiosas. *Superstitio, onis.*

Supersticiosamente. *adv.* *m.* Supersticiosamente; com superstição, do modo supersticioso. *Superstitiosè.*

Supersticioso, sa. *adj.* Supersticioso; concernente a superstição ou que a inclue. *Superstitiosus, a, um:* — supersticioso; diz-se do que usa de superstição, que é dado a praticas de escrupulosa e absurda devoção. *Superstitiosus, a, um.*

Supérstite. *adj.* *(for.)* V. *Sobreviviente.*

Supersustancial. *adj.* Supersubstancial; muito substancial, por extremo substancial; diz-se ordinariamente do pão eucharistico. *Supersubstantialis, le.*

Supervacáneo, nea. *adj.* Supervacaneo, superfluo, vão, desnecessario, sobejo. *Supervacaneus, a, um.*

Supervencion. *f.* *(for.)* Supervenção; acção e effeito de sobrevir novo direito. *Superventus, us:* — descida do Espirito Santo sobre a Virgem, no mysterio da encarnação.

Superveniencia. *f.* Supervenção. *Superventus, us.*

Supervenir. *n.* *(ant.)* V. *Sobrevenir.*

Superviniente. *adj.* *(for.)* Superveniente; que sobrevem. *Superveniens, entis.*

Supervivencia. *f.* Supervivencia; acção e effeito de sobreviver, o sobreviver uma pessoa a outra. *Supervivere, superstitem esse:* — supervivencia; graça que se concede a alguem, para gosar uma renda ou pensão depois de fallecido o que a desfructava. *Muneris post mortem possidentis obeundi concessio.*

Supinador. *adj.* *(anat.)* Supinador; dá-se este nome a dois musculos que fazem mover o ante-braço e a mão, de maneira que quando se contrahem, a palma da mão volta-se para cima.

Supino, na. *adj.* Supino; deitado de costas com a face para cima, de barriga para o ar. *Supinus, a, um:* — supina; diz-se da ignorancia voluntaria que procede de negligencia em aprender e de que nos não tirâmos por nimio desleixo. *Supinus, a, um:* — *m.* *(gram.)* supino; modificação do infinito dos verbos que em latim não differe da desinencia neutra do participio passivo. Os supinos propria e philosophicamente fallando são nomes verbaes substantivos. *Supinum, i.*

Súpitamente. *adv.* *m.* *(ant.)* Supitamente. V. *Súbitamente.*

Supitano, na. *adj.* *(ant.)* Supitaneo. V. *Subitáneo.*

Súbito, ta. *adj.* *(ant.)* Súpito. V. *Súbito:* — *que (conj. ant.)* V. *Luegoque.*

Suplantacion. *f.* Supplantação; acção e effeito de supplantar. *Supplantandi actio:* — falsificação de um escripto.

Suplantador, ra. *s.* Supplantador; o que supplanta. *Supplantans, antis.*

Suplantar. *a.* Adulterar, falsificar, alterar um escripto, substituindo-lhe dolosamente vozes ou clausulas que alterem o sentido que tinha antes. *Supplantare:* — supplantar; dar cambapé, armar sincadilha, fazer que alguem perca o credito, o favor, a auctoridade ou estabelecimento que tinha; desapossar alguem do emprego que tinha ou embaraça-lo de o ganhar, arruina-lo e metter-se em seu logar. *Supplantare.*

Suplecion. *f.* *(ant.)* Supprimento; acção e effeito de supprir.

Suplefaltas. *s.* *(fam.)* Suprefaltas; a pessoa que substitue outra, que faz frequentemente as suas vezes, sem obrigação nem direito. *Vicarius, ii.*

Suplementario, ria. *adj.* Supplementario; que serve de supplemento.

Suplemento. *m.* Supprimento; acção e effeito de supprir. *Supplementum, i:* — supplemento, adiantamento, acrescentamento; cousa que se ajunta para completar o que falta. *Supplementum, i:* — *(gram.)* supplemento; modo de supprir com o verbo auxiliar a falta de alguma parte de outro verbo, e n'este sentido diz-se: *oracion de suplemento ó por suplemento;* oração de supplemento ou por supplemento. *Supplementum, i:* — *(litt.)* supplemento; parte que se ajunta a uma obra para supprir as suas faltas ou o que deixou de incluir-se no corpo principal d'ella: — supplemento; folha que se addiciona a um periodico, quando a sua extensão ordinaria não é bastante para conter tudo o que deve publicar-se, ou n'elle não pôde publicar-se por já ter saído: — *de un angulo (math.);* supplemento de um angulo; o que se necessita ajuntar a um angulo para formar dois angulos rectos.

Suplente. *p. a.* Supplente, substituto. *Supplens entis.*

Supletorio, ria. *adj.* Suppletorio; que suppre. *Ad supplendum aptus.*

Súplica. *f.* Supplica, rogativa; acção de supplicar, de pedir humildemente por palavra, por escripto. *Supplicatio, onis:* — supplica; memorial ou escripto em que se supplica. *Libellus supplex:* — *(for.)* V. *Suplicacion.*

Suplicacion. *f.* Supplicação. V. *Súplica:* — *pl.* canudo; certa massa doce em fôrma de canudo. *Melliti panis bracteæ circumvolutæ:* — *pl.* *(ant.)* supplicações, supplicas, rogativas. *A suplicacion (loc. adv.);* a supplica, a rogos, a instancia, a pedido. *Rogatu:* — *(for.)* supplicação; appellação ou aggravo da sentença dos tribunaes superiores, interposta perante elles. *Appellatio, provocatio.*

Suplicacionero. *s.* Vendedor de doces chamados canudos. *Bractearum panis melliti venditor.*

Suplicante. *p. a.* Supplicante; que supplica. *Supplicans, antis.*

Suplicar. *a.* Supplicar; pedir, rogar, implorar humildemente, com submissão. *Supplicare:* — *(for.)* supplicar; appellar ou aggravar da sentença dada pelo tribunal superior e perante elle mesmo. *Appellare, provocare.*

Suplicatoria. *f. (for.)* Supplicatoria; carta, rogativa de supplica. *Litteræ inter judices eadem dignitate gaudentes.*

Suplicio. *m.* Supplicio, castigo, pena afflictiva. *Supplicium, ii:* — *(fig.)* supplicio, patibulo; logar onde o réu padece o castigo. *Locus supplicii. Ultimo suplicio;* supplicio extremo, pena ultima, pena capital, de morte. *Pœna capitis.*

Suplidor, ra. *s.* Supplente, substituto; homem que faz as vezes de outro. *Supplens, vices gerens.*

Suplir. *a.* Supprir; fazer as vezes de outro. *Vices gerere:* — supprir; completar o que falta, dar o que falta. *Supplere:* — soffrer, dissimular, encobrir, tolerar algum defeito a outro. *Sufferre, dissimulare.*

Suponedor, ra. *s.* Conjecturador; o que conjectura ou suppõe. *Suppositor, oris.*

Suponer. *a.* Suppor; dar como certo ou como hypothese, pôr uma cousa por estabelecida. *Supponere:* — suppor, fingir. *Fingere:* — *n.* representar; ter representação ou auctoridade em alguma communidade ou republica. *Valere; magnæ existimationis, auctoritatis esse.*

Suportacion. *f. (ant.)* Tolerancia. *Patientia, tolerantia.*

Suportar. *a.* Supportar. V. *Soportar.*

Suposicion. *f.* Supposição; acção e effeito de suppor, de pôr ou dar por certo, ou como hypothese. *Suppositio, onis:* — supposição; muitas vezes se toma pelo que se suppõe ou dá por certo. *Suppositio, onis:* — supposição, partes, talentos, requisitos para algum emprego. *Existimatio, auctoritas:* — supposição, falsidade, imputação falsa. *Suppositio falsa, fictio:* — *(philos.)* supposição; accepção de um termo em logar de outro. *Suppositio, onis:* — *(for.)* supposição; certo genero de falsidade ou impostura: — *de calidad;* supposição de qualidade; prevaricação ou falsidade que commette alguem que se arroga uma qualidade que não tem, como o que traz insignias ou traja de soldado sem o ser, que diz missa sem ter ordens de presbytero, etc.: — *de nombre;* supposição de nome; delicto que commette a pessoa que muda de nome ou toma o alheio, com o fim de enganar ou prejudicar alguem: — *de parto;* supposição de parto; crime do que suppõe um filho como nascido de pessoas que não lhe deram o ser.

Supositicio, cia. *adj.* Suppositicio, fingido, supposto, inventado, attribuido falsamente a alguem.

Supósito. *m. (ant.)* V. *Supuesto:* — *adj. (ant.)* sotoposto; posto, collocado debaixo.

Supositorio. *m. (med.)* Suppositorio. V. *Cala.*

Supracostal. *adj. (ant.)* Supracostal; situado na parte posterior das costellas.

Supralapsario. *m. pl. (rel.)* Supralapsarios; calvinistas que pretendiam que a predestinação do homem era anterior á quéda de Adão.

Supramaxilar. *adj. (ant.)* Supramaxillar; diz-se dos ossos maxillares superiores.

Supra-makilo-labial. *adj. (anat.)* Supra-maxillo-labial; que tem relação com os ossos supramaxillares e com os labios.

Suprametatarsio, sia. *adj. (anat.)* Suprametatarsiano; pertencente á parte superior do metatarso.

Supra-orbitar. *adj. (anat.)* Supra orbitario; situado por cima da orbita.

Suprema. *f. (ant.)* Supremo tribunal e conselho da inquisição. *Supremum inquisitionis tribunal.*

Supremacía. *f.* Supremacia, superioridade, primazia, poder, influencia suprema, grau superior.

Supremamente. *adv. m. (inus.)* Até ao fim. *Usque ad finem.*

Supremidad. *f. (ant.)* V. *Supremacía.*

Supremo, ma. *adj.* Supremo, maximo, summo; o mais alto, elevado, que mais sobresáe em seu genero. *Supremus, a, um:* — supremo, extremo, ultimo; e n'este sentido chama-se hora suprema a da morte.

Supresion. *f.* Suppressão; acção e effeito de supprimir. *Suppressio, onis:* — *(med.)* suppressão; suspensão das evacuações naturaes, especialmente da urina. *Obstructio, onis.*

Supresito, ta. *adj. (ant.)* Supresito; diz-se de tudo que são pertenças de uma herança.

Supresivo, va. *adj.* Suppressorio; que supprime, inclue suppressão ou serve para supprimir.

Supreso, sa. *p. p. irreg.* de *Suprimir.* Suppresso, supprimido.

Suprimir. *a.* Supprimir; atalhar, deter, impedir definitivamente o curso, o movimento. *Supprimere:* — supprimir; extinguir cargo, officio, etc. *Supprimere, abolere:* — supprimir, calar, omittir, não fazer menção. *Omittere, silere.*

Suprior, ra. *s.* Suprior ou subprior; segundo prelado, que em algumas communidades faz as vezes de prior. *A cœnobii antistes secundus:* — sub-prior, sub-priora ou sub-prioreza; em alguns conventos ou communidades religiosas o que ou a que faz as vezes de prior ou prioreza. *Cœnobii antistes, antistita secunda.*

Supriorato. *m.* Subpriorato; officio, cargo de subprior ou

subprioreza. *Secundi antistitis munus.*

SUPUESTO, TA. *p. p. irreg.* de *Suponer.* Supposto: — *s. (ant.)* personagem, sujeito de representação: — *que (conj.)*; supposto que, posto que, dado o caso, caso que, na supposição. *Cum, quando. Por supuesto (loc. adv.)*; certamente, sem duvida: — *m. (philos.)* supposto; o objecto e materia que não se expressa na proposição, mas que lhe serve de base. *Suppositum, i:* — *(philos.)* supposto; aquillo que pôde existir por si, independente da substancia a que está ligado: — *(gram.)* sujeito; pessoa ou cousa de que se affirma ou nega uma cousa.

SUPURACION. *f.* Suppuração; formação do pus em chaga ou tumor. *Suppuratio, onis.*

SUPURANTE. *adj.* Suppurante; que suppura. *Suppurans, antis.*

SUPURAR. *a.* Dissipar, consumir a humidade de um corpo por meio do fogo. *Suppurare:* — *(fig.)* dissipar, consumir. *Suppurare:* — *a. (med.)* fazer suppurar, fazer vir á suppuração. *Suppurare:* — *n. (med.)* suppurar; crear pus, vir á suppuração, formar-se o pus em chaga ou tumor, deitar fóra a materia purulenta. *Suppurare.*

SUPURATIVO, VA. *adj.* Suppurativo; que faz suppurar. *Suppurans, antis.*

SUPURATORIO, RIA. *adj.* Suppuratorio; que suppura, está suppurando. *Suppurans, antis.*

SUPUTACION. *f.* Supputação, computo, calculo; acto de supputar, calcular. *Supputatio, onis.*

SUPUTAR. *a.* Supputar, computar, calcular; contar por numeros, letras, ou por outro meio. *Supputare.*

SUR. *m.* Sul, Meio dia; parte do mundo opposta ao Norte, ao Septentrião. *Australis plaga:* — sul, vento sul, o austro, vento do Meio dia. *Auster, tri.*

SURADA. *f. (naut.)* Ventania do sul.

SURALES. *adj. pl. (anat.)* Suraes; dizia-se dos vasos da barriga da perna.

SURCADOR, RA. *s.* Sulcador; o que sulca a terra, o mar ou o ar. *Sulcator, oris.*

SURCAÑO. *m. (p. Rioja)* V. *Lindero.*

SURCAR. *a.* Surcar, sulcar; abrir sulcos na terra, reguar com o arado. *Sulcare:* — *(fig.)* raiar, riscar; fazer raias ou riscos em alguma cousa. *Sulcare:* — *(fig.)* sulcar, fender; cortar as ondas o navio. *Sulcare, fendere:* — *(fig.)* fender, cortar; abrir, separar o ar a ave, movendo-se por elle. *Sulcare, fendere:* — *(mil.)* tocar a bala o solo, resvalando antes de chegar ao objecto que ha de ferir.

SURCO. *m.* Sulco; rego feito com o arado. *Sulcus, i:* — raia, risco, traço; signal que deixa uma cousa que passa sobre outra. *Sulcus, i:* — ruga que se forma na pelle. *Sulcus, ruga. A surco (loc. adv.)*; confinando, tocando nos limites de qualquer territorio; diz-se de duas terras ou herdades que confinam ou estão separadas só por meio de um sulco. *Contermini agri. Echarse en el surco (fr.)*; abandonar uma empreza ou trabalho, por preguiça ou desalento. *Oneri succumbere.*

SURCULADO, DA. *adj.* Surculoso; diz-se das plantas que só dão um tronco ou caule.

SÚRCULO. *m.* Surculo; ramo simples, não dividido, de arvore ou planta.

SURCULOSO, SA. *adj.* V. *Surculado.*

SURDINAR. *a. (germ.)* Empinar, elevar.

SUREGADA. *f. (bot.)* Suregada; genero de plantas da familia das euphorbiaceas.

SURELLERA. *f. (naut.)* Especie de massa do Levante.

SURGENTE. *adj.* V. *Surjente.*

SURGIDERO. *m. (naut.)* V. *Surjidero.*

SURGIDOR, RA. *s.* V. *Surjidor.*

SURGIENTE. *adj. (ant.)* V. *Surjiente.*

SURGIR. *a.* V. *Surjir.*

SURIANA. *f. (bot.)* Suriana; genero de plantas da familia das surianeas.

SURIÁNEAS. *f. pl. (bot.)* Surianeas; familia de plantas, estabelecida para incluir o genero suriana.

SURICATO. *m. (zool.)* Suricate ou surikate; genero de mammiferos carniceiros digitigrados.

SURIRELA. *f. (bot.)* Surirella; genero de plantas da familia das diatómeas.

SURJENTE. *adj.* Surgente; que surge. *Portum appellens.*

SURJIDERO. *m. (naut.)* Surgidouro, ancoradouro; logar onde os navios surgem, estão ancorados. *Portus, statio maritima.*

SURJIDOR, RA. *s.* O que surge. *Qui ad terram appellit:* — *m. (ant.)* V. *Surjidero.*

SURJIENTE. *adj. (ant.)* Surgente; que surge.

SURJIR. *a. (ant.)* Levantar. Tambem se usava como reciproco: — *n.* surgir, esguichar, levantar-se; saír á agua ou outro liquido em espadana, de esguicho, com impeto, especialmente para cima. *Salire:* — surgir, suscitar-se, originar-se, *v. g.: Surje de aqui otra dificultad;* surge d'aqui outra difficuldade: — *n. (naut.)* surgir, aportar, ancorar, lançar ferro no porto. *Navem anchoras jacere.*

SURRÉ. *adj. (germ.)* Anterior.

SURQUILLO. *m. dim.* de *Surco.* Sulquinho, sulcosinho.

SURSUESTE. *m. (naut.)* Sussueste; segundo rumo ou vento do segundo quadrante entre o sul e o sueste. No Mediterraneo chama-se *Meio dia* e *Jaloque.*

SURTIDA. *f. (fig.)* Porta falsa ou parte por onde se sáe secretamente. *Occultus exitus:* — *(mil.)* sortida. V. *Poterna. Exitus occultus:* — sortida; saida occulta de parte dos cercados contra os sitiadores. *Eruptio in hostes.*

SURTIDERO. *m.* Logar, parte onde alguem vae sortir-se, prover-se de sortimento de generos ou fazendas: — *(agr.)* V. *Buzon.*

SURTIDO. *m.* V. *Sortimiento,* na segunda accepção: — sortimento; acção e effeito de sortir, diversas sortes e qualidades de fazendas ou mercadorias, *v. g.: Ha llegado un surtido de paños, etc.;* chegou um sortimento de pannos, etc. *Copia, provisio. De surtido (loc. adv.);* de uso, de gasto commum. *Ex usu.*

Surtidor, ra. *s.* Fornecedor; o que fornece sortimento de alguma cousa. *Ministrator, suppeditans:* — *m.* esguicho, repucho; jacto de agua que de ordinario se eleva. *Aqua saliens.*

Surtimiento. *m.* Sortimento; acção e effeito de sortir. *Provisio, copia:* — preparativo. *Apparatus, us.*

Surtir. *a.* Sortir; fornecer fazendas de toda a sorte. Usase tambem como reciproco. *Necessaria præbere, ministrare:* — sortir; produzir, ter exito ou effeito, como: *Sus instancias no surtieron ningun efecto;* suas instancias não sortiram nenhum effeito: — *n. (ant.)* resaltar; saltar reflectindo. *Resalire:* — esguichar, repuxar; saltar a agua ou saír com violencia, especialmente para cima. *Salire.*

Sus. *prep. (ant.)* Sobre, acima. V. *Arriba:* — sus; eia, acima, tende animo, coragem! especie de interjeição que se usa para animar, alentar, exhortar ou excitar alguem. *Eja, heus:* — *de gaita;* ultima porção de ar que sáe de uma seringa: *(fig. fam.);* bagatela, nonada, cousa vã, sem substancia. *Floccus, nihilum.*

Susanga. *f. (ant.)* Segurança, caução, garantia.

Susano, na. *adj.* Susano ou susão; de cima, do alto.

Suscepcion. *f.* Suscepção; o acto de receber as ordens sacras. *Susceptio, onis.*

Susceptibilidad. *f.* Susceptibilidade; nimia delicadeza, o ser susceptivel.

Susceptible. *adj.* Susceptivel, capaz; que admitte, que póde receber em si. *Accipere valens:* — susceptivel; muito delicado, escrupuloso, melindroso, impressionavel, que se escandalisa facilmente.

Susceptivo, va. *adj.* V. *Susceptible.*

Suscitacion. *f.* Suscitação; acção e effeito de suscitar.

Suscitar. *a.* Suscitar, produzir; fazer nascer, fazer apparecer. *Suscitare:* — suscitar, occasionar, levantar, promover, excitar, dispertar, instigar: — *(fig.)* resuscitar, fazer reviver. *Suscitare.*

Suscribir. *a.* Subscrever; assignar por baixo. *Subscribere:* — acceder, consentir, adherir, convir com outro. *Alterius sententiæ adhærere:* — *r.* subscrever, assignar; obrigar-se a entrar com uma quantia determinada ou antecipar o seu pagamento para alguma obra, empreza, etc. *Pignore soluto subscribere.*

Suscricion. *f.* Subscripção; acção e effeito de subscrever. *Subscriptio, onis.*

Suscritor, ra. *s.* Subscriptor; o que subscreve, assignante de subscripção. *Subscriptor, oris.*

Suscrito, ta. *p. p.* de *Suscribir.* Subscripto, sobrescripto. O primeiro vocabulo é menos usado em portuguez.

Susero, ra. *adj. (ant.)* Susão; de cima, do alto.

Susidio. *m. (p. A. M.)* Sobresalto, inquietação, desassocego. *Animi commotio.*

Susiranton. *m.* Especie de tecido de passamaneria que serve para guarnições.

Suslik. *m. (zool.)* Suslik. V. *Espermófilo.*

Suso. *adv. (ant.)* Suso, acima. V. *Arriba. De suso (loc. adv. ant.),* de suso. V. *De arriba:* — *m. (zool.)* suso; genero de plantas da familia das xerotideas.

Susodecho, cha. *adj. (ant.)* V. *Susodicho.*

Susodicho, cha. *adj.* Susodito, sobredito. V. *Sobredicho.* É antiquado em portuguez.

Suspeccion. *f. (ant.)* Suspeição. V. *Sospecha.*

Suspecto, ta. *adj. (ant.)* Suspeito. V. *Sospechoso.*

Suspecha. *f. (ant.)* V. *Sospecha.*

Suspecho. *m. (ant.)* V. *Sospecha.*

Suspechoso, sa. *adj. (ant.)* V. *Sospechoso.*

Suspendedor, ra. *s.* Suspensor; o que suspende. *Suspendens, entis.*

Suspender. *a.* Suspender, pendurar; levantar no alto ou no ar. *Suspendere:* — suspender; deter, parar, cessar por algum tempo, fazer pausa, atalhar. *Suspendere, differre:* — suspender, enleiar, enlevar, captivar, causar admiração. *Admiratione afficere:* — suspender; privar, prohibir alguem por algum tempo do exercicio e provento do seu emprego, officio ou ministerio, ou sómente do exercicio d'elle. *Suspenderse el caballo.* V. *Caballo.*

Suspendimiento. *m. (ant.)* V. *Suspension.*

Suspension. *f.* Suspensão, detenção, demora, parada. *Detentio, onis:* — suspensão, extasis, enleio, arrebatamento. V. *Admiracion:* — duvida, hesitação, incerteza. *Suspensio animi:* — suspensão; censura ecclesiastica ou pena politica, que no todo ou em parte priva do uso do officio ou beneficio, ou dos seus emolumentos. *Suspensio, onis:* — *de armas (mil.);* suspensão de armas, cessação de hostilidades. V. *Armisticio:* — *(mus.)* suspensão; detenção da voz, pausa maior do que lhe compete em relação ao seu intervallo. *Detentio cantûs:* — *(rhet.)* suspensão; figura que tem logar quando o orador, fazendo differentes perguntas a si proprio, dilata artificiosamente a decisão da verdadeira questão.

Suspensivo, va. *adj.* Suspensivo; que tem força de suspender. *Quod vim habet suspendendi.*

Suspensorio, ria. *adj.* Suspensorio; que suspende ou serve para suspender. *Quod suspendendo deservit:* — *m.* suspensorio; ligadura que suspende uma hernia, etc.

Suspicacia. *f.* V. *Suspicazia.*

Suspicacísimo, ma. *adj. sup.* de *Suspicaz.* Muito suspeitador. *Suspicacissimus, a, um.*

Suspicaz. *adj.* Suspeitador; diz-se da pessoa inclinada a suspeitar, desconfiada. *Suspicax, acis.*

Suspicazia. *f.* Suspeita, desconfiança; habito ou propensão a suspeitar, a desconfiar. *In suspiciones proclivitas.*

Suspicazmente. *adv. m.* Suspeitosamente, desconfiadamente; com suspeita, de modo suspeito, causando suspeita. *Suspiciosè.*

Suspicion. *f. (ant.)* V. *Sospecha.*

Suspirar. *n.* Suspirar; lamentar-se gemendo, dar suspiros. *Suspirare:* — suspirar, desejar muito, anhelar. *Suspirare, anhelare.*

Suspirico, llo, to. *m. dim.* de *Suspiro.* Suspirinho, suspirosinho.

Suspiro. *m.* Suspiro; respiração anhelante causada por paixão que move o animo ou por desejo vehemente. *Suspirium, ii:* — suspiro; especie de doce. *Edulium quoddam ex saccharo:* — *(p. And.)* suspiro. V. *Trinitaria,* flor: — apito ou assobio de vidro que dá um som agudo e penetrante. *Fistula vitrea acutissimè sonans. El último suspiro (fr. fam.);* o ultimo suspiro; fim, termo, remate de alguma cousa. *Ultimum, postremum rei.*

Suspiroso, sa. *adj.* Anhelante; que anhela, suspira com difficuldade. *Anhelans, antis.*

Sustancia. *f.* Substancia; qualquer cousa com que outra se augmenta e nutre, e sem a qual acaba ou deixa de ser. *Substantia, alimentum, nutrimentum:* — substancia; succo que se extrahe das cousas substanciosas. *Substantia, succus ex decoctis carnibus expressus:* — substancia, ser, essencia, natureza das cousas. *Substantia, æ:* — substancia, cabedal, bens, riqueza, haveres. *Substantia, res familiaris:* — substancia, valor, estimação; parte a mais importante, que constitue a força, a graduação das cousas. *Substantia, pretium:* — substancia; parte mais nutritiva dos alimentos. *Substantia, vigor. En sustancia (loc. adv.);* em substancia, em summa, em compendio, resumidamente, summariamente. *Summatim. Todo lo convierte en sustancia (fr. fig. fam.),* tudo applica, interpreta em seu favor: — *(philos.)* substancia; entidade ou essencia que subsiste ou existe por si independente de accidentes ou attributos. *Substantia, æ:* — *(med.)* substancia, droga; dá-se este nome aos medicamentos simples que se administram em natureza, sem os fazer passar por nenhuma preparação.

Sustanciacion. *f.* Substanciação, resumo, summa; acção e effeito de substanciar ou compendiar.

Sustancial. *adj.* Substancial; concernente á substancia, ou que encerra muita substancia. *Substancialis, le:* — substancial. V. *Substancioso.*

Substancialmente. *adv. m.* Substancialmente; em substancia. *Per summa capita:* — substancialmente, resumidamente, compendiosamente, em substancia.

Sustanciamiento. *m.* V. *Sustanciacion.*

Sustanciar. *a.* Substanciar, compendiar; expor em substancia e resumidamente, fazer o extracto, o epilogo de alguma cousa, omittindo o menos principal. *Aliquid summatim referre; per summa capita compilare:* — comprovar, averiguar, verificar inteiramente a realidade de alguma cousa. *Comprobari; rei summam penitùs explorare:* — *(for.)* instruir um processo. *Causam promovere; acta formare.*

Sustanciarios. *m. pl. (rel. e hist.)* Substanciarios; seita de lutheranos que sustentavam que Adão pelo seu peccado tinha perdido todas as vantagens com que *Deus* dotára a natureza.

Sustancioso, sa. *adj.* Substancioso, substancial; que tem ou encerra muita substancia nutritiva. *Nutrimento abundans:* — substancioso, substancial, succulento.

Sustantivadamente. *adv. m.* Substantivamente; em sentido substantivo. *Substantivi more.*

Sustantivamente. *adv. m.* V. *Sustantivadamente.*

Sustantivar. *a.* Substantivar; dar a accepção de substantivo. *Substantivum reddere, fingere.*

Sustantivo, va. *adj.* Substantivo; pertencente ao nome ou verbo substantivo. *Substantivus, a, um:* — *m.* substantivo; nome que significa alguma pessoa ou cousa material ou alguma propriedade considerada em abstracto. *Substantivus, i.*

Susten. *m. (ant.)* V. *Sosten.*

Sustenedor, ra. *s. (ant.)* Sustentor. V. *Sostenedor.*

Sustener. *a. (ant.)* Suster. V. *Sostener.*

Sustenido, da. *adj. (ant.)* V. *Sostenido:* — *m.* movimento da dansa hespanhola, que se faz levantando o corpo sobre as pontas dos pés. *Extremis pedibus nisus:* — *(mus.)* sustenido; diz-se da corda ou tecla que sobe meio ponto: — *m.* sustenido; nota que indica dever a voz ou o instrumento subir meio ponto. Hoje, em castelhano, usa-se mais dizer *sostenido. Modus musicus per semitonum vocem elevans.*

Sustentable. *adj.* Sustentavel; que se pôde sustentar ou defender com boas rasões. *Quod defendi potest.*

Sustentacion. *f.* Sustentação; acção de sustentar. *Sustinendi actio, alendi actio; defensio:* — sustentação, sustento. *Victus, alimentum.*

Sustentáculo. *m.* Sustentaculo, encosto, arrimo; ponto de apoio que sustenta alguma cousa. *Sustentaculum, i:* — *(fig.)* sustentaculo, arrimo, amparo, protecção, defensa. *Sustentaculum, i.*

Sustentador, ra. *s* Sustentador; o que sustenta, defende, protege. *Sustentans, antis.*

Sustentamiento. *m. (ant.)* Sustentamento, sustento. V. *Sustento:* — sustentamento; acção e effeito de sustentar.

Sustentante. *m.* Sustentante; o que sustenta theses, conclusões. *Thesium propugnator:*—*p. a.* sustentante; que sustenta. *Sustentans, antis.*

Sustentar. *a.* Sustentar, suster; segurar alguma cousa para que não cáia ou se abata. *Sustinere:* — sustentar, alimentar, manter; dar o necessario para viver. V. *Alimentar:*—sustentar, defender theses, conclusões, uma doutrina, proposição, etc. *Propugnare, sustinere:* — *r.* sustentar-se, manter-se; conservar a posição ou posto que occupa.

Sustilar. *a. (germ.)* Deter.

Sustillo. *m. dim.* de *Susto.* Sustinho, sustosinho.

Sustinemiento. *m. (ant.)* Sustento, alimento.

Sustiñao. *adj. (germ.)* Levantado.

Sustiñar. *a. (germ.)* Levantar.

Sustiri. *f. (germ.)* Sorte.

Sustitucion. *f.* Substituição; acção e effeito de substituir ou ser substituido. *Substitutio, onis:*—*ejemplar (for.);* substituição exemplar; nomeação de herdeiro para succeder nos bens do furioso ou alienado, que por este defeito não pôde fazer testamento. *Substitutio exemplaris:* —*pupilar;* substituição pupillar; nomeação de herdeiro para succeder nos bens do pupillo que, por não ter chegado á idade da puberdade, não pôde fazer testamento. *Substitutio pupillaris:* —*vulgar;* substituição vulgar; nomeação de segundo, terceiro ou mais herdeiros, que se subrogam por sua ordem em logar do primeiro instituido, quando este falta. *Substitutio vulgaris.*

Sustituidor, ra. *s.* Substituidor; o que substitue. *Substituens, entis.*

Sustituir. *a.* Substituir; pôr pessoa ou cousa em logar de outra. *Substituere:*—substituir, succeder a outro:—substituir; servir de substituto, fazer as vezes de outro: —*(for.)* substituir; nomear um herdeiro em falta de outro.

Sustituto, ta. *p. p. irreg.* de *Sustituir.* Substituto, substituido: — *s.* substituto; o que faz as vezes de outro em alguma commissão ou emprego. *Vicarius, ii:* —

Susto. *m.* Susto; alteração, inquietação ou sobresalto do animo, motivado por algum objecto ou accidente repentino e imprevisto, que causa medo ou pavor. *Pavor, consternatio:* — *pl. (p. A. M.)* V. *Faldellin,* na segunda accepção.

Sustraccion. *f.* Subtracção; acção e effeito de subtrahir ou subtrahir-se. *Subtrahendi actio.*

Sustrahendo. *m. (math.)* Subtractivo; numero menor que se subtrahiu de outro maior.

Sustraer. *a.* Subtrahir, tirar, apartar, separar, extrahir. *Subtrahere, subtrahi:* —*r.* subtrahir-se; separar-se do que se tinha projectado. *Rem, negotium omittere:* — subtrahir-se; apartar-se, separar-se de alguma cousa. *Se subtrahere:* — livrar-se, emancipar-se: — *(math.)* subtrahir, diminuir. V. *Restar.*

Susurracion. *f.* Susurro; murmuração secreta. *Susurratio, onis.*

Susurrador, ra. *s.* Murmurador; o que murmura, susurra em segredo. *Susurrans, antis.*

Susurrante. *p. a.* de *Susurrar.* *Susurrans, antis.*

Susurrar. *n.* Susurrar, murmurar; fallar em voz baixa. *Susurrare:* — soar, espalhar-se; começar-se a dizer ou a divulgar alguma cousa secreta ou que se ignorava. Usa-se tambem como reciproco. *Insusurrari:* — *(fig.)* susurrar, murmurar; mover-se com ruido ou murmurio brando e suave o ar, o regato, etc. *Susurrare.*

Susurro. *m.* Susurro, murmurio; ruido brando e surdo que resulta de fallar baixo. *Susurrus, us:* — *(fig.)* susurro, murmurio; ruido suave e agradavel que fazem as folhas das arvores agitadas pelo vento brando, ou os regatos que se deslizam brandamente. *Susurrus, levis sonus.*

Susurron, na. *adj.* Murmurador; que murmura, susurra, falla secretamente, surdamente, ás escondidas. Usa-se tambem substantivado. *Susurrare solitus, susurro.*

Sutera. *f. (bot.)* Sutera; genero de plantas da familia das escrophularineas.

Suteria. *f. (bot.)* Suteria; genero de plantas da familia das leguminosas:—suteria; genero de plantas da familia das rubiaceas.

Sutherlandia. *f. (bot.)* Sutherlandia; genero de plantas da familia das leguminosas, que crescem no cabo da Boa Esperança.

Sútil. *adj.* Sutil, subtil, tenue, delgado. O primeiro vocabulo é antiquado na lingua portugueza. *Subtilis, le:* — subtil, agudo, perspicaz, penetrante, engenhoso. *Subtilis, acutus:* — subtil; dizia-se na marinha da idade media da terceira e ultima classe de galés. A primeira era a galé grossa, a segunda a bastarda, e a terceira a subtil: — diz-se das forças navaes compostas de navios pequenos. *Navis longa velocior.*

Sutileza. *f.* Subtileza, subtilidade, tenuidade, delicadeza. *Subtilitas, atis:* — subtileza, subtilidade, agudeza, argucia; pensamento ou dito agudo. *Argutiæ:*—*(fig.)* subtileza, subtilidade, agudeza, argucia, penetração, perspicacia de engenho. Diz-se tambem do instincto dos animaes. *Subtilitas, acumen:* — *de manos;* subtileza de mãos, destreza, subtilidade. *Dexteritas, atis:* subtileza de mãos; ligeireza, agilidade de um ratoneiro. *Agilitas, atis:*—*(rel.)* subtileza; um dos quatro dotes do corpo glorioso, que consiste em poder penetrar por qualquer corpo. *Subtilitas, atis.*

Sutilezar. *a. (ant.)* V. *Sutilizar.*

Sutilidad. *f.* V. *Sutileza.*

Sutilísimo, ma. *adj. sup.* de *Sútil.* Subtilissimo; muito

subtil. *Acutissimus, valdè subtilis.*

Sutilizador. ra. *s.* Subtilisador; o que subtilisa. *Attenuans, acuens.*

Sutilizar. *a.* Subtilisar, adelgaçar, attenuar; reduzir a estado subtil. *Tenuem, subtilem reddere:—(fig.)* limar, polir, aperfeiçoar cousas immateriaes:—subtilisar; discorrer engenhosamente, com subtileza, perspicacia. *Acutè meditari, perpendere, loqui: — n.* usar de subtilezas, gostar de as empregar, chicanar.

Sutilmente. *adv. m.* Subtilmente; com subtileza, em partes mui tenues. *Subtiliter:* — subtilmente, agudamente, perspicazmente; com subtileza e argucia. *Subtiliter, acutè.*

Sutorio, ria. *adj.* Sutorio; pertencente ao officio de sapateiro. *Sutorius, a, um:* — sutorio; diz-se do officio de sapateiro.

Sutura. *f.* V. *Costura.* Usa-se em anatomia para significar a connexão de dois ossos, como se estivessem cosidos.

Suversion. *f.* Subversão; acção e effeito de subverter. *Subversio, onis.*

Suversivo, va. *adj.* Subversivo; que tende a subverter. *Subvertendi capax.*

Suvertir. *a.* V. *Subvertir.*

Suyo, ya. *pron. possessivo da terceira pessoa.* Seu, sua; d'elle, d'ella, d'elles, d'ellas, possuido por elle, ella, elles, ellas. Os antigos portuguezes, para evitar o equivoco, ajuntavam seu d'ella. Hoje omitte-se seu, o que é mais correcto e não deixa equivoco. *Suus, a, um:* — sue; usado como adjectivo e na terminação feminina vale o mesmo que intenção ou vontade determinada do sujeito de quem se falla, *v. g.: salirse con la suya o llevar la suya adelante;* saír-se com a sua ou levar a sua ávante, etc. *Votum, sententia, animus: — pl.* os seus, os seus parentes, os seus amigos, etc.; as pessoas que pertencem a outras ou estão ligadas a ellas por parentesco, amizade, serviços, etc. *Consanguinei, propinqui. De suyo (loc. adv.);* de seu, de si mesmo, de seu natural, naturalmente, propriamente ou sem suggestão nem ajuda alheia. *Suaptè. Hacer de las suyas (fr. fig.);* fazer das suas; fazer alguem o que é de seu costume ou de seu natural. *Lo suyo y lo ajeno (loc. adv.);* o seu e o alheio; diz-se para expressar que alguem é grande fallador, gastador ou cubiçoso. *Nil illi sanctum est; omnia licent. Salirse con la suya (fr.);* levar a sua ávante; fazer a sua vontade, conseguir o que queria, apesar dos embaraços ou difficuldades.

Suzaña. *f. (naut.)* Dá-se este nome no golfo de Vera e em algumas partes do Mediterraneo ao vento noroeste.

Suzi. *m. (zool.)* Suzi; especie de abestruz.

Svitramia. *f. (bot.)* Svitramia; genero de plantas da familia das melastomaceas.

Swainsonias. *f. (bot.)* Swainsonias; genero de plantas da familia das leguminosas.

Swammerdamia. *f. (bot.)* Swammerdamia; genero de plantas da familia das compostas.

Swan-pau. *m. (hist.)* Swau-pau, machina arithmetica dos chinezes, formada de bolas enfiadas em fios de arame sobre differentes columnas: a primeira, á direita, expressa as unidades, e as outras seguem em proporção decupla da direita para a esquerda.

Swartzia. *f. (bot.)* Swartzia; genero de plantas da familia das leguminosas.

Swertia. *f. (bot.)* Swertia; genero de plantas da familia das gencianeas.

Swietenia. *f. (bot.)* Swietenia; genero de plantas da familia das cedrelaceas.

Swietenieas. *f. pl. (bot.)* Swietenieas; tribu de plantas, que tem por typo o genero swietenia.

T

T. *m.* Vigesima segunda letra do alphabeto hespanhol e decima setima das consoantes. É das consoantes mudas e linguaes e affim de D. Conserva a sua voz com todas as vogaes puras; como em *tabaco, temor, tino, tomar, tuno;* e com interposição de *r* só; como em *trasto, tremendo, tripa, tratar, truco:* — T; abreviatura de Tito e Tulio*:—(hist.)* T; na antiga Roma era o signal de approvação dos tribunos posto ao pé de um senatusconsulto: *—(math.)* T; na idade media valia como letra numerica, 160; com um til por cima, 160:000; com dois pontos, 1:000 e algumas vezes 900.

Ta. *interj.* Ta; equivale a tende mão, parae. *Heus tu, siste vel cave. Ta, ta;* tá, tá; interjeição com que se denota o vir repentinamente no conhecimento de alguma cousa. *Ohe, bene vel jam.*

Taba. *f.* Ganiz; ossinho situado na articulação do jogo da perna do boi ou do carneiro. *Talus, astragalum:* — encarne; jogo que usa a gente vulgar atirando com o ganiz ao ar, até caír em pé, ganhando ou perdendo segundo cáe pela parte concava ou pela convexa. *Tali ludus:* — *(fam. p. Mex.)* V. *Charla. Dar taba a alguno (fr. p. Mex.);* dar maçada a alguem, ter larga conversa com elle. *Menear las tabas (fr. fam.)*; dar aos calcanhares, ir a passo dobrado, metter pernas, andar muito depressa. *Talos agitare, celeritate uti. Tomar la taba (fr. fig. fam.)*; tomar logo a palavra com affinco depois de outro ter fallado. *Sermonem arripere.*

Tabacazo. *m. augm.* de *Tabaco.*

Tabaco. *m. (prov.)* V. *Roya*, doença de algumas plantas: — *de barro;* tabaco preparado com certas argillas cheirosas. *Tabacum odoriferis testis præparatum:* — *de hoja ó de humo;* tabaco de fumo; o que se fuma em cachimbos ou feito em charutos e cigarros. *Tabaci folium ad fumum sugendum dispositum:* — *de palillos;* tabaco em pó, fraco, quasi branco e de inferior qualidade, que se faz dos tallos e nervuras da folha chamada cuba. É pouco usado. *Tabacum ex scapis:* — *de polvo;* tabaco de pó; o que é moido para se tomar pelo nariz. *Tabacum pulveratum naso excipiendum:* — *de somonte ó sumonte.* V. *Tabaco habano:* — *groso;* tabaco, rapé grosso. *Tabacum odoribus conditum:* — *habano;* tabaco da folha não lavada nem preparada, a não ser o que se fabrica em Sevilha e em outras partes. *Tabacum naturale:* — *puro;* charuto feito só da folha do tabaco: — *rapé.* V. *Rapé. Tomar tabaco (fr.)*; tomar tabaco ou rapé, cheira-lo, usa-lo pelo nariz. *Tabaci pulverem naribus excipere. A mal dar tomar tabaco (rif.)*; quem tem paixão toma tabaco. *Curas vel mala aliquo levamine vel laxamento temperare:* — *(bot.)* tabaco ou nicociana; genero de plantas da familia das solanaceas, cujas especies são herbaceas ou subfructescentes. A que lhe serve de typo cresce expontaneamente na America meridional, e a sua cultura tem produzido muitas variedades: — *de montaña.* V. *Arnica.*

Tabacoso, sa. *adj. (fam.)* Tabaqueiro; diz-se de quem toma muito tabaco: — tabaquento; sujo de tabaco ou rapé. *Nimis tabaci pulvere utens, conspersus.*

Tabachin. *m. (bot.)* Tabachin; arbusto que cresce nos terrenos quentes do Mexico.

Tabachía. *f.* V. *Cesta, Arca.*

Tabalada. *f. (fam.)* V. *Tabalazo:* — cuada, batecú; pancada com o assento ou trazeiro caindo ou assentando-se violentamente no chão. *In terram præceps lapsus.*

Tabalarío. *m. (fam.)* V. *Tafalario.*

Tabalear. *a.* Mover, agitar, menear, mexer uma cousa de um logar para outro. *Hinc inde movere:* — *n.* bater, tocar com os dedos sobre uma mesa. *Digitis crepitare.*

Tabaleo. *m.* Movimento, agitação de um corpo, acção e effeito de o mover ou agitar de um logar para outro.

Tabanazo. *m. (fam.)* Tapona, bofetão, pancada com a mão aberta. *Colaphus, alapa.*

Tabanco. *m.* Banca, barraca ou tenda que se põe nas ruas, onde se vende comida para os pobres e gente de trabalho. *Vulgaris caupona vel popina.*

Tabanios. *m. pl. (zool.)* Tabanios; familia de insectos dipteros brachoceros, mui avidos do sangue dos animaes, cuja pelle mordem facilmente.

Tábano. *m. (zool.)* Tabão ou tavão; genero de insectos dipteros, da familia dos tabanidos, que contém bastantes especies, que são mui avidas do sangue dos animaes.

Tabanque. *m. (art.)* Atabaque; roda de pau com que os oleiros com o pé movem a outra em que formam as peças.

Tabaola. *f.* Tagarella, motim, algazarra, gritaria; bulha de vozes descompassadas, de muitas pessoas que fallam a um tempo. *Vociferantium confusio; multitudinis strepitus:* — V. *Batahola.*

Tabaque. *m.* Açafate; cestinho tecido de vimes que serve ordinariamente para as mulheres trazerem a costura, etc. *Fiscella, æ:* — brocha, preguinho de cabeça, pouco maior que a tacha. *Parvulus clavus.*

Tabaquera. *f.* Tabaqueira, cheirador; caixa de rapé da feição de pera com uma especie de gargalosinho crivado de buraquinhos por onde se sorve o rapé: — pequeno vaso do cachimbo em que se põe o tabaco a arder para se fumar. *Ad tabaci fumum excipiendum capsula:* — *de humo;* cachimbo para fumar tabaco de folha picada.

Tabaquería. *f.* Estanque ou estanco; loja de tabaco. *Tabaci taberna.*

Tabaquero. *m.* Estanqueiro; o que vende tabaco em estanque. *Tabaci venditor vel monopola.*

Tabaquillo. *m. dim.* de *Tabaque.* Açafatinho, açafatesinho.

Tabaquista. *s.* Tabaquista; bom conhecedor de tabaco. *Qualitatis tabaci sagax:* — tabaquista, tabaqueiro; o que toma muito tabaco. *Tabaci avidus.*

Tabardete. *m. (inus.)* V. *Tabardillo.*

Tabardillo. *m. (med.)* Febre maligna: — *pintado;* tabardillo; febre maligna, eruptiva, com pintas e algumas vezes botões de varias cores na pelle.

Tabardina. *f.* Tabardilha; especie de tabardo curto.

Tabardo. *m.* Tabardo; capote com capuz e mangas, ou casacão largo e comprido, de burel ou outro panno grosseiro, com mangas largas. *Sagum amplum manicatum.*

Tabarrera. *f. (fam.)* Mania, loucura, extravagancia.

Tabaxir. *m. (bot.)* Tabaxir, tabaschir ou tabashir; designa-se por estes tres nomes as concreções siliciosas que se formam nos nós dos bambús.

Tabebuya. *f. (bot.)* Tabebuia; genero de plantas da familia das apocyneas.

Tabega. *f.* Embarcação de pesca menor que o chaveco.

Tabelario, ria. *(hist.)* Tabellario; denominação de certas leis romanas que ordenavam que não se emittissem os suffragios de viva voz, e sim por meio de tabellas: — *m.* escravo que levava as cartas.

TABELION. *m.* *(ant.)* Tabellião. V. *Escribano.*

TABELLAR. *a.* *(ant. art.)* Dobrar os pannos e outros lanificios, deixando as ourelas soltas pelas bordas, para o comprador os poder examinar bem.

TABERNA. *f.* Taberna, taverna; casa onde se vende por miudo vinho, e n'algumas tambem azeite e comer. O segundo vocabulo é mais usada na lingua portugueza. *Taberna vinaria:* —*(p. Cub.)* V. *Venta*, nos caminhos. *Ya que no bebo en la taberna, huélgome en ella (rif.);* se não bebo na taverna folgo n'ella; adverte que ainda que alguns não executem o mesmo que outros, divertem-se vendo-lh'o fazer. *Abstemius cum sim, potatoribus tamen delector.*

TABERNÁCULO. *m.* Tabernaculo; logar onde se guardava a arca de alliança, todo o tempo que os israelitas estiveram no deserto, e tambem depois que foi mandada para o templo. *Tabernaculum, i:* — sacrario; logar onde se colloca e recolhe a Sagrada Eucharistia. *Sacrarium, sacrum tabernaculum:* — tabernaculo, tenda, pavilhão, barraca ou habitação; n'este sentido é termo da Sagrada Escriptura. *Tabernaculum, i. Fiesta de los tabernaculos;* festa dos tabernaculos; solemnidade que os judeus celebram em *thesri* (mez de março) em memoria dos seus antepassados terem habitado no deserto debaixo de barracas, antes de entrarem na terra de Canaan.

TABERNAQUE. *m.* *(ant.)* V. *Tabernáculo.*

TABERNARIO, RIA. *adj.* Tabernario; de taverna ou das pessoas que a frequentam.

TABERNEMONTANA. *f.* *(bot.)* Tabernemontana; genero de plantas da familia das apocyneas.

TABERNERA. *f.* Taverneira; mulher do taverneiro ou a que tem taverna. *Cauponis uxor.*

TABERNERÍA. *f.* Officio ou trato de taverneiro. *Cauponia ars:* — *(ant.)* taverna.

TABERNERO. *m.* Taverneiro; homem que tem taverna. *Caupo; vini venditor:* — *(ant.)* frequentador de tavernas.

TABERNILLA. *f. dim.* de *Taberna.* Taverninha.

TABÍ. *m.* Tabi; tafetá grosso ondeado. *Tela serica undulata, sic dicta.*

TABICA. *f.* *(archit.)* Metopa; são os intervallos que ficam entre os triglifos, e representam os topos das vigas dos madeiramentos. *Metopa, æ.*

TABICAR. *a.* Tabicar; fechar, tapar com tabique. *Cratitio pariete claudere:* — *(fig.)* tapar o que deve estar aberto ou desimpedido; v. g.: *tabicarse las narizes;* tapar as ventas, etc. *Obturare.*

TABIDO, DA. *adj.* *(med.)* Tabido; podre, corrupto. *Tabidus, a, um:* — tabido, tisico; excessivamente debilitado e extenuado por doença, por consumpção. *Tabidus, a, um.*

TABIQUE. *m.* Tabique; parede de grades de madeira delgada, cheios os vãos de cal, ou feita de tijolos. *Cratitius, tenuis paries.*

TABLA. *f.* Tábua; peça de madeira plana. *Tabula, æ:* — liso; espaço que fica sem ser pregado em differentes vestiduras, entre as pregas. *Area in vestibus:* — mesa nos tribunaes, a que se assentam para despachar os ministros que a compõem, e por isso se chamam ministros de *la tabla. Senatoria mensa:* — tábua; mesa em que se come. V. *Mesa:* — V. *Arancel:* — banca, balcão, onde estavam os cambistas nas praças publicas, e na qual davam expedição ás letras e bilhetes de cambio. *Abacus, telonium:* — V. *Tablilla,* nas mesas de bilhar, etc.: — tábua, tabuada, index ou indice; elenco por ordem alphabetica para se acharem as materias ou as palavras de um livro. *Index, elenchus:* — tábua; lista, catalogo, enumeração feita com ordem. *Syllabus, tabulla:* — tábua; quadro ou pintura feita em madeira ou em pedra. *Tabula picta:* — a parte mais larga e carnuda de alguns membros do corpo. *Tabula, pars amplior in membris:* — tabuleiro, canteiro que nas hortas se destina para viveiro de plantas. *Area hortensis:* — posto ou casa onde se registram as mercadorias que pagam direitos nos portos seccos. *Telonium, ii:* — tábua, fragmento; parte pequena de navio ou embarcação feita pedaços por naufragio; v. g.: *escaparse en una tabla;* salvar-se em uma tábua. *Naufraga tabula:* — banca do açougue onde está a carne para se vender. *Macellum, i;* — superficie transparente que se colloca a certa distancia entre a vista e o objecto. *Tabula, vel planum opticum:* — *(ant.)* tábua. V. *Mapa:* — *pl.* tablado; parte do theatro onde os actores representam. *Proscenium, tabulatum:* — *pl.* disposição do jogo das damas, em que nenhum dos jogadores póde ganhar ou perder pela determinada collocação das peças ou pela falta d'ellas. *In scruporum ludo victoria collusorum indefinita:* — *pl.* certo jogo de azar prohibido: — *de cuentas;* tabuada, tábua pythagorica ou de Pythagoras; mappa arithmetico que se usa nas escolas para ensinar a multiplicação dos numeros: — *de chilla;* folha, tábua mais delgada das que se vendem nas estancias de madeira. *Rudior et tenuis tabula:* — *de juego;* tábua, mesa, casa de jogo, garito. *Aleatoria mensa:* — *de la vaca (fig.);* caterva, multidão de gente junta que faz muito ruido e bulha ao jogo ou em conversação. *Caterva vociferantium:* — *de los sellos (ant.);* casa, repartição do sêllo: — *de manteles;* toalha da mesa. *Mappa, æ:* — *de rio;* planicie, superficie mais plana e extensa das aguas do rio, onde a sua corrente é mui lenta e quasi imperceptivel. *Æquor fluvii:* — *numularia;* banco; caixa publica que ha em algumas partes, onde qualquer pessoa póde entrar com um capital para perceber juros. É assim chamado o que ha em Malhorca. *Tabla nummularia:* — *rasa;* tábua ou tela disposta para se fazer pintura. *Tabula pingendo parata:* (*fig.*) tábua rasa; estado de completa ignorancia, o entendimento antes de ter noções, de receber idéas. *Intellectus omni prorsus doctrina carens:* — *redonda;* tábula ou mesa redonda; ordem fabulosa de cavalleiros que os livros da cavallaria suppõem que foi instituida por Arthur, rei de Inglaterra, no começo do seculo VI: — *ó tablas reales;* jogo das tábuas reaes: — *tablas de mortalidad;* mappas da mortalidade; mappas que contêem o calculo dos obitos que ha cada anno sobre um numero dado de nascimentos. *A la tabla del mundo* (*loc. adv. fig.*); á face do mundo, publicamente, em publico. *In lucem, in publicum. A raja tabla* (*loc. adv. fam.*); com toda a força. *Totis viribus. Dinero en tabla.* V. *Dinero contante. Escapar en una tabla* (*fr.*); salvar-se em uma tábua, em occasião de naufragio. *Naufragium fortunatè evadere:* (*fig.*) escapar por uma unha negra, salvar-se por um triz, saír de algum perigo por milagre. *Periculum fortunatè evadere. Facer tabla* (*fr. ant.*); ter mesa, convidados. *Hacer ó hacerse tablas* (*fr. fig.*); ficar ou deixar algum negocio ou dependencia por decidir. *Rem indefinitam relinquere. Por tabla* (*fr.*) V. *Por tablilla. Salvarse en una tabla* (*fr.*); V. *Escaparse en una tabla. Ser una cosa de tabla* (*fr.*); ser de estylo ou costume, estar em uso. *Ex consuetudine statutum esse:* — (*veter.* e *equit.*) tábua; face plana do pescoço do cavallo de um e outro lado: — *pl.* (*astron.*) tábuas, ephemerides; computos ou calculos dispostos por ordem, para saber os movimentos que têem os planetas para cada dia do anno. *Ephemerides; tabulæ calculariæ. Tablas alfonsinas;* tábuas affonsinas. V. *Alfonsino:* — *pl.* (*hist.*) tábuas; pedras ou marmores planos em que se escreveu a lei do decalogo, que, segundo a Biblia, foram entregues por Deus a Moysés no monte Sinai. *Tabulæ legis mosaicæ. Ley de las doce tablas* (*hist.*); lei das doze tábuas; collecção de leis romanas, feitas, segundo se conta, conforme as leis gregas de Solon, e que se gravaram em tábuas de bronze primeiro em numero de dez, ás quaes depois se addicionaram mais duas. *Pisar las tablas* (*fr. naut.*); embarcar, navegar. *Tablas de logaritmos* (*math.*); tábuas de logarithmos; disposição em columnas dos numeros com os seus logarithmos adjuntos: — *pitagórica.* V. *Tabla de cuentas. Tabula pythagórica. Tablas de los senos;* tábuas dos senos; as que contêem por ordem os comprimentos dos senos, tangentes e seccantes de todos os graus, e minutos de um quarto de circulo: — *de piso* (*mil.*); peça do armão e carro de munições modernas: — (*min.*) tábua; fôrma plana de certos crystaes que apresentam uma face larga e rodeada de facetas obliquas.

Tablachina. *f.* Especie de broquel ou escudo de pau com que se defendia o combatente. *Ligneum scutum vel parma.*

Tablacho. *m.* V. *Compuerta. Hacer ó echar el tablacho* (*fr. fig.*); cortar a palavra; interromper alguem na conversação. *Sermoni obstaculum interponere.*

Tabladillo. *m. dim.* de *Tablado.*

Tablado. *m.* Andaime ou andaimo, bailéu. *Pabulatum, i:* — tablado, palco, proscenio; parte do theatro onde se representa. *Theatri tabulatum:* — leito do carro. *Tabulatum; contabulatio in plaustris:* — tábuas do léito sobre que se assenta o enxergão. *Lecti tabulatum:* — (*germ.*) cara: V. *Cadalso:* — (*ant.*) V. *Mesa. Sacar al tablado* (*fr. fig.*); assoalhar, publicar, divulgar. *Publicare, in publicum edere.*

Tablaje. *m.* Tabuado; quantidade de tábuas. *Tabularum copia vel congeries:* — tabolagem. V. *Garito,* casa de jogo: — V. *Garito,* ganho.

Tablajería. *f.* Vicio de jogar, frequencia das casas de jogo. *Aleatorium vitium:* — V. *Garito,* ganho.

Tablajero. *m.* Carpinteiro que construe os palanques ou trincheiras nas praças de touros. *Tabulati artifex:* — emprezario de praça de touros. *Tabulati ejus pretii exactor:* — cobrador, recebedor que arrecada os dinheiros ou direitos reaes. *Vectigalium exactor:* — carniceiro, cortador; o que corta a carne nos açougues. *Lanio, onis:* — (*p. Ar.*) estudante, praticante do hospital. *In nosocomiis ægrotantium custos, medicinæ studiosus:* — gariteiro; dono de garito ou tabolagem. V. *Garito,* n'este sentido: — taful; jogador que frequenta os garitos. V. *Garitero,* n'esta accepção.

Tablantes. *m. pl.* (*germ.*) Toalhas de mesa.

Tablar. *m.* Taboleiro, canteiro; quadro, divisão de terra que se faz nas hortas. *Area hortensis.*

Tablazo. *m.* Pancada, golpe com tábuas. *Tabulæ ictus, percussio:* — planicie das aguas dilatadas. *Æquor, oris:* — (*naut.*) superficie plana e lisa do mar, que é signal de calmaria.

Tablazon. *f.* Tabuado; conjunto, quantidade de tábuas. *Tabularum congeries vel compago:* — tabuado; assoalhos das cobertas das embarcações e do seu costado, e as mais obras chamadas forro. *Navium tabulata.*

Tablear. *a.* Dividir a terra em taboleiros ou canteiros. *In areas dividere, distribuere:* — aplanar a terra depois de lavrada ou cavada. *Terram tabulâ complanare:*

— reduzir a folhas as barras de ferro ou laminas. *In laminas confingere, redigere.*

Tablecilla. *f. dim. (ant.)* de *Tabla.* Tabuinha.

Tablera. *f.* A que pede esmola para o hospital de S. Lazaro, tangendo a matraca.

Tablero. *f.* Tábua apparelhada e convenientemente trabalhada para servir. *Assis vel tabula:* — madeiro ou tabuão apparelhado, a proposito para o serrar em tábuas. *Tignum in tabulas commodè dividendum:* — taboleiro de jogar as tabulas, as damas, o xadrez ou gamão. *Alveus lusorius:* — mostrador, balcão; armação de madeira nas lojas e tendas para atalhar a entrada aos compradores, e mostrar sobre ella os objectos que se vendem. *Abacus, i:* — mesa grande em que os alfaiates talham e cortam o fato. *Sartoris mensa:* — *(fig.)* prego proprio para pregar tábuas. *Clavus aptus ad figendas tabulas:* — taboleiro da bésta: — *(fig.)* o publico; v. g.: *estar en el tablero;* estar exposto aos olhares, á critica do publico: — *(ant.)* V. *Garito,* casa de jogo: —V. *Cadalso:* — tábua; mesa de jogo: — os jogadores que estão a uma mesa. *Poner ó traer al tablero alguna cosa (fr. fig.);* expor, aventurar alguma cousa. *Aleæ fortunæ committere. Ponerse en el tablero (fr. fig.);* servir de espectaculo, ser objecto das vistas ou de escarneo do publico: — *(arch.)* taboleiro; plano resaltado, liso ou com molduras para ornato de algumas partes do edificio. *Planum, i:* —V. *Abaco:* — *(fort.)* taboleiro; a parte da ponte levadiça que descansa sobre os pilares, e se levanta por meio do correspondente contrapeso: — *de damas (zool.)* V. *Petrel.*

Tableta. *f. dim.* de *Tabla.* Tabuinha: — tabla ou chapa coberta de uma camada de cera em que os antigos escreviam com um ponteiro: — tabella. V. *Pastilla. Estar en tabletas (fr. fig.);* estar entalado, mettido em aperto, perplexo, em duvida, na incerteza. *In dubio vel incerto esse. Quedarse tocando tabletas (fr. fig. fam.);* ficar chuchando no dedo, ficar logrado, ou sem a cousa que se esperava. *Spe dejici.*

Tablateado. *m.* Ruido, bulha que se faz movendo, pisando as tábuas, etc. *Tabularum strepitus vel crepitus.*

Tabletear. *n.* Mover as tábuas fazendo ruido com ellas. *Tabulas percutere vel agitare.*

Tabletera. *f.*V. *Tablera.*

Tabletica, lla. *f. dim.* de *Tableta.*

Tablica. *f. dim.* de *Tabla.* Tabuinha.

Tablilla. *f. dim.* de *Tabla.* Tablilha, tabuinha: — tabella.V. *Pastilla:* — tabella; tabuinha em que se escreviam os nomes dos excommungados publicos. *Syllabus excommunicatorum, tabula:* — tabella; tábuasinha em que estão registrados os nomes de pessoas ou cousas para certos fins. *Syllabus:* — tablilha ou tabella; no truque de taco e no bilhar é a tábua da banda de dentro, convenientemente forrada de panno para despedir a bola quando lhe toca. *Mensæ trudicularis spatium inter portulas, tomento refertum:* — *de meson;* taboleta de estalagem; signal ou letreiro que a dá a conhecer aos viajantes. *Tabella diversorii:* — *de santero;* imagem que trazem os que pedem esmola para alguma confraria, etc. *Tabula depicta ad eleemosinam quæritandam. Tablillas de San Lázaro;* especie de matracas que se usam para pedir esmola para os hospitaes de S. Lazaro, em Toledo e outras partes de Hespanha. *Plicatæ tabellæ ad crepitum dispositæ. Tablillas neperianas;* tábuas neperianas; tábuas arithmeticas de Neper, mathematico escocez; consiste na tabuada de Pythagoras dividida em partes com tal artificio, que estando os quadrados em que se põe cada um dos productos, divididos com as suas diagonaes, e repartidos nos dois triangulos que formam com ellas os productos que constam de duas figuras, facilita-se e abrevia-se a operação da multiplicação e da divisão. *Neperianæ tabellæ. Poner la tablilla (fr. fig.);* pôr, affixar em publico uma tabella em que estão escriptas as indulgencias concedidas aos que assistem aos réus que estão proximos a ser executados. *In furcam damnati signum figere. Por tablilla (loc. adv.);* por tablilha ou por tabella; diz-se das bolas que se fazem batendo na tabella, no truque de taco e no bilhar, para de ali ferirem por movimento reflexo a outra bola. *Obliquè (fig.);* por tablilha ou tabella; por meios indirectos, por medianeiro, com rodeio. *Indirectè, obliquè.*

Tablon. *m. augm.* de *Tabla.* Tabuão, pranchão; tábua grande e grossa: — *(germ.)* mesa.

Tabloncillo. *m. dim.* de *Tablon.* Tabuão delgado e pequeno: — assento na ordem inferior das trincheiras nas praças de touros. *Primùm sedile in spectaculis.*

Tabloza. *f. (pint.)* V. *Paleta.*

Tabolaza. *f. (pint.)* V. *Paleta.*

Tabuco. *m.* Cubiculo; pequeno quarto ou aposento. *Gurgustion, gurgustiolum.*

Tabulario. *m. (hist.)* Tabulario; dava-se este nome aos libertos romanos, cujo acto de manumissão era chamado tábua.

Tabuquillo, to. *m. dim.* de *Tabuco.* Cubiculosinho, cubiculo muito pequeno.

Taburete. *m.* Tamborete; cadeira sem braços e sem espaldar ou de espaldar estreito. *Sedilis genus:* — *pl.* cadeiras; assentos com espaldar dispostos em semi-circulo na platéa dos theatros antigos, atrás da orchestra. *Prope proscenium sedilia in simicirculum disposita.*

Taburetillo. *m. dim.* de *Taburete.* Tamboretesinho. De ordinario significa pequeno tamborete dos estrados das senhoras. *Sedicula muliebris.*

Taca. *f. (prov.)* V. *Mancha:* — *(bot.)* tacca; genero de plantas de familia das taccaceas.

Tacáceas. *f. pl. (bot.)* Taccaceas; familia de plantas monocotyledoneas, que comprehende vegetaes herbaceos, vivaces, de raizes tuberosas e feculentas.

Tacada. *m.* Tacada; golpe de taco, acção de impellir ou ferir a bola com o taco no jogo de bilhar e outros similhantes. *Globuli percussio bacillo facta in ludo trudiculorum.*

Tacamaca. *f. (bot.)* Tacamaca ou tacamahaca; dá-se este nome a differentes resinas de varias arvores, que antigamente eram mui apreciadas por suas propriedades medicinaes.

Tacamacha. *f.* V. *Tacamaca.*

Tacañamente. *adv. m.* Tacanhamente, mesquinhamente sordidamente. *Sordidè.*

Tacañear. *n.* Tacanhear; ganhar, obrar, adquirir por artes de tacanho, obrar com malicia. *Versutè vel fraudulenter agere.*

Tacañería. *f.* Tacanharia, tacanheza ou tacanhice; acção de tacanho, velhacaria, astucia vil. *Versutia, calliditas, fraus:* — tacanharia, tacanheza ou tacanhice, mesquinhez, mesquinharia, miseria, avareza sordida. *Sordida parcitas.*

Tacaño, ña. *adj.* Tacanho, mesquinho, escasso, avaro, miseravel. *Sordidè parcus:* — tacanho de condição, velhaco, astuto, manhoso. *Versutus, callidus.*

Tacar. *a. (ant.)* Damnificar, manchando, amolgando, amarrotando, etc.

Tacazea. *f. (bot.)* Tacazzea; genero de plantas da familia das asclepiadeas.

Tacazo. *m.* Tacada; golpe de taco.

Taceta. *f.* Carce; vaso de tirar o azeite do fundo das talhas nos lagares de azeite. *Vas olearium quoddam.*

Tacica, lla, ta. *f. dim.* de *Taza.* Tacinha ou taçasinha.

Tácitamente. *adv. m.* Tacitamente, caladamente, secretamente, em silencio. *Tacitè, silenter:* — tacitamente; sem palavras, sem convenção ou ajuste expresso. *Tacitè.*

Tácito, ta. *adj.* Tacito, calado, silencioso; que não faz rumor. *Tacitus, silens:* — tacito; não expressado por palavra, subentendido, que não está formalmente expresso. *Tacitus, a, um.*

Taciturnidad. *f.* Taciturnidade; habito silencioso, o ser taciturno. *Taciturnitas, atis:* — *(fig.)* taciturnidade, melancolia, tristeza profunda. *Taciturnitas, atis.*

Taciturno, na. *adj.* Taciturno, calado, silencioso; que falla pouco. *Taciturnus, a, um:* — *(fig.)* taciturno, triste, melancolico. *Mœstus, a, um.*

Táco. *m.* Tarugo; torno ou prego de pau com que se prega ou une alguma cousa. *Subscus, udis:* — buxa; bocado de estopa, papel, etc., que se calca sobre a carga da espingarda. *Globulus stupeus vel sparteus ad stipandam catapultam:* — vareta; varinha com que se aperta e calca a carga no arcabuz, espingarda e pistola. *Virgula ad catapultam stipandam, trudiculus:* — taco; haste de pau torneada, com cuja extremidade mais fina e lisa se dá impulso ás bolas, no jogo do bilhar e outros similhantes. *Trudicularis bacillus, trudiculus:* — taco, estalo; canudo de pau de sabugueiro com que brincam os rapazes mettendo-lhe umas buxas de papel e apertando-as com uma vareta, saindo depois com um certo estalo. *Fistula lusoria puerilis:* — *(fam.)* voto, juramento, promessa solemne. *Iterata verba:* — lança de pau de ponta romba, com que se dá no estafermo correndo a cavallo. *Lanceola ad figuram versatilem impellendam:* — *(germ.)* arroto: — *(p. Mex.)* batibarba, corrimaça, reprehensão aspera. *Echar tacos (fr. fig. fam.);* jurar ou fallar com cholera. *Iracundè loqui. Tomar un taco (fr. fam.);* tomar uma buxa; tomar uma ligeira refeição antes das horas proprias de comer.

Tacóide. *m. (zool.)* Taccoide; genero de aves trepadoras.

Tacon. *m.* Tacão, salto do sapato, que corresponde ao calcanhar. *Ligni vel corii fragmentum calceo assutum.*

Taconear. *n. (fam.)* Andar de rijo, fazer bulha com os tacões quando se anda. *Calceis crepitare.*

Taconeo. *m.* Acção de andar de rijo, fazendo ruido com os tacões.

Taconero. *m.* Salteiro; official que faz saltos ou tacões de pau para sapatos.

Tacsonia. *f. (bot.)* Tacsonia; genero de plantas da familia das panifloreas.

Táctica. *f.* Tactica; arte que ensina a pôr em ordem algumas cousas. *Ordinandi ars:* — *(mil.)* tactica; arte de ordenar as tropas em batalha e de fazer as evoluções militares, etc. *Scientia militaris de instruenda acie:* — *naval;* tactica naval. *Navalis scientia de instruenda classe.*

Táctico. *m.* Tactico; o que é versado na tactica ou a pratica.

Tacto. *m.* Tacto; um dos cinco sentidos, a sensação que causam os objectos que apalpâmos. *Tactus, us:* — toque, tocamento, apalpamento; acção de tocar ou apalpar. *Tactus, tactio.*

Tacua. *f. (zool.)* Tacua; genero de insectos hemipteros da tribu dos cicadios.

Tacuacha. *f. (p. Cub.)* Peça; engano feito com habilidade e astucia, e n'este sentido diz-se *jugar una tacuacha;* pregar uma peça.

Tacúride. *m. (zool.)* Tachuris; genero de aves da ordem dos passaros.

Tacha. *f.* Tacha, falta, nota ou defeito em alguma cousa. *Nota, macula:* — tacha; especie de prego pequeno. *Clavulus, i. Sin tacha (fr.);* sem tacha, sem mancha ou defeito. *Poner tachas a una cosa (fr.);* pôr tacha, pôr defeito em alguma cousa. *Poner tachas a unos testigos (fr.)*; pôr objecções, pôr duvidas a algumas testemunhas. *Qué tacha! Beber con borracha (fr.)*; que tacha, beber por borracha! Applica-se aos beberrões, porque bebendo d'este modo, podem saciar-se sem se lhes notar o que bebem. *Commodius sine arbitris utre bibitur. Miren qué tacha; loc. fam.* com que se pondera a especial bondade ou qualidade de alguma cousa, que com singularidade conduz para a sua estimação ou apreço. *Et ideo res melior*: — *(for.)* falta que se allega contra uma testemunha, para impedir que o juiz dê credito ao seu depoimento.

Tachado, da. *adj.* Tachado, censurado, increpado: — borrado; apagado com tinta, riscado com traços de penna. *Hombre tachado*; homem tachado, mal reputado, que tem pécha.

Tachar. *a.* Tachar, notar, censurar; pôr tacha, defeito. *Notam inurere vel afficere*: — borrar; apagar com traços de tinta alguma escriptura. *Liturare; litura delere*: — *(fig.)* tachar, culpar, censurar, notar, reprehender. *Culpare, arguere.*

Tachon. *m.* Traço, risco com a penna sobre o que está escripto. *Litura, æ*: — adorno de galão, fita, etc., que se sobrepõe no vestido. *Fasciolæ pars ad ornatum superassuta*: — tachão; prego grande, dourado, prateado ou de latão, de ornar arreios, cofres, etc. *Clavus argentatus aut deauratus.*

Tachonado, da. *adj.* Tachonado; cravado, guarnecido de tachões: — agaloado, guarnecido, ornado de galão, fita ou outros enfeites: — *m. (germ.)* cinto.

Tachonar. *a.* Agaloar, guarnecer, ornar um vestido de galões ou outros enfeites. *Fasciolas ad ornatum superassuere*: — tachonar; cravar, guarnecer os cofres, arreios, etc. de tachões. *Deauratis aut argentatis clavis ornare.*

Tachonería. *f.* Obra tachonada, lavor de tachões. *Ornatus ex clavis*: — obra agaloada, guarnecida, ornada de fitas, galões ou outros enfeites. *Ornatus ex fasciolis.*

Tachoso, sa. *adj.* Defeituoso; que tem defeito, tacha. *Maculosus, vitiosus.*

Tachuela. *f.* Tachinha; preguinho de cabeça redonda. É de differentes tamanhos, e tem diversos nomes. *Clavulus, i.*

Tachuelica, lla, ta. *f. dim.* de *Tachuela.*

Tafanario. *m. (fam.)* Az de copas, o salvo seja, trazeiro, cú. *Posteriora, nates.*

Tafetan. *m.* Tafetá; estofo de seda delgado e teso para vestidos, forros, etc., e de que ha varias especies ou qualidades. *Serica tela subtilior sic dicta*: — *pl. (fig. mil.)* bandeiras, estandartes. *Vexilla, æ. No está la Magdalena para tafetanes (fr. fam.)*; não estar para brincadeiras, estar de má catadura, de mau humor, estar enfadado ou em má disposição de animo. *Parum comem et alfabilem esse.*

Tafia. *m.* Tafia; nome que os americanos dão á aguardente de canna.

Tafilete. *m.* Tafilete; marroquim fino fabricado em Tafilete, cidade do estado de Marrocos. *Alutæ subtilioris genus.*

Tafio. *m. (zool.)* Taphio ou taphiano; genero de mammiferos cheiropteros, da tribu dos vespertilionidos.

Tafria. *f. (zool.)* Taphria; genero de insectos coleopteros pentameros da familia dos carabicos.

Tafrocero. *m. (zool.)* Taphrocero *(corno grosso)*; genero de insectos coleopteros pentameros, da secção dos sternoxos.

Tafrodero. *m. (zool.)* Taphrodero *(pescoço espesso)*; genero de insectos coleopteros pentameros.

Tafrorinco. *m. (zool.)* Taphrorhynco *(tromba expessa)*; genero de insectos coleopteros tetrameros da familia dos brachyderidos.

Tafulla. *f. (ant.)* V. *Tahulla.*

Tafur. *n. (ant.)* V. *Tahur.*

Tafurca. *f.* Tafurca; barco chato e sem quilha para conducção de cavállos. *Hippago, inis.*

Tafurería. *f. (ant.)* V. *Tahurería.*

Tagar. *a. (ant.)* Tagar, cortar, ferir. V. *Cortar.*

Tagarinos. *m. pl.* Tagarinos; antigos mouros que viviam em Hespanha entre os christãos, cujo idioma fallavam perfeitamente. Na Barberia eram assim chamados os mouros procedentes das provincias da corôa de Aragão. *Maunusius in Hispania natus aut educatus.*

Tagarnina. *f.* V. *Cardillo.*

Tagarote. *m.* Tagarote; especie de falcão africano: — amanuense, escrevente de tabellião. *Scriba, amanuensis*: — tagarote; homem, fidalgo pobre, de ventre aventureiro, que come com voracidade á custa alheia. *Sine symbolo conviva, parasitus*: — *(fig. fam.)* espinhafre, mastro de navio; homem esgalgado, esgrouviado, alto e magro. *Corpore longus.*

Tagorotear. *n.* Escrever com desembaraço e ligeireza. *Velociter dexterèque scribere.*

Tagilita. *(min.)* Tagilita; variedade de phosphato ou cobre hydratado, de côr verde esmeralda em massas fibrosas, que se encontra em Tagilsk.

Tagona. *f. (zool.)* Tagona; genero de insectos coleopteros heteromeros da tribu dos blapsidos.

Tagua. *f. (bot.)* Tagua; arvore de Nova Granada que produz um pequeno coco do mesmo nome.

Taha. *f. (ant.)* Voz arabe com que antigamente se designavam os districtos ou comarcas. *Regio, onis.*

Tahalí. *m.* Talim; correia a tiracollo d'onde pende a espada. *Balteus, i*: — *de Neptuno (bot.)* V. *Baminea.*

Taharal. *m.* Tamargal; campo de tamargueiras. *Tamariscis locus abundans.*

Taheño. *adj.* Barbiruivo; diz-se do homem que tem os cabellos da barba ruivos. *Ænobarbus, a, um.*

Tahona. *f.* Atafona; engenho de moer grão, posto em movimento por bestas. *Moletrina, pistrinum:* — padaria; fabrica de pão. *Panis officina, taberna.*

Tahonero. *m.* Tafoneiro, atafoneiro; dono de atafona ou o que a administra e rege. O primeiro vocabulo é antiquado em portuguez. *Pistrinarius, ii.*

Tahulla. *f. (p. Murc.)* Agro ou espaço de terra de cultura, que corresponde proximamente a quarenta varas em quadrado ou sexta parte de uma fanga. *Agri modius.*

Tahur, ra. *adj.* Taful, jogador de profissão; o que frequenta muito as casas de jogo. Usa-se substantivado na terminação masculina. *Ludi peritus; ludo nimis indulgens:* — *m.* bom jogador: — estafador, trapaceiro, jogador doloso, que estafa ao jogo, zomba com alicantinas. Usa-se frequentes vezes n'esta accepção. *Fraudulentus oleator.*

Tahurería. *f.* Tafularia, garito, casa de jogo. *Aleatorium, ii:* — tafularia; vida, vicio, comportamento de taful ou jogador por officio. *Aleatoris vitium:* — trapaça, estafa, velhacada, alicantina, roubo com astucia ao jogo. *Aleatoris astutia.*

Taireque, Taibique. *m. (ant.)* V. *Tabique.*

Taijo. *m. (ant.)* Talho, córte.

Tai-ki. *m.* Tai-ki; nome dado ao primeiro principe chinez.

Taimado, da. *adj.* Taimado, ataimado, astuto, ardiloso, matreiro, velhaco ou dissimulado, attento observador de tudo. *Callidus, versipellis.*

Taimería. *f. (ant.)* V. *Taimonia.*

Taimonia. *f. (ant.)* Velhacaria, malicia, astucia descarada, atrevida. *Versutia, astutia.*

Tais. *m. (bot.)* Thais; genero de insectos lepidopteros da familia dos diurnos.

Taita. *m.* Tatá; voz com que as crianças chamam pae. *Tata, æ. Ajo taita (fam.)* V. *Ajo:* — nome que na America, tanto os infantes como os adultos dão ao pae, e equivale a papá.

Taja. *f. (p. Rioja)* Repartimento. *Sectio, onis:* — especie de cangalhas que se põem sobre as albardas para amarrar as cargas: — V. *Tarja.*

Tajada. *f.* Talhada; porção longa e estreita, cortada de alguma cousa, especialmente de comestiveis; v. g.: de queijo, de melão, melancia, etc. *Segmentum, i:* — *(fam.)* catarrheira, constipação, defluxo ou tosse occasionada por algum resfriamento. *Raucitas, gutturis obstructio. Hacer tajadas (fr. fig.)*; fazer em postas; usa-se ameaçando alguem. *In frusta secare.*

Tajadera. *f.* Talhadeira; instrumento em fôrma de meia lua, para talhar ou cortar talhadas, cutelo de cortar carne. *Lunatus culter:* — entalhosinho ou pequena chanfradura que ordinariamente costumam ter as gamellas ou escudellas de pau. *Catini lignei scissura:* — *(p. A.)* comporta de um rio, tanque, etc. *Cataracta, æ:* — *(art.)* talhadeira. V. *Cortafrío*, instrumento de ferreiro.

Tajadero. *m.* Talho, cepo em que se corta a carne: — *(ant.)* talhador, trincho, prato grande de trinchar.

Tajadilla. *f. dim.* de *Tajada.* Talhadinha: — badofe; guizado de bofe cortado em bocados, que se faz nas tabernas. É palavra vulgar. *Obsonii frustulum:* — *(p. And.)* talhadinha de limão ou de laranja que se vende a quem vae beber aguardente. *Mali citerei frustum, segmentum.*

Tajado, da. *adj.* Talhado, cortado, retalhado: — *(ant.)* talhado; que tem certo talho ou feição; v. g.: o corpo, o rosto, etc. *Peña tajada*; penha, rochedo talhado a pique, alcantilado: — *(br.)* talhado; diz-se do escudo dividido diagonalmente, da esquerda para a direita, em duas partes iguaes. *Stemma in partes æquales obliquè divisum.*

Tajador, ra. *s.* Talhador; o que talha ou corta. *Sector, secans:* — *m.* talhador. V. *Tajadero.*

Tajadura. *f.* Talhamento; cortadura, córte, golpe ou incisão que se faz com talhador ou outro instrumento cortante. *Sectio, scissura:* — talhamento, talha; acção e effeito de talhar ou cortar alguma cousa. *Sectio, onis.*

Tajamar. *m.* Talhamar; obra angular de pedra que se construe nos rios para quebrar a força da agua e reparti-la igualmente. *Angularis fabrica ad fluminis aquas dividendas:* — *(germ.)* faca de mato: — *(naut.)* talhamar; peça angular cortante de madeira, que se põe na roda de prôa para quebrar a força da agua. *Crassa tabula curva dentataque in navibus.*

Tajamiento. *m. (ant.)* V. *Tajo, Corte.*

Tajan. *m.* Tajan; sabre curto de folha muito larga que se usa entre os mouros.

Tajancoco. *m. (vulg.)* Palavra de desprezo.

Tajante. *adj.* Talhante; que corta. *Secans, antis:* — *m. (prov.)* V. *Cortador, Carnicero.*

Tajaplumas. *m.* V. *Cortaplumas.*

Tajar. *a.* Talhar, dar talho, dividir, fender, partir uma cousa em duas ou mais partes ou pedaços. *Secare, scindere:* — talhar, aparar a penna; corta-la de feição que sirva para escrever. *Calamum temperare.*

Tajarina. *f. (ant.)* V. *Tallarin.*

Tajarrelinga. *f. (naut.)* V. *Bisarana.*

Tajarria. *f. (p. Cub.)* V. *Ataharre.*

Tajea. *f.* V. *Atarjea.*

Tajenia. *f. (zool.)* Tagenia; genero de insectos coleopteros heteromeros da tribu dos pimeliarios.

Tajenitos. *m. pl. (zool.)* Tagenitos; tribu de insectos coleopteros heteromeros da familia dos melasomos.

Tajero. *m.* V. *Tarjero, Tarjador.*

Tajeto. *m. (bot.)* Tageto; genero de plantas da familia das compostas.

Tajo. *m.* Talho; córte ou golpe com o fio ou gume de faca ou de outro instrumento cortante. *Sectio, onis:* — talho; no aparo da penna, o côrte que se dá no bico para poder escrever. *Calami temperatura:* — fragura de monte ou penhasco. *Montis prœruptio:* — talho; o córte que levam os segadores ou cavadores quando estão em trabalho. *Operarius limes, locus ad quem operariorum labor pervenit:* — V. *Filo, Corte:* — cepo em que se pica e corta a carne nas cozinhas. *Truncus carni cœdendœ:* — *(art.)* talho; cutilada, golpe que se dá da direita para a esquerda com espada ou outra arma cortante, em esgrima. *Cœsio diagonalis.*

Tajon. *m. augm.* de *Tajo.* Grande cepo ou talho de cozinha: — V. *Tajo,* na sexta accepção: — *(p. And.)* veia de terra ou de pedra calcarea de que se obtem a cal sujeitando-a á calcinação. *Terrœ, petrœ calcariœ vena:* — *(germ.)* hospedaria, estalagem: — *(ant.)* talho; casa ou logar onde se vende carne ou pescado.

Tajoncillo. *m. dim.* de *Tajon.*

Tajuela. *f.* Mocho; banquinho de quatro pés, que serve de assento. *Sediculœ lignœ genus.*

Tajuelo. *m.* V. *Tajuela.*

Tal. *adj.* Tal; applica-se ás cousas indefinidamente, para lhes determinar o que se denota pelo seu correlativo: — tal; igual, similhante a outra cousa descripta, *v. g.: Tal cosa jamás se ha visto;* nunca se viu tal ou similhante cousa. *Talis, le:* — tal; tão grande, tamanho, *v. g.: Tal falta no la puede cometer un varon tal;* tal falta não pôde ser commettida por um homem tal. *Talis, hujusmodi:* — tal; emprega-se para dar uma significação determinada e precisa, e n'este sentido repete-se para dar mais força á expressão, *v. g.: Hacia tales y tales cosas;* fazia taes e taes cousas, etc. *Talis, hic:* — tal; usa-se para exprimir a natureza, o estado, qualidade, condição de alguma cousa, como: *Tal estaba él con la lectura de estos libros;* tal, em tal estado, se achava elle com a leitura d'estes livros. *Talis, le:* — tal; designa tambem um sujeito de quem já se fallou, *v. g.: La tal, el tal;* a tal, o tal: — tal, um certo; applicado a um nome proprio, denota que aquelle sujeito é pouco conhecido do que falla ou dos que escutam, como: *Estaba alli un tal Javier, etc.;* estava lá um tal, um certo Xavier, etc. *Quidam:* — *cual (loc.);* tal qual; usa-se significando que por defeituosa que uma cousa seja, se estima por alguma circumstancia ou qualidade boa que se considera n'ella, como: *Esta casa es estrecha y oscura; pero tal cual és, la prefiero a la otra por el sitio en que está;* esta casa é estreita e escura; todavia, tal qual é, prefiro-a á outra por estar n'este sitio. *Qualiscumque:* tal qual; tambem denota que são em mui pequeno numero as pessoas ou cousas que se procuram ou de que se falla, *v. g.: Tal cual tiene noticia de esto; solo habia en la plaza tal cual carga de pan, etc.;* tal qual tem noticia d'isto; só havia na praça tal qual carga de pão. *Rarus, aliquis:* tal qual; soffrivel, mediocre, sufficiente, mediano: *(loc. adv.)* assim, assim, medianamente, soffrivelmente, mediocremente. *Mediocriter:* — *por cual;* de pouco mais ou menos. *Indignus, talis qualis:* — *que cosa;* cousa similhante. *A tal ó con tal;* com tal que, comtantoque, com tal condição que. *No hay tal (loc. adv.);* não ha tal; nega o que se diz ou imputa a alguem. *Minimè, neutiquam. Otro que tal;* outro que tal, parecido, similhante; de ordinario usa-se comparando cousas más ou insignificantes. *Similis, le:* — *para cual, Pedro con Juan ó Pascuala con Pascual (rif.);* qual o pae, tal o filho; qual o filho, tal o pae. *Pares cum paribus facillimè conjugantur.*

Tala. *f.* Talho; derribada, côrte total das arvores para deixar o terreno raso. *Arborum cœsio:* — tala; acção de talar os campos ou os povoados. *Agrorum vastatio, depopulatio:* — jogo da bilharda. *Puerorum ludus palo acuminato utrinque, qui altero impellitur.*

Talabarte. *m.* Talabarte, cinturão, boldrié; correia que se cinge e da qual pende a espada. *Balteus, i.*

Talabartero. *m.* V. *Pretinero.*

Talabricense. *adj.* V. *Talavera.*

Talador, ra. *s.* Talador; o que tala. *Vastator, depopulator.*

Taladrador, ra. *s.* O que fura com o trado. *Terebrans, antis.*

Taladrar. *a.* Tradear; furar com trado. *Terebrare:* — *(fig.)* estrugir; atroar, aturdir os ouvidos. *Aures auditum acute percutere:* — *(fig.)* penetrar; perceber ou alcançar com o discurso uma materia obscura e duvidosa. *Penetrare, callere.*

Taladro. *m.* Trado; verrumão de carpinteiro, de differentes feitios. *Terebra, œ:* — trado; o buraco feito com o trado. *Furamen terebramen:* — *(zool.)* trado; genero de molluscos gasteropodas pectinibranchios: — trado; especie de aguilhão que se encontra na parte posterior do corpo das femeas dos hymenopteros, o qual lhes serve para atravessar a epiderme dos vegetaes, ou a pelle dos animaes onde depositam os seus ovos.

Talamego. *m. (naut.)* Thalamego; entre os gregos e os latinos era um navio egypcio de regalo e recreio, assim chamado porque estava guarnecido de leitos e de todo o genero de commodidades luxuosas.

Talamera. *f.* Ramo ou arvore em que se colloca um passaro fingido, que serve de chamariz aos pombos, para se lhes dar caça. *Arbor aucupio parata.*

Talámico. *m. (hist. ant.)* Thalamico; eram assim chamados os remeiros gregos que íam na primeira ordem, começando por baixo, dos navios triremes.

Talamifloro, ra. *adj. (bot.)* Thalamifloro; diz-se das plantas cujos orgãos sexuaes adherem ao receptaculo.

Talamita. *f. (zool.)* Thalamita; genero de crustaceos decapodas brachyuros, da tribu dos portunios.

Tálamo. *m.* Thalamo; logar proeminente, onde os noivos celebravam as suas bodas e recebiam os parabens. Actualmente significa leito nupcial, conjugal. *Thalamus, i:* — *(bot.)* thalamo; expansão do pedunculo que sustém as flores nas plantas synantherias: — thalamo; nome dado ás apothecias formadas pelo thalo dos lichens: — *(zool.)* talamo; genero de insectos coleopteros heteromeros, da tribu dos helopios.

Talamostémono, na. *adj. (bot.)* Thalamostemono; diz-se da flor cujos estames se inserem no receptaculo.

Talanquera. *f.* Tranqueira ou trincheira; cerca de tábuas postas de frente, fazendo parede, como ha nos palanques das praças de touros. *Vallum e tabulis:*—V. *Puerta:* — sitio ou logar de defeza e segurança, e, em sentido figurado, a mesma defeza e segurança. *Tutamen, inis. Hablar de talanquera ó desde la talanquera (fr. fam.);* fallar de tranqueira, fóra de perigo, em salvo. *Extra periculum garrire.*

Talante. *m.* Modo ou maneira de executar alguma cousa. *Modus, i:* — catadura, aspecto, semblante ou disposição pessoal que mostra a inclinação ou intenção. *Modus, vultus:* — talante, vontade, desejo. *Voluntas, atis. Estar de buen o mal talante (fr.);* estar de bom ou mau humor, de boa ou má catadura. *Placido et lœto animo esse, vel contra.*

Talantoso, sa. *adj. (ant.)* Affavel, benigno, tratavel; que está de bom humor. *Placidus, a, um.*

Talar. *adj.* Talar; que chega até aos calcanhares; diz-se das roupas ou vestiduras. *Talaris, re:*—*m. pl.* talares; as azas nos calcanhares, com que se representa o deus Mercurio. *Talaria, rium:* — *a.* talar, decepar, derribar arvores, corta-las inteiramente, fazer-lhes o córte. *Arbores cœdere:* — talar, talhar; destruir, estragar, arruinar os campos, edificios, povoados, etc., principalmente em tempo de guerra. *Devastare, depopulare:* — *(germ.)* tirar, arrancar.

Talarodictio. *m. (bot.)* Talarodictyo; genero de plantas phyceas.

Talasa. *f.* Thalassa; o mar, assim chamado pelos gregos e latinos.

Talasarquía. *f.* V. *Talasocracia:* — *(nau.)* thalassarchia; imperio dos mares.

Talasia. *f. (zool.)* Thalassia; genero de insectos coleopteros tetrameros, da familia dos clavipalpos.

Talasiarca. *m.* Thalassiarca, almirante, entre os gregos e latinos.

Talasiarquia. *f.* Thalassiarchia, almirantado; posto ou dignidade de almirante.

Talásico, ca. *adj.* Thalassico, ceruleo, de côr verde mar: — *(geol.)* thalassico; diz-se dos terrenos de sedimentos superiores.

Talasina. *f. (zool.)* Thalassina; genero de crustaceos decapodas macrouròs, da familia dos thalassineos.

Talasinios. *m. pl. (zool.)* Thalassineos; familia de crustaceos decapodas macrouros.

Talasio, sia. *adj.* Thalasino, maritimo, marino; do mar.

Talasiofillo. *m. (bot.)* Thalassiophyllo *(folha do mar);* genero de plantas phyceas, do grupo das laminarieas.

Talasiofito, ta. *adj. (bot.)* Thalassiophyto; dá-se este epitheto a todas as producções vegetaes que nascem no fundo do mar ou na superficie das rochas que cercam o littoral.

Talasocracia. *f.* Thalassocracia; imperio exclusivo de uma nação sobre os mares.

Talasómetra. *m. (hist.)* Thalassometra, medidor do mar, piloto: — *(hist.)* thalassometra; cada um dos encarregados de fazer a sonda a bordo dos navios gregos.

Talaverano, na. *adj.* Talaverano ou talaverense; pertencente a Talavera, na Hespanha: — *s.* talaverano ou talaverense; o natural de Talavera.

Talaya. *f. (ant.)* V. *Atalaya.*

Talayar. *a. (ant.)* V. *Atalayar.*

Talco. *m.* Talco; folheta metallica de varias cores, que se emprega em bordados e outros adornos: — *(min.)* talco; mineral que se separa em laminas delgadas e transparentes. Compõe-se de algumas variedades.

Talco-cuarzoso, sa. *adj. (min.)* Talco-quartzoso; diz-se do que contém talco e quartzo.

Talco-micáceo, cea. *adj. (min.)* Talco-micaceo; que contém talco e mica.

Talega. *f.* Taleiga; saco pequeno e largo. *Mantica, œ:* — taleigada; o que se guarda ou leva na taleiga. *Manticœ repositum:* — bolsa do cabello; saquinho de seda ou outro estofo, em que se mettiam as tranças do cabello. *Sacculus ad capillos revinciendos:* — todos os peccados que uma pessoa tem que dizer ao confessor. *Peccatorum sarcina:* — especie de fralda que se põe ás creanças: — somma de mil pesos duros de prata. *Mille argenteorum pondus:* — lição que se estuda antes de ir para a escola. *Reposita studii materia:* — *(ant.)* fardel, provisão de viveres.

Talegala. *f. (zool.)* Talegalla; genero de aves da familia das gallinaceas.

Talegazo. *m.* Pancada com o taleigo.

Talego. *m.* Taleigo; saco longo e estreito. *Saccus, i:* — *(fig.)* saco; pessoa desairosa, tão grossa nos hombros como na cintura. *Ineleganti corpore homo. Tener talego (fr.);* ter bolsinho, dinheiro. *Pecuniâ abundare.*

Talegon. *m. augm.* de *Talega* ou *Talego.* Taleigão.

Taleguica, lla, ta. *f. dim.* de *Talega.* Taleiguinha: — *de la sal (fam. ant.)*; dinheiro que se gasta diariamente em uma casa. *Quotidianus sumptus.*

Taleguico, llo, to. *m. dim.* de *Talego.*Taleiguinho, taleigosinho.

Talente. *m. (ant.)* Talente. V. *Talante,* na terceira accepção.

Talento. *m.* Talento; moeda imaginaria, ou, para melhor dizer, nome que os antigos davam a uma moeda de oiro e de prata, que variava de valor em diversos logares. *Talentum, i:* — *(fig.)* talento; reunião de dons ou dotes naturaes: — *(fig.)* talento, dotes intellectuaes, graça particular, capacidade, habilidade, prestimo, engenho para fazer alguma cousa. *Ingenium, animi dotes:* — talento; por antonomasia, o entendimento: — *(ant.)* talante, vontade.

Talentoso, sa. *adj. (fam.)* Talentoso; que tem talento. *Ingenio pollens.*

Talepora. *m. (zool.)* Talepora *(robusto)*; genero de insectos coleopteros subpentameros, da tribu dos lamiarios.

Taler. *m.* Taler ou talero; moeda de Allemanha de valor variavel, desde 480 a 800 réis da moeda portugueza.

Taleva. *f. (zool.)* Taleva; genero de aves da familia das pernaltas.

Talguenea. *f. (bot.)* Talguenea; genero de plantas da familia das rhamneas.

Talia. *f. (bot.)* Thalia; genero de plantas da familia das gramineas.

Taliar. *a. (ant.)* V. *Talar.*

Talictro. *m. (bot.)* Thalictro. V. *Pigamon.*

Taliento. *m. (ant.)* Prazer, gosto: — talante, vontade.

Talik. *m. (philol.)* Talik; dá-se este nome ao genero de caracteres e escriptura de que se servem os persas. Tambem se chama nestalik.

Talino. *m. (bot.)* Talina; genero de plantas da familia das portulaceas.

Talion. *m.* Talião, outro tanto, lei, pena de talião; castigo que consiste em fazer soffrer ao delinquente o que elle fez soffrer á victima. *Talio, onis.*

Talionar. *a. (ant.)* Talionar; punir com a pena de talião, com castigo igual ao crime. *Taliónis pœna multare.*

Talisayo. *adj. (p. Cub.)* Diz-se do gallo que tem pennas amarellas nas azas e no pescoço, e o peito negro. Usa-se tambem substantivado.

Talisia *f. (bot.)* Talisia; genero de plantas da familia das sapindaceas.

Talisman. *m.* Talisman; peça de metal com varias figuras symbolicas, fundida debaixo do aspecto de astros ou constellações, a que se attribuiam virtudes extraordinarias. *Superstitiosa signi cœlestis imago, amuletum:* — talisman; as mesmas figuras gravadas em pedra ou traçadas em outras substancias: — talisman; doutor da lei mahometana. *Mahometanæ legis doctor.*

Talismanico, ca. *adj.* Talismanico; pertencente ao talisman, ou que tem a virtude attribuida aos talismans.

Talitro. *m. (zool.)* Talitro; genero de crustaceos amphipodas.

Talmente. *adv. (fam.)* De tal sorte, de fôrma que, de modo que, de maneira.

Talmud. *m.* Talmud; livro que contém a lei oral, a tradição judaica. Existem varias collecções talmudisticas. *Talmud judæorum.*

Talmúdico, ca. *adj.* Talmudistico; concernente, que respeita ao Talmud.

Talmudista. *m. (lit.)* Talmudista; judeu que segue as doutrinas do Talmud. *Talmudi professor, interpres.*

Talo. Especie de torta de farinha de maiz.

Talon. *m.* V. *Calcañar:* — talão, calcanhar; parte da meia ou do sapato que cobre o calcanhar. *Calceamenti talus:* — *(germ.)* hospedaria, estalagem. *Apretar los talones (fr. fig.)*; dar aos calcanhares, correr precipitadamente. *Subito aut velociter curare. Ir a talon (fr. fam.)*; ir nas pernas, ir a pé. *Levantar los talones (fr.)*; mostrar os calcanhares. V. *Apertar los talones:* — *(arch.)* talon. V. *Gola;* de ordinario é assim chamada, quando é pequena como a do cimacio: — *(comm.)* talão; documento que consiste no bocado da folha de um livro ou caderno, cortada com tesoura, de modo que applicando-se-lhe o outro pedaço se reconheça a sua legitimidade ou falsidade.

Talonear. *n.* Calcurriar; ir a toda a tira, á pressa e a pé. *Calces agitare.*

Talonero. *m. (germ.)* Estalajadeiro.

Talonesco, ca. *adj. (fam.)* Pertencente aos talões ou calcanhares. *Talaris, re.*

Talparia. *f. (cir.)* Talparia; sorte de tumor duro que se forma no pericraneo.

Talpófila. *f. (zool.)* Thalpophila *(que gosta do calor)*; genero de insectos coleopteros heteromeros, da tribu dos tentyritos.

Talque. *m.* Barro branco de que se fazem cadinhos ou crysoes para purificar os metaes. *Tasconium, ii.*

Taltacahuate. *m. (p. Mex.)* V. *Cacahuate.*

Talud, Talus. *m.* Talud, escarpa, declive; inclinação que se dá á superficie do terreno.

Talvina. *f. (prov.)* Especie de papas feitas de farinha de uma substancia leitenta que se extrahe de certas sementes. *Pultis genus.*

Tall. *adj. (ant.)* V. *Tal.*

Talla. *f.* Talha, obra de talha, de relevo, feita em pedra ou madeira. *Opus sculptile:* — talha; certo tributo que os colonos pagavam ao senhor para o soccorrer em alguma necessidade. *Vectigal quoddam:* — tanto, quantidade certa: — talha, premio; certa quantia ou recompensa que se offerece pelo resgate de alguma pessoa, ou pela prisão de algum criminoso notavel. *Merces, prætium designatum:* — talha, marca, medida. *Pondus, mensura:*

— talha; no jogo da banca e do monte é o mesmo que mão. *Sors in pagellarum ludo:* — talho, talhe; estatura, feição do corpo. *Statura, æ:* — *(p. And.)* alcarraza, vaso poroso para refrescar a agua: — *(p. Ar.)* V. *Tara, Tarja. A media talla (loc. adv.);* por demais, á pressa, de passagem, com pouco cuidado, sem attenção. *Perfunctoriè. Media talla;* meio relevo; obra cujas figuras não sobresáem inteiras, mas sim em baixo relevo. *Sculptili opus, imagines à facie tantum, aut à tergo aut latere exhibens. Poner talla (fr.);* prometter certo preço ou quantia a quem apresentar um delinquente preso. *Proscribere, mercedem hominis captioni publicæ adsignare:* — *(naut.)* talha; cabo com que se tem mão no leme em occasião de tormenta: — *(cir.)* talha; operação para extrahir a pedra da bexiga.

Tallado. *m. (germ.)* Saia ou vasquinha. *Bien tallado;* de bom talhe, bem apessoado, de bella estatura. *Corpore præstans, elegans. Mal tallado;* de mau talhe, desairoso, pouco elegante. *Ineleganti corpore.*

Tallador. *m.* Gravador, abridor que grava em cobre. *Sculptor, oris.*

Talladura. *f.* V. *Entalladura.*

Tallante. *adj.* Talhante; que talha, corta. *Scidens, entis.*

Tallar. *m.* Mata de côrte ou floresta que está em estado de se cortar. Usa-se tambem adjectivado. *Sectilis silva:* — algumas vezes significa o que cria arvores para côrte: — *adj.* diz-se de uma classe de pentes pequenos: — *a.* esculpir, gravar, abrir em madeira ou metal. *Sculpere, opus sculptile formare:* — lavrar pedras preciosas: — sobrecarregar de talhas ou impostos. *Tributis onerare:* — talhar á banca, fazer banca. *Lusorias pagellas jactare:* — *(p. Mex.)* V. *Barajar:* — *(ant.)* talhar, cortar: — V. *Talar.*

Tallarin. *m.* Talharim; massa de farinha em pedacinhos de varias feições que se coze em caldo. *Massæ delicatæ genus.*

Tallarola. *f.* Talharolla; instrumento onde se colloca a pua que corta o pello do velludo nos teares. *Scissoria lamines.*

Tallazo. *m. augm. (fam.)* de *Talle* e *Tallo.* Estatura alta, agigantada: — caule grosso, volumoso.

Talle. *m.* Talhe ou talho, estatura, feição do corpo. *Corporis forma, habitus:* — cintura; usa-se particularmente n'este sentido. *Strictior pars corporis media:* — talhe; feição do vestido. Com mais particularidade, chama-se assim á parte do fato correspondente á cintura. *Forma, figura vestium:* — modo, maneira de executar uma cousa. *Modus, i:* — modo, maneira ou disposição. *Actus, us:* — genero, especie, classe. *Genus, eris:* — *(fig.)* talho, fôrma, figura; disposição physica ou moral. *Forma, modus:* — *(ant.)* trage.

Tallecer. *n.* V. *Entallecer.* Usa-se tambem como reciproco.

Tallecillo. *m. dim.* de *Talle.* Figurinha; diz-se em sentido ironico de um talhe mal feito, desproporcionado, de uma cintura desairosa. *Corporis medii pars maximè strictior.*

Taller. *m.* Officina; casa onde se exercita algum officio ou arte mechanica. *Officina, æ:* — *(fig.)* collegio, academia, escola de sciencias. *Schola, ludus:* — talher; peça de prata, oiro, madeira, etc., com repartimentos para galhetas, saleiros, pimenteiros e outras peças tambem chamadas talheres. *Patella argentea aut aurea pro mensæ apparatu.*

Tallico, to. *m. dim.* de *Tallo.* Tallosinho, tronquinho, troncosinho.

Tallista. *m.* Entalhador, esculptor. *Sculptor, oris.*

Tallo. *m.* Talo; haste da planta. *Scapus, caulis.*

Tallon. *m. (germ.)* Bodega, taberna.

Talludo, da. *adj.* Taludo; que tem talo ou caule grande e rijo. *Caule insignis:* — *(fig.)* taludo, crescido, alto; diz-se dos moços que em pouco tempo têem augmentado em altura e corpo. *Adultus, corpore auctus:* — *(fig.)* aferrado, affincado, apegado; diz-se da pessoa que tem affinco, apego a uma cousa, a um vicio, do qual lhes é quasi impossivel apartar-se. *Inveteratus, a, um:* — *(fig.)* desusado. *Exoletus, a, um.*

Talluelo. *m. dim.* de *Tallo.* Cauliculo, caulesinho, talosinho. *Cauliculus, ii.*

Tamacía. *f. (zool.)* Tamacia; genero de aves trepadoras.

Tamandoa. *f. (zool.)* Tamandua; especie de mammiferos desdentados, que tem a lingua mui longa e vive de formigas.

Tamanuar. *m. (zool.)* Tamanuar; especie de mammiferos desdentados do genero formigueiro.

Tamañamente. *adv. m.* Tão grandemente como outra cousa com que se compara. *Tantùm.*

Tamañico, ca, llo, lla, to, ta. *adj. dim.* de *Tamaño.* Tamanhino, tamanhito, tamanino, pequenino.

Tamañito, ta. *adj.* Tamanino, muito intimidado, com grande pavor; v. g.: *quedarse tamañito;* ficar tamanino de alguma cousa. *Pusillus, pavidus.*

Tamaño, ña. *adj.* Tamanho; tão grande. *Tantus, a, um:* — tamanho, pequeno; diz-se por antithese. *Exiguus valde, tantillus:* — *(ant.)* tanto, igual, o mesmo: — *m.* tamanho; grandeza, altura. *Quantitas, magnitudo.*

Támara. *f.* Engaço do racimo de alguns fructos: — *(p. Am.)* V. *Caña:* — *pl.* cachos, ramos da palma com tamaras. *Spadix, icis:* — estilhas de lenha, raminhos, lenha miuda. *Minuta quisquilia lignea.*

Tamarindo. *m. (bot.)* Tamarinho ou tamarinheiro; genero de plantas da familia das leguminosas, composto de uma só especie arborea, que dá um fructo em fôrma de vagem, chamado tamarindos.

Tamarino. *m. (zool.)* Tamarino; especie de mammiferos quadrumanos do genero vistiti.

Tamariscíneas. *f. pl. (bot.)* Tamariscineas; familia de plantas dicotyledoneas polypetalas.

Tamarisco. *m. (bot.)* Tamaris. V. *Taray.*

Tamariz. *m. (bot.)* Tamaris. V. *Taray.*

Tamarrizquito, Tamarrusquito, ta. *adj. (fam.)* Pequerruchinho, mui pequenino, pequenote. *Tantilus, tantulus.*

Tamba. *f.* V. *Bamba: — (germ.)* cobertor da cama.

Tambalear. *n.* Cambalear, cambetear; andar com o passo mal firme de um para outro lado, como que vae a caír por falta de força para suster-se. Usa-se mais commummente como reciproco. *Nutare, vacillare.*

Tambaleo. *m.* Cambaleio, cambeta; o passo mal firme do que cambaleia. *Nutatio, titubatio.*

Tambarillo. *m.* Pequena caixa ou cofre redondo de madeira. *Rotunda arcula.*

Tambero, ra. *adj. (p. A. M.)* V. *Mesonero, Ventero.*

Tambesco. *m. (p. M. B.)* Redouça; balouço em que se divertem os rapazes. *Oscillum, i.*

Tambien. *conj.* Tambem. *Etiam, quoque, necnon: — adv. m.* tambem ou tão bem, do mesmo modo, tanto um como outro, igualmente bem. *Etiam, itidem: —* V. *Tanto, Asi.*

Tambo. *m. (p. A.)* Logar onde se atam as vaccas leiteiras para se ordenharem: — posta, pousada, principalmente no Perú: — sitio ou logar onde se estaciona com as vaccas para vender leite mugido: tambo; reuniões de pretos africanos para se divertirem: — *de tios;* associação, reunião desordenada.

Tambor. *m.* Tambor, caixa; instrumento cylindrico que tem nas bôcas um couro de pelle tesa de carneiro, que se faz soar com duas vaquetas. *Tympanum, i: —* especie de peneira fina. *Cribrum ex setis equinis: — m.* tambor; o homem que toca o tambor. *Tympanotriba, tympanista: — mayor;* tambor mór; o chefe dos tambores do regimento. *Tympanotribarum præfectus, magister: — (art.)* tambor; em mechanica dá-se este nome a qualquer peça de figura cylindrica. *Rotunda pars cylindri formam referens: —* tambor; cylindro onde está mettida a molla real, nos relogios de algibeira: — tambor; cylindro de torrar café, etc. *Cylindrus ferreus foraminibus distinctus. A tambor ó com tambor batiente (loc. adv.);* a tambor batente, batendo a caixa, a toque de tambor. *Tympani sono.*

Tamborero. *m. (ant.)* V. *Tamborilero.*

Tamboreta. *f. (ant.)* Espaço que se deixava nas galés para carregar a artilheria.

Tamborete. *m. (naut.)* Tamborete; peças de tábua que fecham o mastro na coberta de cima. *Tignum quoddam in navibus.*

Tamboril. *m.* Tamboril; pequeno tambor que se toca ordinariamente por festas nas aldeias. *Tympanum chorearum parvum.*

Tamborilada. *f. (fam.)* Cuada, batecú; pancada com o assento ou trazeiro no chão, caíndo. *Casus, lapsus: —* cachação, tapôna, palmada, pancada com a mão nas costas ou na cabeça. *Manu percussio, ictus.*

Tamborilar. *a.* e *n. (ant.)* V. *Tamborilear.*

Tamborilazo. *m.* V. *Tamborilada.*

Tamborilear. *a.* Exaltar, elogiar, exalçar, gabar, celebrar muito alguem. *Plaudere admodum: — n.* tocar tamboril. *Tympanum tundere, tympanizare: —* tocar com os dedos em alguma parte: — *(typ.)* assentar, igualar as letras da fôrma batendo no tamborete. *Typos ictibus æquare.*

Tamborilero. *m.* Tamborileiro; o que toca tamboril. *Tympanotriba, æ.*

Tamborilete. *m. (typ.)* Tamborete; tabuinha quadrada, lisa por baixo, para assentar as fórmas, batendo-lhe ligeiramente em cima com o martello. *Tabella premendis ad æquandum litteris in tipographia.*

Tamborin. *m. (ant.)* Tamborim. V. *Tamboril.*

Tamborinero. *m.* V. *Tamborilero.*

Tamborino. *m. (ant.)* V. *Tamboril.*

Tamboritear. *n.* V. *Tamborilear.*

Tamboritero. *m.* V. *Tamborilero.*

Tamboron. *m.* V. *Bombo.*

Tamen ó Tamene. *m. (p. Mex.)* Indio ganhão, que leva carga, fardos: — bagagem.

Tamia. *m.* Tamia; genero de mammiferos roedores.

Taminero. *m. (bot.)* Tamineiro; genero da familia das dioscoreaceas.

Tamiris. *m. (zool.)* Tamyris; genero de insectos lepidopteros, da familia dos diurnos.

Tamiz. *m.* Tamis; peneira de seda delgada, tapada por cima e por baixo com cufos de couro. *Setaceum incerniculum.*

Tamnea. *f. (bot.)* Thamnea; genero de plantas da familia das bruniaceas.

Tamnocarpo. *m. (bot.)* Thamnocarpo; genero monotypo de plantas phyceas, da familia das restiaceas.

Tamnocorto. *m. (bot.)* Thamnochorto; genero de plantas da familia das restiaceas.

Tamnófora. *f. (bot.)* Thamnophora; genero de plantas phyceas, da familia das florideas.

Tamnolanio. *m. (zool.)* Tamnolanio; genero de aves da familia das laniadeas.

Tamo. *m.* Cotão; pello, felpa que sáe da lã ou do linho quando se tece. *Silus telarum: —* casulo, pó ou palha miuda de varias sementes debulhadas, como trigo, milho, linho, painço, etc. *Situs messium: —* lixo; cotão, felpa, immundicie que se ajunta debaixo das camas e dos moveis por descuido e falta de aceio. *Sordes, is.*

Tamonea. *f. (bot.)* Tamonea; genero de plantas da familia das verbenaceas.

TAMPOCO. *conj.* Tão pouco, tambem não; serve para negar alguma cousa depois de se haver negado outra. *Neque.*

TAM-TAM. *m. (mus.)* Tam-tam; instrumento de percussão, que traz a sua origem da China e da India.

TAMUJO. *m. (bot.)* Tamuge; planta espinhosa de folhas similhantes ás do buxo ou murta; dos seus ramos fazem-se vassouras que em Madrid se chamam *escobas de caballeriza.*

TAN. *adv. m.* Tão, tanto, em tão grande ou em tal grau, quantidade. *Tam, adeo, ita:* — *m.* tam; sonido ou echo do tambor ou outro instrumento similhante, quando se tange. *Tympani sonus.*

TANACETO. *m. (bot.)* Tanaceto; genero de plantas da familia das compostas.

TANAGRÍDEAS. *f. pl. (zool.)* Tanagrideas; familia de aves da ordem dos passaros.

TANAIS. *m. (zool.)* Tanais; genero de crustaceos amphipodas.

TANAO. *m. (zool.)* Tanaos *(extenso);* genero de insectos coleopteros tetrameros da familia dos curculionidos: — thanaos *(morte);* genero de insectos lepidopteros da familia dos diurnos.

TANATO. *m. (chim.)* Tanato; genero de saes formados pela combinação do tanino com as bases.

TANATÓFILO. *f. (zool.)* Thanatophilo *(amante da morte);* genero de insectos coleopteros pentameros da tribu dos silphalos.

TANCA. *f.* Especie de gomma com que as abelhas cobrem os cortiços antes de formar os favos.

TANCAL. *m.* Tancal; bote pequeno de duas prôas.

TANDA. *f.* Turno, vez, alternativa, ordem successiva, mudança alternada. *Ordo, labor per vices:* — tarefa, empreitada ou trabalho que se deve acabar dentro de um dia. *Pensum, i:* —V. *Tonga, Tongada:* — partido ou certo numero de pessoas e de animaes empregados em alguma obra ou empreitada. *Personarum aut jumentorum portio, operi faciendo destinata:* — partida no jogo de bilhar. *Designatus numerus:* — tunda, sóva, pancadas. *Numerus, designata quantitas:* — talho, talhadura; vez de agua para regar, entre lavradores vizinhos: — *(min.)* intervallo de alguns dias em que não se trabalha.

TANDO, DA. *adj. (ant.)* V. *Tanto.*

TANGANILLAS. *(En.) loc. adv.* Com pouca segurança ou firmeza, pouco solido, em perigo de caír. *Parum securè.*

TANGANILLO. *m. dim.* de *Tángano.* Diz-se principalmente de um esteio pouco solido, pouco firme. *Fulcrum mutabile, labile.*

TÁNGANO. *m.* Conca, o osso ou pedra que se põe no solo para o jogo d'este nome. *Meta in ludo:* — conca; especie de jogo. *Ludus ad contingendam metam.*

TÁNGARA. *f. (zool.)* Tangara; genero de aves da ordem dos passaros.

TANGAY. *m. (bot.)* V. *Adi.*

TANGENTE. *p. a.* V. *Tanjente:* — *adj.* V. *Tanjente.*

TANGIBLE. *adj.* V. *Tanjible.*

TANGIR. *a. (ant.)* Tanger. V. *Tocar, Tañer:* — tocar, apalpar: — *imp.* tocar, pertencer, caber em sorte: — *n.* ter parentesco.

TANGO. *m.* Tango; reunião e dansa de ciganos: — *(prov.)* V. *Tángano:* — *(p. Cub.)* tango; dansa de pretos boçaes: — *(p. Mex.)* tango; dansa rustica, popular.

TANIGNATO. *m. (zool.)* Tanygnatho; genero de insectos coleopteros tetrameros.

TANIMECO. *m. (zool.)* Tanymecho; genero de insectos coleopteros tetrameros, da divisão dos brachyderidos.

TANINO. *m. (chim.)* Tanino; substancia particular e mui adstringente, que existe na casca de carvalho, na noz de galha e em diversos outros vegetaes.

TANIPEZA. *f. (zool.)* Tanypeza; genero de insectos dipteros, da familia dos athericeros.

TANIPO. *m. (zool.)* Tanype; genero de insectos dipteros da familia dos tipularios.

TANÍRRINCO. *m. (zool.)* Tanyrhyncho *(que estende a tromba);* genero de insectos coleopteros tetrameros da tribu dos erirhinidos.

TANÍSTOMA. *f. (zool.)* Thanystoma; genero de insectos coleopteros pentameros da tribu dos carabicos.

TANÍSTOMOS. *m. pl. (zool.)* Tanystomos *(que dilata a bôca);* familia de insectos dipteros.

TANIXILO. *m. (zool.)* Tanychilo; genero de insectos coleopteros heteromeros, da tribu dos tenebrionitos.

TANJENTE. *p. a.* Tangente, tocante; que toca. *Tangens, entis:* — *m.* e *adj.* tangente; linha perpendicular á extremidade do raio do circulo, que toca na sua peripheria sem a cortar. *Tangens, entis:* — tangente; diz-se tambem dos circulos que se tocam interior ou exteriormente, sem comtudo se cortarem. *Tangens, entis.*

TANJIBLE. *adj.* Tangivel; que se póde tocar, palpar. *Tangibilis, le.*

TANJINIA. *f. (bot.)* Tanghinia; genero de plantas da familia das apocyneas.

TANKELITA. *f. (min.)* Tankelita; variedade de phosphato de yttrio.

TANKITO. *m. (min.)* Tankito; nome dado a um mineral amorpho, de côr esverdinhada, cuja composição ainda não está conhecida.

TANOCLERO. *m. (zool.)* Tanoclero; genero de insectos coleopteros pentameros da secção dos malacodermes.

TANOS. *m. (min.)* Tanos; pedra preciosa que se suppõe conter o fluoreto de calcio.

TANQUE. *m. (p. Gal.* e *Mex.)* Tanque, lago, albufeira.

TANQUÍA. *f.* Tanquia; unguento depilatorio.

TANSOLO. *adv. m.* Tamsómente. V. *Solamente.*

TANTALATO. *m. (min.* e *chim.)* Tantalato; sal composto de acido tantalico e de uma base metallica.

TANTALIDEAS. *f. pl. (zool.)* Tantalideas; familia de aves da ordem das pernaltas, que tem por typo o genero tantalo.

Tantalidos. *m. pl. (min.)* Tantalidos; familia de mineraes a que pertence o tantalo.

Tantalina. *f. (min.)* Tantalina; dava-se este nome a uma terra, em que se julgou encontrar alguma analogia com o oxydo de tantalo, e que depois se reconheceu que era silica.

Tantalito. *m. (min.)* Tantalito; substancia composta de acido tantalico e de bases protoxydadas.

Tántalo. *m. (min.* e *chim.)* Tantalo; corpo simples, metallico, de côr parda, descoberto em 1802: — *oxidado.* V. *Tantalito:* — *(zool.)* tantalo; genero de aves da familia dos tantalideos.

Tantarantan. *m.* Tarampantão, ramtamplão; voz formada pela onomatopeia, para imitar o som de um tambor. *Tympani sonus iteratus:* — *(fam.)* rufo; repetidos bofetões ou bordoadas que se dão em alguem. *Percussio, ictus.*

Tanteador. *m.* Tenteador; o que tentea ou calcula. *Calculator, computator:*— marcador; o que marca ou aponta os pontos no jogo. *Observator, oris.*

Tantear. *a.* Tantear, tentear, medir, calcular, ensaiar, ver se uma cousa se ajusta com outra. O primeiro vocabulo é antiquado em portuguez. *Commetiri:*— marcar; apontar os pontos ou tentos no jogo. *Notare:*— tentear, pesar, ponderar, considerar, reconhecer com prudencia as cousas antes de as executar. *Perpendere:* — *(fig.)* tentear, sondar, examinar com cuidado uma pessoa ou cousa, experimenta-la. *Experiri periculum facere:* — *r.* convir, obrigar-se a pagar uma cousa pelo preço que custou ou por aquelle em que foi avaliada ou arrematada. *Conductionem, licitationem tanti pro se accipere, redimere:* — eximir-se uma villa ou logar do senhorio a que está sujeita, mediante uma somma igual áquella em que foi alienado. *Oppida se eximere à jurisdictione, soluto pretio:* — *a alguno (fr.);* tentear, sondar, apalpar alguem; ensaiar, explorar o seu animo, a sua intenção ou sentido. *Animum explorare:* — tentear, experimentar alguem; examinar, provar a sua capacidade sobre alguma arte ou sciencia. *Examinare:*— *(pint.)* bosquejar, delinear, traçar as primeiras linhas de um debuxo. *Lineamentum inchoare.*

Tanteo. *m.* Medida ou proporção que se toma de uma cousa compensando-a com outra, ou ajustando-a e concordando-a com ella. *Rei cum altera comparatæ commensuratio:* — numero determinado de pontos ou tentos que se ganham no jogo. *Calculorum numerus:*— convenção e ajuste que se faz de pagar por uma cousa o preço que ella custou. *Conventio de pecunia, pro rei pretio pactâ, solvendâ:* — *(fig.)* tento, ponderação; consideração attenta, exame exacto, juizo prudente que se faz de alguma cousa para que sáia como se deseja. *Perpensatio, onis:* — calculo, approximação:—*(pint.)* bosquejo; primeiros traços de pintura. *Lineamenti adumbratio.*

Tantico, ca, llo, lla, to, ta. *adj. dim.* de *Tanto.* Tantito, tantinho.

Tanto, ta. *adj.* Tanto; applica-se á quantidade, numero ou porção de uma cousa indeterminada e indefinida. Usa-se como correlativo de quanto. *Tantus, a, um:* — tanto; tão grande ou mui grande numero ou quantidade: — *m.* tanto; quantidade certa ou numero determinado de uma cousa. N'este sentido usa-se só no singular. *Certa quantitas:* — transumpto, copia, exemplar de algum escripto trasladado do seu original. *Exemplum, exemplar:* — tento; peça de marfim, osso, madreperola, metal, etc. com que se marcam os pontos no jogo. *Calculus, i:* —V. *Punto, Piedra,* em alguns jogos: —*(fam.)* tapona, pancada, golpe: — *adv. m.* tanto, tão, de tal modo, em tão grande ou em tal grau, quantidade. *Adeo, ita:* — muito, essencialmente fallando do tempo; *v. g.: tanto ha que estudias, y no sabes; tanto antes vino que tu;* ha muito tempo que estudas e ainda não sabes; muito antes de ti vim eu, etc. *Tam pridem:* — tanto, igualmente, em igual quantidade, da mesma maneira. *Tam, ita:* — tanto; junto com as vozes *mas* ou *menos, mejor* ou *peor,* usa-se adverbialmente para explicar a especial rasão que ha para fazer ou deixar de fazer uma cousa em comparação de outra. *Eo magis, imo potius:* — *pl.* tantos; na ordem de contas vale um numero indeterminado; como: *veinte y tantos;* vinte e tantos. *Et alius deinceps:* — *cuanto (loc. adv.);* tanto quanto; muito, abundante, sem conta ou medida taxada. *Multum quidem:* — *es lo demás como lo de menos (fr.);* tanto é o de mais como o de menos; em tudo se deve guardar o meio termo, evitando os extremos. *In medio consistit virtus:* — *mas cuanto (loc. adv.);* mais ou menos; usa-se nas compras e vendas para ajustar ou convir no preço ou avaliação de alguma cousa. *Plus minusve:* — *monta (loc);* tanto monta; significa que uma cousa é equivalente a outra. *Tantum valet, eodem recidit:* — *por tanto (loc. adv.);* tanto por tanto; usa-se comparativamente e significa pelo mesmo preço ou custo. *Æquali compensatione, retributione:* — *que (loc. adv.);* tantoque. V. *Luego que. Tantos a tantos (loc.);* tantos por tantos, iguaes em numero. *Numero æquales. Algun tanto (fr.);* algum tanto, alguma cousa ou um pouco. *Aliquantulum. Al tanto (loc. adv.);* tanto portanto; pelo mesmo preço, custo ou trabalho. *Eodem pretio:* convenientemente, devidamente. *Con tanto que (loc. adv. ant.)*; comtantoque, com tal condição que. V. *Con tal que. En su tanto (loc. adv.)*; no seu tanto, proporcionalmente, com a devida proporção. *Proportione servata:* de per si, separadamente, em particular. *En tanto o entre tanto (loc. adv.)*; entretanto; no espaço de tempo que medeia emquanto não vem alguem, não se faz alguma cousa, ou não chega algum praso determinado. *Interea, dum. Ni tanto ni tan poco (loc.)*; nem tanto nem tão pouco, nem de mais nem de menos, com meio termo. *Ne quid nimis, medium teneas. Otro tanto (loc. adv.)*; outro tanto, igual porção, igualmente. *No me hagas tanto que (loc.)*; não me piques, não me faças esquentar, não me faças perder a paciencia; usa-se por ameaça a alguem que teima em nos enfadar ou molestar. *Cave ne me compellas ut. Por el tanto (loc. adv.)*; pela mesma rasão, por essa causa ou motivo. *Propterea, ideo. Por tanto (loc.)*; portanto, pelo que, por cuja rasão, em attenção a isso. *Propterea. Tan en tanto.* V. *En tanto.* Hoje só se usa em estylo familiar. *Por tantos y cuantos (loc. fam.)*; como tres e dois serem cinco; assim eu viva; usa-se em ar de juramento, affirmando ou assegurando uma cousa. *Mea fide.*

Tantra. *m. (philol.)* Tantra; tratado ácerca das formulas e dos ritos que devem empregar-se no culto dos deuses indios. Estes tratados têem de ordinario a fôrma de dialogo entre Siva e Durga.

Tanza. *f.* Sedella e a canna para pescar.

Tañedor, ra. *s.* Tangedor, tocador; o que tange ou toca. *Fidicen.*

Tañer. *a.* Tanger, tocar instrumentos musicos. V. *Tocar.* Frequentemente significa tocar acorde e harmonicamente algum instrumento. *Fides pulsare:* — *(ant.)* tactear. V. *Tocar, Palpar:* — *(ant.)* tocar em alguma materia, fallar d'ella: — *imp. (ant.)* tanger, tocar, pertencer, dizer respeito: — *de ocioso (fr.)*; na caça de montaria avisar com a bosina que está morta a rez que se perseguia. *Feræ occisæ signum buccina dare.*

Tañido. *m.* Toque, sonido; som particular de algum instrumento que se tange. *Sonus, i:* — retinido, som do sino depois da pancada; sonido, som do instrumento tangido. *Tonus, sonitus.*

Tañimiento. *m. (ant.)* Tangimento. V. *Tacto.*

Tao. *m.* Thau; insignia que traziam ao peito e no manto os commendadores da ordem de Santo Antonio Abbade, e que usam os familiares e dependentes da ordem de S. João. *Thau, insigne commendatariorum ordinis divi Antonii:* — *(rel.)* táo; um dos nomes do ser supremo entre os chinas, é a lei suprema considerada como regendo a natureza: — *(philol.)*; thau; ultima letra do alphabeto chaldaico e hebraico.

Taos. *m. (min. ant.)* Thaus; pedra de reflexos brilhantes descripta por Plinio.

Tao-Sé. *m. pl. (rel.)* Tao-Tsee; individuos de uma seita philosophica e religiosa da China, que adora a Deus debaixo do nome de Tao. Foi fundada no vi seculo antes de Jesus Christo por São-Tseu.

Tapa. *f.* Tampa; peça ou parte superior com que se tapa ou feixa caixa, cofre, vasos ou outras cousas. *Operculum compaginatum:* — tapa, muralha ou cinta; parte cornea que descreve a fôrma exterior do pé ou casco da besta. *Equi ungulæ pars solidior:* — *de los sesos (fam.)*; têsto, alto da cabeça, parte superior do craneo. *Cranei pars superior:* — capa, encadernação de livro, feita mais commummente de papellão forrado de pelle, para resguardar as folhas: — tacão da bota ou do sapato. *Corii segmentum calcei talo assutum.*

Tapabalazo. *m. (naut.)* Taco; bucha de pau roliço, feita conforme o diametro das balas, que envolta em estopa se introduz no buraco ou rombo, que estas fazem no costado do navio, para impedir a entrada da agua. *Subscus foramini navis obturando.*

Tapaboca. *m.* Mordaça; panno ou trapo com que se tapa a bôca a alguem para o roubar ou violenta-lo, impedindo-lhe a voz: — tapa-bôca; golpe com a mão aberta na bôca, ou o que se dá com o botão da espada, em esgrima. *Ictus in os manu, ense impactus:* — *(fig. e fam.)* tapa-bôca; rasão, dito ou acção que faz calar, tapar a bôca a alguem, especialmente quando se convence da falsidade ou erro do que dizia. *Dictum quo ad silentium alter adigitur:* — *(fr. fam.)* suborno ou qualquer meio empregado para que alguma pessoa se cale em detrimento de outrem, ou faltando ao seu dever: — *(mil.)* tapa, tapadoura ou peça de pau com que se tapa a bôca do canhão quando não se faz uso d'elle.

Tapacete. *m. (p. Cub.)* Cortinas de panno que cobre a dianteira das caleças, para defender do sol, poeira e chuva as pessoas que vão dentro.

Tapaculo. *m.* V. *Escaramujo;* fructo: — *(zool.)* linguado pequeno.

Tapada. *f.* Tapada; mulher embuçada em capa para não ser conhecida. *Femina penè totam faciem operiens:* — *(p. Extr.* e *Gal.)* tapada; cêrca de arvoredo e mata onde se cria caça: — *(p. Mex.)* V. *Desmentida.*

Tapadera. *f.* Tapadoura ou tapador, têsto; tampa movediça que não fecha mas tapa sómente, como se vê nas panellas, cantaros, etc. *Operculum, i.*

Tapadero. *m.* Tapador, tampa grande, rolhão ou qualquer peça de tapar. *Operculum magnum.*

Tapadillo. *m.* V. *Cobertizo.* É palavra usada em alguns

logares de Hespanha: — um dos registos de flautas do orgão. *Organi musici pars.* *De tapadillo (loc. adv.);* á capucha, sem adorno, pompa, ceremonia ou apparato. *Occulto, clam, privatim.*

Tapadizo. *m.* Rebuço; as hespanholas assim chamam á acção de cobrir-se ou embuçar-se na mantilha para disfarçar-se e não serem conhecidas. *Vultus sub muliebri velo occultatio.*

Tapador, ra. *s.* Tapador; o que tapa. *Operiens, tegens:* — *m.* tapador ou tampa que encaixa na bôca ou abertura do que se quer tapar. *Obturamentum, operculum:* — *(germ.)* saio ou sáia: — *(germ.)* dono, mantenedor de lupanares ou alcouces.

Tapadura. *f.* Tapadura; acção e effeito de tapar ou tapar-se. *Occultatio, onis.*

Tapafogon. *m.* V. *Cubichete.*

Tapafunda. *f.* Capellada; peça que cobre a bôca dos coldres, pendentes do arção da sella. *Tegumentum bulgarum equestrium.*

Tápalo. *m.* *(p. Mex.)* V. *Chal.*

Tapallagua. *f.* Nome que nas costas de Nicaragua e Oajaca dão a um temporal de ventos variaveis e chuveiros, que dura vinte ou mais dias.

Tapamiento. *m.* Tapamento, tapadura; acção e effeito de tapar. *Actus operiendi.*

Tápana. *f.* *(p. Murc.)* V. *Alcaparra.*

Tapanco. *m.* *(p. Mex.)* V. *Desvan.*

Tapapiés. *m.* V. *Brial,* vestido.

Tapar. *a.* Tapar; cobrir ou fechar com tampa, tapadura ou rolha. *Tegere, operire, obturare:* — tapar; abrigar, cobrir com a roupa ou outra cousa contra o frio, etc. *Vestibus tegere, cooperire:* — *(fig.)* tapar, encobrir, dissimular, occultar algum defeito. *Occultare, occulere, celare.* *Taparse el caballo:* — *(art.)* tapar-se o cavallo; em equitação, collocar as mãos ou os pés de maneira que se cubram mutuamente no andar.

Tápara. *f.* Tápara; nome que dão os indios de Venezuela á cabaça secca em que levam a agua: — *(bot. p. Ar.)* V. *Alcaparra, Alcaparron.*

Tapa-rabo. *m.* V. *Pampanilla.*

Tapatan. *m.* Tarampatão; voz formada por onomatopeia para imitar o som de um tambor.

Tapeina. *f.* *(zool.)* Tapeina; genero de insectos coleopteros subpentameros da tribu dos lamiarios.

Taperujarse. *r.* *(fam.)* V. *Taparse.* Diz-se especialmente fallando das mulheres que se cobrem sem graça nem garbo com a mantilha. *Se inconcinnè velare.*

Taperujo. *m.* *(fam.)* Tapulho, tampa ou rolha mal feita ou mal posta. *Obturamentum informe:* — *(fam.)* modo desalinhado e sem garbo de embuçar-se, cobrir-se com capa ou mantilha. *Inconcinna palli abvolutio.*

Tapetado, da. *adj.* Escuro, preto; diz-se da côr. *Nigro colore obductus.*

Tapeté. *m.* Tapete, alfombra pequena. *Parvum tapete, tapetum:* — tapete, tapiz, alcatifa; panno de cobrir mesa, cofre ou outra cousa. *Tapetum mensæ aut areæ operiendæ.*

Tapexilote. *m.* Pequeno fructo do Mexico do tamanho de uma avelãsinha, muito duro, de que se fazem contas para rosarios.

Tapextle, Tapeztle. *m.* *(p. Mex.)* V. *Angarillas:* — padiola que se faz de ramos de arvores nos campos de batalha.

Tapeza. *f.* *(p. A.)* Tapera; quinta ou fazenda que depois de cultivada foi abandonada e se cobriu de mato.

Tapia. *f.* Taipa; lanço de parede de determinada medida, que se faz de terra ou barro calcado entre dois tabuões ou taipaes. *Parietis è terra formati pars:* — taipa; a parede formada de taipas. *Paries è terra formatus:* — taipa; parte que corresponde á medida da taipa, que é commummente de cincoenta pés quadrados. *Quædam parietis mensura:* — *real (archit.);* taipa real; parede que se faz de terra misturada de cal. *Paries formatus calce admixta.*

Tapiador. *m.* Taipeiro; official que faz taipa. *Parietis è terra formator.*

Tapial. *f.* Taipal; molde ou fôrma que consta de duas tábuas, entre as quaes se calca o barro com que se fazem paredes de taipa. Algumas vezes é usado adjectivamente. *Asserum forma ad parietes è terra sine calce formandos:* — *(ant.)* V. *Casa, Aposento.* *Tener el tapial (fr. fam.);* ter mão; emprega-se para dizer a alguem que se suspenda ou pare, que espere ou que tenha paciencia, quando tem pressa de alguma cousa; *v. g. tenga usted el tapial;* tenha mão, socegue, espere um bocadinho. *Siste gradum, manum teneas.*

Tapiar. *a.* Taipar; cercar de taipa. *Parietibus è terra formatis claudere, circumclaudere:* — entaipar; tapar o que está aberto, fazendo-lhe uma especie de taipa; *v. g. tapiar la puerta, la ventana;* entaipar a porta, a janella. *Obturare.*

Tapicería. *f.* V. *Tapizería.*

Tapicero. *m.* V. *Tapizero.*

Tapido, da. *adj.* *(ant.)* V. *Tupido.*

Tapiería. *f.* Parede, cerca, obra de taipas. *Parietes è terra sine calce.*

Tapií. *m.* *(zool.)* V. *Tapir.*

Tapina. *f.* *(bot.)* Tapina; genero de plantas da familia das geraniaceas: — *(zool.)* tapina; genero de insectos coleopteros pentameros da tribu dos escarabideos.

Tapinocera. *f.* *(zool.)* Tapinocera; genero de insectos dipteros da familia dos tanystomos.

Tapioca. *f.* Tapioca; fecula ou farinha mais alva e pura que na America se tira da mandioca: — tapioca; nome por que é conhecida a fecula da mandioca, tal qual o commercio no-la traz da America.

Tapir. *m.* *(zool.)* Tapir ou anta do Brazil; genero de mammiferos pachydermes.

Tapiria. *m. (bot.)* Tapiria; genero de plantas da familia das burseráceas.

Tapiroterio. *m. (zool.)* Tapirotherio; genero de mammiferos fosseis, estabelecido para comprehender alguns restos de um animal parecido com o tapir, que se encontraram em algumas collinas terciarias da Europa.

Tapirujarse. *a.* V. *Taperujarse.*

Tapirujo. *m.* V. *Taperujo.*

Tapiz. *m.* Tapiz; panno grande tecido de lã, seda e algumas vezes de oiro e prata, que apresenta quadros de historia, paizagens, etc., e com que se cobrem e ornam as paredes. *Aulæum, i. Arrancado de un tapiz ó figura de tapiz (fig. fam.);* palhaço, figura de almanach; apodo que se applica á pessoa ridicula, extravagantemente vestida. *Aulæi figuris similis.*

Tapizar. *a.* Tapizar. V. *Entapizar.*

Tapizería. *f.* Tapeçaria, pannos da armação das paredes das casas, jogo, conjunto de tapizes. *Aulea, peristromata:* — guarda-roupa; casa no palacio onde se guardam os tapizes. *Aulæorum repositorium:* — tapeçaria; arte, obra, loja de tapeceiro.

Tapizero. *m.* Tapeceiro; official que faz, estende ou vende tapetes, tapeçarias, pannos de Arras. *Aulæorum artifex, sartor:* — *mayor;* armador mór, official da casa real que tinha a seu cargo as tapeçarias. *Aulæorum præfectus in regia:* — armador; official que arma ou orna com alfombras, tapeçarias, cortinados uma sala, aposento, etc., e que guarnece sofás e outros adornos de sala.

Taplo. *m. (germ.)* Prato ou pratinho.

Tapon. *m.* Tapulho, rolha; peça de cortiça ou madeira com que se tapa ou cobre garrafa, pipa, etc., para que não verta. *Obturamentum, i:* — *de cuba (fam.);* batoque; apodo que se applica á pessoa mui grossa e baixa de estatura. *Homo crassus brevisque staturæ.*

Tapsia. *f. (bot.)* Thapsia; genero de plantas da familia das umbelliferas.

Tapujar. *a. (fam.)* V. *Arrebujar:* — *(fig. e fam.)* rebuçar, encobrir, disfarçar uma falta, defeito, especialmente em assumptos amorosos: — *r. (fam.)* rebuçar-se, embiocar-se; cobrir-se com rebuço, tapar o rosto com manto ou mantilha, como para fazer biocos. *Faciem pallio obtegere.*

Tapujo. *m.* Rebuço, bioco; disfarce com que alguma pessoa se encobre para não ser conhecida, tapando o rosto, com a capa, manto ou mantilha, embiocando-se n'ella. *Pallii ad faciem abvolutio:* — *(fig. e fam.)* rebuço, biocos; disfarce, fingimento, dissimulação com que se encobre a verdade. *Andar con tapujos (fr. fam.);* andar com rebuços, biocos. V. *Tapujar,* na segunda accepção.

Tapura. *f. (bot.)* Tapura; genero de plantas dicotyledoneas de flores monopetalas completas e irregulares.

Taque. *m.* Batedura; ruido que faz uma porta quando se fecha ou quando se bate a ella. *Obdentis pessulum, aut pulsantis fores strepitus.*

Taqueografía. *f.* V. *Taquigrafia.*

Taquera. *f.* Taqueira; cabide aonde se collocam os tacos de bilhar.

Taquia. *f. (bot.)* Tachya; genero de plantas da familia das gencianas.

Taquiadeno. *m. (bot.)* Tachiadeno; genero de plantas da familia das gencianas.

Táquide. *m. (zool.)* Táchyde *(rapido);* genero de insectos coleopteros pentameros da tribu dos carabicos.

Taquidromia. *f. (zool.)* Tachydromia *(que corre muito);* genero de insectos dipteros da familia dos tanystomos.

Taquidromios. *m. pl. (zool.)* Tachydromios; tribu de insectos dipteros da familia dos tanystomos.

Taquierje. *m. (zool.)* Tachyerge *(agil);* genero de insectos coleopteros tetrameros da tribu dos erirhinidos.

Taquigalia. *f. (bot.)* Tachigalia; genero de plantas da familia das leguminosas.

Taquigono. *m.* Tachygono; genero de insectos coleopteros tetrameros da familia dos curculionidos.

Taquigrafía. *f.* Tachygraphia; arte de escrever tão depressa como se falla, por meio de caracteres que abreviam a escriptura. *Ars per notas scribendi eâdem velocitate qua loquimur; tachygraphia.*

Taquigráfico, ca. *adj.* Tachygraphico; pertencente á tachygraphia. *Tachigraphicus, a, um.*

Taquígrafo. *m.* Tachygrapho; o que exerce ou professa a tachygraphia. *Tachigraphus, i.*

Taquilita. *f. (min.)* Tachylyta; silicato de allumina e de bases protoxydadas, que se encontra no basalto.

Taquilla. *f.* Secretária, mesa que se usa nas repartições.

Taquillo. *m. (art.)* V. *Plegador de taco.*

Taquin. *m. (germ.)* Trapaceiro, estafador ao jogo: — dado de jogar. *Talus, i.*

Taquina. *f. (zool.)* Tachina *(prompto);* genero de insectos dipteros da familia dos athericeros.

Taquinero. *m. (p. Ar.)* Jogador de ganizes. *Aleator, oris.*

Taquiplopteros. *m. pl. (zool.)* Tachyplopteros; nome dado por alguns naturalistas a uma divisão de aves estabelecida na familia das anatideas.

Taquipo. *m. (zool.)* Tachypo *(pé rapido);* genero de insectos coleopteros pentameros da tribu dos carabicos.

Taquíporo. *m. (zool.)* Tachyporo; genero de insectos coleopteros pentameros da familia dos tachyporinios.

Taquiusa. *f. (zool.)* Tachyusa *(vivo);* genero de insectos coleopteros da familia dos alcocharinios.

Tara. *f.* Tara; abatimento que se dá por estimativa ao peso de algum genero, em rasão da caixa, saco ou de outra capa em que vae mettido. *Superpodium, ii:* — pequena tábua em que o vendedor ou comprador assenta o peso das mercadorias. *Palus in quo pondus designatur. Menos la tara (loc. adv. fam.)*; menos as franjas; dando o desconto. *Non ita exaggeres.*

Taracea. *f.* Marchetaria; obra marchetada, feita de embutidos. *Emblema, opus vermiculatum variis coloribus distinctum.*

Taracear. *a.* Marchetar, embutir, fazer obra de embutidos.

Taracontia. *f.* V. *Dragontea.*

Tarafada. *f. (germ.)* Estafa, trapaça ao jogo.

Tarafana. *f. (germ.)* Alfandega.

Tarafes. *m. pl. (germ.)* Dados de jogar.

Taragallo. *m.* Trambolho; cepo que se ata ao pescoço de alguns animaes por divertimento, e que se põe no pescoço dos cães para não entrarem nas vinhas e para não poderem perseguir a caça. *Virgula, animalis collo per jocum appensa.*

Taragontía. *m. (bot.)* V. *Dragontea.*

Taragoza. *f. (germ.)* Povo.

Taragozajida. *f. (germ.)* Cidade.

Taramazo. *m.* Doença repentina.

Tarambanas. Doudivanas, tresloucado, estouvado, inconsiderado. *Inconsultus, levis animi homo.*

Tarando. *m. (zool.)* Tarando; animal que nasce na Laponia e outros paizes septentrionaes parecido com o veado, nas mais forte e grosso que elle.

Tarángana. *f. (fam.)* V. *Morcilla.*

Tarantela. *f.* Toque vivo e animado, ao som do qual se dansa sem ensino algum, e dizem ser o que cura os que são mordidos da tarantula. *Sonus ad tripudium violentum. Dar la tarantela (fr. fam.)*; dar-lhe a pancada; excitar-se ou commover-se o animo á execução de alguma cousa fóra de proposito e methodo. *Inorditè commoveri, agitari.*

Tarantines. *m. pl. (fam.)* Pancadas: — *(p. Cub.)* arreios de um cavallo: — atavios.

Tarantismo. *m. (med.)* Tarantismo; doença causada pela mordedura da tarantula.

Tarántula. *f. (zool.)* Tarantula; genero de arachneides da familia dos araneidos, composto de differentes especies. A que lhe serve de typo é uma aranha que os antigos suppunham ser venenosa e cuja mordedura se cria excitar movimentos convulsivos que cediam ao som da musica. *Picado de la tarántula (fig.)*; mordido da tarantula; affectado physica ou moralmente. Vulgarmente diz-se dos que estão doentes do mal venereo. *Morbo, plerumque gallico, laborans.*

Tarantulado, da. *adj.* V. *Atarantado.*

Tarantulídeos. *pl. (zool.)* Tarantulideos. V. *Frinídeos.*

Tarará. *f.* Tarará; voz formada por onomatopeia para imitar o som de uma trombeta. *Sonus tubæ.*

Tararear. *a.* e *n.* Cantarolar; cantar sem articular de uma maneira distincta, empregando sómente a voz tarará.

Tararira. *f. (fam.)* Gralhada, vozeria, gritaria alegre, chalaça, folguedo estrepitoso. *Gaudii strepitus; nugæ canoræ:*—*adj.* travesso; diz-se da pessoa buliçosa e inquieta.

Tarasca. *f.* Tarasca; figura de serpente monstruosa que se levava adiante da procissão de Corpo de Deus. *Manducus, larvatus serpens:* — *(fig.)* tarasca; mulher feia e de mau genio. *Femina serpentinà facie et indole.*

Tarascada. *f.* Dentadá, mordedura; ferida, mossa feita com os dentes. *Morsus, us:* — *(fig. fam.)* dentada; resposta ou dito aspero, injurioso, sarcastico. *Convicium asperè dictum.*

Tarascar. *a.* Morder; dar dentadas, ferir com os dentes. Diz-se mais frequentemente dos cães. *Dentibus ferire.*

Tarascon. *m. (p. A.)* V. *Mordiscon:* — *m. augm.* de *Tarasca.*

Taravillá. *f.* Taramella ou tramella; nos moinhos a tábua pendente sobre a roda, que sôa emquanto esta gira. *Pistrini crepitaculum:* — taramela; peça de pau cravada em um prego, onde se volve, para se embeber em algum buraco ou atravessar os batentes de porta ou cancella. *Pessolum ligneum versatile:* — *(fig.* e *fam.)* taralhão; pessoa mui garrula, que falla muito e sem concerto: palradura, palraria, garrulice, tropel de palavras. *Crepitaculo loquacior; crepitans locutio. Soltar la taravilla (fr. fig. fam.)*; dar á taramela, dar á lingua; fallar muito, palrar. *Linguam solvere.*

Taraxacon. *m. (bot.)* Taraxáco; genero de plantas da familia das compostas.

Taray. *m. (bot.)* Tamargueira; genero de plantas da familia das tamariscineas.

Taraza. *f.* Especie de traça, bicho que roe a roupa, o papel, etc.

Tarazana. *f. (ant.)* V. *Atarazana:* —V. *Arsenal.*

Tarazanal. *m. (ant.)* V. *Atarazana:* — V. *Arsenal.*

Tarazar. *a.* V. *Atarazar:* — *(fig.)* atenazar, atormentar, affligir, molestár, inquietar, mortificar. *Frangere, confringere animum.*

Tarazon. *m.* Posta; parte ou porção que se tira ou corta de alguma cousa, principalmente do peixe. *Segmentum, i.*

Tarazoncillo. *m. dim.* de *Tarazon.* Postinha.

Tarbea. *f.* Salão, sala ou casa grande. *Aula, cubiculum quadrum.*

Tarconanto. *m. (zool.)* Tarchonantho; genero de plantas da familia das compostas.

Tardadero. *adj. (ant.)* Tardeiro. V. *Tardío.*

Tardador, ra. *s.* Tardador; homem tardo, detençoso, vagaroso, que tarda, que se demora. *Cunctator; moram faciens.*

Tardamiento. *m. (ant.)* Tardamento. V. *Tardanza.*

Tardanaos. *m. (zool.)* V. *Rêmora.*

Tardancia. *f. (ant.)* Tardada. V. *Tardanza.*

Tardano, na. *adj. (ant.)* Tardão. V. *Tardío.*

Tardanza. *f.* Tardança, detença, demora, lentidão, morosidade. *Mora, cunctatio, tarditas.*

Tardar. *a. (ant.)* Tardar, demorar, espaçar. V. *Retardar:* —*n.* tardar, demorar-se, deter-se, gastar muito tempo, vir tarde. Usa-se tambem como reciproco. *Morari, cunctari:* — tardar; haver-se com tardança, empregar muito tempo em fazer as cousas. *A mas tardar (loc. adv.);* o mais tardar; usa-se para marcar o praso de uma cousa que não póde tardar muito em succeder; v. g.: *a mas tardar iré la semana que viene;* o mais tardar irei na semana que vem. *Ad summum.*

Tarde. *f.* Tarde; o tempo que vae do meio dia até á noite. *Vesper, tempus vespertinum:* —*(p. Arag.)* as primeiras horas da noite. *Luminibus accensis:* — *adv.* tarde; fóra de tempo, passado o tempo em que devia vir, acontecer, chegar. *Serò, tarde:* — *mal y nunca (loc.);* tarde, mal e nunca; pondera o mal e fóra de tempo, em que se faz o que quasi melhor fôra se não tivesse executado. *Tardè et malè, imò nunquam:* — *piache (loc. adv. fam.);* tarde piache; diz-se do que pede ou reclama uma cousa quando já é tarde e não tem remedio. *Serò sapiunt phriges. De tarde en tarde (loc. adv.);* de tarde em tarde, de quando emquando, de longe em longe. *Interdum. Para luego es tarde (loc.);* para logo já é tarde; emprega-se para exhortar e apressar alguem. *Perquam citius serò erit. Hacerse tarde (fr.);* fazer-se tarde; passar o tempo opportuno para fazer alguma cousa. *Tempus abire, opportunitatem amitti. Buenas tardes;* boas tardes; modo de saudar. *Faustum serum alicui optare. Mas vale tarde que nunca (fr.);* mais vale tarde que nunca.

Tardecica, ta. *f. dim.* de *Tarde.* Tardinha; o caír da tarde, perto de anoitecer. *Advesperascere.*

Tardíamente. *adv. t.* Tardiamente; com tardança, tarde, fóra de tempo, passado o tempo devido, opportuno. *Tardè, serò.*

Tardígrado. *m. (zool.)* Tardigrado; genero de sistolidos microscopicos, formado para comprehender um animal que se encontra nas goteiras dos telhados: — *pl.* tardigrados; familia de mammiferos, estabelecida para comprehender as preguiças e os bradypos.

Tardinero, Tardino, na. *adj. (ant.)* Tardeiro, tardinheiro. V. *Tardo:* — V. *Tardío.*

Tardío, día. *adj.* Tardio, serodio; que vem passado o tempo ordinario ou opportuno; diz-se dos fructos. *Serotinus, a, um:* — tardio; que vem ou succede depois do tempo opportuno. *Tardus, serus:* — tardio, tardo, tardonho, pausado, vagaroso; que anda muito de vagar. *Morosus, cunctabundus, tardipes.*

Tardísimo, ma. *adj. sup.* de *Tardo.* Tardissimo, muito tardo, detençoso. *Tardus valdè.*

Tardo, da. *adj.* Tardo, tardio, lento, preguiçoso, vagaroso; que anda e faz tudo devagar, inerte, pouco activo. *Tardus, lentus:* — tardio; que succede depois do tempo em que devia, ou se esperava: — tardo, tardio em aprender, perceber, que percebe com difficuldade. *Tardus, ingenio hebes:* — *(astron.)* tardo; diz-se de um planeta quando o seu movimento diurno verdadeiro é menor que o medio. *Tardus, a, um.*

Tardon, na. *adj. augm.* de *Tardo:* — tardonho; tardo, tardio em comprehender ou em executar. *Valdè tardus, hebes.*

Tarea. *f.* Tarefa; empreitada, trabalho, obra que se deve concluir dentro de certo tempo. *Pensum, i:* — tarefa; trabalho que distribuem os mestres aos seus discipulos, ou os amos aos criados, ou o que qualquer faz voluntariamente em tempo limitado. *Pensum, i:* — *(fig.)* tarefa; pena, fadiga que causa um trabalho grande e continuo. *Continuata sollicitudo, cura:* — *de chocolate;* tarefa, trabalho do chocolateiro em cada dia.

Tarecos. *m. pl. (p. Cub.)* V. *Trebejos.*

Tarentino, na. *s.* Tarentino; natural de Tarento: — *adj.* tarentino; pertencente a esta cidade. *Tarentinus, a, um.*

Tareto. *m. (zool.)* Tareto; genero de molluscos acephalos.

Targra. *f. (zool.)* Targra; genero de insectos hymenopteros da tribu dos tenthredinios.

Targum. *m. (lit.)* Targum ou targo; (voz hebraica que significa explicação, interpretação, commentario, traducção, paraphrase e commentarios chaldaicos sobre o texto hebraico da Biblia. *Targum, i.*

Tarifa. *f.* Tarifa; pauta dos preços das mercadorias ou dos direitos que d'ellas se deve pagar. *Pretiorum elenchus, tabula.*

Tarima. *f.* Tarima; estrado em que se põem os pés. *Suppedaneum, ii:* — tarima ou tarimba; estrado alto em que se dorme. O segundo vocabulo é mais usado n'esta accepção.

Tarimilla. *f. dim.* de *Tarima.* Tarimasinha.

Tarimon. *m. augm.* de *Tarima.*

Tarin. *m. (prov.)* Tarim; moeda hespanhola de prata que vale oito quartos e meio. *Argenteus nummus ita dictus.*

Tarina. *f.* Travessa; prato de mediana grandeza em que se serve a carne. *Discus, i.*

Tariso. *m. (zool.)* Tariso; genero de insectos hemipteros da tribu dos escutellerios.

Tarja. *f.* Tarja; moeda castelhana, hoje pouco frequente, que vale a quarta parte do real de vellon. *Cupreum dipondium, nummus quidam hispanicus:* — senha de metal ou madeira que se dá nas lojas ou casas de commercio. *Symbola, æ:* — tarja; broquel grande usado antigamente. *Clipei genus:* — *(fam.)* V. *Golpe:* — pau partido pelo meio em que o comprador e o vendedor marcam, abrindo-lhe uns entalhes, os generos ou mercadorias que se vendem a credito. *Palus bipartitus, scissuris transversis distinctus:* — *(prov.)* moéda de cobre hespanhola do valor de dois quartos. *Beber sobre tarja (fr.)*; beber fiado, a credito. *Promissione facta de pretio solvendo vinum bibere.*

Tarjador, ra. *s.* O que marca generos que vende fiados. *Crenularum signator.*

Tarjar. *a.* Assignalar, marcar os generos que se compram fiados. *Scissuris transversis palum signans.*

Tarjea. *f.* Regueira, sargenta, canal para o escoamento das aguas.

Tarjero, ra. *s.* V. *Tarjador.*

Tarjeta. *f. dim.* de *Tarja:* — tarjeta; pequena tarja ou broquelzinho que se leva em certas festas publicas, e tem pintada a divisa ou empreza do cavalleiro. *Emblema, parma:* — tarja; ornamento de esculptura com talha ou dourado, que se põe em roda de um quadro. *Emblema superappositum:* — bilhete de visita. *Tessera papyracea, nomen alicujus continens.*

Tarjetero. *m.* Caixinha ou carteira em que se levam bilhetes de visita.

Tarjeton. *m. augm.* de *Tarjeta.* Tarja grande dos quadros.

Tarjionia. *f. (bot.)* Targionia; genero de plantas phyceas.

Tarma. *f. (zool.)* V. *Arador.*

Tarmico, ca. *adj. (med.)* Tharmico, sternutatorio; diz-se dos meios que produzem ou provocam o espirro.

Tarnowitzita. *f. (min.)* Tarnowitzita; variedade de aragonita, que contém uma pequena quantidade de carbonato de chumbo.

Tarquía. *f. (germ.)* Tarja.

Tarquin. *m.* Lodo ou limos que se tira dos tanques, lagos, etc. *Cœnum, limus:* — nateiro; o lodo que deixa a agua, que alagou alguma terra. *Limus agris superfusus.*

Tarquina. *f. (naut.)* Véla latina muito usada nos botes e lanchas.

Tarquinada. *f. (fam.)* Violação, estupro; violencia torpe contra a honestidade de uma mulher. *Violatio feminæ, Tarquini more.*

Tarraconense. *adj.* Tarraconense; pertencente a Tarragona. *Tarraconensis, se:* — *s.* tarraconense; natural de Tàrragona.

Tárraga. *f.* Tarraga; certa dansa que se usava no meado do seculo xvii.

Tarraja. *f. (arch.)* Contramolde; tábua ou chapa de metal cortada conforme o perfil de uma ou differentes molduras para as formar de gesso. *Forma metallica coronæ in ædificiis fingendæ:* — V. *Terraja.*

Tarrascar. *a. (germ.)* Abrir, tirar.

Tarraya, Tarralla. *f. (art.)* V. *Atarraya.*

Tarreñas. *f. pl.* Castanholas ou castanhêtas; peças de madeira, lata, etc., que os rapazes mettem entre os dedos, fazendo-as soar batendo uma na outra. *Crotalum ex tegulis.*

Tarrizquito, Tamarrusquito. *adj. (fam.)* Pequenote, pequenino; mui pequeno.

Tarro. *m.* Tarro; vaso em que os pastores recolhem o leite emquanto o vão ordenhando: — boião; vaso de barro, alto, largo de bôca e vidrado, onde se guardam conservas. *Terreum seu fictile vas. Cabeza de tarro (fig. fam.)*; cabeça de burro, homem estupido.

Tarsero. *m. (zool.)* Tarseiro; genero de mammiferos da ordem dos quadrumanos.

Tarsio. *m. (zool.)* Tarsio; genero de mammiferos da familia dos primates.

Tarso. *m. (anat.)* Tarso; parte do pé antes dos dedos.

Tarsosteno. *m. (zool.)* Tarsosteno *(tarso estreito)*; genero de insectos coleopteros pentameros da tribu dos cleronios.

Tarta. *f.* V. *Tortera:* — V. *Tortada.*

Tártago. *m.* Revez, desgraça, fatalidade; infortunio que sobrevem com a perda de bens ou da saude. *Jactura, detrimentum:* — chufa, dicterio, sarcasmo, dito picante: — *(bot.)* tartago; herva leiteira ou catapucia menor; planta da familia das euphorbiaceas, cujas sementes são um violento purgante.

Tartajear. *n.* Tartarear; fallar tartaro, gaguejar. *Balbutire.*

Tartujoso, sa. *adj.* Balbo, gago, tatibitatibi. *Tardiloquus, balbutiens, blæsus.*

Tartalear. *n. (fam.)* Vacillar, titubar; não estar firme nos pés. *Titubare, vacillare:* — *(fam.)* tartamelear, titubear, balbuciar; não dizer cousa com cousa, tremer a falla por susto ou perturbação. *Lingua titubare.*

Tartamudear. *n.* Tartamudear, gaguejar, balbuciar. *Balbutire.*

Tartamudeo. *m.* Tartamudez, gagueira. *Linguæ hæsitantia.*

Tartamudez. *f.* V. *Tartamudeo.*

Tartamudo, da. *adj.* Tartamudo, gago. *Balbus, blæsus.*

Tartana. *f.* Tartana; embarcação pequena de um mastro, muito usada para a pesca e cabotagem ou costeagem no Mediterraneo; anda a remo e com véla latina. *Phasellus, navis genus:* — carruagem coberta para muitas pessoas, que tem assentos dos lados. Ha-as de duas e de quatro rodas. *Carrus, rheda.*

Tartanero. *m.* Cocheiro que guia a *tartana.*

Tartáreo. rea. *adj.* Tartareo, tartarico; feito de tartaro ou que tem as propriedades do sal tartaro: — *(poet.)* tartareo; do tartaro, infernal. *Tartareus, a, um.*

Tartari. *adj. (ant.)* V. *Tártaro.* Usava-se tambem substantivado.

Tartárico, ca. *adj. (chim.)* V. *Tartrico.*

Tartarizar. *a.* Tartarisar; preparar alguma cousa com sal tartaro. *Medicamen tartaro condire.*

Tártaro. *m. (poet.)* Tartaro, inferno: — *s.* tartaro; o natural da Tartaria: — *adj.* tartaro; pertencente á Tartaria. *Tartarius, a, um:* — *dentario (physiol.);* tartaro dentario ou dos dentes; sarro que se deposita nos dentes junto ás gengivas e que chega a cobri-los, se não houver cuidado de os limpar: — *(chim.)* tartaro, sal tartaro ou sal de tartaro, vulgarmente chamado sarro de vinho. Hoje denomina-se tartaro de potassa. *Tartarus, fæx vini:* — *acerado;* tartaro chalybeado; tratrato de potassa e ferro: — *antimoniado.* V. *Tártaro emético:* — *calibeado.* V. *Tártaro acerado:* — *crudo.* V. *Tártaro:* — *emético.* V. *Emético:* — *marcial soluble;* tartaro marcial soluvel; tartrato de potassa e ferro: — *mefítico;* tartaro melphitico; carbonato de potassa: — *rejenerado;* tartaro regenerado; acetato de potassa: — *soluble;* tartaro soluvel; tartrato neutro de potassa. *Crémor de tártaro;* cremor de tartaro. V. *Crémor:* — *(geol.)* tartaro; nome italiano de um tufo mui fino e branco depositado pela agua de uma fonte de Toscana.

Tartaroso, sa. *adj. (chim.)* Tartaroso; que tem similhança ou analogia com o tartaro.

Tartera. *f.* V. *Tortera.*

Tartrato. *m. (chim.)* Tartrato; sal formado pela combinação do acido tartarico com uma base.

Tártrico, ca. *adj. (chim.)* Tartarico; nome de um acido que existe no acido do vinho.

Tartrimetro. *m. (chim.)* Tartrimetro; instrumento analogo ao alcalimetro, que serve para determinar o valor commercial do tartrato acido de potassa ou cremor de tartaro.

Tartro-borato. *m. (chim.)* Tartro-borato; sal duplo formado pela combinação dos acidos borico e tartarico com uma base alcalina.

Tartufito. *m. (bot.)* Tartuffita; madeira fossil que se encontra nos terrenos de sedimento superiores e nos saliferos, e que pelo attrito exhala um cheiro a trufas.

Taruga. *f.* Taruga; animal da India, parecido com a vigonha, mas mais pequeno e veloz.

Tarugo. *m.* Tarugo, torno; prégo de pau para segurar e unir tábuas ou madeiros. *Subscus, clavus ligneus:* — V. *Zoquete.*

Taruguillo. *m. dim.* de *Tarugo.* Taruguinho, tarugosinho.

Tarumba *(Volver a uno) (fr. fam.)* Voltar o juizo a alguem, aturdi-lo, atordoa-lo com vozeria, com ruido, ou zombar d'elle.

Tas. *m.* Taes; especie de bigorna de ourives. *Argentariæ officinæ incus:* — tás; voz para exprimir o som dos golpes de uma mão contra outra batendo palmada; é muito empregada pelas amas para entreterem as creanças. *Vox puerulis mulcendis.*

Tasa. *f.* Taxa; preço que legalmente se põe ás cousas de venda. *Taxatio, pretium publicè statutum:* — taxa, modo, termo, limite. *Modus, i:* — taxa; preço fixo que se põe ás fazendas, alfaias, etc. *Æstimatio, onis:* — tarifa, pauta. *Prætii æstimati schedula.*

Tasacion. *f.* Taxação, taxa; acção de taxar. *Taxatio, æstimatio:* — *(for.)* avaliação judicial que se faz dos bens que hão de vender-se em hasta publica, ou tem de repartir-se entre os co-herdeiros.

Tasadamente. *adv. m.* Taxadamente; por taxa, em quantia certa. *Parcè, restrictè:* — *(fam.)* cabalmente, precisamente.

Tasadia. *f. (bot.)* Tassadia; genero de plantas da familia das asclepiadeas.

Tasador. *m.* Taxador; official, individuo competente que taxa ou põe legalmente o preço ás cousas de venda. Em algumas terras é officio publico. *Taxationum magister, æstimator:* — *(for.)* contador; o que nos tribunaes taxa as custas dos processos.

Tasajear. *a. (p. A.)* Tassalhar, átassalhar; retalhar, fazer em tassalhos a carne.

Tasajo. *m.* Tassalho; tira longa de carne fresca, salgada ou curada ao fumeiro. *Carnis salitæ frustum.*

Tasar. *a.* Taxar; pôr legalmente o preço ás cousas de venda. *Æstimare, pretium imponere:* — taxar; regular, assignar ordenado, paga, porção certa que se deve dar a alguem pelo seu trabalho. *Opus vel laborem pretio æstimare:* — taxar, limitar, moderar, regular. Tambem significa restringir, reduzir uma cousa que se deve dar por obrigação, ser escasso em a dar. *Modum ponere, moderari, restringere.*

Tascador. *m.* Tasquinha; espadella de pau com que se separam os tomentos ou tasco do linho.

Tascar. *a.* Tascar, tasquinhar; separar o tasco ou tomentos do linho com a espadella ou tasquinha. *Canabum vel linum quatere, infringere:* — *(fig.)* tasquinhar; roer, cortar com os dentes a herva; diz-se propriamente das bestas quando pastam. *Herbam mandere:* — tascar; morder o cavallo o freio entre os dentes: — *el freno (fr. fig.);* tascar, roer, morder o freio; conter, reprimir, fechar em si a sua colera ou desgosto, não poder desabafar.

Tascina. *f. (min.)* Tascina; seleniureto de prata.

Tasco. *m.* Tasco, tomentos, estopa grossa que se separa do linho com a espadella ou tasquinha. *Tomentum, purgamenta cannabina aut linea.*

Tasconio. *m.* V. *Talque.*

Tasmania. *f. (bot.)* Tasmania; genero de plantas da familia das magnoliaceas.

Taspio. *m. (bot.)* Thaspio; genero de plantas da familia das umbelliferas.

Tasquera. *f.* Pendencia, rixa, disputa, contenda. *Rixa, æ:* — *(germ.)* tasca, taberna.

Tasquil. *m.* Cascalho, lasca, fragmento, pedaço que salta das pedras quando se lavram. *Fragmentum lapidum.*

Tástana, Tastana. *f. (prov.)* V. *Bizna.*

Tastar. *a. (ant.)* Provar, gostar: — *(ant.)* tocar, apalpar.

Tástara. *f. (p. Ar.)* Farelo mais grosseiro, semea grossa. *Furfur crássior.*

Tastaz. *m.* Pó que se faz dos çadinhos velhos para limpar as peças de latão. *Tasconii basis pulvis.*

Tasto. *m.* Mau gosto da carne que começa a corromper-se. *Ingratus sapor.*

Tasugo. *m.* V. *Tejon.*

Tata. *m.* Tatá; voz com que as creanças chamam pae. No Mexico usam-na tambem os adultos, mas da gente mais baixa.

Tatarabuelo, la. *s.* Tataravô, tataravó; terceiro avô ou terceira avó, o avô mais remoto. *Abavus, i.*

Tataradeudo, da. *s.* Avoengo, parente mui antigo, remoto, antepassado. *Multo tempore major affinis, progenitor atavus.*

Tataranieto, ta. *s.* Tataraneto; terceiro neto, neto de neto. *Trinepos, trineptis.*

Tataré. *m. (p. A.)* Tataré; arvore do Paraguay, cuja madeira de côr amarellada é mui dura e empregada em construcções navaes.

Tátaro, ra. *s.* Tataro ou tartaro; natural de Tataria ou Tartaria: — *adj.* tataro; pertencente á Tataria ou Tartaria.

Tatas. *(prov.)* Voz que só se usa n'esta phrase e locução adverbial: *andar á tatas;* fazer tens-tens ou começar a andar a creança cambaleando, com medo e passo pouco firme. Tambem significa andar de gatas. *Titubanter, infirmis gressibus gradiri.*

Tate. *interj.* V. *Ta:* — ta; diz-se tambem quando occorre á memoria ou á imaginação alguma cousa. *Heu, jam. Tate, tate;* de vagar, pouco a pouco, não mechas n'isso. *Festina lentè.*

Tatear. *a. (ant.)* Tactear, apalpar.

Tatermar. *a. (p. Mex.)* V. *Asaz.* Diz-se particularmente das raizes e fructos.

Tatito. *m.* Nome carinhoso que no Peru e na Bolivia dão ao pae, e tambem aos indios meio civilisados.

Tato, ta. *adj.* Tataro; que pronuncia mal, mudando o c e s em t. *Balbus, blæsus:* — *s. (p. Ar.)* o irmão mais moço. *Fraterculus, i:* — *(zool.)* V. *Tatú.*

Tatú. *m. (zool.)* Tatú; genero de mammiferos desdentados, cujas especies são originarias da America.

Tau. *m.* V. *Tao:* — tau; letra do alphabeto grego que equivale ao nosso *T. Tau.*

Taují́a. *f.* Tauxia. V. *Ataujía.*

Taula. *f. (ant.)* Polpa ou parte mais grossa e volumosa de alguma região do corpo: — pedaço, fragmento de alguma cousa plana.

Taulado. *m. (ant.)* V. *Tablado. Freir o quebrantar taulados (fr. ant.)* V. *Bohordar.*

Taulero. *m. (ant.)* V. *Escudo,* arma defensiva.

Taullero. *m. (ant.)* V. *Mesa.*

Taumasia. *f. (bot.)* Thaumasia; genero de plantas phyceas.

Taumaturgo. *m.* Thaumaturgo; obrador de milagres, de prodigios. *Vir admirabilis, mirabilium operator.*

Taumaturjía. *f.* Thaumaturgia; poder dos thaumaturgos.

Taumatúrjico, ca. *adj.* Thaumaturgico; pertencente á thaumaturgia.

Taurina. *f. (chim.)* Taurina; substancia crystallisavel, descoberta no fel de boi: — *(zool.)* taurhina; genero de insectos coleopteros pentameros da tribu dos escarabideos.

Taurino, na. *adj.* Taurino, taureo; de touro, pertencente ao touro. *Taurinus, a, um.*

Tauro. *m. (astron.)* Tauro; nome do segundo signo do zodiaco, entre os de Aries e Gemini. *Taurus, i.*

Taurobólico, ca. *adj.* Taurobolico; concernente ao taurobolo.

Taurobolo. *m. (h. ant.)* Taurobolo; sacrificio expiatorio inventado pelos sacerdotes pagãos, no seculo III, em opposição ao baptismo dos christãos. Consistia em immolar a Cybele um touro sobre uma pedra ôca crivada de furos, debaixo da qual estava uma cova onde se punha o peccador, que ficava depois todo coberto do sangue do animal immolado.

Taurocatapsias. *f. pl. (h. ant.)* Taurocaptapsias; combate ou caça de touros que tinha logar em um circo.

Taurocera. *f. (zool.)* Taurocera *(corno de touro);* genero de insectos coleopteros heteromeros, da tribu dos tenebrionitos.

Taurocero. *m. (zool.)* Taurocero *(corno de touro);* genero de insectos hemipteros, da tribu dos scutellerios.

Tauromáquia. *f.* Tauromachia; arte de combater ou matar os touros.

Tauscheria. *f. (bot.)* Tauscheria; genero de plantas da familia das cruciferas.

Tauschia. *f. (bot.)* Tauschia; genero de plantas da familia das umbelliferas.

Tautocronismo. *m. (mech.)* Tautocronismo; igualdade dos tempos durante os quaes se fazem duas ou mais cousas.

Tautocrono, na. *adj. (mech.)* Tautochrono; diz-se dos effeitos que se produzem no mesmo tempo em tempos iguaes. As vibrações de uma pendula são sensivelmente tautochronas.

Tautogramo, ma, Tautogramatico, ca. *adj. (lit.)* Tautogrammo, tautogrammatico; diz-se dos versos ou poemas, cujas palavras principiam todas com a mesma letra.

Tautología. *f. (lit. e rhet.)* V. *Tautolojia.*

Tautológico, ca. *adj.* V. *Tautolójico.*

Tautolojía. *f. (lit. e rhet.)* Tautologia; repetição inutil das mesmas cousas em outros termos. *Tautologia, æ.*

Tautolójico, ca. *adj.* Tautologico; que se refere á tautologia. *Eco tautolójico;* echo tautologico; o que repete muitas vezes seguidamente o mesmo som. *Proposicion tautolójica;* proposição tautologica; aquella em que a identidade dos conceitos se manifesta implicitamente.

Tautometria. *f.* Tautometria;

repetição exacta e servil das mesmas medidas: — *(lit. ant.)* tautometria; repetição servil dos mesmos metros, na poesia antiga.

Tautométrico, ca. *adj.* Tautometrico; concernente á tautometria.

Taverniera. *f. (bot.)* Taverniería; genero de plantas da familia das leguminosas.

Taxativamente. *adv. m.* Taxativamente, restrictamente; de modo taxativo. *Præfinitè.*

Taxativo, va. *adj.* Taxativo; que taxa, limita, restringe. *Restringens, entis.*

Taxiarca. *m.* Taxiarcha; chefe de uma taxiarchia.

Taxiarcado. *m. (hist.)* Taxiarchado; posto, dignidade do taxiarcha.

Taxiarquía. *f. (hist.)* Taxiarchia; subdivisão da infanteria grega, que constava de cento e vinte e oito homens.

Taxicornios. *m. pl. (zool.)* Taxicorneos, taxicornes; familia de insectos coleopteros heteromeros.

Taxidermia. *f.* Taxidermia; arte de preparar o esqueleto e a pelle dos animaes, de modo que conservem as suas fórmas e os seus caracteres genericos e especificos.

Taxidérmico, ca. *adj.* Taxidermico; concernente á taxidermia.

Taxiforme. *adj. (bot.)* Taxiforme; diz-se de uma planta cujas folhas têem quasi a mesma disposição que as do teixo.

Taxis. *m. (cir.)* Taxis; pressão methodica que se exerce com a mão sobre um tumor herniario, para o reduzir.

Taxodio. *m. (bot.)* Taxodio; genero de plantas da familia das coniferas, cujas especies são arvores da America septentrional: — taxodio; genero de plantas fosseis, composto de uma só especie, que se achou nos terrenos terciarios da Europa.

Taxólogo. *m.* Taxologo; auctor de uma classificação ou de um tratado sobre as classificações.

Taxolojía. *f.* Taxologia; sciencia das classificações.

Taxolójico, ca. *adj.* Taxologico; que respeita á taxologia ou á classificação.

Taxonomia. *f.* Taxonomia; theoria das classificações.

Taxonómico, ca. *adj.* Taxonomico; pertencente á taxonomia.

Taxozoario, ria. *adj. (zool.)* Taxozoario; diz-se dos animaes que têem as partes primitivas da columna vertebral guarnecidas de pés.

Taya. *f. (zool.)* Taya; cobra bastante commum na Nova Granada, muito temivel pelo seu veneno, e que ataca o homem sem ser perseguida.

Tayar. *a. (ant.)* V. *Tajar.*

Taye. *m. (zool.)* Tayo; quadrupede do tamanho de um bezerro, que se cria nos bosques da California na America septentrional. A sua carne é mui saborosa.

Tayuyo. *m. (p. Cub.)* V. *Tamal.*

Taz. Palavra que só se usa na locução adverbial *taz a taz*, que significa troca por troca e tanto por tanto. *Æquali permutatione.*

Taza. *f.* Taça; vaso de beber e outros usos, de pouca altura e de bôca larga, de metal, louça ou vidro. *Patera, æ:* — bacia, pia, tanque, ordinariamente de pedra, onde se recebem as aguas de uma fonte. *Crater, eris:* — xicara. *Patera, æ.*

Tazaña. *f.* Serpente de papelão que nas aldeias e villas de Hespanha costumam levar na procissão do corpo de Deus. V. *Turasca.*

Tazar. *a.* Roçar a roupa pelas pregas ou dobras. Usa-se mais como reciproco.

Tazmía. *f.* Parte, porção de grãos que cabe a cada dizimador. Tambem se entende pela relação dos interessados nos dizimos. *Distributæ vel assignatæ partes in decimis frumenti vel seminum; etiam ordo vel tabula hujus distributionis.*

Tazon. *m. augm.* de *Taza.* Taça grande: — grande tanque ou bacia de fonte.

Te. Te; nome da segunda pessoa quando a actuâmos, e que a representa como paciente da acção do verbo; *v. g.: Te quiero, te di, acuerdate;* quero-te, dei-te, lembra-te: — tê; nome da letra *T.*

Té. *m.* Chá ou xá; folha do arbusto tambem chamado chá. *Folium arboris the:* — chá; bebida que se faz das mesmas folhas em infusão de agua fervente. *Foliorum arboris the decoctum vel infusum:* — *(bot.)* chá; genero de plantas da familia das ternstremiaceas, composto de arbustos e arvores de pequeno porte, que crescem espontaneamente nas partes montanhosas da China, e cuja cultura se tem espalhado pela India, Brazil e até na Europa. A especie que lhe serve de typo é o chá da China, do qual se faz a bebida do mesmo nome. *The:* — *de Jersey.* V. *Ceanato:* — *de la isla de Borbon.* V. *Angreo.*

Tea. *f.* Tea, téla, facha; acha de pinho ou de outra madeira resinosa que se accende para alumiar. *Tæda, æ. Teas maritales o nupciales;* teas nupciaes; fachas que os desposados levavam diante de suas noivas, por ser costume conduzirem-se estas de noite para casa. Tambem significa bodas, casamento. *Nuptiales tædæ:* — *(zool.)* thea; genero de insectos coleopteros subpentameros, da tribu dos coccinellidos.

Tealia. *f. (zool.)* Thealia; genero de crustaceos decapodas brachyuros, da familia dos oxystomos.

Teame. *f. (min.)* Theame; pedra da Ethiopia, que se dizia repellir o ferro, contrariamente ao iman.

Teándrico, ca. *adj. (rel.)* Theandrico; que é ao mesmo tempo divino e humano, que respeita a Deus feito homem.

Teanguis. *m. (p. Mex.)* Feira ou mercado publico.

Teantropia. *f. (rel.)* Theanthropia; palavra que algumas vezes se emprega como synonyma de anthropomorphismo.

Teantropo. *m. (rel.)* Theanthropo, Deus e homem; diz-se da pessoa de Jesus Christo, em quem os christãos crêem de fé haver duas naturezas, Divina e Humana.

Teatino, na. *adj.* Theatino; diz-se dos clerigos regulares de S. Caetano. *Theatinus, a, um.*

Teatral. *adj.* Theatral; do theatro, pertencente ao theatro. *Ad theatrum pertinens; theatralis.*

Teatralmente. *adv. m.* Theatralmente; conforme as regras do theatro.

Teatro. *m.* Theatro; logar onde se representam dramas e outros espectaculos publicos. *Theatrum, i:* — scena, scenario: — amphitheatro; sala guarnecida de degraus dispostos uns acima de outros, d'onde os concorrentes podem ver commodamente o que se executa n'ella, tal é por exemplo: um amphitheatro anatomico, chimico, etc., onde o professor faz as suas demonstrações: — theatro; pratica de arte dramatica, do palco: — amphitreatro; sala, nas universidades, onde se ajuntam os lentes e estudantes para alguma funcção. *Academia, gymnasium:* — theatro; titulo de algumas collecções de obras dramaticas, quer sejam de um ou de differentes auctores: — theatro; profissão da arte dramatica: — theatro; conjuncto, corpo dos escriptores dramaticos de uma nação; v. g.: *nuestro teatro es rico, injenioso, variado;* o nosso theatro é rico, engenhoso, variado: — theatro; obra em que se representam acções da vida ou se dão ao publico differentes personagens ou os seus escriptos; como: *teatro de la vida humana, teatro de la elocuencia española;* theatro da vida humana, theatro da eloquencia hespanhola: — theatro; collecção de dramas para se representarem; v. g.: *el teatro español, portugués, francés;* o theatro hespanhol, portuguez, francez, etc. *Drammatum congeries, collectio:* — *(fig.)* theatro, logar onde alguma cousa está exposta á censura e vistas de todos. Diz-se frequentemente *el teatro del mundo;* o theatro do mundo. *Theatrum publicum:* — *(fig.)* theatro; logar ou territorio onde se verifica algum acontecimento: — *literario;* theatro litterario; corporação, totalidade dos litteratos. *Theatrum literarium:* — *(hist.)* theatro; vasto edificio onde se reuniam os antigos para ver representações dramaticas, discutir sobre os interesses do Estado, e até para tratar das doutrinas philosophicas. Os primeiros theatros foram fundados na Grecia 540 annos antes de Jesus Christo.

Tebaida. *f. (fig.)* Thebaida, soledade profunda. *La tebaida (philol.);* a thebaida; titulo de uma epopeia de Estacio, cujo assumpto é a guerra civil de Thebas na Grecia.

Tebano, na. *s.* Thebano; o natural de Thebas: — *adj.* thebano; pertencente a Thebas. *Thebanus, a, um.*

Tebeo, ea. *adj.* V. *Tebano.*

Teble. *adj. (ant.)* V. *Terrible.*

Teca. *m.* Teca; genero de plantas da familia das verbenaceas, cuja especie typica é uma arvore de grande porte que cresce na India e na ilha de Ceylão. A sua madeira é boa para construcções navaes.

Tecacero. *m. (zool.)* Thecacero; genero de insectos coleopteros heteromeros da tribu dos helopios.

Tecacóride. *m. (bot.)* Thecacóride; genero de plantas da familia das euphorbiaceas.

Tecale, Tecali. *m. (p. Mex. min.)* Tecali; nome de uma qualidade de marmore branco mui transparente, de que se faz uma especie de vidros para janellas.

Tecamonadios. *m. pl. (zool.)* Thecamonadios; familia de infusorios.

Tecla. *f.* Tecla; peça, de pau ou marfim, do orgão, cravo ou piano, em que o tocador carrega com os dedos para ferir as cordas e tirar sons do instrumento. *Assula, palmula musici organi:* — *(fig.)* tecla; materia, ponto, assumpto delicado, melindroso. *Materia difficilis, ardua, magni momenti. Dar en la tecla (fr. fig.);* tocar na tecla; acertar no modo de executar alguma cousa. *Rem digito tangere. Tocar una tecla (fr. fam.);* tocar na tecla; fallar a proposito em alguma materia, ferir o ponto. *Excitare mentionem:* procurar um meio para algum fim: — *(zool.)* thecla; genero de insectos lepidopteros da familia dos diurnos.

Teclado. *m.* Teclado; todas as teclas de um orgão, cravo ou piano. *Assularum vel palmularum ordo vel series in organo.*

Teclear. *a. (fig.)* Tentar, ensaiar differentes meios para conseguir algum fim. *Tentare:* — *n.* tocar, mover as teclas. *Palmulas vel assulas organi musici premere, pulsare:* — mover os dedos como quem toca as teclas. *Digitis crepitare vel eos crebro movere.*

Tecmárside. *m. (bot.)* Tecmarside; genero de plantas da familia das compostas.

Tecnicamente. *adv. m.* Technicamente, facultativamente; em termos technicos, facultativos.

Tecnicismo. *m.* Technicismo; estado e qualidade do que é technico.

Técnico, ca. *adj.* Technico, facultativo; diz-se dos termos proprios das artes e sciencias. *Technicus, a, um. Versos técnicos (litt.);* versos technicos, artificiaes para ajudarem a memoria, fazendo lembrar em poucas palavras muitos factos, principios, etc.

Tecnito. *m. (zool.)* Technito *(artista);* genero de insectos coleopteros tetrameros da tribu dos cirrhinidos.

Tecnografía. *f.* Technographia; conhecimento dos meios empregados para verificar as transformações que devem experimentar os corpos, a fim de os apropriar aos diversos usos a que se destinam.

Tecnográfico, ca. *adj.* Technographico; concernente á technographia.

Tecnolita. *f.* *(min.)* Technolitha; pedra que representa desenhos de objectos particulares ás artes.

Tecnologia. *f.* V. *Tecnolojia.*

Tecnológico, ca. *adj.* V. *Tecnolójico.*

Tecnolojia. *f.* Technologia; tratado das artes em geral, especialmente das industriaes: — technologia; reunião de termos technicos.

Tecnolójico, ca. *adj.* Technologico; pertencente á technologia.

Tecnopejia. *f.* *(litt.)* Technopegia; titulo de um poema de Ausonio, cujos versos terminam todos por um monosyllabo que se repete no principio do verso seguinte.

Tecodontosauro. *m.* *(zool.)* Thecodontosauro; genero de reptis saurios.

Tecolita. *f.* *(min.)* Thecolitha; os antigos davam este nome a uma pedra que se encontra dentro das esponjas e á qual attribuiam a propriedade de resolver os calculos urinarios.

Tecolote. *m.* *(p. Mex. zool.)* V. *Buho.*

Tecoma. *f.* *(bot.)* Tecoma; genero de plantas da familia das bignoniaceas.

Tectónico, ca. *adj.* Tectonico; que respeita aos edificios ou ás obras de architectura.

Techado. *m.* V. *Techo.*

Techar. *a.* Cobrir um edificio, formar-lhe o tecto. *Lacunare, tecto tegere.*

Techo. *m.* Tecto; parte superior da cobertura da casa ou quarto. *Tectum, i:* — *(fig.)* tecto, casa, domicilio, habitação. *Domus, us:* — *(germ.)* chapéu.

Techumbre. *f.* Tecto, principalmente quando é muito alto, como o das igrejas, etc. *Tectum, i.*

Tedero. *m.* Especie de tocheiro ou instrumento de ferro sobre o qual se põem as teas ou tedas. *Ferreum candelàbrum.*

Te-*Deum.* *m.* Té-Deum; cantico ecclesiastico em acção de graças. *Hymnus, qui incipit Te Deum.*

Tediar. *a.* *(ant.)* Aborrecer, abominar; ter tedio a alguma cousa. *Aliquam rem tædio prosequi.*

Tédio. *m.* Tedio, fastio, entojo, aborrecimento, desgosto, repugnancia. *Tædium, ii.*

Tedioso, sa. *adj.* Tedioso, fastidioso, enfadonho; que causa tedio. *Fastidiosus, tediosus.*

Teedia. *f.* *(bot.)* Teedia; genero de plantas da familia das escrofularineas.

Teframancia. *f.* Tephramancia; adivinhação que se fazia consultando as cinzas que ficavam depois do sacrificio das victimas.

Tefrina. *f.* *(geol.)* Tephrina; rocha pardacenta que se encontra em filões e em fragmentos nos terrenos volcanicos.

Tefrita. *f.* *(min. ant.)* Tephrita; nome dado por Plinio a duas pedras cinzentas.

Tefritide. *m.* *(zool.)* Tephritide; genero de insectos dipteros, da familia dos athericeros.

Tefroita. *f.* *(min.)* Tephroita; substancia compacta, de côr cinzenta e de brilho diamantino.

Tefrosia. *f.* *(bot.)* Tephrosia; genero de plantas da familia das leguminosas papilionaceas: — *(zool.)* tephrosia; genero de insectos lepidopteros, da familia dos nocturnos.

Tegual. *m.* Certo tributo que se pagava ao rei. *Quoddam vectigal sic dictum.*

Tegumento. *m.* *(anat.)* Tegumento; membrana exterior que cobre o corpo do homem. Diz-se mais geralmente de todas as partes que cobrem e protegem o corpo dos animaes com suas dependencias, como pellos, pennas, escamas, etc. *Tegumentum, i:* — *(bot.)* tegumento; membrana que cobre o receptaculo dos fetos: — *propio;* tegumento proprio; envolucro proprio da semente. *Tegumentos florales;* tegumentos floraes; o calice e a corolla considerados de um modo geral.

Teicomiza. *m.* *(zool.)* Teichomyza; genero de insectos dipteros, da familia dos athericeros.

Teiforme. *adj.* Theiforme; que se preparavá como o chá. Usa-se em medicina.

Teinada. *f.* *(prov.)* Telheiro, alpendre rustico. *Rusticum tectum.*

Teísmo. *m.* Theismo. V. *Deismo.*

Teista. *adj.* Theista. V. *Deista.*

Teja. *f.* Telha; peça de barro cozido no forno para cobrir os tectos da casa. *Tegula, æ:* — V. *Tejo,* arvore. *A teja vana (fr.);* de telha-vã; diz-se da casa coberta só de telha solta sem forro por baixo. *Sub simplici tecto:* *(fig.)* á ligeira. *Aperto cœlo. A toca teja (loc. adv.);* com dinheiro na mão, a prompto pagamento. *Solutâ reapse pecuniâ. De tejas abajo (loc. adv.);* de telhas abaixo; cá no mundo, por ordem regular. *Naturæ solum spectata vi. Hablando de tejas abajo (fr.);* fallando de telhas abaixo; fallando humanamente, segundo as idéas communs, quando o que se diz é natural e pôde succeder no mundo. *Nisi quid fortè humanitùs contingat.*

Tejadillo. *m.* *dim.* de *Tejado.* Telhadinho: — tejadilho; tecto da carruagem, coches ou liteira, etc. *Rhedæ portulæ super appositum tectulum.*

Tejado. *m.* Telhado; tecto da casa coberto de telha, e algumas vezes tambem de piçarra ou zinco. *Tectum tegulis coopertum, imbricatum:* — *(germ.)* capa, manto, mantéu ou chapéu. *Quien tiene tejado de vidrio, no tire piedras al de su vecino (rif.);* quem tem telhado de vidro, não atire pedras ao do vizinho; adverte que quem tiver defeitos não critique os dos outros. *Non timens unde arguatur, arguat.*

Tejar. *m.* Telharia ou telhal; olaria de fazer telhas, forno de cozer telha. *Figulina officina:* — *a.* telhar; cobrir de telhas a casa, o edificio. *Tegulis munire.*

Tejaroz. *m.* Beira, aba do telhado; a parte do telhado

que sáe fóra do edificio. *Tecti ala.*

Tejazo. *m.* Telhada; pancada com telha.

Tejedera. *f.* V. *Tejedora:* — *(zool.)* V. *Escribano, Escribanillo del agua.*

Tejedor, ra. *s.* Tecedor, tecelão; o que tece. Frequentemente significa fabricantes de pannos ou estofos. *Textor, textrix:*—*m. (p. A. M.)* homem de duas caras, refolhado, fingido: — tecedor de enredos. V. *Enbrollon, Entremetido.*

Tejedura. *f.* Tecedura; acção e effeito de tecer. Tambem significa textura, trama. *Textus vel texta.*

Tejemaneje. *m.* Expressão que se usa como substantivo masculino, para dar a entender a dextreza ou sagacidade com que alguem faz alguma cousa, ou quando anda mui afadigado com um trabalho material.

Tejenaria. *f. (zool.)* Tegenaria; genero de arachnides da tribu dos araneides.

Tejer. *a.* Tecer; passar os fios por entre o urdume ou urdidura, para formar a teia de linho, lã, seda. *Texere:* — *(fig.)* tecer; compor, ordenar e collocar com methodo um discurso, versos, etc. *Texere:* — *(fig.)* tecer, urdir, enredar, intrigar, machinar. *Mente texere:* — *(fig.)* cruzar ou misturar com ordem, como os passos na dansa, etc. *Texere, implicare:* — tecer; formar á mão trancinhas ou cordãosinho, etc., e tambem fabricar o casulo o bicho de seda ou outros. *Texere, contexere:* — *n. (p. A. M.)* tecer enredos, ser refolhado, não obrar com lisura: — tecer. V. *Intrigar:* — *y destejer (fr.);* tecer e destecer, fazer e desfazer, variar, não ter idéa fixa, não assentar n'uma cousa. *Texere atque retexere.*

Tejera. *f.* V. *Tejar.*

Tejería. *f.* V. *Tejar.*

Tejero. *m.* Telheiro; homem que faz telhas. *Tegularius figulus.*

Tejica, lla, ta. *f. dim.* de *Teja.* Telhinha.

Tejido. *m.* Tecido. V. *Tela.*

Tejillo. *m. dim.* de *Tejo.*

Tejimiento. *m. (ant.)* Tecido, tela.

Tejo. *m.* Malha de pedra ou de tijolo com que os rapazes jogam atirando ao paulito. *Discus, i:* — jogo da malha. *Disci ludus:* — prancha ou chapa de metal grossa e de fôrma circular. *Lamella metallica rotunda et crassa:* — pedaço de oiro em pasta. *Auri fragmentum crassius:* — *(bot.)* teixo; genero de plantas da familia das coniferas.

Tejecote. *m.* Fructo do Mexico parecido com a azerola, porém mais doce e volumoso que este.

Tejoleta. *f.* Telho; pedaço de telha, cantaro ou louça de barro. *Fragmentum, tegulæ vel testæ.*

Tejon. *m.* V. *Téjo,* na quarta accepção: — *(bot.)* V. *Tejo:* — *(zool.)* teixugo; genero de mammiferos carnivoros plantigrados, muito gordos e parecidos com a rapoza.

Tejuela. *f. dim.* de *Teja.* Telhinha: — telho, caco; pedaço de telha ou de qualquer peça de louça de barro. *Frustum tegulæ:* — borrena; pedaço de madeira das sellas de montar. *Pars, qua fulcimenta ephippiorum circumvestiuntur.*

Tejuelo. *m. dim.* de *Tejo:* — rotulo; pedaço de couro quadrado que se põe na lombada do livro para lhe imprimir o titulo. *Tessera, cui in libri umbilico inscribitur titulus:* — *(ant.)* V. *Tejo,* na segunda e quarta accepção.

Tekticito. *m. (min.)* Tektizita; sulphato de ferro hydratado, cujas proporções parecem differentes das do sulphato de ferro ordinario.

Tela. *f.* Tela, teia; tecido de fio de lã, linho, seda ou de outras materias. *Tela, æ:* — tela; tecido de fio de oiro ou prata. *Aurea vel argentea tela:* — teia; os fios que se põem de uma vez no tear para serem tecidos. *Tela, æ:* — tela, teia, liça, liçada; circo ou logar fechado e destinado para festas, jogos publicos e outros espectaculos. *Circus, i:* — tela, teia; campo nos suburbios das cidades, villas, etc., destinado antigamente para justas e torneios e tambem para mercado de gados: — tela, teias; pannos com que se faz o cerco para apanhar a caça grossa, javalis, etc. *Laqueatus circus:* — flor ou pellicula que se forma á superficie de alguns licores. *Spumea crusta, cuticula:* — tez, pellicula ou tunica de alguns fructos depois da casca. *Pellicula, tunica:* — belida ou nevoasinha que se forma sobre a pupilla. *Subtilis albugo:* — tea ou teia; fios tecidos pela aranha e por outros insectos. *Aranea, araneosa fila:* — *(fig.)* teia, trama, enredo, intriga, maranha. *Tricæ, arum:* — *(fig.)* assumpto, materia. *Colloquii aut disputationis materia:* — *(fig. ant.)* curso, tramite: — *blanca;* teia, tecido branco e forte de que se fazem oleados. *Telæ lineæ species:* — *de araña.* V. *Telaraña:* — *de cebolla;* pellicula, casca de cebola. *Cæpæ pellicula. Adivinar ó ver por tela de cedazo (fr. fam.);* julgar das cousas como no-las apresenta a nossa paixão, ao contrario do que ellas são. *Alieno, adverso animo judicare. Haber ó sobrar tela de que cortar (fr. fam.);* sobejar panno para mangas; ter para dar e vender; ser muito abundante uma cousa. *Materiam suppetere, abundare. Llegar a las telas del corazon (fr. fig.);* penetrar até ás fibras, ao fundo do coração; offender alguem no que mais ama. *Usque ad præcordia ferire. Mantener la tela (fr.);* manter a teia; ser o principal mantenedor da justa ou outros espectaculos. *Palæstritæ præcipuum esse. Mantener tela ó la tela (fr. fig.);* manter a teia, sustentar a conversação como principal, como mais forte. *Primas in colloquio partes agere. Echar tela (fr.);* fazer ou mandar fazer uma tela. *Texturam disponere. Poner una cosa en tela de juicio (fr.)*; examinar uma cousa, submette-la á discussão para se decidir. *Tajar las telas (fr.)*; cortar o coração, causar grande pena: — *(anat.)* teia, tez, tecido reticular, tunica; parte interior do corpo do animal; *v. g. tela del cerebro, del corazon, etc.*, teia, tunica do cerebro, do coração, etc.: — *de juicio (for.)*; tela judiciaria. *Judicialis forma. Sin tela ni contienda de juicio (for.)*; sem fórma judicial. *De plano.*

Telabrejo. *m. (p. Mex.)* V. *Trasto*, cousa de pouco valor: — traste; pessoa desprezivel.

Telamon. *m. (archit.)* V. *Atlante*: — *(hist.)* telamon; correia com que se levava preso o escudo, entre os gregos.

Telangectasía. *f. (med.)* Telangiectasia; dilatação dos vasos que estão a certa distancia do coração.

Telar. *m.* Tear; machina ou engenho para tecer pannos ou telas. *Textrina, æ. Mas vale gordo al telar, que delgado al muladar (rif.)*; não se devem apurar tanto as cousas que afinal se perca tudo. *Ne quid nimis.*

Telaraña. *f.* Teia de aranha; os fios tecidos por este animal. *Aranea tela*: — *(fig.)* teia de aranha; cousa futil, frivola, insignificante, de pouca importancia ou valor. *Res futilis, inanis. Eso se cura con una telaraña (fr. fig.)*; isso cura-se com uma teia de aranha; diz-se de um mal facil de remediar. *Levi remedio indiget. Mirar las telarañas (fr. fam.)*; olhar para as teias de aranha, olhar para as moscas; estar distrahido, não dar attenção ao que se diz. *Aliud agere. Tener telarañas en los ojos (fr. fig. fam.)*; ter peneira nos olhos; dar pouca attenção a uma cousa ou não reparar n'ella tendo-a á vista. *Caligare, cæcutire.*

Telíside. *m. (bot.)* Thelaside; genero de plantas da familia das orchideas.

Telea. *m. (zool.)* Telea; genero de insectos hymenopteros da familia dos proctotrupios.

Telefio. *m.* Telephio; genero de plantas da familia das paronychias.

Telegrafía. *f.* Telegraphia; arte de constituir ou de empregar os telegraphos.

Telegráficamente. *adv. m.* Telegraphicamente; por meio de telegrapho.

Telegráfico, ca. *adj.* Telegraphico; concernente ao telegrapho.

Telégrafo. *m.* Telegrapho; armação com tábuas movediças que transmitte despachos, noticias, a distancias consideraveis, por meio de signaes convencionados. *Telegraphum, i*: — telegrapho; torre onde se acha collocada esta armação ou apparelho. Está pouco em uso depois da descoberta do telegrapho electrico: — *eléctrico*; telegrapho electrico; o que serve para o mesmo fim que o precedente, mas funcciona por meio da electricidade transmittida por fios metallicos, sustidos em pouca altura sobre o terreno ou enterrados n'este e tambem algumas vezes submergidos no mar. *Hacer telégrafos (fr. fig.)*; fazer signaes telegraphicos, trabalhar o telegrapho; diz-se de dois namorados que se correspondem por gestos e signaes.

Teleiandra. *f. (bot.)* Teleiandra; genero de plantas da familia das laurineas.

Teleiantera. *f. (bot.)* Teleianthera; genero de plantas da familia dos amaranthaceas.

Teleila. *f. (chim.)* Teleila; radical hypothetico, composto de carbone e hydrogenio, na proporção de seis do primeiro para tres do segundo.

Telemetría. *f.* Telemetria; arte de medir as distancias.

Telemétrico, ca. *adj.* Telemetrico; que respeita á telemetria.

Telemetro. *m.* Telemetro; machina para medir as distancias e os objectos distantes.

Teleólogia. *f.* V. *Teleolojia.*

Teleólogo. *m.* Teleologo; instrumento para conversar a grandes distancias.

Teleolojia. *f.* Teleologia; arte de conversar a grandes distancias.

Teleolójico, ca. *adj.* Teleologico; que se refere á teleologia.

Teleproctófila. *f. (zool.)* Theleproctophylla; genero de insectos da familia dos myrmelonidos.

Telera. *f. (mil.)* Taleira; qualquer das quatro travessas que unem as falcas das carretas ou reparos da artilheria. *Currus tormentarii tabulæ transversæ, tabulatum prementes*: — *(art.)* pescaz; cunha que tempera a teiró, para a segurar ao temão; aperta o arado com a rabiça. *Clavus adstrictorius in aratro.*

Telero. *m. (p. Ar.)* Pau dos tendaes dos carros ou galeras. *Curruum stipites.*

Telescopio. *m.* Telescopio; instrumento optico de muito alcance, com que se observam os astros: — *(astron.)* telescopio; pequena constellação meridional.

Telesia. *f. (min.)* Telesia; pedra preciosa: — *límpida.* V. *Záfiro blanco*: — *violada*; telesia violacea; variedade de corindon.

Telesmo. *m. (chim.* e *ant.)* Telesmo; termo empregado pelos alchimistas para designar a refinada perfeição da chrysopeia.

Telesperma. *f. (bot.)* Telesperma; genero de plantas da familia das compostas.

Teleta. *f.* Papel mataborrão que se põe entre as paginas de um livro recentemente escriptas, para evitar que se borrem. *Segmentum papyri bibuli.*

Teleton. *m.* Tecido de seda mui parecida com o tafetá, mas de muito mais corpo e lustre. *Tela serica crassior et perlucida.*

Telfaria. *f. (bot.)* Telfaria; genero de plantas da familia das cucurbitaceas.

Telfusa. *f. (zool.)* Thelphusa; genero de crustaceos decapodas brachyuros, da familia dos catometopos.

Telica, lla. *f. dim.* de *Tela.* Telasinha, teiasinha.

Telilla. *f. dim.* de *Tela:* — saeta; estofosinho de lã mais delgado que o camelão. *Subtilis tela:* — V. *Camisa,* nos fructos.

Telífono. *m. (zool.)* Thelyphono; genero de arachneides, da tribu dos escorpionidos.

Telimitra. *f. (bot.)* Thelymitra; genero de plantas da familia das orchideas.

Telínidos. *m. pl. (zool.)* Tellinidos; familia de molluscos conchiferos dimyarios.

Telipodio. *m. (bot.)* Thelypodio; genero de plantas da familia das cruciferas.

Telyro. *m. (bot.)* Thelyro; genero de plantas da familia das chrysobalaneas.

Telmisa. *f. (bot.)* Telmissa; genero de plantas da familia das crassulaceas.

Telon. *m.* Panno de fundo no theatro, que representa o logar ou parte em que se executa a acção: — *de boca;* panno de bôca; o que occulta a scena aos espectadores antes de começar o espectaculo. *Aulæum, i:* — *(mus. ant.)* especie de lyra ou psalterio.

Telonio. *m. (ant.)* Telonio; casa ou mesa onde estavam os rendeiros e os arrecadadores das rendas públicas. *Telonium, i:* — *(ant.)* certa pena, gabella ou imposto. *A manera de telonio (loc. adv., fam.);* sem ordem, sem cuidado. *Ordine præpostero.*

Telopea. *f. (bot.)* Telopea *(que se vê de longe);* genero de plantas da familia das proteaceas.

Telurado, da. *adj. (min.)* Tellurado; que contém telluro.

Teluro. *m. (min.* e *chim.)* Telluro ou tellurio; metal solido, de côr branca azulada, brilhante, fusivel e volatil, descoberto em 1782.

Telururo. *m. (min.* e *chim.)* Tellurureto; combinação do telluro com outro metal, em que o primeiro constitue o principio electro-negativo.

Tellina. *f.* Tellina. V. *Almeja.*

Telliz. *m.* Telis; panno, de ordinario bordado, com que se cobre a sella do cavallo. *Ephippii tegumentum.*

Telliza. *f.* Coberta de cama, de luxo. *Lecti tegumentum, opertorium.*

Tema. *m.* Thema; texto que se toma por argumento, assumpto ou materia de um discurso ou escripto. *Thema, æ:* — *f.* teima, obstinação, pertinacia. *Pertinacia, æ:* — mania, phantasia, idéa fixa que têem os loucos e a respeito da qual estão sempre a fallar. *Amentia; species altè animo infixa:* — teima, capricho, opposição caprichosa. *Pervicax obtrectatio. Á tema (loc. adv.);* á porfia. *Certatim. Ese es el tema de mi sermon (loc.);* esse é o thema da minha questão, tal é o meu parecer. *Hoc mihi studium vel judicium est. Tomar tema.* V. *Cólera. Cada loco con su tema:* — *(rif.)* cada louco com a sua teima, cada qual tem o seu capricho. *Trahit sua quemque voluptas:* — *celeste (astron.);* thema celeste. V. *Figura celeste:* — *(ant.)* thema celeste; delineação das doze casas do zodiaco, dos logares dos planetas ou de outras figuras e caracteres, da reunião das quaes se tiravam supersticiosas conjecturas para adivinhar o horoscopo de cada pessoa ou algum successo futuro.

Temático, ca. *adj.* Arranjado, feito, disposto conforme o thema ou assumpto de discurso ou materia. *Quod est secundum thema:* — V. *Temoso.*

Tembladal. *m.* V. *Tremedal.*

Tembladera. *f.* Especie de taça de differentes tamanhos, com duas azas, de ordinario muito finas e delgadas. *Subtilis crater:* — V. *Tembleque:* — *(zool.)* tremelga. V. *Torpedo.*

Tembladero. *m.* V. *Tremedal.*

Temblador, ta. *s.* Tremedor; o que treme. *Tremens, entis.*

Tembladura. *f. (p. Cub.)* V. *Tremedal.*

Temblante. *adj.* Tremente; que treme. *Tremens, tremulus:* — *m.* especie de bracelete ou manilhas que as mulheres usavam. *Munile quoddam muliebre.*

Temblar. *n.* Tremer; sentir movimento convulsivo por effeito do frio, do susto, por debilidade, etc. *Tremere:* — tremer, abanar, não estar firme; diz-se da terra, etc. *Tremere, moveri:* — tremer, temer; ter medo ou receiar muito uma cousa. *Tremere, pertimescere.*

Tembleque. *m.* Trémulos; flores de pedraria sustidas sobre fios de oiro ou prata retorcidos, e que tremem na cabeça ou no peito que adornam. *Pensile monile tremulum:* — lentejoula. V. *Lentejuela. Lamella metallica in opere phrygio adhiberi solita.*

Temblequear, Tembletear. *n.* Tremelhicar; tremer a miudo ou affectar tremor. *Tremiscere, nutare.*

Temblon, na. *adj.* Tremulo, tremedor. De ordinario significa fracalhão, mui cobarde ou timorato. *Tremiscens, tremulus. Hacer la temblona (fr.);* fingir-se tremulo, timorato. *Tremorem fingere.*

Temblor. *m.* Tremor; agitação convulsiva, movimento involuntario e repetido do corpo ou de parte d'elle, por frio, susto, medo, debilidade, etc. *Tremor, oris:* — *de tierra;* tremor de terra. V. *Terremoto.*

Tembloso, sa. *adj.* Tremuloso, tremulo; que treme a miudo ou que padece tremuras ou tremor. *Tremiscens, tremulus.*

Temedero, ra. *adj.* Tremendo, temivel; que faz temer, que se deve temer. *Timendus, a, um.*

Temedor, ra. *s.* Timido, temente, temeroso; o que teme. *Timens, entis.*

Temencia. *f. (ant.)* V. *Temor.*

Temer. *a.* Temer, receiar, ter medo. *Timere, formidare:* — temer, receiar, suspeitar. *Vereri, timere:* — temer; receiar algum damno por causas antecedentes. *Vereri, metuere. Ni teme ni debe (fr.);* não deve nem teme; diz-se de alguem que procede com audacia e intrepidez. *Omnia audet, consilio præceps est.*

Temerariamente. *adv. m.* Temerariamente; com temeridade, imprudencia e arrojo. *Audacter, temerè.*

Temerario, ria. *adj.* Temerario, inconsiderado, imprudente, arrojado. *Temerarius, consilio præceps:* — temerario; pensado, feito, dito sem fundamento. *Temerarius, a, um.*

Temeridad. *f.* Temeridade; excessiva ousadia, falta de prudencia, audacia imprudente, arrojamento. *Temeritas, atis:* — temeridade, juizo temerario. *Temeritas; præceps sententia. Ser una temeridad (fr. fam.);* ser uma temeridade; diz-se de uma cousa excessiva no seu genero. *Summum est.*

Temeron, na. *adj.* Rodamonte; fanfarrão, blasonador; o que se jacta de valente, querendo infundir medo a quem o ouve. *Propriæ virtutis blatero, supercilio et incessu timendus.*

Temerosamente. *adv. m.* Temerosamente; com temor. *Timidè, trepidè.*

Temerosísimo, ma. *adj. sup.* de *Temeroso.* Temerosissimo. *Formidolosissimus; valdè timidus.*

Temeroso, sa. *adj.* Temeroso; que causa medo ou temor. *Metuendus, timendus, formidandus:* — temeroso, medroso, timorato, timido. *Timidus, a, um.*

Temia. *f. (zool.)* Temia; genero de aves da ordem dos passaros.

Temible. *adj.* Temivel; que se deve temer, que infunde temor. *Metuendus, formidabilis.*

Temisto. *f. (zool.)* Themisto; genero de crustaceos amphipodas.

Temnodonte. *m. (zool.)* Temnodonte; genero de peixes malacopterygios, da familia dos escomberoideos.

Temnóptero. *m. (zool.)* Temnoptero; genero de insectos coleopteros pentameros, da tribu dos hydrophilios.

Temnorinco. *m. (zool.)* Temnorhyncho; genero de insectos coleopteros pentameros, da tribu dos escarabideos.

Temor. *m.* Temor; medo, receio fundado. *Timor, metus:* — temor; desconfiança, suspeita. *Suspicio, onis:* — temor; receio de damno futuro. *Timor, oris:* — *(germ.)* cadeia, carcere: — *de Dios;* temor de Deus; medo respeitoso, que se deve ter a Deus. E um dos dons do Espirito Santo.

Temorizar. *a. (ant.)* Temorisar. V. *Atemorizar.*

Temoso, sa. *adj.* Teimoso, obstinado, pertinaz; que teima, insiste. *Pervicax, pertinax.*

Tempa. *f. (p. Ast.)* V. *Atempa.*

Tempanador. *m.* Instrumento de ferro retorcido n'uma ponta, para abrir as colmeias, tirando-lhes os tampos. *Ferramentum alvearium operculis detrahendis.*

Tempanar. *a.* Tapar as colmeias, pipas, etc., pôr-lhes tampos. *Operculis munire.*

Témpano. *m.* V. *Timbal:* — manta ou aba de toucinho. *Suilli corporis pars dimidia trunca:* — tampo; pelle estendida do pandeiro, tambor, etc. *Tympani corium:* — tampo; qualquer dos fundos circulares das pipas. *Operculum cupæ:* — tampo; o bocado redondo, de cortiça, que tapa a colmeia. *Alvearis operculum:* — *(arch.)* tympano; a parte vertical reintrante que fica na prumada do friso do entablamento. *Tympanum, i.*

Temperacion. *f. (ant.)* V. *Temperamento.*

Temperadamente. *adv. m.* V. *Templadamente.*

Temperado, da. *adj. (ant.)* V. *Templado.*

Temperamento. *m.* Temperamento, tempera; mistura de cousas com proporção. *Temperamentum, i:* — temperamento, compleição; constituição physica do corpo animal, disposição proporcionada dos humores. *Temperamentum, corporis temperatio:* — tempero; modo, geito, meio com que se compõe alguma cousa. *Modus, arbitrium.*

Temperancia. *f.* Temperança. V. *Sobriedad:* — *(ant.)* temperança. V. *Templanza.*

Temperante. *adj.* Temperante; que tempera. *Temperans, antis:* — *adj. (med.)* temperante; diz-se dos remedios que calmam a irritação e particularmente dos que moderam a actividade circulatoria.

Temperantísimo, ma. *adj.* V. *Templadisimo.*

Temperanza. *f. (ant.)* V. *Templanza.*

Temperar. *a.* Temperar. V. *Atemperar.*

Temperatura. *f.* Temperatura; constituição do ar ou ambiente segundo o seu grande calor, frio, humidade ou seccura. *Temperamentum, i.*

Temperie. *f.* Temperie, temperamento do ar ou ambiente. *Temperies.*

Tempero. *m.* Sazão, meteorisação, boa disposição que a terra adquire com a chuva para se lavrar e cultivar. *Aptum terræ temperamentum.*

Tempesta. *f. (ant.)* V. *Tempestad.*

Tempestad. *f.* Tempestade; temporal de vento, tormenta, mar alterado pela violência dos ventos. *Tempestas, procella:* — tempestade; perturbação do ar com muita chuva, relampagos e trovões. *Tempestas, atis:* — *(fig.)* tempestade; furia, violencia de genio, caracter natural e impetuoso de uma pessoa. *Indoles violenta:* — *(fig.)* tempestade; palavras desabridas e injuriosas proferidas com ira ou furor. Usa-se mais no plural. *Dura vel gravia verba:* — *(ant.)* temporada, tempo determinado.

Tempestar. *n. (ant.)* Descarregar a tempestade.

Tempestear. *n.* Vozear, aturdir com gritos, fazer alarido, muita bulha.

Tempestivamente. *adv. t.* Tempestivamente, opportunamente. *Tempestivè, opportunè.*

Tempestividad. *f. (ant.)* Occas'ão, opportunidade, conjunctura favoravel.

Tempestivo, va. *adj.* Tempestivo, opportuno; que vem a tempo. *Tempestivus; opportunus.*

Tempestoso, sa. *adj. (ant.)* V. *Tempestuoso.*

Tempestuosamente. *adv. m.* Tempestuosamente; com tempestade. *Tempestate facta.*

Tempestuoso, sa. *adj.* Tempestuoso; sujeito, exposto a tempestades, a tormentas ou que causa tormentas, tempestades. *Tempestuosus, procellosus.*

Templa. *f. (pint.)* Tempera; especie de colla feita com a gemma do ovo diluida n'agua, para pintar á tempera. *Gluten ex vitello pictoribus usitatum.*

Templacion. *f. (ant.)* V. *Templanza.*

Templadamente. *adv. m.* Temperadamente; com temperança, moderação. *Temperatè, parcè, moderatè.*

Templadera. *f. (p. Nav.)* Especie de comporta de uma acequia ou canal para deixar passar a quantidade de agua necessaria. *Cataracta, porta ad aquam in incilibus cum retinendam, tum effundendam.*

Templadico, ca. *adj. dim.* de *Templado.* Temperadinho.

Templadísimo, ma. *adj. sup.* de *Templado.* Temperadissimo. *Temperatissimus, a, um.*

Templado, da. *adj.* Temperado, moderado; que guarda temperança. *Moderatus, sobrius, abstinens:* — V. *Medio,* referindo-se ao estylo: — temperado; diz-se do clima e do tempo, que não é nem muito quente nem muito frio.

Templador, ra. *s.* Temperador; o que tempera ou modera. *Temperator, oris:* — chave de afinar instrumentos musicos. *Clavicula liræ fidibus aptè temperandis:* — especies de forno para temperar ou esfriar as peças de vidro ou crystal depois de moldadas.

Templadura. *f.* Acção e effeito de temperar.

Templamiento. *m. (ant.)* Temperamento. V. *Templanza.*

Templancia. *f.* V. *Templanza.*

Templanza. *f.* Temperança; virtude que modera os appetites e uso immoderado dos sentidos. É uma das quatro virtudes cardiaes. *Temperantia, æ:* — temperança, moderação, comedimento; habito de moderar a ira, as paixões desordenadas. *Temperantia, moderatio:* — temperie, temperamento, temperatura; boa disposição e constituição do ar ou clima de um paiz. *Temperies, temperantia:* — temperamento; constituição proporcionada dos humores do corpo. *Temperamentum, i:* — *(ant.)* tempera das armas. V. *Temple,* n'este sentido: — *(pint.)* accordo; boa união de cores e matizes. *Apta colorum proportio, dispositio.*

Templar. *a.* Temperar; moderar, minorar, suavisar a força de alguma cousa. *Moderari:* — temperar, dar a tempera aos metaes. *Temperare:* — preparar alguns utensilios novos para que possam servir: — temperar; misturar uma cousa com outra para modificar ou corrigir a sua actividade. *Temperare, aptè commiscere:* — temperar; enfraquecer, diluir ligeiramente um liquido: — *(fig.)* temperar; moderar, socegar o desabrimento, as paixões, o genio violento de alguem. *Temperare, sedare, mulcere:* — *r.* temperar-se; moderar-se no trabalho, na comida, nas paixões, comedir-se nas palavras. *Modum habere:* — *(volat.)* temperar, dar tempera ao falcão, isto é, dispo-lo na vespera do dia em que deve caçar, fazendo-o passar fome e sêde para lhe avivar o appetite da caça. *Falconem aucupio præparare:* — *(naut.)* temperar; marcar as vélas conforme o vento. *Vela ventis aptare, temperare:* — *(mus.)* temperar; afinar os instrumentos. *Chordarum voces ad concentum revocare:* — *(pint.)* temperar; dispor a harmonia das cores e matizes. *Temperare, aptè disponere.*

Templario. *m. (hist.)* Templario ou cavalleiro do Templo; membro de uma ordem militar, instituida em Jerusalem no anno de 1118 por *Hugo de Payenne,* coadjuvado por Balduino II, então rei d'aquella cidade, com a concorrencia do Papa Pascoal *II. Templarius, ii.*

Temple. *m.* Temperamento, temperie, temperatura do ar, do tempo, do clima. *Temperies, ei:* — tempera; rijeza, consistencia, finura que se dá aos metaes e armas cortantes. *Temperatura, æ:* — *(fig.)* tempera; genio, caracter, humor, disposição do animo. *Indoles, animi dispositio:* — meio termo, partido que se toma entre duas cousas differentes: — ordem do templo, os templarios. *Templariorum ordo, sodalitium:* — *(mus.)* afinação, disposição harmonica dos instrumentos. *Concentus, us. Al temple (loc. adv. pint.);* á tempera; diz-se da pintura cujas tintas foram desfeitas com colla, gomma ou gemma de ovo. *Glutine pictus.*

Templecillo. *m. dim.* de *Templo.* Templosinho.

Templero. *m. (ant.)* V. *Templario.*

Templete. *m. dim.* de *Templo.* Templosinho.

Templetonia. *f. (bot.)* Templetonia; genero de plantas da familia das leguminosas papilionaceas.

Templista. *m. (pint.)* Pintor que faz pinturas á tempera. *Qui glutine depingit.*

Templo. *m.* Templo; edificio consagrado a Deus, aos santos e ao seu culto. *Templum, i:* — templo; edificio, logar dedicado aos deuses gentilicos. *Templum, fanum.*

Tempo. *m. (ant.)* V. *Tiempo:* — *(mus.)* tempo; voz italiana, que se emprega em differentes locuções. *A tempo (loc. adv. mus.);* indica que se deve voltar ao primeiro movimento, quando se accelerou momentaneamente. *A tempo;* a tempo.

Témpora. *f.* Tempora; cada um dos tres dias em cada estação do anno, em que a Igreja manda jejuar. Usa-se mais commummente no plural. *Dies quator temporum.*

Temporada. *f.* Temporada; espaço de tempo, de ordinario longo. *Temporis spatium.*

Temporal. *adj.* Temporal; pertencente ao tempo ou que é transitorio, que dura e passa em tempo limitado.

Temporalis, le: — temporal, secular, profano; não sagrado, por opposição a espiritual ou ecclesiastico. *Temporalis, le:* — *m. (p. And.)* jornaleiro, obreiro temporario, que só trabalha em certo tempo do anno. *Operarius temporarius:* — temperamento, temperatura; bom ou mau tempo. *Temperies:* — temporal, tormenta, tempestade. *Tempestas, procella:* — *(ant.)* tempo, epocha, occasião, conjectura: —*(ant.)* anno, colheita do anno: — *adj. (anat.)* temporal; pertencente, relativo ás temporas, ou fontes da cabeça.

TEMPORALIDAD. *f.* Temporalidades; fructos, rendas, beneses dos ecclesiasticos. É mais usado no plural. *Reditus ecclesiasticus:* — temporalidade; a qualidade de ser temporal, as cousas e bens temporaes, mundanos. *Temporalitas, atis. Echar las temporalidades (fr.);* tirar as temporalidades, privar algum ecclesiastico dos bens temporaes que possuia. *Proventus ecclesiasticos occupare:* dizer verdades amargas, expressões asperas a alguem. *Conviciari, reprehendere vehementer.*

TEMPORALIZAR. *a. (ant.)* Fazer, tornar temporal, transitoria uma cousa que podia ou devia ser de muita duração. *Temporarium reddere.*

TEMPORALMENTE. *adv. t.* Temporalmente; por algum tempo. *Ad tempus:* — *adv. m.* temporalmente, humanamente; em cousas temporaes e terrenas. *In temporalibus.*

TEMPORÁNEO, NEA. *adj.* Temporaneo, temporario; que dura pouco ou limitado tempo. *Temporalis, temporarius.*

TEMPORARIO, RIA. *adj.* Temporario, transitorio; não perpetuo, de pouca duração. *Temporarius, a, um.*

TEMPORERO. *m.* V. *Temporal,* na terceira accepção: — temporario; diz-se do que exerce um cargo ou logar temporalmente, emquanto é preciso.

TEMPORIL. *m. (p. And.)* V. *Temporal, Temporero.*

TEMPORIZADOR, RA. *s.* Temporisador; o que temporisa.

TEMPORIZAR. *n.* Temporisar; passar, ganhar tempo, delongar. *Tempus terere, cunctari:* — temporisar, contemporisar. V. *Contemporizar.*

TEMPORO-AURICULAR. *adj. (anat.)* Temporo-auricular; diz-se de um dos musculos da orelha.

TEMPORO-MAXILAR ó TEMPORO-MAXILIANO, NA. *adj. (anat.)* Temporo-maxillar; diz-se de um musculo que pertence ao osso temporal e ao maxillar.

TEMPRADAMIENTRE. *adv. m. (ant.)* V. *Templadamente.*

TEMPRADO, DA. *adj. (ant.)* V. *Templado.*

TEMPRADURA. *f. (ant.)* V. *Temple, Templanza.*

TEMPRAMIENTO. *m. (ant.)* Temperamento. V. *Templanza, Equidad.*

TEMPRANAL. *adj.* Temporã; diz-se da terra e plantio que dá fructos prematuros. *Præcox, ocis.*

TEMPRANAMENTE. *adv. t.* Prematuramente; antecipadamente, antes do tempo ordinario. *Ante tempus, præmaturè.*

TEMPRANCIA, TEMPRANZA. *f. (ant.)* V. *Templanza.*

TEMPRANERO, RA. *adj.* V. *Temprano.*

TEMPRANILLO. *f. (p. Rioj.)* Casta de uva temporã.

TEMPRANO, NA. *adj.* Temporão, prematuro; que vem ou se faz antes do tempo regular ou ordinario. *Præmaturus, præcox:* — *adv. t.* cedo, com antecipação, em breve tempo, antes do tempo proprio. *Ante tempus, præmaturè.*

TEMPRAR. *a. (ant.)* V. *Templar.*

TEMPRO. *m. (ant.)* V. *Templo.*

TEMPTAR. *a. (ant.)* V. *Tentar.*

TEMULENTO, TA. *adj.* Temulento, bebado, embriagado. *Temulentus, a, um.*

TENA. *f.* Rebanho de ovelhas e de cabras que de ordinario não excede a sessenta cabeças. V. *Tinada,* n'este sentido. *Exiguus ovium seu caprarum grex.*

TENACEAR. *a.* V. *Tenazear.*

TENACERO. *m.* V. *Tenazero.*

TENACICAS, LLAS. *f. pl. dim.* de *Tenazas.* V. *Tenazicas.*

TENACIDAD. *f.* V. *Tenazidad.*

TENACÍSIMO, MA. *adj. sup.* de *Tenaz.* V. *Tenazisimo.*

TENALLON. *m. (mil.)* Tenalhão; especie de falsa braga que se faz adiante das cortinas e flancos de uma fortificação. *Species propugnaculi.*

TENANTE. *m. (br.)* Tenente ou supporte; cada uma das figuras de anjos, homens, sereias, etc., que com as mãos seguram os escudos, as armas. *Genii alicujus, hominisve imago tesseram gentilitiam sustinens.*

TENANTITA. *f. (min.)* Thenantita; sulphureto de cobre arsenifero, que crystallisa sob a fórma cubica.

TENAR. *m. (anat.)* Tenar; eminencia da parte anterior e externa da mão, formada pelos musculos curto abductor, opponente e curto flexor do pollegar. *Musculo tenar;* musculo tenar; é assim chamado o abductor e o curto flexor do dedo grosso do pé.

TENARDITA. *f. (min.)* Thenardita; sulphato de soda anhydro.

TENATE. *m. (p. Mex.)* V. *Tanate.*

TENAZ. *adj.* Tenaz, pegadiço; que se apega a alguma cousa, que é difficil de separar, desprender. *Tenax, acis:* — *(fig.)* tenaz, pertinaz, aferrado, obstinado, immudavel. *Tenax, pertinax:* — *(ant.)* miseravel, avarento.

TENAZA. *f.* Tenaz; dentes ou unhas de alguns animaes com que aferram e prendem o que querem. *Ungues seu dentes tenaciter mordentes:* — concha, extremidade do feixe do lagar de azeite. *Præli olearii pars postrema:* — feixo; no jogo de cartas. *Duo folia lusoria utcumque vincentia. Hacer tenaza (fr.);* deitar bem o dente, não largar o que se agarrou com os dentes, atravessando ou cruzando as presas ou colmilhos. *Mordicus tenere. Ser menester tenazas (fr.);* ser preciso gancho; diz-se para exprimir a difficuldade de sacar de alguem alguma cousa. *Volsellis, forcipibus extrahendum esse:* — *pl. (art.)* tenazes; instrumento de metal para apertar ou agarrar algum corpo; é usado pelos ourives, ferreiros e outros artifices. *Forceps, ipis:* — *(mil.)* tenaz ou tenalha; obra de fortificação construida nas linhas de defensa, defronte e perto da cortina. *Propugnaculum forcipis figurâ.*

Tenazada. *f.* Acto de agarrar com a tenaz, e o som que dá prendendo. *Forcipis compressio:* — torquezada, dentada, mordedura forte. *Tenax morsus.*

Tenazear. *a.* V. *Atenazear:* — *n. (fig.)* teimar, porfiar, insistir, obstinar-se, fazer-se tenaz. *Pertinaciter insistere.*

Tenazero. *m.* Official que faz e vende tenazes. *Opifex qui forcipes cudit, tractat, venditve:* — operario que nas grandes ferrarias de Biscaia se serve de tenazes para trabalhar o ferro e o aço.

Tenazidad. *f.* Tenacidade; qualidade de ser tenaz, força com que se segura ou pega uma cousa a outra. *Tenacitas, atis:* — *(fig.)* tenacidade, afinco, aferro, apego aos bens, aos propositos, etc.: — V. *Despabiladeras.*

Tenazicas, llas. *f. pl. dim.* de *Tenazas.* Tenazinha.

Tenazillas. *f. pl.* Pinças, alicate, tenazinha para segurar peças ou obras miudas.

Tenazisimo, ma. *adj.* Tenazmente; com tenacidade. *Tenaciter.*

Tenazísimo, ma. *adj. sup.* de *Tenaz.* Tenacissimo; muito tenaz, pertinaz. *Valdè vel maximè tenax.*

Tenazon (a). *(loc. adv.)* De chofre, ao acaso, sem fixar a pontaria. *Subitò ex improvisò. Parar de tenazon (fr.);* parar de repente o cavallo na corrida. *Abrupti equi cursum sistere, tenere.*

Tenazuelas. *f. pl. dim.* de *Tenazas.* Tenasinha: — tenazinha ou pinça com que as mulheres arrancam os cabellos desalinhados das sobrancelhas ou da cabeça, etc., e principalmente quando alvejam. *Volsella, æ.*

Tencion. *f. (ant.)* Tença; o acto de ter, possuir.

Ten-con-ten. *(exp. fam.)* Com regra, com tento, com prudencia e proporção; v. g.: *Fulano gasta un ten con ten en sus cosas;* fulano gasta com tento, com regra. *Moderamen, modus: (loc. adv.)* com tento, com igualdade e medida, pouco a pouco, paulatinamente. *Pedetentim, paulatim, sensim.*

Tendado, da. *adj. (ant.)* Provido de alguma cousa.

Tendajo. *m.* V. *Tendejon.*

Tendal. *m.* Tendal, tolda, toldo; obra de lona estendida sobre barco, escaler, rua, etc., para abrigar do sol, da chuva, etc. *Opertorium linteum:* — *(prov.)* V. *Tendedero:* — *(p. Estr.)* V. *Limonera,* nas carretas: — panal; panno largo e comprido que se põe debaixo das oliveiras para o apanho das azeitonas. *Linteum olivis excussis excipiendis:* — *(ant.)* tenda de campanha: — *(ant.)* pau que sustém a barraca de campanha.

Tendalera. *f. (fam.)* Estendal; misturada de cousas espalhadas pelo chão. *Dispersus, inordinatus.*

Tendalero. *m.* V. *Tendedero.*

Tendedero. *m.* Estendedouro; logar onde se estende roupa para seccar, redes, etc. *Locus ubi tenditur.*

Tendedor, ra. *s.* Estendedor; o que estende. *Tendens, extendens.*

Tendedura. *f.* Estendedura; acção de estender. *Tensio, tendendi actus.*

Tendejon. *m.* Barraca pequena ou mal construida. *Tabernula, tuguriolum.*

Tendel. *m. (art.)* Cordel de pedreiro, com que se alinham as paredes. *Funiculus rectè collocatus ad dirigendos parietes.*

Tendencia. *f.* Tendencia, propensão, pendor; inclinação particular de certas cousas para outras. *Proclivitas, propensio:* — *(fig.)* tendencia; propensão das acções humanas para um determinado fim, differente ás vezes d'aquelle que parecem ter.

Tender. *a.* Estender; desenrolar, desdobrar o que estava envolto, dobrado, encolhido. *Tendere:* — estender; estirar ou espalhar no chão alguma cousa, estendendo-a. *Distendere, extendere:* — estender, estirar, alongar. *Estendere:* — *n.* tender, propender. *Tendere:* — *r.* estender-se, estirar-se, deitar-se ao comprido. *Recubare:* — *(fig.)* descuidar-se; desamparar um negocio ou qualquer outra cousa por negligencia. *Derelinquere, negligere:* — estender todas as cartas na mesa, em alguns jogos. *Tenderse a la bartola (loc. fam.);* viver sem cuidados: — *(equit.)* estender-se o cavallo na corrida approximando o corpo do chão: — *(naut.)* dar a borda; inclina-la o navio muito e com risco.

Tenderete. *m.* Estenderete; nome de um jogo de cartas, em que se põe um certo numero d'ellas na mesa. *Chartarum ludus, in quo folia exponuntur et ad paria colligantur:* — V. *Tendalera.*

Tendero, ra. *s.* Tendeiro; o que vende generos, mercadorias e outras cousas em lojas por miudo. *Tabernarius, ii:* — *(ant.)* tendeiro; o que faz tendas de campanha ou trata d'ellas.

Tenzuela. *f. dim.* de *Tienda.* Tendilha, tendasinha.

Tendidamente. *adv. m.* Estendidamente, diffusamente, por extenso. *Latè, diffusè.*

Tendido. *m.* Palanque da praça de touros. *Tabulatum, i:* — cargo; porção de roupa que a lavadeira estende de uma vez. *Telæ a lavatrice aëri ad siccandum expositæ:* — massa tendida; a dividida em pães sobre o taboleiro para folgar e ir depois ao forno. *Panes ad fermentationem collocati. Largo y tendido;* profusamente, largamente: — *(art.)* tacamissa; parte do telhado desde a fileira até á aba. *Tecti imbricati devexa pars.*

Tendiente. *adj.* Tendente; que

tende, tem tendencia. *Tendens, expandens.*

TENDINOSO, SA. *adj. (anat.)* Tendinoso; de tendão, que tem tendões. *Tendonibus constans.*

TENDON. *m. (anat.)* Tendão; cordão branco, duro e fibroso que forma a terminação dos musculos: — *de Aquiles;* tendão de Achilles; tendão grosso e forte da parte posterior e inferior da perna.

TENEBRARIO. *m.* Candieiro das trevas; candelabro triangular que serve nos officios da semana santa. *Tenebrarium, ii.*

TENEBRAS. *f. pl. (ant.)* Tenebras. V. *Tinieblas.*

TENEBREDAT. *f. (ant.)* V. *Oscuridad:* — *(fig.)* V. *Infamia.*

TENEBREGOSO, SA. *adj. (ant.)* V. *Tenebroso.*

TENEBREGURA. *f. (ant.)* V. *Tenebrosidad.*

TENEBROSAMENTE. *adv. m.* Tenebrosamente; com tenebrosidade. *Obscurissimè.*

TENEBROSIDAD. *f.* Tenebrosidade, tenebricosidade; qualidade de ser tenebroso, grande escuridade, falta total de claridade. *Tenebræ, caligo.*

TENEBROSÍSIMO, MA. *adj. sup.* de *Tenebroso. Tenebrosissimus, a, um.*

TENEBROSO, SA. *adj.* Tenebroso; muito escuro, envolto em trevas. *Tenebrosus, a, um.*

TENEDERO. *m. (naut.)* Surgidouro de firme tença, fundo do mar onde unha a ancora. *Imus maris fundus, cui anchora inhæret:* — *adj. (ant.)* firme, estavel.

TENEDOR, RA. *s.* Possuidor; o que tem ou possue alguma cousa. *Tenens, detinens:* — *m.* garfo; instrumento de dois ou mais dentes com que se toma o comer. *Furcula capiendo cibo:* — *de bastimentos (ant.);* provisioneiro, despenseiro; o encarregado dos viveres e da sua distribuição. *Commeatuum annonæ provisor:* — *de caminos (ant.);* ladrão de estrada. V. *Salteador:* — *de libros (comm.);* guarda livros; o que na casa de um negociante está encarregado de lançar nos livros as entradas e saídas das fazendas e todos os assentos necessarios á boa ordem e clareza das operações commerciaes; empregado encarregado dos livros da contabilidade nas repartições publicas: — *de una letra de cambio.* V. *Portador.*

TENEDURÍA. *f.* Cargo, escriptorio do guarda livros.

TENEMIENTO. *m. (ant.)* V. *Posesion, Detentacion.*

TENENCIA. *f.* Possessão, occupação actual. *Possessio, onis:* — tenencia; cargo de tenente. *Vicarii munus:* — *(ant.)* teres, bens, haveres.

TENER. *a.* Ter; conservar em mãos. *Tenere:* — ter, possuir, gosar. *Possidere, habere:* — ter; ser rico, possuir muitos bens, haveres. *Divitem, pecuniosum esse:* — ter, manter, sustentar. *Tenere, sustinere:* — ter; conter ou comprehender em si. *Capere, continere:* — ter, possuir, dominar, sujeitar. *Tenere, possidere:* — deter, reter. *Retinere, tenere:* — ter, manter; cumprir a palavra, a promessa, etc. *Fidem tenere; promissis stare:* — ter, hospedar; receber em sua casa. *Domi accipere:* — ter, possuir qualidades, dotes, etc., ser d'elles adornado. *Aliquo pollere, vigere:* — ter; estar em precisão de fazer alguma cousa ou occupar-se d'ellas; como: *tener consejo, tener junta;* ter, celebrar conselho, junta, etc. *Opus habere:* — ter, julgar, reputar, entender. N'este caso junta-se com a particula *por. Existimare, putare:* — ter; junto com a preposição *en* e os nomes *poco, mucho* e similhantes, significa estimar, apreciar. *Magni seu parvi facere, æstimare:* — junto com alguns nomes de tempo, passar, gastar algum espaço d'elle em algum sitio ou logar; v. g.: *tener las carnestolendas en Barcelona;* passar o entrudo em Barcellona, etc. *Habere, celebrare:* — ter; junto com a particula *que* e o infinito de outro verbo, explica a necessidade, precisão ou determinação de fazer o que o verbo significa *Necessè habere:* — ter; junto com alguns nomes vale fazer ou padecer o que o nome exprime; v. g.: *tener cuidado, vergüenza, esperiencia, etc.;* ter cuidado, vergonha, experiencia, etc. *Habere, pati, facere:* — ter; com os nomes que exprimem tempo, significa duração ou idade das cousas ou pessoas de que se falla; como: *tener años, tener dias, etc.;* ter annos, dias, etc. *Habere, agere:* — *(ant.)* deter, sujeitar: — ter, valer, importar; v. g.: *¿que mas tiene una cosa que otra?* que mais tem uma cousa que outra? — ter, haver, caber, segundo se vê n'esta phrase: *no tiene duda;* não tem duvida: — ter; como verbo auxiliar significa *haber,* haver: — *(ant.)* subsistir, permanecer: — *(ant.)* caminhar, ir em companhia de outro: — r. ter-se, suster-se, firmar-se, segurar-se para não caír. *Consistere, cursum vitare:* — deter-se, parar. *Sistere:* — ter-se firme, resoluto, resistir, fazer opposição a outro, haver-se com firmeza. *Resistere:* — encostar-se, arrimar-se, adherir ao partido ou parecer de outro, etc. *Alicui adhærere; ab aliquo stare:* — *a ó en menos (fr.);* ter em menos, desprezar, fazer pouco caso: — *andado (fr.);* ter andado, ter dado alguns passos ou haver adiantado em um negocio ou assumpto. *Non nihil ad rem nanciscendam progressum esse:* — *de ahí;* tenha mão, alto lá! especie de interjeição com que se adverte alguem que se detenha ou suspenda, não prosiga no que vae fazer ou dizer, e usa-se tambem só o verbo; v. g.: *tened de ahí, eso no va bien;* tenha mão, alto lá que isso não vae bem, etc. *Tene, teneas, siste gradum:* — *en contra (fr.);* ter contra; achar impedimento, contradicção, difficuldades, obstaculos em uma cousa. *Obicem habere:* — *en poco (fr.);* ter em pouco, desprezar, fazer pouco apreço. *Parvi facere, pendere:*

— *para sí (fr.)*; ter para si, ser de opinião, persuadir-se, formar opinião particular sobre uma cousa em que outros podem discordar ou ter opinião contraria. *Existimare, credere. Tenerlas tiesas (fr. fam.)*; ter-se teso com alguem; res'stir-lhe com firmeza. *Firmiter fortiterque obsistere. Tenerse en buenas (fr. fam.)*; guardar as cartas melhores para ganhar a vasa, no jogo, e por extensão, prevenir o perigo ou mau resultado em qualquer negocio, empreza, etc. *Aptiora folia in ludo reservare; paratum et constantem esse. Tenerse por dicha alguna cosa (fr.)*; ter por dita uma cousa, isto é, suppor, fazer de conta que se disse, aindaque não seja certo. *Dictum putare: — sobre sí (fr.)*; ter sobre si. V. *Tener a cuestas: — tieso ó tenerse tieso (fr)*; ter-se teso; suster-se com vigor, conservar-se constante em uma resolução ou parecer. *Animum obfirmare: — y tengámonos (fr. fam.)*; estamos certos; usa-se em transacções e outros assumptos para persuadir á mutua segurança do que se trata. *Dona et accipies. No poderse tener (fr.)*; não poder-se ter em pé, não poder suster-se; estar muito fraco ou deteriorado; diz-se das pessoas e das cousas. *Pedibus stare non posse; summâ debilitate laborare. No saber lo que se tiene (fr. fam.)*; não saber o que tem de seu, ser riquissimo. *Prædivitem esse. No tener cosa suya (fr.)*; ser mui liberal, propenso a dar. *Nihil non elargiri; liberalissimum esse. No tenerlas todas consigo (fr.)*; não ir senhor de si; ir receioso, para executar alguma cousa. *Minimè esse securum. Quien mas tiene mas quiere (rif.)*; quem mais tem mais deseja. *Crescit amor nummi quantum ipsa pecunia crescit: — los libros (fr. comm.)*; fazer a escripturação nos livros commerciaes: — *al buque los cables (naut.)*; ter o navio, conserva-lo em segurança os cabos: — *la mar (naut.)*; conservar-se, manter-se no mar.

Tenería. *f.* Alcaçaria, pellame, curtume; logar ou fabrica onde se curtem pelles. *Coriaria officina.*

Tenesmo. *m. (med.)* Tenesmo; inflammação intestinal que causa difficuldade em obrar. Vulgarmente chama-se puxos, e em castelhano *pujo de sangre.*

Tenia. *f. (zool.)* Tenia; genero de helminthidos entozoarios, que contém varias especies a que serve de typo a lombriga mui longa e chata, vulgarmente chamada solitaria, que se desenvolve no canal intestinal do homem.

Tenido, da. *adj. (ant.)* Precisado, obrigado.

Teniebras. *f. pl. (ant.)* V. *Tinieblas.*

Tenientazgo. *m.* Tenencia; o cargo, posto de tenente. *Vices gerentis munus.*

Teniente. *p. a.* Possuinte; o que tem ou possue. *Tenens, entis: — adj.* verde; diz-se dos fructos não maduros. *Immaturus, acerbus:* — mouco; algum tanto surdo. *Surdaster, ra, um: — (fig.)* apertado, escasso, illiberal, mesquinho, avarento. *Præparcus, a, um: — m.* substituto; o que suppre o logar de outrem que o encarregou de fazer as suas vezes. *Vicarius; vices gerens: — de navío (naut.)*; capitão tenente: — *(mil.)* tenente; official immediatamente inferior ao capitão: — *coronel;* tenente coronel; official immediato ao coronel: — *de rey;* tenente rei; o segundo official de guerra, que commanda na ausencia do governador: — *general;* tenente general; official general immediatamente ao capitão general.

Teniobranquio, quia. *adj. (zool.)* Teniobranchio; que tem as branchias em figura de fita.

Tenioideo, dea. *adj. (zool.)* Tenioideo; que tem a fôrma de fita.

Teníopo, pa. *adj. (zool.)* Teniopo; que tem listas coradas nos olhos.

Teniópteno, ra. *adj. (zool.)* Teniöptero; que tem as azas ou as barbatanas marcadas com listas de cores.

Teniorinco, ca. *adj. (zool.)* Teniorhyncho; que tem uma lista coloreada no bico.

Tenióso mo, ma. *adj. (zool.)* Teniosomo; que tem o corpo em fôrma de fita.

Tenioto, ta. *adj. (zool.)* Tenioto; que tem as orelhas compridas e estreitas.

Tenllera. *f. (ant.)* V. *Carrillo.*

Tenontagra. *f. (med.)* Tenontagra; especie de gotta que se localisa nos tendões largos.

Tenor. *m.* Estabilidade; qualidade do que é bem estabelecido, com ordem e solidez. *Constitutio firma et stabilis:* — teor ou theor; conteúdo textual de um escripto. *Tenor; litteralis verborum series, textus:* — teor, modo, maneira, norma, estylo. *A este tenor (loc. fam.)*; n'este teor, no mesmo estylo: — *(mus.)* tenor; voz entre a de contralto e contrabaixo. *Media vox, subgravis:* — tenor; cantor que tem esta voz. *Cantor medius, voce subgravi canens.*

Tension. *f.* Tensão; estado tenso dos corpos. Usa-se regularmente em medicina fallando dos nervos e outros membros do corpo. *Tensio, onis.*

Tenso, sa. *adj.* Tenso, estirado; em estado de tensão. *Tensus, distentus.*

Tentacion. *f.* Tentação; instigação ou estimulo que induz ou move para o mal. *Tentatio, onis:* — tentação; cousa, objecto que tenta, seduz, induz a obrar mal. *Tentatio, onis:* — tentação; desejo repentino de alguma cousa, aindaque não seja para o mal. *Animi motus. Caer en la tentacion (fr.)*; caír em tentação, ceder a ella. *Tentationi succumbere; labi in nefas, in culpam.*

Tentacioncilla. *f. dim.* de *Tentacion.* Tentaçãosinha.

Tentaculado, da. *adj. (zool.)* Tentaculado; que tem tentaculos.

Tentacular. *adj. (zool.)* Tentacular; que tem o caracter de um animal tentaculado.

Tentaculiforme. *adj.* *(zool.)* Tentaculiforme; que tem a fórma de um tentaculo.

Tentáculo. *m.* *(zool.)* Tentaculo; appendice movel, não articulado e de conformação mui variavel, de que são providos muitos animaes, que os estendem com o fim de apanhar a presa ou para defender-se.

Tentador, ra. *s.* Tentador; o que tenta. Por antonomasia diz-se do diabo. *Tentator, oris.*

Tentar. *a.* Tentar, apalpar, tactear; exercitar o sentido do tacto, tocar com as mãos. *Tangere:* — tentar, tentear, apalpar, ir ás apalpadellas, examinar pelo tacto o que não se pôde ver, como faz o cego ou quem está ás escuras. *Tactu discernere, explorare:* — tentar; instigar, induzir para o mal, seduzir com promessas, dadivas, esperanças. *Tentare:* — tentar, intentar. *Tentare:* — tentar, intentar, procurar, ensaiar. *Tentare:* — tentar, apalpar, experimentar, provar. *Tentare, experiri:* — tentar, apalpar, sondar, provar, examinar alguem. *Tentare, periculum facere:* — *r.* tentar-se; deixar-se levar de alguma inclinação ou paixão, principalmente quando é incitada pela vista de um objecto: — *a.* *(cir.)* tentear, sondar; reconhecer com a tenta a cavidade de uma ferida. *Specillo vulnus explorare.*

Tentativa. *f.* Tentativa; acção com que se tenta alguma cousa, ensaio, prova. *Experimentum, tentamen, periclitatio:* — tentativa, tentame; ensaio ou exame para fazer prova de capacidade em universidade, antes de se graduar o estudante. *Doctrinæ experimentum, periculum:* — *(for.)* tentativa; acto ou actos preparativos de um crime ou delicto, que não chegou a consummar-se.

Tentativo, va. *adj.* Tentativo; que serve ou que é proprio para tentar, tentear, provar alguma cousa. *Ad tentandum, explorandum deserviens, aptus.*

Tente bonete. *expr.* usada nas locuções adverbiaes *a tente bonete, hasta tente bonete;* que significa até não poder mais, com abundancia, com excesso; v. g.: *beber a tente bonete;* beber até não poder mais. *Usque ad extremum.*

Tente en el aire. *s.* Filho ou filha de quarteirão ou quarteirona, e de mulato ou mulata. Dá-se-lhes este nome, porque não adiantam nada na raça para a côr branca, nem por influencia do pae nem da mãe.

Tente en piè. *m.* V. *Muleta:* — *(fig. fam.)* ligeira refeição que se toma antes da hora propria de comer.

Tentejuela. *(Hasta)* *(loc. adv. fam.)* Até arrebentar, até não poder mais.

Tentemozo. *m.* Espeque, esteio; pau, arrimo que sustém, escora alguma cousa para não caír. *Fulcrum, i.*

Tenudo, da. *p. p.* *irreg.* *(ant.)* de *Tener.* Regularmente juntava-se com o verbo *ser*, e significava estar obrigado ou precisado.

Tenue. *adj.* Tenue, delicado, delgado; de pouca consistencia. *Tenuis, e:* — diz-se das letras consoantes que se pronunciam com mais suavidade que as outras. *Tenuis littera:* — tenue, fraco, insignificante, de pouco valor ou importancia. *Tenuis, futilis, exigui momenti.*

Tenuemente. *adv.* *m.* Tenuemente; com tenuidade. *Tenuiter.*

Tenuicórneo, nea. *adj.* *(zool.)* Tenuicorneo; que tem as antennas delgadas.

Tenuidad. *f.* Tenuidade, delgadeza; qualidade de ser tenue. *Tenuitas, atis:* — tenuidade, exiguidade, insignificancia, bagatella; quantidade diminuta. *Tenuitas, res nihili.*

Tenuifloro, ra. *adj.* *(bot.)* Tenuifoliado; que tem folhas ou foliculos delgados.

Tenuipenne. *adj.* *(zool.)* Tenuipenne; que tem pennas delgadas.

Tenuirostros. *m. p.* *(zool.)* Tenuirostros; familia de aves da ordem dos passaros.

Tenuo, nua. *adj.* V. *Tenue.*

Tenuta. *f.* *(for.)* Fruição, logro, goso dos bens de um morgado em litigio. *Possessio, onis.*

Tenutario, ria. *adj.* *(for.)* Possessorio. *Possessorius, a, um.*

Tenzon. *f.* *(ant.)* Tenção, briga, rixa, disputa, altercação: — *(poet.)* tenção; dá-se este nome a antigas composições poeticas, que tinham por objecto tratar questões engenhosas ácerca do amor.

Teñidura. *f.* Tingidura, tintura ou tinctura; acção e effeito de tingir. *Tinctura, æ.*

Teñir. *a.* Tingir; dar côr ao fio ou a tecidos de lã, seda, linho, algodão, etc., mettendo-os em liquido apropriado. *Tingere:* — *(fig.)* embelecar, embuir, induzir, insinuar em uma opinião, affecto, etc. *Imbuere:* — tingir, manchar, sujar; v. g.: *teñir las manos en la sangre de su hermano;* tingir, manchar as mãos no sangue de seu irmão, etc.: — *(pint.)* enfraquecer uma tinta ou côr com outra mais escura. *Colores mitigare, adumbrare.*

Teocal. *m.* *(hist.)* Theocal; especie de pyramide que servia de templo entre os antigos mexicanos.

Teocracia. *f.* Theocracia; governo em que os chefes da nação não são contemplados senão como ministros de Deus, cuja auctoridade immediata se manifesta por signaes visiveis; tal era a dos judeus, que durou até Saul. *Theocratia, æ.*

Teocrático, ca. *adj.* Theocratico; pertencente á theocracia.

Teodicea. *f.* Theodicea; justiça de Deus, tratado de seus attributos: — theodicea, philosophia divina; parte da philosophia que trata de Deus.

Teodolito. *m.* *(math.)* Theodolito; instrumento para levantar plantas e reduzir os angulos no horisonte.

Teófago, ga. *adj.* Theophago *(devorador de Deus);* epitheto applicado por injuria aos catholicos.

Teofania. *f.* Theophania; apparição ou revelação da divindade: — *f. pl.* theophanias; festas que se celebravam em Delphos em commemoração de ali ter apparecido Apollo.

TEOFILANTROPÍA. *f.* Theophilanthropia; doutrina dos theophilanthropos, systema religioso e philosophico que assentava principalmente no amor de Deus e dos homens.

TEOFILANTRÓPICO, CA. *adj.* Theophilanthropico; pertencente á theophilanthropia e aos theophilanthropos.

TEOFILÁNTROPO. *m.* Theophilantropo; membro de uma seita religiosa de França que professava o theismo; estabeleceu-se em 1796, obteve do governo o uso de varias Igrejas e foi supprimida em 1801. Tinha por chefe o convencional la Reveillere-Lepeaux, e o seu culto consistia em discursos de moral e em hymnos ao Ente Supremo e a todas as virtudes.

TEOFILO, LA. *adj.* Theophilo; que ama a Deus.

TEOFRASTA. *f. (bot.)* Theophrasta; genero de plantas da familia das myrsineas.

TEOGONÍA. *f.* Theogonia; genealogia dos deuses da fabula, parte da theologia pagã que tratava da geração dos deuses: — theogonia; por extensão, chama-se assim qualquer systema religioso imaginado no paganismo: — *litt.)* theogonia; titulo de um poema de Hesiodo.

TEOGÓNICO, CA. *adj.* Theogonico; concernente á theogonia.

TEOLOGAL. *adj.* Theologal; que respeita á theologia ou é proprio d'ella. *Theologalis, le.*

TEOLOGIA. *f.* V. *Teolojia.*

TEOLÓGICAMENTE. *adv. m.* V. *Teolójicamente.*

TEOLÓGICO, CA. *adj.* V. *Teolojico.*

TEOLOGIZAR. *n.* V. *Teolojizar.*

TEÓLOGO. *m.* Theologo; professor de theologia. Commummente significa o que é versado na theologia. *Theologus; theologiæ professor:* — V. *Teologal.*

TEOLOJÍA. *f.* Theologia; sciencia que trata de Deus e dos seus attributos. *Theologia, æ:* — *dogmática;* theologia dogmatica; conhecimento da Escriptura Sagrada, segundo a opinião dos concilios e santos padres, sem contestação alguma: — *escolástica;* theologia escolastica; a que por meio do raciocinio funda muitos conhecimentos das cousas divinas nos principios da fé: — *espositiva;* theologia expositiva; a que explica os livros sagrados da Biblia e dá regras para a entender: — *moral;* theologia moral; a que instrue no conhecimento das leis divinas para regular os costumes: — *positiva;* theologia positiva. V. *Teolojía dogmática. No meterse en teolojías (fr. fig. fam.);* não se metter em theologia; fallar, discorrer chãmente, sem se envolver em materias arduas que se não estudaram. *Non alta sapere, non sapere plus quâm opportet.*

TEOLÓJICAMENTE. *adv. m.* Theologicamente; como theologo, á maneira dos theologos. *Theologicè.*

TEOLÓJICO, CA. *adj.* Theologico. V. *Teologal.*

TEOLOJISMO. *m.* Theologismo; abuso do raciocinio e da discussão, em materias religiosas: — subtileza; diz-se por extensão.

TEOLOJIZAR. *n.* Theologisar; discorrer como theologo, segundo a theologia. *Theologum agere.*

TEOMITIA. *f.* Theomythia; systema dos dogmas antigos, que se hão conservado por meio da tradição.

TEOMÍTICO, CA. *adj.* Theomythico; que pertence á theomythia.

TEOMITOLOJIA. *f.* Theomythologia; tratado sobre os deuses do paganismo.

TEOPSIA. *f.* Theopsia; dava-se este nome ás subitas apparições dos deuses.

TEOREMA. *m.* Theorema; proposição e demonstração de qualquer verdade especulativa. *Theorema, æ.*

TEORÍA. *f.* V. *Teórica.*

TEÓRICA. *f.* Theorica ou theoria; conhecimento especulativo e que não passa á pratica das cousas conhecidas. *Theoria, theorica.*

TEÓRICAMENTE. *adv. m.* Theoricamente. V. *Especulativamente. Theoreticè.*

TEÓRICO, CA. *adj.* Theorico; pertencente á theoria. *Theoricus, a, um:* — theorico; que conhece as cousas só especulativamente. *Theoricus, a, um.*

TEÓRIDA. *f. (hist. ant.)* Theorida; navio onde íam os theoros.

TEORISTA. *m.* Theorista; o que conhece os principios de uma arte sem a praticar.

TEORO. *m. (zool.)* Theoro *(expectador);* genero de systolidos ou rotadores.

TEOROS. *m. pl. (hist. ant.)* Theoros; sacrificadores particulares, que os athenienses mandavam a Delphos offerecer em seu nome sacrificios solemnes a Apollo.

TEOSOFÍA. *f. (ant.)* Theosophia. V. *Teolojía:* — *(philos.)* theosophia; sciencia que ensina a theoria dos sacrificios, a adivinhação e todos os meios de obter o favor da divindade ou de communicar com Deus: — *(rel.)* theosophia; seita de philosophos illuminados, que pretendiam que um principio intimo, sobrenatural e divino brilhava n'elles, extinguindo-se só por intervallos.

TEOSOFISMO. *m. (philos.)* Theosophismo; nome dado por Kant ao systema dos philosophos que, como Mallebranche, crêem ver tudo em Deus.

TEOTISCO, CA. *adj.* Theotisco; diz-se do tudesco ou antigo allemão e especialmente do dialecto da tribu franca.

TEOTISMO. *m. (philos.)* Theotismo; nome dado á doutrina de Catharina Theot.

TEPALCATE. *m. (p. M.)* V. *Tiesto.* É mais usado no plural.

TÉPE. *m.* Tepe ou cespede; pedaço, torrão de terra muito travada com raizes de grama, que se corta em bocados para fazer muros pondo uns sobre outros. *Cespes, itis.*

TEPEGUAJE. *m.* Madeira do Mexico muito dura e compacta: — *(fig. p. M.)* cabeçudo, teimoso, obstinado.

Tepehuana. *adj.* Diz-se de uma lingua mexicana que se falla na Nova-Biscaia.

Tepeiscuntli. *m.* V. *Tepeizquinte.*

Tepeizquinte. *m.* Animal quadrupede da provincia de Tabasco, algum tanto parecido com o gamo.

Tepetate. *m.* *(p. Mex.)* Especie de cespede ou camada de terra mui dura que se corta como cantaria, e serve para fabricar casas no Mexico: — terra de mina que não tem metal.

Tepidario. *m.* *(hist. ant.)* Tepidario; habitação das thermas romanas onde se tomavam banhos tepidos.

Tépido, da. *adj.* *(ant.)* Tepido. V. *Tibio.*

Teque. *(Estar de) (fr. fam.)* Estar de maré, de bom humor.

Tequezquite. *m.* *(min. p. Mex.)* Carbonato de soda natural que se encontra em estado de efflorescencia nas planicies ou á beira dos lagos.

Tequío. *m.* *(p. Mex.)* Gravame, tributo oneroso. *Vectigal quoddam apud indos:* — *(min.)* porção de mineral que o trabalhador deve entregar ao dono da mina durante as horas de trabalho diario.

Terapeutas. *m. pl.* *(rel.)* Therapeutes; monges do judaismo, que se estabeleceram principalmente na Alexandria. Guardavam o celibato, entregavam-se á vida contemplativa e mortificada, e eram o modelo de todas as virtudes.

Terapéutica. *f.* Therapeutica; parte da medicina que ensina os meios curativos.

Terapéutico, ca. *adj.* Therapeutico; concernente á therapeutica: — therapeutico. V. *Curativo:* — *(rel.)* therapeutico; relativo aos therapeutes.

Terapéutrida. *f.* *(rel.)* Therapeutrida; mulher que seguia os costumes dos therapeutes e vivia com elles.

Terarca. *m.* *(hist.)* Terarcha; chefe que commandava os soldados que íam sobre elephantes.

Teratolita. *f.* *(min.)* Theratolita; silicato hydratado de allumina e de cal.

Teratólogo. *m.* Teratologo; o que é versado na teratologia.

Teratolojía. *f.* Teratologia; parte da physiologia geral que trata das diversas anomalias e monstruosidades da organisação animal: — teratologia; historia das monstruosidades organicas.

Teratolojista. *m.* Teratologista. V. *Teratólogo.*

Teratoscopia. *f.* *(hist. nat.)* Teratoscopia; especie de adivinhação, fundada na observação dos phenomenos prodigiosos ou que se suppunham milagrosos.

Terbio. *m.* *(min.)* Terbio; novo metal descoberto na Itria.

Tercamente. *adv. m.* Teimosamente, obstinadamente. *Obstinatè, pertinaciter.*

Tercena. *f.* Administração ou deposito do tabaco. *Taberna primaria, qua tabacum divenditur.*

Tercenal. *m.* *(p. Ar.)* Meda de trinta mólhos de trigo. *Fascis triginta manipulos continens.*

Tercenista. *m.* Administrador ou encarregado da administração do deposito dos tabacos. *Tabacum in taberna primaria vendens.*

Tercer. *adj.* V. *Tercero.*

Tercera. *f.* Terceira corda da guitarra: — terceira; no jogo dos centos, tres cartas de um mesmo naipe, seguidas por ordem e denominam-se da carta superior; como: *tercera mayor;* terceira maior; a que começa pelo az, *tercera real;* terceira real, a que começa pelo rei, etc.

Terceramente. *adv.* Terceiramente; em terceiro logar. *Tertiè.*

Tercería. *f.* Terçaria, intercessão, mediação. *Interpositio:* — terçaria, fieldade de terceiro, tenencia interina de fortaleza, etc. *Temporaria arcis, munimenti, alteriusve rei, depositi instar, possessio:* — *(fam.)* alcovitaria. V. *Alcahuetería:* —

Tercerilla. *f.* Terceto, estancia ou copla de tres versos, em que rimam dois. *Metrica compositio, sic à tribus versibus dicta.*

Tercero, ra. *adj. num. ord.* Terceiro; que está logo depois do segundo. *Tertius, a, um:* — terceiro, medianeiro. Usa-se mais como substantivo. *Mediator, internuntius:* *m.* terceiro, alcoviteiro. V. *Alcahuete:* — *m.* terceiro; membro da ordem terceira de S. Francisco, S. Domingos e Nossa Senhora do Carmo. *Tertiæ regulæ religiosæ professor:* — dizimeiro ou dizimador; o que cobra dizimos e os guarda até os distribuir pelos participes. *Decimarum sequestor:* — *en discordia;* terceiro arbitro; o nomeado para desempate entre dois juizes arbitros. *Tertius arbiter:* — *f.* *(mus.)* terceira; consonancia que comprehende o intervallo de dois tons e meio. *Tertia consonantia:* — *mayor.* V. *Ditono:* — *menor.* V. *Semitono.*

Tercerol. *m.* *(naut.)* O que occupa o logar terceiro, como o terceiro remo no banco, etc.

Tercerola. *f.* Carabina curta e reforçada de que usa a cavallaria ligeira. *Tormentaria fistula brevior:* — quartola, barril. *Lagena, doliolum.*

Tercerón. *m.* Filho de branco e de mulata.

Terceto. *m.* Terceto; um dos ramos da poesia, composto de tres versos. *Metrica compositio, tribus versibus constans:* — V. *Tercerilla:* — *(mus.)* terceto; composição para cantar-se a tres vozes. *Musica compositio tribus cantoribus canenda.*

Tercia. *f.* Terça; uma das tres partes de qualquer cousa. Regularmente significa a terça parte da vara. *Tertia pars in mensura:* — tercia ou terça, a hora da terça; uma das horas em que os romanos dividiam o dia, e era correspondente ás nove da manhã. *Hora tertia:* — tercia ou terça; uma das horas canonicas depois da prima. *Tertia inter sacras preces:* — dizimaria; casa onde se deposita a dizima ou dizimo. *Decimarum horreum:*

— V. *Tercera,* no jogo dos centos: — *pl.* terças; direito de todos os dizimos ecclesiasticos que se deduziam para o rei. *Vectigal regium e decimis ecclesiasticis pensum.*

Terciado. *m.* Terçado; espada curta e larga. *Ensis brevior et latior:* — especie de fita. *Fasciola, æ:* — *adj.* mascavado; diz-se do assucar escuro, não refinado.

Terciana. *f.* Terçã ou terçan; febre intermittente cujos paroxysmos voltam no terceiro dia. Chama-se terçã doble quando se repete todos os dias. *Febris tertiana.*

Tercianario, ria. *adj.* Doente que tem febres terçãs. *Tertiana febri laborans.*

Tercianela. *f.* Tercinella ou tercionella; estofo ou tela de seda mais encorpada e lustrosa que o tafetá. *Tela serica crassior et perlucida.*

Terciano, na. *adj.* Alternado; o que succede ou tem logar uma vez sim, outra não, ou com intermissão igual entre duas ou mais cousas. *Alternis vicibus eveniens.*

Terciar. *a.* Terçar, traçar, atravessar, pôr alguma cousa atravessada diagonalmente, como a capa, a lança, etc. *Transversè, obliquè collocare:* — terçar; repartir em tres partes. *Tripartiti dividere:* — *n.* perfazer o numero terceiro. É pouco usado n'este sentido. *Numerum tertium implere:* — terçar; servir de medianeiro. *Se interponere, interloqui:* — tomar parte em uma cousa, completar o numero necessario de pessoas para alguma cousa, servir de terceiro. *Tertium locum occupare; rei consortem fieri:* — alternar com alguem tendo relações de amisade com elle: — *(ant.)* alcovitar. V. *Alcahuetear:* — *la cara y la carga (fr.)* V. *Cara, Carga:* — *(agr.)* lavrar a terra terceira vez, dar-lhe o terceiro lavor. *Tertiare.*

Terciario. *m. (archit.)* Arco de pedra que se faz nas abobadas formadas com cruzeiros. *Arcus lapideus cujusdam formæ:* — *adj.* terceiro, medianeiro; que faz bons officios a alguem.

Terciazon. *m.* Terceira lavra que se dá á terra. *Tertiatio agri.*

Tercio, cia. *adj. num. (ant.)* V. *Tercero:* — *m.* terço; a terça parte. *Tertia cujusque rei pars:* — metade de uma carga que se divide em duas partes, quando consta de fardos. *Sarcinæ pars æqua:* — terço; cada uma das tres partes em que imaginariamente se divide a espada. *Ensis pars tertia:* — terço; qualquer das tres partes em que se divide a carreira do cavallo. *Cursus equini tertia pars:* — terço; uma parte do rosario. *Rosarii tertia pars:* — terço; corpo de infanteria na antiga milicia de Hespanha e outras nações. *Legio apud hispanos sic dicta:* — *pl.* terços; no cavallo e seus congeneres dá-se estè nome a tres partes que, apesar de não serem iguaes, medindo-se a sua proporção, servem para conhecer a altura que elles devem ter. *Tertia pars staturæ in equis:* — *pl.* membros fortes e robustos do homem; v. g.: *fulano tiene buenos tercios*; fulano tem membros robustos. *Robustiora membra:* — *naval;* corpo de marinheiros alistados para o serviço dos navios de guerra, em cada um dos tres departamentos de Carthagena, Cadix e Ferrol. *En tercio y quinto (loc. fig.);* expressa a grande vantagem que faz uma cousa a outra. *Longè, longissimè, quàm maximè. Hacer tercio (fr.);* servir de terceiro, fazer parte de alguma cousa, completar o numero das pessoas que concorrem a ella. *Partes in re aliqua subire, suscipere. Hacer buen ó mal tercio (fr.);* fazer bom ou mau terço, ajudar ou estorvar alguem no que pretende. *Favere vel officere. Mejorado en tercio y quinto (fr.)* V. *Mejorar.*

Terciodécuplo, pla. *adj.* Tercidécuplo; diz-se do producto de qualquer quantidade multiplicada por treze.

Terciopelero. *m.* Fabricante de velludos ou terciopellos. *Villosi serici opifex.*

Terciopelo. *m.* Terciopello, velludo; tecido de seda de pello curto, assim chamado porque de ordinario fazia-se de tres pellos. Hoje é quasi exclusivamente fabricado de dois. Em portuguez só se chama terciopello ao velludo de tres pellos, aos mais chama-se unicamente velludo. *E villoso serico tela contexta:* — *matizado;* velludo lavrado de diversas cores.

Terco, ca. *adj.* Terco, teimoso, pertinaz, obstinado. *Pertinax, contumax:* — duro, rijo, como o marmore, etc. *Durus, tenax, firmus.*

Terebelaria. *f. (zool.)* Terebellaria; genero de polypeiros fosseis.

Terebintina. *f. (ant.)* V. *Trementina.*

Terebinto. *m. (bot.)* Terebintho; especie de plantas do genero pistacha; é um arbusto mediano, que dá a resina chamada terebinthina.

Teredilos. *m. pl. (zool.)* Teredilos; familia de insectos coleopteros pentameros.

Tereniabin. *m. (pharm.)* Tereniabim, manná liquido; materia viscosa, branca, doce, que se assimilha ao mel branco, e que se acha pegada ás folhas de certas arvores e arbustos da Persia, e nos arredores de Alepo e do Grão Cairo; é muito purgante, e os hespanhoes tambem lhe chamam maná liquido. *Manna liquidum.*

Terenita. *f. (min.)* Terenita; variedade de vernerita.

Terete. *adj. (ant.)* Membrudo, carnudo, roliço; bem fornecido de carnes. *Teres, torosus.*

Tereticaude. *adj. (zool.)* Tereticaude; diz-se do animal que tem a cauda delgada.

Tereticolio, lia. *adj. (zool.)* Tereticolio; que tem o pescoço delgado.

Teretifoliado, da. *adj. (bot.)* Teretifoliado; que tem folhas delgadas.

Teretirostro, tra. *adj. (zool.)* Teretirostro; que tem o bico delgado.

TERGAL. *adj.* *(zool.)* Tergal; que se refere ao dorso dos insectos

TERGER. *a.* *(ant.)* V. *Limpiar.*

TERGIVERSACION. *f.* V. *Terjiversacion.*

TERGIVERSADOR, RA. *s.* V. *Terjiversador.*

TERGIVERSAR. *a.* V. *Terjiversar.*

TERIA. *f.* *(zool.)* Theria; genero de insectos lepidopteros diurnos da tribu das papilionaceas.

TERIACA. *f.* Theriaga. V. *Triaca.*

TERICIA. *f.* Tericia. V. *Ictericia.*

TERIGO-ESTAFILINO, NA. *adj.* *(anat.)* Pterygo-staphylino; que tem relação com a apophyse pterygoide e com o véu palatino.

TERIGOIDEO, DEA. *adj.* *(anat.)* Pterygoideo; pertencente ás apophyses pterygoides.

TERIGOIDES. *adj.* *(anat.)* Pterygoides ou pterygoide; diz-se de duas apophysis do osso esphenoide.

TERIGOMA. *m.* *(med.)* Pterygoma; inchação da vulva que oppõe um obstaculo material ao coito.

TERIJION. *m.* *(med.)* Pterygion ou pterygio; unha do olho, dilatação varicosa das veias da conjunctiva e da cornea.

TERIOTOMÍA. *f.* Theriotomia; anatomia dos animaes.

TERIOTÓMICO, CA. *adj.* Theriotomico; concernente á teriotomia.

TERISTAFILINO, NA. *adj.* *(anat.)* V. *Terigo-estefalino.*

TERISTRO. *m.* Theristro; véu ligeiro que as mulheres da Palestina traziam antigamente de verão. *Theristrum, i.*

TERJIVERSACION. *f.* Tergiversação; meios, rasões, desculpas, pretextos evasivos. *Tergiversatio, onis.*

TERJIVERSADOR, RA. *adj.* Tergiversador; que tergiversa, que usa de tergiversações. *Tergiversator, oris.*

TERJIVERSAR. *a.* Tergiversar; rigorosamente significa voltar as costas, porém é só usada no sentido figurado, valendo o mesmo que usar de tergiversações, meios evasivos. *Tergiversari.*

TERLIZ. *m.* Trilice; tela de linho ou algodão, de cores e tres liços. *Trilix, icis:* — *adj.* trilice; de tres liços ou de tres fios: — de tres escamas ou malhas, referindo-se a uma loriga ou cota de malha.

TERMAL. *adj.* Thermal; pertencente ás thermas ou banhos de agua quente. *Ad thermas pertinens:* — thermal; diz-se da agua naturalmente quente.

TERMÁNTICO, CA. *adj.* *(med.)* Thermantico; diz-se dos remedios excitantes.

TERMAS. *f. pl.* Thermas; aguas medicinaes quentes que se tomam em bebida ou se usam em banhos. *Thermæ, arum:* — thermas; edificios antigos destinados para banhos e que faziam parte dos seus gymnasios.

TERMIDOR. *m.* Thermidor; undecimo mez do anno da primeira republica franceza. Começava em 19 de julho e acabava em 17 de agosto.

TERMINABLE. *adj.* Terminavel; que pôde terminar-se ou acabar-se.

TERMINACION. *f.* Terminação, conclusão, fim. *Terminatio:* — *(gram.)* terminação; desinencia das palavras.

TERMINACHO. *m.* *(fam.)* Palavrada; palavra pouco culta, mal formada, vulgar ou indecente. *Incultum, indecorumve verbum.*

TERMINADO, DA. *adj.* Terminado, concluido, rematado: — *m.* ordem de andares de uma casa. *Pars domûs tectis distincta:* — *(p. Nav.)* V. *Districto, Paco.*

TERMINADOR, RA. *s.* Terminador; o que termina. *Terminans, antis.*

TERMINAJO. *m.* *(fam.)* Termo baixo, barbaro, etc. *Barbara vox.*

TERMINAL. *adj.* Terminal, final, ultimo; que termina. *Terminalis, le.*

TERMINALIA. *f.* *(bot.)* Terminalia; genero de plantas da familia das compostas.

TERMINANTE. *p. a.* Terminante; que termina. *Terminans, finem imponens:* — *adj.* terminante, decisivo; diz-se da auctoridade, lei, etc., que decide, põe termo áquillo de que se trata. *Definitus, indubius, rem decidens. En términos terminantes (loc. adv.);* em termos terminantes, formaes. *Ipsis verbis.*

TERMINAR. *a.* Terminar; pôr termo, limite, fim, limitar. *Terminare:* — *n.* terminar, acabar, concluir; ter fim ou termo. Usa-se tambem como reciproco. *Terminare:* — dirigir-se, encaminhar-se a um fim. *Referre:* — *n.* *(gram.)* terminar, acabar; diz-se da terminação, da desinencia dos verbos ou nomes. *Terminare.*

TERMINATIVO, VA. *adj.* Terminativo; respectivo ou relativo ao termo ou objecto de alguma acção. *Quod ad aliud refertur.*

TERMINICO, LLO, TO. *m. dim.* de *Término.*

TERMINISTA. *s.* *(ant.)* V. *Purista.*

TÉRMINO. *m.* Termo; fim de alguma cousa material ou immaterial. *Terminus, finis, meta, limes:* — termino, termo, raia, fim, marco divisorio. *Terminus, limes:* — termo, districto, territorio, limites correspondentes a uma cidade, villa, etc. *Intra fines, intra limites territorium, tractus:* — termo, modo, geito, maneira de se portar, cortezia. *Modus, ratio:* — sitio, logar assignalado para alguma cousa. *Meta, æ:* — termino, termo; limite ou confins de um logar ou provincia. *Confinia:* — termos; estado, ponto em que se acha um negocio. *Terminus, i:* — termo, vocabulo, voz, palavra. *Verbum, vocabulum:* — termo; tempo fixo para executar alguma cousa. *Articulus, i:* — termo; estado, constituição de uma cousa. *Status, conditio:* — termo, praso; espaço de tempo determinado que se concede para fazer alguma cousa, ou aos litigantes no fôro. *Dies; præfinitum tempus:* — *(fig)* objecto, fim determinado. *Finis, is:* — *adj.* *(ant.)* V. *Estremo:* — *redondo;* territorio isento da jurisdicção dos povos comarcãos. *Tractus à jurisdictione aliena undequaque exemptus. Términos generales;* termos geraes; palavras ou expressões que não limitam a sentença ou phrase a cousas ou circumstancias individuaes. *Buenos términos;* bons, bonitos termos; cortezia, urbanidade, bom modo, boas maneiras. *Correr el término (fr.);* correr o termo ou praso; estar no termo assignalado para alguma cousa. *En buenos términos (loc.);* em bons termos; emprega-se para explicar que o que alguem disse com periphrase ou encobertamente, exprime o que não se atreveu a dizer claramente; v. g.: *eso en buenos términos es llamarme ignorante;* isso em bons termos é chamar-me ignorante, etc. *Expressè, luculeter, ambagibus remotis. En propios términos (loc. adv.);* em termos proprios, em palavras precisas, com expressão rigorosa e genuina para a intelligencia de alguma cousa. *Propiis terminis, verbis. En términos habiles (loc. adv.);* em termos habeis; sem inconveniente, sem prejuizo de terceiro. *Si fieri potest. Málos términos;* maus termos, más palavras, descortezia, falta de educação, aspereza, desabrimento. *Medios términos;* termo medio; palliativos, modos de escapar, de illudir, tergiversações. *Tergiversantia verba. Medio término ó término medio;* meio termo ou termo medio; temperamento para se dirigir em algum negocio, igualmente afastado dos dois extremos. *Modus medius, ratio, arbitrium: — (arch.)* termo; sustentaculo, apoio que termina pela parte superior em uma cabeça humana, á maneira como os antigos figuravam o deus Termino. *Sustentaculum, in humanum caput supernè desinens: — pl. (ant. astr.)* termos; certos graus e limites em que se cria que os planetas tinham mais força nos seus influxos. *Termini: — ecliptico;* termo ecliptico; distancia da lua a um dos nós da ecliptica. *Terminus eclypticus: — (philos.)* termo; aquillo em que se contém inteiramente alguma cousa, de modo que d'esta nada se ache fóra d'elle. *Terminus, i: — pl. (philos.)* termos; palavras que substancialmente compõem um argumento ou syllogismo, no qual é defeito ter quatro termos. *Terminus, i. Términos repugnantes (philos.);* termos repugnantes; os que são incompativeis entre si ou não podem estar n'um sujeito ao mesmo tempo. *Termini repugnantes: — perentorio (for.);* termo peremptorio; o que se consegue com denegação de outro. *Terminus peremptorius: — (math.)* termos; membros da proporção arithmetica ou geometrica. *Termini: — (mus.)* V. *Punto, Tono: — (pint.)* plano; logar em que se representa algum objecto n'um quadro. Chama-se *primero término,* primeiro plano, o logar mais proximo; segundo, o medio, e terceiro, o ultimo. *Rei cujusque in tabula depictæ situs: — (med.)* tempo, dia critico de uma doença. *Criticus dies.*

Terminolojía. *f.* Terminologia; sciencia dos termos technicos ou das idéas que representam.

Terminote. *m.* Palavra affectada, empolada ou desusada. *Vocabulum insolens, quæsitissimum.*

Termo-barómetrico, ca. *adj.* Thermo-barometrico; concernente ao thermo-barometro.

Termo-barómetro. *m.* Thermobarometro; instrumento que reune as propriedades do barometro e as do thermometro.

Termodoto. *m. (hist.)* Thermodoto; o que distribuia a agua quente nos banhos publicos da Grecia.

Termolojía. *f.* Thermologia; tratado ácerca do calor.

Termo-magnetismo. *m. (phys.)* Thermo-magnetismo; magnetismo desenvolvido pelo calor.

Termometría. *f. (phys.)* Thermometria; medição do calor.

Termométrico, ca. *adj.* Thermometrico; pertencente á thermometria ou ao thermometro.

Termómetro. *m. (phys.)* Thermometro; instrumento que serve de medir os graus do calor ou do frio. Ha thermometros de differentes especies e auctores.

Termoscopía. *f. (phys.)* Thermoscopia; medição do calor atmospherico.

Termoscópico, ca. *adj.* Thermoscopico; relativo á thermoscopia ou ao thermoscopo.

Termoscopo. *m. (phys.)* Thermoscopo; instrumento que marca as mudanças que sobrevem na temperatura, pela dilatação do ar secco encerrado em duas bolas collocadas nos extremos de um tubo duas vezes dobrado.

Terna. *f.* Numero de tres pessoas que se propõem para um emprego. *Ternio, onis: —* ternas ou ternos; o ponto de tres pintado no mesmo lado dos dois dados. Usa-se tambem no plural. *Ternio in talorum ludo.*

Ternario, ria. *adj.* Ternario; numero de tres. Usa-se tambem substantivado. *Ternarius, a, um: — m.* triduo; espaço de tres dias para alguma devoção e exercicio espiritual: — *(mus.)* ternario; compasso em tres tempos iguaes. *Ternio musicus: — (chim.)* ternario; diz-se dos compostos que resultam da combinação de tres corpos simples, ou melhor, de dois compostos binarios que têem um principio commum.

Terne. *adj. (p. Am.)* V. *Valiente.*

Ternejal. *adj. (p. Cub.)* V. *Valenton.*

Ternejon, na. *adj. (fam.)* V. *Terneron.*

Ternerico, ca, llo, to, ta. *s. dim.* de *Ternero* e *Ternera.* Vitellinho, bezerrinho, novilhosinho. Na terminação feminina tambem se pôde dizer terneirasinha.

Ternero, ba. *s.* Vitello, bezerro; cria masculina de gado vaccum. A cria feminina, alem dos nomes vitella, bezerra e novilha, chama-se tambem terneira. *Vitulus, vitula: —* vitella; regularmente n'esta terminação significa a carne do vitello ou da vitella. *Vitulina caro.*

Terneron, na. *adj. (fam.)* Chorão, sensivel; diz-se da pessoa muito sensivel, que se enternece facilmente. *Ad misericordiam nimis proclivis, obnoxius.*

Ternezuelá. *f. dim. de Ternera.* Terneirasinha, vitellinha.

Ternez. *f. (ant.)* Terneza. V. *Terneza, Ternura.*

Terneza. *f.* Tenrura; qualidade de ser tenro. *Teneritas, teneritudo:* — tenrura, brandura, flexibilidade, delicadeza. *Teneritas, teneritudo:* — ternura, meiguice; a qualidade de ser terno. *Tener, blandus amor:* — ternura, sensibilidade, facilidade de enternecer-se, chorando ou compadecendo-se. *Pietatis sensus:* — ternura; doçura, suavidade nas palavras e expressões. *Suavitas, dulcedo.*

Ternezuelo, la. *adj. dim.* de *Tierno.* Tenrinho, tenrosinho; algum tanto terno.

Ternifloro, ra. *adj. (bot.)* Ternifloro; que tem as flores dispostas tres a tres.

Ternifoliado, da. *adj. (bot.)* Ternifoliado; que tem as folhas verticiladas dispostas tres a tres.

Ternil. *m.* V. *Tertil.*

Ternilla. *f.* Cartilagem; parte do corpo animal, de consistencia media entre os ossos e os ligamentos. *Cartilago, inis.*

Ternilloso, sa. *adj.* Cartilaginoso; composto, formado de cartilagens. *Cartilaginonus, a, um.*

Ternísimo, ma. *adj. sup.* de *Tierno.* Ternissimo. *Tenerrimus, valdè pius.*

Terno. *m.* Terno; numero de tres cousas similhantes, da mesma especie. *Ternio, onis:* — paramento, vestuario uniforme dos tres celebrantes da missa cantada, ou dos que assistem assim paramentados a alguma funcção ecclesiastica. *Trium sacra celebrantium vestimenta:* — terno; no jogo do loto é a sorte de ter o jogador em um mesmo cartão tres numeros dos cinco que se tiram para ganhar: — V. *Voto,* significando praga, juramento, e que só se usa na phrase *echar ternos;* rogar pragas. *Dejerare:* — *(typ.)* caderno de tres folhas. *Trina folia, ternio.*

Ternstermia. *f. (bot.)* Ternstremia; genero de plantas da familia das ternstremiaceas.

Ternstremiáceas. *f. pl. (bot.)* Ternstremiaceas; familia de plantas dicotyledoneas polypetalas.

Ternura. *f.* Tenrura; a qualidade de ser tenro. *Teneritudo, teneritas:* — ternura; o ser terno. V. *Terneza.*

Ternurilla. *f. dim.* de *Ternura.*

Terquedad. *f.* Teima, pertinacia, obstinação. *Pertinacia, tenacitas:* — *(fig.)* teima grande, porfia, disputa obstinada, questão renhida. *Altercatio pertinax.*

Terquería. *f. (ant.)* V. *Terquedad.*

Terqueza. *f. (ant.)* V. *Terquedad.*

Terráceo, cea. *adj.* Feito de terra.

Terrada. *f.* Especie de betume feito de almagre, alhos pisados e colla, tudo fervido. *Bitumen ochra, glutine allisque confectum.*

Terrado. *m.* Terrado ou terraço; teia descoberta e argamassada ou ladrilhada sobre a casa, em vez de telhado, onde se passeia e toma o ar nos paizes quentes. *Terreum aut lateritium tectum.*

Terraja. *f. (archit.)* V. *Tarraja:* — *(art.)* tarracha; instrumento de aço para formar os parafusos de metal. *Ferramentum è chalybe ad metallica torcula conficienda.*

Terraje. *m.* V. *Terrazgo,* na segunda accepção.

Terrajero. *m.* V. *Terrazguero.*

Terral. *adj.* Terral; diz-se do vento que vem ou sopra da terra. Usa-se tambem substantivado. *Terrestris, tre.*

Terraplen. *m.* Terrapleno; terreno com que se enche algum vão alisado, aplanado. *Ager, eris:* — *(mil.)* terrapleno; superficie horisontal da muralha, terminada do lado da campanha por um parapeito e do lado da praça por um talude interior: — terrapleno; elevação ou massa de terra que rodeia as praças de guerra e forma o seu recinto principal: — terrapleno; massa de terras que em qualquer outra obra se eleva sobre o nivel da campanha, e serve para a collocação dos defensores e das machinas de guerra.

Terraplenar. *a.* Terraplenar; encher um vão de terra fazendo-o massiço, levantar, formar um terrapleno. *Aggerare; terra complere; aggere munire.*

Terrapleno. *m.* V. *Terraplen.*

Terráqueo, quea. *adj.* Terraqueo; diz-se do globo ou da esphera composta de terra e agua. *Orbis terram et maria continens.*

Terrateniente. *m.* Fazendeiro, proprietario de terra ou fazenda. *Predii possessor.*

Terraza. *f.* Jarra vidrada de duas azas. *Urceus fictilis duabus ansis instructus:* — V. *Arriate.*

Terrazgo. *m.* Peça de terra de lavoura. *Arvum, i:* — arrotéa; terra que se rompeu e começa a aproveitar-se. *Arvum, novale:* — pensão que paga o rendeiro do terreno que amanha. *Census arvi.*

Terrazguero. *m.* Lavrador que paga ao senhor salariego certa pensão pelas terras que cultiva. *Agricola seu colonus prædiorum domino tributum pendens.*

Terrazo. *m. (ant.)* V. *Jarro:* — *(pint.)* linha terrea. *Campestris locus pictus in tabulis.*

Terrazuela. *f. dim.* de *Terraza.*

Terrazulejo. *m. (ant.)* V. *Terraza.*

Terrear. *n.* Terrear; apparecer a terra, o solo descoberto sem vegetação. *Terram inter sata perspici.*

Terrecer. *a. (ant.)* Terrificar; causar terror. Era tambem usado como reciproco.

Terregoso, sa. *adj.* Diz-se do terreno mui cheio de torrões. *Glebosus, a, um.*

Terremoto. *m.* Terremoto, tremor de terra; abalo, movimento forte, ondulatorio e impetuoso da superficie da terra. *Terræmotus, us.*

Terrenal. *adj.* Terreal; da terra, mundano. *Terrestris, tre.*

Terrenidad. *f.* Qualidade, natureza do solo, do terreno, da terra que se cultiva. *Terræ natura.*

Terreno, na. *adj.* Terreno, terrestre; pertencente á terra. *Terrenus, a, um:* — terreno, terrenho, terrestre, mundano. *Terrenus, a, um:* — — V. *Terrenal:* — *m.* terreno; a terra para agricultura ou edificação. *Terræ spatium. Ganar terreno (fr.);* ganhar terreno; adiantar pouco a pouco em alguma cousa. *Proficere, progredi: (fig.)* ganhar terreno, ganhar campo; ir-se introduzindo com arte, habilidade ou graça para conseguir algum fim. *Sensim alicujus gratiam vel benevolentiam sibi conciliare. Medir el terreno (fr.);* medir, reconhecer o terreno, tentear, sondar o vau, calcular, examinar as difficuldades de um negocio, a fim de as vencer com tento. *Perpendere. Perder terreno (fr. fig.);* perder terreno; atrazar, embaraçar o progresso e adiantamento de algum negocio. *Pedem referre; in pejus ruere. Reconocer el terreno (fr. fig.)* V. *Reconocer el campo:* — *(geol.)* terreno; reunião de muitas formações que têem entre si alguma analogia pela sua antiguidade, fôrma ou composição: — *abierto (mil.);* terreno aberto; o que está desembaraçado, que não é fragoso, nem tem montes, pontos fortificados nem obstaculos naturaes de consideração.

Térreo, rea. *adj.* Terreo; da natureza da terra ou que é feito de terra. *Terreus, a, um.*

Terrera. *f.* Alcantilada, porção de terra escarpada, talhada a pique, proxima dos rios, regatos, etc. *Clivus terreus præruptus:* — calhandra; especie de cotovia. *Alauda sine crista.*

Terrería. *f. (ant.)* Ameaça para amedrontar, infundir terror.

Terrero, ra. *adj.* Terreiro, terreo; pertencente á terra. *Terrenus, humilis:* — rasteiro; diz-se do vôo das aves que voam muito proximo da terra: — *(fig.)* rasteiro, baixo, humilde. *Terræ propius, ad terram demissus:* — *m.* V. *Terrado:* — montão de terra, especialmente quando se tira de alguma cova, etc. *Agger, tumulus:* — terreiro; espaço despejado, plano espaçoso diante dos edificios: — alvo, fito, ponto de mira; objecto ou ponto branco onde se dirige o tiro de qualquer arma de fogo ou de arremesso, etc. *Scopus, i:* — *(p. Canarias)* terreiro; logar plano onde se verifica a diversão da luta, commum n'aquelle paiz. *Hacer terrero (fr.);* fazer a côrte a uma dama, passando pela rua ou campo fronteiro a sua casa. *Antè fores adstantem amoris erga fœminam indicia præbere: (p. Canarias);* fazer terreiro, fazer logar, desembaraçar o terreiro onde exercem a luta: — *(equit.)* rasteiro; diz-se do cavallo que arregaça pouco os membros quando anda, e tropeça facilmente. *Equus crura parum à terra levans:* — *m. (mil.)* espaldão ou muralha artificial de terra, que nos exercicios de artilheria serve para embotar as balas com que se atira ao alvo: — *(min.)* logar onde se ajunta a terra das minas.

Terrestre. *adj.* Terrestre; pertencente á terra. *Terrestris, tre.*

Terrestridad. *f. (ant.)* Natureza ou qualidade da terra, do solo.

Terretremo. *m. (p. Murc.)* V. *Terremoto.*

Terrezuela. *f. dim.* de *Tierra:* — terra pouco fertil, de má qualidade e pouco extensa. *Terra sterilis.*

Terribilidad. *f.* Terribilidade; qualidade de ser terrivel. *Atrocitas, ferocitas:* — aspereza, dureza, violencia de genio, de condição. *Ingenii asperitas.*

Terribilísimo, ma. *adj. sup.* de *Terrible.* Terribilissimo. *Valdè terribilis vel atrox.*

Terrible. *adj.* Terrivel ou terribil; que causa terror, pavor, medo. *Terribilis, tremendus:* — terrivel, temivel; aspero de genio, duro de condição. *Ferox, durus:* — descompassado, desmarcado, nimiamente grande.

Terriblemente. *adv. m.* Terrivelmente; de modo terrivel. *Horridè, valdè atrociter.*

Terriblez. *f. (ant.)* V. *Terribilidad.*

Terribleza. *f. (ant.)* V. *Terribilidad.*

Terrícola. *s.* Terricola; habitante da terra. *Terricola, æ:* — *m. pl. (zool.)* terricolas; ordem de annélidos que comprehende todos aquelles que vivem em tubos solidos, entre o lodo ou occultos na terra.

Terrícula. *s.* V. *Terrícola.*

Terrífico, ca. *adj.* Terrifico; que causa, inspira terror. *Terrificus, a, um.*

Terríforo, ra. *adf. (h. n.)* Terriforo; que faz buracos na terra.

Terrígeno, na. *adj.* V. *Terrijeno.*

Terrijeno, na. *adj.* Terrigeno; gerado na terra, nascido d'ella. *Terrigena.*

Terrin. *m.* Conterraneo. V. *Compatriota.*

Terrino, na. *adj.* Terreno, terreo; de terra, feito de terra. *Terreus, a, um.*

Territorial. *adj.* Territorial; do territorio, concernente ao territorio. *Territorialis, le.*

Territorio. *m.* Territorio; area occupada por cidade, villa, logar, provincia, etc. *Territorium, ii:* — territorio; circuito que abrange a jurisdicção do magistrado ou prelado, comarca. *Territorium jurisdictionis, ditio.*

Terrizo, za. *adj.* Terreno, terreo; feito de terra. *Terreus, a, um.*

Terromontero. *m.* Montinho, outeirinho, monte pequeno. *Moles terrea, tumulus.*

Terron. *m.* Torrão; pedaço de terra presa, separada da outra. *Gleba, æ:* — torrão; pedaço que se forma de partes miudas aggregando-se umas ás outras, como torrão de assucar, de sal. *Grumus ter-*

reus: — *(fig.)* montão, ajuntamento, cumulo de muitas cousas immateriaes: — bagaço que fica nas ceiras depois de moida a azeitona. *Fraces, ium:*—torrões; bens rusticos. *Arva fundus. A rapa torron (loc. adv. fam.)* V. *De raiz.*

TERRONAZO. *m. augm.* de *Terron.* Grande torrão.

TERRONCILLO. *m. dim.* de *Terron.* Torrãosinho; pequeno torrão.

TERRONTERA. *f.* Alcantil; rocha, monte despenhado, talhado a pique, terra escarpada. *Præruptæ terræ rima.*

TERROR. *m.* Terror; grande medo, susto, pavor com perturbação do espirito, causado por perigo imminente. *Terror, oris:* — *pánico.* V. *Pánico.*

TERRORISMO. *m. (neol.)* Terrorismo; systema politico fundado em incutir terror aos adversarios.

TERRORISTA. *m. (neol.)* Terrorista; partidario, fautor do terrorismo.

TERROSIDAD. *f.* Qualidade, natureza de uma terra.

TERROSO, SA. *adj.* Terroso; misturado de terra. *Terrosus, a, um:* — *m. (germ.)* montão de terra.

TERRUÑO. *m.* Terreno; espaço de terra. *Terrenum, i.*

TERRUZO *m. (ant.)* V. *Terruño.*

TERSAR. *a.* Limpar, polir, fazer puro, terso, polido. *Perpolire, lævigare.*

TERSÍCORE. *f. (myth.)* Terpsicore; uma das nove musas; era a que presidia á dansa.

TERSIDAD. *f.* Polimento, pureza, lustre; qualidade de ser terso. *Tersi qualitas.*

TERSINA. *f. (zool.)* Tersina; genero de aves da ordem dos passaros.

TERSÍSIMO, MA. *adj. sup.* de *Terso.* Tersissimo. *Valdè tersus.*

TERSO, SA. *adj.* Terso, limpo, lustroso, polido. *Tersus, limpidus:* — *(fig.)* terso, correcto, limado, puro e elegante; diz-se do estylo. *Politus, comtus.*

TERSURA. *f.* Limpeza, pureza, lustre, polimento. *Puritas, atis:* — pureza, elegancia do estylo. *Stilus comtus.*

TERTIL. *m.* Direito de oito maravedis por libra de seda, que se pagava no reino de Granada, desde o tempo dos mouros. *Vectigal pro serico.*

TERTREA. *f. (bot.)* Tertrea; genero de plantas da familia das rubiaceas.

TERTULIA. *f.* Assembléa, reunião voluntaria de pessoas entendidas para tratarem algum assumpto. *Hominum colloquentium cœtus:* — reunião de familias ou pessoas de confiança para conversação, jogos ou outras diversões honestas. *Familiaris congressus, cœtus:* — varandas ou torrinhas; parte mais elevada que fica em cima dos camarotes em frente da scena. *Theatri superior pars, specula:* — *interj. (p. A. M.)* disparate! descoco! Denota desapprovação, não assentimento.

TERTULIANO, NA. *adj. (fam.)* Socio, que assiste a uma assembléa, reunião familiar, etc. *Familiaris congressus socius.*

TERTULIO, LIA. *adj.* V. *Tertuliano.*

TERUELITA. *f. (min.)* Teruelita; silicato alcalino de alumina.

TERUELO. *m. (p. Ar.)* Bola ôca em que se mette o nome ou numero de cada um dos que entram em sorte. *Sortis tessella.*

TERUNCIO. *m.* Teruncio; pequena moeda de prata que valia tres onças ou a quarta parte do asse romano. *Teruncius, ii.*

TERUVELA. *f. (ant.)* V. *Polilla.*

TERZO, ZA. *adj. (ant.)* V. *Tercero.*

TERZON, NA. *adj. (p. Ar.)* Novilho ou novilha de tres annos. Usa-se tambem substantivado. *Trimus juvencus.*

TERZUELA. *f.* Retribuição que se dá em algumas igrejas por assistir á hora de tercia. *Proventûs merces adstantis ad horæ tertiæ preces.*

TERZUELO. *m.* Terço, terça parte. *Tertia rei cujusvis pars:* — *(zool.)* V. *Torzuelo.*

TESADURA. *f. (naut.)* Entesadura; acção e effeito de entesar os cabos.

TESALIENSE ó TESALIO, LIA. *adj.* Thessaliense ou thessalico; pertencente á Thessalia. *Thessalicus, thessalius:* — *s.* thessaliense ou thessalico; natural de Thessalia. *Thessalus, a, um.*

TÉSALO, LA. *adj.* V. *Tesalio.*

TESALÓNICO, CA. *adj.* Thessalonico ou thessalonicense; de Thessalonica. *Thessalonicenses, ium:* — *s.* thessalonico ou thessalonicense; natural da Thessalonica. *Thessalonicensis, ium.*

TESAR. *n.* Andar atrás dos bois jungidos: — retroceder: — *(naut.)* atesar, esticar, entesar; fazer tesos, estirar os cabos, etc. *Rudentes distendere.*

TESARACONDÁCTILO, LA. *adj. (zool.)* Tessaracondactylo; que tem quatro dedos.

TESARIA. *f. (bot.)* Tessaria; genero de plantas da familia das compostas.

TESAURERO. *m. (ant.)* V. *Tesorero.*

TESAURIZAR. *a. (ant.)* V. *Atesorar.*

TESAURO. *m.* Thesouro, elencho; catalogo ou summario de vozes e termos reduzidos de uma lingua a outra. *Thesaurus, elenchus:* — *(ant.)* V. *Tesoro.*

TESBIQUE. *m. (ant.)* V. *Tabique.*

TESELITA. *f. (min.)* Tesselita; variedade de apophyllita de Feroë.

TÉSERA. *f.* Tessera; dado ou peça de oiro ou marfim que servia de senha entre os antigos romanos. *Tessera, æ.*

TESIO. *f. (bot.)* Thesio; genero de plantas da familia das santalaceas.

TÉSIO. *f.* These. V. *Conclusion.*

TESMOTETA. *m. (hist.)* Thesmotetha; titulos de certos magistrados consideraveis de Athenas, encarregados de guardar as leis.

TESO, SA. *adj. (ant.)* V. *Tieso:* — *m.* teso; o alto do monte alcantilado, do morro, e segundo outros, o terreno que se vae estendendo e elevando. *Moles, cumulus:* — *(fig.)* desigualdade da madeira ou de outra superficie em differentes partes.

TESON. *m.* Tesão, pervicacia, constancia, firmeza. *Tenacitas, constantia, vigor.*

Tesonía. *f. (ant.)* Teima, pertinacia.

Tesorar. *a. (ant.)* V. *Atesorar.*

Tesorería. *f.* Thesoureria, thesourado; cargo ou officio de thesoureiro. *Quæstura, ærarii præfectus:* — thesoureria; casa do thesoureiro. *Ærarium, ii.*

Tesorero, ra. *s.* Thesoureiro; guarda do thesouro ou dos cofres de alguma arrecadação. *Thesaurensis; ærarii præfectus:* — *m.* thesoureiro; ecclesiastico que tem a guarda do thesouro, das reliquias e alfaias sagradas de uma igreja. *Cimeliarcha; sacri thesauri custos.*

Tesoro. *m.* Thesouro; edificio onde se guarda dinheiro, joias e preciosidades. *Thesaurus, i:* — thesouro; antigo deposito de dinheiro ou preciosidades, escondido, e que se ignora a quem pertence: — thesouro; dinheiro publico ou particular conservado ou guardado por alguma pessoa encarregada d'isso para occorrer aos gastos e urgencias. *Ærarium, ii:* — thesouro; abundancia de capitaes e dinheiros guardados. *Thesaurum, i:* — *(fig.)* thesouro; grande copia de cousas preciosas, dignas, excellentes, estimaveis. *Thesaurus, ii.*

Testa. *f.* Testa; parte superior do rosto, tambem chamada fronte nos racionaes. *Frons, ontis:* — testa, frente; parte anterior de algumas cousas. *Frons, ontis:* — cabeça, juizo, talento, entendimento, capacidade, prudencia. *Mens, ingenium, prudentia:* — *coronada;* testa coroada; um rei ou soberano. *Princeps diademate distinctus:* — *de ferro ó testa férrea;* testa de ferro; individuo cujo nome figura em algum contrato, pretensão ou negocio que realmente é de outra pessoa. *Is, cujus nomine contractus resve alia alterius geritur.*

Testaceiforme. *adj. (h. n.)* Testaceiforme; que tem a fôrma de uma concha.

Testáceo, cea. *adj. (zool.)* Testaceo; diz-se dos animaes que tem casca ou concha. Usa-se tambem substantivado na terminação masculina.

Testaceografía. *f. (zool.)* Testaceographia; descripção dos testaceos.

Testaceolojia. *f. (zool.)* Testaceologia; historia dos testaceos.

Testacion. *f.* Borradura; acção e effeito de borrar, de riscar alguma escriptura ou pintura. *Delere, obliterare.*

Testada. *f.* V. *Testerada.*

Testado, da. *adj.* Testado; que morreu com testamento. *Testatus, a, um:* — *m. pl. (ant. prov.)* terrenos destinados para a pastagem das rezes que são para consumo do povoado.

Testador, ra. *s.* Testador; o que faz testamento. *Testator, testatrix.*

Testadura. *f.* Borradura, riscadura, cancelladura, obliteração de escripturas. *Obliteratio, onis.*

Testaferro. *m.* V. *Testa de ferro.*

Testamentaría. *f.* Testamentaria; officio do testamenteiro, cumprimento do disposto no testamento. *Exsecutio testamentaria:* — ajuntamento, reunião dos albaceas ou testamenteiros. *Testamenti curatorum cœtus:* — testamentaria; todos os documentos e papeis concernentes ao cumprimento da vontade do testador. *Acta scripta, ad testamentum pertinentia.*

Testamentario, ria. *adj.* Testamentario; que respeita ao testamento, á testamentaria. *Testamentarius, a, um:* — *m.* testamenteiro; o que fica encarregado pelo testador de dar execução ao testamento. *Exsecutor testamentarius. Ley testamentaria (hist.);* lei testamentaria; lei do dictador Cornelio Sylla, na qual se estabelecia a pena de morte contra os escravos, e a deportação e confiscação de bens contra as pessoas livres, que fizessem ou firmassem testamentos falsos.

Testamento. *m.* Testamento; conselhos, recommendações, instrucções que um pae dá a seus filhos quando está pára fallecer. *Lo que no pasa por testamento pasa por codicilo (loc. fam.);* o que não se faz por um modo faz-se por outro. *Quò recta non ducit, obliquâ vie itur. Ordenar su testamento (fr.);* fazer o seu testamento. *Otorgar su testamento (fr.);* fazer o seu testamento. *Testamentum facere. Quebrantar el testamento (fr. for.);* annullar, invalidar o testamento. *Inutile, invalidum reddere testamentum:* — *(for.)* testamento; declaração escripta que alguem faz da sua ultima vontade, com todas as solemnidades da lei, relativamente á distribuição dos seus bens, e instituindo herdeiro ou herdeiros. *Testamentum, i:* — *(for. ant.);* penhora, embargo ou apprehensão judicial a pedido do credor. *Sequestratio, onis:* — *(ant.)* instrumento de doação feita ao sagrado com vontade irrevogavel: — assento de profissão religiosa: — *abierto;* testamento aberto; o que é feito diante de tres testemunhas e um tabellião publico. *Testamentum publicum:* — *cerrado;* testamento cerrado; o que é entregue fechado ao tabellião pelo testador perante sete testemunhas. *Testamentum obsignatum:* — *comun;* testamento commum; o que fazem juntamente duas pessoas, dispondo no mesmo acto de seus bens a favor de um terceiro, como o que é feito pelos paes juntamente em beneficio dos filhos: — *inoficioso;* testamento inofficioso. V. *Inoficioso:* — *militar;* testamento militar; feito por militares em campanha sem outra solemnidade mais que provar o testador a sua vontade com duas testemunhas ou por um simples escripto do proprio punho. *Testamentum militar:* — *mútuo;* testamento de mão commum; o que fazem reciprocamente duas pessoas a favor do que sobreviver, como quando marido e mulher se instituem herdeiros um do outro, para o caso de morrer sem herdeiros forçados: — *nuncupativo;* testamento nuncupativo. V. *Testamento abierto:* — *ológrafo;* testamento holographo; o que é escripto inteiramente de proprio punho do testador, sem mais formalidades. Entre nós não está admittido este modo de testar: — *pagánico;* testamento que é feito por qualquer paizano, em contraposição ao testamento militar: — *privilejiado;* o que não está sujeito ás solemnidades requeridas para a validade dos testamentos em geral, bastando que conste a vontade do testador por qualquer prova: — *solemne;* testamento solemne; o que é feito com todas as solemnidades e requisitos que as leis prescrevem. *Antiguo testamento (rel.);* Antigo, Velho Testamento; livros santos anteriores a Jesus Christo. *Nuevo testamento;* Novo Testamento ou Testamento novo; livro que contém os evangelhos, as epistolas dos apostolos, e outros livros canonicos posteriores ao nascimento de Jesus Christo. *Novum Testamentum.*

Testamiento. *m. (ant.)* V. *Testamento.*

Testante. *p. a.* de *Testar.* Testificador; que testifica.

Testar. *a.* Borrar ou riscar as letras ou caracteres escriptos. *Obliterare, delere:* — *(ant.)* attestar. V. *Atestiguar:* — *(ant.)* embargar judicialmente ou denunciar alguma cousa, pedindo o seu embargo: — *n.* testar; fazer testamento, deixar em testamento, dispor por testamento. *Testamentum facere:* — *(p. Gal.)* confinar um terreno com outro.

Testarada. *f.* Cabeçada; golpe com a testa ou com a cabeça. *Arietatio, capitis ictus:* — *(fig.)* teima grande, pertinacia, obstinação. *Pertinacia, obstinatio.*

Testarron, na. *adj.* V. *Testarudo.*

Testarronería. *f.* Pertinacia, porfia, teima, obstinação. *Pertinacia, æ.*

Testarudo, da. *adj.* Testaçudo, testudo, cabeçudo, teimoso. *Opinionis conceptæ tenax; pertinax.*

Teste. *m. (ant.)* V. *Testigo:* — *(anat.)* V. *Testículo.*

Testemunar. *a. (ant.)* V. *Testimoniar.*

Testemunio. *m. (ant.)* Testemonio, testemoyo ou testemoio. V. *Testimonio.*

Testera. *f.* Testeira; frente ou parte dianteira de uma cousa. *Frons, ontis:* — testeira; assento da frente nos carros, etc.: — *(ant.)* testeira; correia da cabeçada que passa pela testa dos cavallos ou de outras bestas. *Frontalia, ium:* — frontal, tésta; parte anterior da cabeça do animal. *Animalis frons.*

Testerada. *f.* V. *Testarada.*

Testero. *m.* V. *Testera.*

Testicular. *adj.* Testicular; do testiculo.

Testículo. *m, (anat.)* Testiculo; dá-se este nome a dois orgãos glandulosos, encerrados no escroto, destinados a segregar o semen, e que caracterisam o sexo masculino. *Testiculus, i.*

Testificacion. *f.* Testificação, testemunho, acção e effeito de testificar. *Testificatio, onis.*

Testificar. *a.* Testificar, testemunhar, dar testemunho. *Testificari:* — testificar, attestar, comprovar. *Testificari.*

Testificata. *f. (for. p. Ar.)* Testemunho, certificado, attestado legalisado por um tabellião. *Tabellionis testificatio.*

Testificativo, va. *adj.* Testificativo, testemunhavel; que serve de testemunho, que faz fé. *Testificandi vim habens.*

Testigo. *m. com.* Testemunha; pessoa que dá testemunho de alguma cousa. *Testis, is:* — testemunha, testemunho; cousa que attesta a verdade de algum facto. *Testis, is:* —*pl.* testemunhas; duas pedras que se fincam e enterram aos lados de cada marco para attestar a authenticidade da raia ou dos limites: — *de oidas;* testemunha de ouvida ou auricular; o que testifica o que ouviu. *Auritus testis:* — *de vista ó ocular;* testemunha de vista ou ocular; a que se achou presente e viu o facto ou caso que testifica. *Oculatus testis. Mucho aprieta este testigo (fr. fam.);* diz-se quando alguem prova com factos indubitaveis o contrario do que outrem disse. *Nimis ea urgit probatio:* — *abonado (for.);* testemunha abonada; a que não tem nullidade de alguma das que prescreve o direito. *Testis fidedignus:* testemunha abonada; a que não podendo ratificar-se por ter morrido ou estar ausente, é abonado pela justificação que se faz da sua veracidade, e por não ter nullidade alguma legal. *Testis locuples:* — *falso;* testemunha falsa; a que depõe maliciosamente contra a verdade: — *singular;* testemunha singular; a que por discordar das outras não faz fé, nem tem valor o que diz. *Testis singularis. Abrir los testigos (fr. for.);* tirar testemunhas; começar a examina-las ou tomar-lhes declaração ou depoimento. *Examinar testigos (fr. for.);* interrogar as testemunhas escrevendo o que dizem e testificam. *Testes interrogare. Hacer testigos (fr. for.);* dar testemunhas; offerecer pessoas de auctoridade e credito para confirmação da verdade. *Testibus comprobare:* — *(mil.)* pedaço de isca que depois de acceso serve para saber o momento da explosão de uma mina.

Testigua. *m. (ant.)* V. *Testigo.*

Testiguar. *a. (ant.)* V. *Atestiguar.*

Testiguo. *m. (ant.)* V. *Testigo.*

Testil. *adj. (min.)* Textil; que apresenta a fôrma de fios delgados e compridos.

Testimonial. *adj.* Testemunhavel; que faz fé, que serve de testemunho. *Testimonialis:* — *f. pl.* letras, provas, cartas testemunhaveis; instrumento authentico que assegura e testifica o que n'elle se contém. Especialmente refere-se ao testemunho que dão os bispos dos bons costumes e probidade de algum subdito seu que passa a outra diocese. *Litteræ testimoniales.*

TESTIMONIAMIENTO. *m. (ant.)* V. *Testimonio.*

TESTIMONIAR. *a.* Testemunhar; dar testemunho, attestar, servir de testemunha. *Testimonium dare, testificari.*

TESTIMONIERO, RA. *adj.* Falsa, testemunha, que levanta testemunho. *Accusator commentitius.*

TESTIMONIO. *m.* Testemunho; attestação ou asseveração de alguma cousa. *Testificatio, onis:* — testemunho, aleive; falsa attribuição de alguma culpa. É mais usado dizer n'este sentido *falso testimonio;* falso testemunho. *Criminis accusatio commentitia:* — *(ant.)* V. *Testigo:* — *(for.)* testemunho; instrumento legalisado por tabellião, que faz fé, attesta algum facto. *Instrumentum fidem faciens:* — testemunho; deposição da testemunha, prova, justificação, comprovação da certeza ou verdade de uma cousa. *Testimonium, ii. Decir testimonio:* — *(fr. ant.);* dar testemunho, testemunhar, declarar.

TESTIMOÑERO, RA. *adj. (ant.)* V. *Testimoniero:* — hypocrita, dissimulado.

TESTIMUNNA. *f. (ant.)* V. *Testigo, Testimonio.*

TESTIMUNNAR. *a. (ant.)* V. *Atestiguar.*

TESTIMUNO. *m. (ant.)* V. *Testimonio.*

TESTO. *m.* Texto; as proprias palavras de um auctor consideradas a respeito das notas, commentarios, glosas que d'ellas se fazem. *Textus, us:* — texto; passagem, palavras que se citam de algum auctor, e por antonomasia as sentenças da sagrada Escriptura. *Libro de testo;* livro destinado nas escolas para o estudo dos discipulos: — *(art.)* texto; especie de caracter typographico, mais grosso que a thanasia. *Typographicarum literarum forma quædam.*

TESTON. *m.* Testão ou tostão; moeda de prata de diversos reinos, assim chamada porque tem gravada uma cabeça. *Moneta quædam á capite incuso sic dicta.*

TESTORIO, RIA. *adj.* Textorio; pertencente ou relativo á arte de tecelão. *Textorius, a, um. Rayo testorio;* lançadeira de tecelão.

TESTUAL. *adj.* Textual; conforme ao que diz o texto. *Textum ipsum exprimens:* — textual; diz-se do que se apoia sobre um texto, que explica um texto por outro. *Textum explicans; textu confirmans.*

TESTUALISTA. *m.* Textualista; o que faz só caso do texto, desprezando as glosas ou outra explicação. *Homo textui perpetuò addictus.*

TESTUALMENTE. *adv. m.* Textualmente; conforme o texto. *Secundùm litteralem textum.*

TESTUDÍNEO, NEA. *adj. (zool.)* Testudineo; que se parece com uma tartaruga.

TESTUDO. *f. (mil. ant.)* Testudo ou testudem; arma ou machina de guerra á maneira de concha de tartaruga, com que se cobriam os soldados para arrimar-se ás muralhas, e defender-se das armas arrojadiças. *Testudo militaris:* — testudo ou testudem; defeza que faziam os soldados romanos cobrindo-se com os escudos unidos uns aos outros, para não serem feridos das alturas ou muralhas.

TESTULARIA. *f. (zool.)* Testularia; genero de foraminiferos.

TESTURA. *f.* Textura, tecedura, tecido; disposição e ordem dos fios de uma tela. *Textura, æ:* — *(fig.)* textura, contextura, disposição, travação; ordem de uma cousa que se segue ou liga a outra. *Textura, dispositio:* — *(neol.)* textura, contextura, disposição; união das partes que compõe um corpo.

TESTUZ, TESTUZO. *m.* Testo; o casco da cabeça de alguns animaes cornigeros. *Quorumdam animalium frons; capitis pars superior.*

TESURA. *f.* Tesura; dureza, rigidez de alguma cousa. *Durities, ei:* — *(fig.)* tesura, tesão; gravidade affectada ou demasiada. *Elata gravitas; affectata severitas:* — V. *Tirantez.*

TESURERÍA. *f. (ant.)* Tesura.

TETA. *f.* Bico do peito: — *de maestra.* V. *Maestril:* — *de vaca;* teta de vacca; especie de uvas de Hespanha, grossas e longas. *Uvæ sic dictæ; dactilides. Dar la teta (fr.);* dar a teta; dar de mammar. *Mammam porrigere, uberibus admovere. Dar la teta al asno (fr. fig.);* dar sopa de mel ao asno; obsequiar um ingrato, fazer serviços a quem os não reconhece. *Asinum lactare; oleum et operam perdere. Mamar una teta (fr. fig.);* ser um tetas, querer mamminhas; diz-se censurando um homem maricas, que anda sempre seguindo a mãe como se fôra creança. *Puerum agere; instar pueri se gerere:* — *(anat.)* teta, mamma. V. *Mama. Mamma, uber:* — *(bot.)* V. *Peliosanto:* — *(philol.)* theta; nome da oitava letra do alphabeto grego. *Theta.*

TETÁNICO, CA. *adj. (med.)* Tetanico; da natureza do tetano.

TETANIFORME. *adj. (med.)* Tetaniforme; que tem a apparencia do tetano.

TÉTANO ó TÉTANOS. *m. (med.)* Tétano; doença caracterisada pela rigidez e tensão convulsiva de um numero maior ou menor de musculos, e ás vezes de todos os musculos sujeitos ao imperio da vontade.

TETANOCERA. *f. (zool.)* Tetanocera *(corno tendido);* genero de insectos dipteros da familia dos athericeros.

TETAR. *a.* V. *Atetar.*

TETARTOEDRIA. *f. (min.)* Tetartoedria; estado de um crystal em fôrma de pyramide quadrada, cujas faces se inclinam de um modo particular sobre a base.

TETARTOEDRICO, CA. *adj.* Tetartoedrico; pertencente á tetartoedria.

TETARTOEDRO. *m. (min.)* Tetartoedro; crystal que apresenta o phenomeno da tetartoedria.

Tetaza. *f. augm.* de *Teta.*

Tetera. *f.* Bule; vaso com bico, em que se lança o chá e n'elle agua quente, para fazer a infusão e servi-lo depois. *Urceus potioni, the dictæ, conficiendæ.*

Tetica, lla, ta. *f. dim.* de *Teta.* Tetinha, mamminha. *Mammilla, æ. Dar en ó por la tetilla (fr. fig. fam.);* tocar na tecla, na corda sensivel, ferir o ponto mais vivo. *Præcordia ferire.*

Tetigomia. *f. (zool.)* Tettigomya; genero de insectos hemipteros da tribu dos cicadios.

Tetigonia. *f. (zool.)* Tettigonia; genero de insectos hemipteros da familia dos cercopidos.

Tetila. *f. (bot.)* Tetilla; genero de plantas da familia das francoaceas.

Tetis. *f. (poet.)* Thetis, o mar.

Teton. *f. augm.* de *Teta: — (fig.)* mamilho, teta de terra ou de rocha; penha que sobresáe na terra ou do fundo do mar, da feição de uma teta ou mamma.

Tetona. *adj. (fam.)* Tetuda, mammuda; diz-se da mulher que tem peitos volumosos. *Mammosa mulier.*

Tetrabránquio, quia. *adj. (zool.)* Tetrabranchio; diz-se do animal que tem quatro branchias.

Tetracanto, ta. *adj. (bot.)* Tetracantho; que tem quatro espinhos.

Tetracarpo, pa. *adj. (bot.)* Tetracarpo; que tem quatro fructos.

Tetracero, ra. *adj. (zool.)* Tetracero; diz-se dos molluscos que têem quatro antennas ou tentaculos.

Tetracna. *f. (bot.)* Tetrachna; genero de plantas da familia das gramineas.

Tetracordio. *m. (mus.)* Tetracordio; serie de quatro sons differentes, separados uns dos outros por tres intervallos. *Tetrachordon: — (ant.)* tetracordo; lyra de quatro cordas: — tetracordio; successão dos quatro sons em que os gregos dividiam a extensão geral da sua escala musical. *Dó,* ré, mi, fá, compunham um tetracordio.

Tetradáctilo, la. *adj. (zool.)* Tetradactylo; que tem quatro dedos: — *m. pl.* tetradactylos; familia de mammiferos roedores, que comprehende todos aquelles que têem quatro dedos nas patas anteriores: — *f. pl.* tetradactylas; familia de aves gallinaceas, cujas especies têem quatro dedos.

Tetradia. *f. (bot.)* Tetradia; genero de plantas da familia das esterculiaceas.

Tetradinamia. *f. (bot.)* Tetradynamia; classe de plantas do systema sexual de Linneo, que comprehende as que têem seis estames, dos quaes quatro são mais compridos que os outros.

Tetraedro. *m. (math.)* Tetraedro; solido cuja superficie se compõe de quatro triangulos iguaes e equilateros.

Tetrafalangarca. *m. (mil. ant.)* Tetraphalangarca; general que mandava uma tetraphalangarchia.

Tetrafalangarquía. *f. (mil. ant.)* Tetraphalangarchia; corpo de infanteria grega, que constava de quatro phalanges.

Tetrafalanje ó Tetrafalanjía. *f.* V. *Tetrafalangarquia.*

Tetrafarmaco, ca. *adj (pharm.)* Tetrapharmaco; que se compõe de quatro substancias: — *m. (ant.)* tetrapharmaco; medicamento composto de quatro ingredientes.

Tetráfide. *m. (bot.)* Tetraphyde ou tetraphys; genero de musgos da tribu dos tetrodonteos, notaveis pela estructura do seu peristomo.

Tetrafillo, lla. *adj. (bot.)* Tetraphyllo; que é formado de quatro folhas: — tetraphyllo; que tem folhas divididas em quatro partes: — *m. (zool.)* tetraphyllo; genero de insectos coleopteros heteromeros da tribu dos diaperiaes.

Tetrafoliado, da. *adj. (bot.)* Tetrafoliado; que tem as folhas dispostas de quatro em quatro.

Tetragonia. *f. (bot.)* Tetragonia; genero de plantas da familia das portulaceas.

Tetrágono, na. *adj.* Tetragono; que tem quatro angulos ou lados. *Aspecto tetrágono (astron.);* aspecto tetragono; aspecto dos planetas que distam a quarta parte de um circulo ou 90°: — *m. (math.)* tetragono, quadrilatero.

Tetragonocarpo, pa. *adj. (bot.)* Tetragonocarpo; que tem fructos tetragonos.

Tetragonocéfalo, la. *adj. (zool.)* Tetragonocephalo; diz-se do animal cuja cabeça é quadrangular.

Tetragonolobio, bia. *adj. (bot.)* Tetragonolobio; que tem fructos quadrangulares.

Tetragonóptero, ra. *adj. (zool.)* Tetragonoptero; diz-se dos peixes que têem as barbatanas quadradas.

Tetragonoteco, ca. *adj. (bot.)* Tetragonotheco; que tem o involucro quadrado.

Tetragrama ó Tetragrámaton. *m.* Tetragrammaton; nome ou palavra composta de quatro letras, e por excellencia diz-se do nome de *Deus,* que em hebraico se compõe de quatro letras, assim como em muitos outros idiomas. *Tetragrammaton, oni.*

Tetrahídrico, ca. *adj. (chim.)* Tetrahydrico; que contém hydrogenio em proporção quadrupla.

Tetrajinia. *f. (bot.)* Tetragynia; ordem de plantas estabelecida por Linneo, e que comprehende as que são providas de quatro pistillos ou de um numero igual de estyletes.

Tetrajínico, ca. *adj. (bot.)* V. *Tetrajino.*

Tetrajino, na. *adj. (bot.)* Tetragyno; que tem quatro pistillos.

Tetral. *m. (ant.)* Testeira ou adorno da cabeça do cavallo.

Tetralogia. *f.* V. *Tetralojia.*

Tetralojia. *f.* Tetralogia; nome dado entre os gregos a quatro peças dramaticas do mesmo auctor, das quaes as tres primeiras eram tragedias e a quarta comedia, ou, para melhor dizer, entremez.

Tetralójico, ca. *adj.* Tetralogico; que se refere á tetralogia.

Tetramerio. *m. (bot.)* Tetramerio; genero de plantas da familia das acanthaceas.

Tetrámeros. *m. pl. (zool.)* Tetrameros; secção de insectos coleopteros, que comprehende todos aquelles que têem quatro articulos em todos os tarsos.

Tetrámetro. *m.* Tetrametro; verso latino de quatro pés.

Tetrandria. *f. (bot.)* Tetrandria *(quatro estames)*; classe de plantas formada por Linneo, que comprehende todas as que têem flores hermaphroditas providas de quatro estames iguaes.

Tetrandro, dra. *adj. (bot.)* Tetrando; que tem quatro estames.

Tetranemo, ma. *adj. (h. n.)* Tetranemo; que tem quatro filamentos ou tentaculos.

Tetranto. *m. (bot.)* Tetrantho; genero de plantas da familia das compostas.

Tetraónice. *m. (zool.)* Tetraonyce ou tetraonyx; genero de reptis chelonios, da familia dos emydeos.

Tetrapetalo, la. *adj. (bot.)* Tetrapétalo; que consta de quatro pétalas.

Tetrapilo. *m. (bot.)* Tetrapilo; genero de plantas da familia das oleaceas.

Tetraplas. *f. (pl. lit. e rel.)* Tetraplas; biblia que Origenes dispoz em quatro columnas, em cada uma das quaes está uma versão differente; a saber: a de Aquila, a de Symmaco, a dos Setenta e a de Theodocion.

Tetraplodonte. *m. (bot.)* Tetraplodonte *(dente quadruplo)*; genero de musgos composto de tres especies.

Tetrápodo, da. *adj. (zool.)* Tetrapoda; diz-se do animal que tem quatro pés.

Tetrapodolito. *m. (min.)* Tetrapodolitho; petrificação dos quadrupedes.

Tetrapodolojia. *f.* Tetrapodologia; parte das historia natural que trata dos animaes quadrupedes.

Tetrapora. *f. (bot.)* Tetrapora; genero de plantas da familia das myrtaceas.

Tetrarca. *m.* Tetrarcha; principe, senhor que governa a quarta parte de um reino ou provincia, sem titulo de rei. *Tetrarcha, æ:* — tetrarcha; governador absoluto de alguma provincia na divisão de algum reino, imperio ou monarchia. *Tetrarcha, satrapes:* — *(br.)* tetrarcha; chefe de uma tetrarchia.

Tetrarcado. *m. (h. ant.)* Tetrarchado; auctoridade, dignidade de um tetrarcha: — tetrarchado; duração de suas funcções.

Tetrarquía. *f.* Tetrarchia; dignidade e districto de tetrarcha. *Tetrarchia, æ:* — tetrarchia; tempo que dura o governo de tetrarcha: — *(hist. ant.)* tetrarchia; subdivisão da antiga phalange grega: — tetrarchia; estado dividido entre quatro chefes.

Tetrasépalo, la. *adj. (bot.)* Tetrasepalo; que tem quatro divisões no calice.

Tetrasilábico, ca. *adj. (gram.)* Tetrasyllabo; de quatro syllabas.

Tetrasílabo, ba. *adj.* V. *Cuadrisílabo.*

Tetraspermo, ma. *adj. (bot.)* Tetraspermo; que tem quatro sementes.

Tetrastémono, na. *adj. (bot.)* Tetrastémono; que tem quatro estames.

Tetrástico, ca. *adj. (archit.)* Tetrasticho; que tem quatro ordens de columnas: — *(litt. ant.)* tetrasticho; que consta de quatro versos. *Tetrastichon.*

Tetrástilo. *m. (archit. ant.)* Tetrastylo; templo com quatro columnas de frente. Usa-se tambem adjectivado. *Tetrastylus, a, um:* — *(bot.)* tetrastylo; que tem quatro estyletes.

Tetrástomo, ma. *adj. (zool.)* Tetrastomo; que tem quatro bôcas ou chupadores.

Tetrástrofo. *adj. (litt. ant.)* Tetrastrophe; que tem quatro estrophes.

Tetrateca. *f. (bot.)* Tetratheca; genero de plantas da familia das tremandraceas.

Tetrazijia. *f. (bot.)* Tetrazygia; genero de plantas da familia das melastomaceas.

Tetricia. *f. (zool.)* Tetrix, tetricia; genero de insectos orthopteros da familia dos acridios.

Tétrico, ca. *adj.* Tetrico, triste, demasiadamente serio, grave ou melancholico. *Tetricus, a, um.*

Tetro, ta. *adj. (ant.)* Tetro, negro: — tetro, manchado.

Tetrocio. *m. (bot.)* Tetrocio *(quatro ganchos)*; genero de plantas da familia das alismaceas.

Tetroftalmo, ma. *adj. (zool.)* Tetrophtalmo; que tem quatro olhos.

Tetrorquidio. *m. (bot.)* Tetrorchidio *(quatro testiculos)*; genero de plantas da familia das euphorbiaceas.

Tetudo, da. *adj.* V. *Teton:* — *(p. P.* e *Bolivia)* tetas, maricas, molle, afeminado: — *(p. And.)* tetuda; diz-se da azeitona que tem a fôrma de uma teta. *Olea mammæ formam referens.*

Teucro, cra. *adj.* Teucro, troyano. V. *Troyano.*

Teulogía. *f. (ant.)* V. *Teolojía.*

Teurjia. *f. (ant.)* Theurgia. V. *Magia blanca ó natural.*

Teuton. *m. (philol.)* Teutonico, lingua teutonica; antiga lingua germanica que se fallava na côrte dos reis francos até o tratado de Verdun, epocha em que se formou o antigo francez.

Teutónico, ca. *adj.* Teutonica; diz-se de uma ordem militar de Allemanha; os cavalleiros que a formavam eram chamadas cavalleiros teutonicos. Napoleão supprimiu esta ordem por um decreto, que foi confirmado no congresso de Vienna. *Teutonicus, a, um.*

Tevecia. *f. (bot.)* Thevecia; genero de plantas da familia das apocyneas.

Tevenotia. *f. (bot.)* Thevenotia; genero de plantas da familia das compostas.

Texbique. *m. (ant.)* V. *Tabique.*

Texto. *m.* V. *Testo.*

Textorio, ria. *adj.* V. *Testorio.*

Textual. *adj.* V. *Testual.*

Textualista. *m.* V. *Testualista.*

Textualmente. *adv. m.* V. *Testualmente.*

Textura. *f.* V. *Testura.*

Tez. *f.* Tez; superficie lustrosa e delicada de qualquer cousa. Regularmente refere-se á do rosto humano com o colorido que lhe é proprio. *Oris vel faciei superficies.*

Tezado, da. *adj.* V. *Atezado*, mui negro.

Thau. *m. (gram.)* Thau; nome que dão á ultima letra do alphabeto hebraico os que consideram como aspirada esta consoante, aindaque pela ordem alphabetica primitiva corresponde ao *tau* dos gregos.

Thora. *f.* Thora; assim chamam os judeus ao Pentateuco.

Ti. Ti; variação do pronome tu; v. g.: de *ti*, para *ti*, a *ti*, por *ti*; de ti, para ti, a ti, por ti. Sempre que se junta com a preposição *con* anteposta, junta-se-lhe a terminação *go* do idioma hespanhol e do portuguez: o mesmo acontece com os outros pronomes *mi* e *si*, que corresponde a *cum* latino posposto: — *(ant.)* V. *Te*, conversão de tu.

Tianguis. *m. (p. Mex.)* Dia de mercado de comestiveis, etc., nos povos e villas da republica mexicana.

Tiara. *f.* Thiara; ornato da cabeça, especie de turbante que usam algumas nações, e que primeiramente teve uso entre as mulheres persas, e depois se estendeu aos homens, com especialidade aos principes e sacerdotes. *Thiaras vel thiara:* — thiara; mitra pontifical do papa. *Thiaras vel thiara pontificia:* — *(fig.)* thiara; dignidade pontificia. *Pontificia dignitas.*

Tiarela. *f. (bot.)* Thiarella; genero de plantas da familia dos saxifragaceas.

Tiarode. *m. (zool.)* Thiarode *(thiara)*; genero de insectos hemipteros da tribu dos reduvios.

Tibaudia. *f. (bot.)* Thibaudia; genero de plantas da familia das ericaceas.

Tibia. *f. (ant.)* Tibia, flauta, trombeta flautada. V. *Flauta:* *(anat.)* tibia; osso da perna, collocado adiante do peroneo.

Tibial. *adj. (anat.)* Tibial; pertencente ou relativo á tibia.

Tibiamente. *adv. m.* Tibiamente, frouxamente; com tibieza. *Tepidè, remissè.*

Tibiez. *f. (ant.)* V. *Tibieza.*

Tibieza. *f.* Tibieza, tepor; calor moderado, pouco calor de corpo morno. *Tepor, oris:* — *(fig.)* tibieza, frieza, frouxidão; falta de actividade, de fervor, de zêlo. *Tepor, remissio, negligentia.*

Tibio, bia. *adj.* Tibio, morno, tepido, pouco quente. *Tepidus, a, um:* — *(fig.)* tibio, tepido, frouxo, remisso; falto de energia, falto de fervor, de zêlo. *Negligens, remissus.*

Tibio-calcaniano, na. *adj. (anat.)* Tibio-calcaniano; qualificação de um dos musculos da perna.

Tibio-tarsiano, na. *adj. (anat.)* Tibio-tarsiano; pertencente á tibia e ao tarso.

Tibor. *m.* Especie de talha ou vaso grande de porcelana da China. *Dolium vel hydria sinica.*

Tiborna. *f. (p. Extr.)* Tiborna. V. *Toston*, na terceira accepção.

Ticorea. *f. (bot.)* Ticorea; genero de plantas da familia das diosmeas.

Tidio. *m. (ant.)* Tédio, mal, damno.

Tiemblo. *m. (ant.)* V. *Temblor.*

Tiemer. *a. (ant.)* V. *Temer.*

Tiemplar. *a. (ant.)* V. *Templar.*

Tiemplo. *m. (ant.)* V. *Templo.*

Tiempo. *m.* Tempo; medida da duração das cousas, da successão dos phenomenos. *Tempus, oris:* — tempo; termo prefixo, limitado; *v. g. al cabo de algun tiempo;* ao cabo de algum tempo. *Tempus, oris:* — tempo; qualquer das quatro estações do anno. *Anni tempus, tempestas:* — idade, numero de annos que alguem tem vivido. *Ætas, vita:* — tempo, opportunidade, occasião; como: *a su tiempo, ahora no es tiempo;* a seu tempo, em occasião opportuna, agora não é tempo, não é occasião. *Opportunitas, tempestivitas:* tempo; o estado da atmosphera. *Tempestas, cœli constitudo:* — tempo, logar, proporção, estado, espaço livre de outros negocios; como: *no tengo tiempo;* não tenho tempo. *Locus, tempus, otium:* — tempo; estado politico, disposição dos negocios publicos de um reino; *v. g.: en tiempo de guerra, etc.*, em tempo de guerra, etc. *Rerum status, dispositio:* — tempo, largo espaço; *v. g. tiempo ha que no nos vemos;* ha tempo que nos não vemos. *Diu:* — tempo, era, epocha de alguma cousa; *v. g.: eso no es ya de este tiempo; en tiempo de las cruzadas, etc.;* isso não é já d'este tempo; no tempo das cruzadas, etc.: — *muerto;* tempo morto; parte do anno em que se fazem menos transacções, em que ha menos actividade no trafico proprio de cada paiz. Nos portos da America era assim chamado aquelle em que não havia frota ou armada. *Tiempos heróicos;* tempos heroicos; eras em que viveram os antigos heroes cuja historia está cheia de fabulas. *Fabulosa tempora:* — *tras tiempo, tiempo viene (fr.);* tempo traz tempo, ou atrás de tempo tempo vem. *Post nubila Phœbus. Abrir el tiempo (fr.);* abrir o tempo, começar a serenar-se, dissipar-se as nuvens, cessar os rigores da chuva, do vento, etc. *Sedari, nubila evanescere. Acomodarse al tiempo (fr.);* acommodar-se ao tempo, ao estado das cousas. *Tempori servire. Ajustar los tiempos (fr.);* ajustar os tempos; investigar ou fixar a chronologia dos successos. *Computare tempora. Alzar, alzarse ó levantar el tiempo (fr.);* levantar, serenar-se, pôr-se bom o tempo. *Cœlum sudum ac serenum fieri. Andar con el tiempo (fr.);* andar com o tempo; conformar-se com elle, e tambem acommodar-se com a opinião de alguem, lisonjeando-o ao mesmo tempo. *Tempori servire. A su tiempo (loc. adv.);* a seu tempo, quando chegar a occasião. *A tiempo (loc. adv.);* a tempo, em tempo, em occasião opportuna. *Opportunè, tempestivè. Dar tiempo al tiempo;* dar tempo ao tempo; esperar a opportunidade e conjunctura para fazer alguma cousa. *Expectare opportunitatem:* dar tempo ao tempo; usar de condescendencia com alguem attendendo ás circumstancias. *Ad tempus prudenter indulgere. Darse buen tiempo (fr. fig. fam.);* ter, gosar bom tempo; alegrar-se, divertir-se, recrear-se. *Voluptatibus indulgere. Dejarlo al tiempo (fr.);* deixar ao tempo; abrir mão de algum negocio para ver se o tempo o remedeia. *Opportunitatem exspectare. Despejarse el tiempo (fr.)* V. *Despejarse el cielo. De tiempo (loc. adv.);* de tempo; diz-se do recem-nascido que tem os mezes precisos para poder viver; e quando tem os nove completos, diz-se *de todo tiempo;* de todo o tempo. *Maturus, a, um. De tiempo en tiempo (loc. adv.);* de tempo em tempo, de quando em quando. *Engañar el tiempo (fr. fig.);* matar o tempo; occupar-se em alguma cousa o que está ocioso, para assim passar mais despercebidamente o tempo. *Tempus terere. En tiempo (loc. adv.);* em tempo, a tempo, em occasião opportuna. *Tempestivè, opportunè. En tiempo de Maricastaña, ó del tiempo de Maricastaña (loc. fam.);* no tempo do rabicho e cabelleira; ha muito tempo, em tempos remotos. *Olim, quondam. En tiempo hábil (loc. adv.);* em tempo habil; no tempo prescripto para alguma cousa. *Fuera de tiempo, ó sin tiempo (loc. adv.);* fóra de tempo ou sem tempo; em occasião inopportuna, intempestivamente. V. *Intempestivamente. Intempestivè. Gastar el tiempo (fr.);* gastar o tempo. V. *Perder el tiempo. Gozar del tiempo ó de la fortuna (fr.);* gosar do tempo ou da fortuna; usar bem d'elle, aproveitar-se do tempo e da fortuna. *Tempore, fortuna uti. Hacer tiempo (fr.);* fazer tempo. V. *Hacer. Medio tiempo;* tempo medio; o que se interpõe e passa entre successo e successo ou entre duas estações. *Temporis spatium interjectum. Medir el tiempo (fr. fig.);* medir, calcular o tempo; proporciona-lo ás circumstancias, ás necessidades. *Tempus aptare. Obedecer al tiempo ó a la necesidad (fr. fig.);* obedecer ao tempo ou á necessidade; obrar como o exigem as circumstancias do tempo. *Tempori, necessitati inservire. Pasar el tiempo (fr.);* passar o tempo; estar ocioso, sem trabalhar ou divertir-se, passear. *Animum relaxare; otiosè agere. Perder tiempo (fr.);* perder tempo; não o aproveitar, desperdiça-lo, deixar de executar dentro de certo tempo o que se podia ou devia fazer. *Tempus perdere, idoneo tempore non frui: (fig.)* perder tempo; trabalhar inutilmente. *Perperam tempus consumere; oleum et operam perdere. Por tiempo (loc. adv.);* por tempo; sem determinação ou com incerteza de tempo. *Ad tempus. Tomárse tiempo (fr.);* ganhar tempo; demorar, dilatar a conclusão do negocio. *Temporis opportunitatem exspectare:* ganhar tempo, metter tempo de per meio; deixar esquecer com o andar do tempo. *Perpetuò cunctando, nunquam agere. Un tiempo (loc. adv.);* n'outro tempo, em algum tempo. *Olim. A su tiempo maduran las brevas, ó las uvas (rif.);* a seu tempo vem as uvas e as maçãs maduras; devemos esperar com paciencia para alcançar o que desejâmos. *Omnia tempus habent. Cada cosa en su tiempo y los nabos en advento (rif.);* tudo vem a seu tempo e os nabos no advento. *Opportunè res maturescunt. Cual el tiempo tal el tiento (rif.);* qual o tempo tal o tento; devemos andar com o tempo, acommodando-nos ás circumstancias, ao estado das cousas. *Tempori et moribus consulendum. El tiempo cura al enfermo que no el unguento (rif.);* o tempo cura o enfermo que não o unguento; o tempo é a medicina mais efficaz. *Minùs medicinâ quàm tempore ægritudo levatur:* — *(art.)* tempo; execução do golpe da espada chegando ao ponto que deixa descoberto o adversario. *In gladiatorum arte ictus vel occasio:* — *firme;* tempo firme; movimento que executa o cavalleiro com a mão da redea, para collocar o cavallo igual de pés e mãos, a fim de o mudar de posição, etc.: — *medio (astron.);* tempo medio; o que é medido por um movimento uniforme, regulado pela velocidade media da terra: — *periódico;* tempo periodico; tempo que um corpo celeste emprega em fazer uma revolução completa á roda de um ponto: — *verdadero ó aparente;* tempo verdadeiro ou apparente; o que é marcado pelo movimento real e desigual da terra á roda do sol: — *(gram.)* tempo; inflexão do verbo que denota a epocha determinada ou indeterminada do acto ou acção. Os tempos são tres: presente, preterito e futuro. *Tempora in grammaticis:* — *(mus.)* tempo; uma das tres partes da medida ou proporção, que consiste em levantar e abaixar a voz determinadas vezes, emquanto se canta e leva o compasso. *Tempus in musicis.*

Tien. *m. (philos.)* Tien; um dos nomes que os discipulos de Confucio dão ao Ser Supremo; é o céu tomado por emblema da divindade.

Tienda. *f.* Tenda, barraca de campanha. *Papilio, tentorium:* — tendal, tolda, toldo; obra de lona ou lençaria estendida sobre barco, escaler, etc., e que tambem se usava nas galés, para abrigar do sol ou da chuva. *Tentorium in triremibus:* — toldo de carro, carroça, etc. *Currus operculum, velum:* — tenda; loja de vender viveres. *Taberna, æ:* — loja de vender fato, mercadorias, etc. *Abrir tienda (fr.);* abrir loja; estabelecer-se com loja publica de viveres, manufacturas ou de qualquer outro trato. *Mercaturam facere. Alzar ó levantar tienda (fr.);* fechar a loja. *Tabernam claudere. La tienda de los cojos;* tenda ou loja mais proxima do sitio onde se está. *Taberna proximior.*

TIENTA. *f.* Tenta; instrumento cirurgico com que se sonda a ferida profunda. *Specillum vulnerarium: — (fig.)* tento; arte, sagacidade com que se pretende averiguar alguma cousa. *Sollertia, calliditas. A tientas (fr.)* V. *A tiento: (fig.)* ás apalpadelas, ás cegas, sem luz, sem tino, duvidosamente, com incerteza. *Incertò, dubiè. Andar á tientas (fr.);* andar ás apalpadelas, tenteando, sem conhecimento de causa. *Cœcutire; viam, modum non invenire.*

TIENTAGUJA. *m.* Sonda; instrumento de ferro para explorar a qualidade e natureza da terra.

TIENTO. *m.* Toque, apalpamento; acção de tocar, apalpar, exercicio do sentido do tacto. *Tactus, tactio: —* bordão; pau com que o cego tentêa o caminho. *Baculus quo cœcus iter prætentat:—* balancim; pau comprido e roliço, de que usam os volatins em ambas as mãos e com que vão equilibrando o peso com o movimento para se conservarem firmes na maroma. *Funambularum æquilibrium:* —V. *Pulso,* significando firmeza, segurança: — golpe, pancada; *v. g.: le dieron dos tientos;* deramlhe duas pancadas:—acommettida, ataque subito, assalto, principalmente para roubar: — *(fig.)* tento, attenção, cuidado, circumspecção, prudencia. *Attentio, circumspectio. A tiento (loc. adv. fig.);* a tento, apalpando, com incerteza, duvidosamente, sem luz, sem conhecimento. *Incerto pede; in incertum. A tiento* o *por el tiento (loc. adv.);* a tento, pelo tacto. *Tactus tentando. Dar un tiento (fr.);* dar, pôr tento; reconhecer alguma cousa ou examina-la com prevenção; *v. g.: dar un tiento a la espada; dar un tiento al ingenio;* pôr tento na espada, dar tento ao engenho. *Tentare; periculum facere; explorare. Sacar de tiento.* V. *Sacar de tino: — (pint.)* tento; varinha que o pintor tem na mão esquerda e em que apoia a direita para dar os traços do pincel com mais firmeza. *Virga pictoria manum sustinens: — (mus.)* preludio, ensaio; modo de fazer ouvir successivamente os diversos sons do instrumento para ver se está bem afinado. *Prolusio musica: —(caç.)* vara na estaca que se finca em terra para fixar as redes. *Retis fulcrum: — (zool.)* V. *Tentáculo.*

TIERNAMENTE. *adv.* Ternamente; com ternura e carinho. *Tenerè, medulitus.*

TIERNECICO, CA, LLO, LLA, TO, TA. *adj. dim.* de *Tierno.* Tenrinho, tenrosinho: — terninho, ternosinho.

TIERNO, NA. *adj.* Tenro, molle, brando, flexivel, delicado. *Tener, a, um:* — tenro, recente, moderno, de pouco tempo. *Recens, nuperus:* — tenro; applica-se ao tempo ou idade da meninice. *Tener, a, um:*—terno, compassivo; mui sensivel, mui susceptivel de sensibilisar-se. *Lacrimis obnoxius; in lacrimas proclivis: — (fig.)* terno, affectuoso, carinhoso, amavel. *Tener, blandus.*

TIERRA. *f.* Terra, paiz natal, patria de cada um. *Patria, solum natale:*—terra; qualquer região, provincia ou districto de um dominio, estado ou povo. *Territorium, ditio:* — terra; terreno proprio para lavoura, pasto, horta, pomares. *Ager, arvum:* — terra; a parte secca do globo terraqueo e por extensão todo o globo. *Terra, tellus:— a dientro;* terra a dentro, afastado do mar; diz-se do terreno: — *a tierra (loc. adv. fig.);* com tento e cautela. *Cautè, securè: — de miga;* terra pegajosa, que não tem areia nem pedrinhas: — *de promision;* terra de promissão, abençoada, fertilissima, muito abundante, com allusão á que Deus prometteu ao povo de Israel. *Promissionis terra vel summè abundans: — doblada;* terra cortada, alta, fragosa: — *firme;* terra firme; terreno solido e capaz para se construir edificio. *Stabile solum. Besar la tierra que otro pisa (fig.);* beijar a terra que outra pisa; ter por elle um grande respeito e muita reverencia. *Alterius vestigia revereri, osculis signare. Como tierra (loc. fam.);* como terra, com abundancia. *Profusè. Coserse con la tierra (fr. fig.);* coser-se com a terra; chegar-se, approximar-se, unir-se muito a ella. *Humi prosterni, inhærere, adhærere. Dar con alguna persona en tierra (fr.);* dar com alguem em terra; derriba-lo, deita-lo ao chão. *Solo aliquem prosternere: (fig.)* dar com alguem em terra; derriba-lo, prostra-lo, abate-lo, faze-lo perder o favor, protecção, estado que antes tinha. *Pessundare, perdere. Descubrir tierra (fr. fig.);* descobrir terra, entrar em paiz desconhecido, para o reconhecer ou tomar lingua. *Regionem incognitam adire. Descubrir tierra ó terreno (fig.);* descobrir terra ou terreno; buscar informações sobre aquillo que se ignora, tentear, sondar alguem. *Animum, ingenium alicujus explorare, indagare. Echar por tierra alguna cosa (fr. fig.);* deitar por terra alguma cousa; destrui-la, arruina-la. *Destruere, perdere, evertere. Echarse tierra o en tierra o por tierra (fr. fig.);* lançar-se por terra, humilhar-se, render-se. *Subjici, alterius arbitrio se permittere. Echar tierra a alguna cosa (fr.);* pôr pedra sobre uma cousa, metter tempo de permeio. *Contegere, silencio obvolvere. Estar comiendo o mascando tierra (fr. fig.);* estar comendo terra, estar enterrado. *Sub terra conditum esse. Ganar tierra (fr.);* ganhar terra. V. *Ganar terreno. La primera y esa en tierra (loc.);* errar logo á primeira, enganar-se, commetter erro logo no primeiro passo que se dá em qualquer trabalho, empreza, etc. *In primo gressu lapsus. La tierra del pipiripao (fam.);* paiz de cocanha, paraizo, terra ou casa opulenta, abundante em todas as cousas, onde se passa bem, se leva vida regalada. *Regio vel domus deliciis abundans. Partir la tierra (fr.);* partir, repartir a terra; confinar um povo, cidade ou provincia com o termo de outra. *Conterminum esse. Perder la tierra (fr. ant.);* retirar-se, ausentar-se, ir para fóra da terra ou da patria, ser desterrado. *Exulem, extorrem abire. Por debajo de tierra (loc. adv.);* ás escondidas, em segredo, com cautela. *Clam, silenter, cautè. Probar mal o no probar la tierra (fr.);* provar mal a terra; passar, dar-se mal com a mudança de ar, de clima, de paiz. *Loci mutationem valetudini afficere. Saltar en tierra (fr.);* saltar em terra, desembarcar. *E navi egredi, desilire. Sembrar en mala tierra (fr. fig.);* semear em terra ingrata; fazer beneficios a quem os não agradece. *In sterili agro seminare. Ser buena tierra para plantar nabos (fr. fig. fam.);* ser bom para mechas, para buchas de peça, ser inutil; diz-se ironicamente das pessoas. *Hominem esse inutilem, flocci faciendum. Sin sentirlo la tierra (fr.);* sem que ninguem saiba, com todo o segredo. *Silenter, clam. Tomar tierra (fr.);* tomar terra, descobri-la, encontra-la. *Litus appellere. Ver tierras (fr. fig.);* ver terras, ver mundo. V. *Ver mundo. Plures orbis plagas perlustrare. En cada tierra su uso y en cada casa su costumbre (rif.);* em cada terra seu uso, ou cada terra com seu uso, cada roca com o seu fuso. *Dum Romæ fueris, romano vivito more. En tierra de ciegos el tuerto es rey (rif.);* em terra de cegos o torto é rei; equivale a: entre ignorantes sobresae o que tem algumas luzes, postoque escassas. *Sciolus apud ignaros sapiens est: — de labor;* terra de lavor, lavradia: — *de pan llevar;* terra de pão; boa para dar trigo: — *o heredad de año y vez;* terra lavradia que se deixa de pousio um anno, cultivando-se no outro e assim successivamente. *Vervactum, ager verè proscissus, deindeque usque ad autumnum quiescens: — posía (p. Extrem.);* pousio; terra ou deveza destinada por muito tempo para pasto do gado, sem se lavrar nem cultivar. *Tierras de ruedo;* campos ou herdades situadas na immediação da cidade, povoado, etc. *Entre dos tierras (loc.);* diz-se para designar a camada de terra que fica entre a superficie e o ponto em que se acham as raizes da planta. *Esquilmar la tierra;* empobrecer a terra; tirar-lhe muitos principios ou materias substanciaes, as arvores e algumas outras plantas. *Terram exsugere. Estar bien gobernada la tierra o el campo (fr.);* estar bem amanhada, preparada a terra, o campo. *Agrum sementi paratum esse: — (astron.)* terra; nome dado ao globo que habitâmos; é um dos planetas inferiores e está rodeado de uma atmosphera de dezeseis leguas de altura — *(chim. pharm.)* especie de terra medicinal de côr branca, e ás vezes cinzenta quando é mais pura: — *japónica;* terra japonica. V. *Cato: — Santa (geogr.);* terra santa. V. *Palestina: — (geol.)* terra; substancia mineral pulverulenta, friavel e incombustivel, que se mistura facilmente com a agua e tem uma composição variada: — *(min.)* terra; em mineralogia dá-se particularmente o nome de terra aos oxydos metallicos terreos e amorphos, taes como a silica, a alumina, a cal, a magnesia, etc., que têem leitos ou jazigos especiaes e pertencem a formações distinctas: — *(naut.)* terra; costa do continente ou ilha ou o baixo que póde ser visto a alguma distancia: — *a tierra (loc. adv. naut.);* terra a terra; costeando ou navegando sempre á vista de terra, seguindo a direcção da costa. *Juxta vel propè litus. Echar en tierra (fr. naut.);* lançar, deitar em terra; desembarcar alguma cousa. *Perder la tierra (fr. naut.);* afastar-se da terra, apartar-se uma embarcação da costa até a perder de vista. *Tomar tierra (fr. naut.);* tomar terra, aportar. *Litus appelere.*

Tiesamente. *adv. m.* Tesamente. *Fortiter, tenaciter.*

Tieso, sa. *adj.* Teso, duro, firme, rijo, solido. *Durus, solidus:* — teso, rijo, forte, robusto, bom de saude, especialmente depois de se ter restabelecido de uma doença. *Valens, vegetus:* — teso, testo, resoluto, valente, animoso, esforçado. *Validus, fortis, strenuus:* — teso, tenso, não bambo. *Tensus, a, um:* — rigido, nimiamente grave e circumspecto. *Rigidus, gravis: — (fig.)* teso, terco, tésto, testudo, cabeçudo, teimoso, inflexivel e pertinaz. *Durus, tenax: — adv. m.* teso ou em teso, rijamente, fortemente. *Firmè, fortiter: — que tieso (expr. fam.);* com grande teima, pertinacia ou porfia de alguem. *Pertinaciter, obstinato animo. Tenerlas tiesas (fr.)* V. *Tener.*

Tiesta. *f.* Testa; as aduelas que servem de fundo ou tampo nos toneis ou pipas. *Dolii fundus, pars superior aut ima:* — V. *Testa, Cabeza. Facer sin tiesta a alguno (fr. ant.);* cortar a cabeça a alguem.

Tiesto. *m.* Testo; pedaço de qualquer vaso de barro. *Testa;* — vaso que serve ordinariamente para ter plantas e flores. *Vas testaceum, testa:* — *(ant.)* V. *Testa,* no sentido de parte superior da cabeça: — *adj. (ant.)* apertado, comprimido.

Tiesura. *f.* Tesura; modo ou maneira como uma pessoa se apresenta tesa ou erguida: — tesura; qualidade do teso.

Tifia. *f. (zool.)* Typhia; genero de insectos hymenopteros, da familia dos escolideos.

Tiflina. *f. (zool.)* Typhlina *(serpente cega);* genero de reptis ophidios.

Tifo, fa. *adj. (ant.)* V. *Repleto:* — *m. (med.)* V. *Tifus.*

Tifóideo, dea. *adj.* Typhoide; que se parece com o typho ou que lhe diz respeito.

Tifon. *m.* Tufão, torvelinho, redemoinho. *Turbo, onis.*

Tifus. *m. (med.)* Typho; enfermidade epidemica, contagiosa em certas circumstancias, que os antigos nosographos assim chamavam por causa da influencia especial que exerce no systema nervoso, e que se manifesta por um estado particular nas faculdades intellectuaes.

Tiga. *f. (bot.)* V. *Laurelia.*

Tigarea. *f. (bot.)* V. *Tetracera.*

Tiglina. *f. (chim.)* Tiglina; substancia resinosa particular, que se extrahe das sementes do *croton tiglium.*

Tigre. *m. (fig.)* Tigre; pessoa cruel e sanguinaria. *Piel de tigre (art.);* pelle de tigre; diz-se, em equitação, da pelle do cavallo branco que é mosqueada de negro, alazão ou castanho: — *(zool.)* tigre; especie de mammiferos carniceiros do genero gato, o maior e mais terrivel de todos os do seu genero.

Tigridia. *f. (bot.)* Tigridia; genero de plantas da familia das irideas.

Tiito. *m. (ant. min.)* Tiitho; nome dado por Dioscorides a uma argilla esverdeada e endurecida.

Tija. *f.* Cano da chave; a haste que vae do annel ao palhetão.

Tijera. *f.* Tesoura; instrumento de cortar panno, couro, metaes. Ha-as de diversos tamanhos. *Forfex, icis:* — tesoura; qualquer cousa que tem a sua fórma. *Quidquid in modum forficis decussatur:* — tosquiador; o que tosquia ovelhas, etc. *Tonsor, oris:* — sanja, regueira, valla, esgotadouro que se faz nas terras alagadas. *Incile, is:* — *(fig. fam.)* tesoura; detractor, murmurador, maldizente. *Detractor, oris:* — detracção, critica, murmuração, censura; *v. g.: fulano no le ha dejado hueso sano con su tijera;* fulano não tem deixado osso são com a sua maledicencia: — tesoura; as primeiras pennas da ponta da aza do falcão. *Alæ penna prima:* — tesoura; correias que servem de sustentar o balanço do coche. *In rhedis corrigiæ decussatæ:* — *pl.* tesouras; vigas atadas e enlaçadas com outras, que se atravessam no rio, e detêem a madeira que por ellas se conduz. *Trabes calligatæ in flumine transversæ:* — tesoura; a parte ondo mette a lança de qualquer carruagem: — *(germ.)* tesoura; os dedos maiores da mão: — *(art.)* tesoura; peça de dois paus em aspa em que se serra a madeira antes de se rachar em lenha. *Ligna decussatim aptata. Buena tijera (fr.);* boa tesoura; habil em cortar. *Dexterè, subtiliterque ad lineamenta intercidens:* — comilão, bom comensal. *Epulo, longus edax. Cortar de tijera;* murmurar, criticar, censurar. *Echar la tijera (fr.);* deitar a tesoura, começar a cortar com este instrumento. *Forfice scindere:* — *(fig.)* sustar ou atalhar os inconvenientes que sobrevem em algum negocio. *Decidere, abscindere. Hacer tijera (fr.);* fazer tesoura; mover o cavallo, que é doce de bôca, a mandibula posterior, de um para outro lado, quando se lhe tira o freio. *Equum os torquere. Quien a mi me trasquiló con las tijeras se quedó, ó le quedaron las tijeras en la mano (rif.);* quem vir as barbas do vizinho arder, trate de botar as suas de môlho. *Ab aliorum periculo cautus fies.*

Tijerada. *f.* V. *Tijeretada.*

Tijereta. *f. dim.* de *Tijera.* Tesourinha: — tesourinha, elo da vide; fio espiral que se enrosca no tronco, por onde a vide trepa e a vae arrimando a elle. *In vitibus capreoli:* — *(zool.)* tesourinha; especie de insectos coleopteros.

Tijeretada. *f.* Tesourada; córte feito com um golpe de tesoura. *Forfice incisum segmentum.*

Tijeretas. *f. pl. dim.* de *Tijeras. Tijeretas han de ser, ó decir tijeretas (fr. fig. fam.);* fazer tesourinhas com os dedos; teimar, porfiar tollamente, e não ceder sobre cousas de pouca monta. *Pertinaciter parvi momenti rebus insistere.*

Tijeretear. *a.* e *n.* Tesourar; dar golpes com tesoura. *Forficibus incidere, secare:* — *(fig.)* decidir, dispor a seu alvitre em negocios alheios. *Ad placitum disponere, distribuere.*

Tijereteo. *m.* Som do movimento da tesoura, quando se corta com ella; diz-se particularmente do que fazem as grandes, manejando-as com pressa, como os tosquiadores.

Tijerica. *f.* V. *Tijerita.*

Tijerilla. *f.* V. *Tijereta:* — V. *Tijereta,* nas vides.

Tijerita. *f. dim.* de *Tijera.* Tesourinha.

Tijeruela. *f.* V. *Tijereta,* na segunda accepção.

Tiláceas. *f. pl. (bot.)* V. *Tiliáceas.*

Tilacino. *m. (zool.)* Tilacino; genero de mammiferos marsupiaes.

Tilacospermo. *m. (bot.)* Tilacospermo; genero de plantas da familia das caryophiladas.

Tilandsia. *f. (bot.)* Tillandsia; genero de plantas da familia das bromeliaceas.

Tilaquio. *m. (bot.)* Tilachio; genero de plantas da familia das caparidias.

Tílburi. *m.* Tilburi; especie de cabriolé descoberto e muito ligeiro.

Tildar. *a.* Riscar, apagar, borrar alguma letra ou clausula de um escripto. *Delere, obliterare:* — pôr til nas letras que o requerem. *Apicibus notare:* — *(fig.)* notar, apontar com labéu alguma pessoa. *Notare, labem inurere.*

Tilde. *m.* Til; signal orthographico que se põe sobre alguma letra, para significar abreviatura na voz, ou para distingui-la de outras, ou explicar o accento. *Litteræ apex:* — til; cousa minima, pequena. *Apex, res minima:* — *(fig.)* nota, labéu, mancha, culpa.

Tildoñ. *m. augm.* de *Tilde.*

Tilea. *f. (bot.)* Tillea; genero de plantas da familia das crasulaceas.

Tilia. *f. (bot.)* V. *Tilo.*

Tiliáceas. *f. pl. (bot.)* Tiliaceas; familia de plantas dicotyledoneas polypetalas.

Tilichi. *m. (p. Mex.)* Traste; peça que serve de uso e serviço. Usa-se mais no plural.

Tilma. *f. (p. Mex.)* Manta que se deita ao hombro com um nó.

Tilo. *m. (bot.)* Til, tilia; genero de plantas que forma o typo da familia das tiliaceas: — *(zool.)* tillo *(que morde)*; genero de insectos coleopteros pentameros, da tribu dos cleronios.

Tilodo. *m. (zool.)* Tylodo; genero de insectos coleopteros tetrameros, da secção dos apostasimeridos.

Tilófora. *f. (bot.)* Tylophora; genero de plantas da familia das asclepiadeas.

Tilomo. *m. (zool.)* Tylomo; genero de insectos coleopteros tetrameros, da familia dos curculionidos.

Tilla. *f. (naut.)* Gorita; nas embarcações menores que não têem coberta corrida, qualquer dos castellos de pôpa ou prôa: — *(ant.)* tilha, coxia do navio.

Timalo. *m. (zool.)* Thymallo; genero de peixes malacopterygios abdominaes, da familia dos salmonideos.

Timbal. *m.* V. *Atabal:* — timbale; caixa de metal em fôrma de meia esphera, coberta por cima com um pergaminho. *Tympanister.*

Timbalear. *n.* Tocar timbales.

Timbaleo. *m.* Som do timbale, ou o que formam muitos reunidos quando se tocam.

Timbalero. *m.* Timbaleiro; o que toca timbales. *Tympanister.*

Timbirichi. *m.* Timbirichi; fructa da costa do golfo mexicano.

Timbirimba. *f. (fam. p. Mex.)* Casa de jogo de pouca monta.

Timboy. *m. (p. Amer.)* Timboy; arvore corpulenta do Paraguay, de que os naturaes fazem as suas camas.

Timbra. *f.* V. *Ajedrea.*

Timbrar. *a.* Timbrar, pôr timbre no escudo de armas. *Tesseræ gentilitiæ apicem insignere.*

Timbre. *m. (br.)* Timbre; insignia que se colloca sobre o escudo de armas, para distinguir os graus de nobreza. *Insigne in stemmatibus:* — timbre; campainha de relojo, que não tem badalo, e que sôa pela pancada de um martelo: — timbre; sêllo com as iniciaes do nome e apellido de uma pessoa, que se costuma pôr no papel para cartas: — timbre; marca ou rubrica que a lei obriga a pôr em certos impressos: — *(fig.)* timbre; qualidade do som, fallando da voz ou dos instrumentos: — timbre; acção gloriosa, que exalta e ennobrece. *Egregii facinoris gloria, honos.*

Timeleáceas. *f. pl. (bot.)* Timeleaceas; familia de plantas dicotyledoneas apetalas.

Timéleas. *f. pl. (bot.)* V. *Timeleáceas.*

Timelina. *f. (bot.)* Timelina; genero de plantas da familia das daphnoideas.

Timena. *f. (zool.)* Timena; genero de insectos lepidopteros, da familia dos nocturnos.

Timiama. *f.* Thymiama; entre os judeus, confecção cheirosa reservada para o culto divino. *Thymiama:* — V. *Almea*, na segunda accepção.

Timiatecnia. *f.* Thymiatechnia; arte de compor perfumes.

Tímidamente. *adv.* Timidamente; com temor, com receio ou medo. *Timidè, pavidè.*

Timidez. *f.* Timidez, temor, medo, irresolução, receio. *Timiditas, pavor.*

Timidísimo, ma. *adj. sup.* de *Tímido.* Timidissimo. *Timidissimus, a, um.*

Tímido, da. *adj.* Timido, temeroso, medroso, desanimado, pussillanime, timorato, fraco, de pouco animo. *Timidus, pavidus.*

Timo. *m.* V. *Tímalo.*

Timocracia. *f.* Thymocracia; governo em que os empregos e honras se reservam para os ricos.

Timócrata. *m.* Thymocrata; partidario da thymocracia.

Timocrático, ca. *adj.* Thymocratico; pertencente á thymocracia.

Timon. *m.* Lança; o pau direito que sáe do jogo de um carro qualquer, e a cujos lados se jungem os animaes. *Temo, onis:* — *(naut.)* timão, leme. *Clavus, navis gubernaculum:* — *(fig.)* timão; o instrumento que governa o movimento de algumas machinas. *Machinæ temo, gubernaculum:* — V. *Pértigo:* — *(fig.)* leme; direcção ou governo de algum negocio. *Negotii directio:* — timão, leme; o que governa os negocios publicos ou algum particular. *Clavus, gubernaculum, habenæ:* — *(ant.)* V. *Cuneo*, formação triangular de um batalhão.

Timoncico, llo, to. *dim.* de *Timon.* Timãosinho.

Timonear. *n.* Governar, dirigir o leme. *Clavum ducere, regere, tenere.*

Timonel. *m.* Timoneiro; o marinheiro que governa o timão ou leme. *Clavi ductor, gobernator nauclerus.*

Timonera. *f. (naut.)* Timoneira; buraco por onde passa a cana do leme. *Clavi capsa, situs, locus:* — cada uma das grandes pennas que as aves têem na cauda. *Plumæ rectrices.*

Timonero. *m.* V. *Timonel.*

Timonio. *m. (bot.)* Timonio; genero de plantas da familia das rubiaceas.

TIMORATO, TA. *adj.* Timorato, que têm escrupulos religiosos e moraes, que é timido em suas acções. *Pio, religioso timore ductus; timorem Dei habens ante oculos.*

TIMORO. *m. (zool.)* Timoro; genero de insectos coleopteros tetrameros, da secção dos opostasimeridos.

TIMPÁNICO, CA. *adj. (anat.)* Tympanico; que tem relação com o tympano. *Arteria timpánica;* arteria tympanica; a arteria auditiva externa.

TIMPANILLO. *m. dim.* de *Timpano: — (arch.)* adorno na planta ou nascimento de um arco: — *(art.)* tympanilho; diz-se na imprensa do pequeno tympano coberto de baldreu ou pergaminho, que se encaixa atrás do tympano principal. *Typographiæ tympanum.*

TIMPANÍTICO, CA. *adj.* Tympanitico; que padece de tympanite ou que pertence a esta enfermidade. *Tympaniticus, tympanicus.*

TIMPANÍTIS. *f. (med.)* Tympanite; especie de inchação no baixo ventre, cuja pelle se reteza a ponto que, tocando-a, sôa como um tambor. *Tympanitis.*

TIMPANO. *m.* V. *Atabal:—(arch.)* tympano; a parte interna de um frontão, que fica entre as cornijas obliquas ou circulares e a do entablamento horisontal:—tympano; adorno no movimento do arco: — *(anat.)* tympano; membrana lisa, delgada e transparente que separa o ouvido externo, e que é ferida pelo ar conduzido pelo canal auditivo: — *(art.)* tympano; peça da imprensa onde se regista a folha. *Tympanum typographicum.*

TINA. *f.* V. *Tinaja: —* tina; vaso grande em fórma de caldeira, que serve regularmente em tinturaria. *Cortina, æ:—(p. And.)* V. *Balsa,* na terceira accepção: — *de combate (mil.);* tina de combate; meia pipa que se enche de agua, e que serve em artilheria para refrescar as lanadas, e para alguns outros usos.

TINACO. *m.* Tinote, celha, cuba; especie de tina, que em algumas partes é de madeira. *Amplioris cadi genus: —* residuo fetido que sáe dos lagares e das tulhas de azeitonas. *Olearum sedimina graveolentia.*

TINADA. *f.* Pilha, montão ou fachina de lenha. *Lignorum strues: —* abrigo, telheiro que se faz para reservar o gado dos temporaes; e particularmente, toma-se por aquelle onde estão os bois. *Rusticum, rurale tectum, porticus.*

TINADO. *m.* V. *Tinador.*

TINADOR. *m.* V. *Tinada,* na segunda accepção.

TINAJA. *f.* Talha; vasilha grande de barro cozido, e algumas vezes vidrado. *Hydria, æ: —* tinalha, cuba. *Dolium, ii.*

TINAJERÍA. *f. (p. And.)* V. *Tinajero,* na segunda accepção.

TINAJERO. *m.* Oleiro que faz ou vende talhas. *Dolorium artifex; fictilium cadorum artifex: —* olaria onde se fazem ou vendem talhas. *Locus doliis collocandis, accommodandis, custodiendis; fictilium cadorum officina: — (p. A. M.)* especie de armario onde estão o filtro da agua e a tinalha, bem como os moringues, etc.

TINAJICA, LLA, TA. *dim.* de *Tinajuela.* Talhinha.

TINAJON. *m.* Pequena talha ou tijela da casa. *Vasis fictilis amplioris genus.*

TINAO. *m. (p. And.)* Curral; logar onde nas fazendas os bois comem e dormem.

TINAON. *m. (p. And.)* Curral; estabulo de bois. *Boum stabulum, bovile.*

TINBRO. *m.* Lavadeiro de lã; o que tem a seu cuidado os lavadouros.

TÍNEA. *f. (ant.)* V. *Polilla.*

TINÉIDEOS. *m. pl. (zool.)* Tineideos; tribu de insectos lepidopteros, da familia dos nocturnos.

TINELERO, RA. *adj.* Tinelleiro; que tem a seu cargo o arranjo e provisão do tinello. *Cœnaculi famulorum præfectus.*

TINELO. *m.* Tinello; casa de jantar dos creados, nos grandes palacios ou nas habitações dos nobres. *Famulorum cœnaculum.*

TINGITANO, NA. *adj.* Tingitano; pertencente a Tanger ou aos seus habitantes: — *m.* tingitano; o natural de Tanger. *Tingitanus.*

TINGLADO. *m.* Alpendre, telheiro. V. *Cobertizo:—(p. Cub.)* plano inclinado sobre o qual escorre o mel das fórmas de assucar.

TINGLE. *f.* Faca de vidraceiro; ferramenta do officio. *Vitriariorum ferramentum.*

TINGUARA. *f. (bot.)* Tinguara; genero de plantas da familia das umbelliferas.

TINIAS. *f. pl.* Tynnias; festas que se celebravam na Grecia, nas quaes os pescadores sacrificavam atuns em honra de Neptuno.

TINICA. *f.* V. *Tinita.*

TINICLA. *f.* Lorigão; especie de cota de armas que usavam os officiaes superiores do exercito. *Lorica amplior et productior.*

TINIEBLA. *f.* Treva; carencia, falta e privação absoluta de luz, completa obscuridade. Usa-se commummente no plural. *Tenebræ, nox: — pl.* trevas; officios dos tres ultimos dias da Semana Santa. *Officium divinum ad matutinum trium dierum hebdomadæ majoris: — (fig.)* trevas, ignorancia supina, cegueira. *Ignorantia; caligomentis.*

TINIEBRA. *f. (ant.)* V. *Tiniebla. Cader la tiniebra (fr.)* V. *Anochecer.*

TINILLA. *f.* V. *Tinita.*

TINILLO. *m.* Lagariça; tanque pequeno pegado ao lagar que recebe o mosto da uva pisada. *Lacus vinarius in torcularibus.*

TINITA. *f. dim.* de *Tina.*

TINO. *m.* Tino, tacto; habito ou facilidade de acertar com as cousas que se procuram. *Tactu res quascumque inveniendi facilitas: —* tino; acerto, dextreza com que se dá no alvo ou no objecto a que se atira. *Dexteritas in collimando:* — lavadouro; nas lavanderias de lã, o deposito de pedra onde vae a agua fervente que vem da caldeira: —*(fig.)* tino, tento, juizo, cordura para o governo e direcção de alguma cousa. *Judicium, prudentia, Sacar de tino (fr.);* atordoar, estontear alguem com alguma pancada. *Gravi et repentino ictu perturbare: (fr. fig.)* atarantar, desconcertar, atrapalhar, confundir a alguem algum succedimento, cousa ou rasão inesperada. *Confundere, obcæcare.*

Tinocoro. *m. (zool.)* Thinocoro; genero de aves da ordem das gallinaceas.

Tinta. *f.* Tinta; côr que se sobrepõe a qualquer cousa ou com que se tinge. *Color, pigmentum:* — tinta; o licor negro com que se tinge. *Atramentum, i:*— tintura; a acção de tingir ou a propria infusão das tintas; *v. g.: dar una tinta;* dar uma tintura. *Tinctura coloris infusio:* —*(pint.)* tinta; as cores que se empregam na pintura: — *añil.* V. *Añil:— simpática;* tinta sympathica; a que não toma a côr senão quando se chega ao fogo o que com ella está escripto, ou se lhe applica algum meio chimico. *Dar tinta ó no dar tinta (fr.);* dar tinta ou não dar tinta; diz-se da penna que, por effeito no aparo, ou borra o papel ou não assignala as letras. *Pennam atramentum emittere, vel non emittere. De buena tinta (mod. adv. fam.);* com efficacia, com vehemencia, com energia, despapadamente. *Vehementer, verbis asperioribus. Saber algo de buena tinta (fr. fig. fam.);* saber de boa fonte ou de fonte limpa; estar informado de alguma cousa por pessoa fidedigna. *Certo auctore aliquid scire; ex idoneo teste. Media tinta (pint.);* meia tinta; a tinta geral que se dá primeiro para pintar, e sobre a qual se vae dispondo o claro escuro. *Linimentum generale:* meia tinta; o esbatimento que une os claros com os escuros. *Meter tinta (fr. pint.);* metter tinta; pôr e collocar as tintas nos logares convenientes. *Coloribus linire. Do tu padre fué con tinta no vayas tú con quilma (rif.);* ninguem faça mal á conta de lhe vir bem. *A malefacto ubique timendum.*

Tintar. *a.* V. *Teñir.*

Tinte. *m.* Tingidura ou tintura; a acção e effeito de tingir. *Tinctura, æ:* — tintura; a côr com que se tinge. *Ars pannos adscititius coloribus inficiendi:* — tinturaria; a casa, loja ou sitio onde se tingem roupas ou telas. *Tingentium officina, pannis inficiendis inserviens officina, æ:* — *(fig.)* disfarce, dissimulo, falsa apparencia, artificio manhoso com que se dá diversa côr ou desfiguram as cousas immateriaes. *Fucus color, species.*

Tinterillo. *m. (p. A. M.)* Advogado de trapeira.

Tintero. *m.* Tinteiro; vaso onde se tem a tinta para escrever. Ha-os de muitas fórmas e materias. *Vas atramento excipiendo:* —*(naut.)* tinteiro; peça de madeira de que os carpinteiros se servem para conservar o almagre com que tingem o fio. *Dejar ó dejarse en el tintero alguna cosa (fr.);* deixar alguma cousa no tinteiro; esquecer, olvidar ou omittir alguma cousa. *Rem oblivisci, prætermittere. Quedársele a uno en el tintero alguna cosa (fr. fam.);* ficar-lhe alguma cousa no tinteiro, esquecer a alguem alguma cousa. *Oblivisci.*

Tintilla de Rota. *f.* Vinho tinto adstringente e doce que se faz na villa de Rota. Costuma chamar-se simplesmente *tintilla. Vinum ita dictum.*

Tintillo. *m. dim.* de *Tinto:*— vinho palhete. *Rubeum vinum:* — papalvo, simplorio, bobo. *Homo aliis factus ludibrium.*

Tintin. *m.* Tintin; o som agudo dos metaes: — *(fam.)* modo de beneficiar o metal, deitando-o na cavidade de uma pedra dura, á maneira de almofariz, em cujo fundo está azougue.

Tintirintin. *m.* Retintim; echo ou som que resulta do toque dos clarinetes ou de outros instrumentos agudos. *Tinnitus.*

Tinto, ta. *adj.* V. *Teñido:* — tinto; diz-se por excellencia ou antonomasia do vinho escuro e quasi negro. Tambem se usa como substantivo. *Vinum intensum rubrum.*

Tintor. *m.* V. *Tintorero.*

Tintorera. *f. (p. Amer.)* Tintureira; a femea do tubarão.

Tintorería. *f.* Tinturaria; casa onde se tingem pannos e outras cousas. *Tingentis, colores infundentis officina; pannis inficiendis inserviens officina.*

Tintorero. *m.* Tintureiro; o que tinge, que exerce a arte de tingir. *Pannorum infector; tingendi artem exercens.*

Tintura. *f.* Tintura; acção de tingir. Tambem se toma pela côr que tinge. *Tinctura, æ:* —côr, arrebique; enfeite que as mulheres põem no rosto. *Fucus, pigmentum:* — *(fig.)* tintura, laivos; noticia superficial de alguma cousa, ou de alguma faculdade ou sciencia. *Litterarum levis notitia:* — *(chim.)* tintura; extracto de qualquer substancia tirado por infusão em um liquido quente ou frio, ao qual communica a sua côr ou virtude. *Tinctura, æ. Sobre negro no hay tintura (fr. fam.);* quem lava a cabeça a um mono perde tempo e sabão. *Niger color à nullo extinguitur.*

Tinturar. *a.* V. *Teñir:*—*(fig.)* instruir ou informar summariamente de alguma cousa. Usa-se regularmente como reciproco. *Leviter instruere.*

Tiña. *f. (med.)* Tinha; erupção cutanea de um humor corrosivo e acre, que vae destruindo a cutis da cabeça onde se cria costra. *Scabies, porrigo:* —*(zool.)* traça; insecto lepidoptero, similhante á lagarta, que damna ou prejudica as colmeias. *Araneoli genus alvearibus nocentissimi:* —*(fig. fam.)* avareza, sordidez. *Avaritia, sordes.*

Tiñebla. *f. (ant.)* V. *Tiniebla.*

Tiñería. *f.* V. *Tiña*, na ultima accepção.

Tiñoso, sa. *adj.* Tinhoso; que tem tinha. *Porrigine laborans, scabrosus:* — *(fig.)* avaro, sovina, miseravel. *Sordidus, parcus, sui tenax:* — tinhoso; epitheto que se dá ao diabo. *Putridus, a, um.*

Tiñuela. *f.* Cuscuta ou almeirão branco, que se cria como herva parasita entre as plantas do linho.

Tio, tia. *s.* Tio; rigorosamente o irmão ou irmã de nossos paes; mas toma-se latamente pelos parentes transversaes superiores, em qualquer grau, e se denominam segundo, terceiro, etc., conforme os graus que distam. *Patruus, avunculus, amita:* — tio; nos logares ou pequenas povoações, diz-se de toda a pessoa já entrada em annos, aindaque não seja parente. *Vetulus, a, um:* —*carnal;* tio carnal; o irmão ou irmã do pae ou mãe. *Patruus, avunculus. A tu tia que te dé para libros (fr. fam.);* vae a teu pae que te ature. *Non me, sed amitam rogites. Contárselo á su tia (fr.)* V. *Contárselo a su abuela. Quedarse para tia ó para vestir imágines;* ficar para tia ou para vestir imagens; chegar a mulher a idade avançada, sem ter havido quem queira casar com ella. *Innuptam senescere. Desde que via tu tia, muero de acedía, desde que no la veo, muero de deseo (rif.);* querer hoje uma cousa e amanhã outra. *Quod hodiè cupimus cras odio habemus.*

Tiorba. *f.* Tiorba; instrumento musico, especie de alaude, algum tanto maior e com mais cordas. *Chelis; citharæ species.*

Tipa. *f. (p. A. M.)* Cesta feita de coiro de boi.

Típico, ca. *adj.* Typico; que inclue em si a representação de outra cousa, sendo emblema ou figura d'ella.

Tiple. *m. (germ.)* Vinho. *Vinum, i:*—*(naut.)* mastro de uma só peça: — *(mus.)* V. *Soprano:* — mandora; instrumento musico, similhante á viola. *Chitara acutior.*

Tiplisonante. *adj. (fam.)* Esganiçado; que tem a voz de tiple. *Acuta voce præditus; acutum sonans.*

Tipo. *m.* Typo, molde, modelo, exemplar. *Typus, i:* — *(neol.)* typo; letra de imprensa, e o tamanho e caracter d'ella.

Tipografía. *f.* Typographia. V. *Imprenta:* — typographia; a arte de imprimir ou de imprensa.

Tipográficamente. *adv. m.* Typographicamente; de um modo typographico.

Tipográfico, ca. *adj.* Typographico; que pertence á typographia ou á arte de imprimir. *Typographicus, a, um.*

Tipografo. *m.* Typographo, impressor. *Typographus.*

Tipolita. *f. (min.)* Typolitha; pedra em que está impressa a fórma de algumas plantas ou animaes.

Tipula. *f. (zool.)* Tipula; genero de insectos dipteros, da familia dos tipularios.

Tipularios. *m. pl. (zool.)* Tipularios; familia de insectos dipteros.

Tipuliforme. *adj. (zool.)* Tipuliforme; que tem a fórma de uma tipula.

Tiquis-miquis. *(loc. fam.)* Discurso confuso, aranzel affectado, algaravia ridicula; vocabulos com que, em estylo familiar, se exprime que uma pessoa alardeia termos não vulgares na conversação, para se impor como sabio ou para não ser geralmente comprehendido. *Verba nimis composita mutuò dicta vel jactata; a longè adicita verba.*

Tir. *m. (chron.)* Thir; o quinto mez dos ethiopes.

Tira. *f.* Tira; pedaço comprido e estreito de qualquer tela. *Tænia, fascia, vitta:* — tira; banda, charpa, faxa, lista comprida e estreita de qualquer cousa. *Tænia:* — preparo ou direito que se pagava nos cartorios, quando as partes se instruiam do feito que vinha em appellação ao tribunal superior, e se regulava pelas folhas, dando um tanto por cada uma. Usava-se mais geralmente no plural. *Stipendia pro computatione causarum; instrumentorum exportatione stipendium:* — *(germ.)* caminho. *Iter, itineris:*— trapaça no jogo. *Fraus in ludo:* — *tira angosta;* jogo de bola. *Metarum ludus.*

Tirabraguero. *m.* Funda; correia usada pelos que têem hernias ou quebraduras. *Subligar, subligaculum corrigia fasciam ilia sustinentem suspendens.*

Tirabuzon. *m.* V. *Sacacorchos:* — *(fig.)* sacca-rolha; riçada do cabello em fôrma de espiral, caracol. Emprega-se mais communmente no plural.

Tiracabesa. *f.* Tiracabeça; instrumento cirurgico, que serve para tirar a cabeça de creança morta.

Tiracion. *f. (art.)* Tiragem; a acção e effeito de tirar ou imprimir.

Tiracol. *m.* V. *Tiracuello.*

Tiracuello. *m.* V. *Tahalí.*

Tirada. *f.* Tiro, arremesso, jacto, lanço, lançamento; a acção de atirar ou arremessar. *Jactus, vibratio, contorsio:* — tirada; espaço, distancia que ha de um logar a outro ou de um tempo a outro. *Distantia, intervallum:* — *(art.)* V. *Tiracion. De una tirada ó en una tirada (loc. adv.);* de uma tirada; seguidamente, sem interrupção, de uma vez. *Uno impetu, uno tractu.*

Tiradera. *f.* Especie de frecha de que usam os indios, e a qual disparam com uma correia. *Jaculum, missilis arundo:* — corda ou correia que serve para entesar, puxar ou comprimir um arco. *Corrigia funiculus ad contrahendum:* — *(germ.)* cadeia, ferropea, calceta. *Catena, æ.*

Tiradero. *m.* Espera; logar ou

sitio onde o caçador se colloca para atirar. *Venatorum statio.*

Tiradillas. *f. pl. (ant.)* V. *Calzoncillos.*

Tirado. *m. (art.)* Fieira; fio dos metaes passados pelo instrumento do mesmo nome: — V. *Tiracion.*

Tirador. *m.* Atirador; o que atira. *Jaculator, vibrator:* — atirador; o que atira com acerto, destreza ou habilidade. *Dexter collimator, jactor:* — tirador; o que estira algum panno ou tela, e o instrumento com que se estira. *Pannum protendens, vel id quo protenditur pannus:* — tira-linhas; instrumento que serve para traçar linhas á tinta: — *(p. A.)* especie de canana que os paizanos da America costumam trazer á cintura: — *(art.)* tirador. V. *Prensista:* — *de oro;* tirador de oiro; o que tira á fieira. *Auri ductor; qui aureum ad fila deducit:* — *(mil.)* atirador; tropa de infanteria ou cavallaria, cujo serviço especial consiste em combater isoladamente, tiroteiando-se com o inimigo, em explorar o terreno, reconhecer o contrario, e muitas vezes, sendo infanteria, empenhar ou começar a batalha.

Tiralíneas. *m.* V. *Tirador,* na quarta accepção.

Tiramiento. *m.* Lançamento, repuxamento; acção e effeito de estirar ou alongar. *Tensio, tendendi, protendendi actio.*

Tiramira. *f.* Cordilheira de montanhas: — desfiladeiro longo e apertado, vereda, trilho. *Longa et angusta via:* — *(fam.)* chorrilho, ladainha, enfiada de cousas, de palavras, etc. *Series, is.*

Tiramollar. *n. (naut.)* Largar as escotas. *Funem laxare.*

Tirana. *f. (germ.)* V. *Venta,* nas estradas: — *(mus.)* canção hespanhola. *Cantiuncula hispanica sic dicta.*

Tiranamente. *adv. m.* V. *Tiránicamente.*

Tiranía. *f.* Tyrannia; governo de um tyranno: — tyrannia, oppressão, despotismo; governo á vontade do senhor, sem justiça nem regra. *Tyrannis:* — *(fig.)* carestia; a exorbitancia de preço por que vendem os mercadores de generos. *Mercium caritas; pretium nimium:* — *(fig.)* tyrannia; qualquer affecto que apoderado da vontade, parece que violenta ou constrange o alvedrio. *Tyrannis.*

Tiránicamente. *adv. m.* Tyrannicamente; com tyrannia, violencia ou usurpação. *Tyranicè.*

Tiranicida. *m.* Tyrannicida; o que dá morte a um tyranno.

Tiranicídio. *m.* Tyrannicidio; a morte dada a um tyranno.

Tiránico, ca. *adj.* Tyrannico; que é proprio do tyranno ou que lhe diz respeito.

Tirannillo, lla. *adj. dim.* de *Tirano.* Tyrannete, tyranno subalterno.

Tiranizacion. *f.* Tyrannisação, vexação; acção e effeito de tyrannisar. *Tyrannica dominatio.*

Tiranizadamente. *adv. m.* V. *Tiránicamente.*

Tiranizar. *a.* Tyrannisar; usurpar sem direito e com violencia o que é legitimamente de outro. *Tyrannidem exercere, inducere:* — *(fig.)* tyrannisar; inclinar com poderio e violencia alguma paixão, como arrastando a vontade ou persuadindo o entendimento. *Pravo aliquo affectu voluntatem induci, rationem perturbari:* — tyrannisar, vexar; abusar do poder, da força ou da superioridade: — vender os generos a subidos e exorbitantes preços. *Nimio pretio vendere.*

Tirano, na. *adj.* Tyranno; que governa sem justiça, sem direito e á medida da sua vontade, despota. *Tyrannus:* — tyranno; diz-se por extensão do que abusa do seu poder, superioridade ou força contra as pessoas que lhe são subordinadas. Tambem se usa como substantivo. *Tyrannus:* — diz-se do que vende por preço exorbitante e subido. *Maximo pretio vendens:* — tyranno; diz-se da paixão, do amor, ou outro affecto que domina o animo ou arrasta o entendimento. *Pravus et inordinatus affectus, rationem pervertens:* — *(zool.)* tyranno; genero de aves da familia das muscicapideas.

Tirante. *p. a.* O que atira ou o que se atira. *Jaculans, contrahens, cortorquens:* — *adj.* comprimido, apertado, retesado ou repuxado. *Contortus, contentus, intentus:* — *m.* travessa; peça de madeiramento. *Lignum angustum longumque:* — tirante; correia ou corda de puxar por alguma cousa atada a ella; v. g.: tirante da carruagem, coche, etc. *Funes, corrigiæ rhedam trahentes:* — suspensorio das calças dos homens: — *(germ.)* V. *Calza:* — *pl.* orelhas das botas.

Tirantez. *f.* V. *Tension:* — comprimento, longura, extensão; o espaço que um corpo occupa dilatando-se ou estendendo-se em linha recta. *Longitudo, inis:* — extensão; estado de um corpo estendido como vara, corda, etc.

Tiránula. *f. (zool.)* Tyrannula; genero de aves da familia das muscicapoides.

Tirapié. *m. (art.)* Tirapé; correia onde os sapateiros mettem o pé e entalam e seguram o calçado que cozem. *Fascia coriacea sutoria.*

Tirar. *a.* Atirar, arrojar, arremessar, lançar; despedir da mão alguma cousa com violencia ou impulso. *Jacere, jaculari, vibrare, torquere, contorquere:* — attrahir; chamar a si com violencia exterior ou por virtude natural, como faz o iman com o ferro. *Adducere, attrahere:* — tirar; puxar, arrastar, fazer força para attrahir a si alguma cousa que oppõe resistencia. *Conducere, trahere:* — tirar; reduzir a fio alguns metaes. *Ad fila deducere, redigere:* — tirar; formar o metal em barras: — atirar; disparar, descarregar as armas, machinas ou invenções artificiaes de fogo. *Explodere:* — estirar, estender, dilatar, alongar. *Di-*

latare, extendere, distendere: — *(fig.)* atirar, desperdiçar, malbaratar, perder ou dissipar o dinheiro ou a fazenda. *Spargere, dissipare, dilapidare.* Diz-se frequentemente *tirar á la calle;* atirar com o dinheiro á rua: — procurar, empregar, dirigir os meios, encaminha-los para algum fim. *Intendere, tendere, initi, conari:* — tirar, ganhar, lucrar, adquirir, perceber; *v. g. tirar sueldo, salario, etc.*, ganhar soldo, receber salario. *Lucrari, stipendia recipere:* — attrahir, fascinar; chamar a si, inclinando a vontade por alguma rasão especial de carinho ou de approvação, de preferencia ou de estima. *Adducere, attrahere:* — prejudicar, aggravar, damnar, lesar; fazer mal a alguem. *Adversari, afficere:* — tirar, quinhoar, participar; receber ou tomar a parte que a alguem cabe ou corresponde, em partilha ou em jogo. *Partem sibi debitam assumere:* — *(p. A. Mer.)* enganar, embair: — *(ant.)* V. *Quitar:* — tirar; livrar de perigo ou de risco imminente, preservar, salvar. *Liberare:* — *n.* voltar, virar, mudar de direcção; *v. g. en llegando á tal parte, tire usted á la derecha,* em chegando a tal sitio, volte vossa mercê para a direita. *Tendere, gressum dirigere:* — permanecer, perdurar, estar na mesma, conservar-se alguma cousa sem decaír do estado em que se acha; *v. g. el enfermo va tirando;* o doente está na mesma. *Persistere, permanere, perdurare:* — tirar, assimilhar-se, imitar, parecer; *v. g. ese color tira a azulado;* essa côr tira a azulado. *Referre, imitari:* — attrahir o ar; e assim se diz de uma estufa que *tira poco ó mucho,* que attrahe pouco ou muito: — *(ant.)* tirar; apartar, desviar, fazer sair alguem de alguma parte. Tambem se usa como reciproco: — *r.* abalançar-se, acommetter, arrojar-se com impeto: — *(vulg.)* apropriar-se de alguma cousa: — apartar-se, retirar-se, tirar-se do meio. *Tirar largo (fr.);* exceder, ir alem do que se diz ou faz. *Longiùs progredi; in longum producere. Tirar largo ó por largo (fr.);* formar grandes planos. *Spe nimis læta affici, duci. Andar alguna cosa muy tirada (fr. fig.)* V. *Andar. Á tira mas tira (fr. fam.);* a quem mais póde, a quem melhor as tem. *Certatim, maximo nisu. A todo tirar;* quanto se póde ou até onde se pôde alcançar com o tiro. Tambem se usa em sentido metaphorico, e vale o mesmo que *a lo mas ó a lo sumo. Valentiori, vegetiori:* — *(art.)* V. *Imprimir:* — *a la mano (equit.);* despapar-se o cavallo: — *en salva (mil.);* salvar; disparar simultaneamente todas as peças de uma bateria: — *por elevacion,* atirar por elevação.

TIRELA. *f.* Tela listada. *Sulcatus pannus.*

TIREODONTE. *m. (zool.)* Thyreodon *(dente em fórma de escudo);* genero de insectos hemipteros.

TIREÓFORA. *f. (zool.)* Thyreophora *(que leva escudo);* genero de insectos dipteros, da familia dos athericeros.

TIREÓPTERO. *m. (zool.)* Tyreoptero *(aza em fórma de escudo);* genero de insectos coleopteros pentameros da tribu dos carabicos.

TIRICA. *f.* V. *Tirilla,* na primeira accepção.

TIRICIA. *f. (med.)* V. *Ictericia.*

TÍRIDE. *m. (zool.)* Thyridia; genero de insectos lepidopteros.

TIRIDIO. *m. (zool.)* Tyridio; genero de insectos coleopteros pentameros.

TIRILLA. *f. dim.* de *Tira.* Tirinha. *Tæniola, fasciola:* — cabeção ou collarinho de camisa. *Tænia collaris indusii.*

TIRILLO. *m. dim.* de *Tiro.* Canhãozinho.

TIRIO, RIA. *adj.* Tyrio; que pertence a Tyro e aos seus habitantes: — *s.* tyrio; o natural de Tyro. *Tyrius.*

TIRISITA. *f. (min.)* Tyrisito; especie de stalactite que imita o coral.

TIRITADOR, RA. *adj. (fam.)* Tiritador; que tirita de frio.

TIRITAÑA. *f.* Tela de seda pouco encorpada. *Panni serici tenuioris genus:* — bagatela, futilidade, ninharia; cousa de pouca monta. *Res futilis.*

TIRITAR. *n.* Tiritar, badalejar; tremer com frio. *Frigore contremiscere.*

TIRITON. *m.* Tremor de frio.

TIRITONA. *f.* Calefrio, arrepio, tremor affectado. *Tremor, rigor. Hacer la tiritona (fr.);* fingir calefrios.

TIRIX. *m. (chron.)* Tyrix; primeiro mez do anno dos cappadocios.

TIRMAH. *m. (chron.)* Tyrmah; quarto mez do anno dos antigos persas.

TIRO. *m.* Tiro; a acção e effeito de atirar. *Jactus, vibratio, explosio:* — signal ou impressão que faz aquillo que se atira. *Ictûs signum, vestigium:* — canhão, peça de artilheria. *Tormentum bellicum:* — tiro, carga; a quantidade de munição proporcionada a qualquer canhão ou espingarda. *Apta tormento pulveris atque glandium portio, pulveris ac plumbi apta portio sclopetis seu tormentis bellicis:* — tiro; distancia onde alcança o tiro: — *(fig.)* rombo, furto; *v. g. a fulano le hicieron un tiro de cien doblones;* a fulano fizeram um rombo de cem dobrões. *Furtum, i:* — damno, deterioração, prejuizo grave, physico ou moral. *Damnum, noxa:* — chasque, burla, peça com que se engana alguem maliciosamente. *Fraus, dolus, astus:* — V. *Tirante,* nas carruagens: — corda a que se prendem os baldes para tirar agua: — o numero de varas que tem uma peça de panno, de fazenda, etc.: — lanço de escada: — tiro; parelha de mulas ou de cavallos que tiram ou puxam por qualquer carro. Dá-se-lhe o nome de *entero* quando consta de seis animaes ou passa alem d'este numero, e de *par* quando só leva quatro. *Aptè inter se colore et staturâ quadriga; sex mulæ aut equi rhedarii, corpore et colore pares:* — escola de tiro; logar onde ha armas preparadas, para os amadores se exercitarem em atirar ao alvo: — *pl.* talim; as correias de que pende a espada. *Balthei lora. Tiro de colleras;* tiro de colleiras; para coche, etc., que consta de seis apparelhadas e uma para guia. *A tiro de ballesta (loc. adv.);* á primeira vista, facilmente. *Facilè, nullo negatio, primo intuitu. De a tiro (p. M.);* de todo, inteiramente. *Errar el tiro (fr.);* errar o tiro; illudir-se, enganar-se no dictame de alguma pretensão ou intento. *Falli, decipi. Estar ó venir de tiros largos;* estar ou vir de pannos largos; estar vestido de gâla, com luxo e esmero. *Hacer tiro (fr.);* tirar, puxar, fazer força para arrastar alguma carruagem; no jogo da barra, é bater com o ponto d'ella em terra, sem que dê volta. *Ferrei longurii acumine terram ferire:* — *(fr. fig.)* prejudicar, incommodar, fazer mal a alguem em qualquer pretensão ou pedido. *Officere. Ponerse a tiro (fr. fig.);* pôr-se á feição, chegar alguma cousa ao estado proprio de executar-se, andar imminente. *Prope esse, imminere:* — *(art.)* talha; diz-se em alvenaria, da corda que labora na roldana ou polé de machina, e que serve para elevar os materiaes na construcção dos edificios. *Trochlea, æ:* — entre alfaiates e costureiras, a distancia que ha, por diante, de hombro a hombro nos vestidos, ou a folga que deve deixar-se ao unir as duas pernas do calção ou calça. *Distantia inter vestis membra (min.);* poço perpendicular por onde se desce ás minas e se tira o metal: — *(veter.)* birra; certa enfermidade que padecem os cavallos e lhes faz morder a manjadoura: — *(zool.)* tyro; genero de crustaceos antipodas da familia dos hyperinos.

Tirocinio. *m. (ant.)* Tirocinio; aprendizado, noviciado de qualquer profissão ou arte. Entende-se regularmente pelo noviciado da religião.

Tiroles, sa. *adj.* Tyrolez; pertencente ao Tyrol ou aos seus habitantes: — *s.* tyrolez; o natural do Tyrol.

Tiroleza. *f. (mus.)* Tyroleza; canto nacional do Tyrol, cuja harmonia consiste apenas em dois accordes.

Tirolita. *f. (min.)* Tyrolitha; hydrophosphato de cal, de alumina e de magnesia, encontrado no Tyrol.

Tiromancia. *f.* Tiromancia; adivinhação para a qual se empregava queijo.

Tiron. *m.* Bisonho; novo em alguma arte ou disciplina. *Tiro:* — tirão, puxão. *Violenter trahendi actio:* — V. *Estiron:* — V. *Vez. A dos tirones (loc. adv.);* com dois empuxões; explica a facilidade de executar ou conseguir alguma cousa. Usa-se regularmente com negação. *Haud facilè. De un tiron;* de uma assentada, de uma vez. *Continenter.*

Tiroriro. *m. (fam.)* Som dos instrumentos de vento. Usado no plural toma-se pelos proprios instrumentos. *Tibiarum sonus, tibiæ, litui, buccinæ. Ser un tiroriro (fr.);* ser uma ventoinha, ser voluvel e de pouco miolo.

Tirotear. *a.* Tirotear; repetir os tiros de uma a outra parte. Diz-se communmente das avançadas ou de um pequeno troço de soldados. *Igneis ictibus se vicissim petere.* Usa-se quasi sempre como reciproco.

Tiroteo. *m.* Tiroteio; repetição de varios tiros de espingarda. *Ingeminati ignei ictus.*

Tirrénico, ca. *adj.* Tyrrhenio ou tyrrheno, pertencente á Toscana. *Mar tirrénico ó tirreno;* mar tyrrhenio; parte do Mediterraneo entre a Italia, a Corsega, a Sardenha e a Sicilia.

Tirrenios. *m. pl.* Tyrrhenios; antigo nome dos etruscos ou toscanos.

Tirreno, na. *adj.* V. *Tirrénico.*

Tirria. *f. (fam.)* Antipathia, birra, veneta, animadversão, teima contra alguem, opposição tenaz e completa. *Tenax obtectratio in aliquem, insana adversatio.*

Tirsis. *m.* Tirsis; nome empregado frequentemente pelos poetas bucolicos para designar um pastor.

Tirsito. *m. (zool.)* Thyrsito; genero de peixes acanthopterygios da familia dos escomberoideos.

Tirso. *m.* Thyrso; vara enramada, coberta de pampanos e hera, de que usavam os pagãos nos sacrificios de Baccho: — *(ant.)* V. *Tallo.*

Tisana. *f.* Tisana; bebida medicinal que resulta do cozimento ligeiro em agua, de varias hervas e outros ingredientes. *Ptisana, æ.*

Tisanópodo. *m. (zool.)* Thysanopoda *(pé listado);* genero de crustaceos stomápodas.

Tisanópteros. *m. pl. (zool.)* Thysanopteros; ordem de insectos que vivem nos vegetaes, e occasionam bastante damno nos cereaes e nas oliveiras. Como os orthopteros e os hemipteros passam por metamorphoses incompletas, sendo até hoje muito pouco conhecidos, tanto em seus habitos como em sua organisação interior.

Tisanuros. *m. pl. (zool.)* Thysanuros; ordem de insectos confundidos antigamente com os arachnides, e que de facto parecem ser uma transição entre estes ultimos animaes e os insectos.

Tisbar. *a. (ant.)* V. *Atisbar.*

Tisera. *f. (ant.)* V. *Tijera.*

Tísica. *f. (ant.)* V. *Tísis.*

Tísico, ca. *adj.* Tisico; que padece a enfermidade de tisica ou que lhe diz respeito. *Phthisicus, a, um.*

Tisiolojia. *f. (med.)* Tisiologia; tratado sobre a tisica.

Tisio-neumonia. *f. (med.)* Tisio-pneumonia; tisica pulmonar; enfermidade do pulmão.

Tisis. *f. (med.)* Tisica ou phthisica; lesão do pulmão que tende a produzir ulceras e uma desorganisação progressiva da mesma viscera: — *dorsal;* tisica dorsal; caria vertebral determinada commummente pelo abuso dos prazeres venereos, e em particular pela masturbação: — *larinjea;* tisica laryngea; especie de consumpção analoga á tisica pulmonar, produzida pela inflammação e ulceração da larynge, e ás vezes pela caria das suas cartilagens: — *traqueal;* tisica tracheal; enfermidade que apresenta a maior parte dos symptomas da tisica pulmonar, produzida pela inflammação chronica da trachea com ulceração e desorganisação da membrana mucosa d'este canal.

TISITO. *m. (min.)* Thysito; marmore jaspeado de cór verde.

TISONADOR. *adj. (ant.)* V. *Atizonador.*

TISQUERIA. *f. (zool.)* Thischeria; genero de insectos lepidopteros nocturnos.

TISRÍ. *m. (chron.)* Tisrí; primeiro mez do anno civil dos hebreus, e ultimo do anno religioso.

TISÚ. *m.* Tissu; tela de oiro ou prata com flores por um e outro lado. *Tela auro vel argento floribusque contexta.*

TITANADO, DA. *adj. (min. chim.)* Titanado; diz-se do mineral que contém titano no estado de combinação.

TITANATO. *m. (min. chim.)* Titanato; sal produzido pelo oxydo de titano que faz de acido, e por uma base salificavel: — *de cal;* titanato de cal; substancia mineral de cór do ferro, opaca e dotada de brilho metallico. Tambem tem o nome de perowskita: — *de hierro;* titanato de ferro; substancia composta de oxydo de titano e peroxydo de ferro.

TITANIAS. *f. pl.* Titanias; festa em memoria do combate dos Titans.

TITÁNICO, CA. *adj.* Titanico; que pertence aos titans: — *(fig.)* titanico; diz-se de todo o emprehendimento difficil e trabalhoso.

TITANÍFERO, RA. *adj. (min.)* Titanifero; diz-se de todo o mineral que contém accidentalmente alguma porção de titano.

TITANIO. *m. (min.)* V. *Titano.*

TITANITA. *f. (min.)* V. *Esfenorutila.*

TITANO. *m. (min.)* Titano; corpo simples metallico, de côr roxo-cobre, e de uma rigeza tal, que risca o vidro, o aço e a agatha: — titano; genero de insectos coleopteros subpentameros.

TITENIDIAS. *f. pl.* Titenidias; festas celebradas em Sparta em honra de Diana.

TÍTERE. *m.* Titere, authomato; figura de pasta ou de qualquer materia, vestida e adornada, que se move com alguma corda ou artificio. *Simulacra parva scenica:* — *(fig. fam.)* titere, maninelo, bonifrate; sujeito de figura ridicula, pequeno, acreançado ou mui presumido. *Ridiculus, brevisque homo:* — *pl. (fam.)* titeres; chama-se assim vulgarmente aos volatins, sombrinhas e outras diversões publicas de igual classe. *No quedar títere con cara ó con cabeza (fr.);* não ficar pedra sobre pedra; com o que se explica o destroço geral de alguma cousa. *Omnia subverti.*

TITERERO, RA. *adj.* V. *Titiritero:* — titereiro; que titereia por occupação, que faz brincar os titeres: — *(ant.)* titereiro; que é proprio dos titiriteiros.

TITERISTA. *m. (ant.)* V. *Titiretero.*

TITI. *m.* Peixinho, regularmente do tamanho de um alfinete, que se colhe com facilidade e com grande abundancia no rio de Chagres: — *s. (p. Canar.)* V. *Tio,* pelo irmão ou irmã de nossos paes: — *(zool.)* sapaju, macaquinho; genero de mammiferos quadrumanos.

TITILACION. *f.* Titillação; a impressão que fazem as cocegas brandas. *Titillatio, onis.*

TITILAR. *a.* Titillar; fazer cocegas: — *(fig.)* titillar; lisonjear, affagar, acariciar, excitar com prazer.

TITÍMALO. *m.* V. *Lechetrezna.*

TITIMALVIDEAS. *f. pl. (bot.)* V. *Euforbiáceas.*

TITIRITAINA. *f. (fam.)* Bulha, ruido confuso de flautas ou cousas similhantes; diz-se por extensão de todo o barulho alegre e festivo, mas desordenado. *Festivus tibicinum et cantorum strepitus; festivum ludicrum.*

TITIRITERO. *m.* Titiriteiro; o que traz ou governa os titeres. *Simulacrorum scenicorum magister.*

TITO. *m.* Chicharo; legume: — *(ant.)* bacio, servidor, calhandro; vaso para os excrementos. *Lasanum, i.*

TITOL. *m. (ant.)* V. *Títole.*

TÍTOLE. *m. (ant.)* V. *Título.*

TITONIA. *f. (bot.)* Titonia; genero de plantas da familia das compostas.

TITUBAR. *n. (ant.)* V. *Titubear.*

TITUBEANTE. *p. a.* Titubante, vacillante; que hesita ou titubeia. *Titubans, nutans, hæsitans.*

TITUBEAR. *n.* Titubar ou titubear; perder a estabilidade e firmeza ameaçando ruina. Diz-se commummente dos edificios. *Titubare, vacillare, nutare:* — titubear, balbuciar, tartamudar; engasgar-se na pronunciação das palavras. *Balbutire:* — *(fig.)* titubear, hesitar; duvidar em algum ponto ou materia, não se determinar nem resolver, vacillar com inconstancia, estar suspenso, irresoluto, indeciso. *Hæsitare, pendere, in dubio esse.*

TITUBEO. *m.* Titubeação; acção e effeito de titubear, vacillação, hesitação, duvida.

TITULADO. *m.* Titulado; que tem titulo; v. g.: de conde, marquez, etc. *Titulo insignitus, decoratus.*

TITULAR. *adj.* Titular; que tem algum titulo pelo qual se denomina ou que dá por titulo o seu proprio nome a outra cousa. *Titulo gaudens; titulum præbens:* — *a.* titular ou intitular; pôr titulo, nome ou inscripção em alguma cousa. *Titulo insignire:* — *n.* obter, adquirir ou conseguir algum titulo de conde, marquez, etc. *Titulo insignire, decorare:* — *r.* intitular-se; ter ou haver o titulo de algum emprego.

Titulillo. *m. dim.* de *Titulo.* Titulosinho: — *(typ.)* titulo corrente; titulo com que se indica na parte superior da pagina o livro, capitulo, etc., a que pertence, ou a materia de que trata. *Andar en titulillos;* ser de minudencias, reparar em cousas de pouca monta, prender-se com eriquetas, cortezias e cousas similhantes. *In minimus offendere.*

Titulizado, da. *adj. (ant.)* Intitulado, distincto com algum titulo. *Titulo insignitus.*

Título. *m.* Titulo; inscripção ou rotulo exterior para conhecimento das cousas interiores, occultas ou reservadas. *Inscriptio, onis:* — titulo; renome ou distinctivo com que se conhece alguma pessoa por suas virtudes ou façanhas: — titulo, causa, rasão, motivo ou pretexto. *Titulus, ratio, species:* — titulo; demonstração authentica do direito com que se possue alguma fazenda ou bens. *Syngraphum, apocha, titulus:* — titulo, provisão, diploma; instrumento para exercer algum emprego ou dignidade. *Litteræ munus seu honorem acceptum testantes:* — titulo; denominação de dignidade; v. g.: de conde, marquez, etc. *Dynasta dignitas, titulus:* — titular; pessoa agraciada pelo rei com a dignidade de barão, conde ou marquez, dignidade entre a de fidalgo e grande de Hespanha. Chama-se *titulo de Castilla. Vir comitis, seu marchionis titulo insignitus:* — *de cortesia;* V. *Tratamiento,* na correspondente accepção. *A titulo (mod. adv.);* a titulo: com pretexto, sob-color. *Sub specie, eo nomine, quasi. Dar titulo (fr.);* dar titulo, distinguir alguem com honra e estima. *Dignitatis nomine aliquem decorare.*

Tiufado. *m. (ant.)* Tiuphado; o que tinha jurisdicção superior depois dos condes e marquezes: — tiuphado ou millenario; o que commandava em guerra 1:000 homens, segundo uns, e 1:500, segundo outros.

Tixera. *f.* V. *Tijera.*

Tixerada. *f.* V. *Tijerada.*

Tixereta. *f.* V. *Tijereta.*

Tixeretada. *f.* V. *Tijeretada.*

Tixeretear. *a.* V. *Tijeretear.*

Tiyo. *m. (ant.)* V. *Tio.*

Tiza. *f.* Ponta de veado calcinada. *Cervi cornu combustum, torrefactum:* — giz; pedra de greda branca com que se marca.

Tizna. *f.* Tisna; materia preparada para ennegrecer. *Fuligo, apta ad emigrandum seu fœdandum materia.*

Tiznajo. *m. (fam.)* V. *Tiznon.*

Tiznar. *a.* Tisnar; ennegrecer, manchar com tisne ou outra materia similhante: usa-se latamente no sentido de manchar com qualquer tinta, borrar. *Fuligine fœdare, æmigrare, maculare:* — *(fig.)* tisnar, ennegrecer, denegrir, a reputação, a fama, a obra illustre. *Labem inurere, famam lædere.*

Tizne. *m.* Tisne, fuligem, ferrugem; a borra negra que o fumo deixa assentada nas chaminés ou vasos que estão ao lume. *Fuligo, nigredo.*

Tiznon. *m.* Farrusca; mancha que se põe em qualquer objecto com ferrugem ou outra materia similhante. *Fœda seu nigra macula.*

Tizo. *m.* Tição, carvão que ao preparar-se ficou mal penetrado do fogo. *Carbo semiustus.*

Tizon. *m.* Tição; pau meio queimado. *Torris, is:* — alforra ou fungão; enfermidade que dá nas cearas. *Tritici morbus quidam; adustum tritici granum:* — tardoz; o extremo e lados da pedra lavrada que entra na parede. *Quadrati lapidis facies interior:* — mancha, nodoa, labéu, deshonra, deslustre. *Famæ denigratio; fœda nota:* — *(ant.)* V. *Tizona. Apagóse el tizon y pareció quien lo encendió (rif.);* denota, que quando os que estavam inimistados, se fazem amigos, se descobre o auctor da discordia.

Tizona. *f. (fam.)* Durindana, ferrumpeo, tarasca, farrusca; com allusão á espada do Cid. *Ensis antiquus.*

Tizonada. *f.* V. *Tizonazo.*

Tizonazo. *m.* Tiçoada; pancada com tição. *Ictus torre impactus:* — *(fam.)* tição do inferno; usa-se regularmente no plural para significar o castigo do fogo na outra vida. *Ignis pœna æterna.*

Tizoncillo. *m. dim.* de *Tizon.* Tiçãosinho. Tambem se diz no sentido de alforra. *Exiguus torris; adustum granulum.*

Tizonera. *f.* Carvoeira de tições. *Formax carbonaria ex semiustis lignis.*

Tlacamicetin. *m.* V. *Curbinata,* peixe.

Tlacaxipevalitztl. *m.* Tlacaxipevalitzitl; nome da primeira das decimas oitavas partes do anno entre os antigos mexicanos.

Tlaco. *m. (p. M.)* Tlaco; oitava parte do real da America.

Tlacoyo. *m.* V. *Tlacotilo.*

Tlacotilo. *m. (p. Mex.)* V. *Dirieso.*

Tlalpolería. *f. (p. M.)* Loja onde se vendem substancias mineraes, tintas, etc., e tambem cacau, assucar e outros artigos.

Tlascalteca. *s.* Tlascalense; o natural de Tlascala. *Tlascalensis.*

Tlaspi. *m. (bot.)* Thlaspi; genero de plantas da familia das cruciferas.

Tlaspídeas. *f. pl. (bot.)* Thlaspideas; tribu da familia das cruciferas, cujo typo é o thlaspi.

Tlatemar. *a. (p. Mex.)* V. *Asar.*

Tlazole. *m. (p. Mex.)* Bandeira do milho que serve de pasto aos gados.

Tlipsencefalia. *f. (ant.)* Thlipsencephalia; monstruosidade que caracterisa os thlipsencephalos.

Tlipsencéfalo. *m. (anat.)* Thlipsencephalo; monstro cujo cerebro está desfigurado por effeito de compressão.

Tmesis. *f.* Tmese; figura que corta uma palavra composta, introduzindo alguma cousa entre as duas partes d'ella. *Tmesis, is.*

Tmesisdemo. *m. (zool.)* Tmesisderno *(pedaço de sternon)*; genero de insectos coleopteros subpentameros da tribu dos carambicinos.

To. *interj.* Tó; voz com que se chama o cão, e é como syncopa da palavra toma, que regularmente se duplica e repete. *Hei! Heus! Heu! Vox canibus alliciendis:* — tá, basta, percebo; com que se denota que estamos scientes ou que entrâmos no conhecimento de alguma cousa. *Oh, oh.*

Toaja. *f. (ant.)* V. *Toalla*, na primeira accepção.

Toalla. *f.* Toalha de mãos; panno para limpar e enxugar as mãos e o rosto. *Manile ad manus tergendas:* — toalha; o panno que se estende sobre as almofadas da cama depois de feitas, para maior aceio. *Mappa tergendis manibus; covricale operculum.*

Toalleta. *f.* V. *Servilleta.*

Toanado. *m. (zool.)* V. *Ternstremia.*

Toar. *a. (ant. naut.)* V. *Atoar.*

Toba. *f.* Sarro, pedra, que se forma nos dentes. *Caries, scabrities:* — *(prov.)* talo do cardo silvestre. *Cardui silvestris caulis:* —*(germ.)* botas de montar. *Ocreæ, arum:* *(geol.)* tufo; especie de pedra muito porosa e amarellenta, que parece esponja.

Tobaja. *f. (ant.)* V. *Toballa.*

Toballa. *f. (ant.)* V. *Toalla.*

Toballeta. *f.* V. *Tobelleta.*

Tobar. *m.* Sitio onde ha tufo.

Tobelleta. *f.* V. *Toalleta.*

Tobera. *f.* Olho da forja; o buraco que tem a forja por onde entra o algaraviz do folle. *Foramen fornaculæ argentariæ.*

Tobías. *m. (rel.)* Tobias; titulo de um livro do Antigo Testamento, que contém a historia dos dois Tobias. Os judeus e os protestantes temno como apocrypho; mas o concilio de Trento admittiu-o entre os livros canonicos.

Tobillo. *m.* Tornozelo; osso que sobresáe no extremo da perna, a um e outro lado. *Talus tibiæ. A Marina duele el tobillo, y sánanle el colodrillo;* rifão com que se denota a desproporção de alguns meios para conseguir os fins que se desejam. *Dolente talo, cocipus mederi egregia curatio.*

Tobina. *f. (bot.)* V. *Zantoxilo.*

Toca. *f.* Touca; adorno para cobrir a cabeça. *Capitalis velaminis muliebris genus:* — touca, toucado de que usam as aldeãs e creadas em algumas provincias, e consiste em enrolar um panno em torno da cabeça: — tela fina e clara de linho ou seda, de que ordinariamente se fazem as toucas. *Tela subtilis:* — *pl.* paga extraordinaria que, em algumas dependencias do estado, percebem as viuvas dos empregados, quando fallecem seus maridos: — *(ant.)* sizo, tento, tino, juizo — *negrada;* touca negra; tomava-se figuradamente pela religiosa benedictina. *Dos tocar a un hogar mal se pueden concertar (rif.);* duro com duro não faz bom muro; com que se explica a difficuldade de viverem em paz dois individuos que querem mandar, especialmente duas mulheres em uma casa. *Mulier imperandi sociam non patitur.*

Tocada. *f. (ant.)* V. *Mujer.*

Tocado. *m.* Toucado; penteado e adorno de cabeça nas mulheres. *Capitis capillorumque ornatus:* — toucado; enfeite, laçaria com que se toucam as mulheres. *Capitis ornatus è fasciolis:* — *de la cabeza (fr.);* tresvariado, que começa a perder o juizo. *Estar tocada alguna cosa (fig. (fam.);* estar tocada alguma cousa, começar a apodrecer ou damnificar-se. *Putrescere. Gran tocado y chico recado (rif.);* por fóra cordas de viola, por dentro pão bolorento. *Malè facultatem ostentatione suppletur auctoritas.*

Tocador. *m.* Tocador; o que toca. *Tangens, pulsator, palpator:* — *(p. And.)* trapaceiro no jogo. *Dolosus lusor:* — V. *Templador:* — lenço da cabeça, usado especialmente pelas mulheres. *Calantica, sudarium; calanticam præbens sudarium:* — toucador; mesa com espelho e outros utensilios para o penteado e adorno das senhoras; e tambem o aposento destinado a este fim. *Locus, apparatus, instrumenta ornatûs muliebris.*

Tocadorcito. *m. dim.* de *Tocador.* Toucadorzinho.

Tocadura. *f. (ant.)* V. *Tocado*, na primeira accepção.

Tocamiento. *m.* Toque; acção e effeito de tocar. *Tactio, contactus:* — *(fig.)* toque, inspiração, commoção. *Cordis tactio, motio.*

Tocante. *p. a.* Tocante; que toca, concernente, respeitante. *Tangens, attinens:* — *(prep.)* ácerca de, com o fim de. *Quod attinet.*

Tocar. *a.* Tocar; exercer o sentido do tacto, percebendo a aspereza ou suavidade, dureza ou brandura dos objectos sensiveis, palpar. *Tangere, tractare, attrectare, palpare:* — tocar, attingir, chegar com a mão a alguma cousa, sem a agarrar. *Contingere, attingere:* — tocar, pulsar; fazer soar qualquer instrumento, segundo a arte. *Pulsare:* — tocar; chegar ou approximar tão immediatamente uma cousa a outra, para que lhe communique alguma propriedade, como a agulha á pedra iman. *Tangere, pertingere:* — *(fig.)* saber alguma cousa certamente ou por experiencia que d'ella se teve; *v. g. no me diga usted eso, que lo he tocado;* não me diga o senhor isso, que o sei de sciencia certa. *Certò scire:* — tocar; inspirar, persuadir intimamente; *v. g. le tocò Dios en el corazon;* tocou-o Deus no coração, moveu-o. *Movere, commovere, pungere:* — tocar de leve; tratar ou fallar de alguma cousa superficialmente. *Leviter disserere, tractare:* — tocar; dar signal ou chamar com campainha ou cousa similhante; *v. g. tocar a muerto;* dobrar; tocarem os sinos a defunctos: — *a recojer;* tocar a recolher. *Signis pulsare:* — tocar; examinar os metaes na pedra de toque, para saber a sua qualidade e quilates. *Ad lydium lapidem probare:* — tocar; bater levemente uma cousa com outra. *Pertingere, leviter tangere:* — tocar; ferir alguma cousa para a reconhecer pelo som. *Pulsare, concutere:* — sentir os ameaços de uma enfermidade qualquer: — experimentar; examinar a habilidade ou sciencia de alguem, provar. *Probare, explorare:* — toucar; pentear o cabello, adorna-lo com quaesquer enfeites. Usa-se frequentemente como reciproco. *Caput ornare, comere, pectere:* — trapacear; marcar as cartas para fazer trapaça no jogo. *Fallere:* — *(germ.)* enganar: — *n.* tocar; pertencer por algum direito ou titulo. *Attinere, pertinere:* — tocar; chegar a algum logar. *Obiter apellere:* — tocar; ser de obrigação de alguem. *Alicujus esse, attinere, interesse:* — tocar, importar, convir, ser de interesse, conveniencia. *Interesse:* — tocar; caber ou pertencer parte ou porção de alguma cousa que se divide entre diversos. *Portionem ratam, quotam pertinere:* — tocar; estar uma cousa material ou immaterial proximo ou contigua a outra. *Tangere, attingere:* — tocar; caír em sorte alguma cousa. *Sortem cadere:* — ser parente, ter alliança com qualquer. *Cognatione attingere:* — *r.* cobrir-se; pôr na cabeça o barrete, gorro ou sombreiro. E termo rustico. *Caput operire. Tocar a alguno (fr.);* tocar, estimular alguem. *Tangere, tentare. Tocar de cerca (fr. fig.);* tocar de perto, ter parentesco proximo com qualquer. *Arcta cognatione teneri, obligari. Paño de tocar.* V. *Paño:* — *(ant.)* V. *Tocador,* na quarta accepção: — *(naut.)* tocar; puxar o cabo para fôra do gorne do apparelho, ou larga-lo para que possa laborar facilmente: — *n.* tocar; começar a pannejar a véla que dá em vento: — tocar, arribar, fazer escala, entrar em um porto com o fim de receber noticias ou de refrescar, etc.: — tocar; roçar a quilha com o fundo do mar, dar com ella alguma pancada: — *(pint.)* tocar, retocar; dar toques ou leves pinceladas no painel, para maior effeito da pintura.

Tocata. *f. (mus.)* Tocata; peça de musica escripta para instrumento de teclado, como o piano e o orgão. Distingue-se da *sonata,* porque quasi nunca tem mais de um trecho.

Tocayo, ya. *adj.* Homonymo; que tem o mesmo nome que outro, que se chama do mesmo modo. *Cognominis.*

Tocinero, ra. *s.* Toucinheiro; o que vende toucinho. *Suillæ carnis propola; carnis porcinæ venditor.*

Tocino. *m.* Toucinho; a gordura grossa pegada á pelle do porco. *Caro porcina salita; suiilla caro sale condita:* — manta de toucinho, aba do porco salgada. *Lardum:* — *(germ.)* V. *Azote:* — *(ant.)* porco, cerdo vivo. *Donde pensais hallar tocinos, no hay estacas (rif.);* por fóra cordas de viola, por dentro pão bolorento. *Ubi opes putabantur, egestas. El tocino del paraiso para el casado es arrepiso (rif.);* raro é o casado que não se acha arrependido. *Nuptias frequenter pœnitentia sequitur.*

Tocochimbo. *m. (p. Perù.)* V. *Tocochimpo.*

Tocochimpo. *m. (p. Perù.)* Forno de fundição.

Tocografía. *f. (med.)* Tocographia; descripção dos partos.

Tocográfico, ca. *adj. (med.)* Tocographico; que diz respeito á tocographia.

Tocógrafo. *m. (med.)* Tocographo; auctor de qualquer tocographia.

Tocolojía. *f. (med.)* Tocologia; tratado dos partos.

Tocolotear. *n. (p. Cuba)* Baralhar, dividindo os naipes em varios montes sobre a mesa, para que se misturem melhor.

Tocomático. *m. (med.)* Tocomatico; manequim que serve para dar idéa aos estudantes de cirurgia da profundidade e fórma do utero, e para exercita-los na operação dos partos.

Tocon. *m.* Tóco; resto do tronco de qualquer arvore cortada cerce, e que prende immediatamente com a raiz. *Pars infima trunci amputati:* — coto; o que resta do braço ou perna, cortada alguma porção. *Pars brachii aut cruris mutili residua.*

Tocona. *f.* V. *Tocon,* na primeira accepção.

Toconomia. *f. (med.)* Toconomia; conjuncto das regras que formam a arte dos partos.

Tocororo. *m. (zool. p. Cub.)* V. *Tocoloro.*

Tocotecnia. *f. (med.)* Tocotechnia; arte de partejar.

Tocoyena. *f. (bot.)* Tocoyena; genero de plantas da familia das rubiaceas.

Tocuyo. *m. (p. A. M.)* Tela de algodão ordinaria.

Tochar. *a. (p. Ar.)* Trancar; fechar a porta com tranca. *Rotundo ligno januam occludere.*

Tochedad. *f.* Necedade, rusticidade, grosseria e falta de educação. *Ruditas, inurbanitas.*

Tocho, cha. *adj.* Tonto, nescio, inculto, ignorante, rudo. *Inurbanus, imperitus, rudis, agrestis:* — *(ant.)* tosco, feio: — *m. (p. Ar.)* cacheira, porrete.

Tochura. *f. (p. Burg.)* Chocarrice, indecencia, dito ou acção de truão ou bufão. *Scurrilis jocus; scurrilitas.*

Todabuena. *f. (bot.)* V. *Androsemo.*

Todalia. *f. (bot.)* Toddalia; genero de plantas da familia das zanthoxyleas.

Todaroa. *f. (bot.)* Todaroa; genero de plantas da familia das umbelliferas.

Todavía. *adv.* Todavia, não obstante, comtudo isso, comtudo. *Tamen, verumtamen, nihilominus:* — ainda; para significar a duração ou existencia de alguma cousa no estado antecedente. V. *Aun. Adhuc:* — *(ant.)* V. *Siempre.*

Todirostro. *m. (zool.)* Todirostro; genero de aves da familia das muscicapideas.

Todo, da. *adj.* Todo; diz-se do que se toma ou se comprehende inteira e cabalmente na entidade ou no numero. *Omnis, cunctus:* — todo; tambem se usa para ponderar nas cousas, o excesso de alguma qualidade ou circumstancia; v. g.: *este pez todo es espinas;* este peixe é todo espinhas. *Totus:* — *m.* condição que se põe em varios jogos de cartas, em que se paga um tanto mais ao que faz todas as vazas, isto é, que dá geral ou capote. *Chartarum lusoriarum sors quædam:* — *adv.* inteira ou totalmente. *Omnino, funditus:* — *en gordo (loc. fam.);* pondera a escassez de alguma dadiva ou a pequenez de alguma cousa. *Tenue quidem ac exiguum. A todo (mod. adv.);* a todo, quanto póde ser; v. g.: *a todo correr;* a todo o correr. *Ad summum:* — com os verbos *estar, quedar, salir, etc.*, é obrigar-se á segurança de alguma cousa, não obstante os inconvenientes ou riscos que possam sobrevir em contrario. *Omnia subire paratum esse. Con todo eso, con todo esto (mod. adv.);* comtudo isso, comtudo, não obstante, todavia. *Attamen, nihilominus:* — *del todo (mod. adv.);* de todo, inteira, absolutamente, sem excepção nem limites. *Omnino, penitus. De todo en todo;* de todo em todo, total ou completamente. *Omnino, funditùs. En todo.* V. *Del todo. En todo y por todo;* em tudo e por tudo, inteiramente, com todas as circumstancias. *Omnino, penitùs. En un todo;* absoluta e geralmente. *Omninò, omminodè. Meterse en todo (fr.);* metter-se em tudo; ingerir-se em todos os negocios importunamente, metter o nariz em toda a parte. *Ad omnia importunè adesse, sese intromittere. Sobre todo;* sobretudo, particularmente, principalmente. *Quien todo lo niega, todo lo confiesa (rif.);* quem tudo nega, tudo confessa. *Omnia neganti criminis suspicio insequitur:* — *m. (philol.)* todo; composto de partes integrantes. *Totum:* — *(math.)* todo; quantidade maior comparada com outra menor que é sua parte. *Totum.*

Todopoderoso, sa. *adj.* Todopoderoso; que póde tudo. Com propriedade applica-se só a Deus. Tambem se usa na terminação masculina como substantivo, significando o proprio Deus. *Omnipotens, entis.*

Toesa. *f.* Toesa; medida franceza de seis pés francezes, que equivale a uns sete pés castelhanos. *Mensura quædam apud gallos.*

Tofana. *f. (chim.)* V. *Agua.*

Tofo. *m. (veter.)* Tofo; tumor que se gera no ventre dos novilhos. *Tumor ventri buculæ innascens.*

Toga. *f.* Toga; vestido talar usado pelos romanos. Hoje só a usam os magistrados nos tribunaes. *Toga, æ:* — toga; magistratura, fôro, a dignidade de magistrado ou juiz. *Senatoria dignitas.*

Togado, da. *adj.* Togado; que traz toga ou usa d'ella. *Togatus, a, um. Comedia togada (ant. litt.);* comedia togada; dizia-se entre os romanos das comedias em que entravam os cidadãos que não gosavam de dignidade equestre. *Togata comœdia.*

Tohalla. *f.* V. *Toalla.*

Tohaya. *f. (ant.)* V. *Mantel, de mesa.*

Toison. *m.* Tosão; ordem de cavallaria, chamada o Tosão d'oiro, instituida por Filippe, o Bom, duque de Borgonha, de que são mestres os reis da Hespanha. *Equestris ordo hoc nomine insignitus.*

Tojal. *m.* Tojal; monte povoado de tojos.

Tojer. *a. (ant.)* Tirar, apartar: — V. *Levantar.*

Tojo. *m.* Tojo; arbusto silvestre, especie de urze elevada que não tem folha alguma, e unicamente deita flores amarellas como as da giesta, porém sem cheiro. *Genistæ species.*

Tolano. *m.* Fava, lampas; enfermidade que ataca o alto da bôca das bestas. *In gingivis tumor:* — *pl. (fam.)* pellos curtos que crescem no cachaço. *Occipitis capilli. Picar los tolanos (fr.);* ter bom appetite, mostrar muita gana de comer. *Fame pungi, stimulari.*

Tolda. *f. (ant. naut.)* Tolda; meia coberta superior ao convez do navio.

Toldadura. *f.* Cortina; tela de que costuma usar-se para attenuar o calor ou a luz. *Velum, umbraculum.*

Toldar. *a.* V. *Entoldar.*

Toldería. *f. (p. Am.)* Logar onde os indios assentam as suas barracas.

Toldero. *m. (p. And.)* Tendeiro que vende sal por miudo. *Salis institor tabernarius.*

Toldilla. *f. (naut.)* Tombadilho, meia coberta no castello da pôpa. *Umbraculum in posteriore navis parte.*

Toldillo. *m. dim.* de *Toldo:* — cadeirinha portatil. *Lectica, æ.*

Toldo. *m.* Toldo; tecto de panno para fazer sombra a algum sitio. *Velarium, siparium:* — *(fig.)* pompa, fasto, empavezamento, vaidade, soberba. *Pompa, arrogantia, fastus:* — *(p. And.)* tenda onde se vende o sal por miudo. *Salis taberna:* — *(p. Am.)* barraca, choça ambulante que serve de habitação aos indios.

Tole. *m.* Vocabulo latino usado como substantivo masculino, para significar confusão e balburdia popular. *Clamor popularis. Tomar el tole (loc. fam.);* tomar o tólle, passar o pé, ir-se.

Toledano, na. *adj.* Toledano; que pertence a Toledo ou aos seus habitantes: — *s.* toledano; o natural de Toledo. *Toletanus.*

Toler. *a. (ant.)* V. *Toller.*

Tolerable. *adj.* Toleravel, supportavel, soffrivel; que se póde aguentar ou tolerar. *Tolerabilis, le.*

Tolerablemente. *adv. m.* Toleravelmente; com tolerancia e paciencia. *Toleranter.*

Toleracion. *f. (ant.)* V. *Tolerancia.*

Tolerancia. *f.* Tolerancia, soffrimento, paciencia, resignação. *Tolerantia, æ:* — tolerancia; permissão ou dissimulação do que não se devêra supportar. *Indulgentia, æ:* — *civil;* tolerancia civil; permissão que o governo concede para se exercer livremente qualquer culto religioso. *Publica cultûs religiosi cujusvis permissio.*

Tolerante. *p. a.* Tolerante; que tolera. *Tolerans, antis:* — *adj.* tolerante; que se applica ao governo que permitte a liberdade de cultos. *Respublica cultûs religiosi cujusvis permissio.*

Tolerantismo. *m.* Tolerantismo; habito de respeitar todas as opiniões em qualquer materia: — tolerantismo; opinião dos que julgam que deve permittir-se em qualquer estado o livre exercicio de todo o culto religioso. *Opinio cultûs religiosi cujuslibet exercitium non prohibens.*

Tolerar. *a.* Tolerar, soffrer; levar com paciencia. *Tolerare, ferre, pati:* — tolerar; dissimular ou permittir algumas cousas que não são licitas sem castigo do culpado, mas sem dispensa-las inteiramente. *Indulgere, tolerare.*

Toletazo. *m.* Toletada; pancada com tolete.

Tolete. *m. (p. Am.)* Tolete; pau curto, aguçado nas extremidades, com que os indios e mestiços apanham os crocodilos na America meridional: — *(naut.)* tolete; cavilha sobre o bordo dos barcos onde se fixa o remo e serve de ponto de apoio para a acção de remar. *Scalmus.*

Tolmia. *f. (bot.)* Tolmia; genero de plantas da familia das saxifragaceas.

Tolondro. *m.* Gallo; tumor ou inchaço que se levanta em alguma parte do corpo, especialmente na cabeça, por effeito de pancada. *Contusio extuberans, tuber. Á topa tolondra (loc. adv.);* sem reflexão, sem reparo ou advertencia. *Inconsultè, temerè, imprudenter.*

Tolodron, na. *adj.* Estouvado, desatinado, desattento; que faz e diz as cousas impensadamente. *Imprudens, inconsultus:* — *m.* V. *Tolondro. Á tolondronos (loc. adv.);* com tumores ou inchaços. *Tuberibus: (fig.)* com interrupção, a pedaços. *Interruptè, frustillatim.*

Tolones. *m. pl. (p. And.)* V. *Tolano,* na primeira accepção.

Tolonés, sa. *adj.* Toulonez; que pertence a Toulon ou aos seus habitantes: — *s.* toulonez; o natural de Toulon.

Tolosano, na. *adj.* Tolosano; que diz respeito a Tolosa ou aos seus habitantes: — *s.* tolosano; o natural de Tolosa.

Tólpide. *m. (bot.)* Tolpide; genero de plantas da familia das compostas.

Tolú. *m. (bot.)* V. *Bálsamo de Tolú.*

Toluifero, ra. *adj. (bot.)* Toluifero; que produz o balsamo de Tolú.

Tolva. *f. (art.)* Tremonha; canoura de moinho. *Infundibulum in molendinis.*

Tolvanera. *f.* Torvelinho; remoinho de pó que agitado pelo vento se move circularmente, similhando as trombas marinhas. *Pulveristurbo.*

Tolla. *f. (p. Cub.)* Gamella grande em fôrma de canôa, que usam no campo para dar de beber aos animaes.

Tolladar. *m.* V. *Atolladero.*

Tollecer. *a. (ant.)* V. *Toller.*

Toller. *a. (ant.)* V. *Quitar:* — tolher, impedir, estorvar: — V. *Levantar;* tambem se usava como reciproco.

Tollido, da. *adj. (ant.)* V. *Tullido.*

Tollidura. *f. (ant.)* V. *Tullidura.*

Tollimiento. *m. (ant.)* Tolhimento; acção e effeito de tolher.

Tollina. *f. (fam.)* V. *Zurra, Paliza.*

Tollo. *m.* Cova onde os caçadores se occultam e esperam a caça. *Cavea, in qua venatores absconduntur:* — V. *Atolladero:* — *(zool.)* V. *Lija.*

Toma. *f.* Tomamento, tomada; a acção de tomar ou receber alguma cousa. *Acceptio, onis:* — tomada, conquista; occupação, de alguma praça ou cidade. *Captio, expugnatio:* — pitada, hausto; a porção de alguma cousa que se toma de uma vez. *Haustus; rei sumendæ portio:* — a abertura que se faz n'um rego para tomar d'elle porção de agua: — *de posesion;* tomada de posse: — *de razon ó toma razon;* assento no registo. *Recensio, tabulis publicis consignatio;* dá-se o mesmo nome, em commercio, a alguns livros em que se fazem diversos assentos; *v. g. razon de letras, de vales, de obligaciones, etc.,* registo de lettras, de vales, de obrigações, etc.

Tomada. *f. (ant.)* Tomadia. V. *Toma,* na segunda accepção.

Tomadero. *m.* Aza ou a parte por onde se pega em alguma cousa. *Ansa; pars qua res capitur:* — tornada nos regos de agua: — apanhado dos vestidos. *Vestium plicatura ad ornatum.*

Tomadillo. *m. (fig. ant.)* V. *Roncha,* signal no corpo.

Tomado. *m.* V. *Tomadero,* na ultima accepção.

Tomador. *m.* Tomador; o que toma. *Capiens, captor:* — *de una letra de cambio;* tomador de uma lettra de cambio; o que a recebe do sacador ou endossante: — *(caç.)* caçador; cão bem adextrado, que pega e traz bem a caça. *Captor; prædam facilè capiens canis:* — *(naut.) pl.* tomadouros; pedaços de gacheta com que se ferra o panno, amarrando-o contra as vergas. *Capsa ad vela religanda.*

Tomadura. *f.* Tomada; a acção de tomar. *Sumptio, onis.* Usa-se mais frequentemente, pela quantidade ou porção que se póde tomar de uma vez; v. g., pitada de tabaco.

Tomajon, na. *adj.* Apanhador; que toma ou recebe com

frequencia, facilidade ou descaro. *Facilis, frequens acceptor:* — *(germ.)* beleguim, esbirro, quadrilheiro, official de justiça. *Satelles, itis:* — *(p. Mex.)* alambazado; diz-se do homem robusto grosseiro.

Tomamiento. *m. (ant.)* Tomamento; acção e effeito de tomar.

Tomante. *p. a.* de *Tomar.*

Tomar. *a.* Tomar, pegar, agarrar, segurar, asir, colher á mão alguma cousa. *Capere, prehendere, apprehendere, comprehendere:* — tomar; receber ou aceitar de qualquer modo que seja. *Recipere, sumere:* — tomar; perceber ou cobrar. *Percipere, accipere:* — tomar, conquistar; occupar ou adquirir por conquista, entrepreza ou assalto alguma fortaleza. *Capere, expugnare:* — tomar; comer ou beber em pequena quantidade. *Sumere, haurire:* — tomar; entender, interpretar, decifrar o que é obscuro, duvidoso ou equivoco. *Accipere:* — tomar; atravancar, obstruir as ruas ou caminhos. *Occupare:* — tomar, subtrahir, esconder subrepticiamente. *Arripere:* — V. *Comprar:* — tomar; applicar-se, dar-se a algum emprego ou officio. *Munus in illud incumbere, exercere:* — tomar, imitar; *v. g. tomar las propiedades de alguno;* tomar ou imitar os costumes de alguem. *Imitari, referre:* — tomar, sobrevir; apoderar-se de alguem alguma cousa que o move ou incita violentamente. *Invadere:* — tomar, assumir; emprehender alguma cousa, encarregar-se de alguma dependencia ou negocio. *Assumere, sibi recipere:* — tomar; surprehender o animo por algum accidente ou afflicção. *Invadere, capere:* — tomar; escolher, preferir, eleger entre varias cousas que se offerecem ao arbitrio, alguma d'ellas. *Eligere:* — tomar o animal a femea, para a fecundar. *Suire; fœminam ad coitum capere:* — fazer a vasa, no jogo de cartas. *Chartas lusorias sibi apponere:* — tomar; junto a alguns nomes, significa o mesmo que os verbos de onde se derivam os nomes a que se ajunta; *v. g. tomar resolucion,* tomar resolução, resolver; *tomar descanso;* tomar descanso; descansar. *Capere:* — tomar; junto a certos nomes que exprimem força, espirito, alento, liberdade e outros similhantes, significa receber ou adquirir o que os mesmos nomes significam. *Sumere, recipere animum:* — tomar, pegar; junto aos nomes que significam o instrumento com que se faz alguma cousa, significa trabalhar com elle; *v. g. tomar la pluma;* pegar na penna, escrever; *tomar la aguja;* pegar na agulha, cozer. *Hoc vel illud, operi incumbendo, capere:* — tomar; levar alguem na sua companhia. *Secum assumere:* — *(fig.)* apprehender ou conceber alguma cousa, segundo o affecto que domina: — *(ant.)* surprehender, apanhar; dar com alguem em culpa ou delicto: — *n.* tomar; como determinante de um infinitivo, póde significar querer ou desejar: — *r.* enferrujar-se; cobrir-se de ferrugem; diz-se principalmente dos metaes. *Ferrugim obtegi, obruui:* — *(ant.)* tomar; junto á proposição *a,* e ao infinito de outro verbo, significa fazer o que este verbo exprime ou representa. *Tomar a cuestas, aires, a pechos, a pulso, calor, carnes, cólera, rábia, temor, color, consejo, dictámen, parecer, el asunto, el lugar, la derecha, el cielo con las manos, el calor, el fresco, el hilo, el medio ó los medios, el pecho, el portante, el pulso, el rábano por las hojas, el sol, el trote, el viento, en cucula, figura, trasa, huelgo, la delantera, la leccion, la mano, la ocasion por los cabellos, la muerte a alguno, la palabra, lengua, voz ó señas, mujer, partido, paso, perfiles, piè, por escrito, por su cuenta, posesion, puerto, puntos, sus medidas, tabaco, tema, tiempo, tierra, una obra, un paso ó un portante, etc., (fr.)* V. *Cuesta, Aire, Pecho, etc., etc.:* — *algo ó alguna cosa por donde quema (fig. fam.);* tomar em mau sentido, interpretar á má parte ou dar sentido contrario á intensão com que se faz ou diz. *In malam partem accipere:* — *de mas alto alguna cosa (fr. fig.);* tomar alguma cousa de mais alto; considera-la da raiz ou de origem, buscar o principio d'ella. *Rem ab origine propiùs repetere:* — *dos de Lias y Juan danzante;* pôr-se ao fresco; escapulir-se, evadir-se, ausentar-se. *Fugam capere, arripere:* — *emienda.* V. *Castigar. Tomar las de villa Diego (fr.);* tomar as de villa Diogo; botar a fugir. *Fugam capere, fugam arripere. Tomarse con alguno (fr.);* tomar-se, desavir-se, questionar, disputar com alguem, ter com elle polemica ou contenda. *Cum aliquo jurgari, rixari. Tomarse del vino, de la cólera, la muerte ó el mal por su mano, y licencia.* V. *Vino, Muerte, Licencia:* — *sobre si;* tomar sobre si; encarregar-se de alguma cousa, responder por ella. *Toma ó tome;* toma; voz do verbo tomar, que se usa como interjeição, para significar o espanto ou extranheza que alguma cousa motiva. *Proh! En tomar y dar es fácil errar (rif.);* no dar e tomar é facil errar. *Mas vale un toma, que dos te daré (rif.);* mas vale um toma que dois te darei, antes um passaro na mão que dois a voar. *Bis dat qui citò dat:* — *(naut.)* tomar, apartar: — *por avante;* virar por de ávante; mudar de uma para outra amura, na linha de bolina, passando com a prôa do navio pela linha do vento ou rumo de onde elle sopra. *Navium cursu deflectere.*

Tomarambó. *m. (p. A.)* Especie de canna maritima.

Tomate. *m. (bot.)* Tomate; genero de plantas da familia

das solanaceas, cujas especies, que são herbaceas e originarias da America tropical, estão largamente dessiminadas por quasi todos os paizes da Europa, em cujas hortas se cultivam. Nas Antilhas fazem uso dos tomates contra as ophthalmias e enfermidades putridas.

Tomatera. *f.* Tomateiro; planta que produz os tomates.

Tomento. *m.* Tomento; estopa grossa, cheia de palhas e arestas, que fica do linho ou canhamaço depois de gramado. *Tomentum, i.*

Tomentoso, sa. *adj. (bot.)* V. *Borroso.*

Tomillar. *m.* Tomilhal; logar povoado de tomilhos. *Locus thymis abundans.*

Tomillo. *m. (bot.)* Tomilho; genero de plantas da familia das labiadas.

Tomin. *m.* Tomim; a terça parte de um adarme do marco de prata castelhano ou a oitava parte do adarme do mesmo marco no peso pertencente ao oiro. *In argento tertia pars drachmæ, in auro octava pars:* — em algumas partes da America, o simples real. *Argenteus.*

Tominejo. *m.* Papamoscas; passarinho que se cria no Perú, do tamanho de uma vespa ou abelha, cuja plumagem é de varias cores.

Tomiparo, ra. *adj. (hist. nat.)* Tomiparo; que se multiplica por incisão ou córte, como algumas plantas e alguns animaes.

Tomísidos. *m. pl. (zool.)* Thomisidos; familia de aracnides creada para caracterisar varios generos.

Tomismo. *m. (rel.)* Thomismo; doutrina de S. Thomás de Aquino.

Tomiso. *m. (zool.)* Thomiso; genero de arachnides da tribu dos araneidos.

Tomista. *m.* Thomista; o que segue a doutrina de S. Thomás de Aquino. *Divi Thomæ Aquinatis sectator.*

Tomiza. *f.* Tamiça; cordinha de esparto. *Tomex, sparteus funiculus.*

Tomo. *m.* Tomo; cada uma das partes ou livros em que os auctores dividem as suas obras. Entende-se commummente por esta palavra o corpo ou volume de qualquer livro. *Tomus, volumen:* — volume; grossura, corpo ou vulto de alguma cousa. *Moles, corpus crassius:* — *(fig.)* importancia, valor, estima. *Res momenti vel ponderis. De tomo y lomo (loc. adv.);* de consideração, de importancia. *Ponderis vel momenti res.*

Tomon, na. *adj.* V. *Tomajon.*

Tomóptero. *m. (zool.)* Tomopteros; genero de insectos coleopteros.

Tomorodea. *f.* Baile lascivo, usado entre os habitantes de Otaiti.

Tomosita. *f. (min.)* Tomositha; variedade amorpha de silicato de manganez.

Tomotocia. *f. (med.)* Tomotocia; operação cesariana.

Tompeate. *m. (p. Mex.)* V. *Tompiate.*

Tompiate. *m. (p. Mex.)* Saco ou canastra de diversos tamanhos que os indios tecem com palma.

Tomsonita. *f. (min.)* Tonsonitha; silicato hydratado de alumina e de cal.

Ton. *m.* V. *Tono.* Usa-se frequentemente no seutido de motivo, rasão, causa ou proposito; v. g.: *á qué ton viene eso?* a que proposito vem isso? *Finis, scopus, causa, ratio. Sin ton ni son (loc. adv.);* sem tom nem som; fóra de ordem, despropositadamente, desarrazoadamente. *Extra chorum.*

Tona. *f. (p. Gal.)* Tona; a superficie de qualquer liquido. *Superficies.*

Tonada. *f.* Toada; composição metrica propria para cantar-se, canção, copla. *Compositio metrica cantui apta.*

Tonadica. *f.* V. *Tonadilla.*

Tonadilla. *f. dim.* de *Tonada:* toadilha: — tonilho, cantiga; composição metrica breve e sobre assumpto familiar, que se costuma cantar nos intervallos de comedia. *Cantiuncula hispanica sic dicta.*

Tonaira. *f. (art.)* Rede que serve para pescar atuns.

Tonalidad. *f. (mus.)* Timbre, propriedade caracteristica de um tom.

Tonar. *n. (poet.)* Troar, fulminar, arremeçar raios. *Tonare.*

Tondente. *adj. (poet.)* V. *Esquilador.*

Tónel. *m.* Tonel; vaso de aduella para vinho ou qualquer outro licor. *Amplum dolium ligneum:* — tonel; medida usada antigamente para regular a capacidade de qualquer embarcação, era algum tanto maior que a tonelada, por isso que dez toneis perfaziam doze toneladas. *Mensura quædam ad navis amplitudinem dimetiendam:* — *macho (ant.)* V. *Tonelada:* — *alquitranado (mil.);* tonel alcatroado; pipa ou barril com alcatrão, que se usa na defeza das praças sitiadas: — *mortífero;* tonel mortifero; pipa com fortes arcos de ferro, cheia de cravos, pedaços de ferro, etc., e em cujo centro se põe um sacco ou barrilzinho de polvora, ao qual se deita fogo no momento de o arremessar pela brecha: — *(zool.)* tonel; genero de moluscos gasteropodas.

Tonelada. *f.* Tonelada; medida pela qual se calcula o porte do navio. *Mensuræ species ad capacitatem navigii perpendendam:* — tonelame; o provimento de toneis que se faz em qualquer navio. *Doliarum apparatus:* — tonelagem; direito pago pelas embarcações com relação á carga. *Tributum navigiis imperatum.*

Tonelería. *f.* Tanoa; officio de tanoeiro. *Doliaria ars:* — tanoaria; loja de tanoeiro: — vazilhame; conjuncto de toneis que se levam a bordo para aguada. *Cadorum in navibus congeries aquæ vehendæ.*

Tonelero. *m.* Toneleiro, tanoeiro; o que faz ou fabrica toneis. *Doliarius, i.*

Tonelete. *m.* V. *Brial,* na segunda accepção: — tonelete; fralda ou peça que desce da cintura até os joelhos usada antigamente. Hoje só se usa nas dansas, comedias, etc. *Armaturæ vel vestis à reni-*

bus ad genua circumvoluta pendens: — *dim.* de *Tonel.*

Tonga. *f.* V. *Tongada:* — *(med.)* especie de gangrena endemica do Brazil, que acommette principalmente os dedos dos pés e algumas vezes os das mãos e ainda algumas partes do corpo.

Tongada. *f.* Camada, capa, demão; a porção de alguma cousa posta ou dada sobre outra.

Tongonearse. *r.* *(p. Cub.)* V. *Contonearse.*

Tongoneo. *m.* *(p. Cub.)* V. *Contoneo.*

Tónico, ca. *adj.* *(phisiol.)* Tonico; diz-se do movimento de contracção insensivel das fibras do corpo, que lhe dá successivamente diversos graus de tensão: — *(med.)* tonico; diz-se de todo o remedio que augmenta gradualmente a actividade aos nossos orgãos: — *(mus.)* *f.* tonica; primeira nota da escala do tom, em que está composta qualquer peça ou trecho de musica.

Tonillo. *m.* Som monotono e desagradavel que se observa em algumas pessoas quando fallam, lêem ou pregam. *Ingrata vocis contentio.*

Tonina. *f.* *(bot.)* Tonina; genero de plantas da familia das eriocauloneas: — *(zool.)* toninha; atum novo. V. *Atum.*

Tonismo. *m.* *(med.)* Tonismo; nome que alguns auctores dão ao tétano.

Tono. *m.* Tom; o som que faz a voz quando se falla ou se canta, ou o instrumento quando se toca. *Tonus, sonus, modulatus:* — tom; modo ou maneira com que alguma cousa se faz ou se quer que seja entendida. *Modus:* — *(mus.)* tono; modo, determinada disposição de harmonia. *Modulatio, cantio. Bajar el tono (fr.);* abaixar a grimpa, fallar sem arrogancia nem orgulho. *Modestè loqui. Buen tono;* bom tom; diz-se da linguagem e maneiras que caracterisam a boa sociedade, o mundo elegante. *Mudar de tono (fr.);* mudar de tom; moderar-se ou conter-se no modo de fallar, reprimir alguns excessos de palavra. *Vocem demittere, moderari:* — *(med.)* tom; disposição natural que tem toda a parte do corpo humano, para executar a acção que lhe corresponde. *Corporis vigor, vis, robur:* — tom; grau de elevação ou descensão de um instrumento, que resulta da sua construcção ou afinação: — *accidental.* V. *Accidental:* — *mayor;* tom maior; aquelle cuja terceira é composta de dois tons: — *menor;* tom menor; aquelle cuja terceira é composta de um tom e de um semi-tom: — *(pint.)* tom; vigor e relevo de todas as partes de qualquer quadro, e tambem a harmonia do seu conjuncto.

Tonsilar. *adj.* *(anat.)* Tonsillar; que diz respeito ás tonsillas ou amygdalas; v. g.: *arteria tonsilar;* arteria tonsillar; *nervios tonsilares;* nervos tonsillares.

Tonsilitis. *f.* *(med.)* Tonsillitis; inflammação das tonsillas ou amygdalas.

Tonso, sa. *adj.* *(ant.)* Tonso, tonsado, tosquiado; que tem o cabello cortado.

Tonsura. *f.* Tonsura; o côrte ou acção de cortar o cabello ou a lã. *Tonsura, æ:* — tonsura; o primeiro dos graus ou ordens clericaes. *Tonsura eclesiastica:* — *escocesa;* tonsura escosseza; a que se estendia de uma a outra orelha e só na parte anterior da cabeça: — *griega;* tonsura grega; a que se estendia por toda a cabeça: — *romana;* tonsura romana, tonsura parcial e circular.

Tonsurar. *a.* Tonsurar, tosquiar, aparar, cortar o cabello ou a lã. *Tondere:* — tonsurar; dar o grau de primeira tonsura. *Tonsuram clericalem conferre.*

Tontada. *f.* Tolice, necedade, parvoice; acção ou dito de tolo. *Stultitia, deliramentum.*

Tontamente. *adv. m.* Parvoamente, estultamente. *Stultè.*

Tontazo, za. *adj. augm.* de *Tonto.* Parvoeirão, parvoalho. *Valdè stupidus seu stultissimus.*

Tontear. *n.* Parvoeirar ou parvoejar; fazer ou dizer necedades ou tolices. *Stultè agere aut loqui; ineptire, delirare.*

Tontedad. *f.* V. *Tontería.*

Tontera. *f.* *(fam.)* V. *Tontería.*

Tontería. *f.* Tolice, estulticia, simpleza; falta de entendimento e de rasão, necedade. *Stultitia, inscitia:* — tonteria, toleima, parvoiçada; dito ou feito tonto e pouco reflectido. *Stultè dictum aut factum.*

Tontillo. *m.* Donaire, guarda-infante; especie de saia usada pelas mulheres para afastar e dar maior roda ao fato. *Turgida palla, muliebris ornatûs interioris et semicircularis genus.*

Tontísimo, ma. *adj. sup.* de *Tonto.* Tolissimo. *Stultissimus, a, um.*

Tonto, ta. *adj.* Tolo, insensato, mentecapto, nescio, parvo; falto de entendimento ou rasão. *Stultus, bardus. A tontas y a locas (loc. adv.);* a torto e a direito; despropositadamente, sem ordem nem concerto. *Stultè, imprudenter. Para tonto quedarse en casa;* significa que uma pessoa procedeu com cordura e sensatez no negocio de que se trata. *No hay tonto para su provecho (fr);* não ha tolo para seu proveito. *In re suâ sapit quisque.*

Tontuna. *f.* *(fam.)* V. *Tontería.*

Toñina. *f.* *(p. And.)* V. *Tonina.*

Topa. *f.* V. *Topo,* no jogo: — *(naut.)* cadernas com que nas galeras se içavam as vélas.

Topacio. *m.* *(min.)* Topazio; silico-fluato de alumina; substancia mineral de aspecto vitreo e de côr amarellada, cuja dureza é tal, que risca o quartzo. Constitue uma das pedras preciosas.

Topada. *f.* V. *Topetada.*

Topadizo, za. *adj.* V. *Encontradizo.*

Topador. *m.* Topador; o que topa ou se encontra com outro. Diz-se com propriedade dos carneiros e outros animaes cornigeros. *Cornupeta; qui ferit:* — *(ant.)* topador; o que facilmente aceita as paradas no jogo. *Sponsionis in ludo facilis acceptator.*

TOPAMIENTO. *m. (ant.)* V. *Encuentro.*

TOPAR. *a.* Topar, esbarrar; encontrar uma cousa com outra, chegarem-se tanto que mutuamente se impeçam. *Collidere, illidere:* — topar, encontrar, achar qualquer cousa casualmente. *Invenire, reperire:* — *(ant.)* topar, achar; dar com o que se andava buscaddo: — *n.* V. *Topetar:* — *(fig.)* consistir, firmar-se ou fundar-se alguma cousa em outra e embaraçar-se n'ella; *v. g.: la dificultad topa en esto ó aquello;* a difficuldade consiste n'isto ou n'aquillo. *Consistere, sistere, niti, stare, verti:* — *(ant.)* topar; ter ou aceitar a parada no jogo. *Sponsionem in ludo admittere:* — *(fig.)* prender-so, embaraçar-se, embicar n'alguma difficuldade: — *(fig. ant.)* reparar ou attentar em alguma cousa, advertindo em alguma falta: — consentir, convir, acquiescer, approvar o que se nos propõe. *Convenire, consentire, acquiescere. Tope donde tope (loc. fam.)* V. *Dé donde diere.*

TOPARCA. *m.* Toparcha; o governador de uma provincia, cantão, etc.

TOPARQUÍA. *f.* Toparchia; governo, dominio ou jurisdicção de um logar, provincia, cantão ou districto. *Toparchia, æ.*

TOPE. *m.* Tope, cume, cimo; a parte superior, a mais elevada de qualquer cousa. *Extrema rei pars; rei extremitas:* — tope, choque, embate; recontro de duas cousas. *Collisio, onis:* — *(fig.)* tope, busilis; o ponto onde se firma ou onde consiste a difficuldade de alguma cousa. *Rei summa:* — tope, obstaculo, obice, impedimento, embaraço, estorvo. *Obex, obstaculum:* — rixa, disputa, referta, contenda. *Rixa, contentio:* — botão ou qualquer outra peça que se põe em alguns instrumentos para que não penetrem demasiadamente. *Fibula, æ. A tope ó al tope (loc. adv.);* a tope; denota a juntura ou união das cousas por suas extremidades, sem se sobreporem. *Uni alter adherens. Al tope (mod. adv.);* designa o modo de estar junta ou pegada uma cousa a outra sem que se perceba a união artificial. *Ita unita duo, ut unum appareant. Hasta el tope (mod. adv.);* até o tope, até onde pôde chegar, plena e inteiramente. *Ad summum usque:* — *(naut.)* tope; o extremo da mastreação, a parte mais elevada onde se collocam as grimpas. *Summitas malorum in navi. De tope a quilla (loc. adv.);* de pôpa á prôa, inteira e completamente. *De tope a tope;* de cabo a cabo. *Estar de topes (fr.);* estar de vigia.

TOPERA. *f.* Buraco que a toupeira faz na terra. *Foramen, à talpis suffossum.*

TOPETADA. *f.* Topetada, cabeçada, marrada; pancada que os touros e os carneiros dão com a cabeça. Tambem costuma dizer-se da cabeçada que alguem dá ou leva. *Arietatio, capitis illisio.*

TOPETAR. *a.* Topetar, marrar, dar com a cabeça em alguma cousa; diz-se com propriedade dos carneiros e outros animães cornigeros. Tambem se usa como neutro. *Arietare, vertice vel capite impingere:* — tropeçar, embicar, esbarrar. *Illidere, errare.*

TOPETON. *m.* Encontrão, choque, embate. *Collissio, impetus.*

TOPETUDO, DA. *adj.* Marrador; diz-se do animal que tem o costume de dar marradas. *Cornupeta.*

TÓPICO, CA. *adj.* Topico; que pertence a determinado logar. *Topicus, a, um:* — *(phil.)* topico; nome dado na philosophia antiga e na de Bacon a um methodo de achar argumentos: — *m. pl. (reth. ant.)* topicos; tratado dos logares communs, de onde se tiram argumentos. *Topicus, a, um.*

TOPIL. *m.* Aguasil, entre os indigenas do Mexico. Este sentido deriva provavelmente, de que entre aquelles indios a palavra *topil* significa bordão, haste de lança e vara de justiça.

TOPINARIA. *f.* V. *Talparia.*

TOPINERA. *f.* V. *Topera.*

TOPINO, NA. *adj.* Topinho; diz-se do cavallo que se finca na ponta das ferraduras trazeiras.

TOPO. *m. (fig.)* Myope; curto de vista, que tropeça em tudo, que em tudo esbarra. *Cæcutiens homo:* — tópo; no jogo significa o mesmo que *quero*, isto é, aceito o invite: — legua e meia, assim designada entre os indios. *Leuca cum dimidia:* — *(p. Perú)* especie de alfinete de oiro, prata ou qualquer outro metal, que geralmente serve de adorno: — *adj. (ant.)* cego: — *f. (zool.)* toupeira; genero de mammiferos carniceiros insectivoros, animal pequeno de quatro pés, cujos olhos apenas se distinguem.

TOPOGRAFÍA. *f.* Topographia; descripção de algum logar ou sitio com todos seus pormenores. *Loci descriptio:* — topographia; arte de descrever um logar e de levantar um plano com todos os accidentes do terreno. *Topographia, æ:* — *(litt.)* topographia; figura de rhetorica que consiste na descripção de um logar qualquer com todos os seus pormenores. *Topographia, æ.*

TOPOGRÁFICAMENTE. *adv. m.* Topographicamente; de um modo topographico. *Topographicè.*

TOPOGRÁFICO, CA. *adj.* Topographico; que pertence á topographia; v. g.: *carta topografica;* carta topographica. *Topographicus, a, um.*

TOPÓGRAFO. *m.* Topographo; que se occupa de trabalhos ou estudos topographicos. *Topographus, i.*

TOPOSO, SA. *adj. (ant.)* Defeituoso da vista; por derivação do vocabulo *topo*, toupeira.

TOPOTESIA. *f. (ant. reth.)* Topothesia; quadro ou descripção de um logar supposto.

TOQUE. *m.* Toque; acção de tocar ou de apalpar alguma cousa, tacto, contacto. *Tactus, tactio:* — toque; o acto de tocar os sinos, dobrando, repicando, ou de outra maneira qualquer. Costuma tambem dizer-se de outros instrumentos. *Pulsatio, onis:* — toque; exame ou prova que os contrastes fazem da qualidade dos metaes. *Ad lydium lapidem probatio, exploratio:* — pedra de toque; a que serve para avaliar os quilates do oiro ou da prata. *Lydius lapis:* — *(fam.)* lambada, pancada, golpe dado em alguem. *Fustigatio:* — *(fig.)* ponto; rasão em que alguma cousa consiste ou se funda. *Punctum, cardo, caput:* — toque; prova, exame, experiencia que se faz de qualquer, alludindo á que se faz dos metaes. *Probatio, exploratio:* — toque, inspiração, auxilio divino. *Divinus afflatus; illuminatio. Dar un toque (fr.)*, dar um toque; fazer uma insinuação a qualquer. *Tentare, periculum facere:* — *(naut.)* toque; a acção de um navio tocar com a quilha no fundo: — *(pint.)* toque, retoque, pincelada leve: — *de luz;* luz, esplendor ou realce de claro. *Splendor in pictura vividior:* — *de oscura.* V. *Apretón.*

Toqueado. *m.* Estrondo, ruido, barulho que se faz com pés ou mãos. *Sonus ad munerum editus.*

Toquería. *f.* Conjuncto de toucas. *Velaminum muliebrium congeries:* — officio do que faz toucas. *Velaminum muliebrium opificium.*

Toquero. *m.* O que faz ou tece toucas. *Velorum artifex; muliebrium peplorum opifex.*

Toquí. *m.* General do exercito entre algumas nações indias da America meridional.

Toquilla. *f. dim.* de *Toca:* — gravatinha, lenço ou manta para o pescoço: — véu que muitas vezes se põe em deredor do chapéu. *Ornatus ad galeri cacumen exterius circumcingendum.*

Toquinegrada. *adj. (ant.)* Encapuzada; diz-se da mulher ou freira que levava a touca preta.

Toquis. *m.* Tochys; nome dado pelos araucanos a uma especie de magicos.

Torá. *f.* Tora; tributo que os judeus pagavam por familia. *Vectigal quoddam à judæis pendi solitum:* — tora; livro da lei dos judeus. *Liber judæorum legem complectens:* — vestidura usada nos chamados touros de fogo. *Tauri simulacrum ignibus missilibus instructum.*

Toracentesis. *f. (med.)* Thoracentese; operação do empyema.

Torácico, ca. *adj. (anat.)* Thoracico; que pertence ao thorax: — *(med.)* thoracico; diz-se de todo o medicamento proprio para as enfermidades do peito. V. *Pectoral:* — *(zool.) m. pl.* thoracicos; ordem da classe dos peixes osseos, que comprehende os que têem as barbatanas ventraes collocadas sobre as thoracicas: — thoracica; nome dado a uma familia da ordem dos coleopteros, e a uma secção da tribu dos carabicos.

Toracodinia. *f. (med.)* Thoracodinia; dôr no peito.

Toraco-facial. *adj. (anat.)* Thoraco-facial; diz-se de um musculo que se estende do peito á cara.

Toracóforo. *m. (zool.)* Thoracophoro; genero de insectos coleopteros heteromeros, da tribu dos helopios.

Toracoscopia. *f. (med.)* Thoracoscopia; exploração ou observação do peito.

Toracozoario, ria. *adj. (zool.)* Thoracosoario; diz-se de todo o animal cujos orgãos respiratorios adquiriram grande desenvolvimento.

Torada. *f.* Manada de touros. *Taurorum grex, armentum.*

Toral. *adj.* Principal; o mais forte em qualquer cousa ou especie; v. g.: *arco toral. Præcipuus, specialis:* — *(p. And.)* em bruto, amarella; diz-se da cera por curar. *Cera naturalis, flava.*

Tórax. *m. (anat.)* Thorax; cavidade do peito, no homem e nos animaes vertebrados, que contém os principaes orgãos da circulação e respiração, a saber, o coração e os pulmões: — thorax; nos animaes articulados, dá-se este nome aos anneis collocados entre a cabeça e o abdomen; nos insectos costuma confundir-se com o abdomen; e nos arachnidos forma, unido á cabeça, o cephalothorax.

Torazo. *m. augm.* de *Toro.*

Torbellino. *m.* Torvelinho ou torvolinho, turbilhão, redemoinho, pé de vento, tufão, tromba. *Turbo, inis:* — *(fig.)* turbilhão; concorrencia ou abundancia de cousas que succedem simultaneamente. *Rerum concursus, turba:* — *(fig. fam.)* ferefolha, espalhafarelos; pessoa demasiadamente azougada e desinquieta, que faz e diz as cousas sem ordem nem concerto. *Irrequietus, turbulentus homo.*

Torcaz. *adj.* Trocaz; diz-se do pombo bravo ou silvestre.

Torcaza. *adj. (ant.)* V. *Torcaz.* Tambem se usa como substantivo.

Torce. *f.* Elo, annel ou fuzil de cadeia ou collar; tambem significa o proprio collar. *Torques, is.*

Torcedero, ra. *adj. (ant.)* V. *Torcido,* desviado do recto ou perpendicular: — *m.* torcedor; instrumento com que se torce. *Torquendo inserviens instrumentum.*

Torcedor. *s.* Torcedor; o que torce. *Tortor; qui torquet:* — peso de torcer. *Fusus torcularius:* — *(fig.)* oppressão, contrariedade, pena afflictiva, tudo o que frequentemente occasiona desgosto, mortificação ou tristeza. *Res animum torquens, angens.*

Torcedura. *f.* Torcedura; a acção e effeito de torcer, torcimento. *Torsio, onis:* — agua pé; bebida feita de agua e do succo que resta do pé da uva, que já se espremeu. *Aqua scapis uva macerata; lora.*

Torcejon. *m. (ant.)* Tortura, tormento.

Torcer. *a.* Torcer, retorcer; dar voltas a alguma cousa em redor, e apertando-a. *Torquere:* — torcer, dobrar, encurvar; pôr obliqua uma cousa que está recta. *Flectere, curare:* — torcer, revirar; dar violentamente direcção a um membro, ou a outra cousa, contra a ordem natural. Tambem se usa como reciproco. *Torquere:* — torcer, voltar, virar; mudar de direcção, desviar-se ou apartar-se do caminho direito, voltando para algum dos lados. N'esta accepção costuma usar-se como verbo neutro; *v. g. tal camino tuerce á mano derecha;* tal rua ou estrada volta á direita. *Deflectere:* — *(fig.)* torcer, desencaminhar-se, perder-se; desviar-se do caminho direito, da rasão e da virtude. *Deflectere, declinare:* — torcer, perverter, interpretar mal; dar diverso e mau sentido ao que por qualquer motivo é ambiguo. *Detorquere sensum:* — torcer, dissuadir; desviar alguem de qualquer proposito, faze-lo mudar de tenção. *Flectere in contrarium, torquere:* — torcer; diz-se tambem dos juizes que se inclinam em favor das partes que têem menos justiça. Tambem se usa como reciproco. *Torquere, inclinare:* — *(p. Cub.)* enrolar, fazer o cigarro: — r. voltar-se, azedar-se; diz-se do vinho que, estando feito ou quasi feito, se torna vinagre. *Acescere vinum:* — torcer; mudar a intenção ou proposito que alguem tinha de favorecer outrem. *Voluntatem in contrarium mutare:* — r. desdizer-se, retractar-se, desmentir-se; esquecer-se do promettido, faltar á palavra. *A sententiâ aberrare, desistere:* — deixar-se ganhar ao jogo pelo contrario, para partilhar com elle do que está perdendo um terceiro. *Subdolè ludo cedere; dolosè ludum perdere:* — *la vista (fr.);* torcer a vista, envergar, zarolhar, entortar os olhos, ser vesgo ou zarolho. *Transversim tueri:* — *el pescuezo;* torcer o pescoço, estrangular qualquer. *Fauces elidere:* — *los puños (fr. fig.);* torcer a orelha; arrepender-se de alguma cousa: — *la bôca ó el rostro;* retorcer a bôca ou o rosto, gesticular, carautonhar, fazer caretas. *Vultum torquere:* — *la cabeza;* caír doente. *Dolere:* — *las narices;* torcer o nariz, rejeitar alguma cousa, não adherir a ella. *Abnuere. Andar ó estar torcido con alguno;* andar mal avindo ou de má avença com qualquer. *Animum alienum habere ab aliquo.*

Torcida. *f.* Torcida; mecha de algodão torcido que se põe nas lampadas ou candieiros. *Ellychnium, tæda:* — *(p. And.)* ração; porção diaria de carne que dão nos lagares de azeite aos trabalhadores. *Diarium moletrinæ institori debitum; quotidiana carnis portio.*

Torcidamente. *adv. m.* Torcidamente, obliquamente, com inclinação ou tortuosidade. *Obliquè, transversim, tortuosè.*

Torcidillo. *m.* Torçal; fio de seda torcida. *Filum sericum contortum.*

Torcido. *m.* Especie de doce de ameixa e de diversas fructas, formando um rolo com varias folhas. *Dulciaria columella:* — V. *Torcidillo, Torzal:* — *(prov.)* V. *Torcedura,* na segunda accepção. *Andar ó estar torcido con alguno (fr. fig.);* andar desavindo com alguem, traze-lo entre os dentes, não poder olhar com bons olhos. *Non rectis oculis aspicere aliquem.*

Torcijon. *m.* Torcilhão; dor aguda de tripas. V. *Retortijon,* e nos animaes, *Torozon.*

Torcimiento. *m.* Torcimento; dobradura ou encurvadura do que estava direito. *Flexio, curvatio:* — *(fig.)* desvio, apartamento do caminho da virtude, inclinação para o vicio, desmandamento, perversão, desvario. *Deflexio, a bono declinatio:* — periphrase, circumlocução ou circumloquio, rodeio de palavras. *Periphrasis, circumlocutio.*

Torculado. *m.* Porca, de parafuso ou tarraxa. *Torculum.*

Tórculo. *m. (art.)* Torculo, prelo, pequena prensa: — torculo; prensa de que se servem os estampadores para estampar. *Torculum, prœliolum.*

Torcho. *m.* V. *Torchuelo.*

Torchuelo. *(hierro.) m.* V. *Hierro.*

Tordella. *f.* Especie de tordo maior que o ordinario.

Tordería̋s. *f. pl.* Tendas ou choças em que vivem os indios das pampas de Buenos Ayres.

Tordesillesco, ca. *adj.* Tordesilhano, que pertence a Tordesilhas ou aos seus habitantes.

Tórdiga. *f.* Tira do couro de que se fazem as abarcas. *Frustum pellis bovinæ oblongum.*

Tordilio. *m. (bot.)* Tordylio; genero de plantas da familia das umbelliferas.

Tordillejo, ja. *adj. dim.* de *Tordillo.*

Tordillo, lla. *adj.* Tordilho; que tem a côr do tordo. Diz-se do cavallo e de outros animaes muares que têem o pello d'esta côr. *Turdi colorem referens; nigro-albidus.*

Tordo, da. *adj.* Tordilho; mosqueado de branco e preto que é a côr do tordo. Applica-se aos cavallos que têem a pelle mesclada d'estas duas cores. *Turdo concolor:* — *m. (zool.)* tordo; genero de aves da ordem dos passaros, familia dos dentirostros: — *de agua;* tordo marinho; ave aquatica similhante ao tordo de terra e menor do que este: — *loco;* passaro solitario. V. *Pájaro.*

Torea. *f. (bot.)* Thorea; genero de plantas da familia das aristolochieas.

Toreador. *m.* Toureador, cavalleiro; o que toureia a cavallo. Diz-se por distincção de toureiro, porque este só pica ou toureia de pé. *Eques taurorum agitator.*

Torear. *n.* Tourear; combater os touros na praça, ferindo-os e fazendo-lhes sortes. *Tauros agitare, provocare, aggredi:* — tourear; lançar os touros ás vaccas. *Taurum fœminæ commiscere:* — *a. (fig. fam.)* tourear; zombar de alguem, mette-lo á bulha. *Illudere, aliquem ludere.*

Toreo. *m.* Tauromachia; o exercicio ou a arte de tourear. *Tauromachia; ars tauros incitandi, provocandi:* — *(fig.)* matraca, ruido.

Torería. *f. (p. Cub.* e *Canarias).* Travessura de rapaz.

Torero. *m.* Toureiro; o que por officio ou salario toureia nas praças. Diz-se especialmente do que toureia de pé. *Taurorum mercede pacta agitator pedestris.*

Torés. *m. (arch.)* Toro; o bocel que assenta sobre o plinto da columna. *Torus, i.*

Torete. *m. dim.* de *Toro.* Tourinho: — *(fig. fam.)* busilis; cousa que contém grave difficuldade, que é ardua de explicar ou de comprehender. *Res captu difficilis, exagitans animum:* — balella; rumor que corre sobre algum acontecimento. *Rumor, oris.*

Toreumatografía. *f. (archiol.)* Toromatographia; arte de esculpir os baixo-relevos.

Torga. *f.* Trambolho; especie de cepo ou madeiro que se põe ao pescoço do porco e de outros animaes. *Ligneum impedimentum collo impositum.*

Torgado, da. *adj.* Diz-se do animal que traz trambolho: — *(ant.)* travado, peado, embaraçado.

Torico, ca. *adj. (chim.)* Torico; diz-se do oxydo produzido pela união do torio com o oxygenio: — torico; diz-se tambem de todo o sal produzido por este oxydo com os acidos.

Toril. *m.* Touril; logar onde fecham os touros que têem de ser corridos na praça. *Taurorum caula, cavea.*

Torillo. *m. dim.* de *Toro.* Tourinho. *Juvencus, i:* — tourejão; torno de pau da roda da carreta. *In rhedis ligneum spiculum rotundum:* — *(fam.)* ordem do dia; o assumpto ou novidade que mais frequentemente se debate nas conversações. *Fabula, æ:* — *(anat.)* V. *Peritoneo.*

Toriondez. *f.* Cio; estado do touro ou da vacca quando estão com desejo da copula.

Toriondo, da. *adj.* Saído; diz-se do gado vaccum quando está com o cio. *Taurus, vaccave catuliens.*

Torismo. *m.* Torysmo; systema politico dos torys, isto é, do partido que em Inglaterra defende as prerogativas da corôa.

Torloroto. *m.* Avena; instrumento campestre, especie de flauta usada pelos aldeãos e pastorès. *Fistula pastoralis.*

Tormenta. *f.* Tormenta, tempestade, borrasca, procella; perturbação das aguas do mar causada pelo impeto e violencia dos ventos. *Tempestas, procella:* — tormenta, furacão, tempestade de terra. *Tempestas, atis:* — *(fig.)* borrasca, adversidade, desgraça, contratempo no estado de uma pessoa, desventura, infortunio. *Casus, calamitas:* — *(ant.)* V. *Tormento.*

Tormentador, ra. *s. (ant.)* V. *Atormentador.*

Tormentamiento. *m. (ant.)* V. *Tormento.*

Tormentar. *a. (ant.)* V. *Atormentar:* — *n. (ant.)* soffrer, padecer tormento. *Procellam subire, pati.*

Tormentario, ria. *adj.* Tormentario; que pertence ou se applica á artilheria. *Tormentarius; tormentorum bellicorum artifex.*

Tormentila. *f. (bot.)* Tormentilla, sete em rama.

Tormentin. *m. (anat.)* Mastaréu do gurupés. *Proræ malo malus appositus.*

Tormento. *m.* Tormento; acção e effeito de atormentar, tortura. *Tormentus; equuleus, criminis suspectos torquens:* — tormento; pena, dor, afflicção ou angustia que se experimenta no corpo. *Cruciamentum, i:* — tormento; a pena corporal que se infligia a qualquer réu, contra o qual havia suspeitas de culpa, tortura. *Tormentum, tortura:* — *(fig.)* tormento, congoxa, angustia; oppressão do animo, e figuradamente, n'este sentido, assim se chama a cousa ou o individuo que a occasiona. *Cruciatus; angor animi:* — peça de artilheria. *Bellicum tormentum; majoris modi tormentum bellicum:* — *de garrucha;* trato de polé; genero de tormento. *Tormentum suspensionis in funibus è trochlea pendentibus:* — *de toca;* especie de tormento que se dava antigamente, o qual consistia em dar a beber ao réu umas tiras de gase delgadas e uma porção de agua tudo junto. *Aquæ ebibitæ tormentum:* — *(fig.)* tormento; afflicção, dor ou pezar que mortifica lentamente. *Pœna producta vel prolixior. Confesar en el tormento (fr.);* confessar na tortura; dizer a verdade pela força ou por meio do tormento. *Confesar sin tormento;* revelar facilmente; dizer ou manifestar facilmente o que se sabe, sem necessidade de instancias ou rogativas. *Rem ultro aperire, detegere. Dar tormento (fr.);* pôr a tormento; pôr algum réu em torturas para confessar o seu delicto ou quaes os seus cumplices. *Hominem torquere in equuleo:* *(fig.)* pôr em torturas; affligir, dar mil voltas a uma cousa: — *(mil.)* commoção vibratoria que experimenta a culatra ao disparar-se a peça.

Tormentoso, sa. *adj.* Tormentoso; que occasiona tormentas. *Procellosus, a, um:* — tormentoso; diz-se do tempo em que ha tormentas e do mar ou paragem onde ellas são frequentes. *Tempestuosus, a, um:* — *(naut.)* tormentoso; diz-se do navio que facilmente se desarvora. *Navis cujus motu mali facilè deturbantur.*

Tormientar. *a. (ant.)* V. *Atormentar.*

Tormo. *m.* Penha, roca, rocadó, rocha, penedo. *Rupes, is.*

Torna. *f.* Torna; volta ou restituição do que se ha tomado ou tirado. *Redditio, restitutio:* — tornada, volta, regresso á parte ou sitio de onde se havia partido. *Redditus, us:* — tornada; abertura que nas hortas se faz nas matrizes para levar a agua aos sitios que precisam ser regados. *Fluentis in hortis aquæ conversio:* — *pl.* tornas, voltas, retorno, paga, recompensa. *Retributio, onis:* — *(p. And.)* retraço, resto da palha que deixam os bois. *Bovini pastûs residuum, reliquiæ.*

Tornaatrás. *m. (p. Mex.)* V. *Saltoatrás.*

Tornaboda. *f.* Tornavoda; o dia depois da boda. Toma-se pelo festejo d'este dia. *Repotia.*

Tornachile. *m. (p. Mex.)* Pimento polposo.

Tornada. *f.* Tornada, tornamento, torna viagem; volta ou regresso de viagem ou de jornada. *Redditus, reversio:* — tornada; repetição da ida a algum sitio ou logar. *Redditus, ûs:* — *arriedrar la tornada (fr. ant.)*; retroceder, voltar atrás.

Tornadizo, za. *adj.* Tornadiço, desertor, transfuga; que deserta de alguma profissão ou partido. *Desertor, transfuga:*—*(ant.)* tornadiço; converso á religião catholica.

Tornadura. *f.* V. *Torna, Tornada:* — medida de terra de dez pés. *Decempeda; decempedalis solimensura.*

Tornaguía.*f.* Recibo, quitação ou certificado de haverem sido entregues aos consignatarios de qualquer carregação de generos constantes das guias ou conhecimentos. *Syngraphum telonarii mercium adventum asserentis.*

Tornamiento. *m. (ant.)* Mudança, transformação, volta, conversão de uma cousa em outra. *Reversio, conversio.*

Tornapeon (a). *(loc. adv. fam.)* V. *A tornapunta.*

Tornapunta *f. (arch.)* V. *Puntal:* — madeiro cravado n'outro horisontal, d'onde parte obliquamente a descansar n'outro tambem horisontal, etc. *Lignum obliquè aliud sustentans, fulciens. A tornapunta (loc. adv.)*; mutua ou reciprocamente. *Mutuò.*

Tornar. *a.* Tornar; volver, restituir o que se ha tirado. *Reddere, restituere:* — tornar; repetir; fazer de novo o que já se tinha feito uma ou mais vezes. *Iterum, rursum facere, iterare:* — tornar, voltar; volver de alguma parte para onde se havia ido, ou para aquella d'onde se havia partido. *Reddire, locum repetere:* — junto com a proposição *por*. significa defender, patrocinar alguma pessoa ou cousa. *Opitulari, tueri, defendere:*—*(ant.)* remover, mudar alguma cousa de um logar para outro, ou transformar, alterar, mudar a sua natureza. Tambem se usa como reciproco: — V. *Pagar:*—*n. (ant.)* V. *Vomitar:*—V. *Reeaer*, na terceira accepção:—*r. (ant.)* voltar-se, volver-se, virar-se: — V. *Retractarse. Tornar ó tornarse a si mismo (fr. ant.)*; criminar-se a si mesmo, imputar-se algum delicto.

Tornasol. *m.* Catasol, cambiante, furtacôr, reflexo que faz a luz em algumas telas. *Lucis vel coloris reflexus:* —*(bot.)* tornasol. V. *Girasol.*

Tornasolado, da. *adj.* Acatasolado, de furtacores. *Colorum vel lucis reflexibus distinctus, splendens.*

Tornasolar. *a.* Acatasolar; fazer ou causar cambiantes.

Tornátil. *adj.* Tornatil; feito ao torno ou torneado. *Tornatilis:*—*(ant.)* volubil, versatil; que se vira para todos os lados.

Tornaviaje. *m.* Tornaviagem; volta ao porto d'onde se tinha saido. *Remeatus, us.*

Tornavicada. *f.* Volta, rodeio.

Tornaviron. *m.* V. *Torniscon.*

Torneador. *m.* V. *Tornero*, na primeira accepção: — torneador, justador; o que lida em justas ou torneios. *Certamina ludrica, frequentans eques.*

Tormeamiento. *m. (ant.)* V. *Torneo.*

Tornear. *a.* Tornear; lavrar ou arredondar uma cousa ao torno. *Tornare, torno perficere:* — *n.* tornear, girar; dar volta em torno ou em redor. *Circumvolvi, gyros agere:*—tornear, justar; lidar ou combater no torneio. *Ludicro certamine certare:* — *(fig.)* phantasiar, devanear; dar voltas com a imaginação, perder-se em pensamentos varios. *Mente volutare, volvere.*

Torñeo. *m.* Torneio; combate a cavallo entre varias pessoas postas em bando de uma e outra parte, em que batalham e se ferem sangrentamente, torneando ou dando voltas para seguir cada qual o seu contrario. *Pugna Equestris:*—torneio, cavalhadas; festa publica que se executa entre cavalleiros armados unidos em bando, que entrando em um circo disposto convenientemente, pelejam como n'uma renhida batalha. E' mui similhante ás justas, das quaes se distingue unicamente, em que nas justas é o combate singular, e no torneio, em grosso ou magote. *Ludrica pugna equestris:* — torneio; dansa á imitação das justas, em que se levam varas em vez de lanças. *Tripudium ad ludicræ pugnæ equestris speciem:*—*(germ.)* tortura, tormento por justiça. *Torsio, onis.*

Tornera. *f.* Rodeira; freira que tem a seu cargo a roda do convento. *Monialis rotæ loculatæ assistens.*

Tornería. *f.* Tornearia; a arte de tornear: — tornearia; obra de torno ou o que está feito ao torno.

Tornero. *m.* Torneiro; artifice que faz obras ao torno. *Tornator, oris:* — torneiro; o que faz tornos. *Tornorum opifex:*—*(p. And.)* rodeiro; moço que junto á roda do convento, espera por quaesquer ordens das freiras. *Monialium famulus à mandatis.*

Tornés. *m.* Tornese; moeda antiga de prata. *Argentis nummi genus:* — *adj.* tornese; diz-se de toda a moeda fabricada antigamente na cidade de Tours. Hoje é uma moeda franceza imaginaria, e assim se diz: *libra tornesa, sueldo tornés. Turonensis moneta.*

Torneuto. *m. (zool.)* Torneuto;

genero de insectos coleopteros.

TORNILLERO. *m.* Tornilheiro; soldado que deserta ou se evade de qualquer regimento. *Desertor, oris.*

TORNILLO. *m.* Parafuso. *Ligneus aut ferreus cylindrus in spiras tornatus;* — *(mil.)* deserção; fuga que o soldado faz do seu regimento. *Militiæ desertio:* — *(art.)* tornilho, torninho; torno pequeno de apertar as peças que se querem limar: — *de Arquimedes (mech.):* parafuso de Archimedes; machina propria para elevar as aguas, e que consiste em um cylindro inclinado que gyra sobre dois eixos, tendo em redor um cylindro ôco e em espiral.

TORNINO, NA. *adj.* V. *Torneado.*

TORNIQUETE. *m.* Torniquete; instrumento cirurgico para conter os fluxos de sangue. *Dar torniquete a una frase (fr.);* torcer o sentido de uma phrase, dar lhe significação contraria ou avessa á que ella verdadeiramente tem.

TORNISCON. *m.* Bofetão dado com as costas da mão. *Colaphus, i.*

TORNO. *m.* Torno; machina de tornear. *Tornus, i:* — torno, giro, rodeio, volta, movimento em redor. *Circuitio, gyrus:* — rodeio; volta que dá um rio ou braço de mar: — V. *Molinete,* na entrada dos passeios: — *(neol.)* parafuso de travar as rodas quando o carro desce por algum declive: — roda dos conventos ou casas de expostos. *Rota, loculata:* — *(germ.)* pôtro; cavallete de tortura. *Tortorium scamum:* — *(ant.)* volta, regresso, vinda. *A torno (loc. adv.)* V. *Al rededor. En torno.* V. *Alrededor. Hecho a torno (fr.);* feito a torno; serve para exprimir que uma pessoa ou alguma de suas partes é bem formada, bem feita, bem torneada ou feita a primor.

TORO. *m.* Touro; grande animal quadrupede de unha fendida, cornigero, e que castrado ou no estado domestico tem o nome de *boi. Taurus, i:* — *pl.* touros, corrida d'estes animaes; espectaculo commum em Hespanha e Portugal. *Taurorum dies festus:* — *toro corrido;* touro corrido ou boi matreiro; diz se figuradamente do sujeito difficil de ser enganado ou illudido, pela sua muita experiencia. *Callidus, astutus, expertus homo:* — *de campanilla;* touro de campainha; o que tem sob o cachaço um pedaço de pello em fórma de campainha. *Penduli gutturis taurus. Ciertos son los toros (fr. fam.);* certos são os touros; expressão familiar com que se dá a entender que é certa ou exacta alguma cousa que se havia dito. *Res certa, comperta est. Correr toros;* correr touros; tourear. *Tauros agitare; tauromachiam celebrare. Hubo toros y cañas (fr. fig. fam.);* houve mosquitos por cordas; houve disputas ou polemicas sobre alguma cousa. *Totis viribus dimicatum est. Mirar ó ver los toros de talanquera, ó desde talanquera, ó desde el balcon;* ver tourinhos de palanque; gosar de algum divertimento sem se expor aos perigos que os outros correm. *Aliorum periculis tutò interesse. Pelean los toros y mal para las ramas (rif.);* pelejam os touros, mal pelos ramos; das desordens entre os cabeças de qualquer congregação ou familia, sempre resultam damnos para os membros d'ella. *Quidquid delirant reges plectuntur achivi:* — *de guisando (archeol.)* V. *Guisando:* — *farnesio;* touro pharnesio; grupo de quatro feras e cinco figuras humanas, feito pelo celebre estatuario Apollonio, que representa o supplicio infligido a Dirce pelos filhos de Antiopa: — *(art.)* V. *Cordon. Leyes de toro (jur.)* V. *Ley:* — *(naut.)* tonro; navio de carga usado no canal de Mancha: — *mejixano (zool.);* bisonte; touro selvagem da America meridional.

TORONDO. *m. (ant.)* V. *Tolondro.*

TORONDON. *m. (ant.)* V. *Tolondro.*

TORONDOSO, SA. *adj. (ant.)* Tuberoso; que tem inchações ou gallos. *Tuberosus, a, um.*

TERONGIL. *m.* V. *Toronjil.*

TORONJA. *f.* Toronja; especie de limão ou laranja, de casca grossa e cheia de tuberculos. *Mali citrei genus.*

TORONJIL. *m. (bot.)* Melissa, herva cidreira. V. *Melisa.*

TORONJINA. *f. (inus.)* V. *Toronjil.*

TORONJO. *m. (bot.)* Toronja; arvore que produz toronjas.

TOROSO, SA. *adj.* Forte, robusto, nervoso. *Torosus, a, um.*

TOROZON. *m. (vet.)* Torcilhão, torção; colica que dá nas bestas. *Ventris dolor in bestiis; intestinorum torsio, tormina.*

TÓRPE. *adj.* Tropego, tardo, dormente, entorpecido; que não tem movimento livre. *Tardus, torpens:* — torpe, deshonesto, impudico, obsceno, lascivo. *Turpis, impudicus:* — torpe, ignominioso, indecoroso, infame. *Turpis, indecorus:* — *(fig.)* tropego, tapado, rude, tardo; de difficil comprehensão. *Ingenio tardus, rudis.*

TORPECER. *a. (ant.)* V. *Entorpecer.*

TORPECIMIENTO. *m. (ant.)* V. *Entorpecimiento.*

TORPEDA. *f.* Machina infernal maritima.

TORPEDAD. *f. (ant.)* V. *Torpeza.*

TORPEDAT. *f. (ant.)* V. *Torpeza.*

TORPEDO. *m. (zool.)* Torpedo, tremelga; genero de peixes cartilaginosos, da familia dos selacios.

TORPEMENTE. *adv. m.* Pesadamente, lentamente; com demasiado vagar. *Tardè:* — *(fig.)* torpemente; com infamia, despejo, deshonestidade. *Turpidè, turpiter, obscœnè.*

TORPEZA. *f.* Lentidão, vagar, torpor, tardança nos movimentos, inercia. *Torpor, tarditas:* — desestramento, desazo; falta de habilidade e dextreza. *Tarditas, habetudo:* — rudeza, estupidez; falta de intelligencia. *Tarditas, habetudo ingenii:* —

torpeza, deshonestidade, impureza. *Turpitudo, impudicitia:* — torpeza, indignidade; acção indigna e infame. *Turpitudo, actio; turpis* — torpeza, fealdade; falta de ornato ou cultura. *Inconcinnitas, ruditas.*

Torpisimamente. *adv. m.* Torpissimamente; mais que torpemente. *Turpissimè.*

Torpísimo, ma. *adj. sup.* de *Torpe.* Torpissimo. *Turpissimus, a, um.*

Torpor *m.* Torpor. V. *Entorpecimiento.*

Torrar *a.* Torrar. V. *Tostar.*

Torre. *f.* Torre; edificio forte que se fabricava em algumas partes para se acolherem n'elle do inimigo e de lá o offenderem. *Turris, is:* —torre, campanario; edificio que se faz junto ás igrejas, para se collocar os sinos. *Turris, campanile:* — torreão; torre elevada nas casas para recreio e esparecimento da vista, mirante. *Turris, is:* — casa de retiro; casa de campo, granja com sua horta. *Villa, æ:* — torre ou roque, no jogo de xadrez: —*albarrana;* torre albarrã; a que antigamente se collocava nas muralhas e era a modo de baluarte. Dava-se tambem este nome a outra especie de torre que se edificava fóra dos muros das cidades ou povoações, e servia não só para defeza, como tambem de atalaia para descobrir a campina. *Turres mœniis supereminentes, aut in locis campestribus constructæ:* — *de babel;* torre de babel. V. *Confusion:* — *del homenaje;* torre da menagem; aquella onde o castellão ou governador prestava juramento de guardar fidelidade e de defender a fortaleza com valor. *Castri turris princeps:* — *de viento;* castello no ar ou de vento; idéa ou discurso vão, devaneio futil imaginação de conveniencias ou prosperidades, ostentação de falsas grandezas. *Rationis commentum; ægri somnium, ventorum eloquium:* — *angulada (mil.);* torre angulada; torre cuja base forma doze angulos entrantes e outros tantos salientes, que se flanqueiam reciprocamente. A parte superior d'esta torre, que é a unica que se póde avistar do campo, é redonda e coroada de seteiras: — *bastionada ó abaluartada;* torre bastionada ou abaluartada; pequeno baluarte de mamposta, que se edifica dentro do baluarte principal, abobadado á prova de bomba, para pôr a coberto as munições e as tropas em tempo de sitio.

Torreada. *f. (bot.)* Torreada; genero de plantas da familia das cruciferas.

Torrear. *a.* Torrear ou torrejar; fortificar, munir com torres alguma cidade, para sua maior defeza. *Turribus cingere, munire:* — *n. (ant.)* apparecer ou descobrir-se só as torres, como quando neva muito.

Torreado, da. *adj.* Torreado; munido, fortificado com torres. *Turritus, a, um.*

Torrecilla. *f. dim.* de *Torre.* Torrinha. *Turricula, æ.*

Torrecita. *f. dim.* V. *Torrecilla.*

Torrefaccion. *f. (pharm.)* Torrefacção; operação pela qual se applica a um corpo um calór violento.

Torrejon. *m.* Torrinha, torre pequena ou mal construida. *Turricula, æ.*

Torrejoncillo. *m. dim.* de *Torrejon.*

Torrentada. *f.* Enxurrada, enxurro de aguas das chuvas que se precipitam das montanhas; tambem se diz das quebradas feitas pelos enxurros. V. *Torrente,* na primeira accepção.

Torrente. *m.* Torrente; agua que cáe e corre arrebatada sem canal certo. *Torrens, entes:* — trovão; diz-se de toda a vòz que é grossa e forte. *Vocis plenus sonus:* — *(fig.)* torrente; abundancia de cousas que concorrem simultaneamente, alluvião, multidão, enxurrada. *Rerum confluentium copia; affluentia.*

Torrentera. *f.* Quebrada; rotura na superficie da terra pendente, feita pelas chuvas ou torrentes, corrego. *Rima imbribus facta.*

Torreon. *m.* Torreão; torre grande nas fortalezas, para defeza de alguma praça ou castello. *Ingens turris.*

Torrezo. *m.* Lavrador ou caseiro, que trata do amanho das granjas. *Agricola villarum curans, gerens:* —o que tem a seu cargo algumas das torres ou fortes que servem de atalaia nas costas do mar.

Torreznada. *f.* Fritada de torresmos. *Lardi in frusta secti et frixi portio.*

Torreznero. *m. (fam.)* Borralheiro; amigo de estar ao borralho, muito concho e regalado. *Homo in culina semper sedens.*

Torrezno. *m.* Torresmo; pedaço de toucinho frito ou para frigir. *Lardi segmentum tostum vel frixum:* — *(fam.)* cartapacio; livro ou caderno volumoso. *Amplum volumen.*

Tórrido, da. *adj.* Torrido; muito ardente, que queima muito. Emprega se regularmente na terminação feminina, para exprimir a zona situada em meio da esphera de um a outro tropico, e dividida pela equinocial. *Torridus, a, um.*

Torrija. *f.* Torrija; fatia de pão ensopada em vinho ou em qualquer outro licor, que passada por gemmas de ovos, se frege em manteiga ou azeite.

Torronte *f. (ant.)* V. *Torrentés.*

Torrontera. *f.* Cabeço, cerro proximo do mar similhante a uma torre de vigia. *Collis, is:* — *(p. And.)* V. *Torrontero.*

Torrontero. *m.* Montão de terra que deixam as enxurradas. *Terreus clivus.*

Torrontés. *adj.* Terrantez; diz se de certa uva branca de tez muito delgada. *Uvæ species.*

Torcion. *f.* Torcedura; acção de torcer, movimento de um corpo ou de uma corda que se torce ou é torcida.

Torso. *m. (esculp.)* Torso; tronco ou corpo de uma estatua.

Torta. *f.* Torta; massa de pão em fórma arredondada, composta de diversos ingredientes. *Placenta rotunda: artocreatis genus:* — capa de cal ou gesso, etc., com que se cobre alguma cousa; e tambem a capa ou camada de barro com que, em vez de telhas, se cobrem as casas de alguns povos do Perú: — *perrunna (p. and.);* torta de manteiga, farinha e assucar. *Tortas y pan pintado (fr. fam.);* isto é, o panno da amostra; adverte ao que se queixa de algum trabalho, que ainda ha de ter outros maiores. *Hæc flores sunt, majora videbis:* — *(min.) pl. (p. do Mex.);* grandes massas de lodo mineral, das quaes se tira a prata nos lavadouros.

Tortada. *f.* Empadão; torta grande com recheio de carne, ovos e algumas vezes assucar. *Placenta grandior, delicatiorque.*

Tortedad. *f. (ant.)* Tortura, curvatura, obliquidade de alguma cousa. *Curvatura, æ.*

Tortera. *f.* Rodado fuso. *Fusi verticillum vel rotula:* — torteira; vaso ou utensilio de cozinha em que se cozem e fazem as tórtas. *Vas æneum culinarium quo placentæ coquuntur.*

Tortero. *m.* V. *Tortera,* na primeira accepção.

Tortica. *f.* V. *Tortilla.*

Torticeramente. *adv. m. (ant.)* Iniquamente, injustamente; contra a rasão, direito ou justiça. *Iniquè.*

Torticero, ra. *adj. (ant.)* Iniquo, injusto; que se não coaduna com as leis ou com a rasão e justiça. *Injustus, a, um.*

Torticial. *adj. (ant.)* V. *Torticero.*

Torticion. *m. (ant.)* Injustiça, aggravo.

Torticionero, ra, *adj. (ant.)* V. *Torticero.*

Tortícolis. *m. (med.)* Torticollo; dor inflammatoria ou rheumatismal que não deixa pôr direita a cabeça.

Torticiero, ra. *adj. (ant.)* V. *Torticero.*

Tortilla. *f. dim.* de *Torta:* — Omeletta; ovos mexidos e fritos, em azeite ou manteiga, de fórma redonda, á maneira de torta. *Ovorum placenta; ovabutyro, vel oleo in igne tosta:* — *(p. Mex.)* borôa; pão feito de farinha de milho: — *(ant.)* V. *Galleta,* pão cozido duas vezes. *Hacerse tortilla (fr.);* fazer-se em hastilhas ou pedaços. *Omnino confringi, obtundi. Volverse la tortilla (fr. fig. fam.);* desandar a roda; succeder alguma cousa em contrario do que se esperava: mudar a sorte, trocar-se ou mudar-se para alguem a boa fortuna que outro tinha. *Sortem in contrarium verti; res retrorsùm abire.*

Tortillica. *f. dim.* de *Tortilla.*

Tortillita. *f.* V. *Tortillica.*

Tortillos. *m. pl. (braz.)* Tortões, arruellas; peças redondas no escudo.

Tórtis. Voz ou palavra com que se significa a letra usada na imprensa, no principio da sua introducção, que é a mesma a que commummente se chama gothica. *Tortuosa littera antiqua.*

Torto. *m. (ant.)* Torto, injustiça, aggravo, injuria, sem rasão.

Tórtola. *f. (zool.)* Rola; especie de aves do genero pombo, que vive em toda a Europa.

Tortolico. *m.* V. *Tortolillo.*

Tortolilla. *f.* V. *Tórtola.*

Tortolillo. *m. dim.* de *Tórtolo.* Rolosinho; rolo pequeno. *Turturis pullus:* — *(fig.)* innocente, simples, homem sem malicia. *Bonus, candidus, innocens.*

Tórtolo. *m. (ant.)* Rolo; macho da rola. *Turtur, is:* — *(fig.)* simples, innocente. V. *Tortolillo.*

Tortor. *m. (ant.)* Tortura, tormento: — *(naut.)* tortor; cabo ou calabre com que se fortalecem os costados dos navios, quando se teme que elles abram.

Tortozon. *m.* Especie de uva. *Uvæ genus.*

Tórtrice. *m. (zool.)* Tortrix; genero de insectos lepidopteros da familia dos nocturnos.

Tortuera *f. (prov.)* V. *Tortera,* na primeira accepção.

Tortuga. *f.* V. *Testudo:* — *(zool.)* tartaruga; genero de reptis chelonios.

Tortuja. *f.* Pão de farinha de aveia.

Tortuosamente. *adv. m.* Tortuosamente; com voltas e rodeios. *Tortuosè, obliquè.*

Tortuosidad. *f.* Tortuosidade; qualidade de ser tortuoso. *Tortuositas, atis.*

Tortuoso, sa. *adj.* Tortuoso, torcido; que faz voltas e rodeios. *Tortuosus, a, um:* — refolhado, dissimulado: — *(fig.)* tortuoso; diz-se dos meios viciosos, não conformes á justiça, á probidade.

Tortura. *f.* Tortura, obliquidade, curvatura, torcedura. *Obliquitas, flexio:* — tortura, tormento, pena, dor, afflicção, angustia. *Tormentum, cruciatus, dolor.*

Torvado, da. *adj. (ant.)* Torvo.

Torvar. *a. (ant.)* Fazer torvo: — torvar; perturbar.

Torviscal. *m.* Torviscal ou troviscal; campo, mata de trovisco.

Torvisco. *m. (bot.)* Torvisco ou trovisco; especie de plantas dicotyledoneas, do genero daphne.

Torviscoso, sa. *adj.* Troviscoso; cheio de matas de trovisco.

Torvo, va. *adj.* Torvo, terrivel, iracundo, horrivel, espantoso; que infunde terror. *Torvus, a, um.*

Tory. *adj.* Tory; palavra litteralmente tomada da lingua ingleza, que se applica ao partido que em Inglaterra sustenta com aferro as prerogativas da coróa e se oppõe ás reformas. Usa-se tambem substantivado.

Torzadillo. *m.* Torçal delgado, fino.

Torzal. *m.* Torçal ou torsal; cordãosinho de varios fios torcidos. *Funiculus exilis intortus:* — *(fig.)* ajuntamento de differentes cousas em fórma de cordão, torcidas umas com outras. *Res contorta.*

Torzon. *m.* V. *Torozon.*

Torzonado, da. *adj.* Acommettido de torsão, que padece torcilhão ou colica dolorosa; diz-se da besta. *Torminosus, a, um.*

Torzuelo. *m.* *(germ.)* Annel: —*adj.* *(volat.)* treçó ou terçó; diz-se do macho do falcão e outras aves de rapina, que é o terceiro a saír do ninho, porque os dois primeiros ovos incubados sáem femeas e chamam se primas. *Falco tertio natus.*

Tos. *f.* Tosse; movimento convulsivo acompanhado de expiração ruidosa do ar para lançar dos bronchios ou do bofe escarros ou muco. *Tussis, is:* —*ferina.* V. *Coqueluche.*

Toscamente. *adv.* *m.* Toscamente, grosseiramente; sem adorno. *Invenustè, inornatè, ruditer.*

Toscano, na. *adj.* Toscano; da Toscana. *Tuscus, etruscus:* —*s.* toscano; natural da Toscana. *Tuscus, etruscus:* — *adj.* *(archit.)* toscana ou rustica; dá se este nome á mais simples e mais solida das cinco ordens de architectura: —*m.* *(philol.)* toscano; o mais puro dos dialectos italianos.

Tosco, ca. *adj.* Tosco, grosseiro, bruto, rude; não lavrado, não polido. *Rudis, impolitus:*—*(fig.)* tosco, rude, inculto; sem cultura. *Inurbanus, rudis:* — *(ant.)* tosco, toscano.

Tosecilla. *f. dim.* de *Tos.* Tosezinha, tossinha; tosse pouco violenta. *Tussicula, æ.*

Tosedor, ra. *adj.* *(fam.)* Tossegoso ou tossigoso; diz se do que tosse, principalmente quando a tosse é forte e continua.

Tosegoso, sa. *adj.* Tossegoso. V. *Tosigoso,* na segunda acepção.

Tosena. *f.* *(zool.)* Tosena; genero de insectos hemipteros, da tribu dos cicadios.

Toser. *n.* Tossir; fazer esforço por expectorar, ter, soffrer tosse. *Tussire:* — tossir; fingir, imitar a tosse para chamar alguem ou fazer-lhe algum signal. *Tussire, tussim simulare.*

Tosidura. *f.* Tossidella, tosse; acção e effeito do tossir. *Tussis, is.*

Tosigar. *a.* V. *Atosigar.*

Tósigo. *m.* Succo venenoso do teixo: — toxico; regularmente significa qualquer veneno. *Toxicum, i:* —*(fig.)* tormen.o, tortura, pena, angustia, afflicção.

Tosigoso, sa. *adj.* Entoxicado, envenenado. *Toxico infectus:* — tossigoso ou tossegoso; doente de tosse. *Tussiculosus, anhelus.*

Tosquedad. *f.* Rudeza, grosseria; qualidade do que é tosco. *Ruditas, impolitia:* — *(fig.)* rudeza, grosseria, barbaria, ignorancia crassa, rusticidade. *Barbaries, ignorantia, inscitia.*

Tost. *adv.* *(ant.)* V. *Presto.*

Tostada. *f.* Torrada, fatia de pão torrado. *Panis segmentum tostum. Pegar una tostada a alguno (fr. fam.);* pregar o mono; executar alguma acção que redunde em prejuizo de outro. *Decipere, illudere.*

Tostadera. *f.* Torradeira; utensilio de metal ou de barro para torrar.

Tostadero. *m.* *(fam.)* Torreira ou logar muito quente.

Tostadillo. *m.* Especie de forno de fundição.

Tostado, da. *adj.* Tostado; de côr adusta. *Flammæ colorem referens:* — diz-se de uma das costas da America.

Tostador, ra. *adj., s.* Torrador; o que torra. *Qui torret:* — *m.* torrador; utensilio de torrar. *Vas ad torrendum.*

Tostar. *a.* Tostar, torrar. *Torrere:*—tostar, torrar, queimar; aquecer demasiadamente, como faz o sol quando é intenso nos seus ardores. *Adurere:*—*r.* tostar-se, queixar-se; chegar-se muito para o fogo ou expor-se aos raios abrasadores do sol.

Toste. *adv.* *(ant.)* Toste. V. *Presto.*

Toston. *m.* Grão de bico torrado. *Cicer tostum:*—cousa mui tostada. *Res nimis tosta, perusta:* — tiborna; sopa de pão torrado embebido em azeite novo. *Panis tostus, oleo imbutus:* — bacorinho, leitão. *Porcus lactens:* — tostão; moeda de prata de Portugal, que vale 100 réis. *Quidam nummus argenteus lusitanus:* — fimbo; paú tostado, arma arrojadiça. *Sudes præusta missilis:* —*(prov.)* na Nova Hespanha e novo reino de Granada o *real de á cuatro,* que equivale a quatro reaes de prata ou 360 réis.

Total. *adj.* Total; universal, completo, inteiro, geral. *Totus, universus:* — *m.* total; o todo que resulta da reunião de muitas partes que estavam separadas. O uso d'esta voz é peculiar em materia de contas, em que muitas parcellas sommadas compõem um total. *Totum. summa.*

Totalidad. *f.* Totalidade; aggregado de todas as partes que formam um todo, de todas as quantidades integrantes de um numero. *Totum.*

Totalmente. *adv.* *m.* Totalmente, inteiramente; de todo. *Penitus.*

Totilimundi. *m.* V. *Mundinovi.*

Totipalmeas. *f. pl.* *(zool.)* Totipalmeas; familia de aves palmipedes.

Toto. *m.* Toto; ave da America septentrional.

Totolita. *f.* *(min.)* Totolita; variedade de peridoto;

Totoloque. *m.* Jogo dos antigos mexicanos, què consistia em derrubar a certa distancia umas bolinhas de oiro com outras bolas do mesmo metal.

Totoposte. *m.* É assim chamado em Guatemala o bolo ou biscoito de maiz.

Totovía. *f.* V. *Cogujada.*

Totuma. *f.* Especie de abbora, commum nas duas Americas, que os indios comem depois de cozida, e cuja casca aproveitam para levar a aguardente e a chicha ou bebida feita de maiz. Em algumas partes da America septentrional chamam *totuma* á chicara: — *(fig. p. Cub.)* cachola; cabeça grande.

Totumo. *m.* V. *Totuma.*

Toucan. *m.* *(zool.)* Toucan. V.

Tulcan : — (astron.) tucana ou toucan; constellação proxima do polo Antarctico, desconhecida dos antigos. *Constellatio nova sic dicta.*

Tova. *f. (prov.)* V. *Totovia.*

Tovaria. *f. (bot.)* Tovaria; genero de plantas da familia das capparideas.

Townsendia. *f. (bot.)* Townsendia; genero de plantas da familia das compostas.

Toxicado, da. *adj. (ant.)* V. *Atosigado.*

Tóxico. *m. (ant.)* V. *Tósigo:* — toxico, venenoso; que se refere ao veneno ou tem as suas propriedades:—*(zool.)* toxico ou touxicum *(archeiro);* genero de insectos coleopteros heteromeros da tribu dos tenebrionitos.

Toxicodendro. *m. (bot.)* Toxicodendro *(arvore venenosa);* nome dado a algumas especies de arvores do genero sumagre.

Toxicóforo, ra. *adj. (h. nat.)* Toxicophoro; que tem veneno.

Toxicografía. *f.* Toxicographia; descripção dos venenos.

Toxicohemático, ca. *adj. (med.)* V. *Toxicohémico.*

Toxicohemia. *f. (med.)* Toxicohemia; estado do sangue que contém uma substancia venenosa.

Toxicohémico, ca. *adj. (med.)* Toxicohemico; pertencente á toxicohemica.

Toxicólogo. *m.* Toxicologo; o que é versado em toxicologia.

Toxicolojía. *f.* Toxicologia; sciencia que trata dos venenos.

Toxicológico, ca. *adj.* Toxicologico; relativo á toxicologia.

Toxicómetro. *m.* Toxicometro; instrumento para calcular a intensidade dos venenos.

Toxífero, ra. *adj. (h. nat.)* Toxifero. V. *Toxicóforo.*

Toxocarpo. *m. (bot.)* Toxocarpo; genero de plantas da familia das asclepiadeas.

Toxocera. *f. (zool.)* Toxocera; genero de molluscos cephalopodas tentaculiferos.

Toxodonte. *m. (zool.)* Toxodonte; genero de mammiferos pachidermes.

Toxofillo, lla. *adj. (bot.)* Toxophyllo; que tem folhas em fórma de flecha.

Toxóforo. *m. (zool.)* Toxophoro; genero de insectos coleopteros tetrameros.

Toxoneura. *f. (zool.)* Toxeneyra; genero de insectos dipteros da familia dos athericeros.

Toyer. *a. (ant.)* V. *Toller.*

Toza. *f. (p. Ar.)* V. *Tocon :*— *(prov.)* pedaço de casca de pinheiro e de outras arvores. *Arboreæ corticis frustum.*

Tozal. *m. (p. Am.)* Outeiro, altura, eminencia; logar elevado. *Locus eminens.*

Tozar. *n. (p. Ar.)* Tópetar, marrar o carneiro. Os rapazes em Hespanha costumam provoca-lo dizendo *toza moño. Arietem fronte petere:— (fig. p. Ar.)* dar uma topada, porfiar sem tento, sem acerto. *Stultè ac pertinaci ter contendere.*

Tozia. *m. (zool.)* Tozzia; genero de plantas da familia das escrofularineas.

Tozo, za. *adj. (ant.)* Tolo, estulto; fatuo:—*(pint.)* anão, baixo, de pequena estatura. *Pumilio, nanus, humilis staturæ.*

Tozolada. *f.* Cachação; pancada no cachaço. *Occipitis ictus.*

Tozolon. *m.* V. *Tozolada.*

Tozudo, da. *adj.* Testudo, testarudo, cabeçudo, obstinado. *Cervicolus. tenax.*

Tozuelo. *m.* Cachaço, cachaceira; pescoço grosso, carnudo e gordo de qualquer animal. *Toroza cervix.*

Traba. *f.* Prisão, laço; qualquer peça com que se une, prende, trava, sujeita uma cousa a outra. *Vinculum, ligamen : — (fig.)* travanca, peia, obstaculo, estorvo, embaraço, impedimento, empecilho. *Obstaculum, i:*—trava, peia; prisão de travar as bestas:—hombreira; em algumas ordens religiosas é o pedaço de panno que une as duas partes do escapulario. *Tænia quædam in monasticis vestibus : — pl.* especie de travas que se passam do pé á mão do cavallo para o obrigar a andar de certa maneira. *Compedes equorum : — pl.* maniotas, para prender as mãos das bestas. *Equorum compedes è loris.*

Trabacuenta. *f.* Erro de conta. *Computationis error :*— *(fig.)* travacontas, contenda, alteração, controversia, disputa. *Controversia, contentio.*

Trabada. *f. (germ.)* Cota de malha.

Trabadero. *m.* Travadouro; parte delgada da perna da besta, onde se ata a trava ou peia. *Bestiarum pedis pars gracilior.*

Trabado, da. *adj.* Travado; diz-se do cavallo, egua, etc. que têm as duas mãos brancas por ser onde se trava. *Albis manibus equus : —* travado; diz-se do cavallo calçado de branco do pé direito e da mão esquerda, ou vice versá. *Equus pede manuque albus:—(fig.)* herculeo, membrudo, forte, robusto. *Torosus, a, um: — m. (germ.)* V. *Trabada.*

Trabador. *m. (art.)* Travadeira; ferro com que se torcem os dentes da serra um para um lado, e o outro para o opposto, a fim de alargar o talhò.

Trabadura. *f.* Travadura, travamento; acção e effeito de travar. *Nexio. connexio, nexus.*

Trabajadamente. *adv. m.* Trabalhadamente. V. *Trabajosamente.*

Trabajado, da. *adj.* Trabalhado, cansado, afadigado, moido de trabalho. *Defatigatus, a, um : — poet.)* forçado. contrafeito; diz-se do estylo e do verso duro, pouco harmonioso.

Trabajador, ra. *s., adj.* Trabalhador; o que trabalha. Regularmente significa obreiro, ganhão, jornaleiro. *Operarius, a, um : —* trabalhador; homem laborioso, dado ao trabalho. *Laboriosus, a um.*

Trabajante. *p. a. (ant.)* de *Trabajar. Laborans, antis.*

Trabajar. *a.* Trabalhar, formar, lavrar; pôr em obr

com ordem e methodo. *Elaborare :* — trabalhar, exercitar : —*(fig.)* trabalhar, opprimir, vexar, molestar, inquietar, perturbar. *Vexare, affligere :* — *(germ.)* furtar, roubar : — *n.* trabalhar; occupar-se em qualquer exercicio, trabalho ou ministerio. *Laborare, operari :* — trabalhar, diligenciar, solicitar ; procurar e intentar alguma cousa com efficacia, actividade e cuidado. *Contendere, eniti, operam dare:* — *(fig.)* trabalhar, esforçar-se; fazer esforço para vencer um obstaculo, etc., *v. g.: la naturaleza trabaja en vencer la enfermedad;* a natureza trabalha em vencer a doença. *Laborare, contendere :* — *(fig.)* trabalhar; esforçar-se a terra concorrendo com os seus elementos para o desenvolvimento das sementes, das plantas e dos fructos. *Vires impendere :* — trabalhar; applicar-se com desvelo e cuidado na execução de alguma cousa. *Diligenter dare operam, contendere :* — *r. (ant.)* trabalhar-se; occupar-se, empenhar-se, afadigar-se, dar-se trabalho por conseguir alguma cousa :—*(arch.)* suster *Sustinere :* — *al caballo (equit.);* trabalhar o cavallo; faze-lo manejar, exercita-lo, ensina-lo; — *(naut.)* trabalhar, lidar ; fazer esforços maiores ou menores o navio, o seu apparelho, etc., jogar pôpa a prôa, ou de um ao outro bordo.

TRABAJICO, LLO, TO. *m. dim.* de *Trabajo.* Trabalhinho ; trabalho leve, pouco fatigante.

TRABAJO. *m.* Trabalho, labor, pressa, fadiga : — trabalho, exercicio ou occupação em alguma obra ou ministerio. *Labor, opera :* — trabalho, obra ; fructo d'este exercicio. *Opus, eris :* —*(fig.)* trabalho, difficuldade, impedimento, prejuizo. *Labor, molestia, impensæ :*—trabalho, molestia, tormento, successo infeliz. *Molestia, ærumna, calamitas :* — trabalho escripto, discurso, obra escripta. *Opus, elucubratio :* — *(germ.)* prisão : — *(germ.)* galés : — *pl.* trabalhos; encommodos, desgostos, miserias da vida. *Miseria, ærumnæ, calamitates. Arrostrar los trabajos (fr.);* arrostar os trabalhos. V. *Arrostrar los peligros. Tomar el trabajo ó tanto trabajo (fr.);* tomar o trabalho ; applica-se á execução de alguma cousa com cuidado e afan, principalmente para alliviar alguem. *Laborem subire, suscipere :* — *tiene la zorra cuando anda a grillos (rif.);* mal vae a raposa quando anda aos grillos, e peior, quando anda aos ovos. *Nimis egere videtur qui in ære piscatur :* — *atractivo (philos.);* trabalho attractivo ; diz-se no systema de Fourier, do trabalho escolhido livremente, alternativo e distribuido por curtos periodos, por series ou por grupos, em officinas commodas e agradaveis. *Trabajos forzados (for.);* trabalhos forçados; trabalhos a que são condemnados alguns delinquentes em arsenaes ou presidios : — *(naut.)* trabalho, lide ; acção e effeito de trabalhar, lidar o navio, o seu apparelho ou parte d'elle : — *(mil.)* trabalho ; nome collectivo de todas as obras de fortificação passageira, que se empregam para o ataque das praças.

TRABAJOSAMENTE. *adv. m.* Trabalhosamente ; com trabalho, com difficuldade. *Laboriosè, ægrè.*

TRABAJOSÍSIMO, MA. *adj. sup.* de *Trabajoso.* Trabalhosissimo. *Laboriosus valdè, vel summè difficilis.*

TRABAJOSO, SA. *adj.* Trabalhoso, cansativo ; que dá causa a muito trabalho. *Laboriosus, difficilis, ærumnosus :* — *(fig.)* defeituoso, imperfeito. *Deficiens, imperfectus;* — achacoso, abatido.

TRABAJUELO. *m. dim.* de *Trabajo.* Trabalhosinho.

TRABAL. *adj.* Pertencente ou relativo a trave ou viga : — diz-se dos pregos com que se pregam traves e vigas. *Trabalis clavus.*

TRABALLO. *m. (naut.)* V. *Trabajo.*

TRABAMIENTO. *m.* Travamento ; acção e effeito de travar. *Nexus, us.*

TRABANCO. *m.* Travanca ; pau que se fixa á colleira do cão para o impedir de abaixar a cabeça. *Trabecula, canum collo supponi solita :* —V. *Trangallo.*

TRABAR. *a.* Travar , prender, unir, encadeiar uma cousa com outra para lhes dar mais força e resistencia. *Connectere :* — travar, ligar, enlaçar, concordar. *Nectere, copulare :* — travar ; pear besta com trava ou travão. *Compedes injicere :* — espessar, condensar um liquido, dar-lhe mais consistencia. *Condensare :* — travar com alguem ; contender, batalhar, bater-se com elle. *Pugnam, prælium inire :*—*(fig.)* travar, altercar, disputar. N'este sentido diz-se hoje : *trabarse o trabarse de palabras;* travar-se de palavras, de rasões. *Contendere, jurgiis certare :* — *(prov.)* travar, tomar, prender, agarrar. *Manus immittere, comprehendere :* — *r. (p. Mex.)* deixar-se arrebatar ou tomar de alguma paixão, como de colera, etc. a ponto do não poder fallar : — *(inus.)* censurar, criticar, murmurar : — *(ant.)* V. *Achacar :* — *(ant.)* matar, envenenar : — *(art.)* travar ; voltar alternadamente os dentes á serra para os lados oppostos, para abrir mais largo talho na madeira *Serræ dentes utrinque torquere.*

TRABAJARSE. *r. (ant.)* Trabalhar-se, afadigar-se, dar-se trabalho.

TRABAZON. *m.* Travação ; connexão de cousas travadas umas com outras, encadeamento. *Nexus, us :* — *(fig.)* connexão, dependencia entre duas ou mais cousas.

TRABE. *f.* Trave, viga ; lenho grosso, longo, falquejado, de que se usa na construcção dos edificios. Commummente usa-se mais dizer *viga. Trabs, bis.*

TRÁBEA. *f.* Trabea ou trabeo; toga ou roupa talar, usada pelos reis, senadores, sacerdotes e augures dos tempos da gentilidade. *Trabœa, œ.*

TRABEATO, TA. *adj.* Trabeato; dizia-se do que vestia a trabea e das cousas em que intervinha.

TRABILLA. *f. dim.* de *Traba.* Travasinha, peasinha: — malha caida na meia: — prezilha da meia sem pé.

TRABON. *m.* Travão, trava ou peia; cadeia ou annel de ferro de travar as bestas. *Ferreum vinculum:* — qualquer das travas que nos lagares de azeite atravessam sobre a concha do feixe nos carceres das virgens. *Lignum ad torculariam trabem supernè firmandam:* — *(p. Canarias)* farpa; rasgão que se faz no fato ou no vestido por ter prendido em algum prego, porta, etc.

TRABUCA. *m.* Foguete de bixas, buscapé. *Ignis missilis reptilis; crepitaculum nitratum reptile.*

TRABUCACION. *f.* Confusão, perturbação, misturada, desordem, desconcerto, atrapalhação, desarranjo. *Perturbatio, commistio.*

TRABUCADOR, RA. *s.* Embrulhador, atrapalhador, atarantado, desarranjador. *Turbator, oris.*

TRABUCANTE. *p. a.* de *Trabucar:* — que excede o peso; diz-se das moedas. *Æquilibrium excedens, prœponderans.*

TRABUCAR. *a.* Perturbar, confundir, desarranjar, desordenar, atrapalhar, misturar. *Perturbare, invertere, commiscere:* — perturbar, interromper, atrapalhar; cortar o curso á conversação, com despropositos ou materia estranha. *Sermonem perturbare, intercipere:* — *(fig.)* perturbar, confundir, offuscar. *Invertere, perturbare:* — *r.* perturbar-se, atrapalhar-se, equivocar-se; dizer uma cousa por outra. *Inconsideranter verba commutare.*

TRABUCAZO. *m.* Trabucaço; tiro de trabuco. *Catapultœ igneœ moduli majoris explosio:* — *(fig. fam.)* cólica; grande susto ou dissabor imprevisto. *Insperata res, repentina et infausta.*

TRABUCO. *m. (ant.)* Astucia, arte: — *(mil.)* trabuco; machina bellica antiga com que se lançavam pedras contra as praças. *Catapulta, œ:* — arcabuz de grosso calibre. *Catapulta ignea brevior, sed majoris moduli:* — *naranjero.* V. *Naranjero.*

TRABUQUETE. *m. (mil. ant.)* V. *Catapulta:* — *(art.)* certa rede prejudicial á pesca da sardinha, porque a espanta e afugenta das immediações das costas.

TRACA. *f. (naut.)* Carreira ou fiada de tábuas, tabuões, laminas de cobre, etc. nos forros ou cobertas do navio: — *de remos;* feixe, mólho de remos.

TRACÁLA. *f. (p. Mex.)* Tramoia, engano, enredo, fraude, burla.

TRACALERO, RA. *adj. (p. Mex.)* V. *Tramposo.*

TRACAMUNDANA. *f. (fam.)* Trocas-baldrocas, barganhas; troca, permutação de cousas de pouco valor. *Ridicula commutatio, permutatio; confusio rerum parvi momenti.*

TRACCION. *f. (inus.)* Trazida, trazimento; acção e effeito de trazer. *Tractus, us.*

TRACIA. *m. (zool.)* Thracia; genero de molluscos conchiferos dymiarios.

TRACIANO, NA. *adj.* V. *Tracio.*

TRACIAS. *m.* Thracias, nordoeste; vento entre o septentrião e o occaso solsticial. *Thracias.*

TRÁCICO, CA. *adj. (ant.)* V. *Tracio.*

TRACIO, CIA. *adj.* Thracio; da Thracia, pertencente á Thracia. *Thrax, thracius:* — *s.* thracio; natural da Thracia. *Thrax, thracius. Piedra tracia (min.);* thracia, ou pedra da Thracia; pedra que, segundo Plinio e alguns naturalistas, se accende com agua, e se apaga com azeite.

TRACTACION. *f. (ant.)* V. *Tratado.*

TRACTADO. *m. (ant.)* Tractado. V. *Tratado.*

TRACTAR. *n. (ant.)* Tratar. V. *Tratar.*

TRACTO. *n.* Tracto; espaço, decurso do tempo. *Tractus, us:* — *(rel.)* tracto; versiculos que se cantam na missa entre o Gradual e o Evangelho. *Tractus, us.*

TRADECAR. *a. (ant.)* V. *Despedazar.*

TRADESCANTIA. *f. (bot.)* Tradescantia; genero de plantas da familia das commelynaceas.

TRADICION. *f.* Tradição; noticia de facto, transmittida de paes a filhos, de idade em idade. *Traditio, onis:* — *apostólica;* tradição apostolica; a que consiste em certos usos estabelecidos pelos apostolos, taes como o jejum na quaresma e a observancia do domingo: — *divina;* tradição divina, a que se considera emanada de Deus: — *doctrinal;* tradição doutrinal; a que serve de apoio a algum dos dogmas da religião christã: — *escrita;* tradição escripta; a que tem sido communicada por meio dos livros: — *histórica;* tradição historica; a que nos ensina que tal ou tal facto succedeu; — *humana;* tradição humana; a que se considera emanada directamente dos homens: — *oral;* tradição oral; a que se tem transmittido de viva voz. *Tradiciones judáicas;* tradições judaicas; as interpretações que os doutores judeus davam á lei de Moysés; e as suas addições, cuja collecção fizeram os rabbinos: — *(for.)* tradição, entrega. *Traditio, onis.*

TRADICIONAL. *adj.* Tradicional; concernente á tradição, ou que se transmitte por meio d'ella.

TRADICIONALMENTE. *adv. m.* Tradicionalmente; por tradição.

TRADUCCION. *m.* Traducção; versão de uma linguagem em outra. *Traductio, versio:* — interpretação; sentido que os interpretes, commentadores ou traductores dão a algum texto ou escripto.

Interpretatio, onis: — traducção, translação, metaphora. *Translatio, onis.*

Traducir. *a.* Traduzir; verter as palavras de uma lingua em outra. *Vertere:* — *(fig.)* traduzir, mudar, trocar, converter. *Traducere, convertere:* — interpretar.

Traductor, ra. *s.* Traductor; o que traduz, verte de uma lingua em outra. *Traductor, intrepres.*

Traedizo, za. *adj.* Diz-se do que se traz ou póde trazer. *Tratictius, a, um.*

Traedor, ra. *s.* Trazedor, conductor; o que traz, introduz. *Conductor, adductor:*—*adj. (ant.)* V. *Traidor.*

Traedura. *f.* Trazida, trazimento; acção e effeito de trazer. *Tractio, tractus.*

Traer. *a.* Trazer; conduzir para um logar determinado de outro mais ou menos remoto. *Afferre, adducere, trahere:* — trazer; conduzir sobre si ou nas mãos ou de outro modo alguma causa. *Gestare:* — trazer, attrahir, tirar, chamar a si. *Trahere, attrahere:* — trazer; ser causa, occasião ou motivo do cuidado, fadiga, inquietação ou affecto desordenado de alguem; e n'este caso junta-se sempre com palavras que expliquem a materia de que se falla; *v. g.: traer inquieto, perdido,* etc.; trazer inquieto, perdido, etc. *Exercere, exagitare:* — trazer, levar vestido, trajar; *v. g.: traia un vestido muy rico;* trazia um vestido mui rico. *Gestare:* — obrigar, forçar, constranger. *Trahere:* — trazer, attrahir; reduzir alguem ao seu partido, opinião, com rasões ou por qualquer meio conveniente. *Suadere, persuadere, ratione trahere:* — trazer, tratar, andar fazendo alguma cousa ou occupado com negocio; *v. g.: traigo un pleito ó negocio con fulano;* trago um negocio ou pleito com fulano, trago um negocio entre mãos. *Habere, gerere, agere:*—trazer, proceder, derivar, *v. g.: esto trae orijen de tal cosa;* isto traz origem de tal cousa; etc. *Inducere, importare:* — *(fig.)* trazer, allegar; applicar textos, argumentos, rasões para provar alguma proposição. *Adducere, afferre:* — *(ant.)* entregar com traição: — *r.* trazer-se, trajar, vestir-se de certo modo, e tambem portar-se, haverse. Usa-se quasi sempre em castelhano, com os adverbios *bien* ou *mal; v. g.: fulano se trae bien;* fulano traz-se bem. Em portuguez é obsoleto o verbo trazer n'este sentido. *Se gerere, hac vel illa vesti uti:* — *a cuento, a la mano, al ojo, al o en retortero (fr.)* V. *Cuanto, Mano,* etc.: — *a mal traer (fr.);* talhar obra a alguem, dar-lhe cuidado, encommodo, que sentir ou que fazer, e tambem molesta-lo, maltrata-lo. *Aliquem vexare, exajitare:* — *a uno arrastrado o arrastrando (fr. fig. fam.);* trazer alguem de rastos, muito fatigado. *Vexare, defatigare:* — *de aquí para allí o de cá para allá a alguno (fr.);* trazer de aqui para ali ou de cá para lá a alguem; tê-lo em continuo movimento, não o deixar parar nem descansar um só momento. *Aliquem in omnes partes versare:* — *las piernas (fr. ant.);* esfregar as pernas: — *perdido a alguno (fr.);* trazer perdido a alguem; causar a sua perda ou ruina. *Perdere, pessundere: (fig.)* trazer perdido, preso, rendido a alguem; diz-se da mulher a respeito do homem que as ama em extremo. *Perditè in sui amorem allicere:* — *y llevar;* trazer e levar; enredar, intrigar, metter sizanias: — *a la memoria (fr.);* trazer á memoria, lembrar: — *a la mano (fr.);* trazer á mão; saber trazer a caça que o caçador mata, fallando do cão.

Trafagador. *m.* Traficante, negociante; o que tem trato mercantil. *Nundinator, oris.*

Trafagante. *p. a.* Traficante; que trafica. *Nundinans, antis.*

Trafagar. *n.* V. *Traficar.*

Tráfago. *m.* Trafego, commercio, trato ou negociação comprando e vendendo generos e outras mercadorias. *Negotium, ii:* — trafego, afan, trabalho. *Curarum pendus, labor.*

Trafagon, na. *adj.* Activo, diligente nos negocios. *Negotiosus, negotiis implicatus:* — tracista, intrigante; pessoa que dá traças, que machina, inventor de alvitres para conseguir seus fins.

Trafalmejo, ja. *adj.* Intrepido, atrevido, ousado. *Audax, intrepidus.*

Trafecorino. *m. (zool.)* Traphecoryno; genero de insectos coleopteros tetrameros, da secção dos apostasimeridos.

Traficacion. *f.* Trafico, negocio ou acção de traficar. *Negotiatio, onis.*

Traficante. *adj.* Traficante, negociante; que trafica ou commerceia. Usa-se tambem substantivado. *Negotiator, oris.*

Traficar. *n.* Traficar, commerciar, negociar; ter trato mercantil. *Negotiari, negotiis implicari:* — mercadejar; andar por diversas terras, em trato e trafego. *Perambulare, vagari:* — *r.* fazerse trafego, trato mercantil, transportar-se as mercadorias de um logar para outro.

Tráfico. *m.* Trafico, negocio, trato mercantil, levando e trazendo de umas partes para outras generos e mercarias para vender ou trocár. *Negotium, commercium.*

Trafulla. *f. (fam.)* Trapaça; dolo, fraude, cavillação em negocio, ao jogo, etc., etc.

Tragacanta. *f. (bot.)* Tragacantho, alquitira; planta do genero astragalo que produz a gomma, que tambem se chama alquitira. Esta planta é conhecida na Mancha pelo nome de *granévano.*

Tragacanto, *f. (pharm.)* Tragacantho, alquitira, adragantho ou gomma adragantho; substancia gommosa que se extrahe de muitas especies de arbustos do genero astragalo, da familia das leguminosas.|É emolliente, mas hoje pouco usado em medicina.

Tragacete. *m.* Especie de dardo ou arma de arremesso, de que usavam os mouros. *Spiculum, pilum.*

Tragaderas. *f. pl.* V. *Tragadero.*

Tragadero. *m.* Tragadeiro, guela. V. *Esofago:* —sorvedouro, voragem. *Faux, os, vorago. Tener buenos tragaderos ó tragaderas (fr. fig.);* ter boas guelas; comer carapetões. *Nimis credulum esse.*

Tragador, ra. *s.* Tragador, devorador; o que traga; commummente diz-se do que come muito. *Helluo, vorax, edax:* — *de leguas.* V. *Tragaleguas.*

Tragafées. *m. (ant.)* Perjuro, traidor, desleal.

Tragahombres. *m. (fam.)* Trancarruas, arruador, matamouros, mata-sete, fanfarrão, bravateador. *Thraso, onis.*

Tragaldabas. *m. (fam.)* Tragador, devorador, comilão, golotão. *Helluso, ferri etiam devorator.*

Tragaleguas. *m. (fam.)* Manja-leguas, andejo; pessoa que anda ou caminha muito. *Cursor velocissimus.*

Tragaluz. *m.* Claraboia, olho de boi; obra com vidros no alto das casas ou nas paredes em logar de janella. *Sublimis fenestra lumen diffundens.*

Tragamallas. *m. (fam.)* Glutão, comilão, grande comedor. *Gurges, helluo.*

Tragano. *m. (bot.)* Tragano; genero de plantas da familia das chenopodeas.

Tragantada. *f.* Trago, gole grande, quanto se pôde tragar de uma vez. *Haustus ingens.*

Tragante. *p. a.* de *Tragar. Glutiens, devorans:—(naut.)* V. *Dragante.*

Traganto. *m. (bot.)* Tragantho *(flor barbuda);* genero de plantas da familia das euphorbiaceas.

Traganton. *adj. (fam.)* Gargantão, comilão, devorador. *Devorator, edax, vorax.*

Tragantona. *f.* V. *Comilona:* — tragamento; acção de tragar fazendo força, por susto ou temor. *Glutiendi vehemens motus, labor:* — *(fig. fam.)* difficuldade que se tem em crer ou acreditar uma cousa estranha ou inverosimil. *Credendi difficultas.*

Tragar. *a.* Tragar; engolir sem mastigar. Usa-se tambem como reciproco. *Glutire, vorare:* — tragar, devorar; comer muito e com ancia. *Devorare, helluari:* — *(fig.)* tragar, engolir, absorver; diz-se da terra quando se abre e sepulta ou sorve de repente o que tinha em cima. *Vorare:* —*(fig.)* engulir; crer, persuadir-se facilmente, sem exame. *Facilè, citò credere:* — *r.* tragar, soffrer; occultar, dissimular o soffrimento, uma affronta, etc., fazer-se desentendido. *Silentio ferre, dissimulare:—saliva (fr. fam.);* engulir a saliva, tragar em secco; conter-se, reprimir-se, não poder desaffrontar-se nem oppor-se a uma cousa por ser superior a pessoa que a diz ou faz, ou por outra rasão de conveniencia. *Ægrè et difficulter, verba prohibente metu aut reverentia, se expedire. No poder tragar a alguno (fr.);* não poder tragar a alguem; não o poder soffrer, ter-lhe aversão, te-lo atravessado na garganta. *Fastidire, abhorrere.*

Tragazo. *m. augm.* de *Trago.* Grande trago.

Tragazon. *f.* Glotoneria, gula, voracidade; vicio do glotão. *Ingluvies, ingurgitatio, voracitas.*

Tragedia. *f.* V. *Trajedia.*

Tragédico, ca. *(ant.)* V. *Trajédico.*

Tragedioso, sa. *adj. (ant.)* V. *Trájico.*

Tragicamente. *adv. m.* V. *Trajicamente.*

Trágico, ca. *adj.* V, *Trájico.*

Tragicomedia. *f.* V. *Trajicomedia.*

Tragicómico, ca. *adj.* V. *Trajicómico.*

Trago. *m.* Trago; o que se bebe de um gole ou golpe. *Haustus, us:—(fig.)* trago, calice de amargura; desgosto, angustia, infortunio, afflicção, grande dor, trabalhos. *Infortunium, ii. A tragos (loc. adv.);* a tragos, pouco a pouco, lentamente, pausadamente. *Haustibus iteratis, interruptis. Pasar a tragos la vida (fr. fam.);* passar a vida, mitigando os trabalhos e dissabores com alguns momentos de distracção e recreio. *Vitæ incommoda intermistis solatiis levanda esse.*

Tragocero. *m. (bot.)* Tragocero *(corno de bode);* genero de plantas da familia das compostas: — *(zool.)* tragocero; genero de insectos coleopteros subpentameros da tribu dos prionios.

Tragon, na. *adj.* Tragador, engulidor, devorante, glotão. *Vorax, edax.*

Tragonazo, za. *adj. augm.* de *Tragon.* Grande comilão ou tragador.

Tragoncillo, lla. *adj. dim.* de *Tragon.*

Tragonería. *f.* Glotoneria, voracidade; vicio do glotão ou comilão. *Ingluvies.*

Tragonía. *f. (ant.)* V. *Glotonería.*

Tragopana, Tragopanade. *f. (zool.)* Tragopana; genero de aves gallinaceas da familia das phasianideas.

Tragopiro. *m. (bot.)* Tragopyro; genero de plantas da familia das polygoneas.

Tragopógon. *m. (bot.)* Tragopogon; genero de plantas da familia das compostas.

Tragorígano. *m. (bot.)* Maro; especie de ouregão, conhecido tambem em Hespanha pelo nome de *orégano cabruno.*

Traguico, llo, to. *m. dim.* de *Trago.* Traguito, traguinho, pequeno gole.

Traicion. *f.* Traição, perfidia; entrega aleivosa, quebra da fé, promettida e empenhada. *Proditio, onis. Alta traicion;* alta traição; traição commettida contra o soberano, a soberania ou a segurança do estado. *Perduellium; læsæ majestatis crimen. A traicion (loc. adv.)*; á traição, atraiçoadamente. *A tergo, insidiosè, dolosè. La traicion aplace, mas no el que la hace (rif.)*; ama-se a traição e aborrece-se o traidor, ou paga-se o rei da traição, do traidor não. *Si quando proditio placet, proditor odio semper habetur.*

Traicionar. *n. (p. Am.)* Atraiçoar, trahir; commetter traição.

Traicionero, ra. *adj. (ant.)* Traiçoeiro. V. *Traidor*. Hoje está em uso na America.

Traida. *f.* Trazida, trazimento; acção de trazer. *Conductio, onis.*

Traido, da. *adj.* Usado, gastado, que se vae fazendo velho; diz-se do fato, da roupa. *Detritus, a, um.*

Traidor, ra. *adj.* Traidor, atraiçoado, perfido, falso, desleal, infiel. *Proditor, perduellio:* — traidor, enganador, falso, perfido, que faz mal ou é mais perigoso do que parece; diz-se de muitas cousas. *Perfidus, a, um:* — traidor, enganador, falso; diz-se dos olhos que indicam más inclinações de quem os tem. *Perfidus, a, um:* — traidor, atraiçoado, falso; diz-se dos animaes que não são certos, que faltam á obediencia ou lealdade devida a seu dono. *Infidus, malefidus, falax. A un traidor dos alevosos (rif.)*; para um traidor dois aleivosos; o que fez traição, não merece confiança. *Proditor proditione puniendus:* — *(naut.)* traidor, incerto; diz-se do vento que vem ás rajadas repentinas, fortes e de ordinario contrarias.

Traidoramente. *adv. m.* Atraiçoadamente, perfidamente, á traição, á falsa fé. *Per insidias, dolosè.*

Traidorcico, ca, llo, lla, to, ta. *adj. dim.* de *Traidor*. Traidorzinho; algum tanto traidor.

Trailia. *f. (bot.)* Traillia; genero de plantas da familia das cruciferas.

Trailla. *f.* Trella; correia a a que se leva preso o cão de caça. *Funis vel corrigia, qua canis ducitur:* — ajoujo; dois cães atrelados: — guita, cordelzinho. *Funiculus, i:* — machina que serve para aplanar ou mover a terra de um para outro logar. *Vehiculum terræ transvehendæ.*

Traillar. *a.* Aplanar, igualar a terra ou move-la com o instrumento chamado *trailla*. *Terram complanare.*

Train. *m. (ant.)* V. *Tren*, de artilheria.

Traina. *f. (art.)* Denominação com que se conhecem varias redes, e nas costas septentrionaes de Hespanha uma de cincoenta braças de comprido e de oito na maior largura, que serve para a pesca da sardinha e outros peixes, a qual tambem chamam *trainera*, em castelhano.

Trainel. *m. (germ.)* Mandil; creado de alcoviteiro: — *(ant.)* V. *Calzador:* — *(fig. ant.)* alcoveta; epitheto que se applicava ás alcoviteiras.

Trainera. *f. (art.)* V. *Traina.*

Traiña. *f. (art.)* V. *Boliche.*

Traite. *m.* Frizadura dos pannos. *Carminatio, onis.*

Traizon. *f. (ant.)* V. *Traicion.*

Traja. *f. (p. Am.)* Carga que a embarcação leva sobre a coberta.

Traje. *m.* Traje ou trajo; o vestido que alguem traz habitualmente ou proprio de alguma profissão ou paiz. *Habitus, cultus:* — traje, vestido completo de mulher. *Integra vestis muliebris:* — *(fig.)* traje, fato, vestido com que alguem se disfarça. *Simulatus habitus, ocultus.*

Trajear. *a. (ant.)* Vestir; dar a uma pessoa fato decente, conforme o seu estado. *Convenienti veste induere, ornare.*

Trajedia. *f.* Tragedia; drama serio e pathetico, que tem de ordinario desfecho funesto, que excita terror ou compaixão. *Tragedia, æ:* — *(fig.)* tragedia; successo funesto. *Tragicus casus, infortunata res:* — tragedia; entre os gentios, canção em louvor de Baccho. *Tragedia, æ. Parar en trajedia (fr. fig.)*; parar em tragedia; ter um fim tragico, funesto. *Tragicum finem, infaustum exitum habere.*

Trajédico, ca. *adj. (ant.)* Tragico; que respeita ou pertence á tragedia. *Tragœdicus, a, um.*

Trajedioso, sa. *adj. (ant.)* V. *Trájico.*

Trajia. *s. (bot.)* Tragia; genero de plantas da familia das euphorbiaceas.

Trájicamente. *adv. m.* Tragicamente, infaustamente; de modo tragico. *Tragicè, infaustè.*

Trájico, ca. *adj.* Tragico; concernente á tragedia. *Tragicus, a, um:* — tragico, infausto, infeliz, funesto. *Tragicus, infelix:* — *m.* tragico; poeta tragico, compositor de tragedias: — tragico; actor tragico, representante de tragedias.

Trajicomedia. *f.* Tragicomedia; drama meio tragico, e meio comico. *Tragicomœdia, æ.*

Trajicómico, ca. *adj.* Tragicomico, joco-serio; tragico, entremeado de scenas comicas.

Trajidio. *m. (zool.)* Tragidio; genero de insectos coleopteros subpentameros da familia dos cerambycinos.

Trajin. *m.* V. *Trajino:* — V. *Tráfago*, por afan, lida.

Trajinante. *adj.* Acarretador de mercadorias. *Convector: mercium vecturam exercens.*

Trajinar. *a.* Acarretar, transportar generos ou mercadorias de um logar para outro. *Merces venales convehere:* — lidar, andar de um logar para outro. N'este sentido tambem se usa como neutro. *Ultrò citròque perambulare; viam terere:* — *(p. A. M.)* enfastiar-se, agastar-se, perder a paciencia.

Trajinería. *f.* Carreto; acção de carretar, de trazer, de conduzir as mercadorias de um logar para outro. *Merces vehendi exercitium.*

Trajinero. *m.* V. *Trajinante.*

Trajinista. *adj. (p. A. M.)* Trabalhador, laborioso.

Trajino. *m.* Transporte de

mercadorias. *Mercium convectio:* —V. *Tráfago.*

Traliana. *f.* *(bot.)* Tralliana; genero de plantas da familia das celastrinias.

Tralla. *f.* Soga, corda. *Funis, restis:* — rabicho ou ponta do latego de que usam os carreteiros: — reunião das barcas que formam as pontes militares.

Tralleta. *f.* *dim.* de *Tralla.*

Trama. *f.* Trama; o fio com que se tece o panno. *Trama, æ:* — trama; especie de seda para tramar. *Sericum tramis deserviens:* — flor imperfeita de algumas arvores, como do salgueiro, etc.: — *(fig.)* trama, tramoia, enredo, ardil doloso. *Astus, dolus.*

Tramador, ra. *s.* Tramador; o que trama, tece. *Tramas inserens, subtexens:* — *(fig.)* tramador, urdidor, tecedor de enredos, tramas. *Machinator, molitor.*

Tramar. *a.* Tramar, tecer; passar os fios por entre o urdume ou urdidura, para formar a têa. *Tramas inserere, subtexere:* — *(fig.)* tramar, enredar, intrigar. *Machinari, moliri.*

Trámite. *m.* *(for.)* Tramite; caminho, via; passo que deve seguir qualquer negocio até á sua conclusão. *Trames, itis:* — passagem de uma parte a outra ou de uma cousa a outra. *Trames, itis.*

Tramo. *m.* Parte, pedaço, peça, porção, bocado de alguma cousa: — tracto; espaço de terra. *Tractus, us:* — lanço de escada. *Scalæ tractus.*

Tramojo. *m.* Troço, maunça; a parte mais grossa do colmo do trigo, cevada, etc. por onde o ceifeiro agarra para cortar. *Messis manipulus:* — vencelho; atilho com que se atam os molhos de trigo. *Manipuli vinculum, ligamen.*

Tramontana. *f.* *(fig.)* Soberba, orgulho, vaidade, altivez, presumpção. *Ventosa mens, elatio, superbia. Perder la tramontana (fr. fig.);* perder a tramontana, as estribeiras, o norte, o governo; perder o tino, a cabeça, não saber o que faz, nem o que diz, saír de si por estar muito irritado ou encolerisado. *Mentem et consilium perdere:* — *(naut.)* tramontana; o vento e o rumo do norte. *Boreas, Aquilo:* — estrella do norte. *Perder la tramontana (fr. naut.);* perder a tramontana; desnortear, perder o governo.

Tramontano, na. *adj.* Tranmontano, ultramontano, trasmontano; que está alem, por detrás dos montes. *Transmontanus, a, um.*

Tramontar. *n.* Tramontar; pôr-se atrás dos montes, desapparecer por detrás dos montes. Diz-se particularmente do sol quando se põe. *Montes transcendere:* —*a.* facilitar a evasão, salvar, favorecer a fuga. Usa-se mais como reciproco. *Fugam componere, in montes se recipere.*

Tramoya. *f.* Tramoia; machina nos theatros para figurar diversas scenas ou para representar transfigurações. *In theatris machina versatilis:* — *(fig.)* tramoia, trama, enredo, ardil, dolo. *Calida fraus, stropha.*

Tramoyista. *m.* Machinista, decorador de theatro; o que arma e compõe as tramoias. *Aulæorum superiorum artifex, conditor:* — *(fig.)* tramador, tecedor de enredos; o que trama, tece intrigas, enganos. *Veterator, oris.*

Trampa. *f.* Armadilha; engenho, laço ou qualquer artificio que se põe no campo para apanhar feras ou aves. *Fallax machina, decipulum:* — alçapão; especie de porta ou postigo feito no pavimento para dar entrada para adegas e casas subterraneas. *Ostii genus in domorum pavimentis:* — alçapão do balcão de loja. *Ostioli genus in nundinaris mensis:* — V. *Alzapon:* — trampa, tramoia, enredo, fraude, burla. *Versutia, fallacia, dolus:* — *(fig.)* trapaça, divida dolosa, contrahida com cavillação, com a idéa de não pagar. *Astus, excusatio subdola; lentitudo in solvendo:* — trapaça, ardil, fraude, estafa; roubo com astucia ao jogo. *Dolus, fraus in ludo:* — *adelante;* expressão que denota o modo de viver de industria, á custa alheia, pedindo emprestado em uma parte para pagar em outra, etc. *Fraudibus procrastinetur:* — *legal;* meio empregado para prevenir algum mal ou damno, aindaque cause um ligeiro prejuizo de terceiro. *Dolus ad aliquid differendum sine legis injuria. Armar trampa (fr.)* V. *Lazo. Caer alguno en la trampa (fr.);* caír alguem no laço, na ratoeira; ser enganado. *In laqueum vel insidias incidere. Cojer en la trampa (fr. fig.);* apanhar no laço, em flagrante. *In malefacto deprehendere. Llevárselo la trampa (fr. fam.);* gorar, frustrar-se, mallograr-se algum negocio. *Operam et impensam perdi:* — *pl.* tretas, artificios, estratagema, subtileza de mãos.

Trampal. *m.* Lamaçal, lodaçal, atoleiro. *Limosus, cœnosus locus.*

Trampatojo. *m.* Prestigio, fallacia, artificio para illudir, surprehender, subtilezas de mãos. *Præstigiæ, arum.*

Trampazo. *m.* Laço ou ultima volta de cordel que se dava no tormento ou supplicio de polé. *Torturæ ultima sors.*

Trampeador, ra. *adj.* Trampeador, trampão; diz-se do que usa de fraudes, enganos, trapaças. *Machinator, veterator.*

Trampear. *n.* Trampear, trapaçar; usar de enganos, fraudes, trapaças. *Astu aliquem defraudare; subdolè cum eo agere:* — trampear, calotear; pregar calote, pedir emprestado com a intenção de não pagar. *Dolo, fraude mutuari, aliquid petere seu accipere:* — inventar, imaginar meios licitos para fazer mais supportavel uma desgraça ou doença.

Trampilla. *f.* *dim.* de *Trampa.* Armadilhasinha: — alçapão, abertura, ralo ou postigosinho feito em alguns pavimentos dos andares superiores, para ver o que se passa no andar de baixo. *Fenestella in pavimento:* — alçapão; peça do calção que cobre a abertura da braguilha. *Braccarum fissuræ anterioris operimentum.*

Trampista. *adj.* Trampista, tramposo, trampão, embusteiro, trapaceiro, velhaco. Usa-se tambem substantivado. *Subdolus inficiator; fraudulentus.*

Tramposo, sa. *adj.* Tramposo. V. *Trampista:* — tramposo, trapaceiro, estafador; o que faz trapaças, alicantinas ao jogo. *Lusor fraudulentus, dolosus.*

Tranca. *f.* Tranca; pau grosso com que se fecha a porta ou janella. *Repagulum, vectis:* — tranca; qualquer pau grosso e forte: — *(p. Mex.)* V. *Borrachera.*

Trancada. *f.* V. *Tranco:* — *(p. Ar.)* V. *Trancazo. En dos trancadas (loc. adv.)* V. *En dos trancos.*

Trancahilo. *m.* Nó cego ou laço sobreposto. *Fili nexus superapositus.*

Trancar. *a.* Trancar. V. *Atrancar,* fechar com tranca: — V. *Atrancar,* dar trancos, passos largos.

Trancazo. *m.* Trancada; pancada com tranca. *Vectis ictus.*

Trance. *m.* Trance ou transe; aperto, momento critico, occasião perigosa, estado arriscado. *Discrimen, periculum, casus:* — transe, agonia; ultimos instantes da vida. *Ultimum vitæ discrimen. A todo trance (loc. adv.);* a todo transe, succeda o que succeder, resolutamente, sem olhar a perigos. *Omni timore postposito:* — *(for.)* venda judicial dos bens de um devedor para pagar ao credor. *Bonorum judicialis occupatio, ut ipsorum venditione debitoribus satisfiat. Hacer trance (fr. for.);* fazer venda judicial dos bens do devedor para pagar aos credores.

Trancelin. *m.* V. *Trencellin.*

Tranco. *m.* Tranco; salto, passo largo. *Passus grallatorius, saltus:* — limiar, couceira, passo da porta. *Liminares gradus, limen inferum. A trancos (loc. adv.);* a trancos, ou a trancos e barrancos, de pressa e sem ordem, mas não seguidamente. *Saltibus. En dos trancos (loc. adv.);* em dois pulos, em dois passos, n'um instante, mui depressa. *Sitissimè.*

Tranchea. *f. (ant.)* V. *Trinchera.*

Tranchete. *m. (art.)* Trinchete; faca de sapateiro. *Scalprum sutorium.*

Trancho. *m. (p. Gal.)* V. *Alachá.*

Trangallo. *m.* Trambolho; cepo que se ata ao pescoço dos cães e outros animaes. *Trabecula canum collo supponi solita.*

Tranquear. *n. (mil.)* Tranquear, estacar; fortificar, cercar com estacada ou palissada.

Tranquera. *f.* Tranqueira, estacada, palissada; cerca de madeira para fortificar algum posto. *Septum stipitibus factum.*

Tranquero. *m.* Pé-direito, umbral, hombreira das portas ou janellas. *Transversus lapis in ostiis et fenestris.*

Tranquilamente. *adv. m.* Tranquillamente; com tranquillidade, socego. *Tranquillè.*

Tranquilar. *a. (ant.)* V. *Tranquilizar.*

Tranquilidad. *f.* Tranquillidade; grande socego, paz, quietação. *Tranquillitas, atis:* — *(fig.)* tranquillidade; estado tranquillo, socego de animo, de espirito, de alma. *Tranquillitas, quies.*

Tranquilizar. *a.* Tranquillisar, aquietar, socegar, apaziguar; pôr em socego ou quietação. Usa-se tambem como reciproco. *Pacare, sedare.*

Tranquilo, la. *adj.* Tranquillo, quieto, socegado. *Tranquillus, a, um:* — *(fig.)* tranquillo, socegado, não agitado ou perturbado; diz-se do animo, do espirito. *Tranquillus, securus.*

Tranquilla. *f. (fig.)* Armadilha, laço, ratoeira, cilada; artificio para enganar alguem, para o illudir ou seduzir. *Offendiculum, i.*

Trans. Trans; preposição latina que entra na composição de muitas palavras hespanholas e portuguezas, e significa alem, da outra parte, em sanscripto *tra.* Deriva-se de *itum,* supino de *eo, ire,* d'onde vem tambem *iter,* caminho, e de *nans, p. a.* de *natare,* nadar. Significa propriamente passagem a nado (de uma borda do rio á outra). Muitas vezes se contrahe em *tras,* em ambos os idiomas, e tambem augmenta a significação da palavra que compõe.

Transabuelo, la. *s. (ant.)* V. *Trasbisabuelo.*

Transaccion. *f.* Transacção; ajuste, composição, concerto, pacto entre pessoas discordes ou mal-avindas. *Transactio, onis:* — *pl. (neol.)* transacções, tratos, contratos, ajustes, negocios: — *(for.)* composição; contrato voluntario, convenção, ajuste entre litigantes, pelo qual põem termo á contestação. *Transactio, onis.*

Transalpino, na. *adj.* V. *Trasalpino.*

Transar. *a. (p. Cub.* e *Canarias)* V. *Transijir.* É mais usado como reciproco.

Transbisabuelo, la. *adj. (ant.)* Trisavô, trisavó; terceiro avô, terceira avó.

Transbordar. *a.* Baldear; passar generos e outros objectos de um navio para outro: — passar de um navio para outro; diz-se das pessoas, e n'esta accepção usa-se como reciproco.

Transbordo. *m.* Baldeação; acção de baldear: — passagem de um a outro navio.

Transcendencia. *f.* V. *Trascendencia.*

Transcendente. *adj.* V. *Trascendente.*

Transcendental. *adj.* V. *Trascendental.*

Transcendente. *p. a.* de *Transcender.* V. *Trascendente.*

Transcender. *n.* V. *Trascender.*

Transcribir. *a.* V. *Trascribir.*

Transcurrir. *n.* V. *Trascurrir.*

TRANSCURSO. *m.* V. *Trascurso.*

TRÁNSEAT. *f.* Palavra latina usada para significar assentimento a uma cousa de pouca importancia, e vale o mesmo que seja, passe, vá lá, pois sim.

TRANSEUNTE. *adj.* Transeunte; passageiro, caminhante; que faz caminho, vae andando ou passando. *Transiens, entis:* — transeunte, transiente, passageiro, transitorio. *Transiens, transitorius.*

TRANSFERIR. *a.* V. *Trasferir.*

TRANSFIGURABLE. *adj.* V. *Trasfigurable.*

TRANSFIGURACION. *f.* V. *Trasfiguracion.*

TRANSFIGURARSE. *r.* V. *Trasfigurarse.*

TRANSFIXION. *f.* V. *Trasfixion.*

TRANSFIXO, XA. *adj.* V. *Trasfixo.*

TRANSFLORAR. *a.* V. *Trasflorar.*

TRANSFLOREAR. *a.* V. *Trasflorear.*

TRANSFOLLADO, DA. *adj. (veter.)* V. *Trasfollado.*

TRANSFORMACION. *f.* V. *Trasformacion.*

TRANSFORMADOR, RA. *s.* V. *Trasformador.*

TRANSFORMAMIENTO. *m. (ant.)* V. *Trasformamiento.*

TRANSFORMAR. *a.* V. *Trasformar.*

TRANSFORMATIVO, VA. *adj.* V. *Trasformativo.*

TRANSFREGAR. *a.* V. *Trasfregar.*

TRANSFRETANO, NA. *adj.* V. *Trasfretano.*

TRANSFRETAR. *a.* e *n.* V. *Trasfretar.*

TRÁNSFUGA. *m.* V. *Trásfuga.*

TRANSFUNDIR. *a.* V. *Trasfundir.*

TRANSFUSION. *f.* V. *Trasfusion.*

TRANSGREDIR. *a. (ant.)* V. *Trasgredir.*

TRANSGRESION. *f.* V. *Trasgresion.*

TRANSGRESOR, RA. *s.* V. *Trasgresor.*

TRANSICION. *f.* Transição; passagem de uma cousa para outra com que tem relação ou ligação, como de um assumpto, de um estado a outro, etc. *Transitio, onis:* — *(mus.)* transição; uma das partes da modulação da musica, que consiste na passagem de um tono para outro: — *(rhet.)* transição; artificio oratorio com que se passa de uma prova ou idéa para outra. *Transitio, onis:* — *(geol.)* transição; Werner deu este nome a uma formação de rochas que collocou entre os terrenos primitivos e as rochas secundarias.

TRÁNSIDO. *m. (ant.)* V. *Tránsito,* no sentido de passamento, morte.

TRANSIDO, DA. *adj.* Transido; passado, esmorecido de dor, paixão, etc. Diz-se particularmente do faminto, cheio, morto de fome. *Summè languidus, confectus:* — *(fig.)* onzeneiro, mofino, muito miseravel, escasso, avarento e mesquinho. *Valdè parcus, miser, sordidus.*

TRANSIGIR. *a.* V. *Transijir.*

TRANSIJIR. *a.* Transigir; compor por transacção. *Transigere.*

TRANSILVANO, NA. *adj.* Transylvano; pertencente á Transylvania. *Transylvanus, a, um:* — *s.* transylvano; natural de Transylvania. *Transylvanus.*

TRANSIR. *n. (ant.)* V. *Morir.*

TRANSITABLE. *adj.* Transitavel, praticavel; diz-se do logar ou caminho por onde se póde transitar.

TRANSITAR. *n.* Transitar, caminhar. *Transire, peragrare.*

TRANSITIVO, VA. *adj. (gram.)* Transitivo; diz-se do verbo cuja acção passa de um sujeito para outro sujeito ou objecto differente. *Transitivus, a, um:* — *(for.)* transmissivel; diz-se do que passa e se transfere de um a outro. *Transiens, entis.*

TRÁNSITO. *m.* Transito, passagem; acção de passar de um logar para outro. *Transitus, a, um:* — pousada, estalagem, hospedaria de caminhantes. *Diversorium, ii:* — transito, passagem, caminho; logar por onde se passa. *Ambulacrum, transitus:* — transito, passagem, transição; mudança de um estado, logar, emprego para outro. *Transitus, mutatio:* — transito, passamento, morte dos justos. *Transitus, obitus:* — corredor, claustro nos collegios e seminarios: - *(astr.)* transito; passagem d um planeta.

TRANSITORIAMENTE. *adv. m.* I passagem, sem advertenc ou particular. *Perfunctorii* — transitoriamente; de pa sagem, sem longa duração

TRANSITORIO, RIA. *adj.* Trans torio, breve, passageiro; qu dura pouco, que passa c prompto não permanent caduco, fugitivo. *Transien caducus, labilis.*

TRANSJURANO, NA. *adj.* V. *Tra jurano.*

TRANSLACION. *f.* V. *Traslacio*

TRANSLATICIAMENTE. *adv. m.* V *Traslaticiamente.*

TRANSLATICIO, CIA. *adj.* V. *Tra laticio.*

TRANSLATO, TA. *adj. (ant.)* V *Traslato.*

TRANSMARINO, NA. *adj.* V. *Tra marino.*

TRANSMIGRACION. *f.* V. *Trasm gracion.*

TRANSMIGRAR. *a.* V. *Trasm grar.*

TRANSMISIBILIDAD. *f.* V. *Tra misibilidad.*

TRANSMISIBLE. *adj.* V. *Trasm sible.*

TRANSMISION. *f.* V. *Trasmisio*

TRANSMITIR. *a.* V. *Trasmitir*

TRANSMONTAR. *n.* V. *Trasmo tar.*

TRANSMUTABLE. *adj.* V. *Tra mutable.*

TRANSMUTACION. *f.* V. *Trasm tacion.*

TRANSMUTAR. *a.* V. *Trasmuta*

TRANSMUTATIVO, VA. *adj.* *Trasmutativo.*

TRANSMUTATORIO, RIA. *adj.* *Trasmutatorio.*

TRANSPADANO, NA. *adj.* V. *Tra padano.*

TRANSPARIENCIA. *f.* V. *Trasp riencia.*

TRANSPARENTARSE. *r.* V. *Tra parentarse.*

TRANSPARENTE. *adj.* V. *Trasp rente.*

TRANSPIRABLE. *adj.* V. *Tras rable.*

TRANSPIRACION. *f.* V. *Traspi cion.*

TRANSPIRAR. *a.* V. *Traspira*

TRANSPONER. *a.* V. *Traspon*

TRANSPORTACION. *f.* V. *Tr portacion.*

TRANSPORTAMIENTO. *m.* V. *Tr portamiento.*

Transportar. a.V. *Trasportar.*
Transporte. m. V. *Trasporte.*
Transportin. m. V. *Trasportin.*
Transposicion. f. V. *Trasposicion.*
Transterminar. a. V. *Trasterminar.*
Transtiberino, na. adj.V. *Trastiberino.*
Transustanciacion. f. V. *Trasustanciacion.*
Transustancial. adj. V. *Trasustancial.*
Transustanciar. a. V. *Trasustancial.*
Transverberacion. f. V. *Trasverberacion.*
Transversal. adj. V. *Trasversal.*
Transverso, sa. adj. V. *Trasverso.*
Transyunado, da. adj. (ant.) V. *Hambriento.*
Tranza. f. (p. Ar.) V. *Trance,* accepção forense.
Tranzadera. f. Trança de cordão, corda, fita, etc. *Tænia.*
Tranzar. a. Troncar, cortar. *Truncare, amputare:* — (p. Ar.) V. *Rematar:* — (ant.) trençar. V. *Trenzar:* — tomar, prender.
Tranzon. m. Tracto de terra que um lavrador cultiva. É uma subdivisão do que em Hespanha chamam *pago. Agri sors.*
Trapa. f. Estrepito; estrondo, ruido dos pés. *Strepitus, i:* — estrepito de vozes, alarido, vozeria grande. Regularmente repete-se a palavra para mais força de expressão. *Strepitus, inconditus sonus:* — trapa; genero de plantas dicotyledoneas da familia das onagrarias: — (rel.) trappa; instituto religioso, celebre pela severidade da regra ali adoptada, fundado em 1140 por Rotrou, conde de Perche.
Trapacear. n.V. *Trapazear.*
Trapacería. f. V. *Trapazería.*
Trapacero, ra. adj. V. *Trapazero.*
Trapacete. m. Diario; livro em que os negociantes e banqueiros lançam as suas transacções quotidianas de debito e credito. *Collybistæ commentarium.*
Trapacista. adj.V. *Trapazista.*
Trapajo. m. Trapo; pedaço lacerado de panno, de fato roto e velho. *Pannus obsoletus, lacer.*
Trapajoso, sa. adj. Trapalhão, trapento, roto, esfarrapado, andrajoso. *Pannosus, lacer.*
Trápala. f. Estrepito; ruido de pés, alarido, ruido de vozes. *Strepitus, us:*—(germ.) carcere, cadeia: — m. palradura, bacharelice, loquacidade; vicio de fallar muito. *Garrulitas, atis:* — s. (fig.) palrador, tagarella, garrulo, chilreador; pessoa mui falladora. *Garrulus, a, um.*
Trapalear. n. (fam.) Tagarellar, palrar, bacharelar; fallar muito e fóra de proposito. *Garrire, ineptire.*
Trapalon, na. adj. (fam.) Trapalhão, palreiro, garrulo; pessoa mui falladora, linguareira e indiscreta. Usa-se tambem substantivado. *Valdè garrulus, loquax.*
Trápana. f. (germ.) Prisão.
Trapaza. f. Trapaça; contrato fraudulento, dolo, fraude, cavillação em negocio ou em demanda. *Fraus, dolus in re venali:* — trapaça, engano, fraude em geral.
Trápazar. n. Trapaçar.V. *Trapazear.*
Trapazear. n. Trapacear, fraudar, cavillar; fazer trapaças. *Fraudibus agere; dolis uti.*
Trapazería. f.V. *Trapaza.*
Trapazero, ra. adj. Trapaçador.V. *Trapazista.*
Trapazista. adj. Trapaceiro, embusteiro, alicantineiro; que faz trapaças. *Veterator, oris:* — trapaceiro, estafador, velhaco, enganador subtil, gatuno, caloteiro destro, cavalheiro de industria. *Versutus, fraudulentus.*
Trapeado. m. (pint. e esculpt.) Roupagem, roupa; representação dos pannos, vestidos de uma figura.
Trapear. a. (pint. e esculpt.) Vestir; representar as roupas de uma figura.
Trapeciforme. adj. Trapeziforme; que tem a fórma de um trapezio.
Trapecio. m. (anat.) Trapezio; nome de um osso da segunda fileira dos carpos: — trapezio; musculo situado na parte posterior e superior do tronco: — (math.) trapezio; figura geometrica de quatro lados, na qual ha dois oppostos que não são parallelos. *Trapezium, i:* — (zool.) trapezio; genero de crustaceos decapodas da familia dos cyclometopos.
Trapense. s. Trappense ou trappista; monge da Trappa:— adj. trappense; pertencente a este instituto.
Trapería. f. Trapalhada, farraparia; grande quantidade de trapos. *Pannorum congeries:* — loja de trapeiro: — (ant.) loja de fanqueiro.
Trapero, ra. s. Trapeiro; homem que anda pelas ruas apanhando trapos para vender. *Pannorum circumforaneus collector:* — m. (ant.) mercador de pannos: — adj. (ant.) pertencente, relativo, que diz respeito ao panno ou á sua fabricação.
Trapezóforo. m. Nome que os antigos davam ao pé da mesa.
Trapezoedro. m. (min.) Trapezoedro; solido de vinte e quatro faces, quarenta e oito arestas, e vinte e seis angulos.
Trapezoidal. adj. Trapezoidal; parecido com o trapezoide.
Trapezoide. m. (anat.) Trapezoide; o segundo osso da segunda fileira dos carpos: — trapezoide; porção anterior do ligamento coraco-clavicular: — (math.) trapezoide; quadrilatero cujos lados são todos desiguaes e nenhum parallelo.
Trapezoidiforme. adj. Trapezoidiforme; que tem a fórma de um trapezoide.
Trapico, llo. m. dim. de *Trapo.* Trapilho, trapinho; pequeno trapo.
Trapiche. m. Engenho pequeno de moer cannas de assucar. *Trapetum extraendo saccharo:* — especie de moinho ou atafona em que se moe o mineral de oiro e prata na America meridional.
Trapichear. n. (fam.) Traçar, projectar; inventar traças, meios astuciosos para conseguir algum fim: — (p.

Cub.) trastejar, labutar; ter negocios de pouca monta, procurar ganhar a vida negociando em cousas de pouco valor.

Trapicheo. *m. (fam.)* Habilidade para inventar traças, meios astuciosos para conseguir alguma cousa, o uso d'esses meios.

Trapichero. *m.* Trabalhador do engenho de assucar.

Trapiento, ta. *adj. (p. Am.)* Trapento, roto, esfarrapado, vestido de trapos.

Trapillo, lla, *s.* Amasio de baixa esphera. *Vilis amasius, amasia.* V. *Trapo. De trapillo (loc. adv.);* em trajos caseiros. *Vestitu domestico. Tener trapillo ó su trapillo (fr.);* ter o seu namoro, os seus amoricos.

Trapisonda. *f. (fam.)* Balburdia, desordem, tumulto, confusão, algazarra, barulho. *Strepitosa contentio, rixa:* — embrulhada, enredo, confusão.

Trapisondear. *n.* Andar em balburdias, desordens ou mettido em embrulhadas.

Trapisóndista. *adj.* Tracista, embrulhador, enredador.

Trapista. *m.* V. *Trapense.*

Trapito. *m. dim.* de *Trapo.* Trapito, trapinho.

Trapo. *m.* Trapo.V. *Paño:* — trapo; pedaço de panno roto, lacerado. *Lintolum vel pannus obsoletus, detritus; panniculum:* — panno; velame, vélas do navio. *Carbasa. Al atar de los trapos (fr. fam.);* ao ajustar as contas, no fim de contas. *Postmodum, finito opere. A todo trapo (loc. adv.);* a todo o panno; com efficacia e actividade.V. *A todas velas. Totis velis vento expansis. Poner como un trapo (fr. fam.);* dar um cordelejo a alguem, reprehende-lo asperamente. *Convictis maledictisque aliquem afficere. Sacar a uno los trapos al sol (fr. fam.);* pôr a calva á mostra a alguem; publicar-lhe as faltas, as mazellas. *Soltar el trapo (fr. fig.);* soltar a trella, desencabrestar-se, desenfrear-se, entregar-se aos vicios, paixões, etc. *Vela solvere:* dar largas ao sentimento, paixão, etc.

Trapp, Trappita. *m. (geol.)* V. *Dolerita.*

Traque. *m.* Resposta; estouro da bomba do foguete. *Fragor, crepitus:* — rastilho; mecha de communicação entre as peças de fogo artificial. *Chartacea fistula pulvere nitrato referta igni transmittendo. A traque barraque (exp. fam.);* a todo o tempo, em toda a occasião, por qualquer motivo. *Quocumque tempore, quacumque causâ. Hasta traque restaque (fam.);* até fartar-se, até não poder mais.

Tráquea. *f. (anat.)* Trachea; canal cartilaginoso que conduz da larynge aos bronchios e bofe: — *(zool.)* trachea; genero de insectos lepidopteros da familia dos nocturnos.

Traqueal. *adj. (anat.)* Tracheal; pertencente á trachea.

Traquear. *n.* Traquinar; fazer bulha, ruido, estrondo. *Ruditer crepare, stridere:* — *a.* mover, agitar de uma parte para outra. *Hinc, inde agitare, movere:* — vascolejar; agitar um liquido n'um vaso: — tratar; manusear, manear muito uma cousa. *Tractare, versare.*

Traquearteria. *f. (anat.)* Trachea-arteria.V. *Tráquea:* — *(bot.)* trachea-arteria; nome com que se designam em botanica os vasos formados de um tubo mui delicado, dentro do qual se encontram um ou varios fios enrollados em espiral.

Traqueitis. *f. (med.)* Tracheitis ou tracheite; inflammação da trachea, principalmente da sua membrana mucosa.

Traquelaljia. *f. (med.)* Trachelalgia; rheumatismo do pescoço.

Trachéleo. *m. (zool.)* Tracheleo *(pescoço);* genero de insectos coleopteros heteromeros.

Traquelia. *f. (zool.)* Trachelia; genero de insectos coleopteros subpentameros da tribu dos cerambycinios.

Traqueliano, na. *adj. (anat.)* Tracheliano; pertencente á parte posterior do pescoço.

Traquélico, ca. *adj. (zool.)* Trachelico; que tem os membros posteriores debaixo do pescoço.

Traquélidos. *m. pl. (zool.)* Trâchelidos; familia de insectos coleopteros heteromeros.

Traquelio. *m. (bot.)* Trachelio *(pescoço);* genero de plantas da familia dos campanulaceas.

Traquelípodo, da. *adj. (zool.)* Trachelípoda; que tem os pés adherentes á base do pescoço.

Traquelocele. *f. (med.)* Trachelocele; tumor na trachea.

Traquelo-cervical. *adj. (anat.)* Trachelo-cervical; que pertence ao pescoço e á nuca.

Traquelogástrico, ca. *adj. (zool.)* Trachelogastrico; diz-se dos infusorios rotadores sem orgãos de mastigação, que têem um esophago mui prolongado e um intestino simples.

Traqueo. *m.* Estalido, estalos prolongados, estouros de um fogo de artificio. *Strepitus, crepitus:* — contacto, toque de dois corpos, de duas pessoas ao mudar-se de um logar para outro. *Commotio, agitatio:* — *m. pl. (zool.)* tracheos; ordem de arachneides que respiram por tracheas.

Tracheocele. *f. (med. ant.)* Tracheocele; nome dado a um tumor que se suppunha existír na trachea: — *interna;* tracheocele interno; tumor que se forma no interior da trachea.

Traqueo-laringotomia. *f. (cir.)* Tracheo-laryngotomia; incisão da parte inferior da larynge.

Traqueorrajia. *f. (med.)* Tracheorrhagia; derramamento de sangue pela trachea.

Traqueorrájico, ca. *adj.* Tracheorrhagico; concernente á tracheorrhagia.

Traqueostenosis. *f. (med.)* Tracheostenosis; contracção da trachea.

Traqueotomia. *f. (cir.)* Tracheotomia; operação que consiste em abrir a trachea na sua porção cervical, em certos estados morbidos.

Traqueotómico, ca. *adj.* Tracheotomico; que respeita á tracheotomia.

Traquetear. *n.* e *a.* V. *Traquear.*

Traqueteo. *m.* V. *Traqueo.*

Traquiarteria. *f.* V. *Tráquea.*

Traquido. *m.* Estampido; som forte do tiro da arma de fogo ou de cousa similhante. *Fragor, strepitus.*

Traquiozo. *m.* *(bot.)* Trachyoso; genero de plantas da familia das gramineas.

Traquítico, ca. *adj.* *(geol.)* Trachytico; que apresenta caracteres do trachyto.

Traquito. *m.* *(geol.)* Trachyto; rocha pardacenta ou avermelhada, que constitue a base do terreno trachytico, e é empregada como pedra de construcção.

Tras. *prep.* Tras; preposição usada como prefixo em palavras compostas, e significa a ordem com que uma cousa se segue a outra. *Trans, ponè, post:* — trás, atrás, detrás; *v. g.* *tras una puerta, tras una cortina, etc.*, trás, atrás de uma porta, trás, atrás de uma cortina, etc. *Ponè, post:* — alem, demais, fóra, ainda em cima; *v. g.*, *tras de venir tarde, regaña;* alem, ainda em cima de vir tarde, queixa-se. *Præter quamquod, insuper, etiam:* — *m.* trazeiro. V. *Trasero, Asentadero:* — traz, zaz, truz; golpe com ruido. *Ictus, percussio sonans:* — *tras;* traz traz, truz truz; voz imitativa do som forte e repetido que se faz batendo á porta. *Percussio repetita, iterata.* *No tener tras que parar (fr.);* não ter real, não saber para onde se vire, estar muito pobre. *Summa egestate laborare.*

Trasabolo, la. *s.* *(ant.)* V. *Tatarabuelo.*

Trasabuelo, la. *s.* *(ant.)* Trisavô, trisavó. V. *Bisabuelo, Tatarabuelo.*

Trasalcoba. *f.* Trascamara, opposto a antecamara. *Trans dormitorium cubiculum.*

Trasalpino, na. *adj.* Trasalpino ou transalpino; de alem dos Alpes. *Transalpinus, a, um.*

Trasanteayer. *adv. t.* Trasantehontem ou trasanthontem. V. *Anteanteayer.*

Trasañejo, ja. *adj.* V. *Tresañejo. Trimus, vetus.* Por extensão diz-se tambem do que tem mais de tres annos.

Trasatlántico, ca. *adj.* Trasatlantico ou transatlantico; diz-se do que está alem do Atlantico.

Trasbisabuelo, la. *s.* *(ant.)* Trisavô. V. *Tatarabuelo.*

Trasbisnieto, ta. *s.* Tresneto, tresneta. V. *Tataranieto. Abnepos, abneptis.*

Trasbordar. *a.* Trasbordar, transbordar. V. *Transbordar.*

Trasbordo. *m.* V. *Transbordo.*

Trasca. *f.* *(p. Rioja)* Correia delgada e da largura de dois dedos, com que se fazem cabeçadas e outros arreios. *Corrigia bovina calce macerata.*

Trascaro. *m.* *(inus.)* V. *Traspié, Zancandilla.*

Trascalar. *a.* *(ant.)* Queimar, abrasar.

Trascanton. *m.* Frade; marco que se colloca nas esquinas de rua ou edificio. *Saxum angulis ædium appositum:* — moço de esquina ou de cordel, mariola, moço de fretes ou de saco, que de ordinario costuma estar á esquina das ruas. *Bajulus, gerulus, circumforaneus.* *Dar trascanton (fr.);* esconder-se atrás de uma esquina ou frade de pedra. *Aliquem effugere; se angulis ædium tegere:* fugir zombando de alguem, logrando-o.

Trascantonada. *f.* Escondedura atrás de uma esquina, acção de occultar-se ou esconder-se atrás d'ella. *Dar trascantonada (fr.)* V. *Dar trascanton.*

Trascartarse. *r.* Ficar uma carta atrás de outra, quando se desejava ou esperava que viesse antes. *Lusoriam chartam alteri subesse.*

Trascarton. *m.* Lance ao jogo, em que fica atrás a carta com que se ganha e vem primeiro a que faz perder. *In ludo chartarum sors quædam.*

Trascendencia. *f.* *(fig.)* Transcendencia; superioridade, de intelligencia, de penetração, perspicacia. *Mentis perspicacia, acumen, subtilitas:* — consequencia, resultado: — *(philos.)* transcendencia; acção pela qual uma cousa se communica e estende por outras, que comprehende como genero supremo.

Trascendental. *adj.* Transcendental, transcendente; que sobrepuja, de superior excellencia, sublimado ou mui subtil. *Trascendens, entis.* *Filosofía trascendental (phil.);* philosophia transcendental ou transcendente; parte da philosophia que investiga a auctoridade de nossas faculdades, o valor das idéas, a certeza dos conhecimentos, etc. *Ideas trascendentales;* idéas transcendentaes ou transcendentes; as que emanam immediatamente da rasão que nos illumina sem pertencer-nos. *Curva trascendental (math.);* curva transcendental; aquella em cujo calculo entra o infinito. *Geometría trascendental;* geometria transcendental ou transcendente; a que emprega o infinito nos seus calculos.

Trascendentalismo. *m.* *(phil.)* Transcendentalismo; diz-se de todos os systemas philosophicos que traspassam os limites da observação e da analyse e se elevam a investigações abstractas.

Trascendentalista. *m.* *(phil.)* Transcendentalista; partidario, seguidor do transcendentalismo.

Trascendente. *adj.* Transcendente; que transcende, sobrepuja. *Trascendens, entis.*

Trascender. *n.* Transcender; communicar-se uma cousa a outras que estão de certo modo comprehendidas no mesmo genero. *Transcendere, extendi, complecti:* — transcender; abranger com o espirito, com a comprehensão, penetrar, conceber, entender. *Perspicacem esse, perspicere:* — traspassar, passar alem. *Transcendere:* — ascender, subir. *Transcendere:* — rescender; exhalar muito bom cheiro, suave fragrancia. *Fragantissimum odorem spirare, diffundere:* — *a. (ant. fig.)* transcender, penetrar; comprehender uma cousa occulta ou secreta, conjecturando e discorrendo. *Mentis acumine penetrare, comprehendere mente:* — *(philos.)* transcender; diffundir-se alguma cousa ou communicar-se geralmente por varias especies que abrange, sendo superior a todas. Diz-se particularmente do objecto da metaphysica, que considera o ente em geral, e os entes transcendentes, como *Deus*, os anjos e outras verdades, que consistem em pura especulação. *Transcendere.*

Trascendido. *adj. (ant.)* Transcendente; que se avantaja em comprehensão, em intelligencia. *Mentis acumine gaudens, acutus valdè.*

Trascias. *m.* Thrascias; nome que os antigos davam ao vento NO.

Trascocina. *f.* Casa, quarto contiguo á cozinha.

Trascol. *m. (ant.)* Cauda de vestido mulheril.

Trascolar. *a. (med.)* Transcolar, coar, exsudar; passar algum liquido ou humor pelos poros ou artificialmente por algum panno. Usa-se muito como reciproco: — *(fig.)* transcursar, traspassar; transpor, passar alem de um termo.

Trasconejarse. r. Furtar-se aos cães; diz-se da caça, especialmente dos coelhos, que foge trocando as voltas á carreira do cão e lhe fica para trás. Tambem se applica metaphoricamente a outras cousas. *Retrò manere, abscondi:* — deter-se o furão na toca do coelho por ter impedida a saida com o que elle matou. *Retrò sistere:* — *(fig.)* misturar-se, esconder-se um objecto entre outros e ficar como perdido e esquecido.

Trascordarse. *r.* Desmemoriar-se, esquecer-se; perder a lembrança de uma cousa. *Mente excidere, memoriam amittere.*

Trascoro. *m.* Antecôro; casa immediata ou atrás do côro nas igrejas. *Locus in templis post chorum.*

Trascorral. *m.* Pateo ou cerca interior, detrás do pateo das casas de campo, etc. *Conseptum posterius in villis:* — *(fam.)* traseiro, assento, o fundo das costas. *Posteriora, nates.*

Trascribir. *a.* Transcrever, trasladar, copiar um escripto. *Transcribere.*

Trascuarto. *m.* Casa ou quarto na parte posterior da casa ou habitação principal. *Posticum cubiculum.*

Trascuero. *m. (ant.)* Interior do peito ou do coração.

Trascurrir. *n.* Transcorrer, decorrer, correr, passar; diz-se propriamente do tempo e das suas divisões. *Trascurrere.*

Trascurso. *m.* Transcurso, decurso; continuação successiva dos tempos que passam. *Transcursus temporis.*

Trasdobladura. *f.* Tresdobradura, triplicação; multiplição de uma quantidade por tres vezes outro tanto. *Triplicatio, onis.*

Trasdoblar. *a.* Tresdobrar. V. *Triplicar.*

Trasdoblo. *m. (ant.)* Tresdobro, triplo. V. *Triple, Triplo.*

Trasdós. *m. (arch.)* Tardoz; a face da pedra de cantaria que se deixa tosca por ficar para dentro da parede. *Sectorum lapidum dorsum.*

Trasdosear. *a. (arch.)* Reforçar uma obra pela parte posterior. *Quidquam à dorso reficere.*

Trasechador, ra. *adj.* Pelejador, batalhador.

Trasegador. *m.* Trasfegador; o que trasfega. *Transfundens, elutrians.*

Trasegar. *a.* Mover, trocar, mudar as cousas de um logar para outro, revolve-las. Usa-se tambem como neutro. *Transmovere, transmutare:* — trasfegar; transfundir de uma vasilha em outra o vinho, azeite, etc. *Elutriare, transfundere.*

Traseñalador, ra. *s.* O que transtroca, muda, substitue por outra a marca ou signal que estava em uma cousa. *Notas transmutans.*

Traseñalar. *a.* Transtrocar; mudar, trocar a marca ou signal de uma cousa, substituindo-a por outra, para que seja desconhecida. *Signa, notas trasmutare.*

Trasera. *f.* Traseira; parte posterior de qualquer cousa. *Pars postica.*

Trasero, ra. *adj.* Traseiro, posterior; que fica ou está na parte posterior, detrás, por detrás. *Posticus, a, um:* — que vem detrás: — traseiro; diz-se do carro carregado, que pesa mais atrás que na parte dianteira: — *m.* traseiro; parte posterior do animal. *Posteriora, nates:* — *m. pl. (fam.)* avós, maiores, avoengos, antepassados. *Majores, avi.*

Trasfago. *m. (ant.)* Tratada; velhacaria, fraude em contrato ou negocio.

Trasferidor, ra. *s.* Transferidor; o que transfere. *Translator, oris.*

Trasferir. *a.* Transferir; passar, levar, mudar de um logar para outro. *Transferre, transportare:* — transferir, dilatar, espaçar. *Transferre, differre:* — transferir, trasladar; dar sentido traslato ou metaphorico ás palavras. *Transferre, extendere:* — *(for.)* transferir; passar, transpassar a outrem o direito ou dominio que se tem em uma cousa. *Transferre, cedere.*

Trasfigurable. *adj.* Transfiguravel; diz-se do que póde transfigurar-se, mudar de fôrma. *Transfigurabilis, le.*

Trasfiguracion. *f.* Transfiguração; mudança de figura, de uma fôrma em outra. *Transfiguratio, onis:* — transfiguração; por antonomasia, diz-se da de Jesus no Thabor. *Domini Transfiguratio.*

Trasfigurar. *a.* Transfigurar; fazer tomar outra figura ou aspecto. Usa-se tambem como reciproco. *Transfigurare, transformare.*

Trasfijo, ja. *adj.* V. *Trasfixo.*

Trasfixion. *f.* Transfixão; acção de varar, de atravessar,

de ferir penetrando, de traspassar com a espada ou arma penetrante. *Transfigendi actio.*

Trasfixo, xa. *adj.* Transfixo, traspassado, varado com arma penetrante. *Transfixus, a, um.*

Trasflor. *f.* Trasflor; lavor de oiro sobre esmalte.

Trasflorar. *a. (pint.)* Trasfolear; copiar um desenho ou pintura sobre o papel azeitado ou transparente, applicando-o sobre ella. *Rei imaginem ope chartæ pellucidæ adumbrare.*

Trasflorear. *a.* Trasflorear, esmaltar, dar trasflor. *Supra quodlibet deauratum sive argentatum opus viridem colorem inducere.*

Trasfojar. *a.* V. *Trashojar.*

Trasfollado. *adj. (vet.)* Transfollado ou alastrado; diz-se do alifafe quando se estende á dobra do jarrete ou curvilhão. *In bestiis vesica utrinque trajiciens.*

Trasformacion. *f.* Transformação; mudança de fôrma, o acto de transformar ou ser transformado. *Transformatio, onis:* — *(math.)* transformação; reducção de uma figura ou de um solido a outro de igual superficie ou volume.

Trasformador, ra. *s.* Transformador; o que transforma. *Transformans, antis.*

Trasformamiento. *m.* V. *Trasformacion.*

Trasformar. *a.* Transformar; mudar a fórma, causar transformação em alguma cousa. *Transformare:* — transformar-se o amador na cousa amada, revestir-se de seus sentimentos. *Transformare:* — *r.* transformar-se, tornar-se; tomar nova fórma, mudar de costumes, de comportamento, etc. *Transformari, mutari.*

Trasformativo, va. *adj.* Transformativo; que tem a virtude de transformar. *Transformandi vim habens.*

Trasfregar. *a.* Esfregar uma cousa com outra. *Confricare.*

Trasfretacion. *f.* Passagem de um estreito do mar. *Transfretatio, onis.*

Trasfretano, na. *adj.* Transfretano; d'alem do mar. *Transfretanus, transmarinus.*

Trasfretar. *a.* e *n.* Transfretar; passar, atravessar um braço ou estrẽito do mar. *Transfretare.*

Trásfuga. *m.* Transfuga, desertor. *Transfuga, æ.*

Trásfugo. *m.* V. *Trásfuga.*

Trasfumo, ma. *m. (p. Nav.)* Marco situado atrás das casas de uma povoação.

Trasfundicion. *f. (inus.)* V. *Trasfusion.*

Trasfundir. *a.* Transfundir; deitar, verter um liquido pouco a pouco de um vaso em outro. *Transfundere:* — *(fig.)* transfundir, derramar, communicar uma cousa successivamente entre muitas pessoas. *Transfundere.* Usa-se tambem como reciproco.

Trasfusion. *f.* Transfusão; communicação de uns em outros. *Transfusio, onis:* — transfusão; acção de transfundir um liquido. *Transfusio, onis:* — *de la sangre;* transfusão do sangue; injecção de sangue de homem ou animal vivo nas veias de outro, para lhe dar novos alentos, segundo suppõem os inventores e sequazes d'esta operação. *Sanguinis in aliud corpus transfusio.*

Trasganjético, ca. *adj.* Transgangetico; situado d'alem do Ganges.

Trasgo. *m.* Trasgo, duende. V. *Duende:* — trasgo, demonio, traquinas; rapaz buliçoso, travesso, inquieto. *Valdè irrequietus puer, larvæ similis.*

Trasgredir. *a. (ant.)* Transgredir; quebrantar, violar uma lei, preceito, etc.

Trasgredimiento. *m. (ant.)* V. *Trasgresion.*

Trasgresion. *f.* Transgressão; quebrantamento ou violação de uma lei, preceito ou estatuto. *Transgressio, onis.*

Trasgresor, ra. *s.* Transgressor, quebrantador; o que transgrediu. *Transgrediens, entis.*

Trasguear. *n.* Trasguear; fazer travessuras de trasgos ou duendes. *Res vertere convertereque; omnia confundere, turbare.*

Trasguero. *m.* Trasgueiro; o que imita as travessuras dos trasgos. *Larvæ similis; larvam agens.*

Trashogar. *m.* Traslar; logar nos fornos junto ao borralheiro.

Trashoguero. *m.* Trasfogueiro; tição, madeiro grosso em que se encosta a lenha que arde na chaminé. *Ligneum fulmentum, quo torres sustinentur in camino, vel in foco:* — guarda fogo; chapa de ferro com que se forra a parede da chaminé. *Lamina ferrea igni a pariete arcendo:* — *adj.* borralheiro; preguiçoso que se deixa ficar em casa chegado ao lume, quando os demais vão para o trabalho. *Domi ad focum reses; focarius homo. Tal queda la casa de la dueña ido el escudero como el fuego sin trashoguero (rif.);* tal é a casa de dona sem escudeiro, como fogo sem trasfogueiro.

Trashojar. *a.* Folhear; passar as folhas de um livro sem fazer n'ellas estudo particular. *Folia libri perfuntoriè evolvere.*

Trashumante. *p. a.* e *adj.* Transhumante; diz-se dos rebanhos de Hespanha que de verão se levam a pastar ás montanhas e na estação fria se conduzem para as devezas ou planicies. *Pecus pascua transmutans.*

Trashumar. *n.* Transhumar; passar o gado lanigero das devezas ou pastagens em que passa o inverno para as montanhas, no verão, e vice-versa. *In pascua æstiva aut hiberna alternatim transire.*

Trasia. *f. (bot.)* Thrasya *(audaz);* genero de plantas da familia das gramineas.

Trasiego. *m.* Trasfego; o trabalho de trasfegar o vinho, azeite, etc. *Transfusio, onis:* — mudança de uma cousa de um logar para outro. *Transmutatio, translatio.*

Trasijado, da. *adj.* Entrezilhado; muito magro, descarnado, fraco e abatido. Em portuguez é termo pouco usado, e refere-se só a carneiros, ovelhas e outros animaes, e não ao homem, como em castelhano. *Strigosus, macilentus.*

Trasjurano, na. *adj.* Transjurano; que está alem do Jurá.

Traslacion. *f.* Translação, trasladação; acção e effeito de trasladar. *Translatio, onis:* — translação, trasladação, transferencia. *Translatio, onis:* — trasladação, traducção; versão de uma linguagem em outra. *Translatio, traductio:* — transferencia; passagem, mudança de um bispo para outra igreja, ou de qualquer empregado de um logar para outro. *Translatio, onis:* — *(rhet.)* translação, metaphora; trasladação do significado proprio e natural de uma palavra para outro sentido. *Translatio, onis:* — *de luz (astron. ant.);* translação de luz; acto de transferir um planeta a outro a sua luz; e diz-se quando entre dois planetas se acha um mais veloz que elles. *Lucis translatio.*

Trasladacion. *f. (inus.)* Trasladação. V. *Traslacion.*

Trasladador, ra. *s. (ant.)* Trasladador, copista; o que traslada, copía.

Trasladante. *p. a.* Trasladante; que traslada. *Transferens, transcribens.*

Trasladar. *a.* Trasladar, transferir; levar ou mudar de um logar para outro. *Transferre:* — trasladar, transcrever, copiar. *Transcribere:* — trasladar, traduzir; verter de uma lingua para outra. V. *Traducir. Vertere, transferre:* — trasladar; dar sentido translato, ou metaphorico. *Transferre.*

Traslado. *m.* Traslado; copia fiel de escriptura ou original. *Exemplar transcriptum:* — traslado, exemplar, imagem, copia, retrato; *v. g.: es un traslado de su padre;* é um traslado, um retrato fiel de seu pae. *Exemplar, imago:* — *(for.)* traslado; copia que se dá a uma das partes litigantes, das allegações da outra. *Allegationum inter litigandum adversæ parti communicatio.*

Traslapar. *a.* V. *Solapar:* — juntar, unir duas tábuas pelos lados, de modo que a união não forme resalto.

Traslaticiamente. *adv. m.* Translaticiamente, metaphoricamente, figuradamente. *Translatitiè.*

Traslaticio, cia. *adj.* Translaticio, metaphorico, translato, figurado. *Translatitius, a, um.*

Traslativo, va. *adj.* V. *Traslaticio.*

Traslato, ta. *adj.* Translato. V. *Traslaticio.*

Trasloar. *a. (ant.)* Louvar, encarecer, ponderar em excesso. *Laudibus nimiis extollere.*

Traslocar. *a.* Trasladar; transferir, mudar de um logar para outro.

Traslúcido, da. *adj.* V. *Traslúzido.*

Traslucient. *adj.* V. *Trasluziente.*

Traslucirse. r. V. *Trasluzirse.*

Traslumbramiento. *m.* Deslumbramento; offuscação da vista pela muita luz. Tambem se usa figuradamente. *Allucinatio, caligatio.*

Traslumbrarse. r. Offuscar-se; ficar deslumbrado, turbar-se a vista pela muita luz ou resplendor. Usa-se tambem figuradamente. *Calligare, allucinari:* — eclipsar-se, desvanecer-se, desapparecer, tirar-se repentinamente dos olhos, fugir da vista em um instante. *Oculos fugere, disparere.*

Trasluz. *m.* Transluz; luz que atravessa um corpo diaphano ou transparente: — transluz; luz que se percebe de lado, obliquamente, para reconhecer o lustre, o reflexo de um estofo ou pintura. *Transversa lux. Al trasluz (loc. adv.);* pondo um objecto entre a luz e o olho para se ver transparente. Usa-se com o verbo *mirar.*

Trasluzidez. *f. (phys.)* Translucidez, transluzimento, diaphaneidade; propriedade que têem certos corpos, menor que a transparencia, de deixar-se penetrar pelos raios luminosos.

Traslúzido, da. *adj.* Translucido; diz-se do que tem certa diaphaneidade, que dá passagem á luz, sem ser bem transparente. *Translucidus, pellucidus.*

Trasluziente. *adj.* Transluzente, translucido; que transluz. *Translucens, pellucens.*

Trasluzirse. *r.* Transluzir; ser translucido, ter a sufficiente transparencia para dar passagem á luz, sem comtudo se distinguirem os objectos que lhe ficam posteriores; diz-se dos corpos. *Translucere, pellucere:* — *(fig.)* transluzir; conjecturar-se, inferir-se alguma cousa de alguns antecedentes ou circumstancias que a precederam. Tambem é usado como activo. *Apparere, prospici, conjici.*

Trasmallo. *m.* Tresmalho; rede de tres malhas differentes: — tresmalho; rede de malha larga, a que anda unida outra de malha miuda, para pescar. *Verriculum, i.*

Trasmano. *m.* O segundo a jogar, nos jogos pueris. *Secundus in ludo. Á trasmano (loc. adv.);* fóra do verdadeiro caminho, fóra da communicação e trato das pessoas. *Procul hinc; extra hinc; extra hominum frequentiam.*

Trasmañana. *f.* Depois de ámanhã; o dia seguinte ao de ámanhã. *Perendinus dies.*

Trasmarino, na. *adj.* Transmarino, ultramarino, de alemmar; do outro lado do mar. *Transmarinus, a, um.*

Trasmatar. *a. (fam.)* Persuadir-se alguem que ha de sobreviver a outro. *Longam vitam sibi præ alio promittere.*

Trasmigracion. *f.* Transmigração; mudança, passagem de paiz, de uma região para outra. *Transmigratio, onis:* — *de las almas o trasmigracion pitagórica;* transmigração das almas, ou transmigração pythagorica, metempsycose; passagem da alma, de um corpo para outro, segundo a opinião de

Pythagoras. *Pythagorica transmigratio.*

TRANSMIGRAR. *n.* Transmigrar, emigrar; mudar de uma região para outra. *Transmigrare:* —transmigrar; passar a alma de um corpo para outro.

TRASMINAR. *n.* Caminhar por debaixo da terra. *Transfodere, cuniculos agere:*—tresminar, exhalar um cheiro forte, activo, mui penetrante. *Vehementer olere:* — *r.* traspassar, penetrar; passar uma cousa por entre outra. *Trajici, transfundi.*

TRASMISIBILIDAD. *f.* Transmissibilidade; qualidade de ser transmissivel.

TRASMISIBLE. *adj.* Transmissivel; que se póde transmittir ou ceder a outra pessoa. *Transmitti potens.*

TRASMISION. *f.* Transmissão; acção de transmittir. *Transmissio, onis:*—*(phys.)* transmissão; propriedade que têem os corpos transparentes de dar passagem aos raios luminosos através da sua massa.

TRASMITIR. *a.* Transmittir, enviar, communicar: — *(for.)* transmittir, transferir, traspassar, ceder, passar a outrem o que se possue. *Transmittere.*

TRASMOCHADERO. *m.* Monte de arvores a que se cortam os ramos para fazer lenha: — *adj.* diz-se das arvores que se criam para fazer lenha.

TRÁSMOCHAR. *a.* Desmouchar, derramar; cortar os ramos das arvores para fazer lenha.

TRASMOCHO. *m.* e *adj.* V. *Trasmochadero,* em ambas as accepções.

TRASMONTAR. *a.* Trasmontar.V. *Tramontar.*

TRASMOTA. *f. (p. Rioja)* Aguapé. *Lora, æ.*

TRASMUDACION. *f. (ant.)* Transmudação. V. *Trasmutacion.*

TRASMUDAMIENTO. *m. (ant.)* Transmudamento. V. *Trasmutacion.*

TRASMUDAR. *a.* Trasmudar, transmudar, transmutar; mudar para outro logar. Os dois primeiros vocabulos são pouco usados na lingua portugueza. *Transmutare, transferre:*—transmudar.V. *Trasmutar:* — *(fig.)* transmutar, converter, transformar, fazer mudar, reduzir os affectos ou inclinações com meios persuasivos. *Convertere, transformare:* —*(p. Ar.)* V. *Trasegar.*

TRASMUTABLE. *adj.* Transmutavel; que se póde transmutar. *Transmutari potens.*

TRASMUTACION. *f.* Transmutação; conversão ou transformação de uma cousa em outra. *Transmutatio, onis.*

TRASMUTAR. *a.* Transmutar, converter, transformar; mudar em cousa de outra natureza. Tambem se usa como reciproco. *Transmutare.*

TRASMUTATIVO, VA. *adj.* Transmutativo; que tem virtude de transmutar. *Transmutandi vim habens.*

TRASMUTATORIO, RIA. *adj.* V. *Trasmutativo.*

TRASNIETO, TA. *s. (ant.)* Tresneto, tresneta, tataraneto, tataraneta; terceiro neto, terceira neta. *Abnepos, abneptis.*

TRASNOCHADA. *f.* Noite precedente ou passada, noite que precedeu o dia presente. *Nox præcedens:*— noitada; vigilia de uma noite. *Pernoctandi actus; vigilia:* — *(ant. mil.)* surpreza, investida nocturna.

TRASNOCHADO, DA. *adj.* Trasnoitado; que não dormiu uma ou mais noites. *Hesternus, anteacta nocte marcidus, maceratus aut putrescens.*

TRASNOCHADOR, RA. *s,* Trasnoitado; que não dormiu uma ou mais noites atrás. *Noctu vigilans.*

TRASNOCHAR. *n.* Trasnoitar; passar a noite sem dormir. *Pernoctare, vigilare, elucubrare:* —V. *Pernoctar.*

TRASNOMBRAR. *a.* Transtrocar, mudar, inverter os nomes. *Nomina invertere.*

TRASNOMINACION. *f.* Transnominação; uso translato das palavras. V. *Metonimia.*

TRASOCEÁNICO, CA. *adj.* Transoceanico; d'alem do oceano.

TRASOIR. *a.* Ouvir, perceber mal, erradamente, com equivoco o que se diz. *Auditionis errore decipi.*

TRASOJADO, DA. *adj.* Fraco, macilento, abatido, com olheiras, com os olhos pizados por causa de algum accidente, pezar ou de privação. *Oculis æger, languidus, insomnis.*

TRASOÑAR. *a.* Sonhar, conceber, comprehender errada ou equivocamente uma cousa, como se fôra verdadeira, similhantemente ao que succede em sonhos. *Rebus somnio similibus temerè credere.*

TRASORCEAR. *n. (ant. naut.)* Descaír o navio para sotavento, por ter muito panno.

TRASORDINARIAMENTE. *adv. m. (ant.)* Transordinariamente. V. *Estraordinariamente.*

TRASORDINARIO, RIA. *adj. (ant.)* Transordinario; superior ao ordinario. V. *Estraordinario.*

TRASPADANO, NA. *adj.* Transpadano; que habita ou está alem do rio Pó. Usa-se tambem como substantivo na primeira accepção. *Transpadanus, a, um.*

TRASPÁJINA. *f. (inus.)* Reverso da pagina.

TRASPALAR. *a.* Padejar; mover, passar com pá uma cousa de um lado para o outro; diz-se regularmente dos grãos. *Palis agitare; pala transferre:* — *(fig.)* transferir; mudar, passar de um logar a outro. *Transferre:* — *(p. And.)* cortar, extirpar a gramma das vinhas com o enxadão. *Gramen ligone abscindere:* — *(ant.)* V. *Bogar,* ferir a agua com a pá do remo.

TRASPAPELARSE. *r.* Confundir-se, misturar-se um papel com outros. *Chartam inter alias confundi, involvi, misceri:* — *(fig.)* misturar-se, confundir-se qualquer objecto com outro.

TRASPARENCIA. *f.* Transparencia, grande diaphaneidade; o ser transparente. *Pelluciditas, atis.*

TRASPARENTAR. *a.* Fazer um corpo transparente, preparalo de maneira que adquira a transparencia. É pouco usado: — *r.* penetrar a luz através de um corpo transparente ou ralo: — transparecer, transluzir; ser, mostrar-se transparente, fallando de um corpo. *Translucere.*

Trasparente. *adj.* Transparente; que deixa passar os raios de luz, vendo-se os objectos interpostos. *Pellucidus, translucens:* — *m.* janella de vidraças que fica por detrás de um altar. *In altari postica fenestra vitrea:* — transparente; cortina pintada de cores diversas para resguardar do sol: — transparente; papel ou panno pintado de modo que lhe sobresaia a pintura tendo uma luz interposta.

Traspasacion. *f.* Traspassação. V. *Traspaso,* na primeira accepção.

Traspasador, **ra.** *s.* *(ant.)* V. *Trasgresor.*

Traspasamiento. *m.* Trangressão; quebrantamento, violação de algum preceito, lei, etc. *Transgressio, onis:* — *(ant.)* traspassamento. V. *Traspaso:* — *(fig.)* V. *Traspaso,* na segunda accepção.

Traspasar. *a.* Traspassar, transferir; passar, levar, mudar de um logar a outro. *Transferre:* — passar ávante, para outra parte ou para outro lado. *Transiri, transgredi:* — traspassar, atravessar, passar alem, deixar atrás; *v. g.: traspasar el arroyo, etc.;* traspassar o regato, etc. *Trajicere:* — repassar; tornar a passar. *Iterum transire, pertransire:* — traspassar; atravessar com arma penetrante. *Transfodere, transfigere:* — *(fig.)* traspassar o coração; causar-lhe dor, compaixão, magua uma cousa, penetra-lo agudamente o tormento, a afflicção. *Animum vehementi misericordia afficere:* — transgredir, infringir, violar, quebrantar uma lei, preceito. *Transgredi, violare:* — traspassar, exceder, ultrapassar os limites, saír fóra do que é rasoavel. *Transgredi, suprexcedere:* — traspassar, transferir; ceder, passar a outrem o direito ou dominio de uma cousa. *Transferre, addicere, cedere:* — traspassar, penetrar; internar-se, introduzir-se muito o ar frio n'alguma pessoa delicada ou achacada, fazendo-lhe mal. *Penetrare:* — *n.* *(ant.)* V. *Trasponerse,* fallando do sol.

Traspaso. *m.* Traspasso; o acto de traspassar, de dar, ceder a outrem o dominio, divida, etc. *Transactio, cessio:* — *(fig.)* trespasso, angustia, afflicção, dor penetrante. *Ærumna, vehemens animi dolor:* — transgressão, quebrantamento, violação; contravenção de lei ou preceito. *Transgressio, onis:* — *(ant.)* treta, tratada, ardil, engano artificioso, velhacada. *Dolosa mora, fallacia. Ayunar al traspaso (fr.);* jejuar o trespasso; desde quinta-feira santa até o dia de Paschoa.

Traspecho. *m.* Peça de osso que guarnece a caixa da bésta pela parte de baixo onde roda a noz. *Ballistæ osseum fulcimen inferius.*

Traspeinar. *a.* Tornar a pentear ligeiramente o que já está penteado. *Pectine iterum crines extergere, discriminare.*

Traspellar. *a.* *(ant.)* V. *Cerrar.*

Traspié. *m.* Trapés, cambaleio; o andar vacillando, tremulo, passo mal seguro. *Pedum titubatio vel vacillatio:* — cambapé, sancadilha; treta de que usa um luctador para deitar ao chão o adversario, mettendo uma perna por entre as d'elle. *Supplantandi actio. Dar traspiés (fr.);* dar traspés, cambalear; tropeçar sem caír. *Vacillare pedibus:* — *(fig.)* escorregar; dar passos errados, ter uma vida pouco recatada, má conducta, viver deshonestamente. *Se inhonestè gerere.*

Traspilastra. *f.* *(arch.)* V. *Contrapilastra.*

Traspillarse. *r.* Definhar-se, extenuar-se, enfraquecer-se, debilitar-se muito, principalmente por falta de alimento. *Macie consumi, languescere.*

Traspintar. *a.* Conhecer as cartas do jogo pela pinta. *Chartam signo conjectatam fallere:* — *r.* *(fig.)* encalhar, dar á costa, mallograr-se; saír uma cousa ao contrario do que se esperava ou desejava. *Rei eventum vel signa fallere:* — transparecer, mostrar-se pelo reverso, um desenho, escripto, etc., posto entre a luz e o olho do observador.

Traspirable. *adj.* Transpiravel; susceptivel de ser transpirado. *Spirabilis, le.*

Traspiracion. *f.* *(physiol.)* Transpiração; expulsão dos humores pelos poros do corpo. *Per corporis poros spiratio:* — *insensible;* transpiração insensivel; a que se verifica incessantemente em maior ou menor quantidade, e é invisivel: — *sensible;* transpiração sensivel; o suor, transpiração abundante, copiosa, que cáe em bagas, ou gotas visiveis, da fronte, ou sáe pelos poros da pelle em todo o corpo.

Traspirar. *n.* Transpirar: exhalar, expellir pelos poros da pelle. Usa-se tambem como reciproco. *Corpus per poros spirare.*

Traspirenáico, **ca.** *adj.* Transpyrenaico; situado d'alem dos Pyrinéus.

Trasplantacion. *f.* Transplantação; acção e effeito de transplantar.

Trasplantar. *a.* Trasplantar, transplantar, transpor; mudar a planta com as suas raizes do terreno em que está plantada para outro logar. O primeiro vocabulo é pouco usado em portuguez. *Plantas transferre:* — *(fig.)* *r.* transplantar-se, transmigrar-se, mudar-se; passar de um sitio, paiz, etc., para outro. *Transferre, transire.*

Trasplante. *m.* Transplantação; mudança de uma arvore tenra com raizes de um terreno ou logar para outro. *Translatio plantarum:* — transplantação; acção de transplantar. *Translatio plantarum.*

Trasponedor, **ra.** *s.* Transmutador, transportador; o que traspõe, transfere ou transmuta. *Transponens, transmutans.*

Trasponer. *a.* Traspor, transpor, transferir; levar ou fazer passar de um logar para outro. *Transferre, transmutare:* —traspor. V. *Trasplantar:* — *n.* *(ant.)* V. *Morir:* — *r.* sumir-se, desapparecer; occultar-se alguem da vista de outrem, por ter voltado a uma esquina da rua, ou transposto um monte, etc. Tambem é usado como activo: —traspor-se, dormitar, dormir levemente, recostar-se, *Somno leviter corripi:* — traspor-se, transpor-se, pôr-se; occultar-se o sol e outros astros debaixo do nosso horisonte. *Occidere, ab oculis se subducere:* — V. *Ausentarse.*

Traspontin. *m.* *(fam.)* Trazeiro, rabo.

Trasporarse. *r.* V. *Rezumarse.*

Trasportacion. *f.* Transportação, transporte; acção de transportar, de conduzir, levar de um logar para outro. *Transportatio, onis:*—transporte; acção de passar um desenho ou gravura para outro papel.

Trasportamiento. *m.* Transportamento. V. *Trasportacion:* — trasportamento, transportamento, transporte, arrebatamento, perturbação, agitação violenta que tira o uso da rasão. *Mentis perturbatio, alienatio.*

Trasportar. *a.* Trasportar ou transportar; levar de um logar para outro. O primeiro vocabulo tem pouco uso na lingua portugueza. *Transportare, transvehere, transferre:* — transportar-se; ficar transido, arrebatado, sentir-se possuido de paixão que perturbe a rasão, os sentidos. *Sensu, mente alienari; extra se efferri:* — *(ant.)* desmemoriar-se, esquecer-se, passar por alto. Usa-se tambem como activo: — *a.* *(mus.)* transportar, transpôr; mudar a clave para tocar em ponto mais baixo ou mais alto. *Clavem in musicis transmutare.*

Trasporte. *m.* Transporte. V. *Trasportacion:* — transporte; embarcação de carga, destinada unicamente para transportar viveres, tropas ou outras cousas. *Navis vectoria:* — transporte, arrebatamento, rapto dos sentidos, perturbação subita causada por paixão.

Trasportin. *m.* Pequeno colchão de lã fina que se põe sobre os outros: — *(rhet.)* figura que consiste em alterar a ordem que devem ter as palavras na oração, ou na interposição de alguma voz entre as syllabas de outra.

Trasposicion. *f.* Transposição; acção e effeito de transpor, de collocar uma cousa atrás de outra: — *(rhet.)* transposição ou hyperbaton; figura que consiste em collocar uma das partes da oração atrás de outra, a que devia preceder. *Inversa verborum in oratione positio.*

Traspositivo, va. *adj.* Transpositivo; susceptivel de transposição.

Traspuesta. *f.* Transposição; acção e effeito de transpor ou transpor-se. *Translatio, subductio:* — cotovello, recanto, sinuosidade ou parte recondita de monte ou de outro logar que póde servir de esconderijo. *Latebra occulta, abscondita:* — fuga, refugio; acção de fugir, de refugiar-se ou occultar-se para se livrar de perigo. *Fuga, occultatio:* — pateo e officinas, armazens, etc., que ficam pela parte detrás da casa. *Portica pars domùs.*

Traspuesto, ta. *p. p. irreg.* de *Trasponer.* Transposto.

Trasquero. *m.* *(p. Rioja)* Correeiro, que faz e vende as correias chamadas *trascas* na provincia de Rioja. *Bovinarum corrigiarum opifex vel venditor.*

Trasquiladero. *m.* Tendal ou logar onde se tosquia o gado: — *(ant.)* V. *Esquileo.*

Trasquilador. *m.* Tosquiador; o que tosquia. *Tonsor, oris.*

Trasquiladura. *f.* Tosquia, tonsura; acção e effeito de tosquiar. *Tonsio, onis.*

Trasquilar. *a.* Tosquiar; aparar, cortar o pello ou a lã dos animaes. *Tondere:* — *(fig.)* tosquiar, troncar; defraudar, diminuir, reduzir alguma cousa, tirando ou separando parte d'ella. *Minuere, rei partem adimere:* — *a cruzes* *(fr.)* V. *Cruz.*

Trasquilimocho, cha. *adj.* *(fam.)* Rapado, tosquiado muito rente. *Radicitus tonsus.*

Trasquilon. *m.* Tesourada; golpe de tesoura que corta de uma vez um tufo ou mólho de pello ou cabello. Commummente diz-se quando offende ou fere a pelle. *Pars resecta comæ, forfice facta læsio:* — *(fig.* e *fam.)* sangria; dinheiro obtido com arte e industria. *Pars pecuniæ domino detracta. Á trasquilones* *(loc. adv.)*; em escadas; diz-se do cabello mal cortado, com desigualdades. *Inordinatè:* *(fig.)* desordenadamente, sem ordem nem methodo. *Inordinatè, inconcinnè.*

Trasrenano, na. *adj.* Transrhenano; de alem do Rheno.

Trastada. *f.* Tratada, patifaria, velhacada; acção propria de velhaco, de tratante.

Trastano. *m.* *(ant.)* V. *Zancadilla.*

Trastazo. *m.* V. *Golpazo.*

Traste. *m.* Traste ou trasto; corda ou arame atravessado no braço da viola, guitarra ou cithara, sobre os quaes correm as cordas. *Intervalla transversis fidibus diffinita in jugo citharæ:* — *(prov.)* trasto. V. *Trasto:* — *(p. And.)* pequeno vaso de vidro em que os provadores provam o vinho. *Vitreum vas parvulum ad vina degustanda:* — *(p. Can.)* nadegas. *Dar al traste* *(fr.)*; destruir alguma cousa, perde-la ou abandona-la. *Rem aliquam evertere; transversam agere. Ir fuera de trastes* *(fr.)*; ir fóra da ordem, dizer desconcertos, obrar desordenadamente. *Inordinatè agere; extra aleas ferri. Sin trastes* *(loc. adv.)*; sem medida, sem ordem, disposição ou methodo. *Inordinatè, confusè.*

Trasteado. *m.* Serie de trastes da guitarra ou outro instrumento. *Intervallorum transversis fidibus diffinitorum series.*

Trasteante. *adj.* Dextro em tocar guitarra, viola ou cithara. *Fides per intervalla aptè premens.*

Trastear. *a.* Pôr trastes na guitarra ou outro instrumento similhante. *In jugo citharæ intervalla, transversis fidibus, diffinire vel notare:* — desarrumar, desarranjar, mudar os trastes de uma parte para outra. *Scruta commovere:* — dedilhar, tocar bem as cordas dos instrumentos que têem trastos, como a viola, etc. *Fides citharæ per intervalla aptè premere:* — *(fig.)* discorrer com viveza e malicia ácerca de uma cousa. *Ingenii acumine et dexteritate pollere:* — *(ant.)* percorrer vagueando.

Trastejador. *m.* Pedreiro que concerta telhados. *Tectorum è tegulis sartor.*

Trastejadura. *f. (ant.)* V. *Trastejo.*

Trastejar. *a.* Concertar os telhados. *Tecta sarcire:* — concertar, remendar, reparar, recompor uma cousa. *Sarcire, componere:* — concertar; compor um vestido velho com panno ou enfeites novos. *Por aquí trastejan (fr. fig.)*; por aqui anda cão damnado; diz-se quando alguem evita passar por um sitio com receio de encontrar um credor, etc. *Vitandum periculum.*

Trastejo. *m.* Concerto de um telhado. *Tecti refectio, reparatio:* — *(fig.)* lidas, labutação; movimento continuado e desordenado. *Frequens et incompositus motus.*

Trastera. *f.* Desvão ou casa destinada para guardar os trastes que não andam a uso. *Scrutorum vel utensilium repositorium.*

Trastería. *f.* Montão, copia de trastes. *Scrutorum cumulus:* — *(fig.)* destempero, destampatorio, despreposito; acção descomposta ou ridicula. *Actio inofficiosa, insipiens vel vesana.*

Trasterminante. *adj.* Transgressor; que passa de um termo juridico a outro, ou que ultrapassa o que lhe está designado. *Terminum transgrediens.*

Trasterminar. *a.* Transgredir; passar de um termo juridico a outro, ou passar alem do que lhe está marcado. *Terminum transgredi.*

Trastesado, da. *adj.* Entesado, endurecido. *Durus, rigidus.*

Trastiberino, na. *adj.* Transtiberino; situado alem do Tibre.

Trastienda. *f.* Loja ou casa interior, que fica detrás da loja principal. *Interior taberna vel officina:* — *(fig.)* reserva, cautela, prudencia no manejo dos negocios, no modo de conduzir-se. *Cautela, prudens observatio.*

Trastigritano, na. *adj.* Transtigritano; de alem do rio Tigre.

Trasto. *m.* Traste, alfaia; qualquer movel ou adorno de casas. *Utensilia, orum:* — cacaréo, tareco; traste velho, usado, amontoado com outros que já não servem. E n'este sentido que mais commummente se toma a palavra traste em castelhano. *Scruta, orum:* — *(fam.)* traste carunchoso; pessoa inutil, que só serve de estorvo: — traste; pessoa mal procedida. *Inutilis homo, fastidium movens:* — *pl.* espada, adaga e outras armas de uso. *Arma ad usum:* — *pl.* apprestos, apparelhos; utensilios ou instrumentos de alguma arte ou exercicio; *v. g.: los trastos de pescar, etc.*, os apprestos ou utensilios de pescar, etc.

Trastornable. *adj.* Transtornavel; facil de transtornar. *Quod facilè verti potest.*

Trastornador, ra. *s.* Transtornador, o que transtorna; usa-se physica e moralmente. *Perversor, inversor.*

Trastornadura. *f.* Transtorno; acção de transtornar. *Inversio, onis.*

Trastornamiento. *m.* V. *Trastorno.*

Trastornar. *a.* Transtornar: revolver debaixo para cima ou de um lado para outro, derribar para trás. *Invertere:* — *(fig.)* transtornar; perturbar o espirito, o sentido, a cabeça, a rasão. Usa-se tambem como reciproco. *A mente vel sensu abstrahi, perturbari:* — *(fig.)* transtornar, vencer, persuadir alguem, fazelo virar inteiramente de opinião. *Pervertere, invertere:* — *(fig.)* transtornar, trastrocar, perturbar, confundir, desordenar; alterar a boa harmonia, inverter a ordem regular de uma cousa. *Invertere, turbare, confundere:* — *(ant.)* revolver, registrar, ler, examinar.

Trastorno. *m.* Transtorno; acção e effeito de trastornar. *Inversio, onis.*

Trastrabado, da. *adj.* Trastravado; diz-se do cavallo que tem o pé direito e a mão esquerda branca, ou, ao contrario, o pé esquerdo e a mão direita d'aquella côr. *Equus alternis pedibus albus.*

Trastrabarse. r. *(ant.)* V. *Trabarse:* — *la lengua (fr. ant.)* V. *Tabarse la lengua.*

Trastras. *m.* O penultimo a jogar nos jogos pueris.

Trastrocamiento. *m.* Inversão de ordem, estado, etc., acção de trastrocar. *Ordinis inversio vel præpostera mutatio.*

Trastrocar. *a.* Trastrocar, transtrocar; trocar, mudar o estado, ordem ou ser de uma cousa, converter em outra, inverter a ordem. *Præposterè mutare; ordinem invertere.*

Trastrueco, Trastrueque. *m.* V. *Trastrocamiento.*

Trastuelo. *m. dim.* de *Trasto*, na accepção familiar.

Trastulo. *m. (ant.)* Entretenimento, recreio.

Trastumbar. *a.* Deixar caír ou fazer rolar alguma cousa. *Evertere, dejicere.*

Trasudadamente. *adv. m.* Trabalhosamente, anciosamente; com ancia e fadiga. *Anxiè vel afflicto animo.*

Trasudar. *n.* Transsudar; suar ligeiramente por causa de enfermidade, afflicção ou pezar. *Anxiè sudare; corpus sudore madere:* — *(fig.)* suar; trabalhar com ardor.

Trasudor. *m.* Suor ligeiro, occasionado ordinariament por algum temor, fadiga desgosto ou afflicção. *Tenui et anxius sudor.*

Trasuntar. *a. (ant.)* Transcre ver, trasladar, copiar. *Tran scribere:* — compendiar, re sumir, abreviar, epilogar

Breviare, in compendium redigere.

Trasuntivamente. *adv. m.* Em copia, traslado ou transumpto: — compendiosamente, abreviadamente. *Compendio, summatim.*

Trasunto. *m.* Transumpto, copia, traslado. *Exemplum, exemplar:* — *(fig.)* transumpto, retrato, exemplar, molde ou modelo, imagem. *Imago, exemplar.*

Trasustanciacion. *f. (theol.)* Transsubstanciação; mudança, conversão total de uma substancia em outra, a que na Eucharistia se faz do pão, vinho e agua em o corpo, sangue, alma e divindade de Jesus Christo, segundo a crença catholica. *Transubstantio, onis.*

Trasustancial. *adj.* Transsubstancial; que se muda totalmente em outra substancia. *Transubstantialis, le.*

Trasustanciar. *a.* Transsubstanciar; converter totalmente uma substancia em outra. Usa-se tambem como reciproco. *Transubstantiare.*

Trasvenarse. *r.* Extravasar-se, derramar-se; sair o sangue das veias ou vasos circulatorios. *Extra venas effundi, effluere:* — *(fig.)* extravasar-se, derramar-se, espalhar-se, desperdiçar-se uma cousa. *Diffundi.*

Trasver. *a. (ant.)* Entrever, vislumbrar; ver equivocamente, distinguir mal os objectos, em rasão de pouca luz, etc.

Trasverberacion. *f.* Transfixão; *v. g. fiesta de la trasverberacion del corazon de Santa Teresa;* a festa da transfixão do coração de Santa Thereza. V. *Trasfixion. Transfigendi, transverberandi actio.*

Trasversal. *adj.* Transversal, obliquo; que tem ou segue a direcção transversal. *Transversus, obliquus:* — transversal, collateral; diz-se da linha de parentesco cuja prole descende de irmãos. Tambem se usa substantivado. *Linea obliquâ, transversa descendens:* — *(anat.)* transversal; diz-se de certas partes collocadas ou dispostas obliquamente: — *(bot.)* transversal; diz-se dos tabiques que se estendem de um a outro lado do pericarpo; das valvas soldadas parallelamente á base do pericarpo, etc.: — *(zool.)* transversal; diz-se da concha bivalve, quando a linha comprehendida entre as margens anterior e posterior é maior que a que desce perpendicularmente dos ganchos.

Trasversalmente. *adv. m.* Transversalmente; em direcção transversal.

Trasverso, sa. *adj.* Transverso, atravessado, de través. *Transversus, a, um:* — *espinal (anat.);* transverso espinhal; diz-se de um dos musculos dorsaes. *Eje trasverso (math.);* eixo transversal; eixo de uma hyperbole que passa pelo foco da curva: eixo transverso; eixo principal de uma secção conica que passa pelo dito foco: eixo transverso; o diametro maior da ellipse.

Trasverter. *n.* Trasbordar, redundar, verter, saír o liquido fóra das bordas do vaso. *Extrà diffluere, exuberare, exundare.*

Trasvinarse. *r.* Ir-se, ressumar, sair pouco a pouco o vinho da vasilha. Usa-se algumas vezes como activo. *Vinum in doliis diffluere, exundare:* — *(fig.)* presumir-se, conjecturar-se alguma cousa por signaes ou indicios que dão a conhecer a pessoa que procurava occulta-la. *Signis apparere vel conjici.*

Trasvolar. *a.* Voar de uma parte para outra. *Volatu transvehi.*

Trata. *f.* Trafico de escravatura: — *(comm. p. A.)* letra de cambio.

Tratable. *adj.* Tratavel; que se pôde ou deixa tratar facilmente. *Tractabilis, facilis.* Usa-se tambem figuradamente.

Tratadico, llo, to. *m. dim.* de *Tratado.* Tratadosinho; pequeno tratado.

Tratadista. *adj.* Applica-se ao auctor que escreve tratados ácerca de materia ou assumpto particular. *Varii argumenti dissertator.*

Tratado. *m.* Tratado, ajuste, convenio. Diz-se mais especialmente dos convenios ou artigos de convenção entre os estados ou nações independentes, relativos á paz, alliança, commercio, etc. *Conventio, pactum, fœdus:* — tratado; discurso, dissertação sobre assumpto scientifico, sobre materia particular. *Tractatus, dissertatio.*

Tratador, ra. *s.* Tratador, contratador; o que trata algum negocio ou materia, especialmente quando ha discordia ou controversia no modo de ajustar-se ou concluir-se. *Qui rem tractat vel de re agit.* O primeiro vocabulo é pouco usado em portuguez.

Tratamiento. *m.* Tratamento; acção ou modo de tratar uma pessoa ou cousa. *Tractatio, agendi ratio vel modus:* — tratamento; titulo de graduação ou cortezia, que se dá a alguem, como mercê, senhoria, excellencia, etc. *Colendi ratio; honoris titulus:* — *(ant.)* V. *Tratado,* na primeira accepção. *Apear el tratamiento (fr.);* escusar alguem o tratamento que lhe é devido, ou não lh'o dar a pessoa que lhe falla ou escreve. *Dar tratamiento (fr.);* dar tratamento; honrar alguem dando-lhe o titulo ou qualificação que lhe é devido pelo seu emprego ou dignidade. *Quempiam honorificè habere, titulis dignitati debitis tractare:* — *(med.)* tratamento; methodo ou plano de curar.

Tratante. *adj.* Tratante; que trata. *Agens, negociator:* — *m.* tratante, traficante, negociante. *Propola, æ.*

Tratanza. *f. (ant.)* Trato ou tratamento.

Tratar. *a.* Tratar, manear, manusear, pegar com a mão, palpar. *Tractare:* — tratar; escrever, disputar, discorrer sobre um assumpto ou materia. *Disserere:* — tratar, conferenciar; fallar sobre algum negocio ou dependencia para ajustar ou concertar os interessados. *Colloqui, consulere, conferre:* — tratar, conversar; ter trato, communicação amigavel com alguem. *Rem cum aliquo habere, agere:* — tratar; ter trato illicito com mulher. *Inhonestam communicationem cum fœmina habere:* — *(fig.)* tratar, cuidar; fazer diligencia para conseguir uma cousa; *v. g. yo trato de vivir bien;* eu trato de viver bem. *Studere, curare:* — tratar, cuidar, manejar; dispor algum negocio, trabalhar para o seu bom exito. *Tractare, curare:* — tratar; dar bom ou mau tratamento a alguem, ter trato com elle. *Benè vel malè aliquem habere, accipere, tractare:* — *r.* tratar-se, ter trato reciproco, communicar-se, fallar-se com amisade, familiaridade e carinho. *Mutua familiaritate agere, uti:* — tratar-se; cuidar bem ou mal de si, gastar, despender muito ou pouco comsigo, sustentar-se com fartura ou mesquinharia, etc. *Se curare, sic vel aliter se habere:* — *(ant.)* tratar bem, dar bom tratamento: — *(ant.)* V. *Ejecutar;* n'este sentido dizia-se: *tratar hechos dificiles;* executar acções difficeis: — *(ant.)* V. *Decir; v. g. tratar verdade;* dizer, fallar a verdade: — *a vaqueta ó a la vaqueta a alguno (fr. fam.);* tratar de resto, dar pouco apreço a alguem, despreza-lo, vilipendia-lo. *Superbè, fastidiosè agere:* — *(comm.)* tratar, negociar, commerciar em generos e mercadorias, comprando, vendendo e trocando. *Negotiari, mercaturam exercere:* — *(med.)* tratar; dirigir o curativo de um doente.

Tratillo. *m. dim.* de *Trato.* Trato, negocio insignificante, que dá pouco lucro. *Leve negotium vel commercium.*

Trato. *m.* Trato, tratamento; acção ou modo de tratar ou tratar-se. *Tractatio, agendi ratio:* — *(fig.)* trato; modo particular de se haver, de portar-se com alguem. *Agendi vel aliquem accipiendi ratio:* — *(fig.)* trato, conversação, communicação, familiaridade; commercio familiar e amigavel entre duas ou mais pessoas que se fallam, visitam, etc. *Consuetudo, familiaritas:* — *(fig.)* trato, conversação, amisade; commercio illicito entre pessoas de differente sexo. *Impudica consuetudo cum fœmina:* — modo, maneira. *Ratio, onis:* — traição, perfidia; convenção, ajuste, pacto aleivoso e occulto com o inimigo para lhe entregar uma praça, fortaleza, etc. *Infidelis cum inimicis communicatio, commercium:* — oração mental; contemplação, meditação continua em Deus. *Rerum divinarum contemplatio:* — trato, tratamento; modo cortez de tratar alguem. *Colendi vel comiter tractandi ratio:* — *de cuerda;* tratos de cordel, de polé. *Suspendium, ii:* *(fig.)* tratos de polé; mau porte no tratamento com alguem. *Acerba vexatio:* — *doble;* trato dobre; simulado, artificioso, enganoso, não sincero. *Dolus, fraus:* — *de gentes;* trato das gentes; conhecimento e pratica dos usos e costumes da vida social: — *(comm.)* trato, commercio, negocio. *Negotium, commercium, mercatura.*

Traumático, ca. *adj. (med.)* Traumatico; concernente, respectivo ás chagas e feridas. Diz-se principalmente das febres de reacção, das nevroses, das hemorrhagias, cujas chagas podem complicar-se. *Enfermedades traumaticas ó vulnerarias;* enfermidades traumaticas ou vulnerarias; as que dependem de lesões physicas, como succede ás chagas, fracturas, contusões, etc.

Traumatolojia. *f.* Traumatologia; sciencia que estuda a acção dos agentes exteriores sobre a organisação do homem e dos animaes.

Traumatolójico, ca. *adj.* Traumatologico; que respeita á traumatologia.

Travata. *f.* Travata; furacão repentino e violentissimo no golfo de Guiné.

Traversa. *f. (naut.)* Patarraz; cabo que aguenta o mastro do navio, etc. *Funis à summo malo ad navis tabulatum descendens.*

Traversero, ra. *adj. (ant.)* Atravessado; dizia-se do que se levava cingido, traçado, posto de través, como a capa.

Traverso. *m. (art.)* Rede de esparto que nas almadravas serve para atravessar de lado a lado esta armação.

Travertino. *m. (geol.)* Travertino; rocha calcarea, amarellada que endurece ao ar e adquire uma côr avermelhada.

Través. *m.* Través ou travez; situação atravessada. *Transversum, i:* — *(fig.)* través da fortuna, contrariedade, desgraça. *Adversa fortuna vel casus:* — *(ant.)* V. *Lateral. Al través (loc. adv.);* a través, por entre. *Dar al través con alguna cosa (fr. fig.);* dar a través com alguma cousa; deita-la a perder, destrui-la, desbarata-la, *Perdere, pessundare. De través (loc. adv.);* de través, a través; atravessadamente, transversalmente. *Ex transverso. Mirar de través (fr.);* olhar de través, com os olhos torcidos, obliquamente. *Obliquè intueri, limis oculis aspicere. Andar al través (fr.);* andar de través, de esguelha. *Dar al través (fr. naut.);* dar o navio de través; bater com os costados em alguma rocha ou banco de areia onde fica varado, despedaçado. *Navigium vado aut scopulo hærere:* — *(mil.)* través; obra de fortificação, particularmente dos baluartes: — través; obra que se faz nas galerias das minas para embaraçar a passagem, fechar a communicação.

Travesaño. *m.* V. *Atravesaño,* madeiro: — travesseiro; almofada comprida que occupa toda a cabeceira da cama. *Cervical longius.*

Travesar. *a.* Travessar. V. *Atravesar:* — *n. (ant.)* voltar, dar a volta.

Travesear. *n.* Travessear; fazer travessuras, barulhar;

diz-se frequentemente dos rapazes, e por extensão das cousas inanimadas. *Irrequietè agere, lascivire:* — *(fig.)* gracejar, galantear; discorrer com espirito, engenho e vivacidade. *Verbis ludere:* — *(fig.)* desenfrear-se, estragar-se; entregar-se á dissolução, viver desenvoltamente, depravadamente. *Pravis moribus vivere; inhonestè versari.*

Traveser. *m. (art.)* Pesqueira da Albufeira de Valencia.

Travesero, ra. *adj.* Travesso, atravessado; que se põe de través; *v. g. flauta travesera;* flauta travessa, que se sopra atravessada. *Transversus, a, um:* — *m.* travesseiro; almofada comprida que se põe atravessada no topo da cabeceira da cama. *Cervical lecti latitudinem æquans:* — almofada da porta ou da janella.

Travesía. *f.* Travessa; caminho atravessado, distancia ou espaço de um logar a outro, olhado de través. *Transversum iter:* — distancia, caminho, passagem de um logar a outro, aindaque seja em linha recta. *Itineris ab alio in alium locum longinquitas:* — fortificação ou defeza que se forma nos sitios ou praças com travezes. *Transversum propugnaculum vel vallum:* — travessia; vento travessão, contrario á navegação. *Transversus ventus:* — ganho ou perda que se faz no jogo. *Quod in ludo sorte lucratum est:* — través; situação, posição obliqua, atravessada, em través. *Modus transversus. Andar en travesías (fr. ant.);* andar ás avessas, ao contrario do que deve ser, não andar direito: — *(naut.)* travessia; é assim chamado o vento, cuja direcção é perpendicular á de uma costa, ou segue a da embocadura de um porto, canal, passo, estreito, etc., em sentido contrario ao da sua saída: — paga que se dá ao marinheiro mercante pela navegação de um porto a outro.

Travesío, sía. *adj.* Diz-se do gado que sáe do logar ou localidade onde está habitualmente, sem comtudo ir para os logares ou pastagens afastadas. *Transmeans grex:* — travessão; diz-se do vento transversal, que dá de través. *Transversus, obliquus, lateralis:* — *m.* caminho ou sitio por onde se atravessa. *Transitorius locus.*

Traveso, sa. *adj. (ant.)* Travesso. V. *Trasversal.*

Travestido, da. *adj.* Disfarçado, mascarado; vestido de modo que se não conheça. *Personatus, a, um.*

Travesura. *f.* Travessura, desordem, peça maliciosa, esturdia. *Irrequieta actio, ludificatio:* — *(fig.)* penetração, solercia, subtileza de engenho, agudeza, vivacidade de espirito. *Mentis industrium acumen, solertia:* — *(fig.)* velhacada; acção culpavel, reprehensivel, que merece castigo, feita com arte e destreza. *Improbum, pravum facinus.*

Travesuría. *f. (ant.)* V. *Travesura.*

Travesurica, lla, ta. *f. dim.* de *Travesura.* Travessurinha; travessura leve, insignificante.

Travierso, (de). *(loc. adv. ant.)* V. *De través.*

Traviesa. *f.* V. *Travesía:* — quantia que se joga alem de polha: — travessa; aposta que faz o que não joga a favor de algum jogador. *Sponsio in ludo interposita ab alio, etiam non ludente:* — *(art.)* travessa; cada uma das traves que se atravessam nos caminhos de ferro, para sobre ellas assentarem os carris em que andam as rodas das carruagens.

Travieso, sa. *adj.* Travesso, atravessado; posto de lado ou de através. *Transversus, a, um:* — solerte, engenhoso, sagaz. *Sagax, solers:* — travesso, trefego, buliçoso, turbulento, inquieto; diz-se regularmente dos rapazes. *Irrequietus, turbulentus:* — *(fig.)* devasso, estragado, dissoluto, licencioso, relaxado, libertino. *Libidinosus, petulans:* — *(fig.)* travesso; buliçoso, inquieto, que está em continuo movimento; diz-se de certas cousas inanimadas. *Irrequietus, a, um:* — *(ant.)* V. *Difícil:* — travesso, transversal: — *(ant.)* V. *Travesía. De travieso (loc. adv. ant.);* em linha travessa, de successão collateral. *Línea de travieso (fr.)* V. *Línea.*

Travo. *m. (germ.)* Esgrimidor, mestre de esgrima.

Traxiandra. *f. (bot.)* Trachyandra *(estame rude);* genero de plantas da familia das liliaceas.

Traxicarpo. *adj. (bot.)* Trachycarpo; que tem fructos asperos e ouriçados.

Traxide. *m. (zool.)* Trachyde ou trachys; genero de insectos coleopteros pentameros.

Traxidero. *m. (zool.)* Trachydero *(collo desigual);* genero de insectos coleopteros subpentameros.

Traxidio. *m. (bot.)* Trachydio; genero de plantas da familia das umbelliferas.

Traxifillo. *adj. (bot.)* Trachyphyllo; que tem as folhas asperas.

Traxigastro. *m. (zool.)* Trachygastro *(ventre aspero);* genero de reptis saurios da divisão dos strongyluros.

Traximena. *f. (bot.)* Trachymena; genero de plantas da familia das umbelliferas.

Traxinoto. *m. (zool.)* Trachynoto ou trachinoto *(dorso aspero);* genero de insectos hymenopteros da familia dos ichneumonidos.

Traxion. *f. (inus.)* Trazida, tragimento ou trazimento; acção e effeito do trazer: — *(ant.)* V. *Traicion.*

Traxirrinco, ca. *adj. (zool.)* Trachyrrhinco; que tem o bico ou o focinho ouriçado de puas.

Traxisauro. *m. (zool.)* Trachysauro *(lagarto aspero);* genero de reptis saurios da familia dos scincoides.

Traxispermo, ma. *adj. (bot.)* Trachyspermo; que tem fructos ouriçados de espinhos.

Traxistemo. *m. (bot.)* Trachystemo *(estame rude);* genero de plantas da familia das borragineas.

Traxitela. *f.* *(bot.)* Trachytella; genero de plantas da familia das dilleniaceas.

Traxuro, ra. *adj.* *(zool.)* Trachyro; diz-se dos animaes que têem a cauda aspera.

Trayecto. *m.* Trajecto; espaço que um projectil percorre.

Trayectoria. *f.* Trajectoria; diz-se da curva descripta por qualquer projectil desde o ponto d'onde parte até áquelle onde cáe.

Trayella. *f.* *(ant.)* V. *Trailla.*

Trayente. *p. a.* *(ant.)* Trazedor; o que traz. *Trahens, entis.*

Traza. *f.* Traça; primeira planta ou desenho de um edificio ou de outra obra. *Operis lineamenta prima, adumbratio:* — traça, invenção, meio, arbitrio. *Forma, inventum:* — figura, apparencia, ar, feição. *Modus, ratio, species:* — *(fig.)* traça, plano, meio, projecto, designio. *Modus, ratio, consilium. Echar trazas (fr. fig.)* V. *Echar líneas:* — *(mil.)* V. *Trazado.*

Trazado. *m.* V. *Traza,* na primeira accepção: — *adj.* talhado, feito; diz-se com os adjectivos *bien* ou *mal,* da pessoa de boa ou má presença, de boa ou má figura, de bom ou mau talhe. *Elegans vel præstans formâ, aut contra:* — *(mil.)* traçado; dá-se este nome genericamente á demarcação de toda a linha ou linhas, por meio de guias para as manobras, e de estacas ou cordas para os acampamentos.

Trazador, ra. *s.* Traçador; o que traça, debuxa, projecta. *Describens; delineans; adumbrans.*

Trazar. *a.* Traçar, delinear; dar traços, a traça, o plano para um edificio, etc. *Delineare, prima lineamenta ducere, adumbrare:* — *(fig.)* traçar, projectar, machinar; formar um plano, dispor os meios opportunos para conseguir algum fim. *Moliri, machinari.*

Trazista. *m.* Traçador; o que faz a traça, inventa, delinêa a planta de um edificio: — *(fig.)* tracista; o que dá traças, que machina, inventor de alvitres ou artificios para conseguir alguma cousa.

Trazo. *m.* Traça, delineação, desenho; representação de uma cousa por meio de simples linhas ou traços. *Delineatio, adumbratio:* — traço. V. *Línea:* — traço; cada uma das differentes partes em que os mestres de escripta dividem a letra de mão, para facilitar o modo de a formar. *Dibujar al trazo (fr.);* traçar, delinear, contornear uma figura: — *pl.* *(pint.)* pregas, dobras das roupas. *In tabulis pictis vestium rugæ.*

Trazumarse. *r.* V. *Rezumarse.*

Treb. *adj.* *(ant.)* V. *Triple.* Talvez seja apocope de *Treble.*

Treballa. *f.* Mólho delicado que se fazia aos patos, composto de alhos, amendoas, pão, ovos, agraço e canella, tudo misturado. *Salsamentum anseribus condiendis.*

Trébedes. *f. pl.* Trempe; aro ou triangulo de ferro com tres pés em que se assenta a panella ao fogo. *Tripus, chytropos.*

Trebejar. *n.* *(ant.)* Trebelhar, travessear, brincar, bailar, jogar os trebelhos: — *r.* *(ant.)* V. *Trabajarse:* — *(ant.)* divertir-se, brincar, recrear-se.

Trebejo. *m.* Traste, instrumento ou utensilio. Usa-se mais no plural. *Utensilia, orum:* — trebelho, joguete, brinco de creanças. *Ludi utensilia:* — trebelho; cada uma das peças do jogo de xadrez. *Latrunculus, i:* — *(ant.)* diversão, entretenimento: — *(ant.)* gracejo, brinco, zombaria.

Trebejuelo. *m. dim.* de *Trebejo.* Trebelhosinho; pequeno trebelho.

Trebeliánica. *adj.* V. *Cuarta trebeliánica.*

Trebellar. *n.* *(ant.)* V. *Trebejar.*

Trebentina. *f.* *(ant.)* V. *Trementina.*

Trebio. *m.* *(zool.)* Trebio; genero de crustaceos siphonostomos da familia dos peltocephalos.

Trebisonda. *f.* *(naut.)* Trebizonda; embarcação turca de pôpa redonda e com um só mastro, que navega entre Constantinopla nas margens do mar Negro.

Treble. *adj.* *(ant.)* Triple, trino.

Trebol. *m.* Trevo; genero de plantas da familia das leguminosas papilionaceas, cujas especies servem de bom pasto ao gado: — *de los sembrados;* pé de lebre, especie de trevo.

Trebujera. *f.* *(ant.)* Laço, fita: — agulheta.

Trebuto. *m.* *(ant.)* Trebuto. V. *Tributo.*

Trece. *adj. num.* Treze; numero composto de dez e tres. *Tredecim:* — treze, decimo terceiro; usa-se algumas vezes n'este sentido; *v. g.: capítulo trece;* capitulo treze ou decimo terceiro. *Decimus tertius:* — *m.* treze; numero composto dos caracteres arithmeticos 1 e 3. *Tertius decimus numerus:* — cada um dos treze regedores das cidades antigas. *E tredecim decurionibus quisque:* — cavalleiro da ordem de S. Thiago, deputado pelo grão mestre e mais cavalleiros para assistir a um capitulo geral. Deu-se-lhe este nome, porque sempre elegiam treze cavalleiros para este fim. *Tredecemvir. Estarse en sus trece (fr. fig.);* estar nos seus treze: persistir na teima, estar teimoso. *In sententia perstare, persistere. Echarlo todo á trece o à doce (fr.)* V. *Doce.*

Trecemezino; na. *adj.* Que tem treze mezes. *Tredecim mensibus natus.*

Trecenario. *m.* Trezena; numero de treze dias continuados ou interrompidos, dedicados ao mesmo objecto. *Tredecim dierum spatium.*

Trecenato. *m.* V. *Trecenazgo.*

Trecenazgo. *m.* Officio, cargo ou dignidade de *Trece* na ordem de S. Thiago. *Tredecemviri dignitas.*

Treceno, na. *adj. num.* Trezeno, decimo terceiro; que na serie numerica se segue ao duodecimo. *Decimus tertius, tredecimus.*

Trecentista. *m. (lit.)* Trezentista; nome dado aos poetas italianos do seculo xiv, fundadores e paes da litteratura do seu paiz. Entre elles figuram Dante e Petrarcha.

Trecentos. *adj. num. pl. (ant.)* V. *Trescientos.*

Trecésimo, ma. *adj.* Tricesimo ou trigesimo; que corresponde na serie ao numero trinta. *Tricesimus, a, um.*

Trecientos, tas. *adj. num. pl.* Trezentos. V. *Trescientos.*

Trecusis. *m.* Trecussis; moeda de cobre dos antigos romanos, que valia tres asses.

Trecha. *f. (ant.)* Obra, lavor.

Trechado, da. *adj. (ant.)* Trinchado, cortado, retalhado, dividido em pedaços.

Trechel. *m.* Casta; variedade de trigo algum tanto escuro. *Triticum subfuscum.*

Trecho. *m.* Trecho; espaço, intervallo de logar e de tempo. *Tractus, us; — adj. (ant.)* V. *Tratado. Á trechos (loc. adv.);* a trechos, de tempo a tempo, de distancia a distancia, por intervallos. *De trecho en trecho (loc. adv.);* a trechos, de distancia a distancia, de logar a logar, de tempo em tempo. *Per intervalla.*

Trechon. *m. (ant.)* V. *Tronco.*

Trechor. *m. (br.)* Cinta, orla do escudo.

Tredentudo, da. *adj. (ant.)* Tridentado; que tem tres dentes. *Tridens, entis.*

Trefe. *adj.* Frouxo, brando, delgado, flexivel; facil de dobrar-se ou amarrotar-se. *Levis, spongiosus: —* falso, falsificado, que não é da lei; diz-se do dinheiro. *Adulterinus, a, um: — (ant.)* V. *Tísico.*

Trefedad. *f. (ant.)* V. *Tísica.*

Tregua. *f.* Tregua, armisticio; suspensão de armas, cessação de hostilidades por certo tempo. *Induciæ, arum: — (fig.)* tregua; descanso, suspensão de trabalho, de pena, incommodo. *Induciæ, arum. Dar treguas (fr. fig.);* dar, pôr treguas; suspender-se por algum tempo a dor, cuidado, afflicção, a febre, etc., moderar-se muito: *(fig.)* dar treguas, dar tempo. *Spatium dare.*

Treguar. *a. (ant.)* Dar treguas.

Treilla. *f.* V. *Trailla.*

Treinta. *adj. num.* Trinta; tres vezes dez, tres dezenas, producto da multiplicação da dezena por tres. *Triginta: — o treinta y una;* trinta e um; jogo de cartas. *Ludus chartarum sic dictus: — y cuarenta;* trinta e quarenta; certo jogo de parar que se joga com cartas, e é prohibido. *Estar a treinta con rey (fr. fig.);* estar alegre com o vinho. *Ponerse á treinta.* V. *Achisparse.*

Treintaidoseno, na. *adj.* V. *Trijésimo segundo;* diz-se do panno ou tecido cuja urdidura consta de tres mil e duzentos fios.

Treintanario. *m.* Numero de trinta dias continuados ou ininterrompidos. *Triginta dierum spatium, numerus: —* trintario; exequias que se faziam por espaço de trinta dias continuos ou no trigesimo dia depois da morte. *Trigesimus post obitum dies: —encerrado;* trintario cerrado; em que os sacerdotes diziam orações por algum defunto sem se apartarem do cadaver: *— llano;* trintario de missas; as celebradas em trinta dias consecutivos. *Triginta missarum numerus pro defuncto: — revelado;* trintario revelado; certo numero de missas que se diziam por espaço de trinta dias seguidos, durante os quaes o sacerdote estava encerrado na igreja, fazendo exercicios de devoção, crendo-se superstíciosamente que Deus no fim lhe havia de revelar o estado da alma do defunto.

Treintañal. *adj.* Que tem trinta annos. *Tricessimus, a, um.*

Treintena. *f.* Trintena; a trigesima parte. *Trigesima pars.*

Treintenario. *m. (ant.)* V. *Treintanario.*

Treinteno, na. *adj.* V. *Trigésimo.*

Tremadal. *m.* V. *Tremedal.*

Tremandra. *f. (bot.)* Tremandra; genero de plantas da familia das tremandreas.

Tremandráceas, Tremándreas. *f. pl. (bot.)* Tremandraceas ou tremandreas; familia de plantas dicotyledoneas polypétalas.

Tremante. *adj.* Tremante, tremente; que treme.

Tremar. *n. (ant.)* V. *Temblar.*

Trematobranquio, quia. *adj. (zool.)* Trematobranchio; diz-se dos molluscos cujas branchias communicam exteriormente por buracos.

Trematóforo, ra. *adj. (zool.)* Trematophoro; que tem buracos.

Trematópneo, nea. *adj. (zool.)* Trematopneo; que respira por buracos: — V. *Condropterijios.*

Tremebundo, da. *adj.* Tremebundo, espantoso, horrivel; que faz tremer. *Tremebundus, a, um.*

Tremecer. *n. (ant.)* V. *Temblar.*

Tremedal. *m.* Tremedal, brejo, lameiro, terreno alagadiço. *Locus cœnosus mobilis.*

Tremela. *f. (bot.)* Tremella; genero de cogumelos hymenomycetos.

Tremelina. *f. (chim.)* Tremelina; substancia particular que se encontra nas tremellas.

Tremendo, da. *adj.* Tremendo, horrivel; que causa terror, faz tremer. *Tremendus, a, um: —* respeitavel, veneravel; digno de respeito, reverencia e veneração. *Venerandus, veneratione dignus: —* tremendo, formidavel; mui grande e excessivo no seu genero. *Valde ingens, immanis.*

Tremente. *adj. (ant.)* Tremente. V. *Trémulo. Tremens, entis.*

Trementina. *f. (bot.)* Trementina, terebinthina; substancia resinosa que se apresenta sob a apparencia de um liquido espesso e viscoso, qué corre de incisões que se praticam na casca do pinheiro maritimo.

Tremer. *n. (ant.)* Tremer. V. *Temblar.*

Tremés, Tremesino, na. *adj.* Tremez, tremesinho; de tres mezes. *Trimestris, tre.*

Tremice. *m. (zool.)* Tremice;

genero de insectos hymenopteros da tribu dos siricidos.

TREMIELGA. *f.* *(zool.)* Tremelga ou tropedo. V. *Torpedo.*

TREMÍS. *m.* Tremisses; moeda antiga de oiro usada em Roma, e tambem em Castella, que valia a terça parte de um soldo d'aquelle tempo. *Tremissis, is.*

TREMÓ. *m.* Tremó ou trumó; especie de adorno que se põe aos espelhos fixos na parede. *Speculi ora:* — trumó; espelho grande entre dois vãos.

TREMOLANTE. *adj.* Tremulante que tremúla; diz-se das bandeiras, etc. *Vento agitans.*

TREMOLAR. *a.* Tremolar; agitar; com movimento tremulo, fazer fluctuar uma bandeira, pendão, etc. *Vexilla levare, in altum extollere agitareque:* — *(fig.)* agitar no ar. *Vento agitare:* — *n.* tremolar. V. *Undular.*

TREMOLINA. *f.* Agitação ou movimento ruidoso do ar, sussurro do vento. *Aeris commotio; tempestas:* — *(fig. fam.)* borborinho, algazarra, bulha; ruido confuso de pessoas que fallam e se divertem. *Hominum commotio, agitatio, tumultus.*

TREMOLITA. *f.* *(min.)* Tremolita; variedade de amphibol branco.

TREMOLOSO, SA. *adj.* *(ant.)* Tremuloso. V. *Tremuloso.*

TREMOR. *m.* Tremor. V. *Temblor.* Na lingua castelhana significa principalmente o principio do tremor ou do estado convulsivo.

TRÉMULAMENTE. *adv. m.* Tremulamente; com tremor ou movimento convulsivo. *Cum tremore.*

TREMULANTE. *adj.* Tremulante. V. *Trémulo.*

TREMULENTO, TA. *adj.* Tremente. V. *Trémulo.*

TRÉMULO, LA. *adj.* Tremulo, tremente; que treme. *Tremulus, a, um:* — *(fig.)* tremulo; que tem um movimento vibratorio; diz-se da luz e de outras cousas. *Tremulus, a, um:* — tremulo; diz-se das linhas de um desenho.

TREMULOSO, SA. *adj.* *(ant.)* Tremuloso. V. *Trémulo.*

TREN. *m.* Trem, apresto, apparelho, bagagem, equipagem. *Apparatus, us:* — trem, apparato, ostentação, pompa. *Apparatus, pompa:* — *de artillería (mil.);* trem de artilheria; o apparelho d'ella. *Apparatus machinarum et tormentorum cæterarumque rerum bello inservientium:* — *de barcas (mil.);* trem de barcas; reunião de barcas unidas umas ás outras para conduzir materiaes por um rio ou para formar uma ponte.

TRENA. *f.* Charpa; banda militar que se usava a tiracollo ou cingida. *Baltheus:* — prata queimada. *Argentum concrematum:* — *(p. Ar.)* rosca; pãosinho em fôrma de trança. *Cibum panis in tæniæ figuram:* — *(germ.)* cadeia, prisão, carcere.

TRENADO, DA. *adj.* Trançado, entrelaçado, enredado; feito em fórma de trança ou de rede. *Reticulatus, a, um.*

TRENCA. *f.* Espertilho; cada um dos pausinhos que se atravessam no cortiço para suster o favo. *Meterse hasta las trencas (fr.);* enterrar-se até ao pescoço, atolar-se até ás orelhas: *(fig. fam.)* metter-se em camisa de onze varas; embaraçar-se por tal fórma em negocio ou materia que seja difficil saír bem. *Usque ad imum hærere, implicari.*

TRENCELLIN. *m.* V. *Trenzellin.*

TRENCICA, LLA. *f. dim.* de *Trenza.* V. *Trenzica.*

TRENCILLAR. *a.* V. *Trenzillar.*

TRENCILLO. *m.* V. *Trenzillo.*

TRENCITA. *f. dim.* de *Trenza.* V. *Trenzita.*

TRENCHA. *f.* *(naut.)* Cunha de ferro de que os carpinteiros de machado se servem para rachar madeira, a golpes de malho.

TRENO. *m.* *(germ.)* Preso, prisioneiro: — threnos, lamentações, cantos funebres. Por antonomasia diz-se das lamentações de Jeremias. *Threni, orum.*

TRENODO. *m.* *(zool.)* Threnodo; genero de insectos lepidopteros da familia dos nocturnos.

TRENQUE. *m.* *(p. Murc.)* Açude, represa de um rio. *Obex fluvio oppositus; repagulum.*

TRENTENO, NA. *adj.* *(ant.)* V. *Trijésimo:* — *m.* *(ant.)* V. *Treintena.*

TRENZA. *f.* Trança; cousa entrelaçada. *Tænia, fascia, vitta:* — movimento accelerado das pernas na dança hespanhola, figurando um entrelaçamento emquanto estão no ar.

TRENZADERA. *f.* V. *Tranzadera:* — *(p. Ar.)* fita de linha. *Tænia ex filo.*

TRENZADO. *m.* Trançado; cabello disposto em tranças. *Cornarum ornatus tæniis distinctus:* — V. *Trenza,* na segunda accepção. *Al trenzado (loc. adv.);* desordenadamente, com desalinho, inconsideradamente, sem cuidado. *Temerè, perditè. Echar el trenzado (fr.);* deitar ao desprezo, esquecer algum negocio ou encargo, não curar d'elle. *Oblivioni mandare.*

TRENZAR. *a.* Trançar, entrançar; dispor em tranças, fazer tranças. *Crines in tæniarum speciem aptare, componere.*

TRENZELLIN. *m.* Trancelim. V. *Trenzillo.*

TRENZILLAR. *a.* Guarnecer de trancinha, de trançado estreito.

TRENZILLA. *f.* Trancelim; trancinha, trançado, galão estreito de fios de seda ou de metal.

TRENZILLO. *m.* V. *Trenzilla.*

TREO. *m.* *(naut.)* Treu; vêla quadrada ou redonda que em temporal se põe nas galés e nos navios latinos. *Velum quadratum in navi.*

TREPA. *f.* Acção e effeito de trepar. *Ardua et preceps ascensio:* — guarnição da orla dos vestidos, disposta em voltas. *Vestis ornatus oræ circumpositus:* — madeira de polimento cheia de veios e especialmente de nóz: — tratada, treta, ardil, fraude, burla, engano. *Astus, fraus:* — *(fam.)* tunda; sova de pancadas. *Verberatio, onis.*

TREPADO, DA. *adj.* Refeito, fornido de carnes, robusto, corpulento; diz-se dos animaes. *Robustus, teres:* — *m.* V.

Trepa, na segunda accepção.

Trepador, ra. *s.* Trepador; o que trepa. *Præceps ascendens:*—*m.* trepadouro; sitio, logar onde ou por onde se trepa. *Arduum et præceps iter:* — *(ant.)* selleiro, correeiro, fabricante de arreios.

Trepanar. *a. (cir.)* Trepanar; furar, abrir o craneo com a corôa do trepano. *Caput, occiput terebrare:* — *una mina (fr. mil.)*; furar uma mina para lhe dar ventilação.

Trépano. *m. (cir.)* Trépano; instrumento cirurgico munido de uma corôa ou cylindro ôco terminado por dentes, com que se serra circularmente o craneo, para se extrahir lascas de osso ou fluido extravasado. *Terebellum, i:* — trepanação; acto, operação de trepanar: — *(mil.)* instrumento de mineiro para abrir algum buraco vertical, desde o alto da galeria da mina até á superficie do terreno.

Trepante. *adj.* Tratante, velhaco; diz-se do homem cavilloso, ardiloso, que usa de tretas. *Astu pollens, callidus, versutus.*

Trepar. *n.* Trepar; subir a logar alto, escabroso, difficil. *Scandere, per loca difficilia ascendere:* — trepar; subir a planta enredando-se ou agarrando-se aos corpos vizinhos ou a outras plantas, como succede á hera, etc. *Scandere:* — *a.* guarnecer com o enfeite ou guarnição chamada trepa. *Vestis oram ornatu quodam circumducere:* — tradear, furar. *Terebrare:* — *(prov.)* forçar, violar uma donzella.

Trepezal. *m. (p. Gal.)* Mata, floresta de robles e castanheiros, que se corta de quatorze ou de quinze em quinze annos para arcos de pipas, estacas, esteios de parreiras, etc.

Trepidacion. *f. (ant.)* Terror, medo. *Trepidatio, onis:* — *(ant.)* tremor: — *(astron.)* trepidação; balanço apparente e quasi insensivel que os antigos astronomos attribuiam ao firmamento, do norte para o sul. *Motus trepidationis:* — *(med.)* trepidação; tremor, convulsão dos membros e dos nervos, fibras, etc. *Compas de trepidacion (art.)* V. *Compas.*

Trepidante. *adj. (ant.)* Trepidante. V. *Temeroso:* — *(poet.)* trepidante. V. *Trémulo.*

Trépido, da. *adj. (ant.)* Trépido. V. *Trémulo.*

Trepocarpo. *m. (bot.)* Trepocarpo; genero de plantas da familia das umbelliferas.

Trepsiolojía. *f.* Trepsiologia; sciencia que trata dos differentes meios de alimentar e cuidar dos animaes domesticos.

Tres. *adj. (num.)* Tres; diz-se do numero impar composto de duas unidades com a addição de mais uma. *Tres, tria:* — tres, terceiro; *v. g.: capitulo tres;* capitulo tres ou terceiro: — *m.* tres; caracter arithmetico que representa este numero. *Tertius numerus:* — tres; carta de jogar que tem tres pontos ou signaes. *Charta tribus notis distincta:* — nome que os meninos applicam a qualquer moeda que se lhes dá para brincarem. *Nummus:* — um dos tres magistrados que governavam cidade ou villa; quando havia seis chamavam-se *seises. Triumvir:* — *de menor (germ.)*; burro ou besta muar: — *en raya.* V. *Raya:* — *sietes;* tres setes; certo jogo de cartas: — *vezes (loc. adv.)*; tres vezes, muito, em alto grau. *Ter.*

Tresabuelo, la. *s. (ant.)* V. *Tatarabuelo.*

Tesalbo. *adj.* Tresalvo; diz-se do cavallo que tem tres membros locomotores de côr branca nos extremos e outro de côr differente.

Tresañal. *adj. (ant.)* Triennal; que tem tres annos.

Tresañejo, ja. *adj.* V. *Tresañal.*

Tresbolillo (al). *(loc. adv.)* Em xadrez, em quincuncio; diz-se das arvores e cepas quando se collocam de sorte que cada quatro formam um quadro, e outra occupa o centro d'elle, e assim successivamente. *In quincuncem.*

Trescientos. *adj. (num.)* Tresentos; tres vezes cem, quantidade que resulta da multiplicação de tres por uma centena. *Tercenta.*

Tresdoblar. *a.* Tresdobrar. V. *Triplicar:* — dobrar uma cousa em tres dobras.

Tresdoble. *m.* Tresdobro, o triplo; tres vezes outro tanto. *Triplex, icis.*

Tresena. *f.* Trezena; moeda da provincia de Valença que valia tres dinheiros ou seis maravedis.

Tresillo. *m.* Voltarete de tres; jogo de cartas. *Chartarum ludus ita dictus.*

Tresmesino, na. *adj.* V. *Tremesino.*

Tresna. *f. (ant.)* Trauta. V. *Rastro:* — movimento, meneio.

Tresnal. *m. (prov.)* Méda; ajuntamento de feixes ou gavelas dispostas em fórma triangular para despedirem a agua. *Messis acervus.*

Tresnar. *a. (ant.)* Esfregar, fazer fricções: — *r. (ant.)* menear-se, mover-se.

Tresnieto, ta. *s. (ant.)* Tresneto, tresneta. V. *Tataranieto.*

Trespasar. *a. (ant.)* Trespassar. V. *Traspasar.*

Tresquiladero. *m. (ant.)* V. *Trasquiladero.*

Tresquilador, ra. *s. (ant.)* V. *Trasquilador.*

Tresquilar. *a. (ant.)* V. *Trasquilar.*

Trestanto. *m.* Tres vezes outro tanto. V. *Triplo:* — *adv.* tres vezes tanto.

Trestiga. *f. (ant.)* V. *Cloaca.*

Treta. *f. (esg.)* Treta; finta, astucia no jogo da espada. *In arte gladiatoria astus, callidum consilium:* — *(fig.)* treta, engano artificioso, ardil. *Astus, calliditas.*

Treudo. *m. (p. Ar.)* Tributo imposto sobre bens de raiz: — direito emphyteutico.

Treverse. *n. (ant.)* V. *Atreverse.*

Trevesia. *f. (bot.)* Trevesia; genero de plantas da familia das araliaceas.

Treveyar. *n. (ant.)* V. *Trebejar.*

Trexnar. *n. (ant.)* V. *Tresnar.*

TREYENTA. *adj. num. (ant.)* V. *Treinta.*

TREZA. *f. (germ.)* Besta.

TRESNAR. *a. (ant. p. Ar.)* V. *Atresnalar.*

TRIACA. *f. (pharm.)* Triaga ou theriaga; composição pharmaceutica muito usada antigamente, formada de muitos ingredientes, sendo os principaes o opio e as especies que lhe servem de correctivo: —*(fig.)* antidoto, preservativo, defensivo; remedio de algum mal ou damno, etc. *Antidotum, i:* —triaga; antidoto de um veneno.

TRIACAL. *adj.* Theriacal; que contém theriaga ou que tem a virtude de triaga ou antidoto. *Theriacâ constans.*

TRIACHE. *m. (p. C.)* Café de inferior qualidade.

TRIADA. *f. (bot.)* Triada; genero de plantas da familia das orchideas: — *(philos.)* triada; reunião de tres pessoas ou de tres unidades. Na escola neoplatonica diz-se alludindo ao ser, á intelligencia e á alma: — *armónica (mus.);* trio harmonico, consonancia perfeita; um composto de tres sons radicaes ouvidos todos a um tempo.

TRIADELFO, FA. *adj. (bot.)* Triadelpho; diz-se da planta cujos estames estão reunidos em tres feixinhos, cada um dos quaes apresenta varias antheras.

TRIALADO, DA. *adj. (bot.)* Trialado; que tem tres azas.

TRIANDRIA. *f. (bot.)* Triandria *(tres estames);* classe de plantas estabelecida no systema sexual de Linneo para comprehender todas aquellas que têem as flores hermaphroditas providas de tres estames livres.

TRIÁNDRICO, CA. *adj. (bot.)* Triandrico; que pertence á triandria.

TRIANDRO, DRA. *adj. (bot.)* Triandro; que tem tres estames.

TRIANGULADO, DA. *adj. (ant.)* Triangulado; a que se deu a fôrma triangular.

TRIANGULAR. *adj.* Triangular; da fôrma de um triangulo. *Triangularis, re.*

TRIÁNGULO. *adj.* V. *Triangular:* — *(mus.)* triangulo ou ferrinhos; instrumento musico: — *medular (anat.)* V. *Bóveda:* — *austral (astron.);* triangulo austral; constellação situada perto do pólo antarctico: — *boreal;* triangulo boreal; uma das vinte e duas constellações chamadas boreaes. Está situada debaixo da Andrómeda: — *paraláctico;* triangulo parallatico; o que é formado pelo raio da terra e por duas linhas que partem das duas extremidades d'este raio, para ir reunir-se ao centro de um astro: — *(math.)* triangulo; figura que tem tres lados e tres angulos: — *(mil.)* triangulo; obra de fortificação com um meio baluarte em cada extremo.

TRIANTEMA. *f. (bot.)* Trianthema; genero de plantas da familia das portulaceas.

TRIANTO. *m. (bot.)* Triantho *(flor triplicada);* genero de plantas da familia das compostas.

TRIAQUERA. *f.* Caixa para guardar triaga ou qualquer outro medicamento. *Vas theriacæ aut aliis medicamentis servandis.*

TRIAR. *n.* Apparelhar; entrar e saír frequentemente as abelhas de um cortiço. *Frequenter ex alveario apes exire, sive in illud intrare.*

TRIARIOS. *m. pl. (hist. ant.)* Triarios; soldados veteranos das legiões romanas, que formavam a reserva ou terceira linha. *Triarius miles.*

TRIARISTADO, DA. *adj. (bot.)* Triarestado; provido de tres arestas.

TRIARTICULADO, DA. *adj. (zool.)* Triarticulado; que tem tres articulações, como as antennas de certos insectos.

TRIAS. *f. (geol.)* Trias; nome dado a um terreno composto de tres formações ou depositos distinctos sob o ponto de vista mineralogico, e são: os greses bigarrados ou variados, o muschelkalk, e as margas irisadas ou keuper dos allemães.

TRIÁSICO, CA. *adj. (geol.)* Triasico; diz-se do terreno chamado trias.

TRIÁSPIDE. *m. (bot.)* Triaspide *(tres escudos);* genero de plantas da familia das malpighiaceas.

TRIATERA. *f. (bot.)* Triathera; genero de plantas da familia das gramineas.

TRIBOMÉTRICO, CA. *adj.* Tribometrico; concernente ao tribometro.

TRIBÓMETRO. *m. (phys.)* Tribometro; instrumento proprio para medir a força ou os graus de fricção.

TRIBON. *m.* Especie de psalterio de fórma triangular, cujas cordas são de latão e tangem-se com estileles ou ponteiros de ferro. *Instrumentum musicum quoddam.*

TRIBONANTO. *m. (bot.)* Tribonantho; genero de plantas da familia das hemodoraceas.

TRIBRÁQUIO. *m.* Tribracho; pé do metro grego e latino, que tem tres syllabas breves; *v. g.: facere. Tribrachus, i.*

TRIBU. *f.* Tribu; reunião de familias descendentes de um dos individuos de uma familia primitiva. Era uma das partes em que alguns povos se dividiam, como as doze de que se compunha o povo de Israel. Algumas vezes tambem se usa como substantivo masculino. *Tribus, us:* — *(hist.)* tribu; dizia-se de certo numero de monges que tinham um superior particular com obediencia ao abbade. Os mosteiros de S. Pacomio tinham muitas tribus subdivididas em tres ou quatro familias. Em Athenas e Roma o povo era dividido em tribus. *Tribus, us. Tribus honorarias ó militares;* tribus honorarias ou militares; aquellas onde se inscreviam os soldados estrangeiros durante o imperio. *Las doces tribus;* as doze tribus; diz-se das doze divisões do povo hebraico, que deviam a sua origem aos filhos de Jacob, cujos nomes tomaram: — *(hist. nat.)* tribu; secção de uma familia.

TRIBUIR. *a.* V. *Dar, Atribuir.*

TRIBULACION. *f.* Tribulação, magua, pena, tormento, afflicção. Regularmente significa trabalho, perseguição, adversidades que padecem os justos, resignando-se submissos com a vontade de Deus. *Tribulatio; angustia; ærumna.*

TRIBULANTE. *p. a.* de *Tribular. Tribulans, antis.*

TRIBULANZA. *f. (ant.)* V. *Tribulacion.*

TRIBULAR. *a. (ant.)* Tribular. V. *Atribular.* Usa-se tambem como reciproco.

TRÍBULO. *m. (ant.)* Especial ceremonia que se faz em signal de sentimento de alguma adversidade ou lastima. *Lamentatio, onis:* — *(bot.)* tribulo ou tribulho. V. *Abrojo.*

TRIBUNA. *f.* Tribuna; logar elevado d'onde se fallava ao povo. *Pulpitum suggestus:* — tribuna; janella ou balcão na igreja onde assistem os reis ou pessoas de distincção aos officios divinos. *Meniana in templis:* — tribuna; especie de pulpito d'onde fallam os oradores nas assembléas publicas ou particulares. Tambem se chama assim ás galerias destinadas para os espectadores. *La elocuencia de la tribuna;* a eloquencia da tribuna; genero de eloquencia propria das assembléas politicas.

TRIBUNADO. *m.* Tribunado; dignidade de tribuno. *Tribunatio, onis.*

TRIBUNAL. *m.* Tribunal; casa, assento de magistrados que administram a justiça. *Tribunal, alis:* — tribunal; o ministro, a junta ou sessão de magistrados que julgam e sentenceiam. *Judicum cœtus, consessus:* — *de Dios;* tribunal de Deus; juizo que Deus faz dos homens depois da morte. *Divinum judicium:* — *de la penitencia;* tribunal da penitencia; o sacramento da penitencia, e o logar em que se administra. *Pœnitentiæ sacramentum, seu locus ubi illud confertur:* — *de la conciencia;* tribunal da consciencia; juizo recto das operações que forma a propria consciencia. *Conscientiæ judicium:* — *supremo;* tribunal supremo ou supremo tribunal; aquelle cuja jurisdicção se estende a todas as provincias do reino, e de cujas sentenças não ha appellação. *El tribunal de la opinion pública, de la posteridad;* o tribunal da opinião publica, da posteridade; juizo que a opinião publica ou a posteridade formam ácerca de uma pessoa ou cousa.

TRIBUNALI (PRO). *loc. adv. tirada do latim.* Pro tribunali; em audiencia publica, ou em trajos, com apparato de juiz: — *(fig. fam.)* categoricamente; em tom decisivo, claro. *Tamquam ex tripode.*

TRIBUNATO. *m. (ant.)* Tribunato. V. *Tribunado.*

TRIBUNICA, LLA, TA. *f. dim.* de *Tribuna.* Tribunasinha; pequena tribuna.

TRIBUNICIO, CIA. *adj.* Tribunicio. V. *Tribúnico.*

TRIBÚNICO, CA. *adj.* Tribúnicio; que pertence á dignidade de tribuno. *Tribunicus, a, um. Elocuencia tribunicia;* eloquencia tribunicia; diz-se dos discursos em que se defendem os interesses ou se intenta commover as paixões populares. *Oposicion tribunicia;* opposição tribunicia; opposição parecida com a dos tribunos. *Poder tribunicio (num.);* poder tribunicio; medalha imperial que indicava o numero de annos que o imperador tinha no exercicio do poder tribunicio.

TRIBUNO. *m. (fig.)* Tribuno; defensor dos direitos do povo: — *(fig.)* orador que trata de commover, animar ou agitar o povo com as suas arengas ou discursos: — *(hist.)* tribuno; magistrado da antiga republica romana nomeado pelo povo para o proteger contra as prepotencias do senado, dos consules e dos patricios. *Tribunus, i.*

TRIBUNOCRACIA. *f.* Tribunocracia; despotismo dos tribunaes, influencia dos agentes subalternos dos tribunaes.

TRIBUTACION. *f.* V. *Tributo:* — *(p. Ar.)* V. *Enfiteusis.*

TRIBUTANTE. *adj.* Tributario, contribuinte; que paga tributo. *Tributa pendens vel solvens.*

TRIBUTAR. *a.* Tributar, contribuir; pagar o tributo, as contribuições. *Tributa pendere vel solvere:* — tributar, prestar; render obsequios, adorações, gratidão, amisade. *Obsequium submissè præstare:* — dar ao cadastro: — *(p. Ar.)* limitar; demarcar os limites assignalados aos donos de gado. *Terminos vel fines assignare.*

TRIBUTARIO, RIA. *adj.* Tributario; que paga tributo, obrigado a pagar tributo. Usa-se tambem substantivado. *Tributarius, a, um:* — tributario, contributivo; concernente ao tributo: — *m. (p. Am.)* tributario; indio que é obrigado a pagar tributo ao estado desde os dezoito até aos cincoenta annos. *Tierras tributarias (hist.);* terras tributarias; dava-se este nome durante o feudalismo ás terras sujeitas a pagar um censo ou contribuição ao superior.

TRIBUTO. *m.* Tributo, contribuição; imposto que o povo paga ao governo para os gastos publicos. *Tributum, i:* — tributo, carga, onus, obrigação, condição onerosa. *Tributum, onus:* — V. *Censo:* — *(germ.)* amasia, amiga: — *malo;* multa, condemnação, pena pecuniaria que pagava o delinquente.

TRICALCO. *m. (archeol.)* Tricalco; moeda grega que valia tres oitavos do obolo.

TRICALISIA. *f. (bot.)* Tricalysia; genero de plantas da familia das rubiaceas.

TRICAMERON. *m.* Tricameron; edificio de tres abobadas sobrepostas ou de tres andares.

TRICAPSULAR. *adj. (bot.)* Tricapsular; diz-se dos fructos formados pela reunião de tres capsulas.

TRICENAL. *adj.* Tricennal; que dura trinta annos. *Tricenarius, a, um.*

TRICENTÉSIMO, MA. *adj. numeral ordinal.* Tricentesimo; que corresponde na serie ao numero trezentos. *Tercentesimus, a, um.*

TRICERA. *f. (bot.)* Tricera; genero de plantas da familia das euphorbiaceas.

Tricerasta. *m.* *(bot.)* Tricerasta; genero de plantas da familia das datiscaceas.

Tricero. *m.* *(bot.)* Tricero *(tres cornos)*; genero de plantas da familia das burseraceas.

Tricésimo, ma. *adj.* Tricesimo. V. *Trijésimo.*

Tricicla. *f.* *(bot.)* Tricycla *(tres circulos)*; genero de plantas da familia das nyctagineas.

Triciclo. *m.* Tricyclo; carruagem antiga de tres rodas.

Tricípite. *adj.* Tricipite; que tem tres cabeças. *Triceps, ipitis.*

Tricladia. *f.* *(bot.)* Tricladia *(tres ramos)*; genero de plantas phyceas.

Triclinario. *m.* *(h. ant.)* Triclinario; escravo que servia ao triclinio. *Triclinarcha, æ.*

Triclinio. *m.* Triclinio; casa de jantar com as tres camilhas em roda da mesa, onde se sentavam, entre os romanos, os que comiam a ella. *Triclinium, ii.*

Tricolor. *adj.* Tricolor; de tres cores. *Triplici colore distinctus.*

Tricoma. *m.* *(med.)* Trichoma, plica polonica; enfermidade dos cabellos, que consiste em se enredarem uns nos outros, não se podendo desembaraçar nem cortar sem que deitem sangue.

Tricomaria. *f.* *(bot.)* Tricomaria; genero de plantas da familia das malpighiaceas.

Tricordio. *m.* *(mus. ant.)* Tricordio; instrumento de tres cordas.

Tricorina. *f.* *(bot.)* Tricoryna; genero de plantas da familia das liliaceas.

Tricorne. *adj.* Tricorne; que tem tres cornos. *Tricornis, ne.*

Tricornio, nia. *adj.* Tricorneo. V. *Tricorne:* — *m.* chapéu de tres bicos.

Tricotiledoneo, nea. *adj.* *(bot.)* Tricotyledoneo; diz-se da semente provida de tres cotyledones, como a do pinheiro negro.

Tricroismo. *m.* *(min.)* Trichroismo; propriedade que têem os mineraes dotados de dois eixos de dupla refracção, de offerecer tres cores differentes quando são olhados em diversos sentidos.

Tricroito, ta. *adj.* Trichroito; que offerece o phenomeno do trichroismo.

Tricuspidal. *adj.* *(anat.)* Tricuspidal. V. *Tricuspídeo.*

Tricuspídeo, dea. *adj.* Tricuspide; que tem tres pontas. *Válvulas tricuspídeas (anat.)*; valvulas tricuspides; epitheto que se dá ás tres valvulas que estão á entrada da veia cava no coração.

Tridacio. *m.* *(pharm.)* Thridacio; succo produzido, na epocha da fructificação, pelos talos da alface hortense, o qual se emprega em medicina como calmante.

Tridacna. *f.* *(zool.)* Tridacna; genero de molluscos conchiferos dimyarios.

Tridacofilla. *f.* *(bot.)* Tridacophylla *(folha com tres signaes)*; genero de polypeiros petreos.

Tridáctilo. *m.* *(zool.)* Tridactylo *(tres dedos)*; genero de reptis saurios da familia dos scincoideos: — tridactylo; genero de insectos orthopteros, da familia dos grillideos.

Tridentado, da. *adj.* *(bot.)* Tridentado ou tridenteado; que tem tres divisões em fórma de dentes.

Tridente. *adj.* Tridentado; que tem tres dentes: — *m.* tridente; sceptro de tres farpas que os poetas põem nas mãos de Neptuno. *Tridens, entis:* — *(p. And.)* fisga; instrumento de pesca, que de ordinario tem mais de tres farpas ou pontas. *Harpago, onis:* — *(math.)* tridente, parabola de Descartes; curva de terceiro grau que tem quasi a figura de um tridente.

Tridentífero, ra. *adj.* *(poet.)* Tridentifero ou tridentigero; que traz tridente. *Tridentifer, tridentiger.*

Tridentino, na. *adj.* Tridentino; pertencente a Trento: — *s.* tridentino; natural de Trento.

Tridésmide. *m.* *(bot.)* Tridesmide ou tridesmis; genero de plantas da familia das hypericineas.

Tridi. *m.* *(chron.)* Tridi; terceiro dia da decada, no calendario republicano francez.

Tridijitado, da. *adj.* *(bot.)* Tridigitado; que tem tres digitações, ou um peciolo commum terminado por tres foliolos.

Trido, da. *adj.* *(equit.)* Vivo, prompto, veloz, ligeiro, accelerado; diz-se do passo do cavallo.

Tridodecaedro. *m.* *(min.)* Tridodecaedro; diz-se do mineral que apresenta a reunião de tres dodecaedros.

Tridracma. *m.* *(archeol.)* Tridrachma; peça e moeda grega, que valia tres drachmas.

Triedro, dra. *adj.* *(math.)* Triedro; que tem tres faces ou é formado por tres planos.

Triduano, na. *adj.* Triduano; de tres dias. *Triduanus, a, um:* — *m.* *(ant.)* oração, preces de tres dias.

Triduo. *m.* Triduo; espaço de tres dias. *Triduum, i:* — triduo; festa, ceremonia, exercicios devotos que duram tres dias.

Triedro, dra. *adj.* *(min.)* Triedro; diz-se das pyramides terminadas por tres faces.

Trienal. *adj.* Triennal; que dura tres annos, que vem de tres em tres annos. *Triennalis, le.*

Triencefalia. *m.* *(phil.)* Triencephalia; monstruosidade do triencephalo.

Triencéfalo. *m.* *(phil.)* Triencephalo; monstro privado de tres orgãos, a saber: o olfato, o ouvido e a vista.

Trienio. *m.* Triennio; espaço de tres annos. *Triennium, ii.*

Triental. *f.* *(bot.)* Triental; genero de plantas da familia das primulaceas.

Trieñal. *adj.* V. *Trienal.*

Trierarca. *m.* *(hist. grega)* Trierarcha; capitão de galé. *Trierarchus, i:* — trierarcha; por extensão dava-se este nome em Athenas aos cidadãos obrigados pela lei a armar uma galé e equipa-la, ou pelo menos a maior parte d'ella.

Trierarquia. *f.* *(hist. grega)*

Trierarchia; dignidade, emprego de trierarcha: — trierarchia; armamento e commando de uma galé entre os athenienses.

Triexaedro, ra. *adj. (min.)* Trihexaedro; diz-se do solido resultante da reunião de dois rhomboedros iguaes, collocados de um modo symetrico. Esta fórma é propria de certos carbonatos de cal.

Trifanita. *f. (min.)* Triphanita; variedade de mesotepa côr de rosa e de fractura schistosa.

Trifano. *m. (min.)* Triphano; variedade de feldspatho de lithina.

Trifármaco, ca. *adj. (pharm. ant.)* Tripharmaco; composto de tres ingredientes.

Trifasia. *f. (bot.)* Triphasia; genero de plantas da familia das aurantiaceas.

Trifauce. *adj. (poet.)* Trifauce; que tem tres guelas ou fauces. *Trifaux, cis.*

Trifaz. *m. (mil. ant.)* Virote ou arma de arremesso com ponta farpada, que ás vezes chegava a ter o comprimento de nove palmos.

Trifelia. *f. (bot.)* Triphelia; genero de plantas da familia das myrtaceas.

Triférrico, ca. *adj. (chim.)* Triferrico; diz-se de um sal ferrico que tem tres vezes tanta base como o sal neutro correspondente.

Triferroso, sa. *adj. (chim.)* Triferroso; diz-se de um sal ferroso que tem triplice quantidade de base da do sal neutro correspondente.

Trífido, da. *adj. (poet.)* Trifido; aberto ou recortado em tres partes. *Trifidus, a, um:* — *(bot.)* trifido; que é dividido em tres secções, lobulos ou ramos.

Trifillo, lla. *adj. (bot.)* Triphyllo; que tem tres folhas ou folliolos: — triphyllo; que tem folhas dispostas de tres em tres ou divididas em tres lobulos: — *m. (zool.)* triphyllo *(tres folliolos);* genero de insectos coleopteros tetrameros da tribu dos mycetophagitos.

Trifisaria. *f. (bot.)* Triphysaria; genero de plantas da familia das scrofularineas.

Trifloro, ra. *adj. (bot.)* Trifloro; que tem tres flores.

Trifoliáceas. *f. pl. (bot.)* Trifoliaceas; tribu de plantas leguminosas, que têem por typo o genero trevo.

Trifoliado, da. *adj. (bot.)* Trifoliado; diz-se da planta cujas folhas estão dispostas de tres em tres no extremo do peciolo.

Trifolio. *m. (bot.)* Trifolio. V. *Trébol.*

Triforme. *adj.* Triforme; que tem tres fórmas. *Triformis, me:* — *(bot.)* triforme; diz-se da calathide das synanthereas, quando tem tres classes de flores differentes na fôrma.

Trifurcado, da. *adj. (bot.)* Trifurcado; dividido em tres partes muito delgadas na ponta ou extremidade.

Trifurcar. *a.* Trifurcar; dividir em tres partes, ramos ou ramificações. Usa-se tambem como reciproco e applica-se geralmente aos caminhos ou linhas de viação.

Trigamia. *f.* Trigamia; matrimonio com tres mulheres a um mesmo tempo, ou estado da mulher que tem tres maridos, estando todos vivos: — trigamia; estado dos que passaram a terceiras nupcias.

Trígamo, ma. *adj.* Trigamo; diz-se do homem casado com tres mulheres estando todas vivas, e da mulher que tem tres maridos a um mesmo tempo: — trigamo; o que se casa ou foi casado tres vezes successivamente.

Trigaza. *adj., f.* Palha triga, do trigo. *Palea triticea.*

Trigésimo, ma. *adj. numeral ordinal.* V. *Trijésimo.*

Trigla. *f. (zool.)* Trigla ou salmonete; genero de peixes acanthopterygios, notaveis pela sua figura caprichosa. As especies que vivem nos mares de Hespanha chamam-lhes *salmonetes gruñidores,* por causa da sua côr encarnada e do ruido que fazem quando se apanham.

Triglifo. *m. (arch.)* Triglypho; o que tem tres gravuras: são uma especie de tabellas quadrilongas pouco salientes, que se collocam sobre os frisos da ordem dorica, abrangendo toda a sua altura, distribuidos com intervallos iguaes. *Triglyphus, i:* — *adj. (min.)* triglypho; diz-se de uma variedade de sulphureto de ferro que tem a fôrma de cubos separados, cujas faces são cobertas de estrias dispostas em tres sentidos perpendiculares.

Triglotismo, ma. *adj. (philol.)* Triglotismo; diz-se de uma palavra hybrida, composta de tres palavras tiradas de tres differentes linguas: — triglotismo; diz-se tambem da phrase formada de palavras tomadas de tres idiomas distinctos.

Triglumo, ma. *adj. (bot.)* Triglumo; que tem tres glumas.

Trigo. *m.* Trigo; grão farinaceo da planta do mesmo nome. *Triticum, i:* — *pl.* trigos, searas. V. *Sembrados:* — *albarigo;* especie do trigo mui alvo, assim chamado em algumas partes de Hespanha: — *blanco.* V. *Candeal:* — *candeal;* trigo candial ou candil; especie de que se faz o pão mais alvo. V. *Candeal:* — *de las Indias;* trigo de Turquia ou maiz. V. *Maiz. Casa de poco trigo (fam.);* carcere, prisão. *Echar por esos trigos (fr. fig.);* ir pelos outeiros; saír do seu discurso, fallar sem concerto e fôra de proposito. *Ineptè loqui:* — *(bot.)* trigo; genero de plantas da familia das gramineas, que contém muitas especies. *Triticum, i.*

Trigodia. *f. (hist.)* Trigodia; canto dos vindimadores da Grecia: — trigodia; comedia primitiva.

Trigonela. *f. (bot.)* Trigonella; genero de plantas da familia das leguminosas.

Trigonia. *f. (bot.)* Trigonia; genero de plantas da familia das polygaleas: — *(zool.)* trigonia *(triangular);* genero de molluscos bivalves da familia dos arcaceos.

Trigonicornio, nia. *adj. (zool.)* Trigonicorne; diz-se do insecto que tem as antennas triangulares.

Trigonidio. *m.* *(bot.)* Trigonidio; genero de plantas da familia das orchideas: — *(zool.)* trigonidio; genero de insectos orthopteros da familia dos grillideos.

Trígono. *m.* *(astron.)* Trigono; aggregado de tres signos celestes da mesma natureza. *Trigonus, i.*

Trigonocarpo, pa. *adj.* *(bot.)* Trigonocarpo; diz-se da planta cujos fructos são triangulares.

Trigonodero. *m.* *(zool.)* Trigonodero *(collo triangular);* genero de insectos hymenopteros da familia dos chalcidios.

Trigonóforo. *m.* *(zool.)* Trigonophoro; genero de insectos coleopteros pentameros da tribu dos escarabideos.

Trigonometría. *f.* Trigonometria; parte da mathematica que ensina a medir e resolver os triangulos planos e esphericos. *Trigonometria, æ.*

Trigonométrico, ca. *adj.* Trigonometrico; que respeita ou pertence á trigonometria. *Trigonometricus, a, um.*

Trigonosoma. *f.* *(zool.)* Trigonosoma *(corpo triangular);* genero de insectos hemipteros da tribu dos scutelarios.

Trigonospermo. *m.* *(bot.)* Trigonospermo *(semente triangular);* genero de plantas da familia das compostas.

Trigonoteca. *f.* *(bot.)* Trigonotheca; genero de plantas da familia das hippocrateaceas.

Trigra. *f.* *(ant.)* V. *Tigra.*

Trigrama. *m.* *(philol.)* Trigramma; palavra de tres lettras: — *de Fo-hi (phil.);* trigramma de Fo-hi; especie de symbolos ou de geroglyphicos, por meio dos quaes designou Fo-hi os differentes principios que encerra o livro chamado Y-King.

Trigueño, ña. *adj.* Trigueiro; pouco branco, tirante a pardo. *Subfuscus, a, um.*

Triguera. *f.* *(bot.)* Triguera; genero de plantas da familia das solanaceas.

Triguero, ra. *adj.* Que nasce, cresce entre o trigo, que vive nas searas. *Tritico intermixtus; inter sata nascens:* — trigueiro; diz-se de um passarinho que anda muito pelas searas: — *m.* crivo para alimpar o trigo. *Cribrum, i:* — commissario, negociante de trigo. *Tritici mercaturam faciens.*

Trihídrico, ca. *adj.* *(chim.)* Trihydrico; diz-se de um composto que encerra tres proporções de hydrogenio ou que está no terceiro grau de hydrogenação, quando se combina em diversas proporções com o hydrogenio.

Trijenea. *f.* *(bot.)* Trigenea *(tres pistillos);* genero de plantas da familia das anonaceas: — trigenea; genero de plantas phyceas.

Trijésimo, ma. *adj.* *num.* Trigesimo; que na serie corresponde ao numero trinta. *Trigesimus, a, um.*

Trijinia. *f.* *(bot.)* Trigynia; nome dado por Linneo, no seu systema sexual, ás plantas das treze principaes classes, cujas flores têem tres pistillos.

Trijínico, ca. *adj.* *(bot.)* Trigynico; que pertence á trigynia.

Trijino, na. *adj.* *(bot.)* Trigyno; diz-se das plantas cujas flores têem tres pistillos.

Triládero, ra. *adj.* Trilatero; que tem tres lados ou tres angulos.

Trilépide. *m.* *(bot.)* Trilepide *(tres escamas);* genero de plantas da familia das cyperaceas.

Trilepisio. *m.* *(bot.)* Trilepisio *(tres escamas);* genero de plantas da familia das chrysobalaneas.

Trilice. *m.* *(bot.)* Trilice; genero de plantas da familia das tiliaceas.

Trilingüe. *adj.* Trilingue; escripto em tres linguas: — diz-se da pessoa que sabe tres linguas: — trilingue; que tem tres linguas. *Trilinguis, gue.*

Trilio. *m.* *(bot.)* Trillio; genero de plantas da familia das smilaceas.

Triliteral. *adj.* Trilitteral; relativo ás composições de tres letras.

Trilítero, ra. *adj.* *(philol.)* Trilittero; composto de tres letras: — trilittero; diz-se dos nomes e verbos primitivos, compostos de tres letras, na grammatica arabe.

Trilóbeos, Trilobitos. *m. pl.* Trilobeos ou trilobitos; ordem de crustaceos fosseis que pertencem aos terrenos schistosos antigos.

Trilobulado, Trilobular. *adj.* *(h. nat.)* Trilobulado ou trilobular; que tem tres lobulos.

Trilocular. *adj.* *(bot.)* Trilocular ou tricellular; que tem tres cellulas.

Trilojia. *f.* *(lit. ant.)* Trilogia; tres tragedias que os poetas dramaticos apresentavam quando concorriam a obter a corôa: — trilogia; por extensão qualquer poema dividido em tres partes distinctas, como se vê na *Divina Comedia* de *Dante.*

Trilójico, ca. *adj.* Trilogico; pertencente á trilogia.

Trilla. *f.* Trilha. V. *Trillo:* — trilhadura; acção de trilhar, debulha do grão com o trilho. *Trictura, æ:* — tempo da debulha ou trilhadura do trigo: — calcadouro; o pão, as paveias que estão na eira e se vão debulhando: — *(zool.)* V. *Trigla.*

Trilladera. *f.* V. *Trillo.*

Trillado, da. *adj.* *(fig.)* Trilhado, usado, commum, trivial, sabido. *Trivialis, le:* — *(fig.)* trilhado, experimentado, pratico, experiente, provado.

Trillador, ra. *s.* Trilhador, debulhador; o que trilha. *Tritor, oris.*

Trilladura. *f.* Trilhadura; acção de trilhar. *Tritura, æ:* — *(p. Can.)* trilhadura, pisadura; ferida, lesão causada na carne pela pressão de um corpo estranho.

Trillar. *a.* Trilhar; debulhar o trigo na eira. *Triturare, terere:* — *(fig.)* trilhar, seguir, frequentar. *Terere, versare:* — *(fig.)* trilhar, pisar, maltratar, mortificar. *Terere:* — *(p. Can.)* trilhar, pisar, ferir; causar, fazer uma ferida ou lesão em alguma parte do corpo por causa de uma pressão forte. Usa-se tambem como reflexivo.

TRILLAZON. *f. (ant.)* Trilhadura; acção de trilhar.

TRILLO. *m.* Trilho; instrumento formado de um madeiro grosso que se roja sobre o trigo para o debulhar. *Tribulum, i:—(p. Cub.)* trilho; caminho estreito e pouco frequentado.

TRIMACULADO, DA. *adj.* Trimaculado; que tem tres manchas ou malhas.

TRIMEMBRE. *adj.* Trimembre; que tem tres membros ou partes. *Trimembris, re.*

TRIMERIA. *f. (bot.)* Trimeria; genero de plantas da familia das homalineas.

TRÍMERO. *m. (mus. ant.)* Trimero; nome que se executava em tres modos consecutivos, o phrygio, o dorico e o lydio: — *m. pl. (zool.)* trimeros; secção de insectos coleopteros que comprehende os que têem tres artelhos nos tarsos.

TRIMESTRAL. *adj.* Trimestral, trimensal; que tem tres mezes, ou se faz e renova cada tres mezes.

TRIMESTRE. *m.* Trimestre; espaço de tres mezes. *Trimestre spatium.*

TRIMETRA. *f. (bot.)* Trimetra; genero de plantas da familia das compostas.

TRIMÉTRICO, CA. *adj.* Trimetrico; que se refere a tres medidas differentes.

TRIMETRO. *m. (poet.)* Trimetro; verso grego e latino, que consta de tres medidas ou seis pés, como o senario.

TRIMIELGA. *f. (zool.)* Tremelga. V. *Torpedo.*

TRIMODIS. *m.* Trimodio; medida de tres modios entre os romanos.

TRINACRIO, CRIA. *adj. (poet.)* Trinacrio, siciliano; pertencente á ilha da Sicilia. *Trinacrius, a, um.*

TRINADO. *m.* Trinado; canto trinado, cadencia, garganteio da voz. *Modulatio, modulatus:*—cadencia do som do instrumento:—diz-se das aves que trinam: — *pl.* trinados. V. *Gorjeos.*

TRINAR. *n.* Trinar; fazer com a voz cadencias, passando no canto de uma nota á immediata e mais alta na escala da musica. *Modulis variis vocem canendo inflectere, modulari:* — trinar; vibrar a corda ou instrumento sobre dois pontos aceleradamente:—*(fig.)* arreminar-se, arrenegar-se, agastar-se, enraivecer-se, enfadar-se.

TRINCA. *f.* Reunião de tres cousas da mesma especie: — tres concorrentes ou oppositores a uma cadeira ou prebenda: — *(naut.)* trinca; volta ou reatadura de um cabo, para segurar ou fixar alguma peça do navio. *Ligamen, inis:*—trincafio; cabinho que serve para segurar ou fixar alguma cousa. *Funis nauticus. Estar á la trinca (fr. naut.);* estar á trinca, á capa. *Navis cursum retinere.*

TRINCADERO. *m. (ant.)* Enxurdeiro. V. *Burdel.*

TRINCADURA. *f. (naut.)* Trincadura; dá-se este nome na costa da Biscaya a certas lanchas de reboque, as quaes têem dois mastros; occupam-se geralmente na pesca e tambem podem montar um grosso canhão em certas circumstancias.

TRINCAFÍA. *f. (naut.)* Trincafio; cabinho delgado com que se trincafia qualquer obra de marinheiro. *Nexus, funes circumvolvendo factus.*

TRINCAFIAR. *a. (naut.)* Trincafiar; amarrar com trincafios.

TRINCAPIÑONES. *m. (fig. fam.)* Doudivanes; rapaz estouvado, inconsiderado. *Juvenis levitate petulans.*

TRINCAR. *a.* Quebrar, partir, despedaçar. *Frangere, confringere:—(p. Ar.)* saltar, ir saltando. *Saltare:* — atar fortemente: — *(naut.)* trincar; fazer uma forte arrotadura. *Alligere.*

TRINCIA. *f. (bot.)* Thrincia; genero de plantas da familia das compostas.

TRINCHANTE. *adj.* Trinchante; que trincha vianda. *Cibos scindendi magister; scissor epularis:* — *m.* trinchante mór; official da casa real. Equivalia a gentil-homem da camara. *Cibos scindendi magister:*—trinchante; garfo com que se segura a vianda que se ha de trinchar. *Furcula ferrea, qua constringitur quod scindendum est.*

TRINCHAR. *a.* Trinchar; cortar a vianda em porções para a repartir aos commensaes. *In frusta cibos aptè dividere:* —*(fig.)* cortar; determinar, resolver, decidir um assumpto, dispor de alguma cousa com auctoridade e acerto. *Nimiam sibi auctoritatem assumere; de re aliqua tamquam judicem decernere:*—*(ant.)* talhar, cortar, partir, dividir.

TRINCHEA. *f. (ant.)* Trinchea. V. *Trinchera.*

TRINCHEAR. *a. (ant.)* Trincheirar. V. *Atrincherar.* Usa-se tambem como reciproco.

TRINCHEO. *m. (ant.)* V. *Trinchero.*

TRINCHERA. *f. (mil.)* Trincheira; trabalho que fazem os sitiadores para o ataque de uma praça, com o fim de chegar ao caminho coberto, ao fosso e ás vezes ao corpo da mesma praça. *Vallum, i.*

TRINCHERAR. *a. (ant.)* Trincheirar. V. *Atrincherar.*

TRINCHERO. *m.* Trincho; prato sobre que se trincha o comer. *Lanx, gradior catinus:* — prato em que se servem as iguarias a cada um, menos a sopa. *Patina, catinum.*

TRINCHERON. *m. augm.* de *Trinchera.*

TRINCHETE. *m.* Trinchete. V. *Tranchete.*

TRINELA. *f. (naut.)* Gacheta; trança de fios de carreta.

TRINEO. *m.* Trenó; carro de rojo, carreta sem rodas em que se viaja e transporta mercadorias sobre o gêlo nos paizes do norte; *v. g.:* na Russia, Noruega. *Traha, æ.*

TRINERVADO, DA. *adj. (bot.)* Trinervado; que tem tres nervuras longitudinaes, partindo da base.

TRINIA. *f. (bot.)* Trinia; genero de plantas da familia das umbelliferas.

Trinidad. *f. (rel.)* Trindade; união de tres pessoas, entidades distinctas em uma só divindade. *Trinitas, atis:* — trindade; ordem religiosa approvada e confirmada por Innocencio III no anno de 1198. Instituiu-se para a redempção dos captivos. *Religiosorum ordo sanctissimo nomine. Trinitatis insignitus. Meterse en trinidades (fr. fig.)*; metter-se em camisa de onze varas, em uma difficuldade superior ás suas forças.

Trinidade. *f. (ant.)* V. *Trinidad.*

Trinitaria. *f. (bot.)* Amor perfeito; especie de plantas do genero violeta.

Trinitario, ria. *adj.* Trinitario; religioso ou religiosa da ordem da Trindade. *Trinitarius, a, um.*

Trinitas. *f. (ant.)* V. *Trinidad.*

Trino, na. *adj.* Trino; que consta de tres cousas distinctas ou participa d'ellas. *Trinus, a, um:* — *m.* V. *Trinado:* — trinado; effeito de trinar. *Canoræ vocis inflexio:* — *adj. (astron. ant.)* trino; diz-se do aspecto de dois planetas afastados um do outro um terço do zodiaco, isto é, 120°. *Trinus, a, um.*

Trinojeto. *m. (bot.)* Trinogeto; genero de plantas da familia das solanaceas.

Trinómio. *m. (math.)* Trinomio; numero produzido da addição de tres numeros ou grandezas incommensuraveis. *Trinomium, ii.*

Trinoto. *m. (zool.)* Trinoto; genero de insectos epizoicos.

Trinquetada. *f. (naut.)* Navegação forçada correndo em pôpa só com o traquete, por soprar muito o vento em occasião de tempestade. *Navigatio solo proræ velo minimo.*

Trinquete. *m.* Espheristerio ou jogo da pella ou da bola fechado e coberto. *Sphæristerium, ii:* — *(germ.)* cama de cordeis entrelaçados. *A cada trinquete (loc. adv. fam.)*; a cada triquete, a cada passo. *Passim:* — *(naut.)* traquete; mastro de prôa: — traquete; verga do mastro do traquete: — traquete; a maior vêla do mastro da prôa.

Trinquetilla. *f. (naut.)* Polaca; vêla que serve como estai do traquete.

Trinta. *adj. num. (ant.)* V. *Treinta.*

Trio. *m.* Entrada e saida das abelhas nas colmeias. *Apum ex alveario frequens exitus; item ingressus:* — trio; composição musical de tres vozes. *Musicus è tribus vocibus concentus.*

Trioctil. *adj. (astron.)* Trioctil; diz-se do aspecto de dois planetas que distam entre si tres oitavos de circulo, ou 135°.

Triodonte. *m. (bot.)* Triodonte *(tres dentes)*; genero de plantas da familia das rubiaceas: — *(zool.)* triodonte; genero de peixes plectognathos.

Trioecia. *f. (bot.)* Trioecia; classe de plantas que contém tres classes de flores distinctas, a saber: hermaphroditas, masculinas e femininas.

Triònes. *m. pl. (astron.)* V. *Osa mayor. Triones, um.*

Triónice. *m. (zool.)* Trionyce ou tryonyx; genero de reptis chelonios.

Trionico. *m. (zool.)* Trionycho *(tres unhas)*; genero de insectos coleopteros pentameros, da familia dos escarabideos.

Trionix. *m. (zool.)* Trionyx. V. *Trionice.*

Trioptéride. *m. (bot.)* Triopteride *(tres azas)*; genero de plantas da familia das malpighiaceas.

Trióxido. *m. (chim.)* Trioxydo. V. *Tritóxido.*

Tripa. *f.* Tripa, intestino; canal intestinal do homem e dos animaes. *Intestinum, i:* — bojo, barriga, ventre elevado, principalmente da femea prenhe. *Venter, ris:* — barriga, bojo; parte mais convexa e proeminente de alguns vasos. Em castelhano usa-se mais chamar-lhe *panza. Venter, ris:* — *pl.* tripas; partes interiores de alguns fructos. *Interiora fructuum; medulla:* — *pl. (fig.)* coração, amago, o intrinseco, o interior, a parte mais principal e apreciada de certas cousas. *Quidquid interius continetur:* — *(fig.)* coração; meio, centro, o interior de algumas cousas, como de um fardo, cofre, etc. *Devorar ó rallar las tripas (fr. fig. fam.)*; ralar as entranhas; causar grande desgosto ou encommodo insupportavel. *Stomachum movere. Hacer de tripas corazon (fr. fam.)*; fazer das tripas coração, fazer das fraquezas forças; esforçar-se por dissimular o medo ou algum sentimento interior. *Metum expellere, animum erigere. Echar las tripas (fr.)* V. *Echar las entrañas. Revolver las tripas alguna cosa (fr. fig. fam.)*; revolver as tripas; causar tedio ou fastio uma pessoa ou cousa. *Stomachum, fastidium movere. Sacar la tripa de mal año (fr.)* V. *Sacar el vientre de mal año.*

Tripartido, da. *adj. (bot.)* Tripartido; diz-se das partes que estão divididas em tres até mais da metade.

Tripartir. *a.* Tripartir; dividir em tres partes. *Tripartitò dividere.*

Tripartito, ta. *adj.* Tripartido; partido ou dividido em tres ordens ou classes. *Tripartitus, a, um.*

Tripe. *m.* Tripe; estofo ou tela de lã similhante ao velludo. *Pannus laneus altera parte villosus.*

Tripería. *f.* Logar de forçureiras; logar onde se vendem tripas. *Botulorum caupona, seu popina:* — tripalhada, tripagem; multidão de tripas. *Intestinorum cumulus.*

Tripero, ra. *s.* Tripeiro, mondongueiro; o que vende tripas. *Botularius, ii:* — *m.* panno, regularmente de baeta, que se ata á cintura, para abrigar o ventre. *Ventrale, is.*

Tripetalo, la. *adj. (bot.)* Tripetalo; diz-se da flor cuja corolla tem tres petalas.

Tripicallero, ra. *s.* Tripeiro,

forçureiro; o que vende tripas e forçuras. *Intestinorum et ventris frustorum caupo, caupona.*

Tripilla, ta. *f. dim.* de *Tripa.* Tripinha, tripasinha.

Triple. *adj.* Triple, triplice, triplicado; que contém tres vezes alguma cousa. *Triplex, icis.* Usa-se tambem como substantivo masculino. *Razon triple (math.);* rasão triple ou triplice; relação que existe entre dois numeros, um dos quaes contém o outro tres vezes; relação que existe entre os cubos de dois numeros.

Tríplica. *f. (for. p. Ar.)* Tréplica; a resposta que o réu dá á replica do auctor, impugnando-a. *Iterata reclamatio, refutatio.*

Triplicacion. *f.* Triplicação; multiplicação por tres.

Triplicadamente. *adv. m.* Triplicadamente; de tres modos.

Triplicar. *a.* Triplicar, tresdobrar; multiplicar por tres ou fazer tres vezes a mesma cousa. *Triplicare: — (for. p. Ar.)* treplicar; contrariar, impugnar a replica do auctor. *Iterum reclamare, refutare.*

Tríplice. *adj.* Triplice, tresdobrado, triplicado. *Triplex, icis.*

Triplicidad. *f.* Triplicidade; o ser triplo. *Triplicis rei status: — (astron.)* triplicidade; cada uma das quatro partes em que se dividem os signos do zodiaco, segundo o elemento a que se referem, e n'este caso denominam-se triplicidade ignea, aerea, terrea e aquea.

Triplinervado, da. *adj. (bot.)* Triplinervado ou triplinervosa; diz-se da folha que tem tres nervuras.

Triplito. *m. (min.)* Triplito; phosphato de manganez e de ferro, que se encontra nos arredores de Limoges.

Triplo, pla. *adj.* Triplo. V. *Triplice.* Usa-se algumas vezes como substantivo, mas é mais commum dizer *triple. Triplus, a, um.*

Triploédrico, ca. *adj. (min.)* Triploedrico; diz-se do crystal, cuja superficie apresenta tres ordens de faces, cada uma triplice da que se segue.

Triploedro. *m. (min.)* Triploedro; fórma crystallina produzida pela combinação de tres rhomboedros.

Triplohectoédrico, ca. *adj. (min.)* Triplohectoedrico; diz-se de um crystal que tem uma hectoedria triplice.

Triplótero, ra. *adj. (zool.)* Triploptero; que tem azas ou barbatanas tripartidas.

Triplorombuedro, dra. *adj. (min.)* Triplorhombuedro. V. *Triploedro.*

Triplostémono, na. *adj. (bot.)* Triplostemono; diz-se da flor cujos estames são tres vezes mais numerosos que as divisões da corolla.

Trípode. *f.* Tripode; tripeça em que se assentavam as sacerdotisas para dar as respostas aos oraculos. *Tripus, odis.*

Tripófago, ga. *adj. (zool.)* Thripophago; que se alimenta de vermesinhos e de insectos.

Trípol. *m. (geol.)* V. *Trípoli.*

Tripóleo, lea, *adj. (min.)* Tripoleo; diz-se de um mineral que é aspero ao tacto como o tripoli.

Tripoli. *m. (geol.)* Tripoli; rocha silicosa, de côr amarellenta, esbranquiçada ou arroxeada, sem brilho e aspera ao tacto.

Tripolino, na. *s.* Tripolino; natural de Tripoli: — *adj.* tripolino; que pertence a Tripoli. *Paloma Tripolina.* V. *Palonia.*

Tripon, na. *adj. (fam.)* Barrigão, barrigudo, bojudo, pançudo; que tem grande barriga. *Ventrosus, a, um.*

Tripondio. *m. (metrol. ant.)* Tripondio; peso romano de tres libras.

Tripsaco. *m. (bot.)* Tripsaco; genero de plantas da familia das gramineas.

Tripterijio. *m. (zool.)* Tripterygio *(barbatana pequena);* genero de peixes da familia dos gobioideos.

Triptero, ra. *adj. (hist. nat.)* Triptero; que tem tres azas.

Tripterospermo. *m. (bot.)* Tripterospermo; genero de plantas da familia das gencianeas.

Triptolemo. *m. (astron.)* Triptolemo; um dos nomes com que é conhecida a constellação de Geminis.

Triptomena. *m. (bot.)* Thryptomena; genero de plantas da familia das myrtaceas.

Triptongo. *m.* Triptongo; o som de tres vogaes seguidas e pronunciadas n'um só tempo. *Tripthongus, i.*

Tripudiante. *adj. (ant.)* Tripudiante; que tripudia. *Tripudians, antis.*

Tripudiar. *n. (ant.)* Tripudiar; dansar, bailar batendo com os pés.

Tripudio. *m. (ant.)* Tripudio, dansa, baile. *Tripudium, ii.*

Tripudo, da. *adj.* V. *Tripon.*

Tripulacion. *f.* Tripolação; esquipação de marinheiros. *Nautarum et navalium militum turba.*

Tripular. *a.* Tripolar; prover de tripolação, esquipar. *Nautis militibusque navim instruere, armare.*

Triquete. *m. (ant. naut.)* V. *Trinquete. Á cada triquete (loc. adv.);* a cada trinquete, a cada passo. *Passim.*

Triquiñuela. *f. (fam.)* Rodeio, evasão, subterfugio, resposta evasiva.

Triquitraque. *m.* Trapezape; voz imitativa que exprime o ruido ou som de golpes repetidos, ou os mesmos golpes. *Frequens crepitus: —* triquetraque; artificio que consta de um papel atacado de polvora, disposto e atado em voltas, cada uma das quaes dá um estouro. *Crepitaculum repens, nitrato pulvere oppletum. Á cada triquitraque (loc. adv. fam.);* a cada triquete, a cada momento, a cada passo. *Passim, continuò, frequentissimè.*

Triradiado, da. *adj. (hist. nat.)* Triradiado; que tem tres raios.

Triráfide. *m. (bot.)* Trirhaphide *(tres agulhas);* genero de plantas da familia das gramineas.

Trireme. *m. (naut.)* Trireme; galé ou embarcação de tres ordens de remos, usada pelos antigos. *Triremis, is.*

Trirogma. *f. (bot.)* Trirogma; genero de insectos hymenopteros da familia dos sphegidos.

Trirombo idal. *adj. (min.)* Trirhomboidal; diz-se do mineral cuja fôrma participa de tres rhomboides differentes.

Tris. *m.* Triz; voz imitativa do som de vidro quebrado ou de outra cousa delicada, ou o golpe ligeiro que produz este som. *Subtilis sonitus fracturæ:* — *(fam.)* triz, tantito, nada, nonada, tenue porção. *Parum, tantillum. En un tris (loc. adv.)*; em um triz; n'um instante, n'um abrir e fechar de olhos. *Repentè, insperatò. Por un tris (loc. adv.)*; por um triz, por um nada, por um pequeno incidente. *Estar en un tris (fr.)*; estar por um triz, estar quasi, proximo a succeder, a ter logar.

Trisa. *f. (zool.)* V. *Sábalo.*

Trisacramental. *adj. (rel.)* Trisacramental; diz-se dos que só reconhecem tres sacramentos, como succede aos anglicanos, que só admittem o baptismo, a eucharistia e a ordem.

Trisagio. *m.* V. *Trisajio.*

Trisajio. *m.* Trisagio; hymno á Trindade, em que se repete tres vezes santo, na igreja christã.

Trisar. *n.* Cantar a calhandra.

Trisarquia. *f.* Trisarchia; governo de tres chefes: — trisarchia; paiz governado por tres chefes.

Trisca. *f.* Estalido ou ruido que se faz com os pés, calcando, pisando ou quebrando alguma cousa. *Crepitus, strepitus:* — bulha, ruido, algazarra, estrondo; diz-se por extensão. *Crepitus, strepitus:* — *(p. Cub.)* cassoada, mofa, mangação, zombaria que se faz de alguem sem o perceber.

Triscador, ra. *s.* Turbulento, buliçoso, desassocegado. *Obstrepens, inquietus:* — *(germ.)* triscador, rixador, fanfarrão, sedicioso, alvorotador.

Triscar. *a. (prov.)* Triscar; enredar, entretecer, misturar uma cousa com outra. *Miscere, implicare:* — *(p. Cub.)* mangar, cassoar com alguem, mofar, zombar d'elle com disfarce: — *n.* fazer ruido com os pés. *Obtrepere:* — triscar, barulhar, enredar, travessear. *Tripudiare, inquietare:* — *(art.)* V. *Trabar*, entre carpinteiros.

Trisecar. *a. (math.)* Trisecar; dividir em tres partes iguaes. Diz-se commummente do angulo. *In tres partes dividere.*

Triseccion. *f. (math.)* Trisecção; em geometria, divisão de um angulo ou de outra cousa em tres partes. *In tres partes divisio; trina sectio.*

Trisector, Trisectriz. *adj.* Trisector, trisectriz; que corta ou divide em tres partes: — *del ángulo (math.)*; trisector do angulo; instrumento proprio para dividir um angulo em tres partes. *Curva trisectriz;* curva trisectriz; curva resultante da trisecção do angulo.

Trisépalo, la. *adj. (bot.)* Trisepalo; que tem calice formado de tres sepalas.

Triseto. *m. (bot.)* Triseto; genero de plantas da familia das gramineas.

Trisílabo, ba. *adj.* Trissyllabo; que tem tres syllabas. *Trisyllabus, a, um:* — *m.* trissyllabo; palavra de tres syllabas.

Trisilábico, ca. *adj. (gram.)* Trissylabico; que respeita a um trissyllabo.

Trismejisto, ta. *adj.* V. *Trimejisto.*

Trismo. *m. (med.)* Trismo; contracção tetanica das mandibulas.

Trisnieto, ta. *s. (ant.)* Trisneto ou tresneto. V. *Tataranieto.*

Trisplancnico, ca. *adj. (anat.)* Trisplanchnico; diz-se de um nervo que pertence ás tres principaes cavidades do corpo, a cabeça, o peito e o abdomen.

Tristagma. *f. (bot.)* Tristagma; genero de plantas da familia das liliaceas.

Tristaminífero, ra. *adj. (bot.)* Tristaminifero; que tem tres estames.

Tristania. *f. (bot.)* Tristania; genero de plantas da familia das myrtaceas.

Tristaxia. *f. (bot.)* Tristachya; genero de plantas da familia das gramineas.

Triste. *adj.* Triste, desconsolado, penalisado, afflicto. *Tristis, e:* — triste, funesto, infeliz, desgraçado. *Tristis, funestus:* — triste, miseravel, mesquinho, desprezivel. *Vilis, abjectus:* — triste; falto de alegria e de viveza. *Tristis, mæstus:* — triste; que causa ou denota tristeza. *Tristis, e:* — triste, tristonho, tetrico, lobrego, sombrio; o que tem pouca luz, que inspira tristeza: — *(bot.)* triste; diz-se das plantas cuja folhagem é sombria, e que dão flores escuras, de côr carregada.

Tristecico, ca, llo, lla, to, ta. *adj. dim.* de *Triste.* Tristinho; algum tanto triste.

Tristemente. *adv. m.* Tristemente; com tristeza. *Mæstè.*

Tristencia. *f. (ant.)* V. *Tristeza.*

Tristernal. *adj. (anat.)* Tristernal; que respeita á terceira peça do sternon.

Tristeza. *f.* Tristeza; estado triste do animo, magua, afflicção, pena. *Tristitia, mæstitia, mæror:* — *(germ.)* sentença de morte.

Tristicia. *f. (ant.)* V. *Tristeza.*

Tristiga. *f. (ant.)* V. *Cloaca.*

Tristimanía. *f. (med.)* Tristimania; monomania com tristeza.

Tristísimo, ma. *adj. sup.* de *Triste.* Tristissimo; muito triste. *Tristissimus, a, um.*

Tristixa. *f. (bot.)* Tristicha; genero de plantas da familia das podostemmaceas.

Tristoma. *f. (zool.)* Tristoma; genero de helminthidos intestinaes da familia dos trematodos, cujas especies vivem nos peixes.

Tristoño, ña. *adj. (ant.)* Tristonho, tetrico, lugubre, sombrio.

Tristor. *m. (ant.)* V. *Tristeza.*

Tris tras. *m.* V. *Tras tras:* — *(fig. fam.)* repiza; repetição enfadonha e continuada de uma cousa que se está sempre a dizer. *Iterata et importuna repetitio.*

Tristura. *f. (ant.)* Tristura. V. *Tristeza:* — *(germ.)* cagarrão, carcere, calabouço, prisão.

Trisulco, ca. *adj.* Trisulco; de tres pontas. *Trisulcus, a, um.*

Trisulfuro. *m. (chim.)* Trisulphureto; sulphureto que tem tres proporções de enxofre.

Triteismo. *m.* Tritheismo; doutrina religiosa dos tritheistas.

Triteistas. *m. pl. (rel.)* Tritheistas; dá-se este nome áquelles que crêem que ha em *Deus*, não só tres pessoas, mas tambem tres essencias, tres substancias e tres deuses.

Triteofia. *f. (med.)* Triteophya; terçã intermittente.

Triticeo, cea. *adj.* Triticeo; de trigo, que tem alguma das qualidades do trigo. *Triticeus, a, um.*

Trictícina. *f. (chim.)* Tricticina; gluten da farinha de trigo.

Triticita. *f. (min.)* Triticita; variedade especiforme de sulphureto de cobre, pedra cuja fôrma imita as espigas de trigo.

Trito. *m. (mus. ant.)* Trito; nome da terceira corda do tetracordo, passando do tono agudo ao grave. *Dizia-se* só fallando dos tres tetracordios superiores: — *(chim.)* trito; particula derivada do grego, e que entra na composição de diversos termos, para indicar as differentes proporções em que uma substancia está combinada com outra; expressa o terceiro grau de combinação, isto é, uma proporção maior que proto e que deuto.

Triton. *m. (zool.)* Tritão; genero de molluscos gasteropodas pectinibranchios: — tritão; genero de reptis saurios, muito parecidos com as salamandras: — *(myth.)* tritão; monstro marinho meio homem, meio peixe.

Tritoniano, na. *adj. (geol.)* Tritoniano; diz-se dos terrenos que contêem restos de animaes marinhos.

Tritonios. *m. pl. (zool.)* Tritonios. V. *Nudibranchios.*

Tritono. *m. (mus.)* Tritono; intervallo dissonante composto de tres tons e que consiste na rasão de quarenta e cinco para trinta e dois.

Triturable. *adj.* Trituravel; que póde ser triturado.

Trituracion. *f.* Trituração; acção de triturar, estado do corpo triturado. Usa-se regularmente em pharmacia. *Tritura, æ.*

Triturar. *a.* Triturar, moer; reduzir a pó grosso. *Triturare, in pulverem reducere.*

Triunfada. *f.* Trunfada; acção e effeito de trunfar.

Triunfador, ra. *s.* Triumphador, victorioso; o que triumpha, obteve as honras do triumpho. *Triumphator, oris.*

Triunfal. *adj.* Triumphal; proprio do triumpho, que serviu ao triumpho. *Triumphalis, le.*

Triunfalmente. *adv. m.* Triumphalmente; em triumpho, em modo de triumpho. *Triumphali pompa.*

Triunfante. *adj.* Triumphante, victorioso, que triumpha ou sáe victorioso. *Triumphans, antis:* — triumphante, triumphal. *Iglesia triunfante;* igreja triumphante; os bemaventurados que estão na gloria.

Triuneantemente. *adv. m.* Triumphantemente. V. *Triunfalmente. Triumphali apparatu.*

Triunfar. *n.* Triumphar; entre os romanos, entrar em triumpho, receber as honras do triumpho, a corôa triumphal, etc., por victoria decisiva alcançada sobre o inimigo. *Triumphalia accipere, ovare:* — triumphar; conseguir victoria total, vencer o inimigo na batalha. *Triumphare, debellare:* — triumphar; sair victorioso em qualquer lide, contenda ou disputa. *Triumphare:* — *(fig.)* triumphar, desvanecer-se; encher-se de vaidade, de presumpção, ostentar vãs riquezas ou pompas. *Pompam ostentare; ambitiosè incedere; ovare:* — trunfar; jogar um trunfo. *Victricem chartam lusoriam ludere.*

Triunfeta. *f. (bot.)* Triumfetta; genero de plantas da familia das liliaceas.

Triunfo. *m.* Triumpho; honra que se concedia aos generaes romanos que alcançavam victoria decisiva do inimigo ou que subjugavam uma nação. Eram levados em carro magnifico, ornados de corôa de louro, ao capitolio e diante do carro iam presos os reis ou chefes vencidos, etc. *Triumphum, i:* — triumpho; victoria grande conseguida sobre os inimigos, na guerra. *Triumphus, i:* — triumpho; victoria em disputa ou controversia. *Triumphus, victoria:* — trunfo; no jogo de cartas é o naipe que ganha aos outros. *Charta lusoria victrix:* — trunfo; jogo de cartas. V. *Burro:* — *(fig.)* o que serve de despojo ou trofeo, que acredita o triumpho. *Trophæum, spolium.*

Triunvirado. *m. (ant.)* V. *Triunvirato.*

Triunviral. *adj.* Triumviral; pertencente aos triumviros, proprio dos triumviros. *Triumviralis, le.*

Triunvirato. *m.* Triumvirato; junta suprema de tres magistrados, na antiga republica romana. *Triumviratus, us.*

Triunviro. *m.* Triumviro ou triumvir; magistrado ou official publico que com dois collegas mais, era encarregado de uma parte do governo e administração da republica romana. *Triumvir.*

Trivial. *adj.* Trivial, vulgar, corriqueiro; mui commum, sabido de todos. *Trivialis, e:* — trilhado, frequentado, mui concorrido; diz-se de um caminho. *Trivialis, e.*

Trivialidad. *f.* Trivialidade; o ser trivial, vulgaridade recebida de todos. *Trita res, vulgaris:* — nimia ingenuidade na execução de alguma cousa.

Trivialmente. *adv. m.* Trivialmente, vulgarmente, commummente, frequentemente; de modo trivial, com trivialidade. *Passim, frequenter, vulgò.*

Trivio. *m.* Trivio; logar onde se encontram tres ruas ou caminhos ou onde se dividem. *Trivium, ii.*

Trixantera. *f.* (*bot.*) Trichanthera (*anthera vellosa*); genero de plantas da familia das zygophylleas.

Trixanto. *m.* (*bot.*) Trichantho (*flor vellosa*); genero de plantas da familia das gesneriaceas.

Trixilia. *f.* (*bot.*) Trichilia; genero de plantas da familia das meliaceas.

Trixina. *f.* (*bot.*) Trichina; genero de helminthidos entozoarios.

Trixocéfalo. *m.* (*zool.*) Trichocephalo (*cabeça cabelluda*); genero de helminthidos nematoides, cuja especie typica vive parasita na especie humana e no porco.

Trixoclado. *m.* (*bot.*) Trichoclado; genero de plantas da familia das hamamelideas.

Trixodáctilo. *m.* (*zool.*) Trichodactylo (*dedo velloso*); genero de arachneides da ordem dos acarios.

Trixodesma. *f.* (*bot.*) Trichodesma; genero de plantas da familia das borragineas.

Trixodesmio. *m.* (*bot.*) Trichodesmio; genero de plantas phyceas.

Trixoftalma. *f.* (*zool.*) Trichophtalma (*pello no olho*); genero de insectos dipteros da familia dos tanystomos.

Trixoglea. *f.* (*bot.*) Trichoglea (*pello sujo*); genero de plantas phyceas.

Trixogonia. *f.* (*bot.*) Trichogonia (*angulo velloso*); genero de plantas da familia das compostas.

Trixojino. *m.* (*bot.*) Trichogyno (*pistillo velloso*); genero de plantas da familia das compostas.

Trixoloma. *f.* (*bot.*) Tricholoma; genero de plantas da familia das escrofularineas.

Trixonisco. *m.* (*zool.*) Trichonisco; genero de crustaceos isopodas da tribu dos cloportidos.

Trixonoto. *m.* (*zool.*) Trichonoto (*dorso velloso*); genero de insectos coleopteros pentameros da tribu dos escarabideos.

Trixopilia. *f.* (*bot.*) Trichopilia; genero de plantas da familia das orchideas.

Trixopodio. *m.* (*bot.*) Trichopodio (*pé felpudo*); genero de plantas da familia das aristolochias.

Trixópodo. *m.* (*zool.*) Trichopoda (*pé velloso*); genero de peixes da familia dos pharyngios.

Trixosandra. *f.* (*bot.*) Trichosandra; genero de plantas da familia das asclepiadeas.

Trixosanto. *m.* (*bot.*) Trichosantho; genero de plantas da familia das cucurbitaceas.

Trixosoma. *f.* (*zool.*) Trichosoma (*corpo felpudo*); genero de insectos lepidopteros da familia dos nocturnos.

Trixospira. *f.* (*bot.*) Trichospira; genero de plantas da familia das compostas.

Trixóstomo. *m.* (*bot.*) Trichostomo; genero de musgos.

Trixotosia. *f.* (*bot.*) Trichotosia; genero de plantas da familia das orchideas.

Triza. *f.* Migalhas; particula, pedacinho de algum corpo. *Particula mica. Hacerse trizas* (*fr. fig.*); fazer-se em migalhas, em estilhas, espedaçar-se, fazer-se em pedaços: — (*naut.*) V. *Driza.*

Tro. *prep.* (*ant.*) V. *Hasta:* — tro; instrumento musico da feição de rebeca, que se usa em Sião.

Trobellar. *a.* e *n.* (*ant.*) V. *Trebejar.*

Trocable. *adj.* Trocavel; que se pôde trocar. *Permutabilis, e.*

Trocadamente. *adv. m.* Trocadamente; com inversão, trocando as cousas ou dizendo o contrario do que é. *Falsò.*

Trocado. *adj.* Trocado; diz-se do dinheiro recebido em troca de peça de maior valor. *Minuti nummi. Á la trocada ó trocadilla* (*loc. adv.*); trocadamente, contrariamente, em sentido contrario, inverso, ao contrario. *Contra, è contrario.*

Trocador, ra. *s.* Trocador; o que troca, permuta. *Permutator, oris.*

Trocáico, ca. *adj.* Trochaico; diz-se do verso grego e latino que consta de sete pés, alguns dos quaes são trocheos e os demais spondeos ou jambos, arbitrariamente *Trochaicus, a, um.*

Trocamiento. *m.* (*ant.*) V. *Trueque.*

Trocante. *adj.* (*ant.*) Trocador, permutante.

Trocánter. *m.* (*ant.*) Trochanter; nome dado a duas apophyses do femur, nas quaes se inserem os musculos que fazem mover a coxa.

Trocanteriano, na. *adj.* (*anat.*) Trochanteriano; pertencente ao trochanter.

Trocantin. *m.* (*anat.*) Trochantino; pequeno trochanter.

Trocantiniano, na. *adj.* (*anat.*) Trochantiniano; concernente ao trochantino.

Trocar. *a.* Trocar, permutar; dar uma cousa por outra, transferindo reciprocamente o dominio d'ella. *Permutare:* — vomitar, lançar fóra; arrojar, expellir pela bôca as substancias introduzidas no estomago. *Evomere:* — trocar, equivocar; inverter a ordem ou o sentido, tomar ou dizer uma cousa por outra. *Omnia miscere, confundere:* — *m.* (*cir.*) trocate; instrumento cirurgico da feição de um punção com uma bainha de metal, que se introduz no ventre ou outra parte do corpo, e tirando o punção e deixando ficar a bainha na abertura, serve para dar saida a algum humor. *Chirurgicus tubus extrahendis humoribus:* — *r.* trocar-se, converter-se; mudar o genio, os costumes, mudar de vida, emendar-se. *Mutari, converti:* — *r.* trocar o logar ó emprego pelo de outrem. *Sedem permutare:* — trocar-se, mudar-se, converter-se inteiramente; *v. g.: trocarse la suerte, el color;* trocar-se a sorte, a côr. *Respræter opinionem accidere.*

Trocatinta. *f.* (*fam.*) Trocasbaldrocas, barganha, alborque atrapalhado, ridiculo. *Permutatio confusa.*

Trocatinte. *m.* Côr cambiante, acatasolada, iriada, que varia segunda a reflexão da luz ou côr mesclada. *Mixtis coloribus splendens.*

Troceo. *m.* (*naut.*) V. *Trozeo.*

Trocico, llo, to. *m. dim.* de *Trozo.* Troçosinho; pequeno troço.

Trocir. *a. (ant.)* Passar, atravessar: — *n. (ant.)* transcursar, transpor: — *(ant.)*V. *Morir.*

Trociscar. *a.* V. *Troziscar.*

Trocisco. *m. (pharm. ant.)* V. *Trozisco.*

Trocla. *f. (mech.)* Trochlea. V. *Polea.*

Troclea. *f. (anat.)* Trochlea; eminencia articular interna da extremidade inferior do humero.

Trocleador. *adj. (anat.)* Trochleador; diz-se de um dos musculos do olho.

Troclear, ria. *adj. (bot.)* Trochleario; parecido com uma polé, como se observa no embryão quando é cylindrico, curto e deprimido no centro.

Troco. *m. (ant.)* Troco, troca: — trocho. V. *Rueda.*

Trocobalista. *f. (mil. ant.)* Trochobalista; balista conduzida sobre rodas.

Trocoide. *f. (math.)* Trochoide. V. *Cicloide.*

Trocóideo, dea. *adj.* Trochoideo ou trochoides; parecido com uma roda que gira sobre um eixo. *Articulacion trocóidea (anat.);* articulação trochoidea; aquella em que um osso gira sobre outro.

Trocólica. *f. (mech.)* Trocholica; nome dado por alguns auctores antigos á parte da mechanica que trata dos movimentos circulares.

Trocha. *f.* Trocha, atalho, vereda, caminho torcido, estreito e pouco seguido. Em portuguez é palavra antiquada. *Semita, trames:* — *(ant.)* trilha, rasto, vestigio que deixam as bestas.

Trochemoche (a). *(loc. adv. fam.)* A trochemoche; confusamente, disparatadamente, inconsideradamente. *Inconsideratè, temerè.*

Trochuela. *f. dim.* de *Trocha.* Atalhosinho, veredasinha.

Trofeista. *m. (inus.)* V. *Triunfador.*

Trofeo. *m.* Trophéu; insignia ou signal exposto ao publico para memoria de algum triumpho. *Tropheum, ei:* — *(fig.)* trophéu, victoria, triumpho. *Triumphus, i:* — trophéu; primitivamente era uma arvore, desfolhados os ramos e pendurados n'elles as armas, bandeiras e despojos tomados ao inimigo. *Tropheum, ei:* — trophéu; armas, despojos do inimigo, monumento em que se expõem as bandeiras e armas de inimigo. *Tropheum, ei:* — *pl.* trophéus; armas e insignias militares que se agrupam com certa symetria e visualidade para honras funebres ou por outro motivo plausivel, e tambem as que se pintam por adorno. *Tropæa, trophæa.*

Trófico, ca. *adj.* Trophico; que respeita ao alimento.

Trófide. *m. (bot.)* Trophide; genero de plantas da familia das artocarpeas.

Trofolojia. *f.* Trophologia; regimen alimenticio: — trophologia; tratado sobre o regimen alimentario.

Trofopólen. *m. (bot.)* Trophopollen; parte saliente em cada cellula da anthera.

Trofosperma. *f. (bot.)* Trophosperma *(que alimenta a semente);* nome dado por alguns naturalistas á placenta, isto é, ao ponto do ovario a que se ligam as sementes por meio do seu funiculo.

Troglodita. *s.* Troglodyta; o que vive habitualmente em covas ou logares subterraneos: — *(fig.)* cannibal, cafre; homem barbaro e cruel: — *(fig.)* devorador, comilão. *Troglodyta, æ:* — *m. pl. (ant. geogr.)* troglodytas; povo da Africa que vivia em cavernas. *Troglodytæ:* — *pl. (myth.)* troglodytas; povos fabulosos da Abyssinia, velocissimos na carreira, que se alimentavam de serpentes, lagartos e outros reptis, não tinham idioma, e soltavam gritos ou silvos como os morcegos, e viviam em cavernas. Ha quem diga que esta supposta raça de homens era apenas uma especie de macacos do genero cynocephalo: — *(zool.)* V. *Chimpanzé:* — troglodyta; genero de aves da ordem dos passaros, e da familia dos dentirostres.

Trogonofido. *m. (zool.)* Trogonophido; genero de reptis amphisbenios.

Trógulo. *m. (zool.)* Trogulo; genero de arachneides phalangidias.

Troicar. *m. (cir.)* V. *Trocar.*

Troj. *f.* Celleiro, granel; casa onde se guardam grãos, principalmente o trigo. *Horreum, ei.*

Troja. *f. (ant.)* Bornal, taleiga, em que o soldado levava a comida: — *(ant.)* V. *Troj:* — *pl.* V. *Víveres.*

Trojado, da. *adj.* Enfardelado; mettido, guardado na taleiga ou bornal. *Mantica asservatus, conditus.*

Troje. *f.* V. *Troj.*

Trojecilla. *f. dim.* de *Troj.* Celleirinho.

Trojel. *m. (ant.)* V. *Fardo.*

Trojero. *m.* Celleireiro; o que guarda e administra os celleiros. *Horreorum custos.*

Trojezada. *f. (ant.)* V. *Conserva.*

Trolio. *m. (bot.)* Trollio; genero de plantas da familia das rainunculaceas.

Tromba. *f. (phys.)* Tromba; massa de vapores similhantes a uma nuvem muito densa, que gyra sobre si mesma pelo impulso do vento, prolonga-se debaixo para cima ou de cima para baixo em fórma de cylindro ou de cône invertido, e chega a submergir navios, derribar casas, arrancar arvores, etc.

Trombidio. *m. (zool.)* Trombidio; genero de arachneides, da familia dos acaridos.

Trombon. *m. (mus.)* Trombone, trombão; trombeta grande que se alonga e encolhe.

Trombonista. *m. (mus.)* Trombone; tocador de trombone.

Trompa. *f.* Tromba do elephante, proboscide. *Proboscis, idis:* — especie de pião grande que tem dentro outros pequenos, e no acto de o jogar andam todos a um tempo. *Trochus, turbo. A trompa tañida (loc. adv.);* a toque de trombeta ou de clarim, ao som da trombeta, ao signal dado. *Tubæ sonitu; signo datu. A trompa y ta-*

lega (loc. adv. fam.); a torto e a direito; sem reflexão, sem ordem nem concerto. *Temerè, præposterè*: — *de Eustaquio*; trompa de Eustachio; canal de communicação para o ar exterior, que se dirije desde a orelha ao tympano. *Trompas de Falopio*; trompas de Fallopio ou fallopianas; dois conductos que partem do fundo do utero, um de cada lado e vão terminar nos ovarios:— *(mus.)* trompa, trombeta; instrumento musico. *Tuba, æ*: — birimbao ou birimbau; pequeno instrumento de metal: — *marina*; trombeta marinha; instrumento musico triangular ou redondo, de fórma pyramidal, de quatro ou cinco pés de alto, com cavalete, a modo de rabecão, e uma só corda grossa, que ferida com arco dá um som similhante ao da trombeta. *Barbitos, nervo unico resonans.*

Trompada. *f. (fam.)* Trombada, focinhada, narigada, golpe com a tromba; geralmente significa encontrão de duas pessoas cara a cara, dando-se com os narizes. *Ictus, percussio oris ad os*: — *(p. Can.)* sôco, punhada, murro nos queixos: — *(p. Mex.)* V. *Puñada*: — *(naut.)* abalroada; choque de uma embarcação com outra, ou contra algum baixo ou ponta de terra.

Trompar. *n.* Jogar o pião. *Turbine ludere*: — *a. (ant.)* trampear, fraudar, enganar.

Trompazo. *m.* Trombada; golpe violento com a tromba. *Ingens ictus*: — pancada, golpe de pião: — pancada forte, violenta; diz-se por extensão.

Trompear. *n.* V. *Trompar*, jogar o pião: — *a. (p. Mex.* e *Can.)* socar ou esbofetear alguem.

Trompero. *m.* Torneiro que faz piões. *Trochorum artifex*: — *(ant.)* V. *Trompetero*: — *adj.* fraudulento, falso, enganoso. *Falsus, decipiens.*

Trompeta. *f.* Trombeta. V. *Clarin, Trompa*, instrumento de guerra. *Tuba, æ*: — *m.* trombeta, trombeteiro, clarineiro; tocador de trombeta. *Tubicen, buccinator*. *Pobre trompeta (fr. fam.)*; pobre patola; diz-se de um homem rasteiro, desprezivel ou de pouco juizo. *Vilis homo, despicabilis.*

Trompetazo. *m.* Trombetada; pancada com uma trombeta.

Trompetear. *n. (fam.)* Tocar trombeta. *Tubâ canere.*

Trompetería. *f.* Trombetas; todos os registos do orgão formados de trombetas metallicas. *Organi musici tubæ simul collectæ*: — conjuncto de trombetas e instrumentos militares.

Trompetero. *m.* Trombeteiro; tocador de trombeta. *Tubicen, inis*: — fabricante de trombetas. *Tubarum artifex.*

Trompetilla. *f. dim.* de *Trompeta.* Trombetinha; trombeta pequena: — corneta acustica; pequeno instrumento de prata ou outro metal, em fórma de trombeta ou funil, que os surdos põem nos ouvidos para ouvirem mais facilmente. *Tuba auricularia.*

Trompezadura. *f. (ant.)* V. *Tropezadura.*

Trompezar. *n. (ant.)* V. *Tropezar.*

Trompicar. *a.* Fazer tropicar. *Deturbare*: — *(inus.)* preterir. *Insulse anteponere, præferre*: — *n.* tropicar; tropeçar com frequencia. *Cæspitare.*

Trompico, llo, to. *m. dim.* de *Trompo.* Piãosinho; pião pequeno.

Trompicon. *m.* V. *Tropezon.*

Trompilla. *f. dim.* de *Trompa.* Trombinha: — trombetinha: — birimbauzinho.

Trompilladura. *f. (ant.)* V. *Tropezon.*

Trompillar. *n. (ant.)* V. *Trompicar.*

Trómpis (andar a) *(fr.)* Andar ao sôco, jogar o sôco, o pugilato, como costumam os inglezes.

Trompo. *m.* Pião; peça de madeira torneada com que jogam os rapazes. V. *Peon*: — V. *Peonza*. *Ponerse como un trompo (fr. fam.)*; pôr-se como um tambor, ficar abarrotado, empachado por comer muito. *Cibo, potu oppleri, repleri, satiari. Ser un trompo (fr. p. Cub.)*; ser um cepo; estupido, naturalmente rude.

Trompon. *m. augm.* de *Trompo.* Pião grande. *Á trompon ó de trompon (loc. adv. fam.)*; a trochemoche, a torto e a direito; sem ordem, sem regra, em confusão. *Incompositè, inordinatè, sine modo, inesperatè.*

Tromsdorfia. *f. (bot.)* Tromsdorfia; genero de plantas da familia das amaranthaceas.

Tronada. *f.* Trovoada; tempestade, multidão de trovões. *Tonatio, tonitruorum strepitus.*

Tronador, ra. *adj.* Trovejante; que troveja. *Tonans, antis*: — de muitos estouros ou respostas; diz-se de alguns foguetes. *Tonans, antis.*

Tronante. *adj.* Tonante; que troveja. *Tonans, antis.*

Tronar. *n.* Tronar, troar, trovejar; fazer, haver trovões, soar o trovão. O primeiro vocabulo é pouco usado em portuguez. *Tonare*: — detonar, estourar, atroar; fazer grande estrondo, como o de arma de fogo ao disparar-se. *Tonare, fragorem edere*: — *(fig. fam.)* V. *Morir*: — estourar; acabar-se uma cousa com estrepito ou de repente; e em sentido identico diz-se do que faz banca-rota ou se arruina perdendo os bens; *v. g.*: *ese tronó*; esse estourou, deu á costa. *Por lo que pudiere tronar (fr.)*; para o que der e viver, para o que possa acontecer. *Ne fortè accidat aut eveniat.*

Troncal. *adj.* Pertencente ao tronco ou que procede d'elle. Diz-se no fôro da classe de bens que não se incluem na successão regular, mas que requerem outras pessoas da familia. *Ad truncum pertinens; ex illo procedens.*

Troncar. *a.* Troncar; cortar do tronco, do corpo de alguma cousa. Diz-se com propriedade do corpo humano, quando se lhe corta a cabeça. *Truncare*: — *(fig. ant.)* troncar. V. *Truncar.*

Tronco. *m.* Tronco; parte da arvore e da planta que fica entre a raiz e a rama. *Trun-*

cus, i: — tronco de geração; pessoa de quem ella procede, em quem começou a arvore genealogica. *Stirpes, is:* — tronco; o corpo humano sem comprehender a cabeça, os braços, coxas e pernas. *Truncus mutilus:* — tronco; parelhas de cavallos ou de muares que vão presas ao jogo dianteiro da carruagem, ficando a lança no meio d'ellas. *Bijugi, orum:* — *(fig.)* tronco, cepo; homem estupido, insensivel. *Truncus, stipes, insensibilis profecto homo:* — *adj. (ant.)* tronco. V. *Tronchado. Estar hecho un tronco (fr. fig.);* estar como um cepo ou madeiro; ter perdido os sentidos por algum accidente ou estar profundamente adormecido. *Sensu privatus; altè sopitus:* — *(bot.)* tronco; dá-se este nome ao caule das plantas dicotyledoneas: — *(hist. nat.)* tronco; parte principal do corpo a que estão unidos os membros: — tronco, thorax; nos insectos, parte comprehendida entre a cabeça e o abdomen.

Troncon. *m. augm.* de *Tronco.* Troncão; tronco mui grosso.

Tronchado, da. *adj. (br.)* Tronchado; diz-se do escudo dividido em duas partes iguaes por uma linha diagonal, que parte do angulo direito superior ao esquerdo inferior. *In duas partes transversè divisus.*

Tronchar. *a.* Tronchar; cortar ou partir alguma cousa pelo tronco ou talo com violencia, e não com instrumento cortante. Diz-se particularmente de certas hortaliças. Por extensão tambem significa partir ou dividir com força uma cousa qualquer, fazer troncho. *Truncare, discerpere, dirumpere.*

Tronchazo. *m. augm.* de *Troncho.* Troncho, talo grosso e rijo: — golpe, pancada com um talo de couve ou de outra hortaliça.

Troncho. *m.* Troncho, talo; caule ou haste das hortaliças d'onde nasce mas folhas, e que corresponde ao tronco das arvores. *Stipes, caulis. Bràvo troncho de mozo (fr. fam.);* guapo mocetão, robusto, bem apessoado. *Valens, elegansque juvenis.*

Tronchudo, da. *adj.* Tronchudo, taludo, de grande e grossos talos; diz-se da couve e outras hortaliças. *Forti, valido caule sive stipile gaudens.*

Tronera. *f.* Troneira, canhoneira; abertura no parapeito das baterias por onde se dispara a artilheria. *Muri apertura:* — fresta; janellinha por onde entra escassamente a luz. *Fenestella, æ:* — ventanilha; cada um dos buracos ou aberturas pequenas do bilhar onde se mettem as bolas. *Fenestella; arcuata portula:* — *s. (fig.)* ventoinha; pessoa estouvada, inconsiderada, inconstante, ligeira de cabeça. *Caput cerebro vacuum.*

Tronerar. *a.* V. *Atronerar.*

Tronga. *f. (germ.)* Tronga, amiga, amasia.

Trónicas. *f. pl. (ant. vulg.)* Palavrorios, palanfrorios, patarata*s.*

Tronido. *m. (ant.)* V. *Trueno.*

Tronitoso, sa. *adj. (fam.)* Estrondoso, atroador, retumbante. *Boans, resonans.*

Trono. *m.* Throno; assento elevado, tendo por cima um docel, onde os soberanos se assentam, principalmente em funcções solemnes. *Thronus, i:* — *(fig.)* throno; logar onde se colloca a estatua de um santo. *Thronus, i:* — *(fig.)* throno, a realeza; dignidade, auctoridade regia. *Regia dignitas:* — *pl.* thronos; setimo côro da hierarchia celeste. *Throni, orum.*

Tronquista. *m.* Cocheiro que governa os cavallos do tronco. *Rhedarius, ii:* — *(mil.)* tronqueiro, conductor; artilheiro encarregado de guiar a parelha do tronco das carretas da artilheria.

Tronzar. *a.* Quebrar, despedaçar; fazer em pedaços, em bocados. *Confringere, frangere:* — franzir; fazer pregas muito miudas e iguaes nas vasquinhas ou saias. *In undas plicare:* — serrar de ponta a cordel; serrar uma peça de madeira de través.

Tronzo, za. *adj.* Troncho; diz-se do cavallo que tem uma ou ambas as orelhas cortadas, mutiladas, quando já é velho, e denota que tem servido muito e que está estropeado. *Auribus mutilus.*

Tropa. *f.* Tropa; gente militar ou de guerra, numero consideravel de soldados de qualquer arma. *Milites, is:* — tropa; troço, companhia de cavallaria. *Equestris turma, agmen, cohors:* — tropa, turba, caterva; multidão, tropel de gente. *Turba, caterva:* — *(p. A. Mer.)* tropa, cáfila; comboi ou grande ajuntamento de animaes, vehiculos que vão de caminho. *A toda tropa (loc. adv.);* a todo o panno, a toda a véla. *En tropa ó en tropas (loc. adv.);* em tropa, de tropel, tumultuariamente. *Catervatim:* — *(mil.)* toque militar que se usa em infanteria para formar e reunir o batalhão, que precede a chamada. Tambem se usa para fazer honras. *Tympani strepitus quo milites ad prælium parantur. Tropas francas;* tropas francas; em geral as collecticias e irregulares que hostilisam o inimigo por sua conta particular, pelejando isoladamente em combates parciaes e em partidas de guerrilhas. *Tropas ligeras;* tropas ligeiras; as que alem do serviço que prestam, como as de linha no campo de batalha, se destinam particularmente ás expedições soltas e ao serviço destacado, como ás emprezas parciaes, escaramuças, descobertas, etc. Ás vezes dá-se este nome ás tropas francas ou irregulares. *Tropas regulares;* tropas regulares; as que são organisadas e arregimentadas para constituir, diga-se assim, o exercito permanente de uma nação.

Tropel. *m.* Tropel; multidão tumultuosa de gente, estrepito, movimento ruidoso de muitas cousas que se movem tumultuariamente. *Strepitus, us:* — tumulto, pressa, precipitação, acceleração confusa, desordenada. *Pro-*

peratio, festinatio perturbata: — troço, parte, porção em que se dividia o exercito dos antigos. *Turma, æ:* — *(fig.)* tropel; montão, grande numero, congerie desordenada. *Confusa multitudo:* — *(germ.)* cagarrão, calabouço, carcere. *De tropel (loc. adv.);* de tropel, em tropa, precipitadamente, com movimento accelerado e violento, ou em multidão tumultuosa, sem ordem, confusamente. *Præpropere; valdè festinanter; conjunctim sed inordinatè.*

TROPELERO. *m. (germ.)* Salteador.

TROPELÍA. *f.* Tropelia; aceleração confusa e desordenada, desordem, tumulto que faz gente em tropel. *Inordinata properatio, festinatio:* — *(fig.)* atropellamento, vexação, oppressão, violencia nas acções. *Vexatio, oppressio, acceleratio:* — atropellamento, violencia; acto violento e contrario ás leis: — V. *Vejacion:* — *(ant.)* V. *Pasa, pasa,* jogo.

TROPELISTA. *m. (ant.)* Pelotiqueiro; o que joga ligeiramente de mãos.

TROPELLAR. *a. (ant.)* V. *Atropellar.*

TROPEZADERO. *m.* Mau caminho, rua mal calçada, sitio, logar onde ha perigo de tropeçar. *Locus ubi facilè offensatur; ubi frequentia sunt offendicula.*

TROPEZADOR, RA. *s.* Tropego; o que com frequencia é sujeito a tropeçar. *Offensator, oris.*

TROPEZADURA. *f.* Tropeçadura, tropeçamento; acção e effeito de tropeçar. *Offensatio, onis.*

TROPEZAR. *n.* Tropeçar, esbarrar, topar em corpo que nos faz vacillar e expõe a caír. *Offendere, cospitare:* — *(fig.)* estorvar, impedir, atalhar, embaraçar; fazer opposição, pôr, causar obstaculos, tropeços. *Impediri, obstaculum habere:* — *(fig.)* tropeçar, dar uma topada; obrar mal por fragilidade ou por inconsideração casual, commetter erro ou faltar pouco para isso. *Offendere:* — *(fig.)* contrariar, contradizer, estorvar alguem, fazer-lhe opposição. *Contradicere, contendere, rixari:* — *(fig.)* topar, deparar, advertir, descobrir o defeito ou falta de uma cousa, ou a difficuldade de executar-se. *Offendere, obstaculum, impedimentum invenire, animadvertere:* — *(fig.)* topar; encontrar inesperada ou casualmente alguem. *Occurrere alicui, offendere:* — *r.* tocar-se, alcançar-se; ferir-se a besta batendo com os cascos nas mãos ou encontrando-as uma com a outra. *Offensare, cespitare. Andar tropezando y cayendo (fr.);* andar n'um precipicio, estar exposto a muitos perigos. *Offensionibus sæpe laborare. No haber en que tropezar (fr. fig.);* não haver em que tropeçar, não haver tropeço, obstaculo ou difficuldade em alguma cousa. *Nihil offensionis habere.*

TROPEZON, NA. *adj.* Tropeçudo, tropego; fraco dos membros, sujeito a tropeçar. Diz-se regularmente do cavallo. *Offensator, oris:* — *m.* tropeção, tropeçamento. V. *Tropiezo:* — tropeção; acção de tropeçar. *Offensio, offensatio. A tropezones (loc. adv.);* aos tropeções; com muitos impedimentos e obstaculos. *Impedimentis, obstaculis interpositis.*

TROPEZONCICO, LLO, TO. *m. dim.* de *Tropezon.* Tropegosinho; algum tanto tropego.

TROPEZOSO, SA. *adj.* Vacillante, duvidoso; que hesita e se detem na execução de alguma cousa. *Impeditus, obstaculis moratus, morosus.*

TRÓPICO. *m. (astron.)* Tropico; qualquer dos dois circulos menores que se consideram na esphera celeste parallelos ao equador, e afastados d'elle de 23° e meio, que é o termo ou limite até onde o sol se aparta nos dois solsticios o coluro dos solsticios; o que está na parte boreal chama-se tropico de Cancer, e o que está na parte austral do tropico de Capricornio. *Tropicus, i. Año trópico (chron.)* V. *Año. Bautismo de los trópicos (naut.);* baptismo do tropico ou da linha; ceremonia grotesca e profana, a que os marinheiros sujeitavam os que, pela primeira vez, passavam o tropico de Cancer ou a linha equinocial. *Enfermedad de los trópicos (med.);* febre amarella: — *ó ave del trópico (zool.);* ave dos tropicos. V. *Faetonte:* — *adj.* que se applica ao estylo em que se usam tropos. *Tropis ornata oratio; immutata, inversa locutio.*

TROPIDOCARPO. *m. (bot.)* Tropidocarpo *(fructo em fórma de quilha);* genero de plantas da familia das cruciferas.

TROPIDÓFIDE. *m. (zool.)* Tropidophide; genero de reptis ophydios.

TROPIDORINCO. *m. (zool.)* Tropidorhyncho *(bico em fórma de quilha);* genero de aves da ordem dos passaros.

TROPIEZO. *m.* Tropeção, topada; pancada com o pé em tropeço. *Offensio, offendiculum:* — tropeço; cousa em que se tropeça, ou obstaculo, embaraço, cousa que serve de impedimento. *Obstaculum, impedimentum:* — *(fig.)* topada, passo falso, errado, falta, culpa, erro; commummente entende-se a falta ou culpa contra a honestidade, e tambem a cousa ou o sujeito com quem se commette. *Lapsus, periculum, fragilitas:* — *(fig.)* tropeço, obstaculo, embaraço, difficuldade, impedimento. *Obstaculum, offendiculum:* — *(fig.)* contradicção, controversia, contestação, opposição. *Contentio, onis.*

TROPILLA. *f. dim.* de *Tropa.* Tropa pouco numerosa, troço do exercito.

TROPITAS. *m. pl. (rel.)* Tropitas; sectarios que pretendiam que o Verbo, ao encarnar, havia cessado de ser *Deus.*

TROPO. *m. (rhet.)* Tropo; uso translaticio da palavra a que se dá outro sentido, porque o objecto significado de novo tem similhança, relação ou connexão com o objecto que a palavra indicava primitivamente; volta do sentido novo ao primitivo. *Tropus, us.*

Tropología. *f.* V. *Tropolojía.*

Tropológico, ca. *adj.* V. *Tropolójico.*

Tropolojía. *f.* Tropologia; discurso moral allegorico, figurado todo. *Tropologia, æ.*

Tropolójico, ca. *adj.* Tropologico, figurativo, allegorico: — tropologico, doutrinal, moral; tendente á referencia e emenda dos costumes. *Tropologicus, a, um.*

Troponómico, ca. *adj.* Troponomico; diz-se do estudo das mutações que um mesmo objecto experimenta, segundo os diversos tempos e logares.

Troque. *m. (ant.)* V. *Trueque:* — *(art.)* signal com que se conhece a côr que teve o panno tingido.

Troquel. *m.* Cunho para assignalar a moeda e as medalhas. *Typus, fórma.*

Tróqueo. *m.* Trochêo; pé de verso grego e latino composto de uma syllaba longa e outra breve. *Trochæus, ei.*

Troquillo. *m. (arch.)* Trochilo; moldura concava á maneira de meia canna. *Trochilus, i.*

Troquita. *f. (min.)* Trochita; concha fossil univalve de fôrma conica.

Trosado, da. *adj. (ant.)* V. *Trojado.*

Trotaconventos. *f. (fam.)* Adela da honra. V. *Alcahueta:* — *(ant.)* adela, contrabandista; mulher que vende fato e alfaias pelas ruas ou de casa em casa.

Trotador, ra. *s.* Troteiro; que anda de trote; diz-se do cavallo, egua, etc. Referindo-se ao cavallo tambem se chama trotão. *Succussator equus:* — troteiro, trotão, andejo, corredor; homem que anda apressado.

Trotalla. *f. (ant.)* V. *Burla.*

Trotar. *n.* Trotar; ir, andar de trote o cavallo. *Succussare:* — trotar; ir de trote, metter de trote o cavalleiro: — trotar; andar de corrida, muito apressado. *Huc illuc discurrere, concursare.*

Trote. *m.* Trote; andadura do cavallo entre o passo e o galope. *Succussus, i. A o al trote (loc. adv. fig.);* a trote ou de trote; de corrida, acceleradamente, muito apressado, sem socego. *Cursim. Poner en los trotes a uno (fr. fam.);* ensinar, amestrar, industriar alguem, instrui-lo em algum negocio ou dependencia. *Docere, instruere, exercitare aliquem. Tomar el trote (fr. fam.);* metter pernas, abalar-se, ir-se, partir de repente e de pressa. *Intempestivè discedere:* — *(mil.)* trote; toque de clarim que se usa na cavallaria para metter de trote.

Trotero. *m. (ant.)* V. *Correo:* — *(ant.)* creado, mensageiro.

Trótico. *m. (zool.)* Trotico; genero de insectos hymenopteros da familia dos braconidos.

Trotillo. *m. dim.* de *Trote.* Pequeno trote.

Troton, na. *adj.* Trotão, trotador; diz-se do cavallo que anda ordinariamente de trote. *Succussator equus:* — *m.* cavallo de trabalho: — *adj. (equit.)* choutador, chouteiro; diz-se do cavallo que não tem passo natural nem artificial, e que anda habitualmente a um semi-trote ou chouto, o que faz com que elle ganhe pouco terreno.

Trotoneria. *f.* Trote continuo; acção continuada de trotar. *Succussus, i.*

Trova. *f. (poet.)* Trova; composição metrica, formada á imitação de outra, seguindo o methodo, estylo ou rima, ou apresentando e esclarecendo alguma historia ou fabula: — *(ant.)* V. *Verso.*

Trovador, ra. *s. (poet.)* Trovador; auctor de trovas, o que compõe trovas. *Imitator compositionis metricæ:* — trovador. V. *Poeta. Poetisa:* — *(ant.)* achador; o que ou a que acha, ou achou alguma cousa.

Trovar. *a.* Inverter o sentido de alguma cousa que se disse, interpreta-lo mal, de modo differente d'aquelle com que foi dita. *Verborum sensum invertere:* — *(ant.)* V. *Hallar.* Usava-se tambem como reciproco: — *(poet.)* versificar, versejar; fazer versos. *Versificare:* — trovar; compor trovas, imitar alguma composição poetica, applicando-a a outro assumpto. *Metricam compositionem imitari.*

Trovista. *m.* Trovista. V. *Trovador.*

Trox. *f.* V. *Troj.*

Troxe. *m. (zool.)* Troxe ou trox *(que roe);* genero de insectos coleopteros pentameros da tribu dos escarabideos.

Troxocarpa. *f. (bot.)* Trochocarpa; genero de plantas da familia das epacrideas.

Troxodendro. *m. (bot.)* Trochodendro; genero de plantas da familia das magnoliaceas.

Troxoséride. *m. (bot.)* Trochoseride; genero de plantas da familia das compostas.

Troya. *f. (ant.)* V. *Troja. Aquí fué Troya (fr. fig.);* aqui foi Troya; diz-se para fazer notar alguma cousa notavel e funesta succedida n'aquelle logar onde se está fallando. *En locus ubi Troja fuit. Arda Troya! (exclamação fig.* e *iron.);* arda Troya! ávante; diz-se incitando para que prosiga a rixa ou desordem.

Troza. *f.* Tronco, madeiro, toro serrado nas duas extremidades para fazer tábuas. *Truncus serratus.*

Trozar. *a.* Fazer troços.

Trozear. *a. (ant.)* Dividir em troços.

Trozeo. *m. (naut.)* Troça; cabo com que se sujeitam e atracam as vergas maiores. *Funis nauticus.*

Trozisca. *a.* Fazer trocisco ou trochiscos.

Trozisco. *m. (pharm.)* Trocisco ou trochisco; pastilha ou rolinho de massa medicinal para se fazer em pilulas. *Trochiscus, i.*

Trozo. *m.* Troço, troncho; pedaço ou parte de alguma cousa cortada ou separada de outra. *Fragmentum, frustum:* — *(mil.)* troço; subdivisão tactica da infanteria, que corresponde á quarta parte do batalhão. *Cunei militaris pars dimidia.*

Truan. *m.* Truão. V. *Truhan.*

TRUCAR. *n.* Trucar; fazer o primeiro envite no jogo de cartas chamado truque. *Prima sponsione in ludo provocare:* — trucar; fazer truques no jogo d'este nome e no de bilhar.

TRUCIDAR. *a. (ant.)* Trucidar, massacrar, matar cruelmente. Usa-se ainda em linguagem poetica. *Trucidere.*

TRUCO. *m.* Truco ou truque; sorte do jogo do truque. *Globuli extra tabulam missio, infra per fenestellam vel supra tabulatum vallum:* — *pl.* truque; j g de bolas, de bilhar, vulgarmente de taco. *Trudiculorum ludus.*

TRUCULENTO, TA. *adj.* Truculento, cruel; com fereza, atroz. *Truculentus, a, um.*

TRUCHA. *f. (zool.)* Truta; genero de peixes malacopterygios abdominaes, da familia dos salmonideos: — *(mech.)* V. *Cábria:* — *(fig.)* melro, fino, matreiro, espertalhão. *Trucha ó no comerla, ó ayuñar, ó no comer trucha (rif.);* comer truta ou jejuar, ou muito ou nada. *Aut Cæsar aut nihil. No se pescan ó toman truchas á bragas enjutas (rif.);* não se tomam ou se pescam ou comem trutas a bragas ou barbas enxutas; não se gosa sem trabalho o que bem sabe. *Nihil absque labore partum.*

TRUCHERO. *m.* Pescador ou vendedor de trutas.

TRUCHIMAN, NA. *adj. (fam.)* Bom agente, que é habil em tratar de negocios e pretensões. *Negotiosus gracilior:* — *(fam.)* faraute ou agente de assumptos que requerem habilidade e astucia.

TRUCHUELA. *f.* Trochoela; bacalhau, badejo mais delgado e pequeno. *Assellus salitus gracilior.*

TRUÉ. *m.* Especie de lençaria fina e de côr branca. *Tela linea.*

TRUECO. *m.* V. *Trueque. Á trueco (loc. adv.)* V. *Con tal que. A trueco ó en trueco (loc. adv.);* em troca ou em recompensa. *In commutationem, in compensationem.*

TRUENO. *m. (phys.)* Trovão; estrondo que faz no ar a inflammação da materia electrica. *Tonitrus, us:* — estampido; som da arma de fogo ou o estouro de fogo de artificio. *Sonitus, fragor:* — raio; homem energico nas suas acções: — *(mil.)* trovão; antiga peça de artilheria. *Catapultæ species. Dar trueno (fr.);* fazer barulho, fazer com que uma reunião se desmanche em desordem.

TRUEQUE. *m.* Troca, permutação, cambio. *Permutatio, onis:* — *(ant.)* V. *Vómito. A trueque ó en trueque (loc. adv.)* V. *A trueco ó en trueco:* — *(for.)* troca; contrato em que as partes dão ou se obrigam a dar respectivamente uma cousa por outra.

TRUFA. *f.* Peta, embuste, mentira, conto, patranha, fabula. *Commentum, fabula:* — *(bot.)* trufa, tubara da terra. V. *Criadilla de tierra.*

TRUFADOR, RA. *s.* Embusteiro, mentiroso, patarateiro; o que escreve ou conta embustes, patranhas ou fabulas. *Fabularum narrator:* — *(ant.)* V. *Truan.*

TRUFALDIN, NA. *adj. (ant.)* Bailarino ou comediante.

TRUFAN. *m. (ant.)* Truão. V. *Truan.*

TRUFAR. *n. (ant.)* Mentir, enganar, contar fabulas ou patranhas: — *(a. neol.)* fazer uma comida com tubaras da terra.

TRUFERÍA. *f. (ant.)* Trufaria. V. *Truhanería.*

TRUHAN, NA. *adj.* Truão, bobo, chocarreiro. *Scurra, æ:* — truão, impostor, embusteiro.

TRUHANADA. *f.* Truanice. V. *Truhanería.*

TRUHANAMENTE. *adv. m.* Chocarreiramente; com chocarrice ou truanice. *Scurriliter.*

TRUHANEAR. *n.* Truanear, chocarrear, gracejar; fazer de bobo, de truão, dizer chocarrices. *Jocari, verbis ludere, scurram agere:* — truanear, petear, enganar; contar fabulas, historias, mentiras.

TRUHANERÍA. *f.* Truanice, chocarrice; dito, momices de truão. *Scurrilis jocus.*

TRUHANESCO, CA. *adj.* Burlesco, risivel, chocarreiro; que move a riso, proprio de truão. *Scurrilis, le.*

TRUHANÍA. *f. (ant.)* V. *Truhanería.*

TRUHAÑILLO, LLA, TO, TA. *adj. dim.* de *Truhan.* Truão baixo, vil, grosseiramente jocoso.

TRUJA. *f. (p. And.)* Tulha; casa, recinto de pedra ou cova onde se guarda a azeitona que não pôde ser immediatamente moida. *Olearum apotheca.*

TRUJAL. *m. (p. Rioja.)* Lagar de azeite. *Prœlum premendis oleis:* — lagar ou lagariça para espremer as uvas: — caldeirão em que se prepara a barrella para fabricar sabão.

TRUJALETA. *f. (p. Ar.)* Balseiro; vasilha de pau onde cáe o mosto do lagar. *Vas mustarium.*

TRUJAMAN, NA. *s.* Trugimão ou turgimão; interprete, o lingua, fallante. Actualmente está pouco em uso na lingua castelhana, e em seu logar emprega-se a palavra *dragoman. Interpres, itis:* — trugimão, corretor; o que pela experiencia que tem em alguma cousa aconselha o modo de a executar, especialmente em compras, vendas ou trocas. *Rem apprimè callens; emptionis et venditionis peritus.*

TRUJAMANEAR. *n.* Interpretar; servir de interprete ou trugimão. *Interpretari:* — intervir nas compras, vendas ou trocas como corretor ou medianeiro, ou trocar uns generos por outros. *Permutationes facere, proxenetam agere.*

TRUJAMANERO, RA. *s. (ant.)* V. *Intérprete.*

TRUJAMANÍA. *f.* Corretagem, officio de corretor, a sua diligencia e intervenção. *Proxenetæ vel licitatoris munus.*

TRUJIMAN, NA. *adj.* V. *Trujaman.*

TRULLA. *f.* Tropel; multidão tumultuosa de gente, algazarra, vozeria, clamor, estrondo que fazem. *Vociferatio, strepitus:* — turba, tropel, multidão de gente. *Turba, multitudo:* — Trôlha. V. *Llana de albañil.*

Trullo. *m. (prov.)* Sorte de cuba, na qual depois de pisada a uva sobre umas tábuas, se deita o mosto e o engaço para fermentar por algum tempo: — *(zool.)* cerceta; ave aquatica, especie de ganso, mas mais pequeno.

Truncadamente. *adv. m.* Troncadamente; com interrupção ou falta de palavras na oração. *Sermone vel verbis truncatis, interruptè.*

Truncamiento. *m.* Truncamento; acção e effeito de truncar. *Detruncatio, onis.*

Truncar. *a.* Truncar. V. *Troncar:* — *(fig.)* troncar; calar algumas palavras ou periodos, omittir alguma parte nas orações, principalmente por malicia ou de caso pensado. *Verba vel sermonem truncare vel mutilare.*

Truncaria. *f. (bot.)* Truncaria; genero de plantas da familia das melastomaceas.

Trunco, ca. *adj. (ant.)* V. *Tronco.*

Trunfar. *n. (ant.)* V. *Triunfar.*

Trupial. *m. (zool.)* V. *Acolchi.*

Truque. *m.* Truque; jogo de envite entre dois, quatro ou mais parceiros, a cada um dos quaes se repartem tres cartas. *Chartarum ludus, in quo per repetitas vel iteratas sponsiones collusor provocatur.*

Truquero. *m.* Marcador do jogo do truque ou bilhar. *Trudicularis ludi magister.*

Truquiflor. *m.* Jogo de cartas composto dos da flor e do truque. *Quidam chartarum ludus.*

Trutinar. *a. (ant.)* Pesar, considerar, examinar.

Truyada. *f. (p. Cub.)* Turba, multidão.

Truxálide. *m. (zool.)* Truxalide; genero de insectos orthopteros da familia dos acridios.

Tsin. *m. (min.)* Tsin; mineral da China que dá ao vidro a côr de violeta, e que entra na composição dos esmaltes negros. Parece ser um oxydo de manganez.

Tú. *pron. pessoal.* Tu; significa a pessoa com quem fallâmos: — tu; usa-se tratando com pessoa familiar, amigo ou amada, a mulher para com o marido, e ambos fallando aos filhos ou aos creados. Tambem invocando a *Deus* usâmos de tu. *Tu, tui, tibi, te. A tu, por tu (loc. adv.);* diz tu, direi eu; descomedidamente, sem comedimento, descompondo-se, dizendo-se mutuas injurias. *Nimis familiariter, inurbanè, inofficiosè. Salta tú, y dámela tú;* jogo pueril. *Puerorum ludus à modo ludendi sic dictus:* — *adj.* teu, tua; *v. g.: tu casa, tu hacienda, etc.;* tua casa, tua fazenda, etc. V. *Tuyo.*

Tuáutem. *m. (fam.)* Cabeça, principal motor, pessoa principal, essencial para alguma cousa. *Præcipuus, ui:* — cousa essencial, precisa, indispensavel, principal.

Tubacurva. *f. (mus.)* Tubacurva; especie de trombeta de sons limitados, mas fortes e brilhantes.

Tubario, ria. *adj. (anat.)* Tubario; que pertence ás trompas de Fallopio. *Preñez tubaria (med.);* prenhez tubaria; desenvolvimento de um feto na trompa uterina.

Tuberáceas. *f. pl. (bot.)* Tuberaceas; familia de cogumelos thecasporeos.

Tuberculado, da. *adj.* Tuberculoso; que tem tuberculos.

Tubercularia. *f. (bot.)* Tubercularia; genero de cogumelos gymnomycetos.

Tuberculicolio, lia. *adj. (zool.)* Tuberculicollio; diz-se do insecto que tem o cossulete coberto de tuberculos.

Tuberculífero, ra. *adj.* Tuberculifero; que tem tuberculos.

Tuberculiforme. *adj.* Tuberculiforme; que tem a fôrma de tuberculo.

Tubérculo. *m. (med.)* Tuberculo; tumor pequeno que se forma na superficie do pulmão. *Pulmonis tuberculum:* *(anat.)* qualquer eminencia natural, pouco consideravel, que existe n'alguma parte do corpo: — *(bot.)* tuberculo; nome dado ás saliencias mais ou menos volumosas que apresenta a porção subterranea de certas plantas, e que de ordinario têem uma fecula abundante que serve de alimento ao homem e aos animaes domesticos.

Tuberculoso, sa. *adj.* Tuberculoso; que é da natureza do tuberculo. *Fructificacion tuberculosa (bot.);* fructificação tuberculosa; fructificação propria de certas thalassiophytas, que consiste em formar-se em certa epocha, á superficie do vegetal, tumefacções que encerram uma porção de sementes, as quaes pela simples expansão de seu tecido cellular, sem ruptura da coberta, perpetuam a especie.

Tuberifero, ra. *adj. (hist. nat.)* Tuberifero; que tem tuberculos.

Tuberosa. *f. (bot.)* Tuberosa, angelica. V. *Vara de Jesé.*

Tuberosidad. *f. (anat.)* Tuberosidade; eminencia mais ou menos volumosa, de superficie desigual, que se acha sobre um osso, e onde se inserem os musculos ou ligamentos: — *(bot.)* tuberosidade; diz-se de certas excrescencias carnosas que apresentam ás vezes os vegetaes, principalmente as suas raizes: — *(med.)* tuberosidade, tumor duro e pouco volumoso: — *(zool.)* tuberosidade; cada uma das protuberancias ôcas que se observam na superficie de certas conchas.

Tuberoso, sa. *adj. (bot.)* Tuberoso; diz-se de uma raiz tuberculosa, isto é, carnosa e volumosa: — tuberculoso; diz-se por extensão das raizes que são cobertas de tuberculos como a batata.

Tubiculario, ria. *adj. (zool.)* Tubiculario; diz-se do animal que vive ou se esconde n'um tubo.

Tubicolas. *f. pl. (zool.)* Tubicolas; nome dado aos annelidos que vivem dentro de tubos calcarios, arenosos, mais ou menos membranosos.

Tubicóleos. *m. pl. (zool.)* Tubicoleos; familia de molluscos acephalos lamellibranchios.

Tubicornios. *m. pl. (zool.)* Tubicornes; familia de mammiferos ruminantes, que comprehende todos aquelles, cujos cornos são formados de um eixo osseo, coberto de uma capa cornea.

Tubífero, ra. *adj.* Tubifero; que tem tubos: — *(bot.)* tubifero; diz-se dos flosculos das synanthereas quando têem a fórma de um tubo dilatado na parte superior, e das flores compostas de flosculos dilatados: — *m. pl. (zool.)* tubiferos; ordem da classe dos polypos.

Tubifloro, ra. *adj.* Tubifloro; diz-se da flor cuja corolla tem o tubo muito comprido.

Tubiforme. *adj.* Tubiforme; que tem fórma de tubo.

Tubitelos. *m. pl. (zool.)* Tubitelos; familia de aranhas que comprehende as que fiam as suas teias tubulares, em fôrma de cesto.

Tubo. *m.* Tubo, canudo. *Tubus, i:* — *(anat.)* tubo, canal ou conducto natural: — *(bot.)* tubo; parte inferior e indivisa de um calice, de uma corolla ou de um perigonio, cujas peças diversas estão unidas e formam um cylindro ôco. *Tubos de seguridad (chim.);* tubos de segurança; tubos destinados a evitar a absorpção que resulta da rarefacção do ar pelo calorico.

Tubulado, da. *adj. (bot.)* Tubulado; diz-se das antheras quando estão reunidas n'um tubo, como na corolla das synanthereas, e do peciolo quando forma um tubo que envolve o caule, como nas cyperaceas: — *(chim.)* tubulado; que tem uma ou varias tubuluras.

Tubular. *adj.* Tubular; que tem a fôrma de tubo.

Tubularia. *f. (zool.)* Tubularia; genero de polypos anthosoarios.

Tubulífero, ra. *adj. (zool.)* Tubulifero; que apresenta na sua superficie uma multidão de pequenos tubos, como a esponja tubulifera: — *m. pl.* tubuliferos; familia de insectos hymenopteros.

Tubulífloro, ra. *adj. (bot.)* Tubulifloro; diz-se da calathide, do disco e da corôa das synanthereas, quando são compostas de flores de corollas tubulosas.

Tubuliforme. *adj.* Tubuliforme; que tem a fórma de tubo pequeno.

Tubuloso, sa. *adj.* Tubuloso; que é comprido e ôco como um tubo.

Tubulura. *f. (chim.)* Tubulura; abertura particular que têem certos vasos empregados em chimica, a qual é geralmente destinada a receber uma rolha ou tapadoura furada pela qual passa um tubo.

Tucca. *m. (zool.)* V. *Tulcan.*

Tuciorista. *adj.* Tuciorista; diz-se do que segue a doutrina mais segura. *Tutioris doctrinæ sectator.*

Tucon. *m. (ant.)* Troço.

Tucuyo. *m. (p. A. Mer.)* V. *Tocuyo.*

Tudel. *m.* Tubo de metal do baixão ou de outro instrumento de sopro. *Fistula tubæ musicæ apponenda.*

Tudense. *s.* Tudense; natural de Tuy: — *adj.* tudense; pertencente a esta cidade. *Tudensis, e.*

Tudesco, ca. *adj.* Tudesco, germanico, teutonico, allemão, da Allemanha. *Teutonicus, teutonus:* — grotesco, pouco regular e elegante; diz-se por extensão das expressões, estylos, maneiras, etc.: — *m. (ant.)* capote allemão.

Tudillo. *m. (ant.)* V. *Tobillo.*

Tueca. *f.* V. *Tueco.*

Tueco. *m.* Cavidade, espaço ôco do tronco de algumas arvores. *Trunci cavitas.*

Tuera. *f. (prov.)* Maçã, fructo da coloquintida. *Cucurbitulæ genus.*

Tuerca. *f.* Rosca, porca de parafuso. *Cavum in spiras excavatum.*

Tuerce. *m.* V. *Torcedura.*

Tuero. *m.* Cavaco ou bocado de pau secco. *Lignum ad ignem paratum.*

Tuertamente. *adv. m. (ant.)* V. *Torcidamente.*

Tuerto, ta. *p. p. irreg.* de *Torcer.* Torto, torcido, retorcido; não direito: — *adj.* torto; falto, cego de um olho ou vesgo, zarolho, que tem os olhos tortos, que não olha direito. Usa-se tambem substantivado. *Luscus, cocles:* — maninho, mau, esteril: — *(ant.)* torto, torcido, injusto: — *m. (ant.)* torto, injuria, sem rasão: — *pl.* tortos. V. *Entuertos. A lo que estamos tuerta (fr.);* voltemos á vacca fria; diz-se para mostrar a conveniencia de attender e voltar ao negocio que mais interessa, ou ao assumpto de que se tinha desviado a conversação. *A tuertas (loc. adv. fam.);* ás avessas, ao contrario do que deve ser. *Præposterè, inversè. A tuertas ó a derechas (loc. adv.)* V. *A tuerto ó a derecho. A tuerto (loc. adv.);* a torto; sem rasão, injustamente. *Injuriâ, injustè, per nefas. A tuerto ó á derecho (loc. adv.);* a torto e a direito; injustamente, sem consideração nem reflexão, sem attender ao que é justo. *Jure vel injuriâ. Dar con alguno una tuerta (fr.);* dobrar, torcer, abater alguem de um só golpe. *Deshacer tuertos (fr.)* V. *Deshacer agravios. En tuerto (loc. adv.)* V. *Torcidamente. Tener tuerto (fr.);* não ter rasão. *Tener tuerto a alguno (fr. ant.);* fazer injustiça a alguem.

Tuétano. *m.* Tutano; medulla ou succo pingue dos ossos longos dos animaes. *Ossis medulla. Hasta los tuétanos (loc. adv.);* até aos tutanos, até á medulla, até ao intimo, até ao amago, com grande força e efficacia. *Medullitus, usque ad intima. Sacar los tuétanos á alguno (fr. fig.);* tirar, chupar a medulla, os olhos a alguem. V. *Sacarle el alma, el dinero.*

Tufarada. *f.* Cheiro vivo e agradavel, exhalação odorifera de algum corpo. *Gravis halitûs, vel vaporis exhalatio vel spiratio.*

Tufo. *m.* Vapor ou exhalação que se levanta da terra ou sáe do fogo. *Vapor, exhalatio:* — *(fig.)* cheiro activo e desagradavel que alguma cousa exhala. *Gravis odor:* — *pl.* canudos ou anneis de cabello que cáem nas fontes. *Temporum capilli crispati:* — *(fig.)* entono, soberba, orgulho, vaidade, presumpção. *Elatio, arrogantia, superbia.*

Tugurio. *m.* Tugurio, choupana, choça, cabana de pastores. *Tugurium, ii.*

Tuho. *m. (ant.)* V. *Tufo.*

Tuicion. *f. (for.)* Tuição, defensa; acção de defender. *Tuitio, onis.*

Tuitivo, va. *adj. (for.)* Tuitivo; que defende, protege. *Tuendi capax:* — tuitivo; diz-se do poder que tem o chefe do estado para tirar a violencia que fazem os juizes ecclesiasticos nos conhecimentos de algumas causas.

Tula. *f. (bot.)* Tula; genero de plantas da familia das rubiaceas.

Tulañí. *m. (germ.)* V. *Vascosidad.*

Tulipan. *m.* Tulipa; genero de plantas da familia das liliaceas.

Tulípero. *m. (bot.)* Tulipeiro; genero de plantas da familia das magnoliaceas.

Tulocarpo. *m. (bot.)* Tulocarpo; genero de plantas da familia das compostas.

Tullidura. *f.* Excremento dos falcões e outras aves de rapina. *Accipitris excrementum vel fœx.*

Tullimiento. *m. (med.)* Tolhimento; encolhimento, contracção dos nervos ou tendões, causado por algum accidente que os priva do seu movimento natural. *Nervorum contractio.*

Tullir. *a. (ant.)* Ferir, maltratar alguem: — *(fig. ant.)* encurtar, encolher, diminuir; fazer mais pequeno: — *n. (volat.)* evacuar o ventre, expellir os excrementos o falcão e outras aves de rapina. *Excrementa vel fœces accipitrem expellere:* — *r. (med.)* tolher-se, entrevar-se; ficar tolhido dos membros. *Torpore corripi, rigere.*

Tumba. *f.* Tumba, tumulo. *Arca sepulchralis:* — cça; tumulo de madeira para sobre elle se depositar o caixão do cadaver, quando se faz o officio de defuntos. *Tumulus, i:* — tumba. V. *Sepulcro:* — tejadilho abaúlado de coche ou qualquer trem. *Camera, testudo:* — *(p. Cub.)* V. *Desmonte.*

Tumbaderos. *m. (p. Cub.)* Logar em que se fazem desmontes.

Tumbadillo. *m. (ant. naut.)* Enora ou abertura no extremo da pôpa da coberta para o livre manejo da canna do leme. *Camera in puppi, testudo.*

Tumbado, da. *adj.* Abaúlado, convexo, abobadado; em fórma de bahú ou de abobada. *Cameratus testudineus.*

Tumbador. *m.* Lenhador; cortador de lenha: — carpinteiro de machado.

Tumbaga. *f. (prov.)* Sortiga, annel, argola, absolutamente fallando: — *(art.)* tumbaque, tambaque ou tambaca; liga de cobre e de zinco, na proporção 91,67 do primeiro por 8,33 do segundo. *Metallum ex auri, argenti et cupri partibus æqualibus commistis:* — sortiga, annel feito de tambaca. *Annulus ex auro, argento et cupro mistis.*

Tumbagon. *m. (ant.) augm.* de *Tumbaga.* Dava-se este nome aos braceletes de tambaca lisos e guarnecidos de pedras, com que as mulheres ornavam os pulsos. *Armilla ex metallo lapidibus ornata.*

Tumbal. *adj. (ant.)* Sepulchral; dizia-se da voz.

Tumbar. *a.* Tombar; fazer caír alguma cousa. *Deturbare, dejicere:* — *(fig. fam.)* chasquear, lograr, mofar, zombar de alguem, mette-lo a ridiculo, envergonha-lo. *Irridere, illudere; subsanare; rubore suffundere:* — *(fig.)* tombar, atordoar, estontear, embriagar; causar atordoamento, perturbar o uso dos sentidos, o vinho ou outro licor forte. *Sensu deturbare:* — *n.* tombar, dar tombo, caír, rolar, volver por terra. *Procumbere, ruere:* — *r. (fam.)* estender-se, estirar-se, deitar-se a dormir. *Decumbere:* — *(naut.)* dar de quilha o navio.

Tumbilla. *f.* Armação formada de quatro paus unidos com outros mais pequenos para abrir a roupa da cama e pode-la aquecer com um esquentador. *Machinula lignea ad lecti calefaciendi syndonem sublevandam.*

Tumbo. *m.* Tombo; quéda ou golpes que dá alguma cousa caíndo, volvendo-se, e saltando. *Casus, volutatio:* — tombo; inventario authentico dos bens e terras das igrejas, mosteiros e outras communidades, ou livro antigo de pergaminho onde se acham registados os privilegios e escripturas de suas pertenças. *Liber in quo privilegia et jura cœtui cuipiam concessa describuntur:* — *(fig.)* busilis; ponto importante ou lance critico e espinhoso. *Anceps casus, alea:* — *de dado (fig.)*; tombo de dado; perigo imminente. *Aleæ jactus:* — *de olla;* fundagem que fica na panella depois de tirar a carne. *Ollaris farrago, residua:* — *(naut.)* embate ou golpe que dão na praia as ondas roladas pelo vento até á borda do mar. *Dar ó pegar un tumbo (fr. naut.);* varar, encalhar ou sossobrar. *Dar tumbos por esos mares;* metter-se ao mar, embarcar-se e navegar.

Tumbon. *m.* Especie de coche de tejadilho abaúlado. *Rheda camerata vel testudinea:* — caixão, caixa, cofre abaúlado, convexo: — *adj. (fam.)* espertalhão, astuto, manhoso. *Versutus, callidus homo:* — *(fam.)* tunante, preguiçoso, folgasão.

Tumefaccion. *f. (med.)* Tumefacção, tumescencia, intumescencia, inchação; augmento de volume de alguma parte do corpo.

Tumido, da. *adj.* Tumido, inchado, intumecido. V. *Hinchado:* — tumido, inchado, empolado, campanudo; diz-se do estylo, etc. *Tumidus, a, um.*

Tumor. *m.* Tumor; inchaço morbido em alguma parte do corpo. *Tumor, oris:* — *blanco;* tumor branco; dá-se este nome á hydropisia das articulações.

Tumorcico, llo, to. *m. dim.* de *Tumor.* Tumorzinho; tumor pequeno.

Túmulo. *m.* Tumulo, moimento, monumento funerario, sepulchro levantado da terra. *Tumulus, i:* — tumulo, eça; armação alta sobre que se põe a tumba, caixão ou ataúde na igreja, quando se celebram honras funebres. *Tumulus, i.*

TUMULTO. *m.* Tumulto, agitação, motim, alvoroço de gente, desordem, confusão popular ou militar. *Tumultus, i:* — tumulto, tropel; grande ajuntamento, concurso tumultuoso de gente. *Confusa multitudo vel turba.*

TUMULTUACION. *f. (ant.)* V. *Tumulto.*

TUMULTUANTE. *adj.* Tumultuante, tumultuoso; que causa tumulto. *Tumultuans, antis.*

TUMULTUAR. *a.* Tumultuar, amotinar; excitar tumulto. Usa-se tambem como reciproco e em portuguez como neutro. *Tumultuari.*

TUMULTUARIAMENTE. *adv. m.* Tumultuariamente, tumultuosamente; em tumulto, em desordem, confusamente. *Tumultuosè, indistinctè.*

TUMULTUARIO, RIA. *adj.* Tumultuario, tumultuoso, amotinado; posto, feito em tumulto. *Tumultuarius, a, um:* — tumultuoso, turbulento, amotinador; que causa, excita tumultos. *Tumultuosus, a, um.*

TUMULTUOSAMENTE. *adv. m.* Tumultuosamente. V. *Tumultuariamente.*

TUMULTUOSO, SA. *adj.* Tumultuoso. V. *Tumultuario.*

TUNA. *f.* Tuna, madraçaria, mandreice, ociosidade. *Vita vaga. Andar á la tuna (fr. fam.);* andar á tuna, vagamundear, vadiar, ser tunante: — *(bot.)* tunal. V. *Nopal.*

TUNAL. *m.* Tunal. V. *Nopal.*

TUNANTADA. *f.* Tratada, velhacada, picardia.

TUNANTE. *m.* Tunante, vadio; que anda á tuna. *Vagus; nullibi manens; otiabundus:* — *adj. (fig.)* tunante, brejeiro, ardiloso, velhaco. *Astutus, sollers.*

TUNANTON. *m. (fam.) augm.* de *Tunante.* Grande tunante.

TUNAR. *n.* Andar á tuna, vadiar, vagamundear. *Vagam vitam agere.*

TUNDA. *f. (fig.)* Tunda, tosa; sova de pancadas. *Crebra verberatio vel percussio: fustigatio:* — *(art.)* tosadura; acção, trabalho de tosar os pannos. *Panni tonsio.*

TUNDENTE. *adj.* Contundente; que faz contusões, que pisa, amolga, offende alguma parte do corpo sem perda de substancia nem solução de continuidade. *Tundens vel contundens.*

TUNDICION. *f. (art.)* V. *Tunda;* na ultima accepção.

TUNDIDOR. *m.* Tosador; o que tosa pannos de lã. *Panni tonsor.*

TUNDIDURA. *f.* Tosadura; acção e effeito de tosar os pannos. *Tonsio, onis.*

TUNDIR. *a. (fig.)* Tosar; dar uma tosa, uma tunda a alguem. *Fustigare, crebrò verberare vel percutere:* — *(art.)* tosar; aparar, igualar a felpa do estofo ou panno de lã. *Pannum tondere.*

TUNDIZNO. *m. (art.)* Felpa que fica da tosadura do panno. *Tomèntum ex tonsione panni.*

TÚNEL. *m.* Tunnel; palavra de origem ingleza, usada para significar uma galeria ou subterraneo por baixo de um rio ou de um caminho. Por antonomasia diz-se do tunnel de Londres, por baixo do Tamisa.

TUNENSE. *adj.* Tunense. V. *Tunezino.*

TUNEZI, TUNEZINO, NA. *adj.* Tunisino; pertencente a Tunis: — *s.* tunisino; natural de Tunis.

TUNGSTENO. *m. (min.* e *chim.)* Tungsteno ou tungstenio; metal de côr parecida com a do ferro, muito pesado e de uma dureza tal, que difficilmente cede á acção da lima. É mui pouco fusivel.

TÚNICA. *f.* Tunica; vestido interior sem mangas de que usavam os antigos, e lhes servia de camisa. *Tunica, æ:* — tunica; vestimenta interior de lã de que usam os religiosos debaixo dos habitos. *Tunica, æ:* — tunica, tona; pellicula ou membranasinha que está pegada á casca dos fructos, e cobre immediatamente a sua carne ou polpa. *Tunica, pellicula:* — tunica; vestidura exterior e talar chegada ao corpo. *Tunica talaris:* — *(anat.)* tunica; membrana subtil que cobre algumas partes do corpo, como as tunicas dos olhos, das arterias, etc.: — *(bot.)* tunica, membrana; pellicula que envolve certas partes das plantas: — *de Cristo;* tunica de Christo; especie de plantas do genero datura.

TUNICELA. *f.* V. *Túnica,* na accepção de vestidura: — tunicella; veste de bispo, á maneira de dalmatica, com mangas que se seguram com uns cordões. Usa-se nos pontificaes debaixo da casula. *Tunicula episcopalis.*

TUNKERS. *m. pl. (rel.)* Tunkers; individuos de uma seita fundada perto da Philadelphia, no começo do seculo XVIII, que negam a imputação do peccado de Adão á sua posteridade, e a eternidade das penas.

TÚNICO. *m. (p. Cub.)* Vestido exterior de mulher, composto de vasquinha e jaleco.

TUNO. *m.* V. *Tunante.*

TUN-TUN (A). *loc. adv. (fam.)* A torto e a direito, atabalhoadamente, inconsideradamente. Usa-se com os verbos *hablar, hacer, obrar,* etc.

TUO. *adj. (ant.)* V. *Tuyo.*

TUORTO. *m. (ant.)* Torto, injuria, injustiça, sem rasão.

TUPA. *f.* Entupimento; acção e effeito de entupir. *Stipatio, obstructio:* — *(fam.)* repleção, barrigada, pansada, fartadella. V. *Hartazgo. Ventris repletio, saturitas:* — *(bot.)* tupa; genero de plantas da familia das bobeliaceas.

TUPÁIDEOS. *m. pl. (zool.)* Tupaideos; familia de mammiferos insectivoros.

TUPÉ. *m.* Topete; cabello da parte dianteira da cabeça. *Capillorum pars supra frontem relicta.*

TUPEYA. *m. (bot.)* Tupeia; genero de plantas da familia das loranthaceas.

TUPIR. *a.* Entupir; embaraçar, encher alguma cousa de

fórma que não dê passagem. *Stipare, obstruere:* — *r.* *(fig.)* saciar-se, fartar-se, encher a barriga. *Cibo expleri, satiari.*

Tupistra. *f.* *(bot.)* Tupistra; genero de plantas da familia das smiliaceas.

Tura. *f.* *(ant.)* V. *Dura.*

Turable. *adj.* *(ant.)* V. *Durable.*

Turacion. *f.* *(ant.)* V. *Duracion.*

Turar. *n.* *(ant.)* Durar, permanecer, continuar uma cousa no seu ser.

Turba. *f.* Turba; multidão confusa e desordenada de povo. *Turba, æ:* — *(min.)* turfa; combustivel terreo, que provém da decomposição das plantas herbaceas e aquaticas que se accumulam nos valles pantanosos.

Turbacion. *f.* Turbação, perturbação; acção e effeito de turbar ou turbar-se. *Turbatio, perturbatio:* — turbação, perturbação, agitação, confusão, desordem, desassocego ou desconcerto. *Perturbatio, confusio.*

Turbadamente. *adv. m.* Turbadamente; com turbação ou sobresalto. *Turbidè, turbulenter, perturbatè.*

Turbador, ra. *s.* Turbador, amotinador, perturbador; o que turba, perturba, causa turbação. *Turbator, oris.*

Turbal. *m.* Turfeira. V. *Turbera. Cesposus locus.*

Turbamiento. *m.* *(ant.)* V. *Turbacion.*

Turbamulta. *f.* *(fam.)* Turbamulta; tropel de gente, multidão ruidosa, tumultuosa. *Confusa et incondita multitudo.*

Turbantar. *a.* *(naut.)* V. *Aturbantar.*

Turbante. *p. a.* de *Turbar. Turbans, antis:* — *m.* turbante; trunfa que os orientaes e os mouros trazem na cabeça. *Galerus, capitis tegmen apud turcos.*

Turbar. *a.* Turbar, turvar, perturbar; alterar o estado natural de alguma cousa, transtornar a sua ordem ou disposição. *Turbare:* — *(fig.)* turbar, turvar, perturbar, atarantar, confundir alguem; surprehende-lo, fazê-lo tontear. Usa-se tambem como reciproco. *Turbari, confundi, erubescere:* — turbar, turvar, escurecer, fazer turvo. *Turbare.* V. *Enturbiar.*

Turbativo, va. *adj.* Turbativo; que causa perturbação. Diz-se frequentemente no fôro da possessão que alguem adquire, violentando a que outrem gosava em socego. *Turbulentus, turbandi capax.*

Turbela. *f.* *(zool.)* Turbella; genero de helminthidos aquaticos.

Turbera. *f.* *(min.)* Turfeira; logar d'onde se extrahe a turfa.

Turbiamente. *adv. m.* Turvamente, turvadamente; com turbação, confusamente, obscuramente, perturbadamente. *Turbidè, confusè.*

Turbiante. *adj.* Turbido, turbador; que turba ou perturba.

Turbiar. *n.* *(ant.)* V. *Turbar.*

Túrbido, da. *adj.* *(ant.)* Turbido. V. *Turbio.*

Turbiedad. *f.* Qualidade do que é turbido ou turvo. *Turbidi qualitas.*

Turbieza. *f.* *(ant.)* V. *Turbulencia:* — *(ant.)* turbação; acção e effeito de turbar, turvar, fazer turvo.

Turbináceos. *m. pl.* *(zool.)* Turbinaceos; familia de molluscos phytophagos.

Turbinado, da. *adj.* *(h. nat.)* Turbinado; em fórma de concha espiral ou de um pião ou cone invertido.

Turbiñaria. *f.* *(bot.)* Turbinaria; genero de plantas phyceas.

Turbinario, ria. *adj.* *(h. nat.)* Turbinado; que tem a figura de um pião ou cone invertido.

Turbinela. *f.* *(zool.)* Turbinella; genero de infusorios da familia dos cercarios: — turbinella; genero de molluscos pectinibranchios da familia dos canaliferos.

Turbiniforme. *adj.* *(h. nat.)* Turbiniforme; em fórma conica ou de pião.

Turbinolia. *f.* *(zool.)* Turbinolia; genero de polypos enthozoarios.

Turbinolopso. *m.* *(zool.)* Turbinolopse; genero de polypeiros fosseis.

Turbinte. *m.* *(bot.)* V. *Esquino.*

Turbio, bia. *adj.* Turbido, turvo; que perdeu a transparencia, não claro pela mistura de alguma cousa. *Turbidus, a, um:* — *(fig.)* turvo, turbado, toldado, agitado, revolto, calamitoso; diz-se dos tempos e circumstancias: — *(fig.)* obscuro, confuso, intrincado, duvidoso, pouco perceptivel; diz-se de um escripto, locução, etc. *Obscurus, confusus. Á turbio correr ó cuando todo turbio corra* *(fr. fig. fam.)*; succeda o que succeder; por mal que as cousas corram ou peior que ellas succedam. *Ut ut malè res cedant. De turbio en turbio* *(loc. adv.)*; dormindo ou dormitando de dia por ter passado a noite antecedente á véla.

Turbion. *m.* Pancada de agua; chuva violenta que leva de enxurro terra, areia, etc. *Nimbus, alluvio:* — *(fig.)* chuveiro; multidão excessiva de cousas que cáem de golpe, com impeto. *Alluvio, onis:* — *(fig.)* torrente, alluvião, enfiada; grande copia de infortunios, desgraças, etc. *Alluvio, onis.*

Turbionada. *f.* V. *Turbonada.*

Turbioso, sa. *adj.* *(ant.)* V. *Turbio.*

Turbit. *m.* *(bot.)* Turbit; especie do genero convolvulo, que cresce em Ceylão, e cuja raiz é medicinal: — *mineral* *(chim.)*; turbit mineral; sulphato amarello de mercurio, ao qual se deu este nome por ter uma côr parecida com a da raiz de turbit: — *nitroso;* turbit nitroso; nitrato de mercurio, que é tambem de côr amarella.

Turbon. *m.* *(ant.)* V. *Turbion.*

Turbonada. *f.* Bursiguiada, aguaceiro; chuva subita e violenta, acompanhada de vento forte, porém de pouca duração. *Alluvio, nimbus.*

Turbulencia. *f.* Turbação; estado turvo, alteração da transparencia de uma cousa. *Turbatio, onis:* — *(fig.)* turbulencia, confusão, alvoroto, tumulto, perturbação. *Perturbatio, commotio.*

Turbulentamente. *adv. m.* Turbulentamente; com turbulencia ou sobresalto. *Turbulenter.*

Turbulento, ta. *adj.* Turbido. V. *Turbio:* — *(fig.)* turbulento, turbado, confuso, alvorotado, agitado. *Perturbatus, commotus:* — turbulento, revoltoso, sedicioso.

Turca. *f.* *(fam.)* Turca. V. *Borrachera.*

Turco, ca. *adj.* Turco; da Turquia, pertencente á Turquia. *Turcicus; ad turcas pertinens:* — *s.* turco; natural de Turquia. *Turcicus, i:* — *m.* *(germ.)* vinho. *Gran Turco;* grão turco ou grão senhor, sultão, imperador da Turquia. *Turcarum imperator. Lenguas turcas (philol.);* linguas turcas; familia de linguas do este da Europa e do noroeste da Asia, das quaes a mais cultivada é o turco propriamente dito, que se escreve com caracteres arabes, e que tomou do arabe muitas palavras e fôrmas.

Turcófilo, la. *adj.* Turcophilo; amigo dos turcos.

Turcópolo, la. *s.* Turcopolo; nome dado no Levante ás creanças nascidas de pae turco e de mãe grega: — *m.* turcopolo; soldado de um corpo de cavallaria turca, que se formava antigamente com os filhos das mulheres gregas.

Turdetano, na. *adj.* Turdetano; pertencente á Turdetania. *Ad turdetanos pertinens:* — *s.* turdetano; natural da antiga provincia de Hespanha, chamada Turdetania.

Turdiga. *f.* V. *Tordiga:* — solla do calçado chamado abarca: — *(ant.)* correia, tira do couro de qualquer animal.

Turdion. *m.* Genero de dansa antiga.

Turgencia. *f.* *(med.)* V. *Turjencia.*

Turgente. *adj.* V. *Turjente.*

Túrgido, da. *adj.* *(poet.)* V. *Túrjido.*

Turia. *f.* *(bot.)* Turia; genero de plantas da familia das cucurbitaceas.

Turíbulo. *m.* *(ant.)* Thuribulo. V. *Incensario.*

Turicha. *f.* *(zool.)* V. *Trupial.*

Turiferario. *m.* Thuriferario; o que ministra o thuribulo. *Thuriferarius, ii.*

Turifero, ra. *adj.* Thurifero; que produz incenso. *Thurifer, era, erum:* — *(bot.)* thurifero; diz-se das arvores que produzem uma resina analoga ao incenso.

Turjencia. *f.* *(med.)* Turgencia; estado turgido dos vasos. V. *Hinchazon.*

Turjenia. *f.* *(bot.)* Turgenia; genero de plantas da familia das umbelliferas.

Turjente. *adj.* Turgente; diz-se do humor que causa turgencia. *Turgens, entis:* — *(poet.)* turgido, inchado, empolado, elevado, avultado.

Túrjido, da. *adj.* *(poet.)* V. *Turjente.*

Turjilita. *f.* *(min.)* V. *Turjita.*

Turjita. *f.* *(min.)* Turgita; variedade de hydrato de ferro que se encontra juntamente com o carbonato azul e verde de cobre nos montes Uraes.

Turlerin. *m.* *(germ.)* Ladrão.

Turma. *f.* V. *Criadilla:* — *de tierra.* V. *Criadilla de tierra:* — V. *Patata.*

Turmalina. *f.* *(min.)* Turmalina; especie, ou para melhor dizer, grupo de especies mineraes, que são boro-silicatos de alumina e de uma base alcalina, que é umas vezes a potassa ou a soda, outras a lithina e algumas vezes a magnesia ou a cal: — *apira;* turmalina apyra. V. *Rubelita:* — *azul;* indicotitha de Andrada: — *del Brasil;* turmalina do Brazil; turmalina alcalifera, turmalina verde.

Turmilla. *f. dim.* de *Turma.*

Turnamal. *m.* *(min.)* Turnamal; nome que na ilha de Ceylão se dá á turmalina.

Turnar. *n.* Revezar, revezar-se, alternar; entrar, succeder, servir por seu turno, por sua vez, a revezes. *Per vices vel alternis vicibus succedere vel accipere vel agere.*

Turneforcia. *f.* *(bot.)* V. *Tournefortia.*

Turnera. *f.* Turnera; genero de plantas da familia das turneraceas.

Turneráceas. *f. pl.* *(bot.)* Turneraceas; familia de plantas que tem por typo o genero turnera.

Turnerita. *f.* *(min.)* Turnerita; substancia mineral que se crê ser um silicato ou um aluminato de cal.

Turnice. *m.* *(zool.)* Turnice ou turnix; genero de aves da ordem das gallinaceas.

Turnio, nia. *adj.* Vesgo, torto; diz-se dos olhos dos que têem strabismo. *Distortus oculus:* — torto, vesgo; diz-se do que não olha direito, que tem os olhos tortos. *Strabo, onis:* — torvo, carrancudo; de semblante carregado, que tem olhar severo. *Aspectu torvus vel tetricus.*

Turno. *m.* Turno, vez, alternativa; ordem, mudança alternada, revezada entre varias pessoas para a execução de alguma cousa. *Alternæ vicis ordo; vicissitudo:* — *adj.* *(ant.)* V. *Torcido.*

Turon. *m.* *(zool.)* V. *Tejon.*

Turpe. *adj.* *(ant.)* V. *Torpe.*

Turpelina. *f.* *(min.)* Turpelina. V. *Turmalina.*

Turpial. *m.* V. *Trupial.*

Turpinia. *f.* *(bot.)* Turpinia; genero de plantas da familia das leguminosas papilionaceas.

Turpísimo, ma. *adj. sup.* *(ant.)* de *Turpe.* Torpissimo; muito torpe.

Turpitud. *f.* *(ant.)* V. *Torpeza.*

Turqués, sa. *adj.* *(ant.)* Turquesco. V. *Turco.*

Turquesa. *f.* Baleira; molde para as balas das armas de fogo. *Forma, æ:* — *(bot.)* especie de anemona branca de fundo encarnado, que leva muito tempo em desabrochar: — *(min.)* turqueza; substancia mineral azul celeste ou ligeiramente esverdeada, composta de agua e phosphato. D'ella se fazem collares e outros ornatos: — *de roca antiqua.* V. *Turquesa oriental:* — *de roca moderna.* V. *Turquesa occidental:* — *occidental;* turqueza occidental; phosphato de cal, de ferro e de magnesia, que procede dos dentes fosseis do mastodonte e de outros mammiferos; é de côr azul esverdeada: —*odontolita;* turqueza odontolitha. V. *Turquesa occidental:* — *oriental;* turqueza oriental; hydro-phosphato de cobre que, alem das reacções do acido phosphorico e do cobre, produz as da alumina, cal e ferro. É de côr azul celeste, que tira ligeiramente a verde: — *ósea;* turqueza ossea. V. *Turqueza occidental:*—*pedregosa;* turqueza pedregosa. V. *Turquesa oriental.*

TURQUESADO, DA. *adj.* Turquezado; de côr de turqueza. V. *Turquí.*

TURQUESCO, CA. *adj.* Turquesco; pertencente á Turquia. *Ad turcos pertinens. Á la turquesca (loc. adv.);* á turquesca, á moda dos turcos. *Turcarum more, turcarum instar.*

TURQUÍ. *adj.* Turquí; diz-se da côr azul ferrete, escura e mui fina. *Cyaneus, cœruleus.*

TURQUÍA. *f. (germ.)* Pistola ou dobra de oiro.

TURQUILLO, LLA. *adj. dim.* de *Turco.* Turquinho; turco ainda mui novo ou criança.

TURQUINO, NA. *adj.* V. *Turquí.*

TURRAR. *a.* Torrar; tostar, assar nas brazas. *Torrere.*

TURREA. *f. (bot.)* Turrea; genero de plantas da familia das meliaceas.

TURRIJERA. *f. (bot.)* Turrigera; genero de plantas da familia das asclepiadeas.

TURRITELA. *f. (zool.)* Turritella; genero de molluscos da familia dos pectinibranchios.

TURRON. *m.* Torrão; especie de doce de amendoas, pinhões, avellãs, nozes, tudo misturado com mel. *Crustum ex melle amygdalisque:—(neol.)* bolo; proveito que procuram tirar para si de uma mudança politica os que tomaram parte activa n'ella; e n'este sentido diz-se: *ya van repartiendose del turron; a fulano no le ha tocado lo peor del turron;* já começam a repartir o bolo; a fulano não lhe tocou o peior do bolo, etc.: — *(p. Mex.)* V. *Tuteamiento:* — *(germ.)* pedra.

TURRONADA. *f. (germ.)* Pédrada.

TURRONERO. *m.* Vendedor ou fabricante do doce chamado torrão. *Crusti melle amigdalisque confecti venditor aut conditor:* — *(neol.)* o que tira proveito de uma mudança politica em que tomou parte mui activa.

TURULÉS. *adj.* Diz-se de uma especie de uva. *Uvæ genus.*

TURULESA. *f.* Bilha ou vasilha para agua, que se usa nas montanhas de Burgos.

TURUMBON. *m.* V. *Tolondron.*

TURVO, VA. *adj. (ant.)* V. *Torvo.*

TÚS. Tchi; *interj.* para chamar os cães. *Vox ad canes alliciendos. Á perro viejo no hay tús tús (rif.);* a cão velho não digas buz, buz; aos experientes e sagazes difficilmente se engana. *Expertus non illuditur.*

TUSA. *f. (p. A.)* Carolo, espiga de milho esbulhada: — *(p. Cub.)* cigarro cuja capa é de palha ou folha de milho: — *(fig.)* mulher desprezivel.

TUSACIA. *f. (bot.)* Tussacia; genero de plantas da familia das gesneraceas.

TUSAR. *a. (ant.)* V. *Atusar:* — V. *Trasquilar.*

TUSCÁNICO, CA. *adj. (ant.)* V. *Toscano.*

TUSÍLAGO. *m. (bot.)* Tussilagem *(que acalma a tosse);* genero de plantas da familia das compostas, que comprehende uma só especie herbacea, tambem chamada unha de cavallo.

TUSINO. *m. (hist.)* Tosino; ordem de cavallaria de Bohemia e Austria, cuja origem e estatutos se ignoram.

TUSO, SA. *s. (fam.)* Voz para espantar os cães. *Vox ad canes abigendos:* — *interj.* V. *Tús.*

TUSON. *m.* Tuzão ou tosão; vélo de carneiro ou a sua pelle com a lã. *Vellus, us:* — *m. (p. And.)* potro que ainda não tem dois annos. *Equulus bimus:* — *(ant.)* V. *Toison:*—*f. (fam. ant.)* marafona, manceba. *Pellex, scortum.*

TUTE. *m.* Especie de bisca, jogo de cartas.

TUTEAR. *a.* Tratar por tu. *Familiarissimè aliquem compellare.*

TUTELA. *f.* Tutela, tutoria; cargo, officio de tutor. *Tutela, æ:* — *(fig.)* tutela, protecção, amparo. *Tutela, protectio, defensio:* — *(for.)* tutela; auctoridade que se confere a uma pessoa para fazer educar e proteger o pupillo, e para conservar e administrar os seus bens até chegar á maioridade ou ao tempo de emancipar-se: — *dativa;* tutela dativa; a que é nomeada pelo juiz dos orphãos, na falta de tutor testamentario ou legitimo. *Tutela dativa:* — *lejítima;* tutela legitima; a que em virtude da lei exerce o parente mais chegado, quando falta tutor testamentario. *Tutela legitima:*—*testamentaria;* tutela testamentaria; a que confere o pae, a mãe, ou o avô ao orphão por testamento. *Testamentaria tutela.*

TUTELAR. *adj.* Tutelar; que protege, ampara, defende. *Tutelaris, re:* — *(for.)* tutelar; concernente á tutela dos pupillos. *Tutelaris, re.*

TUTÍA. *f.* V. *Tucia.*

TUTOR, RA. *s. (fig.)* Tutor; o que tem a tutela de alguem. *Tutor, oris:* — *(fig.)* tutor, patrono, protector, defensor. *Tutor, protector. Haber menester tutor (fr.);* precisar de tutor; diz-se fallando de alguem que pela sua incapacidade e má cabeça precisa quem o conduza e lhe administre os bens, etc. Com a negativa usa-se ainda com mais força para denotar o contrario. *Tutore indigere:* — *(for.)* tutor; pessoa nomeada para proteger o pupillo e conservar os seus bens. *Tutor, oris:* — *dativo;* tutor dativo; o que é nomeado pelo juiz, quando não ha tutor testamentario nem legitimo: — *lejítimo;* tutor legitimo; o que o é pela lei, na falta de tutor testamentario: — *testamentario;* tutor testamentario; o nomeado por testamento.

Tutoría. *f.* Tutoria. V. *Tutela*, na primeira accepção.

Tutriz. *f.* Tutriz, tutora; mulher encarregada da tutela de um pupillo. *Tutrix, icis:* — *(ant.)* tutora, protectora.

Tuya. *f.* *(bot.)* Tuia; genero de plantas da familia das cruciferas.

Tuyo, ya. *pron. possessivo* da segunda pessoa. Teu, tua; que pertence a ti, relativo a ti. *Tuus, a, um.*

Tverdo. *f.* *(gram.)* Tverdo; decima nona letra do alphabeto slavo e russo, que corresponde ao nosso *t.*

Ty. *m.* Ty; flauta chineza de seis furos.

Tybi. *m.* *(chron.)* Tybi; nome do quinto mez do anno solar, entre os antigos egypcios.

Tychius. *m.* *(zool.)* Tychius; genero de insectos coleopteros tetrameros, da divisão dos erirhynos.

U

U. *m.* U; vigesima terceira letra do alphabeto hespanhol e ultima das vogaes. Como sempre é vogal não forma syllaba ferindo outra que a siga, porém forma-a por si mesma como particula disjunctiva tomando commummente o logar de *o* (conjuncção ou), quando pela concorrencia d'estas vogaes convem evitar a cacophonia; como em *sétimo ú octavo, plata ú oro;* setimo ou oitavo, prata ou oiro. Supprime-se a sua pronuncia sempre que a precede *q* e vae seguida de *e* ou de *i;* como em *querer, quicio guerra, seguir.* Tambem deixa de soar o *u* em muitos vocabulos quando é precedido de *g* e antecede as ditas vogaes *e* ou *i;* como em *albergue, distinguir;* porém pronuncia-se n'outros, como em *vergüenza, argüir:* —ou; conjuncção disjunctiva: —u; vigesima letra do alphabeto slavo: — como signal de ordem designa o vigesimo primeiro objecto de uma serie: *(art.)* u; peça de metal de que usam os typographos e encadernadores para imprimir ou estampar a letra do mesmo nome: — u; ponção de aço temperado que serve a varios artistas mechanicos para marcar a mesma letra sobre metaes, madeira, etc.: — u; estampilha onde está cortada a letra u, e sobre a qual se dá tinta com um pincel para que fique a mesma letra assignalada sobre o papel: — *(chim.)* u; nas formulas atomicas significa uraño.

U. *interj.* Ui; exprime a dor. *Eheu.*

Uatita. *f.* *(min.)* Uatita; substancia mineral que se apresenta debaixo do aspecto do algodão em rama; é um hydroxydo de manganesio barytifero, que contém oxydo de ferro e carbone.

Ubérrimo, ma. *adj. sup.* Uberrimo; muito abundante e fertil. Usa-se tambem em sentido figurado. *Uberrimus, a, um.*

Ubicuidad. *f.* Ubiquidade; a actual presença de Deus em todo o logar: — *(fig.)* actividade e diligencia de algumas pessoas que parecem encontrar-se em muitos logares ao mesmo tempo.

Ubicuismo. *m.* *(rel.)* Ubiquismo; doutrina dos ubiquistas.

Ubicuista. *m.* Ubiquista; individuo de uma seita lutherana que ensinava que o corpo de Jesus Christo está presente em toda a parte, sem que seja necessario admittir a transsubstanciação.

Ubicuitario. *m.* Ubiquitario; seguidor de uma seita de lutheranos que crêem que, em consequencia da união hypostatica da humanidade com a divindade, o corpo de Jesus Christo está presente em todas as partes onde se acha a divindade; porém negam a transsubstanciação.

Ubio. *m.* *(prov.)* V. *Yugo.*

Ubre. *f.* Ubre; teta das femeas dos animaes. *Uber, is.*

Ubrera. *f.* Aphta ou aphtha; pequena chaga superficial e redonda que nasce na bôca das creanças de peito por causa da continuação do mammar ou do demasiado calor do leite. Vulgarmente chamam-se sapinhos. *Aphtha, æ.*

Ubrio. *m.* *(prov.)* V. *Yugo.*

Ubula. *f.* *(anat.)* V. *Campanilla.*

Uca. *f.* *(bot.)* Uca; genero de plantas da familia das gramineas: — *(zool.)* uca; genero de crustaceos decapodas brachyuros, da familia dos catometopos.

Ucase. *m.* Ukase; edicto, decreto do imperador da Russia.

Ucé. *m.* *(ant.)* V. *Vuesamerced.*

Ucencia. *f.* V. *Vuecelencia.*

Ucranio, nia. *adj.* e *s.* V. *Ukranio.*

Udómetro. *m.* *(phys.)* Udometro; instrumento para medir a quantidade de chuva que cáe n'um logar.

Udora. *f.* *(bot.)* Udora; genero de plantas da familia das hydrocharideas.

Udotea. *f.* *(bot.)* Udotea; genero de plantas phyceas.

Uesnorueste. *m.* V. *Oesnorueste.*

Uessudueste. *m.* V. *Oesudueste.*

Ueste. *m.* V. *Oeste.*

Uestucati. *m.* *(astron.)* Uestucati; decimo decano de Virgo.

Ufanamente. *adv. m.* Ufanamente, jactanciosa, ostentosamente. *Arroganter, splendidè.*

Ufanarse. r. Ufanar-se, jactar-se, desvanecer-se. *Exsultare, arroganter se gerere.*

Ufanero, ra. *adj. (ant.)* Ufano, jactancioso. *Arrogans, exsultans.*

Ufaneza. *f. (ant.)* V. *Ufanía.*

Ufanía. *f.* Ufania, jactancia, vangloria, desvanecimento, ostentação. *Arrogantia, jactantia, exsultatio:* — *(fig.)* ufania, bizarria; brio, satisfação, alegria, desembaraço na execução de alguma cousa. *Alacritas, atis.*

Ufanidad. *f. (ant.)* V. *Ufanía.*

Ufanísimo, ma. *adj. sup.* de *Ufano.* Ufanissimo; muito ufano, muito contente. *Valdè exsultans.*

Ufano, na. *adj.* Ufano, desvanecido, arrogante, presumpçoso, jactancioso, soberbo. *Arrogans, exsultans, sibiplacens:* — *(fig.)* ufano, alegre, contente. *Lætitia vel graudio exsultans.*

Ufo (a). *(loc. adv.)* De gorra, sem ser convidado. *Invocatus, a, um.*

Uiofobia. *f.* Uiophobia; mania occasionada por uma certa aversão aos filhos.

Ujier ó Hujier. *m.* Porteiro; creado da casa real de que ha varias classes. *Ostiarius in domo regia:* — *de armas;* armeiro. *Regis armorum custos:* — *de camara;* porteiro da camara. *Procestrii in domo regia ostiarius:* — *de sala.* V. *Ujier de vianda:* — *de saleta;* porteiro da canna. *Atriensis in domo regia:* — *de vianda;* reposteiro. *A ciborum et potûs ministerio in domo regia.*

Ujiope. *m. (zool.)* Ugyope; genero de insectos hemipteros da familia dos fulgorinos.

Ukranio, nia. *m.* Ukranio; habitante de Ukrania, região da Russia europea: — *adj.* ukranio; concernente á Ukrania.

Ula. *f. (zool.)* Ula *(cicatriz);* genero de insectos dipteros da familia dos nemoceros.

Ulanta. *f. (bot.)* Ulantha; genero de plantas da familia das orchideas.

Úlcera. *f. (med.)* Ulcera; solução de continuidade, de ordinario antiga, de alguma parte do corpo, e que é determinada por uma causa interna ou vicio local. *Ulcus, eris:* — *ciriaca;* ulcera cyriaca. V. *Anjina.*

Ulceracion. *f. (med.)* Ulceração; formação de ulceras.

Ulcerante. *adj. (ant.)* Ulcerante; que ulcera ou causa ulcera. *Ulcerans, antis.*

Ulcerar. *a.* Ulcerar; formar, causar ulcera, pôr em estado de ulcera. Usa-se tambem como reciproco. *Ulcerare:* — *(fig.)* ulcerar, chagar; affligir profundamente. *Conciencia ulcerada;* consciencia ulcerada; carregada de crimes e atormentada pelo remorso. *Corazon ulcerado;* coração ulcerado, chagado, magoado, ferido, penetrado de dor.

Ulcerátivo, va. *adj. (med.)* Ulcerativo; diz-se de uma inflammação em que a acção dos vasos absorventes está excessivamente augmentada, de modo que, sendo destinados a absorver os solidos, destroem, decompostos pelo movimento nutritivo, a pelle n'uma tensão mais ou menos consideravel. *Ulcerans, antis.*

Ulceroso, sa. *adj.* Ulceroso; cheio, coberto de ulceras. *Ulcerosus, a, um.*

Uleda. *f. (zool.)* Uleda; genero de insectos coleopteros heteromeros da tribu dos diaperiaes.

Ulema. *m. (hist.)* Ulemas, chama-se assim na Turquia um corpo composto de doutores da religião e da lei, bem como os proprios doutores que compõem esse corpo. As funcções dos ulemas abrangem ao mesmo tempo o culto, a justiça e a administração. O corpo dos ulemas compõe-se do *mufti,* presidente, dos *mollahs,* dos *cadis* e *cadileskier,* e de simples doutores.

Uleyota. *f. (zool.)* Uleiota. V. *Bronto.*

Ulfilano, na. *adj.* Ulfilano; diz-se do caracter de letra gothica attribuido ao bispo Ulfilas.

Ulidia. *f. (zool.)* Ulidia; genero de insectos dipteros da familia dos athericeros.

Ulijinario, ria, Ulijinoso, sa. *adj. (hist. nat.)* Uliginario ou uliginoso; que cresce ou vive nos pantanos e nos prados humidos e lodosos. *Terrenos ulijinosos;* terrenos uliginosos; os que são extremamente humidos.

Ulites. *f. (med.)* Ulites; inflammação da membrana mucosa das gengivas.

Ulmato. *m. (chim.)* Ulmato; sal produzido pela combinação do acido ulmico com uma base.

Úlmico, ca. *adj. (chim.)* Ulmico; diz-se de um acido particular que existe na terra vegetal e na casca do olmo.

Ulmina. *f. (chim.)* Ulmina; substancia particular que se encontra na terra vegetal e n'uma exsudação morbida da casca do olmo.

Ulna. *f. (anat.)* Ulna, cubito; osso maior do antebraço.

Ulnario, ria. *adj.* Ulnario, cubital; que se refere ao osso cubito.

Uloboro. *m. (zool.)* Uloboro; genero de arachneides da familia dos araneides.

Ulócero. *m. (zool.)* Ulocero; genero de insectos coleopteros tetrameros.

Uloma. *f. (zool.)* Uloma; genero de insectos coleopteros heteromeros da tribu dos diaperiaes.

Uloncia. *f. (med.)* Uloncia; inchação das gengivas.

Ulonoto. *m. (zool.)* Ulonoto; genero de insectos coleopteros heteromeros da familia dos xylophagos.

Ulopa. *f. (zool.)* Ulopa; genero de insectos hemipteros da familia dos cercopidos.

Ulóptera. *f. (bot.)* Uloptera *(aza riçada);* genero de plantas da familia das umbelliferas.

Ulorragia. *f. (med.)* Ulorrhagia; hemorrhagia das gengivas.

Ulorrájico, ca. *adj. (med.)* Ulorrhagico; que se refere á ulorrhagia.

Ulósomo. *m. (zool.)* Ulosomo; genero de insectos coleopteros tetrameros da secção dos apostasimeridos.

Ulotrice. *m. (bot.)* Ulothrice ou ulothrix *(cabello riçado);* genero de plantas phyceas.

Ulótrigo, ga. *adj.* (*bot.*) Ulothrigo; que tem pellos riçados.

Ulterior. *adj.* Ulterior, alem, que está, fica alem, da parte de lá de um limite. *Ulterior, oris:* — ulterior; posterior em data, que se diz ou executa depois de outra cousa; *v. g.: providencias ulteriores. Posterior, subsequens.*

Ulteriormente. *adv. m.* Ulteriormente; alem, afóra o que se disse ou fez: — ulteriormente, posteriormente; em ultimo logar.

Ultimadamente. *adv. m.* (*ant.*) Ultimadamente. V. *Ultimamente.*

Ultimado, da. *adj.* (*ant.*) Ultimado. V. *Último.*

Últimamente. *adv. m.* Ultimamente, finalmente, ao cabo, por ultimo, em ultimo logar. *Denique.*

Ultimar. *a.* Ultimar, acabar, concluir, finalizar, terminar inteiramente. *Conficere, perficere.*

Ultimatum. *m.* Ultimatum; resolução terminante e definitiva; usa-se na linguagem diplomatica: — ultimatum; em caso de contestação, e em vesperas de rompimento, ou em negociação tendente a terminar a guerra, é a proposição ou intimação ultima para uma tropa ou guarnição se determinar a aceitar as condições que se lhe propõem.

Ultimidad. *f.* Extremidade, extremo. *Extremitas vel postremitas.*

Último, ma. *adj.* Ultimo; extremo na serie, opposto ao primeiro. *Postremus, a, um:* — ultimo; que em sua linha ou especie não tem outra cousa depois de si. *Postremus, a, um:* — ultimo, remoto, retirado ou escondido; *v. g.: se fué á la última pieza de la casa;* foi ao ultimo quarto da casa. *Extremus, secretus:* — ultimo, extremo; diz-se do meio, recurso ou providencia que finalmente se toma sobre algum negocio ou assumpto, depois de experimentada a inutilidade ou insufficiencia dos meios antecedentemente empregados. *Extremus, a, um:* — unico, supremo, maior, mais excellente. *Supremus, a, um:* — ultimo; diz-se do fim a que se dirigem todas as nossas acções e designios. *Ultimus, extremus. Estar á lo último* (*fr.*); estar ao facto, haver comprehendido perfeitamente o designio ou pensamento do que está fallando, sem necessidade de que se explique mais. *Planè capere aut percipere. Estar á lo último ó á los ultimos* (*fr.*); estar nos ultimos instantes, no ultimo da vida, estar para morrer. *Extremum vitæ agere. Por último* (*loc. adv.*); por ultimo, por fim, emfim, a final, finalmente. *Postremò, tandem.*

Ultra. *adv.* Ultra, alem, demais: — ultra; diz-se do que é exagerado na materia ou doutrina de que se trata. É voz puramente latina.

Ultraismo. *m.* Exageração, principalmente tratando-se de realismo.

Ultrajador, ra. *s.* Ultrajador; o que ultraja. *Contemptor, obtrectator.*

Ultrajar. *a.* Ultrajar; offender, injuriar, de obras ou de palavras, insultar. *Vexare, contumeliis afficere:* — desprezar, desestimar; olhar com desprezo, fazer pouco caso ou estimação. *Contemnere, despicere.*

Ultraje. *m.* Ultraje, offensa, injuria, de obra ou palavras, insulto. *Probrum, contumelia.*

Ultrajoso, sa. *adj.* Ultrajoso, ultrajante, insultante; que causa ou contém ultraje. *Contumeliosus, a, um.*

Ultra-liberal. *adj.* Ultra-liberal; diz-se d'aquelle que leva as doutrinas liberaes até á exageração.

Ultra-liberalismo. *m.* Ultra-liberalismo; exageração nas opiniões liberaes.

Ultramar. *m.* Ultramar, alem-mar; as terras que ficam alem do mar, consideradas da parte onde se está. *Terra quavis trans mare posita:* — (*pint.*) azul ultramar ou ultramarino; tinta azul feita de lapis-lazuli, a qual é mais permanente fina e viva que as outras cores azues. *Color cæruleus:* — (*min.*) ultramarino; nome dado ao lapis-lazuli, porque vem do ultramar.

Ultramarino, na. *adj.* Ultramarino; do ultramar, que está ou se considera do outro lado do mar. *Ultra mare positus; transmarinus:* — ultramarino; diz-se da côr ou tinta azul formada de lapis-lazuli. *Cæruleus, a, um.*

Ultramaro. *m.* V. *Ultramar*, na segunda accepção.

Ultramontano, na. *adj.* Ultramontano, transmontano; de alem dos montes. *Ultramontanus, transmontanus.*

Ultra-petita. (*loc. latina*) Usase no fôro para indicar o que foi concedido pelo juiz sem as partes haverem pedido.

Ultrapuertos. *m.* Alem dos portos. *Ultra, trans montes.*

Ultrarealismo. *m.* Ultrarealismo; systema dos ultrarealistas.

Ultrarealista. *m.* Ultrarealista; partidario exagerado do poder absoluto.

Ultriz. *adj.* (*ant.*) Ultriz, ultrice, vingadora. V. *Vengadora.*

Ulula. *f.* (*zool.*) Ulula. V. *Autillo.*

Ulular. *n.* (*ant.*) Ulular; dar gritos lamentosos.

Ulvina. *f.* Ulvina; genero de plantas phyceas.

Ulla. *f.* (*min*) Hulha, carvão de pedra; combustivel mineral, de côr negra brilhante, que pela distillação dá oleos bituminosos analogos ao petroleo e um residuo conhecido pelo nome de coke.

Ullífero, ra. *adj.* (*geol.*) Hulhifero; diz-se dos terrenos que contêem hulha.

Ulluco. *m.* (*bot.*) Ulluco; genero de plantas da familia das portulaceas.

Umaria. *f.* (*bot.*) Umaria. V. *Geofrea.*

Umbela. *f.* (*bot.*) Umbella; especie de inflorescencia, que consiste em muitas florinhas sustidas por outros tantos pediculos, que saíndo todos de um centro commum, se separam superiormente, chegando a um nivel igual em fórma de chapéu de sol.

Umbeladas, Umbelíferas. *f. pl. (bot.)* Umbelladas ou umbelliferas; familia de plantas caracterisadas por terem as folhas alternas e as flores dispostas em umbellas.

Umbelularia. *f. (zool.)* Umbellularia ou ombellularia; genero de polypos alcyonios.

Umbi. *m.* Dá-se este nome no Perú ao fluido elastico aeriforme, não respiravel, das minas.

Umbilicado, da. *adj.* Umbilicado; em fôrma de umbigo. *Umbilicatus, a, um.*

Umbilical. *adj.* Umbilical; do umbigo, pertencente ao umbigo. *Ad umbilicum pertinens.*

Umbra. *f. (ant.)* V. *Sombra.*

Umbraculo. *m. (bot.)* Umbraculo; especie de disco que corôa o pedunculo de certas plantas cryptogammas e que supporta os corpusculos reproductores.

Umbral. *m.* Couceira, soleira, liminar; a pedra debaixo do portal ou da porta. *Limen, inis:* — contra-frechal; a viga que se atravessa no buraco da parede pela parte de cima para segurar a porta ou janella. *Limen superum:* — *(fig.)* estrêa, entrada, primeiro passo, principio de qualquer cousa. *Limen, initium. No atravesar ó no pisar los umbrales (fr.);* não atravessar os umbraes; não entrar em alguma casa. Usa-se tambem sem a negativa; *v. g.: si atraviesa ó pisa los umbrales de mi casa;* se atravessa o limiar da minha porta. *Pedem intra alicujus limina non inferre.*

Umbralar. *a.* Collocar o contra-frechal sobre uma porta ou janella. *Transversam trabem parieti supra portam inducere.*

Umbrático, ca. *adj. (ant.)* Pertencente á sombra ou que causa sombra.

Umbratícola. *adj. (hist. nat.)* Umbraticola; que vive nos sitios ou logares sombrios.

Umbrátil. *adj. (ant.)* V. *Umbroso:* — *(ant.)* umbratil, figurativo, assombrado; que tem sombra ou apparencia de alguma cousa.

Umbrela. *f. (zool.)* Umbrella ou ombrella; genero de molluscos gasteropodas hermaphroditas.

Umbreta. *f. (zool.)* Umbreta; genero de aves pernaltas, composto de uma especie.

Umbría. *f.* Umbria; logar sombroso ou parte onde quasi sempre ha sombra. *Locus umbrosus.*

Umbrío, bría. *adj.* Umbroso. V. *Sombrío.*

Umbripenne. *adj. (zool.)* Umbripenne; que tem as azas escuras.

Umbroso, sa. *adj.* Umbroso, sombrio, assombrado; onde ha sombra ou a causa. *Umbrosus, a, um.*

Un. *adj.* Um. V. *Uno.* Usa-se sempre anteposto ás palavras. *Unus, a, um:* — um; usa-se tambem para dar força e energia á expressão, singularisando-a ou ponderando-a, e então usa-se do mesmo modo com os verbos; como: *aquel es un hablar muy claro, etc.;* aquelle é um fallar mui claro, etc.

Unadáctilo, la. *adj. (zool.)* Unadactylo; diz-se das aves cujos dedos são reunidos por uma só membrana.

Unánime. *adj.* Unanime; que está do mesmo animo, parecer que outro, conforme com elle. *Unanimis, e.*

Unánimemente. *adv. m.* Unanimemente; de animo conforme, com unanimidade. *Unanimiter.*

Unanimidad. *f.* Unanimidade; parecer unanime, conformidade de dois ou mais em uma cousa. *Unanimitas, atis.*

Uncia. *f.* Uncia, onça; moeda antiga cuja materia e valor se ignora. *Monetæ veteris genus:* — uncia ou onça; duodecima parte de asse romano. *Uncia, æ:* — *(bot.)* uncia; genero de plantas da familia das compostas.

Unciforme. *adj.* Unciforme; em fôrma de gancho. *Hueso unciforme (anat.);* osso unciforme; quarto osso da segunda fileira dos carpos.

Uncinado, da. *adj. (hist. nat.)* Uncinado; que termina em gancho.

Uncinia. *f. (bot.)* Uncinia; genero de plantas da familia das cyperaceas.

Uncion. *f.* Unção ou uncção; acto de ungir. *Unctio, onis:* — unção. V. *Estremauncion:* — unção; graça e communicação especial do Espirito Santo, que excita e move a alma á virtude e perfeição. *Spiritûs Sancti inspiratio:* — unção; espirito evangelico e altamente religioso com que se faz ou diz uma cousa: — *pl.* unturas, fricções mercuriaes que se fazem aos doentes de venereo. *Uncturæ morbo venereo medendo.*

Uncionario, ria. *adj.* Doente que está em uso das unturas ou fricções mercuriaes, ou que está em convalescença d'ellas. *Qui unctionum ope morbum venereum depellere curat:* — casa, quarto, onde se fazem as unturas mercuriaes.

Uncipenneo, nea. *adj. (zool.)* Uncipenneo; que tem azas espinhosas.

Uncir. *a.* Jungir; metter os bois, muares ou outros animaes ao jugo. *Jugo vincire, jungere.*

Undante. *adj. (poet.)* Undante. V. *Undoso.*

Undecágono, na. *adj. (germ.)* Undecagono; que tem onze lados ou angulos. Usa-se substantivado na terminação masculina. *Hendecagonus, a, um.*

Undécimo, ma. *adj. numeral ordinal.* Undecimo; o onzeno. *Undecimus, a, um.*

Undecimviro. *m. (hist. ant.)* Undecimviro; nome de onze magistrados athenienses, encarregados de conduzir ao patibulo os condemnados á pena ultima.

Undécuplo, la. *adj.* Undecuplo; diz-se da quantidade que é onze vezes tanto como outra com que se compara. *Undecies tantus.*

Undísono, na. *adj. (poet.)* Undisono; diz-se das aguas que resôam com o vaguear ou embater das ondas. *Undisonus, a, um.*

Undivago, ga. *adj. (poet.)* Undivago; que vaga pelas ondas ou pelo mar.

Undosísimo, ma. *adj. sup.* de *Undoso.* Undosissimo; muito undoso. *Valdè undosus.*

Undoso, sa. *adj.* Undoso; que tem ou faz ondas. *Undosus, a, um.*

Undulacion. *f.* Undulação, ondulação; acção e effeito de ondular: — *(phys.)* undulação ou ondulação; movimento circular que adquire um fluido pelo impulso de um corpo estranho. *Circularis fluidi motus.*

Undular. *n.* Ondear; mover-se por uma linha mixta, recta e curva, serpenteando. *Fluitare.*

Undulatorio, ria. *adj. (phys.)* Undulatorio ou ondulatorio; diz-se do movimento de ondulações. *Undæ motum referens.*

Ungarina. *f.* V. *Anguarina.*

Ungido. *m.* V. *Unjido.*

Ungimiento. *m.* V. *Unjimiento.*

Ungir. *a.* V. *Unjir.*

Ungüentario, ria. *adj.* Unguentario; de unguento, pertencente aos unguentos, ou que os contém. *Unguentarius, a, um:* —*m.* unguentario; o que faz unguentos. *Unguentarius, ii:* — *m.* logar, prateleira, onde estão collocados separadamente os unguentos. *Locus in quo unguenta servantur.*

Ungüento. *m.* Unguento; tudo que serve para ungir ou untar. *Unguentum, i:* — unguento; composição pharmaceutica, branda e oleosa, para se applicar a tumores, chagas. *Unguentum, i:* — unguento; drogas aromaticas, confeição de perfumes e essencias muito usadas pelos antigos, que por fim as empregavam para embalsamar os cadaveres. *Unguentum aromaticum:* — *(fig.)* unguento, balsamo, lenitivo; cousa que suavisa, adoça o animo, grangeia a vontade de alguem. *Linimentum, i.*

Unguiculado, da. *adj. (h. nat.)* Unguiculado; que é provido de uma ungulasinha: — *m. pl. (zool.)* unguiculados; diz-se dos animaes mammiferos que têem a extremidade superior da ultima phalange dos dedos armada de uma unha.

Unguífero, ra. *adj. (anat.)* Unguifero; que tem unhas.

Unguirostro, tra. *adj. (zool.)* Unguirostro; nome dado a certas aves que, como os cysnes, os gansos e os patos têem o bico terminado em uma especie de unha.

Ungulado, da. *adj. (h. nat.)* Ungulado; que tem a fôrma de unha ou que é provido de unhas: — *m. pl. (zool.)* ungulados; nome commum a todos os mammiferos, cuja ultima phalange é inteiramente revestida de uma unha ou ungula, como se observa nos cavallos, elephantes e em todos os ruminantes em geral.

Ungulina. *f. (zool.)* Ungulina; genero de molluscos conchiferos dimiarios.

Uniarticulado, da. *adj. (h. nat.)* Uniarticulado; que tem uma só articulação.

Unible. *adj.* Univel; que pôde ser unido. *Quod copulari potest.*

Únicamente. *adv. m.* Unicamente, só, sómente. *Unicè.*

Unicapsular. *adj. (bot.)* Unicapsular; diz-se do fructo que tem uma só capsula.

Unicaule. *adj. (bot.)* Unicaule; que tem um só caule.

Único, ca. *adj.* Unico, só; sem outra cousa da mesma especie. *Unicus, singularis:* — unico, singular, raro, especial ou excellente no seu genero. *Præstantissimus, a, um.*

Unicoloro, ra. *adj.* Unicolor ou unicoloreo; que tem uma só côr.

Unicórnio. *m. (zool.)* Unicornio ou unicorne. V. *Monoceronte.*

Unicotiledóneo, nea. *adj. (bot.)* Unicotyledoneo. V. *Monocotiledóneo.*

Unicroismo. *m. (min.)* Unichroismo; propriedade em virtude da qual certos mineraes têem sempre a mesma côr, qualquer que seja o sentido em que os atravessem os raios luminosos.

Unidad. *f.* Unidade; a qualidade de ser um, indiviso. *Unitas, atis:* — unidade; singularidade em numero ou qualidade. *Unitas, atis:* — unidade, união, conformidade, concordia de vontades. *Unitas, uniformitas, concordia. Unidades artificiales (philos.);* unidades artificiaes; unidades que são obra da nossa imaginação. *Unidades naturales (philos.);* unidades naturaes; unidades fundadas na constituição especial dos seres: — *dinámica (phys.);* unidade dynamica; unidade a que se deve referir a medida do trabalho mechanico: — *de la iglesia (rel.);* unidade da igreja; laço que une os fieis pela profissão da mesma doutrina, pela participação dos mesmos sacramentos e pela submissão ao mesmo chefe visivel: — *(math.)* unidade; quantidade que serve de termo de comparação a todas as mais da sua especie. *Unitas, atis.*

Unidamente. *adv. m.* Unidamente, juntamente; com união ou concordia. *Junctim, unanimiter.*

Unidentado, da. *adj.* Unidentado; que tem um só dente.

Uniembrionado, da. *adj. (bot.)* Uniembryonado; diz-se da semente que só tem um embryão.

Unificar. *a.* Unir, ajuntar, fazer de muitas cousas uma ou um todo, ajuntando-as ou mistnrando-as. *Unum facere; adunare.*

Uniflorígero, ra. *adj.* Uniflorigero. V. *Unifloro.*

Unifloro, ra. *adj. (bot.)* Unifloro; que tem uma só flor.

Unifoliado, da. *adj. (bot.)* Unifoliado; que tem uma só folha.

Uniformar. *a.* Uniformar; dar uniformidade, fazer uniforme. *Parem aut similem facere, affingere.*

Uniforme. *adj.* Uniforme; de uma só fórma, todo igual, todo similhante, que não é differente, de um mesmo modo. *Uniusmodi, ejusdem naturæ, similis, consimilis:* — *m.* uniforme; vestido, farda feita segundo o modelo dado. *Vestis certæ formæ colorisque militibus aliisque adsignata. Movimiento uniforme (phys.)*; movimento uniforme; movimento de um corpo que em tempos iguaes percorre espaços iguaes.

Uniformemente. *adv. m.* Uniformemente; de modo uniforme, com uniformidade. *Uniformiter, concorditer.*

Uniformidad. *f.* Uniformidade; conformidade de fórma, feição, etc., a qualidade de ser uniforme. *Uniformitas, atis.*

Unigamia. *f.* Unigamia; estado de uma pessoa que não casou mais que uma vez. *Unigamia, monogamia, æ.*

Unigamo, ma. *adj.* Unigamo; que não casa mais que uma vez. *Unigamus, a, um.*

Unigénito, ta. *adj.* V. *Unijénito.*

Unijénito, ta. *adj.* Unigenito; unico gerado. *Unigenitus, a, um:* — unigenito; por antonomasia o Verbo Eterno, filho de Deus, que é e se chama o Unigenito de Deus Padre. *Dei unigenitus.*

Unilabiado, da. *adj. (bot.)* Unilabiado; diz-se das corollas monopetalas irregulares, que não têem senão um labio ou lobulo principal.

Unilateral. *adj. (bot.)* Unilateral; que está situado de um lado só.

Unilobulado, da. *adj. (bot.)* Unilobulado; que tem um lobulo só.

Unilocular. *adj. (bot.)* Unilocular; que não tem senão uma cellula, ou cuja cavidade não está dividida por nenhuma membrana ou septo.

Unio. *m. (zool.)* Unio. V. *Mia.*

Unioculado, da. *adj. (bot.)* Unioculado; que só tem um olho ou ponto de vegetação.

Union. *f.* União; acção e effeito de unir uma cousa com outra. *Copulatio, conjunctio, nexus:* — união, correspondencia, conformidade de uma cousa com outra no logar ou composição. *Uniformitas, atis:* — união; conformidade, concordia dos animos, vontades ou opiniões. *Concordia, animi consensus:* — união, alliança, casamento: — união, alliança, confederação. *Societas fœdus:* — união; composição resultante da mistura de algumas cousas que se incorporam. *Copulatio, conjunctio, mixtio:* — união; aggregação ou incorporação de um beneficio ou prebenda ecclesiastica de mão morta. *Unio beneficii ecclesiastici:* — alliança, annel formado de dois, enlaçados ou encadeados, a que commummente chamam *concordia*, em Hespanha. *Annuli genus:* — contiguidade; immediação de uma cousa a outra: — *(art.)* entre lapidarios e ourives, a similhança no tamanho, côr e demais qualidades de uma perola com outra. Tambem á imitação dos latinos dão este nome ás perolas assim similhantes. *Similitudo, unio:* — *(cir.)* união; adhesão, consolidação dos labios da ferida. *Copulatio, onis:* — *de colores (pint.)*; união, harmonia das cores, acorde: — *cristiana (rel.)*; união christã; irmandade de pessoas devotas, estabelecida em París, para dedicar-se á instrucção e conversão de pessoas do seu sexo, que foram educadas na heresia, receber mulheres pobres e sem recursos, e educar a juventude na piedade e amor ao trabalho: — *hipostática;* união hypostatica; união do Verbo Divino com a natureza humana em uma só pessoa.

Unionismo. *m.* Unionismo; doutrina dos unionistas.

Unionistas. *m. pl. (rel.)* Unionistas; deu-se este nome na Belgica, antes de 1830, aos individuos que formavam parte da sua opposição. Os unionistas tinham conseguido a fusão da opposição catholica e aristocratica com a opposição philosophica e democratica, chamada liberal: — *(rel.)* unionista; nome de certos sectarios que negavam a Trindade.

Uniovulado, da. *adj. (bot.)* Uniovulado; diz-se de uma cellula do ovario que contém um só ovulo, como nas labiadas.

Unipersonal. *adj.* Unipessoal; que consta de uma só pessoa: — *(gram.)* unipessoal; diz-se dos verbos que se empregam só na terceira pessoa do singular. *Ex una tantum persona constans.*

Unipétalo, la. *adj. (bot.)* Unipetalo; que tem uma só petala.

Unipolar. *adj. (phys.)* Unipolar; que não tem mais que um polo.

Unipolaridad. *f. (phys.)* Unipolaridade; estado de um corpo unipolar.

Unir. *a.* Unir; ajuntar duas ou mais peças em uma. *Unire, adunare:* — unir, misturar, incorporar. *Commiscere:* — unir, atar, ajuntar; causar união physica ou moral de duas ou mais cousas. *Conjungere, copulare:* — unir, achegar; pôr em immediato contacto uma cousa com outra. *Conjungere:* — unir; aggregar um beneficio ou prebenda ecclesiastica a outra de mão morta. *Adjungere:* — *(fig.)* unir, concordar ou conformar as vontades, animos ou pareceres. *Concordi animo agere:* — *(cir.)* unir; consolidar os labios de uma ferida: — *r.* unir-se, ligar-se, confederar-se com outro ou outros, ajudando-se mutuamente. *Fœderari, consociari:* — unir-se, combinar-se, associar-se para algum fim. *Convenire:* — unir-se; concordar-se duas qualidade ou cousas contrarias na realidade ou na apparencia. *Consociari, convenire:* — unir-se; estar mui proximo, contiguo ou immediato, pôr-se em contacto, tocar uma cousa em outra. *Proximè adhærere:* — unir-se, reunir-se, congregar-se; ajuntar-se á companhia de outro. *Adjungi, adhærere:* — unir-se, casar-se; ajuntar-se em matrimonio.

Unisexual. *adj.* Unisexual; que não tem mais que um sexo: — *pl. (bot.)* unisexuaes; diz-se das flores que não têem mais que um dos orgãos sexuaes. *Pasion unisexual (philos.);* paixão unisexual; diz-se na escola phalansteriana, da amisade, uma das duas paixões maiores entre as quatro affectivas.

Unison. *m.* Unisono; concerto musico em um tono. *Musicus unius ejusdemque soni concentus.*

Unisonancia. *f.* Unisonancia; concorrencia de duas ou mais vozes ou instrumentos em um tom de musica. *Unius ejusdemque soni consonantia:* — unisonancia, monotonia; persistencia do orador no mesmo tom de voz, sem a levantar nem abaixar, como é costume, á proporção dos affectos. *Continens vocis perorantis tenor.*

Unísono, na. *adj.* Unisono; que tem o mesmo som que outra cousa. *Unius ejusdemque cum alio soni.*

Unispermo, ma. *adj. (bot.)* Unispermo; que tem só uma semente.

Unitariamente. *adv. m.* Unitariamente; com unidade ou tendencia á unidade.

Unitario, ria. *adj. (philos.)* Unitario; que tende á unidade. Diz-se dos philosophos que fundaram os seus systemas na unidade de acção, rejeitando o dualismo, e especialmente a existencia de um principio mau: — *(rel.)* unitario; diz-se dos que admittindo a revelação, negam a Trindade, e não admittem em Deus mais que uma pessoa: — *m. pl. (zool.)* unitarios; classe de monstros nos quaes não se encontram, sejam completos ou incompletos, mais que elementos de um só individuo.

Unitarismo. *m. (philos.* e *rel.)* Unitarismo; doutrina dos unitarios.

Uniteismo. *m. (philos.)* Uniteismo; nome com que no systema de Fourier se designa a necessidade de unidade em todos os homens.

Unitivo, va. *adj.* Unitivo; que tem virtude de unir. *Copulandi vi præditus. Vida unitiva;* vida unitiva; estado da alma no exercicio do amor puro. *Rescripto unitivo (rel.);* rescripto unitivo; rescripto do bispo ou bulla do Papa que une dois beneficios.

Univalvo, va. *adj. (zool.)* Univalve; diz-se dos mariscos que têem a concha formada de uma só peça ou valva: — *m. pl.* univalves; denominação geral que se dá aos molluscos, cujas conchas são formadas de uma só peça ou valva, espiral ou não.

Univèrsal. *adj.* Universal; que comprehende ou é commum a todos da sua especie, sem excepção alguma. *Universalis, le:* — universal; diz-se da pessoa versada em muitas sciencias, muito erudita. *Multiplici eruditione et doctrina ornatus:* — universal; que comprehende a totalidade da cousa de que se falla. *Universus, a, um:* — *(naut.)* universal; diz-se de uma das bandeiras de signal: — *(hist.)* universal; diz-se das cartas que o rei da Polonia dirigia aos senhores para a convocação da dieta e para outros assumptos: — *m. (philos.)* universal; noção que abrange a todos os individuos de uma especie ou genero. Ha cinco universaes; o genero, a differença, a especie, o proprio e o accidental.

Universalidad. *f.* Universalidade; generalidade de alguma cousa que comprehende todos sem excepção. *Universitas, atis:* — universalidade; generalidade de conhecimentos em differentes sciencias ou materias, erudição vastissima. *Eruditio, doctrina multiplex:* — *(philos.)* universalidade; rasão formal abstracta, que constitue o conceito de universal. *Universitas, atis:* — *metafisica;* universalidade metaphysica; a que não exceptua cousa alguma: — *moral;* universalidade moral; a que admitte alguma excepção: — *de la iglèsia (rel.);* universalidade da Igreja; caracter da Igreja pelo qual se estende a todos os tempos, logares e pessoas.

Universalísimo, ma. *adj. sup.* de *Universal.* Universalissimo; muito universal: — *(philos.)* universalissimo; diz-se em logica do genero supremo, que comprehende outros generos inferiores que tambem são universaes. *Universalissimus, a, um.*

Universalismo. *m.* Universalismo; opinião dos que não reconhecem mais auctoridade que o assentimento universal.

Universalista. *m. (philos.)* Universalista; partidario do universalismo: — *(rel.)* universalista; o que crê que a graça é universal. É termo usado só entre os reformados.

Universalmente. *adv. m.* Universalmente; com universalidade, geralmente a todos. *Universè.*

Universidad. *f.* Universidade; a totalidade das cousas, o universo. *Universitas, atis:* — corpo cathedratico; corpo de professores estabelecido pela auctoridade legitima para o ensino publico das sciencias e bellas letras, e pelo qual se conferem os respectivos graus em cada faculdade. *Academia, æ:* — universidade; academia, estudos geraes, onde se ensinam as artes liberaes e as sciencias. *Academia, æ:* — o corpo ou a reunião dos membros de collegio, conselho, confraria, etc. *Conventus, us:* — universidade; conversação e trato com as nações unidas entre si, que têem amisade e confederação. *Oppidorum fœderatorum cœtus:* — *de mareantes (naut.);* nome de uma antiga corporação que havia em Sevilha, composta dos donos, capitães, mestres e pilotos dos navios mercantes da carreira da India.

Universo, sa. *adj.* Universo, universal, todo inteiro. V. *Universal:* — *m.* universo; a totalidade dos entes celestes e terrestres. *Mundus, i.*

Univocacion. *f. (philos.)* Univocação; conformidade ou conveniencia de cousas distinctas, debaixo da mesma rasão, como a univocação do ente entre os philosophos. *Unius ejusdemque attributi.*

Univocamente. *adv. m.* Univocamente; com univocação e similhança, de modo univoco. *Concorditer, similiter.*

Univocarse. r. Ser univoco, convir na mesma rasão duas ou mais cousas. *Univocum fieri.*

Unívoco, ca. *adj. (philos.)* Univoco; que se applica no mesmo sentido a muitas cousas differentes. Usa-se tambem substantivado. *Univocus, a, um:* — univoco, similhante totalmente parecido. *Univocus, a, um:* — unido com outra cousa, que forma um só. *Unus, a, um.*

Unjimiento *m.* Uncção, untura, untadura; acção e effeito de ungir. *Unctio, onis.*

Unjir. *a.* Ungir, untar; applicar a alguma cousa oleo ou outra materia gorda, estendendo-a superficialmente. *Aliquid aliqua re ungere:* — ungir; applicar os santos oleos a alguma pessoa para denotar o caracter da sua dignidade ou para a recepção de algum sacramento. *Sacro oleo ungere.*

Uno, na. *adj.* Uno, um, identificado; unido physica ou moralmente. *Unus, a, um:* —um; identico ou muito similhante ou parecido. *Unus, idem:* — um, intimo; que parece formar com outro uma mesma pessoa. *Alter ego:* —um, o mesmo; *v. g.: esa razon y la que yo digo es uno;* essa rasão e a que eu digo tudo é um, é o mesmo. *Idem:* —um; só na sua especie e que exclue todo o genero de pluralidade. *Unus, a, um:* —um; usa-se relativamente, em opposição a outro, para distribuir as cousas ou pessoas na materia de que se trata. *Unus et alter:* — um; pessoa que se cita indeterminadamente quando não se sabe o seu nome ou não se quer dizer; *v. g.: uno dijo que, etc.;* um, uma pessoa disse que, etc. *Quidam:* — um individuo, uma pessoa; algumas vezes significa a propria pessoa que falla; como: *cuando uno está mas ocupado le acosan los importunos;* quando uma pessoa está mais occupada é que a perseguem os importunos: — *m.* um; qualquer individuo de alguma especie. *Unus, aliquis:* — *a uno (loc. adv.);* um a um, ou um por um; denota a separação ou distincção por ordem das cousas de que se trata. *Singulis, unus post alium:* — *por uno (loc. adv.)* V. *Uno a uno.* Usa-se para significar mais separação ou distancia. *Per singulos:* — *tras otro (loc. adv.);* um atrás do outro, successivamente. *Unum post aliud, ex alio:* — *y otro (loc.);* um e outro, ambos, dois juntos; indica que duas cousas são distinctas, mas que se unem para um fim. *Uterque. Una cosa (fr.),* uma cousa; qualquer materia indeterminada que se cala ou não se diz claramente por algum motivo; *v. g.: yo te diria una cosa, si guardases silencio, etc.;* eu dizia-te uma cousa se guardasses segredo, etc. *Aliquid:* — um; usa-se para fazer separação ou distincção nos extremos de algum ponto ou materia, como concedendo alguma cousa para negar o resto; como: *una cosa es que yo lo pase y otra que lo deba hacer;* uma cousa é que eu o passe e outra que o deva fazer. *Aliud. Una y buena (loc.);* uma e boa; diz-se de uma rixa ou pendencia grave ou que póde ser arriscada, etc. *Res quidem plena periculis, contentione. Una y no mas (loc.);* a ultima vez; significa a resolução ou proposito firme de não tornar a fazer alguma cousa arriscada ou que fez soffrer damno, incommodo, etc. *Non mihi in posterum simile contiget. A una (loc. adv.);* de uma vez, unidamente, juntamente. *Junctim, simul. Andar a una (fr.);* ir de companhia e em conformidade com alguma cousa. *Unà incedere. Ir a una (fr. fig.);* concertar-se, convir-se, fazer convenção. *Eodem tendere; concorditer agere. Ser para en uno (fr.);* ser feito um para o outro. Usa-se frequentemente fallando dos casamentos. *Omnino sibi congruere; consimilis esse:* — *(math.)* um; principio ou raiz de todo o numero. *Unitas, atis:* — um; primeiro carater numerico arabe, que commummente se usa e se representa assim *1.* Na conta romana escreve-se *I.*

Unógatos. *m. pl. (zool.)* Unogatos; nome dado por Fabricio á setima classe de insectos no seu methodo.

Unomia. *m. (zool.)* Unomyia. V. *Limnobia.*

Untador, ra. *s.* Untador; o que unta. *Unctor, aliptes.*

Untadura. *f.* Untadura; acção e effeito de untar. *Unctio, unctura:* — untura; substancia com que se unta. *Unctura, æ.*

Untamiento. *m.* Untadura, untura; acção e effeito de untar. *Unctio, onis.*

Untar. *a.* Untar. V. *Unjir.* Usa-se d'este verbo com frequencia nas cousas communs. *Ungere, linire:* — *(fig. fam.)* untar, peitar, dar peita, corromper, subornar com dadivas ou dinheiro. Diz-se frequentemente *untar las manos ó el carro;* untar o carro ou as mãos. *Muneribus aut pecunia aliquem corrumpere:* — *r.* untar-se; sujar-se casualmente com alguma substancia oleosa ou outra. *Maculari aut fœdari:* — *(fig.)* untar-se, ficar untado; sizar, roubar no que se compra ou ficar com parte das cousas que se manejam, especialmente dinheiro. *Lucro fœdari, maculari.*

Untaza. *f.* V. *Enjundia.*

Unto. *m.* Banha; qualquer materia gorda ou licor pingue disposto ou proprio para untar. *Adeps, pinguedo:* — unto; gordura interior do corpo do animal. *Adeps, axungia:* —V. *Ungüento,* especialmente no sentido figurado: —*de Méjico (fam.);* dinheiro para subornar alguem. *Pecunia, æ:* —*derana (fam.)* V. *Unto de Méjico.*

Untosidad. *f. (ant.)* V. *Untuosidad.*

Untoso, sa. *adj. (ant.)* Untoso. V. *Untuoso.*

Untuosidad. *f.* Untuosidade; qualidade do que é untuoso. *Pinguedo, inis.*

Untuoso, sa. *adj.* Untuoso, oleoso, crasso; que tem unto, que é de substancia gorda e pegajosa. *Pinguis, e.*

Untura. *f.* Untura, uncção, untadura: — untura; materia com que se unta. *Unctura, unguentum.*

Uña. *f.* Unha; prolongação cornea que cobre a extremidade dos dedos dos pés e das mãos. *Unguis, is:* — unha, ungula; casco ou pesunho dos animaes que não têem dedos. *Ungula, æ:* — unha; gancho ou ponta curva de alguns instrumentos de metal, ou espinho curvo de certas plantas. *Uncus, us:* — unha; parte do tronco de uma arvore cortada, que fica pegada á raiz. *Pars radicis ad modum unguis adhærens; radicis unguis:*—unha; costra dura que se forma nas mataduras das bestas. *Ulceris crusta in jumentis:* — unha; excrescencia ou tumor duro que se forma na extremidade das palpebras. *Unguis, pterygium:* — unha; gancho ou ponta curva da cauda do lacrau. *Uncus, us:* — *(fig. fam.)* unhas, garras; destreza, grande propensão para furtar ou roubar. Usa-se commummente no plural. *Furandi dexteritas, facilitas. A uña de caballo (mod. adv.);* a unha de cavallo; a mais não poder, o mais depressa possivel. *Equi celerrimâ fugâ pericula effugere. Cojer en las uñas ó entre uñas (fr. fig.);* apanhar nas unhas ou entre as unhas; diz-se para explicar o desejo de vingar-se de alguem, castigando-o ou fazendo-lhe mal. *Apprehendere. Comerse las uñas (fr.);* roer as unhas com enfado ou com aborrecimento. *Ungues rodere: (fig.)* roer as unhas; reflectir profundamente, pensar sobre um assumpto ou discurso. *Aliquo negotio intentum esse. De uñas a uñas (loc. adv.);* de alto a baixo, medido em toda a extensão; diz-se do corpo humano. *Toto corpore. Hincar ó meter la uña (fr. fig.);* metter a unha; exigir, levar mais do que é devido. *Pretio defraudare; partem sibi subripere. Largo de uñas (fam.);* de unhas compridas; ratoneiro. *Rapax, acis. Ponerse de uñas (fr. fig. fam.);* pôr os pés á parede; negar-se obstinadamente a fazer o que se lhe pede. *Obsistere. Ponerse en veinte uñas (fr. fig. fam.)* V. *Ponerse de uñas. Sacar por la uña al leon (fr. fig.);* conhecer pela unha ou pela garra o leão, ou pelo dedo o gigante. *Ex ungue leonem. Ser uña y carne (fr. fig. fam.);* ser unha e carne com alguem; ter grande intimidade com elle. *Arctissima necessitudine teneri, jungi. Tener en la uña (fr. fig.);* saber nas pontas dos dedos, com muita perfeição. *In promptu habere. Tener uñas (fr. fig.);* ter espinhos, ser espinhoso; estar cheio de difficuldades, de obstaculos, um negocio, questão, etc. *Difficile valdè esse; gordiano nodo teneri. Uñas de gato, y cara ó hábito de beato (rif);* unhas de gato e habito de beato, palavras de santo e unhas de gato; diz-se dos hypocritas. *Qui Curios simulant, et bacchanalia vivunt. Uñas abajo (fr. esgr.);* unhas abaixo; na esgrima denota a estocada que se dá voltando as costas da mão e os virotes da espada para o chão. *Conversis deorsum unguibus. Uñas arriba (esgr.);* unhas arriba; estocada que se atira voltando os virotes da espada e as costas da mão para cima. *Unguibus sursum conversis:* — *de caballo (bot.);* unha de cavallo ou ungula caballina. V. *Fárfara:* — *gata (bot.);* unha gata, ononis. V. *Gatuña.*

Uñada. *f.* Unhada; golpe ou risca com a unha: — unhada; impressão que se faz com a unha.

Uñarada. *f.* V. *Uñada* na primeira accepção.

Uñate. *m. (fam.)* Unhamento; acção de unhar.

Uñica, ta. *f. dim.* de *Uña.* Unhasinha.

Uñidura. *f.* Juncção; acção e effeito de jungir os cavallos, bois, etc. *Junctio, onis.*

Uñir. *a. (ant.)* V. *Uncir.* Ainda é usado em algumas partes.

Uñoso, sa. *adj.* Unhoso; que tem unhas compridas. *Longis, unguibus.*

Uñuela. *f. dim.* de *Uña.* Unhasinha.

Upa. *f.* V. *Aupa.*

Upispa. *f.* V. *Abubilla.*

Uptioto. *m. (zool.)* Uptioto; genero de arachneides, da tribu das aranhas.

Upupa. *f.* V. *Abubilla.*

Ur. *m. (gram.)* Ur; nome da decima setima letra do alphabeto celtico; corresponde ao nosso *u.*

Uracan. *m.* V. *Huracan.*

Uraconisa. *f. (min.)* Uraconisa; nome dado ao peroxydo de urano.

Uracrasía. *f. (med.)* Uracrasia; incontinencia de urina.

Uracho. *m. (ant. anat.)* Meato urinario; conducto por onde sáe a urina da bexiga. *Urinæ meatus.*

Urago. *m. (hist.)* Urago; commandante da ultima linha, na infanteria grega: — *(zool.)* urago; genero de insectos coleopteros subpentameros, da tribu dos cerambycinos.

Uragogo, ga. *adj. (med.)* Uragogo. V. *Diurético.*

Uranato. *m. (min. e chim.)* Uranato; sal produzido pela combinação do oxydo uranico com uma base.

Urania. *f. (zool.)* Urania; genero de insectos lepidopteros da familia dos diurnos; — *(hist.).* urania; certo jogo da bola, que se usava na Grecia e na Italia.

Uránico, ca. *adj. (chim.)* Uranico; diz-se do segundo oxydo de urano e dos saes que produz.

Uránido, da. *adj. (min.)* Uranido; parecido com o urano: — *m. pl.* uranidos; familia de mineraes que comprehende o urano e as suas combinações.

Uranio. *m. (chim.)* V. *Urano.*

Uranion. *m. (mus.)* Uranion; instrumento de teclado, inventado na Saxonia em 1810, que tem quatro pés de comprimento, dois de largura e um e meio de altura; a sua extensão total é de cinco oitavas e meia.

Uranita. *f. (min.)* Uranita; phosphato de urano e de cal.

Urano. *m. (astron.)* Urano; planeta descoberto por Herschell em 1781; é o que está mais afastado do sol: — *(min.)* urano; corpo simples metallico, descoberto em 1789, na mesma epocha que o planeta de seu nome. Não existe puro na natureza: encontra-se no estado de oxydo, de phosphato, de sulphato e de tantalato.

Uranocro. *m.(chim.)* Uranocro; oxydo de urano.

Uranognosia. *f.* Uranognosia. V. *Astronomía.*

Uranognóstico, ca. *adj.* Uranognostico; pertencente á uranognosia.

Uranografía. *f.* Uranographia; descripção do céu: — uranographia; sciencia que tem por objecto o estudo ou descripção do céu.

Uranógrafo. *m.* Uranograhpo; o que é versado em uranographia.

Uranolito. *m. (min.)* Uranolitho. V. *Meteorita.*

Uranolojía. *f.* Uranologia; tratado sobre o estado dos céus nas diversas epochas da idade da terra.

Uranometría. *f.* Uranometria; sciencia de medir os astros.

Uranométrico, ca. *adj.* Uranometrico; que se refere ao uranometro e á uranometria.

Uranómetro. *m. (astron.)* Uranómetro; instrumento proprio para medir os astros e os movimentos celestes.

Uranorama. *m. (phys.)* Uranorama; vista do céu, exposição do systema planetario, com auxilio de um globo mobil, que representa os astros e os seus movimentos.

Uranoscopia. *f.* Uranoscopia; dá-se este nome á astrologia.

Uranoso, sa, *adj. (chim.)* Uranoso; diz-se do primeiro oxydo e dos saes de urano: — *potásico;* uranoso potassico; diz-se de um sal uranoso combinado com um sal potassico.

Urantera. *f. (bot.)* Uranthera; genero de plantas da familia das melastomaceas.

Urao. *m. (min.)* Urao; sesquicarbonato de soda soluvel na agua.

Uraptérice. *m. (zool.)* Urapteryce; genero de insectos lepidopteros da familia dos nocturnos.

Urari. *m.* Urari; veneno com que os indios selvagens da America impregnam as suas flechas.

Uraria. *f. (bot.)* Uraria; genero de plantas da familia das leguminosas papilionaceas.

Urarina. *f. (chim.)* Urarina; alcali que se encontra no urari.

Urato. *m. (agr.)* Urato; adubo composto de urina misturada com gesso ou terra: — *(chim.)* urato; sal formado pela combinação do acido urico com differentes bases.

Urbanamente. *adv. m.* Urbanamente; com urbanidade e cortezia. *Urbanè, comiter.*

Urbanía. *f. (ant.)* V. *Urbanidad.*

Urbanicio. *m. (hist.)* Urbanicio, corpo de seis mil homens que Augusto formou para a guarda de Roma.

Urbanidad. *f.* Urbanidade, cortezia, civilidade, polidez. *Urbanitas, comitas.*

Urbanísimo, ma. *adj. sup.* de *Urbano.* Urbanissimo; muito urbano. *Urbanissimus, valdè comes.*

Urbano, na. *adj.* Urbano; da cidade, pertencente á cidade. *Urbanus, civilis:* — urbano, cortez, polido. *Comes, itis:* — *(hist.)* urbano; membro da milicia urbana. *Milicia urbana;* milicia urbana; a que é composta dos diversos cidadãos em differentes paizes e periodos para manter a ordem interior das povoações.

Urca. *f. (naut.)* Urca; embarcação ou barco grande de transporte, que se usa ordinariamente em varias partes da India. *Navis oneraria maxima:* — *(zool.)* V. *Orca.*

Urce. *m. (bot.)* Urze V. *Brezo.*

Urceola. *f. (bot.)* Urceola; sacco membranoso ou cartilaginoso que rodeia o ovario no espergaoio, e que tem uma abertura na extremidade para dar passagem ao estylete: — urceola; tubo formado em muitas plantas pelos estames soldados e monadelphos: — urceola; genero de plantas da familia das apocynaceas.

Urceolífero, ra. *adj. (bot.)* Urceolifero; que tem urceolas ou pequenos calices em fôrma de covilhete.

Urchilla. *f.* Urchilla; côr roxa que se tira de varias plantas e que se usa na pintura. *Amethystinus color.*

Urdidera. *f.* Urdideira, tecelôa. V. *Urdidora:* — urdideira. V. *Urdidero,* na segunda accepção.

Urdidor, ra, *s.* Urdidor, ordidor, tecelão; o que urde, dispõe o fiado da teia. *Qui telas orditur:* — *f.* ordidor; instrumento de tecelão da feição de dobadoura, formado em triangulos com um cylindro no meio, com que se move a roda. *Textorum machina, qua telæ ordiuntur.*

Urdidura. *f.* Urdidura, ordidura; acção e effeito de ordir. *Orsus, us.*

Urdiembre. *m.* V. *Urdimbre.*

Urdimbre. *f.* Urdume; os fios da teia, entre os quaes vae a trama de fio com que se tece. *Stamen, licia.*

Urdir, *a. (art.)* Urdir, ordir; dispor os fios para fazer uma teia. *Ordiri:* — *(fig.)* urdir, ordir, trama, machinar, armar, forjar uma traição, etc. *Ordiri, machinari.*

Urea. *f. (chim.)* Uréa; substancia que dá côr á urina e é radical do acido urico; compõe-se de oxigenio, hydrogenio, carbone e azote.

Uredíneo, nea, *adj.* Uredineo; diz-se da planta parecida com o uredo: — *f. pl.* uredineas; familia de cogumelos mui pequenos.

Uredo. *m. (bot.)* Uredo; genero de cogumelos, typo da familia das uredineas.

Urelia. *f. (zool.)* Urellia; genero de insectos dipteros da familia dos athericeros.

Uretana. *f. (chim.)* Uretana; carbonato anhydro de ammoniaco e de gaz oleificante.

Urétera. *f. (anat.)* V. *Uretra.*

Ureteraljía. *f. (med.)* Ureteralgia; dor nos ureteres.

Urétere. *m. (anat.)* Uretere; cada um dos vasos ou canaes que conduzem a ourina dos rins á bexiga.

Ureteritis. *f. (med.)* Ureteritis ou ureterite; inflammação dos ureteres.

Urétero-flegmático, ca. *adj. (med.)* Uretero-flegmatico; causado pela retenção de mucosidade nos ureteres.

Ureterolitíasis. *f. (med.)* Ureterolithiasis; calculo detido nos ureteres.

Urétero lítico, ca. *adj. (med.)* Uretero-lithico; causado pela presença de calculos nos ureteres.

Ureterostomático, ca. *adj. (anat.)* Ureterostomatico; concernente ao orificio dos ureteres: —*(med.)* ureterostomatico; causado pela obstrucção do orificio dos ureteres na bexiga.

Ureterotromboide. *adj. (med.)* Ureterothromboide; causado por grumos de sangue accumulados nos ureteres.

Urético, ca. *adj.* Uretico; pertencente á urethra: — *(med.)* urethral; diz-se das enfermidades, e em particular de uma especie de febre complicada de diabetes. *Enfermo urético;* doente que urina facilmente. *Remedio urético;* remedio diuretico; que faz urinar.

Uretilana. *f. (chim.)* Uretilana; carbonato anhydro de ammoniaco e de methylena.

Uretra. *f.* Uretra ou urethra; canal por onde sáe a urina em ambos os sexos e o licor seminal no individuo masculino.

Uretral. *adj. (anat.)* Urethral V. *Urético.*

Uretraljia. *f. (med.)* Urethralgia; dor na uretra sem phenomenos inflammatorios.

Uretrelmíntico, ca *adj. (med.)* Urethelminthico; causado pela presença de vermes na uretra.

Uretritis. *f. (med.)* Urethritis ou urethrites; inflammação aguda ou chronica da urethra.

Uretro-cistotomia. *f. (cir.)* Urethro-cystotomia; operação da talha.

Uretrofraxia. *f. (med.)* Urethrophaxia; obstrucção da urethra.

Uretro-lítico, ca. *adj. (med.)* Urethro-lithico; causado pela retenção de um calculo na urethra.

Uretropiico, ca. *adj. (med.)* Urethropyico; causado pela accumulação de pus na urethra.

Uretrorrajia. *f. (med.)* Urethrorrhagia; derramamento de sangue pela urethra.

Uretrorrea. *f. (med.)* Urethrorrhea; fluxo pela urethra.

Uretróscopo. *m. (cir.)* Urethroscopo; instrumento para examinar a urethra.

Uretrostenosis. *f. (med.)* Uretractia; contracção da urethra.

Uretro-tromboide. *adj. (med.)* Urethro-thromboide; produzido por grumos de sangue no canal da urethra.

Uretrotomia. *f. (med.)* Urethrotomia; incisão da urethra.

Uretrótomo. *m. (cir.)* Urethrotomo; instrumento proprio para dividir a uretra, na operação da talha.

Uretro-vesical. *adj. (anat.)* Urethro-vesical; pertencente á urethra e á bexiga.

Urgenciá. *f.* V. *Urjencia.*

Urgente *adj.* V. *Urjente.*

Urgentemente. *adj. m.* V. *Urjentemente.*

Urgentísimo, ma. *adj. sup.* de *Urgente.* V. *Urjentisimo.*

Urgir. *n.* V. *Urjir.*

Uriel. *m. (hist. e rel.)* Uriel; é assim chámado na Biblia um anjo, que os judeus e a maior parte dos christãos contam entre os anjos de luz.

Urim. *m. (hist.)* Urim; adorno do peito do summo sacerdote dos judeus. Servia-se d'elle só quando tinha de consultar a Deus nos casos difficeis e importantes de interesse publico.

Urinario, ria. *adj.* Urinario; pertencente á urina. *Quod ad urinam pertinens. Vias urinarias;* vias urinarias.

Urjencia. *f.* Urgencia, aperto, pressa, instancia; cousa que obriga. *Urgens necessitas:* — urgencia; necessidade ou falta do que é preciso para algum negocio urgente. *Urgens necessitas:* — urgencia; actual obrigação de cumprir as leis ou preceitos. *Instans obligatio.*

Urjente. *adj.* Urgente; que urge, aperta. *Urgens, entis.*

Urjentemente. *adv. m.* Urgentemente; com urgencia, instantemente. *Instanter.*

Urjentísimo, ma. *adj. sup.* de *Urjente.* Urgentissimo; muito urgente. *Perurgens, valdè instans.*

Urjínea. *f. (bot.)* Urginea; genero de plantas da familia das liliaceas.

Urjir. *n.* Urgir, apertar, ser urgente. *Urgere, instare:* — urgir; requerer prompta execução, obrigar a lei ou o preceito. *Urgere.*

Urna. *f.* Urna; vaso, caixa de metal, pedra ou outra materia da feição de um cofresinho ou arqueta. *Urna, æ:* — manga de vidro ou escaparate. *Urna; alicujus imaginis conditorium:* — *(esculpt. e pint.)* urna; vaso da feição de cantaro com que se representam as figuras symbolicas dos rios entornando d'elle as aguas. *Urna, æ:* — *(bot.)* urna; especie de capsula que forma a fructificação dos musgos, muito parecida com uma urna.

Urnica, lla, ta. *f. dim.* de *Urna.* Urninha, urnasinha; pequena urna.

Urnicion. *f. (naut.)* V. *Barraganeta.* É termo usado nos estalleiros da Biscaia. *Tignum quoddam in navibus.*

Urníjero, ra. *adj. (bot.)* Urnigero; que tem urna ou capsula em fôrma de urna.

Uro. *m. (zool.)* Uro; especie de touro bravo do norte.

Urobenzoato. *m. (chim.)* Urobenzoato; sal produzido pela combinação do acido urobenzoico com uma base.

Urobenzóico. *adj. (chim.)* Urobenzoico; diz-se de um acido particular que existe na urina dos animaes herbivoros em geral e que é muito analogo ao acido urico.

Urocele. *f. (med.)* Urocéle; infiltração de urina no escroto.

Uromeliano, na. *adj.* Uromeliano; diz-se dos monstros, cujos membros são reunidos e terminados n'um só pé.

Uromélico, ca. *adj. (anat.)* Uromelico; que apresenta os caracteres da uromelia.

Uromelo. *m. (physiol.)* Uromelo; monstro cujos membros abdominaes estão reunidos n'um só pé.

Uropéltide. *m. (zool.)* Uropeltide; genero de reptis ophydios.

Uropétalo. *m. (bot.)* Uropetalo; genero de plantas da familia das liliaceas.

Uropo. *m. (zool.)* Uropo; genero de insectos lepidopteros da familia dos nocturnos.

Urópoda. *f. (zool.)* Uropoda; genero de arachneides da familia dos acaridos.

Urópodo, da. *adj. (zool.)* Uropoda ou uropode; diz-se do animal que anda apoiando se na cauda: — *f. pl.* uropodas ou uropodes; familia de aves palmipedes cujos pés estão situados muito para traz, o que faz parecer que andam com a cauda.

Urópteros. *m. pl. (zool.)* Uropteros; familia de crustaceos amphipodas.

Uroquesia. *f. (med.)* Uroquesia; diarrhea urinosa.

Urorrajia. *f. (med.)* Urorrhagia; fluxo de urina, diabetes.

Urorrea. *f. (med.)* Urorrhea; fluxo abundante de urina.

Uroscopia. *f. (med.)* Uroscopia; exame da urina.

Uróscopo. *adj. (med.)* Uroscopo; diz se do medico que examina as urinas para deduzir consequencias provaveis ácerca do estado do enfermo, as quaes combinadas com outros phenomenos morbificos, servem para estabelecer o diagnostico.

Urosis. *f. (med.)* Urosis; nome generico das enfermidades que affectam as vias urinarias.

Urospermo. *m. (bot.)* Urospermo; genero de plantas da familia das compostas.

Urosquesia. *f. (med.)* Uroschesia; suppressão da urina.

Urraca. *f. (zool.)* Pêga; especie de aves que vivem nos bosques: — *(fig.)* mulher muito palradeira. D'aqui provém a phrase familiar: *hablar mas que una urraca;* fallar mais que uma pêga. *Garrulitate picam excedere.*

Ursulinas. *f. pl. (rel.)* Ursulinas; religiosas instituidas em Brescia em 1537. Paulo III approvou o seu instituto em 1544 sob o nome de companhia de Santa Ursula. Em 1572 Gregorio XIII erigiu-a em ordem religiosa sujeita á regra de Santo Agostinho, a instancias de S. Carlos Borromeu, e obrigou-as á clausura.

Urticáceas. *f. pl. (bot.)* Urticaceas ou urticineas; familia de plantas que crescem nos paizes tropicaes, especialmente na Asia.

Urticaria. *f. (med.)* Urticaria; erupção cutanea muito similhante á que produziria a folha da urtiga sobre a pelle.

Urticacion. *f. (med.)* Urticação; fricção com urtigas para excitar uma viva irritação na pelle, a fim de restabelecer o calor natural na paralysia, no lethargo e em outras doenças analogas.

Urtíceas. *f. pl. (bot.)* Urticeas. V. *Urticáceas.*

Urticifoliado, da. *adj. (bot.)* Urticifoliado; que tem as folhas parecidas com as da urtiga.

Urucú. *m.* Urucú ou orucú. V. *Achiote.*

Usacion. *f. (ant.)* V. *Uso,* na primeira accepção.

Usadamente. *adv. m.* Usadamente; segundo, conforme o uso. *Usitatè.*

Usadísimo, ma. *adj. sup.* de *Usado.* Usadissimo; muito usado. *Usitatissimus, a, um.*

Usado, da. *adj.* Usado; gastado com o uso. *Detritus, usu fœdatus:* — usado, habituado, exercitado, afeito. *Alusado (loc. adv. comm.);* do costume; assim dizem os cambistas ou banqueiros para significar que as letras se hão de pagar como é costume. *Ex consuetudine.*

Usador, ra. *adj. (ant.)* Usante; que usa.

Usagre. *m. (med.)* Usagre ou

osagre; especie de sarna que corroe a carne.

Usaje. m. V. *Uso*, no sentido de estylo, pratica geral.

Usante. *adj. (ant.)* Usante; que usa.

Usanza. *f.* Usança, uso, costume, estylo.

Usar. *a.* Usar; empregar alguma cousa, servir-se d'ella. *Uti, usurpare:* — usar; valer-se de algum meio, conforme as circumstancias. *Uti, usurpare:* — usar; possuir alguma cousa, e gosa-la ou disfructa-la. *Frui:* — usar, praticar; pôr em uso ou pratica alguma cousa. *Facti tare:* — usar; fazer uso de alguma cousa, executa-la por costume ou por moda. *Ex more facere:* — usar; exercer ou servir algum emprego ou officio, fazer uso d'elle. *Exercere:* — *(ant.)* tratar, communicar: — *(ant.)* usar, acostumar. Usava se tambem como reciproco: — *r.* usar-se; estar em uso, estylo ou pratica. *In usu esse, haberi. Lo que se usa no se escusa (rif.)*; o que se usa não se escusa; devemos conformar-nos com a pratica geral sempre que seja licita e honesta. *Serviendum est moribus.*

Usarce, Usarced. *s. (commum).* V. *Usted.*

Usencia. *f.* Palavra que se usa entre religiosos, e é syncopa de *vuestra reverencia.*

Useñoría, Usía. *f.* Palavras que se usam em logar de *vuestra señoria*, da qual são syncopas.

Usgo. *m.* V. *Asco.*

Usier. *m.* V. *Ujier.*

Usitado, da. *adj. (ant.)* Usado, muito em uso.

Uso. *m.* Uso; acção e effeito de usar. *Usus, us:* — uso; serviço ou aproveitamento actual das cousas. *Usus, us:* — uso; dominio util, goso de alguma cousa, aproveitando-se d'ella, ainda que seja propriedade alheia. *Usus, us:* — uso, estylo, costume, pratica geral. *Praxis, e:* — uso, costume, habito. *Consuetudo, mos:* — uso, moda: — uso; serviço, prestimo de uma cousa ou o seu modo determinado de obrar. *Officium; ii:* — uso; costume frequente. *Usus frequens:* — uso; serviço demasiado de uma cousa, que faz com que ella se gaste ou estrague. *Usus, contrectatio:* — uso; direito de usar de cousa alheia por tempo limitado. *Rei alienæ usus:* — *de razon*; uso de rasão; exercicio dos actos d'ella. Significa frequentemente o tempo em que se descobre ou começa a conhecer nas operações. *Primus rationis lumen. Andar al uso (fr.)*; andar ao uso; accommodar-se aos tempos, contemporisar com as cousas conforme as occasiões. *Tempori servire. A uso ó al uso (loc. adv.)*; ao uso, segundo, conforme o uso. *Ad usum, ex more. El uso hace maestro (fr.)*; usa serás mestre. *Usus peritos facit. Entrar en los usos (fr.)*; entrar nos usos; seguir a pratica geral, conformar-se com os usos e costumes do paiz ou povo onde se vive. *Recepto more vivere; consuetudini morem gerere.*

Ustaga. *f. (naut.)* Moitão por onde passa o cabo que vae á cabeça do mastaréu de gavia. *Quædam trochlea nautica.*

Usted. *m.* Vossê; abreviatura de vossa mercê.

Usteria. *f. (bot.)* Usteria; genero de plantas da familia das liliaceas.

Ustion. *f. (pharm. e chim.)* Ustão; acção de queimar alguma cousa.

Ustulacion. *f. (pharm.)* Ustulação; acção de torrar uma substancia humida para a dessecar.

Usual. *adj.* Usual; que está em uso, ordinario, que serve no uso commum. *Usualis, le:* — tratavel, sociavel; de trato affavel, de bom genio. *Mitis ingenio:* — usual; de uso facil e frequente, de muito prestimo e serviço. *Usui habilis.*

Usualmente. *adv. m.* Usualmente; conforme o uso commum. *Ex usu; ex consuetudine.*

Usuario, ria. *adj. (for.)* Usuario; que tem direito de usar da cousa alheia, com certo limite de tempo. *Usuarius, a, um.*

Usucapion. *f. (for.)* Usucapião; adquisição da propriedade de uma cousa, pela posse que tem do tempo prescripto pelas leis. *Usucapio legitima.*

Usucapir. *n. (for.)* Usucapir; adquirir a posse de alguma cousa, por have-la possuido todo o tempo estabelecido por direito. *Usucapere.*

Usufructo. *m.* Usufructo; o direito de poder usar e gosar dos fructos de alguma cousa sem prejuizo nem detrimento da substancia d'ella. *Usufructus, i:* — usufructo; proveito, utilidade que se tira de qualquer cousa. *Usufructus, i.*

Usufructuar. *a.* Usufructuar; desfructar a propriedade alheia, gosar do usufructo. *Fructibus uti vel frui:* — V. *Fructificar.*

Usufructuario, ria. *adj.* Usufructuario; que gosa do usufructo. *Usufructuarius, a, um.*

Usufructuario, ria. *adj. (ant.)* V. *Usufructuario.*

Usura. *f.* Usura; premio que se dá pelo dinheiro que alguem empresta. Algumas vezes significa tambem o emprestimo com usura. *Usura, fœnus:* — *(fig.)* usura, ganho, proveito, fructo, utilidade grande, physica ou moralmente fallando. *Fructus, commodum:* — usura, onzena; lucro, interesse avantajado, excessivo, immoderado.

Usurar. *n.* Usurar. V. *Usurear.*

Usurariamente. *adv. m.* Usurariamente; com usura. *Fœneratè.*

Usurario, ria. *adj.* Usurario; diz-se dos tratos e contratos em que ha usura. *Usurarius fœneratorius:* — *s. (ant.)* usurario. V. *Usurero.*

Usurear. *n.* Usurar; dar ou tomar dinheiro á usura. *Fœnerari:* — ganhar, lucrar muito, com usura, tirar muito proveito de uma cousa. *Lucrari.*

Usurero, ra. *s.* Usureiro; o que faz usuras, o que empresta com juro excessivo. *Fœnerator, oris :* — *adj. (ant.)* proprio para tirar de alguma cousa um grande proveito ou lucro excessivo.

Usurpacion. *f.* Usurpação; acção e effeito de usurpar. *Usurpatio, onis.*

Usurpador, ra. *s.* Usurpador; o que usurpa. *Usurpator, raptor.*

Usurpar. *a.* Usurpar; tomar o alheio contra o direito, ou ficar com elle. Estende-se tambem ás cousas não materiaes. *Per injuriam usurpare:* — usurpar; arrogar-se a dignidade, emprego, auctoridade, os direitos de outrem, e fazer uso d'elles como se fossem proprios. Usa-se tambem em sentido figurado. *Usurpare, per injuriam aliquid sibi vindicare.*

Ut. *m.* Ut; primeira nota de musica, da solfa, assim chamada por Guido Aretino. Substituiu-se depois pelo *dó. Hexacordi prima vox.*

Utensilio. *m.* Utensilio; traste do uso manual e frequente: —*pl.* utensilios; ferramenta, instrumentos de arte ou officio. *Utensilia, orum:*—*(mil.)* utensilio ; o que o patrão deve dar ao soldado aboletado em sua casa, e que se reduz a cama, agua, sal, vinagre, luz e logar junto ao lume. *Vectigalis genus, militibus hospitio receptis solvendum.*

Uterino, na. *adj* Uterino; pertencente ao utero. *Uterinus, a, um:* — uterino; diz-se dos filhos da mesma mãe e de paes differentes. *Uterinus, a, um. Furor uterino (med.);* furor uterino, nymphomania. V. *Furor.*

Utero. *m.* Utero; orgão interior, membranoso e ôco, onde se forma o feto e se sustenta até ao parto. *Uterus, i.*

Uteromanía. *f. (med.)* Uteromania. V. *Ninfomanía.*

Uterostomatomo. *m. (cir.)* Uterostomatomo ; instrumento inventado para a incisão dos bordos do collo do utero, quando se manifestam convulsões na occasião do parto.

Uterotomía. *f. (cir.)* Uterotomia; operação que consiste em fazer uma incisão no collo da matriz em certos partos difficeis para dar saída ao feto.

Uterotómico, ca, *adj.* Uterotomico; concernente á uterotomia ou ao uterotomo.

Uterótomo. *m. (cir.)* Uterotomo ; instrumento cortante de duas folhas, em fôrma de meia lua, para a secção do utero.

Utervería. *f. (bot.)* Uterveria; genero de plantas da familia das capparideas.

Uticense. *s.* Uticense; natural de Utica:—*adj.* uticense; pertencente a Utica, cidade dos Estados Unidos da America. *Uticensis, se.*

Útil. *adj.* Util, proveitoso, vantajoso ; que produz ou dá proveito, utilidade, fructo ou interesse. *Utilis, le:* — util; que tem algum uso, serviço, prestimo. *Utilis, le:* —*m.* V. *Utilidad:*—V. *Utensilio,* nas duas primeiras accepções : — *(for.)* util ; diz-se do tempo ou dias em que pôde correr a causa. *Utilis, le.*

Utilidad. *f.* Utilidade; qualidade util, proveito, conveniencia, interesse ou fructo que se tira de alguma cousa, physica ou moralmente fallando. *Utilitas, atis:* — utilidade, prestimo; capacidade, aptidão das cousas para servirem ou aproveitarem. *Utilitas, atis.*

Utilísimo, ma. *adj. sup.* de *Util.* Utilissimo; muito util. *Utilissimus, a, um.*

Utilitario, ria. *adj. (neol.)* Utilitario; tendente á utilidade:—utilitario; partidario do systema utilitario:—*(philos.)* utilitario; diz-se de uma escola philosophica fundada por Bentham no começo do seculo XIX, que reconhece por unico principio do bem a utilidade geral.

Utilizar. *a.* Utilisar; aproveitar cousa ou pessoa, fazer servir ao uso, empregar com proveito. *Utilitatem afferre:* — r. utilisar-se ; servir-se para seu commodo, aproveitar-se de cousa ou pessoa. *Ex aliqua re utilitatem percipere.*

Útilmente. *adv. m.* Utilmente ; com utilidade, fructo ou proveito. *Utiliter.*

Utopía. *f. (fig.)* Utopia ; diz-se de uma idéa aceitavel em theoria, mas impossivel de realisar na pratica : — *(lit.)* utopia ; titulo de um livro de Thomás Morus, no qual se representa uma ilha regida por uma fôrma de governo perfeito e por conseguinte imaginario.

Utopista. *m. (philos.)* Utopista; diz-se do que apresenta e defende idéas ou pensamentos impossiveis de realisar.

Utre. *m. (ant.)* V. *Odre.*

Utrero. *m.* Garrayo, novilho de dois ou tres annos. *Juvencus bimus.*

Ut-retro. Ut retro ; *adv.* latino, usado para indicar que no escripto, quando se volta folha, se repete a data da pagina anterior.

Utriculado, da. *adj.* Utriculado. V. *Utricular.*

Utricular. *adj.* Utricular; que tem a fôrma de ôdre. *Hoja utricular (bot.);* folha utricular; folha ôca e entumecida como uma bexiga. *Glándulas utriculares;* glandulas utriculares ; pequenas glandulas produzidas nas plantas pela dilatação da epiderme, e cheias de uma limpha incolor. *Tejido utricular;* tecido utricular; dá-se este nome ao tecido cellular das plantas.

Utriculariáceas, Utricularíneas, Utricularieas. *f. pl. (bot.)* Utriculariaceas, utricularineas, utricularieas; familia de plantas dicotyledoneas, monopetalas, cujas especies crescem nas aguas estagnadas ou na superficie das lagoas.

Utriculariforme. *adj.* Utriculariforme. V. *Utricular.*

Utriculario. *m. (hist. ant.)* Utriculario; deu-se este nome aos que, no tempo dos romanos, atravessavam os rios sobre odres.

Utriculo. *f. (anat.)* Utriculo; saliencia do labyrinto membranoso da orelha, que nos peixes encerra concreções calcareas: — *(bot.)* utriculo; são assim chamados uns corpos pequenos, elasticos, similhantes a pequenas bexigas, collocados uns sobre outros, que compõe a medulla interior e a casca dos caules e troncos, a polpa dos fructos, o parenchyma das folhas e das flores, em uma palavra todas as partes molles das plantas: — utriculo; membrana delgada que contém o fluido fecundante dos grãos do polen: — utriculo; cada uma das cellulas do tecido cellular: — utriculo; diz-se tambem de certos fructos monospermos, não adherentes ao calice, cujo pericarpo é pouco visivel.

Utriculoso, sa. *adj.* Utriculoso. V. *Utricular.*

Utriforme. *adj.* Utriforme; em fórma de ôdre.

Ut supra. Ut supra; vozes latinas que se usam em hespanhol e portuguez com a mesma significação, principalmente nos escriptos que começam pela data, nos quaes, para referir-se a ella, se põe no fim *ut supra*, isto é, como acima.

Uva. *f.* Uva; fructo da videira que nasce em cachos. *Uva, æ:* — baga do berberis ou pilriteiro: — tumorzinho da feição de um bago de uva que apparece na campainha da garganta. *Tumor uvæ similis:* — especie de verruga ou pequenas verrugas juntas e reunidas umas ás outras, similhando um racimo de uvas, e que se formam nas palpebras. *Uvæ in palpebra:* — *(p. Ar.* e *Nav.)* racimo, cacho de uvas: — *pasa;* uvas passadas, chamadas tambem passas. *Conocer las uvas de su majuelo (fr. fig. fam.);* saber o nome aos bois, conhecer do negocio de que se trata. *Rem suam pernoscere:* — *canilla (bot.)* V. *Uva de gato:* — *crespa.* V. *Uva espina:* — *de gato;* arroz dos telhados ou dos ratos; nome vulgar de uma especie de sempre noiva, planta vivace que tem as folhas rentes e as flores brancas. *Cresce* sobre os muros e telhados, e floresce em julho: — *de oso;* uva de urso. V. *Gayuba:* — *de raposa;* especie de herva moura: — *espina;* uva espim; arbusto que dá fructos acidulos: — *lupulina;* mata-lobos. V. *Acónito:* — *taminea ó taminia;* estaphisagria. V. *Yerba piojera:* — *verga.* V. *Acónito.*

Uvada. *f.* Abundancia, grande porção de uvas. *Uvarum copia:* — *(p. And.)* medida de terreno de trinta e seis fangas. *Terræ mensura quædam.*

Uvaguemaestre. *m. (ant.)* Vagomestre; official encarregado da conducção da bagagem de um exercito.

Uval. *adj.* Uval; de uva, parecido com a uva. *Uvæ speciem referens.*

Uvaria. *f. (bot.)* Uvaria; genero de plantas da familia das anonaceas.

Uvate. *m.* Arrobe; conserva de uvas, ordinariamente cozidas com o mosto até tomar o ponto de xarope. *De frutum uvis commixtum.*

Uvayema. *f. (bot.)* Videira brava que trepa e se prende ás arvores.

Úvea. *adj.* Uvea; diz-se da terceira tunica do olho, por ter a fórma do folhelho de um bago de uva. Usa-se tambem substantivado. *Tertia oculi membrana.*

Uvedalia. *f. (bot.)* Uvedalia; genero de plantas da familia das escrofularineas.

Uveita. *m. (rel.)* Uveita; membro de uma ordem de anachoretas musulmanos, que affectam grande austeridade; foi fundada em 667.

Uvero, ra. *s.* Vendedor de uvas. *Uvarum venditor.*

Uvífero, ra. *adj. (bot.)* Uvifero; diz-se da planta cujos fructos são parecidos com um racimo de uvas.

Uviforme. *adj.* Uviforme; que tem a fórma de um cacho de uvas.

Uvijerina. *f. (zool.)* Uvigerina; genero de foraminiferos da familia dos turbineideos.

Uvilla, ta. *f. dim.* de *Uva.* Uvinha, uvasinha.

Úvula. *f. (anat.)* Uvula; nome dado antigamente á campainha da garganta.

Uvularia. *f. (bot.)* Uvularia; genero de plantas da familia das melanthaceas.

Uvularieas. *f. pl. (bot.)* Uvularieas; grupo de plantas da familia das melanthaceas.

Uvulario, ria. *adj. (anat.)* Uvulario; que se refere á uvula ou campainha da garganta. *Glándulas uvularias;* glandulas uvularias; foliculos mucosos que estão em torno da campainha da garganta.

Uvuliforme. *adj. (anat.)* Uvuliforme; similhante á uvula.

Uvulitis. *f. (med.)* Uvulitis ou uvulite; inflammação da campainha da garganta.

Uwarovita. *f. (min.)* Uwarovita; variedade de granate de côr verde esmeralda, que se encontra na Siberia.

Uzífero. *m. (chim.)* Uziphuro; um dos nomes do cinabrio.

V. Vigesima quarta letra do alphabeto hespanhol e decima oitava das consoantes. N'outro tempo parece que teve, conforme algumas opiniões, uma pronuncia mui similhante á da letra *f;* porém hoje pronuncia se geralmente como o *b*. Entre estas duas letras ha, não obstante, a differença de que o *b* póde ser seguido de varias consoantes, e o *v* não se antepõe a nenhuma. Comtudo a academia hespanhola condemna esta pronunciação que ella considera ser o resultado da negligencia ou da ignorancia dos classicos, e recommenda que se pronuncie o *v* como fazem os catalães, os naturaes da provincia de Valencia, etc., isto é, como se pronuncia em portuguez: — v; como abreviatura latina nas inscripções, monumentos e medalhas romanas, designa algumas palavras de que é inicial; *v. g. vates, validus, vale, Valerius, etc.:* — como abreviatura tem differentes usos: significa *vuestro,* vosso, nos titulos; *v. g.* V. A., *vuestra alteza,* vossa alteza; nos compendios de grammatica *verbo,* verbo; nas obras liturgicas, *versículo,* versiculo; nas observações meteorologicas, *viento,* vento; no calendario gregoriano, *viernes,* que em portuguez se expressa por palavra de inicial differente; em geometria *volumen;* volume: — *(math.)* v; como signal de ordem, indica o vigesimo segundo objecto de uma serie ou vigesima segunda parte de um todo: — v; como letra numeral, vale cinco e com uma risca por cima, 5:000: — *(num.)* v; nas moedas antigas, denota que foram cunhadas em Troyes.

Va. *m. (gramm.)* Va; nome de uma consoante do alphabeto sanscripto que corresponde ao nosso v.

Vaali. *m (hist.)* Vaali; assim chamam os persas aos principes, cujos estados foram conquistados pelo Shah.

Vaca. *f.* Vacca; a femea do touro. *Vacca, æ:* — vacca; carne d'este animal ou de boi, que se vende nos açougues. *Vaccæ vel bovis caro:* —caixa de coiro que se colloca em cima das carruagens para a conducção de roupas e outros objectos. *Grandior arca ferendis vestibus:* — vacca; dinheiro de duas ou mais pessoas que se unem em sociedade ao jogo. *Consortium in ludo:* —vaqueta; couro, pelle curtida de vacca. *Echar las vacas (fr.)* V. *Echar las cabras. La vaca de la boda;* a vacca da boda; o que dá de comer e paga pelos outros, que faz as despezas da boda, do festim, e por extensão diz se d'aquelle a quem todos acodem nas suas urgencias. *Nuptiarum sumtus faciens; communis patronus:* — *y carnero olla de caballero (rif.);* em casa de cavalleiro, vacca e carneiro; antigamente significava que a mesa onde apparecia vacca e carneiro era a melhor d'aquelles tempos. *Bovina et arietina caro equitis mensam implent. Mas vale vaca en paz, que pollos con agraz (rif.);* mais vale vacca em paz que pombo em guerra. *Melior est bucella sicca cum gaudio, quam domus plena victimis cum jurgio. Por eso se vende la vaca, porque uno quiere ó come la pierna y otro la falda (rif.);* por isso se come toda a vacca, porque um quer da perna, outro da espalda; o que desagrada a uns agrada a outros. *Non omnibus omnia placent. Quien come la vaca del rey, a cien años paga los huesos (rif.);* quem a vacca de el-rei come magra, gorda a paga; adverte que aquelle que dilapidou ou desencaminhou os dinheiros dos poderosos, cedo ou tarde terá que os pagar em dobro ou tresdobro. *Infidelis minister, etiam multo transacto tempore pœnas luet. Mesa de la vaca;* segunda mesa de jogo, onde estão os jogadores de baixa estofa: — *de San Anton (zool.);* boi de *Deus.* V. *Coccinela:* — *marina.* V. *Morsa.*

Vacacion. *f.* Vacação, ferias; suspensão de estudos e do curso de negocios. Usa-se commummente no plural. *Feriæ, arum:* — *(ant.)* vacancia. V. *Vacante.*

Vacada. *f.* Vaccada; manada de vaccas, de gado vaccum. *Armentum; vaccarum grex.*

Vacado. *adj. (ant.)* Vaccante. V. *Vaco.*

Vacancia. *f. (ant.)* Vacancia. V. *Vacante.*

Vacante. *adj.* Vacante; que está vago. *Vacans, antis:*— *f.* vagante, vacancia, vacatura; emprego, dignidade, cargo ou posto vago, que está por prover. Diz-se tambem do tempo que dura esse estado vago. *Vacans munus; tempus quo aliquid vacat:* — renda vacante, que se refere ao tempo que dura a vacancia de algum beneficio ou dignidade ecclesiastica. *Reditus possessore vacuus:* — tempo de vacação, de ferias. V. *Vacacion,* n'este sentido.

Vacar. *n.* Estar em ferias, em vacação. *Vacare:* — vagar; estar, ficar vago o emprego, dignidade, beneficio, etc. *Vacare:* — dedicar-se, dar-se, entregar-se inteiramente a algum exercicio determinado. *Vacare.*

Vacaria. *f. (bot.)* Vaccaria; genero de plantas da familia das caryophylleas.

Vacatura. *f. (ant.)* Vacatura. V. *Vacante.*

Vaciadero. *m.* Cano de despejo. *Colluviarium, ii:* — logar onde se vasa ou despeja alguma cousa.

Vaciadizo, za. *adj.* Vasado, cavado; diz-se de uma peça ou obra. Usa-se entre fundidores de metaes. *Fusilis, le.*

Vaciado. *m. (arch.)* Vasado; a caixa ou fundo que fica no dado do pedestal depois da moldura. *In stylobatis pars plana et æquabilis:* — *(ant.)* V. *Escavacion:* — *(esculpt.)* moldado; figura ou ornato de gesso, estuque, etc. *Fusilis figura.*

Vaciador. *m.* Vasador, moldador, fundidor; official que vasa em molde, que funde. *Fusar, oris:* — vasador; instrumento proprio para vasar uma peça de obra. *Vas fusorium.*

Vaciamiento. *m.* Vasadura, despejo; acção e effeito de vasar, despejar. *Fusio, effusio:* —V. *Vacio.*

Vaciante. *adj.* Vasante; que vasa; diz-se regularmente da maré. *Diminuens, refluens.*

Vaciar. *a.* Vasar, vaziar, despejar, evacuar; tornar vazio, lançar, tirar de um vaso, de um sacco ou outra cousa o que estava dentro. *Effundere:* — vasar; lançar no molde o metal ou outra materia. *Fundere; arte fusoria aliquid effingere:* — vasar, cavar, abrir um vão. Usa-se muito em architectura. *Cavum aliquid facere vel effingere:* — amolar, dar fio ás navalhas de barba, lancetas, etc.: — esgotar uma materia ou doutrina; explica-la, trata-la a fundo, extensamente. *Explicare:* — transcrever, copiar, trasladar; tirar a copia de um escripto. *Transcribere:* — *n.* vasar, desaguar; diz-se dos rios que entram no mar ou em outro rio maior. *Effundere aquas:* — minguar, baixar a agua dos rios, do mar, etc. *Aquas perdere vel minuere:* — r. vasar-se, derramar-se; sair algum liquido do vaso que o contém. *Fundi:* — *r.* vasar-se, despejar-se; ficar um sitio ou logar vasio, desembaraçado da gente que o occupava. *Vacuum fieri:* — *(r. fig.)* vasar-se; fallar inconsideradamente. *Verba temerè fundere; quod tacendum erat inconsultò aperire;* — *(naut.)* gastar-se um cabo com o uso, diminuir a sua grossura.

Vaciedad. *f. (ant.)* V. *Vacuidad:* — necedade, sandice.

Vaciero. *m.* Pastor de gado ovelhum todo devoluto. *Ovium sine fœtu pastor.*

Vacilacion. *f.* Vacillação; estado vacillante, movimento incerto ou indeterminado de alguma cousa. *Vacillatio, titubatio:* — *(fig.)* vacillação, hesitação, irresolução, perplexidade. *Titubatio animi.*

Vacilante. *adj.* Vacillante; que vacilla, abana. *Vacillans, titubans:* — *(fig.)* vacillante, irresoluto; que hesita: — vacillante; diz-se das antheras que, sendo prolongadas, estão fixas na extremidade do connectivo até ao meio do seu comprimento, de maneira que a sua posição e direcção variam ao menor movimento.

Vacilar. *n.* Vacillar, não estar firme, abanar; mover-se indeterminadamente alguma cousa. *Vacillare:* — vacillar; estar pouco firme uma cousa no seu estado, estar arriscada a caír ou a arruinar-se. Usa-se physica e moralmente fallando. *Vacillare, titubare:* — *(fig.)* vacillar, hesitar, titubear; estar irresoluto, indeciso. *Hœrere animo.*

Vacio, cía. *adj.* Vasio, despejado; desembaraçado ou desoccupado de qualquer corpo, excepto de ar. *Vacuus, a, um:* devoluta, não prenhe; diz-se da ovelha e outras femeas domesticas. *Haut fœtus;* — vasio, vão, mallogrado, sem fructo. *Vanus, inanis:* — *(fig.)* vadio, vago, ocioso; sem a occupação ou exercicio que podia ou devia ter. *Otiosus, labore vacuus:* — vasio, deshabitado, deserto; diz-se das casas ou povoações sem habitadores, dos sitios ou logares que estão sem

inocular a vaccina. *Puris vaccini immissio.*

Vacunador. *m.* Vaccinador; o que vaccina, inoculador da vaccina.

Vacunar. *a.* Vaccinar; inocular a vaccina para preservar da variola epidemica ou natural. *Pus vaccinum ingerere.*

Vacuno, na. *adj.* Vacum ou vaccum, bovino; de vacca ou de boi. *Vaccinus, bovinus.*

Vacuo, cua. *adj.* Vacuo, vasio, vago, desoccupado. *Vacuus, a, um:* — *(ant.)* vacuo, vacante. V. *Vacante:* — *m. (phys.)* vacuo. V. *Vacío.*

Vade. *m.* Vademeco, enchimento; pasta em que os meninos que vão á escola levam os seus papeis. *Chartarium portabile.*

Vadeable. *adj.* Vadeavel; diz-se do rio que se póde passar a vau. *Vadosus, qui vado trajici potest:* — *(fig.)* superavel, vencivel; diz-se de alguma difficuldade, que o genio, arte ou paciencia podem vencer. *Superabilis, e.*

Vadear. *a.* Vadear; passar a vau o rio. *Flumen per vadum transire:* — *(fig.)* superar, vencer alguma difficuldade. *Superare, vincere:* — *(fig.)* tentar, tomar o vau; sondar um negocio com precaução, tentear, experimentar o animo d'alguem. *Tentare, experiri:* — *(fig.)* comprehender; perceber alguma cousa difficil e obscura. *Tentare, explorare:* — *r.* governar-se, reger-se, portar-se, conduzir-se. *Sese gerere.*

Vade-mecum. *m.* V. *Vade.*

Vadera. *f.* Vau mais largo por onde podem passar carros e outros vehiculos. *Vadum, etiam rhedâ trajicienda.* V. *Vado.*

Vadianos. *m. pl. (rel.)* V. *Audeanos.*

Vado. *m.* Váo ou vau; logar onde a agua do rio é pouco funda, e se póde atravessar a pé ou a cavallo. *Vadum, i:* — *(fig.)* vau; commodidade, meio opportuno, ensejo, opportunidade; *v. g.: dar vado a un negocio, no hallar vado;* dar vau a um negocio, não achar vau. *Rei gerendæ modus,* ratio. *Ni al vado ni á la puente (fr.);* não ata nem desata; diz-se de um negocio paralysado, suspenso, empatado, que não prosegue nem continua. *Anceps, dubia res manet. Tentar el vado (fr.);* tentar, tomar o vau; ver se é fundo. *Vadum tentare: (fig.)* tentar, tomar o vau; sondar um negocio com precaução, tentear. *Negotium tentare, explorare.*

Vadoso, sa. *adj.* Vadoso; diz-se do logar de um rio, lago ou do mar que tem vaus, baixios ou bancos de areia, que o tornam perigoso á navegação. *Vadosus, a, um.*

Vafe. *m. (p. And.)* Golpe atrevido. *Ictus audax.*

Vafo. *m. (ant.)* V. *Vaho:* — *(ant.)* baforada; bafo, sopro forte.

Vafoso, sa. *adj. (ant.)* V. *Vaporoso.*

Vagabundo, da. *adj.* Vagabundo, errante, ocioso, sem domicilio fixo. *Vagabundus, a, um.*

Vagamente. *adv. m.* Vagamente, indeterminadamente; de modo vago, com incerteza. *Vagè, errantis modo.*

Vagamundear. *n. (fam.)* Vagamundear; fazer vida de vagamundo, ser vagabundo. *Vagari vel vagam vitam agere.*

Vagamundo, da. *adj.* Vagamundo. V. *Vagabundo.*

Vagancia. *f.* Vadice ou vadiice; acção de vagamundear, vida de vagabundo. *Vagatio, onis.*

Vagante. *adj.* Vagante, fluctuante; que vaga, anda vagando, solto e livre. *Vagans vel vagus:* — *(ant.)* vagante. V. *Vacante.*

Vagar. *n.* Vagar, vaguear; andar vagando, errante, sem objecto ou destino fixo. *Vagari:* — vagar, errar; andar errante por algum sitio despovoado, sem acertar com o caminho ou com aquillo que se busca. *Vagari:* — vagamundear, vadiar; fazer vida de vadio, andar ocioso, sem officio nem beneficio. *Vagari, vacare, otiari:* — vagar, fluctuar; andar livre e solta alguma cousa ou sem a ordem e disposição que costuma ter. *Vagari:* — ter vagar, o tempo preciso e sufficiente para fazer alguma cousa. *Vacare:* — *(fig.)* vagar, vaguear; discorrer de objecto em objecto, sobre muitas cousas, sem se deter em nenhuma. *Mentem vagari:* — *m.* vagar, ocio; tempo desoccupado e livre para fazer alguma cousa; *v. g.: no tengo vagar;* não tenho vagar. *Tempus vacuum:* — vagar, lentidão, pausa, falta de diligencia. Usava-se antigamente. *Lentitudo, inis. Andar ó estar de vagar (fr.);* andar ou estar com vagar; não ter que fazer, estar ocioso. *Vacare, otiari. De vagar (loc. adv. ant.);* de vagar, com vagar, vagarosamente, pausadamente.

Vagarosamente. *adv. m.* Vagamente; de um modo vago. *Vagè.*

Vagaroso, sa. *adj. (ant.)* Vagaroso, tardo, lento, falto de diligencia. *Deses, piger, ignavus:* — *(poet.)* V. *Vagante.*

Vagido. *m.* V. *Vajido.*

Vagina. *f. (anat.)* V. *Vajina.*

Vago, ga. *adj.* Vago, vagante, errante; que anda de um logar para outro sem deter-se em parte alguma. *Vagus, errans:* — vagabundo, vadio, ocioso, tunante; diz-se do homem sem officio nem beneficio. Usa-se tambem substantivado. *Vagabundus, a, um:* — vago, indeterminado, incerto, não fixo; diz-se do desejo, discurso e outras cousas. *Vagus, a, um:* — vago, voluvel, vario e inconstante. *Inconstans, levis:* — *(ant.)* vago, vacante, desoccupado: — *m. (p. Ar.)* vageiro; terra vaga não cultivada por má, ou a calva nos plantios onde ha cabeços estereis. *Incultus ager. En vago (loc. adv.);* em vão, sem assento, no ar, sem firmeza nem consistencia. *Infirmiter, sine fulcro:* em vão, em falso, debalde, sem o sujeito ou objecto a que se dirige a acção; *v. g.: golpe en vago;* golpe em vão, em falso. *Incassum, inniater:* — *(fig.)* em vão, debalde, inutilmente, vãmente. *Incassum, in vanum. Nervios vagos (anat.);* nervos vagos; nervos pneumogastricos, assim chamados por causa da extensão do seu trajecto e de suas numerosas ramificações: — *(bot.)* vago, disposto sem ordem; costuma dizer-se dos tabiques ou septos que dividem as sementes quando não têem direcção fixa. *Año vago (chron.);* anno vago; anno vulgar de trezentos e sessenta e cinco dias, que não tem dia intercalar como o bissexto: — *(med.)* vago; que muda de sitio, que não tem assento fixo; como: *gota vaga;* gota vaga, etc.: — *(pint.)* vago, airoso, vistoso, alegre, gracioso. *Vagus, a, um.*

VAGON. *m.* Vagon; palavra de origem ingleza, admittida para designar uma carruagem que nos caminhos de ferro se destina para conduzir passageiros, e principalmente mercadorias.

VAGUEACION. *f.* Vagueação, inquietação, inconstancia; agitação continua de imaginação. *Mentis vagatio.*

VAGUEANTE. *p. a. de Vaguear.* Vagante.

VAGUEAR. *n.* V. *Vagar.*

VAGUEDAD. *f.* Vagueação, variação, indeterminação, inconstancia. *Perplexitas, inconstantia.*

VAGUIDO, DA. *adj.* Vertiginoso; que soffre vagados ou vertigens. *Vertiginosus, a, um:* — *m.* V. *Vahido.*

VAGUÍSIMO, MA. *adj. sup.* de *Vago.* Vaguissimo.

VAHANERO, RA. *adj. (p. Murc.)* Vaganao, vadio, ocioso, vagabundo. *Vagus, iners.*

VAHAR. *n.* V. *Vahear.*

VAHARADA. *f.* Baforada; acção e effeito de arrojar o bafo ou halito. *Exhalatio, halitûs emissio.*

VAHARERA. *f. (med.)* Aphtas; enfermidade das creanças de peito, que consiste n'umas pustulas que lhes nascem nos labios, procedidas ordinariamente do excesso de calor. *Pustulæ in ore infantium erumpentes:* — *(p. Extr.)* melão verde; tem este nome porque faz empolar a bôca. *Pepo immaturus.*

VAHARINA. *f. (fam.)* Bafo, vapor. *Vapor, oris:* — *(fam.)* neblina, nevoeiro.

VAHEAR. *n.* Bafejar; exhalar bafo ou vapor. *Exhalare, vaporare.*

VAHIDO. *m.* Vagado, vertigem; tontura de cabeça, turbação ligeira dos sentidos por qualquer accidente. *Vertigo, inis.*

VAHO. *m.* Vapor, exhalação subtil e tenue que sáe d'alguma cousa humida e quente. *Vapor, exhalatio, halitus.*

VAÍDA. *f. (arch.)* Abobada semicircular. *Camerati operis genus.*

VAILANTIA. *f. (bot.)* Vaillantia; genero de plantas da familia das rubiaceas.

VAINA. *f.* Bainha; capa, forro ou estojo onde se recolhe a espada, a faca, etc. *Vagina, æ:* — vagem, bainha; folhelho que contém as sementes das plantas leguminosas. *Siliqua, æ. Dar con vaina y todo (fr.);* dar em alguem, com a espada na bainha, o que é grande affronta *Ense è vagina non educto ferire:* *(fig.)* castigar, reprehender alguem asperamente ou injuria-lo de palavras. *Asperè castigare. So vaina de oro, cuchillo de plomo (rif.);* em bainha de oiro, faca de chumbo; as apparencias illudem. *Fronti nulla fides:* — *(naut.)* bainha; costura que se faz dobrando a borda da véla para a reforçar.

VAINAZAS. *m. (fam.)* Açorda; pessoa negligente, preguiçosa e molle. *Homo languidus, iners.*

VAINERO, RA. *s.* Bainheiro; official que faz bainhas para todo o genero de armas. *Vaginarum artifex.*

VAINICA, LLA. *f. dim.* de *Vaina.* Bainhasinha: — vagemzinha: — franja miuda ou desfiado subtil que se faz na borda do panno ou estofo junto ás bainhas. *Phrygionii operis genus.*

VAINILLA. *f. (bot.)* Baunilha; genero de plantas da familia das orchideas.

VAIVEN. *m.* Vaivem, balanço; movimento encontrado de um corpo, de um lado a outro ou de trás para diante.

— *(p. Murc.)* cloaca, cano de limpeza, que recebe as aguas immundas de uma cidade. *Incile, aquarum spurcarum derivatio:* — *(ant.)* syncopa da palavra vale, terceira pessoa do presente do indicativo do verbo valer.

Valar. *adj.* Vallar; que pertence ao vallado ou cerca. *Muralis, vallaris.*

Valáride. *m. (bot.)* Vallárido; genero de plantas da familia das apocynaceas.

Vale. *m.* Vale; palavra latina, formula com que nos despedimos de alguem ou se termina carta familiar. Corresponde a: adeus ou Deus te dê saude: — vale; papel que se passa a favor de outrem, obrigando-se a pagar-lhe certa quantia. *Cautio chirographi pro pecunia solvenda:* — indulto, perdão; papel, ou escritinho que o mestre dá aos discipulos, com a sua firma, para ser perdoada alguma falta áquelle que o apresentar. *Ludimagistri chirographum delicti veniam pollicens:* — folha ou aposta pequena que se envida nas primeiras cartas, em alguns jogos de envite. *Prima sponsio in quibusdam chartarum ludis:* — *real;* bilhete auctorisado pelo governo, e que representa certa quantia e vence um tanto por cento em favor de quem o possue. Tambem se chama simplesmente *vale. Syngrapha pecuniæ locum tenens. El postrero o ultimo vale;* a ultima despedida, os ultimos momentos, a hora da morte; por extensão diz-se tambem de outras cousas quando se acabam. *Supremum vale. Recojer un vale (fr.);* recolher um vale, um bilhete ou ordem; pagar ou satisfazer uma ordem ou bilhete. *Syngraphum vel nomen solutione facta recipere.*

Valea. *f. (bot.)* Vallea; genero de plantas da familia das tiliaceas.

Valedero, ra. *adj.* Valedeiro, valido, firme, valioso; que tem validade. *Validus, firmus:* — *(ant.)* valedor, protector, defenser, auxiliador. Usa-se tambem como substantivo.

Valedor, ra. *s.* Valedor, protector, patrono, defensor. *Patronus, defensor.*

Valencianita. *f. (min.)* Valencianita; variedade de feldspatho.

Valenciano, na. *adj.* Valenciano; pertencente a Valencia e a seus habitantes: — valenciano; natural de Valencia. *Valentianus, a, um.*

Valentia. *f.* Valentia, esforço, valor corporal. *Fortitudo, virtus:* — valentia; acção ou façanha heroica, executada com valor. *Facinus egregium:* — fanfarronada; expressão arrogante, affectação de bravura, jactancia de acções esforçadas e valorosas. *Fortitudinis jactantia:* — vivacidade, viveza do engenho, da imaginação, agudeza de espirito. *Ingenii vigor:* — valentia; acção esforçada e vigorosa, que exige grande força e valor. *Actus ultra vires:* — *(ant.)* sitio publico, em Madrid, onde se vendia calçado usado. *Cerdonum sutorum forum:* — *(pint.)* naturalidade, singular viveza das cousas que se pintam, imitação perfeita da natureza em um quadro. *Vivida naturæ æmulatio. Pisar de valentia (fr.);* andar com arrogancia, affectando valentia. *Arroganter incedere.*

Valentinia. *f. (bot.)* Valentinia; genero de plantas da familia das rhamneas.

Valentinianismo. *m. (rel.)* Valentinianismo; doutrina dos valentinianos, cujo chefe era Valentim, o heresiarca. Sustentavam a existencia de dois mundos, um visivel e outro invisivel.

Valentísimo, ma. *adj. sup.* de *Valiente.* Valentissimo; muito valente. *Fortissimus, validissimus:* — consummadissimo, peritissimo; muito insigne em qualquer arte ou sciencia. *Præstantissimus, a, um.*

Valenton, na. *adj.* Valentão, fanfarrão, roncador. *Propriæ virtutis prædicator, ferociam præ se ferens:* — *f.* V. *Valentonada.*

Valentonada. *f.* Fanfarronada, fanfarrice, bravata. *Propriæ virtutis jactantia.*

Valentonazo, za. *adj. augm.* de *Valenton.* Grande valentão.

Valentoncillo, la. *adj. dim.* de *Valenton.*

Valenza. *f. (ant.)* Valimento, favor, protecção. *Protectio, onis.*

Valeo. *m.* Alcôfa ou cesto redondo de esparto, para ajuntar o lixo e para outros usos domesticos. *Storea orbicularis:* — capacho; esteirão de esparto. *Storea pilosa.*

Valer. *a.* Valer, amparar, proteger, dar soccorro, ser util, prestar, patrocinar alguem. *Protegere, tueri:* — valer, render, produzir, fructificar. *Redire; reditum afferre:* — *n.* valer. V. *Equivaler:* — valer; sommar ou importar em, fallando de numeros e contas. *Valere, summam efficere:* — valer, custar; ter certo valor, preço, valia. *Prætio æstimari:* — valer; ter estimação, ser apreciado. *Valere:* — valer; ter poder, auctoridade ou força. *Valere:* — valer, correr, passar, a moeda. *Valere:* — valer; fallando das moedas, significa equivalerem umas ás outras, em numero de determinado valor. *Æquivalere:* — valer, servir, aproveitar; ser util, de importancia uma cousa para a consecução de outra. *Valere, prodesse:* — valer; prevalecer uma cousa que está em opposição a outra. *Prævalere:* — valer; servir de defeza ou amparo. *Præsidio esse:* — valer, prestar, servir; ter a força, o valor, o prestimo, a virtude, a propriedade requerida para uma cousa. *Valere:* — valer; junto com a particula *por* tem a significação de equivaler; v. g.: *esta razon vale por muchas;* esta rasão vale por muitas. *Instar esse, æquivalere:* — valer; ter força e actividade tanto physica como moral. *Valere:* — *(fig.)* valer com alguem, ter valimento, ser attendido por elle. *Valere gratia apud aliquem:* — *r.* valer-se; servir-se de alguma cousa, usar d'ella opportunamente. *Uti:* — valer-se; recorrer ao favor ou intervenção de outrem. *Ad aliquem confugere; ejus præsidio uti. Lo que mucho vale mucho cuesta (fr.);* o que muito vale muito custa. *Difficilia quæ pulchra. Mas vale tarde que nunca (fr. fam.);* mais vale tarde que nunca. *Sat citò si sat benè. Mas valiera (loc. iron.);* mais valêra, melhor era; usa-se para exprimir a estranheza que causa aquillo que se propõe como opposto ao que se intentava. *Id hercle restat. Menos valer;* valer menos; perder a nobreza, a estima, etc., por alguma acção indigna ou infame. Usa-se como substantivo, e diz-se frequentemente: *caso de menos valer;* caso de valer menos. *Infamia, ignominia: (fig.)* desprezo, desestimação. Usa-se regularmente dizendo: *es cosa de menos valer;* é cousa desprezivel. *Contemtus, despectus. No poderse valer (fr.);* não poder remediar o mal, o damno que o ameaça. *Viribus deficere, destitui. No poderse valer con alguno (fr.);* não poder domar, convencer, reduzir alguem por meio de rasões fortes, etc. *Alicujus animum flectere, moderari non posse. Valga lo que valiere (loc.);* vá a todo o risco, succeda o que succeder; exprime desconfiança de que se tire fructo de alguma cousa para que trabalhâmos. *Prosit aut non prosit. !Válgame Dios!* valha-me Deus! usa-se como interjeição para manifestar com moderação o desgosto ou surpreza que nos causa alguma cousa. *Proh Deus! Válgate;* valha-te; com alguns nomes ou verbos usa-se como interjeição de admiração, enfado, estranheza, pezar, etc. *Interjectio admirationis seu displicentiæ. Tanto vales quanto tienes (rif.);* tanto vales quanto has. *Et genus et virtus sine re vilior alga est.*

Valeria. *f. (zool.)* Valeria; genero de insectos lepidopteros da familia dos nocturnos.

Valeriana. *f. (bot.)* Valeriana; genero de plantas da familia das valerianeas.

Valerosamente. *adv. m.* Valorosamente; com valor, esforçadamente. *Fortiter, strenuè.*

Valerosidad. *f. (ant.)* Valorosidáde. V. *Valor.*

Valerosísimo, ma. *adj. sup.* de *Valeroso.* Valorosissimo; muito valoroso. *Fortissimus, strenuissimus.*

Valeroso, sa. *adj.* Valoroso, forte, activo. *Fortis, acer:* — valoroso, esforçado, animoso, valente. *Magnanimus, fortis, strenuus:* — *(ant.)* valoroso; que vale ou póde muito, que tem muita valia.

Valesia. *f. (bot.)* Valesia; genero de plantas, da familia das apocynaceas.

Valetudinario, ria. *adj.* Valetudinario, adoentado, delicado, mal convalescido. *Adversa valetudine utens.*

Valia. *f. (bot.)* Valia; genero de plantas, da familia das saxifragaceas.

Valía. *f.* Valia, apreço, estimação. *Æstimatio, pretium:* — valia, valimento, privança. *Gratia, æ:* — facção, parcialidade, partido. *Pars, tis:* — *(ant.)* valia; preço, estimação ou valor de uma cousa. *A las valías (loc. adv.);* á mór valia, por alto preço, pelo preço mais elevado, principalmente dos cereaes. *Pretium anni maximum.*

Validacion. *f.* Validação; acção e effeito de fazer valido, de dar validade. *Validitas, atis:* — validação, validade; o ser valido, legitimo, segurança de qualquer acto. *Validitas, firmitas.*

Validad. *f. (ant.)* Validade. V. *Validacion.*

Válidamente. *adv. m.* Validamente, legitimamente; de modo valido, com validade. *Validè.*

Validar. *a.* Validar; fazer valido, dar validade, legitimar. *Ratum facere.*

Validez. *f.* Validade; firmeza legal, legitimidade de qualquer acto, instrumento ou contrato, o ser valido. *Validitas, atis.*

Validísimo, ma. *adj. sup.* de

tecção. *Protectio, onis:* — *(ant.)* valimento; contribuição que o rei mandava lhe fizessem os seus subditos, entregando-lhe parte de seus bens ou rendas, por tempo determinado, para satisfazer alguma urgencia. *Tributi genus.*

Valioso, sa. *adj. (ant.)* Valioso, valido; de grande valor, estimação ou poder. *Locuples, etis.*

Valiza. *f. (naut.)* Baliza; boia, tonel ou estaca que se põe na entrada dos portos, para que as embarcações entrem sem tocar em algum baixio. *Scopuli index in ortu:* — baliza; signal ou ponto notavel da terra ou costa que indica uma passagem ou canal profundo, etc.: — baliza; nome do direito que em alguns portos pagam as embarcações pelo auxilio e bom serviço prestados pelas balizas estabelecidas.

Valizar. *m. (naut.)* Conjuncto de balizas ou logar onde ha muitas: — *a.* V. *Avalizar:* — *r.*V. *Arrumbarse, Marcarse.*

Valona. *f.* Balona; collarinho da camisa pendendo sobre os hombros, como trazem as creanças. *Supparus collo appositus.*

Valoncica. *f. dim.* de *Valona.* Balonasinha; pequena balona.

Valones. *m. pl.* Especie de calções á suissa, introduzidos em Hespanha pelos valões, habitantes de differentes povos dos Paizes Baixos.

Valonia. *f. (bot.)* Vallonia; genero de plantas phyceas.

Valonica, lla, ta. *f. dim.* de *Valona.* Balonasinha; pequena balona.

Valor. *m.* Valor, preço, estimação. *Pretium, ii:* — valor; preço correspondente á estimação que se faz de uma cousa. *Æstimatio, onis:* — valor; esforço do animo superior a todo o risco. *Virtus, fortitudo:* — valor; validade, firmeza de qualquer acto. *Validitas, firmitas:* — valor, validade; legitimação, força, virtude de um acto, revestido com todas as suas fórmas. *Validitas, firmitas:* — valor, força, virtude, efficacia, actividade. *Virtus, utis:* — valor; fructo, renda ou producto de alguma fazenda, estado ou emprego. *Proventus, æstimatio:* — valor; equivalencia entre duas cousas, especialmente entre moedas. *Valor, oris. Cobrar valor (fr.)* V. *Cobrar ánimo:* — *en cuenta (comm.);* valor em conta; locução usada nas letras de cambio, para indicar que ha conta corrente com a pessoa ou sociedade em favor da qual se passa a letra: — *recibido;* valor recebido; locução que se emprega nas ordens, letras de cambio, etc., para indicar que se recebeu a quantia que se especifica na mesma letra: — *(mus.)* valor; duração relativa dos sons, que são representados pelas varias figuras das notas.

Valorar. *a.* Avaliar; pôr preço, dar o valor certo a alguma cousa. *Pretium assignare.*

Valorear. *a.*V. *Valorar.*

Valoría. *f.* Valia, valor, estimação. *Pretium, ii.*

Vals. *f.*Valsa; especie de dansa de origem allemã.

Valsar. *n.* Valsar; dansar a valsa.

Valúa. *f. (p. Murc.)* V. *Valía.*

Valuacion. *f.* Avaliação; acção e effeito de avaliar. *Æstimatio, onis.*

Valuar. *a.* Avaliar; pôr preço, determinar o valor certo a alguma cousa. *Pretium assignare, taxare.*

Valva. *f. (bot.)* Valva; nome das diversas peças que formam o pericarpo das plantas, e que de ordinario se abrem e separam na epocha da maturação dos fructos: — *(zool.)* valva; concha de uma só peça, e tambem cada uma das duas peças da concha dos marinos.

Valvasor. *m. (ant.)* Fidalgo, infanção, em Italia. *Nobilis, le.*

Válvula. *f. (anat.)* Valvula; dobra membranosa que se encontra no coração, nos intestinos e nos vasos sanguineos, especialmente nas veias. *Válvulas conivente;* valvulas conniventes; dobras circulares formadas pela membrana mucosa, muito proximas umas das outras, no duodeno, e sobretudo no intestino delgado: — *(mech.)* valvula; especie de tampa collocada sobre uma abertura, de modo que se abre por um lado e se fecha pelo outro. Serve para deixar passar um fluido para o interior de um apparelho e impedir a sua saída: — *de seguridad;* valvula de segurança; apparelho destinado a prevenir a ruptura da caldeira.

Valvulado, da. *adj. (bot.)* Valvulado; que tem uma valvula.

Valvular. *adj.* Valvular; que tem muitas valvulas.

Valvulina. *f. (zool.)* Valvulina; genero de foraminiferos turbinoideos.

Valla. *f.*Vallo; muro de terra, cerca para defeza. *Vallum, i:* — tapume que se faz para fechar algum sitio, formado de estacas ou de tábuas unidas. *Vallum, i. Romper la valla (fr. fig.);* romper o gêlo, tentar o primeiro vau; dar os primeiros passos em algum negocio, vencendo as primeiras difficuldades. *Primum obstaculum rumpere; magnum aliquid aggredi.*

Valladar. *m.*V. *Vallado.*

Valladear. *a.*V. *Vallar.*

Vallado. *m.*Vallado; terra levantada ou tapigo de sebes, etc., para defender a entrada de algum campo ou sitio. *Vallum, i.*

Vallar. *a.* Vallar, tapar, fechar com vallos ou tapigos. *Vallo claudere.*

Valle. *m.* Valle; planicie estreita entre montes ou ao pé de um monte. *Vallis, is:* — concelho; reunião de aldeias e logares governados pelos mesmos estylos e justiça, debaixo da mesma jurisdicção. *Oppida in eadem convalle sita ejusdemque ditionis:* — *de lágrimas (fig.);* valle de lagrimas; o mundo, a vida cheia de desgostos e tribulações. *Vallis lacrimarum. Hasta el valle de Josafat;*

até ao dia de juizo; diz-se frequentemente quando se separam ou ausentam duas ou mais pessoas para muito longe ou que não esperam tornar a ver-se. *In diem extremi judicii.*

VALLECICO, LLO, TO. *m. dim.* de *Valle.* Vallesinho; pequeno valle.

VALLEIADA. *f. (ant.)* V. *Valle.*

VALLEIADO, DA. *adj. (ant.)* Que tem valles. Dizia-se do campo.

VALLEJO. *m. dim.* de *Valle.* Vallesinho; pequeno valle.

VALLEJON. *m. augm.* de *Vallejo.*

VALLEJUELO. *m. dim.* de *Vallejo.*

VALLICO. *m.* V. *Joyo.*

VALLITANIA. *f. (ant.)* Soberba, vaidade: — *(ant.)* mentira, engano.

VAMPIRISMO. *m.* Vampirismo; crença nos vampiros: — *(fig.)* vampirismo; cubiça excessiva.

VAMPIRO. *m.* Vampiro; dá-se este nome a uns seres phantasticos, imaginados por certos povos modernos, e cuja existencia é acreditada na Hungria, na Polonia, na Esclavonia, e nas ilhas da Grecia. Segundo a opinião do vulgo os vampiros são os finados que sáem das sepulturas, e vão succar o sangue das suas victimas sem as acordar: — *(fig.)* vampiro, harpia; homem cubiçoso, usurario: — *(zool.)* vampiro; genero de mammiferos cheiropteros insectivoros, cujas especies vivem na America meridional.

VANADIATO. *m. (min.* e *chim.)* Vanadiato; sal que resulta da combinação do acido vanadico com uma base.

VANÁDICO, CA. *adj. (chim.)* Vanadico; que respeita ao vanadio. *Ácido vanádico;* acido vanadico; segundo grau de sulphuração do vanadio. *Óxido vanádico;* oxydo vanadico; segundo grau de oxydação do vanadio. *Sales vanádicos;* saes vanadicos; os que têem por base o oxydo vanadico e os saes haloides correspondentes. *Sulfito vanádico;* sulphito vanadico; segundo grau de sulphuração de vanadio.

VANADINA. *f. (min.)* V. *Vanadiato de plomo.*

VANADIO. *m. (min.)* Vanadio; corpo simples metallico, que se encontra nas minas de ferro da Suecia, Inglaterra e Mexico.

VANADITO. *m. (chim.)* Vanadito; genero de saes formados pela combinação do oxydo vanadico com certas bases.

VANADOSO, SA. *adj. (chim.)* Vanadoso; que contém vanadio. *Súlfido vanadoso;* sulphido vanadoso; primeiro grau de sulphuração do vanadio.

VANAGLORIA. *f.* Vangloria, jactancia; vaidade, presumpção mal fundada do proprio merecimento, ou de dotes pessoaes, desvanecimento. *Inanis jactantia, animi elatio.*

VANAGLORIARSE. *r.* Vangloriar-se; encher-se de vangloria, jactar-se do seu proprio saber ou valor. *Inaniter jactari, gloriari.*

VANAGLORIOSAMENTE. *adv. m.* Vangloriosamente; com vangloria, com desvanecimento. *Gloriosè, jactanter.*

VANAGLORIOSO, SA. *adj.* Vanglorioso; que facilmente se desvanece, presumido, jactancioso, vaidoso. *Jactabundus, gloriosus.*

VANAMENTE. *adv. m.* Vãmente; debalde, inutilmente, em vão. *Inaniter, inutiliter:* — vãmente, supersticiosamente; com vã observancia. *Súperstitiosè:* — vãmente, infundadamente. *Leviter, temerè:* — vangloriosamente, arrogantemente; com presumpção ou vaidade. *Gloriosè, superbè.*

VANDÁLICO, CA. *adj.* Vandalico; pertencente aos vandalos.

VANDALISMO. *m.* Vandalismo; devastação propria dos antigos vandalos. Hoje applica-se ao espirito de destruição que não respeita cousa alguma sagrada ou profana.

VÁNDALO, LA. *adj. (fig.)* Vandalo; devastador, destruidor dos monumentos das artes.

VÁNDEAS. *f. pl. (bot.)* Vandeas; genero de plantas, da familia das orchideas.

VANDELIA. *f. (bot.)* Vandellia; genero de plantas, da familia das escrofularineas.

VÁNDOLA. *f. (naut.)* V. *Bándola.*

VANEAR. *n.* Disparatar, parvoejar, chocarrear; dizer parvoices, inepcias, chocarrices, disparates, cousas vãs, tolas. *Nugari, blaterare.*

VANGUARDA. *f. (ant.)* V. *Vanguardia.*

VANGUARDIA. *f.* Vanguarda; a dianteira, frente, rosto do exercito, do regimento ou corpo de tropas. *Prima acies.*

VANIDAD. *f.* Vaidade, inutilidade, futilidade; falta de entidade ou realidade nas cousas. *Vanitas, inanitas:* — vaidade; presumpção, ostentação vã, desvanecimento, satisfação de si mesmo. *Inanis animi elatio:* — vaidade; fausto, pompa ou ostentação vã. *Ostentatio, superbia, jactantia:* — vaidade, vaniloquio, frioleira, futilidade. *Verbum inane, nugæ:* —V. *Vacuidad:* —*(fig.)* vaidade; vã representação, illusão ou ficção da phantasia. *Falsa species, inanis:* — vaidade; pouca duração ou inutilidade das cousas. *Vanitas, atis. Ajar la vanidad (fr.);* abater a vaidade, a soberba de alguem. *Alicujus superbiam verbis subigere. Hacer vanidad (fr.);* encher-se de vaidade; vangloriar-se ou jactar-se de alguma cousa. *Jactari, gloriari.*

VANIDOSO, SA. *adj.* Vaidoso, presumpçoso; que tem vaidade e a dá a conhecer. *Gloriosus, superbus.*

VANILOCUENCIA. *f.* Vaniloquencia; verbosidade inutil e redundante. *Verbositas, inanis verborum pompa.*

VANILOCUO, CUA. *adj.* Vaniloquo; que diz palavras vãs, inuteis. *Vaniloquus, a, um.*

VANILOQUIO. *m.* Vaniloquio; pratica, discurso vão, palavras vãs, futeis. *Vaniloquentia, æ.*

VANÍSIMO, MA. *adj. sup.* de *Vano.* Vanissimo; summamente vão. *Inanissimus, a, um.*

VANISTORIO. *m. (fam.)* Fanfarronada; vaidade ridicula e

affectada. *Vanitas, superbia:* — *adj.* V. *Vanidoso.*

VANO, NA. *adj.* Vão, futil; falto de realidade, entidade ou substancia. *Vanus, inanis:* — vão, ôco, vazio: — ôco, chôcho; que não tem miolo por se haver engelhado ou apodrecido; diz-se de certos fructos de casca: — vão, inutil, infructuoso. *Inutilis, inanis:*—vão, vaidoso, desvanecido, arrogante. *Superbus, arrogans:* — vão; pouco duravel ou estavel. *Vanus, haud firmus:* — vão, futil; sem fundamento, assento, prova ou rasão. *Falsus, nullus, infirmus. En vano (loc. adv.);* em vão, debalde, inutilmente, sem effeito. *In vanum, frustra:* em vão; sem apoio, assento, necessidade, rasão ou justiça. *Temerè. Una vana y dos vacias (fr. fam.);* diz-se de um grande fallador que só diz cousas futeis, vasias de sentido. *Vagæ, arum:* — *(archit.)* vão; espaço vazio, intervallo na parede ou entre columnas. *Vacuum, i.*

VAPOR. *m.* Vapor; estado a que se reduz a agua, pela força do sol ou do fogo, convertendo-se em um corpo subtil e ligeiro que se eleva na atmosphera. Tambem se reduzem a este estado, por meio de apparelhos particulares, o enxofre, o carvão, em uma palavra todos os metaes e mineraes sem exceptuar nenhum. *Vapor, oris:* vapor, fumo; a parte subtil e luminosa que, mediante o calor, se separa dos corpos. *Vapor, oris:*—vapor, flato; partes vaporosas que se elevam do estomago ou de outra parte do corpo e occupam a cabeça mortificando-a ou aturdindo-a. *Vapor, halitus:* — bafo, exhalação; vapor humido que o bofe exhala, ou o que se apega aos vidros, espelhos, etc., embaciando-os. *Vapor, exhalatio:* — especie de vertigem ou desmaio: — vapor; embarcação movida por machina de vapor: — *(med.)* vapor; nome dado a muitas e differentes affecções morbidas, que se attribuem a gazes ou vapores existentes em algumas partes do corpo. Usa-se mais commummente no plural. *Máquina de vapor (mech.);* machina de vapor; machina cujo motor é o vapor da agua aquecida em um cylindro e condensada em outro.

VAPORABLE. *adj.* Evaporavel; susceptivel de ser evaporado, que se póde evaporar. *Vaporandi capax.*

VAPORACION. *f.* Vaporação. V. *Evaporacion.*

VAPORAR. *n.* Vaporar. V. *Evaporar.*

VAPOREAR, VAPORIZAR. *n.* Vaporar. V. *Evaporar.*

VAPOROSO, SA. *adj.* Vaporoso; que lança de si vapores ou que os occasiona. *Vaporosus, a, um:* — *(pint.)* vaporoso; diz-se do céu, quando o pintor conseguiu representar o effeito do vapor ligeiro de que se formam as nuvens. *Vaporosus, a, um.*

VAPULACION. *f.* V. *Vapulamiento.*

VAPULAMIENTO. *m.* *(fam.)* Zurzidura, açoutadura; acção de zurzir, de açoutar, azorragar. *Vapulatio, verberatio.*

VAPULAR. *a.* *(fam.)* Vapular. V. *Azotar.*

VAPULEAR. *a.* *(fam.)* Zurzir. V. *Vapular.*

VAPULEO. *m.* Zurzidura, açoutadura; acção e effeito de açoutar, zurzir. *Vapulatio, onis:* — zurzidura, tunda, sova.

VAQUEAR. *n.* Copular, cobrir; ajuntar-se frequentemente para a geração o touro com a vacca. *Taurum vaccas frequenter inire:* — *a.* levantar o braço o toureiro para chamar a attenção do touro ou para o fazer fugir.

VAQUELIA. *f.* *(bot.)* Vaquellia; genero de plantas, da familia das mimosas.

VAQUERÍA. *f.* Vaccaria. V. *Vacada.*

VAQUERILLO. *m. dim.* de *Vaquero.* Vaqueirinho, vaqueirosinho; joven vaqueiro.

VAQUERIZA. *f.* Arribana, curral ou estancia onde se recolhe o gado vaccum. *Stabulum, i.*

VAQUERIZO, ZA. *adj.* Vaccaril; de vacca, pertencente a vacca. É pouco usado em portuguez. *Armentalis, e:* — *s.* V. *Vaquero.*

VAQUERO, RA. *adj.* Vaqueiro; que é proprio dos vaqueiros. Applica-se ordinariamente a um vestido comprido que se parece com o vestido pastoril do mesmo nome, e que é traje de creanças e mulheres. N'este sentido usa-se como substantivo. *Ad bubulcum pertinens:* — *s.* vaqueiro; pastor, guardador de gado vaccum. *Ayer vaquero y hoy caballero (rif.);* hontem vaqueiro e hoje cavalleiro; denota a instabilidade das cousas humanas. *Nil mirum si de bubulco eques fiat.*

VAQUETA. *f.* Vaqueta; couro de boi ou vacca depois de curtido e preparado. *Pellis bovina macerata.*

VAQUILLA, TA. *f. dim.* de *Vaca.* Vaquinha, novilha; vacca pequena. *Cuando te dieren la vaquilla acude ó corre con la soguilla (rif.);* quando te derem o porquinho acode com o baracinho. *Occasioni instandum.*

VARA. *f.* Vara; haste, ramo delgado e comprido de arvore. *Viraga, æ:*—vara; a que artificialmente se forma de madeira ou de outra materia para varios usos, como a vara do pallio, etc. *Virga, æ:* — vara; medida de extensão, igual a cinco palmos craveiros, ou tres e meio pés portuguezes. *Ulna, æ:* — vara; porção de panno ou de outra cousa, que tem a medida ou comprimento de uma vara. *Pannus, tela ulnâ constans:* — vara; manada de quarenta a cincoenta porcos. *Porcorum grex quadragennarius:* — V. *Alcándara:* —varal; cada uma das duas varas compridas e grossas da carroça ou sege, entre as quaes vae a besta. *Rhœdæ perticæ, conti:* — vara; insignia de magistrado. *Virga potestatis index:* — *(fig.)* vara; juiz, magistrado, auctoridade, poder. *Magistratus, us:* — vara de castigar, açoute, castigo, rigor. *Pœna, severitas:* — *alta;* auctoridade, poder, alçada. *Auctoritas, potentia:* — *de algualcil;* officio de alguazil. *Apparitoris officium:* — *de detener.* V. *Vara larga:* — *de inquisicion;* vara da inquisição; ministro que este tribunal nomeava para algum serviço com auctoridade para escolher a gente de que necessitasse. *Inquisitorum minister accensus:* — *larga;* vara larga ou pampilho; vara comprida de que usam os campinos para guiar e sujeitar os touros, e os toureiros a cavallo quando combatem nas praças. *Hasta longa, contus. Entrar en vara (fr.);* entrar no montado uma vara de porcos, guiados e guardados por um só porqueiro. *Entrar en varas (fr.);* entrar na ordem, sujeitar-se á regra. *Picar de vara larga (fr. fig.);* tirar a sardinha da braza com a mão do gato; intentar auferir proveito de uma cousa sem se expor ao perigo ou risco que possa ter. *Periculi expertem aliquid tentare. Poner una vara (fr.);* metter uma vara; ferir o touro com ella. *Taurum hasta ferire. Nadie le dió la vara; él se hizo alcalde y manda (rif.);* ninguem metta a fouce em seara alheia. *Nemini gratus, ipse solus auctoritatem sibi arripuit:* — *de José* o *de San José (bot.);* bordão de S. José, tuberosa, angelica; especie de plantas que forma o typo do genero tuberosa, na familia das liliaceas: — *de oro;* bordão de oiro; especie de plantas, do genero solidago: — *de luz (phys.);* vara de luz; especie de meteoro que succede ou quando alguma pequena porção do arco iris apparece á vista, ou quando pelas aberturas das nuvens passam os raios do sol, formando umas linhas resplandecentes á vista.

Varacear. *a. (p. Am.)* Prodigar; ostentar de generoso, fazer generosidades em excesso: — prodigar; gastar prodigamente.

Varada. *f. (naut.)* Varação; acção e effeito de varar: — *(min.)* espaço de tempo e quantidade de trabalho por que se ajusta a exploração de uma mina.

Varadero. *m.* Varadouro; logar onde se varam as embarcações para limpar-lhes os fundos e concerta-las. *Navium reficiendarum statio:* — varadouro; sitio proprio para desembarcar em praia ou costa, varando o bote sem risco de avaria.

Varado, dá. *adj. (ant.)* V. *Listado.*

Varador. *m. (naut.)* V. *Varadero;* na primeira accepção.

Varadura. *f. (naut.)* V. *Varada.*

Varal. *m.* Varal; vara longa e grossa para varios usos. *Pertica, longurius:* — *(fig. fam.)* varal, espicho; pessoa alta e muito magra. *Homo longus.*

Varano. *m. (zool.)* Varano; genero de reptis saurios.

Varapalo. *m.* Varapau; vara, pau comprido e forte. *Pertica, longurius:* — varada, paulada; golpe com pau ou vara. *Virgæ ictus, percussio:* — *(fig. fam.)* pena, desgosto, cuidado, inquietação grande. *Ærumna, æ:* — *(fig. fam.)* cordelejo, corrimaça; reprehensão, censura aspera.

Varar. *a.* Deitar ou lançar á agua alguma embarcação depois de prompta. *Navim in mare impellere, trahere:* — *n.* varar; encalhar a embarcação, dar em secco. *Navem arena, scopulo vel littore sistere, infigi:* — *(fig.)* varar, encalhar; estar parado algum negocio. *Sistere, hœrere.*

Varasceto. *m.* Canniçada; grade feita de cannas ou de varas, com que se cerca alguma cousa nos jardins e hortas. *Loricula, crates.*

Varazo. *m.* Varada; golpe com vara. *Fustigatio, ictus fuste impactus.*

Varbasco. *m. (bot.)* Verbasco. V. *Gordolobo.*

Varchilla. *f.* Medida de grãos que vale a terça parte de uma fanga. *Mensura medimni pars tertia.*

Vardasca. *f.* Vardasca; vara delgada, chibata. *Virga, vimen, verber.*

Vardascazo. *m.* Vardascada; golpe com a vardasca. *Verberatio, onis.*

Vareador, ra. *s.* Varejador; o que vareja. *Verberator, excussor perticœ ope.*

Vareaje. *m.* Varejo; acção e effeito de varejar as arvores. *Excussio perticœ ope facta:* — vareagem; medição com vara. *Mensuratio ulnœ ope facta.*

Varear. *a.* Varejar; sacudir, derribar com varas os fructos das arvores. *Pertica excutere, dejicere:* — varejar; dar golpes com vara ou pau. *Rude, virga excutere:* — picar os touros com a vara larga. *Hasta tauros ferire, percutere:* — varear; medir ás varas. *Ulna metiri:* — *r. (fig.)* definhar-se, enfraquecer-se, emmagrecer. *Macrescere, languescere:* — vender-se ás varas qualquer genero.

Varejon. *m.* Varejão; vara comprida e grossa. *Longurius, contus.*

Varendaje. *m. (naut.)* Cavername; conjuncto de cavernas de uma embarcação. *Cestarum cumulus, series.*

Varennea. *f. (bot.)* Varennea; genero de plantas da familia das leguminosas.

Varenga. *f. (naut.)* V. *Percha.*

Vareo. *m.* Varejo; acção e effeito de varejar as arvores. *Arborum excussio perticœ ope:* — vareagem; acção de medir com vara. *Mensio ulnœ ope facta.*

Vareta. *f. dim.* de *Vara.* Vareta, varinha, vara pequena: — vara enviscada para caçar aves. *Virgula visco illita:* — lista; risca de côr differente da do fundo do estofo. *Virgula, æ:* — *(fig.).* setta, epigramma, dito picante, expressão mordaz, pungente com intenção de ferir alguem. *Aculleatum verbum:* — *(fig.)* pecuinha, remoque; *v. g.: echar una vareta;* dar uma pecuinha. *Irse de vareta (fr. fam.);* andar de vareta, ter diarrhea. *Ventris fluxu laborare.*

Varetear. *a.* Listrar; entretecer com listas de cores differentes. *Virgis distinguere.*

Vargasia. *f. (bot.)* Vargasia; genero de plantas, da familia das compostas.

Variable. *adj.* Variavel, mudavel; que varia ou póde variar. *Variabilis, e:* — variavel, vario, mudavel, inconstante. *Varius, mutabilis:* — *(naut.)* variavel, vario; diz-se do vento que alterna em sua direcção e força. *Varius, a, um:* — *(math.)* variavel; diz-se de uma quantidade actualmente indeterminada debaixo do ponto de vista arithmetico, mas que tem uma fórma algebrica determinada.

Variavelmente. *adv. m.* Variavelmente, variamente; com variedade. *Variè.*

Variacion. *f.* Variação; o acto de variar. *Variatio, mutatio:* — *(astron.)* variação; grande desigualdade periodica no movimento lunar: — *pl. (mus.)* variações; periodos compostos de um numero determinado de compassos, que regularmente costumam ser oito. *Cálculo de las variaciones (math.);* calculo das variantes; calculo que tem por fim determinar a relação que existe entre diversas quantidades variaveis: — *de la aguja (naut.);* variação da agulha; o seu desvio do verdadeiro ponto do norte. *Acus nautica variatio, declinatio.*

Variado, da. *adj.* Variegado; que é de varias cores ou matizes. *Variatus; coloribus variegatus.*

Variamente. *adv. m.* Vaariamente; com variedade, de varios, de diversos modos. *Variè.*

Variamiento. *m. (ant.)* V. *Variacion.*

Variante. *adj.* Variante, mudavel; que varia. *Varians, varius:* — *f.* variante; differença entre os diversos exemplares, codices ou manuscriptos comparados com os de outra edição. *Varia lectio.*

Variar. *a.* Variar; mudar de tenção, de pensar, obrar como inconstante. Usa-se tambem como reciproco. *Variare:* — variar; fazer variegado, dispor ou formar alguma cousa com outras differentes para as adornar ou aformosear. *Rerum varietate aliquid ornare, distinguere:* — *n.* variar, mudar; soffrer mudança, ser inconstante, ou ser uma cousa differente da outra. *Variari, distingui:* — *(naut.)* variar; desviar-se a agulha do ponto norte, ou fazer angulo com a meridiana. *Nauticam acum variare, declinare.*

Várice. *f. (cir.)* Variz; tumorzinho molle e movel, causado pela dilatação parcial das veias. *Varix, icis.*

Varicocele. *m. (med.)* Varicocele; tumor formado pela dilatação de uma veia do escroto.

Varico-espermatocele. *m. (med.)* Varico-espermatocele; complicação da varicocele com o espermatocele.

Variconfalo. *f. (cir.)* Variconphalo; dilatação varicosa dos vasos do umbigo, quando existe n'elle alguma hernia ou alteração.

Varicoso, sa. *adj. (cir.)* Varicoso; que tem varizes. *Varicosus, a, um.*

Variedad. *f.* Variedade; differença, diversidade de individuos, de cousas. *Varietas, atis:* — variedade; combinação de muitas cousas differentes quanto á apparencia, ao colorido e ás fôrmas, cuja reunião compõe um todo agradavel. *Varietas, colorum distinctio:* — variedade; inconstancia, instabilidade ou mutabilidade das cousas. *Varietas, mutabilitas:* — variação; mudança ou alteração na substancia das cousas ou no seu uso. *Varietas, mutatio:* —V. *Variacion:* — *(zool. e bot.)* variedade; subdivisão das especies, que consiste em leves differenças dos caracteres distinctivos.

Varifoliado, da. *adj. (bot.)* Varifolliado; diz-se de uma planta cujas folhas não têem todas a mesma fórma.

Varilarguero. *m. (fam.)* Toureador de vara larga. *Taurorum equo et hasta agitator.*

Varilla, ta. *f. dim.* de *Vara.* Varinha; vara pequena e delgada: — vareta, varinha de ferro em que se suspendem cortinas. *Virga rotunda ferrea:* — vareta; tira de marfim, madeira, etc., em que se fixa o panno do leque. *Flabelli virgula:* — vareta; vara, ponta delgada em algumas machinas. *Spiculum, li:* — queixo; cada um dos ramos da maxilla ou queixada que se unem debaixo da barba. *Mandibulæ os longum:* — varinha de condão; vara magica. *Virgula magica, divina.*

Varillaje. *m.* Todas as varetas de um leque. *Virgularum series in flabello.*

Vario, ria. *adj.* Vario, diverso, differente. *Varius, a, um:* — vario, inconstante, mudavel. *Inconstans, mutabilis:* — vago, indifferente, indeterminado. *Varius, vagus:* — vario; em que ha variedade, composto de diversas cousas, de cores variadas. *Varius, a, um:* — *pl.* varios. V. *Algunos.*

Variolario, ria. *adj. (min.)* Variolario; diz-se de uma rocha que apresenta placas ou manchas redondas de uma côr differente da do fundo.

Variolina. *f. (min.)* Variolina; nome dado á base da variolita de Durance.

Variolita. *f. (min.)* Variolita; rocha formada de nucleos de feldspatho crystallino, engastados n'uma massa de feldspatho compacto: — *de Córcega;* variolita de Corsega; rocha de côr vermelha com manchas escuras: — *del Durance;* variolita do Durance; variedade escura que ás vezes apresenta manchas violaceas no centro.

Varioloso, sa. *adj.* Varioloso; pertencente á variola: — diz-se dos corpos cuja superficie apresenta tuberculos postulosos ou pequenas covas irregulares.

Variospermo, ma. *adj. (bot.)* Variospermo; que tem as sementes de differente tamanho.

VARIZ. *m.* *(cir.)* V. *Várice.*

VARON. *m.* Varão; creatura racional do sexo masculino. *Vir, i:* — varão; o homem que chegou á idade varonil, que regularmente se entende desde os trinta aos quarenta e cinco annos. *Matura ætate vir:* — varão; homem esforçado, respeitavel, illustre, egregio, notavel. *Vir egregius:* — *de Dios;* homem de Deus; homem santo ou de particular virtude. *Vir sanctimonia spectabilis. Buen varon;* homem judicioso, douto, experimentado. *Bonus vir:* — *(fig.)* pobre homem; homem sincero, sem malicia, bolonio. *Stultus homo. Santo varon (fam.);* santo varão; bom homem, de boas qualidades, mas de pouca intelligencia. *Bonus vir, et ingenio hebes. Al buen varon, tierras ajenas su patria le son (rif.);* ao bom varão, terras alheias sua patria são; o homem honrado e prendado em toda a parte encontra amigos, protecção e bem estar. *Vir bonus ubique civis, nullibi alienigena.*

VARONA. *f.* *(ant.)* Varoa; mulher varonil.

VARONCICO, LLO, TO. *m. dim.* de *Varon.* Varãosinho.

VARONÍA. *f.* Varonia; qualidade de descender por varões, por linha masculina. *Paternum genus, agnatio.*

VARONIL. *adj.* Varonil; pertencente a varão, proprio de varão. *Virilis, e:* — varonil, esforçado, forte, valoroso. *Fortis, strenuus.*

VARONILMENTE. *adv. m.* Varonilmente, esforçadamente, fortemente; com esforço varonil. *Fortiter, viriliter.*

VARRACO. *m.* V. *Verraco.*

VARRAQUEAR. *n.* V. *Verraquear.*

VARRONIA. *f.* *(bot.)* Varronia; genero de plantas da familia das cordiaceas.

VASALLAJE. *m.* Vassallagem; sujeição, dependencia, reconhecimento do subdito a seu senhor. *Clientela, vulgò dicta homagium:* — vassallagem; sujeição, dependencia de uma cousa ou pessoa ácerca de outra. *Clientela, servitus:* — vassallagem; tributo pago pelo vassallo ao senhor em signal de reconhecimento. *Tributum homagii nomine pensum.*

VASALLO, LLA. *s.* Vassallo; subdito de algum soberano ou de qualquer governo supremo e independente. *Cliens, subditus, servus:* — vassallo; o mesmo que feudatario antigamente: — vassallo; aquelle que tinha contia e era obrigado a servir o rei com um certo numero de lanças. *Regi subditus, vassallus:* — *(fig.)* vassallo; aquelle que está obrigado ou reconhece a outro por superior ou tem dependencia d'elle. *Subditus, servus:* — *adj.* vassallo; que está sujeito a algum tributo ou senhor; como: *pueblos vasallos;* povos vassallos. *Subjectus, subditus tributarius. Grandes vasallos (hist.);* grandes vassallos; em França eram assim chamados os senhores que só dependiam do rei, *v. g.*, os doze pares.

VASAR. *m.* Prateleira que se usa nas cozinhas, despensas, etc., e que serve para n'ella se collocarem differentes objectos, como vasos pratos, etc. *Locus in pariete prominens reponendis vasis.*

VASCO, CA. *adj.* V. *Vascon.*

VASCON, NA. *adj. s.* Vascão; natural da antiga Vasconia. *Vasco, vasconicus.*

VASCONGADO, DA. *adj.* Vascongado, vasconço; da Biscaya, Alava ou Guipuscoa. *Cantaber, cantabricus:* — *s.* vascongado, vasconço; natural de qualquer das provincias precitadas.

VASCÓNICO, CA. *adj.* Vasconico; pertencente aos vascones. *Vasconicus, a, um.*

VASCUENCE. *m.* Vasconço; lingua vasconça ou vascongada. *Cantabrica lingua:* — *(fam.)* vasconço; linguagem embaraçada, tosca, grosseira, cousa obscura, inintelligivel. *Cantabricum idioma referens.*

VASCULAR. *adj.* *(anat.)* Vascular; o que respeita aos vasos, especialmente aos sanguineos. *Sistema vascular;* systema vascular; todos os vasos sanguineos: — *(bot.)* tecido vascular; tecido membranoso composto de certo numero de tubos ou vasos continuos.

VASERA. *f.* V. *Vasar:* — caixa em que se guardam os copos. *Vasis theca:* — *(ant.)* V. *Vaina.*

VASERO. *m.* *(ant.)* V. *Vaso.*

VASICO. *m. dim.* de *Vaso.* Copinho; copo pequeno: — vasinho; pequeno vaso.

VASIJA. *f.* Vasilha; vaso para conter liquidos. *Vas, cadus:* — vasilhame; quantidade de vasilhas, pipas, toneis, etc., de uma adega. *Boliorum, cadorum aut cuparum apparatus. A la vasija nueva, durá el resabio de lo que se hechó en ella (rif.);* o que o berço dá, a tumba o leva. *Quo semel est imbuta recens, servabit odorem testa diù.*

VASIJILLA, TA. *f. dim.* de *Vasija.* Vasilhinha, vasilhazinha; pequena vasilha.

VASILLA. *f.* *(ant.)* V. *Vajilla.*

VASILLO, TO. *m. dim.* de *Vaso.* Vasinho, copinho; pequeno copo ou vaso: — vasozinho; cellula, alveolo do favo em que as abelhas fabricam o mel. Tambem significa panal ou favo de mel. *Cella in favis.*

VASO. *m.* Copo; vaso de vidro, metal, etc., que serve para por elle beber, e que de ordinario toma o nome do liquido que contém; *v. g.: un vaso de agua, de vino, etc.;* um copo de agua, de vinho, etc. *Vas, scyphus:* — vaso; capacidade de navio e figuradamente o mesmo navio. *Navis alveus:* — vaso; capacidade de alguma cousa disposta ou apta para conter outra em si. *Vas, alveus:* — casco; caixa cornea que reveste os pés e mãos das cavalgaduras. *Ungula, æ:* — vaso, bacio, bispote. *Lasanum, matula:* — *escretorio;* bacio, bispote. *Lasanum, i:* — *pl.* *(anat.)* vasos; canaes em que circulam os differentes fluidos da economia animal. *Corporis vena:* — *(arch. e esculpt.)* vaso; obra de esculptura ôca e concava, que serve de ornamento a edificios, jardins, etc.: — *etrusco;* vaso etrusco; nome dado a certos vasos de barro que se encontram em Italia nas excavações dos sepulchros antigos e são vermelhos, negros, amarellos e brancos. Attribuiram-se aos etruscos, mas sabe-se hoje que se fabricavam em Campania: — *(astron.)* vaso, copo; constellação celeste: — *pl. (bot.)* vasos; canaes onde circulam os fluidos dos vegetaes: — *de reencuentro (chim.);* vaso de reencontro; vaso proprio para as circulações: — *de eleccion (rel.);* vaso de eleição; pessoa escolhida por Deus para algum ministerio singular; diz-se por antonomasia do apostolo S. Paulo. *Vas electionis.*

Vastacion. *f. (ant.)* Vastação, assolação, estrago, devastação.

Vástago. *m.* Vergontea, rebentão, renovo ou vara tenra da planta. *Surculus, i.*

Vastar. *a. (ant.)* Devastar, talar, destruir.

Vastedad. *f.* Vastidão, dilatação; grande extensão. *Vastitas, atis.*

Vastir. *a. (ant.)* Emprehender: — travar.

Vastísimo, ma. *adj. sup.* de *Vasto.* Vastissimo; muito vasto. *Vastissimus, a, um.*

Vasto, ta. *adj.* Vasto; muito extenso, mui dilatado ou mui grande. Usa-se tambem em sentido figurado. *Vastus, a, um.*

Vate. *s. (poet.)* Vate, poeta: — vate, propheta ou o que vaticina. *Vates, is.*

Vatica. *f. (bot.)* Vatica; genero de plantas da familia das dipterocarpeas.

Vaticinador, ra. *s.* Vaticinador; o que vaticina. *Vates, is.*

Vaticinante. *adj.* Vaticinante; que vaticina. *Vaticinans, antis.*

Vaticinar. *a.* Vaticinar, prognosticar, adivinhar, prophetisar. *Vaticinari.*

Vaticinio. *m.* Vaticinio, predicção, prophecia. *Vaticinium, i.*

Vatídico, ca. *adj. (poet.)* Vatidico, vaticinante; que vaticina, adivinha, prophetisa ou prognostiça. *Vaticinus, a, um.*

Vautiera. *f. (bot.)* Vauthiera; genero de plantas da familia das cyperaceas.

Vavieca. *adj. (ant.)* V. *Atrevido.*

Vavoquia. *f. (ant.)* V. *Atrevimiento.*

Vaya. *f.* Vaia, zombaria, apupada. *Cavilus, jocus.*

Vebsterita. *f. (min.)* V. *Websterita.*

Vecera. *f.* V. *Vezera.*

Vecería. *f.* V. *Vezeria.*

Vecero, ra. *adj.* V. *Vezero.*

Vecin. *adj. (ant.)* V. *Vecino.*

Vecinal. *adj.* Vizinhal; pertencente á vizinhança, aos vizinhos, aos habitantes de um povo, paiz, etc. *Oppidanorum communis.*

Vecinamente. *adv. m.* Proximamente; com vizinhança. *Proximè.*

Vecindad. *f.* Vizinhança; todos os vizinhos ou habitantes de um povo, cidade, bairro, etc. *Vicinia, incolæ:* — domicilio. *Domicilium, i:* — vizinhança; proximidade a um logar, sitio ou á morada de outrem. *Confinium, affinitas:* — *(fig.)* vizinhança; proximidade a qualquer cousa. *Proximitas, atis:* — *(fig.)* vizinhança, affinidade, conformidade, similhança ou coincidencia de uma cousa com outra. *Affinitas, similitudo. Hacer mala vecindad (fr.);* fazer má vizinhança; ser incommodo, molesto, prejudicial aos vizinhos. *Molestum, gravem esse vicinis: (fig.)* fazer má vizinhança; ser prejudicial uma cousa a outra por estar em proximidade ou contacto com ella. *Rei proximæ nocere. Media vecindad (prov.);* direito de mandar o gado para as pastagens de um logar onde se não se reside, pagando metade das contribuições que os vizinhos pagam. *Jus quoddam in alterius oppidi pascua.*

Vecindado. *m. (ant.)* V. *Vecindad,* na primeira accepção.

Vecindar. *a. (ant.)* Vizinhar. V. *Avecindar.* Usa-se tambem como reciproco.

Vecindario. *m.* Vizinhança, população; todos os vizinhos ou habitantes de um povo, paiz, cidade, etc. *Incolarum numerus:* — rol ou lista dos vizinhos ou cidadãos. *Municipum census:* — V. *Vecindad,* na segunda accepção.

Vecino, na. *adj.* Vizinho; habitante, residente com outros na mesma cidade, villa, logar, rua ou casa em habitação independente. *Incola, æ:* — domiciliado; estabelecido em algum logar. *Municeps, is:* — *(fig.)* vizinho; chegado, proximo, em espaço ou tempo. *Vicinus, proximus, finitimus:* — *(fig.)* vizinho, similhante, analogo, parecido. *Affinis, similis. Medio vecino (prov.);* o que tem o direito de compascuo n'um logar distante da sua residencia, pagando para isso metade das contribuições. *Qui fruitur jure in communia alterius municipii pascua. Ara por enjuto ó por mojado, no besarás a tu vecino el rabo (rif.);* ara por enxuto ou por molhado, não beijarás a teu vizinho o rabo. *Qui bene arat, nullius auxilio indigebit. El buen vecino hace tener al hombre mal aliño (rif.);* o bom vizinho faz o homem desapercebido; não nos devemos descuidar, confiando muito nos outros. *Amici beneficentiâ abutitur piger.*

Vector. *m.* e *adj. (astron.)* Vector; raio tirado do sol a um planeta ou cometa: — vector; raio tirado do centro de um planeta a um satellite. *Radio vector de una elipse (geom.);* raio vector de uma ellipse; linha tirada de um dos focos a um ponto qualquer da curva.

Veda. *f.* Defeza ou prohibição de fazer qualquer cousa, estabelecida por lei ou costume. *Prohibitio, interdictio:* — interdicto ou espaço de tempo que dura uma prohibição ou defeza. *Interdictionis tempus:* — *m. pl. (philos.)* vedas; os mais antigos e venerandos livros sagrados do Indostão, escriptos em lingua sanscrita, e que são o fundamento da sua religião.

São quatro, o Rig, o Yadjour, o Sama, o Atharvan.

Vedado. *m.* Vedado, defeza; coutada ou campo fechado, em virtude de lei ou ordenança. *Ager vel campus septus, interdictus.*

Vedamiento. *m.* V. *Prohibicion.*

Vedanga. *f.* Vedanga; nome generico de seis commentarios sobre os Vedas.

Vedanta. *m.* *(philos.)* Vedanta; nome da parte theologica dos vedas. O vedanta ensina o culto de um só *Deus:* — *adj.* vedanta; diz-se do systema de metaphysica fundado na parte theologica dos vedas.

Vedantino, na. *adj.* *(philos.)* Vedantino; que pertence á doutrina do vedanta: — *s.* vedantino; seguidor da doutrina do vedanta.

Vedantismo. *m.* *(philos.)* Vedantismo; systema de metaphysica que se chama tambem vedanta.

Vedar. *a.* Vedar; prohibir, tolher, impedir por lei, estatuto ou mandato. *Vetare, interdicere:* — vedar, tolher, impedir, estorvar, embaraçar. *Impedire, obstare:* — *(ant.)* suspender; privar alguem do exercicio do seu cargo, officio ou emprego. *Inhibere.*

Vedegambre. *m.* *(bot.)* V. *Elèboro blanco.*

Vedeja. *f.* V. *Guedeja.*

Vedija. *f.* Gudilhão; porção de lã emmaranhada, suja, empastada. *Lanæ implicatæ particula:* — pello embaraçado em qualquer parte do corpo do animal. *Villus implexus:* — carapinha; cabello emmaranhado como o dos pretos, difficil de pentear. *Pars capillorum implicata:* — *(prov.)* bolsa dos testiculos, escroto. *Scrotum, i.*

Vedijero, ra. *s.* O que nas tosquias de gado apanha a lã churra ou mais grosseira. *Floccorum lanæ collector.*

Vedijoso, sa. Vedijudo, da. *adj.* Encarapinhado; que tem o cabello revolto, emmaranhado. *Villosus, capillis implexus.*

Vedijuela. *f.* *dim.* de *Vedija.*

Veduño. *m.* Vidonho; especie de videiras ou de uvas. Em algumas provincias de Hespanha estende-se ás oliveiras e outras arvores. *Vitis natura:* —V. *Viñedo.*

Veedor, ra. *s.* Curioso; amigo de indagar, de saber, observar com curiosidade a vida, os negocios, as acções dos outros. *Inspector, oris:* — zelador; empregado que nas cidades e villas é encarregado de fazer cumprir as posturas das competentes auctoridades. *Inspector, tribunus:* — vedor, mordomo; o que assiste com o despenseiro á compra das provisões. *Penui præfectus:* — fiscal; nas cavallariças dos reis de Hespanha, o encarregado da compra das forragens e de tudo que respeita ao gado e carruagens. *Regis stabulo præfectus:* — *(ant.)* V. *Visitador:* — *de vianda;* vedor de mesa; empregado da casa real de Hespanha, que tinha a seu cargo fazer servir á mesa. Chamava-se tambem despenseiro mór. *Eduliorum in domo augusta curator:* — *(mil. ant.)* vedor. V. *Inspector.*

Veeduria. *f.* Vedoria; cargo ou officio de vedor. *Inspectoris munus, officium:* — vedoria; casa, gabinete, repartição do vedor. *Inspectoris officina.*

Vega. *f.* Veiga; campo, planicie fertil, cultivada. *Campus, agri planities in convallibus.*

Vegada. *f.* *(ant.)* Vegada. V. *Vez. A las Vegadas (loc. adv. ant.)* V. *A vezes.*

Vegedad. *f.* *(ant.)* V. *Vejez.*

Vegetabilidad. *f.* V. *Vejetabilidad.*

Vegetable. *adj.* V. *Vejetable.*

Vegetacion. *f.* V. *Vejetacion.*

Vegetal. *adj.* V. *Vejetal.*

Vegetante. *p. a.* V. *Vejetante.*

Vegetar. *n.* V. *Vejetar.*

Vegetativo, va. *adj.* V. *Vejetativo.*

Veguedumbre. *f.* *(ant.)* V. *Horin, Moho.*

Veguer. *m.* Vigario; juiz ou alcaide ordinario de um partido ou territorio da corôa de Aragão. *Judex, icis.*

Veguería. *f.* Vigairaria; territorio ou districto a que se estende a jurisdicção do vigario ou juiz, alcaide ordinario. *Judicis ditio.*

Veguerío. *m.* V. *Veguería.*

Veheme. *f.* Veheme; tribunal da idade media, chamado tambem a Santa Veheme ou Vehemico.

Vehemencia. *f.* Vehemencia, impeto, força, violencia. *Vehementia, æ:* — vehemencia; força, energia, efficacia das rasões, do discurso, da persuasão. *Vehementia, efficacia:* — *(fig.)* vehemencia; força, efficacia, viveza de algum affecto, das paixões, que move com violencia. *Impetus, vehementia.*

Vehemente. *adj.* Vehemente, impetuoso, forte, activo, energico; que obra com demasiada força e efficacia. *Vehemens, entis:* — vehemente; muito energico, efficaz e persuasivo. *Vehemens, efficax:* — *(fig.)* vehemente, muito forte e violento; diz-se das paixões, dos affectos do animo. *Vehemens, vividus.*

Vehementemente. *adv. m.* Vehementemente; com vehemencia. *Vehementer.*

Vehementísimo, ma. *adj. sup.* de *Vehemente.* Vehementissimo; muito vehemente.

Vehémico. *adj.* Vehemico; nome dado a um tribunal secreto que existia em Allemanha na idade media.

Vehicular. *adj.* Vehicular; pertencente ao vehiculo.

Vehículo. *m.* Vehiculo; qualquer cousa que serve de conduzir, de fazer passar mais facilmente outra. *Vehiculum, i:* — *(fam.)* vehiculo; qualquer carruagem. Em Hespanha é só em estylo jocoso. *Vehiculum, i:* — *(pharm.)* vehiculo; nome dado aos excipientes liquidos, como a agua, o alcool, o ether, etc. *Vehiculum, i.*

Veintavo. *m.* Vintavo, vigesimo.

Veinte. *adj.* *(num.)* Vinte: — vinte. V. *Vijésimo:* — vinte. V. *Dier,* no jogo da bola. *A las veinte (loc. adv. fam.);* a deshoras, fóra de horas, fóra de tempo. *Intempestivè, seriùs solito.*

Veintecuatria. *f. (ant.)* V. *Veinticuatría.*

Veintedoseno, na. *adj.*V. *Veintidoseno.*

Veinten. *m.* Moeda de oiro do valor de vinte reales. *Numulus aureus quidam.*

Veintena. *f.* Vintena; vigesima parte. *Pars vigesima:* — vintena; composto de vinte cousas da mesma especie. *Viginti rerum similium summa.*

Veintenar. *m.* V. *Veintena,* na segunda accepção.

Veintenario, ria. *adj.*Vintenario; que tem vinte annos. *Vicenarius, a, um.*

Veinteno, na. *adj. (num. ord.)* Vinteno.V. *Vijésimo:* — vinteno; diz-se do panno que tem dois mil fios de ordidura.

Veinteñal. *adj.* Vicenal; que dura vinte annos. *Vicenalis, e.*

Veinteocheno, na. *adj.*Vinte e ocheno; diz-se do panno que tem dois mil e oitocentos fios de ordidura.

Veinteseiseno, na. *adj.* Vinteseiseno; diz-se do panno que tem de ordidura dois mil e seiscentos fios.

Veintésimo, ma. *adj. num. ordinal.*V. *Vijésimo.*

Veinticinco. *adj. num. cardinal.*Vinte e cinco.

Veinticuatreno, na. *adj.* Que pertence ao numero vinte e quatro, ou que o contém: — vinte e quatreno; diz-se ordinariamente do panno que tem dois mil e quatrocentos fios de ordidura.

Veinticuatría. *f.* Cargo ou officio da casa dos vinte e quatro em algumas cidades de Andaluzia. *Munus decurionis vel senatoris a numero decurionum sic dictum.*

Veinticuatro. *adj. num. cardinal.* Vinte e quatro: — *m.* vinte e quatro; dava-se este nome a cada um dos membros da camara municipal de algumas cidades, conforme o antigo regimen municipal. Eram em numero vinte e quatro. *Decurio vel senator a numero decurionum sic dictus.*

Veintidos. *adj. num. cardinal.* Vinte e dois. *Duo et viginti.*

Veintidoseno, na. *adj. num. ordinal.*Vintedozeno, vigesimo segundo. *Vigesimus secundus:* — vintedozeno; diz-se do panno que tem de ordidura dois mil e duzentos fios.

Veintenueve. *adj. num. cardinal.* Vinte e nove.

Veintiocheno, na. *adj.* V. *Vinteocheno.*

Veintiocho. *adj. num. cardinal.* Vinte e oito.

Veintiseis. *adj. num. cardinal.* Vinte e seis.

Veintiseiseno, na. *adj.* Vinteseiseno; pertencente ao numero vinte e seis ou que o inclue em ordem: — vinteseizeno; panno que tem de ordidura dois mil e seiscentos fios.

Veintisiete. *adj. num. cardinal.* Vinte e sete.

Veintitres. *adj. num. cardinal.* Vinte e tres.

Veinteun. *adj.* Vinte e um.

Veinteuna. *f.* Vinte e um; nome de um jogo de cartas ou de dados, em que este ponto é o que ganha ou o que se lhe approxima mais sem passar. *Chartarum ludus quidam.*

Veintiuno, na. *adj. num. cardinal.* Vinte e um.

Vejacion. *f.* Vexação; acção e effeito de vexar. *Vexatio onis. Redimir la vejacion (fr.);* remir a vexação; soffrer qualquer perda para remediar alguma necessidade maior. *Injuriam seu molestiam redimere.*

Vejámen. *m.* Vexame. V. *Vejacion:* — vaia, chasco, chufa, dicterio; dito satyrico, picante, que offende e vexa alguem. *Objurgatio satyrica:* — satyra epigrammatica; discurso jocoso e critico, em que se pintam os defeitos physicos ou intellectuaes dos poetas ou outros individuos que concorrem a certames litterarios. *In pœtarum certaminibus festiva objurgatio.*

Vejaminista. *m.*Epigrammista, critico; escriptor epigrammatico que exerce a critica fazendo juizo dos que concorrem a certame ou controversia litteraria. *Objurgator festivus.*

Vejancon, na. *adj. (fam.) augm.* de *Viejo.* Vélhão, velhancão; muito velho. Usa-se tambem como substantivo em ambas as terminações. *Decrepitus; senio confectus.*

Vejar. *a.* Vexar, maltratar, molestar, atormentar. *Vexare:* — satyrisar, criticar as obras ou os auctores que concorreram a certame ou controversia litteraria. *Satyricè, festivè objurgare.*

Vejarron, na, *adj. (fam.) augm.* de *Viejo.* Velhão, velhancão; diz-se do homem muito velho. Usa-se tambem como substantivo em ambas as terminações. *Valdè senex.*

Vejazo, za. *adj. augm. (ant.)* de *Viejo.* Velhão. Usava-se tambem como substantivo em ambas as terminações.

Vejecito, ta, *adj. dim. (ant.)* de *Viejo.* Velhinho, velhote; velho decrepito. Usava-se tambem substantivado em ambas as terminações.

Vejedad. *f. (ant.)* V. *Vejez.*

Vejestorio. *m. (fam.)* Antigualha; cousa velha, sediça, carunchosa, carcomida, de pouco valor, de que se não faz caso. *Res senio confecta:* — V. *Vejete.*

Vejetabilidad. *f.* Vegetabilidade; qualidade do que é vegetavel. *Vegetabilium conditio, qualitas.*

Vejetable. *adj.* Vegetavel; vegetal, vegetativo; que vegeta. Usa-se tambem substantivado. *Vegetabilis, le.*

Vejetacion. *f.* Vegetação; acção e effeito de vegetar. *Vegetatio, onis.*

Vejetal. *adj.*V. *Vejetable. Tierra vejetal,* terra vegetal, a que é mais propria para a vegetação. Tambem se chama terra franca: — *pl. (bot.)* vegetaes. V. *Plantas.*

Vejetante. *adj.*Vegetante; que vegeta. *Quod vi propria nutritur.*

Vejetar. *n.* Vegetar; crescer e nutrir-se a planta. Usa-se tambem como reciproco em castelhano. *Nutriri:* — *(fig.)* vegetar; viver sem cuidados nem prazeres ou satisfações, attendendo só á conservação material.

Vejetativo, va. *adj.* Vegetativo; que vegeta ou que faz vegetar. *Vegetans, antis.*

Vejete. *adj. dim.* de *Viejo.* Velhote. Usa-se mais commummente como substantivo. *Ridiculus senex:* — *m.* vegete; personagem que nas comedias e entremezes faz o papel de velho ridiculo. *Histrio ridiculi senis personam in scena gerens.*

Vejeto (agua de). V. *Agua.*

Vejeto-animal. *adj.* Vegeto-animal; que participa da natureza dos animaes e dos vegetaes.

Vejeto-mineral. *adj. (hist. natur.)* Vegeto-mineral; que participa da natureza vegetal e da mineral.

Vejez. *f.* Velhice, ancianidade. *Senectus, senium:* — *(fig.)* velhice, ancianidade; antiguidade das cousas, extrema duração d'ellas. *Extrema ætas:* — velhice, rabugem; impertinencia propria da idade dos velhos. *Senilis conditio:* — cousa sediça, já mui sabida e vulgar. *Senilis nuga. Ahorrar para la vejez, ganar un maravedí y beber tres (rif.);* quem gasta o que tem a pedir vem. *Qui in juventute dissipat, in senectute indiget. A la vejez aladares de pez;* velho gaiteiro, velho menino. *Senectutem celans, canos tingit. A la vejez viruelas (loc.);* bexigas na velhice; diz-se quando uma cousa vem em epocha não esperada, não opportunamente, em allusão á variola ou bexigas que de ordinario atacam as creanças. *Tardè sapiunt phryges.*

Vejezuelo, la. *adj. dim.* de *Viejo.* Velhinho. Usa-se tambem como substantivo. *Vetulus, i.*

Vejible. *adj. (ant.)* V. *Viejo.*

Vejiga. *f.* Bexiga; sacco, reservatorio membranoso destinado a conter a urina. *Vesica, æ:* — bexiga, vesicula do fel ou biliaria; bolsa que serve de deposito ao fel. *Vesica, æ:* — bexiga, vesicula; empola cheia de serosidade que se levanta na pelle. *Vesica, vesicula:* — *pl.* bexigas, variola; erupção variolosa. *Variolæ, pustularum genus. Vejiga de perro (bot.);* visicaria ou herva noiva. V. *Alquequenje.*

Vejigatorio, ria. *(med.)* Vesicatorio; emplasto ou unguento composto de cantharidas ou outras substancias vesicantes, que applicado á pelle faz levantar bolhas. *Splenium vesicis in cute excitandis.*

Vejigazo. *m.* Bexigada; pancada, golpe com bexiga cheia de ar. *Inflatæ vesicæ ictus, percussio.*

Vejigon. *m. augm.* de *Vejiga.*

Vejigüela. *f. dim.* de *Vejiga.* Bexiguinha.

Vejiguica, lla, ta. *f. dim.* de *Vejiga.* Bexiguinha, bexigasinha.

Vejiguilla. *f. (bot.)* V. *Vejiga de perro.*

Vejon, na. *adj. (ant.) augm.* de *Viejo.* Velhão; pessoa muito velha. Usa-se tambem como substantivo em ambas as terminações.

Vejote, ta. *adj. (ant.) augm.* de *Viejo.* Velhão. Usava-se tambem substantivado.

Vela. *f.* Véla, vigilia; acção de velar. Significa tambem o tempo que se está desperto, que se véla. *Vigilia, æ:* — véla, vigilia; tempo que cada religioso, devoto, etc., passa alternadamente diante do Santissimo Sacramento. *Statio sacra, devota, christianorum propria:* — vigilias, serão; trabalho que se faz durante a noite em officinas, etc., e por extensão diz-se de qualquer genero de trabalho feito de noite. *Vigilia, elucubratio:* — V. *Romería,* porque antigamente, emquanto ella durava, velava-se em devota oração. *Devota perigrinatio:* — véla; rolo de cêra, sebo ou outra materia com pavio, para dar luz. *Candela sebacea, vel cerea:* — *(prov.)* V. *Toldo:* — *(fig.)* véla, vigilancia, vigilia; vigia cuidadosa, desvelo em algum trabalho. *Cura, diligentia:* — *(fig.)* véla, navio, embarcação. *Navis, is:* — orelha arrebitada de cavallo, de muar e de outros animaes. *Auricularum erectio in jumentis:* — *(ant.)* véla, vigia, sentinella que vigiava de noite. *Vigiliæ, excubiæ. A la vela (loc. adv.);* de atalaia, com vigilancia, com todas as precauções necessarias para algum fim; *v. g.: estar a la vela;* estar de atalaia, em véla, preparado. *Omnino paratum, prestò esse. A vela y remo (loc. adv.)* a véla e remos, a todo o panno; com toda a força e diligencia. *Totis viribus; remis velisque. Recojer velas (fig.);* colher as vélas; descontinuar o que se estava fazendo, conter-se, moderar-se. *Cautè et prudenter se agere. Correrse la vela (fr.);* derreter-se muito a véla, escorrendo e formando sulco. *Candelam liquefieri, fundi. En vela (loc. adv.);* em véla, á véla, velando, sem dormir, em estado desperto. *Vigilanter, insomni notæ. Tender las velas (fr. fig.);* aproveitar a maré, valer-se da occasião, lançar mão d'ella. *Occasionem arripere. Buena vela (equit.);* que tem orelha corajosa; diz-se do cavallo que tem as orelhas bem situadas e proporcionadas e que as move com galhardia e promptidão, dando indicio de ser fogoso, de genio vivo: — *(bot.)* véla; genero de plantas da familia das cruciferas: — *(naut.)* véla; panno de treu que se abre ao vento e serve de impellir o navio, communicando o impulso do vento aos mastros.

Velacion. *f.* Veladura; acção de velar. *Vigilatio, onis:* — *pl.* velações; bençãos nupciaes que a Igreja manda que os desposados recebam no tempo permittido. *Nuptiarum solemnia.*

Velachero. *m. (naut.)* Velacheiro; pequeno barco de cabotagem com dois mastros.

Velacho. *m. (naut.)* Velacho; véla do mastro da prôa, entre o traquete e o joanete. *Proræ velum:* — velacho; nome da verga em que a dita véla se enverga.

Velada. *f.* V. *Velacion,* na primeira accepção: — concorrencia nocturna a alguma praça ou passeio publico illuminado: — *(prov.)* V. *Ve-*

lacion, na segunda accepção.

Velado. *m.* Marido. *Maritus, i.*

Velador, ra. *s.* Velador; o que véla, vigia. *Vigilator, oris:* — velador, vigilante, desvelado, solicito; cuidadoso em fazer alguma cousa. *Invigilator, oris:* — *(ant.)* velador, sentinella: — *m.* velador; candieiro de pau com seu pé e roda em cima, em que se fixa a véla para alumiar quem faz serão ou trabalha de noite. *Lychnucus ligneus.*

Velaje. *m. (ant. naut.)* V. *Velámen.*

Velambres. *f. pl. (ant)* V. *Velaciones.*

Velámen. *m. (naut.)* Velame; as vêlas do navio e seus apparelhos. *Vela, carbasa.*

Velante. *p. a. (ant.)* Vigilante, velador. *Vigilans, antis.*

Velár. *n.* Velar; passar a noite sem dormir. *Vigilare:* — velar; fazer serão. *Elucubrare:* — *(fig.)* velar, vigiar; observar attentamente alguma cousa. *Observare:* — *(fig.)* velar, vigiar, desvelar-se; cuidar solicitamente de alguma cousa. *Invigilare:* — velar; fazer sentinella durante a noite. *Excubias agere:* — *a.* abençoar, lançar as benção nupciaes aos desposados. Usa-se tambem como reciproco. *Flammeo nuptiali velare:* — velar; assistir de noite a um doente ou defunto. *Advigilare, excubare:* — velar; tapar com o véu, cobrir, occultar: — velar, vigiar; ter vigilia por devoção em alguma igreja. *Stationem agere.*

Velarte. *m.* Velarte; panno para capas muito fino e tapado, de côr de aza de corvo. É de primeira e de segunda qualidade; o da primeira chama-se de ordinario vinte e quatreno de capas, e o da segunda vintedozeno de capas. *Panni lanei genus.*

Velea. *f. (bot.)* Velea; genero de plantas da familia das umbelliferas.

Veleas. *m. pl. (bot.)* Veleas; genero de plantas da familia das cruciferas, que tem por typo o genero vela.

Veleidad. *f.* Velleidade; vontade pouco efficaz, desejo vão. *Voluntas, cupiditas iners:* — *(fig.)* velleidade, leviandade, inconstancia, mutabilidade reprehensivel. *Consilii mutabilitas, inconstantia.*

Veleidoso, sa. *adj.* Versatil, mudavel, inconstante, vario.

Velejar, Velejear. *a.* e *n.* *(naut.)* Velejar; navegar á véla, fazer-se de véla. *Velificare:* — V. *Barloventear:* — *(ant.)* velár; esquipar, prover de velame o navio.

Velería. *f.* Estabelecimento, loja ou fabrica onde se vendem ou fazem vélas de sebo. *Candelarum sebacearum officina vel taberna:* — *(naut.)* arte de cortar panno para fazer vélas, e officina onde se fazem.

Velero, ra. *adj.* Veleiro, ligeiro; que anda bem á véla. *Celerior navis:* — romeiro. *Peregrinator ad loca sacra:* — *s.* candieiro, sebeiro; o que faz ou vende vélas de sebo. *Candelarum sebacearum opifex vel venditor.*

Veleta. *f.* Veleta; grimpa que se põe no alto dos edificios. *Lamella metallica, ventorum index:* — *(fig.)* veleta, grimpa, catavento; pessoa inconstante.

Veléte. *m.* Velilho; véu muito fino e transparente que usam as mulheres em alguns paizes. *Subtilius velum.*

Veleya. *f. (bot.)* Velleia; genero de plantas da familia das goodeniaceas.

Velicación. *f. (med.)* Vellicação; pungimento das particulas acres, corrosivas. *Vellicatio, onis.*

Velicar. *a. (med.)* Vellicar; pungir o humor acre alguma parte do corpo. *Vellicare.*

Velico, llo, to. *m. dim.* de *Velo.* Véozinho ou véuzinho.

Velillo. *m.* Velilho; téla mui transparente e tenue, que se tece com algumas flores de fio de prata, volante para véus de mulher e outros ornatos. *Tenuissimi veli genus.*

Velilla, ta. *f. dim.* de *Vela.* Velinha, vélazinha; pequena véla.

Velo. *m.* Véu; peça de lençaria, seda, etc., mui fina que cobre alguma cousa. *Velum, i:* — véu; peça de estofo transparente com que as mulheres cobrem o rosto e a cabeça. *Velum, i:* — véu de freira. *Velum, i:* — véu de tafetá branco que o sacerdote põe aos desposados em signal da união contrahida. *Velanda:* — *(fig.)* véu; tudo o que cobre, encobre, pretexto, excusa. *Prætextus, us:* — *(fig.)* véu; cousa que estorva a vista de outra. *Velum, i:* — *(fig.)* véu; confusão de idéas, obscuridade de entendimento. *Animi obscuritas, caligo:* — *(fig.)* véu; qualquer cousa que encobre o conhecimento expresso de outra. *Velamen, inis.* *Correr el velo (fr. fig.)*; corrér o véu; manifestar, descobrir alguma cousa occulta ou obscura. *Patefacere:* — correr o véu; callar alguma cousa, passa-la por alto depois de tê-la descoberto. *Tomar el velo (fr.)*; tomar o véu, fazer-se freira. *Sacro velo ornari, initiari:* — *del paladar (anat.)*; véu do paladar ou véu palatino.

Veloce. *adj. (ant.)* V. *Veloz.*

Velocidad. *f.* V. *Velozidad.*

Velocísimo, ma. *adj. sup.* de *Veloz.* V. *Velozísimo.*

Velon. *m.* Candieiro; vaso de metal para oleo, com bicos por onde sáe a torcida que se accende. *Lychnus æreus.*

Veloñera. *f.* Especie de plàca ou braço onde se colloca o candieiro ou qualquer outra luz. *Lychni sustentaculum.*

Velonero. *m.* Lampista; o que faz candieiros. *Lychnorum opifex, artifex.*

Veloz. *adj.* Veloz; accelerado, ligeiro, rapido nos movimentos. *Velox, cis:* — veloz, agil, prompto, vivo, expedito. *Celer, agilis.*

Velozidad. *f.* Velocidade; ligeireza, promptidão nos movimentos. *Velocitas, atis:* — velocidade; presteza, promptidão, agilidade em executar ou aprender alguma cousa. *Agilitas, celeritas:* — *(phys.)* velocidade; rapidez maior ou menor com que um corpo posto em movimento precorre um espaço determinado.

VELOZÍPEDO. *m.* Velocipede; especie de cavallo de pau collocado sobre duas rodas.

VELOZÍSIMO, MA. *adj. sup.* de *Veloz.* Velocissimo; muito veloz. *Velocissimus, a, um.*

VELOZMENTE. *adv.* Velozmente; com velocidade. *Velociter.*

VELLERA. *f.* Barbeira; mulher que tem por officio tirar ás outras o buço ou cabellos que lhes vem ao rosto. *Mulier lanuginem radens, mulierum tronstrix.*

VELLIDA. *f. (germ.)* Coberta de cama muito felpuda.

VELLIDO, DA. *adj.* V. *Velloso.*

VELLO. *m.* Vello, pello: — cotão, lanugem; especie de pello curto e fino que cobre alguns fructos ou plantas. *Lanugo, inis.*

VELLOCINO. *m. (ant.)* V. *Vellon.*

VELLON. *m.* Vello; toda a lã do carneiro ou ovelha, e tambem a pelle com os vellos. *Vellus:* — bilhão; moeda castelhana de cobre. *Moneta aerea:* — froco de lã. *Laneus villus, floccus. Real de vellon.* V. *Real.*

VELLONCICO, LLO, TO. *m. dim.* de *Vellon.* Vellozinho; pequeno vello.

VELLONERO, RA. *m.* O que nas tosquias de carneiros apanha os vellos e os põe em pilha. *Vellorum collector.*

VELLORA. *f. (p. And.)* Argueiro ou pequeno nó que se tira dos tecidos de lã. *Flocculus panno detractus.*

VELLORÍ. *m.* Panno entrefino de côr pardo cinzento ou de lã por tingir. *Pannus murini coloris.*

VELLORIN. *m.* V. *Vellorí.*

VELLORITA. *f. (bot.)* Primavera; especie de plantas.

VELLOSA. *f. (germ.)* Certo panno de que se vestem os marinheiros: — carneiro: — coberta da cama.

VELLOSIDAD. *f.* Vellosidade; vello abundante. *Villi copia.*

VELLOSO, SA. *adj.* Velloso; que tem vello. *Villosus, a, um.*

VELLUDO, DA. *adj.* Velloso, felpudo. *Villosus, hirsutus:* — *m.* velludo; seda com pello raso. V. *Felpa, Terciopelo. Sericum villosum.*

VELLUTERO. *m. (prov.)* Fabricante de sedas, especialmente de pellucia ou velludo. *Serici villosi opifex, textor.*

VENA. *f.* Veia, beta, filão; parte nas minas onde se acha o metal e que se estende por baixo da terra. *Metalli vena:* — radicula; fibra, canalzinho das plantas por onde tiram da terra os succos nutritivos. *Fibra, æ:* — veia, veio; diversa qualidade ou côr da terra ou pedra que se descobre no acto de a ir cavando ou cortando. *Vena in fodinis:* veia; canal por onde corre a agua nas entranhas da terra. *Aquæ vena:* — veia, veio, beta; uma das listas ou malhas de diversas cores, que se encontram em algumas pedras e madeiras. *Vena, æ:* — *(fig.)* veia poetica, estro, genio, talento para a poesia. *Œstrus, i* — *de loco*, veia de louco ou de doido; genio inconstante, voluvel. *Furor, inconstantia animi, mentis. Cojer o hallar a otro en vena (fr. fig.);* apanhar alguem de maré; encontra-lo de bom humor, em boa disposição para conceder ou fazer o que se lhe pede. *Alterius animum facilem deprehendere, experiri. Dar en la vena o hallar la vena (fr. fig.);* dar com a veia; encontrar ou descobrir algum meio util até então ignorado para conseguir com facilidade uma cousa. *Rem quæsitam, votis expetitam invenire. Darle a alguno la vena (fr.);* dar-lhe a veia, chegar-lhe a veneta, pôr em pratica alguma resolução impensada e desarrasoada. *Furore corripi. Picar la vena;* picar a veia. V. *Sangrar: (fig.)* estar inspirado, com a musa apurada, affluirem as idéas, os pensamentos ao poeta. *Numine calescere, œstro poetico corripi:* — *(anat.)* veia; nome dado aos vasos ou canaes que conduzem ao coração o sangue depois de distribuido aos orgãos, propellido pelas arterias: — *basilica.* V. *Basilica:* — *cava.* V. *Cava:* — *porta.* V. *Porta:* — *(bot.)* veio; diz-se das nervuras secundarias das folhas, que parecem perdidas na espessura do seu tecido, sem formarem linhas salientes.

VENABLADA. *f. (ant.)* Golpe com o venabulo.

VENABLO. *m.* Venablo ou venabulo; arma arrojadiça da feição de dardo ou de pequena lança. *Venabulum, i. Echar venabulos (fr. fig.);* vomitar raios, dizer cobras e lagartos, dizer injurias. *Convicia fundere, effutire.*

VENACION. *f. (ant.)* Veação; a caça brava ou a acção de caçar.

VENADERO. *m.* Logar mais denso nos bosques onde os veados se acolhem. *Cervorum receptaculum.*

VENADICO, LLO, TO. *m. dim.* de *Venado.* Veadinho; pequeno veado.

VENADO. *m.* Veado; nome dado pelos caçadores ao cervo, e mais commummente ao gamo. *Cervus seu dama:* — *(ant.)* caça de veação; animal de montaria, de caça grossa. Applicava-se particularmente ao urso, ao javali e ao veado.

VENADOR. *m. (ant.)* Monteiro. V. *Cazador.*

VENAJE. *m.* Nascente, manancial de um rio. *Profluens fluminis caput.*

VENAL. *adj.* Venal, venoso; pertencente ás veias. *Ad venam pertinens:* — venal, vendivel; que se vende, de venda ou que se expõe á venda. *Venalis, le:* — *(fig.)* venal; diz-se do que se deixa subornar, peitar, para obrar mal, contra o dever e a justiça. *Venalis, le.*

VENALIDAD. *f.* Venalidade; qualidade de ser venal. *Venalitas, atis:* — venalidade; abuso de se vender o que só deve ser concedido ao merecimento ou aos serviços, vicio de se deixar subornar, peitar. *Venalitas, atis.*

VENÁTICO, CA. *adj.* Lunatico; que tem veneta, veia de loucura ou idéas extravagantes. *Qui insania interdum corripitur.*

VENATORIO, RIA. *adj.* Venatorio; de montaria, da caça, pertencente á caça. *Venatorius, a, um.*

Vencedor, ra. *s.* Vencedor; o que vence, ficou victorioso. *Victor, victrix.*

Venceio. *m. (ant.)* V. *Cordel.*

Vencejo. *m.* Vencelho; atilho de palha, verga ou junco para atar as paveias. *Ligamen, vinculum: (germ.)* cinto de couro. V. *Pretina:* — *(zool.)* vencelho, gavião; genero de aves.

Vencer. *a.* Vencer; render, sujeitar ou desbaratar o inimigo. *Vincere:* — vencer; dominar o somno, a dor, a paixão a alguem. *Vincere:* — vencer; domar, refrear, render as paixões e affectos sujeitando-as á rasão. *Superare, subjicere:* —vencer, superar, destruir os obstaculos, as difficuldades, os impedimentos. *Vincere, superare:* — vencer; prevalecer uma cousa sobre outra, mesmo as immateriaes. *Prævalere, excedere, vincère:* — vencer; convencer, persuadir alguem com rasões evidentes ou por outros meios persuasivos. *Convincere, persuadere:* — vencer; soffrer com paciencia e constancia alguma dor, trabalho ou calamidade. *Æquo animo ferre, tolerare:* — vencer, subir, sobremontar; passar a altura ou aspereza de algum sitio ou caminho. *Superare, conscendere:* — torcer ou inclinar alguma cousa fazendo-lhe perder a linha recta. Usa-se tambem figuradamente. *Declinare, inclinare:* — *(fig.)* vencer, sobrepujar, avantajar-se, ser preferido, superior a outro. *Superare:* — *n.* vencer-se; acabar, findar, chegar o praso em que deve pagar-se uma divida, etc. *Diem adsignatum adventare:*— vencer; saír-se bem de uma empreza, ganhar demanda, contenda, pleito, etc. *Vincere, obtinere:* — *r.* vencer-se, refrear-se; reprimir os impetos do genio ou das paixões. *Propriæ libidine obsisteri, reluctari. El vencido vencido y el vencedor perdido (rif.);* o vencido vencido e o vencedor perdido; aconselha que se evitem demandas, disputas, etc. *Victor, exhaustis viribus, victo æqualis.*

Vencible. *adj.* Vencivel; que se pôde vencer. *Quod vinci aut superari potest.*

Vencida. *f.* Só se usa nas tres phrases seguintes: *Llevar a alguno de vencida;* levar alguem de vencida; vencelo, ir no alcance do inimigo vencido. *A tres ó a las tres va la vencida;* senão se vence á primeira, vence-se á segunda ou á terceira; aconselha que não se deve desistir do intento por ter falhado no principio; assim como tambem que não se insista demasiadamente n'elle. *Ir alguno de vencida;* ir alguem de vencida; começar a ser vencido, desbaratado.

Vencimento. *m.* Vencimento; acção e effeito de vencer ou ser vencido. É n'esta ultima accepção que hoje se usa geralmente: — vencimento; chegada do praso de um pagamento: — *(fig.)* inclinação, desvio de alguma cousa material. *Inclinatio, declinatio.*

Venda. *f.* Vendá; faixa, tira de panno, ligadura. *Vitta, fascia:* — bandó ou diadema; fita ou faixa com que os reis cingiam as suas frontes. *Fascia:* — *(prov. ant.)* V. *Venta.*

Vendaje. *m.* Vendagem; paga que se dá a alguem pelo trabalho de vender generos que se lhe confiaram. Tem pouco uso. *Venditionis stipendium:* — *(cir.)* bandagem; ligadura com faixa, venda ou atadura. *Ligamentum fasciarum ope factum.*

Vendar. *a.* Vendar; atar, ligar ou cobrir com venda, banda ou faixa. *Vitta, fascia velare, obtegere:* — *(fig.)* vendar, escurecer, cegar; impedir ou estorvar a rasão, offuscar o espirito. *Tenebras caliginem menti obducere.*

Vendaval. *m.* Vendaval; vento forte de aguaceiros, quasi sempre impellido da parte do sul, inclinado ao poente. *Notus, ventus vehemens:* — vendaval; vento de oeste que reina nas costas de Cumaná e Caracas até Nicaragua, nos mezes de julho a dezembro.

Vendedero, ra. *s. (ant.)* Vendedor; o que tem por officio vender. *Venditor, venditrix.*

Vededor, ra. *s.* Vendedor; o que vende alguma cousa. *Venditor, venditrix.*

Vendegar. *a. (ant.)* V. *Vengar.*

Vendehumos. *m. (fam.)* Falso valido de qualquer pessoa poderosa que ostenta favores de que não gosa, para os vender aos pretendentes, enganando-os. *Qui gratis se apud aliquem valere jactat, ostentat.*

Vendeja. *f. (p. And.)* Venda publica e commum, como em feira, etc. *Venditio, nundinatio.*

Vender. *a.* Vender; alheiar alguma cousa por certo preço. *Vendere:* —vender; expor ao publico as mercadorias para venda. *Vendere:* — vender; fazer alguma cousa por interesse; diz-se da honra, da justiça, liberdade, etc. *Vendere:* — *(fig.)* vender; trahir alguem, faltar á fé, confiança ou amisade. *Aliquem prodere, fidem fallere:* — *r.* *(fig.)* vender-se; inculcar-se, gloriar-se alguem do que não é. *Sese simulare:* — sacrificar-se; expor-se com todo o risco a favor de alguem. *Sese propter alium periculis objicere:* — *al quitar (fr.);* pacto de retrovendendo; vender com a condição de tornar a comprar a cousa vendida. *Vendere cum pacto retrovendendi:* — *cara alguna cosa (fr.);* vender caro alguma cousa; fazer com que a alguem lhe custe muito trabalho e espaço para o conseguir. *Caro vendere:* vender caro; persuadir alguem da bondade e utilidade de uma cousa, que na realidade não tem nenhuma d'estas qualidades. *Fucum facere:* — *gato por liebre (fr.);* vender gato por lebre; enganar outrem na qualidade da cousa que se vende: — *juncia (fr. fig.);* vangloriar-se, jactar-se, bravatear. *Venderse caro (fr. fig.);* vender-se caro; fazer-se desejado, procurado. *Ægrè sui copiam facere. Estar como vendido (fr.);* estar como vendido; estar incommodado, de mau grado, contrafeito em qualquer companhia. *Ab aliquorum consortio abhorrere. Estar vendido (fr.);* estar vendido; estar em perigo no meio de pessoas pouco honestas ou acreditadas, ou que são mais sagazes na materia ou assumpto pendente. *In discrimine versari, aliquorum fraudi obnoxium esse.*

Vendeache. *m. (ant.)* Vendedor ou mercador.

Vendible. *adj.* Vendivel; que se póde vender ou está para se vender. *Vendibilis, venalis.*

Vendica, lla, ta. *f. dim.* de *Venda.*

Vendicion. *f. (ant.)* Vendição; acção e effeito de vender. *Venditio, onis.*

Vendida. *f.* Vendagem, venda.

Vendiente. *s. (ant.)* Vendedor; o que vende. *Venditor, oris.*

Vendimia. *f.* Vindima; colheita das uvas e o tempo de vindimar. *Vindemia, æ: — (fig.)* vindima, ganho consideravel; proveito, fructo abundante que se tira de alguma cousa. *Fructus copiosus, abundans. Después de vendimias cuévanos (rif.);* depois de vindimas, cavanejos. *Serò sapiunt phryges.*

Vendimiador, ra. *s.* Vindimador; o que vindima. *Vindemiator, oris.*

Vendimiar. *a.* Vindimar; colher as uvas da vinha ou das parreiras. *Vindemiare: — (fig.)* crestar, dar cresta; disfructar alguma cousa especialmente quando é com violencia ou injustiça. *Frui: — (fam.)* vindimar, matar. *Necare.*

Vendimiento. *m. (ant.)* Vendimento. V. *Venta.*

Vendo. *m.* Ourelo do panno. *Panni limbus.*

Veneciano, na. *adj.* Veneziano; pertencente a Veneza. *Venetus, a, um: — s.* veneziano; natural de Veneza. *A la veneciana (loc. adv.);* á veneziana; á moda, ao uso de Veneza. *Veneto more.*

Venedizo, za. *adj. (ant.)* Vindiço. V. *Advenedizo.*

Veneficiar. *a. (ant.)* Maleficiar. *Veneficiis inficere.*

Veneficio. *m.* Maleficio, bruxaria. *Veneficium, ii.*

Venéfico, ca. *adj. (ant.)* Venefico, venenoso: — V. *Hechicero.*

Venenador, ra. *s. (ant.)* Pessoa venefica. V. *Envenenador.*

Venenar. *a. (ant.)* V. *Envenenar.*

Venenífero, ra. *adj. (poet.)* Venefico, venenoso.

Veneno. *m. (fig.)* Veneno; qualquer cousa extremamente prejudicial á saude. *Res valetudini adversa: — (fig.)* veneno; maximas perniciosas, doutrina perigosa, malignidade, influxo maligno. *Venenum, pernicies animi: —* transporte de colera, desejo de vingança, rancor, etc. *Iracundia, invidia, odium: — (fig.)* travo; aspereza ou mau sabor de fructas ainda verdes ou de outras cousas. *Acerbitas, asperitas, gustus: — (ant.)* medicamento, remedio preparado na botica: — tinta, droga para a pintura ou tinturaria, porque a maior parte das vezes é composta de substancias venenosas; tambem se dá este nome ao arrebique ou côr artificial com que as mulheres pintam o rosto. *Venenum, color tinctorius, fucus. Poco veneno no mata (loc. adv.);* pouco veneno não mata; as cousas nocivas em pequena quantidade não causam damno. Usa-se tambem em sentido moral. *Parum veneni non nocet: — (med. e chim.)* veneno; nome generico de todas as substancias que, introduzidas na economia animal, por qualquer via que seja, obram nocivamente sobre o tecido dos orgãos ou sobre as suas propriedades vitaes.

Venenosidad. *f.* Venenosidade; qualidade de ser venenoso. *Veneni vis.*

Venenosísimo, ma. *adj. sup.* de *Venenoso.* Venenosissimo; mui venenoso. *Valdè venenosus.*

Venenoso, sa. *adj.* Venenoso; que contém veneno. Usa-se tambem em sentido moral. *Venenosus, a, um.*

Venera. *f.* Venéra; insignia que trazem pendente do peito os cavalleiros das ordens militares. *Equestris ordinis insigne pectori adfixum. Empeñar la venera (fr.);* empenhar a camisa; não poupar despezas nem sacrificios para conseguir uma cousa. *No se le caerá la venera (fr.);* não lhe cairão os parentes em deshonra; reprehende os que por vaidade ou orgulho recusam fazer qualquer cousa: — *(min.)* V. *Venero: — (zool.)* vieira; concha de duas peças iguaes, quasi redondas, de côr branca, malhada de vermelho. É mui commum nos mares da Galliza e d'ella usam principalmente os romeiros que voltam de S. Thiago, cozida nas suas esclavinas. *Ostrea jacobea.*

Venerabilísimo, ma. *adj. sup.* de *Venerable.* Venerabilissimo; muito veneravel. *Valdè venerabilis.*

Venerable. *adj.* Veneravel, venerando; digno de veneração. *Venerabilis, venerandus: —* veneravel; epitheto que se dá ás pessoas de conhecida virtude. *Venerabilis, e: —* veneravel, reverendo; tratamento que se dá aos ecclesiasticos constituidos em prelazia ou dignidade. *Venerabilis, le: — (hist.)* veneravel; titulo honorifico dado a alguns reis de França, principalmente a Filippe I e a Luiz VI.

Venerablemente. *adv. m.* Veneravelmente; com veneração. *Venerabiliter.*

Veneracion. *f.* Veneração; estimação e profundo respeito. *Veneratio, onis: —* veneração; culto, grande respeito e acatamento a Deus, e ás cousas santas.

Venerador, ra. *s.* Venerador; o que venera. *Venerator, cultor.*

Veneralias. *f. pl. (hist.)* Veneralias; festas celebradas em honra de Venus nos primeiros dias de abril.

Venerando, da. *adj.* Venerando. V. *Venerable.*

Venerante. *p. a.* de *Venerar.*

Venerar. *a.* Venerar, honrar, respeitar, reverenciar. *Venerari, colere:* —venerar; dar culto a Deus, aos santos ou cousas sagradas. *Collere, venerari.*

Venéreo, rea. *adj.* Venereo; concernente a Venus, que respeita a appetites carnaes. *Venereus, a, um.*

Venerica, lla, ta. *f. dim.* de *Venera.* Venerasinha; pequena venéra.

Venero. *m.* Linha horaria de um relogio de sol. *Linea quo in horologio solario horæ describuntur:* — vieiro, fonte; origem, principio de qualquer cousa. *Origo, inis:* — *(min.)* vieiro. V. *Filon.*

Veneruela. *f. dim.* de *Venera.* Venerasinha, pequena venera.

Veneto, ta. *adj.* V. *Veneciano.*

Vengable. *adj.* Que póde ou deve vingar-se. *Quod vindicari potest seu vindicatione dignum est.*

Vengador, ra. *s.* Vingador; o que vinga ou se vingou. *Ultor, vindex.*

Vengainjurias. *m. (germ.)* Fiscal.

Vengancilla. *f. dim.* de *Venganza.* Vingançasinha; pequena vingança.

Venganza. *f.* Vingança, vindicta; satisfação que se tira do aggravo ou prejuizo recebido. *Vindicta, ultio:* — vingança; offensa ou aggravo feito a quem primeiro offendeu ou aggravou: — vingança, castigo, punição, pena.

Vengar. *a.* Vingar; tirar satisfação de algum aggravo ou injuria. *Vindicare, ulcisci:* — vingar; offender, aggravar a quem primeiro aggravou ou offendeu. Usa-se tambem como reciproco. *Ulcisci:* — *(ant.)* V. *Devengar,* ganhar.

Vengativo, va. *adj.* Vingativo; inclinado á vingança, amigo de vingar-se. *Ultionis cupidus, injuriæ memor.*

Venia. *f.* Venia; perdão ou remissão de offensa ou culpa. *Venia, æ:* — venia, licença, permissão. *Venia, æ:* — venia, mesura, cortezia; inclinação de cabeça, para saudar a alguem. *Salutatio aperto et inclinato capite:* — *(for.)* venia; licença que se concede aos menores de vinte e cinco annos para poderem administrar os seus bens. *Venia, æ.*

Venial. *adj.* Venial; que se oppõe levemente á lei ou preceito, e por isso é de facil remissão. *Venialis, levis.*

Venialidad. *f.* Venialidade; qualidade de ser venial, erro leve, descuido, falta perdoavel. *Levitas culpæ, erroris.*

Venialmente. *adv. m.* Venialmente, levemente; de modo venial, perdoavel. *Leviter.*

Venica, lla, ta. *f. dim.* de *Vena.* Veiasinha; pequena veia.

Venida. *f.* Vinda; chegada de uma pessoa ou cousa de um logar mais ou menos distante para aquelle onde pára ou está alguem. *Adventus, us:* — vinda, regresso; volta ao logar d'onde se saiu ou partiu. *Reditio, onis:* — V. *Avenida,* dos rios, etc.: — *(fig.)* venida; rompimento, impeto, ataque imprevisto, acção inconsiderada. *Impetus, us:* — *(esgr.)* venida; acommettimento mutuo dos combatentes. *Mutua aggressio.*

Venidero, ra. *adj.* Vindouro, futuro; que está por vir ou succeder. *Venturus, a, um:* — *m. pl.* vindouros; a posteridade, os successores.

Venidio. *m. (bot.)* Venidio; genero de plantas da familia das compostas.

Veniente. *p. a. (ant.)* Vindo, que vem, chega. *Veniens, entis.*

Venino. *m. (ant.)* Furunculo ou tumor maligno: — *adj. (ant.)* V. *Venenoso.*

Venir. *n.* Vir; passar, transportar-se de um logar para aquelle onde está alguem. *Venire:* — vir; comparecer em juizo ou perante o superior. *Sese judicio sistere, adesse:* — *(fig.)* vir, concordar, convencionar. *Convenire, consentire, in alterius sententiam ire:* — *(fig.)* convir; ajustar-se, ser conforme uma cousa com outra. *Convenire, aptari:* — V. *Caer.* Usa-se n'este sentido physica e moralmente, e tambem como reciproco quando se diz: *venirse a tierra, a bajo;* vir a terra, a baixo. *Corruere:* — vir, chegar; recorrer finalmente áquillo que se recusava ou não se queria fazer. *Venire:* — vir; chegar absolutamente em qualquer sentido. *Venire, accidere, adventare:* — vir, voltar; resolver-se a tratar de alguma cousa como sendo a principal, tendo incidentemente fallado de outras; *v. g., pero vengamos al caso;* mas voltemos ao caso. *Venire ad:* — convir, annuir; conceder o que se pede; *v. g., vengo en eso,* convenho n'isso. *Annuere:* — vir, acompanhar alguem; *v. g., viene fulano con el;* vem fulano com elle. *Comitari:* — ir; ser do partido ou opinião de alguem; como: *con quien vengo vengo;* com quem vou, vou. *Alicujus partes sequi:* —vir; acudir, concorrer a alguem, valer-se d'elle, pedir-lhe alguma cousa. *Accurrere:* — vir; aggredir, acommetter a outro indo a elle. N'este sentido usa-se mais como reciproco; *v. g., venir el enemigo, venirse el toro a uno;* vir o inimigo, vir o touro direito a alguem. *Aggredi, impetum facere:* — vir, sobrevir, acontecer, chegar, succeder: — vir; inferir-se, deduzir-se ou seguir-se uma cousa de outra. *Sequi, inferri:* — vir; passar o uso ou dominio de uma honra de uns para outros. *Transferri:* — vir; approximar-se ou inclinar-se uma cousa para outra, por movimento proprio ou por impulso extranho. *Accedere, adjungi:* — dar-se ou produzir-se uma cousa n'um terreno. *Provenire:* — vir; seguir ou succeder-se uma cousa a outra por ordem, especialmente no curso das cousas naturaes; *v. g., después del verano viene el otoño;* depois do verão vem o outono. *Sequi, subsequi:* — vir, nascer, proceder; trazer origem, ter dependencia uma cousa de outra. *Oriri, pendere:* — vir; excitar-se ou começar-se a mover algum affecto ou paixão; como: *venir gana, deseo;* vir a vontade, o desejo, etc. *In desiderium venire:* — vir; offerecer-se, occorrer alguma cousa á imaginação ou á memoria. *Venire in mentem:* — vir; chegar uma cousa ao estado de perfeição ou ao seu fim; *v. g., venir la razon ó el uso de ella a los niños;* vir, chegar a rasão ou o uso d'ella aos meninos. *Venire in, pervenire:* — vir; succeder finalmente alguma cousa como se esperava ou se temia; e n'este sentido usa-se sempre com a particula *a* e o infinito de outro verbo; *v. g., después de una larga enfermedad vino a morir;* depois de uma longa enfermidade veiu a morrer, etc. *Tandem evenire, accidere:* vir; junto com a particula *a* e alguns substantivos, significa estar prompto a executar o que esses nomes significam; *v. g., venir a cuentas;* vir, chegar a contas, etc. *Paratum esse:* — *r.* vir-se, vir; usa-se em muitas accepções do verbo *venir. Venire:* — vir, aperfeiçoar-se; chegarem ao estado que devem ter algumas cousas por meio da fermentação; *v. g., venirse el pan, venirse el vino;* vir, chegar a levedar o pão, a fermentar o vinho, etc. *Fermentescere, fermentatione perfici:* — vir; junto com os gerundios de alguns verbos significa a paixão, proximidade ou risco; *v. g., venirse cayendo, venirse durmiendo;* vir caindo, vir dormindo. *Ven acá (fr. fam.);* vem cá, olha; usa-se para excitar a attenção de alguem, convence-lo ou dissuadi-lo de alguma cousa. *Heus tu:* — *al mundo;* vir ao mundo, nascer: — *a menos;* vir a menos; peiorar, deteriorar-se, diminuir uma cousa. *Decrescere, diminui:* — *angosto;* vir estreito; ser escassa uma cousa, não bastar para satisfazer o animo, a ambição ou o merito. *Aliquid impar esse desiderio implendo:* — *muy ancho;* ser alguma cousa boa de mais, para o merito da pessoa a quem se dá. *Ultra meritum adipisci:* — *rodado;* vir a proposito uma cousa, succedendo casualmente. *Ad rem casu vel fortuito venire. En lo por venir;* no porvir, para o futuro. *In posterum. No irle ni venirle, ó sin irle ni venirle.* V. *Ir. Venga lo que viniere (fr.);* venha o que vier, succeda o que succeder; exprime a firme resolução em que alguem está de fazer uma cousa. *Quidquid acciderit. Venirse abajo;* vir abaixo, a terra, arruinar-se uma cousa. *Ruere, corruere. Venirse a buenas;* vir ás boas; combinar, ajustar com alguem o melhor ácerca de uma cousa. *Placato animo pacisci. No hay mal que por bien no venga (rif.);* ha males que vem por bem. *Sapiens in malo sæpe bonum elicit.*

Venoso, sa. *adj.* Venoso; que tem veias. *Venosus, a, um:* — *(anat.)* venoso; pertencente ás veias. *Venosus, a, um:* — *(bot.)* venoso; diz-se das folhas que têem pequenos vasos que sobresáem á superficie, estendendo as suas ramificações desde o meio das folhas até ás margens.

Venta. *f.* Venda; contrato pelo qual cedemos a outrem por um preço convencionado uma cousa que nos pertence. *Venditio, onis:* — venda; acção e effeito de vender. *Venditio, onis:* — venda; estalagem nas estradas e no campo para hospedar os passageiros. *Diversorium, ii:* — *(fig.)* descampado; sitio desamparado e exposto ás injurias do tempo. *Venta pública.* V. *Almoneda. Estar de venta ó en venta (fr.);* ser janelleira, a mulher, para ver e ser vista. *Ser una venta;* diz-se de um sitio, logar ou loja, onde se vendem os generos muito caros. *Carò aliquid vendi, prout in caupona:* estar um sitio pouco resguardado ou defendido das intemperies. *Non satis apricum esse locum:* — *pública (fr.);* venda publica; a que se faz por auctoridade judicial com as formalidades do direito.

Ventada. *f.* Rajada de vento.

Ventador. *m. (ant.)* V. *Aventador.*

Ventaja. *f.* Ventagem, vantagem; primazia ou superioridade de uma pessoa ou cousa a respeito de outra. *Præstantia, excellentia:* — vantagem; gratificação que se ganha ou recebe alem do que está estipulado. *Superadditum stipendium:* — vantagem, utilidade, proveito: — vantagem; partido que o jogador fez ao parceiro para o igualar. *Conditio excellens.*

Ventajosamente. *adv. m.* Vantajosamente, avantajadamente; com excesso ou vantagem. *Præstanter:* — vantajosamente, proveitosamente; com utilidade ou proveito.

Ventajosísimo, ma. *adj. sup.* de *Ventajoso.* Vantajosissimo; muito vantajoso. *Præstantissimus, a, um.*

Ventajoso, sa. *adj.* Vantajoso, avantajado, superior; que tem vantagem a outro. *Præstans, excellens:* — vantajoso, util, proveitoso, conveniente. *Præstans, antis.*

Ventalla. *f.* V. *Válvula,* nos instrumentos pneumaticos e hydraulicos: — *(bot.)* vagem; bainha reunida por uma ou mais suturas, que contém as sementes das favas, ervilhas e outras plantas: — *(mil. ant.)* parte da viseira proxima á barba, pela qual entrava o ar na bôca.

Ventalle. *m. (ant.)* V. *Abranico.*

Ventana. *f.* Janella; abertura nas paredes dos edificio para lhes dar luz e ventilação. *Fenestra, æ:* — janella; porta que serve para a fechar. *Fenestræ valva:* — venta; abertura do nariz. *Nares, ium. Arrojar ó echar por la ventana (fr.);* deitar pela janella fóra; desperdiçar, malbaratar. *Prodigare, dissipare. Condenar una ventana;* tapar uma janella. *Fores, adi-*

tum obstruere, occludere. Emparejar la ventana; unir a janella mas sem a fechar. *Fenestræ valvas applicare. Estar asomado a buena ventana ó a buenas ventanas (fr. fig.);* estar proxima a receber uma grande herança, a alcançar fortuna, uma boa posição, etc. *Ad ampliora fortunæ munera promptum aditum habere. Hacer ventana (rif.);* andar pela janella, pôr-se á janella para ser vista; diz-se de das mulheres. *Feminam fenestræ adesse. Juntar la ventana ó la puerta;* unir a janella ou a porta, fecha-la sem dar volta á chave. *Salir por la ventana (fr.);* saír pela janella; saír mal de alguma cousa, logar ou negocio *A re aliqua indecorè sese expedire. Tener ventana al cierzo (fr. fig.);* julgar-se filho do sol e neto da lua; ser muito vaidoso. *Inanis gloriæ aviditate ferri. Tirar a ventana señalada (fr. fig.);* nomear o santo, designar alguem na converção. *Aliquem signanter notare.*

VENTANAJE. *m.* Janellaria; todas as janellas ou correnteza de janellas de um edificio. *Fenestrarum series.*

VENTANAZO. *m.* Batedura da janella, fechando-a, especialmente quando se faz por desfeita a alguem. *Fenestræ occlusio in alicujus despectum.*

VENTANEAR. *n.* Chegar, pôr-se á janella com frequencia. *Sæpius se videndum ad fenestram ostendere.*

VENTANERA. *adj.* Janelleira; diz-se da mulher que está á janella com frequencia. *Femina fenestra frequens.*

VENTANERO. *m.* Marcineiro ou carpinteiro que faz caixilhos ou portas para janellas. *Valvarum artifex: — adj.* que se applica ao namorador que, com pouco recato, anda pelas ruas olhando para as janellas onde ha mulheres.

VENTANICA, LLA. *f. dim.* de *Ventana.* Janellinha; pequena janella.

VENTANICO, LLO. *m.* Postigo pequeno das portas da janellas. *Fenestella vel valvula.*

VENTAR. *a.* e *n.* V. *Ventear: — a rachas (naut.);* ventar ás rajadas; ventar com irregularidade, ora brando, ora forte.

VENTARRON. *m.* Ventania, ventaneira; vento forte e continuado. *Ventus vehementior.*

VENTEADURA. *f.* Racha que se forma na madeira ou em outra cousa por causa do vento. *Rima, æ.*

VENTEAR. *n.* Ventar; soprar o vento, fazer vento. *Flare ventum: — a.* aventar, ter faro; diz-se de alguns animaes. Usa-se tambem como neutro. *Odoris ope investigare: — (fig.)* farejar; andar indagando ou inquirindo alguma cousa. *Subodorari, suspicari: —* aventar; expor alguma cousa ao vento para a enxugar ou limpar. *Vento exponere, ventilare: — r.* aventar-se; introduzir-se o ar ou vento em alguma cousa, distendendo-a, gretando-a ou levantando empolas. *Vento rescindi vel vitari: —* estragar-se, deteriorar-se, corromper-se, viciar-se alguma cousa pela acção do ar: — peidar, traquear.

VENTECICO, LLO, TO. *m. dim. (ant.)* de *Viento.* Ventinho, aragem; vento brando.

VENTENATIA. *f. (bot.)* Ventenatia; genero de plantas dicotyledoneas.

VENTENERO, VENTERNERO, RA. *adj.* Comilão, glotão, devorador.

VENTERNIA. *f.* Golodice, glotoneria; vicio de comer muito.

VENTERO, RA. *s.* Vendeiro, estalajadeiro; dono de venda ou estalagem no campo. *Stabularius, caupo.*

VENTILACION. *f.* Ventilação; acção e effeito de ventilar, movimento, introducção de ar fresco em uma casa ou logar. *Ventilatio, onis: — (fig.)* ventilação; discussão, debate ácerca de alguma cousa. *Disceptatio, onis.*

VENTILADOR. *m.* Ventilador; instrumento ou apparelho que serve a renovar o ar tornado improprio a ser respirado, em quartos, navios e outros logares fechados.

VENTÍLAGO. *m. (bot.)* Ventilago; genero de plantas da familia das rhamneas.

VENTILAR. *a.* Ventilar, arejar; dar ar a alguma cousa. *Ad ventum agitare, vento exponere: — (fig.)* ventilar, discutir; debater uma questão. *Disceptare, controversari: — n.* ventar; fazer vento. Usa-se tambem como reciproco. *Ventum flare, spirare.*

VENTILLA. *f. dim.* de *Venta.* Vendasinha; pequena venda.

VENTISCA. *f.* Nevasca; neve acompanhada de vento que costuma a ser frequente nos portos. *Nimbus nive commixtus, ventus nimbosus.*

VENTISCAR. *n.* Nevar com vento forte ou levantar este a neve. *Nivem vento agitante cadere.*

VENTISCO. *m.* V. *Ventisca.*

VENTISCOSO, SA. *adj.* Diz-se do tempo e logar em que ha muitas nevascas. *Nimbosis nivibus obnoxius.*

VENTISQUERO. *m.* Sitio abrigado e defendido onde a neve amontoada pelo vento se conserva muito tempo. *Locus nivis vorticibus frequens, nive copiosus: —* tambem assim chamam ás alturas dos montes mais expostos ás nevascas.

VENTOLERA. *f.* Refrega, rajada de vento; corrente de ar forte mas de pouca duração. *Ventus vehemens et inconstans: — (fig.)* flato, vaidade, jactancia, soberba. *Superbia, inanis animi elatio: — (fig.)* veneta; pensamento ou determinação inesperada e extravagante. *Præceps et inconsiderata rei electio.*

VENTOLINA. *f.* Viração; vento brando e fresco. *Ventus levis variusque.*

VENTOR. *m.* Ventor; cão de bom faro que rasteja e descobre a caça. *Canis odorus.*

VENTORRERO. *m.* Sitio, logar elevado e desabrigado, mui combatido pelos ventos. *Locus ventis obnoxius.*

VENTORRILLO. *m.* Bodega, venda, estalagem no campo má e sem commodos.

VENTORRO. *m.* V. *Ventorrillo.*

VENTOSA. *f.* Respiradouro; abertura que nos encanamentos e aqueductos se deixa de espaço a espaço. Tambem se faz em outras obras para dar ventilação. *Spiramen, inis:* — *(germ.)* janella. *Pegar una ventosa (fr. fig.);* ferrar um cão; alcançar de alguem, com artificios, dinheiro ou outra qualquer cousa. *Sagaci fraude aliquid exsugare:* — *(cir.)* ventosa; pequeno vaso de vidro ou metal, estreito de bôca e largo de bojo, cujo ar interior rarefeito por meió de estopa queimada forma um vacuo, e que applicado á pelle prende n'ella e a faz inchar. *Ventosas húmedas ó escarificadas;* ventosas sarjadas; as que se applicam a uma parte, depois de a ter ligeiramente escarificado, para determinar uma sangria mais abundante. *Ventosas secas;* ventosas seccas; as que se applicam só para attrahir o fluxo de sangue e conseguir uma derivação: — *(zool.)* ventosa; dá-se este nome a uns orgãos musculosos collocados em differentes partes do corpo de certos animaes aquaticos e que têem a fórma de discos ôcos. Servem-lhes para se fixarem nas rochas e para colher a presa ou chupar.

VENTOSEAR. *n.* Peidar, traquear; expellir ventosidades pelo anus. Usa-se tambem como reciproco. *Pedere.*

VENTOSEDAD. *f. (ant.)* V. *Ventosidad.*

VENTOSERO, RA. *adj.* Diz-se da pessoa que é muito inclinada a usar de ventosas. *Cucurbitarius, a, um.*

VENTOSIDAD. *f.* Ventosidade; o ar encerrado ou comprimido no corpo. Chama-se assim, especialmente, quando se expelle. *Flatus, peditus:* — a qualidade do que é flatulento. *Ventositas, atis.*

VENTOSÍSIMO, MA. *adj. sup.* de *Ventoso.* Ventosissimo; muito ventoso. *Ventosissimus, a, um.*

VENTOSO, SA. *adj.* Ventoso; exposto aos ventos. *Ventosus, a, um:* — ventoso, flatulento; que causa ventosidades, flatos: — ventoso; diz-se dos dias em que ha ventos fortes. *Ventosus, a, um:* — ventoso; que tem vento, cheio de vento. *Ventosus, a, um:* — *(ant.)* ventoso, desvanecido, vaidoso, vão, aereo, futil: — ventor; diz-se do cão de bom faro. *Sagax canis:* — *(germ.)* ladrão que furta pela janella.

VENTRADA. *f. (ant.)* V. *Ventregada.*

VENTRAL. *adj.* Ventral, pertencente ao ventre; diz-se de uma faixa, etc. *Ventralis, le:* — *(anat.)* ventral. V. *Abdominal.*

VENTRECILLO. *m. dim. (ant.)* de *Vientre.* Ventrinho; pequeno ventre.

VENTRECHA. *f.* Ventrecha; o ventre dos peixes. *Piscium venter.*

VENTREGADA. *f.* Barrigada, ninhada; todos os filhos que um animal pare de uma vez. *Fœtus multiplex:* — *(fig.)* ninhada; copia, abundancia de muitas cousas que vêem juntas de uma vez. *Caterva, copia.*

VENTRERA. *f.* Cinta; faixa com que se cinge o ventre. Tambem se dá este nome á parte da armadura que cobria o ventre. *Ventrale, is.*

VENTREZUELO. *m. dim.* de *Vientre.* Ventrinho; pequeno ventre.

VENTRICULAR. *adj. (anat.)* Ventricular; pertencente aos ventriculos do coração.

VENTRÍCULO. *m. (anat.)* Ventriculo. V. *Estómago:* — ventriculo; cada uma das cavidades do coração e do cerebro. N'esta viscera ha duas e no cerebro quatro.

VENTRIL. *m.* Ventril; peça redonda de madeira que serve para equilibrar o movimento da vara nos lagares de azeite. *Prœli olearii æquipondium.*

VENTRÍLOCO, CA. VENTRILOCUO, CUA. *s.* Ventriloquo; o que, ao fallar, profunda e forma a voz de maneira que parece proceder do ventre. *Ventriloquus.*

VENTRILOQUIA. *f.* Ventriloquia; faculdade de fallar aspirando, modo de fallar do ventriloquo.

VENTRON. *m. augm.* de *Vientre.* Grande ventre.

VENTROSO, SA. *adj.* V. *Ventrudo.*

VENTRUDO, DA. *adj.* Ventrudo, barrigudo; que tem grande barriga. *Ventrosus, ventricosus.*

VENTURA. *f.* Ventura; boa fortuna, sorte feliz, dita. *Felicitas, atis:* — ventura; contingencia, casualidade. *Fortuna, sors:* — *(ant.)* V. *Aventura:* — ventura, perigo, risco. *Discrimen, inis. A ventura ó a la ventura (loc. adv.);* á ventura, ao acaso, á sorte. *Ad sortis jactum, prout fortuna dederit. A la ventura ó a la buenaventura (loc. adv.);* á ventura, á sorte. *Quidquid fortunâ eveniat. La ventura de García;* diz-se ironicamente de um mau successo, contrario ou que se esperava. *Adversa fortuna. Probar ventura (fr.);* tentar fortuna. *Fortunam tentare. Ventura te dé Dios, hijo, que el saber poco te basta (rif.);* ventura te dê Deus, filho, que saber pouco te basta. *Gratia et favor muneribus obtenendis scientia et eruditione præstantior est. Por ventura (loc. adv.);* porventura, por acaso.

VENTURERO, RA. *adj. (ant.)* Ventureiro, aventureiro, casual, fortuito. *Fortuitus, a, um:* — aventureiro; que anda ocioso, sem occupação, mas disposto a trabalhar quando tenha em que. *Vagus vel vacuus, otiosus:* — ventureiro, venturoso: — *m.* V. *Aventurero. Al hombre venturero la hija le nace primero (rif.);* a homem ventureiro a filha lhe nasce primeiro.

VENTURILLA. *f.* V. *Ventura.* Usa-se em estylo familiar.

VENTURINA. *f. (min.)* Venturina; pedra fina de côr de café torrado e salpicada de pintas douradas.

VENTURO, RA. *adj.* Venturo, futuro; que ha de vir. *Venturus, a, um.*

VENTURON. *m. augm.* de *Ventura.* Venturão; grande ventura.

VENTUROSAMENTE. *adv. m.* Venturosamente; com felicidade, dita e ventura. *Feliciter.*

VENTUROSÍSIMO, MA. *adj. sup.* de *Venturoso.* Venturosissimo;

muito venturoso. *Fortunatissimus, a, um.*

VENTUROSO, SA. *adj.*Venturoso, ditoso, afortunado, feliz. *Fortunatus, felix.*

VÉNUS. *f.* *(fig.)* Venus; mulher muito formosa, alludindo á deusa da formosura. *Vénus, eris:* — venus; o deleite sensual, os prazeres do amor. *Venus, eris. Vénus de Médicis (archeol.);* Venus de Medicis; formosa estatua de Venus, que esteve muito tempo no museu dos Medicis: — *de Milo;* Venus de Milo; estatua de uma belleza notavel, descoberta em 1826 por alguns marinheiros francezes em Milo, e que existe actualmente no museu do Louvre, em París: — *(astron.)* Venus; um dos sete planetas, o mais proximo do sol depois de Mercurio. Quando apparece de manhã chama-se estrella da alva ou lucifero, e de tarde vespero, estrella do pastor: — *(min.* e *chim. ant.)* Venus. V. *Cobre. Cristales de Vénus;* crystaes de Venus; acetato de cobre. *Vitriolo de Vénus;* vitriolo de Venus; sulphato de cobre: — *(zool.)* venus; genero de molluscos acephalos da familia dos cardiaceos.

VENUSIO. *m.* *(min.* e *chim.)* Venusio; especie de cobre.

VENUSTIDAD. *f.* *(ant.)* Venustade; grande formosura.

VENUSTÍSIMO, MA. *adj. sup.* de *Venusto.*Venustissimo; muito venusto. *Venustissimus, a, um.*

VENUSTO, TA. *adj.*Venusto; mui formoso. *Venustus, a, um.*

VEPRIS. *m.* *(bot.)* Vepris; genero de plantas da familia das zauthoxyleas.

VER. *n.*Ver; exercer o sentido da vista, perceber e distinguir os objectos pela visão mediante a luz. *Videre:* — ver; observar os phenomenos da natureza, as curiosidades da arte, etc. *Considerare, perspicere:* — ver; visitar alguem ou estar com elle para alguma dependencia. *Visere, invisere:* — ver; observar, reconhecer com cuidado, examinar com attenção alguma cousa. *Speculari, contemplari:* — ver, attender; ir com tento e cuidado n'aquillo que se executa. *Observare, prospicere:* — ver, experimentar, indagar, conhecer por experiencia. *Experiri, re ipsa cognoscere:* — ver, achar, encontrar. *Invenire:* — *(fig.)* ver, considerar, advertir, reflexionar. *Animum advertere:* — ver, prever, antever; ver com antecipação. *Prævidere:* — ver, conhecer, imaginar. *Imaginari:* — ver, conhecer, julgar. *Cognoscere, discernere:* — ver; usado no futuro, serve para mandar procurar ou examinar em outra parte aquillo que havia a dizer e em que se falla ligeiramente. *Postea videre:* — ver; examinar ou reconhecer se alguma cousa está no logar citado. Usa-se quasi sempre no imperativo. *Videre:* — junto com a particula *ya,* ordinariamente anteposta, ou usado impessoalmente no futuro, exprime ameaça: — *r.* ver-se; estar á vista. *Conspici, videri, spectari:* — ver-se; usa-se tambem como voz passiva do verbo ver, recaíndo a acção sobre os objectos vistos. *Videri, conspici:* — ver-se; estar, achar-se em algum estado, como pobre, em aperto, etc. *Esse, constitui:* — ver-se, conferenciar, ir ter com alguem, deliberar, discorrer com elle sobre algum negocio ou assumpto. *Concurrere, convenire cum aliquo:* — ver-se, representar-se, reflectir-se, a imagem ou similhança de qualquer cousa material ou immaterialmente; como: *verse al espejo; las prendas del hijo se ven en el padre;* ver-se ao espelho; as prendas ou qualidades do filho vêem-se no pae, etc. *Conspici, inspici:* — ver-se; dar-se alguma cousa a conhecer, ou conhecer-se tão clara ou patente como se se estivesse vendo. *Patere:* — ver-se; estar ou achar-se em algum logar, parte ou lance. *Esse, adesse:* — *m.* ver; o acto de ver, o sentido da vista. *Visus, us:* — vista; aspecto ou apparencia das cousas materiaes ou immateriaes; *v. g.: tener buen ver;* ter boa vista, bom aspecto. *Species, aspectus. Ver la suya uno (fr. fam.);* ver a sua, subentende-se hora ou vez, chegar, apresentar-se a occasião ou tempo favoravel ao seu intento. *Rei gerendæ opportunitatem nancisci:* — *por brújula (fr.);* ver por um buraco; olhar de um logar d'onde se vê ou descobre pouco. *Per foramen inspicere:* — *venir (fr.);* até ver; esperar para a resolução de uma cousa a determinação ou vontade de outrem ou o successo futuro. *Expectare, alicujus animum operiri:* — *y creer (loc.);* ver e crer; não acreditar uma cousa sem a ver. *Nisi viderim, haud credam. Verse con alguno (fr.);* haver-se com alguem, procura-lo para negocio ou pendencia. N'este ultimo sentido diz-se tambem *verse las caras. Cum aliquo congredi; in pugnam requirere. Verse en ello (fr. fig.);* considerar, reflectir attentamente sobre alguma cousa para a resolver, executar ou conceder. *Deliberare, considerare secum. Verse negro (fr.);* ver-se negro, azul; ver-se em apuro, em aperto. *Angi, difficultatibus impediri. Verse ó irse viendo (fr.);* ver-se ou ir-se vendo; descobrir-se á vista alguma cousa que devia estar occulta. *Conspici, patefieri. Verse y desearse (fr.);* ver-se e desejar-se; diz-se de uma cousa cuja execução custa muito cuidado e trabalho. *Maxima cura teneri; anxietate affici. Verse en ello,* ver-se em calças pardas; ver-se em embaraços. *Al ver (loc. adv.);* expressão usada em alguns jogos de cartas. *In ludo chartarum sors quædam. A mas ver (fr.);* até mais ver, até á vista; usa-se ao despedir-se. *Quousque iterum conveniamus. A mi ver (loc. adv.);* a meu ver, na minha opinião, segundo o meu juizo. *Meo judicio. A ver;* vamos a ver;

diz-se para pedir uma cousa que se quer ver ou reconhecer. *Sine videam. A ver ó á ver, veamos (loc. fam);* veremos, havemos de ver; o que succeder mostrará a verdade. *Videbimus. Dar a ver (fr.);* dar a ver; mostrar alguma cousa. *Ostendere, conspectui permittere. Es de ver ó para ver (fr.);* é para ver, é digna de ver-se, merece attenção; diz-se de algumas cousas. *Visu dignus, spectabilis. Estar de ver (fr.);* merece ver-se, merece ser visto; diz-se para significar o adorno ou curiosidade de alguma cousa. *Conspici vel videri dignum, spectabile aliquid esse. Estar por ver (fr.);* estar para ver, ser duvidoso, incerto. *Adhuc futurum esse; nondum adfuisse. Hacer ver (fr.);* fazer ver, demonstrar, patentear, mostrar, provar. *Monstrare, patefacere. Jamás visto ni oido, ó no ser vista ni oida alguna cosa;* ser uma cousa nunca vista, exotica ou muito estranha. *Inauditus, exoticus. No poder ver a alguno (fr. fig.);* não poder ver a alguem, aborrece-lo. *Aliquem odisse. No ver (fr.);* não ver; ver pouco ou não distinguir bem os objectos. Diz-se tambem reprehendendo ou advertindo alguem, quando não repara no que faz ou no que se lhe diz. *Non bene oculis percipere; caligare. Si te ví, ya no me acuerdó (loc.);* se te vi não te conheci; exprime a indifferença com que os ingratos pagam os beneficios recebidos. *Beneficium oblivio sequitur. Tener que ver una persona ó cosa con otra (fr.);* ter de ver uma pessoa ou cousa com outra; ter relação, connexão. *Necessitudinem esse cum aliquo. Tener que ver un hombre con alguna mujer (fr.);* ter de ver um homem com alguma mulher; ter relações com ella, ter copula carnal. *Coire. Ya se vé (loc.);* já se vê, está claro, certamente, com certeza, sem duvida. *Certè; patet quidem:* — *(for.)* ver; assistir á relação de algum pleito e informe do direito das partes para a sentença. *De causa cognoscere.*

Vera. *f.* V. *Orilla:* — *pl.* veras; cousas serias, verdadeiras. *Verum, seria:* — actividade, efficacia, fervor com que as cousas se executam. *De veras (loc. adv.);* deveras, com verdade, na realidade, seriamente.

Veracidad. *f.* V. *Verazidad.*

Veramente. *adv. m. (ant.)* Veramente. V. *Verdaderamente.*

Veranada. *f.* Tempo estival em que os rebanhos vão pastar ás montanhas. *Tempus æstivum.*

Veranadero. *m.* Sitio, pastagem onde os gados passam o verão. *Verna pecorum pascua.*

Veranar. *n.* V. *Veranear.*

Veranear. *n.* Passar o verão em alguma parte. *Æstivare.*

Veraneo. *m.* O passar o verão em alguma parte: — logar, pastagem onde o gado e outros animaes vão passar o estio. *Æstiva, orum.*

Veranico, llo. *m. dim.* de *Verano.* Veranico, verãosinho; dias em que faz calor sem ser de estio, e assim diz-se: *el veranico de S. Martino;* o veranico de S. Martinho; aquelles dias quentes que de ordinario vêem no mez de novembro. *Brevis æstas.*

Veraniego, ga. *adj.* Estival, estivo; pertencente ao verão, ao estio. *Æstivus, a, um:* — *(fig.)* que adoece ou emmagrece no verão. *Æstivo tempore languens:* — *(fig.)* defeituoso, imperfeito. *Imperfectus, a, um.*

Verano. *m.* Verão, estio; estação calmosa. *Æstas; æstivum tempus:* — *(ant.)* verão. V. *Primavera.*

Veratrina. *f. (chim.)* Veratrina; substancia alcalina vegetal na semente do veratro e da maior parte das colchicaceas.

Veratrino. *m. (chim.)* Veratrino; substancia resinosa particular que acampanha a veratrina.

Veratro. *m. (bot.)* Veratro. V. *Eléboro.*

Veraz. *adj.* Veraz, veridico; que diz, falla a verdade. *Verax, acis.*

Verazidad. *f.* Veracidade; qualidade de fallar verdade, de ser verdadeiro. *Veracitas, atis.*

Verbal. *adj.* Verbal; de viva voz. *Verbalis, verbis expressus:* — *(gram.)* verbal; derivado de um verbo ou pertencente a elle. *Verbalis, le.*

Verbalmente. *adv. m.* Verbalmente; de viva voz, de palavra. *Verbis, verborum ope.*

Verbásceas. *f. pl. (bot.)* Verbasceas; familia de plantas escrophularineas.

Verbasco. *m. (bot.)* Verbasco. V. *Gordolobo.*

Verbena. *f. (bot.)* Verbena, orgevão ou herva columbina; genero de plantas da familia das verbenaceas: — especie de romaria que tem logar em Madrid nas noites das vesporas de Santo Antonio, S. João e S. Pedro e outros santos. São noites de passeio e folguedo para o povo. *Cojer la verbena (fr. fig.);* madrugar muito para ir passeiar, principalmente nas manhãs de S. João e S. Pedro. *Diluculò spatiari, deambulare.*

Verbenáceas. *f. pl. (bot.)* Verbenaceas; familia de plantas dicotyledoneas monopetalas.

Verberacion. *f.* Verberação, percussão; movimento do ar ou da agua batendo em alguma parte. *Verberatio, onis.*

Verberar. *a.* Fustigar, açoutar; bater o vento ou a agua em alguma parte. *Verberare.*

Verbi-gracia. Verbi-gratia; expressão latina que equivale a por exemplo.

Verbo. *m. (ant.)* Verbo, palavra, dicção, termo. *Verbum, i:* — *(rel.)* verbo; Jesus Christo, a segunda pessoa da Trindade christã. Corresponde ao *logos* dos gregos. *Verbum divinum:* — *(gram.)* verbo; parte connexa da oração que exprime acção, acto, movimento, estado de uma pessoa ou cousa, que se conjuga por modos e tempos. Os grammaticos têem dado diversas denominações aos verbos. *Verbum, i. De verbo ad verbum (loc. adv. latina)* equivalente a *ipsis verbis;* palavra por palavra, á letra, ao pé da letra. *Echar verbos (fr. fam.);* dizer palavradas, improperios, fazer juramentos, rogar pragas, proferir ameaças. *En un verbo;* n'um instante, sem demora.

VERBOSIDAD. *f.* Verbosidade, loquacidade; abundancia de palavras. *Loquacitas, verborum copia.*

VERBOSÍSIMO, MA. *adj. sup.* de *Verboso.* Verbosissimo; muito verboso. *Verbis copiosus; valdè verbosus.*

VERBOSO, SA. *adj.* Verboso, palavroso; mui diffuso, que abunda em palavras. *Verbosus, a, um.*

VERDACHO. *m.* Verdacho; tinta verde mineral, tirante a côr de canna. *Creta viridis.*

VERDAD. *f.* Verdade; conformidade da idéa com o seu objecto, do pensamento com as palavras, do facto narrado com a realidade. *Veritas, atis:* — verdade; certeza de uma cousa que se conserva sempre sem mutação alguma, e n'este sentido diz-se que *Deus* é a summa e eterna verdade. *Veritas, veriloquium:* — verdade; conformidade de uma cousa com a rasão, de sorte que convence e persuade. *Veritas, verum:* —verdade, axioma, maxima; expressão fiel da natureza. *Veritas communis, axioma:* — verdade, veracidade; virtude que consiste em dizer sempre o que é verdadeiro, ou em cumprir as promessas. *Veracitas, atis:* — verdade; realidade ou existencia de certas cousas. *Rei veritas:* — verdade; expressão clara, sem rebuço, com que se corrige ou reprehende alguem. Usa-se frequentemente no plural; *v. g.: fulano le dijo dos verdades;* fulano disse-lhe verdades amargas ou simplesmente duas verdades. *Verba libera; non dissimulata reprehensio:—desnuda;* verdade nua; clara, patente, sem rebuço, nem lisonja. *Nuda veritas. Verdades de Perogrullo (fam.);* cousa sabida e resabida, que ninguem ignora; usa-se sempre para motejar quem á diz como cousa especial. *Clara patensque veritas:* — *es que, ó es verdad que (loc.);* verdade é que, ou é verdade que. *Verum, verumenimvero, verumtamen. A la verdad ó de verdad (loc. adv.);* na verdade, a dizer, a fallar a verdade, certamente, seguramente. *Equidem, certò. A mala verdad (loc. adv.);* com engano, com artificio. *Bien es verdad (loc.);* é bem verdade, é verdade que. *A la verdad;* verdadeiramente:— *sabida y buena fe guardada (for.);* verdade sabida e boa fé guardada; exprime que devem sentenciar-se alguns pleitos ou causas, sem attender precisamente ás formalidades e requintes do direito. *Sententia citra judicialem formam ferenda.*

VERDADERAMENTE. *adv. m.* Verdadeiramente; com verdade. *Verè:* — verdadeiramente; na verdade.

VERDADERÍSIMO, MA. *adj. sup.* de *Verdadero.* Verdadeirissimo, veracissimo, verissimo; muito verdadeiro. *Verissimus, a, um.*

VERDADERO, RA. *adj.* Verdadeiro; que encerra verdade, certeza ou realidade. *Verus, a, um:* — verdadeiro; conforme á verdade, sincero, que falla verdade, fiel ás promessas. *Verus, sincerus.*

VERDAL. *adj.* Verdeal; diz-se de uma especie de ameixas, de côr tirante a verde, e tambem das arvores que as produzem.

VERDASCA. *f.* V. *Vardasca.*

VERDE. *adj.* Verde; da côr das hervas frescas, das folhas da maior parte das plantas, das esmeraldas e de outras cousas de côr similhante:— verde; da côr das hervas ou pintado de verde. *Viridis, de:* — verde, fresco, viçoso, virente, em opposição ao que está secco, emmurchecido. *Virescens, entis:* — verde; não maduro. *Viridis, immaturus:* — verde, juvenil; diz-se da primeira idade, por ser a mais vigorosa e forte. *Viridis, de:—(fig.)* verde; diz-se do mancebo que está na força e vigor da idade. *Vegetus, a, um:* — verde; diz-se d'aquelle que conserva inclinações ou costumes improprios da sua idade ou do seu estado; *v. g.: viejo verde, viuda verde;* velho verde, viuva verde: —verde, tenro, diz-se das cousas que estão ainda em principio e que lhes falta muito para chegarem á perfeição. *Immaturus, a, um:* —verde; diz-se do sabor aspero do vinho feito com alguma uva mal sazonada. *Vini austeritas:* — livre, obscena, deshonesta; diz-se das cantigas, escriptos, poesias, etc.: —V. *Cardenillo:* — *m.* verde, ferrã; cevada que se cega em verde para as bestas. *Hordeum virens:* — verde; junto com alguns substantivos, exprime a côr parecida com a d'estes: *v. g.: verde-esmeralda, verdemar, verde-botella, etc.;* verde-esmeralda, verde-mar, verde-garrafa, etc. *Darse un verde (fr. fig.);* lograr, tomar um verde; gosar, folgar, divertir-se por algum tempo. *Luxui, deliciis aliquandiu indulgere.*

VERDEA. *f.* Verdea; especie de vinho cuja côr tira a verde. *Vinum subviride.*

VERDEAR. *n.* Verdear, verdejar; apparecer verde, tirar a verde. *Virere:*—verdejar; diz-se do campo quando principiam a nascer as sementeiras: — *a. (prov.)* apanhar, colher a uva e a azeitona para vender. *Olearum, vinearum, fructus vendendos colligere.*

VERDECER. *n.* Verdecer, reverdecer, reverdejar; vestir-se a terra ou as arvores de verdura. *Virescere.*

VERDECICO, LLO, TO, TA. *adj. dim.* de *Verde.* Verdesinho, um tanto verde.

VERDEESMERALDA. *adj.* Verde-esmeralda; que tem côr verde similhante á da esmeralda. Usa-se tambem como substantivo. *Smaragdinus, perviridis.*

VERDEGAY. *adj.* Verdegaio; verde claro ou gaio. Usa-se tambem substantivado. *Viridis coloris genus.*

Verdeguear. *n.*V. *Verdear.*

Verdeja. *adj.*V. *Verdal.*

Verdemar. *adj.* Verdemar; de côr verde muito clara. Usa-se tambem como substantivo. *Viridis coloris genus.*

Verdemontaña. *m.* Verdemontanha; verde azulado, mineral usado na pintura, tinta. *Viridis coloris genus.*

Verderol. *m. (zool.)* Verdelhão; especie de passaros.

Verdescuro, ra. *adj. (ant.)* Verde escuro; que tem uma côr verde escura.

Verdete. *m.* Verdete. V. *Cardenillo.*

Verdevejica. *m.* Verde bexiga; tinta verde escura, cujo ingrediente principal, entre outros, é o fel de vacca. Usa-se muito na pintura para illuminações. *Viride vesicæ.*

Verdezuelo. *m. (zool.)* V. *Verderol.*

Vérdico, ca. *adj. (chim.)* Verdico; nome de um acido particular, descoberto n'um grande numero de plantas.

Verdin. *m.* Verdor; côr verde das plantas. *Color plantarum viridis:* — limo; lia, lama verde que se cria nas aguas estagnadas. *Alga, æ:* — verdete, azinhavre, oxydo de cobre: — *(naut.)* limo; lama ou filamentos verdes, que se pegam ao fundo das embarcações, quando estão muito tempo no porto ou sem serem limpas.

Verdina. *f.* V. *Verdin,* na primeira accepção.

Verdinegro, gra. *adj.* Verde-negro; de côr verde mui escuro. *Ceruleus, a, um.*

Verdino, na. *adj.* Virente, mui verde ou verdoengo. *Virens, tis.*

Verdiseco, ca. *adj.* Verdeseco; meio secco, quasi secco. *Pænè siccus.*

Verdolaga. *f. (bot.)* Beldroega; genero de plantas da familia das portulaceas.

Verdon. *m. (germ.)* Campo.

Verdor. *m.* Verdor, verdura; a côr verde das plantas. *Viror, viriditas:* — verdura; a côr verde. *Viror, viriditas:* — *(fig.)* verdor, vigor, viço, fortaleza. *Vigor, viror:* — *pl. (fig.)* verdores, verduras; viço, ardor, vigor da idade nova, juvenil, da mocidade. *Ætatis vigor.*

Verdoso, sa. *adj.* Verdoengo, esverdinhado; tirante a verde, algum tanto verde. *Subviridis, de:* — *(chim.)* verdoso; diz-se algumas vezes do acido verdico, quando se não fez verde, pela absorpção do oxygenio do ar: — *m. (germ.)* figo.

Verdoyo. *m.* Limo, musgo ou lama verde que a agua cria nas pedras ou paredes. *Muscus viridis.*

Verdugado. *m.* Verdugada ou averdugada; saias de que usavam as mulheres, com varas em circulo ou barbatanas para as relevar. *Indumenti muliebris genus.*

Verdugal. *m.* Sarçal ou espinhal que depois da queimada torna a rebentar. *Dumetum repullulans.*

Verdugo. *m.* Vergontea; a vara tenra, o renovo da arvore. *Surculus, i:* — verdugo; espada sem gumes, mui longa e delgada. *Ensis angustior, acutior:* — vergão; marca, signal que deixa o golpe de vara ou azorrague. *Vivex, icis:* — verdugo, algoz, carrasco; executor da alta justiça. *Carnifex, tortor:* — *(fig.)* verdugo, algoz, carrasco; homem cruel, deshumano. *Carnifex, icis:* — *(fig.)* verdugo, carrasco, algoz; cousa que atormenta o animo e lhe dá inquietação grande. *Tortor, oris:* — *(ant.)* azorrague, açoute de couro ou de outra materia flexivel: — argollinha de metal que se põe nas orelhas ou nos dedos: — *(arch.)* fiada de tijolos que se põe horisontalmente no edificio. *Laterum series in edificiis.*

Verdugon. *m.* V. *Verdugo,* na terceira accepção: — vergontea grande, crescida. *Surculus grandior.*

Verduguillo. *m. dim.* de *Verdugo.* Verdugosinho: — vesicula ou tuberculo que se forma nas folhas de algumas arvores. *Tuberculus in foliis arborum:* — verdugo; navalha de barbear mais estreita e pequena que as regulares. *Navacula tonsoria minor:* — verdugo; especie de estoque ou espada muito estreita e aguda. *Angustior et valdè acutus ensis:* — V. *Verdugo,* na oitava accepção.

Verdulero, ra. *s.* Vendedor ou vendedeira de hortaliças. *Olitor, olerum venditrix.*

Verdura. *f.*V. *Verdôr:* — verdura, hortaliça, especialmente a que se come cozida. Usa-se, ordinariamente, no plural. *Olus, eris:* — paizagem, arvores, hervas, folhagem que se pinta nas tapeçarias e outras cousas. *Puristromatum vireta:* — *(fig.)* verdura, verdor, vicio, frescura, vigor, louçania. *Vigor, luxuries.*

Verdusco, ca. *adj.* Verdoengo; tirante a verde escuro.

Vereda. *f.* Vereda, atalho; caminho estreito, desviado do principal. *Semita, trames:* — ordem, aviso que se expede para fazer saber alguma cousa a um numero de logares circumvizinhos ou pouco distantes. *Mandatum per nuntium ad plura oppida missum:* — caminho que fazem os regulares por certos e determinados povos, por ordem dos seus prelados, para pregar. *Itineris ordo a concionatoribus in excursionibus sacris servandus.*

Veredario, ria. *adj. (ant.)* Diz-se das postas, dos postilhões e dos cavallos de posta e de aluguer. *Veredarius, veredus.*

Veredero. *m.* Official de diligencia ou portador de ordens e avisos para muitos logares. *Veredarius, nuntius.*

Veredica, lla, ta. *f. dim.* de *Vereda.* Veredasinha, atalhosinho.

Veredicto. *m.* Veredicto; declaração do jurado.

Verezo. *m. (ant.)* V. *Brezo.*

Verga. *f.* Verga. V. *Vara:* — verga; membro genital dos animaes grandes. *Genitale membrum:* — nervo, corda com que se enteza a bésta. *Ballistæ nervus:* — *(naut.)*

verga; pau atravessado no mastro, onde se prende ou enverga a vêla. *Antennæ transversum lignum.*

Vergajo. *m.* Vergalho; membro genital do boi e de outros quadrupedes; tem especialmente este nome quando está separado d'elles e secco, de que se fazem azorragues. *Nervus genitalis membri.*

Vergazoso. *m. (zool.)* V. *Pangolin.*

Vergeta. *f.* V. *Vergueta.*

Vergonza. *f. (ant.)* Vergonça. V. *Verguenza.*

Vergonzante. *adj.* Vergonhoso, envergonhado; que tem vergonha. Applica-se, ordinariamente, ao pobre que não pede pelas portas, mas com certo pejo e disfarce. *Pudens, pudibundus.*

Vergonzosamente. *adv. m.* Vergonhosamente; com vergonha, de modo vergonhoso. *Verecundè, turpiter.*

Vergonzosico, ca, llo, lla, to, ta. *adj. dim.* de *Vergonzozo.* Vergonhososinho, envergonhadinho; algum tanto envergonhado.

Vergonzosísimo, ma. *adj. sup.* de *Vergonzoso.* Vergonhosissimo; muito vergonhoso, envergonhadissimo.

Vergonzoso, sa. *adj.* Vergonhoso, envergonhado; que tem vergonha, que se envergonha facilmente. *Verecundus, pudens:* — vergonhoso; que causa vergonha. *Pudendus, a, um.*

Vergoña. *f. (ant.)* V. *Verguenza.*

Vergoñoso, sa. *adj. (ant.)* Vergonçoso. V. *Vergonzoso.*

Verguear. *a.* Chibatar; bater, sacudir com chibata ou vara. *Virga tundere.*

Vergüena. *f. (ant.)* V. *Verguenza.*

Vergüenza. *f.* Vergonha, pejo; confusão, turbação do animo que causa o rubor das faces, por temor de algum desprezo, confusão ou infamia que se experimenta ou prevê. *Verecundia, pudor:* — vergonha; effeito que causa o pudor, quando contém ou reprime n'um individuo as acções ou palavras indignas d'elle. *Pudor, oris:* — vergonha, enleio, timidez, acanhamento. *Pudor subrusticus:* — vergonha; acção vergonhosa, indecorosa, que causa deshonra. *Dedecus, oris:* — vergonha, infamia; castigo que se dá ao réu, expondo-o á affronta e escarneo publico, com algum signal que denota o seu delicto, e n'este caso diz-se: *sacar a la vergüenza;* expor á vergonha publica. *Publica infamia:* — vergonha, pundonor; estimação da propria honra. *Dignitatis, honestatis cura:* — *(germ.)* toucado, touca de mulher: — *(ant.) pl.* vergonhas; as partes pudendas. *Catarse vergüenza (fr. ant.);* tratar-se com respeito e consideração duas pessoas que estão presentes. *Perder la vergüenza (fr.);* perder a vergonha, descarar-se, desavergonhar-se. *Depudere, pudorem deponere. Sacar a la vergüenza (fr.);* expor á vergonha, á infamia publica; expor algum delinquente em sitio muito frequentado ou passeia-lo pelas ruas, para vergonha sua e para que todos saibam o seu delicto. *Plebis derisioni exponere; publica infamia notare:* — *(fig. fam.)* expor alguem á censura, á irrisão publica, fazendo-o executar alguma cousa em que não está certo nem exercitado. *Dirisui exponere. Ser una mala vergüenza (fr.);* ser uma vergonha, ser uma cousa inteiramente inutil, defeituosa. *Turpe est; dedecet. Quien no tiene vergüenza, todo el campo es suyo ó toda la calle es suya (rif.);* quem não tem vergonha todo o mundo é seu. *Impudentè omnia licent. Mas vale vergüenza en cara, que mancilla en corazon (rif.);* melhor é vergonha no rosto, que magua no coração. *Semel pudendum potiùs quàm pluries pœnitendum.*

Verguer, Verguero. *m. (p. Ar.)* Alcaide; official de justiça subalterno que usava de vara. *Apparitor, oris.*

Vergueta. *f.* Chibatinha, varinha delgada. *Virgula, æ.*

Verguita. *f. (ant.) dim.* de *Verga.* Vergasinha; pequena verga.

Vericueto. *m.* Anfractuosidade, quebrada; aspereza de caminho, despenhadeiro por onde se não pôde andar sem grande difficuldade. *Anfractus, locus prœruptus devius.*

Verídico, ca. *adj.* Veridico, veraz; que falla verdade. Diz-se tambem das cousas que encerram verdade. *Veridicus, a, um.*

Verificacion. *f.* Verificação; exame ou prova a que se procede, para averiguar ou confirmar a verdade de uma cousa. *Comprobatio, onis.*

Verificar. *a.* Verificar; provar que uma cousa de que se duvidava é verdadeira. *Comprobare, argumentis ostendere:* — verificar, realisar, effectuar. Usa-se tambem como reciproco impessoal: — verificar; comprovar, indagar, examinar a verdade de facto. *Rei veritatem ostendere:* — *r.* verificar-se; realisar-se, cumprir-se aquillo que se disse ou prognosticou. *Eventu comprobari, confirmari. Verificarse la condicion (fr.)* V. *Purificarse la condicion.* V. *Condicion.*

Verificativo, va. *adj.* Verificativo; que serve de verificar. *Rei comprobandæ deserviens.*

Verija. *f. (p. Am.)* Região das partes genitaes dos quadrupedes.

Veril. *m. (naut.)* Extremidade de um baixo, parcel, etc.

Verilenar. *a. (naut.)* Navegar pelas immediações de uma costa, baixo, parcel, etc.

Verisimil. *adj.* Verisimil, verosimil, provavel; que parece verdadeiro. *Verisimilis, le.*

Verisimilitud. *f.* Verisimilitude, verisimilhança, verosimilhança; apparencia verosimil, probabilidade. *Verisimilitudo, inis.*

Verisimilmente. *adv. m.* Verisimilmente; com verisimilhança. *Verisimiliter.*

Verísimo, ma. *adj. sup. (ant.)* de *Vero.* Verissimo; muito verdadeiro.

Verja. *f.* Grade, cancella de porta ou janella, ou sitio

que se quer fechar com ella. *Clathrum, i.*

Verjel. *m.* Vergel; horto ameno. *Veridarium, ii:* — vergel, jardim; logar plantado de flores: — *(fig.)* vergel, jardim; cousa vistosa, deleitavel. *Speciosa res.*

Verjeta. *f.* V. *Vergueta.*

Verjeteado, da. *adj. (br.)* Vergeteado; diz-se do escudo e das figuras, cheio de paus ou varas, para cima de dez.

Verjica, lla, ta. *f. dim.* de *Verja.* Cancellinha; pequena cancella.

Vermicular. *adj.* Verminoso; que tem vermes ou os cria. *Vermiculosus, a, um:* — vermicular; que diz respeito aos vermes, que se lhes assimilha por alguma qualidade.

Vermiforme. *adj.* Vermiforme; que tem fôrma de verme.

Vermífugo, ga. *adj. (med.)* Vermifugo, vermicida, anthelminthico; contrario aos vermes ou lombrigas, que as faz morrer.

Vermilia. *f. (zool.)* Vermilia; genero de annelidos tubicolas.

Verminoso, sa. *adj.* V. *Vermicular:* — verminoso; que tem vermes, bichinhos; diz-se das chagas, etc. *Verminosus, a, um.*

Vermontea. *f. (bot.)* Vermontea. V. *Blacvelia.*

Vernal. *adj.* Vernal; pertencente á primavera. *Vernalis, vernus:* — vernal; nome que os astrologos davam ao primeiro quadrante do thema celeste, desde o oriente até ao meridiano superior.

Vernier. *(math.)* Vernier; instrumento cuja invenção os francezes attribuem a Pedro Vernier e os portuguezes a Pedro Nunes, dando-lhe por isso o nome de Nonio. Consiste n'uma quarta parte de circulo, dividida em 90°, e collocado sobre um sector movel, dividido em 30 partes, o qual permitte chegar com exactidão até ás mais pequenas divisões.

Vernonia. *f. (bot.)* Vernonia; genero de plantas da familia das compostas.

Vero, ra. *adj. (ant.)* Vero. V. *Verdadero. De vero (loc. adv. ant.);* deveras, com verdade. *No es todo vero lo que suena en el pandero (rif.);* não é tudo verdadeiro o que sôa no pandeiro.

Verónica. *f. (bot.)* Veronica; genero de plantas da familia das escrophularineas: — *(rel.)* veronica; lenço que uma mulher de Jerusalem, chamada Veronica, lançou sobre o rosto de Jesus, quando subiu ao Calvario, para lhe enxugar o sangue e o suor, de que estava coberto.

Verosímil. *adj.* V. *Verisímil.*

Verosimilitud. *f.* V. *Verisimilitud.*

Verosimilmente. *adv. m.* V. *Verisímilmente.*

Verraco. *m.* Varrasco, varrão; porco não castrado, para fecundar as porcas. *Verres, is.*

Verraquear. *a.* Grunhir, rosnar, resmungar, mostrar enfado e descontentamento. *Dentibus infrendere.*

Verrina. *f. (litt.)* Verrina; nome com que se designam os sete discursos pronunciados por Cicero, contra Verres.

Verriondez. *m.* Cio, calor; ardor amoroso que sentem os varrões e outros animaes. *Subatio, onis:* — murchidão, estiolamento; pouco viço das plantas.

Verriondo, da. *adj.* Aluado; diz-se do varrasco e outros animaes, quando estão com o cio. *Subans, antis:*—murcho, estiolado, pouco viçoso; diz-se das plantas. *Languidus, marcescens.*

Verron. *m.* V. *Verraco.*

Verrucífero, ra. *adj. (hist. nat.)* Verrucifero; que tem verrugas.

Verruciforme. *adj. (hist. nat.)* Verruciforme; que tem a fôrma de verruga.

Verrucularia. *f. (bot.)* Verrucullaria; genero de plantas da familia das malpighiaceas.

Verruga. *f.* Verruga; especie de excrescencia redonda que se forma em algumas partes do corpo, principalmente nas mãos e no rosto. *Verruca, æ:* — *(bot.)* verruga; nome dado aos bolbilhos redondos e de um tecido bas-

prosa, valendo o mesmo que poesia. *Versus, carmen. Compañia de verso;* companhia de declamação, nos theatros: — *adj.* voltado. *Constar ó no constar un verso (fr.);* estar ou não certo na medida o verso. *Carmen adamussim exactum vel non exactum esse. Correr el verso (fr.);* soar bem o verso, ser corrente, fluente. *Aptè fluere. Cortar el verso (fr.);* recitar bem o verso. *Scitè versus aut carmina recitare. Versos dorados (lit.);* versos dourados; poema attribuido a Empedocles, e que contêem a doutrina de Pithagoras. *Seno verso de un ángulo (math.);* seno verso de um angulo; parte do raio do circulo, comprehendido entre o arco e o pé do seno: — *(mil. ant.)* verso; especie de colubrina de mui pequeno calibre, que hoje está em desuso. *Tormenti bellici genus.*

Versucia. *f. (ant.)* Versucia; astucia, sagacidade, manha.

Versuto, ta. *adj. (ant.)* Versuto, astuto, manhoso, arteiro.

Verta. *f. (ant.)* V. *Huerta.*

Vertad. *f. (ant.)* V. *Verdad.*

Vertebra. *f. (anat.)* Vertebra, cada um dos ossos do espinhaço.

Vertebrado, da. *adj.* Vertebrado; que tem vertebras: — *(bot.)* vertebrado, nodoso; diz-se das plantas que apresentam articulações distinctas e collocadas a igual distancia: — *m. pl. (zool.)* vertebrados; denominação que comprehende todos os animaes cujo systema nervoso é protegido por um estojo osseo formado de varias peças, e que pelo facto de serem os unicos que têem os musculos insertos nos ossos que lhes ficam debaixo, recebem tambem o nome de osteozoarios.

Vertebral. *adj. (anat.)* Vertebral; pertencente ás vertebras.

Vertedero. *m.* Cano de despejo, desaguadouro. *Colluvarium, i.*

Vertedor, ra. *s.* Vertedor; o que vasa, derrama. *Effundens, entis:* — *m.* desaguadeiro, cano de despejo, para dar saída ás aguas ou ás immundicias. *Colluviarium, ii.*

Vertellos. *m. (naut.)* Cassoilos; bolas pequenas enfiadas que se pŏem ao redor dos mastros para facilitar o movimento das vergas. *Globus ligneus versatilis.*

Verter. *a.* Verter, vasar, derramar, espalhar liquidos ou cousas mui miudas como sal, farinha, etc. *Fundere, effundere:* — verter; traduzir uma lingua em outra. *Vertere:* — *(fig.)* espalhar, publicar, divulgar. *Diffundere:* — *(fig.)* transbordar, abundar, ter grande abundancia. *Redundare:* — *especies, máximas, etc. (fr.);* espalhar, proferir doutrinas, maximas, etc., com fim sinistro — *salud;* vender saude; estar gordo e corado. *Verterse el caballo (fr. ant.);* desmanchar-se o cavallo; tirar alguma das espadoas ou ancas fôra da linha em que deve caminhar com todo o corpo.

Vertibilidad. *f.* Verticidade; faculdade de se mover uma cousa para varias partes ou circularmente. *Vertendi facilitas.*

Vertible. *adj.* Versatil; que facilmente se vira ou move para todas as partes. *Versatilis, le.*

Vertical. *adj.* Vertical; perpendicular sobre o vertice, ou sobre a linha horisontal. *Verticalis, le:* — *pl. (art.)* verticaes; em esgrima, têem este nome, quatro linhas que se suppŏem no homem e se distinguem, dizendo vertical do peito, da espadua e dos dois lados, direito e esquerdo.

Verticalmente. *adv. m.* Verticalmente; pelo vertice, em direcção vertical. *Verticali modo.*

Vértice. *m.* Vertice; o ponto mais alto de qualquer figura: — vertice; alto da cabeça; parte mais elevada d'ella. *Vertex, icis:* — *(fig.)* apogêu, apice, ponto culminante; o mais subido da honra, fortuna, etc.: — *(math.)* vertice; o ponto em que concorrem linhas ou angulos planos.

VERTICIDAD. *f.* Verticidade; faculdade de se mover para muitas partes ou circularmente. *Circumvolvendi se facilitas.*

VERTICILADAS. *adj. (bot.)* Verticilladas; epitheto dado ás folhas e ás flores quando estão collocadas e incertas circularmente em volta de um ponto, quer seja no tronco, quer nas suas divisões.

VERTICILO. *m. (bot.)* Verticillo; disposição das folhas e flores, quando tres d'ellas se inserem ao redor de um mesmo ponto do tronco ou de suas ramificações.

VERTICOSO, SA. *adj. (ant.)* V. *Vertijinoso.*

VERTIENTE. *adj.* Vertente; que verte. *Fluens, entis:* — *f.* vertente; encosta, declive por onde correm as aguas do monte. *Montis vel collis declive:* — agua vertente; a que corre da encosta do monte.

VERTIGINOSO, SA. *adj.* V. *Vertijinoso.*

VERTIGO. *m.* Vertigem. V. *Vahido.*

VERTIJINOSO, SA. *adj.* Vertiginoso; que é sujeito a vertigens. *Vertiginibus laborans.*

VERTIMIENTO. *m. (ant.)* Vertedura, derramamento; acção e effeito de verter.

VERVEZON. *m. (ant.)* V. *Gusano.*

VESANA. *f.* V. *Besana.*

VESICACION. *f. (med.)* Vesicação; formação de empolas em seguida a uma queimadura.

VESICARIA. *f. (bot.)* Vesicaria; genero de plantas da familia das cruciferas.

VESÍCULA. *f. (anat.)* Vesicula; sacco membranoso, similhante a uma pequena bexiga: — *(bot.)* vesicula; nome dado a certas elevações cheias de ar que tem algumas plantas aquaticas.

VESICULOSO, SA. *adj.* Vesiculoso; que se assimilha a uma bexiguinha.

VESPERADA. *f. (ant.)* Vespera; a tarde, o anoitecer.

VESPERAS. *m. (rel.)* Vesperal; livro ecclesiastico que contém tudo o que se canta no officio de vesperas.

VÉSPERO. *m.* Vespero; estrella da tarde ou do pastor. *Vesperus, i:* — *(zool.)* vespero; genero de insectos coleopteros subpentameros.

VESPERTILIO. *m.* V. *Murciélago.*

VESPERTINO, NA. *adj.* Vespertino; da tarde, pertencente á tarde. *Vespertinus, a, um:* — vespertino; diz-se de qualquer astro que apparece no horisonte, depois de se ter posto o sol. *Vespertinus, a, um:* — *m.* sermão doutrinal que se prega de tarde. *Concia sacra vespertino tempore habita:* — *f.* vesperia; acto que em algumas universidades se faz de tarde ou o discurso que se recita á mesma hora. *Academica exercitatio vespertino tempore habita.*

VESPIANOS. *m. pl. (zool.)* Vespianos; tribu de insectos hymenopteros que tem por typo o genero vespa.

VESQUIR. *n. (ant.)* V. *Vivir.*

VESTAL. *f. (hist. ant.)* Vestal; sacerdotiza de Vesta. *Vestalis virgo.*

VESTE. *f. (ant.)* Hoste, exercito: — *(poet.)* veste. V. *Vestido.*

VESTIA. *f. (bot.)* Vestia; genero de plantas da familia das solaneas.

VESTIBULAR. *adj. (anat.)* Vestibular; pertencente ao vestibulo do ouvido.

VESTÍBULO. *m.* Vestibulo; portal, entrada de qualquer edificio. *Vestibulum, i:* — *(anat.)* vestibulo; cavidade muito irregular do ouvido interno ou labyrintho.

VESTIDICO, LLO, TO. *m. dim.* de *Vestido.* Vestidinho; pequeno vestido.

VESTIDO. *m.* Vestido, veste; toda a roupa que se põe no corpo para abrigo ou honestidade. *Vestitus, vestis:* — vestido; roupas de mulher, que se vestem sobre as saias. *Cortar un vestido (fr. fig. fam.)*; cortar a casaca a alguem, cortar-lhe na pelle; dizer mal d'elle. *De aliquo maledicere. El vestido del criado, dice quien es su señor (rif.)*; ruim senhor cria ruim servidor. *A servi munditia nosce herum.*

VESTIDURA. *f.* Vestidura. V. *Vestido:* — vestiduràs, vestes sacerdotaes. *Vestimentum sacris obeundis deserviens:* — vestidura; veste especial de grande distincção. *Vestimentum insigne.*

VESTIDURILLA, TA. *f. dim.* de *Vestidura.* Vestidurasinha, vestesinha.

VESTIGIO. *m.* V. *Vestijio.*

VESTIGLO. *m.* Monstro phantastico e horrendo. *Spectrum horridum.*

VESTIJIO. *m.* Vestigio; pégada, signal do pé do homem ou do bruto, que fica impresso na terra. *Vestigium, ii:* — vestigio; memoria ou noticia das acções dos antigos que se nota para imitação e exemplo. *Vestigium, ii:* — vestigio; signal que fica de cousa que pereceu, que passou. *Vestigium, indicium:* — vestigio; indicio ou signal por onde se infere a verdade de alguma cousa ou se segue a averiguação d'ella. *Vestigium, indicium.*

VESTIMENTA. *f.* Vestimenta, vestido, veste ou vestidura. *Vestimentum, i:* — *pl.* vestimentas, paramentos; habitos solemnes sacerdotaes. *Sacræ vestes.*

VESTIMENTO. *m. (ant.)* V. *Vestido, Vestidura:* — *pl.* V. *Vestimenta.*

VESTIR. *a.* Vestir; cobrir ou adornar o corpo com fato, roupa. *Vestire, induere:* — vestir, cobrir, ornar; *v. g.: vestir la pared de tapizes;* vestir, ornar a parede de tapeçarias. *Ornare:* — vestir; guarnecer, cobrir alguma cousa com outra para sua defeza ou adorno. *Contegere:* — vestir; dar vestidos a alguem, ajuda-lo a vestir-se, dando-lhe dinheiro, etc. *Vestem donare:* — *(fig.)* vestir; ornar de conceitos e palavras elegantes um discurso, etc. *Exornare:* — vestir, encobrir, disfarçar ou dissimular artificiosamente a realidade de uma cousa. *Fucare, simulare:* — vestir; diz-se dos irracionaes e das plantas, a respeito das pelles ou cascas com que se cobrem. *Vestiri, indui:* — vestir; fazer os vestidos para outrem. *Consuere vestes, aptare:*—vestir; affectar alguma paixão do animo, demonstrando-a exteriormente, sobretudo no rosto; *v. g.: fulano vestió el rostro de severidad;* fulano vestiu o rosto de severidade, etc. Usa-se tambem como reciproco. *Induere:* — *n.* vestir, vestir-se, andar vestido. *Indui, vestiri, veste uti:* — *r.* vestir-se, cobrir-se, os campos de relva, as arvores de folha, etc. Algumas vezes usa-se como activo. *Indui, ornari:*—vestir-se; erguer-se, levantar-se; deixar a cama o doente que começa a convalescer. *Ægrum convalescere:* – *(fig.)* inchar-se, entonar-se, emproar-se, desvanecer-se. *Superbire:* — vestir-se; sobrepôr-se uma cousa a outra, encobrindo-a; *v. g.: el cielo se vestió de nubes;* o céu vestiu-se de nuvens. *Contegi, indui:* — *(archit.)* vestir, rebocar, estucar ou guarnecer; cobrir a parede de cal e areia ou com estuque. *Induere, incrustare.*

Vestuario. *m.* Vestuario; todas as peças necessarias para vestir-se. *Vestis integra:* — em algumas igrejas, a casa onde se revestem os sacerdotes. *Vestiarium, ii:* —vestiaria; estipendio, renda que em algumas cathedraes se dá aos ecclesiasticos que têem obrigações do côro. *Stipendium ministris in missis solemnibus assignatum:* — camarim; gabinete em que se vestem e despem os actores no theatro. *Vestiarium scenicum:*— vestiaría; em algumas communidades ou corpos ecclesiasticos, o que se dá aos individuos que os compõem, em dinheiro ou genero, para se vestirem. *Summa indumentis comparandis designata:* — *(mil.)* vestuario; uniforme e roupas dos soldados.

Vastugo. *m.* Vergontea, renovo da oliveira. *Olivæ surculus.*

Vesuviana. *f. (min.)* Vesuviana; pedra de côr parda, encontrada em umas rochas calcareas de Napoles.

Veta. *f.* Vêta, beta; veia nas minas dos metaes, ou nas pedreiras. *Vena in fodinis:* — bêta; lista de côr diversa nas pedras, pannos, madeiras, etc. *Vena, æ. Dar en la veta (fr.)* V. *Dar en la vena. Descubrir la veta (fr. fig.);* descobrir as intenções ou designios de alguem, conhecer-lhe as inclinações. *Alterius consilia detegere.*

Vetado, da. *adj.* V. *Veteado.*

Veteado, da. *adj.* Betado, listado; que tem bêtas, listas. *Venis distinctus.*

Veterano, na. *adj.* Veterano; militar experimentado, muito antigo no serviço. Usa-se tambem como substantivo na terminação masculina. *Veteranus, a, um:* — *(fig.)* veterano; antigo, experimentado em qualquer exercicio ou profissão. *Peritus, a, um.*

Veterinaria. *f.* Veterinaria; arte complexa que tem por objecto tratar das doenças dos animaes domesticos.

Veterinario, ria. *adj.* Veterinario; relativo á veterinaria: — *m.* veterinario; medico dos animaes, o que exerce a medicina veterinaria.

Vetica, lla. *f. dim.* de *Veta.* Bêtasinha; pequena bêta.

Veto. *m. (hist.* e *polit.)* Veto; palavra tirada do latim, que exprime o direito que tem alguma pessoa ou corporação para vedar ou impedir alguma cousa. Nos tempos modernos, é assim chamada principalmente a recusa do rei ou do chefe do estado a sanccionar uma lei adoptada ou votada pelos corpos legislativos. Ha veto suspensivo e absoluto, conforme é temporario ou perpetuo: — veto; na assembléa da Polonia cada deputado gosava do veto, chamado *liberum veto,* de sorte que não se podia adoptar nenhuma resolução senão por unanimidade: —veto; formula pela qual os tribunos do povo em Roma se oppunham a um decreto do senado.

Vetustez. *f.* Vetustez, antiguidade; qualidade de ser vetusto.

Vetustísimo, ma. *adj. sup.* de *Vetusto.* Vetustissimo; muito vestuto. *Vestutissimus, a, um.*

Vetusto, ta. *adj.* Vetusto; muito velho, antigo ou idoso. *Vetustus, a, um.*

Vexilaria. *f. (bot.)* Vexillaria; genero de plantas, da familia das leguminosas papylionaceas.

Vexilario. *m. (h. ant.)* Vexillario. V. *Porta estandarte.*

Vexilo. *m. (hist.)* Vexillo; estandarte das tropas de Roma e de Bizancio; tinha menos importancia que as aguias das legiões. *Vexillum, i.*

Vez. *f.* Vez; alternação das cousas por ordem successiva. *Vicissitudo, inis:* —vez, turno; tempo, occasião determinada em que se faz alguma cousa. *Tempus, hora:* — vez; tempo, occasião de fazer alguma cousa por turno ou ordem. *Vicem, à vice:* — vara; manada de porcos pertencente aos vizinhos de um concelho ou logar. *Porcorum grex municipibus communis:* — vez; junto á palavra *cada* e com alguns nomes, significa a repetição das acções. *Quoties:* — *pl.* vezes; auctoridade ou jurisdicção de alguem communicada a outrem, pela qual póde obrar em seu nome ou rapresenta-lo. *Vices, locus:* — *(ant.)* vez; porção, quantidade de alguma cousa que, de uma vez, se dá ou recebe. *Portio; quantitas certa. A la vez (loc. adv.);* á vez ou por vez; successivamente, por ordem. *Per vices. Alguna vez (loc. adv.);* alguma vez; em uma ou outra occasião. *Aliquando, nonnumquam. A mala vez (loc. adv. ant.);* em má occasião, apenas, difficultosamente. *Vix, ægrè. A vezes (loc. adv.);* a vezes; alternadamente. *Vicissim, alternatè. A vezes o á las vezes (loc. adv.);* ás vezes, de quando em quando, de tempos a tempos. *Quandoque, aliquando. De una vez (loc.*

adv.); de uma vez; á primeira. *Uno ictu. De vez en cuando (loc. adv.)*; de vez em quando, de quando em quando, de tempo em tempo. *En vez (loc. adv.)*; em vez, em logar de. *Loco hujus, illius. Por vez.* V. *A la vez. Tal vez (loc. adv.)*; talvez, por acaso, porventura. *Tal vez o tal y tal vez, o tal cual vez (loc. adv.)*; uma vez, raras vezes, uma vez por outra, de quando em em quando. *Aliquando, aliquoties. La vez de la ensalada ni la pierdas ni sea aguada (rif.)*; quem sobre salada vinho não bebe, não sabe o bem que perde. *Post crudum, purum.*

Vezado. *m. (ant.)* Vezo, costume, habito.

Vezar. *a.* Vezar. V. *Avezar.*

Vezera. *f.* Vara de porcos ou rebanho de outros gados que vão por sua ordem.

Vezería. *f.* Vezeira; vara de gado, ordinariamente suino, pertencente a um vizinho. *Grex armentumve oppidanum.*

Vezero, ra. *adj.* Que tem de exercer por sua vez ou turno algum cargo publico. *Munia civilia per vices gerens:* — diz-se da arvore ou planta que n'um anno dá muito fructo e no outro pouco ou nenhum. *Arbor alternis annis fructificans:* —V. *Parroquiano*, freguez de loja, tenda, etc.

Vezo. *m. (ant.)* Vezo. V. *Costumbre.*

Via. *f.* Via. V. *Camino:* — via; modo, arte, maneira de executar alguma cousa ou meio de a conseguir. *Via, modus, ratio:* — via; cada um dos canaes ou ductos do corpo animal, especialmente o tubo intestinal. *Via, meatus:* — profissão, estado ou modo de vida que se adopta. *Vitæ ratio:* — via; caminho ou jornada dos correios; *v. g.: por la via de Francia, etc.*; pela via, pelo caminho de França. *Via, æ:* — *interj. (ant.)* V. *Ea:* — *ordinaria;* via ordinaria; diz-se, fóra do sentido forense, quando as cousas se fazem por um modo regular e commum. *Communis ordo:* — *recta (loc. adv.)*; por via directa, em linha recta, em direitura. *De una via dos mandados (fr.)* V. *De un camino dós mandados. Por via (loc. adv.)*; da fôrma de, á maneira, ao modo de. *Ad modum, instar. Por via de buen gobierno.* V. *Gubernativamente. A lüengas vias lüengas mentiras (rif.)*; de longas vias, longas mentiras. *A longinquis longuæ fabulæ:* — *lactéa (astron.)* V. *Lácteo:* — *(for.)* via; modo de proceder em juizo. *Ordo judiciorum. Vias de hecho;* vias de facto; actos de violencia, maus tratos, pancadas, etc. *Vias legales;* vias legaes; recurso levado perante o juiz, observando todas as fórmas do direito: — *sumaria;* via summaria; procedimento breve e compendioso em que se prescinde das solemnidades ordinarias do direito: — *(rel.)* via; modo e ordem de vida espiritual regulada pela comtemplação. Dividem-na em tres estados; via purgativa, illuminativa e imittiva. *Vitæ ratio, modus:* — *crucis ó via sacra;* via crucis ou via sacra. *Via crucis:* — *(chim.)* via; modo de executar algumas operações: — *húmeda;* via humida; a que consiste em tratar as substancias por meio de dissolventes liquidos: — *seca;* via secca; a que consiste em submetter as substancias á acção do fogo.

Viabilidad. *f.* Qualidade do que póde viver, que promette ter vida: — *(med.)* probabilidade de vida que tem a creatura, e que se infere do peso do feto, do seu comprimento, da sua conformação, etc., etc.

Viable. *adj.* Que é capaz de viver, que tem elementos de vida: — *(med.)* diz-se da creança cujos orgãos, pela boa conformação que têem, indicam que ha de viver mais ou menos tempo.

Viadera. *f. (art.)* Lançadeira; certa peça de madeira usada nos teares. *Instrumentum quoddam ligneum in textrinis.*

Viador. *m. (ant.)* V. *Viajero:* — *(rel.)* viador; creatura racional que anda n'esta vida mortal e aspira á eternidade. *Viator in cœlum pergens.*

Viaducto. *m.* Viaducto; caminho sustentado por arcos á maneira de ponte.

Viajador. *m.* Viajador. V. *Viajero.*

Viajante. *s.* Viajante; o que viaja. *Viator, peregrinator.*

Viajar. *n.* Viajar; fazer viagens. *Iter facere.*

Viajata. *f.* Viajata; passeio ou viagem de pouco tempo, especialmente quando se faz para distracção e recreio. *Perigrinatio brevis.*

Viaje. *m.* Viagem; caminho que se faz por mar ou por terra a um logar distante. *Peregrinatio, iter:* — viagem; caminho por onde se viaja. *Iter, via:* — viagem; ida a qualquer parte. Diz-se com especialidade quando se leva alguma carga. *Portatus; portatio:* — viagem; carga ou pezo que de um vez se leva de um logar para outro. *Onus pro unaquaque vice conductum:* — viagem; porção de agua que vem do deposito geral para ser distribuida por conductos particulares, que se designam pelo mesmo nome. *Aquæ fluentis portio adsignata. Buen viaje (fr.)*; boa viagem; diz-se a alguem quando parte, exprimindo-lhe o desejo de que seja feliz na sua viagem. *Incede, perge feliciter:* boa viagem; usa-se, como expressão de desprezo, para mostrar que dá pouco cuidado a perda de alguma pessoa. *Per me, vel pereat, habeat quidem:* boa viagem; no mar usam d'esta expressão ao lançar os defuntos á agua, para significar o desejo pela sua felicidade eterna. *Sis felix, perge feliciter:* — *(archit.)* viagem; desvio da linha recta com se que falta ao angulo recto ou ao quadrado na figura. *Declinatio, deflexio.*

Viajecico, llo, ta. *m. dim.* de *Viaje.* Viagemzinha; pequena viagem.

VIAJERO, RA. *s.* Viajeiro, viajante; o que viaja. *Viator, oris:* — viajante; o que faz alguma viagem e relata o que n'ella observou. *Viator, oris.*
VIAL. *adj.* Itinerario, viatorio; que diz respeito a caminhos ou a viagens. *Vialis, le.*
VIANDA. *f.* Vianda; cousa de comer, sustento, alimento dos racionaes. *Obsonium, ii:* — vianda; prato, comida que se serve á mesa. *Dapes, cibus.*
VIANDANTE. *s.* Viandante, caminhante; o que viaja ou faz caminho. Diz-se especialmente do que caminha muito ou é vagabundo. *Viator, oris.*
VIANDISTA. *m.* Criado da ucharia que leva as viandas á mesa.
VIAR. *n. (ant.)* V. *Caminar, Ir.*
VIARAZA. *f. (ant. fig.)* Desenvoltura, doudice; acção inconsiderada, desproposita da. *Repentinus impetus:* — *(veter.)* diarrhéa nas cavalgaduras. *Ventris solutio, fluxus in jumentis.*
VIÁTICO. *m.* Viatico; dinheiro ou provisão para a jornada. *Viaticum, i:* — *(rel.)* viatico; Sacramento da Eucharistia que se administra aos enfermos que estão em perigo. *Viaticum, sacra eucharistia.*
VIBDO, DA. *s. (ant.)* V. *Viudo.*
VÍBORA. *f. (zool.)* Vibora; genero de reptis ophydios: — *de anteojos.* V. *Naya.*
VIBORERA. *f. (bot.)* V. *Viperina.*
VIBOREZNO, NA. *adj.* Vipero, viperino; de vibora, pertencente á vibora. *Vipereus, a, um:* — *m.* viborazinha; vibora recemnascida. *Recens nata vipera.*
VIBROILLO, LLA. *s.* V. *Viborezno.*
VIBRACION. *f.* Vibração; acção e effeito de vibrar. *Vibratio, onis:* — *(mech.)* vibração, oscillação; movimento vibratorio, oscillante, balanço de um corpo. *Oscillatio, onis.*
VIBRANTE. *adj.* Vibrante; que vibra. *Vibrans, antis.*
VIBRAR. *a.* Vibrar, brandir; agitar, sacudir, mencar a espada, lança, etc. *Vibrare:* — vibrar; diz-se por extensão do som tremulo da voz e de outras cousas immateriaes. *Vibrare:* — vibrar; arrojar com impeto e violencia, brandindo uma cousa. *Vibrare:* — *n. (mech.)* oscillar; mover-se livremente algum corpo, suspenso no ar, de um lado para o outro, balancear, oscillar. *Oscillare.*
VIBRÁTIL. *adj.* Vibratil; susceptivel, capaz de vibração: — *(med.)* vibratil; diz-se de uma dor em que se figura ao enfermo vibrarem-lhe os nervos á maneira de cordas.
VIBRATILIDAD. *f.* Vibratilidade; faculdade de produzir vibrações.
VIBRATORIO, RIA. *adj.* Vibratorio; que vibra, oscilla: — vibratorio; relativo á vibração.
VIBRIONIOS. *m. pl. (zool.)* Vibrionios; familia de infusorios assymetricos.
VIBÚRNEAS. *f. pl. (bot.)* Viburneas. V. *Sambúceas.*
VIBURNO. *m. (bot.)* Viburno; genero de plantas da familia das caprifoliaceas.
VICACIA. *f. (bot.)* Vicacia; genero de plantas da familia das umbelliferas.
VICARIA. *f.* Vigaria; religiosa immediata, em dignidade, á superiora em alguns conventos de freiras. *Antistitæ vices gerens.*
VICARÍA. *f.* Vigararia; officio ou dignidade de vigario. *Vicarii dignitas, officium:* — vigararia; casa onde o vigario exerce as suas funcções. *Vicarii officina, prætorium:* — vigararia; territorio da jurisdicção do vigario. *Vicarii territorium, ditio:* — *perpétua.* V. *Curato.*
VICARIAL. *adj.* Vicarial; pertencente ao vigario.
VICARIATO. *m.* Vicariato; dignidade de vigario ou territorio da sua jurisdicção. *Vicarii dignitas, ditio:* — vicariato; officio de vigario e o tempo que dura.
VICARIO, RIA. *adj.* Vicario; que faz ou suppre as vezes de outro. *Vicarius, a, um:* — *m.* vigario; o que faz as vezes do prelado ou superior das ordens regulares. *Vicarius, ii:* — vigario; juiz ecclesiastico nomeado e eleito pelos prelados para exercer sobre os seus subditos uma jurisdicção ordinaria. Ha vigarios geraes, que são os que governam em toda a diocese, e vigarios da vara, em castelhano *vicarios foráneos,* que são subordinados aos vigarios geraes. *Vicarius, ii:* — campeão, mantenedor que substituia outro n'um duello e combatia por elle: — vigario; titulo que primitivamente se dava aos viscondes: — vigario; tambem era assim chamado aquelle que se expunha por outro á prova da agua fria, da agua a ferver, etc.: — *apostólico;* vigario apostolico; titulo que o Papa confere a um ecclesiastico nos paizes scismaticos ou infieis, para que vele pela religião: — *de coro;* vigario do côro; o que nas ordens regulares rege e dirige o canto no côro. *Chori cantûs prefectus:* — *de Jesu Cristo;* vigario de Jesus Christo; um dos titulos do Summo Pontifice. *Jesu Christi vicarius; pontifex summus:* — *de monjas;* provincial de religiosas; ecclesiastico nomeado pelo superior de alguma ordem regular para dirigir os conventos de religiosas da sua jurisdicção. *Monialibus præfectus:* — *de San Pedro;* vigario de S. Pedro; titulo dos Papas antes de chamarem-se vigarios de Christo: — *general de los ejércitos;* delegado apostolico que tem jurisdicção ecclesiastica sobre todos os dependentes do exercito e da armada. *Exercitui præfectus episcopus:* — *perpétuo;* vigario perpetuo; titulo de que usam certos arcebispos, considerando-o synonimo de legado: — vigario, cura d'almas. V. *Cura:* — *temporal;* vigario temporal; vigario que tinha a seu cargo a cura de almas de certas parochias: — *del imperio (hist.);* vigario do imperio; titulo que se dava ao conde palatino do Rheno e ao duque de Saxonia, que governavam em caso de interregno. *Imperii vicarius. Sacar por el vicario (rif.);* tirar a noiva por justiça da casa paterna.

Vice. Vice; palavra que entra na composição de muitos vocabulos, e designa substituição de pessoa no cargo ou emprego significado pelo termo affixo. Vem do latim *vicis; v. g.: vice-presidente; vice-almirante, vice-consul, etc., etc.*

Vice-canciller. *adj. s.* Vice-chanceller; o cardeal presidente da curia romana para o despacho das bullas e breves apostolicos. *Vice-cancellarius:* — vice-chanceller; o que faz as vezes de chanceller. *Vice-cancellarius, ii.*

Vice-diós. *m.* Vice-deus; titulo honorifico e respeitoso que alguns dão ao Summo Pontifice e aos monarchas, por fazerem as vezes de Deus na terra. *Dei vices gerens.*

Vicenal. *adj.* Vicennal; que se faz ou se renova todos os vinte annos. *Vicennalis, le.*

Vicenio. *m.* Vicennio; espaço de vinte annos. *Vicennium, ii.*

Vice-provincia. *f.* Vice-provincia; conjuncto de casas religiosas ou conventos que ainda se não têem erigido em provincia, mas que são consideradas como tal. *Provincia minor.*

Vicesimario, ria. *adj. num.* Vigesimo; que na serie numerica se segue ao decimo nono. *Vicesimarius, a, um.*

Vicésimo, ma. *adj.* V. *Vijésimo.*

Vice-versa. *adv.* Vice-versa; ás avessas, em sentido inverso ou contrario, reciprocamente.

Vicia. *f. (bot.)* Vicia. V. *Arveja.*

Viciar. *a.* Viciar; corromper, depravar physica ou moralmente. *Vitiare, corrumpere:* — viciar; falsificar, adulterar os generos, deteriorando-os ou misturando-os com outros de inferior qualidade. *Vitiare, depravare:* — viciar; falsificar algum escripto. *Vitiare, falsare:* — viciar; invalidar, annullar algum acto, tirar-lhe o valimento. *Nullum reddere:* — viciar; perverter, corromper os bons costumes, o modo de vida de cada um, etc. *Mores vitiare, pervertere:* — *(fig.)* viciar, inverter; interpretar mal o sentido de alguma palavra ou proposição. *Sensum detorquere:* — *r.* depravar-se, perverter-se, corromper-se, entregar-se aos vicios. *Vitiis indulgere, in vitia diffluere:* — cegar-se, apaixonar-se; affeiçoar-se muito a alguma cousa. *Nimio studio incumbere:* — *(equit.)* resabiar-se; tornar-se manhoso o cavallo.

Vicio. *m.* Vicio; má qualidade, defeito physico das cousas. *Vitium, ii:* — vicio; falta de rectidão, defeito moral nas acções. *Prava animi affectio:* — vicio; falsidade, erro, defeito no que se escreve ou diz. *Vitium, depravatio:* — vicio; habito de mal obrar, opposto á virtude. *Vitium, pravus habitus:* — vicio; defeito habitual ou mau costume, proprio de algumas pessoas ou mesmo de alguma nação. *Vitium, mos pravus:* — vicio; gosto especial e excessivo por uma cousa. *Cupiditas, nimia libido:* — vicio; declinação, desvio ou apartamento do caminho recto que uma cousa deve seguir. *Inflexio, incurvatio:* — viço; vigor, força vegetativa da planta, etc. *Luxuria, vigor:* — viço, capricho; muito mimo, demasiada liberdade dos meninos. Em Aragão usam este nome no plural n'este sentido. *Licentia; voluntatis puerilis vitium:* — vicio, resabio, sestro, manha; mau costume que as bestas adquirem. *Vitium, defectus, prava consuetudo:* — *(ant.)* vicio, prazer, deleite: — *natural;* vicio, defeito natural; deformidade physica que o individuo traz quando nasce ou é adquirida por doença. *De vicio (loc. adv.);* por vicio, sem necessidade, sem causa, por costume. *More suo, temerè. Echar de vicio (fr. fam.);* desbocar-se, fallar mal. *Ineptè gannire. Hablar de vicio (fr.);* fallar por vicio, ser muito fallador. *Loquacem esse. Quejarse de vicio (fr.),* queixar-se, doer-se por vicio, sem rasão, por qualquer cousa. *Temerè queri:* — *(equit.)* viço; vigor, ardor do cavallo, o ser fogoso: — *(med.)* vicio; nome dado aos humores que se formam no corpo animal.

Viciosamente. *adv. m.* Viciosamente; com vicio, de modo vicioso. *Vitiosè, corruptè:* — viciosamente; com vicio, por vicio. *Vitiosè:* — viciosamente, adulteradamente; com erro, defeituosamente. *Mendosè.*

Viciosísimo, ma. *adj. sup.* de *Vicioso.* Viciosissimo; muito vicioso. *Vitiosissimus, a, um.*

Vicioso, sa. *adj.* Vicioso; que tem ou causa vicio. *Vitiosus, a, um:* — vicioso; dado aos vicios, habituado ao vicio. *Vitiis indulgens, deditus:* — viçoso, vigoroso, forte, especialmente para a producção. *Vegetus, a, um:* — abundante, provido. *Lautus, a, um:* — *(p. Ar.)* V. *Mimado:* — *(for.)* vicioso; dá-se este nome a qualquer acto defeituoso, por lhe faltar alguma formalidade legal. *Circulo vicioso (reth.)* V. *Circulo.*

Vicisitud. *f.* Vicissitude, alternativa. *Vicissitudo, inis:* — vicissitude; revez da fortuna, inconstancia ou alternativa prospera ou adversa. *Vicissitudo, inis.*

Vicisitudinario, ria. *adj.* Vicissitudinario; sujeito a vicissitudes, que acontece por ordem alternativa ou successiva. *Vices servans.*

Vicoa. *f. (bot.)* Vicoa; genero de plantas, da familia das compostas.

Víctima. *f.* Victima; animal que segundo a lei de Moysés se immolava ou offerecia em sacrificio á divindade. *Victima, æ:* — victima; animal ou pessoa que os pagãos sacrificavam a seus deuses, cada um dos quaes tinha a sua victima particular; o bode era offerecido a Baccho, o cavallo a Neptuno, etc. O uso de immolar victimas humanas esteve em pratica na maior parte dos povos. *Victima, æ:* — *(fig.)* victima; aquelle que se expõe ou offerece, por outrem, a um grave risco ou soffre algum damno por culpa alheia. *Victima, æ:*— victima; pessoa perseguida, sacrificada pelo furor, inveja, etc. *Victima, æ.*

VICTIMARIO. *m.* Victimario; o que apparelhava as victimas, as sacrificava e servia sacerdotes nos sacrificios. *Victimarius.*

VÍCTOR. *m.* V. *Vítor.*

VICTOREAR. *a.* V. *Vitorear.*

VICTORIA. *f.* Victoria; vencimento do inimigo, vantagem que se consegue sobre elle em batalha. *Victoria, æ:* — *(fig.)* victoria; superioridade ou vantagem que se consegue do adversario em qualquer disputa ou certame. *Victoria, æ:* — *(fig.)* victoria; vencimento ou sujeição dos vicios ou paixões. *Victoria, æ:* — *interj.* victoria; usa-se para acclamar a victoria ou triumpho grande sobre o inimigo. *Vicimus. Cantar la victoria (fr.);* cantar a victoria; acclamala depois de obtida. *Vincere, trium phare. Cantar victoria (fr.);* cantar-victoria; blasonar do triumpho obtido: — *(bot.)* victoria; genero de plantas da familia das nymphaceas.

VICTORIAL, *adj.* Victorial; que diz respeito á victoria. *Victorialis, le.*

VICTORIOSAMENTE. *adv. m.* Victoriosamente; com victoria, de modo victorioso, como vencedor. *Cum victoria; victoriæ laude; victoriosâ gloriâ.*

VICTORIOSÍSIMO, MA. *adj. sup.* de *Victorioso.* Victoriosissimo; muito victorioso.

VICTORIOSO, SA. *adj.* Victorioso, vencedor; que alcançou victoria. *Victoriosus, vincens:* — victorioso, de victoria; diz-se das acções com que se consegue a victoria: — victorioso, invencivel; titulo honorifico dos principes que têem conseguido muitas victorias sobre o inimigo. *Victor, invictus.*

VICUÑA. *f. (zool.)* Vicunha ou vigonha; especie de mammiferos do genero camello, muito similhante ao lhama.

VID. *f. (ant. anat.)* Vide, cordão umbilical; ligamento que une o feto á placenta, por onde se nutre, e que se rompe no acto do parto. *Intestinum umbilicale:*—*(bot.)* videira; genero de plantas da familia das ampelideas, cuja especie mais importante é a videira cultivada, de que ha infinitas variedades: — *silvestre;* videira labrusca ou silvestre. *De buena vid planta la viña, y de buena madre la hija (rif.);* daeme mãe acautelada, dar-voshei filha guardada. *Proborum proba soboles.*

VIDA. *f.* Vida; estado dos seres animados emquanto conservam o principio das sensações e do movimento. *Vita, æ:* — vida; conjuncto das funcções proprias dos corpos organicos. *Vita, æ:* — vida; o estado em que os corpos organisados podem exercer suas funcções e movimentos naturaes. *Vita, æ:* — vida; união da alma com o corpo. *Vita, æ:* — vida; espaço de tempo que decorre desde o nascimento até á morte. *Vitæ tempus, vita:* — vida; nas plantas, o tempo em que se desenvolvem, crescem e se conservam em estado de organisação: — vida; o estado que se elege para mante-la. *Vitæ modus, conditio:* — vida; sustento, alimento necessario para viver ou conservar a existencia. *Victus, us:* — vida; conducta ou modo de vida, em relação ás acções das pessoas. *Vitæ tenor, ratio, institutum:* — vida; modo de viver relativamente á profissão, emprego, officio ou occupação: — vida; uma pessoa ou ser humano: — vida, biographia; historia dos actos e successos notaveis de uma pessoa durante toda a sua vida. *Vita, rerum gestarum narratio:* — vida; estado da alma depois da morte: — *(fig.)* vida, delicia, cousa aprazivel, summamente agradavel. *Delicium, ii:* — *(fig.)* vida; cousa que serve ou contribue para a conservação de outra. *Vitæ subsidium:*—*(fig.)* vida, nervo, força, energia; *v. g.: estilo, discurso sin vida;* estylo, discurso sem vida: — *airada;* vida airada; vida desordenada e viciosa: — *ancha;* vida relaxada. *Vita in libidines proclivis, libidinosè acta:* — *canonical o de canónigo (fam.),* vida de conego ou de abbade; deliciosa, cheia de commodidades. *Vita deliciis indulgens, deliciosè acta:* — *de perros (fam.);* vida de cão; atribulada, trabalhosa. *Ærumnosa vita:* — *espiritual;* vida espiritual; modo de viver conforme aos exercicios de perfeição, mysticos, contemplativos. *Vita spiritualis:* — *mia o mi vida;* minha vida, meu amor; expressão carinhosa. *Anima mea, meum suavium:* — *papal.* V. *Vida canonical:* — *privada;* vida privada; a que se passa cuidando só da familia e dos interesses domesticos. *Vita à curis et negotiis publicis libera:* — *y milagros (loc. fam.);* vida e proezas; significa o modo de viver, as manhas e travessuras de alguem, e em geral os seus actos. Toma-se sempre á má parte. *Alicujus res gestæ, facinora. A vida (loc. adv.)* V. *Con vida.* Usa-se com alguns verbos; como: *no dejar hombre a vida, o no quedar hombre a vida. Nemini parcere; ad vitam; perpetuo. Buscar la vida (fr.);* procurar a vida; usar dos meios para adquirir o sustento e tudo o mais necessario para a sua conservação. Usa-se tambem como reciproco. *Victum, vitæ necessaria quærere:* indagar da vida de alguem. *Mores alicujus inquirere. Costar la vida (fr.);* custar a vida; custar grande sacrificio a execução de alguma cousa, um successo grave, etc. *Vitæ pretio redimi. Dar la vida (fr.);* dar a vida, animar, fortalecer, vivificar. *Recreare, animum reddere. Darse buena vida (fr.);* dar-se á boa vida, levar vida folgada, regalada. *Deber la vida (fr.);* dever a vida a alguem; ser-lhe obrigado e reconhecido pelo ter livrado de grande perigo ou risco. *Suam ipsius vitam alterius beneficio esse servatum. De por vida (loc. adv.)*; por toda a vida, sempre. *Dum vivitur. En mi vida o en la vida (loc. adv.)*; em minha vida, nos meus dias, desde que nasci. *Nunquam. En vida (loc. adv.)*; em vida, durante a vida. *Dum vivitur. Ganar la vida (fr.)*; ganhar a vida; trabalhar, buscar os meios de subsistencia. *Victum quærere. Hacer vida (fr.)*; fazer vida; viver em companhia o marido e a mulher, cohabitarem. *Conjugalem vitam agere. La otra vida*; a outra vida, a vida futura, em que os christãos crêem, e que ha de vir depois da morte. *Vita æterna. Pasar la vida (fr.)*; passar a vida; manter-se com o preciso para a sua conservação. *Modestè vitam agere, transigere. Por vida mia*; por vida minha, eu morra; especie de juramento ou certificação com que se assegura a verdade de alguma cousa, ou se exprime a determinação em que se está de a executar. *Mehercle. Ser de vida (fr.)*; prometter vida; diz-se dos doentes e dos recem-nascidos quando se espera que resistam e venham a ter saude. *Ægrotantem haud moriturum esse. Vender cara la vida (fr.)*; vender a vida caro; ferindo, matando muitos inimigos. Ajunta-se-lhe para mais força de expressão o adverbio *muy. Magna hostium cœde facta cadere, occumbere*: — *y muerte (phys. ant.)*; vida e morte; o enxofre e o mercurio dos philosophos: — *(for.)* vida; numero determinado de annos, que são dez: — *civil*; vida civil; faculdade de gosar de todas as vantagens concedidas aos cidadãos pelas leis do estado: — *(rel.)* vida, a graça: — vida; estado da graça e proporção para o merito das boas obras: — vida, bemaventurança; n'este sentido diz-se: *mejor vida ó vida eterna*; melhor vida ou vida eterna. *Vita eterna.*

VIDABLE. *adj. (ant.)* Apetecivel.

VIDAL. *adj. (ant.)* Vidal. V. *Vital.*

VIDAY. *interj. (p. A. M.)* Vida minha, meu amor; expressão de carinho.

VIDENTE. *m. (ant.)* V. *Profeta.*

VIDIANO, NA. *adj.* Vidiano; pertencente a Vido, medico de Florença. *Conductos vidianos (anat.)*; conductos vidianos; dois canaesinhos abertos na base da apophyse pterygoidea.

VIDRIADO, DA. *adj.* V. *Vidrioso*, na quarta accepção: — *m.* barro vidrado, louça vidrada. *Fictilia vasa operimento lucido illita.*

VIDRIAR. *a.* Vidrar; cobrir de substancia vitrea a louça, os vasos de barro. *Fictilia vasa operimento vitro simili illinere. Vidriarse los ojos (fr.)*; vidrar-se os olhos. *V. Ojo.*

VIDRIERA. *f.* Vidraça; caixilho com vidros. *Specularis, vitrea fenestra*: — vidro através do qual se olha uma cousa, ou que se põe para resguardo d'ella, sem a occultar á vista. *Vitrum, i. Licenciado vidriera*; homem de vidro; apodo que se applica ao que é nimiamente melindroso, delicado e timido. *Querulus homo.*

VIDRIERÍA. *f.* Vidraria; fabrica, manufacturas de vidros. Em Madrid chamam assim a loja de louça vidrada. *Taberna vitriaria.*

VIDRIERO. *m.* Vidreiro; o que faz e vende vidros. *Vitriarius, ii.*

VIDRIO. *m.* Vidro; corpo liso, diaphano e mui quebradiço, formado artificialmente pela fusão da areia ou silex com saes alcalinos. *Vitrum, i*: — vidro; qualquer peça ou vaso de vidro. *Vas vitreum*: — vidro ou cousa de vidro, fragil, mui delicada. *Res valdè fragilis*: — vidro; pessoa mui susceptivel e melindrosa, de genio agastadiço, que quebra com os outros facilmente. *Homo morosus; in querimonias proclivis*: — lanternas ou vidros do coche ou carruagem: — *(ant.)* vidros; vasos de crystal. *Ir al vidrio (fr.)*; ir no assento da frente da carruagem: — *(poet.)* cristal ou crystal; agua clara, limpida.

VIDRIOSO, SA. *adj.* Vidrento; fragil como o vidro. *Fragilis, vitreus*: — *(fig.)* resvaladio, escorregadio ou escorregadiço; diz-se do caminho ou sitio que faz escorregar por lhe ter caido geada. *Ob gelu labilis*: — *(fig.)* vidrento; diz-se das cousas mui delicadas, melindrosas e quebradiças. *Periculosæ aleæ plenus*: — *(fig.)* vidrento, de vidro; diz-se do sujeito ou genio melindroso, agastadiço, que desconfia facilmente. *Querulus, morosus.*

VIDRO. *m. (ant.)* V. *Vidrio.*

VIDUAL. *adj.* Vidual; de viuvo ou viuva, de viuvez. *Ad viduitatem pertinens.*

VIDUEÑO. *m.* V. *Veduño.*

VIDUÑO. *m.* V. *Veduño.*

VIEDAR. *a. (ant.)* V. *Vedar.*

VIEDGO. *m. (ant.)* Ponta, pico.

VIEGO. *m. (ant.)* V. *Viedgo.*

VIEJA. *f.* Caruncho; podridão parcial de uma peça de madeira, especialmente nos nós e suas immediações.

VIEJARRON, NA. *adj. (fam.)* Velhancão, velhorro. É termo desprezivel. V. *Viejo.*

VIEJAZO, ZA. *adj. augm. (fam.)* de *Viejo*. Velhão, velhancão.

VIEJECITO, TA. *adj. dim. (fam.)* de *Viejo*. Velhinho, velhote.

VIEJEZ. *f. (ant.)* V. *Vejez.*

VIEJEZUELO, LA. *adj. dim.* de *Viejo*. Velhinho.

VIEJISIMO, MA. *adj. sup.* de *Viejo*. Velhissimo; muito velho.

VIEJO, JA. *adj.* Velho; que tem muita idade. *Senex, is.* Diz-se tambem por extensão dos animaes: — velho, antigo; do tempo passado. *Vetus, ris*: — velho, usado. *Antiquus, vetustus*: — velho; rapaz sensato, de juizo maduro como os velhos. *Seniliter*: — *pl. (fam.)* melenas ou cabellos das fontes: — *verde*; velho gaiteiro; o que tem acções e modos de rapaz, folgasão. *Senex juve-*

num mores referens. Viejo es Pedro para cabrero (rif.); velho é Pedro para cabreiro; quem tem idade madura, e pôde viver socegado, não deve metter-se em cousas que não possa desempenhar ou cumprir. *Nil novum senectuti proprium. Hacerse viejo (fr. fig.);* fazer-se velho; ralar-se, consumir-se por tudo. *Levibus causis angi; tempus otiosè terere. Hacer viejo a alguno (fr.);* fazer velho a alguem; diz-se de uma pessoa já feita ou de idade madura que se conheceu ainda em creança. *Puerum aliquem novisse. Mas viejo que la sarna.* V. *Sarna.* Diz-se tambem *mas viejo que el repelon, o mas viejo que préstame un cuarto. Ser una vieja (fr. fig. Mex.);* ser um cagarola. *Tener alguna cosa de viejo (fr.);* ter alguma cousa por balda, por costume antigo, principalmente quando é má. *A puero vel ab incunabulis habere. El viejo que se cura, cien años dura (rif.);* o velho que se cura cem annos dura, o bom regimen prolonga a vida. *Maxime in senectute tuenda valetudo.*

VIELO, LA. *adj. (ant.)* V. *Viejo.*

VIELLO, LLA. *adj. (ant.)*V. *Viejo.*

VIENCER. *a. (ant.)* V. *Vencer.*

VIENENSE. *adj.* Viennense; pertencente a Vienna de França. *Viennensis, e.*

VIENGAR. *a. (ant.)* V. *Vengar.*

VIENES, SA. *s.* Viennez; natural de Vienna d'Austria: — *adj.* viennez; pertencente áquella capital.

VIENTO. *m.* Vento; corrente de ar atmospherico, mais ou menos agitado. *Ventus, i:*— o ar absolutamente considerado ou o espaço que occupa. *Aër, ether:* — certo osso que os cães têem entre as orelhas. *Os quoddam in cane sagaci vel odoro:* — guia; corda comprida que se ata a alguma cousa para mante-la direita no ar ou move-la com segurança para algum lado. *Funis pondus pensile sustinens:* — *(fig.)* vento, impulso, meio, causa, ajuda: — *(fig.)* impulso; qualquer cousa que move ou agita violentamente o animo. *Impetus, libido animi:* — *(fig.)* vento, vaidade, vangloria. *Arrogantia, superbia:* — *(germ.)* farejador, delator, denunciador, descobridor de alguma cousa: — *de laus laudis;* adulação, lisonja: — *entero;* vento inteiro; qualquer dos quatro ventos cardinaes e dos seus quatro intermedios: — *etesio:*V. *Etesio:*—*malo (ant.);* mau fado, desgraça. *Vientos alisios.* V. *Alisios. Vientos generales;* ventos geraes; os que reinam constantemente em varios climas ou partes do globo, durante certas estações ou numero de dias. *Vientos reglados.* V. *Vientos generales. A buen viento va la parva (fr. fig. fam.);* ir o negocio com vento em pôpa, prosperamente. *Prosperè agitur:* diz-se tambem, censurando o que confia demasiadamente na fortuna, sendo ella tão varia e caprichosa. *Apuntar el viento (fr.);* apontar o vento; começar a soprar. *Beber los vientos por alguna persona (fr. fam.);* beber os ventos por alguem; fazer excessos por elle. *Vehementissimo amore affici. Largar el viento (fr.);* carregar o vento; soprar muito, augmentar de intensidade. *Ventum vehementer incumbere. Contra viento y marea (fr. fig.);* contra vento e maré, contra a opinião geral, ou contra o engenho e capacidade. *Violenter, invita Minerva. Correr tal o tal viento (fr.);* correr, soprar tal ou tal vento. *Hunc vel illum ventum spirare, flare. Correr viento (fr.),* correr, fazer vento, ventar; soprar o vento com força. *Ventum perflare. Cosas de viento;* cousas aereas, inuteis, vãs, sem fundamento. *Nugæ, res nihili. Dar el viento (fr. fig.);* dar o cheiro; presumir-se ou conjecturar-se com acerto alguma cousa. *Rem conjectura percipi. Dejar atrás los vientos (fr.);* correr mais que o vento, correr com summa velocidade. *Velocissimè currere. Echarse el viento (fr.);* socegar, acalmar-se o vento. *Ventum sedari. Ferir el mal viento en alguno (fr.);* chegar alguma noticia má a alguem, entrar em suspeitas e receios. *Hurtar el viento (fr. ant.),* furtar o vento, ir contra o vento. *Vento adverso incidere. Ir contra viento y marea (fr.),* ir contra o vento e a maré. V. *Luchar contra la corriente.* Significa tambem proseguir em uma empreza apesar dos embaraços ou obstaculos que a contrariam. *Irse con el viento que corre (fr. fig.);* ir com o vento que corre, andar com o tempo; seguir o partido que prevalece ou que lhe pôde servir de conveniencia. *Victricis partes sequi. Medio vento;* meio vento; duas quartas, na rosa nautica. *Venti secundarii. Moverse a todos vientos (fr. fig.);* mover-se, voltar com todo o vento; ser inconstante, variavel. *Quolibet vento moveri vel duci. Parar viento (fr.)* V. *Parar moscas. Picar el viento (fr.);* picar o vento; ser favoravel o vento, caminhar prosperamente o negocio, etc. *Secundum ventum flare, spirare. Saltar el viento (fr.);* mudar repentinamente o vento, soprando em outra direcção. *Ventum repentè mutari. Con viento limpian el trigo y los vicios con castigo (rif.);* com vento alimpam o trigo, e os vicios com castigo. *Ventilabro in area triticum, fuste mores:* — *(caç.)* vento; faro dos animaes. *Vis odora:* — vento; cheiro que o animal deixa nos logares por onde passa, pelo qual os cães rastejam e o descobrem. *Odor, oris. Tomar el viento (fr.);* tomar o vento; rastejar, descobrir por elle a caça. *Odorari:* — *(naut.)* vento; cada um dos trinta e dois rumos da agulha: — *a la estrella.* V. *Viento norte:* — *frescachon;* vento rijo: — *fresco;* vento fresco: — *terral;* vento terral; que sopra da terra. Exprime-se tambem só pela palavra *terral*. *Refrescar el viento (fr.)*; refrescar o vento; augmentar de intensidade. *Ventum vehementiorem fieri*: — *(artilh.)* vento da peça; a differença entre o diametro da bala e o diametro da alma da peça.

Vientre. *m.* Ventre, abdomen; cavidade abdominal que encerra o estomago, canal intestinal e outras visceras. *Venter, tris*: — ventre, barriga, prenhez ou o feto. *Fœtus, us*: — deventre; entranhas, os intestinos das rezes que se matam para sustento do homem. *Intestina ventris*: — barriga, estomago, especialmente fallando do que come muito. *Stomachus, i*: — V. *Barriga*: — ventre, barriga, bojo; capacidade, cavidade grande e interior de alguma cousa. *Cavum, i*: — *(fig.)* ventre, barriga, bojo; parte convexa e proeminente de alguns vasos. *Vasorum pars amplior*: — mãe, com excepção de pae; *v. g.*: *el parto sigue al vientre*. *Mater, tris*. *Descargar el vientre (fr.)*; descarregar, despejar o ventre. *Ventrem exonerare*. *Desde el vientre de su madre (loc. adv.)*; desde o ventre de sua mãe, desde que nasceu. *Ab incunabulis*. *Hacer del vientre (fr.)* V. *Descargar el vientre*. *Largo del vientre*; largo de ventre; facil em expellir as excrementos. *Laxus ventre*. *Sacar el vientre de mal año (fr. fam.)*; tirar o ventre da miseria; saciar a fome, comer mais ou melhor do que é costume. *Stomachum cibo onerare*. *Servir al vientre (fr.)*; dar-se á gula, comer e beber com excesso. *Ventri indulgere*. *Vaciar el vientre (fr.)*; despejar o ventre. *Alvum exonerare*.

Vientrecillo. *m. dim.* de *Vientre*. Ventrinho.

Viera. *f.(p. Ast.)* Via. V. *Canino*.

Vierba. *f. (ant.)* Verbosidade, garrulice. *Saber mucho de vierba (fr.)*; ter boa loquela, muita loquacidade.

Vierea. *f. (bot.)* Vierea; genero de plantas da familia das compostas.

Viérnes. *m.* Sexta feira; sexto dia da semana. *Dies veneris*: — dia de jejum. *Dies abstinentiæ a carnibus*: — *de induljencias, de la cruz, de endolencias*. V. *Viernes santo*: — *santo*; sexta feira santa, de endoenças ou da paixão. *Hebdomadæ majoris feria sexta*.

Vierven. *m. (ant.)* V. *Gusano*.

Vierzo. *m. (ant.)* V. *Verso*.

Vieso. *m. (ant.)* V. *Verso*: — *(ant.)* adagio, rifão.

Viéspra. *f. (ant.)* Vespora. V. *Vispera*.

Viéspra. *f. (ant.)* V. *Vispera*.

Viga. *f.* Viga; trave de edificio. *Trabs, tignum*: — moedura; a porção de azeitona moida que se põe debaixo da viga do lagar para a expremer. *Olearum prœlo subjectarum acervus*. *Contar las vigas (fr. fig.)*; contar as tábuas do tecto; estar suspenso, abstracto, olhando para o tecto. *In suspenso, defixis in tectum oculis stare*: — *de lagar (agr.)*; vara do lagar. *Prœlum, i*.

Vigario. *m. (ant.)* Vigario. V. *Vicario*.

Vigente. *adj. (for.)* V. *Vijénte*.

Vigésimo, ma. *adj.* V. *Vijesimo*.

Vigía. *f.* V. *Vijía*.

Vigiar. *n.* V. *Vijiar*.

Vigilancia. *f.* V. *Vijilancia*.

Vigilante. *p. a.* V. *Vijilante*: — *adj.* V. *Vijilante*.

Vigilantemente. *adv. m.* V. *Vijilantemente*.

Vigilantísimo, ma. *adj. sup.* V. *Vijilantisimo*.

Vigilar. *n.* V. *Vijilar*.

Vigilativo, va. *adj.* V. *Vijilativo*.

Vigilia. *f.* V. *Vijilia*.

Vignita. *f. (min.)* Vignita; variedade de silicato de ferro.

Vigolero. *m. (germ.)* Ajudante do carrasco.

Vigor. *m.* Vigor; força ou actidade das cousás animadas ou inanimadas. *Vigor, oris*: — vigor; viveza, esforço energico das acções na execução das cousas. *Vis animi*: — vigor; força, auctoridade das leis vigentes. *Vis, vigor, robur*.

Vigorar. *a.* Vigorar. V. *Vigorizar*.

Vigorizar. *a.* Vigorisar, vigorar, fortificar, roborar, fortalecer, dar vigor. *Roburare, robur addere*.

Vigorozamente. *adv. m.* Vigorosamente; com vigor, com força, com energia. *Vehementer, fortiter*.

Vigorosidad. *f.* Vigor; robustez ou actividade vigorosa. *Vigor, robur*.

Vigorosísimo, ma. *adj. sup.* de *Vigoroso*. Vigorosissimo.

Vigoroso, sa. *adj.* Vigoroso, robusto, forte, energico; que tem vigor. *Vegetus, robustus*. *Colorido vigoroso (pint.)*; colorido forte, intenso.

Vigüela. *f. (ant.)* V. *Vilhuela*.

Viguería. *f.* Vigamento; as vigas do edificio. *Trabium series*.

Vigueta. *f. dim.* de *Viga*. Vigota.

Viguroso, sa. *adj. (ant.)* Vigoroso.

Vihuela. *f.* Viola; instrumento musico de cordas, com braço guarnecido de trastes: — V. *Guitarra*: — *(ant.)* V. *Lira*, ou qualquer outro instrumento diverso da guitarra: — *de arco*, viola de arco, rabeca. V. *Rabel*: — *de péndola*; instrumento musico de cordas, que se tocava com uma penna, como a cithara, etc.

Vihuelista. *m.* Violeiro; tangedor de viola. *Citharœdus*.

Vijente. *adj. (for.)* Vigente; diz-se das leis, ordenanças, estylos, etc., que estão em observancia e vigor. *Vigens, entis*.

Vijésimo, ma. *adj.* Vigesimo; numeral ordinal, que na serie numerica inclue o numero vinte. *Vigesimus, a, um*.

Vijía. *f.* Vigia. V. *Atalaya*: — vigia, sentinella, velador. Usa-se como masculino. *Specula, speculator*: — vigia; acção de vigiar. *Speculatio, onis*: — *(naut.)* vigia; em geral, escolho, cachopo que sobresáe alguma cousa da superficie da agua. *Scopulum, i*.

Vijiar. *n.* Vigiar, velar. *Speculari*.

VIJILANCIA. *f.* Vigilancia, desvelo; cuidadosa attenção. *Cura, diligentia:* — *(br.)* vigilancia.

VIJILANTE. *p. a.* Vigilante, vigiante, velador; o que véla, está desperto. *Vigilans, vigil:* — *adj.* vigilante, desvelado, cuidadoso e attento. *Intentus, a, um:*—*(mil.)* vigia, sentinella.

VIJILANTEMENTE. *adv. m.* Vigilantemente; com vigilancia. *Diligenter, vigilanter.*

VIJILANTÍSIMO, MA. *adj. sup.* de *Vijilante.* Vigilantissimo. *Vigilantissimus, a, um.*

VIJILAR. *n.* Vigiar; velar sobre alguma cousa, ou attender, observar com attenção, com desvelo. *Vigilare, diligenter curare.*

VIJILATIVO, VA. *adj.* Que causa vigilias ou não deixa dormir. *Vigil, ilis.*

VIJILIA. *f.* Vigilia; estado desperto ou de véla. *Vigilia, æ:* —vigilia, elucubração; grande applicação ao estudo, especialmente de noite. Dá-se tambem este nome a obra litteraria que custa vigilias. *Vigilia, elucubratio:* —vigilia. V. *Víspera.* Usa-se tambem metaphoricamente. *Dies hesternus:* — vigilia; vespera de festa. *Vigilia, æ:* — vigilia; officio que se reza na vespera de alguma festa. *Vigilia, æ:* — officio de defuntos que se reza ou canta na igreja. *Sacræ pro defunctis preces:* — vigilia; falta de somno occasionada por alguma doença ou cuidado. *Pervigium, ii:* — vigilia, vigia; uma das partes em que se reparte a noite, para as vélas e sentinellas nos exercitos e praças; ordinariamente é de tres horas. *Vigilia, æ:* — trombeta do verdugo. *Comer de vijilia (fr.);* comer de jejum.

VIL. *adj.* Vil, baixo; de pouca conta, desprezivel, abjecto, deshonroso. *Vilis, le:* — vil; diz-se das acções infames e indignas e de quem as executa. *Vilis, sordidus:* — vil, baixo, humilde; diz-se dos officios servis nas republicas. *Servilis, le:* — vil, indigno, ingrato; diz-se da pessoa que falta á confiança. *Infidus, ingratus.*

VILANO. *m.* V. *Milano,* flor de cardo: — lanugem de algumas sementes, com ajuda da qual se transportam pelo ar. *Puppus, us:* — *adj. (ant.)* villão, plebeu: — *(zool.)* V. *Milano,* ave.

VILDAD. *f. (ant.)* V. *Vileza.*

VILECER. *a. (ant.)* V. *Envilecer.*

VILEZA. *f.* Vileza; a qualidade de ser vil uma cousa. *Vilitas, atis:* — vileza, villania; acção deshonrosa, infame, indigna. *Dedecus, oris.*

VILFA. *f. (bot.)* V. *Agróstide.*

VILHORRO. *m. (germ.)* O que se livra de alguma perigo por meio da fuga.

VILICACION. *f. (ant.)* V. *Administracion.*

VÍLICO. *m. (ant.)* Governador, guarda da villa: — villico. V. *Mayordomo.*

VILIPENDIAR. *a.* Vilipendiar; desprezar ou tratar alguem com vilipendio. *Despicere, pro vili habere.*

VILIPENDIO. *m.* Vilipendio, desprezo, menoscabo, desdouro, falta de estimação. *Contemtus, despectus.*

VILÍSIMO, MA. *adj. sup.* de *Vil.* Vilissimo. *Vilissimus, a, um.*

VILMENTE. *adv. m.* Vilmente; com vileza ou desprezo. *Viliter, turpiter:* — cobardemente.

VILO. *m.* Voz que só se emprega na *loc. adv. En vilo;* no ar, suspenso, levantado no ar. Usa-se quasi sempre com o verbo *llevar. Suspensus, pendulus. En vilo (loc. adv. fig.);* no ar; com pouca segurança ou firmeza. *Parum tutò.*

VILORDO, DA. *adj. (ant.)* Preguiçoso, tardo. *Tardus, segnis.*

VILORTA. *f.* Annel feito de um ramo de arvore verde e flexivel, o qual, depois de secco, serve para por elle correrem facilmente as cordas que se puxam para suster ou mover algum cousa. *Annulus ligneus:* — especie de jogo da pella usado nas aldeias de Castella a Velha e especialmente em Salamanca. *Pilaris ludi genus:* —V. *Belorta.*

VILTÁ. *f. (ant.)* Aviltamento, deshonra, affronta.

VILTADAMENTE. *adv. m. (ant.)* Aviltadamente, vilmente, affrontosamente.

VILTANZA. *f. (ant.)* V. *Envilecimiento:* — viltança, aviltamento, affronta, deshonra.

VILTAR. *a. (ant.)* Viltar, aviltar, deshonrar, envilecer.

VILTOSO, SA. *adj. (ant.)* V. *Vil,* digno de desprezo.

VILTROTEAR. *n. (ant.)* Vagar, vagabundear, correr vagando.

VILTROTONA. *f. (ant.)* V. *Callejera.*

VILVA. *f. (ant.)* V. *Viuda.*

VILLA. *f.* Villa; povoação de menor graduação que cidade. *Municipium, ii:* — auctoridades que governam a villa. *Municipalis senatus:* — *(ant.)* villa; casa de campo. *Villa, æ:* — V. *Milla. Casa de la villa;* casa da camara.

VILLAJE. *m.* Villagem, villa; povoação pequena e aberta. *Oppidulum, i.*

VILLANAJE. *m.* Villanagem; os villões, peões de uma villa ou aldeia. *Plebs, is:* — estado plebeu de villão, condição plebea. *Plebis conditio.*

VILLANAMENTE. *adv. m.* Villãmente; com villania. *Inurbanè.*

VILLANCEJO. *m.* V. *Villancico.*

VILLANCETE. *m.* Villancete; poema breve, rustico. V. *Villancico,* na segunda accepção.

VILLANCICO. *m.* Cantilena; especie de cantico ou composição poetica, com seu estribilho, para a musica das festividades das igrejas. Em Portugal é muito usado em alguns conventos de freiras. *Festivum carmen, cantilena:* — *(fig. fam.)* cantilena; resposta, dito ou escusa repetida. *Cantilena, æ.*

VILLANCIQUERO. *m.* Chacoteiro; o que canta ou compõe chacotas, canções, villancetes, etc. *Cantilenarum scriptor vel cantor.*

VILLANCHON, NA. *adj. (ant.)* Villão, rustico, tosco, grosseiro. *Rusticus, inurbanus.*

VILLANERÍA. *f.* V. *Villanía, Villanaje.*

VILLANESCA. *f.* Villanesca, villancete; cantiga campestre, cujas estrophes terminam por um estribilho. *Rustica cantiuncula.*

VILLANESCO, CA. *adj.* Villanesco, rustico; pertencente aos villões. *Villaticus, inurbanus.*

VILLANÍA. *f.* Villania; baixeza de nascimento, de condição ou estado. *Vilitas, humilitas generis:* — villania; acção de villão, acção indecorosa. *Turpiter dictum aut factum.*

VILLANICO, CA, LLO, LLA. *adj. dim.* de *Villano.* Villãosinho.

VILLANÍSIMO, MA. *adj. sup.* de *Villano.* Villanissimo. *Valdè rusticus, inurbanus.*

VILLANO, NA. *adj.* Villão; diz-se da pessoa não nobre que habita em villa ou aldeia. É pouco usado n'esta accepção. *Plebejus, a, um:* — villão, rustico, descortez. Diz-se tambem das acções. *Rusticus, inurbanus:* — villão; vil, desprezivel indecoroso. *Vilis, sordidus:* — *m.* musica de certa dansa hespanhola. *Tripudii hispanici genus:* — *hasta de ajos (loc. fam.);* villão farto de alhos, homem rustico, mal creado, villão. *Rusticus, rure educatus. El villano en su rincon;* homem pouco tratavel, que gosta de viver retirado. *Homo ab aliorum hominum convictu et consuetudine abhorrens. Villanos te maten, Alonso (rif. ant.);* os diabos te levem; usava-se maldizendo alguem e desejando-lhe morte cruel e desastrosa. *Abi in malam crucem. Al villano dale el pié y tomará la mano (rif.);* ao villão dá-lhe o pé e tomará a mão. *A nimia cum plebejo familiaritate caveto. Cuando el villano está rico, ni tiene parientes ni amigos (rif.);* quando o villão está rico, não tem parente, nem amigo. *Rustico bene nummato nec cognatio nec amicitia est ulla. No es villano el de la villa, sino el que hace la villanía (rif.);* não é villão o da villa, senão o que faz villania: — *(equit.)* diz-se do cavallo manhoso, pouco fiel.

VILLANOTE. *adj. augm.* de *Villano.* Villanaz; grande villão.

VILLAR. *m. (ant.)* Villar. V. *Villaje.*

VILLARESIA. *f. (bot.)* Villaresia; genero de plantas da familia dos ilicineas.

VILLAZGO. *m.* Qualidade ou privilegio de villa. *Municipii privilegium:* — tributo que se impõe ás villas. *Vectigal municipale.*

VILLETA. *f. dim.* de *Villa.* Villeta; pequena villa.

VILLICA, TA. *f. dim.* de *Villa.* Villinha, villasinha.

VILLIVINA. *f.* Especie de lençaria. *Lintei species.*

VILLORÍA. *f.* V. *Casería,* casa de campo.

VILLORIN. *m.* Especie de panno basto e grosseiro. *Panni crassioris genus.*

VILLORRIO. *m.* Villorio; cidade ou povoação mui pequena. Diz-se por desprezo. *Despicable oppidulum.*

VIMBRE. *f. (ant.)* V. *Mimbre.*

VIMBRERA. *f. (ant.)* V. *Mimbrera.*

VIMINAL. *adj. (hist. ant.)* Viminal; uma das sete collinas de Roma, na parte oriental, entre o Quirinal ao N. e o Esquilino ao S.

VINAGRADA. *f.* Agua avinagrada, refresco de agua e vinagre.

VINAGRE. *m.* Vinagre; vinho azedado. *Acetum, i:* — vinagre, azedume; acido dos fructos verdes e de outras cousas azedadas. *Acer, acerbitas:* — *(fig.)* vinagre; homem de genio azedo, aspero, desabrido. *Homo immitis ingenii.*

VINAGRERA. *f.* Vinagreira; vaso em que se guarda ou faz o vinagre. *Acetabulum, i:* — *pl.* galhetas para azeite e vinagre.

VINAGRERO. *m.* Vinagreiro; o que vende vinagre. *Aceti venditor.*

VINAGRILLO. *m. dim.* de *Vinagre.* Vinagre fraco, aguado: — especie de arrebique que era composto com vinagre. *Fucus muliebris aceto paratus:* — vinagrinho; especie de vinagre rosado com que se tempera o tabaco. Tambem se dá este nome ao tabaco assim preparado. *Acetum rosis imbutum, tabaco condiendo deserviens.*

VINAGROSO, SA. *adj.* Avinagrado, azedo; que sabe a vinagre. *Acidus, a, um:* — *(fam.)* avinagrado, aspero, desabrido, de má condição. *Homo asper, immitis.*

VINAJERÁ. *f.* Galheta; pequeno vaso de oiro, prata, vidro, etc., em que se serve o vinho ou agua ao sacerdote no acto da missa. *Ampulla, æ.*

VINALIAS. *f. pl. (hist.)* Vinalias; festas que os romanos celebravam em honra de Venus na primavera, quando se provava o vinho novo.

VINARIEGO. *m.* Vinhateiro; agricultor de vinhas. *Vinitor; vineæ dominus.*

VINARIO, RIA. *adj.* Vinario; pertencente ao vinho, proprio para vinho. *Vinarius, a, um.*

VINATERÍA. *f.* Commercio de vinhos. *Vinarium negotium, mercatura:* — taberna, loja onde se vende vinho. *Taberna vinaria; œnopolium.*

VINATERO. *m.* Mercador de vinhos. *Vinarius mercator:* — *adj.* vinhateiro; pertencente ao vinho, com industria vinhateira, etc.

VINÁTICO, CA. *adj. (ant.)* Vinario; do vinho, proprio do vinho.

VINAZA. *f.* Vinhaça; mau vinho desbotado, agua-pé. *Lora, æ.*

VINAZO. *m.* Vinhão, vinho forte. *Vinum ingentium virium.*

VINCAPERVINCA. *f. (bot.)* Vincapervinca. V. *Clemátide.*

VINCIMIENTO. *m. (ant.)* V. *Vencimiento.*

VINCULABLE. *adj.* Vinculavel; que se póde vincular. *Quod in perpetuum adsignari valet.*

VINCULACION. *f.* Vinculação; acção e effeito de vincular. *Adsignatio in perpetuum.*

VINCULAR. *a.* Vincular; sujeitar, annexar bens em vinculo ou morgado. *Bona in perpetuum testamento adsignare:* — *(fig.)* vincular, ligar, assegurar, fundar, firmar, apoiar sobre. *Firmare, fulcire:* — *(fig.)* vincular, perpetuar; tornar duravel. Usa-se mais como reciproco n'este sentido. *In perpetuum statuere:* — *(ant.)* vincular, segurar, atar, ligar, prender. *Vincire.*

VINCULISTA. *m.* Administrador de um ou muitos vinculos.

VÍNCULO. *m.* Vinculo, laço, atadura, liame. Usa-se em sentido moral e figurado. *Vinculum, i:* — vinculo; instituição de administração de bens inalienaveis em certa linhagem com certos encargos. *Bona in perpetuum jure hereditario adsignata:* — vinculo; gravame ou obrigação perpetua que se impõe a alguma fundação.

VINCHA. *f. (p. A.)* Cinta, faixa para cingir a cabeça.

VINDEMIA. *f. (ant.)* V. *Vendimia.*

VINDICA. *f. (ant.)* V. *Venganza:* — *(ant.)* V. *Castigo.*

VINDICACION. *f.* Vindicação; acção e effeito de vindicar: — vindicação, vindicta; justa vingança ou satisfação que se toma de algum aggravo. *Vindicatio, onis:* — *(for.)* vindicação; acto de vindicar, de dar a cada um o que é seu. *Vindicatio, onis.*

VINDICAR. *a.* Vindicar; tomar justa satisfação de alguma offensa ou aggravo, vingar uma injuria: — *(for.)* vindicar; exigir a restituição do que se nos tirou, cobrar, recuperar por acção juridica. *Vindicare:* — vindicar; defender, especialmente por escripto, aquelle a quem se injuriou. N'este sentido usa-se mais como reciproco. *Vindicare.*

VINDICATIVO, VA. *adj.* V. *Vengativo:* — vindicativo, apologetico; diz-se do escripto ou discurso em que se defende a fama e opinião de alguem, injustamente censurado ou calumniado. *Vindicans, antis.*

VINDICIA. *f.* Vindicação, defeza, apologia.

VINDICTA. *f.* Vindicta. V. *Venganza:* — *(ant.)* vindicta, punição. V. *Castigo:* — *pública;* vindicta publica; satisfação dos delictos que se deve dar publicamente para exemplo. *Vindicta publica.*

VINDIDA. *f. (ant.)* Venda.

VINGAR. *a. (ant.)* V. *Vengar.*

VINGUA. *f. (ant.)* V. *Venganza.*

VINIEBLA. *f. (bot.)* Cynoglosa. V. *Lengua de perro.*

VINÍFERAS. *f. pl. (bot.)* Viniferas. V. *Ampelídeas.*

VINILLO. *m.* Vinhete; vinho fraco, de má qualidade.

VININO. *m. (ant.)* V. *Veneno:* — *(fig. ant.)* V. *Enemistad.*

VINO. *m.* Vinho; succo das uvas fermentado. *Vinum, i:* — vinho; licor fermentado feito do sumo de diversos fructos. *Frugum succus vinum referens, vino similis:* — *de agujos;* vinho cascarrão ou carrascão; aspero ao paladar e forte. *Vinum palatum vellicans:* — *de dos orejas (fam.);* vinho muito bom e forte. *Vinum validum, generosum, præstans:* — *de dos, tres ó mas hojas;* vinho de duas, tres ou mais folhas; o que tem dois, tres ou mais annos. *Vinum trimum, quadrimum, etc.:* — *de garrote;* vinho da ultima espremedura, aguapé. *Lora, æ:* — *de lágrima;* vinho que sáe da uva sem ser espremida. *Vinum ex uvis sponte fluens:* — *del santo (exp. ant.);* vinho superior, generoso: — *de palmas;* vinho de palmas; o que se extrahe na America de differentes especies de palmas, principalmente da palma real: — *de pasto;* vinho de pasto; o commum, que se bebe ordinariamente: — *de postre.* V. *Vino generoso:* — *frido;* certa bebida: — *garnacha ó de garnacha.* V. *Garnacha:* — *generoso;* vinho generoso; o mais forte, antigo e melhor fabricado que o vinho commum: — *piment;* bebida muito agradavel que se fazia de vinho, mel e especies: — *rancio.* V. *Vino generoso:* — *tinto.* V. *Tinto. Arropar el vino (fr.);* arrobar o vinho; tempera-lo com arrobe. *Bautizar el vino (fr. fam.);* baptisar o vinho; misturar-lhe agua. *Vinum aqua miscere. Dormir el vino (fr.);* cozer a borracheira; dormir emquanto dura a bebedeira. *Ebrietatem dormiendo exuere. Tener buen ó mal vino (fr.);* ter bom ou mau vinho; ser pacifico ou pelo contrario bulhento, provocador, quando se está embriagado. *Tomarse del vino (fr.);* tomar-se de vinho; embriagar-se. *Pan y vino un año tuyo y otro de tu vecino (rif.);* pão e vinho um anno meu outro do meu vizinho; adverte que as colheitas de pão e vinho não são communmente abundantes no mesmo anno. *Ninguno se embriaga del vino de casa (fr.);* ninguem se embriaga com o vinho de casa; as cousas proprias não satisfazem, antes costumam causar fastio. *Dijo la leche al vino, bien venido seas, amigo (fr.);* disse o leite ao vinho, venhas embora amigo; o vinho sobre o leite faz o coração alegre: — *(pharm.)* vinho; dá-se este nome a muitas preparações medicinaes em que entra vinho. *El dios del vino (poet.);* o deus do vinho; o deus Baccho: — *de los sabios (chim. ant.);* vinho dos sabios; era assim chamado pelos alchimistas o mercurio.

VINOLENCIA. *f.* Vinolencia, bebedice, embriaguez. *Vinolentia, æ.*

VINOLENTO, TA. *adj.* Vinolento; dado a beber vinho. *Vinolentus, a, um.*

VINOSIDAD. *f.* Vinosidade; qualidade ou propriedade do vinho. *Vinositas, atis.*

VINOSO, SA. *adj.* Vinoso, espirituoso; similhante ao vinho. *Vinosus, a, um:* — vinoso; dado ao vinho. *Vinosus, vino deditus:* — *(min.)* vinoso, avinhado; diz-se da côr amarella tirante a roxo.

VINOTERÍA. *f. (p. Mex.)* V. *Vinateria,* taberna de vinho.

VINTE. *adj. num. (ant.)* V. *Veinte.*

VIÑA. *f.* Vinha; terreno plantado de videiras. *Vinea, æ. Viñas y Juan danzante (germ.);* botar a fugir. *Como hay viñas (fr. fam.);* como haver navios; diz-se para affirmar a verdade de uma cousa. *Certo quidem. Como por viña vendimiada (loc. adv.);* como por vinha vindimada; sem difficuldade, sem embaraços, livremente. *Liberè. De mis viñas vengo (loc. fig. fam.);* d'ahi lavo as minhas mãos; diz-se exprimindo que se está innocente de uma cousa, que se não concorreu para ella. *Expers ego hujus rei sum, nihil ad me. La viña y el*

potro criela otro (fr.); casa, vinha e potro, faça-o outro; todos os principios costumam ser custosos e difficeis: — *(bot.)* vinha ou vigna; genero de plantas da familia das leguminosas papilionaceas.
VIÑADERO. *m.* Vinhadeiro, vinheiro; guardador da vinha. *Vinæ custos.*
VIÑADOR. *m.* Vinhateiro; que cultiva ou cuida de vinhas. *Vinitor, oris.*
VIÑEDO. *m.* Vinhedo, vinhar; logar plantado de muitas vinhas. *Vinetum, i.*
VIÑERO. *m.* Vinhateiro; agricultor, proprietario de vinhas. *Vinitor; vineæ dominus.*
VIÑETA. *f.* Vinheta; estampa, cabeção estreito que se põe por ornato no principio e fim dos livros ou no principio dos capitulos, e algumas vezes tambem nos contornos das paginas. *Imago graphicè expressa, libris ornandis.*
VIÑICA, TA. *f. dim.* de *Viña.* Vinhasinha.
VIÑUELA. *f. dim.* de *Viña.* Vinhola.
VIODO, DA. *adj. (ant.)* V. *Viudo.*
VIOLA. *m.* Viola; tocador de viola: — *(bot.)* viola. V. *Violeta:* — *(p. Ar.)* V. *Alhelí:* — viola; instrumento musico: — *de amor;* antigo instrumento de cordas e arco, maior que a viola commum: — *de gamba.* V. *Bajo de viola.*
VIOLÁCEO, CEA. *adj.* Violaceo, arroxado; da côr de violas ou violetas. *Violaceus, a, um:* — *f. pl. (bot.)* violaceas; familia de plantas dicotyledoneas polypetalas.
VIOLACION. *f.* Violação; acção e effeito de violar ou profanar. *Violatio, onis.*
VIOLADO, DA. *adj.* Violado; da côr de violas ou violetas. *Violaceus; violæ colorem referens:* — violado; composto ou confeccionado com violetas. *Viola conditus.*
VIOLADOR, RA. *s.* Violador; o que violou, quebrantou, profanou. *Violator, vitiator.*
VIOLAR. *m. (ant.)* Violar ou violal; campo em que ha muitas violetas: — *a.* violar; quebrantar as leis, preceitos, estatutos, etc. *Violare:* — violar; forçar a mulher, especialmente sendo donzella. *Violare, opprimere virginem:* — violar; profanar um logar sagrado. *Violare, polluere:* — violar, deslustrar, polluir: — *n. (ant.)* tocar viola.
VIOLARÍEAS. *f. pl. (bot.)* Violarieas. V. *Violáceas.*
VIOLARIO. *m. (p. Ar.)* Pensão annual que dá ao que se faz religioso o que está de posse do seu patrimonio.
VIOLENCIA. *f.* Violencia, força, impeto, grande impulso. *Violentia, impetus vehemens:* — violencia; força que se emprega para tirar uma cousa de seu logar, etc. *Violentia, vis:* — *(fig.)* violencia; força que obriga, constrange alguem a fazer o que não quer. *Violentia, vis:* — *(fig.)* violencia; a acção violenta, força feita a alguem contra o direito. *Violentia, æ:* — *(fig.)* sentido forçado, interpretação sinistra que se dá a um texto ou proposição. *Verborum sinistra interpretatio:* — *(fig.)* violencia, intensidade; demasiado rigor ou actividade de certas cousas, como do frio, do fogo, do calor, etc. *Violentia, vis nimia:* — *(fig.)* violencia, violação, forçamento; o acto torpe executado contra a vontade de uma mulher. *Vis mulieri illata.*
VIOLENTAMENTE. *adv. m.* Violentamente; com violencia ou contra o natural. *Violenter.*
VIOLENTAR. *a.* Violentar, forçar; empregar violencia. *Violentiam vel vim inferre; vi compellere:* — *(fig.)* torcer, inverter; interpretar mal o sentido de uma lei, de um texto. *Sensum detorquere:* — *(fig.)* violentar, forçar; abrir á força, entrar em alguma parte contra a vontade de seu dono. *Violenter, vi dirumpere.*
VIOLENTO, TA. *adj.* Violento; que está fôra de seu estado, situação ou modo natural. *Violentus, a, um:* — *(fig.)* violento, impetuoso; que obra com impeto ou força. Diz-se tambem das acções. *Violentus, a, um:* — *(fig.)* violento, forçado; que se faz contra o gosto, contra a vontade. *Violentus; vi expressus:* — *(fig.)* violento, arrebatado, impetuoso; diz-se do genio. *Violentus, ferox:* — *(fig.)* forçado, invertido, sinistro; fóra do sentido natural nos textos ou proposições. *Violentus, sinister:* — *(fig.)* violento, forçado; contrario á rasão, á equidade. *Violentus, a, um.*
VIOLERO. *m. (ant.)* V. *Guitarrero.*
VIOLETA. *f. (bot.)* Violeta, viola; genero de plantas dicotyledoneas da familia das violaceas.
VIOLICÉMBALO. *m. (mus.)* Violicembalo; instrumento da feição de piano, inventado em 1606, e que tinha a vantagem de conservar por muito tempo os sons e de modificar sua força e intensidade. Caíu em desuso depois que se inventou o piano.
VIOLIN. *m.* Violino, rabeca; tocador de rabeca. *Pulsator lyræ vel barbiti. Amolar ó aserrar el violin (fr.)*; arranhar, tocar mal o violino. *Carro de violin;* carro estreito da Mancha de duas rodas, que tem um pau atravessado sobre o cachaço das mulas. *Cuerda de violin (bot.)* V. *Aquirio:* — *(mus.)* rabeca; instrumento de arco com quatro cordas. *Lyra, barbitos.*
VIOLINISTA. *m.* Rabequista mui dextro e habil. *Pulsator lyræ vel barbiti; citharœdus.*
VIOLON. *m.* V. *Contrabajo:* — rabecão; tocador d'este instrumento. *Barbiti grandioris pulsator. Tocar el violon (fr.)*; equivocar-se completamente, tomar uma cousa por outra.
VIOLONCELO, VIOLONCHELO. *m. (mus.)* Violoncello, rabecão pequeno; instrumento de cordas e arco.
VIOLONCILLO. *m. dim.* de *Violon.* Rabecão pequeno: — mau rabecão, mau tocador de rabecão. *Rudis pulsator barbiti.*
VIORNA. *f. (bot.)* V. *Viburno.*
VIPÉREO, REA. *adj. (ant. poet.)* Vipero. V. *Viperino.*
VIPERIFORMES. *m. pl. (zool.)* Vi-

periformes; secção de reptis ophidios que tem por typo o genero vibora.

Viperina. *f. (bot.)* Viperina; genero de plantas da familia das borragineas.

Viperino, na. *adj.* Viperino; de vibora, pertencente ás viboras ou que tem as suas propriedades. *Viperinus, a, um.*

Viperóides. *m. pl. (zool.)* Viperoides; familia de reptis ophidios.

Vira. *f.* Vira; especie de setta mui aguda. *Spiculum, jaculum:* — *(art.)* vira; tira de couro entre a palmilha e a sola. *Vitta coriacea in calceis.*

Virada. *f. (naut.)* Acção e effeito de virar o navio. *Navis deflexio.*

Virador. *m. (naut.)* Virador; cabo em que se ata o peso que se quer mover com cabrestante, e se vae envolvendo no cylindro. *Funis nauticus tractorius.*

Viram. *m. (philol.)* Viram; nome de um signal da escriptura sanscripta, que se põe na extremidade inferior da consoante final de uma palavra, para indicar que o *a* breve unido á dita consoante não deve pronunciar-se.

Virar. *a. (naut.)* Virar; mudar de rumo ou de bordada. *Navem deflectere alia dirigi:* — virar; dar voltas ao cabrestante para levantar as ancoras e suspender outras cousas muito pesadas. *Funem nauticum levandis anchoris circumvolvere.*

Viraton. *m. (ant.)* Virotão; grande virote. *Jaculum grandius.*

Virazon. *f. (naut.)* Viração; vento que nas costas sopra da parte do mar. *Ventus è mari flans.*

Vireina. *f.* Vice-reina; vice-rainha; mulher de vice-rei ou a que governa com a auctoridade de vice-rei. *Proregis uxor.*

Vireinato. *m.* Vice-reinado; dignidade ou cargo de vice-rei. *Proregis munus, dignitas:* — vice-reinado; tempo da duração do seu governo. *Proregis ditio:* — vice-reinado; territorio da jurisdicção do vice-rei.

Vireino. *m.* V. *Vireinato.*

Vireo. *m. (zool.)* V. *Virio.*

Virey. *m.* Vice-rei; governador com todos os poderes quasi de rei. Os antigos portuguezes diziam viso-rei. *Prorex, regis.*

Virga. *f. (ant.)* Virga. V. *Vara.*

Vírgene. *adj. (ant.)* V. *Virjen.*

Virgin. *f. (ant.)* V. *Virjen.*

Virginal. *adj.* V. *Virjinal.*

Virginalero, ra. *adj. (ant.)* V. *Virjinal.*

Virgíne. *f. (ant.)* V. *Virjen.*

Virgíneo, nea. *adj.* V. *Virjinal.*

Virginidad. *f.* V. *Virjinidad.*

Virgo. *m. (fam.)* Virgo. V. *Virjinidad:* — *(astron.)* virgo, signo da virgem; constellação zodiacal representada por uma mulher com espiga na mão. *Virgo, inis.*

Vírgula. *f.* Virgula; varinha pequena. *Virgula, æ:* — risco ou linha mui fina e delgada. *Lineola, æ:* — virgula. V. *Coma.*

Virgularia. *f. (zool.)* Virgularia; genero de polypeiros nadadores.

Virgulilla. *f.* Virgula; signal orthographico (,) que divide os membros do periodo ou da phrase. *Virgula, apex:* — risca ou linha mui fina. *Lineola, æ:* — *pl.* aspas; virgulasinhas dobradas (") que se põem á margem nas linhas de uma citação comprida, e no principio e no fim da mesma.

Viridifloro, ra. *adj. (bot.)* Viridifloro; que tem flores verdes.

Viridifoliado, da. *adj. (bot.)* Viridifoliado; que tem as folhas verdes.

Viridina. *f. (chim.)* Viridina; materia corante, verde, que se extrahe das plantas.

Viridípedo, da. *adj. (zool.)* Viridipede; que tem as patas verdes.

Viridipenne. *adj. (zool.)* Viridipenne; que tem as azas verdes.

Viril. *m.* Viril; vidro claro e transparente, que se põe adiante de algumas cousas, para as defender, deixando-as patentes á vista. *Speculare, is:* — viril; cada um dos vidros da custodia onde está a hostia. *Speculare; pixis crystalina:* — *adj.* viril, varonil; de varão, masculo, de homem adulto. *Virilis, le:* — *(astron.)* viril; um dos differentes epithetos que se dão ao terceiro quadrante do thema celeste. *Virilis, le. Toga viril (hist. ant.)*; toga viril; toga que se vestia aos filhos dos senadores romanos, quando deixavam a pretexta; deviam ter dezesete annos e d'essa idade em diante eram considerados aptos para os cargos da republica.

Virilidad. *f.* Virilidade, masculinidade; qualidade ou força da idade varonil. *Virilitas, atis:* — virilidade; actividade, força, potencia das cousas. *Robur, potentia, vis.*

Virilmente. *adv. m.* V. *Varonilmente.*

Viripotente. *adj.* Viripotente; diz-se da mulher que está na idade de poder unir-se a varão. *Viripotens, entis.*

Vírjen. *adj.* Virgem; diz-se da pessoa que ainda não teve copula carnal. *Virgo, ginis:* — virgem; diz-se da terra que ainda não recebeu cultura. *Inaratus ager:* — virgem; diz-se das cousas que ainda não serviram ou que não receberam preparo. *Intactus, inviolatus, purus, naturalis:* — *f.* Virgem, a Santa Virgem; diz-se por antonomasia de Maria Santissima. *Mater Virgo Maria:* — virgem; qualquer imagem de Nossa Senhora. *Ico vel imago Virginis Mariæ:* — virgem; freira, religiosa, por estar dedicada a Deus, com voto de virgindade. *Sacra virgo:* — *(rel.)* virgem; titulo, grau que a Igreja dá ás santas que conservaram a sua integridade e pureza. *Virgo, ginis:* — *(agr.)* virgem; cada uma das duas peças empinadas fóra do lagar, que tolhem que o feixe decline para um ou outro lado. *Præli fulcrum.*

Virjilista. *m. (ant.)* Virgilista; homem versado nos poetas latinos.

Virjinal. *adj.* Virginal; concernente ás virgens. *Virginalis, le. Leche virginal (chim.)* V. *Leche.*

Virjíneo, nea. *adj.* Virgineo. V. *Virjinal.*

Virjinidad. *f.* Virgindade; estado de virgem, pureza virginal. *Virginitas, atis.*

Virol. *m.* (*br.*) V. *Perfil.*

Virolento, ta. *adj.* Bexiguento, bexigoso; que tem bexigas, que está marcado, picado da variola. *Papulis seu variolis laborans vel notatus.*

Viron. *m. augm.* de *Vira.* Viratão, virotão.

Virotazo. *m. augm.* de *Virote.* Virotão: — virotada; golpe de virote.

Virote. *m.* Virote; especie de setta de diversos feitios. *Jaculum, i:* — espadachim; rapaz solteiro e ocioso, quebra calçadas, que presume de valente. *Arrogans, fluxis moribus adolescens:* — peça ou brincadeira que se faz pelo entrudo, enrolando a ponta da capa ou mantilha dos transeuntes e atravessando-a por um annel de palha ou de corda. *Sparteus aut cunnabinus circulus per jocum pallæ vel pallio immissus:* — virote; ferro comprido que faz parte da golilha dos escravos quando se receia que elles fujam. *Numella, æ:* — bilhete de convite, de aviso ou de supplica. *Schedula, æ:* — (*fam.*) homem arrogante, de gravidade ridicula, affectada. *Elatus, arrogans:* — (*p. And.*) cêpa de tres annos. *Vitis trima. Mirar por el virote* (*fr. fig. ant.*); olhar pelo virote; estar acautelado, álerta. *Sibi consulere; sua curare. Traga virotes;* traga virotes; apodo que se applica ao homem que sem motivo é demasiadamente serio e emproado. *Erectus, inflexus homo.*

Virotero. *m.* Viroteiro; fabricante, vendedor de virotes.

Virotismo. *m.* (*ant.*) Tesura, gravidade, seriedade.

Viroton. *m. augm.* de *Virote,* na primeira accepção. Virotão; virote grande, grosso.

Virtual. *adj.*Virtual; que tem virtude, força, actividade equivalente a outros e tem as mesmas virtudes. *Vi æquali pollens. Distincion virtual* (*philos.*); distincção virtual; a que os tomistas admittem entre os attributos essenciaes de uma cousa.

Virtualidad. *f.* Virtualidade; qualidade de ser virtual. *Virtus, vis.*

Virtualmente. *adv. m.*Virtualmente; de modo virtual, equivalente a outra cousa em virtude, força ou actividade. *Æquali omnino ratione:* — V. *Tacitamente.*

Virtud. *f.* Virtude; faculdade, potencia ou actividade das cousas para produzir ou causar os seus effeitos. *Virtus, potentia:* — virtude; efficacia, actividade, força curativa de algumas cousas. *Virtus, medendi vis:*—virtude, força, vigor, valor. *Virtus, utis:* — virtude; poder, faculdade de obrar. *Facultas, atis:* — virtude; faculdade natural da alma em ordem ás operações do corpo. *Virtus, vis:* — virtude; integridade do animo e bondade de vida. *Virtus, honestas:* — virtude; habito e disposição da alma para as acções conformes á lei christã. *Virtus, pietas:* — virtude; acção virtuosa, modo de proceder com rectidão. *Honesta actio:* — virtude; força especial com que algumas cousas resistem á força contraria. *Virtus, utis:* — virtude; dote, prenda, perfeições de uma pessoa. Usa-se mais no plural: — milagre: — *moral;* virtude moral; habito que se adquire para obrar bem, independentemente dos preceitos da lei. *Virtus moralis:* — *sobrenatural;* virtude sobrenatural; potencia ou faculdade para obrar, sobrepujando as forças da natureza. *Virtus supernaturalis. Caminar en la virtude* (*fr. fig.*); caminhar, proseguir na virtude, fazer progressos na senda da virtude. *In virtute proficere, progressus facere. En virtud* (*loc. adv.*); em virtude, por effeito de. *Virtute, vi:* — em virtude, em consequencia, em vista. *Hacer virtud* (*fr. ant.*); fazer virtude; obrar bem e conforme a esperança que se tem do que se intenta conseguir. Usa-se ordinariamente com a negativa, para significar a pouca esperança que se tem de que alguem faça o que deve ou se emende dos seus defeitos. *Rectè se gerere. Noser virtud* (*fr.*); não ser virtude; diz-se de uma acção feita para diverso fim d'aquelle que manifesta ou parece ter. *Quamvis bonum appareat, non-ita esse bonum. Virtudes hacen señales* (*rif.*); virtudes vencem signaes; com o bom procedimento se desmentem os maus indicios da inclinação ou propensão de alguma cousa que não é licita. *Dum rectè vivas, nil de te suspicabitur:* — *elástica* (*phys.*); virtude elastica. V. *Elasticidad:* — *eléctrica;* virtude electrica. V. *Electricidad:* — (*mech.*) força motriz: — *pl.* (*rel.*) virtudes celestes; quinto côro dos nove em que estão distribuidos os espiritos celestes. *Virtutes:* — *cardinal;* virtude cardeal; a que é principio de outras virtudes que encerra em si. São quatro as virtudes cardeaes; prudencia, justiça, fortaleza e temperança. *Virtus cardinalis. Virtudes en grado heróico;* virtudes em grau heroico; as sublimes e perfeitas, taes como as dos Santos. *Eximiæ virtutes:* — *teologal;* virtude theologal; a que tem directamente por objecto a Deus na sua operação; são tres estas virtudes, fé, esperança e caridade. *Virtus theologalis.*

Virtuosamente. *adv. m.* Virtuosamente; praticando a virtude, de modo virtuoso. *Honestè, rectè.*

Virtuosísimo, ma. *adj. sup.* de *Virtuoso.* Virtuosissimo; mui virtuoso. *Virtutis studiosissimus.*

Virtuoso, sa. *adj.* Virtuoso; que pratica a virtude, dado á virtude. *Virtutis studiosus, honestus:* — virtuoso, conforme á virtude; diz-se das acções, etc.: — virtuoso, prestante, efficaz. *Efficax, vi pollens.*

VISCO. *m. (bot.)* Visco ou visgo; genero de plantas da familia das loranthaceas.

VISCOÍDE. *m. (bot.)* Viscoide. V. *Ronabea.*

VISCOSIDAD. *f.* Viscosidade; substancia glutinosa, humor pegajoso ou glutinoso.

VISCOSO, SA. *adj.* Viscoso, pegajoso, glutinoso. *Viscosus, a, um:* — *(bot.)* viscoso; dá-se este nome aos orgãos das plantas em cuja superficie se encontra uma materia glutinosa segregada por glandulas superficiaes.

VISERA. *f.* Viseira; peça da armadura antiga que cobria o rosto. *Buccula, oris tegmen æreum:* — especie de guarita onde se esperam os pombos no campo. *Specula, æ:* — pala do gorro ou bonet: — *(p. Cub.)* entrolheira; peça de couro de cada lado das cabeçadas das béstas. *Calar la visera (fr.);* calar a viseira; deixa-la caír sobre o rosto. *Galeam ori admovere; os galea tegere.*

VISGO, GA. *adj. (ant.)* V. *Bizco.*

VISIBILIDAD. *f.* Visibilidade; qualidade de ser visivel. *Visibilitas, atis.*

VISIBLE. *adj.* Visivel; que se vê, que póde ser visto. *Visibilis, le:* — visivel, palpavel, claro, manifesto, evidente. *Patens, entis:* — notavel, singular; diz-se das pessoas.

VISIBLEMENTE. *adv. m.* Visivelmente; de maneira visivel. *Visibili et patenti aspectu:* — visivelmente, claramente, manifestamente. *Patenter.*

VISIGODO. *m.* Visigodo; o natural da Gothia occidental: — *adj.* visigodo; pertencente ao dito paiz ou a seus habitantes.

VISION. *f.* Visão; acção de ver ou o acto da potencia visiva. *Visio, onis:* — visão, espectro; imagens que se apresentam á vista e que inspiram terror ou espanto. *Species, spectrum, visum:* — *(fam.)* visão; pessoa feia e ridicula. *Monstrum hominis:* —visão, chimera, idéa phantastica, imaginação. *Species, phantasma:* — *(ant.)* visão. V. *Vista,* uso e faculdade de ver. *Ver visiones (fr.);* ver visões; dar largas á imaginação, por acreditar o que não existe. *Nimis credulum esse.*

VISIONARIO, RIA. *adj.* Visionario; que crê em visões, em cousas phantasticas. *Vanas species comminiscens, falsò effingens.*

VISIR. *m.* Visir; ministro, grande funccionario turco. Gran-visir, grão-visir; logar tenente do sultão, presidente do conselho do grão turco. *Primus imperatoris turcarum minister.*

VISIRATO. *m.* Visirato; cargo, dignidade de visir e o tempo da sua duração.

VISITA. *f.* Visita; acto de visitar por cortezia, amisade ou deferencia. *Visitatio, salutatio:* — visita; a pessoa que visita outra, por cortezia, amisade, etc. *Visitans, antis:* — visita, visitação; ida a algum templo, capella, etc., por devoção ou para ganhar alguma indulgencia. *Visitatio, onis:* — visita; acto de visitar alguem como medico, para o examinar, prescrever-lhe remedio, etc. *Visitatio, onis:* — visita, visitação; acto de jurisdicção com que um superior se informa do proceder dos ministros ou funccionarios inferiores ou do estado das cousas nos districtos da sua jurisdicção, etc. *Recensio, recognitio, inquisitio:* — visita; reconhecimento ou registo dos generos ou mercadorias que se faz nas alfandegas ou portas da cidade, villa, etc., para pagamento dos direitos ou para saber se são de commercio licito. *Recognitio, recensio:* —visita; reconhecimento que faz o alcaide dos presos e prisões, para sua boa ordem e segurança. *Inquisitio, recognitio:* — visita; informação que se tira nos officios publicos dos instrumentos que dizem respeito a cada um. *Recognitio, onis:* — visita; certo numero de magistrados encarregados de visitar as prisões. *Judicum carce-*

rem invisentium cœtus: — casa onde se ajuntam os visitadores ecclesiasticos. *Curia ecclesiastica:—pl. (fam.)* visitas; idas frequentes a alguma parte ou logar com intento determinado. *Frequens, ingeminata loci ejusdem aditio: — de cárcel;* visita que em certos dias faz o juiz ás prisões, para se informar do estado dos presos e das suas causas, precisões, etc. *Causarum compendiosa recognitio: — de médico;* visita de medico; visita breve, de curta duração: — *de sanidad;* visita de saude; a que fazem os medicos ao navio para examinar se traz contagio ou se vem de porto onde reina doença contagiosa: — *domiciliaria;* visita domiciliaria; a que se faz por auctoridade publica a casa de pessoa de quem se suspeita. *Pagar la visita (fr.);* pagar a visita; corresponder a quem nos visitou, visitando-o tambem. *Resalutare.*

Visitacion. *f.* Visitação; acção e effeito de visitar. *Visitatio, onis: — (ant.)* visitação. V. *Visita: — (rel.)* visitação; festa da Igreja catholica em memoria da visita, que a Virgem fez a Santa Izabel, alguns dias depois da annunciação. Esta festa é a 2 de julho. *Beatæ Virginis visitatio. Orden de la visitacion;* ordem da visitação; ordem de religiosas estabecida por S. Francisco de Salles em 1520.

Visitador, ra. *s.* Visitador; o que faz frequentes visitas. *Amicorum assiduus cultor:* — visitador, inspector; juiz ou funccionario encarregado de visitar, inspeccionar um estabelecimento, etc. *Investigator, inquisitor.*

Visitar. *a.* Visitar; ir a casa de alguem para o ver, saber da sua saude, conversar com elle, consola-lo, etc. *Invisere, salutare: —* visitar; ir a algum templo ou capella, por devoção ou para ganhar algumas indulgencias. *Loca sacra pietatis causâ addire: —* visitar; inquirir o juiz superior do procedimento dos inferiores e do estado das cousas nos districtos de sua jurisdicção. *Rerum statum inquirere, scrutari: —* visitar; ir o medico a casa do doente para examinar o seu estado, indicar-lhe tratamento, etc. *Visitare: —* visitar; registrar, examinar os generos ou mercadorias nas alfandegas ou nas portas da cidade, etc., para a paga dos direitos, ou para ver se são de commercio licito. *Recensere, recognoscere: —* visitar; fazer visita aos carceres e aos presos. *Visitare, recognoscere:—* visitar; fazer a visita de uma diocese, fallando de um bispo. *Recognoscere, recensere: —* visitar; informar-se pessoalmente de uma cousa. *Recognoscere: —* visitar; ir frequentes vezes a um sitio, fazer repetidas visitas a uma casa, logar, com um determinado fim. *Frequenter addire: — r.* excusar-se da assistencia do côro, em algumas cathedraes, por breve tempo, com obrigação de não saír de casa. *Choro ad tempus valedicere: — (for.)* visitar; reconhecer um juiz breve e summariamente na visita a causa de algum preso. *De causa rei carcere inclusi per summa capita cognoscere: — (naut.)* V. *Fondear*, na segunda accepção.

Visitica, lla. *f. dim.* de *Visita.* Visitinha; visita mui curta.

Visivo, va. *adj.* Visivo; que pôde ver, que tem a faculdade de ver. *Videndi facultate pollens.*

Vislumbrar. *a.* Vislumbrar; ver indistinctamente, divisar confusamente. Usa-se muito como reciproco. *Obscurè videre: — (fig.)* vislumbrar, entrever; conhecer imperfeitamente, conjecturar por alguns indicios uma cousa. *Ægrè cognoscere, conjectari.*

Vislumbre. *f.* Vislumbre; luz falsa, incerta, reflexo de luz, claridade tenue. *Dubia lux: — (fig.)* vislumbre, conjectura, suspeita, indicio. *Cognitio incerta, suspicio: — (fig.)* vislumbre; idéa, noticia obscura, duvidosa. *Anceps, dubia congnitio: — (fig.)* vislumbre; apparencia indistincta, mostra, leve similhança de uma cousa com outra. *Levis similitudo.*

Viso. *m.* Viso, altura, eminencia; logar alto, de onde se avista ao longe. *Locus præaltus, præeminens: —* viso, apparencia; superficie das cousas lisas que movem a vista com alguma côr especial ou reflexo da luz. *Aspectus, species: —* reflexo; ondulação de luz, variação de côr n'um estofo. *Ondulata lux.* Usase de ordinario no plural: — forro de côr que as mulheres usam debaixo do vestido de fazenda clara e transparente: — *(fig.)* viso, apparencia; ponto de vista debaixo do qual se encara uma cousa. *Aspectus, species: — (fig.)* viso, ares, apparencias, similhança apparente. *Similitudo, species: — (ant.)* viso. V. *Vista: — de altar;* cortinas do sacrario. *Tegmen sacrum. Hacer viso (fr. fig.);* fazer vista, sobresaír; ser superior a alguem pelas suas qualidades, etc. *Corporis aut animi dotibus alium ab alio vinci.*

Visogodo, da. *adj.* V. *Visigodo.*

Visoreina. *f. (ant.)* V. *Vireina.*

Visoreinado. *m. (ant.)* V. *Vireinato.*

Visoreino. *m. (ant.)* V. *Vireinato.*

Visorey. *m.* Visorei. V. *Virey.*

Visorio, ria. *adj.* Visual; pertencente á vista, que serve de instrumento para ver. *Ad visum pertinens.*

Víspera. *f.* Vespera; o dia anterior. *Dies hesternus: — (fig.)* correio, nuncio, precursor; cousa que precede outra, que de algum modo é consequencia d'ella. *Causa, occasio: —(fig.)* vespera; cousa eminente, proxima a succeder. *Imminentia futuri: — pl.* vesperas; uma das horas em que os romanos dividiam o dia, e durava desde a hora de nona até ao sol posto. *Vesperæ, hora vespertina: —* vesperas; uma das horas canonicas que se diz depois da nona. *Vesperæ, arum. Visperas sicilianas (fr.)*; vesperas sicilianas; expressão com que se denota qualquer vingança geral, com mortes violentas, alludindo á que os sicilianos executaram nos francezes em 1282, á hora das vesperas. *Vesperæ siculæ. Como tonto en vísperas (loc. fam.)*; como tolo em vesperas; diz-se por zombaria do que fica suspenso ou sem dizer nada durante uma conversação. *Attoniti instar. En vísperas (loc. adv.)*; em vespera, quasi, a ponto, proximo de. *Proximè. Por las vísperas se conecen los disantos (rif.)*; pelas vesperas se conhecem os dias santos, adverte que o homem prudente observa e faz juizo das cousas pelos seus antecedentes. *Mercium recognitioni præfectus.*

VISQUIR. *n. (ant.)* V. *Vivir.*

VISTA. *f.* Vista; faculdade natural de ver. *Visus, us:* — vista; acção de ver. *Visio, onis:* — vista; o actual exercicio de ver ou o modo com que se olha. *Visus, aspectus:* — vista; apparencia, aspecto, disposição das cousas em ordem ao sentido de ver. Costuma-se dizer boa ou má vista. *Facies, species:* — vista; campo que se descobre de algum ponto ou sitio, especialmente quando é extenso, variado e agradavel. Costuma usár-se no plural. *Conspectus, us:* — vista; os olhos ou qualquer d'elles separadamente. *Oculus, i:* — vista; entrevista. *Conspectus, us:* — vista, visão, apparição. *Visio, onis:* — vista; conhecimento claro das cousas. *Aperta rei cognitio:* — vista; apparencia ou relação de umas cousas a respeito de outras. *Comparatio, collatio:* — vista, proposito, intenção. *Mens, consilium:* — vista, golpe de vista, olhadura de passagem. *Levis, primus aspectus:* — *(ant.)* vista. V. *Visera:* — *m.* visitador da alfandega. *Mercium recognitioni præfectus:* — *f. pl.* prendas que os noivos se dão. *Sponsalia munera:* — janella, porta ou outra abertura do edificio. *Fenestra, foramen:* — vistas, galerias ou janellas, especialmente nos conventos de freiras. *Specula, prospectus. Aguzar la vista (fr. fig.)*; aguçar, apurar a vista, applica-la com attenção. *Visum acuere; perspicacem reddere. A la vista (loc. adv.)*; á vista, logo, sem demora. *Illicò, quam primum. A vista (loc. adv.)*; á vista, em presença. *In oculis, in conspectu:* á vista, em comparação. *Hoc vel illo perspecto. A vista ó a la vista (loc. adv.)*; á vista, em frente, ao alcance da vista. *Coram, in conspectu:* á vista, sem perder de vista. *In conspectu:* á vista; que se ha de pagar no acto de ser apresentada, referindo-se ás letras de cambio. *Illicò, quam primum. Comer ó tragar con la vista (fr. fig.)*; comer ou devorar com a vista; olhar para a comida com grande avidez: *(fig.)* comer ou devorar com a vista; olhar ancioso ou colerico para alguma cousa. *Torvis, infestis oculis aspicere. Echar la vista (fr. fig.)*; lançar a vista sobre, escolher de preferencia. *Eligere, seligere. Echar la vista a alguno ó echarle la vista en cima (fr. fig.)*; pôr-lhe a vista em cima. *Tandem aliquem conspicere. En vista (loc. adv.)*; em vista, á vista d'isso; considerado o caso. *Hoc, illo perspecto. Estar a la vista (fr.)* V. *Estar a la mira. Estar de vistas (fr.)*; receber a noiva a primeira visita de etiqueta do pretendente e de seus paes ou parentes: estar ataviado, vestido de gala. *Estender la vista (fr.)*; estender, espraiar a vista. *Latè prospicere. Hacer la vista gorda (fr.)*; fazer a vista gorda ou grossa; fingir que não se viu. *Se non vidisse simulare. Irse de vista (fr.)*; ir-se, fugir da vista. *E conspectu abire. Ofender con la vista (fr.)*; offender com a vista; alem do sentido recto tambem significa a alguem que a sua presença nos molesta e enoja. *Vel conspectu fastidire, aut tedium. Torcer la vista ó trabar la vista (fr. fig.)*; torcer, entortar a vista, os olhos quando se olha. *Obliquis oculis aspicere.*

VISTAZO. *m.* Vista de olhos, olhadura rapida, ligeira. *Rapidus et levis intuitus. Dar un vistazo (fr.)*; dar uma vista de olhos; olhar, ver de passagem. *Perfunctoriè videre, inspicere.*

VISTILLAS. *f. pl.* Viso; logar elevado d'onde se avista ao longe. *Locus prœaltus; specula.*

VISTO, TA. *p. p. irreg.* de *Ver.* Visto: — *m.* visto; palavra que se escreve na margem ou n'outro logar de qualquer papel ou documento para designar que foi apresentado ou examinado. *Recognitum, i:* — *bueno*; approvado, formula que se põe em alguns documentos. *Ad probatum:* — *es ó está (loc.)*; está visto, está claro. *Utique patet. No ser visto ni oido (fr.)*. V. *Oido. No visto, ó nunca ó jamás visto*; não visto, nunca visto; raro ou extraordinario no seu genero. *Numquam visum.*

VISTOSAMENTE. *adv. m.* Vistosamente; de modo vistoso ou agradavel á vista. *Pulchrè, speciosè.*

VISTOSÍSIMO, MA. *adj. sup.* de *Vistoso.* Vistosissimo. *Speciosissimus; spectabilis valde.*

VISTOSO, SA. *adj.* Vistoso; agradavel, aprazivel á vista. *Speciosus, spectabilis:* — *(inus.)*; visivel, notavel: — *m. (germ.)* olho: — *(germ.)*; saio.

VISUAL. *adj.* Visual; pertencente á vista. *Ad visum pertinens:* — *f.* visual; linha recta que se considera desde o olho do expectador até ao objecto que se olha. *Echar la visual (fr.)*; lançar um olhar. *Nervio visual (anat.)* V. *Nervio óptico.*

VISURA. *f.* Exame, reconhecimento que se faz de uma cousa por meio da vista. *Recognitio, onis.*

VITAL. *adj.* Vital; da vida, pertencente á vida. Diz-se por extensão das cousas vivificantes, de summa importancia ou transcendencia. *Vitalis, le. Espiritus vitales (physiol.)*; espiritos vitaes; as partes mais fixas e volateis do sangue. *Fuerza vital*; força vital; a que dirige as funcções dos corpos organisados vivos. *Funciones vitales*; funcções vitaes; as que se observam tanto nos vegetaes como nos animaes: funcções vitaes; operações em virtude das quaes as partes vitaes produzem a vida. *Puntos vitales*; pontos vitaes; nome com que algumas vezes se designam os embryões latentes.

Vitalicio, cia. *adj.* Vitalicio; que dura por toda a vida; diz-se de emprego, juro, etc., e usa-se tambem como substantivo na terminação masculina. *Toto vitæ tempore manens.*

Vitalidade. *f.* Vitalidade; actividade, potencia, energia vital. *Vitalitas, atis.*

Vitalista. *m.* Vitalista; medico que considera todas as acções organicas sob a dependencia do principio vital.

Vitando, da. *adj.* Vitando; que se deve evitar. Diz-se principalmente dos excommungados com quem se não deve conversar. *Vitandus, a, um*: — execrando, odioso, execravel.

Vitela. *f.* Vitella, bezerra. *Vitula, æ*: — vitella; a pelle da bezerra preparada. Chama-se frequentemente assim em Hespanha aquella em que está pintada alguma cousa. *Aluta vitulina.*

Vitelina. *f. (med.)* Vitellina; diz-se da bilis de côr amarello escuro.

Vito. *m.* Certa dansa andaluza e a musica e canto com que se acompanha: — victo, viatico; provisão para a jornada. *Auxilium viæ. Baile de San Vito (med.)*; dansa de S. Vito. V. *Corea.*

Vitor. *interj.* Victor; termo com que se applaude ao vencedor. *Io triumphe*: — *m.* acclamação ou festa publica para applaudir alguma façanha ou acção gloriosa. *Triumphalis plausus, acclamatio*: — padrão ou cartel com elogio breve, em applauso de alguem, por alguma façanha ou acção gloriosa. *Triumphalis tabella, victoris nomine insignita*: — *la ronca*; ora vah! expressão ironica com que se despreza e ameaça a jactancia do valor de alguem. *Vah, bellæ minæ.*

Vitorear. *a.* Victoriar; applaudir dando victors. *Plaudere, plausibus, obstrepere.*

Vitoria. *f.* Victoria. V. *Victoria.*

Vitorioso, sa. *adj.* Victorioso. V. *Victorioso.*

Vitre. *f.* Vitre; especie de lona delgada para toldos, vélas de botes, etc.

Vítreo, ea, *adj.* Vitreo; de vidro, da natureza de vidro, que tem as propriedades de vidro. *Vitreus, a, um*: — vitreo; transparente como o vidro, similhante ao vidro. *Vitro similis. Cuerpo vítreo*; corpo vitreo; a membrana hyaloidea, tambem denominada tunica vitrea. *Humor vítreo*; humor vitreo; um dos humores do olho.

Vitrificable. *adj.* Vitrificavel; susceptivel de vitrificação. *Vitrum simulandi capax.*

Vitrificacion. *f. (chim.)* Vitrificação; acção e effeito de vitrificar. *Vitri simultatio.*

Vitrificar. *a.* Vitrificar; fazer com que uma cousa adquira a apparencia do vidro. *Vitro similem reddere*: — *(chim.)*; vitrificar; converter em vidro ou em substancia crystallina como o vidro.

Vitrina. *f. (physiol.)* Vitrina; humor vitreo do olho: — *auditiva*; vitrina auditiva; licor que se encerra no labyrinto membranoso.

Vitriólico, ca. *adj.* Vitriolico; de vitriolo, pertencente ao vitriolo, ou que tem as suas propriedades. *Acido vitriólico*; acido vitriolico; denominação antiga do acido sulphurico. *Éter vitriólico*; ether vitriolico ou sulphurico.

Vitriolo. *m. (chim. ant.)* Vitriolo; nome dado antigamente aos sulphátos: — *azul*: vitriolo azul; sulphato de cobre: — *amoniacal*; vitriolo ammoniacal; sulphato de ammoniaco: — *blanco*; vitriolo branco; sulphato de zinco: — *de Vénus*; vitriolo de Venus; deuto-sulphato de cobre: — *verde*; vitriolo verde. V. *Caparrosa. Aceite de vitriolo*; oleo de vitriolo; oleo sulphurico concentrado.

Vitualla. *f.* Victualha ou vitualha; mantimentos, viveres, provisões de bôca. *Commeatus, annona*: — *(fam.)* fartura, abundancia de comidas, principalmente de menestra ou hortaliça cozida. *Victûs copia.*

Vituallado, da. *adj.* Victualhado; abastecido, provido de vitualhas, de viveres. *Annona, commeatu instructus.*

Vítulo-marino. *m. (zool.)* Vitulo-marinho. V. *Becerro marino.*

Vituperable. *adj.* Vituperavel; que merece vituperio. *Vituperandus, vituperabilis.*

Vituperacion. *f.* Vituperação; acção e effeito de vituperar. *Vituperatio, onis.*

Vituperador, ra. *s.* Vituperador; o que vitupera. *Vituperator, oris.*

Vituperante. *p. a. (ant.)* Vituperante; que vitupera.

Vituperar. *a.* Vituperar, menosprezar, menoscabar, improperar; dizer mal de alguma cousa, accusando-a de viciosa ou indigna. *Vituperare.*

Vituperio. *m.* Vituperio, opprobrio, ignominia; dito, accusação vituperosa contra alguem. *Vituperium; probrum*: — vituperio; acção vituperosa, cousa deshonrosa, ignominiosa. *Vituperanda actio; opus vituperatione dignum. Llenar a uno de vituperios (fr.)*; encher alguem de vituperios; dizer-lhos em excesso.

Vituperiosamente. *adv. m.* Vituperiosamente; com vituperio ou ignominia. *Contumeliosè, ignominiosè.*

Vituperioso, osa. *adj.* Vituperioso; que encerra, contém, denota vituperio. *Contumeliosus, ignominiosus.*

Vituperosamente. *adv. m.* Vituperosamente. V. *Vituperiosamente.*

VITUPEROSO, SA. *adj.* Vituperoso. V. *Vituperioso:* — *(ant.)* V. *Vituperado.*

VIUDA. *f.* Viuva; mulher cujo marido é morto. *Vidua, æ. La viuda honrada su puerta cerrada: (rif.)* viuva honrada sua porta fechada. *Vidua honesta domi reclusa manet. La viuda rica con un ojo llora y con otro repica (rif.);* a viuva rica com um olho chora e com outro repica. *Divitiis viduæ lacrimis non fidendum.*

VIUDAL. *adj.* Viudal; pertencente a viuvo ou viuva. *Viduitatis proprium.*

VIUDEDAD. *f.* Alimentos ou pensão que se dá ás viuvas emquanto se conservam n'esse estado. *Alimenta viduis assignata:* — usufructo que o consorte que sobrevive tem direito de gosar, dos bens do defunto. *Usufructus tempore viduitatis.*

VIUDEZ. *f.* Viuvez; estado de viuvo ou viuva. *Viduitas, atis.*

VIUDITA. *f. dim.* de *Viuda.* Viuvinha. Usa-se familiarmente significando viuva moça. *Vidua juvenis.*

VIUDO. *m.* Viuvo; homem cuja mulher é morta. *Viduus.*

VIVA. *m.* Viva. V. *Aplauso:* — viva! *interj.* de applauso, de alegria. *Io triumphe.*

VIVAC. *m. (mil.)* Bivac ou bivaque; guarda de noite para segurança do campo. *Vigilantium militum statio:* — bivaque; acampamento de noite: — guarda principal. *Militum statio princeps.*

VIVACIDAD. *f.* V. *Vivazidad.*

VIVACÍSIMO, MA. *adj. sup.* V. *Vivazisimo.*

VIVAMENTE. *adv. m.* Vivamente; com viveza, efficacia. *Vividè, acriter:* — naturalmente; ao natural, com propriedade ou similhança. *Naturaliter, propriè.*

VIVANDERO. *m.* Vivandeiro; o que segue um exercito vendendo viveres. *Lixa, æ:* — *(naut.)* vivandeiro; nos portos dá-se este nome ao que vende comestiveis pelos navios com uma lancha, a que tambem chamam bote vivandeiro.

VIVAQUE. *m. (mil.)* Bivaque. V. *Vivac.*

VIVAQUEAR. *n. (mil.)* Bivacar; passar o dia ou a noite no campo, dormir no bivaque. É termo tirado do allemão. *Noctem subdio agere.*

VIVAR. *m.* Toca, lapa; logar onde fazem creação alguns animaes de caça. *Vixarium, ii.*

VIVARACHO, CHA. *adj. (fam.)* Traquinas; mui vivo de genio, buliçoso e alegre. *Summè vividus, vivax.*

VIVAZ. *adj.* Vivaz, vivido, efficaz, vigoroso. Usa-se tambem no sentido figurado. *Vivax, acis:* — vivo, vivido, agudo, perspicaz. *Ingenio acer, vividus:* — vivaz, vividouro; que vive ou dura largos annos. *Vivax, acis:* — *(bot.)* vivaz ou vivace; dá-se este nome ás plantas que duram mais de um ou dois annos.

VIVAZIDAD. *f.* Vivacidade; vigor e efficacia, actividade das acções vitaes ou do principio da vida. *Vivacitas, atis:* — vivacidade; viveza do genio ou do engenho, penetração, perspicacia, alacridade, agudeza do talento. *Alacritas, atis:* — vivacidade, viveza; brilho, lustre de algumas cousas, especialmente das cores. *Nitor, oris.*

VIVAZÍSIMO, MA. *adj. sup.* de *Vivaz.* Vivacissimo. *Valdè vividus, vivax.*

VIVER. *n. (ant.)* V. *Vivir.*

VIVERA. *f.* V. *Vivar:* — *(p. And.)* lagoa, pantano pequeno. *Parva palus.*

VÍVERES. *m. pl.* Viveres, victualhas, mantimentos, provisões de bôca. *Commeatus, annona.*

VIVERO. *m. (agr.)* Viveiro. V. *Almáciga,* na segunda accepção: — viveiro; logar destinado para conservar, crear e propagar animaes, aves e peixes. *Vivarium, ii.*

VIVEZ. *f. (ant.)* V. *Viveza.*

VIVEZA. *f.* Viveza, vigor, força, actividade. *Vigor, animi vis:* — viveza, vivacidade, promptidão. *Vivacitas, atis:* — viveza; energia, ardimento nas palavras. *Efficacia, vis:* — viveza, vivacidade, esperteza, perspicacia, agudeza do engenho. *Ingenii vis:* — viveza, brilho, lustre de algumas cousas, especialmente das cores. *Splendor, vividitas:* — argucia, xiste, agudeza epigrammatica. *Ingeniosè, facetè dictum:* — similhança exacta, perfeita, ao vivo. *Similitudo, inis:* — viveza, graça particular, expressão especial que alguns olhos têem no modo de olhar ou de mover-se. *Oculorum acies, venustas:* — imprudencia; acção ou palavra inconsiderada, irreflectida ou imprudente. *Temerè, imprudenter dictum:* — *(p. A. M.)* manha; disposição para a maldade.

VIVIANIEAS. *f. pl. (bot.)* Vivianieas; familia de plantas, formada á custa das geraniaceas.

VIVIDERO, RA. *adj.* Habitavel; onde se póde habitar, commodo, proprio para ser habitado; diz-se de um sitio, de uma casa, etc. *Habitabilis, habitando aptus.*

VÍVIDO, DA. *adj. (poet.)* V. *Vivaz.*

VIVIDOR, RA. *s.* Vividouro, longevo; que vive largos annos. *Macrobius, longioris vitæ homo:* — *adj.* trabalhador, laborioso, activo. *Laboris et parcimoniæ studiosus:* — *(germ.)* ladrão.

VIVIENDA. *f.* Vivenda, morada, habitação. *Domus, cubiculum:* — *(ant.)* vivenda; modo de ganhar a vida. *Modus colendæ vitæ.*

VIVIENTE. *p. a.* Vivente; o que vive. *Vivens, entis.*

VIVIFICACIÓN. *f.* Vivificação; acção e effeito de vivificar. *Ad vitam reditio; vitæ restitutio.*

VIVIFICADOR, RA. *s.* Vivificador; o que vivifica. *Vivificans, antis.*

VIVIFICANTE. *p. a.* Vivificante; que vivifica. *Vivificans, vitalis.*

VIVIFICAR. *a.* Vivificar; dar vida. *Vivificare:* — vivificar; dar alento, confortar. *Reficere, reddere animum.*

VIVIFICATIVO, VA. *adj.* Vivificativo; que vivifica. *Vivificandi vi præditus.*

Vivífico, ca. *adj.* Vivífico, vivificante; que dá vida ou nasce da vida. *Vivificus, a, um.*

Vivíparos. *adj.* *(zool.)* Viviparos; nome que se dá aos animaes, cujos ovos se desenvolvem no interior do apparelho reproductor, de maneira que parem os filhos livres dos envolucros ovarios.

Vivir. *n.* Viver; ter vida. *Vivere:* — viver, durar. Diz-se por extensão das cousas inanimadas que duram muito tempo. *Perseverare, durare:* — viver; passar e manter a vida. *Vitæ necessariis frui:* — viver, habitar, morar, residir. N'este sentido usa-se tambem como activo. *Habitare, colere:* — viver; cuidar da vida, fugindo de tudo que seja damnoso á saude ou á tranquillidade do animo. *Vitam curare:* — viver; gosar da vida eterna, estar no céu. *Vivere in æternum; æterna beatitudine frui:* — *(fig.)* viver; passar a vida, portar-se. Usa-se com os adverbios *bien ó mal. Vitam instituere:* — *(fig.)* viver; conservar-se, durar na fama ou na memoria depois de morto. *Famam, nominem defuncti vivere:* — *(fig.)* viver; accommodar-se aos genios, ao tempo, aos costumes, ás circumstancias, etc., para sua conveniencia; *v. g. saber viver;* saber viver, etc. *Tempori servire; temporibus uti:* — viver; estar presente alguma cousa na memoria, na vontade ou na consideração; e nas materias espirituaes diz-se da presença e assistencia particular de Deus por suas inspirações. *Præsentem menti adesse:* — viver, estar; *v. g. viver descuidado ó ignorante de algo;* viver descuidado ou ignorante de alguma cousa. *Como se vive se muere (loc.);* como se vive se morre; raras vezes se deixam os maus habitos e costumes uma vez adquiridos. *Mors vitæ respondet. Retirarse ó recojer a buen viver (fr.);* tomar boa vida, mudar de vida; emendar-se. *Vitiis omnibus vale dicere.*

Viviseccion. *f.* *(cir.)* Vivissecção; acção de abrir ou de dissecar animaes vivos, para estudar a acção dos orgãos.

Vivísimo, ma. *adj. sup.* de *Vivo.* Vivissimo; mui vivo. *Acerrimus, valdè efficax.*

Vivo, va. *adj.* Vivo; que tem vida, animal ou vegetal: — vivo, efficaz, activo, intenso. Estende-se tambem ás cousas espirituaes e moraes. *Acer, vehemens:* — vivo, vivido, brilhante, que sobresáe; diz-se das cores e outras cousas similhantes. *Vegetus, vividus:* — vivo, activo, ardente; diz-se do fogo, da chamma. *Ardens, lucens:* — vivo, effectivo; que está em actual exercicio de um emprego, etc. Usa-se principalmente na milicia, dizendo praça viva, a do soldado effectivo. *Actu, reipsa munus exercens:* — vivo, nú, despido, despojado, livre; e n'este caso diz-se: *estar en carnes vivas;* estar em carnes vivas, estar em pello, completamente nú. *Omnino nudus:* — vivo, agudo, subtil, engenhoso. *Acer, acutus:* — precipitado, fogoso, inconsiderado nos seus actos ou expressões. *Audax, præceps:* — *(fig.)* vivo, vigente; que subsiste, está em vigor; diz-se de uma lei, escriptura, etc. *Constans, permanens:* — *(fig.)* vivo; o mais interior e sensivel, como *carne viva,* carne viva, etc.: — capital; o que forma o fundo principal da fortuna ou parte d'elle; *v. g.: estoy comiendo de lo vivo;* estou comendo do capital: — *(fig.)* vivo, fresco, duravel na memoria. *Superstes, durans:* — vivo, diligente, prompto, agil. *Promtus, diligens, acer:* — *(fig.)* vivo, energico; mui expressivo, persuasivo. *Efficax, acis:* — *(p. A.)* sagaz, buliçoso, astuto e mocanqueiro: — *m.* vivo; orla, extremo, borda da roupa, da madeira ou de outras cousas, que costuma ser de diversa materia ou côr. *Ora, æ. Al vivo (loc. adv.);* ao vivo, ao natural, imitando perfeitamente. *Cal viva.* V. *Cal. Como de lo vivo á lo pintado (fr.);* como do vivo ao pintado; manifesta a grande differença que ha de uma cousa a outra. *Toto cœlo distans. Llegarle a alguno a lo vivo una cosa (fr.);* chegar-lhe ao vivo; ser-lhe mui sensivel uma cousa. *Ad vivum pertingere. Mas muerto que vivo;* mais morto que vivo; diz-se expressando o susto, temor ou espanto de alguem. *Stupore correptus. Tocar en lo vivo (fr.);* tocar no vivo, na parte mais sensivel, offende-lo no que mais ama: — *m.* *(archit.)* vivo; parte do edificio que sobresae do plano, especialmente quando forma angulo ou esquina. *Quod in plano prominet, præcipuè in angulis:* — *adj.* *(bot.)* vivo; dizia-se antigamente em vez de *vivaz:* — *(naut.)* V. *Fondo,* na quinta accepção. *Forrar sobre el vivo.* V. *Forrar:* — *m.* *(veter.)* vivo; doença que ataca os animaes e com especialidade os cães; é uma especie de sarna que os torna pellados. *Pilorum defluvium.*

Viz. *f.* *(ant.)* V. *Vez.*

Vizcaíno, na. *s.* Biscainho; o natural de Biscaia: — *adj.* biscainho; pertencente a esta provincia. *Cantaber, cantabricus.*

Vizcondado. *m.* Viscondado; dignidade ou titulo de visconde. *Vicecomitis dignitas seu titulus:* — viscondado; o territorio do visconde.

Vizconde. *m.* Visconde; titulo honorifico abaixo do conde. Antigamente os viscondes, cuja instituição data dos ultimos tempos do imperio romano, eram os vigarios ou logares tenentes dos condes. Entre os francos o titulo de visconde foi empregado pela primeira vez em 819. No reinado dos ultimos carlovingios, os viscondes, seguindo o exemplo dos condes e duques, erigiram os seus governos em feudos hereditarios, dependentes, uns dos reis, outros dos duques ou condes. *Vicecomes, itis.*

Vizcondeza. *f.* Viscondessa; a mulher do visconde, ou a senhora de viscondado. *Vicecomitis uxor; vicecomitissa.*

Viznaga. *f. (bot.)* V. *Biznaga.*

Vizvirindo, da. *adj. (p. Mex.)* V. *Vivaracho.*

Vlamingia. *f. (bot.)* Vlamingia; genero de plantas da familia das lobeliaceas.

Voacanga. *f. (bot.)* Voacanga; genero de plantas da familia das apocynaceas.

Voacé. *m. (ant.)* Vossê; syncopa de v. m. ou de *usted;* e em portuguez de vossa mercê.

Voalta. *f. (ant.)* V. *Vuelta.*

Voarcé, voarced. *adj. (ant.)* V. *Usted.*

Voca. *f. (ant.)* V. *Foca.*

Vocablico, llo, to. *m. dim.* de *Vocablo.* Vocabulosinho.

Vocablo. *m.* Vocabulo; voz significativa, palavra de qualquer lingua, dicção. *Vocabulum, i. Jugar del vocablo (fr.);* usar de equivocos. *Verbis ludere.*

Vocabulario. *m.* Vocabulario. V. *Diccionario:* — vocabulario; conjuncto de termos usados em alguma faculdade ou materia determinada. *Vocum cuilibet arti aut scientiæ peculiarium collectio:* — *(fig. fam.)* o que interpreta ou adivinha o pensamento ou um dito de alguem. *Interpres, itis.*

Vocabulista. *m. (ant.)* V. *Vocabulario:* — vocabulista; auctor de vocabulario.

Vocacion. *f.* Vocação; a inspiração com que Deus chama para algum estado, especialmente para o religioso. *Vocatio, onis:*—V. *Advocacion:* — *(fam.)* vocação; inclinação a qualquer profissão ou carreira. *Propentio, onis:* — *(ant.)* vocação, convocação, chamamento. *Errar la vocacion (fr.);* errar a vocação; dedicar-se a uma cousa para que não tinha propensão ou inclinação. *Vitæ institutum perperam eligere.*

Vocal. *adj.* Vocal; da voz, pertencente á voz. *Vocalis, le:* — vocal; que se faz com a voz, para distincção do que se faz com a mente, que se chama mental. *Vocalis, le:* — vogal; diz-se da letra que se póde pronunciar por si só e forma syllaba; são cinco, *a, e, i, o, u:* — *m.* vogal; o que tem voto em alguma congregação, junta, tribunal, etc. *Suffragii jure gaudens:* — *pura;* vogal pura; a que é precedida por uma consoante sem que haja entre ellas nenhuma liquida.

Vocalizacion. *f. (neol. mus.)* Vocalisação; acção e effeito de vocalisar.

Vocalizar. *a. (neol. mus.)* Vocalisar; cantar recorrendo uma escala de sons, para que se forme a voz e para exercitar-se no canto sem pronunciar as notas.

Vocativo. *m. (gram.)* Vocativo; na lingua latina é o quinto caso da declinação dos nomes. *Vocativus, i.*

Voceador, ra. *s.* V. *Vozeador.*

Vocear. *n.* V. *Vozear.*

Vocedo. *m. (ant.)* V. *Grito, Llanto.*

Vocería. *f.* V. *Vozería.*

Vocero. *m.* V. *Vozero.*

Vocero. *m. (ant.)* Vozeiro. V. *Abogado:* — vozeiro, procurador; o que falla em nome de outro: —Vozeiro. V. *Cantor.*

Vociferacion. *f.* V. *Voziferacion.*

Vociferador, ra. *s.* V. *Voziferador.*

Vociferar. *a.* V. *Voziferar.*

Vocinglería. *f.* V. *Vozinglería.*

Vocinglero, ra. *adj.* V. *Vozinglero.*

Voelta. *f. (ant.)* V. *Vuelta.*

Vojelia. *f. (bot.)* Vogelia; genero de plantas da familia dos plumbagineas.

Volada. *f. (ant.)* V. *Vuelo.*

Voladera. *f.* Aza da roda da azenha ou de outra machina identica, em que cáe a agua para a fazer girar. *Rotæ aquariæ ala.*

Voladero. *adj.* Voador, volante; que vôa ou póde voar. *Volans, tis:* — *(fig.)* passageiro, transitorio. *Brevis, fluxus:* — *m.* V. *Precipicio.*

Voladizo. *adj.* Diz-se das obras salientes das paredes dos edificios. *Prominens, tis.*

Volado. *m. (prov.)* V. *Azucarillo.*

Volador, ora. *adj.* Voador; que vôa. *Volans, antis:* — não fixo, suspenso no ar, no qual se move á mercê do vento, etc. *Pensilis, le:* — voador; mui rapido, que corre com ligeireza. *Celerrimus, a, um:* — *m.* volante; diz-se de alguns fogos artificiaes, como foguetes etc., que se disparam no ar, subindo a grande altura. *Pyrobolum in ære missile:* — *(zool.)* voador; peixe do genero datylóptero.

Volaje. *m. (ant.)* V. *Vuelo.*

Volandas. Bolandas; locução vulgar que só se usa na phrase *en volandas;* em bolandas; voando a toda a pressa. *Celerrimè, quasi volatu. En volandas (fr.);* pelo ar, n'um instante. *Temporis puncto.*

Volandera. *f.* Corredora ou galga; mó do lagar de azeite, e que gira sobre outra chamada pouso. *Mola supra altam versatilis:* — *(art.)* anilha; circulo de ferro que entra no eixo e serve para que o cubo da roda do carro se não roce. *Ferreus annulus in plaustris, cui axis immititur.* Dá-se o mesmo nome á rodella de chapéu ou coiro que se põe entre a cavilha e o cubo da roda do coche: — *(impr.)* bolandeira; taboinha delgada que entra no rebaixo e por entre os listões da galé. *Lamella quædam lignea apud typographos:* — *(fam.)* galga, peta, mentira. *Mendacium, ii.*

Volandero, ra. *adj.* Pensil; levantado do chão, suspenso no ar. *Pensilis, le:* — casual, fortuito, eventual. *Casu superveniens:* — volante; não fixo, não de assento. *Vagus, errans.*

Volandillas (en). *(loc. adv.)* V. *En volandas.*

Volanta. *f. (p. da Havana)* Carrinho leve.

Volante. *adj.* Volante; que voa. *Volans, volantis:* — volante, vago, vagante, errante. *Vagus, errans:* — *(fig.)* volante, mui rapido; diz-se das pulsações da arteria. *Pulsus, arteriæ motus:* —

(fig.) volante; diz-se de certos meteoros que se elevam ao ar dissipando-se facilmente. *Volans, antis:* — *m.* volante; especie de adorno pendente que as mulheres usavam, feito de téla mui ligeira e fina. *Velum tenuissimum:* — volante; tira de estofo que rodeia o vestido das mulheres: — bandeira; peça movel do candieiro para cobrir a maior força de luz. *Lucerna umbella mobilis:* — volante; peça do relogio. *Horologii vertex, rota versatilis:* — machina de ferro para cunhar. *Machina cudendis nummis:* — V. *Rehilete:* — volante; pedaço de cortiça empennada com que se joga lançando-o ao ar e aparando-o com a vaqueta. *Suberea pilula plumis instructa:* — jogo de volante, que se joga com a peça acima dita. *Ludus ita dictus:* — *(p. Cub.)* V. *Volanta:* — *(ant.)* especie de sobretudo sem forro. *Papel volante.* V. *Papel:* — *m.* volatim; o que vae diante do coche correndo a pé ou a cavallo: — lacaio; o criado de libré que vae na trazeira. *Famulus quidam ad essedum currens:* — *(art.)* rede que se usa nas côstas da Galliza e das Asturias para a pesca de abadejos e outros peixes.

Volanton. *m.* Passaro que está empennado é em estado de voar, que já póde saír do ninho. *Passer jam volatui aptus.*

Volapié (a). *(loc. adv.)* A meio vôo, parte voando, parte andando. *Partim cursu, partim volatu:* sem poder assentar o pé com firmeza: sorte de espada nos combates tauromachicos, que consiste em o lidador ferir o touro de corrida, estando o animal parado.

Volar. *a. (fig.)* Esquentar, picar, irritar, enfadar alguem. Usa-se tambem como reciproco; *v.g. me volé con aquella pregunta;* piquei-me, esquentei-me com aquella pergunta. *Exacerbare:* — *(fig.)* fazer voar, ir pelos ares alguma cousa, especialmente quando se faz por explosão de polvora. *Vi pulveris nitrati in æra impellere:* — n'algumas partes da America meridional equivale a *robar;* porém é, quasi exclusivamente, usado significando a acção de tirar da cabeça o chapéu, deitando a correr em seguida: — *n.* voar; mover-se a ave adejando, batendo as azas. *Volare:* — voar; elevar-se alguma cousa ao ar e mover-se n'elle por algum tempo. *Volare, volitare:* — voar; caminhar, ir, mover-se com grande rapidez; estende-se tambem ás cousas immateriaes. *Velocissimè incedere:* — voar; elevar-se a grande altura, sobresaíndo entre outras cousas. Usase tambem em sentido metaphorico. *Supergredi; super alios atolli:* — voar; separar-se, retirar-se alguma cousa do logar que occupava com grande rapidez. *Celeriter aufugere, evadere:* — sobresaír; saír fóra da parede do edificio, etc. *Prominere:* — voar; fazer as cousas com muita promptidão e ligeireza. *Citissimè aliquid agere:* — voar; ir pelo ar alguma cousa, arrojada com violencia. *Volare, cursu per ærem pergere:* — voar; espalhar-se, propagar-se divulgar-se rapidamente uma noticia, fama, etc. *Famam volare, celeriter diffundi. Sacar a volar ó salir a volar (fr. fig.);* dar á luz, publicar, saír á luz uma cousa. *Edere in vulgus:* — *(volat.)* levantar a cabeça o cão. *Avis volatum incitare:* — soltar o falcão para perseguir a ave. *Volantem avem persequi.*

Volata. *f. (germ.)* Ladrão que furta entrando por janella ou telhado.

Volatería. *f.* Volateria ou volataria; caça das aves com falcões ou outras aves de rapina ensinadas. *Aucupium; ars aucupatoria:* — reunião, conjuncto de diversas aves. *Volatilia, ium:* — *(fig.)* caça; modo de adquirir casualmente alguma cousa. Usase frequentemente como adverbio. *Modus fortuitus:* — *(fig.)* idéas vagas, confusas, que giram na imaginação e a tornam indeterminada, sem poder fixar-se em uma cousa. *Species menti inordinatè obversantes. Hablar de volatería (fr.);* fallar sem fundamento, desarrasoadamente, dizer cousas no ar.

Volatero. *m. (germ.)* Ladrão que procura furtar indo a correr: — *adj.* inconstante, voluvel: — voluvel, incerto, indeciso; que tem idéas vagas, que não se fixa em nenhuma.

Volátil. *adj.* Volatil; que vôa ou póde voar. *Volatilis, le:* — volatil; diz-se das cousas que se movem ligeiramente e andam pelo ar, como atomos volateis, etc. *Volitans, antis:* — voluvel; vario, inconstante: — volatil; diz-se da substancia ou corpo subtilissimo, que se derrama espontaneamente na atmosphera, que se exhala ou dissipa facilmente. *Volatilis, le.*

Volatilidad. *f. (chim.)* Volatilidade; a propriedade ou qualidade de ser volatil. *Volatilis qualitas.*

Volatilizacion. *f. (chim.)* Volatilisação; acção e effeito de volatilisar ou volatilisar-se.

Volatilizar. *a.* Volatilisar; fazer volatil, reduzir a estado gazoso. *Volatilem reddere:* — *r.* volatilisar-se; reduzir-se a vapor ou a gaz, exhalar-se ou dissipar-se facilmente. *Evaporari.*

Volatilla. *f. (ant.)* Volatil; a ave voante. *Avis, is.*

Volatin. *m.* Volatim, volteador em maroma. *Funambulus, i.*

Volatizar. *a. (chim.)* Volatilisar, subtilisar; reduzir os corpos a um pó volatil, subtil. *Volatilem reddere.*

Volaverunt. *f.* Voz latina que se usa em estylo jocoso para significar que alguma cousa faltou de todo ou se perdeu. *Actum est de re.*

Volcan. *m.* Volcão, fogo ardente, calor excessivo. *Vulcanius, intensissimus ardor; ignis vehemens:* — *(fig.)* volcão; qualquer paixão ardente. *Ardens libido:* — *(geol.)*

volcão; montanha mais ou menos elevada que lança lava por uma ou mais bôcas, chamadas crateras. *Mons ignivomus.*

VOLCÁNICO, CA. *adj.* Volcanico; pertencente ao volcão. *Ad ignes è terra erumpentas pertinens. Rocas volcánicas (geol.);* rochas volcanicas; materias mineraes que soffreram a acção do fogo dos volcões. *Terrenos volcánicos;* terrenos volcanicos; grupo de terrenos que comprehende todos aquelles que procedem da acção dos volcões.

VOLCANISTA. *m.* Volcanista; nome dado aos geologos que attribuem a origem dos basaltos e lavas á acção do fogo.

VOLCAR. *a.* Voltar; tombar, trastornar alguma cousa, faze-la caír totalmente ou em parte, ou o que se contém n'ella. *Volvere, vertere:* — estontear; perturbar a cabeça, os sentidos algum cheiro forte ou outra cousa, pondo em risco de caír. *Turbare:* — *(fig.)* trastornar, dissuadir; fazer mudar de parecer a alguem. *Dissuadere:* — revoltar, impacientar; chasquear alguem até o encolerisar. *Aliquem jocis ad iram provocare:* — *n. (ant.)* V. *Revolcarse.*

VOLEAR. *a.* Atirar, lançar ao ar alguma cousa, especialmente a pella quando se joga. *In œrem impellere:* — *(ant.)* V. *Bolear.*

VOLENTER. *adv. (ant.)* Voluntariamente; de boamente, de boa vontade.

VOLEO. *m.* Boléu; pancada que se dá em alguma cousa, principalmente na pella depois que salta ao ar. *Ictus in œre impactus; pilœ volatus:* — movimento da dansa hespanhola que consiste em levantar o pé o mais alto possivel em certas mudanças. *In tripudiis hispanicis motus pedis in altum sublatis:* — *(fam.)* foguete, cordelejo; reprehensão ou correcção aspera. *De un voleo ó del primer voleo (loc. adv.);* de boléu, de uma vez, de pancada, de repente. *Uno impetu, ictu.*

VOLICION. *f. (philos.)* Volição; acto de querer, vontade efficaz.

VOLITIVO, VA. *adj. (philos.)* Volitivo; diz-se dos actos que emanam da vontade.

VOLQUEARSE. *r.* Voltar-se, revolver-se. *Volutari.*

VOLTA. *f. (ant.)* V. *Vuelta. En volta (loc. adv.);* tambem, alem d'isto. *Pila de Volta (phys.)* V. *Pila.*

VOLTÁICO, CA. *adj.* Voltaico; pertencente a Volta, celebre physico italiano. *Pila voltáica;* pilha voltaica. V. *Pila de Volta.*

VOLTAISMO. *m. (phys.)* Voltaismo; electricidade desenvolvida pelo contacto de substancias heterogeneas.

VOLTAITA. *f. (min.)* Voltaita; variedade de sulphureto de ferro que se encontra em Napoles.

VOLTARIEDAD. *f.* Volubilidade, mutabilidade; inconstancia do genio, opinião, etc. *Ingenii volubilitas, mutabilitas.*

VOLTARIO, RIA. *adj.* Voluvel, vario, mudavel, inconstante. *Volubilis, mutabilis.*

VOLTEADERO. *m.* Circo ou logar, á roda do qual se dão voltas.

VOLTEADOR, RA. *s.* Volteador; o que volteia, principalmente na maroma. *Petaurista, œ.*

VOLTEAR. *a.* Voltear; dar voltas, fazer volver. *Circumagere, circumvolvere:* — voltar; virar alguma cousa do outro lado, inverte-la. *Invertere:* — inverter, trastrocar; mudar o estado, a ordem de uma cousa. *Transvertere, invertere:* — voltar, virar, derribar alguem violentamente, lança-lo por terra. Usa-se tambem no sentido figurado. *Subvertere:* — *n.* voltar; dar voltas, girar uma cousa por si mesma. *Rotare, convolvi:* — *(naut.)* V. *Zozobrar.*

VOLTEJAR. *a. (ant.)* Voltejar. V. *Voltear.*

VOLTEJEAR. *n. (naut.)* V. *Barloventear,* na terceira accepção: — V. *Bordear.*

VOLTELETA ó VOLTERETA. *f.* Cambalhota; volta que se dá no ar com o corpo. *Corporis ad œrem volutatio:* — tombo de carruagem ou embarcação. *Volutatus, us:* — volta da carta que deve servir de trumpho. *Chartœ inversio in ludo.*

VOLTERIANISMO. *m.* Volterianismo; incredulidade, zombeteria attribuida a Voltaire.

VOLTERIANO. *m.* Volteriano; sectario, seguidor dos principios de Voltaire: — *adj.* volteriano; pertencente a Voltaire ou á sua doutrina.

VOLTETA. *f.* V. *Voltereta.*

VOLTURA. *f. (ant.)* V. *Mezcla.*

VOLUBILIDAD. *f.* Volubilidade; facilidade em dar voltas. *Volubilitas, atis:* — *(fig.)* volubilidade; inconstancia, mutabilidade das cousas. *Volubilitas, mutabilitas.*

VOLUBLE. *adj.* Voluvel; que se volve, gira. *Volubilis, le:* — *(fig.)* voluvel, inconstante, vario, mudavel. *Inconstans, mutabilis:* — *(bot.)* voluvel; diz-se dos troncos das plantas quando se prolongam muito, e, não podendo suster-se por si mesmos, têem a propriedade de agarrar-se aos corpos vizinhos.

VOLUCELA. *f. (zool.)* Volucella; genero de insectos dipteros, da familia dos brachystomos.

VOLÚMEN. *m.* Volume; corpulencia ou vulto das cousas. *Amplitudo, moles:* — volume; o livro encadernado. *Volumen, inis.*

VOLÚMINE. *m. (ant.)* V. *Volúmen.*

VOLUMINOSO, SA. *adj.* Volumoso, avultado; que tem grande volume ou vulto. *Mole grandior.*

VOLUNTAD. *f.* Vontade; uma das potencias da alma que tem por objecto o bem conhecido, os seus actos são o querer e o não querer. *Voluntas, atis:* — vontade; acto d'esta potencia. *Voluntatis actus:* — vontade divina; decretos e determinações ou disposições de Deus. *Divina voluntas:* — vontade; o livre arbitrio ou livre determinação. *Liberum voluntatis arbitrium:* — vontade, arbitrio; eleição, escolha arbitraria de uma cousa. *Arbitrium, ii:* — vontade, arbitrio; intenção, animo ou resolução de fazer alguma cousa. *Consilium, mens:* — vontade, amor, carinho, affeição, benevolencia. *Amor, benevolentia:* — vontade; desejo de fazer alguma cousa. *Cupiditas, desiderium:* — vontade, deleite ou complacencia. *Voluptas, atis:* — vontade; a disposição, preceito ou mandato de outrem. *Præceptum, i:* — vontade; escolha, eleição feita pelo proprio dictame ou gosto, sem dependencia estranha, etc. Diz-se frequentemente *propria voluntad*, propria vontade. *Voluntas vel arbitrium proprium:* — vontade; consentimento de alguem, permittindo que se faça uma cousa que podia impedir. *Assensus, consensio:* — *(ant.)* animo, intenção: — *es vida (fr.);* vontade é vida; o fazer a sua vontade dá gosto á vida. *Quod placet vita est. De voluntad ó de buena voluntad (loc. adv.);* de vontade ou de boa vontade, de boamente, com gosto e benevolencia. *Grato vel libenti animo; lubenter. Ganar la voluntad de alguno (fr.);* ganhar, captar a vontade de alguem. *Alterius gratiam sibi conciliare. Mala voluntad;* má vontade, malquerença. *Malevolentia, odium. Quitar la voluntad (fr.);* tirar a vontade, oppor-se á vontade de alguem, impedir-lh'a. *Alteri obsistere, reluctari. Ultima voluntad;* ultima vontade; a que está expressa em testamento. *Ultima voluntas; testamentum. Vivir a voluntad de otro (fr.)* V. *Vivir a cuenta de otro. Zurcir voluntades ó las voluntades (fr. fig.);* unir as vontades; diz-se dos casamenteiros e alcoviteiros, porque uns e outros procuram estreitar as relações entre as pessoas de ambos os sexos.

Voluntariamente. *adv. m.* Voluntariamente; com liberdade, gosto ou vontade. *Voluntariè; spontè; libenti animo:* — voluntariamente, espontaneamente. *Spontè.*

Voluntariedad. *f.* Voluntariedade; qualidade que faz com que as cousas sejam voluntarias. *Voluntarii qualitas; libertatis jus:* — voluntariedade; vontade caprichosa, determinação da propria vontade sem outra rasão. *Voluntatis arbitrium.*

Voluntario, ria. *adj.* Voluntario; feito por vontade, sem constrangimento. *Voluntarius, spontaneus:* — V. *Voluntarioso:* — voluntario, caprichoso; por satisfazer a propria vontade, e sem outra rasão ou motivo. *Voluntarius, spontaneus:* — voluntario; diz-se do soldado que assenta praça voluntariamente. *Qui spontè militiæ nomen dedit.*

Voluntariosamente. *adv. m.* V. *Voluntariamente:* — voluntariosamente; por teima ou capricho. *Ex proprio arbitrio; tenaci animo.*

Voluntarioso, sa. *adj.* Voluntarioso; amigo de fazer sempre a sua vontade. *Ex libidine agens:* — *(ant.)* desejoso; que faz com gosto e vontade alguma cousa.

Voluntat. *f. (ant.)* V. *Voluntad.*

Voluptuosamente. *adv. m.* Voluptuosamente; com deleite ou prazer sensual. *Voluptuosè, voluntariè.*

Voluptuosísimo, ma. *adj. sup.* de *Voluptuoso.* Voluptuosissimo. *Voluptatibus nimium indulgens.*

Voluptuoso, sa. *adj.* Voluptuoso, sensual. *Voluptuosus, a, um:* — voluptuoso, deleitoso; que desenvolve prazeres sensuaes. *Voluptuosus, a, um.*

Volusia. *f. (zool.)* Volusia; genero de insectos dipteros da familia dos athericeros.

Voluspa. *f. (philol.)* Voluspa; uma das partes do Edda, que contém em trezentos versos a cosmogonia escandinava.

Voluta. *f. (archit.)* Voluta; ornato do capitel jonico, formado em linhas espiraes, sobre o qual descansa o abaco do mesmo capitel. *Voluta, æ:* — *(zool.)* voluta; genero de molluscos da familia dos columellarios.

Volutela. *f. (zool.)* Volutella; genero de molluscos gasteropodas pectinibranchios.

Volutidos. *m. pl. (zool.)* Volutidos; familia de molluscos gasteropodas pectinibranchios.

Volutita. *f. (min.)* Volutita; voluta fossil.

Volva. *f. (bot.)* Volva; membrana que forma um envolucro em roda de muitos cogumelos, durante a primeira epocha do seu desenvolvimento.

Volvaria. *f. (zool.)* Volvaria; genero de molluscos da familia dos trochoideos.

Volvedor, ra. *adj.* Volvedor; que volve: — *de tornillos;* V. *Destornillador,* entre espadeiros.

Volver. *a.* Volver, voltar; dar volta ou voltas a alguma cousa. *Volvere:* — tornar, corresponder, pagar, retribuir. *Retribuere:* — dirigir, encaminhar uma cousa a outra, material ou immaterialmente. *Dirigere, inclinare:* — tornar, traduzir. *Transferre:* — devolver, tornar; restituir o que se ha tomado ou tirado. *Reddere, restituere:* — repor; tornar a pôr a cousa em seu logar ou antigo estado, dignidade, etc. *Restituere, reponere:* — tornar; fazer que se mude uma cousa de um estado para outro. Usa-se ordinariamente como reciproco. *Mutari:* — voltar, virar; mudar o direito das cousas, pô-las do avesso. *Invertere, convertere:* — V. *Vomitar:* — tornar; dar torna em uma compra ou troca. *Pecuniæ vel pretii excessum reddere:* — repercutir a pella no jogo. *Pilam retorquere:* — *(agric.)* derregar. *Iterum arare; semel volvere:* — reflectir, repercutir, enviar. *Reflectere:* — recambiar; tornar a mandar um presente ou dadiva a quem o enviou. *Remittere, repellere:* — *(fig.)* voltar, virar; fazer mudar de opinião, de parecer. N'este sentido usa-se quasi sempre como reciproco. *Animum flectere:* — *(ant.)* revolver, misturar: — *(ant.)* revolver, alvorotar, inquietar: — *(ant.)* travar guerra, contenda. Usa-se tambem como reciproco: — *n.* voltar; tornar do logar para onde foramos. *Redire, reverti:* — tornar, voltar, á historia, ao discurso.

Ad propositum redire: — voltar, torcer; afastar-se o caminho da linha recta. *Vertere, vergere*: — tornar, repetir; continuar a fazer o mesmo. N'este sentido usa-se sempre determinando outro verbo com a particula *a*. *Ingeminare*: — tornar, reverdecer, reviver, fallando das plantas e arvores: — junto com a particula *por*, significa defender, proteger a pessoa ou cousa de que se falla. *Alicujus defensionem vel causam suscipere*: — *r.* voltar-se; azedar-se o vinho ou outro licor. *Acescere, corrumpi*: — voltar-se, virar-se; pôr-se em face de alguem. *Converti*: — voltar-se, virar-se; mudar de opinião, de partido ou de conducta. *A proposito recedere*: — *(ant.)* ajuntar-se, unir-se, ter coito: — *a trás (fr.)*; tornar atrás: — *en si (fr.)*; tornar em si; recobrar o accordo, os sentidos. *Resipiscere*. *Volverla al cuerpo*. V. *Cuerpo*: — *la de abajo arriba, ó la de arriba abajo (fr.)*; voltar de baixo para cima, ou de cima para baixo; transtornar, perturbar a ordem das cousas. *Sursum deorsum permiscere, perturbare; summa imis miscere*: — *por si (fr.)* V. *Defenderse*: *(fig.)* rehabilitar-se; restabelecer o seu credito, a sua reputação. *Existimationem recuperare*. *Volverse atrás (fr.)*; voltar, tornar atrás com a palavra, faltar a ella. *Fidei, promissis deesse*. *Volverse contra alguno (fr.)*; voltar-se, virar-se, tornar-se contra alguem. *Alicui adversari*. *Volverse la cabeza a alguno (fr.)* V. *Cabeza*. *Volverse la tortolilla (fr.)* V. *Tortolilla*. *Volverse loco (fr.)*; tornar-se louco, endoidecer. *Mente capi*: ficar louco, manifestar excessiva alegria. *Lætitiâ gestire*. *Volver sobre si (fr.)*; caír em si; reflectir nas suas acções ou procedimento para se emendar ou arrepender: recuperar alguma perda: entrar em si; recobrar a serenidade ou o animo. *A un volver de cabeza ó de ojos (fr.)*; em um volver de olhos. V. *Cabeza*. *No tener donde volver la cabeza ó a quien volver la cara (fr.)* V. *Cabeza, Cara*: — *(naut.)* voltar. V. *Virar*: — voltar, virar, mudar. V. *Cambiar*: — V. *Orzar*.

Volvible. *adj. (ant.)* Facil de volver. *Volubilis, le.*

Volvimiento. *m. (ant.)* Volta, revolvimento; acto de volver-se ou revolver-se.

Volvo. *m. (med.)* Volvulo. V. *Miserere*.

Vólvulo. *m. (med.)* V. *Volvo*.

Vómer. *m. (anat.)* Vómer; nome dado a um osso impar que forma a parte posterior do tabique dos fossas nasaes: — *(zool.)* vómer; genero de peixes da familia dos escomberoideos.

Vómica. *f. (med.)* Vómica; nome dado a um tumor enkystado, cheio de pus, que se desenvolve no interior de uma viscera, e principalmente nos depositos purulentos enkystados ou não, que se formam no pulmão.

Vómico, ca. *adj.* Que provoca o vomito: — vomica; applica-se á noz venenosa, que mata cães, gatos e mais quadrupedes.

Vomitado. *adj. (fam.)* Vomitado; apodo que dão ao que está magro e muito macilento ou cadaverico. *Cadaverosa facies.*

Vomitdor, ba. *s.* O que vomita ou lança de si. *Vomitor, oris.*

Vomitar. *a.* Vomitar; lançar pela bôca, com esforço, o que estava no estomago. *Vomere, evomere*: — vomitar; arrojar de si com violencia; diz-se das cousas inanimadas. *Expellere, rejicere*: — *(fig.)* vomitar, injurias, blasphemias, etc., proferi-las com violencia. *Bilem evomere in alium*: — *(fam.)* vomitar; contar, dizer, descobrir o segredo. *Patefacere*: — *(fam.)* vomitar, escarrar; restituir, pagar, dar uma cousa com muita repugnancia e renitencia. *Solvere*.

Vomitivo, va. *adj.* Vomitivo, emetico; diz-se de remedio ou substancia que faz vomitar. Usa-se tambem como substantivo masculino. *Vomitum excitans.*

Vómito. *m.* Vomito; acção de vomitar ou as materias que se vomitam. *Vomitus, us.* *Provocar a vómito (fr.)*; provocar o vomito, fazer nojo; dizer indecencias, obscenidades. *Fastidium, nauseam movere*. *Volver al vómito (fr. fig.)*; tornar ao vomito; recaír no erro ou culpa. *Ad pristinum ingenium redire*: — *negro ó prieto (med.)*; vomito negro ou preto; febre biliosa, que ataca os europeus quando vão á America septentrional e ás Antilhas.

Vomiton, na. *adj.* Diz-se das creanças de peito que bolçam muito. *Vomitor, oris.*

Vomitona. *f. (fam.)* Carga; vomito abundante e repetido causado por excesso de comida. *Vomitus vehemens.*

Vomitorio, ria. *adj.* Vomitorio. V. *Vomitivo*. Usa-se tambem substantivado: — *m.* vomitorio; a porta ou abertura dos theatros e circos antigos, por onde se entrava e saía. *Vomitoria, æ.*

Voracidad. *f.* V. *Vorazidad*.

Voracisimo, ma. *adj. sup.* de V. *Vorazissimo*.

Vorágine. *f.* V. *Vorájine*.

Voraginoso, sa. *adj.* V. *Vorajinoso*.

Vorájine. *f.* Voragem, sorvedouro; abertura profunda no mar, nos rios ou nas lagoas, que causa remoinho que sorve e leva ao fundo tudo o que se mette no giro da agua. *Vorago, inis.*

Vorajinoso, sa. *adj.* Voraginoso; que tem voragens. *Voraginosus, a, um.*

Voraz. *adj.* Voraz; que devora, que come muito e com soffreguidão. *Vorax, acis*: — soffrego, desenfreado, licencioso; dado aos prazeres sensuaes. *Voluptarius homo, effrena libidine actus*: — *(fig.)* voraz, devorador; que consome, destroe rapidamente; diz-se do fogo, etc. *Vehemens, entis.*

Vorazidad. *f.* Voracidade; appetite voraz, soffreguidão no comer. *Voracitas, atis*: — *(fig.)* soffreguidão, avidez;

desregramento excessivo em qualquer vicio. *Ardens, vehemens libido:* — *(fig.)* voracidade; grande actividade de cousa que consome; v. g., a do fogo, etc. *Vehementia, æ.*

Vorazisísimo, ma. *adj. sup.* de *Voraz.* Voracissimo. *Voracissimus, a, um.*

Vorazmente. *adv. m.* Vorazmente; com voracidade. *Voraciter.*

Vórtice. *m.* Vortice; redemoinho, movimento em giro da agua ou vento.

Vorticela. *f. (zool.)* Vorticella; genero de infusorios microscópicos.

Vortijinoso, sa. *adj.* Vortiginoso; diz-se do movimento em giro que faz a agua ou o ar. *Vorticibus agitatus.*

Vos. *pron. pessoal.* V. *Vosotros:* — vós; usa-se fallando com pessoas muito elevadas, como tratamento de respeito. Tambem se usa este termo fallando os superiores com os inferiores. *Tu, tui, tibi, te:* — *pl.* V. *Vosotos:* — *(ant.)* V. *Os:* — *pron. possessivo pl. (ant.)* V. *Vuestros.*

Vosco. *pron. pessoal (ant.)* Vosco; usa-se em vez de vós, e em portuguez é precedido de com, dizendo-se comvosco, com a vossa pessoa ou com vós outros.

Vosear. *a. (ant.)* Tratar alguem por vós. Usava-se igualmente como reciproco.

Voso, sa. *adj. (ant.)* V. *Vuestro.*

Vosotros, tras. *pron. pessoal pl.* Vós; usa-se fallando com muitos e não se incluindo a pessoa que falla. *Vos.*

Votacion. *f.* Votação; acção e effeito de votar. *Suffragiorum emissio.*

Votada. *f.* Escrutinio; acto ou resultado de uma votação. *Suffragiorum computatio.*

Votador, ra. *s.* Votante. Usase mais praticularmente significando jurador. *Dejerator, oris.*

Votante. *p. a.* Votante; o que vota, dá o seu voto. *Suffragium ferens.*

Votar. *a.* Votar; fazer voto de guardar ou celebrar alguma festividade ou defender algum mysterio. *Vovere, voto se obstringere:* — *n.* votar; fazer voto a Deus ou aos Santos. *Vovere:* — jurar, blasfemar. *Dejerare, pejerare:* — votar; dar o seu voto. *Suffragium ferre, suffragari.*

Votivo, va. *adj.* Votivo; offertado em voto ou concernente a voto. *Votivus, a, um.*

Voto. *m.* Voto; promessa solemne a Deus ou aos Santos, de fazer alguma cousa. *Votum, i:* — voto; qualquer das promessas ou obrigações que constituem o estado religioso e estão admittidas pela Igreja; e são pobreza, castidade e obediencia. *Votum, i:* — voto; parecer, voz, suffragio dado por vogal ou votante. *Suffragium, ii:* — voto; qualquer parecer dado sobre algum assumpto ou materia. *Judicium, sententia:* — voto; rogo, depracação, supplica que se faz a Deus. *Preces, ium:* — voto. V. *Presentalla:* — juramento, blasphemia. *Exsecratio, blasphemia:* — V. *Deseo:* — *activo.* V. *Voz activa,* significando a faculdade de votar: — *a Dios;* juro por Deus, pelo que ha de mais sagrado; sorte de juramento e ameaça. *Per Deum:* — *a brios;* juramento burlesco ou usado por euphemismo para não dizer juro por Deus: — *a dios Baco.* Vale o mesmo que voto a brios: — *a tal (loc. fam.);* á fé, por vida minha; especie de ameaça ou expressão com que se denota o enfado que alguma cousa causa. *Proh Deûm fidem:* — *a tantos.* V. *Voto a Brios:* — *consultivo;* voto consultivo; direito de aconselhar, de dizer o seu parecer e não de decidir. *Consultandi, non decernendi suffragium:* — *cuadrajesimal;* voto quadragessimal; o que fazem em algumas ordens religiosas de observar todo o anno a mesma abstinencia que na quaresma. *Votum quadragesimale:* — *de amen;* voto de amen; o que se conforma sempre e absolutamente com o de outrem. *Suffragium non propio sed alterius judicio latum:* — *de calidad;* voto de qualidade; o que em igual numero decide a questão e que de ordinario é dado pelo presidente. *Suffragium quo quæstio in neutram partem decisa definitur:* — *decisivo;* voto decisivo; o que têem alguns magistrados ou funccionarios para de per si resolver uma cousa sem dependencia superior. *Facultas decidendi, statuendi:* — *de reata;* voto de encher; o que se dá sem conhecimento nem reflexão, e só para seguir o parecer de outrem. Diz-se tambem de quem vota assim. *Pedibus ire in sententiam alterius:* — *de Santiago;* voto de S. Thiago; certa medida ou tributo de pão, dado em algumas provincias de Hespanha á Igreja de S. Thiago pelos lavradores. *Vectigal ex frumento Compostellanæ ecclesiæ solvendum:* — *no a Dios.* V. *Voto a brios:* — *pasivo.* V. *Voz pasiva,* significando aptidão para ser votado: — *secreto;* votação secreta, escrutinio secreto; o que se faz por meio de espheras brancas ou pretas, para que cada votante dê o seu voto livremente. *Suffragium non verbis sed schedulis aut tabellis expressum:* — *simple;* voto simples; promessa feita a Deus, sem solemnidade exterior de direito. *Votum simplex:* — *solemne;* voto solemne; o que se faz publicamente e com as formalidades de direito, como succede na profissão religiosa. *Votum solemne. Concurrir en un mismo voto ó dictámen (fr.);* convir, concordar no mesmo voto ou opinião; ser do mesmo parecer que outro. *In eamdem sententiam ire, convenire. Dar su voto (fr.);* dar o seu voto: *(fig.)* dar o seu voto, metter a sua colherada; entremetter-se em cousas de que não entende ou ingerir-se onde o não chamam. *Abs re judicium ferre. Regular los votos (fr.);* conferir os votos; conta-los comparando uns com os outros. *Vota computare. Tener ó ser voto (fr.)*; ter voto, ter direito de votar. *Jus suffragandi habere: (fig.)* ter voto na materia; ser entendido do que se trata para julgar d'ella. *Rem quam optimè et absque partium studio callere.*

Votomita. *f. (bot.)* Votomita; genero de plantas da familia das rubiaceas.

Voz. *f.* Voz; som formado na larynge e modificado e proferido na bôca do animal. *Vox, ocis:* — voz; o som natural ou metal da voz, ou o modo com que se usa d'ella voluntariamente. *Vox, sonus*: — voz; qualidade da voz humana. *Modus vocis*: — voz; som que formam algumas cousas inanimadas quando são feridas pelo vento. *Vox, ocis:* — voz. V. *Grito.* N'este sentido usa-se mais no plural: — voz; dicção, palavra, vocabulo, termo proprio de algum idioma. *Vox, ocis:* — voz, cantor; musico que canta. *Cantor, oris*: — voz; credito, auctoridade, força que dá ás cousas a opinião publica. *Opinio, onis:* — jus, poder, faculdade ou direito para alguem fazer em seu nome ou em nome de outro o que lhe convier. *Facultas, jus:* — voz, voto; capacidade ou aptidão para eleger ou ser eleito. *Jus suffragii ferendi:* — voz; voto nas juntas ou eleições. *Suffragium, ii:* — *(fig.)* voz, opinião, boato, fama, rumor. *Fama, rumor:* — *(fig.)* voz, motivo, pretexto publico. *Nomen, pretextus:* — *(fig.)* voz; ordem, mandato superior. *Præceptum, i:* — *(germ.)* V. *Consuelo:* — *activa;* voz activa; voto para eleger. *Jus ferendi suffragium:* — *cascada;* voz fraca: — *comun;* voz, opinião publica: — *empañada ó parda;* voz tomada, rouca, pouco clara e sonora: — *pasiva;* voz passiva; aptidão para ser eleito. *Jus honoris suffragiorum ope obtinendi:* — *vaga*; voz, noticia vaga, espalhada no publico. *Rumor, oris:* — *tomada.* V. *Voz empañada. Anudarse la voz (fr. fig.)*; prender-se a voz, faltar a voz. *Vocem faucibus hærere. A voz de apellido (loc. adv. ant.)*; por convocação ou chamamento. *A voz en cuelo ó a voz en grito (loc. adv.)*; em alta voz, gritando ou dando vozes. *Erecta, concitata voce. A vozes (loc. adv.)*; dando vozes, em altos gritos. *Vociferatu, clamore. Dar vozes al lobo (fr.)* V. *Predicar en desierto. Desanudar la voz (fr. fig.)*; desembaraçar a voz, a falla. *Vocis impedimenta solvere. Mudar ó fingir la voz (fr.)*; mudar a voz; fazer-se mais grossa, como succede quando se entra na puberdade: mudar, fingir a voz; disfarçar a voz natural. *Vocem simulare. Echar voz ó la voz (fr.)*; deitar voz; espalhar, divulgar. *Rumorem spargere. Entrar en voz (fr. ant.)*; contestar ou responder em juizo. *En voz (loc. adv.)*; de viva voz, de palavra, verbalmente. *Verbo. Meter a vozes (fr.)*; aturdir, atordear com vozeria, gritos, berros. *Clamoribus omnia miscere. Pasar la voz (fr.)*; passar a voz, a palavra, a noticia ou aviso, communicando-o de bôca em bôca. *Poner mala voz (fr.)*; dizer mal de uma pessoa ou cousa. *Vituperare. Romper la voz (fr.)*; exercitar a voz para a tornar facil no canto. *Vocem exercere. Soltar la voz (fr.)*; deitar voz; divulgar, publicar. *In vulgus edere. Tomar la voz (fr.)*; tomar a palavra. *Sermonem ab alio inceptum continuare, prosequi:* tomar voz; tomar a defensa. *Defensionem suscipere. Tomar la voz de alguno (fr.)*; representar alguem; fazer as suas vezes. *Tomar voz (fr.)*; tomar lingua; informar-se, inquirir, indagar. *Inquirere, explorare: (fig.)* tomar força; auctorisar-se alguma cousa pela opinião de muitos. *Fama comprobari, firmari. Viva voz;* viva voz; explicação da vontade relativamente ao que se deve executar sem rescripto, bulla ou decreto. *Vivæ vocis oraculum:* viva voz, expressão verbal. *Verbis ore prolatis. La voz del pueblo es voz de Dios (rif.)*; voz do povo, voz de Deus; de ordinario o convirem todos em uma cousa, é prova da sua certeza. *Vox populis vox Dei:* — *(gram.)* voz; conjuncto de inflexões de um verbo, que significam da mesma maneira. A voz do verbo é activa ou passiva na lingua latina, porém na hespanhola, portugueza e outras não ha fôrma passiva. *Vox, ocis:* — *(for.)* V. *Vida.* Usa-se frequentemente na Galliza nos foros e emphyteusis: — *(mus.)* voz; som particular ou tono correspondente ás notas e claves. *Cujusque vocis in musicis proprietas. En voz (loc. adv.)*; com a voz clara para poder cantar. N'este sentido diz-se: *no esta hoy en voz; ya se ha puesto en voz. Canora voce. Jugar la voz (fr.)*; cantar fazendo requebros ou inflexões. *Scienter cantare.*

Vozeador, ra. *s.* Vozeador, gritador; o que vozea. *Vociferator, oris.*

Vozear. *n.* Vozear; dar vozes, gritar. *Vociferare:* — vozear, clamar, bradar; v. g., as leis, decretos, etc. *Palam ostendere:* — *a.* publicar ou manifestar com vozes. *Clamare:* — gritar, chamar alguem em altas vozes. *Aliquem magna voce vocare:* — acclamar. *Acclamare:* — exprobrar ou jactar-se, gabando-se em publico, especialmente de algum beneficio, lançando-o em rosto de quem o recebeu. *Exprobrare:* — aturdir, atordoar com gritos, berros. *Alicui aures, caput obtundere.*

Vozería. *f.* Vozeria, gritaria. *Vociferatio, clamor:* — *(ant.)* advocacia.

Vozero. *m. (ant.)* Vozeiro, advogado. V. *Abogado:* — *(ant.)* vozeiro, procurador.

Vozferacion. *f.* Vociferação; jactancia com que se profere alguma cousa em alta voz. *Vociferatio, onis.*

Vozferante. *adj.* Vociferante; que vocifera.

Vozferar. *a.* Vociferar; proferir jactanciosamente alguma cousa em alta voz, levantar a voz: — *n.* vociferar; bradar. *Vociferari.*

Vozinglería. *f.* Alarido, brado, vociferação; ruido de muitas vozes. *Vociferatio, onis:* — parolagem; muita parola, loquacidade. *Garrulitas, loquacitas.*

Voznar. *n.* V. *Graznar.*

Vuelco. *m.* Volta, tombo; movimento de alguma cousa que se volve, cáe ou transtorna inteiramente. *Volutatio, casus. A un vuelco de dado (loc. adv.);* a um tombo de dado; denota a contingencia á que está exposta alguma cousa. *Periculo maximo; tenui pendens filo. Dar un vuelco el corazon (fr. fig.);* dar uma pancada o coração; ter um presentimento. *Motu cordis aliquid præsagire. Dar un vuelco en el infierno (fr.);* dar voltas no inferno; exprime o vivo desejo de conseguir alguma cousa, custe o que custar. *Ruere in vetitum nefas.*

Vuelo. *m.* Vôo; movimento que faz a ave quando vôa. *Volatus, us:* — vôo; espaço percorrido de uma vez voando. *Spatium singulari volatu emensum:* — conjuncto das pennas da aza de uma ave. Usa-se commummente no plural, e por extensão costuma-se tomar por toda a aza. *Penna, æ:* — *(archit.)* sacada da janella ou do telhado, a beira d'elle, etc. *Protectus, us:* — aba ou badana; nos vestidos ou cousas similhantes a parte que vae pendente sem se ajustar ao corpo. *Vestis amplitudo:* — coma das plantas. *Arboris vertex:* — punho ou folho que se junta ao extremo da manga. *Manica pendens ornatus causa:* — vôo; nos theatros é a acção da machina pela qual uma ou muitas pessoas sobem ou descem, fendendo o ar como se viessem voando. *Volatus scenicus:* — *(caç.)* ave altaneira. *Avis aucupatoria:* — *(fig.)* vôo; elevação do pensamento ou do estylo. *Ingenii vis, ardor. Á vuelo ó al vuelo (m. adv.);* em um vôo; prompta e rapidamente. *Brevissimo tempore; celeriter. Cojer al vuelo (fr. fig.);* apanhar de repente. *Casu vel fortuitò arripere vel capere. Cojelas al vuelo (fr);* apanha-las no ar; perceber as cousas promptamente. *Cortar los vuelos (fr.);* cortar os vôos; deter a alguem nas suas acções ou modo de proceder. *Obsistere alicui. Tocar al vuelo las campanas (fr.);* dobrarem os sinos todos. *Cymbala circumvolvendo pulsare.*

Vuelta. *f.* Volta; movimento com direcção circular, giro em torno. *Circuitus, gyrus, conversio:* — volta; o movimento com que algum corpo se agita no ar volvendo-se inteiramente, como fazem os volatins, etc. *Circumversio, volutatio:* — volta; curvatura, rodeio, afastamento da linha ou caminho recto; *v. g.: la vuelta de la calle;* a volta da rua, etc. *Flexio, anfractus, circuitus:* — volta; acção de apertar alguma cousa, volvendo outra em redor d'ella. *Adstrictiò, obligatio, pressior ligatio:* — volta; restituição do que se tinha tomado ou tirado. *Restitutio, onis:* — volta, retribuição, recompensa. *Retributio, onis:* — volta; repetição de alguma cousa. *Iteratio, geminatio:* — leitura mais ou menos repetida de alguma obra ou materia. *Lectio, onis:* — tunda, surra de açoutes. *Verberatio, onis:* — V. *Vez,* na execução de alguma cousa: — envez; parte, face de uma cousa opposta áquella que se tem á vista. *Adversa pars:* — volta, verso ou segunda pagina de uma folha de papel: — volta; inclinação de uma cousa para um lado; na espada e outros instrumentos similhantes, o desvio da linha recta, ou do córte ou fio. *Flexio, inflexio:* — roda da fechadura ou da chave. *Clavis reductio:* — canhão da manga ou do punho da camisa ou camisola, etc. que se dobra pára cima. *Plicata subuculæ fimbria:* — canhão da manga da casaca, e que nos uniformes militares costuma ser de côr differente: — volta; ordem de malhas com que se vão fazendo circularmente as meias. *Caligarum circumtextura:* — volta; mudança no estado das cousas. *Mutatio, conversio:* — volta; mudança nos costumes, no genio, caracter, etc. *Indolis mutatio vel conversio:* — volta, demasia; o que se dá de torna ao que compra ou troca alguma cousa. *Redditio pecuniæ, rei emtæ pretium excedentis:* — *(ant.)* volta, briga, motim, rixa, alvoroço, peleja: — outra vez! emprega-se como interjeição para reprehender alguem que teima ou insiste em alguma cousa: — *de podenco (fig.);* zurzidura, carga de pancada. *Fustigatio, onis. A la vuelta (loc. adv.);* á volta, quando voltar: *(fig.)* ao depois, veremos; usa-se para negar uma cousa que se pede verbalmente. *Post reditum. A la vuelta de un dado o a una vuelta de dado (fr. adv.)* V. *Dado. A la vuelta lo venden tinto (fr. fig.);* não vou para ahi; diz-se recusando concordar com o que se nos conta ou pede. *Andar a las vueltas (fr.);* seguir os passos de alguem, espiar-lhe as acções. *Aliquem insequendo observare. Andar a vueltas (fr.);* andar á unha, lutar, rixar. *Luctari, rixari. Andar a vuelta con, sobre o para alguna cosa (fr.);* andar ás voltas, dar voltas, trabalhar, lidar por conseguir saber ou fazer alguma cousa. *Conari, moliri, intendere. Andar en vueltas (fr. fig.);* andar em voltas, em rodeios, evasivas, para não fazer alguma cousa. *Diverticula, rei faciendæ excusationem quærere. A vuelta de cabeza (loc. adv.);* em um abrir e fechar de olhos, em um instante. *Momento temporis. A vuelta de dado.* V. *A un vuelco de dado*. *A vuelta de ojo (loc. adv.)*; em um abrir e fechar de olhos, com presteza e celeridade. *Citò, celeriter*. *A vuelta o a vueltas (loc. adv.)*; perto, cerca, quasi, proximo. *Propè, ferè*: de volta; de mistura; *v. g.*: *a vueltas de los elojios le ha dado lecciones de lo que debia hacer*; de volta com os elogios deu-lhe lições do que devia fazer. *A vuelta o de vuelta (loc. adv.)*; á volta ou de volta, em voltando. *In reditu*. *A vueltas (loc. adv.)*; depois, alem, demais de. *Cojer las vueltas o la vuelta (fr. fig.)*; trocar as voltas; buscar rodeios ou artificios para livrar-se de alguma cousa ou conseguir algum fim. *Rei seu cavendæ seu conficiendæ rationem quærere*. *Contra la vuelta de (loc. adv.)*; para o lado, a banda de. *Dar mala vuelta (fr.)*; não ir bem, tomar mau aspecto um negocio, ou deteriorar-se a saude. *Darse una vuelta a la redonda (fr. fam.)*; olhar para si; cada qual deve examinar-se a si proprio antes de reprehender a outrem. *Teipsum nosce priusquam alium carpas*. *Dar una vuelta (fr.)*; dar uma volta, um passeio. *Ambulare*: mudar-se, trocar-se. *Mutari*: *(fr. fig.)* dar uma volta, um giro, trabalhar, diligenciar um pouco para conseguir ou reconhecer uma cousa. *Recognoscere; levi diligentia curare*. *Dar vueltas (fr.)*; dar voltas, andar em torno, á roda. *Circumire, circumferri*: dar voltas, vagar, andar d'aqui para ali: *(fig.)* dar voltas; andar buscando uma cousa sem a encontrar. *Multoties et accuratè requirere*: *(fig.)* discorrer repetidas vezes sobre a mesma cousa. *Iteratò cogitare*. *Estar de vuelta (fr.)*; estar de volta, ter voltado ao logar d'onde havia partido: *(p. Mex.)* estar de ganho ao jogo. *La vuelta de (loc. adv.)*; para, do lado, de caminho de. *Versùs, versùm*. *Llevar de vuelta (fr.)*; fazer torcer caminho a alguem, desvia-lo do caminho que levava. *Aliquem à via incepta abigere*. *Media vuelta (fig.)*; diligencia, cuidado ligeiro. *Levis diligentia*. *Tener vuelta (fr. fig. fam.)*; ter volta, ter restituição. *Rem reddere, opportere*. *Tener vueltas alguno (fr. fig.)*; ser uma grimpa, inconstante, voluvel, vario; diz-se das pessoas. *Inconstantia laborare*: —*(agr.)* volta; lavor que se dá á terra: —*(arch.)* volta; torcimento ou declinação que vae fazendo a linha ou linhas circulares para formar o arco ou a abobada. *Arcûs orbis vel circumversio*: —*(equit.)* volta; o mesmo que circulo. V. *Círculo*: —*de lobo (naut.)* V. *Ahorcaperro*. *Media vuelta (mil.)*; meia volta; movimento que consiste em o soldado voltar a cara para onde tinha a rectaguarda. *Oris conversio*: —*(mus.)* volta, estribilho; versos que se repetem no remate. *Versûs vel cantus repetitio*: —*(poet.)* volta. V. *Retornelo*.

VUELTECICA, LLA, TA. *f. dim.* de *Vuelta*. Voltinha, voltasinha.

VUELTO, TA. *p. p. irreg.* de *Volver*. Voltado, volvido.

VUESARCED. *syncopa (ant. fam.)* de *Vuestra Merced*.

VUESEÑORÍA. *syncopa* de *Vuestra señoría*.

VUESIRIA. *f. (ant.)* V. *Vueseñoría*.

VUESO, SA. *pron. (ant.)* V. *Vuestro*. Na terminação feminina usa-se com alguns nomes de tratamento, como *merced*, *eminencia*, etc.

VUESTE. *f. (ant.)* V. *Hueste*.

VUESTRO, TRA. *pron. possessivo*. Vosso; de vós, que pertence, respeita a vós. *Vester, era, erum*: — vosso; usa-se em certos tratamentos, aindaque se dirijam a uma pessoa só. *Tuus, a, um*. *Ser vuestro o muy vuestro*; ser vosso ou muito vosso; expressão de cortezia com que alguem se offerece á disposição de outrem, para receber as suas ordens. *Tibi obsequentissimus*.

VULCANALES. *f. pl. (hist.)* Vulcanaes ou vulcanias; festas celebradas no mez de agosto em honra de Vulcano.

VULCÁNICO, CA. *adj.* Vulcanico, vulcaneo; pertencente a Vulcano: — *(phys.)* vulcanico; diz-se da hypothese que attribue ao fogo a formação da terra.

VULCANISMO. *m. (phys.)* Vulcanismo; hypothese que attribue ao fogo a formação da costra do globo.

VULCANISTA. *m.* Vulcanista; partidario do vulcanismo.

VULCANITA. *f. (min.)* Vulcanita; pyroxenio dos volcões.

VULCANO. *m. (hist.)* Vulcano; primeiro monarcha da dynastia celeste dos reis egypcios: — *de los filósofos (chim. ant.)*; vulcano dos philosophos; o ferro dos alchimistas.

VULGACHO. *m.* Vulgacho, gentalha, canalha; a escoria do povo, a mais infima plebe. *Infima plebs*.

VULGADO, DA. *adj. (ant.)* V. *Vulgar*.

VULGAR. *adj.* Vulgar; do vulgo, da plebe. *Vulgaris, re*: — vulgar, commum, ordinario, commummente recebido. *Vulgaris, communis, pervulgatus*. — vulgar; diz-se das differentes linguas que se fallam actualmente, em contraposição ás linguas mortas. *Vulgaris, vernaculus*: —vulgar, de baixa condição. Tambem se usa substantivado. *Unus è vulgo*: — vulgar, ordinario, commum, não raro; que não se distingue por nenhuma qualidade particular. *Pervulgatus, a, um*: — *a. (ant.)* vulgar. V. *Divulgar*.

VULGARIDAD. *f.* Vulgaridade; qualidade de ser vulgar, baixo, commum. *Ignobilitas, atis*: — vulgaridade; cousa, dito ou expressão trivial, sem importancia ou sem fundamento. *Vulgare effatum*.

VULGARÍSIMO, MA. *adj. sup.* de *Vulgar*. Vulgarissimo; muito vulgar. *Pervulgatissimus, a, um*.

VULGARMENTE. *adv. m.* Vulgarmente, commummente; de modo vulgar, com vulgaridade. *Vulgò*.

Vulgarizar. *a.* Vulgarisar; fazer vulgar ou commum alguma cousa. *Vilem reddere:* — vulgarisar; traduzir em lingua vulgar ou vernacula. *In linguam vernaculam vertere:* — *r.* vulgarisar-se; tornar-se vulgar, muito popular, dar-se ao trato e commercio da plebe, ou portar-se como o commum da gente. *Vulgo familiarem reddi; vilescere.*

Vulgarmente. *adv. m.* Vulgarmente, commummente; de modo vulgar, com vulgaridade. *Vulgò.*

Vulgata. *f.* Vulgata; traducção latina da biblia approvada pela Igreja catholica. *Vulgata versio.*

Vulgo. *m.* Vulgo; a plebe, o povo commum. *Vulgus, i:* — vulgo; gente de inferior qualidade e a mais ignorante de cada classe ou corporação, como os soldados no exercito, os marinheiros na armada, etc.: — *(fig.)* commum, o conjuncto de cousas ou individuos de uma especie; usa-se n'este sentido algumas vezes na poesia: — *(germ.)* mancebia: — *adv. m.* vulgo, vulgarmente, de ordinario, commummente.

Vulnerable. *adj.* Vulneravel; que pôde ser ferido, que pôde soffrer damno.

Vulneracion. *f.* Vulneração; acção e effeito de vulnerar. *Vulneratio, onis.*

Vulnerar. *a.* Vulnerar, ferir. V. *Herir:* — *(fig.)* vulnerar, offender, violar: — *la opinion o la estimacion de alguno (fr.);* vulnerar, ferir, a honra ou a estimação de alguem, desacreditа-lo, offende-lo gravemente.

Vulnerario, ria. *adj. (for.)* Vulnerario; diz-se do clerigo que fez algum ferimento ou matou alguem. *Vulnerarius, a, um:* — *(med.)* vulnerario; diz-se do remedio proprio a curar feridas ou chagas.

Vulpeja. *f. (zool.)* Raposa; genero de mammiferos carniceiros plantigrados. V. *Zorra.*

Vulpejera. *f.* V. *Raposera.*

Vulpina. *f. (bot.)* Cauda ou rabo de raposa. V. *Alopecuro.*

Vulpino, na. *adj.* Vulpino; pertencente á raposa, proprio da raposa: — *(fig.)* zorro; manhoso, arteiro, astuto como a raposa. *Vafer, versutus.*

Vulsirea. *f. (zool.)* Vulsirea; genero de insectos hemipteros, da tribu dos scutellerios.

Vulto. *m. (ant.)* Vulto, cara, rosto.

Vulturno. *m. (ant.)* Vulturno; vento que se levanta com o sol e segue a sua direcção até o pôr do astro. V. *Bochorno,* ar quente, etc.

Vulva. *f.* Vulva; a parte pudenda da mulher: — *(zool.)* vulva; depressão comprida e pouco larga, que se observa frequentemente na parte dorsal da face externa das conchas bivalves.

Vulvaria. *f. (bot.)* Vulvaria; especie de plantas do genero chenopodio, mui commum nos campos.

Vulvario, ria. *adj. (anat.)* Vulvario; pertencente á vulva.

Vulvo-uterino, na. *adj. (anat.)* Vulvo-uterino; pertencente á vulva e ao utero.

Vusco. *pron. pessoal (ant.)* Vosco; de vós. Acha-se sempre usado com a preposição *con, v. g.: convusco, con vosotros;* comvosco.

Vusted. *pron. (ant.)* V. *Usted.*

W

W. Esta letra pertence ao alphabeto dos povos do norte. Em allemão é a vigesima terceira do alphabeto; em inglez faz as vezes de consoante e de vogal. A Russia é o unico povo septentrional que não usa d'ella. Era desconhecida dos romanos, e falta por esta rasão nas linguas derivadas do latim: — *(chim.)* W; abreviatura de tungstene ou tungstenio.

Wagnerita. *f. (min.)* Wagnerita; fluophosphato de magnesia composto de um atomo de phosphato de magnesio e de outro de fluorureto de magnesio.

Wahabismo. *m. (rel.)* Wahabismo; doutrina dos Wahabitas, povo da Arabia. É uma especie de mahometismo reformado.

Wahlemberjia. *f. (bot.)* Wahlenbergia; genero de plantas da familia das campanulaceas.

Waitzia. *f. (bot.)* Waitzia; genero de plantas da familia das compostas.

Walafrida. *f. (bot.)* Walafrida; genero de plantas da familia das selaginaceas.

Waldsteinia. *f. (bot.)* Waldsteinia; genero de plantas da familia das rosaceas.

Walé. *m. (myt.)* Walé; deus do valor entre os scandinavos.

Walenia. *f. (bot.)* Wallenia; genero de plantas da familia das myrsiniaceas.

Walerita. *f. (min.)* Walerita; variedade de silicato de alumina que se encontra nos Pyrinéos.

Walí. *m. (hist.)* Wali; nome dos governadores arabes de varios territorios da Hespanha, os quaes muitas vezes se fizeram independentes.

Walinia. *f. (bot.)* Walinia; genero de plantas da familia das chenopodeas.

Walkera. *f. (bot.)* Walkera; genero de plantas da familia das ochnaceas.

Walkeria. *f. (bot.)* Walkeria; genero de musgos da familia dos pleurocarpos.

Walmstedita. *f. (min.)* Walmstedita; variedade de carbonato de magnesia.

Wernéria. *f. (bot.)* Werneria; genero de plantas da familia das compostas.

Wernerita. *f. (min.)* Wernerita; nome dado em honra de Werner a varios silicatos de alumina e cal.

Westfaliano. *adj.* V. *Westfálico:* — *s.* Westphaliano; natural da Westphalia.

Westfálico. *adj.* Westphalico; que pertence á Westphalia e a seus habitantes.

Westonia. *f. (bot.)* Westonia; genero de plantas da familia das leguminosas.

Wettinia. *f. (bot.)* Wettinia; genero de plantas da familia das pandaneas.

Wety-ver. *m.* Wety-ver; substancia vegetal que vem da India e se põe entre a roupa para a preservar da traça.

Whist. *m.* Whist ou isque; jogo de cartas de origem ingleza.

Wichstroemia. *f. (bot.)* Wichstroemia; genero de plantas da familia das daphnoideas.

Wichtina. *f. (min.)* Wichtina; silicato de alumina, ferro, cal e magnesia, que se encontra na Finlandia.

Widdringtonia. *f. (bot.)* Widdringtonia; genero de plantas da familia das coniferas.

Widzipudzilí. *m. (myth. Amer.)* Widzipudzili; nome que os hurones dão ao Ser Supremo.

Wiedemannia. *f. (bot.)* Wiedemannia; genero de plantas da familia das labiadas.

Wigandia. *f. (bot.)* Wigandia; genero de plantas da familia das hydroleaceas.

Wightia. *f. (bot.)* Wightia; genero de plantas da familia das scrophularineas.

Wilbrandia. *f. (bot.)* Wilbrandia; genero de plantas da familia das cucurbitaceas.

Wilemita. *f. (min.)* Wilemita; silicato de zinco.

Wilsonia. *f. (bot.)* Wilsonia; genero de plantas da familia das convolvulaceas.

Wiluita. *f. (min.)* Wiluita; silicato de alumina e cal, de côr verde, que se encontra nas margens de um rio na Siberia.

Willdenowia. *f. (bot.)* Willdenowia; genero de plantas da familia das restiaceas.

Willemetia. *f. (bot.)* Willemetia; genero de plantas herbaceas, cujas especies são todas europeas.

Winthemia. *m. (zool.)* Winthemia; genero de insectos dipteros da familia dos athericeros.

Wissadula. *f. (bot.)* Wissadula; genero de plantas da familia das malvaceas.

Wisteria. *f. (bot.)* Wisteria; genero de plantas da familia das leguminosas.

Witamita. *f. (min.)* Witamita; variedade de epidoto.

Witamia. *f. (bot.)* Witamia; genero de plantas da familia das solanaceas.

Witsenia. *f. (bot.)* Witsenia; genero de plantas da familia das irideas.

Wœrtita. *f. (min.)* Wœrtita; silicato de alumina que se encontra na Finlandia e Suecia.

Wolfran. *m. (min.)* Wolfran; nome antigo do tungstene.

Wolkonskita. *f.* Wolkonskita; variedade de oxydo de chromo.

Wooba. *f. (med.)* Wooba; enfermidade inflammatoria e epidemica que faz muitos estragos nos paizes orientaes, é uma especie de diarrhéa.

Wormia. *f. (bot.)* Wormia; genero de plantas da familia das dilleniaceas.

Wormiano. *adj. (anat.)* Wormiano; diz-se dos ossinhos engranzados nas suturas do craneo.

Wrigthia. *f. (bot.)* Wrigthia; genero de plantas da familia das apocyneas.

Wurbea. *f. (bot.)* Wurmbea; genero de plantas da familia das melanthaceas.

Wydleria. *f. (bot.)* Wydleria; genero de plantas da familia das umbelliferas.

Wyetia. *f. (bot.)* Wiethia; genero de plantas da familia das compostas.

X

X. *f.* X; vigesima quinta letra do alphabeto hespanhol, e vigesima das consoantes. É uma das semi-vogaes e das paladiaes ou gutturaes. Pronuncia-se como em portuguez, excepto quando se acha no principio ou no fim das palavras, tomando então o som de *j* hespanhol; *v. g.: Xerez, Ximenes, Xavier*, que se pronunciam *Jerez, Jimenes, Javier* (com o som hespanhol do *j*): — tambem tem o som de *ks* similhante ao *ch* francez:—X; letra numeral que tem o valor de dez: — *(math.)* X; letra algebrica com que se designa a incognita: — *(num.)* X; signal monetario que se encontra em muitas medalhas de familias romanas, e tambem no campo das medalhas imperiaes: — X; cortada pelo meio com a letra grega P forma um monogramma que se acha em algumas moedas antigas, especialmente nas de Ptolomeu. Constantino tambem o adoptou nas suas, e então tomou a significação de *Christo*. Os primeiros christãos adoptaram o monogramma nos seus monumentos.

Xá. *adv. (ant.)* V. *Ya*. É usado na provincia de Galliza.

Xafarron. *m. (ant.)* Especie de miço ou mona.

Xambuji. *m.* Xambugi; religioso japonez sectario de Xaca, que serve de guia aos viajantes que vão visitar os templos.

Xano, na. *adj. (ant.)* V. *Llano*. Usa-se hoje na Galliza.

Xapelete. *m. (ant.)* V. *Chapelete*.

Xapoipa. *f.* Coscorão; bolo frito em azeite. *Collyra*.

Xapurçar. *a. (p. Ar.)* Chafurdar; revolver ou remecher a agua suja. *Turbidam, spurcam aquam movere*.

Xarro. *m. (fam. p. Ar.)* Garrulo, linguaraz, fallador. *Garrulus*.

Xato. *m.* V. *Becerro*. Usa-se na Galliza.

Xau. *interj.* Voz que se usa, a modo de interjeição, para animar ou incitar alguns animaes, especialmente os touros. *Interjectio feras incitantis*: — *xau;* tambem se usa repetida para significar o applauso ruidoso que se dá a alguem, porém inconsiderada e tumultuariamente. *Acclamatio seu plausus tumultuarius*.

Xaurado, da. *adj. (ant.)* Mesquinho, desconsolado, choroso, afflicto.

Xerquercia. *f. (ant.)* V. *Xerqueria*.

Xerqueria. *f. (ant.)* V. *Rastro*, onde se matam os carneiros.

Xervilla. *f. (ant.)* V. *Servilla*.

Xi. *m. (phil.)* Xi; nome da decima quarta letra do alphabeto grego.

Xia. *f. (ant.)* V. *Chia*. Em Aragão dá-se este nome á insignia dos magistrados.

Xifias. *f. (astr.)* Xiphias; constellação austral: — *(zool.)* xiphias; especie de peixe.

Xifion. *m. (bot.)* Xiphion; planta emolliente.

Xifoide. *m. (anat.)* Xiphoïde; cartilagem abaixo do sternum.

Xilocarpo. *m. (bot.)* Xylocarpo; arvore de fructo duro e de caroço.

Xilocopo. *m. (zool.)* Xylocopo; especie de abelha.

Xilocordeon. *m.* V. *Jilocordeon*.

Xilófago. *adj. (zool.)* V. *Jilófago*.

Xiloglifo. *m.* Xyloglypho; esculptor em madeira.

Xilolatria. *f.* Xylolatria; culto dos idolos de madeira.

Xilologia. *f.* Xylologia; tratado das madeiras, dos bosques, etc.

Xilon. *m.* Xylon; planta que dá o algodão.

Ximio. *m.* V. *Jimio*.

Xinglar. *n. (p. Ar.)* Vociferar, bradar, gritar em demonstração de regosijo. *Clamare, vociferare*.

Xion. *m. (germ.)* Sim.

Xiridáceas. *f. pl. (bot.)* V. *Xirideas*.

Xirídeas. *f. pl. (bot.)* V. *Jirídeas*.

Xisto. *m. (ant.)* Xysto; logar de exercicio.

Xo. *interj.* V. *Jo* ou *Cho*. Alguns escrevem d'este modo, pronunciando o *x* suavemente.

Xuaresia. *f. (bot.)* Xuaresia; genero de plantas da familia das escrofulariaceas.

Xubete. *m.* Gibanete; especie de armadura que se usava antigamente.

Y. *m.* Y; vigesima sexta letra do alphabeto hespanhol, e vigesima primeira das consoantes. Usava-se como vogal nas palavras que tem aquelle caracter em sua origem grega, porém este uso não tem prevalecido; e assim é que já ninguem escreve *synonymo, pyra, lyra* com este *y*, que por aquella rasão chamavam grego:—e; conjuncção copulativa que une o sentido das orações. *Et, ac, atque*: — e; usa-se no principio da oração para redarguir ou replicar; *v. g. y tu no haces lo mismo?;* e tu não fazes o mesmo? *Quid?*: — e; usa-se para perguntar; *v. g.; y vos otros*

qué decís de esto? e vós outros o que dizeis á isto? Frequentemente junta-se n'este sentido com a particula *si; v. gr.; y si fuera otra la causa?* e se outra fosse a causa? *Quid si?:* — e; usa-se para significar enfado ou desprezo do que se ouve; *v. g.; y qué tenémos con eso?* e que temos nós com isso? *Quid ergo?:* — usa-se para ponderar; e assim se diz, respondendo áquelle que pergunta: *¿he cometido algun defecto? y muy grande;* acaso fiz algum mal? e mui grande. *Et quidem:* — *adv. l. (ant.)* V. *Alli:* —*(math.) Y;* serve a miudo em algebra para designar uma incognita: — como signal de ordem indica o 24.º objecto de uma serie e ás vezes o 22.º, e por isso no alphabeto antigo o *i* e o *j* não eram mais que uma letra do mesmo modo que o *u* e o *v*: —*Y;* nas letras numeraes que se usavam na idade media, valia 150, e com uma linha horisontal por cima, 150:000: — *(numism.) Y;* nas antigas moedas da França indica que foram cunhadas em Bourges.

YA. *adv.* Já; voz com que regularmente se denota o tempo passado. *Jam:* — já; no tempo presente fazendo relação ao futuro. *Jam, nunc:* — já; em outra occasião, outra vez, depois, em outro tempo distincto d'aquelle em que se falla, *v. gr.; ya nos veremos;* outro dia nos veremos. *Aliàs, post:* — já, finalmente, ultimamente. *Jam, tandem:* — já, logo, immediatamente, n'este tempo, sem detença. *Jam, jam illico:* — usa-se como conjuncção, repetida em duas ou mais acções, ou em dois ou mais membros ou partes da oração. *Seu:* — *interj.* já; denota que nos recordâmos do que nos havia esquecido, *v. g.: ya me acuerdo;* já me recordo. *Jam quidem memini:* — usa-se como interjeição de desprezo, com que damos a entender, ou que não fazemos caso do que nos dizem, ou que não o queremos fazer, *v. gr.: ya ya, ya se ve, ya te veo;* sim, sim, bem se vê, bem te vejo. *Vah!:* — já; serve para admittir ou apoiar o que nos dizem; *v. g.; ya entiendo, ya se ve;* já entendo, claro está. *Et quidem, certò quidem:* — já; serve de particula condicional, juntando-se umas vezes com a particula *que,* que; e outras com a particula *si,* se. *Quando, si tamen:* — *interj. (ant.)* V. *Ea:* — *que (conj. comp.);* já que, visto que, posto que: — *(ant.)* V. *Cuando:* — *(gram.)* já; nome de uma das letras do alphabeto sanscrito; é a primeira da ordem das semivogaes: — já; nome da vigesima oitava letra do alphabeto arabe, e da trigesima terceira do turco. Corresponde ao nosso *y.*

YAC. *m.* Jack; bandeira ingleza de prôa, com uma cruz vermelha, e os angulos listados diagonalmente de branco e azul.

YACARÉ. *m. (zool. p. Amer.)* Jacaréo. V. *Cocodrilo.*

YACEA. *f. (bot.)* V. *Centaurea.*

YACENTE. *adj.* Jacente; que jaz. *Jacens.*

YACER. *n.* Jazer; estar deitado ou estirado. Usa-se com propriedade fallando do que está no sepulchro. *Jacere:* — jazer; existir de algum modo, ou estar alguma pessoa ou cousa em algum logar. *Existere, esse:* — jazer; estar situado. *Jacere:* — cohabitar; ter acto carnal ou dormir com alguma mulher: — *(ant.)* estar sujeito a alguma pena ou castigo, estar incurso: — estar imposta ou infligida alguma pena ou castigo: — *m. (ant.)* jazida, leito, cama, ou antes o modo por que se está deitado. *Colmena yaciente (agr.);* colmeia jacente; diz-se das que estão deitadas.

YACIJA. *f.* Jazeda ou jazida; sitio em que alguem jaz deitado. Toma-se tambem por jazigo ou sepultura. *Lectus. Ser de mala yacija (fr.);* ser de mau dormir, ter o somno desinquieto. *Inquietè dormire; turbidis somniis agitari: (fr. fig.);* estar desassocegado, agitado ou ancioso. *Anxium, inquietum esse: (fr.)* ser da vida airada, ser homem vagabundo e de maus costumes. *Turbidum, vagum, inquietum esse.*

YACTE. *m.* Hiate, ou antes, yacht; pequena embarcação ingleza.

YACTURA. *f. (ant.)* Jactura, damno, perda. *Jactura, damnum.*

YÁCULO. *m. (zool.)* Jaculo; serpente que acommette arremessando-se das arvores: — V. *Albur,* peixe do rio.

YACUMAMÁ. *f. (zool.) (p. das Amazonas)* V. *Boa.*

YADJUR-VEDÁ. *m. (phil.)* Yadjur-veda; nome do segundo dos Vedas: contém orações em prosa.

YAGAMONES. *m. pl. (phil.)* Yagamones; livros sagrados dos indios, compostos segundo o modelo dos Vedas.

YAGUANE. *adj.* Diz-se do animal malhado, de ventre branco e dorso escuro.

YAGUAR. *m. (zool.)* V. *Jaguar.*

YAMAR. *a. (ant.)* V. *Llamar.*

YÁMBICO, CA. *adj.* Jambico; pertencente ao pé jambo. *Jambicus, a, um.*

YAMBO. *m. (poet.)* Jambo; pé de verso grego e latino que tem uma syllaba breve e outra longa. *Jambus.*

YANACONA. *m.* V. *Yanacuna.*

YANACUNA. *m. (p. Per.)* Janacuna; indio destinado ao serviço pessoal.

YANTA. *f. (ant.)* Jantar; segunda comida diaria. Este vocabulo ainda tem uso em algumas partes.

YANTAR. *a. (ant.)* V. *Comer: (ant.)* jantar; comer ao meio dia ou a principal comida do dia: — *m.* jantar, vianda, comida. É voz que se conserva em algumas partes: — jantar; foragem que se cobrava dos povos, quando o rei os visitava, para a comida que se lhe dispunha. *Vectigal pro cibo regio:* — *(ant.)* jantar; segunda comida do dia: —V. *Rédito:* — *a chirla (fr. ant. p.)*; comer livre e desafogadamente. *Á chirla come (fr.)* V. *Yantar a chirla. Con la mala yanta y con la buena ten baraja;* lida com os bons e serás um d'elles; rifão com que se aconselha o pouco trato e communicação que se deve ter com os maus, porque não são faceis de compor em suas desavenças e disputas, o que não acontece com os bons. *Ne unquam te pravorum altercationibus intermisceas.*

YARDA. *f.* Jarda; medida ingleza pouco maior que a vara.

YARETA. *f. (p. Per.)* Jareta; nome de um combustivel que, á falta de lenha, se gasta nos fornos de fundição.

YARO. *m. (bot.)* Járo ou pé de bezerro; genero de plantas da familia das aroideas.

YATAGAN. *m.* Yatagan; punhal turco ponteagudo com dois gumes.

YATE. *m.* V. *Yacte.*

YAYERO. *adj. (fig. p. Cub.)* Entremettido, mettediço; que se ingere aonde não o chamam.

YAZNA. *f. (phil.)* Yazna; nome de um dos livros sagrados dos parses. Significa sacrificio.

YE. *m. (philol.)* Ye; vigesima oitava letra do alphabeto neski. Como signal numerico vale dez.

YEBRA. *f. (ant.)* V. *Obra.*

YECO, CA. *adj.* V. *Lleco.*

YED. *m. (astron.)* Yed; nome de uma estrella de mediana grandeza, na constellação de Pegaso.

YEDGO. *m. (ant.)* V. *Yezgo.*

YEDRA. *f.* V. *Hiedra.*

YEGUA. *f.* Egua; a femea do cavallo. *Equa, æ:* — *de vientre;* egua de cavallagem ou fantil; a que está em disposição, idade e raça para tirar creação. *Equa fœtui matura, fœturæ capax. Yegua parada prado halla (rif.);* egua cansada, prado acha; nos grandes apertos, a necessidade suggere sempre conselho. *Sæpius necessitas ipsa succurrit. Andar con alguno á mátame la yegua, matarte he el potro (fr. fig. prov.);* andar com sete pedras na mão; altercar com porfia e sem motivo. *Mordicus altercari, pertinaciter contendere. Donde hay yeguas potros nacen (rif.);* onde ha eguas potros nascem; onde ha fogo logo fumega. *Dum causa existit, effectus natura consequitur. El que desecha la yegua, ese la lleva;* quem diz mal da egua, esse a compra; quem desdenha quer comprar. *Quod quisque spernere simulat, ipse amat.*

YEGUACERÍA. *f.* Caudelaria; estrebaria de garanhões e cavallos para padreação.

YEGUADA. *f.* Manada de eguas, que andam pastando. *Equarum armentum.*

YEGUAR. *adj.* Equino, que pertence ou diz respeito ás eguas. *Equarius, a, um.*

YEGUARIZO. *m. (ant.)* V. *Yegüero.*

YEGÜEDAT. *f. (ant.)* Liberdade, livramento, soltura.

YEGÜERÍA. *f.* V. *Yeguada.*

YEGÜERIZO. *m.* V. *Yegüero.*

YEGÜERO. *m.* Eguariço; o que trata das eguas. *Equarius.*

YEGÜERUELA. *f. dim.* de *Yegua.* Eguasinha, garrana.

YELMERÍA. *f. (ant.)* Elmaria; officina onde se faziam e vendiam os elmos.

YELMO. *m.* Elmo; parte da armadura antiga, que os cavalleiros usavam nas batalhas, justas e torneios. *Cassis:* — *de torneo;* elmo de torneio; o elmo e viseira usado nos torneios.

YEMA. *f.* Gema; porção globosa que está no meio do ovo, de consistencia branda e côr amarella. Diz-se por antonomazia do ovo de gallinha. *Vitellum, i:* — *(fig.)* gema; o meio ou centro de alguma cousa. Tambem significa, por extensão, o melhor ou o mais perfeito em qualquer genero, ou o mais forte e vigoroso de alguma estação; *v. g.: en la yema del invierno;* na gema do inverno, na maior força d'elle. *Meditulium; medium:* — *del dedo;* ponta do dedo, no lado opposto á unha. *Digiti extremitas interior ungui adversa. Dar en la yema (fr.);* dar no vinte, dar na difficuldade. *Punctum attingere. Estar en la yema del baile (fr. fig.);* estar no melhor logar da festa. *In choreæ meditullio esse:* — *(bot.)* gemma, gomo; olho que as arvores brotam na primavera.

YENDE. *conj. (ant.)* D'onde.

YENTE. *f. (ant.)* V. *Gente:* — V. *Nacion. Yentes y vinientes;* idos e vindos; locução com que se designa os que entram e sáem de alguma parte com frequencia; e especialmente os que concorrem a uma casa onde muitos têem entrada.

YERBA. *f.* Herva; nome generico das plantas não lenhosas, cujo talo perece cada anno depois de ter dado a sua semente. *Herba, æ:* — herva, hervagem dos prados: — *pl.* hervas; veneno ou outra cousa que se dá para que alguem morra, comendo-a, por haver entre as hervas muitas venenosas; *v. g.: dieron yerbas a alguno;* deram hervas a alguem, isto é, veneno. *Herbæ veneniferæ:* — hervas, legumes; collação de religiosos. *Legumina:* — hervas; pastos para gado. *Pascua, pabulum:* — hervas; o tempo em que nascem os pôtros, por ser no inverno, quando começa a brotar a herva. *Ver; tempus vernum:* — *de cuajo;* herva de coalho; diz-se da flor da cinara, com que se coalha o leite. *Flos et pappus cynaræ carduscüli:* — *del Paraguay;* herva do Paraguay; folha de um arbusto grande e mui oleoso, que se cria no Paraguay. É com ella que fazem o mate no Perú e Chili: — *de mate.* V. *Yerba del Paraguay:* — *de palos;* mate de segunda sorte. *Yerbas del señor San Juan;* hervas do S. João; todas as que se vendem no dia d'este santo, que são mui cheirosas e medicinaes; como o mastruço, o trevo, etc.: — *urbana;* relva, herva que cresce nos jardins: — *(art.)* herva; entre os lapidarios, a falha nas esmeraldas: — *buena (bot.);* hortelã: — *cabruna.* V. *Albáciga betuminosa:* — *cana.* V. *Senecio:* — *de almizcle.* V. *Adoxa:* — *de ballesteros,* helleboro branco: — *de canónigos.* V. *Valerianela:* — *del ala.* V. *Énula campana:* — *del capitan.* V. *Acarizoba:* — *de los lazarosos.* V. *Angélica:* — *de los niños.* V. *Abecedaria:* — *de San Juan.* V. *Corazoncillo:* — *de Santa María;* costifragio ou costo: — *de Túnez.* V. *Servato:* — *doncella.* V. *Veisca pervinca:* — *estrella.* V. *Estrellamar:* — *gatera;* herva gataria: — *gigante.* V. *Acanto:* — *lombriguera.* V. *Tanaceto:* — *(prov.)* V. *Abrótano:* — *mora;* solano ou herva moura: — *pajarera.* V. *Alsina:* — *pastel.* V. *Glasto:* — *piojera ó piojenta.* V. *Albarraz:* — *puntera.* V. *Siempre-viva mayor:* — *sagrada.* V. *Verbena:* — *tora.* V. *Orobanquia:* — *tosera.* V. *Gordolobo.* *Crecer como la mala yerba (fr. fig.);* crescer como a má herva; phrase que se applica aos mancebos que crescem, mas sem aproveitamento. *Ætate ac soccordia puer adolescens.* *En yerba (m. adv.);* em herva, ainda verde; fallando da seara que ainda não está madura. *Tener, immaturus.* *La mala yerba crece mucho (fr. fam.);* a herva má cresce de sobra; phrase com que se denota que algum mancebo tem já muito corpo, que está taludo. *Et mala radices altiùs arbor agit.* *Otras yerbas (fr. joc.);* e mais, e outras muitas cousas; expressão que se accrescenta depois de ter dado a alguem epithetos que lhe não convinham; *v. g.: usted es un hombre galan, discreto, guapo y otras yerbas;* o senhor é um mancebo gentil, ajuizado, guapo e muitas outras cousas. *Et cetera.* *Pisar buena ó mala yerba (fr. fig. fam.);* estar de bom ou mau humor, estar contente ou agastado. *Hilarem vel mæstum esse.* *Sentir nacer la yerba (fr.);* ser fino como um alambre, ser muito esperto, de engenho muito agudo. *Acris ingenii esse.*

Yerbajo. *m.* Monda; a herva má que se arranca.

Yerbatear. *n. (p. Amer.)* Tomar o chá mate.

Yerbatero. *m.* Hervateiro; o que usa de armas hervadas, assim chamado pelos indios da America meridional.

Yerbazal. *m.* V. *Herbazal.*

Yerbecica, lla, ta. *f. dim.* de *Yerba.* Hervinha; herva pequena e tenra.

Yerbo. *m. (bot.)* V. *Yero.*

Yermar. *a.* Ermar, despovoar; reduzir a ermo. *Desolare, depopulari.*

Yermo, ma. Ermo, deserto, despovoado, solitario e sem cultivo; *v. g.: tierra yerma;* terra inculta ou baldia. *Incultus, a, um:* — *m.* ermo, desvio, retiro, solidão, descampado, deserto; logar solitario e apartado dos homens. *Eremus.* *Padre del yermo;* eremita; o antigo anachoreta que habitava os desertos.

Yernecico, llo, to. *m. dim.* de *Yerno.* Genrosinho.

Yerno. *m.* Genro; o marido da filha de alguem, que correlativamente se chama sogro. *Gener.* *Ciega yernos;* falsa grandeza, tudo o que é de boa apparencia mas sem valor effectivo. *Inanis pompa.* *Nuestro yerno si es bueno, harto es luengo (rif.);* ensina que as qualidades que se devem buscar e apreciar no genro são, sobretudo, a bondade e a virtude. *Virtute polleat gener, etiam cæteris carens.*

Yero, Yeros. *m.* Chicharo; planta leguminosa.

Yerro. *m.* Erro; falta ou defeito commettido, por ignorancia ou malicia, contra os preceitos e regras de alguma arte, e absolutamente contra as leis divinas e humanas. *Error, oris:* — erro, equivocação, engano, inadvertencia; n'este sentido significa a falta que se commette tomando um sujeito por outro, ou uma cousa por outra; *v. g.: lo hizo por yerro;* fi-lo por inadvertencia. *Error:* — *pl.* erros, desvios, desmandamentos; culpas mui censuraveis nas pessoas de qualidade, e que o não seriam tanto em individuos inferiores. *Dedecus, oris:* — *de menos valer.* V. *Caso de menos valer.* *Deshacer un yerro.* V. *Enmendar un yerro.* *El yerro del entendido;* o erro do entendido, o que é commettido por aquelle de quem menos se esperava, e que costuma ser de maior monta. *Sapientis error.* *Perdonar los yerros (fr.);* relevar os defeitos. *Erroribus parcere.* *Al que hace un yerro, y pudiendo no hace mas, por bueno le tendrás, (rif.);* aquelle que fez um erro, mas que, podendo, outro não faz, por bom o reputarás. *Semel peccanti indulgendum.*

Yerto, ta. *adj.* Hirto, teso, aspero, não flexivel. *Rigidus, rigens:* — hirto; entanguido, enteiriçado de frio. *Rigidus, a, um.* *Quedarse yerto (fr.);* ficar immovel, assustar-se muito. *Rigescere, obtupescere.*

Yervo. *m. (bot.)* V. *Yero.*

Yesal. *m.* V. *Yesar.*

Yesar. *m.* Gessal; logar d'onde se tira gesso, terreno que é composto d'elle. *Gypsi fodina.*

Yesca. *f.* Isca; materia mui secca e preparada, que se inflamma á mais leve faísca. *Fomes, itis:* — *(fig.)* isca; o incentivo de qualquer paixão ou affecto: — isca, petisco; em estylo familiar e jovial, diz-se, privativamente, de qualquer cousa que excita o appetite de beber e com especialidade de beber vinho. *Fomes:* — *pl.* iscas; o que está mui secco, e por consequencia em estado de se accender ou abrasar com facilidade. *Quod aridissimum est:* — petisco; a isca, fuzil e pederneira, todo o apparelho de ferir lume. *Chalybs cum silice et fomite igni accendendo:* — *Echar yescas (fr.)* V. *Echar lumbres.*

Yesera. *f.* V. *Yesar.*

Yesería. *f.* Fabrica onde ha fornos de gesso. *Officina gypso elaborando:* — obra feita de gesso. *Gypseum opus.*

Yesero, ra. *adj.* Gypseo; que pertence ou diz respeito ao gesso. *Gypseus, a, um:* — *m.* o que fabrica, vende ou trabalha em gesso. *Gypsi fabricator, venditor.*

Yesífero, ra. *adj. (min.)* Gessifero; diz-se de todo o mineral que contém algum gesso.

Yesizo, za. *adj.* Gypseo; que é da natureza do gesso.

Yeso. *m.* Gesso; o mineral do mesmo nome, depois de queimado e disposto como a cal. Ha-o de duas qualidades, branco e negro. *Gypsum, i.* V. *Espejuelo:* — *mate;* gesso mate; o que é preparado para se dar por baixo da doiradura, mui fino e branco. *Gypsum candidissimum. Lavar de yeso (fr. p. Ar.);* engessar; branquear, cobrir de gesso. *Gypsare, dealbare:* — *cuneiforme.* V. *Selenita:* — *de vulpino.* V. *Vulpinita.*

Yeson. *m.* Caliça, ruina de paredes velhas ou enchume que se emprega em novas. *Gypsatæ fabricæ fragmentum.*

Yesoso, sa. *adj.* Gypseo; que é da natureza do gesso ou que se lhe assimilha. *Gypseus, a, um.*

Yesquero. *m.* Isqueiro; caixa ou canudo onde os fumantes guardam a isca: — isqueiro; o que fabrica a isca.

Yeyuno. *m. (med.)* Jejuno; nome do intestino delgado que está pegado ao duodeno.

Yezgo. *m. (bot.)* Ebulo ou engo; especie de planta do genero sabugueiro.

Y-king. *m. (phil.)* Y-king; especie de encyclopedia chineza que trata da physica, da moral e da metaphysica, sendo um dos monumentos litterarios mais antigos d'aquelle paiz.

Yo. *pron.* Eu; pronome com que se designa a primeira pessoa nas orações, e corresponde ao *ego* latino. Usa-se com varios tons e emphases para demonstrar differentes affectos; mas estes diversos modos só o uso ensina e explica: — eu; na assignatura real é signal de magestade e dominio privativo do rei; *v. g.: yo El-rey;* eu El-rei. *Ego rex. Yo como tú, y tú como yo, el diablo nos juntó,* ou, *el diablo te me dió (rif.);* eu como tu, e tu como eu, o diabo te me deu. *Diabolus moribus pares nos conjunxit.*

Yod. *f. (gram.)* Yod; nome da decima letra do alphabeto hebraico.

Yodado, da. *adj. (chim.)* Iodado; que contém iodo.

Yodato. *m. (chim.)* Iodato; combinação do acido iódico com as bases salificaveis.

Yodhidrato. *m. (chim.)* Iodhydrato; sal formado pela combinação do acido iodhydrico com uma base.

Yodhídrico. *adj. (chim.)* Iodhydrico; que se compõe de iodo e de hydrogenio.

Yodico, ca. *adj. (chim.)* Iodico; que pertence ou tem relação com o iodo.

Yodina. *f. (chim.)* V. *Yodo.*

Yodo. *m. (bot.)* Iodo; genero de plantas, da familia das menispermaceas, cujas especies são arbustos originarios de Java: — *(chim.)* iodo; corpo solido á temperatura ordinaria, de cheiro similhante ao do bromo e chloro, de côr pardo-azulada, e com brilho metallico similhante ao da plombagina.

Yodosel. *m. (chim.)* Iodosel; combinação dos ioduretos mais electro-negativos com outros electro-positivos, que se considera como um genero especial de saes.

Yodoso, sa. *adj. (chim.)* Iodeo; classificação dada aos corpos em cuja composição entra o iodo.

Yoduro. *m. (chim.)* Ioduręto; nome dado a um genero de saes aloideos, analogos aos chloruretos e bromuretos.

Yoga. *m. (philos.)* Yoga; doutrina indiana que ensina a eternidade da materia e do espirito, identificados com a divindade de que apenas são modificações; esta doutrina dá tambem os meios de obter a emancipação final.

Yogar. *n. (ant.)* Folgar, ter gosto, particularmente ter acto carnal: — *(ant.)* deter-se, demorar-se em algum sitio.

Yoglar. *m.* V. *Juglar:* — *(ant.)* V. *Cantor, Musico:* — V. *Poeta.*

Yogo. *m. (ant.)* V. *Juego.*

Yoguer. *n. (ant.)* V. *Yogar.*

Yoguir. *n. (ant.)* V. *Yogar.*

Yolita. *f. (min.)* Yolitha; especie de mineral, tambem chamado *dicroita,* de côr similhante á da violeta.

Yubea. *f. (bot.)* Yubea; genero de plantas da familia das palmeiras.

Yuca. *f. (bot.)* Yucca; genero de plantas da familia das liliaceas.

Yudgo. *m. (ant.)* Julgado, juizo, decisão, sentença.

Yugada. *f.* Geira; o espaço de terra que um arado de uma junta de bois póde lavrar por dia. *Jugerum, i.*

Yuge. *m. (ant.)* V. *Juez.*

Yugero. *m. (ant.)* V. *Yuguero.*

Yuglándeas. *f. pl. (bot.)* Juglandeas; familia de plantas dicotyledoneas apetalas.

Yugo. *m.* Jugo, canga; instrumento de madeira a que se jungem os bois. *Jugum, i:* — *(fig.)* jugo; banda ou fita com que unem os desposados no santo matrimonio. Toma-se muitas vezes pelo mesmo matrimonio. *Nuptiale jugum:* — *(fig.)* jugo, lei; dominio superior que sujeita e obriga a obedecer. *Imperium:* — jugo, onus, peso, encargo. *Onus, vinculum:* — jugo; entre os antigos romanos era uma especie de forca, por baixo da qual passavam desarmados os vencidos. *Jugum, i. Sacudir el yugo (fr.);* sacudir o jugo; libertar-se do captiveiro, emancipar-se de algum dominio ou qualquer outra cousa molesta ou onerosa. *Jugum excutere. Sujetarse al yugo (fr. fig.)*; sujeitar-se ao jugo; submetter-se, curvar-se ao mando de alguem, sujeitar-se a algum dominio. *Jugum subire; alieno imperio subjici.*

Yuguería. *f. (ant.)* V. *Labranza.*

Yuguero. *m.* Lavrador ou moço que lavra a terra com um jugo de bois, de mulas ou de outros animaes. *Arator, oris.*

Yugular. *adj. (anat.)* Jugular; que pertence á garganta, como veias jugulares, glandulas jugulares. *Vena per collum transiens*:—*m. (mil. (ant.)* jugular; peça composta de varias laminas, que descia do capacete e atava por debaixo da barba.

Yuicio. *m. (ant.)* V. *Juicio.*

Yungir. *a. (ant.)* V. *Uncir.*

Yunjermanieas. *f. pl. (bot.)* V. *Junjermanieas.*

Yunque. *m.* Sáfra, bigorna, incude; massa de ferro onde se malham metaes. *Incus, udis*:—*(fig.)* bigorna; o que supporta imperturbavel os revezes da fortuna. *Vir fortis et constans. Estar al yunque (fr.)*; estar na bigorna, estar tolerando, soffrendo todos os contratempos da sorte. *Patienti et constanti animo esse.*

Yunta. *f.* Junta; um par de bois, mulas ou outros animaes, que servem na lavoura. *Par boum, jugum*: — *(prov.)* V. *Yugada.*

Yuntamiento. *m.* Ajuntamento, casamento, união.

Yuntancia. *f.* Ajuntança, ajuntamento, união, copula carnal. *Copula, æ.*

Yuntar. *a. (ant.)* V. *Juntar.*

Yuntería. *f.* Reunião de juntas ou o logar onde se recolhem. *Bubile.*

Yuntero. *m.* V. *Yuguero.*

Yunto, ta. *p. p. irreg.* de *Yuntar.* Junto: — *adj.* V. *Junto.* É palavra usada pelos lavradores. *Junctus, a, um.*

Yura. *f. (ant.)* Jura. V. *Juramento.*

Yurar. *a., n. (ant.)* V. *Jurar.*

Yuruma. *f.* Farinha que os indios do Orinoco extrahem de uma certa especie de palmeira.

Yusano, na. *adj. (ant.)* Jusano, de juso, debaixo.

Yusente. *f. (ant. naut.)* Jusante, vasante, refluxo, baixamar. *Mare refluum.*

Yusera. *f.* Pouso; mó debaixo do moinho ou lagar. *Mola in molendinis inferior.*

Yusero, ra. *adj. (ant.)* V. *Yusano.*

Yusion. *f.* Mandado, preceito. É pouco usado a não ser no fôro. *Præceptum, i.*

Yuso. *adv. (ant.)* Juso. V. *Debajo, Abajo.*

Yustaposicion *f.* Juxtaposição; situação das cousas proximas, ou proximidade das cousas unidas, e conchegadas umas ás outras. *Juxta positio*: —. *(philos.)* juxtaposição; modo de se augmentarem e crescerem as cousas não viventes, em contraposição ás que o são. *Juxtapositio, oppositio.*

Yuy. *interj. (ant.)* V. *Ay.*

Yuyal. *m. (p. A. mer.)* Logar ou terreno coberto de joio.

Yuyo. *m. (bot.)* Joyo; herva inutil e prejudicial ás sementeiras: — *(p. Perú)* especie de agrião que se cria nos pantanos.

Yuyu. *m. (naut.)* Yuju; nome de um bote chinez, que serve nos rios e ancoradouros abrigados. Diz-se, por desprezo, de toda a embarcação muito pequena.

Yuyuba. *f.* V. *Azufaifa.*

Z

Z. *f.* Z; ultima letra do alphabeto, e uma das consoantes dentaes. Tem o mesmo som que o *c* hespanhol antes de *e* ou *i*. Quem souber pronunciar o *th* inglez fica conhecendo a pronuncia do *z* hespanhol: — C; nas letras numeraes empregadas na idade media, vale 2:000, e com uma linha horisontal por cima 2.000:000.

Za. *interj.* É usada em algumas partes para enxotar ou espantar os cães. *Vox interjectionis loco canibus abigendis*: — *(phil.)* za; nome da decima setima letra do alphabeto neski; corresponde ao nosso *z*, e como letra numeral vale 900.

Zaabape. *m. (p. Mex.)* V. *Sarape.*

Zaba. *f. (ant.)* V. *Loriga.*

Zabarceda. *f. (p. Ast.)* Vendedeira de fructa e de outros comestiveis por miudo. *Mulier propolam agens.*

Zabarzeda. *f.* V. *Zabarceda.*

Zabbataita. *adj. (hist.)* Zabbathaita; dizia-se dos individuos de uma seita judaica que no seculo xvii reconheceu por Messias um judeu chamado Zabathai, o qual annunciou que vinha a libertar os judeus do dominio turco, e a reuni-los em uma só nação; encontrou muitos discipulos, porém tendo sido preso, só pôde evitar o supplicio fazendo-se musulmano.

Zabida. *f. (bot.)* V. *Zabila.*

Zabila. *f. (bot.)* Babosa; planta medicinal do genero aloês.

Zabilar. *m.* Terreno povoado de herva babosa.

Zaborda. *f. (naut.)* Encalhamento; estado de qualquer barco varado ou em secco. *Navis ab scopulis aut arena retentio.*

Zabordamiento. *m. (naut.)* V. *Zaborda.*

Zabordar. *n. (naut.)* Encalhar; varar em terra uma embarcação. *Hærere navem in litore, vades illidi.*

Zabordo. *m. (naut.)* V. *Zaborda.*

Zaboyar. *n. (p. Ar.)* Unir com gesso as juntas dos ladrilhos.

Zabra. *f.* Zabra; especie de pequena fragata que se usava nos mares de Byscaia. *Myoparo, lembus.*

Zabro. *m. (zool.)* Zabro; genero de insectos coleopteros pentameros.

Zabucar. *a.* Mover, agitar; revolver alguma cousa de cima para baixo, misturando-a e confundindo-a. Diz-se frequentemente dos liquidos, e póde ser transposição de letras do verbo *bazucar*, que significa o mesmo. *Turbare, commiscere:* — estremecer; fazer tremer, mover ou impellir alguma cousa repetidas vezes com violencia. *Commovere, concutere.*

Zabullida. *f.* V. *Zabullidura.*

Zabullidor. *adj.* Mergulhador, o que mergulha.

Zabullidura. *f.* Mergulho; acção de metter-se ou metter alguem rapidamente n'agua. *Immersio vel submersio.*

Zabullimiento. *m. (ant.)* V. *Zabullidura.*

Zabullir. *a.* Mergulhar; metter alguma cousa debaixo de agua com impeto, de xofre. *Immergere sive mergere:* — *r.* mergulhar-se, submergir-se. *Submergi, immergi:* — *(fig.)* esconder-se, occultar-se em alguma parte ou cobrir-se com alguma cousa. *Latenter effugere.*

Zacapela. *f.* Desavença, contenda, motim feito por muitos. *Contentio, onis.*

Zacapella. *f.* V. *Zacapela.*

Zacarratin. *adj. (fam.)* V. *Zarracatin.*

Zacate. *m. (p. Mex.)* Grama crescida que se vende para forragens: — relva, herva dos montes e prados.

Zacatéca. *m. (p. Cub.)* V. *Sepulturero.*

Zacatim. *m.* Logar ou rua onde se vendem roupas. *Parva platea.*

Zacaya. *f. (ant.)* V. *Azacaya.*

Zacear. *a.* Enxotar, espancar, fazer fugir os cães gritando-lhes: *za!* fora! *Voce canes abigere.*

Zacinta. *f. (bot.)* Zacintho; genero de plantas da familia das compostas.

Zaohe. *adj. (ant.)* V. *Verdugo.*

Zad. *f. (gram.)* Zad; decima oitava letra do alphabeto turco.

Zadorija. *f.* V. *Hipecóo.*

Zafa. *f.* V. *Aljofaina.*

Zafada. *f.* Escape, fugida, saida. É voz usada na marinha com mais frequencia. *Exitus, us.*

Zafar. *a. (ant.)* Adornar, enfeitar, guarnecer, aformosear. *Ornare:* — safar; desembaraçar, tirar os estorvos de alguma cousa. Tambem se usa como reciproco, e é mui conhecido entre os marinheiros e nas paragens proximas do mar. *Expedire:* — *r.* safar-se, escapar-se, escapulir-se, evadir-se ou esconder-se; evitar algum encontro ou risco. *Aufugere, evadere:* — *(fig.)* esquivar-se, excusar-se a fazer alguma cousa. *Recusare:* — *(fig.)* livrar-se de alguma molestia. *Liberari:* — *zafa (naut.);* safa; especie de interjeição com que se manda desenrascar o cabo que não labora como deve.

Zafareche. *m. (p. Ar.)* V. *Estanque.*

Zafarí. *adj.* Safaria; diz-se da romã que tem os bagos grandes e quadrados.

Zafariche. *m. (p. Ar.)* Cantareira; logar onde se põem os cantaros. *Urnarium.*

Zafarrancho. *m. (naut.)* Desempacho; acção e effeito de desembaraçar a embarcação, deixando livres as baterias. *Preparatio ad pugnam navalem:* — por extensão diz-se da acção de desembaraçar e desoccupar perfeitamente e com violencia qualquer sitio povoado de pessoas ou cousas.

Zafería. *f. (ant.)* Aldeia, logarejo. *Villa, æ.*

Zafia. *f. (ant.)* Zafia, certa pedra preciosa.

Zafiedad. *f.* Rusticidade, barbaridade; rudeza na linguagem, no trato. *Rusticis.*

Zafio, fia. *adj.* Sáfio, tosco, inculto, grosseiro, ignorante. *Rusticus, inurbanus.*

Zafío. *m. (zool.)* V. *Congrio.*

Zafir. *m. (min.)* V. *Zafiro.*

Zafíreo. *adj. (ant.)* Saphireo; que é de saphira.

Zafirina. *f. (min.)* Saphirina; variedade de agatha de côr azul celeste, que se encontra em crystaes cubicos.

Zafirino, na. *adj.* Saphirino; que tem a côr da saphira. *Saphirinus, a, um.*

Zafiro. *m. (min.)* Saphira; pedra preciosa oriental, de côr cerulea, cuja dureza apenas é excedida pela do diamante e do rubim: — *(poet.)* saphira; o céu, assim chamado pela sua côr azul.

Zafo, fa. *adj. (fig.)* Safo, livre, sem damno; *v. g.: salió zafo del juego;* saiu do jogo livre e em paz. *Immunis, liber:* — *(naut.)* safo, livre, desembaraçado. *Expeditus, vacuus.*

Zafon. *m.* V. *Zahon.*

Zafra. *f.* Passador; vaso de metal crivado no fundo, onde os azeiteiros põem a escorrer as medidas: — talha em que se guarda azeite: — *(prov.)* mangote; correia que sujeita os varaes do carro: — *(p. Cub.)* V. *Safra.*

Zafran. *m. (ant.)* V. *Azafran.*

Zafre. *m.* Safra; pó de bismutho muito usado nas fabricas de louça.

Zaga. *f.* Reçaga; a carga que se acommoda na trazeira das carruagens. *Sarcina posteriori essedorum partè aptata:* — zaga, retaguarda; a parte posterior de alguma cousa. *Pars rei posterior:* — *(ant.)* saga, fim, couce, cabo de alguma cousa: — *m.* pé; o ultimo no jogo. *Postremus:* — *adv. (ant.)* V. *Detras. A zaga, a la zaga ó en zaga (loc. adv.);* atrás ou detrás. *Retrò. No ir ó no quedarse en zaga (fr.);* não ficar atrás, não ser inferior a outrem, em alguma cousa. *Haud inferiorem esse:* — *(mil. ant.)* V. *Retaguardia.*

Zagal. *m.* Mancebo, adolescente. *Adolescens, entis:* — moço forte, animoso e galhardo. É vocabulo muito usado nas aldeias. *Juvenis strenuus, venustus:* — zagal; ajuda, creado do maioral. *Pastor adolescens:* — moço de mulas. *Essedarius:* — V. *Zagalejo.*

Zagala. *f.* Menina, rapariga, donzella, moça. *Puella, vir-*

go: — zagala; pegureira, pastorinha.

ZAGALAGARDA. *f. (ant.)* V. *Zalagarda.*

ZAGALEJO. *m. dim.* de *Zagal.* Zagalejo; zagal moço. *Adolescentulus, i:* — saia curta que as mulheres usam. *Muliebris tunica interior.*

ZAGALICO, LLO, TO. *m. dim.* de *Zagal.* Zagaleto.

ZAGU. *m.* Sagur; arvore similhante á palmeira.

ZAGUAN. *m.* Saguão, vestibulo; logar coberto á entrada de alguma casa, immediato ao umbral da porta principal. *Vestibulum, i.*

ZAGUANETE. *m. dim.* de *Zaguan.* Saguãosinho; pequeno vestibulo. *Vestibulum minus:* — escolta de guardas que acompanha a pé as pessoas reaes. *Regiorum stipatorum manipulus.*

ZAGUERA. *f. (ant.)* V. *Retaguardia.*

ZAGUERO, RA. *adj.* Postreiro, ultimo, atrazado. *Extremus, postremus.*

ZAHAREÑO, ÑA. *adj. (cet.)* Safaro, bravio, esquivo; diz-se das aves de rapina que não se amansam ou que com muita difficuldade se domesticam. *Ferus, a, um:* — *(fig.)* safaro, aspero, rude, desconfiado, carrancudo. *Asper, inhumanus, ferinus.*

ZAHARRON. *m. (ant.)* Saltimbanco; que anda pelas ruas cantando e tocando para diversão do publico.

ZAHEN. *adj.* V. *Dobla zahen.*

ZAHENA. *f.* V. *Dobla.*

ZAHERAR. *n. (ant.)* Resfolegar; tomar alento.

ZAHERIDOR, RA. *adj.* Motejador, exprobrador; que censura com dicterios ou remoques. *Exprobrator, oris.*

ZAHERIMIENTO. *m.* Motejo, dicterio, remoque, censura. *Exprobratio, onis.*

ZAHERÍO. *m. (ant.)* V. *Zaherimiento.*

ZAHERIR. *a.* Motejar, exprobrar, censurar alguem maligna e solapadamente. *Exprobrare:* — vexar, mortificar alguem criticando as suas acções com intenção sinistra. *Sinistra aliquem accusatione impetere.*

ZAHINAS. *f. pl. (p. And.)* Papas, polme de farinha. *Fluidum pulmentum.*

ZAHON. *m.* Safões; calções largos, de que usam os homens do campo e os caçadores. *Femurale.*

ZAHONADO, DA. *adj.* Fusco; diz-se da côr proximamente escura. *Fuscus, a, um.*

ZAHONDAR. *a.* Excavar, afundar a terra ou enterrar os pés n'ella. Tambem se usa como neutro. *Altiùs fodere.*

ZAHORA. *f.* Comezana, patuscada; na Mancha e em outras partes, a comida ou merenda de amigos em que ha bulha e ruido. *Comissatio, onis.*

ZAHORAR. *n.* Patuscar, ter brodios e comezanas. *Comensationibus frui; immoderatè epulari.*

ZAHORÍ. *m.* Vidente; a pessoa que, vulgar e falsamente dizem, vê o que está occulto, ainda mesmo que seja debaixo da terra, comtanto que não o cubra panno azul. *Lynceus homo subterranea videns.*

ZAHORRA. *f. (naut.)* V. *Lastre.*

ZAHUMADOR. *m.* Enxugador. V. *Enjugador,* camilha.

ZAHUMAR. *a.* V. *Saumar.*

ZAHUMERIO. *m.* V. *Saumerio.*

ZAHURDA. *f.* Enxurdeiro, chiqueiro, posilga de porcos. *Hara, suile:*—*(fig.)* posilga; casa pequena e mui porca.

ZAIN. *f. (gram.)* Zain; a ultima letra do alphabeto hebraico: — como signal numeral vale sete.

ZÁINA. *f. (germ.)* Bolsa.

ZAINO, NA. *adj.* Zaino; diz-se do cavallo castanho escuro, sem mescla. *Fuscus, subniger:* — zaino; applica-se a qualquer cavallo que tem signaes ou indicios de velhaco. *Insidiosus, a, um:* — *(fig.)* velhaco, fallaz, dissimulado, falso, pouco leal no trato. *Subdolus, falax. Mirar de zaino ó á la zaina (fr.);* olhar de revez, sorrateiramente. *Insidiosè, limis oculis aspicere.*

ZAL. *m. (phil.)* Zal; undecima letra do alphabeto turco, que com pequena differença equivale ao *delta* grego.

ZALÁ. *f.* Salá; oração que os mouros fazem a Deus, com varias cortezias e palavras. *Mahometanorum sacra preces. Hacer la zalá,* fazer zumbaias, grandes rapapés. *Blandiri.*

ZALAGARDA. *f.* Emboscada; insidia para colher ás mãos o inimigo. *Insidiæ, arum:* — escaramuça; acommettimento e retirada da cavallaria, para inquietar o inimigo. *Vilitaris pugna:* — *(fig.)* laço para apanhar os animaes. *Laqueus vel decipula:* — *(fig. fam.)* esparrella, logração, astucia maliciosa com que se tenta illudir a outrem, affectando obsequio ou cortezia. *Astus:*— motim, alvoroto da ralé para espantar os que estão descuidados. *Fictus tumultus vel conclamatio:* — zanguizarra; briga simulada, rixa ou pendencia fingida, algazarra. *Simulata rixa.*

ZALAMA. *f.* V. *Zalamería.*

ZALAMÉ. *m.* Salamale. V. *Zalá.*

ZALAMELÉ. *m.* Salamale. V. *Zalá.*

ZALAMERAMENTE. *adv. m.* Zumbridamente, curvadamente, lisonjeiramente, com requebros.

ZALAMERÍA. *f.* Zumbaia, bajulação; excesso de adulação em palavras ou acções. *Blandiloquentia, æ.*

ZALAMERO, RA. *adj.* Bajulador, adocicado, mavioso no trato, insipidamente terno. *Blandiloquus.*

ZALEA. *f.* Pelle dos carneiros ou ovelhas, ainda com a lã. *Pellis ovina:* — *(fr. p. Mex.) Estacar la zalea;* esticar a canella. V. *Morir.*

ZALEAR. *a.* Arrastar ou sacudir com facilidade alguma cousa, de um para outro lado. *Crebrò hinc inde trudere, concutere:* — V. *Zacear,* enxotar os cães.

ZALEMA. *f.* Salema; reverencia, cortezia humilde em signal de submissão. *Devoti reverentisque animi significatio.*

ZALEO. *m.* V. *Zalea:* — pelle de rez meia comida pelo lobo, que o pastor leva ao amo, para que saiba de sua falta no rebanho. *Pecoris pellis lacerata:* — arrastadura, revolvimento, acção de arrastar. *Crebra concussio.*

Zalmedina. *m.* Zalmedina; magistrado que antigamente havia em Aragão, com jurisdicção civil e criminal. *Judex quidam apud aragonas.*

Zaloma. *f.* V. *Saloma.*

Zalomar. *a.* V. *Salomar.*

Zalona. *f. (p. And.)* Cantaro, quarta ou botija grande. *Urceus.*

Zallar. *a. (ant.)* Salhar; assestar a artilheria. *Catapultam parare:* — *(naut.)* alar, puxar por algum objecto; *v. g., zallar el cable;* alar o cabo.

Zamacuco. *m. (fam.)* Zote, pateta, mentecapto, estupido. *Stupidus, stolidus, mentis inops:* — zangurriana, bebedice, embriaguez. *Ebrietas, atis.*

Zamanco. *f. (fam.)* Salmoura, sova, pisa, carga de paulada. *Verberatio, onis.*

Zamarra. *f.* Samarra; vestidura rustica feita de pelles de carneiro. Tambem assim se chama a propria pelle. *Rheno:* —V. *Sambenito. La zamarra y la vileza al que se la aveza (rif.);* o costume faz habito. *Consuetudo est altera natura.*

Zamarrear. *a.* Sacudir, abanar de um a outro lado o cão, lobo ou outra fera a presa que tem entre os dentes, para acabar de a matar. *Dentibus hinc inde concutere:* — *(fig.)* sacudir ou maltratar a alguem com safanões ou empurrões de um lado para outro. *Hinc inde quatere, concutere:* — *(fig.)* apertar com alguem na disputa ou pendencia, não lhe dar treguas. *Aliquem vexare, exagitare.*

Zamarrico. *m. dim.* de *Zamarro:* — surrão da pelle do carneiro, com lã, usado pelos pastores. *Parvus rheno; pera pastoralis.*

Zamarilla. *f. dim.* de *Zamarra.* Samarrasinha: — poejo; herva medicinal.

Zamarro. *m.* Samarra, pelliça ou vestido de pelles de cordeiro. *Agninus rheno:* — cordeiras de Astracan. Dá-se este nome ás proprias pelles: — *(fig. fam.)* homem grosseiro, porco e zorreiro. *Tardus, rusticus. Malo es el zamarro de espulgar, y el viejo de castigar (rif.);* é preciso malhar no ferro emquanto está quente; difficil é arrancar o vicio d'aquelle que o entranhou em si e que d'elle fez natureza. *Serò medicina paratur,* etc.

Zamarron. *m. augm.* de *Zamarro ó Zamarra.* Samarrão; grande pellico ou samarra. *Rheno, onis.*

Zambaigo, ga. *adj.* Zambro; filho de indio e negra, e vice-versa. *Ex patre indico æthiopicaque matre natus.*

Zambapalo. *m.* Dansa e cantar antigos. *Saltationis et cantationis antiquæ genus.*

Zambarco. *m.* Peitoral; correia que se põe ás mulas do coche para que os tirantes lhes não façam damno ao peito. *Fascia coriacea à jumentis carrucariis gestari solita.*

Zambardo. *m. (p. Amer. mer.)* V. *Chiripa,* no jogo de bilhar: — *(fig. p. Am. mer.)* cousa mal projectada ou de mau exito.

Zámbigo, ga. *adj.* V. *Zambo,* na primeira accepção.

Zambo, ba. *adj.* Zambo ou zambro, cambaio; que ajunta as pernas nos joelhos e se lhe vão alargando para os pés. *Valgus, varus, intortis cruribus:* — *m.* zambro; filho de india e de negro, ou vice-versa. *Ex patre æthiope et indica matre natus:* — *(zool.)* zambro; especie de mammiferos do genero mico. É animal muito feroz.

Zamboa. *f.* Gamboa; marmello molar, mais doce e melhor de comer. *Malum cotoneum dulcius:* — *(p. And.)* zamboa; especie de lima ou cidra. *Malum citreum, pomum Adami.*

Zambomba. *f.* Especie de tambor campestre, usado regularmente entre pastores. *Tympani pastoralis genus.*

Zambombo. *m. (fam.)* Homem achavascado, grosseiro, rudo de engenho. *Rudis, rusticus.*

Zamborondon, na. *adj.* V. *Zamborotudo.*

Zamborotudo, da. *adj. (fam.)* Achavascado, tosco, mal ajorcado. *Obessus, rudis.*

Zamborrotudo, da. *adj.* V. *Zamborotudo.*

Zambra. *f.* Zambra; dansa e musica mourisca conservada em Hespanha. *Mauricum tripudium:* — zambra; especie de barco usado pelos mouros. *Scapha maurica:* — algazarra, bulha, ruido de muitos. *Strepitus, tumultus.*

Zambucar. *a.* Esconder, occultar; metter alguma cousa entre outras para que não seja vista ou conhecida. Tambem se usa como reciproco. *Abdere, obducere.*

Zambuco. *m.* Trapaça no jogo, escondendo alguma carta. *Obductio; abscontio.*

Zambullida. *f.* V. *Zambullidura:* — bote de esgrima. *Ludi gladiatoris sors quædam.*

Zambullidura. *f.* V. *Zabullidura.*

Zambullirse. *r.* V. *Zabullirse.*

Zambullo. *m. (naut.)* Balde de madeira para serventia dos enfermos: — vaso que serve para o mesmo fim nos hospitaes e nos carceres.

Zampabodigos. *m. (fam.)* V. *Zampatortas.*

Zampabollos. *m. (fam.)* V. *Zampatortas.*

Zampacuartillos. *m. (fam.)* V. *Borrachon.*

Zampada. *f. (fam.)* Pançada, repleção de comida.

Zampalimosnas. *m.* Papa-esmolas; mendigo que anda de porta em porta, comendo e pedindo sem vergonha nem recato, e com importunidade. *Mendicus vagus, circumforaneus.*

Zampapalo. *m. (fam.)* V. *Zampatortas.*

Zampar. *a.* Tragar; comer com sofreguidão. *Deglutire:* — esconder apressadamente alguma cousa n'outra para que não seja vista. *Abducere, abdere:* — *r.* enfiar-se, atirar-se, metter-se de repente por algum sitio ou parte. *Intus se conjicere.*

Zampas. *f. pl.* Estacas que se cravam em terreno pouco consistente ou humido para se edificar sobre ellas.

Zampatortas. *m.* Esfomeado,

glotão, comedor com excesso e brutalidade. *Helluo, ganeo:* — samicas; pobre de espirito. *Stolidus, tardus.*

ZAMPEADO. *m. (arch.)* Gradaria; obra que se faz com paus fincados em terrenos falsos ou humidos para se edificar sobre elles. *Hydraulica fundamenta.*

ZAMPEAR. *a.* Cravar estacas em terreno fraco para firmar o solo, formar os cimentos de alguma obra.

ZAMPOÑA. *f.* Sanfonha; instrumento rustico pastoril a modo de flauta ou composto de muitas flautas. *Sambuca, æ:* — *(fam.)* salabordia; pratica tola, banalidade, dito trivial. *Dictum insulsum vel futile:* — V. *Pepitaña.*

ZAMPUÑUELO. *m.* Borbotão; jorro de cousa liquida.

ZAMPUSAR. *a.* Immergir, mergulhar; metter alguma cousa rapidamente n'agua. *Immergere:* — *(fig.)* sonegar, esconder; occultar alguma cousa em parte onde se não veja, ainda mesmo sem ser debaixo de agua. *Obducere, contegere.*

ZAMPUZO. *m.* Immersão, submersão, mergulho. *Immersio, obductio.*

ZAMURO. *m. (p. Mej.)* V. *Gallinaza,* ave.

ZANCA. *f.* Sanco; a canela das aves desde a garra até á juntura do musculo. *Avis crus:* — *(fig.)* canella, perna fina; perna delgada do homem ou de outro animal. *Gracile oblongumque crus:* — *(p. And.)* alfinete grande. *Acicula grandior. Zancas de araña (fr. fig.);* tricas, rodeiòs, tergiversações; *v. g.: andar en zancas de araña;* andar com alicantinas, tergiversar. *Ambages verborum; tricæ. Por zancas ó por barrancas (loc. adv.);* por trancos e barrancos; por meios varios e extraordinarios. *Quomodumque.*

ZANCADA. *f.* Pernada; passo largo e irregular. *Passus longè ductus; grallatorius gradus. En dos zancadas (mod. adv. fam.);* em duas pernadas, n'um instante; pondera a ligeireza com que se vae ou chega a alguma parte. *Celeri gradu.*

ZANCADILLA. *f.* Sancadilha, cambapé, gambito; acção de metter o pé a outrem para o derribar. *Alterius in lucta, transverso pede, in terram eversio:* — *(fig. fam.)* engano, fraude, ardil, subrepção. *Insidiosa versutia. Armar zancadilla (fr.);* armar gamberria. V. *Lazo.*

ZANCADO, DA. *adj.* Desgostoso, insipido, insulso. Diz-se do salmão que por se esfregar pelas penhas, perde o bom sabor. *Salmo saxis attritus, ideoque insulsus.*

ZANCAJADA. *f. (ant.)* V. *Zancadilla. Parar ó poner zancajada (fr.)* V. *Armar zancadilla.*

ZANCAJEAR. *n.* Enlamear-se, palmilhar a lama nas ruas. *Ambulando tempus otiosè terere.*

ZANCAJERA. *f.* Sapatilha; a parte do estribo onde se põe o pé para entrar na carruagem. *Stapes.*

ZANCAJIENTO, TA. *adj.* V. *Zancajoso.*

ZANCAJO. *m.* Calcaneo, calcanhar; osso do extremo do pé que forma o calcanhar, ou o mesmo extremo do pé onde sobresáe este osso. *Calcaneum, calx:* — calcanhar; a parte do sapato ou da meia que cobre o talão do pé. *Calcei vel caligæ pars:* — tacão; pessoa pequena e de má figura. *Homuncio. No llegar al zancajo (fr. fig.);* não chegar aos calcanhares, ser excessivamente inferior uma pessoa a outra. *Alio longè inferiorem esse. Róer los zancajos (fr. fig. fam.);* roer os calcanhares a alguem; fallar mal d'elle por detrás. *Absentem maledictis lacessere.*

ZANCAJOSO, SA. *adj.* Cambaio; que tem os pés torcidos para fóra. *Varicus, loripes:* — diz-se do que tem grandes calcanhares ou que mostra os das meias rotos e sujos. *Calceis laceratis incedens:* — *(fig.)* desestrado, desazado, mal geitoso; que faz alguma cousa mal, com difficuldades e tropeços: — *(art.)* diz-se do cavallo que junta demasiadamente os curvilhões.

ZANCARRON. *m.* Sancarrão; osso do pé nú e descarnado. *Crus carne nudatum:* — *(fig.)* chambão; qualquer osso grande secco ou descarnado. *Os carne nudatum:* — *(fig. fam.)* desajorcado, estrambotico, velho, feio e sujo. *Senex macer vel macie confectus:* — mau pedagogo, imperito, lerdo, ignorante da sciencia ou das artes que professa. *Imperitus, inexpertus:* — *de Mahoma;* sancarrão de Mafoma; diz-se assim, por ironia, dos ossos d'este homem celebre que os mouros vão visitar á mesquita de Mekka. *Mahometi ossa.*

ZANCO. *m.* Andas; pernas de pau com uma travessa ou forquilha onde se firma e ata o pé. *Grallæ, arum:* — dansador de andas. *Grallator, oris:* — *(ant.)* V. *Zanca. Poner a alguno en zancos (fr. fig.);* ajudar, favorecer, proteger alguem, contribuir para a sua prosperidade. *Alicujus fortunam provehere, fovere. Subirse en zancos (fr. fig.);* inchar-se, enfunar-se com a boa fortuna, ensoberbecer-se. Tambem se usa com outros verbos, como: *ponerse, estar y andar,* e significa o mesmo. *Supra se efferri; fortuna superbire.*

ZANCUDO, DA. *adj.* Sancudo, pernalto; que tem as pernas grandes. *Longipes:* — *m.* mosquito que tem as pernas grandes: — *(zool.)* sancudo, pernalto; genero de aves cujos tarsos são tamanhos e tão delgados, que apenas podem sustentar o corpo.

ZANDALIA. *f.* V. *Sandalia.*

ZÁNDALO. *m. (bot.)* V. *Sándalo.*

ZANDÍA. *f. (bot.)* V. *Sandía.*

ZANDUNGA. *f. (fam.)* Garbo; graça, gentileza.

ZANGA. *f.* Zanga; jogo de cartas. *Chartarum pictarum ludus quidam.*

ZANGALA. *f.* Entretéla; téla grossa e gommada. *Linea tela gummi parata.*

ZANGAMANGA. *f.* Ardil; mentira estudada e astuciosa com que se intenta enganar a alguem.

Zanganada. *f. (fam.)* Acção propria do folgasão parasita, do vagabundo, do zangão.

Zangandongo. *m. (fam.)* V. *Zangandungo.*

Zangandullo. *m. (fam.)* V. *Zangandungo.*

Zangandungo. *m. (fam.)* Socarrão, velhaco que se finge simplorio. *Fatuitatis simulator; stupidum agens:* — *(p. And.)* homem inesperto ou de pouca habilidade. *Inhabilis hebes.*

Zanganear. *n.* Saracotear; não parar n'um logar, andar vagando de uma para outra parte. *Vagari, segnitiei indulgere.*

Zángano. *m. (zool.)* Zangão; nome dado ao macho da abelha que apenas cuida em comer e folgar, emquanto as femeas de sua especie lidam no mel: — zangão; folgasão que vive á tripa forra, que se sustenta e utilisa com o suor e trabalho alheio. *Segnis, piger:* — zangão; o que em muitos jogos carteados fica com cartas, quando as dá, em cujo caso recebe e não paga, d'onde lhe provém o nome.

Zangarilla. *f. (p. Extr.)* Azenha que de verão se faz nos rios para moer trigo. *Hydromyla lignea.*

Zangarilleja. *f.* Maltrapilha; rapariga vadia que anda porca e mal vestida. *Puella vaga pannosaque.*

Zangarrear. *n.* Zangarrear; tocar ou pulsar guitarra sem arte. *Inconditè chelym pulsare.*

Zangarriana. *f. (fam.)* Calaçaria, melancolia, tristeza, desplicencia, cansaço febril. *Morbi periodus vel periodica accessio:* — *(vet.)* vertigem; enfermidade que ataca o gado lanigero. *Capitis languor vel stupor in ovibus.*

Zangarullo. *f. (fam.)* V. *Zangarullon.*

Zangarullon. *f. (fam.)* Zangaralhão, tamanhão; mancebo alto, ordinariamente sem officio, tendo já idade de trabalhar. *Puer vel juvenis vagus segnisque.*

Zangolotear. *n.* Abanar, mover continua e violentamente alguma cousa. *Hinc inde motare seu agitare:* — V. *Bazuquear:* — *r.* abanar, abalar, chocalhar; mover-se alguma cousa por estar lassa.

Zangoloteo. *m.* Abalo; movimento continuo e violento e ordinariamente incidente. *Mutatio, agitatio incomposita vel lubrica:* — chocalhada; movimento e ruido de alguma cousa que está lassa ou mal segura: — V. *Bazuqueo.*

Zangotear. *a.* V. *Zangolotear.*

Zangoteo. *m.* V. *Zangoloteo.*

Zanguanga. *f. (fam.)* Doença fingida. *Morbi simulatio. Hacer la zanguanga (fr.);* fingir-se doente.

Zanguango. *m. (fam.)* Sorna, calaceiro, preguiçoso; inimigo de trabalhar. *Homo deses, segnis.*

Zanguayo. *m. (fam.)* Tombalobos; homem alto e delgado, indolente e que se faz parvo. *Longus segnisque homo.*

Zanja. *f.* Sanja; abertura entre vallado e vallado para escorrer a agua. *Fossa, æ:* — *(fig.)* base, alicerce, fundamento; principio firme de alguma cousa. *Fundamentum, i. Abrir las zanjas (fr.);* abrir os caboucos; começar o edificio. *Fundamenta jacere:* — *(fig.)* encetadura; principio de alguma cousa. *Initium facere.*

Zanjar. *a.* Abrir caboucos para fazer o alicerce de algum edificio. *Fundamenta ponere vel jacere; fossas facere:* — *(fig.)* fundar, estabelecer: — *(fig.)* transigir, conciliar, terminar um negocio amigavelmente. *Transigere:* — *m. (ant.)* fosso, valla.

Zanjica. *f.* V. *Zanjita.*

Zanjilla. *f.* V. *Zanjita.*

Zanjita. *f. dim.* de *Zanja.* Fossasinha.

Zanniquelia. *f. (bot.)* Zannichellia; genero de plantas da familia das nayades.

Zanonia. *f. (bot.)* Zanonia; genero de plantas da tribu das nandirhobeas.

Zanqueador, ra. *adj.* Escanchado das pernas. *Varicus, a, um:* — andejo; diz-se do que anda muito. *Perambulans, antis.*

Zanqueamiento. *m.* Escancho; o acto de escanchar: — saracote; acção de saracotear. *Vaga et otiabunda circuitio.*

Zanquear. *n.* Escanchar, torcer as pernas ao andar. *Divaricari:* — saracotear; não parar n'um logar, andar muito a pé e com pressa, de uma para outra parte. *Perambulare.*

Zanquilargo, ga. *adj.* De pernas compridas. *Homo prælongis cruribus.*

Zanquilla. *f. dim.* de *Zanca:* —*pl.* canèllas; applica-se ao homem que tem pernas delgadas e curtas ou que é pequeno para a idade. *Brevium graciliumque crurum homo.*

Zanquita. *f.* V. *Zanquilla.*

Zanquituerto, ta. *adj.* Cambaio, zambro; que tem as pernas tortas. *Varus, valgus, distortis cruribus homo.*

Zanquivano, na. *adj.* Escanifrado, canifraz; que quasi não tem panturrilhas. *Gracilibus seu exilibus cruribus homo.*

Zantoxíleo, lea. *adj. (bot.)* Zanthoxyleo; similhante ao zanthoxylo: — *f. pl.* zanthoxyleas; familia de plantas que têem por typo o genero zanthoxylo.

Zantoxilo. *m. (bot.)* Zanthoxylo; genero de plantas da familia das zanthoxyleas.

Zapa. *f.* V. *Lija,* no sentido de pelle do peixe do mesmo nome: — lixa; qualquer genero de pelle preparado á sua imitação. *Pellis in speciem squatinæ:* — *(art.)* granulação; lavor que alguns artifices fazem em certas obras imitando os granulos de lixa. *Incrustatio in speciem squatinæ:* — *(mil.)* sapa; o trabalho do sapador, a obra que elle faz. *Munitionem circumstans fossa:* — sapa; especie de pá de cavar usada pelos sapadores para levantar a terra. *Pala qua fossores in bello utuntur. Caminar a la zapa (fr.);* ir á solapa; caminharem os sitiadores ao abrigo dos fossos e das trincheiras, até se approximarem das fortificações da praça sitiada. *Suffodere.*

Zapador. *m. (mil.)* Sapador;

soldado destinado a trabalhar na sapa ou em qualquer outro mister de campanha. *Fossor militaris:* — *pl.* sapadores; companhia em cada batalhão de engenheiros, que geralmente tem por objecto os trabalhos de sapa e tudo quanto se refere a esta classe de serviço.

Zapallo. *m.* Nome generico de muitas especies de cabaças da America meridional.

Zapapico. *m.* Especie de alvião.

Zapar. *a.* Solapar, minar: — *n.* sapar; trabalhar com a sapa. *Fodere.*

Zaparrada. *f.* V. *Zaparrazo.*

Zaparrastrar. *n.* Rojar, arrastar; levar os vestidos de rojo. Usa-se commummente no gerundio com os verbos auxiliares. *Cimbriâ vestis solum, lutum verrere.*

Zaparrastroso, sa. *adj.* Sordido, porco, choquento, enlameado; que traz as roupas sem aceio ou cheias de nodoas. *Sordidus, lutens:* — porco, tosco, mal feito, mal acabado. *Incondidus, inconcinnus.*

Zaparraso. *m.* Trambolhão, estropeada; pancada grande e estrondosa que se dá caíndo de alto. *Casus, lapsus:* — *(fig. fam.)* trambolhão; desastre, desgraça que sobrevem, caíndo da elevação ou fortuna. *Casus, us.*

Zapata. *f.* Calce; sola que se põe por baixo dos quicios das portas para que não ranjam. *Corii segmentum cardini suppositum:* — *(art.)* cachorro; peça de madeira que sustém o friso do edificio. *Mutulus:* — sapata, especie de botim de côr que chega a meia perna, como o antigo cothurno. *Calcus in speciem cothurni:* — *(naut.)* falca. *Tabula infra carinam fixa.*

Zapataso. *m. augm.* de *Zapato.* Sapatão: — sapatada; pancada de sapato: — *(fig.)* ruido da sapatada. *Casus, lapsus, strepitus:* — sapatada; pancada que sôa como a que se dá com um sapato. *Ictus, percussio:* — *(naut.)* pannejamento; sacudidura da véla.

Zapateado. *m.* Sapateado; dansa quasi geralmente de uma só mulher, que a executa sapateando ao compasso da musica, e meneando cadenciosamente a mantilha. *Saltationis genus, crebris palmis calceo percusso.*

Zapateador, ra. *s.* Sapateador; o que sapateia. *Ad numerum saltans, palmis percusso calceo.*

Zapatear. *a.* Sapatear, bater com o sapato. *Calceo percutere:* — *(fig.)* maltratar, vexar, aggravar, molestar alguem com acções ou palavras. *Vexare, castigare, urgere:* — sapatear e palmejar; bater o compasso com pés e mãos. Estas acções usam-se frequentemente na dansa chamada o villão. *Ad numerum saltare, percusso calceo crebris palmis:* — sapatear; bater o coelho com os pés no solo, quando sente o caçador ou o cão. *Cuniculum pede solum quatere:* — tocar-se ou alcançar-se a besta quando vae correndo. *Pedes pedibus percutere:* — r. *(fig.)* resistir, arrostar; fazer frente ao inimigo, reluctar briosamente. *Vi vim repellere; adversario viriliter resistere:* — *(art.)* apertar com alguem; diz-se em esgrima dos repetidos botes que se atiram ao contrario, simulando feri-lo, etc. *Adversarium in ludo gladiatorio crebro ferire.*

Zapateo. *m.* Sapateado; acção e effeito de sapatear: — V. *Gualdrapazo.*

Zapatera. *f.* Sapateira; mulher do sapateiro, ou que faz sapatos ou os vende. *Sutoris uxor; mulier sutrinam exercens:* — V. *Aceituna zapatera.*

Zapatería. *f.* Sapataria ou sapateria; loja onde se fazem e vendem sapatos. *Sutrina, œ:* — sapateria; sitio ou rua de sapateiros. *Sutrinarum vicus:* — sapateria; officio de sapateiro. *Ars sutoria:* — *de viejo;* mercado de calçado velho. *Cerdonum sutrina.*

Zapaterillo, la. *m.* e *f. dim.* de *Zapatero, Zapatera.* Sapateirinho, sapateirinha.

Zapatero. *m.* Sapateiro; o que por officio faz sapatos. *Sutor, oris:* — *de viejo;* remendão; o que só concerta sapatos velhos. *Cerdo:* — *adj.* incruado; diz-se de todo o legume que incrua, por se ter deitado agua fria na panella estando em fervura. *Cruda olera.*

Zapateta. *f.* Palmada ou pancada que se dá no pé ou no sapato, foliando ao mesmo tempo em signal de regosijo. *Calcei ictus manu factus; festiva percussio:* — *interj.* eh! olá! V. *Heus.*

Zapatico. *m.* V. *Zapatillo.*

Zapatilla. *f. dim.* de *Zapata.* Sapatinha: — chinela; calçado sem tacão. *Calceolus muliebris:* — *(art.)* botão da ponta do florete. *Globulus coriaceus:* — casco que cobre a unha, especialmente nos animaes de pata rachada. *Bestiarum unguis durum tegmen.*

Zapatillero, ra. *s.* Chineleiro; que faz ou vende chinelas. *Calceolarius, ii.*

Zapatillo, to. *m. dim.* de *Zapato.* Sapatinho.

Zapato. *m.* Sapato; calçado do pé, feito de couro ou de qualquer estofo. *Calceus:* — *botin;* borzeguim, botina. *Ocrea dimidiata:* — *ramplon;* sapatão, sapato de sola grossa. *Rudis calceus:* — *de valentía;* sapatos de fancaria: — *papales;* galochas. Chamam-se assim, por serem feitos á similhança dos que usa o papa na funcções ecclesiasticas. *Calceamenta aliis superimposita. Andar con zapatos de fieltro (fr. fig.);* andar com sapatos de feltro; proceder com muito segredo e recato, andar cautelosamente. *Cautè, secretèque aliquid agere. Meter á uno en un zapato (fr.)* V. *Meter á uno en un puño. No llegar á la suela de su zapato (fr.);* V. *Suela. Ser mas necio ó mas ruin que su zapato (fr.);* ser mais vil que a lama da rua. *Ineptissimo ineptiorem esse. Cada uno sabe donde le aprieta el zapato (rif.);* quem calça o sapato é que sabe onde elle lhe aperta, ou cada um sabe de si e Deus de todos. *Sua quisque probè noscit.*

Zapaton. *m. augm.* de *Zapato.* Sapatão.

Zapatudo, da. *adj.* Sapatudo; que usa de sapatos demasiadamente fortes e avantajados. *Rudibus calceis indutus:* — calçado; seguro com algum calce. *Corii segmento, appendice munitus:* — cascudo; diz-se do animal revestido de grandes cascos ou unhas. *Bestia unguium tegmine pollens.*

Zape. *(interj. fam.)* Sape! Voz usada para enxotar os gatos. *Apage. Vox ad abigendas feles:* — zápete; palavra usada no jogo d'esse nome. *(interj.)* safa! Deus nos livre! *Apage; Deus avertat.*

Zapear. *a.* Enxotar o gato, dizer-lhe sape. *Voce felem abigere:* — *(fig. fam.)* espantar, affugentar alguem.

Zapito. *m. (p. Mont.)* Tarro; vaso de madeira que ordinariamente serve para deitar o leite, quando se ordenham as vaccas. *Cutinus ligneus.*

Zapotal. *m.* Sapotal; campo povoado de sapotes.

Zapotazo. *m. (prov. Mex.)* V. *Batacaso.*

Zapote. *m. (bot.)* Sapote; especie de plantas do genero phitolacea.

Zapotillo. *m.* Sapotilho; nome que se dá a uma especie de sapote.

Zapuzar. *a.* V. *Chapusar.*

Zaque. *m.* Gato; pequeno odre para azeite, vinho ou qualquer liquido. *Utriculus, i:* — *(fig. fam.)* odre, borrachão, bebado. *Vino madens.*

Zaquear. *a.* Trasfegar, passar os liquidos de um para outro gato ou pequeno odre. *Utriculis elutriare.*

Zaquizamí. *m.* Desvão, sotão; ultimo quarto da casa, commummente de telha vã. *Laquear:* — *(fig.)* agua furtada, casebre, quarto pequeno, desacommodado e pouco limpo. *Angusta domus; sordidum habitaculum.*

Zar. *m.* Czar; imperador da Russia. *Moschorum imperator.* V. *Czar.*

Zara. *f. (p. A. Mer.)* V. *Maiz.*

Zarabanda. *f.* Sarabanda; musica e dansa alegre com meneios de corpo um pouco indecentes. *Saltationis genus:* — *(fig.)* sarabanda; qualquer cousa que motiva ruido, barulho ou incommodo repetido. *Res, tumultum aut molestum strepitum afferens. Dárse a uno las coplas de la zarabanda (fr.)* V. *Copla.*

Zarabandista. *m.* Sarabandista; o que dansa a sarabanda: — sarabandista; o que compunha as coplas d'este nome.

Zarabutero, ra. *adj. (p. And.)* V. *Embustero:* — V. *Entremetido.*

Zaradion. *m. (ant.)* V. *Zaradique.*

Zaragata. *f. (fam.)* Bulha, algazarra, pendencia, confusão, ruido.

Zaragate. *adj. (p. Mex.)* Picaro, pilhante, patife.

Zaragatero, ra. *adj. (fam.)* Bulhento, buliçoso.

Zaragatona. *f. (bot.)* Zaragatoa ou zaragota; especie de planta medicional.

Zaragoá. *adj.* V. *Zaragocí.*

Zaragocí. *adj.* Saragoçana; diz-se de uma especie de ameixa.

Zaragozano, na. *adj.* Saragoçano; que pertence a Saragoça ou aos seus habitantes: — *s.* saragoçano; o natural de Saragoça. *Cæsaraugustanus.*

Zaragüel. *m. (ant.)* V. *Calzon.*

Zaragüelles. *m. pl.* Calções largos, que se usavam antigamente e que ainda hoje trazem as pessoas do campo de Valencia e Murcia. *Braccæ folliculis turgentes:* — *(fam.)* calções largos, mal feitos. *Ampliores et incomptæ braccæ.*

Zaragutero, ra. *adj.* V. *Zarabutero.*

Zaramago. *m. (p. Gal. bot.)* V. *Jaramago.*

Zaramagullon. *m. (zool.)* V. *Somormujo.*

Zarambeque. *m.* Sarambeque; dansa alegre e buliçosa, usada frequentemente entre os negros. *Æthiopum festiva saltatio.*

Zaramullo, lla. *adj. (fam.)* Entremettido, mexeriqueiro, mequetrefe.

Zaranda. *f.* V. *Criba:* — ciranda com que se separam os engaços da uva pisada de que se ha de fazer o vinho. *Crætes lignea uvarum scopis separandis.*

Zarandador, ra. *s.* Cirandador; o que trabalha com a ciranda ou que deita n'ella o trigo, ou qualquer grão que seja. *Cribro utens; cribrans.*

Zarandajas. *f. pl.* Bagatelas, ninharias, farandulagens; conjuncto de cousas miudas dependentes de outras, ou que as acompanham como menos principaes. *Analecta, additamenta* — partido ou vantagem, dada no jogo de truque.

Zarandajillas. *f. pl. dim.* de *Zarandajas.* Bagatellinhas.

Zarandalí. *adj. (p. And.)* Diz-se dos pombos malhados de preto. *Palumbus nigris maculis distinctus.*

Zarandar. *a.* Cirandar; limpar o grão ou a uva passando-as pela ciranda. *Cribare:* — *(fig.)* cirandar; mover, agitar alguma cousa com pressa, ligeireza e facilidade. *Hinc inde movere, agitare:* — *(fig.)* apurar; escolher, separar o bom do mau. *Seligere.*

Zarandear. *a.* V. *Zarandar:* — *(p. Mex.)* bambolear-se, menear-se airosamente.

Zarandeo. *m.* Bamboleamento, meneio, saracoteação; acção e effeito de bambolear-se.

Zarandero, ra. *s.* V. *Zarandador.*

Zarandija. *f.* V. *Grillotalpa.*

Zarandillo. *m. dim.* de *Zaranda.* Cirandinha: — *(fig. fam.)* cirandinha; o que anda com viveza e rapidez de uma para outra parte. *Irrequietus homo; ardelio.*

Zarapallon. *m. (fam.)* Trapalhão, farroupilha; o que anda esfarrapado e porco.

Zarapatel. *m.* Sarapatel; guisado de varias cousas. *Moreti genus.*

Zaratan. *m. (med.)* Noli me tangere; ulcera ou cancro nos peitos da mulher.

Zaraza. *f.* Sarasa; tecido de

algodão mui fino. *Telæ gossypinæ tenuioris genus:* — *pl.* bolo de veneno, que serve para matar os cães, gatos, ratos e outros animaes similhantes. *Offa medicata.*

Zarazon. *adj. (p. Mex.)* Diz-se do grão ou fructa que começa a amadurecer: — *(fig.)* alegre; diz-se do bebedor quando está meio borracho.

Zarcear. *a.* Limpar um cano ou tubo com sarças. *Ruborum ramis aquæductus purgare:* — *(fig.)* cruzar; passar muitas vezes pelo mesmo sitio. *Gyros agere; cursitare.*

Zarcero, ra. *adj.* Sarceiro; diz-se do cão pequeno e curto de pés, que facilmente caça entre as sarças. *Canis rubeta penetrans.*

Zarceta. *f. (zool.)* V. *Cerceta.*

Zarcillo. *m.* Argola, commummente de oiro ou prata para adorno das orelhas das mulheres e algumas vezes usada pelos homens, especialmente negros e escravos. Costuma-se trazer duas, pelo que se emprega sempre no plural. V. *Pendientes. Inauris:* — elo, gavinha; fio com que se prendem certas plantas ou se affixam a alguma cousa. *Capreolus, claviculus:*—sacho ou sachola de que usam nas montanhas de Burgos para mondar o trigo. *Sarculus.* V. *Escardillo:* — arco de pipa. *Cupæ arcus.*

Zarco, ca. *adj.* Zarco, garço; diz-se de côr azul clara. Usa-se regularmente fallando dos olhos. *Cæruleus, cæsius:* — zarco; diz-se do olho do cavallo, quando o seu branco é muito visivel por occupar grande espaço.

Zarevitz. *m.* Czarowitz; filho primogenito do Czar. *Moschorum imperatoris primogenitus.* V. *Czarowitz.*

Zargatona. *f. (bot.)* V. *Zaragotona.*

Zariano, na. *adj.* Czariano; pertencente ao Czar ou que lhe é proprio. *Ad moschorum principem pertinens.*

Zarigüeya. *f. (zool.)* V. *Didelfo.*

Zarina. *f.* Czarina; imperatriz da Russia, mulher do Czar. *Moschorum imperatrix.*

Zarino, na. *adj.* V. *Czarino.*

Zarja. *f.* V. *Azarja.*

Zarpa. *f.* Zarpa ou sarpa; acção de zarpar. *Anchorarum levatio:* — *(art.)* sapata; parte do alicerce que cresce sobre a terra e tem mais grossura que a parede que cresce sobre a sapata. *Fundamenti ampliatio:* — chocas; lama ou lodo na parte inferior dos vestidos. *Lacinia luto infecta:* — garra; mão adunca de animal. *Manus adunca. Echar la zarpa (fr.);* deitar a garra ou o gadanho, agarrar com as unhas ou mãos. *Manu capere; unguibus apprehendere. Hacerse una zarpa (fr.);* fazer-se uma sopa, molhar-se ou encharcar-se muito. *Madefieri.*

Zarpar. *a. (naut.)* Zarpar ou sarpar; levantar ferro. Tambem se usa como neutro; *v. g., Zarpó de tal punto la escuadra inglesa;* a esquadra ingleza levantou ferro ou sarpou de tal ponto. *Anchoram attollere, levare.*

Zarpazo. *m.* Fracasso, estrondo; pancada grande e ruidosa que alguma cousa dá caíndo em terra. *Casus, ruina.*

Zarpozo, sa. *adj.* Choquento, enlameado. *Lutosus, cœnosus.*

Zarracatería. *f. (fam.)* Affago, meiguice fingida, lisonja. *Blandiloquentia.*

Zarracatero, ra. *adj.* V. *Zalamero.*

Zarracatin. *m.* Alborcador, revendão, regatão, que procura comprar barato para vender depois caro. *Propola, æ:* — *y pinforte,* jogo de prendas usado na Andaluzia.

Zarracina. *f.* V. *Sarracina.*

Zarrado, da. *adj. (ant.)* V. *Cerrado.*

Zarrampla. *m. (fam.)* Pichote, sendeiro, materialão; homem inhabil, especialmente no jogo.

Zarramplin. *m. (fam.)* Desestrado, patola, malgeitoso, desazado. *Rudis in opere faciendo, neglectus, præposterus, ineptus.*

Zarramplinada. *f. (fam.)* Desestramento, desaso, desacerto proprio de inepto.

Zarrapastra. *f.* Sordidez, sujidade, porcaria. *Sordes.*

Zarrapastron, na. *adj.* Porcalhão, choquento, esfarrapado. *Lutosus, pannosus.*

Zarrapastrosamente. *adv. m.* Enxovalhadamente; com desaceio e desalinho. *Inconditè, sordidè.*

Zarrapastroso, sa. *adj.* V. *Zarrapastron.*

Zarria. *f.* V. *Cazcarria:* — correia da abarca. *Calcei corrigia.*

Zarriento, ta. *adj.* Enlameado, enlodado. *Lutosus, a, um.*

Zarrio. *m. (p. And.)* V. *Charro.*

Zarza. *f. (bot.)* Sarça, silva; genero de plantas da familia das rosaceas. *Rubus, i. La zarza da el fruto espinando y el ruin llorando (rif.);* o mesquinho serve sempre de má vontade. *Ægerrime, succurrit, si quando succurrit, avarus.*

Zarzagan. *m. (naut.)* Vento fresco e rijo. *Circius haud vehemens, valdè tamen frigidus.*

Zarzaganete. *m. (naut.)* Temporal desfeito, tempestade.

Zarzaganillo. *m. (naut.)* Vento procelloso, rajada, refrega. *Procellosus circisu.*

Zarzahan. *m.* Especie de seda, listrada de cores. *Tela serica variegata.*

Zarzaidea. *f.* V. *Frambuesa.*

Zarzal. *m.* Sarçal; logar povoado de sarças. *Rubetum, i.*

Zarzamora. *f.* Amora de silva. *Rubi fructus.*

Zarzaparilla. *f. (bot.)* Sarsaparrilha ou salsaparrilha; especie de plantas do genero smilace.

Zarzaparrillar. *m.* Salsaparrilhal; sitio ou campo onde ha muita salsaparrilha. *Ager smilace aspera abundans.*

Zarzaperruna. *f.* V. *Escaramujo.*

Zarzarosa. *f.* Rosacanina; flor da roseira brava.

Zarzear. *a.* V. *Zarcear.*

Zarzero, ra. *adj.* V. *Zarcero.*

Zarzillo. *m.* V. *Zarcillo.*

Zarzo. *m.* Caniçada; grade de cannas. *Crates, is:* — *(art.)* caniçada; sorte de rede de que se usa para apanhar sanguesugas nos rios dos valles de Cantabria. V. *Seta.*

Zarzoso, sa. *adj.* Silvoso; cheio de silvas ou sarças. *Rubis abundans, implexus.*

ZARZUELA. *f.* Zarzuela, tonilho, operêta; composição dramatica em que se cantam coplas. *Drama recitatione et melodia mixtum.*

ZAS. *(expr. fam.)* Zas; voz que significa o som de pancada ou a mesma pancada. *Percussionis strepitus; ictus ipse. Zas, zas;* zaz, zaz; vozes com que se designa a repetição da pancada ou do som d'ella. Usam-se frequentemente para significar as que se dão á porta com a aldraba; truz, truz. *Iteratus ictus.*

ZASCANDIL. *m. (fam.)* Homem astuto, velhaco e enganador. *Ardelio versutus:* — homem de baixa esphera que pretende auctorisar-se, entremettendo-se e offerecendo-se para tudo, patarata. *Homuncio, despicabilis homo:* —*(fam.)* chichisbéu; rapazete enamorado, entremettido e comprimenteiro.

ZATA. *f.* V. *Zatara.*

ZATARA. *f.* Janga; especie de jangada, acommodada para transporte nos grandes rios, de generos e mercadorias. *Ratis, is.*

ZATARIA. *f. (bot.)* Zataria; genero de plantas da familia das labiadas.

ZATICO. *m.* V. *Zatillo.*

ZATILLO. *m.* V. *Zatiquero:* — bocado ou mendrugo de pão.

ZATIQUERO. *m.* O que antigamente tinha no palacio o cargo de cuidar no pão e levantar as mesas. *Panis et mensæ curator.*

ZATO. *m.* Mendrugo, motrego; bocado de pão. *Panis frustum.*

ZAZOSITO, TA. *adj. dim.* de *Zazoso.*

ZAZOSO, SA. *adj.* V. *Ceceoso.*

ZE. *m. (philol.)* Ze; nome de undecima letra do alphabeto arabe.

ZEBRA. *f. (zool.)* V. *Cebra.*

ZEBRADO, DA. *adj.* Zebruno; diz-se do cavallo cujo pello é muito parecido com o da zebra.

ZEBÚ. *m. (zool.)* Zebú; especie de mammiferos do genero boi, que se distingue em ter sobre a cernelha uma ou duas protuberancias carnosas. É muito commum na India, onde lhe chamam boi bramine ou boi gibboso, e em varias partes da Africa.

ZECA. *f.* V. *Ceca,* casa de moeda.

ZEDA. *f.* Nome da letra *z*, ultima do abecedario. V. *Zeta.*

ZEDILLA. *f.* Cedilha ou cedilho; antiga letra do alphabeto hespanhol que se formava de um *c* e de uma virgulasinha collocada inferiormente (como esta *ç),* cuja pronunciação era a mesma que a da letra *z*, aindaque com maior suavidade, a qual por ser imperceptivel a differença e ainda por outras rasões, se excluiu do alphabeto como desnecessaria. *Zeta hispanica.*

ZEDOARIA. *f. (pharm.)* Zedoaria; nome com que se designavam em botanica e materia medica as raizes de varias plantas, que se empregavam como estimulantes em alguns preparados pharmaceuticos.

ZEE (DOBLA). *f.* V. *Dobla.*

ZÉGRIDE. *m. (zool.)* Zegris ou zegride; genero de insectos lepidopteros da familia dos diurnos.

ZELADOR. *m.* Zelador; o que zela ou vigia, especialmente o que é destinado pela auctoridade para exercer vigilancia. V. *Celador.*

ZELANDÉS, SA. *adj.* Zelandez; que diz respeito á Zelandia e aos seus habitantes: — *s.* zelandez; o natural da Zelandia. *Zelandicus.*

ZELANTE. *adj. (ant.)* V. *Celoso,* na segunda accepção.

ZELAR. *n.* Zelar; ter zelos, manifesta-los no cuidado e na vigilancia. *Zelotypia accendi, angi:* — zelar, vigiar, superintender nos subordinados: —V. *Celar.*

ZELERA. *f. (ant.)* V. *Celera.*

ZELIA. *f. (zool.)* Zelia *(rivalidade);* genero de insectos da familia dos athericeros.

ZELILLO. *m.* V. *Celillo.*

ZELO. *m.* Zelo. V. *Celo.*

ZELOSAMENTE. *adv. m.* Zelosamente; com zêlo. *Ardenti cura.* V. *Celosamente.*

ZELOSÍA. *f.* V. *Celosia.*

ZELOSÍSIMO, MA. *adj. sup.* de *Zeloso.* Zelosissimo.

ZELOSO, SA. *adj.* Zeloso; que tem zêlos. *Zelotes; zelo agetatus:* — cioso; diz-se dos animaes quando estão ou andam co o cio. *Catuliens, entis:* — zeloso, cuidadoso, solicito; que tem zêlo, especialmente se o manifesta no cuidado e vigilancia. *Zelotypus:*— zeloso, cioso; demasiadamente cuidadoso e vigilante do que lhe pertence. *Nimium cupidus, studiosus.* V. *Celoso.*

ZELOTIPIA. *f. (ant.)* Zelotypia; paixão dos zelos. V. *Celotipia.*

ZELURAS. *f. pl. (ant.)* V. *Celos.*

ZEMZEM. *m. (rel.)* Zemzem; nome de um poço vizinho do templo de Kaaba, em Mekka. Os mussulmanos crêem que a fonte de Zemzem é a que Deus fez manar em favor de Agar, quando ella e seu filho íam a morrer de sêde no deserto.

ZEND. *adj.* V. *Zenda.*

ZENDA. *adj. (philol.)* Zenda; diz-se de uma lingua da tribu indo-europea e da familia indo-persa. A lingua zenda ou o zend fallava-se na antiga Media, foi empregada nos escriptos originaes de Zoroastro, e ficou entre os persas como lingua sagrada.

ZEND-AVESTA. *m. (litt.* e *rel.)* Zend-avesta; collecção de livros sagrados dos persas, attribuidos a Zoroastro, e que contém os monumentos mais antigos da religião e da philosophia persa.

ZENDIK. *adj.* Zendik; palavra arabe com que os mahometano designam o impio que não é judeu, nem christão, nem mahometano, ou que pertencendo a alguma das tres religiões, não cumpre nenhum dos seus principios: — *m.* zendik; individuo de uma seita mahometana que negava a resurreição da carne e acreditava na metempsycose.

ZENERIA. *f. (bot.)* Zeneria; genero de plantas da familia das cucurbitaceas.

ZENICO. *adj. (ant.)* V. *Cobarde.*

ZENIT. *m.* V. *Cenit.*

ZENÓNICO, CA. *adj.* Zenonico; que pertence a Zenon e á sua doutrina, estoico.

Zequí. *m.* Zequim ou sequim; moeda de oiro do valor de uns quarenta realês (1$920 réis), cunhada em varios estados da Europa, especialmente em Veneza, que, admittida no commercio de Africa, conserva o nome que lhe pozeram os arabes. *Nummus arabs à venetis et aliis adoptatus.*

Zequia. *f.* V. *Acequia.*

Zertoost. *m.* *(phil.)* Zertoost; nome do terceiro livro do Avesta.

Zeta. *f.* V. *Zeda.*

Zetético, ca. *adj.* *(philos.)* Zethetico; diz-se do methodo de investigação, que se emprega para descobrir e comprehender a rasão e a natureza das cousas. *Filósofos zetéticos;* philosophos zetheticos; antigos philosophos que, como os pyrrhonicos, se propunham a buscar a verdade que nunca achavam, porque duvidavam de tudo.

Zeuglodonte. *m.* *(zool.)* Zeuglodonte; genero de mammiferos cetaceos herbivoros.

Zeugos. *m.* *(mus.)* Zeugos; nome de um instrumento dos gregos, composto de duas flautas unidas.

Zeuma. *f.* *(gram.)* V. *Ceuma.*

Zignémeas. *f. pl.* *(bot.)* Zygnemeas; familia de plantas phyceas.

Zigobato. *m.* *(zool.)* Zygobato; genero de peixes chondropterygios da familia dos selacios.

Zigodáctilas. *f. pl.* *(zool.)* Zygodactylas; tribu de aves silvestres, caracterisadas por terem quatro dedos, dois dirigidos para diante e os outros dois para trás, o que lhes dá certa analogia com as trepadoras.

Zigofílleas. *f. pl.* *(bot.)* Zygophylleas; secção de plantas da familia das rutaceas.

Zigofillo. *m.* *(bot.)* V. *Fabajela.*

Zigofoliadas. *f. pl.* *(bot.)* V. *Zigofílleas.*

Zigoma. *m.* *(anat.)* Zygoma; osso que está junto á face, aos lados do craneo.

Zigomático, ca. *adj.* *(anat.)* Zygomatico; que pertence ao zygoma.

Zigzag. *m.* Zigue-zague, torcicolo; serie de linhas que formam entre si angulos alternativamente salientes e entrantes. *En zigzag (loc. adv.);* em zigue-zague, em torcicolo.

Zijena. *f.* *(zool.)* Zygena; genero de insectos lepidopteros da familia dos crepusculares.

Zijénidos. *m. pl.* *(zool.)* Zygenidos; familia de insectos lepidopteros crepusculares, cujo typo é o genero zygena.

Zilcadé. *m.* *(chron.)* Zylcadé; nome de um dos mezes sagrados dos arabes.

Zilhagé. *m.* *(chron.)* Zylhagé; duodecimo mez do anno dos persas.

Zilhidjé. *m.* *(chron.)* Zylhidgé; ultimo mez do anno dos arabes.

Zilórgano. *m.* Zylorgano; instrumento musico que se usou antigamente. *Species clavicymbali.*

Zimolojia. *f.* Zymologia; parte da chimica que trata da fermentação.

Zimolójico, ca. *adj.* Zymologico; que pertence á zymologia.

Zimomo. *m.* *(chim.)* Zymomo; porção de gluten vegetal, que é insoluvel no alcool.

Zimosimetría. *f.* *(phys.)* Zymosimetria; arte de se servir do zymosimetro.

Zimosimétrico, ca. *adj.* *(phys.)* Zymosimetrico; que pertence ao zymosimetro.

Zimosímetro. *m.* Zymosimetro; instrumento proprio para apreciar o grau de calor que se desenvolve nas materias em fermentação.

Zimotecnia. *f.* *(phys.)* Zymotechnia; historia dos phenomenos da fermentação.

Zimotécnico, ca. *adj.* *(phys.)* Zymotechnico, que pertence á zymotechnia.

Zinc. *m.* *(min.* e *chim.)* Zinco; metal de côr esbranquiçada, que se extrahe da calamina e outros mineraes.

Zincico, ca. *adj.* *(chim.)* Que contém zinco. Diz-se da combinação d'este metal com oxygeneo, e dos saes formados por este oxydo com os acidos.

Zincífero, ra. *adj.* *(min.)* Zincifero; diz-se do mineral que contém accidentalmente alguma porção de zinco.

Zincografía. *f.* Zincographia; nova arte que consiste em imprimir desenhos, substituindo a pedra lithographica pelo zinco.

Zincografiar. *a.* Zincographar; imprimir por meio do zinco.

Zinconisa. *f.* *(min.)* Zinconisa; carbonato de zinco hydratado, que se encontra em Corynthia.

Zíngaros. *m. pl.* Zingaros; nome que se dá em Italia aos bohemios ou ciganos.

Zinguerrear. *m.* *(ant.)* V. *Zangarrear.*

Zinia. *f.* *(bot.)* Zinnia; genero de plantas da familia das compostas.

Zio. *m.* *(chron.)* Zio; segundo mez do anno santo dos hebreus, que corresponde á lua de abril.

Zipizape. *m.* *(fam.)* Rixa, briga, baralha, balburdia. *Rixa, pugna.*

Zircón. *m.* *(min.)* V. *Circon.*

Zircona. *f.* *(min.)* V. *Circona.*

Zirconio. *m.* *(min.)* V. *Circonio.*

Zirigaña. *f.* *(p. And.)* Adulação, lisonja, falsa meiguice. *Assentatio, fallax blandities:* — V. *Chasco:* — frioleira, ninharia, futilidade; cousa de pouca monta. *Nugæ; res nihili.*

Zis, zas. *(fam.)* Zaz, zas; vozes com que se exprime o ruido de pancada que se dá ou se recebe, ou a mesma pancada. *Iteratus ictus; percussionis sonus.*

Zizania. *f.* *(ant.)* V. *Zizaña.*

Zizaña. *f.* *(bot.)* Zizania, joio; genero de plantas da familia das gramineas: — *(fig.)* zizania, discordia, divisão; falta de boa união ou de socego. *Discordia, æ:* — zizania; vicio que se mistura com as boas acções ou bons costumes. *Vitium virtutibus commixtum:* — zizania; tudo o que damna, perverte ou prejudica alguma cousa. *Pestis, pernicies. Meter ó sembrar zizaña (fr. fig.);* metter zizania; excitar discordias, causar, dissenções, introduzir costumes perniciosos, perturbar ou inquietar os que estavam amigos e concordes.

Discordiam excitare; dissidia serere.

Zizañador. *s.* *(ant.)* Zizaneiro; o que semeia zizania.

Zinañar. *a.* Zizanear; semear, metter zizania. *Dissidia movere.*

Zizanero, ra. *adj.* *(fig.)* Zizaneiro, zizanista; que causa dissenções, que inquieta, que perturba a concordia e a amizade. *Dissidia serens.*

Zoantropía. *f.* *(med.)* Zoanthropia; mania em que o homem se julga metamorphoseado em animal.

Zoántropo. *m.* *(med.)* Zoanthropo; o que se acha atacado de zoanthropia.

Zoarce. *m.* *(zool.)* V. *Zoarco.*

Zoarco. *m.* *(zool.)* Zoarco; genero de peixes acanthopterygios da familia dos gobioides.

Zobordar. *n.* *(naut.)* V. *Zabordar.*

Zobordo. *m.* *(naut.)* V. *Zabordo.*

Zoca. *f.* *(ant.)* V. *Zueco. A la zoca pella (fr. ant.)* V. *Pella. Andar de zoca en colodra (fr. fam.)* V. *Andar de ceca en meca.*

Zócalo. *m.* Socco; membro ou base do pedestal, ou a parte inferior do edificio ou obra, que serve para elevar os baseamentos.

Zocato, ta. *adj.* Diz-se da beringela ou pepino, que já estão amarellos ou maduros. *Ex maturitate pollens:* —V. *Zurdo.*

Zoclo. *m.* Socco, tamanco. *Calceolus, i.* V. *Zueco, Chanclo.*

Zoco, ca. *adj.* *(fam.)* V. *Zurdo:* — na terminação feminina toma-se pela mão esquerda; sinistra: — *m.* V. *Zueco:* — *(arch.)* plintho; quadrado em que termina a moldura inferior do pedestal. *Plinthus; plinthi basis:* — *(ant.)* V. *Plaza. Andar de zocos en colodros (fr. fig.)* V. *Andar de ceca en meca.*

Zocoba. *f.* Zocoba; planta das Indias, antidoto: — zocoba; arvore da Nova Hespanha.

Zócolo. *m.* V. *Zócalo.*

Zodiacal. *adj.* Zodiacal; que pertence ao zodiaco ou que se acha n'elle comprehendido. *Luz zodiacal (astron.);* luz zodiacal; luz esbranquiçada e de fôrma conica que se observa depois do sol posto, tendo a base voltada para o dito astro, e o vertice para o zodiaco. A opinião mais fundada, attribue esta luz á atmosphera solar. *Monedas zodiacales (numism.);* moedas zodiacaes; moedas de varias comarcas do Oriente, sobre as quaes estão representados os signos do zodiaco.

Zodiaco. *m.* *(astr.)* Zodiaco; um dos circulos maximos que os astronomos consideram na esphera, dividido em doze graus, segundo os antigos, e em dezeseis, segundo os modernos; é o caminho e espaço que andam os planetas no seu curso natural e proprio de poente para oriente, já afastando-se, já approximando-se da equinoxial ou equador, o qual corta obliquamente, formando um angulo de $23^1/_2$°, que é o que os circulos solsticiaes distam do dito equador. Divide-se em doze partes iguaes, constando cada uma de 30°, e é n'ellas que estão os signos. A ellipticia divide-o pelo meio, longitudinalmente, ficando os seis ou oito graus para um pólo e os outros seis ou oito para o outro. Tambem se divide em quatro partes iguaes, dando-se tres signos a cada uma pela differença das estações do anno. Metade do zodiaco pertence á parte septentrional da esphera e a outra metade á meridional.

Zoetica. *f.* Zoetica; vida do individuo, bem como da sua especie, ou relações do animal com o mundo exterior.

Zofero. *m.* *(zool.)* Zophero; genero de insectos coleopteros.

Zofio. *m.* *(zool.)* Zophio; genero de insectos coleopteros.

Zofoba. *f.* *(zool.)* Zophoba; genero de insectos coleopteros.

Zofóside. *m.* *(zool.)* Zophose; genero de insectos coleopteros.

Zofra. *f.* Especie de tapete ou alfombra mourisca. *Tapetum, i.*

Zografía. *f.* V. *Zoografía.*

Zográfico, ca. *adj.* V. *Zoografico:* — *(min.)* zographico; diz-se de uma especie de talco usado na pintura, que dá uma côr verde.

Zografo. *m.* *(zool.)* Zographo; genero de insectos coleopteros.

Zoilo. *m.* Zoilo; critico maligno. É nome tomado do que teve um critico-rhetorico antigo, que, por deixar fama de si, censurou impertinentemente as obras de Homero e de Platão. *Zoylus; aliorum obtrectator.*

Zolocho, cha. *adj.* *(fam.)* Simples, simplorio, inepto, mentecapto, estonteado, pouco expedito. *Hebes.*

Zoltani. *m.* Zoltanos; moeda de oiro que se lavrava unicamente em Argel, e valia 140 aspres, pouco mais ou menos 2 pesos fortes.

Zollipar. *n.* Soluçar; dar soluços e suspiros. *Singultus edere.*

Zollipo. *m.* Soluço com suspiros, e regularmente com choro e afflicção. *Singultus, us.*

Zoma. *f.* V. *Soma.*

Zompo, pa. *adj.* V. *Zopo.*

Zona. *f.* Charpa, banda, faxa: — *(adm.)* zona; parte de territorio desde a fronteira até um ponto determinado, dentro do qual se exerce a acção do fisco para impedir o contrabando. *Zona tendinosa (anat.);* zona tendinosa, circulo esbranquiçado que se observa em torno do orificio auriculo-ventricular do lado direito do coração: — *(astron.)* zona; cada uma das partes do céu que correspondem ás divisões do globo terrestre, assim chamadas: — *luminosa (phys.);* zona luminosa; phenomeno que acompanha a aurora boreal, e que apenas é uma especie de arco iris estreito e irregular: — *(geog.)* zona; cada uma das cinco partes em que se considera dividida a superficie da terra: — *(geol.)* zona; parte visivel das camadas superiores de que se formam certos terrenos: — *(med.)* zona; flegmasia superficial da pelle, que desenvolvendo-se em um ponto qualquer do tronco ou dos membros, forma geralmente n'elles um vergão semi-circular e algumas vezes um circulo inteiro: — *de operaciones (mil.)*; zona de operações; extensão de terreno, mais ou menos consideravel, que um exercito abraça com suas diversas linhas de operações.

ZONADO, DA. *adj.* Zonado; marcado ou assignalado com vergões coloridos e concentricos.

ZONCERÍA. *f.* Insulsea, semsaboria, inspidez, falta de gosto. *Insulsitas, atis.* Usa-se frequentemente no sentido metaphorico.

ZONÍPTILO. *m. (zool.)* Zonyptilo; genero de insectos coleopteros pentameros.

ZONÍTIDE. *m. (zool.)* Zonitide; genero de insectos coleopteros heteromeros.

ZONURO. *m. (zool.)* Zonuro; genero de reptis saurios.

ZONZAMENTE. *adv. m.* Desenxabidamente, desagradavelmente, semsaboronamente. *Insulsè.*

ZONZERÍA. *f.* V. *Zoncería.*

ZONZO, ZA. *adj.* Ensosso, insulso, semsabor, desenxabido, insipido. *Insulsus, insipidus*: — *(fig.)* ensosso, fatuo; sem graça, sem chiste. *Insulsus, fatuus.*

ZONZORRION, NA. *adj.* Semsaborão; completamente insipido. *Stultissimus.*

ZOOBIA. *f.* Zoobia; sciencia da vida: — zoobia; modo de obrar dos orgãos, d'onde resulta a conservação do individuo.

ZOOBIOLOJÍA. *f.* Zoobiologia; sciencia da vida animal: — zoobiologia; discurso ou tratado sobre esta sciencia.

ZOOCRESIA. *f.* Zoocresia; sciencia que tem por objecto dar a conhecer os meios como o homem obtem e cria os animaes que podem utilisar-lhe.

ZOOCOCCINA. *f. (chim.)* Zoococcina; substancia animal que se encontra no kermes vegetal.

ZOOÉTICA. *f.* Zooetica; historia natural, sciencia dos costumes dos animaes.

ZOÓFAGO, GA. *adj. (zool.)* Zoophago; epitheto dado aos animaes que se nutrem de outros; designa especialmente uma secção de trachelidos.

ZOOFAJIA. *f.* Zoophagia; voracidade, rapacidade dos animaes, que os incita a devorar a presa, antes de mata-la.

ZOOFÁJICO, CA. *adj.* Zoophagico; que pertence á zoophagia.

ZOOFITANTRÁCEO. *adj. (min.)* Zoophytantraceo; diz-se do carvão mineral produzido pelos restos de animaes e vegetaes.

ZOOFITARIOS. *m. pl. (zool.)* Zoophytarios; classe de animaes actinozoarios que comprehende todos os que gosam das faculdades da animalidade, mas que estão unidos entre si por uma parte viva commum, e se multiplicam do mesmo modo que as plantas.

ZOOFÍTICO, CA. *adj. (geol.)* Zoophytico; que contém zoophytos fosseis.

ZOOFITOGRAFÍA. *f.* Zoophytographia; descripção dos zoophytos.

ZOOFITOGRÁFICO, CA. *adj.* Zoophytographico; que pertence á zoophytographia.

ZOOFITÓGRAFO. *m.* Zoophytographo; auctor de uma zoophytographia.

ZOOFITOLITA. *f. (geol.)* Zoophytolitha; zoophyto fossil cuja fôrma se parece com a dos vegetaes, como a palmeira marcilha e outros similhantes.

ZOOFITÓLOGO. *m.* Zoophytologo; auctor de uma zoophytologia.

ZOOFITOLOJÍA. *f.* Zoophytologia; historia dos zoophytos; parte da zoologia que trata especialmente da historia dos zoophytos.

ZOOFITOLÓJICO, CA. *adj.* Zoophytologico; que diz respeito á zoophytologia.

ZOOFITOS. *m. pl. (zool.)* Zoophytos; nome dado a uma classe de seres animaes, cuja organisação, inferior á dos articulados, parece participar da dos animaes e vegetaes. O numero dos zoophytos vivos e fosseis é mui consideravel, e varias das suas especies se conhecem desde a mais remota antiguidade.

ZOÓFORO. *m. (arch.)* Zoophoro; nome dado por alguns auctores ao friso do entablamento.

ZOOGRAFÍA. *f.* Zoographia; descripção dos animaes: — zoographia; subdivisão da zoologia que trata da descripção dos animaes, dando a conhecer o seu exterior, a sua construcção anatomica, o modo de obrar dos seus orgãos, de que resulta a constituição do individuo, a sua vida e a da sua especie.

ZOOGRÁFICO, CA. *adj.* Zoographico; que se refere á zoographia.

ZOÓGRAFO. *m.* Zoographo; auctor de uma zoographia.

ZOOHEMATINA. *f. (chim.)* Zoohematina; principio colorante do sangue.

ZOOLEA. *f. (zool.)* Zoolea; genero de insectos orthopteros, da tribu dos manthidos, que consta de uma unica especie.

ZOOLITÍFERO, RA. *adj.* Zoolithifero; diz-se do mineral que contém restos de animaes fosseis.

ZOOLÍTICO, CA. *adj. (min.)* Zoolithico; que contém zoolithos.

ZOOLITO. *m. (hist. nat.)* Zoolitho; parte dos animaes convertida em pedra, por se haver impregnado dos elementos com que esteve em contacto.

ZOOLOGÍA. *f.* V. *Zoolojía.*

ZOOLÓGICO, CA. *adj.* V. *Zoolójico.*

ZOÓLOGO. *m.* Zoologo; o professor de zoologia.

ZOOLOJÍA. *f.* Zoologia; parte da historia natural que trata dos animaes: — *descriptiva;* zoologia descriptiva; parte da zoologia a que pertence a distribuição systematica das especies, a sua descripção methodica e as muitas applicações da sciencia ás artes, á industria e á economia domestica: — *general;* zoologia geral; parte da zoologia que comprehende a anatomia e a physiologia comparadas, e todas as grandes questões relativas á escala zoologica, ao lugar que occupam os animaes no conjuncto da creação, á sua distribuição no globo, á transformação das especies, etc.: — *sistemática;* zoologia systematica; parte da zoologia que trata da classificação dos animaes.

Zoolójico, ca. *adj.* Zoologico, que pertence á zoologia.

Zoologografía. *f.* V. *Zoolojía.*

Zoolojista. *m.* V. *Zoólogo.*

Zoomagnético, ca. *adj.* Zoomagnetico; que diz respeito ao magnetismo animal.

Zoomagnetismo. *m.* Zoomagnetismo; magnetismo animal.

Zoomorfia. *f.* Zoomorphia; representação dos animaes vivos que habitam nas conchas: — zoomorphia; descripção da parte exterior dos animaes.

Zoomorfosis. *f.* Zoomorphose; historia dos animaes que vivem em conchas.

Zoonato. *m. (chim.)* Zoonato; sal formado pela combinação do acido zoonico com uma base.

Zoónico. *adj. (chim.)* Zoonico; nome dado ao acido hydrocyanico.

Zoonomia. *f.* Zoonomia; conjuncto das leis que presidem á vida animal.

Zoonómico, ca. *adj.* Zoonomico; respeitante á zoonomia.

Zoonosolojia. *f.* Zoonosologia; conhecimento das enfermidades dos animaes.

Zoonosolójico, ca. *adj.* Zoonosologico; que pertence á zoonosologia.

Zoopatolojia *f.* V. *Zoonosolojia.*

Zoopatolójico, ca. *adj.* V. *Zoonosolójico.*

Zoopónica. *f.* Zooponica; parte da zoologia que trata das observações e descripções.

Zoópside. *m. (bot.)* Zoopside; genero de plantas hepaticas, que consta d'uma unica especie que cresce na Nova Zelandia.

Zooquímica. *f.* Zoochimica; chimica animal.

Zooquímico, ca. *adj.* Zoochimico; que pertence á zoochimica.

Zooscopia. *f.* Zooscopia; observação dos animaes, seja a olho nu, seja com o auxilio de lente ou microscopio.

Zoospermo. *m. (zool.)* Zoospermo; genero de animalculos microscopicos que vivem no sperma dos animaes, em numero incalculavel; são tão pequenos que, segundo alguns auctores, um grupo de dois mil equivale a um grão de areia. Attribue-se a sua accumulação á excitação que, em certas epochas, se manifesta nas partes sexuaes masculinas.

Zoospóreas. *f. pl. (bot.)* Zoosporeas; familia de plantas phyceas.

Zootaxia. *f.* Zootaxia; disposição ou organisação methodica dos animaes.

Zootáxico, ca. *adj.* Zootaxico; que se refere á zootaxia.

Zootecnia. *f.* Zootechnia; conhecimento dos animaes applicados ás necessidades do homem.

Zootécnico, ca. *adj.* Zootechnico; pertencente á zootechnia.

Zooterapia. *f.* Zootherapia; arte de curar as enfermidades dos animaes.

Zooterápico, ca. *adj.* Zootherapico; pertencente á zootherapia.

Zoótico, ca. *adj. (geol.)* Zootico; diz-se de toda a rocha ou terreno que contém corpos organisados.

Zootomia. *f.* Zootomia; parte da anatomia que trata da estructura dos animaes: — zootomia; dissecção dos animaes mortos ou vivos.

Zootómico, ca. *adj.* Zootomico; que pertence á zootomia.

Zootomista. *m.* Zootomista; o que estuda ou pratíca a zootomia.

Zooyatria. *f.* Zooyatria; medicina veterinaria.

Zooyátrico, ca. *adj.* Zooyatrico; pertencente á zooyatria.

Zooyatrolojia. *f.* Zooyatrologia; sciencia medica veterinaria: — zooyatrologia; discurso ou tratado sobre esta sciencia.

Zooyatrolójico, ca. *adj.* Zooyatrologico; que diz respeito á zooyatrologia.

Zopas. *adj. (fam.)* Bleso; nome ou epitheto que se usa para apodar o que é demasiadamente ceceioso. *Blæsus, a, um.*

Zopenco, ca. *adj. (fam.)* Bronco, estupido, grosseiro, abrutado. *Stupidus, a, um.*

Zopetero. *m. prov.* V. *Ribazo.*

Zopilote. *m. (zool. p. Mex.)* V. *Gallinaza.*

Zopisa. *f.* Zopissa; alcatrão raspado dos navios velhos. Empregava-se antigamente como adstringente, e era proprio para cicatrizar as ulceras. *Resina cerata.*

Zopitas. *adj. (fam.)* V. *Zopas.*

Zopo, pa. *(adj.)* Estropeado de pés ou mãos. *Pede vel manu truncus:* — *(fig.)* negligente, desastrado. *Hebes, tardus. Ser un zopo (fr.),* ser um basbaque.

Zoquete. *m.* Sobêjo ou tôpo; pedaço de madeira que, regularmente, fica cortada da que se trabalha. *Stipes; truncus ligneus:* — *(fig.)* motrego, fatacaz; pedaço de pão, que fica de sobra, ou se corta do pão inteiro. *Frustum panis:* — homem rôlho e de má traça. *Crassus homuncio:* — rudo, abrutado, estupido; o que é difficil de aprender o que se diz ou se ensina. *Rudis tardus.*

Zoquetería. *f.* A porção de tôpos ou sobejos de tábuas que se aproveitam para varias cousas.

Zoquetero, ra. *(adj.)* Mendigo que vive dos pedaços de pão que recebe por esmola. *Frustorum panis mendicator.*

Zoquetudo, da. *(adj.)* Bruto, tosco; ainda não acabado ou polido. *Rudis, impolitus.*

Zorita. *adj.* Bravo ou agreste; applica-se ao pombo. *Columba silvestris; palumbes.*

Zorongo. *m.* Certa dansa hespanhola.

Zorra. *f.* Zorra; carro baixo e forte que serve para transportar grandes pesos. *Plaustrum magnis oneribus portandis:* — *(fig.)* zabaneira, marafona; mulher desavergonhada ou rameira. *Meretrix, icis:* — zorro; homem arteiro como a raposa. *Vafer, versutus homo:* — carraspana, borracheira, bebedeira; e assim se diz: *dormir la zorra;* cozer a perua. *Ebrie-*

tas, crapula: —V. *Sorra:*— *m. (p. Mex.)* rapaz que alumia aos que sobem ou descem ás minas, e que tambem se occupa em tirar o mineral em pequenos surrões:—*(zool.)* zorra, rapozu-femea; genero de mammiferos carniceiros digitigrados:—*corrida;* pessoa livre e astuta. *Meretrix impudens. A la zorra candilazo (fr.);* expressão com que se explica a astucia de alguem que illudiu a outro astuto. *Sus Minervam docet. Desollar la zorra ó el lobo, ó dormir la zorra (fr.);* cozer a perua, dormir emquanto dura a borracheira. *Crapulam obdormire. No es la primera zorra que ha desollado (fr. fig.);* sabe comer seu pão, não se lhe vae o ver pelo ouvir, não é leigo na materia. *Non semel hoc fecit. No hay zorra con dos rabos (fr. fig.);* não ha raposa com dois rabos; buscar cinco pés ao gato; mostra a impossibilidade de obter ou achar uma cousa que, sendo unica na sua especie, deixou de existir physica ou moralmente. *Pillar una zorra, un cernícalo, una mona, un lobo, etc. (fr. fig. fam.);* apanhar uma turca, uma mona, uma bebedeira. *Inebriari. Cuando la zorra anda a casa de grillos, mal para ella y peor para sus hijos (rif.),* quando a raposa anda aos grillos, mal para ella e para os filhos, ou mal vae a raposa quando anda aos grillos e peior quando anda aos ovos. *El que toma la zorra y la desuella, ha de saber mas que ella, ó ha de ser mas que ella (rif.);* quem a raposa ha de enganar, cumpre-lhe madrugar. *Sagacem sagacior vincit. La zorra mudará los dientes, mas no las mientes (rif.);* o que o berço dá a tumba o leva. *Pellem, non naturam, mutat anguis. Mañana de zorras, mal dia de caza (rif.);* manhã de raposas, mau dia de caça; denota quanto convem a diligencia para que outrem não se antecipe em realisar algum projecto; e tambem aconselha quanto convem que as cousas tenham bom principio. *Mucho sabe la zorra, pero mas quien la toma (rif.);* muito sabe a raposa, mas mais sabe quem a toma. *Sagacem sagacior vincit. No hace tanto la zorra en un año como paga en una hora (rif.);* menos faz a raposa em um anno do que paga em uma hora. *Malus repentè pœnas luet.*

Zorrastron, na. *adj. (fam.)* Raposeiro, manhoso, matreiro, astucioso, demasiadamente cauteloso. *Vafer; astu pollens.*

Zorrazo. *m. augm.* de *Zorro.* Zorrão.

Zorrera. *f.* Raposeira, toca da raposa. *Vulpis, cavea latebra:*—*(fig.)* raposeira; lar, cozinha ou outro sitio, onde ha muito fumo que incommoda. *Fumosa culina:*— raposeira, calaceria; peso de cabeça ou quebrantamento de corpo, molleza. *Veternus.*

Zorreria. *f.* Raposia ou raposio; manha ou astucia de raposa. *Astutia vulpina:*—*(fig. fam.)* raposia; astucia ou cavillação com que se intenta lograr o que se pretende. *Astutiam vulpinam referens.*

Zorrero, ra. *adj.* Zorreiro, ronceiro; diz-se do navio vagaroso em navegar. *Tarda navis:* — zorreiro; diz-se do chumbo grosso. *Scrupulus plumbeus grandiusculus:*—*(fig.)* zorreiro, raposeiro, astuto. *Vafer:*—*(fig.)* zorreiro, marralheiro, tardo. *Tardus, a, um:*—zorreiro; diz-se do mastim grande, muito vivo e intrepido, que entra facilmente na toca das raposas e de outros animaes similhantes. *Vulpinus canis:*—*m.* monteiro encarregado, nas tapadas reaes, de matar as aves de rapina, os lobos, as raposas e outros animaes damninhos. *Regiorum nemorum custos.*

Zorrilla. *f. dim.* de *Zorra.* Raposinha.

Zorrillo. *m. dim.* de *Zorro.* Raposinho.

Zorrita. *f.* V. *Zorrilla.*

Zorro. *m.* Zorro, raposo; o macho da raposa. *Vulpes masculus:*—*(fam.)* zorro; o que affecta simpleza e insulsez, especialmente para não trabalhar, ou para fazer as cousas mal e a más horas. *Vafer, callidus, piger:*—zorro; arteiro, astuto como a raposa:—espanador da cauda da raposa de que se usa para limpar o pó. *Vulpis cauda:*—pelle de raposa, preparada para forros. *Pellis vulpina:*—*adj.* zorreiro; tardo em andar ou navegar. *Tardus viator; tardo navis.* V. *Zorrero:* — *m. pl.* espanador de tiras de ourelo, de caudas de cordeiro ou de outras cousas, que, unidas e atadas a um pau, servem para sacudir o pó e espanar os moveis ou paredes. *Vulpinæ pillis manipulus extergendo pulveri. Estar hecho un zorro (fr.);* estar feito um zorro; estar pôdre de somno. *Veterno laborare; somno teneri. Hacerse el zorro (fr. fam.);* fazer-se concho, apparentar ignorancia ou distracção. *Inscientiam simulare.*

Zorrocloco. *m. (prov.)* Torta ou empadão. *Scriblita, æ:*— manhoso, que se finge tolo, mas que não se descuida em sua utilidade e proveito. *Tardus, hebes, vafer:* — *(fam.)* V. *Arrumaco.*

Zorron. *m. (ant.)* V. *Zurron.*

Zorrona. *f. (fam.)* V. *Zurrona.*

Zorronglon, na. *adj. (fam.)* Sorna, molle, tardo, marralheiro; que faz as cousas lentamente, de má vontade, resmungando ou serrasinando. *Tardus, segnis.*

Zorruela. *f.* V. *Zorrilla.*

Zorruelo. *m.* V. *Zorrillo.*

Zorrullo. *m.* V. *Zurrullo.*

Zorruno, na. *adj.* Raposino; de raposa. *Vulpinus, a, um.*

Zorzal. *m. (zool.)* Zorzal, estorninho; especie de aves do genero tordo:—*marino;* zorzal marinho; especie de peixes do genero labro:—*(fig.)* homem ladino, sagaz e astuto. *Vafer.*

Zorzaleña. *adj. (p. And.)* Zorzalena; diz-se de uma especie de azeitona mui pequena e redonda de que os zorzaes gostam muito.

Zorzalico, llo, to. *m. dim.* de *Zorzal.* Zorzalinho; pequeno zorzal.

Zoster. *f. (med.)* Zoster, zona; especie de herpes em torno da cintura, onde produz uma fogagem ou inflammação corrosiva.

Zote. *m.* Zote, nescio, ignorante, idiota, tolo, papalvo. *Ignarus, ingenio tardus, hebes.*

Zozimo. *m. (zool.)* Zozymo; genero de crustaceos decapodas.

Zozobra. *f. (fig.)* Sossobra, cuidado, perturbação, inquietação, afflicção de animo que não deixa socegar, ou pelo perigo que ameaça, ou pelo mal que se padece. *Anxietas, sollicitudo:* — sossobra; má sorte de dados. *Aleæ ictus adversus:* — *(ant. naut.)* vento ponteiro.

Zozobrante. *adj.* Sossobrante; que sossobra. *Anxius, in discrimen in periculum actus.*

Zozobrar. *n. (fig.)* Sossobrar; estar em grande risco, estar a ponto de perder o logro de alguma cousa que se pretende, ou que já se possue. *In magno periculo vel discrimine versari:* — affligir-se, inquietar-se, perturbar-se na duvida do que se deve executar, para fugir ao perigo que ameaça, ou para a posse do que se deseja. *Anxiari; cura angi:* — *(naut.)* sossobrar; perigar a embarcação pela força e travessia dos ventos; tambem significa naufragar ou ir a pique. *Navem fluctuare, adversis ventis concuti.*

Zozobro. *m.* Sossobro; acção e effeito de sossobrar.

Zua. *f.* V. *Azuda.*

Zubia. *f.* Confluente; logar ou sitio onde corre ou se junta muita agua. *Confluens, entis.*

Zuchil. *m. (p. Mex.)* Ramilhete de flores.

Zuda. *f.* V. *Azuda.*

Zuderia. *f. (p. Ar.)* V. *Confiteria.*

Zueco. *m.* Sóco, tamanco, sapato inteiramente de pau. *Soccus:* — tamanco, calçado a modo de sapato, que tem sola de pau ou de cortiça. *Soccus:* — *(fig.)* socco; estylo chão, alludindo aos soccos que os actores antigos usavam na comedia, para se distinguirem dos actores tragicos, que calçavam o cothurno.

Zuhe. *m.* Zuhe; nome dado ao sol pelos indios da Nova Granada.

Zuinglianismo. *m. (rel.)* V. *Zwinglianismo.*

Zuingliano. *m. (rel.)* V. *Zwingliano.*

Zuiza. *f. (ant.)* Magote de rapazes armados á imitação das tropas militares, com piques e chuços, por motivo de alguma festa: — *(fig.)* desordem onde se arrancam facas, etc. *Rixa, pugna.*

Zuizon. *m. (ant.)* Pique. V. *Chuzo.*

Zulacar. *a.* Betumar, untar ou cobrir com betume artificial. *Bitumine linire.*

Zulaque. *m.* Galagala; betume artificial, feito de cal, azeite, estopa e outros ingredientes; usa-se para betumar e unir as manilhas ou tubos no encanamento das aguas. *Bitumen ex oleo calceque confectum.*

Zulla. *f. (bot.)* Ferrau ou samfeno de Hespanha; especie de planta herbacea, vivaz e originaria da Italia: — trampa, excremento humano.

Zullarse. *r. (fam.)* Borrar-se, peidar-se. *Cacaturire; pedere.*

Zullenco, ca. *adj. (fam.)* Cagão, peidorreiro; diz-se, por desprezo, do velho que peida com frequencia ou involuntariamente, ou que não póde conter a diarrhéa. *Cacaturiens; ventre crepitans.*

Zullon. *m.* Bufa; ventosidade expellida involuntariamente ou sem ruido. V. *Follon. Ventris flatus sine crepitu:* — *adj.* V. *Zúllenco.*

Zullonear. *n. (fam.)* V. *Ventosear.*

Zumacal. *m.* Sumagral; terra onde se planta ou cria o sumagre. *Nauteâ locus abundans, consitus.*

Zumagar. *a.* Sumagrar; curtir

Zumbel. *m.* *(fam.)* Carregume; sobranceria no gesto, expressão exterior do semblante turvado. *Torvitas vultûs:* — *(p. And.)* cordel com que os rapazes deitam o pião. *Trochi, turbinis chorda.*

Zumbido. *m.* Zumbido, zunido, sussurro; ruido continuado que as cousas fazem no ar. Em estylo familiar usa-se tambem para significar a pancada que se dá em alguem. *Susurrus, raucus stridor, bombus, ictus.*

Zumbo. *m.* *(ant.)* V. *Zumbido.*

Zumbon, na. *adj.* *(fig.)* Chocarreiro, zombeteiro, divertido, faceto, gracioso; que frequentemente chasqueia, ou tem o genio galhofeiro e pouco serio. *Cavillator facetus; nugator:* — *m.* *(p. And.)* pombo trocaz; o que tem o ventriculo pequeno mui proximo do bico. *Palumbus parvo ventriculo insignis:* —V. *Cencerro zumbon.*

Zumiento, ta. *adj.* Succolento, sumarento, succoso, cheio de sumo. *Succulentus; succo abundans; succosus.*

Zumillo. *m.* V. *Barba de Aron ó de Aaron*, planta.

Zumirse. *r.* *(ant.)* V. *Sumirse ó Encojerse.*

Zumo. *m.* Sumo; succo das hervas, flores, fructas ou outra cousa similhante, que se tira espremendo-as ou triturando-as. *Succus, i:* — *(fig.)* succo, substancia; a utilidade ou proveito que se tira das cousas de que se trata ou que se possuem. *Fructus, utilitas:* — *de cepas ó parras (fam.)*; sumo da cepa; o vinho. *Uvarum succus.*

Zumoso, sa. *adj.* Sumarento, succoso, succulento; que tem muito succo. *Succosus; succo abundans.*

Zuño. *m.* V. *Ceño.*

Zupia. *f.* Zurrapa; vinho estragado, que tem má côr e gosto. *Vappa, vinum vappidum:* — *(fig.)* zurrapa; qualquer cousa de má vista, sabor. *Vappidus liquor:* — *(fig.)* rebotalho, escuma, refugo, o mais inutil e desprezivel de qualquer cousa. *Fœx, sordes.*

Zurana. *adj.* V. *Zorita.*

Zurcidera. *f.* V. *Zurcidura.*

Zurcido. *m.* Cerzidura, costura; a união das cousas cerzidas ou cozidas. *Sarcimen.* V. *Zurcidura.*

Zurcidor. *m.* Cerzidor; o que cirze ou sabe cirzir. *Sartor, sarcinator:* — *(fig.)* alcoviteiro, alcayote. *Leno, onis.*

Zurcidura. *f.* Cirzidura; acção e effeito de cirzir, ou a costura e união das cousas cirzidas. *Sutura, sarcimen.*

Zurcir. *n.* Cirzir, unir, juntar um pedaço de fazenda com outro, cosendo-os subtil e habilmente, de modo que não se conheçam os pontos. *Sarcire:* — cirzir; unir ou juntar subtilmente qualquer cousa com outra. *Compingere:* — *(fig.)* cirzir; mentir, cosendo umas mentiras ás outras, de modo que tomem a apparencia de verdade. *Mendacia confingere.*

Zurdillo, lla. *adj.* *dim.* de *Zurdo.* Canhotosinho.

Zurdo, da. *adj.* Canho, canhoto; que usa da mão esquerda para o que os outros usam da direita. *Scœva, qui sinistra pro dextra utitur:* — sinistra, esquerda; diz-se fallando da mão esquerda ou que tem relação com ella. *Sinister. A zurdas (loc. adv.)*; ás canhas, ás canhotas, com a mão esquerda ou ao contrario de como se devia fazer. *Sinistro manu, prœposterè. No ser zurdo (fr. fam.)*; não ser pêco; ser esperto, habil e destro na materia de que se trata. *Haud inhabilem esse; dexteritate pollere.*

Zurita. *adj.* V. *Zorita.*

Zuriza. *f.* V. *Zuiza*, na segunda accepção.

Zuro, ra. *adj.* Bravo; diz-se dos pombos silvestres. *Palumbes.*

Zurra. *f.* Surra; acção de surrar as pelles ou outras cousas á maneira d'estas. *Maceratio, onis:* — surra, sova, tunda; castigo dado a alguem, especialmente de açoutes ou pancadas. *Verberatio, onis:* — *(fig.)* lavor, lucubração; continuação do trabalho em alguma materia, especialmente lendo ou estudando. *Continuus, assiduus labor:* — contenda, rixa, disputa ou pendencia grave, em que alguns costumam ficar maltratados ou convencidos. *Rixa, pugna:* — *(ant.)* V. *Pelo:* — *(fig.)* tunda, increpação, escarmento, reprehensão aspera, gravosa. *Dura objurgatio, increpatio:* — *interj.* apre! interjeição que se usa para denotar o enfado que causa a pertinacia ou molesta repetição de alguma cousa. *Vox per modum interjectionis molestiam, displicentiam significans.*

Zurrado, da. *adj.* *(fig.)* Traquejado; versado, curtido em algum negocio ou dependencia: — surrado; nome que se dava ao guante por ser feito de couro surrado. *Salvo el zurrado (fr.)* V. *Salvo el guante.*

Zurrador. *m.* Surrador; o que tem por officio surrar e curtir couros. *Coriarius, pellio:* — surrador; o que surra. *Macerator, castigator.*

Zurrapa. *f.* Bôrra, pé; sedimento que os licores depõem no fundo dos vasos. Usa-se communmente no plural. *Floccus, fœx:* — borra, fezes, rebotalho; cousa vil e desprezivel. Costuma-se, por apodo, chamar assim o rapaz feio e infesado. *Fœx, flocus. Con zurrapas (loc. adv. fam.)*; sordidamente, sem aceio, em qualquer materia physica ou moral. *Sordidè, fœdè, spurcè.*

Zurrapiento, ta. *adj.* V. *Zurraposo.*

Zurrapilla. *f.* *dim.* de *Zurrapa.* Borrasinha. Usa-se geralmente no plural. *Pilus, flocculus.*

Zurraposo, sa. *adj.* Turvo, impuro; diz-se do licor que não é limpido, ou que tem pé, borras. *Fœculentus, impurus.*

Zurrar. *a.* Surrar; curtir e preparar as pelles tirando-lhes o pello. *Macerare coria:* — surrar, verberar; castigar alguem, especialmente com açoutes ou pancadas. *Verberare, flagellare:* — *(fig.)* apertar com alguem, puxar a mal, trazer o caso a disputa ou contenda. *Vesare, exagitare, urgere:* — *r.* borrar-se; sujar-se alguem involuntariamente ou por qualquer accidente. Usa-se com especialidade para denotar que alguem está tomado de receio ou de medo. *Ventrem solvi; cacaturire.*

ZURRAVERBOS. *m. (fam.)* Bacharel garrulo, loquaz ou tarameleiro.

ZURRIAGA. *f.* V. *Zurriago:* — *(prov.)* calhandra.

ZURRIAGAR. *a.* Azorragar; dar ou castigar com o azorrague. *Scutica verberare.*

ZURRIAGAZO. *m.* Azorragada; golpe de azorrague ou de cousa flexivel. *Scuticæ ictus, percussio:*—*(fig.)* bordoada; mallogro, desgraça ou mau exito inesperado na dependencia ou negocio que se trazia entre mãos; e estende-se tambem ao desdem ou mau tratamento de quem se não esperava damno ou prejuizo de especie alguma. *Infortunium, infelix casus.*

ZURRIAGO. *m.* Azorrague; açoute feito commummente de couro, cordel ou cousa similhante. *Scutica, flagellum:* — correia flexivel com que os rapazes fazem dansar os peões. *Trochi, turbinis chorda.*

ZURRIAR. *n.* Zunir, susurrar, zumbir; soar confusamente alguma cousa ou ferir violentamente o ar. *Susurrare, bombitare:* — murmurar; fallar por entre dentes, fallar desentoado e com pronunciação confusa. *Susurrare.*

ZURRIBANDA. *f.* Surra, sova, tunda; castigo repetido ou com muitas pancadas. *Verberatio, onis:* — rixa, contenda, alvoroto, baralha, pendencia ruidosa entre muitos, onde ha damno grave ou pancadas. *Rixa, pugna.*

ZURRIBURRI. *m. (fam.)* Bordegão; homem vil, desprezivel e de baixa esphera. *Despicabilis, vilis homo:* — corja, canalha, plebe vil.

ZURRIDO. *m.* Zunido, zoada, sussurro; som confuso e indefinido, como o que bombita nos ouvidos, quando n'elles se introduz o ar. *Susurrus, bombitatio:* — sussurro, algarayiada, rumor; murmurinho indistincto que resulta de vozes desentoadas, soando confusamente. *Raucum, dissonum murmur.*

ZURRÍO. *m.* V. *Zurrido.*

ZURRION. *m. (ant.)* V. *Zurrido.*

ZURRIR. *n.* Zoar, retinir, zunir, bombitar; soar confusa e desagradavelmente alguma cousa, fazer retintin nos ouvidos. *Susurrare, bombitare, tinnire.*

ZURRON. *m.* Surrão; bolsa de coiro de que usam os pastores, em que levam o comer e outras cousas do seu uso; estende-se a significação a toda a bolsa de coiro. *Pera pastoralis:* — pellicula ou casca de alguns fructos. *Folliculus:* — V. *Placenta:* — *(fam.)* amnios; pellicula ou membrana que envolve o feto: — surrão; saco de coiro em que trazem da America a quina, canella, tabaco, anil e outros generos: — bolso; especie de pellicula que se forma no corpo do animal, em que está encerrado algum pus, e muitas vezes vermes ou gusanos. *Folliculus, utriculus.* V. *Bolsa.*

ZURRONA. *f.* Cossaria, michela; mulher vil e de maus costumes, que desfructa os amantes e engana a quantos tratam com ella. *Mulier subdolè pecuniam aut pretiosa quæcumque extorquens.*

ZURRONCILLO. *m. dim.* de *Zurron.* Surrãosinho.

ZURRUSCARSE. *r. (fam.)* Borrar-se; sujar-se involuntariamente com ruido ou na roupa. *Soluto ventre, excremento inquinari.*

ZURRUSCO. *m. (fam.)* V. *Churrusco.*

ZURUJANO. *m. (ant.)* V. *Rujano.*

ZURULLO. *m. (fam.)* Rolo ou canudo comprido e redondo de qualquer cousa, como da massa, etc. *Segmentum oblongum rotundumque.*

ZUTANICO. *m.* V. *Zutanito.*

ZUTANITO. *m. dim.* de *Zutano.*

ZUTANO. *m.* Sicrano; nome usado para designar pessoa incerta; corresponde a *fulano. Quidam, alter.*

ZUZAR. *a. (ant.)* V. *Azuzar.*

ZUZO. *interj.* Voz que serve para chamar o cão, ou para incita-lo a que acommetta. *Vox ad canem alliciendum seu incitandum.*

ZUZON. *m. (bot.)* V. *Yerba cana.*

ZWINGLIANISMO. *m. (zool.)* Zwinglianismo; doutrina de Zwingle e dos zwinglianos.

ZWINGLIANO. *m. (rel.)* Zwingliano; individuo da seita formada por Zwingle no seculo XVI. Os zwinglianos admittiam o merecimento das boas obras e o livre arbitrio, e negavam a presença real, o dogma catholico.

ZYGENAS. *f. pl. (zool.)* Zygenas; borboletas da especie dos sphinx.

ZYMOLOGIA. *f.* Zymologia; parte da chimica que trata da fermentação. V. *Zimolojia.*

FIN DEL TERCERO TOMO